D1723744

BAU- UND KUNSTDENKMÄLER VON WESTFALEN

BAU- UND KUNSTDENKMÄLER VON WESTFALEN

HERAUSGEGEBEN VOM
LANDSCHAFTSVERBAND WESTFALEN-LIPPE,
WESTFÄLISCHES AMT FÜR DENKMALPFLEGE

50. BAND/TEIL IV

2000

KLARTEXT VERLAG

STADT MINDEN

BEARBEITET VON
FRED KASPAR UND ULF-DIETRICH KORN

ALTSTADT 3

DIE PROFANBAUTEN

TEILBAND 2

BEARBEITET VON
FRED KASPAR UND PETER BARTHOLD

UNTER MITARBEIT VON
EBERHARD GRUNSKY
LOTHAR HAMMER
CHRISTIANE HEMKER
GABRIELE ISENBERG
ULF-DIETRICH KORN
KEVIN LYNCH
HANS-WERNER PEINE
MONIKA SCHULTE
UND HENNING WINTER †

Gedruckt mit Unterstützung des Ministeriums für Arbeit, Soziales und Stadtentwicklung, Kultur und Sport des Landes Nordrhein-Westfalen und der Stadt Minden

Gesamtredaktion und Gestaltung: Friederike Lichtwark

Die Deutsche Bibliothek - CIP-Einheitsaufnahme

Bau- und Kunstdenkmäler von Westfalen. - Essen : Klartext-Verl.
Bd. 50. Stadt Minden / bearb. von Fred Kaspar und Ulf-Dietrich Korn
Teil 4. Altstadt
3. Die Profanbauten
Teilbd. 2. / Bearb. von Fred Kaspar und Peter Barthold. Unter Mitarb. von Eberhard Grunsky …
- 2000
ISBN 3-88474-634-0

Digitale Druckvorstufe: rk-design & technik, Ralf Klie und Megalith, Friederike Lichtwark, Drensteinfurt
Satz aus Adobe Caslon
Papier: Ikonofix spezial matt
Druck und Verarbeitung: J.C.C. Bruns, Minden

INHALT

Teilband 1

Teilband 2

Markt

QUELLEN: Verw.-Berichte. – KAM, Mi, D 180, 182, 183, 190.

LITERATUR: Schroeder 1886, S. 130, 222, 425, 604 f. – WUB IV, Nr. 250, 256. – Stoob 1962, S. 76. – M. Krieg 1966, S. 116, 120. – Kuhlke 1975. – Nordsiek 1977. – Nordsiek 1979, S. 20, 63. – Nordsiek 1993, S. 29.

GESCHICHTLICHE, RECHTLICHE UND WIRTSCHAFTLICHE VORAUSSETZUNGEN

977 erhält der Mindener Bischof vom Kaiser das Marktprivileg, in dem von einem *macellum publicum* die Rede ist (ebenso 1009). Darunter scheint im Unterschied zu dem gebräuchlicheren *mercatus* weniger ein Markt mit Handelsgütern, sondern ein Lebensmittelmarkt für die Versorgung der Bevölkerung mit den Dingen des täglichen Bedarfes verstanden worden zu sein. 1022 bestand ein Begräbnisplatz für auswärtige Kaufleute an der Marienkirche (siehe Marienkirchhof), der wohl 1075 an die Kirche St. Johannis am Markt verlegt worden ist (siehe Markt 13). Da um 1030 auch Mindener Münzen nachzuweisen sind, kann davon ausgegangen werden, daß um 1000 auch ein überregionaler Handelsmarkt in Minden bestand. Bischof Anno (1170–1185) gibt den Marktzoll in Minden an das Stift St. Martini weiter, was durch Bischof Otto II. (1213–1236) in der Weise bestätigt wird, wie es durch seinen Vorgänger Anno bestimmt worden sei (Frie 1909, S. 78. – Behr 1992, S. 620).

In Zuge der wachsenden und erstarkenden Bürgerschaft setzt in der ersten Hälfte des 13. Jahrhunderts in Minden eine allgemeine Polarisierung zwischen den zwei Einflußbereichen der örtlichen Mächte, dem Bischof bzw. den diesem nachgeordneten Kirchen und Verwaltungen sowie der Bürgerschaft ein. Letztere handelte zunehmend selbständig und ließ sich durch sogenannte »Rektoren« vertreten. Im Zuge dieser Entwicklungen wird 1232 schließlich in zwei Urkunden zwischen diesen Vertretern der Bürger und dem Bischof Konrad der zukünftige Gebrauch des Marktrechtes fixiert: Der Bischof kommt dabei mit den Rektoren der geistlichen und weltlichen Einwohner überein, daß an jedem Sonnabend ein Wochenmarkt stattfinden soll. Weiter wird bestimmt, daß der Lebensmittelhandel und der Großhandel mit Wolltuch von jedermann betrieben werden darf. Über die Veränderungen der rechtlichen Grundlagen des Lebensmittelmarktes wird hingegen nichts bestimmt, und wie aus späteren Überlieferungen deutlich wird, ist davon auszugehen, daß dieser Bereich noch bis ins 16. Jahrhundert unter bischöflicher Aufsicht verblieb. Die handelnden Bürger erhalten hingegen nun das alleinige Recht, Tuch zu schneiden, also den Detailhandel mit Wolltuchen durchzuführen, und verpflichten sich als Gegenleistung, *einen Graben über den Domhof* anzulegen. Kuhlke (1977, S. 12) kommentiert diese Vereinbarungen, daß sich die Stadt auf Grund eines Streites schon vor 1228 unter Mißachtung des Privilegs für das Martini-Stift des Marktzolles bemächtigt habe. In den Angaben zum Markt und Marktrecht, die in der um 1460 entstandenen Stadtbeschreibung von Tribbe zu finden sind, wird auch davon gesprochen, daß das Standgeld bei den Jahrmärkten vom bischöflichen Kämmerer erhoben wird.

Mit diesen Vereinbarungen wurde auf der einen Seite der Einflußbereich von Bürgern und Bischof auf den Handel geregelt, auf der anderen Seite aber auch die Rechtsgrenze zwischen beiden Kräften räumlich fixiert. Der Abgrenzung des städtischen vom bischöflichen Rechtsbezirk diente

Abb. 887 Marktplatz, Nordostecke mit Rathaus als Symbol städtischer Freiheiten, Durchgang zum Kleinen Domhof und den beiden anschließenden Giebelhäusern. Das linke ursprünglich das sogenannte »Neue Werk« des bischöflichen Wichgrafen. Um 1880.

fortan der Verlauf des bestehenden Baches vom Königsborn als sogenannter Stadtbach (siehe dazu auch Kap. I.2, Stadtbach). Architektonischer und städtebaulicher Ausdruck der damit von den Kaufmännern erreichten Stellung ist der Bau des Kaufhauses am Markt, das den später vielfach umgebauten Kern des Komplexes Markt 6 bildet und in der ersten Hälfte des 13. Jahrhunderts entstanden sein dürfte.

Als spätere Spuren dieser 1232 vorgenommenen rechtlichen Fixierung dürften auch die beiden bei Tribbe beschriebenen, nebeneinander existierenden Verkaufsplätze oder Kaufhäuser am Markt zu sehen sein: Während sich das »Neue Werk« (Kern des späteren Hauses Kleiner Domhof 2), in dem mit Gemüse, Eiern und Butter gehandelt wurde, wohl im 13. Jahrhundert als Ersatz für die vorher dazu genutzte Marktkirche St. Johannis (Markt 13) im Einflußbereich des Bischofs befand, war das »Kaufhaus« (Kern des späteren Hauses Markt 6), auf der anderen Seite des Marktes im Besitz des Kaufmannsamtes und diente dem Verkauf des geschnittenen Tuches. Zwischen diesen beiden Bauten entwickelte sich nach der Mitte des 13. Jahrhunderts als eigenständiger dritter Baukomplex das städtische Rathaus. Darüber hinaus bestanden zumindest in späterer Zeit auch für bestimmte weitere Warengruppen besondere Verkaufsstellen im Stadtzentrum: So wurde das Brot im sogenannten Brothaus verkauft, das sich ebenso wie der Weinkeller im Untergeschoß des Kauf-

Abb. 888 Marktplatz, Blick auf die Nordfront mit Rathaus und Einmündung des Scharnbereiches, Lithographie von J. J. Sickert um 1840.

hauses befand, das Fleisch auf den Fleischbänken und der Fisch in den Fischbänken, beide am nördlichen Ende des *Scharns* (siehe Hohnstraße 36 und Scharnstraße 15), einer langen Reihe von kleinen privaten Verkaufsbänken, die nördlich an den Markt anschlossen. Manches spricht dafür, daß sich diese – zumindest während der Jahrmärkte – über den Marktplatz bis zum Haus Markt 16 nach Süden vor den östlichen Markthäusern hinzogen (siehe dazu Scharnstraße). Als weiterer Fixpunkt ist auf den zu nicht näher bekannter Zeit vor 1500 erfolgten Bau einer Stadtwaage hinzuweisen, die ein eigenes Gebäude vor der Südfront des Marktplatzes erhielt (nach 1629 in das Gebäude Hohnstraße 29 links verlegt).

Ebenso wie das Marktrecht 1232 wird nur wenig später, im Jahre 1258, auch eine klare Trennung der inzwischen bestehenden zwei konkurrierenden Gerichte in Minden fixiert, des städtischen einerseits und des bischöflich-wichgräflichen andererseits. Letzteres verliert zwar bald weiter an Bedeutung, verschwindet aber wohl erst 1529. Bis dahin hat es seinen, dem Amt angemessenen zeichenhaften Ort jeweils auch in den Gebäuden des Rathauses und des benachbarten *Neuen Werkes*. Die komplexe Rechtsgeschichte der Stadt führte im Spätmittelalter auch zu einer sehr komplexen Ordnung des Blutgerichtes, das seinen deutlichen städtebaulichen Niederschlag fand (dazu weiter unten).

Erst im frühen 16. Jahrhundert gelingt es der Bürgerschaft im Zuge der Reformation, sich fast gänzlich in den Besitz aller noch bestehenden weltlichen Rechte der Kirche innerhalb des Stadtraumes zu bringen. So ersetzen die 1528 durch den Bischof der Stadt privilegierten zwei Messen von jeweils einer Woche fortan die zuvor bestehenden drei kurzen Hauptmärkte (Kulke 1977, S. 16). Sie wurden bis 1821 auf dem Marktplatz veranstaltet. 1559 hören wir auch schon davon, daß das Niedergericht *unter dem neuen Werk* im Beisein von Stadtrichter *und* Wichgrafen gehalten wird (KAM, Mi, A I, 639), die Trennung der beiden zuvor bestehenden Gerichte also nicht mehr bestand. Als Konsequenz dieser Entwicklung wird wohl nach 1529 das *Neue Werk* in seiner Funktion als in den bischöflichen Rechtskreis gehörende Markt- und Gerichtsstätte aufgegeben und der Begriff auf die nun als alleinigen Gerichtsort genutzte Laube des Rathauses übertragen.

1643 wird bei der Erneuerung der Bestimmungen für den Handel durch den Rat festgelegt, daß örtliche Höker ihren Handel auf den Dielen (*im Hause*) ihrer Häuser ausüben dürfen, auswärtige Händler allerdings nur *unter dem Marktzeichen* auf dem Markt unter Aufsicht zu den Marktzeiten am Mittwoch- und Samstagvormittag (Bölsche o. J., S. 121). Am 8. 2. 1694 wird allerdings im Rat festgestellt, daß sich die Bestimmung, nach der alle Waren, die in die Stadt kämen, *vorhero auf dem Marckte präsentiert werden müssen*, sich kaum praktizieren ließe, *es wehre den, das gewise Wochenmärkte angeordnet werden möchten* (KAM, Mi, B 357). 1715 wird erneut festgelegt, daß wöchentlich zwei Märkte am Mittwoch und am Samstag gehalten werden sollten (KAM, Mi, B 350).

1671 werden die Händler bei der Maimesse gezwungen, ihre Stände auf dem Markt aufzustellen, nachdem sie diese zunächst auf dem kleinen Domhof »Vor der Borg« aufgeschlagen hatten (MiHbll 9, 1931, Heft 8). Mit Datum vom 5. 10. 1673 wird die Stadt durch den Kurfürsten privilegiert, *Roß- und Vieh Marckt in der Stadt den Ort und die Gasse auff dem Marckte und Kampffe genanndt* jeweils an zwei aufeinander folgenden Tagen durchzuführen (KAM, Mi, B 790).

Akten zu den Messen im 18. Jahrhundert als Nachfolger der einstigen besonderen Märkte und zu den dorthin anreisenden Händlern sind umfangreicher erhalten (in KAM, Mi, C 353 sowie STA MS, KDK Mi 1653). Spätestens im 18. Jahrhundert hatte sich der Brauch durchgesetzt, daß auswärtige Händler sich in den um den Markt und an der Obermarktstraße liegenden Häusern niederließen. Damit aber war das dem Kaufmannsamt gehörende Kaufhaus einer seiner wesentlichen Funktionen beraubt und verfiel seit der zweiten Hälfte des 17. Jahrhunderts zusehends, bis es 1711 in den Besitz des Magistrats kam. Die Messe, bei der 1819 noch ein Umsatz von 60 000 Thl erzielt worden war, ging 1821 auf staatliche Anordnung ein.

Bis Mitte des 15. Jahrhunderts machten nach Tribbe die Gesellen des Bäckeramtes am Pfingsttage ein großes Fest, bei dem sie einen Maibaum und eine große Laube vor dem Weinkeller (dem Kaufhaus) und auf dem Poos errichteten.

1511 wurde von dem neu eingesetzten Bischof Franz I. nach seinem Einzug in Minden für mehrere Tage ein Turnier auf dem Markt veranstaltet, wobei man die Fläche mit Stroh überschüttete (Wilms 1860, S. 7).

TOPOGRAPHISCHE SITUATION

Ob die frühen, vor 1000 nachweisbaren Marktfunktionen in Minden schon auf den Ort des späteren Marktplatzes bezogen werden können, ist nicht bekannt. Denkbar wäre zunächst auch ein Handel am Ufer der Weser bzw. im 9./10. Jahrhundert auch ein Marktbetrieb im Bereich der späteren Domimmunität. Ab 1075 bestand am späteren Platz die Marktkirche St. Johannis als Pfarrkirche

Abb. 889 Marktplatz, Blick auf die Nordfront mit Rathaus und Einmündung des Scharnbereiches, wohl 1862.

und Begräbnisstätte der Kaufleute (dazu weiter unten), die wohl als Hinweis auf einen Markt an dieser Stelle im 11. Jahrhundert zu verstehen ist.

Der Marktplatz ist heute ein regelmäßig ausgebildeter längsrechteckiger Platz, dessen westliche Längsseite in der Flucht der Hauptdurchgangsstraße Obermarkt-Hohnstraße/Scharn steht. Der Platz dürfte daher als eine östliche Erweiterung dieser Straßenachse zu verstehen sein, die ohne Einmündung weiterer wichtiger Fernstraßen blieb. In dieser Form ist der Platz allerdings wohl erst im Laufe des 13. Jahrhunderts entstanden, während sich zuvor die Bebauung auf die Hausstätten der Westseite beschränkt haben dürfte. Diese Situation unterschied sich damit wohl nicht oder kaum von der der anschließenden Hausstätten westlich der Hohnstraße im Norden und der Obermarktstraße im Süden. Die Bebauung der Westseite aller drei Straßen bildete zusammen eine wohl einheitliche Front mit den großflächigen Anwesen von Kaufleuten, die zwischen dem 10. und 12. Jahrhundert entlang diesem Straßenzug entstanden sein müssen (eine Zäsur bildete nur der Bereich der heutigen Grundstücke Markt 2 und 4 mit dem zunächst wohl breiteren Aufgang zum Martinikirchhof). Die Ostfront war dort, wo dieser Marktbereich westlich an der Domimmunität vorbeiführte, anfänglich wohl unbebaut, denn der vom Königsborn kommende Bach mit seinem zunächst noch breiten und versumpften Verlauf bildete eine natürliche Grenze zwischen der Marktzone und der Bebauung um den Kleinen Domhof. Er wurde nach 1232 zum Stadtbach umgestaltet und kanalisiert, wobei er im Bereich der heutigen Hausstätten Kleiner Domhof 2/4 und Markt 3 einen Übergang gehabt zu haben scheint. Hier führte als Abzweig von der Marktzone die von Süden, von der

Obermarktstraße, kommende Wegetrasse – als Teil des in vorstädtische Zeiten zurückreichenden Fernweges zur Weser – nach Osten in den Bereich der Domimmunität und weiter über die Domhöfe zur dortigen Weserfurt.

Eine weitere Zäsur auf der noch offenen Ostseite dürfte durch eine dort entspringende Quelle vorgegeben worden sein, die auf dem späteren Grundstück Markt 20 lag und in einem kurzen nach Osten fließenden und in den Königsbornbach mündenden Rinnsal entwässerte. Dort entlang scheint ein von der Marktzone nach Osten führender Stichweg verlaufen zu sein, dessen östlicher Abschnitt – im Spätmittelalter als *im Sack* bezeichnet – sich heute noch im Stadtbild in der Verbindung von Markt zur Lindenstraße und Tonhallenstraße abzeichnet. Nördlich dieses Baches und Weges wurde unmittelbar am Rand der Domimmunität vor 1062 durch den Bischof eine Johannes dem Täufer geweihte Marktkirche errichtet, die ab 1075 als Pfarrkirche mit Friedhof für die Sondergemeinde der Kaufleute bestimmt wurde, später aber zu Gunsten der drei Pfarrkirchen in der Stadt ihre Funktion verlor und nach 1530 profaniert wurde (siehe Markt 13).

Seine endgültige Form erhielt der Markt erst mit der Ausbildung der Ostfront, was erst in der ersten Hälfte des 13. Jahrhunderts mit dem wohl nach 1232 erfolgten Ausbau des Königsborn-Baches zum Stadtbach möglich wurde. Seine Trasse wurde als Rechtsgrenze zwischen dem bischöflichen und städtischen Bereich im Abstand von wenigen Metern östlich an der heutigen Ostfront des Marktplatzes entlang gelegt und dann hinter der Johannis-Kirche weiter nach Osten zur Bastau geführt. Wie Grabungsbefunde unter dem Rathaus nahelegen, entstand das kanalisierte und schmale Bett des Baches inmitten des alten Bachlaufes, so daß anschließend von beiden Seiten eine Besiedlung und Überbauung der versumpften Flächen nach starker Anschüttung möglich wurde. Daher ist zu vermuten, daß der schmale Streifen zwischen dem Bach und dem Markt erst nach der Kanalisierung besiedelt wurde (nördlich des Marktes scheint der Bereich zwischen der Marktzone und dem Stadtbach entlang der Ostseite der Scharnstraße nach 1264 besiedelt worden zu sein). Er eignete sich aber wegen der geringen Tiefe östlich des Marktes nicht zur Anlage großer bürgerlicher Hausstätten, so daß hier, wie es die kleinteilige Aufteilung noch erkennen läßt, zunächst wohl nur eine Reihe von Buden entstand.

Die mit der Entwicklung der Bürgerstadt letztlich im 13. Jahrhundert entstandene Polarisierung der beiden maßgeblichen Kräfte Kirche und Bürgerschaft fand damit deutlich auch städtebaulich und architektonisch ihren Niederschlag in der Anlage und der Umbauung des Marktplatzes. Wenn sich auch bis zum 16. Jahrhundert die Gewichte des Einflusses zu Gunsten der Stadt verschoben haben, so leben doch die im 13. Jahrhundert baulich gefundenen Strukturen bis heute fort, zumal die Erinnerung an deren einstige Bedeutung noch länger bekannt und in der Überlagerung und Ablösung von bischöflichen durch städtische Funktionen auch bewußt vollzogen und symbolisch besetzt war.

Der tägliche Markt hat sich zunächst offensichtlich nicht auf das Gelände des heutigen und erst in seiner Form im Laufe des 13. Jahrhunderts fixierten Marktplatzes konzentriert, sondern zog sich entlang der Hauptverkehrsachse der Stadt, von Süden her kommend, vom *schiefen Markt* über Obermarktstraße, Marktplatz und Scharn-/Hohnstraße bis in die obere Bäckerstraße (dieser Bereich ehemals als *Schuhstraße* bezeichnet). Diese Entwicklung spiegelt sich auch in der Bezeichnung des Marktplatzes als eines neu geschaffenen bürgerlichen Platzes wieder, für den noch bis ins 14. Jahrhundert erstaunlicherweise der Begriff *forum* gebraucht wird, womit eher ein Versammlungsplatz (vor den verschiedenen Versammlungs-, Gerichts- und Verwaltungsgebäuden) als ein Ort des Handels gemeint ist (etwa 1352: ein Haus, gelegen am *forum*: STA MS, Mscr VI, 2716, Nr. 22, fol. 13v). Erst später setzt sich der Begriff Markt durch: so 1537/1581 *dat Marcket*.

Abb. 890 Marktplatz, Blick auf die Nordfront mit Rathaus und Einmündung des Scharnbereiches, um 1930.

Die Teilung der Einflußbereiche im räumlichen Gefüge der Stadt fand ihren deutlichen städtebaulich-räumlichen Niederschlag in einer westlichen, bürgerlich geprägten Seite des Marktes und einer östlichen, von der Kirche geprägten Seite. Dementsprechend läßt sich am Markt nur entlang dieser Achse eine frühe verdichtete bzw. bürgerliche Bebauung auf der Westseite nachweisen, während die übrigen Seiten zunächst kaum oder nur locker und zumeist nur mit öffentlichen Gebäuden bebaut waren. Inmitten der bürgerlichen, von Kaufleuten geprägten Seite entstand wohl um 1230 – quasi als primus inter pares – das von den in der Mehrheit entlang der Marktzone wohnenden Kaufleuten gemeinschaftlich unterhaltene Kaufhaus (Markt 6) sowie benachbart ein weiterer etwa gleichgroßer, aber in der Funktion nicht bekannter Bau, ebenfalls wohl zunächst in öffentlichem Besitz (Markt 8). Trotzdem war die Lage des Kaufhauses höchst bedacht gewählt, stand es doch unmittelbar gegenüber dem sicherlich seit der Anlage des Stadtbaches nach 1232 fixierten westlichen Zugang zum Kleinen Domhof und der Domimmunität, während es nördlich an die Verbindung zwischen Markt und dem Martinikirchhof mit der Pfarrkirche der Bürger angrenzte, deren Kapitel sich wiederum wesentlich aus Domherren zusammensetzte (siehe Martinitreppe). Wenn auch bis auf geringe Reste keine Bauten des Mittelalters mehr erhalten sind, so lassen sich auf Grund der Baubefunde aber noch grundsätzliche Aussagen zur baulichen Erscheinung des Marktes im Mittelalter machen: Die kaufmännische, bürgerliche Westseite war südlich des Kaufhauses mit fünf großen giebelständigen Häusern gesäumt. Bis zur Einmündung der Opferstraße schlossen sich dieser Gruppe in der Obermarktstraße noch drei vergleichbare bürgerliche Grundstücke an. Offensichtlich schon früh, wohl spätestens im 13. Jahrhundert als Steinhäuser ausgeführt, bildeten die Häuser keine geschlossene Front, sondern waren jeweils zu zweit gruppiert und nutzten eine gemeinsame Traufwand. Zwischen den Häusern verblieben breite Einfahrten, die die Hofgrundstücke erschlossen und offensichtlich erst später, seit dem 15. Jahrhundert, nach und nach auch bebaut wurden.

Die beiden Schmalseiten wurden, nachdem die Flächen zwischen der Marktzone und dem Stadtbach bebaubar geworden waren, von Bauten der bürgerlichen Gemeinschaft besetzt, so auf der Nordseite mit dem um 1260 entstandenen und 1300 als *domus consulum* genannten Rathaus und auf der Südseite mit dem wohl schon vor oder um 1240 auf Initiative des Rates entstandenen Heilig-Geist-Hospital, dessen Kirche um 1530 zu einem Bürgerhaus umgebaut wurde (siehe Markt 26). Zwischen Hospital und der Einmündung der Obermarktstraße blieb zudem noch Platz für einige großformatige bürgerliche Anwesen, von deren baulichem Aufwand als ältester erhaltener bürgerlicher Bau der wohl noch im 13. Jahrhundert errichtete Kernbau von Obermarktstraße 1 eine schwache Vorstellung geben kann.

So wie das Kaufhaus zum Symbol der die Stadtwerdung bestimmenden Kooperation der Kaufmannschaft auf dem Markt wurde, so gelang dieses der Bürgerschaft nur ein oder zwei Generationen später, nach Klärung der gerichtlichen Kompetenzen 1258 auch mit dem Bau des Rathauses, das insbesondere durch seinen Standort vor dem nördlichen Kopf des Marktplatzes und seine traufenseitige Stellung zu einem dominanten Zeichen im Stadtraum wurde und zwischen Kaufhaus im Westen und bischöflichen Bereich im Osten stand. Der Bau stößt dabei mit dem Ostgiebel demonstrativ unmittelbar an den Bach und damit an die Grenze; er beherrscht und kontrolliert zudem den Zugang zum Domhof.

Ein Gegenpol zur bürgerlichen Westseite bildete die bischöflich geprägte Ostseite mit der alten Marktkirche im Süden. Sie wird nach einem Brand 1062 bis 1075 wieder aufgebaut, sinkt spätestens im 14. Jahrhundert zu einer Kapelle ab und wird mit der Reformation 1530 ganz aufgegeben, zu einem Bürgerhaus umgebaut und schließlich 1674 zur Hauptwache umgenutzt (Markt 13). Im Zusammenhang mit der Einrichtung als Hauptwache wird die ehemalige Kapelle als *am Bruche* gelegen beschrieben. Der vordere Bereich der südlich an die Kirche anschließenden Fläche zwischen Markt und Lindenstraße (der untere Abschnitt war durch Vorspringen des Hauses Markt 28 noch in der ersten Hälfte des 19. Jahrhunderts nur eine schmale Gasse) wurde früher als *Im Sack* bezeichnet, was sich darauf beziehen soll, daß hier an die tiefste Stelle des Platzes der ganze Dreck und Unrat käme (Tribbe und Laag 1960, S. 127). Südlich wurde dieser Bereich bis in das 16. Jahrhundert durch die Hospitalkapelle Heilig-Geist und die anschließenden Hospitalbauten begrenzt.

Den letzten Beitrag zu der mittlerweile großen Gruppe öffentlicher Bauten mit symbolischem Charakter um den Markt bildeten das seit dem 15. Jahrhundert genannte *Neue Werk* und ein anschließender Bau. Sie entstanden offenbar – sicherlich nicht zuletzt als »Antwort« der bischöflichen Seite auf Kaufhaus und Rathaus – als nördliche Kopfbauten dieser Ostseite zu nicht näher bekann-

Abb. 891 Marktplatz, Blick auf die Nordfront mit Rathaus und Einmündung des Scharnbereiches, Konzept zum Wiederaufbau, W. March 1951.

ter Zeit (13. oder 14. Jahrhundert ?). Das *Neue Werk*, bislang aus historischen Nachrichten nur andeutungsweise zu erschließen, scheint bischöfliches Kaufhaus und Gerichtshaus des Wichgrafen gewesen zu sein und ersetzte als »neues Werk« in seiner ersten Aufgabe die diesem Zweck zunächst dienende Johanniskirche. Unmittelbar neben dem Rathaus und dem Zugang zur Domimmunität und genau gegenüber dem Kaufhaus der Kaufmannschaft plaziert, dokumentierte dieser Bau die noch immer bestehenden Rechte des Bischofs und seiner Vertreter in der Stadt. Nur zu vermuten ist, daß das südlich unmittelbar an das *Neue Werk* anschließende große Haus möglicherweise der Amtssitz des bischöflichen Kämmerers gewesen ist, dessen Aufgabe unter anderem in der Eintreibung der Marktgelder und von Teilen der Grundpachten in der Stadt bestand. Beide Bauten sind nur in einer Erneuerung der Zeit um 1500 überliefert und griffen zu dieser Zeit schon deutlich über den Stadtbach hinaus, bedurften also bei ihrer Erbauung offenbar nicht der Berücksichtigung dieser Rechtsgrenze.

In der Stadtbeschreibung, die Heinrich Tribbe um 1460 anfertigte, wird die symbolische Kraft, die in dieser im 13. Jahrhundert parallel zur rechtlichen Fixierung der bürgerlichen Stadt endgültig ausgebildeten städtebaulichen Situation lag, noch sehr deutlich (zu den von ihm gegebenen einzelnen Baubeschreibungen siehe jeweils die Einzelbauten): Bei seinem topographisch aufgebauten Rundgang durch die Stadt erreicht er den Platz von Norden kommend über Scharn/Hohnstraße und beschreibt ihn zunächst als *ziemlich schön*. Er wendet sich dann der östlichen Seite zu, so daß

Abb. 892 Marktplatz, Blick auf die Westfront von Südosten, um 1880.

zunächst ausführlich das Rathaus beschrieben wird. Als nächstes kommt er *ganz unten am Platz* zum *Neuwerk* mit dem bischöflichen Gericht (Kleiner Domhof 2). Sodann erwähnt er die daran anschließenden Gebiete von Domfreiheit, Kleinem Domhof sowie der Straße *In der Borch*, um sich wieder der anschließenden Marktbebauung an der Ostseite zuzuwenden und dort die Kirche St. Johannis zu beschreiben (Markt 13). In einem zweiten Abschnitt wendet er sich der Westseite des Marktes zu, wo er zunächst das Kaufhaus (Markt 6) beschreibt. Anschließend kommt er am *Ende des Marktplatzes*, an dessen südlicher Schmalseite, auf die Heilig-Geist-Kapelle (Markt 26) zu sprechen und den daneben befindlichen Bereich *Im Sack* (zwischen Markt 28 und Markt 15), um den Platz dann über die Obermarktstraße wieder zu verlassen. Als Mitglied des Domkapitels in erster Linie an der kirchlichen und rechtlichen Struktur und Erscheinung der Stadt interessiert, finden die zwischen diesen zahlreichen und ausführlich behandelten öffentlichen Bauten liegenden bürgerlichen und anderweitig privat genutzten Bauten bei ihm keine Erwähnung.

Die aus dem Widerstreit der unterschiedlichen Machtfaktoren und Gruppen seit dem 13. Jahrhundert in der Stadt erwachsenen komplizierten Rechts- und Besitzverhältnisse fanden in einem aufwendigen Verlauf des Blutgerichtsverfahrens symbolisch ihren Niederschlag, in das fast alle der beschriebenen öffentliche Gebäude und Bereiche des Marktplatzes einbezogen waren. So müssen nach Tribbe in der Mitte des 15. Jahrhunderts Verbrecher dem gemeinschaftlich vom Stadtrichter und bischöflichen Wichgrafen ausgeübten Blutgericht zugeführt werden, das allerdings weder im *Neuen Werk* noch in der Laube unter dem Rathaus, sondern auf dem Platz vor dem Brothaus, also vor dem Kaufhaus (Markt 6) unter dem Vorsitz des Wichgrafen gehalten wurde. Zuvor mußte der

Abb. 893 Marktplatz, Blick auf die südwestliche Front mit Einmündung der Obermarktstraße, um 1890.

Verbrecher durch den obersten Ratsdiener unter dem (bischöflichen) *Neuen Werk* in Gegenwart des Wichgrafen für friedlos erklärt werden, während der Verurteilte im Gefängniskeller des Rathauses verwahrt wurde. Tribbe spricht darüber hinaus von drei Richtern, die zu seiner Zeit noch in der Stadt tätig waren, wobei neben dem Stadtrichter und dem Wichgrafen noch der wohl schon recht bedeutungslose bischöfliche Kämmerer genannt wird.

In der weiteren baulichen Entwicklung und dem Funktionswandel einzelner Gebäude wird das fortschreitende Erstarken der städtischen Kraft gegenüber dem Bischof erkennbar. So entgleitet dem bischöflichen Lager sowohl das Marktrecht als auch das Recht zu richten in der ersten Hälfte des 16. Jahrhunderts (wohl 1529) endgültig, so daß zu dieser Zeit auch deren Zeichen vom Marktplatz verschwinden. Deutlich wird dies etwa an dem Übergang des *Neuen Werkes* (Kleiner Domhof 2/4) vor 1534 in städtische Verwaltung, aber auch an der Auflösung der benachbarten Marktkirche durch die Stadt 1530. Offensichtlich wird schon 1559 der Begriff *Neues Werk* für die Laube des Rathauses verwendet, wo das Niedergericht stattfindet.

Im Laufe des nächsten Jahrhunderts konnte der Rat der Stadt seinen Gebäudebesitz im Umkreis des Marktes erheblich ausweiten und dokumentierte damit auch im Stadtbild deutlich den Höhepunkt städtischer Autonomie. Dazu zählen nicht nur umfangreiche Um- und Erweiterungsbauten am Rathaus selbst, sondern auch der nördlich an das Rathaus erfolgte Anbau eines Ratsweinkellers. 1599/1600 baute man in einem Hause östlich des Rathauses »in der Burg« eine hier schon einige Zeit bestehende und dem Rat gehörende Apotheke aus, womit demonstrativ auch die zu dieser Zeit nicht mehr wirksame Rechtsgrenze zur Domimmunität ohne Folgen überschritten wurde (dazu siehe

Abb. 894 Marktplatz, Blick auf die Südfront, um 1870.

Kleiner Domhof 1). Eine zweite Apotheke wurde um 1640 mit städtischen Privileg in einem Haus neben dem Kaufhaus eingerichtet, das zeitweilig ebenfalls dem Kaufmannsamt gehörte (Markt 8). Im 17. Jahrhundert standen zudem verschiedene öffentliche Zeichen auf dem Platz, die später – sicherlich auch aus neuen städtebaulichen Sichtweisen heraus – wieder beseitigt worden sind, so etwa 1674 die Waage, der Galgen und 1683 auch der Pranger (dazu im einzelnen weiter unten).

Ebenso wie in der baulichen Entwicklung das Erstarken der städtischen Kräfte bis zum 17. Jahrhundert abzulesen war, kann aber auch deren seit dem 17. Jahrhundert zu Gunsten des brandenburgisch-preußischen Landesherren einsetzender Schwund in der Nutzung der öffentlichen Bauten nachvollzogen werden. Nachdem 1711 eine neue Stadtverfassung eingeführt wurde, kam es 1723 mit der revidierten Städteordnung faktisch zur völligen Auflösung der überkommenen städtischen Selbstverwaltung. In diesen Jahren ist daher auch eine völlige Veränderung in dem durch den Rat kontrollierten Gebäudebesitz festzustellen. So wird 1712 das alte, verfallene Kaufhaus des Kaufmannsamtes durch den Magistrat erworben und zum sogenannten *neuen Stadthaus* umgebaut, um offensichtlich fortan als Verwaltungs- und Repräsentationsbau zu dienen. Damit verbunden ist die Neuordnung der Amts- und Dienstorte zahlreicher anderer städtischer Einrichtungen. Zugleich wird das bisherige *Stadthaus* neben dem Rathaus (siehe Kleiner Domhof 1) umgebaut. Aber auch diese Umstrukturierung des städtischen Besitzstandes sollte nur wenige Jahre Bestand haben. Denn schon 1731 wurde das erst 1712 grundlegend erneuerte Neue Stadthaus durch den Rat an die Landstände verkauft, die damit einen der symbolträchtigsten und städtebaulich (gegenüber dem Domhofzugang) auch dominantesten Bauten am Markt erwarben. Mit diesem Kauf wurde auch städtebaulich die Aufhebung der städtischen Autonomie bzw. die Unterwerfung unter eine landesherrliche Regierung auf das deutlichste symbolisiert. Auch die städtische Hauptwache, die sich inzwischen in der alten Johanniskirche befand, dürfte zu dieser Zeit in landesherrlichen Besitz übergegangen sein.

Die vier Seiten des Marktes sind in der Nutzung und Baustruktur also stets höchst vielfältig geblieben und haben ihren ehemals stark unterschiedlichen Bebauungscharakter erst seit dem 18. Jahrhundert mehr und mehr verloren.

Nach Ausweis des Verlaufs der Stadtbaches (siehe auch Kap. I.2) ist bei der Bebauung der Ostseite zunächst nur von einer geringen Grundstückstiefe auszugehen, so daß diese Marktseite sich mit Ausnahme der Eckgrundstücke kaum zur Bebauung mit größeren Häusern eignete. Da zudem noch im 18. Jahrhundert für den mittleren Bereich (Markt 5–11) statt der später nur vier noch sechs Hausstätten nachzuweisen sind, haben hier offensichtlich zunächst kleine Bauten, wohl Buden bestanden. Erst in der Neuzeit, wohl sogar erst seit dem 18. Jahrhundert scheint die Bebauung auf dieser Seite dichter geworden zu sein, wobei der Stadtbach nun z. T. überbaut wurde. Dieses kann vor 1530 nur mit bischöflicher Duldung geschehen sein, da die Gebäude damit in seinen Rechtsraum hinein gestellt wurden. Diese Entwicklung spiegelt sich auch darin wider, daß von den im folgenden beschriebenen Bauten abgesehen, sich auf der Ostseite keine nennenswerte mittelalterliche Bausubstanz nachweisen läßt: 1493 kauft der Rat eine offensichtlich leere Hausstelle von Berde Kolwose *beleghen by dem Nygenwercke* zwischen den Häusern des Goldschmieds Johan Borberdes Reyneken und Euert Rabbeken. Von diesen Nachbarn erhielt der Rat 80 Gulden, damit die Stelle, gelegen am Markte, auf alle Zeiten unbebaut bliebe (KAM, Mi, B 106 a).

Die Südseite wurde in der Frühzeit von einem kleinen Bachlauf begrenzt, der zu dem weiten Quellhorizont am Fuße der durch die Stadt verlaufenden Weserterrasse gehört. Die Besiedlung setzte hier wohl um 1250 mit der Gründung des Heilig-Geist-Hospitals ein, das zunächst den größeren Teil der Front einnahm und offensichtlich nur Platz für zwei oder drei Hausstätten im westlichen Bereich im Anschluß an die Einmündung der Obermarktstraße ließ (Markt 20, 22 und Obermarktstraße 1), aber nach seiner Verlegung und der im 16. Jahrhundert erfolgten Profanierung der Kapelle schließlich mit Häusern überbaut wurde (den Hausstellen Markt 26 und 28 sowie Lindenstraße 2, 4 und 6). Die meisten der wohl seit dem 16. Jahrhundert auf dem Hospitalgelände entstandenen Bauten wurden bis zum 19. Jahrhundert nicht unter der Adresse Markt geführt, sondern als Häuser *im Sack* bezeichnet. 1880 wird für diese Marktseite die Fluchtlinie festgesetzt.

Die Nordseite erhielt ab der Mitte des 13. Jahrhunderts seine Bebauung durch den Rathauskomplex, wobei sicherlich auch der Zugang zur Domburg verengt wurde. Sie war nur durch einen schmalen Zugang erreichbar, der auf der anderen Seite durch das schon im 15. Jahrhundert bestehende sogenannte »Neue Werk« begrenzt wurde. Die beiden den Zugang überspannenden Schwibbögen sind jedoch offensichtlich erst nach der Mitte des 16. Jahrhunderts angelegt worden und dürften weniger Zeichen einer Rechtsgrenze, als Reparatur von Bauschäden der nebenstehenden Bauten gewesen sein, gaben aber in der Neuzeit dieser Passage den Namen *Unter den Schwibbögen*. Die 1818 belegte Bezeichnung *unter den Neuenbogen* dürfte sich hingegen auf den baulichen Zusammenhang mit dem »Neuen Werk« beziehen (KAM, Mi, E 453). An dem vorderen der beiden Bögen hing um 1800 eine der wenigen öffenlichen Laternen. Der Zugang zur Domburg hatte sich in der Neuzeit zudem durch die auf Bauschäden zurückgehende Vermauerung der östlichen Arkade der Rathauslaube weiter verengt. Schon 1826 versucht man eine Verbreiterung der Passage zwischen Marktplatz und Kleinem Domhof dadurch zu erreichen, daß man die in die enge Durchfahrt zusätzlich hineinreichenden und nachträglich vorgebauten Strebepfeiler des Rathauses abarbeitete (KAM, Mi,

E 734), aber erst 1896 wurde durch den Abbruch und zurückgesetzten Neubau des dem Rathaus gegenüberliegenden ehemaligen *Neuen Werkes* Kleiner Domhof 2 nach Ankauf durch die Stadt die Situation deutlich verändert.

Die bürgerlich oder kaufmännisch geprägte Westfront des Marktes wurde offensichtlich mit Ausbildung der Kaufmannssiedlung entlang der Fernstraße wohl schon im 10. oder 11., spätestens aber im 12. Jahrhundert besiedelt. Die relativ breiten und großen Grundstücke waren allerdings durch ihre Lage am und vor dem Abhang der über 10 m hohen Hangterrasse des Wesertales in der Bebauung beeinträchtigt. So bestanden innerhalb der Parzellen erhebliche Höhenunterschiede (mit zunehmender Deutlichkeit nach Süden), zudem waren sie nicht von rückwärtigen Grundstücken her zu befahren. Entlang den rückwärtigen Grundstücksgrenzen entstand im 13. und 14. Jahrhundert in Abschnitten die sogenannte Stützmauer, hinter der der Steilhang zur Gewinnung von Flächen in der Oberstadt verschüttet wurde. Für alle Grundstücke läßt sich die Existenz seitlicher Zufahrten (oder auf Grund der Höhenunterschiede auch nur Zugänge ?) nachweisen, die erst seit dem Spätmittelalter zu eigenen Hausstellen wurden (Markt 10). Dabei standen immer zwei Häuser direkt nebeneinander (Kaufhaus Markt 6 und Markt 8, Markt 12/14, Markt 16/18) und ließen an den freien Seiten jeweils Platz für Einfahrten.

1315 wird zusätzlich noch eine dritte Kapelle, die St. Georg geweiht ist, am Markt erwähnt (Nordsiek 1979, S. 40). Sie soll auch 1345 bestehen (Hoelscher 1877, S. 331), läßt sich einstweilen nicht lokalisieren und ist möglicherweise auch nur auf eine Fehldeutung einer Vikarie an einer der übrigen Kirchen zurückzuführen.

STÄDTEBAULICHE ERSCHEINUNG

Zwar scheinen die meisten der bürgerlichen Grundstücke der West- und Südseite noch mehr oder weniger umfangreiche und aus dem Mittelalter stammende Baureste aufzuweisen, doch haben sich ältere Fassaden und Baukörper von Privatbauten für die Zeit vor dem späteren 18. Jahrhundert nur noch in wenigen Einzelbeispielen im Bereich des Marktes überliefert. Mit dem Abbruch des Hauses Markt 18 verschwand erst 1965 der letzte, im Kern aus der vorbarocken Zeit stammende Giebel am Markt. Nach den Zeugnissen, die bei verschiedenen Grundstücke für die Erscheinung der Häuser zumindest für die Zeit ab etwa 1500 über Zeichnungen, Stiche und Fotografien ermittelt werden konnten, waren es durchweg individuell gestaltete Schildgiebel, die bis in das frühe 16. Jahrhundert aus Backstein ausgeführt waren, danach aus Werkstein oder verputzt wurden.

Seit der zweiten Hälfte des 18. Jahrhunderts wurden die Häuser bei Neu- oder den häufigeren Umbauten offensichtlich durchweg mit neuen Fronten versehen, die als mehrgeschossige und giebelständige Putzfronten mit Satteldach errichtet wurden. Hierbei entstanden noch vereinzelt traditionellere Bauten mit hoher Diele und Steilgiebel (1781 Markt 5), in der Regel allerdings »moderne« Bauten, die als Fluretagenhäuser mit axialer Fassade ausgestattet wurden und bei denen man versuchte, ihnen durch die Ausbildung eines Krüppelwalms die Schärfe der Kontur zu nehmen (zum Beispiel 1764 Markt 22; 1782 Obermarkt 1 links). Wenn Elise von Hohenhausen im Jahre 1819 folgendes Urteil über das Stadtbild abgibt, beschreibt sie die sich um 1800 abzeichnende Neuorientierung recht deutlich: *Die Stadt ist schlecht und unregelmäßig gebaut, die Häuser kehren die Spitzseite nach der Straße … nur am Markte, einem ziemlich regelmäßigen großen Platze, und auf dem Kamp stehen einige gute Häuser, neben anderem im gotischen Geschmack mit unendlich hohen Giebeln …* (von Hohenhausen 1919, S. 24).

Seit 1802 entstanden mehrere Neubauten am Markt, die nicht mehr in der überlieferten Weise eine Giebelgestaltung aufwiesen, sondern Fronten im klassizistischen Stil bekamen und die dahinter bestehende Dachkonstruktion nun möglichst vollständig hinter kräftigen Gesimsen oder höher aufgeführten Blendfronten verdeckten. Zunächst wurde 1802 in dieser Form Markt 2 errichtet, bei dem man das Unterdach des Mansarddaches hinter einer Blendmauer verdeckte (wie es ähnlich 1829 noch einmal beim Haus Markt 20 geschah). 1803 entstand nach Entwurf des jungen Bückeburger Hofbaumeisters Genzner die dreigeschossige Fassade Markt 6, die vor dem Vollwalm eine durchgehende, das Gesims tragende Kolossalgliederung über dem Sockelgeschoß erhielt. Die anschließenden Häuser dieser den wohlhabenden Bürgern der Stadt vorbehaltenen Marktfront wurden bis 1864 in der gleichen Weise umgestaltet, so daß allmählich eine geschlossene Häuserfront mit durchlaufenden, axial geordneten Fensterfronten und ohne Giebelakzente entstand (1826 Markt 7, 1831 Markt 8, 1838 Markt 11, um 1840 Markt 10, 1862 Markt 14). Das 1864 errichtete Haus Markt 12 folgte zwar noch diesem Ideal, durchbrach allerdings durch das Aufsetzen eines zusätzlichen Geschosses dennoch die gewachsenen Proportionen. Die letzten Vertreter dieser Entwicklung – im Detail allerdings schon sehr viel plastischer gestaltet – sind die 1883 errichteten Fassaden von Markt 13 und 16.

Die Bebauung der teilweise schon in der zweiten Hälfte des 18. Jahrhundert erneuerten Südfront folgte während dieser Zeit anderen Gestaltungsvorstellungen, denn hier blieb man mit Ausnahme des Hauses Markt 20 von 1829 bei der Ausbildung von Giebeln (Markt 24 von 1839 und Markt 26 von 1834), wie sie die Häuser Markt 22 von 1764, Obermarktstraße 1 links und Obermarktstraße 1 rechts von 1782 vorgegeben hatten. Trotz der damit stärkeren Akzentuierung der einzelnen Bauten ergab die Gleichförmigkeit des Grundkonzeptes dennoch auch mit diesen Mitteln eine gleichmäßige und ruhige Front.

Nach 1880 änderte sich erneut die Vorstellung davon, welche Bedeutung einer Fassade im Stadtbild und insbesondere einer Hausfassade am Markt zukomme. Deutlich wird der Ausbruch aus den Konventionen in Gestalt und insbesondere in den Proportionen an dem 1890 errichteten Bau Obermarktstraße 1 links. Mit dem Neubau der beiden benachbarten und zusammen konzipierten Häuser Kleiner Domhof 2/4 und Markt 3 im Jahre 1897 wird dann wiederum ein neues und nun über längere Zeit gesellschaftlich akzeptiertes städtebauliches Konzept eingeführt (allerdings werden auch hier die Bauhöhen der Gebäude erheblich angehoben): Man wollte den Bauten nun absichtlich ausgesprochen individuelle, aber auch malerische Ansichten im historischen, ›altdeutschen‹ Charakter verleihen. Obgleich für ihren Bau ohne größere Gegenstimme zwei der bedeutendsten Bauten der Zeit um 1500 in Minden abgebrochen wurden, entstanden dabei neue Giebel, die historische Bauwerke vortäuschen sollten. Während die beiden ersten Beispiele dieser Tendenz eher noch recht unspezifisch in historisierenden Formen norddeutscher Backsteinarchitektur gehalten sind, entstanden in den folgenden Jahren drei weitere neue »alte« Fassaden. Da hierbei die Bauten stehen blieben, und diese statt ihrer zurückhaltenden, aber künstlerisch anspruchsvollen klassizistischen Fassaden nun wieder hohe Giebel erhalten sollten, unterstreichen sie die Tendenz. 1899 entstand die Fassade von Markt 8 in Formen der märkischen Backsteingotik des 15. Jahrhunderts, 1900 die Front von Markt 6 in Formen des fränkischen Barock und 1906 das Haus Markt 20 in der Sprache niedersächsischer Fachwerkarchitektur des frühen 16. Jahrhunderts nach dem Vorbild des Hildesheimer Knochenhaueramtshauses.

Nach dem ersten Weltkrieg stand man auch diesen Tendenzen distanziert gegenüber, so daß der Mindener Lehrer, Schriftsteller und Vorsitzende des Mindener Geschichtsverein H. Kutzleb 1923 schreiben konnte: So ist denn *mit mehr oder weniger Erfolg* das *charaktervolle Bild alter deutscher Städte verpfuscht. Der Mindener Markt ist ein Beispiel, das naheliegt. Da haben wir neben dem ernsten gediegenen Rathaus einen Bürgerbau im Prunk der reichen Steinmetzkunst des 16. Jahrhunderts, haben einige nüchterne, aber immerhin anständige Bürgerhäuser des Rokokos und haben den Ungeschmack des 19. Jahrhunderts als Schänder des Bildes gleich in einem halben Dutzend Beispielen, vom echt imitierten Fachwerkbau mit maschinengefräster Handschnitzerei bis zum Warenhaus in neuzeitlicher Backsteingotik...* (MiHbll 1, 1923).

Die Lücken, die die Bomben 1944/45 in der Nordfront des Marktes und im anschließenden Scharnbereich rissen, führten zu heftigen und langanhaltenden Diskussionen um das städtebauliche Ziel, wobei sich zunächst eher konservative Strömungen durchsetzten und in den Zielen des sogenannten »erhaltenden Wiederaufbaus« des ausgebrannten Rathauses und dem schon 1948 erfolgten Wiederaufbau von Markt 7 deutlich werden. In diesem Zusammenhang versuchten die Behörden rigoros, im Verständnis eines traditionellen Städtebaus das südlich anschließende Gebäude Kleiner Domhof 2/4 in der Höhe zu reduzieren; entsprechend wurde auch 1951/53 der Wiederaufbau des Hauses Markt 3 betrieben (im gleichen Sinne 1954 auch die historistischen Fassaden von Markt 14 und 1957 von Markt 11/13 umgestaltet). Allerdings behielten die Verfechter dieser Vorstellungen nur wenige Jahre die Oberhand in dem immer stürmischer werdenden Baugeschehen, so daß schon ab 1954 diese Konzepte zu Gunsten einer am internationalen Bauen orientierten Gestaltung unter der Prämisse größerer Individualität, neuer Baumaterialien und der Einführung flacher Dächer zunehmend unterlaufen wurden (siehe dazu insbesondere Einleitung Scharn). Deutlich wurde dies bald an dem Nachlassen des Interesses am Erhalt historischer Bauten oder auch nur der überlieferten historischen Strukturen; es zeigte sich 1960 an der Form des Wiederaufbaus des Markteckbaus Scharn 1 als fensterloser Kubus, 1961 auch an der rigorosen Umgestaltung der erst wenige Jahre alten Fassaden von Markt 3/5 und später insbesondere am Abbruch der Häuser Markt 18 (1965) und Markt 24–28 (1972/73) zu Gunsten von großformatigen Blöcken.

PFLASTERUNG

Die Pflasterung mußte wie überall in der Stadt bis nach 1870 von den Anwohnern unterhalten und gepflegt werden (siehe Teil V, S. 1643–1648), doch war die Stadt bei grundsätzlichen Neugestaltungen ebenfalls kostenpflichtig. Der Markt war bis 1810 mit dem traditionellen Material in Minden, den Kieselsteinen aus der Weser gepflastert. Anläßlich des seit 1800 betriebenen Chausseebaus durch die Stadt forderte die Regierung allerdings dazu auf, hier auf dem Markt eine Pflasterung *nach Lütticher Art* vorzunehmen, wie sie auf dem Markt in Hagen schon erfolgt sei und die besser und auch haltbarer als eine solche mit Kieselsteinen sei. Es werden dazu Kostenberechnungen des Pflastermeisters Rauche aus Hagen vorgelegt sowie verschiedene Kalkulationen im Auftrag des Magistrats durch die Mindener Landbaumeister Funk und den Forstinspektor Brüggemann, da man die erhöhten Kosten scheute. Die dafür notwendigen Pflastersteine müßten in Hausberge gebrochen und teuer erworben werden. Es kommt über Jahre zu keiner Einigung, wobei der Magistrat zum Ärger der Regierung das Problem aussitzt und die Entscheidung bis 1807, als die Stadt an die Franzosen fiel, verschleppt (KAM, Mi, C 509).

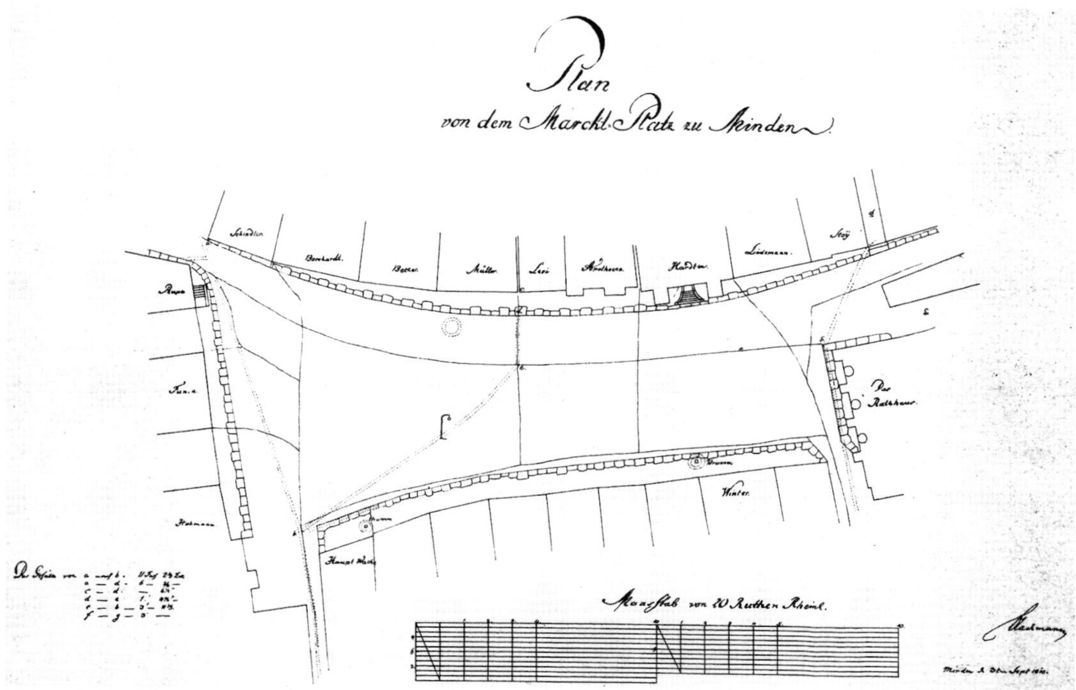

Abb. 895 Marktplatz, Plan zur Neupflasterung der Platzfläche mit Entwässerungsrinnen, Hachmann 1810. Norden rechts.

Bei dem auch unter der französischen Regierung weiter betriebenen Ausbau der Chaussee durch die Stadt wurde mit Verfügung des Präfekten vom 13. 7. 1810 nicht nur das neue Pflaster festgelegt, sondern als Neuerung nun eine Fahrbahn entlang der westlichen Front des Platzes abgesteckt, deren Fläche als Teil der Staatschaussee nach Abschluß dieser Arbeiten bis etwa 1880 in die Baupflicht der Regierung kam. Die Arbeiten der Marktneugestaltung wurden durch den Oberingenieur Held geleitet. Zur Anlage der neuen Fahrbahn mußte die vor dem Hause Nr. 12 stehende Pumpe versetzt werden. Ferner mußten die schon über hundert Jahre geübten, allerdings nicht verbrieften Rechte der Anwohner, vor den Häusern zur Messezeit Buden aufzustellen und diese zu vermieten, abgelöst, bzw. ihnen neue Standorte zugewiesen werden. Es ist von Umpflasterung des Platzes die Rede, doch können die Arbeiten aus Mangel an Steinen erst 1811 zum Abschluß gebracht werden (KAM, Mi, D 180). Dabei werden Bruch- und Ziegelsteine verwendet.

Bis zu diesen Arbeiten 1810 war der Platz stark zur Mitte aufgewölbt und sollte nun zu einer durchgehenden Fläche eingeebnet werden. Zur Planierung des Geländes, das in der Mitte abgetragen, an den Seiten jedoch erheblich aufgeschüttet wurde, müssen durch die Interessenten der Marienthorschen Hude 830 Fuder Grund unentgeltlich angefahren werden. Bei diesen Planierarbeiten werden an den Seiten mit Sandsteinplatten abgedeckte Abzugskanäle eingebaut, wobei der auf der Südseite auch das vom Obermarkt herabfließende Wasser aufnehmen sollte. 1854 wird der Fahrdamm über den Markt erneut gepflastert (KAM, Mi, F 106). Anläßlich einer allgemeinen Neupflasterung des Marktes veranlaßte die Regierung 1872 die Legung eines neuen Kopfstein-

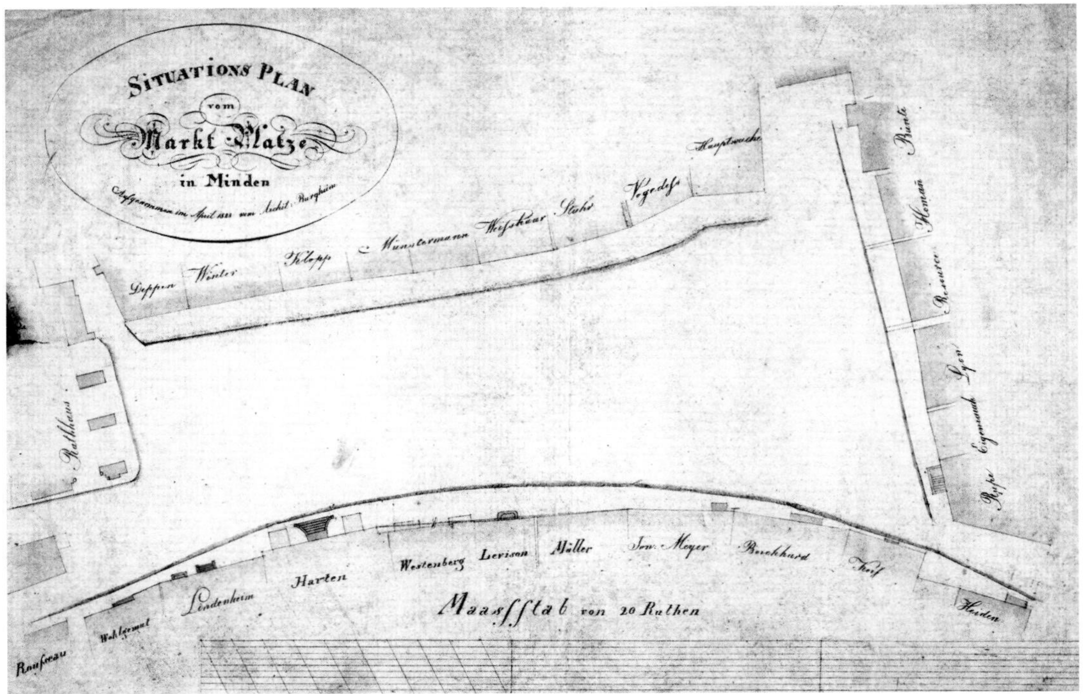

Abb. 896 Marktplatz, *Situations Plan* mit Nennung der Anlieger, aufgenommen 1828 von J. Burgheim. Norden links.

pflasters *auf der Straße am Markt.* Von seiten der Stadt wurden *die alten, dem öffentlichen Verkehr sehr hinderlichen Bürgersteige an der Ost- und Südseite des Marktes reguliert und als Trottoirs angelegt.* Dazu erhielten die Hauseigentümer die Mittel zur Beschaffung der erforderlichen Bordsteine erstattet. Eine weitere Neupflasterung wurde vorgenommen, nachdem 1887 auf der Ostseite und 1889 an der Süd- und Westseite die Kanalisation angelegt worden war (Verw.-Bericht).

Im Laufe des 20. Jahrhunderts sind in kurzen Abständen Um- und Neupflasterungen vorgenommen worden, wobei hier zwischen 1920 und 1959 insbesondere die Gleisanlagen der Straßenbahn mit bis zu vier Ausweichgleisen eingebaut wurden (siehe Teil V, S. 1716).

Nachdem man nach 1960 im südlichen Bereich eine nordsüdlich verlaufende und von dem Mindener Künstler Ruhe gestaltete Betonmauer in die Fläche einbrachte, um das nach Westen ansteigende Gelände in zwei waagerechte und gepflasterte Ebenen zu unterteilen, wurde 1974 eine größere Gruppe von Bäumen etwa in Platzmitte gepflanzt und 1975 der Platz zusammen mit dem Scharn zu einer im September 1975 eröffneten Fußgängerzone umgewidmet. Sie wurde allerdings noch einmal für die Zeit von 1976 bis 1979 als zentraler Busbahnhof genutzt (dann Lindenstraße 9). Danach die Fläche erneut umgestaltet und die trennende Mauer wieder abgebrochen.

Abb. 897 Marktplatz, Vogelschau nach Süden, Ausschnitt aus dem Plan von W. Hollar um 1634. In der Mitte die ehemalige Stadtwaage, davor der Galgen.

GEBÄUDE AUF DEM PLATZ

Stadtwaage (bis 1629 ?), später Hauptwache (bis 1673)

1673 wird das bisherige frei auf dem Markt stehende Gebäude der Hauptwache abgebrochen (Schroeder 1886, S. 619) und für diesen Zweck nun die östlich anschließende ehemalige Kapelle St. Johannis Baptist eingerichtet (siehe Markt 13). Bei dem abgebrochenen Bau dürfte es sich um das auf der um 1634 von Wenzel Hollar erstellten Vogelschau dargestellte, frei auf dem Markt befindliche Gebäude handeln, das hier als ein schlichter, zweigeschossiger Massivbau mit Satteldach erkennbar ist. Mit seinem Südgiebel stand er offenbar etwa in der Flucht mit der Südwand der Kapelle St. Johannis. Da die Wache sich bis um 1629 im sogenannten »Stockhof« (siehe Königstraße 23–29) befand, dürfte der Bau allerdings für einen anderen öffentlich Zweck erbaut worden sein. Hier ist nach den Zuständen in anderen Städten eigentlich nur an die Stadtwaage zu denken, deren Existenz schon um 1500 nachzuweisen ist, der aber bislang vor der Mitte des 17. Jahrhunderts kein Geschäftslokal zugewiesen werden konnte (seitdem zusammen mit dem Acciseamt in dem Bau Hohnstraße 29).

Um 1500 wird vom Rat eine neue Waageordnung erlassen, in der festgelegt wurde, was die Kaufleute ...*tor waghe bryngben* mußten (Nordsiek 1995). Sie wurde auf einer ebenfalls aus der Zeit um 1500 stammenden und im Archiv der Stadt erhaltenen Holztafel mit einem aufgehefteten Pergamentbogen publiziert, auf dem die Tarife der Waage verzeichnet sind und die sicherlich in dem Gebäude hing (KAM, Mi, A I, 482. Siehe auch von Schroeder 1997, S. 301). 1588 wird *1 starck slot vor de waage gemaket*, wofür 29 Groschen gezahlt werden (KAM, Mi, B 146,2 alt). *Die gemeinde Stadtwaage* wurde im frühen 17. Jahrhundert nach altem Gebrauch jedes Jahr zum ersten Mai neu durch den Rat verpachtet (KAM, Mi, B 787). Noch 1621 scheint sich die Waage am oder im Rathaus zu befinden (KAM, Mi, B 788).

Brunnen

1701 bestehen drei Ziehbrunnen auf dem Markt, an denen die Fischer ihre Fische feilbieten sollen (bis spätestens 1723 bestand auch die Fischbank am nördlichen Ende des Scharns – siehe Hohnstraße 36). Dabei handelt es sich offenbar um die noch im 19. Jahrhundert bestehenden drei Brunnen, wobei einer auf der Westseite vor den Häusern Markt 12/14 und zwei auf der Ostseite vor den Häusern Markt 3/5 und 11/13 lagen. Die westliche, vor dem Gasthaus Müller stehende Pumpe wurde wegen des Ausbaus der Chaussee 1810 durch den Maurer Däumer vor das Haus des Hutmachers Eigenrauch verlegt.

Galgen (16. Jahrhundert–1674)

Der Richtplatz lag im 15. Jahrhundert vor dem Simeonstor (siehe Teil V, Kap. IV, S. 149, Johansenstraße 26). 1511 hören wir von der Hinrichtung von zwei Grenzfrevelern, denen *auf dem marckede die koppe abgehouwen* wurden (Wilms 1860, S. 6). Nur für das 17. Jahrhundert ist sicher zu belegen, daß ein Galgen eine Zeit lang auf dem Markt aufgestellt wurde. Er stand auf der Südostseite etwa in der Mitte des Marktes (Krieg 1942), wo er schon auf der Stadtansicht von W. Hollar um 1634 als Holzgerüst mit zwei Ständern zu erkennen ist. Noch 1653 wird ein Straftäter auf dem Markt enthauptet (Bölsche o. J., S. 113). 1654 wollen die Bürger den Galgen vom Markt entfernen und ihn nun auf dem Wall aufstellen, doch wird im Juni 1656 der Galgen auf dem Markt erneuert. 1674 wird er (zugleich mit dem Abbruch der Hauptwache) vom Markt zum Wall beim Hahler Tor versetzt. Von dort ist er dann wenig später (wohl schon 1676) wieder an die alte Stelle vor das Simeonstor verlegt worden.

Pranger (genannt *der Kaak*)

Ein neuer Pranger sollte noch im 17. Jahrhundert auf dem Markt errichtet werden. Zunächst war ein Standort vor dem Kaufhaus bestimmt worden, was allerdings die Kaufmannschaft unterband. Der Standort vor dem Rathaus wurde von den Fleischern verhindert, der gewählte Aufstellungsort dann unklar. 1683 wird der *Kaak* genannte Pranger dann auf dem Platz *Poos* vor der städtischen Fischbank (siehe Hohe Straße 36), an der Ecke Bäckerstraße und Marienstraße errichtet (Schroeder 1886, S. 627. – Krieg 1942).

Fleischscharren (1717–1723)

1717 wurden die in der Laube des Rathauses befindlichen Fleischscharren abgebrochen und auf den Markt verlegt. Die hier errichteten Holzbuden wurden allerdings als entstellend für den Platz empfunden und entwerteten die dahinter stehenden Häuser, so daß man sie 1723 wieder abbrach und an die alte Stelle zurückverlegte (siehe dazu Markt 1, Rathaus, Laube).

FLIEGENDE BAUTEN

Die zwei Messen, die seit 1528 in Minden pro Jahr abgehalten wurden, fanden auf dem Marktplatz, aber offensichtlich auch in den anschließenden Straßen, in späteren Zeiten auch nachweislich in den umstehenden Häusern statt. Zugereiste Kaufleute mieteten sich mit ihrem Warenangebot entweder in den umliegenden Häusern ein, wo sie in einem Kellerraum oder einem Zimmer verkauften, oder aber mieteten eine Marktbude bzw. einen Tisch an. In den Zeitungen des 18. und frühen 19. Jahrhunderts erschienen regelmäßig Anzeigen, welche Angebote bei der nächsten Messe in welchen Häusern anzutreffen waren. 1805 führt der Bürgermeister an Einnahmen aus den Messegebühren an: von den Grossisten (in den umliegenden Häusern) 10 Rthl, von den Buden 2,16 Rthl, von Tischen 0,27 Rthl und von den Hausierern 1,34 Rthl (KAM, Mi, C 509).

Regelmäßig tauchen in den städtischen Rechnungen Ausgaben für die Aufstellung von Bänken und Tischen für die Messen auf. So werden zum Beispiel am 16. 4. 1716 *zu den Tischen auff dem Marckte 62 Fuß Eichenbohlen* verbraucht und am 26. 8. des gleichen Jahres *zu denen Fleisch Ladens aufm Marckte 11 Stück Dannen Dielen* (KAM, MI, B 105 alt).

Abb. 898 Marktplatz mit Wochenmarkt, 1896.

Die Buden auf dem Markt werden vom Rat bereitgehalten und vermietet. Bis zur Neugestaltung des Marktes 1810 hatten seit über hundert Jahren die in den Häusern auf der Westseite am Markt wohnenden Kaufleute das Recht, vor ihren Häusern Buden zur Vermietung zu errichten. Es war das Haus Markt 6 mit fünf Buden, Markt 8 mit zwei Buden, Markt 10 mit drei Buden, Markt 12 mit drei Buden, Markt 14 mit zwei Buden und einer weiteren vor dem Nebenhaus sowie Markt 16 mit drei Buden (mit Namen der Budenpächter in KAM, Mi, C 509). In der Marktordnung von 1796 wird festgesetzt, daß Marktstände von der Polizei angewiesen werden; bei der zu entrichtenden Gebühr wird zwischen großen und kleinen Buden sowie Tisch und Bank unterschieden. Nach der Marktordnung von 1819 hatten die Händler die Buden selbst zu beschaffen, während Tische, Bänke und Gewichte von der Polizei gestellt wurden. Seit 1856 werden die Verkaufsbuden bei den Messen nicht mehr auf dem Markt, sondern auf dem Großen Domhof aufgestellt, statt dessen hier die vermehrt vorhandenen Musik- und Schaubuden (um die Messen im Dom nicht zu stören). In der zweiten Hälfte des 19. Jahrhunderts wurden Tische und Bänke nur noch zum Ausruhen der vom Lande kommenden Marktbeschicker vermietet.

BELEUCHTUNG

Die ersten Straßenlampen Mindens lassen sich im späten 18. Jahrhundert am Schwibbogen zum Domhof, bald auch vor der Hauptwache nachweisen. Diese Öllampen nahmen erst ab etwa 1820 in der Zahl zu (im einzelnen siehe dazu Teil V, Kap. X.1, Straßenbeleuchtung). Im Herbst 1853 wurde als Zeichen der in diesem Jahr durch die private Gaskompanie eingeführten, neuartigen Gasbeleuchtung auf dem Markt ein Kandelaber aufgestellt (siehe auch Lindenstraße 12, Gaswerk).

Der Kandelaber (1853–um 1910) (Abb. 888, 889, 892, 894, 898–900)

Er wurde vom Baumeister J. Burgheim entworfen und sollte zunächst zum Schutz auch noch eine Umzäunung oder Prellsteine erhalten. Die Kosten für den sandsteinernen Sockel, den nach Entwurf gegossenen Kandelaber mit vier Flammen und den Gasanschluß von insgesamt 191 Thl wurden zu einem Drittel von der Stadt und zu zwei Drittel von den Anwohnern des Marktes übernommen, wobei der Kaufmann Arning als treibende Kraft auftrat (Rechnungen, Planungen und Konstruktionszeichnungen erhalten in KAM, Mi, F 410). Die Aufstellung fand zunächst zahlreiche Widersprüche. Von den vier Gasflammen wurden nach 23 Uhr als Nachtlampen nur noch zwei betrieben. Ein kleinerer Kandelaber sollte 1854 auch auf dem Großen Domhof aufgestellt werden, wozu es aber nicht kam.

Nachdem 1900 das städtische Elektrizitätswerk eröffnet worden war, wird 1902 überlegt, eine elektrische Beleuchtung des Platzes einzuführen, doch wird davon ebenso wie 1904 wegen der hohen Kosten Abstand genommen (KAM, Mi, F 2487). Der Kandelaber bestand noch 1909 und ist offenbar kurz danach beseitigt worden.

Abb. 899 Marktplatz, Kandelaber von 1853 als Zeichen der neuen Helligkeit. Plan von J. Burgheim.

NACHRICHTEN ZU NICHT BEKANNTEN HÄUSERN AM MARKT:

1317 verkauft das Domkapitel der Stadt ein Stein- und ein Holzhaus: *duas domos, videlicet unam lapideam et alteram ligneam iuxta lapideam versus ecclesiam Sancti Spiritus iacentem, in foro sitas* (KAM, Mi, A I, Nr. 30. – WUB X, Nr. 550. – WPB I, 2, Cod. dipl., Nr. 24).

1320 lassen Ludemann auf dem Markt und sein Bruder Friedrich von Velthem, *her Kruse* und Johann auf dem Markt dem Gerhard von Selliendorf und seinen Schwestern Rikesse, Elisabeth und Olike ein Haus auf. Es ist *dat hus vppe deme Markede* (WUB 10, Nr. 709. – von Schroeder 1997, Stadtbuch 1318, I, Nr. 24).

Abb. 900 Marktplatz, Kandelaber von 1853, Ansicht von Süden, um 1890.

1327 läßt Bruder Ludeke von Nienburg dem Rickmar, Sohn des Ritzer *en hus bi deme Markete* auf (VON SCHROEDER 1997, Stadtbuch 1318, I, Nr. 65). Dieses Haus wird 1328 von Rickmar Ritzering mit seinen Söhnen, den drei Ritzering, Ludemann und seiner Frau der Elisabeth Kruse aufgelassen: *eyn hus bi deme Markete* (VON SCHROEDER 1997, Stadtbuch 1318, I, Nr. 72).

1327 läßt Ulrich, Sohn des Achilles, mit Willen seines Vaters dem Hermann Sarewrechte *sin hus bi deme Markite* auf (VON SCHROEDER 1997, Stadtbuch 1318, I, Nr. 67).

1329 lassen die Brüder Johann der Mönch, Heinrich und Welder, Söhne des Herrn Johann *des hansgenmekeres* dem Bernhard von Dornede vor dem Wichgrafen *ere hus bi deme Markete* auf (VON SCHROEDER 1997, Stadtbuch 1318, I, Nr. 74).

1330 läßt Kersten Kruse dem Ludemann Siemering auf *dat stenhus, dat het de Helle, bi den Markede* (VON SCHROEDER 1997, Stadtbuch 1318, I, Nr. 76).

1330–1333 läßt Arnold von der Mühle dem Heinrich Bordinking auf *ere hus dat gelegen is an der Marketstrate* (VON SCHROEDER 1997, Stadtbuch 1318, I, Nr. 82).

1342 läßt die Witwe des Konrad Hufschläger dem Arnold *Cuychart* auf *domum suam iuxta forum* (VON SCHROEDER 1997, Stadtbuch 1318, I, Nr. 86).

Um 1330–1350 überträgt die Stadt dem Bertram von *Indaginge* ein Steinhaus mit Zinsbelastung: *domum lapideam iuxta forum* (VON SCHROEDER 1997, Stadtbuch 1318, II, Nr. 77).

1372 überträgt Albert von der Herrenmühle dem Heilig-Geist-Hospital eine Rente aus einem Haus zwecks Memorienstiftung: *vte Tyuogels hus dat gelegen ys kegen dem Marckete to Minden by Johans hus von me Hagen* (KAM, Mi, A III, Nr. 25. – STA MS, Mscr. VII, 2716, Bl. 21v).

Um 1330–1350 überträgt die Stadt dem Heinrich von Heimsen ein Haus mit Zinsbelastung *in vicino domum Hinrici de Hemenhusen* (von Schroeder 1997, Stadtbuch 1318, II, Nr. 77).

Um 1330–1350 überträgt die Stadt dem Arnold Top ein Haus mit Zinsbelastung: *in domo et hereditate Arnoldi Top* (von Schroeder 1997, Stadtbuch 1318, II, Nr. 77).

1352 verpachtet das Heilig-Geist-Hospital dem Engelbert, Stadtknecht (*servus noster*) und seiner Frau Gertrud ein Haus mit Stätte auf der Südseite des Marktes: *domum quendam et aream predicti hospitali* [sancto spiritu] *pertinentes sitas juxta forum apud rupam* [?] *locauerunt* (KAM, Mi, A III, Nr. 11); *domum quendam et aream praedicto hospitali pertinentes sitas juxta forum apud* [danach eine Lücke im Text] *locaverunt* (STA MS, Mscr. VII, 2716, Bl. 13v). Als spätere Besitzer werden genannt: Ludeke Heine, Lutteke Ludeke (KAM, Mi, A III, Nr. 11. – STA MS, Mscr. VII, 2716, Bl. 13v).

1391 verkaufen Geseke, die Frau des buckligen Heyne und ihr Mann dem Heilig-Geist-Hospital eine Rente *in ere hus by dem markede*, woraus das Heilig-Geist-Hospital bereits eine Rente hat. Als spätere Besitzer genannt: Buckheineke Witwe, Lutteke Ludeke (KAM, Mi, A I, Nr. 167. – STA MS, Mscr. VII, 2716, Bl. 30r. – STA MS, Mscr. VII, 2726).

1404 verkaufen Heinrich Proyt und seine Frau Metteke dem Gasthaus eine Rente *in ere hus vnd stede mit al siner tobehoringhe alzo dat ghelegen is vp dem markete tusschen Hermannes hus van dem Lo vnd Hermannes hus Ymessen* (STA MS, St. Martini, Urkunden Nr. 156).

1429 erben Johann und seine Schwester Bruneke von Langen von ihrer Mutter Beate *Twe hus vppe dem markte de Volquin Snuvers gehort hadden* (KAM, Mi, A I, Nr. 272).

Vor 1452 verkaufen Heinrich Gevkote, Sohn des Johann und Johann Gevekote, Sohn des Hartmann dem Nikolai-Hospital einen Rentenbrief *jn Arnd Koters hus belegen by dem Markede*, den sie früher von Happeke Severding erworben hatten (KAM, Mi, A III, Nr. 113 zu 1452 Juni 22).

1493 bekunden Bürgermeister und Rat der Stadt Minden, *dat wij hebben affgekofft* von Berd Kolwose und seiner Frau Jlse *eyne stede, dar syn huss vppe stunt beleghen by dem Nygenwercke teghen Johan Boberdes Reyneken Goltsmedes vnd Euert Rabbeken husen*. Außerdem bekunden sie, daß sie empfangen haben von Johan Reineken und seinen Erben 80 gute rheinische Gulden, *dat so dane stede schal vnbekumert vnd vnbebuwet blyuen vnd ver eyne gheme vryge stede liggen ghelyck dem Marckede to ewighen tyden vnd dar enschall nemant nenen mesz leggen des wy on oren eruen offte den besittern orer huse also vestlyck to holdene willen tostan* (KAM, Mi, B 106 a).

1557 verkaufen Johann Vogeler, *vp dem markede wonafftich* und seine Frau Alheid den Rentherren eine Rente *jn vnd vt orem huse stede vnd alle des thobehoringe so dat vp dem marckede twusschen gemeltes Albert Huddickes vnd der Hoffsmedeschen husen belegen* (KAM, Mi, A I, Nr. 630).

1455 überlassen Heinrich Semele und seine Frau Heilwig (Bürger zu Grevenalveshagen) dem Minder Bürger Ludeke Semele, Bruder des Heinrich Semele ein Haus mit Brunnen: [huss mi]*t eyner tobehryncge beleghen bij juwem markede to Mynden teghen dem sode twisschen twen husen dede beyde* [...]*se synt* (KAM, Mi, A I, Nr. 334).

MARKT 1, Rathaus (Abb. 887–892, 895–898, 901-970, 983, 1459, 1467, 1472)

1729 bis 1743 Martini-Kirchgeld Nr. 125 a (für den Stadtweinkeller); 1743 bis Anfang des 19. Jahrhunderts städtisches Gebäude Nr. 1; bis 1878 ohne städtische Hausnummer

LITERATUR: LUDORFF 1902, S. 97, Tafel 57–61. – STIEHL 1905, S. 18 und Abb. 12. – BERGNER 1906, S. 298 und Abb. 316. – LÜBKE/HAUPT II 1914, S. 481. – KRIEG 1926. – LAMPMANN 1927. – KRIEG 1930. – LÖFFLER 1932, S. 16. – SALTER 1935, S. 138–139 mit 4 Abb. – KRIEG 1950 a. – KRIEG 1950 b. – Westfalen 31, 1953, S. 149. – M. KRIEG 1954. – KEBER 1955. – BAYREUTHER 1957. – MUMMENHOFF 1968, S. 91 und Abb. 111–113. – THÜMMLER/KREFT 1970, S. 156, 278 und Abb. 207. – NORDSIEK 1979, S. 26 f., 69, 81 und Abb. S. 189–193. – PAUL 1985, S. 95 und Abb. 7. – SCHMIDT 1992, S. 116–120 mit Abb. – NORDSIEK 1995, S. 177 ff. und Abb. S. 178. – SCHULTE 1997.

QUELLEN: KAM, Mi, C 274,4 alt; D 280; E 716, 726, 730, 738, 743, 1026; F 65, 67, 672, 680, 687, 691, 692, 2240, 2354; H 60, Nr. 196. – Archiv LWL Münster, C 76, Nr. 547 (1947–1974).

PLÄNE: *Zeichnung von der Schulzenburg an den hiesigen Rathausgebäude*, Maurermeister Däumer 1802 (KAM, Mi, C 274,4 alt) (Abb. 950). – *Zeichnung von dem zu einem Weinlager für Hr. Harten einzurichtenden Keller unter dem Hofe des hiesigen Rathauses*, Landbaumeister Kloth 1826 (KAM, Mi, E 716) (Abb. 949). – *Grundriß des Stadthausgebäudes zu Minden*, wohl von Baukondukteur Trippler 1829 (STA DT, Kartensammlung D 73, Tit. 4, Nr. 9923) (Abb. 904). – *Zeichnung von einem hinter dem hiesigen Rathauses anzubauenden Waage-Gebäudes*, Zimmermeister Fr. Wehdeking 1831 (KAM, Mi, E 738) (Abb. 951). – *Plan zum gelas für zwei Sprützen* und *Plan zur Anlage zweier Nebenzimmer und Retrait am hiesigen Rathause*, 1836 (KAM, Mi, F 356) (Abb. 948). – Räume für die Leihanstalt auf dem Rathausboden, Maurermeister Baumgarten 1845 (KAM, Mi, E 730). – Abortanlage auf dem Rathaushof, Zimmermeister Assmann 1861 (KAM, Mi, F 687). – Treppe vom Neuen Werk zum Kleinen Domhof, 1888 (KAM, Mi, F 687). – Die weiteren Pläne in der Plansammlung des Hochbauamtes der Stadt (Mappe 1002/1–5): *Grundrisse des Rathauses zu Minden, aufgenommen 1885* vom Stadtbaumeister Rumpf (ein Blatt in zwei verschiedenen Ausführungen) (Abb. 905). – *Darstellung der westlichen Schornsteinanlage im Rathause* mit detailliertem Querschnitt durch den Bau, M 1:50 von Stadtbaumeister Rumpff, 20. 6. 1890 (Abb. 906). – *Zeichnung von der Herstellung neuer Schornsteine an Stelle der unvorschriftsmässigen alten im Rathausgebäude* von Stadtbaumeister Rumpff, 21. 2. 1891. – Plansatz mit Bestandsplänen und zwei leicht unterschiedlichen Umbauprojekten sowie Planung der Heizungsanlage mit insgesamt 13 Blättern zum *Rathaus (Durchbau) zu Minden* von Stadtbaumeister Kersten 1895/96 (Abb. 907, 909). – Plan zum Umbau und Neubau der Nebengebäude auf dem Hof des Rathauses von Stadtbaumeister Kersten 19. 4. 1898. – Plan zum Neubau des Hauses Kleiner Domhof 1 und dessen Anschluß an das Rathaus, Stadtbaumeister Kersten 1907. – *Grundriß des Rathauses zu Minden* vom 22. 6. 1926.

Grundriß der Laube M 1:200, Ludorff 1901 (Bildarchiv WAfD – Abb. in LUDORFF 1902). – Planung eines *Registraturenanbaus* an das Rathaus, verschiedene Konzepte von Stadtbaurat Kersten und Provinzialkonservator Ludorff 1904 (Planarchiv WAfD) (Abb. 910). – *Klosett- und Entwässerungsanlagen in den öffentlichen Bedürfnisanstalten u.s.w.*, Stadtbaumeister Kersten 1910 (Entwässerungsakte Rathaus in Registratur der Bauaufsicht/Stadtverwaltung Minden) (Abb. 908). – Bestandspläne M 1:50 vom Rathaus Minden von etwa 1940 sowie Pläne zur Neugestaltung des Ratssaales in Plansammlung Hochbauamt Stadt Minden (Mappe 1002/3–4). – *Vorschlag zum Wiederaufbau in*

Minden von C. Bergbrede 2.12.1945 (KAM, Mi, H 60, Nr. 215) (Abb. 952). – Jeweils ein Satz der 1951/54 vorgelegten Pläne zum Wiederaufbau des Rathauskomplexes als Mutterpausen in der Plansammlung Hochbauamt Stadt Minden (Mappe 1002/1–5) und als Lichtpausen in den Akten der Bauaufsicht Minden sowie des Westfälischen Amtes für Denkmalpflege in Münster (Planarchiv WAfD sowie Archiv LWL/Münster, C 76, Nr. 547) mit zahlreichen Planungsvarianten (Abb. 954–957). – Schaubild zum *Projekt für den Wiederaufbau des Rathauses*, Mai 1951, ferner verschiedene Rekonstruktionsversuche zur Entwicklung des Rathauses in seinem Grundriß und Schauzeichnung *Rathaus Minden, Anfang 17. Jahrhundert* von K. Handrick 1957 im KAM (Mi, Plansammlung, unverzeichnete Pläne).

LAGE

Das Rathaus dürfte um 1260 an der Nordfront des Markplatzes auf einer zuvor wohl nicht besiedelten Stelle zwischen der Scharnstraße im Westen und dem Stadtbach im Osten errichtet worden sein. Die Fläche gehörte zunächst zum Bett des vom Königsborn ausgehenden Baches, der wohl um 1232 kanalisiert zum schmaleren Stadtbach geworden ist. So fanden sich bis zu 2,5 m starke Faulschlammschichten nicht nur nördlich und östlich des Baus im Boden, sondern in Resten auch unter dem ganzen Gebäude (Laag 1960, S. 54). Bei den Ausschachtungen zum Wiederaufbau des Rathauses wurde 1951 in 2,5 m Tiefe im Flußschotter ein paläolithisches Geradbeil aus Rengeweih gefunden. Es wurde in die Zeit um etwa 8000 v. Chr. datiert (siehe Teil I, Kap. Kap. I.3, Fundstellenkatalog, Fundstelle 41; Verbleib der Funde: Mindener Museum, Mi 2000. – Siehe Adrian 1953 und Fundkartei des Mindener Museums). Ferner wurden viele Keramikscherben (sowie andere Fundstücke) geborgen, zum großen Teil allerdings sind die Fundumstände nicht näher beschrieben. Darunter bemerkenswert: 1). Randscherbe vom Boden eines Gefäßes des 8.–9. Jahrhunderts (Fundstelle 42; Verbleib: Mindener Museum, MA 71). 2). Früh- bis hochmittelalterliche Scherben (Fundstelle 43; Verbleib: Mindener Museum, MA 72). 3). neuzeitliche Scherben, Kacheln und Kammfragmente (Fundstelle 44; Verbleib: Mindener Museum, MA 74, 75, 77, 78, 79, 80). 1952 wurden weitere Scherben des 10.–12. Jahrhunderts sowie ein »Kanal am östlichen Pfeiler« gefunden. Der Kanal wurde von einem Gutachter in die Zeit um 1800 datiert, dürfte jedoch nach heutiger Kenntnis eine ältere Überwölbung des an anderer Stelle näher behandelten Stadtbachs (siehe Kap. I.2) gewesen sein (siehe Teil I, Kap. I.3, Fundstellenkatalog, Fundstelle 45; Verbleib der Funde: Mindener Museum, MA 76).

Das nahezu quadratische Rathausgrundstück, das in dieser Form bis 1948 bestand, umfaßte die nördliche Schmalfront des Marktplatzes und war in seiner südlichen Hälfte in der ganzen Breite von Anfang an mit dem Rathaus überbaut. Westlich wurde es von der Scharnstraße begrenzt, die eine Reihe von nördlich anschließenden und ebenfalls auf dem Gelände des ehemaligen Bachbetts eingerichteten Bürgerstätten erschloß, während es im Osten der westliche Arm des um den Dombezirk führenden Stadtbachs (siehe hierzu Kap. I.2) säumte. Der eingefaßte Stadtbach bildete nicht nur eine starke räumliche Grenze innerhalb der Stadt, sondern markierte auch den Geltungsbereich der wohl seit 1232 geschiedenen städtischen und bischöflichen Rechtsbezirke. Der gewählte Bauplatz und die Stellung des Rathausbaus unmittelbar vor dieser Grenze dokumentiert bürgerliches Selbstbewußtsein gegenüber dem Bischof als Stadtherren, zumal da der Zugang vom Markt zum Kleinen Domhof durch den Bau gesäumt wurde. Dem Rathaus unmittelbar gegenüber – als andere Eckbebauung dieses Zuganges – errichtete wohl der bischöfliche Wichgraf später sein Amtshaus, das sogenannte »Neue Werk«, (siehe Kleiner Domhof 2), so daß in der Stellung beider Bauten zueinander nicht nur der Zugang zum Dombezirk stark eingeschnürt und auf eine schmale Fahrbahn reduziert, sondern auch die komplexe und bis 1530 unangetastet bestehende rechtliche Situation städtischer Verfassung mit niederer städtischer Gerichtsbarkeit und bischöflich/wichgräflicher Halsgerichtsbarkeit dokumentiert wurde. Daß die Stellung der Bauten zueinander bewußt gewählt war, dürfte noch im Spätmittelalter bekannt gewesen sein und wird nicht zuletzt an dem komplexen Ablauf von Gerichtsverfahren auf dem Platz unter Einbezug von Kaufhaus, Rathaus und »Neuem Werk« deutlich (siehe dazu S. 1290 und Markt 6).

1264 überläßt der Bischof der Stadt in mehreren Urkunden verschiedene Flächen zur Bebauung. Einer dieser Rechtsakte könnte sich auf eine nördlich an das Rathaus anschließende Fläche beziehen (vermutet schon Krieg 1955, S. 120) und wäre dann der früheste Beleg für die Existenz des Rathauses. Es handelt sich um ein *spacium, situm contra domum, que est ex adverso posita, que vulgariter dicitur dhverhus, ut consules super illud edificent et construant prout civitati magis expediat et utilius esse videatur, ita tamen, ut viam edificiis non inpendiant et transeuntibus pateat satis ampla et lata* einen Platz, der vor dem Haus liegt, das gegenüber steht und im allgemeinen das Querhaus genannt wird, damit dahinter die Ratsherren errichten und bauen, wie es der Bürgerschaft mehr dient und nützlich zu sein scheint, und zwar so, daß der Weg durch die Gebäude nicht beeinträchtigt wird und für die Durchgehenden offen, breit und weit bleibt (KAM, Mi A I, Nr. 8. – von Schroeder 1997, Urkunden Nr. 12. – WUB VI, Nr. 809). Eine eindeutige Nennung des Rathauses liegt für 1300 vor: *in domo consulum* (KAM, Mi, A I, Nr. 21; siehe auch von Schroeder 1997, Urkunden Nr. 26. – WUB VI, Nr. 1644. – WPB I, 2, Cod. dipl., Nr. 18. – Schulte 1997, S. 144). Für 1365 liegt die früheste Nennung der deutschen Bezeichnung »Rathaus« vor: In diesem Jahr schließen Hermann Bogener und seine Ehefrau einen Vertrag über eine von ihnen (wohl im Zusammenhang mit einem Hausbau an nicht bekannter Stelle – denkbar aber nur an der Scharnstraße 1, unmittelbar nördlich des Rathauses) mitbenutzte Mauer des Gebäudes: *dat se in vses raethuses muoren nicht an enhebben, men se hebben in desuoluen muoren steken veer loghenstene mit vseme willen* [kein Anrecht auf die Mauer des Rathauses außer auf die vier Auflagesteine, die sie mit Zustimmung des Rates in diese Mauer gesteckt haben] (KAM, Mi, A I, Nr. 106. – STA MS, Mscr. VII, 2726. – Schroeder 1886, S. 278. – von Schroeder 1997, Urkunden Nr. 63). Weitere Nennungen des Rathauses (in Auswahl): 1397 *jn domo consulatus eorum* (KAM, Mi, A I, Nr. 186. – STA MS, Mscr. VII, 2726); 1405 *op unse Rathuys* (von Schroeder 1997, Urkunden Nr. 86. – Dortmunder UB III, 1, Nr. 255, 2); 1449 *vp dem radhuse* (KAM, Mi, A I, Nr. 323); 1468 *juwe rathus* (KAM, Mi, A I, Nr. 376); um 1527 *vp demm radthusze tho Myndenn* (STA MS, St. Mauritz und Simeon, Urkunden Nr. 294 und 295); 1530 *vf dat raithuiss* (STA MS, Mscr. VII, 2712a, Bl. 2r–2ar).

Mit den zunehmenden, im Rathaus abgewickelten städtischen Aufgaben erhielt das Gebäude in der Neuzeit verschiedene Aus- und Anbauten. An die Nordfront schloß offenbar noch 1365 unmittelbar ein Bürgerhaus an, das vor 1608 durch den Rat erworben und zu Gunsten einer Hoffläche abgebrochen wurde. Danach entstanden dort mehrere Bauten: im Westen die Ratsstube (später Rentenkammer) und östlich als Flügel entlang dem Stadtbach, die sogenannte Schulzenburg, wobei auch der verbliebene nördliche Hofplatz unterkellert und möglicherweise durch Zukauf einer weiteren Teilfläche der Hausstätte Scharnstraße 1 erweitert wurde. Diesen Zustand läßt Hollars Vogelschau der Stadt Minden der Zeit um 1634 erkennen (Abb. 897). Zudem wurde der Komplex zwischen etwa 1660 und 1723 durch Nutzung einer östlich anschließenden Hausstelle im Bereich der Domfreiheit (siehe Kleiner Domhof 1) erweitert, wofür man den zwischen den Bauten verlaufenden Stadtbach teilweise überbaute. So wird 1715 durch den Meister Samuel Rösinger *unter dem Neuen Werck, über das Canahl eine Buncke von Steinen gehauen und eingemauert, auch mit eißerne Klammeren eingegossen* (KAM, Mi, B 105). Nur im nördlichen Teil des Grundstücks lag er noch bis 1865 bei einer Breite von 6 bis 8 Fuß offen, wobei er hier von beiden Anliegern zu unterhalten war; er wurde dann zur Erweiterung der nördlichen Hoffläche des Hauses Kleiner Domhof 1 überwölbt (KAM, Mi, F 691).

ZUR NUTZUNGSGESCHICHTE DES RATHAUSES DURCH RAT UND STÄDTISCHE VERWALTUNG

Cives (Bürger) werden seit 1206 genannt, und ein städtisches Siegel ist seit 1231 bekannt. Spätestens seit diesem Zeitpunkt siegelte also die Bürgerschaft in eigener Sache, wobei die ältesten erhaltenen Urkunden auf 1232 datiert sind; 1244 werden zum ersten Mal Ratsherren genannt, deren Zahl 1301 in einem Wahlstatut mit zwölf angegeben wird und denen spätestens ab 1303 ein Bürgermeister vorstand (SCHULTE 1997, S. 144 f.). Sie wurden durch zwölf Wahlmänner gewählt, die wiederum der Vierzigerausschuß bestimmte. Dieser wurde von dem nach wie vor dominierenden Kaufmannsamt, den Ämtern der Bäcker, Fleischer und Schuhmacher sowie der Meinheit bestimmt. Die zwölf Ratsmänner waren jeweils auf ein Jahr ernannt und wurden zunächst alle zugleich am 6. Januar, dem Dreikönigsfest, jeden Jahres gewählt. In der Mitte des 14. Jahrhunderts scheint man diese Regelung dahingehend geändert zu haben, daß nun an zwei Terminen des Jahres jeweils sechs neue Ratsherren gewählt wurden, wobei als zweiter Termin der 24. 6., das Fest Johannis des Täufers, bestimmt wurde, so daß es zu einer größeren Kontinuität des Rates kam. Ratsmitglied konnte nur derjenige werden, der dem Kaufmannsamt angehörte. Im 15. Jahrhundert gehörten dem Vierzigerausschuß jeweils 16 Kaufleute, 16 Vertreter der acht Ämter, sechs Vertreter aus den drei Vorstädten und zwei Vertreter der Meinheit an. Die enge Beziehung, die damit zwischen Rat und Kaufmannsamt bestand (dazu auch SCHULTE 1997, S. 152 f.), äußerte sich auch darin, daß sowohl der Vierzigerausschuß als auch die von diesem bestimmten 12 Wahlmänner im Kaufhaus tagten, das dem Rathaus schräg gegenüber stand (siehe Markt 6). Dieser Bau scheint schon um 1230 und damit einige Jahrzehnte vor dem vielleicht um 1260 errichteten Rathaus entstanden zu sein (bei SCHULTE 1997, S. 153 allerdings zeitlich umgekehrt dargestellt). Hierin dürfte deutlich werden, daß Rat und Rathaus aus der Organisation der Kaufleute hervorgingen[1] und sich erst später zu einer eigenständigen Organisation entwickelten. Diese schuf sich mit dem Rathaus ihr eigenes Rechtszeichen, das zwischen dem Kaufhaus und dem Zugang zur Domimmunität gesetzt wurde. Von Tribbe wird es 1460 beschrieben als *domus, in quo solet consulatus sedere* (ein Haus, in dem sich der Rat versammelt). Einen Zusammenhang des städtisch/bürgerlichen Rathauses mit dem nach Tribbe um 1460 in unmittelbarer Nachbarschaft im sogenannten »Neuen Werk« (siehe dazu Kleiner Domhof 2) tagenden bischöflichen Gericht des Wichgrafen – wie er in der Literatur bislang verschiedentlich hergestellt worden ist – dürfte vor 1520 nicht denkbar gewesen sein, da es bis zu dieser Zeit eher um die auch symbolisch deutlich werdende Abgrenzung von städtischen und bischöflichen Rechtskreisen ging. Die Trennung dieser beiden Gerichte war 1256 vollzogen worden, so daß der Bau des Rathauses möglicherweise auf diese Entscheidung zurückgeht. Dies erscheint um so naheliegender, als das Rathaus nicht – wie anderenorts, etwa in Lemgo – an die im älteren Kaufhaus schon vorhandene Kaufhalle angegliedert wurde, sondern als eigenständiger Bau mit relativ bescheidenen Ausmaßen ausge-

[1] Auch in der weseraufwärts liegenden Stadt Höxter wird im Mittelalter zwischen dem älteren Kaufhaus und einem Rathaus unterschieden, wobei ersteres an dem älteren Markt gelegen haben soll. Im 14. Jahrhundert wandelt sich dort das Kaufhaus zum später untergegangenen Brothaus (siehe RABE 1994, S. 96).

führt wurde. Neben Einrichtungen der Ratstätigkeit nahm er vor allem mit der dominanten Laube in der Längsfront den städtischen Sitz des Niedergerichtes auf.

Die Mitglieder des Rates übernahmen verschiedene Ämter innerhalb der sich erst nach und nach entwickelten städtischen Verwaltung: so werden schon 1253 Heilig-Geist-Herren als Verwalter des Hospitals genannt (siehe Markt 26), 1322 Kämmerer, 1342 Nikolai-Herren als Verwalter des Leprosenhauses (siehe Teil V, Kap. IV, S. 152, Kuckuckstraße), ab 1379 auch Rentenherren (dazu siehe weiter unten), ab 1396 Gasthausherren als Verwalter des Gasthauses (siehe dazu Obermarktstraße 36) und um 1460 zudem Weinherren, denen die Überwachung des städtischen Weinhandels, aber wohl auch die Aufsicht über die schon zu dieser Zeit bestehende Ratskellerwirtschaft oblag (siehe dazu weiter unten). Die nachweisbaren Ämter wurden nicht oder nur zum geringen Teil im Rathaus ausgeübt. So befand sich die Verwaltung der Hospitäler im 15. Jahrhundert im Obergeschoß des Kaufhauses, die des Gasthauses im dortigen Gebäude (siehe dazu auch Martinikirchhof 5), und als städtischer Weinkeller diente bis 1560 das Untergeschoß des Kaufhauses. Lediglich die städtische Finanzverwaltung, bestehend aus Kämmerei und Rentkammer, sowie das Archiv scheinen – seit 1326 nachweisbar – im Rathaus untergebracht worden zu sein. Hier fanden sicherlich auch die Verhandlungen des Niedergerichtes statt. Fest besoldete und in der Verwaltung tätige städtische Bedienstete gab es hingegen nur wenige: Zuvörderst ist der seit dem frühen 14. Jahrhundert zu vermutende (Nordsiek 1993, S. 27) und seit etwa 1360 nachzuweisende Stadtschreiber zu nennen (seit dem 15. Jahrhundert werden zwei Schreiber beschäftigt), daneben seit 1256 auch der Stadtrichter. Der erste Schreiber, der seinen Arbeitsplatz in der Rentkammer im Obergeschoß des Rathauses hatte, wurde seit 1361 mit Einkünften aus der Kapelle St. Marien auf der Weserbrücke entlohnt (siehe Teil V, Kap. X.1.1, Weserbrücke), während der zweite Schreiber für die Hospitäler zuständig war und auch in der dortigen Verwaltung (siehe Martinikirchhof 5) saß (die Angaben insbesondere nach Nordsiek 1993, S. 26–33 und Schulte 1997). Ebenfalls im Rathaus war wohl schon 1377 – spätestens aber 1460 – die vom Rat verpachtete Kellerwirtschaft untergebracht, die auch der Versorgung des Rates bei Sitzungen und Festen diente.

Mit den großen rechtlichen und wirtschaftlichen Umwälzungen im Zuge der Reformation veränderten sich die Ratstätigkeit und die Aufgaben des Rathauses erheblich. Nachdem es der Stadt offenbar um 1529 gelang, sich in den Besitz des benachbarten Amtshauses »Neues Werk« des bischöflichen Wichgrafen (Kleiner Domhof 2) zu setzen, wurde dieses Rechtssymbol dadurch gelöscht, daß man nicht nur seine Funktionen, sondern auch die Bezeichnung des Gerichtes selbst auf das Rathaus übertrug, wobei die städtische Gerichtslaube im unteren Teil des Rathauses fortan als »Neues Werk« bezeichnet wurde. Der Ratswahlmodus wurde 1530 verändert, allerdings schon 1535 wieder in der hergebrachten Form mit dem Vierzigerausschuß eingeführt. 1539 trat eine neue Wahlordnung in Kraft, die mit kurzen Unterbrechungen bis 1711 ihre Gültigkeit behielt. Zwar blieben die Verfahren der Ratswahl selbst weitgehend der Tradition verhaftet, doch war die Zuwahl nicht mehr von einer Mitgliedschaft im Kaufmannsamt abhängig. Auch war die Übernahme städtischer Verwaltungsämter nicht mehr an einen Sitz im Rat gebunden. Nur die Ämter des Bürgermeisters und des Kämmerers waren weiterhin mit Ratsherren zu besetzen (Schulte 1997, S. 128 und 364). 1635 wird die Ratsverfassung zwar durch Herzog Georg verändert, wonach nun zwölf Ratsherren auf Lebenszeit ernannt werden, doch wurde diese Regelung schon 1637 rückgängig gemacht (Schreiber 1957. – Rogge 1992, S. 33–49).

Konsequenz der 1539 eingeführten Neuerungen war zum einen die sinkende Bedeutung der Kaufmannschaft und auch des ihr gehörenden Kaufhauses, zum anderen die Professionalisierung und

Ausweitung der Verwaltung sowie die Schaffung von Dienstwohnungen für ihre wichtigsten Bediensteten. Spätestens 1539 erwarb der Rat das Gebäude Kleiner Domhof 1 und nutzte es als sogenanntes Stadthaus, in dem seit dem späten 16. Jahrhundert die Apotheke untergebracht wurde, in dem zeitweilig aber auch Lehrer des Gymnasiums Wohnung fanden. Seit dem großen Umbau des Rathauses diente es ab etwa 1660 verschiedenen Zwecken der Verwaltung und als Wohnung des Kämmerers, während der städtische Syndikus um 1648 mit dem Gebäude Martinikirchhof 9 einen eigenen Wohnsitz erhielt.

Schon 1559 wird das Niedergericht im Beisein von Stadtrichter und Wichgraf unter dem sogenannten »Neuen Werk« abgehalten: *vp dem rathuse, vor dem neddergerichte vnder dem Nienwercke bynnen vorgerorter stadt Minden* (KAM, Mi, A I, Nr. 639). Während für dieses Gericht in der zweiten Hälfte des 17. Jahrhunderts (vor Verbau der Laube 1666 ?) noch eine Stube im alten Kaufhaus bestand, die 1712 in das Haus Kleiner Domhof 1 verlegt wurde, gab es ab 1724 eine Stube für das Niedergericht im Rathaus. Aus zahlreichen Akten ist zu entnehmen, daß noch im ganzen 18. Jahrhundert Versteigerungen von städtischen Einkünften, aber auch von privatem Eigentum *unter dem Neuen Wercke* ausgeführt wurden (KAM, Mi, C 1072). Im sogenannten Lübbecker Rezeß vom 15. 4. 1573 wird das Verhältnis zwischen Stadt und Bischof neu geregelt: Das städtische Gericht wird wieder auf das Niedergericht beschränkt, während der Wichgraf für das Blutgericht und nachbarschaftliche Streitigkeiten im Baurecht zuständig wurde. Wo dessen Verhandlungen allerdings in der Folge stattfanden, ist nicht bekannt.

1707 legte eine von der preußischen Regierung zu Minden eingesetzte Kommission, die die Aufgabe hatte, die Zustände der alten Stadtverfassung zu untersuchen, ihren Bericht vor, der eine völlige Umorganisation der Stadtverfassung vorsah. Auf dieser Grundlage wurde nach zahlreichen Diskussionen und vielen Widerständen am 10. 6. 1711 in Berlin ein *Reglement für Minden* erlassen. Damit war die alte Ratsverfassung einschließlich des Vierziger-Kollegiums aufgehoben und durch acht Ratsmitglieder ersetzt worden, die nach Vorschlag der Bürgerschaft auf Lebenszeit durch die Regierung ernannt wurden. Im Zuge dieser »Rationalisierungsmaßnahmen« gab man erste Gebäude der Verwaltung auf (etwa das Kaufhaus) und zog diese im Rathaus und im anschließenden Haus Kleiner Domhof 1 zusammen. Das Kaufhaus wurde nun zu einem städtischen Repräsentations- und Gästehaus umgebaut. In einem zweiten Schritt wurde durch den König am 31. 12. 1721 eine weitere Reform durchgeführt, die die Mitwirkung der Bürger an der Verwaltung ganz beseitigte und aus den städtischen Ehrenämtern und Bediensteten staatliche Beamte machte. Sie führte zum Stadtreglement von 1723 (siehe dazu Lampmann 1927), das der rathäuslichen Verwaltung klar umgrenzte Aufgaben in nur noch wenigen Ämtern zubilligte, die Naturalabgaben und Dienstwohnungen im Besoldungswesen der höheren Beamten beseitigte und daher in der Folge zum Verkauf weiterer städtischer Dienstgebäude führte (etwa Kleiner Domhof 1, Martinikirchhof 9 sowie schließlich 1731 auch das frühere Kaufhaus Markt 6 an die Landstände des Fürstentums Minden). Selbst erhebliche Bereiche des Rathauses wurden im weiteren Verlauf des 18. Jahrhunderts nicht mehr von der Verwaltung genutzt, sondern dem Ratskellerwirt für seinen umfangreichen Gaststättenbetrieb überlassen. 1755 ist *das Rathaus am Markte* zu 3 000 Rthl versichert, 1766/81 nur noch zu 1 000 Rthl. Am Ende des 18. Jahrhunderts bestand der ernannte Magistrat der Stadt aus zwei Bürgermeistern, sechs Senatoren und einem Stadtsekretär (Nordsiek 1986 a).

1818 ist das Rathaus für 8 000 Rthl versichert. Um 1820 wird die Einrichtung des Land- und Stadtgerichtes im Obergeschoß über der Laube erwogen (zur Geschichte siehe Hohnstraße 29) und 1828 eine Leihbank im Rathaus eingerichtet. Die Geschichte der städtischen Verwaltung im

19. Jahrhundert ist bislang nicht bearbeitet; sie wird zwischen 1815 und 1873 insbesondere von den Verfügungen des vorgeordneten Festungskommandanten geprägt und erst in der zweiten Hälfte von einer wieder steigenden Eigenständigkeit gegenüber den staatlichen Behörden bestimmt. 1873 wurden die Stadtverwaltungen zur Führung der neu eingerichteten staatlichen Standesämter bestimmt. Nicht zuletzt hieraus ergaben sich zum einen die nach 1880 einsetzenden Renovierungsarbeiten an dem Altbau, an den schon seit 1908 rückwärtige Erweiterungen auf benachbarte Grundstücke (Kleiner Domhof 1 und 3) angeschlossen wurden. Ferner wurden zunehmend Teile der städtischen Verwaltung in anderen Gebäuden untergebracht (so z. B.: ab 1890 Markt 28/30; ab 1906 Großer Domhof 1 – in der Folge als Stadthaus bezeichnet; ab 1912 Prinzenstraße 3, ab 1916 Marienstraße 75 etc.). Daher wurde das nun als »Altes Rathaus« bezeichnete Gebäude insbesondere als Zeichen und repräsentativer Mittelpunkt der Stadt sowie Ort der entscheidenden Gremien wie Rat und Oberbürgermeister verstanden. Entsprechend konzentrierten sich die Planungen im Zuge des Wiederaufbaus ab 1945 darauf, diesen Charakter des Gebäudes hervorzuheben und hier Ratssaal, Geschäftszimmer des Bürgermeisters und als historisches Zeichen das Stadtarchiv unterzubringen. Seit Abschluß der Wiederherstellung nimmt das Gebäude im Keller nur noch eine Gaststätte und darüber den Kleinen und Großen Sitzungssaal auf, gilt aber nach wie vor als Mittelpunkt und Eingangszone der Stadtverwaltung, die sich in dem nordöstlich anschließenden Komplex befindet. Nachdem sich der Personalbestand und die Aufgaben der Stadtverwaltung Minden mit der Eingemeindung zahlreicher umliegender Dörfer und Gemeinden zum 1. 1. 1973 vergrößerte, wurde das städtische Verwaltungszentrum durch Neubau eines das Alte Rathaus und das Alte Stadthaus verbindenden weitläufigen Neubaus 1976/77 erheblich erweitert und umfaßt seitdem nahezu die gesamte Fläche im Nordwesten der Domimmunität, überbaute die ehemalige Straße »In der Borg«, den Nordteil des Kleinen Domhofes und den westlichen Teil des Großen Domhofes (zu diesem Bau siehe Teil II, S. 1180). 1978 ist zudem das Verwaltungsgericht, das seit dem Wiederaufbau 1952 den Nordflügel des Rathauses nutzte, ausgezogen.

ZUR BAUGESCHICHTE

Die offensichtlich komplizierte und vielfältige Entwicklungs- und Umbaugeschichte des Gebäudes liegt für die mittelalterliche Zeit weitgehend im dunkeln und ist heute auch kaum mehr detaillierter aufzuklären: Ein einschneidender Umbau in den Jahren 1896/97 ist in seinen Veränderungen nicht weiter dokumentiert, und nach den Zerstörungen von 1945 wurde die Substanz im Jahre 1951 (die Nordwand zusammen mit dem nördlichen Anbau teilweise auch schon 1948) bis auf die Laube und den dahinter anschließenden Gewölbekeller sowie Teile der Ostwand ohne Dokumentation völlig beseitigt. Nordsiek (1979, S. 42 Anm. 12) erwähnt eine durchgeführte, allerdings wohl nicht dokumentierte baugeschichtliche Untersuchung der Rathausruine, wobei das festgestellte und für romanisch gehaltene Gesims auf der Südseite der mittleren Längswand (siehe dazu die Untere Rathausdiele) schon Krieg 1950 a – und ihn zitieren später alle weitere Autoren – zu weitreichenden, aber wohl nicht haltbaren Thesen zur Baugeschichte mit einem angeblich älteren und bis in die Zeit um 1200 zurückreichenden Kernbau im Norden verleiteten (siehe etwa Nordsiek 1979 und 1993 und modifiziert noch Schulte 1997, S. 145). Zumeist gerieten in der Literatur nur die angeblich ältesten Teile des Gebäudes, insbesondere die Laube der dem Marktplatz zugewandten Südfront in das Blickfeld der Forschung, ohne diese allerdings in die weitere Geschichte des Gebäudes einzubinden. Arbeiten, die sich eingehender mit dem Bau auseinandersetzten (insbesondere Krieg 1950 a), gingen daher in der Regel von nicht bewiesenen Annahmen und Vermutungen aus und enthalten zahlreiche Irrtümer und Fehlinterpretationen, wobei nicht sauber zwischen den spärlich vorliegenden Nachrichten zum Rathaus selbst sowie seinen verschiedenen Anbauten und solchen zum Kaufhaus (Markt 6) bzw. dem Gebäude »Neues Werk« vor 1540 (Kleiner Domhof 2) unterschieden wurde.

Archivalische Quellen zum Rathaus sind bislang nur sehr lückenhaft erschlossen und erhellen erst die Zustände seit der frühen Neuzeit. Schriftliche Belege aus dem Mittelalter scheinen von einer Ausnahme abgesehen, nicht erhalten zu sein, und die großen, im Archiv der Stadt lagernden Bestände der Ratsprotokolle des 17. Jahrhunderts sind bislang nicht systematisch ausgewertet. Auch Inschriften oder Datierungen einzelner Bauteile sind kaum überliefert. Die bislang bekannten festen Nachrichten und Datierungen zur Baugeschichte vor 1800 seien daher hier chronologisch dargestellt (falls ohne Quellenangabe, erfolgt diese im Zuge einer detaillierteren Darstellung weiter unten). Für das 19. und 20. Jahrhundert ist die Quellenlage gut: Für den Zeitraum von 1815 bis 1890 sind die kompletten Bauakten mit Anschlägen und Rechnungen sowie Inventare überliefert, während sie für den Zeitraum danach wiederum fehlen. Einzelnes kann den nur knapp geführten Protokollbüchern entnommen werden. Für die Zeit nach 1800 finden sich daher die Nachrichten bei der Besprechung der einzelnen Bauteile und nur die grundsätzlichen Sanierungen sowie äußere Erneuerungen des Baus sind in der folgenden Liste aufgenommen:

Um 1426 Neubau der Rentenkammer.

1445 *to dem rathus, vor enen slotel to makende to dem rathus, vor buwet* [...] *in dem rathus* (KAM, Mi, A II, Nr. 89).

Um 1460 steht nach der Beschreibung von Heinrich Tribbe am Marktplatz *ein Gebäude, in dem der Rat zu sitzen pflegt. Und dort ist die Halle des Rates und ein großer Raum mit Sitzen, wie sie auch in einem Chor sind. Ferner gibt es eine Schatzkammer, nämlich die Rentekammer. Ferner ist dort eine schöne Kammer mit Gewölbe, wie in Kirchen, und mit Kamin, die der bequeme Arbeitsplatz des ersten Schreibers ist. Dieser Schreiber hat* (als Einkünfte) *den Altar St. Jakobus in der Kapelle auf der Brücke. Ferner ist dort ein Ort, wo Gefangene bewahrt gehalten werden, die nicht getötet werden müssen. So wie einige sagen, ist dort ein Block; derjenige, der darin einige Zeit gefangen wird, wird nicht wieder gesund* (Löffler 1932, S. 16).

1584 Reparatur der Laube (Inschrift).

1608 wird im Ratsprotokoll vermerkt, daß *die Stube auf dem Keller* oder die *Weinstube* verfertigt worden sei (Krieg 1950 a, S. 4).

1622 beschließt der Rat, den Meister Johannes Schwarte mit einer Baumaßnahme am Rathaus zu betrauen (KAM, Mi, B 21, fol. 99r – nach Wehking 1997, S. 130).

Am 4. 3. 1629 faßt der Rat den Beschluß zur Reparatur des offenbar baufälligen Rathauses und beauftragt Herrn Johan Becker, eine Planung hierzu zu erstellen. Wegen der fehlenden Mittel wurde beschlossen, *daß man vorerst solle die Stube machen* (Krieg 1926).

1637 Datierung an einem Türgewände im Inneren des Gebäudes.

1642 ist das Rathaus *gar baufällig, darumb nötig, daß es repariret werde.* Der Rat beschließt, die *welschen gevel* nach dem Markt abzubrechen (Krieg 1950 a, S. 4).

1651 Datierung am Wandschrank in der Ratsstube.

1659 Datierung am Erker der Westfront. Im gleichen Jahr wird das Dach wegen Baufälligkeit abgebrochen und statt der bisherigen vielleicht vorhandenen zwei Dächer ein großer, gemeinsamer Dachstuhl aufgeschlagen (Krieg 1926).

1662 Datierung auf einem Stein am (West- ?)Giebel (Krieg 1950 a, S. 4).

Abb. 901 Markt 1, Rathaus, Ansicht von Südwesten, vor 1883.

Am 25./26. Juni 1663 feiern Rat und Vierzigerausschuß den Abschluß der umfassenden Reparatur- und Umbauarbeiten des Rathauses mit einem Festschmaus in Gegenwart von Domkapitel und Gouverneur von Kannenberg (Schroeder 1886, S. 608).

1667 wird im Rat verhandelt, daß *der Bau am Rhatthause in so weit fertig* sei, *daß eß nun am Flur noch mangelte* [...] *ob die alte Kammer alßo verbleiben solle, wie es itzo ist, oder ab eß soll weg gemacht, und die Flor gleich gemacht werden.* Man beschließt, den Flur mit *Astrack*-Steinen zu belegen (KAM, Mi, B 308).

Am 17. 6. 1697 beschließt der Rat, *wegen des Treppenbaues zum Rathause* eine Kommission einzusetzen (KAM, Mi, B 360).

1712 scheint ein Umbau des gesamten Inneren mit Neuorganisation der Räume sowie eine Reparatur des Gebäudes erfolgt zu sein (im einzelnen siehe im folgenden).

1715 liefert Rudolph Albert Pöttger für 23 Rthl 7 gr insgesamt 475 Pfund Rollen-Blei zum Rathaus (KAM, Mi, B 105 alt), womit *die Krimpe,* die Kehle *am Holzhaus* repariert wurde.

1716 werden *zu dem Gebäude am Rahthause* 1814 Fuß Eichenbohlen geliefert (KAM, Mi, B 105 alt), und 1717 wird die Dachdeckung mit 6 Balgen Kalk repariert (KAM, Mi, B 732).

1724 führt der Maurermeister Samuel Rosiger am Rathaus zwei Schornsteine für 9 Rthl 17 gr auf (KAM, Mi, C 351,3 alt).

1727 kommt es zu einem Brandschaden im Bereich des Ratskellers (siehe weiter unten).

1783 werden erneut Reparaturen ausgeführt und *das Rath-Hauß ist beynahe fertig* (KAM, Mi, C 874).

1802 Erneuerung der sogenannten Schulzenburg.

1803 Reparatur des nördlichen, als Kämmerei genutzten Anbaus.

1807 wird das Rathaus einer Reparatur unter der Leitung des Landbaumeisters Kloth unterzogen, wofür dieser für elf Wochen einen Lohn von 30 Rthl erhält (KAM, Mi, C 274,5 alt; siehe auch E 1040).

1810 muß der Schornstein auf dem Rathaus repariert werden (KAM, Mi, D 269).

1821/22 Reparatur an Verputz, Fenster, Türen, Dach und Schornstein (KAM, Mi, E 726).

1829 kommt es zu umfangreichen Reparaturen am Rathaus, da Teile, unter anderem die danach abgebrochene Schulzenburg, einzustürzen drohten (Schroeder 1886, S. 691). Hierbei wird ein umfassender Umbau geplant, ferner ein Geschäftslokal für die Leihbank eingebaut. 1830 werden die Arbeiten mit einem Neuputz der Fassaden, neuen Fenstern in der Westfront, Dachreparaturen durch Maurermeister Menny für 1020 Thl sowie einer Erneuerung der Treppe im Neuen Werk abgeschlossen (KAM, Mi, E 730).

1835 Instandsetzung des Rathauses und Anlage einer Treppe vom Neuen Werk zum Kleinen Domhof (KAM, Mi, E 740). Ferner wird die Anlage eines Balkons vor der Front durch Baukondukteur Diekmann geplant (KAM, Mi, E 730).

1837 Erneuerungen am ganzen Bau und Anbau eines Spritzenhauses.

1842 Ausbesserungen am Rathaus und Neuverputz der Fronten durch Maurermeister Baumgarten (KAM, Mi, E 730 und 1026).

1851 wurde der Putz durch Maurermeister C. Baumgarten repariert und der Bau *mit Krollager Kalk abgeweißt* (KAM, Mi, F 662 und 687).

1858 Umbau der Laube.

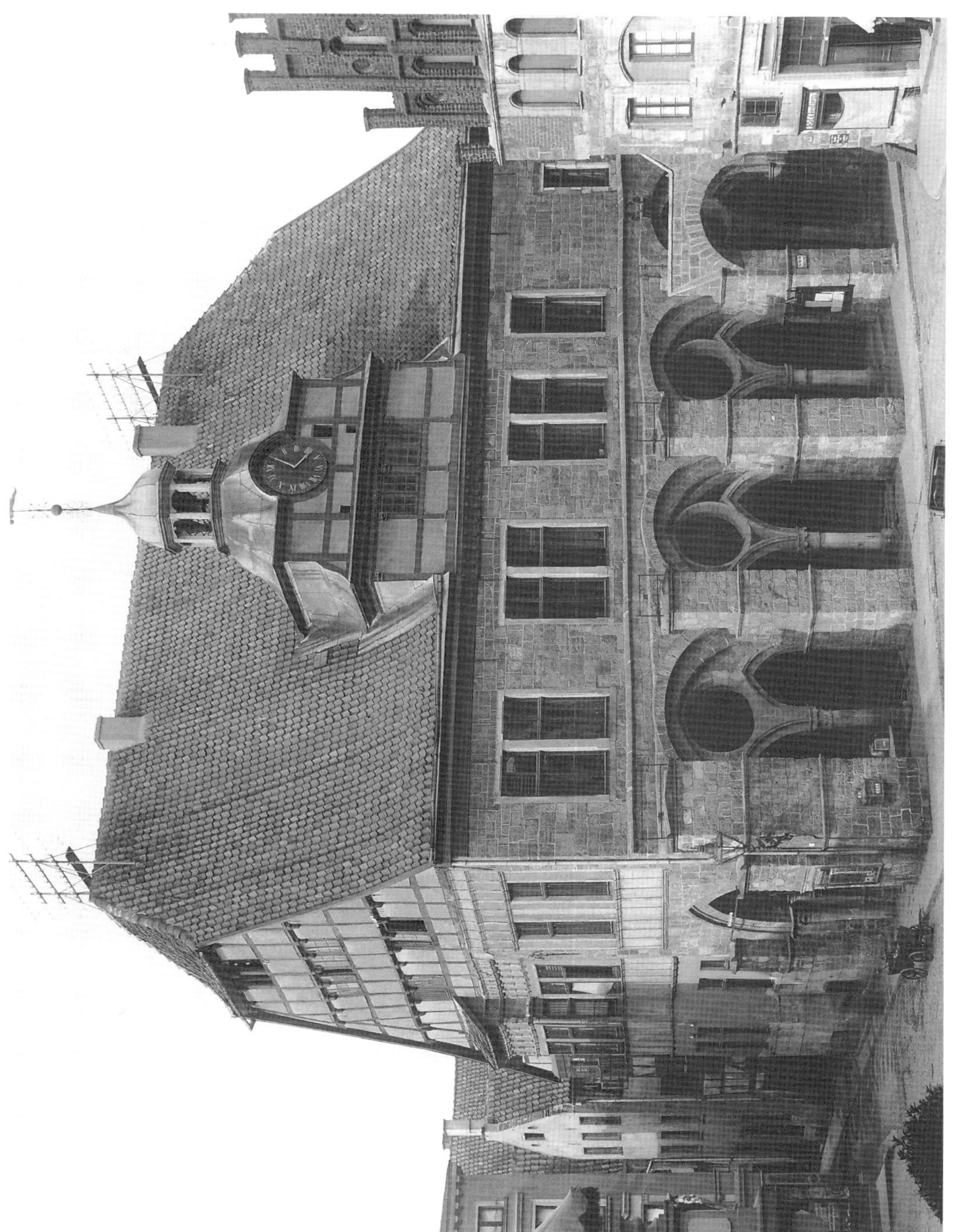

Abb. 902 Markt 1, Rathaus, Ansicht von Südwesten, 1895.

Abb. 903 Markt 1, Rathaus, Ansicht der Westseite von Südwesten, 1895.

1859 wird eine vollständige Umgestaltung der Fassade nach Anschlag von Zimmermeister Assmann erwogen, weil sie in Form und Aussehen sehr unangenehm sei, dann aber nur eine Reparatur vorgenommen (KAM, Mi, F 687).

1867 Reparatur des Äußeren nach Kostenanschlag des Stadtbaumeisters Schneider mit Abnahme des Putzes durch Maurermeister Sinemus für 250 Thl (KAM, Mi, F 687).

1872 Neuanstrich mit Ölfarbe und Reparatur des Hauses (KAM, Mi, F 687 und 2234).

1880 Reparatur des Westgiebels und der Vorderfront durch Maurermeister Schnabelrauch (KAM, Mi, F 687).

1883 erhält das Obergeschoß neue Fenster, der Rathaussaal wird renoviert. Zugleich werden die Anstriche des Baues entfernt und das Mauerwerk wieder sichtbar gemacht.

1888 Entwässerung und Wasseranschluß (Akte dazu: KAM, Mi, F 2354).

1894 Renovierung der Fassaden unter Leitung von Stadtbaurat Kersten. Zugleich Freilegung der Laube in ihrer ursprünglichen Form, wobei die nachträglich zur Abstützung von Bauschäden eingebrachte und etwa 1,35 m starke Ausmauerung des östlichen Bogens der Südfront abgebrochen wurde. Zur Sicherung des darüber befindlichen Gewölbes, dessen Rippen mit Eisenklammern zusammengehalten wurden, Einbau von Eisenträgern über dem Erdgeschoß (KAM, Mi, F 2331).

Zwischen Juli 1896 und Dezember 1897 umfassende Sanierung des Rathauses nach der Planung des Stadtbaumeisters Kersten, wobei der Bau *im Innneren durchweg umgebaut und ... im übrigen würdig und stilgemäß hergestellt* wurde (Verw.-Bericht). Dabei veränderte man den Bau im Inneren nachhaltig. Insbesondere schuf man nun einen neuen Zugang mit Querflur und einem gegenläufigen und bis in das Dachgeschoß reichenden, massiven Treppenhaus mit belichteten Wendepodesten vor der Nordwand. In der nordöstlichen Ecke des Obergeschosses entstand nach weitgehender Entkernung des nördlichen Hausteiles als Ersatz des danach unterteilten alten Ratssaales ein neuer Ratssaal, wofür hier auch die Umfassungswände völlig erneuert wurden. Ferner wurde eine Dampfheizung der Firma Hainholz/Hannover für 6000 Mark eingebaut (KAM, Mi, F 2239 und 2240).

Am 28.3.1945 wurde das Rathaus zusammen mit der gesamten umgebenden Bebauung durch eine Brandbombe getroffen und brannte nach einem anfänglich nur geringen Schwelbrand, währenddessen der Bau noch geräumt und das Stadtarchiv sichergestellt werden konnte, im Laufe des folgenden Tages aus, da Löscharbeiten nicht vorgenommen wurden (Nordsiek 1995, S. 167, 177 ff.).

DER KERNBAU (um 1260) und seine bauliche Struktur

Nach den Baubefunden muß davon ausgegangen werden, daß es sich beim Kernbau um einen rechteckigen Steinbau auf einer Grundfläche von 24,85 x 16,80 m handelt, der wohl von Anfang an zweigeschossig ausgeführt worden ist. Baunähte zwischen den beiden Geschossen bzw. innerhalb der Umfassungswände sind mit dem dürftig überlieferten Fotomaterial der verschiedenen Außenwände nicht nachweisbar. Der Bau wurde offensichtlich durchgehend aus Quadern von Porta-Sandstein aufgemauert, wovon sich bis 1945 noch das ganze Erdgeschoß und im Obergeschoß der Ostgiebel, Teile der Nord- und geringe Teile der Südwand sowie die mittlere Längswand erhalten hatten. Nach Habermayer (1983, S. 157) wird Sandsteinquadermauerwerk im Bereich von Minden seit dem Ende des 12. Jahrhunderts und insbesondere im 13. Jahrhundert in relativ gleich hohen Schichten verarbeitet, wobei die Lagerfugen über Eck weiter geführt und Eckquader nicht hervorgehoben werden. Die sauber bearbeiteten Quader werden dabei in Kalkmörtel versetzt. Entsprechend sind auch

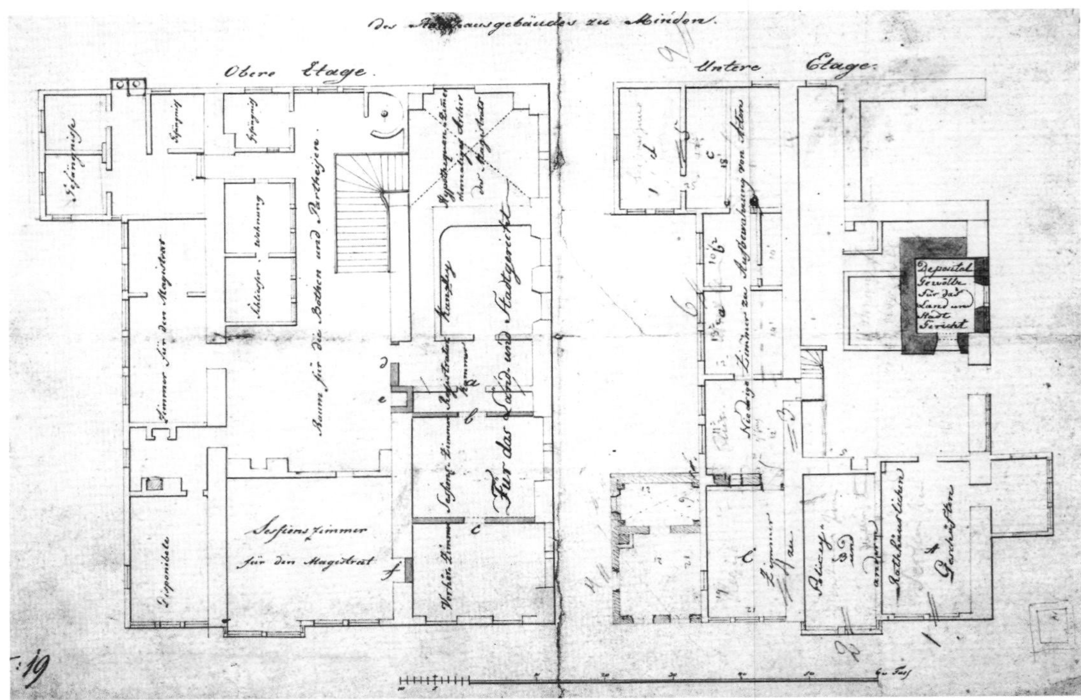

Abb. 904 Markt 1, Rathaus, Grundriß von Erd- und Obergeschoß mit projektierter Nutzung, Baukondukteur Trippler 1829 (?). Südfront zum Markt rechts.

die Wände dieses Baus ausgeführt: Es handelt sich offensichtlich um ein zweischaliges Mauerwerk, bei dem fast ohne Ausnahme die Lagerfugen über alle Wände um das Gebäude herumlaufen. Die sehr sauber bearbeiteten Blöcke sind nur mit einer wenige Millimeter starken Kalkmörtelschicht verbunden, wobei die einzelnen Schichten wechselnde Höhen und die versetzten Blöcke sehr unterschiedliche Längen aufweisen. Die senkrechten Abschnitte der Öffnungsgewände sind nicht aus getrennt gearbeiteten Gewändesteinen gefertigt, sondern aus den im anschließenden Mauerverband eingebundenen Werksteinen herausgearbeitet. Besondere Verarbeitung erfuhren offenbar nur die bogenförmigen, oberen Bereiche der Öffnungen. Ihre einfassenden Gewände sind völlig unabhängig vom übrigen Mauerwerk ausgeführt, auf keiner Seite bruchrauh in das Mauerwerk eingebunden und weichen auch in ihren Dimensionen von den durchgehenden Fugenmaßen ab. Bei den reicheren Maßwerken der Öffnungen zeigen sie auch in ihren Binnenstrukturen keine Verbindung der einzelnen Werkteile, sondern diese stoßen stumpf aufeinander, so daß es sich hier um fertig angelieferte Werkteile handelt, die erst nach ihrer kompletten Versetzung von dem durchlaufenden Mauerwerk umschlossen wurden. Das Mauerwerk zeigt in diesen deutlichen Eigenheiten seiner Verarbeitung eine unmittelbare Ähnlichkeit mit dem um 1260 errichteten Bau Brüderstraße 2 sowie der ebenfalls wohl etwa zugleich erbauten Kirche des nordöstlich von Minden gelegenen Klosters Loccum und weiteren dort zeitgleich errichteten Gebäuden.

Eine weitere Datierung des Baus ist heute nur noch stilkritisch möglich, wobei im allgemeinen davon ausgegangen wird, daß die Maßwerke der Laube im Gefolge derjenigen des Domlanghauses

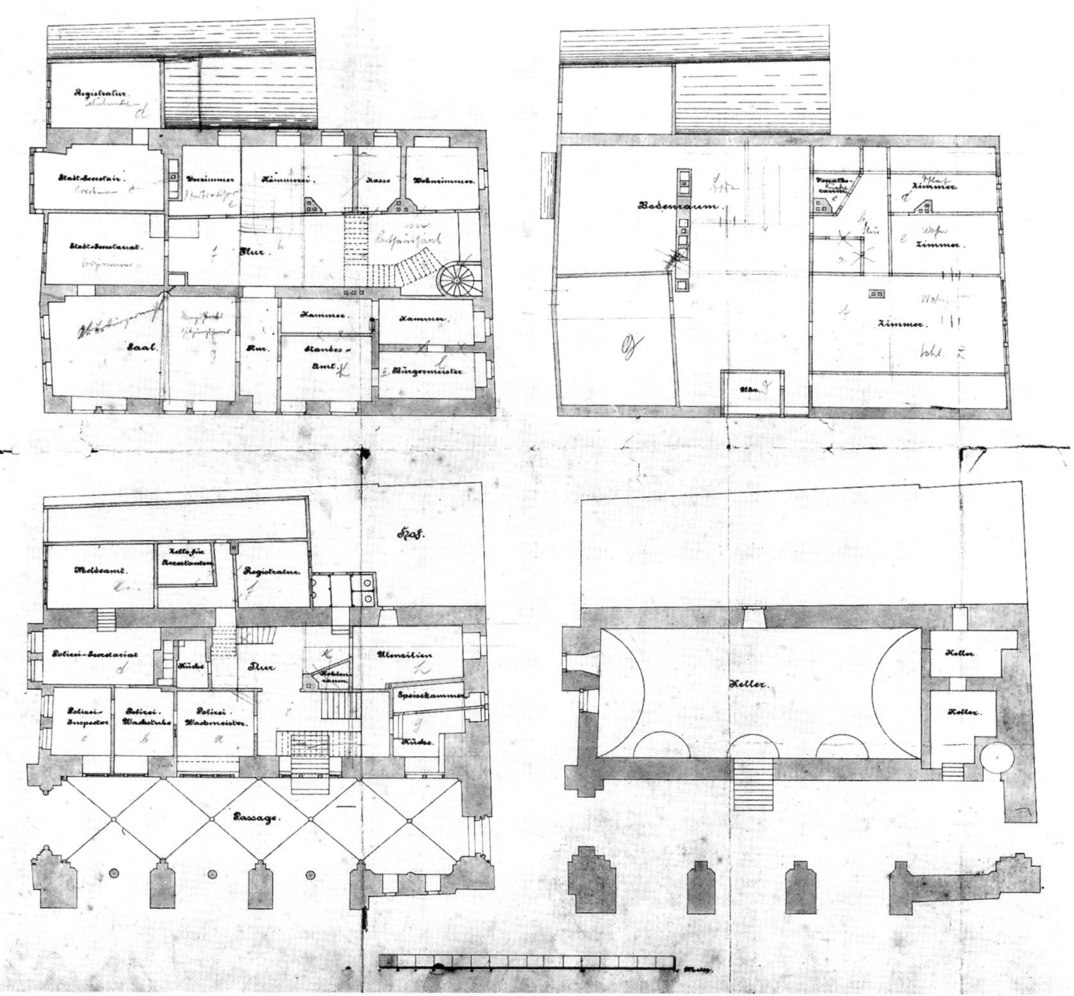

Abb. 905 Markt 1, Rathaus, Bauaufnahme des Stadtbaurates Rumpf, 1885.

und möglicherweise von der gleichen Bauhütte geschaffen worden sind (Thümmler/Kreft 1970, S. 156). Diese werden in die Jahrzehnte nach 1258 datiert (siehe Teil II, S. 89 und 367). Während Thümmler (1966, S. 190) das Rathaus in das Ende des 13. Jahrhunderts datierte, sprach Neumann (1968, S. 54) nur von der zweiten Hälfte des 13. Jahrhunderts. Ein indirekter und möglicherweise auf das Rathaus zu beziehender urkundlicher Beleg würde die Existenz schon für 1265 belegen, so daß der Bau wenig zuvor, in den Jahren um 1260 erfolgt sein müßte, eine Zeit, in die auch die bautechnischen Beobachtungen weisen und die unmittelbar an die Inbesitznahme des Niedergerichtes 1256 durch die Stadt anschließt.

Details der Gestaltung haben sich am Außenbau nur im Bereich der Laube erhalten (dazu weiter unten), während alle übrigen Fenster- und Türöffnungen sowie die sicherlich vorhandenen Giebeldreiecke im Laufe der zahlreichen Um- und Erweiterungsbauten und Reparaturen schon in frühe-

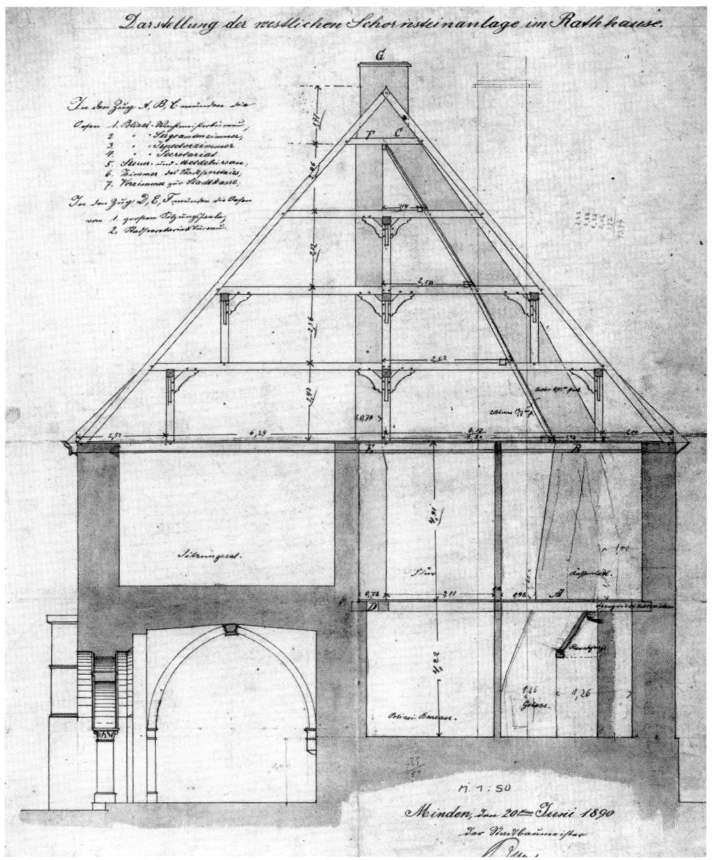

Abb. 906 Markt 1, Rathaus, Querschnitt mit Blick nach Westen, Stadtbaurat Rumpf 1890.

ren Jahrhunderten verloren gegangen und mit der Zeit durch andere Formen ersetzt worden sind. Insbesondere im frühen 17. Jahrhundert kam es zu neuen Gestaltungen in reichen Formen der Renaissance und um 1662 mit dem Neubau des Daches zu einer grundlegenden Sanierung (hierzu jeweils detaillierter bei den einzelnen zugehörigen Bauteilen).

Wegen des östlich unmittelbar am Rathaus vorbeiführenden Stadtbaches und dem unsicheren Baugrund unter dem gesamten, über dem ehemaligen Bachlauf des Königsborns errichteten Gebäude kam es wohl insbesondere zwischen dem 16. und 18. Jahrhundert zu umfangreichen Setzungsschäden, wobei sich insbesondere die südöstliche Gebäudeecke sowie der nördlich an den Bau anschließende Anbau der sogenannten Schulzenburg erheblich absenkten. Zur Sicherung der Laube hat man daher in mehreren Schritten die Pfeiler der Fassade durch Vormauerungen verstärkt. Zusätzlich wurden sie durch zwei über die Straße reichende Schwibbögen durch das Haus Kleiner Domhof 2 abgestützt. Ferner vermauerte man den östlichen Bogen der Südfront. Bei einer Fundamentuntersuchung, die der Stadtbaumeister Kersten 1896 zur Vorbereitung der Wiederherstellung vornahm, stellte man Fundamente von etwa 2,4 m Tiefe unter dem Straßenpflaster fest, die auf einer Schicht von etwa 20 cm Steingeröll auflagen. Darunter fand sich eine Schicht Tonboden von etwa 2,65 m Stärke.

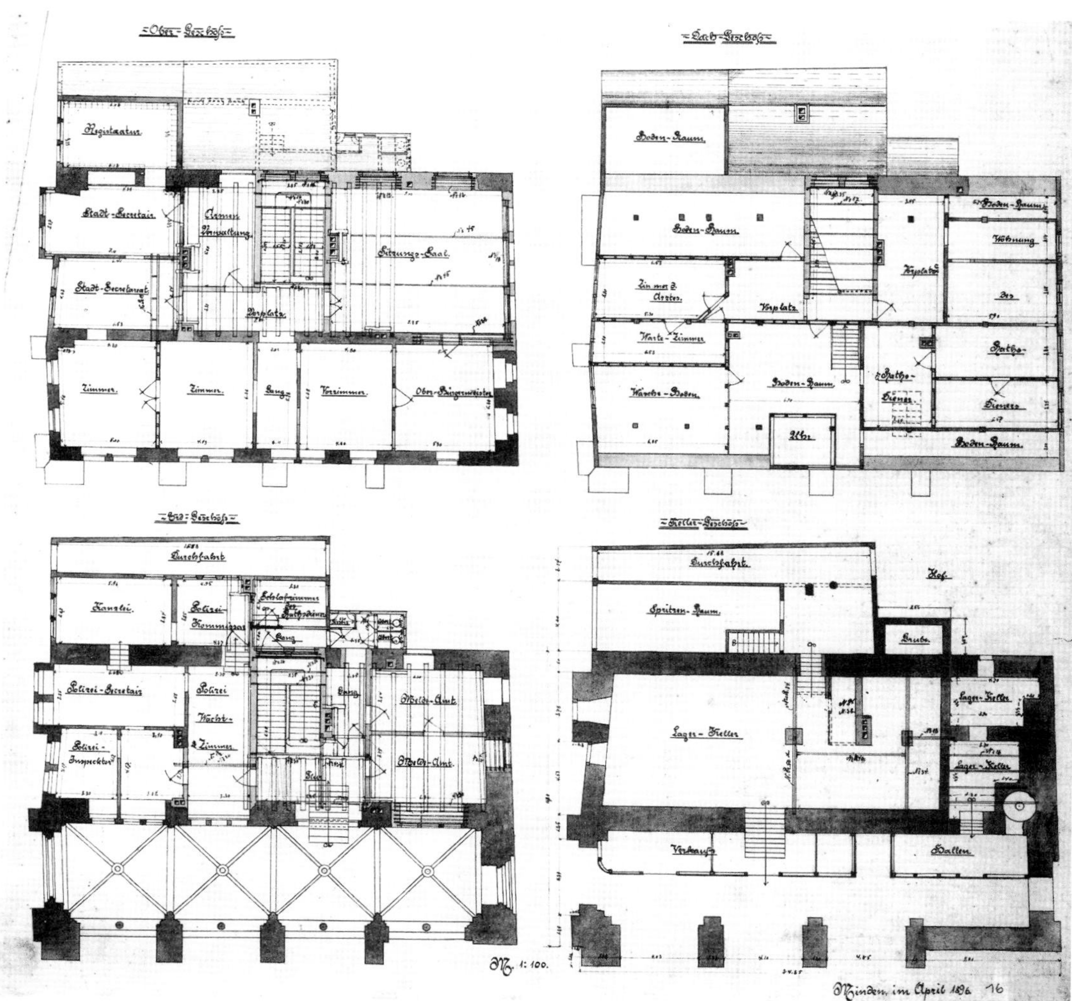

Abb. 907 Markt 1, Rathaus, Umbaukonzept des Stadtbaumeisters Kersten, 1896.

Der Bau wurde in der Längsachse fast mittig durch eine massive Wand zweigeteilt, wodurch eine komplexe Raumstruktur ermöglicht wurde. Im vorderen Teil entstand im Erdgeschoß die gewölbte Laube, während das Niveau des rückwärtigen Teils wegen des hier vorhandenen Kellers etwa 2 m höher lag. Dieser wurde im größeren westlichen Abschnitt als Lagerkeller gewölbt, während ein schmaler östlicher Abschnitt als Ratsgefängnis eingerichtet wurde. Beide Bereiche hatten ihren Zugang von der vorderen Laube. Im Obergeschoß lag im vorderen Bereich über den westlichen drei Jochen der Laube der Ratssaal, an den sich über dem östlichen Joch das Archiv mit einem wohl erst später eingebrachten Gewölbe anschloß. Im rückwärtigen Teil des Rathauses bestanden zunächst sowohl im Hochparterre über dem Keller und Gefängnis als auch im Obergeschoß durch den ganzen Bau reichende und wohl nicht weiter unterteilte Dielen. Während die untere Diele direkt von der Laube aus zugänglich war, konnten das obere Geschoß und das Dach wohl nur durch eine schmale

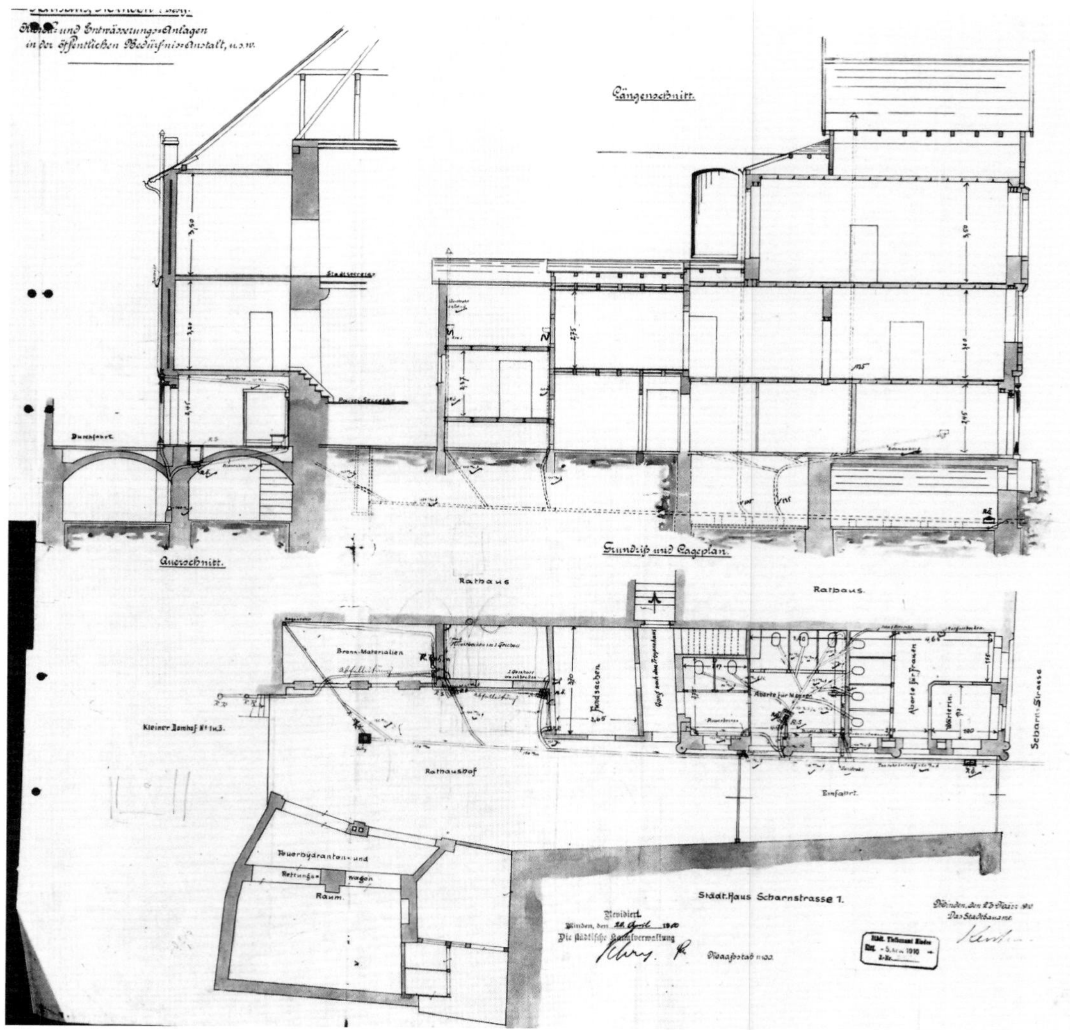

Abb. 908 Markt 1, Rathaus, nördliche Anbauten, Quer- und Längsschnitt sowie Grundriß aus der Entwässerungsakte 1910.

und massiv ummauerte Wendeltreppe erreicht werden, die in den südöstlichen Winkel nördlich der Längswand mit Zugang von der Laube gestellt wurde. In der Nordwand bestanden wohl keine Öffnungen, da hier zunächst unmittelbar ein bürgerliches Anwesen anschloß. Eine Ratsküche scheint der Bau im Mittelalter nicht gehabt zu haben (dazu Schulte 1997, S. 149). In dieser Struktur wird der Bau um 1460 auch von Tribbe beschrieben (siehe dazu oben). Über die Ausbildung des ursprünglichen Dachwerkes ist nichts Sicheres bekannt, doch könnte es aus zwei parallelen, auf der mittleren Längswand aufliegenden Satteldächern zwischen westlichen und östlichen Schildgiebeln bestanden haben (dazu im einzelnen weiter unten).

Abb. 909 Markt 1, Rathaus, Querschnitt, Blick nach Westen aus der Umbauplanung, Stadtbaumeister Kersten 1896.

Von dem für die Zeit um 1426 belegten Einbau der Rentekammer abgesehen, scheinen weitere Raumunterteilungen in der zunächst weitläufigen und großräumigen Struktur erst nach 1500 erfolgt zu sein, wobei von den beiden Dielen des nördlichen Hausteiles in einem heute nicht mehr näher nachzuvollziehenden Prozeß nach und nach verschiedene Räume abgeteilt wurden. Im wesentlichen läßt sich auf Grund der unterschiedlichen Nachrichten und der am Bau noch nachweisbaren Spuren folgende grundsätzliche Bau- und Umbaugeschichte erkennen:

Nach Errichtung um 1260 scheinen im Laufe des Spätmittelalters kaum einschneidende Veränderungen vorgenommen worden zu sein. Um 1585 folgten wohl zum ersten Mal Sicherungen wegen eingetretener Bauschäden durch Setzungen, und 1608 kam es zu einer ersten Erweiterung: Nördlich entstand ein dreigeschossiger Anbau aus Fachwerk; zu nicht näher bekannter Zeit erfolgte mit der sogenannten Schulzenburg ein weiterer nördlicher Anbau. Nachdem in den folgenden Jahrzehnten verschiedene kleinere Umbauten durchgeführt wurden, bei denen man insbesondere weitere abgetrennte Räume und nach Westen eine reich dekorierte und vielgliedrige Renaissancefassade schuf, sich aber auch die Bauschäden und die sich als notwendig erweisenden Sicherungsmaßnahmen vermehrten, kam es um 1660/62 zu einer Generalsanierung. Hierbei wurde das Obergeschoß teilweise neu ausgebaut und insgesamt ein neues Dachwerk aufgesetzt. Spätestens zu diesem Zeitpunkt hatte man auch das Niedergericht aus der Laube verlegt, so daß sie teilweise durch Verkaufsstände für die Fleischer verbaut werden konnte. Um 1712/18 erfolgte im Zuge der rathäuslichen Neuordnung

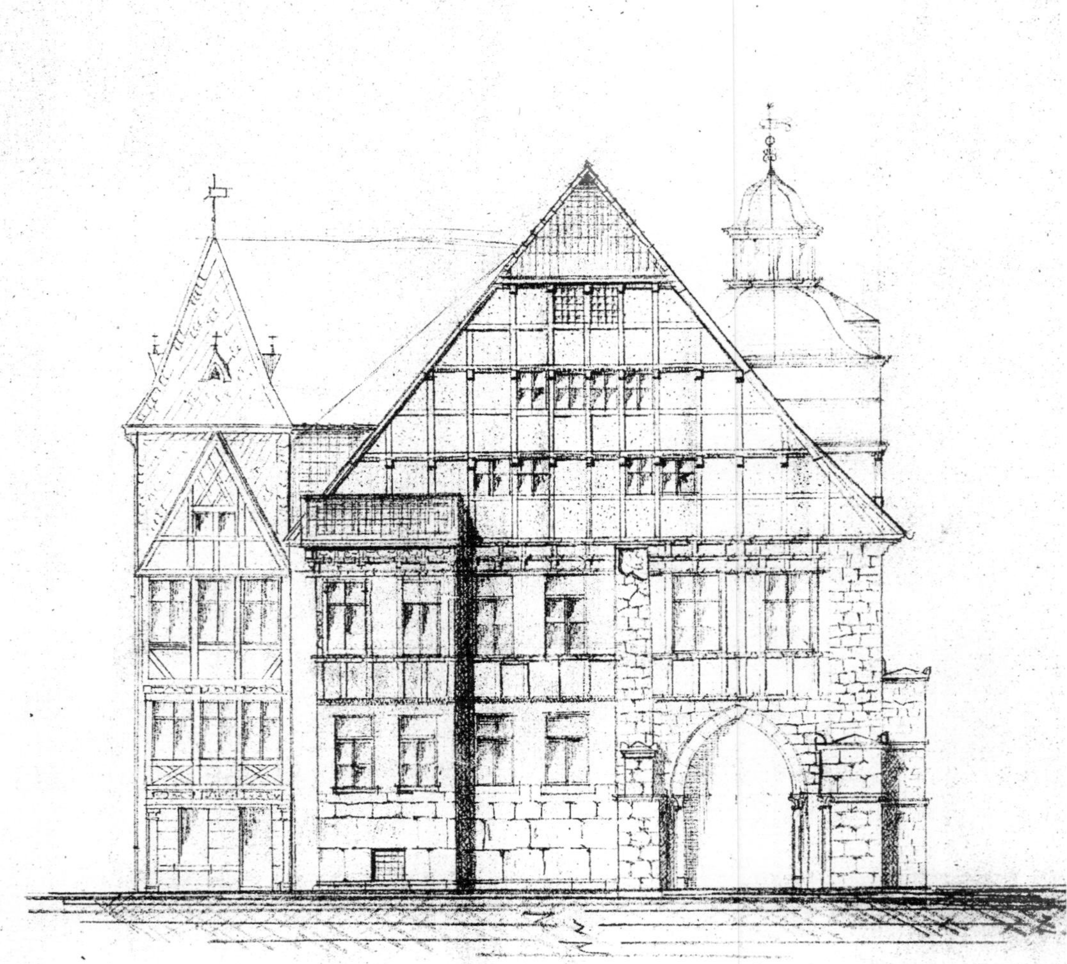

Abb. 910 Markt 1, Rathaus, Westfront, Projekt zur Neugestaltung der nördlichen Anbauten; Stadtbaurat Kersten nach Überarbeitung durch Provinzialkonservator Ludorff, 1904.

durch den Staat eine allgemeine Reparatur und ein Umbau, verbunden mit einer Neugestaltung des Äußeren und Aufbau eines Uhrturms. Wegen eines weiteren Eingriffs des Staates in die städtische Verwaltung erfolgten nach 1723 weitere Umnutzungen und kleinere Umbauten. Nach verschiedenen kleineren Reparaturen führte die politisch gegenüber dem Staat erstarkte Stadt 1896/97 eine Generalsanierung des Komplexes durch, die nicht nur zur Erneuerung der äußeren Erscheinung, sondern zu massiven inneren Umbauten und der dortigen Beseitigung wesentlicher Teile der historischen Substanz führten. Die Kriegszerstörung 1945 und der folgende Wiederaufbau beließen vom Altbau nur die Laube sowie Teile des dahinter befindlichen Gewölbekellers.

Abb. 911 Markt 1, Rathaus, Ansicht von Südwesten, um 1935.

NACHRICHTEN UND BAUBEOBACHTUNGEN ZU EINZELNEN BAUTEILEN, RÄUMEN UND IHRER GESCHICHTE

Bei der folgenden Darstellung wird von den einzelnen Bauteilen des ursprünglichen Baus ausgegangen und in Verbindung mit diesen jeweils die späteren Veränderungen und Einbauten bis 1945 behandelt. Die Reihenfolge richtet sich hierbei nach dem Aufbau des Gebäudes, das von einer massiven Längswand in zwei Teile geschieden ist. Zunächst wird der Bereich südlich davon (zum Markt) mit unterer Laube und den oberen Räumen des Rates und danach der nördliche Bereich mit Keller und den beiden darüber angeordneten Dielen besprochen. Daran anschließend folgen die nördlichen Anbauten und Erweiterungen.

LAUBE (seit etwa 1535 »Neues Werk« genannt)

Vor dem Hintergrund des heute bekannten Bestandes an historischen Rathäusern wird das Mindener gemeinhin als das früheste Beispiel einer ausgebildeten Schaufront mit spezieller Ikonographie bezeichnet (siehe etwa Paul 1985, S. 95), die insbesondere durch die in der Front dominierenden

Abb. 912 Markt 1, Rathaus, Laube, Ansicht von Südwesten, 1950.

Abb. 913 Markt 1, Rathaus, Laube, Innenansicht von Westen, 1901.

Maßwerkbögen gebildet wird. Schon die Gestalt weist diese Laube als Platz des im städtischen Besitz befindlichen Niedergerichtes aus (Schulte 1997, S. 148). Der Name »Neues Werk«, der noch im 19. Jahrhundert in Minden für die Laube verwandt wurde, scheint ihr allerdings erst in den Jahren um 1530 zugewachsen zu sein, als es der Stadt gelang, sich der meisten noch verbliebenen Rechte des bischöflichen Wichgrafen zu bemächtigen, der zuvor das in unmittelbarer Nachbarschaft stehende und im 15. Jahrhundert offensichtlich als Neues Werk bezeichnete Gebäude Kleiner Domhof 2 (zur weiteren Geschichte siehe dort) als seinen Amtssitz nutzte. Seitdem fanden neben den Gerichtsverhandlungen bzw. der Verkündung von Urteilen sowie von Ratsbeschlüssen und Erlassen hier auch die zuvor durch den Wichgrafen ausgeführten Grundstücksgeschäfte wie Versteigerungen, Schlichtungen von Nachbarschaftsstreitigkeiten, aber auch Nachlaßregelungen statt. Während das Niedergericht im 17. Jahrhundert (vor 1666 ?) schließlich einen eigenen Raum erhielt, wurden Versteigerungen noch im späten 18. Jahrhundert *unter dem Neuen Werk* durchgeführt.

Neumann (1968, S. 53 f.) unterscheidet bei den mittelalterlichen Rathausbauten Westfalens zwischen solchen mit einer Laube, »Giebelhalle« genannt, die dem Vorbild des Dortmunder Rathauses folgen und solchen mit einer offenen Laubenhalle, die die gesamte dem Markt zugewandte Längswand einnehmen. Das älteste Beispiel einer größeren Gruppe der zweiten Form sei das Rathaus in Minden, wobei als Vorbild das Dortmunder Gerichtshaus für das Blutgericht des Stadtherren angenommen wird. Ob hierbei neben pragmatischen, sich aus der Lage des Baukörpers im Stadt-

Abb. 914 Markt 1, Rathaus, Laube, Innenansicht von Westen, 1998.

Abb. 915 Markt 1, Rathaus, Laube, östliche Arkade, Ansicht von Südosten, 1950.

Abb. 916 Markt 1, Rathaus, Laube, Arkade der östlichen Seitenfront, Außenansicht, 1895.

gefüge ergebenden Fragen auch rechtssymbolische Gründe für die Wahl der Lage und Gestalt der Laube ausschlaggebend waren, ist bislang unbekannt. Ein unklarer, sich aber möglicherweise auf den Bau beziehender urkundlicher Beleg von 1265 würde ihn bezeichnenderweise auch als »Querhaus« charakterisieren.

Die Laube nimmt das gesamte Erdgeschoß der südlichen, dem Marktplatz zugewandten Längswand des Gebäudes ein. Sie umfaßt vier gewölbte Joche, die sich jeweils in eigenständig gestalteten, im Lichten etwa 4,20 m weiten Maßwerkbögen zum Marktplatz öffnen. Darüber hinaus ist die Laube auch seitlich geöffnet, wobei diese Bögen jedoch deutlich anders gestaltet wurden: Während der westliche etwa genauso breit war wie die vorderen Bögen und die Laube zum Marktbereich am Scharn öffnete, führte man den östlichen Bogen deutlich schmaler und auf der Nordseite eingezogen aus und versah ihn zudem mit einer gegenüber den anderen Bögen deutlich reicheren Dekoration. Nur war dieser wohl ursprünglich nicht als Durchgang gedacht, denn unmittelbar vor der Ostfront verlief der Stadtbach. Zudem ist er als einziger der Bögen auf der Innenseite völlig flach und ohne Dekor gearbeitet und mag daher möglicherweise ehemals als eine Tür- oder Fensteröffnung gestaltet und mit einem von innen angeschlagenen Blatt versehen gewesen sein. Eine Treppe durch diesen Bogen mit vier Stufen von der Laube zum tiefer gelegenen Kleinen Domhof wurde erst 1835 angelegt. 1896 ist der Boden der Laube mit Gefälle nach Osten soweit abgesenkt worden, daß man die frühere, den Niveauunterschied zwischen beiden Stadtbereichen ausgleichende Treppe beseitigen konnte.

Abb. 917 Markt 1, Rathaus, Laube, Arkade der östlichen Seitenfront, Außenansicht, 1954.

Auf Grund dieser Befunde war die Laube im engeren Sinne nur nach Süden und Westen zu den städtischen Marktbereichen geöffnet, hingegen nach Osten, zum nicht-städtischen, dem Bischof unterstehenden Bereich des Kleinen Domhofes deutlich geschieden. Nicht zuletzt das verlorengegangene Wissen um diese stadtgeschichtlich besondere Bedeutung des kleinen östlichen Bogens hat dazu geführt, daß dieser 1954 ausgebrochen und durch eine in modernen Formen gestaltete größere Öffnung zur Erweiterung der Passage ersetzt worden ist.

Die vier dem Markt zugewandten Bogenöffnungen sind zwischen den rechteckigen, den Oberbau tragenden Pfeilern von etwa 58 cm Breite sowohl außen wie innen mit spitzbogigen und abgefasten Bögen auf rechteckigen Vorlagen überfangen, in die eine Arkatur eingestellt ist. Sie besteht aus zwei gekuppelten Spitzbögen, die einer Mittelsäule aufliegen und über die eine kreisförmige, okolusartige Öffnung gesetzt ist. Dieses Gliederungssystem der Öffnungen ist den Maßwerken am Domlanghaus verwandt. Die beiden mittleren Bögen wurden zusätzlich betont, indem hier die Spitzbögen geringfügig höher reichen und zudem alle Zwickel geöffnet sind. Die Mittelsäulen stehen auf runden, zweifach gestuften Basen. Die Kapitelle aller Säulen besitzen einen unteren Halsring, sind darüber aber unterschiedlich ausgeführt; dabei wurde den beiden südwestlichen, dem bürgerlichen Markt zugewandten Kapitellen ein größerer gestalterischer Anspruch verliehen: Während

Abb. 918 Markt 1, Rathaus, Laube, Kapitelle der Arkaden an der Südseite, von Osten nach Westen, 1998.

die beiden östlichen schlicht gekehlt und mit achteckiger, gestufter Abdeckplatte ausgeführt wurden, sind die westlichen mit aufgelegtem, unterschiedlichem Blattwerk bzw. Knospen geschmückt. Seitlich werden die Öffnungen entsprechend den Rundsäulen von Wandvorlagen aus halben achteckigen und ungegliederten Pfeilern mit einer den Säulen entsprechenden Deckplatte begrenzt.

Der westliche seitliche Bogen besaß keine weitere innere Gliederung und war im Detail anders gestaltet: In einen Überfangbogen mit gekehlten Kanten (oberhalb der Deckplatte an den Ecken auch mit schmalem Rundstab) wurde hier ein weiterer, im Querschnitt rechteckiger, aus Quadern zusammengesetzter und völlig undekorierter Bogen eingestellt, der seitlich auf vor die Pfeiler gestellten Dreiviertelsäulen mit Knospen- bzw. Blatt-Kapitellen und achteckiger Deckplatte auflag (1951 abgebrochen und durch eine schlichte spitzbogige Öffnung ersetzt – ein Kapitell des Bogens im Museum Minden erhalten: Inv.-Nr. Lap. 305).

Der östliche seitliche Bogen in seiner äußeren Ansicht wiederum anders gestaltet: hier die Öffnung von einem undekorierten spitzen Überfangbogen eingefaßt, in den eine besonders reiche Maßwerkgliederung eingestellt ist. Sie wird von seitlichen, gefasten Pfeilern getragen, die über reichen Kapitellen eine Dreipaßöffnung tragen. Diese gerahmt von einem umlaufenden, stark plastisch ausgearbeiteten doppelten Stabprofil, das unterhalb der gestuften Kapitellzone seitlich auf jeweils zwei schmalen runden Wandvorlagen mit runder Basis aufliegt (vergleichbar, aber aufwendiger das sogenannte Jungfrauenportal am Dom. Siehe Teil II, Kap. V.6 S. 333–337). Die südliche Kapitellzone mit flachen Blattfächern belegt; gegenüber im Norden geöffnete Blattknospen an schlanken Stielen. Der Bogen 1954 abgebrochen und durch eine schlichte, spitzbogige und nach Norden erheblich erweiterte Öffnung ersetzt.

BAUPLASTIK DER LAUBE

Die Kapitellplastik der Rathauslaube ähnelt oder gleicht in vielen Einzelheiten den Kapitellen der Fenster am Hallenlanghaus des Domes (vgl. Teil II, S. 312–335 m. Abb.); möglicherweise ist sie von denselben Steinmetzen und Bildhauern um 1260/70 gearbeitet.

KAPITELLE DER ARKADEN AN DER SÜDSEITE, VON OSTEN NACH WESTEN: Die beiden östlichen Arkadensäulen haben schlichte, schmucklose Kelchkapitelle, achteckige niedrige Kämpfer und einfach gekehlte Deckplatten. Das Kapitell der dritten Säule zeigt rundum lang ausgezogene Blattzungen mit scharfem Mittelgrat zwischen breiten Bändern; sie enden in breiten, seitlich konisch zugespitzten Knospen. Auf der gekehlten achteckigen Kämpferplatte sitzt eine tiefge-

Abb. 919 Markt 1, Rathaus, Laube, Kapitelle der Nordwand, von Osten nach Westen, 1998.

kehlte Deckplatte. Das Kapitell der vierten, westlichen Säule zeigt den reichsten Schmuck: Zwei Reihen von versetzten, breiten Blattzungen enden in umgeschlagenen, oben gebuckelten Dreiblättern. Die Platte des achteckigen, gekehlten Kämpfers geht ohne Absatz in die flache Kehle der Deckplatte über. Die meist achteckigen Kämpfer der Kapitelle im Inneren der Laube sind im wesentlichen einheitlich gestaltet: Über der gekehlten Kämpferplatte folgt ein kleinerer, tief unterschnittener Wulst mit anschließender tiefer Kehle, darüber sitzt eine Platte, deren Rand mit einem kräftigeren, vorn geschärften Wulst besetzt ist. Die im 19. Jahrhundert oder beim Wiederaufbau erneuerten Deckplatten haben statt der geschärften Kante einen leichten Überstand.

KAPITELLE DER NORDWAND, von Osten nach Westen:

1. Eckkapitell über kurzem Schaftstück auf angearbeiteter, mehrfach eckig gebrochener Schweifkonsole, unter der eine Rosette im Achteckring sitzt. Am Kelch zwei Reihen von »aufgesetzten« Stengeln mit paarigen Weinblättern, die wie ausgestochen ohne starke Hinterschneidung gearbeitet sind. Die Schärfe der Formen spricht für eine Erneuerung im 19. Jahrhundert.

2. Dienstkapitell mit zwei versetzten Reihen von paarig-lappigen Fünfblättern, die sich an »aufgesetzten« Stengeln teilweise überdecken. Die Blätter sind mit nur geringer Hinterschneidung wie ausgestochen auf den Kelch gesetzt. Wohl im 19. Jahrhundert oder nach dem Zweiten Weltkrieg samt Deckplatte ausgewechselt.

3. Dienstkapitell mit drei Stengeln am Kelch, aus denen in der unteren Zone symmetrisch flache, zugespitzte Fünfblätter wachsen. In der oberen Zone paarige Vierblätter mit gratigen Blattrippen, von oben her überdeckt von einem gleichartigen Fünfblattfächer. Die Blattwinkel hier ausgerundet. An Kelch und Halsring Reste einer grünen Fassung, an den Stengeln Spuren von Vergoldung. Deckplatte erneuert.

4. Zweizoniges Dienstkapitell mit versetzten, flachanliegenden, gratigen Eichenblättern, die sich paarweise über waagerechten, kurzen Aststücken auffächern. Aus jedem Zwickel wachsen Büschel von drei Eicheln. Kelch grün gefaßt; Deckplatte wohl erneuert. Auch dieses auffallend scharf gearbeitete und ohne Schäden erhaltene Kapitell vermutlich im 19. Jahrhundert ausgewechselt.

Abb. 920 Markt 1, Rathaus, Laube, Kapitelle der Südwand, von Osten nach Westen, 1998.

KAPITELLE DER SÜDWAND, von Osten nach Westen:

5. Eckkapitell mit gratig ausgezogenen Zungenblättern, die in kugeligen Knospen enden. Deckplatte rund mit Wulst und Kehle, die in einer scharfen Kante unter geschrägter Platte ausläuft. Darüber gerade Platte.

6. Dienstkapitell mit dreirippig ausgezogenen Zungenblättern, daran oben lappige Dreiblattbüschel, die Blätter mit gewellten Rändern. Stark bestoßen.

7. Dienstkapitell mit spitz ausgezogenen Zungenblättern, daran verlaufender Mittelgrat zwischen seitlichen Bändern. Unter dem Kelchrand zweischichtige Gruppen aus offenen Fünfblättern.

8. Zweizoniges Dienstkapitell, unten mit paarigen, flach am Kelch liegenden Fünfblättern an gemeinsamen, zierlichen Stengeln, aus denen oben Büschel aus drei Blättern wachsen, deren mittleres die beiden anderen überdeckt. Stark angewittert.

9. Eckkapitell mit schmucklosem Kelch und runder Deckplatte. Über dem geraden Kämpfer kleiner Wulst, Kehle und stärkerer Wulst.

10. und 11. Die beiden beim Wiederaufbau nach dem Zweiten Weltkrieg neu geschaffenen Stücke – über dem nordwestlichen Eckdienst und am Schildbogendienst westlich neben dem südwestlichen Eckdienst (siehe Nr. 9) – haben lediglich runde Kämpferplatten mit schlichtem Wulstprofil über einem Plättchen.

SCHLUSSSTEINE, von Osten nach Westen:

1. Im Zentrum eine fünfblättrige Rose mit kugeligem Butzen, umgeben von einem schmalen Reif, aus dem sieben dreiblättrige Eichenfächer zum äußeren Reif wachsen. Zwischen den Blättern hängen und stehen innen wie außen kleine Eicheln. Rose, Blätter und Eicheln scheinen vor dem stark eingetieften Grund fast à jour gearbeitet zu sein.

2. Ein Kreuz aus gestielten zugespitzten Dreiblättern, um einen kugeligen Butzen auf die Rippen ausgerichtet, umgeben von einem bandartigen Vierpaß, den ein flacher Ring umschließt. Der Grund um das Blattkreuz ist tiefer ausgearbeitet als die Vierpaßzwickel.

3. Sechsblättriger, flacher Blütenkelch mit trichterförmiger Mitte, umgeben von einem breiten, außen gestuften Ring.

4. Die gekreuzten Schlüssel des Mindener Stadtwappens, begleitet von der Jahreszahl (15)*84*, umgeben von einem Laubkranz mit vier Manschetten.

Abb. 921 Markt 1, Rathaus, Laube, Schlußsteine, von Osten nach Westen, 1998.

Abb. 922 Markt 1, Rathaus, Laube, gekrönter Kopf im Scheitel des zweiten Fensters von Osten der Nordwand; Konsolträger am östlichen Kämpfer des Westbogens, beide unbekannter Herkunft, 1998.

Die Gurtbögen haben rechteckigen Querschnitt mit leicht gekehlten Kanten, die Schildbögen zeigen nur ein knappes Kehlprofil. Die Rippen sind beiderseits gekehlt und mit einem birnstabartigen Wulst besetzt.

JÜNGERE BAUPLASTIK

1. Gekrönter Kopf: Im Scheitel des zweiten, mit geknicktem Spitzbogen geschlossenen Fensters der Nordwand von Osten sitzt ein nachträglich, wohl nach 1945 eingebauter Keilstein. Er zeigt an der Stirnseite im Halbrelief die Büste eines Mannes mit Backen- und Knebelbart, breitem Kragen und kugeligen Knöpfen; auf dem Kopf trägt er eine weit ausladende Krone mit edelsteinbesetztem Reif und niedrigen, dreilappigen Blattzinken. Die Kehle unter der Büste trägt eine beschlagwerkartige Triglyphenplatte, in der Mitte besetzt mit einer kugeligen Wirbelrosette. Der Reliefstein des späten 16. Jahrhunderts unbekannter Herkunft ist bisher unbeachtet geblieben.

2. Konsolträger: Beim Wiederaufbau nach dem Zweiten Weltkrieg wurde als östlicher Kämpfer des neugeschaffenen westlichen Bogens der Laubennordwand ein reliefierter Kragsteinträger eingebaut, offensichtlich ein Fundstück aus unbekanntem baulichem Zusammenhang. Der Stein zeigt im Profil eine hohe, weitausladende Kehle, die unter der Platte mit einem Wulst besetzt ist. Vor Kehle

und Wulst erscheint die Halbfigur eines Mannes in kurzärmeligem Rock, der sich mit den Händen in die Rundung der Kehle stemmt; sein flachmodellierter Kopf mit schulterlangen Locken liegt vor dem Wulst. Die großen Augen und der offene Mund mit gebleckten Zähnen scheinen die Anstrengungen des Tragens wiederzugeben. Das in der Oberfläche stark ausgewitterte Bildwerk hat in seiner minderen Qualität keine Parallelen in der Bauplastik des benachbarten Domes; es dürfte ohnehin in das ausgehende 13. Jahrhundert oder um 1300 zu datieren sein. Die flache Ausmodellierung des Kopfes und die strähnigen Gewandfalten haben ihre nächstverwandten Parallelen anscheinend in den Konsolfiguren der Lemgoer Nikolaikirche. Diese wurden um 1300 beim Umbau zur Hallenkirche am Bogen zwischen der Westwand des Nordquerhauses und dem nördlichen Seitenschiff eingesetzt (vgl. Gaul/Korn 1983 S. 173 f. Abb. 108, 109).

VERÄNDERUNGEN AN DER LAUBE

Die vier Bögen der Vorderfront wurden in späterer Zeit durch Mauerverstärkungen der durch Setzungen verformten Pfeiler in der Gestalt nachhaltig verändert. Auffallend ist hierbei das offensichtliche Bemühen, die Laube selbst nicht in ihrer historischen Gestalt zu verändern, sondern möglichst unangetastet zu überliefern, während man alle übrigen Bereiche des Gebäudes teilweise einschneidenden gestalterischen Veränderungen unterzog. Hierin dürfte deutlich werden, daß insbesondere das Wissen um die Zeichenhaftigkeit der Laube als bis in die Frühzeit der Stadt zurückreichendes Symbol städtischer Freiheiten und städtischer Gerichtsbarkeit nie verloren gegangen war.

In einem ersten Schritt verstärkte man offensichtlich die im oberen Bereich des Erdgeschosses – insbesondere im westlichen Abschnitt – stark ausgewichene Wand durch Vorblendung einer nach oben in der Stärke abnehmenden Mauerschale mit runden Blendbögen über den Öffnungen. Sie wurde an den Eckpfeilern in das alte Mauerwerk eingebunden und erhielt als oberen Abschluß einen Wasserschlag mit spätgotischem Profil. Dieses dürfte mit Reparaturmaßnahmen zusammenhängen, die für das 16. und 17. Jahrhundert verschiedentlich belegt sind: Im westlichen Gewölbe befindet sich ein (15)*84* datierter Schlußstein mit dem Mindener Wappen (Krieg 1926, 1942 und 1950, S. 4). Er dürfte an eine Reparatur der Gewölbe erinnert haben, die wohl in Gefolge der eingetretenen Setzungen an den Pfeilern notwendig geworden war. In einem weiteren Schritt wurden dieser Wandverstärkung sowohl an der Süd- wie auch an der Westfront insgesamt sieben starke Strebepfeiler auf rechteckigem Grundriß bis in die Scheitelhöhe der Spitzbögen der vorderen Laubenöffnungen vorgemauert. Sie wurden in der Mitte mit umlaufenden Gesimsen aus Sandstein gegliedert, wobei sich das gleiche Profil an den Kanten der flachen Abdeckplatten aus Sandstein wiederfindet. Diese Maßnahme könnte mit den für 1642 belegten Baumaßnahmen zusammenhängen. Die beiden östlichen erhielten in einer weiteren Reparatur an den Köpfen über die Platten gesetzte Schwibbogen vorgemauert, die gegen die Seitenfront des Hauses Kleiner Domhof 2 gesetzt wurden. Möglicherweise sind diese Baumaßnahmen im Zusammenhang mit der großen, auf gravierende Bauschäden zurückgehende Sanierung des Rathauses um 1660 entstanden. In einer weiteren Maßnahme wurden die freistehenden Strebepfeiler vor der Südfront schließlich noch einmal um ein Drittel erhöht. Danach erhielten alle offen stehenden fünf Pfeiler neue Abdeckplatten von Sandstein, deren flache Dreieckgiebel mit Akroterien an den Ecken eine Datierung in der Zeit um 1800 (möglicherweise 1807) nahelegen.

Abb. 923 Markt 1, Rathaus, Laube, Nordwand im östlichen Joch mit den vermauerten Öffnungen zum Gefängnis und zur Wendeltreppe, 1998.

Die Kreuzrippengewölbe der Laube sind in den Raum eingestellt und nach Süden auf als Dreiviertelsäulen gestalteten Wandvorlagen aufliegend. Diese sind ohne Basen; auf der Nordseite handelt es sich um vollplastische, vor die Wand gestellte Säulenschäfte, die auf Basen stehen. Alle Säulen mit den beschriebenen Kapitellen, die unmittelbar oberhalb der Abdeckplatten der Bögen aufsitzen. Das Kapitell in der nordöstlichen Ecke der Laube wegen der anschließenden Türöffnung auf einer ungestalteten Konsole aufliegend. Die spitzbogigen Gurtbögen gekehlt, die Birnstabrippen mit verschiedenen runden Schlußsteinen. Die beiden westlichen Vorlagen der Gewölbe wurden im Zuge der Erneuerung des Rathauswestgiebels nach 1952 entfernt und durch schlichte, neu gestaltete Säulen ersetzt (ein Kapitell dieses Bereiches im Museum Minden erhalten). Zudem das anschließende Gewölbe neu aufgemauert und nach Westen verzogen, dabei die Rippen teilweise ergänzt.

Die Nordwand der Laube ist sauber aus Sandsteinquadern aufgemauert und zeigt Spuren von verschiedenen Zugängen zu den Räumen im nördlichen Bereich des Rathauses. Die ursprünglichen Öffnungen waren offenbar bis 1951 weitgehend erhalten, sind danach aber bis auf geringe Reste – insbesondere im Bereich der Schildbögen – für neue Fenster und Türen beseitigt worden. Erkennbar noch die beiden oberen Bereiche der spitzbogigen und offenbar an den Kanten nicht weiter dekorierten Türöffnungen im östlichen Joch. Die schmalere Türöffnung ganz im Osten führte zu der das Rathausobergeschoß erschließenden Wendeltreppe (siehe dazu S. 1344). Sie ist nur 80 cm breit und insgesamt 1,80 m hoch, wobei der Bogen 1,38 m über der Schwelle ansetzt. Da diese sich etwa 82 cm über dem heutigen Bodenniveau befindet, dürfte ihr in der Laube eine Treppe unbekannter Gestalt vorgelagert gewesen sein. Westlich davon eine mit 1,37 m deutlich breitete, nur noch im oberen Bereich erhaltene Öffnung, die aber offenbar zu ebener Erde ansetzte und zum Ratsgefängnis führte. Der Zugang – in Gestalt und Größe des Portals nicht mehr nachweisbar – zur unteren Rathausdiele lag wohl im zweiten Joch von Westen, während der Zugang zum Keller darunter wahrscheinlich im ersten Joch von Westen lag.

Am 21. 11. 1818 fordert der Magistrat, daß *unter den Neuenbogen schleunigst* wieder eine Laterne angebracht wird (KAM, Mi, E 453). 1826 beschloß der Magistrat, die schmale Durchfahrt zum Kleinen Domhof aufzuweiten, wofür 1827 die östliche der vor die Pfeiler der Laube gemauerte Vorlage in 10 Fuß Höhe um 1 Fuß abgearbeitet wurde (KAM, Mi, E 734). 1858 werden neue Steinplatten verlegt, weil die alten völlig ausgetreten seien, ferner werden die Verkaufsbuden erneuert und der Rathauszugang verlegt, und 1888 erneuert man die Treppe zum Kleinen Domhof (KAM, Mi, F 687). 1896 wurden im Zusammenhang mit dem Abbruch des Hauses Kleiner Domhof 2 die Schwibbögen sowie der östliche, vorgemauerte Pfeiler entfernt und das Gebäude in diesem Teil durch im Inneren eingebaute Eisenanker gesichert. Danach wurden die alten Fleischbänke in der Laube abgebrochen und der Boden nach Osten bis zu etwa einem Meter abgesenkt und mit Sandsteinplatten ausgelegt. Das Gewölbe erhielt zudem eine reiche und flächendeckende Ausmalung mit dicht gereihten Blütenmedaillons.

FLEISCHBÄNKE IN DER LAUBE (ab 1666)

Während bis 1666 ein eigenes Schlacht- und Verkaufsgebäude der Fleischer, die *Schlachterbude*, am Nordende des Scharn bestand (siehe Scharnstraße 15), erfolgte in diesem Jahr der Neubau des Fleischscharrens am Rathaus, wozu man einen Teil der Fläche unter den Bögen der Laube verwandte. Am 30. 6. dieses Jahres wurden *die Pilaren* des neuen Scharren gesetzt, der aber nicht mehr als Schlachthaus, sondern nur dem Fleischverkauf der sieben in der Stadt ansässigen Knochenhauer diente. 1667 wurde durch den Rat festgestellt, daß der Scharn nunmehr *unten und oben* fertig sei und daß nun den Knochenhauern befohlen werden sollte, ihn auch zu benutzen (KAM, Mi, B 308). Über die in der Laube errichteten neuen Buden entsteht 1669 ein heftiger Streit zwischen Rat und Knochenhauern, weil sie diese Verkaufsstelle nicht beliefern und statt dessen das Fleisch lieber in ihren Häusern verkaufen wollten (Krieg 1950 b. – Linnemeier 1997, S. 275). Über die Gestalt dieser Buden ist weiter nichts bekannt.

1680 bewilligt der Rat 60 Thl für die Erneuerung der Fleischbänke auf dem Marktplatz. Im Zuge der Baumaßnahmen entstand eine Inschrift mit folgendem Text (nach Schröder 1886, S. 626): *Hoc macellum aedificari jussit pro tempore aedilis rei publicae Mindensis Anno 1680* (diesen Marktstand ließen die derzeitigen Bauverordneten der Stadt Minden 1680 errichten). 1699 kommt es zu einer abermaligen *Vorstellung des erbahren Knochenhauer Ambtes wegen der beym Neuenwercke belegenen Eckbuden* (KAM, Mi, B 362). In der Marktordnung von 1701 wird erneut bestimmt, daß Fleisch nur auf den ordentlichen Fleischscharren verkauft werden dürfe. Nachdem man noch 1716 *zu den Fleich-Scharrn und Krahmer Backs seiner Buden unter dem Neuen Wercke zur Ausbesserung* 3 Balgen Kalk abrechnete und für die Renovierung insgesamt 300 Rthl aufwendete, wurde der Fleischscharren im folgenden Jahr im Zuge der Rathauserneuerung auf Veranlassung des Oberbürgermeisters von der Osten und unter Protest der Bürger unter den Rathausbögen abgebrochen; stattdessen wurden leichte Holzbuden auf dem Markt errichtet. Es erwies sich allerdings, daß die nun auf dem Markt stehenden Stände zu allerlei Unzuträglichkeiten führten und die anschließenden Häuser entwerteten, so daß der Scharrn schon nach wenigen Jahren wieder in die Laube des Rathauses zurückverlegt wurde (Lampmann 1927, S. 41 und 61). Hierzu wurde 1721 der Fleischscharren durch den Meister Bock neu gebaut (KAM, Mi, B 731). 1732 werden kleine Reparaturen durch Rud. Köhnemann durchgeführt (KAM, Mi, C 354,13 alt) und 1746 wird festgestellt, *der Fleischscharren auf dem Marckte* müsse *hinterwärts geschwellet werden, das DachWerck will überkippen* (KAM, Mi, C 341,10 alt). Hiernach scheint es sich um eine hölzerne Konstruktion gehandelt zu haben.

Die Buden in der Laube des Rathauses gliederten sich wohl schon vor 1740 in unterschiedliche Bereiche: Offensichtlich entstanden 1721 drei westliche Buden, die 1784 als *unter der neuen Rathaustreppe* liegend bezeichnet werden. Sie werden jeweils für mehrere Jahre verpachtet, wobei sie 1737 für vier Jahre auf 15 Rthl ausgeschrieben wurden (WMR 1737). 1729 wird von der Stadt *ein Schap* unter dem neuen Werke von Ludwig Knüsing beliefert. Östlich lagen zwei weitere *Krambuden* des *Höcker-Amtes*, die von der Stadt gemeinsam mit dem *Krahm-Amt* verwaltet wurden. Nachdem schon 1716 *Kramer-Buden* erwähnt werden (siehe oben), wurde 1740 das Hökeramt angewiesen, unter dem

Abb. 924 Markt 1, Rathaus, Laube, Krambude von 1858 im westlichen Joch, 1895 (Ausschnitt).

Abb. 925 Markt 1, Rathaus, Obergeschoß der Laube, Westfront mit Fenstergruppe von 1662, 1895 (Ausschnitt).

neuen Werk eine Bude für Hökerwaren aufzuschlagen. Die beiden Buden wurden 1750 von Senator Backs und Anton Abelmann aus dem Amt Fürstenberg für drei Jahre angepachtet. 1777 hat sie der Jude Baruch Fraenkel in Pacht, 1783 dann der Ratsdiener Wimmer, 1788 der Kellerwirt Rudolph Francke und 1797 die eine der Schlächter Stackemann, die andere der Schlächter Klopp. In diesem Jahr wurde erwogen, an Stelle der beiden Buden die Hauptwache einzurichten (STA MS, KDK Mi, 1524). Die Einteilung der Buden scheint später verändert und deren Zahl verringert worden zu sein, doch wurden bis 1897 noch drei Buden unter dem neuen Werk verpachtet (Akten dazu für die drei städtischen Buden 1784–1807 in KAM, Mi, C 866, 1809–1844 in KAM, Mi, E 1026, und ab 1848 in KAM, Mi, F 692). 1862 sind die Buden an den Händler Kuhlmann verpachtet (Verw.-Bericht); 1885 wird die Bude links vom Rathauseingang zum Einnehmen der Standgelder des Marktes benutzt.

1848 beabsichtigt der Rat, die Fleisch- und Brotbänke zu erneuern oder hierfür eine Markthalle hinter dem Rathaus zu errichten. Man bildet eine Kommission, doch kommen die Pläne nicht weiter (KAM, Mi, F 379). 1858 werden die Buden im Zusammenhang mit einer allgemeinen Reparatur des Rathauses und der Verlegung des Treppenzuganges zum Rathaus *umgebaut* (KAM, Mi, F 106) und hierbei nach Plänen und Kostenanschlag des Maurermeisters Assmann für 1410 Thl völlig erneuert (KAM, Mi, F 687). Sie sind in ihrer Einteilung durch einen Grundriß und Querschnitt von 1895 und verschiedene Fotografien der Laube in kleinen Teilen überliefert. Danach ein schmaler etwa 3 m breiter und 3 m hoher, flach abgedeckter, ganz hölzerner Einbau entlang der Nordfront der Laube, unterbrochen nur durch den Zugang zum Rathaus im zweiten Joch von Osten; Zugang zum Rathauskeller und zum ehemaligen Ratsgefängnis bzw. zur alten Wendeltreppe nur durch die Buden. Die westliche Ecke abgerundet. Die Front mit einer reichen Dekoration in neugotischen Formen aus aufgelegten Hölzern und durchgehenden, gesproßten Schaufenstern, dabei die einzelnen Fenster durch acht hohe, über die Abdeckung reichende Fialtürme oder *Säulen* unterschieden. Dazwischen Bekrönung mit einem Maßwerkkamm.

Anläßlich der umfassenden Renovierung des Gebäudes wurden alle Buden 1897 auf Abbruch verkauft (KAM, Mi, F 692).

DAS OBERGESCHOSS ÜBER DER LAUBE

Rathaussaal (bis 1896)

Der Sitzungssaal des Rates lag offenbar seit der Bauzeit in der südwestlichen Ecke des Kernbaus oberhalb der Laube, wo er sich über die drei westlichen Joche ausdehnte. Zunächst scheint er eine Länge von etwa 17,6 m bei einer Breite von östlich etwa 6,3 m und westlich 5,5 m gehabt zu haben, was einer Grundfläche von etwa 105 qm entspricht. Wenn in der Neuzeit von dem seit der Erneuerung des Rathausdaches etwa 4,1 m hohen Raum auch im Osten eine mehrmalige Verkürzung auf schließlich nur noch 10 m Länge vorgenommen wurde, so scheint er dennoch bis 1896 an der historischen Stelle verblieben zu sein. Ein erstes Mal scheint eine östliche Verkürzung (in der Tiefe eines halben Joches der Laube) wohl 1432 zu Gunsten eines weiteren Zimmers für die östlich anschließende neue Rentenkammer vorgenommen worden zu sein, wobei man einen beheizbaren Arbeitsraum für den städtischen Schreiber schuf.

Um 1460 beschreibt Tribbe im Rathaus den Saal als *einen geräumigen Raum mit Sitzen, wie sie in einem Chor zu sein pflegen*. Damit war dieser offenbar mit einem festen Ratsgestühl ausgestattet. Dieses wird offensichtlich auch in zahlreichen Urkunden zwischen 1391 und dem 16. Jahrhundert als *stole des rades* oder in ähnlichen Formulierungen genannt (die Belege hierzu bei Schulte 1997, S. 148 f.). 1509 stifteten die Witwen von Joh. Boberg Senior und Joh. Boberg Junior die Vikarie St. Georg und St. Katharina an einem Altar im Rathaus – *vp vnser stad radhuss* – (KAM, Mi, A I, Nr. 449. – Schulte 1997, S. 149 und 165). Nach dieser Nachricht dürfte der Altar sich allerdings schon zuvor im Rathaus und zwar sicherlich im Ratssaal befunden haben. Da er allerdings von dem Geistlichen Tribbe um 1460 in seiner Beschreibung noch nicht erwähnt ist, scheint der Altar nur in dem kurzen Zeitraum zwischen 1460 und der Reformation 1530 an nicht näher bekannter Stelle im Ratssaal bestanden zu haben. Spätestens um 1662 dürfte die mittelalterliche Ausstattung und Raumgestaltung verschwunden sein (in den Führern des Museums Minden von 1922 und 1929 wird im dortigen, nach 1945 aufgelösten Raum 11 ein angeblich gotischer Kachelofen erwähnt, der aus dem alten Sitzungssaal des Rathauses stamme; er ist heute nicht mehr im Museumsbesitz nachzuweisen; seine Herkunft aus dem Ratssaal erscheint auf Grund der weiteren Geschichte des Raumes sehr zweifelhaft. Möglicherweise stammte er vielmehr aus der östlich anschließenden und schon im 15. Jahrhundert beheizten Rentenkammer). Seit 1608 dürften die Sitzungen des Rates in der Regel – zumindest im Winter – in der neu geschaffenen Ratsstube stattgefunden haben, während sie spätestens im 18. Jahrhundert wieder an der historischen Stelle durchgeführt wurden.

Der Saal dürfte um 1662 beim großen Umbau des Rathauses weitgehend neu gestaltet worden sein, zumal dabei ein neues Dachwerk über dem Bau und damit sicherlich auch eine neue Decke über dem Raum geschaffen wurde. Zugleich erneuerte man offenbar alle Fensteröffnungen. Da keinerlei Ausbesserungen in dem umgebenden Mauerwerk der Südfront festzustellen sind, dürften sie an den alten Stellen verblieben und wohl nur vergrößert worden sein. Hierbei erhielten die rechteckigen Öffnungen Wasserschläge aus Sandstein mit feinem frühbarocken Profil, das sich in ähnlicher Form auch an den vor die Front gemauerten Strebepfeilern findet. Die drei Fenster jeweils mit einem breiten, an den äußeren Kanten abgefasten, mittleren und ebensolchen seitlichen Pfeilern, wobei die Öffnungen ursprünglich wohl mit schmalen Zwischenpfosten jeweils in zwei Bahnen unterteilt wurden. Die feste Verglasung wohl ursprünglich mit Bleisprossen.

Seine hauptsächliche Belichtung erhielt der Raum allerdings über die westliche Schmalseite. Hierfür wurde wohl um 1662 die gesamte Wand des Raumes aus dem Westgiebel herausgebrochen und durch eine weitgehend in Glas aufgelöste Werksteinarchitektur aus Obernkirchener Sandstein ersetzt: Seitlich eines nur schmalen Mittelpfeilers entstanden jeweils vierbahnige hohe Fenstergruppen, getrennt nur durch schmale rechteckige und an den äußeren Kanten abgefaste, über die gesamte Geschoßhöhe aufragende Pfeiler bzw. Vorlagen. Eine Brüstungszone durch ein vorgelegtes und leicht über die Pfeiler verkröpftes Brustgesims aus oberer Kehle und mehreren Platten ausgeschieden, dabei die Brüstungsfelder durch schlichte Sandsteinplatten geschlossen. Dicht unter der Decke drei weitere, ebenso gestaltete Gesimse, die fast quadratische Oberlichter und eine sehr niedrige, nur die Deckenbalken verdeckende Kopfbrüstung trennen. Damit wurde das Gliederungsprinzip der nördlich anschließenden, wohl 1629 entstandenen Fensterfront vor der Ratsstube weitgehend übernommen; an der Südseite verzichtete man jedoch auf Brüstungsfelder, Oberlichter und Attika mit ihrer gitterartigen Struktur und blieb bei der herkömmlichen Lochfassade. Zwischen der älteren und jüngeren Fenstergruppe der Westseite wurde zudem in die dazwischen erhaltene Stirnwand eine Sandsteintafel mit umlaufendem Wasserschlag eingesetzt, die wohl die überlieferte Datierung *1662* trug.

Zu nicht näher bekannter Zeit, wohl im späteren 18. Jahrhundert (1783 ?), wurden die um 1662 entstandenen Fenster erneut umgebaut: Während man an der Südfront nur die schmalen Teilungspfosten entfernte, vermauerte man an der westlichen Seitenfront bei beiden Fenstergruppen jeweils die beiden seitlichen Bahnen sowie die Oberlichter und entfernte die übrigen Teilungspfosten. Statt dessen wurden nun hölzerne Kreuzstockfenster mit vier nach innen schlagenden gesproßten Flügeln eingebaut. 1883 im Zuge der Fassadenrenovierung Umbau der Fenster, wobei an der Südfront in den bestehenden Dimensionen völlig neue Steingewände mit umlaufend abgefasten Ecken und in allen Öffnungen neue Kreuzstockfenster eingebaut werden.

Wohl im 18. Jahrhundert wurde der Raum ein weiteres Mal östlich verkürzt, um die anschließende ehemalige Rentenkammer zu vergrößern. Ferner wurde zwischen dem vergrößerten Raum und dem Saal ein schmaler Flur geschaffen. Seitdem war der Saal auf eine Länge von 10 m reduziert und nur noch von den zwei westlichen Doppelfenstern in der Südfront belichtet. Spätestens nachdem das Kaufhaus seit 1711 nicht mehr im Besitz des Kaufmannsamtes war und neuen Nutzungen zugeführt wurde, scheint auch der Vierzigerausschuß seine Sitzungen in den Rathaussaal verlegt zu haben, der in der Folge als Vierziger-Saal bezeichnet wird. 1712 wird *auf dem Viertzigen Hause* für den Schrank ein neuer Schlüssel gemacht (KAM, Mi, C 268,3). 1740 liefert der Drechsler Florentz 18 neue Stühle für 9 Rthl auf das Rathaus, die Meister Petersen für 36 Rthl bezog (KAM, Mi, C 355,16 alt). 1807 wird im Zuge der Rathausreparatur auch der *Vierziger-Saal* renoviert. Der Rat beschließt, daß *statt der messingen, auf dem 40gern Saale befindlichen Krohne eine gläserne angeschafft werden und die Fenster zu verbessern seien* (KAM, Mi, C 274,5 alt).

1819 wird der Ofen im *großen Conferenz-Saal* neu aufgesetzt und mit neuen Rosten durch den Schlosser Senfft versehen (KAM, Mi, E 726). 1837 wird eine Reparatur des *Rathaussaal*es durch Maurermeister Baumgarten durchgeführt, wobei neue Fenster beschafft werden und der Raum ein umlaufendes Paneel sowie eine Wandbekleidung mit Tapeten erhält, die Kaufmann Stoy liefert (KAM, Mi, E 730). Der bisherige Kronleuchter wird dem Gymnasium überlassen (siehe dort: Alte Kirchstraße 11). 1850 mußte der bestehende Zirkulierofen wegen Einsturzgefahr abgebrochen und durch einen eisernen Kammerofen ersetzt werden, wie er ehemals auch bestanden habe (KAM, Mi, F 687). 1856 wird der *Große Rathaussaal* durch den Maler A. Mohrien auf seinen Wunsch und ohne Kosten für die Stadt neu ausgemalt, da er die Dekoration als seine Meisterarbeit ausführen wollte (KAM, Mi, F 687). 1884 wurde der Rathaussaal erneut umfassend renoviert, wobei neue Fenster, Bodendielen, Türen und Wandpaneele beschafft wurden (KAM, Mi, F 687). Ferner erhielt er eine angemessene Mobiliarausstattung (Verw.-Bericht; die Kataloge der beschafften Möbel in: KAM, Mi, F 65).

AUSSTATTUNG DES RATSSAALES

Zwei aus dem Rathaus Minden stammende Schwerter, die möglicherweise zeitweilig als symbolische Richtschwerter, als Zeichen der Gerichtsbarkeit der Stadt Verwendung gefunden hatten, dürften wohl im 17./18. Jahrhundert zur Ausstattung des Ratssaales gehört haben und wurden 1837 von der Stadt als »Richtschwerter« in der Sammlung der in Minden ansässigen »Westfälischen Gesellschaft für vaterländische Kultur« (Nordsiek 1979, S. 259) abgegeben. Sie wurden von dieser nach Auflösung der Gesellschaft 1866 an das Provinzial-Museum (heute Westfälisches Landesmuseum für Kunst- und Kulturgeschichte) in Münster verkauft (siehe KAM, Mi, F 65) und sind dort erhalten. Es handelt sich um sogenannte »Bidenhander«, die zu einer größeren Serie gehörten und wohl im Auftrage des Herzog Julius zu Braunschweig und Lüneburg für eine seiner Truppen angefertigt worden sind. Ob sie als Kriegsbeute oder als Schenkung in städtischen Besitz gelangten und wie sie danach verwandt worden sind, ist nicht bekannt.

Ein »Bidenhander«, auf der Klinge bezeichnet *A*(nno) *1573 N 43* mit Griffklinge aus Holz und Griffkrone aus Eisen. Auf letzterer *O·H·B·M·N·M·D·S·I... V·L·E* (o Herr, behüt mir nicht mehr denn Seel, ... Leib und Ehr), ferner *I·H·Z·B·V·L·* (Julius Herzog zu Braunschweig und Lüneburg) *ALIIS· ISERVIENDO: CONSMOR*. Das Schmiedezeichen zeigt eine aufrechte vierzinkige Harke und ein Schwert. Nach einer Notiz auf der 1910 erstellen Inventarkarte des Museums (Nr. S 150) soll sich im Berliner Zeughaus ein gleiches Schwert mit der gleichen Aufschrift und der Nummer 9 befinden. Weitere Schwerter seien auf Schloß Blankenburg und im Braunschweigischen Landesmuseum erhalten. Eine Gruppe von Schwertern des späten 16. Jahrhunderts ferner in Horn-Bad

Meinberg (Westphal 1993). – Der zweite »Bidenhander« von gleicher Ausführung wie das erste Schwert, auf der Klinge bezeichnet *No 9 d.* Als Schmiedezeichen ein sechsspeichiges Rad. Die eiserne Griffkrone durch eine aus Holz ersetzt.

1677 erhielt der Raum ein großes Gemälde auf Leinwand, das – als Mahnung vor richterlichen Fehlentscheidungen und mit Sinnbezug auf die Funktion des Raumes – die Verurteilung Christi vor dem Hohepriester Kaiphas zeigt. Es scheint sich um eine Stiftung des Mindener Bürgers J. Sobbe zu handeln und wurde 1677 von dem in Minden ansässigen Maler C. Keill gefertigt (zur Beschreibung siehe Teil III, Kap. IV, Martini-Kirche, Ausstattung Nr. 15).

Zur Geschichte der Möblierung geben mehrere Inventare des Rathauses seit 1850 Auskunft (KAM, Mi, F 65 und 67). 1850 wird in dem Raum nur eine *Gypsbüste von Friedrich Wilhelm III. mit Untersatz* genannt. Schon zu diesem Zeitpunkt war also das noch 1825 in dem Raum hängende (siehe v. Ledebur 1825, S. 26) Gemälde der Verurteilung Christi von 1677 aus dem Raum entfernt (möglicherweise ist es das 1850 in der *Rechnungs-Registratur* des Rathauses hängende »Große Ölgemälde«); vor 1890 wurde es an die Martini-Kirche abgegeben. 1852 ist neben der Büste (heute im Besitz der Stadt nicht mehr nachweisbar) das erhaltene Gemälde von Friedrich Wilhelm IV. von Franz Krüger in dem Raum vorhanden. Wohl 1866 überließ die »Westfälische Gesellschaft für vaterländische Kultur« der Stadt bei ihrer Auflösung für den *neu in Stand gesetzten* Ratssaal vier Ölgemälde mit Porträts preußischer Könige (KAM, Mi, F 65). 1889 werden sechs weitere Porträts preußischer Könige aufgehängt, von denen vier durch den Kaufmann Fritz Rocholl (zur Familie siehe Bäckerstraße 51 und Marienstraße 14) gestiftet und zwei von der Kämmerei angekauft wurden (zu diesem Bildschmuck im einzelnen siehe weiter unten Ratssaal ab 1896).

Archiv oder Rentenkammer (bis 1896)

1322 werden zum ersten Mal zwei Kämmerer als Mitglieder des Rates erwähnt (die Nennungen siehe Schulte 1997, S. 436). Sie verwalteten nicht nur die städtischen Einnahmen, sondern waren auch für die verschiedenen Ausgaben zuständig, die die Stadt zu tätigen hatte, etwa für Bauten, Bedienstete oder einzelne Aufträge. Zwar hing ihr Amt eng mit dem der seit 1379 genannten Rentenherren zusammen, wurde aber schon im 15. Jahrhundert deutlich von diesen unterschieden. Sie verwalteten die zu Renten auf Häusern und Grundstücken ausgegebenen Kapitalien des städtischen Vermögens. Beide Ämter dürften bis zu einem nicht näher bekannten Zeitpunkt vor 1322 zunächst gemeinsam wahrgenommen worden sein. Nach der Reformation wurde das Amt der Kämmerei ab 1537 nur noch durch einen vom Rat delegierten Kämmerer verwaltet (Schulte 1997, S. 176–181). Die Kämmerei wurde wohl 1629 in den nördlichen Ratsstubenanbau des Rathauses verlegt bzw. umfaßte seit 1651 wohl auch die anschließende große Ratsstube.

Nordsiek geht davon aus, daß die im städtischen Besitz befindlichen Urkunden spätestens seit dem 15. Jahrhundert in der Rentenkammer verschlossen wurden, nachdem sie zuvor möglicherweise in der Nikolai-Kapelle im Turm der St. Martini-Kirche verwahrt waren (dazu auch Schulte 1997, S. 161–163). Dezidierte Belege dafür fehlen allerdings. Bis zur Reformation wurde das Archiv wohl vom ersten Schreiber der Stadt verwaltet, der Geistlicher war und durch eine Vikarie an einem Altar in der Marien-Kapelle auf der Weserbrücke versorgt wurde (siehe dazu Teil V, Kap. X.1, S. 1616 f. sowie Schulte 1997, S. 164). Ihm waren die zwei Rentenherren vom Rat beigegeben, die seit 1379 nachzuweisen sind (Liste der bekannten Rentenherren siehe Schulte 1997, S. 438–445). Seit der Reformation wurde das Amt von einem städtischen Sekretär geführt (Nordsiek 1993, S. 27–33, mit Namensliste der Sekretäre). Nachdem diese zunächst bei freier Wohnung in verschiedenen Häusern wohnten, wurde nach Anschluß des östlich an das Rathaus angrenzenden Hauses Kleiner Domhof 1 zwischen 1660 und 1723 dieses ihm als sogenanntes Sekretariatshaus mit einer Wohnung zur Verfügung gestellt. Im 18. Jahrhundert (möglicherweise seit 1628) scheint sich das Sekretariat in dem nördlichen Anbau an das Rathaus befunden zu haben (dazu weiter unten).

Die *kamer* als Sitz der städtischen Kämmerer wird erstmals um 1360 erwähnt, später auch *unser stad kamer* oder auch *kemerie* genannt (Schulte 1997, S. 47). Um 1426 wird eine neue Rentenkammer im Rathaus gebaut: *de nye Rente kameren to buwende* und hierfür auch ein Schloß geliefert (Nordsiek 1993, S. 14). Um 1460 nennt Tribbe im Rathaus *eine Schatzkammer, nämlich die Rentekammer.* Ferner beschreibt er *eine weitere schöne Kammer, die ein Gewölbe wie eine Kirche hat und einen Kamin.* Sie wird vom ersten Stadtschreiber genutzt. Zu dieser Zeit standen für die Finanzverwaltung und das städtische Archiv also offenbar schon zwei Räume zur Verfügung. Der einzige Raum des Rathauses, der ein Gewölbe besaß, befand sich oberhalb des östlichen Joches der Laube und damit östlich im Anschluß an den Ratssaal. Hiermit stand das Archiv dem Rat bei seinen Verhandlungen unmittelbar zur Verfügung und war zudem feuersicher untergebracht. Über die Gestalt des etwa 5 m tiefen und 4,65 m breiten Raumes ist nur wenig bekannt. Er war offenbar allseitig mit massiven Wänden umgeben. Bis 1896 besaß er ein gegenüber den übrigen Öffnungen der Süd-

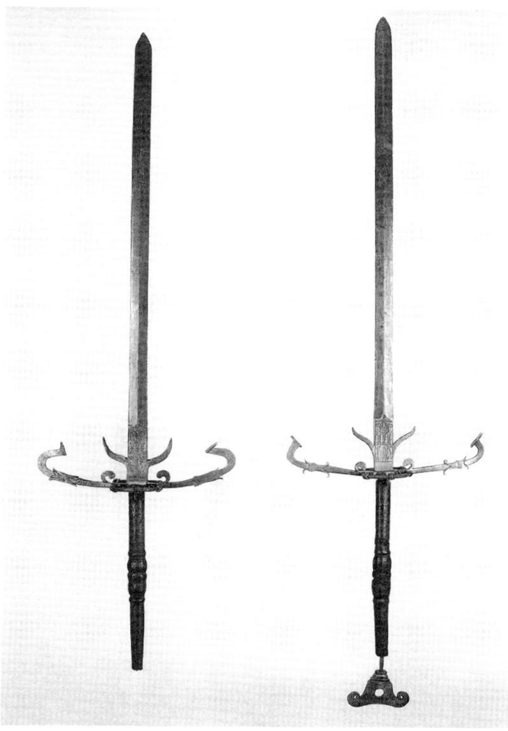

Abb. 926 Markt 1, Rathaus, Obergeschoß der Laube, zwei sogenannte Richtschwerter aus dem Ratssaal. Das linke von 1573.

Abb. 927 Markt 1, Rathaus, Obergeschoß der Laube, Befund von der ehemaligen Einwölbung im südöstlichen Bereich in der ausgebrannten Ruine, 1948.

front deutlich kleineres Fenster, das mit hellen, unregelmäßig tief in die Front eingebundenen Sandsteingewänden des 17. Jahrhunderts versehen war, allerdings nachträglich in das umgebende homogene bauzeitliche Mauerwerk eingebunden war und ein ursprünglich hier vorhandenes, noch kleines ersetzt haben dürfte. Nach Ausweis einer Fotografie, die um 1949 in der ausgebrannten Ruine von der Innenseite der südöstlichen Ecke gemacht wurde, lag das von Backsteinen aufgemauerte Kreuzgratgewölbe über dem Raum auf ebenfalls von Backstein gemauerten Schildbögen auf. Diese Befunde dürfen vermuten lassen, daß die Wölbung nicht zugleich mit dem Bau des Rathauses vorgenommen worden ist, sondern erst nachträglich (1426 ?) eingebracht wurde.

In der ersten Hälfte des 15. Jahrhunderts besaß der Rat schon zwei eichene und beschlagene Truhen zur Verwahrung des inzwischen groß gewordenen Bestandes an Urkunden (Nordsiek 1993, S. 12). Im 17. Jahrhundert wird der Begriff Kämmerei und Archiv gleichgesetzt. 1712 erhält der Tischlermeister Johann Lange *für die Registratur Schrancke* auf dem Rathaus 27 Ellen Leinwand (KAM, Mi, B 147,6 alt). Um 1820 der Raum in einem Bestandsplan noch *als Archiv des Magistrats* bezeichnet. 1825 soll sich *das Stadtarchiv* im Rathaus in etwa 25–30 Kisten, in denen etwa 1500 Urkunden lagen, befunden haben (v. Ledebur 1825, S. 26). Das städtische Archiv soll sich noch bis nach 1839 an alter Stelle in der Rentenkammer befunden haben und war hier offensichtlich in Regalen mit mindestens 34 Fächern untergebracht. Etwa zu dieser Zeit wurde die alte Einrichtung zerstört; die nicht mehr als wichtig erachteten Urkunden wurden in Schränken auf dem Rathausflur untergebracht (Nordsiek 1993, S. 25).

1821 ist *das Kreuzgewölbe über dem Archiv* sehr schadhaft und muß dringend gesichert werden. Nach einem Anschlag des Baukondukteurs Kloth führt Mauermeister Meyer die Arbeiten für 135 Thl aus, wobei der Raum zugleich zu *2 besonderen Zimmern* unterteilt wird (KAM, Mi, E 726). Im vorderen Teil wurde nun das Dienstzimmer des Bürgermeisters eingerichtet, während im hinteren, durch eine Fachwerkwand als Kammer abgetrennten Bereich wohl zumindest bis 1839 das Archiv untergebracht blieb. 1852 wurden neue Fenster durch Tischlermeister H. Holle gefertigt und 1861 ein neuer eiserner Ofen von der Firma G. Dankberg/Berlin beschafft (KAM, Mi, F 687). 1896 das Gewölbe, die Zwischenwand sowie die westliche massive Wand abgebrochen, im Boden eine Eisenkonstruktion zur Sicherung des darunter befindlichen Laubengewölbes eingebracht und der Raum als Dienstzimmer des Oberbürgermeisters eingerichtet. Hierbei das Fenster in Angleichung an die westlich anschließenden Öffnungen zu einer größeren Doppelöffnung erweitert.

Neue Rentenkammer (1426–1896)

Bei der 1426 geschaffenen neuen Rentenkammer dürfte es sich um den westlich davon wohl nachträglich vom Ratssaal abgetrennten Raum handeln. Dieser Raum war über einen Schornstein, der sich in der nördlich anschließenden Trennwand des Rathauskernbaus befand (nachträglich eingebaut ?) auch beheizbar und ist daher wohl als der von Tribbe um 1460 beschriebene Arbeitsraum des ersten Schreibers anzusprechen. Während er zunächst wohl nur die östliche Hälfte der Fläche über dem zweiten Joch von Osten der Laube eingenommen haben dürfte, wurde er später (im 18. Jahrhundert ?) auf die doppelte Breite gebracht. Die Gliederung des Raumes bis 1949 an der nur einachsigen Fensteröffnung in der Rathausfront erkennbar. 1827 wird *das Geschäftslokal* repariert und durch eine Trennwand aufgeteilt (KAM, Mi, E 730). Dabei der vergrößerte Raum durch eine Wand in ein vorderes Zimmer und einen rückwärtigen Flur unterteilt, der später als Abstellkammer Verwendung fand. 1836 wird *im Geschäftslokal ein Cirkularofen* aufgestellt (KAM, Mi, E 730). 1896 Umbau zum Vorzimmer des Oberbürgermeisters.

1922 war im Museum Minden ein gotischer Kachelofen aufgestellt, der aus dem Saal des Rathauses stammen sollte (Führer Museum 1922, S. 36). Er könnte ehemals in der Neuen Rentenkammer als wohl erstem, ofenbeheiztem Raum des Rathauses gestanden haben. 1712 wird *auff den Rathhause in des H. Secretary schreibstube* ein neuer Ofen geliefert und vor das Ofenloch vom Kamin eine eiserne Platte gesetzt (KAM, Mi, B 728 und C 268, 3 alt). Der Ofen *auf der Schreiberey* wird schon 1715 wieder repariert (KAM, Mi, B 105).

Im Rathaus hing noch bis in das 20. Jahrhundert an nicht näher bekannter Stelle, möglicherweise über der Tür zur Rentenkammer eine Tafel mit lateinischer Inschrift aus goldenen Buchstaben, die Ratsherren und die städtischen Beamten ermahnte (nach Nordsiek 1993, S. 22): *Libertatem quam maiores pepere, digne fovere studeat posteritas; turpe enim est, quesita tueri non posse* (Die Unabhängigkeit, die von den Vorfahren erlangt wurde, mögen die Nachkommen zu hegen und zu pflegen bemüht sein, denn es ist schändlich, gesammelte Schätze nicht bewahren zu können).

RATHAUSKELLER

ZUM WEINHANDEL IN MINDEN: Der Weingroßhandel lief bis 1555 über das Kaufhaus (siehe Markt 6), da es der Stadt bis zu diesem Zeitpunkt nicht gelungen war, eine Privilegierung dieses wichtigen Wirtschaftszweiges für sich durchzusetzen. Hiergegen hatte der ebenfalls im Weinhandel tätige Bischof 1338 ein kaiserliches Dekret erwirkt. Nach Tribbes um 1460 entstandener Stadtbeschreibung hatte der Rat zwei Weinherren, die im städtischen Auftrag den Weinhandel unternahmen (siehe dazu auch Schulte 1997, S. 182 f.). Zu dieser Zeit beteiligte sich die Stadt also schon am Weinhandel, der allerdings wohl noch über die Keller unter dem Kaufhaus lief (siehe Markt 6). Erst nach der Reformation erreichte die Stadt 1555 ihre Privilegierung. Hierzu erging mit Datum vom 27. 5. 1555 der gemeinsame Beschluß von Bürgermeister, Rat, Vierzigermeister, Amtsmeistern, Zünften und Gemeinheit, *dat to mitsommer erst komende de radt to behoif der gemenen stadt wil dife winkellers annemmen* und in Zukunft kein Wein mehr von Bürgern verzapft werden soll (von Schroeder 1997, Stadtbuch 1318, I, Nr. 186. – Krieg 1953). Hierfür werden die Keller des Rathauses verwendet, während der Weinkeller unter dem Kaufhaus seitdem nicht mehr genutzt wurde.

Schon 1377 war es nur dem städtischen Kellermeister in der Stadt erlaubt, Wein zu verzapfen. Die Stadt betrieb also auch den Einzelhandel mit Wein, wozu möglicherweise zunächst der Keller unter dem Rathaus diente. Auch der Bischof mußte beim städtischen Kellermeister seinen Wein beziehen. Nach Einrichtung eines eigenen bischöflichen Weinzapfes setzte die Stadt erst 1581 erneut ihr Monopol durch (Krieg 1954, S. 33–35). Aus einem Apothekenvertrag, den die Stadt 1614 abschloß, ist zu entnehmen, daß Rheinwein nur im Ratskeller ausgeschenkt werden durfte, während ausländische Weine, süße und destillierte Getränke und Branntwein auch in den Apotheken gehandelt wurden (Kohl 1977, S. 216).

Später gab es auch wieder einzelne Weinschenker (etwa 1723 in Obermarktstraße 29). 1727 wird das Weinhandelsmonopol der Stadt durch Friedrich Wilhelm I. aufgehoben und der Handel allen Gastwirten und Kaufleuten gegen Zahlung der Accise gestattet (Nordsiek 1994, S. 101). Schon im gleichen Jahr wird Carol Daniel See als Weinhändler in der Bäckerstraße 62 genannt; 1733 stirbt der Weinhändler Joh. Adolph Schencke. Nach Aufhebung der Handelsprivilegien etablierten sich nach und nach verschiedene Weinhändler in der Stadt. So übernahm der aus Minden stammende Weinhändler Friedrich Harten 1803 das alte Kaufhaus (Markt 6) und baute es zu einem Weinhandelshaus mit großen Lagern um (nutzte auch die Keller des Rathauses). Die Firma, zuletzt im Besitz von Hattenhauer bestand noch bis etwa 1940. Auch in dem Haus Obermarktstraße 24 bestand schon 1805 ein Weinhandel des Kaufmanns Meyer. 1807 erwirbt der Weinhändler H. O. W. Koch das Anwesen Kampstraße 1, um dort für einige Jahrzehnte einen Handel aufzubauen. Das Hotel Victoria (Markt 11/13) betrieb seit seinem Bestehen 1838 ebenfalls einen Weinhandel. Insbesondere seit der Mitte des 19. Jahrhunderts vermehrten sich die Wein führenden Händler in der Stadt: seit etwa 1850 die Firma Buxdorf, Wickelhausen & Co. in dem Haus Obermarktstraße 29 (wo für diesen Zweck große Lagerkeller angelegt werden), Hartje & Co. an der Bäckerstraße 45 (hier entstand ein Lagerhaus), Fock (Bäckerstraße 6) oder Bosse (Marienstraße 16). 1864 bestehen fünf große Weinhandlungen in der Stadt (Jahresbericht HK Minden). Die Betriebe sind zumeist zwischen 1870 und 1890 wieder aufgegeben worden, da sie offenbar von einigen neu gegründeten Großbetrieben mit speziell zu diesen Zwecken eingerichteten Kelleranlagen verdrängt wurden. Hier ist vor allem die 1866 in traditionellem Rahmen in dem Haus Königstraße 28 gegründete Firma Rheder & Zaun zu nennen, die 1881 einen Großbetrieb an der Marienstraße 7 errichten ließ. 1883 folgte der Weingroßhandel Gotthold (Marienstraße 23), 1889 der Großhandel Gebrüder Hoberg (Kaiserstraße 7/9). Alle Weinhandelsfirmen in Minden sind zwischen 1918 und 1945 eingegangen.

DER RATSKELLER UND SEINE PÄCHTER: Der vielleicht schon 1377 (Nennung eines städtischen Kellermeisters) bestehende, sicher aber vor 1460 nachweisbare und im Zusammenhang mit dem Keller bestehende Gaststättenbetrieb scheint zwischen 1809 und 1816 eingegangen zu sein. Nach Tribbes Stadtbeschreibung von etwa 1460 wird ein in städtischen Diensten stehender *Schenke* erwähnt. 1522 mit *dem Rade unnd furnhemen Burgeren auf den Rades Keller Vastelabent gehalten* (Wilms 1860, S. 23). 1547 *vff dem keller* (von Schroeder 1997, Stadtbuch 1527). 1553 hat der Rat nach Piels Chronik nach Abzug der Belagerer der Stadt *die fromenden hofeleute* einschließlich Bischof und allen, die sich rühmlich hervorgetan hatten, *auf den Keller zu garste geladen* (Krieg 1981, S. 165).

1627/44 ist Thomas Scheffer als Pächter des Weinkellers belegt (KAM, Mi, B 106). 1695 wird der Kellerpächter Schenck angehalten, dafür zu sorgen, daß seine Frau *sich des Kellers in derjenigen Stuben, worinn Gesellschaft befindlich, gäntzlich zu enthalten* habe (KAM, Mi, B 358), und 1697 wird dann statt des Kellerwirts Johann Philipp Schenck dessen gleichnamiger Sohn als Pächter angenommen, da er schlechte Weine verkauft habe (KAM, Mi, B 360). Im 18. Jahrhundert wird der Keller jeweils für sechs Jahre von der Stadt verpachtet (KAM, Mi, C 274,2 alt): 1721 wird die Pacht des Kellers mit der zugehörigen Wohnung, zusammen mit dem Recht zum Handel mit Rheinwein und französischen Weinen neu ausgeschrieben. Sie wird von Klaus Georg See ersteigert. 1726 ist für 86 Thl jährlich Kanonikus Joh. Georg See Pächter des Ratsweinkellers (KAM, Mi, C 352,6 alt) und 1732 ist Thomas Darthen Kellerwirt (KAM, Mi, C 354,13 alt). Ab spätestens 1777 ist Gottfried Christian Musäus Pächter, der den Vertrag 1777 (dazu Inventar erhalten) erneuert. Er darf auch mit *Delicatessen und Material-Waren* handeln. 1783 wird der Keller von Senator Briest für 84 Rthl übernommen und 1788 vom Gastwirt Rudolph Christian Francke (hierzu wiederum Inventar erhalten, siehe S. 1346). 1794 wird Joh. Christian Droege Pächter, dem 1800 Conrad Bernhard Tegeler, Bruder des Weinhändlers Kaufmann Tegeler, folgen sollte; der Keller wird dann aber doch vom Kellerwirt Droege weitergeführt. Nach dem Vertrag werden notwendige Reparaturen an dem Bau von der Stadt übernommen. 1806 wird Bauer Kellerwirt. 1809 wird der Keller neu verpachtet (KAM, Mi, D 280). 1816 muß der Pächter Bandemer auf Betreiben des Magistrats räumen, da der sogenannte Ratskeller ab 1817 zu Militärzwecken genutzt werden soll und als Landwehrzeughaus eingerichtet wird. Die Gaststätte seitdem eingegangen und die Räume bald danach zu Zwecken der Verwaltung genutzt. Allerdings ist schon 1818 die zum Keller zugehörige Wohnung (die wohl im Dachboden des Rathauses lag) wieder an den Stadtsekretär Bandemer (noch 1825) vermietet und wird von ihm in Stand gesetzt. Über die Kosten von 88 Thl kommt es zum Streit, da er versucht, sie über die Jahresmiete von 75 Thl abzurechnen (KAM, Mi, E 716).

Spätestens seit dem Ende des 18. Jahrhunderts wurden die Kellerräume unter der Kellerwirtschaft getrennt verpachtet, wohl weil der Weinhandel inzwischen nicht mehr über das Rathaus abgewickelt wurde. Schon vor 1800 ist der Kaufmann Friedrich Harten für 10 Rthl jährlich Pächter (er erwirbt 1803 auch das dem Rathaus gegenüber liegende Haus Markt 6 und baut es zum Weinhandelshaus aus). Seit 1819 wurde seine Pacht auf 20 Thl heraufgesetzt; er ist noch 1840 Pächter (1826 will er auch den anschließenden Keller unter dem Rathaushof übernehmen).

Der zweite Keller ist bis 1842 an den Branntweinbrenner Hildebrand verpachtet, von 1855 bis 1867 an den Zichorienfabrikanten Rasche und danach bis 1877 an die Kaufleute Endeler & Kumpff (KAM, Mi, F 692).

1860 wird der Weinkeller von der Stadt erneut verpachtet. Erst 1882 werden in einem weiteren Vertrag beide Kellerräume gemeinsam verpachtet (KAM, Mi, C 866).

Der Keller war mit einer breiten, tief ansetzenden Tonne überspannt, die in der südlichen Längswand drei Stichkappen erhielt. In der westlichen Kappe ein breiter Zugang über eine Treppe vom westlichen Joch der Laube (siehe S. 1335).

RATSGEFÄNGNIS, SOGENANNTE »POSAUNE« (Mittelalter–18. Jahrhundert)

Östlich des großen Kellers unter der unteren Rathausdiele bestand ein etwa 3,8 m breiter, hiervon abgemauerter Abschnitt, der nicht gewölbt war. Er hatte einen eigenen Zugang vom östlichen Joch der Laube mit spitzbogigem, heute im oberen Teil noch vermauert erhaltenem Portal (siehe S. 1335). Durch eine weitere massive Wand war er in zwei hintereinander geschaltete Räume unterschieden, wobei der vordere in der südöstlichen Ecke durch den hier eingestellten Treppenturm eingeschränkt wurde und der südliche eine Öffnung in der Ostwand aufwies. Bei diesen Räumen dürfte es sich um das Ratsgefängnis gehandelt haben, das aus nicht bekannten Gründen in der Neuzeit als *Posaune* bezeichnet wurde.

1460 beschreibt Tribbe das Rathaus und nennt hier einen *Platz für die Bewachung von Gefangenen, die nicht getötet werden müssen*, die also der niederen Gerichtsbarkeit unterlagen (die Gefangenen des wichgräflichen Halsgerichtes wurden hingegen in der *Düsternkammer* des »Neuen Werkes« – siehe Kleiner Domhof 2 – verwahrt; siehe dazu auch Schulte 1997, S. 147 f.). 1529 wird der Reformator Heinrich Traphagen aus Lemgo, Pastor von St. Simeon, nach einer Predigt in St. Simeon ergriffen und in das Gefängnis des Rates, die *Bassaunen* gebracht (Wilms 1860 a, S. 28). 1535 wird im Zuge eines Aufstandes der Anführer Nikolaus Krage, Prediger von St. Martini, nach Gefangennahme durch Ratsdiener *auf den Keller gebracht* (Krieg 1971). 1695 wird der Fischerstädter Schulmeister *auf die Posaune verwiesen* (KAM, Mi, B 358), und 1699 soll nach Ratsbeschluß Soestman *mit Gefängniß und zwar vier nacht auf der Posaune zu sitzen abgestraft werden* (KAM, Mi, B 362). 1713 wird im Zusammenhang mit Hexenprozessen vom *Hexenloch unter dem Neuen Werk* gesprochen (Krieg 1942).

Nachdem das Gefängnis wohl im 18. Jahrhundert durch Räume in der nördlich an das Rathaus angebauten sogenannten Schulzenburg (siehe weiter unten) ersetzt wurde, dienten die dunklen Räume nur noch als Abstellraum und wurden als Nebenräume den vorgebauten Verkaufsbuden des Scharren zugeschlagen. Im Zuge des Rathausumbaus und der Beseitigung der Buden wurde 1896 die Wand zwischen den beiden Räumen entfernt, eine feuerfeste Kappendecke auf Eisenträgern eingebaut und hier die Kesselanlagen der neuen Zentralheizung eingerichtet.

DIE BEIDEN DIELEN UND IHRE SPÄTEREN EINBAUTEN (Rats-Kellerwirtschaft)

Die nördliche Hälfte des Rathauses wurde zum größten Teil von zwei übereinander angeordneten Dielen eingenommen. Entsprechend weitläufige, hallenartige Räume, zunächst den größten Bereich der Bauten einnehmend, finden sich in allen frühen Rathäusern. Unter dem bei Tribbe um 1460 im Rathaus beschriebenen Raum *aula consulatus* – irreführenderweise bisher zumeist als Rathaushof übersetzt – dürfte wohl eine der beiden Dielen zu verstehen sein.

UNTERE DIELE: Nach dem Bestandsplan von 1896 hatte der Raum eine lichte Höhe von etwa 4 m und war damit deutlich niedriger als die obere Diele. Nach Fotos der ausgebrannten Rathausruine befand sich an der sehr sauber aus Sandsteinquadern aufgeführten inneren Nordwand der Diele unterhalb der Decke ein breites Gesims. Dieses bestand im westlichen Teil aus einem starken unteren Wulstband, dem oberhalb eines breiten, aber flachen Bandes ein kantiges Gesims als Auflager der quer zur Diele liegenden Deckenbalken folgte. Im östlichen Teil hier statt dessen ein breiter Wulst, dem eine niedrigere Kehle mit abschließender Platte aufliegt (Abb. 938). Da man es für ein romanischer Zeit entstammendes, möglicherweise auf die Zeit um 1200 zurückgehendes Traufgesims einer Außenwand hielt, gab es Anlaß zu weitreichenden Spekulationen über die Baugeschichte (dazu weiter oben S. 1311).

OBERE DIELE: Zugang zunächst wohl ausschließlich über eine schmale Wendeltreppe in der südöstlichen Ecke, die nur einen Zugang von der Laube, aber nicht von der unteren Diele hatte (siehe S. 1335). Daher wohl ein nicht öffentlicher Raum und möglicherweise die um 1460 genannte *aula consulatus*. Von dieser aus Zugang zum Ratssaal und dem Archivraum, die beide südlich über der Laube anschlossen. Nach dem Bestandsplan von 1896 hatte der Raum eine lichte Höhe von etwa 4,6 m und war damit etwa 60 cm höher als die untere Diele. Die Decke wurde wohl von den Balken des darüber befindlichen Dachwerkes gebildet. Da dieses um 1662 offenbar völlig erneuert worden ist, dürfte diese Baumaßnahme auch Auswirkungen auf den darunter befindlichen Bau und die hier schon vorhandenen Räume gehabt haben.

TREPPEN: Die untere Diele war von der Laube aus über eine in ihrer Gestalt nicht weiter bekannte Treppe im zweiten Joch von Westen erschlossen. 1784 wird der Zugang als *neue Rathaustreppe* bezeichnet und scheint daher zuvor erneuert worden zu sein. 1830 wird die Treppe vom »Neuen Werk« im Zuge des Einbaus der *Leihbank* im Erdgeschoß verändert, dabei werden neue Stufen von Maurermeister Schnabelrauch geliefert (KAM, Mi, E 730). 1856 wird geplant, *die Polizeitreppe*, die von der Laube in die untere Diele führt, zu verlegen. Die Arbeiten, mit denen ein zusätzliches Polizeibüro geschaffen werden konnte, unterbleiben zunächst wegen fehlender Gelder (Verw.-Bericht). Die Verlegung *der Treppe zum Kassenhaus*, verbunden mit einem Umbau der Buden im »Neuen Werk«, wurde 1858 durchgeführt (KAM, Mi, F 106). Hierbei wurde der Rathauszugang nach Osten, in das dritte Joch der Laube verlegt (seit 1951 befindet sich der Zugang wieder an der ursprünglichen Stelle).

Die obere Diele scheint zunächst nur von der Laube aus ganz im Osten über die sehr schmale Tür (dazu siehe S. 1335) und die enge, steinerne Wendeltreppe zugänglich gewesen zu sein. 1712 wird *die Windel Treppe*, die zur Kellerwirtschaft gehört, ausgebessert (KAM, Mi, B 105 alt); später scheint die bis 1896 erhaltene Wendeltreppe ungenutzt geblieben zu sein. Möglicherweise wurde eine innere Treppenanlage zwischen den beiden Dielen erst 1697 geschaffen (weiter unten). Es handelt sich wohl um die bis 1896 erhaltene, gegenläufige Treppe mit mittlerem Wendepodest, der vor einen Einbau am östlichen Ende der Diele gestellt ist. 1896 Abbruch aller bisherigen Treppenanlagen und Neubau eines in der unteren Diele beginnenden Treppenhauses (siehe weiter unten).

Abb. 928 Markt 1, Rathaus, Blick auf die Nordwand der unteren und oberen Diele in der ausgebrannten Ruine, 1947.

EINBAUTEN IN DEN BEIDEN DIELEN: Möglicherweise wurde schon vor 1377 im Rathaus Wein ausgeschenkt (zur Geschichte siehe oben S. 1343: Rathauskeller). Wann man zum Zweck des Ausschanks eigene Räume *auf dem Keller* einrichtete, ist bislang nicht bekannt. Mit der Zeit sind die zur Kellerwirtschaft gehörenden Räume immer weiter ausgebaut und erweitert worden, wobei man nicht nur den 1608 errichteten nördlichen Anbau erweiterte, sondern auch beide Rathausdielen durchbaute. Zeitweise gehörten im späteren 18. Jahrhundert offensichtlich große Bereiche des Rathauses nördlich der massiven Längswand zur Kellerwirtschaft, zudem Teile der nördlich anschließenden Anbauten. Die genaue Entwicklung der inneren Einteilungen innerhalb der Dielen ist heute nicht mehr nachzuvollziehen.

Spätestens 1629 ist der westliche Bereich in beiden Geschossen einschneidend umgebaut und von den Dielen abgetrennt worden, um hier die neue Ratsstube und weitere Räume zu schaffen (dazu siehe weiter unten). Wohl schon 1697 beim Bau der gegenläufigen Treppenanlage zwischen den beiden Dielen bestand offenbar im Erdgeschoß ein östlicher Einbau, in dem Nebenräume untergebracht wurden. Ein weiterer schmaler Einbau entstand im 18. Jahrhundert im Nordosten der oberen Diele, der Wohnräume des Kellerwirtes, später auch des Schließers der anschließenden Schulzenburg aufnahm. 1885 war hier die Kämmerei untergebracht.

1712 werden umfangreiche Renovierungen *an dem Stadtkeller* oder auch *Rahtskeller* durchgeführt. *Über der Küche* werden neue Eichendielen verlegt, ferner wird eine Stube vergrößert, wozu man 50 Fuß Balken und Ständer benötigt und die Wände mit 200 Steinen ausmauert (KAM, Mi, B 105 alt). Es wird ein neuer Ofen aufgestellt (KAM, Mi,

B 728). Ferner erhält die Glocke eine neue Feder, ein paar Fensterrahmen der Stube neue Beschläge, und die Mauer am Brunnen wird ausgebessert (KAM, Mi, C 268,3 alt). 1715 werden Schornsteine errichtet und die Pumpe repariert. Ferner wird *auf des weinkähler eine dühr vor den hintersten Kähler gemacht* und ein Bord auf der Kammer angebracht. *Noch auf die wein Kähler vor daß Haus eine Dühr mit gitter gemacht, wie auch die dühr vor die kähler unter daß Neure werck wieder gemacht.* 1718 arbeitet man an der Stubentür (KAM, Mi, B 105 alt), und 1723 wird für 14 Rthl eine neue Pumpe auf *dem Rahts Weynkeller* von Dietrich Fricke geliefert (KAM, Mi, C 268,3 alt). Am 28. 1. 1728 kommt es zu einem in seinem Umfang nicht weiter bekannten *Brandt auff dem Keller* (KAM, Mi, C 338,1 alt).

In einem 1777 erstellten Inventar werden folgende Räume des Ratskellers genannt: Wohnstube rechter Hand (hier auch der Aufgang aus dem Keller), Küche, Stube linker Hand bei der Küche (mit gutem Ofen); Stube rechter Hand bei der Küche; Kammer bei der Stube; auf der großen Stube, in der Diele, Stall, großer Torweg.

1789 wird ein weiteres Inventar des Ratskellers erstellt (KAM, Mi, C 274,2 alt): *1) Auf dem Haus Fluhr: ein Schrank mit zwey Thüren. Noch zwey Schenk-Schräncke, so alle Negeveste sind. Ein Beschlag vor dem Camin der zweyden Stube linker Handt. 2) In der Küche ein ganz alter Schrank. Eine höltzerne Banck. Auf dem Heerde eine eiserne Plate. 3) In der Stube rechter Handt: ein alter Tisch. Ein ditto mit alten grünen Wachstuch. 2 alte höltzerne Bäncke. Ein Schranck in der mauer. Ein Ofen. 4) In der ersten Stube linker Handt: ein Ofen, woran die Röhren dem Herrn Francken gehören. 5) In der zweiten Stube linker Handt: ein Ofen. 6) Oben in der Wohnstuben und daran befindlicher Kammeren: ist nichts zu bemerken. 7) In der Stube oben linker Hand, worinnen die Wachstuchenen Tapeten sind: ein Ofen. Die Tapeten … 8) In dem Hofe und Stalle ist nichts als eine Pumpe. 9) In dem Keller: die sämtlichen Weinlagers, bestehend aus 14 Stück Lagerholtz. Eine große Streichleiter.*

Nach 1820 wurde in der südöstlichen Ecke der Erdgeschoßdiele unter dem oberen Treppenlauf nach Abbruch des hier bestehenden Raumes ein *Deposital Gewölbe für das Land- und Stadt Gericht* eingebaut. Es dürfte sich hierbei um die 1828 im Rathaus eingerichtete *Leihbank* handeln, so daß diese Bauarbeiten wohl mit den 1829 überlieferten identisch sind, die nach Zeichnungen des Baukondukteurs Trippler (Abb. 904) und Anschlag des Fr. Wehking durch Maurermeister Menny für 1 020 Thl ausgeführt wurden. Hierbei auch der Zugang von der Laube verändert. Die nähere Konstruktion des dabei eingebauten, massiv ummauerten Raumes ist nicht bekannt (Beleg allein nach einem Grundriß). 1848 wird die bisher in der unteren Etage befindliche *städtische Leihanstalt* an die Regierung für die königliche Eichkommission verpachtet (KAM, Mi, E 748). Im Zuge der Verlegung des Rathauseinganges an diese Stelle wurde das Gewölbe 1856 abgebrochen. Statt dessen nun ein Zimmer an der Stelle des alten Einganges für die Polizeiwache eingerichtet. 1874 Umbauten, um Diensträume für das neu eingerichtete Standesamt sowie Diensträume für den Beigeordneten zu schaffen. Zugleich wird das bislang in der unteren Halle angebrachte Rutenmaß wegen der Einführung der neuen Gewichtsordnung entfernt. 1880 Einbau eines *Kassenlokal*s durch Maurermeister König und Zimmerei Schütte & Krause (KAM, Mi, F 687).

1896 kam es zu einem einschneidenden Umbau des Dielenbereiches, wobei innerhalb der im Detail ebenfalls stark veränderten massiven Umfassungsgwände die gesamte historische Substanz östlich der Ratsstubeneinbauten vor dem westlichen Giebel beseitigt wurden. Statt dessen schuf man neue Holzdecken und in der Mitte der Nordwand ein von dort belichtetes, massiv ummauertes und bis ins Dach reichendes Treppenhaus; die Läufe aus vernieteten Eisenblechen erstellt. Östlich daran anschließend entstanden im Erdgeschoß neue Diensträume und im Obergeschoß der neue Ratssaal (dazu weiter unten).

Ratsstubeneinbau (1629 ?–1945)

1629 wurde beschlossen, die notwendige Reparatur des Rathauses mit der Erstellung der Stube zu beginnen. Bislang hatte hierzu offenbar ein Raum in dem nördlichen Anbau des Rathauses gedient, der nun zur Rentenkammer eingerichtet wurde (dazu siehe weiter unten). Diese Nachricht dürfte sich auf die westliche Abtrennung in der Tiefe von etwa 6,4 m beziehen, mit denen man in beiden Dielen jeweils zwei nebeneinander liegende Räume schuf. In die aus Fachwerk verzimmerte östliche Trennwand wurde ein sehr breiter Schornsteinblock eingefügt, über den man nicht nur den Rauch der Öfen in den zwei nördlichen, sich damit als Stuben erweisenden Räume ableiten konnte, sondern auch im Erdgeschoß auf der Ostseite eine offene Herdstelle als Kochstelle der Ratskellerwirtschaft schuf. Dieser Küchenbereich scheint noch um 1820 zum nur noch als Flur dienenden Dielenbereich offen gewesen und erst danach mit einer Wand abgetrennt worden zu sein (nachdem der Schornstein im Dachbereich um 1662 erneuert und seitdem verschliffen zum First geführt worden war, 1891 diese Kaminanlage abgebrochen und völlig erneuert).

Zur Belichtung der vier Räume wurde in beiden Geschossen die alte Front des Westgiebels auf der ganzen Fläche zwischen den tragenden Längswänden herausgebrochen und durch eine ungewöhnlich große, reich geschmückte Werksteinfront mit durchlaufenden Fensterbahnen ersetzt. Hierbei die im Nordwesten übereinander befindlichen

Abb. 929 Markt 1, Rathaus, Ratsstubeneinbau von 1629, Fenstergruppe im Obergeschoß der Westwand, 1895.

Räume zudem durch den Vorbau einer zweigeschossigen Utlucht betont. Die Front jedoch nur durch wenige fotografische Schrägansichten des verbauten Zustandes im späten 19. Jahrhundert bekannt: Durch plastischen Schmuck in Formen der späten Renaissance reich gegliedert, ähnelte sie einigen weiteren Fassaden in der Stadt, so etwa dem 1610 errichteten und unmittelbar gegenüber stehenden Haus Hohnstraße 2 oder dem um 1620 entstandenen Haus Hohnstraße 1. Über einen dem alten Rathauskeller und dem Fundament der Utlucht vorgeblendeten, bis zur Brüstung des Erdgeschosses reichenden Sockel aus glatt gearbeiteten, sehr großformatigen Sandsteinblöcken und -platten (siehe Abb. 903 und 946) hier eine Werksteinarchitektur von gitter- oder skelettartiger Struktur gestellt, deren einzelne Glieder wohl zum Teil plastisch dekoriert waren. Die Zone des unteren Geschosses war schon vor 1882 zu glattgeputzten, massiven Mauerflächen mit eingeschnittenen Fenstern umgestaltet, doch lassen die Verkröpfungen unter dem ersten, geschoßteilenden Gesims vermuten, daß auch dieses ähnlich wie das obere Geschoß gegliedert war. Hier ist die Front völlig in durchlaufende, leicht verkröpfte Gesimse und Säulen bzw. Lisenen aufgelöst. Zwischen den Lisenen der Brüstungszone glatte Platten, darüber folgte ein Band aus hochrechteckigen Fensterfeldern, wobei die Utlucht nach vorn fünf, seitlich je eins und die Front daneben sechs Fenster aufwies. Zwischen den Fenstern an bzw. in den Ecken jeweils kannelierte Säulen auf hohen Sockeln und mit Rollwerkkartuschen im unteren Schaftdrittel und korinthischen oder kompositen Kapitellen; die schlanken Zwischenpfosten vermutlich gleichfalls plastisch dekoriert. Über diesem hohen Fensterband eine niedrige Oberlichtzone; hier als Teilungspfosten kleine Pilaster mit aufgelegten Diamanten- und Kerbschnittquadern. Als oberer Abschluß folgte eine querrechteckig gefelderte Attika; an ihren Lisenen Rollwerkdekor, in den Füllungen jeweils ein aus einer Kartusche schauender Kopf. – Das Brustgesims des Obergeschosses war als Waffelband, die drei folgenden Gesimse als Zahnschnitt gestaltet. – In späterer Zeit hat man die schlanken Zwi-

Abb. 930 Markt 1, Rathaus, Ratsstubeneinbau von 1629, Zugang von 1637 von der oberen Diele zur Großen Ratsstube, Außenseite 1895.

schenpfosten der hohen Fensterzone durch massivere Mauerpfosten ersetzt, um hier größere, vierfeldrige Flügelfenster einsetzen zu können. Das Oberlichtband war vermauert und in den Feldern verputzt.

Die Räume wurden später verschiedentlich umgestaltet und gehörten seit spätestens 1723 bis in das frühe 19. Jahrhundert zum Ratskeller. Hierbei die südliche Kammer durch eine Querwand in zwei kleinere, hintereinanderliegende Stuben unterteilt. Im Erdgeschoß waren seit dem frühen 19. Jahrhundert die Räume der Polizeiverwaltung untergebracht. Um 1820 wird sie als *Sessionszimmer des Magistrats* beschrieben und ist 1885 wieder in *Stadtsecretariat* und Zimmer des *Stadtsecretair*s unterschieden. Hier wird 1847 ein vom Kamin aus beheizbarer Kachelofen eingebaut, den der Töpfermeister O. Bauer lieferte. 1848 wird das Kassenlokal durch bessere Schlösser und Beschläge gesichert (KAM, Mi, F 687).

Ausstattung der Großen Ratsstube

Der im Obergeschoß hinter der Utlucht befindliche Raum wurde als eigentliche *Ratsstube* offensichtlich nach und nach weiter künstlerisch mit Schreinerarbeiten ausgestattet. So erhielt diese Stube 1637 eine reich gestaltete Tür von der Rathausdiele mit aufwendiger Bekleidung, die nach den erhaltenen Abbildungen (von 1895 im Bildarchiv WAfD/Münster; siehe auch Sonnen 1918, Abb. 153) 1896 offenbar umgearbeitet und durch ein ähnliches Wandpaneel ergänzt worden ist (Krieg 1942. – Nordsiek 1979, Abb. S. 191). Das flache, als Rahmen mit zwei Füllungen gearbeitete Türblatt mit aufwendigen, offenen Hespenbeschlägen. Vor die breite und durch aufgelegte Leisten kas-

Abb. 931 Markt 1, Rathaus, Ratsstubeneinbau von 1629, Große Ratsstube, Archivschrank von 1651, Zustand nach der Restaurierung 1896.

settierte Bekleidung vollplastisch kannelierte Säulen mit diamantiertem Sockel und korinthischem Kapitell gestellt, die über einem verkröpften Gesims einen aufwendigen Aufsatz tragen. Diesen bildet eine rechteckige, von Pilastern und starken Gesimsen gerahmte Tafel mit doppelter Bogenstellung, in deren linkem Feld der Reichsadler und im rechten die gekreuzten Schlüssel als Mindener Wappen und darunter die Datierung *1637* geschnitzt. Bekrönung mit einer Ädikula mit Sprenggiebel und seitlich von verschlungenem Knorpelwerk eingefaßt.

1651 wurde in eine breite mit Backsteinen ausgemauerte Bogennische der Nordwand – sicherlich nicht zum Kernbestand des Gebäudes gehörend und wohl erst zu diesem Zweck geschaffen – ein großer Akten- oder Archivschrank eingebaut (Abb. Ludorff 1902, Tafel 61 rechts. – Nordsiek 1993, Abb. S. 31), dessen reich gestaltete Front ebenfalls 1896 leicht umgearbeitet und farblich gefaßt wurde. Diese oberhalb einer durchlaufenden Sitzbank durch mit Schuppenbändern beschnitzte Pilaster in fünf Felder eingeteilt, von denen die vier westlichen mit Schrankfächern versehen sind, während das östliche als Tür zum zweiten Obergeschoß des nördlichen Anbaus ausgebildet wurde. Das als Rahmen mit zwei Füllungen gearbeitete Türblatt mit reich ausgeschmiedeten, offenen Bändern möglicherweise nachträglich erneuert. Die Schranktüren gegliedert durch Bogenstellungen, in den Zwickeln jeweils erhabene Blattornamente. Darüber eine abschließende Gesimszone mit gerahmten Füllungen, auf denen erhaben Grotesken ausgeschnitzt sind. Das aufliegende Gesims weit vorstehend und mit Eierstab besetzt. Über diesen fünf Feldern ein Sprenggiebelaufsatz mit abschließenden Gesimsen, der die untere Gliederung fortsetzt und die Bogennische der Wand verdeckt. Hier von kannelierten Pilastern getrennte weitere fünf Schrankfächer, dabei auf der mittleren, höchsten Tür wiederum – wie an der Zugangstür zur Stube – eine kleine übergiebelte Doppelarkade mit Reichsadler und städtischem Wappen, darunter die Datierung *1651.* Die anschließenden Wandflächen in der Höhe des unteren Schrankes und mit gleicher Gliederung vertäfelt. Schränke dieser Art entstanden in der Zeit um und nach 1600 in vielen Ratsstuben der Region und dienten der Unterbringung von Akten, so daß hier bzw. im anschließenden Raum seit dieser Zeit die Kämmerei zu vermuten ist.

Im Museum Minden befinden sich heute zwei Türen aus Nadelholz mit den zugehörigen Teilungspfosten (ohne Inventar-Nummer), die etwa die gleichen Maße (133,8 x 61,5 cm) wie die des unteren Wandschrankes aufweisen und ebenfalls in die Mitte des 17. Jahrhunderts zu datieren, allerdings in den Details anders gestaltet sind. Sie sollen nach 1945 in der Rathausruine geborgen worden sein und könnten der Vertäfelung einer weiteren Wand entstammen. Die Bogenzwickel hier mit floralem Beschlagwerk, die Teilungspfosten nur mit aus dem vollen Holz gearbeiteten schmalen Kassetten. Die Oberflächen mit schwachen Resten von drei Malereischichten, dabei die Grundfassung offenbar grün: Die Füllungen der ursprünglichen Temperamalerei unterhalb des Bogens mit Figuren, in den Feldern darüber vierzeilige, direkt auf das hier ungefaßte Holz gemalte Fraktur-Inschrift. Eine Inschrift hiervon lautet: *sich dich vmb vnter allem volck / nach redlichen Leuten, die Gott / fürchten, warhafftig vnd ohne / Geiz seind vund die setze vber sie, / Deut. 18* (richtig: Exod. 18,21).

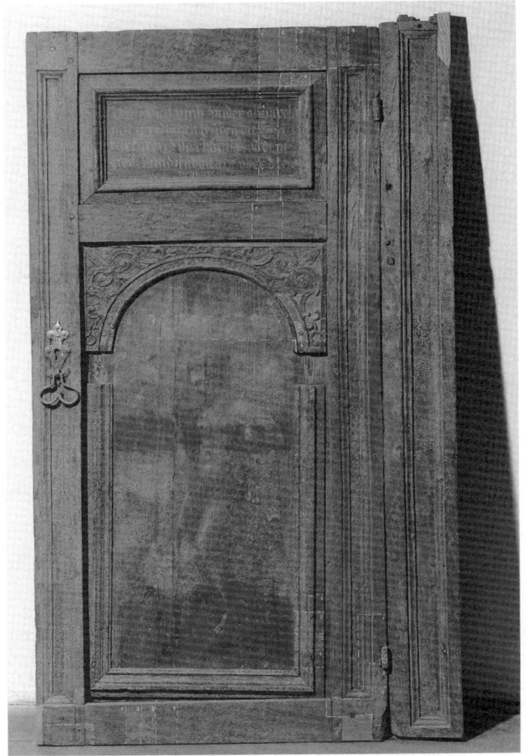

Abb. 932 Markt 1, Rathaus, Ratsstubeneinbau von 1629, Bruchstück eines Vertäfelungsrestes unbekannter Herkunft, 1997.

1715 wird *der große Ofen auf der Rahts Stube* repariert (KAM, Mi, B 105). 1731 erhält Ilgenstein *vor verfertigung der Decke auf der Raths Stube* 15 gr ausgezahlt (KAM, Mi, C 354,12 alt).

Schon spätestens im 18. Jahrhundert scheint im Obergeschoß die Trennwand zwischen den beiden Räumen entfernt worden zu sein. Die dabei entstandene große Stube wird 1789 im Inventar des Ratskellers als mit einer Wachstuchtapete ausgeschlagen beschrieben.

Gerichtsstube (18. Jahrhundert)

Das Niedergericht tagte offenbar in der zweiten Hälfte des 17. Jahrhunderts im Kaufhaus (siehe Markt 6) und seit 1712 im Haus des Sekretärs (siehe Kleiner Domhof 2). Nachdem letzteres im Zuge der Reorganisation der Verwaltung 1724 verkauft worden war, verlegte man das Gericht in einen nicht näher bekannten Raum des Rathauses. 1724 wird *das Repositorium auf dem Niedergericht* von Conrad Heuer in Stand gesetzt (KAM, Mi, C 351,3 alt). 1763 versammelte sich das Niedergericht jeweils Dienstags und Donnerstags *auf dem Rathaus.*

Neuer Rathaussaal (ab 1897)

Im Zuge des Rathausumbaus wurde 1897 in der nordöstlichen Ecke des Obergeschosses ein neuer Ratssaal mit einer Grundfläche von 9,35 x 8,15 m (76,2 qm) an der Stelle von zwei Zimmern, eines Teils des Flurs und der alten Wendeltreppe geschaffen und mit einer neuen wandfesten Ausstattung in historistischen Formen versehen. Hierfür wurde das Rathaus in diesem Bereich ausgekernt und erhielt eine neue Zwischendecke über Holzbalken, die in der Mitte auf einer Querwand auflagen, während man die neue Decke des Saals auf zwei eisernen und mit Holz verklei-

Abb. 933 Markt 1, Rathaus, Neuer Ratssaal von 1897, Blick nach Nordosten, hinten rechts wohl Porträt Wilhelm I. (siehe weiter unten Porträt-Nr. 12), um 1910.

deten Trägern auflegte. Die Täfelung und Deckenverkleidung lieferte die Firma Ronicke, das Parkett Schütte & Krause (KAM, Mi, F 2239 und 2240). Im alten Ostgiebel wurden zwei, in der Nordwand drei große Fensteröffnungen geschaffen, die jeweils spitzbogig ausgeführt sind und eine Bleiverglasung aus blanken Waben in den unteren Flügeln und dekorativen Glasmalereien in den Bogenfeldern erhielten.

Der vorhandene und aus dem alten Rathaussaal übernommene Bildschmuck der Wände – bestehend aus einer langen Reihe künstlerisch teilweise sehr wertvoller Portäts der preußischen Könige – konnte durch weitere neue Bilder des Mindener Malers P. Sembtner ergänzt werden. Die Einweihung des neu gestalteten Raumes erfolgte am 30. 12. 1897 mit einer ersten Sitzung.

1941 wurde eine Neugestaltung des Raumes durch das Stadtbauamt vorbereitet. Nach den erhaltenen Plänen sollten dabei die Wände in ihrer ganzen Höhe eine glatte Holzverkleidung erhalten, gegliedert durch ein quadratisches Raster von weiter vorstehenden, an den vorderen Kanten profilierten sowie waagerechten Leisten. Die Fenster sollten ein niedriges und rechteckiges Format erhalten (Plan wohl vom Leiter des städtischen Hochbauamtes E. Hopmann). Offensichtlich wurde auch die dichte Reihe von Porträts der preußischen Könige und Kaiser nach 1918 zunehmend als unpassend für den Schmuck des Ratssaals empfunden, auch wenn man historische Bezüge weiterhin favorisierte. So beabsichtigte man den Ersatz dieser Porträts durch neue Bilder mit stadtgeschichtlichem Bezug, wozu 1942 der Auftrag vergeben wurde.

Abb. 934 Markt 1, Rathaus, Neuer Ratssaal von 1897, Friedrich Wilhelm, der Große Kurfürst (Porträt-Nr. 1) um 1670, Zustand 1998.

AUSSTATTUNG DES RATHAUSSAALES
(und möglicherweise weiterer Räume des Rathauses) mit einem Zyklus brandenburgisch-preußischer Herrscherporträts:

1. Friedrich Wilhelm (1620–1688), der Große Kurfürst (1640–1688) (Abb. 934)

Öl auf Leinwand, 70 x 54 cm, wohl rundum ungleich beschnitten; unbezeichnet. Brustbild nach rechts im plastisch gemalten Oval, in Rüstung mit reichem Spitzenkragen, unter dem zwei weiße Troddeln hervorkommen. Braune Allongeperücke; darunter von der linken Schulter zur rechten Seite das blaue Ordensband des Hosenbandordens mit der Öse des – wohl bei der Verkürzung des Bildes weggefallenen – ovalen Medaillons. Gute, wohl zeitgenössische Wiederholung eines der zahlreichen Porträts des Kurfürsten aus der Zeit um 1660/1670. Der vergoldete Stuckrahmen in hochbarocken Formen mit kräftig modellierten Palmwedeln wohl aus dem 19. Jahrhundert, 90 x 80,5 cm.

Heute Mindener Museum, Inv.-Nr. Gem. 2790, aus dem Rathaus. Die Stadt erhielt das Bild wohl 1866 von der »Westfälischen Gesellschaft für vaterländische Geschichte«.

2. Friedrich Wilhelm (1620–1688), der Große Kurfürst (1640–1688)

Porträt von Wilhelm Camphausen (Düsseldorf), der Stadt 1889 vom Kaufmann Fritz Rocholl für den Rathaussaal gestiftet. Das Bild ist im Bestand nicht mehr nachzuweisen.

Abb. 935 Markt 1, Rathaus, Neuer Ratssaal von 1897, Friedrich Wilhelm I. (Porträt-Nr. 4) um 1720, Zustand 1998.

3. Friedrich Wilhelm (1620–1688), der Große Kurfürst (1640–1688)

Kopie des Mindener Malers Paul Sembtner nach dem 1643 entstandenen Bild des Malers Flug im Königlichen Schloß in Berlin. Das von der Stadt erworbene Bild wurde am 18. 8. 1898 im Rathaussaal aufgehängt (Verw.-Bericht). Es ist im Bestand nicht mehr nachweisbar.

4. Friedrich Wilhelm I. (1688–1740), König in Preußen (1713–1740) (Abb. 935)

Öl auf Leinwand, 104,5 x 84 cm. Oben links nachträglich bezeichnet *FRidericus Wilhelmus 1. / Dei Gratiâ Rex Borussiae 2.* Hüftbild nach links vor bergiger Landschaft mit turmreicher Stadt im Hintergrund links. Der König ist voll gerüstet, über dem Harnisch trägt er ein rotes, goldgesticktes Portepee, eine silberne Feldbinde mit Quasten und das orangefarbene Schulterband des Schwarzen-Adler-Ordens, darüber einen dunkelblauen Uniformrock mit hellrotem Futter und Aufschlägen. Diese und der Rock – auch an Ärmeln und Taschenklappen – mit reicher Goldstickerei besetzt. Der König trägt sein natürliches, mittelblondes Haar offen, hinten mit Zopf und Schleife, dazu einen dunkelblauen Dreispitz mit Goldknopf und schlichter Goldborte. In der erhobenen Rechten hält er einen schwarzen Kommandostab mit Messinghülse, die Linke hat er in die Hüfte gestemmt. Die Halsbinde ist weiß, darunter stößt das rote Harnischfutter hervor. Auf dem Uniformrock der Bruststern des Schwarzen-Adler-Ordens, am roten Rockumschlag vor dem Leib ein dunkelblaues, gold-

Abb. 936 Markt 1, Rathaus, Neuer Ratssaal von 1897, Friedrich der Große (Porträt-Nr. 5) um 1750, Zustand 1998.

bordiertes Malteserkreuz, wohl das Kreuz des Herrenmeisters der Johanniterballei Brandenburg. Nach der verhältnismäßig reichen Uniformstickerei, die sich gleichartig auf zwei Porträts von Friedrich Wilhelm Weidemann (Osterburg 1668–1725) und Johann Harper (Stockholm 1688–1746 Potsdam) von etwa 1720 in der Sammlung des Preußenmuseums Nordrhein-Westfalen findet (vgl. Ausstellungskatalog Macht und Dienst, Wesel/Cappenberg 1993/1994, S. 14 Nr. 1.2, S. 16 Nr. 1.3), und der offenen, natürlichen Haartracht ist das Bild gleichfalls bald nach dem »preußischen Stilbruch« (Bleckwenn 1987) von 1718 zu datieren, also wohl ebenfalls um 1720. Es gehört damit zu den wenigen Bildnissen, die nach Börsch-Supan 1980, S. 108 aus den ersten fünfzehn Regierungsjahres des »Soldatenkönigs« überliefert sind. Der mit fünfstrahligen Sternen besetzte, vergoldete Rahmen, 1,22 x 1,02 m, stammt aus der ersten Hälfte des 19. Jahrhunderts.

Heute Mindener Museum, Inv.-Nr. Gem. 2789. – Nach der Beschriftung gehörte das Bild zu einer Serie von Königsporträts (vgl. Nr. 3).

5. Friedrich II., der Große (1712–1786), König von Preußen (1740–1786) (Abb. 936)

Öl auf Leinwand, 104,5 x 84 cm. Oben links bezeichnet *FRidericus 2. / Dei Gratiâ Rex Borussiae.3.* Hüftbild nach links, den erhobenen rechten Arm auf den Kommandostab gestützt, die Linke am Degengriff. Der König trägt den dunkelblauen Uniformrock mit hellrotem Ärmelaufschlag, daran reiche Goldstickerei mit Gelbmetallknöpfen, darüber einen Harnisch, über dem das orangerote Schulterband des Schwarzen-Adler-Ordens liegt. Das Portepee ist schwarz-silbern gestreift, Handschuhe weiß, Halsbinde schwarz, weiße Spitzen an Jabot und Manschetten. Von der linken Hüfte ist über den erhobenen rechten Arm und den Rücken der rote, mit goldenen Kronen bestickte und mit Hermelin gefütterte Königsmantel drapiert. Perücke weiß gepudert, Schleife und Zopf schwarz. Schwarzer Dreispitz mit silberner Galonierung. Hintergrund grünlich-blau. Das derb gemalte Porträt, das wohl in Anlehnung an eines der zahlreichen Bildnisse der Werkstatt Antoine Pesnes oder an das Porträt von Joachim Martin Falbe 1742 entstand, ist kennzeichnend für Friedrichs geringschätzige Einstellung zum eigenen Bildnis (Falbes Porträt in der Gemäldegalerie der Staatlichen Museen, Berlin, vgl. Ausstellungskatalog Kunst in Berlin 1648–1987, Ausstellung der Staatlichen Museen im Alten Museum zu Berlin 1987, D. 40, Abb. S. 139). Der hier mit sechsstrahligen Sternen besetzte Rahmen der ersten Hälfte des 19. Jahrhunderts und die Beschriftung weisen das Bild als jüngeres Gegenstück zum Porträt Friedrich Wilhelms I. (Nr. 4) aus.

Heute Mindener Museum, Inv.-Nr. Gem. 2788

6. Friedrich II., der Große (1712–1788), König von Preußen (1740–1786) (Abb. 937)

Öl auf Leinwand, 73 x 58 cm, unbezeichnet. Brustbild nach links im gemalten Oval. Der König im dunkelblauen Uniformrock mit hellrotem Kragen und Weißmetallknöpfen, auf der Brust der

Abb. 937 Markt 1, Rathaus, Neuer Ratssaal von 1897, Friedrich der Große (Porträt-Nr. 6) um 1790, Zustand 1998.

Stern des Schwarzen-Adler-Ordens. Das Bild ist eine Wiederholung des in vielen Stichen überlieferten, verschollenen posthumen Porträts von 1787, das der Berliner Hofmaler Friedrich Wilhelm Bock in Anlehnung an das berühmte Altersbild Friedrichs von Anton Graff von 1781/82 malte (von Campe 1958, Nr. XXI). Wohl zugehörig ist der reich geschnitzte und vergoldete Rahmen in Louis-Seize-Formen. Oben ist er dekoriert mit einem Lorbeerfeston und einem Arrangement aus der preußischen Königskrone auf einem Kissen, begleitet von Fahnen, Pauke, Kanonenrohren und -kugeln; vor der unteren Rahmenleiste ein kleiner Sockel, darauf vollplastisch der preußische Adler.

Heute Mindener Museum, Inv.-Nr. Gem. 2352, (*Alter Bestand*, wohl aus dem Rathaus), vielleicht identisch mit dem Porträt, das die Stadt 1866 von der »Westfälischen Gesellschaft für vaterländische Geschichte« erhielt. – Das Bild hängt zur Zeit im Sitzungssaal des Bürgermeisters im Stadthaus.

7. Friedrich II., der Große (1712–1786), König von Preußen (1740–1786)

Öl auf Leinwand, 81,5 x 62 cm, unbezeichnet. Hüftbild nach links im dunkelblauen Uniformrock mit rotem Futter, mit schwarz-silbern gestreifter Feldbinde, weißen Spitzen an Manschetten und Jabot sowie mit schwarzer Halsbinde. Auf der Brust Stern des Schwarzen-Adler-Ordens. Degengriff golden und silbern, Handschuhstulpe strohfarben. Haar weiß mit dunkelroter Zopfschleife. Der König hat mit seiner Rechten den Hut gezogen, dessen Krempe mit weißer Plumage besetzt ist. Das Bild ist eine der zahllosen Wiederholungen des Bildnisses von Johann Heinrich Franke. Friedrich beauftragte den mäßig begabten Berliner Porträtisten 1764, um die nach dem Siebenjährigen Krieg stark gestiegene Nachfrage nach Bildnissen zu Geschenkzwecken zu befriedigen. Frankes Bild hat die volkstümliche Vorstellung vom »Alten Fritz« wesentlich mitbestimmt; denn so erlebte die Bevölkerung ihren König, wenn er durch Berlin und Potsdam ritt, den Hut wiederholt zog und allseits grüßte. – Das Mindener Bild zeigt den König formatfüllend in knappem Ausschnitt; möglicherweise ist es für den jüngeren Rahmen passend zugeschnitten worden. (Zu Frankes Porträt Börsch-Supan 1980, S. 151 ff., Nr. 107, sowie Ausstellungskatalog: Friedrich der Große, GSTA PK Berlin 1986, S. XIII und S. 227, Nr. V.1, Abb. S. 233: Exemplar der Stiftung Preußische Schlösser und Gärten Berlin-Brandenburg, Schloß Charlottenburg. – Das beste, 1764 datierte Exemplar befindet sich im Besitz des Bankhauses Delbrück, Schickler & Co. Hamburg). Der vergoldete Rahmen, 94 x 74,5 cm, mit applizierten Akanthus-Palmetten und -Ranken in den Ecken der Hohlkehle gehört in die 1. Hälfte des 19. Jahrhunderts.

Heute Mindener Museum, Inv. Nr. Gem. 2349, (*Alter Bestand)*, z. Zt. im Offizierheim der Herzog-von Braunschweig-Kaserne.

8. Friedrich II., der Große (1712–1786), König von Preußen (1740–1786)

Porträt des Düsseldorfer Malers Wilhelm Camphausen, 1889 vom Kaufmann Fritz Rocholl für den Rathaussaal gestiftet. Das Bild ist im Bestand nicht mehr nachweisbar.

9. Friedrich Wilhelm II. (1744–1797), König von Preußen (1786–1797)

Das Bild erhielt die Stadt wohl 1866 von der »Westfälischen Gesellschaft für vaterländische Geschichte«. Es ist im Bestand nicht mehr nachzuweisen; möglicherweise gehört der Louis-Seize-Rahmen des Porträts Kaiser Friedrichs III. ursprünglich zu diesem verschollenen Bild (vgl. Porträt-Nr. 16).

10. Friedrich Wilhelm III. (1770–1840), König von Preußen (1797–1840)

Die Stadt erhielt das Bild, das im Bestand nicht mehr nachgewiesen werden kann, wohl 1866 von der »Westfälischen Gesellschaft für vaterländische Geschichte«.

Abb. 938 Markt 1, Rathaus, Neuer Ratssaal von 1897, Friedrich Wilhelm IV. (Porträt-Nr. 11) 1846, Zustand 1998.

11. Friedrich Wilhelm IV. (1795–1861), König von Preußen (1840–1861), in seinem Arbeitszimmer im Berliner Schloß (Abb. 938)

Das Bild wurde im Auftrag des Königs im Frühjahr 1845 vom Maler Franz Krüger für den in Königsberg lebenden Astronomen Bessel gemalt und sollte den König nach eigenem Bekunden in einem Brief vom 16. 2. 1846 an diesen *in ganz unoffiziellem Zustand … im Überrock, ungeknöpft und* *am Tische lehnend, wie ich Bekannte in meinem Cabinet zu empfangen pflege,* zeigen (Friedrich Wilhelm IV. – Künstler und König, Stiftung Preußische Schlösser und Gärten Berlin-Brandenburg, Neue Orangerie im Park von Sanssouci 1995, S. 322 und Titelbild). Der Astronom Friedrich Wilhelm Bessel (* 22.7.1784, † 17.3.1846) stammte als Sohn des Justizrates Bessel aus Minden (siehe Kampstraße 28) und kannte den König seit 1816. Er wollte das Bild in seinem privaten Museum aufstellen. Bessel vermachte das Bild, das er am 7.11.1845 erst kurz vor seinem Tode erhalten hatte, testamentarisch seiner Heimatstadt. Der Bestimmungsort in Minden sollte nach dem Testament vom Regierungspräsidenten und vom Bürgermeister gemeinsam festgelegt werden. Das Bild traf im September 1852 in Minden ein und wurde nach kleineren Reparaturen im Rathaussaal aufgehängt. 1863 erhielt der Rahmen eine neue Vergoldung und wurde mit einer geschliffenen, weißen Spiegelscheibe versehen (KAM, Mi, F 95).

Das Bild wurde vermutlich auf der Grundlage einer perspektivischen Raumaufnahme des Architekturmalers Carl Beckmann konzipiert und zeigt den König ohne Herrschaftspose inmitten seines persönlichen Arbeitszimmers, der spätgotischen Erasmuskapelle im Berliner Schloß. Er lehnt dort an seinem in der Raummitte stehenden Mappentisch, im Umkreis sind Teile seiner vielfältigen Sammlungen zu sehen. Von dem Bild wurden sofort mindestens zwei Kopien angefertigt, von denen eine (im Format 62 x 49 cm) im Wohnzimmer der Königin Elisabeth im Schloß Sanssouci hing (heute Stiftung Preußische Schlösser und Gärten, GK I 5673) und eine zweite zunächst 1846 auf der Akademieausstellung in Berlin gezeigt und später von Alexander von Humboldt erworben wurde (1945 im Schloß Tegel vernichtet). Ferner fand ein mit dem königlichen Namenszug versehenes Schabkunstblatt von Friedrich Oldermann weite Verbreitung.

Das Bild in Öl auf Leinwand, 59 x 46 cm (der breite und vergoldete Rahmen in Formen des Zweiten Rokoko 88 x 76 cm), heute im Museum Minden (Inv. Nr. G 2807).

12. Wilhelm I. (1797–1888), König von Preußen (seit 1861) und Deutscher Kaiser (1871–1888)

Öl auf Leinwand, 1,46 x 1,07 m, unbezeichnet, stark beschabt und stellenweise beschädigt, z. Zt. ohne Rahmen. Kniestück en face, leicht nach links gewendet, vor offener Landschaft mit bewaldeten Kuppen. Der König stützt die weiß behandschuhte Linke, die den zweiten Handschuh hält, auf den Säbelgriff; die Rechte hält den Helm mit weißem Parade-Federbusch vor der Hüfte, über seine linke Schulter hat er einen grauen Mantel mit breitem, braunem Pelzkragen gelegt. Der Uniformrock ist dunkelblau mit roten Vorstößen, schwarzem Ärmelaufschlag mit goldenen Tressen und Knöpfen sowie Goldtressen auf dem Stehkragen. Epauletten silbern, Portepee schwarz-silbern gestreift. Von der linken Schulter zur rechten Hüfte das orangefarbene Atlasband mit Kreuz des Schwarzen-Adler-Ordens, überdeckt von einer Brustschnalle mit zahlreichen Ordenskreuzen und Medaillen an farbigen Bändern, daran an erster Stelle das Eiserne Kreuz II. Klasse. Darunter auf der Brust drei Ordenssterne: 1. Roter-Adler-Orden I. Klasse, durchflochten mit dem himmelblauen Emailleband des Kronenordens, 2. Stern zum Großkreuz des Pour le Mérite, 3. Stern des Hohenzollern-Hausordens mit Schwertern; zwischen 1. und 2. das Eiserne Kreuz I. Klasse und ein weiteres gleichgeformtes, goldenes Kreuz mit silbernem Bord (nicht identifiziert). Über Ordensschnalle und Atlasband liegt ein zweites, schmaleres goldfarbenes Band mit silbernen Rändern (nicht identifiziert). Am Hals trägt der Kaiser gleichfalls mehrere Orden: 1. Kreuz des Pour le Mérite mit Eichenlaub, 2. darunter an der Kollane das Großkomturkreuz des Hohenzollern-Hausordens mit Krone und Schwertern, daneben 3. das Großkreuz des Eisernen Kreuzes, und darunter 4. das Großkreuz des Pour le Mérite.

Heute Mindener Museum, Inv.-Nr. Gem. 2370.

Abb. 939 Markt 1, Rathaus, Neuer Ratssaal von 1897, Wilhelm I. (Porträt-Nr. 13) um 1880, Zustand 1998.

13. Wilhelm I. (1797–1888), König von Preußen (seit 1861) und Deutscher Kaiser (1871–1888) (Abb. 939)

Öl auf Leinwand, 60,5 x 49 cm, anscheinend unbezeichnet. Brustbild, leicht nach rechts gewendet. Rock dunkelblau mit zinnoberrotem, reich mit Gold besticktem Stehkragen, silberfarbenen, geflochtenen Schulterstücken und silbernen Schnüren. Über dem orangefarbenen Schulterband des Schwarzen-Adler-Ordens breite Brustschnalle mit zahlreichen Orden und Medaillen an farbigen Bändern, daran an erster Stelle das Eiserne Kreuz II. Klasse. Am Hals trägt der Kaiser das Kreuz des Pour le Mérite mit Eichenlaub, darunter die Kollane des Hohenzollern-Hausordens mit dem Großkomturkreuz mit Krone und Schwertern, daneben das Großkreuz des Eisernen Kreuzes, und darunter das Großkreuz des Pour le Mérite. – Auf der Brust der Stern des Roten-Adler-Ordens, durchflochten mit dem himmelblauen Band des Kronenordens. Der zugehörige vergoldete Rahmen, 89 x 68 cm, mit ovalem Bildausschnitt von 56,5 x 45 cm, ist an den Ecken mit Eichenblättern und Eicheln besetzt; auf der oberen Leiste ein Kissen mit der Kaiserkrone zwischen links Lorbeer- und rechts Eichenzweigen aus Stuck.

Heute Mindener Museum, Inv.-Nr. Gem. 2320, zur Zeit im Offizierheim der Herzog-von-Braunschweig-Kaserne.

Abb. 940 Markt 1, Rathaus, Neuer Ratssaal von 1897, Friedrich III. (Porträt-Nr. 15) wohl 1889, Zustand 1998.

14. Wilhelm I. (1797–1888), König von Preußen (seit 1861) und Deutscher Kaiser (1871–1888)

Das Porträt des Düsseldorfer Malers Wilhelm Camphausen, das der Kaufmann Fritz Rocholl 1889 für den Rathaussaal stiftete, ist im Bestand heute nicht mehr nachweisbar.

15. Friedrich III. (1831–1888), König von Preußen und Deutscher Kaiser (1888) (Abb. 940)

Öl auf Leinwand, 60,5 x 49 cm, anscheinend unbezeichnet. Brustbild en face. Rock dunkelblau mit geflochtenen goldenen Schulterstücken und Schnüren, Ordensband des Schwarzen-Adler-Ordens orangefarben, auf der Brust Stern des Roten-Adler-Ordens, durchflochten mit dem himmelblauen Emailleband des Kronenordens. Am Hals trägt der Kaiser das Großkreuz des Eisernen Kreuzes und das Kreuz des Pour le Mérite mit Eichenlaub, um den Hals die Kollane des Hohenzollern-Hausordens mit dem Großkomturkreuz des Pour le Mérite mit Eichenlaub. Die Kollane des Hausordens überdeckt die Bänder einer Brustschnalle mit dem Eisernen Kreuz II. Klasse und dem Kommandeurkreuz des österreichischen Militär-Maria-Theresia-Ordens (?). Der zeitgenössische Goldrahmen entspricht dem des Porträts seines Vaters Wilhelm I. (s. Nr. 13); zu diesem Bild bildet das Porträt Friedrichs III. offensichtlich ein Gegenstück; es gleicht ihm auch in der routinierten Malweise mit außerordentlich gleichmäßig-glatter Oberfläche.

Heute Mindener Museum, Inv.-Nr. 2347. Das Bild wurde vermutlich 1889 auf Kosten der Kämmereikasse beschafft.

Abb. 941 Markt 1, Rathaus, Neuer Ratssaal von 1897, Friedrich III. (Porträt-Nr. 16). Paul Sembtner um 1900, Zustand 1998.

16. Friedrich III. (1831–1888), König von Preußen und Deutscher Kaiser (1888) (Abb. 941)

Öl auf Leinwand, 73 x 58 cm, unbezeichnet. Rückseitig aufgeklebter Zettel: *P. Semptner, Friedrich III.* Brustbild en face, der Kopf leicht nach rechts gewendet. Dunkelblauer Uniformrock mit zinnoberrotem, goldgesticktem Kragen, goldgeflochtenen Schulterstücken und goldenen Schnüren. Atlas-Schulterband des Schwarzen-Adler-Ordens orangerot; auf der Brust Stern des Roten-Adler-Ordens, die Strahlen durchflochten mit dem blauen Emailleband des Kronenordens, darunter Eisernes Kreuz I. Klasse und Stern zum Großkreuz des Pour le Mérite. Am Hals trägt der Kaiser das Großkreuz des Eisernen Kreuzes, um den Hals die Kollane des Hohenzollern-Hausordens mit dem Großkomturkreuz mit Krone und Schwertern. Darunter hängt das Großkreuz des Pour le Mérite mit Eichenlaub. Die Kollane des Hausordens überdeckt die Brustschnalle mit dem Eisernen Kreuz II. Klasse und dem Kreuz des Roten-Adler-Ordens.

Der Rahmen in Louis-Seize-Formen, 99 x 76 cm, gehört in das späte 18. Jahrhundert; er entspricht genau dem des Porträts Friedrichs des Großen (Nr. 6) und dürfte zu einem nicht mehr nachweisbaren Bild Friedrich Wilhelms II. gehört haben, das die Stadt 1866 von der »Westfälischen Gesellschaft für vaterländische Geschichte« erhielt.

Heute Mindener Museum, Inv.-Nr. Gem. 2351; zur Zeit im Sitzungsraum des Bürgermeisters im Stadthaus.

Abb. 942 Markt 1, Rathaus, Neuer Ratssaal von 1897, Wilhelm II. (Porträt-Nr. 17). Max Usadel 1899, Zustand 1998.

17. Wilhelm II. (1859–1941), König von Preußen und Deutscher Kaiser (1888–1918) (Abb. 942)

Öl auf Leinwand, 103 x 80 cm, unten links bezeichnet *Max Usadel. Düsseldorf 99.* Hüftbild nach rechts mit nach links gewendetem Kopf; um die Schulter hat der Kaiser einen dunkelgrauen Mantel mit braunem Pelzkragen gelegt. Uniformrock dunkelblau mit rotem, goldgesticktem Stehkragen. Schulterband des Schwarzen-Adler-Ordens gelborange, Schnüre und Schulterstücke golden, Portepee silbern. Am Hals trägt der Kaiser das Kreuz des Souveränen Protektors des Königlich Preußischen St. Johanniterordens: ein weißes Malteserkreuz mit goldenen Adlern in den Winkeln, darüber gekreuzt Zepter und Schwert unter der Krone. Es überdeckt die Kollane des Hohenzollern-Hausordens, dessen Kreuz rechts unterhalb des Johanniterkreuzes erscheint. Der Bildgrund ist rötlich braun. Der zugehörige vergoldete Stuckrahmen, 1,59 x 1,17 m, ist mit einem üppigen, fein modellierten Eichenfeston belegt, auf der oberen Leiste ein Kissen mit der Kaiserkrone, daneben links Lorbeer-, rechts Eichenzweige.

Heute Mindener Museum, Inv.-Nr. Gem. 2369.

18. Wilhelm II. (1859–1941), König von Preußen und Deutscher Kaiser (1888–1918)

Das 1889 auf Kosten der Kämmereikasse beschaffte Bild ist im Bestand heute nicht mehr nachweisbar.

Abb. 943 Markt 1, Rathaus, Neuer Ratssaal von 1897, Bilderzyklus von F. Grotemeyer/Berlin 1942: Entstehung des Namens Minden (Bild Nr. 1).

19. Apotheose Kaiser Wilhelms I.

Gemälde des »Nürnberger Malers Keller«, 1889 von Fritz Rocholl für den Rathaussaal gestiftet, im Bestand nicht mehr nachweisbar. (Gemeint ist vermutlich eine Zweitausfertigung der Apotheose Kaiser Wilhelms I. / Einzug durch das Brandenburger Tor 1871, die 1888 von Ferdinand Keller gemalt und von der Berliner Nationalgalerie erworben wurde.)

20. Kaiser Wilhelm

Gemälde des Mindener Malers Paul Sembtner. Es ist unklar, ob das Bild, das nicht mehr nachzuweisen ist, Wilhelm I. oder Wilhelm II. darstellte.

1942 wurde der Kunstmaler Fritz Grotemeyer/Berlin beauftragt, einen Zyklus von acht großformatigen Bildern mit Szenen aus der Geschichte der Stadt zu erstellen, mit denen drei Wände des großen Sitzungssaales verkleidet werden sollten. Zumeist haben sie eine Höhe von 1,33 m und eine Breite von 1,93 m. Das Neugestaltungskonzept ging auf den kommissarischen Bürgermeister Dr. Constantin Terhardt zurück, der ebenso wie Grotemeyer aus Münster stammte und es bedauerte, daß die Stadt Minden im Gegensatz zu seiner Heimat so wenig Zeichen ihrer eigenen Geschichte habe, die aber die Entscheidungen des Rates positiv beeinflussen könnten. Die Auswahl der Bildthemen wurde von Dr. Terhardt und dem Stadtarchivar Dr. Martin Krieg gemeinsam vorgenommen. Bild 1 und 2 sollten beginnend am Fenster die Ostwand des Raumes schmücken, anschließend an der Südwand die drei Bilder 3 bis 5 und auf der Westwand Nr. 6–8. Wohin das zu

Abb. 944 Markt 1, Rathaus, Neuer Ratssaal von 1897, Bilderzyklus von F. Grotemeyer/Berlin 1942: Reformationspredigt Nicolaus Krages (Bild Nr. 5).

der Serie gehörende neunte Bild gehängt werden sollte, ist nicht bekannt; es war nicht ursprünglich für den Ratssaal vorgesehen und wurde der Stadt von Grotemeyer geschenkt. Die Verglasung der Fenster war mit Szenen der neuesten Stadtgeschichte in drei weiteren Bildern geplant: 1. Minden als Station der Köln-Mindener-Eisenbahn; 2. Minden als Anlegeplatz des ersten Weserdampfers und 3. Überführung des Mittellandkanals über die Weser (von Schroeder 1966 a. – Bath 1977 a).

Die Bilder wurden nach Lieferung im Mai 1943 in Minden ausgestellt, danach aber wegen der Kriegsgefahren ausgelagert und konnten den 1945 zerstörten Raum nicht mehr schmücken. Der komplett erhaltene Zyklus ist heute aufgeteilt, wobei die einzelnen Bilder sich entweder im Magazin des Museums befinden oder aber als Leihgabe in verschiedenen öffentlichen Gebäuden aufgehängt sind:

1 Sagenhafte Erklärung zur Entstehung des Namens Minden: Widukind erklärt Karl dem Großen vor der Silhouette der Porta Westfalica, MIN und DIN soll diese Stadt sein (heute Museum Minden, Inv. Nr. G 2888. Das Bild als Leihgabe in der Altentagesstätte Johannisstraße 8). (Abb. 943)

Abb. 945 Markt 1, Rathaus, Neuer Ratssaal von 1897, Bilderzyklus von F. Grotemeyer/Berlin 1942: der Große Kurfürst 1685 auf dem Markt (Bild Nr. 7).

2 Das Hochzeitspaar Herzog Heinrich der Löwe und die englische Königstochter Mechthild von England von dem Westportal des Domes 1168 (heute Museum Minden, Inv. Nr. G 2889. Das Bild hängt seit 1955 im Kleinen Rathaussaal – siehe dazu auch Ulfers 1995, S. 224 f., H 126).

3 Empfang von Kaiser Karl IV. durch Bischof und Bürgermeister vor dem Wesertor (heute Museum Minden, Inv. Nr. G 2808).

4 Kaufmannszug vor dem Simeonstor der Stadt im 15. Jahrhundert (heute Museum Minden, Inv. Nr. G 2890).

5 Reformationspredigt Nicolaus Krages 1529 auf der Kanzel von St. Martini (heute Museum Minden, Inv. Nr. G 2891). (Abb. 944)

6 Belagerung der brennenden Stadt durch die Schweden 1634 (heute Museum Minden, Inv. Nr. G 2792. Das Bild befindet sich als Leihgabe im Offizierskasino der Herzog-von-Braunschweig-Kaserne in Minden-Rodenbeck).

7 Der Große Kurfürst stiftet 1685 als Anerkennung des Freischießens 50 Taler Schießprämie (heute Museum Minden, Inv. Nr. G 2644. Das Bild befindet sich als Leihgabe im Hauptsitzungssaal des ehem. Neuen Regierungsgebäudes, Weserglacis 2). (Abb. 945)

8 Schlacht bei Minden am 1. 8. 1759 (heute Museum Minden, Inv. Nr. G 2791).

9 Friedrich der Große bei seinem Besuch 1763 auf dem Kleinen Domhof (heute Museum Minden, Inv. Nr. G 2892. Das Bild als Leihgabe in der Altentagesstätte Johannisstraße 8).

DACH

Dachwerk (bis 1662)

Über die Konstruktion und Gestalt des über dem Steinbau bestehenden Daches vor 1662 ist nichts bekannt. In diesem Jahr werden sogenannte *Welsche Giebel* an der Marktfront abgebrochen, worunter wohl als Schaufronten gestaltete Blendgiebel, womöglich in Renaissanceformen zu verstehen sind. Ob es sich hierbei um die ursprünglichen Giebeldreiecke des Daches (wohl im Westen und Osten des Baus) oder aber um in der Mitte des 16. Jahrhunderts aufgesetzte Ziergiebel (denkbar auch über der südlichen Traufe) handelt, ist nicht bekannt (vergleiche hierzu die inzwischen mehrmals publizierte, allerdings sehr freie Rekonstruktion von Handrik 1957). Sollte die Nennung von 1265 eines »Querhauses« tatsächlich auf das Rathaus zu beziehen sein, dürfte das ursprüngliche Dach als Satteldach mit west-östlichem First – also parallel zur Marktfront und Laube und im Unterschied zur allgemeinen Giebelständigkeit von Profanbauten – zu denken sein. Im Vergleich mit dem etwa gleichzeitig errichteten Haus Brüderstraße 2 wäre hier dann ein recht steiles Sparrendachwerk zwischen massiven Blendgiebeln an den westlichen und östlichen Seitenfronten denkbar. Wegen der mit 16,8 m recht großen Bautiefe ist aber auch die Existenz von zwei parallelen Satteldächern möglich, wobei auf der mittleren, massiven Längswand eine die Kehle zwischen den beiden Dachwerken entwässernde Rinne aufgelegen haben müßte. Für diese Lösung spricht die Nachricht von 1659 über den Ersatz von zwei Dächern durch ein neues, großes Dachwerk.

Dachwerk (1662–1945)

In den Jahren 1659/62 wird das Dachwerk offensichtlich vollständig erneuert und als Satteldach mit Giebeldreiecken von Fachwerk ausgeführt. Die Konstruktion nur durch eine Bauaufnahme von 1890 bekannt (Abb. 906). Danach war das mit 16,99 m sehr breite und mit 10,94 m Gesamthöhe gewaltige Sparrendach mit vier Kehlbalkenlagen versehen, von denen die drei unteren in ein komplexes Stützsystem eingebunden wurden: Mittig eine Reihe (Achsmaß 3,82 m) von sechs Hochsäulen, in die die zwei unteren Kehlbalkenlagen eingezapft sind, jeweils im Längs- und Querverband durch gekehlte Kopfbänder ausgesteift. Die beiden unteren Kehlbalkenlagen an ihren äußeren Enden zusätzlich durch stehende Stühle unterstützt und zur Dachmitte mit Kopfbändern verstrebt. Die Giebeldreiecke entsprechend den Kehlbalkenlagen stöckig verzimmert und durch zusätzliche Riegelketten und Ständer mit ausgemauerten Gefachen versehen. Hierbei die Stockwerke jeweils über eingezapften Balkenköpfen und abgefasten Schwellen leicht vorkragend. Die intensive innere Aussteifung und Unterstützung des Dachwerkes schuf vier Böden, die offenbar zu Lagerzwecken mit größeren Lasten genutzt werden sollten (in der ersten Hälfte des 19. Jahrhunderts wurden hier während der Sommermonate die Straßenlaternen aufbewahrt – siehe Teil V, Kap. X.1.5. Ferner dürften hier die Einrichtungen für den Wochenmarkt und die jährlichen Messen, etwa die von der Stadt vermieteten Marktstände, gelagert worden sein – siehe Marktplatz, Einleitung ab S. 1301). Hierfür bestand bis 1945 an nicht näher bekannter Stelle auch ein hölzernes Aufzugsrad (zu sehen auf Fotografien des brennenden Rathauses). Die ursprüngliche Art der Eindeckung nicht bekannt, mit Sandsteinplatten denkbar.

1712 erhält das Dach im Zuge der allgemeinen Renovierung zum Teil neue Latten (KAM, Mi, B 105 alt). 1746 muß eine neue Rinne von 20 Fuß Länge beschafft werden, wofür man das Holz aus dem Mindener Wald holen will (KAM, Mi, C 341,10 alt). Schon 1802 ist das Dach mit Ziegeln eingedeckt (KAM, Mi, C 830). 1830 wird die Dachdeckung im Zuge einer größeren Reparatur durch Maurermeister Menny erneuert und 1836 diese erneut durch Maurermeister Baumgarten repariert (KAM, Mi, E 730). 1848 wird durch den Klempnermeister J. G. Waag vorne eine neue Zinkrinne angebracht und 1851 führt Menny erneut Reparaturen aus (KAM, Mi, F 687).

1716 wurde in der Mitte der südlichen Traufe ein Uhrturm eingebaut (siehe unten) und wohl zugleich auch die Spitzen der Giebeldreiecke oberhalb der dritten Kehlbalkenlage abgewalmt. Zu nicht näher bekannter Zeit (um 1800 ?) zudem das Dach des nördlichen Anbaus mit langen Auflangern angeschleppt. Bis 1845 war der Boden völlig frei von Einbauten. Danach wurden im östlichen Teil des unteren Bodens Räume zur Lagerung der städtischen Leihanstalt durch Maurermeister Baumgarten eingerichtet (KAM, Mi, E 730). Später wohnte hier der *Rathausdiener*. Ab 1896 die untere Etage auch in der westlichen Hälfte ausgebaut und als Wohnung für den Hausmeister eingerichtet.

Uhrturm (1716–1945)

Der 1715 neu ernannte, erste staatlich bestellte Oberbürgermeister von der Osten ließ 1716 einen Uhrturm auf das Rathaus aufsetzen (LAMPMANN 1927, S. 41), wodurch die Front einen neuen, axial ausgerichteten und barocken Charakter bekam. Diese Maßnahme kann vielleicht als Ausdruck des neuen Bewußtseins eines vom Staat bestellten

»Ersten Bürgers« gedeutet werden und markierte nun den Sitz der Verwaltung als zeitbestimmend. Zuvor bestanden öffentliche Uhren wohl nur an den Kirchen, Glocken auch in den Stadttürmen (1629 wurde wegen des Restitutionstreites und der dabei befohlenen Rückgabe der Kirchengebäude an die katholische Kirche ein Glockenturm auf das Kaufhaus – siehe Markt 6 – aufgesetzt, der jedoch schon bald wieder verschwand).

Zu dem Thurm am Rahthaus werden im September 1716 insgesamt 638 Fuß Eichenbalken sowie 56 Nägel abgerechnet (KAM, Mi, B 105 alt). Er wurde unmittelbar auf die Traufe in der Mitte der Front auf einem hölzernen Konsolgesims aufgesetzt und als mehrgeschossige Fachwerkkonstruktion über quadratischem Grundriß ausgeführt, die im unteren Teil in die Dachfläche eingeschoben ist. Alle Etagen durch stark profilierte Gesimse geschieden. Die vier Ständer der unteren Etage sind plastisch als Pilaster ausgeführt, daher die Fachwerkkonstruktion wohl (wie bis 1883 erhalten) für Verputz vorgesehen. Über dem unteren, als Stube (für eine Wache ?) eingerichteten Raum ein in der Ansicht schmaleres Geschoß, der Rücksprung durch kleine, geschweifte Pultdächer abgedeckt. In dieser Etage das Uhrwerk, wobei das Zifferblatt in der Mitte der Front zur Hälfte über die Traufe hinausreicht. Darüber eine achteckige flache Kuppel, auf der eine offene Laterne für die Glocken mit geschweifter Haube aufsitzt. Abschluß mit einer hohen geschmiedeten und mit einer mittleren Kugel und gerollten Bändern dekorierten Eisenspitze. Die Eindeckung der Dächer nach Fotos bis 1896 mit Blechplatten, seitdem mit geteerter Pappe. 1883 das Fachwerk freigelegt und dunkel gefaßt, die Gefache weiß geputzt.

Die Arbeiten an dem Turm kommen 1718 mit dem Einbau der Uhr zum Abschluß. Sie wird mit Blei eingedeckt, ferner werden durch den Uhrmacher Knüsing neue Gewichte beschafft (KAM, Mi, B 105 alt). Joh. Hermann Knüsing wartet die Uhr noch 1728 (KAM, Mi, C 338,1 alt, Tit. XIV, 2). Ihm folgt 1762 der Kleinschmied Wennebier. 1770 ist es Uhrmacher Walter und 1796 Uhrmacher Friedrich Walter Junior (KAM, Mi, C 869). 1800 erhält der Bauschreiber Wehking für die Aufsicht über die Rathausuhr 8 Rthl Gehalt (KAM, Mi, C 268,4 alt).

1822 ist *der Turm* und auch die Uhr schadhaft. Nachdem zunächst die Abnahme des ganzen Aufbaus erwogen wurde, wird er 1823 *von Grund auf repariert* und dabei die bisherige Blei- durch eine Schieferdeckung ersetzt. Die Arbeiten führten Zimmermeister Scheidemann, Uhrmacher Walter und der Schieferdecker Carrel aus Bielefeld aus (KAM, Mi, E 726). 1869 wird der Turm erneut repariert und dabei die Schieferdeckung vom Klempnermeister Ebeling für 212 Thl durch Zinkblech ersetzt (KAM, Mi, F 687).

Die Rathausuhr wurde »nach Berechnungen« des preußischen Ingenieur-Hauptmanns M. J. Friedrich Wegelin 1835/37 erneuert, um ein genau laufendes Uhrwerk zu erhalten, das der Einführung einer einheitlichen Zeitmessung in Minden diente und mit der Berliner Zeit gleichlief (M. Krieg 1953). 1835/37: Das Werk wird vom Schlossermeister Müller unter Mithilfe des Gürtlers Hermann erstellt, das Zifferblatt liefert der Kupferschmied Meier; es wird vom Goldarbeiter Hille vergoldet. Zugleich wird eine neue Glocke beschafft (siehe weiter unten).

1896 wird eine neue Turmuhr von der Firma Ed. Korfhage & Söhne/Buer erworben, die ein Zifferblatt aus Milchglas erhielt. Da zugleich eine zweite Glocke beschafft wurde, scheint das neue Werk nun auch neben einem Stundenschlag mit einem Schlagwerk für die Viertelstunden ausgestattet worden zu sein. Zugleich wird ein elektrisches Läutewerk für die beiden Glocken angeschafft (KAM, Mi, G I, A 6). 1926 wird der Einbau eines elektrischen Uhrwerkes geplant, aber nicht ausgeführt (KAM, Mi, G V, Nr. 28).

Nach der Glockenliste von 1918 hingen in dem Turm eine Glocke von 1836 (20 cm Durchmesser) und eine von 1896 (50 cm Durchmesser).

RATHAUSHOF

Ratsstubenflügel, später Kämmereianbau (1608–1949)

Eine *Stube auf dem Keller*, auch Weinstube genannt, ist 1608 geschaffen worden. Sie diente fortan auch kleineren Sitzungen des Rates oder einzelner Deputationen zur Zusammenkunft (Krieg 1950 a, S. 4). Der Bau von speziellen Ratsstuben, in denen fortan Sitzungen in warmen, ofengeheizten Räumen durchgeführt werden konnten, ist zur gleichen Zeit auch für viele andere Rathäuser der Region nachzuweisen und scheint auch im Zusammenhang mit der Ausbildung der rathäuslichen Kellerwirtschaften zu stehen: etwa 1590 in Lemgo, wohl 1598 Bad Salzuflen und Schwalenberg 1603 (siehe hierzu Kaspar 1994).

Der nur einen Raum tiefe, aber drei Stockwerke hohe Bau mit einer Grundfläche von etwa 6,5 x 4,1 m wurde unmittelbar an die Nordwand des Rathauses angefügt, von Fachwerk stöckig verzimmert und erhielt einen Keller mit Tonnengewölbe (Grundfläche 19 ½ x 11 Fuß). Dieser war sowohl durch eine Treppe in der östlichen Rückfront vom

Abb. 946 Markt 1, Rathaus, Ratsstubenflügel von 1608, Ansicht von Südwesten, 1895.

Hof her als auch über einen Durchbruch in der Südwand vom alten Ratskeller erschlossen (zugleich oder später entstand zudem ein Durchgang zu einem weiteren nördlichen Keller unter dem Rathaushof – dazu weiter unten). Über einem mit etwa 2,45 m im lichten recht niedrigen und wohl nur Wirtschaftszwecken dienenden Erdgeschoß folgten zwei höhere Etagen von etwa 3,20 bzw. 3,5 m lichter Höhe, die von den beiden Dielen des Altbaus aus erschlossen wurden und wohl jeweils eine Stube aufnahmen. Konstruktive Details sind einzig für die Vorderfront nachzuweisen, lassen aber eine charakteristische Form der Fachwerkgestaltung des frühen 17. Jahrhunderts erkennen: Diese drei Gefache breit, wobei die Eckständer jeweils mit zweifach geschweiften Fußbändern verstrebt sind. Die einzelnen Stockwerke jeweils leicht vorkragend, dabei die starken Schwellen an der Unterseite zwischen den leicht vorkragenden Balkenköpfen abgefast; mit Beschlagwerk beschnitzte Füllhölzer in den Zwischenräumen. Die Wand des ersten Obergeschosses 1837 zwischen der Balkenlage erneuert und mit einem Sprengwerk zwischen den Ständern zum Abfangen der Lasten auf dem darunter eingebauten Tor erneuert. Über dem Anbau bestand offenbar zunächst ein eigenes, etwas tiefer als das Dach des Altbaus ansetzendes und zur Straße traufenständiges Satteldach (in dieser Gestalt der Bau auch auf der um 1634 entstandenen Vogelschau von W. Hollar dargestellt), das nach 1662 – wohl erst um 1800 – durch eine Anschleppung an das Hauptdach des Rathauses ersetzt wurde.

1628 tagte der Rat *uff der Rahtsstuben nunmehr Schreiberey* (Nordsiek 1993, S. 35). Im Laufe des 17. Jahrhunderts scheinen weitere Bereiche der städtischen Verwaltung in diesen nördlichen Anbau verlegt worden zu sein; so etwa die Rentenkammer (ab 1662 ?), die sich zuvor über der Laube im Süden des Rathauses befunden hatte. 1715 wird der Ofen *auf der Stadt-Renten Cammer* repariert (KAM, Mi, B 105) und 1718 werden *auf dem Rathause an der Stadt Rente Cammer* – wohl für eine Dachreparatur – 12 Balgen Kalk und 1 400 Docken verbraucht. Ferner wird eine *neue*

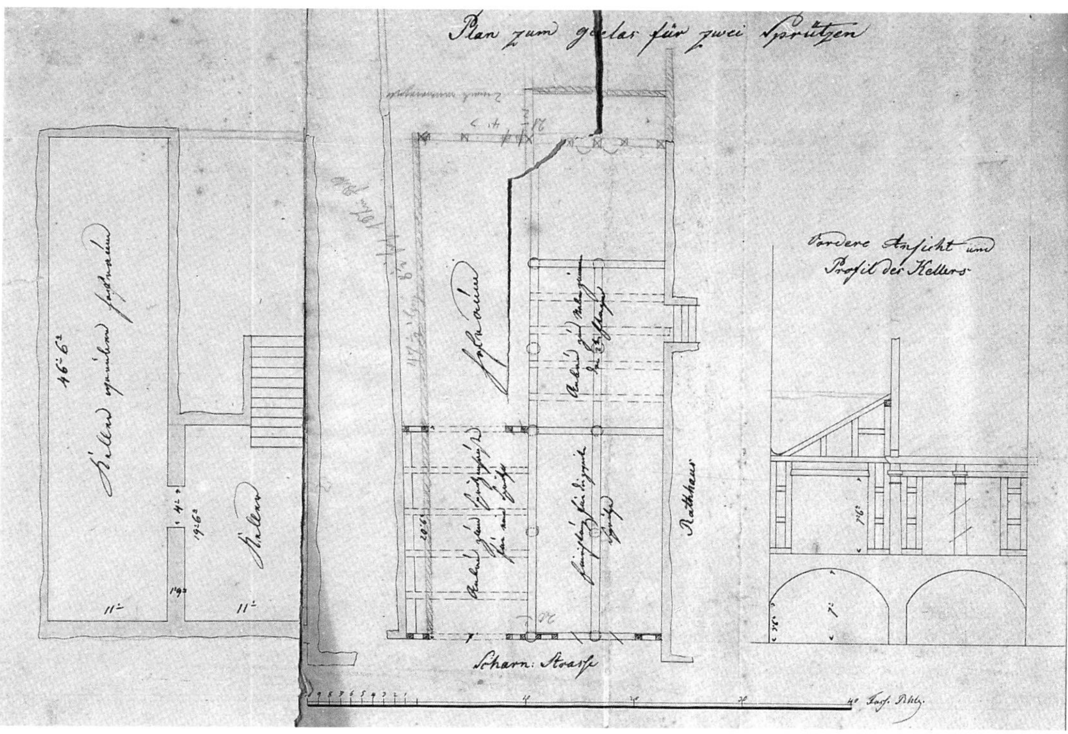

Abb. 947 Markt 1, Rathaus, Ratsstubenflügel von 1608, Pläne für den Anbau eines Spritzengebäudes 1836.

Tenne (wohl Fußboden) eingebaut, wofür 94 Fuß Balkenwerk abgerechnet wird (KAM, Mi, B 105 alt). Spätestens im 18. Jahrhundert ist der zunächst nur einen Raum tiefe Anbau rückwärts entlang der Rathausnordwand in Fachwerk mehrmals verlängert worden, dabei schließlich bis an die Schulzenburg (siehe weiter unten) reichend. Die Entwicklung dieser Bauteile ist im einzelnen nicht mehr nachzuvollziehen. Hier waren später die Feuerungsanlagen untergebracht, von denen aus die Stuben im Kernbau von 1608 beheizt werden konnten. Im Erdgeschoß befanden sich offenbar Neben- und Wirtschaftsräume und im Obergeschoß Wohnzimmer des Kellerwirtes. Im 19. Jahrhundert diese Räume durch den Magistrat genutzt. Da beim Neubau der Schulzenburg 1802 *auch die Cammerey nebst der Cammerey commissions Stube hiermit in Connection stand und ebenfalls ob vetestum temporis nicht mehr … gewesen, so ist das Wellerwerk der letzten nicht nur eingestürzt, sondern auch die Wand nach Norden hier auf einige Zoll ausgewichen, die oberen Balken auf einige Zoll gesunken*, so daß auch dieser Bauteil 1803 erneuert werden mußte (KAM, Mi, C 830). 1825 Reparatur nach Kostenanschlag des Baukondukteurs Kloth (KAM, Mi, E 726). Nach Abbruch der Schulzenburg 1828/29 der östliche Abschnitt umgebaut und repariert (KAM, Mi, E 730).

1836 wird die Einrichtung eines Lokals für die Feuerspritze auf dem Hof des Rathauses beschlossen. Nach längerer Planungsphase, bei der auch die Erschließung der unter dem Hof befindlichen Keller erwogen und die Notwendigkeit der Reparatur der Rathausnordwand deutlich wurde, erhält der Maurermeister Menny im Frühjahr 1837 nach Vorlage einer Planung und eines Kostenvoranschlags den Zuschlag zur Errichtung des Gebäudes für 525 Thl, wobei Platz für zwei Spritzen zu schaffen sei. Der Bau wurde unter Einbezug des Erdgeschosses des Kämmereianbaus im November 1837 fertiggestellt (KAM, Mi, F 356), so daß das bisherige Spritzenhaus – an der Brüderstraße 1 – im Februar 1838 aufgegeben werden sollte (Fama 6, 1838). Hierbei Umbau des Erdgeschosses, wobei alle Wände abgebrochen und durch eine Reihe von drei aus Sandstein gearbeiteten Rundpfeilern in der Flucht der nördlichen Wand ersetzt wurden. Durch nördlichen und östlichen Anbau von eingeschossigen Fachwerkschuppen mit flachen Pultdächern wurde eine große Remise mit Tor in der Front des Altbaus geschaffen (siehe dazu weiter unten).

Nachdem zunächst im Frühjahr 1861 die Verlängerung des Spritzenhauses untersucht wird (Auftrag dazu an Meister Assmann – siehe KAM, Mi, F 2071), wobei über dem alten Spritzenhaus *ein Polizeigefängnis nebst Wohnung für den Gefangenen-Aufseher* eingerichtet werden sollte, kommt es im gleichen Jahr hier nur zum Anbau eines Abortes (Plan: Assmann). Statt dessen entsteht nun am Marienwall/Deichhof ein weiteres Spritzenhaus. Ab etwa 1880 wurde auf dem Boden des rückwärtigen Teiles die Altertumssammlung der Stadt (Kernbestand des späteren Museums in der Ritterstraße 23) eingelagert (siehe MATTHEY 1925, S. 57).

1904 wurde der Umbau zu einem *Registraturanbau* durch den Stadtbaurat Kersten geplant. Verschiedene Konzepte zeigten die viergeschossige Erweiterung des Altbaus nach Osten, die mit einem steilen Satteldach an das Rathaus angebunden werden sollte. Die Planungen der zu erhaltenden und durch ein Giebeldreieck ergänzten Fachwerkfassade wurden durch den Provinzialkonservator Ludorff überarbeitet, aber aus nicht bekannten Gründen nicht ausgeführt (statt dessen dann offenbar die östlich an das Rathaus anschließenden Häuser Kleiner Domhof 1 und 3 in den Komplex einbezogen).

1910 wurde das bis zu dieser Zeit als Spritzenhaus genutzte Erdgeschoß im Zuge eines weitergehenden Programms zu einer öffentlichen Bedürfnisanstalt (siehe Teil V, Kap. X.1) umgestaltet (Akte hierzu in KAM, Mi, G II, Nr. 779) und der nördliche Teil des Spritzenwagenschuppens zur Schaffung einer Hofzufahrt abgebrochen. Der Bau blieb beim Brand des Rathauses 1945 weitgehend erhalten und wurde nur seines Dachwerkes beraubt. Die Ruine 1949 undokumentiert abgebrochen und der Keller beseitigt.

Nördlicher Keller unter dem Rathaushof (16./17. Jahrhundert–1949)

Schmaler und langer tonnengewölbter Kellerraum, der nur einen Zugang in der Südwand von dem Keller unter dem Kämmereiflügel hatte. Daher dürfte er im Zusammenhang mit dessen Bau oder nachträglich hierzu errichtet worden sein. Er sollte wohl als Lagerraum des Ratskellers dienen und dürfte in das 16./17. Jahrhundert zu datieren sein.

1826 beantragt der Kaufmann Friedrich Harten, den seit 100 Jahren nicht mehr benutzten Keller benutzen zu dürfen. Er erklärt, ihn auf eigene Kosten instand zu setzen, wenn er einen Vertrag über 20 Jahre zu 5 Thl jährlich erhielte und den von ihm schon seit längerem genutzten Ratskeller ebenfalls weiter anpachten könne. Hierzu wurde ein Bestandsplan mit Kostenanschlag über 200 Thl von Baumeister Kloth eingereicht, wobei vier Luken in den Scheitel des Gewölbes eingebaut werden

Abb. 948 Markt 1, Rathaus, Spritzenhaus, Säule des Erdgeschosses, Freilegung beim Abbruch 1949.

Abb. 949 Markt 1, Rathaus, Ratsstubenflügel von 1608, Keller unter dem Rathaushof, Bestandsplan von C. Kloht, 1826. Norden rechts.

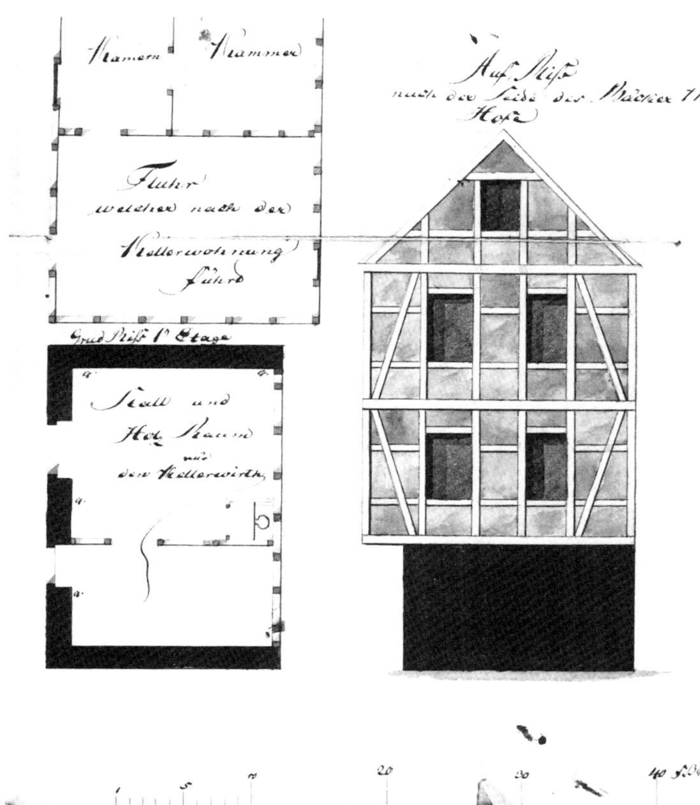

Abb. 950 Markt 1, Rathaus, Schulzenburg, Plan zur Erneuerung, Maurermeister Däumer 1802.

sollten. Das Projekt kam nicht zustande (KAM, Mi, E 716). 1847 wird zur Trockenlegung des Kellers ein Schuppen darüber errichtet (KAM, Mi, F 691).

Der in seiner Baugeschichte nicht weiter dokumentierte Keller mit bruchsteinernen Umfassungswänden ist 1949 bei der Räumung der Flächen für den Neubau des Gerichtsflügels vom Rathaus (hierzu weiter unten) beseitigt worden (Fotos der Arbeiten im KAM, Bildersammlung).

Schulzenburg (18. Jahrhundert–1829)

Der Flügel wurde zu nicht näher bekannter Zeit (auf der um 1633/34 entstandenen Vogelschau von W. Hollar nicht dargestellt und möglicherweise erst im 18. Jahrhundert entstanden) als nördlicher Anbau im Hintergrund des Rathaushofes entlang dem Bett des Stadtbachs errichtet und war auf Grund seines Standortes auf dem morastigen Untergrund des Bachbettes immer wieder mit gravierenden Bauschäden behaftet. Er diente offenbar vor allem der Unterbringung von Gefangenen. Hierauf dürfte sich auch die Namensgebung als ein sicheres Gebäudes des Schultheißen (Richters) beziehen. Damit löste der Bau die älteren rathäuslichen Gefängnisse in den Kellern ab (von denen noch 1713 die Rede ist (siehe weiter oben).

1802 wird *am Rathaus ein neuer Flügel, die so genandte Schulzenburg* fertiggestellt (KAM, Mi, C 142). Die Schulzenburg, *welche sehr baufällig und dem Einsturz drohte ist ab periculum in mora mit approb. Rahtscammer abgebrochen und wird von neuem gebaut* (KAM, Mi, C 830). Auf Grund eines großen Bauschadens im Osten des Hauses war eine Reparatur dieses Baus unumgänglich geworden, die mit Zeichnung und Kostenanschlag von Däumer auch durch Landbaumeister Funck bestätigt wurde. Die später als *Grundreparatur* bezeichneten Arbeiten wurden dem Zimmermeister Imkamp für 649 Rthl übertragen, wobei er das Erdgeschoß massiv neu aufmauern sollte und die beiden alten

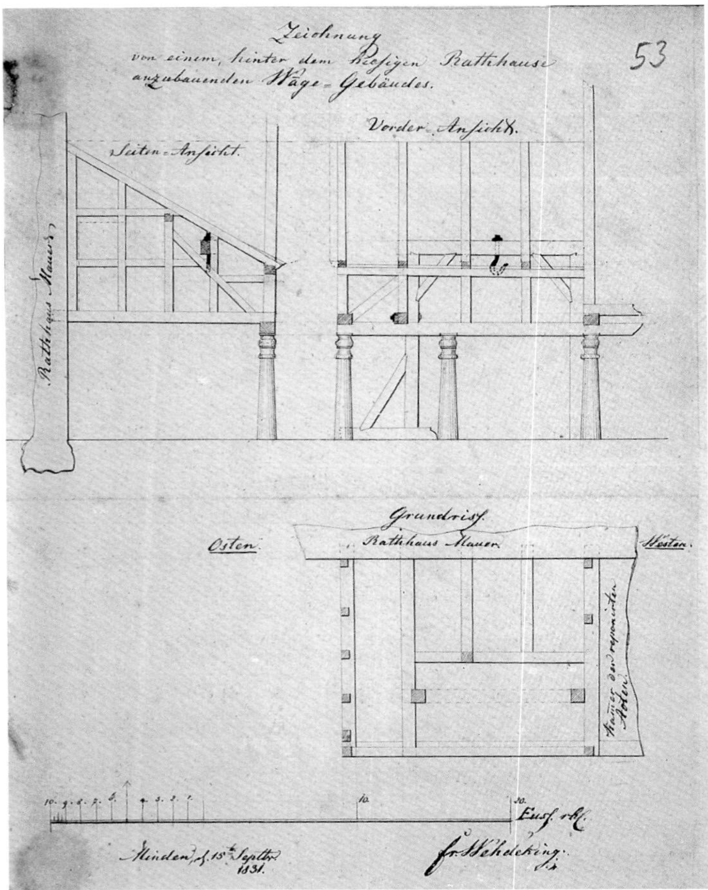

Abb. 951 Markt 1, Rathaus, Plan zur Errichtung eines Waagengebäudes auf dem Hof, Zimmermeister F. Wehking 1831.

Obergeschosse abbauen und nach Reparatur der Hölzer erneut verzimmern sollte. Sie kragen hierbei nach Osten weit über den Stadtbach vor, so daß die verschiedenen Aborte gut entwässert werden konnten. Das neun Gebinde umfassende und stöckig verzimmerte Gerüst wurde an den Ecken mit Schwelle-Rähm-Streben ausgesteift und zweifach verriegelt. Die Dachdeckung erfolgte mit Pfannen auf Strohdocken. Die Innenwände waren mit Lehmsteinen auszumauern, ein neuer Ofen zu liefern und der Flur mit *Höxtersteinen* auszulegen (KAM, Mi, C 274,4 alt).

Das massive Erdgeschoß nahm Stall und Holzlege einschließlich eines Abortes für den Kellerwirt auf. Im ersten Obergeschoß wurden ein großer, von der Kellerwohnung erschlossener Flurraum in der südlichen Hälfte und zwei Kammern nach Norden geschaffen und das zweite Obergeschoß – vom Obergeschoß des Rathauses aus erschlossen – für Zwecke des Gefängnisses mit einem Flur, der zu zwei Aborten vor der Ostwand führte und drei Gefangenenstuben eingerichtet. Wegen der mangelhaften Ausführung des Baus kommt es zu längerem Streit; noch 1810 sind Rechnungen nicht beglichen (KAM, Mi, D 275).

Schon 1818/19 wird wieder der Einsturz der massiven Mauer im Erdgeschoß befürchtet. Nachdem Meister Wehking einen Kostenanschlag zur Reparatur über 85 Thl vorgelegt hatte, kam es 1819 tatsächlich zum Teileinsturz. Nach einem neuen Kostenanschlag mit nicht erhaltener Zeichnung des Bauinspektors Kraushaar über 461 Thl werden die Arbeiten durch Maurermeister Meyer ausgeführt. 1820 werden die Öfen der *Arrestantenstube*n zur Energieersparnis durch Maurermeister Meyer umgebaut (KAM, Mi, E 726).

Schon 1829 wird der Bau erneut als baufällig und einsturzgefährdet beschrieben (siehe oben) und scheint danach abgebrochen worden zu sein (seit etwa 1820 diente statt dessen das Haus Königswall 89 als Stadt- und Kreisgefängnis). Daneben verblieb aber noch länger eine Arrestzelle im Rathaus, die zur Dienststelle der Polizei gehörte (Akten dazu siehe KAM, Mi, F 680) – erst 1861 entstand ein städtisches Gefängnis an der Fröbelstraße 1.

Konzept für ein Gebäude der Stadtwaage (1831)

Nachdem die alte Stadtwaage (siehe Hohnstraße 29) nicht mehr zur Verfügung stand, bemühte sich die Stadt um den Neubau eines Waagengebäudes, doch wurde das im Sommer 1831 ausgearbeitete Konzept vom Landrat abgelehnt. Nach einem Plan und Kalkulation der Kosten durch den Zimmermeister Fr. Wehking (siehe KAM, Mi, E 738) sollte entlang der Nordwand des Rathauses an Stelle der abgebrochenen Schulzenburg auf dem Rathaushof ein auf hölzernen Säulen ruhendes Pultdach angefügt werden, in dem ein hölzernes Gerüst für die öffentliche Waage aufzustellen war.

Konzept für eine Markthalle (1848)

Zur Beseitigung der Fleischbänke in der Laube des Rathauses wurde 1848 der Bau einer Markthalle auf dem Rathaushof erwogen (siehe dazu oben).

HEUTIGER BESTAND

Nach der weitgehenden Zerstörung des Rathauskomplexes am 28.3.1945 wurde noch im Jahre 1945 ein provisorischer Schutzestrich über die Gewölbe der Laube aufgebracht, um damit ihr Durchnässen zu verhindern, und auch schon innerhalb der Stadtverwaltung ein Wiederaufbau konzipiert

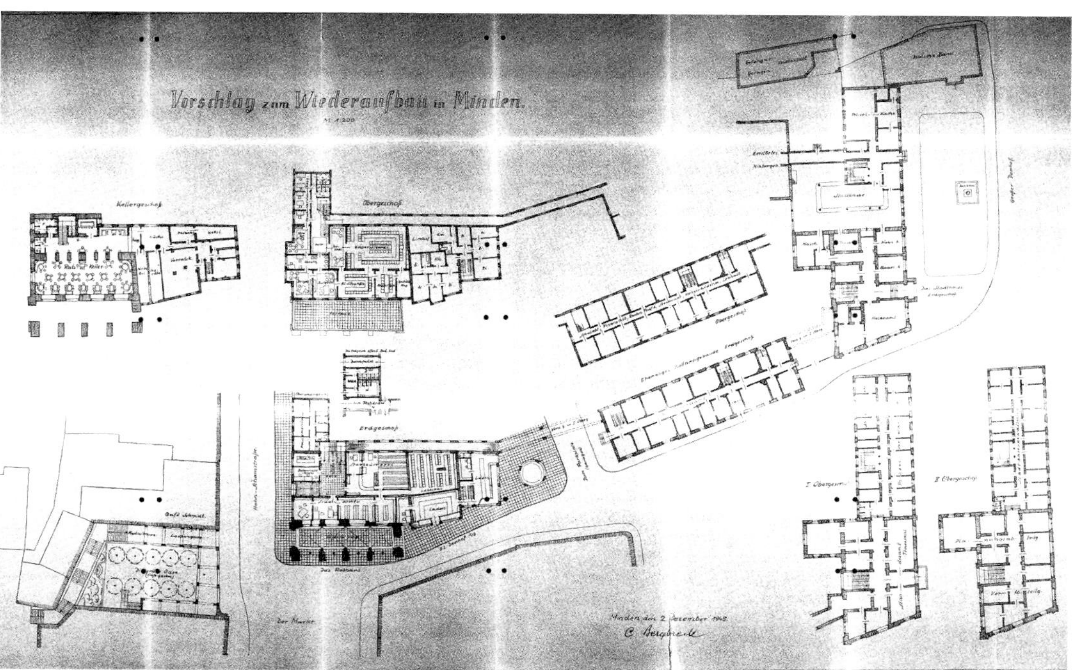

Abb. 952 Markt 1, Rathaus, erstes Konzept für einen Wiederaufbau des Komplexes zwischen Markt und Großem Domhof von C. Bergbrede, Dezember 1945.

Abb. 953 Markt 1, Rathaus, Modell für den Wiederaufbau 1951.

(KAM, Mi, H 60, Nr. 284). Mit Datum vom 21.1.1946 legte der Leiter des städtischen Hochbauamtes C. Bergbrede ein Konzept für den Wiederaufbau des Gebäudekomplexes Rathaus mit Stadthaus und den Häusern Kleiner Domhof 1 und 3 vor; Pläne dazu hatte er schon im Dezember 1945 fertiggestellt. Sein Motto war bei den Planungen *Achte und erhalte das Ehrwürdig-Alte, ahme nicht Stilfomen nach* (KAM, Mi, H 60, Nr. 215). Der Plan sah im Keller eine Gaststätte, im Erdgeschoß hinter der Laube Stadtarchiv und Stadtbücherei und im Obergeschoß Sitzungsräume und die Dienstzimmer von Bürgermeister und Beigeordneten vor. Die Architektur scheint hierbei in modernen Formen konzipiert worden zu sein, denn über der Laube sollte eine offene Terrasse entstehen. Ferner waren Flügel nach Norden und Osten vorgesehen. 1946 legte auch der Architekt H. Korth ein Wiederaufbaukonzept vor, das im Zusammenhang mit dem geplanten Wiederaufbau des Gasthauses Wittekind (siehe Teil II, Kap. IX.4.3, S. 1363–1366, Kleiner Domhof 5) entstanden war.

Nachdem ein Aufbau des Rathauses zunächst auf Grund fehlender Mittel nicht möglich erschien, zumal da zuerst das allgemeine Konzept des Wiederaufbaus der Innenstadt festzulegen war, wurde in einer Verwaltungsbesprechung zur Neubebauung des Stadtzentrums am 11.10.1947 endgültig als Planungsziel festgelegt, die Ruine zu erhalten und die Wiederherstellung des Rathauses zu betreiben. Dieser Absicht schlossen sich am 27.10.1947 auch die vereinigten Ausschüsse der Stadt an. Nicht zuletzt auf Betreiben des Landeskonservators setzten unmittelbar danach Bemühungen ein, die Ruine zu sichern, da man einen Einsturz der Gewölbe durch Durchnässung befürchtete. Bei einer Begutachtung am 16.10. durch Prof. W. March, Stadtbaurat Bergbrede und Stadtbauinspektor Müller wurde die Erhaltungsfähigkeit der Ruine festgestellt und danach Stellungnahmen aller Ebenen der Behörden eingeholt. Die Regierung Minden, der Landeskonservator in Münster und der

Abb. 954 Markt 1, Rathaus, Wiederaufbaukonzept für die Gestaltung des Altbaus, W. March 1952.

Staatskonservator in Düsseldorf forderten den Erhalt, da es sich nach Zerstörung des Dortmunder Rathauses nun um den Rest des ältesten erhaltenen Rathauses in Deutschland handele. Insbesondere wegen der teilweise eingestürzten Gewölbekappen des östlichen Joches und des gerissenen Nordostpfeilers bestände allerdings unmittelbarer Handlungsbedarf. Zunächst schien daher die Schaffung einer Zementdecke mit Wasserableitung über der Laube notwendig. Nach Freigabe von 5 Tonnen Zement für diesen Zweck wurden auf Grund eines Aufrufes im Winter 1947/48 von den örtlichen Baustoffhändlern etwa 70 Sack Zement gestiftet, weitere konnten von der Baustelle der Kanalbrücke übernommen werden (KAM, Mi, H 60, Nr. 284). Allerdings war immer noch eine Finanzierung des weiteren Aufbaus und die Nutzung des Gebäudes völlig unklar und außerdem die Diskussion um den Wiederaufbau des Scharns keineswegs beendet. Nach dem hierfür vorgelegten Konzept von W. March sollte der Westgiebel eine wichtige städtebauliche Funktion zur Trennung der Straßenräume von Markt und neu geschaffenem Scharn erhalten, wobei er zu diesem Zweck durch Verlegung der Bauflucht des Scharns nach Osten freigestellt und durch Fortführung der Laube nach Norden in die neue Planung eingebunden werden sollte (siehe auch Abb. 891). Dennoch verstummten die Stimmen nicht, die den Abbruch der Ruine forderten, nicht zuletzt, um die Einmündung des Kleinen Domhofes für den Verkehr aufweiten zu können.

Im Frühjahr 1949 legte W. March das auch später in seinen wesentlichen Aussagen gültig gebliebene Konzept für den Wiederaufbau vor, das die Einbindung des Gebäudes in einen nördlich und östlich anschließenden Komplex vorsah und davon ausging, daß der wieder aufgebaute Altbau vor allem Repräsentationsaufgaben aufnehmen sollte. Noch 1950 war die Diskussion um den Erhalt nicht beendet, nicht zuletzt wegen der immer noch völlig unklaren Finanzierung. Erst nachdem in

Abb. 955 Markt 1, Rathaus, Wiederaufbaukonzept für die Gestaltung des Altbaus, W. March 1953.

einem weiteren Gutachten durch den Statiker, Baurat Dr.-Ing. E. Wartenberg/Münster die Standfestigkeit der Ruine nachgewiesen worden war, bekräftigten am 20. 10. auf einem erneuten Behördentermin unter Beteiligung des Staatskonservators Dr. Bader/Düsseldorf alle Seiten ihren Willen und die Notwendigkeit des schnellen Wiederaufbaus. In Fundamentbohrungen war festgestellt worden, daß die Pfeilerfundamente tragfähig für einen Wiederaufbau waren und daß diese nicht auf Holzpfosten ständen, sondern massive und ausreichende Fundamente vorhanden seien (KAM, Mi, H 60, Nr. 196).

Im Dezember 1950 konkretisierten sich Überlegungen, zur weiteren Finanzierung im größten Teil des alten Rathauses das neu gegründete Landesverwaltungsgericht unterzubringen, wodurch eine umfassende staatliche Förderung der Baumaßnahme möglich würde. Hierzu faßte der Rat am 2. 2. 1951 einen Beschluß, wobei geplant wurde, über der Laube zunächst zwei Geschosse für Büroräume einzurichten, allerdings hier nur eine leichte Zwischendecke zu schaffen, die später zu Gunsten eines hohen Saales wieder entfernt werden könnte. Im Dach sollte das Stadtarchiv untergebracht werden.

Der Landeskonservator Dr. Rave regte am 8. 2. 1951 bei W. March an, die Laube *niederzulegen* und aus den alten Teilen neu aufzubauen, um sie wieder in dem ursprünglichen Zustand ohne die späteren, als *entstellend* empfundenen Strebepfeiler zeigen zu können. Ihm erschien damit die Wiedergewinnung der ursprünglichen Gestalt wesentlicher als der Erhalt der originalen, historisch gewachsenen Substanz, da es sich nach einem Gutachten, das er gegenüber der Landesregierung als Begründung ihrer Förderung am 2. 3. 1951 anfertigte, bei dem *vierjochigen, gewölbten Laubengang des Mindener Rathauses* um *die bedeutsamste erhaltene Rathausanlage Deutschlands* handele. *Die gedrückten*

Abb. 956 Markt 1, Rathaus, Ausführungsplan für die Gestaltung des Altbaus, W. March 1953.

Spitzbogen in den beiden seitlichen Durchgängen und die vier Bogenöffnungen der Front und die in diese eingestellten Mittelsäulen mit Kreisöffnungen in den Bogenfeldern sind in Westfalen bezeichnend für die zweite Hälfte des 13. Jahrhunderts, in dem auch die Münsterkirche in Herford und das Langhaus des Paderborner Domes ähnlich proportionierte Fensteröffnungen mit Mittelpfosten und darüberliegenden ersten Ansätzen von Maßwerk zeigen. Als Werk der Frühgotik steht die Mindener Rathauslaube in der Reihe der bedeutendsten und ältesten Rathäuser Westfalens, von denen das spätromanischen Rathaus in Dortmund aus der 1. Hälfte des 13. Jahrhunderts ganz zerstört und die hochgotische Front des Münsterschen Rathauses nur noch in den untersten Teilen erhalten ist. Baugeschichtlich bedeutet die Mindener Rathauslaube den unmittelbaren Vorläufer für die Gestaltung des Erdgeschosses der bedeutendsten Front des klassisch-gotischen Profanbaues am Rathaus in Münster und gehört nach den vielen Verlusten durch den letzten Krieg zu den frühesten und wertvollsten Resten der deutschen Stadtbaukunst. Zu diesem Zeitpunkt hatte sich nicht zuletzt das Augenmerk des Landeskonservators beim geplanten Wiederaufbau schon ausschließlich auf den Erhalt der Rathauslaube verengt, während alle anderen noch erhaltenen Bauteile des Komplexes nicht mehr weiter beachtet oder in ihrem historischen oder künstlerischen Wert diskutiert wurden. So waren große Teile der zum Kernbau des 13. Jahrhunderts gehörenden Umfassungsmauern des hinteren, nördlichen Bereiches sowohl im Erd- als auch im Obergeschoß sowie wesentliche Teile der westlichen Renaissancefronten bzw. der nördlichen Erweiterung noch während der etwa sechs Jahre bis zum beginnenden Wiederaufbau erhalten geblieben, ohne daß sie in ihrer baugeschichtlichen Aussage untersucht, dokumentiert bzw. gewürdigt wurden; sie sind erst danach ebenfalls ohne jegliche fotografische Dokumentation abgebrochen worden. Erst zu diesem Zeitpunkt verschwanden auch die beiden nördlichen Gewölbekeller. Aber auch die zum Erhalt vorgesehene Sub-

Abb. 957 Markt 1, Rathaus, Flügel am Scharn, Ausführungsplanung W. March 1951 (der Altbau rechts später anders ausgeführt).

stanz wurde im Zuge des Wiederaufbaus noch wesentlich reduziert: So mußte wegen der Durchführung der Laube entlang dem Westgiebel der westliche Abschnitt der Tonne des Kellers beseitigt werden. Statt dessen verlängerte man – in den ersten Plänen nicht beabsichtigt – die Tonne östlich im Bereich des alten Ratsgefängnisses bis zum Ostgiebel, so daß die heutigen Dimensionen des Ratskellers nicht mehr dem historischen Zustand entsprechen. Ferner wurde zur Sicherung des nordöstlichen Laubenpfeilers das östliche Gewölbe abgebrochen, neu aufgemauert und im Zuge der völligen Erneuerung des westlichen Giebels auch das westliche Gewölbe der Laube erneuert. Hierbei verschwanden jeweils auch die erhaltenen architektonischen Gliederungen der seitlichen Laubenbögen zu Gunsten von schlichten Neufassungen. Zudem erhielt der neu fundamentierte Westgiebel eine neue, leicht nach Nordosten verschwenkte Flucht, um ihn in den neu gestalteten Straßenraum des Scharns einzugliedern. Ferner wurden im Zuge des Wiederaufbaus die Strebepfeiler, deren Entfernung der Landeskonservator immer wieder gefordert hatte, in ihren bislang fast flach gedeckten und wohl um 1800 aufgesetzten Köpfen verändert: sie wurden in ihrer Höhe auf den ersten Zustand reduziert und erhielten statt der hier vorhandenen alten Deckplatten ein steiles Pultdach, offensichtlich um damit ihre massige Wirkung zu schmälern bzw. ihnen ein historischeres Aussehen zu verleihen.

Nach dem Ratsbeschluß zum Wiederaufbau begannen die konkreten Arbeiten (ein großer Bestand an Fotos über den Baufortschritt im KAM, Bildersammlung erhalten): Die Ausführungsplanung des Rohbaus erfolgte durch Prof. W. March, der dazu am 15.5.1951 eine Baubeschreibung, am 20.8. die Pläne und am 31.8. die endgültige Baubeschreibung vorlegte. Danach sollten über der alten, zu erhaltenden Laube zwei Zwischengeschosse und ein mehrgeschossig ausgebautes Satteldach

Abb. 958 Markt 1, Rathaus, Altbau, die gesicherte Laube nach Fertigstellung des Scharnflügels 1952.

entstehen, seitlich von *westfälischen Stufengiebeln* mit vierfacher Staffelung eingefaßt. Die Zwischendecken sowie die Dachkonstruktion (wegen des hier bislang vorgesehenen Stadtarchivs) wurden aus Stahlbeton erstellt und die aus Backstein aufgemauerten Außenwände mit Sandsteinplatten verkleidet. Nördlich wurde ein großer Flügel entlang dem neuen Scharn für Büroräume angebaut und im Winkel beider Bauteile das zentrale Treppenhaus angelegt. Obgleich noch keine Baugenehmigung vorlag, begann man am 1. 9. 1951 die Arbeiten mit dem Abbruch des gesamten Obergeschosses sowie der Nordwand einschließlich der anschließenden Mauern bis zu einer Tiefe von etwa 4 m. Nach Erstellung eines Bodengutachtens begann man, den Baugrund in einer Tiefe von vier Meter Tiefe auszuschachten, wobei verschiedene, allerdings nur ungenau dokumentierte archäologische Befunde gemacht wurden (dazu siehe oben). Im Dezember 1951 erfolgte die vorläufige Bauerlaubnis für den ersten Bauabschnitt, den Flügel des Verwaltungsgerichtes entlang dem Scharn und im Januar 1952 lag die grundsätzliche Zustimmung des Regierungspräsidenten auch zum gesamten Baukonzept vor. Danach wurden noch Gutachten über die notwendigen Fundamentierungsarbeiten unter dem alten Rathaus eingeholt (siehe KAM, Mi, H 60, Nr. 196). Als Auflage wurde eine einheitliche Dachdeckung beider Flügel gefordert und darauf hingewiesen, daß der geplante Staffelgiebel und der auf dem Dach konzipierte Uhrturm *nicht glücklich gestaltet* seien. Damit setzte eine längere und von allen Seiten heftig geführte Diskussion um die Detailgestaltung des wiederaufgebauten Bauteils zum Markt ein, die sich bis weit in die konkreten Baumaßnahmen hinzog und zu wiederholten Planänderungen führte. Während dieser anhaltenden Diskussion wurde aber als erster Bauabschnitt der Flügel zum Scharn fertiggestellt, der die Diensträume des Gerichts aufnahm.

Abb. 959 Markt 1, Rathaus, Altbau, Neuaufbau der Westfront der Laube 1953.

I. Bauabschnitt: Landesverwaltungsgericht-Flügel (Scharn 2) mit zentralem Treppenhaus (1951/52)

Das Bezirksverwaltungsgericht wurde am 4. 12. 1946 für den Regierungsbezirk Minden erneut konstituiert und war auch für den Staat Lippe zuständig. Im Zuge der Gründung der Bundesrepublik Deutschland und der damit verbundenen staatlichen Neugliederung wurde die Gerichtsorganisation des Landes NRW am 6. 7. 1949 einschließlich eines Landesverwaltungsgerichtes Minden konstituiert, wobei dieses am 1. 10. 1949 seine Tätigkeit aufnahm. Zur Schaffung von Diensträumen wurde der Rathausflügel am Scharn errichtet, in dem das Gericht seine Tätigkeit mit drei Kammern am 1. 2. 1953 begann. Wegen räumlicher Enge wurde das Gericht 1978 in das neu geschaffene Justizzentrum am Königswall 8 verlegt (siehe Teil V).

Der Flügel entstand ab Dezember 1951 an Stelle des ehemaligen Rathaushofes sowie der Hausstätten Scharnstraße 1–4 (siehe auch dort). Das Richtfest konnte am 21. 6. 1952 gefeiert und der Bau im Januar 1953 bezogen werden. Dreigeschossiger und traufenständiger Putzbau von 31 m Länge mit sehr hohem, mit Sandsteinplatten verkleidetem Sockelgeschoß. Das Dach zweigeschossig ausgebaut und mit schwarzen Hohlpfannen eingedeckt. Die Fenster mit strenger Achseinteilung und mit schmalen Werksteinfaschen, dabei im Dach jeweils als flach gedeckte Einzelgaupen ausgeführt. Das Innere in den oberen Etagen mit einem mittleren Längsflur, beidseitig von Büroräumen begleitet, im Nordosten ein schlichte Nebentreppe mit gegenläufigen, betonierten Treppen und leicht vortretender Glasfront in Betonrahmen. Im Untergeschoß wurden die Neben- und Wirtschaftsräume des Ratskellers untergebracht.

Das zentrale Treppenhaus des Rathauskomplexes entstand als eigenständiger Bauteil und als Verbindungsglied zum nördlichen Flügel vor der Nordwand des alten Rathauses. Es erhielt einen Zugang von der Laube mit breit gelagerter Vortreppe und breitem Windfang im Bereich der alten Rathausdiele und verband das hochgelegene Erdgeschoß des Altbaus offen mit den vier darüber

Abb. 960 Markt 1, Rathaus, Altbau, Westfront, 1966.

befindlichen Etagen. Es ist als eine aus Beton und nur von den begrenzenden Wänden getragene Konstruktion um ein tropfenförmiges Auge mit einer einzigen mittleren Stütze am westlichen Antritt ausgeführt; es glich mit seinem östlich gewundenen Lauf den leicht spitzen Winkel zwischen beiden Bauten aus. Die Belichtung erfolgte von Osten über eine dem Treppenhaus folgende Glasfront mit eiserner Sprossung, Abdeckung durch ein flaches Betondach (Abb. 964 und 965).

Umbau 1976/77 zum Anschluß des östlich davon errichteten Stadthauses, wobei die östliche Glasfront abgebrochen wurde und das Treppenhaus in eine nach Osten erweiterte Halle frei ausschwingend einbezogen wurde.

1953 auf dem Hof hinter dem Bau ein Garagengebäude und Fahrradständer für das Landesverwaltungsgericht errichtet. Abbruch 1974 für den Neubau des Stadthauses.

II. Bauabschnitt »Rathaus« (1952/55)

Die Planungen für den gesamten Rohbau führte W. March aus, der seine Vorstellungen oft gegen den Wunsch der Stadtverwaltung und der Denkmalpflege durchzusetzen versuchte. Die

Abb. 961 Markt 1, Rathaus, Altbau, Ansicht von Südwesten, 1993.

Arbeiten vor Ort durch die Firma Mülmstedt & Rodenberg durchgeführt und vom Architekt W. Moelle geleitet, wobei es immer wieder zu starken Spannungen mit March kam, der nach seiner immer weiteren Ausschaltung aus den Planungen schließlich hinter dem Rücken der Stadt Kontakt mit den beteiligten Firmen hielt und zum Teil kostentreibende Planänderungen veranlaßte (umfangreicher Rechnungsbestand zum Bau in KAM, Mi, H 60, Nr. 254, 256, 269, 275). Da W. March vom Rat zunächst nur den Auftrag erhalten hatte, den Rohbau des Großen Ratssaales zu planen, bewog die während des Baufortschritts eingetretene allgemeine Unzufriedenheit mit seinen oft selbstherrlichen Entscheidungen den Rat schließlich dazu, ihm nicht den Auftrag zur inneren Ausgestaltung zu erteilen. Der Rat ließ sich auch nach offensiv von W. March vorgetragenen Protesten nicht von seinem Entschluß abbringen. Auch Marchs Hinweis darauf, daß er schon viele Vorarbeiten für die Innenplanung des Raumes geleistet habe, oder eine schließlich von ihm angebotene Reduktion des Honorars konnten ihn ebensowenig umstimmen wie der Ratschlag von anderer Seite, die Innenraumgestaltung nicht von der Bauplanung zu trennen. Nachdem zunächst erwogen worden war, für den Innenausbau einen Wettbewerb auszuschreiben bzw. die Planungen vom städtischen Hochbauamt erstellen zu lassen, beauftragte man auf heute nicht mehr näher nachvollziehbare persönliche Empfehlung beim Bürgermeister Hattenhauer schließlich im Herbst 1954 ohne Wettbewerb den Architekten R. Störmer BDA in Bremen mit der Ausgestaltung. Dieser habe sich durch Gestaltung verschiedener repräsentativer Innenräume – etwa Kasino und Sitzungssäle von Radio Bremen sowie des Bremer Jacht-Clubs – als geeignet ausgewiesen. Ihm wurde ein aus dem Rat gebildeter Ausschuß beigegeben.

Abb. 962 Markt 1, Rathaus, Altbau, Ostgiebel, Zustand 1966.

Von dem Altbau blieben im Zuge des Wiederaufbaus nur Teile des Gewölbekellers und der größte Teil der Laube (siehe weiter oben) erhalten, wobei diese aus Verkehrsgründen auch zum Scharn verlängert wurde, wo die anschließende Bebauung der Ostseite entsprechend zurückgesetzt errichtet wurde. Darüber entstand ein Neubau aus Ziegelmauerwerk mit einer Verblendung aus Platten aus Portasandstein, der wie der Altbau ein Satteldach mit Giebel zum Scharn erhalten sollte. Das Dach sollte mit Sauerländer Schiefer in deutscher Deckung eingedeckt werden. Die Zwischendecken und die neu gegründeten Pfeiler in den beiden Giebelfronten wurden in Stahlbeton ausgeführt. Das Gesims, das am Altbau nur in der Südwand über den Bögen der Laube bestand (und dort offenbar nachträglich angebracht war), wurde etwas höher gesetzt und nun als durch die Sohlbänke der Saalfenster laufendes Brustgesims auch über die beiden seitlichen Giebel fortgeführt. Den Ostgiebel verkleidete man in seinen neuen oberen Bereichen nur teilweise mit Sandsteinplatten, während man den Bereich, der für eine spätere Erweiterung durch ein dreigeschossiges Verwaltungsgebäude mit Satteldach vorgesehen war, nur putzte (diese Flächen erst 1977 bei Fertigstellung des nach anderen Konzepten 1976/77 errichteten Stadthauses mit Sandstein verkleidet).

Abb. 963 Markt 1, Rathaus, Altbau, Ostgiebel, Zustand 1993.

Der Neubau sollte zunächst über der Laube zwei Geschosse umfassen und Fenstergewände aus Bielefelder und Obernkirchner Sandstein erhalten. Dieses Wiederaufbaukonzept wurde vom damaligen Landeskonservator Rave gebilligt, wobei er allerdings darum bat, den geplanten Uhrtum mittig auf das Dach zu setzen, da eine klare Axialität besser *dem schwerfälligen Volkscharakter der Westfalen* entsprechen würde. Während der schon über das Erdgeschoß reichenden Bauarbeiten wurden im Januar 1953 Änderungspläne vorgelegt, die nun entsprechend den ersten Planungskonzepten über der Laube nur noch die Errichtung eines hohen Obergeschosses vorsahen, in dem ein repräsentativer Ratssaal entstehen sollte. Die sofortige Ausführung dieser als endgültiger Ausbau vorgesehenen Planungsvariante schien inzwischen durch die sich ständig verbessernde finanzielle Situation möglich, bedeutete aber den Verzicht auf repräsentative Amtszimmer für die Leiter des Gerichtes. Die Umplanung wurde allerdings mit der nur begrenzten Belastbarkeit der Fundamente begründet. Obwohl auch der neue Landeskonservator Dr. Rensing im Mai 1953 erneut auf die *Herstellung des ursprünglichen Zustandes* der Laube, das heißt, die Beseitigung der später vorgebauten Strebepfeiler drängte, beschloß der Bauausschuß im Juli, die Pfeiler und damit die Laube in ihrer historisch gewachsenen Substanz zu erhalten. Ferner beschloß man am 19. 8., auf das Dach einen Glockenturm mit Glockenspiel und von innen beleuchteter Uhr mittig aufzusetzen. Im September 1953 folgte der

Abb. 964 Markt 1, Rathaus, Ansicht des Komplexes von Osten mit den 1974 zum großen Teil abgebrochenen Ladenpassagen, um 1972.

Beschluß, in der Mitte der Marktfront einen Balkon vor dem Obergeschoß und darüber über der Traufe einen Ausbau für eine Uhr einzufügen, wogegen allerdings sowohl W. March als auch der Landeskonservator heftig protestierten. Der Konservator Dr. Rensing forderte zudem eine möglichst *neuzeitliche Ausbildung der Details* und sprach sich nicht nur für für den Fortfall des Balkons aus, sondern nun (entgegen seinem Vorgänger) auch gegen die axiale Ausbildung der Fassade und den mittleren Uhrturm. Ferner verlangte er eine Reliefbrüstung für den neuen Erker im Scharngiebel. Im Laufe des Jahres 1953 führten die unterschiedlichen Meinungen zur detaillierten Ausbildung des Neubaus zu heftigen Konfrontationen, wobei der Kreis Minden sich völlig aus dem Verfahren heraushielt und die Regierung in Detmold versuchte, zwischen dem Rat, dem Architekten W. March, dem Staatskonservator in Düsseldorf und dem Landeskonservator in Münster zu vermitteln. Der Landeskonservator wurde schließlich vom Bürgermeister in einer langen juristischen Stellungnahme an die Grenzen seiner Kompetenzen erinnert und darauf hingewiesen, daß es sich beim Wiederaufbau des Rathauses um einen Neubau handele, der sich nur in der Umgebung der Laube als Baudenkmal befände und städtebauliche Gesichtspunkte, die sich insbesondere aus der Neugestaltung des Marktplatzes und des Scharns ergäben, der Entscheidungshoheit der städtischen Gremien zu überlassen seien. Nachdem aber die Stadt im November 1953 die Genehmigung zur Durchführung einer Lotterie zur Finanzierung des auf etwa 900 000 DM kalkulierten Rathauswiederaufbaus bei den Finanzbehörden beantragt hatte, sprach sich der Landeskonservator in seiner Stellungnahme dagegen aus, so daß sie schließlich erst 1955 durchgeführt werden konnte. Sie wurde begleitet durch eine Spendensammlung des 1954 gegründeten »Vereins zur Förderung des Rathauswiederaufbaus«. Wegen fehlender Finanzmittel hatten die inzwischen laufenden Arbeiten sogar im Herbst 1954 für einige Monate eingestellt werden müssen.

Abb. 965 Markt 1, Rathaus, Altbau, Treppenhaus von 1954, Zustand 1996.

Nach langen erbitterten Diskussionen wurde schließlich am 11.6.1954 zur Entscheidungsfindung eine Turm-Atrappe auf das Rathausdach aufgesetzt, wonach der Bau des Aufsatzes unterblieb. Im Oktober 1954 traten die Streitfronten allerdings erneut offen zu Tage, da im Zuge der Bauarbeiten der erhaltene schmale Kleeblattbogen in der Ostfront der Laube durch eine größere Öffnung ersetzt worden war. Deswegen behauptete der Landeskonservator, man habe ihn getäuscht und auch den Erker am Westgiebel ohne sein Wissen geschaffen. W. March verteidigte sich, daß diese Maßnahmen schon aus den Plänen von 1951 ersichtlich und die Einfügung des Erkers aus städtebaulichen Gründen zur Schaffung einer Zäsur zwischen Markt und Scharn notwendig gewesen sei. Die Vergrößerung des östlichen Laubenbogens ergebe sich aus der neuen Funktion der Laube als Passage vom Scharn zum kleinen Domhof.

Noch während die Diskussionen um die endgültige Gestalt der einzelnen Bauglieder liefen, hatte man im Frühjahr 1953 bereits mit den eigentlichen Bauarbeiten begonnen. Hierbei wurden noch weitere wesentliche – allerdings zwischen den verschiedenen Parteien nicht weiter strittige – Eingriffe in die überlieferte historische Bausubstanz vorgenommen (dazu siehe oben). Der westliche Erker erhielt nach langen Diskussionen im Sommer 1955 ein steileres abgewalmtes Pultdach, das man mit Kupferplatten eindeckte. Über dem neu geschaffenen Abschluß des westlichen Strebepfeilers wurde eine aus Beständen des Museums stammende Sonnenuhr eingebaut, die sich bis etwa 1920 am Vordergiebel des Hauses Königstraße 28 befand (siehe auch dort). Es ist eine hochrecht-

Abb. 966 Markt 1, Rathaus, Altbau, Einrichtung des Ratskellers, Zustand nach Fertigstellung 1953.

eckige Sandsteinplatte aus der Mitte des 17. Jahrhunderts, die eine Vergoldung der Binnenzeichnungen erhielt (Abb. 674). Als weiteres Stück aus Beständen des Museums wurde in der westlichen Wand des unteren Treppenhauses die Gedenkplatte von 1612 für Heinrich Gieseler, Stifter des Gasthauses (siehe dazu Obermarktstraße 36), eingebaut.

Die meist stählernen Türen und Fensterrahmen des gesamten Komplexes wurden von den Mindener Schlossereibetrieben C. L. Heller und K. Schwarze & Sohn geliefert.

Aus der Entscheidung des Rates vom Herbst 1954, mit dem Innenausbau des Großen Saales nicht W. March, sondern R. Störmer/Bremen zu beauftragen, ergaben sich weitere Schwierigkeiten: Auf Grund seiner geänderten Vorstellungen für die Gestalt eines großen Ratssaales beschloß man noch während der Bauarbeiten im Frühjahr 1955 den Einbau einer Empore und im Juli 1955 die Herausnahme des schon eingesetzten Steinkreuzes im Ostfenster, da es nach Meinung von R. Störmer für den Raum nicht angemessen sei, den Blick auf den Dom versperre und dieses Fenster besser mit einer durchgehenden bunten Bleiverglasung ausgeführt werden sollte. Nachdem der Bau schon am 23./24. 6. 1955 durch eine Gruppe der deutschen Denkmalpfleger besichtigt worden war, konnte er am 24. 9. 1955 in Gegenwart des Ministerpräsidenten des Landes Nordrhein-Westfalen Karl Arnold eingeweiht werden.

1953 wurde als erster Bauabschnitt der Ratskeller fertiggestellt (alle Rechnungen dazu in KAM, Mi, H 60, Nr. 252 erhalten, Detailpläne im Hochbauamt der Stadt Minden, Detailfotos im KAM,

Abb. 967 Markt 1, Rathaus, Altbau, Einrichtung des Ratskeller-Restaurants im Flügel an der Scharnstraße, Zustand nach Fertigstellung 1953.

Bildersammlung), wobei man das heute 4,03 m hohe Gewölbe unter dem alten Rathaus als Gastraum einrichtete und die Nebenräume im nördlichen neuen Flügel unterbrachte. Die Gaststätte wurde am 21.12.1953 unter den an die Form des Gewölbes erinnernden Namen »Tonne« eröffnet (Rechnungen zur Ausstattung siehe KAM, Mi, H 60, Nr. 269). Wegen der schon oben beschriebenen Veränderungen dürfte lediglich noch das mittlere Drittel der Tonne zum alten Bestand des Rathauses gehören. Der Zugang erfolgte über eine neue, offen in die Laube eingebaute Treppe im östlichen Joch.

Das hohe Erdgeschoß über dem Keller erhielt im westlichen Bereich die breite Vortreppe mit großzügigem Windfang zum zentralen Treppenhaus mit einem westlich zugeordneten Nebenraum, in der östlichen Hälfte den vom Windfang zugänglichen Kleinen Ratssaal. Belichtet wird er über zwei mit in Blei gefaßtem Antikglas versehene breite Fenster, deren spitzbogige Öffnungen sich zu den beiden östlichen Jochen der Laube öffnen. Der Raum erhielt eine Ausstattung in starken Formen bodenverbundener, traditioneller Architektur nach Planungen von W. March. Die 4,75 m hohe Decke wurde aus Beton ausgeführt, wobei sie eine Balkendecke imitiert. In den Feldern zwischen den Balken wurden schallschluckende Platten angebracht. Der schon 1953 fertiggestellte Raum erhielt im Frühjahr 1955 eine Ausmalung durch Dr. P. Leo, wobei vier Deckenbalken die stilisierten Formen der Laubenarkaden und der Domarchitektur und vier andere dazu im Wechsel spitzgiebelige Bürgerhäuser, Figuren wie die Freischützen, Marktfrau neben dem Schilderhaus, Fischerstädter

Abb. 968 Markt 1, Rathaus, Altbau, Kleiner Ratssaal im Erdgeschoß, 1955 fertiggestellt, Zustand 1997.

Weserschiffer mit Fangnetz sowie die stilisierte Weser zeigen. Vor der Ostwand stellte man als Blickfang einen aus Sandstein gearbeiteten, 1588 datierten und reich dekorierten Rauchfang aus dem Haus Simeonstraße 32 (zur Beschreibung siehe dort) aus den Beständen des Museums Minden auf. Auch er erhielt eine zurückhaltende Farbfassung. 1977 Renovierung des Inneren.

Das gesamte Obergeschoß des wieder aufgebauten alten Rathauses nimmt der Große Ratssaal ein, der bei einer Grundfläche von 16,02 (im Osten) bzw. 15,40 (im Westen) x 23,85 m eine Höhe von 7,25 m erhielt. Auf der Südseite wird er mit einer durchgehenden Front von acht hohen Kreuzstockfenstern belichtet, denen am Ostgiebel ein gleiches und am Westgiebel vier weitere sowie ein ebensolches in der anschließenden Nordwand folgt (das südliche am Westgiebel als dreibahniger Erker ausgeführt). Die Fenster erhielten in schmalen Eisenrahmen eine rechteckige und bleigefaßte Verglasung. Erschlossen wird der Saal über zwei Türen von einer breiten Galerie im nördlich anschließenden Treppenhaus. Der Saal sollte nach Wunsch des Rates eine *würdige Gestalt* bekommen und sowohl für Sitzungen des Rates wie auch für Konzerte, Tagungen und Vorträge geeignet sein. Die für den Innenausbau vorgesehene Summe von 150 000 DM sollte vor allem durch die zum 25. 2. 1955 eingerichtete Rathauslotterie aufgebracht werden. Die Planung des Raumes war im Februar 1955 fertig (zahlreiche Detailpläne im Hochbauamt Stadt Minden erhalten), wobei man sich darauf einigte, in der östlichen Hälfte die Sitze der Stadtverordneten und westlich davon Plätze für Zuschauer vorzusehen. Zusätzlich wurde der nachträgliche Einbau einer Empore in der Mitte der langen Nordwand beschlossen.

Abb. 969 Markt 1, Rathaus, Altbau, Großer Ratssaal im Obergeschoß, Blick nach Osten, Zustand nach der Fertigstellung 1955.

Die schließlich erstellte Ausstattung fand auch später nicht die Zustimmung von W. March, da sie nach seiner Meinung *nicht würdig genug* und einem historischen Rathaus nicht angemessen sei. Im Unterschied zum kleinen, vom ihm eingerichteten Ratssaal erhielt der rechteckige und hohe Raum eine heitere und lichte Ausstattung, die trotz der historisierenden Zitate, wie den von March vorgegebenen hohen Steinkreuzfenstern und der Wappendekorationen der Ostwand eher moderneren Tendenzen folgte. Der Saal wurde über zwei breite Flügeltüren in der Mitte der nördlichen Längswand erschlossen, wobei diese in das untere Geschoß der vor den mittleren Abschnitt der Wand gestellten hölzernen Musikempore integriert sind. Seitlich der Zugänge entstanden mit senkrechten Buchenlamellen verkleidete Wandschränke. Die Türblätter mit Ahorn furniert und teilweise intarsiert. Über den Türen wurden nach oben geschwungene und bis vor den oberen Rand des leichten, eng gesproßten Eisengeländers der Empore reichende Schilder aus gespachtelten und vergoldeten Holzspanplatten angebracht, auf denen große Wappenschilde von Minden und Köslin (Mindens Patenstadt nach 1945) als Emaillearbeiten von Frau Ostwaldt angebracht sind (KAM, Mi, H 60, Nr. 281).

Der Fußboden des Saales erhielt ein dreifarbiges und diagonal in Quadraten verlegtes Parkett aus Kambalaholz (Iroko) aus Westafrika, für die Lambris und Heizkörperverkleidungen verwendete man Raminholz aus Borneo. Die exotischen Hölzer waren wegen ihrer Farben, ihrer Haltbarkeit, aber insbesondere auch wegen der gegenüber einheimischen Hölzern günstigen Preise ausgewählt worden. Die Wandflächen zwischen den hohen Fenstern der Süd- und Westwand wurden in

Abb. 970 Markt 1, Rathaus, Altbau, Großer Ratssaal im Obergeschoß, Blick nach Westen, Zustand 1997.

schmale Lichtbänder aufgelöst, wobei hinter schmalen weißen Bändern indirekt Neonröhren scheinen. Die Vorhänge erhielten eine blaue Färbung. Während die verbleibenden Wandflächen mit einem dumpfen, dunkelroten Anstrich versehen wurden, erhielt die Ostwand eine besondere Betonung durch eine mit Schablonen in den feuchten, rot eingefärbten Putz eingedrückte Dekoration aus 1652 quadratischen Feldern, in denen die aus dem Mindener Stadtwappen entlehnten und jeweils golden gefaßten Motive von gekreuzten Schlüsseln und Reichsadler wechseln. Die Flachdecke, mit diagonal gesetzten Gipsfaserplatten besetzt, erhielt eine sehr breite, gestufte und im inneren Teil an der Unterseite geriefelte Stuckvoute, hinter deren Vorsprung man weitere Neonröhren anbrachte. Statt der zunächst vorgesehenen drei großen Kronen einigte man sich schließlich auf eine gleichmäßigere Ausleuchtung mit 13 hängenden zylinderförmigen, von Störmer entworfenen Lampen, die in drei Reihen angeordnet wurden.

Die Bestuhlung sollte von der Firma Drabert erstellt werden, wobei der Stadt schließlich anläßlich des 75sten Geburtstags des Fabrikanten Edmund Drabert am 16. 3. 1955 (siehe Teil V, Kap. VI, S. 953–956, Wilhelmstraße 13/17) 400 Stühle geschenkt wurden. Ferner wurden ein »Ratsgestühl« mit einem den Vorhängen entsprechenden Bezug sowie mit Leder bezogene Tische aufgestellt (Rechnungen der Ausstattungen einschließlich Stoffproben siehe KAM, Mi, H 60, Nr. 274).

1977 Renovierung des Inneren.

MARKT 2 (Abb. 897–889, 892, 971–976, 1044, 1104, 1105, 1109)

1729 bis 1741 Martini-Kirchgeld Nr. 21 und 22, bis 1878 Haus-Nr. 172 bzw. 172 a (zweiter rückwärtiger Zugang auch unter Martinitreppe 1)

Zugehörig seit etwa 1780 auch das Haus Martinitreppe 3 (Haus-Nr. 172 b)

QUELLEN: KAM, Mi, C 859; G V, Nr. 57

LITERATUR: WMA 1777, S. 104. – LUDORFF 1902, S. 101 mit Abbildung. – LÜBKE/HAUPT II 1914, S. 481. – JAHR 1927, S. 35. – MUMMENHOFF 1968, S. 91. – Siehe auch Kap. I.1, Stützmauer.

Giebelhaus in zentraler Stadtlage auf einer sehr eng bemessenen Parzelle, die völlig bebaut war und keinen zugehörigen Hofplatz aufwies. Das Grundstück entgegen den anschließenden Parzellen in seinem Zuschnitt wohl erst in der Mitte des 13. Jahrhunderts mit der Anlage der Stützmauer und der damit erfolgten Festlegung der Martinitreppe entstanden. Möglicherweise die Hausstelle auch erst zu diesem Zeitpunkt oder später nachträglich in das Stadtgefüge auf zuvor öffentlicher Verkehrsfläche eingefügt. So hatte dieses Haus als einziges dieser Marktfront auch nicht das Recht, Buden bei den Messen vor dem Haus zu errichten.

Die linke Traufwand des Hauses gemeinsam mit dem Haus Markt 4. Nördlich (rechts) des Hauses der Zugang zur Martinitreppe, deren östliche Wange zugleich Fundament des Rückgiebels ist. Wohl seit 1788 war das hinter dem benachbarten Haus Markt 4 stehende Gebäude Martinitreppe 3 zugehörig. Die Hausstelle nach 1945 aufgegeben und in die Anlage der Martinitreppe (siehe dort) einbezogen.

Bei einer Baustellenbeobachtung wurden 1995 unmittelbar unterhalb des heutigen Geländeniveaus Mauerreste, ältere Laufhorizonte sowie Kellerauffüllungen festgestellt (Fundstelle 54). Dokumentation im WMfA.

1537 Deterich Hencke?; 1581 wird im Kuhtorischen Huderegister Dietrich Neteler mit Huderecht für 4 Kühe genannt. Als Nachtrag wurde später Evert Natorp aufgeführt.

1663 Jacob Brochwehl (schuldet Lieutnant Gabriel Natorp 750 Tthl); 1676 Jacob Brockquell, jetzt Johan Martin Neuhof; 1679 Joh. Martin Neuhof; 1695/1701 Johan Henrich Nobbe (zahlt jährlich 4 Thl Giebelschatz); 1711 Hr. Johan Henrich Nobbe; 1724 Hr. Conrad Nobbe; 1729 Conrad Nobbe; 1738/39 C. Nobbens Haus; 1741 Senator Bock, vorher Nobbens Haus; 1743 Gottfried Bock (1743 *Commissionsrat* Nobben hat noch das zugehörige Land); 1750 Mieter: N. Matthias; 1755 Kaufmann Abelmann, Haus 400 Rthl; 1763 Witwe Abelmann (hat auch ein kleines Haus); 1766 Abelmanns Erben; 1772 Erhöhung von 400 auf 1 100 Rthl; 1777 Verkauf an Kaufmann Hermann Gottlieb Stoy; 1781 Vorderhaus 700 Rthl und Hinterhaus; 1802/12 Stadtmajor Kaufmann Anton Gottlieb Stoy, Wohnhaus mit Braurecht und ein *Freyhaus* an der Martinitreppe Nr. 2 (ab 1818 als Haus-Nr. 172 b bezeichnet), die zugehörigen Wirtschaftsgebäude an anderer Stelle: Stallung mit Garten Marienstraße 16 und Stallung mit Hof Ritterstraße 14 (ferner besaß Stoy 1808 außer diesem Komplex noch das Haus Brüderstraße 2/4 sowie den sogenannten *Tempel*, Lindenstraße 6, einen großen Garten an der Lindenstraße 7/9 mit zwei Gartenhäusern, die Häuser Hufschmiede 27 und Kampstraße 34 sowie weitläufige Ländereien vor der Stadt mit Huderechten für insgesamt 18 Kühe); 1804 bewohnt von Stoy und dem Mieter Kriegsrat Delius; 1816 nach Stoys Tode soll der gesamte Besitz auf Wunsch der Erben versteigert werden (MIB 1816); November 1816 ist in dem Haus befindliche *Kompagnie-Handlung von Stephan & Rousseau* aufgehoben; statt dessen verlegt der Kaufmann Stephani seinen Sitz zum Kaufmann Wohlgemuth und bietet dort Farben, Lebensmittel, Gewürzwaren und Spielwaren an (MIB); 1818 Kaufmann Lindenheim (siehe Markt 4); 1820/28 Kaufmann Wohlgemuth, Versicherung von 1 800 auf 3 000 Thl erhöht; 1835 Stephani; 1842 Kaufmann Stephani will sein Haus, der vordere Teil von Stoy bewohnt, verkaufen, ebenso das Hinterhaus Martinitreppe 3 (Fama 7, 1840); 1846 Stoy und im Vorderhaus als Mieter Regierungsassistent Karl Zetzner, Architekt August Kind sowie Postsekretär Hinkebein. Im Haus ein Laden und ein Comptoir. Im Hinterhaus Fabrikmeister Wilhelm Denk; 1853 Stoy, das Hinterhaus vermietet an Danlech. Hier ein Ladenlokal; 1876 Emilie Stoy; 1880 Witwe Stoy; 1895 Verkauf an Georg Keerl; 1925 Witwe Keerl; 1926 Firma Keerl, Inh. Robert Zahnow (baut 1933 für sich das repräsentative Wohnhaus Marienstraße 53).

Abb. 971 Markt 2, Ansicht von Südosten, um 1890.

Abb. 972 Markt 2, Ansicht von Osten, während des Umbaus, Mai 1895.

Haus (Mittelalter/1621–1945)

Das Gebäude ist nur aus einigen Fotos und Plänen der Zeit ab 1860 überliefert, ferner durch Grabungsbefunde von 1995, so daß hier nur noch grundsätzliche Aussagen ohne weitere Differenzierung einzelner Umbauten möglich sind. Danach war es in der Erscheinung von einem Neu- oder Umbau von 1621 bestimmt, der wohl durch Aufstocken älterer Substanz ein nun dreigeschossiges Giebelhaus schuf. Zumindest die südlich anschließende gemeinsame Traufwand zu Markt 4 ist sicherlich älter und ging erkennbar auf einen früheren Bauzustand zurück, lag die gemeinsame obere Rinne doch ein Geschoß tiefer als die Traufe des Hauses. 1995 wurden zahlreiche Laufhorizonte im Bereich hinter der Unterkellerung unmittelbar neben der nördlichen – danach wohl ebenfalls noch dem 13./14. Jahrhundert entstammenden Traufwand freigelegt, wonach der Boden der Diele nach Osten stark anstieg und wohl noch im 16. Jahrhundert ungepflastert war. Die Kelleranlagen sind nachträglich unter dem vorderen Bereich eingebracht worden.

Das Gebäude war danach bis 1895 ein typisches und aufwendiges Beispiel der spätesten Entwicklungsstufe des Dielenhauses der Region, wobei die fortgeschrittene Aufteilung der hohen Diele in zweigeschossige seitliche Einbauten nun auch an der Gestaltung der Fassade deutlich wird, indem z. B. der Torbogen nur noch geschoßhoch gestaltet ist. Die Erscheinung des Gebäudes zitiert damit deutlich in der ausgeprägten geschoßweisen Gliederung neue Vorbilder des Mehretagenwohnhauses. Trotz der dominanten Tendenz zur symmetrischen Gestalt werden aber regionale Traditionen des Hausbaus fortgeführt, etwa in der Errichtung einer linksseitigen, nur wenig vorstehenden Utlucht.

Abb. 973 Markt 2, Ansicht von Osten, Juli 1895.

Diese ist allerdings als frühestes Beispiel in Minden, in der gleichen Art wie die Fassade dreigeschossig gegliedert und in das Fassadenkonzept einbezogen.

Die Fassade durch reiche Verwendung von Werksteinarbeiten aus Sandstein bestimmt, die in Formen der späten Renaissance bei reicher Verwendung von fein ausgearbeiteten Beschlagwerkornamenten ausgeführt sind. Sie ist durch jeweils durchlaufende Gesimse mit dazwischengespannten Friesen in drei Etagen gegliedert, deren eigener Charakter durch eine jeweils unterschiedliche Ausgestaltung stark betont wird.

Im Erdgeschoß genau axial in der Mitte ein rundbogiges Tor mit rustizierender Einfassung, bei der jeweils Quader mit Beschlagwerkbuckel und flache Waffelsteine abwechseln. Darüber ein flaches Feld mit einem Oberlichtband. Im 19. Jahrhundert der Torbogen zu einer rechteckigen Haustür verkleinert. Die links anschließende Utlucht in der Binnengliederung dieses Geschosses eigenständig, da sie einen höheren Kellersockel aufweist. Darüber drei schmale Fenster, durch schlanke kannelierte Säulen eingefaßt, die nachträglich für eine andere Fenstergliederung zusammengeschoben wurden. Sie tragen ein relativ hohes Brüstungsfeld, das in drei eigenständige Beschlagwerkornamente unterteilt wird. In diesem Bereich nachträglich (?) ein niedriges Zwischengeschoß eingezogen, für dessen Belichtung Teile des Brüstungsfeldes zerstört wurden. Rechts des Torbogens im Erdgeschoß keine ursprüngliche Gliederung mehr nachzuweisen, da hier offensichtlich um 1800 ein hohes Schaufenster eingebaut wurde, später als Vorbau umgestaltet mit geschweiftem, bis ins erste Obergeschoß reichendem Abschluß.

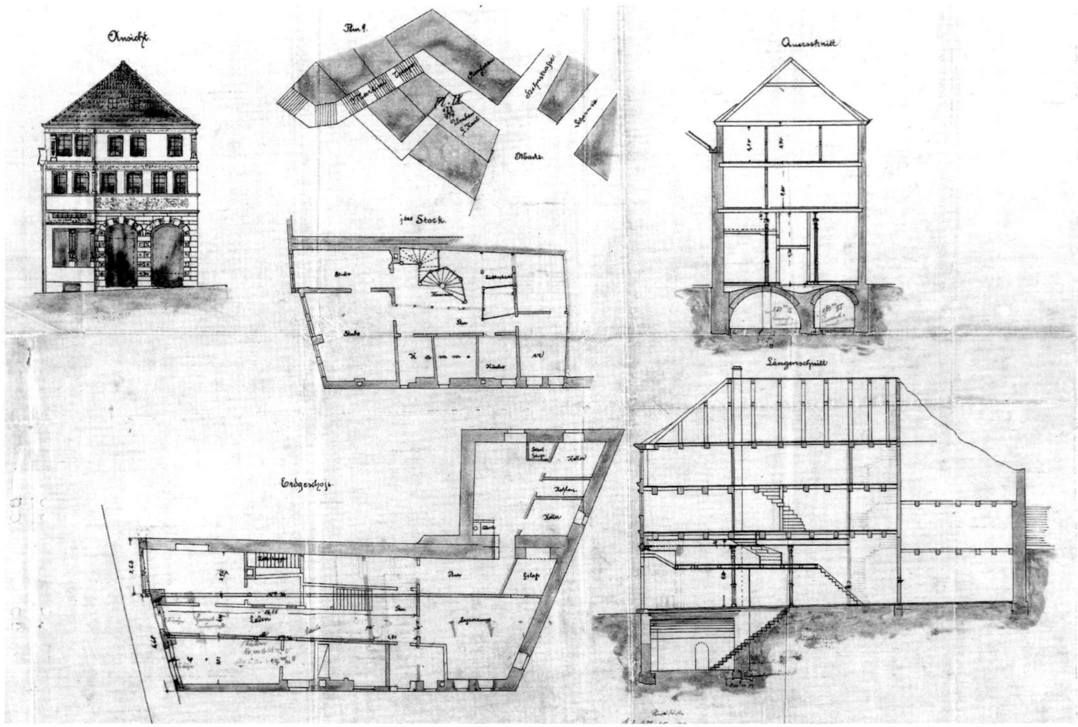

Abb. 974 Markt 2, Umbauplanung des Baugeschäftes Schmidt & Langen 1895.

Das erste Obergeschoß mit einem durchgehenden, auch die Utlucht einbeziehenden Band von rechteckigen Fenstern, die zwischen den Gesimsen jeweils nur durch Beschlagwerk verzierte, rechteckige Pfosten (bei der Utlucht kannelierte Säulen) getrennt sind. Die darunter befindliche Brüstung nur in der Fassadenmitte über der Toranlage durch ein großes sandsteinernes Feld hervorgehoben. Hier in den Mitten des in zwei große Kartuschen aufgelösten Beschlagwerkes links eine Rosette, rechts die Jahreszahl *1621*. Das zweite Obergeschoß offensichtlich zunächst weitgehend nur als Speicher gedacht. Er wird zwischen den Gesimsen, die an den Hausecken von einer stärkeren Pilastervorlage getragen werden, durch eine Reihe von fünf mit Schuppenbändern eingefaßten und jeweils mit volutenartigen Keilsteinen gegliederten schmalen Bogenöffnungen belichtet. Hier weicht der Bereich der Utlucht von den sonstigen Gliederungsprinzipien der Fassade ab und ist mit großen, gerade geschlossenen Fensteröffnungen in der Art des Geschosses darunter versehen, was offensichtlich auf einen hier vorhandenen zusätzlichen Wohnraum hinweist.

Beide Giebeldreiecke des sicherlich zunächst als Satteldach ausgebildeten Dachwerkes wurden nachträglich abgewalmt und die Fensteröffnungen mit starkem Eingriff in die bestehende Substanz in axiale Ordnung gebracht. Die Reste der ursprünglichen Fassadengliederung dabei überputzt bzw. überstrichen. Bei dem 1895 erfolgten einschneidenden Umbau des Hauses zu einem großzügigen Ladengeschäft wurden als ein frühes Beispiel einer die historische Substanz berücksichtigenden Maßnahme die verbliebenen Reste der alten Fassade wieder herausgearbeitet, z. T. im zweiten Obergeschoß im Bereich der Bögen ergänzt und zur Schaffung von Schaufenstern in Anlehnung an die Reste des bis zu diesem Zeitpunkt erhaltenen mittleren Torbogens zwei höhere, dafür schmalere Bogenöffnungen mit Korbbögen und reich gestalteter Werksteinrahmung eingebaut.

Aus den an der Fassade zu gewinnenden Hinweisen und den Umbauplänen von 1895 ergibt sich für die innere Raumstruktur des Gebäudes folgendes Bild: Im Erdgeschoß, das durch ein mittiges Tor im Giebel erschlossen wurde, links der mäßig hohen Diele ein Stubeneinbau. Der darunter befindliche Keller mit Tonnengewölbe von größerer Breite. Der rückwärtige Bereich, bedingt durch die Hanglage des Hauses, als kellerartiges Untergeschoß ausgebildet, über dem sich ein nicht näher beschreibbarer Saal befand (dieser Bereich erhielt später den zweiten Hauseingang von

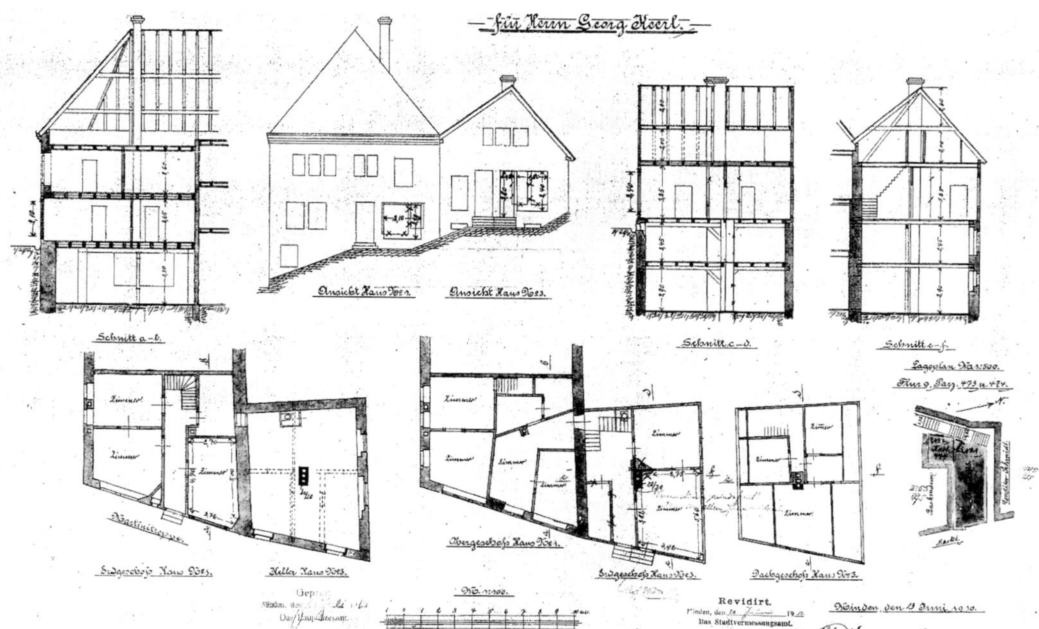

Abb. 975 Markt 2, Hintergebäude an der Martinitreppe, Umbaupläne des Baugeschäfts Schmidt & Langen von 1910.

der Martinitreppe). Unter dem vorderen Bereich der Diele befand sich ein zweiter Keller mit Tonnengewölbe, der etwa 8 m lang war, so daß das Haus vorne auf ganzer Breite unterkellert war. Die Erschließung des Obergeschosses unklar, später vor dem rückwärtigen unterkellerten Saalbereich. Das Obergeschoß in unbekannter Form wohl ganz, das zweite Obergeschoß nur teilweise (hinter der Utlucht) zu Wohnzwecken ausgebaut. Zweites Obergeschoß, Dachboden und erste Kehlbalkenlage (siehe Ordnung der Dachfenster bis 1895) als Lagerböden nutzbar.

1776 wird die Raumstruktur des Hauses in einer Verkaufsanzeige näher beschrieben: Es hat zwei Etagen und zwei beschossene Böden sowie zwei gewölbte Keller. Hinter dem Haus besteht eine Pumpe. Zugehörig Huderecht für 4 Kühe sowie das Nebenhaus (WMA 1776, Sp. 29). Zwischen 1786 und 1797 wird eine Reparatur des Hauses für etwa 1 000 Rthl vorgenommen (KAM, Mi, C 133).

1895 Umbau des Hauses zum Einbau eines großen Ladengeschäftes (Ausführung Schmidt & Langen). Die Erdgeschoßdecken werden bei Entfernen aller Zwischenwände im vorderen Bereich auf Eisenstützen abgefangen; 1906 Kanalisation; 1909 Umbau der Schaufenster und des Ladens; 1925 die Schaufenster sollen vergrößert werden: Der Konservator spricht sich dagegen aus, *obwohl das Haus schon stark verändert sei*; 1930 Dachreparaturen (LWL Archiv C 76, Nr. 42a). Am 28. 3. 1945 durch Bombentreffer zerstört (Nordsiek 1995, S. 177).

Hinterhaus (bis 1945), Martinitreppe 3 (Abb. 975, 1105, 1111)

1729 bis 1741 Martini-Kirchgeld Nr. 20 und 22; ab 1818 Haus-Nr. 173 b

QUELLEN: KAM, Mi, C 469, C 859; G V 68

An der Stelle des nach Einsturz der Stützmauer und Treppe in diesem Bereich wohl 1788 erneuerten Hinterhauses von Markt 2 standen offensichtlich bis um 1740 zwei kleine Nebenhäuser, die zu den Häusern Markt 2 und 4 gehörten und dann zusammengezogen wurden.

Abb. 976 Markt 2, Nutzung des Trümmergrundstückes mit Resten der Stützmauer unter der Martinitreppe, 1951.

NEBENHAUS ZU MARKT 4: 1738/41 Bude des Advokaten von der Beke; 1763 Advokat von der Beek (Bude nicht mehr erwähnt); 1778 Kanzleisekretär Zimmermann (Bude nicht mehr erwähnt).

NEBENHAUS ZU MARKT 2: 1729/41 Nobbens Bude an der Treppe; 1763 Witwe Abelmanns kleines Haus; 1778 Kaufmann Stoys zweites Haus auf der Treppe.

Hinterhaus: 1781 Stoy, Hinterhaus an der Martinitreppe 400 Rthl; 1816 Mieter: Federfabrikant Siegismund Bendix; 1818/1827 Kaufmann Lindenheim (siehe auch Markt 4), Haus für 1 200 Thl; 1836/42 Kaufmann Stephani (wohnt Markt 2/Martinitreppe 1), Mieter Buchbinder Mensching, soll verkauft werden (Fama 7, 1840); 1846 Stoy (wohnt Markt 2); 1852 Stoy, vermietet an Buchbinder Julius Mensching. Im Haus zwei Dachkammern; 1895 Keerl.

Nebenhaus von Markt 2 (bis 1778)

1776 beschrieben mit zwei Stuben, drei Kammern, Keller und Boden (WMA 1776, Sp. 29).

Haus (1788–1945) (Abb. 1105)

Das Gebäude wies bis 1818 keine eigene Hausnummer auf, sondern wurde als Hinterhaus oder *frey Haus* bezeichnet, was möglicherweise auf für den Neubau gewährte Baufreiheiten zurückging. Auf einem Lageplan, der bei der Wiederherstellung der Stützmauer unter der Treppe 1788 entstand, das Gebäude nicht zu erkennen. 1790 sagt der Eigentümer Stoy aus, er habe einen Strebepfeiler in der Stützmauer ausführen lassen. Zu dieser Zeit scheint der Bau auch errichtet worden zu sein. Er war dreigeschossig und lehnte sich mit seiner Ostwand an die Stützmauer unterhalb der Martinitreppe an, von dieser das zweite Obergeschoß als Wohnetage zugänglich. Die Ostwand aus verputztem Fachwerk, darunter die Umfassungswände massiv. Die Wohnetage mit Mittellängsflur und rückwärtiger gewendelter Treppenanlage ins Dachgeschoß. Pfannengedecktes Satteldach, die verputzte Giebelfront zur Treppe 1910 für Ladennutzung umgebaut. Dachgeschoß ausgebaut. Am 28. 3. 1945 durch Bombentreffer zerstört.

Bebauung nach 1945 (Abb. 976 und 989)

Nach Räumung der Grundstücke Markt 2 und 4 von den Trümmern (einschließlich des zugehörigen Hinterhauses Martinitreppe 3) werden hier provisorische Verkaufsbuden aufgestellt: 1951 Vehlewald (Würstchenverkauf), 1952 Müller (Obststand), die erst 1960 durch gerichtliches Einschreiten wieder entfernt werden können. Das Gelände mit dem ehemaligen Grundstück Markt 4 wird nun durch die Stadt neu geordnet, wobei die Martinitreppe im unteren Bereich neu angelegt und erheblich verbreitet wird. Dabei verbleibt nur noch die Fläche eines Baugrundstückes (siehe Markt 4).

MARKT 3 (Abb. 887–892, 895–898, 977–983, 1001, 1032)

1729 bis 1743 Martini-Kirchgeld Nr. 126; bis 1878 Haus-Nr. 150; bis 1908 Markt 5

LITERATUR: MKB 18.2.1896. – Ludorff 1902, S. 100, Taf. 62, 68. – Meier 1914, S. 33–34 Taf. 71–72. – André 1955, S. 157 f. – Mummenhoff 1965, Abb. 6. – Nordsiek 1979, S. 205. – Faber/Meyer 1985, S. 65. – Grätz 1997, Abb. 91 rechts.

Anders als die südlich anschließenden und sehr kleinen Hausstellen ist diese Parzelle sehr groß bemessen und weist eine breite Marktfront auf. Sie scheint zusammen mit dem nördlichen Nachbargrundstück (Kleiner Domhof 2/4) ehemals als Standort besonderer Bauten des bischöflichen Einflußbereiches eine hervorgehobene Bedeutung am Markt gehabt zu haben. Möglicherweise sind diese beiden Hausstätten erst nach der Ausbildung der Domimmunität entstanden, da sie offenbar die alte und bis in die erste Hälfte des 13. Jahrhunderts bestehende, über die Domhöfe führende Straßenverbindung zwischen Obermarktstraße und dem hinter dem Domchor beginnenden Weserübergang verbauten. Schon die älteste nachweisbare Bausubstanz aus dem Spätmittelalter reicht über die Rechtsgrenze des städtischen Einflußbereiches bis in den bischöflichen Domhof hinein. Bei der historischen Bauherrenschaft ist daher hier an eine hervorgehobene weltliche Person aus dem Bereich des Domes zu denken, die sich mit der Ansiedlung am Markt im bürgerlichen Bereich darstellen wollte. Möglicherweise handelte es sich um die Niederlassung des bischöflichen Kämmerers, der nach Tribbe (um 1460) auch richterliche Funktionen innerhalb der Stadt wahrnahm. Er erhob zu dieser Zeit das Standgeld bei den jährlichen Messen auf dem Markt sowie die Pachtgelder von den zahlreichen Häusern in der Stadt, die auf domkapitularischem Lehnsland standen, ferner auch Einkünfte von den Zünften und Handwerkern. Seit 1096 lag das Amt des Kämmerers bei der Familie der Edlen vom Berge als Stellvertreter des Bischofs, die das Amt in Minden selbst aber weitergaben. Die Herrschaft gelangte 1397 durch Erbschaft an das Domkapitel. Die Darstellungen der beiden auf dem Grundstük geborgenen und 1522 datierten Beischlagwangen des Hauses könnten sich auf dieses Amt beziehen.

Nicolaus Jungjohan, *vornehmer Kaufhändler und Alterman* in Minden; (* 19.11.1630 *im Lande zu Hadeln*, † Nov. 1674, begraben 4.11.1674). Nicolaus Jung Johan ist 1646 in Bremen als Kopiist in den Dienst des Kanzler Dr. Simon Gogreve (stammt aus Minden), auf dessen Empfehlung er 1648 nach Minden kam. Hier trat er eine Kaufmannslehre beim Kaufmann Henrich Natorp an. 1655 trat er in den Dienst des Kaufmann Johann Möncking, der 1656 starb. Nach dessen Tod heiratete er 1657 die Witwe Margarete Schilling. Aus dieser Ehe stammt der Sohn Hinrich Jungjohan. 1666 starb Margarete Schilling und Nicolaus Jungjohan heiratet in zweiter Ehe Catharina Elisabeth Schreiber, Tochter des Vierzigermeisters Dieterich Schreiber. Aus dieser Ehe lebten bei seinem Tod noch drei Kinder. 1663/67 Nicolaus Jungs Johann (5 Thl Giebelschatz); 1668 wird das Schatzungsgeld geteilt von Nicolaus Jung Johann und des sel. Jobst Mönkings Kind bezahlt; 1668/1702 Jobst Diederich Mönking; 1704/11 Friedrich Mönking (zahlt 4 Thl Giebelschatz); 1723 Schneider

Abb. 977 Markt 3 und Kleiner Domhof 2 (links), Ansicht von Südwesten, 1895.

Johann Georg Ilgenstein; 1729 Bock; 1724 Daniel Ernst Bock, Sohn des Kramers Thomas Bock, heiratet Eleo. Soph. Münters; 1730 Kramer Daniel Bock; 1738/43 Senator Daniel Bock; 1740 Senator Thomas Bock; 10.12.1748 Beerdigung Daniel Ernst Bock in St. Pauli; 1750 Witwe Bock; 1755/66 Witwe Senator Bock, Haus für 600 Rthl; 1776 Versteigerung des Besitzes Senatorin Bock. Erwerb durch Kaufmann Friedrich Möller; 1781 Herr Winter, Wohnhaus 500 und Hinterhaus 200 Rthl; 1798 Kaufmann Winter, Erhöhung der Versicherung auf 2000 Rthl; 1802/05 Winter, Wohnhaus 600 Rthl, Hinterhaus 200 Rthl, Warenlager 400 Rthl; 1804 Haus mit Braurecht und einer metallenen Handspritze, ohne Vieh; 1806 Julius Winter; 1808/28 Witwe Kaufmann Winter, Wohnhaus mit Hinterhaus sowie Stall und Garten; 1816 Kaufmann Schmidt im ehemaligen Winterschen Haus; 1836 nach dem Tod der Witwe Winter wird das Haus nebst Hinterhaus und Garten von den Erben zum Verkauf angeboten (Fama 25, 1836); 1841 Kauf durch Carl Lilienthal, der schon 1849 zusammen mit seinem Bruder Moses Lilienthal (siehe Obermarktstraße 19 und Markt 14) zur Oberschicht der Stadt gezählt wird (Herzig 1978, S. 58); 1853 Lilienthal und Fräulein Winter als Mieter. Im Haus ein Laden, vier Vorratskammern und ein Lagerraum; 1878 Lilienthal; 1908 Kaufmann Julius Lilienthal. Das Geschäft Lilienthal, Manufakturwaren, Konfektion, Trachten, Haushaltswaren, wurde 1842 gegründet und besteht nach mehrmaligem Besitzerwechsel bis heute. Begründer war der jüdische Kaufmann Carl Liliental (*27.12.1812 in Steinheim, Kr. Höxter). Das Geschäft wurde von dem Sohn Julius (*2.6.1842, verh. mit der Jüdin Thekla, *15.8.1850 in Rinteln) übernommen, dem dessen Sohn Louis (*9.5.1882) folgte. Das Geschäft Lilienthal, Markt 14, wurde von unmittelbaren Verwandten betrieben. 1901 Kaufmann Gustav Rackelmann (erbaut sich die Villa Fischerglacis 15); seit 1911 das Geschäft an Siegfried Pfingst verpachtet; 1921 Siegfried Pfingst (Haushaltungsgegenstände und Luxuswaren); 1931 wird ein zweites Geschäft Pfingst an der Bäckerstraße 76 (siehe dort) gegründet; 1940 Heinrich Becker.

Haus (um 1500–1896)

Der um 1500 errichtete äußerst aufwendige Bau wurde nach früher privater Nutzung im Januar 1896 abgebrochen und in planerischer Gemeinschaft mit dem benachbarten Haus Kleiner Domhof 2/4 durch ein Wohn- und Geschäftshaus in neugotischer Formensprache ersetzt, das nach Kriegsschäden heute nur noch in stark veränderter Form und mit neuer Fassade als Teil eines größeren Geschäftshauses fortbesteht. Die Bauzeit des Gebäudes ist aus den architektonischen Formen auf die Zeit um 1500 zu bestimmen, während das öfter in der Literatur genannte Datum 1522, das sich aus der flüchtigen Datierung auf der im Hause gefundenen Beischlagwange ergibt, nicht sicher auf das Gebäude bezogen werden kann.

Abb. 978 Markt 3, Ansicht von Westen, 1896.

Das große und giebelständige Dielenhaus aus Backsteinmauerwerk mit Speichergeschoß und mit mehreren Hintergebäuden ist nur aus Fotografien der Giebelansichten, einem Entwässerungsplan von 1892 und Grundplänen in seinen Abmessungen bekannt. Zuletzt war das hohe Dielengeschoß durchgebaut, so daß sich das Haus dreigeschossig darstellte. Die Baugeschichte und innere Organisation ist auf Grund der geringen Quellenlage nur noch in wenigen Punkten darzustellen:

Die Fassade mit Staffelgiebel besteht aus sichtbarem, z. T. ornamental gemauertem Backsteinmauerwerk, teilweise auch aus glasierten Formsteinen. In der Kontur ist dieser vierfach gestaffelt, wobei die spitzbogigen Hochblenden die Wandgliederung aufnehmen und die beiden mittleren Blenden in der mittleren Staffel zusammengefaßt sind. In den Blenden, deren Rückgrund jeweils mit Fischgrätmuster gemauert ist, sind vier Reihen mit Holzläden verschlossener Luken. Diese mit Stichbögen, über den beiden oberen Reihen jeweils durch ornamental ausgemauerte Kreisfelder ergänzt, die Sternfüllungen aus Formsteinen aufweisen. In der Giebelspitze – zwischen den beiden Staffeln – eine weitere Blendluke. Zwischen den Blenden Vorlagen, die ursprünglich wohl alle – wie bei der Giebelstaffel erhalten – als rechteckige Türme über die Giebelkontur hinausragten und mit einer Sandsteinplatte abgedeckt wurden.

Der untere Bereich der Fassade nur in einer Umgestaltung der Zeit um 1800 (1798 ?) überliefert. Spätestens zu diesem Zeitpunkt wurde die ehemals hohe Diele in zwei Geschosse aufgeteilt. Zu diesem Umbau gehörig die Fenstergliederung, der hell gestrichene Putz mit aufgeputzter (?) gleichmäßiger Eckverquaderung sowie die Gestaltung des dreiflügeligen Torblattes. Dieses mit einem Oberteil, dessen ovale Lichtöffnung mit einem aus Holz geschnitzten

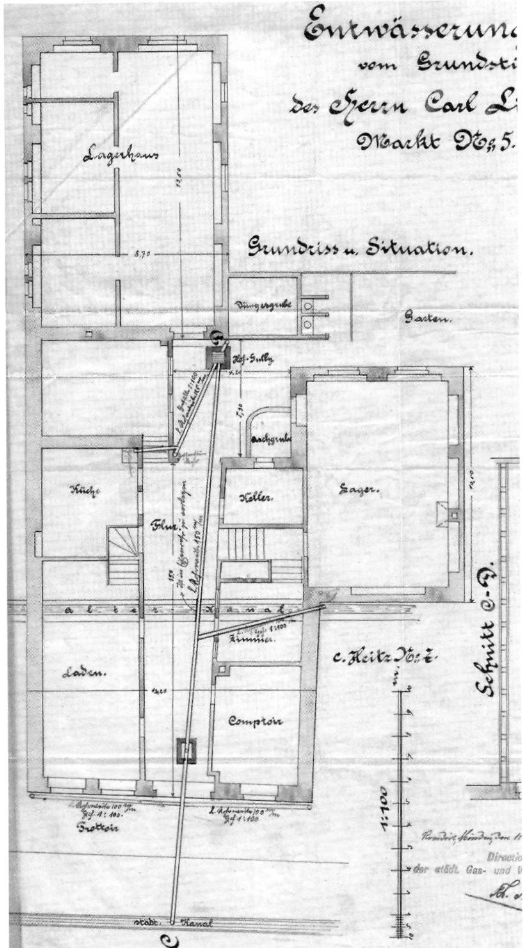

Abb. 979 Markt 3, Entwässerungsplan des Grundstücks einschließlich der zwei Hinterhäuser und dem unter dem Vorderhaus durchgeführten Stadtbach, 1892.

schleifenbekrönten Feston eingefaßt ist. Von der ursprünglichen Fassade noch der Torbogen erhalten, der eine spitzbogige Kontur und profilierte Sandsteingewände zeigt. Er sitzt nicht mittig in der Fassadenachse und ist als Hinweis auf eine innere Gliederung zu werten, wobei von einem ursprünglichen Einbau vorn links im Hause auszugehen ist, so daß das Tor mittig zur breiten Diele gesessen hätte.

Hinter der Fassade ein rechteckiger Baukörper, der weit über den unter dem Gebäude als ausgemauerter Kanal hindurchgeführten Stadtbach in das Gebiet der Domimmunität hineinreicht. Die im Hause befindliche Diele war 1892 bis auf einen mittleren schmalen niedrigen Flurbereich beidseitig zweigeschossig durchgebaut. In der Mitte der rechten Seite ein mehrläufiges Treppenhaus. Das Dachwerk nach der Gliederung des Giebels wohl mit drei Kehlbalkenlagen und Hahnenbalken verzimmert. Weitere Aufschlüsse über eine innere Aufteilung nicht bekannt.

Mit einem Abstand von mehreren Metern – daher wohl ursprünglich freistehend, später durch einen schmalen Fachwerkzwischenbau verbunden – bestand rückwärtig anschließend ein offensichtlich unterkellertes Hinterhaus. Dieses ist auf einer Grundfläche von 8,7 x 13,5 m errichtet, später in mehrere Räume unterteilt und 1892 als Lager genutzt. Entlang der nördlichen Grundstücksgrenze errichtet, ist das Hinterhaus südlich eingezogen, um so einen seitlichen kleinen Hofplatz freizulassen.

An der Traufwand schließt südlich versetzt – unmittelbar jenseits des Stadtbachs und hinter dem Haus Markt 5 gelegen – ein weiteres, im 19. Jahrhundert zugehöriges Lagergebäude an, das aber nach der Lage wohl als ehemaliges Hinterhaus von Markt 5 anzusprechen sein dürfte (siehe dort).

1776 der Besitz in einer Verkaufsanzeige beschrieben (MA 1776, Sp. 226): das Haus *mit 2 Stuben, 4 Kammern, 1 Saal, Krambude, Küche, gebalkter Keller, steinerne Böhne zum Malzmachen. In der zweiten Etage 1 Stube, 2 Kammern, 5 beschossene Böden. Im Hinterhaus Pumpe, 2 steinerne Krippen, 2 Böden.* Zugehörig Huderecht vor dem Weser- und vor dem Königstor. 1797 wird das Haus *retabliert.*

Beischlagwangen (von 1522) (Abb. 980)

Beim Abbruch des Hauses wurden eine vollständige und eine zerbrochene Platte aus Obernkirchner Sandstein im Küchenfußboden des Hauses aufgedeckt, die als Stirnplatten eines Beischlages zu interpretieren sind (1894 für 400 Mark vom Landesmuseum für Kunst- und Kulturgeschichte/Münster erworben und dort im Magazin unter Inv.-Nr. D 450 und 445) und ursprünglich wohl seitlich des Torbogens als Stirnplatten der Sitzbänke auf dem Marktplatz aufgestellt waren. Das letzte Bruchstück war schon einige Jahre zuvor bei der Anlage der Wasserleitung aufgedeckt worden und

Abb. 980 Markt 3, Beischlagwangen von 1522, Zustand bei Aufdeckung 1896 (ohne die später gefundenen weiteren Bruchstücke).

wurde zunächst im Rathaushof aufbewahrt (Fundbericht von W. Moelle in der Weserzeitung vom 15. und 17.2.1896; Wiederabdruck im Mindener Tagblatt vom 11.7.1953).

Die zerbrochene Platte am unteren Ende in eher provisorischer Weise (möglicherweise ehemals im Boden verdeckt) 1522 datiert. Die vollständige Platte 3,52 m hoch, rechteckig und 71,5 cm (die zweite fragmentierte Platte 72 cm breit) und 20 cm tief, wobei die 1530 datierten Beischlagwangen vom Haus Bäckerstraße 9 nahezu identische Maße aufweisen. Beide Platten auf der Vorderseite mit feiner, sehr gut erhaltener Bildhauerarbeit und durch ein Querband jeweils mit gedrehten Stabprofilen in zwei unterschiedlich hohe Felder geteilt. Neben dem Bildprogramm Christophorus und Katharina zwei Figuren darstellend, die die Wappen der Familie Borries und Claren auf Schilden halten (Mitglieder beider Familien sind in den Jahren um 1520 im Rat von Minden vertreten).

Das obere höhere Bildfeld nur bei einer Platte vollständig erhalten und in einer tiefen, oben mit einem von einem runden Bogen umschlossenen Kielbogen bekrönten Bildnische (in den Zwickeln Laubwerk) den hl. Christophorus mit dem Kinde auf der rechten Schulter, an der linken Seite eine Tasche, aus der Fisch-

Abb. 981 Markt 3 (Mitte), 5 und 7, Ansicht von Südwesten um 1910.

köpfe herausschauen. An seiner linken Seite kniet eine kleine betende Frau. In der unteren – ebenfalls mit Laubwerk in den Zwickeln umgebenen spitzbogigen Nische – ein sitzender bärtiger Mann in weltlicher Kleidung, vor den Knien einen Wappenschild haltend. Dieser, schlecht erhalten und die vordere Hälfte eines gehörnten Stieres darstellend (Hauszeichen der Ratsfamilie Claren).

Das Gegenstück in drei Teile mit Fehlstellen zerbrochen: der untere Teil im ganzen erhalten und im unteren Feld gleichfalls eine sitzende männliche Figur mit Wappenschild zeigend. Darauf drei Brackenköpfe 2:1 (Wappen der Mindener Familie Borries). Von dem oberen Feld nur etwa 60 cm erhalten, von der Figur nur die Füße zu sehen. Zur rechten Seite der Figur das Brustbild eines bärtigen Mannes, die rechte Hand auf ein in der Mitte stehendes zerbrochenes Rad gelegt. Zur linken Seite eine nur im unteren Teil erhaltene kniende Figur. Erst später wurden an anderer Stelle die oberen Bruchstücke dieser Platte gefunden, die die hl. Katharina mit Buch und Schwert in einer gleichartigen Bogennische zeigen.

Lagerschuppen (1895–1896)

Für die Zeit des Neubaus des Hauses wurde auf dem dahinter befindlichen Gartengelände des benachbarten städtischen Hauses Kleiner Domhof 2/4 im Sommer 1895 ein Lagerschuppen errichtet.

Wohn- und Geschäftshaus (von 1896) (Abb. 981–983)

Die Baupläne des Hauses sind in der Bauregistratur der Stadt nicht erhalten, daher das Gebäude nur in einigen Detailplänen sowie Fotos bekannt (Teile des Plansatzes bei den Eigentümern). Für den Kaufmann J. Lilienthal nach Plänen des Büros Meyer & Kelpe als Wohn- und Geschäftshaus errichtet.

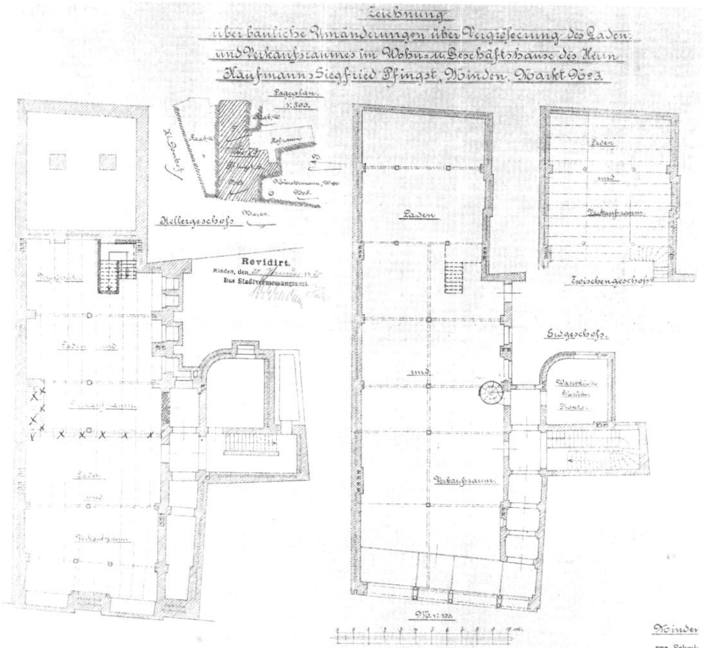

Abb. 982 Markt 3, Grundrisse aus einem Umbauplan des Kellers 1920.

Die Fassade des dreigeschossigen Baus mit ausgebautem Satteldach in reichen neugotischen Formen aus Backstein unter Verwendung vielfältiger Formsteine errichtet und in malerischen Formen asymmetrisch mit zwei unterschiedlich großen Zwerchhäusern gestaltet. Die Fenster der beiden Obergeschosse jeweils durch Lisenen zusammengefaßt.

Vor dem kleineren Giebel ein zweigeschossiger Erker mit einem eigenen spitzen Helm, daneben ein Balkon mit schmiedeeiserner Brüstung vor dem mittleren Fassadenteil. Erdgeschoß ganz in eine Schaufenstergruppe mit reich profilierter Sandsteinrahmung aufgelöst. Die Giebel (in Anlehnung an die Vorgängerbauten) als fialbesetzter Staffelgiebel gestaltet.

Tiefer Baukomplex, der im Erd- und dem auf zwei Drittel Tiefe offenen Untergeschoß eine große Ladenfläche aufnimmt, die Decken des Unter- bzw. im rückwärtigen Bereich Zwischengeschosses sowie diejenige über dem Erdgeschoß von einer gußeisernen Konstruktion getragen. Statt des zweiten Hinterhauses hinter Markt 5 Treppenhaus und Nebenräume, durch einen schmalen, überwölbten Gang entlang der rechten Brandwand erschlossen.

1919 Lastenaufzug, Abort und Lagerschuppen auf dem Hof; 1932 Balkon für die Anlage einer Reklameanlage abgebrochen; ferner verschiedene abgelehnte Anträge zur Erweiterung der Geschäftsflächen seit 1920; am 28. 3. 1945 nach Bombentreffer Brand des Dachstuhls. Nach provisorischer Wiederherstellung noch 1945 (Plan: Hans Korth) 1951 Umbau des Geschäftshauses (Plan: Hempel & Ibrügger) mit *Abputzen der kitschigen Backsteinfassade* als *weiterer Schritt zur Neugestaltung des Marktplatzes.* Vierachsige Fassade in Formen der Baupflege mit einfachen Faschen um die hochrechteckigen Öffnungen; 1953 das wieder aufgebaute Haus Markt 5 zum Geschäft geschlagen und mit einer ebensolchen Fassade von drei Achsen in der gleichen Höhenentwicklung versehen; 1954 Verlängerung der Zwischendecke zur Erweiterung der Ladenfläche; 1957 Hof für Laden überbaut (1969 für Bürogebäude und 1974 für Sozialräume aufgestockt); 1961/63 Planungen für eine neue

Abb. 983 Markt 3 (Mitte), 5 und 7, Ansicht von Südwesten, um 1950.

einheitliche Fassade vor den Häusern Nr. 3 und 5, um in Konkurrenz zu den entstehenden Kaufhäusern eine werbewirksame Front für das große Geschäft zu schaffen. Die Denkmalpflege versucht, die den Markt nach ihrer Meinung zu stark dominierenden Entwürfe wegen der Nähe zum Rathaus zurückzudrängen (Archiv LWL, C 76, Nr. 551,1). Ausführung 1966 (Plan: A. Münstermann) sowie Einbau eines Personenfahrstuhles; Projekt für einen Umbau (Plan: H. P. Korth); 1979 Umbau der Passage und neues Treppenhaus; 1995 Umbau der Fassade zur einer Putzfront mit hochrechteckigen Öffnungen, zugleich Untergliederung der Dachlandschaft mit mehreren Gaupen. Teile der ursprünglichen Schaufensterbögen aus Sandstein von 1896 können freigelegt und als Spolien in die neue Front einbezogen werden (Planung: H. P. Korth).

MARKT 4 (Abb. 888, 892, 971, 984, 985, 987, 989, 1044)

1729 bis 1741 Martini Kirchgeld Nr. 19; bis 1878 Haus-Nr. 171

Das Hinterhaus Martinitreppe 3 (1729 bis 1741 Martini Kirchgeld Nr. 20; bis 1878 Haus-Nr. 172 b) später zur Hausstelle Markt 2 gehörig (siehe dort).

QUELLEN: KAM, C 142, 469; C 859; H 60, Nr. 159

BILDQUELLEN: Markt nach Norden, um 1865, Foto von Uhsadel; zwei Fotos des Hauses Markt 2 mit angeschnittener Fassade Markt 4 von 1895 im Bildarchiv WAfD.

Siehe auch Kap. I.1, Stützmauer

In zentraler Lage zwischen dem Markt und der höher liegenden Martinitreppe gelegene und auf Grund der topographischen Lage recht kleine Hausstätte, zuletzt mit Neubau von 1802. Nach Zerstörung der Bebauung 1945 die Parzelle zur Vergrößerung und teilweisen Verlegung der Martinitreppe neu geschnitten, aber bis heute erst provisorisch bebaut.

Die Parzelle rückwärts spätestens seit der Mitte des 14. Jahrhunderts durch die zum Komplex der Stützmauer gehörende Martinitreppe begrenzt und nicht in der ganzen Tiefe bebaut, sondern Platz für einen kleinen Hofplatz lassend. Hier offensichtlich auf der nördlichen Seite ein Hinterhaus, das schon lange als sogenannte Bude benutzt wurde. Neben diesem rückwärtigen Bau ein nur kleiner Hofplatz unterhalb der hier recht hohen Stützmauer, wobei im Hof im 18. Jahrhundert ein kleiner Holzstall stand, über dem eine hölzerne Treppe bis zu einer 1740 vermauerten Tür mit Steingewände an der Martinitreppe führte. Nachdem die Stützmauer im Dezember 1787 auf dem Hof des Grundstücks unterhalb der Martinitreppe z. T. einstürzte, begann der Eigentümer einen langwierigen Prozeß um die Kosten und die Geschichte der Mauer (KAM, Mi, C 859; Baurechnung über die Errichtung eines 1788 durch Maurermeister Wolff für 78 Rthl errichteten Strebepfeilers in KAM, Mi, C 469). Die Stadt mußte schließlich die Wiederherstellung zahlen (KAM, Mi, C 329, 24 alt). Der Wiederaufbau des Hinterhauses (Martinitreppe 3) wurde dann offensichtlich durch den Nachbarn, den Besitzer des Hauses Markt 1, vorgenommen, zu dem es seitdem auch gehörte.

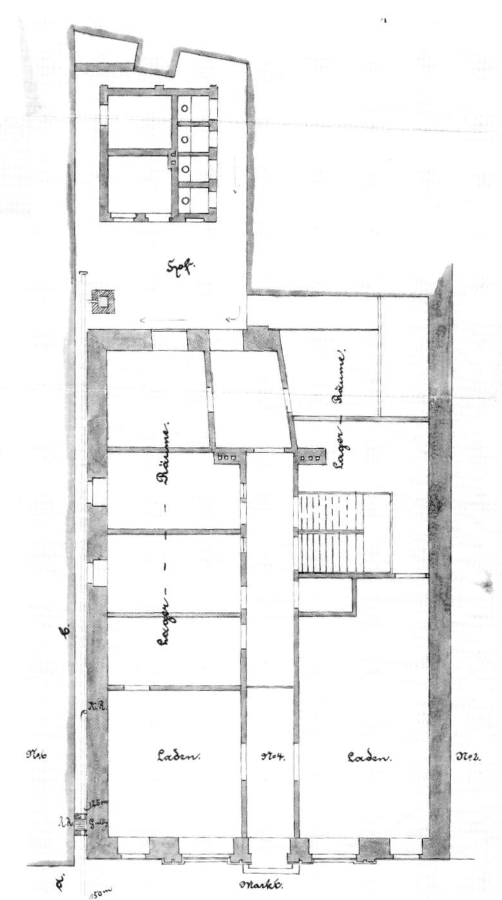

Abb. 984 Markt 4, Entwässerungsplan des Grundstücks von 1893.

Möglicherweise ein Haus, das 1386 genannt wird. In diesem Jahr verpfänden Johann Hovemann und seine Frau Wobbeke dem Staties von Schmarrie d. Ä. und Rabode Steneke ein Haus beim Kaufhaus: *ere hus dat gheleghen is bi dem kophus vppe dem markede to Minden* (KAM, Mi, A I, Nr. 152. – STA MS, Mscr. VII, 2726). Bis 1810 gehörte zu dem Haus das alte Recht, bei Messen vor dem Haus eine Bude auf dem Markt zu errichten und diese zu vermieten.

1676/79 Johannes Schreiber, Haus und Bude im Hinterhaus; 1695 Dr. von der Beke (zahlt jährlich 4 Rthl Giebelschatz); 1701/11 Bürgermeister von der Beeke; 1724 Witwe von der Becke; 1738/41 Advokat von der Beeke; vor 1743 Abraham Rudolf Schreiber; 1743 ohne Eintrag (Haus ohne Landbesitz); 1750/55 Advokat von der Beeke; 1755 Haus für 400 Rthl; 2. 3. 1763 Kauf durch Zimmermann; 1766 Kanzlei-Sekretär Zimmermann; 1788 *Cammer-Canzlei-Sekretair* Zimmermann; 1794 Tabakfabrikant Schürmann; 1798 Schuster Schrader, Haus mit Braurecht; 1802 olim Schrader'sches Haus, nun Kaufmann Michel Levi (seit 1808 mit Familiennamen Lindenheim – siehe Herzig 1978, S. 50 und Nordsiek 1988, S. 39), Schutzjude (wird 1808 als erster Jude in das Mindener Kaufmannskollegium aufgenommen: Nordsiek 1988, S. 40) Haus für 3000 Rthl; 1805 Kaufmann Schürmann, jetzt Elias Herz; 1806/12 Michel Levi Lindenheim: Wohnhaus nebst Hofraum (zugehörig auch Garten mit Gartenhaus Lindenstraße 29); 1818 Kaufmann Lindenheim (besitzt auch das Nachbarhaus Nr. 2); 1828 Lindenheim; 1836 Witwe Levi; 1846/53 Conditor Lucas Bansi mit einer Mietpartei; 1876/80 Rentner Schmitz (im Haus das Geschäft Max Blumenthal); 1893 Witwe Schmidt-Bansi in Münster; 1908 Kauf von F. Bachmann; 1935 Mieter ist das Minden-Ravensberger Möbel-

Abb. 985 Markt 4, Entwurf der neuen Fassade, Architekt W. Kistenmacher 1910.

haus; 1940 nach Zwangsversteigerung des Besitzes des nach Bolivien ausgewanderten Juden Josef Bachmann Erwerb von R. Zahnow (Firma Keerl im Nachbarhaus Markt 2). 1956 Firma Keerl, seit 1969 vermietet.

Haus (bis 1802)

Das Haus 1794 repariert, dann aber 1802 weitgehend für einen Neubau abgebrochen, wobei allerdings zumindest die rechte Traufwand wegen des darauf stehenden Hauses Markt 2 bestehen bleiben mußte.

Wohnhaus (1802–1945)

Das Haus offensichtlich das erste Beispiel der später zahlreichen, den Giebel verdeckenden Bauten an der Ostseite des Marktes. Bei dem Neubau entstand ein Streit um Rechte an der gemeinsamen Steinwand mit Haus Nr. 2 (Akten in KAM, Mi, C 480), insbesondere weil der Neubau seine Traufe unterhalb der alten steinernen Rinne an die Wand schlug. Einzelheiten des 1908 völlig umgebauten und 1945 zerstörten Hauses sind kaum zu ermitteln, da kaum Fotos der Fassade und nur wenige ältere Bauakten zu inneren Strukturen vorliegen.

Zweigeschossiger Bau mit ausgebautem Mansarddach, die Fassade vor dem Krüppelwalm dreigeschossig und das Unterdach mit Blendfenstern verdeckend. Rechte Traufwand gemeinsam mit dem Nachbarhaus Markt 2, ansonsten freistehend errichtet. Fassade siebenachsig mit eng gesetzten Fenstern mit einfachen, auf einem durchgehenden Gesims aufsitzenden Putzfaschen, gegliedert durch wenige, schlichte geschoßtrennende Bänder und knappen oberen Abschluß. Erdgeschoß gebändert, Haustür rundbogig.

Um 1870 Einbau von Schaufenstern im Erdgeschoß, die Fassade durch eine feine klassizistische Putzdekoration und ein auskragendes hölzernes Kastengesims ergänzt, unter dem ein Putzband mit Mäanderfries sitzt. Ferner nun knappe Verdachung der Fenster mit schmalen Faschen über kleinen Konsolen. Im zweiten Obergeschoß die Stuckdekoration zudem in neugotischen Formen bereichert.

Innere Struktur in allen Etagen mit Mittellängsflur. Zweifach gewendeltes Treppenhaus in der Mitte der rechten Hausseite. Nur ein kleiner Bereich in der vorderen südwestlichen Ecke des Hauses unterkellert.

1908 Einschneidender Umbau des Hauses nach Plänen von W. Kistenmacher, Kosten 30 000 Mark. Das Erdgeschoß soll zusammen mit dem ersten Obergeschoß *ein freier Verkaufsraum für das Spezialgeschäft* werden. Dabei wird das Haus erhöht, die innere Konstruktion zu Gunsten einer dreigeschossigen Aufteilung völlig erneuert, alle Wände versetzt und ein neues Dach auf dem vorderen Teil aufgesetzt (dahinter flaches Pappdach). Ferner entsteht ein zweigeschossiges Schaufenster in der neugestalteten Putzfassade mit gebrochenem Erker vor der zweiten Etage und einem übergiebelten Dachausbau vor dem nun sichtbaren Mansarddach. 1939 Umbau der Fassade, wobei die Schaufenster des ersten Obergeschosses zu Gunsten von gemauerten Fenstern verschwanden. Am 28.3.1945 durch Bombentreffer zerstört (Nordsiek 1995, S. 177).

Geschäftsgebäude (von 1956)

1956 Planung eines Geschäftshauses durch den Kaufmann R. Zahnow (Firma Keerl, Glas-Porzellan) durch R. Dustmann. Ausgeführt wurden als erster Bauabschnitt nur Keller und Erdgeschoß, darüber ein Flachdach. 1969 Umbau (Plan: H. P. Korth).

Der Aufbau von Obergeschossen bis heute trotz zahlreicher Vorstöße von verschiedener Seite unterblieben, zumal in der öffentlichen Diskussion verschiedenste Meinungen dazu vertreten wurden. Starke Kräfte, die sich insbesondere um den »Verein zur Erhaltung der Kultur an der Weser« mit ihrem Vorsitzenden Dr. Kreft scharten, sprachen sich immer wieder für die Freihaltung der irrigerweise für ottonisch gehaltenen ›Sichtachse‹ zwischen Dom und der Martinikirche als besonderen städtebaulichen Wert aus (siehe auch Martinitreppe).

MARKT 5 (Abb. 887, 889–892, 898, 981, 983, 986, 1001, 1002, 1032)

1729 bis 1743 Martini-Kirchgeld Nr. 127; bis 1878 Haus-Nr. 151; bis 1908 Markt 7

QUELLEN: KAM, Mi, H 60, Nr. 160.

LITERATUR: Jahr 1927, S. 21 Abb. 20.

Kleine und schmale Hausstätte, im Mittelalter rückwärts bei wenig Tiefe durch den Stadtbach begrenzt und offensichtlich schon lange mit einem kleinen Giebelhaus bebaut. Die rückwärtige Rechtsgrenze wurde offensichtlich spätestens im 16. Jahrhundert mit Erwerb einer Fläche in der Domimmunität und der dortigen Errichtung eines Hinterhauses jenseits des Baches überschritten. Das Hinterhaus schon vor 1828 bis auf eine kleine restliche Hoffläche (auf der sich um 1900 ein kleines Wirtschaftsgebäude befand) an das Nachbarhaus Markt 3 abgetreten. Nach Zerstörung des Hauses 1945 wurde die Parzelle mit dem Haus Markt 3 vereint.

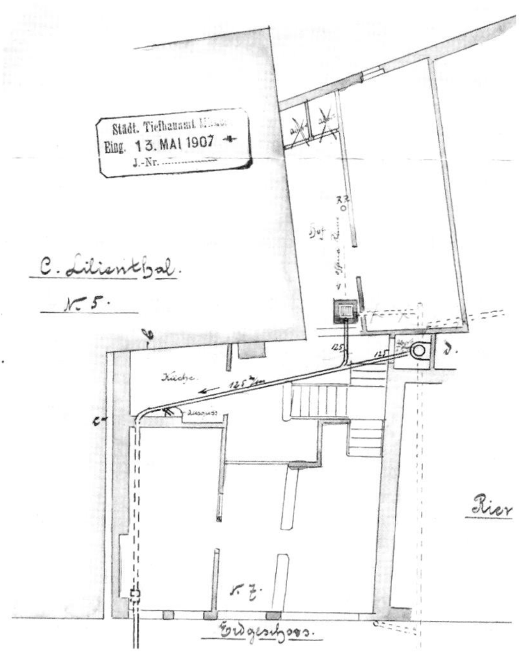

Abb. 986 Markt 5, Entwässerungsplan des Grundstücks 1907.

Das Haus war zinspflichtig an St. Nikolai (KAM, Mi, B 103 b, 2 alt).

1663 Heinrich Niemann (zahlt an Heilig-Geist 8 gr Pacht jährlich); 1675/96 Witwe Heinrich Niemann; 1702 Hermann Schütte in Witwe Niemanns Haus; 1704 Hermann Schütte; 1710 zahlt Hermann Schütte wegen einer auf dem Hause ruhenden Obligation an das Nikolai-Hospital 4 gr; später sind genannt: 1751 Bäcker Ahrning, 1759 Ahrning *ein Becker am Marckte*, 1774

Bäcker Arning 2 gr 8 d, 1784 Arning, dann Münstermann, dann Schlachter Hackemann, 1811 Schlachter Vogelsang (KAM, Mi, B 103 b,2 alt; C 203,22 alt; C 604).

1711/29 Schlosser Herman Schütte; 1738 Schüttens Haus; 1743 Henrich Eschenbach; 1751/55/66 Bäcker Ahrning, Haus für 200 Rthl; 1778 Eberhard Ohm; 1780 Bäcker Arning, Senior; 1871 Bäcker Ohm; 1797 Knochenhauer Anton Vogelsang; 1802 Vogelsang, Taxe 800 Rthl; 1804 Haus mit Braurecht, 1 Pferd, 1 Kuh; 1811 Schlachter Vogelsang; 1818 Schlächter Christian Klopp, Wohnhaus mit Nebengebäude und Hofraum, Wohnhaus 800 Thl, Nebengebäude 400 Thl; 1826 Klopp. Taxe erhöht: Wohnhaus 1 400 Thl, Nebengebäude 600 Thl; 1828 Christian Klopp hat halbe Scheune von Kleiner Domhof 2/4 erworben; 1835 Klopp, Wohnhaus 1 400 Thl, Nebengebäude 600 Thl und halbe Scheune Nr. 149 für 400 Thl; 1846/51 Fleischer Christian Klopp; 1853 Klopp und drei Mietparteien; 1878 Kuhlmann; 1908 Friedrich Kuhlmann; 1926 Gastwirt Münstermann (Mieter H. Krahe); 1932 Mieter Siegfried Pfingst.

Haus (16./.17. Jahrhundert–1945)

1780 gilt das Haus (bewohnt vom Bäcker Ohm) zusammen mit dem benachbarten Haus-Nr. 152 (Markt 7) als baufällig; 1781 *ein neu halb Haus* gebaut fertig, ohne Schulden, mit Braurecht (KAM, Mi, C 874); 1797 als *Neubau* bezeichnet, Baukosten 1 125 Rthl. Kleineres, dreigeschossiges Giebelhaus, wohl ein Umbau oder weitgehender Neubau von 1781 mit älteren Bauteilen und zuletzt gemaltem Fachwerkgiebel, 1945 durch englischen Bombenabwurf zerstört. Fotos der Brandruine nach 1945 lassen erkennen, daß die linke Traufwand aus Backstein mit Entlastungsbögen aufgemauert war, die eine zweigeschossige Gliederung erschließen lassen. Diese dürfte ebenso wie das weiter unten beschriebene ehemalig zugehörige Hinterhaus in das 16. oder frühe 17. Jahrhundert zu datieren sein. Daher ist 1781 wohl innerhalb der bestehenden Umfassungswände und bei Änderungen der Geschoßhöhen der weitgehende Neubau erfolgt, dessen Rückgiebel auf die Ostseite des damit unter dem Haus hindurchgeführten Stadtbachs gesetzt wurde. Fassade in den beiden unteren Geschossen (hohe Diele und seitliche zweigeschossiger Einbau) massiv, darüber als Fachwerkkonstruktion. Bis nach 1900 schlicht verputzt und axial gestaltet. Dann im zweiten Obergeschoß und Giebeldreieck Fachwerk aufgemalt (1932 ohne Genehmigung diese Bemalung erneuert).

Das Haus war noch bis zur Zerstörung durch Bombentreffer am 28. 3. 1945 (Nordsiek 1995, S. 177) bestimmt durch eine hohe durch die Haustiefe reichende Diele, von dieser links ein schmaler, vorn zweigeschossiger Einbau abgetrennt. Dieser nahm vorn Stube und Kammer auf (nur dieser Teil mit Zugang von der Diele unterkellert), rückwärts eine hohe Küche mit großem Rauchfang. Etwa in der Mitte der rechten Traufwand in die Diele ein zweifach gewendeltes Treppenhaus zum Obergeschoß gestellt, das zu Wohnzwecken ausgebaut war. In den vorderen Teil der Diele nachträglich vor der Treppe ein Ladenlokal eingestellt. 1932 wurde der vordere Bereich in Erd- und erstem Obergeschoß umgebaut.

Hintergebäude (16./17. Jahrhundert–1898)

Bis 1898 bestand hinter dem Gebäude ein zuletzt zum benachbarten Haus Markt 3 gehöriges Lagergebäude, das wohl als ehemaliges Hinterhaus von Markt 5 anzusprechen ist und das dann zu einem unbekannten Zeitpunkt zur Nachbarparzelle geschlagen wurde. Es war nach dem erhaltenen Entwässerungsplan von 1892 (Abb. 979) ein langrechteckiger Bau von 10,50 m Länge, dessen Vorderfront unmittelbar jenseits des Stadtbachs stand und nördlich in einer Flucht mit dem zugehörigen Vorderhaus, etwa 5 m schmaler als dieses war, so daß rechtsseitig ein Hofplatz verblieb. Die Umfassungswände waren aus Stein und offensichtlich mit Entlastungsbögen versehen, wobei am östlichen Giebel und der südlichen Traufwand eine reiche Durchfensterung zu erschließen ist.

1926 eine Dobi-Tanksäule vor dem Haus durch die Firma Bergert & Co/Minden und Hannover aufgestellt (1932 entfernt).

Wohn- und Geschäftshaus (von 1953)

Ein schon 1950 genehmigter Entwurf für den Wiederaufbau des Hauses für Dr. med. Wilh. Kelle (Plan: H. Garnjost) wurde nicht ausgeführt und statt dessen 1951 auf dem geräumten Grundstück eine Verkaufsbude aufgestellt. 1953 erfolgte dann die Bebauung als Erweiterung des Hauses Markt 3 (siehe dort).

MARKT 6, ehemaliges Kaufhaus (Abb. 888, 889, 892, 898, 987–999, 1003, 1016, 1044, 1112)
bis 1809 freies Haus ohne Nummer; ab 1809 Haus-Nr. 170 a

QUELLEN: KAM, Mi, B 105 alt; 106 (alt); 362; 733; C 43,1 alt; 142; 158, 36 alt; 329,24 alt; 369,4 alt, 483; 509; 859. – STA MS, St. Martini, Urkunden Nr. 112.

LITERATUR: Löffler 1932. – Mooyer 1853, S. 69. – Krieg 1926, 1930, 1932, 1933 und 1966. – Kuhlke 1975, S. 82. – Nordsiek 1986, S. 51. – Nordsiek 1987, S. 81. – bei der Wieden 1991. – Nordsiek 1994. – Grätz 1997, Abb. 87.

PLÄNE (alle aus KAM, Mi, C 329,24 alt): A) *Situation der Martinitreppe*, gezeichnet von F. Wehdeking, Juli 1803. B) *Ansicht der großen Mauer* und C) *Aufsicht der großen Mauer*, gezeichnet im Oktober 1803 von Landbaumeister Klodt.

Vgl. Kap. I.1 und S. 1281–1284 (Marktplatz),1306–1310 (Rathaus), 895–899 (Kleiner Domhof 2/4).

Die Geschichte des für die Stadt über Jahrhunderte zentralen Gebäudes ist bislang kaum aufgeklärt, vielmehr war sie in ihrer großen Bedeutung lange in Vergessenheit geraten und wurde in Teilen erstmals genauer von Nordsiek 1994 dargestellt. Allerdings wird auch bei ihm – ebenso wie in der vorausgegangenen lokalgeschichtlichen Forschung – bei der Auswertung der archivalischen Nachrichten nicht immer zwischen Nachrichten zum Rathaus, dem gegenüberliegenden »Neuen Werk« und dem hier interessierenden Kaufhaus unterschieden, so daß die bislang vorgelegten Ausführungen zu diesen Bauten kritisch zu werten und in Teilen neu zu interpretieren sind. Bis zum 17. Jahrhundert wurde das wohl in der Mitte des 13. Jahrhunderts entstandene Gebäude als öffentliches Kaufhaus genutzt, mit Ausnahme des Zeitraums zwischen dem 14. und dem 16. Jahrhundert im Eigentum des Kaufmannsamtes. Seit dem 16. Jahrhundert auf Grund fehlender Nutzungen zunehmend mit anderen öffentlichen Funktionen belegt, verfiel es seit der zweiten Hälfte des 17. Jahrhunderts auf Grund des abnehmenden Fernhandels so stark, daß es 1712 durch den Rat aufgekauft wurde und nun nach einschneidendem Umbau als *neues Stadthaus* für Zwecke der Stadtverwaltung und Repräsentation genutzt wurde. Von 1733–1803 als sogenanntes *Landständehaus* im Besitz der Landstände, ist es seit 1803 ein hervorgehobenes privates Wohn- und Geschäftshaus.

Die Entstehung des Gebäudes steht in engem Zusammenhang mit der Entwicklung des Marktrechtes in Minden (hierzu auch S. 1281 ff.). Dieses wird 1232 in zwei Urkunden zwischen der Stadt und dem Bischof fixiert, wonach in der Folge der Handel mit geschnittenem Wolltuch allein Bürgern der Stadt zugestanden wird. Damit war die rechtliche Grundlage geschaffen, ein Kaufhaus in Trägerschaft der Kaufmannsgilde zu errichten. (Sie bleibt in Minden die führende Gruppe, zu der bald auch andere Personen gehören können, allerdings auch nicht die feste Form einer organisierten Zunft annimmt und in der Folge als »der Kaufmann« erscheint.)

1255 wird die jährliche Wahl des Rates beschlossen, wobei die Gruppe der Kaufleute als führend hervortritt; 1301 gab sich die Stadt ein in Abänderungen bis ins 18. Jahrhundert gültiges Ratswahlstatut mit einer Gruppe von vierzig Vertretern, in dem neben dem Kaufmannsamt den drei Hauptzünften, den Bäckern, Knochenhauern und Schuhmachern, das aktive und passive Wahlrecht zugestanden wird. Die Vierziger wählten dann die 12 Wahlherren des Rates. Der Wahlvorgang sollte dabei in einem engen räumlichen Zusammenhang mit dem Kaufhaus bleiben. Mit dem Statut war aber auch die Rolle des bischöflichen Wichgrafen innerhalb der Stadt auf die bischöfliche Gerichtsbarkeit reduziert. Ab 1362 Erwähnungen des Begriffes *Cophus*: 1362 *domo lapidea dicte Ciuitatis que vulgariter Cophus* (STA MS, St. Martini, Urkunden Nr. 112), *bi dem kophus* (KAM, Mi A I, Nr. 152), 1405 *up unse Kophu(o)s* (von Schroeder 1997, Urkunden Nr. 86. – Dortmunder UB III, 1, Nr. 255, 2) oder 1408 *vor vnsen rad vp dem kophus* (KAM, Mi, A I, Nr. 222; KAM, Mi, C, Nr. 1117, Bl. 422r–425r. – von Schroeder 1997, Urkunden Nr. 109). Im Kaufhaus werden seit dem frühen 15. Jahrhundert nachweisbar jeweils verschiedene *bone* verpachtet. Abgaben *van dem kophus* finden sich regelmäßig auch in den Kämmereirechnungen, so daß davon auszugehen ist, daß der Bau zu dieser Zeit in städtischer Verantwortung stand. So zahlt die Kämmerei 1420 Reparaturkosten, läßt 1430 *dat kophus de ene side* neu mit Kalk, Sand und Steinen decken und zahlt auch 1434 Kosten für eine Treppe aus Stein. Zu dieser Zeit läßt sich zumindest auch die Zusammenkunft des Krämeramtes im Kaufhaus belegen. Ob die anderen Ämter zu dieser Zeit (schon) eigene Zunfthäuser besaßen, ist nicht bekannt.

Abb. 987 Markt 6 (Mitte) und Markt 8 (links) sowie die anschließende Bebauung an Markt und Hohnstraße, Ansicht von Südosten, 1864.

Um 1460 das Kaufhaus von Heinrich Tribbe ausführlich beschrieben als ein großes, auf dem Marktplatz stehendes Haus, in dem es einen großen Raum für den Tuchhandel gibt, das aber auch zum Tanzen und für die Sitzungen des Vierziger-Rates dient. Darunter sei ein Raum, in dem täglich das Brot verkauft werde und ein anderer Platz, wo man sitzen und Wein trinken könne. Weiter unten seien zwei Kellerräume zum Weinlagern, in dem einem zudem eine sehr klare Quelle. An anderer Stelle seiner Stadtbeschreibung gibt Tribbe noch weitere Hinweise auf die Nutzung des Gebäudes: hier werden von den sogenannten *Vierzigern* am 6. Januar und 24. Juni jeweils sechs Ratsmänner gewählt, anschließend gebe es einen großen Schmaus mit Wein aus dem Keller, während das Essen aus dem Hause des jeweiligen Kämmerers gebracht werde. Ferner wird von einer Rentkammer des Hospitals zum Heiligen Geist gesprochen, die *auf dem Kaufhaus beim Friedhof St. Martin* sei (hierunter dürfte der Anbau an den Westgiebel zu verstehen sein, der im 16./17. Jahrhundert als Kamerariatshaus der Stadt genutzt wurde – siehe Martinikirchhof 5). Gelegentlich spricht Tribbe das Gebäude auch als *Brothaus* an oder von einem Ort *vor dem Weinkeller*. So wird das Blutgericht unter Leitung des Wichgrafen *vor dem Brothaus* bzw. *vor der Brotbank* abgehalten, wobei hier vier Bänke aufgestellt werden (hingegen geschieht das durch einen städtischen Vertreter zu erfolgende Friedlossprechen in dem gegenüberliegenden »Neuen Werk«). Vor allen offiziellen Versammlungen der Vierziger oder der Wahlmänner wurde eine gemeinsame Messe in der benachbarten St. Martini-Kirche gefeiert (Wilms 1860, S. 31).

Abb. 988 Markt 6, Vogelschau W. Hollars um 1634, Blick von Norden auf den Komplex des Kaufhauses neben der Martinitreppe zwischen Markt und Martinikirchhof.

Das Kaufhaus erweist sich nach diesen Hinweisen als dreigeschossig nutzbarer Bau, der im 15. Jahrhundert auch einen oberen Zugang vom Martinikirchhof hat. Es ist ein zentrales öffentliches Gebäude, dem sich die Zünfte zugehörig fühlen (aus denen der Rat der Vierziger gewählt wird), während sich der eigentliche Rat der Stadt auf der Grundlage der städtischen Privilegien durch den gegenüberliegenden Komplex des Rathauses darzustellen bemüht. Der Weinhandel lief zunächst, wie die übrigen Handelstätigkeiten und die Zünfte betreffenden Bereiche, über das Kaufhaus, während die Keller unter dem Rathaus von Tribbe als Gefängnisse beschrieben werden. Tribbe erwähnt dabei um 1460 auch einen *Schenk* im Kaufhaus. In der etwa 1560 entstandenen Chronik von H. Piel erfahren wir, daß der Rat zu Ende der Fronleichnahmsprozession den Bischof, die Domkapitulare, die anwesenden Adeligen und vornehme Bürger der Stadt auf den Weinkeller zu Gast geladen hätte – worunter wohl das Rathaus zu verstehen ist (siehe S. 1342).

Die Stadt versuchte, bei ihrem Weinhandel ein Monopol für ihren Keller durchzusetzen, was ihr 1378 auf Betreiben des Bischofs durch den Kaiser untersagt wurde. Erst 1555 errichtet der Rat einen eigenen Weinkeller neben dem Rathaus und privilegiert diesen, so daß in späteren Zeiten für den wohl nicht mehr als Weinlager genutzten Keller des Kaufhauses verschiedene andere Nutzungen genannt werden. So war hier 1625 zunächst (wohl nur bis 1631) die neue, vom Rat privilegierte Apotheke für den am 24. 5. 1631 verstorbenen Balthasar Stapelage eingerichtet worden, und als etwa 1698 ein französischer *Traiteur* ein Kaffeehaus in Minden einrichten will, schlägt er vor, dafür entweder den *Kaufmanskeller oder die alte Apotheke* zu verwenden (KAM, Mi, B 361, fol. 45). Im frühen 17. Jahrhundert war – nach diesen und anderen Nachrichten – das Kaufmannsamt wieder verfügungsberechtigt über das Kaufhaus und kam für die Kosten an dem Gebäude auf.

Bis auf den Brotverkauf fand jedoch der Lebensmittelhandel an anderen Orten statt – so für Gemüse, Eier und Butter im »Neuen Werk«, für Fleisch und Fisch in eigenen Gebäuden des Scharn (Scharnstraße 15 und Hohnstraße 36) –, die zwischen Kaufhaus und Rathaus begannen und sich in der Mitte eines Straßenmarktes hinzogen. Die Bedeutung des Kaufhauses als Ort des Handels scheint sich spätestens im Laufe des 17. Jahrhunderts verloren zu haben und schon 1643 wird bei der Erneuerungen der Bestimmungen über den Handel festgestellt, daß die örtlichen Höker ihren Handel auf den Dielen der Häuser betreiben dürften, ausländische Händler aber nur unter Aufsicht auf dem Markt verkaufen dürften, eine Bestimmung, die zu Ende des 17. Jahrhunderts so nicht mehr praktikabel erschien.

Die festgefügte Form der Ratswahl, die dem Kaufmannsamt eine hervorgehobene Stellung innerhalb der Stadt sicherte und diese durch den Ort im Kaufhaus auch dokumentierte, hielt sich bis 1530. Danach lehnte sich die Bürgerschaft dagegen auf und forderte andere Wahlverfahren mit einer breiteren Beteiligung der Bürgerschaft. Ausfluß davon war das neue 1539 erlassene Wahlstatut, daß die Vorherrschaft des Kaufmannsamtes löschte und den Sitz im Rat nicht mehr von der Mitgliedschaft in diesem Amt abhängig machte. Offensichtlich verlor sich damit schon im Laufe des 16. Jahrhunderts auch die Bedeutung des Kaufhauses im Gefüge der Stadtführung und Verwaltung, und die hierfür vorhandenen Räume wurden wegen fehlender Nutzungen nach und nach anderen Funktionen zugeführt.

1629 wird an Stelle der Kirchtürme, die der Stadt durch das Restitutionsedikt (bis 1634) entzogen wurden, ein Turm mit der alten Glocke des Wesertorturms mit Zustimmung des »Kaufmanns« durch den Rat auf dem Kaufhaus errichtet, wofür eine allgemeine Sammlung unter den Bürgern der Stadt veranstaltet wird; da die Kirchen ab 1634 wieder für den evangelischen Gottesdienst zur Verfügung standen, scheint der Turm schon bald wieder verschwunden zu sein. Auf der um 1634 entstandenen Vogelschau der Stadt von W. Hollar wird das Gebäude als giebelständiges Haus mit Satteldach gezeigt, allerdings ohne den Dachreiter. 1641 wird im Rat über die Kosten *der Verbesserung und allerhandt nötigen Reparation des Kaufhauses der gantzen löblichen Stadt Minden* verhandelt (KAM, Mi, B 454, fol. 81).

Auch andere öffentliche Nutzungen als die über Jahrhunderte überlieferten lassen sich seit dem 17. Jahrhundert im Kaufhaus nachweisen: Es erscheint zweifelhaft, ob die 1593 eingerichtete städtische Legge (KAM, Mi, B 445) von Anfang an im Kaufhaus eingemietet wurde. So wird 1688 im Rat *wegen der aufnehmung der Legge auf das Kaufhaus* mit dem Kaufmannsamt verhandelt (KAM, Mi, B 351). Am 13.4.1690 wird jedoch im Rat über die jährlich dem *ehrbahren Kaufman wegen des aufm Marckte unterhabenden Hauses und darauf befindlichen Legign* verhandelt (KAM, Mi, B 353). 1630 übernimmt der Rat die Kosten für die *Abscherungh des Gemachs* im Kaufhaus, das wohl einem städtischen Zweck dienen sollte. 1697 ist hier auch die Gerichtsstube nachweisbar (siehe weiter unten) und 1699 will man auch im *Kaufmans-Hause* eine Einrichtung *behuef des messens auf dem Markte* schaffen (KAM, Mi, B 362).

Zu Ende des 17. Jahrhunderts muß das Gebäude – das zu dieser Zeit offensichtlich keine Aufgaben im Bereich des Groß- und Fernhandels mehr hatte, sondern in dem mietweise durch die Stadt zahlreiche verschiedene spezielle Aufgaben für kürzere oder längere Zeiträume untergebracht waren – schon in einem sehr schlechten Zustand gewesen sein. So wird im Ratsprotokoll von 19.7.1696 vermerkt (KAM, Mi, B 359): *Wegen des Kaufhauses müße ein Schluß gemacht werden, zumahlen wegen Baufälligkeit es in der harre sonicht hinsehen könte.* Man fordert den »Kaufmann« als Eigentümer ultimativ auf, die Renovierung einzuleiten, evtl. unter Mitwirkung anderer Ämter, da *der Kaufmann entweder den Bau sofort zu übernehmen schuldig, oder das Haus zum gemein Bau überlaßen mußten.* Am 23.9.1697 wird erörtert, daß inzwischen zwar 100 Thl Zuschuß bewilligt worden seien, man sie allerdings erst auszahlen wolle, wenn *ein bequemer orth zur gerichtsstuben und andern gewöhnlichen Conventen eingerichtet* sei (KAM, Mi, B 360). So wird der Bau der Gerichtsstube 1699 in der Alten Apotheke geplant (siehe Kleiner Domhof 1), allerdings dort erst 1712 eingerichtet.

1710 werden durch den städtischen Bauhof mit Blei Fenster *auff dem 40 Hausse* repariert (KAM, Mi, B 104 alt). Allerdings ändert sich zunächst noch nichts entscheidendes, so daß das gleiche Problem auch am 25.1.1712 wieder im Ratsprotokoll festgestellt wird: *wegen der Reparation des so sehr baufällig Kaufmanns-Kellers … lieget dem Kaufmanns Collegion ob, das Haus zu bauen und dazu innerhalb 4 Wochen den Anfang zu machen, wiederigenfalls aber zu gewärtigen, daß damit nach dem Edicto von baufälligen Häusern verfahren …* (KAM, Mi, B 759). Nun allerdings hatte der Rat durch Reformen der preußischen Regierung ab 1711 weitgehend seine autonome Macht verloren und war ein Instrument der Regierung geworden, deren Bestreben offensichtlich auch eine Reform aller öffentlichen Bauten war, wobei das alte Kaufhaus gut zu verwenden war.

Nachdem das Kaufmannsamt nach den Ermahnungen wiederum nichts unternahm, kommt es daher am 1.3.1712 zum Beschluß, das Gebäude durch die Stadt *von dem hiesigen Kaufmannskollegio umb und vor 660 Rthl* zu erwerben um es *von Grund auf neu aufzubauen.* Die Bezahlung der Summe scheint allerdings sehr zögerlich erfolgt zu sein, denn 1714 sah sich das *Collegium des Kauffmans, wegen Bezahlung von der Stadt angekaufften Hauses per Memoriale* gezwungen, beim Rat nachzusuchen (Ratsprotokoll vom 1.1.1714). Die Kosten *zur Erbauung des sogenannten Kauff-Hauses* wurden über eine Anleihe von 1000 Rthl bei dem Mindener Bürgermeister Dr. Christoph Heinrich Westrup bestritten. Die Zinsen aus dieser Summe werden 1719 in Westrups Testament dem lutherischen Waisenhaus gestiftet.

Mit dem Beschluß zum Kauf des Kaufhauses durch den Magistrat kam es in den folgenden Jahren zu einer weitreichenden Neuordnung der städtischen Bauten um den Markt, wobei das bisherige Stadthaus (Kleiner Domhof 1) neuen Nutzungen zugeführt wurde. Allerdings wurde in dem Kaufhaus keine Verwaltung geschaffen, sondern entsprechend dem neuen Selbstverständnis des seit 1711 durch die Regierung eingesetzten Magistrates hier ein Repräsentationszwecken dienender Bau geschaffen. Zudem wurde das Grundstück, seit Errichtung der Stützmauer in der Flucht des Rückgiebels völlig überbaut, durch Abbruch eines mittleren Teiles des Gebäudes in ein Vorder- und ein Hinterhaus mit dazwischenliegendem kleinen Hof getrennt.

Schon 1712 werden die Wiederherstellungsmaßnahmen des verfallenen Kaufhauses aufgenommen. Die 36 Balgen Kalk, die in diesem Jahr für das *Newe Stadt Hauß* bestimmt waren, wurden allerdings auch zur Reparatur des Sekretariatshauses und des Stadtkellers genutzt (KAM, Mi, B 105 alt). Im September arbeiten verschiedene Maurer des städtischen Bauhofes an dem Weinkeller, wozu *3 Kahren gebackene mauer Steine von der rider Straße nach dem wein Keller* sowie *3 fuder Leim an den Stadtkeller* gefahren wurden. Im Dezember werden Balken und Kalk geliefert und im März 1713 scheint man mit der Lieferung von Eichendielen schon den Innenausbau zu betreiben (KAM, Mi, B 105 alt). So konnte anschließend festgestellt werden, daß *das Stadthaus aber in ao 1713 von Grundt auf neu gebauet* worden ist. *Noch habe ich in das statthauß oder in des geheimbte Rath von Osten seinem Hause in die unterste Herenstube 8 finster laden gemacht, und mit meinen bursen daran gearbeytet 3 tag.* 1715 werden die letzten Arbeiten des Innenausbaus abgerechnet: *2 eiserne offens aff von 4 Zentnern . so auf daß Stadthauß auf den dritten Stock gekommen sindt*, ferner Eisenfarbe, Blei und Leim, womit offensichtlich die Öfen in diesem neu geschaffenen zweiten Obergeschoß gestrichen wurden.

Die mit dem Umbau geänderte Nutzung wird auch in einer anderen Namensgebung deutlich. 1731 wird das Gebäude als *das neue große Stadthaus* bezeichnet, hatte also den Namen übertragen bekommen, den zuvor das gegenüberliegende Gebäude Kleiner Domhof 1 getragen hatte. Da der Bau in den oberen Etagen auch eine Wohnung erhielt, sollte es offensichtlich auch als Dienstwohnung verwendet werden, in die dann sogleich der Landdroste von der Osten einzog. So werden 1718 auf Kosten der Stadt folgende Arbeiten ausgeführt: *an dem Hause am Marckte, welches Sr. Excell. der Herr Ober Landt Droste bewohnt zum Dach 50 Dachsteine* ferner eine Pferdekrippe und zwei Raufen (KAM, Mi, B 105 alt). Nachdem er in den ersten Jahren für die Wohnung hatte 135 Rthl zahlen müssen, gestattete es der König 1721 zum Verdruß der Stadt, daß der von ihm eingesetzte Oberbürgermeister von der Osten lebenslang dort mietfrei wohnen dürfe (Lampmann 1927, S. 41); 1727 wohnt er noch immer in dem Haus und verkauft dem Rat für über 48 Rthl Bohlen (KAM, Mi, C 352,7 alt). 1720 heiratete Friedrich von der Horst die Tochter Hedwig Charlotte des Oberlanddrosten und geheimen Rat von der Osten, der im April 1730 verstarb (KKA Mi, St. Martini).

Noch immer aber stand das Gebäude auch den Bürgern zur Nutzung als Festsaal zur Verfügung. So erhielt zum Beispiel 1731 Johann Ohm die *Permission, in dem Stadthaus am Markte Hochzeit vor seine Tohter zu halten,* wofür er 5 Rthl an die Stadtkasse abführen mußte (KAM, Mi, C 354,12 alt).

Nachdem 1732 noch einmal nach dem Tode des Herrn von der Osten auf Kosten der Stadtkasse kleine Reparaturen ausgeführt wurden (KAM, Mi, C 354,13 alt), kauften am 23.8.1733 die Landstände das *Stadthaus* für 1500 Thl gemeinsam vom Magistrat der Stadt, das nun als *der Herren Land-Stände Haus am Marckt* oder als *Landschaftshaus* bezeichnet wird. Da die Summe allerdings durch die Ritterschaft nicht bezahlt wurde, werden noch 1737 jährlich 25 Rthl Zinsen auf die 500 Rthl *Ostischen Hauskaufsgelder* an die Kämmerei bezahlt (KAM, Mi, C 355,15 alt).

Hintergrund dieser Transaktion dürfte die 1723 endgültig vollzogene Abschaffung der städtischen Selbstverwaltung durch die preußische Regierung mit der Städteordnung von 1721 sein. Sie trat als Stadtreglement von Minden 1723 in Kraft und schaltete die Vertretung der Stadt innerhalb dieses Gremiums völlig aus. Nach Bericht aus der Zeit des Umbaus von 1804 sind in der Zeit, in der sich das Gebäude im Besitz der Landstände befand, keine größeren Umbauten und Modernisierungen vorgenommen worden. 1800 hat *das Landschaftshaus … ebenfalls (wie das Rathaus) seinen Platz am Markte, und gehört unter die regelmäßigsten Gebäude der Stadt. Es versammeln sich auf dem selben, zu gewissen Zeiten des Jahrs, die Deputierte der Landstände* (Westfälischer Nationalkalender 1, 1800, S. 187). Ferner bestand aber in der Wohnung im zweiten Geschoß des Gebäudes auch die Möglichkeit zur standesgemäßen Einquartierung von hohen Gästen der Regierung: So wird etwa am 18. Oktober 1737 in der wöchentlich erscheinenden Zeitung bekannt gemacht, daß *der Herr Ambassadeur Constantin Siberi mit seiner Suite aus Paris log. in der Land Ständen Haus und gehet nach Stockholm.* Insgesamt steigen nach dieser Quelle hier in diesem Jahr neun Personen ab.

In dem Haus wirkten nun ein Syndikus und ein Sekretär sowie der Bote der Landstände, die alle aus der Obersteuerkasse Minden besoldet wurden. Ferner wurde im Haus nach 1750 der *Schöppenstuhl* oder auch *Scabinatskollegium* eingerichtet, von einem Direktor und zwei Beisitzern sowie einem Sekretär besetzt, die für die Vermittlung von Rechtsstreitigkeiten mit ausländischen Behörden und Gerichten zuständig waren und in dem Haus auch ihre Registratur hatten. 1800 soll nach Einwilligung der Herren Landstände der *untere Theil des anständigen Hauses, nebst einen Keller am Markte alhier … auf vier nacheinander folgende Jahre vermiethet werden* (MA 12, 1800).

Das Gebäude wird wohl im Frühjahr 1803 an den Weinhändler Georg Friedrich Harten (* 8. 3. 1756 als Sohn des Kaufmanns Adolf Harten in dem Haus Bäckerstraße 45) verkauft, der den offensichtlich wiederum im schlechten baulichen Zustand befindlichen Komplex in den folgenden Jahren völlig umbaut und erneuert (schon vor 1800 hatte er den gegenüberliegenden Weinkeller des Rathauses angepachtet, der auch noch 1840 zum Handelshaus Harten gehört). 1804 wird vermerkt: *Das Weinhändler Friedr. Harten Wohnhaus (olim Landstände) durchgehend ausgebaut; ein dazu gehöriges ganz neues Packhaus.* 1805 wird die Versicherung für das Haus von 3 000 auf 8 000 Rthl erhöht, zugleich das neue Hintergebäude auf dem Kirchhof mit 1 000 Rthl neu versichert. Noch 1810 gehört zu dem Haus – ebenso wie bei mehreren Nachbarhäusern – das alte Recht, bei Messen vor dem Haus fünf Buden auf dem Markt zu errichten und diese zu vermieten (dazu siehe KAM, Mi, C 509); 1809/1833 Friedrich Harten, Kaufmann und Weinhändler (siehe auch den Kaufmann Joh. David Harten im Haus Bäckerstraße 39): Wohnhaus mit Hinterhaus und Hof (eine Liste der 1817 über die per Schiff bezogenen Weine in KAM, Mi, E 728); 1818 Friedrich Harten: Wohnhaus 6 000 Thl, Packhaus nebst Remise 2 000 Thl; 1846 Kaufmannswitwe Wilhelmine Harten (56 Jahre) sowie ihr Schwiegersohn, der Stadtmajor Leopold von Pogrell (verheiratet mit Emilie Harten, im März 1865 mit Ehrenbegräbnis auf dem alten Friedhof beigesetzt – siehe KAM, Mi, F 430). Seine am 19. 3. 1833 geborene Tochter Ida lebte 1900 in dem Haus Marienstraße 44). Ferner Albert Hagedorn, Reisender (32 Jahre); 1853 Verkauf des Komplexes durch die Witwe Harten an Albert Hagedorn (die Familie von Pogrell statt dessen nun in dem Haus Großer Domhof 9); die Tradition als Weinhandelshaus wird bis nach 1900 unter dem Firmennamen Hagedorn (Nachf.) fortgeführt: 1876 Kaufmann Gereke und Kaufmann Hattenhauer; 1880 Firma Albert Hagedorn Nachf., Weinhandel und Weinhändler Gereke. Georg Gereke stammte ebenso wie seine Frau aus Rendsburg. Da die Witwe Amalie Hagedorn, geb. Voegeler, ebenso wie die Pächter keine Kinder hatten, wird die Firma 1888 an den Mindener Kaufmannssohn und Mitarbeiter Gustav Hattenhauer (* 18. 12. 1846, † 4. 5. 1914) verkauft, der am 10. 7. 1893 den Titel »königlich kaiserlicher Hoflieferant« verliehen bekam und später auch zum Kommerzienrat ernannt wurde. Er war verheiratet mit Louise Noll (siehe Marienglacis 37/39). 1895 führt Hattenhauer zusammen mit H. Muermann (siehe Obermarktstraße 2) mit einer privaten Strombereitungsanlage (Markt 16) als erster für sein Haus die elektrische Beleuchtung in Minden ein (Brandhorst 1977, S. 138). Das Ehepaar Hattenhauer baute sich 1907 die Villa Marienglacis 17 aufwendig als Alterssitz aus. Hattenhauer nahm entscheidende, öffentliche Ämter in der Stadt ein, wurde ab 1887 Stadtverordneter und später Bürgermeister von Minden. 1895 ist er im Vorstand der neu gegründeten Mindener Straßenbahn, später auch Vorsitzender des Mindener gemeinnützigen Bauvereins. Die Firma wohl 1907 von seinem Sohn Wilhelm Hattenhauer (* 13. 12. 1879) übernommen, der sich als Küfer bezeichnete und sie bis um 1940 fortführte und sich dann als Handelsvertreter betätigte. Das Haus ist 1941 durch Erbschaft im Besitz von Architekt Rudolph Dustmann (verheiratet mit Gudrun Hattenhauer); 1965 Ina-Maria Dustmann (geb. Korth). Ein weiterer Sohn wurde Bürgermeister Mindens nach 1946 und ein weiterer Sohn Otto Hattenhauer Justizrat, verstarb aber schon vor 1919 (seine Witwe, geb. Anna Klinkerfues wohnte mindestens 1919/1933 in dem Haus Hardenbergstraße 26).

Das Gebäude steht in zentraler Lage des Stadtgefüges auf einer besonders breiten Parzelle, eingereiht in Bürgerhäuser. Aus diesen hervorgehoben durch die frontale Lage gegenüber dem Zugang zum Kleinen Domhof der Domburg, ist es sicherlich als bürgerliches bzw. genossenschaftliches Zeichen gegenüber dem Bischof zu verstehen (unmittelbar vergleichbar etwa die Lage des Münsterschen Rathauses). Das in ungewöhnlicher Weise weitgehend unterkellerte und mit dem Erdgeschoß gegenüber dem Platz erhobene Gebäude von den benachbarten Hausstellen durch Traufgassen geschieden.

Die nur mäßig tiefe Parzelle ist völlig durch das Kaufhaus eingenommen und rückwärtig durch den ursprünglich hier vorhandenen Abhang zur Oberstadt begrenzt, der nach den Baubefunden

Abb. 989 Markt 6, Vorderhaus und Hinterhaus (rechts) an der Martinitreppe, Ansicht von Nordosten, 1956.

offensichtlich erst nach dem Bau des Kaufhauses durch eine seitlich angeschlossene Stützmauer und Hinterschüttung für den Martinikirchhof nutzbar gemacht wurde, wobei durch Zumauerung der ursprünglichen Öffnungen der Rückgiebel des Kaufhauses in den Komplex der Stützmauer einbezogen wurde. Diese Baumaßnahme ist damit nach Mitte des 13. und vor Mitte des 15. Jahrhunderts zu datieren, als im Obergeschoß schon die erwähnte, vom Kirchhof zugängliche Rentstube bestand.

Der Kirchhof wird durch die vor dem verschütteten Rückgiebel beginnende, Unter- und Oberstadt verbindende Martinitreppe erschlossen. Damit wurde auch rückwärtig eine ungewöhnlich dominante Stellung des Gebäudes an der Verbindung zwischen Markt und der Hauptpfarrkiche St. Martini erreicht (da die ältere Kaufmannskirche St. Johannis Baptist am Markt – siehe Markt 13 – sich nicht hatte zu einer Pfarrkirche entwickeln können), wie sie für vergleichbare Kaufhäuser dieser Zeit typisch ist.

Im Gegensatz zu zahlreichen anderen Städten wurde die Entwicklung vom Kauf- zum Rathaus (dazu allgemein Nagel 1971) in Minden nicht durch An- und Umbauten des bestehenden Baus vollzogen, sondern durch die Errichtung von eigenen und selbständigen Funktionsbauten in der Nachbarschaft, die offensichtlich seit der Mitte des 13. Jahrhunderts auf der unmittelbar gegenüberliegenden Ecke des Marktes entstanden. Damit bildete das Kaufhaus zusammen mit dem sogenannten »Neuen Werk« und dem Rathaus (Kleiner Domhof 2/4 und Markt 1) eine Torsituation zwischen dem Markt und dem anschließenden Scharngebiet, das – aus einem langen Straßenmarkt hervorgegangen – durch zwei schmale Gassen mit einer Reihe von Verkaufsbuden bestimmt wurde.

Die Parzelle heute mit einem dreigeschossigen nur mäßig tiefen Haus bebaut, hinter dem sich jenseits eines schmalen Hofes ein viergeschossiges, vor der Stützmauer stehendes, 1803/04 entstandenes Lagerhaus anschließt. Beim Vorderhaus bis auf die Fassade das zweite Obergeschoß aus verputztem Fachwerk (nach 1960 nur noch der Rückgiebel verputzt) und mit einem Vollwalmdach versehen, das Hinterhaus ganz massiv und mit einem querliegenden Krüppelwalmdach. Letzteres Gebäude weist einen rückwärtigen wohl 1804 errichteten Anbau auf, der jenseits der Stützmauer erheblich höher ansetzt und zum Martinikirchhof orientiert ist. Die gesamte Baugruppe in ihren heutigen Proportionen durch den einschneidenden Umbau des alten Kaufhauses 1711/12 durch die Stadt entstanden, durch den Weinhändler Harten 1803/04 erneut stark verändert und in der heutigen Erscheinung geprägt, in der Ansicht durch eine Neugestaltung der Fassade in neubarocken Formen im Jahre 1900 bestimmt.

Wenn es auch auf Grund der Befunde deutlich ist, daß die Kernsubstanz in beiden heutigen Bauten auf dem Grundstück noch der Bauzeit des Kaufhauses entstammt, so ist der Umfang der in dem Komplex enthaltenen Bausubstanz des mittelalterlichen Baus in dem voll genutzten Gebäude derzeit im einzelnen nicht zu bestimmen, doch offensichtlich erheblich. So dürften insbesondere die Umfassungsmauern des Kaufhauses einschließlich der mittleren Kellerwand noch weitgehend erhalten und nach den erkennbaren Details um 1200 entstanden sein. Erkennbar sind im Erdgeschoß Teilbereiche ihrer Innenansichten aus Sandsteinblöcken, in die innerhalb des Mauerwerks an der nördlichen Traufwand nachträglich spitz zulaufende Bögen aus Backstein eingebrochen wurden. Möglicherweise gehört auch noch die Balkenlage über dem Erdgeschoß des heutigen Vorderhauses zum Altbestand. Am klarsten ist die Substanz des Kellers abzulesen, dessen Formen eine Bauzeit im 13. Jahrhundert nahelegen: Das Mauerwerk hier sauber und streng lagenweise aus Sandsteinquadern aufgesetzt und an der Innenseite der Längswände mit runden Vorlagebögen versehen. Diesen entsprechen die Bögen einer mittleren – heute in großen Teilen vermauerten – Wand, die den Keller in zwei Schiffe unterteilt. Die Bögen sauber aus radial geschnittenen Blöcken gesetzt. Darüber ist eine Balkendecke zu denken. Der nördliche Kellerabschnitt zieht sich bis unter den heutigen Innenhof, während der südliche die heutige Länge des Hauses berücksichtigt. Dieses dürfte das Ergebnis von Umbauten um 1711 sein. Ein historischer Zugang vom Keller zum darüberliegenden Haus ist nicht zu erkennen, eine schmale Treppe in der Mitte der südlichen Traufwand dürfte dem 19. Jahrhundert entstammen.

ZUR URSPRÜNGLICHEN GESTALT DES 13. JAHRHUNDERTS

Das Kaufhaus ist nach den spärlichen Beschreibungen und den wenigen derzeit zu gewinnenden Baubefunden als ein mehrgeschossiges Gebäude von etwa 32 x 14,5 m Grundfläche zu rekonstruieren, das ein hohes, halb aus dem Erdreich ragendes und nur von außen zugängliches Untergeschoß aufweist. Es besteht aus einem offensichtlich zweischaligen Mauerwerk, das aus sauber gefügten Sandsteinquadern aufgerichtet ist. Dieses durch Geländeanschüttungen auf dem Platz selbst weitgehend im Niveau versunkene Geschoß wurde im Laufe der Zeit zum Untergeschoß bzw. zum Keller und war mit einer steinernen Bogenstellung zweischiffig unterteilt und wohl mit flacher Balkendecke versehen. Auch seine Traufwände zeigen solche – allerdings kleineren – Bogenstellungen als Wandvorlagen. Eine kleinere bogenförmige Öffnung im Rückgiebel (durch Bildquelle von 1804 belegt) in der Funktion unklar und schon früh bei der Anschüttung des Hanges und der Bildung der Stützmauer zugesetzt. Im halb eingetieften Untergeschoß scheinen die bei Tribbe um 1460 genannten Brotbänke gewesen, aber auch Wein gelagert worden zu sein.

Darüber eine große Halle, das eigentliche sogenannte »Kaufhaus«, in dem auch der Tuchverkauf stattfand. Im Rückgiebel ursprünglich eine große offene Feuerstelle, deren Abzug beim Umbau 1804

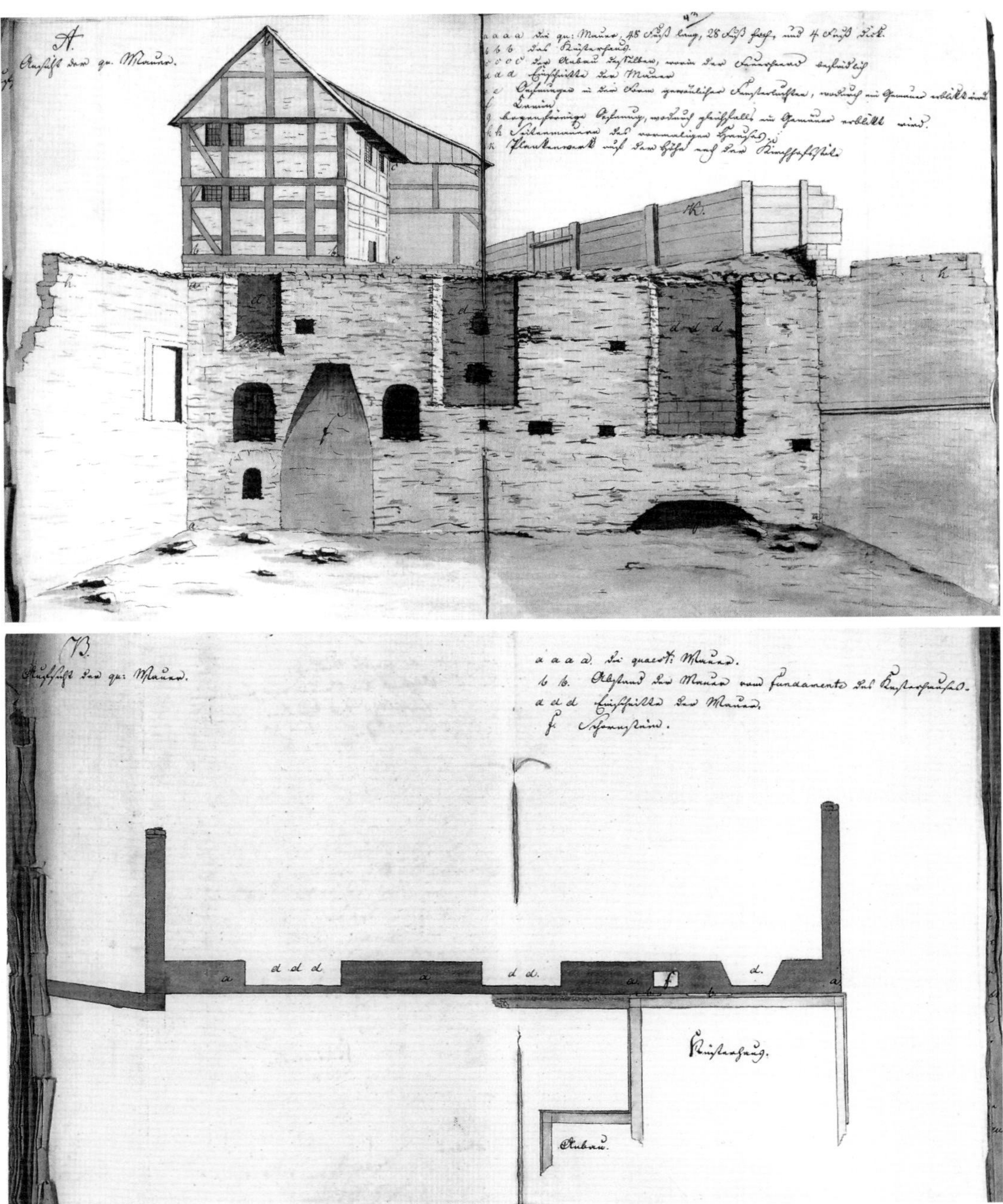

Abb. 990 Markt 6, ehemaliges Kaufhaus, freigelegter westlicher Rückgiebel (Innenansicht) bei dem Neubau des Hinterhauses 1804. Blick von Osten auf die bei dem Bau der Stützmauer im späten 13. Jahrhundert vermauerten Öffnungen und das darüberstehende Haus Martinikirchhof 5. Rechts der Zaun zur Begrenzung der Martinitreppe.
Darunter Grundriß der Wand und des darüberstehenden Hauses Martinikirchhof 5 (Osten oben).

Abb. 991 Markt 6, südliche Traufwand, Blick aus dem Hof hinter Markt 8, 1993.

noch in der Stützmauer erkennbar war. Naheliegend erscheint, daß auch dieses Geschoß eine mittlere Stützenreihe (in unbekannter Konstruktion) zur Abfangung der mit etwa 12,30 m recht breit gespannten Balkenlage aufwies. In einem zweiten Obergeschoß oder einem ausgebauten Dachgeschoß (schon aus der Bemerkung, es gäbe einen oberen Zugang vom Martinikirchhof, zu erschließen) haben die erwähnten Zusammenkünfte stattgefunden.

Damit ähnelt der in seiner Substanz wohl aus dem zweiten Viertel des 13. Jahrhunderts stammende und teilweise erhaltene Kernbau bis zu den Grundmaßen einigen bislang bekannten Bauten. Interessant ist hier insbesondere der Vergleich zum Kernbau des Rathauses von Dortmund, zu dessen Rechtskreis Minden gezählt wird. Um 1250 datiert, war es einschließlich nur halb eingetiefter Keller ebenfalls dreigeschossig und hatte eine Grundfläche von 31,5 x 13,2 m (Neumann 1968, S. 38). Auch der Kern des Duderstädter Rathauses – wohl um 1305 errichtet – weist eine vergleichbare Grundfläche von etwa 32,40 x 14,95 m auf, ist jedoch mit einer unteren, eingetieften zweischiffigen Halle und einem oberen Saal nur zweigeschossig. Auch dieser Bau wurde im frühen 15. Jahrhundert als »Kaufhaus« bezeichnet (Masuch 1989, S. 43 f.). Mehrere weitere Vergleichsbauten aus dem 13. Jahrhundert weisen vergleichbare Dimensionen auf, wenn auch größere Abweichungen bekannt sind (Meier 1989, S. 141).

UMBAUTEN

Die wenigen bekannten und oben angeführten Baunachrichten lassen sich bislang kaum näher einordnen. An einigen Stellen der beiden alten Traufwände sind im heutigen Hinterhausbereich verschiedene Reste von Fenstergewänden festzustellen, die auf Umbauten im 15. und 16. Jahrhundert schließen lassen. Einschneidende Veränderungen scheinen jedoch erst mit dem Umbau des Kaufhauses nach Übernahme durch den Rat 1711 erfolgt zu sein. Dabei wurde in der Mitte ein Teil des Gebäudes entfernt, so daß fortan ein getrenntes Vorder- und Hintergebäude mit einem schmalen Hofraum dazwischen bestand (die Traufwände dazwischen blieben aber als seitliche Hofwände erhalten; im Norden erst nach 1950 z. T. beseitigt).

1711 entstand ein etwa 16,80 m tiefes dreigeschossiges Vorderhaus mit im Erd- und zweiten Obergeschoß mittlerem Längs- und im ersten Obergeschoß Querflur hinter einer symmetrischen fünfachsigen Fassade. Das Dachwerk mit Vollwalmen und aus Nadelholz verzimmert (mit wiederverwendeten Eichenhölzern), wobei doppelt stehende Stühle eingebaut wurden. Dachdeckung mit Pfannen, um 1900 der vordere Walm mit Schiefer. Das neu aufgebaute zweite Obergeschoß bis auf den Vordergiebel aus mit Ziegel ausgemauertem Fachwerk: zwei Riegelketten mit Versprung der oberen Riegel für Fensteröffnungen und mit langen und geraden Fußstreben.

Der bei diesem Umbau geschaffene rückwärtige Bauteil 1803 als Hinterhaus beschrieben, aber nicht mehr genauer zu benennen, da er in diesem Jahr auf Grund starker Baufälligkeit weitestgehend erneuert worden ist. Lediglich die bestehende Stützmauer (in der sich der Rückgiebel des ursprünglichen Kaufhauses verbarg) sowie die seitlich daran anschließenden Traufwände konnten in zur Zeit nicht feststellbarer Höhe in den Neubau übernommen werden.

Die unter dem Haus bestehenden Kelleranlagen sind anscheinend 1711 mit zwei parallelen Längstonnen aus Backsteinmauerwerk versehen worden, die man zwischen die ursprünglichen Mauern spannte.

Durch zwei langwierige Rechtsstreite, die Harten zum einen um die Kellerhälse zum Markt mit der Stadt, der Regierung und dem Nachbarn Levisson zwischen 1804 bis 1807 führte, zum anderen um die im Hause enthaltene Stützmauer mit der Stadt und der Martini-Kirchengemeinde 1803/04 ausfocht, sind wesentliche Informationen zum Umbau 1803/1804 des *olim landständischen Hauses* bekannt. Es handelte sich nach den Quellen bei dem Vorderhaus um einen *Durchbau*, wobei es im Inneren modernisiert wurde sowie eine neue Fassade durch den Landbaumeister Meissner aus Bückeburg erhielt (von 1796 bis 1805 dort tätig, plante er insbesondere den Ausbau von Bad Eilsen, errichtete aber auch die Bückeburger Clus). Dafür trug man den Erdhügel vor dem Hause ab und legte statt dessen eine Freitreppe an, neben der seitlich jeweils ein Kellerhals in die Straße eingebaut werden sollte. Das Hinterhaus ist hingegen bis auf Teile der rückwärtigen Umfassungswände 1803 neu gebaut und 1804 um einen Anbau auf dem Martinikirchhof erweitert worden.

Fassade (von 1804)

Die Fassade nach Entwurf des Landbaumeisters Meissner aus Bückeburg in klassischer strenger Gestaltung entworfen, wie in der Folge noch mehrere in Minden errichtet wurden: Offensichtlich eine Putzfassade mit gebändertem Erdgeschoß und einer über die beiden Obergeschosse gelegten Kolossalgliederung. Vier Pilaster teilen die Fassade in drei Felder, deren Geschoßteilung durch zwei Bänder angedeutet wird. Auch das Gebälk nur durch schmale Bänder angedeutet: Oberer Abschluß mit untergliederter Brüstung vor dem Walm. In den seitlichen Feldern jeweils zwei nahe gesetzte Fenster, im mittleren nur ein Fenster. Schlichte rechteckige Fensterfaschen. Vor der mittleren Achse ein wohl nachträglich angebrachter Balkon über vier Konsolen in Formen der Neurenaissance (Abb. 987 und 1003).

Abb. 992 Markt 6, Nordostecke des Untergeschosses mit Entlastungsbogen der Nordwand 13. Jahrhundert, 1993.

Inneres

Die Geschosse durch eine großzügige, geschwungen geführte Treppenhausanlage in der Mitte der linken Traufwand erschlossen (deren unterer Lauf 1950 massiv erneuert), auf Grund der Gestaltung des Geländers mit den durchgesteckten Stäben wohl bei einer Erneuerung um 1803 entstanden. Als Verbindung zum Flur jeweils eine weite aus Holz gestaltete Bogenstellung mit Keil im Scheitel. Die kunstvolle Verglasung der großen Fensteröffnungen in der linken Traufwand wohl 1900 mit aufwendiger Bemalung von Vögeln in Weinranken. Das Haus besaß nach den Lebenserinnerungen der Reinhild von Kapitaine (im KAM) in der Mitte des 19. Jahrhunderts einen mittleren Längsflur, an den sich nördlich eine Folge von großem Wohnzimmer, sogenanntem Berliner Zimmer und einem rückwärtigen Eßzimmer legte, südlich vorne ein Geschäftszimmer und hinter dem Treppenhaus wohl die Küche. Das Erdgeschoß später durch zahlreiche Umbauten für unterschiedliche Geschäftsnutzungen völlig verändert, jedoch in der Hauptstruktur mit Flur und den begleitenden Wänden erhalten. In dem südlichen vorderen Raum eine Deckenverkleidung von 1900 zu erwähnen. Die heutige Bogentür zum Treppenhaus mit einem

Abb. 993 Markt 6, Untergeschoß mit der firstparallelen mittleren Bogenstellung des 13. Jahrhunderts, 1711 durch Tonnengewölbe verdeckt, Zustand 1993.

Abb. 994 Markt 6, Untergeschoß, 1711 eingebaute Längstonne mit seitlichen Nischen für das Aufstellen großer Weinfässer, 1993.

Abb. 995 Markt 6, Treppenhaus zum zweiten Obergeschoß von 1803, Zustand 1993.

Abb. 996 Markt 6, Zugang zum Treppenhaus mit Bogenstellung von 1803 und jüngerer Glastür, 1993.

Abb. 997 Markt 6, Plan für die neue Fassade, Architekt A. Kelpe 1900.

alten Oberlicht, das aus dem Haus stammen könnte. Weiterhin einige Türblätter der Zeit um 1804 erhalten, ebenso Ofennischen in den Raumecken.

Im Obergeschoß wurde der vordere Bereich von einem Saal von drei Fenstern Breite und einer anschließenden sogenannten *Saalstube* eingenommen. Der Saal war in der Mitte des 19. Jahrhunderts mit Konsolspiegeln ausgestattet, die Wände mit Kriegsbildern (aus Mexiko ?) bemalt (möglicherweise als eine Bildtapete ?). Die rückwärtigen Räume wurden als Schlafzimmer der Familie genutzt. Im zweiten Geschoß bestand eine weitere Wohnung.

Im Gewölbekeller nachträglich zahlreiche Abarbeitungen an der Wölbung vorgenommen, um Platz für größere Fässer zu schaffen.

Fassade (von 1900)

1900 läßt Gustav Hattenhauer durch den Architekten Kelpe für 8 000 Mark eine neue Fassade vor dem Haus errichten, wobei die Stadt auf einer Verkleinerung der Kellerhälse und der Freitreppe besteht. Anlaß dieser Baumaßnahme, der keine inneren Umbauten folgen, dürfte die Neugestaltung des Nachbarhauses Nr. 8 im Jahr zuvor durch den gleichen Architekten gewesen sein, wobei beide Baumaßnahmen statt der zuvor bestehenden strengen und gleichmäßigen klassizistischen Fassaden zusammen nun wesentlich zu einem bewegten Altstadtcharakter des Marktes beizutragen versuchten. Die neue, im Aufbau an die einfachere Vorgängerfront erinnernde fünfachsige Fassade vor das

Abb. 998 Markt 6, Ansicht von Nordosten, 1994.

schon bestehende Vollwalmdach und die alte Vorderfront gesetzt und aus Sandstein in strengen Formen des süddeutsch/fränkischen Barock mit gebändertem Erdgeschoß und einer die beiden Obergeschosse zusammenfassenden Kolossalgliederung, wobei das erste Geschoß durch reiche Fensterrahmungen, Baluster in den Brüstungen und einen mittleren Balkon über Konsolen hervorgehoben ist. Über dem schlichten Hauptgesims eine vasenbesetzte Balusterattika mit einem als Zwerchhaus gestalteten haubenbesetzten Aufzugshaus, das das Monogramm *G H* des Bauherrn sowie die Jahreszahlen *1615* und *1900* zeigt.

1893 Entwässerung; 1909 Kanalanschluß; 1934, 1949, 1965 und 1993 Umbauten im ersten Obergeschoß; 1935 Einbau eines Schaufensters in einen Kellerhals, der andere wird noch für den Weintransport genutzt; 1948 Einbau von Schaufenstern in den Kellerhälsen; 1950 Ausbau des Dachgeschosses; 1951 Umbau des Erdgeschosses mit Abbruch der Freitreppe und der Kellerhälse, Einbau von großen Schaufenstern und neue Gliederung (dabei Entfernung der vorderen Bereiche der beiden Tonnengewölbe im Keller). Alle Planungen jeweils durch R. Dustmann; 1971 Umbau des Erdgeschosses; 1972 Ausbau des Kellers zu Läden, neuer Zugang im Inneren in den vorderen Bereich der nördlichen Tonne gebrochen; 1984 in die Denkmalliste der Stadt Minden eingetragen; 1988 Umbau des Kellers (Plan: H. P. Korth).

Abb. 999 Markt 6, Holzdecke im südöstlichen Raum des Erdgeschosses wohl 1900, Zustand 1993.

Hinterhaus, Martinikirchhof 5 (Abb. 1000)

Der östliche Teil des Gebäudes durch Umbau des Kaufhauses 1711 geschaffen, aber 1803/04 weitgehend neu erbaut und 1804 durch einen westlichen Teil erweitert. Seitdem besteht es aus zwei unterschiedlichen Bauteilen über L-förmigem Grundriß, die beidseitig der mittelalterlichen Stützmauer zwischen Unter- und Oberstadt liegen und einen starken Höhenunterschied aufweisen. Zwischen beiden Teilen gab es bis 1992 nur in der obersten Etage und im Dach eine Verbindung. Über dem vorderen Teil ein quersitzendes Krüppelwalmdach, der westliche Teil mit eigenem, ebensolchem Dach davorstoßend.

Hinterhaus (1711–1804)

Das 1711 durch Abbruch eines mittleren Teiles des alten Kaufhauses geschaffene Hintergebäude wurde im späten 18. Jahrhundert als *Landständisches Nebenhaus an der Treppe* bezeichnet. Es hatte einen Ausgang zum Martinikirchhof, der später zur Treppe verlegt wurde. Das unterste Geschoß diente als Pferdestall, von wo aus ein kleines Gewölbe in der Stützmauer zu erreichen war (4 x 8 x 4 Fuß groß), ein Bereich daneben wurde auch als *alte Küche* bezeichnet. Hier ist die Stützmauer mit Backsteinen verblendet und es gibt ebenfalls eine kleine Öffnung in der Stützmauer. Darüber befindet sich ein großer Saal *vormals meubliert und mit Tapeten behangen gewesen, jetzt aber wüste liegt.* Hier gibt es noch einen großen Kamin in der alten Stützmauer, daneben eine große Öffnung in der Stützmauer, die einen Wandschrank aufgenommen haben dürfte (KAM, Mi, C 859).

Hinterhaus (von 1804)

Während der östliche Teil aus dem 1803 erfolgten Umbau des Hinterhauses des Landständehauses hervorging, der westliche Teil Neubau von 1804 auf dem Martinikirchhof, unter Verwendung des Kellers des zuvor hier bestehenden Küsterhauses Martinikirchhof 5 (siehe dort). Beide Bauteile mit verputzten Außenwänden aus Bruchstein bestehend, die Öffnungen mit Sandsteingewänden. Der Innenausbau und der Dachstuhl aus Nadelholz. Dachdeckung im späten 19. Jahrhundert mit Pfannen und Schiefergraten, heute durch rote Pfannen ersetzt.

Abb. 1000 Markt 6, Hinterhaus Martinikirchhof 5, Ansicht von Nordwesten, 1993.

Die Entstehung des heutigen Gebäudes ist durch umfangreiche Prozeßakten von 1803/04 zu erschließen (KAM, Mi, C 329,24 alt): Harten ließ im August 1803 das baufällige und dem Einsturz nahe *Hinterhaus* des Landständehauses weitgehend abbrechen (dessen Mauerwerk bestand aus Bruch- und Backstein, aber keinen Sandsteinquadern), um statt dessen ein viergeschossiges Lagerhaus für seinen Weinhandel aufführen zu lassen. Dabei wurde hinter einer vier Fuß starken Vermauerung die Stützmauer freigelegt, die sich als ehemaliger Giebel eines Gebäudes mit zahlreichen Öffnungen zu erkennen gab (siehe Abb. 990). Es entstand ein Streit um die Frage, wem diese Wand gehöre und wer für deren Reparatur zuständig sei, da für den höheren darauf zu errichtenden Neubau die Verstärkung des Mauerwerks notwendig sei. Das Gelände dahinter gehört der Martinigemeinde, ist aber nachweislich gegen diesen seit langem als Stützmauer dienenden Giebel geschüttet. Auf der Aufschüttung erhob sich das Küsterhaus von St. Martini (siehe Martinikirchhof 5). Nach langen Auseinandersetzungen erwirbt Harten dieses einschließlich des umliegenden Geländes und eines Zufahrtsrechtes über den Kirchhof, wobei er der Gemeinde an anderer Stelle (siehe Alte Kirchstraße 11) ein neues Küsterhaus errichtet und letztere die Gerichtskosten trug. Harten läßt nun auch das Küsterhaus abbrechen und statt dessen als größeren Bau eine neue Scheune im Anschluß an sein soeben fertiggestelltes Lagerhaus errichten. Zur besseren Zuwegung der Bauten läßt er schon 1803 den oberen Bereich der Martinitreppe umbauen. Im Dezember 1803 wird er aufgefordert, die Baumaterialien, die er ohne Erlaubnis auf dem anschließenden Kirchhof lagere, umgehend zu entfernen (Kirchenarchiv St. Martini P 3, Bd. 1 und 2).

Der westliche, 1803/04 als Scheune errichtete Teil (10,55 x 10,90 m) eingeschossig, im 19. Jahrhundert als Remise bezeichnet und bis 1949 noch in dieser Nutzung und zum Martinikirchhof orientiert. 1949 Umbau des bislang ungeteilten Erdgeschosses zu Geschäftsräumen der in dem Haus Markt 2 ausgebombten Firma Keerl (Planung: R. Dustmann), 1992 weitere Umbauten im Kellerbereich.

Die Giebelfassade zum Martinikirchhof mit Krüppelwalm symmetrisch gestaltet mit mittlerem, großem rechteckigem Tor und seitlichen Fenstern (1949 zu Schaufenstern erweitert). Das Giebeldreieck aus verputztem Fachwerk mit einer Aufzugsluke (heute im Zuge des Ausbaus des Dachs zur Wohnung Fachwerk freigelegt und Einbau weiterer Fenster). An der linken Traufe zwei weitere Fenster (das vordere 1949 zu einem großen Schaufenster erweitert).

Unter der westlichen Hälfte dieses Bauteils ein quer zum First verlaufendes Tonnengewölbe aus Bruchsteinquadern unbekannten Alters (offensichtlich Rest des hier bis 1804 stehenden Küsterhauses St. Martini). Zugang durch eine Treppenanlage, die oberhalb der Stützmauer in der Traufgasse zwischen den beiden Bauten Martinikirchhof 3 und 5 hinter einem Portal mit Sandsteingewänden endet (Treppe modern erneuert). Unter diesem Keller 1992 eine weiteres kleineres und ganz aus Backsteinen (25 x 12,5 x 6 cm) gemauertes Tonnengewölbe freigelegt (Höhe 1,86 m), nur mit einer kleinen Luke im Boden des oberen Kellers zugänglich. Dessen Boden mit Sandsteinplatten. Es dürfte als Kloake anzusprechen und wohl in die Neuzeit zu datieren sein. Der anschließende östliche Teil des westlichen Hinterhausbereiches 1992 zwischen dem Gewölbekeller und der Stützmauer – leider ohne archäologische Begleitung – neu unterkellert (Betondecke), dabei an den Umfassungswänden Spuren eines ehemals hier vorhandenen Tonnengewölbes von etwa 5,20 m lichter Weite parallel zum bestehenden Gewölbe freigelegt. Der hier eingefüllte Schutt mit zahlreichen Scherben durchsetzt. 1994 Durchbruch durch die Stützmauer in das dritte Geschoß des östlichen Hinterhauses. Die Kelleranlagen seitdem auch vom letzten Absatz der Martinitreppe mit neu gebrochenem Zugang erschlossen und gastronomisch genutzt.

Der östliche Teil (ca. 8,80 x 14,50 m) des Hinterhauses im unteren Bereich an die Stützmauer angelehnt, in etwa zwei Drittel der Höhe der Seitenmauern und der rückwärtigen Traufwand (der Stützmauer) sowie der Kelleranlagen noch Bestand des ehemaligen Kaufhauses, im übrigen Neubau von 1804, ebenso wie der Innenausbau (dabei weitgehend Abbruchmaterial des Vorgängers wieder verwendet). Wieweit die 1803 freigelegte rückwärtige Giebelwand des Kaufhauses noch hinter Ausflickungen und Vormauerungen erhalten blieb, ist nicht bekannt. Es entstand ein im Inneren weitgehend ungeteiltes viergeschossiger Lagerhaus ohne weitere innere Unterteilungen mit Krüppelwalmdach. Die starken Balkendecken liegen jeweils auf einem mittleren, von zwei Säulen (über dem Erdgeschoß mit Sattelholz) getragenen Unterzug auf.

Das Gebäude sorgfältig gestaltet und gleichmäßig mit neuen Öffnungen versehen (nur in der nicht einsehbaren rechten Seitenwand im unteren Bereich wurde ein großes spätgotisches Fenstergewände belassen). Alle Fenstergewände mit rechteckig geschnittenen, scharrierten Sandsteingewänden versehen. Die neue Hoffassade und der Giebel zur Martinitreppe mit axial gesetzten Öffnungen, dabei vor die Hoffassade im nordwestlichen Winkel ein Treppenhausvorbau gesetzt (bis auf das Erdgeschoß die gewendelte Treppe der Bauzeit erhalten). In der Mitte der Hoffassade jeweils eine Ladeluke, dazu im Dachwerk ein Dachausbau mit Kranbalken.

Das Erdgeschoß gegenüber den drei Obergeschossen (Gesamthöhen jeweils 3,03 m, 3,37 m und 3,72 m) höher ausgebildet, da es bis auf das südliche Drittel zusätzlich um ca. 1,80 m in das Erdge-

Abb. 1001 Markt 7 (Mitte), Nr. 9 (rechts), Ansicht von Südwesten, um 1910.

schoßniveau eingetieft wurde (Gesamthöhe hier 5,25 m). Zwischen dem tieferen Bereich und dem Weinkeller unter dem Vorderhaus gewölbter Verbindungsgang (hier Tür von 1804 mit Verglasung). In dieser Halle ist eine spezielle Nutzung im Zuge des Weinhandels anzunehmen. 1975 beim schonenden Einbau einer Gaststätte in diesem Bereich teilweise hölzerne Galerien eingebaut (Plan: H. P. Korth).

1949 kleiner massiver Zwischenbau im Winkel beider Flügel an der Martinitreppe (als Ersatz eines kleinen Fachwerkbaus mit Waschküche). 1977 Instandsetzung des Teils am Martinikirchhof, Nutzung als Fotoatelier und Einbau einer Wohnung im Dachbereich (Plan: H. P. Korth); 1992 in die Denkmalliste der Stadt Minden eingetragen.

MARKT 7 (Abb. 890, 892, 898, 981, 983, 1001, 1002, 1020, 1032)

1729 bis 1743 Martini-Kirchgeld Nr. 128 und 129; bis 1878 Haus-Nr. 152/153; bis 1908 Markt 9
Unter der heutigen Adresse zwei Hausstellen zusammengefaßt, die in der Neuzeit mit zwei eigenständigen, aber schon im 17. Jahrhundert in gemeinsamen Besitz befindlichen Häusern bebaut waren, aber erst seit einem 1826 vorgenommenen Neubau gemeinschaftlich genutzt wurden.

HAUS-NR. 152 (1729 bis 1743 Martini-Kirchgeld Nr. 128): 1537 wird im Kuhtorischen Huderegister *de Vastenauwensche* mit Huderecht für 2 Kühe genannt. Als Nachtrag wurde 1581 *Johan Frederkings bode Bulle* (?) aufgeführt; 1675 Bude von Witwe Everhard Bone; 1678 Kleines Haus der Witwe Everhard Bone (hat auch zwei Buden *im Bruche*, also in der Lindenstraße); 1680 kleines Haus der Erben Everhard Bone; 1692/1711 Arand Möllers kleines Haus; 1723/1740 Buhtenuhts kleines Haus; 1743 Eberhard Ohm; 1750/81 Ulwurms kleines Haus für 100 Rthl; 1780 vom Schneider Wigand angemietet, gehört der Witwe Uhlwurm; 1781 Uhlwurms Erben; 1798/02 Bäcker Münstermann, Haus für 100 Rthl; 1803 Haus ohne Braurecht; 1804: Haus-Nr. 152 und 153 Eigentümer Arning, Münstermann, Maler Büttner und Schuster Daun gemeinsam genannt; 1805 Philipp Münstermann, Haus 100 Rthl; 1809 Münstermann, Mieter ist Schuster Daun, Wohnhaus mit zwei Etagen, 1826 Erhöhung der Versicherung auf 1 000 Thl.

HAUS-NR. 153 (1729 bis 1743 Martini-Kirchgeld Nr. 129): 1537 wird im Kuhtorischen Huderegister Johan Frederking mit Huderecht für 4 Kühe genannt. Als Nachtrag wurde 1581 Johan Frederking, später Johan Bons aufgeführt. 1663 Jobst Schmit in Everhard Bons Haus; 1667 Mieter ist Jobst Schmidt; 1668 Everhard Bones; 1675/79 Witwe Everhard Bone; 1680 Erben Everhard Bone; 1692 Arendt Möller (von ihm bewohnt); 1696 Arend Möllers rechtes Wohnhaus; 1702 Peter Butenuth, vorher Arend Möller; 1704/11 Peter Butenuth (zahlt 4 Thl Giebelschatz); 1723 Gastwirt Peter Buthennuht; 1729/40 Buhtenuhts Wohnhaus; 1743 nicht genannt (Haus ohne Grundbesitz); 1750 Meister Ulwurm; 1755 Uhlworm, Haus für 300 Rthl; 1768 Konrad Uhlwurm, Haus mit Braurecht; 1777 Uhlworm: Erhöhung auf 600 Rthl; 1798 Bäcker Münstermann; 1804 (siehe Nr. 152) hat 2 Pferde, 2 Kühe, 2 Stück Jungvieh, 5 Schweine, im Haus eine hölzerne Handspritze; 1808 Bäcker Münstermann; 1826 Münstermann: Erhöhung auf 2 000 Thl.

HAUS-NR. 152/153: 1812 Philipp Münstermann, zwei Wohnhäuser; 1818/28 Philipp Münstermann, Wohnhaus; 1830 Münstermann: Veränderung der Versicherung: beide Bauten gemeinsam mit 3 000 Thl versichert; 1829 Münstermann, Wohnhaus 2 000 Thl; 1832 Wohnhaus 1 200 Thl, Hintergebäude 800 Thl; 1846 Bäcker Wilhelm Münstermann; 1851 Übertrag von Philipp Münstermann auf Friedrich Münstermann und den Bäcker Wilhelm Münstermann; 1853 Münstermann und als Mieter von Portugall und Fräulein Süss mit Familie. Im Haus ein Laden; 1872 Gasthaus Münstermann und als Mieter der Techniker August Hindermann. In diesem Jahr Geburt der Tochter Aenny, die später eine bekannte Sängerin werden sollte (KEBER 1951, S. 125); 1874 Bäckermeister W. Münstermann errichtet eine Dampfsägerei an der Lübbecker Straße 12 (siehe dort); 1878 Münstermann; 1908 Gastwirt Friedrich Riensch »Stadt Hannover«; 1919 Gustav Siegel; 1922 Lange & Hagemeier; 1924 ländliche Zentralkasse Münster; 1936 Radiohändler Heinz Brandt (baut Wohnhaus Hardenbergstraße 14; 1948 Heinz Brandt.

Häuser (bis 1826)

Über die ältere Bebauung der beiden Hausstätten kaum etwas bekannt. 1816 stellt Karl Domeier aus Hannover anläßlich der Mindener Messe seine Waren im Gewölbe des Bäckers Münstermann aus (MIB 1816).

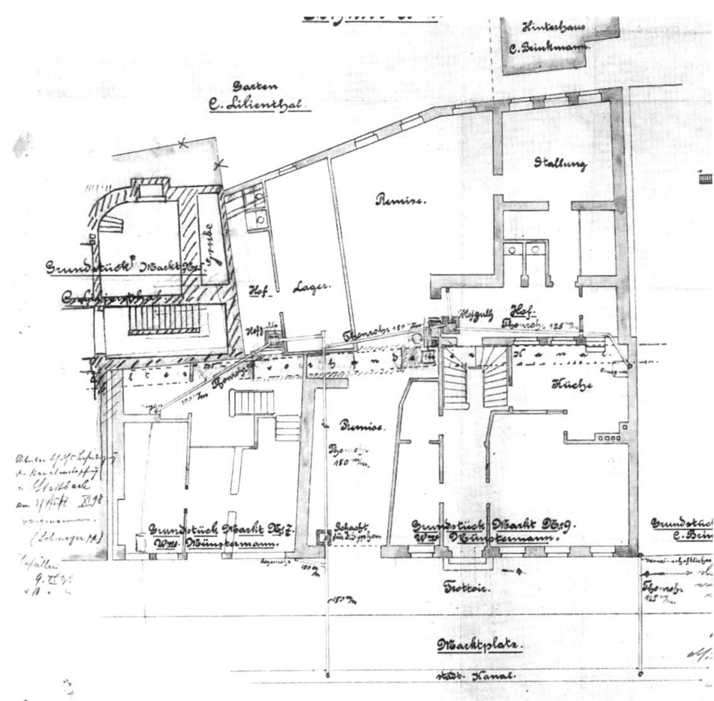

Abb. 1002 Markt 7 und 5 (links), Entwässerungsplan von 1893 mit Lage des unter den Häusern durchgeführten Stadtbaches.

Haus-Nr. 152 wird 1780 zusammen mit Haus-Nr. 151 als baufällig genannt. 1781 wird es als *ein neu halb Haus, fertig, ohne Schulden gebaut* bezeichnet. Für das Haus-Nr. 153 ist 1768 eine Reparatur vermerkt.

Wohnhaus (1826–1945)

Um 1826 Neubau eines großen traufenständigen Hauses mit seitlicher Durchfahrt (an Stelle des seit 1781 zum Haus Markt 5 gehörenden Wirtschaftsteiles), das bis 1922 als Gasthaus und Hotel diente und nach mehreren Umnutzungen und Umbauten (1922 Büro und Lager, 1924 Bankniederlage) 1945 völlig ausbrannte. Dreigeschossiger und verputzter Traufenbau aus Backstein mit Satteldach; die Fassade siebenachsig gegliedert, Fenster mit Putzfaschen. Das Gebäude im Bereich der drei linken Achsen von geringer Tiefe (vor dem Stadtbach endend) und hier im Erdgeschoß als Durchfahrt zum Hof eingerichtet. Haus mit Mittelquerflur im Erdgeschoß und zweifach gewendeltem Treppenhaus vor der rückwärtigen Traufwand. In den beiden oberen Geschossen jeweils vier Logierzimmer hinter der Vorderfront. An den breiteren Teil rückwärts jenseits eines schmalen Hofes ein dreigeschossiges, ebenfalls massives Wirtschaftsgebäude mit Stallungen im Erdgeschoß anschließend, in dem 1904 Platz für 30 Pferde bestand. 1904 Umbau Gastzimmer, Küche und Toiletten; 1906 Stehbierhalle; 1907 neue Klosetts, neue Treppenanlage; 1912 Umbau der Gasträume zu großem Saal; 1919 Umbau Restaurant; am 28. 3. 1945 durch Bombentreffer ausgebrannt (Nordsiek 1995, S. 177).

Wohn- und Geschäftshaus (von 1948/49)

1948 Wiederaufbau nach Plänen Babendreyer & Möller, wobei im Erdgeschoß die Umfassungsmauern des Altbaus z. T. wieder verwendet wurden: zunächst nur das Erdgeschoß errichtet, 1949 die zwei Obergeschosse und Dach. Hintergebäude eingeschossig, hier 1975 ein Geschoß aufgesetzt (Plan: A. Niermann).

MARKT 8, ehemalige Löwenapotheke (Abb. 888, 889, 892, 898, 987, 1003–1019, 1022, 1023, 1044)

1729 bis 1741 Martini Kirchgeld Nr. 18; bis 1818 Haus-Nr. 170; bis 1878 Haus-Nr. 170 a
Zugehörig das Hinterhaus Martinikirchhof (bis 1878 Haus-Nr. 177 a)

QUELLEN: KAM, Mi, B 101,6 alt, B 840; C 859.

LITERATUR: Kohl 1977, S. 224 ff. – Brönner 1987, S. 162. – Faber-Hermann 1989, S. 138–139. – Katja Nortmann, Die Löwenapotheke in Minden als exemplarischer Fall für Neugotik in Minden um 1900, Studienarbeit FH Bielefeld, 1989, maschinenschriftlich. – Nordsiek 1994/1995. – Grätz 1997, Abb. 87.

Siehe auch Kap. I.1, Stützmauer

Breite Hausstelle in zentraler städtischer Lage, rückwärtig durch einen Abschnitt der Stützmauer zur Oberstadt begrenzt. Ob in früheren Zeiten eine Erschließung der Parzelle von der Oberstadt her möglich war, erscheint fraglich, da es sich hier als Friedhof um kirchliches Gelände handelt. Auf der Parzelle im 13. Jahrhundert ein schmales, aber sehr tief in den Baublock reichendes steinernes Giebelhaus errichtet, dessen Westgiebel in die nachträglich in der zweiten Hälfte des 13. Jahrhunderts errichtete Stützmauer einbezogen wurde. Dieser Bau bis auf Reste im Hinterhaus offensichtlich spätestens in der Mitte des 17. Jahrhunderts abgebrochen, zumindest in selbständige Vorder- und Hinterhäuser mit dazwischenliegendem Hof unterteilt. Nach den Baubefunden offenbar zunächst (zumindest in Teilen) die Parzelle Markt Nr. 10 als Durchfahrt zugehörig. Noch im 18. Jahrhundert wird das hier bestehende Gebäude als Nebenhaus bezeichnet (siehe dort). Rückwärtig ist noch heute die alte Parzellenbreite erhalten und mit einem Wirtschaftsgebäude auf ganzer Breite bebaut. Offen-

Abb. 1003 Markt 8 (Mitte) und Nr. 6 (rechts), Ansicht von Nordosten, um 1895.

bar schon vor dessen 1657 vorgenommener Erbauung wurde Nr. 10 ausparzelliert, da das Wirtschaftsgebäude mit seinem Torbogen eine Befahrbarkeit der Parzelle (durch die Diele des Vorderhauses) auf der rechten Seite (entlang der Grenze zu Haus Nr. 6) erschließen läßt. Auch diese Durchfahrt spätestens mit dem ganz unterkellerten Neubau des Vorderhauses 1831 aufgegeben, der Torbogen des Hinterhauses zugleich zugesetzt. Statt dessen spätestens seit 1784 Befahrbarkeit der Parzelle vom Martinikirchhof her in das dritte Obergeschoß des Wirtschaftsgebäudes nachweisbar.

1362 verpachtet die Stadt dem Johann Kannenmacher und seiner Frau das neue Haus beim Friedhof von St. Martini und dem Kaufhaus: *quadam domum novam sitam in Civitate Mindensi pie confrontatur ex vna parte cum Cimiterio Ecclesie sancti Martinj Mindensi ex alia autem partem cum domo lapidea dicte Ciuitatis que vulgariter Cophus* (STA MS, St. Martini, Urkunden Nr. 112. – STA MS, Mscr. VII, 2711, Bl. 95r).

1536 Arndt Lüdeking; 1537 Witwe Lüdeking; 1581 Lüdeking; 1631 wird *ein Haus des Kaufmanns* (womit das Kaufmannsamt gemeint ist, dem auch das benachbarte Kaufhaus Markt 6 gehört) an den Apotheker Moeys d. Ä. verpachtet, der dort die seit 1625 (zunächst im Keller des Kaufhauses) bestehende zweite Mindener Apotheke einrichtet, später als Löwenapotheke bezeichnet. 1633 wird der Betrieb nach seinem Tode von seinem aus Liegnitz zuziehenden Stiefsohn übernommen; 1636 wird festgestellt: Moeys hätte *zwey Jahr langk nacheinander in des Kaufmans alhir ahm Marckte belegenen Behausungh die Apoteck nach seiner besten gelegenheit auf seine Kosten* betrieben. Moeys pachtete danach das Haus vom Kaufmannsamt und das Apotheken-Privileg von der Stadt, erwarb hingegen für die Zwecke der Apotheke einen Garten im Bruch (siehe Lindenstraße 5) mit einem Kräuterhaus, ferner einen, der »*im Rosenthall*« lag. 1641 stellt Jocob Moeys fest, *daß in gantz Westphalen von keiner apotheken ein solch ansehenliches Locarium als ich bishero errichtet, werden auffgebracht* (Schnitzler 1992, S. 218); 1645 wird die Apotheke von J. Moeys d. J. wieder durch einen Vertrag mit der Stadt bestätigt, gelegen in *deß kauffmans daselbst belegenen hauße*. Um 1658 erklärt er, das Haus wäre in der schwedischen Zeit durch einen Leutnant besetzt gewesen (Schnitzler 1992, S. 218); 1660 erklärt J. Mojs dem Rat die Herkunft seiner Schulden unter anderem damit, daß in *seinem eigenen Bürgerhaus und Hoff* eineinhalb Jahre lang der General-Kriegs-Komissar Carll Gregersohn einquartiert gewesen sei (KAM, Mi, B 101,6 alt). 1661 wird die Apotheke in seinem Privileg durch die kurfürstlich brandenburgische Regierung bestätigt; 1665 stirbt Moeys (seine Witwe 1667). Ein großer Bronzemörser von 1627 im Museum erhalten mit Umschrift: *ES HAT M. HEINRICH BARNER DIESEN MOSER IN MINDEN ANNO 1627 GEMUGET: JOHANN MEYROSEN*, der möglicherweise aus dem Haus stammt.

Abb. 1004 Markt 8, Reste der Umfassungsmauern vom Kernbau des 13. Jahrhunderts in der nordwestlichen Ecke des Hinterhauses Martinikirchhof 4. In der ehemaligen Traufwand (rechts) knapp über dem Zwischenboden die Reste von abgeschlagenen Konsolen für einen Streichbalken, 1993.

Zugehörig das noch im frühen 17. Jahrhundert auf der alten Apotheke ruhende Privileg, alleinig den Ausschank von Süßweinen in der Stadt zu betreiben. Von den Erben, die zu einem unbekannten Zeitpunkt auch das Haus erwarben, geht das Privileg 1678 an H. Philipp Stirn über, der schon 1673 Nachfolger geworden sein soll (KAM, Mi, B 101,6 alt) und 1692 verstarb. Seine Witwe stellt einen Provisor ein, der vom Rat vereidigt wird (KAM, Mi, B 355); 1695 Johann Brockmann, *Provisor der n. Apot.* (zahlt jährlich 4 Thl Giebelschatz); 1701 Apotheker Joh. Brockmann; 1711/24 Hr. Johann Brockmann; 1729 Witwe Brockmann; 1738 Diakon Brockmann; 1740 Johann Friedrich Brockmann; 1743 Apotheker Brockmann; 1755 Haus für 1 000 Rthl. Von 1756 bis 1767 ist Georg Bernhard Brockman Eigentümer des Betriebes, danach Johann David Holst, der eine Tochter Brockmann geheiratet hatte. In zweiter Ehe heiratete diese Erbin den nächsten Inhaber, Medizinalassessor Georg Heinrich Westenberg aus Herford, der 1802 verstarb. 1781 Ass. Westenberg, Wohnhaus 1 500 Rthl, Hintergebäude am Kirchhof 500 Rthl. Seine zweite Frau Margarethe Harten, 1817 verstorben, ließ nach seinem Tode die Apotheke verwalten (zunächst durch Friedrich Wilhelm Beisenhirtz, der 1811 dann eine dritte Apotheke in Minden, siehe Hohnstraße 31, privilegiert bekam), bis 1825 ihr jüngster Sohn Friedrich den Betrieb übernahm (1810 gehört zu dem Haus das alte Recht, bei Messen vor dem Haus zwei Buden auf dem Markt zu errichten und diese zu vermieten. Siehe KAM, Mi, C 509. Zu dieser Zeit Haus mit Braurecht, Brunnen und metallener Wasserspritze). Nachdem 1823 der Versicherungswert des Wohnhauses von 1 500 auf 3 400 Thl erhöht wurde, was auf Umbauten schließen läßt, zudem auf dem Grundstück ein Laborationsgebäude im Werte von 200 Thl bestand, ließ Westenberg 1831 das Wohn- und Geschäftshaus am Markt nach Baunachrichten (KAM, Mi, E 955) und einer erhaltenen Inschrift über der rückwärtigen Tür abbrechen, neu bauen und zugleich das rückwärtige Lagerhaus umbauen. Das Erdgeschoß des Hauses diente den Geschäftsräumen, während die erste Etage fortan als Wohnung der Eigentümer genutzt, die zweite zumeist vermietet wird. Später ist C. F. Mooyer Eigentümer (er veröffentlicht 1853 einen Aufsatz über die Geschichte der Mindener Apotheken), der den Besitz im Oktober 1851 an Franz Becker aus Berlin verkauft (zwischen 1857 und 1862 verstorben); 1846 und 1853 ist Friedrich Westenberg Betreiber der Apotheke; 1851 Herr Kriege Administrator bei Witwe Becker. 1866 Eröffnung der Firma Geschwister Flamme (Weißwaren-Modehandlung) in dem Haus: Der Apothekenbetrieb geht vor 1865 an Friedrich Schaupensteiner über, 1880 als Apotheker und Beigeordneter genannt. 1881 zieht er sich aus der Apotheke zurück, errichtet die Villa Marienstraße 56 und gründet mit anderen Bür-

Abb. 1005 Markt 8, Reste der Umfassungsmauern vom Kernbau des 13. Jahrhunderts. Der ursprüngliche Westgiebel später durch vorgemauerte Strebepfeiler zum Bestandteil der Stützmauer umgebaut, heute im Untergeschoß des Hinterhauses Martinikirchhof 4, 1993.

gern an der Friedrich-Wilhelm-Straße 115 die Glashütte Wittekind (siehe Teil V, S. 1421–1423). 1893 ist Fuldner Eigentümer, 1896 Dr. Friedrich Hartmann, der im Sommer 1899 einen Umbau mit Errichtung der Fassade ausführen läßt. Die zweite Etage wurde in der Folge nun an den Arzt Kähler vermietet, der in den vorderen Räumen auch seine Behandlungen durchführte. 1910 übernimmt Wilhelm Heimroth den Betrieb, der nach seinem Tode 1919 durch seine Witwe an den jüdischen Apotheker Ernst Lindemeyer aus Petershagen verkauft wird. Er mußte die Apotheke ab 1936 an seinen seit 1924 hier arbeitenden Angestellten Voß verpachten und 1939 schließlich verkaufen. Lindemeyer zwang man 1941 in ein *Judenhaus* in die Heidestraße umzuziehen, von wo man ihn und seine Familie 1942 nach Riga deportierte. Seit 1941 wird die erste Etage von der Familie Voß bewohnt, die zuvor mit der Familie Spanier zusammen in der zweiten Etage lebte. 1962 wird die Apotheke an den 1972 verunglückten Apotheker Meinka verpachtet, danach an Reinhard Hiller. 1991 wird das Haus von der hochbetagten Frau Voß an die Firma Krane-Optik verkauft und die Apotheke geschlossen.

Haus (13. Jahrhundert–1831)

In dem heutigen Hinterhaus sind als Teil der Stützmauer dienende, umfangreiche Reste eines Vorgängerbaus erhalten, die auf ein großes mehrgeschossiges und zum Markt giebelständiges Gebäude von erheblicher Tiefe und einer Breite von etwa 10,20 m schließen lassen. Entweder handelte es sich dabei um ein steinernes Hinterhaus, oder aber um den rückwärtigen Teil eines insgesamt steinernen Hauses (die gesamte Länge der heutigen Parzelle beträgt etwa 39 m), womit es eine der größten nachweisbaren Steinbauten in der Stadt gewesen sein dürfte. Die etwa 90 cm starken Umfassungswände des Hauses wurden wohl spätestens in der Mitte des 13. Jahrhunderts aus sauber behauenen und in waagerechte Lagerfugen verlegten Quadern aus Porta-Sandstein aufgesetzt und dürften zu einem zweigeschossigen Bau mit hohem Untergeschoß gehören. Die Dachbalkenlage dabei auf Streichbalken aufgelegt, die auf sandsteinernen Konsolen liegen, die etwa 50 cm hoch waren und im Abstand von etwa 1,80 m im Mauerwerk eingesetzt sind (siehe S. 1442).

Der Bau scheint sich nach den spärlich vorliegenden Nachrichten wohl im öffentlichen, später dem Kaufmannsamt zugefallenen Besitz befunden zu haben. Vergleichbar der Geschichte auf dem Nachbargrundstück Markt 6 wurde offenbar erst nach der Errichtung dieses Steinhauses im späten 13. Jahrhundert der Hang westlich des Hauses aufgeschüttet und damit der Rückgiebel zu einem Teil der später sogenannten Stützmauer einbezogen. Zu diesem Zweck im Anschluß an den Giebel zu einem nicht bekannten Zeitpunkt die Mauer nach Süden aus einem deutlich anders strukturierten Mauerwerk fortgesetzt. Es besteht aus unsauberen Sandsteinblöcken mit zahlreichen großen Zangenlöchern unter Ausmauerung von Backsteinen. Dieser rückwärtige Teil ist nach dem Übergang des Hauses in Privatbesitz spätestens um 1650 zu Gunsten des Lagerhauses Martinikirchhof 4 abgebrochen worden, so daß heute nur noch der Rückgiebel und der anschließende Abschnitt der nördlichen Traufwand erhalten sind. Ob der 1831 weitgehend abgebrochene Vorgänger des Vorderhauses noch in Teilen ebenfalls auf diesen Bau zurückging, ist unbekannt. Dieses Haus besaß nach Grundplänen 1810 zwei Utluchten zum Markt.

Abb. 1006 Markt 8, Spolien von Renaissance-Fenstergewänden der Zeit um 1600, 1993 in der Auffüllung des Erdgeschoßbodens gefunden.

Vorderhaus Markt 8 von 1831 (Fassade 1899) (Abb. 1004–1014)

Inschriften am Rückgiebel: *18 Fr. Westenberg 31.* Am Vordergiebel, Unterseite Balkon: *Erbaut von Dr. Fr. Hartmann 1900 Aug. Kelpe*; in der Giebelspitze: *1661, 1899.* Auf dem Wappenschild des Löwens: *Löwenapotheke.* Als Hauszeichen über dem Ladenzugang ein sitzender und wappenschildhaltender Löwe aus rotem Sandstein (zwischen 1831 und 1899 ein liegender Löwe über dem Hauszugang).

Dreigeschossiges Giebelhaus, möglicherweise unter Verwendung von Resten älterer Traufwände errichtet. Das Mauerwerk, soweit bislang einsehbar, offensichtlich durchgängig aus neuzeitlichen Backsteinen. Die Struktur des Hauses durch eine klare Gliederung mit in jeder Etage durchlaufendem Mittellängsflur bestimmt, durch ein zentrales Treppenhaus in der Mitte der rechten Traufwand erschlossen. Auf den Treppenabsätzen Toiletten abgetrennt (1905 an die Entwässerung angeschlossen). Zur besseren Belichtung der Treppe der Baukörper in diesem Bereich um ca. 1 m eingezogen, die Flure über den rückwärtigen Giebel mit Licht versorgt. Das Gebäude völlig unterkellert, die einzelnen Räume mit preußischen Kappen über gemauerten Bögen versehen. Auf Grund der leichten Hanglage des Grundstückes wurde der Keller als hoher Sockel zum Markt ausgebildet, vor der Haustür ehemals mit einer Freitreppe. Die Beschickung des Kellers und des Hinterhauses geschah durch den zentralen Hausflur und die steinerne Kellertreppe unter dem Treppenhaus. Seitlich des Flures im Erdgeschoß Räume der Apotheke, wobei die beiden rückwärtigen Räume (nördlich das Laboratorium mit mehreren Feuerstätten) rückwärtig durch große Glasfenster in eisernen Rahmen erhellt werden. Dazu Sturz aus Eisenschiene, in der Mitte mit zwei hintereinandergestellten gußeisernen Säulen unterstützt.

In den oberen Geschossen der durchlaufende Flur im Bereich des Treppenhauses als Galerie ausgebildet und durch untergestellte Stützen gehalten, die als kannelierte dorische Säulen mit Holz verkleidet sind; Geländer in zeittypischen Formen aus Stäben zusammengesetzt. Die Wendepfosten mit jeweils einem Feld in neugotischen Formen durchbrochen und mit einem geschnitzten Fabeltier versehen. Der Antritt beim Umbau 1899 verändert und in den Formen angepaßt. Im zweiten Obergeschoß der Flur mit zweiflügeligen Glastüren in neugotischen Formen vom Treppenhaus abgetrennt (Mietwohnungen ?), eine ebensolche Tür unbekannter Herkunft heute in Zweitverwendung im Hinterhaus eingebaut.

Abb. 1007 Markt 8, Ansicht des Rückgiebels mit den bauzeitlichen gußeisernen Laborfenstern von 1831, Zustand 1993.

In weiten Bereichen des Hauses große Teile der ursprünglichen Raumausstattung erhalten: Zimmertüren (z. T. zweiflügelig), Lambris an den Wänden des Flurs im Erdgeschoß, Holzböden mit hohen Fußleisten, Fensterflügel (1993 im Erdgeschoß entfernt). Seitlich des Flures im rückwärtigen Bereich jeweils ein aus Backstein gemauerter Kamin, im Dachboden zu einem firstmittigen Schornstein zusammengeführt (Kopf heute entfernt). Am linken Kamin in jedem Geschoß eine Ofennische in dem großen Raum vor dem rückwärtigen Giebel. Im vorderen Hausbereich ein weiterer Schornstein mit Ofennischen links des Flures, ebenfalls Kopf entfernt.

Dachwerk aus Nadelholz mit flacher Neigung und als Vollwalm mit Pfannendeckung ausgeführt. Unter der unteren der beiden Kehlbalkenlagen doppelt stehender Stuhl aus Eichenholz. Nach konstruktiven Resten im rückwärtigen Walm in der Mitte ehemals ein Kranhäuschen. 1952 das Dach noch mit Linkskrempern gedeckt. 1993 das Erdgeschoß zu Geschäftszwecken stark verändert und in großen Teilen rückwärts ausgeräumt. Dabei Mauerzungen mit Lambrisresten des ehemaligen Mittelflures als Zeichen erhalten, ebenso die Ofennische im linken hinteren Raum. Das rechte Laborfenster von zwischenzeitlicher Vermauerung befreit und die innere der beiden im linken Fenster erhaltenen Säulen hierher versetzt, Eisenrahmen hier nach dem erhaltenen Vorbild rekonstruiert. Die beiden hinter den Fenstern stehenden Säulen jetzt als schlichte runde Eisenpfeiler ergänzt.

Zur Anlage der neuen Fassade 1899 (dazu weiter unten) und der dabei erfolgten neuen Aufteilung des Erdgeschosses im vorderen Hausdrittel die Kellergewölbe abgebrochen und durch eine

Abb. 1008 Markt 8, Treppenhaus von 1831, Zustand 1990.

Betondecke ersetzt, die Beschickung erleichterte man durch einen Kellerhals vor dem Gebäude. Im Erdgeschoß verlegte man im vorderen Bereich den Flur an die rechte Traufwand, versah ihn mit einer Kreuzgratwölbung (aus Rabitz zwischen verputzten Backsteinbögen ?) und gestaltete den Antritt des aufwendig gestalteten Treppenhauses um. Die Decke über dem damit möglich gewordenen neuen und großen Verkaufsraum wurde mit Eisenträgern abgefangen und von zwei gußeisernen Säulen getragen. Der Raum erhielt eine einheitlich konzipierte und aufwendige handwerkliche eichene Ausstattung mit Schränken, Theken, Raumteilern und Möbeln, sowie dunklem Eichenparkett, zu der auch die Deckenkonstruktion passend mit Holz verkleidet wurde. Anschließend wurden die neuen Räumlichkeiten mit zarten Malereien in rot-grün-blauen Tönen versehen.

In den oberen beiden Geschossen wurden die hinter dem Giebel liegenden Räume neu mit einfachem Stuck und weißen Kachelöfen ausgestattet, im Dachwerk – das bis zum neuen Giebeldreieck verlängert wurde – bei Fortnahme einiger Kehlbalken zwei weitere Kammern geschaffen.

Abb. 1009 Markt 8, Flügeltür von 1831, seit 1899 in Zweitverwendung im Hinterhaus Martinikirchhof 4, 1993.

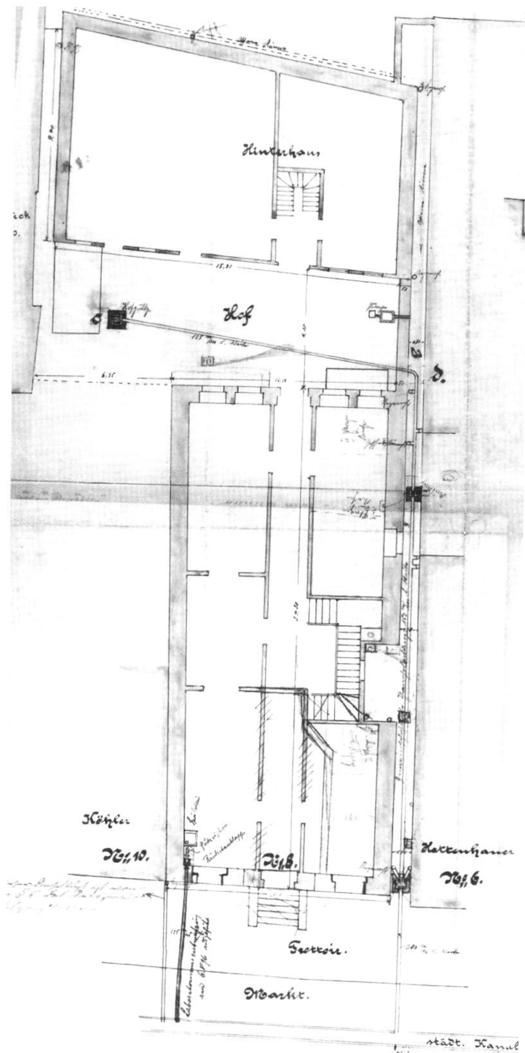

Abb. 1010 Markt 8, Entwässerungsplan des Grundstücks von 1893 mit einskizzierten Konzepten für den Umbau 1899. ▷

Zur besseren Belichtung des Treppenhauses die Dachfläche sowie der Dachboden in diesem Bereich mit Drahtglas als Oberlicht versehen. Um die einzelnen Etagen einzeln vermieten zu können, schuf man im ersten Obergeschoß eine z. T. verglaste Scheidewand im Treppenhausbereich, die den breiten Flur in Wohnungsflur und Treppenpodest unterteilt.

1974 muß der baufällige Giebel gesichert werden. Statt eines zunächst durch den Eigentümer geplanten Abbruchs wird er auf Betreiben der Denkmalpflege in Stand gesetzt und durch Betonhinterguß gesichert; 1984 das Haus in die Denkmalliste der Stadt Minden eingetragen. Im Geschäftsraum von 1900 wurden 1993 die ursprünglichen Farbfassungen freigelegt, aber nicht rekonstruiert, die hölzerne Ausstattung gereinigt und wieder in die ursprüngliche Aufstellung gebracht.

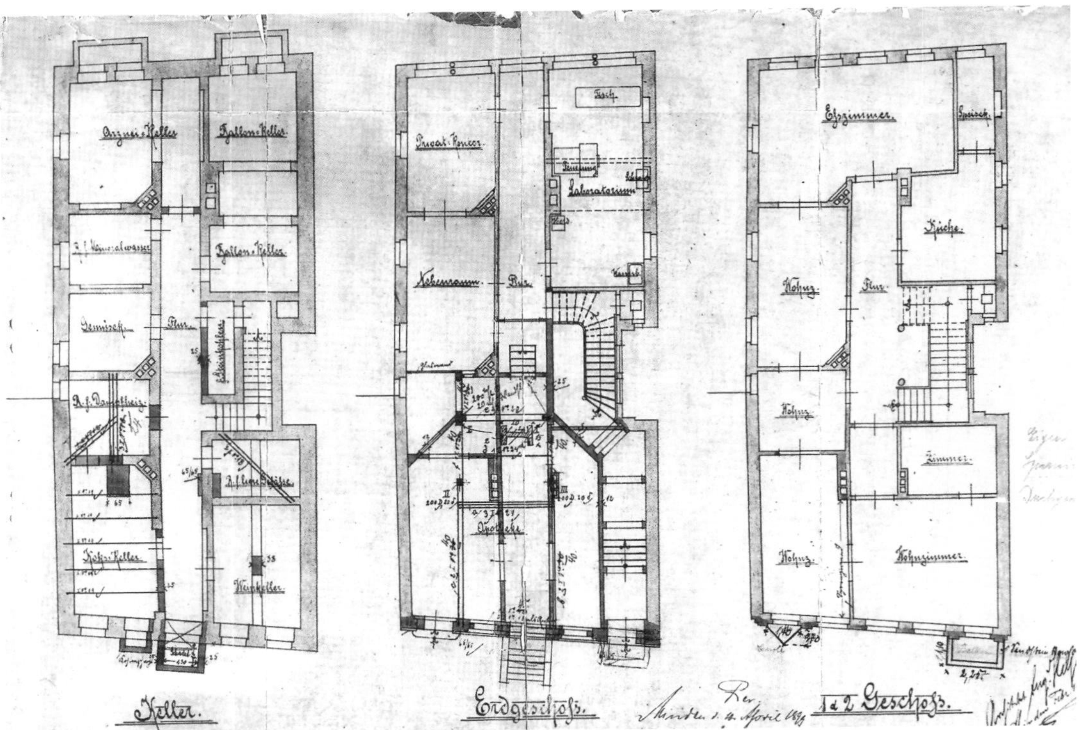

Abb. 1011 Markt 8, Plan zum Umbau des vorderen Hausteils, Architekt A. Kelpe 1899.

Fassade (1831–1899) (Abb. 1003)

Rechteckig gestaltete Schaufront, über niedrigem Sockel dreigeschossig mit fünf Achsen aus hochrechteckigen Fensteröffnungen gestaltet. Das Vollwalmdach setzte hinter der von einem kräftigen Architrav bekrönten Fassade an und war daher vom Markt her nicht sichtbar. Gliederung durch schmale (Putz-?)Bänder und Friese. Über dem Erdgeschoß Gesims, die beiden Obergeschosse hingegen durch Ecklisenen zusammengefaßt, die Fenster des ersten Obergeschosses durch zusätzliches Sturzgebälk betont. Mittelachse durch kleine Freitreppe vor dem mittleren Hauszugang, liegenden Löwen über dem Hauseingang und Rundbogenfeld als Fensterbekrönung über dem ersten Obergeschoß betont.

Fassade von 1899

Im Sommer 1899 ließ der Apotheker Dr. Hartmann die Geschäftsräume durch den Architekten Kelpe neu ausgestalten sowie eine neue Fassade vor dem Haus aufstellen. Anlaß war der Wunsch, die Geschäftsräume auf das Straßenniveau abzusenken, Haus- und Geschäftseingang zu trennen und den Warentransport nicht mehr durch den Hausflur vornehmen zu müssen. Dabei sollte es nach den Bauanträgen zu einer *bedeutenden Verschönerung* von Fassade, Flur und Geschäftsräumen kommen, wobei die enormen Kosten von 15 000 Mark aufgewendet wurden. Zugleich wurde das Haus als eines der ersten in Minden mit einer Dampfniederdruckheizung ausgestattet.

Kelpe entwarf eine dreigeschossige Schaufront über fünf Achsen. Erdgeschoß von rotem Backstein, darüber dunkler Backstein unter reicher Verwendung von Formsteinen, gliedernde Elemente teils im Wechsel, teils ganz aus grün und schwarz glasiertem Backstein, Hinterlegung einzelner Par-

Abb. 1012 Markt 8, Fassade von 1899, Architekt A. Kelpe, Zustand 1990.

tien in gelbem Klinker. Die Fensterstöcke in gleichem Grün gefaßt. Die formale Gestalt der Fassade folgt gotischen Vorstellungen, jedoch im Aufbau und in der Verwendung der einzelnen Schmuckelemente klassizistischen Vorstellungen. Die Details sind nach Vorbildern der märkischen Backsteingotik gewählt.

Die Fassade wird von einer starken Symmetrie bestimmt, wobei die drei mittleren Fensterachsen als Mittelachse zusammengefaßt sind und die Gestaltung sich nach oben steigert; sie wird durch Gesimse, die z. T. über die Vertikalen gekröpft sind, und auch durch Paßreihen, ornamentale und bildliche Friese horizontal gegliedert. Im Erdgeschoß die drei mittleren Achsen zu einem korbbogenartigen Fenster mit eingestellter Bogenstaffel zusammengefaßt, flankiert von seitlichen Hauszugängen, links zum Laden, rechts zum Hausflur. Über dem linken Zugang ein Löwe auf baldachinartiger Konsole, über dem rechten ein Balkon auf Konsolen. In den Obergeschossen werden die Achsen teils durch Bänder mit eingefasten Rundstäben, teils durch Dienstbündel gegliedert, wobei die drei mittleren Achsen als gestaffelte, vollständig von wechselnden Maßwerkformen ausgefüllte Schaufront aus dem Blendgiebel hervorgehoben sind. Die achsbetonenden Bänder hier als kurze Fialen endend. Die beiden äußeren Kompartimente des Giebels vollziehen hingegen die Dachneigung nach.

Abb. 1013 Markt 8, Apothekeneinrichtung von 1899, Blick nach Nordwesten, Zustand nach Umnutzung 1993.

Abb. 1014 Markt 8, vorderer Wohnraum in der zweiten Etage. Tür von 1831, Stuck und Ofen von 1899, Zustand 1993.

Abb. 1015 Markt 8, Hinterhaus Martinikirchhof 4, Ansicht vom Hof, Blick nach Südwesten, 1990.

Hinterhaus, Martinikirchhof 4
(Abb. 1015–1019)

bis 1818 ohne Haus-Nr.; bis 1878 Haus-Nr. 177 a; bis 1906 Martinikirchhof 8

1790 Hinterhaus Westenberg, hat einen Ausgang zum Martinikirchhof; 1809 Witwe Luise Westenberg: Scheune, oben eine kleine Wohnung; 1818 Westenberg Erben, Hintergebäude 500 Thl; 1823/36 Erhöhung auf 1 300 Thl; 1846/53 Apotheker Westenberg, vermietet an Kassenschreiber Wilhelm Focke mit Familie (insgesamt neun Personen); 1878 Schaupensteiner; 1906 Apotheker Franz Fuldner.

Der heutige Fachwerkbau lehnt sich an die Stützmauer an und nimmt die gesamte rückwärtige Parzelle ein. Er ersetzt den rückwärtigen Teil eines wohl die ganze Parzelle umfassenden mittelalterlichen Vorgängerbaus mit steinernen Umfassungswänden, dessen Traufhöhe etwa ein Meter unter der heutigen Oberkante der Stützmauer lag. Davon erhalten die nachträglich als Stützmauer umgenutzte Westwand sowie die nördlich anschließende und mit dieser im Verband aus Sandsteinquadern gemauerte Seitenwand, allerdings bei dem Bau des heutigen Fachwerkbaus auf die heutige Länge reduziert und in der Abbruchkante mit Backstein ausgeflickt. An diesen baulichen Details ist

Abb. 1016 Markt 8, Mitte: Hinterhaus Martinikirchhof 4, Ansicht vom Kirchhof nach Südosten, um 1920. Rechts anschließend Martinikirchhof 3 und 2, links Nr. 5 (Hinterhaus zu Markt 6).

ein Gebäude nicht genau bekannter Dimension erkennbar, das an der seitlichen Wand in regelmäßigem Abstand abgeschlagene Konsolen sowie offenbar nachträglich in die Stützmauer geschlagene Balkenlöcher zeigt. Die Konsolen sprechen für einen Streichbalken der Dachkonstruktion, die auf eine westöstliche Dachrichtung schließen lassen, die Balkenlöcher deuten auf eine dem heutigen Bau vergleichbare Lage der Balken hin. In die Stützmauer im obersten Bereich eingefügt eine Türöffnung (zwischen dem 2. und 3. Dachbalken des bestehenden Gebäudes von Süd), möglicherweise aus der Zeit vor der Nutzung dieser Wand als Stützmauer und der Anschüttung des Erdreiches dahinter stammend oder später zu einem ehemaligen Keller unter dem Martinikirchhof führend, heute mit Backsteinen vermauert. Der Vorgängerbau also ein giebelständiger Steinbau, dessen rückwärtige Wand offenbar erst nachträglich zur Stützmauer wurde. Damit vergleichbar der Entwicklung auf dem Nachbargrundstück Markt 6; die Substanz möglicherweise in das 13. Jahrhundert zu datieren (dazu siehe auch unter dem Vorderhaus S. 1433).

Das heutige Gebäude ist nach den Baubefunden und den Dendrodaten offensichtlich in zwei zeitlich nur wenig zu differenzierenden Bauphasen 1658 ⓓ und 1671 ⓓ entstanden, traufenständig an die Stützmauer gestellt und vom Markt durch das Vorderhaus Markt 8 über den Hof mittels eines Torbogens befahrbar gewesen. Bei dem 1658 durch den Apotheker Moeys d. J. errichteten Lagerhaus von zunächst drei Geschossen sind die Balken der elf Gebinde behelfsmäßig in flache eingeschlagene Löcher der Stützmauer gelegt, das vierte nachträgliche Geschoß ragt über diese hinaus und erhielt eine massive Traufwand zum Martinikirchhof, wobei hier ein 1784 eingebauter Torbogen zumindest seit diesem Zeitpunkt eine Befahrbarkeit aus der Oberstadt zuließ. Bei der Erhöhung wurde eine fast unter dem First stehende innere Stützkonstruktion eingebaut, die man 1831 durch eine weitere parallele Konstruktion unmittelbar vor der Stützmauer zur Abfangung abgefaulter Balkenköpfe ergänzte. Nach Brand des Dachstuhls 1929 erhielt der Baukörper als Ersatz des Sparrendaches ein flaches Pultdach.

Dendrochronologische Datierung (1992/1993 durch H. Tisje/Neu-Isenburg):

um oder nach 1570	Erdgeschoß, Südgiebel, östlicher Schwelle
1649	2. Obergeschoß, 6. Balken von Süden
um o. nach 1650	3. Obergeschoß, 1. Stuhlsäule von Norden
Ende 1655	2. Obergeschoß, nördlicher Unterzug, Reparatur
Ende 1657	2. Obergeschoß, östlicher Traufe, Rähm, 2. Stück von Süden
Ende 1657	Erdgeschoß, 1. Balken von Süden
Ende 1657	1. Obergeschoß, östliche Traufe, 6. Ständer Südseite
1657 ± 8	1. Obergeschoß, 8. Balken von Süden
1661 ± 8	1. Obergeschoß, Sattelholz 3. Stuhlsäule von Süden
Ende 1670	2. Obergeschoß, 3. Kopfband von Norden
1784	3. Obergeschoß, westliche Wand, Nordtor, Ständer
1831	Erdgeschoß, Unterzug, westlicher Teil, Nadelholz

Das wohl 1658 errichtete Gerüst (bei dem auch einige schon Jahre ältere Hölzer Verwendung fanden) ist geprägt durch eine stockwerkweise Verzimmerung, die Verwendung von geraden, von den Riegeln überblatteten, schmalen Fußstreben und einfach genagelte Riegelketten. Die Ständer in Schwelle und Rähm gezapft. Die Balkenköpfe der einzelnen Geschosse ohne Vorkragung, jedoch leicht vorstehend und abgefast sowie an der Unterseite gekehlt. Einige Hölzer zweitverwendet. Regelmäßige Durchfensterung der Ansicht mit kleinen Öffnungen, die jeweils nur die halbe Gefachbreite aufweisen und im Erdgeschoß sowie z. T. im zweiten Geschoß von zusätzlichen Kopfriegeln gehalten werden. In den beiden oberen Geschossen die Teilungspfosten an die Wandrähme genagelt. Die Öffnungen verschlossen mit nach außen schlagenden Flügeln, die sich an den Hespenlöchern auf den Ständern noch abzeichnen (im Erdgeschoß drei, im zweiten Obergeschoß jeweils zwei Hespen). Das Gerüst steht auf einem Sockel aus Sandsteinbruch. In der Queraussteifung sind die Kopfbänder mit einer starken Kehlung versehen. Die ursprüngliche Ausfachung scheint nicht erhalten zu sein.

Eine ursprüngliche innere Unterteilung läßt sich nicht nachweisen, die vorhandene ist erst durch nachträgliche Einbauten seit dem 19. Jahrhundert (wohl nach dem Neubau des Vorderhauses 1831) entstanden. Neben dem Zufahrtstor gab es eine Tür im zweiten Gefach von Süden. Ebenso gibt es keine Aufschlüsse über eine ursprüngliche Treppenanlage. Einzig eine Aufzugsanlage im zweiten Gebinde von Norden (über der Zufahrt) zeichnet sich noch in den Dielenböden sowie einem Balkenwechsel in der ursprünglichen Dachbalkenlage (über dem zweiten Geschoß) ab. Eine Nutzung des weitläufig konzipierten Gebäudes ist daher weniger als Stallscheune (für Viehhaltung bzw. Zugvieh), sonder eher als Lagerhaus (für Zwecke der Apotheke) zu denken.

Mit geringen konstruktiven Abweichungen (in den Formen der verwendeten Streben, der Ausbildung der Balkenköpfe und der Verzimmerung) wurde nur 23 Jahre nach der Erbauung 1671 ⓓ ein zusätzliches Geschoß auf das Gebäude aufgesetzt, das ebenfalls keine inneren Unterteilungen aufweist und wohl nur der Kapazitätserweiterung diente. Der zeitgleiche Einbau eines inneren Stütz-

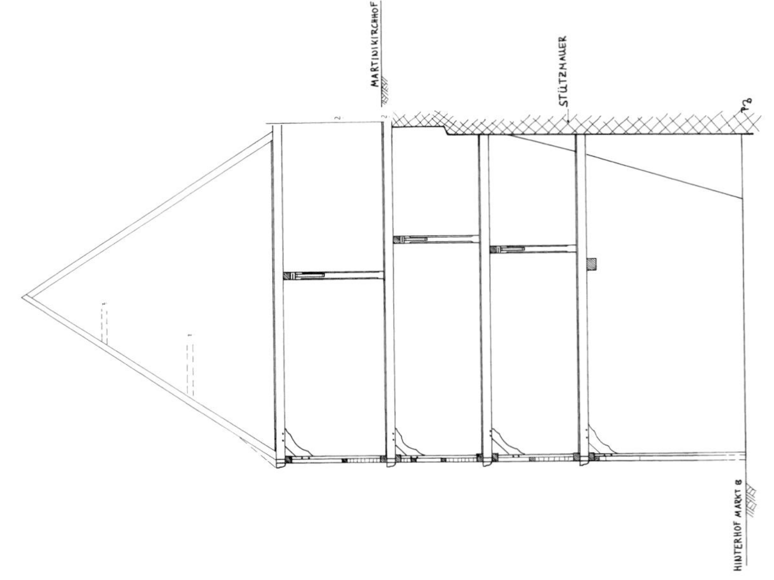

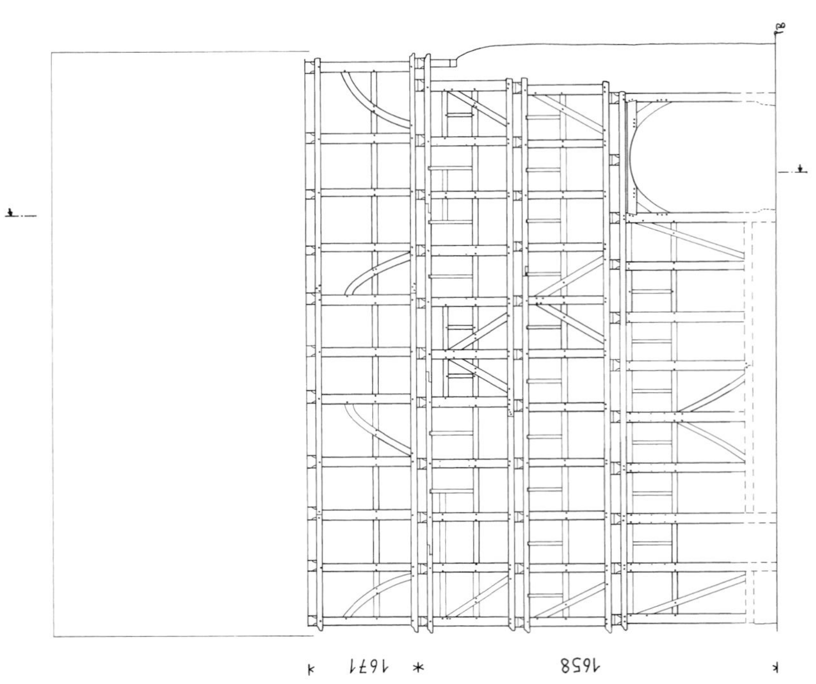

Abb. 1017 Markt 8, Hinterhaus Martinikirchhof 4, östliche Traufwand und Querschnitt, rekonstruierter Zustand 1671.

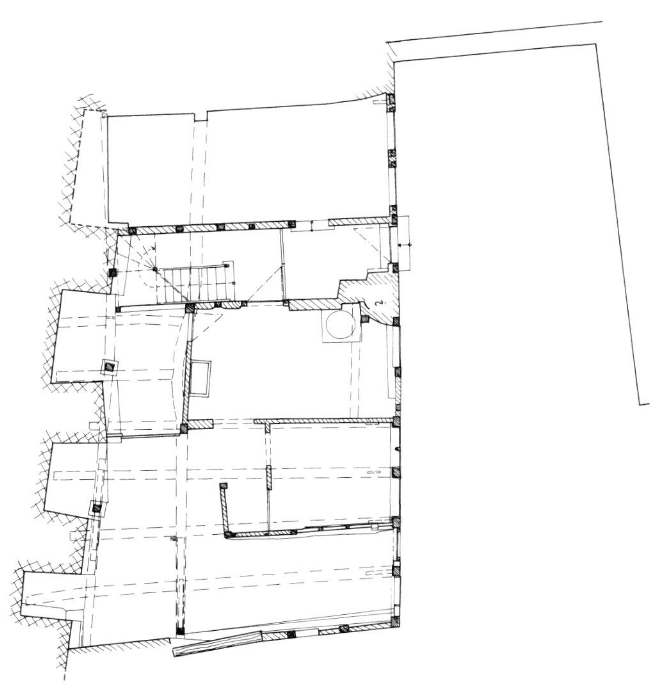

Abb. 1018 Markt 8, Hinterhaus Martinikirchhof 4, Grundriß des Erdgeschosses. Links Verlauf der Stützmauer. Norden oben, Bestand 1993.

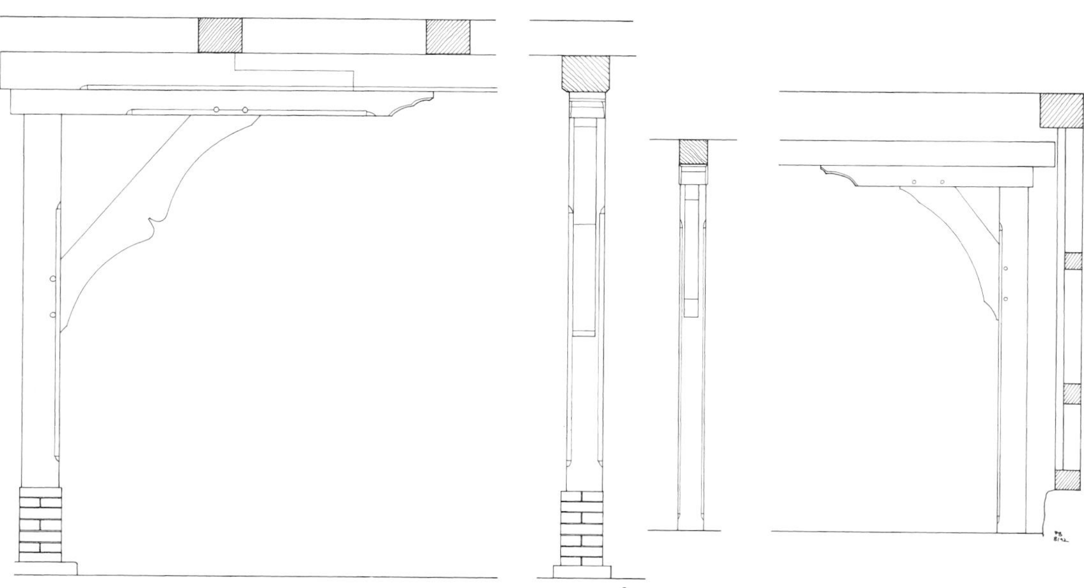

Abb. 1019 Markt 8, Hinterhaus Martinikirchhof 4, Unterzüge im Erdgeschoß und im dritten Obergeschoß, M 1:50.

systems in das ganze Bauwerk dürfte auf große Lasten der Lagerböden hinweisen (Weinhandel der Apotheke ?). Nach Ausweis der nicht sauber verzimmerten Kopfbänder ist bei diesem Umbau die alte Dachbalkenlage z. T. neu verzimmert worden. Das Stützsystem ist ganz unabhängig von der Konstruktion des Gebäudes und besteht aus einem starken Längsunterzug in jedem Geschoß, der von fünf Ständern (auf die bestehende Dielung gesetzt) getragen wird, denen jeweils kräftige Sattelhölzer mit geschweiften Kopfbändern im Längsverband aufliegen. Die Säulen sind stark abgefast und weisen Schlitze für Kopfbänder im Querverband auf, die aber nicht ausgeführt sind. Die Traufwand zum Martinikirchhof ist auf die Stützmauer aufgesetzt und aus Bruchsteinen aufgemauert. Die Dachbalken sind mit Eisenankern in Lilienform in die Wand eingebunden. Ursprünglich hier vorhandene Öffnungen sind nicht feststellbar. Der hölzerne Sturz des nördlichen Tores ist 1784 ⓓ datiert und dürfte auf den nachträglichen Einbau von Toren zum Martinikirchhof hindeuten. Möglicherweise ist bei diesen Umbauten auch die 1781 noch nicht genannte, aber 1809 oben im Hause bestehende *kleine Wohnung* entstanden, zu der die Bauspuren eines Aborterkers an der südlichen Giebelwand gehören.

Für das 19. Jahrhundert sind zahlreiche kleinere Umbauten an und in dem Bau nachzuweisen, die zum einen der Bauunterhaltung dienten, zum anderen auf Nutzungsänderungen hindeuten. Offensichtlich sind zahlreiche Baumaßnahmen im Zusammenhang mit dem Neubau des Vorderhauses zu sehen. So wurde 1831 ⓓ auch eine zusätzliche Stützkonstruktion vor der Stützmauer zum Auffangen abgefaulter Balkenköpfe eingefügt, die aus Nadelholz verzimmert ist. Die Schwellen bei Höhermauerung des Sockels erneuert (z. T. alte Hölzer unbekannter Herkunft verwendet). Im Erdgeschoß setzte man den mit dem Neubau des Vorderhauses überflüssig gewordenen Torbogen zu und schuf hier eine differenzierte Raumstruktur, die später allerdings auf Grund weiterer Umbauten wieder bis auf Reste verschwunden ist. So wurde das Erdgeschoß im südlichen Bereich zweigeschossig durchgebaut, zudem wurden verschiedene Zwischenwände eingezogen. Die Fenster erneuerte man als zweiflügelige nach außen schlagende verglaste Flügel am ganzen Bau. Im Gefach neben dem zugesetzten Tor statt der bestehenden Tür ein neuer Zugang angelegt und dahinter ein Flur ausgeschieden, der ein zeitgleiches zweiläufiges Treppenhaus erschließt (im zweiten Obergeschoß als Antrittspfosten ein gedrechselter Treppenpfosten der Zeit um 1700 in Zweitverwendung). Im ersten Obergeschoß weitere Zwischenwände eingebaut, um spezielle Räume abzutrennen, da das Gebäude zugleich einen Schornstein erhielt.

1929 brannte der Dachstuhl des Gebäudes ab und wurde durch ein flaches Pultdach ersetzt, wobei man die Traufwand zum Martinikirchhof in Ziegel erhöhte und neu verputzte; 1993 in die Denkmalliste der Stadt Minden eingetragen.

MARKT 9 (Abb. 892, 1001, 1020–1022, 1032)

1729 bis 1743 Martini-Kirchgeld Nr. 130; bis 1878 Haus-Nr. 154; bis 1908 Markt 11

Kleinere Hausstelle, in der Tiefe durch den Stadtbach begrenzt. Diese Rechtsgrenze scheint schon im Spätmittelalter durch den Zuerwerb einer rückwärts anschließenden Fläche im Bereich der Domimmunität überschritten worden zu sein, wobei der Bach wohl vor 1600 bereits durch ein einheitliches, über diese Grenze reichendes Haus überbaut worden ist. Seit dem 19. Jahrhundert wurden weitere Grundstücke in der Tiefe erworben, so daß an der rückwärtigen Lindenstraße Wirtschaftsgebäude errichtet werden konnten.

Abb. 1020 Markt 9 (Mitte), Nr. 5 (links) und 11–13 (rechts), Ansicht von Nordwesten, 1993.

Im September 1991 wurde (durch R. Plöger/Museum Minden dokumentiert) unter dem vorderen Drittel der gemauerte Kanal des Stadtbachs angeschnitten (Befund siehe Kap. I.2). In der Verfüllung zwei Bruchstücke von sandsteinernen Fenstergewänden. Auf dem Hof ferner eine heute im Museum verwahrte Spolie gefunden (siehe weiter unten). Ferner wurden Scherben des 14.–19. Jahrhunderts geborgen (siehe Teil I, Kap. I.3, Fundstellenkatalog, Fundstellen 46 u. 47; vgl. Fundstelle 45, Rathaus). Siehe Fundchronik in AFWL 1991 (Verbleib der Funde: Mindener Museum, MA 116).

Nach dem Lagerbuch des Heilig-Geist-Hospitals von 1715 ist es ein dem Hospital gehörendes Pachthaus (KAM, B 103 c,9 alt; C 217, 22a alt; C 604).

1537 wird im Kuhtorischen Huderegister Roleff Kuleman mit Huderecht für 4 Kühe genannt. Als Nachtrag wurde 1581 Arend Kopman, später statt dessen *Bürgermeister Heinrich Schreiber D.* aufgeführt. Aus seiner und der Leichenpredigt seines jüngeren Bruders Theophil Schreiber 1667 geht folgendes hervor: Heinrich Schreiber wurde am 20. 10. 1594 in Minden als Sohn des Ratsverwandten Herman Schreiber und Anna Frederking (Friderus) geboren. Er studierte von 1614–1621 in Helmstedt, Köln, Heidelberg, Tübingen und Basel. 1622 heiratete er Christina Sobbe, Tochter von Georg Sobbe, Patritius und Kämmerer der Stadt Minden, und seiner Frau Beate, geb. von Campen (Tochter von Thomas von Campen). Aus dieser Ehe gingen 13 Kinder hervor, von denen 9 im Kindesalter starben: Die älteste Tochter Beate Anna Schreiber war mit Justus Brüning verheiratet und starb 43jährig 1666 in Wien; Christina Schreiber heiratete um 1650 Gerhard Boden, seit 1629 Professor in Rinteln; der Sohn Heinrich Schreiber ist 1670 Obristleutnant und Kommandant in Lübeck; ferner Carl Friedrich Schreiber (ohne Berufsangabe). Am 5. 3. 1644 starb seine Frau im 44. Lebensjahr. 1645 heiratete er in zweiter Ehe Beate Erpbrockhausen aus Lemgo und Witwe von Simon Vastelabend, Amtmann im Land Braunschweig. 1622 begann Heinrich Schreiber als Advokat, 1626 wurde er Ratsverwandter, 1627–37 Bürgermeister, 1637–49 stift-mindischer Rat, 1650–70 Bürgermeister und Vizebürgermeister. 1653 wurde er kaiserlicher Hofpfalzgraf. Am 13. 9. 1670 starb er in Minden und wurde am 21. 9. 1670 in der St. Paulikirche beerdigt (Roth Leichenpredigten, R 4564, R 5953).

1663/67 Dr. Heinrich Schreiber; 1671 Witwe Bürgermeister Doktor Heinrich Schreiber (starb im Frühjahr 1671); 1672/79 Carol Friedrich Schreiber; 1679/92 Hr. Doc. Anthon Hermann Elerty; 1696/1711 Witwe Dr. Elerty (zahlt 4 Thl Giebelschatz); 1715 Nicolaus von Bühren; 1717 Nicolaus von Beeren; 1723 Büchsenschäfter Johann Gisbert Lügers; 1738 Lügers Haus (früher Ehlert); 1743 ohne Eintrag (Haus ohne Grundbesitz); 1750 N. Hunchen; 1755 Johan Friedrich Hünchen, Haus für 300 Rthl; 1760 Johan Friedrich Hüncken; vor 1766 Hünchen, Erhöhung auf 600 Rthl; 1769 Friedrich Wilhelm Hünchen; 1777 Verkauf durch die Erben Joh. Fr. Hünecken (besitzen auch Hohnstraße 8 und Markt 14, Nebenhaus): Haus in gutem Stande mit Huderecht für 4 Kühe vor dem Königstor (WMA 1777, S. 39); 1781 Herr Becker, Wohnhaus 800 Rthl; 1798 Kaufmann Becker, Haus von zwei Etagen mit Braurecht und Brunnen, Mieter Wassermann; 1804 Kaufmann Becker, bewohnt von dem Koch Wassermann; 1808 Verkauf von Becker an Traiteur Rolwage; 1812 Flacke, Wohnhaus, Hofraum und Garten; 1818 Witwe Flake, Wohnhaus für 1 800 Thl, Stall 200 Thl; vor 1828 Weißhaar; 1835 Witwe Flake, Wohnhaus für 1 800 Thl und Stall für 200 Thl; vor 1836 an Friedrich Christian Meyer; 1853 Krüger und zwei Mietparteien. Im Haus ein Laden; 1878 Brinkmann; 1893 Wilhelm Striepen (früher C. Brinkmann); 1908 Gastwirt Wilhelm Grothe »Zum Deutschen Kaiser«; 1957 Karlheinz Waltke.

Dielenhaus (vor 1600)

Dreigeschossiges Etagenhaus aus Backsteinmauerwerk mit fünfachsiger Putzfassade, in dieser Form wohl im frühen 19. Jahrhundert durch Umbau eines älteren Hauses entstanden. Nach den wenigen, in dem ausgebauten Haus festzustellenden Befunden und den Entwässerungsplänen von 1893 ein massives Haus aus der Zeit vor dem frühen 17. Jahrhundert. Den Kernbau bildet ein schmales Dielenhaus mit einem unterkellerten rückwärtigen Saal, an dem nördlich die schmalere Diele bis zum Rückgiebel weitergeführt ist. Der Saal nach Osten und Süden aus dem Baukörper vorspringend, möglicherweise daher im Kern älter und zunächst als freistehender Flügelbau (im Gebiet der Domimmunität) jenseits des Stadtbaches errichtet und erst später von dem vergrößerten Haus überbaut. Vom Kern sind sicherlich noch vorhanden: die beiden Traufwände aus Backstein mit den charakteristischen Entlastungsbögen auf den Innenseiten (auf der Nordseite insgesamt 5), ferner wohl die untere Balkenlage sowie der Keller in der südöstlichen Hausecke. Die Feuerstelle offensichtlich etwa in der Mitte der nördlichen Traufwand, der ursprüngliche Stubeneinbau daher auf der südlichen Seite hinter dem Vordergiebel zu suchen (hier noch alte Kelleranlage von geringer Tiefe – wohl mit Rücksicht auf die anschließende Trasse des Stadtbaches – erhalten). Ob das Haus mit einem Obergeschoß oder Speicherböden ausgestattet war, ist augenblicklich nicht zu ermitteln.

Spätestens im frühen 19. Jahrhundert das Haus zu einem dreigeschossigen Etagenhaus mit Mittelflur umgebaut, dabei in der Mitte der südlichen Traufwand ein zweiläufiges Treppenhaus eingebaut. 1893 Entwässerung; um 1900 Ausbau einer Gaststätte im Haus, wobei der Erdgeschoßgrundriß völlig verändert wird: Aufgabe des Mittelflures zu Gunsten eines Flures entlang der Südwand und Umbau des Treppenhauses. Abbruch des Kellers unter dem Saal und Neuaufteilung dieses Bereiches. 1908 Kanalisation und Anbau von Toiletten am Rückgiebel (E. Gremmels); 1973 Erweiterung des Bierkellers unter den mittleren Bereich des Vorderhauses. 1991 Umbau, wobei der vordere Bereich der ehemaligen Diele unterkellert wird. Zugleich Abbruch eines Zwischenbaus zum Hinterhaus.

Kinoanbau von 1912 (zeitweise auch unter der Adresse Domstraße 8)

Nach Umbau eines bestehenden Wirtschaftsgebäudes im Winter 1911/12 im Februar 1912 in dem Gebäude durch W. Grothe ein Saal für einen »Kinematographen« eingerichtet, der 82 Sitzplätze und eine kleine Bühne umfaßte. Dieser Ausbau wurde als provisorisch bezeichnet, denn bei Erfolg der Einrichtung sollte statt dessen bald ein Neubau errichtet werden. Schon im April des Jahres erfolgte nach Plänen von E. Gremmels der Bauantrag für ein *Kinematografentheater*, das 263 Plätze im Parkett und 78 Plätze auf einer Galerie aufnehmen sollte. Nach einer Reduzierung der Planung im Juni 1912 auf 192 Plätze ohne den Bau einer Galerie konnte im Oktober 1912 die

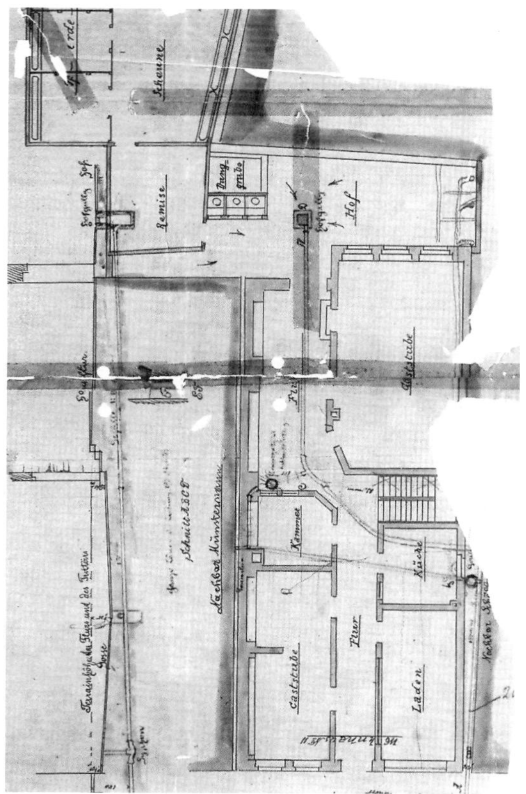

Abb. 1021 Markt 9, Entwässerungsplan des Grundstücks von 1893.

Abb. 1022 Markt 9, Bruchstück eines Fensterpfostens des späten 16. Jahrhunderts, Zustand 1995.

Schlußabnahme des »Zentraltheater« genannten Kinos erfolgen. 1922 der Betrieb, nachdem er einige Monate geruht hatte, an den in Minden sehr erfolgreichen Kinounternehmer Riechmann (als Ersatz des »Edison-Theaters« Bäckerstraße 62) verpachtet. Nachdem jedoch das Kino »Scala« auf dem benachbarten Grundstück Markt 11/13 durch das Viktoriahotel eröffnet worden war, schloß man dieses kleine Kino und brach 1928 in die Rückfront ein Tor ein, um es als Garage zu nutzen. 1957 Umbau des Baus in das erste Schnellimbislokal Mindens, das den Namen »Quick am Dom« erhielt und dessen modernistisch mit Neonreklame gestaltete Fassade des Nachts mit Scheinwerfern bestahlt wurde (Planung H.-G. Schlusche). 1967 Umbau zur Erweiterung der Tanzfläche im »Quick« (Plan: H. P. Korth); 1973 Umnutzung zur Diskothek Metronom.

SPOLIEN (Abb. 1022): 1991 aus dem Boden des Hofes Bergung des Bruchstücks eines sandsteinernen Fensterpfeilers aus dem späten 16. Jahrhundert. Oberer Abschluß eines mittleren Zwischenpfostens, der zwischen zwei große Fensterbahnen gesetzt war. Höhe 73 cm, Breite 32 cm. Außenseite z. T. abgearbeitet, Innenseite mit einem aus dem Stück gearbeiteten Säulenschaft und Abschluß mit einem Kapitel. Dieses in unbeholfener, an das 12. Jahrhundert erinnernder Art mit Rankenvoluten zwischen Blattfächern ornamentiert (heute im Museum Minden, Lap. 324).

Abb. 1023 Markt 10 (links) und 8, Ansicht von Osten, 1896.

MARKT 10 (Abb. 888, 889, 892, 898, 1003, 1023–1025, 1044)

1729 bis 1741 Martini Kirchgeld Nr 17; bis 1878 Haus-Nr. 169

Siehe auch Kap. I.1, Stützmauer

Das Grundstück gehörte noch um 1760 als Durchfahrt mit einem später darauf errichteten Nebenhaus zur benachbarten Parzelle Markt 8. Der Parzellenrhythmus des Baublocks legt es nahe, daß dieser Platz ursprünglich von beiden benachbarten Häusern (Markt 8 und 12) gemeinsam genutzt wurde. Auf Grund von Baubefunden muß eine bauliche, allerdings nicht besitzrechtliche Trennung von der Parzelle Markt 8 wohl schon vor 1657 bestanden haben. Später gehörte das hier errichtete Haus im 18. Jahrhundert wieder zum Grundstück Markt 8. Eine endgültige Trennung der Baugeschichte von Haupt- und Nebenhaus fand zwischen 1750 und 1766 statt.

1695 Hans Prusmeier (zahlt jährlich 3 Thl Giebelschatz); 1701 Witwe Hans Junge; 1708 Christian Junge; 1711 Christoffer Junge; 1724/38 Witwe Junge; 1740 Senator Goldschläger; 1743 ohne Eintrag (Haus ohne Grundbesitz) Apotheker Brockmann; 1750 Apotheker Brockmann; 1755 Mayor Brockmanns Nebenhaus, 200 Rthl; 1766 Mademoiselle Ludden 200 Rthl (um 1775 erhöht auf 1 000 Rthl); 1781 Jude Levi, Wohnhaus 1 000 Thl; 1798 Mieter ist Landrentmeister Appel; 1804 vermietet, Haus ohne Braurecht; 1806 Banquier Issak Levi, genannt Levison. Zugehörig ein Garten mit Gartenhaus auf der Lindenstraße 29. Zum Haus bis 1810 auch das Recht, während der Messen drei Marktbuden zu errichten (KAM, Mi, C 509); 1809/12 Wechsler Isaac Levison, Wohnhaus in gutem Zustand, zweigeschossig (Levison besitzt auch den großen Komplex Bäckerstraße 5); 1818 Witwe Levison; 1826 Verdoppelung des Versicherungswertes; 1827/46 Jacob Levison (starb 1855, sein aufwendiger Grabstein auf dem jüdischen Friedhof in Hausberge erhalten); 1853/63 Levison (Sohn von Isaak Levison, siehe Herzig 1978, S. 50); 1876 Zigarren-Handel Siebruch, Lederfabrik Stremmel, Sec.-Lieut. von Hugo; 1880 Buchhändler Kaiser (unterhielt von etwa 1857 bis etwa 1895 eine Buchhandlung mit Leihbücherei – siehe Krosta 1998, S. 23); 1892 Buchdruckereibesitzer Köhler (siehe Brückenkopf 2); 1912 Kaufmann J. Maaß; 1974 Irmgard Maaß.

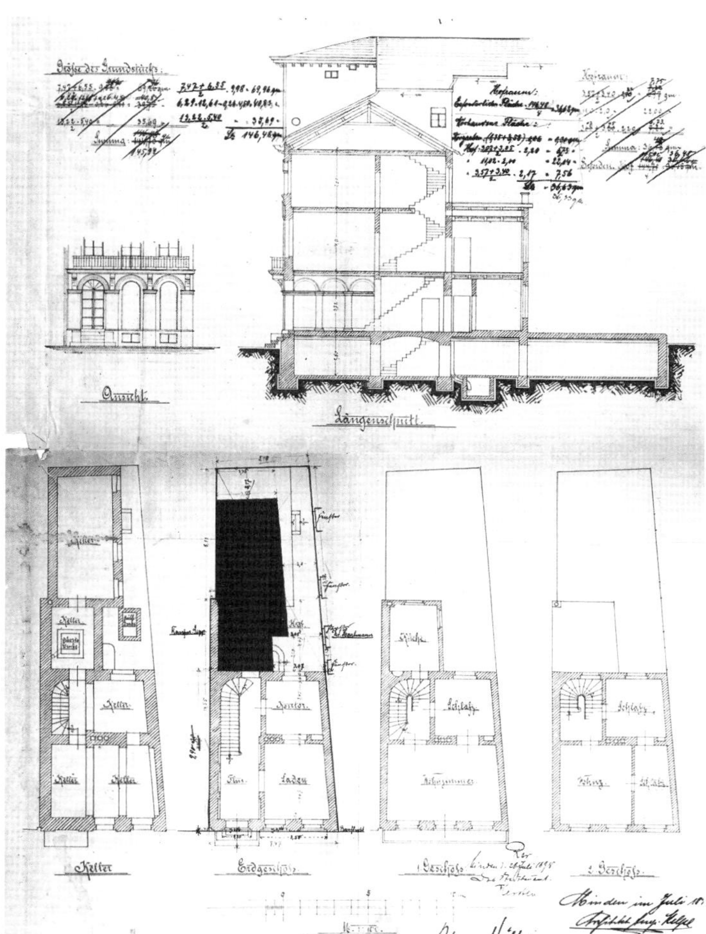

Abb. 1024 Markt 10, Grundrisse aus dem Umbauantrag des Architekten A. Kelpe 1898.

Nebenhaus (bis 1826)

Das zunächst als Nebenhaus dienende Gebäude auf der ursprünglichen Durchfahrt zu einem unbekannten Zeitpunkt vor 1743 errichtet. 1748 wird der Bau bezeichnet als *das kleine Brockmannsche Häusgen… solches mit dem Apothekerhauses unter einem Dache … und erst vor wenigen Jahren zu Logirung einer kleinen Familie in etlichen Gemächern aptieret. Weil das Gebäude sehr klein ist, werden darin keine Einquartierungen gelegt* (KAM, Mi, C 103). Auf Grund der ansteigenden Versicherungswerte sind offenbar um 1775 umfangreiche, heute nicht mehr nachweisbare Baumaßnahmen vorgenommen worden. Das Kellermauerwerk des heutigen Hauses südlich und nördlich ist offenbar aus mehreren Phasen der Vorgängerbebauung übernommen und besteht aus sauberen Sandsteinquaderschichten (von ca. 18–24 cm Höhe), im oberen Teil aus Backsteinmauerwerk (Format 31/29 x 15 x 8 cm).

Neubau (von 1826)

Das heutige Gebäude als Wohn- und Geschäftshaus nach den Formen der Gestaltung um 1830 – auf Grund der Versicherungserhöhung wohl 1826 – für den Bankier Jacob Levison neu errichtet worden, wobei der Entwurf von dem jungen Architekten J. Burgheim stammte (Zinn 1968, S. 142). Levison gehörte zu dieser Zeit zu den reichsten Bürgern der Stadt und besaß nach zeitgenössischen Stimmen nach dem Neubau eine besonders ansprechend eingerichtete Wohnung

Abb. 1025 Markt 10, Ansicht von Osten, 1994.

(Herzig 1978, S. 52–56). Um 1852 wurde das von ihm geführte Bankhaus Levison an den großen Domhof verlegt, doch verblieb sein Wohnsitz an alter Stelle. Dreigeschossiges massives Traufenhaus aus verputztem Backsteinmauerwerk (25 x 12,5 x 6 cm) über hohem Sockel auf recht kleiner Grundfläche (Breite ca. 7 m, Tiefe 9,90 m). Das Haus heute im Inneren und Äußeren durch mehrere einschneidende Umbauten stark verändert (eine ursprüngliche Gesindekammer im Dach erhalten). Bis 1898 nur kleiner zweigeschossiger rückwärtiger Anbau mit Flachdach (an den sich ein längsrechteckiger gewölbter Keller unter dem größten Teil des verbleibenden Hofgeländes anschloß). Die Fassade dreiachsig gegliedert, die Fenster rundbogig. Vor dem ersten Obergeschoß (bis 1898) ein durchgehender Balkon auf vier steinernen Konsolen und mit eisernem Geländer. Geschosse durch Putzgesimse getrennt, die Wandfelder zwischen den Fenstern als Pilaster ausgebildet. Vorstehender Dachabschluß mit hölzernem Konsolgesims. Kleine Freitreppe mit flankierenden Mauern.

Das Gebäude ganz unterkellert, wobei die Räume der Gliederung des Erdgeschosses folgen und jeweils mit Tonnengewölben, z. T. auf gemauerten Gurtbögen versehen sind. Das Erdgeschoß mit linksseitigem Flur und offener zweiläufiger Treppe (gewendelter Podest), rechts daneben Laden und

Kontor. In einem massiven Anbau hinter dem Flur eine Werkstatt. In den beiden oberen Geschossen zum Markt jeweils ein großer Wohnraum (im zweiten Obergeschoß davon Kammer abgetrennt), rückwärts Flur mit gewendelter Treppe und daneben liegender Kammer. Über der rückwärtigen Werkstatt im ersten Obergeschoß die Küche.

Für die Zwecke der umfangreichen Geschäftstätigkeit (Buchdruckerei, Buchbinderei, Buchhandel und Verlag, unter anderem des Mindener Sonntagsblattes und verschiedener weit verbreiteter Kalender) wurde 1898 ein größerer Umbau des Hauses vorgenommen (Plan: A. Kelpe), wobei man den rückwärtigen kleinen Anbau abbrach und statt dessen ein großes viergeschossiges Hinterhaus mit Flachdach von Backstein errichtete. Das Treppenhaus im Vorderhaus abgebrochen und statt dessen ein Treppenhaus mit Oberlicht in einem neuen Zwischenbau geschaffen. Im Erd- und ersten Obergeschoß ferner alle Innenwände entfernt und zu großen Ladenflächen umgestaltet (im Erdgeschoß davon nur schmaler Flur abgetrennt), die Wohnung wurde in der zweiten Etage neu angelegt. Die Fassade dabei in den beiden unteren Etagen ebenfalls völlig zu Gunsten eines zweigeschossigen Schaufensters verändert und der Balkon abgebrochen. Ausbau dieser Zeit erhalten. 1912 gab man die zweigeschossige Nutzung des Ladens wieder auf, ordnete die Grundrisse erneut anders und schuf statt des großen Schaufenster einen Balkon im ersten Obergeschoß. Der Hauszugang zur Anlage von zwei getrennten kleinen Läden wurde in die Fassadenmitte verlegt. Kleiner Anbau im Hof (Planung: Kistenmacher).

1892 Entwässerung; 1906 Kanalisation; 1936 kleinere Umbauten; 1941 Einbau der Geschäftsstelle der »Westfälischen Neuesten Nachrichten«, Zentralzeitung der NSDAP (Plan: H. Korth); 1962 neue Schaufenster; 1974 Renovierung mit neuen Fenstern und neuer Balkonbrüstung.

MARKT 11–13, *Victoriahotel* mit *Victoriahalle* und Kino *Scala* (Abb. 894, 1020, 1026–1033)

1729 bis 1743 Martini-Kirchgeld Nr. 131 und 132; bis 1878 Haus-Nr. 155 und 156

LITERATUR: MA 1776, Sp. 255.

Der heutige Hotelkomplex umfaßt drei historische und ehemals unterschiedlich genutzte Parzellen. Zunächst bestand das Hotel nur im Haus Nr. 11, einem Gebäude, das mit Gründung eines Hotels allerdings wiederum durch eine wohl 1838 vorgenommene Zusammenfassung der beiden recht kleinen Haustätten Nr. 155 und 156 entstanden war (sie waren 1771 bis 1777 schon einmal in gleichem Besitz). Der Bau Markt 13 erst 1883 hinzugekommen und als ehemalige Hauptwache im 17. Jahrhundert aus einer seit 1530 profanierten Kapelle hervorgegangen.

HAUS-NR. 155 (1729 bis 1743 Martini-Kirchgeld Nr. 131): 1581 wird im Kuhtorischen Huderegister Adolf Ledebur mit Huderecht für 4 Kühe genannt. Als Nachtrag wurde später Christoph Bestell aufgeführt; 1663 Witwe Dieterich Könemann; 1667 Witwe Dirici Koneman; 1669/71 Cam. Theodory Köneman und Johan Rudolff Köneman; 1678/1711 Johann Rudolf Köhnemann (zahlt 4 Thl Giebelschatz); 1716 Hr. Doktor Hävermanns Haus. Mieter: Dr. Bernhard Heinrich Pagedorn aus Herford (heiratet 1716 Bodilla Agneses Klothalden); 1723 Herr Regierungsrat Joh. Daniel Havermann; 2. 4. 1736 Com. Rat und Bürgermeister Hävermann wird beerdigt; 1738/40 Witwe Rat Havermann; vor 1743 Verkauf an Justizrat Bessell; 1748 Regierungsrat Bessel; 1750 Kriegsrat Tilemann; 1755 dito, Haus für 600 Rthl und Scheune für 200 Rthl; 1771 Tod der Witwe Kriegs- und Domänenrat Tielemann. Haus hat Braurecht und Hude für 6 Kühe und 2 Rinder, Wert taxiert auf 1 943 Rthl (zum Haus auch ein Garten vor dem Marientor im Rosenthal gehörend mit 37 Obstbäumen sowie Laube mit steinernem Tisch und vier steinernen Pfeilern. Siehe WMA 1771, S. 68); 1772 Verkauf des Nachlasses Tielemann (WMA 1772, S. 2); 1776 Witwe Starken, ehemals Tilemannsches Haus; 1777 freiwilliger Verkauf der Wohnhäuser der Frau Starken; 1781 Schlächter Stuhr, Wohnhaus 300 Rthl, Scheune (gehört jetzt Schilling) 200 Rthl; 1804 Meister Stuhr, Mieter ist der Regierungskanzleisekretär Druseda; 1806 Erhöhung von 300 auf 1 000 Rthl; 1806/09 Schlächter Georg Stuhr; 1813 Schlachter Georg Stuhr:

Abb. 1026 Markt 11–13, Ansicht von Südwesten, um 1910.

Wohnhaus von zwei Etagen, Hofraum, Stallung sowie Garten; 1818 G. Stuhr, Senior, Wohnhaus für 2000 Thl und Stallung für 200 Thl; 1828 Gustav Stuhr, schmales Giebelhaus; 1829 Stuhrs Erben; 1832 Schlutius; 1835 Stuhr, Wohnhaus für 2000 Thl, Stall für 200 Thl; 1836 Verkauf an den Kaufmann und Ratsherrn Franz Homann.

HAUS-NR. 156 (1729 bis 1743 Martini-Kirchgeld Nr. 132): 1581 wird im Kuhtorschen Huderegister Johan Gieseking mit Huderecht für 4 Kühe genannt. Als Nachtrag wurde später Hermannus Huddig aufgeführt; 1596/97 verkauft Johan Huddig eine Rente aus seinem Haus am Markt an das Heilig-Geist-Hospital; 1663 Herman Heitman im Marktquartier schuldet den Geistarmen 160 Thl; 1667 Witwe Herman Heitman; 1668/80 Heinrich Bulle; 1692 Hinrich Stratmann; 1696 Stübbers Haus, vermietet an Caspaer Wolfart; 1702/11 Friedrich Adolf Barckhusen (zahlt 4 Thl Giebelschatz); 1715 *Barckhausens Haus am Marckt,* spätere Eigentümer sind: Johan Lörinck, Jost Henrich Wiebcke, 1723 Bäker Jobst Hinrich Wiebcke; 1727 Johan Niclaus Jesinger; 1729 Insinger; 1737; Johann Becker; 1738 gestand die Ehefrau des Johan Becker *auf den Marckte* 160 Rthl ein, und möchte statt des Hauses 2 Morgen Land mit 130 Thl belegen; 1740 Joh. Becker; 1741 *Justiz Rath Bessel welcher das Haus gekauft* (hat den Garten hinter dem Haus zu dem seinen gemacht); 1745 *Regierungs Rath* Bessel (KAM, B 103 c,9 alt; B 122; C 217,22a alt; C 592; C 604). 1743 Regierungsrat Bessel, jetzt Tillmann; 1750 Meister Piero; 1755 Regierungsrat Tielemann. Dessen kleines Haus, worin Piero wohnt; zwischen 1755/66 Verkauf an Starke; 1772 *Julius Starken Haus neben der Hauptwache, darin die Gesellinssche Buchhandlung* (WMA 1772, Sp. 340, siehe auch Ritterstraße 23); 1776 Witwe Starken, Haus mit Huderecht für 4 Kühe; 1777 Verkauf durch Frau Starken an den Gelbgießer Strümpler (Strümpler besitzt Haus Obermarktstr. 14); 1781 Strümpler, Wohnhaus 300 Thl; 1783 Strümpler, Haus ohne Braugerechtigkeit; 1784 Kauf durch Kunstdrechsler Johannes Rasche, Erhöhung auf 400 Thl; 1798 Hebamme Kaatz; 1802 Kaatz, Haus für 700 Rthl, ohne Braurecht; 1804 Mieter: Kriegsrat Deutecom; 1806 Amtswärter bzw. Tagelöhner Hermann Kaatz; 1809 Kaatz (sowie beide in diesem Jahr gelöscht: Schneider Schütz und Musicus und Instrumentenmacher Metfehel); 1809 Wohnhaus von zwei Etagen; 1812 Hermann Katz; 1818/23 Schuhmacher Ploeger, Wohnhaus; 1824 wird das Gasthaus »Fürstenauer Hof« von dem zugezogenen Gastwirt Zahn übernommen. Sein oft in Minden weilender Sohn, der erfolgreiche Maler, Lithograph und Architekt Wilhelm Zahn, scharte oft die Mindener Gesellschaft im Gasthof seines Vaters zusammen und richtete hier auch ein Antikenmuseum ein (NORDSIEK 1977, S. 257); 1828/35 Schuster Wilhelm Vagedes, Wohnhaus für 840 Thl; (Nr. 155/156); 1836 Verkauf an den Kaufmann und Ratsherrn Franz Homann (STA DT, M1, I P, Nr. 827) und Vereinigung mit dem Nachbargrundstück; 1846 Gastwirt Bernhard Zahn (77 Jahre) und Sohn Georg Zahn (48 Jahre); 1853 Zahn und als Mieter Rittmeister von Altstedte und Hauptmann von Sabowsky und weiterer Mieter. Im Haus sind zwei Keller und drei Zimmer als Gastzimmer eingerichtet; 1854 Hotel »Stadt Bremen« des Gastwirts Zahn; 1858 Kauf durch Familie Schäffer aus Exter, Kr. Herford.

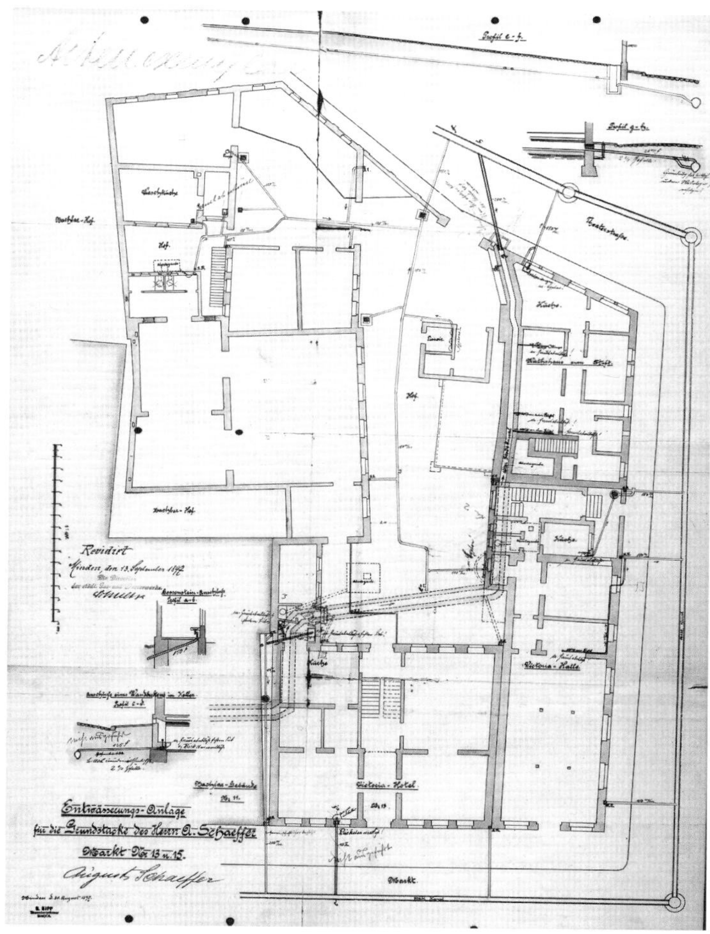

Abb. 1027 Markt 11–13, Hotel Victoria, Pan des gesamten Komplexes (mit Untergeschoß Markt 15 und Verlauf des Stadtbaches) aus der Entwässerungsakte von 1897.

VICTORIA-HOTEL (1837–1991): Das Hotel ist nach örtlicher Tradition 1838 in dem Hause Markt 11 eingerichtet worden, wohl richtiger neu gebaut worden, wobei seitdem auch eine Weinhandlung betrieben wurde, doch hat sich schon früher im rechten Vorgängerbau ein Gasthaus befunden. Zunächst hieß es »Hotel Stadt Bremen«. Der Name »Victoria-Hotel« bezieht sich offenbar auf die englische Prinzessin Viktoria, die 1858 den Kronprinzen Friedrich-Wilhelm, den späteren Kaiser Friedrich III. heiratete und auf ihrer Hochzeitsreise auch auf dem Bahnhof Minden empfangen worden war. Beiden wurden im gleichen Jahr in der Neustadt von Minden Straßen gewidmet. Da die Familie Schäffer in diesem Jahr auch das Haus erwarb, dürfte zugleich der Hotelname entstanden sein. Das Hotel wurde schnell zusammen mit dem »Hotel Stadt London« (siehe Bäckerstraße 49) zum führenden Betrieb der Stadt. 1863 unterhielten beide Hotels eigene Fuhrwerke, die die Reisenden bei Ankunft auf dem Bahnhofsvorplatz vorfanden (KAM, Mi, G II, 251) und wurden als *Gasthöfe ersten Ranges* bezeichnet. 1880 wurden in dem Betrieb schon 17 Personen beschäftigt und 1883 konnte der Komplex nach Ankauf der benachbarten ehemaligen Hauptwache, Markt 13, vergrößert werden. 1906 Verpachtung durch die Witwe Schaeffer und 1919 Verkauf der inzwischen erheblich erweiterten Anlage an Max Römer. Auch er war eine dynamische Persönlichkeit, dem es gelang, das Haus über Jahrzehnte weiter auf einem hohen Standard zu halten. Dazu ließ er die öffentlichen Räume neu ausgestalten und dazu Möbel von Architekt Hans Korth entwerfen. Insbesondere wandte er sich früh den motorisierten Fremden zu, wodurch er zahlungskräftiges Publikum anzog. Zugleich baute er die Räumlichkeiten für das örtliche gesellschaftliche Leben aus. Damit gelang es ihm nach 1920 als einzigem der ehemals zahlreichen Hotelbetriebe am Markt, trotz der Ferne zum Bahnhof weiter zu existieren. Bereits 1924 weist die Werbung auf hauseigene Garagen und die Zusammenarbeit mit dem ADAC sowie VRKD hin. Man unterhielt eine eigene Gärtnerei. Nachdem der 1923 durchgeführte Saalneubau keinen Erfolg brachte, wurde dort seit 1927 das schnell zum zentralen Kino werdende »Scala-Lichtspielhaus« als Pachtbetrieb eingerichtet. Nach dem Tode von Max Römer wurde der Hotelbetrieb um 1936 zunächst an Ernst Nolting verpachtet. 1945 bis Dezember 1957 war der Komplex durch die englische Besatzungsmacht beschlagnahmt (das

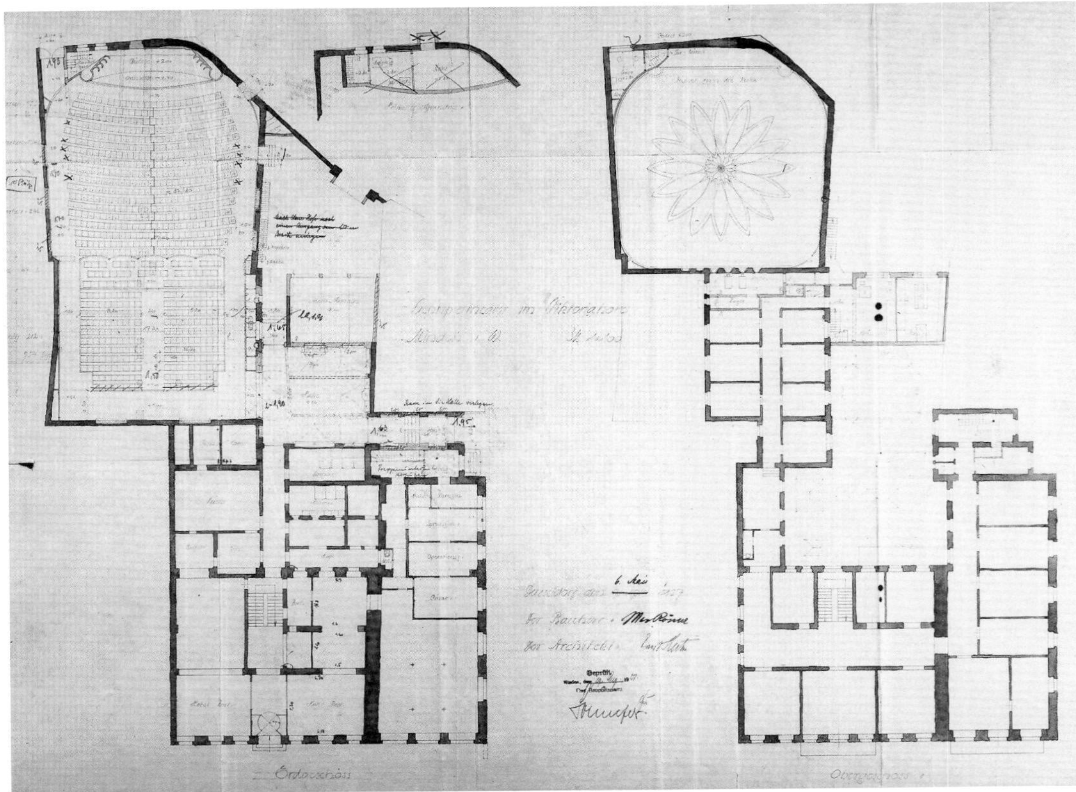

Abb. 1028 Markt 11–13, Hotel Victoria, Grundrisse des Erd- und Obergeschosses aus dem Bauplan zur Einrichtung eines Lichtspieltheaters im rückwärtigen Saal, Architekt E. Huhn/Düsseldorf 1927.

zugehörige Kino »Scala« schon im August 1946 freigegeben). Römers Nachfahren betrieben das Hotel noch bis 1991 und veräußerten den Komplex 1993. 2000 Wiedereröffnung des Hotels.

Haus-Nr. 155 (bis 1836)

Das Haus wurde 1771 beschrieben: zu dieser Zeit hatte es *4 Stuben, 5 Kammern, 1 großen Saal, 4 beschossene Böden, 2 Hausflure, 1 Küche und 1 gewölbten Keller. Hinter dem Haus Gärtchen mit 16 geschorenen Tax- sowie 18 Zwerg- und 18 Hochstammobstbäumen. Ferner ein großes Hinterhaus, worin 6 Pferde, 6 Kühe, Stallung mit eisernen Krippen, 3 Kammern, ein beschossener Boden, Vorhof mit 2 Schweineställen und eingefallenen Brunnen. Kirchenstuhl mit 4 Sitzen auf der Süderpriche St. Martini* (WMA 1771, S. 67). Nach Verkauf 1771 von Frau Starken wurde das Haus repariert und ausgebaut. Im Erdgeschoß hatte es 1777 nun *2 Stuben, 2 Kammern, 1 große Küche, 1 gewölbter Keller. Oben im Haus 1 Saal, 1 Stube, eine Kammer. Außerdem 3 Stuben und 3 Kammern, darüber 3 beschossene Böden* (WMA 1777, S 301). Zwischen 1786 und 1796 Reparatur: *hat hinten einen Giebel gebaut für ca. 400 Rthl.*

Haus-Nr. 156 (bis 1836)

1777 läßt man den Bau reparieren: neue Fenster, Türen, Schornstein und die Gosse *(behufs dem öffentlichen Stadtbache.* Siehe KAM, Mi, C 156,12 alt). Er hat nun *zwei Stuben, 1 Küche, obern 2 Stuben, 2 Kammern, 1 beschossener Balken. Hinter dem Haus Schweine- und Ziegenstall. Huderecht für 4 Kühe* (WMA 1777, S. 301). 1783 Umbau *des kleinsten Hauses am Markt.*

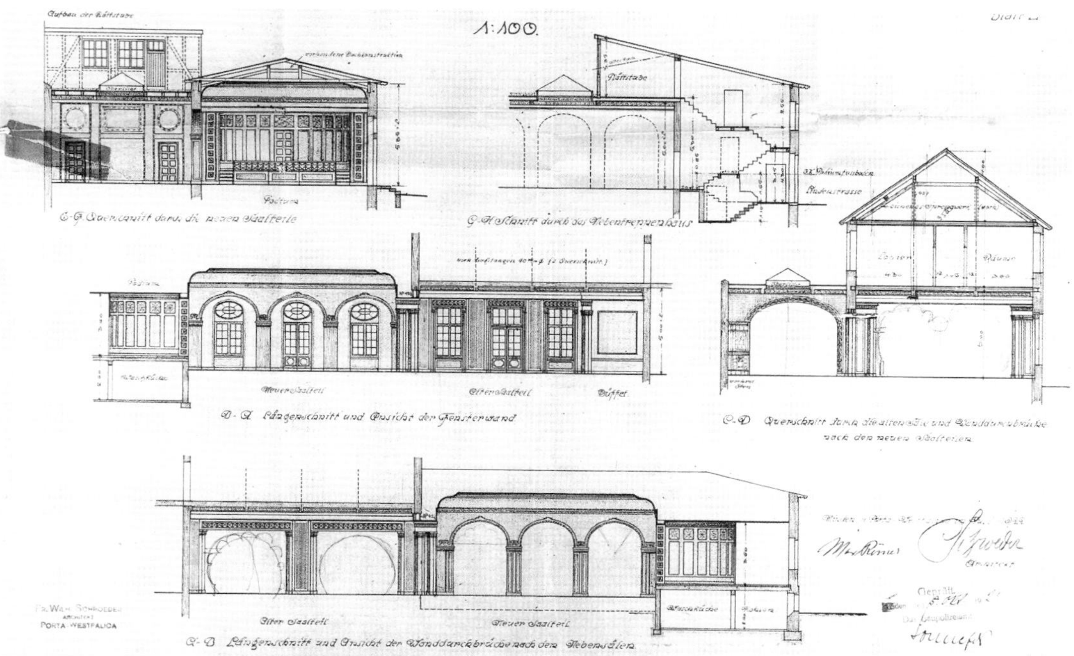

Abb. 1029 Markt 11–13, Hotel Victoria, Pläne zur Umgestaltung der Säle, Architekt F. W. Schroeder/ Porta-Westfalica 1922.

Hotel (von 1837)

Bis 1883 besteht das Hotel nur auf dem Grundstück Markt 11, das rückwärtig mit Wirtschaftshof und -gebäuden bis zur Domstraße reichte, während auf dem später zugehörigen rechts anschließenden Grundstück Nr. 13 die preußische Hauptwache untergebracht war. Nach 1883 bis auf das Eckgrundstück Markt 15 der Block Markt/Domstraße mit drei Straßenfronten zugehörig.

Den Kern der Anlage bildet ein dreigeschossiger traufenständiger Backsteinbau mit geputzter bzw. mit Sandsteingliederung versehener Fassade von sieben Fensterachsen mit flachgeneigtem Satteldach in spätklassizistischer Formensprache, 1837 nach Vereinigung von zwei kleinen Hausstätten im Auftrage des Kaufmanns Franz Homann errichtet und möglicherweise von dem Sohn des Gastwirtes Zahn, dem Kunstprofessor Wilhelm Zahn/Berlin entworfen. Vor den drei mittleren Achsen im ersten Obergeschoß, Balkon mit eisernem Geländer in neugotischen Formen (Abb. 894).

Im Inneren symmetrisch gegliedert durch ein Treppenhaus vor der Mitte der rückwärtigen Traufwand, das Mittellängsflure in den beiden Obergeschossen erschließt, von denen die Logierzimmer entlang beider Traufwände erschlossen sind. Selbst im Keller und im Erdgeschoß besteht diese Gliederung der Raumstruktur, jedoch sind zur Schaffung von größeren Gasträumen hier z. T. die Wände abgefangen. Der Keller mit Tonnen zwischen gemauerten Gurtbögen aus Backsteinen gewölbt. Am rückwärtigen Ende des Grundstücks an der Theaterstraße stand ein zweigeschossiges ebenfalls gemauertes Wirtschaftsgebäude, im Erdgeschoß mit Ställen und Remisen, im Obergeschoß mit Lagerböden.

Abb. 1030 Markt 11–13, Hotel Victoria, Blick in die Gesellschaftsräume, um 1925.

1869 wird nach Plan des Maurermeisters Schütte durch die Firmen Wiese und Schütte auf dem zwischen dem Hauptbau und der rückwärtigen Scheune gelegenen Hofraum ein massiver Neubau errichtet *zur Erbauung eines Speisesaales nebst Logirzimmer*. Die komplizierte Grundrißlösung dieses Baus ergibt sich aus der umgebenden engen Bebauung und den vorhandenen Lichtrechten. So erhält der zweigeschossige Baukörper mit Satteldach einen rückwärtigen eingeschossigen Anbau mit flachem Pultdach zur Vergrößerung des Saales. Im Obergeschoß findet sich wieder ein Mittellängsflur mit beidseitig angeordneten insgesamt neun Logierzimmern. Der Anschluß an das »Hauptgebäude« geschieht durch eine z. T. offene Galerie. Im Saal fand z. B. 1873 das Festdiner mit dem Oberpräsidenten zur Vollendung der neuen Weserbrücke statt. 1891 Erweiterung des rückwärtigen Saales in den Hof sowie zur Herstellung einer Toilettenanlage (Plan: O. Ziegler).

Als die Hauptwache 1882 auf den Simeonsplatz verlegt wurde, kann das benachbarte Gebäude erworben und 1883 nach den Plänen von O. Ziegler umgebaut und in den Hotelkomplex einbezogen werden. Nach Aufstockung des Gebäudes um ein halbes Geschoß, Einbruch neuer Fenster und neuer innerer Aufteilung der oberen Geschosse erhält es einen Putz, der die gleiche Gliederung wie der Altbau des Hotels aufweist. Auf den vorderen Ecken des Daches mittlere Lukarne und Vasenaufsätze, vor dem ersten Obergeschoß zum Markt Balkon über drei Achsen. In den drei Obergeschossen jeweils sechs Gastzimmer mit seitlichem Flur entlang der nördlichen Traufwand. Im dreischiffig über fünf Pfeilern gewölbten Erdgeschoß der alten Hauptwache wurde ein großes (3 Joche umfassendes) Speiselokal, die »Victoriahalle« mit zwei Hinterzimmern eingerichtet, die getrennt vom

Abb. 1031 Markt 11–13, Hotel Victoria, Blick in das Restaurationszimmer, um 1925.

Hotel verpachtet und mit einer eigenen Küche betrieben wurde. Dafür am rückwärtigen Giebel ein Anbau errichtet, der zugleich auch Treppenhaus und Toilettenanlagen aufnahm (Ziegler errichtete 1886 im Auftrage der Stiftsbrauerei auch auf dem anschließenden Grundstück Markt 15 die ebenfalls zwei Speisesäle enthaltende sogenannte »Stiftsklause«).

1910 müssen die Dachkammern einer Erneuerung unterzogen worden sein, wobei wahrscheinlich auch die Dachabschlüsse und die Dachfenster verändert werden. 1911 das Erdgeschoß des Hotels umgebaut und eine Verbindung zur Viktoriahalle geschaffen. Dennoch läßt sich dieses Speiselokal nicht halten, so daß es ab 1919 nach Wechsel des Hoteleigentümers aufgeteilt und zu Läden mit großen Schaufenstern umgebaut wird (dabei offensichtlich Ersatz der alten Pfeiler durch Gußeisenstützen). Damit beginnt 1921 eine große Modernisierungsphase des Hotels, das nun über 40 Fremdenbetten verfügt. Nachdem zunächst die Gasträume erneuert und verändert sowie neue Wirtschaftsräume auf dem Hof errichtet werden, nahm man 1922 unter der Leitung des Architekten Friedrich Wilhelm Schröder aus Porta ein großes Bauprojekt in Angriff, bei dem alle bestehenden rückwärtigen Gebäude stark umgebaut bzw. weitgehend erneuert wurden. Seit dieser Zeit keine Stallungen für Kutschen und Pferde mehr auf dem Grundstück vorhanden. Der bestehende Saal wurde dabei enorm vergrößert und umfaßte anschließend eine Grundfläche von 452 qm. Er war für 910 Personen berechnet, wurde aber auf Grund fehlender Fluchtwege nur für 650 Personen freigegeben. Es sollte nach Willen des Hoteliers Max Römer der größte Saal der Innenstadt werden, dem auch in der reichen zeitgenössischen Ausstattung Rechnung getragen wurde, die ebenfalls alle ande-

Abb. 1032 Markt 11–13 (rechts), Nr. 9 bis 3 (links anschließend), Ansicht von Südwesten, 1970.

ren Gasträume des Erdgeschosses erhielten; diese in expressionistischen Formen mit reichen Stuckdecken, Wandverkleidungen und ähnlichem. Der Saal erhält nun den Namen »Victoriahalle«, den zuvor das Restaurant auf dem benachbarten Grundstück getragen hatte. Die Entwürfe, einschließlich die der Möblierung, fertigte der Mindener Architekt H. Korth. Abschließend war für 1924 geplant, den Bau bei Aufstockung des nördlichen Abschnitts mit einer neuen durchgehenden viergeschossigen Fassade in expressionistischen Formen zu versehen, doch kamen die Pläne nicht zur Ausführung. Die schon genehmigte Neugestaltung der Marktfront in expressionistischen Formen war schon 1919 durch H. Korth geplant worden.

Neben den verschiedenen großen Um- und Erweiterungsbauten dienten auch zahlreiche kleine Umbauten dem Zweck, das Haus immer auf einem modernen Niveau zu halten, sowie den Ruf als »erstes Haus am Platze« zu halten und zu festigen: 1897 Kanalisation des Hauses (1908 erneuert und erweitert) und damit *Spülklosetts* im Haus eingeführt. 1905 legt man eine zentrale »Niederdruckdampfheizung« (Plan A. Kelpe) an und 1912 werden die Aborte vergrößert. 1921 entsteht eine neue Küche mit Kühlanlagen und es werden wiederum die Abortanlagen erneuert und nun für Männer und Frauen getrennt. Schon früh setzt man sich mit dem Auto als Verkehrsmittel der das Haus besuchenden Gäste auseinander: Seit 1924 läßt sich der Handel mit Treibstoff nachweisen, der zunächst in Fässern in der Scheune, seit 1925 mittels einer eigenen »Dopolin-Pumpanlage« auf dem Bürgersteig des Marktes vor dem Hause (sie konnte erst 1935, als es schon zahlreiche Tankstellen in

Abb. 1033 Markt 11–13, Ansicht des rückwärtigen Kinosaales an der Domstraße/Tonhallenstraße, Blick von Südosten, 1994.

der Stadt gab, auf massiven Druck der Verwaltung wieder beseitigt werden). 1966 soll das ganze Kino im ehemaligen Saal zu einem Parkhaus umgebaut werden, doch beschränkt man sich auf eine Unterkellerung zur Gewinnung von 16 Stellplätzen.

Nach der 1956 erfolgten Rückübernahme aus englischer Besatzung der vernachlässigte Komplex erneut systematisch modernisiert: 1957 erhält der Altbau eine neue Entwässerung, die Zimmer werden mit Bädern ausgestattet, die Fassade erhält neuen Putz und eine »zeitgenössische« Gestaltung. Dabei wird die Dachfläche um ein niedriges Geschoß erhöht, um den Dachboden für zusätzliche Zimmer ausbauen zu können (wie schon 1919 geplant). 1962 wird auch der Außenputz von Markt 13 erneuert und die Fassade dem benachbarten Bauteil angepaßt.

Kino »Scala«

Dem glanzvollen Saalbau von 1923 war kein Erfolg beschieden. Auf Grund *der momentanen schwierigen wirtschaftlichen Lage* läßt er sich nach Aussage des Eigentümers nicht wirtschaftlich betreiben, so daß 1927 ein durch die zukünftigen Pächter finanzierter Umbau dieses Bauteiles zum größten »Lichtspieltheater« Mindens unter dem Namen »Scala« erfolgte. Der Bau kam einem weitgehenden Neubau gleich, bei dem nur Teile der Umfassungswände wieder Verwendung fanden. Die rückwärtige Fassade zur Domstraße wird nun deren Verlauf bogenförmig angepaßt (1983 hier große Bogenfenster eingebaut). Die Pläne vom Architekten E. Huhn/Düsseldorf, das weitgespannte Eisenbinderdach von der Weserhütte/Bad Oeynhausen geliefert. Die Wände des Saales bespannte man mit Rupfen und Plüsch, die Decke erhielt einen Stuckhimmel mit bekrönendem Baldachin. Der rückwärtige Bereich war niedriger ausgeführt, so daß darüber noch Gastzimmer eingerichtet werden konnten. Vor der Stuckleinwand ein Orchestergraben, in den man nach Vorführung des ersten Tonfilms in Minden in diesem Kino am 15.4.1930 eine Kinoorgel einbaute. Der Zugang erfolgte durch einen Eingang zwischen den Häusern Markt 13 und 15 über einen Flur zu einer großen, in Formen des Art-Deco getäfelten Vorhalle, darüber gold-silberne Tecco-Tapete (ab 1950 hellgrüne Seidenbespannung). Zunächst »Weserkino« genannt, war es mit 763 Plätzen ausgestattet und übernahm bald den Namen »Scala«, den zuvor ein zugleich geschlossenes Kino des Kinopächters Richmann auf dem benachbarten Grundstück Markt 9 getragen hatte. 1946 eine kleine Bühne mit Hinterraum eingebaut, um Theatervorstellungen zu ermöglichen (das benachbarte Stadttheater war bis 1954 durch die Engländer beschlagnahmt). 1950 Renovierung und Umbau des Kinos: Im Saal Umbau der Bestuhlung, Limbaholzverkleidung der Wände, darüber Samtcordbespannung bis zur Decke, Entfernung des Baldachins, neues Bühnenportal und Leinwand. 1960 Neuverpachtung und erneuter Umbau bei Reduzierung der Sitzplätze von 827 auf 500. Dabei Einbau eines Garagengeschosses unter dem Kinosaal. 1983 geschlossen, seitdem leerstehend (Busse 1989).

MARKT 12 (Abb. 888, 892, 898, 1016, 1034-1038, 1044)

1729 bis 1741 Martini-Kirchgeld Nr. 16; bis 1878 Haus-Nr. 168
Zugehörig das Hinterhaus Martinikirchhof 6

QUELLEN: KAM, Mi, C 859.

LITERATUR: Faber-Hermann 1989, S. 76.

Siehe auch Kap. I.1, Stützmauer

Bei einer Baustellenbeobachtung wurde 1995 ein verschütteter Keller im Vorderhaus festgestellt (Teil I, Kap. I.3, Fundstellenkatalog, Fundstelle 55). Quelle: WMfA.

1667/73 Gerd von Winden; 1674/84 Schatzmeister Peter Müller; 1692 Stadtmajor Peter Müller (Haus ist vom Giebelschatz befreit); 1702/04 Gabriel Jochmus in Stadtmajors Haus; 1709/11 Hermann Schering; 1723/38 Kaufmann Hermann Schering; 1739 Johan Becker erwirbt das Haus; 1749 Johann Becker (vorher Johan Schering); 1750 Brammeyer (wohl Mieter); 1755 Johann Beckers zweites Haus. Wohnhaus 600 Rthl, Hinterhaus 200 Rthl; 1756 Friedrich Wilhelm Sickermann kauft das Haus von seinem Schwiegervater Johan Becker; 1781/90 Kaufmann Sieckermann; 1798 Kaufmann Müller; 1802 Wohnhaus 1500 Rthl, Hinterhaus 500 Rthl; 1804/06 Haus mit Braurecht, Brunnen und hölzerner Handspritze. Hat 2 Schweine; 1806/12 W. Fr. Müller, Kaufmann und Gastwirt, Wohnhaus, Scheune und Hofraum. Zum Haus bis 1810 das Recht, während der Messen drei Marktbuden zu errichten (KAM, Mi, C 509); 1821 Verdoppelung der Versicherung; 1833 Kaufmann Müller; 1836 Witwe Müller; 1846 Gastwirtin Louise Müller (72 Jahre alt); 1853 Müller, im Haus zwei Geschäftszimmer; 1861 Geschwister Müller; 1863 Verkauf der Geschwister Müller (ziehen in Markt 16) an den Buchhändler August Volkening, der sowohl das Haus wie auch das Hinterhaus abbricht und neu errichten läßt; 1876/80 Kaufmann Sipp, Brauereibesitzer Denkmann, Buchhändler Hufeland (siehe zu seiner Leihbibliothek Krosta 1998, S. 23); 1898 Adolf Sipp; 1905 Schirmfabrikant Hermann Meyer; 1913/58 Philipp Loos; 1988 Verkauf von Hannelore Kind, geb. Loos.

Haus (um 1500–1863)

Das im Winter 1863 abgebrochene Haus dürfte in den Außenwänden zumindest an der Fassade wesentliche Anteile an Sandsteinquadern besessen haben, die in den Kellerumfassungswänden des Neubaus wieder Verwendung fanden. Im Kern war das Haus nach den überlieferten Fotos auf Grund der Proportionen sicherlich spätmittelalterlich, später die hohe Diele zweigeschossig durchgebaut. Offensichtlich bestand zunächst ein unterkellerter Stubeneinbau rechts des Dielentores.

Abb. 1034 Markt 12, Ansicht von Nordosten, 1994.

Zuletzt der Bau auf Grund verschiedener Umbauten in der Erscheinung ein zweigeschossiges Giebelhaus mit verputzter, fünfachsig gegliederter Fassade und geschoßhoher Bogentür, seitlich je ein großes Fenster (Abb. 888). Das dreigeschossige Dach in zwei Geschossen ausgebaut. 1763/1786 wurde eine *Hauptreparatur* durchgeführt (KAM, Mi, C 133). 1804 *im ersten Wirtshaus sind 2 neue Zimmer angelegt und 2 neue Schornsteine erbauet* (KAM, Mi, C 142).

Große Teile eines spätmittelalterlichen Torbogens mit reicher Profilierung als Sohlbänke des östlichen Schaufensters noch in dem heutigen Bau als Spolien erhalten. Ebenso konnte 1995 bei Umbaumaßnahmen ein wohl beim Neubau 1864 verschütteter Keller in der nordöstlichen Ecke des Hauses freigelegt werden, der bruchsteinerne Umfassungswände aufwies und zuletzt einen Zugang mit Backsteinwänden von Westen aufwies.

Neubau (von 1864)

Nach einem Nachbarschaftsvertrag vom 13. 10. 1863 sollte der Neubau den vorderen Teil von 59 Fuß Länge der bisher im gemeinsamen Besitz befindlichen linken Traufgasse zur alleinigen Nutzung erhalten, dahinter aber einen Gang für den Nachbar freilassen (wird durch Volkening mit Decken und Dach versehen). Zwischen beiden Häusern hat in der Fassade ein Schlitz zu verbleiben, wo sich die Gesimse verkröpfen können (Familienarchiv Groenegress, Markt 14).

Großes Wohn- und Geschäftshaus, erbaut 1864 wohl nach den Plänen des Bauführers Hoelscher (tritt als Sachverständiger in den Verhandlungen um die nachbarschaftlichen Rechte auf). Baukörper aus Backstein, Fassaden zum Markt und zum Martini-Kirchhof verputzt.

Die vorderen zwei Drittel des Vorderhauses viergeschossig mit niedrigem Drempelgeschoß des flach geneigten Vollwalmdaches, das rückwärtige Drittel nur dreigeschossig mit höherem Satteldach. Dachwerk als Pfettenkonstruktion über zwei stehenden Stühlen aus Nadelholz. Daran anschließend ein schmalerer, von Norden belichteter rückwärtiger Anbau. Der gesamte Baukörper rückwärts an beiden Seiten mehrmals verspringend und eingezogen, auf die komplizierten Lichtrechte zurückzuführen.

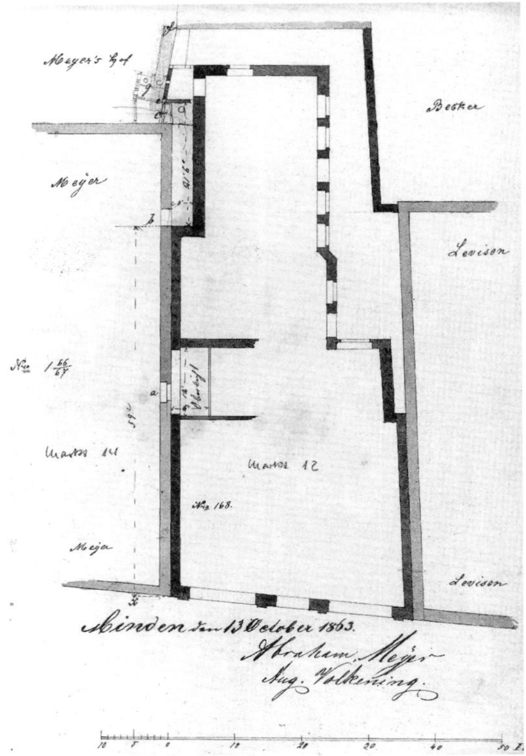

Abb. 1035 Markt 12, Grundriß des Neubaus zur Klärung der nachbarschaftlichen Licht- und Fensterrechte und des gemeinsamen rückwärtigen Toilettenbaus 1863, wohl R. Hoelscher.

Die Fassade fünfachsig gegliedert, dabei die seitlichen Achsen jeweils gekuppelt. Im heute veränderten Erdgeschoß ehemals mittige Haustür mit Vortreppe. Zurückhaltende Gliederung der Fassade mit Gesimsen aus Sandstein, ansonsten Putz. Zwischen den Geschossen jeweils ein schlichtes Gesims, die Fenster mit flachen Pilasterrahmungen. Das dritte Geschoß gestalterisch akzentuiert, indem es durch eine gleiche Gliederung der beiden zwischen den Fenstern liegenden Wandfelder (jeweils mit einem Tondi mit vollplastischem Porträt) mit einer gleichmäßigen Gliederung versehen ist. Der darüber befindliche Drempel mit kleinen Rundfenstern, die in ein Palmettenfries eingelassen sind. Das flache Vollwalmdach durch ein weit vorkragendes Kastengesims mit Konsolgesims (dieses angeblich aus Terrakotta) verdeckt.

Nur Teile des rückwärtigen Bereiches des Vorderhauses sind unterkellert: großer Raum mit backsteinernen vier Tonnengewölben über gemauerten Gurtbögen. Eine weitere gewölbte Kelleranlage unter dem Flügel des Vorderhauses.

Das Innere wird durch einen Mittellängsflur bestimmt (mit niedrigem Lagerboden als Zwischengeschoß darüber), der das für die Zeit ungewöhnlich hohe – weil hier nicht unterkellerte, aber am Hang liegende – Vorderhaus durchquert, um dann über eine auf den hohen rückwärtigen unterkellerten Bereich führende Zwischentreppe zum zentralen Treppenhaus zu führen. Dieses dreiläufig und über vier Geschosse bis in das Dachwerk reichend. Die Wohnungen in den Obergeschossen jeweils ebenso mit mittleren, vor dem großen Wohnraum zur Vorderfassade endenden Fluren. Das Innere einschließlich der Türen weitgehend in der ursprünglichen Struktur erhalten, mit einigen stilvollen Erneuerungen der Zeit um 1905 (Fliesenböden, Türen mit Buntverglasungen).

Abb. 1036 Markt 12, Antritt des Treppenhauses von 1864, Zustand 1995.

Abb. 1037 Markt 12, Treppenabsatz und Etagentür von 1864, Zustand 1995.

1893 Entwässerung; 1905 Schaufenstereinbau (Plan: W. Kistenmacher) einschließlich noch in Teilen erhaltener Ladeneinrichtung; 1906 Kanalisation; 1907 Anbau eines Kontors an Stelle der Müll- und Aschengrube; 1913 Fenstereinbau in nördliche Traufwand des Flügelbaus; 1923 Einbau einer Felltrockenanlage; 1937 Umbau Fenster der linken Traufwand im dritten Obergeschoß des Vorderhauses (Kürschnerwerkstatt); 1950 Umbau Schaufenster; 1958 Umbau im Erdgeschoß; 1984 in die Denkmalliste der Stadt Minden eingetragen; 1995 vorsichtige Modernisierung bei weitgehendem Erhalt der inneren und äußeren Substanz.

Hinterhaus Martinikirchhof 3 (Abb. 1016, 1038)

1743 Hinterhaus 200 Rthl; 1802 Hinterhaus 300 Rthl; 1806 Scheune; 1906 H. Meyer.

Das Gebäude an die Stützmauer angefügt, die hier an der nordwestlichen Hausecke einen scharfen Knick macht. Hier befindet sich auf der Parzellengrenze ein Strebepfeiler. Ein weiterer Strebepfeiler wurde 1772 wegen Baufälligkeit der Mauer in dem Vorgängerbau des Hinterhauses errichtet.

Hinterhaus (bis 1863)

Über den 1863 abgebrochenen Vorgängerbau sind kaum Nachrichten bekannt. Das als Lager und Scheune dienende Gebäude war auf Grund der Versicherungssumme wohl von erheblicher Größe, jedoch – da auch nach 1818 ohne eigene Haus-Nr. geblieben – nicht zu Wohnzwecken genutzt. 1790 beschrieben als an die Stützmauer angebaut mit Balken, die parallel dazu gelegt und nicht in der Mauer befestigt sind; daher wohl giebelständiger Bau. Von der zweiten Etage aus sei ein kleines Gewölbe in der Mauer zugänglich.

Abb. 1038 Martinikirchhof 3 (links), 2 und Opferstraße 8 (rechts), Ansicht von Nordwesten, 1993.

Hinterhaus (von 1863)

Fünfgeschossiger Backsteinbau unter recht flachem Satteldach, wohl 1863 zugleich mit dem Vorderhaus (keine Baunachrichten dazu vorhanden) auf sehr schmalem Grundriß errichtet, nur die schmale Hoffront (bis auf das unterste Geschoß) aus Fachwerk. Hier bestehen Übergänge zum Vorderhaus. Das Gebäude so vor die Stützmauer zum Martinikirchhof gesetzt, daß es nach Westen nur zwei Geschosse aufweist und dort einen oberen Ausgang hat. Hier eine zweiachsige verputzte Fassade mit Vollwalmdach. Während die beiden unteren Geschosse zu Wirtschaftszwecken dienten, die drei oberen Geschosse zu kleinen Wohnungen eingerichtet. Das Innere einschließlich des schlichten zweiläufigen Treppenhauses der Bauzeit weitgehend erhalten.

MARKT 13, Kapelle *St. Johannis Baptist*, später Hauptwache (Abb. 1039–1043)

bis 1878 ohne Haus-Nr.; bis 1908 Markt 15

QUELLEN: Würdtwein SD VI, S. 309–312; X, S. 177–179; XI, S. 325; XII, S. 376–380. – WUB I, Regest 1162. – Löffler 1917, S. 10, 25 f., 47, 140, 224, 273. – Löffler 1932, S. 17, 43, 48 f., 54. – Krieg 1981, S. 9, 29. – KAM, Mi, C 352,7 alt (1727); C 567 (1782). – STA MS, KDK Minden Nr. 1524 (1797). – STA DT, M1, I C Nr. 800 (1814 ff.). – KAM, Mi, E 316 (1823).

LITERATUR: Wilms 1860, S. 13. – Holscher 1877, S. 330 f. – Schroeder 1886, S. 86, 312 f., 399, 619, 639, 715. – Bölsche o. J., S. 35. – Cramer 1910, S. 241. – Dammeyer 1957, S. 94 Anm. 34 . – Nordsiek 1979, S. 2 f., 63, 78.

PLÄNE: 1. *Plan der Hauptwache in Minden*, Erdgeschoß- und Obergeschoß-Grundriß, M 1:144, bez. *F. Stamm*, um 1820 (1815/16 ?) (STA DT, Kartensammlung D 73, Tit. 4 Nr. 9908) (Abb. 1039). – 2. *Project zum Neubau der Hauptwache in Minden*, Grundriß Erdgeschoß und Obergeschoß, M 1:144, *Entworfen in der Ingenieur Abtheil. des Königl. Allgem. Kr. Departements. Berlin im April 1839* (GSTA PK Festungskarten Minden G 70.073) (Abb. 1040). – 3. *Zeichnung vom Hauptwacht-Gebäude in der Festung Minden erbaut 1840*, 3 Grundrisse, Schnitte, Ansichten, M 1:144, bez. *Creuzinger, Ing: Capitain 1852* (STA DT, Kartensammlung D 73, Tit. 4 Nr. 10244) (Abb. 1041). – 4./5. *Aufnahme vom Hauptwacht-Gebäude in der Festung Minden nach dessen Erhöhung im Jahre 1853*, Blatt I und II, Lageplan M 1:480, Grundrisse, Schnitte, Ansichten M 1:120, bez. *Seydel, 1854* (STA DT, Kartensammlung D 73, Tit. 4 Nr. 10245, 10246) (Abb. 1042). – 6. *Entwurf zur Einrichtung von 14 Arrestzellen im IIIten Stockwerk des Arresthauses zu Minden*, Grundriß, Schnitte M 1:120, dat. *1868* (STA DT, Kartensammlung D 73, Tit. 4 Nr. 10272) (Abb. 1043).

Das Grundstück innerhalb des Stadtgefüges von besonderer Bedeutung, da hier schon seit der Zeit vor 1000 eine Kirche bzw. Kapelle stand. Sie soll ursprünglich zur Domburg gehört haben und dürfte erst um 1230 mit der Abgrenzung der kirchlichen gegen die städtischen Einflußbereiche dem städtischen Gelände zugeschlagen worden sein. Deutlich wurde dies durch die Umlegung des Stadtbaches auf die nordöstliche Seite des Grundstücks. Ob das Gelände ehemals auch Teile der südlich anschließenden Fläche des Marktes (*Sack*) umfaßte, ist nicht bekannt, aber wegen der bezeugten Nutzung der Kirche als Begräbnisplatz zu vermuten. Seit 1883 ist das Grundstück Teil des Komplexes Markt 11 (siehe dort).

KAPELLE ST. JOHANNIS BAPTIST, »MARKTKIRCHE«: Der Bau soll nach der örtlichen Legende durch Karl den Großen bzw. in der Burg Widukinds, also vor oder um 800 erbaut worden sein, wie die älteren Chroniken des Hermann von Lerbeck (LÖFFLER 1917, S. 25 f.) und Tribbe (LÖFFLER 1932, S. 48) berichten. Als Hauptargument galt dabei, daß die Kapelle innerhalb des Dombezirks stehe oder, wie es Piel vermerkte, *vur des tumbs turne* (KRIEG 1981, S. 9, 29). Zum ersten Mal sicher bezeugt ist der Bau 1062, als er beim Dom- und Stadtbrand zerstört wurde. Er lag 13 Jahre lang wüst, war aber 1075 so weit wiederhergestellt, daß er von Bischof Egilbert zu Ehren Johannes des Täufers und des Apostels Andreas geweiht und mit Landbesitz und Eigenbehörigen ausgestattet werden konnte. Die nötigen Mittel wurden mit Unterstützung des Bischofs von dem Mindener Bürger und bischöflichen Ministerialen Volkmar aufgebracht (LÖFFLER 1917, S. 47. – LÖFFLER 1932, S. 48 f.; die Urkunde Bischof Egilberts von 1075 vollständig bei WÜRDTWEIN). Bischof Egilbert bestimmte ferner, daß dort eine Begräbnisstelle für Kaufleute eingerichtet werde – anscheinend als Ersatz für eine frühere, die ihnen von seinem Vorgänger Sigebert (1022–1036) geraubt worden war und die sich vom Berg der heiligen Maria bis zum kleinen Fischteich erstreckt habe (siehe dazu Marienkirchhof). Der Begräbnisplatz solle außerdem für alle Fremden und Zuziehenden dienen und für die, die keine eigene Behausung hätten (LÖFFLER 1932, S. 49). Der Bau war damit offensichtlich als Kirche für die nicht zu einer örtlichen Pfarre gehörenden Kaufleute bestimmt. Dies könnte – im Zuge des endgültigen Seßhaftwerdens der Kaufleute im 12./13. Jahrhundert – auch ihr offensichtlich schnelles Absinken zur Kapelle erklären. Bis spätestens in die Mitte des 15. Jahrhunderts wurde der Bau zudem als Kaufhaus für Lebensmittel genutzt, was wiederum die enge Bindung der Kirche an den Bischof verdeutlicht; denn mit den Verträgen von 1232 gehörte der Lebensmittelmarkt zu dessen Rechten (siehe hierzu auch S. 1281 ff. und »Neues Werk«, Kleiner Domhof 2).

1328 Gründung einer Vikarie *sancti Andreae in ecclesia sancti Johannis Baptiste forensi*; 1364 als *capella S. Johannis* bezeichnet. Während des durch Bischof Wilhelm II. über die Stadt verhängten strikten Interdikts wurden 1399/1400 nur in der Marktkirche St. Johannis Messen für die Bürger gelesen und Taufen vollzogen, und zwar durch die Dominikaner, die durch päpstliches Privileg vom Interdikt ausgenommen waren. Diese Tätigkeit in den ihnen unterstellten Kirchen wurde dem Orden nach wiederhergestelltem Frieden durch den Bischof untersagt (SCHROEDER 1886, S. 312 f. – LÖFFLER 1917, S. 224). Tribbe berichtet um 1460, daß in der Kirche einst solche Waren verkauft wurden, wie sie nun im *Nygenwerke* (siehe dazu Kleiner Domhof 2/4) angeboten wurden (LÖFFLER 1932, S. 17). Ferner erwähnt er einen Hof in der Marienvorstadt, der zu der Kapelle gehöre. Er könnte in dem dortigen *Janhof* zu suchen sein (ebd. S. 43; siehe dazu Teil V, S. 983, Bleichstraße). Im 14. und 15. Jahrhundert war die Marktkirche eine Station der großen Fronleichnamsprozession; in Erinnerung an ihre Lage in der *Burg* wurde sie bis 1533 *oft die Wittekindskirche genannt* (WILMS 1860, S. 13). 1498 bestätigte Bischof Heinrich die Einrichtung einer neuen Kommende in der Kapelle *vor dem Dome* durch Herman Wollenbrock, Vikar in Osnabrück (SCHROEDER 1886, S. 399); 1511 gründete der Diakon Hermann Traphagen in der Marktkirche eine Vikarie St. Anna, die später an den Dom verlegt wurde (DAMMEYER 1987, S. 94 Anm. 34). 1530 wurde die Kapelle durch die Stadt geschlossen, danach in ein Bürgerhaus umgewandelt und als solches vermutlich bis 1629 genutzt.

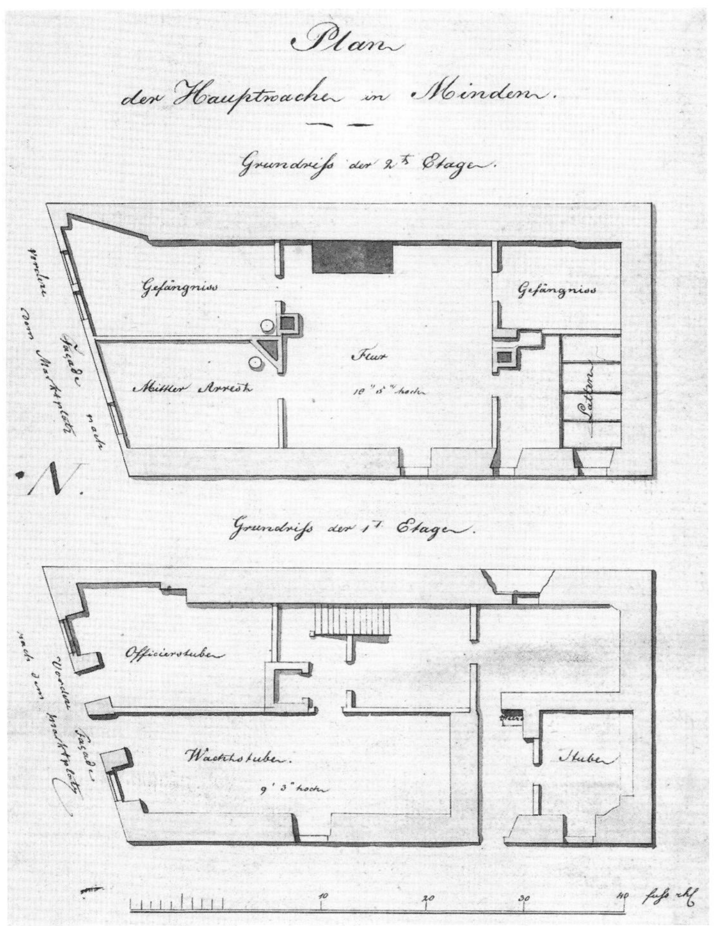

Abb. 1039 Markt 13, *Plan der Hauptwache in Minden*, Erdgeschoß- und Obergeschoß-Grundriß, F. Stamm, um 1820.

HAUPTWACHE: 1629 werden die (zuvor wohl im sogenannten Stockhof, dem Gevekothschen Hof an der Königstraße 23 befindliche) Hauptwache und das Stockhaus in *das Haus am Markt* verlegt; es wird dazu für 44 Rthl angemietet (Bölsche o. J., S. 35). Als Hauptwache diente aber wenig später auch das westlich anschließende, frei auf dem Markt gelegene Gebäude, wohl das der alten Stadtwaage (siehe S. 1299 f.). Auf diesen Bau dürfte die Nachricht vom April 1673 zu beziehen sein, der neue Gouverneur, Generalmajor von Ellern, habe die bisherige Hauptwache niederreißen und sie *unten hin am Markte in die Kapelle, so am Bruche gelegen,* verlegen lassen (Schroeder 1886, S. 619. – Nordsiek 1979, S. 63). – 1797 bestand die Absicht, die Wache in das Rathaus zu verlegen, da im Pachtvertrag für die beiden Buden unter dem Neuen Werk erwähnt wird, daß *solte übrigens die Hauptwache dahin, wo jetzt die quaest: Kram und Hoker Amts Buden unter dem Rathause stehen verlegt werden,* die Pachtverträge aufgelöst werden müßten (STA MS, KDK Minden Nr. 1524). Die Hauptwache bis 1882 Besitz der Garnisonverwaltung und 1883 an den Hotelier Schäffer verkauft; 1908 Witwe Josefine Schäffer, »Victoriahalle« (zur weiteren Geschichte siehe Markt 11).

Kapelle (vor 1062–1530)

Außer der Urkunde über Wiederaufbau und Weihe 1075 liegen keine weiteren Baunachrichten vor; möglicherweise war der Bau seither nicht mehr erneuert. Nach der umliegenden Bebauung scheint das Grundstück stets nur sehr schmal gewesen zu sein, so daß von einem einschiffigen Saalbau mit Ostung auszugehen ist. Der für das spätere 11. Jahrhundert belegte, zugehörige Begräbnisplatz wohl nicht nur in der Kirche, sondern vielleicht auch südlich davon auf dem später als *Sack* bezeichneten östlichen Arm des Marktes. Piel beschreibt den Bau um 1560 noch aus eigener Anschauung als *mit kostlichen gehauwenen ecksteinen gebauwet,* also als aufwendigen Quaderbau (Krieg 1981, S. 9).

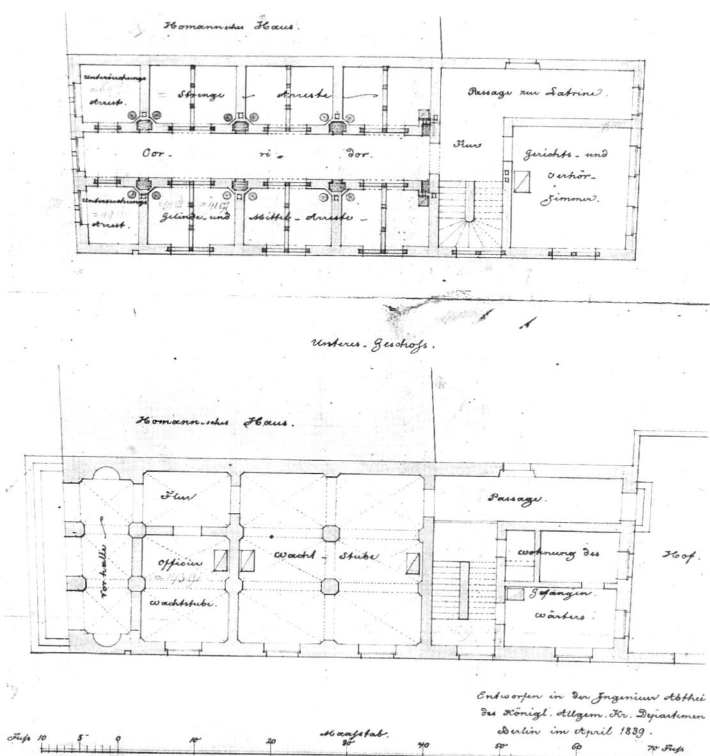

Abb. 1040 Markt 13, *Project zum Neubau der Hauptwache in Minden*, Grundriß Erd- und Obergeschoß, *Entworfen in der Ingenieur Abtheil. des Königl. Allgem. Kr. Departements. Berlin im April 1839.*

Bürgerhaus/Hauptwache (1530–1840)

Baunachrichten fehlen, so daß nicht klar ist, ob es sich bei der Umwandlung der Kapelle in ein Bürgerhaus um einen Umbau oder einen Neubau handelte.

1727 zahlt die Stadt an Johan Harm Graver *für gemachte Fenster auf der Haubt wache* 3 Thl 7 gr (KAM, Mi, C 352,7 alt). – 28. 10. 1814 Kostenanschlag für Ofenreparaturen und Gerät, am 28. 11. Anschläge für die *Einrichtung eines mittleren und strengen Militair Arrestes* in der Hauptwache unter Verwendung der Teile im Souterrain des Marientores, vor allem der Schlösser (STA DT, M1, I C Nr. 800). – 15. 9. 1815 Kostenanschlag des *Stadt Maurer Meisters Krah* für Ausbesserungs-, Putz- und Anstricharbeiten in *Officiren Stube, Burschen Stube* und *Arrestanten Stuben* (5 Rthl 23 gr), außerdem für Tischlerarbeiten: *20 Gewehrmucken vor der Wache, 1' tief eingraben und schwarz-weiß streichen, 1 Trommel Bock, Gewehr Schauer 20' lang, 4' breit,* Pritschen, Schlosser- und Glaserarbeiten (37 Rthl; ebd.) – 10. 11. 1815 Anschlag für Reparatur des alten und Anlage eines neuen Lattengefängnisses, die Krah für 49 Rthl 12 gr übertragen werden, dazu Rechnung von Krah vom 1. 1. 1816 über 45 Rthl 16 gr 4 d für Anfertigung eines *strengen Arrestes: Das dazu einzurichtende Local ist 13 Fus lang 12 Fus breit 12 Fus hoch die Hälfte davon wird zu dem strengen Arrest benutzt …, daß kleine Gefängnisse eingerichtet werden, jedes 6' lang und 3' breit. Diese Behältnisse werden mit Lattenthüren verschlossen und sind durch eine 8' hohe Bretter Wand von einander geschieden. Der Fusboden wird mit übereck liegenden Stollen, 2" von einander entfernt, belegt* (ebd.).

Plan 1 (Abb. 1039) der *Hauptwache in Minden,* aufgenommen um 1820 (1815/16 ?) zeigt einen trapezförmigen Grundriß von 29 Fuß (9,10 m) Breite; die Nordwand von 61 Fuß (19,20 m) Länge ist mit 4 Fuß (1,25 m) auffallend stark, die 52 ½ Fuß (16,50 m) lange Südwand und die Ostwand sind mit etwas über 3 Fuß (1 m) Dicke deutlich schwächer. Die schräg nach Süden abgeschnittene Fassade zum Markt (Länge 30 ½ Fuß = 9,75 m) ist nur 2 ⅔ Fuß (0,85 m) stark. Die Nordwand zeigt im östlichen Drittel tief eingeschnittene schräge Fenster (?)-Gewände; die Ostecken sind innen schräg abgeschnitten mit einer Vorlage in der Südostecke, die sich als Schildbogen-Vorlage vor der Ostwand deuten ließe. Das Westende der starken Nordwand treppt sich zur Fassade zweimal ab und bildet eine 3 m

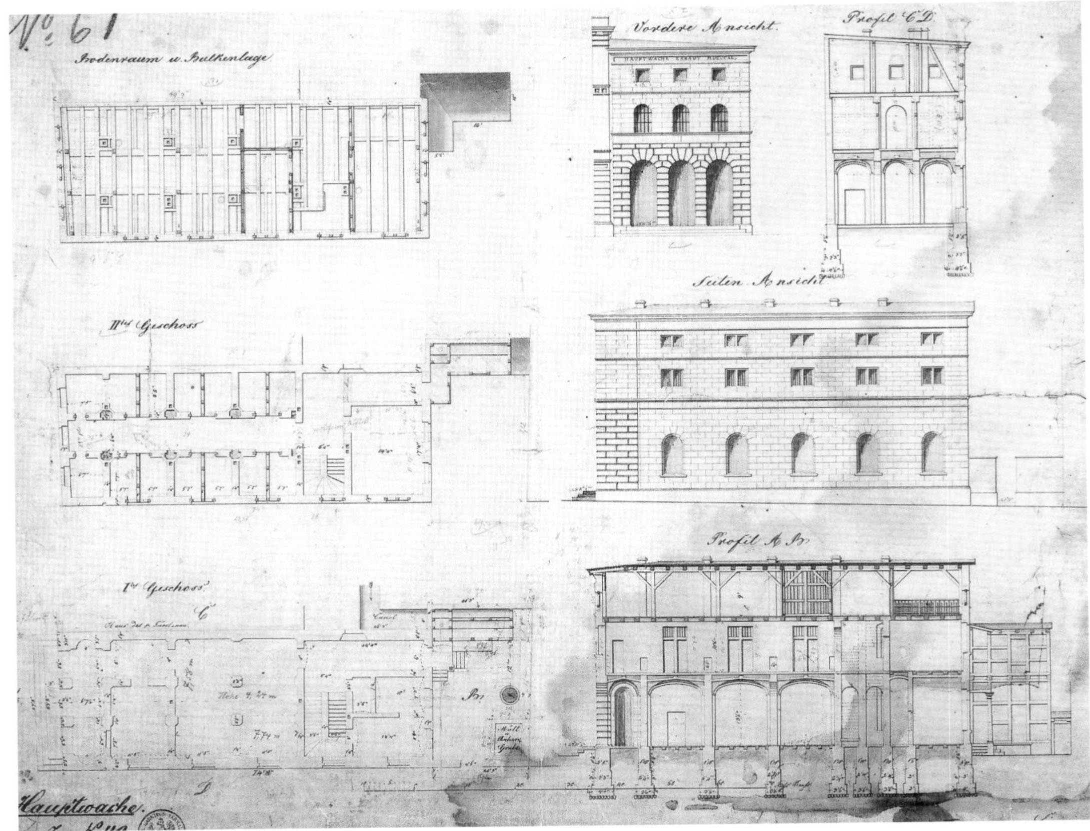

Abb. 1041 Markt 13, *Project zum Neubau der Hauptwache in Minden*, Grundriß Erd- und Obergeschoß, *Entworfen in der Ingenieur Abtheil. des Königl. Allgem. Kr. Departements. Berlin im April 1839.*

breite Nische von halber Mauerstärke. Dies spricht für die Anlage eines Entlastungsbogens, wie sie für Mindener Bürgerhäuser des 15.–17. Jahrhunderts typisch sind. Die starke Verjüngung der Nordwand im Obergeschoß über dieser Nische deutet darauf hin, daß hier der Anschluß von älterer Nordwand zur jüngeren Fachwerkfassade gesucht wurde.

Der Grundriß der *1te Etage* (Erdgeschoß*)* scheint auf ein Haus mit Mitteldiele und Saal im Hinterhaus zu deuten, das aber um 1820 bereits durch Umbauten verändert war. Anscheinend war der Deelenraum durch eine Fachwerkwand längsgeteilt, die auch das Dielentor mittig unterteilte. Die Raumhöhen – 9' 3" im Erdgeschoß (= 2,90 m) und 10' 5" im Obergeschoß (= 3,27 m) – lassen gleichfalls auf eine nachträglich eingezogene Zwischendecke schließen, die bis zur Ostwand durchlief.

Im Vorderhaus rechts die *Wachstube*, links die *Officierstube,* dahinter ein kleiner Flur mit Heizkammer und Treppe sowie eine dunkle Kammer. Sie dient als Durchgang zu den zwei Räumen des Hinterhauses, in dem von der südöstlich gelegenen *Stube* eine schmale Küche mit *Heerd* und Nebentür nach Süden zum Sack abgeteilt ist.

Im Obergeschoß *(2te Etage)* liegen hinter der Fachwerkfassade mit drei Fenstern zwei Räume *(Gefängniss* und *Mittler Arrest),* in der rückwärtigen Hälfte des Vorderhauses ein hausbreiter *Flur* mit der Treppe an der Nordwand. Von hier aus werden die Kanonenöfen in den beiden vorderen Räumen beschickt. Im Hinterhausbereich, durch Fachwerkwände abgetrennt, im Nordosten wiederum *Gefängniss,* über der Stube Flur und vier *Latten*-Verschläge.

Im Dezember 1823 hat das Kriegsministerium den Neubau der Wache genehmigt. Er soll genau den Raum des alten Wachthauses auf dem Markt einnehmen, jedoch seine Vorhalle erhalten. Dazu müßte der Vordergiebel um etwa 4 Fuß herausgerückt werden. Die Bauordnung der Stadt spräche zwar dagegen, auch könnten die Nachbarn Einspruch

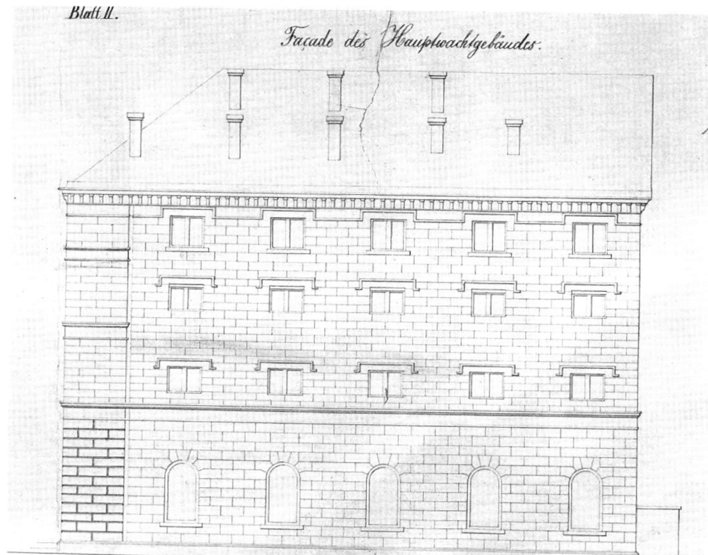

Abb. 1042 Markt 13, *Aufnahme vom Hauptwacht-Gebäude in der Festung Minden nach dessen Erhöhung im Jahre 1853*, Seydel 1854.

erheben, doch scheine das der Regierung nicht hinderlich, solange das Erdgeschoß nicht massiv sei und die Aussicht nehme und versperre (KAM, Mi, E 316).

Hauptwache (1840–1883)

Zum Neubau kam es indes erst 1840, nachdem im April 1839 ein *Project … Entworfen in der Ingenieur Abtheil. des Königl. Allgem. Kr[iegs]. Departements* vorlag (Plan 2: Abb. 1040; außerdem Plan 3 von 1852: Abb. 1041). Der Bau ist in der Nordwand 75 Fuß (25,60 m) lang, die Südwand ist an beiden Enden um 1 Fuß kürzer (25 m); die Breite beträgt 27 Fuß (8,50 m). Die dreiachsige Fassade steht damit weniger schräg zum Hauskörper als beim Vorgängerbau und fluchtet mit der Nachbarbebauung. Vor dem Haus in ganzer Breite eine dreistufige Freitreppe. Fassade mit drei steilen Arkaden in Quaderrustika mit kräftigen Fugen, darüber glatter Friesstreifen mit Brustgesims, auf dem die Rundbogenfenster des ersten Obergeschosses stehen. Über knappem Geschoßgesims folgte das attika-artige, aber verhältnismäßig hohe zweite Obergeschoß mit drei quadratischen Fenstern, das mit gerahmtem Friesfeld und kräftigem Traufgesims schloß. Beide Obergeschosse mit feinem Fugenschnitt der Quaderung. Im Fries Inschrift: *HAUPTWACHE ERBAUT MDCCCXL*. Das sehr flache, an das Nachbarhaus gelehnte Walmdach trat in der Außenansicht nicht in Erscheinung.

Die rechte Traufseite mit abweichender Fassadengliederung: Die Quaderrustika der Marktseite mit den tiefen Fugen am Erdgeschoß griff um die Ecke und bildete einen 7 Fuß (2,20 m) breiten, lisenenartigen Streifen; daneben und darüber zeigte die Wandfläche feinen Fugenschnitt. Im Erdgeschoß fünf Rundbogenfenster in gleichmäßiger Reihung, im ersten Obergeschoß hochsitzende, vergitterte Pfostenfenster, denen im zweiten Obergeschoß Fensterpaare von jeweils quadratischem Format entsprachen. Darüber glatt durchlaufende Gebälkzone. Die breite Ecklisene zur Marktseite war durch eine tiefe Schattenfuge von der übrigen Wandfläche abgesetzt.

Das hohe Erdgeschoß (H 13' 6" = 4,24 m) in den beiden vorderen Dritteln dreischiffig mit Kreuzgratgewölben überdeckt. Hinter den Frontarkaden eine – wegen der Fassadenschräge – leicht trapezförmige Vorhalle mit annähernd quadratischen Jochen und seitlichen Halbkreis-Wandnischen, dahinter drei längsrechteckige Joche. Pfeiler achteckig, ohne Kämpfer; die Gurtbögen wegen der unterschiedlichen Jochbreiten und -tiefen teils rundbogig, teils korbbogig aus den Pfeilerstirnen entwickelt; die schmaleren Schrägseiten der Pfeiler in Kämpferhöhe dreieckig zum Gewölbegrat abgesetzt. – Von der Pfeilerhalle ist das vordere Drittel durch Quermauern abgetrennt: im nördlichen Schiff *Flur*, in den beiden anderen Schiffen *Officier Wachtstube*. In den beiden hinteren Dritteln *Wacht-Stube;* die Stuben mit Kastenöfen beheizbar. Im hinteren Hausdrittel entlang der Nordwand *Passage* zum *Hof*, daneben nach Süden Treppe mit Wendepodest und *Wohnung des Gefangen-Wärters* mit Vorraum, Küche und Kammer.

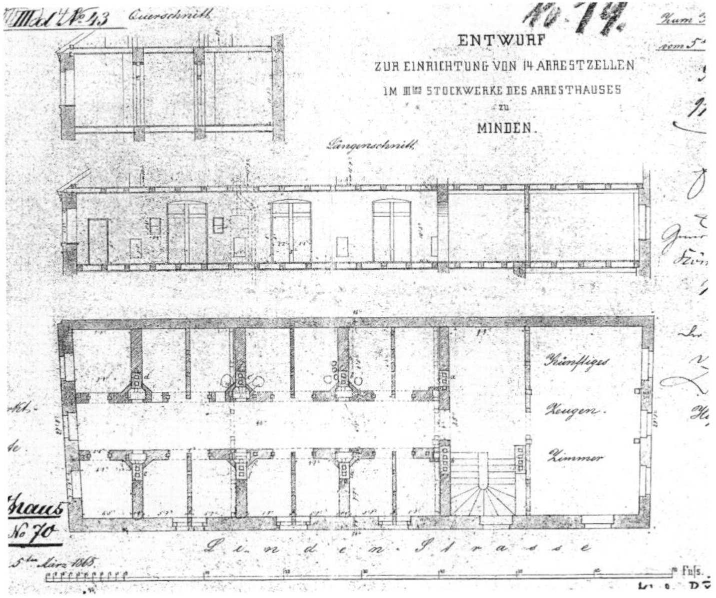

Abb. 1043 Markt 13, *Entwurf zur Einrichtung von 14 Arrestzellen im IIIten Stockwerk des Arresthauses zu Minden*, 1868.

In den beiden westlichen Dritteln des ersten Obergeschosses mittig langer *Corridor*, daran zu beiden Seiten in vier Abteilungen mit massiven Wänden die Arrestzellen. Hinter der Fassade zwei Räume für *Untersuchungs-Arrest*; die östlich folgenden drei Abteilungen durch Fachwerk-Zwischenwände in je zwei Zellen unterteilt, alle mit Kanonenöfen ausgestattet, die vom Flur her über Heizkammern bedient wurden. Die nördliche, nur über die Oberlichter der Zellentüren belichtete Reihe für *Strenge Arreste*, die südliche – mit den vergitterten Fenstern zum Sack – für *Gelinde* und *Mittel-Arreste*. An der Treppe *Flur* und *Passage zur Latrine;* in der Südostecke *Gerichts- und Verhör-Zimmer*. Das Dachgeschoß war nicht ausgebaut; hier waren durch Fachwerkwände einige, nicht näher bezeichnete Räume abgeteilt.

Hinter dem Haus ein 8,12 x 6,19 m großer Hof, daran über dem nördlich vorbeifließenden Stadtbach (*Canal)* der zweistöckige Latrinenbau aus Fachwerk mit abgewinkeltem, überdecktem Zugang vom Haus. In der südöstlichen Hofecke *Müll u: Aschen-Grube*, vor der östlichen Hofmauer runder Brunnen (Plan 3: Aufmaß-Zeichnung von 1852).

1853 wurde der Bau um ein Geschoß aufgestockt (Plan 4, 5, siehe Abb. 1042). Das bisherige Dachgeschoß wurde in Aufteilung und Fassengliederung dem ersten Obergeschoß angeglichen, darüber wurde ein neues Dachgeschoß mit Fachwerk-Zwischenwänden und einem deutlich steileren halben Walmdach errichtet, das sich wiederum an den Brandgiebel des Nachbarhauses Markt 11 anlehnte. Die Traufe lag nun beträchtlich über der des Nachbarn. Für die Proportionen und die Wirkung der Marktfassade hatte die Aufstockung erhebliche Konsequenzen. Waren bis 1853 die drei steilen Arkaden des Wachtgeschosses, die die halbe Fassadenhöhe einnahmen, das dominierende Element, so wurde dies jetzt zum Sockelgeschoß, das die zwei Reihen rundbogiger Fenster des ersten und zweiten Obergeschosses trug. Das neue Dachgeschoß verlor bei gleicher Höhe wie das alte – nun mit hochrechteckigen Fenstern statt der vorherigen quadratischen Öffnungen – seinen Attika-Charakter und wirkte mit Brüstungsfries und Konsolen-Traufgesims fast wie ein Vollgeschoß. Das über den Dachgeschoßfenstern aufgekröpfte Wasserschlaggesims trug zu der scheinbaren Streckung bei. An der untergeordneten südlichen Längsseite verzichtete man über dem Abschlußfries des Sockelgeschosses auf geschoßteilende Gesimse: Statt dessen erhielten die Fenster des ersten und zweiten Obergeschosses seitlich abgekröpfte Wasserschlagverdachungen mit leicht neugotischem Charakter; unter der Traufe wurde das durchlaufend aufgekröpfte Profil von der Fassade her weitergeführt, während die Brüstungsfriese der Geschosse mit der Schattenfuge an der breiten Ecklisene endeten.

1868 weiterer Ausbau durch *Einrichtung von 14 Arrestzellen im IIIten Stockwerk des Arresthauses* nach dem Muster der unteren Stockwerke (Plan 6, siehe Abb. 1043). Der hausbreite Raum zwischen Treppenhaus und Ostgiebel war als *künftiges Zeugen-Zimmer* bestimmt. Den letzten, äußerlich seit 1853 unveränderten Zustand der Hauptwache zeigt ein Lichtbild der Zeit um 1870 (Nordsiek 1979, S. 297, Abb. VI.26).

Da die Arrestzellen wohl nicht ständig voll belegt waren, hatten zuletzt ca. 50 Mann des I. Bataillons des Infanterie-Regiments Nr. 15 ihre Unterkunft im dritten Stock der Hauptwache (Cramer 1910, S. 241). Zum 1. Juli 1882 wurden Wache und Arresthaus in das neue Gebäude auf dem Simeonsplatz verlegt (Schroeder 1886, S. 715). Der alte Bau im folgenden Jahr an den Hotelier Schäffer verkauft, als »Victoriahalle« dem Hotelkomplex Markt 11 zugeschlagen und mehrfach durchgreifend umgebaut. Dabei blieben außer den Umfassungswänden – mit geänderter Geschoßteilung und Dekoration – lediglich die Gewölbe im Erdgeschoß erhalten, deren Pfeiler durch gußeiserne Stützen ersetzt wurden. Das bis dahin nicht unterkellerte Haus erhielt im hinteren Drittel einen im Ostteil dreischiffigen Keller mit flachen Stichbogenkappen aus Backstein über Bruchstein-Stichbogenmauern.

U.-D. Korn

MARKT 14 (Abb. 888, 892, 1016, 1035, 1038, 1044–1050, 1056)

1729 bis 1741 Martini-Kirchgeld Nr. 14 (Nebenhaus) und 15 (Haupthaus); bis 1878 Haus-Nr. 166 und 167; mit Hintergebäude Martinikirchhof 2

QUELLEN: KAM, Mi C 859.

LITERATUR: MA 1771, S. 455. – Cole 1988.

Siehe auch: Kap. I.1, Stützmauer

Große bürgerliche Parzelle von etwa 12,75 m Breite (nach hinten schmaler werdend) und nur mäßiger Tiefe, da sie rückwärtig im Westen durch die hier den Martinikirchhof begrenzende Stützmauer zur Oberstadt diagonal begrenzt wird. Dorthin im Niveau um mehrere Meter ansteigend (die Hoffläche offensichtlich nach 1500 oder 1503 um etwa 1,20 m abgesenkt). In diesem Zuschnitt spätestens seit dem Spätmittelalter festgelegt. Links neben dem offensichtlich 1503 erneuerten Haus eine schmale Durchfahrt, nachträglich abgetrennt und schon vor 1743 mit einem selbständig genutzten Nebenhaus (Haus-Nr. 166) bebaut, das allerdings bis zu seinem Neubau 1806/07 noch die Durchfahrt auf den Hofbereich des Grundstücks gestattete. Kurz danach wurden beide Grundstücke wieder vereint.

Hinter dem Vorderhaus auf erhöhter Fläche ein in der Substanz noch in die Mitte des 15. Jahrhunderts zurückreichendes Hintergebäude, das unmittelbar vor die Stützmauer gesetzt und seit einem Umbau des 18. Jahrhunderts in der dritten Etage vom Martinikirchhof aus zugänglich ist (Martinikirchhof 2). Dieses nahm zumindest seit einer im Jahre 1500 vorgenommenen Erweiterung neben Lager- und Wirtschaftszwecken auch eine aufwendige Wohnung auf.

Das Haus 1770 zinspflichtig für jährlich 8 gr zum Hospital St. Nikolai (KAM, Mi, B 103 b,2 alt). Möglicherweise ist es das Grundstück, das 1352 in einer Urkunde beschrieben wird: Am 15. 6. 1352 weisen Rat und Vorsteher des Heilig-Geist-Hospitals ein Haus und Grundstück am Markt, das zum Hospital gehört, ihrem Diener Engelbert zu, wofür er jährlich eine Rente von 1 Mark zu zahlen hat. Auf dem Rand der Urkunde später angemerkt *de lütke Ludeke posidet … Arent Ludeking 1 M. Michaelis* (STA MS, Mscr. VII, 2716, Nr. 22, fol. 13v). 1710 zahlt Johannn Eschenhorst wegen einer auf seinem Haus ruhenden Obligation an das Nikolai-Hospital 8 gr; 1740 Witwe Michael Weber; 1751 Wittwe Weber nunc Johan Becker, 1759/74 Johann Becker Pacht 5 gr 4 d; 1784 Kaufmann Wilhelm Becker; 1811 Kaufmann Reinhard Joc. Pollitz 4 gr (KAM, Mi B 103 b,2 alt; C 203,22 alt; C 355,16 alt; C 604).

1499 Hermann Rodenbeck (1471 Bürger, ab 1496 als Ratsherr und ab 1502 als Verwahrer von Heilig-Geist-Hospital und 1513 als Stadtrentenmeister nachweisbar. Seine Witwe Mette Magdalene 1528 im Weingarten wohnend, sein Sohn mit gleichem Namen im Scharnviertel); 1663 Jobst Brune, Wohnhaus mit dem kleinen Nebenhaus (hat auch ein weiteres, an Andreas Bonhorst vermietetes Haus, wohl das Hinterhaus Martinikirchhof 2); 1675/84 Jobst Bruns; 1684 sel. Bruns, jetzt Eschenhorst; 1692/11 Johan Eschenhorst (zahlt 4 Thl Giebelschatz); 1718 Heirat von *Monsi. Michael Weber, Corporal in Major Kaustrins Compagnie* mit Beate Elisabeth Eschenhorst; 1723 Michael Wever *auf dem Markt*, beerdigt seine Tochter (KKA St. Martini); 1724 Gastwirt Michael Weber; 1731 Michael Weber *auf dem Markt*, beerdigt ein Kind auf dem reformierten Friedhof; 1732 heiratet Michael Weber, *Herbergierer am Markt* die Anna Katharina

Abb. 1044 Markt 14 mit Nebenhaus (Mitte) und anschließender Bebauung, Ansicht von Südosten, 1994.

Becker (Tochter des verstorbenen Johann Friedrich Becker); 1729 Weber am Markt; 1738 Webers Haus, vorher Eschenhorst; 1740 Witwe Michael Weber; 1744 Johann Becker; 1750/1771 Johann Becker; 1755 Haus für 400 Rthl, Hinterhaus 200 Rthl; 1764 Kaufmann Becker; 1768 Kaufmann Friedrich Becker, Haus mit Braurecht; 1777 Wilhelm Becker; 1781 Becker, Wohnhaus 800 Rthl, Hinterhaus 400 Rthl; 1790 Kaufmann Becker; 1793/98 Becker hat eine Seifensiederei in dem Gebäude Bartlingshof 4 (wohl seit 1771); 1804 Kaufmann Becker, Haus mit Brunnen und Braurecht; 1806 Pollitz hat Wechsel auf dem Haus; 1806 Kaufmann Wilhelm Heinrich Becker hat das Recht auf zwei Marktbuden vor dem Haus und einer vor dem Nebenhaus (KAM, Mi, C 509); 1809 Kaufmann Wilhelm Heinrich Becker, mittlerer Bauzustand; 1809/12 Reinhard Pollitz (* 1771 in Verden), Wohnhaus nebst Scheune und Seifenfabrik sowie Ackerland in der Kuhtorschen Hude; 1818 Reinhold Pollitz, Wohnhaus 2 500 Thl, Hintergebäude nebst Pferdestall 500 Thl; 1821 an Jonas Meyer für 5 500 Thl verkauft und zu der schon 1818 an der Tränkestraße 12 erworbenen Seifenfabrik verzogen; 1846 Jude und Kaufmann Jonas Meyer (* 9. 8. 1830 in Steinheim, Kr. Höxter) mit Familie; 1852 werden die Gebäude, in denen ein Manufakturwarengeschäft und Bierbrauerei betrieben wurde, von den Erben Jonas Meyer zum Verkauf angeboten (Fama 1852); 1861 Kaufmann Meyer; Nach dem Neubau zog auch die Familie des jungen, 1858 geborenen Franz Boas in das Haus, dessen Mutter Sophie Meyer hier geboren worden war. Franz Boas wurde später in Amerika zum bedeutendsten Anthropologen. 1876 Kaufmann Meyer, Kaufmann Boas und Kaufmann Lilienthal (Kaufmann W. Boas ließ sich 1878/79 die Villa Marienstraße 17 errichten); 1880 Jonas Meyer Söhne, Getreidehandel sowie Franke und Lilienthal, Modewarenhandlung. 1902 Verkauf der im Hause ansässigen Firma Lilienthal & Franke an Kaufmann Wilhelm Grönegress und Glawatz (1910 ausgeschieden). Das Geschäft Franke & Lilienthal Nachfahren 1932 geschlossen, seitdem die Läden vermietet; das Haus bis 1994 im Besitz der Geschwister Grönegreß (Herbert Grönegreß war über Jahrzehnte Geschäftsführer des Kaufhauses Hagemeyer (siehe Hohnstraße 29) und errichtete 1953/54 die Häuser Kuhlenstraße 42 und 44 und 1960 für sich das Haus Blumenstraße 23).

Dielenhaus (1504–1861)

Der Bau ist in seiner Gestalt nach einer Lithographie des Marktes mit dem Rathaus von Sickert 1840 (Abb. 888) überliefert als verputztes Giebelhaus mit zwei Geschossen. Die Umfassungswände dieses Altbaus sind im heutigen Baukörper erhalten als etwa 1 m starke verputzte Mauern unbekannten Alters, sicherlich jedoch spätmittelalterlich. Sie deuten auf ein Giebelhaus mit hoher Diele hin, die nachträglich in zwei Geschosse unterteilt worden ist. Die weitere grundsätzliche innere Struktur noch heute aus den erhaltenen Kelleranlagen zu erschließen: Rechts vorn von der Diele schon lange ein Stubeneinbau abgetrennt, darunter ein tonnengewölbter Keller (heute verputzt, nicht näher bestimmbar). Ein weiterer Keller mit flacher Decke unter dem rückwärtigen Hausteil, der halb aus dem Niveau herausragt und offensichtlich als Saalteil anzusprechen ist. In wieweit bis 1861 diese typisch spätmittelalterliche Struktur noch erhalten war, ist nicht festzustellen. Jedenfalls war zu diesem Zeitpunkt nach Ausweis der überlieferten Fassadenansicht der vordere Bereich schon ganz zweigeschossig durchgebaut. Teile des alten Dachstuhls sind zudem in dem

Abb. 1045 Markt 14 (Rückansicht in der Mitte), Hinterhaus Martinikirchhof 3 (links) und Markt 16 (rechts), Ansicht von Süden, 1993.

Dachwerk des heutigen Hauses als wiederverwendetes Holz erhalten. Die dendrochronologische Datierung des 7. Sparrens von Osten auf der Nordseite erbrachte das Fälldatum 1503/04 (1996 durch H. Tisje, Neu-Isenburg).

Das Haus 1768 repariert (KAM, Mi, C 380), wofür 30 Rthl Baufreiheitsgelder gezahlt wurden (KAM, Mi, C 133). Im heutigen Haus haben sich in Zweitverwendung auf dem Dachboden noch eine Anzahl von Türen mit zweifeldrigen Rahmen erhalten, die dieser Bauphase entstammen dürften. Sie zeigen z. T. verglaste und geschweifte Oberlichter, z. T. aufwendig geschmiedete offene Hespen. 1818 erfolgte eine weitere Hauptreparatur für 706 Rthl (KAM, Mi, C 384).

1861 wird dann ein weitgehender Neubau des Hauses vorbereitet, dazu die Verträge im Familienbesitz Grönegress erhalten: am 19. 10. 1861 wird festgestellt, daß das Haus des Kaufmanns Meyer, *sub Nr. 166 und 167* und das Haus der Geschwister Müller, *sub Nr. 168* (Markt 12) durch eine schmale Traufwand geschieden sind, die gemeinschaftliches Eigentum ist. Das Haus Meyer ist neu erbaut, woraus Streit um das Lichtrecht entstanden ist (Abb. 1035). 13. 10. 1863: *Neubau des Hauses Markt 168, Buchhändler August Volkening betreffend*: Kaufmann Abraham Meyer, *sub 166/67* schließt mit dem Buchhändler August Volkening, *sub 168, früher Müllersches Haus,* folgende Vereinbarung: Die gemeinsame Gosse zwischen den beiden Häusern wird im vorderen Teile alleiniger Besitz von Volkening. Bei dessen Neubau wird die südliche Traufwand auf 59 Fuß Länge unmittelbar an die Außenwand von Meyer gesetzt. Dafür erhält Meyer dahinter einen Gang auf dem Grundstück Volkening, den dieser freilassen muß. Der Gang wird auf Kosten von Volkening mit zwei Decken und einem Dach versehen. Gegen Eindringen von Feuchtigkeit muß Volkening die Gosse von Meyer durch Zinkblech und Schieferbehang sichern. Zwischen beiden Häusern soll an der Fassade ein Schlitz verbleiben, in dem sich die Gesimse verkröpfen können. Bauführer Hölscher soll im Streitfall gutachten. Auf der anderen Seite sind Eigentümer die Geschwister Georg und Carl Müller sowie die unverheiratete Dorothea Müller.

Abb. 1046 Martinikirchhof 2, Ansicht von Norden während der Zurücknahme des Giebels, 1946. Dahinter Opferstraße 8, 6, 4 und 2.

Erneuerung 1861

1861 eingreifender Umbau und Aufstockung des im Kern spätmittelalterlichen Hauses. Damit Schaffung eines dreigeschossigen Wohn- und Geschäftshauses mit spätklassizistischer Putzfassade unter flachem Walmdach. Das Nebenhaus (Nr. 166) blieb zunächst von den Baumaßnahmen unberührt, wurde dann aber wenig später ebenfalls erneuert. Dabei das Innere des bestehenden Hauses durchgebaut, das Dachwerk abgebrochen und ein zusätzliches Geschoß aus Backstein aufgesetzt. Darüber aus den Hölzern des alten Dachwerkes ein neues flach geneigtes Dach (mit zwei stehenden Stühlen unter der Kehlbalkenlage) mit niedrigem Drempel und vorderer Abwalmung aufgeschlagen, rückwärtig mit schlichtem Giebel aus unverputztem Fachwerk. Der Drempel aus verputztem Fachwerk gebildet. Am Rückgiebel blieb von den alten Umfassungsmauern nur das Erdgeschoß erhalten, darüber Fachwerk mit Schwelle-Rähm-Streben, während die anschließende südliche Traufwand im Hinterhausbereich noch zwei Bogennischen für Fenster des 16./17. Jahrhunderts aufweist.

Die Fassade heute in der Gliederung erneuert, daher das Material nicht mehr feststellbar: Die beiden oberen Geschosse jeweils durch breite Gesimsbänder in Sockel- und Gebälkzone geteilt, zwischen den 5 Fenstern jeweils Pilaster, die an den Ecken verdoppelt sind. Der Drempel durch eine hohe Gebälk- und Gesimszone verdeckt. Im Erdgeschoß eine entsprechende Gliederung, die drei Schaufenster einfaßte.

Im Inneren wurde ein zentrales Treppenhaus geschaffen, das in den mittleren Hausbereich vor dem rückwärtigen erhöhten Keller gelegt und durch den Laden erschlossen war, nach dessen Ausbau aber einen Zugang von der linken Traufwand (durch das Nebenhaus) erhielt. Während in den unteren Geschossen im Bereich vor dem Treppenhaus seitdem zahlreiche Umbauten durchgeführt wurden, hat sich rückwärtig und in dem 1861 aufgesetzten zweiten Geschoß der ursprüngliche Zustand weitgehend erhalten einschließlich des hierhin führenden zweiläufigen hölzernen Treppenhauses mit Belichtung von der nördlichen Traufwand und des Mittellängsflures, der zum Markt in zwei hellen und repräsentativen Zimmern endet (auch das erste Obergeschoß dürfte ehemals so eingeteilt gewesen sein). 1960 Einbau eines Badezimmers.

1891 Entwässerung; 1904 Umbau der Schaufenster (Plan: Hutze/Porta); 1905 Ausbau des ersten Obergeschosses; 1909 Kanalisation, Aborteinbau (dabei mit Markt 12 gemeinsamer Abortanbau aus Fachwerk am Rückgiebel); 1922/24 werden unter dem vorderen Hausbereich neben dem alten Keller die übrigen Teile mit Betondecken unterkellert; 1932 Vermietung an Kaisers-Kaffeegeschäft, neue Schaufenster; 1953/54 Schaufenster und die gesamte Fassade des Hauses werden neu gestaltet (Planung A. Münstermann). Geschäftserneuerung in dem rückwärtigen Bereich. Die Holzdecke über dem rückwärtigen Keller wird in Beton ersetzt; 1968 Umbau der Läden für Commerzbank; 1987 Umbau der Läden für Telefonladen; 1996/97 vorsichtige Sanierung und Modernisierung des Inneren.

Nebenhaus (Abb. 1054, 1057)

1665 Jobst Brune, kleines Nebenhaus; 1667 Witwe Mattias Westerwald; 1668 Jobst Bruns kleines Haus; 1675 Jobst Brunes Bude, bewohnt von Caspar Rahtert; 1678 Jobst Bruns kleines Haus; 1679 bewohnt von Friedrich Lechelt; 1680 vermietet an Friedrich Leichelt; 1684 vermietet an Jost Friedrich Drost; 1692/96 vermietet an Hans Jurge; 1702/11 Joh. Eschenhorsts kleines Haus (zahlt 2 Thl Giebelschatz); 1723 Witwe Vietor; 1738/41 Eschenhorsts Bude, jetzt Glockenbrinck; 1743 nicht genannt (Haus ohne Grundstück); 1750 Herr Senator Wesseling; 1755 Witwe Senator Wesseling, Haus für 150 Rthl; vor 1766 an Hünchen, Haus für 200 Rthl; 1771 Johann Friedrich Hünecke; 1776 an den Perückenmacher Pasquier vermietet, soll neu vermietet werden (MA 1776, Sp. 224); 1777 Erben des sel. Joh. Fr. Hüneken verkaufen das kleine Haus am Markt (sowie auch Markt 9 und WMA, 1777, S. 39) an Bäcker; 1781 Herr Becker; 1798 Mieter ist Habenicht, jun.; 1804 Mieter: Schneider Schütze, ohne Braurecht; 1807 Pollitz; 1808 Pollitz ist zusammen mit Brunswick Vorstand des Kaufmanns-Kollegiums; 1809 Kaufmann Reinhard Pollitz, Durchfahrt zur Seifenfabrik; seit 1818 mit Haus-Nr. 167 zusammengefaßt.

Nebenhaus (bis 1807)

1806 wird berichtet, das Gebäude sei *nur Durchfahrt zur Scheune* (KAM, Mi, C 371,14 alt). Das im 18. Jahrhundert hier bestehende Gebäude offensichtlich ein zweigeschossiger Bau, der im Erdgeschoß die Durchfahrt, im Obergeschoß eine kleine Wohnung aufnahm. Um 1807 Abbruch für Neubau.

Nebenhaus (von 1807)

1807 wird *die Durchfahrt* – womit offensichtlich das Nebenhaus bezeichnet wurde – zur Seifenfabrik hergestellt und 1808 als Neubau bezeichnet (KAM, Mi, D 389). Hierbei entstand ein dreistöckiger und traufenständiger Fachwerkbau, wohl mit Satteldach, der auch einen (1996 freigelegten) südlichen Giebel aus Fachwerk zum Haus Markt 16 erhielt. Schlichtes, konstruktives Fachwerk mit Backsteinausfachung; an den Ansichten zur Schaffung von großen Fensteröffnungen Riegelversprünge und Doppelständer.

Der Bau etwa 1861 eingreifend umgebaut und modernisiert. Dabei Schaffung einer neuen massiven Vorderfront und nach Abnahme des alten Dachwerkes neues Flachdach mit Pappeneindeckung, dessen Räume aber trotz anderer Höhen weiterhin vom Haupthaus erschlossen. Die Fassade wurde in anderer Weise als die des Hauptbaus gegliedert: Fenster mit feinen Profilen gerahmt, schmale Gesimse zur Geschoßteilung, aufgesetzte Attika als Dachabschluß. 1949 Einbau einer neuen Treppenanlage zur Erschließung von Geschäften im Obergeschoß des Haupthauses; zugleich das Erdgeschoß zur Passage aufgelöst. 1954 Erneuerung der Fassadengliederung. 1996 Umbau.

Abb. 1047 Martinikirchhof 2, Ansicht von Südosten, 1994.

Hintergebäude Martinikirchof 2 (von etwa 1450) (Abb. 1016, 1038, 1046–1050)

LITERATUR: Kaspar 1986, S. 159.

1500 Hermann Rodenbeck; 1663 wohl das Haus des Jost Brunen, vermietet an Andreas Bonhorst; 1755 Becker, Hinterhaus 200 Rthl; 1781 Kaufmann Becker, Hinterhaus 400 Rthl; 1809 Pollitz, Scheune 500 Rthl; 1818 Pollitz, Hintergebäude 500 Thl.

Das im Kern aus dem 15. Jahrhundert stammende und zumindest seit der 1500 erstellten Erweiterung bis in das 17. Jahrhundert auch Wohnzwecken dienende Gebäude wurde in den vergangenen Jahrhunderten nur noch als Wirtschaftsgebäude genutzt. In seiner heutigen Erscheinung wird es durch einen einschneidenden Umbau von 1776 bestimmt, bei dem nicht nur ein neues Geschoß aufgesetzt wurde, sondern auch an der älteren Substanz umfangreiche Bauarbeiten durchgeführt wurden. Dieser Bau diente offenbar nach 1821 bis in die zweite Hälfte des 19. Jahrhunderts als Lagerhaus des Kornhandelsgeschäftes Meyer.

Abb. 1048 Martinikirchhof 2, Vordergiebel zum Hof hinter Markt 14, Ansicht von Osten, 1996.

Unter weitgehender Verwendung von älteren Bauhölzern eines abgebrochenen Bauteils hat man wohl 1776/78 ein neues zweites Obergeschoß und ein neues Dachwerk über zwei älteren Etagen gezimmert, doch wurden schon bei früheren Umbauten umfangreiche Erneuerungen des Gebäudes durchgeführt. Umfassende dendrochronologische Untersuchungen der wohl 1776 wiederverwendeten Hölzer und der in den unteren Bereichen schon bei früheren Reparaturen wiederverwendeten Bauteile – verbunden mit genauen Untersuchungen der an diesen feststellbaren Bau- und Verzimmerungsspuren – haben eine komplexe Baugeschichte dieses im Kern bis auf die Zeit um 1470 zurückgehenden Gebäudes erkennbar und rekonstruierbar werden lassen, auch wenn heute aus dieser ältesten Bauphase keine Substanz mehr im ursprünglichen Verbund erhalten ist. Erst die auf der Grundlage dieser aufwendigen Untersuchungen möglich gewordene Rekonstruktion der früheren, nicht mehr im Original erhaltenen Bauphasen läßt den besonderen Wert des Baukomplexes deutlich werden, der – bislang ohne Vergleich geblieben – wesentliche Aussagen zum spätmittelalterlichen Fachwerkbau Mindens erlaubt. Darüber hinaus wurden bislang ebenso einzigartige Bauformen erkennbar, die neue Einblicke in die differenzierte Kultur der bürgerlichen Führungsschichten des Spätmittelalters ermöglichen.

Die folgende Baubeschreibung der bestehenden Substanz legt insbesondere Wert auf den Umfang der überlieferten älteren Bauteile und die Indizien für Rekonstruktionen. Zur Klärung der Baugeschichte war eine dendrochronologische Untersuchung notwendig (1993 durch H. Tisje/Neu-Isenburg). Die ermittelten Datierungen im einzelnen:

Ende 1469	1. Obergeschoß, Ostgiebel, 4. Ständer von Süden
Ende 1472	1. Obergeschoß, Nordwand, 6. Ständer von Osten (zweitverwendet)
1470 ±1	1. Obergeschoß, Südwand, 5. Ständer von Osten (zweitverwendet)
um oder nach 1470	Erdgeschoß, 6. Balken von Osten
um oder nach 1475	1. Obergeschoß, Nordwand, 7. Ständer von Osten (zweitverwendet)
Ende 1498	1. Obergeschoß. 2. Geschoßbalken von Osten (Bundzeichen II)
Ende 1498	1. Obergeschoß, 4. Geschoßbalken von Osten (Bundzeichen IIII)
Ende 1499	1. Obergeschoß, Südwand, Kopfband im 4. Gebinde von Osten
1494 ±8	1. Obergeschoß, Ostgiebel, 6. Ständer von Süden
1499 ±3	Dachwerk, Südseite, 1. Vollsparren von Osten
um oder nach 1500	Dachwerk, Nordseite, 1. Vollsparren von Osten
Ende 1648	1. Obergeschoß, Ostgiebel, 3. Ständer von Süden
1645 ±8	Erdgeschoß, 10. Balken von Osten
um oder nach 1630	1. Obergeschoß, Nordwand, 2. Rähmstück von Osten (zweitverwendet)

Die auf Grund einer archivalischen Nachricht wohl von 1776 stammenden Bauteile entzogen sich einer dendrochronologischen Datierung. Aus den zahlreichen Baubefunden ergibt sich im groben folgende Entwicklung des Baukörpers, die sich – vergleichbar der Baugeschichte auf den Nachbargrundstücken – in folgender Weise gestaltete:

Bauphase I: 1472/73 Bau eines giebelständigen, zweigeschossigen und schlichten Fachwerkbaus mit hohem Untergeschoß und niedrigem Obergeschoß aus hohen Wandständern. Der Dachansatz liegt in etwa der Höhe der Mauerkrone der Stützmauer.

Bauphase II: 1499/1500 Verlängerung des Baus im Auftrage von Hermann Rodenbeck nach vorn in gleicher Geschoßeinteilung und gleicher Breite, wobei das Erdgeschoß mit Backsteinmauern ausgeführt wird. Über dem neuen Bauteil wird zusätzlich ein hohes zweites Obergeschoß (wohl zu Wohnzwecken) errichtet, im Inneren durch eine größere Treppenanlage erschlossen. Schäden im Anschluß an die Stützmauer ließen die Besitzer des Baus zu einem unbekannten Zeitpunkt einzelne Wandpartien massiv erneuern.

Bauphase III: 1648/49 umfangreiche Erneuerungen am Gerüst des Ständerbaus von 1472/73. Es wird abgebaut und die langen Ständer zu stockwerkshohen Ständern zersägt, die im ersten Obergeschoß über einem nun auch in diesem Bereich massiven Erdgeschoß aufgestellt werden. Das Dachwerk wird wieder aus den alten Hölzern verzimmert.

Bauphase IV: Um 1776 kommt es archivalischen Nachrichten nach erneut zu umfangreichen Baumaßnahmen, die im unteren Bereich die Reparatur einzelner Mauerteile betreffen, im oberen Bereich aber zum Bau eines durchgehenden zweiten Obergeschosses führen, wozu das vorhandene über dem Bauteil von 1500 abgebrochen wird und die Hölzer neu verzimmert werden. Dieser Umbau wird als *Neubau* bezeichnet: 1776 *Kaufmann Becker hat ein neues Haus für 1046 Rthl errichtet*, bekommt aber kein Baufreiheitsgeld: *weil es an keiner Hauptstraße liegt, mit keiner Nummer versehen ist, sondern zu einem anderen Hause gehöret* (KAM, Mi, C 384). 1777 ist *das neue, aus eigenen Mitteln* erbaute Haus des Kaufmanns Becker noch nicht fertig (KAM, Mi, C 874). 1790 ist das Hinterhaus (Nebenwohnhaus) an die Stützmauer gebaut, hat Ausgang zum Kirchhof, die Balken liegen quer zur Mauer.

Wohl zeitgleich (1818 zuerst als Pferdestall belegt) entsteht vor dem Giebel zum Hof ein eingeschossiger Stallanbau, der z. T. den alten Haupteingang des Gebäudes verdeckt. Im Inneren des Altbaus wird firstparallel ein Traggerüst in allen Etagen eingebaut, das dennoch die weiter eintretenden enormen Verformungen des Gebäudes nicht unterbinden kann. In einer späteren Reparatur wurden die Balken über den Stuhlrähmen und z. T. auch an der nördlichen Traufwand angehoben und unterfüttert, um wieder gleichmäßige Ebenen herzustellen. 1852 wird eine ehemalige Bierbrauerei auf dem Grundstück erwähnt. Im Laufe des 20. Jahrhunderts wird das Gebäude kaum noch genutzt. 1946 werden Luftdruckschäden des Zweiten Weltkrieges dazu genutzt, den wohl um 1776 entstandenen Giebel zum Martinikirchhof zu erneuern.

DIE BAUGESCHICHTLICHEN BEOBACHTUNGEN IM EINZELNEN:

BAUPHASE I: Den Kernbau bildet ein schlichtes Fachwerkgebäude, das sicherlich nur Wirtschafts- und Lagerzwecken diente. Die Gestaltung der Wände erlaubte keine weitere Durchfensterung. Das Gerüst des Kernbaus ist heute zwar nicht mehr erhalten, aber auf Grund zahlreicher wiederverwendeter Teile in dem Nachfolgebau von 1648/49 in seiner Erscheinung weitgehend zu rekonstruieren, da sich die Dimensionen zudem aus dem Anbau von 1499/1500 erschließen lassen. Das Kerngerüst muß die gleichen Breiten aufgewiesen haben, da der Anbau ohne eigene Rückwand an den älteren Bau angeschlossen wurde. Daher kann auch von der gleichen Entwicklung der Höhen des älteren Gerüstes ausgegangen werden.

Von dem Kernbau lassen sich zwei Balken nachweisen, die an den jeweils gegenüberliegenden Kopfbandschlitzen die Ziffern 1 und 14 bzw. 2 und 13 tragen und daher den Schluß erlauben, daß das Gerüst 7 Gebinde aufwies, wobei die Ständer der beiden Wände nacheinander im Kreis durchgezählt worden sind. Die Länge des Gerüstes ergibt sich zum einen aus der Stellung des Anbaus von 1499/1500, zum anderen aus der Stützmauer, gegen die das Gebäude gebaut wurde. Da diese den Bauplatz diagonal begrenzt, ergibt sich für die längere Traufwand des Gerüstes eine Strecke von 12,80 m, (für die kürzere von 8,35 m), was bei gleichem Ständerabstand und Ständerbreite von 24 cm auf dieser Wand zu einer rechnerischen Gefachbreite von 1,67 m führt. Da die Balken mit zunehmender Nähe zur Stützmauer jeweils geringfügig länger werden, ist auf Grund der Abmessungen davon auszugehen, daß die beiden erhaltenen Balken vom östlichen (vorderen) Ende des Gerüstes stammen.

Die Wandständer des ersten Obergeschosses des Nachfolgebaus von 1648/49 bestehen durchgehend aus Abschnitten von Ständern des Kernbaus. Ihre Spuren der Verzimmerung lassen auf eine Geschoßständerkonstruktion schließen: darauf weisen neben den erhaltenen unterschiedlichen Ständerausschnitten die Spuren einer Verschwertung der Wand ebenso hin, wie die hohen Riegelabstände. Von den 14 ursprünglich vorhandenen Ständerköpfen sind fünf nachweisbar, die neben den Kopfbandschlitzen zu den aufgelegten Dachbalken auf eine Kopfbandaussteifung des Gerüstes im Längsverband weisen: ein Ständer hat zwei Kopfbänder, zwei Ständer haben ein Kopfband und ein Ständer gar kein Kopfband im Wandgefüge. Sie lassen auf ein Wandgerüst mit einseitigen Kopfbandverstrebungen schließen, deren System in Gerüstmitte wechselt. Zudem weisen die Ständer durchgängig auf eine Gefachhöhe von 1,56 m bis zur darunter liegenden Riegelkette (die einfach vernagelt und ca. 14 cm hoch war). Weitere erhaltene Ständerabschnitte belegen ebenfalls Riegelab-

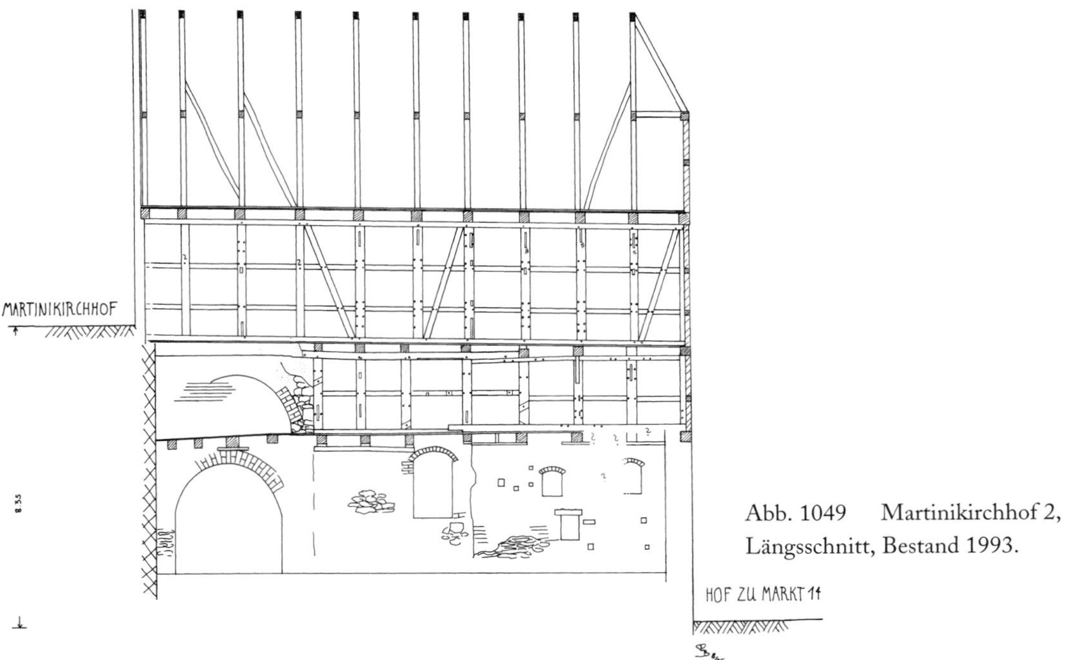

Abb. 1049 Martinikirchhof 2, Längsschnitt, Bestand 1993.

stände von mindestens 1,20 m und bis zu über 1,40 m. Geht man daher davon aus, daß auch in den unteren Bereichen des Gerüstes die Riegel den gleichen Abstand wie oben aufweisen, ergeben sich auf der ganzen Wandhöhe drei Riegelketten. Dabei sind die Zapfenlöcher für die Geschoßbalkenlage und die darunter angeordneten Kopfbänder mit Abschluß unmittelbar über der zweiten Riegelkette angeordnet. Erhaltene Ständerabschnitte dieses Bereiches fehlen gänzlich, erklärbar daraus, daß konstruktive Schäden des Gerüstes zu dessen Abbruch 1648 geführt haben. Diese wurden insbesondere in den empfindlichen Gefügeknoten im Bereich der Geschoßbalkenlage eines Ständerbaus wirksam und dürften dazu geführt haben, daß insbesondere diese Bereiche bei dem Zerteilen der Ständer entfernt worden sind (ebenso lassen sich keine Stücke aus dem Bereich der Ständerfüße nachweisen, wo die Verwitterungsschäden am größten gewesen sein dürften). Aus dem Bereich der Wand zwischen der ersten und der zweiten Riegelkette von unten sind hingegen wiederum fünf Ständerabschnitte überliefert. Drei von ihnen zeigen zudem Spuren einer innen in sehr flachem Winkel von 23° über die Ständer geblatteten Schwertung (ebenso an dem Ständerkopf mit zwei Kopfbändern im Längsverband). Sowohl die Art der Ausfachung des Gerüstes wie auch die Frage, ob die Riegel bündig mit der Außenwandfläche verzimmert wurden, lassen sich nicht mehr feststellen.

Über dem wohl 1776 neu verzimmerten zweiten Obergeschoß des Gebäudes wurden in Drittverwendung (das Dachwerk muß schon bei der Erneuerung 1648/49 ein erstes Mal neu aufgeschlagen worden sein) umfangreiche Reste des Dachwerkes des Kernbaus wieder verwendet (von den zwölf nachweisbaren ursprünglichen Sparren finden sich noch heute 11 als Sparren verwendet und

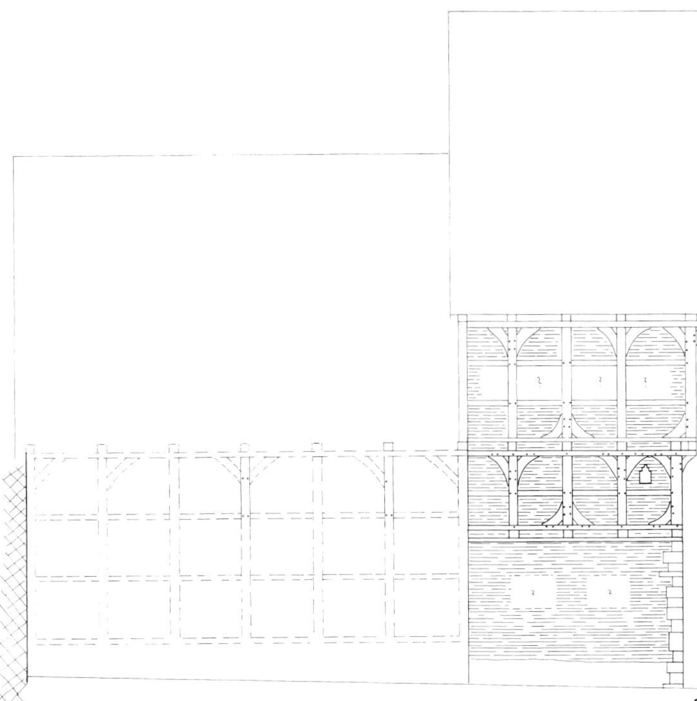

Abb. 1050 Martinikirchhof 2, Ansicht von südlicher Traufwand und Ostgiebel sowie Querschnitt durch den rückwärtigen Teil, Blick nach Osten, rekonstruierter Zustand um 1500.

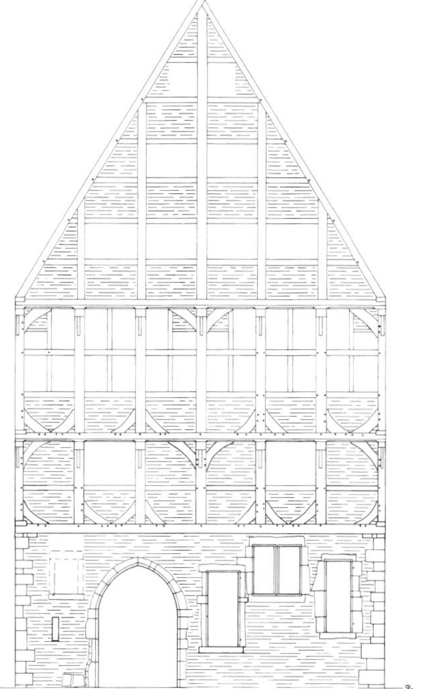

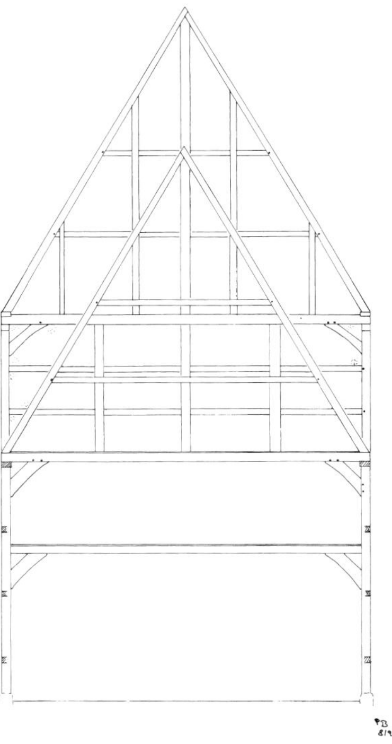

einer als Kehlbalken). Sie lassen ein Sparrendachwerk mit 60° Neigung mit zwei einfach verzapften Kehlbalkenlagen erkennen. Das vordere Giebeldreieck zeigte drei Kehlbalken. Nagellöcher an den Sparren belegen, daß eine Längsaussteifung durch untergenagelte Windrispen vorhanden war. Die Sparren der Bauphase I und II lassen sich durch unterschiedliche Nagelstärken bei den Kehlbalkenzapfen (28 bzw. 30 mm) unterscheiden, ferner variiert der Abstand der Kehlbalkenlage geringfügig.

Weitere erhaltene, aber nicht mehr näher bestimmbare Teile dieser Bauphase: Heute als Rähm über dem ersten Obergeschoß an der Südseite verwendetes Längsholz von über 9,2 m Länge, das Zapfspuren dreier Ständer aufweist, die im Abstand von 2,5 m, 2,5 m und 2,35 m standen. Denkbar als Längsunterzug.

Schon im 16. Jahrhundert, jedenfalls vor dem Abbruch des Gerüstes müssen Reparaturen im Erdgeschoß des Gebäudes im Anschluß an die Stützmauer durchgeführt worden sein. Hierbei wurde im Bereich des Erdgeschosses an der südlichen Traufwand eine Bruchsteinmauer errichtet, die mit zwei Backsteinbögen verspannt wurde. An der nördlichen Traufwand wurde – möglicherweise schon früher – ein kürzeres Mauerstück mit einem Backsteinbogen errichtet, das man gleichartig auch im Obergeschoß aufführte.

BAUPHASE II: Nach dendrochronologischer Datierung 1499/1500, nach inschriftlicher Datierung 1500 verlängerte man den bestehenden Kernbau um 5,70 m nach Osten, in den Hofplatz hinter dem Haus Markt 14 hinein. Zwar wurden die Dimensionen des bestehenden Gebäudes aufgenommen, jedoch wurde es qualitativ unvergleichlich aufwendiger gearbeitet. Nicht nur, daß das Erdgeschoß in diesem Bereich nun aus Backstein mit einer Eckverqaderung von Porta-Sandstein und Gewänden aus Porta- und Obernkirchener Sandstein der zahlreichen Öffnungen ausgeführt wurde, sondern man gab dem Gebäude auch stockwerkweise verzimmerte Fachwerkfassaden, die in aufwendiger Weise durch Strebenfiguren und zusätzliche Vorkragungen des Giebels gestaltet wurden. Dies entsprach offensichtlich den nun dem Gebäude auch in den oberen Bereichen zugeordneten Nutzungen. Denn über die Dimensionen des Kernbaus hinausgehend errichtete man über dem Obergeschoß der Erweiterung noch ein zweites Obergeschoß, das das Dach des Kernbaus verdeckte und als Wohnobergeschoß anzusprechen ist. Vergleichbare Baubefunde sind bislang nicht bekannt – möglicherweise kann von einer Altenteilerwohnung oder einem Sommerhaus ausgegangen werden. Diese Wohnetage bekam eine aufwendigere Treppenanlage aus dem Erdgeschoß, das mit einer eigenen Tür (mit vorgelegter Treppe) in Fassadenmitte und nördlich neben dem Tor zum Erdgeschoß erschlossen war.

Im Inneren des Erdgeschosses ist keine Trennwand zum Kernbau zu erkennen, die unregelmäßige Verwendung der Wandöffnungen läßt auf eine Nutzung zusammen mit dem Kernbau für Wirtschaftszwecke schließen. Erschlossen durch einen schmalen, leicht spitzbogigen Torbogen, vor dem bis 1996 eine vierstufige (fünfte Stufe verschüttet) Treppe vom Hofplatz Markt 14 angelegt war. Unmittelbar nördlich des Tores im Inneren ein heute noch ca. 7,70 m tiefer aus Sandsteinblöcken gearbeiteter Brunnen (Durchmesser 1,22 m) unbekannter Zeitstellung. Etwa firstparallel im kieselgepflasterten Boden eine ca. 2,85 m lange sandsteinerne Rinne zum Torbogen.

Die drei neben dem Tor im Vordergiebel vorhandenen Türen im einzelnen nicht in ihrer Bedeutung klar. Im Sturz über der rechteckigen Öffnung nördlich des Tores eine kurze datierende Inschrift mit lateinischen Zahlen in gotischer Minuskel eingeschlagen: *xvc°*, als 1500 zu entschlüsseln. Daneben ein schräg gestellter Wappenschild mit einem schrägrechten Wellenbalken, oben begleitet von einem sechsstrahligen Stern. Dieses das redende Zeichen (die Rodenbeke vor der Stadt als Teil der Bastau) des Ratsherren Hermann Rodenbeck (KAM, Mi, A III, 175). Die damit hervorgehobene und sich etwa in der Giebelmitte befindliche Tür offensichtlich der Zugang zu einer Treppenanlage zum Obergeschoß, daher ihr innerer Überfangbogen zur Schaffung ausreichender Kopfhöhen schräg nach oben laufend ausgeführt. Vor der Front muß daher eine Treppenanlage zur höher liegenden »Wohnungstür« bestanden haben (am Gewände drei Steinmetzzeichen sowie das nachträgliche Monogramm *TS*). In der nordöstlichen Ecke des Baus an den Innenwänden zahlreiche Spuren von in die Mauer eingelassenen Balken und mehrere kleine Öffnungen, die als Abdruck einer belichteten Treppenanlage zu interpretieren sind (im ersten Obergeschoß am dritten Ständer Zapfenlöcher für ein Geländer ?). Auf Grund dieser verschiedenen Befunde dürfte davon auszugehen sein, daß zumindest in der nordöstlichen Ecke des Erdgeschosses ein Bereich (wohl durch Fachwerkwände) von der Wirtschaftsdiele des Hauses abgeteilt war, in dem eine Treppe zum Obergeschoß bestand. Möglicherweise unter der Treppe Zugang zu einem Aborterker, zu dem die weitere Türöffnung in der nördlichen Ecke der Vorderfront gehört haben könnte. Eine weitere höher sitzende rechteckige Tür oder Luke südlich des Torbogens in der Funktion unklar. An der Innenwand hierunter eine vermauerte Wandnische unbekannter Funktion, an der Außenwand ein Schlitz im Mauerwerk, der möglicherweise ursprünglich eine steinerne Konsole für einen Vorbau vor der Luke aufnahm. Die Öffnungen der südlichen Traufwand unter den alten Überfangbögen sind später erweitert worden, lassen allerdings in diesem Bereich keine Hinweise auf irgendwelche Einbauten erkennen.

Das erste Obergeschoß als Fachwerkstockwerk errichtet, wohl auf Grund der gegenüber dem zweiten Obergeschoß niedrigen Höhe als Lagergeschoß anzusprechen, entsprechend der Nutzung des Geschosses im anschließenden Kernbau und offenbar ohne innere Trennung von diesem. Kein Unterzug und keine inneren Trennwände in diesem Geschoß, wohl aber nicht mehr näher feststellbare Einbauten einer Treppenanlage vom Erd- zum zweiten Obergeschoß in der nordöstlichen Ecke des Stockwerks. Die Konstruktion dieses Stockwerks weitestgehend erhalten und aus soliden Balken mit enger Ständerstellung im gebundenen System bestehend, die ohne Ausbildung eines eigenen Rückgebindes an den Kernbau angeschlossen wurde (zu erschließen daraus, daß die Holzkonstruktion noch heute unmittelbar an die Baunaht zwischen den beiden Bauteilen heranreicht, wobei die Riegel wohl an den älteren Kernbau geblattet waren). Die Konstruktion auf einem starken Schwellenkranz über zwei auf den Mauerkronen aufliegenden Mauerlatten. Das Wandgefüge der drei Fronten mit einer durchgehenden Riegelkette und einer regelmäßigen Anordnung von wechselnden Fuß- und Kopfbändern. Vorkragung des Vordergiebels (beim Neubau des zweiten Obergeschosses um 1776 entfernt) über Rähmenden bzw. Hakenbalken und Knaggen unbekannter Form. Ausfachung offensichtlich von Anfang an aus Backstein, in einigen Teilen auf Grund der verwendeten Steine wohl noch bauzeitlich.

Zweites Obergeschoß: Heute ebenso wie der Kernbau nicht mehr im Original erhalten, da er bei der durchgehenden Errichtung des zweiten Obergeschosses um 1776 über dem ganzen Gebäude abgebrochen wurde. Allerdings wurden die meisten Ständer des zuvor bestehenden Obergeschosses im Bereich der nördlichen Traufwand und des östlichen Giebels des neuen Stockwerkes wieder verzimmert, während die südliche Traufwand durchgängig neue Hölzer zeigt. Im Unterschied zu den unteren Stockwerken ist hier ein Rückgiebel ausgebildet gewesen, da dahinter schon das Dachwerk des Kernbaus anschloß. Die Etage bestand aus insgesamt 18 Ständern (neben den vier Eckständern im Vordergiebel fünf, in den übrigen Ansichten jeweils drei Ständer). Davon sind vier der erhaltenen den Traufwänden zuzuordnen, zwei dem Vordergiebel, drei bleiben unklar; ferner sind die beiden Eckständer des Vordergiebels zu ermitteln. Ebenso ist die Schwelle des Vordergiebels, die Schwelle des darüber befindlichen Giebeldreiecks sowie der Dachbalken über dem in diesem Stockwerk vorhandenen Rückgiebel (als dessen Schwelle dürfte der letzte Balken des Kerngerüstes mitbenutzt worden sein) wieder verzimmert worden. Dazwischen werden vier weitere Balken gelegen haben. Obwohl die Richtung der Zählweise im Gerüst am Vordergiebel nicht nachzuweisen ist, ergeben die erhaltenen Ständer Nr. 1, 2, 3, und 7 zusammen mit der überlieferten Schwelle eindeutig eine symmetrische Gestaltung der Fassade.

Traufwände: Zapfenspuren in den Ständern scheinen eine Querwand in diesem Geschoß unter dem dritten Gebinde zu belegen. Die weitere Ausgestaltung mit Fenstern ergibt sich im Prinzip aus den erhaltenen Stücken von Fensterpfosten. Danach sind in zahlreichen Gefachen Pfosten von ca. 12,5 cm Breite über die obere Riegelkette geblattet, ohne daß sie Anschlagfalze erkennen lassen. Kleine Blattsassen lassen auf eine weitere Unterteilung schließen (möglicherweise im Zusammenhang mit den Kopfbändern). Danach ist davon auszugehen, daß die Fensteröffnungen in weiteren eingesetzten Zargen saßen. Die Ausfachung dieses Stockwerks war nicht zu klären, ist aber aus Backstein anzunehmen.

Vorderes Giebeldreieck: Nach den erhaltenen Zapfspuren in den Ständern des zweiten Obergeschosses kragte es über Knaggen und Hakenbalken vor. Die Aufteilung des Wandgefüges ergibt sich aus der erhaltenen Giebelschwelle sowie den beiden erhaltenen Giebelsparrenabschnitten. Die engen Gefache lassen auf eine nicht verbretterte Konstruktion schließen. Große Teile der Wandkonstruktion sind heute ohne genaue Zuordnung in den Riegelketten des zweiten Obergeschosses zweitverzimmert.

Dachwerk: In der heutigen, um 1776 entstandenen Dachkonstruktion sind neun Sparren und eine Windrispe als ehem. Sparren dem Bauteil zuzuordnen, womit alle Sparren noch vorhanden sind. Danach hatte auch der Rückgiebel zum niedrigen Dach des Bauteils von 1477 nur zwei Kehlbalken und muß daher verbrettert gewesen sein. Die Sparren hatten zwei einfach vernagelte Kehlbalkenlagen.

Die Dachdeckung ist nicht nachweisbar, die Konstruktion läßt jedoch eine Hartdeckung zu.

BAUPHASE III: 1648/49 brach man den Bauteil I ab und führte ihn in veränderter Konstruktion, aber mit gleichen Dimensionen wieder auf. Im Erdgeschoß wurden die letzten Wandteile zwischen den schon bestehenden massiven Abschnitten aus Backsteinmauerwerk aufgemauert, wobei auch umfangreiche, im einzelnen nicht näher bestimmbare Ausflickungen an den älteren Bereichen vorgenommen wurden. Im ersten Obergeschoß wurde nun ebenfalls der erste Abschnitt der südlichen Traufwand massiv aufgemauert. Die alten Ständer der Traufwand wurden zersägt und die stabilsten Teile zu einem neuen ersten Oberstock verzimmert. Darüber setzte man den alten Dachstuhl wieder auf, wobei hier Einzelheiten nicht mehr nachzuweisen sind, da er um 1776 wiederum neu verzimmert worden ist. Bei dieser Gelegenheit sind auch umfangreiche Reparaturen im Gerüst dieser Bauphase vorgenommen worden. Nach den Datierungen ist zeitgleich in den Vordergiebel des Bauteils II eine Ladeluke in das erste Obergeschoß eingebaut worden, wozu in diesem Bereich ein Ständer verschoben werden mußte. Dieser Umbau läßt auf eine weitgehende Nutzung des Gebäudes als Lagerhaus schließen.

Das Giebeldreieck, das über die Stützmauer aufragend, das Gebäude zum Martini-Kirchhof abschloß, ist in seiner Gestalt nicht zu ermitteln.

BAUPHASE IV: Der nach den archivalischen Nachrichten wohl um 1776 vorgenommene einschneidende Umbau wird von der Aufgabe der Wohnnutzung des Komplexes im zweiten Obergeschoß und der Erweiterung der Lagermöglichkeiten durch Aufsetzen eines durchgehenden dritten Geschosses bestimmt, wobei dieses nun von der Oberstadt, vom ehemaligen Martini-Kirchhof aus zugänglich gemacht wurde. Nach Abbruch des Dachwerkes und des zweiten Obergeschosses über dem 1499/1500 errichteten Bauteil wurden zunächst Reparaturen am Holzgerüst des westlichen Bereiches vorgenommen. Dabei Teile der Balkenlagen durch dazwischengelegte Balken verstärkt, die Lagerkapazität zudem durch eine Stuhlkonstruktion erhöht. Sie besteht aus einem mittleren Stuhl, im Untergeschoß zusätzlich durch eine Konstruktion parallel zur südlichen Traufwand (offensichtlich, um die schlechten Balkenauflager zu sichern). Ständer und Kopfbänder sind aus Eiche (z. T. zweitverzimmert), Längshölzer aus Nadelholz.

Die Vorkragung des Vordergiebels wurde beseitigt. Die Balkenlage über dem hohen Erdgeschoß erhielt eine untere Verkleidung aus heute nur noch in Spuren erhaltenem Wellerwerk. Offensichtlich diente der gut belichtete Raum einer höherrangigen wirtschaftlichen Nutzung (Fenster zu dieser Zeit z. T. vergrößert, Schornstein nicht nachweisbar). Anschließend zimmerte man über beiden Bauteilen ein neues und durchgehendes hohes, aber nicht unterteiltes zweites Lagergeschoß, wobei die aus dem Abbruch stammenden Ständer mit verwendet worden sind. Das neue Gerüst mit aufgelegten Dachbalken weist zwei einfach genagelte Riegelketten und Schwelle-Rähm-Streben auf. Die in den unteren Geschossen eingebrachte Stuhlkonstruktion setzt sich in diesem neuen Geschoß fort. Bei geänderter Dachneigung wurde ein neues Sparrendach aus den alten Hölzern aufgeschlagen. Hier wurde ein doppelter stehender Stuhl eingestellt. Die neue Front zum Martini-Kirchhof erhielt einen Steilgiebel mit Ladeluke im Giebeldreieck. Den neuen Teil des Giebels zum Vorderhaus gestaltete man mit einem Krüppelwalm. Das Fachwerk wurde mit schlechten Backsteinen ausgefacht, außen gekalkt, innen mit Strohlehmputz versehen.

Auf Grund von konstruktiven Zusammenhängen (ein Bauteil von 1472 wurde zum Umbau der 1648 eingebauten, nun verstellten Tür im Ostgiebel genutzt), ist möglicherweise zeitgleich mit diesen Umbauten auf dem Hofplatz zwischen Markt 14 und dem Hinterhaus Martinikirchhof 2 ein kleiner, auf dem Urkatasterplan von 1827 eingetragener Wirtschaftsanbau aus Fachwerk über Steinsockel errichtet worden, der z. T. den alten Torbogen verstellte. Das ehemalige Satteldach ist später durch ein flaches Pultdach ersetzt worden, wobei man auch die Höhe der Wände reduzierte (1996 Abbruch).

Im Laufe des 19. Jahrhunderts kam es zu enormen Bauschäden, die z. T. auf überhöhte Lasten, z. T. auf Feuchtigkeitsschäden an der Konstruktion zurückzuführen sein dürften. Die abgesunkenen Balkenlagen wurden über den Stuhlrähmen aufgefüttert, z. T. nicht über die ganze Gebäudebreite reichende Balken dazwischengeschoben.

Nach Luftdruckschäden durch Bombentreffer in der Nachbarschaft wird 1946 auf Betreiben der Bauverwaltung der Giebel zum Martinikirchhof auf die geltende Baufluchtlinie zurückgenommen. Da dies nur das zweite Obergeschoß und Dach betrifft, wird in diesem Bereich eine Betonplatte zwischen Oberkante der Stützmauer und der neuen Bauflucht über das alte Gerüst der beiden unteren Etagen eingehängt; 1991 der gesamte Bau in die Denkmalliste der Stadt Minden eingetragen; 1996/97 vorsichtige Sanierung und Ausbau zur Gaststätte (Plan: H. P. Korth).

Abb. 1051 Markt 15, Ansicht von Südosten mit Front zur Domstraße, 1989.

MARKT 15 (Abb. 1051–1053, 1085)
bis 1878 ohne Haus-Nr.; bis 1908 Markt 17

LITERATUR: Faber-Hermann 1992, S. 317.

Vor 1886 nur ein Scheunengrundstück und ohne Wohnung.

Bis 1781 Scheune des Hauses Markt 11 (links), dann von dem Grundstück getrennt und an Schilling verkauft; 1812 Scheune des Conrad Borchard (Markt 16) nebst Hofplatz; 1885 Scheune Münstermann (Markt 7); 1888 Stiftsbrauerei KG (Inhaber Joseph Ostrop und Karl Rohloff, Vorstand Karl Kiel), Wirtshaus zum Stift, Pächter H. Welpmann; 1908 Stiftbrauerei AG, Restaurant »Zum Stift«; 1921 Firma Brinkmann und Sohn; 1923 Verkauf an Endeler & Kumpff; 1970 Endeler & Kumpff.

Wirtshaus »Zum Stift« (von 1886)

1886/87 durch die Stiftsbrauerei KG/Minden (siehe dazu Teil V, S. 326 f., Königswall 8) auf dem Grundstück der abgebrochenen sogenannten Münstermannschen Scheune als *Restaurationsgebäude* nach den Plänen von O. Ziegler errichtet. Das Gebäude dürfte in seiner Plazierung an dem wenige Jahre zuvor gestalteten sogenannten Theaterplatz die Antwort der Stiftsbrauerei auf die Übernahme und den Ausbau des unmittelbar gegenüberliegenden Tonhallen-Komplexes (siehe dazu Lindenstraße 1) durch die zweite örtliche Brauerei, die Feldschlößchen AG sein. Die beiden inner-

Abb. 1052 Markt 15, Restaurationssaal im Erdgeschoß, Blick von Westen auf den Windfang, 1989.

städtischen Repräsentanzen der modernen Großbrauereien sind damit in diesem Zusammenhang als Zeichen ihrer wirtschaftlichen Kraft zu verstehen. Zusammen mit der unmittelbar benachbarten Viktoriahalle und dem Saal des Viktoriahotels (siehe Markt 11/13) sowie der gegenüberliegenden Ressource, Markt 22, entstand hier zwischen 1890 und 1915 ein Zentrum gesellschaftlichen Lebens von Minden. Nach der Schließung der Stiftsbrauerei im Jahre 1918 und ihrer Fusion mit der Feldschlößchen AG endete auch die ursprüngliche Nutzung der Wirtshauses, das 1921 verkauft wurde, doch konnte diese 1971 nach Restaurierung wieder aufgenommen werden.

Erd- und Obergeschoß des aufwendigen Gebäudes wurden jeweils als Restaurationsräume vorgesehen und speziell dafür aufwendig eingerichtet (im Obergeschoß durch einen breiten Balkon auf den beiden Schauseiten erweitert), während der Keller die Wirtschaftsräume und die Einrichtungen der Zentralheizung aufnahm, die mit Heißluft arbeitete. Im Mansarddach wurde ferner die Wohnung des Wirtes mit eigener Ofenheizung geplant. Das Gebäude erschlossen durch ein an den rückwärtigen Giebel anschließendes Treppenhaus mit einer 1,75 m breiten, massiven Treppe aus Sandsteinstufen zum Obergeschoß und einer schmaleren Holztreppe zur Wohnung im Dach.

Die Ansichten des Backsteinbaus sollten z. T. aus Obernkichener Sandstein, z. T. aus Zementputz gestaltet werden. Die Sandsteinteile beschränkten sich dabei auf die der Witterung besonders ausgesetzten vorstehenden Bereiche: der Sockelbereich, die Balkonplatten (während man die diese tragenden Konsolen entgegen der ersten Planung aus »Cementbeton« erstellte, wobei es im Frühjahr

Abb. 1053 Markt 15, Wandgemälde mit Darstellung der Stiftsbrauerei am Königswall 8, 1989.

1887 zum Streit mit der Stadtverwaltung um einige in der Nachbarschaft noch herumliegende zerbrochene Konsolen aus Sandstein kam), das Hauptgesims, die Dachausbauten sowie das bekrönende Gesims. Die in der für Ziegler typischen Weise äußerst plastisch gestalteten beiden Straßenfassaden sind mit deutlichen Zitaten der deutschen und französischen Renaissance versehen. Das Erdgeschoß mit einer Rustikabänderung über einem profilierten hohen Sockel; das durch den umlaufenden weit ausgreifenden Balkon selbständige Obergeschoß mit Rahmung der Fensteröffnungen durch Säulen bzw. Pilaster und einem von diesen getragenen umlaufenden Gebälk, das den Dachdrempel verdeckt. Darüber ein französisches Mansarddach mit Schieferdeckung und Metallgraten und einer Durchfensterung mit Lukarnen. Auf der Nordostecke ein als achteckiger Turmaufsatz verkleideter Schornstein der Zentralheizung. Der Balkon mit einem aufwendig gearbeiteten Kunstschmiedegeländer abgeschlossen. Die Fenster durch Kämpfer und zwei Teilungspfosten jeweils in sechs Felder aufgeteilt, die originalen Zargen bis heute erhalten. An der rückwärtigen nördlichen Traufwand ist das zweite Obergeschoß als Vollgeschoß mit großen Fenstern ausgebildet.

Die Gasträume erhielten nach dem Bauantrag *eine stylvolle Auststattung … mit Holzdecken und hohen Paneelen p. p.* Davon die wandfeste Ausstattung des Erdgeschosses erhalten und 1972 restauriert, die wegen späterer Verkleidung fehlenden vorstehenden Gesimse nachgearbeitet. Im Obergeschoß ist die in der Gestaltung nicht überlieferte Ausstattung später einer neuen Raumaufteilung und abgehängten Wänden gewichen (hier 1970 umfangreiche Brandschäden).

Die Gaststube im Erdgeschoß hat trapezförmigen Grundriß bei ca. 9 m Breite; die schräg zur Hausachse liegende Eingangswand ist etwa 10 m breit, die Seitenwände messen links (nach Süden) ca. 9 m, rechts ca. 13 m. Zur Unterstützung der weit gespannten Decken wurden – wie auch im modernisierten Obergeschoß – vier große gußeiserne Stützen eingestellt, die den Raum in drei Schiffe zu je drei Jochen unterteilen. Stützen, Wände und Decke sind in schweren Neurenaissanceformen mit ausladenden Gesimsen dekoriert; dunkles Holz prägt die Atmosphäre des gemütlichen Bierlokals. Die Wände bis zur Decke mit Paneelen verkleidet, unten mit einem mannshohen Sockel mit profilierten Rahmen und Füllungen in dichter Reihung, oben mit breiteren und schmaleren Feldern, zu Seiten von Pilastern auf kräftigen Volutenkonsolen, die sich aus der Frieszone über dem Sockel entwickeln. Die gefelderten Deckenbalken werden von Sattelhölzern getragen und umspannen die tief kassetierte Decke. Dabei ist jedes Deckenfeld in sich breit mit Balken gerahmt, das innere Feld jeweils kreuzweise geviertelt, die Hauptkreuzungspunkte mit reich profilierten, gedrechselten Scheibenknäufen besetzt.

Vor der Mitte der schrägen Eingangswand steht gerade der schrankartige hölzerne Windfang. Seine Ecken mit gefelderten und geschuppten korinthisierenden Pilastern besetzt; das kräftige Gebälk trägt zum Raum hin eine kleine Pilaster-Ädikula mit einer beleuchteten Uhr; darüber am Gebälkfries die Inschrift: *dem Glücklichen schlägt keine Stunde*. Die Türen sind reich gefeldert: mit diamantierten Füllungen, verkröpften Rahmungen, muschelgefüllten Segmentgiebelchen und üppig ornamentierten Messinggriffen. Das obere Feld der Innentür verglast. Die Außentür zeigt über den Flügeln einen Fries mit farbiger Bleiverglasung, darüber folgt das ungeteilte Oberlicht.

Im Inneren sind in der Frieszone des Sockels die originalen Kleider- und Huthaken mit reich ausgeschmiedeten Blättern erhalten; die breiten Wandfelder der fensterlosen Nordwand zeigten darüber, stark nachgedunkelt, mehrere Darstellungen, von denen nur noch das mittlere Feld mit einer Ansicht der Stiftsbrauerei an der Hahler Straße erkennbar ist.

1897 Kanalisation, Einbau von Aborten auf dem Treppenabsatz; 1921 Umbau der Gasträume zu Ladenräumen; 1939 Ausbau des Kellers als Luftschutzkeller für das benachbarte Kino Scala (Markt 13); 1968 Umnutzung des Erdgeschosses zum Betrieb einer Modellautorennbahn; 1969 Wassereinbrüche im Keller (wohl vom Kanal des Stadtbachs); am 23.2.1970 Brand in den Räumen des Obergeschosses; 1971 Ausbau der beiden Geschosse jeweils zu eigenen Gaststätten; 1984 in die Denkmalliste der Stadt Minden eingetragen.

MARKT 16 (Abb. 893, 1038, 1044, 1045, 1054–1061)

1729 bis 1741 Martini-Kirchgeld Nr 13; bis 1878 Haus-Nr. 165; zugehörig das Hinterhaus Opferstraße 8

QUELLEN: KAM, Mi, C 859 und G II 703.

LITERATUR: Ludorff 1902, S. 100 mit Abbildung. – Jahr 1927, S. 34 und Abb. 43. – Faber-Hermann 1989, S. 197. – Grätz 1997, Abb. 89 und 91.

Siehe auch Kap. I.1, Stützmauer

Große bürgerliche Parzelle am Markt, rückwärtig bis an die wohl dem 13./14. Jahrhundert entstammende Stützmauer zur Oberstadt reichend, auf deren oberer Krone die Opferstraße verläuft. Zugehörig das Hinterhaus Opferstraße 8, das neben seinen Wirtschaftszwecken schon vor 1750 als Wohnhaus diente und vermietet wurde.

Die mittelalterliche Bebauung der Parzelle zum Markt giebelständig und rechts freistehend, links mit gemeinsamer Traufwand mit Markt 18. Das Grundstück rückwärts erheblich ansteigend, so daß das Erdgeschoß des Haupthauses heute rückwärts als Keller ausgebildet erscheint. Die Hofzufahrt war nach dem Urkataster 1829 offensichtlich über die Durchfahrt zwischen Markt 18 und Obermarkt 2 rückwärtig über das benachbarte Grundstück möglich gewesen, wo zumindest im 19. Jahrhundert Teilflächen zugehörig waren. Diese Zufahrt wurde allerdings früh durch die Errichtung des Flügelbaus zwischen Markt 16 und dem Hinterhaus Opferstraße 8 versperrt. Vor der Stützmauer auf der rückwärtigen Parzelle ein im Kern mittelalterliches und traufenständiges Hinterhaus. Dieses System der Parzellenerschließung mag mit der Errichtung der Stützmauer entstanden sein, seit spätestens 1522 jedenfalls ist die Parzelle auf ganzer Breite mit einem ungewöhnlich breiten Vorderhaus bebaut (im Vergleich mit den Nachbarbauten wohl unter Einschluß der zunächst auch hier vorhandenen Durchfahrt).

Abb. 1054 Markt 16, Ansicht von Nordosten, um 1880.

1533 Lüdekingk; 1665 Hermann Brasant (schuldet dem St. Nikolai-Hospital 50 Thl); 1667 Herman Brasandt; 1675 Witwe Friedrich Brasand Senior; 1676 Friedrich Brasanten Haus; 1678/80 Hermann Brasant; 1684/1711 Johann Brasant (zahlt 4 Thl Giebelschatz); 1723 Herr Senator und Niedergerichtsassessor Johann Hinrich Wesseling; 1729 Senator Johan Brasandten; 1738 Senator Wesseling; 1745 Senator Wesseling (Schwiegervater ist Johan Brasandten); 1750 Bieren Junior; 1755 Hermann von Birend, Haus für 800 Rthl; 1763 Conrad Borchard (hat auch Haus Rampenloch Nr. 4); 1781 Bäcker Borchard, Wohnhaus 600 Rthl, Hintergebäude mit Wohnung und Gebäude im Hof 100 Rthl; 1804/06 Haus mit Braurecht, Brunnen und metallener Handspritze. Haus ist bewohnt von Familie mit fünf Kindern, einem Gesellen, zwei Lehrlingen, zwei Knechten und einer Magd. Hat 4 Pferde, 3 Kühe, 10 Stück Jungvieh, 4 Schweine; 1806 Conrad Borchard, Bäcker und Gastwirt, Worthalter: Wohnhaus und Gebäude im Hof. Zum Haus gehört das Recht, drei Marktbuden bei den Messen zu errichten (KAM, Mi, C 509); 1812 Bäcker Conrad Borchard, Wohnhaus nebst Scheune (* 28. 3. 1748, † 13. 3. 1819, verheiratet mit Anna Marie Bieren *20. 8. 1749, † 13. 12. 1822; die Grabstätte auf dem alten Friedhof erhalten). Er besitzt mehrere weitere Häuser in der Stadt: Opferstraße 6 und 8, Kampstraße 5, Wolfskuhle 8, Lindenstraße 3 und Scheune Markt; 1825 soll der umfangreiche Besitz durch die Erben Borchard verkauft werden (dazu neben Häusern auch Waldbesitz und Kirchenstühle). Das Grundstück wird folgendermaßen beschrieben (einschließlich Hinterhaus Opferstraße 8): seit vielen Jahren Wirtschaft und Bäckerei, Brauerei und Weinschenke. Die Anlage besteht aus dem Haus, ferner einem Hofplatz mit Pumpe, einem Brauhaus und einem Viehstall. Eine große Scheune mit Stallung und Boden, eine Einfahrt, daneben zwei kleine Wohnhäuser, jedes mit einer Stube, zwei Kammern und Küche (ÖA 20, 1825); 1833 Kaufmann Gustav Gieseler, Haus 3 800 Thl, Gebäude im Hof 200 Thl; 1836 Gieseler; 1846/53 Kaufmann Justus Gieseler. Im Haus ein Comptoir; 1852 Weinhandlung Karpf und Comp.; 1863 Kauf durch Geschwister Müller (zuvor Markt 12); 1876 und 1880 verpachtet an Kaufmann Friedrich Schäfer; 1882 Restaurateur Christian Müller; 1892 David Müller; 1895/1908 Rentner Karl Müller (Hotel Broderen); 1913 Pauline Müller; 1924 Klavierfabrik Brinkmann & Sohn (Kampstraße 20).

Vorderhaus 13./14. Jahrhundert–1533)

Über die Gestalt nichts bekannt. Teile der Dachkonstruktion wohl im Nachfolgebau erhalten.

Vorderhaus (1533–1882) (Abb. 1054–1056)

Das 1882 weitgehend abgebrochene Haus durch eine alte Fotografie überliefert. Danach zum Markt ein mit 14 m sehr breit gelagertes, allerdings rückwärts bis auf 10,80 m schmaler werdendes 21,30 m tiefes steinernes Giebelhaus, das zumindest in der Erscheinung seines Vordergiebels aus der ersten Hälfte des 16. Jahrhunderts stammt. Der Kern auf Grund der Höhe der linken gemeinsamen Traufwand und der noch erhalten Hölzer im Dachwerk (dazu jeweils weiter unten) jedoch eher in das 13./14. Jahrhundert zu datieren. Das Haus mit hoher Diele, nicht ausgebautem Speichergeschoß und drei ausgebauten Dachböden. Die Traufwände nach den erhaltenen Resten aus Backstein (Format 33/32 x 16/14 x 7,5/7 cm) mit hohen Entlastungsbögen, der Vordergiebel nach dem Foto aus Sandsteinquadern, der Rückgiebel Backstein mit Sandsteingewänden verputzt und verändert noch in der aufgehenden Substanz erhalten. Die linke Traufwand im unteren Bereich älter und gemeinsam mit dem Haus Markt 18, Abschluß mit einer nach vorn entwässernden steinernen Rinne, seitlich für das bestehende Haus um ca. 1 m erhöht.

Die Front als Staffelblendgiebel ausgeführt, wobei die einzelnen Staffeln der Geschoßeinteilung des Daches entsprechen. In den oberen freien Ecken der Staffeln jeweils eine kleine Vierpaßöffnung (ähnlich war offensichtlich auch das Haus Markt 20 gestaltet). Dabei in halber Höhe des Dreiecks ein durchlaufendes Gesims, das jeweils zwei Geschosse zusammenfaßt. Die Böden durch enge Reihen schmaler Luken belichtet, deren Zahl über 8, 5 und 3 auf 1 nach oben abnimmt. Diese oberste Öffnung reicher gestaltet und mit einem doppelten Maßwerkbogen abgeschlossen. Das Speichergeschoß ebenfalls mit acht gleichen Luken belichtet. Alle Fenstergewände an den Kanten nach unten auslaufend einfach abgefast. Das hohe Erdgeschoß nach der bis 1882 weitgehend unveränderten Gliederung der Öffnungen auf der linken Seite mit einer hohen Diele, die durch ein großes Fenster links belichtet und einen rundbogigen Torbogen mit spätgotischem umlaufenden Profil rechts daneben erschlossen wurde. Auf der rechten Seite zweigeschossiger sehr breiter Stubeneinbau. Die Fenstergruppen oben mit einem Wasserschlag abgeschlossen. Über dem Torbogen eine Wappenkartusche mit Hauswappen der Mindener Kaufmannsfamilie Ludekingk und Datierung *1533*, beim

Abb. 1055 Markt 16, Wappenstein von 1533 mit Hauszeichen der Familie Lüdeking, 1995.

Abb. 1056 Markt 16, Spolien aus dem 1882 abgebrochenen Haus, 1994 auf dem Hof gefunden, Zustand 1997.

Abbruch der Fassade gesichert und in die neue Fassade mittig in der ersten Etage wieder eingefügt. 1994 auf dem Hof aufgefundene Bruchstücke eines Kaminsturzes mit Inschriftresten weisen auf die gleiche Familie (siehe dazu Wehking 1997, Nr. 75). Über die weitere innere Gliederung des Hauses, dessen Dachwerk offensichtlich drei Kehlbalkenlagen aufwies, ist nichts bekannt.

1763 werden Bauarbeiten überliefert (KAM, Mi, C 384), wobei man *in dem Hauptgebäude einige Stuben und Ständer setzen lassen* (KAM, Mi, C 388). An anderer Stelle heißt es, zwischen 1763 und 1786 sei das Haus *fast neu ausgebaut für ca. 900 Rthl* (KAM, Mi, C 133); 1825 besitzt das Haus viele heizbare Stuben und Kammern, Bäckerei mit Backofen, fünf Keller, vier beschossene Böden und eine Malzdarre. In den Torbogen wurde im frühen 19. Jahrhundert eine zweiflügelige Haustür mit einem fein gestalteten Oberlicht eingebaut. Zu dieser Zeit dürfte auch die Rückfassade verändert und neu fünfachsig gegliedert worden sein (nachträglich neu mit Zementputz versehen).

Das hintere Drittel des Hauses blieb 1882 zunächst unverändert und wurde 1887 aufgestockt. Nähere Aufschlüsse über diesen im Kern noch erhaltenen und nicht unterkellerten Bauteil sind augenblicklich auf Grund der intensiven Nutzung nicht möglich. Im Rückgiebel hier Reste von sandsteinernen Fenstergewänden.

Abb. 1057 Markt 16 (Mitte) mit den anschließenden Bauten 18 und Obermarktstraße 1 (links) und Nebenhaus von Markt 14 (rechts), Ansicht von Osten, 1896.

Neubau bzw. Umbau (von 1882/83) (Abb. 1057–1059)

Nachdem das Gasthaus von einem Mitglied der Besitzerfamilie übernommen wurde, kam es im Winter 1882/83 zu einer weitgehenden Neuerrichtung des Hauses für die Nutzung als »Zentral-Hotel Müller«. Dieses wurde ohne größere Repräsentationsräume vor allem für Logierzwecke eingerichtet. Dabei allerdings die Kernsubstanz des Vorgängerhauses in Teilen weiter genutzt. Diese heute sicher nachweisbar zumindest noch in den Balkenlagen des 1882 stehengebliebenen, rückwärtigen Hausdrittels sowie der rechten Traufwand (mit Ausnahme der ersten Raumtiefe) und dem Rückgiebel. Beim Abbruch des Altbaus im November 1882 kam es in der gemeinsamen linken Traufwand zu bedenklichen Rissen, so daß nachträglich diese Wand erneuert werden mußte. Der Neubau, durch den Maurermeister Pook erstellt, wurde im Frühjahr 1883 fertiggestellt. Das damals geschaffene Haus (bis auf den Einbau von Schaufenstern) im Äußeren und Inneren weitgehend einschließlich zahlreicher Details wie Treppen, Windfänge, Haustür und Innentüren erhalten, obwohl schon seit etwa 1920 in anderer Nutzung. Bemerkenswert die reich mit Profilleisten gestalteten Holzdecken in weiten Bereichen des Erdgeschosses.

Während zunächst ein Drempelgeschoß beantragt wurde, ist das zweite Obergeschoß dann als voll ausgebaute Etage erstellt worden. Das Dachwerk als flach geneigtes Sparrendach mit zwei stehenden Stühlen aus Nadelholz errichtet, z. T. unter Verwendung von alten Eichenhölzern (die sicherlich aus dem abgebrochenen Vorgängerbau stammen und auf das 13./14. Jahrhundert weisende Verblattungsspuren zeigen).

Abb. 1058 Markt 16, Ansicht von Osten, 1994.

Die Putzfassade zum Markt (offensichtlich erst um 1890 vor dem zuvor unvollendet stehenden Bau aufgebracht) in der Gestaltung eines der jüngsten Beispiele des für Minden über Jahrzehnte üblichen spätklassizistischen Gestaltungsmodus und mit starker Betonung der Waagerechten und Zurückdrängung des Daches; hier schon im Unterschied zu den älteren Beispielen die Fläche sehr reich belebt und durchgegliedert. Die Gestaltung offensichtlich aus der Dominanz und Unterordnung unter die Erscheinung der benachbarten Bauten am Markt entwickelt, aber zeittypisch weitergeführt. Das flache, zudem abgewalmte Dach hinter einer fünffeldrigen Attikazone verdeckt. Die Fassade darunter sechsachsig aufgebaut mit leichter Akzentuierung der Mitte (durch Übergiebelung zweier Beletagefenster). Die Gestaltung der einzelnen Etagen sehr unterschiedlich ausgeführt, dabei im ersten Obergeschoß Eckbossierung. Hier einzelne reiche Rahmung um die Fenster, im zweiten Obergeschoß statt dessen diese zwischen durchlaufende Bänder gespannt und von einer unregelmäßigen Reihe von Pilastern eingefaßt (ähnlich wie 1862 bei Markt 12).

Das Innere durch einen Mittellängsflur bestimmt, der durch den bestehenbleibenden rückwärtigen Hausteil bis zum Hofgiebel mit Zugang verläuft. Geschlossenes Treppenhaus in der Mitte der linken Seite. Der Neubauteil nicht völlig unterkellert, wobei die Gliederung der der oberen Geschosse folgt und den rückwärtigen Bereich der rechten Seite zur Schonung der hier alten Mauern ausschloß. Kellerdecken als preußische Kappen zwischen gemauerten Gurtbögen.

Im Erdgeschoß der vordere linke Bereich als Ladengeschäft zur Vermietung vorgesehen, die rechte Seite für Gasträume (hier die reichen Holzdecken). Küche des Gasthauses im Obergeschoß neben der Treppe, ansonsten in den oberen Etagen alle Räume als Logierzimmer eingerichtet. In jeder Etage neben der Treppe geschlossene Aborträume, zu denen ein Grubenraum im Keller gehört.

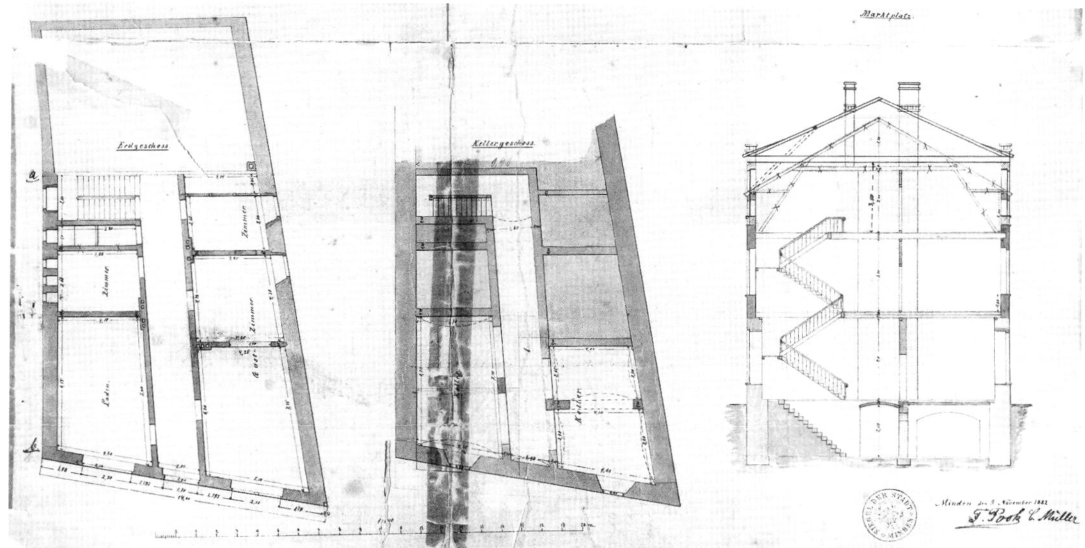

Abb. 1059 Markt 16, Grundrisse und Schnitt zur Erneuerung des Vorderhauses, Maurermeister Pook 1882.

1887 der Durchbau eines Bodenraumes im hinteren Hausdrittel beantragt, wobei der alte Dachstuhl mit nur einer Kehlbalkenlage und doppelt stehendem Stuhl über diesem Teil zu Gunsten eines zusätzlichen Geschosses mit vier Kammern und einer Stube und eines neuen sehr flachen Dachwerkes entfernt wurde. Die Traufwände aus Backstein erhöht, Rückgiebel in schlichter Fachwerkkonstruktion.

1892 Entwässerung; 1906 Kanalisation der Aborte; um 1910 ist die Ausstattung der Flure im Erdgeschoß mit Fliesen und ersten Obergeschoß mit einer Vertäfelung modernisiert worden; 1913 Umbau Schaufenster; 1924 Einbau einer Wohnung im Hinterhaus (Plan: M. Zimmerling); 1925 und 1934 kleine Umbauten; 1984 in die Denkmalliste der Stadt Minden eingetragen; 1994 vorsichtige Umbauten im Erd- und Zwischengeschoß des hinteren Hausdrittels, Vergrößerung des rückwärtigen Ausganges (Plan: H. P. Korth).

Flügelbau (16.–18. Jahrhundert)

Hinter dem Haus bestand ehemals ein linksseitiger, sehr schmaler Flügelbau von 11,10 m Länge, der bis zum Hinterhaus an der Opferstraße reichte. Dieser mit einem tonnengewölbten Keller, dessen Profil sich bei Ausschachtungsarbeiten 1994 an der Ostwand des Hinterhauses und der Westwand des Vorderhauses abzeichnete und den Flügel als jünger und nachträglich zwischen diese Bauten errichtet datieren ließ. Die Tonne offensichtlich aus Bruchstein aufgeführt und im Westen mit einer inneren Breite von 2,60 m im Osten von 2,30 m. Dieser Flügel ist nach Ausweis des Urkatasters vor 1828 abgebrochen und durch einen kürzeren und breiteren, erst um 1960 abgebrochenen Neubau (bis auf das Grundstück Markt 18 reichend) ersetzt worden.

Nebengebäude (bis 1924)

Eingeschossiger massiver Bau mit flachem Satteldach aus der Mitte des 19. Jahrhunderts, hinter dem Rückgiebel von Markt 18 stehend und als Waschküche und Stall genutzt. Wohl 1885 errichteten G. Hattenhauer und H. Muermann in dem angepachteten ehemaligen Stallraum die erste Strombereitungsanlage Mindens mit einem Gasgenerator, womit sie ihre Häuser Markt 6 und Obermarktstraße 2 mit elektrischer Beleuchtung ausstatten konnten (Brandhorst 1977, S. 138). Der Betrieb wurde durch den Maschinisten Edelmann geführt. Am 2. 1. 1896 kam es zu einem kleinen Brand im Maschinenraum. Danach wurde dieser vergrößert und 1897 weitere Akkumulatoren aufgestellt. Der mit star-

Abb. 1060 Opferstraße 8, Ansicht von Osten mit dem älteren Lagerhaus im unteren Bereich und dem aufgesetzten Wohnbau von 1889, Zustand 2000.

ken Abgasen und Lärm verbundene Betrieb in dem engen Hof führte noch 1902 zu Beschwerden der Anwohner (KAM, Mi, G II, 703). Wenig später die Anlage stillgelegt. 1924 Abbruch des alten Waschküchengebäudes aus Fachwerk.

Zwei aus dem Haus stammende Wappensteine mit der Datierung 1644 kamen vor 1922 in das Museum der Stadt (Führer Museum 1922, S. 14). Möglicherweise mit dem Haus im Zusammenhang stehend ist das Epitaph des Senators Albert Lüdeking, gestorben 1578, das an der Südseite der Kirche St. Simeon (siehe Teil III, Kap. VI) angebracht ist. Ferner erhalten ein weiterer Wappenstein der Familie Lüdeking aus dem 16. Jahrhundert im Hof des Mindener Museums.

Hinterhaus Opferstraße 8 (Abb. 1038, 1046, 1059–1061)
bis 1818 Haus-Nr. 177; bis 1878 Haus-Nr. 177 b; bis 1908 Opferstraße 2

1743 Schuster Borcharts kleines Haus; 1755/66 Schuster Borcharts kleines Haus auf dem Kirchhofe, ohne Versicherung; 1781 Bäcker Borchard, Hinterhaus mit der oberen Wohnung 200 Rthl (Mieter ist Bäcker Kemenau); 1802 Borchard, gehört zum Hause Nr. 165 (Markt 16), dessen Hinterhaus; 1804 Bewohner sind Witwe Appel und Familie Reiche; 1806 Gebäude im Hof; 1809 Konrad Borchard, Wohnhaus in schlechtem Zustand; 1812 Scheune; 1818 (Haus-Nr. 177 b) Worthalter Konrad Borchard, Hinterhaus mit Einschluß der darüber befindlichen Wohnung 200 Thl; 1825 Große Scheune mit Stallung und Boden, daneben zwei kleine Wohnungen; 1827 Erben Borchard, Erhöhung auf 700 Thl; 1833 Gebäude im Hof; 1837 Gießeler; 1846 Invalide Christian Cordes; 1853 Eigentümer ist Gieseler, Mieter Briefträger Kordes; 1895 Müller; 1906 Karl Müller; 1923/42 Walter Brinkmann.

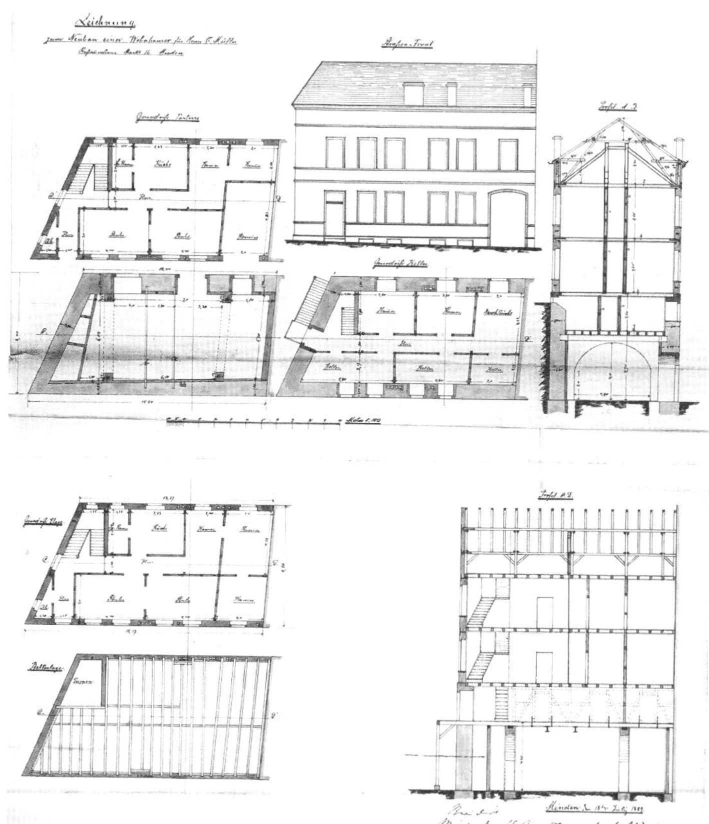

Abb. 1061 Opferstraße 8, Plan zu Umbau und Erweiterung, Maurermeister Pook 1889.

Lagerhaus (15. Jahrhundert ?)

Das Gebäude steht traufenständig vor der mittelalterlichen Stützmauer zwischen Unter- und Oberstadt und ist gegliedert in einen wohl älteren und im Kern noch dem Spätmittelalter entstammenden unteren, massiven und zweigeschossigen Wirtschaftsteil und einen wohl erst später darauf errichteten Bereich, der von der Opferstraße aus zugänglich war und schon vor 1743 (eigene Haus-Nr.) zu Wohnzwecken ausgebaut war. In diesem wohl aus Fachwerk aufgesetzten Teil bestanden im späteren 18. Jahrhundert zwei kleine Mietwohnungen. Näheres nicht mehr feststellbar, da dieser Bereich 1889 abgebrochen wurde.

Den Kern bildet ein heute verputzter Massivbau, etwa 8 m tief und an der auf Grund des Grundstückszuschnitt kürzeren Hoffront etwa 13,50 m lang. Die Umfassungswände des hohen Erdgeschosses aus Sandsteinquadern stumpf vor die einbezogene Stützmauer gemauert, in der Mitte der östlichen Hoffront durch einen leicht spitzbogigen Torbogen mit gefasten Sandsteingewänden erschlossen, daneben möglicherweise schon ursprünglich jeweils ein hohes Fenster (Innengliederung heute erneuert). Am nördlichen Seitengiebel finden sich Reste einer vermauerten hohen Fensteröffnung mit gefasten Steingewänden. Die innere Gliederung wegen der 1889 erfolgten Umbauten und inneren Vormauerungen nicht erkennbar. Auf Grund der Bautechnik sind diese Wände sicherlich spätmittelalterlich und wegen des großen Fensters möglicherweise vor dem um 1470 erfolgten Bau des benachbarten Hinterhauses Martinikirchhof 4 entstanden. Darüber wurde nachträglich (im 18. Jahrhundert ?) ein niedriges Obergeschoß aus Backstein aufgemauert, dabei möglicherweise die Decke des hohen Erdgeschosses abgesenkt. Das ursprüngliche Mauerwerk endet heute unregelmäßig etwa in der Höhe der Sohlbänke der dieses Geschoß belichtenden, kleinen, gemauerten Fensteröffnungen mit Stichbogen. Dachwerk und aufgesetztes Wohnhaus von Fachwerk darüber unbekannt.

1764 wird eine Hauptreparatur für 432 Rthl vermerkt: *ein verfallenes schlechtes Haus ein wenig ausgebaut* (KAM, Mi, C 384). 1790 wird berichtet, das Hinterhaus sei an die Stützmauer angebaut. Die Balken liegen auf Kragsteinen, die in der Mauer befestigt sind.

1889 ließ der Hotelier C. Müller nach Abbruch des alten über dem Steinbau befindlichen Wohnhauses durch den Maurermeister Pook einen zweigeschossigen Neubau auf den alten Grundmauern errichten. Von dem Vorgängerbau wurden die massiven Umfassungswände des unterhalb der Oberkante der Stützmauer liegenden Scheunenteils übernommen, aber ebenfalls neu ausgebaut. Der alte Teil weiterhin zu Wirtschaftszwecken genutzt und als Sockel des Neubaus mit zwei querlaufenden Backsteinbögen überspannt, die eine mit Eisenträgern bewehrte Decke tragen. Das aufgesetzte Wohnhaus Opferstraße 8 ist nicht vom unteren Hofplatz zu betreten und das frühere Obergeschoß des unteren Wirtschaftsteils fand nun als Kelleruntergeschoß des neuen Wohnhauses Verwendung. Der Neubau aus Backstein mit schlicht gegliederter Straßenfassade bekam eine Remise (heute der Torbogen der Fassadengliederung angepaßt vermauert) am südlichen Ende. Die schlicht ausgestatteten, weitgehend bis heute in dieser Form erhaltenen Etagenwohnungen durch ein Treppenhaus am nördlichen Ende und Mittelflure erschlossen. Aborte auf dem Flur. Das Dach für Lagerzwecke genutzt, dafür zum Hof ein großer Ausbau aus Fachwerk mit Krananlage aufgesetzt.

1897 Entwässerung; 1908 Kanalisation; 1923 Einbau einer Wohnung in den ehemaligen Stallbereich (Plan: Max Zimmerling); 1942 Einbau einer Eisenbetondecke als Ersatz einer eingestürzten Balkendecke über der Waschküche; 1994 in die Denkmalliste der Stadt Minden eingetragen. Entfernung der Einbauten im Scheunenteil und Ausbau als Geschäftsraum (Plan: H. P. Korth). Modernisierung der Wohnungen in den oberen Geschossen.

MARKT 18 (Abb. 893, 1046, 1057, 1062)

1729 bis 1741 Martini-Kirchgeld Nr 12; bis 1878 Haus-Nr. 164; zugehörig das Hinterhaus Opferstraße 4 (bis 1878 Haus-Nr. 179 a) und Opferstraße 6 (Haus-Nr. 178)

QUELLEN: KAM, Mi, C 859 und G II 703.

Siehe auch Kap. I.1, Stützmauer

Große bürgerliche Parzelle in zentraler Stellung am Markt. Von dort über eine linksseitige Durchfahrt die Hoffläche hinter dem Haus erschlossen, da das Grundstück von nur geringer Tiefe rückwärts zumindest seit dem 13./14. Jahrhundert von der Stützmauer zur Oberstadt und der auf ihrer Mauerkrone verlaufenden Opferstraße begrenzt wird. An dieser Stützmauer ein Hinterhaus, das erst nach 1750 zu einem eigenständigen Wohngebäude entwickelt wurde. Über die Durchfahrt auch der Hof des benachbarten Hauses Markt 16 zu erreichen, wobei Teilflächen davon zumindest im 19. Jahrhundert auch zu diesem Komplex gehörten.

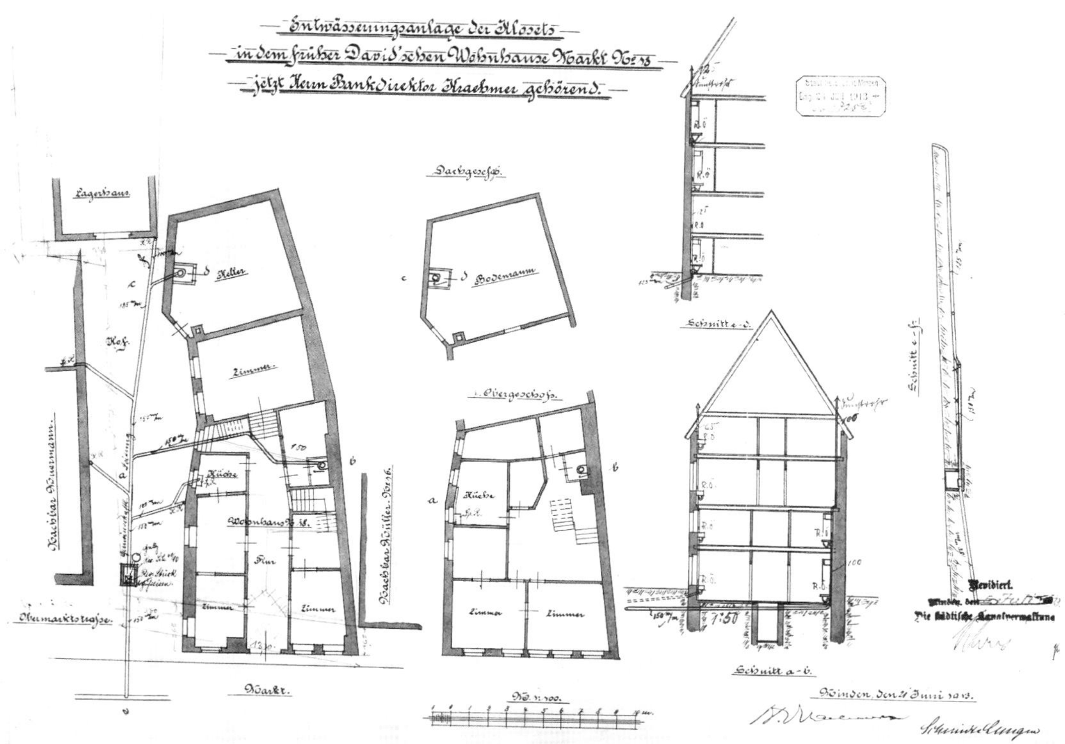

Abb. 1062 Markt 18, Grundriß Erd- und erstes Obergeschoß sowie Querschnitt aus der Entwässerungsakte 1913.

Vorderhaus

1663 Johan Kemper (ist Mieter in dem der ungeteilten Erbengemeinschaft Schilling gehörenden Haus); 1675/92 Herr Joh. Kämper; 1696 Erben Kemper; 1702 Hermann Schering in Kempers Haus; 1704 Hermann Schering; 1709/29 Herr Licentat und Accise-Inspektor Riensche (zahlt 4 Thl Giebelschatz und hat eine Schiffsmühle auf der Weser); 1732 Heirat der Tochter des Lic. Rienschen, Marg. Elisabeth Rienschen mit Apotheker H. Walter (siehe Opferstraße 1); 1741/50 Licenciat Riensche; am 4. 11. 1753 wird Lic. Riensch beerdigt; 1755/81 Landbauschreiber Mönckhoff (Menckhof), Haus für 400 Rthl; 1790/98 Assessor Schindler; 1802 Witwe Schindler, Haus für 1 500 Rthl; 1804 Haus mit Braurecht und Brunnen; 1805 Assessor Johann Friedrich Schindeler; 1806 Wohnhaus und Scheune; 1809 Witwe Schindler, jetzt Blanken; 1818/33 Bäcker Korff, Wohnhaus 1 800 Thl; 1846 Rentier Heinrich Korff mit vier Mietparteien. Im Haus ein Laden; 1851 Mieter ist Bandagist Schmahle; 1878/98 David; 1913 Bankdirektor Kraehmer; 1924 Kaufmann Heinrich Reuter (Samenhandlung Reuter & Gellern); 1964 Hans-Joachim Gellern (das Geschäft wird zu Obermarktstraße 13 verlegt).

Haus (Spätmittelalter–1965)

Über das noch bis 1965 in seiner Gestalt als letztes vorbarockes Haus am Markt bestehende, aber dann ohne jegliche Dokumentation abgebrochene Haus ist außerordentlich wenig bekannt. Lediglich der Kanalisationsplan von 1913 vermittelt Anhaltspunkte für die innere Struktur. Giebelständiges großes, zuletzt dreigeschossiges und massives Bürgerhaus mit Krüppelwalmdach, das weit in den Baublock hineinreichte und drei Abschnitte erkennen läßt. Im Kern offensichtlich auf ein spätmittelalterliches Dielenhaus zurückgehend, das mehrmals einschneidend erweitert und verändert wurde. 1763/1786 eine Hauptreparatur für 1 500 Rthl überliefert (KAM, Mi, C 133. – Abb. von etwa 1895 bei Grätz 1997, S. 89 und 91).

Ein Stein aus dem Haus mit dem Wappen des Arnold Reuter gelangte schon um 1920 in das städtische Museum.

Hinterhaus (bis 1965), Opferstraße 4 (Abb. 1046)

1729 bis 1741 Martini-Kirchgeld Nr. 2; bis 1818 Haus-Nr. 179; von 1818 bis 1878 Haus-Nr. 179 a

1729/41 Simon Webers kleines Haus; 1778 Landbauschreiber Mönckhoff; 1801 Schindeler; 1818/37 Heinrich Korff, Wohnhaus nebst der darunter befindlichen Scheune, so hinter Haus-Nr. 164 liegt, Wert 1 200 Thl; 1846/53 Korff, vermietet an Schuster Friedrich Graupenstein und weitere Mieter; 1878 David; 1895 Gotthold; 1898 Muermann; 1924 Heinrich Reuter, Mieter Fritz Kollmeier.

Haus (bis Anfang des 19. Jahrhunderts)

1790 als ein an die Stützmauer angebautes Hinterhaus beschrieben, dessen Balken nicht in diese einbinden, sondern parallel zu dieser gelegt sind. Danach ein giebelständiger Bau.

Haus (Anfang 19. Jahrhundert–1965)

Giebelständiges Backsteingebäude, vor die Stützmauer gesetzt. An der Opferstraße ca. 8,60 m und zum Hof 7,30 m breit und etwa 15,50 m tief. Nach den Formen der überlieferten Giebelgestaltung zur Opferstraße mit axialer Ausbildung, Krüppelwalmdach und kleinen seitlichen ovalen Fenstern im Giebeldreieck sowie Zusammenfassung der jeweils zwei seitlich der mittleren Ladetüren in beiden Geschossen angeordneten Fenster mit durchlaufenden Sohlbänken wohl im frühen 19. Jahrhundert errichtet. Das etwa 3 m hohe Untergeschoß von der Durchfahrt zwischen Markt 18 und Obermarktstraße 2 giebelseitig durch ein Tor befahrbar. Die beiden jeweils 2,50 m hohen Obergeschosse von der Opferstraße erschlossen, noch 1924 als Lager genutzt. Innen nur ein firstparalleler Unterzug mit Stützen.

1965 für den Neubau Markt 18 bis auf die Stützmauer abgebrochen.

Hinterhaus (bis 1965), Opferstraße 6 (Abb. 1046)

1729 bis 1741 Martini-Kirchgeld Nr. 1; bis 1878 Haus-Nr. 178

Das Hinterhaus offensichtlich über lange Zeit zum benachbarten Grundstück Markt 16 gehörend. Der historische Zusammenhang nicht bekannt.

1675/79 Johann Kempers Keller; 1678 Joh. Kempers kleines Haus *uff der Opffer Straßen;*, zahlt 1 Thl 12 gr Giebelschatz; 1729 Licentat Rienschens kleines Haus; 1734 bewohnt von Witwe Simeon Weber; 1743 Licentat Rienschen kleines Haus; 1743 ohne Nennung (Haus ohne Grundbesitz); 1750/55 Rienschen kleines Haus; 1755 Haus für 70 Rthl; 1781 Menckhoffs kleines Haus, 75 Rthl; 1802 Borchard, 100 Rthl; 1804 Mieter Bruen; 1806 Borchard; schlechter Zustand; 1809 Mieter Schuster Heyde; 1818 Haus für 100 Thl; 1827 Erben Borchard, Wohnhaus 300 Thl; 1837 Gieseler, Wohnhaus 300 Thl; 1846 Mieter ist Maurer Heinrich Erfurt; 1853 Gieseler, vermietet an Fischer; 1878 Gotthold; 1895 David; 1906 Schneider Hugo Berger; 1924 Berger.

Wohn- und Wirtschaftsbau (um 1850–1965)

Neubau aus der Mitte des 19. Jahrhunderts aus Backstein. Errichtet unterhalb der Stützmauer, dabei ein hohes Untergeschoß vom Markt zu Wirtschaftszwecken erschlossen und drei Obergeschosse, von der Opferstraße aus erschlossen, zu Wohnzwecken dienend. Das Gebäude auf nahezu quadratischem Grundriß mit flachgeneigtem Satteldach und Giebel zur Opferstraße. Die Fassade hier mit axialer Gestaltung.

1965 für den Neubau Markt 18 bis auf die Stützmauer abgebrochen.

Auf dem Hof zwischen dem Rückgiebel des Hauses am Markt und dem Hinterhaus Opferstraße 6, zu dieser Zeit zu Markt 16 gehörend (siehe dort), wurde wohl 1895 in einem wenig älteren eingeschossigen Wirtschaftsgebäude eine kleine private Strombereitungsanlage eingerichtet.

Wohn- und Geschäftshaus (von 1965/67)

Als Wohn- und Geschäftshaus durch Dr. med. Theresia Ernst nach Plänen von A. Münstermann errichtet. Bei dem Neubauprojekt die Parzelle ganz geräumt, durchgängig unterkellert und unter Einschluß der linksseitigen Gasse völlig bebaut, wobei an Stelle der Gasse eine teilweise als Passage ausgebildete Treppenanlage als Verbindung zur Opferstraße hergestellt wird. Das Westfälische Amt für Denkmalpflege fordert den Erhalt der Stützmauer im rückwärtigen Grundstück, was durchgesetzt werden kann.

Die Neubebauung in den unteren zwei Etagen und dem Keller über das ganze Grundstück, darüber jeweils mit Satteldächern abgeschlossene Baukörper zum Markt und Opferstraße, wobei sich hier durch die Höhendifferenz sechs Nutzungsebenen ergeben. Dazwischen ein Innenhof mit verschiedenen, begeh- und befahrbaren Dachebenen. Stahlbetonbau, in den Ansichten z. T. mit Klinkerverkleidung.

1971 Umbau des Ladens zu einer Bankfiliale.

MARKT 20, »HAUS SCHMIEDING« (Abb. 893, 894, 897, 1063–1077)

1729 bis 1743 Martini-Kirchgeld Nr. 138, bis 1878 Haus-Nr. 161

LITERATUR: Krins 1951, S. 90. – Faber-Hermann 1989, S. 212 und Abb. 200. – Faber-Hermann 1992, S. 322. – Grossmann 1992, S. 217. – Faber-Hermann 1994. – Imhof 1996, S. 458 (Abb.) und 482.

QUELLEN: Akten und Pläne der Zeit seit etwa 1800 im Besitz der Eigentümerfamilie

Sehr schmale und tief in den Baublock, bis an die Leiterstraße reichende Hausstätte, die in dieser Form wohl schon 1317 (siehe S. 1302 und Markt 22) nachweisbar ist. Der hier errichtete Bau wohl um 1500 erneuert und auf eine 1996 ergrabene, sehr starke Fundamentmauer aus Sandsteinblöcken gestellt, die unmittelbar vor das Fundament des Hauses Markt 22 gesetzt ist. Unter dem Hause wurden bei den Umbauten 1909 mehrere *Steinbottiche und Fassungen von kleinen Quellen gefunden*, die offensichtlich zu einer erst im frühen 19. Jahrhundert versiegten Quelle gehörten. Auch Tribbe berichtet um 1460, daß am Markt aus einem Haus frisches Quellwasser käme (Laag 1960, S. 127). Die Quellen dürften zu dem Quellhorizont unterhalb der oberen Terrasse des linken Weserufers zu zählen sein, zu dem auch der Königsborn unterhalb der Bleichstraße gehörte (siehe dazu Kap. I.2).

1537 wird im Kuhtorischen Huderegister *de Lippeldingsche* mit Huderecht für 4 Kühe genannt. Als Nachtrag wurde 1581 Johan Lippelding, später Rudolf Kuleman aufgeführt. 1663/67/72 Bürgermeister Rudolf Culemann; 1673/84 Dr. Rudolf Culemann; 1696 kein Eintrag (wohl vom Giebelschatz befreit); 1702 Bürgermeister Rudolf Culemanns Haus; 1711 Herr Probst Cuhlemann (zahlt 4 Thl Giebelschatz); 1723 Herr Geheimrat Rudolf Kuhlemann; 1729 Versteigerung des Cuhlemannschen Hauses (KAM, Mi, C 352,7 alt); 1729/43 Geheimrätin Cuhleman; 1750 Culemanns Haus; 1755/71 Seifensiederei Keitel, Haus für 900 Rthl; 1776 Obristleutnant von Eckartsberg, Haus mit Hude- und Braurecht; 1781 Obrist von Eckersberg (Chef der Kompagnie), Wohnhaus 1 000 Rthl, Nebengebäude auf dem Hof 200 Rthl, Scheune 300 Rthl, Braurecht; 1788 General-Major von Eckardsberg verkauft das Haus mit Braurecht und Hude für 5 Kühe vor dem Königstor zusammen mit zwei Gärten für 4 500 Rthl an Rabanus Rodowe (STA DT, M1, I C ,Nr. 232); 1798/1804 Commerzienrat Rodowe, Mieter ist Obrist von Ripperde. 2 Pferde, Brunnen; 1805 Witwe Kaufmann Rodowe, Versicherung von 1 500 auf 4 000 Rthl erhöht; 1809/10 Mieter: Landbaumeister Funck (zugehörig auch der Garten Lindenstraße 35), Haus von zwei Etagen; 1816 Versteigerung des Grundstücks der Commerzienrätin Rodove (besitzt auch Königstraße 35, Weingarten 68 und Gartenhaus vor dem Königstor sowie dem Marientor); 1818 Kaufmann Rupe, Wohnhaus 2 000 Thl, Nebengebäude 200 Thl und Scheune 500 Thl; ab 1823 Bernhard Marcus Lyon (oder Lion, verheiratet mit Johanne Simon), Versicherung erhöht: Wohnhaus 3 800 Thl und Nebengebäude 300 Thl; 1846/53 Kaufmann Marcus Lyon. Fünf Zimmer sind als Geschäft eingerichtet (B. M. Lyon stirbt wohl 1852, danach Erbvertrag der Kin-

Abb. 1063 Markt 20, vermauerte Spolie in der östlichen Traufwand, Befund 1996.

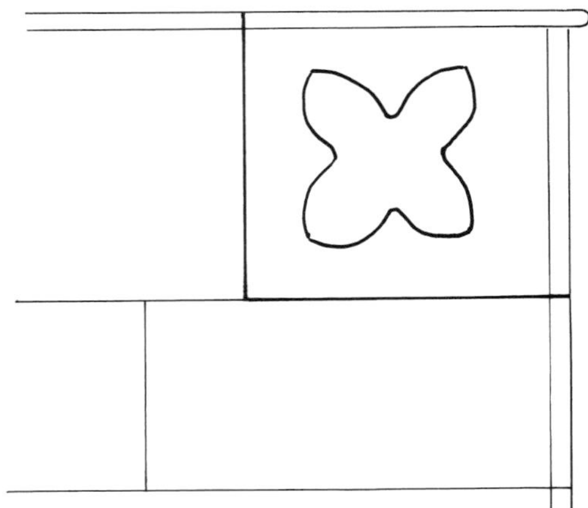

Abb. 1064 Markt 20, Rekonstruktionsversuch mit der Spolie, ehemals wohl auf einer Giebelstaffel angebracht (ohne Maßstab).

der mit der Witwe); 1857/60 Firma B. M. Lyon, Seiden, Tuch und Modewaren, Fabrik von Damenmänteln; zum 1. 1. 1861 Verkauf des Anwesens durch die drei Söhne Gustav Albert, Josef und Julius, alle Kaufleute in Düsseldorf mit Zustimmung der Witwe Lyon, die ein lebenslanges Wohnrecht besitzt an den Kaufmann Julius Wolfers für 15 000 Thl; 1862 erwirbt J. Wolfers auch das Haus Obermarktstraße 5, zu dem der südliche Teil der hinter Markt 20 stehenden Scheune gehörte; 1878 Wolfers; 1880/1900 Geschwister Flamme (Die Firma Flamme wurde am 15. 3. 1866 in dem Haus Markt 8 durch die Geschwister August und Emmeline Flamme als Weißwaren-Modehandlung gegründet, wo sie sich bis 1880 befand); 1892 August Flamme (Firma Geschw. Flamme); 1900 Verkauf von August Flamme an Hermann Schmieding; 1908 Kaufmann Hermann Schmieding (Firma Flamme: Kleider, Stoffe, Teppiche); 1945/51 durch Engländer besetzt; 1952 Hermann Schmieding.

Haus (um 1500–1829) (Abb. 1063–1064)

Der Kern des Gebäudes, von dem sich noch geringe Reste in dem heutigen Haus erhalten haben, stammt offensichtlich aus dem Spätmittelalter. Erkennbar davon (bei Freilegung der östlichen Traufwand 1996/97) der rückwärtige Abschnitt, der Backsteinmauerwerk zeigt, wobei die südöstliche Ecke sauber mit Werksteinblöcken eingefaßt ist (vergleichbar dem 1499 datierten Gebäude Martinikirchhof 2 ausgeführt). Danach wohl ein eingeschossiges und tief (etwa 21,50 m) in den Baublock reichendes Giebelhaus mit Umfassungswänden aus Backstein, sicherlich als Dielenhaus anzusprechen. Höhe über 5,70 m. Ob auch die zahlreichen Werksteinblöcke, die in der nördlich anschließenden offensichtlich 1829 neu über dem alten Fundament aufgemauerten vorderen Traufwand vermauert sind, von diesem Bau stammen, ist unklar, aber sehr wahrscheinlich. Bemerkenswert dabei neben verschiedenen verwendeten Spolien von Fenstergewänden mit tiefer Kehlung insbesondere eine quadratische sandsteinerne Tafel mit einem Vierpaßdurchbruch, wie er (nach Vergleich mit dem 1533 errichteten Haus Markt 16) wohl als Zierelement einer Staffel von einem Blendgiebel Verwendung gefunden haben könnte. Daher ist zu vermuten, daß die Vorderfront des Hauses als Blendgiebel und aus Werkstein aufgeführt war.

1771 wird die Wohnung im untersten Stockwerk vermietet. Sie hat zwei Stuben und einen Saal (*so alle drei mit guten Öfen versehen und tapezieret sind)*, zwei Kammern und eine Speisekammer, Küche und Keller, ferner Holz- und Pferdestall, zusätzlich ein oder zwei Böden (WMA 1771).

1776 wird eine Hauptreparatur des Hauses für 2 514 Rthl vorgenommen, wobei es anscheinend (wohl ebenso wie alle Nachbarbauten zu dieser Zeit) zu einem zweigeschossigen Wohnhaus umgestaltet wurde. Es wird anschließend als *ein mit massiven Hauptwänden schön neu gebautes Haus* beschrieben (KAM, Mi, C 133, 384). An anderer Stelle heißt es, es wäre ganz neu, zwei Stockwerke hoch, mit sehr guten Zimmern, einer Pumpe, Waschhaus und Scheune (WMA 1776, Sp. 241). 1816 ist es ein Haus mit Zwischengebäude. Im Erdgeschoß *3 Stuben, 6 Kammern, 2 Keller, Küche, Waschhaus und Backhaus, im Obergeschoß Saal, Stube, fünf Kammern und Küche. Ferner hinlänglicher Bodenraum.* Das Hinterhaus wird als Wirtschaftsgebäude mit Stallung, Holz- und Torfniederlage und Boden beschrieben (MIB).

Abb. 1065 Markt 20, Fassade von 1829, Zustand 1909 vor Abbruch, Ansicht von Norden.

Neubau (von 1829) (Abb. 1065, 1067, 1068, 1072)

1829 kommt es zu einem gerichtlich geschlossenen Vertrag zwischen dem Besitzer des Hauses Marcus Lyon und der östlich benachbarten Ressourcen-Gesellschaft (Markt 22), daß die Gesimse, die beim Aufbau seines Giebels gelegt worden seien, auf die Grundfläche der Ressourcen-Gesellschaft reichen dürfen. Die Gosse zwischen den Häusern gehöre letzterer ganz. Danach ist in diesem Jahr das Haus weitgehend neu errichtet worden. Allerdings fanden noch Teile des wohl gleich großen abgebrochenen Vorgängerhauses wieder Verwendung, insbesondere das Erdgeschoß des massiven südlichen Rückgiebels sowie in großem Umfang weiteres Baumaterial in Zweitverwendung. Es entstand ein zweigeschossiger Bau mit massivem Erd- und Fachwerkobergeschoß. Die massiven Teile aus Backstein mit umfangreicher Verwendung von wieder verwendeten Sandsteinquadern, das Fachwerk mit Schwelle-Rähm-Streben und Backsteinausfachung, wobei die Balken und Teile der Fachwerkbalken ebenfalls wieder verwendet sind. Über dem Bau ein recht flaches, aber ausgebautes Satteldach mit vorderem Krüppelwalm, durch Blendfassade vor dem Unterdach dreigeschossig wirkend.

Die vordere Fassade in ungewöhnlicher und aufwendiger, klassizistischer Gestaltung mit vier Fensterachsen, geputzt und nur durch ein knappes Brustgesims im zweiten Obergeschoß sowie fein profilierte umlaufende Fensterfaschen gegliedert. Vor dem ersten Obergeschoß ein die ganze Frontbreite einnehmender Balkon unbekannter Konstruktion mit einem aufwendigen, gegossenen Eisengeländer. Abschluß der Fassade mit einem starken hölzernen Kastengesims, auf dem zusätzlich ein eisernes Geländer aus quadratischen Feldern aufsitzt. Auf dem dahinter sehr zurücktretenden Krüppelwalm des Oberdachs ein großes, dieses weitgehend verdeckendes Halbradfenster aufgesetzt. Dachwerk mit zwei einfach stehenden Stühlen.

Abb. 1066 Markt 20, Fassade von 1909, Ansicht von Norden, 1998.

Das Erdgeschoß soll nach örtlicher Tradition von Anfang an in Schaufenster aufgelöst gewesen sein. Es war (wie auch der darüber befindliche Balkon) dreiachsig gegliedert, wobei die vier Pfeiler jeweils seitlich von (eisernen ?) mehrfach geschnürten Säulen eingefaßt waren. Zugang im rechten Drittel.

Offensichtlich hat sich der Lauf der Treppe vom ersten zum zweiten Obergeschoß dieser Bauphase noch im Haus erhalten und zeichnet sich durch fein gedrechselte Traillen und einen aufwendigen Antrittspfosten aus. Zugehörig wohl mehrere Türblätter dieser Zeit mit verglasten Feldern, in die in gotischen Vierpässen geschliffene blaue Scheiben eingesetzt wurden.

Das Erdgeschoß für Ladenzwecke in der zweiten Hälfte des 19. Jahrhunderts umgebaut. 1909 die vorderen zwei Drittel des Hauses für einen einschneidenden Umbau stark verändert, die Fassade ganz abgebrochen. Der erhaltene, rückwärtige Teil 1986 bei Brand beschädigt und danach mit neuem Dachwerk wieder hergestellt.

Abb. 1067 Markt 20, Etagentreppe von 1829, Zustand 1997.

Abb. 1068 Markt 20, zweiflügelige Etagentür von 1829 (?), Zustand 1997.

Teilneubau (von 1909) (Abb. 1066, 1069–1072)

Ein erstes und in der Ausführung sehr kostspieliges Bauprojekt von 1906 durch den Architekten A. Kelpe kam nicht zur Ausführung (Pläne im Besitz des Eigentümers). Dieses sah einen völligen Neubau in Eisenbetonkonstruktion als viergeschossiges und unterkellertes Kaufhaus mit einer mit Sandstein verkleideten Fassade in reichen neubarocken Formen vor. Im Inneren hinter einem vorderen Wohnhaus mit Ladenpassage ein weit in den Baublock hineinreichendes Kaufhaus mit einer drei Geschosse hohen Verkaufshalle mit umlaufenden Galerien, rückwärtiger Freitreppe und Oberlichtbeleuchtung, darüber noch Läger unter flachen Pappdächern.

1909 statt dessen nur Umbau der vorderen Haushälfte und Neubau der Marktfassade nach einem 1908 erstellten Entwurf des Architekten A. Kelpe, wobei die beiden unteren Geschosse des Vorgängerhauses mit benutzt werden konnten. Die hinteren 6 m des alten Hauses blieben unverändert, wobei zwischen beiden Bauteilen ein Lichthof entstand.

Die Gestalt sollte sich nach mündlicher Tradition in der Eigentümerfamilie nach Wunsch der Bauherrin an die Fassade des durch zahlreiche Abbildungen weit bekannten Knochenhaueramtshauses von 1529 in ihrer Heimatstadt Hildesheim anlehnen. In späthistoristischer Manier versucht das Haus mit drei Vollgeschossen und seinem extrem steilen Dach trotz seiner enormen Höhe den altstädtischen Charakter des Marktes zu verstärken, ein Programm, das vom gleichen Architekten wenige Jahre zuvor schon mit den Fassaden der Bauten Markt 8 (1899) und Markt 6 (1900) eingeleitet worden war. Jede dieser Fassaden zeigt in der Zitation einer Epoche »Deutscher Baukunst« und den unterschiedlichen gewählten Materialien starken individuellen Charakter, wobei das Haus Markt 20 als einzige Fachwerkfassade am Platz den stärksten malerischen Akzent erhielt. Diese bei

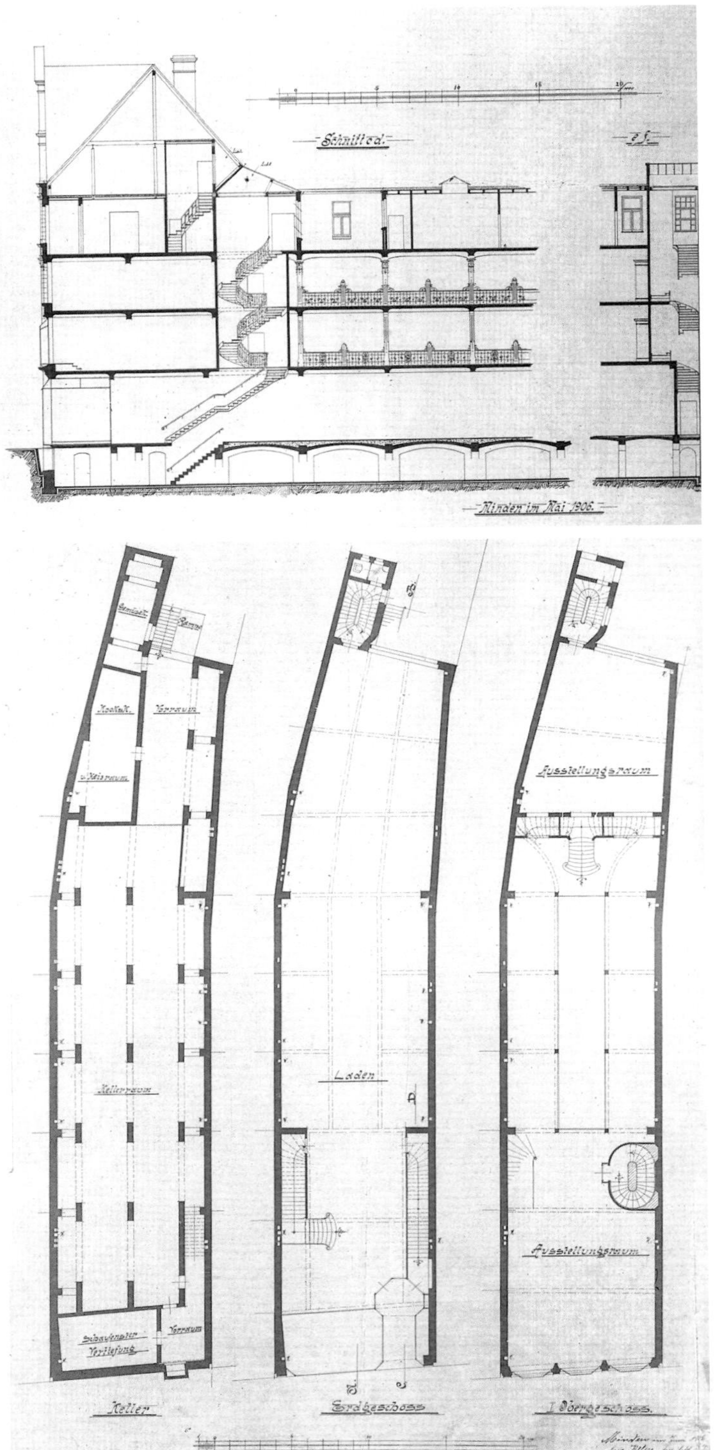

Abb. 1069 Markt 20, Längsschnitt und Grundrisse zu dem Neubauprojekt eines Kaufhauses, Architekt A. Kelpe 1906.

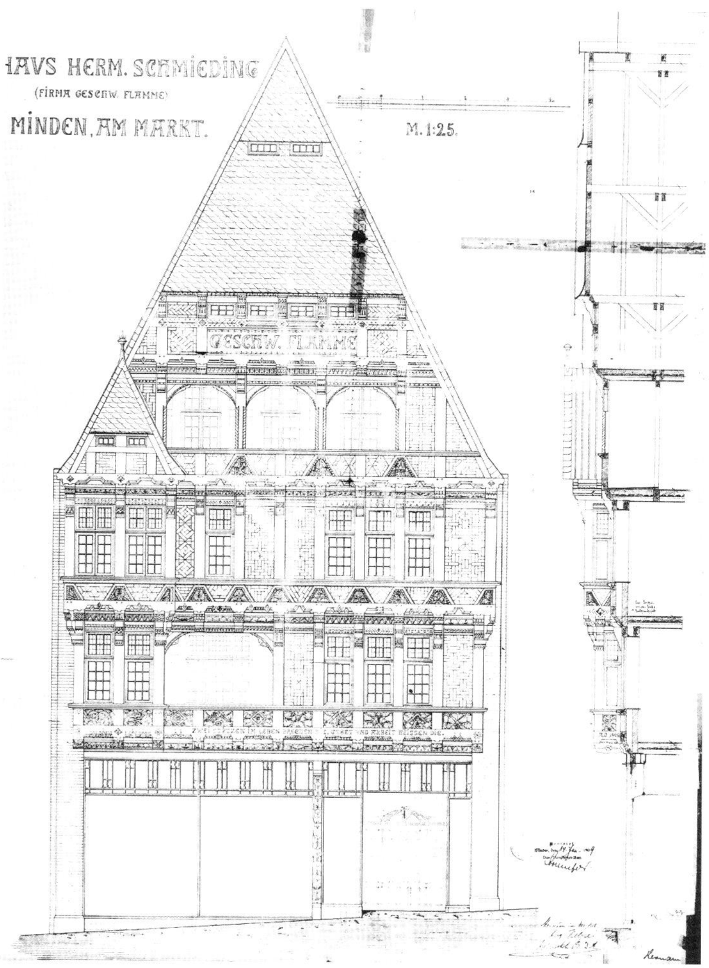

Abb. 1070 Markt 20, Ausführungsplan für die neue Fassade, Architekt A. Kelpe 1908.

dem ansonsten massiv ausgeführten Haus als stöckig verzimmerte und vorkragende Holzkonstruktion vorgesetzt, die mit hart gebrannten Backsteinen im Zierverband ausgemauert wurde. Über dem dreigeschossigen Haus sehr steiles Satteldach mit vier weiteren Etagen. Die Zonen der Vorkragungen in der Art der frühen Renaissance mit Knaggen unterstützt und mit Füllhölzern versehen und jeweils reich beschnitzt. Die Brüstungsbohlen im ersten Obergeschoß und die Fußbänder im zweiten Obergeschoß wurden ebenso wie die weiteren Vorkragungszonen mit reichen ornamentalen Pflanzen beschnitzt, die an Renaissanceornamente erinnern, aber stark vom Jugendstil beeinflußt sind (die ausführende Firma nach mündlicher Tradition Tischlermeister Gustav Siebeking). Zur Unterstützung des malerischen Aspektes das untere Stockwerk des Giebeldreiecks in eine offene Loggia aufgelöst, zudem an der linken Seite ein übergiebelter zweigeschossiger Erker vorgekragt. Daneben in der ersten Etage eine weitere kleine Loggia. In der Spitze des Giebels die beiden obersten Etagen mit Schiefer behängt, diese in der Art der Steckwalme an den Bauernhäusern der Region leicht vorbauchend ausgeführt.

Abb. 1071 Markt 20, Detail der Fassadenschnitzereien (Tischlermeister G. Siebeking ?) mit Darstellung des Besuches Kaiser Karls IV. 1377 (links) und der Reformation in Minden 1529.

An der westlichen Seite des Erkers Inschrift: *HERMANN SCHMIEDIING / MARIE SCHMIEDING / GEB. MIDDESCHULTE.* Auf der östlichen Seite: *AD 1909.* Die Brüstungszone des zweiten Giebelgeschosses mit einer großen Tafel verblendet, auf der der Name des Bauherren eingeschnitzt wurde *HERMANN SCHMIEDING.* Über dem Erdgeschoß die Geschoßschwelle mit Inschrift: *ZWEI LEBENSSTUETZEN BRECHEN NIE; GEBET UND ARBEIT HEISSEN SIE.* Darunter auf den zehn Füllhölzern zwischen den Stichbalken ein Fries von Silhouetten im Stil von Scherenschnitten (nach Entwürfen des Kunstmalers Hans Kindermann) mit Darstellungen wichtiger Ereignisse oder Zeitpunkte aus der Mindener Geschichte und einem Datum, wobei (entsprechend dem Verkaufsprogramm der Firma Schmieding) jeweils die Kleidermode der Zeit deutlich wird (von links nach rechts chronologisch: 785 Windukinds Taufe an der Wittekindsquelle bei Minden, 1168 Hochzeit Heinrich des Löwens mit Mechthild von England im Dom zu Minden; 1377 Besuch Kaiser Karls IV., 1529 Reformation; 1633 Belagerung der Stadt durch die Schweden; 1673 Besuch des Großen Kurfürsten; 1780 Ballszene; 1806 französische Zeit; 1847 Eröffnung der Köln-Mindener Eisenbahn; 1909 die moderne Zeit mit Auto, Rad und Zeppelin (siehe Tänzel 1941).

1958 Umbau der Schaufenster und der Eingangspassage (Plan: H.-G. Schlusche); 1967 Umbau des Ladens (Plan: A. Münstermann); 1984 in die Denkmalliste der Stadt Minden eingetragen.

Scheune (17. Jahrhundert–1862 ?)

Hinter dem Haus bestand an der östlichen Grundstücksgrenze nach den Baubefunden (dazu siehe weiter unten) schon seit dem 17. Jahrhundert eine Scheune aus Fachwerk. Diese ein Bau mit östlichem Seitenschiff und auf der westlichen Seite einer über beide Giebel befahrbaren Diele, so daß der Hof hinter dem Haus von der Leiterstraße durch die Scheune erreicht werden konnte. Da der Bau in deutlichem Abstand zum Vorderhaus steht, ist er wohl nicht als Flügelbau zu interpretieren. Das Fachwerkgerüst entstammt dem 17. Jahrhundert, hat sieben Gebinde und ist bei

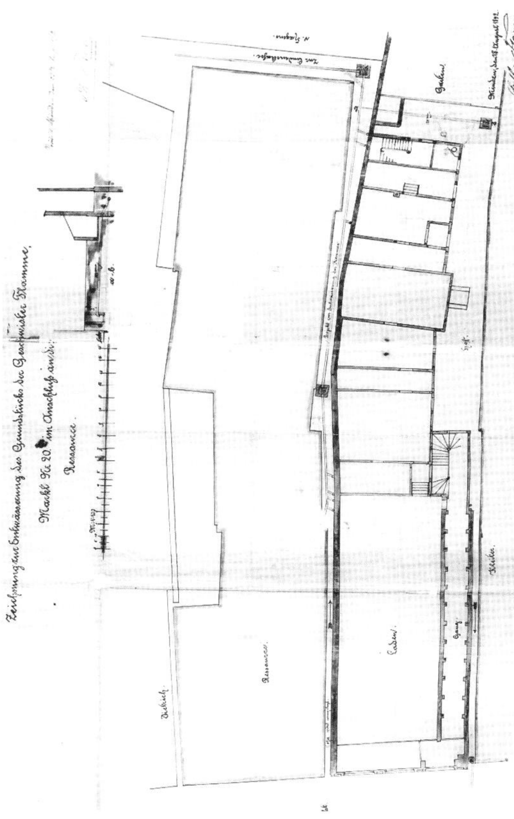

Abb. 1072 Markt 20 (rechts) und 22, Grundriß des Komplexes aus der Entwässerungsakte von 1892.

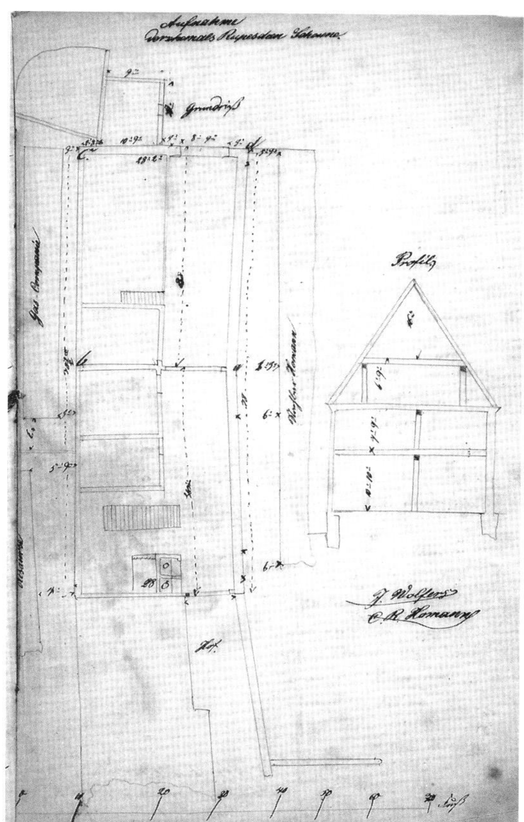

Abb. 1073 Markt 20, Grundriß und Querschnitt der Scheune aus dem Bestandsplan von 1845.

zwei umlaufenden Riegelketten nur einfach vernagelt. Eckständer mit langen, leicht geschwungenen und über die Riegel geblatteten Fußstreben. Dachwerk nicht erhalten. Diese Scheune wohl im 18. Jahrhundert auf etwa die doppelte Länge nach Süden verlängert, wobei acht Gebinde angefügt wurden. Hier das zweifach verriegelte Gerüst doppelt vernagelt und an den Eckständern mit Fußstreben ausgesteift. Nach einem Bestandsplan von 1845 (Abb. 1073) besaß der Bau ein oberes Speicherstockwerk und darüber ein steiles Satteldach, dessen Kehlbalken von zwei stehenden Stühlen getragen wurden. Die Scheune später auf der westlichen Traufseite und am Südgiebel massiv erneuert.

Der Bau scheint in der ersten Hälfte des 19. Jahrhunderts (wohl entsprechend den beiden Bauteilen) quer in zwei Teile unterteilt worden zu sein, wobei sich der südliche Teil bis 1845 eine Zeitlang zum Haus Obermarktstraße 5 zugehörig nachweisen läßt, dann aber verkauft wird und 1852 wiederum vom Besitzer des Hauses Obermarktstraße 1 an den Besitzer des Hauses Obermarktstraße 5 veräußert wird. Erst nachdem beide Teile der Scheune nach 1862 wieder in einem Besitz vereint worden waren, scheint man unter Einbezug von Resten dieses Baus das jetzige Lagerhaus errichtet zu haben.

Lagerhaus (von 1862 ?) (Abb. 1072–1075)

Dreieinhalbgeschossiger Fachwerkbau über recht hohem Sockel, erbaut um 1862. Der Bau auf Grund des gebogenen Grundstücksverlaufs auf seiner großen Tiefe dreimal abgewinkelt und in einzelnen Teilen abgezimmert, aber wohl gleichzeitig entstanden. Dieses größte in der Stadt erhaltene

Abb. 1074 Markt 20, Lagerhaus von 1862 und Verkaufssaal von 1929 (rechts), Ansicht von Südwesten, 1993.

Lagerhaus aus Fachwerk ist wohl für den Kaufmann Julius Wolfers errichtet worden, wobei nur im Keller und Erdgeschoß Teile einer zuvor hier stehenden Scheune wieder Verwendung fanden. Unter dem Gebäudekomplex mehrere unterschiedliche Keller, die sich z. T. nicht auf den heutigen Bau beziehen und offenbar ebenfalls von älterer Bebauung übernommen sind.

Nach Abnahme der Dachwerke der alten Scheune wurden die Altbauten nach Norden bis zum Rückgiebel des Hauses (hier unter Wiederverwendung von alten Holzteilen) sowie nach Süden erweitert und darüber zwei Voll- und ein weiteres niedriges Drempelgeschoß, ferner ein flach geneigtes und wohl mit Pappe beschlagenes Satteldach aufgeschlagen. Diese Bauteile aus Fachwerk und mit Backsteinen ausgemauert, (bis auf den nur einfach verriegelten Drempel) alle zweifach verriegelt und jeweils im Gefach vor den Eckständern mit einer Schwelle-Rähm-Strebe ausgesteift.

Offenbar bestand schon von Anfang an in den oberen Etagen entlang der Ostfront ein langer und schmaler Flur, von dem aus die einzelnen Räume erschlossen wurden. Zu einem späteren Zeitpunkt die Räume zumindest in Teilbereichen auch als Wohnungen eingerichtet.

1908 Entwässerung; 1914 Umbau des Erdgeschosses, zuvor durch zahlreiche Querwände in einzelne Räume unterteilt, das nun auch zu einem Verkaufssaal für Teppiche eingerichtet wird. Dabei die Decken und die westliche Traufwand auf Eisenträgern abgefangen und der Saal teilweise noch nach Westen in den seitlichen Hofbereich erweitert. Teilweiser Umbau der Kelleranlagen (Plan: A. Kelpe). 1929 bei Erweiterung nach Süden erneut im Erdgeschoß umgebaut. Der Bau 1986

Abb. 1075 Markt 20, Lagerhaus, Ansicht (nach Abbruch von Markt 22) von Südosten, 1996.

Abb. 1076 Markt 20, Verkaufssaal von 1929, Blick nach Norden, um 1930.

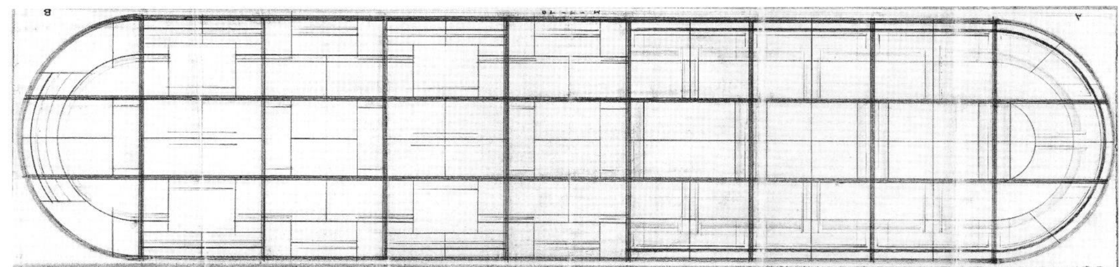

Abb. 1077 Markt 20, Verkaufssaal, Entwurf für das Oberlicht, Architekt K. Krause/Herford 1929.

umfassend modernisiert und zu einem Mietshaus umgebaut, wobei die innere Aufteilung in großen Bereichen verändert und alle Fenster erneuert wurden.

Verkaufssaal (Abb. 1076–1077)

1929 Anbau eines großen Verkaufssaales an den Südgiebel des Flügelbaus (Pläne: Architekt K. Krause/Herford, der auch eine aufwendige Ausstattung und die Möblierung in Formen des Art-Deco entwirft, Ausführung C. W. Homann). Diese bis auf das von einer Stuckvoute eingefaßte Deckenoberlicht nicht ausgeführt. Der massive Bau eingeschossig, unterkellert und mit Flachdach.

1964 Anbau eines Heizungskellers an den Südgiebel.

MARKT 22, Haus der Ressource (1790–1909) (Abb. 893, 894, 897, 1065, 1078–1083)

1729 bis 1743 Martini-Kirchgeld Nr. 136/137; bis 1878 Haus-Nr. 160; bis 1908 Markt 21
Zugehörig im 18. Jahrhundert ein Wirtschaftsgebäude an der Lindenstraße 10/12 (Haus-Nr. 160 b), das um 1780 an der Stelle von ehemaligen kleinen Buden (Haus-Nr. 241) entstand.

PLÄNE: *Gundriß des hinteren Gebäudes nebst dem Garten von dem von der Gesellschaft, genannt Ressource zu Minden angekaufen, am Markte gelegenen Hauses. Aufgenommen 1791 im Jan:* Kolorierte Federzeichnung von C. A. von Vagedes mit Bleistifteintragungen, 85,5 x 46,3 cm (NSTA Bückeburg, A 1318, Abb. 1079).

QUELLEN: KAM, Mi, E 1033 (Feste der Ressource 1808–11); die Bauakten der Bauaufsicht nur ab 1896 überliefert.

LITERATUR: Nordsiek 1988. – Versorgung 1989. – Gas 1990.

Die Abbruch- und Ausschachtungen für den Neubau wurden 1996 durch das WMfA begleitet und dabei archäologische Spuren der seit dem 13. Jahrhundert nachweisbaren Bebauung dokumentiert (Neujahrsgruß 1997, S. 78/79).

Schmale und tief in den Baublock reichende Hausstelle, im rückwärtigen Bereich nach Südosten stark abfallend. Wohl eines der beiden Häuser, die 1317 vom Domkapitel an die Stadt verkauft wurden (KAM, Mi, A I, Nr. 30, siehe S. 1320), nach den 1996 erhobenen Grabungsbefunden offensichtlich schon zu dieser Zeit als großes Steinhaus ausgeführt. Das Grundstück reichte im Süden bis zur Leiterstraße und im Südosten auch bis zur Lindenstraße, wobei auf der hier großen Fläche im Winkel beider Straßen im 18. Jahrhundert eine Scheune bestand. Der größte Teil der Freifläche im Blockinneren und entlang der Lindenstraße war 1791 als Gartengelände gestaltet. Die Flächen an der Lindenstraße bis auf eine schmale Durchfahrt 1873 veräußert und mit den Häusern Lindenstraße 10 und 12/14 bebaut. Offensichtlich bestanden auf dem Grundstück in der frühen Neuzeit zunächst zwei getrennte Wohnungen, wohl als Haus und Nebenhaus (in unbekannter Lage) zu denken, da auf dem Grundstück zwei Kirchgeldnummern lagen (von denen eine allerdings schon vor 1729 wüst war), wobei es sich bei den Bewohnern jeweils um führende Personen der Stadt handelte.

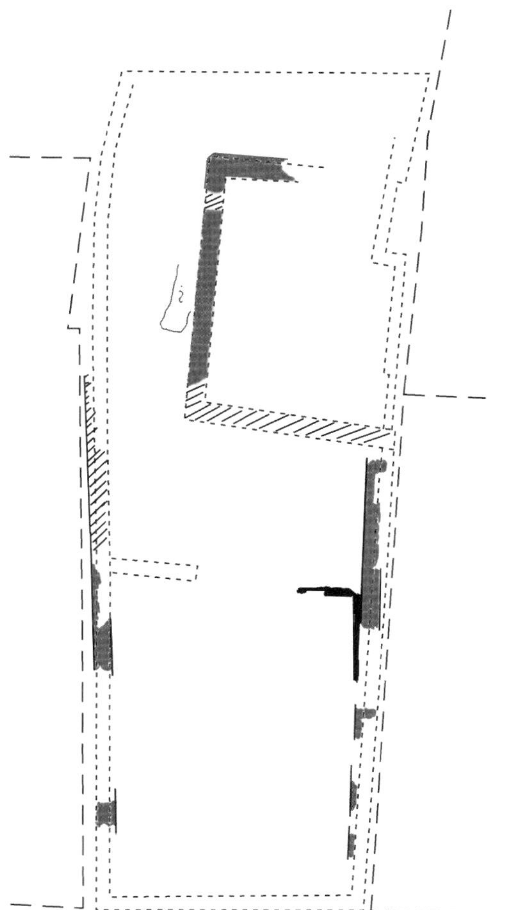

Abb. 1078 Markt 22, Plan der 1996 ergrabenen Fundamente der Bebauung. M 1:300.

1537 und 1581 wird im Kuhtorischen Huderegister Hans Cateman mit Huderecht für 4 Kühe genannt.

1663 Adam Ernsting; 1667/74 Erben D. Rahter; 1675/76 Herr Dr. Andreas Jacobus Kruse; 1684 Witwe Dr. J. Kruse; 1692/1711 Witwe des Rat Krause (1709 ist das Haus an Assessor Cöper vermietet); 1723 Herr Assessor und Bürgermeister Frederking; 1729 Bürgermeister Frederking; 1738 Direktor Frederkings Haus; 1740 Bürgermeister Frederking; 1743/55 Landrentmeister Witte; 1755 Witte, Haus für 4000 Rthl; 1778 Landrentmeister Witten; 1781 Landrentmeister Witte, Nachtrag: jetzt Krack (die Witwe, die Anteile am Bergwerk Bölhorst hatte, ist 1783 verstorben); 1764 Neubau, Taxe 6000 Rthl (KAM, Mi, C 380), danach Erhöhung der Versicherung auf 7000 Rthl; Dez. 1790 Verkauf von Böttcher Gottlieb Homann an die Ressourcengesellschaft: Haus 8090 Rthl, Hof und Garten 390 Rthl, sowie Hudeanteil für 6 Kühe; 1798 Ressource; 1802 *Auf der Ressource*; 1804/06 Die Ressource, Mieter Dacke. Wohnhaus von zwei Etagen, hat Braurecht, Brunnen mit Pumpe und eine hölzerne Handspritze sowie Scheune. Hat 2 Kühe und 2 Schweine; 1809 Pächter Weinschenker Römer und Speisewirt Tacke; 1812 Ressource, ein Wohnhaus mit Scheune, Garten und Hof, Gebäude für 6000 Thl versichert; 1831 auf 8000 Thl erhöht (Wohnhaus mit Anbau 5000 Thl, Hintergebäude 3000 Thl); 1846 bewohnt von Ökonom und Pächter Friedrich Hennies; 1853 bewohnt vom Pächter Nieder mit Familie. Vier Zimmer als Gastzimmer eingerichtet; 1908 Ressource-Gesellschaft; 1909 Verkauf an Hermann Goliberzuch (zuvor Obermarktstraße 35); 1915 Konkurs Goliberzuch; 1919/34 Meyer; 1931 Universum Theater; 1937 Verkauf an Albert Schneider/Hannover; 1938 Verkauf an Emil Unfried aus Berlin.

DIE RESSOURCEN-GESELLSCHAFT (1790–1909): Die Bürgergesellschaft »Ressource«, wohl 1786 gegründet, umfaßte zunächst vor allem höhere Beamte, zu denen sich bald auch die führenden Kaufleute gesellten sowie führende Mitglieder des Militärs. Zweck der Gesellschaft war die Unterhaltung im Kreise Gleichgesinnter. 1790 erwirbt die Gesellschaft das 1764 erneuerte Haus am Markt, das in der Folge als Gesellschaftshaus genutzt und immer wieder erweitert und ausgebaut wird. Das Ressourcengebäude wird durch zwei Ökonomen betrieben, von denen der zweite 1791 Johann Friedrich Wilhelm Küster hieß. Ferner wird der Koch Wassermann beschäftigt. Man unterhält auch einen Mittagstisch, wobei das Essen auch nach Hause geliefert werden konnte (KAM, Mi, C 12). Schon 1794 berichtet ein Reisender im Neuen Westphälischen Magazin, S. 312: *Die hiesige Ressource hat ihre Zusammenkünfte in einem ihr eigenthümlich zugehörigen Hause, welches am Markte in einer der angenehmsten Gegenden der Stadt liegt. Die Mitglieder derselben, deren Anzahl schon jetzt sehr ansehnlich ist, bestehen theils aus Einheimischen, theils auswärtigen Personen, deren jede einen jährlichen Beitrag zur Erhaltung*

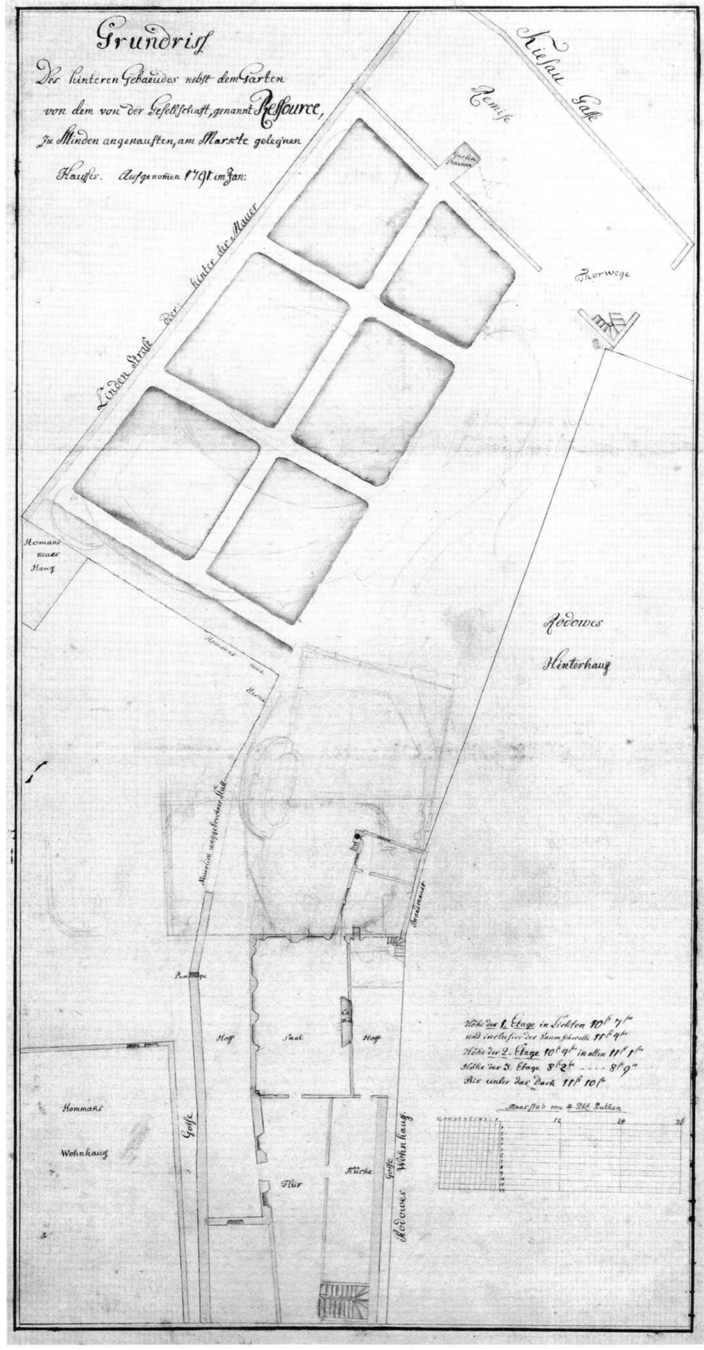

Abb. 1079 Markt 22, Grundriß des gesamten Grundstückes mit Wohnhaus am Markt (unten), Gartenanlage an der Lindenstraße und Scheune an der Ecke zur Kisaustraße (oben) sowie Skizzen zur Errichtung eines Saalgebäudes, C. A. von Vagedes 1791.

der nothwendigen öconomischen Einrichtungen zu geben sich verpflichtet. Nur allein aufgenommene Mitglieder haben freyen Zutritt zu dieser geschlossenen Gesellschaft... Die Ressource steht zu jeder Zeit des Tages dem wirklichen Mitgliedern offen, Machmittags finden sie hier jederzeit Gesellschaft.... Hier findet der Geschäftsmann Erholung von seinen Arbeiten, nicht wie dies in Wirtshäusern oft der Fall ist, in der Gesellschaft fader Gaffer und Schwätzer, sonderm im Cirkel gewählter Männer... Hier können sie, wenn sie nicht Lust haben zu sprechen, sich niedersetzen und sich mit gemeinnützigen Zeitschriften unterhalten. Jeder genießt eine erlaubte Freiheit. 1808 ist für das Haus der Ball mit Soupér anläßlich des Besuchs des Königs Jerome in Minden belegt. 1811 wird hier ein ebensolches Fest für den französischen General Compans veranstaltet. Weitere, für das gesellschaftliche Leben der Stadt entscheidende Feste, Bälle und Soupers im Saal der Ressource sind beschrieben bei Nordsiek 1988, S. 12 ff. Daneben fanden aber auch regelmäßig öffentliche Konzerte in den Wintermonaten statt, die von jedem Bürger nach Entrichtung von Eintrittsgeld zu besuchen waren. Die tragende gesellschaftliche Rolle, die die Ressource in der ersten Hälfte des 19. Jahrhunderts einnahm, verdeutlichen verschiedene bauliche Maßnahmen, die sie auf dem Grundstück ausführen ließ: So stellte sie wiederholt ihre Scheune für Theaterspiele zur Verfügung und zur Beleuchtung des Gesellschaftshauses wurde zu einem bislang unbekannten Zeitpunkt (wohl um 1825) die erste Gasbereitungsanlage in Minden installiert. Schon bald befand sich diese in der 1839 erneuerten Scheune der Gesellschaft an der Lindenstraße. Diese kleine Gasfabrik wurde 1853 in eine private Gascompagnie umgewandelt und von Mitgliedern mit dem Ziel angepachtet, die Straßenbeleuchtung der Stadt zu übernehmen. Daraus entwickelte sich dann 1864 das städtische Gaswerk, das noch bis zum Ablauf der alten Pachtverträge im Jahre 1868 im Garten der Ressource und der dortigen Scheune einen Betrieb unterhielt (dazu siehe Lindenstraße 10/12). Wenige Jahre später werden umfangreiche Änderungen im Baubestand der Ressource vorgenommen. Nachdem die Gasanstalt auf dem Rückgrundstück geschlossen worden war, fiel das verpachtete Land an die Gesellschaft zurück, die dieses 1873 an der inzwischen ausgebauten Lindenstraße als Baugrund dem Hauptmann von Hagens verkaufte (er errichtete dort 1872/75 die Häuser Lindenstraße 10 und 12/14). Offensichtlich mit dem Erlös aus diesem Geschäft ließ die Gesellschaft den vorderen Teil ihres Hauses abbrechen und durch einen Neubau ersetzen. Am 10. 11. 1888 konnte das 100jährige Jubiläum der Gesellschaft gefeiert werden (Verw.-Bericht Stadt Minden). Ende des 19. Jahrhunderts umfaßte die Gesellschaft etwa 100 Mitglieder, die insbesondere aus dem Offiziercorps stammten. Seit 1900 diente das Haus der Ressource auch als Kasino der Landwehroffiziere. Allerdings scheint die Ressource in der zweiten Hälfte des 19. Jahrhunderts nicht mehr in der Weise wie in ihrer früheren Zeit die tragende Rolle im Gesellschaftsleben gespielt zu haben. So finden hier später keine großen öffentlichen Veranstaltungen mehr statt und man scheint später auch den Saalbau in Räume aufgeteilt zu haben. Entsprechende Veranstaltungen fanden nun statt dessen im Saal des gegenüberliegenden Viktoriahotels (Markt 15) oder im Saal der »Harmonie« (Lindenstraße 23) statt.

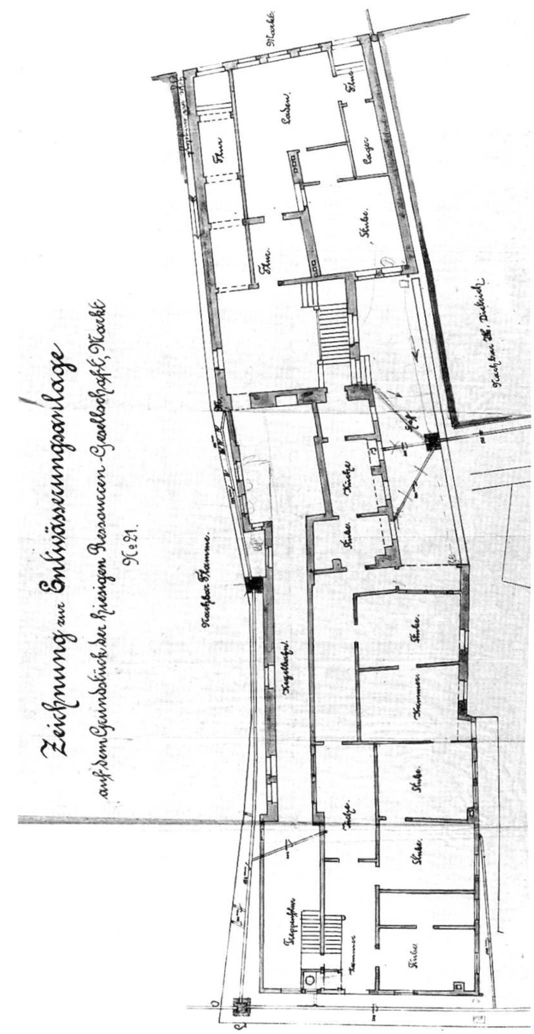

Abb. 1080 Markt 22, Zustand von Vorderhaus, Flügelbauten und Saalbau aus der Entwässerungsakte von 1892.

Die offensichtlich sehr komplexe Baugeschichte der Parzelle für die Zeit vor 1900 nur noch in Ansätzen zu verfolgen, da von dem Bestandsplan von 1791 abgesehen, älteres Planmaterial in den städtischen Akten nicht mehr erhalten ist. Nach den älteren Plänen vor dem Neubau des Kinos 1931 bestanden rückwärtig mehrere Anbauten, die z. T. ein hohes Alter ausgewiesen haben dürften und

Abb. 1081 Markt 22, Ansicht des 1873 errichteten Vorderhauses von Norden, 1938.

die auch beim Neubau des Vorderhauses 1764 schon von älteren Vorgängerbauten übernommen worden sind. Weitere Hinweise erbrachte eine 1996 bei der Neubebauung durchgeführte Baustellenbeobachtung.

Vorderhaus (13. Jahrhundert–1764) und Flügelbau (bis 1931)

Als Kern des Komplexes ist ein bis 1764 bestehendes Giebelhaus von vorne etwa 10,50 m Breite und etwa 20 m Länge zu erschließen, an das sich ein massiver und unterkellerter, auf der Ostseite um etwa 5 m eingezogener, wohl gleichzeitiger Flügelbau mit einer Länge von etwa 11 m anschloß. Von diesen Bauten wurden 1996 die Fundamente freigelegt: ihre Entstehung ist auf Grund von Keramikfunden in das 13. Jahrhundert zu datieren. Die westliche Traufwand mit nur etwa 30 cm Abstand zum Nachbarhaus, in der Sohle der schmalen Gasse eine sandsteinerne (in Teilen

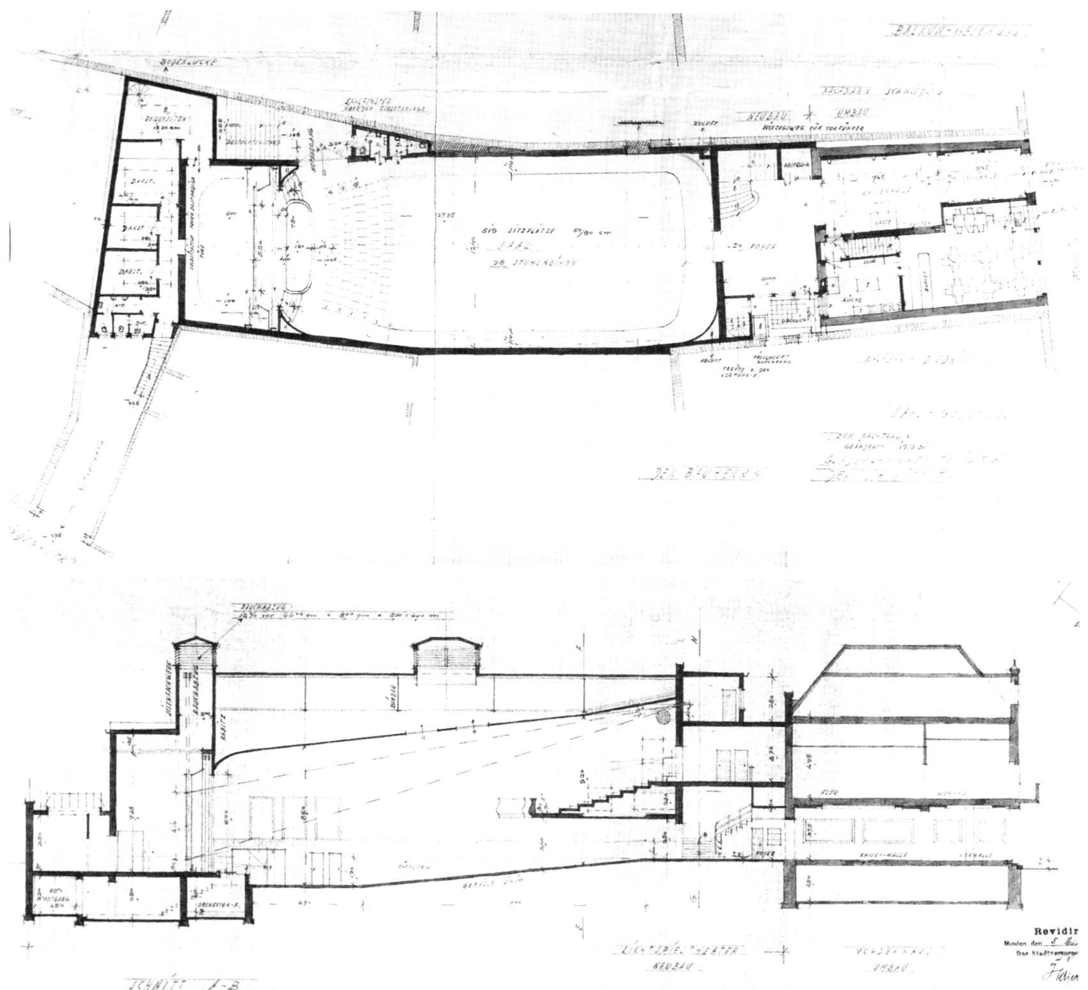

Abb. 1082 Markt 22, Grundriß und Längsschnitt durch Haus und Lichtspieltheater, Architekt K. Ritzdorf/ Mönchengladbach-Rheydt 1931.

bis 1996 erhaltene) Rinne. Die Umfassungswände im Vorderhausbereich aus Sandsteinquadern, im Hinterhausbereich aus zweischaligem, 75 cm starkem Mauerwerk, aus an den Außenseiten sauber bearbeiteten Sandsteinblöcken in Kalk aufgesetzt. Auf Grund der unterschiedlichen Mauertechniken könnten die Bauteile zu unterschiedlichen Zeiten entstanden sein. Reste einer tief fundamentierten Querwand könnten auf eine vordere Stube in der nordwestlichen Ecke hindeuten, eventuell mit einer Warmluftheizung vorstellbar.

Der Flügelbau mit zunächst balkengedecktem Keller (dieser verputzt), nachträglich (um oder nach 1500) mit einer tief ansetzenden Tonne aus Backsteinmauerwerk (30 x 15 x 7,5/8 cm) eingewölbt (danach mehrmals neu verputzt). Keller ursprünglich mit Lehmfußboden, später Ziegelboden.

Das Hinterhaus wohl zugleich mit der Einwölbung des Kellers umgebaut und in der östlichen Front zum Hof dorthin mit vier tiefen und überwölbten Fensternischen – weitere wohl im ehemaligen Rückgiebel – versehen. Eine Feuerstelle dürfte wohl in der stark gemauerten Trennwand zum Vorderhaus bestanden haben.

Vorderhausneubau (1764–1873)

Der 1764 fertiggestellte zweigeschossige Neubau des Vorderhauses aus Backsteinmauerwerk nahm nur in den vorderen zwei Dritteln des Bauplatzes die volle Breite der Parzelle ein, während das hintere Drittel etwa in die Flucht des bestehenbleibenden Flügelbaus zurückgenommen wurde. Dieser schmalere Neubaubereich wurde zu einem weitläufigen Treppenhaus mit westlich daneben bestehender Küche gestaltet, das durch einen mittleren Flur des Vorderhauses mit seitlichen Stuben und Kammern zugänglich war. Die Fassade fünfachsig, offensichtlich ohne weitere Gliederungselemente verputzt und das Dach mit Krüppelwalm mit Sandsteinplatten eingedeckt. Der gesamte vordere Teil des Gebäudes, für 9300 Thl versichert, 1873 abgebrochen.

Saalanbauten (1786/1802–1931)

Nach der Übernahme des Hauses durch die Ressourcengesellschaft sind für die Jahre 1786 und 1802 Anbauten von Sälen überliefert. Nach dem erhaltenen Bestandsplan von 1791 kann sich die erste Nachricht nur auf einen Umbau des bestehenden Flügelbaus beziehen. Dabei scheint bei ihm die westliche Traufwand abgebrochen und zur Schaffung eines kleinen Innenhofes nach Osten verschoben wurden zu sein. In dieser Wand ein Kamin angelegt. 1786 wird berichtet, die Gesellschaft *hat einen Saal gebaut, kostet 1500 Rthl* (KAM, Mi, C 133).

Nachdem dann schon 1791 verschiedene Konzepte für den rückwärtigen Anbau eines größeren Saales erwogen wurden, scheint ein Bau erst 1802 erfolgt zu sein, wobei er rückwärts an den Flügelbau angefügt wurde und eine Grundfläche von 11,90 x 25,50 m bedeckte. In diesem Jahr wird berichtet, es wäre ein Speisesaal gebaut worden (KAM, Mi, C 142). Beide Säle sind nach dem Entwässerungsplan von 1892 später mehrmals umgebaut und neu aufgeteilt worden, lassen aber in Mauerversprüngen Baufugen erkennen. 1892 wurde entlang der westlichen Grundstücksgrenze in den Komplex eine Kegelbahn eingebaut.

Vorderhaus (1873–1996) (Abb. 1081, 1083)

Nach Abbruch des 1764 in den Umfassungswänden wohl nur umgestalteten vorderen Bereiches des Vorderhauses wurde ein zweigeschossiger, unterkellerter Backsteinbau mit flach geneigtem Vollwalmdach auf einer Grundfläche von 11 m Breite und 14,30 m Tiefe errichtet, der keine älteren Bauteile mitnutzte (Bauakten dazu nicht aufgefunden – nach den Details der Gestalt möglicherweise von W. Moelle entworfen). Der Bau ganz unterkellert mit Kappen auf gemauerten Bögen. Die Zwischendecken sind aus Holz. Kehlbalkendachwerk von Nadelholz mit 13 Gebinden.

Der Neubau erhielt eine Backsteinfassade mit Staffelgiebel, die frühgotische Vorbilder zitiert und den Bau dreigeschossig wirken läßt (offensichtlich mit Rücksicht auf das benachbarte klassizistische Haus Markt 20). Fensterfaschen mit wechselweiser Verwendung roter und schwarzer Backsteine, die sich ebenfalls als Schmuckband im Giebeldreieck finden. Die Fassade fünfachsig aufgebaut, wobei die drei mittleren in der Art eines Risalites hervorgehoben durchgestaltet wurden und Zierelemente aus sauber bearbeiteten Werksteinteilen erhielten. Sie wird durch sechs über dem Erdgeschoß beginnende Staffeln gegliedert, die in Fialtürmen enden. Die mittleren vier Staffeln sind näher zusammengerückt, wobei sie ein dreiachsiges Giebeldreieck rahmen, an das seitlich jeweils eine hohe, ursprünglich mit einem Ziergitter gekrönte und den Dachansatz verdeckende Blendmauer anschließt. Die Fensteröffnungen haben einen Stichbogenabschluß, wobei nur die drei mittleren Öffnungen der ersten Etage, unter denen ein Balkon angeordnet ist, mit einem in an rheinische Spätromanik erinnernde Dreipässen endenden Feld überspannt sind. Der vorgelegte Balkon auf vier verkleideten Eisenträgern und mit Eisengeländer (die Fassade 1938 stark verändert – siehe weiter unten).

Die innere Struktur ist auf Grund zahlreicher Umbauten im 20. Jahrhundert im einzelnen nicht mehr nachvollziehbar, offenbar bestimmt durch eine firstparallele Wand mit den Schornsteinzügen in der hinteren Haushälfte. Das Erdgeschoß wurde zu einem getrennt zu vermietenden Ladenlokal eingerichtet, wobei der Zugang zur Ressource in den oberen Geschossen und dem hinteren Grundstück mit einer gewölbten Passage entlang der östlichen Traufwand hergestellt wurde. Die mit 4,50 m ebenso große Höhe des ersten Obergeschosses läßt darauf schließen, daß hier hinter dem Giebel auf ganzer Breite ein Saal untergebracht war, der einen Austritt auf den Balkon in der Fassade hatte. Beim Abbruch des Gebäudes im Juli 1996 traten hier um die Fenster umfangreiche Reste einer Ausmalung zu Tage. Das Dach zu einer Wohnung (des Wirtes ?) ausgebaut.

Nachdem die Gesellschaft »Ressource« ihren 1911 fertiggestellten Neubau an der Tonhallenstraße 4 in Planung genommen hatte, verkaufte sie 1909 ihr traditionsreiches Haus für 100000 Mark an den Gastwirt Goliberzuch. Er läßt noch im gleichen Jahr Umbauten nach Plänen des Architekten W. Kistenmacher für das nun hier betriebene Wirtshaus »Reingold« vornehmen, wobei die Fassade im Erdgeschoß neu gestaltet wurde. Statt des Ladenlokals wird

Abb. 1083 Markt 22 (rechts), 24 bis 28 (links), Ansicht von Nordwesten, 1970.

im Erdgeschoß ein Restaurant mit Zugang vom Hausflur eingerichtet, das Obergeschoß zu Wohnzwecken eingerichtet. Ferner neben dem Treppenhaus auf dem Hof ein Anbau für Aborte errichtet, die an die 1908 gelegte Kanalisation Anschluß fanden. Der nächste Eigentümer ließ 1923 die Wohnung in der ersten Etage umgestalten und dort ein Bad einbauen (Plan: W. Kistenmacher).

Umbau und Anbau eines Lichtspieltheaters (1931–1996) (Abb. 1082)

Schon 1926 wird durch Meyer der Neubau eines Kinosaales für 390 Personen statt des bestehenden Rückgebäudes beantragt, dann aber nach langen Genehmigungsverhandlungen die Pläne des Architekten Hartjenstein aus Hannover doch nicht verwirklicht. 1931 Umbauten des Hauses und Abbruch der rückwärtigen Bauteile, um ein Lichtspieltheater bzw. ein »Kino-Varieté« zu schaffen, wobei zahlreiche Auflagen der Baupolizei und Einsprüche der eng angebauten Nachbarn zu berücksichtigen sind. Die Planungen zunächst durch K. Ritzdorf aus Mönchengladbach-Rheydt, die Detailplanung dann von K. Volkening aus Minden.

Statt der hinter dem Neubau von 1873 bestehenden älteren Hintergebäude wird aus Backstein mit eiserner Dachkonstruktion mit Pappdeckung ein neuer Kinosaal errichtet, der für 552 Plätze im Parkett und 192 Plätze auf dem Rang zugelassen ist. Der Bau, der bis auf die als Fluchtweg genutzte schmale Einfahrt von der Lindenstraße das Grundstück mit Grenzbebauung völlig ausnutzt, wird nur im Bühnenbereich unterkellert. Langrechteckiger Kinosaal mit unterkellertem Bühnenhaus. Dies erhält vor dem Bühnenportal einen Orchestergraben und dahinter einen Schnürboden in einem Dachaufbau, so daß auch Vorführungen und Musikdarstellungen möglich werden. Das rückwärtige Drittel des Saals mit einer großen Loge, die über eine offene Treppenanlage im Foyer zugänglich ist. Zugang durch eine westliche Passage durch das alte Vorderhaus.

1934 Umbau des Dachgeschosses mit Einbau einer Gaupe an der westlichen Traufwand (Planung: K. Volkening).

1938 werden nach Übergang an einen neuen Eigentümer umfangreiche »architektonische Umgestaltungen« vorgenommen, die unter der Leitung des Architekten J. W. Ostwald aus Bremen erfolgen: Die Fassade des Hauses am Markt wird nach Abnahme des Balkons und der bekrönenden Ziergitter sowie Verputz der Dreipaßblenden über den mittleren Fenstern im Sinne der Zeit neu gestaltet und im Detail gestrafft, in dem sie nun eine Schlämme und die Fenster kleine Kreuzsprossen erhielten. Ferner entfernte man im alten Vorderhaus die Gasträume und richtete statt dessen nun hier ein Foyer mit Kassenhalle ein. Im Keller entsteht ferner ein Luftschutzraum. Decke und Bühnenrahmen des Kinosaals, der nun im Parkett 526 und auf dem Rang 173 Plätze aufnimmt, werden neu gestaltet. Sie werden aus Gipsstuck ausgeführt, wobei die Decke eine umlaufende doppelte Voute mit indirekter Beleuchtung erhält. Die Wände werden als Schallschutz mit Kunststoff bespannt.

1969 wird das Kino geschlossen und der ganze Erdgeschoßbereich des Grundstücks in einen Großraumladen umgebaut. Dabei wird zur Absenkung des Niveaus der Keller unter dem Vorderhaus verschüttet und zugleich im Kino eine Leichtbaudecke eingezogen (im Bereich darüber bleibt die alte Einrichtung unangetastet erhalten).

1996 Abbruch des Hauses einschließlich des anschließenden Kinosaales zur Errichtung eines Erweiterungsgebäudes des Bankgebäudes Markt 24/26 (siehe dort). Bau einer Tiefgarage, wobei archäologische Sondierungen vorgenommen werden. Die Fassade 1991 in die Denkmalliste der Stadt Minden eingetragen und nach Abbruch des Komplexes 1996 als Verblendung vor dem Neubau erhalten.

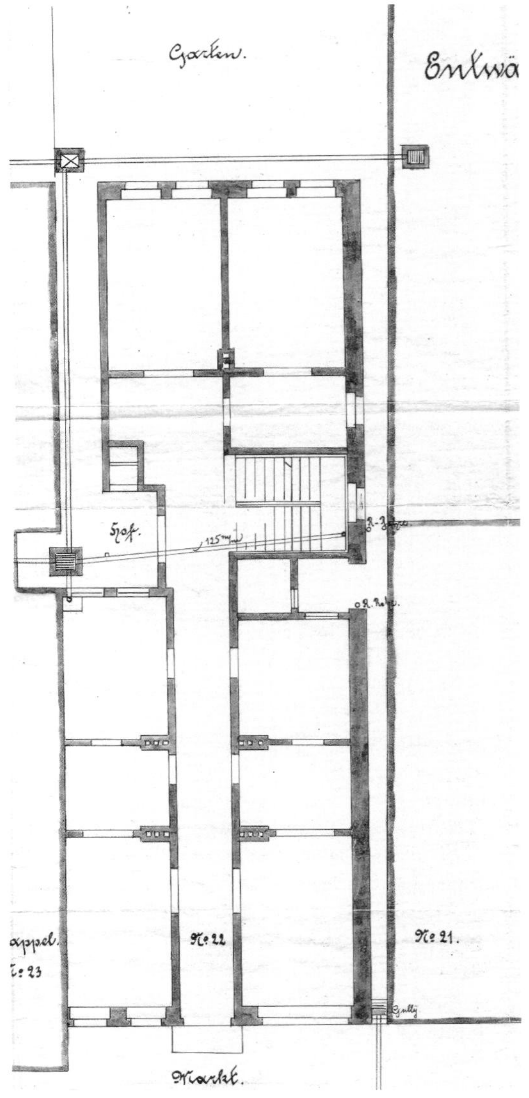

Abb. 1084 Markt 24, Grundriß aus der Entwässerungsakte 1893.

MARKT 24 (Abb. 1083, 1084)

1729 bis 1743 Martini-Kirchgeld Nr. 135; bis 1878 Haus-Nr. 159; bis 1908 Markt 22

Schmalere bürgerliche Hausstätte, rückwärts bis zur Lindenstraße reichend und dort mit einem Nebengebäude (Lindenstraße 6 und 8) bebaut.

Möglicherweise eines der beiden Häuser, die 1317 vom Domkapitel an die Stadt verkauft wurden (KAM, Mi, A I, Nr. 30, siehe S. 1302).

1537 wird im Kuhtorischen Huderegister Saliy von Lambert mit Huderecht für 4 Kühe genannt. Als Nachtrag wurde 1581 Moritz Klapmeier, später Daniel Köneman aufgeführt. 1545 wird durch Lamberdt Pastenauw eine Obligation über 40 Thl bei der städtischen Rentenkammer aufgenommen. Als spätere Besitzer werden genannt: Gerdt Schmidts Wittwe, Harmen Klapmeyer, Daniell Köhneman, 1663 Felician Claer, 1680 wird das Kapital bezahlt. Eine weitere Obligation über 45 Thl. wird 1548 von Lamberdt Pastenauw aufgenommen. Hier als spätere Besitzer genannt: Joest Gevedings, Moritz Klapmeyer, Daniell Köhneman, 1663 Felician Claer, 1680 wird das Kapital bezahlt (KAM, Mi, B 151).

1663/73 Felician Klar (ist hoch verschuldet, zahlt jährlich 12 ½ Thl an das Nikolai-Hospital und stirbt 1673); 1675/78 Felican Clarens Haus; 1679 Henrich Schreiber, jetzt Grotjan; 1680 Arend Grotjan; 1684 Ludolf Leffert; 1692/96 Henrich Bendit; 1702 Licentat Hevermann, früher Klare; 1704/11 Licentat Hevermann (zahlt jährlich 4 Thl Giebelschatz); 1723 Bürger Dietrich Störmer; 1738/40 Justizrat Bessel (ehemals Rat Havermann); 1743 ohne Eintrag (Haus ohne Grundbesitz); 1750 Hevermanns Haus; 1754 *Kürschner Richter am Markte, das angekaufte Havermannsche Wohn- und Brauhaus i.a. 1754*; 1755 Kürschner Richter, Wohnhaus und Scheune für 400 Rthl; 1766 Herr Müller, Wohnhaus und Scheune; 1772 Tabakfabrikant Johann Heinrich Müller, Ersteigerung des Besitzes durch den Branntweinbrenner Diestelhorst für 1 000 Rthl; 1781 Böttcher Hohmann; 1785 Erhöhung auf 900 Rthl; 1798/1809 Haus von zwei Etagen, mit Brunnen und Braurecht; 1804 hat 1 Kuh und 4 Schweine; 1806/18 Böttcher und Gemeinhändler Gottlieb Homann, Wohnhaus nebst Garten und Hofraum; 1828/36 Gottlieb Homann; 1839 Bünte; 1853 Bünte, vermietet an fünf Parteien (darunter Justizrat Franz von Vincke und Blomberg); 1878 Bünte; 1893/1908 Kaufmann Hermann Dietrich.

Haus (bis 1839)

Möglicherweise wurde das Haus 1545/48 neu gebaut oder stark umgebaut (Aufnahme von Obligationen). 1772 wird der Besitz in einer Anzeige beschrieben (MA 1772, Sp. 65): Danach hatte das Wohnhaus zu beiden Seiten einen freien Tropfenfall. In der untersten Etage befindet sich eine Stube, ein Saal, eine Kammer, eine Küche, eine *Krahmbud*e, ein gebalkter Keller, ein Flur mit platten Steinen ausgelegt; in der obersten Etage eine Stube, zwei Kammern und darüber noch zwei beschossene Böden. Hinter dem Haus ein umplankter Garten, ein Stall und gemeinschaftlicher Brunnen. Zugehörig Braurecht und Hudeanteil für 4 Kühe. 1786 werden bei einer Renovierung über 500 Rthl in dem Haus verbaut (KAM, Mi, C 133). 1839 Abbruch für Neubau.

Wohnhaus (1839–1973)

Nachdem der Besitzer des 1836 neu erbauten Nachbarhauses Markt 26 auch die Hausstelle erwarb, errichtete er 1839 nach Abbruch des Vorgängerhauses hier einen weiteren Neubau (KAM, Mi, F 955), dessen Fassade offensichtlich nach dem gleichen Entwurf ausgeführt wurde. Das Haus jedoch gegenüber dem Nachbarhaus um ca. 50 cm zurückgesetzt und mit der westlich anschließenden Marktfront in eine Flucht gestellt.

Dreigeschossiges schmales Giebelhaus, nach Westen als Grenzbebauung mit eigener Traufwand, nach Osten in der vorderen Hälfte an die bestehende Brandwand (gleicher Eigentümer) angefügt. Das flach geneigte Satteldach mit Krüppelwalm ausgeführt, die Fassade entsprechend der inneren Aufteilung mit einem mittleren Flur in allen Etagen fünfachsig mit mittlerer Haustür gestaltet. Die Fenster zunächst offensichtlich nur mit schlichten Faschen. Um 1870 die Dekoration der Fassade durch starke Verdachungen der Fenster aus Stuck modernisiert.

Das Innere des Hauses mit einem mittleren Längsflur, an den sich im vorderen Teil des Hauses beidseitig jeweils drei Räume anschließen. Bei der rückwärtigen Haushälfte ist die östliche Traufwand um ca. 2 m von der Grundstücksgrenze eingerückt, so daß ein kleiner hier bestehender Lichthof vom Hofplatz durch einen Gang neben dem Haus erreichbar blieb. Gegenüber diesem Lichthof wurde seitlich des Flures (mit weiteren kleinen Fenstern zur westlichen Traufwand) ein zweiläufiges Treppenhaus angelegt. Vor dem Rückgiebel unter Auslassung des Flures anschließend zwei große Wohnräume.

Da bis auf die Kanalisationsakten von 1893 keine älteren Bauakten aufgefunden wurden, der in mehreren Schritten vollzogene Umbau des Erdgeschosses zu Läden nicht mehr nachvollziehbar. 1973 Abbruch für Neubau, der auch die Nachbarparzelle Markt 26 umfaßt (siehe dort).

MARKT 26, Heilig-Geist-Hospital (13.–16. Jahrhundert) (Abb. 894, 897, 1083, 1085, 1886)

1729 bis 1743 Martini-Kirchgeld Nr. 134; bis 1878 Haus-Nr. 158; bis 1908 Markt 23

Die bürgerliche Parzelle dürfte erst nachträglich im 16. Jahrhundert entstanden sein und bis zu dieser Zeit im Zusammenhang mit dem Gelände des ehemaligen Heilig-Geist-Hospitals auf der Südseite des Marktplatzes gestanden haben. Dieses scheint einen größeren Baublock umfaßt zu haben, zu dem auch die Parzellen Markt 28/30 sowie Lindenstraße 2, 4 und 6 gehörten. Die meisten dieser Grundstücke waren noch bis in das 18. Jahrhundert im Besitz des Hospitals und wurden von diesem verpachtet.

1332 wird das Hospital – an dieser Stelle wohl schon vor oder um 1240 gegründet – aus nicht näher bekanntem Grunde mit dem Marien-Hospital vereint und später die Anlage ganz auf dessen

Abb. 1085 Markt 26 (rechts) und 28 mit Blick auf die Tonhalle (Lindenstraße 1 a) von Westen, um 1900.

Grundstück an der Simeonstraße 36 verlegt (Hoelscher 1877, S. 332). Während die Hospital-Kapelle nach den Quellen im Osten dieser Marktseite gelegen hat, befand sich das Spital sicherlich daran anschließend (also wohl auf der Fläche Markt 28/30), ist dann aber schon bald nach 1332 aufgeben worden. Nur die Kapelle selbst blieb noch bis in das 16. Jahrhundert bestehen, wobei es sich um einen größeren Steinbau gehandelt hat, möglicherweise nicht mit West-Ost Orientierung und wohl auf dem Grundstück Markt 26 stehend. Vermutlich im 16. Jahrhundert – möglicherweise in Teilen auch schon früher – wurde das ehemalige Hospitalgelände in verschiedene Grundstücke aufgeteilt, die zumeist als Pachtland an Bürger zur Bebauung ausgegeben wurden. Auf Grund der nur spärlichen schriftlichen Überlieferung zur Anlage sind bislang keine genaueren Angaben zur mittelalterlichen Bebauung des Geländes möglich. Die Situation ist heute allerdings auch nicht mehr mit Hilfe archäologischer Methoden zu klären, da die gesamten Flächen 1972 ohne weitere archäologische Untersuchungen für die Anlage einer Tiefgarage ausgeschachtet worden sind.

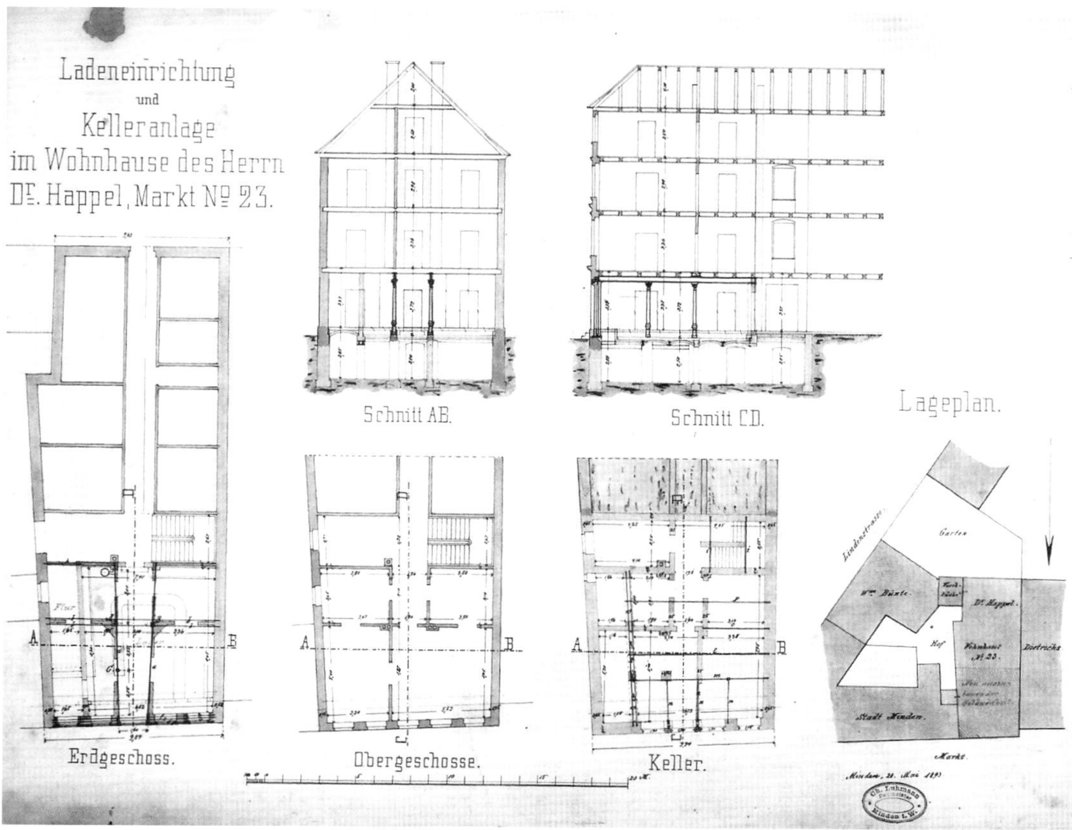

Abb. 1086 Markt 26, Grundrisse und Schnitte für den Umbau des Vorderhauses, Baumeister Luhmann 1893.

HEILIG-GEIST-HOSPITAL: Es soll schon vor 1240 gegründet worden sein, nach anderen Quellen um 1250, wobei es von Anfang an einen engen Zusammenhang mit dem Rat der Stadt gab. Im Jahre 1253 erhielt es eine Schenkung von Ludolf von Arnheim, und 1256 fordert Bischof Wedekind zur Unterstützung des Hospitals auf (WUB VI, Nr. 586 und 627); beides wohl als Hinweise auf den noch laufenden Aufbau zu werten. 1260 ernennt der Bischof einen Geistlichen mit Namen *Wolcmar* für das Hospital (WUB, VI, Nr. 744); die Opferwilligkeit der Bürger sei so groß gewesen, daß es bald vollendet werden konnte (Schroeder 1886, S. 146). 1253 werden auch schon *Provisores domuj hospitalis Mindensis* genannt (STA MS, Mscr. VII, 2716, Bl. 1r. – WUB VI, Nr. 586. – ZHVN 1853, S. 96), 1255 *Provisor domuj hospitals Mindensis* (STA MS, Mscr. VII, 2716, Bl. 1v. – WUB VI, Nr. 627. – ZHVN 1853, S. 98). 1271 wird ein Haus, das dem schon seit längerem in Minden bestehenden Hospital gehört, verkauft (Schroeder 1886, S. 168 ff.). Im gleichen Jahr liegt das Hospital innerhalb der Stadtmauern: *ad hospitale, quod est infra muros Mindenses* (KAM, Mi, A I, Nr. 13. – WUB VI, Nr. 986. – WPB I, 2, Cod. dipl., Nr. 10) und 1303 wird durch die Stadt eine Regelung des Eintritts ins Heilig-Geist-Hospital getroffen: *domum secularem a capella sancti Spiritus distandem a latere dextro exemptam ab omni iure civili, quod vulgariter dicitur burkore* (STA MS, Mscr. VII, 2716, Bl. 2v–3r. – von Schroeder 1997, Urkunden Nr. 29. – WUB X, Nr. 63) und die Einrichtung von allen bürgerlichen Lasten befreit. 1311 erwerben die *provisores infirmorum Hospitalis Sancti Spiritus infra muros Mindensis* eine Rente aus einem Hause auf der Bäckerstraße (KAM, Mi, A III, Nr. 1. – STA MS, Mscr. VII, 2716, Bl. 4r. – WUB X, Nr. 346). 1326 besteht dann schon ein zweites Hospital, das zu dieser Zeit noch außerhalb der Stadt, vor dem Simeonstor (siehe Simeonstraße 36) lag. Beide bekommen eine Schenkung gemäß Testament des *Jo[han] Swarte vnde sin nichte Alheyt*: *half de armen des Heyligen Gestes binnen der stath vnde halff buten der stath tho deme Hilligen Geyste* (von Schroeder 1997, Stadtbuch 1318, I, Nr. 60). 1332 werden dann beide Hospitäler vereint und die ältere Einrichtung offenbar an die Simeonstraße verlegt (weiter siehe dort): *duo hospitalia divisa*, das eine *juxta forum nostrum ad honorem S. Spiritus in quo hospitalj pauperibus quibusdam personis sub determinate numero praebendulae cottidianae ac elemosinis fidelium ministrantur* (STA MS, Mscr. VII, 2716, Bl. 7r–9r). Die Verwaltung des Hospitals, verbunden mit dem Amt des Priesters an der Heilig-Geist-Kapelle und seit dem 15. Jahrhundert mit der Stelle des zweiten Stadtschreibers, befand sich in einem Anbau am Westgiebel des Kaufhauses (siehe Martinikirchhof 5) und dokumentiert die enge Bindung des Hospitals an die Kaufmannschaft und den Rat der Stadt.

HEILIG-GEIST-KAPELLE: Nachdem schon 1260 ein Geistlicher angestellt wurde, 1315 als Kapelle St. Spiritus auf dem Markte genannt, neben der schon 1317 zwei Häuser bestanden (Schroeder 1886, S. 222). Die Kapelle wohl immer eine Vikarie von St. Martini. 1345 wird ein *Cappelan S. Spiritus* erwähnt (Hoelscher 1877, S. 332), und 1357 mietet der Rektor der Kirche ein Grundstück an der Videbullenstraße (STA MS, St. Martini, Urkunden Nr. 153). 1359 ist *Albertus rector capelle sancti spiritus in foro Mindense* (STA MS, Mscr. VII, 2702, fol. 7r). Die Heilig-Geist-Kapelle dieses Hospitals bestand noch bis kurz vor 1500 und wird danach in ein Haus umgewandelt. Sie scheint aber schon während des 15. Jahrhunderts allmählich in Verfall geraten zu sein (möglicherweise, nachdem spätestens seit 1401 ein Altar in dem Hospital an der Simeonstraße stand). Um 1460 wird sie von Tribbe als einst schöne Kirche beschrieben, die am Ende des Marktes, der Sack genannt, stehe und in der ein *ziemlich schönes Bild der glorreichen Jungfrau* zu sehen sei. 1469 wird der Abbruch der Kapelle erlaubt und das Eigentum und die Pertinenzien an den neu zu errichtenden Altar in St. Martini übertragen: *capella sancti spiritus in foro ciuitatis mee Mindensi constituta que perpetua in ecclesia sancti Martini eiusdem ciuitatis* gehört (STA MS, St. Martini, Urkunden Nr. 211). Es werden drei Altäre mit Vikaren genannt: St. Olrici, St. Johannis und Corpus Christi (Schroeder 1886, S. 379). Doch scheint sich diese Nachricht nur auf die Profanierung der Kirche zu beziehen, denn 1536 berichtet das Kapitel von St. Martini, daß die Bürger, als sie sich in den Reformationswirren des Kirchengutes bemächtigt hätten, die am Markt gelegene Heilig-Geist-Kapelle als Wohnhaus an einen Bürger verkauft hätten. Darüber wird noch Jahre weiter verhandelt (Behr 1979, S. 9, 11). 1537 kommt es nach einem Urteil des Reichskammergerichts zum Wiederaufbau: *Die ander Capell am Marckt gelegen gedachten sanct Martins Stifft widerumb einzuantworten* (STA MS, St. Martini, Urkunden Nr. 321).

BÜRGERHAUS: 1537 nimmt Detert Spanman eine Obligation über 20 gfl bei der städtischen Rentenkammer auf. Als spätere Besitzer werden genannt: Clauß Eveding, Dr. Jochim von Nierten (Anderten ?), Dr. Anthon Bulle, *Nuhmer* Licent Albertus Friederkings, *Dieser post ist in der Nachsteur berechnet* (KAM, Mi, B 151). 1581 wird im Kuhtorischen Huderegister die Everdingsche mit Huderecht für 4 Kühe genannt. Als Nachtrag wurde später Doktor Bulle aufgeführt; 1629 berichtet St. Martini, die Bürger hätten sich nach der Reformation der Kapelle bemächtigt und *ein Schmidts Hauße* daraus gemacht (STA MS, St. Martini, Akten 11 b, S. 125r und Akten 20a); 1663/96 *Licentat Albertus Friederking* (zeitweise Stadtrichter), zahlt 4 Thl Giebelschatz; 1702/11 Hr. Dr. Frederking, wird vom Giebelschatz befreit; 1723 Herr Assessor und Stadtrichter Frederking; 1729 Dr. Frederking; 1738 Spilkers Haus (ehemals Frederking); 1740 Kassendiener Spilker (früher Kriegsrat Becker); 1743 nicht genannt (Haus ohne Grundbesitz); 1750 Helmar Spilker; 1755 Spilkers Haus, 600 Rthl; vor 1766 an Schünemann; 1770 Versteigerung des Schünemanschen Hauses an Worthalter Meyer (WMA 1771, S. 22); 1781 Daniel Meyer, Wohnhaus 500 Rthl und Hinterhaus 100 Rthl; 1798/02 Kaufmann Bünte, Haus mit Braurecht; 1804 Haus hat Brunnen. Bünte hält 3 Kühe und 2 Schweine; 1805 Haus-Nr. 158 a: Wohnhaus für 1 200 Rthl, Haus-Nr. 158 b: Hinterhaus für 400 Rthl; 1809 Wohnhaus von zwei Etagen; 1812 Diedr. Bünte (besitzt auch Haus-Nr. 682 am Hahler Tor und Lindenstraße 2); 1828 Bünte; 1829 Erhöhung Wohnhaus von 1 200 auf 2 300 Thl; 1836 Erhöhung Wohnhaus auf 5 000 Thl, Hinterhaus behält 400 Thl, ferner Scheune mit zwei Wohnungen für 800 Thl; 1853 Bünte und drei Mietparteien (darunter 1852 bis 1857 Herr von Schlotheim auf Gut Wietersheim, benutzt drei Zimmer als Büro (Diensträume in seiner Eigenschaft als Landrat. Siehe: Nordsiek 1991, S. 76); 1878 Regierungsrat Gustav Adolf Bünte (starb 1886 und hinterließ sein Vermögen der Stadt als Stiftung – siehe KAM, Mi, G I B, Nr. 42 sowie Teil V, Kap. VI, S. 500, Büntestraße); 1892/1908 Arzt Dr. Otto Happel.

Kapelle (zweite Hälfte des 13. Jahrhunderts), ab 1537 (?) Wohnhaus (bis 1832)

Möglicherweise ist in dem bis 1832 erhaltenen Haus die wohl 1537 (Aufnahme einer Obligation) durch den Bürger Detert Spanman zu einem Bürgerhaus umgewandelte Kapelle aus der zweiten Hälfte des 13. Jahrhunderts zu sehen. Die Kapelle hätte dann eine Breite von etwa 35,5 Fuß (etwa 12 m) gehabt und wäre gesüdet gewesen; der Chorbereich ist wohl im 16. Jahrhundert zu Gunsten eines Hinterhauses aus Fachwerk abgebrochen worden. Die eigenartige Lage des bis 1832 vorhandenen massiven Hinterhauses – rückwärtig, östlich des Hauses – ist möglicherweise auf einen umgenutzten, an die Kirche angebauten Hospitalflügel zurückzuführen.

1738 ist das Haus baufällig. Nach den Gutachten des Maurermeisters Caspar Henrich Meyer vom 29. 4. 1738 und des Zimmermanns Johann Henrich Niemann vom 30. 4. 1738 kann ein ungefährer Eindruck des giebelständigen Dielenhauses von Stein mit aufgesetztem Speichergeschoß und einem selbständigen, östlich angeschlossenen Hinterhaus gewonnen werden: Es ist 47 Fuß lang und 35,5 Fuß breit und zwei Etagen hoch. Der Vordergiebel und die Seiten sind aus massiven *Brandmauern*, der Rückgiebel aus Fachwerk mit Backsteinausmauerung. Das Dachwerk des Hauses hat sieben Gebinde und ist mit *Katzentrögen* eingedeckt. Es wird durch eine *alte Windeltreppe* erschlossen. Die drei Böden sind *beschossen* (wohl Speichergeschoß und zwei Dachböden). Die Diele ist mit Kieselsteinen gepflastert. Der dort befindliche *Hauptschornstein ist zum Dache ausgeführt*. Rechter Hand der Diele besteht ein zweigeschossiger Einbau, vorne mit Stube (15 x 11 Fuß) und Kammer darüber, dahinter eine Kammer (7 x 8 Fuß) mit weiterer Kammer darüber. *Vor der Stube ein Feuerhaus ohne Schonstein… Neben dem Hause der Saahl angebaut, 27 Fuß lang und 15 Fuß breit, worunter ein gebalkter Keller*. Das Hinterhaus ist aus Fachwerk, hat sieben Gebinde und zwei Etagen, Backsteinausmauerung und eine Dachdeckung von Katzentrögen, 32 Fuß lang und 20 Fuß breit. Neben diesem Hinterhaus ein Stall von 12 x 9 Fuß Grundfläche in schlechtem Zustand. Hinter dem Wohnhaus *ein Brunnen mit Oberkircher Kring-*

steinen ausgesetzt. Um den Hof mit Mistkuhle ein *Planckzaun.* Zu dem Haus Brau- und Hudegerechtigkeit für 4 Kühe in der Kuhtorschen Hude. Der Wert wird auf 506 Rthl geschätzt. Noch 1741 *draut die eine Brand- und Seiten Mauer des Hauses den täglichen Einfall, das angebaute Vieh Haus liegt offen, und die Sparren und Balcken hangen dergestalt in der Luft, daß keiner sicher unten geschweige oben gehen kan* (KAM, Mi, C 754).

Wohnhaus (1835–1972)

Dreigeschossiges Giebelhaus mit massiven Umfassungsmauern aus Backstein und recht flach geneigtem Krüppelwalmdach. Das rückwärtige Drittel des Gebäudes auf der östlichen Seite um etwa 1,50 m eingezogen. Nur das vordere Drittel des Hauses unterkellert mit Kappen auf gemauerten Bögen. Über der Haustür befand sich ein Schlußstein mit der Inschrift *G. B. 1835* (Krins 1951, S. 90), die auf den Bauherrn G. Bünte und den Neubau im Jahre 1835 hinweist. Die verputzte Fassade fünfachsig gegliedert mit mittlerer Haustür. Fenster zunächst wohl mit schlichten Faschen, nur die Sohlbänke aus Werkstein. Da keine älteren Bauakten zu dem Gebäude aufgefunden wurden, die innere Struktur und die Umbaugeschichte des Erdgeschosses zur Ladennutzung nur in Teilen bekannt. Das Gebäude besaß auf der ganzen Länge einen mittleren Flur, der vom Markt bis zum Hof führte. Seitlich jeweils eine Folge von Räumen, dabei nach dem ersten Drittel auf der westlichen Seite ein zweiläufiges Treppenhaus.

1893 wurde ein Umbau des vorderen Erdgeschosses zur Einrichtung eines großen Ladenlokals mit großer Schaufensterfront durch den Baumeister C. Luhmann geplant, der jedoch in dieser Form nicht ausgeführt wurde (die Pläne in Plansammlung KAM erhalten). Es verblieb beim Mittelflur, allerdings wurde die Fassade neu mit einem reichen Stuck in Formen der Renaissance und des Barock verziert.

1972 Abbruch für einen Neubau.

Bankgebäude (von 1972/74)

1972/74 auf den Parzellen Markt 24 und Markt 26 und rückwärts in einer Erweiterung auf dem Grundstück Lindenstraße 4 nach den Plänen des Architekten C. Honeck/Beckum ein fünfgeschossiges Büro- und Geschäftsgebäude mit Flachdach als Zentrale der Spar- und Darlehenskasse Minden errichtet. Der Bau mit Tiefgarage, die von der Lindenstraße aus erschlossen ist. Die schlichte Rasterfassade mit Sandsteinplatten verkleidet, wobei das oberste Geschoß mit vorlaufendem Balkon zurückgesetzt wurde.

1996/97 Erweiterung nach Westen auf das Grundstück Markt 24.

MARKT 28/30 (Abb. 897, 1026, 1083, 1085, 1087)

1729 bis 1743 Martini-Kirchgeld Nr. 133; bis 1878 Haus-Nr. 157; bis 1908 Markt 24; bis etwa 1940 Markt

QUELLEN: Zu dieser Parzelle sind keine Bauakten der Bauaufsicht erhalten. – KAM, Mi, B 101. – Bestandspläne in der Plansammlung des Hochbauamtes

LITERATUR: Nordsiek 1991, S. 76.

Die im Stadtgefüge sehr exponierte Hausstelle dürfte ebenso wie die Nachbarparzelle Markt 26 erst nachträglich im Zusammenhang mit der Auflösung des hier bestehenden Heilig-Geist-Hospital entstanden sein. Dabei könnten an dieser Stelle Hospitalgebäude gestanden haben, die wohl schon vor 1400 zu einem Bürgerhaus umgenutzt worden sind. Noch im 18. Jahrhundert zahlte die Stelle 6 gr 5 pf Pacht an die Verwaltung des Heilig-Geist-Hospitals. Von 1741 bis 1767 war hier das Ordonnanzhaus von Minden untergebracht (danach in der Torwache am Königstor, Haus-Nr. 372), danach diente es wieder als Bürgerhaus. Die Hausstelle sprang entgegen den westlich anschließen-

Abb. 1087 Markt 28, Ansicht von Nordwesten, 1970.

den Grundstücken am Markt erheblich in den öffentlichen Raum nach Norden vor, so daß hier der Markt zu einem schmaleren Durchgang zur Lindenstraße verengt wurde, der über Jahrhunderte den Namen *im Sack* trug. Bis zum Neubau 1866 hatte die Hausstätte allerdings nach Osten eine geringere Ausdehnung und umfaßte noch nicht die Ecke zur Lindenstraße, da hier ein weiterer kleiner, dann eingezogener Bau unbekannten Aussehens (Haus-Nr. 238 d) bestand. Zugleich mit dem Neubau wurde die Bauflucht sowohl zum Markt wie auch zur Lindenstraße erheblich zurückgenommen.

Um 1960 wurden vor der Ostwand des Hauses unter dem Pflaster der Straße Reste von hölzernen Bottichen aufgedeckt (LAAG 1960, S. 127).

Nach Piels Chronik hatte Minden 1405/17 einen Bürgermeister Hermann Schwarte. Er wohnte *am orde des markedes nach der mauren, dar die Beke hindurch fleußet,* in dem Hause, *so die Zeit »Im Sacke« gehießen und davon »burgermeister im Sacke« genomet worden* (KRIEG 1981, S. 78). 1558 Witwe Waltmate verkauft ihr *Haus am Marckte* an Johan Frederking. Aus den Kaufgeldern müssen 100 Thl an das Heilig-Geist-Hospital gezahlt werden (KAM, Mi, B 240). 1664/65 Herr Schmitting (Testamente in KAM, Mi, C 754). Das Schmittingsche Stipendium und die St. Simeon erhalten Legate aus dem Haus; nach dem Lagerbuch des Heilig-Geist-Hospitals von 1715 ist es ein zugehöriges Pachthaus, *dieses ist das Haus im Sack.*

1581 wird im Kuhtorischen Huderegister Albert Schmitting mit Huderecht für 4 Kühe genannt. Als Nachtrag wurde später Stiegman aufgeführt; 1663/74 Hinrich Stiegmann (stirbt 1674), Pachthaus vom Heilig-Geist-Hospital; 1675 Tochter des sel. Heinrich Stiegmann; 1680 Heinrich Stiegmanns Haus; 1692/1709 Witwe Ernst Hinrich Nolting; 1711 Erben Ernst Hinrich Nolting; 1713 Henrich Zetzner; 1717 Hinrich Zitzener; 1723 Weißgerber Zetzner; 1738 Henrich Setzner; 1738 Versteigerung des Meister Johann Henrich Zeznerschen Hauses am Markt (*bei der Hauptwache im Sacke*); 1741 Schering; 1741 Verkauf an Johann Becker, der es an die Stadt weitergibt, die das Haus als Ordonnanzhaus an das Militär verpachtet; 1742 der zeitige Prediger und die Diac. zu Sankt Simeon bezahlen die Hälfte der Pacht, *weil die Kirche das Haus zu sich genommen* hat; 1743/45 Ordonnanzwirt Kaspar Lange; 1750 Ordonnanzhaus; 1751 Ordonnanzwirt Seiydel; 1755/66 Ordonanzhaus (liegt *im Sacke*), 200 Rthl (KAM, B 103 c,9 alt; C 217,22a alt; C 604), schon vor 1767 in das Haus Königstraße, Haus-Nr. 372 verlegt; 1774 Schimpff; 1781 Schonebohm, 200 Rthl; 1798 Schonebohm auf der Simeonstraße, Haus ohne Braurecht; 1802 Schonebohm, 400 Rthl; 1804 Haus hat Brunnen. Mieter: Fröhning, 2 Kühe und Schwein; 1806 Branntweinbrenner Schonebaum; 1809 Haus von einer Etage; 1809 Gemeinhandel; 1818 Branntweinbrenner Frohning; 1833 Fröhlig; 1836 Fröhning, Haus für 400 Thl; 1851/53 Böttcher Martens und als Mieter Schumacher Vogeder; 1866 Böttcher Martens: Löschung der Versicherung wegen Abbruch: Wohnhaus 1 120 Thl, Wohnhaus 900 Thl, Stall 150 Thl (KAM, Mi, F 630); 1878 Bünte; wohl ab 1868 Einrichtung einer Zweigstelle des Postamtes Minden – nach Abbruch des Posthofes am Marienwall 29 und Verlegung des Amtes zum Bahnhof (Neumann 1969, S. 128). Dafür Anbau eines Postschuppens (siehe Lindenstraße 2). Bis 1890 als Postamt genutzt; ab 1890 Eigentum der Stadt Minden, an den Kreisausschuß als Sitz des Landratsamtes vermietet (zunächst nur in der ersten Etage), ferner von städtischen Dienststellen genutzt; 1919–1923 städtisches Mädchenheim für bis zu 35 obdachlose Mädchen; danach städtisches Wohlfahrtsamt (ab 1925 hier auch die Stadtbibliothek – siehe Krosta 1998, S. 46 ff.); 1970 Altentagesstätte der Stadtverwaltung. 1970 Verkauf des Hauses auf Abbruch an Friseurmeister August Wiese.

Wohnhaus (1866–1972)

1866 an Stelle von zwei Vorgängerbauten als zweieinhalbgeschossiger, massiver und verputzter Traufenbau unter sehr flachem Vollwalmdach errichtet. Die lange Straßenfront mit einem durchlaufenden Gesims über dem Erdgeschoß und durch zwei seitliche, nur leicht vorspringende und übergiebelte Risalite gegliedert. In diesen die beiden Vollgeschosse durch ein zurückspringendes Wandfeld zusammengefaßt. Der mittlere Fassadenteil fünfachsig, wobei in den Drempel jeweils ein kleines Doppelfenster gesetzt ist. Der Dachansatz durch ein durchlaufendes und starkes hölzernes Kastengesims verdeckt.

Da sich für das unterkellerte Haus keine älteren Bauakten auffinden ließen, sind kaum weiteren Aussagen über die innere Aufgliederung möglich. Diese durch eine Längswand unter dem First und ein Treppenhaus in der südwestlichen Ecke bestimmt.

1933 Umbau des Erdgeschosses zur Erweiterung der Stadtbibliothek (Plan: Bergbrede).

Wohn- und Geschäftshaus (1972/73 errichtet)

Fünfgeschossiger Stahlbetonbau mit Flachdach und Tiefgarage, nach Plänen von A. Münstermann für eine Bauherrengemeinschaft errichtet, dabei auch das Grundstück Lindenstraße 2 überbaut. Der südliche Teil nur viergeschossig und mit offener Dachterrasse für ein Café.

Martinikirchhof

Das Gelände hat offenbar erst mit der Anlage der Stützmauer (siehe Kap. I.1) seine heutige Ausdehnung und sein Höhenprofil erhalten. Vor dieser wohl in die zweite Hälfte des 13. Jahrhunderts zu datierenden Maßnahme dürfte die Fläche nördlich und östlich der Martini-Kirche nach Osten noch stark abgefallen sein. Mit Errichtung der Mauer und der dahinter erfolgten enormen Aufschüttung des Geländes um mehrere Meter Höhe ist im östlichen Bereich nicht nur eine Fläche für die vergrößerte Martini-Kirche (siehe Teil III, Kap. IV), sondern ein nahezu ebenes Gelände als Kirchhof geschaffen worden. Das die Kirche östlich und nördlich umgebende Gelände dürfte schon seit der Frühzeit der bald recht volkreichen Kirchengemeinde in dieser Weise genutzt worden sein. Daher ist es möglich, daß sich noch heute im östlichen Bereich ein älterer Gräberhorizont in mehreren Metern Tiefe unter den Aufschüttungen des 13. Jahrhunderts bzw. unter den Seitenschiffen und dem Chor der Kirche befindet. Der Kirchhof, schon 1264 als *cimiterium beati Martini* genannt, scheint mit einer Mauer gegen das Gelände der umgebenden Straßen eingegrenzt worden zu sein. Schon 1325 verpachtet St. Martini der Margarethe, Witwe des Ekbert Krämer, ein Stück der Kirchhofsmauer von St. Martini: *murum cimitorii sancti martini iuxta gradum* (STA MS, St. Martini, Urkunden Nr. 66. – STA MS, Mscr. VII, 2711, Bl. 31v. – WUB X, Nr. 999). 1451 bezeichnet als *den klosterhoff eder kerckhoff* (STA MS, St. Martini, Urkunden Nr. 182).

Im Nordosten des Kirchhofes führte eine seit dem Bau der Stützmauer bestehende Treppe den Hang hinab zum Rathaus (siehe Martinitreppe). Auf der Nordseite wurde der Kirchhof im östlichen Bereich seit dem frühen 14. Jahrhundert durch das große Gelände der ersten Stiftskurie begrenzt, die über viele Jahrhunderte dem Propst des Stiftes als Wohnsitz diente. Westlich schloß das Grundstück durch eine kleine nach Norden führende Gasse ab, die die weiteren Kurien weiter nördlich (entlang der heutigen Kampstraße) erschloß, *Scarpe Armode* genannt wurde und am östlichen Rande eines schmalen Teiches auf dem Kamp entlangführte. Der Zugang von diesen Kurien zur Kirche und den südlich daran anschließenden Stiftsgebäuden war also nur mit Überquerung des Kirchhofes möglich (mit *Armode* wird im Mittelhochdeutschen die Armut bezeichnet, was hier möglicherweise soviel wie schmaler und dürftiger Weg meinen könnte).

Die Fläche des Kirchhofes wurde im Laufe der Zeit verschiedentlich in den Randbereichen reduziert: auf der Innenseite der durch die umgebenden Mauern markierten Grenze scheinen vom Stift und der Stadt vereinzelt Dienstgebäude errichtet worden zu sein, wie etwa das Wohnhaus des zweiten Ratssekretärs und Priesters der Heilig-Geist-Kapelle im Osten, das an den Rückgiebel des Kaufhauses angebaut war und seit 1661 als Küsterhaus diente (siehe Nr. 4), das im Westen gegenüber dem Turm der Kirche liegende und wohl seit 1648 städtische Musikantenhaus (siehe Nr. 10), ferner einen wohl daran nördlich anschließenden Bau unbekannter Funktion (Nr. 9), eventuell mit einem Torbau dazwischen. 1519 errichtete man im Südosten das Haus Opferstraße 11, wobei es vertraglich über die Kirchhofsmauer hinweg gebaut werden sollte. Nach der Reformation wurden um 1540 verschiedene weitere Bürgerhäuser im Randbereich des Kirchhofes errichtet, wobei es später zu langwierigen Streitigkeiten um deren Rechtmäßigkeit und den Besitz der von ihnen überbauten Flächen kam (siehe Martinikirchhof 8 und 9). 1807 erhält der Kaufmann Stoy die Erlaubnis, zwischen den Häusern Martinikirchhof 8 und 9 ein (dann nicht ausgeführtes) Wohnhaus zu errichten und dabei auch die Kirchhofsmauer zu überbauen (PfA St. Martini, P 1).

Der Martinikirchhof wurde bis zum 30. 4. 1807 als Begräbnisplatz genutzt und dann auf Anordnung der Regierung durch einen neuen, für alle christlichen Konfessionen gemeinsam angelegten Friedhof vor dem Marientor ersetzt. Bei einer Bestandsaufnahme der vorhandenen Grabstätten und der auf ihnen ruhenden Rechte wurden auf dem Martinikirchhof in diesem Jahr 835 Grabstellen festgestellt (KAM, Mi, C 180,5 alt). Schon bei den Vorplanungen zur Verlegung der Friedhöfe wurde 1787 festgestellt, hier sei Platz für etwa 2 200 Leichen, wobei im Jahr etwa 105 Bestattungen vorgenommen würden (KAM, Mi, C 587).

Zugleich mit der Planung zur Schließung der innerstädtischen Friedhöfe wurde bestimmt, daß ihr Gelände unentgeltlich in öffentlichen Besitz kommen müsse, da die Kirchengemeinde den Unterhalt dieser Fläche zuvor über Bestattungsgebühren finanziert hätte (KAM, Mi, C 180,5 alt). Schon unmittelbar nach Schließung des Friedhofes begann man mit einer Umgestaltung, die den Charakter des seit etwa 800 Jahren als Friedhof genutzten Geländes völlig veränderte und die Grundlagen für die heutige Nutzung schuf. Der Kostenanschlag des Maurers Kersten vom 9. 6. 1807 warf einen Geldbedarf von über 442 Rthl aus (KAM, Mi, C 180,5 alt). Im Juli 1807 wurden 85 Leichensteine aufgenommen, um Wege über die Fläche anlegen zu können, die dann im folgenden Monat planiert und anschließend gepflastert wurden. Die aufgenommenen alten Steinplatten stellte man an der Mauer der Kirche auf. Noch im gleichen Herbst wurden dann aber auch die übrigen Flächen planiert und anschließend gepflastert, wozu über 70 Fuder Kieselsteine von der Weser angefahren wurden. Ferner wurden die umgebenden Mauern abgebrochen, die Geländer der Martinitreppe neu gestrichen und im folgenden Frühjahr der neu gestaltete Platz mit 52 Linden, die vom Gärtner Metz aus Bückeburg angekauft werden, bepflanzt. Ferner besorgte man bei Herrn Clausen 48 Pappeln, die an beide Seiten der neu planierten Wege gesetzt wurden (KAM, Mi, C 180,8 alt, C 590 und C 591). Diese Baumanpflanzungen sollten *der Verschönerung der Stadt* dienen (PfA St. Martini, P 3). Nach den städtischen Marktordnungen von 1819 und 1850 wurde der Kirchhof für die Abhaltung der jährlichen Messen bestimmt (Kuhlke 1975, S. 102). Schon 1816 wurde eine Neupflasterung notwendig (KAM, Mi, E 704).

Die 1807 getroffenen Vereinbarungen über den Besitz der Fläche sind allerdings schon nach kurzer Zeit in Vergessenheit geraten. So gingen alle Seiten bald wieder davon aus, daß sich der Platz im Besitz der Martini-Kirchengemeinde befände, so daß diese 1823 die Rinnen zur Ableitung von Regenwasser bezahlte (Plan und Anschlag von Bauinspektor Schelle) und 1834 bei Einzug einer Teilfläche beim Bau von Körnermagazin und Heeresbäckerei auch eine Entschädigung von der Militärverwaltung erhielt. Nach den Schäden an den Wegen, die bei den Baumaßnahmen entstanden, wird von dieser 1837 die Neupflasterung der Fahrwege bezahlt. Als man 1860 den schlechten Zustand der Wege feststellte, verlangte man deren Wiederherstellung durch die Kirchengemeinde, doch versuchte diese, ihrer nicht in Frage gestellten Pflicht durch Nichtbeachtung zu entkommen, wurde aber schließlich 1877 durch die Stadt zur Kostenerstattung der 1875 vorgenommenen Pflasterarbeiten mit Kopfsteinen von der Opferstraße über den Kirchhof bis zur Kampstraße gezwungen. 1884 wird die Fahrstraße über den Kirchhof neu gepflastert, 1877 die nördlich zur Kampstraße reichende Fahrbahn erneuert und 1888 die Baufluchtlinien am Platz festgestellt. Teile des Pflasters müssen 1891 wegen der Legung einer Kanalisation zwischen der Opferstraße und dem Haus Nr. 7 wieder aufgenommen werden. 1913 stellt man zwischen Kirchengemeinde und Stadtverwaltung fest, daß die Rechtslage über den Besitz des Platzes bzw. der Straßenfläche, die seit 1871 als städtisch angesehen wurden, äußerst strittig sei. Erst anläßlich einer Neupflasterung 1920 wird versucht, diese Schwierigkeiten zu klären, wobei es 1922 zu einer kostenfreien Übertragung der Flächen an die Stadt kommt (durch Tausch mit einem Grundstück am Mitteldamm) und die Kirchengemeinde dafür keine Unterhaltspflichten mehr behielt (PfA St. Martini, P 3, Bd. 1 und 3, weitere Akten dazu siehe KAM, Mi, G I, 227 und 228).

NACHRICHTEN ZU NICHT BEKANNTEN BAUTEN:

Um 1600 vererben Johann Voigt und seine Frau an ihren Schwager Peter Coelen Haptmann und seiner Frau Margaretha ihr Haus und Hof zwischen dem St. Martinikirchhof und Berend Buntens Behausung (KAM, Mi, B 240 alt).

Um 1645 verkauft die Witwe Hille Schwartingk ihr Wohnhaus am Kirchhof bei der St. Martini-Kirche mit freiem Soodweg für 300 Thl an ihren Schwiegersohn und nunmehrigen Küster von St. Martini M. Engelbert Kröger und dessen Ehefrau Anna Bething (KAM, Mi, B 240).

ARCHÄOLOGISCHE BEFUNDE:

Bei Verlegung eines Abwasserkanals wurden nördlich und östlich der Martini-Kirche von Oktober 1985 bis November 1986 Skelettreste des ehemaligen Friedhofes angetroffen (Fundstelle 81). Siehe AFWL 6A, 1986, S. 271.

MARTINIKIRCHHOF 1, St. Martinikirche siehe Teil III, Kap. IV

MARTINIKIRCHHOF 1, Töchterschule (1861–1894), seitdem Pfarrhaus von St. Martini (Abb. 1088–1090)

Vorgängerbebauung bis 1860: Kammerariatshaus vom St. Martini-Stift (siehe dazu Opferstraße 11).

QUELLEN: Bauakte »Remter« des Martini-Stifts (siehe Teil III, Kap. IV). – KAM, Mi, F 2071, 2087.

LITERATUR: M. NORDSIEK 1976. – Verw.-Berichte 1862–63, 1883–85, 1890–97.

Das Schulgelände erstreckte sich südlich der Martini-Kirche zwischen der Opferstraße und der Straße Windloch, dem nördlichen Abschnitt der Hohen Straße. Das Schulhaus steht im rechten Winkel zur Kirche unmittelbar an der Südwand des Querschiffs auf einer langrechteckigen Grundfläche, die die gesamte Grundstücksbreite von ca. 23,50 m einnimmt. Ein ungefähr zehn Meter tiefer Vorgarten trennt das Gebäude von der Opferstraße. Indem er in den Winkel zwischen Querhaus und Chor hineinragt, ist der Vorgarten breiter als das Gebäude. Hinter dem Haus lag der etwa 27 m tiefe und 18 m breite rechteckige, ummauerte Schulhof, der knapp zehn Meter vor dem Windloch endete. Das baumbestandene Schulhofgelände befand sich im Bereich des ehemaligen Kreuzhofes, der wegen seiner früheren Nutzung als Grabstätte des Damenstiftes auch *Jungfernfriedhof* genannt wurde. Das kleine Abortgebäude an der südlichen Hofseite war von dem Schulhaus durch einen schmalen Gang getrennt.

Die Gründung der städtischen Mindener Töchterschule erfolgte 1826. Zuvor wurden die Töchter der höheren Stände in Privatschulen unterrichtet. Ebenso wie die Privatschulen war auch die städtische Institution wegen des hohen Schulgeldes »höheren Töchtern« vorbehalten und erteilte im Schwerpunkt Unterricht in »frauenspezifischen« Fächern. Bei dieser Schule handelt es sich um eine recht frühe Einrichtung dieser Art in Westfalen, die auf die Initiative und einen schon seit 1817 bestehenden Vorläufer des Dr. Bruns zurückging (KRICKAU 1926. – M. NORDSIEK 1976, S. 35). Die Lehranstalt wurde zunächst in dem Gebäude Hohe Straße 6 (siehe auch dort) untergebracht und zog 1850 in das Haus Kampstraße 18 um. 1855 erfolgte ein weiterer Umzug in den Neubau Kampstraße 18 rechts, doch blieben die Raumverhältnisse ungenügend. Die seither laufenden Bemühungen der Stadt, ein Grundstück für einen Neubau zu erwerben, führten 1859 zum Erfolg: Sie erwarb ein unmittelbar südlich an die Martini-Kirche angrenzendes Gelände, auf dem der baufällige und mehrfach umgebaute Ostflügel der ehemaligen Stiftsgebäude, der *Remter*, stand. Der Südhälfte des *Remters* unmittelbar vorgelagert war die *Rietzsche Kurie*, die ebenfalls zum Abbruch angekauft wurde. Nach Abbruch des *Remters* im März/April 1860 durch den Baumeister Assmann erfolgte am 1. Mai die Grundsteinlegung zum Neubau. Am 19. August 1861 konnte das Gebäude bezogen werden. Der Abriß der *Rietzschen Kurie* vollzog sich parallel zum Neubau. Die Baukosten lagen bei mehr als 8000 Talern.
Zum Jahreswechsel 1894/95 bezog die Töchterschule, deren Raumverhältnisse seit langem beengt waren, einen Neubau an der Brüningstraße im Glacisbereich vor der Altstadt (siehe dazu Teil V, S. 493–500). Das Gebäude am Martinikirchhof wurde im Januar 1893 von der Martinigemeinde für 30000 Mark zur weiteren Verwendung als Pfarrhaus angekauft.

Abb. 1088 Martinikirchhof 1, Töchterschule, Schulhaus von 1860/61, Ansicht von Osten, um 1900.

Das Schulgebäude wurde 1860/61 nach Plänen des Architekten W. Moelle durch den Baumeister Assmann ausgeführt. Moelles Bauplan war gegenüber einem Alternativentwurf von Assmann der Vorzug gegeben worden. Das zweigeschossige, traufenständige Gebäude mit Satteldach erhebt sich auf einem langrechteckigen Grundriß von knapp 75 x 34 Fuß (ca. 23,50 x 11 m) mit einer vorderen Traufhöhe von ca. 30 Fuß (ca. 9,50 m). Eine in Firstrichtung verlaufende Mittelwand und ein zentraler Querflur mit Eingängen an Vorder- und Rückseite bilden die Hauptelemente des Grundrisses. Moelles Entwurf wurde spiegelverkehrt ausgeführt, denn ein Durchgang zum rückwärtigen Gelände, der zunächst unmittelbar an der Kirchenwand in der Sockelzone des Neubaues vorgesehen war, mußte wegen Verstärkungen der Kirchenfundamente auf die gegenüberliegende Seite des Schulbaues verlegt werden. Infolgedessen weitete sich hinter der Mittelwand der Flur nach rechts zu einem quadratischen Raum und erschloß eine vordere und eine hintere Klasse mit drei Fenstern sowie einen Garderobenraum. Nach links gewährte ein kurzer Längsflur den Zugang zu dem in der ersten Achse neben dem Haupteingang eingebauten Treppenhaus, zu einer daneben liegenden Klasse mit zwei Fenstern und zu drei kleinen, nach hinten orientierten Räumen: der *Waschküche*, Küche und *Stube der Wärterin*. Im Obergeschoß befanden sich rechts zwei Klassen, die vordere mit vier, die hintere mit drei Fenstern, in der Mitte, hinter dem Spitzbogenfenster, der Konferenzraum und links zwei Reserveklassen, die vorläufig als Lehrerinnenwohnungen dienten. Diese Wohnungen besaßen jeweils Stube und Kammer sowie eine gemeinsame Küche. Unterkellert wurde entgegen der ursprünglichen Planung Moelles nur die vordere Hälfte zwischen dem Durchgang im Süden und den

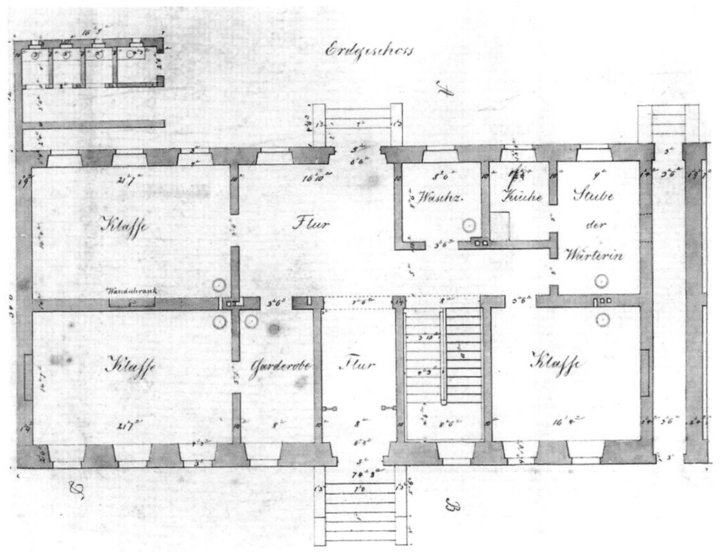

Abb. 1089 Martinikirchhof 1, Töchterschule, Erdgeschoßgrundriß (spiegelverkehrt ausgeführt), W. Moelle 1860.

letzten beiden Achsen im Norden. Die Baufälligkeit der Kirchenwand, gestützt von der Giebelmauer der Schule, machte eine unmittelbar angrenzende Unterkellerung unmöglich.

Für Heizung und Belüftung sorgten gußeiserne Öfen in den Klassen, Ventilationsöffnungen mit Eisenrahmen in den oberen Fensterflügeln und verschließbaren Dunstabzugsöffnungen mit eigenen Schornsteinröhren. Insgesamt beherbergte das für 240 Schülerinnen geplante Gebäude somit statt der im städtischen Auftrag an Moelle vorgesehenen sieben Klassen à 34 Kinder und 9,00 Quadratfuß (knapp 1,00 qm pro Kind) insgesamt fünf Klassenräume unterschiedlicher Größe sowie zwei Reserveklassen. Die Klassentiefe lag einheitlich bei gut 4,50 m, die Breite bewegte sich zwischen 5,50 m und 9,50 m, darunter drei Räume mit gut 6,00 m Breite. Mit insgesamt ungefähr 150 qm und pro Kind 0,625 qm entsprach die Grundfläche der fünf Räume nur unter Einbeziehung der Reserveklassen dem angestrebten Wert. Die Raumhöhen lagen bei knapp 3,80 m. Die Fensterfläche schwankte um 0,25 qm pro qm Raumfläche.

Die Straßenfront ist streng symmetrisch aufgebaut. Zu beiden Seiten der Eingangsachse liegen je vier Fensterachsen in regelmäßigem Abstand. Die Fassade wird, abgesehen von den schlanken, wenig vortretenden Gesimsen an Sockel und Traufe, lediglich durch ihre Öffnungen gegliedert. Der einzige repräsentative Bereich ist die Eingangsachse, hervorgehoben durch einen steilen Giebel mit Rundfenster und zinnenbekrönten Fialen an Fuß und First, ein in den Giebel hineinragendes zweiteiliges Spitzbogenfenster des Obergeschosses mit Blendmaßwerk (Dreipaß) im Bogen sowie durch eine Eingangstür mit Tudorbogen und profiliertem Gewände. Unterbrochen wird die Symmetrie durch einen Gang mit spitzbogigen Toren am südlichen Gebäudeende, dessen Niveau am vorderen Gelände orientiert ist und der daher die Geschoßteilung von Keller und Parterre durchbricht. Dementsprechend fehlt in der südlichsten Achse das Erdgeschoßfenster. Der heute veränderte Aufbau der verputzten Rückwand entspricht ursprünglich mit leicht variiertem Achsabstand dem Schema der Front. Zierformen wie Giebel und Maßwerkfenster fehlen hier hingegen. Alle Öffnungen besit-

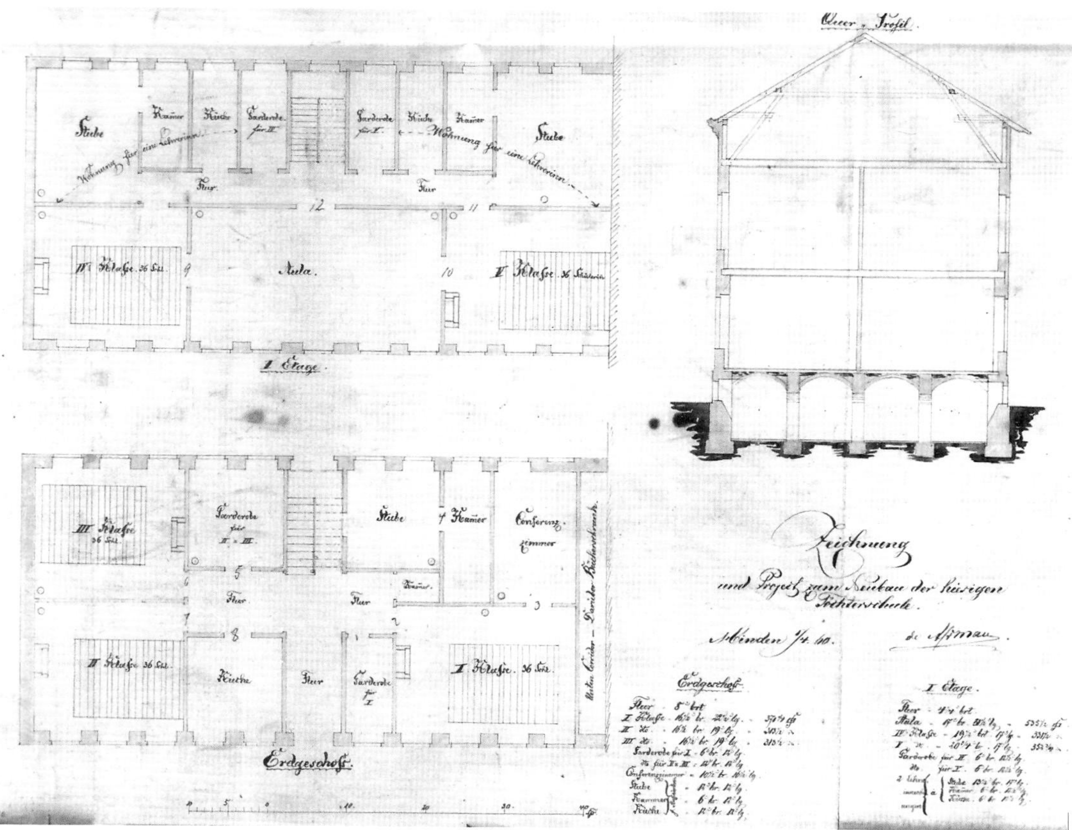

Abb. 1090 Martinikirchhof 1, Töchterschule, nicht ausgeführter Alternativentwurf von Maurermeister Assmann 1860.

zen einfache rechteckige Begrenzungen. Die geschlossenen Seitenwände sind von der unmittelbar anschließenden Nachbarbebauung weitgehend verdeckt. Das fünf Meter hohe, mit Ziegeln gedeckte Dach mit liegendem Stuhl entsprach nach Moelles Aussage in seiner Konstruktion dem abgebrochenen Dach des *Remters* und wurde mit wiederverwendetem Holz des alten Daches errichtet. Die Vorderwand besitzt eine mit Backstein hintermauerte Fassade aus Porta-Sandsteinquadern, die Keller-Außenwände sind bis zur Erdgleiche ebenfalls in Sandstein gemauert, während die übrigen Wände in Backstein ausgeführt und außen braun verputzt sind. Quadermaterial aus dem abgebrochenen *Remter*, von dem in den Quellen die Rede ist, wurde wahrscheinlich in erster Linie für die Sandsteinfront verwendet.

Das Innere wurde nach Erläuterung Moelles folgendermaßen ausgestattet: Die gegenläufige Treppe war in Holz mit einfachen Geländerstreben ausgeführt, der Kellerboden mit Kieselpflaster aus dem abgebrochenen Kreuzgang belegt, Flur-, Küchen- und Waschzimmerböden im Erdgeschoß mit *Sollinger Legesteinen*, die Zimmerböden bestanden aus *Ostson-Kiefer*, die Windelboden-Holzbalkendecken trugen Kalkputz.

Gegen Ende der 1860er Jahre wurden nach Klagen über Zugluft und zu niedrige Raumtemperaturen Doppelfenster eingebaut. Sie waren zunächst von der Baukommission wegen mangelhafter Ventilation abgelehnt worden. 1875 wurden in den von vornherein als Reservefläche für den Unterricht vorgesehenen Lehrerinnenwohnungen zwei Klassen eingerichtet. Ein Ausbau der südlichen Dachhälfte mit Zwerchhaus zum Hof über den beiden ersten südlichen Achsen schuf Raum für eine neue Lehrerinnenwohnung.

1894/95 erfolgte nach Auszug der Schule durch Baumeister Chr. Luhmann der Umbau zum Pfarrhaus: Eine großzügigere, vierseitige Treppe mit Traillengeländer, gelegen im hinteren, zwei Achsen breiten Flurbereich, ersetzte die alte U-Treppe. Im Erdgeschoß wurden die beiden Klassen auf der rechten Seite zum *Confirmandenzimmer* mit vorgelagerter Garderobe vereinigt. Links entstanden nach vorne eine Stube mit Vorzimmer und nach hinten Bad und Bibliothek. Von der Bibliothek führten Stufen hinauf zu dem schmalen Raum über dem Durchgang in der Sockelzone, der offensichtlich weiterhin Bücher beherbergte. Oben entstand an der Vorderseite eine repräsentative Folge von drei dreiachsigen Räumen mit einer Enfilade breiter Durchgänge. Der mittlere Raum wurde als Salon bezeichnet. An der Rückseite brachte man Küche, Kammern und Toilette unter. Anschluß der Oberflächenentwässerung und Ausgüsse an die Kanalisation. 1937 Ausbau der nördlichen hinteren Dachhälfte mit dreifenstriger Gaupe mit Kinderzimmer und Bad; Gaupe mit einem Fenster nördlich des Zwerchhauses für das Dienstmädchenzimmer.

Abortgebäude (von 1860/61)

Auf einer Grundfläche von ca. 5,00 x 3,50 m an der südlichen Hofseite, unmittelbar hinter dem Schulhaus und zugleich mit diesem errichtet. Wohl 1894/95 zur Waschküche umgebaut und nach Norden um einen Toilettenanbau erweitert. 1954 zu zwei Dritteln abgebrochen und im Bereich des verbleibenden südlichen Drittels erneuert.

Vorgarten

1869 Bepflanzung des Vorplatzes mit Kugelakazien, um die Morgensonne abzuhalten.

1874 erfolgte die mehr als zehn Jahre lang geforderte Einfriedung des Vorplatzes durch ein eisernes Gitter, *um den Vorplatz … vor dem frivolen Treiben der … Stadtteiljugend und vor dem lästigen Verkehr der dortigen Kornmagazine zu sichern, sowie auch dem Ganzen eine bessere Situation und Prospekt zu verschaffen …* . Die toten Obstbäume auf dem Schulhof machten Walnußbäumen und Linden Platz, auf 40 qm wurde eine Kiesschicht aufgetragen.

L. Hammer

MARTINIKIRCHHOF 2 siehe Hinterhaus von Markt 14

MARTINIKIRCHHOF 3 siehe Hinterhaus von Markt 12

MARTINIKIRCHHOF 4 siehe Hinterhaus von Markt 8

MARTINIKIRCHHOF 5, Rentkammer des Heilig-Geist-Hospitals, städtisches Sekretariats-Haus, Küster- und Schulhaus von St. Martini (1661–1805), dann Hinterhaus von Markt 6 (Abb. 990, 1016, 1112)

bis 1878 ohne eigene Nummer

QUELLEN: KAM, Mi, C 329,24 alt (Abb. 990)

PLAN von 1804: Ansicht *der großen Mauer.* In: KAM, Mi, C 329,24 alt (siehe Markt 6, Abb. 990)

Die Hausstelle wurde zu unbekannter Zeit (vor dem 16. Jahrhundert) wohl von der Stadt als städtisches Dienstgebäude im Anschluß an den rückwärtigen Giebel des Kaufhauses (siehe Markt 6) auf dem Gelände des Kirchhofes unmittelbar oberhalb der Stützmauer angelegt und diente offensichtlich zunächst dem städtischen Sekretär als Wohnung. Seit 1661 als Küsterhaus von St. Martini genutzt. Ab 1805 zusammen mit dem Grundstück Markt 6 für Wirtschaftszwecke genutzt und mit einem zugehörigen Neubau bebaut (dazu siehe dort).

Bei Baustellenbeobachtungen 1988 und 1992 konnte auf dem Grundstück die Stützmauer und deren Hinterschüttung untersucht werden. An dieser Stelle bestand die Mauer aus regelmäßigen Quadersteinen, die Breite der Sohle betrug 1,5 m, die der Krone 0,8 m. In der unteren Zone der Hinterschüttung wurde eine Kulturschicht bzw. ein Brandhorizont festgestellt und von drei Holzpfosten geschnitten. Eine nähere Datierung der Befunde war nicht möglich (Fundstelle 82). Siehe AFWL 8 A, 1992, S. 204 (Verbleib der Funde: Mindener Museum, MA 133).

Tribbe spricht um 1460 von der Rentkammer des Hospitals zum Heiligen Geist, die *auf dem Kaufhaus beim Friedhof St. Martin* sei. Zu dieser Zeit beschäftigte der Rat schon zwei Schreiber, wobei die Stelle des zweiten Stadtschreibers mit der des Kaplans an der Kapelle des Heilig-Geist-Hospitals verbunden war. Der Stadtschreiber wurde mit ihren Einkünften entlohnt (Nordsiek 1993, S. 28). Daher dürfte es sich bei dem Anbau an das Kaufhaus um Wohnung, Schreibstube und Archivraum des zweiten Stadtschreibers handeln, zumal es sich bei dem um 1240 an der Südseite des Marktes gegründeten (siehe Markt 26) und dann 1332 an die Simeonstraße 36 verlegten Hospitals um eine auf das engste mit dem Kaufmannsamt und dem Rat der Stadt verbundene Institution handelt. Seit spätestens 1401 scheinen die Messen allerdings in der Kapelle an der Simeonstraße gelesen worden zu sein, so daß die alte Heilig-Geist-Kapelle am Markt im 15. Jahrhundert verfiel und dem Martini-Stift inkorporiert wurde. Seit der Reformation 1530 beschäftigte die Stadt keine Geistlichen mehr, so daß das Amt des Schreibers nun von hauptamtlichen Stadtsekretären wahrgenommen wurde. Sie führten ihre Amtsgeschäfte in ihnen vom Rat zugewiesenen Wohnhäusern, in denen auch die von ihnen genutzten Akten verwahrt wurden. Als zweite Stadtsekretäre sind vor 1660 nachzuweisen (teilweise nach Nordsiek 1993, S. 33): 1420/34 *Jacob de schriver*, 1536 Johann Rosener; Johann Averberg; 1566 Lorenz Fabri, 1567/71 Johannes Petreus, 1580 Johann Brune, 1595 und 1608 Johann Klare, 1604 Magister Anton Heberbeck, 1611 bis um 1630 Heinrich Costede, 1633/55 Heinrich Müller, 1657/58 Heinrich Klappmeyer.

1536 ein Haus *up der Treppen Sankt Marten an dem Kophuse gelegen* (KAM, Mi, B 101,3 alt); 1536 erhält Johann Rosener und seine Frau Grete das Haus mit der Verpflichtung, es zu erneuern und bessern. Hierbei soll er auf das Haus von Arndt Ludeking Rücksicht nehmen (KAM, Mi, B 101); 1537 *Frundegs Hus up der Treppen* (hat Huderecht für 2 Kühe); 1581 *des Rades Hus upp den Treppen* (hat Recht auf zwei Kühe in der Kuhtorschen Heide); um 1650 wird von der Stadt festgestellt, das Haus *auf der Treppen je und allewege ein Hauß des Sekretarys pro tempore bey ihren Dienst gehorig gewesen.* So habe der Sekretär Johannes *Rosener solches Haus fur hundert Jahren bewohnet.* Das Haus sei ihm wegen seiner getreuen Dienste auf Lebenszeit vermacht worden. Danach stand es dem Sekretär M. Johann Averberg zu, der es vermietete. Sein Nachfolger vermietete es ebenfalls für 8 Thl an Cambinder (KAM, Mi, B 127,23 alt); 1661 soll *Cambinders Häuschen auf der Martini-Treppe* von Hans Otto Nießmann angemietet werden. Die Martini-Kirche erbittet das Haus statt dessen von der Stadt, um es als Küsterhaus einzurichten. Die Stadt verkauft das Haus im gleichen Jahr an St. Martini, *behuf einer Schule alda zu halten* (zu den Aufgaben des Küsters zu dieser Zeit: J. Brandhorst 1991, S. 104 f.); 1737 *das sogenannte Rosenhaus an Martini Treppen alhier soll gegen nächsten Michaelis anderweit verheuret werden.* Miet- oder Kaufinteressenten sollen sich bei *dem Reformierten Cantori Zahn* melden (WMA 1737); 1752 Martiniküster Bohne (KAM, Mi, C 110); 1766 Martini-Küsterhaus, 300 Rthl.

Haus (bis um 1665 ?)

1536 wird das Haus als *ein olt bulos huis geden up de Treppen Sanct Martin, an dem Kophuse gelegen* beschrieben. Es solle nun wiederhergestellt werden, wobei der Giebel zum anschließenden Hinterhaus von Markt 8 mit Steinen und Kalk ausgemauert werden muß.

Küster- und Schulhaus der Martini-Kirche (um 1665 ?–1804)

Nach einem Gutachten von 1804 sowie einer kolorierten Zeichnung bestand das Küsterhaus – zu dieser Zeit von Küster Neuburg bewohnt – aus einem zweigeschossigen Fachwerkbau, unter dem ein gewölbter Keller lag (dieser unter dem 1805 als Anbau von Markt 6 errichteten Neubau erhalten). Das Gebäude ist 13 Fuß lang und im vorderen Bereich auch ebenso breit. Es handelt sich um einen zweistöckig verzimmerten, schmalen und recht langen Fachwerkbau mit Satteldach, der nach den erkennbaren konstruktiven Details wohl im 17. Jahrhundert errichtet worden ist (möglicherweise nach Übernahme des Grundstücks 1661 durch die Kirche). Der Rückgiebel steht unmittelbar auf der Stützmauer, der noch erhaltene Gewölbekeller befand sich unter dem vorderen Hausteil. Das Gerüst mit langen Fußstreben ausgesteift, im Erdgeschoß zwei, im Obergeschoß eine Riegelkette. Nachträglich im vorderen Bereich nach Norden ein zweigeschossiger Anbau aus Fachwerk errichtet, dessen Dach als Schleppdach an den Kernbau angefügt wurde. 1804 befinden sich im Erdgeschoß der Flur mit Gossenstein, Wohnstube mit Ofen, Kammer, Küche und rückwärtig ein Kuhstall. Außen angebaut ist ferner ein Schweinestall für drei Schweine. Im Obergeschoß zwei weitere Stuben mit Ofen und zwei Schlafkammern. Auf dem Dachboden zwei Kammern.

1801 werden Reparaturen für über 10 Rthl an Dach und Schornstein durch den Maurermeister Däumer ausgeführt (KAM, Mi, E 1040).

Nach langen Verhandlungen gelingt es 1804 dem in dem östlich anschließenden Haus Markt 6 wohnenden Weinhändler Harten, das Küsterhaus mit dem zugehörigen Hofplatz zu erwerben. Zudem erhält er ein Zufahrtsrecht über den Kirchhof zu dem hier von ihm neu zu errichtenden Gebäude eingeräumt. Als Ersatz muß er ein neues Küsterhaus erbauen lassen, das nach mehreren Standortalternativen schließlich an der Alten Kirchstraße 11 entsteht.

MARTINIKIRCHHOF 6 siehe Martinitreppe 4

MARTINIKIRCHHOF 6 a, die. I. Kurie des St. Martini-Stiftes (Dechanei), ab 1834 Körnermagazin (Abb. 1091)

bis 1818 ohne Haus-Nr.; bis 1878 Haus-Nr. 617 d

Das erste der langen Reihe von Kuriengrundstücken an der Ostseite der Kampstraße, aber gegenüber den anderen nicht nur von der westlichen Schmalseite, sondern der langen, zum Kirchhof weisenden Südseite erschlossen und mit einer Kurie bebaut, die schon seit spätestens der zweiten Hälfte des 14. Jahrhunderts jeweils dem Dechanten von St. Martini zustand. Das Grundstück östlich durch einen Abschnitt der Stützmauer begrenzt. Hier wurden 1801 nahe der Martinitreppe Reparaturen ausgeführt, deren Kosten 1802 die Stadt übernahm (KAM, Mi, F 663).

Auf dem großen Grundstück entstanden schon früh weitere Bauten, die wohl insbesondere an der Westseite aufgestellt wurden. In diesem Bereich bestand 1462 ein Speicher für den Dekan und ein weiterer Speicher, der zur Vikarie St. Bartholomäus gehörte. Um 1540 entstand durch Abtrennung aus dem weitläufigen Grundstück eine kleine weitere Hausstätte in der südwestlichen Ecke (an Stelle der Speicher ?), die zu nicht näher bekannter Zeit wieder aufgegeben wurde. Nachdem das nach 1807 an den Staat gefallene Gelände zunächst für verschiedene Zwecke vorgesehen war, 1834 Abbruch aller Bauten, Umparzellierung und Bebauung mit dem Körnermagazin.

1387 überträgt St. Martini dem jeweiligen Dekan einen Hof beim Kirchhof: *curiam prope cimiterium situatam quam pie memorie dominus Johannes Ambrosij* bewohnte (STA MS, St. Martini, Urkunden Nr. 137. – STA MS, Mscr. I, 111, Bl. 51 f. – STA MS, Mscr. I, 110, Bl. 30v. – STA MS, Mscr. I, 114, Bl. 29v–30r). Seitdem als Dechanten belegt: 1343/58 Hermann Vincke; 1359/70 Bernhard N. N.; 1374/95 Dethard von Leteln; 1402/09 Luolf N. N.; 1414/18 Johannes von Obernkirchen; 1428/43 Hermann Reimerding; 1449/63 Johann Coveriach; 1467/93 Dethard von Leteln; 1504 Hermann Ovelsaltz; 1510/37 Albert Kemener; 1567/76 Georg Gogreve; 1576/1601 Anton Mische; 1606/10 Erich Reschen; 1653/82 Johann Arnold Schilling; 1696/1725 Anton Hermann Hagemann; 1725/45

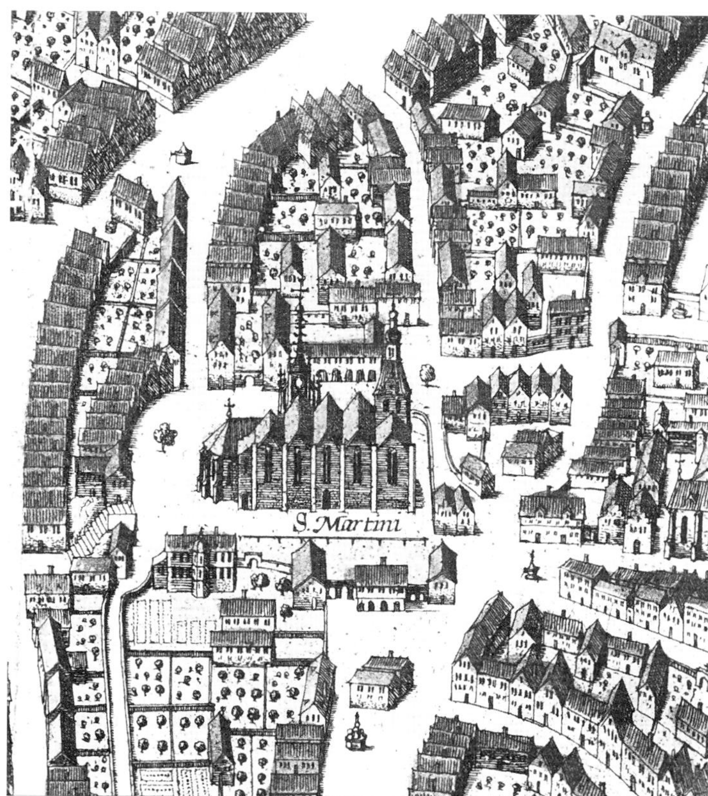

Abb. 1091 Martinikirchhof 6 a, Ausschnitt aus der Vogelschau W. Hollars um 1634 mit der Martinikirche. Nördlich des Chores die Dechanei mit Treppenturm und zwei weiteren Gebäuden auf dem Kuriengrundstück.

Hermann Moll; 1745/79 Nicolaus Wilhelm von Vincke; 1779/98 Johann Nicolaus Joseph Brickwede; 1798 Johann von Reder; 1798/1810 Georg Heinrich Uhlemann (Behr 1992, S. 624).

1610 der Dechaneihof, bewohnt von Dechant Erich Reschen; 1655 *der Decanatshoff* (siehe Hohnstraße 1); 1706 die Dechanei zu St. Martini 200 Rthl und die Stallung 50 Rthl; 1722 Capitel Hof: *der Decanatshof*; 1752 Wohnung des Dechanten von Vincke; 1766 der Dekan und Kanonikus Senior Nicolaus Wilhelm von Vincke, alleinstehend mit einem Knecht und einer Magd; 1781 Dechantenkurie: Wohnhaus 1000 Rthl, großes Hinterhaus oder *Beyhaus* 350 Rthl, kleine Scheune 150 Rthl; 1802 Dechant von Uhlemann; 1805 *Dechants Curie*, Wohnhaus 2500 Rthl, das große Hinterhaus 1000 Rthl, die kleine Scheune 100 Rthl; 1809 Dechant Uhlmann, mittelmäßiges, *aber logeables Wohnhaus* (steht leer) und Stallung; 1812 Martini-Dechanei, bewohnt vom Dechant Uhlemann; 1818 Dechant Uhlemann, die Dechaneiwohnung, versichert für 1000 Rthl, das große Hinterhaus 200 Rthl; kleine Scheune 25 Rthl. Der Stall soll für 6 Pferde der Artillerie hergerichtet werden (KAM, Mi, E 358); 1827 wird die *Dacanats-Curie* von der Regierung zum Verkauf angeboten. Sie wird dann aber an den Konsistorialrat Hauff vermietet, wobei der Vertrag 1829 schon wieder gekündigt werden soll, um das Gebäude so lange der Stadt Minden als städtische Armen-Frei-Schule zur Verfügung zu stellen, wie das Waisenhaus als Militär-Lazarett beschlagnahmt ist (KAM, Mi, E 735). Die Schule dann 1833 nach Freigabe wieder in den alten Bau verlegt (siehe Brüderstraße 16).

NEBENBAUTEN: 1462 verpachtet Johann Purtick, Vikar des Altars St. Bartholomäus in St. Martini der Rikele Mekering, Verwahrerin von St. Marien in St. Martini einen Speicher beim Kirchhof von St. Martini (Pachtgut der Vikarie St. Bartholomäus in St. Martini): *eyn mynen spiker beleghen bij sunte Martins kerchoue nogest vnses dekens spykere vppe dem orde bij der scharpen armode strate vnde behorich ghewesen is to dem erschreuen mynen altare* (KAM, Mi, A I, Nr. 355).

KLEINES HAUS: 1541 wird ein *verwüstet hus vnd stede mit sampt sinem tobehoringe, belegen twischen Gertt Kulemans vnd Mauritius huessen ,dar ietz de jode inne wohnet* von Mauritius Mauritii und seiner Frau Anna an Anna Sarges und ihre Kinder Hermann, Tonnies, Ernst und Ilse verkauft. Nachdem er das Haus zuvor von den Kistenherren erworben hatte, verpflichtete er sich, diesen 3 ½ Mark jährlich zu geben. Die jährliche Pacht beläuft sich auf 1 Mark, die Mauritius erhält (STA MS, St. Martini, Urkunden 323; Mscr. VII, 2711, Bl. 118v). 1585 fordert das Stift neben der Beseitigung anderer Häuser von der Stadt auch die *reumung deß kleinen Hauses achter der Decaney*, das widerrechtlich nach der Reformation in den Jahren zwischen 1530 und 1547 entstanden sei (STA MS, St. Martini, Akten 20 b).

1610 wurde der Wichgraf durch Erich Reschen, Dechant von St. Martini *uff des wolgedachten H. Decani Hoff bescheiden undt ferner begehret, mit ihnen in des Tyleken Rodenbeken behausung zu gehende.* So habe der Rat der Stadt *in dessen behausung uff dem Kampffe belegen, Inmission ex causa judicati erlanget. Wegen Vielheit der Schulden* soll das *Hauß Hohann Rodenbeke zustendig undt auff dem Kampffe zwischen Herrn syndici Mattei Schöninges Hoff und des Kulemans Wohnung belegen* versteigert werden, wogegen das Martini-Kapitel Einspruch einlegt. Es verweist auf den bestehenden Kammerprozeß und darauf, daß nach ihrer Meinung das Haus eindeutig zum Besitz des Martini-Kapitel zähle. Nun habe sich vor 1614 der *prediger Henrich Nysius mitt den Creditoren ermelten Hauses auff guetachten radt und wollmeinung eines Ehrb: Raths zu Mindenn sich in einen Kauff eingelaßen* und wurde daraufhin vom Syndicus des Martini-Kapitels auf den laufenden Reichskammergerichtsprozeß hingewiesen, *damitt er nicht deswegen in einen labyrint schaden oder verlegenheit künftig gerathen möchte.* Nysius erklärt, daß ihm der Sachverhalt bekannt sei, er aber zum Kauf stehe, zudem er auch *etzliche Viele fueder steine unnd materialia zu reparirung und wiedererbawung des streitigen Hauses hinfuhren lassen.* 1541 sei das Haus durch den Mindener Bürger Mauritius Maurity an Anne Sarries verkauft worden. Das Haus sei später *an die 30 jar hero feilgeboten* und war zuletzt im Besitz der Erben Rodenbeck (STA MS, St. Martini, Akten 144 a)

Kuriengebäude (um 1560–1833)

Über die ältere Bebauung der Kurie keine weiteren Nachrichten überliefert. Nach der um 1632 erstellen Vogelschau von Hollar war das eigentliche Kurienhaus ein großer, wohl zweigeschossiger Steinbau, traufenständig zum Kirchhof und mit einem Treppenturm in der Mitte der nördlichen Traufwand. Der Bau dürfte auf Grund der Formen nach der Rückübertragung der kirchlichen Güter um 1560 entstanden sein.

Stallgebäude (bis 1833)

1818 ist der Stall, der Platz für 6 Pferde bietet, an den Regierungsdirektor von Mallinckrodt verpachtet. Er ist 30 Fuß lang, 12 Fuß breit und 14 Fuß hoch (KAM, Mi, E 358).

Konzept für ein Gerichtsgebäude (1820)

1820 wird geplant, auf dem Grundstück ein neues Gerichts- und Gefängnisgebäude zu errichten (siehe dazu auch Hohnstraße 29). Die Pläne fertigte Kraushaar (KAM, Mi, E 941).

Körnermagazin siehe Teil I, Kap. IV

MARTINIKIRCHHOF 7, die II. Kurie des St. Martini-Stiftes, ab 1834 Heeresbäckerei

bis 1818 ohne Haus-Nr.; bis 1878 Haus-Nr. 617 c

Schmales, tief in den Baublock, im Osten bis zur Stützmauer reichendes, großes Kuriengrundstück, von der Westseite aus bis um 1600 durch eine schmale Gasse entlang der Ostseite des sogenannten *Papenenpohl* erschlossen. In der Neuzeit mit einem inmitten des Gartengeländes stehenden Kuriengebäude bebaut und 1832/34 nach Abbruch der Bauten mit der Errichtung der Heeresbäckerei in der Situation völlig verändert.

1555 *der scolasterie houen iegen dem Papenpole* ? (siehe Kampstraße 6); 1610 des Syndikus Matthias Schonegres Hof (siehe Martinikirchhof 6 a)?; 1706 Propst Culemanns Hof und dessen Stallung, versichert zu 150 und 50 Rthl; 1722 *Cannonikats Hof*, gehört dem Hofrat und Senior Culemann, bewohnt von Rat Tilemann; 1731 Kanonikus Vincke und Herr Klöpper; 1805 die Kurie, die dem Kanonikus Keesten zugehört, Wohnhaus 1 500 Rthl, Nebenhaus 300 Rthl; 1809 Küstersche Kurie, bewohnt von Herrn Friemel, Wohnhaus und Stallung; 1812 Kurie des Martini-Kapitels, verpachtet an Kanonikus Köster, vermietet an Herrn Windel; 1818 Kanonikus Koester, Wohnhaus versichert für 1 500 Rthl, Nebenhaus 300 Rthl; 1832 Kanonikus Köster.

Kurienhaus (bis 1832)

1809 wird der in seiner Gestalt nicht weiter bekannte Bau als ein altes baufälliges Haus bezeichnet. Keine weiteren Hinweise auf das 1832 abgebrochene Gebäude bekannt.

Heeresbäckerei (von 1832/34) siehe Teil I, Kap. IV

Abb. 1092 Martinikirchhof 8 (links) und 9, Blick aus der Kampstraße nach Süden, um 1910.

MARTINIKIRCHHOF 8, um 1535 bis um 1723 städtisches Büchsenhaus oder »die Zeugschmiede« (Abb. 1092–1094)

Haus ohne Martini-Kirchgeld Nr.; vor 1818 ohne Haus-Nr.; bis 1878 Haus-Nr. 617 e–g; bis 1908 Kampstraße 2

Das Gebäude zwischen 1529 und 1539 durch die Stadt auf zuvor unbebautem Gelände an der nördlichen Grenze des Martinikirchhofes errichtet. Hierüber kam es später zu einem längeren Streit mit der Kirche. Vor 1530 dürfte sich hier noch ein Teich erstreckt haben, der *Papenpohl* genannt wurde (siehe dazu Kampstraße). Der um 1535 errichtete Bau diente der Stadt als *Büchsenhaus* (daneben bestand aber seit 1563 noch ein weiteres Zeughaus am Brüderhof 6, während als Gießhaus zu dieser Zeit wohl die Brüderkirche – Alte Kirchstraße 11 – diente). Nachdem der Bau (um 1723 ?) von der Stadt verkauft worden war, bezeichnete man ihn noch in der zweiten Hälfte des 18. Jahrhunderts als *Zeugschmiede*, die noch immer frei von bürgerlichen Pflichten war und als Wirtschaftsgebäude zum gegenüberliegenden Haus Kampstraße 1 gehörte, aber schon mit kleinen Mietwohnungen ausgestattet war. Das Gelände seit der Zerstörung durch Bomben und Abbruch des Restes 1958 der Fläche des Kirchhofes zugeschlagen.

1580 erklärt die Stadt, *daß das strittige Buchsen- oder Zeughaus neben den anderen beiden, als Spanmans unnd Croten Heuseren, solche uff der Stat unnd nicht des Capitels S. Martini grundt unnd boden erbawet sein.* Von Seiten des Klerus wird dies bezweifelt, da das Zeughaus *mit einer seith uff der Kirchhoffsmauren stehet, neben Dechandt Spanmans und Croses Haus* (STA MS, St. Martini, Akten 20 a, S. 207 r). Nach anderem Bericht wurde das Haus *fur der achts erklerung erbawet* (STA MS, St. Martini, Akten 20 b). 1652 *das Stadt Gieß Haus* (KAM, Mi, B 790); 1698 Henrich Krohne (zahlt jährlich 4 Thl Giebelschatz); 1711 das Haus nicht genannt; 1752 Zeugschmied Gletsch und Zeugschreiber Therbeck; 1766/81 *die sog. Zeugschmiede, welche Herrn Mündermann zugehört,* zu 500 Rthl versichert; 1798 Mündermann, Zeugschmiede, mit drei Wohnungen, ist frei; 1802 Goldschmied Koch, Zeugschmiede, 1 000 Rthl; 1809 Weinhändler Mündermann, Lagerhaus mit drei kleinen Wohnungen; 1809 »Die Zeugschmiede«, Mieter ist Tischler Gabriel; 1818 Witwe Koch, die alte Zeugschmiede, 1 000 Thl; 1832 Kaufmann Schön, Scheune mit drei Wohnungen; 1846 Haus-Nr. 617 e: Mieter ist Witwe Marie Gabriel, Haus-Nr. 617 f: Näherin Henriette Schrader; 1853 Kaufmann Schön, Haus-Nr. 617 e: vermietet an Major Giersberg (mit zwei Untermietern), Haus-Nr. 617 f Schneider Spree und Haus-Nr. 617 g an Portier Peters; 1893/106 Stadtrat Schön; 1919 Kauf durch Auktionator W. Elling (wohnt Greisenbruchstraße 18); 1934/43 Witwe Marie Elling (seit 1937 verpachtet an Louis Schünke); 1958 Stadt Minden.

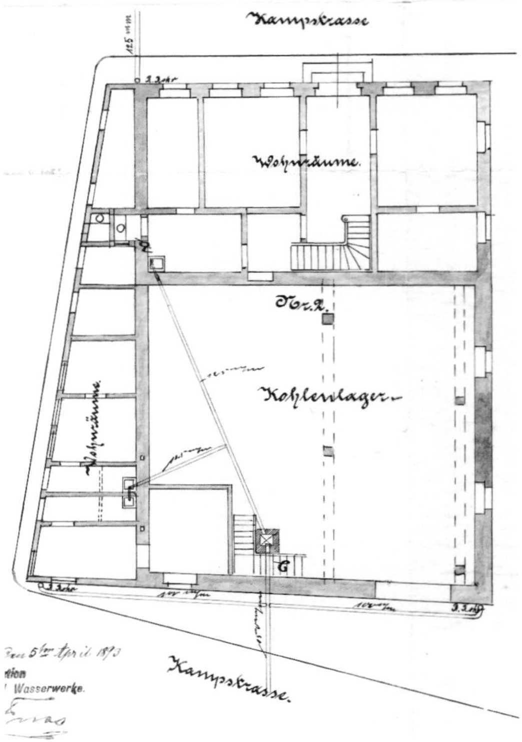

Abb. 1093 Martinikirchhof 8, Grundriß aus dem Entwässerungsplan von 1893. Süden rechts.

Zeugschmiede (um 1540–1958)

Eingeschossiger, recht breiter Bau mit hohem Satteldach auf einer Grundfläche von 20 x 13,20 m. Die Umfassungswände aus sauberem Backsteinmauerwerk. Im Westgiebel Reste einer Reihe von kleinen rechteckigen Fensteröffnungen mit sandsteinernem Gewände erhalten, weitere Details der Gestaltung nicht überliefert. Die innere Konstruktion des offensichtlich zunächst ungeteilten Raumes nicht weiter bekannt, wohl mit einem mittleren, von zwei Ständern getragenen Längsunterzug unter der Balkenlage mit einer Spannweite von 12 m; der Giebel zur Kampstraße dreiachsig gegliedert. Nicht bekannt ist, ob der östliche Wohnteil des Gebäudes zum ursprünglichen Bestand gehört; jedoch besteht er schon vor 1698.

Wohl in der ersten Hälfte des 19. Jahrhunderts das östliche Drittel des Hauses dreigeschossig ausgebaut (oder durch Anbau erweitert) und dieser Teil als Wohnhaus mit eigenem, recht flach geneigtem Satteldach gestaltet. Zugang im sechsachsig gegliederten Ostgiebel.

Entlang der Nordwand schmaler, nach Osten noch geringer werdender eingeschossiger Anbau aus Fachwerk mit angeschlepptem Dach, zahlreiche kleine Zimmer (wohl die drei seit dem späteren 18. Jahrhundert genannten Wohnungen).

1893 Entwässerung; 1906 Kanalisation; 1919 Umbau der weiten, als Kohlenlager genutzten Halle zum Auktionslokal; 1924 Umbau der Halle zum Ladenlokal und Einbau eines Schornsteins; 1934 Umbau der Halle zur Lagerhalle, wobei in dem Westgiebel zwei Tore eingebrochen werden. 1945 die Halle durch Bombentreffer zerstört; 1958 Abbruch des im östlichen Wohnteil zuletzt als Mehrfamilienhaus genutzten Gebäudes durch die Stadt Minden.

Abb. 1094 Martinikirchhof 9, Ansicht von Südosten, rechts anschließend Kampstraße 1 und Martinikirchhof 8, um 1910.

MARTINIKIRCHHOF 9, 1649–1724 städtisches Syndikatshaus, die sogenannte Schwedenschänke (Abb. 263, 540, 1092, 1094–1098)

1729 bis 1743 Martini-Kirchgeld Nr. 365; bis 1878 Haus-Nr. 451

LITERATUR: Kaspar 1986, S. 160.

Kleine Hausstelle ohne weitere Freiflächen, offensichtlich auf Gelände des Martini-Kirchhofes errichtet (dessen Grenze wohl innerhalb der Westmauer) und zunächst möglicherweise ein Wirtschaftsgebäude für den Friedhof, zudem vielleicht (als Torhaus ?) weiter nach Süden, bis an das Haus Nr. 10 heranreichend. Nach der Reformation um 1540 Umbau und Erweiterung zu einem Wohnhaus, ab etwa 1649 bis 1724 städtisches Syndikatshaus und dafür erneut erweitert und seitdem ein Bürgerhaus. Die Herkunft des im Volksmund überlieferten Namens *Schwedenschänke* für das Haus nicht bekannt.

1577 *das Hauß, so Wakeman auff die Kirchovesmauren gebawet.* Dies soll nach Berichten der Stadt zwischen 1539 und 1548 erfolgt sein (STA MS, St. Martini, Akten 20 b, S. 124 r).

Ab einem nicht näher bekannten Zeitpunkt im 17. Jahrhundert, möglicherweise ab etwa 1640 (in der Schwedischen Zeit), spätestens 1649 in öffentlichen Besitz genommen und zum Syndikatshaus der Stadt ausgebaut. 1647/52 ist Syndikus Dr. Konrad Hoyer; 1660/74 Haus des Stadtsyndikus Jacob Andreas Crusius ist nahe der St. Martini-Kirche. In dem Haus 1665 bis etwa 1668 die Druckerei von Joh. Mattheus Heddewig untergebracht (von Schroeder 1966, S. 21. Siehe auch Brüderstraße 27); 1721 ist Kuhlmann Syndikus und zweiter Bürgermeister (zu dieser Zeit wohnte der Stadtsekretär Schreiber in dem Nachbarhaus Kampstraße 5). Der Syndikus war zu dieser Zeit Vorsitzender des geistlichen Stadtgerichtes (entschied über alle Konsistorial- und Kirchensachen sowie die Hospitäler) und führte alle Rechtsgeschäfte und Prozesse der Stadt (siehe dazu LAMPMANN 1927, S. 32–34); im Corpus Bonorum der Stadt Minden (KAM, Mi, C 369,4 alt) wurde vermerkt, *das Syndicat Hauß bey St. Martinikirche ist ao 1724 H. Krieges- und Dom Rath Stubenrauch verkauft vor 900 Rthl.* Noch im gleichen Jahr zahlt er 152 Rthl auf diese Summe an (KAM, Mi, C 351,3 alt); 1729/40 Johann Stoltmann; 1743 Erben Frans Schmidts; 1750 Schmidt; 1755 Meister Stoltmann, Haus für 100 Rthl; 1766 Mademoiselle Schencken; 1781 Justizrat Dieterici, Haus für 100 Rthl; 1802 Arning, Haus für 500 Rthl, ohne Braurecht, hält 1 Schwein; 1805 Witwe Arning will ihr Haus mit Huderecht an der Bastau verkaufen (WMA 1805); 1805 Schneider Arning; 1806 Glaserwitwe Arning (Haus am Kampe); 1818 Schneider Arning, Haus für 500 Thl; 1828 Rodowe; 1832 Krekler; 1835 Erhöhung Versicherung auf 800 Thl; 1846 Schuster Christian Vogedes mit zwei Mietparteien (insgesamt 15 Personen im Haus); um 1853 Vogedes und drei Mietparteien; 1893 Kaufmann Hafer; 1908 Schuhmachermeister Karl Hafer.

Haus (um 1540 und 1649 ⓓ)

In der heutigen Erscheinung ein freistehender Bau mit hohem, massivem Untergeschoß, nördlich mit zweigeschossigem Anbau in Fachwerk und einem darüber aufgesetzten und durchgehenden, recht hohen Fachwerkgeschoß und Satteldach. Das Gebäude in dieser Form durch einen Um- und Erweiterungsbau von 1649 geschaffen, aber mit wesentlich älterem Kern. Das Haus 1974 durchgreifend saniert, dabei keine weiteren Dokumentationen angefertigt, so daß die heutige Bausubstanz, im Erdgeschoß zudem völlig verputzt, zur Zeit nur in der Fachwerkkonstruktion näher untersucht werden kann.

Der Kernbau ein längerer und eingeschossiger, aber recht hoher, entlang der Kampstraße gestellter Steinbau aus der Zeit vor 1540 mit nicht näher bekannter Gestalt. Dieser auf der Westseite mit einem Torbogen erschlossen und möglicherweise unmittelbar an das Haus Martinikirchhof 10 angrenzend (dabei könnte an der Stelle der heute hier befindlichen Straße bis 1649 eine Durchfahrt mit Torbögen bestanden haben). Über dem Bau, dessen Nutzung nicht bekannt ist, wohl ein Satteldach. Er dürfte zunächst zum Besitz des Martini-Stiftes gehört und vielleicht nur Wirtschaftszwecken im Zusammenhang mit dem Friedhof gedient haben.

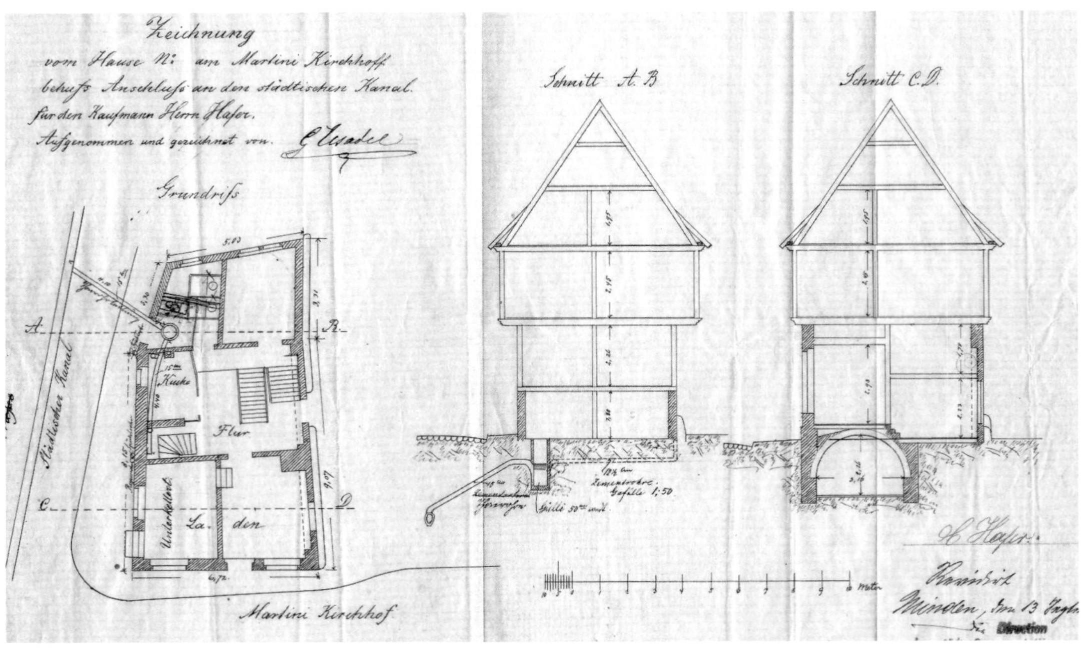

Abb. 1095 Martinikirchhof 9, Grundriß und Schnitte aus der Entwässerungsakte von 1893.

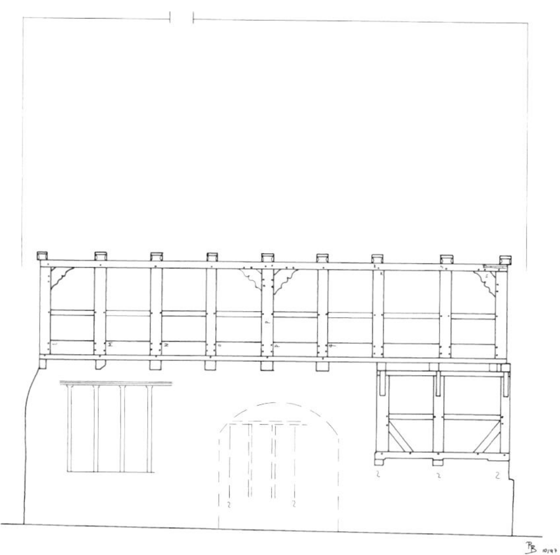

Abb. 1096 Martinikirchhof 9, östliche Traufwand, rekonstruierter Zustand Mitte des 17. Jahrhunderts.

Um 1540 das Gebäude durch einen zweistöckigen Fachwerkbau nach Norden erweitert. Der Anbau dem Straßenverlauf folgend leicht nach Osten abknickend, in den Proportionen des Daches an den Kernbau anschließend, aber von geringerer Standfläche. Der Bau stöckig verzimmert und auf seinen drei offenen Seiten mit Vorkragungen des Obergeschosses und des Dachwerkes über Balken oder Stichbalken und Knaggen. Diese gekehlt mit aufgelegten Stäben (erhalten im Original nur eine an der Westwand). Schwellen auf Gehrung verzimmert und am Nordgiebel mit Taubandstäben an den unteren Kanten beschnitzt. Die Gefache mit einer Riegelkette, dabei die meisten Ständer mit langen und schmalen Fußbändern verstrebt. Der Bauteil dürfte in jeder der beiden Geschosse einen Wohnraum (Stube ?) aufgenommen haben und ermöglichte die Wohnnutzung des bestehenden Steinbaus.

Weiterer Umbau und Aufstockung des Gebäudes, durch zwei dendrochronologische Proben (1. Geschoßbalken von Süd 1645/46 und 2. Dachbalken von Nord 1648/49) in das Jahr 1649 (Auswertung 1997 durch H. Tisje/Neu-Isenburg) datiert, wohl mit der Umnutzung des Hauses zum Syndikatshaus der Stadt und daher möglicherweise im unmittelbaren Zusammenhang mit dem Übergang des Bistums Minden an Brandenburg stehend. Offensichtlich war mit dieser Baumaßnahme eine Öffnung des Martini-Kirchhofes verbunden, wobei wohl in Verlängerung der Brüderstraße eine Zufahrt zum Kirchhof geschaffen wurde. Dabei das zuvor hier möglicherweise bestehende Torhaus abgebrochen, denn auch die südlich an diese Zufahrt stehenden Bauten Martinikirchhof 10 und Ritterstraße 40 waren von dieser Baumaßnahme betroffen (siehe jeweils auch dort). Der Bezug des tradierten Namens »Schwedenschänke« zu dem damit erst nach dem Abzug der Schweden ausgebauten Haus bleibt unklar. Nach Abnahme des bestehenden Dachwerkes über den beiden Bauteilen wurde nach Angleichung der Mauerkronen und des Gerüstes des Anbaus ein recht hohes Fachwerkstockwerk mit Satteldach aufgesetzt. Dieses auf einem in den Ecken auf Gehrung gesetzten Schwellenkranz gestellt und von neun Gebinden. Die Eckständer in beiden Richtungen mit doppelt geschweiften Volutenknaggen gesichert, die sich auch an den Mittelständern beider

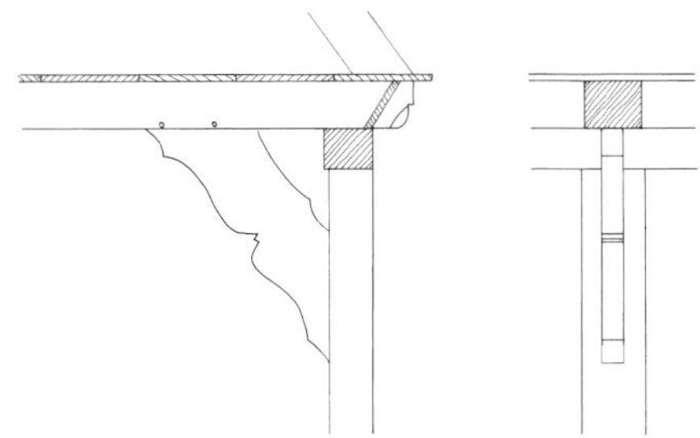

Abb. 1097 Martinikirchhof 9, Kopfband von 1649 im Obergeschoß, M 1:50.

Traufwände finden. Zwischen den Ständern bohlenartige Fußriegel sowie schmale Brustiegel, dazwischen offenbar das Geschoß durchgängig durchfenstert (in jedem Gefach zwei an einen am Rähm angeblatteten Pfosten anschlagende Flügel). In dem Stockwerk auch alle Balken im Querverband durch in der gleichen Weise geschmückte Kopfbänder ausgesteift. Das damit in bester Weise gestaltete und ausgestattete Stockwerk offensichtlich als ein Saal anzusprechen (der wohl im Zusammenhang mit der Umnutzung zum Syndikatshaus steht).

Das Dachwerk mit neun Sparrenpaaren, dabei die Giebeldreiecke über Stichbalken vorkragend, die an den Unterkanten abgerundet und seitlich gefast sind (ebenso die Balkenköpfe mit den Sparrenfüßen). Dazwischen Füllbretter.

Aber auch im hohen Erdgeschoß kam es zu Umbauten, wobei hier eine stark durchlichtete Wohndiele mit Stubeneinbau entstand. Zugang zwar nicht nachgewiesen, aber nicht mehr von Osten (entweder in der Westfront oder im Südgiebel). Alle Fenster mit sandsteinernen Gewänden, bei denen die Teilungspfosten auf der Innenseite eine reiche Renaissancedekoration erhielten: im unteren Bereich mit Beschlagwerk, darüber kannelierte Säulen mit ionischen Kapitellen. Der Torbogen in der Westwand zugesetzt und statt dessen eine etwas schmalere Fenstergruppe mit zwei Bahnen eingebaut, so daß in dem Winkel zwischen Ostwand und dem nördlichen Anbau noch Platz für eine Wendeltreppe bis zum neuen Obergeschoß verblieb (nachweisbar an den Aussparungen in der hier zudem Wechsel aufweisenden Balkenlage). Ein weiteres dreibahniges Fenster mit oberem Wasserschlagabschluß im südlichen Bereich der Westwand. In der südwestlichen Hausecke Einbau einer unterkellerten Stube, deren in Schalung gemauertes Tonnengewölbe von Backstein etwas über das Dielenniveau hinausragt und über eine Treppe von Nord erschlossen wurde (diese später verändert). Die Stube mit einer sehr großen Fenstergruppe aus Werkstein mit umlaufendem oberen Abschlußgesims versehen, bei der westlich eines werksteinernen Eckpfeilers eine Gruppe aus zwei zweibahnigen Fenstern und nach Süden ein dreibahniges Fenster geschaffen wurde.

Die Lage der Herdstelle im Haus nicht näher zu bestimmen. Bei dem Umbau das Erdgeschoß des nördlichen Anbaus von etwa 1540 völlig verändert, wobei hier die Fachwerkkonstruktion durch sandsteinerne Pfeiler ersetzt wurde. Die Wandfelder dazwischen wohl zunächst nicht geschlossen und daher wohl als Lager oder Stallraum genutzt.

Zu einem wenig späteren Zeitpunkt wurde eine weitere große zweibahnige Fenstergruppe in der Osthälfte der Südfront geschaffen. 1712 wird *an das Syndicat Hauß ein prevet, so eingefallen, wieder neu ausgemauert und das Dach ausgebessert* (KAM, Mi, C 268,3 alt). Weitere Holzarbeiten rechnet Conrad Heuer im gleichen Jahr ab (KAM, Mi, B 733), und 1719 wurde eine Rauchkammer eingerichtet (KAM, Mi, B 105 alt).

Nachdem das Haus 1724 privatisiert wurde, erneuerte man im späteren 18. Jahrhundert die Stube in der südwestlichen Ecke, wobei man die Umfassungswände neu abzimmerte und zur besseren Wärmehaltung eine neue tiefer liegende Deckenbalkenlage einbaute. 1805 hat das Haus drei Wohnzimmer, drei Kammern, zwei Küchen und einen gewölbten Keller, Stallung und Bodenraum.

Abb. 1098 Martinikirchhof 9, Ansicht von Südwesten, 1973.

Zuletzt besaß der Bau nach Entwässerungsplan von 1893 (zusammen mit einer genauen Bauaufnahme von G. Sipp angefertigt) eine breite, von Osten erschlossene Querdiele, von der vor Kopf ein kleiner Küchenraum abgetrennt war. Daran nach Norden anschließend der Anbau des 16. Jahrhunderts, erschlossen über eine Zwischenbühne der Treppenanlage, nach Süden die unterkellerte Stube und ein weiteres, jetzt als Laden genutztes Zimmer mit niedrigem Zwischengeschoß darüber abgetrennt. Auch das große Obergeschoß in nicht näher bekannter Weise unterteilt.

1974 nach Verkauf vorsichtige Sanierung des Gebäudes mit Freilegung des Fachwerkes, wobei die Substanz des Kernbaus weitgehend erhalten bleibt, aber alle Ausfachungen und jüngeren Einbauten entfernt werden (Plan: H. Cronjäger/Bielefeld), allerdings die Westwand bis auf ihren nördlichen Abschnitt und das Rähm sowie der Südgiebel bis auf Rähm und östlichen Sparren ganz neu verzimmert werden. 1984 in die Denkmalliste der Stadt Minden eingetragen.

Abb. 1099 Martinikirchhof 10, Ansicht von Nordosten, dahinter Ritterstraße 40, 1993.

MARTINIKIRCHHOF 10, Stadtmusikantenhaus (Abb. 434, 1099–1103, 1333, 1437)

Haus ohne Martini-Kirchgeld Nr.; bis 1818 ohne städtische Nummer; bis 1878 Haus-Nr. 449 d *am Windloch*

LITERATUR: Brandhorst 1964. – Nordsiek 1979, S. 216. – Kaspar 1984, S. 160.

Die Baugruppe gehört zusammen mit dem Nachbarbau Ritterstraße 40 und dem Haus Martinikirchhof 9 (siehe jeweils dort) zur Randbebauung des Martini-Kirchhofes, die auf kirchlichem Gelände seit dem 15. Jahrhundert entstanden war. Dabei belegen Baubefunde, daß der dem 15. Jahrhundert zuzurechnende Kernbau von Martinikirchhof 10 hier zunächst noch frei, ohne das später westlich errichtete Haus Ritterstraße 40, gestanden hat. Bis heute gehört zu allen diesen Häusern keine Freifläche, sie stehen vielmehr unmittelbar von öffentlichem Raum umgeben.

Befunde an beiden Bauten legen es nahe, daß das Gebäude ursprünglich in einer baulichen Verbindung mit dem Gebäude Martinikirchhof 9 gestanden hat. Über die ursprüngliche Nutzung der Bauten und den Bauherren ist bislang nichts bekannt, doch lassen die städtebauliche Situation und der Baugrund einen Zusammenhang mit dem Stift St. Martini erschließen. Hierbei ist auf Grund der Randlage und der bescheidenen Bautechnik an die Behausung von weltlichen Angestellten oder auf Grund des fehlenden Nachweises von Innenausbauten des langen Gebäudes auch an ein Wirtschaftsgebäude zu denken. Nach der Reformation und der Neuordnung des öffentlichen Lebens, spätestens seit der Übernahme Mindens durch Brandenburg 1648 befand sich der Komplex – nun durch eine angebaute Scheune (das sogenannte Windloch) erweitert – im städtischen Besitz – im 18. Jahrhundert in Verwaltung des Heilig-Geist-Hospitals – und diente (mit Ausnahme der Jahre 1809–1817 und ab 1831) bis zur Privatisierung 1834 als Dienstwohnsitz des Stadtmusikanten (der auch regelmäßig Konzerte sowie verschiedene Signale vom unmittelbar benachbarten Martini-Kirchturm auszuführen hatte). Ob diese Funktion noch bis in die Bauzeit des Gebäudes zurückreicht, bleibt zu klären. Die in die Mitte des 17. Jahrhunderts zu datierende Erneuerung des Nordgiebels bei gleichzeitigem Erhalt des ganzen übrigen Gebäudes legt es nahe, daß diese Maßnahme nicht auf Bauschäden, sondern auf eine Veränderung der dortigen Situation zurückgeht (möglicherweise bestand hier ein angebautes Torgebäude im Zwischenraum zu Nr. 9 oder der Bau selbst war noch länger).

Seit 1656 sind Stadtmusikanten in Minden als Angestellte des Rates nachzuweisen, die als »Stadtpfeifer« vielfältige Aufgaben hatten: Aufspielen bei öffentlichen und privaten Festen, Wacht- und Turmdienste, Turmmusiken und Kirchenmusik (siehe dazu J. Brandhorst 1991, S. 257 ff.).

1748 genannt als *das Musikantenhaus… ein Geisthaus, worin der Stadtmusikant wegen seiner Aufwartung bey denen Kirchenmusiquen die naturelle Einquartierungsfreiheit genossen* (KAM, Mi, C 103); 1755 Stadtmusikantenhaus, versichert zu 150 Rthl; 1766/81 Stadtmusikantenhaus 100 Rthl; 1806 zum Haus gehört ein Hudestück im Rodenbeck, das nun urbar gemacht werden soll (KAM, Mi, C 895); 1815 wird das Haus an den Leichenbitter Rump für 31 Rthl verpachtet (KAM, Mi, E 717); 1818 das Stadtmusikantenhaus, versichert zu 500 Rthl; 1831/34 Wohnung der Ärzte und Krankenwärter des Lazaretts; 1834 wird das Haus durch die Stadt verkauft. Der zugehörige Hudeteil am Trippeldamm geht an den Kaufmann G. F. Niehus (KAM, Mi, E 712 und 739). 1835 ehemaliges Stadtmusikantenhaus, jetzt Vogeler, Versicherung von 500 auf 800 Thl erhöht; 1846/53 Eigentümer ist der Schlächter Vogeler, Mieter der Schneider Heinrich Lindemann; 1896/1908 Rudolf Müller; 1945 August Beissner; 1950 Tanzlehrer Carl Meyer (wohnt in Windheim).

Als Stadtmusikanten sind nachzuweisen: 1656 Conrad Brüning; 1689/92 Johann Wilhelm Wulff; 1694 stirbt Jobst Riem Wilhelms; 1700/11 Musikant Magnus Crosman; seit 1713 (bis nach 1725) Johann Wilhelm Schöning (zuvor *Dom-Kapitels Musiker* und vom Rat gegen den von der Regierung geforderten N. Knorre aus Braunschweig durchgesetzt); im 18. Jahrhundert waren die Stadtmusikanten häufig zugleich auch als *violista* neben dem Organisten am Dom beschäftigt, um für die festliche Ausgestaltung feierlicher Messen zu sorgen (Nottarp 1954, S. 114); 1732 erhält der Musikant *als Thurmbläser* von der Stadt 50 Rthl (KAM, Mi, C 354,13 alt); 1739/54 Ludwig Meyer (1754 will die Witwe des abgelebten Musikanten Meyer Gärten verkaufen. Siehe WMR 1754); 1754/82 Heinrich Abelmann; 1782/97 Joh. Friedrich Christoph Casdorf (aus Rinteln, † 1. 2. 1797); 1707/1804 Christian Friedrich Casdorf (Sohn seines Vorgängers, † 31. 7. 1804); 1804/08 Heinrich Gottfried Barnbeck (zuvor Hautboist im Regiment gewesen, später Kammer-Musiker am Hof in Kassel); 1809/10 Gottfried Weymann aus Hamm, dann bleibt die Stelle zunächst vakant (das Haus 1816 bewohnt vom Organisten Wundermann); 1818/1834 Musikus Georg Friedrich Methfessel aus Münster (zu den Personen siehe J. Brandhorst 1991).

Die mehrteilige Baugruppe gliedert sich in ein eingeschossiges und langgezogenes Fachwerkhaus mit pfannengedecktem Satteldach und einen daran südlich anschließenden zweigeschossigen Bauteil mit höherem Pfannendach. Beide Bauteile waren bis etwa 1940 verputzt, seitdem ist die Fachwerkkonstruktion mit weiß geputzten Gefachen freigelegt. Die Gruppe ist auf Grund ihrer exponierten Stellung unmittelbar vor dem Turm der Martini-Kirche und dem malerischen Grundriß zwischen den unterschiedlichen Straßenräumen von starker Dominanz im Stadtbild und ein bestimmendes Element des Altstadtbildes von Minden. Die besonderen Windverhältnisse unterhalb des Turmes haben dem südlichen Bauteil der Gruppe auch den Namen *Windloch* eingebracht.

Als Gebäude in städtischer Verwaltung haben sich zahlreiche darauf bezogene Baunachrichten überliefert: 1711 wird das *Dach des Musicanten Crosmanns Hause … mit kalk eingeschmieret* (KAM, Mi, B 104 alt). 1715 Reparaturen im Haus (KAM, Mi, B 105). 1736 von der Stadt *vor einen neuen Ofen in des Stadt Musicanten Hause* 9 Rthl 28 gr abgerechnet (KAM, Mi, C 355,14 alt) und 1739 vom städtischen Bauhof eine steinerne Rinne von 4 Fuß im Musikantenhaus gelegt (KAM, Mi, C 833).

1748 ist das Haus sehr klein, hat aber Wohnplätze für die Gesellen des Stadtmusikanten. 1784 Reparatur des Stadtmusikantenhauses (KAM, Mi, C 874). 1802 *ist der Bau eines neuen Schweinestalles höchst nothwendig, auch außer dem Dache einige Steine eingelegt werden, auch müssen zwei Fensterladen vor vier Luchten in der Wohnstube angefertigt werden* (KAM, Mi, C 830). 1806 ist das Dach undicht (KAM, Mi, C 895); 1808 wird dem neuen Stadtmusikus zugesagt, das Haus instandzusetzen und in der untersten Stube einen Ofen aufzustellen (Brandhorst 1964, S. 243); 1815 Haus hat eine Etage, 2 Stuben und 3 Kammern, 2 Öfen, 1 Keller, Küche und Schweinestall (KAM, Mi, E 717). 1818 bedarf das Haus einer dringenden Reparatur. Es hat Wohnstube oberhalb des Kellers, Kammer daselbst, kleine Stube, Küche, Flur und Küchengang, Stall mit Schweinestall, oberhalb des Stalls 3 Kammern. Das Dach soll mit Pfannensteinen und Docken umgedeckt werden (KAM, Mi, E 727). 1825 ist der Schornstein baufällig und muß repariert werden (KAM, Mi, E 727).

Haus (von 1490 ±2 ⓓ)

Das weitgehend erhaltene Kerngerüst des Hauses gehört zu einem sehr schmalen und langgezogenen Fachwerkgebäude von mindestens 10 Gebinden Länge. Der Nordgiebel wurde in der Mitte des 17. Jahrhunderts erneuert. Auf Grund eines Nagelloches im südwestlichen Ständer war der Bau aber möglicherweise auch nach Süden ursprünglich länger. Er wird bestimmt durch nur eine Riegelkette in halber Höhe der recht hohen Traufwände, die einfach vernagelt ist und Gefache von etwa 1,10 m Breite und 1,65 m Höhe ergibt. Die Aussteifung des Gerüstes erfolgt durch einzelne Kopfbänder im Längsverband. Vorkragung der aufgelegten Dachbalken an beiden Traufen über kleinen und recht tief gekehlten Kopfbandknaggen, die die an der unteren Kante mit einem Stabprofil gezierten, ca. 26 cm weit vorstehenden Balkenköpfe tragen (woraus der ursprüngliche Freistand der heute durch das damit jüngere Haus Ritterstraße 40 verdeckten westlichen Traufe zu erschließen ist). Die durch die Dielung des Dachbodens gezapften Sparrenpaare des leicht verräucherten Dachwerkes haben jeweils einen gezapften Kehlbalken. Die nördlichen sechs Gebinde des von Süden her durchnumerierten Dachwerkes weisen jeweils zwei Numerierungen auf, zudem ist in diesem Bereich die Kehlbalkenlage höher (dieser Teil wohl schon für einen Ausbau mit Räumen vorgesehen, wie bis heute bestehend, oder um 1650 neu aufgeschlagen). Dendrochronologisch konnte in dem ausgebauten Gebäude nur der 6. Sparren von Süd der Westseite auf 1490 ±2 datiert werden (1995 durch H. Tisje/Neu-Isenburg).

Das Gerüst ist insbesondere im südlichen Bereich durch Reparaturen und Umbauten im Detail verändert, allerdings noch weitgehend vollständig (heute sind wohl noch drei Knaggen in der östlichen und eine in der westlichen Traufwand original erhalten). Der nördliche Giebel mit dem ersten Gefach wurde in der Mitte des 17. Jahrhunderts neu verzimmert. Sein Gerüst zeigt lange Fußstreben zu den Eckständern, das Giebeldreieck kragt zweifach leicht mit profilierter Schwelle vor, unten über Stichbalken, die Spitze ehemals mit Geckpfahl. Im südlichen Abschnitt des Hauses sind (wohl in der ersten Hälfte des 19. Jahrhunderts) mehrere Ständer zur Schaffung einer neuen Fensterordnung verschoben worden, blieben aber erhalten.

Das heute weitgehend verkleidete (und daher nicht im Einzelnen zu beschreibende) Innere wird seit langem durch eine Quererschließung in der Mitte der östlichen Traufwand bestimmt. Am nördlichen Giebel befindet sich eine unterkellerte Kammer in der östlichen Ecke. Die Umfassungswände des Kellers bestehen bis in Höhe des Straßenniveaus aus Sandsteinquadern, darüber aus Fachwerk (der Keller ist daher wohl nachträglich, zusammen mit der Neuverzimmerung des Giebels eingebaut worden). Östlich der Kammer ein schmaler Bereich, der wohl nachträglich ebenfalls unterkellert

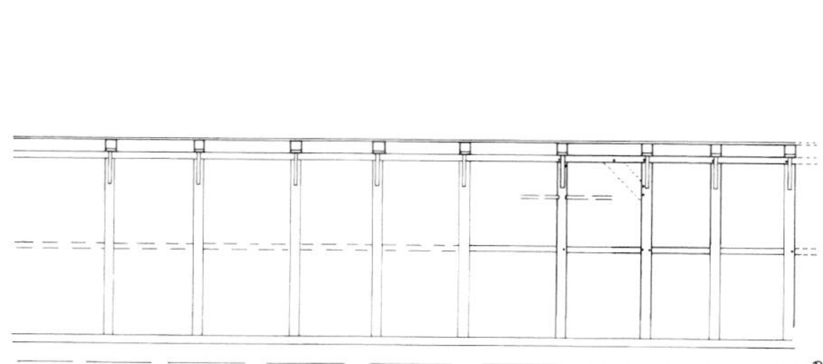

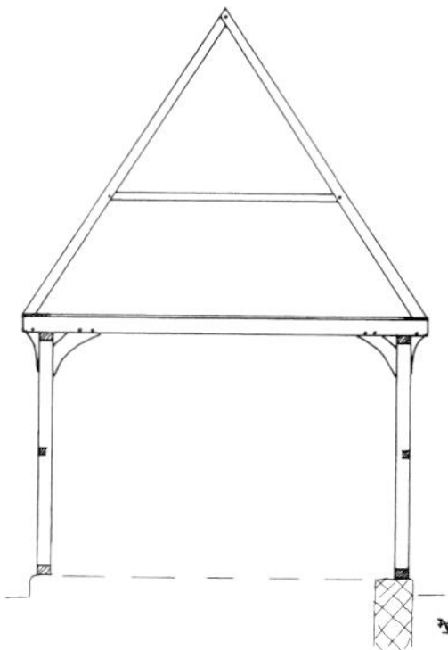

Abb. 1100 Martinikirchhof 10, Ansicht der westlichen (rückwärtigen) Traufwand und Querschnitt, rekonstruierter Zustand um 1490.

wurde. In der diese Zone zum Erschließungsraum abschließenden Querwand eine alte Kaminanlage, ehemals offenbar mit offener Feuerstelle. In der südlichen Hälfte (die wohl als ehemalige Küchendiele lange weitgehend ungeteilt und erst um 1835 nach Verkauf durch die Stadt umgebaut und aufgeteilt wurde) befinden sich zum Kirchplatz zwei Wohnräume (Stube und Kammer), westlich davon Flur und die Küche.

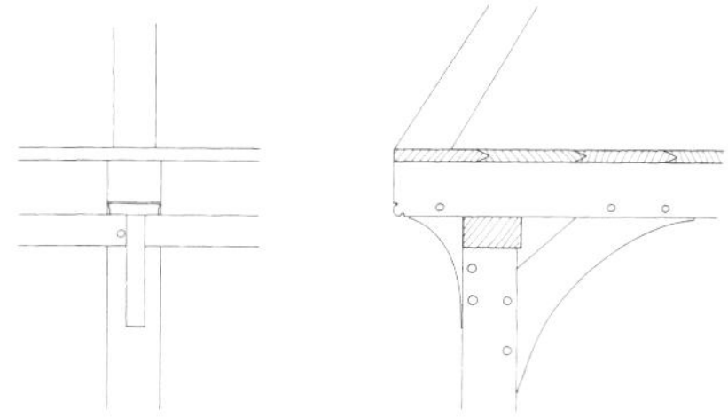

Abb. 1101 Martinikirchhof 10, Detail der Traufvorkragung, um 1490. M 1:50.

Einfache Treppe des späteren 19. Jahrhunderts zum Dachboden, der nur in der nördlichen Hälfte mit zwei Räumen ausgebaut ist.

1896 Entwässerung; 1908 Kanalisation; 1984 der Komplex in die Denkmalliste der Stadt Minden eingetragen.

Scheune (sogenanntes *Windloch*, von 1648 ⓓ) (Abb. 1102–1103)

Nahe dem Südgiebel des Hauses gebaut und nur Wirtschaftszwecken dienend. Das Gebäude mit seiner östlichen Traufwand fast unmittelbar neben dem Turm der Martini-Kirche, während der freie Südgiebel vor Kopf der Hohen Straße errichtet wurde und damit in seiner malerischen Ausbildung und den scharfen Größenkontrasten städtebaulich höchst wirksam wurde. Das Gebäude zunächst als eigener Baukörper in geringem Abstand vom Kernbau errichtet, der dreieckige Zwischenraum zum nördlich anschließenden Wohnhaus offensichtlich erst nachträglich geschlossen. Zweistöckiges Fachwerkgerüst von fünf Gebinden, Balken in beiden Lagen aufgelegt. Die Sparrenpaare mit jeweils einem gezapften Kehlbalken auf Grund des schiefen Grundrisses mit Neigungen zwischen 56 und 69°. Der südliche Giebel mit einer Spitzsäule, die ursprünglich ein Geckpfahl trug. Auf Grund einer dendrochronologischen Datierung (Kehlbalken des 3. Sparrenpaares von Süd) ist das Bauholz des Gebäudes im Winter 1648/49 eingeschlagen worden.

Abb. 1102 Martinikirchhof 10, Scheune am Windloch, Ansicht aus der Hohen Straße, Blick nach Norden, um 1930.

Das Erdgeschoß mit Rücksicht auf die Topographie sehr schmal und ursprünglich nicht durch ein größeres Tor (wie zumindest seit dem 19. Jahrhundert im südlichen Giebel nachweisbar) erschlossen. Dieses seit langem Wirtschaftszwecken dienend (heute als Garage genutzt), die westliche Traufwand in der zweiten Hälfte des 19. Jahrhunderts massiv erneuert. Das heute zu Wohnzwecken ausgebaute Obergeschoß zur Martini-Kirche (östliche Traufwand) stark über Kopfbandknaggen vorkragend. Im Obergeschoß umlaufend alle Ständer mit Zierfußbändern ausgesteift, ebenso wie die Kopfbänder der Vorkragung mit Doppelkarnisprofil.

Abb. 1103 Martinikirchhof 10, Scheune am Windloch, Ansicht aus der Hohen Straße, Blick nach Norden, 1993.

Martinitreppe

QUELLEN: KAM, Mi, F 392, 408, 469.

LITERATUR: SCHROEDER 1886, S. 692. – BRANDHORST 1995, Abb. S. 38.

Die Treppenanlage stellt die kürzeste Verbindung zwischen dem Zentrum der Unterstadt mit Markt und Scharnbereich und der Oberstadt mit dem Martinikirchhof dar. Die Festlegung des bis heute gültigen Verlaufes dürfte mit der Entwicklung der Stützmauer zwischen Unter- und Oberstadt wohl im frühen 14. Jahrhundert erfolgt sein und einen Weg, der schräg den vorher hier bestehenden Abhang hinabführte, widerspiegeln. Dieser verlief vom Markt seitlich an dem um die Mitte des 13. Jahrhunderts entstandenen Kaufhaus (siehe Markt 6) entlang zum Martinikirchhof. An den

Abb. 1104 Martinitreppe, Unterer Zugang zwischen den Häusern Markt 2 (links) und Hohnstraße 1, Blick nach Westen, um 1930.

Abb. 1105 Martinitreppe, Blick aus dem Haus Hohnstraße 1 nach Süden auf den Treppenverlauf, um 1930.

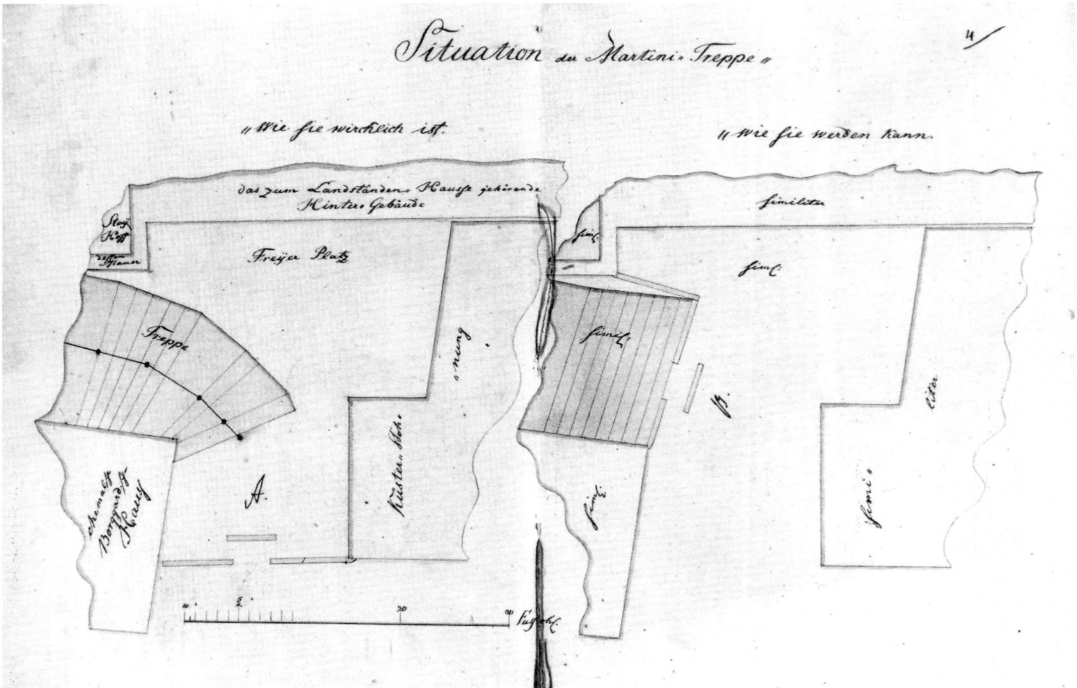

Abb. 1106 Martinitreppe, oberer Zugang zwischen den Häusern Martinitreppe 4 (links) und Martinikirchhof 4. Norden links. Links der bestehende Zustand 1805, rechts Vorschlag zur Umgestaltung von F. Wehking 1805.

Rückgiebel des Kaufhauses wurde später nördlich der die Treppenanlage stützende Teil der Stützmauer angeschlossen. Oberhalb der Treppe findet sich ein weiterer, nach Norden hinter den westlichen Häusern am Scharn verlaufender Teil der Stützmauer, die hier die Grundstücke der zum Martini-Stift gehörenden und im frühen 14. Jahrhundert entstandenen Kurien stützt und den nördlichen Abschnitt des Mauerzugs in der Stadt einleitet. Grabungsbefunde von 1995 zeigen, daß die Treppe zunächst nur eine Breite von ca. 2,5 m aufwies und nachträglich über die Krone der Stützmauer hinweg nach Osten verbreitert wurde. Zu nicht näher bekannter Zeit wurden in den engen Hang, insbesondere oberhalb der Treppe verschiedene kleine Budengrundstücke eingefügt, die sich an die Stützmauer anlehnten.

Die spätestens im frühen 14. Jahrhundert in ihrer grundsätzlichen Struktur festgelegte Treppenanlage war schon im Spätmittelalter dicht von Bebauung umgeben. Schon 1378 wird ein *huß vp der treppe en sunte Marten* genannt. Unterhalb der unteren Stützmauer standen die Häuser Markt 2 und 4, oberhalb sind zu einem unbekannten Zeitpunkt mehrere kleine Mietshäuser errichtet worden, wobei 1743 hier die Haus-Nummern 173 bis 176 nachgewiesen sind. Am oberen Ende der Treppe wurde schon im Spätmittelalter vor dem westlichen Giebel des Kaufhauses ein Haus angebaut, das der Stadt gehörte und wohl als Wohnhaus des städtischen Sekretärs diente (siehe dazu Martinikirchhof 5).

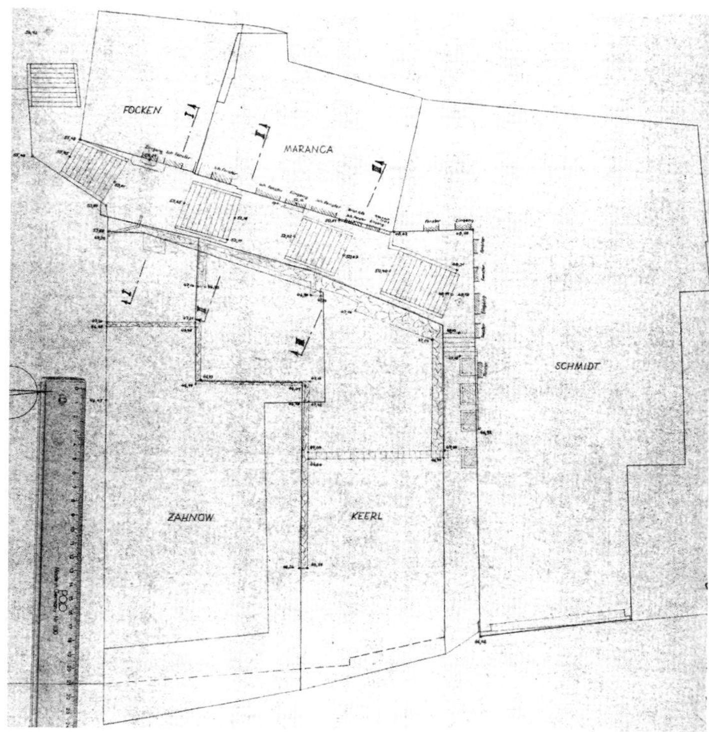

Abb. 1107 Martinitreppe, Bestandsplan mit umliegender Bebauung bis 1945.

TREPPENANLAGE (Abb. 975, 976, 990, 1104–1109, 1111, 1112)

Der Zugang zur Treppe bestand in der Neuzeit nur noch aus einer schmalen Gasse zwischen den Häusern Markt 2 und Hohnstaße 1. Auf Grund der engen umgebenden Bebauung gehörte die Martinitreppe bei jeder Diskussion in der Stadt um eine öffentliche Straßenbeleuchtung wegen ihrer zumeist ausgetretenen Stufen und der Dunkelheit zwischen den hohen umgebenden Bauten zu den vordringlich zu beleuchtenden Plätzen. Auch 1806 wird erneut eine Beleuchtung gefordert (KAM, Mi, E 464).

1764 oder 1765 sind die Stufen der Treppe umgelegt worden, doch konnten darüber schon 1789 keine Unterlagen mehr beigebracht werden. Zwischen 1770 und 1790 war die Martinitreppe und die angrenzende Bebauung auf Grund mehrerer Ereignisse einer starken Veränderung unterworfen: So stürzte 1781 die hohe Stützmauer ein, die den Garten der Martini-Dechanei zur Treppe begrenzte, wobei auch das hieran angelehnte Haus-Nr. 173 (nördlich von Martinitreppe 2) zerstört wurde (KAM, Mi, C 477) und auch das Hinterhaus von Hohnstraße 1 (KAM, Mi, C 859) einstürzte. Ebenso wie das schon 1772 eingefallene benachbarte Haus-Nr. 175 wurde es durch den Besitzer des darüberliegenden Gartens nicht mehr aufgebaut, sondern durch eine neue Stützmauer in diesem Bereich ersetzt. Erst im späteren 19. Jahrhundert entstand hier erneut ein Haus als Hintergebäude von Hohnstraße 1. Die anschließenden Häuser Martinitreppe 2 und 4 brannten im November 1782 ab und wurden anschließend durch einen gemeinsamen Neubau ersetzt. Im November 1787 stürzte dann auch ein Teil der Mauer unterhalb der Treppe im Hof des Hauses Markt 4 ein, über dessen Reparaturkosten umfangreiches Aktenmaterial entstand (KAM, Mi, C 859; Baurechnung über den Strebepfeiler in KAM, Mi, C 469). Da in diesem – wie auch vielen anderen Fällen – die Frage nach dem Besitzer der Mauer nicht mehr zu klären war, mußte die Stadt schließlich die Wiederherstellung der Mauer zahlen (KAM, Mi, C 329,24 alt).

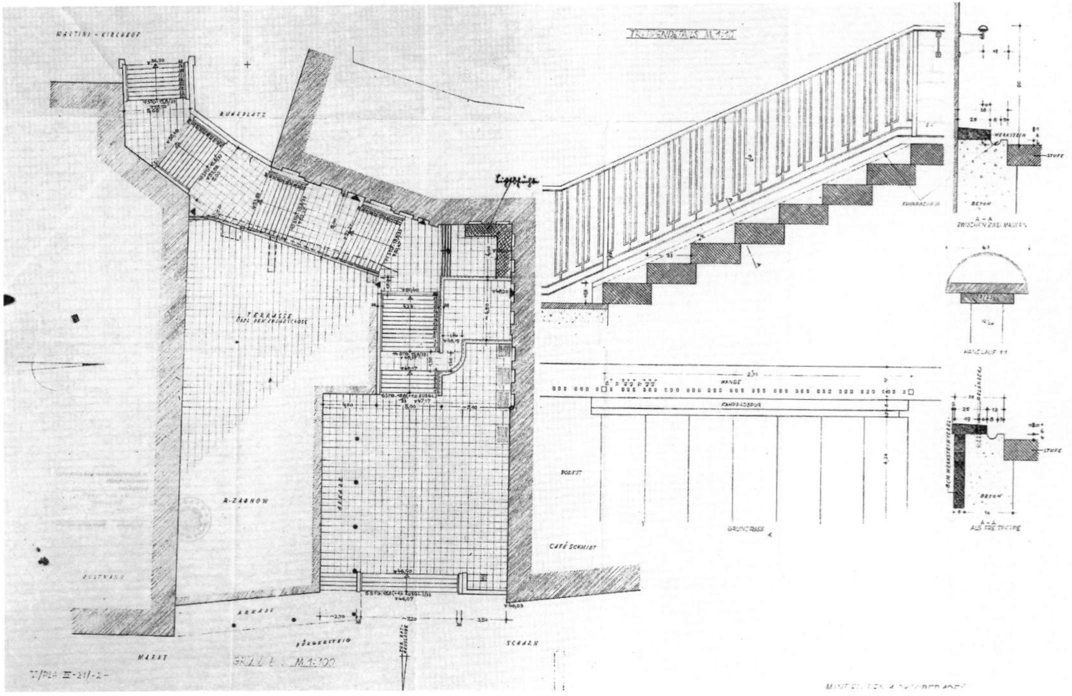

Abb. 1108 Martinitreppe, Entwurf zur Neugestaltung, H. Staubermann, 1954.

Bei dem Umbau des alten Kaufhauses (siehe Markt 6 und Martinikirchhof 5) zu einem großen Wohn- und Geschäftshaus wurden 1803/04 Veränderungen des oberen Teils der Treppenanlage vor dem Haus Martinitreppe 4 vorgenommen (Plan in KAM, Mi, C 329,24 alt, siehe Abb. 1106). 1830 wird die Treppenanlage erneut umgestaltet: Die Planungen dazu, die auf dem unteren Teil – zwischen den Häusern Markt 2 und Hohnstraße 1 – ein Kieselpflaster, und im offensichtlich veränderten Treppenbereich die Verlegung von 48 Stufen aus Obernkirchener Sandstein vorsahen, setzten schon 1828 wegen *ganz durchgelaufener Stufen* ein. Daneben wurden sandsteinerne Abzugsrinnen für die Abwässer aus den anliegenden Häusern eingebaut. Die Stufen wurden durch den Steinhauermeister Dohm in Obernkirchen geliefert und durch den Mindener Steinhauer Schnabelrauch verlegt. Ferner wurde auf beiden Seiten ein Handgeländer aus Eisen errichtet, das durch den Schmied Peters aus einfachen Eisenstützen und Stangen gefertigt wurde. Der bei dieser Baumaßnahme geschaffene Zustand der Treppe bestand im Prinzip bis 1955 und wurde bestimmt durch vier Zwischenpodeste, wobei der unterste nach lediglich 5 Stufen am Ende der langen und schmalen Gasse vom Markt her schon hinter dem Haus Markt 2 lag. Schon 1845 waren die Stufen *der stark benutzten Martinitreppe* wieder so ausgetreten, daß deren Reparatur anstand. Es wurde daher überlegt, eiserne Stufen einzubauen, wozu der Mechanikus Dinnendahl bei der Grille (Viktoriastraße 41/43) ein Angebot fertigte. Schließlich werden die Stufen aber nur abgearbeitet. 1857 sind Stufen so ausgewichen, daß sie neu eingemauert werden müssen. 1865 hat die Treppe erneut starke Schäden, zudem ist eine seitliche Wange ausgewichen, und 1868 müssen einige neue Stufen eingebaut werden, da inzwischen auch ein Loch in der Treppe besteht. Nun werden probeweise die unteren Stufen mit Eisen belegt, um deren Belastbarkeit zu erproben. Zwischen 1881 und 1883 kommt es dann unter der Leitung des Architekten O. Ziegler (Plan von 1883 in KAM, Mi, F 392) zu einer völligen Erneuerung der Stufen, die nun aus der härteren Niedermendinger Basalt-Lava gefertigt werden. Die Podeste werden aus holländischen Klinkern gefertigt. 1897 wurde im unteren Bereich von der Hohnstraße bis zur Martinitreppe ein Kanal verlegt. 1902 ist das Geländer verbogen und muß erneuert werden und 1904 müssen die lockeren Steine im oberen Bereich neu eingesetzt werden.

Abb. 1109 Martinitreppe, Blick vom Rathaus nach Südwesten auf den Altbestand 1954.

Nachdem 1945 durch Bombentreffer die Häuser Markt 2 und 4 mit dem Hinterhaus Martinitreppe 3 sowie das Vorderhaus Hohnstraße 1 zerstört waren, wurde im Zuge des das Stadtzentrum umgestaltenden Wiederaufbaus (siehe Scharn) durch die Stadtverwaltung die Gelegenheit genutzt, im unteren Bereich eine neue und breitere Treppenanlage zu schaffen. Schon 1947 erhielt W. March den Auftrag zur Neugestaltung, wobei auch schon die Verbreiterung bis zum Haus Markt 6 vorgesehen wurde (KAM, Mi, H 60, Nr. 284). Während ihr oberer Teil bei Erneuerung des Oberbaus im Konzept weitgehend unverändert blieb, wurde für einen neuen unteren Verlauf der größte Teil der Hausstelle Markt 2 eingezogen und nach 1954 erstellten Planungen des Stadtbauamtes (Plan: H. Staubermann), weiteren städtebaulichen Untersuchungen und Gutachten – so 1958 durch den Landrat Niemeyer/Bielefeld-Brackwede (siehe KAM, Mi, H 60 Nr. 219) – einer schließlich erst 1960 erstellten sehr breiten Treppenrampe zugeschlagen. Die unter der Treppe verlaufende Stützmauer dabei nach Abbruch der anschließenden Reste der hier ehemals vorgebauten Häuser und des Strebepfeilers von 1787 saniert und zumeist neu verblendet (in dem südwestlich anschließenden Zwickel des Grundstückes Markt 4 errichtete das EMR 1962 eine Trafostation). Bislang ist es allerdings nicht gelungen, das Restgrundstück Markt 2/4, auf dem 1956 nur ein provisorischer eingeschossiger Baukörper entstand, wieder mit einer der Situation entsprechenden Bebauung zu besetzen. Die Treppenanlage wurde in ihrem unteren Verlauf so gestaltet, daß von einer ersten Zwischenterrasse, zugleich Wendepodest, das erste Obergeschoß des neuen Geschäftshauses Scharn 1/3 an Stelle des Hauses Hohnstaße 1 entstand.
1995 Anlage einer Fernwärmetrasse unter der Treppenanlage und Erneuerung der gesamten Treppenanlage mit Marmorstufen. Dabei wurden archäologische Untersuchungen vorgenommen. 1996 am unteren Ende der Treppe eine Büste für den aus Minden stammenden Astronomen Bessel aufgestellt (zur Person siehe Kampstraße 28).

ARCHÄOLOGISCHE BEFUNDE

Zwischen 1945 und 1950 Einzelfund oberhalb der Martinitreppe: kleines, vorgeschichtlich datiertes Näpfchen (siehe Teil I, Kap. I.3, Fundstellenregister, Fundstelle 84). Siehe Laag 1950, S. 9, Nr. 810. – Als Streufunde wurden 1956 neuzeitliche Scherben und Teile von Ofenkacheln mit Löwenmotiven (Fundstelle 84) sichergestellt (Verbleib der Funde: Mindener Museum, MA 81). – 1995 wurden bei einer Baustellenbeobachtung Mauerzüge (Krone der Stützmauer) sowie eine dieser folgenden Wasserrinne (Fundstelle 106) freigelegt (Dokumentation im WMfA).

HISTORISCHE NACHRICHTEN ZU UNBEKANNTEN HÄUSERN

1378 verkaufen Godeke de Klensmed und seine Frau dem Johann und Ernst Bodendorp eine Rente *in er huß vnde stede myd al syner tobehoringe alzo dat gelegen ys vppe sunte Mertins treppen* (STA MS, Mscr. VII, 2716, Bl. 25r). Dieses Haus *vppe der Treppen to sunte Merten to Minden*, das früher der verstorbene Godeke de Klenschmed bewohnte, wird 1421 von einem Unbekannten dem Gobele van dem Brinke, Kleinschmied zu Herford mit Zustimmung der Stadt übertragen (KAM, Mi, A III, Nr. 74. – STA MS, Mscr. VII, 2716, Bl. 41r).

1738 wird das Wohnhaus den Johann Heinrich Berg an der Martinitreppe versteigert. Das Haus ist für 104 Rthl angeschlagen und hat eine Stube, eine Kammer, einen Boden und ein Gewölbe, ferner Huderecht vor dem Königstor für 2 Kühe (WMR 1738).

HAUS-NR. 173 (bis 1781)

1729 bis 1741 Martini-Kirchgeld Nr. 26

Das Haus war das unterste Gebäude auf der westlichen Seite der Treppe und scheint zum Grundstück Hohnstraße 1 gehört zu haben.

1729 Goldschlägers kleines Haus; 1732 Goldschläger, jetzt Schreibers kleines Haus; 1741 Jonas Schreibers kleines Haus; 1743 nicht genannt (Haus ohne Grundbesitz); 1750 das Schreibersche kleine Haus (siehe Hohnstraße 1); 1755/66 Schreibers Bude, 50 Rthl; 1779 Schreiber will nicht aufbauen; 1781 Haus ist eingefallen. 1782 Receptor Schreiber, Hausstätte ist seit 17 Jahren wüst, 16 Fuß breit, 20 Fuß tief (KAM, Mi, C 874, 885). 1785 und 1786 schreibt die Stadt den wüsten Hausplatz zum Neubau aus (WMA 16, 1785 und 18, 1786).

1800 beantragt der Zimmermeister Wehdeking Jun. die Bebauung des wüsten Hausplatzes. Auf diesem Platz hätte bis vor etwa 20 Jahren ein Hintergebäude zu Hohnstraße 1 gestanden, das aber beim Einsturz der hohen Mauer des zur Martini-Dechanei (Martinikirchhof 6 a) gehörenden Gartens zerstört worden sei. Das Bauprojekt kommt nicht zur Ausführung, da der Grundeigentümer Frederking selbst bauen möchte (KAM, MI, C 477). Die Hausstelle ist noch 1831 wüst.

MARTINITREPPE 1

Im 19./20. Jahrhundert rückwärtiger Eingang zum Haus Markt 2 (siehe dort).

MARTINITREPPE 2 (Abb. 450, 1105, 1109–1110)

1729 bis 1741 Martini-Kirchgeld Nr. 24; bis 1878 Haus-Nr. 174; bis 1772 auch Haus-Nr. 175

Unter der Adresse befanden sich im 18. Jahrhundert zunächst zwei Buden, die die Haus-Nr. 174 und 175 trugen, von denen jedoch das Gebäude Nr. 175 schon 1772 aufgegeben war, so daß das verbleibende Gebäude in der Folge eine Doppelnummer erhielt.

QUELLEN: KAM, Mi, C 859.

LITERATUR: Krins 1954, S. 2 f.

HAUS-NR. 174: 1729 Christian Rose; 1732 Rose, vorher Böhndel; 1740 Christian Rose.

HAUS-NR. 175: 1729 Johann Lohmann; 1732 Barg, ehemals Lohmann; 1741 Schuster Barg; 1743 Gottlieb Borchard auf der Treppe; 1755 Gottlieb Borchard; 1763 Gottlieb Borchards zweites Haus; 1778 Bäcker Kemenas zweites Haus.

HAUS-NR. 174/175: vor 1743 Com. Kohlstätten; 1750 Borcherts zwei Häuser; 1755/66 Bäcker Bochard, 100 Rthl; 1772 Friedrich Kemenau; 1778 Bäcker Kemena, ehemals Borchard, hat zwei Häuser; 1781/89 Bäcker Kemenau, Haus mit Braurecht; 1798 Herr Todeskind; 1802 Todeskind, 400 Rthl; 1804 Vogtländer; 1805/15 Kupferschmied Gottfried Vogtländer (* 1769 in Halberstadt), Haus 600 Rthl; 1827 Verkauf des Hauses von Branntweinbrenner Schröder an den Kleinhändler Deerberg (KAM, Mi, E 958); 1835 Witwe Windel, Wohnhaus; 1846/53 Zinngießer Jacob Maranka; vor 1863 Zinngießer Maranka (zu seiner Geschichte siehe Walz 1998); 1897 Paul Maranka; 1908 Maranka; 1930 Frau Maranka.

Haus-Nr. 175 (bis 1782)

1748 wird eine Soldatenkammer in das Haus eingebaut. 1772 soll das Haus wieder aufgebaut werden, doch unterbleibt dieses. Statt dessen wird an der Stelle 1774 nur eine Mauer als Stütze des Schreiberschen Gartens bei der Dechanei (Martinikirchhof 6 a) wiederhergestellt (KAM, Mi, C 383).

Haus-Nr. 174 (bis 1864)

Am 12. 11. 1782 *ist das Dach von dem Wohnhause abgebrandt* (nach anderen Berichten die oberste Etage von zwei frei an der Martinitreppe stehenden Häusern (KAM, Mi, C 115). Im Frühjahr 1783 sollte das Haus von Feuersocietäts-Geldern wieder aufgebaut werden (KAM, Mi, C 883). Die Reparatur für 472 Rthl erfolgt noch im gleichen Jahr: *ist ein ausgebranntes Holz, so von 2 Etagen auf eine reduziert, und mit Beibehaltung der stehend gebliebenen Wände wieder ausgebauet ist* (KAM, Mi, C 156,12 alt). Der Bau ist im Dezember 1783 fertig und bewohnt (KAM, Mi, C 883). Er hat 12 Gebinde, ist 45 Fuß lang und 24 Fuß breit (KAM, Mi, C 388). 1864 abgebrochen.

Wohnhaus (von 1864)

Der für den Zinngießer Maranka errichtete Neubau durch eine heute nicht mehr vorhandene Tafel in der Fassade datiert. Dreigeschossiger und traufenständiger Backsteinbau über Kellersockelgeschoß und mit flachgeneigtem Satteldach über Drempel. Drempel und die rückwärtige Traufwand aus verputztem Fachwerk. Das Haus vor einer Futtermauer zur Oberstadt errichtet, so daß das hohe Erdgeschoß dort ebenso wie der linke Bereich der Vorderfront durch die Treppenanlage ganz verdeckt ist. Hinter dem Haus vom ersten Obergeschoß ein nur sehr schmaler Hofraum zu erreichen.

Die innere Struktur durch eine Längswand bestimmt, Erschließung des rückwärtigen Treppenhauses (aus der Bauzeit mit gedrechselten Traillen erhalten) durch eine mittlere axial angeordnete Haustür.

Die heute durch Neuverputz stark veränderte Putzfassade ursprünglich in spätklassizistischer Weise axial gestaltet, dabei die mittleren vier Fensterachsen als wenig vorspringender Risalit zusammengefaßt. Erstes und zweites Obergeschoß als Hauptwohnetagen durch einfache Putzbänder von den übrigen Etagen geschieden. Jeweils zwei Fenster durch schmale Putzfaschen zusammengefaßt, über dem ersten Geschoß hier jeweils durchlaufendes Gebälk. Die seitlichen Fensterachsen durch einen aufgeputzten Bogen im ersten und zweiten Obergeschoß zusammengefaßt. Über dem ober-

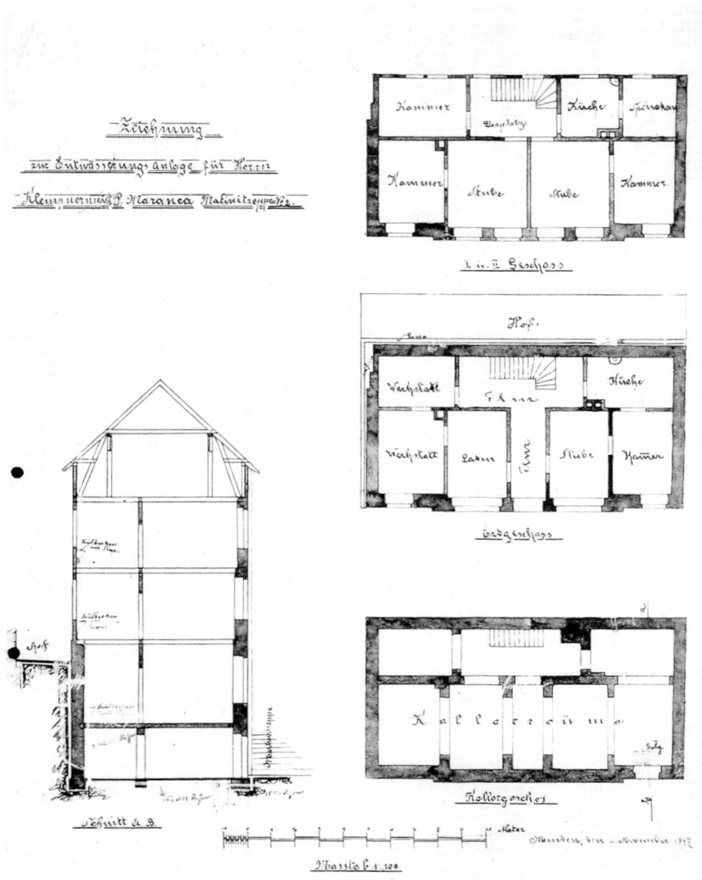

Abb. 1110 Martinitreppe 2, Grundrisse und Schnitt aus der Entwässerungsakte von 1897.

Abb. 1111 Martinitreppe, Blick vom Martinikirchhof nach Norden auf Martinitreppe 3, um 1930.

sten Stockwerk war eine Sandsteinplatte mit Jahreszahl *1864* und darüber befindlicher Schreibfeder angebracht (KRINS 1951, S. 90). Im Drempelstock haben sich vier Türblätter des frühen 19. Jahrhunderts erhalten, die aus dem Vorgängerhaus stammen dürften.

1897 Entwässerung; 1908 Kanalisation; 1930 neuer Putz (KAM, MI, G V, Nr. 68); 1952 Einbau von Schaufenstern im Kellergeschoß; 1989 Umbau Keller zu Ladenlokal.

MARTINITREPPE 3 (Abb. 1105, 1111)

Bis 1945 bestehendes Hinterhaus von Markt 2 (siehe dort), das südlich davon auf dem Hof des Hauses Markt 4 stand und im 18. Jahrhundert noch zu dem letzten Haus gehörte.

Abb. 1112 Martinitreppe 4 (links) und Martinikirchhof 4, dazwischen der Zugang zur Treppe, Blick nach Osten, um 1910.

MARTINITREPPE 4 (Abb. 989, 1109, 1112, 1113)

1729 bis 1741 Martini-Kirchgeld Nr. 23; bis 1878 Haus-Nr. 176; bis 1908 Martinikirchhof 6

1438 überlassen Hans Steingod und seine Frau dem Heilig-Geist-Hospital ihr *huß vnde wort* mit Zubehör, *belegen to Minden* [...] *by Sunte Marten vp der Treppen* (KAM, Mi, A III, Nr. 99. – STA MS, Mscr. VII, 2716, Bl. 47r).

Nach dem Lagerbuch des Heilig-Geist-Hospitals von 1715 ist es ein zugehöriges Pachthaus, das in diesem Jahr an *Dieterich Borchert auf Martini Treppe* verpachtet ist. 1760 ist Witwe Diedrich Borchert Pächter (KAM, B 103 c,9 alt; C 217,22a alt; C 604).

1695 Dietrich Borchard (zahlt jährlich 1 ½ Thl Giebelschatz); 1701/11 Dietrich Borchard (zahlt jährlich 1 Thl Giebelschatz); 1717 Diderich Borchert; 1719 wird der Schuhmachermeister Johan Caspar Borchard, später sein Bruder Bäckermeister Dietrich Borchard in dem Haus geboren (KAM, Mi, C 859); 1724 Johann Dietrich Borchard; 1729/41 Diedrich Borchard; 1743 Diedrich Borchert; 1750 Schuster Borchert; 1755/81 Haus 200 Rthl; 1760 Witwe Diederich Borchard; 1771 Gottlieb Borchard; 1782 Schuster Borchard. Das kleine Haus auf dem Martinikirchhof, bewohnt vom Unter-Officier Thielen (KAM, Mi, C 115); 7. 10. 1753 Beerdigung Schuster Joh. Died. Borchard; 1789 ehemals Borchardsches Haus; 1798 Witwe Borchard; 1802 Georg Meyer, Haus 800 Rthl; 1804 ehemals Borchardsches Haus, Schneider Meyer; 1806 Wohnhaus mit Stallung; 1809 schlechter Bauzustand; 1833 Schneider Meyer; 1835 Witwe Meyer, Wohnhaus 1 225 Thl, Stall 75 Thl; 1846/53 Witwe Henriette Meier mit einer Mietpartei; 1882/1908 Witwe Otto Christ; 1912/45 Ludwig Focken (1937 baut die Witwe Bertha Focken das Haus Stiftstraße 21 für eigene Zwecke um); 1945 Verkauf an Friseur Hermann Nies (Marienstraße 10 ausgebombt).

Haus (bis 1783)

In einem undatierten Vormundschaftsinventar des Schusters Joh. Dietrich Borchard (in KAM, Mi, B 54,2 alt) wird das an der Martinitreppe gelegene Wohnhaus mit Huderecht für 2 Kühe und Garten vor dem Simeonstor und im Wert von 300 Rthl beschrieben. Ferner gehört dazu ein Stand auf dem Gerberhof (siehe Lindenstraße 46) für 20 Rthl sowie eine Kuh und zwei Ziegen; es wird Gerät für eine offene Herdstelle genannt, ferner an Räumen Stube, Flur, *oben auf der Kammer, auf dem Gange, auf der Stube, auf der kleinen Kammer, auf dem obersten Gange, auf der obersten Kammer, auf dem Boden, im Keller.* Danach ist ein zweigeschossiges Haus zu erschließen mit Fluren in beiden Etagen

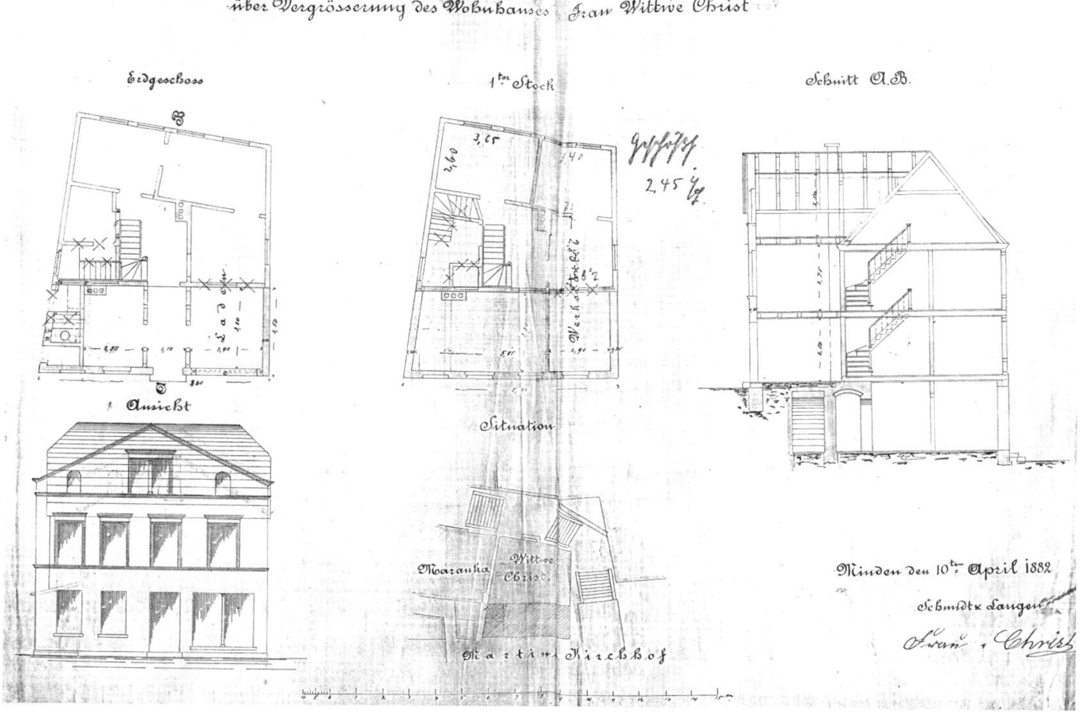

Abb. 1113 Martinitreppe 4, Plan zur Erweiterung des Hauses, Baugeschäft Schmidt & Langen, 1882.

und seitlich davon jeweils Stube und Kammer, im Erdgeschoß zusätzlich Küche und ein unterkellerter Saal. Im Dach wohl eine weitere Kammer. Der zu diesem Haus gehörende Keller ist unter dem Neubau von 1783 erhalten und verweist darauf, daß der Vorgängerbau etwas mehr zurückgesetzt lag. Das Gewölbe über einem etwa quadratischen Raum als Tonne von Backstein mit Stichkappen (in der Erscheinung ein Kreuzgratgewölbe).

11.11.1782 ist bei dem Brand des Nachbarhauses *ebenfalls vom dem Wohnhauses das Dach abgebrandt, soll Frühjahr 1783 neu aufgebaut werden* (KAM, Mi, C 883).

Wohnhaus (von 1783/84)

Das 1783 nach Brandschaden über dem wieder verwendeten älteren Keller errichtete Haus ist im Kern noch heute erhalten, wenn auch in seiner Gestalt nur noch schwer erkennbar, da es später zweimal erweitert wurde. Es ist ein zweistöckiges Fachwerkhaus über einem hohen zur Martinitreppe offen liegenden Sockelgeschoß mit Balkendecke, das in der südwestlichen Ecke den älteren gewölbten Keller, nicht mehr ganz unter dem Hause liegend, mit einbezieht. Das Satteldach zur Martinitreppe und mit Krüppelwalm ausgeführt. Das 1783 errichtete Gerüst weitgehend in dem erweiterten Haus erhalten. Der Bauprozeß aus den Quellen erkennbar: 1783 bezeichnet als *Neubau auf die alte abgebrannte Stette*, der mit Schulden aufgerichtet wurde (KAM, Mi, C 87 a). Am 19.12.1783: *das Fundament von Maurer Arbeit ist gelegt und die Zimmerleuthe sind beym Holtze zum Bau beschäftigt und soweit gekommen, das das Haus jetzt aufgerichtet ist.* 19.3.1784: *wegen strenger Kalte und Absterben des Eigenthumers … kein Weiterbau bisher.* Am 19.12.1784 ist das Haus dann *ganz fertig und bewohnt* (KAM, Mi, C 883).

Die innere Struktur wird durch eine firstparallele Trennwand bestimmt, die im Erdgeschoß massiv ausgeführt ist und auf der östlichen Seitenwand des älteren Kellers aufsitzt.

1882 erfolgt eine Erweiterung des Hauses um ca. 3,5 m nach Westen durch Vorsetzen eines neuen massiven Bauteils auf dem Martinikirchhof. Dabei soll der dort befindliche Abort und die Dunggrube überbaut werden, da das bestehende Haus zu klein sei und der Laden keinen Platz für Bücher und Schreibmaterialien biete. Ebenso solle die Wohnung mit Küche erweitert werden. Für die Witwe Otto Christ wird durch die Firma Schmidt & Langen ein massiver Bauteil errichtet, der die gleiche Höhenentwicklung wie das alte Haus hat, allerdings zusätzlich mit einem Drempel versehen ist und einen Giebel nach Westen aufweist. Die Fassaden erhalten eine schlichte Putzgliederung, die auch der Altbau bekommt. Der Anbau wird ganz unterkellert, wobei die Decken als preußische Kappen über gemauerten Gurtbögen ausgebildet werden. Die Stützmauer dabei im nördlichen Teil als innere Kellerwand in dem Bau erhalten.

1898 Entwässerung; 1908 Kanalisation; 1912 Umbau; 1928 Einbau eines Schaufensters zur Treppe; 1934 wird der Ausbau des Dachgeschosses über dem Altbau beantragt, wobei hier bei offensichtlich weitgehender Beseitigung des alten Dachstuhls aus Fachwerk ein zusätzliches Geschoß aufgebracht und die Dachform der Erweiterung über den Altbau gezogen wurde. Dazu wurde auf der Ostseite ein flacher Giebel errichtet und der ganze Bau anschließend neu verputzt; 1972 Umbau des Ladens.

Mühlenstraße (seit 1974 Mühlengasse)

Die kurze Stichstraße südlich der Bäckerstraße diente der Verbindung zur Deichmühle an der Bastau, gehörte noch im 19. Jahrhundert teilweise zum Grundbesitz der Mühle und trug auch ihren Namen nicht offiziell (KAM, Mi, F 395). Die Straße lag vor der mittelalterlichen Stadtbefestigung und folgte der Stadtmauer auf ihrer Außenseite nach Süden, wobei sie unmittelbar vor dem Großen Wesertor von der Auffahrt der Weserbrücke abzweigte. Die westlich anstehende Hausstätte Bäckerstraße 68 ist daher in ihrer heutigen Form erst nach dem Abbruch des Großen Wesertores nach 1700 entstanden und die östlich anschließende Hausstelle Nr. 70 allmählich aus kleinen Anfängen seit dem Spätmittelalter entstanden.

1518 erfolgte die Anlegung eines ersten Teilstücks der Wallbefestigung östlich parallel zur Bastau von der Weserbrücke bis zum Schütt der Mühle. Erst damit geriet die Straße und auch die Mühle selbst von ihrer zuvor freien Lage vor der Stadtmauer in das befestigte und innerstädtische Gebiet (Krieg 1981, S. 99).

1804 wurde die Bäckerstraße neu gepflastert und in diesem Zusammenhang auch das Niveau der Einmündung verändert. Hierüber kam es mit dem Besitzer der Herrenmühle zum Streit, da er nun keinen voll beladenen Wagen mehr unter der Vorkragung des Hauses Bäckerstraße 68 zu seiner Mühle hindurchfahren konnte. Die Situation wird vom Stadtmauermeister Kloth am 20. 4. 1804 in einer Karte festgehalten (siehe hierzu Bäckerstraße 68).

1896 wird der im Bereich der Straße noch offene Abschnitt des Stadtbachs beseitigt, überpflastert und zugleich ein Entwässerungskanal angelegt.

Abb. 1114 Mühlenstraße, Blick vom Klausenwall nach Norden über die Bastau auf die Deichmühle, dahinter die Hintergebäude von Bäckerstraße 72 und 74, 1885.

Im Zusammenhang mit dem Durchbruch der Vinckestraße, dem dabei 1905 erfolgten Abbruch der Deichmühle und dem Einzug des südlichen Abschnitts der Straße verlor das verbliebene Reststück seinen ursprünglichen Zweck und diente fortan nur noch der rückwärtigen Erschließung weniger Grundstücke. 1912 wird die Straße infolgedessen als öffentlicher Weg eingezogen und in ihrer Höhenlage zum besseren Anschluß an die Bäckerstraße erneut verändert. Anlaß war der Neubau des Komplexes Bäckerstraße 74/76 in den Jahren 1913/14 (KAM, Mi, F 600), wobei auch eine weitere Teilfläche eingezogen wurde. 1955 kam es zur Überbauung einer weiteren Fläche. 1974 erfolgte im Zuge der Eingemeindung von Ortschaften zu Minden und der damit verbundenen Beseitigung doppelter Straßennamen die offizielle Umbenennung von Mühlenstraße in Mühlengasse.

DEICHMÜHLE, Wohnhaus (Abb. 1114–1118)

1729 bis 1743 Martini-Kirchgeld Nr. 117; bis 1818 ohne städtische Nummer; bis 1878 Haus-Nr. 15 e; bis 1904 Pulverstraße 4

Ein Wohnhaus, das westlich neben dem eigentlichen Mühlengebäude stand und mit seiner Rückfront an die Pulvergasse grenzte. Damit befand es sich am ehemaligen Standort der Stadtmauer und dürfte erst nach Anlage der vorgelagerten Wälle und damit nicht vor dem 16. Jahrhundert entstanden sein.

Abb. 1115 Mühlenstraße, Blick vom Klausenwall nach Norden über die Bastau auf die Deichmühle, um 1890.

1701/11 Johann Rolf Gliesmann; 1729 Dovens Mühle; 1738/40 Witwe von Heinrich Dove bei der Mühle; 1742 bewohnt von der Witwe Dove mit einem Kind; 1798 Wohnhaus der Deichmühle; 1806/09 Christoph Kloth, Deichmühle und ein Stallgebäude; 1818 Deichmühle und Wohnhaus, C. Stammelbach und Ch. Vogeler; 1835 Stammelbach.

NEBENHAUS DER DEICHMÜHLE

bis 1818 ohne Haus-Nr.; bis 1878 Haus-Nr. 15 d; bis 1907 Pulverstraße 2; jetzt zu Vinckestraße 7

Das Haus stand westlich der Mühle innerhalb der Fläche der Domimmunität und wurde auch von der Pulverstraße erschlossen. Siehe Teil II, Kap. IX.4.3 S. 1337–1338 Abb. 846.

DEICHMÜHLE (14./17. Jahrhundert Herrenmühle genannt, dann Deichmühle oder Brovers- (also Brüders)-Mühle bzw. nach Pächtern des 16./18. Jahrhunderts die Doven-Mühle

bis 1818 städtisches Gebäude Nr. 20

Die Mühle gehörte bis 1808 zum Besitz des Domkapitels, den Domherren (=Herrenmühle), und gab der wohl im 12. Jahrhundert als Güterverwaltung des Dompropstes entstandenen Oboedienz *Molendin* ihren Namen. Der Bestand der Mühle ist durch einen Streit um Wasser schon 1231 als dem Domkapitel gehörend zu erschließen (NELLNER 1953, S. 67, 81) aber sicherlich erheblich älter; 1364 verpflichtet sich die Stadt, das Domkapitel nicht am Gebrauch *der Heren molen* zu hindern (KAM, Mi, A II, Nr. 10); 1420 ist Eghard

Abb. 1116 Mühlenstraße, Blick vom Mühlenwehr über die Bastau nach Norden, um 1900.

Pyroghe Erbpächter (Dammeyer 1957, S. 73); 1455 wird die *Kornmühle vor dem Wesertor bei der Mauer* durch den Oboedientiar, den Domherren Heinz von Slon, an Johann von Buten und seine Frau Metteke verpachtet (STA MS, Mscr. VII, 2726); 1475 *by der heren molen vor dem Weserdore* (KAM, Mi, A I, Nr. 405); 1487 wird die *heren molen belegen buten dem Weser dore by der muren* an Gerd Stegemann und seine Frau Alheid verpachtet (STA MS, Mscr. VII, 2726); um 1630 ist Heinrich Dove Eigentümer der *Brauers- oder Deichmühle*; 1641 Neuverpachtung durch den Domherren Hilmar Erich von Brink nach dem Tode des Pächters an Heinrich Dove (um 1600–1655) und seine zweiten Frau Beate Depking († 1658); am 1. 6. 1690 wird Heinrich Dove durch den Rat aufgefordert, *die Zuteichung bey seiner Mühlen hinwieder aufzuräumen* (KAM, Mi, B 353); 1699 *die Brovers-Mühle*; 1714 Müller der *Dove-Mühle* ist Johann Heinrich der Müller, der die Witwe Catharina des verstorbenen Müllers Rudolph Glißmann heiratet (wohnen bei der Mühle); 1716 stirbt der Eigentümer Hinrich Dove (Dove 1943); 1716 *Bruers Mühle*; September 1718 Tod des Johann Hinrich Müller, Müller auf der Brauers-Mühle; 1726 Tod von Gerdt Hinrich Dove (* um 1653), *der alte Heinrich in Brauer Mühle* (siehe Rose 1939, S. 88); 1739 Witwe Doven: Sie klagt ohne Erfolg um die nur für die Mühle anerkannte Freiheit des Mühlenhauses, da es auf der Freiheit des Domkapitels stände, wofür jährlich 7 ½ Rthl bezahlt würden (KAM, Mi, C 103); 1752 Witwe Müller Dove. Die Mühle wird bewohnt von dem Müller Lüning und seiner Frau, vier Kindern und einem Knecht. Sie haben 2 Kühe; 1762 wird der Besitz des verstorbenen Heinrich Dove öffentlich versteigert. Seine Erben können Besitzbriefe seit 1544 aufweisen. Zu dieser Zeit ist der zugezogene Müller Anthon Almstedt Pächter. Die Mühle wird 1763 von der Provision der Armen zum Heiligen Geist erworben, da ein Gutachten des Mühlenbaumeisters Kloth sagte, sie sei gut zu einer oberschlächtigen Mühle auszubauen, um sie dann ganzjährig betreiben zu können. Schon 1764 werden jedoch die beiden nun »den Armen« also beiden Armenhäusern gemeinsam gehörenden Mühlen, die Deich- und die Geist-Mühle an Joh. Georg Kloth und seinen Vetter Joh. Friedrich Wehdeking für 8300 Rthl verkauft (KAM, Mi, C 1011); die Besitzer teilen dann die beiden Mühlen unter sich auf, wobei Kloth die Deichmühle erhält; 1770 Mühlenmeister Georg Kloth klagt gegen die Armen-Provision, da ihm die Tatsache, daß die Mühle als Teil der *obedienz moledin* jedes Jahr eine Pacht von 7 ½ Rthl an die Domherren abführen müsse, beim Kauf 1764 verschwiegen worden wäre (KAM, Mi, C 603); 1772 Georg Kloth läßt ein neues massives Mühlengebäude aufführen, wozu Baufreiheits-

Abb. 1117 Mühlenstraße, Blick vom Mühlenwehr über die Bastau nach Norden unmittelbar nach Abbruch der Mühle 1904.

gelder erteilt werden sollen (KAM, Mi, C 1019). Man will Kloth dazu bewegen, neben der Mühle auch eine Walkenmühle zu errichten, da sie für die Tuchproduktion in der Stadt dringend benötigt wird (etwa für den aus dem Lüneburgischen zugezogenen Fabrikanten Freitag, der einen Webstuhl im Waisenhaus unterhält); 1781 Witwe Kloth; 1804 Land- bzw. Wegebaumeister Kloth; 1805 Landbaumeister Kloth: Mühle mit der Wohnung 2800 Rthl, kleines freies Haus 1800 Rthl; 1812 stirbt der Müller Joh. Philipp Schütte (verheiratet mit Marie Christine Krüsen) auf der Deichmühle; 1814 Verkauf an Bäckermeister Vogeler und Bäckermeister Stammelbach (KAM, Mi, F 395); 1834 Particulier Carl Stammelbach; Dez. 1854 Umschreibung auf den Kaufmann Fr. Wachsmuth (Enkel des Bäckers Stammelbach) für 6000 Thl; 1874 Verkauf an den Färber Küster (KAM, Mi, F 375); 1894 Kauf von Wohnhaus, Garten und Mühlengebäude durch die Stadt Minden für 75000 Mark, Stillegung und Abbau des Stauwehres, um die 1904 durchgeführte Umlegung der Bastau vorzubereiten (Gellert 1994, S. 95). Die Mühle wird umgebaut und als städtische Dampfmühle (bis 1905 an Christian Kottmeyer verpachtet) genutzt. Im Herbst 1905 nach Anlegung der Vinckestraße abgebrochen (KAM, Mi, F 2499).

Mühlengebäude (bis 1772)

Zwar war die Mühle als domkapitularischer Besitz steuerfrei, doch wurde dies im 18. Jahrhundert erfolgreich für die Wohnung des Müllers in der Mühle bestritten.

Mühle (1772–1905)

1772 erfolgte der Neubau eines massiven Mühlengebäudes für den Müller Georg Cloth (KAM, Mi, C 1019). Die Gestalt des Gebäudes nur durch wenige Nachrichten und zwei undeutliche Fotos von Südosten überliefert. Danach der traufenständig zur Bastau gestellte und zuletzt bestehende Bau in zwei Abschnitten errichtet. Kern ein

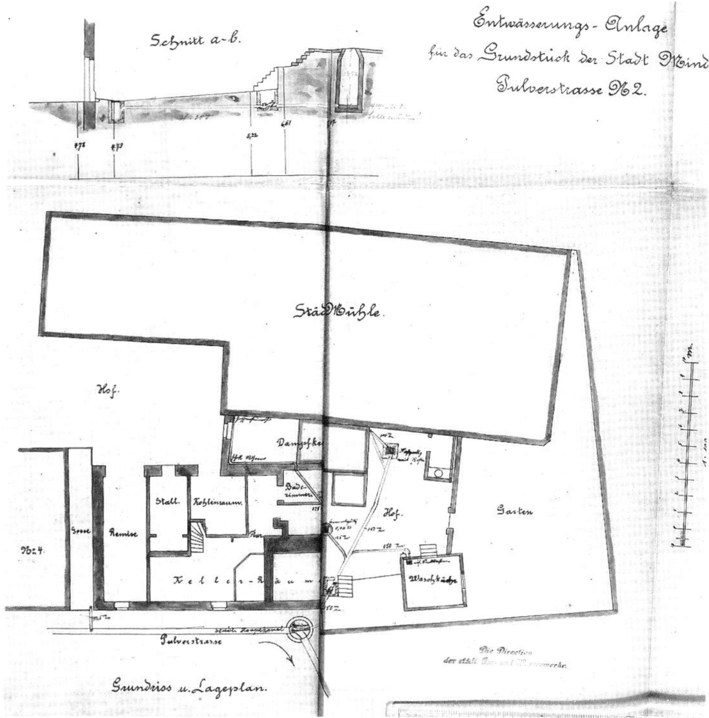

Abb. 1118 Mühlenstraße, Entwässerungsplan von 1896 für das gesamte Gelände der Deichmühle mit dem Mühlengebäude oben und dem Wohnhaus an der Pulverstraße unten. Norden links. (siehe auch Teil II, Abb. 846)

dreigeschossiger Bau unter Krüppelwalmdach. Die Umfassungswände der unteren beiden Geschosse aus Bruchsteinblöcken, das zweite Obergeschoß von Fachwerk. Dieses einfach verriegelt, mit Riegelversprung bei den Fenstern und mit geknickten Fußstreben ausgesteift. Der massive Teil wohl weitgehend für den Mühlenbetrieb eingerichtet, dabei über einem hohen Untergeschoß in der südlichen Hälfte ein Wohngeschoß, im Norden weitere Betriebsräume mit nur kleinen Fenstern. Vor diesem Bauteil zuletzt zwei unterschlägige Räder. Die Wohnung im zweiten Obergeschoß, das Dach nicht ausgebaut.

Technische Nachrichten: 1815 bestanden zwei Gänge im Wert von 3000 Thl; 1829 hat die Mühle zwei unterschlächtige Räder und 1834 wird geplant, ein drittes, oberschlächtiges Treibrad einzubauen.

Um 1860 nördlich ein weiterer, allerdings schmalerer, zweigeschossiger Anbau aus Backstein und mit Satteldach errichtet. Dieser in Formen des »Rundbogenstils« und mit breiten deutschen Bändern zwischen den Geschossen gestaltet. 1894 auf der Westseite ein kleiner Anbau für die Aufstellung eines Dampfkessels errichtet. 1896 Entwässerung.

Nach Durchbruch der Vinckestraße der Komplex im Herbst 1905 für die Neubebauung ihrer Nordfront abgebrochen (KAM, Mi, F 2499)

Scheune (1830–1905)

1830/33 Neubau einer Scheune für den Bäcker Stammelbach (KAM, Mi, E 955).

Gartenlaube (1793)

1793 kommt es wegen einer Laube des Müllers Kloth zu einem Streit mit Herrn von Ledebur, da diese weit über die Grenze in seinen Garten reiche, zudem vor vier Jahren eine Hecke gesetzt worden sei. Durch gerichtliches Urteil wird dieser Besitz des Kloth bestätigt, da das Ufer der Bastau schon 1769 Eigentum des Deichmüllers gewesen sei.

Abb. 1119 Obermarktstraße, Zufahrt vom Markt und Steigung zum sogenannten Schiefen Markt, Blick nach Süden, um 1910. Rechts Markt 16 und Obermarktstraße 2, links Obermarktstraße 1, westlicher Bauteil.

Abb. 1120 Obermarktstraße, Blick vom sogenannten Schiefen Markt nach Süden zur Simeonstraße und Simeonskirche, rechts Einmündung des Trockenhofes, um 1930.

Obermarktstraße

PLÄNE: *Zeichnung der Straße von dem Kaack bis nach dem Marckt behufs Bepflasterung derselben. Aufgenommen und gezeichnet von G. Kerstein. Minden den 20ten October 1807* (KAM, C 513) (Abb. 1123).

Tribbe bezeichnet die Straße in seiner um 1460 entstandenen Stadtbeschreibung als die Hauptstraße, die vom Markt nach St. Simeon führt. Bis in die Mitte des 19. Jahrhunderts wurde in den Benennungen zwischen dem nördlichen nur straßenbreiten Abschnitt bis zur Einmündung der Hohen Straße (zwischen den Häusern Nr. 22 und 24) und dem breiten südlich davon anschließenden Bereich unterschieden: Während ersterer von Norden nach Süden steil anstieg und im Anschluß an den Markt als *Ober dem Marckte* bezeichnet wurde, handelte es sich bei dem zweiten Abschnitt um eine breite Fläche auf der Höhe der Uferterrasse, die allerdings – ähnlich dem Scharngebiet – in ihrem Querschnitt ein erhebliches Gefälle von Westen nach Osten aufwies. Diese breite südliche Fläche wurde offensichtlich seit der Besiedlung als weiterer Marktbereich vorgesehen und entsprechend der topographischen Situation als der *Schiefe Markt* bezeichnet. Auf diese Situation deutet auch hin, daß sich noch auf mehreren Hausstätten dieses Bereiches ungewöhnlich große Kellerge-

Abb. 1121 Obermarktstraße, Blick vom Schiefen Markt nach Norden zum tiefergelegenen Markt, rechts der Platz des ehemaligen Kaak und Einmündung des Priggenhagens, um 1900.

wölbe unter den vorderen Hausbereichen erhalten haben, die – ehemals mit großen Zugängen vom *Schiefen Markt* versehen – wohl als auf dem Markt orientierte Kaufkeller zu deuten sein dürften (Nr. 28, 29, 30, 31 und 34). Vergleichbare Keller sind auch in anderen Handelsstädten des Spätmittelalters insbesondere in den Marktbereichen nachgewiesen. 1603 verordnete der Magistrat (von neuem ?), daß der *Schevemarkt* von Unsauberkeit freigehalten und *zum commercium* gebracht werden solle (Schroeder 1886, S. 537).

Die Besiedlung des Straßenraums besteht zu beiden Seiten durchgängig aus großen bürgerlichen Hausstätten, die wohl zum älteren Siedlungsbereich der Stadt Minden gehören und sicherlich schon vor 1200 bebaut waren. Im Unterschied zu zahlreichen anderen Straßen lassen sich bei den hier anliegenden Grundstücken keine besonderen grundherrlichen Bindungen erkennen, so daß es sich durchgängig um frühes Siedlungsland handeln dürfte, für deren Nutzung der im Auftrag des Bischofs als Stadtherr handelnde Wichgraf bis in das 16. Jahrhundert Wortgeld erhob. Nur südlich einer Linie, die von der Kisaustraße nach Westen führte, scheint es sich um Gelände zu handeln, das dem Dompropst gehörte, so daß zu vermuten ist, daß in diesem Bereich, in dem sich der *Schiefe Markt* und der Priggenhagen trennen, zunächst die Grenze der Besiedlung lag. Sie dehnte sich von hier wohl erst um oder nach 1200 weiter nach Süden aus und zog sich dann bis in die sich hier auffächernden Straßenräume von Priggenhagen, Simeonstraße und Königstraße hinein (hier bis zur

Abb. 1122 Blick von der Simeonstraße über die Einmündung der Königstraße in die Obermarktstraße, um 1900.

Einmündung der Ritterstraße wohl auf der Nordseite die im 14. Jahrhundert mehrmals genannten *fünf Häuser*). Ein weites Gelände, das wohl seit dem 11. Jahrhundert dem Martini-Stift gehörte, grenzte nur mit seiner südwestlichen Ecke (das Grundstück Opferstraße 1 rechts) an den Straßenzug an, wobei das Stift später einige südlich anschließende Grundstücke erwarb und als Pachtland ausgab (Obermarktstraße 10 bis 24). Das wohl schon zur Zeit der Bebauung dieses Straßenraumes existierende Stift scheint allerdings auf vor der Besiedlung bestehende Wegeführungen selbst Einfluß genommen zu haben: So wurde der *Schiefe Markt* offensichtlich von der Verbindung zwischen dem Stift und der ihm gehörenden und weiter südlich am Ufer der Bastau liegenden Mühle (siehe Lindenstraße 42) gekreuzt. Die Straße zeichnet sich noch heute im Verlauf von Hoher Straße und Priggenhagen im Stadtbild ab, trat später allerdings durch das Vorschieben der Bebauung auf dem Gelände Obermarktstraße 24 im Stadtgefüge zurück.

Die Geschichte der einzelnen Grundstücke erlaubt zusammen mit der Baugeschichte der im Kern vielfach noch spätmittelalterlichen Häuser, die ursprüngliche Besiedlungsstruktur gut zu rekonstruieren. Danach handelte es sich hier, ähnlich wie am Marktplatz, der Westseite der Hohnstraße und an der Nordseite der Bäckerstraße um großflächige Grundstücke, die an der Straße neben den großen und giebelständigen Häusern zunächst noch Platz für breite Beifahrten aufwiesen. Das damit wohl bis gegen 1500 nur locker bebaute Straßenbild erhielt erst mit Errichtung von zumeist bald selbständig gewordenen Nebenhäusern geschlossene Fronten. Offensichtlich sind dabei in der Regel die Haupthäuser im Laufe des 15. und 16. Jahrhunderts mit massiven Umfassungswänden erneuert und daran nachträglich die Nebenhäuser angeschlossen worden. So sind fast alle der zahlreichen, noch heute entlang der Straße zu findenden gemeinsamen Brandwände, die an ihren zur Straße entwässernden und weit auskragenden Sandsteinrinnen erkennbar sind, auf eine solche Entwicklung zurückzuführen. Im einzelnen ist dies zu belegen auf der Ostseite für Obermarktstraße 1–5, 7–13, 15/17, 19/21, 23/25, 27/29, 31/33, 35, Priggenhagen 1/3, 5/7 und 9 und auf der Westseite für Obermarktstraße 2/4, 6/8, 10/Opferstraße 1 links, 12/14, 16/18, 20/22, 24, 26, 28–32, 34, 36, 38/Königstraße 2 rechts, Königstraße 2 links/4, 6/8, 10/12 und Ritterstraße 2–6. Ursprünglich wäre damit die Straße in ihrem vermutlich älteren Abschnitt nur von etwa 16 Hausstätten gesäumt worden, in ihrer späteren Erweiterung (ohne die Ostfront der Simeonstraße) von insgesamt etwa 25 Hausstätten.

Die großen Grundstücke reichten bis zu Hinterstraßen, an denen die meisten der notwendigen Wirtschaftsbauten errichtet wurden: Leiterstraße, Kisaustraße und Priggenhagen im Osten, Opferstraße, Hohe Straße und Ritterstraße im Westen.

Die Bebauung ist noch heute in ihrer Kernsubstanz in starkem Maße von einer offensichtlichen Erneuerung der Bebauung im Laufe des 15. und 16. Jahrhunderts geprägt, während deutlich ältere Bauten bislang kaum bekannt geworden und wohl nur noch in einigen Traufwänden in später erneuerten Gebäuden erhalten sind. Hier ist auf das heute nicht mehr erhaltene Hospital Nr. 36 und auf die Reste der Umfassungswände von Nr. 1 und 29 hinzuweisen, die die Existenz von großen Steinhäusern am *Schiefen Markt* schon vor 1400 belegen. Bei den im Laufe des 15. und 16. Jahrhunderts in größerer Zahl erneuerten Häusern handelt es sich in der Regel um großformatige Dielenhäuser mit massiven Umfassungswänden und steilen Satteldächern, die teilweise auch schon massive Obergeschosse erhielten. In der Regel standen alle diese Bauten noch mit größerem Abstand voneinander und ließen seitlich Platz für breite Beifahrten auf die Hofgrundstücke. Gerade die Entwicklung der Bebauung der Obermarktstraße kann heute noch die einschneidenden Veränderungen des Stadtbildes deutlich machen, die sich im Laufe des 16. Jahrhunderts durch Überbauung dieser Freiflächen mit Nebenhäusern vollzogen hat und am Ende der Entwicklung nahezu zur Verdopplung der Hausstätten führte. Wann diese Entwicklung einsetzte, ist nicht genauer bestimmbar, aus dem Bestand heraus aber in die Zeit nach 1500 zu datieren. So scheint etwa der Kern des Nebenhauses Nr. 27 um 1495 errichtet worden zu sein. An anderen Stellen der Stadt werden entsprechende Bauten im 16. Jahrhundert noch als *Buden* bezeichnet (siehe etwa Königstraße 8 und 12). Nachdem es sich zunächst wohl noch um zu den Haupthäusern gehörende Nebenhäuser handelte, scheint deren Verselbständigung schon vor 1600 eingesetzt zu haben (etwa Nr. 27), doch bestand der Zusammenhang beider Bauten an anderen Stellen auch noch bis nach 1800 (etwa Nr. 13). Vielfach waren diese Nebenhäuser, die bald höher als die alten Haupthäuser werden konnten (etwa Nr. 31), trotz der oft beengten Grundstücke bald zu vollwertigen Häusern aufgestiegen, die nach 1664 mit 4 Thl einen vollen Giebelschatz leisteten und auch mit Braurecht ausgestattet waren. Schon die Verteilung der gemeinsamen Traufwände zwischen den Häusern entlang der Straße kann als deutliches Indiz für die ursprünglichen Grundverhältnisse gewertet werden, denn zumeist bestehen solche Kommunwände nur zwischen ursprünglichem Haupt- und dem später daran angebauten Nebenhaus, wobei die charakteristischen Bogenstellungen in der Wand dann die Innenseiten des Haupthauses erkennen lassen. Hingegen blieb es trotz durchgehender Bebauung mit Steinhäusern oft zwischen den Grundstücken bei zwei parallelen Traufwänden, zwischen denen nur schmale Spalten von etwa 30–50 cm Breite verblieben (etwa zwischen Nr. 10 und 12, 17 und 19 oder zwischen 29 und 31). An

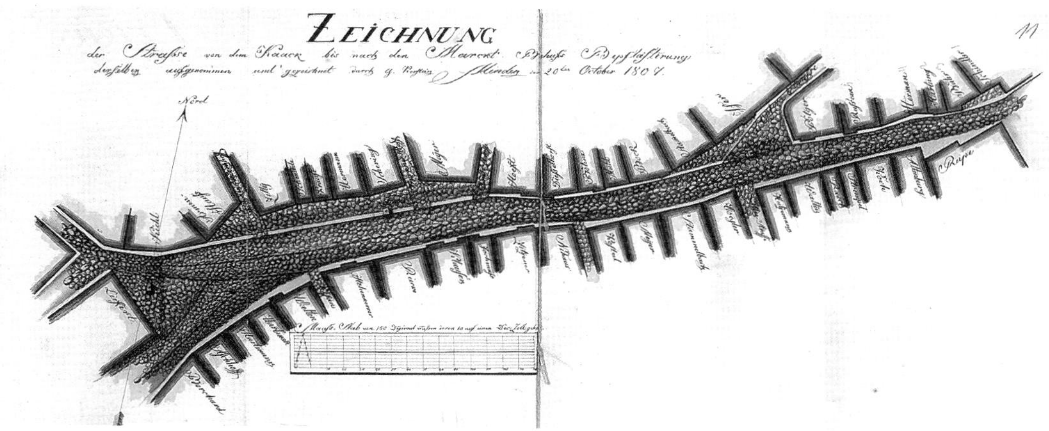

Abb. 1123 Obermarktstraße, Plan zur Neupflasterung des südlichen Bereiches zwischen der Einmündung der Opferstraße (rechts) und dem Priggenhagen (links unten), G. Kerstein 1807.

anderen Stellen kam es in nachbarschaftlicher Einigung zur gemeinsamen Errichtung einer massiven Grenzmauer (etwa zwischen Nr. 14 und 16 und 25 und 27).

Aus nicht bekannten Gründen ist es 1610 innerhalb des Baublocks Nr. 23 bis 29, vielleicht auch bis Nr. 33, zu einer fast durchgängigen Neubebauung gekommen. Ursache kann allerdings kein Brand gewesen sein, da selbst ältere Bauhölzer im größeren Umfange wieder verwendet wurden (ebenfalls 1610 wurde auch das Haus Nr. 12 erneuert).

Während die älteren Bauten in der Regel große Säle im Hinterhaus hatten (etwa Nr. 1, 10, 13, 18, 24, 33, 35), wurden in der zweiten Hälfte des 16. Jahrhunderts (Nr. 13) und kurz nach 1600 vielfach rückwärtige schmale Flügelbauten aus Fachwerk errichtet, mit denen auf den zunehmend verdichteten Grundstücken eine weitere Belichtung der Diele des Vorderhauses gewährleistet blieb (Nr. 12, 15, 17, 25, 27, 29, 31).

Die vereinzelt noch um 1900 vorhandenen, heute nahezu völlig aus dem Straßenbild verschwundenen Architekturfragmente sowie verschiedene Spolien lassen noch erschließen, daß die Straße ehemals von einer größeren Anzahl reich und in unterschiedlichen Formen der Renaissance gestalteter Giebel gesäumt gewesen ist, von denen die letzten Schaufronten wohl erst in der ersten Hälfte des 19. Jahrhunderts abgebrochen wurden. Die Vernichtung dieser Fassaden bei Erhalt der dahinter befindlichen Hauskörper setzte in der Mitte des 18. Jahrhunderts ein und hatte zum einen gestalterische Gründe, ergab sich aber insbesondere aus der Umgestaltung der Häuser mit ihren hohen Dielen in Etagenwohnhäuser und der damit verbundenen anderen Geschoßeinteilung. Ein frühes Beispiel des Umbaus dürfte Nr. 24 (1739) sein, während völlige Neubauten, wie etwa 1765 bei Nr. 3, 1767 bei Nr. 26, 1781 bei Nr. 30/32, 1782 bei Nr. 28 und 1800 bei Nr. 34 eher die Ausnahme blieben. Nach und nach erhielten dabei alle älteren Bauten axial gestaltete Fassaden (etwa 1771 Nr. 4, 1773 Nr. 27, 1774 Nr. 17, 1776 Priggenhagen 5, 1779 Nr. 31), wobei man im 18. Jahrhundert zunächst die Giebeldreiecke nur abwalmte (noch 1800 Nr. 34), nach 1800 aber mehr und mehr zu in der Regel nun dreigeschossigen Blendfassaden mit starken abschließenden Gesimsen überging, die die Dachkontur verdeckten (Vorform von 1807 war Nr. 24). Diese wurde entweder als teilweise freistehende Blendwände vor die alten Dachwerke gestellt (etwa 1813 Nr. 33), oder die

Häuser im vorderen Bereich mit einer zusätzlichen Etage versehen bzw. vereinzelt im vorderen Bereich dreigeschossig umgebaut (1831 Nr. 9, 15 und 29; 1835 Nr. 31, um 1840 Nr. 21, um 1850 Nr. 19, 1853 Nr. 17, 1864 Nr. 2, um 1865 Nr. 11 und 13). Völlige Neubauten unterblieben allerdings bis 1900 weitgehend (1831 Nr. 16; 1871 Priggenhagen 1, 1875 Nr. 20/22).

Mit dieser dem Straßenraum mit seinen durchlaufenden Gesimsen und gleichmäßigen Fensterachsen – trotz der unterschiedlichen Proportionen der Bauten – innerhalb von nahezu 150 Jahren ein sehr einheitliches Bild verleihenden Tradition wurde erst nach 1890 mit dem Bau einiger großstädtischer Wohn- und Geschäftshäuser gebrochen (1894 Simeonstraße 1, 1900 Nr. 4, 1905 Nr. 23 und 1910 Nr. 15). Die weitere Bautätigkeit der nächsten Jahrzehnte beschränkte sich auf Umbauten der Erdgeschosse und die Errichtung von Ersatzbauten nach einem Großbrand (1906 Nr. 36, 38 und Königstraße 2). Zu Kriegsschäden an der Straße kam es nicht, so daß es der Zeit danach vorbehalten blieb, große Lücken in die über viele Jahrhunderte gewachsene Bebauung zu reißen: 1956 entstand der Neubau Simeonstraße 2 und zur gleichen Zeit das gegenüberliegende Kaufhaus Königstraße 4/12; 1960 folgte der Neubau von Obermarktstraße 10, gedacht als erster Abschnitt einer größeren Baumaßnahme. Alle diese Neubauten wurden als schlichte viergeschossige und traufenständige Putzbauten unter flachen Satteldächern errichtet. Eine rigorose, auf die Stärkung der Geschäftsstruktur der Oberstadt orientierte Stadtsanierung führte um 1980 zur Beseitigung eines ganzen Quartiers mit sicherlich fünfzig Bauten zu Gunsten eines großflächigen Einkaufszentrums (siehe Obermarktzentrum, Nr. 33f.), wobei nahezu die gesamte Ostfront des *Schiefen Marktes* beseitigt wurde. Als letzte folgte 1983 eine Sanierung des Komplexes Nr. 5/7.

1807 wurde sowohl der *Schiefe Markt* als auch der Bereich *ober dem Markte* im Zuge des Chausseebaus ausgebaut und zugleich der Unterhalt durch die Regierung übernommen. Da die Straße bislang unmittelbar südlich des Marktes sehr steil auf die Höhe der Oberstadt anstieg, wurde im Zuge dieser Arbeiten im Bereich des Anstieges auch *eine beträchtliche Abtragung des Erdreiches vorgenommen* und die Steigung bei nun geringerer Neigung so auf eine längere Strecke verteilt, wobei das Erdreich zur Auffüllung am Obermarkt und auf dem planierten Martinikirchhof verwendet wurde. Fast alle Besitzer der anliegenden Häuser im Bereich der Steigung beschwerten sich darüber, daß dabei die Fundamente ihrer Häuser freigelegt wurden (KAM, Mi, D 173 und 177). Teilweise scheint das Gelände um bis zu einen Meter abgesenkt worden zu sein. Noch heute läßt sich diese Baumaßnahme an den schon 1807 bestehenden Bauten daran erkennen, da ihr Erdgeschoß oder früheres Dielenniveau seitdem nur über Vortreppen erreicht werden kann (etwa Nr. 3, 8, 14 oder 18). Ebensolche Planierungen sind im 19. Jahrhundert auch zur Schaffung einer ebeneren Fläche im Bereich des Obermarktes vorgenommen worden und lassen sich hier ebenfalls noch heute an den gleichen Indizien erkennen (etwa bei den Häusern Nr. 24 bis 34). Zur besseren Ableitung der Abwässer bestand zwischen dem Hospital und dem Priggenhagen ein unter der Straße hindurchführender Kanal. Er stürzte 1854 bei Kaufmann Kiel ein. Im gleichen Jahr wurde die Straße auf ihrer ganzen Länge neu gepflastert und dabei erneut dem Anstieg vom Markt her durch Planierungen *eine bedeutend geringere Neigung verschafft* (KAM, Mi, F 106). 1875 kam es ein letztes Mal auf Kosten des Staates zu einer Reparatur der Straße, wobei Bordsteine eingebaut und Teile umgepflastert wurden. Danach ging die Unterhaltspflicht wieder an die Stadt über.

1880 wurden die Fluchtlinien festgestellt, die insbesondere der Verbreiterung des Straßenraumes dienen sollten, wobei insbesondere die Utluchten vor den Fassaden beseitigt werden sollten. Hierbei versuchte die Stadtverwaltung fortan bei jedem noch so kleinen Bauvorhaben die Genehmigung von dem Abbruch der noch bestehenden *Vorbauten* abhängig zu machen: 1864 hatte der Eigentümer des Hauses Nr. 2 dieses schon freiwillig gemacht. Auf Druck der Stadt verschwanden in den kommenden Jahrzehnten alle noch bestehenden Utluchten (ohne Rücksicht auf den gestalterischen oder künstlerischen Wert, teilweise trotz Einspruch des Landeskonservators): 1887 Nr. 35, um 1890 Nr. 27 (Umbau zum Erker), 1892 Nr. 8, 1897 Nr. 25, 1899 Nr. 18, 1930 Nr. 12 und 1952 Nr. 6.

1887 wurde die Kanalisation verlegt, der in den nächsten Jahren der Anschluß aller Häuser folgte. 1920 kam es zur Einrichtung einer Straßenbahnstrecke, die der Ostseite der Straße folgte. Die Einmündung der Obermarktstraße in den Markt gestaltete sich mit zunehmenden Autoverkehr als besonderes Nadelöhr der Verkehrsführung, insbesondere, nachdem durch diese enge Stelle auch noch die Straßenbahn geführt wurde. Die Rücknahme des Erdgeschosses des Hauses Nr. 1 im Jahre 1925 brachte hier nur wenig Abhilfe. Nachdem man hier schon früh einen Einbahnverkehr eingeführt hatte, wurde an dieser Stelle 1950/51 durch die Mindener Straßenbahn die erste Ampelanlage Mindens aufgestellt, deren Aufgabe es war, bei Durchfahrt einer Straßenbahn den Autoverkehr zu stoppen (KAM, Mi, H 60 Nr. 246). Nachdem man 1959 die Straßenbahn stillgelegt hatte, wurde die Straße asphaltiert. 1976 Umbau der Straße zur Fußgängerzone und erneut gepflastert.

DER SCHANDPFAHL, genannt »der Kaak« (um 1720 – um 1810)

Die Ortsbezeichnung *Kaak* kann sich erst im Laufe des 18. Jahrhunderts für die freie Fläche zwischen dem Priggenhagen und der Simeonstraße entwickelt haben, denn sie erinnert an den städtischen Kaak, den Schandpfahl, der zunächst auf dem Markt, dann von 1683 bis um 1720 vor dem Haus Hohnstraße 36 am Poos, dem Beginn der Bäckerstraße gestanden hat. Ab etwa 1720 wurde der Schandpfahl dann am Südende des Obermarktes aufgestellt. 1721 erhält der Meister Schenterling 1 Rthl von der städtischen Kämmerei, *weil er das Bildt auff den Kaak ausgebesssert* habe (KAM, Mi, B 730). In der französischen Zeit wurde der Kaak beseitigt, aber noch 1844 war die Ortsbezeichnung für die umliegenden Häuser gebräuchlich (Krieg 1942). Später geriet die Bezeichnung in Vergessenheit und wurde erst 1930 als historische Erinnerung wieder aufgenommen.

NACHRICHTEN ZU NICHT BEKANNTEN HÄUSERN AN DER STRASSE

BEREICH DER SOGENANNTEN *FÜNF HÄUSER* (Lage vielleicht am Beginn der Königstraße auf der Nordseite)

Zu einem unbekannten Zeitpunkt leistet ein Unbekannter der Stadt Mietzinszahlungen aus den Fünfhäusern: *Copia literarum et pensionis deinde per inhabitatores quinque domorum ultra forum de spatio ipsis dimisso ad usum sive utilitatem predictarum quinque domorum* (von Schroeder 1997, Stadtbuch 1318, II, vor Nr. 68).

1346 werden Rentenzahlungen aus den Fünfhäusern an die Stadt fixiert: 1. *Helmicus Naber*: *en rum achter sineme huse also verre, alse he it begrepen heft*; *de planken, de dat rum vnde den hof scedet*, sollen bebaut und instandgehalten werden; will er *ene hemelike kameren bowen vppe dat rum*, die soll er *van der planken legghen seuen vote vnde nicht negher*; 2. *Hermanus Swarpenninc*; 3. *Bertrammus Cruse*; 4. *Jordanus Swarepenninc*; 5. *vidua Jo*[hannis] *sertoris de Lese* (von Schroeder 1997, Stadtbuch 1318, II, Nr. 68).

1368 verkauft die Stadt Minden aus einem Haus der Fünfhäuser eine Rente an das Heilig-Geist-Hospital: *vte Hinrikes huß Tyuogels der Hemenhusesschen huß vnnd vt den vif husen vnnd hofte, dat gelegen ys achter der Toppeschen huß bouen dem Market dar vnse stad ore rente ynne heft* (STA MS, Mscr. VII, 2716, Bl. 19v).

OHNE WEITERE ORTSANGABE

1348 läßt Helmig Naber dem Dietrich, dem Goldschmied auf *dat hus bouen deme Markete, dat wanne was Conrades van Lese* (von Schroeder 1997, Stadtbuch 1318, I, Nr. 96).

1372 überträgt Albert von der Herrenmühle zwecks Memorienstiftung dem Heilig-Geist-Hospital eine Rente aus zwei Häusern: *vte Rolues huß des kolers, dat gelegen ys bouen deme Marckete by Prouest Berendes huß* und *vt des Zedelers hus dat gelegen is by Rolefs huß des kolers vorgenomt* (KAM, Mi, A III, Nr. 25. – STA MS, Mscr. VII, 2716, Bl. 21v).

1396 überträgt Heinrich Gieseler (wohnt Obermarktstraße 36) zwecks Gasthausstiftung eine Rente *in Helmighes huse Nabers bouen deme markede neyst der helle* (KAM, Mi, A I, Nr. 181. – STA MS, Mscr. VII, 2726).

1486 verkaufen Giseke Gieseking und seine Frau Lucke dem Heilig-Geist-Hospital eine Rente aus einem Haus mit Stätte, *so dat beleghen ys bouen dem marckede twischen Hinrick Tymerkaten vnd syner broder der Ghisekinges husen.* Als spätere Besitzer sind nachgetragen: Giseke Gieseking, Albert Jude (*Jode*), Giseke Giseking, Heinrich Gieseking, Hermann Schardemann, Johann Abeking, Heinrich Moller, Ludeke Lubbeking, Bartoldt Sostman, Heinrich Walbom (STA MS, Mscr. VII, 2716, Bl. 58r).

1498 verkaufen Burkhard Brokmeyer und seine Frau Ilse dem Heinrich Reling, Kirchherr zu Frille eine Rente *vth* [...] *orem huse bouen dem marckede belegen* (KAM, Mi, A I, Nr. 429).

1526 überträgt Helmold Blomenau, Vikar an St. Martini zwei Buden durch Testament an Arnd Blomenau und seine Schwester Gese: *mine beiden boden bouen deme marcket twuschenn Henrick Meinsen vnde Koninge* (STA MS, St. Martini, Minden, Akten, Nr. 42).

1533 verkaufen Hermann Wilde und seine Frau Hille dem Heilig-Geist-Hospital eine Rente aus einem Haus mit Stätte, *so dat belegen is bauen dem Markede twusschen der Roseners vnd Johan Reinekinges huseren.* Als spätere Besitzer nachgetragen: Hermann Wilden, Stefan Bodeker, Witwe des Cord Blase (KAM, Mi, A III, Nr. 178. – STA MS, Mscr. VII, 2716, Bl. 86r–86v).

1549 verkaufen Drude, Witwe des Heinrich Gieseking und ihr Sohn Heinrich dem Nikolai-Hospital eine Rente aus *orem huse vnde tobehoringe, so dat bauen dem Markede twusschen Hermen Ortmans vnd Arendt Volkenynges husen belegen* (KAM, Mi, A III, Nr. 186).

1552 überträgt Evert Volkening seinen Kinder mit Elisabeth (Evert, Gerd, Anne, Katharina) durch Heiratsvertrag eine Rente *in sin huis bauen dem marckede by der Gisekingeschen huse* (KAM, Mi, A I, Nr. 615).

1558 verkauft Peter Wie dem Armenhaus eine Rente *jn Herman Toninges hues bouen dem Markede* (KAM, Mi, A I, Nr. 631).

1565 verkaufen Johann Schwiering und seine Frau Bredeke dem Heilig-Geist-Hospital eine Rente aus einem Haus mit Stätte *bauen dem Marckte an der Offerstraten twischen Seglken Schillinges echterhuse vnd Hinrich Kulemans huse belegen.* Spätere Besitzer: Johann Schwiring, Hans Holste, Michael Schilthaus, Klaus Moller (Bäcker), Jost Averding (Bäcker) (STA MS, Mscr. VII, 2716, Bl. 117r–117v).

1570 bestätigen Johann Oemler und seine Frau Alheid dem Hans Mildendorp und seiner Frau Gese den Verkauf eines Rentenbriefes vom 27. Mai 1558 aus einem Haus *bauen dem Marckede an de gelten Schillingshuse belegen* (STA MS, Mscr. VII, 2716, Bl. 128r).

1573 schenkt Hans Klingenberg aus Meinsen, Grafschaft Schaumburg den Nikolaiherren ein Haus, *dat eme selige Hinrich Planders etwan burgers vnnd Rathmann der stath Minden hintergelathen eruenn vth ehrem huse houe sampt dessenn thobehoringhe vnd gerechticheit binnen der Stat Minden bauen dem Marckede twuschen Johann Beermans vnnd seligenn Johann Wihren husenn belegen* (KAM, Mi, A III, Nr. 199).

1649 vermietet Klissian Clar sein Haus *oben dem marckte* neu an Meintze Broyer, da der Vormieter Hermann Hoffmann die Miete schuldig blieb, zudem aus dem Haus *ein göckler ort gemacht, gentzlich ruiniert, verderbet undt verwahrloset* habe. Er machte aus dem Haus auch *eine göckel bahn* (KAM, Mi, B 56 alt).

1650 kauft Heinrich Fine von dem Bruder seiner Frau Elisabeth, dem Leutenant Christoffer Bons dessen Erbteil an dem *Wohn- und Achterhaus* seines verstorbenen Schwiegervaters Christoffer Bons, taxiert zu 900 Rthl und gelegen *an dem Scheffen marckte* (KAM, Mi, B 240).

1693 verhandelt Henrich Stratman wegen des *oben dem Marckte belegenen Aderbergischen Hauses* (KAM, Mi, B 356).

OBERMARKTSTRASSE 1 (Abb. 893–897, 1066, 1119, 1124–1126)

1729 bis 1743 Martini-Kirchgeld Nr. 139 und 140; bis 1878 Haus-Nr. 162 und 163; bis 1908 Markt 19 und Obermarktstraße 1

Unter der heutigen Adresse sind zwei erst seit einer Baumaßnahme von 1891 zusammengefügte Hausstellen an der Ecke Markt/Obermarktstraße zusammengefaßt, die allerdings aus einer Hausstelle hervorgegangen sind und nach ihrer offensichtlich über viele Jahrhunderte bestehenden Zusammengehörigkeit zu nicht näher bekannter Zeit vor der Mitte des 17. Jahrhunderts aufgeteilt wurden. Der in der westlichen Hausstelle erhaltene Steinbau bildete den Kern der Bebauung auf einer der hervorgehobensten Grundstücke im Gefüge der bürgerlichen Besiedlung der Stadt, gelegen an der Einmündung der Obermarktstraße in den Markt. Von diesem Kernbau scheint nachträglich das wohl zunächst als Nebenhaus dienende östlich anschließende Gebäude am Markt abgeteilt worden zu sein. Während diesem auf Grund des Parzellenschnittes an der Marktfront nur wenig Platz blieb, verbreiterte sich die zugehörige Parzelle rückwärts nach Süden. Auf Grund der Struktur der Bebauung und der baulichen Entwicklung ist zu erschließen, daß ehemals zumindest auch die Grundfläche des Hauses Obermarktstraße 3, möglicherweise auch des Hauses Obermarktstraße 5 zugehörig war, aber offensichtlich schon vor dem 16. Jahrhundert mit eigenständigen Hausstellen bebaut wurden.

ÖSTLICHE HAUSSTELLE AM MARKT

HAUS-NR. 162 (1729 bis 1743 Martini-Kirchgeld Nr. 139): 1663 Haus gehört den Erben Hinrich Dopking, vermietet an Arend Koch; 1667/71 Arend Kock; 1675/79 Witwe Arend Koch; 1680 Witwe Arend Abike; 1692 Witwe Wohlman, jetzt Joh. Matthias Telmann; 1696 Mieter ist Gabriel Bommel; 1702 Friedrich Erdemann, jetzt Ernsting; 1704/11 Johann Rudolf Ernsting (zahlt 3 ½ Taler Giebelschatz); 1723 Barbier Johann Schindler; 1738/43/66 Johann Schindeler; 1755 Haus für 200 Rthl; 1777 Wohn- und Brauhaus mit Huderecht für 4 Kühe der Witwe Schindler soll verkauft werden (WMA 1777, S. 167); 1781 Hutmacher Eigenrauch; 1785 Versicherung auf 600 Rthl erhöht; 1802 Eigenrauch, Wohnhaus 1 000 Rthl, Anbau 250 Rthl; 1804: 2 Pferde, 2 Stück Jungvieh, Haus mit Braurecht; 1806/10 Hutmacher Jacob Eigenrauch; 1829 Eigenrauch, Erhöhung Wohnhaus auf 1 600, Anbau auf 400 Thl; 1846 Mieter ist Frisör Heinrich Habenicht; 1853 Arning und zwei Mietparteien (zwei Zimmer als Geschäft eingerichtet); 1878 Spenner; 1890 F. Kleiter (im folgenden siehe die andere Hausstelle).

Haus (bis 1891)

Das Gebäude wurde um 1786 für 500 Rthl renoviert (KAM, Mi, C 133). Dabei dürfte es in der bis 1891 überlieferten Gestalt als dreigeschossiger und giebelständiger Putzbau mit Krüppelwalmdach entstanden sein. Ob und in welchem Umfang der Bau ältere Teile enthielt, ist nicht bekannt. Die östliche Traufwand scheint massiv gewesen zu sein, während der vierachsig gegliederte Vordergiebel aus Fachwerk bestand. Westlich war er ohne eigene Traufwand an das Nachbarhaus angebaut (Abb. siehe NORDSIEK 1979, S. 290).

Im Frühjahr 1891 Abbruch für den als Anbau an das andere Haus geplanten Neubau.

Abb. 1124 Obermarktstraße 1, Ansicht von Norden mit den anschließenden Bauten Nr. 3 und 5 (rechts), 1993.

Wohn- und Geschäftshaus (von 1891)

1891 nach Plänen von A. Kersten/Hannover für den Gastwirt F. Kleiter als Erweiterungsbau seines westlich anschließenden Gasthauses errichtet und unmittelbar daran angebaut. Dreigeschossiger Putzbau über hohem Sockelgeschoß (mit preußischen Kappen) und mit Mezzaningeschoß unter flachem Pappdach (mit Holzkonstruktion). Der mit 22 m tief in den Block hineinreichende Bau auf Grund der licht- und baurechtlichen Bestimmungen nach Osten mit einer nicht durchfensterten Brandmauer und in der Mitte der westlichen Seite mit einem mit Glasdach abgedeckten Lichthof, in den auch die durch den Altbau von der Obermarktstraße her erschlossene Treppe zur Erschließung des ersten Obergeschosses eingestellt wurde. Diese mit geschmiedeter Unterkonstruktion. Während das Erdgeschoß bis auf den südwestlichen Bereich, in dem die Küche untergebracht wurde, ganz zu großzügigen Gasträumen eingerichtet wurde, in den Obergeschossen großzügige Etagenwohnungen.

Die mit 6,35 m nur schmale Vorderfront dreiachsig gegliedert und mit einer reichen Putzdekoration in Formen der Renaissance. Der Sockel ehemals gequadert und mit Ladetür und zwei Fenstern; darüber das Hochparterre weitgehend in drei große Fenster mit gußeisernen Pfeilern zur Belichtung des Speisesaales aufgelöst. In den beiden Obergeschossen die Fenster mit durchlaufenden Sohlbänken und Verdachungen; die fünf eng gestellten Fenster im Mezzanin mit Pilastern getrennt, die ein starkes und mit der Deckplatte weit vorspringendes Gebälk tragen. Darüber eine Attika, seitlich von Pfeilern eingefaßt und ehemals mit Vasen besetzt.

1925 Umbau des Erdgeschosses im Zusammenhang mit dem westlich anschließenden Haus (weiter siehe dort).

WESTLICHE HAUSSTELLE AN DER ECKE ZUR OBERMARKTSTRASSE

HAUS-NR. 163 (1729 bis 1743 Martini-Kirchgeld Nr. 140): 1663 Arnt Walbom, *sein Hauß neben dem Gartenstücke im Bruche, welches er vonn seinen Schwiegern annehmen müssen für 1 000 Thl;* 1667/92 Herr Arendt Walbom; 1696/1704 Johann Jürgen Walbom; 1709 das Haus steht leer; 1711 Friedrich Schnelle (zahlt 4 Thl Giebelschatz); 1723 Witwe Eberhard Jochmus, *betreibt Wirtschaft*; 1729/38 Witwe Jochmus; 1740 Gabriel Köhneman, Mieterin Witwe Jochmus; 1743/50 Witwe Eberhard Jochmus; 1755/66 Witwe Scherings, Haus für 600 Rthl; 1781 Koch Gottlieb; 1782 Amtmann Ledebor, Haus mit Braurecht; 1798 Verkauf von Regierungsrat Wiedekind an Johannes Rupe & Com. (Sohn des in Hemer wohnenden Winkeliers Rötgert Caspar Rupe und wohl zu dem bedeutenden Handelshaus Rupe in Iserlohn gehörend); 1805 Versicherung von 600 auf 2 000 Rthl erhöht, neu versichert Scheune für 400 Rthl; 1804/06 Haus mit Braurecht und Brunnen, kein Vieh; 1809 Kaufmann Chr. Rupe wird als Nachfolger von D. Borchard Salzfaktor der Regierung (KAM, Mi, D 140); 1812/13 Johann Rupe, Wohnhaus, Hof und Garten (zum Besitz gehören auch mehrere andere Häuser sowie seit 1806 der Gesundbrunnen auf der Fischerstadt – Oberstraße 66/68. Seit etwa 1820 auch Königstraße 24); 1833/1836 Gastwirt Rupe (* 25. 1. 1775 in Hemer). Zum 23. 9. 1837 will Rupe seinen Besitz, worin seit 35 Jahren eine bedeutende Gastwirtschaft und Handlung, verpachten oder verkaufen (MWA 36, 1837); 1836 stößt an das Haus *ein Hof, ein kleiner Garten sowie zwei große Pferdeställe. Es hat einen Kuhstall und eine Wagenremise für 12 Wagen.* Ferner zugehörig das vermietete Haus Obermarktstraße 13 und eine Scheune hinter dem Anwesen von Marcus Lyon. Nachdem der Stadtmajor J. Rupe verstorben war, eröffnete C. Arning hier am 12. 1. 1838 sein Geschäft (Fama 6, 1838); 1841 unterhält Kaufmann Rupe auch eine Zigarrenfabrik, in der 40 Arbeiter beschäftigt sind (Momburg 1996, S. 20); 1846/53 Kaufmann Christian Rupe und 1853 als Mieter die Familie von Nordenpflicht. Im Haus ein *Comptoir.* 1852 verkauft Christian Rupe an C. R. Hohmann das hinter dem Haus liegende Fabrikgebäude für Tabak (Wert 1 300 Thl), das Packhaus an der Leiterstraße Nr. 2 (Wert 1 000 Thl) und die halbe Scheune an der Leiterstraße, hinter dem Haus Markt 22 (Archiv Haus Markt 20); 1853 wohnt Kaufmann Rupe in dem Haus Weingarten 22; 1878 Kleiter; 1890/1906 Restaurateur F. Kleiter; 1924 August Sichtermann.

Haus (13. Jahrhundert)

Zweigeschossiges, schmales und tief in den Baublock reichendes Giebelhaus mit Krüppelwalmdach, in der heutigen Erscheinung auf einen einschneidenden Umbau um 1781 und mehrere spätere Umbauten des Erdgeschosses zurückgehend, in der Kernsubstanz aber noch umfangreiche hochmittelalterliche Baureste enthaltend. Das intensiv genutzte Gebäude allerdings bislang nicht weiter in seiner Baugeschichte untersucht. Kern des heutigen Hauses bildet ein offensichtlich weitläufiger großer und aufwendiger und zum Markt giebelständiger Steinbau, der sich zumindest in seinem südlichen Abschnitt bis zum Dachansatz erhalten hat. In welchem Umfang auch die nördliche Hälfte des Hauses noch Reste dieses Baus enthält, ist bislang nicht bekannt. Der Bau auf Grund der Lage zwischen der Marktsüdfront und der Obermarktstraße offenbar mit schiefwinklig vor den Baukörper gesetztem Nordgiebel, dabei die kürzere Traufwand zur Obermarktstraße 24,10 m lang und der Südgiebel 12 m breit. Die Flucht der östlichen Traufwand läßt vermuten, daß diese zunächst auch im nördlichen Teil parallel zur westlichen Traufwand verlief, so daß dieser große Bau im Bereich der Marktfront auch den größten Teil der östlich anschließenden Hausstelle eingenommen hat, letztere daher wohl nachträglich aus einem Nebenhaus hervorgegangen ist. Der Bau entsprechend der besonderen Lage im Stadtgefüge und nach seinen zu erschließenden Maßen dabei von außergewöhnlicher Größe und wohl zu den größten Steinbauten der Stadt zu rechnen. Die Umfassungswände bislang nur im Bereich des Südgiebels und im oberen Bereich der anschließenden Traufwände von den Innenseiten her in der materiellen Beschaffenheit bekannt, ferner der Südgiebel in Teilen auch von außen. Danach die Wände durchgängig aus Quadern von Portasandstein aufgemauert und nach den Details (wie durchlaufende Fugen) wohl im 13. Jahrhundert entstanden.

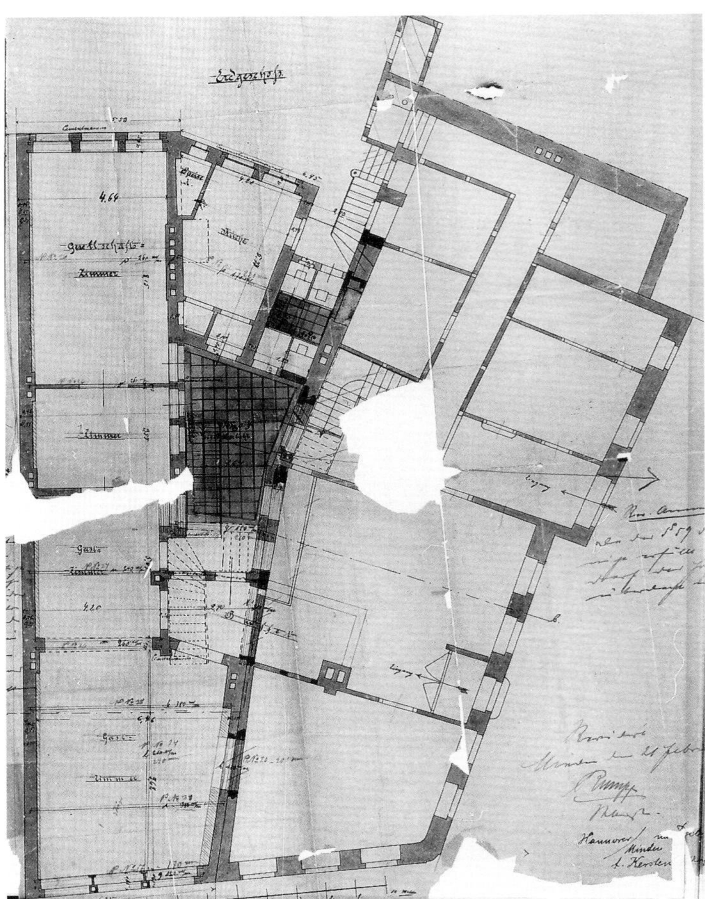

Abb. 1125 Obermarktstraße 1, Grundriß zum Neubauantrag der östlichen Hausstelle am Markt, Architekt A. Kersten/Hannover, 1891.

Das hintere Viertel des Hauses mit einem bauzeitlichen Kellerraum, der auf Grund des nach Süden ansteigenden Geländes ganz eingetieft ist und unter Straßenniveau liegt. Er ist mit etwa 2,1 m sehr hoch und hat eine Decke von einer ungewöhnlich starken und mit den Köpfen in die Mauer eingemauerten Längsbalkenlage, die auf einer 9 cm hohen Mauerlatte aufliegen; die ungewöhnlich stark dimensionierten 9 gebeilten Eichenbalken 35 bis 40 cm breit und 32 cm hoch (bislang nicht dendrochronologisch untersucht!); die Balken vor der Mauer auf groben Konsolen aufliegend. Darüber eine Dielung von ebenfalls sehr starken, etwa 7 cm hohen und 40 cm breiten, stumpf gestoßenen Eichenbohlen (im westlichen Teil erhalten). Die Umfassungsmauern sind 1,10 m stark und bestehen aus sauber versetzten Lagen aus Portasandsteinquadern von 18 bis 35 cm Höhe mit durchlaufenden Fugen. Der Zugang vom Hausinneren erfolgte an der nur 30 cm starken und vor das Erdreich gemauerten Nordwand zunächst über eine später vermauerte und 1,20 m breite Bogentür, später durch eine rechteckige Öffnung von 1,05 m Breite (diese Situation im 18. Jahrhundert durch Anlegung eines weiteren Kellerraums nördlich davon verändert). In der Ostwand zwei Fensterschlitze, in der Westwand nachträglich ein später wieder vermauertes Tor zur Obermarktstraße mit Stichbogen.

Abb. 1126 Obermarktstraße 1, Plan zur Fassadengestaltung aus dem Bauantrag für die östliche Hausstelle am Markt, Architekt A. Kersten/Hannover, 1891.

Die Lage des Kellers und seine vor das Erdreich gestellte, im Inneren des Hauses befindliche Nordwand lassen vermuten, daß diese Mauer auch über dem Erdreich das hintere Viertel des Hauses abtrennte, das damit als Saalkammer vorstellbar ist. In der Mitte des Südgiebels zeichnet sich im Mauerwerk eine große und etwa 2,10 m breite Feuerstelle mit in das Giebeldreieck eingeschliffenem Kamin ab. Der Rauchfang war ehemals seitlich von sandsteinernen und in Resten erhaltenen (1994 aufgedeckten) Konsolen getragen. Die Feuerstelle zu einem hohen, bis unter die Dachbalkenlage reichenden Raum gehörend, aber schon früh für einen zweigeschossigen und in die Mitte des 14. Jahrhunderts zu datierenden Ausbau des Hauses aufgegeben. Hierbei in die Traufwände die Köpfe einer starken Balkenlage eingestemmt, die auf einer durchgehenden Mauerlatte aufgelegt wurde. Bei Renovierungen konnte 1994 die Mauerlatte der westlichen Traufwand im südlichen Bereich des Hauses dendrochronologisch auf 1348 ±8 datiert werden (Auswertung durch H. Tisje/Neu-Isenburg). Zu diesem Umbau im ersten Obergeschoß eine dichte Reihe von kleinen Nischen gehörig, die in das Quadermauerwerk eingebrochen und mit Backsteinen eingefaßt wurden.

Die weitere Ausbau- und Umbaugeschichte bis zur Neugestaltung 1782 ist im Augenblick nicht zu erfassen. In diesem Jahr wird der Bau beschrieben als ein *ganz neues Haus, erbaut ohne Schulden*,

Kosten 2000 Rthl. Das Haus von zwei Etagen sei massiv und größtenteils neu (KAM, Mi, C 133; C 156,12 alt; C 874). In welchem Umfang dabei die bestehende Substanz wie etwa die Balkenlagen und das Dachwerk übernommen wurden, ist bislang nicht bekannt. Es scheint dabei zur Erneuerung des Nordgiebels und zu einer Neugliederung der der Obermarktstraße zugewandten westlichen Traufwand gekommen zu sein. Der dem Markt zugewandte Giebel dreiachsig gegliedert und mit einer Putzgliederung mit gequaderter und abgerundeter nordwestlicher Ecke. Zwischen den Etagen profilierte Gesimse, die Giebelspitze abgewalmt. Die Fenster mit schlichten, nicht profilierten Faschen. Die Westfront mit einer gleichmäßigen Fenstergliederung von wahrscheinlich zehn Achsen (davon heute nur noch die nördlichen fünf Achsen erhalten). Auf Plänen des frühen 19. Jahrhunderts vom Marktplatz wird vor dem Haus jeweils eine einläufige Treppe verzeichnet, die ihren Antritt im Westen hatte. Danach der Bau zu dieser Zeit von dort und mit einer Flurdiele entlang der östlichen Seite erschlossen.

Wohl im frühen 19. Jahrhundert der südliche Teil des Hauses umgebaut, dabei ein Teil der westlichen Traufwand abgebrochen und hier ein übergiebelter zweigeschossiger und vier Achsen breiter Risalit geschaffen. Dieser noch einmal nachträglich um eine Etage aus verputztem Fachwerk mit flachem Satteldach erhöht. 1836 wird das Haus beschrieben: Es *hat 23 Stuben und Kammern, eine große Küche, Speisekammer, Domestikenstuben und Kammern und drei Keller.* 1837 wird dann nach Eigentümerwechsel das neue Geschäft von Arning beschrieben: es *umfaßt ein Lager und ein geräumiges, bequem eingerichtetes Lokal. Der Haupteingang dazu ist über die Treppe vom Markt aus, doch kann das Geschäft auch von Eingang Obermarktstraße aus, durch das erste Zimmer links erreicht werden.*

1891 Erweiterung durch Anbau des östlich anschließenden Hauses (siehe oben); 1904 Einbau einer neuen Haustür und eines Schaufensters an der Front zur Obermarktstraße; 1906 Kanalisation; 1912 Umbau der Wirtschaft mit Einbau neuer Toiletten (Plan: W. Kistenmacher); 1925 Wegnahme der Hausecke an der Einmündung zur Obermarktstraße wegen der bestehenden Verkehrshindernisse (seit 1920 vor dem Haus die Trasse der Straßenbahn), zugleich Neugestaltung des Erdgeschosses mit Schaufenstern (Plan: B. Warmbold/Porta-Westfalica). Nach 1970 verschiedene Umbauten des Erd- und Obergeschosses und Aufteilung des Komplexes in unterschiedliche Läden und Gaststätten.

OBERMARKTSTRASSE 2 (Abb. 893, 894, 987, 1057, 1119, 1127-1128)

1729 bis 1741 Martini Kirchgeld Nr. 10 und 11; bis 1864 Haus-Nr. 186 und Nr. 187; bis 1878 Haus-Nr. 186/187

QUELLEN: KAM, Mi, C 859.

Das größere Anwesen bestand in der Neuzeit aus einem großen, entlang der nördlichen Grenze gestellten Haupthaus und einem südlich anschließenden kleinen Nebenhaus, das wohl schon vor 1650 selbständig genutzt wurde. Rückwärtig wird die nur eine geringe Tiefe aufweisende Parzelle durch die Stützmauer zur Oberstadt begrenzt, auf der hier die Opferstraße verläuft. In dieser Mauer ist 1790 ein kleines Gewölbe unter der Straße eingearbeitet, *worin eine kleine Kommodität.* In diese Parzelle noch das Hinterhaus des benachbarten Grundstücks Obermarktstraße 34 hineinreichend, da diese eine noch geringere Tiefe aufweist.

Das heutige große Wohn- und Geschäftshaus ist aus mehreren historischen Hausstätten zusammengewachsen, die allerdings wohl im Mittelalter zunächst Teile eines großen bürgerlichen Anwesens bildeten. Das Haus Nr. 2 mit südlich anschließendem Nebenhaus wurde bei einem weitgehenden Umbau 1864 durch ein Gebäude ersetzt und dieses nach Aufgabe der südlichen anschließenden Durchfahrt durch Anbau 1900 auf das Grundstück Nr. 4 erweitert. Zugehörig zu Obermarktstraße 4 das Hinterhaus Opferstraße 2, das an bzw. auf der Stützmauer zur Oberstadt steht und 1890 ebenfalls in den Geschäftshauskomplex einbezogen wurde.

HAUS-NR. 186 (linke Hausstätte, das Nebenhaus): 1723 *Perüquenmacher Paul d'Hotel*; 1729 Haus der Witwe Jochmus, vermietet an Totel; 1738/41 Gabriel Jochmus kleines Haus; 1743 Klempner Gabriel Thorburg; 1750 Meister Thorborg; 1755 Witwe Thorborg, Haus für 100 Rthl; 1766/81 Herr Büter; 1798 Buchdrucker Büter, Haus ohne Braurecht; 1802 Haus für 100 Rthl; 1804 hat ein Stück Jungvieh; 1807 Mieter: Hartung; 1809 Totenbitter Johann Conrad Büter, schlechter Bauzustand; 1818 Schuster Heyde, Erhöhung Wohnhaus auf 400 Thl; 1837 Heyde; 1846 vermietet an Witwe Dorothea Völker; 1851 Knopfmacher Wawer; 1853 Kern, vermietet an Waber und Klempnermeister Ebeling.

HAUS-NR. 187 (rechte Hausstätte): 1663 Joh. Honeius; 1667 Johann Houneuß (stirbt 1671); 1675 Johan Hierig, jetzt Arnold Klapmeyer; 1676/78 Arnold Klapmeyer; 1680/1713 Simon Weber; 1723 Kramer Simon Weber; 1729 Simon Webers Haus; 1738 Simon Webers, jetzt Licentats Rienschen Haus; 1741 Riensche; 1743 kein Eintrag (Haus ohne Grundbesitz); 1750 Schäkel Junior; 1755 Schäkelsches Haus, 200 Rthl; 1762/67 Senator Streming, Wohnhaus am Markt mit Braurecht; 1781 Daniel Stremming, Wohnhaus 600 Rthl; 1798 Acisse-Assesor Stremming; 1802 *Hautboist* Hartung, Mieter: Kammersekretär Rinsch, Braurecht; 1805 Friedrich Heinrich Hartung; 1807 Mieter ist Büter; 1809 Hartung, Mieter ist Wundermann, der sich als Buchbinder und Gemeinhändler betätigt. In diesem Jahr Verkauf des Hauses für 1 500 Rthl an Karl Friedrich Heiden; 1818 Schuster Heyde, Erhöhung Versicherung auf 2 000 Thl; 1833 soll das Haus des Heide verkauft oder verpachtet werden (Fama 7, 1833); 1836 Übertrag an Heiligtag; 1846 Kaufmann Karl Heiligtag; 1853 Büchter (im Haus ein Laden und ein Comptoir).

HAUS-NR. 186/187: In dem Haus wird am 20. 8. 1852 durch den aus Petershagen zugezogenen Heinrich Muermann (* 1827, † 1911) die Firma Muermann als Tuchgroßhandlung gegründet. Seit 1862 auch Uniformenkonfektion (insbesondere für die Oberpostdirektion Minden), die im Verlagswesen in Heimarbeit bzw. bei Zwischenmeistern hergestellt werden. Später wird die Produktion von Uniformen aller Art aufgenommen (etwa für die deutschen Kolonien). 1880 bezeichnet als »Heinrich Muermann, Tuchhandel und Herrengarderobe«. 1905 bezog der Sohn des Firmengründers, Karl Heinrich Muermann (starb 1936) die erworbene Villa Stiftstraße 25 – später Stiftstraße 27 – (aus seiner Ehe mit Degenhardt ging nur die Tochter Else hervor), während sein Bruder Hans Muermann 1915 das Haus Stiftstraße 29 erwarb und zu seinem Wohnsitz ausbauen ließ. Beide Söhne werden 1887 bzw. 1890 Mitinhaber der Firma, die1906 als »Tuchgroßhandlung, Militäreffekten und Uniformfabrik Heinrich Muermann« bezeichnet wird. Seit etwa 1910 ist Heinrich Lautz Prokurist der Firma; 1927 bezeichnet als »Tuchgroßhandel, Konfektion und Uniformfabrik Muermann«. Um 1925 tritt Dr. Alfred Kemper, der die Tochter Else von Karl Heinrich Muermann geheiratet hatte (1925 wird für das Ehepaar die Villa Blumenstraße 25 errichtet), in die Firma ein. Er leitet nach dem Tode seines Schwiegervaters 1930 die Firma bis 1945. 1936 wird der Tuchgroßhandel nach Berlin verlegt, die Fabrikation von Uniformen zugleich in Minden ausgeweitet (zur Uniformfabrik Muermann siehe auch den Betrieb Brühlstraße 18). 1945 treten Dieter Kemper und 1952 Dr. Reinhard Bremme, Enkel von Hans Muermann, in die Leitung der Firma ein (1951 wird für Elke Kemper, geb. Muermann, das repräsentative Wohnhaus Hansastraße 23 innerhalb des Firmengeländes errichtet, während Dieter Kemper das Wohnhaus seiner Großeltern an der Stiftstraße 25 bezieht). Der Betrieb erstellt nun vor allem Uniformen für Übersee. Ferner wird eine starke Fertigung von Herrenoberkleidung unter der Marke KORREKT aufgebaut. Zusammen mit Zweigbetrieben in Vechta, Hille und Rinteln hat die Firma 1965 über 1 000 Beschäftigte. Ab 1964 alleinige Leitung der Firma durch Dr. R. Bremme, die 1974 geschlossen wird, da die Bekleidungsherstellung auf deutschem Lohnniveau nicht mehr möglich erschien.

Haus-Nr. 186 (bis 1864)

Nach den Katasterplänen und den Umbauplänen 1864 ein kleines Haus auf nur mäßig tiefem Grundriß, dessen Fassade bis zu diesem Zeitpunkt weitgehend von einer dann abgebrochenen Utlucht eingenommen wurde. Unter dem Haus ein (heute vermauerter) Gewölbekeller, vom Keller des Hauses Obermarktstraße 2 (rechts) aus zugänglich. 1853 wird von einer neuen Gründung des Hauses und Aufbau einer Etage berichtet (KAM, Mi, F 1137).

Haus-Nr. 187 (bis 1864)

1767 wird eine Reparatur durchgeführt. 1833 wird berichtet, das Haus habe zwei gewölbte Keller, einen Laden, fünf Stuben, fünf Kammern, einen großen Saal, zwei Küchen, Hofraum und Stallung. 1864 hat das Haus eine Utlucht auf der linken Seite. Nach den Umbauplänen dieses Jahres offensichtlich ein Giebelhaus mit steinernen Umfassungswänden, ursprünglich wohl mit rechtsseitiger Diele und linksseitigem Stubeneinbau.

Abb. 1127 Obermarktstraße 6 (links) und 2/4, Ansicht von Südosten, 1993.

Von dem bis 1864 bestehenden Bau noch die Kelleranlage erhalten: Im vorderen Hausbereich entlang der südlichen Traufwand ein Tonnengewölbe (wohl unter der ersten Stube), das aus einem Mischmauerwerk von Bruchsteinen und Backsteinen besteht. In der nordwestlichen Ecke eine später mit Backsteinen vermauerte rechteckige Öffnung (alter Zugang von der Hausdiele ?) mit Sandsteinsturz. Rückwärtig anschließend ein quer mit Backsteinen (30 x 15 x 7,5 cm) überwölbter Keller, dessen südliche Stirnwand aus Sandsteinquadern besteht und daher wohl älter als der übrige Keller ist.

Wohnhaus (von 1864), Obermarktstraße 2

Im April 1864 Antrag des Kaufmanns Muermann auf Genehmigung zum teilweisen Neubau eines Gebäudes nach dem Entwurf des Baumeisters C. Marx. Dabei werden offensichtlich große Teile der massiven, zum Teil auch aus Fachwerk bestehenden seitlichen Wände und der Rückfassaden der beiden Vorgängerhäuser übernommen, ebenso bleibt das Hinterhaus an der Opferstraße 4 bestehen. Die durch die Verwendung älterer Substanz im Grundriß leicht geknickte Fassade ist drei-

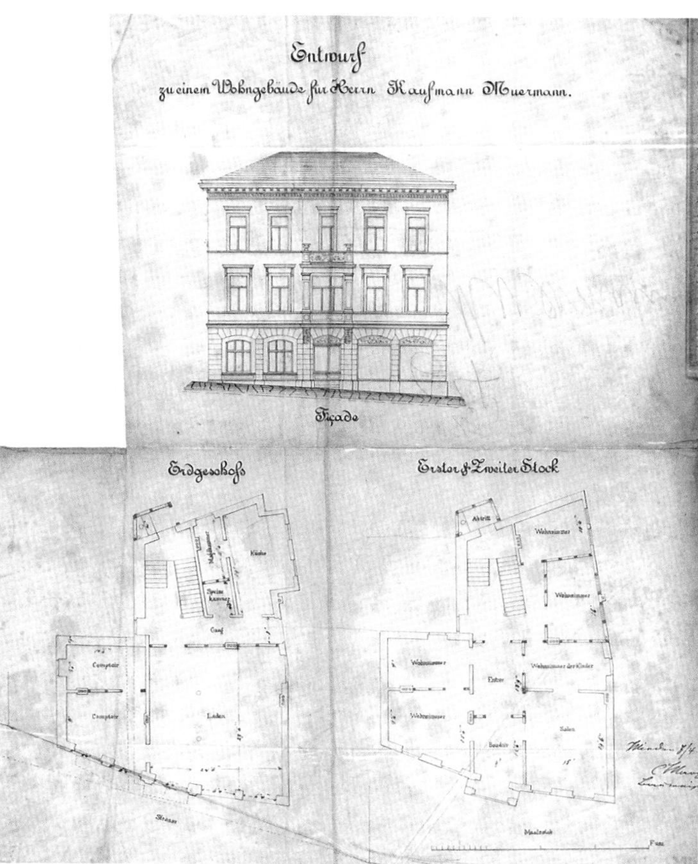

Abb. 1128 Obermarktstraße 2, Plan zum Neubau, Baumeister C. Marx, 1964.

geschossig und fünfachsig, bei risalitartiger Hervorhebung der mittleren Achse durch Vorsprung und balkontragendem Erker über starken Konsolen in der ersten Etage. Flachgeneigtes Vollwalmdach über starkem, von Konsolen getragenem, hölzernem Kranzgesims. Darunter breites aufgeputztes Ornamentband. Im Unterschied zum Entwurf bekam das Haus ein Drempelgeschoß, das durch ein einzelnes mittleres Rundfenster belichtet wird. Die rechteckigen Fenster mit schlichten Putzfaschen und konsolgetragenen Verdachungen. Das Erdgeschoß mit stichbogenförmigen Schaufenstern und mittlerem Zugang später mehrmals ganz verändert und heute ganz mit Stahlträgern abgefangen.

Im Inneren wird das Erdgeschoß im vorderen Hausteil ganz zu Geschäftszwecken ausgebaut, der Hauszugang daher in der rechten, dem Nachbarhaus Markt 18 zugehörigen Zufahrt angelegt. Rückwärtig zweiläufige hölzerne Treppe, Aborte von den Wendepodesten in einem Fachwerkanbau zugänglich.

1895 wurde dieses Haus zusammen mit Markt 8 als erster Bau Mindens mit elektrischer Beleuchtung versehen, die von einer privaten Generator-Anlage der Hausbesitzer Muermann und Hattenhauer auf dem Grundstück Markt 16 mit Strom versorgt wurde (Brandhorst 1977, S. 138).

Abb. 1129 Obermarktstraße 3, Ansicht von Nordwesten, 2000.

OBERMARKTSTRASSE 3 (Abb. 1129)

1729 bis 1743 Martini-Kirchgeld Nr. 141; bis 1878 Haus-Nr. 188

Die Parzelle dürfte erst zu einem späten Zeitpunkt durch Abtrennung der Traufgasse hinter dem Haus Obermarktstraße 1 entstanden sein, bestand sicherlich aber schon vor 1650. Die Befunde der südlichen backsteinernen und zweigeschossigen Brandwand mit Bögen zum Haus Obermarktstraße 5 sprechen für eine Existenz der Hausstätte spätestens im 16. Jahrhundert, möglicherweise zunächst als zu Nr. 5 gehörendes Nebenhaus.

1729 Wilckens; 1738 Schrader vorher Wilcken; 1740 Johan Casper Rohde früher Wilken; 1743 Johann Caspar Rhode; 1750 Caspar Rhode; 1755 Haus für 100 Rthl; 1765/66 Übergang an Chirurgus bzw. Assessor Schindeler (KAM, Mi, C 384); 1781 Assessor Schindeler; 1798 Tabakspinner Altenburg; 1802/04 Haus für 400 Rthl, ohne Braurecht, ohne Vieh; 1806/07 Tabakspinner Wilhelm Altenburg; 1823 Witwe Altenburg: Versicherung von 400 auf 800 Thl; 1827 Jüngling; 1831 Erhöhung auf 1 200 Thl; 1846/53 Goldarbeiter Heinrich Jüngling (im Haus Laden und Werkstelle); 1878/1907 Goldarbeiter G. Kohlhagen; 1951 Schuhhaus Neukirch.

Haus (bis 1765)

Von dem 1765 weitgehend erneuerten Bau wurde die backsteinerne südliche Traufwand und wohl auch der große vordere Gewölbekeller, der sich auf schiefwinkligem Grundriß bis vor das Haus Obermarktstraße 1 hinzieht, wieder benutzt. Dieser besteht aus einer sehr hohen Tonne aus Bruchstein und besaß zunächst einen Zugang von der Obermarktstraße sowie eine Treppe in der südöstlichen Ecke in das Hausinnere. Der Vorgängerbau muß geringfügig tiefer nach Osten in die Parzelle geragt haben, denn die südliche Wand ragt aus dem heutigen Haus hervor.

Haus (von 1765)

Dreigeschossiger, schlichter verputzter Fachwerkbau mit in der Straßenansicht flach geneigtem, pfannengedecktem Vollwalmdach und dreiachsiger Fassadengestaltung über hohem Kellersockel. Nach den Quellen in zwei Abschnitten 1765 und 1852 entstanden. Nach Abbruch eines Vorgängerhauses bis auf die südliche steinerne Seitenwand wurde 1765 ein Neubau für 1 747 Rthl errichtet, beschrieben als *ein neues Wohnhaus, 38 Fuß lang, 23 Fuß breit, 2 Etagen hoch, leicht gebauet* (KAM, Mi, C 388). In großen Bereichen benutzt das Gebäude die bestehenden nördlichen und südlichen massiven Wände und besitzt nur eine Fachwerkfassade im westlichen Bereich und eine 1951 weitgehend erneuerte Front im Osten. Es wurde ein zweigeschossiger Fachwerkbau errichtet, der in den beiden Etagen jeweils nur zwei bzw. drei Räume umfaßt, die ursprüngliche Gestaltung des Daches unbekannt.

Als man 1807 beim Ausbau der Obermarktstraße zur Staatschaussee die Steigung neu planierte, wurde die Fläche vor dem Haus abgesenkt und der Giebel unterfangen (KAM, Mi, C 503). Dadurch entstand die heutige Höhe des Kellersockels, und vor die Haustür wurde eine Treppe für 12,5 Rthl gestellt (die im 20. Jahrhundert zur Straßenverbreiterung in das Hausinnere verlegt wurde). Bei dieser Maßnahme scheint auch der äußere Eingang des Kellers vermauert worden zu sein (statt dessen wurde eine große Bogentür als Verbindung zum Keller des Hauses Obermarktstraße 1 geschaffen, die später wieder vermauert wurde).

Nach Bericht der Quellen dem Haus 1853 eine zusätzliche Etage aufgesetzt (KAM, Mi, F 1137). Diese Aufstockung steht im Zusammenhang mit der gleichen Baumaßnahme bei dem anschließenden Haus Obermarktstraße 5, ist aus Fachwerk gemacht und in der Fenstergliederung dem Altbau angepaßt. Spätestens von diesem Zeitpunkt an sind die Fronten des Gebäudes verputzt. Das neu aufgesetzte sehr flach geneigte Dachwerk besteht aus Nadelrundhölzern und lehnt sich auf der südlichen Seite an die schon zuvor erhöhte Traufwand des Hauses Obermarktstraße 5 an. Im Inneren wurde eine neue, durch alle Geschosse reichende Treppe mit gedrechselten Traillen eingebaut.

1887 Entwässerung; 1906 Kanalisation; 1951 innerer Umbau des Erdgeschosses zu Ladenzwecken mit Einbau von Schaufenstern. Ferner wurden die Geschoßbalken erneuert und der rückwärtige Bereich des Hauses nach Abgraben des Erdreiches unterkellert (Decke aus Kappen auf Eisenschienen). Einbau von großen Fenstern in dem weitgehend erneuerten Rückgiebel. Um 1985 vorsichtige Modernisierung des Inneren und Äußeren.

OBERMARKTSTRASSE 4 (Abb. 1130–1132)

1729 bis 1741 Martini-Kirchgeld Nr 9; bis 1878 Haus-Nr. 185

Das Bürgerhaus dürfte durch eine sicherlich schon vor 1650 erfolgte Abtrennung von dem großen bürgerlichen Anwesen Nr. 2 entstanden sein und umfaßte nicht mehr als die Standfläche des westlich vor die Stützmauer unterhalb der Opferstraße gesetzten Gebäudes. Nördlich des Hauses ein kleines Hinterhaus im Hof hinter Nr. 2.

1663 Johann Jochimbs (hat auch ein kleines Haus, in dem der Schuster Hermann Lohmann wohnt. Hat ferner eine Ölmühle am Deichhof, für die er Pacht zahlt); 1675/78 Johann Jochimbs; 1679 Johan Jochmus (zahlt jährlich 4 Thl Giebelschatz); 1684 Witwe Joh. Jochmus; 1692 Gabriel Jochmus; 1696 Evert Jochmus; 1702/11 Everhard Jochmus; 1723 Kramer und Materialist Johann Martin Brüning; 1729/41 Bruning (vorher Johann Eisbergen); 1743 Martin Brüning; 1750 Nicolaus Gohde; 1755 Haus für 500 Rthl; 1766 Lehmann; 1770 Versteigerung des Hauses Witwe Lehmann an den Tischler Georg Sassenberg (WMA 1771, S. 22); 1781 Tischler Sassenberg, Wohnhaus 500 Rthl und Nebenhaus; 1798 Witwe Sassenberg, Haus mit Braurecht; 1805/06 an Conrad Hermann, Wohnhaus und Scheune; 1809 Seiler Johann Christian Herrmann; 1818 Wohnhaus für 700 Thl und Nebenhaus; 1837 Herrmann; 1846 Bäcker Heinrich Wesselmann und vier weitere Parteien (insgesamt 26 Personen); 1851 der Bäckermeister Heinr. Wilhelm Wesselmann will sein Haus verkaufen (MiSoBl 1851); 1853 Bäcker Wesselmann und zwei Mietparteien (ein Laden im Haus); 1878 Muermann; 1900 Muermann; 1967 Ferdinand Schormann.

Dielenhaus (bis 1770)

1770 hat das *Lemansches Haus* zwei Stockwerke und ist sehr baufällig. Der Vordergiebel ist im Erdgeschoß massiv, darüber von Holz und sehr weit ausgewichen. Die Balkenauflager der seitlichen massiven Mauern sind faul, die meisten Balken schon abgeknickt. Das hinterste Gebäude steht zwar an der Straße noch lotrecht, doch sind die Balken in dem Hause gleichfalls abgefault (KAM, Mi, C 380). Auf Grund der Beschreibung scheint es sich um ein giebelständiges Dielenhaus mit massiven Umfassungswänden und einem Obergeschoß von Fachwerk gehandelt zu haben.

Wohnhaus (1771–1900)

Das Haus wurde kurz nach der Versteigerung 1770 an Tischler Sassenberg einschneidend erneuert, wofür er 1774 insgesamt 1 057 Rthl bei der Stadt zur Erlangung von Baufreiheitsgeldern in Rechnung stellt. Es ist *ein in Hauptwänden schlechtes, mit einigen Stuben inwendig ausgebauetes Hauß* (KAM, Mi, C 388). Der Bau scheint durch Umbau des bestehenden Hauses entstanden zu sein. Bis zum Abbruch 1900 ein dreigeschossiges massives Giebelhaus mit fünfachsiger Fassade. Die Putzfassade bis auf geschoßtrennende einfache doppelte Gesimsbänder ohne besonderen Schmuck, nur die breite Haustür mit einem sauber scharrierten Sandsteingewände, dessen Stichbogen einen Scheitelstein mit unbekannter Inschrift aufwies.

Erweiterungsbau von Obermarktstraße 2 (von 1900) (Abb. 1131–1132)

Im Februar 1900 stellt der Kaufmann Muermann den Antrag auf An- und Umbau eines Wohn- und Geschäftshauses, der aber den Abbruch des Hauses Obermarktstraße 4/Opferstraße 2 und die Errichtung von Neubauten an dieser Stelle in Verlängerung der schon auf der Parzelle Obermarktstraße 2 stehenden Bauten unter Aufgabe der zwischen den Bauten bestehenden Durchfahrt vorsieht. Das Hinterhaus Opferstraße 2 wird nun als selbständiger Bauteil ausgeführt: mit Galeriebrücke in der vierten Etage zum Vorderhaus, so daß der knapp bemessene Hofraum vergrößert werden kann. Dabei wird auch der freie Winkel hinter dem kürzeren Altbauteil des ehemaligen linken Vorgängerhauses von Obermarktstraße 2 zugesetzt, so daß beide Bauteile eine durchgehende Hoffassade erhalten können, die mit eisernen Balkons versehen wird. Die im Mai 1899 fertiggestellten Pläne stammen von F. Usadel/Hannover, die Arbeiten werden durch das Mindener Baugeschäft seines Vaters ausgeführt. Die Neubauten konnten noch im Winter 1900 fertiggestellt werden. Der dreigeschossige Neubau mit ausgebautem Dach in der Höhenentwicklung dem bestehenden Haus Obermarktstraße 2 angepaßt und mit einem Querflur mit dem Altbau verbunden, doch mit eigenem, aufwendig gestaltetem Treppenhaus mit eisernem Geländer und Kunstverglasung. Die Fassade des Baus allerdings bei gleicher Höhenentwicklung im Detail erheblich anders als die des Kernbaus gestaltet: Sie wird bestimmt durch eine starke plastische Durchgestaltung und den Wechsel von gelben Klinkerflächen im Bereich der beiden mittleren Fensterachsen, deren Umrahmung denen des älteren Bauteils entspricht, und Putzflächen an den Seiten. Hier sind in den oberen Etagen auf beiden Seiten jeweils die zwei nahe zusammengerückten Fenster durch ein starkes, von dreiviertelplastischen Säulen getragenes Gebälk so zusammengefaßt, daß der Eindruck von vorstehenden Lisenen entsteht. Über dem oberen Gebälk breites Putzornamentband zur Verdeckung des Drempelgeschosses, dar-

Abb. 1130 Obermarktstraße 4, Ansicht des 1900 abgebrochenen Hauses von Nordosten, um 1895.

über ein durchlaufendes hölzernes Kastengesims mit unterem Zahnschnittband, das das flache Satteldach verdeckt. Über den seitlichen Fenstergruppen jeweils eine reich ornamentierte Putzlukarne.

In beiden Bauteilen bis heute außerhalb des Erdgeschosses keine wesentlichen Umbauten vorgenommen, so daß die historische wandfeste Ausstattung (Treppen, Türen, Kunstverglasung des Treppenhauses von 1900) weitgehend noch erhalten ist (Decken im zweiten Obergeschoß abgehängt). Die Läden enthalten über den neuen Deckenverkleidungen noch durchgängig einen feinen, wohl 1900 aufgebrachten Stuck.

1932 Umbau Erdgeschoß Nr. 2; 1952 Umbau der Läden und der Erdgeschoßfassaden (Planung R. Dustmann); 1967 Neugestaltung der Erdgeschoßfront nach Plänen des Architekten W. Hempel. Bei dem Neubau des benachbarten Komplexes Markt 18 in den Jahren 1965/67 wurde die zu diesem Haus gehörende Einfahrt neben Obermarktstraße 2 aufgegeben, überbaut und durch eine erheblich höher angeordnete Treppenanlage ersetzt. Dabei mußte auch der Hofplatz hinter Obermarktstraße 2/4 in der unteren Etage überdacht werden, wobei man bei Vermauerung zahlreicher Öffnungen in den unteren Etagen den Hauseingang in den Rückgiebel auf den Wendepodest zwischen der ersten und zweiten Etage verlegte. Der überdachte Hof den Ladenflächen des Erdgeschosses zugeschlagen; 1984 der Komplex in die Denkmalliste der Stadt Minden eingetragen.

Abb. 1131 Obermarktstraße 2/4, Treppenhaus von 1900, Zustand 1995.

Abb. 1132 Obermarktstraße 2/4, verglaste Etagentür in der 1900 errichteten Erweiterung, Zustand 1995.

HINTERHAUS OPFERSTRASSE 2, RECHTER TEIL

Bis zum Abbruch im Jahre 1900 offensichtlich mit dem Vorderhaus Obermarktstraße 4 unter einem Dach und wohl (zumindest ursprünglich) auch ein Gebäude. Keine weiteren Nachrichten dazu bekannt.

Lagerhaus (von 1900)

1900 zusammen mit dem Vorderhaus als eigenständiger Bauteil neu errichtet nach Plänen von F. Usadel/Hannover durch die Baufirma seines Vaters in Minden. Bei um 2 m größerer Tiefe in der Ansicht in der gleichen Weise gestaltet wie das 1890 daneben und von dem gleichen Bauherren errichte Hintergebäude Opferstraße 4. Massivbau von zwei Geschossen und flachgeneigtem Satteldach mit Drempelgeschoß. Die Fassade zur Straße vierachsig. Im Inneren mit Verbindungen zum Hinterhaus Opferstraße 4 und einem elektrischen Personen- und Lastenaufzug ausgestattet (KAM, Mi, G II, Nr. 703).

1922 Tieferlegung der Sohlbänke im Erdgeschoß zur Anlage von Schaufenstern zur Opferstraße. 1928 wird der Personenaufzug erhöht. 1965/67 bei der Überbauung des Hofes stark verändert und bei Aufgabe zweier Erdgeschoßfenster eine Durchfahrt zum neuen höheren Hof geschaffen.

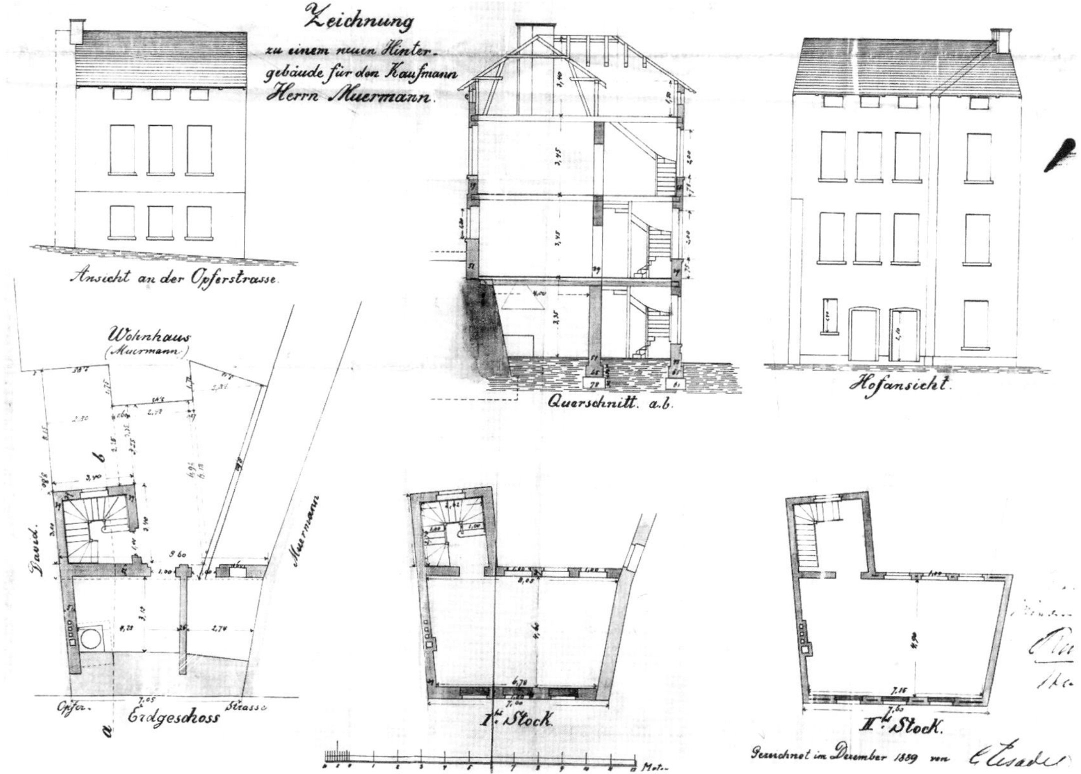

Abb. 1133 Opferstraße 2, Plan zur Errichtung des Hintergebäudes, Bauunternehmer G. Usadel 1889.

HINTERHAUS OPFERSTRASSE 2 (Abb. 1133)

bis 1818 Haus-Nr. 179; bis 1878 Haus-Nr. 179 b

Das Hinterhaus gehörte zu dem anschließenden Haus Obermarktstraße 4, an das es seitlich unterhalb der rückwärtig das Haus begrenzenden Stützmauer angefügt war.

1743 Witwe Simon Webern; 1750 Witwe Webers; 1755 Webers Erben, Haus für 50 Rthl; 1766/81 Lübken, Haus für 50 Rthl; 1781 Tischler Sassenberg, Nebenhaus 200 Rthl; 1798 Assessor Schindler, Haus ohne Braurecht; 1802 Witwe Schindler, Haus für 500 Rthl; 1804 Mieter ist Erfaß; 1805 Assessor Schindler; 1806 Hermann; 1809 Seiler Herrmanns Nebenhaus 300 Thl, bewohnt von Schuster Graupenstein; 1818 Hausnummer in 179 b geändert; 1818/37 Seiler Hermann, Wohnhaus 500 Rthl, gehört zu Haus-Nr. 185; 1846 Schneider Heinrich Kaiser mit Familie und Gesinde; 1851 Bäckermeister Heinrich Wilhelm Wesselmann will das Haus verkaufen (MiSoBl 1851); 1853 Wesselmann, vermietet an Malkowsky.

Hinterhaus (bis 1890)

Der relativ kleine und wohl traufenständige Bau wird 1890 abgebrochen.

Hintergebäude (von 1890)

Errichtet nach Plänen des Maurermeisters Usadel für den Kaufmann Muermann. Das traufenständige Gebäude ohne eigene Brandwand vor das anschließende Haus Obermarktstraße 4/Opferstraße 2 gesetzt, das zu dieser Zeit ebenfalls Muermann gehörte. Der Bau mit flach geneigtem

Satteldach und niedrigem Drempelgeschoß zur Opferstraße zweigeschossig mit dreiachsiger Fassade und aus verputztem Backsteinmauerwerk. Darunter ein Untergeschoß neben der hier sehr breit in den Bau ragenden Stützmauer zwischen Unter- und Oberstadt. Im Hof ein rechteckiger Anbau mit gewendelter hölzerner Treppenanlage mit gedrechselten Traillen durch alle Geschosse. Nutzung als Lager und Werkstatt, dafür im Untergeschoß eine große offene Feuerstelle. Eingänge nur vom Hofplatz. Bei Überdachung des Hofes 1965/67 das untere Geschoß umgebaut und zu den neuen großen Ladenflächen zugeschlagen.

OBERMARKTSTRASSE 5 (Abb. 1134)

1729 bis 1743 Martini-Kirchgeld Nr. 142; bis 1878 Haus-Nr. 189

Recht kleine, bürgerliche Hausstätte von nur geringer Tiefe. Sie scheint im 14./15. Jahrhundert durch Abtrennung von dem großen Anwesen Obermarktstraße 1 entstanden zu sein, wobei zunächst wohl das Gebäude Obermarktstraße 3 als Nebenhaus zugehörig war. Seit dem 19. Jahrhundert gehörten zeitweilig verschiedene Wirtschaftsgebäude (insbesondere bis zuletzt Leiterstraße 2) zum Anwesen. Das Grundstück seit 1983 mit Obermarktstraße 7 und 9 gemeinsam überbaut.

1729/38 Grotjahn; 1740 Grotjan ehemals Niehaus; 1743 ohne Eintrag (Haus ohne Landbesitz); 1749 Eberhard Jürgen Grotjan; 1750 Eberhardt Grotian; 1755 Haus für 300 Rthl; 1766 Witwe Niehausen; 1778 Goldschmied Koch; 1781 Herr Koch, Wert 400 Rthl; 1802 Koch Senior; 1804 Witwe Koch, hat 1 Kuh. Braurecht, Brunnen und hölzerne Spritze; 1814 Verkauf von Witwe Koch an Sattler Asmus; 1818 Assmus, Haus für 800 Thl; 1836 Asmus, erhöht von 1200 auf 1800 Thl; 1844 Versteigerung des Besitzes von Meister Assmus. Erwerb von Klempnermeister Carl Rudolf Hohmann; 1845 verkauft Hohmann den südlichen Teil der Scheune hinter dem Haus Markt 20 für 500 Thl an Julius Wolfers (der dann 1860 auch den ganzen davor liegenden Komplex erwirbt). Der Verbindungsbau zu Obermarktstraße 5 muß entfernt werden; 1846/53 Klempner Rudolf Homann und als Mieter der Sattler Friedrich Assmus (im Haus zwei Läden); 1852 Klempner Karl Homann erwirbt die Wirtschaftsgebäude des Anwesens Obermarktstraße 1: Scheune Leiterstraße 2, Scheune hinter Markt 20 an der Leiterstraße und einen weiteren Bau (siehe dort). Homann ist zu dieser Zeit Betreiber der städtischen Straßenbeleuchtung (siehe Teil V, S. 1648–1651) und war von 1852 bis 1864 Mitinhaber der ersten Gasfabrikation in dem östlich anschließenden Gebäude Lindenstraße 10/12 (siehe dort); 1862 K. R. Hohmann verkauft Julius Wolfers die halbe Scheune hinter dem Haus Markt 20; 1873 Fabrikanten C. und F. Homann; 1878 Homan und als Mieter der Medizinalrat Dr. Schulz-Henke; 1893 Spenner; 1908/19 Friseur Wilhelm Spenner (hat auch Leiterstraße 2).

Haus (Spätmittelalter–1983)

Zuletzt ein dreigeschossiger und giebelständig gestalteter Putzbau mit flachem Satteldach, Vollwalm über niedrigem Drempel, in dieser Erscheinung auf einen wohl 1852 durchgeführten Um- und Erweiterungsbau zurückgehend. Die fünfachsige Front in spätklassizistischer Weise schlicht geputzt, die ohne Faschen in die Front eingeschnittenen Fenster mit knappen Verdachungen und mit durch die Sohlbänke laufenden Brustgesimsen zusammengezogen. Der Ansatz des flach geneigten Vollwalmdaches hinter einem hölzernen Kastengesims verdeckt.

Kern des Hauses dürfte nach den Proportionen und den erhaltenen Plänen jedoch ein eingeschossiges, spätmittelalterliches Dielenhaus mit massiven Umfassungswänden gewesen sein. Dieses mit hoher Diele und einem Saal in der nordöstlichen Ecke, der darunter befindliche, halb eingetiefte Keller mit Balkendecke. In der vorderen, südwestlichen Ecke eine unterkellerte Stube. Das Haus später in nicht mehr weiter nachzuvollziehenden Schritten ausgebaut und mit einem Obergeschoß aus Fachwerk versehen worden.

1778 kam es zu einer Hauptreparatur für 1638 Rthl (KAM, Mi, C 384): *hat nach hinten 30 Fuß angebaut durch 2 Etagen*. Hierbei scheint der Hinterhausbereich in der bis zuletzt bestehenden Form zweigeschossig durchgebaut worden zu sein. 1779 wird weiter berichtet, *hat ein halbes Haus gebaut, ist aber kein Brauhaus* (KAM, Mi, C 874).

1852 kam es wohl zu einer großen Erneuerung des Hauses, denn in diesem Jahr wird die Versicherung von 1800 auf 2700 Thl erhöht und 1853 der Neubau der Straßenfront festgestellt (KAM, Mi, F 1137). Danach ist von einer Aufstockung des Hauses auszugehen. Zugleich wird auch das benachbarte Haus Obermarktstraße 3 aufgestockt, wobei sich dieses an die schon erhöhte Seitenwand aus stöckig verzimmertem Fachwerk mit Schwelle-Rähm-Streben anlehnt. Das neue zweite Obergeschoß aus Fachwerk. Einbau eines zweiläufigen Treppenhauses in der Mitte der südlichen Traufwand und Aufteilung des Inneren in mehrere Mietwohnungen.

Abb. 1134 Obermarktstraße 5 (hinten links), 7, 9 und 11, Blick von der Einmündung der Opferstraße nach Nordosten, 1974.

Abb. 1135 Obermarktstraße 6 (rechts) und 8 mit Treppe zur Opferstraße, Ansicht von Südosten, 1993.

1893 Entwässerung; 1908 Kanalisation; 1919 Teile der südlichen Außenwand massiv erneuert; 1983 Abbruch des Hauses, wobei die nördliche Seitenwand zum Schutz des Hauses Obermarktstraße 3 hinter einer Betonschalung erhalten bleibt.

Wohn- und Geschäftshaus (von 1983/84)

Nach einem Plan von W. Prasuhn errichtet, wobei auch das Grundstück Obermarktstraße 7 einbezogen wurde. Der schlichte Putzbau nimmt in der Gliederung der Front die Gestalt der Vorgängerbauten wieder auf: linker Teil dreieinhalbgeschossig und sechsachsig, rechter Teil dreigeschossig und dreiachsig.

OBERMARKTSTRASSE 6 (Abb. 1127 und 1135)

1729 bis 1741 Martini Kirchgeld Nr 8; bis 1878 Haus-Nr. 184

Die kleine Hausstätte umfaßt nur die Standfläche des Hauses und scheint ehemals zusammen mit dem Nachbarhaus Obermarktstraße 8 ein größeres Grundstück gebildet zu haben. Sie wurde schon vor der Mitte des 17. Jahrhunderts geteilt, wobei Nr. 6 zunächst das Nebenhaus oder der Hofplatz gewesen sein dürfte. Das Gelände nach Westen durch die Stützmauer unterhalb von St. Martini gegrenzt, auf deren Krone die Opferstraße verläuft. Unterhalb der Straße ein kleiner, vom Haus erschlossener überwölbter Raum.

Für die Hausstätte wurde Hauspacht von 2 ½ gr an das St. Nikolai-Armenhaus gezahlt.

1675/84 Johan Stolte; 1692 Arendt M. Johann Stolte; 1696/1713 A. M. Johann Stolte; 1710 werden von Johan Stolte 2 gr 6 d Pacht wegen einer auf dem Hause liegenden Obligation an das Nikolai-Hospital gezahlt. Spätere Eigentümer sind: 1751 Hans Jürgen Ilgenstein, 1759 Zinnen Gießer Joh. Samuel Gentzsch, 1768 Georg Sassenberg, nach 1784 Russak, dann Schultze KAM, Mi B 103 b,2 alt; C 203,22 alt; C 604).

1723 Kaufmann Stolte Junior; 1729/41 Ilgenstein; 1743 nicht genannt (Haus ohne Grundbesitz); 1750 Zinngießer Gentsch; 1751 Hans Jürgen Ilgenstein; 1755/60 Meister Gensch, Haus für 200 Rthl; 1766 Meister Andressen; 1774 Georg Sassenberg; 1781 Bäcker Russae, Wohnhaus für 200 Rthl, hat kein Braurecht; 1802 Rousseau, 600 Rthl; 1804 hat ein Stück Jungvieh; 1809 Bäcker Johann Roesseau; 1818 Handschuhmacher Schulze; 1826 Versicherung auf 2500 Thl erhöht; 1836 Herr Beck; 1846 als Mieter Mützenmacher Karl Borchard und vier weitere Parteien; 1851 Handschuhmacher Borchard, Tischler Lau, Tischler Schlatter; 1853 Beck und fünf Mietparteien (vier Zimmer als Werkstelle und Laden genutzt); 1878 Mohrien; 1906 R. Mohrien; 1952 Glasermeister Karl Jettmann.

Dielenhaus (16. Jahrhundert ?)

Recht kleiner und giebelständiger Bau mit Obergeschoß und Satteldach, die Umfassungswände massiv, von Backstein und beidseitig gemeinsam mit den Nachbarhäusern. Diese mit den charakteristischen und stockwerksweise eingeteilten Bogenstellungen an den Innenseiten und auf den Kronen mit sandsteinernen Rinnen. Das heute völlig ausgebaute und im Inneren und äußeren verkleidete Haus in seiner Baugeschichte nicht bekannt und in der heutigen Erscheinung von einem Umbau des späten 18. Jahrhunderts bestimmt, auf den die Gestaltung des wohl dabei in Fachwerk erneuerten Vordergiebels mit Putz, axialer Fenstergliederung und Krüppelwalm zurückgehen dürfte. Seitdem war der Bau als Flurhaus mit mittlerer Haustür und mittlerem Längsflur eingerichtet. Das Erdgeschoß seit 1952 völlig als Ladengeschäft eingerichtet und aller Innenwände entledigt.

Zur älteren Gliederung feststellbar: das vordere Drittel des Hauses auf der ganzen Breite unterkellert, dabei die Decke von Längsbalken getragen und der Raum von Westen erschlossen. Das Erdgeschoß ehemals mit etwa 4,7 m hoher Diele, von der in der südöstlichen Ecke eine Stube mit niedrigem Zwischengeschoß abgetrennt war. Dieses bis 1952 noch am Vordergiebel mit einer Utlucht unter flachem Pultdach erkennbar. Dahinter die Küche und das heute abgebrochene Treppenhaus. Die Diele westlich bis vor die Stützmauer reichend und hier mit Zugang zu einem überwölbten Lagerraum unter der Opferstraße. Das Obergeschoß mit 2,3 m lichter Höhe recht niedrig und wohl zunächst als Lagergeschoß gedacht, ebenerdig zugänglich von der Opferstraße.

In dem Haus befand sich 1796 an nicht bekannter Stelle der Versammlungsraum der Quäker, der auf obrigkeitliche Anordnung versiegelt wurde (zur Geschichte der Quäkergemeinde siehe Teil V, Kap. IV, S. 162–163, Kuckuckstraße 26); 1906 Kanalisation; 1952 Umbau des Erdgeschosses und Abbruch der Utlucht und der vor die Flucht springenden Treppenstufen (Baugeschäft Mülmstedt & Rodenberg); 1995/96 Ausbau des Obergeschosses und des Dachbodens zur Wohnung.

OBERMARKTSTRASSE 7 (Abb. 1134)

1729 bis 1743 Martini-Kirchgeld Nr. 143; bis 1878 Haus-Nr. 190

Sehr kleine Hausstätte, möglicherweise im 15. Jahrhundert durch Teilung einer größeren, auch das Haus Nr. 9 umfassenden Hausstätte entstanden (diese ursprünglich wiederum Teil eines größeren, auch die Hausstätten Nr. 11/13 umfassenden bürgerlichen Anwesens). Hinter dem nur kurzen Haus ein kleiner Hofplatz, an den sich an der östlichen Grenze ein Wirtschaftsgebäude anschloß. Das Grundstück seit 1983 mit Obermarktstraße 5 vereint.

Ghiseke Ghisekinck und seine Frau *Llucke* verkaufen 1486 eine Rente für 10 rheinische Gulden aus ihrem Haus mit Hausstätte und Zubehör, *so dat beleghen ys bouen dem marckede twischen Hinrick Tymerkaten vnd syner broder der Ghisekinges husen*. Die weitere Besitzerfolge nach Aufschriften auf dem Rand des Rentenbriefes nach Giseke Giseking: Albert Jode; Giseke Giseking; Hinrick Giseking; Herman Schardeman; Johan Abeking; Heinrich Moller (nach Mooyer: 1598); Ludeke Lubbeking; 1647 Bartoldt Sostman; Hinrich Walbohm (nach Mooyer: 1663 tot) (STA MS, Mscr. VII, 2716, Nr. 107, fol. 58r).

1675/92 Hinrich Walbaum; 1696/1717 Hinrich Walbaum (zahlt 3 ½ Thl Giebelschatz); 1716 nach dem Rentenbuch des Hospitals *Henrich Walbaum oben den Marckte*, später der Sohn Johan Heinrich Walbohm. Undatierter Nachtrag: *Dieses haus ist von H. Land Rentm: Witten aus dem Concurs erstanden und von demselben wieder an den Peruq-Macher Weber verkauft* (KAM, B 103 c,9 alt; C 217,22a alt; C 604).

1723/29 Henrich Walbaum, hat Braurecht und Land; 1738 Notar Walbaum; 1743 Haus ohne Grundbesitz; 1750 *Peruquier Weber*, 1755/81 Weber, Haus für 300 Rthl; 1786 jetzt Strempler, Erhöhung auf 400 Rthl, 1786 vermietet an den Gastwirt Todeschino, Ausländer aus Mailand; 1794 Mieter: Kaufmann Winter; 1798 Blechschläger Strempler; 1804 Haus ohne Braurecht, hat kein Vieh; 1806 Klempner Johann Georg Strempel; 1837 Strempel; 1846/53 Sattler Gottlieb Hermann (ein Zimmer als Werkstelle); 1878 Herr Block; 1897 Witwe Lühring; 1908 Friedrich Lühring; 1960 Heinrich Lübeck; 1983 LEG.

Haus (Spätmittelalter–1983)

Zuletzt ein schmaler und verputzter dreieinhalbgeschossiger Giebelbau mit Krüppelwalmdach, die Front in den unteren beiden Etagen drei, darüber zweiachsig gegliedert. Kern des Gebäudes nach den Proportionen aber offenbar ein kleines Giebelhaus mit hoher Diele. Das rückwärtige Drittel unterkellert (Balkenkeller). Das Haus zu nicht näher bekannter Zeit mit einem Obergeschoß von Fachwerk versehen, zudem die Diele zweigeschossig durchgebaut, dabei einen schmalen, bis zum Hof reichenden Flur entlang der südlichen Traufwand geschaffen. Für 1794 eine Reparatur überliefert (KAM, Mi, C 126). Ausbau des Daches mit Drempel wohl in der Mitte des 19. Jahrhunderts; 1897 Entwässerung; 1908 Kanalisation.

1983 Abbruch für Neubau zusammen mit dem nördlich anschließenden Grundstück (siehe Obermarktstraße 5).

OBERMARKTSTRASSE 8 (Abb. 1135, 1136)

1729 bis 1741 Martini Kirchgeld Nr. 7; bis 1878 Haus-Nr. 183

QUELLEN: KAM, Mi, C 859.

Siehe auch Kap. I.1, Stützmauer.

Das Gebäude bildete wohl ehemals mit dem Grundstück Obermarktstraße 6 eine gemeinsame Hausstelle, die aber schon vor der Mitte des 17. Jahrhunderts geteilt worden ist. Beide Bauten besitzen noch heute eine gemeinsame Traufwand mit aufgelegter und nach vorne entwässernder, sandsteinerner Rinne. Ferner lassen sich alte Verbindungen zwischen den Kellern beider Grundstücke nachweisen. Dabei ist das Haus Nr. 6 wohl ehemals das Nebenhaus der Parzelle Obermarktstraße 8 gewesen oder entstand an Stelle des Hofplatzes, über den seit der Teilung keines der beiden Häuser mehr verfügt. Das Grundstück liegt in dem Dreieck zwischen der Obermarktstraße und Opferstraße, wobei hier die hinter den Marktgrundstücken verlaufende Stützmauer unterhalb von St. Martini endet.

1675/79 Witwe Friedrich Wehmer; 1681/1713 Jürgen Dove (zahlt 3 ½ Thl Giebelschatz); 1729/41 Remondon. Um 1698 zogen Mitglieder der Hugenottenfamilie Raymondon nach Minden, wo der Notar Giraud Raymondon, früher Notar in St. Fortunat im Languedoc, und ein Strumpfweber Antoine Raymonden nachzuweisen sind (Krieg 1961, S. 92). Der Kaufmann Roumundom wurde am 24. 3. 1728 auf dem reformierten Kirchhof beerdigt, seine Frau am 15. 11. 1729 (KKA St. Martini). 1743/50 David Reimondon; 1748 zieht der französische Krämer und Gastgeber Johann Georg Bock, bislang am Markt wohnend, in dieses Haus. Es ist *nach der neuesten Architectur aufgebauet und mit viel commoden und logeablen Zimmern* versehen. Er betreibt auch hier wieder sein Gasthaus und hat ein Portrait des Königs von Preußen ausgestellt (WMR 1748, Nr. 46); 1755 Witwe Raimondon, Haus für 500 Rthl; 1766 Herr Raimondon; 1771 Raymondons Haus ist zu vermieten; 1777 *das Reymondonsche Haus oben dem Marckte an der Ecke bey der Selpertschen Apotheque* ist zu vermieten (WMA 1777); 1781/90 Kaufmann Pöttger, Wohnhaus für 1 000 Rthl; 1798 Madame Pöttger; 1804 Haus mit Braurecht, kein Vieh; 1806 Kaufmann Wilhelmina Pöttger; 1809 Amalie Pötger; 1815 Kaufmann Karl Ludwig Vögeler (* 1786); 1818 Kaufmann August Vögeler, Haus für 1 000 Thl; 1837 Vögeler; 1846/53 Buchhändler Ferdinand Eßmann und eine Mietpartei. Im Haus ein Laden und ein *Comptoir*, 1851 Essmann will sein Haus verkaufen (MiSoBl 1851); 1878/80 Drechslermeister Philipp Todt; 1892 Witwe Todt; 1911 Karl Philipp Todt; 1924 Kunstdrechsler Viktor Todt; 1966 Heinrich Lübeck.

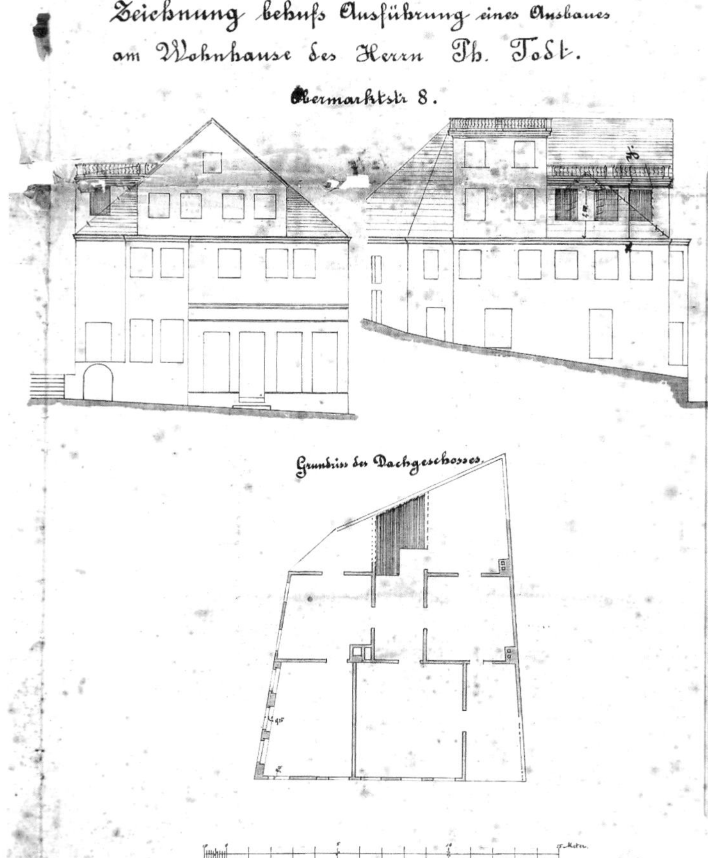

Abb. 1136 Obermarktstraße 8, Plan zur Erhöhung des Hauses, Maurermeister König 1880.

Das Haus geht in seiner heutigen Erscheinung auf einschneidende Um- und Erweiterungsbauten von 1892 und 1932 zurück, besitzt aber in seinen beiden unteren Etagen und im Keller noch umfangreiche Teile der älteren Bebauung des 16. oder 17. Jahrhunderts und wohl noch ältere, ungewöhnlich große Kelleranlagen. Die historischen Bauteile sind in dem genutzten Gebäude jedoch augenblicklich nur grob zu erfassen und auch aus den älteren Bauakten nicht im einzelnen zu erschließen, bedürfen bei zukünftigen Umbauten daher weiterer Untersuchungen. Kern des Gebäudes ist ein Giebelhaus mit backsteinernen Umfassungswänden von auf Grund des Parzellenzuschnitts nur geringer Tiefe, das eine mit etwa 4 m nur mäßig hohe Diele und darüber ein etwa 2,50 m hohes Wohn- oder Speichergeschoß aufnahm. Dazu gehören umfangreiche Kelleranlagen. Diese bestehen aus drei unterscheidbaren Teilen: Unter der ganzen Hausbreite befindet sich entlang der Obermarktstraße ein erst modern in mehrere Abteilungen getrennter hoher Keller mit bruchsteinernem Tonnengewölbe und ebensolchen Umfassungswänden. Er weist zur Straße vier Lichtschächte auf. Nach Westen findet sich anschließend im nördlichen Bereich des Hauses ein Nebenkeller mit west-östliche Tonnengewölbe aus Backstein (nach Ausweis von Spuren in der südöstlichen Ecke als Ersatz eines älteren und niedrigeren aus Sandstein). Das steinerne Türgewände zwischen beiden Kellern ist heute ausgebrochen. Zu dieser Kelleranlage sind mehrere Zugänge von Westen aus dem Hausinneren nachweisbar: etwa in der Mitte der Westseite des Hauptkellers gibt es eine später mit Backsteinen vermauerte Öffnung, eine weitere in der nördlichen Ecke mit Holzsturz ist nur mit Bohlen abgedeckt. Hier ist noch der Ansatz einer breiten steinernen Treppe erhalten, die sich nach Norden wendet und daher aus dem Haus Obermarktstraße 6 herabgeführt haben muß. Der heutige Zugang erfolgt über eine wohl erst 1892 angelegte Treppe, die dazu in die Wölbung des Nebenkellers eingebrochen wurde. An der südlichen Stirnwand des Kellers ist eine kleine, in zwei Räume unterteilte Erweiterung des 18./19. Jahrhunderts mit flachem Backsteingewölbe. In diesem Bereich scheint bis 1892 ein Zugang mittels einer Bogentür in der Fassade direkt von der Obermarktstraße bestanden zu haben.

1790 wird zu dem Haus gehörend ein noch 1897 in Nutzung befindliches, heute nicht mehr zugängliches weiteres Gewölbe beschrieben, das in Verlängerung des Erdgeschosses unter der höher verlaufenden Opferstraße lag. Es sei zur Gewinnung von Platz früher einmal in den Berg gearbeitet worden und 17 Fuß lang, 8 Fuß hoch und 6 Fuß tief. In diesem Gewölbe (Grundfläche 3,4 x 2 m und 3 m unter dem Pflaster der Opferstraße) im Anschluß an die nordwestliche Hausecke waren nach der Entwässerungsakte 1897 die Aborte untergebracht. Nach dem Kanalisationsplan von 1907 ist das Gewölbe bei der Anlage der hier noch tiefer verlaufenden Kanalisationsrohre beseitigt worden.

Eine Längswand teilte den Baukörper des Hauses bis 1892 im Erdgeschoß in eine etwa höher liegende südliche und eine breitere nördliche Zone, wobei in letzterer offensichtlich die aufgeteilte Diele zu erschließen ist (mit Stube, Flur, Treppenhaus und rückwärtiger Küche). Trotz des ungewöhnlichen Zuschnitts der Parzelle war es so möglich, in üblicher Anordnung die Diele zwischen dem Nebenhaus und dem an der Straßenecke gut plazierten Stubenteil zu legen (wobei in eher ungewöhnlicher Weise die allerdings möglicherweise älteren Keller keine Rücksicht auf die oberirdische Organisation des Hauses nahmen). Vor dem südlichen Stubenteil befand sich eine zweigeschossige Utlucht aus Fachwerk mit Pultdach. Die Fassade ist im Erdgeschoß massiv, im Obergeschoß aus Fachwerk.

Bis 1892 bot sich das Haus als ein zweigeschossiger Baukörper unter einem Vollwalm mit Zwerchhaus über der Straßenfront dar, also als ein Baukörper, der in dieser Gestalt erst seit dem 18. Jahrhundert denkbar ist. Offensichtlich ist das Haus um 1745 und um 1790 stark umgebaut und modernisiert worden, wobei die zweigeschossige Aufteilung der Diele zurückzuführen sein dürfte. 1777 wird es beschrieben als Haus mit fünf Stuben, einer verschlossenen und fünf Kammern, zwei gewölbten Kellern und einer wohlangelegten Küche (WMA 1777, S. 131). Ferner ist bekannt, daß zwischen 1786 und 1797 *an die 700 Rthl verbaut* wurden (KAM, Mi, C 133).

1880 wurde eine *Teilaufstockung im Dachgeschosses* vorgenommen, wobei ein Dachausbau mit pappengedecktem Flachdach an der südlichen Seite erfolgte (Planung und Ausführung Maurermeister König). Der rückwärtige Bereich und die nördliche Seite des Dachstuhls blieben (bis heute) unverändert. Mit der Baugenehmigung mußte die Verpflichtung eingegangen werden, die Utlucht vor dem Giebel innerhalb von 10 Jahren abzubrechen.

1892 erfolgte dann der Abbruch des alten Straßengiebels mit der Utlucht, der auf die Fluchtlinie zurückgesetzt nun massiv erneuert wird. Zugleich Umbau des Erdgeschosses zu zwei weiten Ladengeschäften (Pläne: Chr. Luhmann). Abfangung der Obergeschosse mit verputzten Eisenträgern auf Pfeilern, die Decken der Ladenräume anschließend mit einer reich verzierten (erhaltenen und restaurierten) Holzverkleidung versehen. Die neue massive Fassade wurde in zeittypischer Weise mit

Stuckornamenten in Formen der Renaissance und durch starke Gesimse dreigeschossig gegliedert, wobei der alte zu Wohnungen ausgebaute Dachstuhl hinter einer Balustrade verdeckt wurde. In der Mitte des ersten Obergeschosses Anfügung eines Balkons über zwei starken Konsolen. 1897 Entwässerung; 1907 Kanalisation.

1939 Herstellung eines neuen Dachstuhls auf dem vorderen Hausteil zur Schaffung eines zusätzlichen Geschosses. Dabei wurde die die Fassade bekrönende Balustrade abgebrochen und statt dessen ein massives und verputztes Giebeldreieck ohne weitere Dekorationen aufgemauert. Die seitliche Front der Aufstockung aus verputztem Fachwerk. Das massive Balkongeländer wurde durch ein Eisengeländer ersetzt.

OBERMARKTSTRASSE 9 (Abb. 1134, 1138)

1729 bis 1743 Martini-Kirchgeld Nr. 144; bis 1878 Haus-Nr. 191

Sehr kleine und nur etwa 5,25 m breite Hausstätte, wohl durch Teilung einer größeren Hausstätte entstanden, die zunächst wiederum Teil eines noch größeren und auch Nr. 11/13 umfassenden bürgerlichen Anwesen gewesen ist. Hinter dem nur kurzen Haus ein kleiner Hofplatz, an den sich an der östlichen Grenze ein Wirtschaftsgebäude anschloß.

Auf das Haus wurde 1571 durch die Witwe von Everd Volkenig eine Obligation über 10 Thl bei der städtischen Rentenkammer aufgenommen. Danach als spätere Besitzer genannt: Hinrich Arnings, 1663 Clauß Arnings, *nuhmer* Arendt Buseke (KAM, Mi, B 151 und 154, 4alt); 1663 Claus Arnings Erben, vermietet an Arnt Buseke; 1668 Conrad Waltke; 1675/80 Witwe Conrad Waltke; 1684 Gerd Munter; 1692/1711 Arend Hinrich Witte (zahlt 3 ½ Thl Giebelschatz); 1723 Zeug- und Strumpffabrikant Raymondon; 1729/38/40 Goldschmied Koch; 1743 Friedrich Christoph Koch; 1750 Goldschmied Koch; 1755 Christian Koch, Haus für 350 Rthl; 1781 Koch, 300 Rthl; 1784 Verkauf von Erben Kaufmann Koch an Johann Gerhard Blancke; 1791 Schneider Gordes; 1802/04 Haus für 700 Rthl, hat ein Stück Jungvieh, kein Braurecht; 1805 Schneider Gördes, will seinen Besitz verkaufen: Haus mit Huderecht für 2 Kühe (WMA 1805); 1806 Drechsler Christian Rasche; 1818 Drechsler Rasche, 700 Thl; wohl 1831 an Laspe, Erhöhung auf 1 675 Thl; 1837 Laspe; 1846/53 Drechsler Heinrich Laspe (im Haus Laden und Werkstelle); 1873 Witwe Laspe; 1878 Volkening; 1892/1905 Eduard Volkening, Papier- und Schreibwarenhandel; 1909 Kaufmann Rudolf Volkening; 1919 R. Volkening (das Geschäft Ed. Volkening verpachtet an Otto Hildenbrand); 1931 Dekorateur Jsidor Simon; 1940/68 Reinhold Schröder.

Haus (bis 1831)

Am 12. 10. 1711 wird dem Arend Henrich Witten vom Rat für fünf Jahre Freiheit von Giebelschatz, Wachen und Einquartierungen gewährt, weil er einen Neubau oder Reparatur durchgeführt habe (KAM, Mi, B 759). 1784 sollen erneut Reparaturen durchführen werden, für die Baufreiheiten beantragt werden (KAM, Mi, C 118).

1805 hat das Haus in der untersten Etage nach der Straße eine Stube und Kammer und ebenso nach dem Hofe zu eine Stube und Schlafkammer, ferner Küche und einen ausgemauerten Keller. Ferner unter der hinteren Stube ein gebalkter Keller. In der zweiten Etage vorn eine Stube und Schlafkammer und hinten einen Saal, *so zur Stube gebraucht* werden kann, alles mit Öfen besetzt. Unter der Treppe eine Schlafstelle. In der dritten Etage vorn zwei Kammern, wovon eine zur Stube gemacht werden kann, hinten ein Saal, der auch geheizt werden kann. Räucherkammer, beschossener Boden mit Winde und Kronrad. Hinter dem Haus Küchengarten, Schweine- und Ziegenstall sowie Abtritt und ausgemauerte Mistkuhle (hierzu Zeichnung von Däumer in KAM, Mi, C 829).

Haus (von 1831)

Nach Besitzwechsel für den Drechsler Laspe errichteter schmaler und dreigeschossiger Putzbau mit flachem, vorn abgewalmtem Satteldach über nicht ausgebautem, niedrigem Drempelgeschoß. Die dreiachsige Vorderfront mit zurückhaltender Putzgliederung in spätklassizistischer Weise, wobei der Dachansatz hinter einem stark vorkragenden Gesims über Konsolen verdeckt wurde.

Im Inneren breiter Längsflur entlang der nördlichen Seitenwand bis zum rückwärtigen Hofplatz, an den sich eine Folge aus Stube, Kammer, Küche und großem rückwärtigem Raum anschloß. Das

Obergeschoß über geradläufige Treppe im Flur erschlossen und nur mit Flur in der Mitte des Hauses, an den sich an beiden Giebeln breite Zimmer anschlossen.

1892 Entwässerung; 1905 Kanalisation; 1909 Ladenausbau im vorderen Bereich des Hauses, wobei die äußeren Treppenstufen entfernt werden (Plan: K. Volkening); 1932 Ausbau des hinteren Erdgeschosses zum Laden und Vertiefung des Kellers (Maurermeister C. Homann); 1952 Abbruch des zweigeschossigen Hinterhauses und Ersatz durch einen eingeschossigen Anbau.

OBERMARKTSTRASSE 10 (Abb. 1137, 1140)

1729 bis 1743 Martini-Kirchgeld Nr. 149; bis 1878 Haus-Nr. 195

Das Grundstück dürfte ursprünglich zum Besitzkomplex von St. Martini gehört haben. Größere bürgerliche Hausstätte, rückwärts bis zur Hohen Straße reichend und hier mit einem großen Wirtschaftsgebäude (siehe Hohe Straße 4), zu der zunächst nördlich auch noch eine breite Beifahrt gehört haben dürfte. Diese Fläche schon vor 1696 an das nördlich anschließende Anwesen Opferstraße 1 verkauft und von dort mit einem Flügel überbaut. Auch die Hausstätte selbst seit 1960 aufgehoben und durch Anbau dem Komplex Opferstraße 1 zugeschlagen.

1663 Joh. Schomburg (heiratete 1652 Kath. Beate Wesseling); 1680/84 Johann Schomburg (zahlt jährlich 4 Thl Giebelschatz); 1692 Erben Joh. Schomburg; 1696/1704 Johann Schomburg; 1709/11 Witwe Joh. Schomburg; 1719 Joh. Hermann Vögeler; 1723/28 Gerichtsaktuarius Johann Hermann Vögeler; 1728 Verkauf von Kleidern und Hausgerät (WN 1728, Nr. 12); 1729/40 Procurator Vögeler; 1743 Accissenkassendiener Stremming; 1750 Stremming; 1755 Selpert, Haus für 300 Rthl; 1781 Zinngießer Kostede; 1798 Bäcker Stammelbach und Kostede Senior; 1802 Stammelbach junior; 1804 Karl Stammelbach, Haus für 300 Rthl mit Braurecht, hat 3 Kühe und 2 Schweine; 1805 Zinngießer Costede; 1806 Bäcker Karl Stammelbach, Erhöhung auf 2 000 Rthl; 1826 Wohnhaus von 1 400 auf 3 000 Thl, die vor 1818 angekaufte Scheune (siehe Hohe Straße 4) von 600 auf 1 000 Thl erhöht; 1837 Bäcker Stammelbach; 1846 Ökonom Karl Stammelbach mit Familie und Gesinde; 1849 Übertragung des Hauses von Karl Stammelbach an seinen Schwiegersohn Kaufmann Wachsmuth (zugehörig noch die Stammelbachschen Buden an der Leiterstraße 3–7); 1853 Kaufmann Wachsmuth mit Familie und eine Mietpartei (im Haus ein Laden); 1898 Kaufmann M. Schmahl; 1949 Besitzer ist die Witwe des Kaufmanns Rudolf Volkening, geb. Auguste Jerrentrup, vermietet an Kaufmann Hermann Heuke.

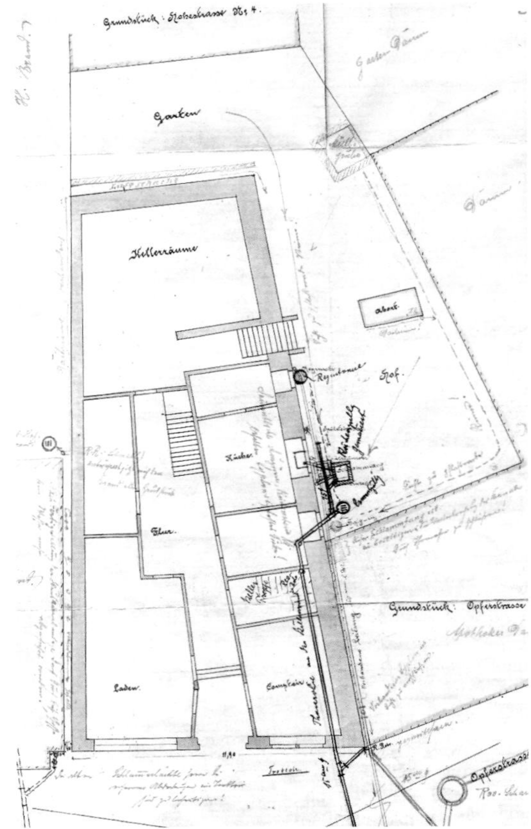

Abb. 1137 Obermarktstraße 10, Grundriß aus der Entwässerungsakte von 1898.

Dielenhaus (bis 1960)

Sehr großes bürgerliches Dielenhaus, bis zuletzt verputzt und vor seinem Abbruch nicht weiter in der Baugeschichte untersucht. Im Kern ein giebelständiges Dielenhaus mit massiven Umfassungswänden von 22 m Länge und auf schiefwinkeligem, nach hinten schmaler werdendem Grundstück, am Giebel 11,9 m breit. Die Umfassungswände aus Backstein und mit den charakteristischen Bogenstellungen. Das Haus wohl mit einem zweigeschossigen vorderen Stubeneinbau in der nordöstlichen Ecke und im hinteren Drittel einer unterkellerten

Abb. 1138 Obermarktstraße 9, 11 und 13 (rechts), Ansicht von Südwesten, 1993.

Saalkammer. Über der hohen und im 18./19. Jahrhundert zweigeschossig durchgebauten Diele ein Speichergeschoß. Nachträglich das Haus mit einer zusätzlichen Etage aus Fachwerk versehen und darüber ein Vollwalmdach aufgeschlagen. Wohl seitdem der Vordergiebel verputzt und viergeschossig gestaltet.

1898 Entwässerung; 1908 Kanalisation; 1949 Bau eines Lagerschuppens auf dem Hof; nachdem das Haus schon 1958 als baufällig bezeichnet wurde, 1960 Abbruch.

Wohn- und Geschäftshaus (von 1961)

Nach Plänen von A. Münstermann für Albert und Giesela Andert als erster von drei Bauabschnitten einer (später nicht durchgeführten) Gesamterneuerung des Komplexes Opferstraße 1 (mit zwei weiteren Baukörpern in den gleichen Formen) errichtet. Viergeschossiger und unterkellerter Stahlbetonbau mit vierachsiger Putzfront (zunächst als Rasterfassade mit Ausmauerung durch Backsteine geplant). Das Erdgeschoß als Laden mit Schaufensterfront und Kragdach eingerichtet.

1970 Ladenerweiterung auf dem Hof (Plan: Münstermann), der 1982 aufgestockt wird.

OBERMARKTSTRASSE 11 (Abb. 1134, 1138)

1729 bis 1743 Martini-Kirchgeld Nr. 145; bis 1878 Haus-Nr. 192

Die Hausstätte dürfte durch die schon im Spätmittelalter erfolgte Teilung eines größeren bürgerlichen, auch die Häuser Nr. 7 und 9 umfassenden Anwesens entstanden sein. Zu der bürgerlichen Hausstelle gehörte bis nach 1837 als Nebenhaus das Gebäude Obermarktstraße 13, mit dem auch eine gemeinsame, wohl noch mittelalterliche Brandwand besteht (sie ist alleiniger Besitz des Hauses Obermarktstraße 11). 1805 werden noch beide Häuser als *unter einem Dache* genannt (KAM, Mi, C 57,44 alt). Die Parzellierung spiegelt diese Situation noch heute wieder, da sich die zugehörigen Hintergebäude des Hauses Obermarktstraße 11 um das Haus Obermarktstraße 13 herum bis zur Leiterstraße erstrecken, letzteres sich damit als nachträglich aus einem größeren Block ausparzelliert erweist.

1663 Heinrich Wildschütte (hat auch ein kleines Haus auf der Opferstraße, an Uhlenbeck vermietet); 1666 wird erwogen, an Stelle des Hauses den Fleischscharren zu erbauen (siehe Scharnstraße 15); 1667 Heinrich Wildschütte († 1673); 1680 Conrad Wildschütte (zahlt jährlich 4 Thl Giebelschatz); 1692 Jobst Thiele in Wildschütten Haus; 1702 Meister Jobst Thiele; 1723 Huf- und Waffenschmied Jobst Thiele; 1729 Jobst Thiele; 1738/40 Jobst Thielen Haus; 1743 nicht genannt (Haus ohne Grundbesitz); 1750 Georg Bock; 1755 Witwe Raymondon, Wohnhaus 1000 Rthl; 1766 Herr Raymondon; 1781/1802 H. Walten, Wohnhaus 2500 Rthl, Hinterhaus 500 Rthl. Zum Besitz auch ein *Bruch-Garten* an der Lindenstraße gehörend. In dem Haus wird seit langen Jahren ein Weinhandel betrieben; 1804 Rudolph Walten, Haus mit Scheune, hat Braurecht, hält kein Vieh. Mieter ist Medizinalrat Borges; 1809 Weinhändler Walten. Mieter ist Herr von Stahl; 1812 Joh. Rupe, Wohnhaus (wohnt Obermarktstraße 1) mit Stallung, Hofraum und Garten; 1818 Kaufmann Rupe, Wohnhaus für 1800 Thl, Scheune 200 Thl; 1837 Rupe will das Haus nebst Hofraum und Scheune verkaufen oder verpachten, ist seit etwa 20 Jahren an einen Mode-Warenhandel vermietet (ÖA 36, 1837); 1846/53 Kaufmann Jude Ludwig Wolff und 1853 als Mieter der Lieutenant Delius (im Haus ein Laden); 1857 W.F. Wolff, Magazin fertiger Herrenkleider und Manufakturwaren; 1879 A. Goldschmidt (Inhaber der Firma Wilhelm Ludwig Wolff Nachfolger), erbaut das große Wohnhaus Marienstraße 11; 1885 Manufakturwaren und Herrengarderobenhandlung A. und M. Goldschmidt; 1898 Albert Weinberg; 1930 Dreisbach; 1933 Kauf durch Schlachtermeister Fritz Meyer.

Dielenhaus (bis etwa 1865)

Von dem um 1865 eingreifend umgebauten, bzw. in den vorderen zwei Dritteln weitgehend abgebrochenen Haus sind wohl noch die massiven Brandwände an der nördlichen und südlichen Seite sowie das hintere Drittel (rückseitig des Treppenhauses) mit den massiven Traufwänden, zweigeschossigem Hausgerüst und Rückgiebel aus Fachwerk sowie der darunter befindliche Gewölbekeller in der nordöstlichen Ecke des heutigen Gebäudes erhalten. Dieser mit einer Quertonne aus Bruchstein, die Umfassungswände aus Sandsteinquadern (nördliche Wand aus spätmittelalterlichen Backsteinen im Format 31 x 14 x 8 cm). Die südliche Traufwand aus Backstein, im rückwärtigen Bereich ein vermauerter runder Entlastungsbogen aus Backstein erkennbar. Das Dachwerk über dem erhaltenen Teil von fünf Gebinden mit zwei Kehlbalkenlagen – zumeist in Nadelholz – im 18. Jahrhundert erneuert, ansonsten Eichenholz mit gezapften Verbindungen. Nach diesen wenigen – im augenblicklichen genutzten Zustand des Hauses zu machenden – Befunden handelte es sich um ein sicherlich noch dem 16. Jahrhundert entstammendes, steinernes Dielenhaus mit aufgesetztem Speichergeschoß und rückwärtigenm (erhaltenem), unterkellertemn Saalteil, wobei dieser rechtsseitig (südlich) Platz für einen Küchengang zum rückwärtigen Hof ließ.

Neubau (um 1865)

In der Erscheinung ein dreigeschossiger Backsteinbau der Zeit um 1865 in geschlossener Bebauung, die Traufwände und rückwärtige Bereiche offensichtlich noch auf ältere Vorgängerbauten zurückgehend. Die Fassade mit reicher Putzgliederung ist vierachsig gegliedert und im zweiten Obergeschoß leichter gestaltet. Das Satteldach hinter einer Verblendung mit Abschluß durch ein hölzernes Gesims über Konsolfries verdeckt. Mit dem weitgehenden Neubau des vorderen Hausteiles entstand ein dreigeschossiges Etagenhaus mit teilweiser Ladennutzung des Erdgeschosses. Das zweite Obergeschoß und der Drempel des niedrigen Satteldaches wurden bis auf den Vordergiebel aus Nadelholz in Fachwerk verzimmert. Dachwerk als Pfettenkonstruktion mit stehenden Stühlen. In der Mitte der südlichen Traufwand ist ein kleiner Lichtschacht in das Haus eingefügt.

Das Innere ist bis auf den vorderen Bereich des Erdgeschosses und die erneuerten Fenster im Vordergiebel weitestgehend im Zustand der Bauzeit überliefert (im ersten Obergeschoß einige Türflügel entfernt, Decken abgehängt). Im Erdgeschoß ein seitlicher, durch das ganze Haus bis zum rückwärtigen Hof reichender Längsflur, der in der Mitte der nördlichen Traufwand das zweiläufige Treppenhaus mit Traillen-Geländer erschließt. Diese Aufteilung des Erdgeschosses ist im Groben noch erhalten, jedoch wurde schon vor 1898 der Ladenraum mit Schaufenstern verändert. In den beiden Obergeschossen anschließend an das Treppenhaus ein kurzer Mittelflur, der vor großen Wohnräumen vor beiden Giebeln endet. Das rückwärtige alte Dachwerk wurde in der unteren Etage in die Wohnung der zweiten Etage einbezogen.

1898 Entwässerung; 1908 Kanalisation; 1929 Umbau Schaufenster; 1933 Umbau der Hintergebäude; 1934 Umbau Schaufenster; 1991 in die Denkmalliste der Stadt Minden eingetragen.

Werkstattgebäude

Wenige Meter hinter dem Rückgiebel des Hauses auf der südlichen Hälfte des kleinen Hofes (dieser wurde 1950 mit einem nur halb eingetieften Kühlkeller versehen). Zweigeschossiger, heute stark veränderter und verputzter Backsteinbau aus der zweiten Hälfte des 19. Jahrhunderts.

Hintergebäude (um 1860–1982)

Hinter dem Hof gelegen und östlich des Grundstücks Obermarktstraße 13 bis an die Leiterstraße reichend. Offensichtlich ein Backsteinbau aus der Mitte des 19. Jahrhunderts, als Lagerhaus erbaut. 1939 Umbau der Remise zur Wurstküche (Plan: H. Korth); 1950 Umbau der Schlachterei in den Hintergebäuden; 1982 Abbruch.

OBERMARKTSTRASSE 12 (Abb. 1139–1142, 1144, 1149)

1729 bis 1743 Martini-Kirchgeld Nr. 150; bis 1878 Haus-Nr. 197

Das Grundstück dürfte ursprünglich zum Besitzkomplex von St. Martini gehört haben. Die Hausstätte im rückwärtigen Bereich nach Westen erheblich ansteigend und bis zur Hohen Straße reichend (hier wohl schon im Spätmittelalter die Hausstätte Hohe Straße 2 abgetrennt, da ab 1717 wieder eine zeitlang angemietet wurde). Ehemals auch das südlich anschließende Grundstück Nr. 14 als Nebenhaus zugehörig, aber zu einem unbekannten Zeitpunkt vor der Mitte des 17. Jahrhunderts als selbständige Hausstätte abgetrennt. Etwa in halber Tiefe des Geländes besteht eine zur Planierung nötige Terrassenmauer von etwa 3 m Höhe, deren Verlauf sich auch auf den benachbarten Parzellen beobachten läßt. Zwischen beiden Ebenen auf dem Grundstück eine Treppe mit Sandsteinstufen. Die Bebauung der Parzelle besteht bis heute aus einer größeren Anzahl von Bauten: Unterhalb der Terrasse an der Obermarktstraße das im Kern auf das Spätmittelalter zurückgehende steinerne Giebelhaus mit kleinem rückwärtig anschließenden Flügelbau, ebenfalls im Kern wohl ebenfalls schon im 13./14. Jahrhundert errichtet; diesem folgt rückwärts ein vor die Terrassenmauer gesetztes Wirtschaftsgebäude. Auf der oberen Terrasse eine Scheune mit einem Vorplatz, befahrbar von der Hohen Straße (zwischen den Häusern 2 und 4). Auf einem Teil dieses Platzes entstand um 1820 auch das Wohnhaus Hohe Straße 2, das jedoch zum Nachbargrundstück Obermarktstraße 16 gehörte und bald in andere Hände überging. 1797 befindet sich hinter dem Haus ein Hofraum mit Obstbäumen, ferner ein Hintergebäude für Scheune und Stall und ein zur Ausfuhr dienender Hofraum.

Abb. 1139 Obermarktstraße 12, Ansicht der nördlichen Traufwand sowie der Hintergebäude nach Abbruch des Hauses Obermarktstraße 10, 1961.

1680 Samuel Pöttger; 1683 Samuel Pöttker, jetzt Gabriel Köhnenmann; 1692/1711 Gabriel Köhnemann (zahlt 4 Thl Giebelschatz); 1703 *Das oben den Marckte befindtliche Brau- und Wohnhaus* von Gabriel Kühnemann (KAM, Mi, C 111,1 alt); 1723/29 Chirurg Gabriel Köhnemann; im Jan. 1731 wird der *Landchirurgius und Erster Worthalter* Kühnemann in St. Pauli begraben; 1743 Chirurgus Rudolph Könemann; 1750 Witwe Könemann; 1755 Witwe des Regiment-Feldscherers Könemann, Haus für 800 Rthl; 1766 Anthon Pyro; 1781 Witwe Pyron, Wohnhaus 350 Rthl; Hinterhaus 50 Rthl; 1797 der Besitz der Geschwister Pirau soll versteigert werden. Zugehörig Huderecht auf dem Rodenbeck (Lippstädt. Zeitung vom 8. 10. 1797); 1798 Piros Erben; 1802 Bock Junior, Vorderhaus 660 Rthl, Hinterhaus 100 Rthl; 1804/06 Haus mit Braurecht, kein Vieh; 1809/18 Bäcker Heinrich Diederich Bock; 1829/35 Ludwig Bock; 1846/53 Bäcker Ludwig Bock und Bäcker Friedrich Wieghard; 1878 Lamm; 1898 Th. Brandt; 1913 Witwe Louise Brandt; 1930 Verkauf von Witwe Louise Brandt an Bäckermeister Wilhelm Niemeier.

Dielenhaus (von 1610)

Kern ist ein giebelständiges Haus mit massiven Umfassungswänden, von dem im augenblicklich intensiv genutzten Zustand kaum Details zu erkennen sind. Das Haus mit hohem Dielengeschoß von über 4,5 m Höhe und einem zeitgleichen, niedrigen Speichergeschoß. Die rechte (nördliche) Traufwand des Hauses (ehemals auch der Vordergiebel) aus Bruchsteinen aufgemauert, der Rückgiebel aus Fachwerk; das Material der linken Traufwand unbekannt. In ihrer Mitte der Kamin mit der ursprünglichen Feuerstelle zu vermuten (noch 1930 lag hier die Küche!). Nach der Fassadengliederung und der Lage der Utlucht war die Diele mit dem mittleren Torbogen befahrbar und in der nordöstlichen vorderen Ecke mit einem Stubeneinbau versehen. Dieser unterkellert mit einem hohen Tonnengewölbe, so daß die Stube gegenüber der Diele sehr erhöht war und zunächst wohl darüber nur eine niedrige Kammer als Zwischengeschoß aufwies. Die Lage der gemeinsamen sand-

Abb. 1140 Obermarktstraße 12, Ansicht von Nordosten, 1930.

steinernen Traufrinne zum Haus Obermarktstraße 16 läßt vermuten, daß auch das Haus Nr. 14 zunächst ein gleichhohes Obergeschoß und damit nur ein Speichergeschoß mit geringer Kopfhöhe besaß. Der 1930 abgebrochene Torbogen mit halbrundem Abschluß war aus Werksteinblöcken aufgesetzt, die an der Kante mit einem Zahnschnittprofil und in der Ansicht mit einem breiten Band von Beschlagwerkornamentik dekoriert waren. Im Scheitel die Datierung 1610. Sie könnte auf eine wesentliche Erneuerung eines nicht näher bekannten älteren Hauses hinweisen.

Der Stubeneinbau scheint im späteren 17. Jahrhundert einschneidend umgebaut worden zu sein und erhielt hierbei auch seine ebenfalls 1930 abgebrochene Utlucht nördlich des Torbogens. Diese – mit einem wohl nicht ursprünglichen Satteldach – war zweigeschossig, aus Werksteinen gearbeitet und auf einen hohen Sockel gestellt, der einen Kellerhals zur Straße aufnahm. Ihre beiden etwa gleichhohen Etagen wurden durch ein starkes Gesims mit frühbarockem Profil getrennt, die Brüstungszonen verputzt. Die Fenster durch sandsteinerne Säulen mit Basen und Kapitell gerahmt, die

Abb. 1141 Obermarktstraße 12, Ansicht von Südosten, 1930.

auf einer gerundeten Brüstung aufstehen. Die Fensterzonen ursprünglich in beiden Geschossen seitlich jeweils mit einer schmalen Glasbahn und in der Front dreibahnig gegliedert, die mittleren Säulen im 18./19. Jahrhundert zugunsten zweier großer Flügelfenster in der Mitte zusammengeschoben. Entsprechend den beiden zwischen dem Keller und der Dachbalkenlage etwa 3 m hohen Räume hinter der Utlucht mußte die Geschoßbalkenlage in diesem Bereich spätestens beim Bau der Utlucht durchgetrennt und von der seitlichen Stubenwand getragen werden. Möglicherweise ist der Geschoßversprung allerdings schon 1610 geschaffen worden (siehe Obermarktstraße 23).

Nachträglich wurde auch links von der Diele ein zweigeschossiger Einbau abgetrennt, dessen Zwischengeschoß über eine Galerie in der nun schmalen Diele erschlossen wurde. 1797 hat das Haus einen geräumigen Saal (wohl im Flügelbau), drei Stuben, drei Kammern, eine Küche, vier Böden und einen gewölbten Keller.

Das Gebäude um 1840 einschneidend umgebaut, wobei offenbar das Obergeschoß erhöht, zu einem Wohngeschoß ausgebaut und darüber ein neuer Dachstuhl aus Nadelholzbalken mit recht geringer Neigung aufgeschlagen wurde (zwischen dem Obergeschoß hinter der Utlucht und der neuen Dachbalkenlage verblieb dabei ein niedriger Zwischenboden von etwa 50 cm lichter Höhe).

Abb. 1142 Obermarktstraße 12, Torbogen von 1610 mit Türblatt der Zeit um 1840 und Schaufenstereinbau von etwa 1860, Zustand 1930.

Die dabei neugestaltete Fassade seitdem mit einer weitgehenden regelmäßigen Verteilung der vierflügeligen, nach außen aufschlagenden Fenster einheitlich verputzt mit schmalen Putzbändern zwischen den Geschossen versehen. Im Inneren seitdem ein Flurhaus mit einem schmalen, hohen Flur im Erdgeschoß und einem neuen, bis in das Dach reichenden dreiläufigen Treppenhaus mit gedrechselten Traillen in der Mitte der nördlichen Seite.

1898 Entwässerung; 1913 neuer Backofen; 1930 Umbau des Ladens im vorderen Teil des Hauses, wobei die Stadt die *Beseitigung aller vorstehenden Teile auf die Bauflucht* verlangt. Auch die Mahnung der Regierung in Minden, das Stadtbild nicht weiter durch Entfernung historischer Substanz zu verunstalten, konnte die Durchsetzung dieser Forderung nicht verhindern. Der Abbruch der alten Fassade im Erdgeschoß einschließlich des alten Torbogens sowie der Utlucht und die Errichtung einer weitgehend neuen Front nach Plänen des Architekten A. Probst/Bad Oeynhausen wurde noch im gleichen Jahr ausgeführt (hierbei genaue Bauaufnahme des Hauses im Maßstab 1:50). Dabei werden der mittlere Flur im vorderen Bereich des Erdgeschosses aufgegeben und hier zwei Ladenlokale mit großen von einem Kragdach begrenzten Schaufensterfronten eingerichtet. Die Fenster darüber werden zu drei breiten Gruppen zusammengefaßt und die Fassade neu verputzt. Das Gewölbe des hoch in das Erdgeschoß aufragenden Kellers unter der ehemaligen Stube abgebrochen und hier statt dessen eine Betondecke auf Erdgeschoßniveau eingebracht. Die niedrigen Zwischengeschosse seitlich der hohen mittleren Diele blieben bis heute einschließlich der Balkenlagen erhalten.

Seitdem erfolgten verschiedene weitere innere Modernisierungen des ganzen Komplexes zu einem intensiv genutzten Bäckereibetrieb mit bis in das zweite Dachgeschoß ausgebauter Wohnung, wobei zwar nicht wesentlich in die Substanz eingegriffen wurde, allerdings zahlreiche Details erneuert wurden: 1945 Ausbau des Daches; 1968 teilweise Überdachung des Hofes; 1969 neuer Backofen; 1972 Umbau der Schaufenster, Einbau einer Wendeltreppe in dem rechten Laden.

Flügelbau (16. oder 17. Jahrhundert)

Rückwärtig am Giebelhaus ein eingeschossiger und unterkellerter Flügelbau aus Fachwerk, auf der Nordseite eingezogen und die Südwand zum Hof des Nachbarhauses aus Backstein mit den charakteristischen Bogenstellungen aufgemauert. Nach der Stärke der verwendeten Hölzer und dem Backsteinmauerwerk ist eine Bauzeit im 16. oder 17. Jahrhundert zu erschließen. Seit der Mitte des 19. Jahrhunderts ist das Gebäude mit einem Satteldach verputzt und auf der südlichen Traufwand mit einem ca. 1 m hohen Drempel versehen. Unter dem heute aufgeteilten Saal (er reicht bis in das Vorderhaus hinein) ein niedriges Kellergeschoß mit einer Balkendecke (heute zur Backstube eingerichtet).

Der Sockelbereich der südlichen Traufwand besteht aus einem aus Sandsteinquadern sauber aufgemauerten Mauerwerk, das wohl auf einen Vorgängerbau gleicher Dimensionen des 13./14. Jahrhundert zurückgeht.

Hintergebäude/Werkstatt (erste Hälfte des 19. Jahrhunderts)

Zweistöckiger Fachwerkbau unter pfannengedecktem Satteldach, mit seiner westlichen Längswand so vor die das Grundstück querende Terrassenmauer gestellt, daß nach Osten das Obergeschoß ebenerdig zugänglich ist. Das Gerüst weitgehend aus Nadelholz und mit Schwelle-Rähm-Streben ausgesteift. Das Erdgeschoß heute zur Backstube ausgebaut und nach Westen unter den höher gelegenen Hof erweitert. 1968 Reparatur des Südgiebels.

Scheune (Anfang des 19. Jahrhunderts)

Zweistöckiger Fachwerkbau mit pfannengedecktem Satteldach, schlichter Toreinfahrt im Westgiebel und mit schmaler Zufahrt am Haus Hohnstraße 2 vorbei zur Straße. Das Gerüst nicht gebindeweise aufgestellt und mit Schwelle-Rähm-Streben ausgesteift, kurz vor 1829 errichtet. Querverband mit einzelnen geraden und kurzen Kopfbändern. Ständerwerk und Sparren zumeist aus zweitverwendeten Eichenbalken, Balkenlagen aus Nadelholz. Das Gerüst im Inneren durch einen mittleren Längsunterzug getragen (seit 1978 durch Einbau eines Mehlsilos im Obergeschoß zur Lastabtragung das Erdgeschoß umgestaltet und hier der mittlere Unterzug durch eine mittlere massive Wand ersetzt). Teile des Erdgeschosses massiv erneuert. Auf dem Dachboden noch ein altes (wohl vom Vorgängerbau stammendes) großes eichenes Aufzugsrad auf Welle mit eisernen Gabeln für das Seil erhalten.

Abb. 1143 Obermarktstraße 13, Blick von Südosten auf den Komplex mit dem Flügelbau an der Leiterstraße, 1993.

OBERMARKTSTRASSE 13 (Abb. 1138, 1143)

1729 bis 1743 Martini-Kirchgeld Nr. 146; bis 1878 Haus-Nr. 193

Das Haus auf sehr schmaler, sich zudem rückwärts noch verjüngender Parzelle (Grundfläche des Vorderhauses 162 qm), bis 1837 offensichtlich immer Nebengebäude des bürgerlichen Anwesens Obermarktstraße 11 und in gemeinschaftlichem Besitz. Zwischen beiden Bauten besteht in den beiden unteren Etagen eine gemeinsame Traufwand mit (steinerner ?) Rinne, wobei das Haus Nr. 13 keinen Anteil an dieser Wand hat (auch die Öffnungen der Entlastungsbögen nach Norden belegen den Besitzzusammenhang und weisen das vermutete Haupthaus als älter aus). Das Grundstück auf der Südseite von der nach Osten zur Stadtmauer (heute Lindenstraße) führenden Leiterstraße begrenzt, die hier eine kurze – wenn auch steile – Verbindung zur Bastauniederung mit den innerstädtischen Gärten ermöglicht. Hinter dem Haus ein Flügelbau aus Fachwerk. Die unter dem Komplex befindlichen Kelleranlagen auf Grund der Hanglage rückwärtig weitgehend aus dem Erdreich ragend.

1660 Kammerarius Friedrich Kuhlen (stirbt 1660); 1663 Witwe Kuhle (stirbt 1673); 1680 Jürgen Dove im Kammerarius Kuhlens Haus (zahlt 4 Thl jährlich Giebelschatz); 1682 Heinrich Buße; 1692/96 Hinrich Busch; 1702 Heinrich Konemann, jetzt Johann Burmann; 1709/11 Theophil Stübber; 1723 Hutmacher Carl Bourgeat, *ein Franzose;* 1729 Carl Bourget; 1738/40 Raymondon; 1743 Nebenhaus von Obermarktstraße 11, ohne Grundbesitz; 1750 Reymondons Haus; 1755/66 Witwe Raimondons kleines Haus 200 Rthl; 1781/1802

H. Waltes zweites Haus 500 Rthl, Hinterhaus 500 Rthl; 1798/04 vermietet an Hutzemann; 1804 ohne Braurecht, hat kein Vieh; 1812/13 Eigentümer Joh. Rupe (wohnt Obermarktstraße 1), Wohnhaus; 1818 Kaufmann Rupe, Haus für 1200 Thl; 1827/33 Kaufmann Rupe, Wohnhaus 1200 Thl; 1846 Kaufmann Jude Jacob Goldmann; 1853 Kaufmann Jude Wolfers (im Haus ein Laden); 1873 Emil Möllinghoff; 1893/1908 Witwe Charlotte Möllinghoff; 1935 Firma Emil Möllinghoff, Eigentümer Lydia Rousseau, Lebensmittelhandlung.

Dielenhaus (um 1500 ?)

Das Gebäude heute in der Ansicht ein dreigeschossiges massives Etagenhaus spätklassizistischer Prägung, bei dem versucht wurde, mit den zahlreichen, vergleichbaren Fassaden in der Nachbarschaft eine gestalterische Einheit in der Höhenentwicklung und Gliederung der Ansicht zu erreichen. Im Vergleich zu den meisten Fronten jedoch einfacher ausgeführt. Dreiachsige Putzfassade aus Backstein mit schlichtem Gesims über dem Erdgeschoß. Die Fenster darüber mit einfacher Verdachung und umlaufenden Faschen. Abschluß mit einem die Dachkonstruktion verdeckenden Kastengesims. Das Erdgeschoß original in eine Schaufenstergruppe mit mittlerer Eingangstür aufgelöst. Diese um 1860/70 entstandene und bislang weitgehend unverändert überlieferte Gestalt durch Umbau mit einfachsten Mitteln eines erheblich älteren Giebelhauses entstanden. Das dabei in der Ansicht neu geschaffene zweite Obergeschoß im vorderen Bereich ein Vollgeschoß, bei dem der erhaltene alte Dachstuhl an der rechten Traufwand abgefangen und durch Aufschieblinge höher gesetzt wurde. Rückwärts ausgebautes Dachgeschoß, im 18. Jahrhundert entstanden und wohl bis zum Vordergiebel reichend. Der Vordergiebel massiv, an der Traufwand verputztes Fachwerk. Das mit dem Umbau um 1860 geschaffene zeittypische Etagenhaus mit gewendeltem Treppenhaus (Geländer mit gedrechselten Stäben) in der Mitte der rechten Traufwand, das eine getrennte Nutzung der Etagen ermöglichte. Davor ein kurzer Stichflur in den beiden oberen Etagen. Die Treppe zum zweiten Obergeschoß doppelläufig und von einer älteren Umbauphase des späten 18. Jahrhunderts stammend (dazu noch einzelne Türblätter dieser Zeit). Hinter dem Straßengiebel im ersten Obergeschoß zwei »bessere Wohnräume« mit doppelflügeliger Verbindungstür der Umbauzeit. Das Erdgeschoß in der vorderen Hälfte ursprünglich als Laden eingerichtet; rückwärtig hinter dem von der Leiterstraße erschlossenen Querflur Küche und Speisekammer (unter diesem Bereich Keller mit Tonnengewölbe; Keller später zum Teil bis unter den vorderen Laden erweitert). Das rückwärtige Erdgeschoß inzwischen einschließlich des Treppenhauses weitgehend für eine großflächige Ladennutzung ausgeräumt.

Der im Gebäude enthaltene Kernbau auf Grund des heutigen verkleideten Zustandes nur in seinen Grundzügen zu beschreiben: schmales Giebelhaus mit massiven Umfassungswänden unbekannter Datierung und mit hoher Diele. Möglicherweise nachträglich mit niedrigem Speichergeschoß versehen; der Dachstuhl wohl im 17. Jahrhundert erneuert. Die wenigen offenliegenden Flächen der rechten Traufwand lassen mit den erkennbaren großen Sandsteinblöcken eine Erbauung um oder vor 1500 vermuten, wobei zur Leiterstraße mehrere große Fenstergruppen zur Belichtung der Diele bestanden. Die 14 Sparrenpaare des Dachwerks (einschließlich Rückgiebel) aus geflößtem Nadelholz, das große Blattsassen unbekannter Funktion (zweitverwendet ?) ausweist.

1893 Entwässerung; 1904 Kanalisation; 1991 das Haus einschließlich Hinterhaus in die Denkmalliste der Stadt Minden eingetragen; 1996 Sanierung.

Flügelbau (Mitte des 16. Jahrhunderts) an der Leiterstraße

Baugruppe mit komplexer Geschichte: im Kern wohl ein Flügelbau von Fachwerk aus der Mitte des 16. Jahrhunderts, der nachträglich mit Speichergeschoß versehen und im 19. Jahrhundert zu einem Lager umgebaut wurde. Heute aus zwei Bauteilen über einem durchgehenden massiven Keller bestehend, da die dem Haus zugewandte Hälfte in der Mitte des 19. Jahrhundert in schlichtem, wohl verputztem Fachwerk (seit 1992 Sichtfachwerk mit geputzten Feldern) erneuert wurde. Die Konstruktion des Satteldaches über beiden Bauteilen seit einem Brandschaden 1940 (nach Plan R. Moelle) durch ein Flachdach mit Teerpappe ersetzt (Bestandsaufmaß M 1:50 dieser Zeit im Planarchiv des städtischen Hochbauamtes).

Über dem rückwärtigen Sockelgeschoß ein zweistöckiges Fachwerkgerüst, das an Hand der Zapfenspuren ehemals weiter nach Westen und zum Haupthaus reichte. Pro Geschoß eine Riegelkette, alle Hölzer einfach vernagelt. Vom Rückgiebel aus gezählt die Gebinde I bis IV erhalten; auf Grund der Maße besaß der Flügelbau daher wohl ehemals sieben Gebinde. Die vordere Traufwand zur Leiterstraße als Schauwand gestaltet; hier beide Stockwerke über gekehlten Knaggen vorkragend, daher wohl ursprünglich auch das Erdgeschoß aus Fachwerk (im 19. Jahrhundert in Backstein erneuert). Die Balkenköpfe mit Stabprofil. Das Gerüst im Querverband am Rückgiebel mit kurzen Fußstreben, im Längsverband an der Schaufront im ersten Obergeschoß durch die abwechselnde Verwendung von paarigen geraden Fuß- und geschweiften Kopfbändern bestimmt, im zweiten Obergeschoß in jedem zweiten Gebinde lange gerade Fußstreben. Die unterschiedliche Ausbildung der Verstrebung läßt vermuten, daß das zweite Obergeschoß nachträglich in der ersten Hälfte des 17. Jahrhunderts aufgesetzt worden ist. Nur hier auch in Schwelle an der Kante abgefast. Am Rückgiebel im ersten Obergeschoß eine ursprüngliche Türöffnung unbekannter Funktion.

1990 Sanierung und Einrichtung als Gaststätte.

OBERMARKTSTRASSE 14 (Abb. 1140, 1144, 1149)

1729 bis 1743 Martini-Kirchgeld Nr. 151; bis 1878 Haus-Nr. 199

Das Haus zu nicht näher bekannter Zeit (vor der Mitte des 17. Jahrhunderts) von dem großen bürgerlichen Anwesen Nr. 12 abgetrennt und ehemals wohl dessen Nebenhaus. Das rückwärtige Grundstück mit Ausnahme eines sehr kleinen Hofplatzes bis heute beim Haupthaus verblieben.

1663 Harmen Koneman, *Sein Haus darin sein Bruder seine quotam pratendiren;* 1680/82 Harmen Koneman (zahlt jährlich 3 ⅓ Thl Giebelschatz); 1683/84 Harmen Konemans Erben; 1692/1711 Bartoldt Requate; 1723/40 Knochenhauer Barthold Requate; 1743 ohne Eintrag (Haus ohne Landbesitz); 1750 Herr Sekretarius Thüre; 1755 Frau Reg.-Rätin Coedelantzen, Haus für 550 Rthl; 1765 Kürschner Richter; 1766 Richter; 1771 Regierungsrätin Coedelance will Haus verkaufen, bisher vom Schutzjuden Lazarus Israel bewohnt (WMA 1771); 1773 Gelbgießer Strempel verkauft oder vermietet sein Haus mit Braurecht und Huderecht für 2 Kühe; 1776/77 Gürtler Daniel Gottlieb Strempel (oder Strempler) am Markt (siehe Markt 11); 1777 Gelbgießer Meister Strempel will sein Haus mit Huderecht für 2 Kühe und Braurecht verkaufen oder vermieten (WMA 1777); 1781 Rat Kombst, Wohnhaus 850 Rthl; 1798/1804 Feldweber Muhl; 1804 leerstehend; 1806 Amtsbeamter Muhl, Erhöhung von 850 auf 1200 Rthl; 1809 Mieter ist der Conditor und Bäcker Steffen Berger; 1818 Witwe Muhl; 1823 Verkauf an Bendix, Erhöhung auf 1700 Thl; 1836 Bendix; 1846/53 Kürschner oder Handschuhmacher Gottfried Seydel (im Haus ein Laden); 1878 Buhl; 1898/1908 C. Struck; 1927 Schuhmachermeister Heinrich Borgmann; 1960 Karl Picht.

Dielenhaus (16. Jahrhundert)

Schmales und giebelständiges Dielenhaus mit verputzter, dreiachsiger Fassade, Obergeschoß und steilem Satteldach, nach den Proportionen wohl im 16. Jahrhundert errichtet. Der Bau mit massiven Traufwänden, die wohl aus Backstein aufgemauert sind und die charakteristischen Bogenstellungen in beiden Traufwänden zeigen (südlich drei weite Bögen erkennbar). Auf den Mauerkronen sandsteinerne, nach vorne entwässernde Rinnen. Die Baugeschichte und Entwicklung der inneren Gliederung bislang nicht bekannt. Das rückwärtige Hausviertel auf der ganzen Breite mit einer Tonne aus Bruchstein unterkellert. In diesem Bereich die Traufwände offenbar von Fachwerk (möglicherweise eine nachträgliche rückwärtige Erweiterung). Zugang zum Keller zunächst in seiner

Abb. 1144 Obermarktstraße 14 und 12 (rechts), Ansicht von Südosten, 2000.

südöstlichen Ecke, seit dem frühen 19. Jahrhundert über einen langen und überwölbten Tunnel entlang der Südwand von Osten. Der Vordergiebel (und offenbar ebenso der Rückgiebel) aus verputztem Fachwerk und mit zweifacher Vorkragung des Giebeldreiecks; möglicherweise eine Erneuerung des 17. Jahrhunderts. Das Dachwerk mit zwei gezapften Kehlbalken und von zum Teil geflöster Eiche verzimmert.

1773 hat das Haus in der unteren Etage zwei Stuben, eine Kammer, eine Küche und einen gewölbten Keller sowie in der zweiten Etage einen Saal mit einem Ofen (wohl hinter dem Vordergiebel), einen geräumigen Flur, eine Stube, ferner (offenbar im Dach) eine Kammer nebst Boden. Dazu *etwas Hofraum* und einen *Holzstall* (WMA 1773, S. 332). 1777 wird der gestellte Antrag auf Baufreiheitsgelder abgelehnt, da größere Reparaturen nicht ausgeführt und nur 178 Rthl ausgegeben

Abb. 1145 Obermarktstraße 15, idealisierte Ansicht des Hauses 1838.

worden seien (KAM, Mi, C 156,12 alt; C 388). In diesem Jahr wird das Haus als *neu ausgebaut* beschrieben; es habe in der unteren Etage zwei Stuben, eine Kammer, eine Küche und einen gewölbten Keller; in der zweiten Etage einen Saal mit einem Ofen, einen geräumigen Flur, ferner eine Stube und Kammer sowie Boden. Hinter dem Haus ein kleiner Hof mit Holzstall – es handelt sich also um die schon vor der Renovierung vorhandenen Räume. Der Eigentümer ist auch bereit, die obere Etage als *Logis* zu vermieten, bestehend aus: einem großen Saal, einer guten Stube und zwei Kammern (WMA 1777).

Das Haus wohl nach Besitzwechsel um 1823 modernisiert und erneuert, wobei der Bau bis heute in seinem Innenausbau einschließlich vieler Türblätter von dieser Baumaßnahme bestimmt wird. Dabei der Rückgiebel im Erdgeschoß neu aus Backstein mit sandsteinernen Sohlbänken aufgemauert. Die innere Gliederung des Erdgeschosses ebenfalls auf diese Zeit zurückgehend, als Flurhaus konzipiert mit schmalem, nur bis in die Hausmitte reichendem Flur an der südlichen Seitenwand. Von diesem die nördlich anschließende, gewendelte und bis in das ausgebaute Dachgeschoß reichende Treppe mit einem Geländer von über Eck gestellten quadratischen Stäben erschlossen. Vor der Treppe im Erdgeschoß Stube mit dahintergeschalteter Kammer und in der rückwärtigen Haushälfte südlich Küche und nördlich ein Wirtschaftsraum. Im Obergeschoß nach vorne großer Wohnraum mit Ofennische in der Westwand (hier großer Schonstein in der Trennwand zur Treppe). 1898 Entwässerung; 1908 Kanalisation; 1960 Vergrößerung der Schaufenster vor der Stube. Das Haus bislang im Erdgeschoß wenig verändert.

Abb. 1146 Obermarktstraße 15 (links) und 17, Ansicht von Nordwesten, 1993.

OBERMARKTSTRASSE 15 (Abb. 1145–1148)

1729 bis 1743 Martini-Kirchgeld Nr. 148; bis 1878 Haus-Nr. 194

LITERATUR: Faber-Hermann 1989, S. 245 Abb. 258.

Großes bürgerliches Anwesen, dessen weitläufiges Gelände wohl rückwärtig zunächst bis zur Stadtmauer reichte. Das Grundstück nördlich von der schmalen Leiterstraße begrenzt, die nach Osten bis zur Gasse entlang der Stadtmauer (heute Lindenstraße) führte und seit dem 16. Jahrhundert den Zugang zu den dort befindlichen Gärten vermittelte. Entlang dieser Gasse wurden vor der Mitte des 17. Jahrhunderts ein größere Zahl von Buden errichtet (siehe Leiterstraße 1, 3, 5 und 7). Weitere Nebenbauten entstanden wohl auf den späteren Grundstücken Lindenstraße 16 und 18. Das Haus südlich mit einer gemeinsamen Traufwand mit Nr. 17. Zugehörig noch bis um 1830 die Budenreihe Leiterstraße 3 bis 7.

1612 Bürgermeister Johann Biermann (hat auch eine Bude an der Leiterstraße); 1663 Johann Biermann (hat auch vier Buden an der Leiterstraße); 1675 Vierziegermeister Joh. Biermann (seine Frau ist Ilsebe Niemann); 1692 Johann Biermanns Erben (zahlt jährlich 4 Thl Giebelschatz); 1696/1711 Johann Allert Wittbrock; 1723 Kramer Johann Albert Wietbroeck (besitzt eine Ölmühle); 1729 Wiedebrock; 1738 Wiedebrocks Haus; 1740 Busch (früher Joh. Albert Wiedbrock); 1743 Hermann Busch; 1743 Domsekretär Vögeler; 1750 Ludwig

Abb. 1147 Obermarktstraße 15, Ansicht von Nordosten, Front zur Leiterstraße, 1993.

Vögeler; 1755 Haus für 300 Rthl; 1781 Ludwig Vögeler, Wohnhaus 300 Rthl, Hinterhaus 200 Rtl; 1798 Bäcker Vogeler; 1804 Haus mit Scheune, Brunnen und Braurecht, hat 2 Pferde, 2 Kühe und 3 Schweine; 1806 Erhöhung auf 1 000 Rthl, Hinterhaus 500 Rthl; 1809 Ökonom Ludwig Vogeler; 1825 Versicherung Haus von 400 auf 1 500 Thl, Scheune gestrichen; 1831 Ernst Vögeler; 1836 Ernst Vogeler, 2 000 Thl; vom 22. 11. 1837 bis 20. 4. 1839 in einer vom Staat angemieteten Wohnung der ersten Etage von fünf Zimmern der Kölner Erzbischof Droste zu Vischering, der im Zusammenhang des Streites zwischen der katholischen Kirche und dem preußischen Staat nach Minden in Festungshaft gesetzt worden war (M. Nordsiek 1973 und Hänsel-Hohenhausen 1991); 1846 Kaufmann Ernst Vögeler (* 1799, † 1862) mit Frau Charlotte (geb. Seydel), fünf Töchtern, Gesinde sowie als Mieter der Oberregierungsrat Karl Rüdiger und weitere Partei; 1853 Vögeler und als Mieter Obristleutnant von Notz und Postdirektor Tusen (im Haus ein Laden; besitzt Pferdestall für 4 Pferde); im dem Haus ab etwa 1870 (zuvor seit 1854 in Königstraße 24) bis 1889 das Geschäftslokal der Kreissparkasse Minden, mit der Adolf Vogeler, nach seinem Tode 1882 sein Sohn Hubert Vogeler konzessioniert war. Danach in Immanuelstraße 7 (siehe dort); 1888/1908 August Creydt, Tapeten- und Teppichhandel, Möbelstoffmanufaktur (1906 Creydt erwirbt das Haus Heidestraße 15, das schon 1912 wieder verkauft ist); 1919/29 Heinrich Röthemeyer; 1930 nach Konkurs der Firma Röthemeyer wird August Creydt wieder Eigentümer; 1955 Erben Creydt.

Dielenhaus (bis 1895/1910) (Abb. 1145, 1148)

Über die ältere Gestalt des Gebäudes nichts weiter bekannt. 1831 wurde das Haus *verbessert* (KAM, Mi, E 955); eine zeitgenössische Darstellung der Vorderfront des Hauses, das 1837/39 als Wohnung des Erzbischofs von Köln diente, zeigt ein dreigeschossiges Etagenhaus von vier Fensterachsen und mit flachem Vollwalmdach, eine Gestaltung, die 1831 entstanden sein dürfte (M. Nordsiek 1973, S. 113). Haustür in der zweiten Achse von Süden.

Nachdem 1891 die Schaufenster im Haus vergrößert werden sollten, setzt der Magistrat die Rücknahme der Front auf die Bauflucht durch. Danach im Sommer 1892 Neubau eines Giebels nach Plänen von A. Kersten/Hanno-

Abb. 1148 Obermarktstraße 15, Plan zur Neugestaltung des Giebels, Architekt A. Kersten/Hannover 1891.

ver (Bauführer W. Meyer) für 1600 Mark. Diese dreigeschossig und vierachsig, dabei dem Vollwalmdach ein zwei Achsen breiter und übergiebelter Ausbau aufgesetzt. Die Front mit rotem Klinker verkleidet und mit einer reichen, zum Teil aufgeputzten Dekoration in reichen Formen der Renaissance. Über der Haustür in der westlichsten Achse ein Erker auf starken Konsolen, darüber Balkon. Das Erdgeschoß weitgehend in Schaufenster aufgelöst, Trennung mit gußeisernen Säulen. Zugleich offensichtlich Umbau des Inneren. Seitdem entlang der südlichen Traufwand schmaler Flur mit eingestellter gegenläufiger Treppe, während das übrige Erdgeschoß völlig in einen großen Laden aufgelöst ist; 1908 Kanalisation; das Haus brennt auf Grund von Brandstiftung am 8.12.1909 ab, wobei eine Person zu Tode kommt. Abbruch der Ruine im Juni 1910.

Wohn- und Geschäftshaus (von 1910/11) (Abb. 1146–1147)

Nach Plänen des Architekten W. Kistenmacher für den Kaufmann August Creydt für etwa 36000 Mark errichtet. Dreigeschossiger und voll unterkellerter Massivbau mit ausgebautem, mit Pfannen gedecktem Mansarddach. Die beiden Fassaden mit Backstein verblendet und zurückhaltend in neubarocken, vom Jugendstil beeinflußten Formen gestaltet. Der Vordergiebel vierachsig, dabei die drei südlichen Achsen durch einen Dachausbau zu einem angedeuteten Risalit zusammengefaßt und mit einem stark vortretenden Erker mit aufgesetztem Balkon im Dachgeschoß betont. Auf der Ecke im ersten Geschoß ein vortretender Erker über kreisförmiger Grundfläche und mit geschweiftem Kupferdach. Die Nordwand zur Leiterstraße schlichter gestaltet, wobei das dritte Viertel der langen Front als zweiachsiger und übergiebelter, nur leicht vortretender Risalit gestaltet ist. Der nach Osten aus dem Erdreich hervortretende Keller als Sockel rustiziert.

Die östliche Hälfte des Hauses als ebenfalls dreigeschossiges Lagerhaus mit ausgebautem Mansarddach errichtet, aber wegen der Hanglage des Grundstücks um fast ein Geschoß tiefer gestellt und durch einen eigenen Eingang erschlossen (Leiterstraße 7).

Das Erdgeschoß des Vorderhauses bis auf einen schmalen Flur, der zu einem um ein offenes Auge gewendelten und über eine Glasfläche im Dach belichteten Treppenhaus führte, als große Ladenfläche eingerichtet. Dabei die die Decke tragende Eisenkonstruktion mit schlichter Stuckverkleidung versehen und zur Obermarktstraße mit durchgehender Schaufensterfront. In den drei oberen Geschossen jeweils eine großzügige Achtraumwohnung mit Badezimmer, Toilette sowie Speisekammer und Balkon an der Küche. Die Wohnungen zum Treppenhaus durch verglaste Holzvertäfelungen abgetrennt. In dem östlichen Flügelbau jeweils Etagenwohnungen mit vier Zimmern.

1925 Umbau des Ladenraumes und weiteres Schaufenster zur Leiterstraße (Plan: Kistenmacher); 1929 Abbruch eines rückwärts angebauten Schweinestalls; 1949 Schaukasten im Eingangsbereich; 1987 Umbau der Wohnungen im östlichen Flügelbau (Plan: W. Prasuhn). In die Denkmalliste der Stadt Minden eingetragen.

OBERMARKTSTRASSE 16 (Abb. 425, 1149, 1150)

1729 bis 1743 Martini-Kirchgeld Nr. 155; bis 1878 Haus-Nr. 201

QUELLEN: KAM, Mi, C 105, E 955.

Die schmale Parzelle rückwärts bis zur Hohen Straße reichend und dorthin wesentlich ansteigend. Hier bestanden Wirtschaftsgebäude, ferner wurde um 1810 auf zugehöriger Parzelle das Gebäude Hohe Straße 2 (siehe dort) errichtet. Das Haus besitzt eine gemeinsame Traufwand mit dem südlich anschließenden Gebäude Nr. 18 und dürfte ehemals als Nebenhaus zugehörig gewesen sein.

1544 hat Ludeke Spanman auf seinem Haus eine Obligation über 10 gfl bei der Rentenkammer. Später wird diese gezahlt von Johann Reschen, 1596/97 Witwe Margarethe des Johan Reschen (Obligation über 100 Thl). Haus ist gelegen *baven den Markt twuschen Gewert* (?) *Konnings und Hinrich Schillings Husern*), dann Cordt Mosenberch, 1663 Gerdt Heedehorst und um 1668 Daniel Averbergh (der Obligationsbrief siehe KAM, Mi, A I, 743); 1680/92 Daniel Averberg (zahlt jährlich 3 Thl Giebelschatz); *dieses Haus ist in ao 1693 von der Stadt in Possession genommen und von der Cammer elociret, und stehet jetzt* (1710) *zur Liquidation* (KAM, Mi, B 162,6 alt); 1696/1711 Henrich Stratemann; *dieses Haus ist in ao: 1716 an Anton Kuhleman verkauft* (KAM, Mi, B 151 und B 154,4 alt); 1723 Bäcker Rudoph Meyer; 1729 Kuhlemann; 1738 Kuhlemanns Haus; 1740 Münstermann (früher Anton Kuhlemann); 1743 Kleinschmied Johann Ludolph Herse; 1750 Meister Herse; 1755 Meister Krüger, Haus für 150 Rthl; 1766 Bäcker Heinrich Arnold Böhne: er hatte das Haus um 1763 in einer Versteigerung erworben. Da es im schlechten Zustand war, hat er Reparaturen vorgenommen. Das Haus hat nur eine kleine Stube (KAM, Mi, C 380); 1781 Bäcker Böhne; 1784 Witwe Böhne, Reparatur; 1807 auf dem Pflasterplan (Abb. 1123) Haus mit Utlucht rechts (Name des Eigentümers falsch); 1798 Witwe Bohnen; 1802 Herr Distelhorst, Haus für 1 500 Rthl; 1804/06 Haus mit Braurecht und Brunnen. Hat 5 Kühe. 1809 Branntweinbrenner Johann Rudolf Diesselhorst, zweigeschossiges Wohnhaus, Stallung, Hofraum, Gemüsegarten; 1818 R. Diesselhorst, Wohnhaus, zwei Hinterhäuser (hat auch Hohe Straße 2, in dem wohl die Brennerei bestand); 1820 Konkurs von R. Disselhorst: Wohnhaus nebst Hofraum und Stallungen und Hintergebäude, taxiert zu 2 715 Rthl, zugehörig auch das Nachbarhaus Nr. 18 und das Haus Weingarten Nr. 9 (PIB 85, 1820); 1823 Westphal; 1827/46 Friedrich Wilhelm Diesselhorst, Kaufmann (* 1777,

Abb. 1149 Obermarktstraße 16 von 1831, Ansicht von Südosten, 1970.

wohnt auf der Simeonstraße); November 1831 als bewohnt bezeichnet; 1835 Versicherung von 2450 auf 5500 Thl erhöht, dafür nur noch ein Hinterhaus; 1853 Kaufmann Friedrich Wilhelm Disselhorst; 1876 Schreve, Kaufmann; 1880 dito; 1887 durch Versteigerung des Besitzes der Witwe Schreve an Bäckermeister Ernst Meyer; 1911 Bäckermeister Wilhelm Meyer; 1955 Witwe Meyer.

Wohnhaus (von 1831)

Für den Kaufmann Friedrich Wilhelm Diesselhorst errichtet, wobei die gemeinsamen Traufwände der beiden benachbarten Häuser übernommen wurden; die südliche zu Haus Nr. 18 allerdings beim Neubau weitgehend erneuert (siehe dort), die rechte zu dem niedrigeren und im Kern spätmittelalterlichen Haus Nr. 14 wohl historischer Bestand. 1936 wird festgestellt, daß die darauf liegende sandsteinerne Traufrinne zum benachbarten Haus Nr. 14 gehöre.

Dreigeschossiges Giebelhaus mit ungewöhnlich qualitätvoller klassizistischer Werksteinfassade von drei Achsen aus sauber geschnittenen Portasandsteinquadern. Möglicherweise Entwurf eines Mindener Ingenieur-Offiziers wegen der auffallenden stilistischen Nähe zur Defensionskaserne und dem Garnisonslazarett von 1829/30. Nach der vergleichbar gestalteten Treppenanlage im Inneren wohl von der gleichen Person 1831 auch Markt 8 entworfen. Die Geschosse gegliedert durch toskanische Pilaster, die breite Gesimse zwischen den Fenstern tragen. Die Fenster ohne Gewände in diese die volle Wand-

Abb. 1150 Obermarktstraße 16, Treppenhaus von 1831, Zustand 1994.

fläche einnehmende Architektur eingesetzt. Bis ca. 1970 vor dem zweiten Obergeschoß fein geschmiedete Gitter für Blumenkästen. Das flache, abgewalmte Dach hinter einer starken Gesimszone verdeckt. Fenster erneuert, Erdgeschoß zu Schaufenster erweitert. Die um 1929 entfernte klassizistische Haustür reich gestaltet: Emblem aus Merkurstab, Füllhörnern und Kranz, Oberlicht mit Akanthusranken.

Tiefes und schmales, nur von den Giebeln her belichtetes Haus. Nur die rückwärtige Hälfte unterkellert und gegenüber dem Straßenniveau höher angelegt: Kellertreppe am Ende des Hausflurs. Zwei längslaufende Gurtbögen tragen drei schmale Tonnengewölbe. Unter der Treppenanlage zusätzlicher kleiner Kellerraum (heute mit Betondecke). Im Erdgeschoß linksseitig ganz durchlaufender Flur, in halber Tiefe des Hauses zweifach gewendelte, völlig erhaltene, aufwendige Treppenanlage der Bauzeit bis ins Dach, jeweils davor zu den Giebeln zwei Wohnräume (heute im Erdgeschoß unter der Treppenanlage durchgehend zu einem Laden zusammengefaßt). Im Obergeschoß vor den Giebeln jeweils zwei Zimmer, der Flur nur im mittleren Hausbereich und zum Treppenhaus hin als von zwei kannelierten Säulen getragene Galerie geöffnet. Die Treppengeländer aus kleinen Stäben, unter dem Handlauf hölzerne Ringe in quadratischen Feldern. Zweiflügelige Flurtüren der Bauzeit, zweifeldrig mit ovalen Fenstern.

1897 Entwässerung; 1911 Kanalisation; 1928 Entfernung der Eingangsstufen; 1929 Erdgeschoß wird um 29 cm zurückgenommen; 1955 neue Schaufenster; 1984 in die Denkmalliste der Stadt Minden eingetragen.

Scheune (1832–1887)

1832 eine neue Scheune errichtet; bis 1887 befanden sich auf dem Hof zwei kleine Fachwerkställe, unter dem Hof angeblich ein großer Gewölbekeller erhalten, wohl Rest eines verschwundenen Hintergebäudes.

Bäckereigebäude (1887–1987)

1887 Bau eines Bäckereigebäudes für Ernst Meyer unmittelbar an der Hohen Straße (Planung und Durchführung: Baugeschäft Schmidt & Langen unter Mitarbeit von Zimmermeister Chr. Lück). Massives und eineinhalbgeschossiges Gebäude mit Satteldach, dessen Erdgeschoß auf Grund der Hanglage zur Hohen Straße weitgehend im Boden liegt. Im Erdgeschoß Backstube mit Backofen, im Drempelgeschoß Mehllager. Die Zwischendecke mit Backsteinkappen zwischen Eisenträgern. Das Gebäude unmittelbar an das ebenfalls Meyer gehörende Haus Hohe Straße 2 angebaut. Das Gebäude 1987 abgebrochen.

Wohnhaus an der Hohen Straße (von 1987)

Als zweigeschossiges und von der Hohen Straße erschlossenes giebelständiges Wohnhaus mit Satteldach errichtet.

OBERMARKTSTRASSE 17 (Abb. 1145, 1146, 1151, 1152, 1225)

1729 bis 1743 Martini-Kirchgeld Nr. 153; bis 1878 Haus-Nr. 196

Großes bürgerliches Anwesen von knapp 11 m Breite, zur Straße auf der ganzen Breite bebaut. Dabei nördlich zusammen mit Nr. 15 eine gemeinsame Traufwand und südlich schmale Traufgasse. Das rückwärtige, steil abfallende Gelände ehemals weit nach Osten reichend, dabei auf Grund der Lage innerhalb des Baublocks mehrmals nach Süden gewinkelt und dort mit rückwärtiger Erschließung über die Krumme Kiesau, wo ein Wirtschaftsgebäude stand (siehe Kisaustraße 8). Nachdem wohl nachträglich eine Fläche des Anwesens Nr. 15 erworben werden konnte, in der Neuzeit Buden an der Lindenstraße 16 und 18 zugehörig. Im 19. Jahrhundert stand eine weitere Bude auf dem Hof zwischen dem Haus und der Scheune an der Kisaustraße und wurde von dort erschlossen. 1898 die rückwärtigen Flächen zur Erweiterung der Fabrik Lindenstraße 18 verkauft und die Restfläche mit einem neuen Hinterhaus bebaut. Auch diese Restfläche nach Abbruch der Bauten 1975 im Zuge der Stadtsanierung wiederum bis auf die Standfläche eines schmalen Anbaus reduziert und zum größten Teil der Erschließungsstraße hinter dem an der Lindenstraße errichteten Parkhaus des Obermarktzentrums (siehe Obermarktstraße 33) zugeschlagen.

1680/92 Sichmund Kaufmann (zahlt jährlich 4 Thl Giebelschatz); 1696/1711 Sigmund Kaufmanns Haus; 1723 Christoph Rudoph Frederking; 1738/40 Witwe Rudolph Christoph Frederking; 1750 Witwe Frederkings; 1755 Kaufmann Braun, Wohnhaus 900 Rthl und Scheune 50 Rthl; 1767 Kaufmann Brauns, Haus mit Braurecht; 1774 Mieter ist der Chirurg Marholtz (KAM, Mi, C 384); 1781/83/86 Kaufmann Johann Daniel Brauns, Wohnhaus 500 Rthl; 1798 Mensing, vorher Bruns, dann Stammelbach. Haus mit zwei Nebenbauten; 1802 Stammelbach Senior, Wohnhaus 1 700 Rthl, Hinterhaus 1 000 Rthl, Brennerei 300 Rthl; 1804 Frd. Stammelbach. Haus mit Braurecht und Brunnen. Hat 2 Pferde, 3 Kühe, 3 Schweine; 1809 Bäcker und Gastwirt Stammelbach Senior. Mieter ist Weinhändler Brojer und die mit »Federpossen« handelnde Witwe Bendix; 1818/36 Friedrich Stammelbach, Wohnhaus 1 000 Rthl, Brennerei 200 Rthl, Scheune nebst zwei kleinen Wohnungen Haus-Nr. 244 e und 244 f zusammen für 500 Rthl und der Anbau auf dem Hofe für 100 Rthl; 1837 Witwe Stammelbach; 1846/53 Kaufmann Louis Stammelbach mit mehreren Mietparteien (im Haus sind zwei Läden); 1853 Particulier Stammelbach; 1878 Erben Kaupp; 1892 Geschwister Kaupp; 1896 Heinrich und Eduard Nithack; 1957 Gertrud und Trude Nithack.

Abb. 1151 Obermarktstraße 17 (links), 19 und 21, Ansicht von Südwesten, 1970.

Dielenhaus (erste Hälfte des 16. Jahrhunderts–1774)

Die wenigen Befunde lassen vermuten, daß der Kern des heutigen Hauses ein giebelständiges Dielenhaus mit hohem Blendgiebel gewesen ist. Dieses etwa 17,5 m tief, mit hoher Diele und niedrigem Speichergeschoß. Möglicherweise der Keller im Nordosten des heutigen Hauses übernommen, so daß das Dielenhaus wohl an dieser Stelle eine Saalkammer aufgewiesen hat. Das Dach wohl hinter einem Staffelblendgiebel mit rundbogigen Luken verdeckt (dazu weiter unten).

Nachdem noch 1767 eine Reparatur (KAM, Mi, C 380) durchgeführt wurde, scheint der Bau 1774 für einen Neubau weitgehend abgebrochen worden zu sein. Allerdings blieben die beiden Seitenwände, da sie auch von den benachbarten Gebäuden genutzt wurden, erhalten.

Wohnhaus (von 1774)

1774 wird der Neubau durch den Kaufmann Daniel Brauns (auch Bruns) vermerkt, der 1383 Rthl gekostet habe: *ist ein neues, sehr gut ausgebautes Haus von 2 Etagen mit Kellern und einer Terrassenmauer* (KAM, Mi, C 388). Erst 1805 erhielten die Erben Kaufmann Brauns für diesen Bau 33 Rthl Baufreiheitsgelder ausgezahlt (KAM, Mi, C 156,13 alt). Zweigeschossiges und giebelstän-

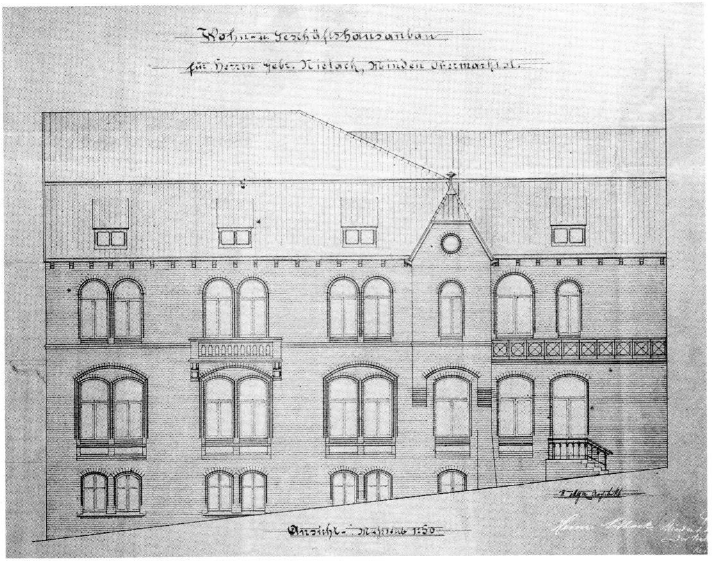

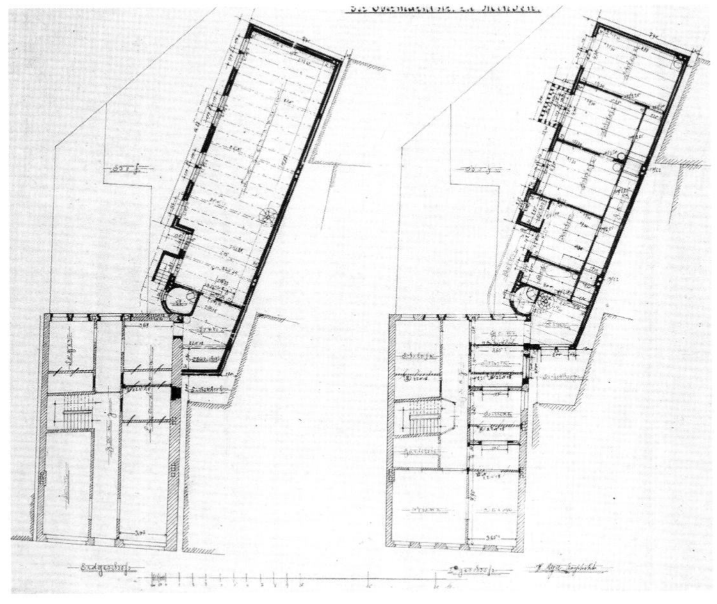

Abb. 1152 Obermarktstraße 17, Hintergebäude, Ansicht und Grundrisse aus dem Bauantrag des Architekten W. Meyer 1898.

diges Etagenwohnhaus mit fünfachsiger Fassade und weitgehender Unterkellerung (nur jeweils ein schmaler Streifen entlang der Traufwände blieb aus Rücksicht auf die vom Altbau übernommenen Seitenwände ausgenommen). Diese mit Tonnen auf gemauerten Gurtbögen und mit gleicher Gliederung des Erdgeschosses. Das Innere mit mittlerem Längsflur, der bis zum Rückgiebel reicht, dabei in der Mitte der nördlichen Seite ein gegenläufiges Treppenhaus. Die weitere Gestalt dieses Hauses, eines der frühesten mehrgeschossigen, reinen Etagenwohnhäuser der Stadt wegen der späteren Umbauten nicht mehr zu ermitteln. Trotz der zahlreichen Um- und Erweiterungsbauten haben sich allerdings in beiden Traufwänden bis in die Höhe des zweiten Obergeschosses noch die mittelalterlichen Brandwände der Vorgängerbebauung erhalten. Eine um 1838 entstandene Ansicht des nördlich anschließenden Giebels Nr. 15 (siehe Abb. 1145) zeigt auch einen Teil der Hausfront: Wenn es sich dabei um eine einigermaßen authentische Darstellung handelt, dann handelte es sich bei dem neuen Giebel um den Umbau einer spätmittelalterlichen Blendfassade, von der zu diesem Zeitpunkt noch Teile des oberen Bereiches mit einer zweigeschossigen Gliederung von Bogennischen erhalten waren.

1853 wird vom Neubau des Giebels berichtet (KAM, Mi, F 1137), wobei das Haus offenbar zwei zusätzliche Etagen mit recht flach geneigtem Satteldach und damit seine heutige Gestalt als viergeschossiges Giebelhaus erhielt. Die Vorderfront mit schlichter Putzgliederung in spätklassizistischer Form mit starken Brustgesimsen und schlichten Fensterfaschen. Das schlichte Giebeldreieck als Blendgiebel mit Fußstaffeln ausgeführt und mit umlaufendem Abschluß als hölzernes Kastengesims.

1892 Entwässerung; 1898 zusammen mit der Neuerrichtung des Hinterhauses Durchbau des Erdgeschosses im Vorderhaus zu einem Ladengeschäft. Einbau von Schaufenstern, wobei das Erdgeschoß und erste Obergeschoß eine neue Stuckdekoration erhält (Plan: W. Meyer); 1906 Kanalisation; 1940 Kellerdurchbrüche zu den Nachbarhäusern; 1957 Fassade im Erdgeschoß verändert (Plan: Reinhardt & Sander/Bad Salzuflen); 1977 nach Abbruch der Hintergebäude im Zuge der Stadtsanierung das Vorderhaus für Zwecke des neuen Eigentümers umgebaut. Dabei der Rückgiebel (bei Anbau eines Hintergebäudes) erneuert, das Erdgeschoß neu aufgeteilt und hier eine Treppe zum Obergeschoß im vorderen Bereich angelegt. Auch in den oberen Etagen das Treppenhaus massiv (an alter Stelle) ersetzt. Die Kellerräume dem Laden zugeschlagen und modernisiert (dabei teilweise Durchbrüche sowie Boden und Verputz ersetzt, neuer Zugang mit Durchbruch des mittleren Gewölbes).

Hintergebäude (bis 1898)

An den Rückgiebel des Hauses und entlang der nördlichen Grundstücksgrenze ein in seiner Gestalt nicht weiter bekannter und nur kurzer zweigeschossiger Anbau von Fachwerk und über Kellersockel gesetzt. Dieser wohl ursprünglich ein Flügelbau des Vorderhauses, aber zum Zeitpunkt der Entwässerung 1892 mit mehreren inneren Unterteilungen und als Lagerhaus eingerichtet. Im Zuge der Neuordnung der östlich anschließenden Flächen 1898 abgebrochen.

Hintergebäude (1898–1975)

Nach einem ersten, nicht ausgeführten Umbauantrag von 1896 zur Veränderung des Vorderhauses (Plan: Kelpe & Meyer) wurde 1898 nach Plänen des Architekten W. Meyer ein weitergehendes Konzept eingereicht, wobei das Hintergebäude völlig erneuert wurde. Es entstand ein dreigeschossiges Wohn- und Lagerhaus aus Backstein von fast 25 m Länge und etwa 7,5 m Breite, wobei es nun an die Südseite des Hofes gestellt und die Südwand als Brandwand ausgeführt wurde. Nach Norden die Hoffront reicher unter Verwendung von Bögen und Formsteinen gestaltet und in Fenstergruppen aufgelöst. Das Dach entsprechend als halbes Mansarddach mit einer geschraubten Holzkonstruktion ausgeführt. Der Bau mit einer Wohnung im zweiten Obergeschoß schloß schiefwinklig an die südöstliche Ecke des Vorderhauses an. 1905 Anbau am östlichen Giebel des Baus mit Treppenhaus und zusätzlichen Packräumen (Plan: Hutze/Porta, Kosten 3000 Mark) mit Zugang von der Kisaustraße.

1975 Abbruch im Zuge der Stadtsanierung durch die LEG.

Glasereigebäude (von 1977), Leiterstraße 9

Als zwei- bzw. dreigeschossiger Massivbau mit als Terrasse gestaltetem Flachdach unmittelbar an den Rückgiebel des Vorderhauses nach Plänen von Architekt A. Münstermann angebaut. Die Front zur Leiterstraße mit großen Toren und mit Fliesen verkleidet.

OBERMARKTSTRASSE 18 (Abb. 1153–1164)

1729 bis 1743 Martini-Kirchgeld Nr. 156; bis 1878 Haus-Nr. 202

QUELLEN: Untersuchung Restaurator Beat Sigrist, WAfD, Münster 1994

Das Grundstück dürfte ursprünglich zum Besitzkomplex von St. Martini gehört haben. Das Haus auf einer Parzelle, die sich in Hanglage zwischen der Obermarktstraße und der Hohen Straße erstreckt. An dieser ehemals ein Wirtschaftsgebäude. Die Bebauung des Baublocks läßt darauf schließen, daß ursprünglich das nördlich anschließende Haus Nr. 16 als Nebenhaus zugehörig war, aber wohl schon vor 1600 selbständig geworden ist. Beide Bauten besitzen eine gemeinsame massive Wand. Die in der linken Traufwand vorhandenen sehr alten Fensterrechte könnten darauf hindeuten, daß ehemals auch das südlich anschließende Grundstück 20/22 zugehörig war.

Ende des 16. Jahrhunderts: *I H* und *G V*; 1680 Albert Pöttger jetzt Arend Moller; 1683 *Arend Moller itzo Samuel Pöttger* (zahlt jährlich 4 Thl Giebelschatz); 1692/1704 Samuel Pöttger; 1711 Witwe Pöttger; 1723 Notarius Joh. Hinrich Walbaum; 1729 Erben Pöttger; 1738/40 Arend Diederich Stolte; 1743 Dietrich Stolte; 1750 Meister Diedie; 1755 Hutmacher Dedie, Haus für 500 Rthl; 1759 Witwe Elisabeth Sechen; 1766 Witwe Christina Elisabeth Dedie; 1776 Versteigerung des Wohnhauses der Witwe Dedien. Erwerb durch Kaufmann Johann Christian Meyer für 800 Rthl; 1781 Meyer, Wohnhaus 1000 Rthl, Scheune 400 und Färberhaus 100 Rthl; 1798 Witwe Bohnen; 1804 Haus mit Braurecht, Brunnen. Hat drei Kühe; 1805 Wohnhaus, Scheune, Färberhaus; 1808 Bäcker und Branntweinbrenner Georg Bohne (Böhne), Wohnhaus mittelmäßiger Zustand, eingeschossige Scheune, Stallung und Hofraum; 1812/18 Witwe Böhne, Haus mit Scheune und Hofraum und Stall; 1820 Konkurs Branntweinbrenner R. Disselhorst: Wohnhaus nebst Hofraum, Stallungen und Hintergebäude, taxiert zu 3590 Rthl, zugehörig auch das Haus Obermarktstraße 16 und Weingarten 9 (PIB 85, 1820); 1827/32 F. W. Diesselhorst, Wohnhaus, Hinterhaus und Stall; 1829 Wilhelm Schwartze; 1833/34 Umbau Hinterhaus (KAM, Mi, E 955); 1833 Schwarz, Wohnhaus und Stall; 1846/53 Bäcker Wilhelm Schwartz (* 1801) mit Familie und Personal sowie eine Mietpartei; 1876 Bäcker Schwartz Junior und Sen.; 1880 Bäcker Schwartz, Senior; 1883 Pächter Bäcker Carl van Lamoen; 1918 Erben Schwartz; 1934 Frau Rektor Kreuzer/Hamborn.

Das giebelständige und die gesamte Breite der Parzelle einnehmende Gebäude hinter der einfachen Backsteinfassade von 1899 hat eine komplexe Baugeschichte. Den Kern des Hauses bildet ein giebelständiges Dielenhaus, wohl mit massiven Umfassungswänden, das möglicherweise noch aus dem 14. Jahrhundert stammt und in mehreren Abschnitten aufgestockt und in der Neuzeit zunehmend im Inneren ausgebaut wurde. Das Gebäude wurde 1993 zur Vorbereitung einer bislang nicht durchgeführten Sanierung eingehend bauhistorisch untersucht. Hierbei zur Klärung der zahlreichen Bauphasen (1993 durch H. Tisje/Neu-Isenburg) dendrochronologische Datierungen vorgenommen:

Ende 1498	Vorderhaus, 3. Dachbalken von Norden
Ende 1577	Vorderhaus, östlicher Längsunterzug, südlicher Teil
1584 ±2	Hinterhaus, Trennwand Saal/Diele, Riegel
Ende 1592	Hinterhaus, 6. Geschoßbalken von Norden
Ende 1592	Hinterhaus, 6. Dachbalken von Norden
1592 ± ?	2. Sparren, Ostseite, 3. Sparren Süd
1593 ± ?	2. Sparren, Westseite, 1. Sparren Süd
1680 um oder nach	Stubeneinbau, Verlängerung Rähm
1746 + ?	Vorderhaus, östlicher Längsunterzug, vorn
Anfang 1753	Hinterhaus, Trennwand Saal

BAUPHASE I: Reste eines zweitverzimmerten Dachstuhls über dem 1592 aufgestockten und umgebauten Hinterhaus lassen darauf schließen, daß sein wohl eingeschossiger Vorgänger aus dem

Abb. 1153 Obermarktstraße 18, (rechts), 20/22 und 26 (links), Ansicht von Nordosten, 1993.

14. Jahrhundert stammt. Rekonstruierbar ein Dachwerk mit zwei eingezapften Kehlbalken und unter die Sparren genagelten (mit Holznägeln befestigten) Windrispen. Bundzeichen aus eingeschlagenen rechteckigen Kerben.

Das Alter des Kellers unter diesem Bauteil ist unklar. Dieser besteht aus einer großen Quertonne (aus in Schalung gesetzten Bruchsandsteinen), wird durch zwei Schächte von der Diele her belichtet und mit einen Zugang nahe der linken Traufwand von der Diele erschlossen. Ein weiterer heute vermauerter Schacht läuft zum Rückgiebel.

BAUPHASE II: Der Kern der heutigen aufstehenden Bausubstanz des Vorderhauses geht wohl auf einen Neubau von 1498 zurück (möglicherweise auf älteren Resten). Dieser noch zu erkennen als ein Dielenhaus mit steinernen Umfassungswänden und unterkellertem Hinterhaus. Über der hohen Diele ein Sparrendach von 10 Gebinden mit dreifacher Kehlbalkenlage. Davon sicher erhalten die linke Traufwand in Teilbereichen, die Dachbalken, sowie die Sparrenpaare 7, 8 und 10 (von der Rückseite aus gezählt). Es ist anzunehmen, daß die Feuerstelle im hinteren Teil der Diele an der rechten Traufwand bestand. Ihr gegenüber an der linken Traufwand ein großes Luchtfenster zur

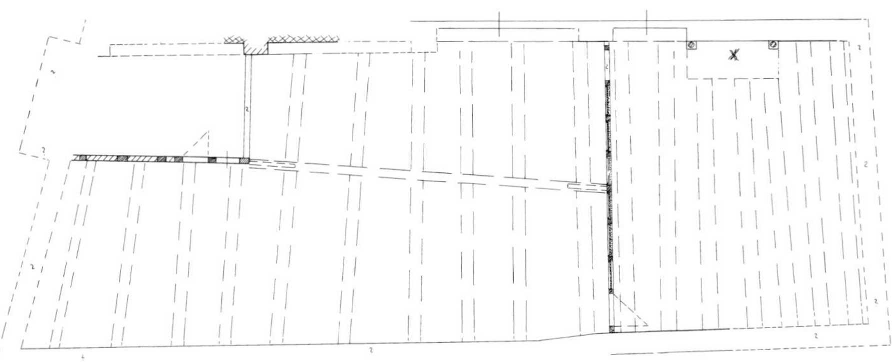

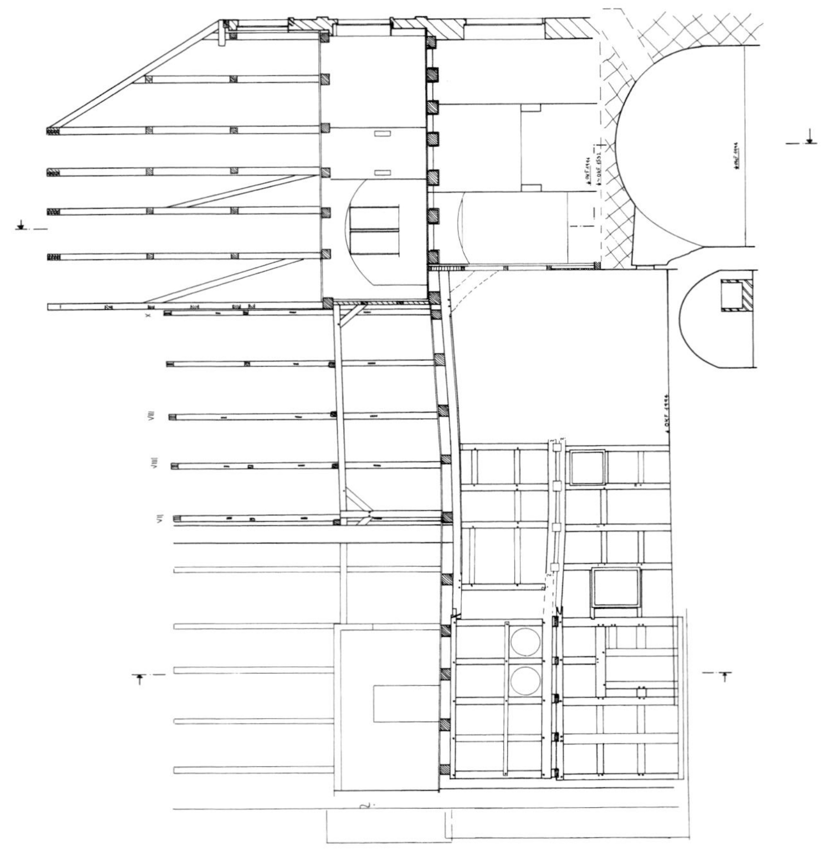

Abb. 1154 Obermarktstraße 18, Längsschnitt, Bestand 1993 und Grundriß des Erdgeschosses, rekonstruierter Zustand um 1600.

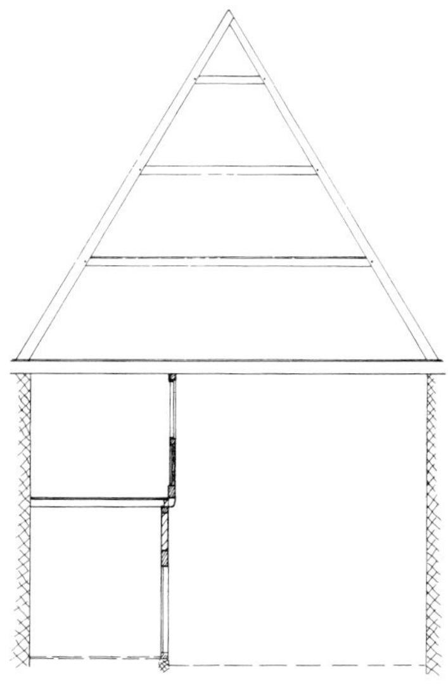

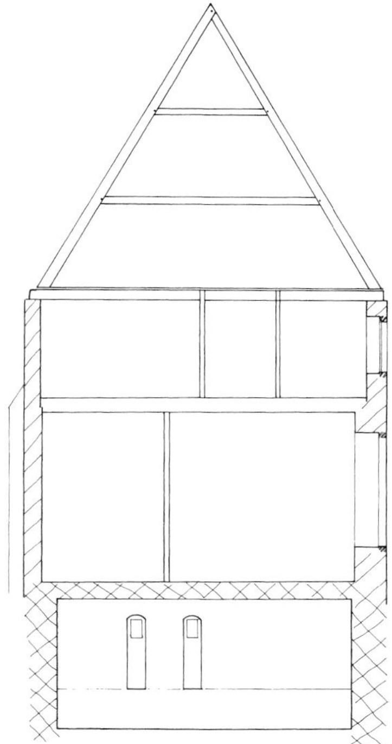

Abb. 1155 Obermarktstraße 18, Querschnitt durch Vorder- und Hinterhaus, Blick jeweils nach hinten, rekonstruierter Zustand Mittte des 17. Jahrhunderts.

Belichtung der rückwärtigen Diele fast über die ganze Wandhöhe. Erhalten davon der Wandbogen, da die Gewände beim zweigeschossigen Durchbau dieses Bereiches entfernt und durch eine Fachwerkkonstruktion ersetzt wurden.

BAUPHASE III (1577/87): Bauschäden in der nördlichen Traufwand, die wohl auf Wasserschäden dieser Kommunwand zurückgehen, führten 1577 zum Einbau eines die angefaulten Balkenköpfe vor dieser Wand abfangenden Längsunterzuges.

Wohl 1587 dürfte vorn links ein kleiner zweigeschossiger Stubeneinbau in die Diele gestellt worden sein. Er ist zweistöckig aus fünf Gebinden verzimmert und kragt in der Art von Schaufassaden im Zwischengeschoß über den Balkenköpfen vor. Während das Erdgeschoß ungestaltet ist, zeigt das Zwischengeschoß eine aufwendige zeitgenössische Dekoration: die Schwelle mit Schnürrollen beschnitzt, die Brüstung mit Bohlen geschlossen, die mit Rosetten beschnitzt sind. Darüber ehemals ein vorgeblatteter Brustriegel. Im Erdgeschoß ursprüngliche Backsteinausfachung zum Teil erhalten, rot geschlämmt und mit Fugenmalerei aus weißen Linien versehen, die Stöße dabei mit gegenläufigen Bögen (diese Fassung im Prinzip später einmal erneuert). Im Gerüst Türöffnung, rechts daneben kleines Fenster. Rückwand des Einbaus nicht erhalten. Innerer Ausbau unbekannt. Der Zeitpunkt der Errichtung der im 19. Jahrhundert davor befindlichen Utlucht ist unklar. 2000 wurde auf dem Hof ein Bruchstück einer ornamentierten Sandsteinplatte gefunden, das 1587 datiert war und von der Utluchtbrüstung stammen könnte. Möglicherweise zusammengehörend mit der weiter unten beschriebenen Steinplatte.

BAUPHASE IV (1592 Umbau des Hinterhauses): Über dem Hinterhaus nahm man 1592 das Dachwerk einschließlich der Balken ab. Die steinernen Außenwände wurden weitgehend in Backstein zur Anlage eines oberen Saales um 2,8 m erhöht, neue Balkenlagen eingebaut und ein neues Dachwerk (zum Teil aus wiederverwendeten Hölzern des abgebrochenen Dachwerkes) mit Windrispen zwischen den Sparren errichtet. Der wohl zunächst verbretterte Giebel zum Vorderhaus mit Firstsäule und überblatteten, einfach vernagelten Riegeln. Der Rückgiebel nicht erhalten.

An der südlichen Traufwand eine Kaminanlage eingebaut mit jeweils einer offenen Feuerstelle in jedem Saal. Die Rauchfänge nicht erhalten, die Reste der abgeschlagenen steinernen Kaminwangen im Mauerwerk erhalten, nach den Befunden die Rauchfänge über einer Holzkonstruktion. In Zweitverwendung das sandsteinerne Bruchstück einer Kaminwange aus dem Obergeschoß mit Volute erhalten. Neben dem Erdgeschoßkamin eine zweibahnige Fenstergruppe, die in der Fassade als Scheinarchitektur im Bereich des Kamins erheblich breiter angelegt ist (Verglasung ehemals aufgemalt ?). Es konnten umfangreiche Befunde für eine reiche Ausgestaltung dieses Bauteiles gemacht werden: Die Decke war auf Grund der unsauberen Verarbeitung der engliegenden Balken von Anfang an mit Strohlehmputz auf Plisterwerk verputzt. Nach Auftrag von Kalkhaarfeinputz wurde sogenannter Preßstuck mit Modeln in die Flächen eingedrückt (an den Balkenunterseiten nicht erhalten). Er blieb ohne Farbfassung und stellt – in Minden bislang nur noch einmal im Haus Brüderstraße 20 nachgewiesen – eine typische Dekoration der Zeit um 1600 im Weserraum und den östlich anschließenden Landschaften dar (siehe Fischer 1989). Die Gestaltung der Deckenfelder zwischen den Balken unklar.

Zugleich wurde ein langer Unterzug im rückwärtigen Teil des Vorderhauses mit einer selbständigen Stützkonstruktion aus Säulen und Kopfbändern eingebaut. Die vordere, hinter dem Stubeneinbau stehende Säule nicht erhalten, die rückwärtige als Teil der Trennwand zum Hinterhaus im oberen Bereich noch vorhanden.

Zwischen der Diele und dem Saal Einbau einer Wand. Diese bis auf den mittleren nicht mit tragenden Ständern, sondern als Schreinerwerk ausgeführt (daher davon auszugehen, daß das auf 1584 ± 2 datierte Holz einige Jahre zum Trocknen abgelagert wurde und diese Baumaßnahme ebenfalls erst 1592 zu datieren ist). Holzkonstruktion aus schmalen verzapften und einfach vernagelten Hölzern von ca. 12 x 12 cm mit neun Ständern und vier Riegelketten. Die Türöffnung von der Diele zum Saal im ersten Gefach von rechts (da in diesem Bereich die Hölzer unbearbeitet blieben, ist von einer breiteren Türbekleidung auszugehen). Die untere Brüstungszone mit in Nuten gesetzten Bohlen geschlossen (umlaufend zusätzlich Profilleisten mit Holzstiften aufgenagelt), die beiden darüber liegenden beiden Gefachreihen jeweils mit Fenstern, darüber Gefache mit Lehmstakung und Verputz. Die Ständer zur Diele über die ganze Wandhöhe, zum Saal mit Ausnahme des unteren Brüstungsbereich (hier ehemals Verkleidung ?) mit Kassetten aus dem vollen Holz versehen, die jeweils auf den Bereich zwischen den konstruktiven Knoten beschränkt sind. Dabei die Ständer mit Profilhobel über die ganze Höhe bearbeitet und anschließend Hölzer an den Zapfstellen wieder eingesetzt. Von der ehemaligen Verglasung Reste der in die Gefache gesetzten profilierten Zargenrahmen erhalten, die eine feststehende auf der Dielenseite angebrachte Verglasung in Holzrahmen erschließen lassen. Befunde zur farbigen Fassung dieser Wand lassen die weitere Gestaltung erkennen: zur Dielenseite der steinerne Sockel unter der Wand verputzt, grau gefaßt und mit weißen

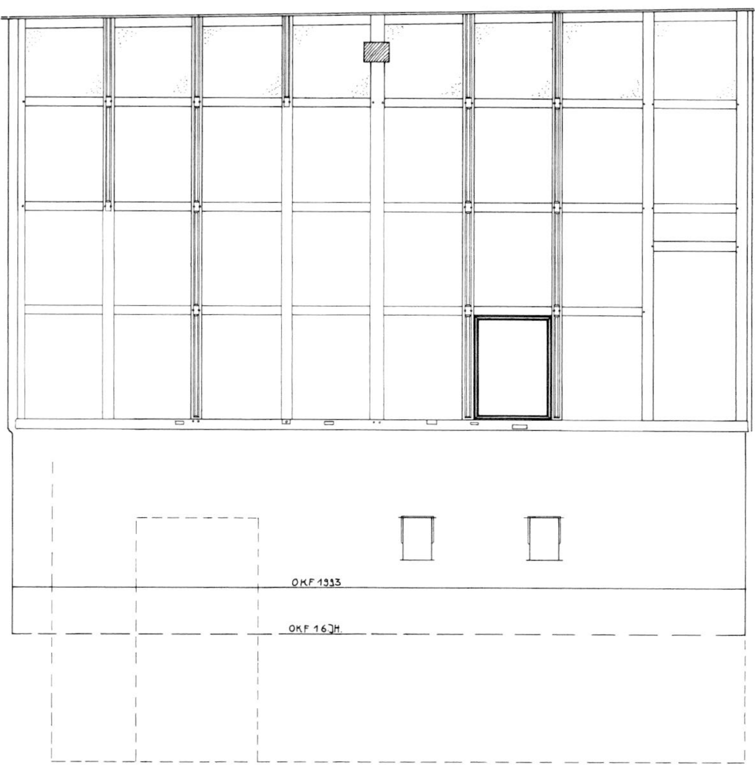

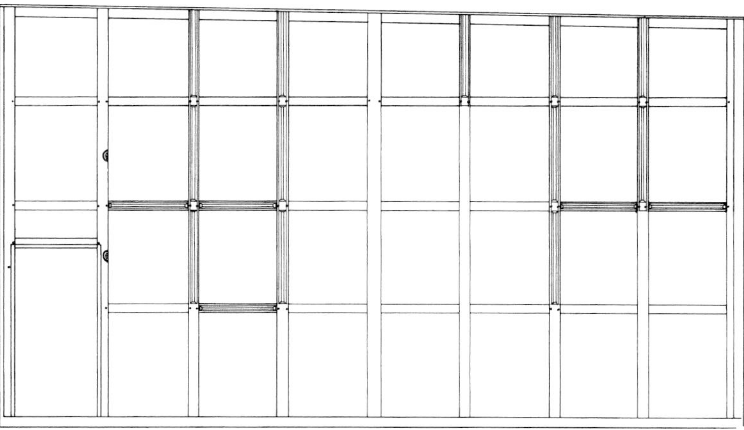

Abb. 1156 Obermarktstraße 18, Trennwand zwischen Vorder- und Hinterhaus, Ansicht von der Diele und vom Saal, rekonstruierter Zustand um 1600. M 1:100.

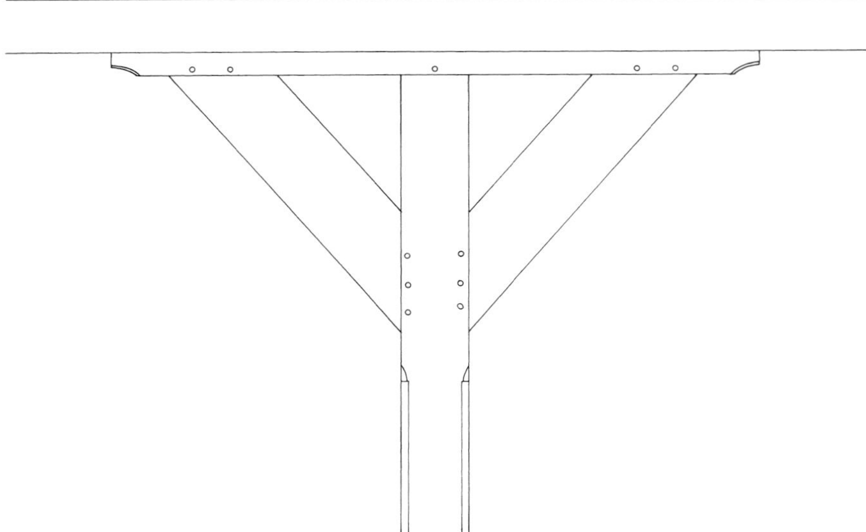

Abb. 1157 Obermarktstraße 18, 1592 eingebaute Stützkonstruktion im Vorderhaus. M 1:50.

Doppellinien mit einer regelmäßigen Quaderung versehen. Die Füllungsbohlen sichtbar, Farbfassung hier nicht nachweisbar. Die oberen ausgefachten Gefache mit Lehmputz, Kalküberzug, die Gefache mit zwei Begleiterstrichen und floralem Ornament in den Ecken. Auf der Saalseite die Hölzer grau gefaßt, die rückwärtigen Spiegel der Schnitzerei rot abgesetzt.

BAUPHASE IV (Verlängerung des Dieleneinbaus um 1680): Zur Schaffung weiterer Wohnräume verlängerte man den Stubeneinbau in gleicher Breite in Stockwerksbauweise bis unmittelbar vor das große Luchtfenster der linken Traufwand. Hinter dem älteren Bauteil errichtete man einen großen Kamin. Offensichtlich zur gleichen Zeit wurde der verbliebene Bereich der Lucht unterkellert: hier wurde eine Tonne aus kleinen Backsteinen geschaffen, Erschließung vom bestehenden Kellerabgang aus. In diesem Kellerraum ein großer sandsteinerner Trog nicht bekannter Funktion.

BAUPHASE V (Durchbau der Diele und des Hinterhauses 1753): Durch umfangreiche Umbauten wird in einem weiteren Schritt aus dem Dielenhaus ein Wohnetagenhaus geschaffen. Der Erdgeschoßsaal wird mit einer Längswand unterteilt und der nördliche Bereich zusätzlich mit einer Zwischendecke versehen. Der Obergeschoßsaal ebenfalls mit Längswand, der offene Wandkamin dabei zu einem Schornstein umgebaut (nachträglich hier weitere Unterteilungen). Zugleich scheint zumindest in Teilbereichen der Diele im Vorderhaus eine Zwischendecke eingezogen worden zu sein. Erschließung der neu geschaffenen Wohnetagen durch eine gleichzeitige, weitläufige, zweifach gewendelte Treppenanlage in der nordwestlichen Ecke der Diele (so daß nun die Herdstelle in der rechten Traufwand aufgegeben worden sein muß). Die Treppenanlage reicht bis ins Dachgeschoß (hier mit Sägebalustern). Nachdem das Dachwerk mit Einbau von zwei stehenden Stühlen (zum Teil in Nadelholz) und der Ausfachung des trennenden Giebels zum Hinterhaus umfangreichen Repa-

Abb. 1158 Obermarktstraße 18, Befund einer Stuckmodeldekoration von 1592 (?) an der Balkendecke des unteren Saales im Hinterhaus, 1994.

Abb. 1159 Obermarktstraße 18, Befund der Gefachbemalung (Saalseite) der 1592 eingebauten Trennwand zwischen Diele und Saal, 1994.

◁ Abb. 1160 Obermarktstraße 18, Schnitzerei von 1577 (?) an der Zwischengeschoßwand zur Diele des vorderen Stubeneinbaus, 1994.

raturen unterzogen worden war, entstanden hier schon zu dieser Zeit hinter dem Vordergiebel ausgebaute Wohnräume. Das ehemalige Dielenhaus hatte sich damit zu einem zweigeschossigen Wohnhaus mit Mittellängsflur gewandelt.

Als weitere Baumaßnahmen des 18. Jahrhunderts ist die Ausgestaltung der vorderen linken oberen Stube nachweisbar: Lambris aus Nadelholz mit Rahmenfüllungen; Einbruch einer Ofennische in die linke Traufwand. Hier Reste von mehreren Farbfassungen auf dem Strohlehmputz erhalten, die wohl im ganzen Raum bestanden (die Nische 1831 zugemauert): 1) Graublau, 2) Ocker mit zwei schwarzen Begleitstrichen (nachweisbar zum Sockel), 3) Papier mit rostbraunem Anstrich.

1776 wird das Haus in der Versteigerungsanzeige beschrieben (WMA 1776; Sp. 37): *Wohn- und Brauhaus, mit 2 Sälen, 4 Stuben, 4 Kammern, 2 Küchen, 2 gewölbte Keller, ein Färbe- und Hinterhaus, ein Holzplatz.*

Abb. 1161 Obermarktstraße 18, Keller des Spätmittelalters unter dem Hinterhaus, 1994.

BAUPHASE VI (Erneuerung der rechten Traufwand 1831): Sowohl bei Haus Nr. 16 wie auch bei Nr. 18 werden 1831 bauliche Veränderungen vermerkt. Im Zusammenhang mit dem Neubau des benachbarten Hauses ist dabei offensichtlich die gemeinsame Steinwand (zu diesem Zeitpunkt auch gleicher Besitzer) in großen Bereichen aus Backstein neu aufgemauert worden. Die Grenze zu dem im unteren Bereich erhaltenen alten Mauerwerk im einzelnen kaum feststellbar. Auf der Mauerkrone sandsteinerne Rinne. Zugleich teilweise auch vor die linke Traufwand eine innere Schale vorgemauert. Weitere zeitgleiche Reparaturen (durchgängig das gleiche Steinmaterial verwendet) betrafen den versetzten Neubau eines zweizügigen Schornsteines im Stubeneinbau sowie den Einbau einer Ofennische mit Kamin im mittleren Giebelzimmer im Dach.

BAUPHASE VII (Erneuerung des rückwärtigen Giebels): Wenige Jahre später wurde auch der rückwärtige Giebel – offensichtlich wegen Bauschäden – abgebrochen und neu aus Backstein (mit Entlastungsbögen über den Erdgeschoßöffnungen) aufgemauert, wobei im großen Maße Spolien eingemauert wurden. Im Ober-

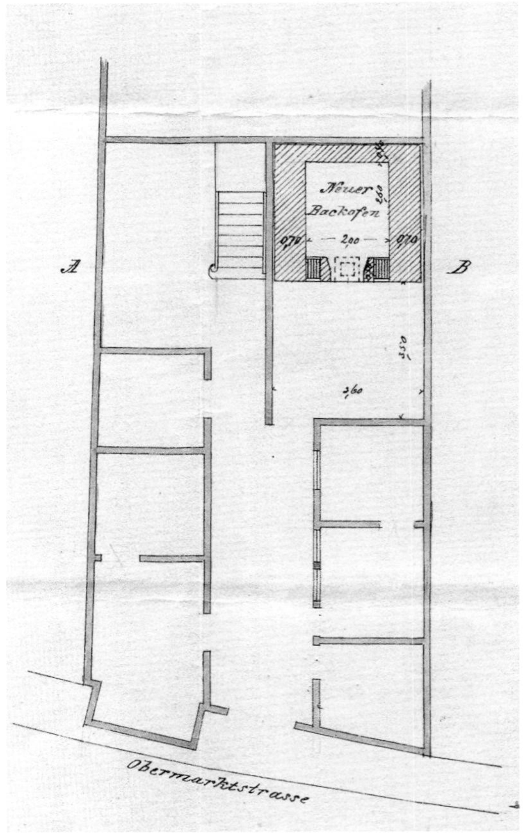

Abb. 1162 Obermarktstraße 18, Bestandsplan des Vorderhauses 1883.

Abb. 1163 Obermarktstraße 18 (links), Rückgiebel von etwa 1835 und Obermarktstraße 22, Zustand 1993.

geschoß erneuerte man auch die linke Traufwand bis zum alten Wandkamin. Der neue Rückgiebel mit Krüppelwalm in einfacher Weise als Putzfassade mit vier Fensterachsen und geschoßtrennenden Bändern gestaltet, die Fenster zweiflügelig mit Kreuzsprossen (im Giebeldreieck erhalten). Lediglich die Sohlbänke in Sandstein ausgeführt.

BAUPHASE VIII (Erneuerung des Vordergiebels 1899): Nachdem 1883 ein erstes Schaufenster in die Fassade eingebaut wurde, erhielt das zwischen den benachbarten dreigeschossigen klassizistischen Bauten bestehende und nun recht niedrig wirkende Haus 1899 eine neue massive Fassade nach Entwurf der ausführenden Firma Schmidt & Langen (geplanter Erker im ersten Obergeschoß untersagt), wobei die in den Straßenraum vorkragende zweigeschossige Utlucht sowie Vortreppe abgebrochen wurde. Kosten 4500 Mark. Zugleich Ausbau des Daches im vorderen Bereich zu einer vollständigen Wohnetage mit weitgehendem Ersatz des Dachwerks durch Aufdrempeln bzw. Mansardkonstruktion. Die Fassade von Klinker aufgemauert mit schlichter Gliederung aus Zementputzelementen.

Weitere Umbauten: 1883 neuer Backofen für Stein- statt Holzkohle; 1911 Kanalisation; 1951 Schaufenster in rechter Flurwand; 1962 Abbruch der Giebelaufbauten wegen Wasser- und Frostschäden; 1971 neue Dachdeckung, Abbruch des barocken Treppenhauses (bis auf einen Rest im

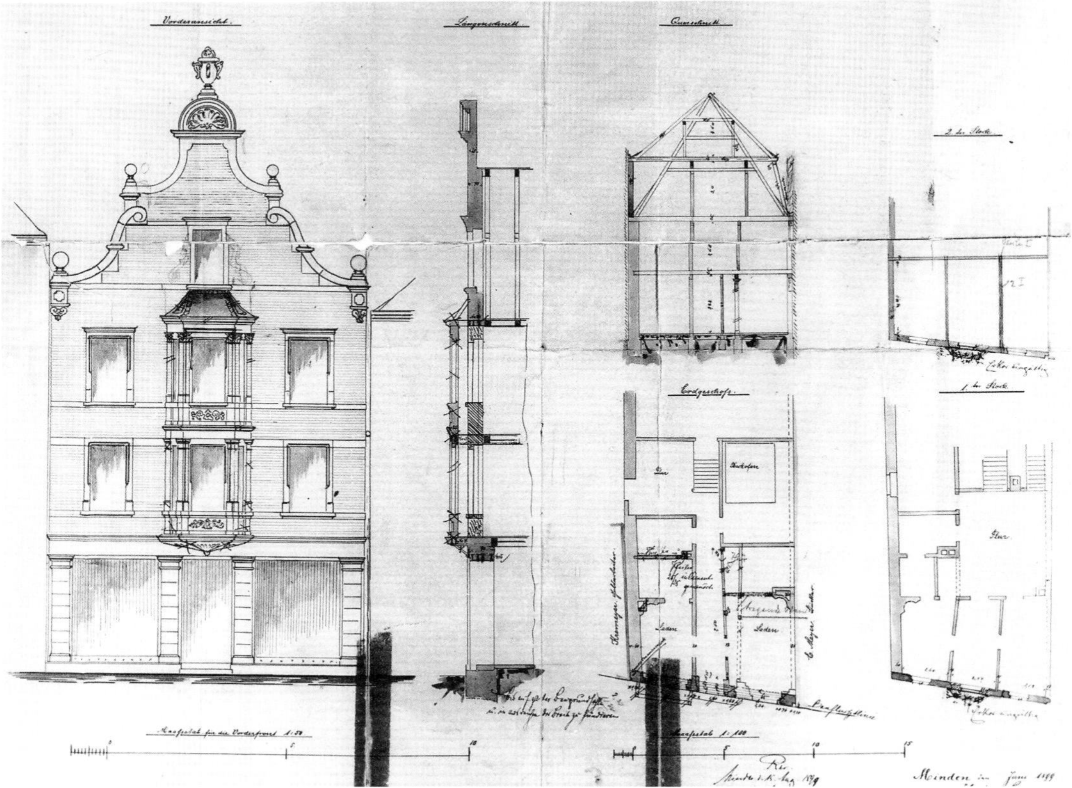

Abb. 1164 Obermarktstraße 18, Entwurf für den Umbau des Vorderhauses und die Errichtung einer neuen Fassade, Baugeschäft Schmidt & Langen 1899.

Dachwerk) und Ersatz durch eine einfache Holztreppe; 1991 in die Denkmalliste der Stadt Minden eingetragen. 1993/99 Sanierung und Umbau (Plan: Lax).

Scheune an der Hohen Straße (1779–1971)

1779 durch den Kaufmann Meyer ganz neu gebaut; 1934 Einbau einer Waschküche, 1971 Abbruch.

Eine in die zweite Hälfte des 16. Jahrhunderts – möglicherweise 1587 – datierte Steinplatte mit zwei Ehewappen und lateinischen Inschriften in zwei Medaillons wurde vor 1920 auf dem Hof des Hauses gefunden und in das Museum der Stadt verbracht. Auf der Männerseite im Schild eine Kanne mit drei Blumen und von zwei sechsstraligen Sternen begleitet, darüber die Buchstaben *I H*; auf der Frauenseite Schild mit einem Baum, darüber die Buchstaben *G V*. Inschriften: *BENEDIKTO DOMINI DIVI: TES FACIT NEC SOCIABITUR EI AFFLICTIO PORX: DUM SPIRO SPERO* (der Segen des Herrn machet reich, und wird Ihnen nicht zugefügt Trübsal. So lange ich lebe, hoffe ich). *NISI DOMINUS AEDEFICA VERIT DOMUM FRUSTRA LABORAT QUI AEDIFICATEAM PSAL: CXXVII* (wenn der Herr nicht das Haus bauet, so arbeiten die vergeblich, die daran bauen. Psalm 127).

Abb. 1165 Obermarktstraße 19 (links), 21 und 23, Ansicht von Norden, 1993.

OBERMARKTSTRASSE 19 (Abb. 1151, 1165, 1166, 1168)

1729 bis 1743 Martini-Kirchgeld Nr. 152; bis 1878 Haus-Nr. 198

Die recht kleine Hausstelle dürfte zunächst mit Nr. 21 eine Einheit gebildet haben und wurde als Nebenhaus zu nicht näher bekannter Zeit (im 16. oder 17. Jahrhundert) abgetrennt. Beide Bauten besitzen auch eine im Kern sicherlich mittelalterliche gemeinsame Brandwand. Hinter dem Haus zugehörig ein kleiner Hofplatz, an den sich östlich des Grundstücks Nr. 21 der Platz für ein Wirtschaftsgebäude an der Kisaustraße anschloß. Die Rückflächen 1975 im Zuge der Stadtsanierung eingezogen, alle Bauten abgebrochen und in reduzierter Form dem Grundstück wieder zugewiesen.

1663 Hermann Arning (das Haus ist auf 800 Thl geschätzt); 1680 Hermann Arning; 1681 Witwe Arning (zahlt jährlich 3 ½ Thl Giebelschatz); 1682 Johann Varcken Junior; 1683/84 Witwe Arning; 1692/1711 Andreas Arning; 1723 Fuhrmann Friedrich Meyer; 1729/40 Friedrich Meyer; 1743 Posthalter Fridrich Meyer; 1750 Arnings Erben; 1755 Meyers Erben, Haus für 300 Rthl; 1766 Schuster Meyer; 1767 Grenadier Meyer; 1781 Friedrich Meyer, Wohnhaus 250 Rthl, Scheune 100 Rthl; 1798/1802 Witwe Meyer; 1804/06 Haus mit Braurecht, Brunnen und hölzerner Spritze. Hat zwei Kühe; 1806 Schlachter Meyer; 1818/37 Schlachter Richter, Wohnhaus 800 Thl, Scheune 200 Thl; 1846 Schlächter Ernst Richter mit drei Mietparteien; 1853 Lilienthal mit zwei Mietparteien (im Haus ein Laden und zwei Kammern als Lager); 1857 M. Lilienthal, Colonialwaren, Zigarren-, Tabak- und Materialhandlung (Moses Lilienthal gehörte

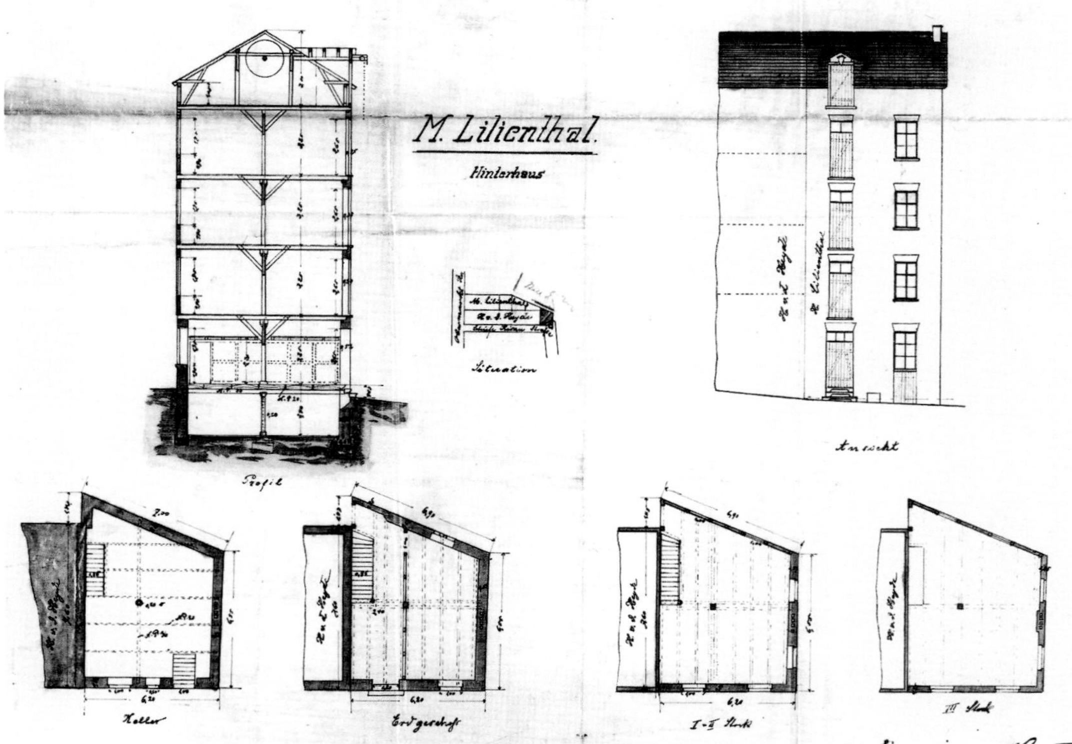

Abb. 1166 Obermarktstraße 19, Hinterhaus Kisaustraße 10, Plan aus dem Bauantrag des Baugeschäftes Schütte & Krause 1891.

zusammen mit seinem Bruder Karl, ebenfalls Kaufmann und Markt 5 ansässig, schon 1849 zu den reichsten Bürgern der Stadt, siehe Herzig 1978, S. 58 und S. 70); 1878/92 Moses Lilienthal; 1906 Bruno Lilienthal; 1927 M. Lilienthal; 1940/53 Firma H. Hill/Hattingen; 1975 LEG; 1977 Peter Hartmann.

Haus (bis um 1850)

Das Gebäude in seiner Gestalt nicht weiter bekannt. 1767 wurde *Hauptreparatur* des Hauses für 513 Rthl durchgeführt (KAM, Mi, C 384), wobei *zwei kleine Stuben mit Kammern* entstanden. Abbruch um 1850.

Wohn- und Geschäftshaus (von etwa 1850)

Das Gebäude wurde wohl nach Eigentümerwechsel für den Kaufmann Moses Lilienthal um 1850 als dreigeschossiger und unterkellerter Massivbau mit flachem Satteldach über niedrigem, nicht ausgebautem Drempel neu errichtet, wobei nur die mit dem südlich anschließenden Haus Nr. 21 gemeinsame Traufwand erhalten blieb. Daher auch die Unterkellerung im südlichen Abschnitt des Hauses unterlassen, ansonsten mit Kappen auf Gurtbögen. Auf Grund der engen Grundstücksverhältnisse das rückwärtige Drittel auf der Nordseite eingezogen. Die Fassade mit Putzgliederung in spätklassizistischer Gestalt, dabei das vorne abgewalmte Dach hinter einem hölzernen Kastengesims verdeckt. Im ersten Obergeschoß durchlaufendes Brustgesims, die Fenster mit schlichten Faschen und Verdachungen. Der Drempel mit kleinen Okuli belichtet.

Das Innere mit mittlerem Längsflur, der zu einem zweifach gewendelten Treppenhaus am Beginn des rückwärtigen Flügels führt. Seitlich jeweils Ladenraum mit rückwärtiger Kammer und im rückwärtigen Teil des Flügels Küche. In den Obergeschossen vergleichbare Raumaufteilung, dabei zur Straße jeweils zwei Wohnräume.

1892 Entwässerung; 1906 Kanalisation; 1927 Vergrößerung des Ladengeschäftes, wobei der Hauszugang und Flur in die südliche Achse verlegt wird (Baugeschäft Sierig); 1940 Kellerdurchbruch; 1953 Umbau des Erdgeschosses zu großem Laden mit neuen Schaufenstern (Plan: H. Lohse); 1978 Umbau (Plan: Müller & Janitz).

Hinterhaus (1891–1975), Kisaustraße 10

Als viergeschossiges Lagerhaus durch das Baugeschäft Schütte & Krause im Osten des Grundstücks im Anschluß an das Lagerhaus hinter Nr. 21 an der Kisaustraße errichtet. Keller und Erdgeschoß, sowie die Süd- und Ostwand der Obergeschosse massiv, die restlichen Wände von Fachwerk. Flaches Satteldach über Drempelgeschoß. In der südlichen, der Straße zugewandten Front in jedem Geschoß eine Ladeluke.

1924 Einbau eines Abortes; um 1930 vom Grundstück abgetrennt und in dem Bau durch Herrn Brachter eine Druckerei eingerichtet. Nachdem der Bau schon 1964 als verfallen bezeichnet wurde, 1975 Abbruch durch die LEG.

Hinterhaus (von 1978), Leiterstraße 11

Bei Überbauung der freien Hofflächen und Neuzuschnitt der Flächen als viergeschossiger Bau mit als Balkon ausgebautem Flachdach bis zur neuen Erschließungsstraße hinter dem Parkhaus an der Lindenstraße des Obermarktzentrums (siehe Obermarktstraße 33 f.) errichtet, dabei wegen der tieferen Lage am Hang nur bis zum ersten Geschoß des Vorderhauses reichend (Plan: Müller & Janitz).

OBERMARKTSTRASSE 20/22 (Abb. 1153, 1163, 1167)

1729 bis 1743 Martini-Kirchgeld Nr. 160; bis 1878 Haus-Nr. 206 a/b

Das Grundstück dürfte ursprünglich zum Besitzkomplex von St. Martini gehört haben. Das Grundstück gegenüber den nördlich anschließenden Hausstellen nur von geringeren Abmessungen, da im Winkel zwischen Obermarktstraße und der Hohen Straße gelegen, daher aber von drei Seiten erschlossen. Möglicherweise erst im Spätmittelalter von dem nördlich anschließenden Grundstück Nr. 18 abgetrennt. Neben dem Haupthaus, das an die Straßenecke gestellt wurde und zudem den Übergang vom breiten Schiefen Markt zur nördlich anschließenden Obermarktstraße markiert, nördlich noch eine schmale Beifahrt, auf der zu nicht näher bekannter Zeit ein Nebenhaus errichtet wurde. Rückwärts an der Hohen Straße ehemals ein nicht näher bekanntes Wirtschaftsgebäude bzw. Scheune.

1546 verkauft *zeligenn Hinrickenn Volckeningk nagelatene wedewe* an die Rentenkammer eine Rente von 20 guten Joachimtalern *vth orem husz vnde stede, so dat bouenn dem marcket twuschenn Roleff Vogelers vnnde meister Wolffgannges husenn belegen* (KAM, Mi, A I, Nr. 597). Als spätere Besitzer genannt: Moritz Henske, Carsten Pape, 1603 Johan Neteler, Flörke (Floring) Neteler und 1663 Julig Grelle (KAM, Mi, B 151 und B 154,4 alt). 1663 Meister Julius Grelle (stirbt 1673); 1680/84 Witwe Julius Grelle (zahlt jährlich 3 ½ Thl Giebelschatz); 1692/1702 Julius Grelle; 1709/11 Johann Gerd Buhmann; 1723/29 Böttcher Gerdt Buhmann; 1738/40 Buhmanns Haus; 1743/50 Schuster Rudolf Jochmus; 1755 Haus für 200 Rthl; 1766 Rudolf Jochmus Senior; 1781 Schlosser Hoefft, Wohnhaus 200 Rthl, Nebengebäude 100 Rthl; 1798 Hoefft Junior; 1802 Hauptgebäude 500 Rthl, Nebengebäude 100 Rthl; 1804/08 Schmied und Schlossermeister Gottfried Hoeft, Wohnhaus mit Nebengebäude, Braugerechtigkeit. Hat drei Kühe und zwei Schweine; 1814 Gottlieb Hoefft vermacht das Haus seinem Schwiegersohn, Hutmacher Ludwig Kamlah (KAM, Mi, E 957); 1818 Wohnhaus für 400 Rthl und Nebenhaus für 200 Rthl; 1833 Hutmacher Kamlah; 1846/53 Hutmacher Ludwig Kamlah (* 1777) und Ludwig Kamlah Junior (* 1817) sowie Uhrmacher Peitsmeier; 1875 Hutmacher Ludwig Kamlah, die benachbarte Haus-Nr. 206 b ohne eigenen Hofplatz im Jahre 1875 für 1 500 Thl an den Goldarbeiter Johann Kremeier verkauft (seit 1878 unter der eigenen Hausnummer 20 geführt); 1908 Hutfabrikant Theodor Kamlah.

Das Nebenhaus wird erst ab etwa 1780 gesondert in den Verzeichnissen aufgeführt. 1804 sind hier als Mieter genannt der Sattler Asmus, Strumpfweber Kuntzen und Witwe Röligen (insgesamt 12 Personen); 1846/53 Uhrmacher David Peitsmeyer; 1908 Witwe Kremeier.

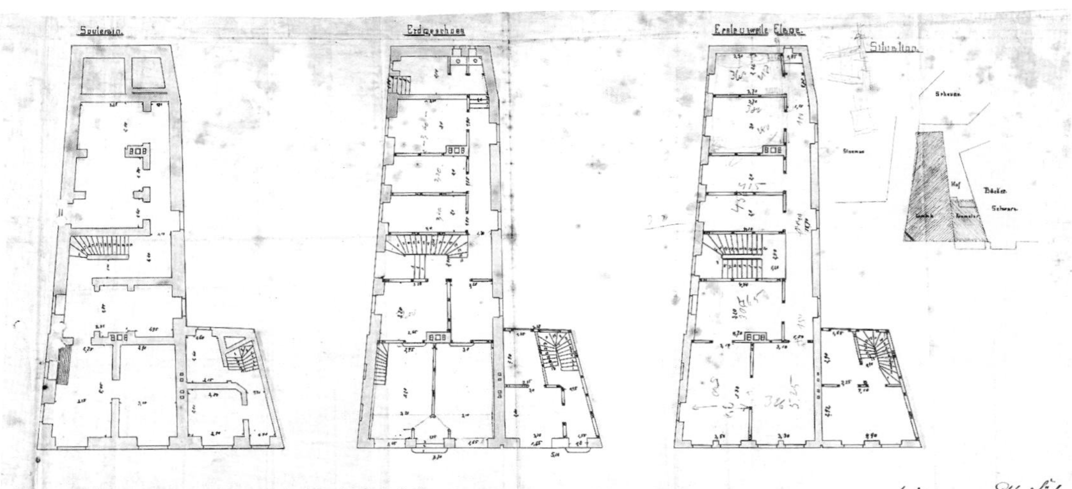

Abb. 1167 Obermarktstraße 20/22, Grundrisse aus dem Bauantrag des Zimmermeisters Lück von 1875.

Haus (bis 1875)

Der Vorgängerbau war ein giebelständiges Haus mit einem kleinen Nebenhaus von 36 qm Grundfläche, das gegenüber der Bauflucht vorgerückt stand. 1804 wird das *Dach umgedegt, wodurch die Strohdocken sehr heraus stehen... dieses Dach mit Katzentrogen gelegt* (KAM, Mi, C 829). Beide Bauten zu Gunsten eines Neubaus 1875 abgebrochen, wobei die Stadt für das Nebenhaus 150 Mark zur Wegnahme des Vorbaus zahlt (KAM, Mi, F 2234).

Haus und Nebenhaus (von 1875)

Sowohl das Haus als auch das Nebenhaus wurden 1875 abgebrochen und durch zwei dreigeschossige und voll unterkellerte Neubauten mit niedrigem Drempelgeschoß ersetzt, die für unterschiedliche Bauherren, aber nach einem gemeinsam eingereichten Bauplan des Zimmermeisters Lück – der auch die Ausführung übernahm – mit aufeinander bezogener Gestalt errichtet wurden (dabei umfangreich das alte Material wieder verwendet). In den von der Obermarktstraße einsichtigen Fassaden zeigten sie eine Rustica-Rahmung um die Schaufenster, während die nur durch schmale Gesimse getrennten Obergeschosse mit Putzfaschen glatt geputzt sind. Unter dem flachen Satteldach ein starkes hölzernes Traufgesims mit doppeltem Zahnschnitt und dichtgereihten Konsolen. Die beiden Bauten an der Fassade durch ein Fallrohr getrennt, bei dem weitaus größeren und tieferen Haus Nr. 22 die rückwärtige Seitenfassade ebenfalls durch Fallrohr optisch abgetrennt und ohne weitere Gliederung oder Kastengesims. Flach geneigtes, schwarzes Pfannendach, vorne abgewalmt. Haus Nr. 20 mit zwei Fensterachsen, Nr. 22 mit vier, zu zwei Gruppen zusammengefaßten Achsen zur Obermarktstraße, zwei weitere gestaltete Achsen im vorderen Teil der Traufwand.

Nebenhaus Nr. 20: Lediglich die Fassade und der Keller wurden massiv errichtet, während die übrigen Wände aus Eichenfachwerk sind. Dieses stöckig verzimmert, mit Schwelle-Rähm-Streben gesichert und mit Backsteinen ausgemauert. In der rechten Achse Haustür mit schmalem Flur, der zu einer durch alle Geschosse reichenden gewendelten Treppe vor der rückwärtigen Traufwand führt. In Keller und Erdgeschoß vorne links ein Raum (Laden) mit schmalerer Kammer dahinter, in den beiden Obergeschossen vorn ein Wohnraum, rückwärtig großer nicht von der Treppe getrennter Flur. Die Schornsteinzüge in der massiven Traufwand des anschließenden Hauses Nr. 22. 1896

Entwässerung; 1908 Kanalisation; 1910 das Schaufenster vergrößert; 1978 Umbau des Erdgeschosses; Fenster erneuert, die Faschen im zweiten Obergeschoß entfernt.

Nr. 22: Die Umfassungswände alle massiv und verputzt, die inneren Wände aus Fachwerk. Das sehr tiefe und schmale Gebäude durch ein durch alle Geschosse reichendes Treppenhaus mit gedrechselten Traillen in der Mitte erschlossen, das zu den davon abgetrennten Längsfluren an der rückwärtigen Traufwand führt. Am Vordergiebel im Erdgeschoß zwei durch einen gemeinsamen Eingang erschlossene Ladenräume, darüber jeweils zwei Wohnräume. Vor dem Rückgiebel im auf Grund der Hanglage schon weitgehend eingetieften Erdgeschoß Wirtschaftsraum mit Aborten, der Keller darunter als Jauchegrube ausgeführt. 1892 Entwässerung; 1908 Kanalisation; 1950 und 1963 Ladenumbau; 1978 Einbau von Kunststoffenstern. Der Putz erneuert, die Gliederung bis auf das Kranzgesims entfernt und die zweite Fensterachse der Traufwand vermauert.

OBERMARKTSTRASSE 21 (Abb. 1151, 1165, 1168)

1729 bis 1743 Martini-Kirchgeld Nr. 154; bis 1878 Haus-Nr. 200

LITERATUR: Faber-Hermann 1988, S. 78–80.

Die Hausstelle dürfte ehemals mit Nr. 19 eine Einheit gebildet haben, wobei letzteres als Nebenhaus zu nicht näher bekannter Zeit (im 16. oder 17. Jahrhundert ?) abgetrennt worden ist. Das im Gegensatz zu den nördlich anschließenden Hausstätten nicht besonders große Grundstück auf der Südseite durch die Krumme Kisau (siehe Kisaustraße) begrenzt, an der ein Wirtschaftsgebäude bestand. An dieses östlich der Standplatz eines Wirtschaftsgebäudes für Nr. 19 anschließend. Die Rückflächen 1975/77 im Zuge der Stadtsanierung eingezogen, alle Bauten abgebrochen und in reduzierter Form dem Grundstück wieder zugewiesen.

1663 Johann Huddig; 1680 Johann Huddig Senior (zahlt jährlich 4 Thl Giebelschatz); 1681/84 Johann Huddig Junior; 1692/96 Johann Huddig; 1702 Herr Vierziegermeister Joh. Huddig; 1704/11 Meister Joh. Huddig; 1723 Huddigs Tochter, *schenket Minder Bier;* 1738/43 Schuster Friedrich Brandt; 1750 Meister Brandt; 1755 Haus für 200 Rthl; 1771 Schuster Brand. Das Haus mit Braurecht und Huderecht für 4 Kühe, angeschlagen für 505 Rthl wird versteigert (WMA 1771, S 37); 1772 Glaser Costede; 1781 Glaser Costede, Wohnhaus 400 Rthl, Hinterhaus 50 Rthl; 1802 Witwe Costede; 1804 Kosteden, Haus mit Braurecht. Hat 2 Kühe und 1 Schwein; 1805 Glaser Costede, Versicherung auf 800 Rthl; 1809 Mieter: Uhrmacher und Werkstatt Stodeck; 1809 Glaser Rudolf Kostede erhält das Haus von seiner Mutter, der Glaserwitwe Kostede (geb. Arning) in einem Leibrentenvertrag (STA DT, M1, I C Nr. 231); 1818/36 Glaser Costede (Rendant bei St. Martini), 1836 Wohnhaus auf 1700 Thl und Stallung auf 300 Thl erhöht; 1846/53 Kaufmann Heinrich von der Heyde. Im Haus ein Laden (die im Verlagssystem arbeitende Zigarrenfabrik wurde am 10. 9. 1837 von Heinrich von der Heyde gegründet); 1878/99 Heinrich von der Heyde (1877 baute sein Sohn Wilhelm das repräsentative Wohnhaus Ritterstraße 22 und 1889 sein Sohn August das Haus Marienstraße 33). Hat seit 1888 das nahegelegene Lagerhaus Kisaustraße 3. Die Zigarrenfabrik von der Heyde wurde 1900 geschlossen (Momburg 1996, S. 44); 1906 Gutsbesitzer Otto Quante; 1914 Minna Quante (wohnt auf Gut Rodenbeck); 1919 Klempnermeister Eduard Neidinger; 1963 Ulrich Neidinger; 1975 Erbengemeinschaft Rupp/Neidinger.

Dielenhaus (bis um 1840)

Das in seiner Gestalt nicht weiter bekannte Haus offensichtlich ein steinernes Dielenhaus mit Hinterhaus. 1771 hatte das Haus zwei Stuben, fünf Kammern, einen Saal, einen gebalkten Keller, zwei beschossene Böden nebst zwei Kammern. Hinter dem Haus befindet sich ein Hofplatz sowie kleines Hinterhaus mit Kuhstall und steinernen Krippen.

1772 wird festgestellt, die *Hauptreparatur* des Hauses für 740 Rthl sei abgeschlossen (KAM, Mi, C 384). Weiter wird berichtet, *hat einen Haufen Fenster und die Wände umgesetzt, nichts neues gebaut, einige Stuben und Kammern gedielt und neue Türen einsetzen lassen. Ist im eigentlichen Verstande ein gläsernes Haus.*

Wohn- und Geschäftshaus (von etwa 1840)

Bauakten über die Entstehung sind nicht bekannt, der Zigarrenfabrikant Heinrich von der Heyde jedoch als Bauherr zu erschließen, wobei vom Vorgängerbau die nördliche, mit Nr. 19 gemeinsame Traufwand übernommen wurde. Der dreigeschossige Backsteinbau mit flachgeneigtem Satteldach über niedrigem Drempelgeschoß und ganz unterkellert, wobei dieser rückwärts auf Grund des abschüssigen Geländes als hoher Sockel aus der Erde tritt. Die flachen Tonnen liegen auf zwei langen Bogenstellungen aus Backstein; Boden mit Sandsteinplatten ausgelegt. Das Dachwerk vorn mit völliger Abwalmung aus Nadelholz mit Pfetten auf stehenden Stühlen.

Die Seitenfront schlicht verputzt, ebenso die rückwärtige fünfachsige Front, wobei die in die Fläche eingeschnittenen Fenster sandsteinerne Sohlbänke erhielten. Die vordere Fassade dreiachsig und in ungewöhnlicher und sehr qualitätvoller Gestaltung, dabei mit einer feinen Stuckierung in spätklassizistischer Weise und das Dach hinter einem starken hölzernen Kastengesims auf Konsolen verdeckend. Die Geschosse alle unterschiedlich behandelt und durch knappe Gesimse unterteilt: Die Wandfläche des Erdgeschosses mit einer jeweils die Öffnungen rahmenden Pilastergliederung völlig in die mittlere Türöffnung und die schon ursprünglich vorhandenen seitlichen Schaufenster aufgelöst; darüber eine breite und flache Gebälkzone. Eine ähnliche, allerdings reichere Pilastergliederung mit Kompositkapitellen auch vor der geputzten Front des zweiten Obergeschosses und dort eine den Drempel verdeckende und reicher dekorierte Gebälkzone tragend, während die Wandfläche des ersten Obergeschosses mit Quaderputz versehen ist. Die Fenster mit nur knappen Faschen, jeweils mit eingetieften Brüstungsfeldern darunter. Auf einer zurückgelegten Zone der Faschen des ersten Obergeschosses ein Band von kleinen Rosetten, die sich in ähnlicher Form in den Kapitellen der Erdgeschoßpilaster wiederfinden. Das zweiflügelige Blatt der Haustür erhalten. 1914 die mittleren Fenster der beiden Obergeschosse jeweils zu massiven Balkonen umgestaltet, die – auf Konsolen aufliegend – vor die Fassade treten.

Das Innere bis heute weitestgehend unverändert (lediglich durch kleinere Einbauten modernisiert) und bestimmt durch einen mittleren Längsflur, der in der Mitte der nördlichen Traufwand ein bis in das Dachgeschoß und den Keller reichendes Treppenhaus erschließt. Dieses mit Geländer aus gedrechselten Traillen, dreiläufig um ein großes Auge und über die Dachfläche belichtet. In den oberen Geschossen der Flur nur im mittleren Hausbereich, vor den Giebeln hier jeweils ein großer Wohnraum. Türen mit Füllungen, die Kreismotive zeigen (siehe Markt 14), die Haupttüren in den Wohnungen zweiflügelig.

1899 Entwässerung; 1906 Kanalisation; 1914 Ausbau des zweiten Obergeschosses, Einbau von Balkons an der Fassade (Maurermeister Homann); 1927 Umbau der Schaufenster (Plan: R. Moelle); 1979 nach Abbruch des Hinterhauses und Entfernung der dorthin bestehenden Verbindungsbauten Neuverputz der rückwärtigen Giebelwand und der südlichen Traufwand zur Kisaustraße; 1984 in die Denkmalliste der Stadt Minden eingetragen.

Hinterhaus (um 1850–1978), Kisaustraße 12

Viergeschossiger Bau mit Satteldach aus der Mitte des 19. Jahrhunderts, freistehend hinter dem Wohnhaus und von diesem (außer durch das eigene Treppenhaus) in der zweiten Etage durch eine hölzerne geschlossene Brücke zugänglich. Der Bau wohl als Fabrikgebäude für den Zigarrenhandel konzipiert. Das Erdgeschoß mit Stall und Lager aus verputztem Backstein, die Obergeschosse mit jeweils vier Räumen stöckig aus Fachwerk mit Schwelle-Rähm-Streben und Backsteinausfachung verzimmert. Nur die Hälfte des Gebäudes unterkellert. Vor der westlichen Wand auf dem Hof ein Treppenhausvorbau mit Spindeltreppe.

1919 Umbauten; 1978 Abbruch durch die LEG im Zuge der Stadtsanierung (hier Bau Obermarktzentrum).

Abb. 1168 Obermarktstraße 23 (Mitte), Ansicht von Südwesten, um 1900. Links Nr. 19 und 21, rechts 25.

OBERMARKTSTRASSE 23 (Abb. 1165, 1168–1170, 1177)

1729 bis 1743 Martini-Kirchgeld Nr. 157; bis 1878 Haus-Nr. 203

LITERATUR: Ludorff 1902, S. 102 mit Abb. – Jahr 1927, S. 36. – Rodekamp 1985, Abb. 50.

Die schmale und auf der ganzen Breite bebaute Hausstelle zunächst offenbar mit dem südlich anschließenden Haus Nr. 25 gemeinsam (beide Giebelhäuser besitzen auch eine gemeinsame Traufwand, auf der eine nach vorne entwässernde sandsteinerne Rinne aufliegt). Die damit recht breite Hausstelle nicht sehr tief in den Baublock hineinreichend und von Osten durch die Krumme Kisau (siehe Kisaustraße) erschlossen, die nördlich des Hauses in die Obermarktstraße einmündet. Das wahrscheinlich zunächst als Nebenhaus dienende Haus Nr. 25 zu nicht bekannter Zeit (vor der Mitte des 18. Jahrhunderts) als selbständige Hausstelle abgetrennt. An der Kisaustraße eine zugehörige und hinter dem Haus Nr. 25 stehende Scheune. 1897 die rückwärtigen Flächen zwischen beiden Anwesen neu verteilt. Heute hinter dem Haus das Gebäude Leiterstraße 17.

1663 Leutnant Jobst Polemann (stirbt 1665, seine Witwe 1675). Hat auch einen *Bruchgarten* (an der Lindenstraße) von zwei Stücken; 1680 Witwe Leutnant Jobst Polemans Haus (zahlt jährlich 4 Thl Giebelschatz); 1692 Witwe Pohlmann; 1696 Erben Witwe Pohlmann, jetzt Johann Christoff Borrieß; 1702/11 Johann Christoffer Borries; 1723/40 Witwe Christoph Borries; 1743 Witwe Johann Christoph Börries; 1750 Jüdin Hertz; 1755 Niehus, Haus für 300 Rthl; 1768 Bäcker Friedrich Niehaus, Haus mit Braurecht; 1772 Bäcker Henrich Niehus, Versteigerung der hinter dem Haus befindlichen Scheune von zwei Etagen mit zwei Flügeln für 188 Rthl. Wird von Niehus wieder erworben (WMA 1772, Sp. 115 und 392); 1802 Bäcker und Branntweinbrenner Niehus, Wohnhaus 600 Rthl, Hinterhaus 200 Rthl; 1804/06 Haus mit Braurecht, Brunnen und Holzspritze sowie einer Scheune. Hat 3 Kühe; 1806/1815 Kupferschmied und Branntweinbrenner Friedrich Niehaus (* 1777); 1826 Niehus, Erhöhung der Versicherung Wohnhaus von 1 000 auf 2 500 Thl und Hinterhaus von 500 auf 800 Thl; 1836 Gottfried Niehaus; 1846 Witwe Louise Niehaus mit vier Mietparteien (insgesamt 23 Personen); 1853 Niehaus, das Haus vermietet an vier Parteien. Hat Pferdestall für 2 Tiere; 1854 Kaufmann Niehus (KAM, Mi, F 1137); 1876 Rentner Joh. Conrad Niehaus; 1895 Otto Niehus; 1908 Bettfedernhandel Hermann Stucke (siehe die in diesem Jahr erbaute Fabrik Teil V, Kap. IV, S. 160–162, Kuckuckstraße 25); 1940 Kaufmann Hermann Stucke; 1969 Eickemeyer-Schlaame.

Dielenhaus (1610–1905)

Das Haus durch einige Fotografien der Vorderfront und den Entwässerungsplan von 1892 bekannt (Grätz 1997, S. 91 links). Danach ein giebelständiger Putzbau mit massiven Umfassungswänden und hohem, nachträglich mit einem Krüppelwalm versehenem Satteldach. Im Giebel mittig ein rundbogiger Torbogen, an den sich seitlich unterschiedliche Geschoßeinteilungen anschließen, eine charakteristische Erscheinung für Dielenhäuser aus dem späteren 16. Jahrhundert. Danach der Kernbau in der rechten (südlichen) Haushälfte mit einer hohen Diele, darüber einem Obergeschoß, während das linke Hausdrittel (an der Ecke zur Leiterstraße) über einer mäßig hohen vorderen Stube ein hohes und bis unter die Dachbalken reichendes Obergeschoß aufwies. Das rückwärtige Drittel des Hauses nach dem Entwässerungsplan von 1899 als Saal (?) abgetrennt. Das Giebeldreieck leicht vorkragend und offenbar aus Fachwerk.

1772 wurde eine *Hauptreparatur*, die 1 301 Rthl kostete, durchgeführt, wobei ein Einbau im Gebäude bezuschusst wird, die hinten angebaute Scheune und Stall jedoch nicht (KAM, Mi, C 384). Hierbei könnte nicht nur das Giebeldreieck abgewalmt, sondern der rechtsseitige Einbau der Diele entstanden sein (wobei offenbar auch der Torbogen um einige Zentimeter schmaler gemacht wurde, indem die Steine seitlich des Scheitels in der Breite reduziert wurden). 1905 das Haus auf Abbruch an den Bauunternehmer Karl Wiskenkamp aus Porta-Westfalica-Neesen verkauft.

Scheune (18. Jahrhundert–1982), Kisaustraße 13

Giebelständiger Fachwerkbau, 1771 beschrieben mit zwei Etagen und mit zwei Flügeln, taxiert zu 170 Rthl. 1772 wird der Bau repariert und 1854 erweitert und das Dach erneuert (KAM, Mi, F 1137). Nach dem Entwässerungsplan von 1899 zweischiffig mit breiter, über ein Tor im Ostgiebel befahrbarer Wirtschaftsdiele auf der südlichen Seite und einem schmalen Nebenschiff entlang der nördlichen Traufwand; 1897 Einbau eines Bierlagerkellers im seitlichen Einbau; um 1905 Einbau einer Wohnung im östlichen Bereich, dabei kleiner nördlicher Anbau für Küche; 1913 Einbau einer Waschküche in der Diele und Entwässerung (Plan: W. Jacobi); 1952 Gutachten über den Bauzustand (Architekt Eigenrauch); 1982 im Zuge der Stadtsanierung abgebrochen (heute an der Stelle ein Hintergebäude von Obermarktstraße 25).

Wohn- und Geschäftshaus (von 1905)

Für den Kaufmann Hermann Stucke für etwa 25 000 Mark nach Plänen des Architekten W. Meyer errichtet. Dreigeschossiger Massivbau über Keller und mit ausgebautem Walmdach. Die Zwischendecken aus Eisenbeton. Die Vorderansicht mit gelbem Backstein verkleidet, mit braun glasierten Formsteinen gegliedert und in schlichten historistischen Formen dekoriert, an Vorbildern der Backsteingotik orientiert, dabei die vier Achsen durch einen übergiebelten Ausbau mit Staffelblend-

Abb. 1169 Obermarktstraße 23, Torbogen von 1610, Zustand 1895.

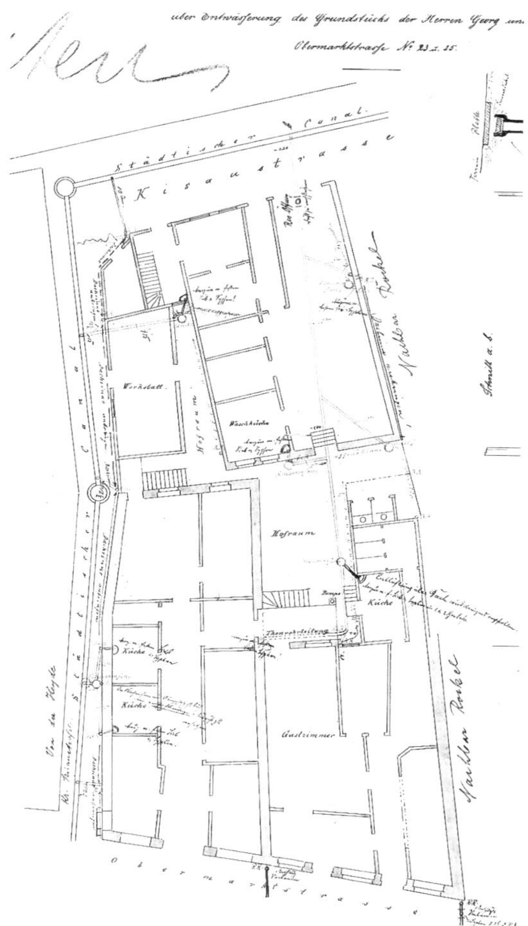

Abb. 1170 Obermarktstraße 23 (rechts) und 25, ▷ Entwässerungsplan von 1899.

giebel über den beiden südlichen Achsen malerisch aufgelöst. Das Erdgeschoß mit gußeisernen Säulen aufgefangen und ganz in Schaufenster aufgelöst.

Das Erdgeschoß ganz als Ladenlokal eingerichtet, dabei Erschließung des Obergeschosses über ein Treppenhaus am Ostende des langen und schmalen Baus mit Zugang von der Kisaustraße. In den Etagen jeweils Achtraumwohnungen um einen langen und schmalen Längsflur, dabei in der Mitte der Südwand ein Lichtschacht eingebaut. Noch 1905 an die Rückfront Balkone angebaut.

Nachdem das Ladengeschäft schon wenig später mit eigener Treppenverbindung in das Obergeschoß hinein ausgeweitet wurde, hier 1907 Schaufenster eingebaut. Nachdem Schäden an den gemauerten Pfeilern zwischen den Fenstern auftraten die Vorderfront durch eine große Fenstergruppe mit Eisenstützen ersetzt (Plan: W. Meyer); 1969 Umbau des Ladens und Modernisierung der Wohnungen, dabei das Dach über dem hinteren Hausdrittel zu einer Dachterrasse ausgebaut; Entfernung der Spitze des vorderen Blendgiebels (Plan: G. Steep/Röcke).

Abb. 1171 Obermarktstraße 24, Ansicht von Südosten, um 1910. Fassade und Gaupe nach Aufstockung um 1780 und Neuverputz um 1815.

Der 1610 datierte Torbogen des 1905 abgebrochenen Hauses ist in das Haus Porta-Westfalica-Neesen, Meißener Straße 1 eingemauert worden und dort bis heute erhalten geblieben. Dieser aus Sandsteinblöcken aufgesetzt, wobei jeder zweite als Kerbschnitt-Bossenstein ausgeführt wurde. Die Blöcke dazwischen im unteren Bereich als Pilaster kanneliert mit diamantiertem Sockel und bossierter und abgerundeter Platte als Kapitell; darüber im Bogen mit Beschlagwerk. Der Scheitelstein breiter und in einer mittleren Nische mit Cherubim; seitlich darunter zwei Wappenkartuschen: links zwei nach rechts blickende Widderköpfe, das rechte verwittert.

OBERMARKTSTRASSE 24 (Abb. 424, 1171–1176)

1729 bis 1743 Martini-Kirchgeld Nr. 162; bis 1878 Haus-Nr. 208

Die bürgerliche Hausstelle umfaßt ein Grundstück von erheblicher Größe, weitet sich rückwärtig auf und wird heute auch an beiden Seiten durch öffentliche Wege begrenzt. Das Gelände war noch 1798 Pachtland von St. Martini (STA MS, St. Martini, Akten 144 c). Zunächst dürfte das Grund-

Abb. 1172 Obermarktstraße 24, Ansicht von der Hohnstraße auf Rückgiebel und nördliche Traufwand, 1993.

stück einen anderen Zuschnitt gehabt haben und östlich weiter zurückgetreten sein, so daß die alte und wohl in vorstädtische Zeiten zurückreichende Wegeverbindung von St. Martini über Hohe Straße und Priggenhagen zur zugehörigen Mühle an der Bastau (siehe Lindenstraße 42) in einer Flucht diagonal über den *Schiefen Markt* (heute Teil der Obermarktstraße) verlief. Möglicherweise ist die Bauflucht erst im Spätmittelalter mit der Errichtung des noch heute im Kern bestehenden Hauses von der Hohen Straße bis zur Obermarktstraße nach Osten vorgeschoben worden. Auf dem Gelände bestanden nach den historischen Nachrichten noch bis in die Mitte des 18. Jahrhunderts zwei Hausstätten. Die nördlich zwischen den Häusern Obermarktstraße 24 und 22 seit der Vergrößerung des Grundstücks nur noch als sehr schmale Gasse hindurchführende Hohe Straße war zumindest bis in die Mitte des 17. Jahrhunderts keine öffentliche Fahrstraße. Südlich der Hausstelle wurde 1646 an Stelle eines abgebrochenen Hauses die Straße Trockenhof angelegt, so daß seit dieser Zeit das Grundstück auch dort an einen öffentlichen Weg grenzt. 1739 werden vor dem Haus Lindenbäume gesetzt und 1740 ließ man *eine Mauer ganz am Trocken Hofe und rings um den grünen Hof ziehen*; um 1750 das Anwesen beschrieben: *Das Haus oben dem Markte nebst dem Hinterhause, davon der Thorweg an die Hohenstraße gehet, und ein Nebenhause, davon die Thür an den Truckenen Hofe gehet. Dabei ist ein grüner Hof... Thür hinten in den Gang zu der Pumpen gehet...* 1755 müssen die vertrockneten Linden vor dem Haus durch *Castanien* ersetzt werden.

HOHE STRASSE 1: 1649 Johann Könemann selig; 1663 Jobst Könemann (nach 1700 wohnt die Arztfamilie Könemann in dem Haus Obermarktstraße 12).

SÜDLICHE HAUSSTÄTTE: 1680/1711 Jürgen Hamme (zahlt jährlich 4 Thl Giebelschatz); 1723 Kaufmann Jürgen Hamme (stirbt 1729); 1729 Witwe Hamme; 1738 Georg Hammes Haus; 1740 Pastor Hamme (früher Georg Hamme).

NÖRDLICHE HAUSSTÄTTE: 1680/92 Bürgermeister Johannes Borries; 1696 Bürgermeister und Licentat Johannes Borries; 1702 Licentat Johannes Borries; 1704 Erben Bürgermeister Joh. Borries; 1709/11 Licentat Frederking (1693 vom Schwiegervater von Frederking um 900 Thl gekauft); 1739 Verkauf des Anwesens vom Amts-Rath Detering als Schwager von Frederking an den Pfarrer an St. Simeon Schlichthaber; um 1750: *Es gehört sonst zu diesem Hause die Braugerechtigkeit, auch die Hude auf 4 Kühe in der Kuhthorschen Hude* (den daraus bei der Gemeinheitsteilung erhaltenen Anteil hat jetzt Zilly). Dem Pfarrer Schlichthaber gehört auch noch ein Haus auf dem Priggenhagen 5 und ein weiteres kleines im Priggenhagen 23, drei Buden und ein großer Garten an der Lindenstraße 15 sowie ein *Hinterhaus* auf dem Weingarten (siehe jeweils dort sowie das *Hausbuch* des Pfarrers Anton Gottfried Schlichthaber aus dem Jahre 1743 in: KAM, Mi, C 104); 1748 erwirbt Schlichthaber für 70 Rthl zudem eine Scheune in der Kisaustraße 9 vom Senator Gottfried Clausen (siehe Obermarktstraße 29) und hat wenig später in der gleichen Straße auch noch das kleine Haus Kisaustraße 7. Ferner besitzt er umfangreichen Landbesitz vor der Stadt; 1749 Regierungsrat Aschoff (Pastor Schlichthabers Haus); 1755/66 Regierungsrat Aschoff, Haus 600 Rthl; 1781 Erhöhung auf 1 000 Rthl; 1798 Kaufmann Meyer (*jetzt Pomminas Erben*); 1802 Hermann Meyer, Haus für 4 500 Rthl, Stallung dahinter 500 Rthl; 1804 hat Braurecht und Brunnen. Hält zwei Pferde (besitzt auch das Haus Kuckuckstraße 22); nachdem der Kaufmann und Weinhändler Meyer am 6. 1. 1805 Konkurs anmeldete (WMA 1805), kommt es zur Versteigerung des Besitzes auf Druck der Gläubiger: Wohnhaus, Huderecht für 6 Kühe vor dem Königstor, Land und Wohnhaus Kuckuckstraße 22. Das Haus geht noch in diesem Jahr für 6 000 Rthl an den Prediger Wex aus Hille (WMA 1805), die Scheune oder Packhaus an der Kisaustraße kommt wieder zum Grundstück Obermarktstraße 29; 1807 wird das Anwesen wegen ausstehender Kaufgelder von Hermann Meyer (* 1768 in Bremen als Sohn eines dortigen Senators, † 1816 Minden) erneut von Pfarrer Wex zu Hille zur Versteigerung angeboten; das Haus wird – um es als Wohnung für seinen Bruder zu erhalten – von dem Arzt Dr. Nicolaus Meyer für 3 001 Thl ersteigert (* 29. 12. 1775 als Sohn des Senators Dr. Jur. Henricus Hermann Meyer in Bremen, † 26. 2. 1855 in Minden, studierte in Halle und Jena Medizin, wurde 1799/1800 ein Freund von Goethe; promovierte 1800 und wurde dann Arzt in Bremen. Seit 1806 in Bremen verheiratet, seit 1809 in Minden als Arzt niedergelassen, seit 1812 Leiter des Militär-Hospitals, seit 1816 Stadt- und Landphysikus, 1817–1853 Redakteur des Mindener Sonntagsblattes – siehe NORDSIEK 1977 und STRACK 1997, S. 16 f., 217); 1809 Hermann Meyer, Kaufmann, Weinhändler und Zichorienfabrikant, Durchbau des Wohnhauses. Er besitzt das an den Quäker Rasche vermietete Haus Kuckuckstraße 22. 1809 Hermann Meyer, Wohnhaus in gutem Zustand, Scheune, Wagenremise und Stallung sowie einen Lustgarten; 1816 wird das Haus durch den Arzt Dr. Nicolaus Meyer nach dem Tode seines Bruders grundlegend umgebaut, worüber er sich so äußert: *so gesteht doch jeder, daß ich fast das angenehmste und am geschmackvollsten eingerichtete Haus in der Stadt besitze.* Der Komplex gilt zu dieser Zeit als eines der gesellschaftlichen Mittelpunkte der Stadt. Meyer gab auch das bedeutende »Mindener Sonntagsblatt« heraus und war Mitbegründer der »Westphälischen Gesellschaft für vaterländische Cultur«, die bis 1834 auch ihre Vereinsräume und einen Museumsraum in dem Haus unterhielt (BATH 1977). Er besaß auch eine vielgeachtete und wertvolle Kunst- und Gemäldesammlung (VON HOHENHAUSEN 1819, S. 263); 1818 Hofrat Meyer, Wohnhaus für 3 000 Rthl; 1827 Regierungsrat Meyer; 1831 Erhöhung Versicherung auf 4 100 Thl; 1846 Regierungsrat Nicolaus Meyer und Mieter Karl Calae (insgesamt 11 Personen im Haus); nach dem Tode des Regierungsrates Nicolaus Meier verkaufte die Witwe das Haus 1861 an den Eisen- und Haushaltswarenhändler Leopold Spatz (siehe dazu Pionierstraße 3/5), der es 1866 an den Maurermeister Carl Sinemus weiter verkauft. Mieter ist 1876 Uhrmacher Peitsmeyer. Nachdem der Baubetrieb Sinemus 1873 durch die Maurer Schmidt & Langen übernommen wurde, 1878 Kauf des Hauses für die Baufirma Schmidt & Langen, deren Betrieb teilweise hier bis 1919 auf dem Hofgelände untergebracht bleibt (E. Schmidt erbaut für sich 1875 das Haus Königsglacis 3), wobei man nach 1888 auch einen Betriebshof an der Friedrich-Wilhelm-Straße 145/147 aufbaute; 1878/1919 Bauunternehmen Schmidt & Langen; 1935 Geschäftsstelle der »Westfälischen Neuesten Nachrichten«; 1949 Alfred Langen; 1976 Anna Langen.

Dielenhaus (16. Jahrhundert ?)

Dreigeschossiger und heute in der Erscheinung traufenständig wirkender Putzbau unter Vollwalm und mit fünfachsiger Putzfront des frühen 19. Jahrhunderts. Rückwärtig mit zwei weit in den Block reichenden Flügeln. Der heutige Baubestand ist das Ergebnis einer wohl 1807 vorgenommenen Umgestaltung des vorderen Drittels eines im Kern erheblich älteren Komplexes. Dieser jedoch bislang nicht in seiner Baugeschichte geklärt, aber in seiner grundsätzlichen Entwicklung auf Grund der erkennbaren Details, einer dendrochronologischen Untersuchung (deren meiste Proben ohne Ergebnisse blieben) und der archivalischen Nachrichten erkennbar.

Dendrochronologische Datierungen (1998 durch H. Tisje/Neu-Isenburg):

1570 ±8	Vorderhaus, Dachwerk, westliche Traufseite, 1. Sparren von Norden (zweitverwendet)
1613/14	Vorderhaus, Dachwerk, westliche Traufseite, 2. Sparren von Süden (zweitverwendet)
1779/80	Vorderhaus, Dachwerk, westliche Traufseite, 3. Sparren von Norden

Den Kern des Komplexes bildet ein ausgesprochen großes und mit 26,8 m auch recht langes, giebelständiges Dielenhaus mit massiven Umfassungswänden, entlang der nördlichen Grundstücksgrenze gestellt. Die Wände aus Backstein und auf den Innenseiten mit den charakteristischen rundbogigen Nischen. Der Bau wohl um 1500 oder im 16. Jahrhundert errichtet (nach zweitverwendeten Hölzern im Dachwerk des Vorderhauses um 1570 ?). Der in seiner Gestalt nicht weiter bekannte Vordergiebel dürfte eine Breite von 10,5 m aufgewiesen haben, während der Rückgiebel 11,5 m breit ist. Das Haus nur eingeschossig mit 56 bis 59 ° steilem Satteldach. Dieses in zwei getrennten Teilen abgezimmert: über den vorderen zwei Dritteln ein Dachwerk aus Eiche mit drei Kehlbalkenlagen, das von hinten nach vorne numeriert ist; die Windrispen diagonal mit Holznägeln unter die Sparren genagelt. Später die Kehlbalken versetzt und auf zwei Lagen reduziert. Über dem hinteren Drittel ein mit diesen beiden Kehlbalkenlagen, aber zumeist von Nadelholz verzimmertes Dachwerk ohne erkennbare Bundzeichen.

In den vorderen zwei Dritteln des Hauses eine hohe Diele, während das hintere Drittel von einer die ganze Hausbreite umfassenden Saalkammer eingenommen wird. Diese wegen der Befunde im Dachwerk wohl später errichtet (möglicherweise als Ersatz eines anderen Hinterhauses). Auf Grund des nach Westen ansteigenden Geländes die Kelleranlagen unter dem Hinterhaus ganz eingetieft und der Saal am Rückgiebel ebenerdig. Die Keller mit Tonnengewölben, wobei die komplexe Struktur vermuten läßt, daß sie in mehreren Abschnitten entstanden sind und möglicherweise im Kern auf einen schmaleren Flügelbau entlang der Nordgrenze zurückgehen. In der Trennwand von Diele und Saalkammer ein Kaminstapel, der wohl den Rauch des Herdfeuers vor Kopf der Diele und von einem Kamin im Saal aufnahm. Dieser Küchenbereich mit einer großen Fenstergruppe von der südlichen Traufwand belichtet (hier heute großes Fenster mit Stichbogen aus dem späten 18. Jahrhundert). Die ursprüngliche Lage der vorderen Stube rechts oder links des zu vermutenden Torbogens im Vordergiebel nicht bekannt. Ob die beiden heute unter dem

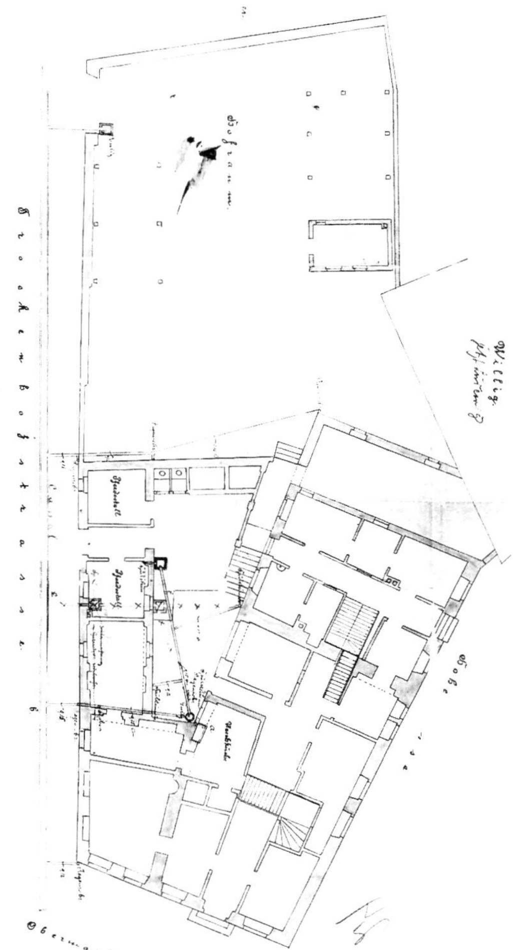

Abb. 1173 Obermarktstraße 24, Grundriß des Komplexes aus der Entwässerungsakte von 1891.

Abb. 1174 Obermarktstraße 24, wiederverwendete Konsole in Löwengestalt unter der Dachtraufe der Vorderfront, 1994.

Dachansatz wieder verwendeten Konsolen in der Gestalt von Löwen von einer älteren Fassadengestaltung oder aus anderem Zusammenhang stammen, ist ungeklärt.

Zu nicht bekannter Zeit wurde der Bau auf der südlichen Seite durch ein kleines Nebenhaus erweitert (nach zweitverwendetem Holz im Dachwerk des Vorderhauses 1614 ?), das den Winkel zum späteren Trockenhof ausfüllte. Bei trapezoidem Grundriß hat es eine vordere Breite von etwa 4,3 m und eine Frontlänge von etwa 8,3 m entlang dem Trockenhof und erhielt ebenfalls massive Umfassungswände. Der Bau möglicherweise zunächst im Inneren ungeteilt und mit einer Feuerstelle in der westlichen Rückfront, daher möglicherweise als Saalkammer eingerichtet. Die Dachgestalt nicht bekannt, sowohl als zum Haupthaus paralleles Satteldach als auch traufenständig denkbar.

1739 wird berichtet, das Haus sei *vorne gantz herunter gebrochen und gantz neu aufgebaut* worden, wobei Kosten von 900 Rthl entstanden. Ziel war offensichtlich, im vorderen Bereich die hohe Diele aufzugeben und statt dessen hier eine zweigeschossige Etageneinteilung zu schaffen. Hierbei erhielten beide Bauteile eine einheitliche Fassade mit der wohl bis heute gültigen Gliederung in fünf Achsen, wobei ein oberer Abschluß mit einem stark vortretenden sandsteinernen Wasserschlag in traditionellen Formen mit oberer Abrundung entstand. Die neue Haustür in der zweiten Achse von Nord erhielt ein (bis 1976 erhaltenes) schmales Gewände aus Sandstein, das ehemals eine ebensolche Brücke für ein verglastes Oberlicht aufwies und auf den Fronten mit geohrten und in der Fläche gepunzten Kissen belegt wurde. Die in diesem Zusammenhang entstandene Dachlösung über dem vorderen Hausdrittel ist nicht bekannt, doch blieb es – da die Traufhöhen nicht verändert wurden – möglicherweise auch bei dem bestehenden Dach. Ebenso ist die weitere bei dem Umbau geschaffene Innengliederung dieses Bauteils nicht bekannt, beruhte aber nach Ausweis der Haustür auf einem Mittelflur im Bereich des alten Haupthauses.

Verschiedene weitere Baunachrichten des 18. Jahrhunderts betrafen offensichtlich den weiteren Ausbau, ohne daß sie bislang am Gebäude selbst nachgewiesen werden konnten: 1767 Reparatur des Hauses; 1776 beschrieben als *ganz neu und gut gebaut* (KAM, Mi, C 156,12 alt), 1781 als *ein massiver Bau und ein Brauhaus, Bau ist bald fertig* (KAM, Mi, C 874). Zu diesen Nachrichten dürfte die dendrochronologische Datierung des Dachwerkes über dem Vorderhaus stammen. Im Zuge dieser Maßnahme wurde über dem vorderen Haus wohl 1780 eine zusätzliche Etage aufgesetzt und darüber ein flachgeneigtes Vollwalmdach aufgeschlagen. Die Aufstockung von verputztem Fachwerk und nur an der Vorderfront von Backstein aufgemauert. Die Fassadengliederung von 1739 wurde

Abb. 1175 Obermarktstraße 24, Gestaltung der Haustür mit Gewände von etwa 1739 und Blatt von etwa 1860. Zustand 1971, heute entfernt.

Abb. 1176 Obermarktstraße 24, Treppe zur zweiten Etage, wohl um 1815, Zustand 1998.

übernommen und über der mittleren Achse eine geschweifte Gaupe zur Belichtung eine größeren, dahinter im Dach eingebauten Kammer geschaffen. 1782 wird der Komplex dann beschrieben als *Neubau* von zwei Etagen und mit Ziegeldach, 36 Fuß lang mit massiven Außenwänden. Das Haus hat *englische Fenster*, Türen sämtlich mit Füllungen und Beschlägen aus Messing. Ferner gibt es zwei gewölbte Keller, der Flur ist mit geschliffenen Steinen ausgelegt. Im Erdgeschoß sind *zwei Zimmer, Gesindestube, Küche und Speisekammer*. In der oberen Etage der Saal, Zimmer, Kabinett und Vorflur. Im Dach liegen *Kammern für Domestiquen*. Als Kosten des Baus wurden 2250 Rthl angegeben (KAM, Mi, C 388).

1802 wird das Haus verputzt (KAM, Mi, C 142). 1805/07 beschrieben als ein Haus mit drei Stockwerken und sieben Wohnzimmern, (davon zwei mit Öfen), zehn Kammern, *Waaren-Niederlage* und Böden, dazu ein Packhaus mit zwei Kellern, Anbau mit Stube und drei Kammern, Wagenremise mit Boden, ferner Stall, gepflasterter Hof, Garten mit Obstbäumen und Brunnen und Huderechten. Weitere Umbauten sind für 1809 und 1816 belegt. Die bis heute erhaltene strenge Putzgliederung der beiden Obergeschosse dürfte im Zuge einer dieser Baumaßnahmen entstanden sein und wird bestimmt durch umlaufende Brustgesimse, auf denen die das gleiche Profil zeigenden Faschen der Fenster aufsitzen. Zusätzlich bestehen geschoßtrennende Gesimse, wobei das alte, wohl von 1739 stammende Gesims über der ersten Etage erhalten blieb und die beiden schon erwähnten Löwen unter der Traufe und nahe den Gebäudeecken eingemauert wurden. Sie entstammen entweder einer älteren Hausgestaltung oder sind Spolien unbekannten Alters und nicht geklärter Herkunft aus den Beständen der umfangreichen Kunstsammlung des Hausbesitzers Nicolaus Meyer. Das Erdgeschoß mit Fugenschnitt, die Fenster hier ohne Faschen, aber mit sandsteinernen Sohlbänken. Im Inneren seitdem breiter Mittelflur im Vorderhaus, dessen obere Etagen durch ein gewendeltes Treppenhaus im rückwärtigen Bereich der Aufstockung erschlossen wird. Dessen Geländer in für diese Zeit ungewöhnlich modernen klassizistisch/neugotischen Formen gebildet und mit profiliertem Handlauf.

Spätestens zu dieser Zeit entstand ein zweieinhalbgeschossiges Stall- und Wirtschaftsgebäude aus verputztem Fachwerk (Nadelholz) und mit flachem Satteldach, das an die Rückfront des Flügelbaus anschließt und auf die Stützmauer zum Trockenhof aufsetzte. Das Drempelgeschoß ursprünglich zur Wohnung ausgebaut. Deren Ausstattung einschließlich einer vertäfelten Trennwand zum Teil erhalten. Weitere Kammern wurden im Dachwerk über dem alten Haupthaus eingerichtet.

Um 1860 dürfte der alte Saal im Hinterhaus durch Einstellen von Zwischenwänden zu einer eigenen und von der Hohen Straße erschlossenen Wohnung ausgebaut worden sein. Zugleich erhielt die Haustür neue aufwendig gestaltete Blätter und ein Oberlicht. Um und nach 1890 wurde das Innere des Hauses modernisiert und offensichtlich mit Mustern der Leistungsfähigkeit des Baubetriebes mit Stuckfabrikation der Maurermeister Schmidt & Langen ausgestattet. In zahlreichen Räumen hierbei reiche Stuckdecken eingebaut, der Hausflur erhielt ferner eine 1976 zerstörte Fliesung und Stuckierung in Formen des Jugendstils.

Um 1880/90 Errichtung verschiedener Lagerschuppen im Gartengelände; 1891 Entwässerung; 1908 Kanalisation; 1948 Instandsetzung des Hauses; 1949 Einbau eines Ladengeschäftes in das Erdgeschoß, wobei in der rechten Achse eine weitere Tür entsteht (Baugeschäft Sierig); 1976/77 Umbau des Erdgeschosses zu einem großflächigen Laden, wobei die Haustür zu Gunsten großer Schaufenster verschwindet und das Treppenhaus im unteren Bereich abgebrochen wird (Plan: C. Kirschstein); 1984 in die Denkmalliste der Stadt Minden eingetragen; 1996 Abbruch der letzten noch vorhandenen Lagerschuppen im Garten, Einrichtung des Geländes als vom Trockenhof erschlossener Firmenparkplatz und Verkleidung des Westgiebels.

OBERMARKTSTRASSE 25 (Abb. 1168, 1170, 1177–1179)

1729 bis 1743 Martini-Kirchgeld Nr. 158; bis 1878 Haus-Nr. 204

Die Hausstätte zunächst offenbar zusammen mit Nr. 23 und von dieser zu nicht bekannter Zeit (vor der Mitte des 18. Jahrhunderts) abgetrennt. Das Haus besitzt eine gemeinsame Traufwand mit dem südlich anschließenden Haus Nr. 27, die wegen der charakteristischen Bögen auf beiden Seiten wohl in einer gemeinsamen Baumaßnahme 1610 (?) errichtet worden ist. Die östlich des Hauses stehende Scheune bis 1897 zu Nr. 23 gehörig, seitdem Grundstück Nr. 25 zugeschlagen.

1680 Ernst Averberg (zahlt jährlich 3 ½ Thl Giebelschatz); 1681 Ernst Averberg, jetzt Johann Varcken Junior; 1684 Joh. Varcken; 1692 Witwe Pohlmanns Nebenhaus, jetzt Jürgen Meyer; 1696 Johann Christoph Borries Nebenhaus, jetzt Jürgen Meyer (ist Mieter); 1702/04 der Bäcker in Pohlmanns Nebenhaus, jetzt Johann Jürgen Meyer; 1709/11 Johann Christoffer Borries Nebenhaus (zahlt 3 Thl Giebelschatz); 1723 Christoph Borries Witwe, *deren Nebenhaus, stehet zu*; 1729 Münstermann; 1738/40 Töpfer Schultze; 1743 ohne Eintrag (Haus ohne Landbesitz); 1748/50 Carol Schultze; 1755 Karl Schultze, Haus für 200 Rthl; 1766 Sitzner; 1781 Weißgerber Zitzner; 1798 Weißgerber Zetzner; 1802 Wohnhaus 600 Rthl; 1804/06 Haus mit Braurecht und metallener Handspritze. Hat 1 Kuh; 1806 Zetzner Senior, Mieter ist Sattler Assmus; 1807 Heinrich Zetzner Senior will Haus auf 5 Jahre vermieten oder verkaufen (WMA); 1818 Wohnhaus 600 Thl; 1836 Witwe Zetzner; 1846/53 Kaufmann Georg Fuchs (im Haus ein Laden und ein Wirtszimmer); 1876/92 Rentner Georg Fuchs; 1905/08 Kaufmann und Rentner Karl Fuchs; 1954 Gastwirt Wilhelm Kettmann; 1954/76 Kuhlmann.

Abb. 1177 Obermarktstraße 25 (rechts) und 23, Ansicht von Südwesten, 1993.

Dielenhaus (um 1610 ?)

Dreigeschossiger und breitgelagerter Putzbau mit fünfachsiger, nicht genau axial gestalteter Fassade in spätklassizistischer Putzgliederung, das Dach hinter einem starken Kastengesims verdeckt. Das Haus in dieser Form durch Umbau eines älteren und recht kleinen giebelständigen Dielenhauses mit niedrigem Obergeschoß entstanden. Dieses zwar recht breit, aber nur mäßig tief und mit schmalem, rückwärtigem Flügelbau entlang der südlichen Grundstücksgrenze. Die seitlichen Traufwände aus Backstein und mit den charakteristischen Bogenstellungen in zwei Etagen. Das Haus offenbar nördlich mit einem Stubeneinbau und südlich mit einer Diele. Die Balkenlage über der ehemaligen hohen Diele erhalten und zu nicht näher bekannter Zeit im Bereich der südlichen Traufwand repariert, zudem im rückwärtigen Bereich nachträglich durch Aufmauerung des Mauerversprungs als Auflager um etwa 60 cm erhöht. Dabei hier zur Abfangung von abgefaulten Balkenköpfen ein von Säulen und gekehlten Kopfbändern getragener Unterzug eingebaut. Im rückwärtigen Bereich ferner ein Balkenkeller eingebaut. Diese Baumaßnahmen dürften im Zusammenhang mit dem Ausbau des Hauses zu einem selbständigen Wohnhaus stehen.

1781 wird berichtet, der Eigentümer habe *viel reparieren lassen und ein Brauhaus errichtet, ohne Schulden*. Im Zuge dieser Baumaßnahmen scheint das hintere Drittel des Hauses einschneidend verändert worden zu sein, wobei in diesem Bereich die nördliche Hälfte zur Schaffung eines kleinen Hofes abgebrochen und die südliche zu einem Flügelbau umgestaltet wurde.

Das Haus um 1840 erneut umgebaut und erweitert, wobei offensichtlich die Diele endgültig zweigeschossig durchgebaut und über dem Gebäude zudem ein zweites Obergeschoß mit flachem, nach vorne abgewalmtem Satteldach geschaffen wurde. Hierbei der Stubeneinbau nach Süden verbreitert und südlich der zum Flur reduzierten Diele ein weiterer schmaler Vorderraum (Laden ?) geschaffen. Zugleich Neugestaltung der dreiachsigen Putzfront südlich der belassenen zweiachsigen Utlucht, wobei die Fenster im ersten Obergeschoß auf einem durchlaufenden Brustgesims aufgesetzt wirken und ihre Faschen ein halbrundes Feld über den rechteckigen Öffnungen mit einer Rosette umschließen; im zweiten Obergeschoß rechteckig mit Verdachungen. Die originalen und nach außen schlagenden Fensterflügel bis heute erhalten und mit gewölbten Glasscheiben versehen. Der Rückgiebel von schlichtem Fachwerk.

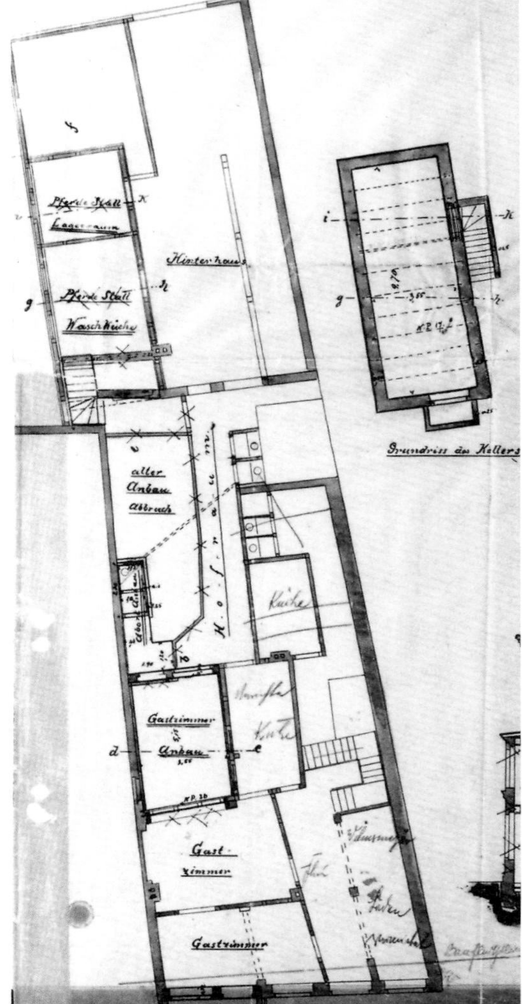

Abb. 1178 Obermarktstraße 25, Grundriß, Zustand 1897.

1892 Entwässerung; 1897 Abbruch der Utlucht und Anpassung der neuen Fenster an die bestehende Fassadengestalt. Ferner Anbau eines Gastzimmers mit Flachdach auf dem Hof (Plan: W. Jacobi); 1905 Kanalisation, Einbau von Aborten; 1908 Abbruch des Flügelbaus und Umbau des Erdgeschosses, wobei eine Betondecke über dem Erdgeschoß eingebaut wird (Baugeschäft Homann); 1954 Einbau eines Schaufensters; 1971 rückwärtige Erweiterung der Gaststätte; 1976 Umbau des Erdgeschosses; 1981 Umbau des Erdgeschosses, 1983 Brand im Erdgeschoß; 1984 in die Denkmalliste der Stadt Minden eingetragen; 1991 Umbau und Sanierung, wobei die Geschoßhöhen im hinteren Drittel wieder auf die ursprünglichen Maße reduziert wurden. Dabei Aufnahme von baugeschichtlichen Befunden (WAfD/Kaspar).

Hintergebäude (von 1989) Leiterstraße 17

Als viergeschossiges Geschäftshaus mit Satteldach nach Plänen des Architekten H. Plumeyer/Wolfenbüttel errichtet.

Abb. 1179 Obermarktstraße 25, Fenster von etwa 1840 im ersten (links) und zweiten (rechts) Obergeschoß, 1991.

OBERMARKTSTRASSE 26 (Abb. 1152, 1180–1189, 1194)

1729 bis 1743 Martini-Kirchgeld Nr. 163; bis 1878 Haus-Nr. 213

1646 wurde nördlich des heutigen Hauses auf einer zuvor wüst gefallenen und von den Trümmern geräumten Hausstelle die Straße Trockenhof angelegt, um eine weitere Verbindung von Obermarktstraße zur Ritterstraße zu schaffen. Da der Gebäudekomplex Obermarktstraße 24 (nördlich des Bartlingshofes) im Kern noch ältere Bausubstanz enthält, also bei dieser Umlegung nicht betroffen worden sein kann, dürfte es sich bei der heutigen, im Vergleich zu den Nachbarbauten recht knapp bemessene Hausstelle Obermarktstraße 26 um das restliche, nicht für diese Zwecke benötigte Grundstück handeln.

Die Hausstelle wurde seit 1854 zum Kern des umfangreichen Betriebes der Buchdruckerei und des Verlagshauses Bruns, wobei noch im Laufe des 19. Jahrhunderts die westlich anschließenden Hausstellen Trockenhof 6 und 4 sowie Ritterstraße 16 und 18 hinzuerworben wurden, denen im 20. Jahrhundert die Hausstellen Obermarktstraße 28 und 30, schließlich auch Bartlingshof 3 und Teile des Rückgrundstücks von Obermarktstraße 24 folgten. Auf ihren Hofflächen entstanden für den sich ausdehnenden Druckerei- und Verlagsbetrieb zumeist zusätzliche Betriebsgebäude, während die dort vorhandenen historischen Wohngebäude erst seit 1960 abgebrochen und durch großflächige Bauten ersetzt wurden.

Abb. 1180 Obermarktstraße 26 (rechts), 28 bis 36, Ansicht von Südosten, 1993.

1646 ehemals Blase; 1663 Bartolt Schreiber (Haus ist frei), hat das Haus für 600 Thl gekauft († 1677); 1680 des verstorbenen Bartolt Schreibers Haus, jetzt Arend Möller; 1681/83 der Cornett Georg Focke; 1684/92 Johann Wahlbohm; 1696/1711 Johann Schering (zahlt 4 Thl Giebelschatz und besitzt auch die Buden Lindenstraße 18); 1723/40 Kramer Johann Schering; 1740/50 Witwe Johann Schering; 1755 Haus für 400 Rthl; 1766/68 Kaufmann Joh. Hinr. Schering, Haus mit Braurecht (KAM, Mi, C 380); 1770 Witwe Walten, Hauptreparatur für 2008 Rthl (KAM, Mi, C 384); 1781 Wohnhaus 2500 Rthl, Hinterhaus 500 Rthl; 1798 Kustos Schering; 1804 Haus und Scheune mit Braurecht und hölzerner Handspritze, hat 3 Pferde, 4 Kühe und 3 Schweine (zugehörig ein Garten mit Gartenhaus, siehe Lindenstraße 23); 1809 Kaufmann Johann Christian Schering, Wohnhaus im guten Zustand, Scheune, Hofraum und Gemüsegarten; 1824 Änderung: Wohnhaus 3000 Thl, Anbau 2000 Thl und Hinterhaus 2500 Thl; 1829 Hauptmann Berning zu Neusalzwerk; 1835 Wohnhaus und Anbau; 1846 Witwe Julia Berning. Mieter ist Kaufmann Jacob Hagens.

1854 Kauf durch den Buchdrucker Julius Christian Conrad Bruns (* 10. 5. 1800, † 8. 9. 1877, verheiratet mit Friederike Louise Vogeler), der bisher schon eine Druckerei in dem Haus Hohe Straße 1 betrieben hatte, in der neben dem Amtsblatt der Regierung Minden auch bis heute Postdrucksachen hergestellt werden (Neumann 1984). Er nimmt hier schon 1854 die Herstellung einer eigenen Zeitung auf: zunächst »patriotische Zeitung« ab 1855 »Minden-Lübbecker Kreisblatt«. Bruns zeichnete auch Aktien der Rhein-Weser-Eisenbahn; 1876 Buchdruckerei Bruns; 1877 Übergang des Betriebes an Gustav Bruns (* 26. 11. 1848, † 3. 12. 1908), der sich als Zeitungsdrucker und Holzhändler bezeichnete, ab 1889 auch als Stadtverordneter arbeitete und dessen Schwester Marie († 1908) mit dem Kaufmann und Stadtrat Carl Schön verheiratet war (siehe dazu deren 1886 erbaute Villa Königstraße 62); 1881 wird der Druckerei auch ein bis 1929 bestehender Verlag angegliedert, der einen bedeutenden Beitrag zur Literaturgeschichte und der Verbreitung der neuen französischen Schriftsteller leistete; Gustav Bruns zieht sich um 1905 aus dem Betrieb zurück und erwirbt die Villa Rodenbecker Straße 27 (Familiengruft sowohl auf dem Alten Friedhof als auch auf dem Nordfriedof erhalten, siehe Teil V, Kap. V, S. 386 und 783, Abb. 371); der Betrieb nach seinem Tode 1908 im Besitz seiner Söhne Julius und Max, später nur noch Max Bruns (* 13. 7. 1876, † 23. 6. 1945). Dieser – vielfach musisch und musikalisch begabt – tut sich ebenso wie seine Frau Margarete Siekmann (* 24. 9. 1874, † 18. 12. 1944) auch als Dichter und Förderer neuer Literatur hervor (heiratet 1899 in Minden, danach das Ehepaar zunächst 1900 in dem Haus Stiftstraße 50 zur Miete, seit 1908 in dem für sie neu erbauten Haus Simeonglacis 13; seit 1929 in dem repräsentativen Neubau Simeonglacis 13 a. Das Ehepaar führte in seiner Wohnung 1919 bis 1923 musikalische Meisterabende durch, bei denen bekannte Opern- und Konzertsänger auftraten, siehe Strack 1997, S. 222); seit 1945 ist Max Bruns Neffe Hansheinrich Thomas Inhaber der Firma, in der bis heute (mit Ausnahme der Jahre 1943–1949) das »Mindener Tageblatt« erscheint (siehe auch Bei der Wieden 1977. – von Schroeder 1966, S. 44 ff.). Seit 1973 wurde am Trippeldamm 20 ein neuer Produktionsbetrieb aufgebaut. Dort 1976 64-seitige Buchdruckrotation; 1993 48-seitige Offset-Rolle, 2000 erweitert.

Haus (von 1767) (Abb. 1180–1186, 1194)

Über den Neubau des Hauses sind mehrere Nachrichten überliefert: 1767 heißt es, der Kaufmann Schering habe *auf Stelle des heruntergenommenen Hauses gebaut,* und 1768: *der Neubau ist fertig.* Das Gebäude, offensichtlich vor ein älteres Hinterhaus gestellt, bis heute in seinen wesentlichen Elementen erhalten: zweigeschossiger Bau auf hohem Sockel, der jedoch nur mit einem kleinen Kellerraum mit Bruchsteinwänden und Backsteintonne in der südwestlichen Ecke versehen ist (ursprünglich von außen am Westgiebel zugänglich). Die Umfassungswände des Hauses im Erdgeschoß ganz, im Obergeschoß zumindest am Vordergiebel aus Backstein, ansonsten offenbar aus-Fachwerk. Erst 1802 wird das Haus verputzt; dieses 1804 als *Hauptreparatur* vermerkt (KAM, Mi, C 142).

Der Bau, konsequent als bauzeitlich sehr modern geltendes Etagenhaus gestaltet, erhielt eine ungewöhnlich aufwendige künstlerische Ausgestaltung, über die 1770 durch den städtischen Gutachter leicht verächtlich oder auch neidisch berichtet wird, daß die für Baufreiheitsgelder gemeldete Hauptreparatur hauptsächlich besteht aus *voluptaasen Bruchstücken, als geschnitzte Treppen, neuer Haustür (die von denen Ouvriers auf 63 Rthl taxiert ist) und enthält außer den vorherigen Stuben einen gut ausgebauten Laden, der sich zu Baufreiheitsgeldern nicht qualifizieret. Übrigens sind die Zimmer schön und gut ausgebauet.*

Die Fassade fünfachsig gegliedert, wobei die seitlichen Fenster jeweils gekuppelt wurden. Sie erhielten ebenso wie die Haustür aufwendige und geohrte Werksteinrahmen aus Obernkirchener Sandstein, dabei die Faschen mit Spiegeln scharriert. Das Türgewände zusätzlich mit geschwungenem Sturz und seitlichen als Pilaster mit aufgelegten Roccaillen ausgearbeiteten Pfosten. Äußerst aufwendiges mit aufgelegten Roccailleornamenten verziertes breites Türblatt aus Eiche mit geschweiftem Oberlicht, das mit durchbrochenem Blattwerk gesproßt ist. Türklopfer aus Messing mit kugelhaltendem Löwen. Das Blatt mit einem weiteren Türblatt von 1765 im Haus Scharnstraße 13 vergleichbar (Abbildung schon bei Jahr 1927, Abb. 75).

Im Inneren ein mittlerer Flur, der bis zum Rückgiebel reicht, seitlich jeweils eine Folge von Wohnräumen. In der südwestlichen Hausecke dreiläufige Treppe zum Obergeschoß, von der auch der Flur des Hinterhauses erschlossen wird. Im Obergeschoß zur Straße zwei nebeneinanderliegende, größere Zimmer, nach Norden anschließend ein weiterer Raum.

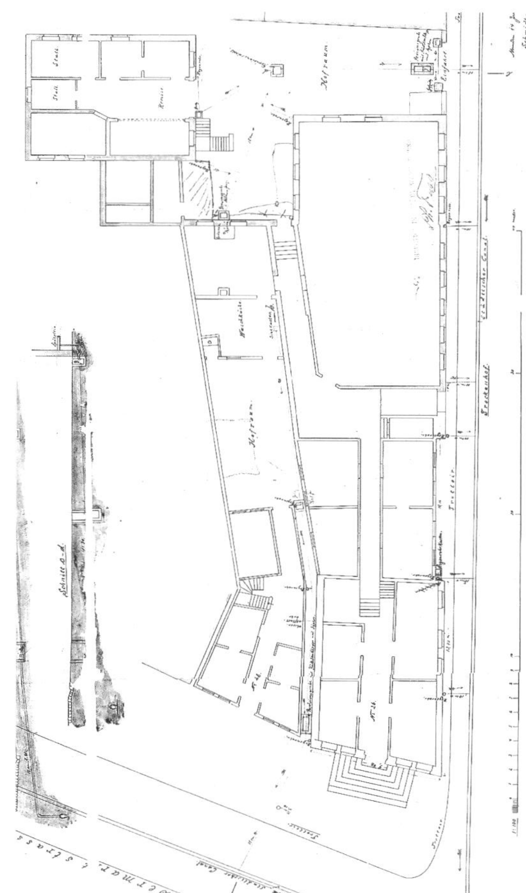

Abb. 1181 Obermarktstraße 26 und 28 (links), Plan der Grundstücke aus der Entwässerungsakte von 1889.

Abb. 1182 Obermarktstraße 26, Haustür von 1767, Zustand 2000.

Abb. 1183 Obermarktstraße 26, Türklopfer an der Haustür von 1767, Zustand 1976.

1813 kommt es beim Brand des gegenüberliegenden Hauses Obermarktstraße 33 zu Schäden durch Flugfunken: so wurde *der Giebel von den Flammen ergriffen und das Dach stark beschädigt*, wobei man den Schaden auf 38 Thl schätzte. Die Scheune hinter dem Haus aber brannte ganz nieder. Ihr Schaden wurde mit 800 Thl berechnet (KAM, Mi, D 996). Im Zuge der Wiederherstellungen scheint das Dach den Krüppelwalm erhalten zu haben; daneben erhielt die Front offensichtlich auch die bis heute erhaltene Putzgliederung, die die Sandsteingewände der Fassade aussparte und zwischen den Geschossen ein schlichtes Putzband aufweist. Zudem scheint zu diesen Baumaßnahmen der zur Belichtung des ausgebauten Dachwerkes in der Mitte der nördlichen Traufwand aufgesetzte und übergiebelte Dachausbau aus verputztem Fachwerk zu gehören.

Die recht hohe Freitreppe vor dem Haus dürfte erst im 19. Jahrhundert im Zuge von Straßenbauarbeiten entstanden sein, um die Fläche des sogenannten Schiefen Marktes zu glätten. Sie wurde später verschiedentlich verändert. Bis 1891 war sie dreiseitig aus Sandstein ausgeführt und endete mit der Schwelle der Haustür. Dann hielt man diese Konstruktion wegen des starken Publikumsverkehrs im Haus für gefährlich und erneuerte sie als zweiläufige Anlage mit einem breiten Podest vor der Haustür. Schon 1924 wurde auch diese Anlage in weitgehend unveränderter Form erneuert (beide Baumaßnahmen durch Firma Schmidt & Langen). 1969 wird die Treppe wiederum völlig aus Sandstein erneuert, wobei man in vereinfachten Formen den Zustand von 1891 wiederherstellte.

Um 1860 das ganze Haus nach Übergang an die Firma Bruns in aufwendigen und anspruchsvollen Formen modernisiert, wobei der damit geschaffene Zustand bis heute prägend geblieben ist.

Abb. 1184 Obermarktstraße 26, Treppenhaus, wohl um 1860, Zustand 1998.

Im Äußeren die Fenster in aufwendiger handwerklicher Arbeit mit nach außen schlagenden Flügeln (Ecken der Glasfelder jeweils gerundet) erneuert, dabei die Teilungspfosten mit aufgesetzten gedrechselten Säulen versehen (heute in der alten Form erneuert). Im Inneren wurden die Räume reicher ausgestaltet, wovon sich die Gestaltung des Obergeschosses weitgehend unverändert erhalten hat; reiche Stuckierung der Decken, Erneuerung der Treppenanlage mit gedrechselten Traillen, hölzerne Paneele an den Flurwänden, neue Türblätter. Teilweise auch die Möblierung der Räume überliefert, die mit zahlreichen Porträts der Verleger ausgestattet wurden (der Raum in der nordwestlichen Ecke wohl 1925 mit neuer Stuckdecke versehen).

1889 Entwässerung. 1915 das Erdgeschoß umgestaltet (Plan: W. Meyer), wovon sich bis heute Teile einer reich gearbeiteten Vertäfelung aus Eiche (in veränderter Zusammensetzung) erhalten haben. Dabei die seitlichen Flurwände vertäfelt und mit großen Fenstern zu den seitlichen Büros geöffnet. Nachdem man schon 1934 die südliche Flurwand zum Einbau eines größeren Ladens entfernt hatte, kam es 1986 zum Umbau des Erdgeschosses zu einem Großraumbüro, wobei man auch die übrigen Innenwände durch Unterzüge abfing (Plan: G. Rodenberg); 1984 in die Denkmalliste der Stadt Minden eingetragen.

Abb. 1185 Obermarktstraße 26, Stuckdecke im vorderen Raum des ersten Obergeschosses, wohl um 1860, Zustand 1998.

Abb. 1186 Obermarktstraße 26, Flur im ersten Obergeschoß des Hinterhauses, 1998.

Hinterhaus (17. Jahrhundert ?)

Zweigeschossiger Fachwerkbau unbekannten Alters mit Satteldach. Nicht vorhandene Vorkragungen, die Proportionen und die Dachneigung lassen auf einen Bau aus dem 17. Jahrhundert schließen, der damit schon vor dem Neubau des Vorderhauses 1767 bestanden hat und nahelegt, daß der Vorgängerbau ähnliche Abmessungen hatte. Der Bau auf der ganzen Fläche mit Balkendecke unterkellert, wobei die mit Wellerwerk verkleidete Decke auf zwei hölzernen Unterzügen aufliegt. Die Umfassungswände sind jetzt mit Kalksandstein hintermauert. Im Inneren im 19. Jahrhundert in beiden Etagen ein Mittellängsflur, heute weitestgehend verändert.

Druckereigebäude (ab 1854) (Abb. 1181, 1187–1189)

Der Kern des im Zuge zahlreicher Um- und Erweiterungsbauten entstandenen und in der heutigen Erscheinung im wesentlichen auf einen weitgehenden Neubau von 1895 zurückgehenden Druckereigebäudes ist 1854 mit der Einrichtung der Druckerei in diesem Komplex entstanden. Schon in diesem Jahr wurde ein Anbau an das Hintergebäude des Buchdruckers Bruns fertiggestellt (KAM, Mi, F 1137). Hier wurde von 1854 bis 1858 die »Patriotische Zeitung« und seit 1856 die im Hause erscheinende Zeitung (zunächst als »Minden-Lübbecker Kreisblatt«, später »Mindener Tageblatt«) gedruckt.

Der Kern offensichtlich ein zweigeschossiger und traufenständiger Fachwerkbau, der mit einer massiven Putzfassade von sechs Fensterachsen versehen wurde. Der Anschluß an den Anbau des Haupthauses durch einen eingeschossigen massiven Zwischenbau hergestellt.

Abb. 1187 Obermarktstraße 26, Druckereigebäude am Trockenhof, Ansicht von Nordwesten, 1970.

1882 erfolgte eine Erweiterung des Gebäudes nach Westen durch einen dreieinhalbgeschossigen Bau von drei Fensterachsen Breite, wofür man einen kleinen hier stehenden Schuppen abbrach (Baugeschäft Schmidt & Langen und Zimmermeister Chr. Lück). Diese westliche Erweiterung ein giebelständig orientierter Massivbau mit flachem, nach vorn abgewalmtem Satteldach und Putzfassade in spätklassizistischer Sprache. Im Inneren Stützen aus Gußeisen. Schon kurze Zeit nach Fertigstellung die trenndenen Wände zum Altbau von 1854 im Erdgeschoß zur Schaffung eines durchgehenden Maschinensaales entfernt. 1889 Entwässerung des ganzen Geländes.

1895 weitgehender Umbau des Kernbaus (Firma Schmidt & Langen), teilweise in den Akten auch als *Neubau* bezeichnet. Unter Verwendung der bestehenden Fassaden und von einzelnen Bau-

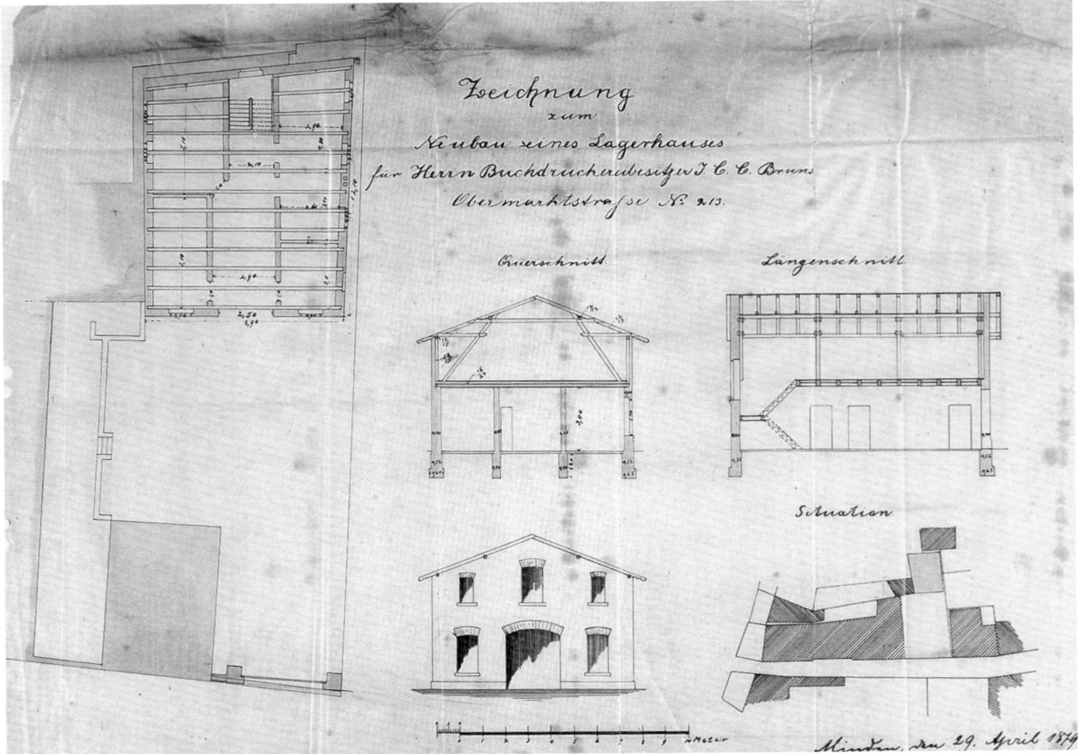

Abb. 1188 Obermarktstraße 26, Druckereigebäude am Trockenhof, Plan zur Errrichtung des Lagerhauses, Baugeschäft Schmidt & Langen 1879.

teilen wurde die bestehende Bausubstanz aufgestockt und in Angleichung an den 1882 errichteten Bauteil zu einem einheitlichen Baukörper vereint, wobei statt des kleinen Zwischenbaus östlich eine weitere Achse geschaffen und der Bau zudem in den Hof tiefer ausgeführt wurde. Die durchgehende Fassadenfront nun zehnachsig, dreieinhalbgeschossig und in Anlehnung an die bestehenden Bauteile mit einer strengen Putzgliederung aus verdachten Fensterfaschen und geschoßtrennenden Gesimsen gestaltet. Die Fenster des niedrigen Drempels jeweils als gekuppelte Doppelfenster ausgeführt.

1911 wird eine erste Rotationsmaschine der Firma Albert & Co/Frankenthal beschafft, zugleich die Produktionsräume umgebaut, 1912 ferner eine erste Setzmaschine durch die Maschinenfabrik Mergenthal/Berlin aufgestellt, der 1913 eine zweite folgte. 1933 kam eine zweite MAN-Rotationsmaschine zum Einsatz.

1892 Erweiterung nach Westen durch einen Verbindungsbau zwischen dem ersten Obergeschoß der Druckerei und dem Haus Trockenhof 6. Dieser über einer offenen Durchfahrt zum Hof eingeschossig mit flachem Pappdach (Baufirma Schmidt & Langen). 1960 für den Bau des neuen westlich anschließenden Betriebsgebäudes abgebrochen.

Lagerhaus (von 1879) (Abb. 1188)

Durch die Firma Schmidt & Langen und den Zimmermeister Lück errichtet. Nachdem der Bau im rückwärtigen Teil des Grundstückes zunächst nur eineinhalb Geschosse erhalten soll, wird er

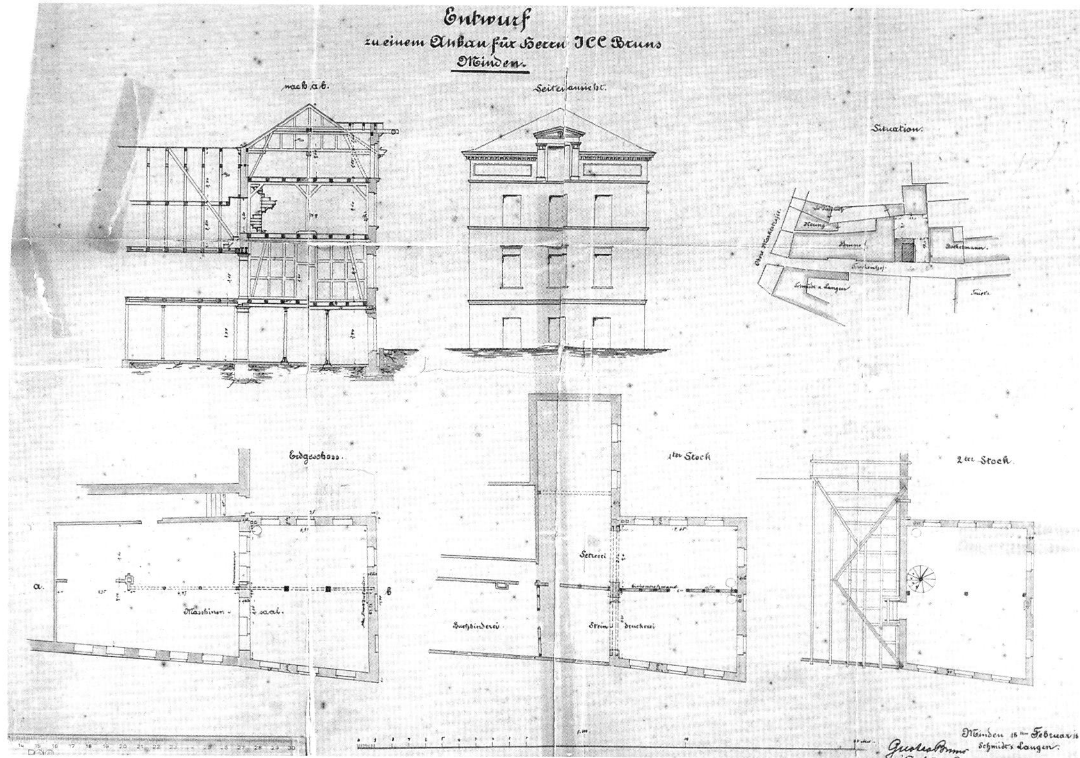

Abb. 1189 Obermarktstraße 26, Druckereigebäude am Trockenhof, Plan zur Erweiterung nach Westen, Baugeschäft Schmidt & Langen 1882.

noch während der Bauzeit auf zweieinhalb Geschosse erweitert. Backsteinrohbau mit flach geneigtem und mit Pappe gedecktem Satteldach, der Nordgiebel dem Trockenhof zugewandt. Im Inneren zwei Längsstützenreihen, wobei im Erdgeschoß eine mittlere Diele mit Tor im Nordgiebel und seitlichen Lagerräumen ausgeschieden ist.

1902 wird eine zusätzliche Etage aufgesetzt (Baugeschäft Schmidt & Langen).

1899 der Bau an seiner Westseite (auf dem Hof des Grundstücks Ritterstraße 14 und an dem Rückgiebel des Hauses Trockenhof 6) durch einen eingeschossigen Anbau für die Papierlagerung ergänzt, der 1902 ein erstes und 1907 ein zweites Obergeschoß erhielt. Die Decken hier mit Eisenträgern. Alle Baumaßnahmen zur Erweiterung jeweils durch Schmidt & Langen ausgeführt. Dieser Bauteil 1960 für den Neubau des Betriebsgebäudes abgebrochen.

Betriebsgebäude (von 1960) Trockenhof 4/6

1960 als westliche Erweiterung des alten Druckereigebäudes auf der Fläche der abgebrochenen Bauten Trockenhof 4 und 6, des sogenannten Verbindungsbaus sowie eines daran rückwärtig anschließenden Lagerhauses nach Plänen des Büros Hempel & Ibrügger errichtet. Viergeschossiger und voll unterkellerter Stahlbetonbau, die Fassade verputzt und auf Grund des Bebauungsplanes dreigeschossig mit halbem Satteldach ausgeführt.

OBERMARKTSTRASSE 27 (Abb. 1190–1193)

1729 bis 1743 Martini-Kirchgeld Nr. 161; bis 1878 Haus-Nr. 205

Das schmale Grundstück offenbar aus einem seit spätestens dem späten 15. Jahrhundert bestehenden Nebenhaus des großen bürgerlichen Anwesens Nr. 29 hervorgegangen, aber wohl schon vor 1600 davon getrennt. Beide Bauten besitzen eine gemeinsame Traufwand (die allerdings zunächst die nördliche Außenwand von Nr. 29 war). Ferner besitzt das Haus auch eine gemeinsam mit dem Haus Nr. 25 errichtete Traufwand, die auf beiden Seiten die charakteristischen Bögen zeigt und daher wohl in einer gemeinsamen Baumaßnahme 1610 (?) errichtet worden ist.

1680/1711 Hans Hinrich Litzenkerker (zahlt jährlich 4 Thl Giebelschatz); 1723 Witwe Litzenkerker, hat Höckerei; 1729 Litzenkerker; 1738 Gieseler; 1740 Schuster Gieseler; 1743/50 Schuster Johann Henrich Gieseler; 1755 Henrich Gieseler, Haus für 200 Rthl; 1766 Rudolf Josmus Junior; 1781/83 Schuhmacher Rudolf Jochmus, Haus mit Braurecht (KAM, Mi, C 874); 1802 Josmus, Haus für 500 Rthl; 1804 hat eine Kuh, kein Braurecht; 1805 Wohnhaus 1 000 Rthl, Scheune 400 Rthl, Nebengebäude 100 Rthl; 1809/1836 Zinngießer Philipp Franconi und Mieter Glaser Gerlach (Franconi wurde am 25. 6. 1762 in Italien geboren, zog 1782 nach Minden zu und erhielt 1799 das Bürgerrecht – siehe auch Walz 1998, S. 237 f.); 1820 werden Scheune und Nebengebäude bei der Versicherung gestrichen; 1846/53 Knopfmacher Heinrich Meyer. Mieter ist Kaufmann Fr. Ronecke (im Haus ist ein Laden); 1878 Posamentier Rockel (baut 1878 das Haus Königstraße 71); 1908 Rentner Carl Rockel; 1920 Pferdeschlachterei Heinrich Feldmann; 1950/58 Pferdeschlachterei L. Feldmann; 1984 Karl-Heinz Feldmann.

Das heute in der Erscheinung schmale und dreigeschossige Wohnhaus mit einer dreiachsigen Putzfront und Erker aus der Mitte des 19. Jahrhunderts ist das Ergebnis einer komplexen Baugeschichte. Zu ihrer Klärung konnten 1992/93 im Vorfeld einer Sanierung des gesamten Komplexes umfangreiche Untersuchungen durchgeführt werden, bei denen auch dendrochronologische Datierungen der einzelnen Bauteile erfolgten (1993 durch H. Tisje/Neu-Isenburg):

Vorderhaus	
1496 ±8	6. Dachbalken von Osten
Ende 1609	Ostgiebel, Giebeldreieck, südlicher Sparren
Frühjahr 1610	Dachwerk, mittleres Dachwerk, Nordseite, 10. Sparren von Osten
um oder nach 1600	östliches Giebeldreieck, oberster Riegel
1767	4. Dachbalken von Osten

Flügelbau	
1499 ±8	Ostgiebel, Mittelständer
1499 ±8	Nordwand, Obergeschoß, 2. Ständer von Osten (zweitverwendet)
um oder nach 1495	nördliche Traufwand, 7. Ständer von Osten (zweitverwendet)
um oder nach 1495	nördliche Traufwand, 8. Ständer von Osten (zweitverwendet)
um oder nach 1495	südliche Traufwand, 10. Ständer von Osten (zweitverwendet)
1626 ±2	südliche Traufwand, Erdgeschoß, Ständer

Den Kern des heutigen in seiner Erscheinung auf einen Umbau um 1850/60 zurückgehenden Hauses bildet nach den Untersuchungen ein schmales Dielenhaus mit massiven Umfassungswänden auf einer Grundfläche von 16,2 x 5,65 m, das um 1610 über älteren Kellern weitgehend neu errichtet wurde und dessen schon zuvor bestehender Flügelbau um 1626 ebenfalls erneuert wurde. Beide Bauteile scheinen wohl um 1495 errichtete Vorgänger gehabt zu haben, von denen Hölzer wiederverwendet wurden. Das Haus dann um 1773 einschneidend umgebaut und um 1850/60 aufgestockt und mit neuer Fassade versehen worden.

Abb. 1190 Obermarktstraße 27 (links) und 29, Ansicht von Südwesten, 1987.

Dielenhaus mit Flügel (um 1495–1610/28)

Verschiedene wiederverwendete Hölzer in dem heutigen Haus lassen erschließen, daß dessen Vorgängerbau in den Grundflächen etwa die gleichen Abmessungen gehabt haben muß, nur scheint der Flügelbau etwas kürzer gewesen zu sein. Zumindest bei diesem handelte es sich um einen Fachwerkbau. Das Vorderhaus wohl auch aus Fachwerk. Es hatte wohl kein Obergeschoß, was den Abbruch und Neubau bei unveränderten Maßen um 1610 erklären würde.

Der Flügelbau läßt sich nach den erhaltenen zahlreichen Hölzern (mindestens 4 Balken, 12 Ständer und das Rähm) als zweistöckiges Fachwerkgerüst von wohl fünf Gebinden und mit aufgelegten Balken rekonstruieren. Die Längsaussteifung des Gerüstes erfolgte mit Kopfbändern. Der Bau dürfte eine reichere Durchfensterung in der Südfront gehabt haben, wovon Nuten für eingeschobene Brüstungsriegel zeugen. Die Deckenbalken waren an der Unterseite abgefast. Über dem Flügel befand sich ein steiles Sparrendach, das sich noch am um 1610 errichteten Rückgiebel des Vorderhauses abzeichnet.

Die Kelleranlagen unter dem Grundstück dürften ebenfalls noch diesem Bau zuzurechnen sein. Sie bestehen aus zwei Teilen: Der rückwärtige Teil des Vorderhauses auf der ganzen Breite mit einem Tonnengewölbe (4,82 x 3,83 m) unterkellert. In der Ostfront eine Luke zum Hof. Der heutige Zugang in der nordöstlichen Ecke wohl nicht ursprünglich. Durchgang zu einer Längstonne (6,33 x 2,98 m) unter dem Flügelbau, die zwei Lichtschächte mit großen Fenstern in der Südfront hat und aus schwarzbraunem Kalkbruch mit wenigen Ziegeln in Kalkmörtel erstellt ist.

Dielenhaus (von 1610)

Als Dielenhaus mit aufgesetztem Speichergeschoß und steilem Satteldach, wohl zusammen mit dem nördlich anschließenden Haus Nr. 25 um 1610 völlig neu (unter teilweiser Verwendung von Hölzern des Vorgängerbaus) errichtet, wobei beide Bauten eine gemeinsame, 62 cm breite Traufwand aus Backsteinmauerwerk (Format 30/31 x 15 x 7/7,5 cm) mit aufgelegter sandsteinerner und nach vorne entwässernder Rinne erhielten. Die Wand auf beiden Seiten mit den charakteristischen Bogennischen, dabei im hohen Erdgeschoß mit vier Bögen, darüber der niedrige Speicher mit sechs Nischen (in den Nischen zwischen beiden Bauten nur ein Mauerwerk von 14 cm Stärke). Die Geschoßbalken nördlich auf einem Rücksprung der Traufwand aufgelegt, die Dachbalken auf einer auf der Mauerkrone aufgelegten Platte. Die Gestalt der südlichen Traufwand unklar und wohl um 1835 bei Umbau des Nachbarhauses erneuert. Über dem Bau ein steiles Sparrendach (57–65 °) aus Eiche und mit zwei gezapften Kehlbalkenlagen (erhalten die fünf hinteren Gebinde); Längsaussteifung mit zwischen die Sparren genagelten Windrispen. Das rückwärtige Giebeldreieck mit untergestellter Spitzsäule, über die die Riegel in Höhe der Kehlbalken ebenso wie die seitlichen Nebenständer geblattet sind, und offenbar zunächst nicht ausgefacht, sondern mit Bohlen beschlagen und mit einem Durchgang zum Boden des Flügelbaus (die Fassade darunter später erneuert). Der Vordergiebel zumindest im unteren Teil massiv, aber später weitgehend erneuert. Erhalten nur in der Nordhälfte der obere Teil eines breiten Torbogens aus Sandstein, der an der Kante unprofiliert blieb, aber in der Ansicht mit einer Zahnschnittleiste verziert wurde. Das Obergeschoß und das Giebeldreieck nach Ausweis einer hinter der heutigen Fassade erhaltenen Stockwerkschwelle möglicherweise aus Fachwerk.

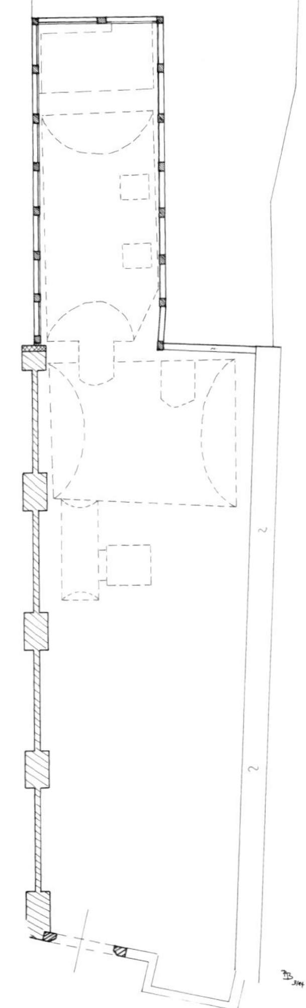

Abb. 1191 Obermarktstraße 27, Grundriß des Erdgeschosses, rekonstruierter Zustand 17. Jahrhundert.

Die innere Einteilung des Hauses auf Grund späterer Umbauten nicht mehr erhalten, aber in der grundsätzlichen Gliederung zu erschließen: Das Erdgeschoß wohl weitgehend ungeteilt und als hohe Diele nur von den beiden Giebeln aus belichtet. Im vorderen Bereich südlich des Torbogens eine abgeteilte Stube unbekannter Größe. Da der Flügelbau in seinem unmittelbar an den Rückgiebel anschließenden Gebinde leicht eingezogen verzimmert wurde, scheint man hier auf eine bestehende Öffnung Rücksicht genommen zu haben. Daher auch im Rückgiebel ein Tor zu vermuten, so daß die Diele durchfahren werden konnte. Die Lage der Feuerstelle nicht bekannt, aber wegen fehlender Befunde in der Nordwand nur in der südlichen Traufwand denkbar. Der vom Vorgängerbau übernommene Keller wurde erweitert, wobei ein weiterer schmaler westlich anschließender Raum mit Tonnengewölbe entlang der Nordwand geschaffen wurde. Daran anschließend ein kleiner weiterer Raum unbekannter Funktion (ursprünglich Ladeluke ?). Beide neuen Kellerbereiche

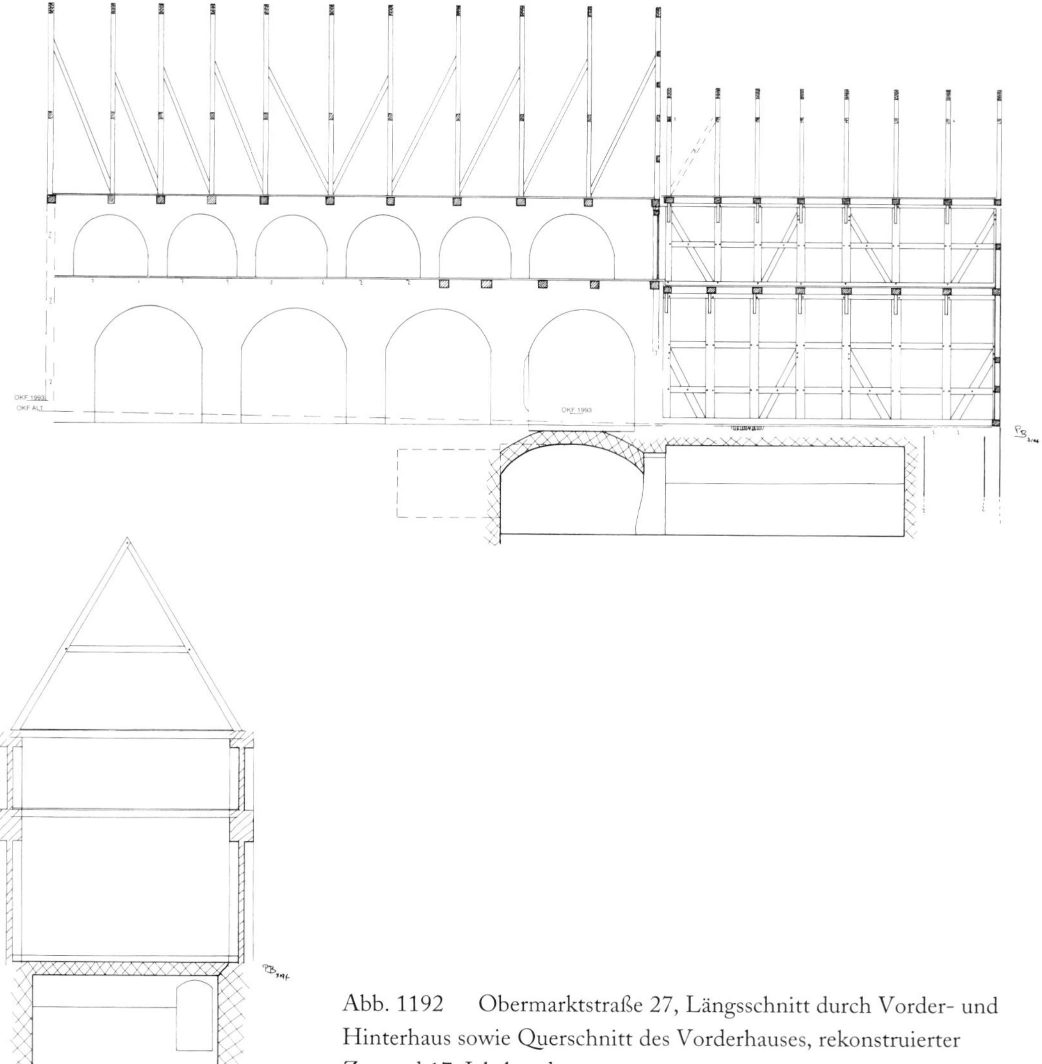

Abb. 1192 Obermarktstraße 27, Längsschnitt durch Vorder- und Hinterhaus sowie Querschnitt des Vorderhauses, rekonstruierter Zustand 17. Jahrhundert.

im Unterschied zu den älteren Bereichen aus Backstein gemauert. Das sehr niedrige Obergeschoß wohl ungeteilt und nur als Lager eingerichtet.

Um 1773 kam es zu einem einschneidenden Umbau, wobei man das Haus zu einem zweigeschossigen Etagenhaus umgestaltete. Ob diese Baumaßnahme in mehreren Schritten vollzogen wurde, ist nicht bekannt: ein dabei verwendetes Bauholz wurde 1767 eingeschlagen; als Fund vom rückwärtigen Bereich dieses Grundstücks stammt ein schon vor 1920 im Museum verwahrter ca 120 cm langer und 20 cm hoher Fenstersturz mit oberer vorstehender Platte und einer von einem Kissen gerahmter Inschrift *J. R. Jochmus und J. M. Niehusen 1773* (Krins 1952, S. 88). 1783 wird fest-

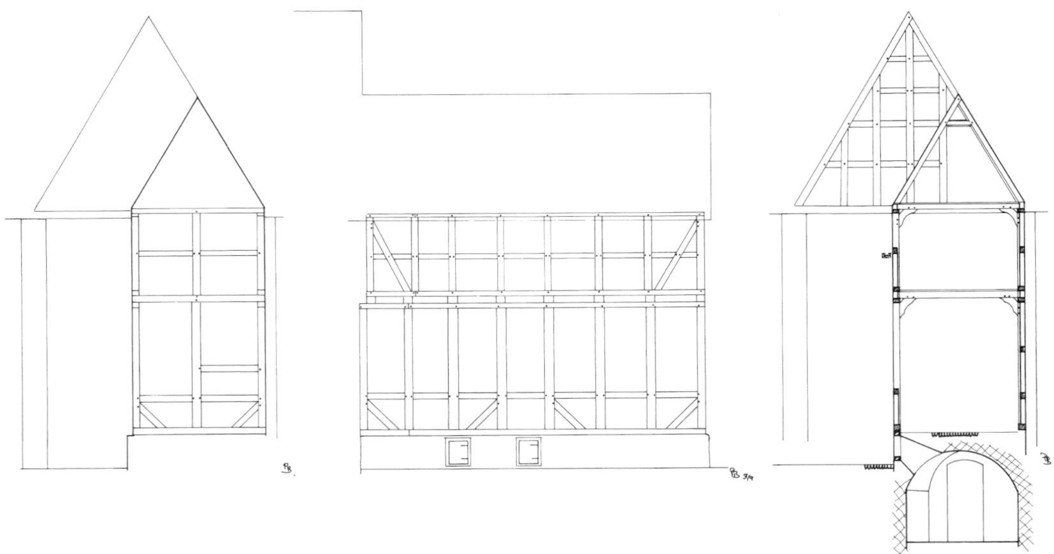

Abb. 1193 Obermarktstraße 27, Hinterhaus, Rückgiebel, südliche Traufwand und Querschnitt, rekonstruierter Zustand 17. Jahrhundert.

gestellt, das Haus des Schuhmachers Jochmus habe *einen neuen Giebel, fertig*, erstellt aus eigenen Mitteln. Im Zuge dieses einschneidenden Umbaus wurde die Balkenlage über der Diele etwas abgesenkt, um im zuvor niedrigen Speichergeschoß eine ausreichende Geschoßhöhe zu erreichen. Daher müssen bei diesem Umbau auch sämtliche Innenwände erneuert worden sein. Offenbar ist in Teilen auch das Dachwerk aus den alten Hölzern erneuert (nachweisbar für das mittlere Drittel des Hauses) und sind sogar einzelne Balken ausgewechselt worden.

Die Erschließung blieb im vorderen Bereich entlang der nördlichen Traufwand, doch wurde der breite Torbogen durch eine schmalere Haustür ersetzt. Auf der südlichen Seite wurde in beiden Etagen eine verbreiterte Stube geschaffen und dort eine große zweigeschossige Utlucht mit flachem Pultdach vorgelegt. Wegen der neuen Fenstereinteilungen wurde der Vordergiebel zum größten Teil abgebrochen und durch wohl verputztes Fachwerk ersetzt. In der gleichen Weise die Utlucht errichtet. Welche Einteilung der hintere Hausbereich erhielt, ist nicht bekannt. 1831 scheint die südliche, mit dem anschließenden Haus Nr. 29 gemeinsame Wand bei einem dortigen Umbau zumindest in Teilen erneuert worden zu sein (Backsteinformat 27 x 12 x 6 cm).

Um 1850/60 wurde die vordere Hälfte des Hauses mit einer zusätzlichen Etage versehen. Dabei brach man hier den Dachstuhl ab, mauerte die Traufwände in Backstein zu einem Drempel auf und verzimmerte darüber einen neuen Dachstuhl mit geringerer Neigung, vorderer Abwalmung und aus Nadelholz (teilweise unter Verwendung der alten Hölzer). Der Giebel wurde mit dünnem, mit Backstein ausgefachtem und verputztem Fachwerk aufgestockt. Die neue Fassade dreiachsig gestaltet und mit einer Gliederung in spätklassizistischen Formen versehen, dabei das das Dach verdeckende, profilierte Kastengesims einschließlich des Konsolfrieses darunter aus Holz. Auf den Schlagleisten der zweiflügeligen Blendrahmenfenster Säulen mit korinthischen Kapitellen.

Spätestens seitdem diente das Haus als Etagenmietshaus und war im Inneren in zahlreiche, zumeist kleine, schlecht belichtete Räume aufgeteilt. Im hinteren Hausdrittel schmaler Mittelflur, beidseitig von ebenfalls schmalen Räumen begleitet, dabei die gegenläufige Etagentreppe in der Mitte der südlichen Seite. Küche in der südöstlichen Hausecke mit darüber gelegener Räucherkammer.

Um 1890 Einbau eines Ladens in der vorderen Stube; dabei das Erdgeschoß der Utlucht entfernt und das Obergeschoß zu einem Erker umgestaltet; 1892 Entwässerung; 1909 Kanalisation; 1958 Verkleidung der Erdgeschoßfassade mit Kalkplatten; 1959 Umbau des vorderen Bereiches des Erdgeschosses (Plan: Bauhütte Minden GmbH/Brockmann); 1984 das Haus in die Denkmalliste der Stadt Minden eingetragen; 1993/94 Sanierung (Plan: H. Schnier/Osnabrück), wobei das Erdgeschoß durch Abfangung der Innenwände ganz in einen Laden aufgelöst, in den Obergeschossen und im Hinterhausbereich aber die historische Substanz zumeist erhalten blieb.

Flügelbau (um 1626)

Um 1626 als schmaler Fachwerkbau (lichte Breite von 3,14 m) entlang der nördlichen Grundstücksgrenze über massivem Sockel in gleicher Höhenausdehnung und Breite, aber größerer Länge als der abgebrochene Vorgängerbau errichtet, wobei der Keller des Vorgängerbaus weiter genutzt wurde. Daher der heutige Bau auf der ganzen Fläche (mit Ausnahme eines kurzen östlichen Abschnitts) mit einem älteren Keller unterkellert. Zweistöckiger Bau von acht Gebinden, im Querverband im Erdgeschoß mit dreifach gekehlten, im Obergeschoß mit einfach gekehlten Kopfbändern. Das Gerüst mit Fußstreben ausgesteift, dabei das höhere Erdgeschoß mit Ausnahme der durchgehend durchfensterten Südfront (diese nur mit einem tiefsitzenden Brustriegel und kurzen geraden Fußbändern) mit zwei Riegelketten, das Obergeschoß einfach verriegelt. Das obere Stockwerk und das Dach ohne Vorkragung. Sparrendach mit einer Kehlbalkenlage. Die ursprüngliche Ausfachung nicht bekannt, mit den später hier wiederverwendeten Backsteinen vorstellbar. Die Südfront im Erdgeschoß in allen Gebinden mit einer großformatigen Durchfensterung, wobei die etwa 2,3 m hohen bleiverglasten Fenster in Blockzargen, die in die Gefache angeschlagen sind, eingesetzt waren.

Das Innere ungeteilt und im Erdgeschoß offenbar als Saal genutzt; eine Feuerstelle allerdings nicht nachzuweisen. Das Obergeschoß über eine Treppe zwischen dem ersten und dritten Balken von Westen erschlossen, die sich noch durch Zapflöcher in den Wandständern abzeichnet. Dieses offenbar nur mit kleineren Luken belichtet und möglicherweise als Schlafkammer genutzt.

Im 18. oder 19. Jahrhundert der Flügelbau wiederholt in Teilen umgebaut und zu Wohnräumen eingerichtet. Dabei die Ausfachung mit Backsteinen erneuert und im Obergeschoß der Südfront die Ständerstellung teilweise für die Anlage größerer Fenster verändert. Um 1880 wurde das Sparrendach abgebrochen und durch ein zusätzliches Drempelgeschoß von Fachwerk mit flachem Pultdach ersetzt. Eindeckung mit schwarz engobierten Flachkrempern der Ziegelei Schütte in Heisterholz bei Minden; zugleich der ganze Bau verputzt.

HINTERHAUS KISAUSTRASSE 11 (heute Leiterstraße 19)

Im späten 19. Jahrhundert bestand ein schmales und massives Wirtschaftsgebäude entlang der südlichen Grundstücksgrenze. Es wird 1892 als *Spinnbahn* bezeichnet. 1920 Überdachung des nördlich davon befindlichen Hofes zur Unterstellung von Fuhrwerken; 1923 Errichtung einer Remise; 1950 Anbau einer Kühlanlage und einer Waschküche; 1954 Abbruch aller Bauteile.

1954 Errichtung eines zweigeschossigen und verputzten Hinterhauses mit Flachdach in Eisenbeton durch das Baugeschäft Mülmstedt & Rodenberg. Das Gebäude im Untergeschoß mit Toren befahrbar und darüber als Schlachthaus mit kleinen Sheddächern zur besseren Belichtung eingerichtet.

OBERMARKTSTRASSE 28 (Abb. 1180, 1181, 1194)

1729 bis 1743 Martini-Kirchgeld Nr. 164; bis 1878 Haus-Nr. 214

Recht schmale und tief in den Baublock reichende Parzelle, offensichtlich nachträglich durch Abtrennung eines Nebenhauses entstanden, wobei die unklaren Parzellengrenzen einen Zusammenhang mit dem Grundstück Obermarktstraße 30/32 nahelegen.

1537 Witwe Ernsting; 1581 Jürgen Ernsting; 1661 Georg Ernsting (verheiratet mit Anna Büttner); 1663 Jürgen Ernsting (stirbt 1673); 1680/96 Andreas Ernsting; 1702/04 Julius Thormacher; 1709/11 Arnold Kümmel (zahlt 4 Thl Giebelschatz); 1723/40 Braunbierschenker Arnold Kymmel; 1743 ohne Eintragung (Haus ohne Grundbesitz); 1750 Hartogs Haus; 1755 Theophilus Hartog, Haus 200 Rthl; 1766 Seiler Hermann; 1781 Hermann, Wohnhaus 400 Rthl, Hinterhaus 100 Rthl; 1798 Witwe Hermann; 1804 hat 2 Schweine, kein Braurecht; 1806 Schneider Johann Dollweber; 1809 Wohnhaus im mittelmäßigen Zustand, Stallung; 1818 Schneider Georg Dollweber, Wohnhaus 800 Thl, Hinterhaus 200 Thl; 1832 Schreiber Heinrich Heering; 1837 Privatschreiber Heering; Wohnhaus 800 Thl, Hinterhaus 200 Thl; 1846 Heinrich Heering, Schreiber, Mieter A. Hildebrand; 1876/80 Heering, Administrator; 1906 Bruns.

Haus (bis 1781)

1766 wird eine Hauptreparatur mit Ausbau von drei Zimmern für 706 Rthl überliefert (KAM, Mi, C 384). 1781 stürzte beim Abbruch der Häuser Obermarktstraße 30/32 auch das Dach dieses *Zwischenhaus* genannten Gebäudes im Besitz des Seilers Hermann ein (KAM, Mi, C 388). Nach einem 1782 vom Stadtbauschreiber Sassenberg vorgelegten Gutachten hätte dieser das Haus *in Augenschein genommen und wo auf der einen Seite der Mitten oben Etage auf 2 Ruthen Länge das Dachwerk herunter gestürzt, wie auch das übrige den Einsturz drohet, auch an des Kaufmanns Schering Mauer gewichen und wegen den Tropfenfall dessen Mauer Schaden leidet. Zu den Aufbauungs-Kosten ist erforderlich: 6 Gebind neu anzufeertigen nebst 2 Quer und eine Mittelwand in der Länge zu richten …* Insgesamt wurden die Kosten auf 212 Rthl kalkuliert (KAM, Mi, C 388).

Haus (von 1782)

Im März 1782 bat der Seiler Hermann sein Haus wieder aufbauen zu dürfen (KAM, Mi, 156,12 alt), wobei die Arbeiten offensichtlich einem weitgehenden Neubau gleichkamen. Es entstand ein zweigeschossiges, verputztes Giebelhaus mit Krüppelwalm aus Fachwerk, wobei auf Grund des weitestgehend ausgebauten und veränderten Zustandes der Bau im Augenblick kaum näher in den Details zu erfassen ist. Es kann jedoch erst nach dem Neubau von Haus Nr. 30/32 errichtet worden sein, da es um diesen herum gebaut worden ist. Giebeldreieck mit Doppelständern und Riegelversprüngen für die Fenster. Das Dachwerk besteht aus Nadelholz, wobei rückwärtig ein wiederverwendetes Sparrenpaar aus Eiche mit Spuren einer Kehlbalkenblattung ohne Schwalbenschwanz wieder verwendet worden ist.

Vor dem Haus bestand bis 1934 eine wohl im 19. Jahrhundert mit der Planierung des Obermarktes entstandene Freitreppe, da das Erdgeschoß entsprechend den Nachbarhäusern gegenüber der Straßenfläche stark erhöht war.

Im Inneren ein Mittelflur, an den sich im Vorderhaus beidseitig jeweils zwei Wohnräume (Stube und Kammer) anschließen. Dahinter südlich das zweiläufige Treppenhaus, nördlich auf Grund des rückwärts schmaler werdenden Baukörpers nur breiter Flur. Im Hinterhaus im Erdgeschoß Wirtschaftsräume, im Obergeschoß Lager.

1813 entstand ein kleiner Schaden durch Brand des gegenüberliegenden Hauses Obermarktstraße 33, der Stall wird danach zum Teil abgerissen; 1837 entsteht ein weiterer kleiner Brandschaden am Kamin der Kochkammer in der zweiten Etage. 1889 Entwässerung.

1934 wird das Erdgeschoß zu einem Ladengeschäft für die Firma Bruns umgebaut, wobei der Boden um etwa 80 cm auf die Höhe der Straße abgesenkt und die Innenwände entfernt werden (Plan: R. Moelle & Sohn). Das Innere durch Umbauten zu Geschäftsräumen heute in beiden Eta-

Abb. 1194 Obermarktstraße 28 (Mitte) sowie 26 und 30/32, Ansicht von Nordosten, um 1935.

gen völlig ausgeräumt, Treppe entfernt, massiver zweigeschossiger Anbau mit Flachdach hinter dem Haus Nr. 30. Der Keller unter dem Vorderhaus 1934 tiefer gelegt, der Zugang heute vermauert.

Unter dem Hinterhaus ein Keller mit Kappen auf Eisenträgern.

OBERMARKTSTRASSE 29 (Abb. 1190, 1195)

1729 bis 1743 Martini-Kirchgeld Nr. 159; bis 1878 Haus-Nr. 209

LITERATUR: Faber-Hermann 1989, S. 76.

Größere bürgerliche Hausstelle, rückwärts durch die Krumme Kisau begrenzt, an der verschiedene Wirtschaftsgebäude bestanden. Ursprünglich dürfte die nördlich anschließende Hausstelle Nr. 27 als Nebenhaus zugehörig gewesen sein, ist aber zu nicht näher bekannter Zeit wohl vor 1600 abgetrennt und zu einem selbständigen Haus gemacht worden. Beide Bauten besitzen eine gemeinsame Brandwand (wohl zunächst die nördliche Außenwand von Nr. 29). Das Haus in der zweiten Hälfte des 18. Jahrhunderts und noch in den folgenden Jahrzehnten Mittelpunkt der umfangreichen wirtschaftlichen Unternehmungen verschiedener Generationen der Kaufmannsfamilie Clausen. Hierzu gehörten die Gebäude auf dem sogenannten Klausenwall (siehe Teil V, Kap. III) und weitere an der Lindenstraße.

1663 Daniel Costede (seine Frau stirbt 1674); 1680 Daniel Costede (zahlt jährlich 4 Thl Giebelschatz); 1681 Albert Pöttger; 1692 Herr Albert Pöttger; 1696/1702 Witwe Albert Pöttger; 1704 Erben Albert Pöttger; 1709/11 Rudolf Pöttger; 1723 Kaufmann und Schenker von Rhein-Wein Rudolf Albert Pöttcher; Hamme ?; 1728 erwirbt der Kramer Gottfried Clausen (geb. in Blanckenburg) Bürgerrecht in Minden (KAM, Mi, C 353,9 alt); 1730/40 Clausen; 1743 nicht genannt (Haus ohne Grundbesitz); 1748 Senator Claausen verkauft seine Scheune an der Kisaustraße für 70 Rthl an Pastor Schlichthaber (wohnt Obermarktstraße 24); 1750 Senator Clausen; 1755 Witwe Clausen, Haus für 1 000 Rthl; 1766/67 Kaufmann Bernhard Heinrich Clausen. Er heiratete 1757 in Hille Sophie Christine Pöppelmann (* 21. 6. 1739, † 28. 2. 1807). Hat Haus mit Braurecht für 1 500 Rthl; 1781/98 Witwe Clausen, Wohnhaus für 2 000 Rthl, Hinterhaus 500 Rthl, Scheune (siehe Lindenstraße 24) 500 Rthl, Haus auf dem Wall 1 000 Rthl; 1802 Wohnhaus 4 000 Rthl, Hinterhaus 1 000 Rthl, Scheune 1 000 Rthl (besitzt ferner zwei Häuser und die Wachsbleiche auf dem sogenannten Klausenwall); 1804 Witwe Clausen, Haus mit Braurecht, metallener Handspritze und Brunnen. Hält 2 Pferde, 2 Kühe und 2 Schweine; 1809 Kaufmann Wilhelm Clausen (ist im Kornhandel tätig- siehe Behr 1977, S. 236 und 238 f.); 1818 Wohnhaus, Hinterhaus und Packhaus; 1820 Kaufmann Wilhelm Klausen läßt seinen seit 20 Jahren verschollenen Bruder für Tod erklären; 1830 Verkauf von W. Clausen an Franz Homann; 1832 Franz Homann, Wohnhaus und Hinterhaus; 1839 Verkauf von Fr. Homann für 8 000 Thl an A. G. Ledoux; 1846 Kaufmann August Ledoux und Kaufmann Karl Knippenberg; 1851/53 J. Buxtorf (Weinhandlung Wickelhausen & Co), als Mieter A. Ledoux (im Haus ein Laden und ein Warenlager); 1865/73 Weinhandlung Buxdorf, Wichelhausen & Co (Geschäftsführer ist 1873 Kaufmann G. Mühe); 1878 Knippenberg; 1895/1906 Gustav Hattenhauer (siehe Markt 6); 1934 Wilhelm Hattenhauer; 1940 Karl Hattenhauer; 1949 Schlachtermeister Ewald Menges.

Dielenhaus (bis 1831)

Kern des heutigen Hauses scheint ein giebelständiger Massivbau auf einer Grundfläche von 17,1 x 10,8 m zu sein, zu dem seit dem frühen 17. Jahrhundert ein Flügelbau gehörte. Das Vorderhaus ist 1831 einschneidend umgebaut und weitgehend erneuert worden. In dem seit 1988 stark erneuerten und intensiv genutzten Haus augenblicklich keine weiteren Befunde über den Umfang der älteren Bausubstanz zu ermitteln. Die nördliche Traufwand sicherlich älter und gemeinsam mit dem Haus Nr. 27. Das vordere Drittel des Hauses mit einem großen Tonnengewölbe versehen, das möglicherweise ehemals als Kaufkeller vom Obermarkt her zugänglich war. Verschiedene in dem Mauerwerk von 1831 wieder verwendete Spolien einer Renaissancearchitektur mit Beschlagwerk lassen vermuten, daß hier bis 1831 eine Schaufassade der Zeit um 1600 bestanden hat.

1767 wird eine Reparatur des Hauses durchgeführt (KAM, Mi, C 380); zwischen 1786 und 1798 werden weitere Reparaturen für über 2 000 Rthl an und in dem Haus ausgeführt und 1813 wird das Haus bei einem Brand des Hauses Obermarktstraße 33 leicht in Mitleidenschaft gezogen.

Wohnhaus (von 1831)

Nach einem Eigentümerwechsel wurden *Umbauten* für Franz Homann vorgenommen (KAM, Mi, E 955). In welchem Umfang dabei Teile des alten Hauses wieder verwendet wurden, ist nicht bekannt, aber etwa für das Dachwerk möglich; die südliche Traufwand und der Rückgiebel scheinen jedoch neu aufgemauert bzw. in schlichtem Fachwerk errichtet worden zu sein (möglicherweise ist aber auch die nördliche Traufwand erneuert worden). Das Haus damit zu einem dreigeschossigen Wohnhaus mit mittlerem, bis auf den Hof führendem Längsflur ausgebaut, an den sich beidseitig eine Folge von Wohnräumen anschließen. Das gewendelte Treppenhaus in der südöstlichen Ecke, wo es auch den Zugang zum rückwärtigen Flügelbau vermittelt. Im Zuge dieser Baumaßnahmen dürfte die bis heute bestimmende fünfachsige Fassadengestaltung mit klarer, spätklassizistischer Gestaltung entstanden sein. Hierbei sitzen alle Fensteröffnungen auf schmalen Brustgesimsen auf; zusätzlich breite geschoßtrennende Gesimsbänder. Die Fenster mit schlicht profilierten Faschen, im ersten Obergeschoß zudem mit Verdachung. Das abgewalmte Dach hinter einem weit ausladenden und auf zahnschnittartigen Kragsteinen aufsitzenden hölzernen Gesims. Das (1948 zerstörte) Erd-

Abb. 1195 Obermarktstraße 29 (links) und 31, Ansicht von Südwesten, 1993.

geschoß mit Bänderputz, wobei die Fenster hier ohne Faschen eingeschnitten sind. Die zweiflügelige, mittlere Haustür mit einer auf Konsolen vorkragenden Verdachung.

Um 1840/50 oder spätestens 1873 das Haus durch eine ungewöhnliche und weitläufige Kelleranlage ergänzt, die der Lagerung von Weinen für den nun hier betriebenen Weinhandel diente. Hierbei der Hof unterkellert, die Kelleranlage unter dem Flügelbau einbezogen und bis in das rückwärtige Lagerhaus erweitert, so daß die weitläufigen, durchweg mit Kreuzgratgewölben versehene Anlage von der Kisaustraße ebenerdig beschickt werden konnte.

1895 Entwässerung; 1906 Kanalisation; 1934 kleine Umbauten im Erdgeschoß (Baugeschäft E. Gremmels); 1948 Einbau einer Schlachterei im Vorderhaus mit großer Schaufensterfront. Der Hauszugang an die südliche Seitenwand verlegt (Plan: R. Dustmann); 1955 Ausbau eines Fabrikationsraumes; 1984 in die Denkmalliste der Stadt Minden eingetragen. Nachdem schon 1963 schwere Bauschäden festgestellt wurden, kam es 1986 zum Eigentümerwechsel, dem 1988 der Umbau des Hauses (Plan: J. Lax) und Abbruch des rückwärtigen Flügelbaus folgte. Dabei die Schaufensterfront des Erdgeschosses neu gestaltet und von zwei massiven Säulen seitlich des mittleren Geschäftszuganges bestimmt.

Abb. 1196 Obermarktstraße 29, Flügelbau, Ansicht von Südosten, 1984.

Flügelbau (Anfang des 17. Jahrhunderts/1610 ?–1989)

Schmaler dreistöckiger Bau, nördlich eingezogen und entlang der südlichen Grundstücksgrenze (unmittelbar neben den Flügelbau von Nr. 31) gestellt. Der Bau auf einer Grundfläche von 9,7 x 5,2 m aus verschiedenen Bauzeiten stammend. Den Kern bildet ein eingeschossiger Fachwerkbau von sieben Gebinden Länge, der nach den konstruktiven Details in der ersten Hälfte des 17. Jahrhunderts errichtet wurde und selbst an der südlichen, zur Grundstücksgrenze weisenden Seite durchgängig durchfenstert war (der Bau möglicherweise ebenso wie die nördlich anschließende Bebauung der Obermarktstraße 1610 wohl nach einer nicht weiter bekannten Katastrophe errichtet). Nur diese Südfront in der Gestaltung überliefert: Das hohe Gerüst mit nur einer Brustriegelkette, dabei in der Brüstungszone Aussteifung der Ständer mit geraden Fußbändern und die Dachbalken ehemals über später entfernten Knaggen vorkragend. Der offensichtlich als Flügelsaal konzipierte Bau auf einen hohen Kellersockel gestellt, der aus Backsteinen aufgemauert war.

Um 1800 nach Abnahme des Satteldachs ein Obergeschoß mit flachem Pultdach aufgesetzt, das mit Backstein ausgemauerte Fachwerk hier durch zwei Riegelketten und Schwelle-Rähm-Streben bestimmt. Zu späterer Zeit (1873 ?) der Keller unter dem Flügel umgebaut und in eine große Kelleranlage mit Kreuzgratgewölben einbezogen, die sich vom Vorderhaus unter der Hoffläche bis in das Lagerhaus hinzieht (Keller erhalten).

Lagerhaus (um 1780 und später) Kisaustraße 9 (heute Leiterstraße 21)

Der heutige, viergeschossige und in der östlichen Ansicht zur Leiterstraße seit 1948 verputzte Bau in mehreren Abschnitten entstanden. Den Kern bildet offenbar eine in der zweiten Hälfte des 18. Jahrhunderts errichtete massive Scheune auf nahezu quadratischem Grundriß (das Scheunengrundstück gehörte zu dieser Zeit zum Anwesen Obermarktstraße 24).

Nachdem der wohl auch im Kornhandel tätige Kaufmann Clausen das auf seinem Rückgrundstück stehende und als *Packhaus mit zwei Kellern* beschriebene Gebäude 1805 aus dem Konkurs des Kaufmanns Meyer (Obermarktstraße 24) zurückerwerben konnte, ließ er 1806 einen Umbau vornehmen; danach für 1 500 Rthl versichert. Hierbei wurde der Bau wohl auf vier Geschosse erweitert und darüber ein flaches Satteldach aufgesetzt. Die Ansicht zur Kisaustraße mit zwei Fensterachsen. 1813 wird *das Hintergebäude und Scheuer* beim Brand des Hauses Obermarktstraße 33 *sehr stark beschädigt*. Der Schaden wird mit 101 Rthl entschädigt (KAM, Mi, D 996).

1873 Umbau des Hinterhauses an der Kisaustraße (KAM, Mi, F 2234). Hierbei scheint der Bau in den bestehenden Maßen zum einen auf etwa die doppelte Länge nach Westen bis zur Rückfront des Flügelbaus erweitert worden zu sein, zum anderen wurde das Erdgeschoß in eine bis unter das Vorderhaus reichende weiträumige Kelleranlage mit Kreuzgratgewölben einbezogen, die dem im Haus betriebenen Weinhandel diente. Das Lagerhaus mit Aufzugsluken im Westgiebel, so daß der Bau vom Hof aus beschickt werden konnte.

1948 Einbau von zwei Toren im Erdgeschoß und einer Wohnung in der ersten Etage. Zugleich die Ansicht verputzt. 1997/98 Umbau und Sanierung; Einbau von Betondecken und Abbruch der alten, breiten Holztreppe (Plan: J. Lax).

OBERMARKTSTRASSE 30/32 (Abb. 1180, 1194, 1197, 1209)

1729 bis 1743 Martini-Kirchgeld Nr. 165; bis 1878 Haus-Nr. 215 und 216

Zugehörig ein nicht numeriertes Hinterhaus auf dem Hof von Nr. 32.

Die Hausstelle scheint ein großes bürgerliches Anwesen gewesen zu sein. Die noch in der Mitte des 18. Jahrhunderts zusammengehörende Parzelle Obermarktstraße 30/32 wurde zu dieser Zeit (bis 1781) in das Wohnhaus Nr. 30 und das Nebenhaus Nr. 32 unterschieden, das zumeist vermietet wurde. Beide Bauten wurden jedoch gleichhoch taxiert. Dann nach Trennung des Besitzes die beiden bis heute selbständigen Hausstellen im Jahre 1781 in einem zusammengehörenden Bauprozeß mit einem zweigeschossigen Doppelhaus bebaut.

OBERMARKTSTRASSE 30 (1729 bis 1743 Martini-Kirchgeld Nr.167; bis 1878 Haus-Nr. 215): 1566 verkaufen Cord Herrenbäcker und seine Frau Katharina dem Heilig-Geist-Hospital eine Rente von 10 Thl aus einem Haus mit Stätte, *so dat alhir in vnser stadt twischen seligen Mester Hans Bodekers vnd Mattheus Noltinges husen bauen dem Markede belegen*. Spätere Besitzer: Cord Herrenbäcker, Harckemeier, Hartke Heineman, Heinrich Schickmann, *ietzo* Gerd Mundermann *possessor* (STA MS, Mscr. VII, 2716, Bl. 118v–119r). Im gleichen Jahr verkaufen Cordt Herrenbecker und seine Frau Katharina eine weitere Rente in ihrem Haus, *so dat alhir in vnser stadt twischen seligen Mester Hans Bodekers vnd Mattheus Noltinges husen bauen dem Markede belegen* an das Nikolai-Hospital, die später mit 10 Thl verrechnet wurde. Als spätere Besitzer werden genannt: Gerdt Mundermann, 1710 Johan Varcken; 1715 Albert Varken, 1751 Johan Albrecht Varcken, 1759 Wilhelm Röder im Scharn (*vorhin die Witwe Vercken von dem Hause am schieben Marckte*), 1781 wurde das Geld zurückgezahlt (KAM, Mi, B 103 b,2 alt; C 203,22 alt; C 604). 1663 Gert Münderman sen. im Marktquartier schuldet den Geistarmen 10 Thl (KAM, Mi B 122); 1718 Johan Albrecht Varcken, 1760 Wilhelm Röder, 1766 Senator Stremming, die Obligation wurde 1782 abgelöst (KAM, B 103 c,9 alt; C 217,22a alt; C 604).

1581 Harm Heiermann; 1663 Gerd Münnermann Senior (hat zwei Obligationen über je 10 Thl bei dem Heilig-Geist- und dem Nikolai-Hospital und stirbt 1667, seine Witwe 1671); 1680 Gerdt Munnermann Seniors Haus, jetzt Johann Volckening; 1781/84 Johann Volkening; 1692 Johann Varcken Junior; 1698/1711 Schmied Johann Varcken (zahlt 3 Thl Giebelschatz); 1723/28 Schlosser Johann Albert Vercken und sein Sohn, ebenfalls Schlosser; 1729 Farcken; 1738/40 Johan Albert Varcken; 1750 Albert Verckens (mit dessen

Nebenhaus Haus-Nr. 216); 1755 Verken, Haus für 200 Rthl; 1766 Senator Stremming, 200 Rthl; 1781 Soldat Maler Krause; 1802/04 Haus 600 Rthl, ohne Braurecht, 2 Stück Jungvieh und 1 Schwein; 1807 Maler Johann Lorenz Krause, Wohnhaus im guten Zustand; 1818 Maler Krause; 1827 Krause, Wohnhaus 950 Thl, Stall 150 Thl; 1832 Witwe Ed. Volkening; 1834 Krah; 1836 Goeden, Wohnhaus 1500 Thl, Stall 500 Thl; 1846 Drechsler Conrad Wölke und drei Mieter; 1878 Dietrich, Rentner; 1880 Amalie Dietrich, Witwe; 1890 H. Henkelmann, Schneidermeister; 1903 Witwe Henkelmann; 1907 Tuchgroßhandlung und Uniformfabrik H. Henkelmann (gegründet 1863).

OBERMARKTSTRASSE 32 (1729 bis 1743 Martini-Kirchgeld Nr. 168; bis 1878 Haus-Nr. 216): 1652 Haus der Witwe Münch, ist sehr baufällig (das Hospital hat Ansprüche auf das Haus); 1663 Mieter ist Hans Wolman; 1680 Hans Wolmann; 1682/84 *Der Schwartze Behre*; 1689 Witwe Münch; 1692 Schreiber; 1698/1711 Gabriel Schreiber (zahlt 3 Thl Giebelschatz); nach dem Lagerbuch des Heilig-Geist-Hospitals von 1715 ist es ein zugehöriges Pachthaus, das in diesem Jahr an *Johann Albert Varcken olim Gabriel Schreiber* verpachtet war. *Dieses Haus ist an Varcken ao 1715 gerichtl frey verkauft, will also keine Pacht davon geben.* 1723 Varkens Nebenhaus, bewohnt von Jude Hertz; 1743 keine Eintragung (Haus ohne Grund); 1750 Nebenhaus von Albert Verckens; 1755 Verkens kleines Haus, 150 Rthl; 1760 Witwe Johan Albert Vercken, jetzt Meister Stinckel, 1765 Schöttler (KAM, B 103 c,9 alt; C 217,22a alt; C 604); 1766 Schuster Stunckel; 1781 Meister Stünckel (oder Schöttler). 1782 Schuhmacher Schoettler, Erhöhung auf 300 Rthl; 1798 Schuster Ludewich; 1802/12 Schuhmacher Johann Heinrich Schmiede, zweistöckiges Wohnhaus im guten Zustand mit Hofraum; 1804 hat ein Stück Jungvieh; 1818 Schneider Bellgard, Wohnhaus 300 Thl; 1827 Schuhmacher Bellgard; 1831: jetzt Witwe Kreft, Erhöhung Wohnhaus 625 Thl, Stallgebäude 75 Thl; 1835/46 Witwe Caroline Kreft (Mieter ist Kaufmann Müller); 1857 Klempnermeister Müller; 1876/1880 Eickenjäger, Schneider und Händler; 1892 Witwe Eickenjäger; 1908 Geschwister Eickenjäger; 1953 Heinrich Veit.

Abb. 1197 Obermarktstraße 30/32, Ansicht aus dem Umbauantrag des Architekten Oberle, 1903.

Nach der Volkszählung 1880 werden die unter der Hausnummer 32 gezählten Personen unter zwei Unternummern aufgeführt, wobei offensichtlich zwischen einem Vorder- und Hinterhaus unterschieden wird: 1) Carl Eickenjäger mit Frau, zwei Töchtern und zwei Adoptivtöchtern sowie als Mieter ein Musiker und ein Eisenbahnbüroassistent. 2) Witwe Dorothea Eberlein mit zwei erwachsenen Familienangehörigen, die als Näherin und Lokomotivheizer bezeichnet werden.

Haus (bis 1652)

1652 beantragt der Nachbar Dietrich Schreiber, das Haus abreißen oder aber reparieren zu lassen, da wegen der Bauschäden *bey einem jeden starcken Regen* das Wasser in sein Haus fließen würde. Das Armenhaus erklärt sich bereit, das Haus abbrechen zu lassen und das Holz zu verkaufen (KAM, Mi, B 65,21 alt).

Haus (1688 ?–1781)

1689 beantragt die Witwe Münch Baufreiheiten wegen ihres Hausbaus (KAM, Mi, B 352).

Doppelwohnhaus (von 1781)

In ungewöhnlicher Weise gemeinsam konzipiert und wohl 1831 (als gemeinsame Baumaßnahme zweier selbständiger Hausbesitzer) um ein drittes Geschoß erhöht und in der Fassade neu gestaltet. Seitdem das Doppelhaus in der Erscheinung ein traufenständiges, dreigeschossiges und fünfachsiges verputztes Fachwerkhaus, dessen zwei linke Fensterachsen zu dem Haus Nr. 32 gehören, während die drei rechten zu Haus Nr. 30 zählen. Beide Bauteile sind jeweils in der äußersten Fassadenachse mit einer Haustür erschlossen und durch eine bis in den First reichende Fachwerkwand getrennt. Die Gestaltung beider Teile zu Geschäftszwecken im Erdgeschoß verändert, Fensterflügel erneuert.

Beim Neubau 1781 stürzte das Nachbarhaus Nr. 28 ein und wurde ebenfalls neu errichtet, wobei es bei gleicher Höhenentwicklung in der Fassade auch gleiche Achsmaße bekam, allerdings mit einem Krüppelwalmgiebel versehen wurde.

Unter beiden Hausnummern wird 1781 verzeichnet, es wäre ein *ganz neues Haus, ist angefangen zu bauen mit Schulden*. Danach ist in diesem Jahr der zweigeschossige Fachwerkbau aus Eichenholz mit Backsteinausfachung errichtet worden. Erdgeschoß auf Sockel, vor den Haustüren jeweils eine kleine Treppe mit vier Stufen. Die beiden Etagen jeweils durch eine Quer- und eine Längswand in vier Bereiche unterteilt, dabei jeweils in der rückwärtigen Hausecke die Erschließung des Obergeschosses, das in jedem Hausteil aus drei Räumen bestand. Im Erdgeschoß vorn neben einer Stube der Flur, rückwärts Küche und Treppenhaus. Die vordere Haushälfte jeweils mit einem Balkenkeller (in beiden Häusern nach 1900 niedriger gemacht, um einen Zugang ohne Vortreppe zu ermöglichen). Dachwerk in den Giebeln aus Eichenholz, sonst Nadelholz.

Wohl 1831 kam es zur Aufstockung beider Bauten (Erhöhung der Versicherungssumme), wobei Teile des alten Dachwerkes erhalten bleiben und die neuen Teile in Nadelholz verzimmert werden. Die Grundrisse werden wie im bestehenden ersten Obergeschoß ausgebildet. Verputz der beiden Traufwände, unter dem Dachansatz hölzernes Kastenkonsolgesims. In Nr. 32 im Bestand noch nachweisbar ab erstem Obergeschoß Einbau einer neuen Treppenanlage mit schlichtem klassizistischen Geländer mit Stäben. In diesem Hausteil in den oberen Geschossen auch die Türen dieser Bauphase einschließlich der Blätter erhalten.

Veränderungen Haus Nr. 30: Nachträglich Abtrennung einer geschlossenen Küche in dem alten Küchenraum (Grundriß siehe Jahr 1927, S. 21 Abb. 19); 1890 Entwässerung; 1895 Bau eines Werkstattgebäudes aus Fachwerk auf dem Hof. 1901 Erhöhung dieses »Seitenflügels« in Fachwerk; 1903 aufwendiger Ladenausbau mit gekrümmten Scheiben und geschwungenem Dach vor dem Haus (Plan: Architekt Oberle), Absenkung Fußboden im Erdgeschoß um 51 cm; 1906 Kanalisation. 1987 Umbau des Erd- und ersten Obergeschosses zu Bürozwecken bei Beseitigung der Erdgeschoßinnenwände einschließlich Treppenhaus und Anschluß an das Nachbarhaus Obermarktstraße Nr. 28 sowie weitgehender zweigeschossiger massiver Neubau mit Flachdach des rückwärtigen Anbaus als Erweiterung des benachbarten Hauses (Plan: G. Rodenberg).

Veränderungen Haus Nr. 32: 1857 sollte vor dem Haus eine neue Freitreppe angelegt werden (STA DT, M 1, I P, Nr. 828, S. 262 – mit Zeichnung). In der zweiten Hälfte des 19. Jahrhunderts rückwärtig Anbau eines zweigeschossigen Wirtschaftsgebäudes aus Fachwerk; 1892 Schaufenstervorbau; Entwässerung; 1908 Kanalisation; 1937 Erneuerung des Schaufenstervorbaus in Verlängerung desjenigen von Nr. 30 und Erweiterung des Ladens bei Aufgabe der Küche und von Teilbereichen des Flures; 1969 Schaufensterumbau; 1994 Sanierung.

HINTERHAUS OBERMARKTSTRASSE 32 (Abb. 1198)

Im Zusammenhang mit dem Umbau des Vorderhauses wurde auf dem Hof an der rückwärtigen Grundstücksgrenze (wohl an Stelle des bestehenden Stalles) 1832/33 ein vom Typ her ungewöhnliches Nebengebäude errichtet, das offensichtlich sowohl zu Wohn- als auch bislang unbekannten Wirtschaftszwecken diente. Seit 1832 werden unter dieser Adresse auch zwei unterschiedliche größere Haushalte verzeichnet. In den Quellen wird das Gebäude, das auf Grund seiner versteckten, vom Straßenraum aus nicht einsehbaren Lage bis heute auch nicht auf den Katasterplänen verzeichnet ist, in der Regel allerdings lediglich als Stallgebäude bezeichnet. Über einem hohen massiven

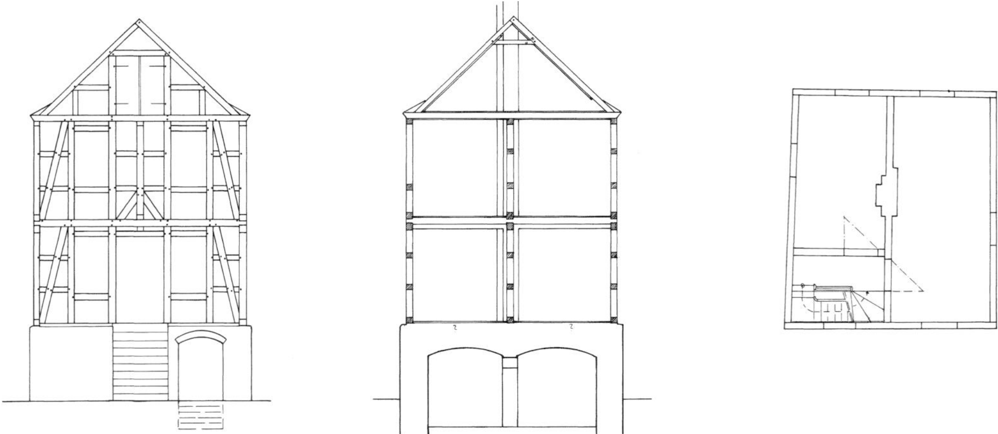

Abb. 1198 Obermarktstraße 32, Hinterhaus, Südgiebel, Querschnitt und Grundriß des Obergeschosses, rekonstruierter Zustand um 1840.

Kellersockel aus Backstein ein zweistöckiger Fachwerkbau aus Eichenholz mit verputzter (um 1920 mit dickem Zementputz erneuerter) Backsteinausfachung, der Rückgiebel im Erdgeschoß aus Backstein aufgemauert. Das Gerüst mit Schwelle-Rähm-Streben ausgesteift, die Hölzer einfach vernagelt und mit zwei Riegelketten, für Fensteröffnungen verspringend. Sparrendach mit einem Kehlbalken aus Nadelholz, mit Pfannen gedeckt.

Innere Struktur bestimmt durch eine firstparallele Längswand im Keller sowie in beiden Etagen. Der Keller mit zwei parallelen Tonnengewölben über einer starken mittleren Scheidewand mit zwei bogenförmigen Öffnungen. Zugang durch eine breite Tür im Ostgiebel. Die beiden oberen Wohngeschosse zugänglich durch eine daneben angeordnete Außentreppe (erneuert), dabei jeweils von der südlichen Hälfte durch eine Querwand ein Flurbereich mit Treppenhaus der Bauzeit (Geländer mit durchgesteckten Stäben) bis in das unausgebaute Dachwerk abgeteilt. Durch einen Kamin in der Längswand jeder der vier Räume des Gebäudes heizbar. Alle Räume mit großen Fensteröffnungen. Türblätter der Bauzeit, Fenster erneuert. Der Dachboden durch eine größere Luke im Ostgiebel beschickbar (heute zugesetzt).

1953 Anbau einer Wohnveranda mit aufgesetztem Balkon über dem Kellerzugang (1994 entfernt). 1994 Modernisierung (Plan: J. Lax).

1995 der gesamte Komplex in die Denkmalliste der Stadt Minden eingetragen.

OBERMARKTSTRASSE 31 (Abb. 1195, 1199–1204)

1729 bis 1743 Martini-Kirchgeld Nr. 166; bis 1878 Haus-Nr. 210

Recht schmale und auf der ganzen Breite bebaute Hausstelle, die rückwärts von der Krummen Kisau begrenzt wurde. Hier ein zugehöriges Wirtschaftsgebäude. Die Hausstelle scheint bis in die erste

Abb. 1199 Obermarktstraße 31, Ansicht von Nordwesten, um 1930.

Hälfte des 18. Jahrhunderts zum südlich angrenzenden großen Anwesen Nr. 33 gehört zu haben und dürfte zunächst dessen Nebenhaus gewesen sein. Das Grundstück seit 1983 unter Erhalt des Vorderhauses und bei Abbruch aller anderen Bauteile in den Komplex des Obermarktzentrums (siehe Obermarktstraße 33 f.) einbezogen.

1681 Albert Börries (zahlt jährlich 4 Thl Giebelschatz); 1682 Herr Landhauptmann Albert Böries; 1692/96 Albert Boryes (hat auch ein kleines Haus); 1702 Albert Borries, jetzt Johann Borries; 1704/11 Johann Boryes; 1723 Senator und Kaufmann Herr Johann Borries; 1729 Herr Johann Börries; 1738 Senator Borries; 1740 Erben Senator Borries; 1743 nicht genannt (Haus ohne Grundbesitz); 1750 Könemanns Haus; 1755 Kaufmann Könemanns Haus und Hintergebäude für 1 000 Rthl (zugehörig auch das Haus Lindenstraße 26); 1766 Witwe Könemann, Haus und Hintergebäude; 1777 Witwe Kriegsrat Orlich, will das zur Handlung eingerichtete und besonders mit sehr guten Kellern und Böden versehene Haus verkaufen (WMA 1777, S. 249). Zugehörig auch der hinter dem Grundstück liegende *Bruchgarten* Lindenstraße 27; 1781 Kriegsrat Orlich, Wohnhaus 5 000 Rthl, Nebengebäude 1 000 Rthl und Hinterhaus 500 Rthl (hat auch die Buden Lindenstraße 26 und den *Bruchgarten* Lindenstraße 27); 1798 Witwe Orlich; 1799 Rath Orlich; 1810 Julius Rieke, Wohnhaus und Scheune (zugehörig auch Lindenstraße 22); 1809 Kriminalrat Rieke (seit 1805 verheiratet mit Auguste Schering, Tochter des Kaufmanns Joh. Schering); 1813 District-Notar Rieke; 1815 Oberlandesgerichtsrat Rieke; 1818 Regierungsrat Rieke. Wohnhaus nebst Flügelgebäude, 4000 Thl, Nebengebäude 1 000 Thl, Hintergebäude 1 000 Thl (zugehörig auch der *Bruchgarten* an der Lindenstraße 25); 1832 Witwe Rieke; 1835 Louis Levison (zuvor in Kampstraße 20); 1846 Ratsherr L. Levison; 1853 Levison; 1878 Zimmermann; 1892 Albert Bepler (betreibt seit 1870 eine Drogerie im Haus); 1908 Rentner Albert Bepler; 1906 Verkauf der Drogerie an Theodor Grätz (verheiratet mit Clara Ottilie Horst) aus Petersdorf-Sagan/Schlesien (zog 1896 nach Minden und begann bald darauf, die Veränderungen des Stadtbildes fotografisch zu dokumentieren, siehe Grätz 1997). Nach seinem Tode die Firma von seiner Witwe, ab 1929 von seinem ebenfalls als Fotograf tätigen Sohn Horst Grätz (1907–1983) weitergeführt, bevor das Geschäft 1969 an H. Glas übergeben wurde (siehe Grätz 1998).

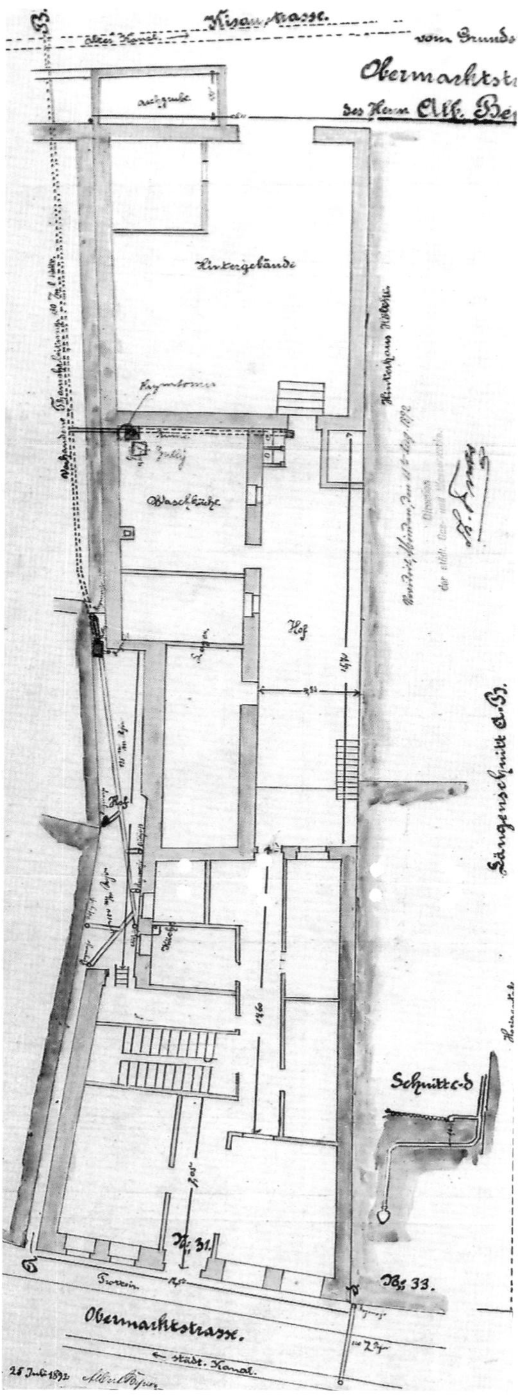

Abb. 1200 Obermarktstraße 31, Plan des Grundstücks aus der Entwässerungsakte von 1892.

Dielenhaus (16. Jahrhundert)

Das heute dreigeschossige Etagenhaus mit fünfachsiger Putzfassade und flach geneigtem Vollwalmdach in den beiden unteren Etagen mit massiven Umfassungswänden, das zweite Obergeschoß mit Fachwerkwänden. Die nordöstliche Ecke des Baus zur Gewinnung eines Lichthofes wenig eingezogen. Der Innenausbau einschließlich eines neuen Treppenhauses von Beton 1983 völlig erneuert und daher heute ohne erkennbare historische Spuren.

Das Gebäude geht in seiner heutigen von einem Umbau um 1835 geprägten Erscheinung auf eine lange Entwicklungsgeschichte zurück, die mit der Schaffung des zweiten Obergeschosses ihren Abschluß fand. In beiden Traufwänden haben sich massive Wände erhalten, die im Kern wohl aus dem 16. Jahrhundert stammen, dabei die südliche (rechte) Wand gemeinschaftlich mit dem 1982 abgebrochenen Haus Nr. 33 aufgeführt. Diese im Erdgeschoß aus Bruchsteinmauerwerk mit spitzbogigen Entlastungsnischen, die aus Backstein aufgemauert sind. Deren Nischen öffnen sich zur Südseite, daher wohl zur Bauzeit der Mauer um 1500 nur südlich ein massives Gebäude. Im Obergeschoß Backsteinmauerwerk mit Entlastungsbögen in kürzerem Rhythmus, allerdings ihre Nischen nach Norden. Das Mauerwerk zudem um die Hälfte der Wand nach Norden zurückspringend. Nach diesen Befunden entstand wohl zunächst ein Steinhaus auf der Parzelle Obermarktstraße 33, dem das auf Nr. 31 als eingeschossiger Anbau folgte, wobei dieses später, aber wohl noch im 16. Jahrhundert als erstes ein Obergeschoß erhielt. Weitere Befunde zur älteren Substanz sind in dem ausgebauten und intensiv genutzten Haus im Augenblick nicht festzustellen. Das Gebäude wohl zunächst ein eingeschossiges Dielenhaus mit Durchfahrtsdiele, zu dem auch ein schmaler Flügelbau entlang der nördlichen Grundstücksgrenze gehörte (siehe weiter unten). Unter dem Bau in der südwestlichen vorderen Ecke ein großer Kellerraum

Abb. 1201 Obermarktstraße 31, Ansicht des Gebäudes von Südosten, nach Abbruch des Hinterhauses. 1984 während der Errichtung des Obermarktzentrums Obermarktstraße 33 aufgenommen.

mit sehr tief ansetzendem Tonnengewölbe, völlig aus Bruchstein gemauert. In der Stirnwand zur Obermarktstraße zwei sehr große Öffnungen, die nördliche ehemals offensichtlich mit einer Treppenanlage (ursprünglich der Keller als Kaufkeller genutzt ?). Innerer Zugang in der östlichen Stirnwand, ehemals in der südlichen, heute in der nördlichen Ecke. Südlich schließen moderne Kellerräume mit Betondecken an (um 1960).

1779 wurde nach Quellen *ein gantz massiv Haus von Grund auf und ein Brau Haus gebauet*, das fertig und ohne Schulden sei (KAM, Mi, C 874). Darunter dürfte eine weitgehende, heute im Bestand allerdings nicht mehr im einzelnen nachzuvollziehende Erneuerung innerhalb der bestehenden Umfassungsmauern gemeint sein. Sie war bestimmt durch einen mittleren Hausflur im Erdgeschoß und eine gegliederte fünfachsige Fassade.

Um 1835 wurde nach Verkauf des Anwesens an den Kaufmann L. Levison ein weiterer Umbau vorgenommen, wobei dem Bau ein zweites Obergeschoß aufgesetzt wurde (teilweise aus schlichtem Fachwerk) und wohl zugleich in der nordöstlichen Ecke (bei Abbruch des rückwärtigen Teils der nördlichen Traufwand) ein schmaler Lichthof eingebaut wurde. Das zweite Obergeschoß bis auf die massive Vorderfront aus schlichtem Fachwerk mit Backsteinausfachung ausgeführt. Darüber ein flach geneigtes Satteldach mit völliger Abwalmung vorn (diese verschiefert). Die Vorderfront zugleich neu in klassizistischen Formen gestaltet mit knappen Putzfaschen um die Fenster und schmalen Brust-

Abb. 1202 Obermarktstraße 31, Ansicht des Flügelbaus von Süden, links Rückgiebel von Nr. 33, rechts Rückfront der Scheune Kisaustraße 7, 1960.

gesimsen als einzige Gliederung zwischen den Geschossen (im ersten Obergeschoß später verändert). Der Dachansatz hinter einem hölzernen Kastengesims mit unterem Konsolfries verdeckt.

Das Innere mit gegenläufigem Treppenhaus in der Mitte der nördlichen Seite. Als Planverfasser der Fassade kommt J. Burgheim in Betracht (der schon in den Jahren zuvor für die verschiedenen Mitglieder der Familie Levison Bauvorhaben geplant hatte).

1892 Entwässerung; 1908 Kanalisation; 1948 Einbau eines Schaufensters; 1955 Umbau der Schaufenster; 1960 Vergrößerung des Ladens; 1965 Umbau des Erdgeschosses zu großem Ladengeschäft, dabei der Hauszugang an die südliche Traufwand verlegt (Baugeschäft Becker); 1967 neue einscheibige Fenster eingebaut; 1985 Umbau und Sanierung, die Geschäftsräume in den Komplex des südlich anschließenden Obermarktzentrums einbezogen.

Flügel (um 1600–1982)

An den Rückgiebel anschließend ein mit 2,5 bis 3 m recht schmaler und etwa 8,7 m langer Flügelbau entlang der nördlichen Grenze. Dieser mit einem hohen Kellersockel aus Bruchstein mit einem Tonnengewölbe und wohl zunächst einem recht hohen Wohngeschoß. Dieser Bau wohl im 18. Jahrhundert mit 9,7 m Länge bis zur östlich anschließenden Scheune erweitert und zugleich insgesamt mit einem hohen Obergeschoß versehen; darüber ein steiles Satteldach. 1782 wird berichtet, das Haus *hat ein Flügelgebäude von zwei Etagen, davon die untere massiv, die obere von Fachwerk mit 6 Zimmern, und einen Corridor, schon vor einigen Jahren gebauet* (KAM, Mi, C 156,12 alt). 1813 sei am Anbau das Dach und der Giebel heruntergebrannt, wobei der Schaden mit 184 Rthl berechnet wurde (KAM, Mi, D 996). Danach Wiederherstellung und Verputz der Fassaden. 1982 Abbruch durch LEG.

Scheune (nach 1750–1813)

Über den in der zweiten Hälfte des 18. Jahrhunderts neu errichteten Bau nichts Näheres bekannt. 1813 brannte die Scheune mit Ausnahme der massiven Mauern ab. Der Schaden wird mit 1200 Rthl berechnet (KAM, Mi, D 996).

Scheune (1815–1982) Kisaustraße 7

1815 ist das Hinterhaus wieder völlig aufgebaut durch Maurermeister Meyer und Zimmermeister Rathert (KAM, Mi, E 691). Zweigeschossiger, die ganze Grundstücksbreite einnehmender Bau mit Satteldach, seine östliche Längswand der Krummen Kisau zugewandt und von hier mit Tor erschlossen. 1982 Abbruch durch die LEG.

Abb. 1203 Obermarktstraße 33 f., Obermarktzentrum, Zugang zur Passage von Südwesten, 1987.

OBERMARKTSTRASSE 33 f., Obermarktzentrum (Abb. 1201, 1203)

Auf Grund verschiedener Gutachten beschloß der Rat Ende 1970 eine Sanierung der Unterstadt. Nach weiteren Untersuchungen wurde als wesentliches Ziel der Sanierung die Schaffung eines zentralen Omnibusbahnhofes an der Lindenstraße (siehe Lindenstraße 9) sowie die wirtschaftliche Stärkung der Obermarktstraße erkannt. Nach Inkrafttreten des Städtebauförderungsgesetzes 1971 wurde die Fläche zwischen Obermarktstraße und Lindenstraße/Klausenwall am 19. 5. 1972 als Sanierungsgebiet 1 a förmlich festgelegt. Während der zentrale Omnibusbahnhof bis 1979 fertiggestellt werden konnte, kamen die Planungen wegen der schwierigeren Abstimmung der Interessen für das Planungsgebiet am Obermarkt nur langsam voran. 1978 wurde die Bürgerbeteiligung durchgeführt. Zu diesem Zeitpunkt bestanden konkrete Pläne, auf dem Gelände östlich des südlichen Obermarktes ein sogenanntes *City-Center* zu errichten, wobei es Ziel der durch die Stadtverwaltung initiierten Planungen war, am südlichen Ende der konzipierten und als Fußgängerzone gestalteten Einkaufszone einen wirtschaftlichen Schwerpunkt als Gegenpol zum Kaufhauskomplex am nördlichen Ende im Bereich der unteren Bäckerstraße zu schaffen. Zum zentralen Omnibusbahnhof sollte zugleich eine neue Fußgängerverbindung durch den Baublock zum etwa 8 m höher gelegenen Obermarkt geschaffen werden.

Als Vorbereitung dieser Planungen wurde zwischen 1975 und 1982 durch die LEG als Sanierungsträger im Auftrage der Stadt nach allmählichem Ankauf die gesamte Kisaustraße mit der anliegenden Bebauung, der Grundstücke Lindenstraße 14, 16, 18/24, 26/28, 30, 32, 34, 36/38, Obermarktstraße 33 und 35, Priggenhagen 1–23 und 16/18, Petersilienstraße 2 und 4 ganz sowie die rückwärtigen Teilflächen von Obermarktstraße 15 bis 31 geräumt, wobei etwa 50 Bauten aus über fünf Jahrhunderten unter Einsatz großer öffentlicher Mittel undokumentiert vernichtet wurden. Für Ankauf und Entschädigung wurden allein bis 1979 etwa 6,8 Mio. DM aufgewandt (Niermann 1979, S. 145). Archäologische Untersuchungen auf dem weitläufigen und tief ausgeschachteten Gelände unterblieben ebenfalls. Erklärtes Ziel der Planungen war zunächst der Erhalt des Hauses Obermarktstraße 35, später nur noch seines Giebels, der schließlich mit der Versicherung des Wiederaufbaus aber ebenfalls abgebaut wurde. Erste Planungskonzepte kamen wegen des Fehlens geeigneter Finanziers nicht zum Zuge: 1978/79 sollte das Gelände im Auftrage der Allbau-Planungs-Gesellschaft mbH/Porta-Westfalica nach Plänen des Architekten W. Hünninghaus bebaut werden, wobei verschiedene Finanziers im Gespräch waren und ein HERTIE-Kaufhaus einbezogen werden sollte.

Erst 1983/85 gelang die Verwirklichung des Konzeptes. Nach Einzug der Kisaustraße und von Teilen des Priggenhagens sowie wesentlicher Veränderung der Fluchtlinien von Obermarktstraße, Priggenhagen und Lindenstraße wurde das *Obermarktzentrum* im Auftrag der Firma City-Fonds 14/Düsseldorf (ITG Immobilien-Treuhand GmbH) nach Plänen des in der Firma beschäftigten Dipl.-Ing. P. Richter mit sieben Nutzungsebenen für etwa 74 Mio. Mark errichtet und am 17. 4. 1985 eingeweiht. Dabei die unteren drei Ebenen mit einem durchgehenden Stahlbetonraster und mit einem von der Lindenstraße erschlossenen Parkhaus mit 440 Plätzen im Nordosten sowie einem Supermarkt von 7500 qm Nutzfläche im Süden (zunächst als SB-Kaufhaus geplant). In der von der Obermarktstraße erschlossenen dritten Ebene eine durch den gesamten Komplex führende und mit der tiefer gelegenen Lindenstraße über Rolltreppen verbundene Einkaufspassage mit 50 Geschäftslokalen, die im Zentrum teilweise durch ein Glasdach von 65 x 16 m belichtet wird. In den Randbereichen des Komplexes entstanden über den drei unteren Ebenen verschiedene drei- bis viergeschossige Aufbauten, wobei man versuchte, den weitläufigen, jeden altstädtischen Maßstab sprengenden Komplex auf der Westseite mit einer von der Denkmalpflege geforderten »Kleingliederung der Gebäudemassen« durch Vorblenden verschiedener Giebel städtebaulich einzupassen. Dabei auf Wunsch der Stadt der Eingang zur Passage mit einer vergröberten Kopie des Giebels des 1983 abgebrochenen Hauses Obermarktstraße 35 (des »Grünen Wenzels«) betont: nach Südwesten entstanden dabei insgesamt 65 Wohneinheiten, Büros und Arztpraxen, nach Osten eine Stadthalle von 800 qm Grundfläche mit Vor- und Nebenräumen, die die Stadt Minden anpachtete.

OBERMARKTSTRASSE 33 (Abb. 1202, 1204–1206)

1729 bis 1743 Martini-Kirchgeld Nr. 167; bis 1878 Haus-Nr. 212

LITERATUR: Trier 1987, Abb. S. 20.

Größeres bürgerliches Anwesen, auf der Südseite von der Kisaustraße begrenzt und auf der ganzen Breite mit einem Haus bebaut. Das mäßig tiefe Grundstück am östlichen Ende von der Krummen Kisau erschlossen und hier mit einem zugehörigen Wirtschaftsgebäude versehen. Zu der Hausstätte scheint bis in das frühe 18. Jahrhundert auch das nördlich anschließende Haus (dieses zunächst als Nebenhaus ?) gehört zu haben, wobei um 1500 zunächst nur auf der südlichen Hälfte ein großes

Abb. 1204 Obermarktstraße 33 (rechts), Ansicht von Südwesten, 1932.

Steinhaus bestand. Das Grundstück seit 1983 in den Komplex des Obermarktzentrums (siehe Obermarktstraße 33 f.) einbezogen.

1663 Licentat Johannes Borries (Sohn von Joh. Borries und Katharina Schwartz, studierte 1653 Rechtswissenschaften, sein Schwager ist der Kanzler Nvelin Tilhen. 1656 heiratet der Licentat Borries Christiane Agnes Grave); 1680/96 Herr Bürgermeister Johannes Bories (zahlt jährlich 4 Thl Giebelschatz); 1704 Erben Bürgermeister Johannes Borries; 1723 Witwe Hauptmann Borges.

Zuckerfabrik Dörrien (1724–1728): 1724 will *ein junger Kaufmann nahmens Dorrien, welcher bishero in Portugal sich auffgehalten. und … dort ziemliche Handlungen geführet* sich in Minden niederlassen, um eine Zuckerbäckerei einzurichten. Bislang gäbe es einen solchen Betrieb in Minden und Ravensberg noch nicht. Er beantragt zusammen mit dem Rat bei der Regierung ein Privileg (KAM, Mi, C 350), das er offenbar auch erhalten hat. 1725 heiratet der Kaufmann Heinrich Dörrien Anna Magdalena Detleffsen, des Buchdruckers Joh. Detleffsen Tochter (siehe Brüderstraße 29). Der Firma ist kein langer Erfolg beschieden, denn schon 1728 wird der Besitz von Heinrich Dörrien, das *Wohnhaus am Obermarkt* sowie die dahinter gelegene *Zuckerfabrik mit Einrichtung* versteigert (WMA 1728, Nr. 23): *Heinrich Dörrien oben dem Marckte belegenes Wohnhaus,* sowie Hudegerechtigkeit für 4 Kühe und die dahinter gebaute Zuckerfabrik.

1737 Verkauf von Regierungs-Procurator Ludwig Hartog an Seifen-Sieder Georg Simon Horn (WMR 1737); 1738/40 Johann Siemon Horn (vorher Prokurator Hartog); 1743 Witwe Horn; 1750/52 Schneidermeister Becker (*oben dem Markt*); 1755 Kriegsrat Rappard (siehe dazu Kampstraße 10), Haus 1 000 Rthl; 1766 Haus 2 500 Rthl; 1781 Erben Kriegsrat Rappert, Wohnhaus 2 500 Rthl, Hinterhaus 500 Rthl; 1798 Regierungsrat von Voss; 1802 Wohnhaus und Hinterhaus; 1804 Verkauf von Regierungsrat Voß an Ludwig Hohenkerker Junior. Haus mit Brunnen und Braurecht; 1812/18 Kaufmann L. Hohenkerker, Wohnhaus 500 und Scheune 1 500 Thl; 1832 Verkauf an Gutsbesitzer Friedrich Wilhelm Seydel; 1846 Mieter sind Witwe Carolina Boas, Kaufmann Josef Löwenstein und Justizrat Carl Schmitz (insgesamt 18 Personen im Haus); 1853 Seydel, Mieter ist der Justizrat C. Schmitz (drei Zimmer im Haus als Warenlager, eines als Comptoir genutzt); 1876 Vogelsang; seit 1887 Eisenwarenhandel Gustav Höltke (die Firma 1881 im Haus Simeonstraße 5 gegründet, seit 17. 6. 1899 fürstlich-schaumburgischer Hoflieferant), der hier bis 1976 bestand. Eigentümer bis 1916 Gustav Höltke (* 1856, † 1916), dann sein Schwiegersohn Fritz Marpé (* 1876, † 1932, seit 1903 in der Firma und aus dem benachbarten Haus Simeonstraße 1

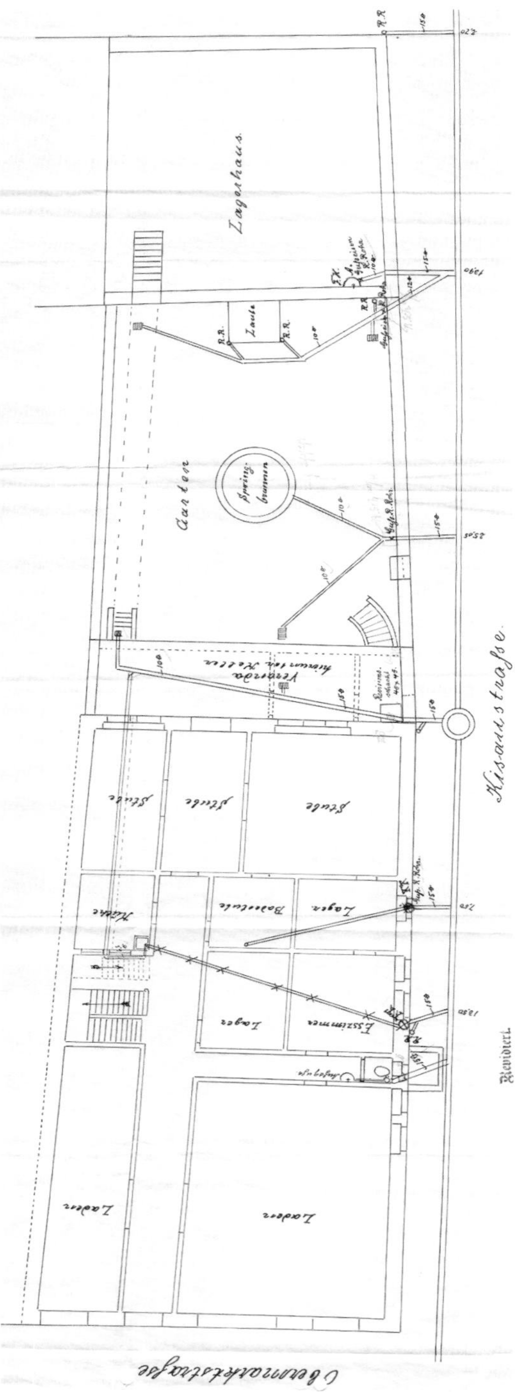

Abb. 1205 Obermarktstraße 33, Grundriß des Grundstücks aus dem Entwässerungsplan von 1907.

stammend), dann dessen Schwiegersohn Karl Siekmann (schon 1949 sollte ein neues großes Wohnhaus für Dr. G. Rumpff am Simeonsglacis errichtet werden, das erst 1958 durch Ilse Siekmann ausgeführt wurde). Die Firma eröffnete 1954 am Scharn 6 ein Zweiggeschäft und 1979 eine weitere Filiale an der Königstraße 196/198 und wurde 2000 aufgelöst. 1956 kann auch das südlich anschließende Haus Obermarktstraße 35 erworben und der Boden als Lager 1959 mit einer Verbindungsbrücke über die Kisaustraße angeschlossen werden (1960 und 1963 dort weitere Lagerbauten errichtet); 1983 LEG/Bielefeld.

Dielenhaus (15. Jahrhundert–1983)

Das Haus stellte sich bis zu seinem Abbruch als ein zweigeschossiger Massivbau dar, dessen Dach durch eine dreigeschossige Blendfassade des 19. Jahrhunderts verdeckt wurde. Der Bau in seiner Erscheinung aber das Ergebnis einer langen und wohl recht komplizierten Baugeschichte, die jedoch heute wegen des undokumentierten Abbruchs nur noch in Ansätzen zu erfassen ist.

Das Haus hatte mit dem nördlich anschließenden Haus eine noch erhaltene gemeinsame Brandwand (dazu siehe unter Obermarktstraße 31), aus deren Entwicklung sich erschließen läßt, daß der Bau im Kern wohl ein eingeschossiges massives Giebelhaus gewesen ist. Die Wand aus Bruchstein mit eingestreuten Blöcken aufgemauert, die charakteristischen Nischen spitzbogig, dabei die Wandpfeiler mit Werksteinblöcken eingefaßt, die Bögen von Backsteinen aufgemauert. Nach diesen Befunden dürfte der Bau sicherlich deutlich vor 1500 errichtet worden sein, wobei die Diele eine Höhe von mindestens 5,5 m aufwies. Das Haus von ungewöhnlicher Breite (vorne 15 m und rückwärtig 13,75 m sowie einer Länge von 26,7 m in seiner Grundfläche weit überdurchschnittlich, dabei das rückwärtige Viertel auf der ganzen Breite mit einer über 1 m über das Erdgeschoßniveau hinausragenden Saalkammer. Darunter ein Keller mit einem großen, im Scheitel 3,3 m hohen Tonnengewölbe und mit Zugang über einen gewölbten Gang entlang der nördlichen Traufwand.

Wohl nachträglich, aber noch im 16. Jahrhundert, erhielt das Haus ein niedrigeres Obergeschoß, wobei auf der erhöhten gemeinsamen nördlichen Traufwand eine nach vorne entwässernde sandsteinerne Rinne aufgelegt wurde. Die Wände wiederum mit den charakteristischen Bogenstellungen (an der südlichen Traufwand fünf Bögen).

Die Wände der hohen Diele wurden im 17. Jahrhundert farbig gefaßt (zu den Befunden siehe weiter unten). 1728 beschrieben als Wohnhaus, *so 91 Fuß lang und 53 Fuß breit, worinn 3 Stuben, 6 Kammern, 1 großer Saal, bequeme Küche, gewölbter Keller und 2 Bodens.* Wert von Wohnhaus und Garten 1694 Rthl. Um 1765 erfolgte nach einem Besitzwechsel ein einschneidender

Abb. 1206 Obermarktstraße 33, Traufwand zu Nr. 31, Befund einer Bemalung der Dielenwand, 17. Jahrhundert (?), Zustand 1984.

Umbau des Hauses, der wohl für den Kriegsrat Rappard vorgenommen worden ist (1766 entscheidende Erhöhung der Versicherung). Anschließend wurde das Haus in den Steuerregistern als Neubau bezeichnet, der zwischen 1763/86 errichtet und mit Baufreiheitsgelder bedacht worden sei. Seitdem in der Erscheinung ein zweigeschossiges Giebelhaus mit Krüppelwalmdach und Biberschwanzdeckung. Haustür mit schlichtem Sandsteingewände und gesproßtem Oberlicht. Das zweiflügelige Türblatt mit aufgelegten geschweiften Kissen. Da seitdem das Erdgeschoß eine Höhe von 3,7 m und das Obergeschoß von 3,25 m aufwies, dürfte auch die Geschoßdecke in der Höhenlage verändert worden sein, wobei die Höhe der Diele zu Gunsten des zuvor wohl weniger hohen Obergeschosses reduziert wurde. Offenbar ist auch das Dach mit einer geringeren Neigung, zwei Kehlbalkenlagen und zwei stehenden Stühlen neu verzimmert worden. Das Innere bis zuletzt von diesem Umbau bestimmt und über einen schmalen, bis zum Rückgiebel reichenden Längsflur bestimmt, über den das gewendelte Treppenhaus in der Mitte der Nordfront erschlossen wurde. Seitlich jeweils eine Folge von Zimmern, wobei links der Haustür (etwa in Fassadenmitte) eine Utlucht bestand. Im Obergeschoß in der Hausmitte noch weitläufige Dielenzone belassen, aber nach vorne ein drei Fensterachsen umfassender Saal mit Ofennische in der östlichen Längswand.

1813 brach ein Brand im Haus aus, wobei jedoch im Haupthaus nur kleinere Schäden entstanden (KAM, Mi, E 996). Der Giebel und die zweite Etage (Riegel und Ständer) mußten anschließend für 35 Rthl erneuert werden (größer waren allerdings die Schäden an den rückwärtigen Bauten – siehe weiter unten). Im Zuge der anschließenden Wiederherstellung des Giebels dürfte der dreigeschossige Blendgiebel entstanden sein. Das Haus seitdem mit einer schlichten fünfachsigen Putzfront in klassizistischer Haltung, wobei die Fenster ohne Faschen und nur mit sandsteinernen Sohlbänken blieben und der obere Abschluß der Front durch ein knappes Gesims und ein hölzernes Abschlußgesims als breites Gebälk angedeutet ist.

1892 Entwässerung; 1907 Kanalisation; um 1930 Errichtung eines Lagerschuppens auf dem Hof; 1933 Verbindungsgang zum Hinterhaus (1939 massiv erneuert); 1938 massive Veranda angebaut; 1939 Überdachung des Hofraumes; 1949 Verkleidung der Erdgeschoßfassade mit Obernkirchner Sandstein (Mülmstedt & Rodenberg); 1956 massiver eingeschossiger Anbau mit Flachdach und Oberlichtern auf dem Hof. Zugleich der Laden im Vorderhaus ausgebaut und fast alle Zwischenwände entfernt, um große Laden- und Lagerflächen zu schaffen (Baugeschäft Sipp); 1959 Errichtung einer Brücke zu Obermarktstraße 35; 1963 Umbau des Ladens (Plan: W. Hempel).

Im Juni 1983 Abbruch im Zuge der Stadtsanierung. Danach traten in den beiden Nischen der als südliche Außenwand des Hauses Nr. 31 erhaltenen nördlichen Seitenwand des Hauses als bislang in der Stadt einzigartiger Befund umfangreiche Reste einer wohl in die zweite Hälfte des 17. Jahrhunderts zu datierenden (siehe dazu STROHMANN 1995, S. 68) Wandbemalung zu Tage. Sie zeigte auf einem blaugrauen Grund großflächige gelbe und schwarz konturierte Ranken. Nachdem die Stadtverwaltung als untere Denkmalbehörde dem WAfD/Münster ihre Sicherung und Erhalt zugesagt hatte, sind die Nischen als Durchgang zum Haus Nr. 31 aufgebrochen worden.

Hintergebäude (bis 1813)

1728 beschrieben als Zuckerfabrik, 42 Fuß lang, 36 Fuß breit, drei mit Dielen beschossene Böden, Dach mit *Schließstein* belegt und mit Kalk bestrichen, Brunnen aus Obernkirchener Steinen, bleierne Pumpe, ein sogenanntes *Füll-Hauß, Trocken- und Candies-Stube, Zucker- und steinern-Kalck-Bach.* Wert der Fabrik mit den Geräten 1653 Rthl.

1813 wird das neue Packhaus und die schon länger bestehende Scheune bei einem Brand völlig zerstört, wobei ihr Wert mit 3000 Rthl angegeben wurde. Ferner ist vernichtet der Anbau im Hof, in dem die Malzdarre untergebracht ist (KAM, Mi, D 996).

Lagerhaus (1815–1983), Kisaustraße 5

1815 wird festgestellt, daß die neuen Gebäude, alle ganz massiv, im Aufbau seien (KAM, Mi, E 691). Hierbei entstand ein zweigeschossiges und traufenständig vor das östliche Ende des Grundstücks gestelltes Lagerhaus mit Satteldach über einer Grundfläche von 12,5 x 10,6 m. Zufahrt über den südlichen Giebel von der Kisaustraße. 1983 Abbruch im Zuge der Stadtsanierung.

OBERMARKTSTRASSE 34 (Abb. 1180, 1207–1208)

1729 bis 1743 Martini-Kirchgeld Nr. 192 und 193 (Hinterhaus); bis nach 1846 Haus-Nr. 217; bis 1878 Haus-Nr. 217 a (für die Rückgebäude seit 1908 auch Petrikirchweg 2 und 4)

Große bürgerliche Hausstätte, die offensichtlich ebenso wie das südlich anschließende Grundstück bis zur westlich verlaufenden Ritterstraße reichte (während die nördlich anschließenden Hausstätten nicht durch den Baublock gehen). Dort an der Ritterstraße 10 bestanden schon im 17. Jahrhundert zwei zugehörige Buden. Weiterhin gab es in der ersten Hälfte des 18. Jahrhunderts ein eigenes Hinterhaus. Zwischen diesen Bauten ein Wirtschaftshof mit Scheune. Seit dem frühen 19. Jahrhundert konnte das Grundstück entlang der südlichen Grenze durch einen Weg über das Gelände des alten Hospitals (Obermarktstraße 36) erschlossen werden, seit 1912 als *Petrikirchweg* bezeichnet. Der rückwärtige Bereich mit der hinteren Scheune und dem 1869 abgebrannten Haus Ritterstraße 10 wurde um 1870 abgetrennt und dem Anwesen Obermarktstraße 36 zugeschlagen, bevor er seit 1912 als eigenständige Hausstätte geführt wurde.

Nach den Hauptbüchern des Heilig-Geist-Hospitals lag auf dem Haus eine Obligation, die 1597 Thomas Lüdekings Haus *oben dem Marckte* aufgenommen wurde. Spätere Eigentümer sind: 1597 Thomas Lüdeking; 1641 Hans Lüdeking, Verkauf an Evert Büttner; 1653

Abb. 1207 Obermarktstraße 34 (rechts) und 36, Ansicht von Nordosten, 1937. Im Hintergrund Simeonstraße 2.

Senator Hans Heinrich Litzenkerker; 1718 (?) Witwe Litzenkerker; dann Witwe Sandrock, dann Andreas Nietze, der 1732 die Schuld aufkündigt (KAM, Mi, B 103 c,9 alt; C 214,1 alt; C 217,22a alt; C 604).

1652/63 Diederich Schreiber *sein Wonhaus zunebst 2 Boden* (siehe Ritterstraße 10), starb 1668/69; 1680/84 Witwe Dieterich Schreiber (geborene Gertrud Ludowici); 1692/1711 Gabriell Nietze; 1723 Herr Senator Gabriel Nietze, braut und hat Ackerbau; 1729 Gabriel Nietze; 1738 Witwe Reichmann; 1739 Johann Andreas Zyli, ehemals Nietze; 1740 Zilly (früher Witwe Reichmann); 1750 Andreas Zylli; 1755 J. Christ. Zilly, Haus 300 Rthl; 1766 Zilly, Wohnhaus 600 Rthl, Scheune 400 Rthl; 1781 Wohnhaus 500, Scheune 500 Rthl; 1800 Carl Friedrich Zilly; 1802 Zilly Junior, Wohnhaus 3 000 Rthl, Scheune 1 500 Rthl; 1804 Haus mit Braurecht und Brunnen, hat 3 Kühe, 2 Stück Jungvieh; ab 1806 Stallung genannt; 1809 Bäcker Karl Friedrich Zilly, zweistöckiges gutes Wohnhaus. Scheune, neue Scheune von 1806, Hofraum und Stallung; 1812 Wohnhaus und zwei Scheunen, Hofraum und Stall; 1818 dito, die Scheune *ist jetzt zum Cömmodienhaus eingerichtet*, für 1 300 Thl versichert (auch später die zweite Scheune nicht mehr genannt); 1830 Verkauf an Stein, Wohnhaus, Scheune und neu eingetragen ein Stallgebäude; 1832 Kaufmann F. L. Stein; 1835 nur Kommödienhaus und Stall aufgeführt; 1846 Witwe Louise Stein (ist 1810 geboren). Mieter sind Kaufmann Joh. Rasche, Architekt Albert Tonnenkalb und Zahnarzt Tonnenkalb; 1876 Kaufmann Werfelmann; 1869/76 von Berg; 1880 Kaufmann Thulemeyer; 1892 Kaufmann Warfelmann; 1906 Heinrich Paul hat Fahrradhandel mit Werkstatt; 1912 Gerhard Waag, betreibt Klempnerladen, später Zigarrengeschäft; 1921 Verkauf von Christian Mützelfeldt/Zahnarzt in Bückeburg an Gebrüder Jacobi. Einrichtung eines Fischhandelsgeschäftes mit Fischbraterei und Fischräucherei; 1928 Fischhändler Gustav Jacobi; 1941 wird das Gelände Schwarzer Weg 12 erworben, um hier einen Teil seines Betriebes mit Kraftwagenhalle und Kühlhaus auszulagern. Ausbau zum Fischgroßhandel. 1960 zieht Gustav Jacobi in den Neubau Schwarzer Weg 16. Die Firma schließt sich mit der »Fischindustrie Werner Hoffmeister KG/Bremerhaven« zusammen und das Geschäft am Obermarkt wird verpachtet.

HINTERHAUS (1729 bis 1743 Martini-Kirchgeld Nr. 193): 1738 *das kleine Hauß beym Gast-Hause* (hat Schulden seit 1714); 1740 Zilly, vorher Witwe Reichmanns kleines Haus.

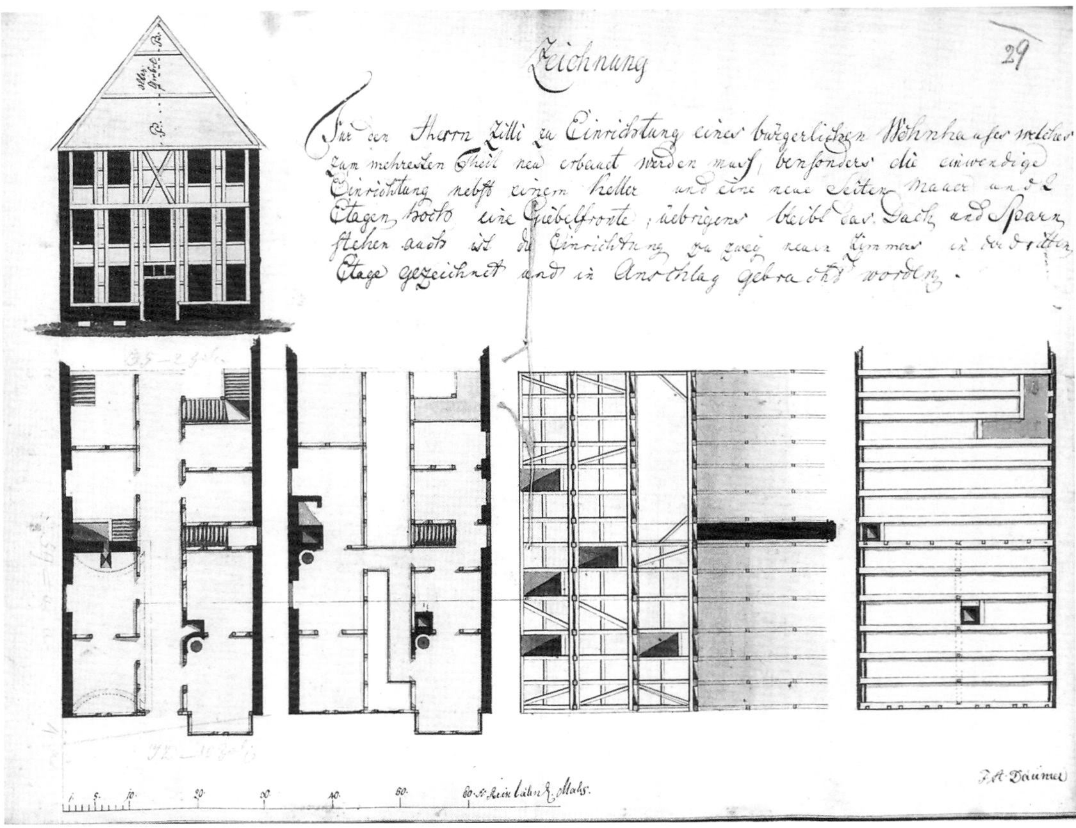

Abb. 1208 Obermarktstraße 34, Umbauplan von Maurermeister Däumer 1800.

Wohnhaus (vor 1600–1800)

Das 1800 offensichtlich weitgehend abgebrochene Gebäude durch zwei von dem Stadtmaurermeister Däumer angefertigte Zeichnungen über Bestand und Planung (einschließlich Kostenanschlag) für einen geplanten, allerdings in dieser Form nicht ausgeführten Umbau überliefert (darüber kam es zu einem Streit: siehe KAM, Mi, C 479). Danach ein giebelständiges Dielenhaus mit steinernen Umfassungswänden und Obergeschoß. Von der Diele vorn rechts eine Stube mit Zwischengeschoß darüber abgetrennt, die sich am Giebel mit einer Utlucht darstellte. Wohl nachträglich auch links des mittigen Torbogens eine zweite Stube, dahinter eine Kammer abgetrennt. Ansonsten die Diele die ganze Hausbreite einnehmend. Rückwärtig in der südwestlichen Ecke ein unterkellerter Saal eingestellt, an dem entlang ein breiter Dielengang bis zum Rückgiebel führt. Der Bau im Kern sicherlich spätmittelalterlich, worauf auch der darunter befindliche Keller hindeutet.

1800 sollte das Haus zu einem dreigeschossigen Etagenhaus umgebaut werden, wobei die Räume alle durch mittlere Längsflure erschlossen worden wären. Der Vordergiebel sollte zur Schaffung einer symmetrischen Fensterordnung neu in Fachwerk verzimmert werden, das Dachwerk mit zwei Kehlbalkenlagen neu aufgeschlagen werden.

Auf den Bestandsplänen nicht dargestellt, aber bis heute erhalten ein großes und sehr hohes Kellergewölbe unter der ganzen Breite des vorderen Hausdrittels (ca. 8,50 m lichte Breite). Der Keller mit einer Quertonne und von Bruchsteinen in Schalung gemauert. Zur Straße zwei Fensteröffnungen und ein größerer (schon lange vermauerter) Zugang, daher sicherlich als Kaufkeller anzusprechen. Im Keller ein Tiefbrunnen. Heutiger innerer Zugang von hinten und über das Treppenhaus (wohl 1800 angelegt).

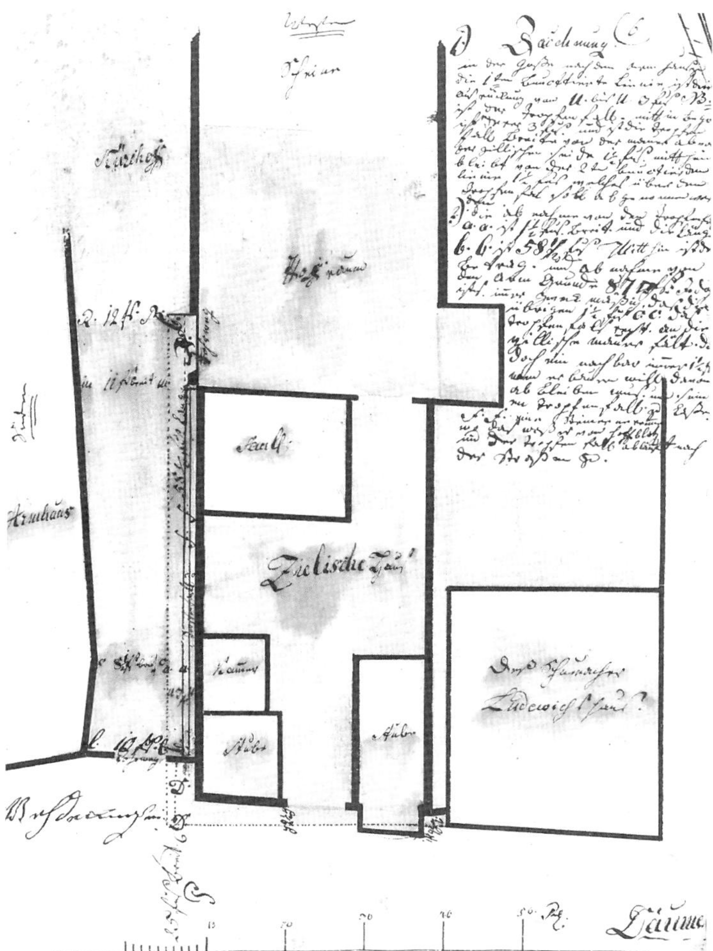

Abb. 1209 Obermarktstraße 34, Bestandsplan des Grundstücks mit anschließender Bebauung von Maurermeister Däumer 1800.

Wohnhaus (von 1800)

1800 wird berichtet, der *Bürger Zilly stehet im Begriff, sein Haus am Schiefen Marckte … abzubrechen und von neuen wieder aufzubauen* (KAM, Mi, C 47,8 alt). 1809 wird das Haus als durchgebaut bezeichnet (KAM, Mi, D 388). Unter Erhalt des alten Kellers und bei Wiederverwendung des Steinbaumaterials und offensichtlich von Teilen der südlichen Traufwand entstand ein zweigeschossiges und giebelständiges, etwa 10 m breites und 19 m langes Wohn-Etagenhaus mit Krüppelwalmdach durch nicht bekannte Handwerker. Die Umfassungswände aus einem Mischmauerwerk aus Bruchstein, Sandsteinquadern und alten Backsteinen oder neuen Feldbrandsteinen aufgemauert, das Dachwerk aus Nadelholz neu verzimmert. Der Vordergiebel als Blendgiebel mit kleinen Staffeln an den Dachansätzen und als fünfachsige Putzfront gestaltet, dabei der Haustür eine Freitreppe vorgelegt. Diese seitlich eines mittleren Podestes zweiläufig und mit geschmiedetem Geländer (Zeichnung von 1857 in STA DT, M 1, I P, Nr. 828, S. 262).

Das Innere mit einem mittleren Längsflur, an den in der Mitte der nördlichen Seitenwand das zweiläufige Treppenhaus angeschlossen ist. Seitlich des Flures eine Reihe von Wohnräumen. Im Obergeschoß der Flur nur in der Mitte des Hauses, an beiden Enden vor großen Wohnräumen an den Giebeln endend.

Das Erdgeschoß schon vor 1892 (Entwässerungsplan) in der vorderen Hälfte zu Gunsten eines Ladengeschäftes aufgelöst, später noch vielfach verändert und heute bis auf die Treppe weitgehend der historischen Substanz beraubt. 1933 Umbauten im Erdgeschoß (Plan: H. Garnjost); 1935 am Rückgiebel ein eingeschossiger und unterkellerter Anbau für eine neue Küche errichtet (Baugeschäft Sierig); 1939 am Vordergiebel Schaufenstervorbau (Baugeschäft Sierig).

Der Keller 1994 in die Denkmalliste der Stadt Minden eingetragen. 1998 Sanierung und Umbau mit Erneuerung des Vorbaus (Plan: J. Lax).

Vordere Scheune, Petrikirchweg 2 (1806–1937)

1806 neu errichtet (KAM, Mi, D 388). Traufenständiger und eingeschossiger Massivbau von 9,40 m Breite, an der Vorderfront nach Süden mit Tor. Das Innere ohne weitere Unterteilungen. Weiteres über die Gestalt nicht bekannt. 1921 ist das Gebäude baufällig. Einbau einer Fischräucherei, wofür ein großer Schornstein errichtet wird; 1928 Vergrößerung des Tores. 1933 Abbruch für Neubau.

Lagerhaus mit Fischräucherei (von 1937)

Dreigeschossiger Putzbau mit Flachdach, für 17 400 Mark nach Plan des Architekten H. Garnjost errichtet. Mauerbau mit Betondecken, das Untergeschoß halb in das Erdreich eingetieft, die Dachkonstruktion von Holz und mit Pappe gedeckt. 1940 Einbau einer Kühlanlage.

Hintere Scheune (1804–1937) Petrikirchweg 4, von 1807–1869 Schauspielhaus

Die alte und 1804 zum Teil (KAM, Mi, C 142) durch einen Neubau ersetzte Scheune wird seit 1807 durch den Schauspieldirektor Döbbelin genutzt, der zur Erweiterung nun den benachbarten Friedhof des Hospitals für 20 Rthl pro Jahr anpachten will, um dort ein *Entree oder Garderobe für das Commödienhaus* zu errichten (dieses zuvor seit 1797 in der Scheune Hahler Straße 7 untergebracht), das eine Grundfläche von 60 Fuß Länge und 13 Fuß Breite erhalten soll (KAM, Mi, C 190,66 alt). Das Theater wies neben Plätzen im *Parterre* auch Logen auf, wobei es umlaufende, von Säulen getragene Galerien gab.

1826 wird eine Reparatur des Innenraumes vorgenommen, wofür die Kosten in Höhe von 90 Thl durch Subskription aufgebracht wurden (Liste der Geldgeber und die Rechnungen erhalten). Die Decke wird verschalt, acht Säulen erhalten Kapitelle, ferner werden neun Säulen abgehobelt und fünf weitere angefertigt (KAM, Mi, E 731). Dennoch wird immer wieder über die Zugigkeit des Gebäudes gesprochen, dessen Türen direkt auf den Kirchhof führten (KAM, Mi, E 552).

Das Gebäude verlor spätestens mit der Eröffnung der Tonhalle (siehe Lindenstraße 1) im November 1869 seine Funktion. Schon 1854 war das dem Leutnant von Bergh gehörende Theater aus baupolizeilichen Gründen geschlossen worden. Es entspräche *im Äußeren und Inneren in keiner Weise den nothwendigen Bedingungen des Anstandes und derjenigen Eleganz* (KAM, Mi, F 1061).

Lagerhaus der Seifenfabrik Kiel, Petrikirchweg 4 (um 1870–1905)

Nachdem der rückwärtige Grundstücksteil um 1870 durch die Seifenfabrik Kiel erworben wurde (siehe dazu unter Obermarktstraße 36), wurde an der Stelle des alten Schauspielhauses ein neues Lagerhaus errichtet. Dieses ein dreigeschossiger Backsteinbau (Bauakten dazu nicht erhalten). Die Fassaden schlicht gegliedert mit deutschem Band zwischen den Geschossen und Ecklisenen. Dach als flaches Pultdach mit Pappdeckung.

1898/99 Erweiterung des Gebäudes nach Osten bei Überbauung der dort befindlichen Durchfahrt (Plan: Baumeister Ambrosius), wobei hier ein neues Treppenhaus geschaffen wird. 1905 zusammen mit der ganzen Fabrik Kiel abgebrannt.

Das Gelände 1912 mit dem Hinterhaus von Ritterstraße 10 überbaut (siehe dort).

Abb. 1210 Obermarktstraße 35 (links) und Priggenhagen 1, Ansicht von Südwesten, 1970.

OBERMARKTSTRASSE 35, im 20. Jahrhundert »Grüner Wenzel« genannt (Abb. 1210–1213)

1729 bis 1743 Martini-Kirchgeld Nr. 190; bis 1878 Haus-Nr. 218

LITERATUR: Jahr 1927, S. 24–25, 32 und Abb. 24. – Mummenhoff 1968, S. 91. – Soenke 1977, S. 191–193 Abb. 7.

Großes bürgerliches Anwesen, das wohl zunächst bei recht schmaler Parzelle bis zur Lindenstraße (siehe Lindenstraße 24) reichte und entlang der sie nördlich säumenden Kisaustraße mit zugehörigen Neben- und Wirtschaftsgebäuden bebaut war. Auf der ehemals zugehörigen Fläche später die Hausstätten Lindenstraße 24 sowie Priggenhagen 1 und 3 entstanden. Das Haus hatte eine gemeinsame Brandwand mit dem südlich anschließenden Gebäude Priggenhagen 1.

Der bis heute lebendig gebliebene Name »Grüner Wenzel« wurde dem Haus im späten 19. Jahrhundert als Gasthausbezeichnung verliehen und mit einem Ausleger verdeutlicht, wobei auf den höchsten Trumpf der deutschen Spielkarten beim Skat (Eichel-Bube) angespielt wird.

Abb. 1211 Obermarktstraße 35, Ansicht von Südosten nach Abbruch der gesamten Bebauung an Priggenhagen und Kisau, 1980.

Bei einer Baustellenbeobachtung wurden 1983 Scherben des Früh- bis Hochmittelalters geborgen, die aus Bereichen oberhalb der Fundstelle stammen sollen (siehe Teil I, Kap. I.3, Fundstellenkatalog, Fundstelle 104). Verbleib der Funde: WMfA (Siehe: AFWL 3, 1985, S. 277–278. – Neujahrsgruß 1984, S. 53).

1640 vermieten die Erben Heinrich Schlick die *Behausung und Wohnung oben den Marckt, doch hat der Secretari die hinterste Stuben undt Cammer nach Clopaingers Hoeffe hinaus für sich zu seinem* Gebrauch (KAM, Mi, B 240); 1663 Johann Schlicke (hat auch *Garten im Bruch*); 1680/92 Johan Schlicke (zahlt jährlich 4 Thl Giebelschatz); 1698/1704 Licentat Johan Bernhard Schlicke; 1709/11 Doct. Schlicke; 1723 Advokat und Ordinarius Herr Dr. Schlicke bzw. Haus der Witwe Dr. Schlicke (KAM, Mi, C 268,3 alt). Sie wird am 11. 1. 1754 bei St. Martini beerdigt; 1736 Frantz Ernst Walthe; 1738 Walthe (früher Dr. Schlicken); 1750 Frantz Walhte; 1755 Frantz Dieterich Walthe, Haus 440 Rthl und Scheune; 1766 Wohnhaus und Scheune 1 000 Rthl; 1780/81 Witwe Walten, Wohnhaus 2 000 Rthl, hat Braurecht; 1802 Witwe Walten, Vorderhaus 1 800 Rthl, Hinterhaus 200 Rthl; 1804 Haus mit Scheune, hat Braurecht, Brunnen. 2 Pferde, 2 Kühe und zwei Schweine; 1809 Erben Walten; 1813/18 Kaufmann Karl Knippenberg, Wohnhaus 3 000 Thl, Hinterhaus 1 000 Thl; 1832 Witwe Hülsenkamp; 1835 Pappe; 1839 Bierbrauer Ludwig; 1846 Brauer Benjamin Ludewig (bis etwa 1865); 1878 Gasthaus Arendsburg; 1887 Verkauf von Arendsburg an den Wirt Johann Goliberzuch; ab 1919 Wirt Karl Goliberzuch (zugleich wird das anschließende Haus Priggenhagen 1 zugekauft); 1933 Verkauf an die Brauerei Feldschlößchen; 1951 Verkauf an den Gastwirt Fritz Scheide; 1956 Verkauf an Karl Siekmann (Firma G. Höltke), der auf dem Grundstück dringend benötigte Lagerflächen schafft und 1959 Anschluß über eine Brücke über die Kisaustraße an das Stammhaus Nr. 33 anschließt, während das Haus als Gaststätte und Hotel bis 1971 an Manfred Wellhöner verpachtet wird; 1971 »Bar Impair« oder »Wenzelstübchen«, ab 1974 im Keller die Bar »Du und Ich«; 1979 LEG Bielefeld.

Haus (um 1500–1983)

Giebelständiges Dielenhaus mit einem auf der Südseite eingezogenen und unterkellerten Flügelbau und backsteinernen Umfassungsmauern, nach den Detailformen der Konstruktion und der Giebelgestaltung wohl um 1500 oder kurz danach errichtet. Das Haus mit einer Breite von 12,65 m und einer Länge des Vorderhauses von 18 m ohne eigene südliche Traufwand vor das damit wohl früher errichtete Gebäude Priggenhagen 1 gesetzt. Die Umfassungswände aus sauber verarbeitetem Backsteinmauerwerk, dabei die Ecken teilweise mit Quadern gebildet und auf den Innenseiten der Längswände die charakteristischen Bogenstellungen mit rundbogigem Abschluß. Der Vordergiebel bis 1887 mit mittlerem, ebenfalls rundbogigem Torbogen, der mit Werksteinen eingefaßt und an den Kanten profiliert war. Während die untere Wandfläche des Giebels flach gemauert war, das Giebeldreieck darüber mit acht zurück-

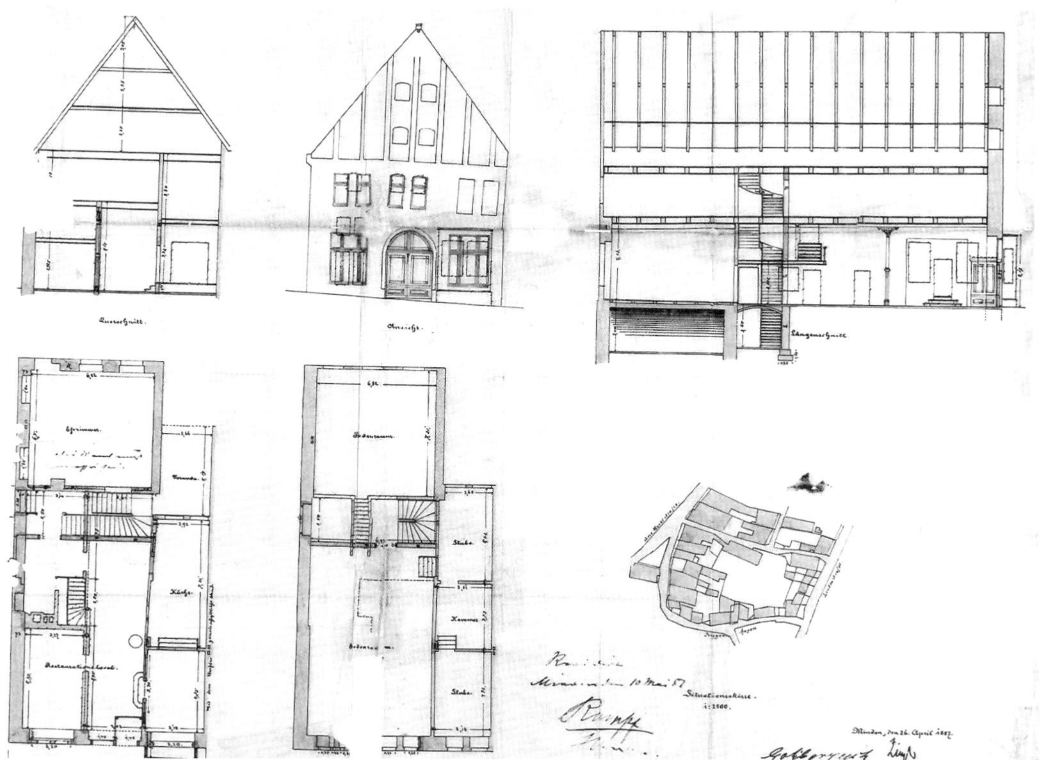

Abb. 1212 Obermarktstraße 35, Bestandsplan aus einem Umbauantrag des Architekten Ziegler 1887.

gesetzten Staffelblenden ausgeführt, zwischen denen neun rechteckige Pfeilertürme aufsteigen; der nördlichste auf einer profilierten Kragkonsole. Abdeckung der Türme (nach erhaltenem Beispiel in der Mitte) durch flache und an den Kanten profilierte Sandsteinplatten. In den Blenden kleine Luken mit stichbogigem Abschluß, dabei ehemals offensichtlich auch eine oberste Luke als Unterbrechung des mittleren Pfeilerturms (vergleichbar Königstraße 28 und Kampstraße 1). Ebensolche Luken innerhalb der von den Blenden vorgegebenen Achsen bis 1887 auch im Obergeschoß des Giebels. Das Giebeldreieck mit reich ausgeschmiedeten Eisenankern an den zwei Kehlbalkenlagen des 11 Gebinde umfassenden Sparrendaches befestigt. Der Rückgiebel des Vorderhauses aus Fachwerk.

Die wohl ursprüngliche Gliederung des Gebäudes durch eine Bauaufnahme von 1887 und zahlreiche Fotografien der zwischen 1979 und 1983 frei stehenden Ruine recht gut zu ermitteln, zumal der Bau bis 1887 nur verhältnismäßig wenig verändert worden war. Danach zunächst ein Dielenhaus mit etwa 5,15 m hoher Diele und gleichzeitigem Obergeschoß unbekannter Nutzung von 2,88 m Höhe (nach den Luken der Vorderfront wohl trotz der Höhe nur Lager). Nördlich der Diele entlang der Kisaustraße in der nordwestlichen Ecke ein zweigeschossiger Einbau mit erdgeschossiger, nicht unterkellerter Stube und niedrigem Zwischengeschoß. Die Diele dürfte zunächst den größten Teil des Vorderhauses umfaßt haben und vom südlichen Teil des Rückgiebels her belichtet worden sein (hier wohl auch Tür oder Tor zum Hof); die Lage der Feuerstelle nicht bekannt, in der Querwand zum Hinterhaus vorstellbar.

Das etwa 7,8 m lange und 8,2 m breite Hinterhaus auf der Südseite eingezogen und mit einer unterkellerten, nahezu quadratischen Saalkammer. Darüber ein Dachwerk von sechs Gebinden, der Rückgiebel aus Fachwerk. Keller mit einem Tonnengewölbe, Scheitel parallel zum First. Die Saalkammer mit lichter Höhe von 4,5 m und ehemals mit einem Wandkamin in der Mitte der nördlichen Traufwand sowie offensichtlich mit großen Fenstern im Südgiebel, worauf sandsteinerne Gewände an der nördlichen Ecke hinwiesen. Darüber eine weitere Saalkammer mit etwa 2,6 m lichter Höhe.

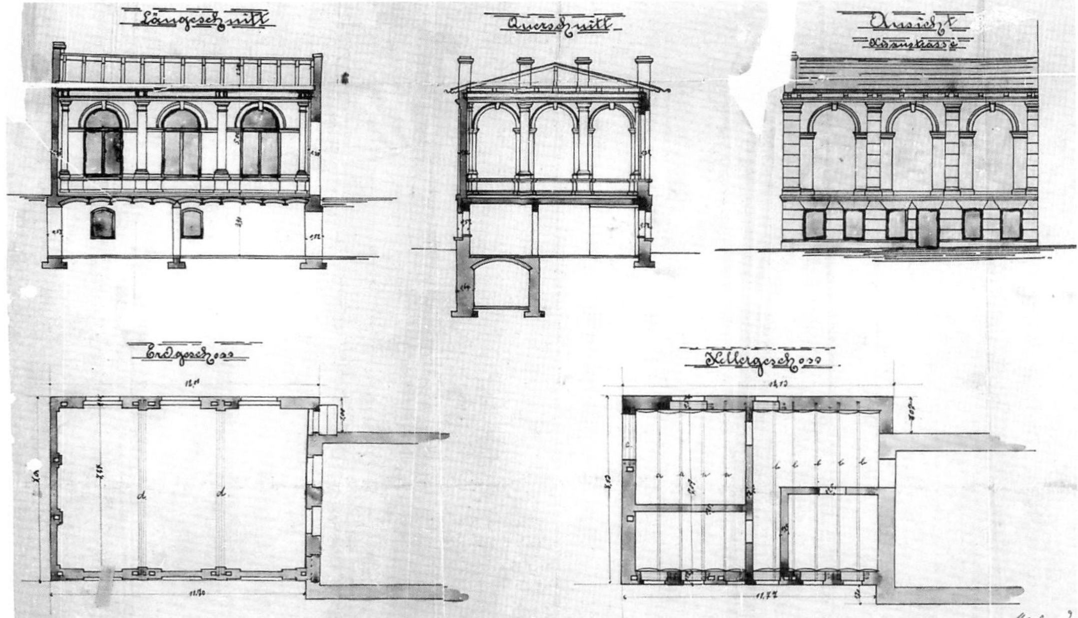

Abb. 1213 Obermarktstraße 35, Saalanbau an der Kisau, Bauplan des Architekten A. Kersten/Hannover 1892.

Einen ersten Umbau scheint das Haus schon bald nach der Erbauung erfahren zu haben (der nach Vergleichsbeispielen wohl um oder wenig nach 1600 erfolgte). Dabei das südliche Drittel des Hauses zur Schaffung weiterer Wohnräume durchgebaut, aber mit anderer Höhenentwicklung versehen: nach Einbau einer tragenden Längswand aus Fachwerk hier statt der hohen Diele und des niedrigen Obergeschosses zwei mit etwa 3,8 m gleichhohe Geschosse unterhalb der Balkenlage. In diesem Einbau entstanden in jeder Etage zwei oder drei Wohnräume. Dem Wohnraum des Erdgeschosses wurde eine Utlucht mit Pultdach vorgelegt. Erst im 18. Jahrhundert dürfte der alte nördliche Einbau bis zur Rückwand verlängert worden sein, wobei die offene Herdstelle aufgegeben und statt dessen eine geschlossene Küche geschaffen wurde. In dieser ein großer Schornsteinblock an der Rückwand der Stube geschaffen, von dem aus auch der Stubenofen geheizt werden konnte.

1691 erhält Johann Bernhard Schlicke fünf Jahre Baufreiheiten wegen seines Hauses im Priggenhagen (KAM, Mi, B 354).

Um 1800 ist der Rückgiebel des Hinterhauses aus nicht bekannten Gründen in Fachwerk erneuert worden. Zwischen etwa 1830 und 1865 in dem Haus eine der letzten bürgerlichen Bierbrauereien betrieben, womit auch die weitere Nutzung des Hauses als Gasthaus festgelegt wurde.

1887 kam es nach Besitzwechsel zu einem einschneidenden Umbau des Hauses durch den Maurermeister Pook nach Plänen des Architekten O. Ziegler. Hierbei das Erdgeschoß durchgebaut, Torbogen und Utlucht entfernt und das bislang nicht ausgebaute Obergeschoß zu Wohnzwecken eingerichtet, wobei durchgängig die Fensteröffnungen verändert wurden. 1888 auch der rückwärtige Flügelbau umgebaut, wobei man hier die Zwischendecke um etwa 30 cm absenkte, um darüber vier Gästezimmer einzurichten. Im Erdgeschoß Ausbau als Gastsaal (Baugeschäft Schmidt & Langen). 1892 Anbau eines Speisesaals (siehe weiter unten); 1898 Entwässerung; 1902 Abbruch der Trennwand zwischen Hinterhaus und Saalanbau (siehe unten); 1904 Vergrößerung des Bierkellers; 1907 Kanalisation; 1919 Umbau der Gaststätte, wobei nun auch die Räume des südlich anschließenden Hauses Priggenhagen 1 einbezogen werden (Baugeschäft G. Sipp); 1937 Umbauten (Baugeschäft E. Gremmels); 1968 Umbau und Erweiterung der Gaststätte; 1970 Einbau einer Gaststätte im Kellergewölbe des Hinterhauses; 1972 Umbau der Gaststätte; 1974 kleiner Brand im Keller; nachdem es am 19. 7. 1979 zu einem Brandschaden in dem schon länger leerstehenden Gebäude kam, wird der

Giebel gesichert und das Haus freigeräumt. Die Stadt will den Bau als *maßstabsbildend* für die geplante Neubebauung der Umgebung erhalten, wobei der Wert insbesondere aus der Fassade als »letzte noch erhaltene spätgotische Bürgerhausfront« abgeleitet wird; 1983 Abbruch durch LEG, wobei der Giebel für den Wiederaufbau *abgetragen* wird. Die Entscheidung wird vom WAfD ohne weitere Dokumentation hingenommen. Der Giebel in vergröberter Form heute als Eingangsbau des Obermarktzentrums (siehe Obermarktstraße 33 f.) nachempfunden.

Saalanbau (1892–1979)

1892 nach Plänen des Architekten A. Kersten/Hannover, die durch den Mindener Bauführer Meyer eingereicht wurden, an der Stelle eines kleinen Stallgebäudes zwischen dem Hinterhaus und der Scheune an der Kisaustraße auf einer Grundfläche von 11,70 x 8,15 m errichtet. Eingeschossiger Putzbau über hohem Untergeschoß mit Wirtschafts- und Lagerräumen und mit sehr flach geneigtem und mit Pappe eingedecktem Satteldach. Die Zwischendecke mit preußischen Kappen. Die Längsfronten mit einer reichen Putzdekoration in Formen der Renaissance, dabei nach Norden zur Kisau drei Blindfenster, nach Süden drei große Bogenfenster. Der Saal ebenfalls mit reicher Stuckdekoration ausgestattet.

1902 Erweiterung durch Anschluß des kleinen Saals im Hinterhaus (Plan: M. Schütte; Ausführung: W. Homann), später weitere Erweiterung nach Osten in die Scheune. 1958 hat der Saal eine Nutzfläche von 160 qm.

Scheune an der Kisaustraße (bis 1780)

Die Scheune brannte 1780 ab (KAM, Mi, C 883). Durch Funkenflug scheint dabei das Haus Priggenhagen 23 so geschädigt worden zu sein, daß es abgebrochen wurde (KAM, Mi, C 880 und 885).

Scheune an der Kisaustraße (1782–1839)

Das in seiner Gestalt nicht weiter bekannte und 1782 fertiggestellte Gebäude brannte am 9. 3. 1839 ab (KAM, Mi, E 697). Nach dem Urkataster handelte es sich um einen großdimensionierten Bau, der zur Kisaustraße parallel gestellt war.

Scheune an der Kisaustraße (1839–1963)

Eingeschossiger, langer und schmaler Backsteinbau unter Satteldach entlang der Südseite der Kisaustraße. Der Bau wohl auch für Zwecke der Bierbrauerei errichtet, die auf dem Grundstück bis etwa 1865 betrieben wurde. Schon um 1910 entlang der Südwand eine Kegelbahn eingebaut, die vom Untergeschoß des Saals aus erschlossen war.

Nachdem der südlich anschließende Hof schon 1960 mit einem ersten Bauabschnitt eines neuen Lagerhauses versehen worden war, 1963 für dessen zweiten Abschnitt abgebrochen.

Lagerhaus (1960–1979)

In zwei Abschnitten für den Eisenwarenhandel G. Höltke 1960/1963 errichtet. Zweigeschossige Stahlkonstruktion mit mittlerer Stützreihe und flach geneigtem Satteldach. Planung durch Dipl. Ing. Harald Scheuermann/Gelsenkirchen-Buer (Neffe des Firmeninhabers Karl Siekmann), Ausführung: Mülmstedt & Rodenberg. 1979 im Zuge der Stadtsanierung durch die LEG abgebrochen.

OBERMARKTSTRASSE 36, Hospital St. Nikolai (1396–1833), später Seifenfabrik Kiel (Abb. 1180, 1207, 1209, 1214–1220)

bis 1818 ohne städtische Haus-Nr. (erst in der zweiten Hälfte des 18. Jahrhunderts in die Kirchgeldregister von St. Martini eingetragen); bis 1878 Haus-Nr. 217 b

QUELLEN: *Situationsplan von dem in der Ritterstraße belegenen Nicolai-Armenhoff* im Maßstab um 1:432, gezeichnet von Trippler 1819 (STA DT, D 73, Tit. 4 Nr. 9888) (Abb. 1216). – *Aufriß- und Grunrißzeichnung des Nicolai-Armenhauses zu Minden…* Kloth 1822 (KAM, Mi, E 552) (Abb. 1215, siehe auch bei NORDSIEK 1979, S. 199). – *Situationsplan des Nicolai-Armenhauses und Kirchhoffs* M 1:162, unbezeichnet, um 1830/32 (STA DT D 73, Tit. 4, Nr. 9889).

Rechteckige und recht breite Parzelle (als Lehnsland des Domkapitels ausgetan), die nachweisbar schon 1396 rückwärtig bis an die Ritterstraße reichte, aber wohl auch Teile der südlich anschließenden Parzellen an der Nordseite der Königstraße umfaßte. Zunächst Wohnsitz eines reichen Bürgers, wurde hier durch Stiftung 1396 in dem Anwesen ein Hospital eingerichtet. Auf dem rückwärtigen Grundstück bestand im 16./17. Jahrhundert eine größere Anzahl von Buden, die durch eine kleine Gasse erschlossen wurden. Sie wird in den Quellen als *Gieselerstraße* bezeichnet und erinnert wohl an den Stifter des Hospitals (siehe Ritterstraße 8). Nach Abbruch dieser Buden hier von 1638 bis 1807 ein Friedhof. Nach Auflösung des Hospitals 1832 das Gelände zunächst zunehmend durch eine Seifenfabrikation überbaut und durch Zuerwerb nördlich anschließender Grundstücke (um 1860 Petrikirchweg 4, siehe Obermarktstraße 34 und Ritterstraße 12) erweitert und dann nach dem Brand der Fabrik 1905 und deren Auslagerung an die Ringstraße durch verschiedene Abtrennungen wieder reduziert, so daß heute der einstige Umfang des Anwesens im Stadtbild nicht mehr auszumachen ist. Dabei entlang der Nordgrenze der Fläche als neuer öffentlicher Weg durch die Stadt *der Petri-Kirchweg* angelegt, wobei im Westen an der Ritterstraße das Haus Ritterstraße 8 a errichtet wurde. Der Petrikirchweg 1912 mit den beiden neuen Häusern Ritterstraße 12 vorn und hinten ausgebaut, aber zugleich von der Stadt für den Fahrverkehr gesperrt (KAM, Mi, F 1733).

Die Geschichte des Hospitals ist erst in Ansätzen erforscht, obwohl im Stadtarchiv ein umfangreicher Aktenbestand des Hospitals sowie Hunderte von Urkunden aus dessen Besitz erhalten sind. Für das 18. Jahrhundert sind sämtliche Rechnungen erhalten, aus denen sich sicherlich vielfältige Hinweise auch auf bauliche Maßnahmen entnehmen ließen. Sie konnten hier nur in Stichproben gesichtet werden, bzw. nur dann, wenn sie erkennbar zu baulichen Maßnahmen gehörten.

Das Hospital wurde 1396 durch den seit 1372 immer wieder als Bürgermeister nachweisbaren und begüterten Heinrich Gieseler gegründet, der es mit seinem väterlichen Erbe, bestehend aus dem Haus, dem Anwesen und Ländereien ausstattete. Das Hospital sollte als *ewiges Gasthaus* fremden Ankömmlingen dienen, die dort ohne triftigen Grund nur zwei Nächte verweilen durften. Ferner sollten hier 12 arme alte Bürger Aufnahme finden (Krieg 1981, S. 71). Der Bischof befreite das bürgerliche Eigengut, Lehen des Domkapitels (Schlichthaber II 1752, S. 45), die zugehörigen Grundstücke (unter anderem Land vor dem Königstor und Wortzins aus einigen Häusern in der Stadt) zudem von den ihm zustehenden Abgaben (Scriverius 1974, S. 193). Gieselers Besitz umfaßte *dat grote Stenhus*, in dem er zum Zeitpunkt der Stiftung wohnte, das daneben stehende Backhaus (bewohnt von Arndt Witteloghe), eine von Brockmann bewohnte Bude (diese Bauten liegen zwischen Wernecke Vorkorves Haus und Johann Snarrens Haus und müssen im Bereich der östlichen Ritterstraße auf den Haustellen des Grundstücks Nr. 2 gesucht werden) und ein großes an der Ritterstraße gelegenes *dersche Hus* (Dreschhaus), woran unter dem gleichen Dach noch drei Buden gebaut sind (war ehemals ein Haus des Karrentreibers Reinecke Nachtegale, das in dem heutigen Grundstück Ritterstraße 8 zu sehen sein dürfte).

Die Stiftungsurkunde von 16. Juni 1396 nennt: *duos mansos cum dimidio uel area sitos in campo Mindensi extra valuam Codor infra riuum Bastowe et valuam beate Marie*; *censum arealem de nonnullis domibus in ciuitate Mindensi qui census regis seu regius nuncupatur que et qui sunt bona feudalia dicte nostre Mindensis ecclesie ac a nobis procedunt in feudum.* (KAM, Mi, A I, Nr. 179). Vom Rat wird am 8. November 1396 von den Stadtlasten befreit: *dat grote stenhus dar he suluen nu to tyden jnne wonet eyn bakhus dar by dar Arnd Witteloghe jnne wonet vnd eyne boden dar Brokman jnne wonet vnd synt beleghen twischen Werneken Vorkornes huse vnd Johan Snarren huse vnd eyn grot dersche hus vnd dat hus dar Reyneke Nachtegale de vorman jnne wonet hadde dar nu dre bu(o)den aff ghemaket sin vnd sint myd deme derschehuse vnder eynem dake vnd schetet vppe de Ridderstrate* (KAM, Mi, A I, Nr. 181. – STA MS, Mscr. VII, 2726). Daraufhin bestätigt Heinrich Gieseler am 12. November 1396 die Stiftung *van myneme groten steynhus dar ik suluen inne wone dat myn vederlike erue is*; *dat vorscreuen stenhus mit eme bachuse dar nv to tyden Arnd Witteloghe inne wonet vnd eyner bode dar Brochman inne wonet vnde sind beleghen twischen Johan Snarren hus vnd Werneken Vorkorves* [!] *hus vnd eme groten derschus vnd eme huse dar Reyneke Nachtegale de karendriuer inne wonet hadde dar nv dre boden af ghemaket syn vnd sin mid dem derschuse vnder eme dake vnd schetet vp de Ridderstrate* (KAM, Mi, A I, Nr. 182. – STA MS, Mscr. VII, 2726. – von Schroeder 1997, Urkunden Nr. 76. Siehe auch KAM, Mi, A I, Nr. 183. – STA MS, Mscr. VII, 2726). Da Gieseler noch 1402 lebt, erhält er von der Stadt für vier Jahre einen Teil des Gasthauses zur Pacht: *jn Meyerstatt dat niedersch hus vnd twe bouen in dem rechten hus* (KAM, Mi, A I, Nr. 200).

1402 bestätigt Papst Bonifaz IV. die Gründung und einen dort aufgestellten Altar zu Ehren der Apostel Philipp und Jacob: *in eadem ciuitate Mindensi de domo sua quam inhabitauit et certis alijs edificijs ipsi domui contaguijs* (KAM, Mi, A I, Nr. 199. – Peczynsky 1991). An Einkünften standen dem Hospital Grundbesitz in der Feldmark sowie Kornzinsen und andere Naturaleinnahmen zu Verfügung. Schon 1396 werden Renten an das Gasthaus übertragen: *in Henken Clinghen huse dat gheleghen is twisschen Langhenwelders hus vnd Detmers hus des carendryuers*; *in Helmighes huse Nabers bouen deme markede neyst der helle*; *in Tileken huse Voghedes vp der Vnberadene strate*; *in deme huse buten sunte Meryen dar Busse van Bardelaghe jnne wonet* (KAM, Mi, A I, Nr. 181. – STA MS, Mscr. VII, 2726). 1401 erhält es *in campo Mindensi extra valuam Codor infra riuum Bastowe et valuam beate Marie* (KAM, Mi, A I, Nr. 198. – STA MS, Mscr. VII, 2726).

Abb. 1214 Obermarktstraße 36, Ansicht von Osten, 1993.

Darüber hinaus war es vielfältig in das Finanzsystem der Bürgerschaft eingebunden, sei es nun über zum Teil über viele Jahrhunderte bestehende Renteneinkünfte aus Häusern, über Kredite, die für Hauskäufe oder Reparaturen ausgeliehen worden waren oder aber über Schenkungen oder Vermächtnisse. So beschäftigte sich der Armenvorstand immer wieder auch mit Hausreparaturen, etwa von Häusern, die man nach Erbschaft vor einem erneuten Verkauf erst einmal in Stand setzen mußte. Das später St. Nikolai-Hospital genannte Gasthaus bezog (für das 18./19. Jahrhundert belegt) aus sechs über die Stadt verteilten Häusern eine sogenannte Hauspacht von 8 Gr. Es sind die Häuser Markt 5, Markt 14, Videbullenstraße 8, Haus-Nr. 701, Oberstraße 36 und Weserstraße 12 (KAM, Mi, B 103b,2 alt).

1549 wird durch Bischof Franz II. die Umwandlung der Kommende St. Bernwardi et Michaeli in eine Armenstiftung genehmigt (Schroeder 1886, S. 468); um 1603/07 (oder auch schon früher) wurde das ehemalige, vor dem Simeonstor liegende Leprosenhaus St. Nikolai mit der Kapelle St. Anna dem Hospital angeschlossen und nach dem Neubau des Hauses nach 1648 in der Folge als Wirtshaus unter dem Namen Kuckuck (siehe Teil V, Kap. IV, S. 152–155, Kuckuckstraße) mitverwaltet. Damit übertrug sich der Name des Leprosenhauses wohl im 17. Jahrhundert auf das alte Gasthaus.

In der Neuzeit wurde das Vermögen des Hospitals gemeinsam mit dem Vermögen des Heilig-Geist-Hospitals (Simeonstraße 36) durch einen von der Stadt eingesetzten Armenvorstand verwaltet, allerdings zum großen Teil als separater Besitz. 1711 im Zusammenhang mit der Einführung einer neuen Stadtverfassung erneut die Einsetzung von sogenannten Provisoren bestimmt, die unter die Aufsicht der Kirchenkonsulenten zu stellen wären (Schroeder 1886, S. 632). In diesem Zusammenhang wurde der gesamte Besitz neu erfaßt und in einem 1714 fertiggestellten Lagerbuch, dem *corpus bonorum Nicolai* (KAM, Mi, B 103 b,2) zusammengefaßt, dem 1759 ein ebenfalls für beide Hospitäler getrennt geführtes neues Hauptbuch folgte, um den Überblick über die Vermögenslage der Einrichtungen zu erhalten (KAM, Mi, C 217,22a alt). Als gemeinsamer Besitz der *Armenprovision* galten zu dieser Zeit die Mühlen an der Pulverstraße und am Simeonstor, die man aber 1764 verkaufte.

1759 wird das Gasthaus zu einem Lazarett eingerichtet, der Boden zu einem Magazin. Dabei wird der Gastmeister Scharf von den die Stadt einnehmenden Truppen erschossen (Krieg 1928). 1760 umfaßte das Hospital neben dem Gastmeister 19 Präbendenstellen und auch 1788 wohnen im Hospital 19 Personen sowie der Gastmeister. An Einkünften standen der Anstalt in diesem Jahre 678 Rthl zur Verfügung (KAM, Mi, C 200,4 alt. – Akten der Zeit 1814/16 im STA MS, Reg. Kom Minden 118).

1818 gehört das Haus den Armen vom St. Nikolai, versichert für 4000 Rthl; 1828 will Kiel das Armenhaus für 2500 Thl erwerben, doch wird es noch 1831 von dem Armenwirt und sieben Personen bewohnt. 1832 wird beschlossen, die Anlage zu versteigern (KAM,

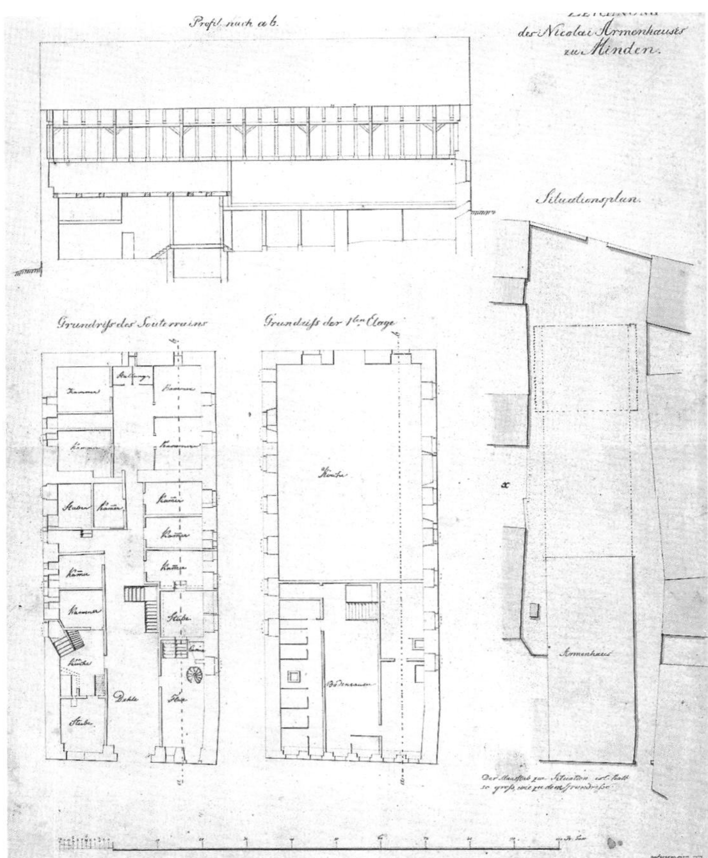

Abb. 1215 Obermarktstraße 36, Bestandsplan des *Nicolai-Armenhauses*, Maurermeister Kloth 1822.

Mi, E 552), da sie zu große Kosten erzeuge und nur noch von zehn Personen bewohnt werde (KAM, Mi, E 582); 1833 Verkauf des Komplexes an die Kaufleute Christoph Kiel und F. L. Stein für 2 400 Thl, wobei Kanzel, Orgel, Glocke, Turmspitze, Öfen sowie Wappensteine und Inschriften durch die Stadt einbehalten werden (KAM, Mi, F 712). Der Verkauf dürfte auch im Zusammenhang mit der Neueinrichtung eines Krankenhauses in dem früheren Waisenhaus an der Brüderstraße 16 stehen, die 1832 durchgeführt wurde.

In der zweiten Hälfte des 19. Jahrhunderts sollte das Grundstück zum Zentrum und auch Wohnplatz der bedeutenden Seifenfabrik Kiel werden, die von den zahlreichen in Minden schon um 1800 bestehenden Seifenherstellungen als einzige die Entwicklung zum Industriebetrieb vollzog. Die Seifenfabrik des in dem Haus Obermarktstraße 38 wohnenden Fr. C. Kiel wurde 1806 gegründet und bestand seit 1812 in dem zu Simeonstraße 7 gehörenden Hintergebäude Priggenhagen 6. 1832 bis 1836 in der *Entrepreneur Kiel* Pächter der städtischen Beleuchtung (siehe dazu unter Gaswerk Lindenstraße 10/12). Der rührige Carl Kiel starb am 17. 8. 1862 und erhielt ein Ehrenbegräbnis durch die Stadt Minden (KAM, Mi, F 430). Ab 1827 gehörte Kiel auch das Haus Priggenhagen 1, bevor er 1833 das große Hospitalgelände erwerben konnte. Nachdem dieses offensichtlich zunächst als Fabrik genutzt wurde, kam es um 1850 zum Teilabbruch und Neubau eines vorderen Wohnhauses sowie Umbau des rückwärtigen Bereiches zu einem Fabrikgebäude, wobei um 1870 Petrikichweg 4 und das Gelände Ritterstraße 12 hinzuerworben wurden. Dafür wurden das alte Anwesen Obermarktstraße 38 sowie Priggenhagen 1 abgestoßen. Mit der Zeit wurden auf den rückwärtigen Flächen Ritterstraße 8 und 12 verschiedene Fabrikbauten errichtet (siehe jeweils dort). Die Fabrik war zunächst im Besitz von Louis Kiel (* 22. 4. 1816), der in dem neuerbauten Vorderhaus wohnte (Bruder ist der Kaufmann Theodor Kiel, * 15. 5. 1815, † 21. 3. 1888). Sein Sohn, der Kaufmann Wilhelm Kiel, war später nicht nur Mitinhaber der Fabrik, sondern auch Mitinhaber der Glashütte »Porta-Westfalica« in Lerbeck und nahm eine entscheidende Stelle im öffentlichen Leben der Stadt ein (er wohnte 1880 Königsglacis 5, 1886/1900 in der durch ihn erbauten Villa Hahler Straße 26. 1895 war er etwa im Aufsichtsrat der Mindener Straßenbahn, aber auch Kreistagsabgeordneter und in der Kleinbahnkommission des Kreises, die den Bau der Kreisbahn vorbereitete. Aus seiner Ehe mit seiner Frau Meta (* 12. 9. 1854 in Dringenberg/Kr. Warburg) ging der Sohn Paul Kiel (* 27. 11. 1879) und die Tochter Johanne (* 5. 12. 1881) hervor). Der Bruder Oskar Theodor Ludwig Kiel (* 20. 10. 1846), verheiratet mit Antonie Theresa Köhne, (* 6. 5. 1851 in Ottersleben/Kr. Magdeburg) nannte sich Fabrikant und übernahm den väterlichen Betrieb. Er

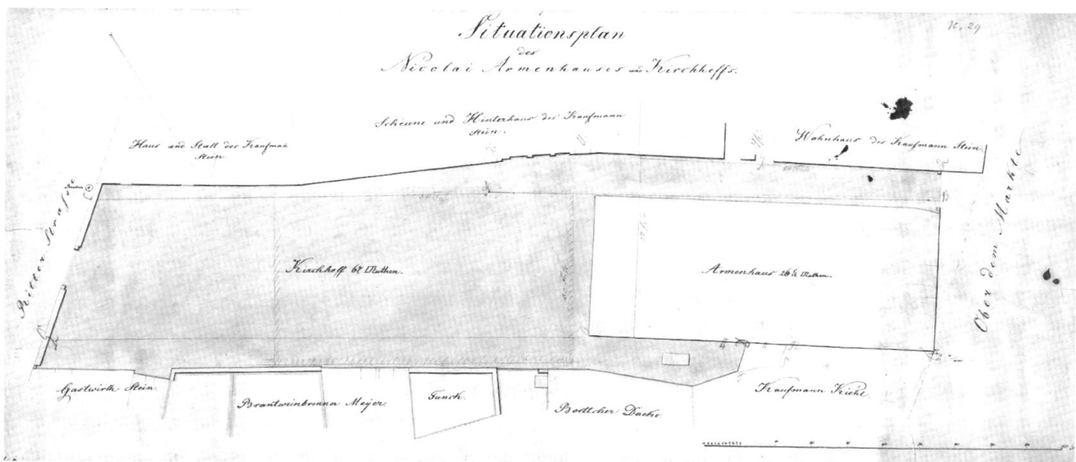

Abb. 1216 Obermarktstraße 36, Lageplan des *Nicolai-Armenhauses*, Trippler 1819. Norden oben.

erwarb 1880 die Villa Marienstraße 15 und wohnte dort über Jahrzehnte. Die im Besitz von Oskar Kiel befindliche *Kiliana Minden AG* und auch mit dem Markennamen *Eichenlaub* produzierende Firma brannte am 28. 8. 1905 ab, wobei auch zahlreiche Häuser der Nachbarschaft mitzerstört oder beschädigt wurden. Da schon kurz zuvor die Planungen für eine Verlagerung des Betriebes an die Ringstraße 97 (siehe dort) eingesetzt hatten, konnte der Neubau in sehr kurzer Zeit in großen Formen erfolgen und die Produktion zu Beginn des Jahres 1906 am neuen Standort aufgenommen werden. Anschließend die innerstädtischen Flächen aufgeteilt, verkauft und in Teilen neu bebaut. Oskar Kiel stiftete der Stadt Minden am 9. 11. 1916 insgesamt 70 000 Mark zum Bau von Wohnungen für kinderreiche Familien. Der Betrieb wurde später von seinem Sohn Oskar Kiel Junior übernommen, der schon seit 1912 als Mitinhaber auftrat (in dieser Zeit ist Hermann Wiebke Prokurist der Firma). 1927 F. C. Kiel AG. Die später unter der Markenbezeichnung *DREIRING* produzierende Firma wurde um 1952 geschlossen und die Betriebsgebäude an die EDEKA-Handels-Gesellschaft verkauft.

1846/53 ist das Gebäude nicht bewohnt (nur noch Fabrik ?); 1876/80 Seifenfabrik Louis Kiel; 1905 Besitzer ist Seifenfabrikant Oskar Kiel; 1906 Kürschnermeister Gustav Vieweg; 1963 Geschwister Vieweg.

Bürgerhaus (14. Jahrhundert), Hospital (1399–um 1850/1905) (Abb. 1214–1219)

Großes, vor 1399 entstandenes Steinhaus, zunächst als Wohnhaus eines wohlhabenden bürgerlichen Anwesens errichtet. Der Bau scheint zwischen 1399 und 1402 für die Hospitalnutzung umgebaut worden zu sein, denn in diesem Jahr wird ein Altar genannt; es bestand also offensichtlich schon die Kapelle im Haus. Der bemerkenswerte Steinbau nur aus wenigen historischen Nachrichten und einer 1822 durch Kloth angefertigten Bauaufnahme bekannt und seine Geschichte daher nur noch in Ansätzen zu fassen.

Danach bildete den Kern des bis um 1850 bestehenden Gebäudes offensichtlich noch das nach 1396 umgebaute, große Steinhaus: ein langgezogener zweigeschossiger Bau mit Satteldach zwischen massiven Schildgiebeln auf einer Grundfläche von etwa 96 x 39 Fuß (etwa 32 x 13 m, also etwa 415 qm Grundfläche). Im Inneren ist das Gebäude durch eine massive Querwand in etwa zwei Drittel der Tiefe geteilt. Daher dürfte hier – entsprechend anderen Bauten der Zeit – im hinteren, kürzeren Bereich ein unterkellerter fast quadratischer Saal mit halb eingetieftem Keller mit Balkendecke bestanden haben und im vorderen Bereich eine hohe Diele. Diese bis zuletzt erschlossen durch ein mittleres Tor im Vordergiebel. Über der Diele, bis 1396 sicherlich auch über dem Saal ein niedriges Obergeschoß, wohl als Speicher dienend. Über dem ganzen Bau ein Sparrendach, bei dem nach der Bauaufnahme jedes vierte Gebinde durch eine Stuhlkonstruktion verstärkt wurde, deren Ausbildung nicht näher bekannt ist.

Beim Umbau nach 1396 wurde in die rückwärtige Hälfte des Hauses eine Kapelle eingebaut, wobei man offenbar den oberen Teil der inneren Querwand abbrach und die Diele durch eine neue Fachwerkwand in der Länge reduzierte. Anzunehmen ist, daß sich entsprechend anderen Hospitälern der Zeit der Schlafbereich der Hospitalbewohner zunächst im vorderen Bereich des bestehenden Obergeschosses befand, so daß man von dort noch eine Sichtbeziehung zur Kapelle herstellen konnte. Von der Diele wohl zunächst nur auf der nördlichen Seite ein Bereich abgetrennt, in dem man eine gemeinsame Stube zur Wärmung einrichtete. Es könnte der 1404 dem Gieseler verpachtete

Bereich sein: *dat niedersch hus vnd twe bouen in dem rechten hus.* Erst zu späterer Zeit wurde auch südlich ein Einbau geschaffen, der die Küche aufnahm.

Erst in späteren Zeiten scheint man den Bewohnern eigene Kammern in dem Gebäude geschaffen zu haben, wobei man von der Diele und dem anschließenden Bereich der Untergeschosse unter der Kapelle insgesamt 11 Räume abtrennte, die jeweils zwei Hausbewohnern zur Unterkunft gedient haben dürften.

Nach Tribbe lebten um 1460 in dem Haus der Familienhausvater mit seiner Frau sowie fünf oder sechs andere *anständige* Personen, die für sieben Wochen Roggen erhalten, ferner das notwendige Brennholz und zu bestimmten Tagen auch Fleisch. In dem Haus gibt es eine Kapelle mit einem Altar, die mit einem Vikariat ausgestattet ist. Ferner wird von einer Kammer berichtet, die ehemals dem nächtlichen Essen diente, nun aber als Schatzkammer genutzt wird und in der die beiden dem Rat angehörenden Verwalter des Hospitals ihre Gelder und Privilegien verwahren.

1612 scheinen Baumaßnahmen am Gebäude durchgeführt worden zu sein, wobei man einen Gedenkstein für den Gründer schuf (erhalten und heute in der Eingangshalle des alten Rathauses eingemauert, dazu weiter unten).

In den Jahren nach 1759 wurde das Hospital *ruiniert,* da es als Lazarett im Siebenjährigen Krieg benutzt wurde. Die Stadt fertigte 1763 eine Kostenaufstellung für die notwendigen Reparaturen an, aus der auch Teile der im folgenden zitierten Baubeschreibungen der einzelnen Bauteile hervorgehen (KAM, Mi, C 870):

KAPELLE: Die offensichtlich schon 1396 oder kurz danach in dem bestehenden Haus eingerichtete Kapelle des Hospitals wurde noch bis zum Ende des 18. Jahrhunderts insbesondere durch die Hospitalbewohner regelmäßig genutzt. 1640 sei sie *zur Andacht für die praebendaten etabliert* (KAM, Mi, C 126), und 1748 erhält der Orgelmacher Mencken 12 Rthl für die Reparatur des Positivs in der Armenkirche (KAM, Mi, C 201,1 alt). So werden zum Beispiel in den Rechnungen von 1760 Ausgaben für Predigten durch den Magister von St. Mauritius und Orgelspiel durch den Organisten Könemann verzeichnet. Ferner stand in der Kirche ein Armenblock, den man einige Mal im Jahr leerte (KAM, Mi, C 204,23 alt). Nach 1759 wurde die Kirche durch die französischen Truppen, die hier ein Lazarett einrichteten *ruiniert und Orgel und Stühle unterwendet.* Wegen der guten Finanzlage konnten allerdings schon wenige Jahre später neue Ausstattungsstücke und eine Orgel besorgt *und überhaupt die ganze Kirche wieder hergestellt* werden, wobei – wie in alten Zeiten – noch 1793 alle vier Wochen Gottesdienst gehalten wird (KAM, Mi, C 126). An anderer Stelle wird 1786 davon berichtet, in Sommer würde der Gastmeister zweimal, im Winter einmal Betstunde in der Kapelle halten (Krieg 1928). 1807 wird erwogen, sie zu einem Schauspielhaus umzugestalten (KAM, Mi, C 190,66 alt). 1820 wird die Kirche nicht mehr genutzt und zusammen mit dem Dachboden als Heulager vermietet. Noch 1833 sind beim Verkauf des Gebäudes Kanzel und Orgel sowie Glocke und Turmspitze vorhanden und werden von der Stadt einbehalten. Aus den Kostenanschlägen zur Wiederherstellung der Kirche 1763 sind einige weitere Angaben zur ihrer inneren Gestalt zu gewinnen: Danach war der (offensichtlich auf einer Balkenlage liegende) Fußboden mit Backsteinen ausgelegt, deren Fugen nun mit Kalk ausgegossen werden. Die Balkenlage der Decke wird durch einen Längsunterzug von 57 Fuß Länge gestützt, der von drei darunter gestellten Stützen getragen wird. Der Raum wird durch 16 Fenster belichtet und sei ausgestattet mit Kanzel, Altar, 30 großen Stühlen, Beichtkammer und Orgel. Mit Hilfe von 30 Balgen Kalk wurde der Raum neu geweißt (KAM, Mi, C 870).

DACH: Über dem ganzen Bau ein großes Satteldach, das 1763 mit Pfannen auf Docken gedeckt ist. Der Boden des Hospitals wurde zumindest schon im 18. Jahrhundert vermietet. 1712 zahlt dafür der Kanzler von Danckelmann 9 Rthl jährlich. 1759 wird als Pächter der Armenvorstand Zilly genannt (KAM, Mi, C 203,22 alt).

TURM: Auf dem Dach des Gebäudes befand sich ein Turm. Er wurde 1643 ganz neu angefertigt, angestrichen und mit Knopf und Hahn versehen und diese vergoldet, wofür man 75 Thl abrechnete. 1720 wurde die Glocke durch einen Sturm zerschlagen (Peczynsky 1991, Anm. 33), scheint also abgestürzt zu sein und wurde 1721 durch eine neue ersetzt (siehe dazu weiter unten). 1786 der Turm neu gedeckt, das eiserne Kreuz darauf verziert, Knopf und Hahn vergoldet und der Turm angestrichen. Die Kosten betrugen nun 50 Rthl (Krieg 1928). Zugleich wurden in den Knopf mehrere Nachrichten sowie Münzen gelegt, die sich im Archiv der Stadt überliefert haben, da die Stadt Minden den Turm mit Glocke beim Verkauf des Anwesens 1833 in ihrem Besitz behielt.

1825 beschrieb von Ledebur, daß sich am Eingange des Hauses zwei Wappensteine befänden, von denen der eine einen Greif und die Mindenschen Schlüssel, der andere einen zweiköpfigen Adler mit der Jahreszahl 1654 zeige. Auf dem Flur des Gebäudes gebe es zudem ein Steinbild des heiligen Nikolaus. Diese Wappensteine wurden 1833 von der Stadt beim Verkauf einbehalten, doch ist ihr weiterer Verbleib unbekannt.

Das Gebäude nach 1833 zunächst offenbar als Seifenfabrik eingerichtet und seitdem nicht mehr bewohnt und dann zu einem nicht näher bekannten Zeitpunkt um 1850 im vorderen Teil abgebrochen, im rückwärtigen Teil zu

Abb. 1217 Obermarktstraße 36, ausgebrannte Ruine von Königstraße 3 und den dahinterstehenden Resten der Umfassungswände des Nikolai-Hospitals, 1905.

einem mehrgeschossigen Fabrikgebäude umgebaut, die Inschriftentafeln durch die Stadt Minden sichergestellt. Die noch bestehenden Teile des Altbaus sind nach dem Brand 1905 unerkannt verschwunden. Nach einem Foto der Brandruine bestanden die Umfassungswände im Kern aus sehr großen Sandsteinblöcken.

Fabriksaal (um 1850/60–1905)

Dieser durch Umbau des rückwärtigen Teils des alten Hospitals entstanden, aber in seiner Gestalt nicht näher bekannt, doch von gleicher Breite wie das Haus und zweigeschossig mit massiven Umfassungswänden. Daran anschließend die Fabrikgebäude an der Ritterstraße 8/10 sowie Obermarktstraße 34. Diese Bereiche am 28. 8. 1905 ausgebrannt, die Reste danach abgebrochen.

Hospitalfriedhof (1638–1807)

Der Friedhof auf dem westlich an das Hospital anschließenden Gelände offensichtlich 1638 eingerichtet (nach Schlichthaber II 1752, S. 45 im Jahre 1639). Von Ledebur beschreibt 1825, daß an dem Torwege, der von der Ritterstraße auf den Hospitalplatze führe, die Jahreszahl 1803 zu finden sei. In der Mauer in der Nähe des Tores wurde eine noch erhaltene Inschriftentafel mit einer Datierung 1636 eingefügt (siehe dazu weiter unten).

1763 müssen beide Friedhofstore neue Torflügel erhalten. Nachdem ab Mai 1807 alle innerstädtischen Friedhöfe aufgelöst und durch einen gemeinsamen neuen Begräbnisplatz vor dem Marientor ersetzt worden waren, stand auch dieses Gelände zur Verfügung. Bei einer allgemeinen Zählung wurden hier 363 Grabstellen festgestellt (KAM, Mi,

C 180,5 alt). Schon im selben Jahr bemühte man sich, Teile für das benachbarte Schauspielhaus (siehe dazu Obermarktstraße 34, Hintergebäude) anzupachten, um darauf einen Vorbau als Garderobe zu errichten. Der Pächter habe die Steine zu entfernen, um dort anzupflanzen oder zu bauen, müsse sich allerdings verpflichten, die Gräber selbst nicht anzutasten. Der Vertrag scheint allerdings nicht zur Ausführung gekommen zu sein (KAM, Mi, C 190,66 alt).

1821 wird die Reparatur der Kirchhofsmauer und der beiden Tore zum Obermarkt und zur Ritterstraße beschlossen und 1822 für etwa 30 Thl durch den Maurermeister Heinert durchgeführt. Nachdem die Kirche als Kornboden genutzt wurde, hatte man die beiden Torflügel entfernt, diese eingelagert und den Kirchhof als öffentlichen Platz genutzt. Da dieser aber nun vor allen von den Nachbarn genutzt wurde, sollen die Tore wieder geschlossen werden (KAM, Mi, E 550).

Gedenkstein für den Stifter des Gasthauses, Heinrich Gieseler von 1612 (Abb. 1218)

Nach dem Ausbau lagerte der Stein 1880 im Garten des Proviantamtes (Hohe Straße 6 und man vermutete nun, er sei ehemals bis 1860 im benachbarten Kreuzgang von St. Martini als Grabstein aufgestellt gewesen. Die Stadt hielt den Erhalt des Steines für notwendig und bat das Presbyterium als nunmehrigen mutmaßlichen Eigentümer um Überlassung. Statt dessen geriet er auf unbekanntem Wege in die städtische Altertumssammlung der Stadt Bielefeld auf der Sparrenburg (zusammen mit einer weiteren Grabplatte eines Juden von 1360, die sich heute wieder im städtischen Museum befindet), von wo er 1903 der Stadt Minden überstellt und der dortigen Museumssammlung einverleibt wurde (KAM, Mi, F 2125); heute in der Eingangshalle des alten Rathauses Markt 1 angebracht:

Tafel aus Sandstein 139 x 78 cm, gestaltet in einer flachen, übergiebelten Ädikula mit Rollwerkverzierung, im inneren Bogenfeld Inschrift in geschobenen Versalien (siehe auch Peczynsky 1991, S. 164, Abb. S. 159 und Mielke 1979, S. 53 beide mit teilweise falschen historischen Nachrichten und Transkriptionen; ferner Wehking 1997, Nr. 154): *EIN BURGEMEISTER HOCHGEEHRT / HINRICH GISELER IST HIE BEERDT / DER UNLENGEST IN DIESER STAT / DAS HOSPITAL FUNDIERET HAT, 1396 / UND ALL SEIN GUTT DAR ANGEWANT / DOMIT SEIN NAM NUN PLEIB BEKANT, / IST AUFGERICHT DIES MONUMENT; / WOLAN IHR REICHE TRET HERAN, NEMBT EIN BEISPIEL VON DIESEM MAN; / BEDENCKT DIE ARMEN MILDIGLICH, / GOTT WIRDTS ERSTATTEN EWIGLICH / POS: PROVISORES AO 1612.*

Abb. 1218 Obermarktstraße 36, Gedenkstein für den Stifter des Gasthauses Heinrich Gieseler von 1612. Heute im Rathaus. 1996.

Erinnerungstafel für die Einrichtung des Friedhofes, von 1636 (heute im Museum der Stadt):

Abb. 1219 Obermarktstraße 36, idealisierte Ansicht von Nordosten der gesamten Bebauung durch die Seifenfabrik Kiel, um 1905.

Bis nach 1832 in der Mauer des Anwesens nahe dem Tor zur Ritterstraße angebracht. Querrechteckige Sandsteintafel mit profiliertem Rahmen, teilweise verwittert mit einer Inschrift in Versalien (siehe dazu von Ledebur 1825, S. 25 und Peczynsky 1991, S. 162 und 164 sowie Wehking 1997, Nr. 187): *AD HONOREM DEI ET IN USUM PAUPERUM / CUM APPROBATIONE AMPLISS: SENATUS / MINDENSIS HUIUS XENODOCHII / TEMPLUM CUM COEMITERIO DOMINI / PROVISORES GEORGIUS WESLINGIUS / ET HENRICUS FEINE PRAEPARATI / CURAVERUNT ANNO 1638:* zur Ehre Gottes und zum Gebrauch der Armen ließen mit Zustimmung des hohen Rates der Stadt Minden diese fromme Stätte des Gasthauses die Provisoren Georg Wesseling und Henrich Feine herstellen im Jahre 1638.

Glocke von 1721 aus dem Turm des Hospitals (bis 1896)

Sie war aus Bronze, gelangte nach 1833 in die Kirche zu Porta-Westfalica-Kleinenbremen und wurde dort im Zusammenhang mit dem Kirchenneubau 1896 umgegossen (nach von Ledebur 1832 die Glocke 1736 datiert). Diese neue Glocke dann 1917 eingeschmolzen (Vogt 1981, S. 99). Die Glocke trug folgende Inschrift: *SOLI DEO GLORIA, ME CHRISTJAN VOIGT, ANNO 1720 DEN 18. FEBR. DURCH EINEN STURMWIND ZERSCHLAGEN. ANNO 1721 DEN 30. JUNY AUS DER ARMEN CASSA VON SANCT NICOLAI UND GASTHAUSE WIEDER REPARIRT: TEMPORE PROVISORIS GABRIEL KÜJNEMANN.*

Wohnhaus (von etwa 1850) (Abb. 1207, 1209, 1220)

Zweigeschossiges und traufenständiges, massives Wohnhaus von zwei Etagen mit Satteldach auf einer Grundfläche von 13,6 x 12,65 m, an Stelle des vorderen Drittels des alten Hospitalgebäudes um 1850 errichtet. Die Fassade fünfachsig gegliedert und mit mittlerer Haustür. Der Bau nur in der rückwärtigen Hälfte unterkellert mit Kappen auf gemauerten Bögen. Das Innere beiderseits eines bis auf den Hof führenden Längsflures mit einer Raumfolge (nördlich Stube, Küche und Kammer und südlich Stube, zweiläufiges Treppenhaus und Kammer).

Das Haus 1905 beim Brand der westlich anschließenden Seifenfabrik beschädigt und nach Abbruch der Reste der Fabrik und Verkauf an den Kürschnermeister Gustav Vieweg im Jahre 1906 nach Plänen des zugleich auf dem anschließenden Grundstück tätigen Architekten Wilhelm Meyer umgebaut und nach Westen um 5,40 m erweitert (Kosten ca. 15 000 Mark). Dabei die Fassade mit einer reichen Putzgliederung in späthistorischen Formen versehen, das Dachwerk erneuert und als ausgebautes Mansarddach mit übergiebeltem Mittelrisalit gestaltet. Im Inneren völlig neu aufgeteilt mit einem diagonal in der nordwestlichen Ecke angeordneten Treppenhaus. Ferner Errichtung eines dreigeschossigen Flügelbaus unter flachem Pultdach an der südlichen Grundstücksgrenze und Vorbau eines eingeschossigen Ausbaus mit Schaufenstern im Erd- und Balkon im Obergeschoß.

1963 Umbau des Ladens und neue Schaufenster (Plan: Babendreyer); 1997 Neugestaltung der Fassade, wobei die gesamte Stuckdekoration sowie die erhaltenen historischen Fenster entfernt und durch schlichteste Bauteile ersetzt wurden.

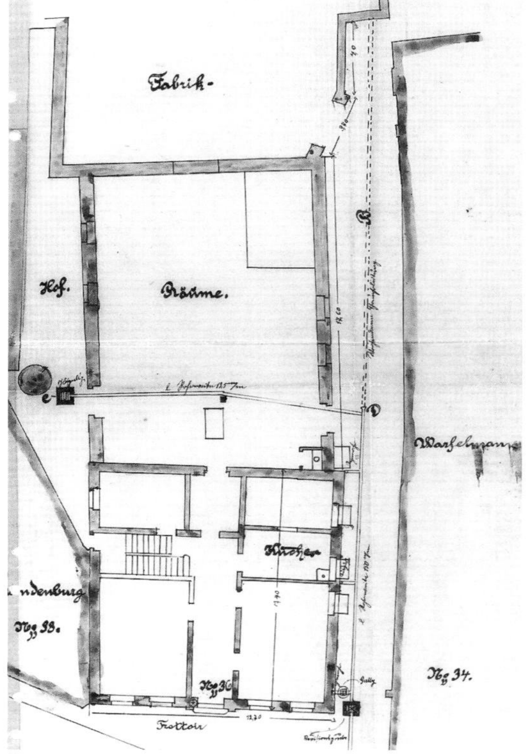

Abb. 1220 Obermarktstraße 36, Grundriß von dem um 1850 errichteten Vorderhaus und dem dahinter verbliebenen Teil des Hospitals. Entwässerungsplan von 1892.

OBERMARKTSTRASSE 38 (Abb. 1221–1223)

1729 bis 1743 Martini-Kirchgeld Nr. 194; bis 1878 Haus-Nr. 254

Sehr kleine und dreieckig ausgeformte Hausstelle, die nur den Winkel in der Straßenkrümmung zwischen den Hausstätten Obermarktstraße 36 und Königstraße 2 umfaßt. Die Hausstelle dürfte zunächst eine Einheit mit dem westlich anschließenden Grundstück Königstraße 2 rechts gebildet haben und wohl mit einem Nebenhaus bebaut worden sein. Das Gelände mit einem großen Niveauunterschied, wobei der rückwärtige Hofplatz noch 1891 etwa 2 m über dem Straßenniveau lag.

1729 Stammelbachs Haus; 1738/40 Ludwig Vögeler (früher Stammelbach); 1741 Johann Ludwieg Vögeler (erwirbt in den folgenden Jahren umfangreichen Landbesitz); 1750 Viktor Costede; 1755 Meister Costede, Haus 200 Rthl; 1766 Meister Costede, ist verstorben; 1781/98 Bäcker Ludwig Bock; 1802/04 Bock, halbmassives Wohnhaus für 600 Rthl, hat Braurecht, hält 2 Kühe und 2 Schweine (hat auch Scheune für 200 Rthl im Priggenhagen); 1805 Kaufmann Christian Friedrich Kiel, Erhöhung Wohnhaus von 600 auf 1 500 Rthl, Scheune von 200 auf 500 Rthl; 1815 Kaufmann Fr. C. Kiel, Wohnhaus 2 000 Rthl (hat auch eine Seifenfabrik in dem Gebäude Priggenhagen 6 – siehe unter Simeonstraße 7, Hintergebäude); 1826 Erhöhung Wohnhaus von 2 000 auf 2 500 Thl; 1832 Kaufmann Friedrich Kiel; 1835 Kiel (erwirbt auch das Armenhaus, taxiert zu 4 000 Rthl); 1836 Kiel, Streichung der Seifenfabrik aus der Versicherung; 1846 Kaufmann Friedrich Kiel (66 Jahre) mit Familie und Gesinde; 1853 Kaufmann Kiel, im Erdgeschoß außer der Wohnung ein *Comptoir* und ein Laden (die zweite sehr niedrige Etage besteht aus vier Kammern. In der dritten Etage als Mieter C. Kiel). Hält 2 Pferde in seinem Stall; 1891 Uhrmacher und Zeughausbüchsenmacher Th. Brandenburg (baut 1895 ein Sommerhaus am Simeonsglacis 25. Sein Sohn erbaut ab 1892 die Häuser Dankerser Straße 1 und 3); 1906/08 Brandenburg.

Abb. 1221 Obermarktstraße 38 (rechts) und Simeonstraße 1 (links), Blick vom Priggenhagen nach Westen in die Königstraße, um 1907.

Abb. 1222 Obermarktstraße 38, Ansicht von Südosten, 1993.

Haus (16. Jahrhundert–1905)

Das Haus nur durch einige Fotografien des Nachbargebäudes Königstraße 2 sowie einen Entwässerungsplan von 1891 näher bekannt. Danach im Kern ein zweigeschossiger und traufenständiger Fachwerkbau mit steilem Satteldach, möglicherweise Teile der Umfassungsmauern im recht hohen Erdgeschoß massiv. Der Bau bis zur Zerstörung verputzt, auf einigen Aufnahmen die starke Verkragung des recht hohen und wohl für Wohnzwecke vorgesehenen Obergeschosses zu erkennen, offensichtlich von Knaggen gestützt. Die hohe Diele des Erdgeschosses nachträglich durch Einbauten verstellt und mit Zwischengeschossen versehen.

Zwischen 1786 und 1797 wurden über 500 Rthl für Renovierungen des Hauses aufgewendet (KAM, Mi, C 133). 1813 wird berichtet, der Kaufmann Fr. C. Kiel habe sein Wohnhaus mit vielen Kosten ausbauen lassen (KAM, Mi, D 387). Nach dem Entwässerungsplan von 1891 bestand das Haus aus zwei Teilen, wobei es auf der östlichen Hälfte des hier nur eine sehr geringe Tiefe aufweisenden Grundstücks offensichtlich aus Nebenräumen oder Wirtschaftsräumen bestand, in denen zuletzt ein Ladengeschäft eingerichtet war. Die westliche Hälfte ebenfalls nur mäßig tief und mit zumindest massiver Front und einem breiten dielenartigen Mittelflur von etwa 2,80 m Höhe, an den sich auf beiden Seiten Räume mit Zwischengeschossen darüber anschließen: links Stube und Küche, rechts ein langes und schmales Zimmer. Treppe zum Obergeschoß vor der Rückfront, von hier aus auch der Zugang zu dem etwa 2 m höher liegenden und sehr kleinen rückwärtigen Hofplatz.

Das Haus brannte zusammen mit der nördlich anschließenden Seifenfabrik Kiel am 28. 8. 1905 ab.

Wohn- und Geschäftshaus (von 1906)

Im Zuge des Wiederaufbaus nach dem Großbrand 1906 Neubau eines Wohn- und Geschäftshauses für den Uhrmachermeister B. Brandenburg beantragt, der durch den Zimmermeister

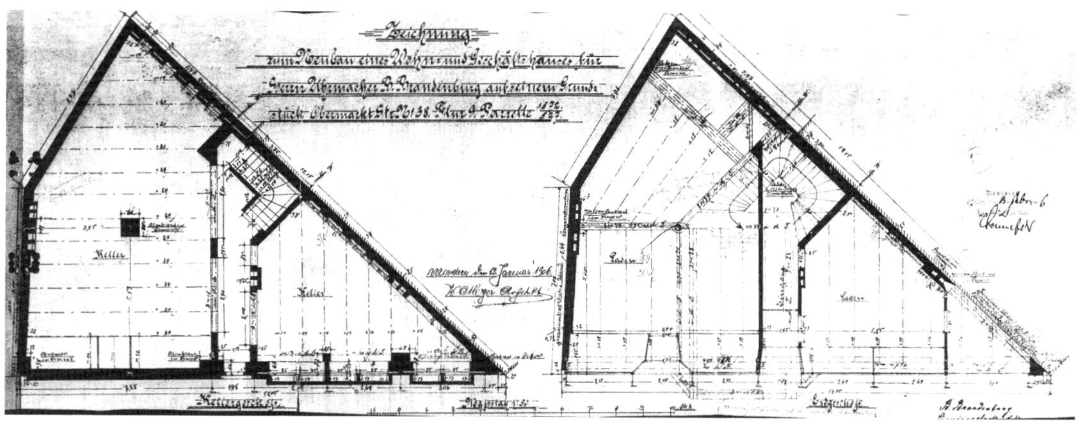

Abb. 1223 Obermarktstraße 38, Grundrisse, Ansicht und Schnitt aus dem Bauantrag des Architekten W. Meyer 1906.

F. Stremming nach einem Plan von W. Meyer bis Oktober 1906 erstellt wird. Dabei im wesentlichen die Höhenentwicklung des westlich anschließenden und zur gleichen Zeit geschaffenen Hauses Königstraße 2 übernommen.

Dreigeschossiger und ganz mit Eisenbetondecken unterkellerter Bau auf dreieckiger Grundfläche, nur über die vordere Front belichtet (kleiner Lichthof zur Belichtung von Küchen und Aborten in der Nordwestecke). Diese mit Backsteinen verblendet und mit Formsteinen reich in spätgotischen, der norddeutschen Architektur entlehnten Formen gegliedert, zudem durch einen übergiebelten Erkerturm malerisch aufgelöst. Die Fassade korrespondiert deutlich mit der des gegenüberliegenden Hauses Simeonstraße 1, das 1894 von dem gleichen Architekten entworfen worden war, so daß hier als Neuinterpretation der städtebaulichen Situation eine starke Verengung des Straßenraumes und eine Art Torsituation entsteht, zusätzlich noch durch die sich entsprechenden und übergiebelten Erker an beiden Bauten betont. Das ausgebaute Dach weiter mit drei Ausbauten unter hohen Zeltdächern malerisch gestaltet und belichtet (der westliche heute verändert). Das Erdgeschoß völlig in ein hohes Ladengeschoß mit Schaufenstern aufgelöst (Gußsäulen aus dem Eisen- und Hartgusswerk »Concordia« in Hameln). Hier jeweils ein Laden seitlich eines mittleren Flures zu dem rückwärtigen, hölzernen Treppenhaus, das um ein durch das Dach belichtetes, offenes Auge gewendelt ist. In den beiden oberen Geschossen je eine Fünfzimmerwohnung, wobei die Speisekammer von der Küche, die Aborte von der Treppe erschlossen sind. Im Dach Kammern und Waschküche.

1959 Umbau des hohen Ladengeschosses in zwei Etagen und Neugestaltung der Schaufenster (Architekten: Schlusche & Rösner), ferner Schaffung eines neuen Hauseinganges in der östlichen Ecke. Die oberen Bereiche des Hauses bis heute weitestgehend im Äußeren und Inneren unverändert (Decken zum Teil abgehängt); 1984 in die Denkmalliste der Stadt Minden eingetragen.

Opferstraße

Die Straße verläuft auf der Mauerkrone des südlichen Abschnitts der dort wohl in der zweiten Hälfte des 13. Jahrhunderts errichteten Stützmauer. Sie ermöglichte in diesem Bereich eine bessere Ausnutzung des dem Martini-Stift gehörenden steilen Hanggeländes, wobei für ihren Bau offenbar rückwärtige Teilbereiche von bürgerlichen Hausstätten auf der Westseite von Marktplatz und Obermarktstraße eingezogen wurden. Da der Bau der Stützmauer wohl von St. Martini initiiert und durchgeführt wurde, dürfte während des Mittelalters auch die Trasse der Opferstraße auf ganzer Länge zum Stiftsbezirk gehört haben. So handelte es sich bei ihr lange nicht um eine öffentliche Straße, zumal sie als nicht durchfahrbarer Stichweg auf dem bis 1807 genutzten Friedhof um die Martini-Kirche endete. Die Straße tauchte 1646 bei der Argumentation zur Neuanlage einer zusätzlichen Verbindung zwischen Unter- und Oberstadt nicht auf; als Verbindung beider Stadtbereiche wird hier nur die Königstraße und die Hufschmiede genannt, die nun durch den neu geschaffenen Trockenhof (siehe dort) ergänzt werden sollte. Eine Nennung der Straße erfolgte ebenfalls erst spät: Um 1460 und 1534 die ältesten belegten Nennungen des Begriffes *Offerstraße* (Schroeder 1886, S. 437) bzw. 1467 *in platea Offerstrate* (STA MS, Mscr. VII, 2711), wobei sie von Tribbe um 1460 als kleine Straße beschrieben wird, die von der Obermarktstraße zum Martinikirchhof führt. Die Herkunft des Namens ist nicht bekannt (1795 wird mit dem gleichen Namen aus unbekannten Gründen auch die heutige Poststraße bezeichnet). Am nördlichen Ende wurde die Straße durch eine in den Quellen erwähnte und noch im 16. Jahrhundert bestehende Mauer zum Kirchhof abgegrenzt.

Ein größeres bürgerliches Anwesen scheint zunächst einzig an der Einmündung zur Obermarktstraße bestanden zu haben, wo es sich an die dort dichte Reihe von bürgerlichen Stätten anschloß, allerdings von St. Martini zur Pacht ausgegeben worden war (siehe Nr. 1). Während auf der Ostseite wohl zunächst nur Dächer von Lagerhäusern, Scheunen und Hinterhäusern der Grundstücke am

Abb. 1224 Opferstraße, Blick vom Martinikirchhof nach Südosten, links Nr. 8 bis 2, rechts Nordgiebel von Nr. 9, Zustand 1946.

Markt und Obermarktstraße über die Krone der Mauer ragten, wurde zu nicht näher bekannter Zeit vor 1500 an der Westseite eine Reihe von kleinen Wohnungen für Bedienstete des Stiftes errichtet, wobei man die hierfür notwendigen Flächen vom Gelände der Stiftskurie Hohe Straße 8 abtrennte. Es dürfte sich um typische kleine Buden gehandelt haben, die, aus Fachwerk aufgerichtet, zu mehreren unter einem Dach lagen.

Mit der Reformation änderte sich die städtebauliche Situation nachhaltig. So begann das Stift schon 1519, sich von den auf der Westseite errichteten Bauten zu trennen und auch eine bürgerliche Besiedlung zuzulassen (siehe etwa bei den Bauten Nr. 5 und 11), wobei selbst die Zäsur der Kirchhofsmauer überschritten wurde. Bald kamen auch weitere Grundstücke nahe der Obermarktstraße in bürgerlichen Besitz.

Um 1860 kommt es im Verlauf der Straße zu größeren Umgestaltungen: 1859 will die Stadt den ihr gehörenden kleinen Platz an der Einmündung in die Obermarktstraße (neben dem dortigen

Abb. 1225 Opferstraße, Blick nach Südosten, links Nr. 2 a und Hinterhaus von Obermarktstraße 6. Im Hintergrund Obermarktstraße 17, Zustand 1993.

Haus Nr. 8) umgestalten, da man seine steil abschüssige Oberfläche für zu gefährlich hielt. Es werden im Verlauf der Opferstraße Pfeiler mit Ketten errichtet, um den Fußgängerverkehr einzudämmen. Da damit aber auch die Zufahrtsmöglichkeit des Apothekers zum Tor seines Hauses Opferstraße 1 behindert wird, erhob dieser Einspruch (KAM, Mi, F 396). Im 20. Jahrhundert ist hier eine mehrmals umgebaute und erneuerte Treppe eingebaut worden (letzte Neugestaltung 1954 nach Plänen von H. Staubermann/Planungsamt). 1860/61 kommt es auch am nördlichen Ende der Straße mit dem Abbruch des Hauses Opferstraße 11 zu einer starken Veränderung, da die ehemalige Standfläche des Hauses zukünftig als Schulhof der westlich davon an Stelle des St. Martini-Remters errichteten Mädchenschule ausgewiesen wird (siehe Martinikirchhof 1).

1877 wird die Straße mit kleinen Kopfsteinen und bei Einbau von Bordsteinen neu gepflastert und 1878 werden die Fluchtlinien für die Straße festgestellt (PfA St. Martini, P 1). 1894 wird die Kanalisation gelegt.

ÖFFENTLICHER BRUNNEN

An der Einmündung der Straße in die Obermarktstraße wurde am 15.3.1973 bei Kabelverlegungsarbeiten der Post ein großer Brunnenschacht freigelegt. Es dürfte sich hierbei um den Schacht der öffentlichen Pumpe Nr. 15 gehandelt haben (siehe dazu KAM, Mi, F 2234). Er ist auch auf der Vogelschau von W. Hollar von um 1634 zu erkennen und auf der Zeichnung zur Bepflasterung der Obermarktstraße von 1807 (siehe Abb. 1123) verzeichnet. Der Schacht von etwa 1,50 m Durchmesser war mit großen, etwa jeweils ein Achtel des Umfanges messenden und sauber bearbeiteten Sandsteinblöcken eingefaßt (siehe MT vom 18.3.1973, mit Foto).

NACHRICHTEN ZU NICHT BEKANNTEN HÄUSERN AN DER STRASSE:

1467 verpachtet das Stift St. Martini dem Albert Dreger anders genannt Luning und seiner Frau Metteke *aream vnam et domum* [...] *sitas in platea Offerstrate, quas Johan van dem Spanne et Beke eius vxor legitima* innehatten (STA MS, St. Martini, Urkunden Nr. 209, – STA MS, Mscr. VII, 2711, Bl. 127v).

1595 mieten der Bürger Albert Albert und dessen Frau Ilse vom Stift St. Martini für 5 Thl jährlich *ein Haus und Hoff auf der Offerstraße, welches zuvor Christoffer Uphoff innehatte* (STA MS, St. Martini, Akten 144 a).

OPFERSTRASSE 1 »Adler-Apotheke« (Abb. 427, 1046, 1226–1238, 1240)

1729 bis 1741 Martini Kirchgeld Nr. 5 und 6; bis 1878 Haus-Nr. 182

LITERATUR: Mooyer 1853. – Heimat 6, 1930, Sp. 18. – Kohl 1943, S. 45. – Kohl 1977. – Kaspar 1986, S. 160.

Die Apotheke steht in der Tradition der ersten privilegierten Apotheke der Stadt, der sogenannten »Alten Apotheke«, die vom Rat um 1570 in einem ihm gehörenden Haus unmittelbar östlich vom Rathaus am Kleinen Domhof 1 eingerichtet wurde, aber wohl 1659 mit der Trennung von Privileg und Haus in das Gebäude an der Obermarktstraße verlegt worden ist, wo sie unter dem späteren Namen »Adler-Apotheke« bis zur Schließung 1996 verblieb. Die Verlegung dürfte im Zusammenhang mit der Übergabe an den neuen Pächter Martin Walter zum 5.2.1659 zu sehen sein (zur älteren Apothekengeschichte siehe Kleiner Domhof 1 und Markt 6). Nachdem sich die Apotheke bis 1696 zur Miete in dem Haus befand, während der Apotheker an anderer Stelle wohnte, ist der Betrieb danach durch den Apotheker Walter nach Erwerb von Haus und Nebenhaus und eines südlich anschließenden Nachbargrundstücks in großem Rahmen ausgebaut worden. Die seitdem weitläufige Hausstelle setzt sich daher aus verschiedenen historischen Grundstücken zusammen und ist heute von einer ganzen Gruppe von Gebäuden bebaut, von denen der Kernbau der heutigen Apotheke noch in die Zeit vor 1500 zurückgeht. Das Gelände umfaßt eineinhalb mittelalterliche Hausstätten, die entlang der Obermarktstraße von St. Martini ausgegeben worden waren, wobei wohl zumindest der nördliche Teil zum ursprünglichen Güterbesitz des Klosters gehörte. Vor 1696 war das Gelände in drei unterschiedliche Grundstücke aufgeteilt (deren mittelalterliche Geschichte allerdings nur in Andeutungen bekannt bzw. zu erschließen ist): auf der südlichen Hälfte standen zwei Gebäude, die verschiedenen Eigentümern gehörten. Bei dem südlichsten Bau scheint es sich um ein im Spätmittelalter entstandenes Nebenhaus von Obermarktstraße 10 zu handeln. Dieser südliche

Abb. 1226 Opferstraße 1, Ansicht des Gesamtkomplexes von der Obermarktstraße nach Nordwesten, 1993.

Grundstücksteil – ehemals zu dem bürgerlichen Anwesen Obermarktstraße 10 als Beifahrt zugehörig – war wohl Gelände, für das zunächst Wortgeld vom Wichgrafen erhoben wurde. Erst seit 1960 ist das südlich daran anschließende Grundstück Obermarktstraße 10 durch einen Anbau als erster Bauabschnitt eines geplanten Gesamtneubaus mit in den Komplex einbezogen. Der mittlere Bau ist das ursprüngliche, noch in spätmittelalterliche Zeit zurückreichende Haus, das nach 1696 mit dem südlich anschließenden Nebenhaus vereint wurde, während der Bereich des zunächst zum Haupthaus gehörigen, nördlich anschließenden Nebenhauses wohl schon im Spätmittelalter mehrfach unterteilt worden war. Während man dort im vorderen Bereich ein Nebengebäude (heute Opferstraße 3) errichtet hatte, bestand dahinter eine weitere, zu nicht näher bekannter Zeit entstandene Hausstelle, die unmittelbar hinter dem heutigen Haus Opferstraße 3 lag. Sie wird 1565 beschrieben als *bauen dem Marckte an der Offerstraten twischen Seglken Schillinges echterhuse* (= Opferstraße 1 rechter Teil) *und Hinrich Kulemans Huse* (= Opferstraße 3) *belegen* (STA MS, Mscr. VII, 2716, Nr. 179). Seit dem 17. Jahrhundert läßt sich bis 1868/um 1875 ein zugehöriger, 58 Quadratruthen großer Garten *im Bruch* nachweisen (siehe Lindenstraße 17, 19, 21), der zur Apotheke gehörte und wohl nicht zuletzt dem Kräuteranbau diente. Ein weiterer zugehöriger Garten von 105 Quadratruthen lag bis 1813 vor dem Simeonstor (KAM, Mi, D 392, fol. 227v–228r).

Abb. 1227 Opferstraße 1, rückwärtige Ansicht des Komplexes von Nordwesten, 1994.

Die folgenden Quellen sind nicht sicher auf diese Hausstelle zu beziehen: Wohl 1322 lassen Frau Bele vom Markt sowie ihre Kinder Hermann, Johann, Friedrich und Wobbe dem Lambrecht Gänsespeck (*Gansephete*) ein Erbe *bi der Offerstrate* auf (von Schroeder 1997, Stadtbuch 1318, I, Nr. 37). 1338 lassen Heinrich von Leese und seine Frau und ihre Söhne dem Gieselbert genannt Gänsespeck und seinen Kindern *domus et aree* [...], *site apud plateam Offerstrate* auf (von Schroeder 1997, Stadtbuch 1318, I, Nr. 88). 1348 lassen Gieseke Gänsespeck und seine Frau dem Andreas (*Dres*) von dem Hagen *en hus vppe der Offerstrate* auf (von Schroeder 1997, Stadtbuch 1318, I, Nr. 94). 1348 lassen Gieseke Gänsespeck und seine Frau dem Johann Binnenwise auch *dat neste hus darbi vppe der Offerstrate* auf (von Schroeder 1997, Stadtbuch 1318, I, Nr. 95).

HINTERE HAUSTELLE (hinter Opferstraße 3): 1565 Johann Schwiering und seine Frau Bredeke verkaufen eine Rente aus ihrem Haus, später nachgetragen: Hans Holste, Michael Schildhaus; Bäcker Claus Moller, Bäcker Jost Averding.

NEBENHAUS (linke, südliche Hausstelle): 1680 Jost Konerding; 1683/92 Daniel Konerding; 1696 *cessat, weil es H. Walter an sich erhandelt und eingezogen a. o. 1696*; 1702/11 zahlt Walter für Konerdings Haus, das er eingezogen hatte, Giebelschatz.

HAUPTHAUS (rechte Hausstelle): 1565 Segelke Schilling; 1591 Heinrich Schilling und seine Frau Margarethe Sobbe; Verkauf vor 1663 von den Erben Schilling an Martin Walter, doch von diesem zunächst bis zum Neubau um 1696 vermietet: am 5. 2. 1659 Verkauf der alten Apotheke am kleinen Domhof 1 an Martin Walther aus Einbeck (sein Schwiegersohn ist 1664 Michael Franke. Siehe Mooyer 1853, S. 68); 1663 *Martinus Walter, Apotheker, gibt an sein Haus an der Offerstraße* [...] (KAM, Mi, B 122); zwischen 1679 und 1683 Übergang an seinen Sohn Bernhard Heinrich Walther, verheiratet mit Adelheid Bothe (am 10. 4. 1729 beerdigt); 1680 Henrich Benedict; 1683/92 Hinrich Langenborg; 1696 *vacat*, jetzt Herr Walter, ist Ratsmitglied.

GESAMTBESITZ (ab 1696): 1702/11 Bernhard Hinrich Walters Haus (ist von Steuern befreit); 1715 wird Christoffer Deterding, Diener des Apothekers Walter auf dem Kirchhof von St. Nikolai begraben; 1729/41 Herrn Walters Wohn- und Nebenhaus; am 8. 3. 1730 wird der Apotheker B. H. Walter auf dem Klosterhof bei St. Martini begraben (KKA Minden, St. Martini); Apotheker Walters Sohn Heinrich, der die Apotheke 1726 übernahm, heiratete am 5. 6. 1732 Elisabeth Rinsche, Tochter des Lic. Riensche (siehe Markt 18) und wird am 6. 9. 1739 auf dem *Martini-Kloster-Kirchhofe* begraben; 1740 Provisor der Walterschen Apotheke ist Johann Gottlieb Kirbach (heiratete am 21. 10. 1740 Anna Sophia Schering, Witwe des Kaufmanns Bödeker); am 22. 9. 1740 heiratete die Witwe Elisabeth Walter den Apotheker Nicolaus Beckmann; 1743 Apotheker Beckmann; 28. 4. 1745 Witwe Margaretha Elisabeth Rienschen (Witwe Beckmann) heiratete Gabriel Selpert (auch Silpert oder Selpern), Apotheker aus Bremen (KKA Mi, St. Martini); 1750 Apotheker Selpert mit Sohn Heinrich August Selpert (* 1746). Er besaß auch Land in Minderheide, das den Flurnamen Selpertskamp erhielt; 1755/66

Abb. 1228 Opferstraße 1, Ansicht der südlichen Traufwand des Hinterhauses (nach Abbruch von Obermarktstraße 10), im Hintergrund Bauten an der Hohen Straße, 1961.

Herr Selpert, Haus für 1 000 Rthl; 1781 Frau Senator Selpert: Wohnhaus für 1 000 Rthl und zwei Hinterhäuser, jedes zu 100 Rthl. Hält 4 Kühe; 1785 Selpert. Erhöhung Wohnhaus auf 1 600 Rthl, Hinterhäuser auf jeweils 200 Rthl; nach dem Tode von Selpert und seiner Witwe pachtete Johann Heinrich Iser (* 1753 in Hildesheim, Studium in Halberstadt, seit 1792 Senator in Minden, † 1813/14) die Apotheke, die er später erwarb; 1798 Senator Iser. Haus mit zwei Nebengebäuden und Braurecht und metallener Wasserspritze; 1802 Iser: Wohnhaus 5 025 Rthl, Seitengebäude 300 Rthl, Hinterhaus 425 Rthl; 1804 bewohnt von der Familie Iser mit vier Gesellen, zwei Jungen und zwei Mägden. Iser hält 3 Schweine; 1805 Erhöhung Wohnhaus auf 6 000 Rthl, Seitengebäude auf 500 Rthl und Hinterhaus 600 Rthl; am 1. 1. 1815 Übergang der Apotheke an Karl Wilken (* 1780 ?), der mit der zweiten Tochter Aemilie aus Selperts zweiter Ehe mit einer Frau Brandt aus Vlotho verheiratet war; 1818/37 Carl Wilken: Wohnhaus und ein Seitengebäude; 1846/53 Apotheker Karl Wilken mit Familie und Gesinde (1853 als Mieter Hauptmann von Freskow mit Familie). Nach Übergang an den Sohn Julius Wilken (* 1834) um 1850 wird die Apotheke von diesem um 1880 an den Apotheker Otto Klitzsch verkauft (Wilken verzieht in den Neubau Marienglacis 23); 1890 Verkauf an den Apotheker Engelbert Damm aus Halle/Westfalen für 220 000 Mark (Klitzsch erbaut sich 1892 als Rentier die Villa Marienstraße 47); 1896 Verkauf für 240 000 Mark an Apotheker Dr. F. van Noenen aus Münster, der sie 1897 an den Apotheker A. Damm verkauft; 1899 Verkauf für 207 750 Mark an den Apotheker Dr. Alfred Will aus Hanau; 1929 Apotheker A. Will; 1943 Verkauf an seinen Schwiegersohn Albert Andert (wohnt Königstraße 66); 1956 Apotheker A. Andert; 1982 Übergang der Apotheke an Wolfgang Andert. Die Apotheke zum 31. 12. 1996 geschlossen.

Haus (von 1500/01)

In der Erscheinung heute ein dreigeschossiger und traufenständiger Putzbau unter Satteldach; das Erdgeschoß weitgehend in Schaufenster aufgelöst. Rückwärtig schließt sich etwa mittig ein Flügelbau von drei Geschossen unter am Rückgiebel abgewalmtem Satteldach an. Dieser Komplex setzt sich aus verschiedenen, teilweise nachträglich zusammengewachsenen Bauteilen unterschiedlichen Baualters und mit eigenständiger Geschichte zusammen. Zur Klärung der bislang unbekannten

Abb. 1229 Opferstraße 1, Plan zur Entwässerung des Grundstücks, 1897.

Geschichte des Komplexes wurde 1994 eine bauhistorische Untersuchung einschließlich einer dendrochronologischen Datierung der Bauteile durchgeführt. Die dendrochronologischen Datierungen (1994 durch H. Tisje/Neu-Isenburg) im einzelnen:

Ende 1500	Hinterhaus, Dachwerk, Nordseite, 1. Sparren von Westen
Anfang 1694	Vorderhaus, Dachwerk, südliche Spitzsäule
1694 ±2	Vorderhaus, 2. Obergeschoß, Ostseite, 3. Ständer von Norden
um oder nach 1675	Vorderhaus, Südteil, 2. Obergeschoß, Westseite, 2. Ständer von Süden
1803	Hinterhaus, Dachwerk, Südseite, 7. Sparren von Westen
1805 ±2	Hinterhaus, Dachwerk, südwestlicher Walmsparren

BAUPHASE I: Den Kern des Baukomplexes bildet danach ein großes, bürgerliches und giebelständiges Dielenhaus mit massiven Umfassungswänden, das heute das mittlere Drittel des Grundstücks einnimmt. Die Mauern aus großen Bruchsteinblöcken aufgemauert. Nach den Baubeobachtungen und der dendrochronologischen Datierung könnte der Bau im Jahr 1500/01 errichtet

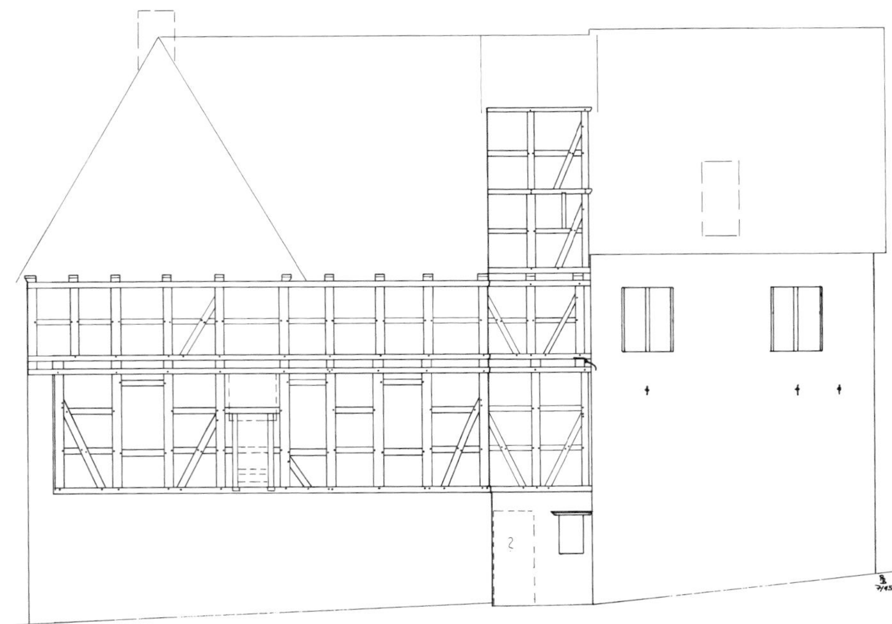

Abb. 1230 Opferstraße 1, Ansicht der nördlichen Traufwand, rekonstruierter Zustand 19. Jahrhundert.

worden sein. Ob hierbei Reste eines älteren Vorgängerbaus weiter verwendet wurden, kann im augenblicklichen, bewohnten Zustand des Hauses nicht festgestellt werden. Das Gebäude im wesentlichen in der hinteren Hälfte erhalten, während der vordere Teil schon 1696 weitgehend erneuert worden ist.

Das hintere Drittel auf der gesamten Breite als Hinterhaus eingerichtet und mit einem wegen des hier ansteigenden Geländes nahezu ganz im Boden eingetieften Kellerraum versehen. Dieser mit bis zu 1,40 m starken Umfassungswänden und einem Tonnengewölbe (Scheitel in Längsrichtung). Darüber ursprünglich ein Saal mit Belichtung von der West- und Nordfront. Das Hinterhaus scheint zunächst nur eine Etage über dem Keller aufgewiesen zu haben. So ist das zum großen Teil in seinem Holzwerk erhaltene Dachwerk darüber mit einer ursprünglichen Neigung von etwa 60° heute in Zweitverwendung und mit geringerer Neigung verzimmert, was auf einen Umbau bzw. eine Abnahme zur Aufstockung hindeutet. Die Trennwand zwischen Vorder- und Hinterhaus massiv ausgeführt und mit Resten der in Renaissanceformen gestalteten Herdfeuerstelle der Hausdiele. Die vordere Hausdiele dürfte eine Höhe von über 5 m aufgewiesen haben.

BAUPHASE II: In den Jahren um 1600 scheint ein in seinem Umfang nicht genauer faßbarer Umbau des Hauses stattgefunden zu haben, von dem heute insbesondere noch verschiedene Werksteinarbeiten zeugen. Zu dieser Phase dürfte der Einbau eines repräsentativen Rauchfangs am Herdfeuer der Diele im Vorderhaus gehören, von dem am Ort noch Reste der rechten Kaminkonsole erhalten sind. Diese aus Sandstein und als Karyatide gestaltet (siehe auch den am Hintergebäude erhaltenen Sturz – weiter unten). Weiterhin zu nennen: der bis 1951 erhaltene reich dekorierte Torbogen in der Mitte der Vorderfront. Zugleich mit diesem Umbau scheint das Hinterhaus mit einem Obergeschoß versehen worden zu sein. Diese Baumaßnahme läßt sich bislang allerdings nur indirekt durch verschiedene Indizien erschließen: So zeigt dieses Geschoß deutlich dünnere Wandstärken als das untere und ist aus Backstein aufgemauert, wobei die südliche Traufwand im Erdgeschoß noch heute stark vortritt; zudem ist das wohl 1501 zum ersten Mal aufgeschlagene Dachwerk darüber mit geringerer Neigung von etwa 56° nachträglich neu verzimmert worden. Von dem Dachwerk sind die hinteren sieben Gebinde erhalten, von denen allerdings die beiden südlichen später für eine Abwalmung erneut verändert wurden. Auch die Saalfenster des Hinterhauses scheint man in dieser Zeit erweitert und neu dekoriert zu haben: so zeigt der Rückgiebel in beiden Geschossen jeweils eine große und fast die ganze Breite des Raumes einnehmende Fenstergruppe mit abschließenden Zahnschnittgesimsen. Hierbei seitlich eines im Obergeschoß erhaltenen massiven und rechteckigen Mittelpfeilers jeweils drei durch kannelierte Säulen getrennte, verglaste Bahnen. An der Nordwand finden sich im Obergeschoßsaal zwei weitere zweibahnige Fenstergruppen. Weitere Bruchstücke von Zahnschnittgesimsen haben sich im Bereich ehemaliger Seitenfenster des Küchenbereiches an der Nordwand in Zweitverwendung erhalten. (In welcher Weise ein funktionaler Zusammenhang mit dem im späten 17. Jahrhundert errichteten, baulich aber selbständigen seitlichen Hinterhaus bestand, ist bislang nicht bekannt).

Abb. 1231 Opferstraße 1, Torbogen der Zeit um 1600, Zustand 1961.

BAUPHASE III: Zwischen 1694 und 1696 wurde das Haus (nach den dendrochronologischen Datierungen, den archivalischen Nachrichten und dem erhaltenen Wappenstein) wesentlich verändert, wobei der rückwärtige Teil des alten Baus nach Abbruch von Teilen des Vorderhauses hinter einem weitgehend neu errichteten, dreigeschossigen Vorbau verschwand. Dieser griff nach Zuerwerb des südlich anschließenden Grundstücks beidseitig über die alte Flucht der bestehenden Seitenwände hinaus und erhielt ein steiles Satteldach mit Traufe zur Straßenfront, so daß in der Ansicht der Eindruck eines weitläufigen, traufenständigen und für die Zeitgenossen palastartigen Etagenhauses entstand, das eine Straßenfront von 23,07 m aufweist. Hierbei wurden Erd- und erstes Obergeschoß an der Front massiv ausgeführt; ansonsten ist der Bau durchgängig aus Fachwerk, allerdings zur Straße wohl von Anfang an verputzt. Da das alte Dielentor erhalten blieb, scheinen zumindest

Abb. 1233 Opferstraße 1, Fenstergruppe in der Westwand des zweiten Obergeschosses, 1995.

◁ Abb. 1232 Opferstraße 1, Wandmalerei im zweiten Obergeschoß, Ostfront, 1995.

Teile des Altbaus weiterverwendet worden zu sein. Auch die Höhenabmessungen des Erdgeschosses blieben unverändert. Darüber entstand ein mit 3,45 m lichter Höhe sehr großzügig bemessenes Obergeschoß und ein weiteres niedriges Geschoß von etwa 2,25 m lichter Höhe. Südlich erhielt der neue Bauteil eine vordere Fassadenlänge von nahezu 10,5 m, wobei er nur 7,4 m tief ist, während die nördliche Erweiterung bei 4,9 m Breite 12,4 m tief wurde. Der auf der Nordseite zurückspringende Teil des bestehen bleibenden Teiles des alten Vorderhauses mußte zur durchgehenden Nutzung der Ebenen bis in das alte Hinterhaus an der Nordwand mit vier Stockwerken aus Fachwerk versehen werden. Das mit Backstein ausgemauerte Gerüst wurde stöckig verzimmert und erhielt an den seitlichen Giebeln Stichgebälke mit Gratstichbalken; Aussteifung des Gerüstes mit geraden Fußstreben zu den Eck- und weiteren Ständern. Das Obergeschoß mit zwei Riegelketten (dabei die obere mit Riegelversprüngen für die Öffnungen), das zweite Obergeschoß mit nur einer Riegelkette. Die Queraussteifung des Fachwerkgerüstes wurde in beiden Stockwerken mit dreifach geschweiften Kopfbändern hergestellt, was darauf hinweist, daß das Holzwerk zunächst nicht überputzt, sondern in die Raumgestaltung einbezogen war. Das seitlich ganz abgewalmte Sparrendach von 12 Vollgebinden wurde mit zwei Kehlbalkenlagen ausgesteift, von denen die untere einen Dachboden trägt. Die letzten Vollgebinde jeweils mit einer Spitzsäule.

Die Länge der Fassade wurde zusätzlich durch die gleichmäßige Verteilung von sechs Fenstergruppen aus jeweils zu zweit gekuppelten Rechteckfenstern betont, wobei die dritte Gruppe von Nord axial über den Torbogen gesetzt wurde. Die Fenster mit undekorierten, aus Sandstein gehauenen, rechteckigen Gewänden. Im niedrigen Geschoß darüber fünf kleinere Fensteröffnungen mit

Abb. 1235 Opferstraße 1, Wappenstein von 1696, Zustand 1995.

◁ Abb. 1234 Opferstraße 1, zweitverwendetes Türblatt des 17. Jahrhunderts im zweiten Obergeschoß, 1995.

jeweils zwei Flügeln. Die weitere Fassadenaufteilung des Erdgeschosses wegen der zahlreichen späteren Erneuerungen nicht bekannt, ebenso nicht die Putzgliederung der Wandflächen. Auch der ursprüngliche Ort der an diese Baumaßnahme erinnernden Wappentafel ist nicht bekannt. Bis 1951 befand sie sich im Sockelbereich des südlichsten Fassadenabschnitts, danach wurde sie in den nördlichen Teil des Sockels versetzt. Der Wappenstein aus grauem Sandstein (101 x 87 cm) besteht aus einer unteren, quadratischen Tafel und einem niedrigen dreieckigen Aufsatz, völlig ausgefüllt mit den breit aufgefächerten Flügeln eines Cherub. In der Mitte der Tafel an Bändern aufgehängt zwei Wappentafeln: Links eine Gans oder ein Strauß, wohl das Hauszeichen von Bernhard Heinrich Walter, rechts ein Schiff auf Wellen, offenbar das sprechende Hauszeichen seiner Frau Adelheid Bothe. Die an Bändern aufgehängten Tafeln von gekreuzten Palmwedeln eingefaßt und durch eine vielzackige Krone bekrönt. In den unteren Zwickeln die Datierung *16* (links) und *96* (rechts).

Der neu gebaute südliche Flügelbau erhielt eine Unterkellerung mit einem Tonnengewölbe, das entlang der Vorderfront bis zur Diele des alten Haupthauses reichte. Darüber wurde das Erdgeschoß des Flügelbaus völlig mit massiven Umfassungswänden und zudem mit einem in seiner Gestalt nicht mehr weiter bekannten Kreuzgratgewölbe versehen. Hier wurde das Laboratorium der Apotheke mit einer großen Feuerstelle in der südlichen Seitenwand und darüber bis über den First führendem Schornstein eingerichtet. Im Zuge des Umbaus scheint man repräsentative Wohnräume in den oberen Geschossen des neu geschaffenen Vorderhauses eingerichtet zu haben. Die nähere Einteilung und

Abb. 1236 Opferstraße 1, Nebenhaus (hinter Opferstraße 3), Ansicht von Süden, 1994.

Ausgestaltung ist allerdings im heutigen, ausgebauten Zustand nicht zu klären. Am Nordgiebel deutet das Fachwerkgefüge auf ehemalige große Fensteröffnungen und einen mittleren Aborterker im ersten Obergeschoß hin. Im zweiten Obergeschoß offenbar nur ein großer, durchgehender, im lichten etwa 2,15 m hoher Raum mit umlaufender Befensterung, möglicherweise als Saal anzusprechen. Nach zum Teil umfangreich erhaltenen Befunden war das Innere durchgehend mit Bemalung verziert, die sich über Ständer, Balkenwerk, Deckendielung und die verputzten Gefache (Riegel überputzt) hinwegzieht: Auf grauem Grund rotbraune und schwarz konturierte, großformatige Ranken.

BAUPHASE IV (Umbauten): Um 1805 wurde der Komplex renoviert, wobei man das Dachwerk über dem mittleren Bauteil der Südseite teilweise erneuerte und hier zudem das rückwärtige Giebeldreieck durch eine Abwalmung ersetzte. Möglicherweise erhielten zugleich oder aber wenig später die vorderen Fassaden neue Fenster mit Blendrahmen, wobei im zweiten Obergeschoß die Brustriegel herabgesetzt und das Fachwerk neu verputzt wurde. Weitere Baumaßnahmen dürften im Inneren erfolgt sein. Einzelne Türblätter der Bauzeit von 1696 wurden wieder verwendet. Die Etagentreppe, die vor die alte Herdwand der rückwärtigen Diele gestellt wurde, scheint mit ihrem Geländer aus gedrechselten Traillen um 1860 erneuert worden zu sein. Über ihre frühere Stellung und Gestalt ist bislang nichts bekannt.

1897 Entwässerung; 1906 Umbau des Erdgeschosses zur Vergrößerung der Geschäftsräume sowie Einbau von Schaufenstern im südlichen Bereich (Baugeschäft G. Ed. König). Hierbei der mittlere Längsflur in der Breite reduziert, der breite Kellerzugang verkleinert und das Laboratorium im südlichen Teil einschließlich Gewölbe und Schornstein darüber abgebrochen. 1907 Schaffung eines Balkons vor dem südlichsten Fenster des ersten Geschosses der Vorderfront.

1951/52 Umbau und Renovierung der Apotheke mit Erneuerung der Fassade (nach Plan G. Schürmann/Lübbecke), wobei die Putzgliederung entfernt, Schaufenster eingebaut und der Torbogen in Renaissanceformen ausgebaut wurde (nach MiHbll 24, 1952, S. 82 wurden die Werksteine

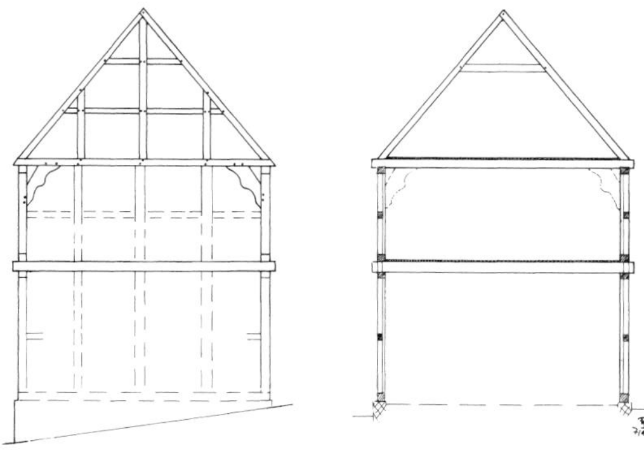

Abb. 1237 Opferstraße 1, Nebenhaus (hinter Opferstraße 3), Westgiebel und Querschnitt, Rekonstruktion von 1993.

auf dem städtischen Bauhof eingelagert – sind dort allerdings heute nicht mehr nachweisbar). Der Wappenstein von 1696 zudem in das nördliche Drittel des Erdgeschosses versetzt. Während der südliche Teil des Hauses im Erdgeschoß völlig zu einem großen Apothekenoffizin ausgebaut wurde, im nicht weiter veränderten nördlichen Bereich Einbau einer Rechtsanwaltskanzlei. Im Gewölbekeller des Hinterhauses das Labor eingerichtet, dabei ein neues breites Fenster in der Westfront geschaffen. Die Obergeschosse des Hauses wurden durch Leichtbauwände modernisiert. 1956 Kanalisation.

Nachdem 1956 zunächst die Errichtung eines Anbaus von drei Geschossen im rückwärtigen Winkel geplant worden war (Plan: Hempel & Ibrügger), war 1961 der Abbruch des Komplexes zu Gunsten eines großen Geschäftshauses vorgesehen, wofür als erster (von drei geplanten) Bauabschnitten auf dem südlich anschließenden Grundstück Obermarktstraße 10 ein viergeschossiger Bau errichtet wurde (siehe dort). Die weiteren Baumaßnahmen unterblieben allerdings. 1991 in die Denkmalliste der Stadt Minden eingetragen. 1995/96 vorsichtige Instandsetzung der Wohnungen im ersten und zweiten Obergeschoß.

Seitliches Hinterhaus (Ende des 17. Jahrhunderts)

Zweigeschossiger und traufenständig entlang der nördlichen Grundstücksgrenze gestellter Bau unter Satteldach. Das Gebäude heute neu verputzt (im Sockelbereich mit Sandsteinblöcken verkleidet) und völlig ausgebaut, daher in seiner historischen Substanz momentan kaum erfaßbar. Im Kern scheinen beide Geschosse (unten etwa 3 m, oben 2 m im Lichten unter den Balken) aus Fachwerk gewesen zu sein. Der Bau ist stöckig verzimmert mit aufgelegten Balken. Das Kerngerüst hatte eine Länge von sechs Gebinden und wurde nachträglich nach Westen um fünf Gebinde verlängert, dabei der alte Westgiebel erneut verwendet. Das Dachwerk mit einem einfach vernagelten Kehlbalken, die Giebeldreiecke mit untergestellter Spitzsäule und zwei Riegelketten. Im Querverband mehrfach geschweifte Kopfbänder. Im 19. Jahrhundert wurde das Erdgeschoß zum Hof massiv erneuert und wohl zugleich die Lage der Balkendecke abgesenkt. Möglicherweise ist der Bau als zweiter und selbständiger Wohnbereich auf dem Grundstück gedacht gewesen.

1951 im Obergeschoß Einbau von zwei Wohnungen mit Leichtbauwänden (Plan: G. Schürmann/Lübbecke). Später Einbau einer Garage im Erdgeschoß.

Abb. 1238 Opferstraße 1, Nebenhaus (hinter Opferstraße 3), Spolie eines Kaminsturzes, 1994.

Kaminsturz (um 1600)

In der Mitte der südlichen Längswand des seitlichen Hinterhauses heute ein sandsteinerner Kaminsturz eingemauert, der – auf Grund der auf der Platte genannten und für die Hausstelle belegten Namen – ursprünglich sicherlich zur Herdfeuerstelle des Haupthauses gehört haben dürfte. Die Platte von 1,79 m Breite und 42 cm Höhe (jeweils mit dem 4 cm weit vorspringenden Gesims) ist aus Obernkirchener Sandstein und reich bearbeitet: der obere Rand mit einem durchlaufenden Gesims mit Eierstab, der untere Rand mit einem ebenfalls durchlaufenden, allerdings einfacheren Gesims. Die Fläche dazwischen durch drei mit Beschlagwerk gefüllte Lisenen in zwei querrechteckige Felder eingeteilt, ebenfalls mit Beschlagwerk gefüllt und mit jeweils einer Wappenkartusche in der Mitte. In einem Kreis zeigen sie jeweils eine Hausmarke und Initialen; links von *HS* (Heinrich Schilling) und rechts *MS* (Margarethe Sobbe). Sowohl die Gestaltung der Platte wie auch die genannten Personen weisen auf eine Entstehung in den Jahren um 1600.

1929 Errichtung einer Autogarage auf dem Hof.

OPFERSTRASSE 2

bis 1818 Haus-Nr. 179; bis 1878 Haus-Nr. 179 a

Hinterhaus von Obermarktstraße 4 (siehe dort)

OPFERSTRASSE 3 (Abb. 1239, 1240, 1241)

1729 bis 1741 Martini-Kirchgeld Nr. 4; bis 1878 Haus-Nr. 181

Das Grundstück, ehemals sicherlich zum Besitz von St. Martini gehörend, steigt rückwärts so stark an, daß das Erdgeschoß zur Straße auf einem hohen Kellersockel, rückwärts weit in den Boden eingetieft ist. Hinter dem Gebäude bestand bis in das späte 17. Jahrhundert eine dann an das Haus Opferstraße 1 gefallene Hausstätte.

1528 Berndt Kulemanns Haus, 1558/60 Heinrich Kulemann (siehe Opferstraße 5).

1715 Meister Uhlenbeckers Haus; 1729/41 Daniel Eschenbach; 1743 Henrich Eschenbach; 1750 Eschenbachs; 1755 Eschenbach, Haus für 200 Rthl; 1765 Gottfried Eschenbach; 1769 Knopfmacher Eschenbach; 1781 Eschenbachs zweites Wohnhaus, 200 Rthl; 1802

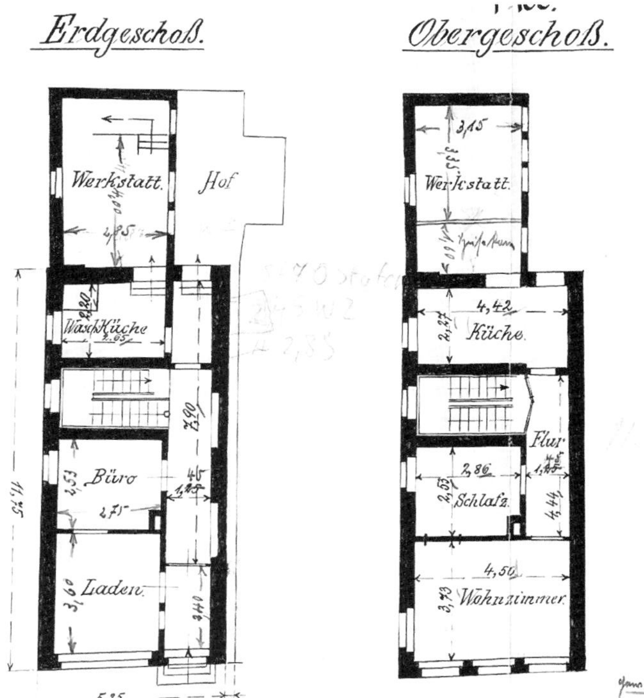

Abb. 1239 Opferstraße 3, Bestandsplan des Hauses mit Erd- und Obergeschoß, 1914.

Eschenbach, 200 Rthl; vor 1805 Erhöhung auf 500 Rthl; 1818 Knopfmacher Rockel; 1826 Erhöhung Wohnhaus auf 800 Thl und Anbau auf 200 Thl; 1837 Rockel; 1846 Dirigent Dr. Wilhelm Bruns; 1851/53 Buchbinder Bachmann mit Familie und als Mieter die Witwe Augustin; 1878 Bachmann; 1890 Hermann Meyer; 1918 Schuhmachermeister Theodor Dorendorf (wohnt Hufschmiede 15).

Haus (bis um 1850)

1769 wird eine Hauptreparatur für 567 Rthl ausgeführt. Dabei *sind Stuben und Kammern eingebauet* worden (KAM, Mi, C 384, 388).

Wohnhaus (um 1850)

Beim Neubau wurde das Haus auf eine Baufluchtlinie zurückgesetzt, die der Fassade von Opferstraße 1 folgt. Zweigeschossiges, schmales Giebelhaus aus Backstein über (zur Straße) hohem Kellersockel. Nur die Sohlbänke aus glatten Sandsteinblöcken. Fassade mit kleiner vorgelagerter Freitreppe dreiachsig gegliedert, heute aber völlig mit Riemchen verkleidet und die Erdgeschoßfenster verändert. Innenwände aus Eichenfachwerk mit Lehmziegelausmauerung. Dachwerk mit Sparren aus wiederverwendeten Eichenhölzern.

Das Innere bestimmt durch einen rechtsseitigen Flur, der das zweiläufige Treppenhaus zwischen den linksseitigen Wohnräumen (Stube, Kammer und hinten Küche mit breitem Kamin im Rückgiebel) erschließt. Dieser Bereich auf ganzer Tiefe unterkellert (Umfassungswände und Tonne aus Backstein). Im Obergeschoß eine abgeschlossene Wohnung mit nur kürzerem, mittlerem Flur. Treppengeländer mit gedrungenen Traillen der Bauzeit bis in das Dachgeschoß. Türen und Fenster erneuert. 1908 Kanalisation; 1918 neuer Schornstein.

Rückwärtig auf dem Hof ein zunächst eingeschossiger Wirtschaftsanbau, um 1900 aufgestockt und mit Pultdach versehen. Hier nachträglich auch ein Kellerraum eingerichtet.

OPFERSTRASSE 4

von 1818 bis 1878 Haus-Nr. 179 a; bis 1965 Hinterhaus von Markt 18 (siehe dort)

OPFERSTRASSE 5 (Abb. 1240–1241)

1729 bis 1741 Martini-Kirchgeld Nr. 3; bis 1878 Haus-Nr. 180

Auf Grund des Parzellenzuschnitts ist davon auszugehen, daß es sich um eine Hausstelle handelt, die zu einem unbekannten, aber vor 1500 zu datierenden Zeitpunkt aus dem zum Martini-Stift gehörenden Gelände einer nördlich an die Klausur anschließenden großen Kurie (siehe dazu Hohe Straße 8) ausparzelliert worden ist. Das Grundstück steigt rückwärts stark an, so daß das Erdgeschoß zur Straße auf einem hohen Kellersockel steht und rückwärtig weit in den Boden eingetieft ist. Auf beiden Seiten des Hauses die Traufgassen mit sandsteinernen Rinnen ausgelegt. Nachdem das Haus offensichtlich bis zur Reformation als Wohnung für Bedienstete der Kirche genutzt wurde, verpachtete das Stift es seit 1528 als selbständiges Wohnhaus.

1528 verpachtet St. Martini dem Cornelius Selander und seiner Frau Ilse ein Haus mit Stätte *vpp der Offerstrate twysschenn vnsser kercken huse, dar nu Borchart Walbom inn wonet vnd Berndt Kulemans huse*, das auch zum Pachtgut St. Martini gehört, das zuvor *vnsse Corlije* (gemeinsamer Besitz) gewesen ist. Zugehörig ein *rum als ses elen lanck van der planckenn des canonickes haue den itzt er Johan Kosteken besittet.* Es werden Bestimmungen über Erbteilung unter den Töchter getroffen: Agnes, Stieftochter des Cornelius, und Katharina, beider Tochter (STA MS, Mscr. VII, 2701b, Bl. 40r–40v). 1528 verkaufen Cornelius Selander und seine Frau Ilse dem Hermann Kruse, Vikar an St. Martini, eine Rente aus einem Haus mit Stätte (Pachtgut St. Martini) *vppe der Offerstrate twysschen Borchard Walboms vnd Berndt Kulemans husen* (STA MS, Mscr. VII, 2701b, Bl. 42r–42v). 1558 verpachtet St. Martini dem Meister Cord Korner, Plattenschläger, und seiner Frau Anna ein Haus mit Stätte und kleinem Holzhaus *vp der Offerstrate thwuschen den beidenn vnser kerckhusern*, von denen das eine Albert Schonehar zur Leibzucht und das andere Heinrich Culemann zur Pacht haben; das *kleine hus so ohme achter in dem hoiff* liegt, soll auf der Seite seines Hauses *van niem holtwercke*, auf der Seite des von Heinrich Reschen, Kanoniker St. Martini, aus Stein aufgebaut werden (STA MS, Mscr. VII, 2701b, Bl. 55v–57v). 1560 verkauft Meister Cord Rover, Plattenschläger, und seine Frau Anna dem Meister Galle Lange und seiner Frau Agnes mit Zustimmung von St. Martini ein Haus *vp der Offerstrate twischen Albert Schonehars vnd Henrich Kulemans husen belegen* (STA MS, Mscr. VII, 2701b, Bl. 80r–81r). Als Kaufpreis werden 100 Thl festgesetzt (STA MS, Mscr VII, 2701 B).

1794 fand ein Rechtsstreit zwischen den Erben Eschenbach und dem Stift St. Martini um den Rechtsstatus des Hauses statt. Dabei wurde die Pachtgeschichte bis in das 16. Jahrhundert zurückverfolgt. Die Erben Eschenbach bestreiten, daß es sich um ein Erbzinshaus von St. Martini handele, da diese meist 7–15 Rthl jährlich bezahlen würden und von der Einquartierung frei seien. Sie hingegen hätten Einquartierung und jährliche Abgaben von 2 Mgr. Das Kapitel verweist auf seine Hauptbücher, in denen das Haus unter der Rubrik Hauspacht eingetragen sei. Danach ergibt sich folgende Geschichte: man stellt fest, daß sich eine Urkunde von 1558 im Register von Martini befindet. Es dürfte sich um die erhaltene Urkunde handeln, nach der Kapitel und Senior dem *mester Corde Korner plathensleger* und seiner Frau Anna ein Haus mit Hof verpachten, *vp der Offerstrate thwuschen den beidenn vnser kerckhusern*, von denen das eine Albert Schonehar zur Leibzucht und das andere Hinrich Culeman zur Pacht haben. Die jährliche Pacht beträgt 6 Bremer Schillinge, zu St. Michael zu zahlen. Das *kleine hus, so ohme achter in dem hoiff* liegt, soll *van niem holtwercke* – auf der Seite des Hauses, das von dem Kanoniker Hinrich Reschene bewohnt wird – aber mit Stein aufgebaut werden. Als spätere Besitzer werden dort genannt: 1656 (5. Jan.) wird Volmert Dresing mit dem Haus bemeiert, 1705 (10. Juni) wird Matthias Piero bemeiert; 1713 Johan Rolf Dresing, 1723/61 Strumpfmacher Piero, 1772 Erben Piero. 1773 erfolgt die *Subhastation* des Gebäudes, 1774 ist Eschenbach Besitzer.

Um 1800 wird von dem Kämmerer von St. Martini der Versuch gemacht, sämtliche überlieferten Pachtbriefe bestehenden Gebäuden zuzuordnen: Danach gehörte das Pachthaus des Stiftes 1656 Volmert Dresing. Er gibt 6 Schilling jährlich an das Stift. Danach dessen Sohn Johan Rudolff Dresing, dann der Schwiegersohn, der Schmid Christian Höwet; 1705 erhielt es Matthias Piero; 1715 Matthias Piero und Judith Tacke erhalten *ein Wohnhaus an der Opferstraße zwischen H. Canonicus Mollen Canonicat Hofe und Meister Uhlenbeckers Hause belegen*, zur Pacht. Das Haus war zuletzt von der Witwe Dreysing bewohnt, die es seit Januar 1656 bewohnte (STA MS, St. Martini, Akten 144 c).

1723 Matthias Piro (ist reformiert); 1729/41 Matthias Pyero; 1743 nicht genannt (Haus ohne Grundbesitz); 1750 Meister Piero; 1755 Piero, Haus für 150 Rthl (wohnt zu dieser Zeit Markt 11, rechts); 1766 Witwe Pyeron, 150 Rthl; 1781 Eschenbachs erstes Haus,

Abb. 1240 Opferstraße 5 (rechts), 3 und 1, Ansicht von Nordwesten, 1993.

Wohnhaus 150 Rthl, Hinterhaus 50 Rthl; 1798 Knopfmacher Eschenbach; 1802 Mieter: Speekesser; 1804 ist das Haus ohne Braurecht an drei Parteien vermietet; 1805 Daniel Eschenbach, Wohnhaus und Hinterhaus für 500 Rthl; 1809 Schönfärber Friedrich Eschenbach; 1818 Knopfmacher Rockell; 1826 Erhöhung der Versicherung Wohnhaus auf 2 000 Thl; 1839 Rockel; 1846/53 Knopfmacher Franz Rockel Senior und Junior. Im Haus ein Arbeitszimmer; 1878 Rockel; 1908 Karl Ruenbrinck; 1961 Brathuhn.

Hinterhaus (von 1558)

Nach einem Vertrag von 1558 sollte das *kleine Hus* aus neuem Holzwerk verzimmert, allerdings auf der Seite zum Grundstück Hohe Straße 8 aus Stein aufgeführt werden.

Wohnhaus (von 1823)

Der nach einem Scheitelstein im Kellergewölbe aus Sandstein datierte Bau ist offensichtlich ohne Bauteile eines Vorgängerbaus errichtet, im Detail allerdings auf Grund der völligen Verkleidung der Ansichten und des Inneren augenblicklich nicht näher faßbar. Das dreistöckige Haus aus einem stöckig verzimmerten, mit Backstein ausgemauerten Fachwerkgerüst aus Eichenholz errichtet, die Sparren mit angeblatteten (mit Eisennägeln gesicherten) Kehlbalken sind z. T. aus wiederverwendeten Eichenbalken. Unter den beiden vorderen Wohnräumen ein Keller mit Umfassungswänden aus Bruchsteinquadern und einer Tonne aus Backstein. Zugang unter der Treppenanlage.

Das Innere des schmalen Hauses wird bestimmt durch einen rechtsseitigen Flur (mit eingezogener Freitreppe von drei Sandsteinstufen), der das in die Mitte des linken Wohnbereiches eingeschobene Treppenhaus erschließt. Dieses ist bis in den Dachboden zweiläufig und mit durchgesteckten Stäben in den Geländern. Davor Stube und Kammer, dahinter ein weiterer Raum. Der Flur führt (heute hier der Wohnung zugeschlagen) bis auf den rückwärtigen Hofplatz. In den beiden oberen Geschossen jeweils nur kleiner zentraler Flurraum, der von beiden Traufwänden belichtet ist, davor und dahinter Wohnräume. Im unausgebauten Dachgeschoß hinter dem Vordergiebel eine Kammer ausgebaut. Die ursprüngliche Struktur des Gebäudes weitgehend erhalten, allerdings in den Details (Fassaden, Fenster und Türen) bis auf die Treppenanlage erneuert. Die Treppe zwischen dem Erd- und ersten Obergeschoß um 1860 umgebaut.

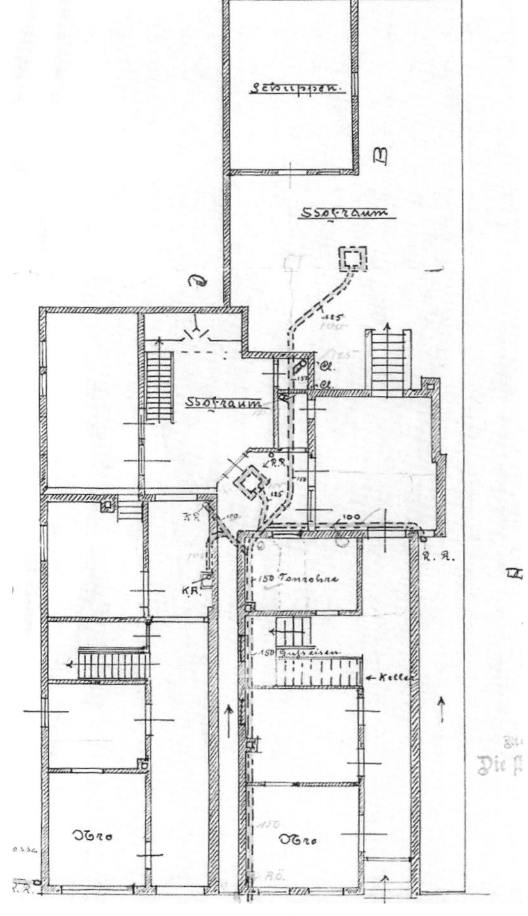

Abb. 1241 Opferstraße 3 (links) und 5, Plan zur Entwässerung der Grundstücke 1905.

Für 1860 belegte Umbauten sind nicht näher zu lokalisieren. 1908 Kanalisation; 1961 ist der Putz der Fassade verwittert und statt dessen wird eine Verkleidung von Eternitplatten auf Lattenrost aufgebracht. 1994 die Erdgeschoßfassade mit aufgenagelten Fachwerkbalken verkleidet.

Hinter dem Haus ein ein- bzw. zweigeschossiger Wirtschaftsanbau aus dem späteren 19. Jahrhundert mit Flachdach.

OPFERSTRASSE 6

bis 1878 Haus-Nr. 178; bis 1965 Hinterhaus von Markt 18 (siehe dort).

OPFERSTRASSE 7 (Abb. 1242)

Rückwärtiger Bereich des großen Kuriengrundstücks Hohe Straße 8 (siehe dort)

Abb. 1242 Opferstraße 7, Gartenmauer mit sogenannter Kanzel, Zustand vor 1967.

Das Grundstück bis 1967 mit einer hohen Einfriedungsmauer aus Bruchsteinen zur Straße abgetrennt, die als Stützmauer des dahinter erheblich angeschütteten Geländes diente.

In der Mitte des Mauerzuges auf zwei sandsteinernen Konsolen ein Austritt mit oberer Abdeckung der Brüstung aus Sandsteinplatten. Der bei Abbruch der Mauer und Abgrabung des Geländes für einen Parkplatz beseitigte Austritt im Volksmund als »Kanzel« bezeichnet. 1967 entgegen aller Absprachen zur Anlage von Parkplätzen abgebrochen (Archiv LWL Münster, C 76, Nr. 551, II).

OPFERSTRASSE 8

Hinterhaus von Markt 16 (siehe dort)

OPFERSTRASSE 9 (Abb. 1046, 1243–1247)

bis 1818 ohne Haus-Nr.; bis 1878 Haus-Nr. 177 d

Die Parzelle dürfte zu einem nicht näher bekannten Zeitpunkt aus dem Gelände des nördlich anschließenden weitläufigen Kanonikatshofes von St. Martini (siehe Hohe Straße 8) ausparzelliert worden sein. Darauf wurde um 1497 eine Reihe von Buden unter einem gemeinsamen Dach errichtet, in denen man Bedienstete der St. Martini-Kirche unterbrachte, wie etwa den Küster oder den

Abb. 1243 Opferstraße 9, Ansicht von Südosten, 1993.

Scholar. Das heutige Gebäude war dabei Teil einer längeren traufenständigen und noch weiter nach Norden reichenden Bebauung der Straße. In seiner heute gültigen Form kam es im späten 17. Jahrhundert durch Zusammenführung von drei schmaleren Buden zu einem größeren Wohnhaus.

LINKER TEIL: 1525 verpachtet das Martini-Stift dem Burkhard Walbom, seiner Frau Ilseke und ihrer gemeinsamen Tochter Ilse ein Haus auf Lebenszeit *vpp der Offerstrate twyschen vnsser korscholers vnd vnsses costers husen* (STA MS, Mscr. VII, 2701b, Bl. 31v–32r); 1528 Kirchenhaus von St. Martini, in dem jetzt Borchard Walbom wohnt; 1534 Albert Schonhars; 1558/60 Albert Schonhans (hat Haus zur Leibzucht). 1561 wird das Haus *vp der Offerstraten twisschen Engelen der Bodekerschen vnd mester Gallen huseren* von den unmündigen Kindern des verstorbenen Albert Schonhar bewohnt. Die Vormünder bestätigen St. Martini die Pachtbedingungen (STA MS, St. Martini, Urkunden Nr. 344).

1534 verkaufen Heinrich Bodeker d. Ä. und seine Frau Engel *den Älterleuten der Kirchspielkirche* St. Martini eine Rente aus einem *huse vnde stede myt des tobehoringe so dat belegen ys vppe der Offerstrate twusschen* [...] *Hartman Krusen vnd Albert Schonehars husen* (KAM, Mi, A I, Nr. 529). 1558 pachtet Engel, Witwe des Heinrich Bodeker sowie ihre Söhne Brun und Heinrich von St. Martini ein Haus *belegen bynnen Minden vp der Offerstrate negest Albert Schonhars huse* (STA MS, St. Martini, Urkunden Nr. 335 und 226. – STA MS, Mscr. VII, 2711, Bl. 119v und 120v und Mscr. VII, 2701b, Bl. 53r–54r); 1561 Engel Bodeker.

RECHTER TEIL (KÜSTERHAUS ?): (Haus hat gemeinsamen Tropfenfall mit dem dahinter stehenden Reventer) 1525 Küsterhaus von St. Martini; 1534 Hartmann Kruse; 1537 verpachtet das Martini-Stift an Klaus Marquarding und seine Frau *eine vnser kercken boden vnd bewoninge, so de belegen is by vnser kerken reuenter twusschen Johan Monnichehoues vnd vnser kercken choralye boden vnd woninge vp*

Abb. 1244 Opferstraße 9, Ansicht von Nordosten, 1993.

der Offerstrate myth den houe wenthe ann den druppenfal vnses reuenters doch also dat de druppenfall fryg sy vnd vp vyffte halue sten lang von vnsen reuenter tho reliende nicht bebauwet dan myt siner plancken muren edder thune (STA MS, St. Martini, Urkunden Nr. 320. – STA MS, Mscr. VII, 2711, Bl. 118r). 1560 verpachtet das Martini-Stift dem Alheit Schroder sowie seinem Sohn Johann Reschen und Anna Reschen, Tochter des Heinrich Reschen, *Scholaster von St. Martini zur Leibzucht auf aller Lebzeit … vp der Offerstrate twisschen Brun Bodekers vnd dem kleinen huse welch itz de Vischegrauesche van vns thor hure bewonet* (STA MS, Mscr. VII, 2701b, Bl. 77r–78r). Seit 1661 befindet sich die Küsterwohnung im Haus Martinikirchhof 4.

SEKRETARIATSHAUS: Um 1800 wird von dem Kämmerer von St. Martini der Versuch gemacht, sämtliche überlieferten Pachtbriefe den bestehenden Gebäuden zuzuordnen. Dabei wurden verschiedene Nachrichten zum Sekretariatshaus zusammengestellt: Danach bestand das Haus in der Mitte des 17. Jahrhunderts aus zwei selbständigen Teilen, die zu dieser Zeit verschiedenen Mitgliedern der Familie Reschen gehörten: Es waren *Zwey kleine häuser oder Buden, deren eine Jürgen Reschen gehörte und 2 s. Pacht zahlte, die andere aber Erich Reschen, nachmaliger Decanus Capituli, zustand und wovon 2 gfl gingen.* Die rechte oder nördliche *Bude stand vorne am Kämmerer Haus* und wurde 1644 von dem Bremer Bürger Rudolf Reschen an den Mindener Bürger Arnd Schonebaum verkauft. 1668 ist dieser verstorben und seine Witwe Anna Holstein führt mit den beiden Söhnen eine Erbauseinandersetzung *um das Pachthaus gegen St. Martini.* Es hatte Huderecht für 2 Kühe vor dem Königstor und einen Wassergang zum Brunnen *oben dem Markte* (STA MS, St. Martini, Urkunden 423). Die zweite Bude hat Rudolf Reschen in Bremen 1666 an den Mindener Bürger N. Rosebaum verkauft. Dessen Sohn führte einen Pro-

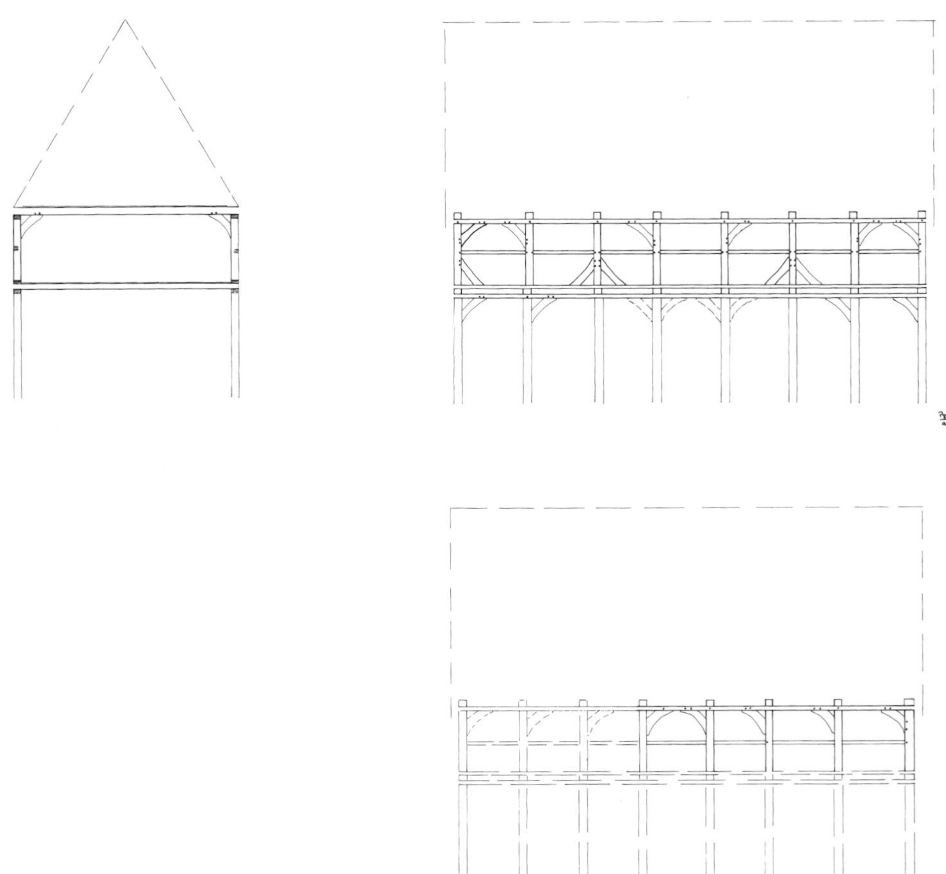

Abb. 1245 Opferstraße 9, Querschnitt und Ansicht der vorderen sowie der rückwärtigen Traufwand. Rekonstruierter Zustand 16. Jahrhundert.

zeß mit dem Kapitel, doch blieben beide Häuser zusammen und wurden für 130 Thl an das Kapitel verkauft, um sie fortan gemeinsam als die Wohnung des Sekretärs des Kapitels zu nutzen.

1706 *des zeitigen Secretarii ad St. Martin*i Behausung, versichert zu 100 Rthl; 1713 *das Secreteriats Haus, welches mit dem Syndikatshaus unter einem Dache befangen und zuletzt von dem Seniore H. Knopfen bewohne*t (PfA St. Marien S 1); 1722 das *Secretarii Haus*; 1737 ist das Syndikathaus von St. Martini an den *Fiscal Kymmel* vermietet (STA MS, St. Martini, Akten 65); 1758 vermietet das Martini-Kapitel ihr *an der Opfer Straße nahe bey Martini Kirchhofe belegenes Secretariat Hauß an den Accise Falculatoren Kersten* auf 10 Jahre für 20 Rthl jährlich (STA MS, St. Martini, Akten 144 c, S. 131); 1772 *das Sekretariatshaus beym St. Martini Capitul, so die Witwe des Controlleurs Klemmen bewohnet hat,* soll neu vermietet werden (WMA 1772, Sp. 384); 1781 das Sekretariatshaus, 400 Rthl; 1812 sogenanntes *Sekretariats-Haus* des Martini-Kapitels, bewohnt vom *Rezeptor* Borries; 1818 Sekretariatswohnung, Registrator von Borries, Haus für 1 200 Rthl; 1824/27 Tischler Martin, Wohnhaus 1 500 Thl, Stall für 50 Thl; 1846 Tischler Engelhard Martin mit Familie, Gesellen und Lehrlingen. Im Haus eine Werkstelle; 1854 Martin. Im Dezember 1860 gilt der Tischler Martin als verschollen und wird durch den Vermögensverwalter Justizrat von Portugal vertreten (KAM, Mi, F 2071); 1861 Verkauf des Hauses im Auftrage der Erben Martini an den Rentier Steffenhagen; 1878 Elstermeyer; 1908 Frisör Louis von Halle; 1933 Frisör Halle; 1950 Frisör Richard Schwieder; 1970 Künstler Karl Ruhe.

Budenreihe (um 1497 ⓓ), später Wohnhaus

Zweistöckiger und traufenständiger, heute verputzter Fachwerkbau von acht Gebinden unter steilem Satteldach, der nach einer komplizierten Baugeschichte in seiner heutigen Erscheinung im wesentlichen auf einen Umbau von 1861 zurückgeht. Bei einer dendrochronologischen Datierung (1996 und 1997 durch H. Tisje/Neu-Isenburg) konnten leider nur wenige Proben des konstruktiven Gerüstes fest datiert werden:

1497 ±3	vordere Traufwand, 3. Ständer von Süden
1533/34	Dach Westseite, 2. Sparren von Norden (in Zweitverwendung)
1541/42	Dachwerk, 2. Gebinde von Norden, Kehlbalken
1794/95	rückwärtige Traufwand, 7. Ständer von Süden
1794/95	rückwärtige Traufwand, 10. Ständer von Süden

Bauphase I (um 1497 ⓓ)

Das Kerngerüst auf einer Grundfläche von 12,7 x 7 m ist zweistöckig mit aufgelegten Geschoß- und Dachbalken verzimmert, dabei besteht die Queraussteifung in beiden Stockwerken und die Längsaussteifung im oberen Stockwerk aus geschwungenen Kopfbändern. Diese sind im Wandgefüge der Vorderfront bündig verzimmert und so durch Fußbänder ergänzt, daß ein regelmäßiger, ein symmetrisches Bild ergebender Wechsel mit der Aussteifung jedes Ständers hergestellt wurde. An der Rückfront findet sich jeweils nur ein zur Gefügemitte weisendes und verdeckt verzimmertes Kopfband an jedem Ständer. Das mit 3,25 m nur mäßig hohe Untergeschoß ist mit zwei und das mit 2 m Höhe wohl nur als Speicher dienende obere Stockwerk mit einer mittleren Riegelkette versehen; in den Giebelfronten stehen jeweils zwei Ständer.

Das beschriebene Kerngerüst ist auf Grund der späteren Umbauten nur noch in Teilen erhalten, wobei die Dachkonstruktion ganz erneuert wurde und die ursprüngliche Ausbildung des sicherlich steilen Satteldaches nicht mehr zu ermitteln ist. An der rückwärtigen Traufwand haben sich im unteren Bereich nur der erste und fünfte Ständer von Süden erhalten, an der vorderen Traufwand fehlen in diesem Bereich der vierte bis sechste Ständer. Die Details der Konstruktion lassen eine Errichtung des Baus um 1500 vermuten. Die wenigen dendrochronologischen Daten ergeben zwar kein eindeutiges Baudatum, lassen aber auf Grund der einzigen, eindeutig aus dem Kerngerüst stammenden Probe eine Errichtung um 1497 erschließen.

Eine detaillierte Aussage zur Funktion und inneren Gliederung des Baus ist auf Grund der zahlreichen, später erfolgten Veränderungen und Erweiterungen des Kernbaus nicht mehr möglich, doch spricht die reiche archivalische Überlieferung dafür, daß es zunächst zu drei Wohnungen eingerichtet war, die von Kirchenbediensteten bewohnt oder aber vom Stift verpachtet wurden. Nachdem offenbar schon im späten 16. Jahrhundert zwei der Wohnungen zusammengelegt worden sind (wohl der linke und der mittlere Teil), ist um 1660 auch die Trennung zwischen den beiden verbliebenen Teilen aufgehoben worden. Die Fassadengliederung der Vorderfront läßt ebenfalls vermuten, daß es sich bei dem Hausgerüst ursprünglich um eine Reihe von drei Buden unter einem gemeinsamen Dach gehandelt hat, wie sie auch an anderen Stellen (etwa an der Hohen Straße 3 oder Videbullenstraße 7) durch das Martini-Stift errichtet worden sind. Hierbei hätte die mittlere Wohnung eine Breite von drei Gefachen gehabt, während die beiden äußeren jeweils nur zwei Gefache umfaßten. Jede der recht kleinen Wohneinheiten hatte möglicherweise einen Anteil am Speichergeschoß, doch kann dieser auch abgetrennt gewesen sein und anderen Zwecken gedient haben. In den quer zum First verlaufenden Trennwänden zwischen den Wohnteilen dürften zwei massive Kaminanlagen gestanden haben. Die nördliche Wohnung ist auf der ganzen Fläche (möglicherweise nachträglich eingebaut ?) unterkellert. Der mit einer erhaltenen Tonne aus Bruchstein überwölbte Raum ist über eine Treppenanlage vor der rückwärtigen Traufwand erschlossen.

Bauphase II

In der zweiten Hälfte des 17. Jahrhunderts wurde das Gerüst zu einem größeren Wohnhaus umgestaltet, wobei man dieses auch rückwärtig erweiterte. Anlaß der Baumaßnahme scheinen größere Bauschäden gewesen zu sein, denn im südlichen Hausteil sind hierbei drei Dachbalken aus Nadelholz erneuert worden. Im Zuge der Arbeiten nahm man das Dachgerüst ab und schlug mit geringerer Neigung ein neues Dach über dem verbreiterten Haus wieder auf, wobei das freistehende südliche Giebeldreieck mit einer Hochsäule gestaltet wurde. Bei fast allen der verwendeten Sparren handelt es sich um wiederverwendete Hölzer, die aber aus verschiedenen, nicht näher zu klärenden Bauzusammenhängen stammen und auch unterschiedlich datiert sind. Sie scheinen nicht vom abgebrochenen Dach des Hauses zu sein und können zum Teil wegen der Spuren von großen Verblattungen auch aus dem Dachstuhl der Martini-Kirche oder anderen großformatigen Gebäuden des Stiftes stammen.

In der nördlichen Hälfte des rückwärtigen Anbaus scheint auf Grund der intensiven Verrußung dieses Bereiches ein Küchenraum eingerichtet worden zu sein. Der Raum blieb über eine niedrige Lucht, die in die alte Rückwand des Kernbaus unter Kürzung von zwei Ständern eingebaut und von einem starkem Balken abgefangen wurde, von der Diele des Vorderhauses aus zugänglich. Der davor befindliche Bereich des Kernbaus erhielt eine heute nur noch in Resten erhaltene und daher in ihrer Bedeutung nicht mehr bekannte Trennwand unter dem zweiten Gebinde von Nord. Die weitere innere Gliederung des Hauses zu dieser Zeit ist auf Grund der späteren Umbauten nicht mehr zu ermitteln.

Bauphase III (1795 ⓓ)

Wohl bei Übernahme des Gebäudes durch den Stiftsekretär Borries kam es 1795 zu einem weiteren einschneidenden Umbau des Hauses, bei dem es erneut erweitert wurde: An der vorderen Traufwand wurde in ungewöhnlicher Weise eine große Stube durch einen ebensolchen Vorbau in den Straßenraum hinein mit einem Pultdach darüber geschaffen. Die wohl von Anfang an verputzte Fachwerkkonstruktion mit Doppelständern und Riegelversprüngen hat in der Front mindestens drei große und seitlich jeweils ein weiteres schmales Fenster (die südliche Seitenwand wurde im 19. Jahrhundert erneuert). Bei dieser damit zeichenhaft in den öffentlichen Raum vorspringenden Stube dürfte es sich um den Dienstraum des Stiftssekretärs gehandelt haben, der von hier aus den umfangreichen Grund- und Rentenbesitz des Stiftes in und außerhalb der Stadt verwaltete.

An der rückwärtigen Traufwand schob man zugleich zur Vergrößerung der Wohnräume das Erdgeschoß im südlichen Teil mit einer Fachwerkkonstruktion in den Hofraum hinaus und deckte dies mit einem an den älteren Bau angelehnten Pultdach ab. Das Obergeschoß darüber erhielt zudem durch das Höherlegen der Dachbalken über den rückwärtigen Räumen um etwa 50 cm eine ausreichende Kopfhöhe zur Einrichtung von zwei Wohnräumen, wobei die Erhöhung der Traufe und die Aufschieblinge aus Nadelholz gefertigt wurden.

Das Innere des Hauses wird seitdem offenbar durch einen breiten mittleren Flurraum bestimmt, um den sich die Wohnräume gliedern. Die weitere Gliederung ist allerdings auf Grund der späteren Umbauten nur noch in Resten zu erfassen.

Ein erster Umbau scheint nach der Privatisierung des Hauses und dem Übergang an den Schreiner Martin um 1824 erfolgt zu sein, wobei vielleicht auch die südliche Seitenwand der großen Amtsstube zur Diele erneuert worden ist. Nach den im rückwärtigen Bereich erhaltenen Wänden dürfte zu dieser Zeit vor dem südlichen Seitengiebel eine Folge von drei nur schmalen Räumen bestanden haben. Westlich des Flures liegt ein weiterer Raum, wobei im Schnittpunkt der ursprünglichen rückwärtigen Traufwand und der Längswand zur Diele ein bis heute erhaltener Kamin steht. Im rückwärtigen Raum sind noch Reste der Ausstattung mit breiten Türblättern und der Verkleidung der Deckenbalken mit in Rahmen und Füllungen gearbeitetem Schreinerwerk aus dieser Modernisierungsphase erhalten. Auch das mächtige und mit aufgelegtem Dekor versehene Blatt der Haustür dürfte dieser Bauphase angehören. Daß in der zentralen und breiten Diele bis 1861 auch die Treppe zum Obergeschoß stand, ist zu vermuten. An die große, auf der Nordseite gelegene Amtsstube schließt sich eine Kammer an, dahinter ein Flur, der die alte Küche erschließt und zudem hinter der Amtsstube zu einem weiteren Hauszugang führt.

Abb. 1246 Opferstraße 9, Plan zur Errichtung eines neuen Nordgiebels, Maurermeister Wiese 1861.

Nach Abbruch des unmittelbar nördlich angebauten Hauses Opferstraße 11 zur Schaffung eines Schulhofes im Januar 1861 (siehe Martinikirchhof 1) wurde durch den Eigentümer des Hauses auf Grund eines gemeinsamen Vertrages mit der Stadt Minden ein neuer massiver Nordgiebel errichtet (KAM, Mi, F 2017). Entwurf und Ausführung der Front stammen von dem noch jungen Maurermeister Th. Wiese (Skizze dazu in KAM, Mi, F 2071, siehe Abb. 1246). Die Front – als Schildgiebel mit drei Staffeln in der Art von Fronten des 16. Jahrhunderts – sollte *zur Zierde der Stadt* ausgeführt werden, da sie sich dem neuen Schulhof der Mädchenschule zuwandte und durfte daher auch mit Fenstern versehen werden. Diese wurden den Proportionen nach in drei Achsen verteilt und entsprachen daher nicht der inneren Aufteilung des dahinter stehenden Gebäudes. Wohl im Zusammenhang mit dem Neubau dieser Nordfront wurde im Haus in der nordwestlichen Ecke auch ein neues Treppenhaus aus Holz eingebaut, wobei in dem gesamten nordwestlichen Viertel des Gebäudes die Geschoßhöhen verändert und nach Entfernung der alten Balkenlagen sowohl die Decke über dem Erd- als auch dem Obergeschoß höher gelegt wurden. Zugleich mit diesem Umbau scheinen die Fenster und Türen und auch die erhaltene Haustür des Hauses erneuert worden zu sein.

Ein weiterer Umbau des Erdgeschosses dürfte in die Zeit um 1890 datiert werden. Hierbei wurde die alte und breite Flurdiele zu Gunsten der vorderen beiden Räume vor dem Südgiebel des Hauses verschmälert. Der neue, schmalere Flur erhielt eine Fliesung aus bunten »Mettlacher Fliesen«. Die neuen Fachwerkwände sind aus dünnen Nadelhölzern verzimmert, die vergrößerten Räume miteinander verbunden, wobei man die mit Brettern beschlagene Decke verputzte und mit einer Dekorationsmalerei in historistischen Formen versah. Da zugleich in der wohl neu verputzten Front zwei kleinere Schaufenster eingebaut wurden, ist zu vermuten, daß die Räume als Frisiersalon eingerichtet wurden.

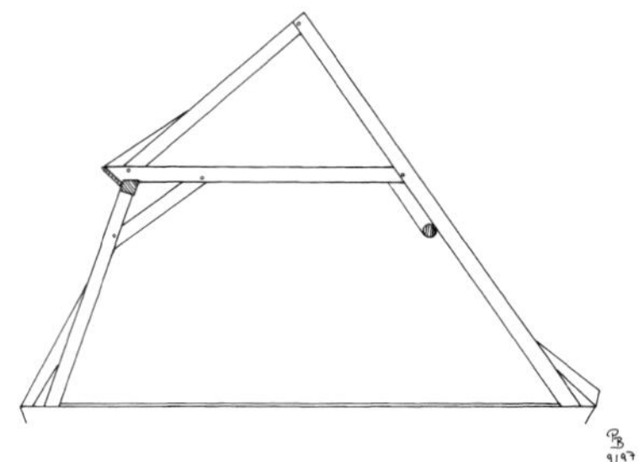

Abb. 1247 Opferstraße 9, Hinterhaus, Querschnitt durchs Dachwerk von 1838 , rekonstruierter Zustand 19. Jahrhundert. M 1:100.

1908 Kanalisation; 1950 Neuverputz des Hauses; 1997 Eintragung in die Denkmalliste der Stadt Minden; 1999 Sanierung des Komplexes (Plan: Frohne).

Hinterhaus (um 1838 ⓓ)

Das Gebäude dürfte auf Grund der Gestaltung und konstruktiver Merkmale im frühen 19. Jahrhundert für den Tischler Martin errichtet worden sein und kann nach einer dendrochronologischen Probe (3. Geschoßbalken) auf 1838 ±3 datiert werden (1998 durch H. Tisje/Neu-Isenburg). Es diente im nur 4,25 m breiten Erdgeschoß als »Werkstelle« und nahm im Obergeschoß wohl Kammern auf. Zweistöckig verzimmerter Fachwerkbau von Eichenholz, die Ausfachung aus Backstein. Das Erdgeschoß mit einer, das Obergeschoß mit zwei Riegelketten, Aussteifung des Gerüstes mit Schwelle-Rähm-Streben. Das schmale Gebäude ist mit seiner nördlichen Längswand an die Parzellengrenze und vor den Giebel des Martini-Remters gestellt und wendet seine vierachsige Schauseite dem südlich anschließenden Garten zu. So ist das mit Linkskrempern gedeckte Dach auf der nördlichen Seite als schlichtes Satteldach, auf der südlichen als Mansarddach gestaltet. Hierfür der auf der nördlichen Seite in den Sparren eingezapfte und mit Kopfband gesicherte Kehlbalken auf der südlichen Seite als Balken zwischen dem Unter- und Oberdach genutzt und zum Sparren des Unterdaches ebenfalls mit Kopfband gesichert. Hinter dem westlichen Giebeldreieck war schon ursprünglich eine Kammer vom Dachboden abgetrennt.

Die entlang der Südwand liegende Werkstatt war über einen offenen, aber gedeckten Vorplatz im nördlichen Teil des Gebäudes erschlossen, wobei die nördliche Traufwand des Obergeschosses hier von einem starken und mit Kopfbändern ausgesteiften Unterzug auf fünf Ständern getragen wird. Der Vorplatz nach Osten durch eine Wand verdeckt und durch eine Tür von hier erschlossen. Von der Werkstatt das östliche Gefach abgetrennt und ebenfalls vom Vorplatz zugänglich, wobei in den kleinen Raum eine schmale, zweiläufige Treppenanlage zum Obergeschoß eingestellt wurde; Geländer der Bauzeit mit schlichten Stäben.

Der südöstliche Bereich des Gebäudes ist in einer Fläche von 5,35 x 2,65 m mit einer vom Treppenhaus erschlossenen Tonne von Backstein (26 x 12 x 7 cm) unterkellert. Die ursprüngliche Gliederung des Obergeschosses nicht bekannt.

Offensichtlich wurde das Gebäude 1861 umgebaut und zu Wohnräumen eingerichtet. Dabei die Werkstätte durch eine Querwand zur von Osten erschlossenen Wohnung eingerichtet und nach Abbruch des unteren Teils des Treppenhauses mit einem neuen Zugang im Ostgiebel versehen. Auch das Obergeschoß wurde neu aufgeteilt: es ist seitdem durch eine hölzerne Brücke mit dem neuen Treppenhaus des Vorderhauses verbunden und von hier erschlossen.

1997 in die Denkmalliste der Stadt Minden eingetragen.

OPFERSTRASSE 11 (Abb. 1248)

bis 1818 ohne Haus-Nr.; bis 1860 Haus-Nr. 177 c (seitdem zum Martinikirchhof gezählt)

PLAN: STA MS, Reg. Minden, Karten A 19833 (undatiert und unbezeichnet, um 1820) (Abb. 1248)

Teil einer Reihe von zunächst wohl drei, seit 1520 vier, zeitweise wohl auch fünf kleinen Häusern für Bedienstete der Martini-Kirche, offensichtlich zunächst mit den südlich anschließenden drei Wohnungen Opferstraße 9 unter einem Dach. Die Bauten auf dem Gelände einer Stiftskurie (siehe dazu Hohe Straße 8) entstanden, in der Neuzeit unterschiedlich umgebaut und später durch Zusammenlegung von jeweils mehreren Wohnungen zu zwei Wohnhäusern vergrößert; dabei ging der historische Zusammenhang der Bauten verloren.

Das bis 1861 bestehende Haus scheint der Ersatzbau aus dem 17. Jahrhundert für ein Haus mit ehemals zwei Wohnungen gewesen zu sein, wobei der nördliche Teil wahrscheinlich erst 1520 durch Ausweitung nach Norden auf den Kirchhof angefügt worden ist. Offensichtlich sind beide Bauteile in der ersten Hälfte des 17. Jahrhunderts bei einem Neubau zu einem größeren Haus vereint worden.

1519 überträgt St. Martini dem Johann Monnichoff und seiner Frau Geseke eine Stätte beim Kirchhof von St. Martini zwecks Neubebauung gegen Rentenzahlung: *eyn rum van sesteyn voten lanck int westen vnd ses vote breth by der syden synes huses, dar Jutte van Engher nu tydes inne wonet went vp de muren de vor vnssen prinxte* [?] *ys vor sodan sinn gelike lanck vnnd bret alse he van vns hadden achter synem huse na vnssen kerckhaue werdt*. Sie übernehmen die Verpflichtung, ein Haus darauf zu bauen, und zwar *dorch de muren* [des Kirchhofs] *her, so dat sodan huss recht to stunde kome na der muren to suorende* [?], *de na der schole gelecht ys dar se der muren mede to bruken schullen*. Das Haus soll zwei Wohnungen enthalten, jede davon mit einer *slapkamer*, wobei in deren Mitte ein *schorsten* stehen soll und die Ausgänge auf die *Offerstrate* führen sollen. Zugehörig das Recht, *dat water* [...] *vth vnsser heren sode by hern Roleff Reschenen haue belegen* (= Hohe Straße 8), zu schöpfen (STA MS, Mscr. VII, 2701b, Bl. 9v–10r). 1520 verpachtet St. Martini dem Johann Monnickhoff und seiner Frau Geske ein Haus *vpp oren hoff by orem huse dar nu tydes Jutte vann Enger inne wonet vp der Offerstrate na vnsser kosterye huse beleghen eyn nyge hus twygbelket myt eynem nygen schorsteyne* (STA MS, Mscr. VII, 2701b, Bl. 17r–17v). 1525 *vpp der Offerstrate twyschen vnsser korscholers vnd vnsses costers husen* (STA MS, Mscr. VII, 2701b, Bl. 25r–25v). 1527 stimmt St. Martini zu, daß Johann Monnickhoff und seine Frau Geske dem Hartmann Kruse, ehemals Diener von St. Martini, *dat nogeste hus vnsser kerckenn kosterye hus vpp der Offerstrate belegen* auf Lebenszeit übertragen (STA MS, Mscr. VII, 2701b, Bl. 36v); 1537 Johann Mönnichhoff. 1541 überträgt Geseke, Witwe des Johann Monnickhoff, den Brüdern von Hasenkamp, Hartmann und Heinrich die Rechte an ihrer *egener woninge vnd hus bynnen Mynden vppe sunthe Marten kerckhoue by dem Reineke vnd Hithaueren* [?] *dar suluigst belegen* (STA MS, St. Martini, Urkunden Nr. 316).

1560 wird der linke Teil an Alheid Schröder, Tochter des Scholasters Henrich Reschen, zur Leibzucht gegeben, der rechte Teil, als kleines Haus beschrieben, ist vom Stift vermietet an die Witwe Vischegrau. 1590 verpachtet das Kapitel an Georg Reschen *ein unser Kirchen Hauß und Wohnunge, so gelegen ist auf der offerstraßen bey unser Kirchen Reventer, zwischen dem Hauße darin itzo unser Kemmer wohnet, und der wohnung so ermelter Georg Reschen, von uns umb die järliche Heuer zu hat* (STA MS, St. Martini, Akten 144 a). 1591 verpachtet der Dechant von St. Martini dem Georg Reschen und seiner Frau Ilse ein Haus *auf der Offerstraße* neben der Wohnung des Kämmerers von St. Martini, wie früher an Johan Monninghof und Bruns Bodeker und Christoph Viehoff (STA MS, St. Martini, Urkunden 387).

KÄMMERER-HAUS von St. Martini: 1644 erwähnt (siehe Opferstraße 9); 1706 *des Camerary ad St. Martini Behaußung*, versichert zu 100 Rthl; 1722 das *Camerary Haus*; 1713 *das Syndikats Haus, olim curiua imperat* (PfA St. Martini S 1). Nach dem Tod des Kämmerers Jobst Heringsdorff 1718 stellt die Regierung grundsätzlich fest, das es dem Martini-Kapitel überlassen bleibe, einen katholischen oder evangelischen Kämmerer einzustellen. So sei 1624 ein katholischer Kämmerer eingestellt gewesen.

1801 wird beschrieben, daß 1777 dem damaligen *Cammerario Vincke* versprochen wurde, *seinen Erben die Verbesserungen des Hauses* zu vergüten. *Da aber die gantzen Auslagen nur 103 Rthl betragen und der Cam. Vincke seit 1777 die Wohnung genutzt, auch in den letzten 10 Jahren 30 bis 60 Thl* [?] *jährlich an Miethe für die obere Etage gezogen hat,* sei eine Vergütung nicht mehr möglich; 1781 Kammerariatshaus, 400 Rthl; 1806 wird ein Inventar der Hinterlassenschaft des *Cammerarius Vincke* erstellt (STA MS, St. Martini, Akten 66, S. 67 und 120–125); 1812 *Cammerariats-Haus* des Martini-Kapitels, bewohnt von Jacob Rietz; 1818/33 Kammerarius-Wohnung, Kammerarius Rietz, versichert für 1 200 Thl; 1846 *Cammerarius* Rietz (hat Wohnrecht); 1846/53 Domorganist Conrad Ritz, (* 24. 6. 1776 in Halberstadt, als Mieter 1846 Fräulein Eleonora Herbst und 1853 Familie Becker; 1859/61 im Erdgeschoß Pastor Ohly, im Obergeschoß Zigarrenfabrik Leonhardi & Noll); 1860 Ankauf durch die Stadt Minden zur Errichtung der Töchterschule für 1 340 Thl und Abbruch im Februar 1861 (KAM, Mi, F 2071).

Doppelwohnhaus
(1520–erste Hälfte des 17. Jahrhunderts)

Das Haus ist 1520 fertiggestellt worden, *twygbelket myt eynem nygen chorsteyne*, hat also zwei Stockwerke und einen Schornstein. Ob in dem neuen Bau noch Reste des südlich anschließenden älteren Vorgängerhauses Wiederverwendung fanden, bleibt unklar, ist aber wahrscheinlich, da beide Teile nicht als gleichwertig beschrieben werden. Zuvor bestand hier offensichtlich nur ein eingeschossiger Fachwerkbau ohne Schornstein, der zum einen eine schmale Erweiterung von sechs Fuß (etwa 2 m) nach Norden erhielt, zum anderen mit einem Obergeschoß versehen wurde. Da die Erweiterung nur mit einer Tiefe von 16 Fuß beschrieben wird, scheint auch dieser Bau zu einem nicht näher bekannten Zeitpunkt in der ersten Hälfte des 17. Jahrhunderts durch einen größeren und wesentlich tieferen Neubau ersetzt worden zu sein, der fortan als Wohnung des Stiftskämmerers diente.

Kämmererhaus von St. Martini
(erste Hälfte des 17. Jahrhunderts–1861)

Der nach konstruktiven Details des Fachwerkgerüstes ohne Vorkragungen wohl in der ersten Hälfte des 17. Jahrhunderts errichtete Bau hat in seinem in wesentlichen Teilen unveränderten Zustand bis zum Abbruch im Januar 1861 bestanden und ist aus einer sehr genauen Bauaufnahme der Zeit um 1820 bekannt. Diese zeigt die Grundrisse des Erd- und Obergeschosses, ferner einen Querschnitt. Danach ein zweistöckig verzimmerter und traufenständiger Fachwerkbau, der im hohen Erdgeschoß zweifach verriegelt, im Oberstock einfach verriegelt ist. Darüber ein Sparrendach mit zwei Kehlbalkenlagen. Das Gerüst wies zu dem anschließenden Haus Opferstraße 9 keinen eigenen Giebel auf und war mit diesem zusammen verzimmert.

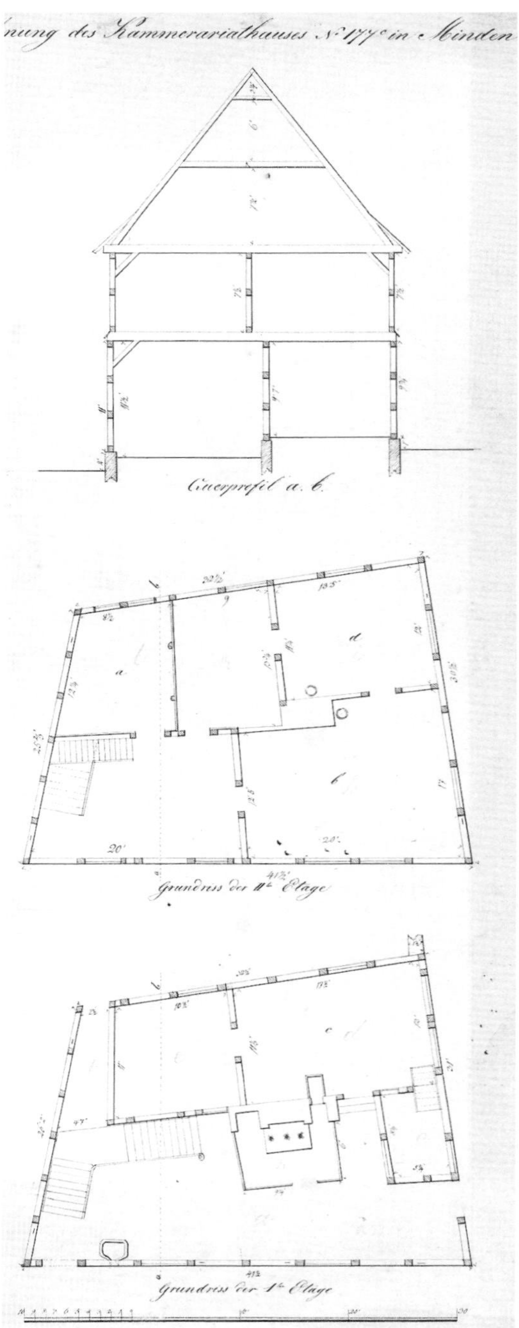

Abb. 1248 Opferstraße 11, Querschnitt und Grundrisse von Erd- und Obergeschoß. Bestandsaufnahme von etwa 1820.

Das Innere wird im Erdgeschoß durch eine firstparallele Wand bestimmt, die eine breitere vordere Zone von einer rückwärtigen trennt. Vorne als hohe, nicht unterkellerte Küchendiele mit Zugang von der Straße, rückwärts etwas erhöht und die nordöstliche Ecke unterkellert (mit einem Tonnengewölbe), darüber ein ofenbeheizter Wohnraum. In der Trennwand zwischen dem Wohnraum und der Küche ein starker Kaminblock mit großem Rauchfang. Nördlich davon nachträglich ein kleiner zweigeschossiger Einbau in der hohen Küche errichtet, wohl eine kleine Gesindestube und Schlafkammer darüber aufnehmend. Das durch eine einfache Treppe in der Küche erschlossene Obergeschoß wohl erst nachträglich durch verschiedene Wände in Wohnräume aufgeteilt, von denen zwei mit Öfen beheizt werden konnten.

Die Aufteilung des Inneren läßt vermuten, daß der Bau zunächst in zwei nebeneinanderliegende Wohnungen von je vier Gefach Breite aufgeteilt war, die vorne Küchendiele, dahinter einen Wohnraum aufnahmen, später aber – bei Abruch der Trennwand in der Küche und des Kamins – im südlichen Teil zusammengeschlossen wurden.

1767 fanden Reparaturarbeiten am *Kammerariatshaus* statt. Als Handwerker werden in den Rechnungen der Tischlermeister Wulff, der Maurermeister Zingerlin, der Glasermeister Le Doux, der Schlosser Woesthoff und der Maler Flemming genannt. Aus den verschiedenen Rechnungen lassen sich folgende Aussagen zum Raumprogramm treffen: Es gibt einen gebalkten Keller mit Wellerdecken; Erdgeschoß mit Flur, Stube und Kammer, über der Haustür *2 Carnis Fenster;* im Obergeschoß wurden eine Stube und eine Kammer durch Einbauten von *Schierrwandt* durch den Tischler geschaffen; Hof mit *Stackett* und *Privet* (STA MS, St. Martini, Akten 66, S. 101–104).

Seit 1844 versuchte die St. Martini-Kirchengemeinde das Haus als Küsterwohnung zu erwerben, was aber an dem dort bestehenden Wohnrecht des ehemaligen Stiftskämmerers Rietz scheiterte. Seit 1850 versuchte auch die Stadt Minden, den Platz zur Errichtung eines Gebäudes für die Töchterschule zu erwerben. Erst 1859 kommen die Verhandlungen nach dem Tode von Rietz zu Gunsten der Stadt zum Abschluß (Krickau 1926). Das Gebäude mit ausgemauertem Fachwerk und einer Grundfläche von 42 x 31 Fuß, einer Höhe von 21 Fuß und mit einem gewölbten Keller wurde im Januar 1861 durch den Zimmermeister Assmann (KAM, Mi, F 2071) für den Neubau der Mädchenschule (heute Pfarrhaus St. Martini) abgebrochen (siehe dazu Martinikirchhof 1) und die Fläche der Stadtgemeinde Minden überwiesen, um hier einen Vorplatz bzw. Schulhof für die neue Schule zu schaffen (KAM, Mi, F 629).

Ortstraße

Kleine, recht kurze Stichstraße vom Weingarten nach Osten, wohl vor allem die bürgerlichen Anwesen südlich der Königstraße (Nr. 33, 35, 37, 39, 41/43 und 45/47) an ihrer Rückseite erschließend. Die Gasse dürfte daher erst zusammen mit der Besiedlung von großen, zuvor noch unbebauten, dem Dompropst gehörenden Flächen im 15. Jahrhundert angelegt worden sein, wobei die Nordseite immer von zu den großen bürgerlichen Anwesen entlang der Königstraße gehörenden Neben- und Wirtschaftsgebäuden geprägt blieb. Einige der die Gasse prägenden Scheunen sind seit dem frühen 19. Jahrhundert zu Wohnhäusern umgebaut worden. Die Südseite offenbar ebenfalls erst allmählich von bis in das 15./16. Jahrhundert bestehenden großen Hofgrundstücken besiedelt, wobei hier neben weiteren Scheunen zu Grundstücken am Weingarten mit der Zeit einzelne kleine Hausstätten entstanden. Im 17. Jahrhundert dürfte die Straße von mindestens acht noch nachweisbaren großen Scheunen gesäumt gewesen sein. Die Grundstücke der Nordseite waren vom Dompropst ausgegeben worden und gehörten daher zur Pfarre von St. Martini, während die Hausstätten auf der Südseite zu St. Simeon gezählt wurden und daher wohl zunächst zum Gut des Domkapitels gehört haben dürften.

1877 wurde die Straße zum ersten Male gepflastert, wobei 100 m Bordsteine sowie Weserkiesel verlegt wurden. 1895 Kanalisation verlegt und das Pflaster erneuert. Erst 1932 wurde die Straße über

Abb. 1249 Ortstraße 9 (rechts), 7, 3 und 1, Ansicht von Südosten, 1970.

die rückwärtigen Grundstücke Königstraße 33 und 31 (diese räumten Wegerechte ein) nach Osten bis zur heutigen Fröbelstraße verlängert. Mit dem im Zuge der Stadtsanierung von den Behörden betriebenen Abbruch der Gebäude Ortstraße 5, 9 und 10 (an Stelle der beiden letzteren heute ein größerer Anliegerparkplatz) und dem die überkommenen Maßstäbe sprengenden Neubau Ortstraße 1 ist der Charakter der Straße nach 1960 stark verändert worden.

Abb. 1250 Ortstraße 1, Ansicht von Südwesten auf die Rückfront, 1979.

ORTSTRASSE 1 (Abb. 719, 1249–1250)

Hintergebäude von Königstraße 41/43; bis 1878 ohne Haus-Nr.

Lagerhaus (um 1767–1983)

Sehr großes, zweistöckiges und giebelständiges Wirtschaftsgebäude. Eines der aufwendigsten und größten Lagerhäuser, das zu dieser Zeit in der Stadt errichtet wurde, wohl 1767 zusammen mit dem Vorderhaus Königstraße 41 für den Kaufmann Tietzel auf einer Grundfläche von 18,5 x 9,8 m errichtet und möglicherweise seinem Kornhandel dienend. Zweistöckig verzimmertes Fachwerkgerüst mit hohem, im Oberdach abgewalmtem Mansarddach (eines der frühesten Beispiele in der Stadt), wobei jedes Stockwerk zweifach verriegelt und in den Giebeln mit K-Streben, an den Seitenwänden mit Schwelle-Rähm-Streben ausgesteift wurde. Ausmauerung mit Bruchsteinen. Im Rückgiebel im Obergeschoß eine mittlere Ladeluke.

An der Westwand im rückwärtigen Bereich ein eingeschossiger, wohl zeitgleicher Anbau, dessen Westwand massiv von Bruchstein aufgeführt und mit halb eingetieftem Keller. Abschluß mit einem nach Süden geneigten Pultdach. Funktion dieses Bauteils unbekannt, möglicherweise Brauhaus und mit Feuerstelle.

Das Innere des Lagerhauses mit einer mittleren Längswand. Östlich davon im Erdgeschoß Diele mit Tor im Vordergiebel, der rückwärtige Bereich als Stall abgeteilt. Der westliche Teil in verschiedene Räume unterteilt.

1959 Umbau: im Erdgeschoß bei Vermauerung des Tores zum Lager, im Obergeschoß zur Wohnung (Baugeschäft Mülmstedt & Rodenberg); 1983 nach Brandschaden in dem leerstehenden Gebäude Abbruch durch GSW Minden.

Mietshauskomplex (von 1990/91)

Unter Einschluß der Grundstücke Weingarten 1 und 3 als weitläufiges Mietshaus mit 15 Wohnungen durch die GSW Minden nach Plänen des Büros Lax & Schlender errichtet. Der zweieinhalbgeschossige und unterkellerte Baukörper gestalterisch in fünf Bauteile gegliedert, die die Form von Giebelhäusern erhielten. Obwohl diese teilweise mit Krüppelwalmdach oder mit Utluchten durch überkommene Elemente gegliedert sind, sprengt der Bau die bislang bestehenden Maßstäbe der von kleinen Einzelbauten geprägten Umgebung deutlich auf.

ORTSTRASSE 2 (Abb. 1251)

bis 1878 Haus-Nr. 353

Sehr kleine Hausstelle, nur mit kleinstem Hofplatz hinter dem Gebäude und wohl durch Abtrennung des rückwärtigen Bereiches von Weingarten 5 entstanden.

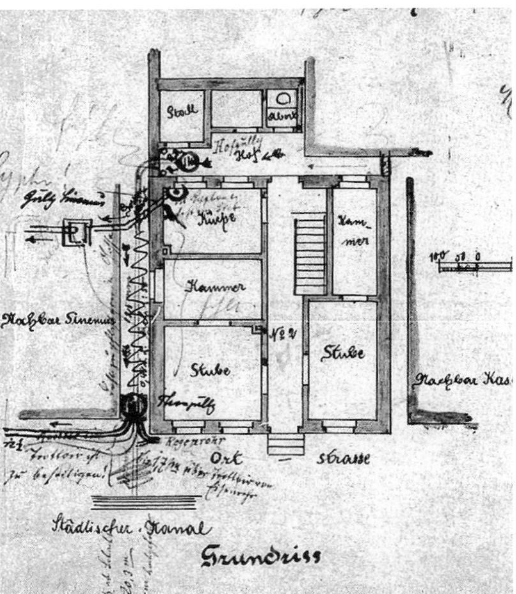

Abb. 1251 Ortstraße 2, Grundriß aus der Entwässerungsakte von 1896.

1743 ohne Eintrag (Haus ohne Grundbesitz); 1750 Wiessbröcker; 1755 Rosenbohms Haus, 20 Rthl; 1766 Breitenbach, 20 Rthl; 1781/83 Breitenbach, 25 Rthl; 1798/1802 Schuster Jürgens, 100 Rthl; 1804 Steinsetzer J. W. Bertram mit einer Mietpartei, Haus ohne Braurecht, hat kein Vieh; 1809 Tagelöhner Battram; 1818 Sergeant Lueder, Haus für 200 Thl; 1832 Witwe Lüder; 1846 Bäcker August Homann und zwei Mietparteien; 1853 Lax, jetzt Müller; 1873/78 Schneider Brandt; 1908 Witwe Wilhelmine Brandt; 1909 Lehrer Brand; 1979 Wilfried Schmitz.

Haus (bis um 1850)

1783 wird berichtet, das Haus sei im Siebenjährigen Krieg ruiniert worden.

Wohnhaus (um 1850)

Zweigeschossiger und traufenständiger Massivbau auf hohem Sockel und mit Satteldach, wohl um 1850 durch den Maurermeister Franz Lax errichtet. Die Ansicht vierachsig gegliedert, Haustür mit Vortreppe.

Das Innere mit Längsflur, an den sich links eine Folge von Stube, Kammer und rückwärtiger Küche anschließt, rechts vordere Stube und rückwärtige schmale Kammer neben der Treppe zum Obergeschoß.

1896 Entwässerung; 1909 Kanalisation; 1941 Erneuerung der morschen Kellerdecke; 1979 Umbau der Front und Verkleidung mit hellem Spaltklinker. Der rückwärtige Schuppen erhält ein Betondach als Terrasse (Plan: K.-H. Weiß).

ORTSTRASSE 3, Hintergebäude zu Königstraße 39 (Abb. 1249, 1252)

bis 1878 Haus-Nr. 380 b

1873 bewohnt von Witwe Böhne; 1896 Gottlieb Piepenbrink; 1906 bewohnt von Gustav Piepenbrink; 1908 Fabrikmeister Abert Piepenbrink.

Scheune (um 1600), seit etwa 1815 Wohnhaus

Eingeschossiger und giebelständiger Fachwerkbau von 18,40 x 8,45 m mit Satteldach. Der Straßengiebel im 19. Jahrhundert beim Ausbau zum Wohnhaus massiv erneuert, verputzt und fünfachsig gegliedert, ebenso die östliche Traufwand in Backsteinmauerwerk erneuert. Der vordere Teil zudem unterkellert (Kappen auf gemauerten Bögen) und im Inneren mit mittlerem Längsflur bis zum rückwärtigen Nordgiebel gestaltet. Seitlich jeweils eine lange Folge von Wohnräumen, in der Mitte der westlichen Seite die gewendelte Treppe zum ausgebauten Dachgeschoß.

Abb. 1252 Ortstraße 3, Ansicht des Rückgiebels von Nordosten, 1979.

Das Gebäude 1990 saniert, dabei die Substanz völlig (teilweise mit alten Hölzern) ausgetauscht, so daß die Geschichte heute nicht mehr zu klären ist. Zuvor zeigte zumindest der Rückgiebel noch Teile der Kernsubstanz: dieser ohne Vorkragung des ursprünglich verbretterten Dreiecks und mit einer Hochsäule. Ferner ein großer Torbogen vermauert, der an den Kanten mit doppeltem Stabprofil beschnitzt ist. Nach diesem Befund die Scheune zunächst mit breiter Durchfahrtsdiele auf der östlichen Seite (entsprechend der Stellung des eingezogenen Flügels des Vorderhauses) und wohl Wirtschaftsseitenschiff auf der westlichen Seite.

1896 Entwässerung; 1909 Kanalisation. Nachdem das Haus 1988 durch die GSW abgebrochen werden sollte, dies aber von der Stadt wegen der Erhaltungssatzung untersagt wurde, 1990 Umbau zum Zweifamilienhaus, dabei am Nordende um 3,40 m verkürzt (Planung: J. Lax).

ORTSTRASSE 4 (Abb. 1253)

bis 1878 Haus-Nr. 354

Sehr kleine Hausstelle, möglicherweise durch Aufteilung einer größeren, ehemals auch Ortstraße 2 sowie Weingarten 5 und 7 umfaßenden Hausstelle entstanden. Östlich des Hauses noch bis 1981 eine schmale öffentliche Gasse, die ehemals zwischen den Häusern Nr. 7 und 9 in den Weingarten mündete und das alte Grundstück umschreiben dürfte.

Abb. 1253 Ortstraße 4 (rechts) und 6, Ansicht von Nordwesten, 1993.

1743 ohne Eintrag (Haus ohne Grundbesitz); 1750 Friemoth; 1755 Friemut, Haus für 50 Rthl; 1766/81 Schnepel, 50 Rthl; 1798 Tagelöhner Vaut; 1802/04 Schnepel, Haus ohne Braurecht, bewohnt von ihrem Schwiegersohn Brauknecht W. Vaut (hält 1 Kuh, 1 Jungvieh und 2 Schweine); 1809 Hinrich Vaut; 1818 Vaut, Wohnhaus 400 Thl; 1832 Witwe Vaut; 1846 Bäcker Friedrich Strangemann; 1853 Strangemann, jetzt Maurer Wittenbrok und drei Mietparteien; 1873 Maurer Sinemus; 1878/95 H. Sinemus; 1908/09 Witwe Minna Fuhrwerk.

Dielenhaus (um 1700)

Eingeschossiges Giebelhaus von Fachwerk, das Gerüst von sieben Gebinden nach den Details wohl erbaut um 1700. Der Giebel ohne Vorkragung, Verstrebung der Eckständer mit Fußstreben. Zwei Riegelketten, die Dachbalken aufgelegt.

Das Gebäude im Inneren und Äußeren 1982 modernisiert und dabei das Kerngerüst auf erneuertem und hohem Sockel reduziert, daher heute ohne Befunde zur Bau- und Umbaugeschichte. Nach der Gliederung des Giebels mit rechtsseitigem Torbogen (ohne Inschrift) im Inneren zunächst wohl nur mit einem bis 1982 erhaltenen linken Stubeneinbau (er zeichnet sich nicht im inneren Gerüst ab). Rückwärtig hier ein kaum eingetiefter Keller. Das Dachwerk in der ersten Hälfte des 19. Jahrhunderts in der rückwärtigen Hälfte durch Schleppgaupen zu Wohnzwecken ausgebaut. Die linke Traufwand ebenfalls zum Teil neu verzimmert. 1895 war nach dem Entwässerungsplan die Diele durch einen rechtsseitigen Einbau (mit Stube und zwei Kammern) auf einen schmalen mittleren Flur reduziert. 1909 Kanalisation. 1982 Umbau, wobei im Inneren des Erdgeschosses bis auf den

Abb. 1254 Ortstraße 5 (Mitte), Ansicht von Südwesten, Postkarte um 1910.

Keller sämtliche Wände entfernt werden. Ausbau des Daches und rückwärtiger eingeschossiger Anbau. Neuverputz der Gefache an den Ansichten.

Bei Umbau im Erdreich zwei Bruchstücke eines Sandsteinreliefs (von einer Utluchtbrüstung ?) aufgefunden, in einer Bogennische Darstellung der *PATIENTIA*, um 1600 entstanden.

ORTSTRASSE 5, Hintergebäude des Anwesens Königstraße 37 (Abb. 707, 1254)
bis 1878 Haus-Nr. 383 b

1873 bewohnt von Arbeiter Hude.

Scheune (um 1700–um 1960)

Giebelständiger und bis zuletzt verputzter Fachwerkbau unter Satteldach. Das hohe Untergeschoß mit zwei Riegelketten und Torbogen im Giebel, das Obergeschoß mit einer Riegelkette und mit Fußstreben ausgesteift; Giebeldreieck verbrettert (Foto von um 1935 in Grätz 1997, S. 185). Nach den wenigen erkennbaren Details wohl um 1700 errichtet.

1818 wird das Gebäude bewohnt. Beim Ausbau zu Wohnzwecken auf der rechten Seite des Giebels eine Utlucht vorgebaut, die auch auf dem Urkataster von 1828 eingezeichnet ist und ein eigenes Satteldach erhielt. Nach dem Entwässerungsplan von 1892 der lange Bau mit einer etwa zwei Drittel der Breite einnehmenden Diele entlang der westlichen Traufwand und einer Folge von schmalen Räumen auf der Ostseite. Hier wohl die später zumeist zu Wohnräumen ausgebauten Stallräume, wobei die Stube hinter der Utlucht breiter ausgeführt ist. Um 1960 abgebrochen.

ORTSTRASSE 6 (Abb. 1253, 1255)
bis 1878 Haus-Nr. 355

1743 ohne Eintrag (Haus ohne Grundbesitz); 1750 Jürgen Pauls Haus; 1755/66 Paul, Haus für 40 Rthl; 1781 Paul, 50 Rthl; 1798/1804 Witwe Rohm, Haus für 50 Rthl, ohne Braurecht, hält kein Vieh; 1805 Schneider Reum; 1809 Rohm; 1818 Schuhmacher Dollmann, Haus für 200 Thl; 1832 Witwe Dollmann; 1835 Dollmann; 1846 Tagelöhner Heinrich Sinemus und zwei Mieter; 1853 Zimmermann Bredemeyer und zwei weitere Mieter; 1873/78 Zigarrenmacher Ross; 1908 Zigarrenarbeiter Heinrich Greve.

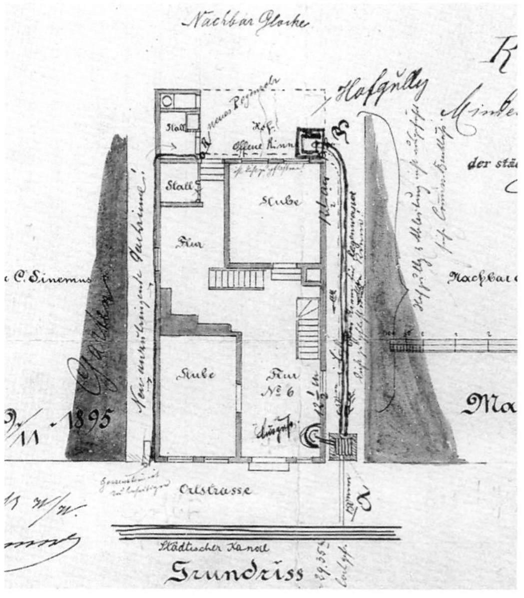

Abb. 1255 Ortstraße 6, Grundriß aus der Entwässerungsakte von 1896.

Dielenhaus (17. Jahrhundert)

Zweigeschossiges und schmales Giebelhaus mit verputzter Front. Im Kern ein eingeschossiges Fachwerkgiebelhaus von fünf Gebinden Länge mit aufgelegten Dachbalken. Das Gebäude heute bis auf den Rückgiebel verputzt und daher heute nicht näher zu untersuchen. Der Rückgiebel mit First- oder Spitzsäule, danach wohl im 17. Jahrhundert verzimmert.

Nach Entwässerungsplan von 1896 mit schmaler rechtsseitiger Diele und linker vorderer Stube von zwei Gebinden Länge, an deren Rückwand sich noch die alte offene und gemauerte Feuerstelle befand. In der rechten hinteren Ecke eine unterkellerte Kammer von zwei Gebinden Länge, daneben Gang zum rückwärtigen kleinen Hof.

Das Gebäude heute ganz zweigeschossig aufgeteilt und in den Details modernisiert, aber wohl in seiner historischen Altsubstanz noch erhalten. 1896 Entwässerung; 1908 Kanalisation.

ORTSTRASSE 7, Hintergebäude zu Königstraße 35 (Abb. 696, 1249, 1256)
bis 1878 Haus-Nr. 384 b

1873 Zigarrensortierer Petz und sechs weitere Parteien; 1878 im Besitz von Kaufmann Heinrich August Südmeyer (wohnt Königstraße 33).

Scheune (von 1775), seit etwa 1830 Wohnhaus

Zweistöckiges und giebelständiges Fachwerkgebäude mit Krüppelwalmdach und fünfachsiger, bis auf das Giebeldreieck verputzter Fassade. Das Gebäude geht in der heutigen Erscheinung auf einen Um- und Erweiterungsbau der Zeit um 1830 von einem älteren giebelständigen Fachwerkbau zurück, von dem wohl das Erdgeschoß übernommen wurde. Die zehn erhaltenen Gebinde vom Fachwerkgerüst des Kernbaus mit anderem Ständerabstand, zwei Riegelketten und Fußstreben an den Eckständern. Dieses *Wirtschaftsgebäude* wurde 1775 *von Grund auf neu gebauet*, wobei es nach Abschlag des Zimmermeisters Meyers von 1778 zweigeschossig und mit dreizehn Gebinden Länge auf einer Grundfläche von 68 x 13 Fuß ausgeführt wurde. Als Kosten wurden 825 Rthl anerkannt (KAM, Mi, C 384).

Abb. 1256 Ortstraße 7, Ansicht von Südosten, 1993.

Das Gerüst des wohl um 1830 neu aufgesetzten Stockwerks mit 14 enger gestellten Gebinden, einer Riegelkette und durch Schwelle-Rähm-Streben ausgesteift, die Dachbalken sind aufgelegt. Die Vorderfront fünfachsig gestaltet und mit mittlerer Haustür, die Giebelspitze abgewalmt (Foto von etwa 1935 bei GRÄTZ 1997, S. 185). Das Gebäude bis heute weitgehend im Zustand des Ausbaus um 1830 erhalten, lediglich die Verglasung der Fenster erneuert. Die vorderen zwei Drittel des Gebäudes in beiden Etagen zu Wohnzwecken eingerichtet und mit einem Mittellängsflur versehen. Erschließung durch eine gegenläufige Treppe am Ende des Flures auf der Ostseite; Geländer mit durchgesteckten Stäben. Im rückwärtigen Drittel im Erdgeschoß links eines hier versetzten Flures ein unterkellerter Wohnteil, rechts ehemals Pferdeställe mit niedrigen Lagerböden darüber, im 20. Jahrhundert zum Flur hin vermauert und als Wirtschaftsräume eingerichtet. Im Obergeschoß darüber rückwärts weitere Wohnräume.

1995 in die Denkmalliste der Stadt Minden eingetragen. 2000 Brand im Dach und Sanierung.

ORTSTRASSE 8

von 1818 bis 1878 Haus-Nr. 356 b

Die Hausstelle offenbar erst um 1830 durch Umbau des Restes einer größeren Scheune entstanden, die wohl bis in die Mitte des 18. Jahrhunderts zum südlich anschließenden Grundstück Weingarten 23 gehört hatte und dann mehrfach an Bewohner der Nachbarschaft verkauft wurde.

1818/37 gehört zum Haus Königstraße 33 (Goldarbeiter Fischer); 1873 Arbeiter Kessler; 1878 Burgheim; 1896 Maurermeister Carl Sinemus; 1908 Maurer Karl Sinemus.

Scheune (16. Jahrhundert) seit etwa 1830 Wohnhaus

Kleines, weit von der Straße zurückgesetztes Giebelhaus aus Fachwerk, der Vordergiebel um 1900 erneuert, dabei unten massiv aufgemauert und verputzt, darüber aus schlichtem Fachwerk. Das Kerngerüst des Gebäudes aus starken, wiederverwendeten Eichenhölzern errichtet, die aus einem spätmittelalterlichen Gerüst stammen dürften. Das heutige Gerüst auf einem hohen verputzten Bruchsteinsockel hat sieben Gebinde, zwei Riegelketten, die Eckständer mit Fußstreben. Giebel ohne Vorkragung.

Die ehemalige und wohl recht große Scheune dürfte mit dem Giebel bis zur Ortstraße gereicht haben, wobei man bei dem Umbau die vorderen zwei Drittel abbrach und zu einer Gartenfläche gestaltete, während das rückwärtige Drittel umgebaut wurde.

Heute das Innere durchgehend zweigeschossig mit einem schmalen Mittelflur, offensichtlich aber auf einen Umbau zu einem Mietshaus mit ausgebautem Dach im späten 19. Jahrhundert zurückgehend. Zunächst das Gebäude wohl links mit hoher Diele und rechts zweigeschossigem Einbau. Unter der dann später durchgebauten Diele der nordöstliche Bereich unterkellert: Umfassungswände aus Sandsteinquadern, Decke ehemals mit Balken, heute mit Eisenbeton. 1896 Entwässerung.

ORTSTRASSE 9, Hintergebäude zu Königstraße 33 (Abb. 1249, 1257)
bis 1878 Haus-Nr. 388 b

1873 bewohnt von Zigarrenmacher Schwartz und zahlreichen weiteren Mietern; 1878 ohne Nennung; 1888/1908 Klempnermeister Gustav Bösel (wohnt Königstraße 33).

Hinterhaus (1808–um 1980)

1808 für den Goldarbeiter Fischer neu errichtet (KAM, Mi, D 387). Zweigeschossiger und giebelständiger Fachwerkbau mit Satteldach, offensichtlich sogleich als Wohnhaus eingerichtet (Fischer besaß noch an anderer Stelle eine

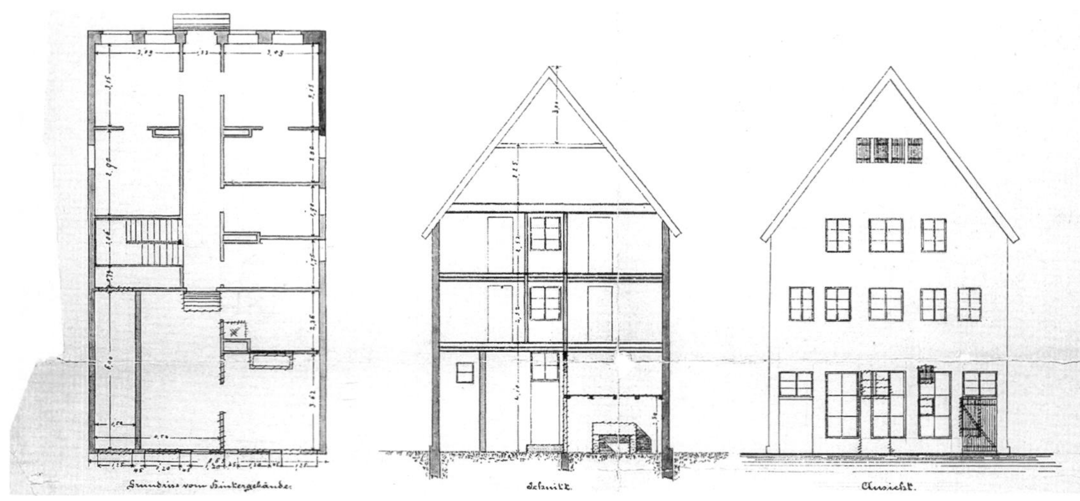

Abb. 1257 Ortstraße 9, Bestandsplan von 1884.

Scheune) und zumindest im vorderen Bereich unterkellert. Der südliche Straßengiebel massiv aufgemauert, fünfachsig gegliedert und mit mittlerer Haustür (Foto von etwa 1935 bei Grätz 1997, S. 185).

Das Innere mit vorderem Längsflur und zu Mietwohnungen eingerichtet, dabei gegenläufige Treppe am Ende des Flures auf der östlichen Seite. Das hintere Hausdrittel mit zwei großen Wirtschaftsräumen, die über dem Hof vom Vorderhaus aus zugänglich waren.

1888 ein Abschnitt der westlichen Traufwand massiv erneuert; um 1980 durch die Stadt abgebrochen.

Vor dem Haus bestand vor 1905 ein kleines Stallgebäude aus Fachwerk, an das in diesem Jahr Aborte angebaut wurden (Baugeschäft Poetsch).

ORTSTRASSE 10

bis 1818 Haus-Nr. 356; bis 1878 Haus-Nr. 356 a

Größeres Wohnhaus, möglicherweise durch Umnutzung eines Wirtschaftsgebäudes vor dem frühen 18. Jahrhundert entstanden (vielleicht ehemals zu Weingarten 25 gehörend).

1743 ohne Eintrag (Haus ohne Grundbesitz); 1750 Witwe Koch; 1755 Soldat Möller, Haus für 50 Rthl; 1766 Meister Heylert, 150 Rthl; 1781/84 Witwe Heilert, 150 Rthl; 1798/1802 Witwe Heilert; 1804 Heilert, Haus ohne Braurecht, hält kein Vieh; 1805 Goldschmied Fischer, Haus für 800 Rthl; 1809 Fischers Haus; 1818 Goldarbeiter Fischer, Haus für 600 Thl; 1832/35 Witwe Fischer; 1846 Marktfeger Karl Meyer mit drei weiteren Familien; 1853 Pieper, vermietet an Meyer; 1873 Handelsmann Wurms; 1878/96 Wurms; 1908 Henriette Wurms; 1926 Franz Wurms; 1954 Frau Heitmann; 1961 Stadt Minden.

Scheune ?, später Dielenhaus (16./17. Jahrhundert–1961)

Eingeschossiges und giebelständiges größeres Fachwerkhaus mit Satteldach, 1961 ohne weitere Dokumentation abgebrochen, daher in der Bauzeit nicht mehr näher bestimmbar, wohl 16./17. Jahrhundert.

1784 das Haus einer umfangreichen Reparatur unterzogen, wofür Witwe Heilert anschließend Baufreiheiten beantragte. Nach dem Gutachten des Stadtzimmermeisters Möllers und des Maurers Meyning wurde der Vordergiebel repariert und im oberen Teil ausgemauert bzw. mit Brettern beschlagen, die Seitenwände repariert und der Rückgiebel ganz neu verzimmert, das Dach neu eingedeckt. Im Inneren *sind vier wohnbare Stubgens angelegt worden* (KAM, Mi, C 156,12 alt).

Auf diesen Umbau scheint die bis zuletzt erhaltene Innenaufteilung zurückzugehen, bei der eine mittlere Längsdiele beidseitig von Einbauten begleitet wurde, die jeweils vier Räume aufwiesen. Dabei die vordersten und hintersten jeweils als Stube eingerichtet, dazwischen jeweils eine Kammer und eine Küche, so daß wohl zwei Wohnungen entstanden. 1896 Entwässerung; 1908 Kanalisation; 1926 Stallanbau; 1961 Abbruch wegen Baufälligkeit.

Papenmarkt

Der Papenmarkt ist eine recht kurze Verbindungsstraße zwischen der Ritterstraße und der Hohen Straße, die bis in das 16. Jahrhundert offenbar nur eine kleine Gasse war und wohl nur Wirtschaftsgebäude von Kurien des Stiftes St. Martini an den beiden parallelen Straßen erschloß (siehe etwa noch das erhaltene Gebäude Papenmarkt 5, das auch noch nicht den seit dem 17. Jahrhundert stabilen Fluchten folgt). Südlich waren es die Kurie des zweiten Priesters von St. Martini an der Hohen Straße 5 (von der dann die späteren Grundstücke Papenmarkt 1, 3 und wohl auch 5 abgeteilt wurden) sowie die daran westlich anschließende Kurie Ritterstraße 26/28 (zu der das spätere Grundstück Papenmarkt 7 gehört haben dürfte). Nördlich lag nur das Gebiet einer großen Kurie, die dem Thesaurar des Stiftes diente (zur Geschichte siehe Ritterstraße 36). Spätestens 1547 begann der Rat der Stadt auf dieser Seite, als man nach den Wirren der Reformation zunächst das geistliche Eigentum beschlagnahmt hatte, die weiten Flächen entlang dem Papenmarkt in einzelne Hausstätten aufzuteilen, wobei hier die Häuser 2, 4, 6, und 8 entstanden.

Entsprechend der zunächst nur untergeordneten Bedeutung der Straße führte sie im Mittelalter auch noch keinen eigenen Namen: 1351 wird sie nur umschrieben als eine Straße, die von der St. Martini-Kirche nach Westen zur Kurie des Thesaurars führt: *platea, que ducit ab Ecclesia sancti Martini predicta versus occidentem apud curiam Thesaurarii* (STA MS, St. Martini, Urkunden Nr. 92). Der Straßenname Papenmarkt ist erstmals in der Mitte des 16. Jahrhunderts belegt: 1542 *an dem Papenmarkede* und 1546 *auf dem Papenmarkede* und 1558 als *Papenmarkt* (Mooyer 1852) bzw. 1617 *auf dem Papenmarkt.* Die Bezeichnung wurde aber zunächst auch für den anschließenden Bereich der Hohen Straße verwendet und dürfte sich auf die hier bis in die Mitte des 16. Jahrhunderts auf den großen Kuriengrundstücken ansässigen Geistlichen des Stiftes St. Martini beziehen. So wohnte im 16. Jahrhundert der erste Prediger in der dem östlichen Ende des Papenmarktes gegenüberliegenden Kurie Hohe Straße 8, der zweite Priester in der Kurie Hohe Straße 5, die den größten Teil der Südfront des Papenmarktes einnahm. Weiterhin lagen auch viele Wohnungen der am Stift eingerichteten Vikarien in diesem Bereich (siehe Hohe Straße 2, 5, 10 und 12). Nachdem seit der Reformation die im Bereich des Papenmarktes liegenden Kurien und Vikarienhäuser zum Teil nicht mehr in der alten Weise genutzt, mit der Zeit teilweise aufgeteilt und in den verbliebenen Bauten auch verpachtet wurden, verdichtete sich seit der Mitte des 16. Jahrhunderts die Bebauung, wobei nun auch Bürger als Anwohner auftreten. Parallel dazu reduzierte sich die Ortsbezeichnung Papenmarkt bis zur Mitte des 17. Jahrhunderts auf die neu entstandenen Häuser an dieser kurzen Querstraße.

1816 Neupflasterung der Straße mit Kieselsteinen durch den Pflastermeister van Houten (KAM, Mi, E 704); 1881 Feststellung der Fluchtlinien und 1891 Legung einer Entwässerungsleitung; sie wird 1908 zur Kanalisation erweitert. Zu dieser Zeit wohl Neupflasterung mit Basaltsteinen. Das Pflaster im Zuge der Stadtsanierung und bei Beseitigung der Bordsteine um 1985 umgelegt.

NACHRICHTEN ZU NICHT BEKANNTEN HÄUSERN AN DER STRASSE

1542 verkauft Dietrich Gansmeyer und seine Frau Gese den Kistenherren eine Rente aus ihrem *huse stede vnde tobehoringe so dat belegen is an dem Papenmarkede twusschen hern Hinrikes van buten haue vnde Ludeken Meyers huse* (KAM, Mi, A I, Nr. 581).

1546 verkaufen Johann Varnow und seine Frau Alheid den Kistenherren eine Rente aus *orem husze stede vnde thobehoringe so dat vp deme Papenmarkede twischen Helmich Gunnewich vnde Tonnies Harthmans huseren belegenn* (KAM, Mi, A I, Nr. 596).

1582 verpachtet Georg Verink, Besitzer der Vikarie St. Elisabeth, seiner Mutter Alheid Bringewadt ein Haus *am Pafenmarkt* neben dem, das Georg Nerhof bewohnt, mit Zustimmung des Dechanten Anton Minsche (STA MS, St. Martini, Urkunden 369).

1617 verkauft Berendt Moller sein *kleines Hauß uf dem Papen Marckete* an Ernst Hesterweges (KAM, Mi, B 240 alt).

Abb. 1258 Papenmarkt, Blick von der Einmündung der Hohen Straße nach Westen zur Ritterstraße, rechts Nr. 2 bis 6, links Nr. 1, 3 und Ritterstraße 28, um 1900.

PAPENMARKT 1

1729 bis 1743 Martini-Kirchgeld Nr. 346; bis 1818 ohne Haus-Nr.; bis 1878 Haus-Nr. 435 d; bis 1908 Papenmarkt 5; dann Papenmarkt 3

Möglicherweise ein zunächst selbständiges Grundstück des Stiftes St. Martini, auf dem wohl bis in das 17. Jahrhundert ein kleineres Wohnhaus für zwei Priester (möglicherweise Vikare) bestand und das 1685 der benachbarten Kurie (siehe Hohe Straße 5) zugeschlagen werden sollte. Auf dem Gelände stand bis 1933 eine zeitweilig im 19. Jahrhundert als Wohnhaus ausgebaute Scheune (weiter siehe dazu unter Hohe Straße 5).

PAPENMARKT 2 (Abb. 1258-1265)

1729 bis 1743 Martini-Kirchgeld Nr. 350; bis 1878 Haus-Nr. 436

QUELLEN: Zur Familiengeschichte Könemann/Hartog Auskünfte von Dr. Ing. R. Hartog/Bad Salzuflen-Bergkirchen. – Archiv LWL Münster, C 76, Nr. 550.

LITERATUR: LUDORFF 1902, S. 100 und Tafel 63, Abb. 3. – JAHR 1927, S. 25–26, 45 Abb. 26 (Grundriß), Abb. 84 (Diele). – KRINS 1951, S. 72. – SCHEPERS 1965, Tafel 30 (Rekonstruktion der beiden Giebel). – WILDEMAN 1967, Abb. 50 (Fotogrammetrie des Vordergiebels). – MUMMENHOFF 1968, S. 91. – Westfalen 46, 1968, S. 378. – SOENKE 1969, S. 7–21. – Westfalen 53, 1975, S. 601–603, Abb. 403 und 404. – SOENKE 1977, S. 187–192. – NORDSIEK 1979, S. 48 f. und 208–211. – GROSSMANN 1983, S. 21. – KASPAR 1986, S. 160. – GROSSMANN 1989, S. 152. – SCHEPERS 1997, Abb. S. 21 und 22.

Die Hausstätte gehörte zum Stift St. Martini, dem dafür noch im 18. Jahrhundert Pachtgeld zu entrichten war, blieb bis in die erste Hälfte des 16. Jahrhunderts wohl unbebaut und gehörte zunächst als nicht selbständiger Teil zur weitläufigen Kurie des Thesaurars (siehe dazu Ritterstraße 36). Die Bebauung und Ausweisung als eigener Hausplatz entstand offenbar während der Zeit, als die geistlichen Güter ab 1530 von der Stadt beschlagnahmt worden waren, wobei sich die Bürger mit Duldung des Rates Teilflächen vor der 1548 durch das Reichskammergericht erwirkten Rückgabe des Kirchengutes angeeignet hatten. Darunter waren – wie in diesem Fall – auch führende städtische Personen, was noch 1574/77 zur Rückgabeforderung durch das Stift führte (STA MS, St. Martini, Akten 11 b). Die dabei abgetrennte Hausstätte scheint ursprünglich noch von größerer Breite gewesen zu sein und dürfte auch die östlich anschließende kleine Hausstätte umfaßt haben. Zu diesem Grundstück Hohe Straße 7 weist das Haus Papenmarkt 2 einen seitlichen Ausgang auf, so daß hier wohl erst seit dem 17. Jahrhundert ein später selbständig gewordenes Nebenhaus errichtet wurde. Westlich an das zunächst freistehende Haus schloß sich zunächst ein ebenso breiter Grundstücksstreifen an, der in der ersten Hälfte des 17. Jahrhunderts mit einem Anbau an das Haus überbaut wurde. Hingegen blieb das Grundstück ohne größere Tiefe, so daß die Sohlbänke der Fenster im Rückgiebel auf Grund der Grenzbebauung gemäß Mindener Baurecht über Augenhöhe bleiben mußten. Ob das in der ersten Hälfte des 19. Jahrhunderts errichtete Wirtschaftsgebäude Hohe Straße 9 an dieser Stelle einen schon lange bestehenden Vorgängerbau gehabt hat, ist nicht bekannt, aber eher unwahrscheinlich, da ein entsprechender Bau vor 1810 nicht in den Versicherungsakten erwähnt wird.

Abb. 1259 Papenmarkt 2, Ansicht der Fassade von Süden, 1993.

1548 Bürgermeister Roleff Vogt (oder Vagelt); 1574 Haus des Bürgermeisters Rudolff Vagel, bewohnt von Hermann Rogge; 1584 Hermann Rogge; 1602 Thomas Hartog (betrieb Weinhandel), gestorben 1618; 1628 Thomas Hartog Junior (1605–1681, Ratsverwandter, verheiratet zuerst mit W. Lemmers, später mit Anna Katharina Koenemann († 1712). Die Familie Hartog seit 1660 in dem erworbenen Pachthaus Königstraße 30 ansässig); 1696 Anthon Honeman, zahlt jährlich 4 Thl Giebelschatz; 1709/11 Witwe Anthon Honeman; 1723 Witwe Anton Hohnemann; 1729 Witwe Ernst Köhnemann; 1737/40 Rudolph Könemann, Organist von St. Simeon und der reformierten Gemeinde, betreibt auch Ackerbau; 1750 Organist Könemann (führt auch Orgelbau aus, siehe J. Brandhorst 1991, S. 283); 1755/66 Köhnemann, Haus für 200 Rthl; 1781 Organist Könemann; 1794 Jungfer Koenemann; 1798 Mieter ist Branntweinbrenner Schönebaum, Haus mit Braurecht; 1802 Erben Köhnemann, Haus für 200 Rthl; 1804/05 Bäcker Gabriel Schonebohm, Mieter sind Blandel und Invalide Kirchner, Wohnhaus 1 000 Rthl, Hinterhaus 200 Rthl, kein Braurecht, hält kein Vieh; 1809 Schonebohms Haus, Mieter ist Witwe Landelei; 1818 Bredemeier, Wohnhaus 600, Stallung 200 Thl; 1832 Fuhrmann Friedrich Bremeyer, Erhöhung Wohnhaus auf 1 300 Thl; Stallung 300 Thl; 1846 Fuhrmann Wilhelm Bredemeyer; 1853 Mieter ist der Makler Ramsel. Hat ein Gelaß für 4 Pferde, das von dem Besitzer selbst genutzt wird; 1878 Bredemeyer; 1892 läßt der Ackerbürger Heinrich Bredemeyer an der Königstraße 78 eine große Scheune für seinen Betrieb errichten (sein Bruder August Bredemeyer erbaute auf dem Nachbargrund Königstraße 76 eine Schmiede und Stellmacherei); 1908 Landwirt Bredemeyer; 1960 Geschwister Bredemeyer; 1963 Landwirt Heinrich Bredemeyer baut sich ein neues Wohnhaus an der Königstraße 78 a neben seiner Scheune.

Das Haus erhielt durch die Geschichte seiner Wiederherstellung 1968/71 innerhalb der Stadtplanung und Stadtsanierung Mindens einen herausragenden Stellenwert: Mit der Gründung einer Bürgerinitiative gegen den Abbruch und durch seine Rettung markiert das Gebäude einen Wendepunkt durch die Abkehr von Rat und Verwaltung von Konzepten der Flächensanierung. Nachdem es schon lange von der Fachwelt als ein bedeutendes und zudem extrem wenig verändertes Zeugnis des bürgerlichen Bauwesens gepriesen worden war[1], setzen schon 1958 Bestrebungen seitens des städtischen Museums und des Landeskonservators zu seinem dauerhaften Erhalt ein. Über viele Jahre kam es aber auf Grund des Desinteresses der Eigentümer und der abwartenden Haltung der Stadtverwaltung, die zu dieser Zeit vielmehr eine Sanierung durch Überplanung des ganzen Baublocks konkretisierte[2], zu keinen greifbaren Ergebnissen. Die Übernahme des Hauses in das neu gegründete Westfälische Freilichtmuseum in Detmold wurde erwogen[3], das Kultusministerium in Düsseldorf stellte Mittel zur Erhaltung bereit. Währenddessen wurde das Gebäude im Laufe der vielfältigen, an verschiedenen Orten vorgetragenen Argumentationen zu einem einzigartigen Beispiel der örtlichen Bauweise. Die Diskussionen spitzten sich 1968 mit der Vorlage eines Abbruchantrages durch den Eigentümer für das seit 1964 leerstehende und zunehmend verfallende Haus zu. Es kommt zur Lancierung von Zeitungsartikeln in der überörtlichen Presse und dem Aufruf zu einer Spendenaktion, wobei sich neben verschiedenen Einzelpersonen insbesondere das Mindener Museum und der Mindener Geschichtsverein hervortun. Da das Westfälische Amt für Denkmalpflege/Münster den Wert des Hauses vor allem im örtlichen Bezug, weniger im Kunstwert des Hauses sieht, stimmt es nach einem Termin beim Staatskonservator in Düsseldorf schließlich dem Abbruch unter der Auflage einer eingehenden Dokumentation zu. In letzter Minute kauft im Frühjahr 1969 der 1967 durch engagierte Bürger gegründete »Verein zur Pflege der Kultur an der Weser« das Haus, um es zu erhalten und wieder herzustellen. Als treibende Kraft treten hier insbesondere Dr. Kreft (Präsident des Verwaltungsgerichtes Minden) und Dr. Brügmann hervor. Nachdem der Verein – unter fachlicher Hilfe des Staatshochbauamtes und des früher dort tätigen pensionierten Regierungsbaurates Paul Knoch und mit Beratung des Westfälischen Amtes für Denkmalpflege/Münster – dafür gesorgt hatte, daß man das Haus im Laufe der nächsten Jahre wiederherstellte, übernahm es die Stadt Minden wenig später als Veranstaltungsbau für kulturelle Zwecke.

Das Wiederherstellungskonzept folgte vor allem einem romantisierenden Bild, das die beteiligten Personen von dem Haus hatten, so daß es sich heute in erster Linie als dreidimensionale Vision eines sogenannten mittelalterlichen Hansehauses darstellt, das in seiner konkreten Gestalt allerdings im Detail sehr fragwürdig ist. So führte der von der Seite der Denkmalpflege verengte Blick auf den alten Giebel als hauptsächlichem Wert des Hauses und dessen angeblich starke Beeinträchtigung durch den späteren Zementputz verständlicherweise zu dem Wunsch nach seiner Rekonstruktion. Konsequenz daraus war allerdings, daß gerade dieser für so wertvoll erachtete Bauteil im Original zerstört und nicht nur aus völlig neuem, zudem historisch unangemessenem Material ersetzt wurde, sondern auch in der Ausbildung seines oberen Abschlusses eine recht freie Rekonstruktion erhielt (unter Beratung von Dr. K. E. Mummenhoff beim WAfD/Münster und Dr. R. Poppe beim Niedersächsischen Amt für Denkmalpflege, Außenstelle Osnabrück). Da man die alten Steine nicht mehr für verwendbar hielt, benutzte man neue, aus dem niederländischen Zyphen bezogene, die allerdings ein anderes Format aufwiesen, 2 cm kürzer waren und damit auch zu Änderungen in der Struktur

[1] So wurden die beiden Fassaden einschließlich eines skizzierten Grundrisses schon 1948 durch Josef Schepers, seit 1960 Leiter des Westfälischen Freilichtmuseums in Detmold, für seine Bürgerhausforschungen aufgenommen. Die Unterlagen heute im dortigen Museum (siehe Grossmann 1989, S. 152 und Schepers 1965 und 1997).

[2] Der gesammte Block sollte mit durchgehender Ausrichtung auf die Ritterstraße neu parzelliert werden.

[3] Dafür wurden 1959 die Aufmaße von Dr. J. Schepers aufgetragen und diese 1965 von ihm veröffentlicht.

Abb. 1260 Papenmarkt 2, Rückansicht von Nordwesten, um 1970.

des Giebels führten. Darüber hinaus sind als Entscheidungsgrundlage der Arbeiten vor und während der Wiederherstellungsmaßnahmen über das fotogrammetrische Aufmaß der Fassade hinausgehend offensichtlich keine genaueren Fragen zur Sozial- und Baugeschichte des Gebäudes verfolgt worden. Wichtige Details sind daher auf Grund der 1968/71 vorgenommenen einschneidenden Restaurierungsmaßnahmen auch heute nicht mehr zu klären, da dabei große Teile der Altsubstanz entfernt und ausgetauscht wurden. So wurde der Vordergiebel und die östliche Traufwand bis auf einen kurzen rückwärtigen Abschnitt völlig erneuert, ferner auch einige Dachbalken ausgewechselt und der Fußboden tiefer gelegt. Das Alter der Innenwände und der daraus gebildeten Einbauten ist nicht ermittelt worden; sie wurden (mit Ausnahme einiger allgemeiner Innenaufnahmen) alle undokumentiert abgebrochen zu Gunsten der Rekonstruktion einer vermuteten ursprünglichen großen Diele, um so der Fiktion eines sogenannten »Hansehauses« näher zu kommen. Entsprechend wurde rechts des Torbogens – allerdings ohne eindeutige Befunde – in Spiegelung der Befunde links des Bogens ebenfalls ein hohes Fenster rekonstruiert. Dies geschah, obwohl Schepers den Bau in seiner Studie zum Bürgerhaus in Nordwestdeutschland schon mit einem alten Einbau vor dem Herdkamin rechts des Tores beschrieben hatte (in der von ihm veröffentlichten Zeichnung des rekonstruierten Giebels allerdings nicht zu erkennen). Auch archäologische Untersuchungen bei den Fundamentierungs- und Ausschachtungsarbeiten haben nicht stattgefunden.

Dielenhaus (von 1547/49)

Als traditionelles und in der Gestalt konservatives Dielenhaus wohl 1547–1549 für den Bürgermeister Roleff Vogt errichtet. Giebelständiger Backsteinbau von 16,80 x 11,60 m mit Satteldach, später in zwei Abschnitten an der westlichen Traufwand erweitert. Nur der rückwärtige Giebel des Kernbaus im Bereich des Obergeschosses und des Dreiecks von Fachwerk. Die Gewände aller ursprünglichen Öffnungen aus Obernkirchener Sandstein. Das Haus mit hohem Dielengeschoß von etwa 4,30 m lichter Höhe und niedrigem Speichergeschoß von etwa 2,35 m lichter Höhe, dabei die Traufwände mit den charakteristischen Bogenstellungen und zur Auflage der Balkenlage des Speichergeschosses innen leicht zurückspringend. Im Erdgeschoß westlich vier breite Bögen, östlich fünf Bogenfelder, im Speichergeschoß beidseitig sechs Bögen. Dachbalkenlage aus starken Balken von etwa 30 x 30 cm auf Mauerlatten aufgelegt. Das Dachwerk von 12 Gebinden mit zwei gezapften Kehlbalkenlagen, dabei unter der unteren ein einfach gestellter Stuhl; Windrispen zwischen den Sparren gesetzt, die Sparren durch die Dielung des Bodens gezapft. Am Nordgiebel das Obergeschoß von einfacher Fachwerkkonstruktion mit einer Riegelkette; darüber das Giebeldreieck ohne weitere Vorkragung und ebenfalls mit Backsteinausmauerung. Hier eine untergestellte Firstsäule und seitlich über die Riegel geblattete Nebenständer. Ehemals Geckpfahl.

Unter dem rückwärtigen Abschnitt der Diele auf ganzer Hausbreite ein Keller mit flachgewölbter Tonne von etwa 2,30 m Höhe aus in Schalung gemauerten Backsteinen, über eine ungewöhnlich breite und flachgeneigte Treppenanlage entlang der westlichen Traufwand von der Diele zugänglich (für Weinhandel ?) und mit Lichtschächten zum nördlichen Rückgiebel und der östlichen Traufwand versehen.

Das Haus durch eine Tafel über dem Tor 1547 datiert. Zur Klärung der Baugeschichte wurde 1993 eine dendrochronologische Untersuchung (durch H. Tisje/Neu-Isenburg) vorgenommen, wonach das Bauholz wohl im Winter 1548/49 geschlagen und verarbeitet, das Haus also wohl 1549 fertiggestellt wurde:

Ende 1545	7. Dachbalken von Süden
Ende 1548	Dachwerk, 1. Stuhlsäule von Süden
Ende 1548	Dachwerk, 2. Stuhlsäule von Süden
1547 ±1	Nordgiebel, Schleppsparren des westlichen Anbaus
1548 ±1	Dachwerk, Ostseite, 3. Sparren von Norne (Bundzeichen X)
1544 ±8	Nordgiebel, Firstsäule

Die Fassade

Der Vordergiebel aus Backstein aufgemauert und in für die Bauzeit traditionellen Formen in spätgotischer Tradition gestaltet, dabei die Wandfläche unterhalb des Dreiecks mit den Öffnungen für das Dielengeschoß und das Speichergeschoß nicht weiter gegliedert, aber weitgehend symmetrisch aufgebaut: seitlich des Torbogens jeweils eine große Fenstergruppe, darüber sechs Luken. Der Torbogen rundbogig, aus Sandstein und mit spätgotischem Profil, im Scheitel ein Wappenstein. Die Fenster mit umlaufenden Gewänden und über dem Sturz von einem Wasserschlag begleitet (die östliche Fenstergruppe nur in Teilen erhalten und ursprünglich offensichtlich in ein unteres Stubenfenster und ein darüber befindliches Kammerfenster unterschieden).

Das Giebeldreieck mit einem sogenannten »deutschen Band« als Fries abgesetzt und darüber als Blendgiebel ausgeführt, aber mit engerer axialer Gliederung als das darunter befindliche Speicher-

Abb. 1261 Papenmarkt 2, Erkerbrüstung von 1628 am Seitenbau, Zustand 1995.

geschoß gestaltet. Der mittlere Teil durch fünf Lisenen und seitlich abschließende breite Felder in sechs Blenden gegliedert, in die mehrere Reihen schlichter Luken gesetzt sind. Die Seiten ehemals über seitliche Sandsteinkonsolen mit spätgotischem Stabprofil vorkragend (aber oberhalb des Dachansatzes zu einem unbekannten Zeitpunkt bis auf die den First überragende Fiale mit einer Wetterfahne abgetragen). Der Giebelabschluß daher im einzelnen unbekannt, heute nach – allerdings älteren – Vergleichsbeispielen wie Kampstraße 1 als Stufengiebel mit rechteckigen Fialtürmen rekonstruiert. Deren Abschluß nach dem erhaltenen Beispiel mit einemr rechteckigen, als Pyramide ausgearbeiteten Abschluß.

Das Innere

Der größte Teil des hohen Dielengeschosses ursprünglich ohne eine innere Unterteilung. Der Raum erschlossen durch das Tor im Vordergiebel und mit seitlichem Ausgang in der Ostwand. Belichtet insbesondere durch die großen Fenster in den beiden Giebelfronten. Die Ostseite der Diele differenzierter gestaltet: hier offensichtlich vorne hinter dem Giebel ein kleiner Stubeneinbau von etwa 6 m Länge und 2,80 m Breite (die ersten beiden Bögen verdeckend). Fachwerkkonstruktion von nicht mehr näher feststellbarer Ausführung mit niedrigem Zwischengeschoß. In einem Wandfeld war ein Stein mit Datierung 1694 eingesetzt (möglicherweise der Einbau zu diesem Zeitpunkt verändert oder erneuert ?). Hinter dem Einbau das mittlere der drei noch folgenden Bogenfelder ausgefüllt und als Herdstelle mit Kamin in der Traufwand ausgeführt. Davon erhalten die nördliche Wange des Rauchfangs, die als vorkragende gotische Konsole gestaltet ist. Zusammen mit dem heute ergänzten südlichen Gegenstück könnte sie einen massiven Sturz zur Unterstützung eines Rauchfanges getragen haben, heute allerdings frei als starke und rustikale hölzerne Rahmenkonstruktion ergänzt.

Das nördlichste Bogenfeld auf Grund verschiedener Befunde als Wirtschaftsbereich der Küche zu rekonstruieren: hier befand sich bis zur Wiederherstellung des Hauses vermauert das sandsteinerne Gewände eines zweibahnigen Fensters in der Wand, darunter ein in die Gosse entwässernder Spülstein. Nördlich davon nahe dem Rückgiebel eine rechteckige Tür zum damit östlich an das Haus anschließenden Hofplatz. Das Gewände mit mehreren, zum Teil nur flüchtig eingeritzten Namenszeichen und Datierungen: *TH* (= Thomas Hartog) mit durchgeschossenem Herz und der Jahreszahl *1602*; ferner *1709 AFH/EK* (= Anton Friedrich Hohnemann ...).

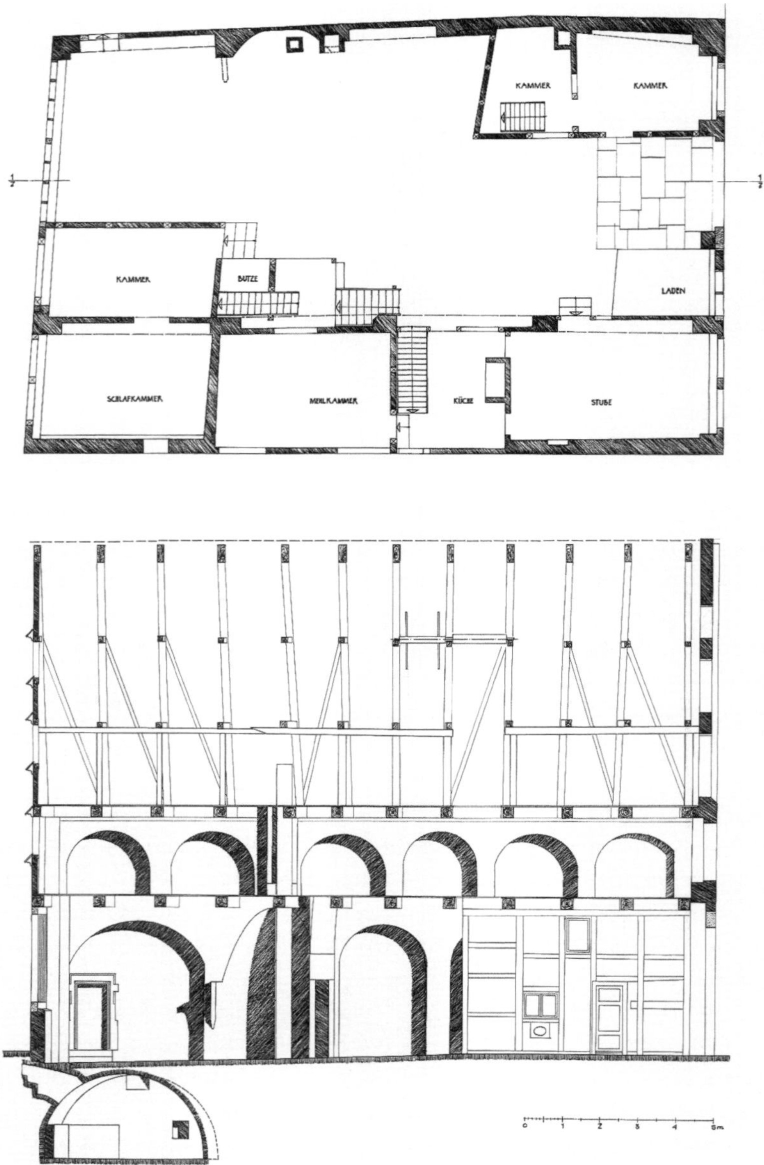

Abb. 1262 Papenmarkt 2, Bestandsaufnahme von 1963. Längsschnitt und Grundriß.

Der Rückgiebel weitgehend in eine große Fenstergruppe aufgelöst, die von zwei kräftigen Sandsteinpfeilern in drei Gruppen von je vier Bahnen geschieden wurde. Auch hier über dem Sturz ein durchlaufender Wasserschlag mit nach unten abgewinkelten Enden.

Im Dachwerk ein großes Aufzugsrad mit südlich anschließender Welle, über die im vierten Gefach von vorn Güter von der Diele herausgezogen werden konnten (Datierung unklar).

Abb. 1263 Papenmarkt 2, Diele, Blick nach Süden zum Tor, um 1960.

Seitenbau (von 1628)

Spätestens 1628 wurde westlich des Hauses ein Anbau für weitere Wohnstuben errichtet (möglicherweise auch als Altenteil zu verstehen). Dieser ein zweigeschossiger und massiver, aus Backstein aufgemauerter Baukörper, der in jeder Etage einen vorderen Wohnraum und einen dahinter liegenden Vorraum aufnahm. Das Obergeschoß durch einen Erker aus Sandstein hervorgehoben, heute nur noch bis zur Brüstung im ursprünglichen Zustand erhalten. Dieser aufwendig aus Obernkirchener Sandstein gearbeitet und aus großen, reich ornamentierten Platten zusammengesetzt, dabei die Bodenplatte auf zwei seitlichen Konsolen aufliegend: nach den Befunden der Erker oberhalb der Brüstung fünfbahnig. Dieser Teil schon im 18. Jahrhundert abgebrochen und zu Gunsten zweier großer Kreuzstockfenster in einer Fachwerkkonstruktion mit leicht vorkragendem Giebeldreieck ersetzt. Ehemals offensichtlich ein massiver Schaugiebel mit Blenden und unbekanntem oberen Abschluß auf dem Anbau, der das an das Hauptdach angeschleppte Dach verdeckte. Zum Anschluß dieses Giebels wurde die westliche Staffel des Giebels des Kernbaus umgebaut und mit einer weiteren Blende versehen (bei der Rekonstruktion 1970 wieder entfernt).

Die Brüstung durch Schuppenbänder in fünf leicht hochrechteckige Felder geteilt, von denen das mittlere ein rechteckiges Kissen mit feinem Waffelmuster zeigt. Seitlich davon je eine von Rollwerk umgebene Kartusche, darüber jeweils die Hälfte der Datierung 1628, darunter (heraldisch) links die Buchstaben *WL* (= Walburga Lemmers) und in der Kartusche ein Lamm mit Kreuzfahne, rechts *TH* (= Thomas Hartog) und ein zweifach mit Pfeilen durchschossenes Herz.

Abb. 1264 Papenmarkt 2, Herdstelle in der Küche hinter der Stube im Seitenbau von 1628, um 1960.

Der untere Wohnraum gegenüber der Diele leicht erhöht und bis 1970 mit wohl originaler Tür und zwei vorgelegten Stufen erschlossen: das zweifeldrige Blatt mit breiter Zarge und oberem Abschluß durch Gesims mit Zahnschnittkonsole. Neben der Tür ein zweiflügeliges Fenster mit Bleiverglasung. Der rückwärtige Raum mit einer offenen Feuerstelle, die von einem Rauchfang überspannt wird und darüber in einen Schornstein übergeht. Von hier aus konnte offensichtlich ein Hinterladerofen der Stube befeuert werden. Zuletzt (und wohl schon seit dem 18. Jahrhundert) dieser Raum als Küche des Hauses genutzt. Der Raum darüber durch eine Treppe in diesem Küchenraum erschlossen.

Wohl im 18. Jahrhundert wurde in der Diele westlich des Tores eine kleine Ladenbutze eingebaut. Dieser Raum mit hölzernen Wänden mit offener Bühne darüber, mit einem schlichten Geländer von Sägebalustern gesichert. Die Diele spätestens zu diesem Zeitpunkt mit großformatigen Sandsteinplatten ausgelegt.

Zu einem nicht mehr weiter bestimmbaren Zeitpunkt der westliche Anbau von Fachwerk bis zum Rückgiebel verlängert. Weitere Datierungen dieser Baumaßnahme sind kaum mehr möglich, da hier später große Bereiche weiter verändert und massiv erneuert worden sind. Dieser Bauteil

Abb. 1265 Papenmarkt 2, Scheune an der Hohen Straße 9, Ansicht von Südosten, 1973.

ebenso wie der vordere Bereich mit einem Schleppdach an den Kernbau angeschlossen und offensichtlich eingeschossig zur Schaffung weiterer Wohnräume eingerichtet. Dabei der rückwärtige Bereich durch Öffnung des letzten Wandbogens bis in die Diele erweitert (hier ein Teil mit Schließung des östlichen Drittels des großen Rückfensters durch Fachwerkwände abgeteilt) und als Saalkammer ausgestaltet. Nachträglich dieser Teil wiederum zweigeschossig ausgebaut. Seit dem frühen 19. Jahrhundert scheinen dann keine größeren Umbauten des Hauses mehr vorgenommen worden zu sein. 1893 Entwässerung; 1909 Kanalisation; 1970/1973 Sanierung; Dezember 1974 Einweihung; 1984 in die Denkmalliste der Stadt Minden eingetragen.

Scheune (um 1840–1975), Hohe Straße 9

Zweieinhalbgeschossiger und traufenständiger Backsteinbau von etwa 1840 auf schiefwinkligem Grundriß, rückwärts vom Haupthaus erschlossen. Nur die vordere Traufwand zur Straße geputzt, dabei die Geschosse hier durch schmale Bänder geschieden, die Fenster mit Sohlbänken aus Sandstein. Hier im nördlichen Bereich ein Tor mit geradem Sturz, südlich daneben zwei Fenster, im Obergeschoß mittig eine Ladeluke und seitlich jeweils ein Fenster mit Stichbogen. Drempelgeschoß ohne Öffnungen.

Abb. 1266 Papenmarkt 3, Ansicht von Norden, 1970.

PAPENMARKT 3 (Abb. 1266, 1267)

1729 bis 1743 Martini-Kirchgeld Nr. 345; bis 1818 ohne Haus-Nr.; bis 1878 Haus-Nr. 435 c; bis 1908 Papenmarkt 7; dann Papenmarkt 5

Das Haus gehörte dem Martini-Stift (STA MS, St. Martini, Akten 176) und dürfte das in den Quellen des 18. Jahrhunderts genannte *kleine Haus* des sogenannten Quarthofes gewesen sein. Es war offenbar Teil der weitläufigen Kurie des zweiten Priesters (siehe dazu Hohe Straße 5) – möglicherweise zunächst als Wirtschaftsgebäude –, ist dann aber spätestens im 18. Jahrhundert selbständig verpachtet worden.

1706 *Capituli Hauß, welches Otto Drewes gehüret*, versichert zu 150 Thl; 1722 *ein klein Haus am Papen Markt, bewohnt der Buchbinder Carsten* (STMS, St. Martini, Akten Nr. 80); 1738 Johann Südmeyers Haus; 1740 David Fleischer (zuvor Johann Südmeyer). 1764 bemeiert das Martini-Kapitel den Bürger und Peruqier Friederich Zersen und dessen Frau Eva Margaretha Peilen ein freies Kapitelhaus auf dem Papenmarkt zwischen dem Küdlerschen Erbpachtshof und dem Erbpachtshaus des Knopfmachers Rumpf. Haus war vorher durch den Schuster Fleischer und den Koch Gottlieb bewohnt; 1764 verpachtet an den *Peruquier* Zerssen; 1781 *Peruquier* Zerssen, Haus für 200 Rthl; 1795 Witwe Domkapitular Rentmeister Brüggemann; 1805 Kaufmann, Haus für 500 Rthl; 1805 Charlotte Brüggemann, Witwe des Regierungsrates Wermuth verkauft für 500 Rthl an die beiden Schwestern Martini (zuvor Kampstraße 10, kleines Haus) das von ihrer Mutter ererbte ehemals Zersensche Haus am Papenmarkt mit einem kleinen Hof, zwischen dem Schneider Meyer und Major von Thoss (STA MS, St. Martini, Akten 144 b und c); 1806 Mademoiselles Martini; 1812 Geschwister Martini; 1818 Demoiselle Martini, Wohnhaus 500 Thl; 1846 Fräulein Christiane Martini (75 Jahre alt); 1853 Schneider Grassow; 1878 Grassow; 1894 Fr. Niemeyer; 1908 Maler Karl Truthahn; 1981 Gerhard Köpper.

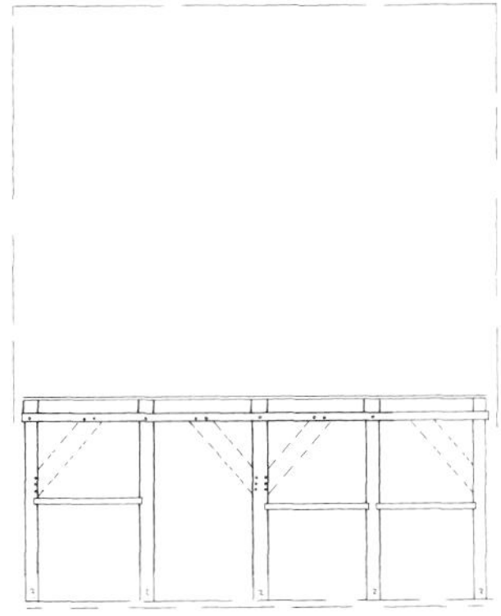

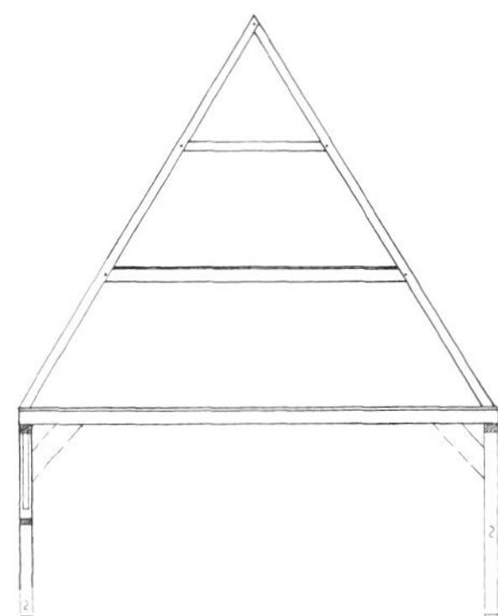

Abb. 1267 Papenmarkt 3, linke Traufwand und Querschnitt, rekonstruierter Zustand 15. Jahrhundert.

Gebäude (von 1456 ⓓ)

Eingeschossiges, verputztes Giebelhaus mit einem sehr steilen ausgebauten Satteldach mit mehreren Ausbauten. Das Haustürgestell mit profilierten Oberlichtrahmen aus der ersten Hälfte des 18. Jahrhunderts. Kern des Hauses ist ein Gebäude unbekannter Funktion (möglicherweise ein Nebengebäude oder eine zur anschließenden Kurie gehörenden Scheune ?). Das Fachwerkgerüst von – heute nur noch (?) – fünf Gebinden ist auf Grund von zwei dendrochronologischen Datierungen (1992 durch H. Tisje/Neu-Isenburg) im Jahre 1456 errichtet worden:

1456 ± 2	2. Sparren von Norden, Westseite
Ende 1455	3. Sparren von Norden, Westseite

Die Dachbalken sind aufgelegt, darüber ein Sparrendach mit zwei eingezapften Kehlbalkenlagen (die untere heute versetzt), der Vordergiebel mit Spitzsäule (rückwärts neuere Konstruktion). In den Traufwänden offensichtlich nur eine Riegelkette, Aussteifung (nach den wenigen momentan einsichtigen Befunden) in den Gebinden abwechselnd mit Kopf- und Fußbändern. Die Gebinde sind mit einem Abstand von etwa 1,55 m von vorn nach hinten gezählt. Nachträglich wurden an beiden Traufwänden in die Gefache jeweils Zwischenständer eingefügt.

Heute das Innere durch einen wohl um 1850/60 zu datierenden Umbau bestimmt, bei dem das Haus zu einem zweigeschossigen Wohnhaus ausgebaut wurde. Spätestens seit diesem Zeitpunkt der Giebel verputzt (die rechte Traufwand nach Abbruch des Nachbarhauses 1967 verkleidet). Für den Ausbau des Daches die untere Kehlbalkenlage höher gelegt. Auf der westlichen Dachfläche ein schmaler zweigeschossiger Ausbau aus Eichenholz (für Aufzug ?), auf der östlichen Traufwand der rückwärtige Bereich mit Nadelhölzern aufgedrempelt und mit einer Abschleppung versehen (Sparren z. T. abgefangen). Die eng gewendelte Treppenanlage mit gedrechselten Traillen bis auf die obere Kehlbalkenlage reichend. Im Erdgeschoß seitdem rechts eine Stube (mit Balkenkeller darunter) mit anschließenden zwei weiteren nebeneinanderliegenden Räumen. Von der verbleibenden Flurdiele rückwärts hinter der Treppe eine kleine Küche abgeteilt.

1894 Entwässerung; 1908 Kanalisation; 1981 Anbau eines Wohnzimmers an den Rückgiebel mit Flachdach.

Auf dem Grundstück wurde 1981 ein Grabstein (angeblich aus dem 17. Jahrhundert) gefunden, der in das Museum Minden gelangt sein soll.

PAPENMARKT 4 (Abb. 1258, 1268)

1729 bis 1743 Martini-Kirchgeld Nr. 351; bis 1878 Haus-Nr. 437

Die Hausstelle gehörte zur ehemaligen Kurie des Thesaurars von St. Martini (siehe dazu Ritterstraße 36) und dürfte um 1540/50 durch Abtrennung eines kleinen Bauplatzes davon entstanden sein.

1547 Helmich Gunnewit; 1585 läßt die Witwe Alheidt des Bürgermeisters Hellmich Bonnewir (Gönnewit) eine Obligation über 10 Thl auf das Haus bei der städtischen Rentenkammer eintragen. Es lag *aufm Papenmarckte zwuschen Herman Rogge und Johan Syckmans Heussern* (KAM, Mi, AI Nr. 722). Als spätere Eigentümer werden dort genannt: Hinrich Stallman, Volmert Engelking, 1663 Johan Engelkings *uffm papen Markt*, 1680 Andreas Wrede, 1686 Dieterich Engelking, 1698/1711 Andreas Wrehde; 1714 Erben Andreas Wreden *uffm Papenmarkt*, 1743 Elert Meyer (KAM, Mi, B 151 und B 154,4 alt).

1617 wurde eine *Acta in causa Capituli ad St. Martinum contra den Bürger Johann Engelking wegen Reparatur eines Hauses* angelegt (STA MS, St. Martini, Akten Nr. 161), da es wegen des Kaufes des baufälligen Hauses durch Johan Engelking von Heinrich Stallman zu Streit kam. Das Martini-Kapitel bezeichnet das Haus 1618 *in Minden an dem Papen Marckt uf dem Thesaurie Hoff gelegen.*

1729 Wreden; 1738/40 Jude Israel im Haus der Erben Wreden; 1743 kein Eintrag (Haus ohne Landbesitz); 1750 Erben Wreden; 1755 Niemann, Haus für 100 Rthl; 1766 Schlächter Niemann und Ludwig Stuhr; 1781 Soldat Niemann; 1789 Bäcker Johannes Kaup (wohnt wohl in Papenmarkt 6) macht einen Erbvertrag mit seiner Tochter, wobei das Haus mit 800 Rthl angeschlagen wird (STA DT, Mi, I C Nr. 231); 1798 Bäcker Kaup; 1802/04 Kaup, Wohnhaus 350 Rthl, Stall 50 Rthl; hat kein Braurecht, hält kein Vieh; 1806 Friedrich Kaup Junior; 1809 Kaups Haus, Mieter ist Wegemeister Reiche; 1818 Friedrich Kaup, Haus für 400 Thl; 1830 Ludwig Wilhelm Eisbergen (siehe Papenmarkt 6), Erhöhung auf 1 000 Thl; 1846 Mieter ist Musiker Andreas Warncke und Hebamme Auguste Lehmann; 1853 Musikus Warnecke und Mieter Auktionskommisar Meyer; 1878/95 Warnecke; 1908 Oberpostassistent Wilhelm Wilke.

Haus (1617–um 1780)

1617 wurde mit einer Reparatur des baufälligen Hauses begonnen, doch wurde die Baustelle auf Einwand des Martini-Kapitels vom Wichgrafen Franciscus Brackelmann stillgelegt. Der Magistrat stellte dann fest, *das dies Haus ein altt ruinos gebewdt gewesen, welches auch mehrentheils an einer seiten heruntergefallen, und dem Nachbaren an seinem Hause schaden zugefueget. Und besorglich auch weiteren schaden thuen müßte, als ist dem damahligen Besitzer des Hauses Bekemann ufferlegt solches zu reparieren, undt das besorgende Unheil und schaden abzuwenden, der aber seiner kundigen armuth halber das Haus vorberurtes Engelking verkaufft, der auch daßelb herunter genommen, und zu bessern angefangen, auch so weitt damit verfahren, das Er den Obristen Stapell sampt den Sparen, uffgerichtet, auch die latten uffgeschlagen, daselbst, unndt nach geraumer Zeitt der Clerus Martinianus sich auch understanden dem Besitzer des Hauses durch den fürstlichen Weichgraffen, das gebewde verbieten zu lassen.* Nach diesen Nachrichten scheint man 1617 begonnen zu haben, aus dem alten abgebrochenen Hausgerüst ein neues Haus zu verzimmern. Die weitere Gestalt dieses um 1780 abgebrochenen Gebäudes ist nicht bekannt.

Haus (um 1790)

Das zweigeschossige, traufenständige und wohl von Anfang an in den Ansichten verputzte Fachwerkhaus wurde zwischen 1786 und 1798 neu errichtet (wohl als Altenteil für den Bäcker Johannes Kaup), wobei Kosten von über 1 200 Rthl entstanden. Zweistöckig verzimmertes Fachwerkgerüst mit aufgelegten Balken; auch die Giebel stöckig verzimmert, das Gerüst mit Schwelle-Rähm-Streben ausgesteift.

Abb. 1268 Papenmarkt 4, Ansicht von Südosten, 1993.

Schlichtes, zweigeschossiges Wohnhaus mit mittlerem Flur mit eingestellter Treppe, der bis zum rückwärtigen Hof reicht und an den sich beidseitig jeweils eine Folge von vorderer Stube und rückwärtiger Kammer anschließt.

Das Dach im frühen 19. Jahrhundert mit zusätzlichen Kammern ausgebaut, dafür eine kleine Schleppgaupe geschaffen. 1895 Entwässerung; 1984 in die Denkmalliste der Stadt Minden eingetragen und vorsichtig saniert.

PAPENMARKT 5

1729 bis 1743 Martini-Kirchgeld Nr. 344; bis 1818 ohne Nummer; bis 1878 Haus-Nr. 435 b; bis 1908 Papenmarkt 9

Die kleine Hausstelle ist offenbar vor 1512 durch Besiedlung einer Teilfläche der wohl als Küsterei dienenden Stiftskurie Ritterstraße 26/28 entstanden. Heute ist das Grundstück im vorderen Bereich unbebaut.

1512 verkaufen Heinrich Timmermann und seine Frau Aleke dem Rickmar von Bücken und seiner Frau Katharina eine Rente (Pachtgut Küsterei St. Martini) *jn or huss vnd stede myt syner tobehoringe so dat belegen ys to endest der Ridderstrate achter dem haue to der kosterye to sunte Marten behorich* (KAM, Mi, A I, Nr. 457. Siehe auch KAM, Mi, A I, Nr. 593 von 1546). Bis in das frühe 19. Jahrhundert ein zum Martini-Stift gehörendes und dem dortigen Dekanat unterstelltes Pachthaus: 1685 Kürschner Hans Thoerwal (?); 1690 *Frey-Schuster Severing* mit Familie und 4 Gesellen sowie einem Lehrling. Er erhält Bürgerrecht für 8 Rthl und Aufnahme in das Handwerk für 12 Rthl (KAM, Mi, B 353); 1706 *ein Kapitul Häußgen, welches der Frey Schuster gehöret*, taxiert zu 100 Thl (STA MS, St. Martini, Akten 74) oder im gleichen Jahr *ein Capitul Häußgen, welches der Frey Schuster gehöret hatt ,100 Thl*; 1722 Haus am Papenmarkt, *ad Decanatum gehörig*, bewohnt der Freischuster Woff (STA MS, St. Martini, Akten Nr. 80); 1738/40 Freischuster Wolff in einem Kapitulars Haus; 1742 möchte der Schneidermeister Johan Gerd Schneidewind vom Martini-Kapitel für vier Jahre ein Haus auf dem Papenmarkt mieten, das dem Decanus H. Moll gehört und vorher an den Freischuster Meister Wolff vermietet war (STA MS, St. Martini, Akten 144 c); 1743 Witwe Freischuster Wolff; 1763 hat der Knopfmacher Johann Diederich Rumpf das Haus *vom Martini-Capitel als ein zum Decanat gehöriges Haus in Erbpacht erhalten*. Als Pachtzins mußten jährlich zu Michaelis 8 Rthl an das Kapitel gezahlt werden; 1763 bemeiert das Martini-Kapitel den Knopfmacher Johan Diedrich Rumpe und seine Frau Regina Agnese Grone mit einem Erbpachtshaus auf dem Papenmarkt zwischen dem Juden Gumpert und der dem Koch Gottlieb zustehenden Wohnung, samt Huderecht für 2 Kühe. 1792 bemeiert das Kapitel den Schneidermeister Otto Reinecke Meyer, Schwiegersohn des Knopfmachers Rumpf, mit dem Haus seines Schwiegervaters (STA MS, St. Martini, Akten 144 b); 1781 Knopfmacher Rumpff, Haus für 200 Rthl; 1792 tritt Rumpf das Haus an seinen Schwiegersohn, den Schneidermeister Otto Heinrich Meyer für 300 Rthl ab; 1805 Knopfmacher Rumpff, Wohnhaus 800 Rthl; 1806 Schneider Otto Meyer; 1809 Meyer und Mieter Schuster Lencke; 1812 Otto Meyer; 1818 Witwe Otto Meyer, Wohnhaus 200 Thl; 1818 wird Witwe Susanne Meyer geb. Rumpf in das Grundbuch eingetragen (STA DT, D 23 A Nr. 134, Grundakte Kreis Minden Bd. 1 Blatt 11. Siehe auch vorher Hypothekenbuch Minden-Ravensberg. Regierung Vol. 1 Pag. 179); 1819 das *am Papenmarkt belegene vormals freie Capitelshaus*; 1832 Regierungssekretär Schlottmann, Haus für 950 Thl; 1846/53 Reg.-Sekr. Wilhelm Schlottmann; 1878 Bevenitz; 1892 Bevenitz (wohnt Ritterstraße 26/28); 1894 Gustav Grassow; 1908 Malermeister Grassow; 1967 Möbel Schmidt (Ritterstraße 26).

Haus (um 1820–1967)

Das wohl um 1820 erneuerte und nicht unterkellerte Haus auf einer Grundfläche von 15 x 7,05 m ist nur aus den Entwässerungsplänen und dem Abbruchantrag bekannt. Danach ein zweigeschossiges und giebelständiges, verputztes Fachwerkhaus mit pfannengedecktem Krüppelwalmdach; die Fassade fünfachsig und mit mittlerem Eingang.

Das Innere mit mittlerem Längsflur, an den sich im vorderen seitlich jeweils Stube und Kammer dahinter anschließen und der zu einer breiten, die ganze Hausbreite einnehmenden Dielenzone führt. In diese die Etagentreppe eingestellt. Rückwärtig eine Folge weiterer Wohnräume. Das Obergeschoß offenbar mit ähnlicher Gliederung.

1908 Kanalisation; 1967 Abbruch.

PAPENMARKT 6 (Abb. 1258, 1269, 1270)

1729 bis 1743 Martini-Kirchgeld Nr. 352; bis 1878 Haus-Nr. 438

Die Hausstelle ist um 1545 durch Besiedlung einer Teilfläche der Kurie des Thesaurars von St. Martini (siehe Ritterstraße 36) entstanden. In dem Gebäude haben sich umfangreiche Baureste eines wohl im 16. Jahrhundert errichteten Steinbaus erhalten, der aber um 1776 weitgehend zu einem Neubau umgestaltet wurde.

1547 Johann Varrenow; 1585 Johann Siekmanns Haus; Anfang des 18. Jahrhunderts Johann Schreiber; 1729 Johann Schreibers Haus; 1738 Schreibers Haus (1729–1737 an Stübber vermietet); 1740 Johann Schreibers Haus, jetzt Meyer; 1743 ohne Eintrag (Haus ohne Grundbesitz); 1748 Donopsches Haus mit Hude- und Braurechten, bewohnt von Hermann Meyer, soll verkauft werden. Es hat zwei Stuben, einen Saal und Böden (WMR 1748, Nr. 46); 1750/55 Hermann Meyer, Haus für 100 Rthl; 1766 Witwe Meyer, Haus für 250 Rthl; 1776 Bäcker Kaup; 1781 Bäcker Kauff, Haus für 250 Rthl; 1788 Johannes Kaupf (hat auch Papenmarkt 4); 1802/04 Kaup, Haus für 400 Rthl, mit Braurecht, hält 3 Kühe und 4 Schweine; 1806 Friedrich Kaup Junior; 1822 Friedrich Kaupp (hat auch Papenmarkt 8) soll das Haus mit vollständiger Bäckerei verkaufen oder versteigern (MÖA 1822, Nr. 46); 1830 Kauf durch Ludwig Wilhelm Eisbergen, Erhöhung Versicherung auf 1 500 Thl (hat auch das Nachbarhaus Nr. 8); 1846 Bäcker Friedrich Meyer; 1878 Meyer; 1895 Wirt Meyer; 1904 W. Kuhlmann; 1908 Wirt August Ortmann; 1909 Frau Knapp ist Vormund des ehemaligen Wirtes Aug. Orthmann; 1932 Wilhelm Krämer; 1956 Frau M. Weiss.

Dielenhaus (Mitte des 16. Jahrhunderts und 1776)

In der heutigen Erscheinung ein zweigeschossiges und giebelständiges Etagenwohnhaus des späten 18. Jahrhunderts mit Satteldach, die axial gestaltete Vorderfront mit Krüppelwalmdach und mit

Abb. 1269 Papenmarkt 6, Ansicht von Südosten, 1993.

einem Schieferbehang von wohl 1838. Das Haus in dieser Erscheinung auf einen Umbau im Jahre 1776 zurückgehend, jedoch mit erheblichen Resten des in seiner Gestalt im momentanen ausgebauten Zustand nicht näher zu fassenden Vorgängerbaus. Dieser offenbar ein Steinbau, auf Grund des Zuschnitts der Parzelle mit verzogenem, nahezu quadratischem Grundriß. Von diesem Kernbau dürften die umfangreichen Kelleranlagen, aber auch die Traufwände des Erdgeschosses stammen, die aus Bruchsteinen aufgemauert sind. Unter dem rückwärtigen Hausbereich auf etwa zwei Drittel der Breite ein Kellerraum mit Tonnengewölbe aus Bruchstein. Der Zugang erfolgt am westlichen Ende vom Flurbereich des Vorderhauses. In der nordöstlichen Hausecke ein weiterer schmaler Kellerraum entlang der rechten Seitenwand mit Tonnengewölbe aus Bruchstein, wobei die Verbindung beider Keller aus Backstein gemauert ist. Die Lage der Keller läßt darauf schließen, daß der Kernbau ein Dielenhaus mit rückwärtigem Saalbereich in ganzer Hausbreite und einem rechtsseitigen vorderen Stubeneinbau gewesen ist. Der Vordergiebel ebenfalls massiv, aber offenbar aus Backstein aufgemauert, wobei sich die Stube mit drei erhaltenen Fensternischen zur Straße öffnete.

1776 wird nach Verkauf des Hauses an den Bäcker Kaup berichtet, es sei *gantz umgebauet, aber schlecht aptieret*, wobei Kosten von 1375 Rthl entstanden seien (KAM, Mi, C 388). Der Bau wird in der Folge auch als *Neubau* bezeichnet (KAM, Mi, C 384). Hierbei wurde ein ganz neues Oberge-

Abb. 1270 Papenmarkt 6, westliche Traufwand von Nordwesten nach Abbruch von Papenmarkt 8, Zustand 1983.

schoß sowie darüber ein neues, recht flach geneigtes Satteldach geschaffen. Das Obergeschoß sowie der ganze Rückgiebel von Fachwerk (teilweise zweitverwendetes Holz), zweifach verriegelt, mit Schwelle-Rähm-Streben ausgesteift und mit Backstein ausgemauert. Der Innenausbau der Bauzeit mit Türblättern, Fußleisten etc. heute noch im rückwärtigen Bereich des Obergeschosses erhalten.

1838 erfolgte ein Umbau (KAM, Mi, F 955) des Hauses, wobei wohl nicht nur der verbliebene Teil der Diele im Erdgeschoß durch Einbau einer schmalen Folge von vier Räumen entlang der linken Traufwand zu einem schmalen Mittellängsflur reduziert, sondern auch eine neue Etagentreppe eingebaut wurde und die vorderen Räume des Obergeschosses eine neue Aufteilung und neue Ausstattung erhielten. Ferner baute man das erste Dachgeschoß zu weiteren Wohnräumen aus. Die ornamentale Verschieferung der Fassade sowie die zweiflügelige Haustür dürften ebenfalls zu dieser Zeit entstanden sein.

Zu nicht näher bekannter Zeit wurde unter der Gaststube im Südosten ein Bierlagerkeller eingerichtet. 1895 Entwässerung; 1904 Anbau von Toiletten am Rückgiebel und Einbau weiterer Kammern im rückwärtigen Bereich des Dachbodens (Unternehmer G. Kuhlmann); 1905 Vergrößerung der Kellerluke für Bierfässer; 1909 Kanalisation; 1932 und 1956 Einbau von Toiletten; 1983 wird die westliche Traufwand nach Abbruch des anschließenden Hauses zur Erstellung neuer Fundamente teilweise in Kalksandstein erneuert; 1984 in die Denkmalliste der Stadt Minden eingetragen.

Abb. 1271 Papenmarkt 8, Ansicht von Südwesten, 1970.

PAPENMARKT 8 (Abb. 1271)

1729 bis 1743 Martini-Kirchgeld Nr. 353; bis 1878 Haus-Nr. 439

Die kleine Hausstelle ist um 1545 oder später durch Besiedlung einer Teilfläche der Kurie des Thesaurars von St. Martini (siehe Ritterstraße 36) entstanden. Das Grundstück seit 1983 eingezogen und durch den Neubau Ritterstraße 30/32 überbaut.

1547 Tönnies Harthmann; Anfang des 17. Jahrhunderts: Tönnies Hartmann; 1729 Klothacke; 1738/40 Johann Henrich Klothacke; 1750 Jürgen Klothacke; 1755 Hermann Klothacke, Haus für 150 Rthl; 1766 Soldat Geissler, 150 Rthl; vor 1777 Domprovisor Zilly, nun Feldwebel oder Sergant Francke, 150 Rthl; 1783 Feldwebel von Francken, will sein Haus von freier Hand verkaufen (WMA vom 13. 10. 1783); 1798 Sekretär Voss; 1802/04 Kalkulator Voss, Haus für 600 Rthl, ohne Braurecht, ohne Vieh; 1806 Kammersekretär Heiland Voss; 1818 Friedrich Kaup, Haus für 600 Thl; 1822 Friedrich Kaupp (hat auch Papenmarkt 6) soll das Haus mit kompletter Bierbrauerei verkaufen oder versteigern (MÖA 1822, Nr. 46); 1830 an Ludwig Wilhelm Eisbergen; 1846/53 Maler Heinrich Dey mit zwei Mietparteien (insgesamt 17 Personen im Haus); 1878 Meyer-Otto; 1897 Witwe Meier-Otto; 1908 Heinrich Busse; 1915 Rentner und Schlachtermeister H. Busse (wohnt Ritterstraße 38); 1937 Wilhelm Wehking.

Haus (16./17. Jahrhundert–1983)

Eingeschossiges und giebelständiges Fachwerkhaus mit Satteldach. Im Kern offenbar ein Dielenhaus mit linksseitiger breiter Diele und rechtsseitigem Einbau. Dieser mit Utlucht und im Inneren mit vorderer Stube und rückwärtiger Kammer. Das Giebeldreieck in nicht bekannter Konstruktion recht weit vorkragend. Der Bau auf Grund der Proportionen wohl vor 1700 errichtet.

Die breite Diele später (1777 ?) durch linksseitigen Einbau zum schmalen Mittelflur verbaut, der einen rückwärtigen und mit dem Vorderhaus gleichbreiten Wirtschaftsbau erschloß. 1777 wird berichtet, *hat einige Kamern ein- und eine Stube ausgebauet, und ein wüstes, obwohl kleines Haus in wohnbaren Stand gesetzt* für 629 Rthl (KAM, Mi, C 388). Noch 1782 wird berichtet, die Hausstelle, nur 16 Fuß im Quadrat groß, sei *seit undenklichen Zeiten wüst* (also unbewohnt) gewesen. Es wird behauptet, sie sei zu klein, um bebaut zu werden (KAM, Mi, C 879 und 885). Im früheren 19. Jahrhundert wurden im Dach Kammern eingebaut. In der Mitte des 19. Jahrhunderts erhielt der Vordergiebel eine Bekleidung mit Schiefer, die ornamental gestaltet wurde. 1893 Entwässerung. Zu dieser Zeit die große Stube hinter der Utlucht schon als Laden eingerichtet; 1908 Kanalisation. Dann auch die linke Stube als Laden genutzt; 1915 das linke Schaufenster durch ein kleineres Fenster ersetzt (Baugeschäft Sierig); 1937 rückwärtiger dreigeschossiger Anbau und neue Dachdeckung (Baugeschäft W. Becker); 1983 Abbruch ohne weitere Dokumentation im Zuge der Stadtsanierung.

PAPENMARKT 10 siehe Ritterstraße 28 a

Pauline-von-Mallinckrodt-Platz

Unter dieser Bezeichnung wird ein weitläufiges Blockinnengelände südlich der Gebäude Königstraße 7–13 geführt, das bis 1999 nur durch eine Durchfahrt im Gebäude Königstraße 9–13 erschlossen war. Im wesentlichen handelt es sich hierbei um das Gelände des 1810 aufgelösten Mauritius-Klosters, an dessen Stelle von 1816 bis 1945 der Artilleriezeughof bestand. Die Geschichte des Baublocks ebenso wie der Einzelbauten ist höchst vielfältig und im einzelnen erst ansatzweise bekannt (siehe S. 901–906, Einleitung zur Königstraße und Teil III, Kap. VI, Einleitung Kloster Mauritius). Die östlichen, aus zuvor hier bestehenden Höfen gebildeten Teilbereiche wurden seit dem 13. Jahrhundert von dem hier nach langer Vorbereitung erst 1434 eingerichteten Mauritius-Kloster erworben, während das westliche Gelände von dem Resthof der Kurie Beldersen stammte (siehe hierzu S. 956, Königstraße 23–27). Im Südwesten erhob sich zudem Pfarrkirche und Pfarrhof von St. Simeon. Das Kloster erwarb beim weiteren Ausbau noch anschließende Teilflächen. Bei einer Neuordnung der Einteilung und Bebauung neben der Klosteranlage wurden eine dem hl. Mauritius geweihte Klosterkirche und verschiedene Wirtschaftsgebäude errichtet.

Der Name wurde dem Gelände um 1950 in Erinnerung an die heilig gesprochene Pauline von Mallinckrodt verliehen. Sie wurde am 3. 6. 1817 in Minden als Tochter des Mindener Regierungs-Vizepräsidenten Detmar Karl von Mallinckrodt (1769–1842) geboren. Katholisch erzogen, widmete sie schon früh ihr Leben und ihr Vermögen karitativen Einrichtungen. Insbesondere förderte sie die Blindenfürsorge, woraus 1847 die Gründung entsprechender und von ihr geleiteter Provinzialanstalten in Soest und Paderborn hervorgingen. 1849 Gründung der religiösen Genossenschaft der »Schwestern der christlichen Liebe«, aus der ein weltumfassendes Netz der Blindenbetreuung hervorging.

PAULINE-VON-MALLINCKRODT-PLATZ 1, Katholische Pfarrkirche St. Mauritius
siehe Teil III, Kap. VI, ehemalige Klosterkirche St. Mauritius

PAULINE-VON-MALLINCKRODT-PLATZ 2, Bürogebäude des Artillerie-Zeughofs
siehe Teil I, Kap. IV, Festung, Artillerie-Zeughof

PAULINE-VON-MALLINCKRODT-PLATZ 3/5, Haus der Schwestern
siehe Teil III, Kap. VI, ehemaliges Kloster St. Mauritius

PAULINE-VON-MALLINCKRODT-PLATZ 4, Wärmestube
siehe Teil I, Kap. IV, Festung, Artillerie-Zeughof, ehmaliges Stallgebäude

PAULINE-VON-MALLINCKRODT-PLATZ 6/8, Pfarrhaus St. Mauritius, Sozialdienst katholischer Frauen
siehe Teil I, Kap. IV, Festung, Artillerie-Zeughof

PAULINE-VON-MALLINCKRODT-PLATZ 7, evangelisches Pfarrhaus

Pfarrhaus (von 1974)
Eingeschossiger und verputzter Flachdachbau, 1973/74 als Ersatz des bisherigen Pfarrhauses Königstraße 7 nach Plänen von H. W. Lachwitz/Hausberge errichtet.

PAULINE-VON-MALLINCKRODT-PLATZ 10, Wagenhaus I
siehe Teil I, Kap. IV, Festung, Artillerie-Zeughof

Petersilienstraße

Die schmale Gasse, zunächst als Mauergasse der Stadtmauer zwischen dem Simeonstor und dem Priggenhäger Tor folgend, war noch bis in das 19. Jahrhundert kaum besiedelt und wurde ungenau als *Hinter der Mauer* bezeichnet. Die Herkunft des seit 1878 feststehenden Namens nicht bekannt (noch 1889 auch die alte Bezeichnung gebräuchlich. Siehe KAM, Mi, F 1739). Die Mauergasse dürfte bis zum frühen 18. Jahrhundert durchgängig nur die Hintergrundstücke der großen bürgerlichen Anwesen am Priggenhagen und insbesondere der Simeonstraße erschlossen haben. Dabei betrug der Abstand zwischen deren Rückgiebeln und der Innenseite der Mauer wohl oft nicht mehr

Abb. 1272 Blick von der Lindenstraße (links Nr. 40) nach Westen über den Priggenhagen zur Einmündung der Petersilienstraße mit Giebel von Petersilienstraße 1/3, um 1950.

als 2,50 m (nach Bodenbeobachtungen 1997 nachgewiesen bei Simeonstraße 19). Der südliche Verlauf der Gasse (mit den Grundstücken Nr. 19 und 21) scheint erst im 16. Jahrhundert nach Verlagerung des Simeonstores auf das Südufer der Bastau entstanden zu sein. Zuvor muß die Gasse im Bereich des Hauses Simeonstraße 31 nördlich des mittelalterlichen Simeonstores auf die Simeonstraße gemündet haben. Die Gärten zwischen der Stadtmauer und der Bastau, auf der Ostseite der Straße befanden sich daher seit der Mitte des 16. Jahrhunderts innerhalb der nun von Wall und Bastionen bestimmten Stadtbefestigung, doch scheint es hier (etwa im Unterschied zu den Gärten an der Lindenstraße) lange nicht zu ihrer Besiedlung gekommen zu sein.

Nach dem allgemeinen Abbruch im frühen 18. Jahrhundert blieb die Stadtmauer nur in ihrem unteren Bereich als Futtermauer zwischen der Straße und den zur Bastau nach Osten steil abfallenden Gärten, wobei mit der Zeit auf dieser Seite vereinzelt kleine Häuser (Nr. 7 und 9) oder eine Scheune (Nr. 21) errichtet wurden. Die Gartengrundstücke (etwa Nr. 15, 17 und 19) wurden seit der Mitte des 19. Jahrhunderts in mehreren Fällen auch für die sich in der Stadt immer mehr ansiedelnden Gerbereien interessant, da sie östlich am Ufer der (1904 verrohrten) Bastau endeten, (siehe auch Teil V, Kap. X.3.1, S. 1748, Bastau), wobei zwei Betriebe von Kaufleuten an der Simeonstraße gegründet wurden (siehe Simeonstraße 29 und 31). 1886 wird die Gasse neu gepflastert, wobei von

Abb. 1273 Petersilienstraße, Blick nach Westen auf die Rückfronten der Simeonstraße, rechts Petersilienstraße 12, um 1930.

der Verwaltung die Frage verfolgt wird, ob dies wegen der geringen Bedeutung eine öffentliche Aufgabe sei (KAM, Mi, F 1739). Nachdem man die Gärten in wesentlichen Teilen nach 1900 durch Gewerbebetriebe überbaute, wurden alle Bauten der Ostseite zwischen 1965 und 1985 im Zuge der Stadtsanierung abgebrochen. 1994/96 das gesamte Gelände in eine weitläufige Baumaßnahme einbezogen, die weder auf die gewachsene topographische Situation mit Hanglage zur Bastau noch auf die historische Entwicklung Rücksicht nahm und hier statt dessen einen großformatigen Komplex entstehen ließ, der alle historischen Grenzen überspielt. Zugleich der Straßenraum 1997 nach Abschluß der Maßnahmen mit größerer Breite neu gestaltet.

PETERSILIENSTRASSE 1/3 (Abb. 1272, 1275, 1276)

bis 1812 ohne Haus-Nr.; bis 1878 Haus-Nr. 233 c/d

Kleine Hausstelle, nach 1800 südlich der Gasse in einem Garten vor der ehemaligen, wohl im frühen 18. Jahrhundert abgebrochenen Stadtmauer errichtet.

Abb. 1274 Petersilienstraße, Blick nach Süden, rechts die Hinterhäuser Petersilienstraße 18 und 20, links der Verlauf der Stadtmauer, 1899.

1812 Hermann Vogeler (wohnt Simeonstraße 28); 1818/53 J. H. Wehdeking (siehe Lindenstraße 42); 1853 Mieter sind in Haus-Nr. 233 c: drei Parteien mit 17 Personen und in Haus-Nr. 233 d: drei Parteien mit 15 Personen; Haus-Nr. 233 c: 1873 Wehdeking; 1908 Lederfabrikant Emil Disselhorst; Haus-Nr. 233 d: 1873 nicht mehr vorhanden.

Wohnhaus (um 1812–1970)

Eingeschossiges und traufenständiges, nicht unterkellertes, langgezogenes Fachwerkgebäude mit Satteldach, das Unterschoß auf Grund der Hanglage nach Süden offenliegend. Der Bau für sechs Mietwohnungen, mit zwei Eingängen, dabei jeweils zu einem breiten Mittelflur mit eingestellter geradläufiger Treppe führend. Der Komplex offenbar in zwei Abschnitten entstanden (Versprung der Vorderfront in der Mitte zwischen den beiden Teilen). Seitlich der beiden Flure jeweils nach vorne Stuben, nach hinten Kammern, offensichtlich vier kleine Wohneinheiten bildend, von denen zwei einen gemeinsamen Flur haben. Im Dach zu den Giebeln jeweils weitere Wohneinheiten mit Stube und Kammer. Nach Krins 1951, S. 88 auf der Giebelschwelle des Hauses die Inschrift: *1715 GOTT GESEGNE DIESES HAUS; WENDE ALLES UNGLÜCK DARAUS AMLUB SHNFN.* Der Balken möglicherweise wieder verwendet oder der Bau danach um 1812 durch Umbau einer 1715 errichteten Scheune entstanden (?)

Im Garten südlich des Hauses ein langgezogenes Wirtschaftsgebäude entlang dem Priggenhagen.

1904 Entwässerung; 1913 Kanalisation; 1966 das Wirtschaftsgebäude wegen Baufälligkeit und 1970 auch das Haus durch die Stadt Minden abgebrochen.

Abb. 1275 Petersilienstraße 1/3, Ansicht von Nordosten mit Blick in den Priggenhagen, 1966.

Abb. 1276 Petersilienstraße 1/3, Ansicht von Westen entlang der Stadtmauer zum Priggenhagen, 1966.

PETERSILIENSTRASSE 1 ff.

1995/97 als weitläufige Blockrandbebauung auf neuen Fluchtlinien entlang der gesamten Ostseite der Petersilienstraße sowie den anschließenden Grundstücken an der Lindenstraße (Nr. 42 bis 46) ein Komplex von Eigentumswohnungen und Büros durch die Firma KAMPA errichtet. Vier- bis fünfgeschossiger Putzbau aus Betonfertigteilen mit verschiedenen Satteldächern und Giebelaufsätzen. Im Untergeschoß Tiefgaragen.

PETERSILIENSTRASSE 2

1729 bis 1743 Martini-Kirchgeld Nr. 181; bis 1878 Haus-Nr. 228

Kleines Budengrundstück im Zusammenhang mit weiteren, nördlich anschließenden und gleichartigen Grundstücken, wohl aus dem Gelände östlich des Hauses Priggenhagen 12 ausgeschieden. Die Hausstätte 1977 eingezogen und seitdem nach Umlegung der anschließenden Straßen Teil des Betriebshofes des Obermarktzentrums (siehe Obermarktstraße 33 f.).

1680/84 Johan Portner, zahlt jährlich 1 Thl Giebelschatz; 1691/98 Witwe Johan Pörtner; 1704/09 Johan Cordt Lohmeyer; 1710/11 Johan Henrich Lohmeyer; 1738/40 Witwe Joh. Henrich Lohmeyer; 1743 kein Eintrag (Haus ohne Grundbesitz); 1750/55 Soldat Lohmeyer, Haus für 30 Rthl; 1766 Soldat Köper, 30 Rthl; 1781 Köper, 25 Rthl; 1798 Unteroffizier Bock; 1802 Lücke, 200 Rthl; 1804 Br. Meister Lücke, ohne Braurecht, hält 1 Jungvieh und 1 Schwein; 1809 Tagelöhner Meyer; 1818/28 Maurer Meyer, Haus für 200 Thl; 1832 Meyers Witwe und Strauch; 1846 Schäfer Wilhelm Schneider; 1853 Eigentümer Bürger Arning, vermietet an zwei Parteien; 1878 Meyer; 1908 Kleinhändler Fritz Gundlach; 1923 Schiffsführer Friedrich Tegtmeyer.

Haus (19. Jahrhundert–1977)

Zweigeschossiges und zum Priggenhagen traufenständiges Fachwerkhaus mit Krüppelwalmdach, Giebel zur Petersilienstraße. An der westlichen Traufseite breiter dielenartiger Flur, an den sich östlich eine unterkellerte Folge von vier Zimmern anschloß. 1909 Kanalisation; 1923 Anbau eines Hühnerstalls; 1977 Abbruch durch die LEG im Zusammenhang mit der Sanierung.

PETERSILIENSTRASSE 4

1729 bis 1743 Martini-Kirchgeld Nr. 180; bis etwa 1840 Haus-Nr. 229; ab etwa 1840 Nr. 229 a/b

Kleine Buden-Hausstelle, zu nicht näher bekannter Zeit aus dem großen Gelände östlich des Hauses Priggenhagen 12 ausparzelliert. Das Grundstück 1979 eingezogen und seitdem nach Umlegung der anschließenden Straßen Teil des Betriebshofes des Obermarktzentrums (siehe Obermarktstraße 33 f.).

1680/84 Brauknecht Hinrich Köneman, zahlt jährlich 1 Thl Giebelschatz; 1691/1709 Witwe Johan Eggerding; 1711 Johan Cordt Francke; 1738/40 Witwe Conrad Franke; 1743 ohne Eintrag (Haus ohne Grundbesitz); 1750 Erben Francke; 1755 Francke, 30 Rthl; 1766 Soldat Zinn, 30 Rthl; 1781 Zinns Haus, 25 Rthl; 1798 Aufseher in Pr. Oldendorff Herr Zinn; 1802 Zinn 300 Rthl; 1804 Erben Zinn, wird von zwei Parteien bewohnt, ohne Braurecht, ohne Vieh; 1806 Kaupp; 1809 Tagelöhner Rohmüller; 1818 Schlodderer, 200 Thl; 1832/37 Invalide Friedrich Schlodderer; 1838 Schroeder; 1846/53 Haus-Nr. 229 a: Händler Heinrich Schröder mit kleinem Laden und Haus-Nr. 229 b: Tagelöhner Luwig Emshoff, 1853 Eigentümer Tellmann, vermietet an drei Parteien; 1873 Haus-Nr. 229 a vermietet an Kleinhändler Kindermann und fünf weitere Parteien sowie Haus-Nr. 229 b an Lazarettinspektor a. D. Schmidt; 1878 Tellmann; 1906 August Ehnte; 1907/08 Witwe Johanne Nicolas (wohnt Priggenhagen 12).

Haus (1838–1979)

1838 als neues Wohnhaus für Schroeder errichtet (STA DT, Mi, I P, Nr. 827). Zweigeschossiges und traufenständiges, ganz unterkellertes Haus mit Satteldach. Fassade vierachsig, Zugang in der östlichsten Achse zu kleinem Vorraum, dort die Treppe zum Obergeschoß. Westlich anschließend zwei weitere Zimmer. Das Haus nicht weiter dokumentiert. 1907 Entwässerung; 1979 Abbruch durch LEG im Zuge der Stadtsanierung.

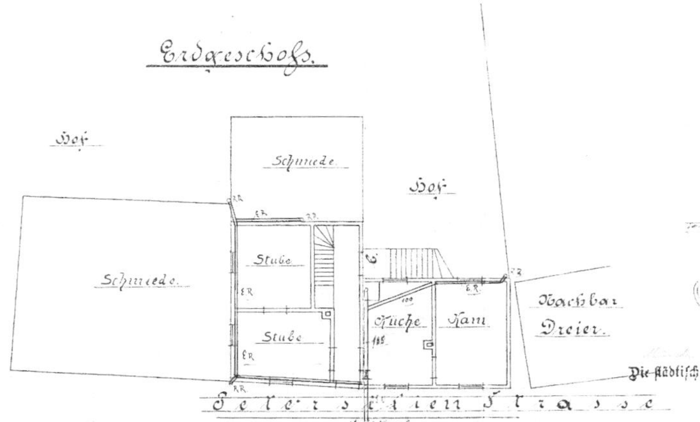

Abb. 1277 Petersilienstraße 7, Grundriß aus der Entwässerungsakte von 1907.

PETERSILIENSTRASSE 7 (Abb. 1277, 1278)

zuerst 1809 nachweisbar; bis 1878 Haus-Nr. 233 b

Kleines Budengrundstück, auf der Außenseite der Mauergasse nach Abbruch der Mauer und Aufschüttung des Geländes um 1809 entstanden.

1809 Vöglers Bude; 1818/27 Hermann Vogeler, Haus für 200 Thl; 1832 Witwe Vogeler; 1833 Witwe Kaufmann Johann Hermann Vogeler; 1835 Hermann Vogeler, Erhöhung auf 400 Thl; 1837 Bäckermeister Münstermann; 1846/51/53 Tischler Karl Hanke mit zwei Gesellen: Getrie und Ackermann; 1873 Maurer Ostermeyer und vier Mietparteien; 1878 Marquard; 1908/23 Gelbgießer Heinrich Schion.

Wohnhaus (um 1809–1969)

Kleine und traufenständige Bude. Eingeschossiger und traufenständiger Fachwerkbau über hohem, nach Süden offenliegendem Kellersockel und mit nicht ausgebautem Satteldach. Im Inneren am östlichen Giebel vordere Stube und rückwärtige Kammer, westlich Flur mit eingestellter Treppe.

Später Anbau eines schmaleren Flügels nach Westen, Küche und weitere Kammer aufnehmend, sowie eines östlichen Anbaus als Werkstatt. Dieser Anbau möglicherweise der 1833 beantragte Neubau *hinten im Bruchgarten* (STA DT, M 1, I P, Nr. 827), denn danach wird der Versicherungswert wesentlich erhöht.

1907 Entwässerung. 1909/10 Anbau nach Süden eines zweigeschossigen Wohnhauses und Umbau des Altbaus nach Plänen des Architekten O. Heurich. 1919 Anbau eines Stalles nach Westen; 1920 Anbau einer Werkstatt nach Süden an den Kernbau. 1923 Abbruch des Kernbaus. Ersatz einer neuen Maschinenbauwerkstatt weiter südöstlich im Gartengelände.

1969 Abbruch aller Bauten durch die Stadt Minden.

PETERSILIENSTRASSE 8/10/12 (Abb. 1173, 1278–1280)

bis 1878 Haus-Nr. 230, 231 und 232, mehrere Buden in unterschiedlicher Aufteilung; heute umfaßt die Nummer 8 den früheren Teil Haus-Nr. 230 a, die Nummer 10 die Teile Haus-Nr. 230 b und 231 und die Nummer 12 den Teil Haus-Nr. 232.

Die Hausstellen wohl im 17. Jahrhundert durch Abtrennung des früheren Flügelbaus des Bürgerhauses Priggenhagen 12 entstanden, wobei er zu Buden eingerichtet und an der Petersilienstraße zudem nach Westen erweitert wurde.

Abb. 1278 Petersilienstraße 12 bis 8, Blick von Westen, rechts Nr. 7, um 1900.

Abb. 1279 Petersilienstraße 8/10, Ansicht von Südosten, rechts Priggenhagen 12, 1993.

HAUS-NR. 230: (1802/1840 getrennt in Haus-Nr. 230 a und 230 b): 1743 ohne Eintrag (Haus ohne Grundbesitz); 1750 Anton Kuhlmanns Bude; 1755 Kuhlmanns Bude, 10 Rthl; 1766 Hersens Bude, 10 Rthl; 1781 Hersens Bude, 25 Rthl; 1798 Invalide Busse; 1802/04 Haus für 25 Rthl: a) Köster, b) Busse, hält ein Schwein; 1806/09 a) Kirchenvogt Busse, b) Tagelöhner C. Seeger; 1818/27 a) Witwe Busse, 100 Thl, b) Seeger 300 Thl; 1832 a) Witwe Seeger, b) Tischler Georg Pohl; 1846/53 Witwe Marie Seeger; 1873 Witwe Klümer und eine Mietpartei; 1878 Klümer; 1908 Maurer Eduard Heidemann; 1929 Moritz Heidemann.

HAUS-NR. 231: (1802 bis 1808 getrennt in Haus-Nr. 231 a und 231 b): 1743 ohne Eintrag (Haus ohne Grundbesitz), 1750 Bröncken Bude; 1755 Baldausche Bude, 20 Rthl; 1781 Baldausche Bude, 25 Rthl; 1798 Hersen; 1802 Haus für 25 Rthl a) Strohmeyer, b) Soldat Hoffmann; 1804/05 a) Gerichtsdiener Strohmeyer, b) Maler Stolte, hält 1 Jungvieh und 1 Schwein; 1818/32 Tischler Georg Pohl, Haus für 300 Thl; 1846 Tischler Pohl und Hebamme Pohl; 1851 Tischler Pohl und Gesellen Spier und Schwarze; 1853 Pohl und Mieter Schuhmacher Schulz; 1873 Tischler Kaufmann und vier Mietparteien; 1878 Kaufmann; 1908 Maurer Karl Ebbrecht; 1979 Emma Schellhase.

HAUS-NR. 232: 1743 ohne Eintrag (Haus ohne Grundbesitz); 1750 Niehusens Bude; 1755/66 Vögelers Bude, 20 Rhl; 1781 Vögelersche Bude, 25 Rthl; 1798 jetzt Strohmeyer; 1802 Mieter ist Witwe Hacken; 1804 Strohmeyer, vermietet an Soldaten, Haus ohne Braurecht, hält kein Vieh; bewohnt von 1809 Schweinehirt Jaeks; 1818 Strohmeier, Haus für 200 Thl; 1832 Tischler Georg Pohl; 1846 Mieter ist Händler Johann Grevert; 1853 Pohl, Mieter ist Maurer Meinhoff; 1873 Arbeiter Wittig; 1878 Kaufmann; 1908 Maurer Karl Ebbrecht (wohnt Petersilienstraße 10).

Flügelbau (Anfang des 16. Jahrhunderts), seit dem 17. Jahrhundert Buden

Heute in der Erscheinung ein zweigeschossiger und traufenständiger Putzbau mit recht steilem Satteldach und einem rückwärtigen, verputzten Flügel (dieser jetzt östlich mit aufgenagelter Fachwerkimitation). Der Komplex das Ergebnis einer vielfältigen Baugeschichte, die in wesentlichen Teilen der bestehenden Substanz noch bis in das frühe 16. Jahrhundert zurückreicht. Das bislang nicht eingehender untersuchte Gebäude zunächst ein Flügelbau des großen Bürgerhauses Priggen-

Abb. 1280 Petersilienstraße 8 (links) und 10 (rechts), Ansicht von Nordwesten auf den Hinterhof, 1998.

hagen 12, der – wohl im 17. Jahrhundert – abgetrennt, und von der rückwärtigen Gasse erschlossen, zu kleinen Mietwohnungen umgebaut und erweitert wurde.

Im Kern ein zweistöckiger und giebelständiger Fachwerkbau von sieben Gebinden Länge, nach den wenigen, erkennbaren konstruktiven Merkmalen um 1520 errichtet. Dieser unmittelbar an den Rückgiebel des Hauses Priggenhagen 13 angebaut und nach Westen mit einer starken Vorkragung des Ober- und auch des Dachgeschosses über breiten und einfach gekehlten Knaggen. Jedes Stockwerk mit einer Riegelkette, dabei im Erdgeschoß im Längsverband mit Kopfbändern, im oberen Stockwerk mit paarigen Fußbändern an jedem zweiten Ständer ausgesteift. Darüber steiles Satteldach.

Zu einem nicht näher bekannten Zeitpunkt (wohl im 17. Jahrhundert) der Bau in seiner südlichen Hälfte durch einen offensichtlich zweistöckig verzimmerten und zur Straße traufenständigen Fachwerkbau mit steilem Satteldach erweitert, wobei die Schaufassade des Kernbaus zur Hälfte verdeckt und wohl auch sein Südgiebel verändert wurde. Dieser Bau wohl mit zehn Fensterachsen, wobei er in zwei nebeneinander erschlossene Wohnteile unterteilt war. Dabei Nr. 12 nur eingeschossig, dafür aber im 19. Jahrhundert mit rückwärtigem Anbau.

In dem Bauteil Petersilienstraße 8 Entwässerung 1909 und die Treppe 1929 erneuert.

Der Bauteil Nr. 10/12 schon seit der zweiten Hälfte des 19. Jahrhunderts in gemeinsamem Besitz; 1907 entwässert und dann 1978 so baufällig, daß die westliche Hälfte abgebrochen und die östliche Hälfte anschließend umgebaut und modernisiert wurde.

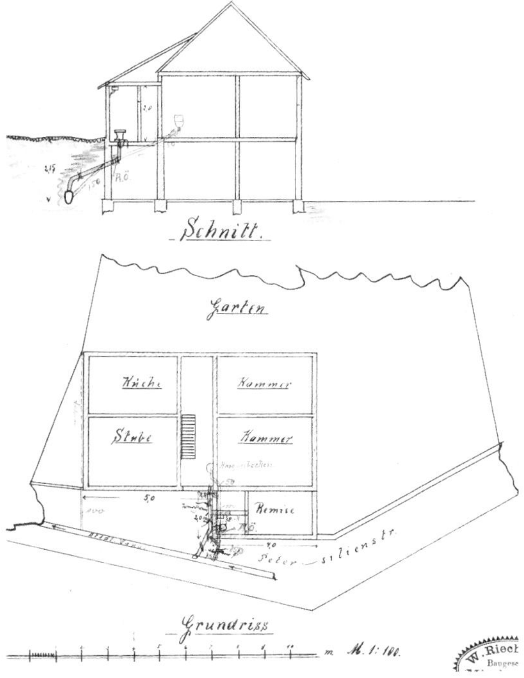

Abb. 1281 Petersilienstraße 9, Grundriß aus der Entwässerungsakte von 1910.

PETERSILIENSTRASSE 9 (Abb. 1281)

bis 1809 Haus-Nr. 233; bis 1878 Haus-Nr. 233 a

Kleine Hausstelle, auf der Außenseite der Mauergasse nach Abbruch der Mauer und Aufschüttung des Geländes wohl in der ersten Hälfte des 18. Jahrhunderts entstanden.

1743 ohne Eintrag (Haus ohne Grundbesitz); 1750/55 Kuhlmanns Bude, 20 Rthl; 1766 Hersensche Bude, 20 Rthl; 1781 Hersen Bude, 25 Rthl; 1798 Stolze; 1802 Busse, 25 Rthl; 1804 Seeger, hält kein Vieh; 1809 Höffs Bude; 1818 Nolting Senior, Haus für 150 Thl; 1832 Witwe Nolting, hat drei Mietparteien; 1853 Nolting, hat zwei Mietparteien; 1873 Arbeiter Budde und zwei weitere Mietparteien; 1878 Dreyer; 1906 Christian Dreyer (wohnt Simeonstraße 17); 1908 Seilermeister Julius Tapper (wohnt Stiftsallee 17 bzw. Simeonstraße 17).

Haus (um 1810–1966)

Traufenständiges und eingeschossiges Fachwerkhaus mit Satteldach, der hohe Kellersockel nach Süden als Untergeschoß offen. Das Innere mit mittlerem Längsflur, in den die einläufige Treppe eingestellt ist und seitlich jeweils mit Stube und Kammer, wohl Neubau als Doppelmietshaus von etwa 1810.

Später an der Vorderfront eine kleine Remise vorgebaut. 1907 Entwässerung; 1910 Kanalisation; 1966 wegen starker Baufälligkeit durch die Stadt Minden abgebrochen.

PETERSILIENSTRASSE 11 (Abb. 1282)

bis 1908 ohne Nummer

Gartengrundstück östlich der ehemaligen, im frühen 18. Jahrhundert abgebrochenen Stadtmauer.

Wäschereibetrieb (1895–1985)

1895 als Wäschereigebäude für die Färberei Rupprecht (siehe Simeonstraße 15) nach Plänen von Kelpe & Meyer für etwa 5 000 Mark errichtet. Zweigeschossiger nahezu quadratischer Backsteinbau mit flachem Pappdach, das Untergeschoß rückwärts wegen der steilen Hanglage offenliegend. Ansicht dreiachsig mit mittlerem Zugang.

1904 große Erweiterung der Färberei- und Wäschereianlage durch Anbau in den bestehenden Proportionen um etwa 28 m nach Osten nach Plänen des Architekten W. Meyer für 11 000 Mark. Die Ansichten bis auf die Gliederungen aus Backstein verputzt, wiederum flaches Pappdach. Der östliche Teil nur eingeschossig.

1985 Abbruch der Anlage durch die Stadt Minden.

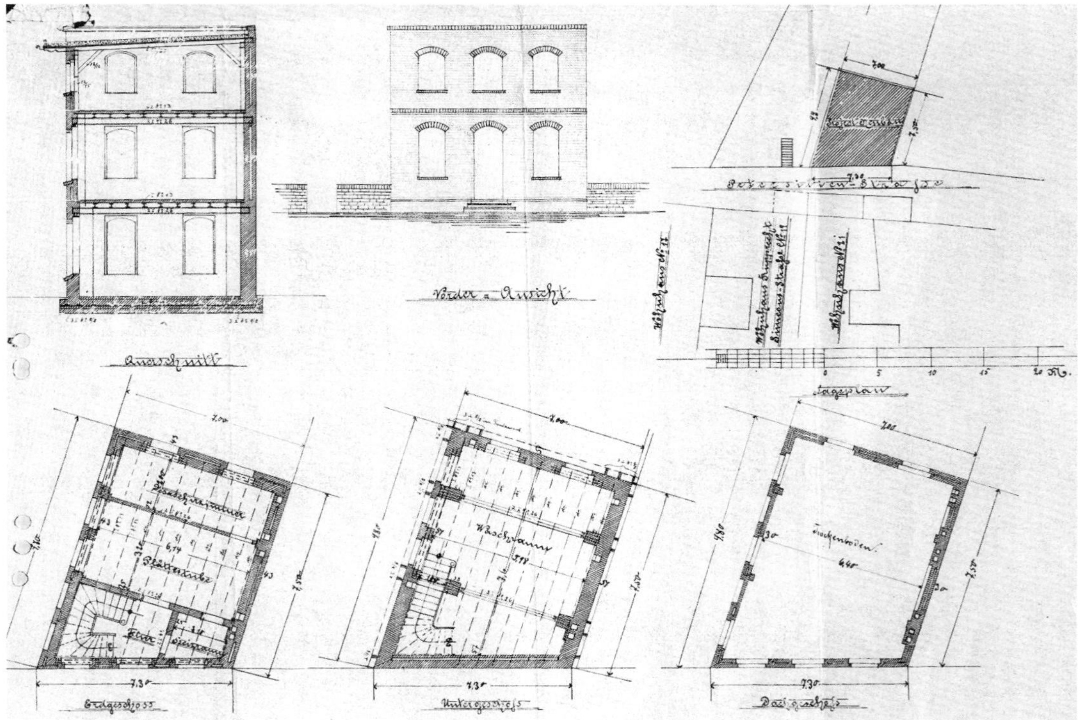

Abb. 1282 Petersilienstraße 11, Bauplan zur Errichtung des Wäschereigebäudes, Kelpe & Meyer 1895.

PETERSILIENSTRASSE 15

bis 1908 ohne Hausnummer

Gartengrundstück östlich der wohl im frühen 18. Jahrhundert abgebrochenen Stadtmauer.

Färberei (1929–1985)

1919 Aufstellen eines Kessels (der Firma Gronemeyer & Bank/Brackwede) für den Reinigungsbetrieb Kiel auf dem westlich anschließenden Grundstück Simeonstraße 21.

1928 Bau eines Autoschuppens; 1929 Neubau einer Färberei und Wäscherei durch das Bauunternehmen Joh. Sierig; 1938 Aufstockung der Färberei für Bügelraum (Baugeschäft Sierig); 1953 weitere Aufstockung des Betriebes; 1956 Errichtung einer Bügelhalle nördlich der bestehenden Bauten (Baugeschäft Sierig); 1957 Einrichtung einer Eigenverbrauchstankstelle; 1985 Abbruch durch die Stadt Minden.

PETERSILIENSTRASSE 17

Gartengrundstück östlich der wohl im frühen 18. Jahrhundert abgebrochenen Stadtmauer.

Wohnhaus (1958–1985)

1958 Errichtung eines Wohnhauses für Günter Mügge (gehört zur Familie Kiel, Besitzerin des Grundstücks). Zweigeschossiger Putzbau mit nach Osten hohem, zur Garage eingerichtetem Untergeschoß nach Plänen von Hans-Hermann Mügge/Bad Oeynhausen. 1985 Abbruch durch die Stadt Minden.

Abb. 1283 Petersilienstraße 21, Ansicht von Westen, 1993.

PETERSILIENSTRASSE 18

Hintergebäude zu Simeonstraße 13 (siehe dort)

PETERSILIENSTRASSE 19

bis 1908 ohne Hausnummer

Gartengrundstück östlich der wohl im frühen 18. Jahrhundert abgebrochenen Stadtmauer.

Zu einem nicht näher bekannten Zeitpunkt im 19. Jahrhundert wurden auf dem östlichen Teil des Grundstücks, am Ufer der Bastau, Betriebsgebäude für die Gerberei, später Färberei Hempell & Söhne errichtet (siehe Simeonstraße 29). Ein- bis zweigeschossige Backsteinbauten mit flachem Pappdach. Abbruch nach Einstellung des Betriebes um 1930.

PETERSILIENSTRASSE 20

Hintergebäude zu Simeonstraße 15 (siehe dort)

PETERSILIENSTRASSE 21 (Abb. 1283)

bis 1878 ohne eigene Haus-Nr. und zu Simeonstraße 31 gehörend.

Gartengrundstück östlich der ehemaligen, wohl im frühen 18. Jahrhundert abgebrochenen Stadtmauer.

Im 18. und 19. Jahrhundert immer als *Hinterhaus* bzw. *Scheune* des bürgerlichen Anwesens an der Simeonstraße geführt. Im 18. Jahrhundert dem Schuster, später Gastwirt und Branntweinbrenner Schlinger gehörend. Um 1830 durch Erbgang an den Bäcker Rathert gekommen, der hier bald eine große Zigarrenfabrikation aufbaute (siehe das westlich anschließende Wohnhaus der Tabakfabrikanten Gebr. Rathert an der Simeonstraße 31). 1906/08 Witwe Emma Hempel, vermietet an die Zigarrenfabrik Paulsiek; 1910 Übernahme der Zigarrenfabrik »Petersilienstraße« des verstorbenen Herrn Paulsiek durch die Zigarrenkistenfabrik Busch, Inh. Robert Noll (siehe Friedrich-Wilhelm-Straße 117) zur Einrichtung einer Kisten-Bekleberei. 1919 Schlachtermeister Gustav Büter (wohnt Simeonstraße 9); 1952 Schrotthandel Fritz Berg (Festungsstraße 7); 1954 Schlossermeister Gustav Kleinfeld.

Scheune (Mitte des 18. Jahrhunderts), seit etwa 1840 Fabrik- und Wohngebäude

Das bestehende zweistöckige, giebelständige Fachwerkgebäude wurde durch den Schuster Schlinger auf einer Grundfläche von 11,95 x 8,5 m, ohne Unterkellerung, in einem Bruchgarten nahe der Bastau errichtet. Von dem ursprünglichen Gebäude, 1809 beschrieben als Bau *von zwei Etagen und schlechter Zustand*, blieb nur das Erdgeschoß erhalten. Das Gerüst hier durch zwei Riegelketten und Fußstreben gekennzeichnet und danach wohl in der Mitte des 18. Jahrhunderts errichtet. Um 1840 kam es nach Abbruch der oberen Teile zur Reparatur des Erdgeschoßgerüstes und völlig neuen Abzimmerung eines neuen oberen Stockwerkes, wobei die nun mit Schwelle-Rähm-Streben ausgesteifte Konstruktion mit knappen Hölzern ausgeführt und zugleich auch die beiden Giebelfronten neu verzimmert wurden. Diese Baumaßnahme könnte mit der neu aufkommenden Zigarrenfabrikation zusammenhängen und scheint nicht der Schaffung von Wohnräumen gedient zu haben. Im Erdgeschoß seitdem ein Mittellängsflur mit seitlichen Räumen (hier jeweils zwei Fenster) und geradläufiger Treppe. Im Obergeschoß um einen kurzen gefangenen Flur insgesamt sechs Räume. Hier im Giebel nur drei Fenster. Im Giebeldreieck eine große Aufzugsluke mit bauzeitlichem Türblatt. 1910 kleinere Umbauten (Plan: W. Meyer).

1952 werden auf dem östlich anschließenden Hofgelände (aufgeschüttetes Bastaubett) Garagen errichtet; 1958 Anbau einer Werkstatt für den Schlossereibetrieb; 1984 in die Denkmalliste der Stadt Minden eingetragen.

Petrikirchweg

Am 15. 2. 1912 beschließt der Magistrat die *Durchlegung* eines Weges von der Ritterstraße zur Obermarktstraße, wozu Teile der Grundstücke Ritterstraße 8 und Obermarktstraße 36 erworben werden. Sie waren im Besitz der Familie Kiel, die hier ihre 1905 abgebrannte Seifenfabrik betrieben hatte. Mit dem Weg wurden die Hintergebäude von Obermarktstraße 34 (Petrikirchweg 2 und 4) und das Hinterhaus des Neubaus Ritterstraße 10 erschlossen.

Der Weg erhielt seinen Namen als Zugang von der Obermarktstraße zur südlich der Ritterstraße liegenden Petrikirche.

Pöttcherstraße

Der heutige Name der Straße ist erst seit der Zeit um 1700 gebräuchlich und weist auf die hier seit der zweiten Hälfte des 16. Jahrhunderts nachweisbar ansässigen verschiedenen Töpfereibetriebe (niederdeutsch *Pöttcher*) hin. Zuvor wurde sie als *Friesenstraße* oder niederdeutsch als *Freesenstrate* bezeichnet, ein Name, der schon seit 1278 als *platea frisorum* belegt ist (Mooyer 1852. – Nordsiek 1979, S. 33. – Schlipköther 1990, S. 86). Im 16. und 17. Jahrhundert bestanden nördlich der Straße im Bereich der Grundstücke 10/20 mehrere große Töpfereien, die ein regelrechtes gewerbliches Zentrum innerhalb der Stadt bildeten und eine für die Zeitgenossen recht attraktive und gut zu verhandelnde Keramik herstellten. In diesem Bereich wurden 1974 große Mengen von Keramik aus der Zeit von etwa 1580 bis 1630 gefunden (Fundstellen 75 und 76 – Verbleib: Mindener Museum, MA 84 u. 86), die wohl aus einer Abwurfhalde der Töpfereien stammen (siehe Westfalen 55, 1977, S. 277 f. – Mielke 1981) und zudem darauf hindeuten, daß die Grundstücke zu dieser Zeit noch nicht dicht mit kleineren Häusern bebaut waren, wie sie seit dem 18. Jahrhundert das Straßenbild prägten.

Die Straße erschloß im Mittelalter wohl noch keine bürgerlichen Hausstätten, sondern zunächst nur großflächige Hofstätten und begann im Osten zwischen den bürgerlichen Anwesen Kampstraße 5 und 7/9, die sich mit ihren Nebengebäuden weit nach Westen in die Straße hineinzogen (wohl bis zu den späteren Hausnummern 3 und 10). Spätestens im Laufe des 13. Jahrhunderts gelangte das Stift St. Martini in den Besitz eines Großteils der die Straße säumenden Flächen. So übereignete der Bischof 1279 dem Stift ein Grundstück mit einem schon darauf errichteten Haus, das er zuvor von dem Bürger Johannes Abt geschenkt bekommen hatte (WUB 6, Nr. 1058. – Scriverius 1974, S. 180), und 1284 werden mehrere anliegende Gärten an einen Stiftsherren von St. Martini verkauft.; hier später ein Vikarienhof eingerichtet (siehe Brüderstraße 26). So war die Straße auf ihrer südlichen Seite noch bis in die Neuzeit nur von untergeordneter Bebauung gesäumt (siehe dazu auch die Grabungsbefunde von 1995), da sich hier an zwei Rückgrundstücke von bürgerlichen Anwesen Brüderstraße 14 und 16 rechts (= Pöttcherstraße 5 und 7) die großen, jeweils um oder über 30 m breiten und 59 m tiefen Grundstücke von vier verschiedenen Kurien und Höfen anschlossen (Brüderstraße 16, 18, 20/22 und 26). Allerdings waren diese wohl bis nach der Mitte des 16. Jahrhunderts noch nicht südlich zur Brüderstraße orientiert, sondern wurden auf der Nordseite von der Pöttcherstraße erschloßen. Die Bebauung dieser großen Höfe bestand jedoch aus einzelnen Gebäuden, die zumeist frei auf dem weitläufigen Gelände standen, wobei möglicherweise an der Straße auch vereinzelt Nebengebäude oder Scheunen errichtet wurden. Erst nach der Mitte des 16. Jahrhunderts sind hier mit der Zeit Hausstätten ausgegeben und die Höfe zur neu geschaffenen Brüderstraße orientiert worden.

Die Nordseite der Straße wies wohl noch bis in das 15. Jahrhundert keine durchgehende Bebauung auf und gehörte teilweise zum weitläufigen Garten- oder Wiesengelände des Gutes *Grysebrock*, das offensichtlich erst im Laufe des 16. Jahrhunderts aufgesiedelt wurde (siehe dazu Greisenbruchstraße). 1505 werden zwei Brüder mit zwei Stätten für Häuser oder Speicher am nördlich an die Greisenbruchstraße anschließenden Rampenloch belehnt, wobei nach dem Vertrag zu dem Grundstück noch ein Brunnen an der Friesenstraße hinzugerechnet wurde (KAM, Mi, A I, Nr. 437). Diese Nachricht verdeutlicht die zu dieser Zeit noch sehr dünne und weitläufige Bebauung des Greisenbruchgutes. Andere größere Grundstücksflächen nördlich der Pöttcherstraße gehörten ebenfalls dem Martini-Stift, das hier zunehmend im 16. Jahrhundert Hausstätten verpachtete. 1511 werden an der

Straße insgesamt nur sieben Haustätten und eine Doppelbude genannt (MiHbll 39, 1959, S. 52), wobei wohl nur der westlichste Abschnitt der Straßennordseite nahe der Stadtmauer schon im späten 14. Jahrhundert in bürgerlichem Besitz und mit mehreren kleinen Häusern bebaut war (siehe Pöttcherstraße 30). In welchen Schritten der weitere wohl im 15./16. Jahrhundert vollzogene Aufsiedlungsprozeß ablief, ist bislang aus den schriftlichen Quellen nicht weiter bekannt, läßt sich auch aus der überlieferten Bebauung nicht mehr ermitteln. Nach den erkennbaren Parzellierungen scheint man zunächst wohl Hausstätten geschaffen zu haben, die – recht schmal – von der Greisenbruchstraße bis zur Pöttcherstraße reichten und an der letzteren wohl vor allem mit Wirtschaftsbauten besetzt waren, wobei diese Bereiche im 17. Jahrhundert abgetrennt und zu selbständigen kleinen Hausstätten wurden.

Nach der Mitte des 17. Jahrhunderts scheint es zu einer Verschlechterung der Lebensverhältnisse in der Straße gekommen zu sein, wie es in den Nachrichten zum baulichen Zustand der Gebäude im 18. Jahrhundert und den hier errichteten Bauten deutlich wird. Erst seit dem späten 18. Jahrhundert entstanden wieder bessere Wohnhäuser an der Straße.

Heute weist die Straße nicht nur so gut wie keine historische Substanz mehr auf, sondern hat auch weitgehend ihren seit dem 16. Jahrhundert entstandenen Charakter als eng bebaute Gasse zu Gunsten einer offenen Erschließungsstraße verloren. Sie dürfte sich damit wieder ihrer Erscheinung im mittelalterlichen Zustand angenähert haben. Die einschneidenden Veränderungen geschahen nach 1900 in mehreren Schritten: als erstes wurde 1903 die Einmündung der Straße in die Kampstraße durch Abbruch einer ganzen Reihe kleiner Häuser auf der Südseite (siehe Kampstraße 5 und Pöttcherstraße 1) und Verlegung der Fluchtlinien aufgeweitet. Fast alle Bauten im östlichen Bereich der Straße wurden dann am 29. 3. 1943 durch Bombenbewurf zerstört. Im Zuge des 1955 durchgeführten einheitlichen Wiederaufbaus kam es zu weiteren Umlegungen und neuen Fluchtlinien. Im nördlich anschließenden Bereich dehnte sich nach 1900 ein großer Handwerksbetrieb immer weiter aus, wobei die schließlich die Grundstücke 6 bis 18 umfassende Fläche der hier nach 1945 aufgebauten Großschmiede mit mehreren Hallen im Zuge der Stadtsanierung und der Beseitigung der Anlagen 1975 mit einer völlig den städtebaulichen Rahmen sprengenden großen Wohnanlage überbaut wurde. Im südlichen Bereich wurden nach 1960 auf Betreiben der Stadt nach und nach alle Hausstätten eingezogen, um hier Freiflächen für das Altersheim (an Stelle der Hofstätten Brüderstraße 16 und 18) und der Stadtbücherei (Brüderstraße 22) zu schaffen. So haben sich lediglich noch im nordwestlichen Bereich (ab Nr. 22) wenige Bauten erhalten. 1997 wurde der Straßenraum auf der Südseite durch den Bau des Komplexes Nr. 27 (an Stelle der Grundstücke Nr. 17–27) wieder annähernd eingefaßt.

1877 wird die Straße neu mit behauenen Basaltsteinen gepflastert und erhält Bordsteine. 1887 wird ein Kanal verlegt.

ARCHÄOLOGISCHE NACHRICHTEN

Bei einer Baustellenbeobachtung zur Legung der Fernwärmeleitung wurden 1995 auf der Südseite der Straße im Bereich der ehemaligen Hausstätten durch das WMfA an verschiedenen Stellen Mauerreste aufgedeckt, ferner ein Grubenkomplex (Fundstelle 107).

Abb. 1284 Pöttcherstraße, Blick von der Einmündung des Königswalls nach Südosten, rechts Nr. 27, um 1910.

NACHRICHTEN ZU NICHT BEKANNTEN BAUTEN AN DER STRASSE

1278 wird ein Streit um Güter zwischen dem Ritter Ludwig von Engelbostel und seinem Sohn Ludwig mit der Stadt beigelegt: *pro bonis sita in platea Frisonum in Minda* (KAM, Mi, A I, Nr. 15. – WUB VI, Nr. 1132. – WPB I, 2, Cod. dipl., Nr. 12).

1279 eine Hausstätte mit dem dort stehenden Haus des Johannes Abt über den Bischof an St. Martini übertragen: *aream quandam in platea Frisonum sitam, quam Johannes dictus Abbas civis Mindensis nostre libere contulit ecclesie, cum domo in ea constructa* (STA MS, St. Martini, Urkunden, Nr. 24. – STA MS, Mscr. VII, 2711, Bl. 19v–20r. – WUB VI, Nr. 1158).

1312 verpachtet St. Martini auf Lebenszeit nach Tod des derzeitigen Pächters Heinrich Slotsach dem Walter Fischer und seinem Sohn Johannes sowie seiner Tochter Elisabeth *aream et bona ecclesie sue sita in fine platee Frisonum quam aream Henricus dictus Slotsach inhabitat* (STA MS, St. Martini, Urkunden, Nr. 58. – STA MS, Mscr. I, 111, Bl. 43–44; 110, Bl. 30v–31r. – WUB X, Nr. 715).

1370 verpachtet St. Martini dem Johannes Holscher *aream unam et domum* [...] *in platea frisonum (*STA MS, St. Martini, Urkunden, Nr. 117 und Urkunden, Nr. 123. – STA MS, Mscr. VII, 2711, Bl. 105r).

1370 verpachtet St. Martini dem Henko genannt Plate anders Lehmdecker *domum et aream sitas in platea frisonum* (STA MS, St. Martini, Urkunden, Nr. 118. – STA MS, Mscr. VII, 2711, Bl. 104v–105r).

1377 verkaufen Johann Grote und seine Frau dem Heilig-Geist-Hospital eine Rente *in ere hus vnd stede alse dat gelegen iß in der Vresen strate achter Johannes huß van Holthusen* (KAM, Mi, A III, Nr. 28. – STA MS, Mscr. VII, 2716, Bl. 24v).

1390 verkaufen Henke Wichgreving und seine Frau dem Heilig-Geist-Hospital gegen Zins *ein huß vn stede mit alle siner to behoringe also dat gelegen is in der Vresenstrate negst Johanns wedewen huß van Holthusen* (STA MS, Mscr. VII, 2716, Bl. 29r).

1486 verkaufen Johann Kemerer genannt Schreiber und seine Frau Geseke dem Heilig-Geist-Hospital eine Rente *in or huß vnde stallinge myt dem rumen achter demsuluen huß so dat belegen iß vpp dem by Hinrick Noltigen huse vpp dem orde der Vresenstrate.* Als spätere Besitzer werden genannt: Johann Kemerer, Heinrich Bonel, Blase (STA MS, Mscr. VII, 2716, Bl. 57v).

1488 verkauft der Baumeister und Vorsteher von St. Marien den Domvikaren Floreke Durkop, Statius Blumenau, Ludolf Klusener eine Rente *in vnnd vth eyner vnsser buwet boden vnnd woninge myt orer tobehoringe belegen to Mynden in der Vresenstrate twisschen des vorscreuen Johan Boberdes vnnd Rissers van Letelen boden* (STA MS, St. Martini, Urkunden, Nr. 259. – STA MS, Mscr. VII, 2711, Bl. 114r).

1505 überträgt Metteke, Witwe des Ratmanns Rudolf Hoppener, der Stadt ein Haus *versus plateam vulgariter appellatam de Vresen strate vsque ad statuam jn qua pendet porta que duxit ad eiusdem plateam et quem est mure ciuitats Mindensis* (STA MS, Mscr. VII, 2702, fol. 12r–13v).

1505 verkauft Lucke Turltey der Geseke, Witwe des Bürgermeisters Albert Verken, eine *boden myt orer tobehoringe so de beleghen ys in der Vresen strate by Johan Grysen boden nogest dem bode by des termynaries houe* (STA MS, St. Martini, Urkunden, Nr. 284 a. – STA MS, Mscr. VII, 2711, Bl. 117r).

1516 verkaufen Ludeke Schonebom und seine Frau Heile den Vikarien zu St. Martini eine Rente *in or huss vnnd stede* (Pachtgut St. Martini) *myt syner tobehoringhe so dat belegen ys in der Vresenstrate twusschen saligen Herman Vthrydere vnnd saligen Johan Bonels husen* (STA MS, St. Martini, Urkunden, Nr. 301 a. – STA MS, Mscr. VII, 2701 b, Bl. 1v; 2711, Bl. 115r–115v). 1527 wird von St. Martini ein halbes Haus (als Pachtgut des Thesaurars von St. Martini), bislang von Ludeke Schonebom und seiner Frau Heyle bewohnt, an Johann Hulshoff und seine Frau Geseke verpachtet: *in der Vresenstrate twyschen Hinrick Romers vnd der Vthriderschen husen* (STA MS, Mscr. VII, 2701b, Bl. 35r–35v). Im gleichen Jahr verkauft Johann Hulshoff dem Ludeke Schonebom eine Rente aus dem Haus (STA MS, Mscr. VII, 2701b, Bl. 35v).

1518 verkaufen Johann Grise und seine Frau Lucke dem Testamentsvollstrecker des Meister Johann Campe, Senior von St. Martini, eine Rente aus dem Haus *szo dat belegen ys in de Vresenstrate twusschen Staties Bruwers vnnd Marquardt Raschen husen* (STA MS, Mscr. VII, 2701b, Bl. 5v–6r).

1520 verpachtet St. Martini dem Heinrich Meyer und seiner Frau Heseke ein Haus (Pachtgut der Thesaurie von St. Martini), bislang von Herbert Kopmann und seiner verstorbenen Frau Geseke bewohnt, *in der Vresenstrate twyschen Arndt Bonels vnd Johan Stemmermans sampt Magnus Barners husen* (STA MS, Mscr. VII, 2701b, Bl. 16v–17r).

1520 verpachtet St. Martini ein Haus (gehört den vier oberen Priestern von St. Martini) als Leibzucht dem Johann Stemmermann, und seiner Frau Geske, nach deren Tode an Magnus Barner und seine Frau Katharina, die Schwester des Johann Stemmermann, *so dat belegen ys in der Vresenstrate twyschen Hermen Vagedes vnnd Johan Stemmermans husen* (STA MS, Mscr. VII, 2701b, Bl. 14r–14v).

1528 verpachtet St. Martini der Wobbeke Drudenagel, Tochter des verstorbenen Cord, ihrer Mutter Wobbeke und ihren Brüdern Gerd und Cord ein Haus und Hof, bislang besessen von Johann Stemmermann und seiner Frau Geseke, *in der Vresenstrate twysschen Hermen Vagedes vnd Johan Stemmermans husen* (STA MS, Mscr. VII, 2701b, Bl. 38v–39r). Im gleichen Jahr verkauft diese Wobbeke Drudenagel den vier obersten Priestern von St. Martini eine Rente aus diesem Hof und Haus (STA MS, Mscr. VII, 2701b, Bl. 39r).

1523 verkaufen Godert Everding und seine Frau Katharina dem Johann Klare eine Rente *jn or huss vnd stede myt syner tobehoringhe, so dat beleghen ys jn der Vresenstrate twusschen Johan Romerman vnd der Trappenjegersschen husen* (KAM, Mi, A I, Nr. 490). Nach dem Rentenbuch ist das Haus 1663 im Besitz von Johann Klare in der Freesenstraße (KAM, Mi, B 151).

1526 verkaufen Johann Huge d. J. und seine Frau Grete dem Heilig-Geist-Hospital eine Rente aus Haus und Stätte *so dat belegen iss in der Fresenstrate twischen Hinrich Meyger vnnd Hermen Vaget huseren*. Als spätere Besitzer nachgetragen: Johann Huge, *nu tides* Heinrich Hartman d. J., *nu tides* Cord Averberg, Daniel Munter (STA MS, Mscr. VII, 2716, Bl. 80r).

1528 verpachtet St. Martini dem Heinrich Romer und seiner Frau Anneke *eyn vnsser kercken huss vnnd stede myt syner tobehoringe so dat belegen ys in der Vresenstrate twusschen Johan Hulses unnd Hinrick Meygers husen*. Bisheriger Pächter war Arnd Bonel und seine Schwester Metteke (STA MS, St. Martini, Urkunden, Nr. 314; STA MS, Mscr. VII, 2701b, Bl. 41v–42r; STA MS, Mscr. VII, 2711, Bl. 116r)

1536 verkaufen Hermann Blase und seine Frau Katharina dem Heilig-Geist-Hospital eine Rente aus Haus und Stätte *so dat belegen iss in der Fresenstrate twusschen Peter van der Notmolen* [!] *vndt Berent Heymans husen*. Als spätere Besitzer nachgetragen: Hermann Blase, Sander Wildeshausen, Katharina Schoneboning, Heinrich von Tecklenburg (KAM, Mi, A III, Nr. 179. – STA MS, Mscr. VII, 2716, Bl. 89r–89v).

1537 verkaufen Bernd Heitmann und seine Frau Gese dem Heilig-Geist-Hospital eine Rente *jn vnd vth orem huse stede vnd tobehoringe so dat in der Fresen strate twusschen Turgerpunsen* [?] *vnde Hermen Blasen husen belegen* (KAM, Mi, A III, Nr. 180).

1541 verkauft das Heilig-Geist-Hospital dem Nikolai-Hospital einen Rentenbrief *jn Johan Hugen vndt Grete siner hussfrawen huse belegen in der Vresenstrate* (STA MS, Mscr. VII, 2716, Bl. 90r–90v).

1560 verpachtet St. Martini dem Arnd Kock und seiner Frau Ilseke Haus und Hof *in der Vresenstrathe*. Ehemalige Pächter waren Jürgen Bechehagen und seine Frau (STA MS, Mscr. VII, 2701b, Bl. 81v–82r).

1561 verpachtet St. Martini dem Christopher Kopmann und seiner Frau Lucke ein Haus (ehemalige Pächter waren Johann und Marquard und Brüder und Erben des verstorbenen Reineke Sutmeyer) *belegen in der Vresenstrathe twiscken Arndt Kakes vnd Berendt Ruskampes huseren* (STA MS, St. Martini, Urkunden, Nr. 343. – STA MS, Mscr. VII, 2701 b, Bl. 121v–122v; 2711, Bl. 120r).

1570 verpachtet St. Martini dem Steffen Engel und seiner Frau Alheid ein Haus *jn der Fresenstrate thwischen Hinrich Romers vp einer siden vnd Wunneken Vthriders haue ander siden* (STA MS, Mscr. VII, 2701 b, Bl. 137v–139v).

1570 verpachtet der Dechant von St. Martini dem Staffen Engel und Frau Alheid ein Haus in der Friesenstraße zwischen Heinrich Romer und Wunneken Uthrider, das bisher Simon Potker, genannt Franke bewohnte (STA MS, St. Martini, Regesten 588).

1586 verpachtet der Dechant von St. Martini dem Heinrich Notmeier und Frau Anna ein Haus in der Friesenstraße zwischen dem des Hans Heveker und dem des Joh. Steinkamp (STA MS, St. Martini, Regesten 673).

1591 verpachtet St. Martini dem Johan Langenhenke und Frau Margarete ein Haus auf der Friesenstraße zwischen dem des Curt von Heven und dem des Marten Dreier, das bisher Arnd Kock bewohnte (STA MS, St. Martini, Regesten 718).

1592 verpachtet der Dechant von St. Martini dem Evert Retberg und seiner Frau Anna ein Haus an der Friesenstraße an der Stadtmauer, das bisher Gerken Wedekamp, Witwe des Gerd W. bewohnt hatte (STA MS, St. Martini, Regesten 724).

Abb. 1285 Pöttcherstraße, Blick von der Kampstraße nach Südwesten, links Nr. 3 bis 9, Zustand 1993.

1674 Revers des Heinrich Meinsen und seiner Frau Gertrud Floerking darüber, das Dechant Joh. Arn. Schilling ihm ein Haus an der Ecke der Friesenstraße zwischen Paul Tocks und Johan Langens Häusern, das bisher Herman Toebbeken in Pacht hatte, verpachtete (STA MS, St. Martini, Urkunden 433).

1684 verpachtet das Kapitel von St. Martini dem Dr. jur. David Kühneman und seiner Frau Anna Cath. Sophia von dem Busche einen Garten in der Friesenstraße zwischen Rudolf Häfekers Haus, *so auch unser Pachtgut ist Hinrich Hüsers Hause, mit einem Ende hinter Nehlmeyers Haus schießend, vorn an der Straße mit einem Planckwerck versehen* (STA MS, St. Martini, Urkunden 436).

1691 beantragt Johann Gräber Steuerermäßigung (wegen Baues ?) für sein Haus in der Friesenstraße (KAM, Mi, B 354).

TERMINEI DER FRANZISKANER (um 1505)

Eine Ansiedlung der Franziskaner hat ab 1504 für nur wenige Jahre in Minden bestanden (Hengst I, 1992, S. 635 f. – Schroeder 1886, S. 402), nachdem der Orden schon zwischen 1332 und nach 1522 an anderer Stelle in der Stadt eine Niederlassung an der Videbullenstraße 11 (siehe auch dort) unterhielt. In diesem Jahr bekamen vier Franziskanerbrüder aus dem Kloster in Herford den *Bonenkamp extra civitatem Mindensem* (vor dem Marientor) zur Errichtung eines Klosters zugewiesen und erhielten eine bischöfliche Bestätigung zur Ansiedlung bzw. die Genehmigung, für den Bau einer Niederlassung zu sammeln. Nach den wenigen urkundlichen Hinweisen muß diese auf einem Gelände auf der Nordseite der Pöttcherstraße, wohl am westlichen Ende und nahe der Mauer gesucht werden (möglicherweise Pöttcherstraße 24/28). Nach den Nachrichten scheint die Ansiedlung tatsächlich stattgefunden zu haben. Ob es sich bei dieser Terminei allerdings um einen speziell dazu errichteten Neubau oder aber die Umnutzung eines bestehenden Baus gehandelt hat, ist bislang ebenso unbekannt wie der Zeitraum der Nutzung. Im Januar 1505 ist für das Haus jedenfalls vom Rat die Freiheit bewilligt.

1505 gestattet der Konvent der Franziskaner zu Herford dem Meister Arnd Ludemann und seinem Bruder Gerke als Bewohner *twe huse offt spikere in dem Rampenhole ener vrien brukinge vnde toganges eynes puttes belegen to Mynden in der Fresenstrate halff vp vnser vriet* (KAM, Mi, A I, Nr. 437). 1505 verkauft Lucke Turltey der Geseke, Witwe des Bürgermeisters Albert Verken, eine *boden myt orer tobehoringe so de beleghen ys in der Vresen strate by Johan Grysen boden nogest dem bode by des termynaries houe* (STA MS, St. Martini, Urkunden, Nr. 284 a. – STA MS, Mscr. VII, 2711, Bl. 117r).

PÖTTCHERSTRASSE 1

Kleines und nur sehr wenig tiefes Grundstück (heute ganz in die Straßenfläche aufgegangen) mit einer Reihe von drei, zeitweilig auch vier traufenständigen Buden, die zu nicht näher bekannter Zeit auf einer ehemals zum bürgerlichen Anwesen Kampstraße 5 gehörenden Teilfläche errichtet worden sind. Der größte Teil der Fläche 1903 durch die Stadt zur Straßenverbreiterung, weitere Flächen nach 1945 eingezogen.

LINKER TEIL, 1. Bude an der Pöttcherstraße (bis 1878 Haus-Nr. 584 b; bis 1908 Pöttcherstraße 3). Die Hausnummer besteht seit 1818, doch ist in den Steuerverzeichnissen zunächst darunter noch kein eigenes Gebäude zu erkennen. Sicher ist ein eigenes Haus unter dieser Nummer zuerst 1846 nachweisbar. Hier wohnt dann der Reg.-Sekretär Martin Fuchs und der Maurer Bernhard Lax; 1853 nicht genannt. Der Bau wohl schon vor 1878 verschwunden oder aber in die Nachbarbauten einbezogen.

LINKER TEIL (bis 1755 Haus-Nr. 586; bis 1878 Haus-Nr. 586 a; bis 1908 Pöttcherstraße 1): 1743 Witwe Stoltens, früher Adam Meyer; 1750 Nobbe; 1755 Nobbe, Haus für 20 Rthl; 1766 Nobbe, 40 Rthl; 1768 Sobbe; 1781 Nobbe, 50 Rthl; 1798 Bergmann Trümper; 1802/04 Jacob Trümper, Haus ohne Braurecht und ohne Freifläche, hält 1 Stück Jungvieh; 1809 Pumpenmacher Trümper; 1818/27 Tagelöhner Richter; 1832 Witwe Trümper; 1846 Tagelöhner Schaefer; 1848 Verkauf durch die Augenrothschen Erben; 1853 Verkauf von Witwe Drücker an den Tagelöhner Schäfer (hat als Mieter auch Arbeiter Goldstein. Insgesamt elf Personen in dem sehr kleinen Haus); 1873 Schneider Kamenk; 1878 Ludewig; 1897 Verkauf durch den Erben der Witwe Ludewig, den Handarbeiter Ferdinand Louis Ludewig an die Stadt Minden.

MITTLERER TEIL (bis 1755 nicht vorhanden; bis 1878 Haus-Nr. 586 b; bis 1908 Pöttcherstraße 3): 1755 Meyer, Haus für 20 Rthl; 1766 Soldat Fuhr, 40 Rthl; 1776 Elisabeth Fuhr verkauft ihr Elternhaus für 65 Rthl an Schuhmachermeister Joh. Krönemann (KAM, Mi, C 392,7 alt); 1781 Meister Kühnemann, Haus für 50 Rthl; 1798 Bäckermeister Borchard; 1802 Borchard; 1804 Heinrich Sieveking, Haus ohne Braurecht und ohne Freifläche, hält 2 Stück Jungvieh und 1 Schwein; 1809 Zuckerbäckerknecht Sieveking; 1818/27 Tagelöhner Rehling; 1832 S. Telgmann; 1846 Schuster Ernst Rauleder und Kostgänger Gottlieb Rollmann; 1853 Schuhmacher Rauleder und eine Mietpartei; 1878 Schuhmacher Rauhleder.

RECHTER TEIL (bis 1878 Haus-Nr. 587; bis 1908 Pöttcherstraße 5): 1743 ohne Eintrag (Haus ohne Grundbesitz); 1750 Martens; 1755 Mertens, Haus für 30 Rthl; 1766 Meister Neustiel; 1781 Meister Nienstiel, Haus für 25 Rthl; 1798 Schneider Nienstiel; 1802/04 Schneider Böwers und Mieterin Witwe Bunte mit vier Kindern, Haus für 200 Rthl, kein Braurecht, hält 2 Stück Jungvieh und 1 Schwein; 1806 Ökonom Gottlieb Tietzel, Mieter ist Schneider Böwers; 1818 Schuster Warneke; 1826 Erhöhung Versicherung von 300 auf 600 Thl; 1827/32 Wilhelm Vogt; 1846/53 Witwe Therese Vogt; 1857 Verkauf von Wilhelm Vogt an Christian Heinrichs für 725 Thl; 1873/78 Witwe Heinrichs; 1889 Verkauf von Heinrichs an Bremser Carl Friedrich Körtner; 1901 Verkauf durch die Erben Körtner in St. José/Kalifornien an die Stadt Minden für 2 400 Mark; 1903 Abbruch (KAM, Mi, F 2341).

1903 Verkauf des umgelegten Grundstücks zur Bebauung durch die Stadt Minden an Kaufmann Heinrich Rahn (Kampstraße); 1943 Lina Rahn.

Linkes Haus (bis 1903)

1748 das Haus von der Einquartierungslast befreit, da es zu klein ist (KAM, Mi, C 103). Das Haus wurde 1768 im Siebenjährigen Krieg ruiniert (KAM, Mi, C 380) und anschließend wieder hergestellt. 1825 beschrieben als ein kleines Wohnhaus mit Stube, Kammer und Boden (siehe Kampstraße 5). Der in seiner Gestalt nicht weiter bekannte Bau 1903 durch die Stadt Minden zur Straßenverbreiterung abgebrochen (KAM, Mi, F 2337).

Haus (1905–1943)

1905 als Mietshaus durch den Kaufmann Heinrich Rahn nach Abbruch der alten Häuser auf einer neu geordneten Parzelle nach dem Plan des Architekten Zimmerling für 21 000 Mark errichtet. Dreigeschossiger Bau über hohem Kellersockel mit Satteldach. Über dem mittleren Eingang ein Erker-Risalit mit Fachwerkgiebel. Das zentrale Treppenhaus von oben belichtet; Aborte auf dem Hof (Bauakte siehe KAM, Mi, H 60, Nr. 164).

Das Haus am 29. 12. 1943 durch Bombentreffer zerstört.

Wohnhaus (von 1955)

Als Mehrfamilienhaus für Heinrich Rahm nach Plänen von A. Münstermann errichtet, dabei das Grundstück Kampstraße 5 einbezogen. Dreigeschossiger Putzbau unter ausgebautem Satteldach an der Ecke zur Kampstraße, dieser die Traufseite zugewandt.

PÖTTCHERSTRASSE 2

nach 1848 bis 1878 Haus-Nr. 615 a

Rückwärtiger Teil der Hausstätte von Kampstraße 7.

1878 Hölscher; 1908 nicht mehr genannt.

PÖTTCHERSTRASSE 3 (Abb. 1285)

bis 1878 Haus-Nr. 588; bis 1908 Pöttcherstraße 7

Kleine Hausstelle, zu nicht näher bekannter Zeit aus dem großen bürgerlichen Anwesen Kampstraße 5 ausgegliedert und wohl zunächst Teil einer längeren Reihe von Buden (siehe auch Pöttcherstraße 1).

1743 ohne Eintrag (Haus ohne Grundbesitz); 1750 Hasenjäger; 1755 Witwe Hasenjager, Haus für 30 Rthl; 1766 Witwe Schuen; 1781 Witwe Meyer, Haus für 25 Rthl; 1798 Witwe Poock; 1802 Witwe Meyer, 25 Rthl; 1804 Bäcker Eisbergen, Haus ohne Braurecht, ohne Vieh; 1809 Eisbergen und Mieter Soldat Habermann; 1818 Eisbergen, Haus für 150 Thl; 1832 Schneider Chris. Müller; 1833 Bäcker Walter, Wohnhaus und Scheune für 850 Thl; 1846 Buchdrucker Johann Fickert; 1852 statt Gottlieb Walter nun Kleinhändler Rohlfing; 1853 Minorennen Walter, vermietet an Wärter Schulze; 1873 Witwe Rohlfing; 1878 Rohlfing-Schmitz; 1906 Witwe Johann Schmitz; 1908 Fräulein Schmitz; 1919 Kaufmann Oskar Schmitz.

Wohn- und Wirtschaftsgebäude (1833–1943)

1833 errichtete der Bäcker Walter nach Erwerb der Hausstelle ein neues Wohnhaus, das zur Hälfte auch als Scheune diente (KAM, Mi, E 955). Traufenständiger Massivbau. Das Haus am 29. 3. 1943 durch Bombentreffer zerstört.

Mehrfamilienhaus (von 1955)

Zweigeschossiger und traufenständiger Putzbau mit ausgebautem Satteldach für acht Familien, nach Plänen von A. Münstermann für Lina Rahn errichtet, westlich eine gemeinsame Hofzufahrt mit dem zugleich errichteten Haus Nr. 5.

Abb. 1286 Pöttcherstraße 4, Ansicht von Südosten, 1975.

PÖTTCHERSTRASSE 4, der sogenannte Judenscharren (Abb. 1286)

bis 1818 ohne Nummer; 1818 bis 1878 Haus-Nr. 612 b–e

Hintergrundstück zu dem großen bürgerlichen Anwesen Kampstraße 7/9 und mit einem zugehörigen Wirtschaftsgebäude bebaut. In diesem war im 18. Jahrhundert der sogenannte Judenscharren, das Schlachthaus der Juden, pachtweise untergebracht, dabei wurde der Bau von den Haussteuern befreit.

1746 *der Juden Scharn ist gutem Stande.* Ist ein städtisches Gebäude (KAM, Mi, C 341,10 alt). Seit dem späten 18. Jahrhundert nachweisbar als Scheune, in die Mietwohnungen eingebaut worden sind. Da sie aus unbekannten Gründen zunächst frei von bürgerlichen Lasten waren, erhielten sie anfänglich keine Hausnummern, sondern wurden unter dem Wohnhaus des Besitzers Hersemann, Kampstraße 9 (Haus-Nr. 616) geführt: 1798 *die drei Hersemannschen Wohnungen, sind frei.* Offensichtlich wurden die Nummern ab 1818 dann in die Hausnumerierung aufgenommen: 1818 *Scheune, worin sich drey Wohnungen, Nr. 612 b, c und d befinden.* 1827 eine vierte Wohnung genannt (Haus-Nr. 612 e), ab 1833 das Gebäude nur noch als Scheune bezeichnet, doch wohnen noch 1846 hier auch verschiedene Mieter; 1853 Großmann, vermietet an vier Parteien (insgesamt 20 Personen); 1873 im Haus sechs Mietparteien; 1909/19 Witwe Luise Dralle (wohnt Hermannstraße 25); 1925 Kauf durch die Stadt Minden; 1975 Stadt Minden.

Judenscharren (bis 1855)

Das Gebäude als Schlachthaus bis um 1800 genutzt. Danach zum Teil auch als Mietshaus eingerichtet. 1802 ist *der Judenscharren* ein Fachwerkgebäude mit Ziegeldach und in gutem, repariertem Zustand (KAM, Mi, C 830).

Projekt für eine Scheune (1855)

1855 sollte auf dem Grundstück eine neue Scheune für Herrn Hennies errichtet werden. Pläne dazu erstellte Maurermeister Schröder, wobei es wegen der Fluchtlinie zum Streit kam. Danach ein eingeschossiger und traufenständiger Bau mit linksseitiger Einfahrt sowie Schweine- und Kuhstall (STA DT, Mi, I P, Nr. 828).

Wohnhaus (1855–1975)

Dreigeschossiger und traufenständiger Backsteinbau mit unterkellertem Sockel (Kappen auf gemauerten Bögen) und Satteldach, die Giebeldreiecke aus Fachwerk. Die Ansicht siebenachsig gegliedert und mit mittlerer Haustür. Die Front schlicht geputzt und nur durch die sandsteinernen Sohlbänke unter den Fenstern gegliedert (Abb. bei GRÄTZ 1998, S. 103, 105 und 107). 1975 Abbruch.

Mehrfamilienhaus (von 1975)

Dreieinhalbgeschossiger und traufenständiger Putzbau, für die Wohnhaus Minden GmbH nach Plänen von A. Münstermann errichtet.

PÖTTCHERSTRASSE 5 (Abb. 1285)

1729 bis 1741 Martini-Kirchgeld Nr. 417; bis 1878 Haus-Nr. 589; bis 1908 Pöttcherstraße 9
Die kleine Hausstelle dürfte zu einem nicht näher bekannten Zeitpunkt durch Abtrennung von dem größeren bürgerlichen Anwesen Brüderstraße 14 entstanden sein und scheint dann 1724 noch einmal etwas erweitert worden zu sein.

1724 beantragt Melchior Pruse beim Rat, einen kleinen wüsten Platz neben seinem Haus für 12 Rthl erwerben zu können, der vor zwei Jahren an Friedrich Busch ging, um dort eine Bude für die Einquartierung zu errichten. Dies unterblieb, da der Platz zu klein sei. 1729/43 Melchior Prussen; 1750/55 Witwe Prüssen, Haus für 50 Rthl; 1766 Prüsse, Haus für 100 Rthl; 1781 Billeteur Prüsse; 1786 Erhöhung der Versicherung auf 450 Rthl; 1798 Schneider Prüsse; 1804 Schneider Prüsse und Mieter Invalide Schonherr mit Familie, Haus ohne Braurecht, hält 1 Stück Jungvieh und 1 Schwein; 1805 Erben Prusen; 1806 Neumann; 1809/32 Schlosser Gouffroi, Haus für 750 Thl; 1846 Tagelöhner Friedrich Gieseker und Maurer Christian Heidemann und drei weitere Mietparteien (insgesamt 18 Personen im Haus); 1853 Arbeiter Gieseker und zwei Mietparteien; 1873/78 Gepäckträger Gieseler; 1906 Witwe Pauline Gieseker; 1908 Fräulein Giesecker; 1919 Händler Gustav Braungarten; 1924 Händler August Molitor; 1955 Lina Rahn; 1962 Uhrmachermeister Karl Bose.

Haus (bis 1786)

Über das Aussehen nichts bekannt.

Haus (1786–1943)

Zweigeschossiger und traufenständiger Bau mit Satteldach, zuletzt mit massiver Fassade. 1924 Umbau des Erdgeschosses und Einbau eines Schornsteins. Das Haus am 29. 12. 1943 durch Bombentreffer zerstört (Bauakte in KAM, Mi, H 60, Nr. 163).

1949 Errichtung einer Garage für Karl Ludwig (Brüderstraße 2).

Mehrfamilienhaus (von 1955)

Zweigeschossiger und traufenständiger Putzbau mit ausgebautem Satteldach, nach Plänen von A. Münstermann errichtet. Östlich eine gemeinsame Hofzufahrt mit dem zugleich entstandenen Haus Nr. 3.

PÖTTCHERSTRASSE 6

1729 bis 1741 Martini-Kirchgeld Nr. 418; bis 1818 Haus-Nr. 612; bis 1878 Haus-Nr. 612 a; bis 1908 Pöttcherstraße 4

Die kleine Hausstelle wohl zu nicht näher bekannter Zeit durch Abtrennung von dem großen bürgerlichen Anwesen Kampstraße 7/9 entstanden.

1729/41 Johann Ernst Bergmeyer; 1743 ohne Nennung (Haus ohne Grundbesitz); 1750 Bergmeyer; 1755 Schäffer, Haus für 40 Rthl; 1766 Meister Fuchs, 40 Rthl; 1771 Verkauf des Hauses mit Huderecht für 1 Kuh von Drellweber Fuchs, taxiert zu 55 Rthl (WMA 1771, S 44); 1781 Schuster Meister Schmeltzer, 50 Rthl; 1802/04 Carl Schmelzer und Mieter Pedell Bolte, Haus für 600 Rthl ohne Braurecht, hält 1 Stück Jungvieh und 1 Schwein; 1818 Witwe Schmelzer; 1826 Schuhmacher Dortmund; 1846 Gerichtsbote Andreas Sedorf; 1878 Gentz; 1906/08 Uhrmacher Adolf Gentz; 1919 Schlossermeister Jacob Feien; 1925 Kauf durch die Stadt Minden.

Haus (bis 1786)

1771 beschrieben als Haus *mit 1 Stube, 6 Kammern und 1 Küche.* Dahinter ein kleiner Hofplatz mit Schweinestall.

Haus (1786–1943)

1786 ist der Bau *von Grundt auf neu erbauet worden.* Er *ist 31 Fuß lang, 27 Fuß breit, 2 Edaschen hoch mit zwei neuen Giebeln zu verbinden…* Das Haus ist *auswendig verputzt.* Es werden drei eiserne Öfen je 12 Rthl sowie Flur und Küche erwähnt. Gesamtkosten 647 Rthl (KAM, Mi, C 156,12 alt).

Das Haus am 29.12.1943 durch Bombentreffer zerstört.

Mehrfamilienhaus (von 1963/64)

Zweigeschossiger und traufenständiger Putzbau von vier Achsen Breite mit ausgebautem Satteldach, nach Plänen von A. Münstermann als Anbau an das Haus Pöttcherstraße 8 für die Firma K. Schwarze & Sohn errichtet.

PÖTTCHERSTRASSE 7 (Abb. 1285)

1729 bis 1741 Martini-Kirchgeld Nr. 423; bis 1878 Haus-Nr. 590; bis 1908 Pöttcherstraße 11

Die kleine Hausstelle zu einem nicht näher bekannten Zeitpunkt (nach der Stadtansicht von Hollar wohl schon um 1634) von dem rückwärtigen Gelände eines bis 1711 östlich des Beginenhauses bestehenden Bürgerhauses an der Brüderstraße abgetrennt (siehe dazu Brüderstraße 14 links).

1729 Wilhelm Albrecht (früher Christoph Westrup); 1743 ohne Nennung (Haus ohne Grundbesitz); 1750 Witwe Albrecht; 1755/66 Unteroffizier Hagemeyer, Haus für 30 Rthl; 1768 Füselier Adrian Fleisch hat das ruinierte Haus gekauft (KAM, Mi, C 380); 1781 Meister Günter, 50 Rthl; 1791/98 Schneider Günther; 1802/04 Günther, Haus für 50 Rthl, ohne Braurecht, hält kein Vieh; 1809/12 Joh. Günther; 1818 Sattler Hartel, 300 Thl; 1827 Sattler Hartel, Wohnhaus 550 Thl, Stallung 50 Thl; 1832 Witwe Hertel; um 1835 Bähr; 1846 Schuster Karl Schrader und ein Mieter; 1853 Händler Gieseking mit zwei Mietparteien; 1873/8 Bauschreiber Riehl; 1906 Korbmacher Friedrich Rehmert; 1916/19 Arbeiter Ferdinand Brandt; 1925 Kauf durch die Stadt Minden; 1955 Gustav Keihe.

Haus (bis 1943)

1768 wird berichtet, das durch den Krieg ruinierte Haus hätte nur noch auf Stützen gestanden und sei nun renoviert worden, wozu Baufreiheitsgelder beantragt wurden (KAM, Mi, C 380).

Zuletzt zweigeschossiges und giebelständiges Fachwerkhaus mit Satteldach über Drempelgeschoß. Das Innere mit mittlerem Flur. Nach diesen Befunden das Haus in der Mitte des 19. Jahrhunderts wesentlich erweitert oder neugebaut.

1915 Anbau nach Westen; 1924 Erweiterung der Werkstatt auf dem Hof. Das Haus am 29.12.1943 durch Bombentreffer zerstört (Bauakte in KAM, Mi, G V, Nr. 68).

Mehrfamilienhaus (von 1956)

Zweigeschossiger und traufenständiger Putzbau mit ausgebautem Satteldach, nach Plänen von A. Münstermann für die Fotografin Eva Kramer errichtet.

PÖTTCHERSTRASSE 8

1729 bis 1741 Martini-Kirchgeld Nr. 419; bis 1878 Haus-Nr. 611; bis 1908 Pöttcherstraße 6
Die kleine Hausstelle wohl zu nicht näher bekannter Zeit durch Abtrennung von dem großen bürgerlichen Anwesen Kampstraße 7/9 entstanden.

1729/43 Erben Johann Ludewieg Haveker; 1741 jetzt Monsignor Briest; 1750 Arend Meyer; 1755 Arend Meyer oder Havekers Erben, Haus für 100 Rthl; 1766 Leinewebermeister Fr. Kreckler, betreibt auch Landwirtschaft auf gepachtetem Land, Haus für 50 Rthl; 1778 Witwe Meier und ihre Tochter Kreckler; 1781 Witwe Kreckler; 1798 Unteroffizier Meyer; 1802/04 Untervogt Meyer, vermietet an Soldaten, Haus ohne Braurecht für 400 Rthl; 1808 Unteroffizier Fr. Meyer in Windheim, Wohnhaus und Hofraum; 1818 Untervogt Meyer, jetzt Friedrich Möller, Wohnhaus für 500 Thl; 1835/46 Kaufmann Christian Friedrich Arning und drei Mietparteien; 1853 Arning, vermietet an zwei Parteien, Haus ist sehr schlecht im Zustand; 1873/78 Bahnarbeiter Niemann; 1906/08 Schlossermeister Jacob Feien; 1919 Händlerin Witwe Marie Müller; 1925 Kauf durch die Stadt Minden; 1957 Großschlosserei Karl Schwarze (der Betrieb seit etwa 1908 auf dem Grundstück Pöttcherstraße 12 entstanden). Erweiterung durch Zukauf der Grundstücke Greisenbruchstraße 9–13, wo 1957 auch drei Mehrfamilienhäuser errichtet werden; 1969 Maschinenfabrik Schwarze & Sohn KG (der zuletzt die Grundstücke Pöttcherstraße 6–18 umfassende Betrieb wird im Zuge der Stadtsanierung 1972 in die Wittelsbacher Allee verlagert); 1973 Wohnhaus Minden GmbH.

Haus (bis 1778)

1778 das Haus mit zwei Stuben und zwei Kammern ist *abzubrechen, von neuem zu verbinden*. Es hat zwei eiserne Öfen. Kosten 174 Rthl (KAM, Mi, C 388).

Haus (1778–1943)

Das Haus am 29. 12. 1943 durch Bombentreffer zerstört.

Büro- und Wohngebäude (von 1957)

Als zweigeschossiges Büro- und Wohngebäude mit ausgebautem Satteldach für die Schlosserei Karl Schwarze nach Plänen von A. Münstermann errichtet. Der nur drei Achsen breite Bau 1963 durch Anbau Nr. 6 erweitert; 1973 Umbau der Büros zu Wohnungen.

Fabrikationsanlagen (1957–1972)

1957 Bau eines Lagers und einer Werkhalle (Plan: A. Münstermann); 1959 Erweiterung der Hofüberdachung; 1961 weitere Lager- und Werkhalle; 1969 Ausbau des Park- und Lagerplatzes; 1972 Abbruch der Wirtschaftsbauten für Neubau des Komplexes Pöttcherstraße 10/20.

PÖTTCHERSTRASSE 9 (Abb. 1285)

1729 bis 1741 Martini-Kirchgeld Nr. 424; bis 1878 Haus-Nr. 591; bis 1908 Pöttcherstraße 13
Die Hausstelle zu einem nicht näher bekannten Zeitpunkt (nach der Stadtansicht von Hollar wohl schon um 1634) vom Gelände des Beginenhauses (Brüderstraße 16) abgetrennt. Die Parzelle hatte bis 1807 noch eine größere Breite, doch wurde in diesem Jahr die neben dem Haus errichtete Scheune (Pöttcherstraße 11) wegen bestehender Schulden an den Nachbarn verkauft.

1729 Knüsing; 1738/43 Johann Ludewig Knüsing; 1750 Meister Spönemann; 1755 Friederich Spönemann, Haus für 150 Rthl; 1766 Tischlermeister Johann Friedrich Spöhnemann, betreibt auch Landwirtschaft auf eigenem Land; 1781/96 Tischler Spönemann; 1798 Tischler Döx, Wohnhaus und Scheune; 1802/04 Döx (wohnt Brüderstraße 27), Wohnhaus für 500 Rthl, Scheune 500 Rthl, hat kein Braurecht, hält kein Vieh, hat zwei hölzerne Handspritzen. Vermietet an Hohbein; 1807 das Haus des Tischler Döx muß wegen Schulden gegen Gebot versteigert werden (WMA); 1807 ist zusammen mit einem Garten vor dem Tor (allerdings ohne das Teilgrundstück Pöttcherstraße 11) für 600 Rthl verkauft an den Höcker Friedrich Wilhelm Hagemann (die Scheune an den Kriegsrat von Rappard, später Gebäude Haus-Nr. 592 b, Pöttcherstraße 11); 1818 Friedrich Hagemann, Wohnhaus 500 Thl; 1832 Witwe Hagemann; 1833 Tischlermeister Mischer, 500 Thl; 1836 Erhöhung auf 750 Thl; 1846/53 Schuster Heinrich Ludewig und vier bis fünf Mietparteien; 1873 Witwe Ludewig; 1878 Schulz; 1906 Tischler Hugo Schulz; 1919 Maschinenputzer Friedrich Emshoff.

Haus (bis 1943)

1807 hat das giebelständige Haus *zwei Stockwerke, 2 Stuben, 3 Kammern, 2 Küchen*, einen gewölbten Keller und beschossene Böden. Es wird zusammen mit dem Huderecht vor dem Königstor und der daneben stehenden, noch nicht fertigen Scheune (Pöttcherstraße11) auf 1090 Rthl taxiert. 1846 kommt es zu einem kleinen Brandschaden in der kleinen Küche in der zweiten Etage (KAM, Mi, E 697). Das Haus am 29. 3. 1943 durch Bombentreffer zerstört.

Mehrfamilienhaus (von 1955)

Zweigeschossiger und traufenständiger Putzbau mit ausgebautem Satteldach, nach Plänen von A. Münstermann für Lina Rahn errichtet.

PÖTTCHERSTRASSE 10

1729 bis 1741 Martini-Kirchgeld Nr. 420; bis 1878 Haus-Nr. 610; bis 1908 Pöttcherstraße 8

Kleinere, möglicherweise erst nach 1600 geschaffene Hausstelle, zur Straße auf der ganzen Breite überbaut und mit nördlich anschließendem Gartengelände. Die Hausstätte wohl durch die nach 1500 erfolgte Aufteilung von Gelände des Gutes *Grysebrock* (siehe Greisenbruchstraße) entstanden. An der östlichen Seite 1974 größere Mengen von Keramik des 16. Jahrhunderts gefunden (Westfalen 55, 1977, S. 278), demnach zu dieser Zeit auf dem Gelände eine Töpferei.

1729 Woesthoff; 1738/41 Moritz Wösthoff; 1743 Kleinschmied Mauritz Wöesthoff; 1746/50 Meister Wösthoff Junior; 1755 Meister Wosthoff, Haus für 100 Rthl; 1766/81 Schlossermeister Moritz Westhof, 100 Rthl; 1766 betreibt auch Landwirtschaft auf gepachtetem Land; 1791/98 Schuster Köhnemann; 1802 Köhnemann, 100 Rthl; 1804 Schuhmacher Haupt, vermietet an Fickert, Haus ohne Braurecht, hält kein Vieh; 1808 Schuster Konrad Haupt, Wohnhaus und Hofraum; 1809 Haupt, vermietet an Tribunalsekretär Eicholz; 1812 Haupt (wohnt Kampstraße 15); 1818 Schuster Conrad Haupt, Wohnhaus für 800 Thl; 1846 Tischler Louis Bauer mit sechs weiteren Mietparteien (insgesamt 21 Personen); 1853 Kaufmann Krüger, vermietet an fünf Parteien; 1873 Dienstmann Kastel; 1878 Hüner; 1906 Witwe Sophie Kölling; 1919 Händler Heinrich Brinkmann.

Wohnhaus (bis 1957)

1957 Abbruch für die Anlage der Fabrik Schwarze (siehe Pöttcherstraße 8).

Wohnhausanlage Pöttcherstraße 10/20 (von 1975/76)

Als sechsgeschossiger Terrassenhauskomplex mit 34 Wohnungen und verschiedenen Läden auf fünf ehemaligen Grundstücken nach Plänen des Architekten A. Münstermann durch die Wohnhaus Minden GmbH errichtet. Großflächige Anlage mit Flachdach ohne städtebaulichen Bezug zur umgebenden Bebauung der Altstadt, bei der über einer breiten, das Erdgeschoß abdeckenden Betonplatte die nach Süden orientierten und zwischen senkrechte Betonscheiben gespannten Wohnungen mit vorgelagerten Balkons in jedem Geschoß weiter zurückspringen. Die Brüstungszonen jeweils aus Waschbeton.

PÖTTCHERSTRASSE 11 (Abb. 1287)

1818 bis 1878 Haus-Nr. 592 b; bis 1908 Pöttcherstraße 15

Ursprünglich Teil des Geländes des südlich anschließenden Beginenhauses (siehe Brüderstraße 16) und dann bis 1807 Teil des Grundstücks Pöttcherstraße 9, auf dem in diesem Jahr eine schon unmittelbar danach im Besitz abgetrennte Scheune errichtet wird. Der Bau seit etwa 1840 als Wirtschaftsgebäude zum südlich anschließenden städtischen Krankenhaus Brüderstraße 16 gehörig.

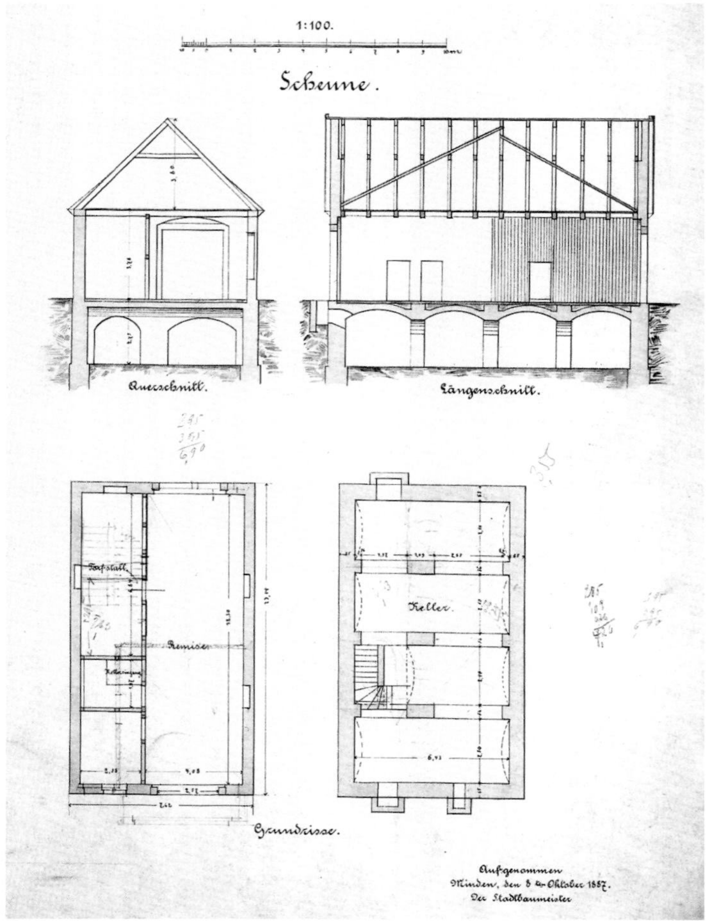

Abb. 1287 Pöttcherstraße 11, Scheune des Krankenhauses Brüderstraße 16, Bestandsplan 1887.

1808 Kriminalrat von Rappard; 1816 die Witwe des Kriminalrates von Rappard will ihre Scheune verkaufen (MIB 1816, S. 291); 1818 Eberhard Meyer, Scheune für 200 Thl; 1822 Höcker Georg Ast, Erhöhung auf 400 Thl; 1832 Georg Ast; 1846/53 nicht genannt; 1906 Stadtgemeinde Minden.

Scheune (1807–um 1860)

1807 ist das Gebäude noch im Bau, wobei die entstandenen Kosten den Tischler Döx offensichtlich überforderten und zur Zwangsversteigerung führten. In der Anzeige (WMA) ist von der zum Haus Pöttcherstraße 9 gehörenden, *noch nicht ganz fertigen Scheune* die Rede. Eingeschossiger und giebelständiger Fachwerkbau mit Satteldach.

Scheune (um 1860–1967)

Zu nicht näher bekannter Zeit wurde die Scheune als eingeschossiger und giebelständiger Backsteinbau mit recht flachem Satteldach erneuert (Akten dazu nicht aufgefunden). Der Bau mit Toren in beiden Giebeln, die die Durchfahrtsdiele auf der östlichen Seite erschließen. Westlich, durch eine Fachwerkwand getrennt, ein Seitenschiff mit drei Wirtschaftsräumen. Hier auch der Zugang zu dem unter dem ganzen Bau befindlichen Keller aus vier parallelen Tonnen auf Gurtbögen.

Der Bau 1967 zusammen mit dem Altersheim abgebrochen (Aufmaß des Stadtbaumeisters Schneider von 1887 in der Plansammlung KAM erhalten).

Abb. 1288 Pöttcherstraße 13, Ansicht von Nordwesten, um 1910.

PÖTTCHERSTRASSE 12

1729 bis 1741 Martini-Kirchgeld Nr. 421; bis 1808 Haus-Nr. 609; bis 1878 Haus-Nr. 609 a/b; bis 1908 Pöttcherstraße 10 und 12

Kleinere Hausstelle, zur Straße auf der ganzen Breite überbaut und mit nördlich anschließendem Gartengelände. Die Hausstätte wohl durch die nach 1500 erfolgte Aufteilung von Gelände des Gutes *Grysebrock* (siehe Greisenbruchstraße) entstanden. Das Grundstück seit 1975 Teil der großen Wohnanlage Pöttcherstraße 10/20 (siehe dort).

HAUS-NR. 609 b (bis 1908 Pöttcherstraße 10): 1808 die ehemalige Dovesche Scheune, nun Maurermeister Däumer (KAM, Mi, D 387); das Haus war bis 1818 frei; 1808/12 Maurermeister Andreas Daumer, Wohnhaus und Gemüsegarten; 1818 Maurer Meyer, Wohnhaus 600 Thl; 1830 Maurermeister Franz Philipp Däumer; 1846 Witwe Maurermeister Charlotte Meyer mit Sohn Julius Meyer; 1853 Böttcher Eilert mit zwei Mietparteien; 1873 Bahnschlosser Rößler; 1878 Poggenpohl; 1906 Schlossermeister Emil Poggenpohl; 1908 Schlossermeister Carl Schwarze; 1921 Schlossermeister Carl Schwartze verzieht in seinen Neubau Friedrichstraße 9, die Fabrik verbleibt am alten Standort (1950 erbaut der Betrieb für Magdalena Schwarze das Haus Roonstraße 9).

HAUS-NR. 609 a (bis 1908 Pöttcherstraße 12): 1738 Sandroks Haus (jetzt Witwe Christian Gräver); 1743 ohne Eintrag (Haus ohne Grundbesitz); 1750 Erben Gräver; 1755 Gräbers Haus, 60 Rthl; 1756 Erben Gräver; 1766 Köppe, 60 Rthl; 1781 Soldat Gordes, 50 Rthl; 1791 vermietet an Soldat Büttner; 1798 Schneider Jordes; 1802/04 Schneider Jordes, Haus für 200 Rthl; 1804 Borhard; 1805 Schneider Johann Wolfangel, Wohnhaus ohne Hofraum; 1818/35 Schneider Wolffangell, Wohnhaus für 200 Thl; 1846 Schneider Johannes Wolfangel und zwei weitere Mietparteien; 1852 Verkauf von Schneider Wolfangel an Karl Strube; 1853 Maurer Strube und zwei Mietparteien; 1873 Bahnarbeiter Böke; 1878 Luft.

Haus (1808–1957)

Der Teil Haus-Nr. 609 b wurde 1808 durch den Maurermeister Däumer neu erbaut (KAM, Mi, C 371,14 alt und D 388). 1957 für den Aufbau der Fabrikanlage Schwarze abgebrochen (siehe Pöttcherstraße 8).

PÖTTCHERSTRASSE 13 (Abb. 1288)

1729 bis 1741 Martini-Kirchgeld Nr. 425; bis 1818 Haus-Nr. 592; bis 1878 Haus-Nr. 592 a; bis 1908 Pöttcherstraße 17

Die Hausstelle zu einem nicht näher bekannten Zeitpunkt (nach der Stadtansicht von Hollar wohl schon um 1634) von dem Gelände des Beginenhauses (Brüderstraße 16) abgetrennt.

1729 Westerroth; 1743 Witwe Westerot; 1750 Westeroth; 1755 Meister Johann Henrich Westerroth, Haus für 50 Rthl; 1766 Kupferschmied Henrich Westeroth, betreibt auch Landwirtschaft auf überwiegend eigenem Land; 1781 Meister Güse; 1796 Kupferschmied Güse; 1801/02 Johann Henrich Zelle, Wohnhaus 100 Rthl, Scheune 50 Rthl; 1804 Zinngießermeister Hermann Begemann, Haus ohne Braurecht, hält 1 Jungvieh; 1816 soll das ehemals Begemannsche Haus verkauft werden (MIB 1816); 1818 Tagelöhner Curriam, Haus für 800 Thl; um 1830 Tischlermeister Ludwig Henschel; 1846 Tischler Ludwig Henschel und Mieter Zinngießermeister Martin Maranca (zu seiner Geschichte siehe WALZ 1998, S. 238 f.); 1851/53 Tischler Henschel und als Mieter Lederhändler von Grappendorf (eine Stube als Werkstatt eingerichtet); 1873/78 Bahnschlosser Bentlage; 1906 Schlosser Heinrich Bentlage; 1919 Geschwister Bentlage.

Wohnhaus (bis 1967)

Zweigeschossiges und verputztes Giebelhaus von Fachwerk mit recht flachem Satteldach. Die Fassade im Erdgeschoß fünfachsig gegliedert mit mittlerer Haustür und anschließendem Mittelflur.

PÖTTCHERSTRASSE 14

1729 bis 1741 Martini-Kirchgeld Nr. 422; bis 1878 Haus-Nr. 608

Kleinere Hausstelle, zur Straße auf der ganzen Breite überbaut und mit nördlich anschließendem Gartengelände. Die Hausstätte wohl durch nach 1500 erfolgte Aufteilung von Gelände des Gutes *Grysebrock* (siehe Greisenbruchstraße) entstanden. Das Grundstück seit 1975 Teil der großen Wohnanlage Pöttcherstraße 10/20 (siehe dort).

1729 Johann Cord Müller; 1743 Haus des *Johann Cordt Müller am Haller Thore*; 1750 Conrad Möller; 1755 Johann Möller, Wohnhaus für 70 Rthl; um 1760 Friedrich Mathias Pohlmann; 1766 Meister Kessler, 70 Rthl; 1781/91 Meister Möller, 75 Rthl; 1798 Leinweber Johann Wilhelm Müller; 1802 Meister Möller; 1804 Witwe Müller und Mietpartei, Haus ohne Braurecht, 100 Rthl, hält 1 Jungvieh und 1 Schwein; 1806 Leineweber Diederich Busch, Wohnhaus und Hofraum für 600 Rthl; 1809 Leinweber Busch, vermietet an Witwe Möller; 1814 fällt das Haus bei der Erbteilung an Witwe Eickhoff (KAM, Mi, E 957); 1818 Leinweber Busch, Wohnhaus 1 000 Thl; 1832/35 Witwe Busch, 1 000 Thl; 1846 Versteigerung des Besitzes von Georg Friedrich Busch; 1846/51 Tischler Ferdinand Petersen und sechs Mietparteien (insgesamt 21 Personen); 1853 Buchdrucker Fickert (die Firma wurde 1839 als dritte Druckerei in Minden konzessioniert. Siehe VON SCHROEDER 1966, S. 48 f.) und eine Mietpartei (insgesamt 20 Personen im Haus); 1862/1885 Buchdrucker J. Reinshagen; 1888/1906 Buchdruckerei Max Brand (wohnt seit 1899 in dem durch ihn erbauten großen Mietshaus Stiftstraße 12); 1919 Maschinenschlosser Karl Schwarze.

Haus (um 1815–1943)

Schmales zweigeschossiges Giebelhaus. Der Bau am 29. 3. 1943 durch Bombentreffer zerstört.

Abb. 1289 Pöttcherstraße 16 und 18 (links), Ansicht von Südosten, um 1960.

PÖTTCHERSTRASSE 15 (Abb. 1284)

1729 bis 1741 Martini-Kirchgeld Nr. 430; bis 1878 Haus-Nr. 593; bis 1908 Pöttcherstraße 19
Die Hausstelle in der zweiten Hälfte des 19. Jahrhunderts mit einem Nebengebäude von Pöttcherstraße 17 bebaut.

1873 Kraatz; 1878 Ahlert; 1906/1919 Klempner Hermann Stell (wohnt Pöttcherstraße 17).

Haus (1853–1966)

1853 ist ein Nebengebäude von Pöttcherstraße 17 im Bau (KAM, Mi, C 122). Eingeschossiges, verputztes Giebelhaus aus Fachwerk, zunächst wohl als Werkstatt erbaut, aber bald einschließlich des Daches zu drei Wohnungen ausgebaut. Das Haus wurde 1966 durch die Stadt Minden wegen großer Baufälligkeit abgebrochen.

PÖTTCHERSTRASSE 16 (Abb. 1289)

bis 1818 ohne Nummer; bis 1878 Haus-Nr. 607 b
Das Grundstück ehemals Hofplatz des Hauses Greisenbruchstraße 15 und wohl durch die nach 1500 erfolgte Aufteilung von Gelände des Gutes *Grysebrock* (siehe Greisenbruchstraße) entstanden. Seit 1975 Teil der großen Wohnanlage Pöttcherstraße 10/20 (siehe dort).

1783 Fuhrmann Meyer; 1798 Kammersekretär Bessel, Gebäude ist frei; 1805 Tagelöhner Wilhelm Kreienbrock, freies Wohnhaus und Stallung; 1809/12 Tagelöhner Wilhelm Kreybrinck, Wohnhaus mit Stallung; 1818 Witwe Kreienbrock, Wohnhaus für 400 Rthl; 1832/35 Fuhrmann Gottlieb Vauth; 1846 Instrumentenmacher Wilhelm Schlichthaber; 1853 Instrumentenfabrikant Schlichthaber und eine Mieterin; 1873/78 Tischler Preuß; 1892/1906 Tischlermeister Karl Preuß (wohnt Fischerallee 5).

Haus (1781–um 1968)

1781 wird berichtet, der Fuhrmann Meyer (siehe Greisenbruchstraße 15) hat ein Haus *neu und auf einer freyen, aber wüsten Stelle aufgebauet. Hat 503 Rthl gekostet* (KAM, Mi, C 156,12 alt).

1783 wird dazu festgestellt, daß der Bau auf dem rückwärtigen Hofplatz von Greisenbruchstraße 15 mit Schulden errichtet und fertiggestellt sei (KAM, Mi, C 874). Er ist *zwey Etagen hoch, 22 Fuß breit, 21 Fuß tief, darinn 2 Stuben, 3 Kammern, 2 Küchen und einen gebalkten Keller*. Die Konstruktion ist von sechs Gebinden, wobei der Zimmermann je Gebinde 15 Rthl erhält. Es werden zwei neue Öfen zu je 10 Rthl geliefert. Die Gesamtkosten belaufen sich auf 503 Rthl (KAM, Mi, C 388). Das zweigeschossige und traufenständige Fachwerkhaus mit Satteldach erhielt eine fünfachsige Front mit mittlerer Haustür. Das Innere mit mittlerem Flur, an den sich beidseitig jeweils eine vordere Stube und eine rückwärtige Küche anschließen. In Obergeschoß jeweils weitere Kammer.

Das Haus um 1860 nach Osten um vier Gefache (und drei Fensterachsen) verlängert und die Fassade mit Schiefer beschlagen. Das Gerüst hier mit Schwelle-Rähm-Streben und einer Riegelkette pro Stockwerk. Der Bau zudem mit einem neuen Satteldach über niedrigem Drempel versehen. In der Mitte des 19. Jahrhunderts zudem rückwärtig massive Erweiterung für Fabrikation. Um 1968 Abbruch für Erweiterung des Betriebes Schwarze (siehe Pöttcherstraße 8).

PÖTTCHERSTRASSE 17 (Abb. 1284)

bis 1878 Haus-Nr. 593 a; bis 1908 Pöttcherstraße 21

Die größere Hausstelle wurde zu einem nicht näher bekannten Zeitpunkt (nach der Stadtansicht von Hollar wohl schon um 1634) von dem Gelände des Beginenhauses (Brüderstraße 16) abgetrennt. Sie war breiter als die der Nachbarhäuser, wobei 1853 auf der östlich anschließenden Fläche das Nebengebäude Pöttcherstraße 15 entstand. Seit 1997 mit dem Komplex Pöttcherstraße 27 überbaut.

1711 wird das Haus der Witwe Kriete an Tomas Bradenkamp verkauft (KAM, Mi, B 147,6 alt); 1729/43 Johann Arend Berchert; 1750 Brankamps Haus; 1755 Witwe Braenkamp, Haus für 30 Rthl; 1766 Witwe Bradenkamp, 30 Rthl; 1781 Witwe Rosenkranz, 50 Rthl; 1791 Rosenkrantz und Soldat Sechstedt; 1798 Kupferschmied Güse (besitzt auch Pöttcherstraße 13); 1802 Güsens zweites Haus, 50 Rthl; 1804 Schuster Elias Gnatz, Haus ohne Braurecht, hält 1 Jungvieh und zwei Schweine; 1806/18 Schuster Gnatz, Haus für 400 Rthl; 1832 Schuster Knatz; 1846 Schuster Elias Knatz und Mieter Schuster Karl Berg; 1851 Verkauf von Schuhmacher Knatz an Tischler Friedrich Kratz; 1853 Zigarrenkistenfabrikant Kratz; 1873 Witwe Kraatz und als Mieter Gymnasiallehrer Dr. Völker und Gymnasiallehrer Müller; 1878 Ahlert; 1906 Klempner Hermann Stell (wohnt Haus Nr. 17); 1966 Marie Stell.

Haus (um 1804–1989)

Der Bau wurde den Proportionen nach um 1800 errichtet (siehe auch die Erhöhung der Versicherung nach Besitzwechsel des Grundstücks um 1804 durch den Schuster Gnatz). Zweigeschossiger und traufenständiger Fachwerkbau mit Satteldach. In der Ansicht fünfachsig gegliedert, mit recht breiter mittlerer Haustür und mit Schiefer beschlagen. Vor beiden Seitengiebeln unter dem First Schornsteine. 1956 Anbau eines Balkons an den Rückgiebel; 1966 Verputz des Hauses; 1989 Abbruch durch die Stadt Minden.

PÖTTCHERSTRASSE 18 (Abb. 1289, 1290)

1729 bis 1741 Martini-Kirchgeld Nr. 426; bis 1818 Haus-Nr. 607; bis 1878 Haus-Nr. 607 a

Kleinere Hausstelle mit nördlich anschließendem Garten, zunächst möglicherweise im Zusammenhang mit Greisenbruchstraße 17 (als Scheune ?). Die Hausstätte wohl durch die nach 1500 erfolgte Aufteilung des Gutes *Grysebrock* (siehe Greisenbruchstraße) entstanden. Das Grundstück seit 1975 Teil der großen Wohnanlage Pöttcherstraße 10/20 (siehe dort).

1510 wurde von Johann Goßwein Grellen eine Obligation über 20 gfl auf sein Haus in der Friesenstraße beim Nikolai-Hospital aufgenommen. Als spätere Eigentümer sind genannt: 1710 Heinrich Hüsers Wittibe, 1715 Heinrich Hüsern, 1738 Johan Heinrich Berger (?), 1751/59 Albert Hohlt, 1767 Stadt Secr. Riebeck, zahlt einen Teil der aufgelaufenen Schulden (KAM, Mi B 103 b,2 alt; C 203,22 alt; C 604).

1738 Gabriel Buschs Haus; 1743 ohne Eintrag (Haus ohne Grundbesitz); 1750/55 N. Hohlt, Haus für 100 Rthl; 1766 Flemming, 100 Rthl; 1781/98 Maler Flemming, 100 Rthl; 1802/04 Flemming, und als Mieter Schneider Brey, Haus ohne Braurecht, (der Mieter hält 1 Jungvieh); 1805 Maler Heinrich Flemming, Wohnhaus und Hofplatz, 100 Rthl; 1809 Flemming, vermietet an Schneider Brey, eingeschossiges Wohnhaus in sehr schlechtem Zustand; 1812 Friedrich Wilhelm Brey; 1818 Schneider Brey, Wohnhaus 1 000 Thl; 1827/32 Kanzlist Mund, Haus für 1 250 Thl, Stall 50 Thl; 1833 Regierungssekretär Mund; 1846 Hauptzollamtsassistent August von Bankel; 1852 Verkauf durch den Eisenbahnbeamten Carl Belgard an Schieferdecker Nicolaus Schranz, vermietet an zwei Parteien; 1873 Witwe Schlichthaber; 1878 Sonnemann; 1893/1909 Händler Franz Brock; 1919 Gemüsehändlerin Witwe Wilhelmine Brock.

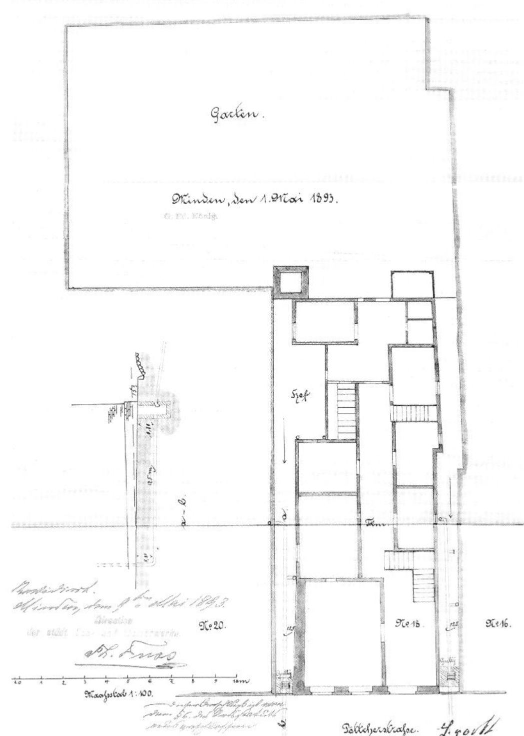

Abb. 1290 Pöttcherstraße 18, Grundriß der Parzelle aus der Entwässerungsakte von 1893.

Wohnhaus (bis um 1968)

Giebelständiges Fachwerkhaus mit Satteldach. Nach dem Entwässerungsplan mit großer Stube links der Tür, rechts davon schmalerer Dielenflur. Rückwärtig beidseitig des Flures schmalere Einbauten. Das Haus rückwärtig mit verschiedenen Anbauten.

1767 wird berichtet, daß der Maler Flemming das im Siebenjährigen Krieg ruinierte Haus gekauft und wieder in Stand gesetzt habe, wobei er sich verschuldete. *In der Exerzierzeit haben die Soldaten auf den Bohden gelegen, so aber jederzeit gefährlich, nun bae selbigen angestrengt, eine Soldaten Cammer zu erbauen.* Hierzu werden etwa 25 Rthl Zuschüsse zur Beschaffung des nötigen Baumaterials beantragt (KAM, Mi, C 380).

Das Haus wurde wohl zwischen 1805 und 1818 neugebaut oder zumindest stark erneuert. Dabei könnte die Vorderfront massiv ersetzt und die Stube verbreitert worden sein. Seitdem der Vordergiebel dreiachsig mit schlichter Putzgliederung und großer rechteckiger Haustür; diese mit sandsteinernem Gewände. 1822 wird ein Umbau vorgenommen, wobei ein Teil zur Scheune gemacht wird (KAM, Mi, E 955).

1893 Entwässerung; 1909 Kanalisation; um 1968 für die Erweiterung des Betriebes Schwarze (Pöttcherstraße 8) abgebrochen.

PÖTTCHERSTRASSE 19/21 (Abb. 1284)

bis 1878 Haus-Nr. 594 und 595; bis 1908 Pöttcherstraße 23 und 25

Die kleine Hausstätte zu nicht näher bekannter Zeit, wohl im 16. Jahrhundert auf dem großen Gelände des Hofes der Kommende Wietersheim an der Brüderstraße 18 entstanden, aber zunächst von dieser nur vermietet. Das Haus nach Verkauf des ganzen Geländes an die städtische Hospitalverwaltung 1722 wohl von dieser durch Trennung unter dem First zu drei, später zwei Wohnungen eingerichtet, die schon bald an zwei verschiedene Eigentümer gelangten. Seit 1997 mit dem Komplex Pöttcherstraße 27 überbaut.

1698/1711 eines der *Commentorei-Häuser*, die vermietet waren an Friedrich Nulle (1711 Sergant Nülle), Witwe Nobbe und Henrich Gake (die Häuser sind frei vom Giebelschatz); 1723 sind Mieter der Häuser: Johann Schreiner, Witwe Heinrich Seeger und Leutnant Nulle. In diesem Jahr beschrieben als *drei baufällige Häuserchens* [...] *wie auch einen Garten hinter solchen Häuserchens.* Eines der Häuser war zuvor noch von einer Mieterin auf eigene Kosten für über 30 Rthl repariert worden (KAM, Mi, B 103 e,19 alt)

PÖTTCHERSTRASSE 19 (1729 bis 1741 Martini-Kirchgeld Nr. 428; bis 1878 Haus-Nr. 594; bis 1908 Pöttcherstraße 23): 1729/41 Julius Drake; 1743 Mieter ist Kaspar Graver; 1750 Josiars Drake; 1755/66 Jusias Drake, Haus für 50 Rthl; 1781/91 Schustermeister Schwartze; 1798 Schneider Müller; 1802/04 Ester, Haus für 400 Rthl, ohne Braurecht, hält zwei Schweine; 1806 Schneider Wilhelm Ester; 1809 Haus mit dem benachbarten Haus unter einem Dach; 1818 Schneider Wilhelm Ester, Wohnhaus für 400 Thl; 1832 Ester; 1846 Tischler Johann Ruschmeier mit drei Mietparteien; 1853 Ruschmeier mit zwei Mietern; 1873/78 Kistenmacher Ruschmeier; 1906 Fabrikarbeiter August Bünte; 1971 Philipp Bünte.

PÖTTCHERSTRASSE 21 (1729 bis 1741 Martini-Kirchgeld Nr. 427; bis 1878 Haus-Nr. 595; bis 1908 Pöttcherstraße 25): 1676 besteht auf dem Haus von Jacob Körves (?) eine Obligation des Heilig-Geist-Hospitals; 1715 Leggemeister Johan Schekel; später wird gezahlt *von dem Haus in der Fresenstraße jetzo Anthon Eickhoff ein Leineweber*; 1760 Leineweber Anthon Eickhoff (KAM, B 103 c,9 alt; C 217,22a alt; C 604). 1729 Jacob Köritz; 1738/41 Anton Eckhoff (früher Johann Schakel); 1743 nicht genannt (Haus ohne Grundbesitz); 1750 Wilhelm Eickhoff; 1755 Meister Eickhoff, Haus für 70 Rthl; 1766/96 Meister Friedrich Wilhelm Eickhoff, 50 Rthl; 1798 Leineweber Eickhoff; 1802/04 Eickhoff, Haus für 50 Rthl, ohne Braurecht, hält zwei Schweine; 1812 Wilhelm Eickhoff; 1818/32 Witwe Eickhoff, Wohnhaus für 300 Thl; 1846/53 Witwe Henriette Westerhold mit mehreren Mietern; 1873 Witwe Gießelmann; 1878 Höber; 1906 Arbeiter Friedrich Rohlfing; 1908 Heinrich Althoff.

Dielenhaus (16./17. Jahrhundert–1971)

Im Kern ein giebelständiges Dielenhaus mit Satteldach, zu nicht näher bekannter Zeit (wohl um 1722) unter dem First in zwei Hausstellen unterteilt. In der linken Hälfte noch 1893 die hohe Diele erhalten und von dieser vorn in der Ecke eine kleine Stube mit Zwischengeschoß darüber vorhanden. Ein weiterer Raum in der rückwärtigen Hausecke.

1893 Entwässerung; 1913 Kanalisation; 1971 abgebrochen.

PÖTTCHERSTRASSE 20 (Abb. 1291)

1729 bis 1741 Martini-Kirchgeld Nr. 431; bis 1878 Haus-Nr. 606

Kleinere Hausstelle mit nördlich anschließendem Garten, in diesem Zuschnitt möglicherweise erst nach 1600. Die Hausstätte wohl durch die nach 1500 erfolgte Aufteilung von Gelände des Gutes *Grysebrock* (siehe Greisenbruchstraße) entstanden. An der westlichen Seite 1974 größere Mengen von Keramik des früheren 17. Jahrhunderts gefunden (Westfalen 55, 1977, S. 278), demnach zu dieser Zeit auf dem Gelände eine Töpferei. Das Grundstück seit 1975 Teil der großen Wohnanlage Pöttcherstraße 10/20 (siehe dort).

1729/41 Hermann Schramme; 1743/50 Witwe Schramme; 1755 Schrammens Haus, 80 Rthl; 1766 Friedrich Heyneberg; 1770 Gerd Heyneberg, Haus ist wüst, fehlt das Vermögen zum Aufbau; 1781 Friedrich Heineberg (wohnt Wolfskuhle 4), Haus als Scheune genutzt, 75 Rthl; 1791 Heineberg, Haus ist unbewohnt und wird als Scheune genutzt; 1798 Fuhrmann Heineberg, Haus *ist gefährlich baufällig*; 1802 Heineberg, Gebäude für 75 Rthl; 1804 Heinberg, vermietet an drei Parteien, halten 1 Jungvieh und 1 Schwein; 1805 Heineberg, Wohnhaus für 600 Rthl; 1806 Fuhrmann Carl Heineberg, Wohnhaus und Gemüsegarten; 1809 Witwe Heinebergs Haus, in gutem Bauzustand, als Mieter zwei Parteien; 1812 Co. Fuhrmann Heineberg (wohnt Wolfskuhle 4); 1818 Witwe Bövers, Wohnhaus 600 Thl; um 1830 Hünchen;

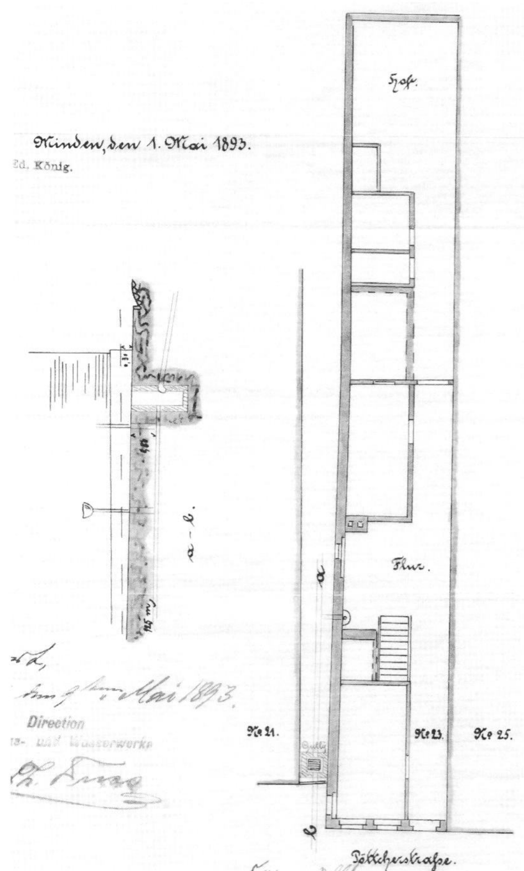

Abb. 1291 Pöttcherstraße 20, Grundriß der Parzelle aus der Entwässerungsakte von 1893.

Abb. 1292 Pöttcherstraße 24 (rechts), 26 und 28, Ansicht von Südosten, 1973.

1832/35 Mundt; 1846/51 Tischler Friedrich Kraatz mit Familie, Gesellen und Lehrlingen; 1852 Umschreibung von Maurermeister Lax (früher Mund) auf Tischlermeister Ferdinand Petersen (Verkauf durch Schlossermeister Fr. Kraatz); 1853 Zigarrenkistenfabrikant Kraatz; 1873/78 Tischler Regul; 1893 Heinrich Jacobs; 1906/12 Müller Hermann Bölling (wohnt bei Stemmer); 1919 Bote Heinrich Althaus; 1971 Erbengemeinschaft Althaus.

Haus (bis 1802)

Das Haus wurde seit 1763 nur noch als Scheune genutzt und galt dann als sehr baufällig. 1792 wird berichtet, es sei *seit länger denn 10 Jahre in den baufälligsten Umstande* gewesen (KAM, Mi, C 125).

Haus (1802–1973)

1802 neu gebaut (KAM, Mi, C 142 und 879). Eingeschossiges und giebelständiges Fachwerkhaus mit Satteldach. Die Front verputzt und fünfachsig gegliedert. Im Inneren Mittelflur, an den sich links eine Folge von vier Räumen, rechts von zwei Räumen, gewendelter Treppe zum Dachboden und weiterem Raum anschließt. Rückwärtig kleiner Anbau mit weiterem Wohnraum.

1893 Entwässerung; 1912 Kanalisation; 1973 Abbruch durch die Wohnhaus Minden GmbH.

PÖTTCHERSTRASSE 22/24 (Abb. 1292, 1293)

1729 bis 1741 Martini-Kirchgeld Nr. 432 und 434; bis 1766 die Häuser Nr. 604 und 605; bis 1878 Haus-Nr. 604/5

Die Hausstätte wohl durch die nach 1500 erfolgte Aufteilung von Gelände des Gutes *Grysebrock* (siehe Greisenbruchstraße) entstanden. Unter den heutigen Nummern zwei kleinere, etwa gleich große Hausstellen mit nördlich anschließendem Gartengelände, die – zwischen etwa 1760 und 1880 in gemeinsamen Besitz – stets unterschiedlich genutzt und baulich selbständig blieben und danach neu aufgeteilt wurden, wobei man die östliche Stelle verkleinerte.

PÖTTCHERSTRASSE 22 (Haus-Nr. 604; 1729 bis 1741 Martini-Kirchgeld Nr. 434): 1729/41 Caspar Meyer (früher Johann Henrich Stolte); 1743 ohne Eintrag (Haus ohne Grundbesitz); 1750/55 Meister Ernst, Haus für 100 Rthl.

1893/1906 Kanzleigehilfe Wilhelm Genrich; 1908 Witwe Genrich; 1919 Polizeiwachtmeister Wilhelm Später.

PÖTTCHERSTRASSE 24 (Haus-Nr. 605; 1729 bis 1741 Martini-Kirchgeld Nr. 432): 1690 Cord Wimmer; 1705/07 erhält Cord Wimmer Freiheit vom Giebelschatz wegen Reparatur des Hauses (KAM, Mi, B 67,2 alt); 1729/41 Cord Wimmer; 1743 ohne Eintrag (Haus ohne Grundbesitz); 1750 Wimmer; 1755 Christian Wimmers Haus, 250 Rthl.

1893 Möhle; 1898 Lokheizer Heinrich Möhle (erbaut in diesem Jahr das Haus Hahler Straße 76); 1906 Tischler Friedrich Sempf; 1913/42 Malermeister Paul Schwarz; 1982 Verkauf von Stadt Minden an Frisör Vogeler.

PÖTTCHERSTRASSE 22/24 (Haus-Nr. 604/605): 1766 Acciseinspektor Wehking, Haus für 250 Rthl; 1791 Unteroffizier Metzinger (das Haus-Nr. 605 steht leer); 1798 Kaufmann Jordan (ein Haus ist halb massiv); 1802/04 Kaufmann Jordan, Haus ohne Braurecht, hält 1 Jungvieh; 1805/12 Kaufmann Fr. Jordan, zwei Wohnhäuser unter einem Dach in gutem Zustand und Gemüsegarten; 1818 Sieveking, Wohnhaus 1 000 Thl; 1832 Höker Konrad Siebeking; 1846 Schankwirt Friedrich Tramp und als Mieter Witwe Christine Sieveking; 1853 Schankwirt Trampe und Witwe Sieking; 1856 Scherzer; 1873 Witwe Rödemeister; 1878 Laut.

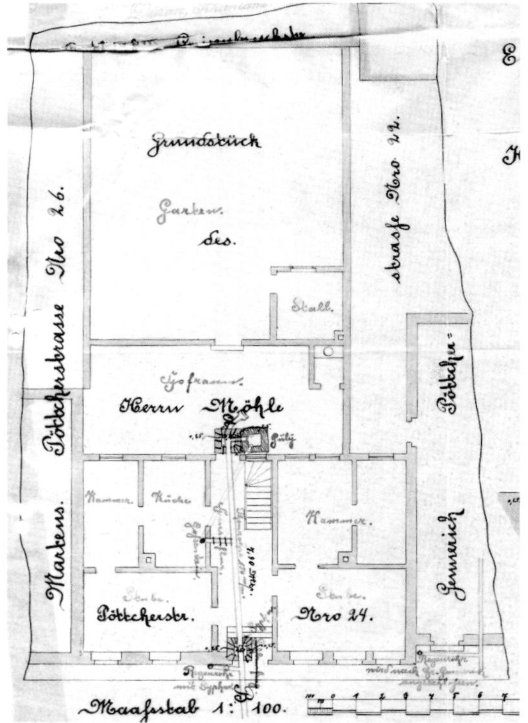

Abb. 1293 Pöttcherstraße 24, Grundriß aus der Entwässerungsakte von 1893.

Wohnhaus (um 1880), Pöttcherstraße 22

Zweigeschossiger, giebelständiger Putzbau über Kellersockel und mit flachgeneigtem Satteldach über ausgebautem Drempelgeschoß (Bauakten nicht aufgefunden). Der Vordergiebel dreiachsig gegliedert mit Tür in der westlichen Achse.

Das Innere wohl als Zweifamilienhaus eingerichtet und mit seitlichem Längsflur, in den das Treppenhaus eingestellt ist, begleitet von vorderer Stube, Kammer und rückwärtigem, weiterem Wohnraum. Küche rückwärtig vom Flur abgetrennt. 1893 Entwässerung; 1909 Kanalisation.

Am nördlichen Ende des Grundstücks ein später ebenfalls zu Wohnzwecken eingerichtetes kleines Hinterhaus auf nahezu quadratischem Grundriß. Eingeschossiger und giebelständiger Fachwerkbau mit flachem Satteldach; die Westwand später massiv ersetzt.

Wohnhaus Pöttcherstraße 24 (bis 18. Jahrhundert)

1690 werden Cord Wimmer wegen Reparatur seines Hauses für drei Jahre Freiheiten vom Giebelschatz und Einquartierung gewährt (KAM, Mi, B 353). Das Haus wurde um 1705 wesentlich verbessert und repariert.

Wohnhaus Pöttcherstraße 24 (18. Jahrhundert–1984)

Im Kern wohl ein größerer und traufenständiger Fachwerkbau aus dem späteren 18. Jahrhundert, der zwei nebeneinander liegende Wohnungen aufnahm. Das östliche Drittel um 1880 für den Neubau des Hauses Nr. 22 abgebrochen. Der Restbau zunächst wohl mit siebenachsiger Front, in der zweiten Hälfte des 19. Jahrhunderts auch diese verändert, als eine hier weit vorstehende und übergiebelte, zweigeschossige Utlucht vor der zweiten und dritten Achse von West abgebrochen wurde. Das Innere mit breitem, mittlerem Flur, in den rückwärts die gewendelte Treppe zum Obergeschoß eingestellt ist. Seitlich jeweils nach vorne große Stube, nach hinten nebeneinander Kammer und Küche.

1856 wird eine Kegelstube und Kegelbahn neu versichert. 1893 Entwässerung; 1913 Kanalisation; 1942 Einbau eines Luftschutzkellers unter zwei Wohnräumen; 1984 weitgehender Neubau.

Wohnhaus (von 1984)

Zweigeschossiger und siebenachsiger, traufenständiger Putzbau mit ausgebautem Satteldach und zweigeschossigem, übergiebeltem Erker über der mittleren Haustür.

PÖTTCHERSTRASSE 23/25 (Abb. 1284)

bis 1878 Haus-Nr. 596 und 597; bis 1908 Pöttcherstraße 27 und 29

Die kleine Hausstätte wohl im 16. Jahrhundert auf dem großen Gelände des Hofes der Kommende Wietersheim an der Brüderstraße 18 entstanden, aber zunächst von dieser nur vermietet. Das Haus nach Verkauf des ganzen Geländes an die städtische Hospitalverwaltung 1722 wohl von dieser durch Trennung unter dem First zu zwei Wohnungen eingerichtet, die schon bald an zwei verschiedene Eigentümer gelangten. Seit 1997 mit dem Komplex Pöttcherstraße 27 überbaut.

Zur Geschichte vor 1723 siehe Pöttcherstraße 19/21.

PÖTTCHERSTRASSE 23 (1729 bis 1741 Martini-Kirchgeld Nr. 429; bis 1878 Haus-Nr. 596; bis 1908 Pöttcherstraße 27): 1729/41 Erben Bradenkamp; 1743 Jürgen Braenkamp; 1750 N. Heusing; 1755/66 Meister Heusing, Haus für 30 Rthl; 1776 Johann Henrich Heise; vor 1781 Verkauf für 70 Rthl an Meister Joh. Nic. Witzleben; 1781 Haus zu 25 Rthl versichert; 1791 Witwe Witzleben; 1792 das Witzlebische Haus wird auf Rats-Beschluß hin mit Hofplatz und dort befindlichem Schweinestall versteigert (WMA 20, 1792); 1798 W. Jochmus; 1802/04 Tagelöhner Steuber, Haus ohne Braurecht, hält 1 Schwein; 1809 Tagelöhner Stoibers Haus; 1818 Johann Friedrich Berg, Wohnhaus 200 Thl; 1830/53 Friedrich Rietz, kleines und schlechtes Haus (1831/1835 wohnten hier als Mieter die Besitzer der Beisenhirtzschen Apotheke (später Marienapotheke); 1873 Tischler Lamberty; 1878 Kastell; 1906 Witwe Lina Kastell.

PÖTTCHERSTRASSE 25 (1729 bis 1741 Martini-Kirchgeld Nr. 433; bis 1878 Haus-Nr. 597; bis 1908 Pöttcherstraße 29): 1729/41 Gabriel Köschner (früher Karsten Ebeling); 1743 ohne Eintrag (Haus ohne Grundbesitz); 1750 Gabriel Körsner; 1755 Witwe Körsener, Haus für 30 Rthl; 1756 Michael Renne; 1766 Meister Puppe; 1781 Witwe Puppe, Haus für 25 Rthl; 1791 Wilkening; 1798 Armenvogt Wilkening; 1802/04 Wilkening, Haus ohne Braurecht für 25 Rthl, hält 1 Schwein; 1805 Kirchendiener Friedrich Wilkening, Wohnhaus und Hofraum; 1809 Witwe Wilkening Senior; 1812 Kirchendiener Wilkening; 1818 Clamor, Wohnhaus für 300 Thl; 1832 Tagelöhner Clamor, 300 Thl; 1846 Tagelöhner Friedrich Clamor mit Familie und Mietpartei; 1853 Fabrikmeister Tiemann und als Mieter Maurer Guttes; 1873 Maler Tiemann; 1878 Müller; 1906 Austräger Georg Müller; 1908 Niewöhner.

Dielenhaus (16. Jahrhundert ?–18. Jahrhundert)

Giebelständiger Fachwerkbau, nachträglich (um 1722 ?) in zwei unterschiedliche Hausstellen unterteilt.

Doppelwohnhaus (18. Jahrhundert–1971)

Eingeschossiger und traufenständiger Fachwerkbau unter steilem Satteldach mit zwei Wohnungen nebeneinander. 1830 kleiner Brandschaden in dem Haus, schon bald gelöscht (KAM, Mi, E 128). Um 1971 abgebrochen (Luftaufnahme von etwa 1905 bei Grätz 1997, S. 223).

PÖTTCHERSTRASSE 26 (Abb. 1292)

1729 bis 1741 Martini-Kirchgeld Nr. 435; bis 1878 Haus-Nr. 603

Kleine, auf der ganzen Breite überbaute Hausstelle.

1624 wurde von Johann Weebern auf sein Haus eine Obligation beim Nikolai-Hospital aufgenommen, die später mit 10 Thl verrechnet wurde. Als spätere Eigentümer werden genannt: 1710/15 Johann Moritz Schreve (der 1713 eine weitere Obligation über 44 Thl aufnahm); 1738 Moritz Schreve, 1751/59 Andreas Lohrman (KAM, Mi B 103 b,2 alt; C 203,22 alt; C 604).

1729/41 Moritz Schrewe; 1743 ohne Eintrag (Haus ohne Grundbesitz); 1750/55 Lohrmann, Haus für 50 Rthl; 1758 Joh. Andreas Lohrmann; 1766 Soldat Walpke, Haus für 50 Rthl; 1781 Soldat Hencke, 50 Rthl; 1791 Invalide Hencke; 1798/1804 Nagelschmied Weber, Haus ohne Braurecht für 50 Rthl, hält 1 Jungvieh und 1 Schwein; 1805/09 Nagelschmied Christian Weber, Wohnhaus und

Gemüsegarten; 1818 Weber, Wohnhaus für 300 Thl; 1832 gehört dem Armenhaus St. Nikolai; 1846 Witwe Katharina Wegmann und drei weitere Mietparteien (darunter Orgelbauer Eduard Koch); 1853 Musiklehrer Bodenstein und als Mieter zwei weitere Parteien; 18738/93 August Martens; 1906/19 Schneidermeister Hermann Kröning; 1954 Philipp Bünte (wohnt Pöttcherstraße 26).

Wohnhaus (1838–um 1880)

Der Bau wurde 1838 durch den Maurermeister Lax neu errichtet (STA DT, M 1, I P, Nr. 827). Zweigeschossiger und verputzter Fachwerkbau mit flach geneigtem Satteldach über Drempelgeschoß. Die Fassade verputzt und fünfachsig gegliedert.

Wohnhaus (um 1880)

Zweigeschossiger und traufenständiger Putzbau unter Satteldach (Bauakten dazu nicht aufgefunden). Die Ansicht von sechs Achsen mit Hautür in der zweiten Achse von Ost, dabei die Fenster mit fein profilierten Putzfaschen; profiliertes Brustgesims im ersten Obergeschoß ebenso aus Sandstein wie das Haustürgewände. Das Innere als Mietshaus für mehrere Parteien eingerichtet: der Flur durch das Haus bis zum rückwärtigen Hof führend und mit einer Wohnung auf der rechten Seite aus Stube, Kammer, Küche und weiterer Kammer. Links vorn große Stube und dahinter Kammer sowie das gewendelte Treppenhaus, nach hinten weitere Wohnung aus großer Stube sowie nur vom Flur belichteter Kammer und Küche. Im Obergeschoß weitere Wohnungen.

1893 Entwässerung; 1910 Kanalisation.

Auf dem Hof an der westlichen Grenze ein eingeschossiges Wirtschaftsgebäude, 1954 zu einer zweigeschossigen Werkstatt mit Satteldach erweitert.

PÖTTCHERSTRASSE 27 (Abb. 1284)

bis 1878 Haus-Nr. 564 b (siehe Nebenhaus von Brüderstraße 22)

Bis 1722 eine kleine Hausstätte, die wohl im 16. Jahrhundert von dem Gelände des Komturhofes von Wietersheim (siehe Brüderstraße 18) abgeteilt und von diesem bis zum Verkauf an die Hospitalverwaltung vermietet worden war (dazu siehe Pöttcherstraße 19/21). Wohl wenig später dem Grundstück Brüderstraße 22 als Nebengebäude zugeschlagen.

1997/98 Bau eines Hauses mit 12 Altenwohnungen für die AWO nach Plänen des Büros Pappert & Weichynik/Bielefeld. Als Ergänzung zum Altenheim Brüderstraße 16 auf dem Gelände der früheren Hausstellen Nr. 17–27 und bei annähernder Aufnahme der alten Fluchtlinie errichtet. Dreigeschossiger und traufenständiger Putzbau mit Satteldach.

PÖTTCHERSTRASSE 28 (Abb. 1292)

1729 bis 1741 Martini-Kirchgeld Nr. 436; bis 1878 Haus-Nr. 602

Im Kern wohl eine größere bürgerliche Hausstelle an der Ecke zur Wolfskuhle, die weit in den Baublock hineinreichte. Zu nicht näher bekannter Zeit (16./17. Jahrhundert ?) scheint am nördlichen Ende des Grundstücks ein zweites Haus (Wolfskuhle 6) errichtet worden zu sein, wobei die Wolfskuhle zur Erschließung entstand. Eine weitere Abtrennung scheint um 1730 erfolgt zu sein (Wolfskuhle 4), wobei 1731 das Grundstück um eine kleine Fläche nach Westen erweitert wurde.

1731 erwirbt der Radmacher Gerd Henrich Heineberg für 10 Rthl von der Stadt *einen ledigen Platz bey seinem Hauße* (KAM, Mi, C 354,13 alt); 1731/43 Gerd Heineberg Junior, ehemals Cord Meyer; 1750 Gerd Heineberg; 1755 Heineberg Junior, Haus für 50 Rthl; 1766 Stellmacher Henrich Heineberg, betreibt auch Landwirtschaft auf gepachtetemn und eigenem Land; 1781 Henrich Heineberg, 50 Rthl; 1785 Radmacher Heineberg; 1791 Witwe Gerd Heineberg; 1802/04 Witwe Heinberg und zwei Mietparteien, Haus ohne Braurecht für 300 Rthl, hält 1 Kuh; 1806 Radmacherwitwe Katharina Heineberg, Wohnhaus und Hofraum; 1818 Althoff, Wohnhaus für 300 Thl; 1832/35 Altthof; 1846/53 Tischler Heinrich Tiemann mit drei Mietparteien (um 20 Personen); 1873/78 Witwe Ziegeler; 1906 Kleinhändlerin Josefine Ziegler; 1919 Robert Schubert; 1970 Tausch des Grundstücks mit Pöttcherstraße 19 zwischen Stadt und Philipp Bünte.

Haus (1779–1971)

1779 ist das Haus durch den Radmacher Heineberg durch Aufnahme von Schulden *von Grundt auf neu erbauet worden, welches lang 34 Fuß, breit 27 Fuß und in 9 Gebindt verbunden, von einer Etage hoch, 14 Fuß … mit 2 Stuben, 2 Küchen, 5 Kammern, einer Stallung … Der Hintergiebel wurde mit 60ziger Dielen beschlagen … eine Treppe mit 21 Stufen, pro Stufe mit 1, ⅓ Rthl.* Es wurde ein eiserner Ofen geliefert. Das Dach erhielt in Strohdocken gelegte Hangsteine. Die Gesamtkosten betrugen 692 Rthl (KAM, Mi, C 156,12 alt, C 874).

Traufenständiger und zweigeschossiger, verputzter Fachwerkbau unter Satteldach. Die fünfachsige Vorderfront mit mittlerer Haustür.

In der Mitte des 19. Jahrhunderts das Haus ausgebaut, dabei im Obergeschoß zwei Fenster zusammengefaßt und das Dach mit mittlerem und übergiebeltem Erker über der Haustür ausgebaut.

Um 1860 Anbau einer zweigeschossigen und massiven Werkstatt an den Westgiebel, kurz danach noch einmal durch einen dreigeschossigen Bau auf der Ecke zur Wolfskuhle erweitert.

Mehrfamilienhaus (von 1971)

Als zweigeschossiger, traufenständiger Putzbau, nach Plänen von W. Pöring für Philipp Bünte errichtet.

PÖTTCHERSTRASSE 30 (Abb. 1294)

1729 bis 1741 Martini-Kirchgeld Nr. 437; bis 1878 Haus-Nr. 598

Zuletzt eine sehr kleine Hausstelle auf der Ecke zur Wolfskuhle, seit 1977 unbebaut. Ende des 14. Jahrhunderts befinden sich in diesem Bereich drei Häuser auf einem größeren Grundstück, die mit der Zeit von der Familie Siemering an Heinrich Gieseler verkauft werden. Das westliche Haus wird dabei als unmittelbar an der Mauer gelegen beschrieben. Dabei scheinen später in einem nicht bekannten Prozeß weitere Abtrennungen erfolgt zu sein (etwa das erneut unterteilte Grundstück Greisenbruchstraße 29).

1383 richtet Gese, Witwe des Rotger Ruhaver, Mutter von Ludemann und Kersten Siemering, den Söhnen des Kersten Siemering an St. Martini eine Memorialstiftung mit Einkünften ein aus dem Haus des Brederke dem Gärtner: *vte erem gut vnde tynse dat gheleghen is in der Vresenstrate in Brederkes hues des Gherdeners* (STA MS, St. Martini, Urkunden, Nr. 131. – STA MS, Mscr. I, 111, Bl. 51r; 110, Bl. 39r; 114, Bl. 38v).

1386 verkaufen Ludemann Siemering und seine Frau Geseke dem Heinrich Gieseler das Haus, in dem Friedrich der Gärtner wohnt. Es liegt zwischen dem Haus von Heineke dem Lehmdecker und Hermann Buchholz (an der Stadtmauer): *vse hus vnd hof mit alle ziner tobehoringhe dat gheleghen is in der vresenstrate dar nv to tyden inne wonet Vrederik de Gherdenere by dem hus dar nv Heyneke de Lemendecker inne wonet vppe ene zijt to dem campewert* (in Richtung Kampstraße) *vnd vppe ander zijt allerneyst to des stades mu(o)ren Hermens hus Bucholten* (KAM, Mi, A III, Nr. 36).

1390 geben die Brüder Ludemann und Kersten Siemering St. Martini als Stiftung *twe hus mit steden, houen vnde mit al orer to behoringhe* […] *de geleghen zin in der Vresenstrate aller neghest westert bi Hermans hu(o)s Bu(o)cholten vnde ostert bi Bultemans hus* (STA MS, St. Martini, Urkunden, Nr. 140. – STA MS, Mscr. I, 111, Bl. 55 f.; 110, Bl. 38r–38v; 114, Bl. 37v. – STA MS, Mscr. VII, 2711, Bl. 57r).

1394 verkaufen die Brüder Ludemann und Kersten Symering dem Heinrich Gieseler mit Verpflichtung zur Beibehaltung der Memorienstiftung in St. Martini *twe hus myt steden houen vnnd myt alle orer tobehoringhe de gheleghen zin in der Vrezenstrate dar nv to tyden inne wonet westert Frederik de Gherdener vnd ostert Wichman (*STA MS, St. Martini, Urkunden, Nr. 146. – STA MS, Mscr. I, 111, Bl. 57r; 110, Bl. 38v–39r; 114, Bl. 38r).

1729 Witwe Uthoff; 1738/41 Johann Henrich Möller; 1743 ohne Eintrag (Haus ohne Grundbesitz); 1750 Soldat Rosemich; 1755 Lübbers, Haus für 50 Rthl; 1766 Lübbers, 30 Rthl; 1781 Witwe Lübbers, 50 Rthl; 1798 Witwe Raumüller; 1802/04 Witwe Rohmüller,

Abb. 1294 Pöttcherstraße 30, Ansicht von Süden, 1973.

Haus ohne Braurecht für 50 Rthl, hält 1 Jungvieh; 1805 Ruhmöller, Besitz ist an Bürger Limburg gefallen und soll versteigert werden (WMA 1805). Es wird durch den Bürger Joh. Ludwig Wilckening für 510 Rthl ersteigert; 1806 Tagelöhnerin Witwe Katharina Wilkening, Wohnhaus und Hofraum für 300 Rthl; 1809/12 Witwe Wilkening Junior; 1818 Wilekening, 300 Thl; 1832 Vietmeier, 300 Thl; 1846 Bürger Adolf Vietmeier (73 Jahre) mit einer Mietpartei; 1853 Lohmeyer mit einer Mietpartei; 1853 Bahnhofsarbeiter Höltke; 1873/78 Bahnarbeiter Möhle; 1909 Wilhelm Möhle (wohl Königswall 43); 1961 Erbengemeinschaft Möhle.

Haus (bis 1853)

1805 hat das Haus drei Wohnzimmer, zwei Kammern und einen gewölbten Keller.

Haus (1853–1977)

1853 als Neubau bezeichnet und wohl mit vier kleinen Mietwohnungen konzipiert. Zweigeschossiges und traufenständiges Haus mit Satteldach; das Erdgeschoß aus Backstein und verputzt, das Obergeschoß aus Fachwerk (zwei Riegelketten, Schwelle-Rähm-Streben) und mit Backstein ausgefacht. Die Vorderfront mit sechs Achsen, dabei Haustür in der dritten Achse von West. Darüber übergiebelter, zwei Fenster breiter Dachausbau.

Im Inneren ein Längsflur, in den die einläufige Treppe zum Obergeschoß eingestellt ist und an den sich auf jeder Seite zur Straße ein großer Wohnraum und rückwärts zwei kleine, nebeneinanderliegende Räume, wohl Kammer und Küche anschließen. 1893 Entwässerung; 1977 Abbruch des Hauses, an der Stelle zwei Fertiggaragen aufgestellt.

Hinter dem Haus an der Wolfskuhle ein kleines Wirtschaftsgebäude aus Fachwerk, 1961 abgebrochen.

PÖTTCHERSTRASSE 32 a, städtisches Hallenbad siehe Teil V, Kap. V, S. 327–328
Königswall 8 a

PÖTTCHERSTRASSE 32 siehe Teil V, Kap. VI, S. 622–623, Immanuelstraße 32

Poststraße

Die Poststraße zweigte als Erschließungsgasse vom »Deichhof«, der von der Domimmunität kommt, ab und verlief quer über das zu dieser Zeit noch beidseitig anliegende Gelände des Wichgrafenhofes (zur Geschichte siehe Poststraße 7). Sie entstand erst nach dem 15. Jahrhundert im Zuge der allmählichen Aufteilung des Hofes, um die hier gebildeten Teilgrundstücke zu erschließen. Nachdem für die zunächst wenigen Anwesen als Lagebezeichnung bis in das 16. Jahrhundert *beim Wichgrafenhof* üblich blieb, ist der Name *Poststraße* erst nach 1792 entstanden, während zuvor im 18. Jahrhundert der Begriff *Opferstraße* verwendet wurde (eigentlich zu dieser Zeit schon für eine Straße bei St. Martini gebräuchlich) bzw. die wenigen Gebäude in diesem Bereich im 16. und 17. Jahrhundert unter der Bezeichnung *auf dem Deichhof* geführt wurden.

Die Einmündung in die Bäckerstraße war durch die zwischen dem Spätmittelalter und dem 18. Jahrhundert durchgeführte Besiedlung der Einzelflächen bis um 1900 nur sehr schmal und wurde dann auf Betreiben der Stadt Minden durch Umbauten der Häuser Bäckerstraße 35 und 37 aufgeweitet. Diese enge Passage, die den Straßenzug gegenüber der Bäckerstraße stark zurücktreten ließ, dürfte erst durch die wohl im 16. Jahrhundert erfolgte Errichtung des Hauses Bäckerstraße 35 entstanden sein, das ohne eigene Freifläche auf die alte Trasse der Deichhofstraße, einen wohl in vorstädtische Zeit zurückreichenden wichtigen Wegeverlauf, gestellt wurde. Der Deichhof zweigt heute nördlich des Hauses von der Poststraße ab, doch dürfte die Straßenfläche bis zur Bäckerstraße noch bis nach 1800 zugehörig gewesen sein, während die Poststraße eine untergeordnete, von dort nach Norden abzweigende Gasse war. Spätestens mit der 1792 erfolgten Einrichtung des Posthofes in einem Teil des am Wall gelegenen Restgeländes des Wichgrafenhofes und dessen Erschließung durch die Poststraße sowie mit der Errichtung des zur Poststraße orientierten Eckhauses Poststraße 1 im Jahre 1827 dürften sich die städtebaulichen Schwerpunkte in diesem Gebiet zu Gunsten der Poststraße verschoben haben.

Seit 1859 ist der Posthof aufgelöst, wobei sein Gelände 1860 durch die Marienwallkaserne überbaut wurde. Allerdings verblieb noch längere Zeit der Betriebshof des Posthalters auf der Ostseite der Straße (siehe Poststraße 6). Nicht zuletzt die Bedeutung, die der Posthof mit seiner umfangreichen Fuhrtätigkeit über 70 Jahre hatte, dürfte dazu geführt haben, daß in Deichhof, Poststraße und anschließendem Marienwall bis nach 1960 viele Fuhrleute und Kutschenbauer, später auch Automobilwerkstätten ansässig wurden.

Zwischen 1936 und 1945 wurde die Straße in Erinnerung an das Infanterieregiment Nr. 15, von dem Teile in der westlich an die Straße anschließenden Kaserne (Marienwall 31) lagen, als *15er-Straße* bezeichnet.

Nachdem 1786 auf Kosten der Anlieger der südliche Teil neu gepflastert worden war, wird 1795 die sogenannte *Opferstraße, welche nach dem Posthofe führt*, neu gepflastert, weil sie ganz ausgefahren ist (KAM, Mi, C 504). 1804 werden erneut Arbeiten nach Anschlag des Pflastermeisters van Houten unter der Leitung des Forstmeisters Brüggemann durchgeführt (KAM, Mi, C 510). 1871 erfolgt eine teilweise Erneuerung des Pflasters, wobei Kopfsteine verwendet werden; 1880 Feststellung der Fluchtlinie; 1887 Legung der Kanalisation; 1890 völlige Umpflasterung der Straße.

1944/45 wurden mehrere Bauten an der Straße durch Bombentreffer zerstört, doch blieb es der Ausweitung der anliegenden Betriebe nach 1960 und der wenig später einsetzenden Stadtsanierung vorbehalten – von wenigen Bauten abgesehen – nicht nur die gesamte umgebende Bebauung zu beseitigen, sondern mit großflächigen Grundstücksumlegungen die gewachsenen Strukturen so einschneidend zu verändern, daß die historischen Zusammenhänge in diesem Gebiet heute nicht mehr erkennbar sind. Zudem das nördliche Ende der Straße seit 1975 eingezogen und mit einem großen Wohnkomplex überbaut (siehe Königswall 31).

POSTSTRASSE 1 (Abb. 1295–1299)

bis 1827 Haus-Nr. 760; bis 1878 Haus-Nr. 761 a bzw. 760 und 761 a/b

Das Grundstück dürfte ehemals zum Komplex des Wichgrafenhofes (siehe Poststraße 7) gehört haben und ist zu einem unbekannten Zeitpunkt, sicherlich schon vor 1743 davon abgetrennt worden. Der 1437 errichtete Vorgänger des 1827 erbauten heutigen Hauses besaß etwa die gleiche Grundfläche und könnte zunächst ebenso wie die Bauten auf den anschließenden Nachbarparzellen als Wirtschaftsgebäude des großen Hofes gedient haben.

1743 ohne Nennung (Haus ohne Grundbesitz); 1744 Honneus; 1746/57 Evert Brüning; 1755/66 H. Senat. Hartens Haus 300 Thl (wohnt im südlichen Nachbarhaus Bäckerstraße 35); 1768 Meister Jochmus (vorher Brünigs Haus); 1773 Harten; 1781 Frantz Harten, Wohnhaus 600 Thl, Scheune 150 Thl; 1798 David Harten, hat Braurecht, Fachwerkhaus mit Ziegeldach; 1802 D. Harten, Haus 800 Thl, Scheune 200 Thl, (Harten wohnt Bäckerstraße 35, während Poststraße 1 vermietet ist an Ritz, *Ritzensches Haus*, siehe KAM, Mi, C 511); 1804 Harten, bewohnt von Org. Rietz, Haus ohne Braurecht, hat kein Vieh; 1805 Harten Erben; 1806 Kaufmann David Harten; 1818/27 Joh. D. Harten; 1829 Maurermeister Ludwig Harten in Helmstedt (hat auch Deichhof 2), dann Philipp Harten in Minden; 1836 Harten; 1846/62 Haus gehört Mooyer, vermietet als Gastwirtschaft (1846 an den Gastwirt Karl Nolting, 1853 an Gastwirt E. Weddigen »Im westfälischen Hof« (betreibt 1865 in Tränkestraße 3 den Gasthof »Stadt Bremen«), ferner sind verschiedene Mieter im Haus). Als Logier- und Gastzimmer werden 1853 zwei Stuben und drei Kammern genutzt; das Haus um 1865 als Bank genutzt; 1873 Gastwirt Carl Weddigen »Stadt Bremen«; 1879 Rentner Weddigen und Restaurateur Kramer; 1880 Gastwirt Hermann Schnell; 1885/88 Kaufmann A. J. Arndt, Destillation; 1893 Sattler Sauer; 1900 Kaufmann Theodor Gerlach.

Gebäude (von 1467 ⓓ–1827)

Fast das gesamte Balkenwerk des heutigen Hauses stammt von einem zusammengehörenden Gerüst eines Fachwerkgebäudes, dürfte also wohl aus dem abgebrochenen Vorgängerbau gewonnen worden sein, der 1798 auch als Fachwerkbau beschrieben wird. Auf Grund von vier Proben aus den Dachbalken ließ sich die Bauzeit dendrochronologisch (1994 durch H. Tisje/Neu-Isenburg) auf die Jahre 1466/67 einkreisen:

1463/64	12. Dachbalken von Nord
1466/67	9. Dachbalken von Nord
1466/67	11. Dachbalken von Nord
1466/67	Dachwerk, Sparren Ostseite

Der Bau von mindestens 15 Gebinden dürfte nach den Balken die gleiche Breite wie das heutige Haus gehabt haben. Das Sparrendach mit doppelter Kehlbalkenlage besaß eine Neigung von 60°.

Wohnhaus (von 1827)

Sowohl von der zeitlichen Stellung wie auch in den Dimensionen ein ungewöhnlicher Neubau des frühen 19. Jahrhunderts in Minden. Mit der 1817 einsetzenden Neubefestigung der Stadt kommt es zwar zu vermehrter Bautätigkeit, doch beschränkt sich diese weitgehend auf Umbauten und Erweiterungen bestehender Bauten, während den zeitgenössischen architektonischen Idealen folgende Neubauten auf Grund mangelnden Baugrundes weitgehend fehlen. Die Bedeutung wird zudem dadurch erhöht, daß sich hier ein zeitgleiches und zugehöriges Wirtschaftsgebäude auf der Parzelle erhalten hat, zumal solche ehemals typischen Bauten heute weitgehend aus dem Stadtbild verschwunden sind.

Abb. 1295 Poststraße 1, Ansicht von Nordosten, 1993.

Auf enger Parzelle in Ecklage errichtetes und traufenständig zur Poststraße gestelltes, langes Gebäude mit rückwärtigem, vom Deichhof erschlossenem, fachwerkenem Wirtschaftsgebäude auf schiefwinkliger Grundfläche. Inschrift über der Haustür: *Nr. 761 A 1827*. Zweigeschossiger und traufenständiger Putzbau mit Krüppelwalmdach von neun Fensterachsen Länge. Die drei mittleren Achsen risalitartig um ca. 10 cm vorspringend. Der Baukörper aus Backsteinmauerwerk, die Öffnungen zumeist ohne besondere Gewände. Lediglich der Gebäudesockel, die Sohlbänke der Fenster, Gewände der mittleren Haustür mit Pilaster, Segmentbogen und aufgesetztem Sonnenfächer sowie der Sturz des darüber befindlichen Fensters aus Sandsteinblöcken. Nach den Abbundzeichen des Dachwerkes ist das Gebäude 1827 in zwei gleich großen Abschnitten errichtet worden.

Die Fassade insbesondere durch die symmetrische Aufteilung der Fenster sowie ein durchlaufendes Putzband zwischen den Geschossen bestimmt, die Mittelachse durch aufwendigere Details besonders betont. Die Traufe mit durchgehendem, profiliertem Holzgesims. Die Fläche des Krüppelwalmdaches durch eine mittlere Fenstergaupe mit geschweiftem Dach sowie die symmetrische Anordnung der Schornsteine gestaltet. Die Fenster zweiflügelig mit ebensolchen Oberlichtern und einer Quersprosse.

Abb. 1296 Poststraße 1, Portal von 1827, Zustand 1970.

Abb. 1297 Poststraße 1, Treppenhaus von 1827, Zustand 1993.

Innere Aufteilung nicht in der gleichen Art wie die Fassade symmetrisch gestaltet und insbesondere dadurch bestimmt, daß das Treppenhaus – von der rückwärtigen Traufe aus belichtet – nach Norden aus der Achse verschoben liegt. Der Hausflur hinter der mittleren Haustür führt zu einem Mittellängsflur (in der gleichen Art das Obergeschoß gestaltet), der nur vom südlichen Giebel bis zum Treppenhaus reicht. Seitlich des Flures entlang der Traufwände mehrere Räume, z. T. mit diagonal in die Raumecken gestellten Ofennischen. Das Treppenhaus der Bauzeit rechteckig um ein offenes Auge geführt, in der gleichen Weise bis in das Dachgeschoß laufend. Das Geländer in zeittypischer Weise mit über Eck gestellten durch eine Leiste gesteckten Stäben gestaltet. Das Dachgeschoß ursprünglich nur teilweise ausgebaut und lediglich die Räume hinter den Seitengiebeln als Räume abgetrennt.

Keine weiteren Details (etwa Türblätter) der ursprünglichen Ausstattung erhalten, die Innenwände im südlichen Bereich des Erdgeschosses bis auf die Kaminanlagen weitgehend entfernt, zuletzt 1980 und 1994 umgebaut. Um 1900 die nordöstliche Hausecke im Erdgeschoß abgeschrägt und mit einem später wieder vermauerten Hauseingang versehen. Fensterflügel im Erdgeschoß ohne Sprossen erneuert, ebenso die zweiflügelige Hautür. Dachdeckung mit Frankfurter Pfannen erneuert.

1984 in die Denkmalliste der Stadt Minden eingetragen; 1994 Sanierung des Hauses und Ausbau des Dachgeschosses, wobei mittels einer aufwendigen Stahlkonstruktion eine lange Schleppgaupe auf der Mitte der Front aufgesetzt wird (Plan: H.-P. Korth).

Abb. 1298 Poststraße 1, Modell einer Gedenktafel für den am 9. Februar 1851 in dem Haus geborenen Dichter Otto Weddigen. Entwurf Bildhauer Heinrich Wefing/Berlin um 1910.

Wirtschaftsgebäude (um 1827)

Eingeschossiger Fachwerkbau mit flachem Satteldach, traufenständig zum Deichhof und von hier mit einem Tor erschlossen; kaum durchfenstert. Das Fachwerkgerüst z. T. sowie die Sparren aus zweitverwendetem Eichenholz, die Dachbalken aus Nadelholz. Zwei Riegelketten, Schwelle-Rähm-Streben, die Hölzer einfach vernagelt. Dachbalken aufgelegt. Gefache mit Backstein (z. T. Bruch) ausgemauert, später mit Rauhputz versehen. Dachdeckung mit Hohlpfannen. Gerüst aus fünf vollen Gebinden, an der vorderen Traufwand auf Grund des schiefwinkligen Zuschnitts ein weiterer Ständer.

Die Innenaufteilung durch eine firstparallele Trennwand bestimmt, die offenbar einen schmalen Stallteil von der vorderen Diele scheidet. Weitere nachträgliche Wände aus Backsteinmauerwerk um 1900, dabei Schornstein eingebaut.

In der Mitte des 19. Jahrhunderts nachträglich eine geschlossene Brücke vom Treppenhaus des Vorderhauses zum Dachboden des Wirtschaftsgebäudes aus Fachwerk angelegt und ein Aufzugshäuschen über dem Torbogen aufgesetzt. In diesem Zusammenhang Ausbau des Dachgeschosses zu Wohnzwecken. Auf den Holzwänden in einem Raum zahlreiche Schichten von Tapeten (die jüngste Tapete über einer Zeitung von 1888 als Makulatur).

Schwelle der rückwärtigen Traufwand erneuert, Torbogen durch massive Pfeiler erweitert und mit Rolltor geschlossen.

Auf dem Dachboden wurden 1994 große Bestände von Akten (1848–1893) des Kreisgerichtes Minden gefunden und in das Kommunalarchiv verbracht.

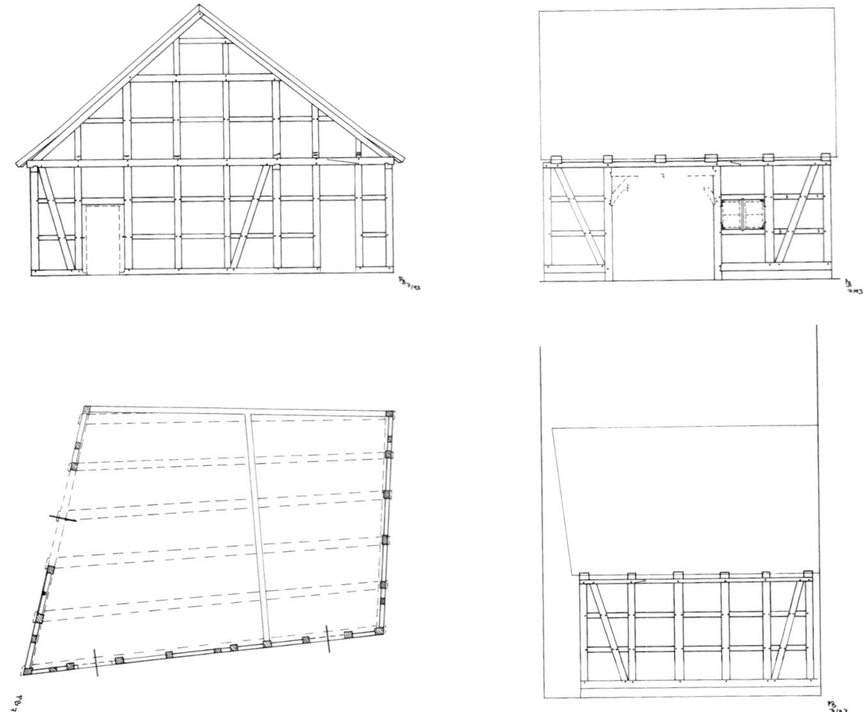

Abb. 1299 Poststraße 1, Scheune von 1828, Ansicht Vordertraufe, rückwärtige Traufe und östlicher Giebel sowie Grundriß, rekonstruierter Zustand der Bauzeit.

POSTSTRASSE 2

bis 1878 ohne Haus-Nr.

Rückwärtiger Teil der großen bürgerlichen Hausstätte Bäckerstraße 37/39 (siehe dort), auf dem ein größeres, offensichtlich als Wohnhaus errichtetes Gebäude unbekannter Geschichte stand, das zumindest im 18. Jahrhundert als Scheune eingerichtet war.

1884/1907 Lohnkutscher Wilhelm Hollmann; 1919 Kauf durch Stadt Minden, dann wieder an Herrn Brand (Bäckerstraße 41) verkauft; 1941 von der Stadt Minden mit der Verpflichtung erworben, es innerhalb von 5 Jahren abzubrechen.

Dielenhaus (15./16. Jahrhundert–1955)

Nach den erhaltenen Plänen und Beschreibungen in den Akten ein kleineres giebelständiges Dielenhaus mit massiven Umfassungswänden auf einer Grundfläche von 9 x 15 m. Das Mauerwerk soll aus Bruch- und Backsteinen bestanden haben. Über dem Bau ein steiles Satteldach, am Vordergiebel mit Halbwalm. Das Innere über ein großes Tor erschlossen, an das sich eine etwa 4,4 m hohe Diele anschließt. Vorn seitlich (wohl auf der Südseite) ein Stubeneinbau anzunehmen. Auf Grund eines Grabungsbefundes von 1992 ist davon auszugehen, daß das Gebäude ehemals ein unterkellertes Hinterhaus aufwies. Dieses mit Bruchsteinen gewölbt, der Scheitel dabei parallel zur Poststraße.

Nachdem das Haus im 18. Jahrhundert in Teilen vermietet wurde, später ganz als Scheune genutzt und wohl spätestens zu dieser Zeit die Inneneinteilung entfernt.

1884 Durchbau der Scheune, um Wohnräume und Pferdeställe zu schaffen (Plan: Zimmermeister Rose). Dabei wurde der rückwärtige Teil in ganzer Breite als Pferdestall eingerichtet und im vorderen Bereich südlich ein unterkellerter Einbau von drei Räumen (Stube, Küche und Kammer) eingebaut. 1907 Kanalisation; 1923 Umbau des Rückgiebels; 1955 Abbruch.

1957 bis 1960 auf dem Grundstück eine Verkaufsbude der Firma Tengelmann.

Das steinerne Gewände einer Tür aus dem Stall des Hauses wurde um 1920 in das Museum Ritterstraße 23 eingebaut (Führer Museum 1922, S. 17), ist allerdings dort 1949 bei einem Umbau entfernt worden.

POSTSTRASSE 3

bis 1818 ohne Haus-Nr.; bis 1878 Haus-Nr. 761 c

Das Gelände scheint noch bis um 1800 Teil des nördlich anschließenden großen Hofes (siehe Poststraße 7) gewesen zu sein.

1805 Kaufmann Traute, Wohnhaus 600 Rthl, Scheune 900 Rthl (wohnt Bäckerstraße 40); 1812 Witwe S. G. Traute, Wohnhaus und Scheune; 1818 Witwe Traute, Wohnhaus 600 Thl, Scheune 900 Thl; 1827 jetzt Witwe Francke; 1829/32 Branntweinbrenner Friedrich Wilhelm Traute; 1835 Witwe Traute, Wohnhaus 600 Thl, Scheune 900 Thl; 1846 Wilhelm Horstmann und fünf weitere Mietparteien (insgesamt 30 Personen); 1853 Horstmann mit drei Mietparteien; 1893 Witwe Horstmann; 1908 Malermeister Karl Horstmann.

Wohnhaus (um 1800) und Scheune (17./18. Jahrhundert–1963)

Es dürfte sich um ein Wirtschaftsgebäude gehandelt haben, das an die Südfront des Hofgeländes gestellt war. Zweigeschossiger Fachwerkbau mit Satteldach, Baugeschichte und Alter nicht bekannt. Nach Ausparzellierung aus dem Hofgelände wurde offenbar um 1800 auf einer kleinen südlich anschließenden Freifläche ein kurzer zweigeschossiger Flügel von Fachwerk und mit Satteldach angefügt und als Wohnhaus eingerichtet. Fassade verputzt und fünfachsig gegliedert. Im Inneren zentrale Diele mit links drei Wohnräumen und rechts zwei größeren und mit nur halb eingetieften Kellern versehenen Räumen. Vor 1893 auch das Obergeschoß der Scheune zu Wohnzwecken ausgebaut.

1893 Entwässerung; 1908 Kanalisation; 1963 Abbruch zur Einrichtung eines Parkplatzes für die Volksbank Minden (siehe Poststraße 4).

POSTSTRASSE 4, Ehemalige königlich-preußische Bank-Kommandite, Reichsbankgebäude (1870–1921), seitdem Volksbank (Abb. 1300–1306)

QUELLEN: Archiv Volksbank Minden

Das Grundstück bis 1869 Teil des bürgerlichen Anwesens Bäckerstraße 39.

Die königlich-preußische Bank-Kommandite der Preußischen Bank war seit 1865 in Minden ansässig, zuvor nahm seit 1847 ihre Geschäfte die königliche Regierungs- und Hauptkasse wahr (Reichsbank 1900, S. 256). Wo die Bank-Kommandite in der Frühzeit ihre Geschäftsräume hatte, ist nicht bekannt; vermutlich waren sie im Regierungsgebäude am Großen Domhof untergebracht, ehe man sich 1869 zu einem Neubau entschloß. 1875 kommt es zum *Vertrag zwischen Preußen und dem Deutschen Reich über die Abtretung der Preußischen Bank an das Deutsche Reich*, die Bank-Kommandite Minden wird hierauf zum 1. 1. 1876 zur Reichsbankstelle (Reichsbank 1900, S. 467). Da für sie in der Folgezeit die Räumlichkeiten in der Poststraße nicht mehr ausreichen, baut man – seit spätestens 1915 geplant – 1919 am Klausenwall 16 ein neues Bankgebäude, das am 22. 10. 1921 bezogen wurde. Der Bau an der Poststraße wird anschließend zusammen mit dem Grundstück durch die Reichsschatzverwaltung für 69 550 Mark an die Gewerbebank Minden (gegründet 1917, Vorgänger war der seit 1897 bestehende Mindener Vorschußverein, siehe Volksbank 1972) verkauft. Die Gewerbebank veräußert ihrerseits der Reichsschatzverwaltung ihr bisheriges Dienstgebäude in der Marienwallstraße 5 mit Parzelle für 46 900 Mark (Vertrag vom 29. 11. 1921; Archiv Volksbank Minden). 1942 wird die Gewerbebank umbenannt in Volksbank Minden, die noch heute im Gebäude ansässig ist.

Abb. 1300 Poststraße 4, Königlich-preußische Bank-Kommandite, Ansicht von der Poststraße, 1970.

Mit der Anfertigung von Bauplänen und der Bauleitung wurde der bei der Regierung in Minden als Bauinspektor tätige Architekt Pietsch beauftragt. Am 11.3.1869 teilt er dem Magistrat mit, daß er *mit Erbauung eines neuen Bank-Commandit Gebäudes nach Maßgabe der beifolgenden Zeichnung auf dem ehemaligen Moyerschen Grundstück in der Poststraße hierselbst beauftragt* sei. Weitere Nachrichten zu Bauverlauf, Fertigstellung sowie Bezug des Baus (wahrscheinlich 1870) sind nicht bekannt. Das palazzoartige Bankgebäude wurde auf dem längsausgerichteten, leicht trapezförmigen und unregelmäßig begrenzten Grundstück traufenständig und freistehend, etwas von der Straße zurückversetzt als dreigeschossiger, verputzter Walmdachbau mit Mittelrisaliten an beiden Längsseiten errichtet. Die Mittelrisalite sind mit drei Fensterachsen gegliedert, begleitet von je einer Fensterachse in den Seitenteilen. Das ursprüngliche Aussehen des immer wieder veränderten Baus ist nur annähernd über den Bauplan von 1869 zu erfassen. Danach das Gebäude über niedrigem Werksteinsockel, in den paarig angeordnete, quadratische Kellerfenster eingeschnitten sind. Sockelabschluß durch ein schmales, jedoch ausladendes und den gesamten Bau umlaufendes Gesims. Das Erdgeschoß auf allen Seiten mit aufgeputzter Quaderung in exaktem, tiefem Fugenschnitt; oberer Abschluß durch ein schmales, mehrfach profiliertes Gurtgesims. Die beiden darüberliegenden Geschosse ebenfalls mit Scheinquaderung, jedoch mit feinerem Fugenschnitt als im Erdgeschoß. Der Quaderputz 1953 im Erdgeschoßbereich der Vorderfront sowie im Obergeschoß am gesamten Bau entfernt. Das mehrfach profilierte und weit vortretende Traufgesims wird von Volutenkonsolen getragen. Die Vorderfassade zur Poststraße durch besondere Gestaltung hervorgehoben und durch einen leicht vor-

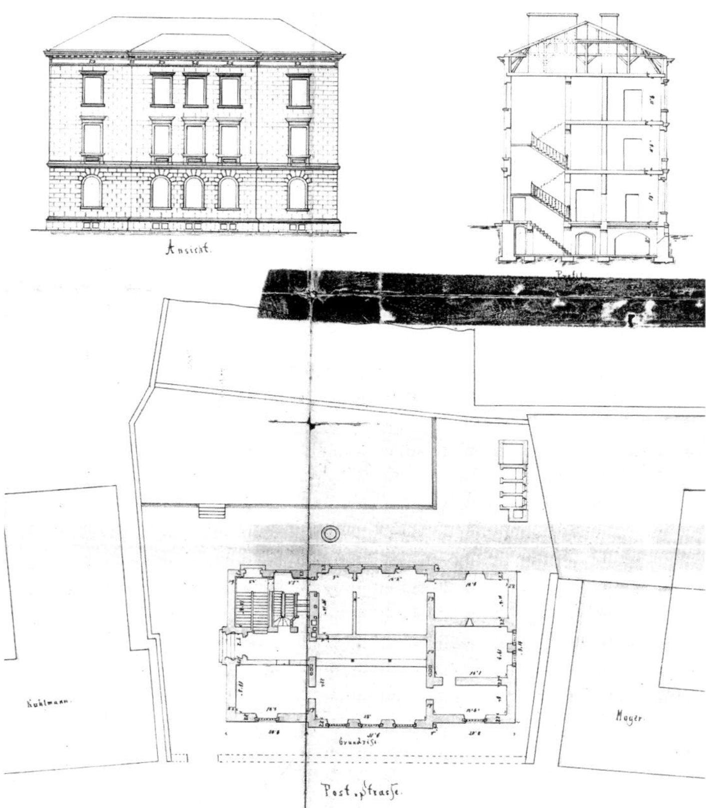

Abb. 1301 Poststraße 4, Königlich-preußische Bank-Kommandite, Bauplan von 1869 mit Querschnitt, Ansicht und Lageplan.

tretenden, dreiachsigen Mittelrisalit gegliedert, seitlich begleitet von je einer Achse. Die Fenster im Mittelrisalit sowie den beiden Seitenachsen geschoßweise einheitlich ausgeführt: Im Erdgeschoß hier ursprünglich Rundbogenfenster mit schmalen Sohlbänken, die Bögen durch Keilsteinquaderung überfangen. Die hochrechteckigen Fenster des ersten Obergeschosses mit schmaler, profilierter Sohlbank, flachen Gewänden und gerader, profilierter Verdachung über Friesstreifen, die Brüstungen in flächiger, rechteckiger Leistenrahmung mit profilierter Spiegelfläche. Im zweiten Obergeschoß finden sich ebenfalls Hochrechteckfenster, jedoch etwas schlichter. Während Sohlbänke und Gewände hier wie im ersten Obergeschoß ausgeführt sind, setzt die Fensterverdachung unmittelbar über dem Sturz an, dabei Verzicht auf den Friesstreifen. Die Architravzone zurückhaltend profiliert, am Mittelrisalit verkröpft und über beide Seitenachsen bis um die Fassadenkante herumreichend. Die Frieszonen von Mittelrisalit und Seitenachsen als längsrechteckige, vertiefte Flächen ausgebildet, am Mittelrisalit zusätzlich Flachreliefs eingebunden: über den Fensterachsen leere Tondi; in den vier dazwischen verbleibenden Friesfeldern mittig unter einer Königskrone je ein Schild mit der Initiale *W* (Wilhelm I.), beiderseits begleitet von hockenden preußischen Adlern mit offenen Schwingen (die Reliefs im Bauplan von 1869 noch nicht vorgesehen, an ihrer Stelle waren in der Frieszone nur die der Achseinteilung folgenden Tondi eingezeichnet).

Abb. 1302 Poststraße 4, Königlich-preußische Bank-Kommandite, Flachreliefs an der Vorderfront, 1970.

Abb. 1303 Poststraße 4, Königlich-preußische Bank-Kommandite, Ansicht von Osten, 1997.

Die südliche Schmalseite des Baus entspricht in der Fassadenaufteilung der Vorderfront. Die Erdgeschoßfenster hier ursprünglich ebenfalls rundbogig angelegt, die beiden Obergeschosse wiederum mit Scheinquaderung verputzt. In der Binnenfläche je Geschoß mittig zwei Fenster nebeneinander, in der Höhenausdehnung und Gestaltung denen der Vorderfront folgend. Auf der nördlichen Schmalseite der Hauptzugang zum Gebäude als Pfeilerportal mit flächigem Architrav auf Höhe des Gurtgesimses. Rundbogiger Eingang mit kassettierter Zweiflügeltür mit hochrechteckiger Verglasung, Oberlicht gleichfalls verglast. In der Achse über dem Portal im ersten und zweiten Obergeschoß je ein Hochrechteckfenster bekannter Gliederung. Die Rückfront des Gebäudes wurde gleichfalls mit einem dreiachsigen Mittelrisalit und begleitenden Seitenachsen gegliedert, die Durchfensterung der Fassade erfolgte entsprechend der Vorderfront. Eine Ausnahme bildet die nördliche Seitenachse, hier entschied man sich für eine versetzte Einpassung der Fensteröffnungen, entsprechend dem Verlauf des dahinter liegenden Treppenhauses.

Abb. 1304 Poststraße 4, Königlich-preußische Bank-Kommandite, Treppenhaus, 1997.

Die ursprüngliche Raumaufteilung ist trotz des erhaltenen Plans von 1869 im einzelnen nicht mehr nachzuvollziehen, da das Raumgefüge in der Folgezeit stark verändert wurde. Der Haupteingang für den Publikumsverkehr lag an der nördlichen Schmalseite, hier auch das Treppenhaus im rückwärtigen Bereich mit danebenliegendem, gesondertem Treppenabgang zum Keller. Vom Haupteingang erreichte man über einen Flur den längsrechteckigen Kassensaal. Das östliche Drittel des Saals wurde für den Publikumsverkehr auf ganzer Länge durch Tresen zwischen zwei Stützen vom Geschäftsbereich abgetrennt. Um den Saal gruppierte man die einzelnen Büros für die Beamten. Der mittlere Raum der südlichen Schmalseite wurde als Tresorraum angelegt. Die beiden Obergeschosse waren wohl ursprünglich Beamtenwohnungen, wurden aber in der Folgezeit (noch vor 1921) zu Büros umgestaltet und heute teils als Privatwohnungen, teils als Büroräume eingerichtet.

Die ursprüngliche Ausgestaltung von Kassensaal und Büros im Erdgeschoß sowie den Wohnungen in den Obergeschossen ist auf Grund der späteren Veränderungen nicht bekannt, hingegen die Ausgestaltung des Treppenhauses im linken, hinteren Gebäudebereich noch vorhanden: Die Treppe gegenläufig, Antrittspfosten im Erdgeschoß sowie Wendepfosten im Bereich der Podeste jeweils aus Holz gearbeitet. Sie besitzen einen achteckigen Sockel, gefolgt von profilierter Basis und Kannelur bis auf zwei Drittel der Schafthöhe. Darüber setzt der glatte Schaft an, oben und unten eingefaßt durch einen Schaftring mit applizierter Blüte. Den Abschluß der Pfosten bildet ein Kymation, gefolgt von profiliertem, ausladendem Handknauf. Das hölzerne Geländer profiliert, der Auslauf als Akanthusvolute ausgebildet, die Geländerstäbe gedrechselt.

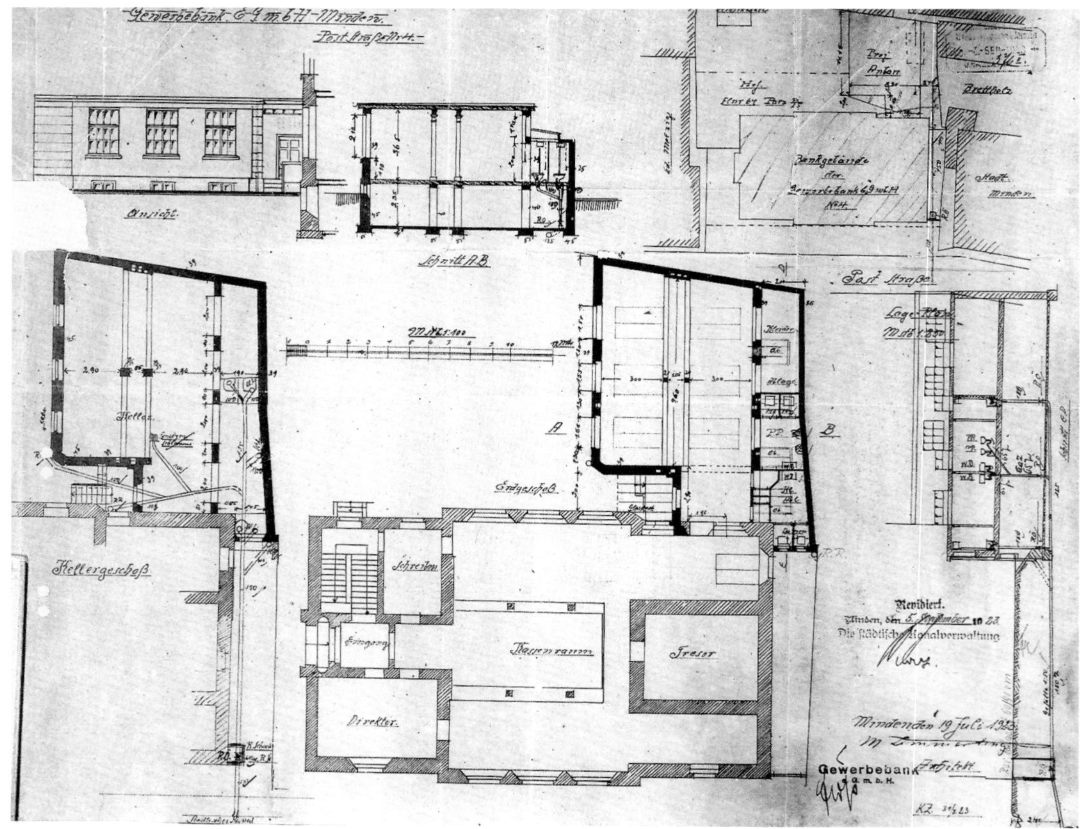

Abb. 1305 Poststraße 4, Königlich-preußische Bank-Kommandite, Umbauplan von 1923.

1923 führt die Gewerbebank weitreichende Baumaßnahmen nach Entwürfen des Architekten M. Zimmerling durch. Hierbei wird der Saal im Erdgeschoß auf die gesamte Breite des Gebäudes unter Aufgabe der ihn ursprünglich umsäumenden Büroräume erweitert. Des weiteren Trennung zwischen Publikumsverkehr und Geschäftsbereich, indem axial zum Haupteingang ein längsrechteckiger Bereich durch hölzerne Tresen geschaffen wird, die zwischen zwei paarig gegenüber angeordneten Pfeiler eingespannt werden. Wandgliederung des Saals durch weiß gefaßte toskanische Pilaster mit dunkel gestrichenem Kapitell. Die dazwischenliegenden Wandflächen werden im unteren Drittel mit hölzernen Paneelen verkleidet, darüber eine hochrechteckige Felderung in hellerem Farbton mit weißer Rahmung; oberer Abschluß durch gemalten (?) Fries mit Eierstab-Muster in Höhe der Deckplatten der Pilasterkapitelle. Der Tresorraum erhält einen Zugang zum Kassenraum durch eine metallene Tresortür.

Ebenfalls 1923 im südlichen Bereich der Rückfront des Bankgebäudes Anbau eines eingeschossigen, längsrechteckigen Saalbaus mit Flachdach zur Schaffung zusätzlichen Büroraums. Parallel zum Saal auf der südlichen Längsseite Einbau von Aborten und einer Garderobe, Zugang zum Anbau erfolgte über einen gesonderten Eingang auf der nördlichen Längsseite am Übergang zum Haupt-

Abb. 1306 Poststraße 4, Königlich-preußische Bank-Kommandite, Kassensaal in der Gestaltung von 1923 mit Sitzung des Vorstandes, um 1930.

bau. Bereits im Jahr der Fertigstellung kam es zum Einsturz des Flachdachs, das danach erneuert wird.

1953/55 erneut ein grundlegender Umbau vorgenommen (Schlusche & Rösner). An der Vorderfront im Erdgeschoß werden anstelle der Rundbogenfenster nun Hochrechteckfenster eingebaut, die Scheinquaderung entfernt und die Fläche mit Sandsteinplatten verkleidet. Im südlichen Seitenteil der Vorderfront erfolgt der Einbau eines großen hochrechteckigen Eingangs, der den bisherigen Haupteingang zum Kassensaal an der nördlichen Schmalseite ersetzt. Die beiden Obergeschosse verlieren ebenfalls ihre Scheinquaderung, hier wählt man flächigen Putz. Weitgreifende Veränderungen finden im Kassensaal statt, wobei die komplette wandfeste Ausstattung von 1923 entfernt wird. 1970/71 wiederum Umgestaltung des Kassensaals. Zusätzlich, unter Abriß des Flachdachanbaus von 1923, errichtet man einen die gesamte Länge des Hauptgebäudes einnehmenden, neuen Flachdachbau über querrechteckigem Grundriß als Erweiterung des Kassensaals im alten Gebäude. 1984 in die Denkmalliste der Stadt Minden eingetragen. Seit 1996 erneute Sanierung von Haupt- und Nebengebäude.

H. Winter

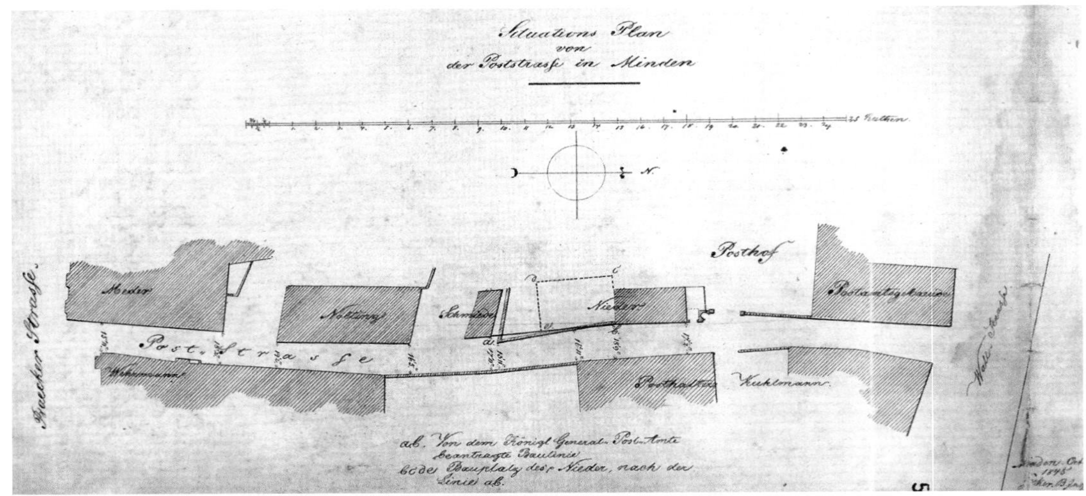

Abb. 1307 Poststraße 5 (Mitte oben), Lageplan zur Errichtung eines Anbaus, Bauinspektor Goeker 1845.

POSTSTRASSE 5 (Abb. 1307–1308)

ab 1817 selbständiger Besitz; bis 1818 ohne Haus-Nr.; bis 1878 Haus-Nr. 761 e

Kleinerer Geländestreifen entlang der Poststraße, aus dem Gelände des großen Hofes Poststraße 7 einschließlich eines Gebäudes 1817 ausparzelliert. Das Grundstück beim Bau der nördlich anschließenden Marienwallkaserne 1860 eingezogen.

1810 ersteigert der Postdirektor Berckenkamp meistbietend den sogenannten von Blombergschen Hof. Er stirbt 1814 und seine Witwe Eberhardine Wilhelmine Auguste geb. Kern wird Eigentümerin. Diese verkauft 1817 das Anwesen für 665 Rthl als Teilgrundstück des Hofes an den Steuerexecutor Johann Friedrich Reichwald, das seitdem als eigenes Grundstück geführt wird; 1819 das *an der Opfer oder Poststraße, auf dem Deichhofe, unweit des Festungswalles belegene Pertinenz-Stück des vormals freien Blombergischen Hofes, bezeichnet Nebengebäude an der Opferstraße Nr. 761 E* (STA DT, D 23 A Nr. 134, Grundakte Kreis Minden Bd. 1 Blatt 41). 1818 Reichwald, Wohnhaus 500 Thl; 1832/35 Witwe H. Reichwald; 1844/46 Gastwirt Adolf Nieder; 1853 Nieder, vermietet an Keller *an der Post* (hat drei Mietparteien, Keller hat vorn im Hause noch eine Kammer, alle Räume sind sehr klein).

Haus (bis um 1860)

Das Haus diente nach Einrichtung des Posthofes auf dem Gelände offensichtlich als Wohnhaus von Bediensteten und wird 1805 auch als *Briefträgerhaus* bezeichnet.

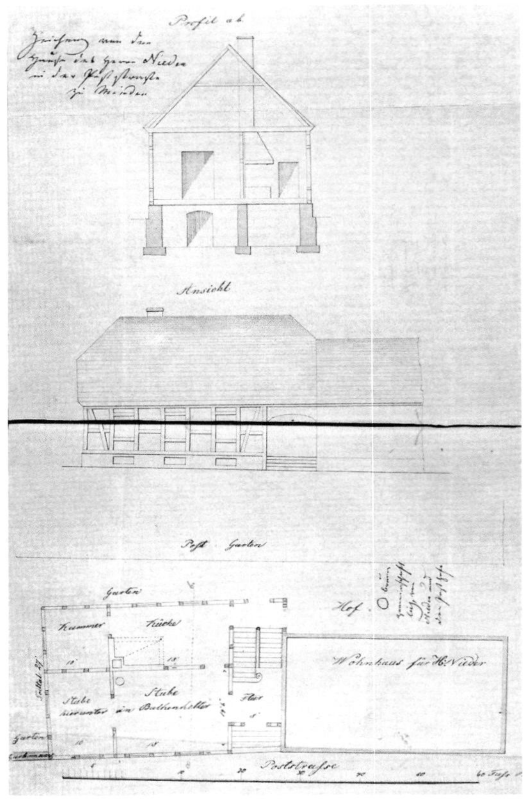

Abb. 1308 Poststraße 5, Bauplan für die Errichtung eines Neubaus, Bauinspektor Goeker 1845.

Eingeschossiger und traufenständiger Fachwerkbau unter Satteldach, mit der Längsfront unmittelbar an die Straße gestellt. Das Gebäude 1797 renoviert, dabei insgesamt 1 900 Rthl verbaut (KAM, Mi, C 134). 1816 in einer Verkaufsanzeige beschrieben mit zwei Stuben, drei Kammern, einer Küche und einem Keller (MIB 1816).

1845 wurde ein Anbau nach Süden beantragt. Die Pläne hierzu zeichnete der Bau-Inspektor Goecker. Der Fachwerkbau ebenfalls eingeschossig, aber tiefer und mit teilweise ausgebautem Krüppelwalmdach. Das Innere an der Wand zum Altbau mit einem breiten Querflur mit eingestelltem, gegenläufigem Treppenhaus, südlich davon zur Straße drei Fensterachsen mit zwei unterkellerten Stuben, zum Hof Küche mit offenem, aufgemauertem Herd mit Wrasenfang und einer dahinterliegenden Kammer (STA DT, M 1, I P, Nr. 828 – mit Situationsplan).

POSTSTRASSE 6 (Abb. 1309–1310)

bis 1818 ohne Haus-Nr.; bis 1878 Haus-Nr. 761 d; das Wirtschaftsgebäude Poststraße 8 (siehe Marienwall 29)

PLÄNE: *Zeichnung von Einrichtung des Schraderschen Hauses zum Geschäftslokal für das hiesige Haupt-Zollamt* mit zwei Grundrissen und Lageplänen. Gezeichnet von Kraushaar 1822 (STA DT, D 73, Tit. 4 Nr. 9925) (Abb. 1310).

Das Grundstück scheint schon vor der Mitte des 18. Jahrhunderts durch Abtrennung von Teilflächen mit Wirtschaftsgebäuden des sogenannten Flodorpschen Hofes (siehe dazu Marienwall 25 und 27) entstanden zu sein, wobei dieser wiederum zu nicht näher bekannter Zeit vom wichgräflichen Hof abgetrennt worden sein dürfte. Zugehörig immer ein nördlich anschließendes großes Wirtschaftsgebäude an der Ecke zum Marienwall (siehe Marienwall 29). Das Gelände nach teilweiser Zerstörung der Bauten 1944/45 und Abbruch der restlichen Gebäude im Jahre 1970 seit 1979 im Zuge der Stadtsanierung eingezogen und heute Teil eines Anliegerparkplatzes bzw. in Teilflächen zum Komplex Marienwall 29 gezogen.

1969 wohl auf diesem Grundstück als archäologischer Einzelfund aus nicht mehr weiter bekanntem Fundzusammenhang ein Standbodengefäß Pingsdorfer Art (10.–11. Jahrhundert) sichergestellt (siehe Teil I, Kap. I.2, Fundstellenregister, Fundstelle 34. Verbleib des Fundes: Mindener Museum, MA 83).

1747 Herrn Regierungspräsident von Derenthals (wohnt Poststraße 7) zweiter Hof, bewohnt von Domkapitular von Ledebur (hat seine Kurie Großer Domhof 11 vermietet und lebt hier mit Frau sowie vier Knechten und vier Mägden, hält eine Kuh); 1755 Domdechant von Ledebour; 1765/66 Regierungsrat von Cornberg; 1767 Verkauf des *von Kornbergschen freyen Hofes* an den Senator Joh. Georg Harten (siehe Bäckerstraße 35), der das Anwesen im gleichen Jahr als Mitgift seinem Schwiegersohn, dem königlichen Hof-Fiscal und Regierungs-Advokaten Laue überträgt. Der königliche Justizrat H. Johan Jacob Laue (* 1743), heiratet in erster Ehe Magdalena Friderica Harten (* 1. 3. 1742), die am 25.3.1769 im Kindbett stirbt, und in zweiter Ehe 1771 Adelheid Christine Franc. Struhlberg (* 1747, † 4. 9. 1817), Tochter des Landrentmeisters und Generalpächters der Grafschaft Tecklenburg, des Herrn Gerhard Friedrich Strubberg; 1781 Justizrat Laue, Wohnhaus 2 500 Rthl, Scheune 300 Rthl, Schweinestall und Planke 200 Rthl; am 21. 4. 1797 stirbt der Justiz-Rat und Dom-Capitular und Syndikus J. J. Laue (aus der Ehe der unverheiratete Sohn, der Tribunal-Richter Friedrich Georg Christian Laue, * 1772, † 1810); 1798 Frau von Korff, geb. Laue, Wohnhaus und Scheune. In einem weiteren Gebäude (wohl zur Miete ?) 1798 der Posthalter Dankhorst; 1801 verkauft die Witwe des Propstes von Korf, geb. von Buttlar, für 6 400 Rthl den Hof an den Commissionsrat Franz Ernst Christian Schrader. 1805 G. R. Schrader, Wohnhaus 3 000 Rthl, Scheune 500 Rthl, kleiner Stall mit Planke 100 Rthl; 1809 der Schradersche Hof; 1815 stirbt Schrader und seine Witwe Henriette Charlotte geb. Mühlenfeld wird Eigentümerin; 1818 Witwe *Commissionsrat* Schrader, Wohnhaus 6 000 Thl, Scheune 500 Thl und Stall mit Planke 100 Thl; 1819 der *in der Stadt Minden, in der Opferstraße nach dem Walle hin sub No 761 d belegen Schradersche Hof;* 1822 Schrader; 1832 Schraders Erben; 1835 Posthalter Kuhlmann, Wohnhaus 4 000 Thl, Scheune und Stall gestrichen, statt dessen neue Scheune für 2 000 Thl; 1846 Posthalter Karl Kuhlmann mit Familie und neun Postillonen sowie als Mieter Bauinspektor Gustav Schelle und Tierarzt Sipp (insgesamt 35 Personen); 1853 Posthalter Kuhlmann mit vier Postillonen und als Mieter der Oberpostdirektor Rahtert (STA DT, D 23 A Nr. 135, Grundakte Kreis Minden Bd. 2 Blatt 62. Siehe auch vorher Hypothekenbuch Minden-Ravensberg. Regierung Vol. 1 Pag. 169); 1878 Kuhlmann; 1892 Erbengemeinschaft Kuhlmann/Lerbeck (Glasfabrik Berghütte), bewohnt von Posthalter Engeln; 1893 Witwe Alwes; 1894 Schmiedemeister Eduard Melzig; 1910 Wagenfabrik Melzig; 1928 Wagenbau Hermann Melzig; 1937 Umstellung des Betriebes auf Automobilwerkstätte; 1947 Schmiedemeister Melzig. Autoreparatur und Garage; 1959 Werkstatt und Tankstelle (siehe auch Königswall 29) Hermann Melzig; 1970 Volksbank Minden.

Abb. 1309 Poststraße 6, Wappentafel von 1666 für Christof von Kannenberg, heute im Museum, Lap. Inv-Nr. 131.

Flügelbau (16. Jahrhundert–1945; 1947–1970)

Rückwärtig nach Westen ein Flügelbau entlang der südlichen Grundstücksgrenze, der wohl von älterer Bebauung übernommen wurde. Zweistöckiger Bau, das Erdgeschoß massiv und mit den charakteristischen Bogenstellungen in den Traufwänden. Das östliche Drittel mit halb eingetieftem Keller, darüber Saalkammer (später in zwei Räume unterteilt).

1945 durch Bombentreffer zerstört. An seiner Stelle 1947 Errichtung einer eingeschossigen und nicht unterkellerten Werkstatt; 1949 Ergänzung durch Obergeschoß von Stahlbeton; 1948 Aufbau eines Satteldaches. 1970 abgebrochen.

Wohnhaus (1765–1970)

1765 für den Regierungspräsidenten von Cornberg ein Neubau errichtet, der mit 2000 Rthl taxiert wurde (KAM, Mi, C 380). Zweigeschossiger und traufständig an die Straße gestellter Fachwerkbau mit recht flach geneigtem Satteldach, Kern des bis 1970 erhaltenen, aber wohl um 1835 im Erdgeschoß massiv erneuerten Gebäudes. Nach den Bestandsplänen von 1822 das Innere durch eine Längs- und zwei Querwände in sechs Räume unterteilt und über Haustür in der Mitte der Vorderfront erschlossen. In der Mitte nach vorn Diele mit Treppenanlage, nach hinten Wohnraum, nach Norden von zwei weiteren Räumen begleitet, nach Süden vorne Küche mit offenem Herdfeuer und Kammer dahinter. Zudem hier Durchgang zum rückwärtigen Flügelbau. Das Obergeschoß mit gleicher Raumeinteilung.

1822 sollten einige Innenwände zur Schaffung großer Geschäftsräume entfernt, ferner der Bau eingeschossig nach Norden verlängert werden. 1892 werden auf behördlichen Druck drei im Hause befindliche und geschleifte Schornsteine abgebrochen und erneuert. 1970 Abbruch des gesamten Komplexes durch Volksbank Minden (siehe Poststraße 4), wobei die Haustür und die beiden Wappensteine ausgebaut und ins Museum Minden verbracht werden.

Werkstatt (1897–1945)

1897 Errichtung einer massiven Schmiedewerkstatt auf der Ostseite des Hofes für 2000 Mark mit zwei Sheddächern auf Gitterträgern nach Plänen von J. Drabert durch Maurermeister Pook. 1945 durch Bombentreffer zerstört.

Fahrschulgebäude (1971–1979)

Als Fahrschulgebäude zusammen mit sechs Garagen für Rut-Erika Metje nach Plänen von H.-P. Korth errichtet. 1979 Abbruch durch die LEG im Zuge der Stadtsanierung.

Wappentafeln (von 1666)

Bis 1970 waren an der Rückseite des Gebäudes zwei – allerdings nicht gleich große – Wappentafeln in nicht näher bekanntem Zusammenhang eingemauert (jetzt einschließlich der Abgüsse im Museum Minden, Lap. Nr. 131 und 132). Sie standen ehemals sicherlich in einem gestalterischen

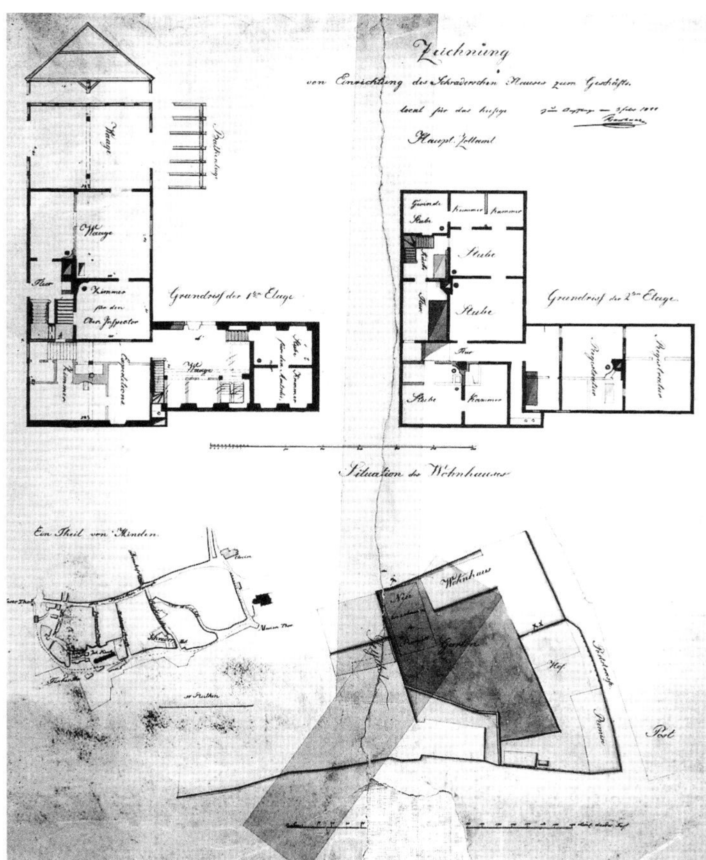

Abb. 1310 Poststraße 6, Lageplan sowie Grundrisse zur Einrichtung des Hauses als Zollamt, Kraushaar 1822.

Zusammenhang und dürften von einem unbekannten Gebäude auf dem ehemals weitläufigen Gelände des Hofes (zur Geschichte siehe unter Marienwall 25) stammen. MAROWSKY (1965 a, S. 154) datiert ihre Entstehung auf das Frühjahr 1666.

A) Rechteckige Sandsteintafel (67 x 58 cm), der obere Teil glatt, darin Vollwappen mit reich gezaddelten Helmdecken; der geschweifte, lebhaft konturierte Schild reicht unten bis in das Inschriftfeld. Im Schild drei (1:2) Henkelkannen, auf dem gekrönten Helm eine Kanne zwischen zwei Büffelhörnern. Die untere Hälfte der Platte mit Inschrift: *SEINER CHURFURSTL: / DURCHL: ZU BRANDENBURG / BESTALTER GEHEIMBTER KRIEGS=/ RAHT, GENERAL-LIEÜTENANT / ÜBER DERO CAVALLERIE OBRI=/ STER ZU ROS UND FUES, AUCH / GOUVERNEUR DER VESTE MINDEN / CHRISTOF V. KANNENBERG.*

B) Rechteckige Sandsteintafel (80 x 63 cm), im oberen Teil ebenfalls glatt. Auf der Fläche runde Akanthuskartusche mit geschweiftem Wappenschild mit einem über zwei Garben springenden Wolf. Über der Helmzier siebenzackige Krone. Im unteren Teil in einem rechteckigen Feld mit abgerundeten Ecken Inschrift: *DIE HOCHEDEL GEBORNE / FRAUW MARIA VON / KANNENBERG GEBORNE / VON BARTENSLEBEN.*

POSTSTRASSE 7, Wichgräflicher Hof, von 1792–1859 Posthof (Abb. 1311)

bis 1878 Haus-Nr. 761 f

PLÄNE: *Situations-Plan von dem Post-Amts Gebäude zu Minden*, gezeichnet von Bauinspektor Goeker 1853 (STA DT, D 73, Tit. 4 Nr. 10219).

Die Hausstelle der letzte Rest eines ursprünglich sehr weitläufigen Hofgeländes, das aus der in die vorstädtische Zeit zurückreichenden Kurie des Wichgrafen (siehe dazu auch Teil I, Kap. II, Siedlungsgeschichte, Wichgraf) hervorgegangen war und in vielen Schritten im Laufe der Geschichte durch immer weitere Abtrennungen von Grundstücken verkleinert wurde, wonach auf dem Gelände fast die gesamte Bebauung nördlich der westlichen Bäckerstraße entstand. Da der Hof zudem mehrmals seinen Namen wechselte, verlor sich auch die Kenntnis seiner Herkunft aus dem alten und für die Stadtentwicklung entscheidenden Wichgrafengut schon früh: Mitte des 16. Jahrhunderts wird er wegen seiner Lage an einem Teich als *Teichhof* oder *Deichhof* bezeichnet (woraus auch die Benennung einer benachbarten Straße hervorging). Ab etwa 1792 als Posthof von Minden genutzt (dieser zuvor Tränkestraße 1), der schon bald der ganzen Stadtregion seinen Namen gab und daher als an *der Opfer- oder Poststraße, auf dem Deichhof gelegen* bezeichnet wird.

Das Hofgelände erstreckte sich beidseitig des Stadtbaches, der im Bereich der Stadtmauer zu einem für den Siedlungsbereich namengebenden Teich aufgestaut wurde. Südlich des Hofes überquerte eine alte, vom Domhof aus der Stadt herausführende Straße im Verlauf des heutigen Deichhofes den Bach, folgte diesem dann am Westufer und führte über das Rosental zur Marienvorstadt (siehe dazu Bleichstraße). Weiter nördlich im Bereich der Brühlwiesen und wohl nahe der Fischerstadt stand eine Kirche, die dem hl. Aegidius (siehe Teil V, Kap. VII, S. 957–968) geweiht und möglicherweise aus einer Eigenkirche des wichgräflichen Hofes hervorgegangen war. Nachdem der Stadtmauerbau die den Weg wohl locker begleitende Bebauung in einen Bereich innerhalb und außerhalb der Stadt unterschied, bestand zunächst in der Flucht der alten Verbindung noch ein kleines Tor, das sogenannte Wichgräfer Tor. Es wurde später zu nicht näher bekannter Zeit – aber wohl noch vor dem späteren 14. Jahrhundert – geschlossen und der Deichhof dann parallel zur Mauer nach Westen an die Marienstraße angebunden.

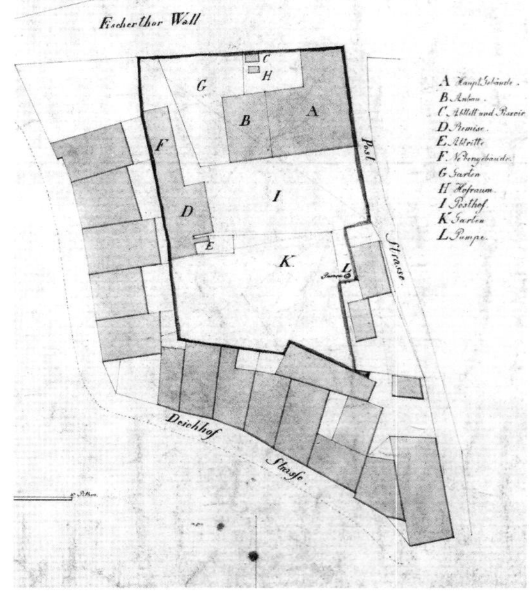

Abb. 1311 Poststraße 7, *Situations-Plan von dem Post-Amts-Gebäude zu Minden* Bauinspektor Goeker 1853.

Im 13. Jahrhundert dürfte das in der Stadt verbliebene Gelände des Hofes noch die gesamte Fläche zwischen den Kurien von St. Johannis an der Hellingstraße im Osten und der Deichhofstraße im Westen umfaßt haben, wobei in einem bislang nur in wenigen Teilen bekannten Prozeß mit der Zeit Teilflächen ausgeschieden wurden. Auf ihnen wurden insbesondere an der heutigen

Deichhofstraße Vikariatshäuser und Wirtschaftsgebäude des Domes errichtet, in anderen Bereichen auch Baugrundstücke für Bürger geschaffen. Weiter wurden einzelne größere Hofgrundstücke ausgeschieden, wobei es für die Erschließung der Teilflächen zur Anlage der Poststraße quer über den alten Hof kam. Dabei verblieben möglicherweise westlich davon wohl die Wirtschaftsgebäude, östlich die Wohngebäude. Dieser östliche Teil zu nicht näher bekannter Zeit (eventuell 1394 als Kurie des Domklosters ?) zu einem eigenen Hof abgeteilt (siehe zu dessen weiterer Geschichte Marienwall 25), der dann in der Neuzeit noch mehrmals weiter unterteilt worden ist.

Noch bis 1339 erstreckte sich der Hof bis zur Bäckerstraße, wo zu dieser Zeit in mehreren Schritten auf zugehörigem Gelände bürgerliche Hausstätten errichtet wurden (wohl Bäckerstraße 13–35). Aber auch nachdem im Laufe des 13. und 14. Jahrhunderts große Flächen abgetrennt worden waren, scheint der verbleibende Resthof noch nahezu das gesamte Gelände zwischen Deichhof und Poststraße umfaßt zu haben. Er war offenbar hauptsächlich mit großen Lagerhäusern, Speichern und Scheunen bebaut, in denen die über die wichgräflichen Güter sichergestellte Versorgung des bischöflichen Hofes in der Domimmunität abgewickelt wurde. Die Lage des eigentlichen Hauptwohngebäudes des Hofes als Sitz des wichgräflichen Verwalters unbekannt, aber wohl eher (bis 1394 ?) im östlichen, vom Stadtbach abgewandten Bereich zu suchen, der höher lag und damit trockner war. So wird noch bei Tribbe um 1460 die Hellingstraße als Zugang zum wichgräflichen Hof genannt. Erst zwischen dem 14. und 16. Jahrhundert reduzierte man die Fläche des Hofes auf den Bereich westlich der damit als Erschließung entstehenden Poststraße. Nachdem seit dem späteren 14. Jahrhundert im Nordwesten Flächen zur Errichtung von Vikarienhäusern abgetrennt worden waren (siehe Deichhof 24 f.), die man wohl auf der ehemaligen Zufahrt zum Wichgräfer Tor errichtete, sind in der Mitte des 15. Jahrhunderts schon die ersten Bürgerhäuser am Deichhof angelegt. Für die sogenannten fünf Häuser wurde ein Geländestreifen zwischen der Ostseite des Deichhofes (Nr. 16–22) und dem Stadtbach aufgeteilt. Die Hausstätten Deichhof 8, 10 und 12 scheinen im 16./17. Jahrhundert aus dem Gelände ausparzelliert worden zu sein, ebenso auch die Reihe der Häuser Deichhof 15–25 westlich der Straße. Der immer noch großflächige Hof hatte nun nur noch über die Poststraße und den Marienwall Zufahrtsmöglichkeiten. Auf der weiten Fläche standen offensichtlich insbesondere Wirtschaftsgebäude, die teilweise erst um 1800 durch Abverkäufe zu selbständigen Hausstellen wurden, wie etwa: Poststraße 1, 3 und 5, sowie Deichhof 2, 4 und 6. Seit 1860 ist die Situation durch die auf dem Gelände errichtete Marienwallkaserne (siehe Marienwall 31) völlig verwischt, seit Neubebauung der Fläche ab 1975 auch das historische Straßennetz verändert.

Als Versuch zur Lokalisierung des Wichgrafenhofes wurde 1978 eine Grabung durchgeführt, doch ist hierbei ein nicht zutreffendes Grundstück (siehe dazu Hellingstraße 3) untersucht worden.

Auf dem Gelände standen um 1300 ein Wohnhaus und zwei Speicher. 1319 wird die Kurie des Wichgrafen – *curiam nostram in civitate Mindensi, que dicitur wichgravii* – vom Bischof dem Ritter Heinrich von Münchhausen, seiner Frau Hillegunde und seinen Söhne Justaz und Friedrich für 80 Mark Bremer Silbers zu Lehen gegeben (KAM, Mi, A I, Nr. 35. – von Schroeder 1997, Urkunden, Nr. 34 und 35. – STA MS, Fürstentum Minden, Nr. 98. – WUB X, Nr. 631 und 632. – WPB I, 2, Cod. dipl., Nr. 27). Der nun schnell fortschreitende Aufsiedlungsprozess dieses Gebietes läßt sich deutlich an Hand verschiedener urkundlicher Überlieferungen nachvollziehen: So beschwert sich 1332 der Bischof über verschiedene Übergriffe der Bürgerschaft, wobei auch die eigenmächtige Bebauung des Wichgrafenhofes mit Häusern angesprochen wird. 1339 verkaufen die vier Brüder von Münchhausen *vnsen hof ghehethen des Wichgreuen hof ghelegben beneden der becker strate in Mynden* vor dem Wichgraf an die Stadt (KAM, Mi, A I, Nr. 53. – STA MS, Mscr. VII, 2726. – von Schroeder 1997, Urkunden, Nr. 49 und 50). Spätestens hiermit dürfte die Bebauung der Nordseite der Bäckerstraße eingesetzt haben. Noch im gleichen Jahr beschwert sich der Bischof Ludwig bei seinem Bruder, dem Herzog von Lüneburg, über die Stadt wegen des Wichgrafenhofes: *dat se buwet vppe den wichgreuenhof mit sulfwolt, ane vnsen willen vnde ane vse vulbort vnde vses capitels, ane recht* (KAM, Mi, A I, Nr. 55. – von Schroeder 1997, Urkunden, Nr. 42. – Westfalia Judaica, Nr. 76. – WPB I, 2, Cod. dipl., Nr. 31). 1349 verkauft der Bischof dem Domkapitel den Wichgrafenhof für 40 Mark Osnabrücker Pfennige wegen gewährter Beisteuer zum Rückkauf des verpfändeten Judenzinses: *curiam nostram dictam wichgreuenhoff in civitate Mindensi predicta situatam* (STA MS, Fürstentum Minden, Urkunden, Nr. 175a und b). Zugleich trennt er einen weiteren Teil westlich des Hofes ab und verlehnt ihn auf Lebenszeit an den Knappen Reynbert Steyn und dessen Schwager Arnold von Vornholz, der auf der einen Seite durch eine Wand, auf der anderen Seite durch einen Bachlauf begrenzt sei und sich bis zum Haus Anesatels erstrecke: *partem curie sue dicte Wichgreunhof videlicet spatium in introitu value eiusdem curie situm versus occidentem*, und zwar vom Bach *a kamenata lignea et prope et terminantur ad domum Anesatels* (STA MS, Fürstentum Minden, Urkunden, Nr. 173. – Scriverius 1974, S. 191). Das Domkapitel belehnt 1356 den Ritter Statius von Münchhausen und seine Frau Lutgart – Mitglied der hier schon länger lebenden Familie, die später auf dem mit dem Wichgrafenhof im Zusammenhang stehenden Spenthof in der nördlich anschließenden Marienvorstadt lebte (siehe dazu Bleichstraße 20), aber auch zwei weitere Höfe in der Stadt hatte (siehe Kampstraße 25 und Videbullenstraße 9) – mit dem verbliebenen Hof auf Lebenszeit und verpflichtet ihn zur Instandhaltung, wobei allerdings weitere Teile abgetrennt werden: *den Wichgreuen hof de binnen der muren tho Minden gheleghen ist.* Die Instandsetzung des Hofes *vth ghesproken dat hus vnd kemenaden dar Reybert Steyn inne wonet vnde twe spikere de dar vppe staet mit timmere worden vnde weghe de dar tho gat vnde horet* (STA MS, Fürstentum Minden, Urkunden, Nr. 184). 1364 wird ein Haus der Münchhausen mit dem zugehörigen Gelände beschrieben als gelegen westlich der Kurie des Wichgrafen, auf der anderen Seite des Baches nahe der Stadtmauer (Scriverius 1977, Anm. 70). Bei der weiteren Geschichte dieses Hofes scheint es neben der Abtrennung von Teilbereichen, die durch die sich ausdehnende Bürgerstadt bebaut wurden, also auch zur Anlage von kleineren Höfen im Gebiet des Wichgrafenhofes gekommen zu sein, die insbesondere zur Ausstattung geistlicher Einrichtungen dienten. 1377 wird der Vikarie St. Laurentius ein Grundstück bei der *Curia Wichgravii* überschrieben (Domarchiv Minden C 616, Archivverz. 1683, S. 310) und 1394 durch den Bischof die Kurie im Gelände des Wichgrafenhofes, die Wilkin Busche bewohnt, zu einer Kurie des Domklosters umgewandelt, um dem Mangel an Wohnungen für die Kanoniker teilweise abzuhelfen (nach Schroeder 1886, S. 226, 238, 248, 259, 306. – Dammeyer 1957, S. 57 und 72. – Scriverius 1966, S. 62, 98, 166 ff., 183 ff. – Scriverius 1974, S. 188).

1554 überläßt das Domkapitel seinem Syndikus Georg Lendecke *den Dyckhoff belegen an den viffhusen bey der muren bynnen der Stadt Minden* nach Pachtrecht für 1 Gulden oder 5 Mindener Mark. Der Domsyndikus verkaufte seinen mit neuen Gebäuden bebauten Besitz *bei den fünf Häusern* für 3 000 Taler 1567 an Otto Graf von Schaumburg (Dammeyer 1957, S. 128–129), der den Hof offensichtlich im folgenden verlehnte: 1581 belehnt die Schaumburgische Regierung den Johann Kampf mit dem *Dickhof* (ferner zwei Höfen in Nammen, der Zollwiese und dem Hof zu Dützen); 1604 belehnt Graf Ernst von Schaumburg Thomas Kampf mit dem gleichen Besitz (STA MS, Grafschaft Schaumburg, Urkunden 227, 255). 1630 steigt Tilly im sogenannten Schaumburger Hof ab, den der Rat deswegen in Stand setzen und einrichten läßt. Dabei wird auch eine Mauer entlang dem Steinweg bis St. Johannis errichtet (Bölsche o. J., S. 36).

1750/55 Regierungspräsident von Derenthal, Wohnhaus für 1 000 Rthl (ist 1752 verwitwet, hat vier Kinder, fünf Knechte und fünf Mägde bei sich, hält 3 Kühe); 1766 Erben Präsident von Derenthal; 1781 Witwe Protonotor Wideking: Hauptgebäude 1 500 Rthl, neu repariertes Nebengebäude am Walle 500 Rthl, kleines von der Witwe Becker bewohntes Haus 150 Rthl, Scheune und Stallung 350 Rthl; um 1792 Posthof des Postmeisters und Kriegsrat Albrecht (Samuel Gottlieb Albrecht wurde am 4. 8. 1790 zum Postmeister bestellt). 1798 Postdirektor und Kriegsrat Albrecht: halb massives Wohnhaus, Scheune sowie Wohngebäude mit zwei Wohnungen, in dem der Postreiter und Briefträger Eversmann wohnt. Ferner wohnt der Postschirrmeister Steinkamp in einem kleinen Neubau für 600 Rthl auf dem Gelände. 1799 wird ein nördlicher Teilbereich des Geländes als westlicher Teil des Grundstücks Marienwall 31 ausparzelliert und weiterverkauft, der übrige Bereich für 9 320 Goldtaler von Oberst Carl Wilhelm Christoph Fr. von Blomberg (* 28. 1. 1743 in Detmold, † 3. 2. 1821 in Minden) erworben, der von 1799–1809 Postdirektor in Minden war und hier seinen Posthof einrichtet. Der Hof besteht aus: 1) Hauptwohnhaus mit Postexpedition. 2) Garten 3) Stallungen 4) Nebengebäude an der Poststraße mit Garten 5) Hofraum; 1805 eine rückwärtige Scheune auf dem Gelände an das Anwesen Deichhof 22 verkauft, und anschließend als Nebengebäude hierzu ausgebaut (1821 für den Festungsbau abgebrochen); 1805 Obrist und Postmeister von Blomberg, Hauptgebäude 4 000 Rthl, Briefträgerhaus 500 Rthl, Wirtschaftsgebäude mit Stallung 1 500 Rthl; 1810 Erwerb durch den nachfolgenden Postdirektor Berckenkamp nach einer von den v. Redeckerschen Erben gegen den vormaligen Obristen und Postdirektor von Blomberg erwirkten Subhastation für 4 700 Rthl. Karl Christian Bernhard Berckenkamp (* 25. 2. 1767 in Goch/Niederrhein) war schon seit 1799 Postkommissar und Redakteur des Mindener Intelligenzblattes gewesen, seit 1809 Postdirektor (von Westphalen 1980, S. 645); 1812 *der wichgräfliche Hof*, bewohnt von Blomberg, zugehörig 4 Quadratruten kaiserliches Domainenland (KAM, Mi, D 392); nach Berckenkamps Tod wird 1814 seine Witwe Eberhardine Wilhelmine Auguste Berckenkamp geb. Kern Eigentümerin, von der das Königl. Preußische Generalpostamt in Berlin 1817 den Hof für 7 500 Rthl erwirbt. Als Käufer für das Generalpostamt tritt der Postdirektor Tissen in Minden auf, der ausdrücklich erklärt, daß das im Grundbuch eingetragene Nebengebäude an der Opferstraße (allerdings ohne den Baumgarten) 1817 von der Witwe Berckenkamp für 665 Thl an den Steuer-Speculator Reichwald verkauft worden sei. 1818 der sogenannte *Berkenkampsche Hof*, nun Besitz des Preußischen Generalpostamtes. 1819 der *in der Opfer oder Poststraße auf dem Deichhofe, ohnweit des Festungswalles belegene vormals freie von Blombergsche jetzt Berckenkamsche Hof, bestehend aus dem Haupt-Wohnhause, einen Garten, Hofraum, Stallungen, und einem Neben-Gebäude an der Opferstraße nebst Baumgarten (Flur 9 P. 147 Garten, Flur 9, Parzelle 148 a Haus und Hof, Flur 9, Parzelle 148 b* Garten) (nach STA DT, D 23 A Nr. 134, Grundbuch Kreis Minden Bd. 1 Blatt 1). Im Zuge der Neubefestigung wurde der Raum des zum Posthof gehörenden Stallgebäudes 1822 zwecks Erweiterung der Wallstraße mit einem verbliebenen Teil des *Hoffbauerschen Hofes* (siehe dazu Marienwall 33) zwischen Postfiskus und der Fortifikationsbehörde getauscht.

1818 Frau Postdirektor Berkenkamp, Wohnhaus 4000 Thl, Wirtschaftsgebäude mit Stallung 1 500 Thl; 1822/27 Posthaus; 1835 königliches Generalpostamt; 1846 Postdirektor Johann Tessen mit Familie; 1853 Postamt; 1850/58 auch die Oberpostdirektion Minden in dem Gebäude untergebracht, bevor sie ein eigenes Gebäude an der Kaiserstraße 31 erhielt. 1859 mit mehreren anderen Häusern an der Westseite der Poststraße gelegen, wurde das Gelände nun durch den Militärfiskus erworben und 1860 alle Bauten abgebrochen, um für den Neubau der Marienwallkaserne Platz zu machen. Verlagerung des Postamtes in das Gebäude der Oberpostdirektion, Kaiserstraße 31 (Neumann 1969, S. 127).

Wohnhaus (Mitte des 16. Jahrhunderts–1860)

Über das Haupthaus des Hofes nur sehr wenig bekannt. Den Kern der 1860 abgebrochenen Bauten bildet wohl ein im Norden entlang der Poststraße gestellter Bau mit Giebel zum Wall. Dieser sicherlich vor dem 18. Jahrhundert (in der Mitte des 16. Jahrhunderts ?) errichtet und wohl identisch mit dem bei Wenzel Hollar um 1634 dargestellten zweigeschossigen Bau mit der Hofseite vorgelegtem mittleren Treppenturm. An Stelle des Treppenturms trat vor 1829 ein westlicher Flügelbau von nicht weiter bekannter Gestalt. Auf seine Errichtung könnte sich die Nachricht beziehen, das Posthaus sei um 1792 für 4000 Rthl neu gebaut worden, wofür 400 Rthl Baufreiheitsgelder ausgezahlt wurden (KAM, Mi, C 134). 1802 wird berichtet, der Posthof sei neu verputzt worden (KAM, Mi, C 142). Nach 1828 wurde der westliche Flügel noch einmal nach Westen mit einem Anbau versehen.

1853 wird der Bau beschrieben: im Parterre eine Packkammer, eine Passagierstube, ein Expeditionssaal und ein Kassenzimmer. In der ersten Etage sind die Büros der Oberpostdirektion (ehemals eine Wohnung von 10 Zimmern). Im Hintergebäude (an der westlichen Grundstücksgrenze) wohnt oben Wagenmeister Heller (Stube und Kammer, ehemals Küche und Speisekammer), im Erdgeschoß ist eine Waschküche und Stall für drei Pferde.

1860 alle Bauten für die Errichtung der Marienwallkaserne abgebrochen (Schroeder 1886, S. 704).

Priggenhagen

Der Begriff Priggenhagen ist zum ersten Mal um 1320 im Mindener Stadtbuch erwähnt: das *Prichkenhagendore* (von Schroeder 1997, Stadtbuch 1318, I, Nr. 26. – Krieg 1929, S. 86), wobei mit der Endung *-hagen* im Niederdeutschen eine Wiese bezeichnet wird. Tribbe versteht in seiner um 1460 entstandenen Stadtbeschreibung unter dem Begriff *in dem Priggenhagen* noch einen weiter gefaßten Stadtteil oder ganzen Bereich im Südosten der Stadt, wobei er dort die dem St. Martini-Stift gehörende Mühle sowie ein von ihm als weitgehend unnütz erachtetes Stadttor beschreibt. 1709 der *Priggen Hagen* (KAM, Mi, B 147,5 alt). Für die Häuser am oberen Teil der Straße (Nr. 1, 3 und 5) wurde seit dem 18. Jahrhundert auch die Ortsbezeichnung *am Kaak* (siehe Obermarktstraße) verwendet.

Die Straße dürfte in ihrer Anlage wohl spätestens im 11. Jahrhundert bestanden haben und zunächst als Teil des Verbindungsweges von dem auf der oberen Uferterrasse liegenden Martini-Stift über die Hohe Straße und den Obermarkt zu der dem Stift gehörenden Mühle im Priggenhagen (siehe Lindenstraße 42) gedient haben. Dieser Weg dann mit Ausweitung der städtischen Siedlung im 12./13. Jahrhundert auf der Ostseite mit einigen großen bürgerlichen Hausstätten besiedelt, die später vielfach unterteilt wurden. Die vom Obermarkt abzweigende Straße windet sich entsprechend der Topographie in einem s-förmigen Bogen den Hang hinab, um westlich der Mühle über deren Stauwehr die Stadt zu verlassen. Dabei wurde sie unmittelbar vor der Bastau seit dem 13. Jahrhundert von der Mauergasse entlang der Stadtmauer gekreuzt: nach Westen der Petersilienstraße als Mauergasse hinter der Simeonstraße und nach Osten der Lindenstraße. Die Mühle selbst lag also außerhalb der Mauer, die hier ein kleines Tor, das Priggenhäger Tor, aufwies.

Die Bebauung der Straße blieb über Jahrhunderte sehr heterogen, da sie nur in Teilbereichen mit historischen Bürgerstätten besetzt war. Insbesondere im nördlichen Abschnitt der Ostseite gab es im Anschluß an die Bebauung des Obermarktes drei große bürgerliche Stätten (1/3, 5/7 und 9), die weit durch den Block bis zur Lindenstraße reichten und von denen alle weiteren Bauten dieser Seite als Neben- und Wirtschaftsbauten abgetrennt worden waren, zum Teil später zu Wohnhäu-

Abb. 1312 Priggenhagen, Blick von der Einmündung Lindenstraße über den östlichen Arm nach Westen zum Simeonskirchturm. Rechts Eckhaus Lindenstraße 32, Priggenhagen 23, 21 und 19. In der Bildmitte Priggenhagen 12. Zustand 1912.

sern umgestaltet. Die gegenüberliegende Seite bildete in ihrem oberen Abschnitt zunächst nur die rückwärtige Erschließung der ersten Hausstätten an der Simeonstraße, wobei der Priggenhagen in seinem unteren Bereich von wohl ursprünglich drei weiteren Hausstätten gesäumt war: der noch erhaltene Komplex Priggenhagen 10/12 (mit Petersilienstraße 8–12), die zumindest seit dem 17. Jahrhundert daran östlich anschließende weite Gartenfläche sowie der später aufgeteilte Block zwischen Lindenstraße und Priggenhagen.

Im Osten wies der Priggenhagen einen zweiten Arm auf, der unmittelbar zur Lindenstraße führte, hierhin allerdings nicht befahren werden konnte, sondern bis 1879 nur eine Treppenverbindung hatte. 1879 kam es zu größeren Baumaßnahmen im östlichen Bereich der Straße, die mit der südlichen Verlängerung der Lindenstraße über die Bastau hinweg bis zur Portastraße im Zuge der Entfestigung zusammenhingen. Dabei wurde der alte Bastauübergang mit der Brücke westlich der Mühle aufgegeben und der östliche Arm des Priggenhagen nun an die nach Süden verlängerte Lindenstraße angeschlossen, die die Bastau östlich der Mühle überbrückte. Dafür mußte der Priggenhagen hier erheblich abgesenkt werden, so daß die hier bislang bestehende Treppenanlage fortfallen konnte. Ermöglicht wurden diese Maßnahmen durch den Brand der Bauten Lindenstraße 38/40, wobei in diesem Bereich nun auch die Baufluchten völlig verändert werden konnten. Nachdem 1880 die Fluchtlinien für die ganze Straße festgestellt wurden, kam es abschließend auch im oberen oder

Abb. 1313 Priggenhagen, Blick von der Einmündung Lindenstraße über den östlichen Arm nach Westen zum Simeonskirchturm. Rechts Priggenhagen 23, 21 und 19. Links Priggenhagen 12. Zustand 1970.

westlichen Bereich zur Neupflasterung der Straße, wobei bei der um 1888 erfolgten Anlage der Kanalisation Teile wieder umgelegt wurden.

Der südliche Teil der Straße seit 1878 eine Sackgasse, wobei die Bastaubrücke abgebrochen und der südlich anschließende Straßenabschnitt ganz eingezogen und den benachbarten Grundstücken zugeschlagen wurde. Die hier südlich der Bastau noch auf der Ostseite der ehemaligen Straße stehenden und ehemals zum Priggenhagen orientierten Häuser erhielten daraufhin eine neue Erschließung und Nummer von der Lindenstraße her (siehe Lindenstraße 40 bis 48).

In den Jahren 1978/79 wurden sämtliche Bauten der Nordseite der Straße, ferner ab Nr. 14 auch die Bauten auf der Südseite abgebrochen sowie in diesem Bereich auch die Straße selbst im Zuge eines großen Sanierungsprojektes eingezogen, um unter Einschluß weiterer Flächen an Lindenstraße und Obermarktstraße das »Obermarktzentrum« zu errichten (siehe Obermarktstraße 33 f.). Der verbliebene Rest der Straße östlich des Hauses Nr. 12 seitdem mit einer neu geschaffenen Stichstraße an die Petersilienstraße angebunden. Mit diesen rigorosen Maßnahmen wurden nicht nur alle historischen Strukturen verwischt und die stadtgeschichtlich wichtigen Zäsuren, wie der in die Vorgeschichte der Stadt zurückreichende Verlauf der Straße und der Stadtmauer, beseitigt, sondern das Gelände (ohne Erhebung von archäologischen Befunden) großflächig abgebaggert, wobei sich heute an Stelle der östlichen Straße der tiefgelegene weiträumige Betriebshof des Obermarktzentrums befindet.

NACHRICHTEN ZU NICHT BEKANNTEN BAUTEN:

1318 überläßt Wedekind von Bohmte seinem Sohn Ludolf ein Haus *in deme Prigenhagen* (von Schroeder 1997, Stadtbuch 1318, I, Nr. 7).

1321 überlassen Ludemann von Bohmte und seine Frau dem Dietrich, dem Werkmeister (*werchmestere*) und seiner Frau *sin hus bi deme Prichkenhagen* (von Schroeder 1997, Stadtbuch 1318, I, Nr. 30).

1327 überläßt Johann Schodebusch seinen Brüdern Gerd und Rother *en hus in deme Prighenhagen* (von Schroeder 1997, Stadtbuch 1318, I, Nr. 66).

1334 verpachtet das Heilig-Geist-Hospital dem Gerbart von Langerden und seiner Schwester Irmgard eine Hausstätte zur Bebauung: *aream quandam ad superedificandum domum prope domum ejusdem Gerbarti in Pricghenhagen sitam*; nach Tod der Pächter fällt *eadem area cum omnibus et singulis structuris* ans Heilig-Geist-Hospital (STA MS, Mscr. VII, 2716, Bl. 10v).

1382 verkauft Gese Schnurersche dem Heilig-Geist-Hospital eine Rente *in ore huß vnde stede myd al syner to behoringhe also dat gelegen ys in deme Priggenhagen negest Ludeken huß Poggen.* Als spätere Besitzer sind nachgetragen: Witwe Duver (*de Duuuersche*), später *Arnd* (STA MS, Mscr. VII, 2716, Bl. 25v).

1502 hat Johan Brackrogge eine Obligation über 20 gfl bei der städtischen Rentenkammer auf seinem Haus. Als spätere Besitzer werden genannt: 1570 Johan Neeltings, Lübberdt Schünings, Hinrich Westrup, Arendt Müller, 1663 Johan Gabriel Müller *im Priggenhagen.* 1683 wird das Kapital von Doct. Kuhleman zurückgezahlt (KAM, Mi B 151). Wohl aus dem gleichen Haus wird 1569 von Johann Nolting und seiner Frau Grete dem Heilig-Geist-Hospital eine Rente verkauft: *so dat im Priggenhagen alhier in vnser stadt twuschen Daniell Lichtebekers vnnd Thomas van Kampen echterhuse belegen.* Als spätere Besitzer sind nachgetragen: Gabriel Natorp, Arnd Moller, *Catrin* Müller (STA MS, Mscr. VII, 2716, Bl. 127v).

1737 erhält der Advokat Bessel (wohnt Priggenhagen 5) für 40 Rthl das baufällige Haus von Heinrich Lüning im Priggenhagen (WMR 1737).

PRIGGENHÄGER BRÜCKE über die Bastau (bis 1878)

Diese Brücke schloß sich südlich an das Priggenhäger Tor und unmittelbar an den Westgiebel der Priggenhäger Mühle an (dazu siehe Lindenstraße 42) und führte über die hier durch das Mühlenwehr angestaute Bastau. Wenn diese Mühle auch schon seit dem 11. Jahrhundert nachweisbar ist, so ist die bis 1878 bestehende Situation mit der Brücke westlich der Mühle sicherlich erst um 1510 entstanden oder aber zu dieser Zeit wesentlich verändert worden, nachdem die zuvor vor der Stadtmauer gelegene Mühle mit Anlage durch neue Wälle in die Stadt mit einbezogen wurde.

1779 ist *die hölzerne Brücke im Priggenhagen über die Bastau auf der einen Seite dergestalt schadhaft, das solche nicht ohne Gefahr zu Pferde oder Wagen passiert werden kan* (KAM, Mi, C 828). 1794 wird festgestellt, daß die Futtermauern des Stauteiches vor einigen Jahren durch die Stadt für 78 Rthl ausgebessert worden seien. Nun müsse auch die Brücke selbst dringend erneuert werden. Um die Kosten dafür aufzubringen, schließt man mit dem neuen Erbpächter der Mühle einen Vertrag, daß ihm jährlich 8 Rthl von der Mühlenpacht erlassen würden, wenn er fortan die Brücke und die Teichmauern unterhalten würde (KAM, Mi, C 573). 1852 ist die Brücke wiederum sehr baufällig, so daß Mühlenpächter Wehdeking zur Reparatur aufgefordert werden muß. 1865 erhält sie ein neues Geländer (KAM, Mi, F 724).

Mit der Verlängerung der Lindenstraße nach Süden über die Bastau und die Wälle hinaus wurde 1878/80 der Priggenhagen in seinem südöstlichen Verlauf aufgegeben. Damit wurde die Brücke über die Bastau überflüssig, abgebrochen und die Fläche mit den anschließenden Wegstücken dem Mühlengrundstück zugeschlagen.

Abb. 1314 Priggenhagen 1 (links), 3 und 5, Blick vom Obermarkt nach Osten, 1970.

PRIGGENHAGEN 1 (Abb. 1314, 1315)

1729 bis 1743 Martini-Kirchgeld Nr. 189; bis 1878 Haus-Nr. 219; bis 1908 Obermarktstraße 37

LITERATUR: Faber-Hermann 1989, S. 89 Abb. 22.

Schmale und tief in den Baublock bis zur Lindenstraße reichende bürgerliche Haustätte, die rückwärtig bis zur Stadtmauer reichte. Hier wohl Nebengebäude bzw. Buden errichtet (siehe Lindenstraße 26 bis 30), die aber alle schon im 18. Jahrhundert von dem Grundstück abgetrennt waren. Ehemals offenbar auch das benachbarte Haus Priggenhagen 3 als Nebenhaus zugehörig. Beide Bauten mit gemeinsamer Wand, die ursprünglich wohl zu Nr. 1 gehörte.

1663 Jürgen Meyer; 1680 Andreas Kupferschmidt, *itzo* Rudoll Meyer; 1681/92 Rudolff Meyer (zahlt jährlich 4 Thl Giebelschatz); 1702 Rudolff Meyer, *itzo* Mesolle; 1704/11 Jürgen Mesolle; 1723/38 Witwe Jürgen Mesollen; 1740 Witwe Jürgen Meysollen; 1742 Johann Gevekothe, ehemals Meyßollen; 1750 Gevekothe; 1755 aus für 250 Rthl; 1781 Jordan, Haus 250 Rthl; 1798 Branntweinbrenner Hartmann; 1800 Haus mit Braurecht, Hinterhaus, Hof mit Mistplatz und Pumpe der Eheleute Hartmann, ehemals Jordan, mit Huderecht für 4 Kühe vor dem Königstor, angeschlagen zu 1 850 Rthl, soll versteigert werden (WMA 8, 1800); 1804 Wohnhaus und Scheune, mit Braurecht und Brunnen. Hat zwei Pferde, eine Kuh, sechs Schweine; 1809 Fuhrmann Hartmann; 1818 Kampmeier; 1820 Carl Cammeyer, Zwangsversteigerung des Wohnhauses mit Scheune, Hofplatz und Pumpe (hat auch Priggenhagen 3), angeschlagen zu 1 800 Rthl (PIB 25, 1820); 1821 Erhöhung auf 1 400 Thl und 1826 auf 2 000 Thl; 1827 Friedrich Wilhelm Kiel; 1846 Klempner Müller und mehrere Mieter (insgesamt 25 Personen im Haus); 1851 Böttcher Dietrichs und Klempner Müller; 1853 Kaufmann Kiel; 1870 Böttchermeister Dietrich; 1871/78 Klempnermeister Gerhard Waag; 1896 G. Waag verkauft verschiedene Baugrundstücke an der Einmündung der Blumenstraße in die Besselstraße (aber auch an der Wilhelmstraße); 1897 G. Waag ist Gründungsmitglied der Volksbank (zunächst

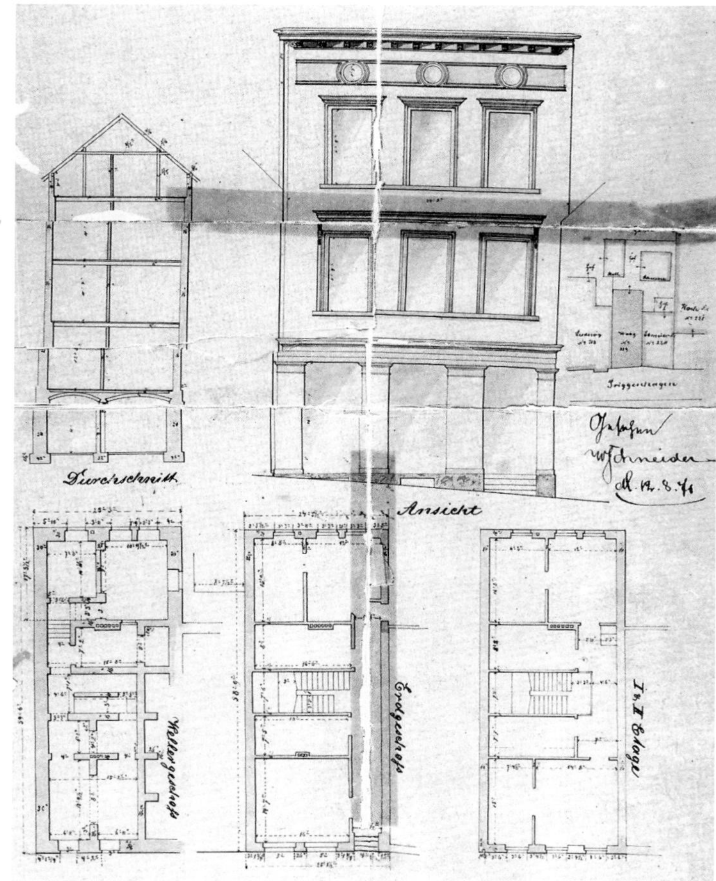

Abb. 1315 Priggenhagen 1, Bauplan zur Errichtung des Hauses, Maurermeister Sinemus, 1871.

»Mindener Vorschußverein«) und bis 1915 Vorsitzender ihres Aufsichtsrates; 1902 erbaut sich G. Waag die Villa Uferstraße 3; 1908/13 Rentner G. Waag; 1920 Wirt Karl Goliberzuch (wohnt Obermarktstraße 35).

Haus (1871–1979)

Nach Besitzwechsel 1871 für den Klempnermeister Gerhard Waag durch den Maurermeister Sinemus errichtetes, sehr schmales und ganz unterkellertes Giebelhaus (Kappen auf gemauerten Bögen) mit flachem Satteldach. Die Fassade dreiachsig gegliedert, dabei in der rechten Achse die Haustür. Dahinter ein seitlicher Flur, an den sich in der Mitte der nördlichen Traufwand das zweiläufige Treppenhaus anschließt. Im rückwärtigen, ganz aus dem Erdreich reichenden Kellerbereich die Klempnerwerkstatt eingerichtet.

1876 Teilbrand in dem neuen Haus. 1898 Kanalisation, 1913 Einbau von Toiletten. 1919 wurde das Haus in den Komplex des nördlich benachbarten Gasthauses und Hotels »Grüner Wenzel« (siehe Obermarktstraße 35) einbezogen, wobei im Erdgeschoß umfangreiche Änderungen und Durchbrüche vorgenommen wurden (Baugeschäft Sipp).

1979 Abbruch durch die LEG im Zuge der Stadtsanierung.

PRIGGENHAGEN 2

bis 1908 ohne Haus-Nr.; Nebengebäude des Hauses Simeonstraße 1 (siehe dort).

PRIGGENHAGEN 3 (Abb. 1314)

1729 bis 1743 Martini-Kirchgeld Nr. 188; bis 1878 Haus-Nr. 220; bis 1908 Obermarktstraße 39 Offensichtlich ursprünglich das Nebenhaus zu Priggenhagen 1, mit dem es bis 1831 in gemeinsamem Besitz war.

1663/84 Bartolt von der Beke (zahlt jährlich 3 Thl Giebelschatz); 1692/1702 Arendt von der Becke; 1704 Bürgermeister Becken Hauß vorher Arendt von der Becke; 1709/11 Bürgermeister von der Becke; 1723 Garkoch Jürgen Münstermann; 1729/38 Johann Hinrich Costede; 1740 Johann Gevekothe; 1743 ohne Eintragung (Haus ohne Grundbesitz); 1750 Johann Gevekothes Nebenhaus; 1755/66 Haus 1 500 Rthl; 1776 Schlächter Stuhr; 1781 Jordans zweites Haus, 1 500 Rthl; 1800 Haus ohne Braurecht der Eheleute Hartmann (haben auch Priggenhagen 1), ehemals Jordan, soll mit Huderecht für zwei Kühe vor dem Königstor versteigert werden. Angeschlagen zu 785 Rthl (WMA 8, 1800); 1802 Hartmann; 1804 Mieter ist Schuster Rader; 1809 Mieter ist Witwe von Eckardsberg; 1810/12 Fuhrmann Hartmann; 1818 Kammeier, Wohnhaus 400 Thl, Stallung 150 Thl; 1820 Carl Kammeyer (besitzt auch Priggenhagen 1), Zwangsversteigerung des auf 930 Rthl angeschlagenen Hauses (PIB 25, 1820); 1831 Verkauf an Koch (wohnt im Nachbarhaus und erwirbt auch die anschließenden Häuser); 1846 verschiedene Mieter; 1853 Witwe Justizrat Koch; 1893 Fräulein Ebmeyer; 1892 Fräulein Auguste Paul; 1907 Buchdrucker Heinrich Brand; 1954 Jenny Brand; 1978 LEG.

Haus (16./17. Jahrhundert–1979)

Sehr schmales und zweigeschossiges Giebelhaus von nur 6,10 m Breite. Die Südwand und der Vordergiebel massiv, die Nordwand offensichtlich gemeinsam mit dem Haus Priggenhagen 1 (wohl nachträglich an dieses angefügt). Steiles Satteldach mit Krüppelwalm. Der Bau im Kern wohl aus dem 16. oder 17. Jahrhundert.

1776 wird berichtet, das Gebäude sei für 400 Rthl *in Dach und Fach unterhalten* (KAM, Mi, C 384, 388). Bei dem zugleich erfolgten Abbruch des südlich anschließenden Nachbarhauses kam es zu Bauschäden der Umfassungsmauern, die durch Klammern und ähnliches behoben wurden (KAM, Mi, D 269). Schon 1806 wird erneut festgestellt, daß der Giebel des Gebäudes zum Nachbarhaus Nr. 5 bis zum Grund gerissen sei. Er scheint von der Traufwand abgerissen zu sein. Nach einem Gutachten von Landbaumeister Kloth und Forstmeister Brüggemann soll die Wand geklammert und der Riß mit Gips ausgegossen werden. Zwei abgefaulte Balkenköpfe sollen mit eisernen Ankern befestigt werden (KAM, Mi, C 829). 1809 droht der massive Giebel des Hauses einzustürzen und wird 1810 durch den Zimmermeister Wehking Junior saniert (KAM, Mi, D 269).

Die innere Aufteilung des Hauses dürfte in der zuletzt überlieferten Form um 1820/30 entstanden sein: breiter Längsflur auf der südlichen Seite, an den sich nördlich eine Folge von Stube, Kammer und zweiläufigem, querliegendem Treppenhaus und rückwärtig einer breiteren Küche mit nur schmalem Flur zum Hof anschließt. Dabei die Teilung in Diele rechts und vorderen linken Einbau möglicherweise sogar noch bauzeitlich, nachträglich nur durch Einbau einer Zwischendecke und rückwärtiger weiterer Abtrennungen modifiziert. Haustür mit Gestell und verglastem Oberlicht der Zeit um 1830.

1892 Entwässerung; 1907 Kanalisation. 1954 Einbau eines Milchgeschäftes für Friedrich Dreyer; 1959 Umbauten und Ausbau des Dachgeschosses. 1979 im Zuge der Stadtsanierung durch die LEG für den Bau des Obermarktzentrums abgebrochen.

PRIGGENHAGEN 4

bis 1878 ohne Haus-Nr; bis 1908 Priggenhagen 3; Nebengebäude des Hauses Simeonstraße 5 (siehe dort).

PRIGGENHAGEN 5 (Abb. 1314, 1316, 1317)

1729 bis 1743 Martini-Kirchgeld Nr. 187; bis 1878 Haus-Nr. 221; bis 1908 Obermarktstraße 41 Große und weit durch den Baublock bis zur Lindenstraße reichende bürgerliche Parzelle, dabei offenbar ehemals das Haus Priggenhagen 7 als Nebenhaus zugehörig. Ferner die Hausstätten Lindenstraße 32 und 34 als zunächst zugehörige Buden, das Haus Priggenhagen 23 als weiteres Nebengebäude. 1740 wird berichtet, daß hinter dem Haus ein Hofraum mit Stallungen sei, ferner dort ein

Abb. 1316 Priggenhagen 5, Ansicht von Westen, 1971.

Abb. 1317 Priggenhagen 5, Haustür von 1776 (jetzt Ritterstraße 38), Zustand 1978.

abgeschlossener Brunnen, der gemeinschaftlicher Besitz mit einem Nachbarn ist. Hinter dem Hof ein großes neues Hinterhaus und dahinter ein Haus, das jetzt Pferdestall ist. Zum Haus gehört die Braugerechtigkeit und eine Hudegerechtigkeit auf 6 Kühe in der Simeonstorschen Feldmark.

1663 Witwe Büttener (geb. Anne Schütze); 1680 Witwe Jürgen Büttener; 1681/82 Harmen Hamme, zahlt jährlich 4 Thl Giebelschatz; 1698 Witwe Harmen Hamme jetzt Trikatell; 1702/09 Leutnant Trickatellen Haus; 1711 Witwe Leutnant Trickatellens Haus; 1712 aus dem Tricotellischen Konkurs für 850 Rthl von Amtsrat Deting erworben; 1723 Jürgen Hammes Haus; 1729 Jürgen Hamme; 1733 durch Erbschaft an den Fiscal Bessel; von 1733 bis 1739 vom Fiscal Bessel bewohnt; 1736 Bessel erwarb einen dahinterliegenden grünen Hof aus dem Pöttkerschen Konkurs; 1740 nachdem das junge Ehepaar Bessel verstarb, kam das Haus durch Erbschaft an Pastor Schlichthaber (siehe: Hausbuch des Pastors Schlichthaber in KAM, Mi, C 104); 1743/50 Pastor Schlichtaber; 1755 Haus für 700 Rthl; 1766 Witwe Schlichthaber; 1781 Regierungsrat Aschoff, Wohnhaus 1 000 Rthl (besitzt auch Priggenhagen 23 und Lindenstraße 30), vermietet an Major von Uttenhoven; 1798 Erben Aschoff; 1802/04 Aschoffs Erben, Wohnhaus 1 500 Rthl, Scheune 500 Rthl; 1804 Kochs Erben (Major von Baernstein), hat Braurecht; 1809 Mieter sind Kaufmann Mauers und Herr von Stach sowie Steuerkontrolleur Keerl; 1810 Erben Regierungsrat Aschoff; 1815/32 Justiz-Kommissar Johann Ludwig Franz Koch (* 1791); 1835 ohne Eintragung; 1846 Justizrat Johann Koch; 1853 Witwe Justizrat Koch; 1873 Fräulein Koch; 1878 Koch; 1908 Kaufmann Fritz Marpé; 1923 F. A. Mosel (Nähmaschinen- und Fahrradhandel); 1924 F. A. Mosel (Mindener Autohaus); 1931/37 der Komplex an Autofahrschule H. Hinrichsen verpachtet; 1935 Besitzer ist Buttergroßhandlung Hammonia (Carl Ehlers AG/Hamburg).

Dielenhaus (vor 1600–1979)

Der Kern des undokumentiert abgebrochenen Hauses ist den Proportionen nach sicherlich vor 1600 entstanden und war ein eingeschossiges Dielenhaus. Massive Umfassungswände, steiles Satteldach. Innere Gliederung nicht weiter bekannt. Hinter dem Haus wohl ein südlich eingezogener Flügel entlang der nördlichen Grundstücksgrenze.

1731 werden vorne im Hause die beiden Stuben neu gebaut. Darüber auf dem Boden neue Unterschläge und eine Rauchkammer geschaffen und unter die Balken steinerne Pilaren gestellt.

Der Vordergiebel mit eisernen Ankern 1776 am Fuß des Dreiecks datiert. Offensichtlich wird diese Baumaßnahme 1781 als *Reparatur* erwähnt. Dabei scheint man in einer ungewöhnlich und ohne Vergleich gebliebenen Weise etwa die vordersten 8 Meter des alten Hauses zu Gunsten eines Vorhofes abgebrochen und vor dem verbliebenen rückwärtigen Rest des alten auf etwa die Hälfte reduzierten Hauses eine neue Fassade errichtet zu haben. Diese als massive Putzfront von drei Achsen und mit Krüppelwalmdach ausgeführt, dabei breite und rechteckige Haustür mit sandsteinernem Gewände und durch Zwischensturz ausgeschiedenem Oberlicht geschaffen. Die beiden Blätter von Eiche und mit aufgedoppeltem Kissen.

Das Innere seitdem zweigeschossig durchgebaut mit mittlerem etwa 2 m breiten Längsflur, in der Mitte der linken Seite gegenläufige Treppenanlage.

Noch 1810 wird festgestellt, daß beim Abbruch des Hauses Schäden an dem Nachbarhaus Priggenhagen 3 entstanden seien. Es waren Sicherungsmaßnahmen mit Eisenklammern und ähnlichem für über 39 Rthl notwendig (KAM, Mi, D 269).

1924 Anbau einer rückwärtigen Waschküche (durch MEWAG). 1926 Aufstellen einer Dapolin-Zapfsäule vor dem Haus; 1937 Überdachung des rückwärtigen Hofes für die seit 1923 im Nachbarhaus befindliche Werkstatt (durch Karl Scheidemann); 1965 Einbau eines Ladengeschäftes in den vorderen linken Wohnraum; 1979 im Zuge der Stadtsanierung durch die LEG für den Bau des Obermarktzentrums abgebrochen (siehe Obermarktstraße 33 f.).

Das zweiflügelige Türblatt nach Abbruch des Hauses in dem Gebäude Ritterstraße 38 wieder eingebaut.

PRIGGENHAGEN 6

siehe Hintergebäude Simeonstraße 7, rechter Bauteil

PRIGGENHAGEN 7

1729 bis 1743 Martini-Kirchgeld Nr. 186; bis 1878 Haus-Nr. 222; bis 1908 Priggenhagen 1

Die Hausstätte offenbar zunächst als Nebenhaus zum großen bürgerlichen Anwesen Priggenhagen 5 gehörend und zu unbekannter Zeit (vor 1743) selbständiger Besitz geworden, seit etwa 1830 wieder als Nebenhaus zu Priggenhagen 5 gehörend.

1663 Christian Rodenbecke (stirbt 1667); 1680 Christian Rodenbeckens Haus; 1681 Johann Schmidt (zahlt jährlich 3 ½ Thl Giebelschatz); 1684 Haus des verstorbenen Johann Schmidt; 1692 Johann Jäger; 1698/1711 Notarius Johann Jäger; 1723 Färber Conrad Lämmerhirte Junior; 1729 Lämmerhirte; 1704 Lämmerhirte Junior; 1743 Konrad Lemmerhirte; 1750 Lämmerhirte; 1755 Haus für 100 Rthl; 1781 Schuster Borchard; 1798 Witwe Borchard; 1804 Witwe Borchard. Haus mit Braurecht und Brunnen. Hat 2 Kühe, 1 Jungvieh und 1 Schwein; 1809 Uhrmacher Borchard; 1812/18 Witwe Borchard; 1826 Gotthold, Erhöhung von 100 auf 800 Thl; 1827 Zilly; 1831 Justiz-Kommissar Koch; 1846 Schuster Wilhelm Ziegler; 1853 Witwe Justizrat Koch; 1873 Fräulein Koch (vermietet an Schuhmacher Ziegeler); 1878 Koch; 1935 Carl Ehlers AG/Hamburg.

Haus (vor 1600–1979)

Das nicht weiter dokumentierte Haus im Kern ein eingeschossiges und giebelständiges Dielenhaus mit massiven Umfassungswänden und steilem Satteldach, sicherlich vor 1600 erbaut. Das Haus von 19 m Länge vorne etwa 10 m, hinten 8,25 m breit, die Diele etwa 4,50 m hoch. Innere Gliederung und weitere Baugeschichte nicht bekannt.

1923 Umbau des nur noch als Lagerhaus genutzten Gebäudes zu einem Autohaus (durch MEWAG), wobei alle Innenwände abgebrochen werden. 1935 Gestaltung einer neuen Putzfront (Foto von 1936 in Grätz 1997, S. 161) in expressionistischen Formen (Plan: K. Volkening); 1979 Abbruch durch die LEG für den Bau des Obermarktzentrums (siehe Obermarktstraße 33 f.).

Abb. 1318 Priggenhagen 8 (rechts), 10 und 12, Ansicht von Nordwesten, 1993.

Hinterhaus (bis 1979)

1923 Umbau des Lagerhauses zur Werkstatt: zweigeschossiger Backsteinbau mit flachem Pultdach (durch MEWAG); 1979 abgebrochen.

PRIGGENHAGEN 8 (Abb. 1318, 1319)

bis 1878 Haus-Nr. 225; bis 1908 Priggenhagen 6

Die kleine Hausstelle scheint erst in der Mitte des 17. Jahrhunderts durch Abtrennung einer Teilfläche von Simeonstraße 7 entstanden zu sein und wurde auch erst zu dieser Zeit in das Kirchgeldregister eingetragen.

1685 Witwe Hinzens Haus; 1696 Witwe Hinzens Tochter (zahlt 1 Thl Giebelschatz); 1704/11 Stammelbachs Haus; 1723 Weißgerber Nicolaus Saußdorff; 1743 ohne Eintrag (Haus ohne Grundbesitz); 1750 Ludwig Vögelers Nebenhaus; 1755/66 Johan Lübcking, Haus für 80 Rthl; 1781 Witwe Lübking, 75 Rthl; 1798 Witwe Kohl; 1802 Schaeffer, Haus für 500 Rthl mit dahinterliegendem Garten und Hofraum sowie Huderecht für 1 Kuh wird wegen Schulden versteigert (WMA 52, 1802); 1804 Maurergeselle Lübking und eine Mietpartei, Haus ohne Braurecht, hält 1 Jungvieh; 1813 Lübkingsches Haus; 1818 Witwe Lübking, Wohnhaus 500 Thl; 1820 Versteigerung des zu 500 Thl angeschlagenen Hauses der Witwe Lübking (PIB 84, 1820); 1828/32 Kaufmann Christian Friedrich Arning; 1846/51 Eigentümer Arning, vermietet an Schlächter Friedrich Nolte; 1873/78 Tischler Fromm; 1908 Tischler Ewald Fromm.

Haus (bis 1876)

1802 hat das Haus zwei Stuben mit Ofen, drei Kammern und Küche. Das Gebäude wird 1876 wegen Baufälligkeit abgebrochen.

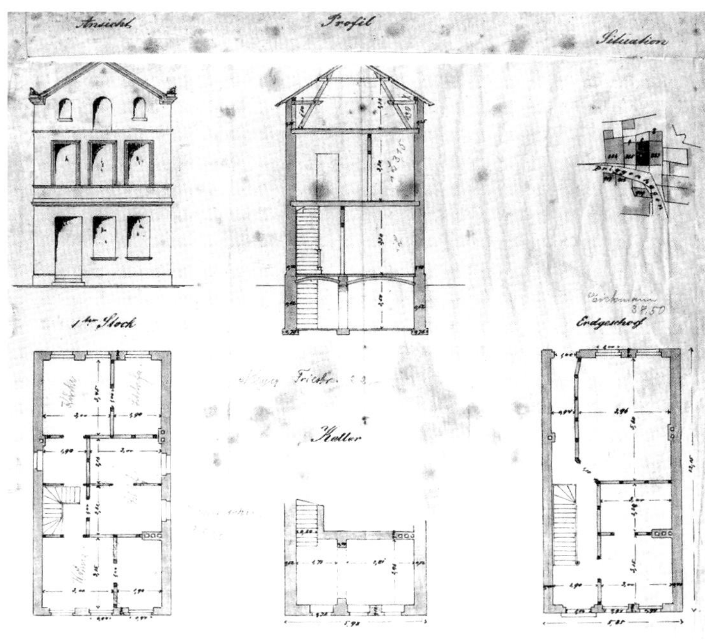

Abb. 1319 Priggenhagen 8, Bauplan des Baugeschäftes Schmidt & Langen 1876.

Haus (von 1876)

Für den Tischlermeister Fr. Fromm durch die Firma Schmidt & Langen errichtet. Zweieinhalbgeschossiger und schmaler Backsteinbau mit flach geneigtem Satteldach über niedrigem Drempel. Die beiden Giebel verputzt, dabei der dreiachsige Vordergiebel mit schlichter Stuckgliederung: Sohlbänke aus Sandstein, die Fenster im ersten Obergeschoß mit Putzfaschen; einfache Gesimse zwischen den Geschossen. Die Innenwände aus Fachwerk, das Dachwerk mit geschraubten Bindern. Die Haustür der Bauzeit erhalten, ebenso die Fenster und die Luke im vorderen Giebeldreieck.

Das Gebäude nur im vorderen Bereich in der Tiefe der ersten Räume unterkellert mit Kappen auf Gurtbögen. Das Erdgeschoß mit linksseitigem Flur, rechts Raumfolge aus Stube, kleiner Kammer und großer Wohnküche. Das Obergeschoß durch geradläufige Treppe erschlossen und um einen kleinen Vorraum in sechs kleine Zimmer aufgeteilt. Dachboden mit Drempel als Werkstatt und zu Lagerzwecken genutzt und mit Aufzugsluke im Vordergiebel.

1892 Entwässerung; 1977 Einbau von Bädern und innere Umbauten, wobei die Fensteröffnungen im Erdgeschoß des Rückgiebels geändert wurden (Plan: J. Lax); 1991 in die Denkmalliste der Stadt Minden eingetragen.

PRIGGENHAGEN 9

1729 bis 1743 Martini-Kirchgeld Nr. 185, bis 1878 Haus-Nr. 223, bis 1908 Priggenhagen 3

Kern eines großen und weit in den Baublock hineinreichenden bürgerlichen Anwesens, das einst bis fast zur Lindenstraße gereicht haben dürfte. Entlang dem Priggenhagen zu nicht näher bekannter Zeit zunächst die kleinen bürgerlichen Hausstätten (aus Nebenhaus, Buden und/oder Scheunen hervorgegangen ?) Nr. 11 und 13 sowie Nr. 19 und 21 abgetrennt, dazwischen eine Fläche für Wirtschaftsgebäude beibehalten, auf der seit dem späten 18. Jahrhundert die Bauten Nr. 15 und 17 entstanden.

1663/80 Johann Gabriel Müller; 1683 Hans Ludwig Meyer (zahlt jährlich 4 Thl Giebelschatz); 1684 Johann Gerd Tiehle; 1692 Joh. Gerd Tyle (hat auch eine Bude); 1698/1711 Faber Johann Hinrich Kuhlemann; 1723 Huf- und Waffenschmied Hinrich Kuhlemann; 1729 Johann Henrich Kuhlmann; 1738/42 Witwe Johan Henrich Kuhlemann mit umfangreichen Landbesitz; 1745 Sohn der Witwe Kuhlmann; 1750 Schmied Kuhlmann; 1755/66 Johan Henrich Kuhlemann, Haus für 200 Rthl; 1781 Meister Kuhlemann; 1798 Witwe Kuhlemann; 1802/04/06 Schmied Conrad Culemann mit zwei Mietparteien, Haus für 200 Rthl mit Braurecht und Brunnen, ferner Scheune. Hält 2 Pferde; 1809 Ökonom Culmann und Mieter Schuster Bauch; 1815/18 Schmied Johan Conrad Culmann (* 1766), Wohnhaus 200 Rthl und Hinterhaus 100 Thl; 1820 Tod von Joh. Henr. Conrad Culemann. Erben sind die Kinder der mit dem Tagelöhner Henrich Zelle verheirateten Schwester Elisabeth; 1826 Zelle, Erhöhung auf 1 000 Thl; 1827 Conrad Culemanns Erben; 1832 Heinrich Zelle; 1853 Kaufmann Liefert mit neun Mietparteien; 1851 Gelbgießer Hesselbarth; 1873 Böttcher Homann; 1878 Küster; 1908 Färbereibesitzer Hermann Kaschel.

Haus (1770–um 1900)

1770 wird ein *Neubau auf der alten Hausstelle errichtet: ein halbes Haus erst gebauet, so ein Brauhauß ist, wird schon bewohnt, ohne Schulden* (KAM, Mi, C 874).

Wohn- und Geschäftshaus (um 1900–1979)

Um 1900 Neubau eines dreigeschossigen Wohn- und Geschäftshauses unter Einschluß des südlich anschließenden Grundstücks Nr. 11 (keine Bauakten dazu aufgefunden). Das nicht weiter dokumentierte Haus 1979 durch die LEG im Zuge der Stadtsanierung für den Bau des Obermarktzentrums (siehe Obermarktstraße 33 f.) abgebrochen (Foto 1936 bei Grätz 1997, S. 161).

PRIGGENHAGEN 10 (Abb. 1318, 1320–1322)

1729 bis 1743 Martini-Kirchgeld Nr. 183; bis 1878 Haus-Nr. 226; bis 1908 Priggenhagen 8

Sehr kleine bürgerliche Hausstelle, wohl aus dem Nebenhaus von Priggenhagen 12 hervorgegangen (beide Bauten haben eine gemeinsame Traufwand).

1684 Witwe Johann Holten verkauft das Haus an Konrad Lämmerhirte; 1685 Conrad Lämmerhirte (zahlt jährlich 1 Thl 12 gr Giebelschatz); 1692 Konrad Lämmerts Bode; 1704/11 Johann Hinrich Böncke; 1723 Tagelöhner Hinrich Boncke; 1729 Böhnke; 1740 Henrich Böhnecke; 1743 ohne Eintrag (Haus ohne Grundbesitz); 1750 Erben Böhnken; 1755/66 Baldau, Haus für 100 Rthl; 1781 Haacke, 100 Rthl; 1798/1804 gehört Gerichtsdiener (1798 bewohnt von Witwe Haake) Haus ohne Braurecht, hält ein Schwein; 1809 Strohmeyer; 1818 Maurermeister Heinert; 1828/32 Feldwebel Christoph Engel; 1846 Witwe Henriette Engel; 1851 Nachlaß Witwe Engel wird verkauft; 1853 Witwe Heinert; 1873 Maurer Lemke; 1878 Tellmann; 1892 A. Lemke; 1908 Auktionator Wilhelm Horstmann (wohnt Ritterstraße 31).

Dielenhaus (16. Jahrhundert)

Eingeschossiges und giebelständiges Fachwerkhaus mit heute freigelegtem Vordergiebel. Im Kern ein kleines und recht schmales Dielenhaus des 16. Jahrhunderts mit vorkragendem Giebeldreieck. Die linke Traufwand als gemeinsame Wand mit Haus Priggenhagen 12 massiv und auf der Krone mit sandsteinerner, nach vorne entwässernder Rinne. Die Schwelle des Giebeldreiecks zwischen den Knaggen abgefast. Das Innere zunächst wohl mit rechts hoher Diele und links vorderem und schmalem Stubeneinbau. Die weitere Baugeschichte des Hauses ist im Detail nicht mehr zu klären, da das Haus 1986 ohne weitere Befunderhebung saniert und durchgebaut wurde.

Zu einem unbekannten Zeitpunkt im 18. oder frühen 19. Jahrhundert der Stubeneinbau auf Kosten der Diele verbreitert, wobei man die Fassade bei Wegnahme der Vorkragung unter das Giebeldreieck vorschob. Danach bestand neben der schmalen Diele die übliche Raumfolge Stube, Kammer, Speisekammer und rückwärtige Küche. Hinter der Diele rückwärts seitlich eines schmalen Flu-

(siehe Obermarktstraße 33 f.) einschließlich der unteren Priggenhagenstraße eingezogen und die Straße unmittelbar an der Ostfront des Hauses bis zur Petersilienstraße umgeleitet.

1680 Meister Jobst Thielen; 1684/91 Jobst Tielen Haus (zahlt jährlich 2 Thl 24 gr Giebelschatz); 1696/1709 Herman Schlösinger; 1711 Anthon Kuhleman; 1723/43 Schuster Anthon Kulemann; 1737 nimmt Anthon Cuhleman im Priggenhagen eine Obligation beim Heilig-Geist-Hospital auf; 1750 A. Kulmanns Haus; 1750 ist der Kleinschmied Rud. Heerse, Schwiegersohn des Kuhleman Eigentümer des Hauses, der 1753 die Obligation wieder auslöst (KAM, B 103 c,9 alt; C 217,22a alt; C 604); 1755/66 Meister Herse, Haus für 100 Rthl; 1781 Erben Herse; 1786 Maria Magdalena Herse; 1798 Schmied Heerse; 1802 Schlosser Schalek, Haus für 600 Rthl; 1804 Tierarzt Meißener, Haus ohne Braurecht, hat 1 Brunnen, hält 2 Kühe, 1 Jungvieh und 1 Schwein; 1809 Brantweinbrenner und Pferdearzt Meißner (besitzt auch Lindenstraße 34); 1818/37 Schullehrer Tellmann, 600 Thl; 1846/53 Lehrer Friedrich Tellmann mit drei Mietparteien; 1873/78 Lehrerin Tellmann; 1889 Königlicher Rentmeister Nicolas; 1908 Witwe Johanne Nicolas.

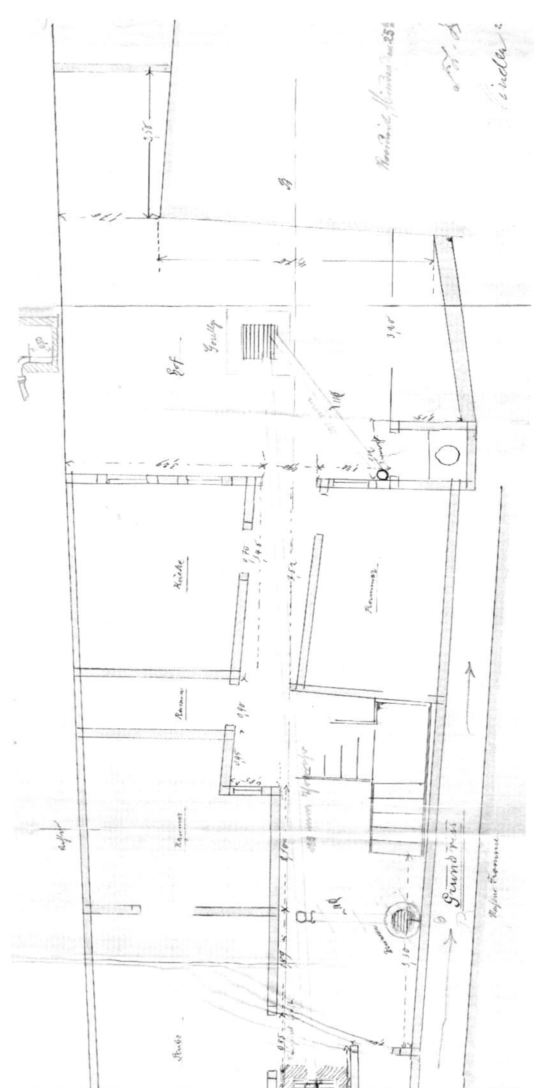

Haus (vor 1520–1817)

Offensichtlich ein giebelständiges Dielenhaus in der gleichen Tiefe wie der heutige Bau. Das Haus dürfte massive Umfassungswände aufgewiesen haben, von denen die westliche Traufwand wohl noch als gemeinsame Wand mit dem Nebenhaus Nr. 10 erhalten ist. Hinter dem wohl älteren Haus um 1520 ein zweigeschossiger bis zur Petersilienstraße reichender Flügelbau errichtet, der westlich eingezogen und zum dortigen Hofgelände mit einer Schaufront versehen wurde.

1758 wird berichtet, das Haus sei von den Hannoveraner Truppen zum Magazin genutzt worden und dabei *zimlich ruiniert.* 1773 wurden Reparaturen durchgeführt, für die 1784 Baufreiheitsgelder gezahlt wurden (KAM, Mi, C 156,15 alt).

Abb. 1320 Priggenhagen 10 (rechts) und 12, Ansicht von Nordwesten, 1970.

res zum Hof eine unterkellerte Kammer geschaffen. Treppenanlage zum ausgebauten Dach in der Diele vor der rückwärtigen Kammer. 1892 Entwässerung; 1986 Sanierung des Hauses, wobei die verputzte Fassade auf Wunsch des Landeskonservators freigelegt wird und im Inneren Umbauten an den nicht tragenden Wänden erfolgen (Plan: Architekt K.-H. Weiß).

PRIGGENHAGEN 11

1729 bis 1743 Martini-Kirchgeld Nr. 184; bis 1878 Haus-Nr. 224; bis 1908 Priggenhagen 5
Sehr kleine Hausstelle, offenbar zu nicht näher bekannter Zeit von dem großen bürgerlichen Anwesen Priggenhagen 9 abgetrennt und seit etwa 1900 auch wieder von dort überbaut.

1680 Reinke Schnepell; 1684/92 Reinke Schnepels Haus; 1696/1731 Brauerknecht Wilhelm Grewe; 1738/43 Witwe Hans Cord Voigt; 1750 Witwe Vogt; 1755/66 Meister Vehr, Haus ohne Braurecht für 50 Rthl; 1767/68 Schuhmacher Michael Fehr (auch Ferre, Fähr, Vehren); 1781 Meister Cuhlemann, 50 Rthl (siehe Priggenhagen 9); 1798 Culemann; 1802 Zelle, 50 Rthl; 1804 Culmann, es sind Soldaten einquartiert; 1805/09 Tagelöhner Joh. Henr. Zelle; 1818 Zelle, Wohnhaus 100 Thl; 1826 Erben Culemann, Erhöhung auf 300 Thl; 1832 Witwe Zele; 1846 Schäfer Friedrich Schlüter; 1853 Schneider Spenner; 1873/78 Sattler Petersen; 1908 Fabrikbesitzer Hermann Kaschel.

straße 10 angebaut ist, bezieht die Westwand eine steinerne Wand als gemeinsame Brandwand mit dem Haus Priggenhagen 10 mit ein.

Zweiflügelige Haustür der Bauzeit mit (erneuertem) Oberlicht. Füllungen mit geriffelten Feldern. Bis zur Sanierung 1988 scheinen noch durchgängig die Fenster der Bauzeit bestanden zu haben, die dann in der Gestalt ähnlich kopiert worden sind: nach außen aufschlagend mit Kreuzstock und Stangenverschluß, die unteren Flügel mit zwei schmalen Sprossen, Scheiben in leicht liegendem Format.

Die innere Struktur der Zeit gemäß als Mittelflurhaus mit beidseitigen Raumfolgen, wobei in der Mitte der (dunklen) westlichen Seite ein zweiläufiges und bis in das ausgebaute Dach reichendes Treppenhaus eingeschoben ist. Zur Erreichung des östlich an das Haus anschließenden großen Gartens ein schmaler Querflur vom Treppenhaus zu einer Gartentür in der Mitte der östlichen Traufwand. Unterkellert (mit Balkendecke) nur der anschließende rückwärtige Bereich der östlichen Wohnräume. Auch im Obergeschoß ein durchlaufender Längsflur, so daß die teilweise Vermietung von Räumen und Wohnungen in verschiedenen Gruppierungen möglich war.

1889 Entwässerung; 1908 Kanalisation; 1955 Bau einer Garage und Zufahrtstor in der Gartenmauer. 1979 Einzug des Gartens für den Bau des Obermarktzentrums (siehe Obermarktstraße 33 f.); 1986 in die Denkmalliste der Stadt Minden eingetragen; 1988 Modernisierung des Hauses, wobei die Struktur der Aufteilung nur in Details geändert wurde.

PRIGGENHAGEN 13

bis um 1840 zum Haus-Nr. 269 (Simeonstraße 5) gezählt; bis 1878 Haus-Nr. 227 b; bis 1908 Priggenhagen 7

Sehr kleines Grundstück, offenbar zu nicht näher bekannter Zeit von dem großen bürgerlichen Anwesen Priggenhagen 9 abgetrennt und bis 1836 nur mit einer zu einem anderen Haus gehörenden Scheune bebaut.

1828 Heinrich Wilhelm Küster; 1873 Mieter Schuhmacher Rohloff und fünf weitere Parteien; 1878 Küster; 1908 Fabrikbesitzer Kaschel.

Haus (1836–1979)

1836 wurde ein neues zweites Hintergebäude zum Komplex Simeonstraße 5 am Priggenhagen errichtet und mit 800 Thl taxiert (KAM, Mi, E 700). Offensichtlich als Anbau an das Haus Nr. 15 und in gleichen Dimensionen errichtet. Zweigeschossiger, traufenständiger und bis zuletzt verputzter Fachwerkbau mit Satteldach. 1979 das nicht weiter dokumentierte Haus im Zuge der Stadtsanierung durch die LEG für den Bau des Obermarktzentrums (siehe Obermarktstraße 33 f.) abgebrochen.

PRIGGENHAGEN 15

bis 1818 ohne Haus-Nr.; bis 1878 Haus-Nr. 227 b; bis 1908 Priggenhagen 9

Das Gelände gehörte bis um 1800 noch zum großen bürgerlichen Anwesen Priggenhagen 9, wobei hier schon vor 1803 eine Scheune (Priggenhagen 17) bestand. Der neue Eigentümer erbaute 1803 einen Neubau und erneuerte im folgenden Jahr das Wirtschaftsgebäude auf dem Nachbargrundstück.

1805 Wohnhaus Schmied Conrad Kuhlemann; 1818 Conrad Kuhlmann, Wohnhaus 100 Thl; 1826 Kuhlmann, Wohnhaus 400 und Scheune 500 Thl; 1827 Erben Kuhlemann; 1832 Heinrich Zelle; 1853 Stoffdruckerei Küster, unbewohntes Fabrikgebäude (zur Firmengeschichte siehe Lindenstraße 35); 1878 Küster; 1908 Fabrikbesitzer Kaschel.

Abb. 1321 Priggenhagen 10 (rechts) und 12, Ansicht von Nordwesten, 1993.

Haus (bis um 1900)

1767 wird berichtet, das Haus sei im Siebenjährigen Krieg durch drei Kugeln an Ständern und Latten beschädigt worden und drohe einzustürzen. Im folgenden Jahr wurde es repariert, wofür man 25 Rthl Baugelder bewilligte (KAM, Mi, C 380). Zweigeschossiger und traufenständiger kleiner Fachwerkbau. Abbruch für Neubau Priggenhagen 9.

PRIGGENHAGEN 12 (Abb. 1279, 1312, 1313, 1318, 1320, 1321)

1729 bis 1743 Martini-Kirchgeld Nr. 182; bis 1818 Haus-Nr. 227; bis 1878 Haus-Nr. 227 a; bis 1908 Priggenhagen 10

Größere bürgerliche Hausstätte, die bis zur rückwärtigen Petersilienstraße reichte. Dort im Anschluß an ein nicht mehr bekanntes Vorderhaus um 1520 ein Flügelbau errichtet, der wohl seit dem 17. Jahrhundert zu Buden umgenutzt wurde (siehe Petersilienstraße 8/10), ferner dort die Bude Nr. 12 errichtet. Die östliche Grenze des Grundstücks dürfte wegen der Gestaltung des Flügelbaus mit seiner Schaufront nach Westen zunächst entlang der Ostseite des Hauses verlaufen sein, während westlich das Haus Priggenhagen 12 als anschließendes Nebenhaus zugehörte (dieses an die massive Traufwand mit gemeinsamer Rinne angebaut). Auf der Ostseite später ein großes unbebautes Grundstück zugehörig, das in den letzten Jahrhunderten als ummauerter Garten genutzt wurde. Von diesem Gelände zu nicht näher bekannter Zeit die Budengrundstücke Petersilienstraße 2 und 4 ausparzelliert. Die gesamte östlich an das Haus anschließende Fläche wurde 1979 zum Bau des Obermarktzentrums

Haus (bis 1978)

1803 wird durch den Zimmerpolier Meyer am neuen Saal und der Kammer gearbeitet (KAM, Mi, C 142). 1836 das Gebäude nach Westen durch Anbau des Hauses Nr. 13 erweitert. Zweigeschossiger, traufenständiger und bis zuletzt verputzter Fachwerkbau mit Satteldach. 1978 das nicht weiter dokumentierte Haus im Zuge der Stadtsanierung durch die LEG für den Bau des Obermarktzentrums (siehe Obermarktstraße 33 f.) abgebrochen.

PRIGGENHAGEN 16 (Abb. 1323)

1729 bis 1743 Martini-Kirchgeld Nr. 175; bis 1878 Haus-Nr. 252; bis 1908 Priggenhagen 19
Die Hausstelle (zunächst wohl mit Buden bebaut) zu einem nicht näher bekannten Zeitpunkt vom Grundstück Lindenstraße 36/38 abgetrennt. Bis 1878 auf der Ecke zwischen dem hier nach Süden abknickenden und über die Bastau führenden Verlauf des Priggenhagens und einer schmalen nach Norden führenden Gasse. Dann diese beim Durchbruch der Lindenstraße nach Süden über den Wall und gleichzeitiger Neubebauung des östlich anschließenden Grundstücks Priggenhagen 20 (siehe Lindenstraße 38) verbreitert und der bisherige Verlauf auf eine schmale Gasse reduziert. Südlich anschließend kleines Wirtschaftsgebäude, später zum Wohnhaus Priggenhagen 18 ausgebaut.

1729/40 Voßmeyer; 1743 ohne Eintrag (Haus ohne Grundbesitz); 1750 Voßmeyers; 1754 will Witwe Voßmeyer ihr Haus mit Brunnen, Mistplatz, grünem Hof mit Obstbäumen und Stallung für allerlei Vieh sowie Huderecht vor dem Simeonstor für 4 Kühe verkaufen oder vermieten (WMR 1754); 1755 Copiist Schlick, Haus für 100 Rthl; 1766 Meister Witstein; 1768 Ernst Witstein; 1781 Schwager, Wohnhaus 150 Rthl, Scheune 50 Rthl, Stall 50 Rthl; 1783 Polizei-Ausreuter Schwagers Haus im Priggenhagen; 1791 Schwager, vermietet an

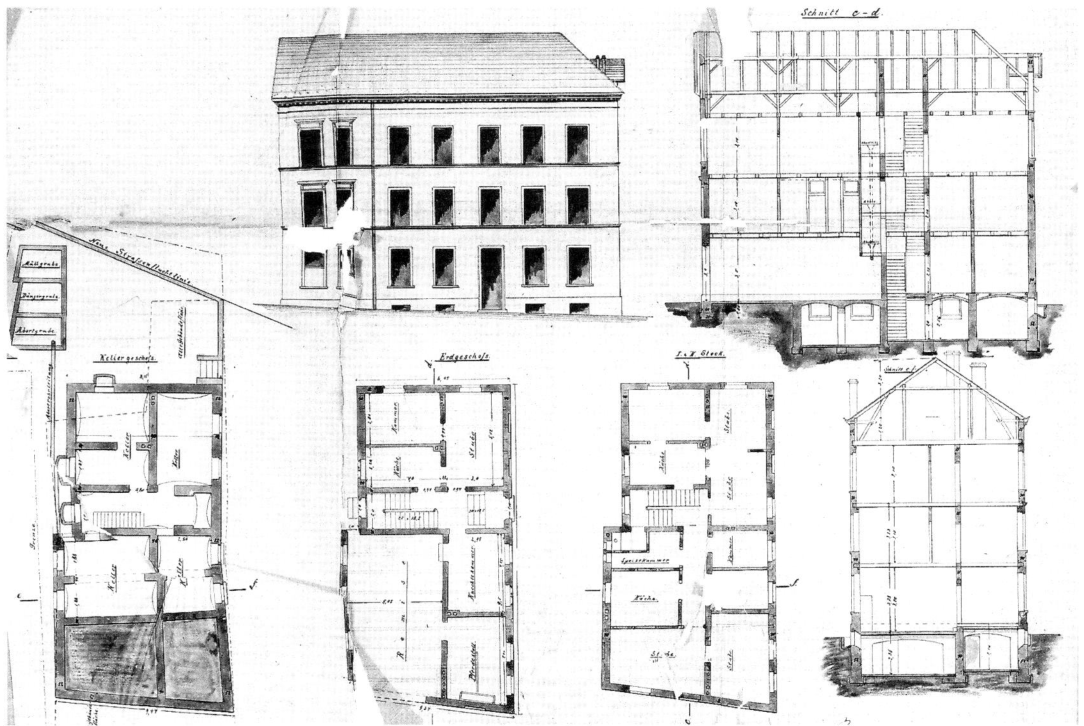

Abb. 1323 Priggenhagen 16, Bauplan zur Errichtung des Mehrfamilienhauses, Baugeschäft Schmidt & Langen 1887.

Pedell Rumschöttel; 1797 Polizeiausreuter Schwager; 1798/1804 Kammerschreiber Gottholdt und als Mieter Loose, Wohnhaus für 1 000 Rthl, Stallung 100 Rthl; 1805 J. C. Schwager; 1809 Schwager Haus, bewohnt von Gottholdt; um 1812 Verkauf an Christian Arning (wohnt zuvor kleiner Domhof); 1818 Arning, Wohnhaus für 600 Thl; 1827 Versicherung auf 1 700 Thl erhöht; 1846 Kaufmann Christian Arning (70 Jahre) und vier Mietparteien; 1853 Arning und drei Mietparteien; 1873 Witwe Barre; 1878 Lemkes; 1886 Lembke; 1887/1908 Witwe Karl Niebur (wohnt Simeonstraße 7).

Haus (1754–1887)

1754 beschrieben als Wohnhaus mit einer Stube, fünf Kammern (davon haben zwei eine ausnehmend gute Aussicht), einem gewölbten Keller, zwei beschossenen Böden. 1756 wird berichtet, der Regierungskopiist Schlick habe zwei alte und verfallene Häuser hinter der Mauer wieder in Stand gesetzt, wobei er öffentlichen Raum als Hofplatz genommen und durch eine Mauer eingegrenzt habe (KAM, Mi, C 502). 1768 wird berichtet, das Haus, das im Siebenjährigen Krieg ruiniert worden sei, solle wieder hergestellt werden (KAM, Mi, C 380).

Wohn- und Wirtschaftsgebäude (1887–1981)

1887 als Fünffamilienhaus mit Pferdestall für die Witwe Mathilde Niebur, geb. Jungurt (Inhaberin des großen Kolonialwarenhandels Carl Niebur an der Simeonstraße 7) durch das Baugeschäft Schmidt & Langen errichtet. Backsteinbau über – wegen der Hanglage – teilweise hoch aus dem Boden ragendem Kellersockel (Kappen auf Gurtbögen) und mit flach geneigtem Satteldach. Zunächst zweigeschossig geplant, dann aber dreigeschossig mit Drempelgeschoß ausgeführt. Im Nordgiebel Tor zu einer nicht unterkellerten Remise, daneben nach Westen Pferdestall und Knechtkammer. Zugang zu den Wohnungen in der Mitte der siebenachsigen Westfront über kurze innere Vortreppe zum Querflur und dem gegenläufigen Treppenhaus an der Ostwand. Im Erdgeschoß nur eine Wohnung nach Süden, in den beiden Obergeschossen jeweils eine Fünfzimmerwohnung nach Norden und eine Vierzimmerwohnung nach Süden. Aborte an der Treppe auf dem Wendepodest.

1891 nach Fertigstellung des Anbaus Priggenhagen 18 auch der Altbau verputzt und mit spätklassizistischer Dekoration versehen (Schmidt & Langen). 1907 Kanalisation; 1964 Modernisierung der Wohnungen; 1981 Abbruch durch die LEG im Zuge der Stadtsanierung zur Errichtung des Obermarktzentrums (siehe Obermarktstraße 33 f.).

PRIGGENHAGEN 17

bis um 1840 ohne Haus-Nr.:, bis 1878 Haus-Nr. 227 c; bis 1908 Priggenhagen 11
Kleines Grundstück, offenbar noch im 18. Jahrhundert zu dem großen bürgerlichen Anwesen Priggenhagen 9 gehörend. Seit 1804 Scheune zum Grundstück Priggenhagen 15

1805 Scheune von Schmied Conrad Kuhlemann; 1846 Mieter ist Polizeidiener Schlewig; 1853 Scheune mit Wohnung, Eigentümer ist Münstermann, vermietet an zwei Parteien; 1873 vermietet an Witwe Wipperling, Privatsekretär Wipperling und weitere Witwe; 1878 Münstermann; 1908 Rentner Wilhelm Münstermann.

Scheune (bis 1978)

1804 wird *die Kuhlemannsche Scheure im Priggenhagen ganz repariert und gegründet* (KAM, Mi, C 142).

1978 Abbruch des nicht weiter dokumentierten Gebäudes durch die LEG im Zuge der Stadtsanierung zur Errichtung des Obermarktzentrums (siehe Obermarktstraße 33 f.).

PRIGGENHAGEN 18

Wirtschaftsgebäude des Grundstücks Priggenhagen 16; bis 1908 ohne Haus-Nr.

Scheune (1890–1981)

Als Anbau an das Wohnhaus Priggenhagen 16 für Witwe Carl Niebur durch das Baugeschäft Schmidt & Langen errichtet. Zweigeschossiger Putzbau mit Satteldach mit Waschküche und Pferdestall im Erdgeschoß.

1936 Einbau von Garagen (Baugeschäft Sierig); 1965 Umbau zum Wohnhaus; 1981 Abbruch im Zuge der Stadtsanierung durch die LEG zur Errichtung des Obermarktzentrums (siehe Obermarktstraße 33 f.).

PRIGGENHAGEN 19 (Abb. 1312, 1313)

1729 bis 1743 Martini-Kirchgeld Nr. 178; bis 1878 Haus-Nr. 253; bis 1908 Priggenhagen 13
Sehr kleine Hausstelle, offenbar zu nicht näher bekannter Zeit von dem großen bürgerlichen Anwesen Priggenhagen 9 abgetrennt. Im 18. Jahrhundert im Besitz des Armenhauses.

1738/40 Johann Henrich Schonebaum (früher Stammelbach); 1743 ohne Eintrag (Haus ohne Grundbesitz); 1750 Wennebergs; 1755/66 Meister Gerlach, Haus für 50 Rthl; 1781 Gerlach, 50 Rthl; 1797 das Haus mit kleinem Hofplatz gehört dem Nikolai-Armenhaus, ist taxiert zu 185 Rthl und wird für 9 Rthl jährlich vermietet; 1798 vom Armenhaus für 310 Rthl an W. Schnedler verkauft (KAM, Mi, C 682); 1798/1804 Nadelmacher Christian Ernst Gerlach, Wohnhaus mit Hof für 300 Rthl ohne Braurecht, hält kein Vieh; 1818 Nadelmacher Gerlach; 1832 Verkauf an Kleinhändler Nagel, Erhöhung Versicherung Wohnhaus mit Anbau von 300 auf 625 Thl; 1846 Höker Anton Nagel; 1853 Nagel mit zwei Mietparteien; 1873/78 Händler Strenger; 1908 Maler Wilhelm Erdmann.

Haus (bis 1832)

1797 ist das Gebäude sehr baufällig. Es hat eine Länge von 28 Fuß, Breite von 40 Fuß, ist eine Etage hoch und ganz von Holz aufgebaut. Im Dach fünf Gebinde. Im Haus zwei Stuben mit Ofen, drei Kammern und ein großer Flur sowie Stall. Zugehörig ein kleiner Hofplatz (KAM, Mi, C 682).

Haus (1832–1978)

Das Haus wurde 1832 für den Kleinhändler Nagel neu gebaut (KAM, Mi, E 955). Zweistöckiger und traufenständiger Fachwerkbau auf Kellersockel mit teilweise ausgebautem Satteldach. Die Ansicht dreiachsig gegliedert, dabei Haustür in der westlichen Achse. Im Dach darüber ein Fenstererker (Abb. siehe Brandhorst 1995, S. 53).

Das nicht weiter dokumentierte Haus 1978 durch die LEG im Zuge der Stadtsanierung zur Errichtung des Obermarktzentrums (siehe Obermarktstraße 33 f.) abgebrochen.

PRIGGENHAGEN 20

1729 bis 1743 Martini-Kirchgeld Nr. 174; bis 1878 Haus-Nr. 249; 1878 nicht mehr vorhanden

Das Grundstück zu nicht näher bekannter Zeit von Lindenstraße 36/38 abgetrennt. Auf der Fläche wohl auch die seit etwa 1800 nachweisbare Scheune des Branntweinbrenners Nolting. Das Grundstück im Zuge der Neuordnung der Flächen zwischen Lindenstraße und Priggenhagen 1878 eingezogen und der Fläche Lindenstraße 36/38 zugeschlagen.

1730/40 Johann Hermann Lange; 1743 ohne Eintrag (Haus ohne Grundbesitz); 1750 Jost Nobbe; 1755/66 Hermann Nobbe, Haus für 50 Rthl; 1781 Nobbe; 1798 Witwe Nolting; 1802/04 Nolting, Haus für 50 Rthl, ohne Braurecht, an Soldaten vermietet. Ferner eine Scheune auf dem Grundstück, 400 Rthl; 1805 Branntweinbrenner Wilhelm Nolting, neues Wohnhaus sowie Scheune und Hofplatz; 1812/18 Henrich Wilhelm Nolting Senior (wohnt Simeonstraße 17), Wohnhaus 800 Thl; 1827 Erhöhung Wohnhaus auf 1 000 Thl; 1828 Nolting; 1832 Witwe Nolting; 1846 Tischler Ludwig Silke und zwei weitere Mietparteien; 1853 Eigentümer ist Küster, vermietet an drei Parteien, Scheune mit zwei Böden vermietet an Stapff; 1873 Witwe Pohl.

Wohnhaus (1805–1873)

1805 wurde das Wohnhaus für den Branntweinbrenner Nolting neu gebaut (KAM, Mi, C 371,14 alt). Der in der Gestalt nicht näher bekannte Bau 1873 zusammen mit Lindenstraße 36/38 abgebrannt.

PRIGGENHAGEN 21 (Abb. 1312, 1313)

1729 bis 1743 Martini-Kirchgeld Nr. 177; bis 1878 Haus-Nr. 251; bis 1908 Priggenhagen 15
Kleine Hausstelle, offenbar zu nicht näher bekannter Zeit (vor der zweiten Hälfte des 17. Jahrhunderts) von dem großen bürgerlichen Anwesen Priggenhagen 9 abgetrennt. Das rückwärtige Gartengelände 1930 an Priggenhagen 23 verkauft.

1680/84 Johan Ernst Droste; 1696 Pedell Johan Ernst Droste; 1704/1711 Hans Hocker; 1728 wird nach dem Tode des Pedell Johann Droste sein Wohnhaus nebst Hofraum, Brunnen und Huderecht auf 4 Kühe vor dem Simeonstor verkauft (WMA 1728, Nr. 3); 1729 Brauer; 1738/40 Heckers Haus; 1741 Johann Barthold Funcke; 1750 Barthold Funcke; 1755 Witwe Funcke, Haus für 50 Rthl; 1766 Funcke, 50 Rthl; 1781 Saeftgen; 1789 Witwe Anna Margareta Sebeke (geb. Funke) und ihr Bruder Johann Hermann Funke; 1791/1802 Witwe Anne Margarethe Soefftgen; 1802 Witwe Soefftcken verkauft das Haus mit Huderecht für 2 Kühe vor dem Simeonstor und Garten für 500 Rthl mit der Verpflichtung auf Altenteil an ihren Neffen (Sohn ihres verstorbenen Bruders Johann Hermann) den Drechsler Diederich Gottlieb Funke (STA DT, MI, 1 C, Nr. 230); 1804 Drechsler Gottlieb Funcke, Wohnhaus mit Hof und Stall für 200 Rthl, vermietet an Soldaten; 1809 Schulze, betreibt Gemeinhandel im Haus; 1812 Funcke (wohnt Königstraße 2/Haus-Nr. 256); 1818/1828 Drechsler Funcke; 1832 Witwe Funke; 1846 vermietet an Schuster Heinrich Willmers und zwei weitere Parteien; 1853 Uhrmacher Funcke, an drei Parteien vermietet; 1873/78 Maurer W. und C. Hegerding; 1894 C. Althoff; 1908 Zigarrenarbeiter Friedrich Rommelmann; 1930 Witwe Rommelmann.

Wohnhaus (18. Jahrhundert–1978)

1789 wird der rückwärtige Hofplatz und das darauf stehende Hinterhaus für 24 ½ Louisdor an den *Commissionsrat* Aschoff (siehe Priggenhagen 5) verkauft (KAM, Mi, C 47,8 alt). Zweigeschossiger und traufenständiger Fachwerkbau mit Satteldach. In der Ansicht fünffachsig mit mittlerer Haustür. Das Innere mit mittlerem Flur zum gegenläufigen Treppenhaus hinten links; davor links Stube. Rechts vordere Stube und rückwärtige Kammer.

1894 Entwässerung; 1908 Kanalisation. Zu nicht näher bekannter Zeit im 20. Jahrhundert über den östlichen drei Achsen ein zweites Obergeschoß aufgesetzt und der Bau neu verputzt.

Auf dem Hof ein kleines Stallgebäude an der nördlichen Grenze.

1978 der Komplex durch die LEG im Zuge der Stadtsanierung für den Bau des Obermarktzentrums (siehe Obermarktstraße 33 f.) abgebrochen.

PRIGGENHAGEN 23 (Abb. 1312, 1313)

1729 bis 1743 Martini-Kirchgeld Nr. 176; bis 1878 Haus-Nr. 250; bis 1908 Priggenhagen 17
Die Hausstelle dürfte zu nicht näher bekannter Zeit aus dem großen bürgerlichen Anwesen Priggenhagen 5 abgetrennt worden sein. Seit etwa 1920 zum Grundstück Lindenstraße 32 gehörend und mit der ausweitenden Werkstatt überbaut.

1680/84 Ernst Schnelle; 1696 Witwe Ernst Schnelle; 1704/11 Christoph Segelke; 1729 Christoph Segelcken; 1738/40 Witwe Segelcken; 1743 ohne Eintrag (Haus ohne Grundbesitz); 1750 Herrn Pastor Schlichthabers Haus (wohnt Obermarktstraße 24); 1755 Pastor Schlichthabers kleines Haus, 50 Rthl; 1766 Witwe Schlichthabers kleines Haus, 50 Rthl; 1780/81 Regierungsrat Aschoffs kleines Haus; 1783 das Haus des Herrn Aschoff wird zwangsversteigert; 1791 Soldat Wassermann, Haus steht leer; 1798 Tagelöhner Wassermann; 1802/04 Wassermann, Haus ohne Braurecht für 600 Rthl, dabei eine Scheune, vermietet an Herrn Wittgenfeld; 1806 Johann Wassermann, betreibt eine Handlung; 1809 Wassermanns Haus; 1812 Besitzer ist Johann Wassermann (wohnt Ritterstraße 38); 1826 Verkauf von Wassermann an Lohgerber Wehdeking, Erhöhung Versicherung auf 800 Thl; 1828/53 Müller Gottfried Wehking; 1846/51 Mieter ist Tischler August Grappendorf; 1873 Invalide Grunert; 1878 Funke; 1906 Heinrich Zumbaum; 1923 Schlossermeister H. Weber.

Haus (bis 1780)

Das Haus mit Hinterhaus wurde 1780/81 beim Brand des Hauses Obermaktstraße 35 beschädigt, anschließend durch den Eigentümer abgebrochen und das Gelände dem Nachbarhaus zugeschlagen, *um Luft zu machen*. Der Hausplatz von 59 Fuß Breite und 49 Fuß Tiefe danach zunächst als wüst bezeichnet (KAM, Mi, C 879), wobei er zum Uttenhoveschen Garten geschlagen wurde (KAM, Mi, C 880). 1783 wird der wüste Platz nebst Hintergebäude (als Lage *in der Kisau* genannt) von der Stadt zur Bebauung angeboten (MZ).

Wohnhaus (um 1790–um 1920)

Traufenständiger und mit 13 Gefachen recht langgezogener, eingeschossiger Fachwerkbau über sehr hohem Kellersockel und mit Satteldach. Das Gerüst mit einer Riegelkette und ausgesteift mit einzelnen Schwelle-Rähm-Streben. Über den östlichen drei Gefachen im frühen 19. Jahrhundert nach Abnahme des Dachwerkes ein Obergeschoß aus Fachwerk errichtet und wiederum mit einem allerdings flach geneigten Satteldach abgedeckt (Abb. um 1900 siehe Brandhorst 1995, S. 53).

Das nicht weiter dokumentierte Haus um 1920 abgebrochen.

Werkstatt (1929–1979)

1929 Neubau einer Schlosserwerkstatt. Eingeschossiger, nicht unterkellerter Bau mit Pultdach (durch Baugeschäft E. Gremmels). Zu einem späteren Zeitpunkt sollte das Gebäude zweigeschossig aufgestockt werden. Die 1936 geplante Aufstellung einer Tanksäule für Gasolin wurde nicht gestattet.

1979 Abbruch durch die LEG im Zuge der Stadtsanierung für den Bau des Obermarktzentrums (siehe Obermarktstraße 33 f.).

Pulverstraße

Zu den zur Domimmunität gehörenden Bauten der Straße siehe Teil II, Kap. IX.4.2, S. 1340 ff.

Schmale Gasse, die den Großen Domhof im Nordosten mit der Bäckerstraße verbindet. Der größte Teil der Gasse verläuft über Gelände, das zur Domimmunität gehört, nur der nördliche Abschnitt liegt auf städtischem Gelände. Die Gasse verläuft auf der Innenseite der nach 1230 errichteten Stadtmauer zwischen dem Großen Wesertor am Beginn der Weserbrücke und dem sogenannten Pulverturm, um dann nach Westen abzuschwenken. Daher bestand zunächst nur eine Bebauung auf der westlichen Seite, während sie östlich im mittleren Teil auch vom in einem Bett eingefaßten östlichen Arm des Stadtbaches als Rechtsgrenze zwischen Stadt und Domimmunität begleitet wurde. Nach Abbruch der Stadtmauer seit der zweiten Hälfte des 17. Jahrhunderts entstanden auch an ihrer Stelle einige kleine Häuser, die nicht zur Domimmunität, sondern zum Einflußgebiet der Stadt gerechnet wurden. Insbesondere ist hier auf ein zur östlich anschließenden und ehemals vor der Mauer liegenden Herrenmühle (siehe dazu Mühlenstraße) gehörendes Wohnhaus sowie ein Haus an der Stelle des Pulverturmes, ferner auf das im 17. Jahrhundert danebenliegende Amtshaus der Schuster hinzuweisen.

1799 wird *die Mauer an der Pulverstraße ..., welche 1798 durch das große Wasser ausgespickt war*, auf Rechnung der Stadt repariert (KAM, Mi, C 268,4 alt). 1820 wird die Straße durch den Pflastermeister van Houten gepflastert (KAM, Mi, E 454); 1882 wird die Baufluchtlinie in Teilen festgestellt und 1891 die Kanalisation erstellt.

DAS SCHUH-AMTSHAUS, *DER GEHRHOF*

1640 als *Gehrhaus* und 1689 als *der Gehrhof* bezeichnet. 1701/11 zahlt *das Schue Ambts* Giebelschatz für sein Haus, wobei dieses auf Grund der Reihenfolge in den Listen südlich neben dem Haus der Mühle zu suchen ist. Der Gerberhof war offensichtlich eine Einrichtung des Schusteramtes, in der von den diesem angehörigen Schustern die Felle gegerbt wurden und lag daher in unmittelbarer Nachbarschaft zur Bastau als Wasserzufuhr. Der Hof scheint im 17. Jahrhundert verpachtet worden zu sein, wobei hierfür auch ein Wohnhaus auf dem Gelände bestand. Der Gerhof wurde wohl im frühen 18. Jahrhundert an eine andere Stelle am Ufer der Bastau, gegenüber der Priggenhäger Mühle verlegt (siehe dazu Lindenstraße 44/46). Offensichtlich bestanden auf dem Grundstück neben dem eigentlichen Amtshaus noch zwei weitere kleine Häuser.

Abb. 1324 Pulverstraße, Blick von der Einmündung der Bäckerstraße nach Süden, Zustand 1993. Rechts Bäckerstraße 66.

1640 beschweren sich die Vormünder der Kinder des Bürger Arendt Gieseler beim Rat der Stadt Minden über den Zustand des *Gehrhauses bei der Deichmühlen,* das *wegen niederfals der Stadt Mäuren, gentzlich zerschmettert, zugrundt und boden, zugleich auch alle Kuven, Kelcke und was darzu gehörich verderbet und zunichte gemachet.* So haben sie *nun selbiges Haus, dafern sonst das Handtwerk darin getrieben … wiederumb aufbauwen laßen mussen, darzu aber keine mittel … wissen noch verschaffen konnen.* Da *das Handtwerck ohne daßelbe Gehrhaus nicht bestehen* könne, bitten Sie den Rat um *ein fuder Kalck oder etzlichen, auch Holtz und Steinen, soviel geschehen kann, … um das Gehrhaus behueff des Handtwercks wiederumb aufbauwen undt verfertigen zu lassen.* Da *der Gehrhoff itzo gantz offen lieget, woruf die leutte hinder der Mäuren wohnen, allen unflat, salva venia zu setzen, fegen, und den Brunnen, so hiebevor klar und gantz sauber gewesen, gahr verunreinigen und verderben, uber deme die Soldaten, wan Sie hin und her gehen, unser arbeits Volck ausrufen, ia zum offern mit steinen werffen, das Sie nicht bei ihrem Arbeit verpleiben konne, sondern davon lauffen mussen.* Aus diesen Gründen würden Sie den Rat darum bitten, *selbige Mauren etwan nur so hoch auffuhren oder sonst soviel zumachen zulaßen, damit das gesinde und Arbeits Volck, bei ihrem Vorhaben unperturtirt verpleiben konnen.* Am 27. Mai 1640 wird vermerkt: *Eß sollen dem selbi. drei fuder kalck und kluten, aber keine quadrat steine bewehrt werden* (KAM Mi, B 58 alt).

1699 verkaufen die Amtsmeister des *Schuster-Ambtes* für 220 Rthl der Mette Magdalena von Gehlen, Ehefrau des Regierungsrates Stammig, das Wohnhaus, der *Gehrhoff* genannt, vor dem Wesertor liegend, bei *der Brauers Mühle* und nahe dem Pulverturm. Es ist ein freies und allodiales Gut; 1716 versteigert die Regierung *das Stammische kleine Haus bey dem Pulver Thurm, ohnfern der Brauers, jetzt Doven Mühle.* Es kommt für 215 Rthl an Liborius Sauer. Für das Haus muß jährlich zu Weihnachten 1 Mgr an die städtische Rentenkammer gezahlt werden; 1740 Haus des Schusters Sebastian Schwartze (KAM, Mi, C 103).

1689 Catharian Elisabeth Pottgers, Witwe von Hans Jürgen Vögeler verkauft für 50 Rthl dem Corporal Johann Schulte und dessen Ehefrau Sophie Margarethe Kolthoff *das ohnweit dem alhiesigen Schuster Gehrhoff belegene Häusgen, nebst dem dazu gehorigen Gange bis an die Mauer … als frey Guth*; 1740 *David Schulze am Gehrhoff.* Es besteht Streit um die Freiheit des Hauses (KAM, Mi, C 103).

Abb. 1325 Pulverstraße, Blick nach Norden zur Bäckerstraße, links Pulverstraße 1 und 3, 1993.

PULVERTURM

bis 1818 ohne Haus-Nr.; bis 1821 Haus-Nr. 15 f und 15 g

1747 Anton Henrich Unger; 1755 Ungers zwei Häuser 150 Rthl; 1766 Witwe Ungers zwei Häuser, 300 Rthl; 1781 Ungers zwei Häuser, jedes 100 Rthl; 1805 Clostermann, zwei Häuser je 500 Rthl; 1809 Hauptmann Gellerns zwei Häuser; 1812 gehört dem *Maire Gellern* in Hausberge; 1821 die beiden Wohnhäuser des Kapitäns Gellern in Hausberge sind gelöscht.

Doppelhaus (bis um 1820)

1765 erhält die Witwe Ungern Freiheiten für ihren Neubau, taxiert zu 150 Rthl (KAM, Mi, C 380). Um 1820 abgebrochen.

PULVERSTRASSE 1

bis 1818 ohne Haus-Nr.; bis 1878 Haus-Nr. 55 l/m; bis 1908 Pulverstraße 5

siehe Teil II, Kap. IX.4.2, S. 1340–1344

PULVERSTRASSE 2

1729 bis 1743 Martini-Kirchgeld Nr. 115; bis 1818 ein Freihaus (zu Bäckerstraße 66) ohne Nummer; bis 1878 Haus-Nr. 15 c; bis 1908 Pulverstraße 6

siehe Teil II, Kap. IX.4.2, S. 1344–1345

PULVERSTRASSE 3

bis 1878 ohne Haus-Nr. (ab etwa 1850 auch unter Haus-Nr. 15 a); bis 1908 Pulverstraße 7

siehe Bäckerstraße 66, Scheune

PULVERSTRASSE 4/6

bis 1818 ohne Nummer; bis 1878 Haus-Nr. 15 b/15 bb; bis 1908 Pulverstraße 8/10

siehe Teil II, Kap. IX.4.2, S. 1346–1347

PULVERSTRASSE 5

seitlicher Hauseingang zum Gebäude Bäckerstraße 66 (siehe dort)

1798 gehört dem Vikar Gronefeld zu Osnabrück und ist bewohnt von Briefträger Wortmann.

Rampenloch

Entlang der Straßenmitte verläuft seit der Besiedlung der Stadt die Grenze zwischen dem Gebiet der sich nördlich erstreckenden Pfarre von St. Marien und der südlich davon liegenden Pfarre von St. Martini. Die früheste überlieferte Nennung der Ortsbezeichnung *Rampenhol* erfolgte 1358. Vor 1500 wird unter diesem Begriff noch nicht allein die spätere kleine Gasse, sondern allgemeiner eine wenig bebaute Gegend in abgelegener Lage der Stadt verstanden, in der zu dieser Zeit vor allem einzelne Wirtschaftsgebäude genannt werden. Das Gelände lag zwischen dem Hahler Tor und der Pöttcherstraße und war noch nicht von der Greisenbruchstraße durchschnitten und der Besiedlung erschlossen. Nördlich erstreckten sich einige große Höfe, die vom Stift St. Martini an Adelige verpachtet worden waren, wobei im nordwestlichen Bereich ein bislang in seiner Ausdehnung nicht genau bekannter und der Vikarie St. Thomas an St. Martini gehörender Hof bestand (siehe Königswall 33). So hören wir 1456 etwa von einem *spyker myt aller tobehoringhe de beleghen is twischen der Vriesen strate vnd dem Hallerdore in der strate dar sunte Thomas hus to sunte Merten anne steyt gheheten dat Rampenhol* (KAM, Mi, A I, Nr. 336). Südlich erstreckte sich das weite Gelände des Greisenbruchgutes (siehe dazu Greisenbruchstraße). Tribbe nennt in seiner um 1460 entstandenen Stadtbeschreibung hier einen abgelegenen Bestattungsplatz für unehrliche Personen: *bei der Mauer zwischen Hahler Tor und dem Kuhtor ist ein Platz, der heist Rampenhol und dort werden die, die geheim getötet, nämlich lebendig begraben zu werden pflegen, bestattet.* Nach dieser Beschreibung ist wohl davon auszugehen, daß es sich zu dieser Zeit um einen noch weit von der Besiedlung entfernten Bereich handelt. Der Name dürfte sich daher aus dem niederdeutschen *hol* = Loch und dem Begriff *Rampanien* für Gekröse und Kaldaunen zusammensetzen, und zunächst eine abseits der Besiedlung liegende Abfallgrube für Aas und Schlachtabfälle bezeichnen (ähnlich auch in Lemgo das *Rampendahl*).

1515 bestätigen die Vertreter des Johannis-Stiftes den Verkauf ihres Gutes *Griesebrock* mit dem Rampenhol davor an das Armenhaus St. Nikolai. Zu dieser Zeit scheint die Besiedlung des Bereiches schon eingesetzt zu haben. So werden auch 1505 Arnt Ludemans und sein Bruder Gercke mit zwei Grundstücken für Häuser oder Speicher *im Rampenhol* sowie einem *Pütt* (Brunnen) in der Pöttcherstraße belehnt (KAM, Mi, A I, 437), wobei die Ortsangabe des Brunnens an letzterer Straße noch auf eine nur weitläufige Bebauung über die Greisenbruchstraße hinweg hinzuweisen scheint. 1710 wird auch die Bezeichnung *Rampenthal* (siehe Rampenloch 11) verwendet. Im frühen 19. Jahrhundert ist für die hier bestehenden Häuser der Name *am Neutor* üblich.

In der Gasse entwickelte sich offensichtlich seit der Zeit um 1500 eine kleinteilige, von Handwerkern bewohnte Bebauung, dabei der östliche Abschnitt als Verbindung zur Greisenbruchstraße noch 1556 nur als *Sode*, also als schmaler Durchgang bei dem Hause Greisenbruchstraße 18 genannt (siehe Rampenloch 1). Auch 1610 ist das Besitzrecht an diesem als *Steinweg* bezeichneten Durchgang noch ungeklärt. Daher dürfte es sich beim Rampenloch zunächst um eine kleine vom Wall in das Gelände hereinführende Gasse gehandelt haben, die östlich vor dem Gelände des Hofes der Familie von Münchhausen endete (siehe Greisenbruchstraße 18 und Kampstraße 25). Viele der kleinen Grundstücke scheinen aus dem Gelände der Vikarie St. Thomas ausparzelliert worden zu sein, auf denen dann kleine, zunächst als Speicher bezeichnete Häuser entstanden. Nachrichten dazu liegen in größerer Anzahl seit 1477 vor (siehe Königswall 33).

Die im Bewußtsein der Mindener Bevölkerung seit langem feststehende Nutzung der Straße als Bordellgasse scheint allerdings erst kurz nach 1900 aufgekommen zu sein, wobei 1908 schon verschiedene Prostituierte in der Gasse als Hausbesitzer genannt werden. Im 19. Jahrhundert hatten die Mindener Bordellbetriebe mehrmals ihren Standort gewechselt: Für die Zeit zwischen 1818 und 1846 ist ein Bordell der Wirtin Heidemann am Königswall 87 und 1829/32 ist ein weiteres des Wirtes Bisky am Deichhof 16 nachweisbar. Um 1900 und bis 1914 lassen sich mehrere Prostituierte unter den benachbarten Adressen Bartlingshof 19 bzw. Königswall 83 nachweisen, danach bestehen solche Betriebe in den Häusern Soodgasse 4 und Weingarten 48 (siehe auch KAM, Mi, G II, Nr. 675). Erst danach konzentrieren sich die Bordelle in dieser Gasse. Um 1960 wurde zur Abschirmung der inzwischen fast reinen Bordellstraße eine massive Trennwand auf dem östlichen Zugang der Straße neben dem Haus Rampenloch 3 errichtet (seitdem wird das Haus Rampenloch 1 als Greisenbruchstraße 18 a bezeichnet), deren eingesetzte Tür später ebenfalls vermauert wurde, so daß die Straße heute nur noch – wie vor 1600 – von Osten, vom Königswall zu betreten ist.

1877 Neupflasterung der Straße unter Einbau von Bordsteinen. 1879 Feststellung der Fluchtlinie. Weitere Pflasterarbeiten 1885 bei der Entwässerung und 1894 bei der Anlage der Kanalisation.

NACHRICHTEN ZU NICHT WEITER BEKANNTEN BAUTEN:

1358 statten Friedrich, Sohn des verstorbenen Bürgers Johannes Faber, und seine Mutter Winna der St. Marienkirche eine Memorialstiftung für Johannes Bolken mit einem nahe am Hahler Tor gelegenen Speicher aus: *granarium nostrorum situm non longe a valua dicta Hallerdor prope locum dictum Rampenhol* (STA MS, St. Marien, Urkunden, Nr. 34).

1359 verzichtet Albert, Rektor der Heilig-Geist-Kapelle auf Rechte *in area quadam sita in dem Rampenhole; area cum omnibus edificijs*, verpachtet an Mechthild, Schwester des verstorbenen Heinrich Padodinck, und ihren Sohn Heinrich (STA MS, Mscr. VII, 2702, fol. 7r).

1456 verkauft das Kloster St. Pauli dem Johann von Buten und seiner Frau Metteke *eynen vnsen spyker myt aller tobehoringhe de beleghen is twischen der Vriesen strate vnd dem Hallerdore in der strate dar sunte Thomas hus* (= Königswall 33) *to sunte Merten anne steyt gheheten dat Rampenhol neghest der plancken Hinrikes Hildensems houe in dat osten* (KAM, Mi, A I, Nr. 336).

1487 verkaufen Johann Bobert d. Ä. und seine Söhne Arnd, Johann und Heinrich den Brüdern Arnd und Gerke, genannt die Ludemanns, *eynen vnsen spiker beleghen in dem Rampenhale na des Greuen van der Hoyen haue* (= Kampstraße 31) *bynnen der staedt Minden* (KAM, Mi, A I, Nr. 421).

1505 verkauft der Konvent der Franziskaner zu Herford dem Meister Arnd Ludemann und seinem Bruder Gerke als Bewohner *de twe huse offt spikere in dem Rampenhole ener vrien brukinge vnde toganges eynes puttes belegen to Mynden in der Fresenstrate halff vp vnser vriet* (KAM, Mi, A I, Nr. 437).

1505 werden zwei Häuser von Metteke, Witwe des Ratsmanns Rudolf Hoppener, an St. Johannis (zugunsten des Leprosenhauses) übertragen: *suas duas domos contiguas jn ciuitate Mindensi jn loco vulgariter nuncupato dat Rampenhol inter quandam petiam curie* (STA MS, Mscr. VII, 2702, fol. 12r–13v).

1509 verkaufen Rolf Kleffmann und seine Frau Abe den Nikolaiherren eine Rente *jn or huss vnd stede myt syner tobehoringe so dat belegen ys jn dem Rampenhale twusschen der Hoppenerschen zeliger vnd Cord Lubberdes husen* (KAM, Mi, A III, Nr. 156).

1516 verkauft das Stift St. Johannis dem Nikolai-Hospital *to nuth vnd besten der armen lude to sunte Nicolaesze eynes rechten ewygen erffkopes verkofft hebben vnsse vryge gud geheten dat Gryse brock myt dem Rampenhole dar vor belegen* (KAM, Mi, A I, Nr. 470).

1565 verpachtet St. Marien dem Evert Bodeker und seiner Frau Katharina ein Haus *szo dat belegen js jm Rampenhale, am orde by der Lubberschen, vnd schut mit dem vornsten geuel na der stadt muren* (STA MS, St. Marien, Urkunden, Nr. 150).

RAMPENLOCH 1, Armenhaus St. Georg (1556–1827)

bis 1818 ohne Nummer; bis 1878 Haus-Nr. 638 c; ab 1961 Greisenbruchstraße 18 a

Das kleine Haus stand auf einer sehr kleinen Parzelle in dem Winkel zwischen dem Rampenloch und der Greisenbruchstraße, von letzterer um einige Meter zurückgesetzt. Das Gelände scheint durch Zusammenlegung zweier Grundstücke geschaffen worden zu sein, so daß bis zu dieser Zeit in der Mitte des Grundstücks nord-südlich die hintere Grenze des Hofes von Münchhausen verlaufen sein dürfte.

Auf der Freifläche vor dem Haus bestand bis um 1890 eine öffentliche Wasserstelle.

1556 schenken Hans Catemann und Jost Klapmeyer dem Nikolai-Hospital zur Einrichtung eines Armenhauses *eynes huses stede vnd tobehoringe so dat in dem Grisenbroke jegen dem sode an einer sidt Dirich van Monnickhusen groten huse vnde tor anderen wandt Jost Hessen huse belegen* (KAM, Mi, A I, Nr. 627)

1556 schenkt Dietrich von Münchhausen, Sohn des verstorbenen Evert, dem Nikolai-Hospital zur Einrichtung eines Armenhauses (für Mindener Bürger oder verarmte Mitglieder der Familie von Münchhausen) *ein hus mit des tobehoringe belegen in dem Grisenbroke jegen dem sode to eyner sidt myns Dirichs grote huse vnde tor anderen wandt Jost Hessen huse* (KAM, Mi, A I, Nr. 628).

Das Armenhaus St. Georg wurde nach diesen Nachrichten 1556, nach anderen Quellen erst 1563 durch Dietrich von Münchhausen (wohnt unmittelbar östlich anschließend in Greisenbruchstraße 18, zur Familie siehe auch Kampstraße 25) und seine Schwester Elisabeth, verwitwete von Holle, gegründet (KAM, Mi, B 456. – Schroeder 1886, S. 541). 1614 wird die Stiftung durch die Brüder Christoph und Statius von Münchhausen erweitert. 1806 Martini-Armenhaus, ist ein freies Wohnhaus; 1809 Armenhaus von St. Georgii; 1812 Wohnhaus der St. Martini-Armen und St. Georgii; 1818 Armenhaus St. Georgii 500 Rthl. Nachdem das Haus bis 1827 von drei alten Personen bewohnt wurde, soll es 1828 von der Armenkommission zum Verkauf gebracht werden (siehe Mielke 1983, S. 55). Es wird am 16. 9. 1828 vom Ökonom W. Korff erworben (KAM, Mi, E 566), doch wird der Kaufvertrag nicht vollzogen. 1831 Verkauf des der Armenkasse zugehörigen sogenannten Georgenhauses an den Maurermeister Franz Lax für 120 Thl (KAM, Mi, E 712); 1832 Maurermeister Lax; 1846 Maurer Georg Denk; 1851 Tischler Rödemeister; 1873/94 Witwe Reinhardt; 1908 Dachdecker Karl Brackmann.

Armenhaus (Mitte des 16. Jahrhunderts ?–1968)

Eingeschossiger und zur Greisenbruchstraße giebelständiger Fachwerkbau mit Satteldach. Bauzeit und Konstruktion des Gebäudes nicht weiter bekannt.

Nachdem der Bau schon 1825 als sehr baufällig galt und große Schäden am Dach aufwies (Neuhann 1991), ist das baufällige Fachwerkhaus 1828 nach einem Gutachten von Fr. Wehking 22,5 Fuß lang, 15 Fuß breit und mit 9 Fuß eine Etage hoch. Das Dach ist mit sogenannten *Katzentrögen* gedeckt. Es enthält die Wohnstube mit sehr beschädigtem Plattenofen, daran anschließend eine schmale und unbedielte Schlafkammer, den Flur mit einer Kochkammer und daran links hinten zwei unbedielte Schlafkammern. Das Dach ist nicht ausgebaut. Danach stand jeder der Pfründnerinnen, die eine gemeinsame Kochstelle und Stube nutzten, jeweils nur eine kleine Schlafkammer zu. Der Entwässerungsplan von 1894 gibt diese Situation wieder, wobei die Erschließung über einen Flur vom Rampenloch her erfolgte. Zuletzt wurde das Gebäude als eingeschossiges Gebäude mit ausgebautem Dachgeschoß beschrieben, das eine Wohnung mit vier kleinen Räumen und eine Küche enthält.

1968 nach einem Brandschaden durch die Stadt Minden als Eigentümer abgebrochen.

RAMPENLOCH 2, Hinterhaus von Greisenbruchstraße 18

RAMPENLOCH 3 (Abb. 1326–1328)

bis 1878 Haus-Nr. 638 b

Nach den Steuerregistern erst 1802 entstandene Hausstätte auf einem Teilgrundstück des Hofes Hahler Straße 9. Rechteckige Parzelle, nach der Mitte des 19. Jahrhunderts mit einem kleinen eingeschossigen Wirtschaftsgebäude aus Fachwerk (Giebel in Backstein) an der östlichen Schmalseite bebaut. Auf dem Hof kleiner Garten, Wege mit Picksteinen gepflastert.

1802 Maurermeister Henniger (starb 1805), Haus für 1 000 Rthl; 1804 Haus ohne Braurecht; 1806 Major Karl Christin von Toss, Wohnhaus mit Stallung und Hofraum; 1809 von Toss, Mieter ist Huthändler Telgmann und Spitzenhändler Steinbrink; 1818 früher Bevenitz, jetzt Zetzener, Haus für 1 000 Thl; 1828/32 Tischler Fischhaupt; 1846/51 Tischlermeister Heinrich Fischhaupt; 1873 Maschinenfabrikant Kerlen; 1878 Aschentrup; 1908 Wilhelm Witting; 1937 Maria Köhler/Bielefeld.

Wohnhaus (von 1802)

Von dem Maurermeister Henniger als eigenes Wohnhaus errichtet (KAM, Mi, C 134). Eingeschossiges und verputztes Haus mit backsteinernen Umfassungswänden von neun Dachgebinden Länge mit schon ursprünglich ausgebautem Krüppelwalmdach. Dachwerk aus Nadelholz mit zwei Kehlbalken. Das Haus in seiner historischen Struktur innen wie außen ungewöhnlich gut überliefert: ursprünglich in allen vier Fassaden jeweils drei Öffnungen (in den Traufwänden in der Mitte als Türen ausgebildet), diejenigen des Ostgiebels 1937 im Erdgeschoß vermauert. Über der (erneuerten) Haustür ein kleines, übergiebeltes Dachhaus. Über der Hoftür ein verglastes Oberlicht der Bauzeit. Die Fenster erneuert. Der starke Zement-Besenputz wohl im 20. Jahrhundert erneuert. Das

Abb. 1326 Rampenloch 3, Ansicht von Nordwesten, 1993. Links Mauer des Kreisgefängnisses an der Kampstraße 31.

westliche Giebeldreieck mit Eternit beschlagen, das Dach mit Doppelfalzpfannen gedeckt. Das anschließende Grundstück mit massiven Backsteinmauern eingefaßt.

Der weitgehend unveränderte Grundriß wird in beiden Geschossen bestimmt durch einen breiten mittleren Querflur, an den sich beidseitig jeweils zwei Wohnräume anschließen. Im Erdgeschoß diese Erschließungszone durch eine Querwand unterteilt, im Winkel zur östlichen Querwand ein wohl ursprünglicher breiter Schornstein. Vor der Rückwand frei im Raum eine schmale, zweiläufige Treppenanlage der Bauzeit mit originalen, in klassizistischem Geschmack gestalteten Geländern zum ausgebauten Dachgeschoß (hier auch Geländer um das Treppenauge erhalten). Unter dem Treppenpodest ein übergiebelter Einbauschrank mit Glastür. Die Blätter der Zimmertüren erneuert, die Futter erhalten. In der großen Stube östlich des Einganges (wohl ehemals bestes Zimmer) ein umlaufendes hölzernes Lambris (heute verkleidet). Unter dem nordöstlichen Raum ein kleiner Keller mit Bruchsteingewölbe, zugänglich durch eine Fallklappe auf dem Flur. 1908 Kanalisation.

RAMPENLOCH 4 (Abb. 1328)

bis 1878 Haus- (und Marien-Kirchgeld) Nr. 655

Rechteckige kleine Hausstelle, vorne mit einem Giebelhaus, hinten Hofplatz mit zugehörigen Wirtschaftsgebäuden. Rückwärtig die Parzelle von der hier endenden Kerbstraße erschlossen (1951 vermauert).

Abb. 1327 Rampenloch 3, Treppenanlage von 1802, Zustand 1995.

1743 Simon Kahre; 1744 Tielcke Meyer; 1747 Gabriel Hencking (früher Franz Busch); 1750/55/66 Tielkemeyer, Haus für 50 Rthl; 1768 Conrad Borchard (wohnt Markt 16); 1781 Bäcker Borchard, Haus für 100 Rthl; 1791/97 Soldat Gerbs; 1798 Schütze Gerbs; 1802 Gerbs, 200 Rthl; 1804/06 Soldat Jacob Kuhn, Haus ohne Braurecht, hält kein Vieh; 1818 Kühne; 1832 Witwe Kühne; 1832 Kühne, Erhöhung auf 450 Thl; 1846 Witwe Sophie Kühne und Wäscher Heinrich Schäffer; 1873/78 Witwe Schäfer; 1895 E. Schmieding; 1906 Kutscher Friedrich Niermeier; 1908 Witwe Niermeier; 1919 Emilie Schiedt; 1951 Witwe Emilie Susczynsky, geb. Schiedt; 1968 Fred Reinholz.

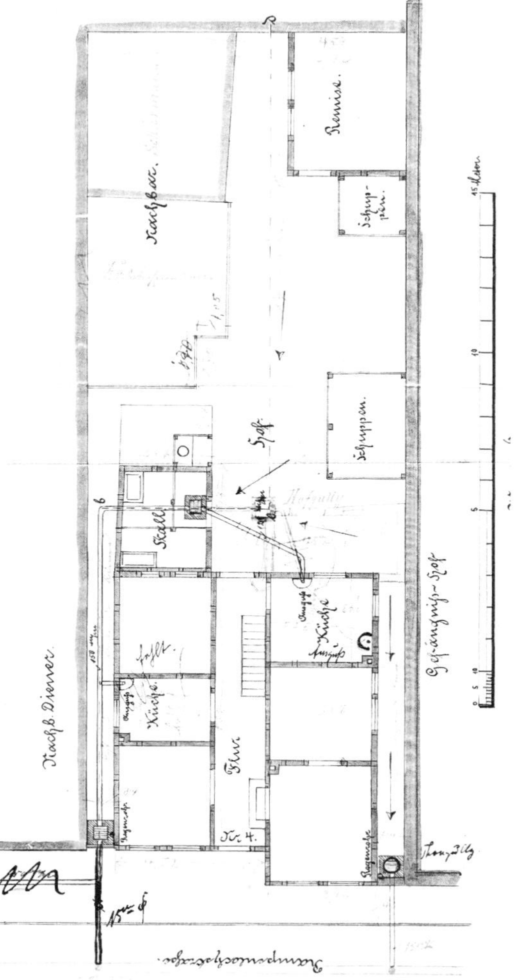

Abb. 1328 Rampenloch 4, Plan zur Entwässerung des Grundstücks 1895.

Haus (von 1768)

1768 erfolgte ein Neubau im Auftrag des Bäckers Borchard (KAM, Mi, C 384). Das heute zweigeschossige und verputzte Giebelhaus weist im Kern noch diesen giebelständigen und eingeschossigen Fachwerkbau auf. Er war 1895 zum Zeitpunkt der Entwässerung noch unverändert und in zeittypischer Weise gestaltet mit schmalem mittleren Flur und beidseitig anschließenden Wohnräumen. Rechts eine Utlucht vorgesetzt. Balkenkeller unter dem mittleren Wohnraum der östlichen Seite.

1895 Entwässerung; 1908 Kanalisation und massiver Küchenanbau; 1918 weitere rückwärtige Anbauten; 1953 Dachgeschoßausbau; 1957 Vorbau im Winkel zwischen dem Vordergiebel und der Utlucht; 1961 Aufstockung einer ersten Etage; 1968 Einbau einer zweiten Haustür.

Abb. 1329 Rampenloch 7, Ansicht von Nordwesten, 1993.

RAMPENLOCH 6

bis 1878 Haus- (und Marien-Kirchgeld) Nr. 656

Sehr kleine Hausstelle, bis auf einen kleinen Hof hinter dem Haus völlig überbaut.

1743 Tischler Johann Henrich Wiese; 1748/55 Meister Wiese, Haus für 50 Rthl; 1766/68 Leineweber Meister Rudolf Dreymann, betreibt auch Ackerbau auf gepachtetem Land, Haus für 50 Rthl; 1772 wird das von der Witwe Dreymann an den Kutscher Hermeling verkaufte Haus versteigert (MA 1772, 2): 1781 Hermeling, 50 Rthl; 1791 Hermeling; 1802/04 Tagelöhner Heinrich Hermeling und zwei Mieter, Haus für 200 Rthl, ohne Braurecht, hält 1 Stück Jungvieh; 1828/32/37 Zimmergeselle Hermeling, Haus für 200 Thl; 1846 Witwe Sophie Hermeling und Mieter Zimmermann Christian Diener; 1851 statt Witwe Hermeling nun Zimmergeselle Diener; 1873/78 Witwe Diener und vier Mietparteien; 1895 Werkführer Julius Diener; 1906 Wagenbauer Albert Jaster.

Wohnhaus (18. Jahrhundert–1945)

Eingeschossiges Fachwerkgiebelhaus des 18./19. Jahrhunderts, nur durch den Entwässerungsplan von 1895 überliefert. Danach die linke Haushälfte Flurdiele, die rechte mit drei Wohnräumen. Rückwärts ein Anbau mit jeweils zwei Wohnräumen seitlich eines zum Hof führenden Mittelflures. Das Haus 1945 durch englischen Bombenabwurf zerstört. Ein 1953 geplanter Neubau wurde nicht errichtet. 1954 Mauer zur Straße errichtet.

RAMPENLOCH 7 (Abb. 1329)

1729 bis 1741 Martini-Kirchgeld Nr. 448; bis 1878 Haus-Nr. 654

Sehr kleine Hausstelle, mit Ausnahme eines kleinen Innenhofes auf der östlichen Seite völlig bebaut.

1729 Münstermann; 1738/43 Henrich Jürgen Münstermann; 1750/55 Münstermann, Haus für 50 Rthl; 1766 Meister Dreymann, Haus für 50 Rthl; 1781 Witwe Münstermann, Haus für 100 Rthl; 1798 Leineweber Münstermann; 1802/04 Münstermann, Haus für 400 Rthl, ohne Braurecht, hat hölzerne Spritze, hat 2 Kühe und 2 Schweine; 1818 Witwe Münstermann, Haus für 600 Thl; 1828/32 Leineweber Wilhelm Kern; 1832 Tischlermeister Fischhaupt; 1846 Musiker Karl Heine; 1873 Lumpensammler Heidemann und drei Mietparteien; 1878/84 Rhode; 1906 Agnes Stolar; 1908 Prostituierte Katharina Hagelbauer; 1954 Ludwig Buuck, Hannover.

Haus (von 1831)

1832 wird berichtet, das Haus sei neu und halb zur Wohnung, halb zur Scheune eingerichtet (KAM, Mi, E 955). Dieses ein eingeschossiger giebelständiger Bau mit ausgebautem, pfannengedecktem Satteldach. Das verputzte Erdgeschoß heute mit mehreren Zugängen, der Giebel mit Eternitplatten verkleidet und mit größeren Fenstern versehen. Weiterer Dachausbau an der östlichen Traufwand.

Die innere Aufteilung des Gebäudes auf Grund umfangreicher Verkleidungen momentan nicht im Detail zu erfassen. Die Einteilung wird bestimmt durch eine etwa firstparallele Wand, die das Haus in einen westlichen Wohn- und östlichen Wirtschaftsteil trennt, letzterer heute stark verändert und ebenfalls zu Wohnzwecken ausgebaut. Der Wohnteil mit einer Diele, von der rechts eine Stube abgeteilt ist. Darunter ein kleiner Keller mit Backsteintonne. Vor dem Rückgiebel zwei Wirtschaftsräume, wohl Küche und Speisekammer abgetrennt. Der Wirtschaftsteil ursprünglich wohl ebenso mit einer Diele (entlang der Trennwand), von der verschiedene Stallräume abgetrennt sind. Die an der östlichen Traufwand zum Teil kübbungsartig vorgeschoben. In beiden Hausteilen eine Treppenanlage zum Dachgeschoß.

1884 Entwässerung; 1908 Kanalisation.

RAMPENLOCH 8

Das zu Königswall 31 gehörende Grundstück ist offensichtlich nie bebaut worden. Auf dem rückwärtigen Teil heute der Neubau Kerbstraße 2 errichtet.

RAMPENLOCH 9 (Abb. 1330)

1729 bis 1741 Martini-Kirchgeld Nr. 447; bis 1878 Haus-Nr. 653

Kleines, rechteckiges Grundstück, an der Straße mit einem Giebelhaus bebaut, rückwärtig kleiner Garten mit Stallgebäude.

1729 Becker; 1738/40 Gerd Henrich Becker; 1743/50 Johann Henrich Becker; 1755 Becker, Haus für 50 Rthl; 1766 Witwe Becker; 1781 Becker; 1798 Nachtwächter Becker, Haus für 50 Rthl; 1802 Becker; 1804 Witwe Becker, Haus ohne Braurecht, hält kein Vieh; 1806 Lampe, Wohnhaus Erhöhung auf 200 Rthl; 1806 Leineweber Friedrich Engelhard; 1818 Engelhard, Haus für 200 Thl; 1828 Lax Junior, Erhöhung auf 400 Thl; 1846 Steindrucker Friedrich Nolting und Maurer Conrad Petig; 1873 Gefängnißaufseher Nolting; 1878 Tischlermeister A. Heidemann; 1895 Mack, jetzt Witwe Spoinsky; 1906 Rosa Killmeyer; 1908 Prostituierte Marie Laubert; 1958 Bäcker Rudolf Hoffmann.

Haus (Anfang des 18. Jahrhunderts)

Eingeschossiges Giebelhaus aus verputztem Fachwerk mit ausgebautem Dachgeschoß. Dach mit Falzziegeln eingedeckt. Das Gebäude setzt sich aus zwei Bauteilen unterschiedlichen Alters zusammen, wobei der Kern möglicherweise nach dem Brand der Greisenbruchstraße im Dezember 1705 neu errichtet wurde. Der vordere Bereich ist schmaler und im Kern ein kleines Giebelhaus von fünf Gebinden mit aufgelegten Dachbalken und gekrümmten Fußstreben an den Eckständern. Die zwei

Abb. 1330 Rampenloch 9 (links) und 11, Ansicht von Nordosten, 1993.

Riegelketten einfach genagelt (die Hölzer zum Teil zweitverwendet aus einem Fachwerkgerüst des 16. Jahrhunderts mit Kopfbandaussteifung).

Im Inneren die linke Hälfte als Flurdiele, die rechte mit zwei Wohnräumen (Stube und Kammer) eingerichtet. Das Haus nachträglich rückwärts um zwei Wohnräume (bei größerer Breite des Baus nach Osten) erweitert, zwischen denen ein schmaler Flur zum Hofraum führt. Darüber ein Satteldach. Der Bauteil 1877 zur Schaffung zweier weiterer Wohnräume aufgestockt. Die Konstruktion aus Nadelholz mit flachgeneigtem Satteldach; 1895 Entwässerung; 1908 Kanalisation. Der Vordergiebel heute weitgehend massiv erneuert und modern verputzt. Ferner das Dachgeschoß mit großer Schleppgaube nach Osten zu Wohnzwecken ausgebaut.

RAMPENLOCH 11 (Abb. 1330)

1729 bis 1741 Martini-Kirchgeld Nr. 446; bis 1878 Haus-Nr. 652

Sehr kleine Hausstätte, die wohl vom Gelände der Vikarie St. Thomas (siehe Königswall 33) abgetrennt wurde.

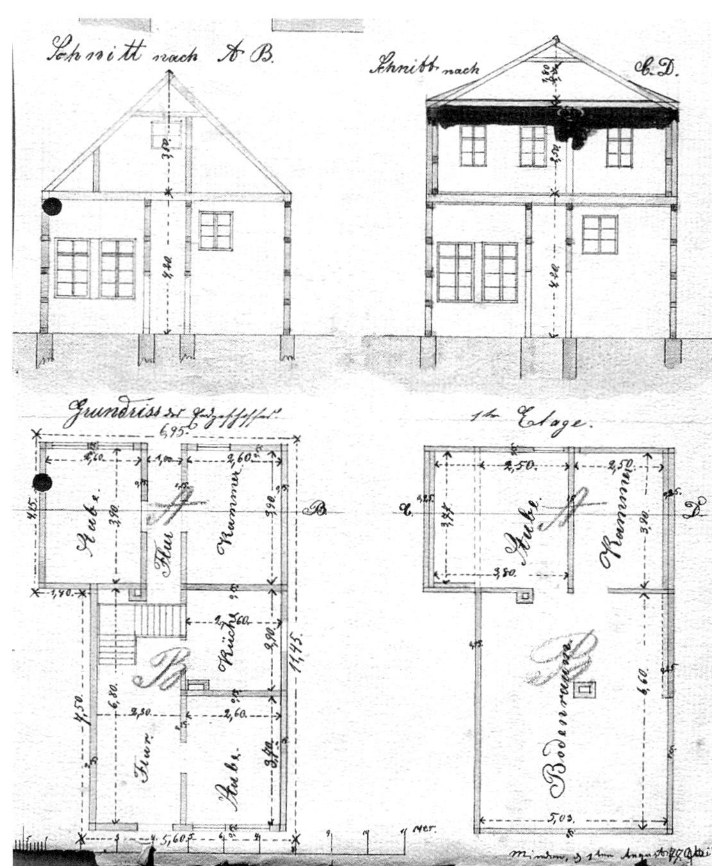

Abb. 1331 Rampenloch 9, Plan zu Umbau und Aufstockung des rückwärtigen Hauses, Tischlermeister Heidemann, 1877.

1526 wurde von Paul Paschen eine Obligation auf sein Haus aufgenommen, die später mit 10 Thl verrechnet wurde. Als spätere Eigentümer werden genannt: 1710/15 Heinrich Kuhlmann, 1751 Michel Busch *modo Vagiees* (KAM, Mi B 103 b,2 alt; C 203,22 alt; C 604). 1729 Busch; 1746 Witwe Heinrich Kuhlmann, Mieter ist Busch; 1743 Frantz Henrich Busch; 1750 Michel Busch; 1755 Vogedes, Haus für 50 Rthl; 1766 Unteroffizier Junck; 1777/1802 Tischler Unverzagt, Haus für 50 Rthl; 1804 Haus ohne Braurecht, hält kein Vieh; 1805/18 Meister Reinhold Unverzagt, Haus für 50 Thl; 1827/32 Maurer Bernhard Lax (Senior), Haus für 400 Thl; 1846 Witwe Dorothee Lax; 1851 Tischler Preising; 1873/78 Zimmermann Jacobey; 1894 August Jacoby; 1906/10 Witwe August Jacobey; 1908 Witwe Carolina Jacobey; 1951 Paula Hoffmann.

Haus (bis 1945)

Offensichtlich ein eingeschossiger Fachwerkbau des 18. oder frühen 19. Jahrhunderts mit mittlerem Flur, von dem beidseitig Wohnräume abgeteilt sind. Entlang der östlichen Traufwand ein schmaler Hofplatz, rückwärtig ein Anbau. 1877 der rückwärtige Anbau mit einem Obergeschoß versehen (Tischlermeister Heidemann).

1894 Entwässerung; 1910 Kanalisation. 1945 durch englischen Bombenabwurf zerstört.

Neubau (von 1953)

Das Haus (Plan: Architekt W. Schröter/Röcke) soll nach dem Bauantrag wieder dem früheren Zweck als Bordell dienen, wobei die Frauen auch im Haus wohnen. Zweigeschossiger, verputzter traufenständiger Bau mit pfannengedecktem Satteldach. Im Inneren in jeder Etage zwei zweiräumige Apartments seitlich eines mittleren Flures mit einläufiger Treppe. Toiletten und Bad im Keller.

Ritterstraße

Die Straße führt im Bereich der Oberstadt von der Königstraße im Süden genau nach Norden, um nach einer leichten Kurve nach Osten in der Kreuzung von Alter Kirchstraße, Brüderstraße und Kampstraße, westlich des Kirchhofes von St. Martini zu enden. Das Stadtbild hat sich im Bereich dieser Straße im Laufe der Jahrhunderte einschneidend verändert. So war sie bis in das 16. Jahrhundert nur in kleinen Teilbereichen von Bauten gesäumt, während sie wohl auf dem größten Teil ihrer Strecke von weiten Hofgrundstücken umgeben war. Historisch gliedert sich ihr Verlauf in zwei höchst unterschiedliche Bereiche: Während den südlichen Abschnitt von der Königstraße bis zur Einmündung der Videbullenstraße im Mittelalter verschiedene größere Anwesen säumten und er zumindest teilweise zum Besitz des Domes, später des Dompropstes gehörte, verlief der nördlich anschließende Abschnitt über das Gelände des Martini-Stiftes und war in diesem Bereich wohl bis nach 1500 keine öffentliche Straße, zudem noch kaum von Bebauung gesäumt. St. Martini hatte offenbar schon bei seiner Stiftung im frühen 11. Jahrhundert weitläufige Flächen im Zentrum der späteren Oberstadt erhalten, die nach anfänglich nicht bekannter Nutzung wohl im frühen 14. Jahrhundert in weitläufige Kuriengrundstücke für eigenständige Höfe der Stiftsmitglieder aufgeteilt wurden: Östlich der Straße lagen die weitläufigen Grundstücke von zwei Kurien (Nr. 26/28 und als Kurie des Thesaurars Nr. 30–38), westlich jenseits einer weiteren Kurie Ritterstraße Nr. 21 – vor allem aber in peripherer Lage zum engeren Stiftsbezirk – wohl der weitläufige Wirtschaftshof von St. Martini (Ritterstraße Nr. 23–33 und Alte Kirchstraße 1 bis 9).

Das Stift konnte aber neben seinem eigenbehörigen Land bis in das 14. Jahrhundert durch Zuerwerb anschließender Höfe und Gärten seinen Einflußbereich nach Süden noch erheblich erweitern durch Flächen, die zuvor an Adelige ausgegeben worden waren. So erhielt das Stift 1284 den südlich der Videbullenstraße und an ihr Gebiet anschließenden weitläufigen Hof des Ritters Konrad genannt von Lutteren, auf dessen östlichem Rand St. Martini wohl im 15. Jahrhundert etwa 10 Hausstätten (heute Nr. 9 bis 19) ausgab. Südlich dieses Hofes grenzte ein weiterer großer Hof an, der sich in ungeschmälerter Form noch bis in das 17. Jahrhundert hielt (siehe Nr. 5) und dem wiederum südlich eine große, noch lange freie Fläche im Besitz des Dompropstes folgte, die entlang der Königstraße (ebenso wie der vorige Hof) bis zur westlichen Parallelstraße, der Umradstraße, reichte. Von letztem Gelände ist erst zwischen 1340 und 1465 der östliche, zur Ritterstraße weisende Bereich abgeteilt und einem Vikariat am Dom zugewiesen worden, das 1340 durch die Edelherren vom Berge gegründet worden war (siehe dazu Königstraße 16). Entlang der Ritterstraße entstanden danach in einem nicht weiter bekannten Prozeß auf dem Gelände des Vikariats eine Reihe von Mietshäusern (Königstraße 14 und Ritterstraße 1) sowie ein großes Wirtschaftsgebäude (Nr. 3).

Auf der Ostseite des südlichen Straßenabschnitts scheint es sich zumeist um große rückwärtige Flächen zu handeln, die zu den bürgerlichen Anwesen an der Westseite der Obermarktstraße gehörten und wohl zwischen dem 10. und 12. Jahrhundert entstanden waren. Von Süden nach Norden sind hier zu nennen: Nr. 2, 4 und 6, die ehemals wohl zu einer gemeinsamen Hausstätte gehörten (als westlichste einer Reihe vergleichbarer um 1200 entstandener Stätten auf dompröpstlichem Hof an der Königstraße), Nr. 8 und 10 (jeweils hintere Flächen von Obermarktstraße 36 und 34) sowie 12/14 und 16, die wohl als Abtrennungen zu Obermarktstraße 28/32 und 26 gehörten. Die beiden anschließenden Hausstätten Nr. 18/20 und 22/24 lagen schon innerhalb der Flächen, die St. Martini von verschiedenen Adeligen im 13./14. Jahrhundert (vielleicht 1353 – siehe weiter unten) erwor-

Abb. 1332 Ritterstraße, nördliches Ende mit Einmündung der Brüderstraße (rechts) und der Zufahrt zum Martinikirchhof (links). Rechts Alte Kirchstraße 1/1 a, links Brüderstraße 40, dahinter 38 und 36, um 1930.

ben hatte, und wurden nach Aufteilung in größere Bürgerstätten (weitere an der Hohen Straße) in Erbpacht ausgegeben (dabei sind die jeweiligen Nebenhäuser später zu eigenen Häusern geworden). Die Adeligen oder Ritter als Anwohner auf großen Höfen verschwanden im Zuge der Entwicklung schon zu dieser frühen Zeit fast völlig aus diesem Siedlungsbereich, so daß Tribbe in seiner um 1460 entstandenen Stadtbeschreibung von diesen nur noch aus Erzählungen zu berichten wußte. Allerdings dürfte auf diese frühe Phase der Besiedlung der zunächst nur für diesen Straßenabschnitt gebräuchliche Name der Straße zurückgehen. Die nur grob umrissenen und historisch sehr unterschiedlichen Strukturen lebten noch bis in das 18. Jahrhundert in der Namensgebung des Straßenzuges fort. So bezog sich der Name Ritterstraße bis zu dieser Zeit nur auf den südlichen Abschnitt der Straße, während der nördliche Teil (ab Papenmarkt) als *hinter der Curie* bezeichnet wurde (ebenfalls schon bei Tribbe um 1460 belegt) und sich damit noch unmittelbar auf die hier ehemals existierenden weitläufigen Kurien des Stiftes bezog.

Mit der Reformation setzte eine enorme Veränderung des Siedlungsbildes in diesem Stadtbereich ein. Einige der zu St. Martini gehörenden Kurien wurden ganz aufgegeben und in der Folge aufgesiedelt (Nr. 28 a–38), bei anderen wurden in unterschiedlicher Entwicklung Teilgrundstücke abgetrennt und diese neuen Grundstücke in unterschiedlichen Rechtsformen der Bebauung zugeführt (Nr. 23–33). Hintergrund dürften dabei neben der Veruntreuung von kirchlichem Vermögen unmittelbar nach der Reformation insbesondere die schwierig gewordenen wirtschaftlichen Verhältnisse des Stiftes sein, das nur noch von seinen Grundeinkünften leben konnte. Neben Pachtgrundstücken entstanden dabei auch solche in Erbpacht, aber auch in freiem bürgerlichen Besitz. Ein enger Zusammenhang dieses Aufsiedlungsprozesses mit der 1554 erfolgten Schleifung der Vorstädte ist nicht zu beobachten. Der geistliche Bezirk im nördlichen Bereich war aufgelöst und die Bewohner der Straße setzten sich jetzt insbesondere aus dem gehobenen Bürgertum zusammen, zwischen denen nur noch ganz vereinzelt Geistliche bzw. Stiftsbedienstete lebten. Das Straßenbild wandelte sich dabei von einem Weg, der auf weiten Strecken zwischen weitläufigen Höfen hindurchführte, zu einer recht dicht mit giebelständigen Bürgerhäusern bebauten Straße, ein Bild, das nun gerade im ehemals dünn besiedelten nördlichen Abschnitt entstand.

Inmitten der später aufgesiedelten Grundstücke haben sich in vielen Fällen noch die älteren Kuriengebäude erhalten, die sich später zwischen den jüngeren daneben errichteten Bauten zumeist eher bescheiden ausnahmen. Hier sind die Domvikarie Königstraße 16, sowie die Stiftskurien Ritterstraße 28 und Papenmarkt 6 zu nennen, aber wohl auch die Bedienstetenwohnhäuser Ritterstraße 40, Martini-Kirchhof 10 und Alte Kirchstraße 3. Erstaunlich ist es, daß sich auch mehrere Wirtschaftsgebäude aus vorreformatorischer Zeit von geistlichen Grundstücken erhalten haben, die später zu Wohnhäusern umgebaut wurden. Es sind dies die beiden Scheunen Ritterstraße 3 und 33 sowie das Kornhaus Alte Kirchstraße 1/1 a.

Dieser mit der Reformation einsetzende Wandlungsprozeß der Straße läßt sich noch heute gut im Baubestand verfolgen, da es sich bei den überlieferten Bauten zumeist um die ersten auf den entsprechenden Parzellen errichteten Gebäuden handelt. Zu Beginn des 17. Jahrhunderts war damit hier eine in seinen wesentlichen Elementen auch zahlreichen anderen Straßen der Stadt vergleichbare Bebauung entstanden, die sich bis heute – von den üblichen Umbauten und Erneuerungen abgesehen – erhalten hat. Allein die Liste der nach 1530 an der Ritterstraße und den zugehörigen Parzellen neu errichteten und fest datierten Bauten ist erstaunlich und läßt die Heftigkeit des Aufsiedlungsprozesses deutlich werden:

um 1535 ?	Ritterstraße 33 (Umnutzung eines Wirtschaftsgebäudes ?)
1547	Papenmarkt 2
1554	Ritterstraße 29
1565	Ritterstraße 23
1569	Ritterstraße 3 (Umnutzung eines Wirtschaftsgebäudes)
1571	Ritterstraße 32
1579	Ritterstraße 27
1599	Ritterstraße 38
1611	Ritterstraße 25

Abb. 1333 Ritterstraße, Blick von der Brüderstraße nach Osten auf das Gebäude Ritterstraße 40, dahinter Martinikirchhof 10 und St. Martini, um 1930.

1621	Ritterstraße 31
1625	Ritterstraße 33 (Umnutzung eines Wirtschaftsgebäudes)
um 1625	Alte Kirchstraße 1/1 a (Umnutzung eines Wirtschaftsgebäudes)

Diesen Neubauten zuzurechnen sind auch die wohl ebenfalls in der zweiten Hälfte des 16. Jahrhunderts entstandenen Hausstellen Alte Kirchstraße 5, 7 und 9, Ritterstraße 30, 34, Hohe Straße 7 sowie Papenmarkt 4 und 8.

Als neue Elemente, die der Straße noch in der Mitte des 17. Jahrhunderts zuwuchsen, ist der 1648 erfolgte Durchbruch der Trockenhofstraße bis zur Obermarktstraße sowie die Ansiedlung der reformierten Kirchengemeinde im Jahre 1671 zu nennen, die auf dem rückwärtigen Teil des Grundstücks Ritterstraße 7 ab 1739 eine Kirche errichtete.

Während des 18. und 19. Jahrhunderts ist eine kontinuierliche Erneuerung der Bausubstanz zu beobachten; erst danach ließ die Attraktivität der Straße als Standort nach. Die Bausubstanz wurde seitdem – wohl nicht zuletzt auf Grund des fehlenden Durchgangsverkehrs – nicht zu Geschäftshäusern umgestaltet, so daß hier nur noch wenige historistische Neubauten und dann insbesondere im Anschluß an die belebtere Königstraße erfolgten (1877 Nr. 22; 1891 Nr. 7 a; 1894 Nr. 2; 1895 Nr. 1 und 13; 1898 Nr. 24; 1912 Nr. 10; 1913 Nr. 7 b; 1930 Nr. 7 a) und auch die Umbautätigkeit gegenüber anderen Straßen sehr zurücktrat. So galt das Straßenbild schon um 1920 als besonders altertümlich, was nicht zuletzt zur Gründung des Museums in dem Haus Nr. 23 führte (dazu siehe auch den Einleitungstext zur sogenannten Museumszeile Nr. 23/33). Neubauten wurden seitdem erst wieder im Zusammenhang mit der Stadtsanierung nach 1980 errichtet, als der Block zwischen Ritterstraße, Papenmarkt und Hohe Straße weitgehend neu bebaut wurde.

Besondere Phasen der Bautätigkeit lassen sich für die Zeitabschnitte zweite Hälfte des 16. Jahrhunderts, die Jahre zwischen 1760 und 1780 sowie zwischen 1830 und 1860 feststellen. Nachdem man schon 1805 einen Kostenanschlag durch den Wegebaumeister Göcker (in Herford) hatte anfertigen lassen, wird die Straße 1810 durch den Pflastermeister van Houten neu gepflastert (KAM, Mi, D 180), besaß also schon zuvor eine feste Decke. 1871 kommt es zu einer Neupflasterung, wobei nun Kopfsteine aus Basalt verwendet werden. Nachdem 1887 die Kanalisation in der Straße verlegt wird, ist eine Umpflasterung notwendig, eine weitere schon 1899.

ARCHÄOLOGISCHE BEFUNDE:

An nicht mehr bekannter Stelle der Straße wurden Streufunde mit Kachelfragmenten aus dem 16. Jahrhundert (siehe Teil I, Kap. I.3, Fundstellenkatalog, Fundstelle 95) geborgen. Verbleib der Funde: Mindener Museum, MA 91.

NACHRICHTEN ZU NICHT NÄHER BEKANNTEN BAUTEN AUF DER STRASSE:

1327 läßt Ludemann Wedekinding dem Konrad von Rehme auf *sin hus in der Ridderestrate bi Johannes hus van me Hasle* zu Händen der Wibbe, *Gherdes omesdochter bime dore,* und dem Gieseler zu Händen der Tochter des Gerd und der Engele, der Brudertochter des Gerd (von Schroeder 1997, Stadtbuch 1318, I, Nr. 71).

1323 verkaufen die Brüder Heinrich und Maneke Andree ihr Wohnhaus in der Ritterstraße an den Mindener Ratsherren Justacius de Smeringen und dessen Sohn Heinrich für 27 Bremer Mark (Schlipköther 1990, S. 101); 1353 verkaufen Justacius von Schmarrie d. Ä. und seine Frau Gertrud sowie sein *patruus* Justacius an das Stift St. Martini *curiam suam, sitam in platea militum curie domini Henrici de Winningehusen versus austrum contiguam* (STA MS, St. Martini, Urkunden Nr. 62. – STA MS, Mscr. VII, 2711, Bl. 102v–103r). 1365 verpachtet St. Martini an Justacius von Schmarrie und seine Frau Wolburg mehrere Stätten: *nostre aree principales videlicet Ghertrudis de Bachus et patrui Rodolfi in platea militum sitos habentes in latitudine quadraginta vlnas Mindenses quorum confines sunt versus meridiem area domorum Jordananch et versus aquilonem curia una que olim dominus Johannes de Alta platea inhabitabat* (STA MS, St. Martini, Urkunden Nr. 113. – STA MS, Mscr. VII, 2711, Bl. 16v–19r).

1384 verpachtet St. Martini dem Hermann van dem Lo *eynen hof, de geleghen is an der ridder strate, den Wedekint van dem Haghen* innehat (STA MS, St. Martini, Urkunden Nr. 132. – STA MS, Mscr. VII, 2711, Bl. 126r).

1434 verkaufen Johann von Langen und seine Frau Beate den Söhnen Johann und Brun des verstorbenen Johann Steneke *vnse deyl der wosten stede teghen der rydderstrate* (STA MS, Mscr. I, 115, Bl. 63 f. – STA MS, Mscr. VII, 2713, Bl. 227r–227v).

1434 geben die Brüder Hartmann und Cord Gevekote, Söhne des Cord, dem Nikolai-Hospital als Pfand *vnse twe boden belegen vppe der Ridderstrate nogest Johanne Gersen houe* (KAM, Mi, A III, Nr. 94).

1511 wird der Vikarie der 11000 Jungfrauen im Tausch mit einem ihr zugehörigen Haus an der Tränkestraße 12 (siehe auch dort) von Wilken Klenke überlassen *to eyner ewygen wonynge … eyn huss vnnd hoff belegen vpp der Ridderstrate bynnen Mynden vnnd synt pachtguder der kercken to sunte Marten.* Als Pacht muß der derzeitige Inhaber der Vikarie, Hardewicus van Lenthe, jährlich zu Michaelis zunächst eine Pacht von 6 Schillingen Solidi Mindener Münze an St. Martini zahlen. Nach dem *dode der erafftigen Gheseken naghelaten wedewen Albert Verckens* sind 8 Schillinge mehr, also zusammen 14 Schillinge, zu zahlen (STA MS, St. Martini, Urkunden Nr. 292 a. – STA MS, Mscr. VII, 2711, Bl. 116v–117r).

1525 verpachtet St. Martini dem Arnd Abbet und seiner Frau Hille sowie ihren Kindern Hermann, Ilse, Rolf, Johann und Mette ein Haus auf Lebenszeit *vpp der Ridderstrate twyschenn Arndt Pinxtens vnd Hermen Abbetes husenn myt eynem houekenn achter demm suluen haus vnd vorth myt eynem vrigen watergangh*e Tag und Nacht *tho dem sode in der Volbert Pypers haue tho dem suluen sode dat ock vnsser kercken pachtgud ys* (STA MS, Mscr. VII, 2701b, Bl. 30r–30v).

1527 verpachtet St. Martini dem Arndt Pinxtem (Kämmerer von St. Martini), seiner Frau Katharina und ihren Kindern Rolf, Johann, Tonies, Evert, Reinemode und Anneke ein baufälliges Haus auf Lebenszeit und Verpflichtung zum Ausbau: *buwellich hues myt synem haue vnd vrigen watergange to dem sode achter dem haue synes huses vnd twyschenn dem haue hern Volbert Pypers huse beleghen.* Das Haus liegt *vpp der Ridderstrate twyschen Arnt Abbetes huse vnd dem huse der vicarie vndecim milium virginum yn dem dome.* Das Haus soll einen Keller erhalten und von Grund auf aus Stein gebaut werden, dazu einen Stall bekommen (STA MS, Mscr. VII, 2701b, Bl. 36r–36v).

1566 verkaufen Hartmann Hasenkamp und seine Frau Katharina dem Heilig-Geist-Hospital eine Rente aus einem Haus *so dat* [binnen Minden] *achter Kurrian twischen seligen Rolff Vogesdes vnd Borchart Robbeken husern belegen.* Spätere Besitzer: Hartmann Hasenkamp, Dietrich Vornow, Hermann Huddick, *itzo* Bertholdt Schwine (STA MS, Mscr. VII, 2716, Bl. 118r).

1571 verkaufen Hans Stalmann und seine Frau Plonie dem Heilig-Geist-Hospital eine Rente aus einem Haus mit Stätte *so dat alhir in vnser stadt achter Curien twischen Johan Schriuers vnd Henrich Boens husen belegen.* Spätere Besitzer: Hans Walbom *hinter Curien,* Friedrich Schulte, *itzo* Cord Drenij (STA MS, Mscr. VII, 2716, Bl. 113r–113v).

1585 verkauften Johan Schreiber und seine Frau Margarthe der städtischen Rentenkammer eine Rente von 5 Rthl aus ihrem Hause *hinter der Curia* zwischen dem Haus des Stadtsekretärs und dem des Cord Hencken gelegen (KAM, Mi, A I, Nr. 723).

1692 beantragen die Diakone von St. Martini Baufreiheiten wegen der Reparatur des *slopp Hauses auff der Ritterstraßen.* Sie werden abgeschlagen, da sie das Haus in dem augenblicklichen schlechten Zustande erworben hätten (KAM, Mi, B 355).

RITTERSTRASSE 1 (Abb. 1334–1335, 1345)

bis 1878 Haus-Nr. 413 und 414; bis 1908 Ritterstraße 1 und 3

Die Hausstätte scheint erst im Laufe des 16. Jahrhunderts durch Abtrennung von Teilflächen aus der Fläche einer weitläufigen Domvikarie entstanden zu sein (dazu siehe Königstraße 16). Danach wurde hier eine schon in der ersten Hälfte des 18. Jahrhunderts bestehende Doppelbude errichtet (dazu weitere gleichartige Häuser auf dem Nachbargrundstück Königstraße 14), die 1894 abgebrochen wurde. Seitdem die beiden Hausstätten durch ein einheitliches Haus überbaut.

LINKER HAUSTEIL (1729 bis 1743 Martini-Kirchgeld Nr. 207; bis 1878 Haus-Nr. 413; bis 1908 Ritterstraße 1): im 18. Jahrhundert ein dompröpstliches Lehnshaus (KAM, Mi, C 152).

1682 eines der Häuser des Johan Huddig (siehe Ritterstraße 3); 1729 Hermann von Behren; 1737 Johan von Beren; 1738/40 Erben Hermann von Behren; 1743 Johan Diedrich Holt; 1750 Erben Berens; 1751 wird berichtet, Johann Friedrich Christoph Berendt hätte das Lehen erhalten und es zu einem nicht bekanntem Zeitpunkt an den Schuhmachermeister Hohlt verkauft (KAM, Mi, C 152); 1755/66 Schuhmachermeister Hohlt, Haus für 20 Rthl; 1781 Meister Holt, 25 Rthl; 1798 Zimmergeselle Meyer; 1802/04 Meyer, Haus für 25 Rthl, kein Braurecht, hält kein Vieh; 1806 Erhöhung auf 300 Rthl; 1809 Meyer; 1818 Soldat Möhlenbeck, 300 Thl; 1832 Schuster Friedrich Möhlenbeck; 1846 Sattler Otto Heide; 1853 Kaufmann Reuter; 1873 Mieter ist Handschuhmacher Struck; 1878 Reuter.

RECHTER HAUSTEIL (1729 bis 1743 Martini-Kirchgeld Nr. 206; bis 1878 Haus-Nr. 414; bis 1908 Ritterstraße 3): im 18. Jahrhundert ein dompröpstliches Lehnshaus (KAM, Mi, C 152).

1682 eines der Häuser des Johan Huddig (siehe Ritterstraße 3); 1729/40 Witwe Rolf Boijen; 1737 Haus wurde bis vor kurzem von einer fast 100jährigen Frau ohne Erben bewohnt, deren Mann auf der Dompropstei als Koch gearbeitet hatte und das Haus vom Dompropst geschenkt bekommen hatte. Michael Meyer, Schwiegersohn des Johan von Behren will das Haus erwerben (KAM, Mi, C 832); 1743 ohne Eintrag (Haus ohne Grundbesitz); 1750 Voltzberg; 1755 Rosenbohm, Haus für 40 Rthl; 1766/68 Witwe Voltzberg; 1774 Tagelöhnerin Witwe Voltzberg; 1781/98 Soldat Emshoff; 1802 Emshoff, Haus für 50 Rthl; 1804 Witwe Emshoff, hat kein Braurecht, hält 1 Stück Jungvieh; 1805 Witwe Emshoff, jetzt verehelichte Stedevetter; 1806 Anton Stefefedeler; 1809 Stedefedder; 1818 Wohnhaus für 400 Thl; 1832 Anton Stedefeder; 1846 Goldarbeiter Karl Kramer; 1853 Kaufmann Reuter, zwei Mietparteien; 1873 Mieter ist Schneider Affolderbach; 1878 Reuter; 1893 Witwe Reuter; 1895 Schlossermeister Jacob Feien; 1900 Fabrikant H. Hokerhoff; 1908/26 Bäckermeister Wilhelm Miltz; 1958 Wilhelm Wiese.

Rechtes Haus (bis 1774)

1737 ist das in seiner Gestalt nicht bekannte Haus baufällig an Grundständern, Ausmauerung, Platten und muß ganz in Stand gesetzt werden. Nachdem das Haus 1757 im Krieg *ruiniert* wurde, um 1773 Abbruch.

Rechtes Haus (1774–1894)

1774 ist ein Neubau fertiggestellt, der mit Schulden errichtet wurde (KAM, Mi, C 874). 1805 soll in dem Haus, in dem sich *von uralten Zeiten her kein Schornstein* befand, nach Kostenanschlag von Maurermeister Däumer ein Schornstein mit vorgesetztem *Bußen* aufgemauert werden (KAM, Mi, C 484); 1893 Entwässerung.

Nach den erhaltenen Plänen eine Bude aus Fachwerk von relativ großer Tiefe, die offensichtlich zusammen mit der anderen Bude unter einem durchgehenden Satteldach lag. In beiden Häusern jeweils ein hoher (nur zum Teil mit Zwischendecke versehener) Flur mit rückwärtiger hausbreiter Küche, wovon jeweils rechts vorn Stube und Kammer abgetrennt waren (wohl mit Zwischengeschossen versehen). Im linken Haus zuletzt der alte Küchenbereich zu zwei Kammern aufgeteilt und statt dessen die Küche in einem Anbau auf dem Hof. 1894 Abbruch.

Wohn- und Geschäftshaus (von 1895)

1895 für den Schlossermeister Jacob Feien nach Plänen des Architekturbüros Kelpe & Meyer für etwa 30 000 Mark errichtet (Feien wollte im Jahr zuvor zunächst einen großen

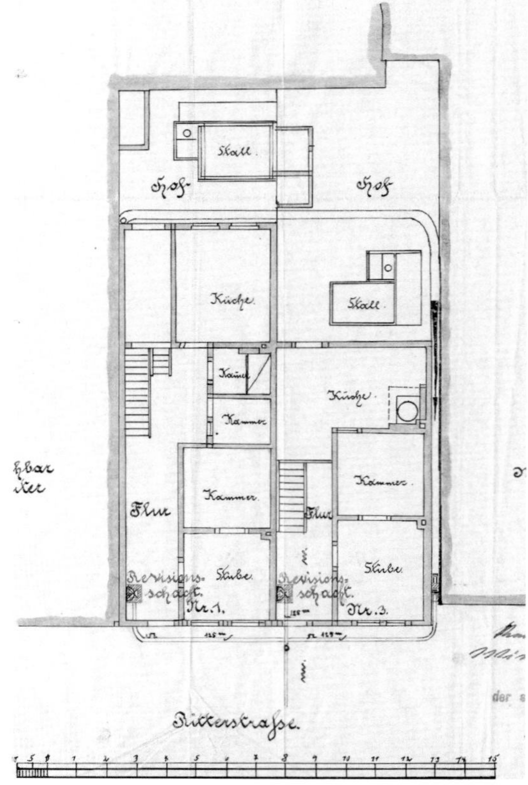

Abb. 1334 Ritterstraße 1, Entwässerungsplan von 1893 der beiden 1894 abgebrochenen Häuser.

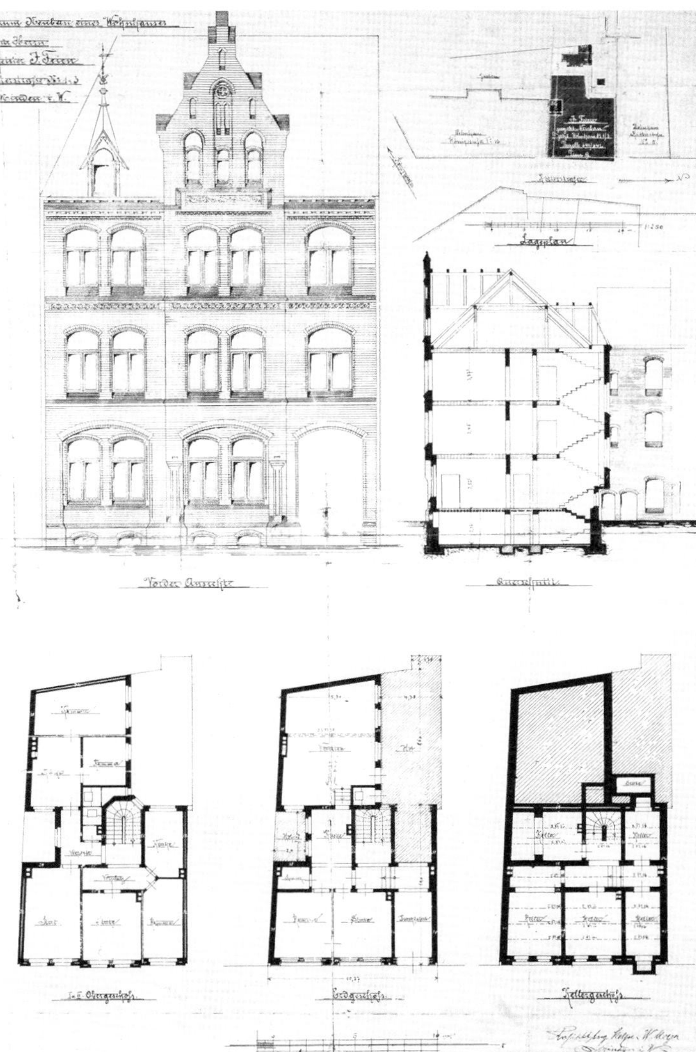

Abb. 1335 Ritterstraße 1, Ansicht, Querschnitt und Grundrisse aus dem Bauantrag des Büros Kelpe & Meyer, 1895.

Komplex an der Lindenstraße 33 errichten). Dreigeschossiges Backsteingebäude unter Satteldach, rückwärts entlang der südlichen Grundstücksgrenze ein Flügelbau, der im Erdgeschoß eine Werkstatt aufnimmt. Zur Erschließung des Hofes nördlich eine Durchfahrt. Keller mit Eisenbetondecken, der rückwärtige Flügel nicht unterkellert. In der Mitte der südlichen Brandwand ein Lichtschacht.

Die Mitte der Fassade durch Zusammenfassung zweier Fensterachsen als leicht vortretender Risalit betont, dieser mit einem übergiebelten Dachausbau zur Belichtung des nur teilweise ausgebauten Daches. Gliederung der mit Klinker verblendeten Fassade in der für das Büro typischen Weise unter reicher Verwendung von Formsteinen.

Das Innere erschlossen durch einen von der Durchfahrt zugänglichen Querflur, der zu einem zweiläufigen, von Westen belichteten Treppenhaus führt. Im Erdgeschoß eine Dreizimmerwohnung

Abb. 1336 Ritterstraße 2, Ansicht der Südfront zur Königstraße, 1993.

des Hausbesitzers mit Zugang zur Werkstatt. In den beiden oberen Etagen je eine Vierzimmerwohnung nach vorn und eine Dreizimmerwohnung nach hinten. 1900 nach Eigentümerwechsel Schließung der Durchfahrt, Umbau der Erdgeschoßwohnung zu einem Ladengeschäft und Einbau von Schaufenstern in die bestehenden Bögen (Plan: Kelpe); 1911 Kanalisation; 1958 Umbau des Ladengeschäftes; 1982 Aufteilung der Etagenwohnungen; 1991 Brandschaden im hinteren Hausteil.

RITTERSTRASSE 2 (Abb. 1336–1338)

1729 bis 1743 Martini-Kirchgeld Nr. 202; bis 1878 Haus-Nr. 411

Größere Hausstätte in einer Reihe mit vier weiteren östlich anschließenden Stätten an der Königstraße, die alle vom Dompropst in Erbpacht ausgegeben wurden. Die nördlich anschließenden Grundstücke Nr. 4 und 6 ehemals zugehörig und wohl mit Bude und Wirtschaftsgebäude bebaut. Das zur Königstraße giebelständige Haupthaus besaß eine gemeinsame massive Traufwand mit dem östlich anschließenden Haus Königstraße 12, auf der eine nach vorn entwässernde sandsteinerne Rinne auflag.

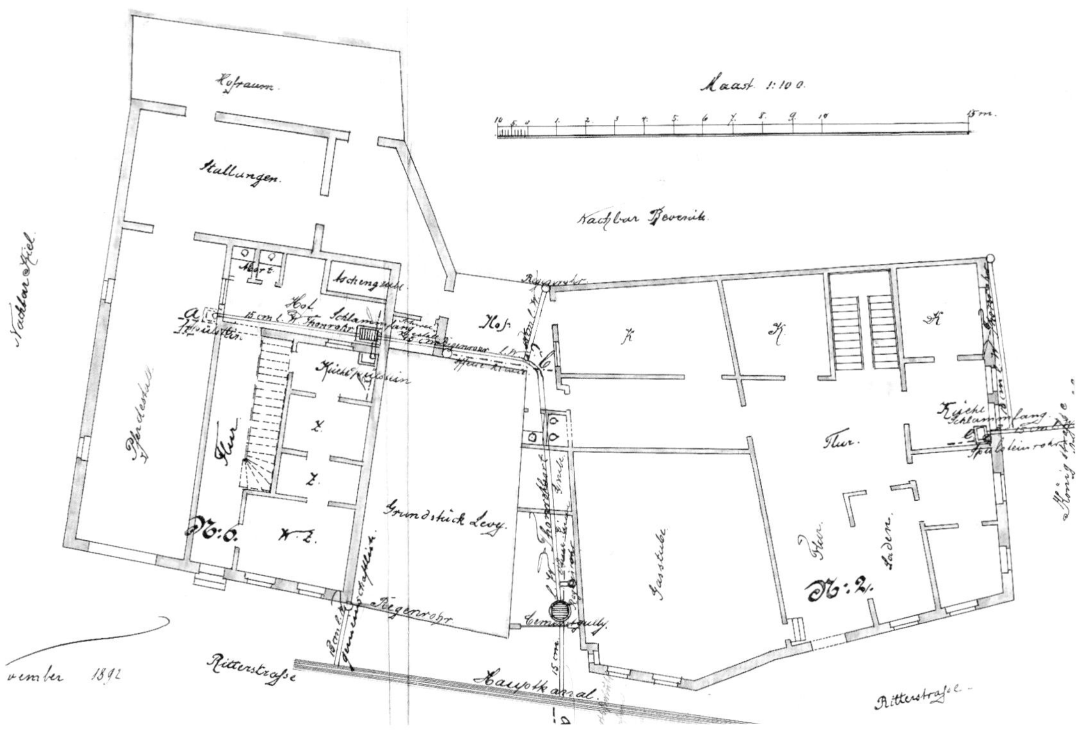

Abb. 1337 Ritterstraße 2 (rechts), 4 und 6, Plan zur Entwässerung der Grundstücke 1892.

Im 18. Jahrhundert ein domprōpstliches Lehnshaus (KAM, Mi, C 152).

1484 verkaufen Johann Franke und seine Frau Kunneke dem Propst von St. Johannis und seinem Testamentsvollstrecker eine Rente *in vnnd uth vnsem huse vnde houe belegen up dem orde der Rydderstrate recht jegen der hern van sunte Mauricij berge korn hus ouer.* Das Haus ist Dompropsteigut (STA MS, Fürstentum Minden, Urkunden Nr. 332); 1510 Hinrich Franke; 1559 erlaubte der Dompropst dem Cord Barkhausen die Geldaufnahme zwecks Erhaltung eines baufälligen Hauses (Lehnsgut Dompropstei): *sein hauss binnen Minden zwischen Hinrich Ostermeyers hausse vnd am orte der Ritterstrassen jegen der herrn des thumbcapittels kornhauss belegen, welcher von vnss vnd der thumbproste zu Minden zu lehne tragt gantz bawfelligh also dass er jn besserung desselben einen ansehnlichen pfenningh daran legen vnd verbawen muss* (STA MS, Mscr. VII, 2716, Bl. 108r–108v). Im gleichen Jahr nimmt Cord Barckhausen eine Obligation auf sein Haus *am Ende der Ritterstraßen* auf, die noch im 18. Jahrhundert im Besitz des Heilig-Geist-Hospitals geführt wird (KAM, B 103 c,9 alt; C 217,22a alt; C 604).

1529 hat Johan Schweneke eine Obligation über 20 gfl bei der städtischen Rentenkammer auf seinem Haus. Als spätere Besitzer genannt: Arendt Gieseking, Hinrich ..., Hinrich Köster, Ludewich Köster, Johan Grelle, Harmen Bartram, 1663 Moritz Brüning; 1683 wird das Kapital aus *Moritz Brüningß Hauß in der Holtzstraße* zurückbezahlt (KAM, Mi, B 151). 1663 Mauritz Brüning im Marktquartier schuldet den Geistarmen und den Nikolai-Armen aus anderen Obligationen je 50 Thl (KAM, Mi, B 122). Im Hauptbuch des Nikolai-Hospitals werden als weitere Besitzer genannt: 1710 Moritz Bruhnings Wittibe, 1738 Hans Henr. Niehus, 1751 Hans Hinrich Niehuss Witwe. 1751 wird für Eberhard Jurgen Grotjahn eine Obligation des Nikolai-Hospitals auf das Haus eingetragen. 1759 *Eberhard Jürgen Grotjahn vorhin desselbe jetzige Frau Hans Hinrich Niehus Witwe aus dem Haus auf der Hollstraße* eine Obligation von 50 Thl hat, 1764 Grotjahns Stiefsohn Hermann Niehus (KAM, Mi, B 103 b,2 alt; C 203,22 alt; C 604).

Vor 1729 Moritz Bruning; 1729 Hans Henrich Niehaus; 1738/40 Diakon Hans Henrich Niehaus (zahlt kein Kirchengeld); 1736/1743 Johann Henrich Niehaus, Senior; 1750/66 Witwe Niehusen, Haus für 200 Rthl; 1766 Henrich Niehueß; 1781 Bäcker Johan Hermann Niehus, Wohnhaus 50 Rthl, Nebenhaus 50 Rthl (erkennt an, daß das von seinem Vater 1736 investierte Haus ein Lehnshaus ist) (KAM, Mi, C 152); 1802/04 Niehus, Wohnhaus 1200, Nebenhaus 600 Rthl, hat Braurecht, hält 1 Kuh und 2 Schweine; 1805 Witwe Niehus; 1818 Gastwirt Stein, Haus für 1200 Thl; 1832/35 Witwe Schankwirt Stein; 1846 Eigentümer Witwe Johann Stein, Pächter ist Gastwirt Ross; um 1853 Ross, Mieter ist Witwe Stein und Zimmermeister Rümke; 1865 Gasthaus 2. Ranges »im weißen Schwan« von E. W. Ross; 1867/1873 Gastwirt Louis Behrens; 1878 Kreimeier; 1892/1906 Gastwirt G. H. Thiele; 1908/11 Wirt Hugo Schmitz (im Haus auch die Samenhandlung Reuter); 1923/25 Wirt Friedrich Mohme.

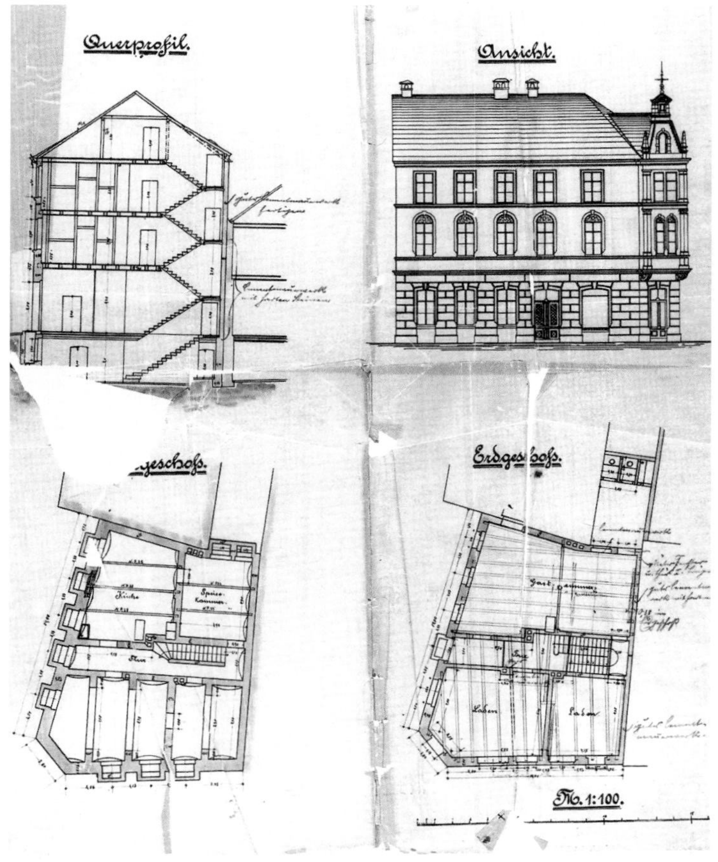

Abb. 1338 Ritterstraße 2, Bauplan zur Errichtung des Gasthauses, Baugeschäft Schmidt & Langen 1894.

Haus (1559 ?–1894)

Das Haus unbekannten Alters war nach dem Entwässerungsplan von 1892 offensichtlich ein Fachwerkbau mit einer mehrfach gebrochenen Front zur Ritterstraße, wohl auf mehrere Bauphasen zurückgehend, der nördliche Bereich offensichtlich unterkellert; 1894 Abbruch.

Haus (von 1894)

1894 Neubau eines dreigeschossigen Wohn- und Geschäftshauses für den Gastwirt Thiele durch die Bauunternehmer Schmidt & Langen, der als Eckhaus sowohl an der Ritterstraße als auch an der Königstraße auf die neuen Baufluchten zurückgesetzt werden muß. Das Gebäude ganz unterkellert (Kappen auf Gurtbögen), die Ansichten verputzt und in schlichten Formen des Historismus gestaltet, dabei das Erdgeschoß mit Bänderputz. In den Bogenfeldern der Fenster des ersten Obergeschosses jeweils Kartuschen mit Bierhumpen als Hinweis auf die Nutzung des Hauses als Gasthaus. Die Straßenecke abgeschrägt und mit einem übergiebelten Erker betont. Das Erdgeschoß mit einem mittleren Querflur zum rückwärtigen, zweigeschossigen Treppenhaus (innerhäusige Aborte auf den Treppenpodesten), das jeweils zwei Vierzimmerwohnungen je Etage erschließt. Südlich des Flures ein Ladenlokal, nördlich eine Gastwirtschaft (zugehörige Aborte im Hof).

Zu dem Haus gehörte zu diesem Zeitpunkt eine Scheune, die sich unter der Adresse Ritterstraße 6 befand, während es erst 1895 gelang, das dazwischenliegende Gebäude zu erwerben und in den Komplex einzugliedern.

1923 Umbau der Ladenräume zu weiteren Gasträumen und Umbau der Erdgeschosse der Häuser Ritterstraße 4 und 6 (Plan: Volkening). Um 1970 Abnahme des Giebels über dem Eckerker und Modernisierung des Erdgeschosses; 1984 Eintrag in die Denkmalliste der Stadt Minden.

RITTERSTRASSE 3 (Abb. 1339–1342, 1345)

1729 bis 1743 Martini-Kirchgeld Nr. 205; bis 1878 Haus-Nr. 416; bis 1908 Ritterstraße 5
Die Hausstelle ist möglicherweise erst nach der Mitte des 16. Jahrhunderts durch Abtrennung der nördlichen Teilfläche von der weitläufigen Domvikarie Königstraße 16 (siehe dort) entstanden, wobei sich der in dem späteren Haus erhaltene Kernbau als eine zunächst zugehörige Scheune erweist (die Vikarie hatte umfangreiche Einkünfte aus Grundrenten). Spätestens 1569 scheint der Bau als Bürgerhaus eingerichtet worden zu sein. Zugehörig zu der recht klein dimensionierten und weitgehend überbauten Hausstätte im 18. Jahrhundert eine Scheune, die auf der anderen Seite der Straße lag (Ritterstraße 4) ferner zeitweise auch als Nebenhaus der Bau Ritterstraße 1, rechts.

Im 18. Jahrhundert dompröpstliches Lehnshaus (KAM, Mi, C 152).

1615 Witwe Kleiman; 1682 Cord Rolevinck wird vom Dompropst mit *einem Hauß und Hoff sambt seiner Zubehörunge belegen binnen Minden uff der Ritterstraßen zwischen der Wittiben Gevekohtischen undt Johan Huddigsch Häusern* belehnt (KAM, Mi, B 103 b,3 alt).

1729 Friedrich Mündermann; 1738/43 Karrenführer Rudolph Arning; 1750/55 Rudolph Arning, Haus für 50 Rthl; 1768 Rudolf Ahrning, Haus ist im Krieg ruiniert worden (KAM, Mi, C 380); 1772 öffentlicher Verkauf des Eickmeyerschen Hauses mit Huderecht vor dem Königstor für 4 Kühe (WMA 1772, Sp. 276); 1781 Witwe Weimann, 50 Rthl; 1795 der Bäcker Christian Hamme hat das Haus von Witwe Wegmann erheiratet (KAM, Mi, C 152); 1798 Hamme; 1802/04 Hamme, Haus für 600 Rthl, hat Braurecht, hölzerne Handspritze, hält 2 Pferde, 3 Kühe, 1 Jungvieh und 2 Schweine; 1805 Bäcker Hamm; 1806 Fuhrmann Heinrich Rabeneck; 1818/37 Fuhrmann Rabeneck, Wohnhaus 550 Thl, Stallung 50 Thl, Scheune *zwischen Nr. 411 und 415 gelegen* (Ritterstraße 4) 300 Thl; 1846/53 Fuhrmann Friedrich Henke; 1870/78 Bahnschlosser Böhning und acht Mietparteien; 1908 Eisenbahnwerkführer Friedrich Böhning (wohnt Ritterstraße 26 d); 1911 Buchbindermeister Adolf Böhning.

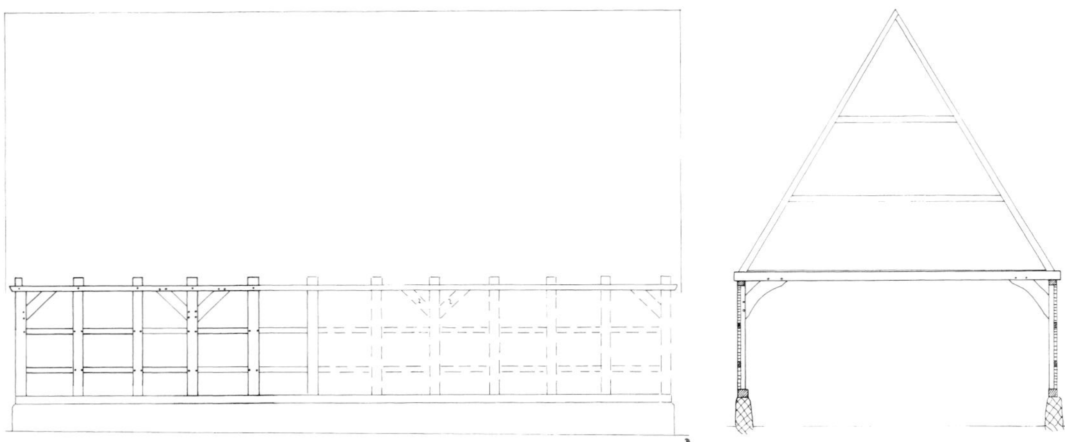

Abb. 1339 Ritterstraße 3, südliche Traufwand und Querschnitt, rekonstruierter Zustand 1538.

Scheune von 1538 ⓓ (ab 1569 ⓓ Haus)

Giebelständiges dreigeschossiges und verputztes Wohnhaus unter recht flachem Satteldach, das in seiner materiellen Beschaffenheit und seiner Gestalt das Ergebnis einer komplexen Baugeschichte darstellt. Die heutige Fassade auf einen Umbau von 1870 zurückgehend. Die Baugeschichte des Hauses ist in ihrem Verlauf charakteristisch für Minden und von hoher ortsgeschichtlicher Zeugniskraft, zumal sie mit dem nachträglichen Einbau eines Hinterhauses aussagekräftige und wichtige Baudetails erhält: Als Kern des Hauses gibt sich ein 1538 errichtetes Fachwerkgebäude mit ehemals hoher Diele zu erkennen, das schon wenig später umgebaut wurde und zu dem ein in dieser Form 1660 entstandenes und mit Tonnengewölbe unterkellertes Hinterhaus gehört. Nach mehreren kleineren Umbauten wurde das Haus 1870 durchgebaut und mit einer zusätzlichen Etage versehen, um es fortan als Mietshaus für zahlreiche Parteien nutzen zu können.

Im Zuge einer 1993 bis 1996 durchgeführten Sanierung des Hauses wurden große Bereiche der historischen Bauteile freigelegt, so daß die Baugeschichte aufgehellt werden konnte. In diesem Zusammenhang dendrochronologische Datierungen vorgenommen (1993 durch H. Tisje/Neu-Isenburg). Sie erbrachten folgende Daten:

1538	Südliche Traufwand, 5. Ständer von Westen (Bundzeichen VIIII)
1544 ±6	Südliche Traufwand, 3. Ständer von Westen
1569 ±2	Innerer Längsunterzug unter den Dielenbalken
E 1659	Zweiter Dachbalken von Westen
E 1659	zweitverwendeter Ständer (jetzt Zwischendecke)
1671 ±8	Hinterhaus, nördliche Saalwand, 3. Ständer von Westen

Als Kern des Gebäudes läßt sich ein Fachwerkgerüst von 12 Gebinden mit aufgelegten Dachbalken rekonstruieren, das im Längsverband an nur einigen Ständern mit paarigen, geraden und sichtbar verzimmerten Kopfbändern ausgesteift ist. Es weist eine Breite von etwa 7,5 m und eine Länge von etwa 17,4 m auf. Die Wände erhielten zwei bündig verzimmerte Riegelketten, die mit 8 cm eine ungewöhnlich geringe Stärke hatten; die Gefache waren mit ausgestaktem Lehmgeflecht verschlossen. Zumindest der noch belegbare Rückgiebel wies keine Vorkragung auf. Über dem Bau ein Sparrendach mit zwei gezapften Kehlbalken. Von diesem Kerngerüst haben sich bis heute in dem vielfach veränderten Gebäude die Balkenlage und der westliche Teil der südlichen Traufwand sowie etwa ein Drittel der Sparren erhalten. Über die innere Aufteilung des Gebäudes gibt es keine weiteren Erkenntnisse, doch scheint es ungeteilt gewesen zu sein. Zusammen mit der für die Bauzeit recht schlichten Gestaltung und der nachweislich nicht vorhandenen Durchfensterung in der erhaltenen Traufwand läßt sich vermuten, daß es sich zunächst um eine Scheune gehandelt hat, die erst nachträglich zu einem Wohnhaus umgebaut wurde.

Die weitgespannten Balken scheinen schon bald einen inneren Längsunterzug notwendig gemacht zu haben. Dieses könnte mit einer Umnutzung des Gerüstes zu einem Wohnhaus in Verbindung gebracht werden. Der Unterzug wurde um 1569 aus der Längsachse nach Süden verschoben eingebaut und erhielt eine Abtragung durch wohl zwei Säulen, von denen sich die hintere westlich des 8. Gebindes mit Sattelholz und weit ausgreifenden Kopfbändern erhalten hat. Die Stellung des Unterzuges und der frei stehenden Stütze könnte auf eine in der südöstlichen Ecke des Vorderhauses eingebaute Stube hindeuten. Wenn diese mit drei Gefachen Länge rekonstruiert wird und ihre Längswand (wie üblich) den Unterzug aufnimmt, würde die Stütze etwa unter die Mitte des Unterzuges gestellt sein.

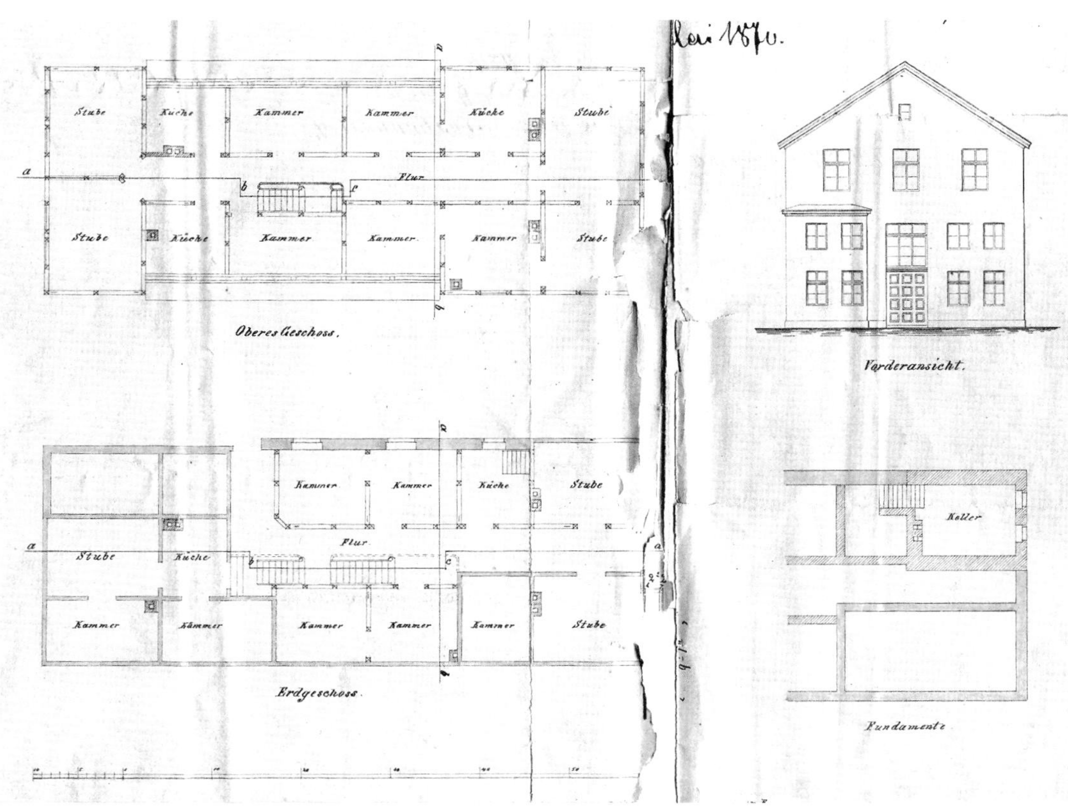

Abb. 1340 Ritterstraße 3, Plan zu Umbau und Aufstockung des Gebäudes, 1870.

Eine weitere Abtrennung eines rückwärtigen Bereiches als Saalkammer in dem recht langen Hausgerüst ist nicht nachweisbar und auf Grund der Stellung der Säule auch unwahrscheinlich. Zur Schaffung eines solchen, zur Ausstattung eines besseren Wohnhauses gehörenden Hinterhauses ist es erst 1660 gekommen, wobei ein unterkellerter Saal mit nördlich vorbeiführendem, hohem Küchenflur zum Rückgiebel eingebaut wurde. Zu diesem Zweck wurden die hinteren drei Gefache durch eine Fachwerkwand abgetrennt und dieser Bauteil nach Westen um ein neues Gebinde auf vier Gefache verlängert. Der neue Rückgiebel ohne Vorkragung und mit verbrettertem Giebeldreieck. Der Saal wurde auf einen massiv aus Bruchsteinen mit einer Längstonne aufgemauerten und um etwa 1 m über das Erdgeschoß ragenden Keller gestellt und erhielt einen breiten Zugang von der Mitte der neu eingebauten Querwand (südlich davon die Treppe zum Keller). Diese Situation in einzigartiger Weise in ihren Details bis heute erhalten und in Formen der Spätrenaissance geziert: Vor dem Zugang eine steinerne Treppe mit geschmiedetem, eisernem Geländer aus einfachen Rundstäben. Die Zugangstür reicher gestaltet und beidseitig mit hölzerner Umfassung versehen, die ein nördlich anschließendes Fenster vom Saal zur Diele einschloß. Die Saalinnenseite dabei reicher ausgeschmückt. Das nach innen schlagende Blatt als zweifeldrige Rahmen-Füllungskonstruktion angelegt und mit offenen Schneckenhespen beschlagen. Das Fenster mit Kreuzstock.

Die weitere Geschichte der inneren Entwicklung kaum mehr nachvollziehbar, doch scheint die Diele im Vorderhaus zunächst weitgehend unaufgeteilt geblieben zu sein. 1768 wird berichtet, das Haus sei im Siebenjährigen Krieg ruiniert worden (KAM, Mi, C 380), so daß wohl kurz danach größere Reparaturen durchgeführt worden sein dürften. 1772 hat das Haus eine Stube, zwei Kammern, einen Saal, gewölbten Keller und *eine Bude* (wohl ein kleiner Ladenraum). Daraus ist zu entnehmen, daß nun wohl auch in der nordöstlichen Ecke des Hauses ein weiterer Einbau bestand, in dem sich die Bude befand. Wann der alte Einbau – zu dieser Zeit sicherlich schon mit einer zweigeschossigen Utlucht in der Vorderfassade betont – rückwärtig verlängert wurde, ist nicht feststellbar, aber sicherlich um 1800 erfolgt. Hier konnte dann hinter der Stube eine Küche mit Kammer darüber eingerichtet werden. Auch der Saal wurde nun in vier Zimmer aufgeteilt (in der Mitte des Hinterhauses entstand ein großer, 1995 abgebrochener besteigbarer Kamin), ferner schuf man weitere räumliche Möglichkeiten durch den Einbau einer Zwischendecke in dem hohen seitlichen Küchengang. Dabei wurde die nördliche Traufwand im unteren Bereich massiv erneuert (hier nun Wirtschaftsräume), darüber aus alten Hölzern die Wand neu verzimmert. Die nun bestehenden Räume in den Zwischengeschossen wurden von einer Galerie in der Diele des Vorderhauses zugänglich gemacht.

1870 wird das Haus einschneidend *durchgebaut* und erhält *einen theilweisen Aufbau*, wobei ein Großteil der bestehenden Umfassungswände in beiden Traufwänden massiv aus Backstein erneuert wurde. Mit einfachen Mitteln wurde mit der Baumaßnahme versucht, das zu dieser Zeit in seiner inneren Aufteilung schon sehr altertümliche Wohnhaus zu einem Mietshaus umzubauen, ohne daß damit allerdings in der Raumstruktur zeitgemäße Zustände erreicht werden konnten. Nach den Plänen bestanden bis zu diesem Zeitpunkt mit Ausnahme des rückwärtigen Teils der rechten Traufwand die Umfassungswände noch durchgängig aus Fachwerk. Zudem gab es im größten Teil des Vorderhauses noch die hohe Diele, von der nur links vorne ein zwei Raum tiefer, zweigeschossiger Einbau abgetrennt war. Dieser war in der Fassade durch eine zweigeschossige Utlucht mit zwei Fensterachsen betont. Nun schuf man auf ganzer Länge entsprechende Räume auf der rechten Seite und verlängerte den schon bestehenden südlichen Einbau in etwas schmaleren Dimensionen bis zum ehemaligen Saal. Durch teilweises Einhängen eines mittleren Flures in dem verbliebenen mittleren hohen Dielenrest und dem Einbau von schmalen geraden Treppen entstand ein mehrgeschossiges Flurhaus, bei dem allerdings die erste Etage extrem niedrige Raumhöhen aufwies. Die neuen Dieleneinbauten wurden zudem unterkellert. Weiterer in der Stadt dringend benötigter Wohnraum wurde dadurch geschaffen, daß nach Abnahme des alten Dachwerkes über den vorderen zwei Dritteln des Hauses ein weiteres Geschoß aus Fachwerk aufgesetzt wurde, erschlossen wie die darunter befindlichen Etagen. Konstruktion aus Eiche mit Schwelle-Rähm-Streben und mit Backsteinausfachung. Allein in diesem Geschoß wurden vier Wohnungen, jeweils Küche, Stube und Kammer umfassend und wohl für Mietzwecke vorgesehen, eingerichtet. Über dem hinteren Drittel wurde ein neuer Dachstuhl aus wiederverwendeten alten Sparren aufgeschlagen, die aus dem ganzen Hausgerüst stammen und eine geringere Neigung als zuvor erhielten.

1893 Kanalisation; um 1900 wurde die Utlucht links der Haustür entfernt und zugleich Teile des Vordergiebels massiv erneuert. Zu dieser damit geschaffenen und weitgehend symmetrischen fünfachsigen Gestaltung der Fassade aus verputztem Backstein gehört eine zweiflügelige Haustür in historistischen Formen mit verglastem, heute erneuertem Oberlicht. 1911 Umbau des Ladens, wobei man in den vorderen Bereichen links und rechts der Flurdiele die Zwischendecken (bei Anlage hoher Schaufenster in der Giebelfront) entfernte und hohe Ladenräume schuf. Dabei auch Schornsteinneubauten. Diese ebenso wie ein Windfang im Flur in einfachen Formen des Jugendstils ausgestattet.

Abb. 1341 Ritterstraße 3, Aufgang von der Diele zum Saal, 1993.

Abb. 1342 Ritterstraße 3, Saaltür (Innenseite), 1993.

An das Hinterhaus angefügt ein schlichter Anbau unter Satteldach, 1900 als Werkstatt des Tischlermeisters Julius Hasenbruck bezeichnet, zu dieser Zeit Pächter des Anwesens. Heute zu Wohnzwecken eingerichtet und vom Hinterhaus aus erschlossen.

1993 Eintrag in die Denkmalliste der Stadt Minden als ein im Kern spätmittelalterliches Haus mit charakteristischer und für Minden typischer Umbaugeschichte; 1994/96 Umbau und Sanierung (Plan: Albersmeier), dabei trotz weitgehendem Erhalt des Hauses Verlust zahlreicher Details (insbesondere des Fensters neben der Saaltür).

RITTERSTRASSE 4 (Abb. 1337)

ab 1867 Haus-Nr. 415 a

Das kleine Grundstück zunächst Teil der größeren Hausstätte Nr. 2 und zu unbekannter Zeit davon abgetrennt (bis 1867 keine Hausstätte, sondern Scheune von Ritterstraße 3, dann von Ritterstraße 2).

1867 Gastwirt Louis Behrens (Ritterstraße 2); 1873 Mieter ist Witwe Burgheim; 1878 Kirchhecker; 1892 Kaufmann Lev Levy; 1908 Wirt Philipp Thiele (wohnt Deichhofstraße 21).

Haus (von 1867)

Als Nebenhaus seines alten Hauses Nr. 2 für den Gastwirt Louis Behrens errichtet, wobei das Gebäude auf die Bauflucht zurücksetzt werden mußte (KAM, Mi, F 370). Es wird an das wenig früher errichtete Haus Ritterstraße 6 angebaut und ist diesem in der Gestalt und den Proportionen

Abb. 1343 Ritterstraße 5 (links) und 7, dazwischen Tor zum Petrikirchhof, 1970.

weitgehend angepaßt, aber in der Front reicher mit Stuck dekoriert. Dreieinhalbgeschossiger, verputzter Backsteinbau über Kellersockel mit niedrigem Satteldach über Drempel; der Dachansatz hinter Kastengesims auf Konsolen verdeckt. Keller mit Kappen auf Gurtbögen.

Das Innere wurde offensichtlich durch einen seitlichen Längsflur und daneben an der Nordseite angeordnete Wohnräume bestimmt.

1892 Entwässerung; 1894 wird das Haus nach Besitzwechsel entkernt und in den Neubau des Hauses Ritterstraße 2 einbezogen, dabei das Erdgeschoß als Gaststube eingerichtet.

RITTERSTRASSE 5 (Abb. 1343, 1345, 1355)

1729 bis 1743 Martini-Kirchgeld Nr. 204; bis 1818 Haus-Nr. 417; bis 1878 Haus-Nr. 417 a; bis 1908 Ritterstraße 7

Die recht kleine Hausstelle dürfte zu einem unbekannten Zeitpunkt (vor 1615) aus dem Gelände des weitläufigen Hofes Ritterstraße 7 ausparzelliert worden sein.

1615 Kramermeister Gerdt Welauwer, Wohnhaus mit Braurecht *auf der Ritterstraße, zwischen D. Johan Derenthals Hoffe und der Kleimanschen Hausse belegen*; (KAM, Mi, B 240 alt); 1682 Witwe Gevekoht; 1713 das Doppelbier-Brauhaus; 1721 das Stadtbrauhaus auf der Ritterstraße; 1738/40 Stadtbrauhaus; 1748 Brauhaus der Brauereigilde, gehört der Kämmerei; 1750 das Stadtbrauhaus; 1752/55 Karrenführer Christoph Müller, Haus für 150 Rthl; 1766 Völcker, 150 Rthl; 1774 Tischler Müller; 1781 Tischler Möller, 300 Rthl; 1798 Meister Seebold; 1802/04 Kleinschmied Conrad Seebold und zwei Witwen als Mieter, Haus für 600 Rthl, ohne Braurecht, hält 1 Jungvieh und 1 Schwein; 1818 Schlosser Seebold, Haus für 600 Thl; 1835 Günther; 1846 Maler Heinrich Michalis; um 1853 Kleinhändler Schwier und fünf weitere Mietparteien (insgesamt 23 Personen); 1873/78 Händler Schwier mit fünf Mietparteien; 1892/1908 Witwe Margareta Klee; 1959 Karl Bosse und Emilie, geb. Klee; 1979 Verkauf von Margarethe Bosse an die ev.-reformierte Gemeinde.

Haus (16. Jahrhundert–1983)

Das Gebäude war im Kern ein kleineres, eingeschossiges Giebelhaus mit massiven Umfassungswänden, das wohl im 16. Jahrhundert auf einer Grundfläche von 14,75 x 8,6 m entstanden ist. Näheres zu dem Kernbau ist kaum bekannt, da es 1983 ohne weitere Untersuchung abgebrochen worden ist. Die beiden Traufwände bestanden bis zu diesem Zeitpunkt aus Backsteinmauerwerk und wiesen jeweils drei der charakteristischen Bogenstellungen auf. Darüber befand sich ein Dachwerk von 10 Gebinden (einschließlich der Giebeldreiecke).

1748 ist das wohl seit etwa 1700 als Brauhaus eingerichtete Gebäude baufällig und der Rückgiebel wird abgestützt. Man hält es in seiner Nutzung als Brauhaus für unwirtschaftlich, so daß die Einnahmen die Reparaturkosten nicht decken können. Da dies alte und baufällige Brauhaus nicht mehr benötigt wird – die Brauereigilde hatte 1748 das Haus Simeonstraße 5 (linker Teil) angekauft und zum Brauen eingerichtet (KAM, Mi, C 868) –, wird es zur Versteigerung angeboten, doch finden sich zunächst keine geeigneten Interessenten. 1752 will die Stadt das Haus dann an den Karrenführer Möller verkaufen.

Offensichtlich kommt es 1774 zu einem einschneidenden Umbau. Es wird berichtet, der Eigentümer *hat Stuben und Cammern eingebauet*, wobei er die große Summe von 1 119 Rthl aufwendete (KAM, Mi, C 388). Seit dieser Zeit war das Haus wohl zweigeschossig durchgebaut und hatte beidseitig eines schmalen mittleren Flures jeweils drei Wohnräume. Offenbar sind zu dieser Zeit auch die beiden Giebel neu in Fachwerk verzimmert und der vordere Giebel auch verputzt worden. Dieser wurde mit mittlerer Haustür fünfachsig gegliedert.

In der ersten Hälfte des 19. Jahrhunderts wurde das Dach zu Wohnzwecken ausgebaut, wobei man es im vorderen Bereich etwas erhöhte sowie das Giebeldreieck mit einem Holzprofil absetzte und mit zwei großen Fenstern versah.

1892 Entwässerung; 1913 Kanalisation. Zu dieser Zeit waren die Erdgeschoßfenster im Vordergiebel schon zu Schaufenstern mit Holzläden erweitert und die dahinter liegenden Stuben zu Ladenräumen ausgebaut.

1983 wird eine Sanierung des in diesem Jahr in die Denkmalliste der Stadt Minden eingetragenen Hauses in Angriff genommen, die jedoch zu einem Neubau führt (Planung: Architekturbüro Rapior, Suss & Wormuth/Osnabrück). Als Denkmalwert erkannte man nur den städtebaulichen Zusammenhang mit dem benachbarten Zugang zur Petrikirche. Nachdem zunächst der Hauskörper stehen bleiben sollte, werden schließlich die angeblich nicht mehr standsicheren Wände völlig abgebrochen und bis auf eine Kopie des (jüngeren) Vordergiebels in Anlehnung an die alte Gestalt völlig erneuert. Bei der Sanierung des Hauses verschwand bis auf geringe Reste auch ein kleines Kellergewölbe in der Mitte der rechten Hausseite zugunsten einer größeren Unterkellerung.

RITTERSTRASSE 6 (Abb. 1337)

1729 bis 1743 Martini-Kirchgeld Nr. 203; bis 1878 Haus-Nr. 415; ab etwa 1850 Haus-Nr. 415 b
Die kleine Hausstelle zu nicht bekannter Zeit vor der Mitte des 17. Jahrhunderts von dem größeren Anwesen Nr. 2 abgetrennt und ebenfalls vom Dompropst in Erbpacht ausgegeben.

Die Hausstelle um 1664 ein kurfürstliches und im 18. Jahrhundert dompröpstliches Lehnshaus (KAM, Mi, C 152).

1663 Friedrich Kule bewohnt *das Haus neben der Boden wehre churf. Lehngut und gebe den Martinsherren jährlich 1 Thl 24 Gr. Pacht.* Das Haus also zu dieser Zeit im Besitz von St. Martini (KAM, Mi, B 122); vor 1729 Johannes Thiele; 1729/40 Johann Daniel Steffen; 1743 Johann Cord Lütkemann, Inquilinus (Mieter); 1750 Meister Steffens, Mieter ist Johann Baltasar Schmale; 1755 Schneidermeister Steffens Haus, 100 Rthl; 1766 Steffens Haus, 100 Rthl; 1776 Verkauf von dem Welschen Soldaten Heinrich Putzer an den Goldschmied

Joh. Georg Poppe für 215 Rthl (KAM, Mi, C 392,7 alt); 1781 Goldschmied Poppe, 200 Rthl; 1798 Strumpfwirker Müller; 1802/04 Orgelbauer Müller, Haus für 300 Rthl, ohne Braurecht, ohne Vieh; 1805 Orgelbauer Müller, Haus wird versteigert; 1806 Wirt A. G. Tönnismeier; 1816 Gasthaus »Goldener Hirsch« mit Logis (MIB); 1818 Gastwirt Stein; 1830 Gastwirt Stein; 1832 Witwe Stein; 1846 Fuhrmann Friedrich Henkel; um 1853 Ross; 1873 Bahnschlosser Martin und vier Mieter; 1878 Kreimeier; 1908 Wirt Philipp Thiele.

Haus (bis um 1860)

1774 wird das Haus als baufällig bezeichnet (KAM, Mi, C 392,7 alt) und 1805 ist eine Wand eingestürzt (das Haus wird anschließend mit der Auflage der Wiederherstellung durch die Stadt versteigert: WMA 1805).

Haus (von etwa 1860)

Dreieinhalbgeschossiger, traufenständiger und verputzter Backsteinbau mit flach geneigtem Satteldach über niedrigem Drempel. Die Sohlbänke der Fenster, der gequaderte Sockel, das breite Gewände der Haustür sowie ehemals der Torbogen mit Keilstein aus Sandstein. Die Fassade fünfachsig gegliedert und mit mittiger Haustür, wobei im Erdgeschoß die beiden nördlich anschließenden Achsen als Durchfahrt mit Torbogen zur Stallung in einem rückwärtig anschließenden Wirtschaftsbau eingerichtet sind. In den durch das Haus reichenden mittleren Fluren die Erschließung durch eine geradläufige Treppenanlage. Der Torbogen heute zugesetzt und durch zwei Fenster ersetzt.

RITTERSTRASSE 7, Hof der Familie Garse, seit 1608 Hof der Familie Derenthal, seit 1671 reformierte Kirchengemeinde (Abb. 1343–1346)

bis 1818 ohne Haus-Nr.; bis 1878 Haus-Nr. 417 b; bis 1908 Ritterstraße 11

Weitläufige Hofanlage, die bei relativ schmalem Grundstück durch das ganze Grundstück bis zur Umradstraße reicht. Während über die Gestalt der früheren Hauptgebäude, die etwa an Stelle der heutigen reformierten Kirche standen, nichts bekannt ist, haben sich an der Rückseite des Geländes noch ein Doppelmiethaus oder zwei Buden (Umradstraße 8/10) sowie ein weiterer, möglicherweise zunächst als Wirtschaftsgebäude errichteter und erst später zu einer weiteren Doppelbude umgebauter Bau mit später nördlich angefügten weiteren Buden (Umradstraße 12/14 und 16) erhalten. Hier wohl auch eine rückwärtige Zufahrt zum Gelände (unmittelbar gegenüber der Einmündung des Bartlinghofes in die Umradstraße). Schon vor 1615 wurde im vorderen Bereich des Hofes die Hausstätte Ritterstraße 5 aus dem Komplex ausparzelliert. Der Hof seit 1672 Mittelpunkt der reformierten Gemeinde für das Fürstentum Minden, die sich zunächst in dem Hof einrichtete, aber nach allmählichem Zuerwerb weiterer benachbarter Grundstücke (zumeist als Stiftung) auf dem vergrößerten Areal mehrere Gebäude errichtete, insbesondere 1739 eine eigene Kirche im Inneren des Baublocks. Auf dem zuvor als »Baumhof« genutzten Freigelände um das Haus wurden die Mitglieder der Gemeinde bestattet.

1702 kam das Hausgrundstück Videbullenstraße 7 hinzu, auf dem ein Waisenhaus, später eine reformierte Schule eingerichtet wurde, und 1714 konnte der Hof Videbullenstraße 9 erworben werden, der fortan als Pfarrhaus eingerichtet wurde.

1434 *Johanne Gersen houe* auf der Ritterstraße (KAM, Mi, A III, Nr. 94); 1496 Hof des Ernst Garsen; 1515 Garssens Hof; 1560 Hof des Gerschen (*Gerschen Houe*); 1608 verkauft Anna Dreyer in Lemgo, Witwe des dort ansässigen Franz Flöreken, und ihre Schwägerin dem Dr. jur. Johann Derenthall einen Hof in Minden für 1 200 Rthl (KAM, Mi, B 558); 1624 Johann Derenthal und seine Frau Anna leihen der Stadt 1 000 Rthl. Die Stadt setzt als Pfand die Accise-Einkünfte. Diese Schuldverschreibung geht später durch Heirat der Tochter

Anna Margarethe mit Dr. Hermann Munnich an diesen über (KAM, Mi, B 62 alt). Weil das Martini-Kapitel behauptet hatte, daß dieser Hof ihr *alter Probsteyhoff* sei, legt Johan Derenthal 1629 gegenüber dem Bischof und dem Martini-Kapitel die Vorgeschichte seines Hofes dar: So sei klar, *daß weilandt Johan Garsse eines uhralten geschlecht in Ao* (15)*79 einen von seinen Vorelteren ererbten Hoff sambt hinden und vorheuseren, Sambson Bestels Hausfrauwen seiner Schwester uf gnughsame Volmacht ihres Mannes für 1 800 Rthl uf der Ritterstraßen belegen verkaufft hatt … welcher zwar bawfellig gewesen, daß in Ao 1580 gedachter Pestell alsbaldt den hindersten Giebel am Hause aufziehen laßen mußen, gestaldt der Jahr Zahll in der Fahne uf solchem Giebell bezeuget, unndt solcheß zwar ohn einige contridiction undt jemandes einsperrungh folgendt auch seine Erben den Hoff bewohnet und gebrauchet, bis* (1)*603. alda sie gedachten Hoff mit dem Brawambte undt anderen Buergerlichen gerechtigkeit unnd oneribus neben an der straße mit 2. Boden, an Hern Johan Dreyern beider Rechte Doctor Churfürstl. Colinsch. auch Luneburgsch. unndt Mindischen gewesen Raht (weile von Johan Bestelen die nach dem Umbrahde angehörige Heuser verkaufft gewesen) verkaufft und tradirt worden … undt von niemand derentwegen gehindert worden fur welchen Hoff gemelter Her Doctor dem Verkäuffer Pestell undt seinen Miterben 1 150 Rthl geben, weilen aber dermaßen das gebew verfallen, undt vorn im ingangk des Hauses als ein Baurenhoff, undt an seiten des Hauses lemichte wende gewesen, darumb die 2. Boden an der straßen ohn jemandts contraction abgebrochen, und andere materialia dabei geschaffet in meinung ein stattlich Hauß an die straßen zu bawen, aber unter deßen todts in legations sachen zu Prage, verfahren, dahero … die wittiben dreiersche undt Flörkesche neben ihren Söhnen Engelhardt und Heinrich gebruderen Flörcken aus Lemgo seine Erben, den Hoff uf der Ritterstraßen … in Ao 1606 und also mir als dem dritten Keuffer für 1 200 Rthl verkaufft… den ich im Jahr 1607 angefangen zu bawen, sonsten das Haus im Hoffe, weile es an beiden seiten, biß an den sahel nur Kuhe, pferde und Schweinestall gewesen gleich einem Baurenhause gewesen, auch gantz dackloß und also verfallen, im sahl ich daß Hauß nicht repariret, demselben mauren geben, undt einen Giebel davor aufziehen laßen alsbaldt herunter gefallen wehre ad notorietatem mich gezogen, von keinmandt aber in solchem bawen alß in einem freyen Erbhoffe beeindrechtigt worden, … undt von meinen antecessoren unndt mir uber minschen gedencken quuiete bewohnet, umbher den gantzen Hoff vor undt hinder mit mauren umbgeben laßen,* wofür er über 2 000 Rthl bezahlt habe. Nun habe jedoch der Klerus erklärt, daß es sich bei dem Hof um einen *Probsteyhoff* von St. Martini handeln würde. Wenn die Eigentümer innerhalb von 50 Jahren dreimal widerspruchslos wechseln könnten, dann läge die Beweisführung beim Martinikapitel und nicht bei ihm. Als Anlage sind Abschriften der drei Kaufverträge beigefügt. In dem Vertrag von 1603 gehört zum Hof auch *das kleine Heuslein vor an der straße darinne der Harnischmacher wohnet* (STA MS, St. Martini, Akten 144 a).

1650 erklärt Daniel Ernst Derenthal, Vizekanzler des Fürstentums Minden, daß seine Familie den Hof seit 16 Jahren nicht mehr bewohnt hätte, er aber mit schweren Einquartierungen belegt worden sei. Er wolle jetzt hier wieder wohnen (KAM, Mi, B 57 alt); um 1650 wird der Hof auf 20 Jahre an den Postmeister vermietet, da Derenthal als *Vice-Kanzeler* in Petershagen wohnte, wo bis 1669 auch die Regierung untergebracht worden war; 1671 der Hof des D. Johan Derenthal wird für 2 000 Thl mit Kollektenmitteln erworben und der reformierten Gemeinde als Kirche übereignet (Schlichthaber II 1752, S. 68) und der Posthof in den Hof Tränkestraße 1 verlegt (Neumann 1969, S. 110. – Nordsiek 1993 a, S. 122); 1671 *als ein bürgerlich Praedium dem commun oneri, und der Bürgerschafft dadurch entzogen, daß daraus die reformierte Kirche und Prediger Hauses gemachet* (KAM, Mi, C 369,4 alt). Der Verkauf geschah mit Unterstützung der Regierung, um der reformierten Gemeinde einen eigenen Kirchenbau zu ermöglichen. Die Gemeinde unterhielt von 1681 bis 1811 zwei Pfarrstellen; ab 1698 an der Kirche auch eine französiche Gemeinde für die in die Stadt nach 1685 zugewanderten Hugenotten (ihre bis 1759 bestehende Pfarrstelle in dem Haus Alte Kirchstraße 18), die seit 1759 von der deutschen Gemeinde betreut und schließlich 1807 dieser inkorporiert wurde. Die Gemeinde kann in den folgenden Jahren ihren Grundbesitz in der Nachbarschaft noch erweitern: 1705 wird ein Waisenhaus an der Videbullenstraße 5 eingerichtet, in dem später auch eine Schule entsteht und 1714 wird das Anwesen Videbullenstraße 9 als Pfarrhof erworben. 1701 Konsistorialrat Pförtner; 1806 Wohnhaus der evangelisch-reformierten Kirche; 1818 Küsterhaus der evangelisch-reformierten Kirchengemeinde, bewohnt durch den Totengräber, versichert zu 300 Rthl; 1837 Petri-Gemeinde: Küsterhaus für 300 Thl; 1846/53 Seiler und Kirchendiener Christian Winkler sowie Witwe Niemöller (starb 1868); 1868 Pfarrerwitwe Rübell.

Hofgebäude, seit 1671 Pfarrhaus und Kirche (bis um 1739)

Das Haus stand nach einer Beschreibung von 1701 südlich neben dem Haus Videbullenstraße 7 und dürfte daher im Bereich zwischen der heutigen Kirche und dem jetzigen Nebengebäude Ritterstraße 7 a zu suchen sein. In dem alten Haus wurde 1671/74 zunächst in einem Drittel das Pfarrhaus (wohl im Süden) und in zwei Dritteln eine reformierte Kirche eingerichtet und letztere am 6. 9. 1674 in Gegenwart der brandenburgischen Prinzen Friedrich und Ludwig geweiht. Für 1685 sind Reparaturen überliefert (Schlichthaber II 1752, S. 68). Nachdem das Pfarrhaus nach 1714 in das neu erworbene Haus Videbullenstraße 9 verlegt werden konnte, ersetzte man das zuletzt sehr baufällige Bauwerk ab 1739 durch einen Kirchenneubau (der Altbau war schon 1736 in einem so schlechten baulichen Zustand, daß man den Gottesdienst in die Pauli-Kirche verlegte, und 1739 stürzte die Südwand des Altbaus ein). Nach Abbruch des Hauses wurde 1742 Holz an den Besitzer des Gebäudes Bäckerstraße 54 zur dortigen Reparatur verkauft (siehe dort). Die Fundamente des nördlichen Teils des Gebäudes wurden zur Kostenersparnis durch den Kirchenneubau wieder benutzt, hielten aber dem Druck nicht stand, so daß es bald zu starken Bauschäden kam.

Evangelisch-reformierte Petri-Kirche

1739/49 erbaut (siehe Teil III, Kap. V)

Abb. 1344 Ritterstraße 7, Pfarrwitwen-Haus dahinter Nr. 7 a, reformiertes Gemeindeamt, Ansicht von Südosten, 1971.

II. Predigerhaus (um 1740–1853)

Als Inhaber der zweiten Pfarrstelle sind nachzuweisen (nach Schmuhl 1994, S. 20): 1737/52 Christian Ludwig Schulze, 1752/66 Johann Maximilian Koch., 1763/66 Daniel Siegfried Jablonsky, 1766/79 Johann Adolf Schwarzmeier, 1779/82 Friedrich Jacob Kraushaar, 1782/1806 Johann Samuel Snethlage, 1806/11 Justus Wilhelm Gottlieb Beckhaus. Nachdem die zweite Pfarrstelle seit 1811 nicht mehr besetzt worden war, wurde das Haus durch den Küster genutzt.

Das Haus wohl um 1740 (als Ersatz des zuvor hierfür genutzten Gebäudes Alte Kirchstraße 18) als zweites Pfarrhaus der reformierten Gemeinde mit nicht bekannter Gestalt errichtet und 1853 für den Neubau des Pfarrwitwenhauses abgebrochen. Nach dem Urkataster von 1829 ein mäßig großer und offensichtlich giebelständiger Bau, der etwas von der Straße zurückgesetzt stand.

Pfarrwitwenhaus (von 1853) (Abb. 1343–1346, 1355)

Das Gebäude an Stelle des ehemaligen zweiten Prediger-Hauses als neues Pfarrwitwen- und Kirchendienerhaus errichtet (KAM, Mi, F 1137), in dem die zuvor unversorgten Witwen verstorbener Prediger ein unentgeltliches Wohnrecht erhielten. Grundlage war die 1853 erfolgte Stiftung von 800 Thl durch die Witwe des 1851 verstorbenen Pfarrers Ernst Rudolf Niemöller (siehe Videbullenstraße 9) für einen Neubau, der schließlich 1 200 Thaler kostete. Das Erdgeschoß wurde als Küsterwohnung eingerichtet (Schmuhl 1994, S. 91).

Giebelständiger, zweigeschossiger und verputzter Backsteinbau mit recht flachem Satteldach, nur das profilierte Gewände der Haustür, der Sockel und die Sohlbänke aus Sandstein. Die Fassade fünfachsig gegliedert und mit feinen Profilen zwischen den Geschossen, ehemals mit mittlerer Haus-

Abb. 1345 Ritterstraße 7 (rechts), 5 bis 1 und Königstraße 14, Ansicht von Nordosten, 1993.

tür (davor zwei Stufen). Das Innere wurde ursprünglich bestimmt durch einen mittleren Längsflur, an den sich südlich drei Wohnräume und nördlich Stube mit Kammer, das zweiläufige Treppenhaus und rückwärts die Küche anschließen. Im Obergeschoß der mittlere Flur nur in der rückwärtigen Haushälfte.

1893 Entwässerung; 1906 Kanalisation; 1955 Umbauten im Erdgeschoß, Einbau von Toiletten, Verlegung des Hauseingangs in den Rückgiebel, Vermauerung der vorderen Haustür und Entfernung der Vortreppe (Baugeschäft Sierig), dabei Neuverputz unter Beseitigung der Gesimse; 1961 Garagenbau im Garten; 1984 in die Denkmalliste der Stadt Minden eingetragen; 1989/90 erfolgte nach zunächst geplantem Abbruch ein Umbau und die Modernisierung des Hauses, das voll unterkellert wird und ein neues Betontreppenhaus in der nordwestlichen Ecke erhält. Ausbau des Dachgeschosses mit Schaffung von übergiebelten Dachausbauten auf den Mitten beider Traufseiten (Plan: Moelle & Thiele).

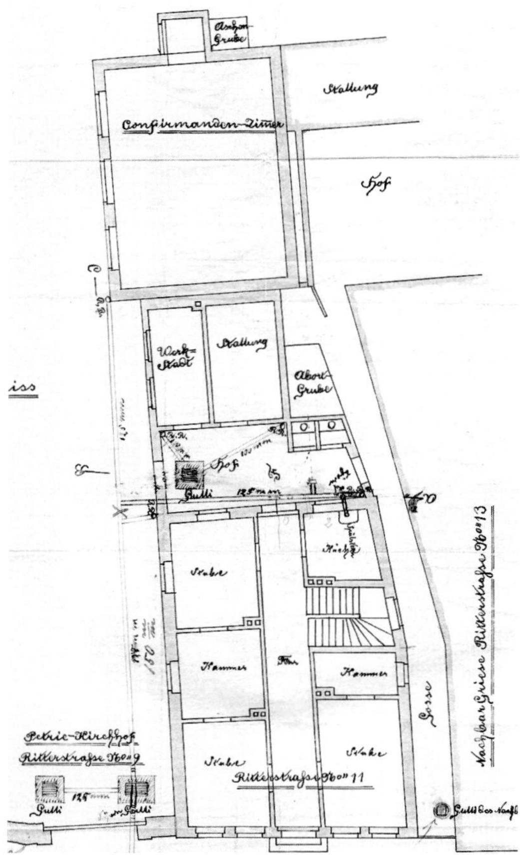

Abb. 1346 Ritterstraße 7, Pfarrwitwen-Haus und Nr. 7 a, Konfirmandenzimmer. Plan zur Entwässerung, 1893.

RITTERSTRASSE 7 a (Abb. 1346–1348)

Konfirmandensaal (1891–1930)

1891 im Zusammenhang mit dem Neubau des Pfarrhauses nach Abbruch eines dort stehenden und um 1820 errichteten *Confirmandenzimmers* (siehe Videbullenstraße 9) wiederum als *Confirmandenzimmer* für die Petri-Gemeinde nach Plänen des Bauinspektors Saran errichtet. Eingeschossiger Bau mit flachem Satteldach, die Südfront mit drei Fenstern, Zugang über einen kleinen Windfang im Westgiebel. Der unzulängliche Bau schon 1913 durch das neue Gemeindehaus mit Konfirmandensaal ersetzt und dann 1930 zu Gunsten eines neuen Wohn- und Verwaltungsbaus abgebrochen.

Gemeindeamt (von 1930)

Als Gemeindeamt mit zwei Wohnungen nach Plänen des Architekten Garnjost errichtet. Zweigeschossiger Putzbau mit ausgebautem Mansarddach und Kellersockel. Die Hauptfront zum südlich anschließenden Kirchhof vierachsig gegliedert, die östliche Wand wird als Brandwand auf der Grenze ohne Öffnungen dreigeschossig ausgeführt. Das Erdgeschoß zu Bürozwecken eingerichtet, die beiden Obergeschosse über ein Treppenhaus in der nordöstlichen Ecke erschlossen.

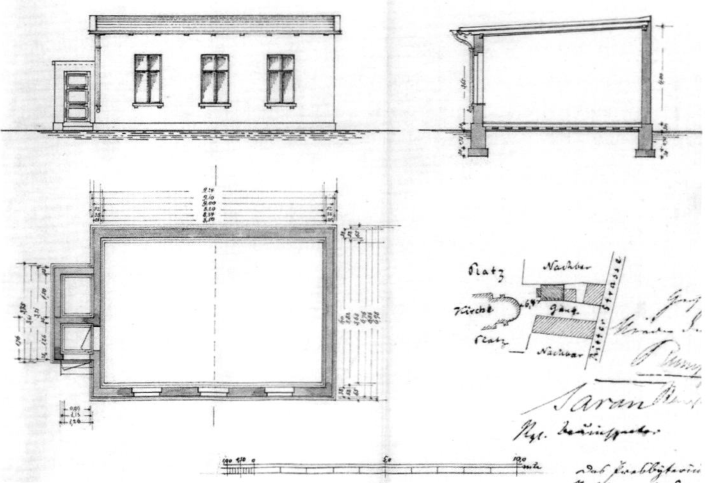

Abb. 1347 Ritterstraße 7 a, *Confirmandenzimmer*, Plan des Bauinspektors Saran 1891.

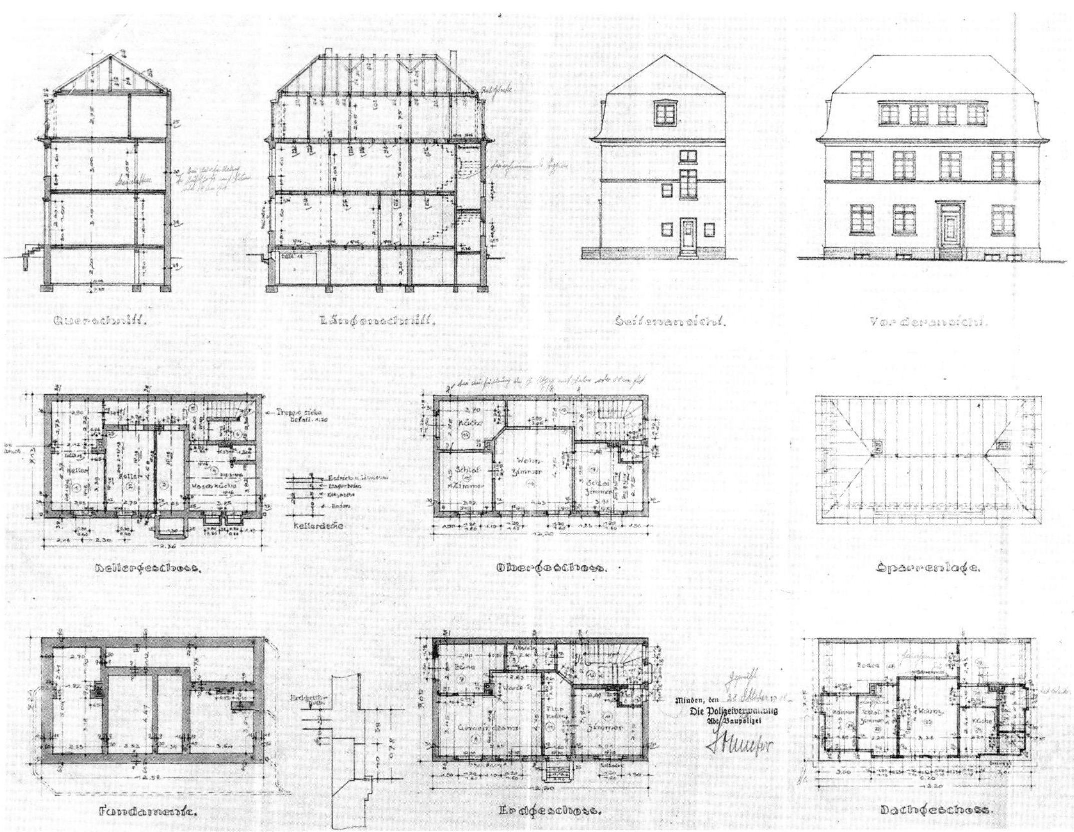

Abb. 1348 Ritterstraße 7 a, Gemeindeamt der reformierten Kirche, Bauplan des Architekten H. Garnjost 1930.

RITTERSTRASSE 7 b (Abb. 1349–1350)

Gemeindehaus der Petrigemeinde (von 1913)

1913 für die Petri-Gemeinde nach Plänen des landeskirchlichen Bauamtes in Bielefeld-Bethel (unter der Leitung von K. Siebold) durch den Baumeister Balke/Bielefeld-Bethel errichtet. Die Finanzierung des recht großen Baus wurde durch den Verkauf von Land für den Bau des Mittelland-Kanals ermöglicht, das auf alte zum Hof Videbullenstraße 9 gehörende Huderechte zurückging (Schmuhl 1994, S. 91).

Der massive Baukörper auf nahezu quadratischer Grundfläche gliedert sich in einen östlichen Kopfbau, an den sich westlich ein großer und multifunktional zu nutzender Gemeindesaal anschließt. Nur geringe Bereiche wurden unterkellert. Der Kopfbau mit einer Schaufront, die jedoch auf Grund der versteckten Lage des Gebäudes tief im Inneren eines Baublocks und westlich hinter der Petri-Kirche kaum wirksam wird. Dieser eingeschossig mit Vollwalmdächern und symmetrisch mit einem hohen mittleren Giebel mit Krüppelwalm versehen, der das als Mansarddach ausgeführte hölzerne Dachwerk des Saalbaus verdeckt. Eindeckung mit Pfannen bzw. Biberschwanzplatten. Die

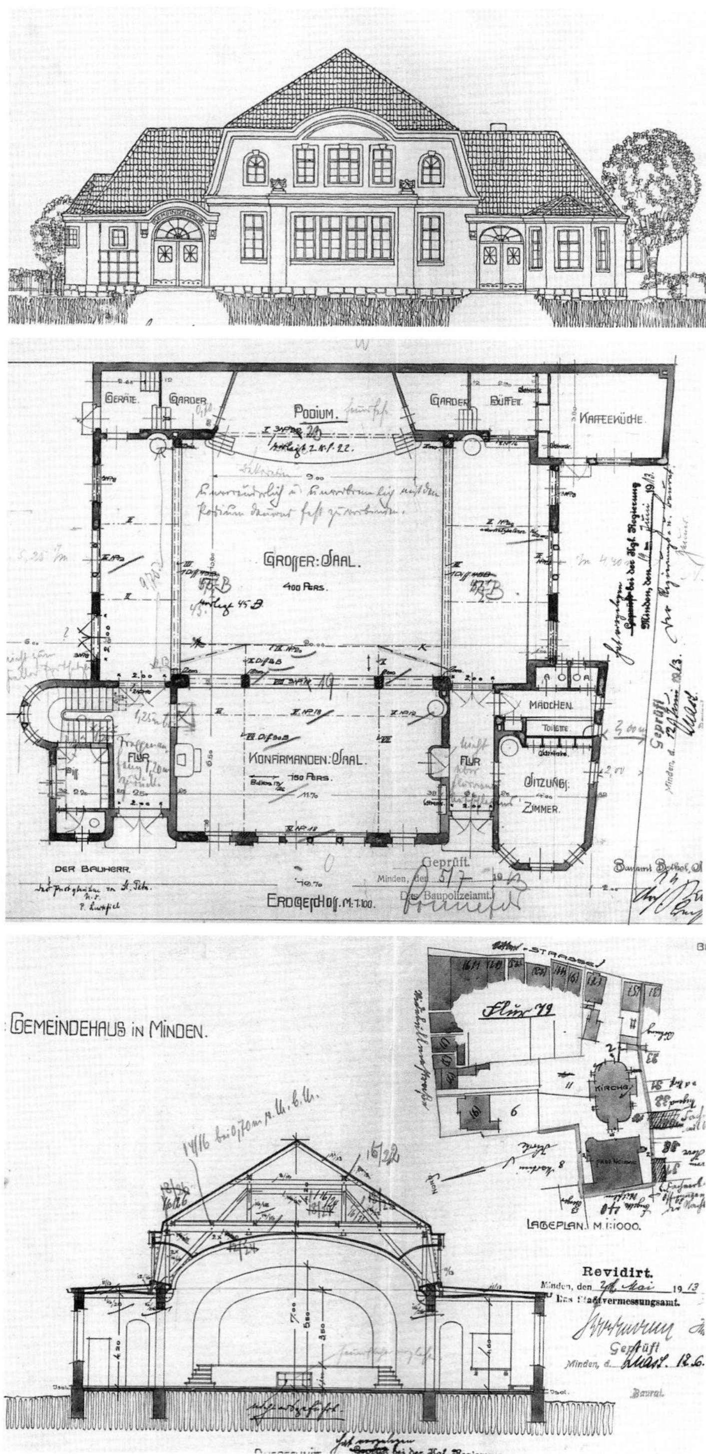

Abb. 1349 Ritterstraße 7 b, reformiertes Gemeindehaus, Ansicht, Grundriß und Querschnitt, Kirchliches Bauamt Bethel, Baumeister Balke, 1913.

Abb. 1350 Ritterstraße 7 b, reformiertes Gemeindehaus, Blick in den Saal, 1992.

Fassade mit Rauhputz und aufgeputzten Dekorationen in zeitgenössischen Formen gestaltet, die Tendenzen des Jugendstils, Neobiedermeiers und Heimatstils in harmonischer Weise verbinden.

Im Inneren im Erdgeschoß in der Mitte ein Konfirmandensaal von 76 qm, darüber eine Empore mit 76 Sitzplätzen, wobei diese Bereiche mittels Jalousientüren (1961 umgebaut) zum großen Saal geöffnet werden können (so daß hier insgesamt 625 Personen Platz finden können). Vor der Empore im Obergeschoß ein schmales Vereinszimmer (hier wurde ein Inschriftenbalken von 1528 aus dem alten reformierten Pfarrhaus an der Videbullenstraße 9 wieder eingebaut – siehe dort). Der Kopfbau seitlich ergänzt durch mehrere Nebenräume wie Sitzungszimmer, Damen- und Herrentoilette, Garderobe, Lager und Kaffeeküche sowie Treppenhaus.

Der Saal mit einer Grundfläche von 200 qm und für 400 Personen zugelassen, erhielt in der Mitte ein flaches Tonnengewölbe aus Rabitz, das im Dachwerk aufgehängt wurde. Östlich eine kurze Bühne, seitlich der Saal durch Abseiten ergänzt.

Der Bau von den wenigen und zurückhaltenden Modernisierungen 1954, 1961 und 1975 abgesehen noch weitestgehend im ursprünglichen Zustand erhalten; 1993 in die Denkmalliste der Stadt Minden eingetragen.

Abb. 1351 Ritterstraße 8, Milchverkaufsstelle von 1953.

RITTERSTRASSE 8 (Abb. 1351)

Das Grundstück offensichtlich keine alte Hausstätte, sondern bis 1396 mit einer Scheune mit angebauten Buden zu dem bürgerlichen Anwesen Obermarktstraße 36 und danach von 1396 bis 1833 zum Gelände des dort eingerichteten Nikolai-Hospitals gehörend. Seit nicht näher bekannter Zeit mit einer Reihe von Buden bebaut, die von einer sogenannten *Gieseler-Straße* (in Erinnerung an den Stifter des Hospitals) erschlossen wurden. Sie wurden abgebrochen, um Platz zu machen für einen von 1634 bis 1807 bestehenden Friedhof. In dieser Zeit mit einer Mauer zur Ritterstraße eingefaßt (siehe dazu unter Obermarktstraße 36).

Nach 1833 wurde hier die Seifenfabrik Kiel eingerichtet und die Fläche allmählich mit Fabrikationsgebäuden bebaut. Das Grundstück seit dem Brand der Fabrik am 28. 8. 1905 unbebaut, zum kleineren Teil 1911 durch den Eigentümer des Nachbargrundstückes Ritterstraße 10 erworben und für einen dort errichteten Neubau genutzt, während der größere Teil 1912 durch die Stadt Minden für die Anlage des Petrikirchweges eingezogen wurde. Auf einer Teilfläche an der Ecke zur Ritterstraße bestand von 1953 bis 1975 ein Verkaufspavillon.

Buden *an der Gieseler Straße* (bis 1634)

Gestalt der Anlage und Anzahl der Buden sind nicht bekannt. Als Nachtrag zu dem 1581 erstellten Register der Kuhtorschen Hude wird nach Nennung von 12 Haushalten, die alle nur Recht auf eine oder zwei Kühe hatten, 1654 vermerkt: *hebben gewohnt in der Gieselerstraten, welches jetzund zum Kirchhofe gemacht ist* (Krieg 1966, S. 121).

Fabrikgebäude (1873–1899)

1873 Errichtung eines hölzernen Lagerschuppens für Fässer mit einem flachen Dach mit Filzdeckung durch den Baumeister Luhmann. 1899 abgebrochen.

Verkaufspavillon (1953–1975)

1952/53 nach Plänen des Architekten Dr. Slavinski als Gebäude für den Milchverkauf im Auftrag von Friedrich Schmidt auf einem von der Stadt angepachteten Grundstück errichtet. Eingeschossiger und unterkellerter Bau mit vorspringendem Flachdach in Formen des internationalen Stils. Der Verkaufsraum zur Ritterstraße mit durchgehender und geschwungener Glasfront und vorgelegter Gartengestaltung, die Nebenräume zum Petrikirchweg mit runden Fenstern in einer Putzfront. Teile der Ansicht mit Fliesen verkleidet (Abb. siehe Wähler 1996, S. 68 – mit falscher Adresse).

1960 Umbau zur Gaststätte und Einbau von Toiletten. 1975 Abbruch.

RITTERSTRASSE 9 (Abb. 1360)

1729 bis 1743 Martini-Kirchgeld Nr. 332; bis 1878 Haus-Nr. 420; bis 1908 Ritterstraße 13

Kleine Hausstelle, die wohl im 15. Jahrhundert von St. Martini zur Pacht aus einem großen, dem Stift 1284 zugefallenen und danach in Gärten aufgeteilten Gelände eines weitläufigen Hofes ausparzelliert worden ist. Dabei das Haus zusammen mit den anschließenden Häusern auf einem zu etwa neun oder zehn kleineren Hausstätten aufgeteilten Gartenstreifen parallel zur Ritterstraße errichtet und nach Westen jeweils durch Teilflächen von zwei weiteren parallelen Gartenstreifen für Hofplatz und Wirtschaftsgebäude erweitert. Das Grundstück seit etwa 1920 unbebaut und als Zufahrt zum 1925 errichteten Hinterhaus des Grundstücks Ritterstraße 13 genutzt.

1560 läßt Gerdt Rogge und seine Frau Ilse eine Obligation über 20 Thl bei der städtischen Rentenkammer auf das Haus eintragen. Die Hausstätte liegt *vp der ridderstraten twischen der Gerschen houe vnnd Hinrick Kempers husen* (KAM, Mi, A I, Nr. 643). Als spätere Eigentümer werden genannt: Bruno Plander, Hans Meyer, Bendix Garsse, Hinrich Schreiber, 1663 Tönnies Brandt, 1685 die Kreditoren, als H. Leopold Bessel, 1714 ...Henrich Schreiber, Anton Brandt, *nachgehendts die Creditores als H. Leopold Christoph Bessell modo Johan Cordt Rahtert*, 1743 Rudolph Hohmann (KAM, Mi, B 151 und B 154,4 alt).

1537 Garssen Bohde; 1581 Diederich Hartog; 1665 Tönnies Brandt; 1676/78 Diederich Rumpcke; 1679 Johan Meyer, Minderhöltzer; 1688 Tönnies Brand jetzt Johan Meyer (STA MS, St. Martini, Akten 163); 1698 Andreas Bühning, zahlt 3 ½ Thl Giebelschatz; 1703 Jacob Zelle; 1709/11 Johan Cord Rahtert; 1715 Johann Cordt Rathert, hat 30 Thl Obligationen auf dem Haus, die dem Heilig-Geist-Hospital gehören. Diese übertragen auf: 1738 Cord Ratherts Witwe hat keinen Landbesitz (KAM, Mi C 592); 1742 Rudi Hohmann; 1749/83 Witwe Rudolf Hohmann (KAM, B 103 c,9 alt; C 217,22a alt; C 604).

1738 Johann Cord Rather; 1740 Witwe Johann Cordt Rahters; 1746 nun Rudolph Hohmann; 1750 Witwe Hohmann; 1755 Meister Hohmann, Haus für 100 Rthl; 1766 Böttcher Rudolf Hohmann, betreibt auch Landwirtschaft auf eigenem Land; 1781 Meister Hohmann, Wohnhaus 100 Rthl, Hinterhaus 50 Rthl; 1798 Böttchermeister August Hohmann; 1802/04 Hohmann mit Mieter Leutnant Rüter, Wohnhaus 600 Rthl, Hinterhaus 100 Rthl, Haus mit Braurecht, hält 1 Kuh und 2 Schweine; 1817 Besitz der Witwe August Hohmann wird versteigert (STA DT, M1, I C Nr. 231); 1818/27 Chirurgus Kummer, Wohnhaus 900 Thl, Hintergebäude 100 Thl; 1836 Witwe Kummer; 1846 Mieter ist Schneider Wiegmann und eine weitere Person; 1851 Verkauf von Lohgerber Wehdeking an den Schneider A. Wiegmann; 1873 Rentier Wiegmann; 1878 Griese; 1908 Siebmacher Aurelius Griese; 1919 Verkauf durch die Stadt; 1925 Tischler Georg Strutz.

Haus (um 1560–um 1796)

Die Eintragung einer Obligation läßt vermuten, daß um 1560 an dieser Stelle ein neues Haus errichtet worden ist. Es wurde um 1796 zu Gunsten eines Neubaus abgebrochen.

Haus (um 1796–vor 1925)

Um 1796 wurde ein Neubau errichtet, der 1798 genannt wird (KAM, Mi, C 472) und der 2684 Rthl gekostet hatte (KAM, Mi, C 133). Es war ein Giebelhaus, das die ganze Breite der Parzelle einnahm und eine nur relativ geringe Tiefe aufwies.

1802 erhält der Böttchermeister Homann die Erlaubnis, eine Tür in der Kirchhofsmauer einzubrechen, *als Zugang zu seinem Haus und Hinterhaus, um Mist, Holz oder andere Sachen tragen oder mit einem Schiebkarren heraus und herein fahren zu können* (KAM, Mi, C 47,8 alt).

Abb. 1352 Ritterstraße 10, Ansicht von Südwesten, rechts Einmündung des Petrikirchweges, 1993.

RITTERSTRASSE 10 (Abb. 1352–1353, 1359)

1729 bis 1743 Martini-Kirchgeld Nr. 333 und 334; bis 1878 Haus-Nr. 418

Offensichtlich immer Rückgrundstück der großen Hausstätte Obermarktstraße 34 und schon in der Mitte des 18. Jahrhunderts von dort mit zwei Buden bebaut. Erst um 1870 von dort abgetrennt und dem Anwesen Obermarktstraße 36 zugeschlagen, seit 1912 als eigene Hausstätte geführt.

1581 Johann Steffen (hält 2 Kühe), dann (zusammen mit Nr. 12) Dietrich Schreibers Bude. 1663 an dieser Stelle zwei Mietshäuser: Brun Everding (zahlt an Dietrich Schreiber jährlich 7 Thl Miete) und Daniel Wehlige. 1. Bude: 1675/79 Johan Woker (Mieter); 1698/1711 Gabriel Nietzens Erste Bode, zahlt jährlich 1 Thl 12 gr Giebelschatz. 2. Bude: 1675 Justiz Koneman *abyt*; 1676 steht leer; 1678/79 Johan Heinrich Burasy, zahlt jährlich 1 Thl Giebelschatz.

1729 Nietzens Buden; 1738/40 bewohnt von Christoph Rosemeyer und Böxe; 1743 bewohnt Erben Jacob Böxen, jetzt Elisabeth Rottkopf; 1750 Zyllen Buhden; 1755 Zillien Buden, 80 Rthl; 1766 Zillien Buden, 100 Rthl; 1775 Armen-Provisor Zilly, die eine Bude wird seit 1765 als Scheune genutzt (KAM, Mi, C 879); 1781 Zillien, zwei Buden unter einem Dach 200 Rthl; 1802/04 Zilly zwei Buden, 200 Rthl, ohne Braurecht, bewohnt von Blohbaum (hält 1 Schwein) und Buchdrucker Vogeler; 1806/09 Kaufmann Carl Friedrich Zilly; 1818/30 Zilly, zwei Wohnungen unter einem Dach, 400 Thl; 1830 jetzt Kaufmann Fl. L. Stein, Erhöhung Versicherung auf 1300 Thl; 1846 bewohnt von neun Parteien mit insgesamt 31 Personen; 1853 Stein, bewohnt von vier Parteien (insgesamt 16 Personen); 1869 von Berg; 1873/75 Schmied von Busche, gnt. Hoppe (zur hier gegründeten Firma Hoppe & Homann siehe Stiftstraße 51); 1878/1905 Seifenfabrik Kiel; 1912 Wilhellm D´Arragon; 1927 Reg. Amtsgehilfe Kerker.

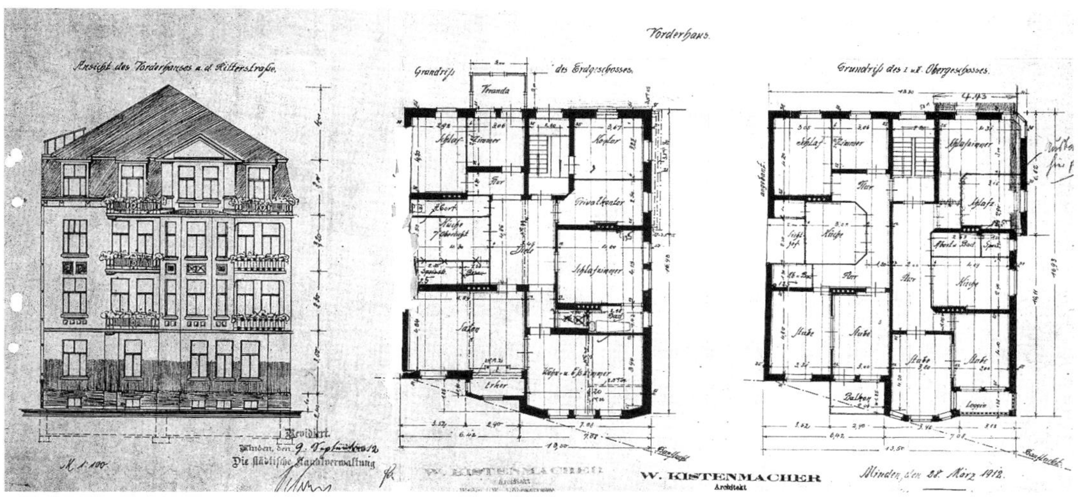

Abb. 1353 Ritterstraße 10, Ansicht und Grundrisse aus dem Bauantrag des Architekten W. Kistenmacher 1912.

Buden (bis 1809)

Schon 1663 als Doppelbude nachweisbar, die 1809 zu Gunsten eines Neubaus abgebrochen wurden.

Haus (1809–1869):

1809 wurde ein *neues und gutes Wohnhaus* errichtet (KAM, Mi, D 388). Über die Gestalt nichts weiter bekannt. Der Bau, der wohl östlich unmittelbar an das alte Schauspielhaus angebaut war (siehe dazu Obermarktstraße 34) brannte am 29. 8. 1869 ab (KAM, Mi, F 1635).

Kesselhaus der Seifenfabrik (um 1878–1905) (Abb. 1359)

Als Anbau an die bestehenden Fabrikgebäude wohl um 1870 errichtet. Backsteingebäude auf etwa quadratischem Grund, die Fassade zur Ritterstraße durch Vorlagen dreiachsig gegliedert, in der nördlichen Achse Zufahrt. An der südlichen Traufwand wurde 1888 ein Schornstein angebaut.

Das Gebäude brannte am 28. 8. 1905 zusammen mit der ganzen anschließenden Seifenfabrik Kiel ab (KAM, Mi, F 1635).

Wohnhaus (von 1912)

Als Siebenfamilienhaus für den Malermeister Wilhelm D'Arragon nach Plänen des Architekten Kistenmacher errichtet. Dreigeschossiger Putzbau über hohem Kellersockel mit ausgebautem Mansarddach. Der Bau geputzt und in schlichten Formen der reduzierten Reformarchitektur gegliedert. Die breite Ansicht durch einen Rücksprung der Front über dem Erdgeschoß gegliedert, so daß in beiden Obergeschossen beidseitig eines dreifach gebrochenen übergiebelten Erkers massive Balkone vorgelegt werden konnten.

Das Innere von rückwärtigem Ostgiebel und mit gegenläufigem Treppenhaus erschlossen. Daran anschließend jeweils zwei nebeneinanderliegende Etagenwohnungen mit fünf Räumen um jeweils eine zentrale und nur indirekt belichtete *Diele*. Küchen mit Speisekammern, Bad mit Aborten. Im Erdgeschoß nur eine Achtzimmerwohung mit *Kontor*.

Abb. 1354 Petrikirchweg 4, Hinterhaus zu Ritterstraße 10, Ansicht von Südwesten, 1993.

Hinterhaus (von 1912), auch unter Adresse Petrikirchweg 4

Als Dreifamilienhaus auf dem hinteren Teil des Grundstücks im Anschluß an das Wirtschaftsgebäude von Obermarktstraße 34 errichtet. Der Bau in den gleichen Formen wie das Vorderhaus gestaltet, allerdings nur dreigeschossig. In jeder Etage eine schlichte Fünfzimmerwohnung, Zugang über Treppenhaus in der nordwestlichen Ecke.

RITTERSTRASSE 11 (Abb. 1355–1357, 1360)

1729 bis 1743 Martini-Kirchgeld Nr. 331; bis 1878 Haus-Nr. 421; bis 1908 Ritterstraße 15

Kleine Hausstelle, die wohl im 15. Jahrhundert von St. Martini zur Pacht aus einem großen, dem Stift 1284 zugefallenen und danach in Gärten aufgeteilten Gelände eines weitläufigen Hofes ausparzelliert worden ist. Dabei das Haus zusammen mit den anschließenden Häusern auf einem zu etwa neun oder zehn kleineren Hausstätten aufgeteilten Gartenstreifen parallel zur Ritterstraße errichtet und nach Westen jeweils durch Teilflächen von zwei weiteren parallelen Gartenstreifen für Hofplatz und Wirtschaftsgebäude erweitert. Auf dem Hof befand sich im 19. Jahrhundert ein kleines Stallgebäude. Das seit 1951 unbebaute Grundstück wird heute gemeinsam mit dem Nachbargrundstück Nr. 9 genutzt.

Abb. 1355 Ritterstraße 11 (rechts), 7 und 5, Ansicht von Nordosten, 1951.

Abb. 1356 Ritterstraße 11, Rückfront von Südwesten, 1951.

1537 Daniel Nolting; 1560 *Hiinrick Kempers Husen* (siehe Ritterstraße 9); 1581 Arend Klingman; 1663 Johan Jost Knakenweffel, *sein Haus, gibt seinem Vater jährlich 25 Thl heuer um dessen Credit zurückzuzahlen;* 1675/79 Johan Knochenweffel; 1688 Johan Jobst Knochenwefel (STA MS, St. Martini, Akten 163); 1698 Jobst Herman Schreiber in Knochenwebers Haus, zahlt jährlich 4 Thl Giebelschatz; 1703/09 Christoffer Grever; 1711 Stats Wooker; 1729/40 Johann Henrich Meyer; 1744 Witwe Henrich Meyer, jetzt Nottmeyer; 1744/50 Ausreuter Johann Wilhelm Bünte; 1755 Witwe Bünte, Haus für 400 Rthl; 1766 Witwe Bünte, jetzt Jude Naten, 400 Rthl; 1780 Böttcher Hohmann, Senior; 1781 Meister Hohmann, 100 Rthl; 1798 Witwe Hohmann; 1802/04/09 Hohmann, Mieter ist Schneider Specht (oder Speckesser) und Schlächter Stackemann, Wohnhaus für 600 Rthl, kein Braurecht, halten 3 Stück Jungvieh; 1818 Eigentümer ist Speckesser; 1825 Speckesser, Erhöhung der Versicherung auf 900 Thl; 1836 Schneider August Speckesser; 1846/53 Schuster Wilhelm Bertermann mit mehreren Mietparteien (insgesamt 18 Personen); 1873/78 Schuhhändler Bertermann; 1893 Frau Heinemann; 1908 Handelsmann Salomon Heidemann; 1913 Werberg; 1939 Zwangsenteignung der Juden Gebrüder Werberg; 1951 Abwesenheitsverwaltung für Erbengemeinschaft Werberg.

Haus (1780–1951)

1780 wurde nach Besitzwechsel *ein gantz neues Haus, von Grund auf und ein Brauhaus, ist noch nicht zu bewohnen* mit Schulden erbaut (KAM, Mi, C 874). 1782 wurden für den Neubau Baufreiheitsgelder ausgezahlt (KAM, Mi, C 388).

Zweigeschossiges, sehr schmales Fachwerkgiebelhaus mit Krüppelwalmen, der Vordergiebel vierachsig gegliedert, verputzt und das Obergeschoß hier durch ein hölzernes Profil abgesetzt. Zweiflügelige Haustür mit Oberlicht. Das Gerüst des Gebäudes stöckig verzimmert, mit Schwelle-Rähm-Streben ausgesteift und mit Backsteinen ausgemauert. Im Erdgeschoß zwei Riegelketten, im Oberstock eine Riegelkette.

Das Innere wurde durch einen mit Sandsteinplatten ausgelegten Längsflur bestimmt, an den sich rechts eine Raumfolge aus unterkellerter Stube (mit zwei Fenstern zur Straße), Kammer und Küche anschließt, links vorn weitere schmale Stube mit Kammer dahinter. Rückwärtig dahinter in dem schmaleren Haus breiterer Flur mit zweiläufigem Treppenhaus zu dem zu einer weiteren Wohnung ausgebauten Obergeschoß. Der rückwärtige Bereich wurde im 19. Jahrhundert mit einem Zwischengeschoß versehen.

1893 Entwässerung; um 1900 Ausbau der kleinen linken Stube zu Ladengeschäft mit Schaufenster; 1913 Kanalisation. 1949 wird der starke Verfall des Hauses festgestellt, der 1951 zu einer Zwangsräumung durch die Stadt und anschließendem Abbruch des Hauses führt.

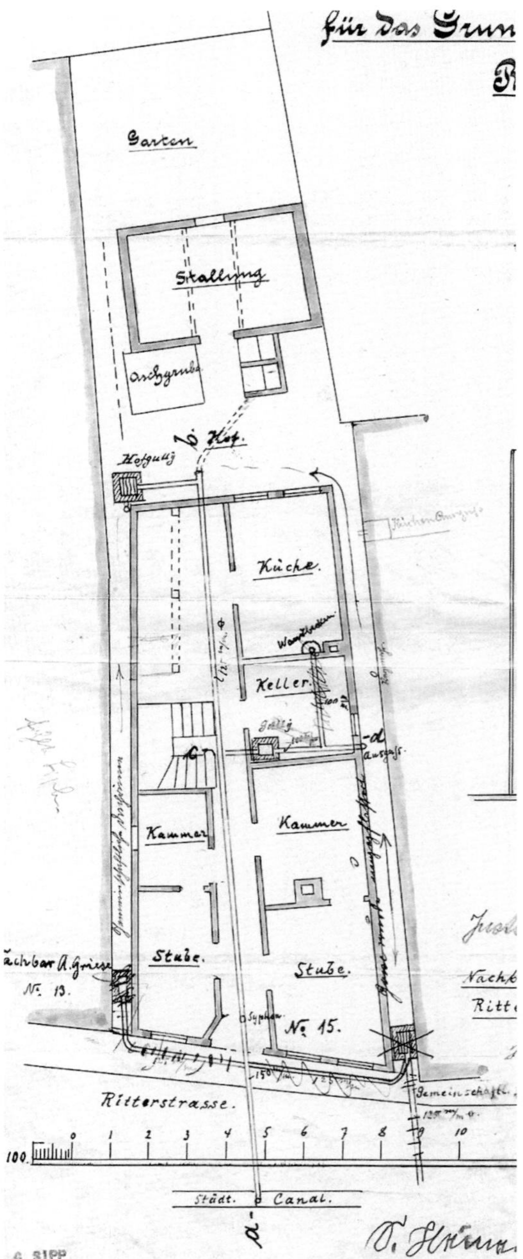

Abb. 1357 Ritterstraße 11, Plan zur Entwässerung des Grundstücks 1893.

Abb. 1358 Ritterstraße 12, Ansicht von Nordwesten, 1993.

RITTERSTRASSE 12 (Abb. 1358–1359, 1366)

1729 bis 1743 Martini-Kirchgeld Nr. 335; bis 1878 Haus-Nr. 419

Die recht tief in den Baublock reichende Parzelle zwischen etwa 1750 und 1835 unbebaut.

1581 Johan Rembach (hält 4 Kühe), dann zusammen mit Nr. 10 *Dietrich Schreiber seine Bode* und vermietet an Daniel Lütlerent. Auf dem Haus eine Obligation über 100 Thl des Nikolai-Hospitals, die 1584 von Johan Pembachen (oder Rembach) aufgenommen worden war. 1650 Wilhelm Rembach; 1663 hat Kleinschmidt Johan Varcken das Haus für 400 Thl gekauft und schuldet den Nikolai-Armen daraus weiterhin 100 Thl (KAM, Mi, B 122); 1698/1711 Gerd Verken oder Gerdt Farcken; 1751 Gerhard Varken, früher Johann Vercken; 1763 jetzt Zilli (KAM, Mi B 103 b,2 alt; C 203,22 alt; C 604).

1675/79 Johan Varcken, zahlt jährlich 4 Thl Giebelschatz; 1698/1711 Gerdt Verken oder Farcken; 1729 Johann Varken; 1738/50 Kupferschmied Gerd Verkens; 1755 Erben Verken, Haus für 150 Rthl; 1766 abgebrochen. 1779 Hausplatz ist wüst, doch der Eigentümer Zilly (Obermarktstraße 34) will nicht wieder aufbauen (KAM, Mi, C 874); 1832 ist der Platz noch wüst; 1836 Kaufmann Franz Homann, Haus für 1 000 Thl; 1846/53 vermietet an zwei Parteien mit 16 Personen; 1873/78 Instrumentenmacher Feldmann; 1894 Firma F. C. Kiel; 1908 Firma F. C. Kiel; 1910 Kauf durch Wilhelm D'Arragon; 1950 D'Arragon, der 1912 auf dem Nachbargrundstück auch einen großen Neubau errichtet.

Wohnhaus (von 1835)

1835 für den Kaufmann Franz Homann errichtet (STA DT, M 1, I P, Nr. 827). Zweigeschossiges und massives Giebelhaus mit flach geneigtem, zur Fassade abgewalmtem Satteldach über einem

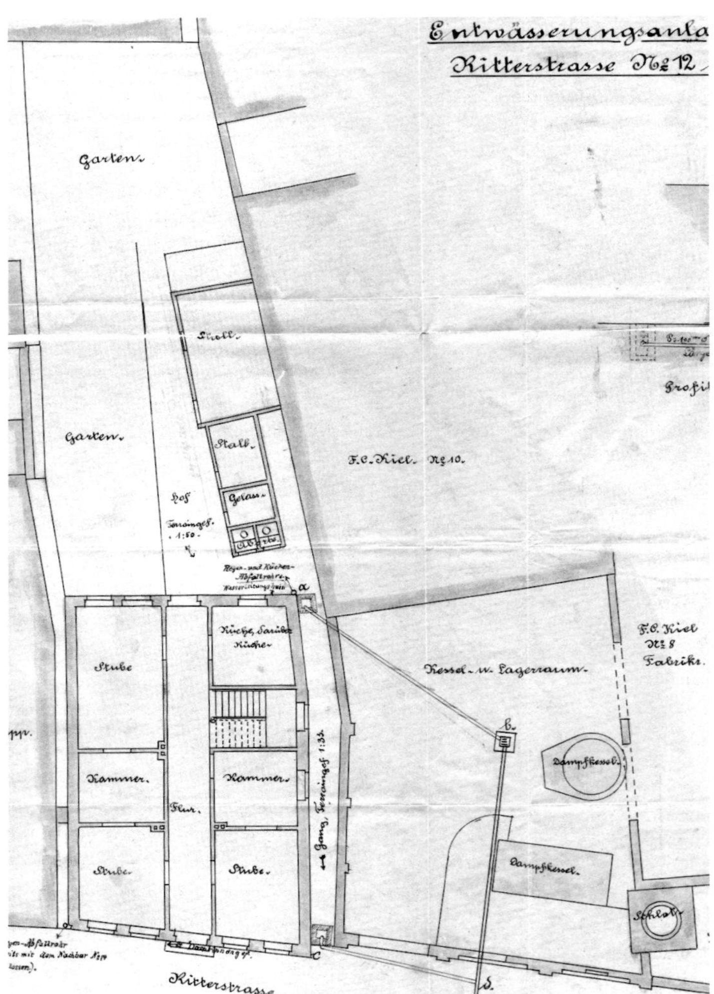

Abb. 1359 Ritterstraße 12 (links) und 10, Plan zur Entwässerung der Grundstücke, 1894.

niedrigen Drempel. Der fünfachsige Giebel verputzt und schlicht durch Gesimse gegliedert. Fenster der Bauzeit mit Bleisprossen erhalten. Das ganze Gebäude unterkellert, dabei in der Struktur des Erdgeschosses mit flachen Tonnen auf Gurtbögen eingewölbt.

Das Innere heute im Erdgeschoß teilweise bis auf das erhaltene Gerüst verändert. Ursprünglich seitlich des durch das ganze Haus reichenden Mittelflures im Norden Raumfolge aus Stube, Kammer und großer rückwärtiger Stube, im Süden ebenso Stube und Kammer und statt der großen Rückstube zweiläufiges Treppenhaus und rückwärtige Küche.

1894 Entwässerung; 1910 Kanalisation, wobei statt der Aborte im Stall nun ein kleiner Anbau an der südlichen Traufwand vor dem Wendepodest des Treppenhauses geschaffen wird; 1912 Einbau von vier Zimmern im hinteren Teil des Dachgeschosses, wobei hier eine Aufstockung vorgenommen wird (Plan: Gremmels); 1950 Umbau einer Gartenlaube zu einer Garage.

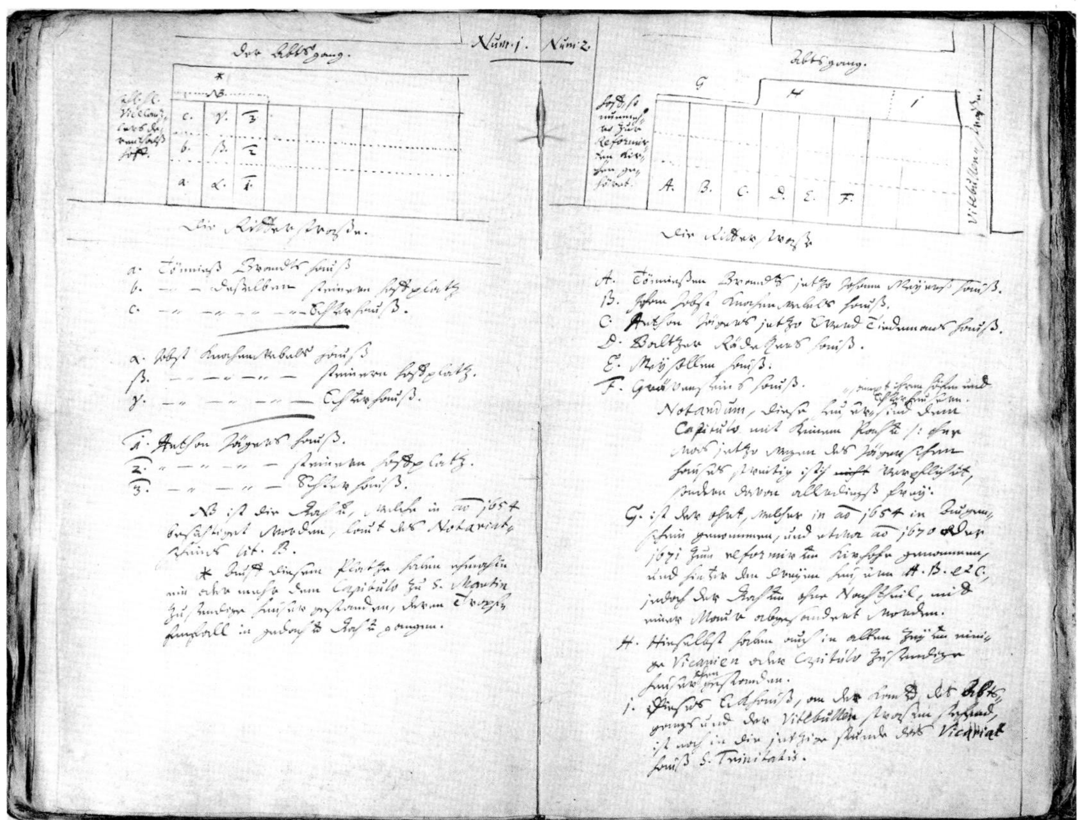

Abb. 1360 Ritterstraße 9 (*A*) bis 19 (*F*) und anschließende Einmündung der Videbullenstraße, Beschreibung zur Parzellengeschichte mit Lageskizzen. Oberhalb (westlich) der Grundstücke der Abtsgang (siehe Videbullenstraße 7). Anton Jäger 1687.

Hinterhaus (von 1910)

Hinter dem Haus 1894 ein Garten, der auf der Südseite von einem Wirtschaftsgebäude aus Fachwerk begleitet wurde.

Nach eigenen Plänen (Vorentwürfe von R. Moelle) durch den Bauunternehmer Gremmels errichtet. Zweigeschossiger, massiver und unterkellerter Bau mit flachem Pappdach, in einem Winkel der nordwestlichen Hofecke errichtet. Keller und Erdgeschoß als Werkstatt, das Obergeschoß als Wohnung eingerichtet.

RITTERSTRASSE 13 (Abb. 1360–1362)

1729 bis 1743 Martini-Kirchgeld Nr. 330; bis 1878 Haus-Nr. 423; bis 1908 Ritterstraße 17

Kleine Hausstelle, die wohl im 15. Jahrhundert von St. Martini zur Pacht aus einem großen, dem Stift 1284 zugefallenen und danach in Gärten aufgeteilten Gelände eines weitläufigen Hofes ausparzelliert worden ist. Dabei das Haus zusammen mit den anschließenden Häusern auf einem zu

Abb. 1361 Ritterstraße 13, Ansicht von Südosten, 1993.

etwa neun oder zehn kleineren Hausstätten aufgeteilten Gartenstreifen parallel zur Ritterstraße errichtet und nach Westen jeweils durch Teilflächen von zwei weiteren parallelen Gartenstreifen für Hofplatz und Wirtschaftsgebäude erweitert. Das Grundstück reichte im Westen noch 1687 bis zur Parzelle Videbullenstraße 7, wurde aber später verkleinert. Die Parzelle 1919 durch erneuten Ankauf des rückwärts anschließenden Grundstücks Ritterstraße 9 erweitert, später auch durch das seit 1951 unbebaute dazwischenliegende Grundstück Ritterstraße 11.

1687 kommt es zwischen dem Martini-Kapitel und dem Bürger und Notar Johan Jäger wegen seines Hauses auf der Ritterstraße zum Streit (STA MS, St. Martini, Akten Nr. 163). Man will ihm den Verkauf seines Hauses untersagen, da es sich angeblich nicht um ein bürgerliches Gut, sondern um ein dem Martini-Kapitel zugehöriges Haus handeln würde, das der Vikarie Maria Ägyptiaca gedient hätte. Zum Gegenbeweis legt Jäger die Geschichte der Parzelle vor, sowie die Familiengeschichte der Familie Gogreve seit dem 16. Jahrhundert. Demnach war Eigentümer des Hauses von 1537–1590 Cordt Gogreve, dann 1590–1625 Bernd Gogreve, danach dessen Witwe und später die Erben Gogreve, die das Haus an die Witwe Anna Meyering vermieteten. 1643 hatten die Erben Gogreve (Dr. Simon Bernhard Gogreve) das Haus schätzen lassen, wobei es trotz der Baufälligkeit auf 900 Thl taxiert wurde. Es wurde dann 1649 von Johan Jägers Vater für 650 Thl gekauft, und dieser habe in den Folgejahren nur für das Hinterhaus 2 mgr Pacht an St. Martini gezahlt. Das hinter seinem *Achterhaus* befindliche Grundstück hätte bis zum Bau der reformierten Kirche 1670/71 dem Martini-Kapitel gehört und sei ursprünglich mit Vikarien bebaut gewesen, von denen noch eine, das Vikariatshaus St. Trinitas (am sogenannten Abtsgang, siehe Videbullenstraße 7) stehe.

Abb. 1362 Ritterstraße 13, Bestands- und Umbauplan des Giebels, Architekt G. Niermann 1895.

Als Anlage 1 fügt er die Abschrift einer Ästimation des Hauses von 1643 bei. Die Ästimatoren besichtigten das *Vorder- und das Achterhaus* und bemerkten, *daß das Vorder Hauß sehr baufällig sey und uff demselben etliche viele stützen stehen sollten und daheren es wieder gebauwet werden solle. Das Holtz so jetzo am Haus vorhanden, zum Wiederauffbauwen nicht dienlich sein könne denn es gar zu sehr vermodert und verrottet, haben es dahero zu neunhundert thaler taxiret und astimiret.* Anlage 2 datiert von 1654 und klärt Rechtsfragen *zum Secret* (dem Abort). Die Witwen Anton Jäger und Tönnies Brandt trafen sich 1654 unter Befragung von Zeugen in Jägers Haus, um Rechtsfragen zur Benutzung dieses Secrets zu klären. Als Zeugen erschienen der Knochenmeister Henrich Klodthacke, Johan Topp und Cordt Klothacke, und bescheinigten, daß 1. *allezeit ein Außgang oder Thüer und locus Secreti auß Anthon Jägers ächter Hauße in die Gathen und Jobst Knochenwebels jetzigen geheuerten Garten (woselbsten vor diesem ein Hauß dem Capitulo S. Johannis zugehörend gewesen, welches nicht mehr als den Trüppenfalß in die Gathen berechtiget) gangen und gewesen.* 2. *Auch auß Tönnies Brandtß Hause ebenmäßig eine solche thür in die gaten gangen.* Die Gasse sei hinter den drei Häusern verlaufen (in einer Randbemerkung der Abschrift vermerkt Jäger das die Nennung St. Johannis wohl ein Irrtum sei, da die Gartenpacht von Knochenwebel an das Martini-Kapitel gezahlt werden müsse). Anlage 3 (Abb. 1360) ist ein Lageplan, der die Häuser in der Ritterstraße darstellt.

1537/81 Cordt Gogreve; 1560/1625 Gogreve; 1665 Tönnies Jäger; 1688 Anthon Jäger, jetzt Everd Tieden; 1698/1711 Everdt Tiedeman, zahlt jährlich 4 Thl Giebelschatz; 1738/40 Alborn (früher Tiedemann, davor Spilker); 1743 ohne Eintrag (Haus ohne Grundbesitz); 1750 Eberhard Ahlborn; 1755 Witwe Ahlborn, Wohnhaus 200 Rthl; 1766 Witwe Culemann, Haus für 300 Rthl; 1768 Johann Eberhard Ahlborn, 1781 Ahlborn, 300 Rthl; 1798 Kürschner Ahlborn; 1802/04 Eberhard Alborn und zwei Mieter, Haus für 600 Rthl, hat Braurecht, eigenen Brunnen, kein Vieh; 1806 Witwe Alborn; 1817 Versteigerung des Besitzes der Witwe Juliane Ahlborn, geb. Meyer: Wohnhaus mit kleinem Garten dahinter. Die Witwe soll lebenslanges Wohnrecht in dem Haus behalten. Geht für 1575 Rthl an Carl August Barkhausen (STA DT, M1, I C Nr. 232); 1818 bewohnt von Witwe Möllinghoff, 1000 Thl; 1831 jetzt Erben Barkhausen; 1846/53 Kaufmann Heinrich Schulzen; 1873/78 Buchhalter Meyer; 1893 Kaufmann Justus Meyer; 1895 Althändler Leib Levy; 1908 Erbengemeinschaft Meyer und Adolf Levy; 1913/25 Tischler Georg Strutz (Möbelfachgeschäft); 1931 durch Zwangsversteigerung des Besitzes von Stadtrat Tischlermeister Strutz an Bauhütte Minden.

Haus (16./17. Jahrhundert ?)

Das Gebäude bis 1895 ein eingeschossiges Giebelhaus, über dessen Alter und Baugeschichte keine näheren Aussagen mehr möglich sind. Im Zusammenhang mit einem umfangreichen Streit um Pachtgelder für das Grundstück wurde das Haus 1689 durch den Zimmermeister Friedrich Lohmeyer begutachtet: Das Haus sei beidseitig ohne massive Mauern. Im Vordergiebel befände sich *nur alleine Eingangs des Hauses an der linken Seite mit einem großen steinernen Bogen … von Ober-*

kirchensandstein verfertigt. Die Ohrtständer des Hauses befänden sich von gemeinen kleinen ruhrn steinen auffgeführet. Alsweiter befände sich nur an der rechten seite des Hauses ein Mauerwerk solang als die Stube von achtzehn fuß lang. Das Haus *sey nicht aufgeständert,* war also nur eingeschossig. Im Keller befinden sich sechs Balken mit zwei Unterschlägen. Das Haus habe 12 Balken, jeder 35 Fuß lang, *oben aber an jedem besonderen hanenebalken, wehren dieselben noch gerade etwas kürtzer. An dem Haus befünden sich zwölff Spann Spahrwerck von dreyen Hanenbalken eingerichtet.* Auf den beiden Böden befände sich nur geflickter Beschuß, die Sparren wären 56 Fuß lang. Links seien sie mit 31, rechts mit 30 Latten beschlagen. Der Zimmermeister Lohmeyer *sagte, wenn ein Wohn Hauß von Eichenholtze in gutem Dach und Fache continuirlichen mit Feuwer und Rauch versehen, woll bewahret würde, könnte es woll ohne einige general reparation zweyhundert Jahrlang stehen und conserviert werden.* Das Hinterhaus sei 41 Fuß lang, 27 Fuß breit und ringsherum mit guten Brandmauern versehen. Der Vordergiebel *nur Ständerwerck.* Die Sparren seien 25 Fuß lang und hätten auf jeder Seite 24 Latten. Unten und oben seien jeweils acht Balken vorhanden (KAM, Mi, B 122). Das Hinterhaus muß schon vor 1828 abgebrochen worden sein.

Im rückwärtigen Drittel des Hauses hatte man zur Schaffung von zusätzlichen Wohnräumen schon in der Mitte des 19. Jahrhunderts ein Drempelgeschoß einschließlich eines schlichten verputzten, axial gegliederten, zweigeschossigen Rückgiebels geschaffen. Nach dem 1893 erstellten Entwässerungsplan war nur (noch ?) die südliche Traufwand aus Fachwerk, die anderen Umfassungswände massiv. Das Gebäude wies einen breiten mittleren bis zum Rückgiebel reichenden Flur auf, an den sich beidseitig Wohnräume anschlossen. Der vordere Giebel war fünfachsig gegliedert und wies auch im ersten Dachgeschoß große Fenster für Wohnräume auf. Nur die vordere Stube auf der nördlichen Seite war unterkellert und der Boden hier erhöht.

1895 wurde ein Neubau der vorderen Haushälfte vorgenommen, als Umbau und Aufstockung beantragt. Planung und Ausführung durch den Architekten G. Niermann. Bei diesen einschneidenden Baumaßnahmen (die nur Reste des Altbaus übrigließen) mußte die neue Fassade um ca. 1 m auf die gültige Baufluchtlinie zurückgenommen werden. Während das Erdgeschoß im ganzen Haus weitgehend neu aufgeteilt wurde und zur Schaffung eines größeren Ladens einen Seitenflur an der südlichen Seite erhielt, wurde nur der rückwärtige Bereich in Teilen mit Backsteintonnen auf Gurtbögen unterkellert. Im vorderen Bereich schuf man in der Tiefe von nur einem Raum ein Oberschoß mit aufgesetztem, flachem Satteldach, wobei eine Klinkerfassade mit Putzgliederung in Renaissanceformen entstand. Erschließung durch eine zweiläufige bis in das ausgebaute Dach reichende Treppe mit Traillen in der Mitte des Hauses.

Zugleich wurde ein Stall mit Waschküche errichtet.

1908 Kanalisation; 1913 Erweiterung der Tischlerwerkstatt (Plan: Wilhelm Gräper aus Todtenhausen); 1936 Einbau von Gaupen im Vorderhaus.

1933 offener Holzschuppen an das Pastoratsgebäude Ritterstraße 7 angebaut; 1969 Einfriedung.

Werkstattgebäude

1925 wird an Stelle eines sehr kleinen Wirtschaftsgebäudes, das an der alten südlichen Grundstücksgrenze gelegen hatte, ein großer massiver Neubau errichtet, der in seiner südlichen Hälfte auf das hinzuerworbene Grundstück Ritterstraße 9 gestellt und von dort erschlossen wurde. Der zweieinhalbgeschossige Putzbau mit Stahlbetondecken über einem hohen Kellersockel nimmt im westlichen Teil Werkstätten und Lager, im östlichen Bereich, erweitert durch einen schmaleren Vorbau zwei Wohnungen auf (Plan: R. Moelle, Ausführung: Bauhütte Minden). Erschließung durch einen Querflur. Das Satteldach mit zwei kleinen Giebelausbauten auf der Südseite.

1931 Einrichtung des Gebäudes für die Tischlerei der Bauhütte Minden.

RITTERSTRASSE 14 (Abb. 1363)

1729 bis 1743 Martini-Kirchgeld Nr. 336; bis 1878 Haus-Nr. 422

Hausstelle eines größeren bürgerlichen Anwesens, heute nicht mehr bebaut und als Hofplatz des Gebäudes Ritterstraße 16 dienend. Offensichtlich bildete sie ursprünglich eine Einheit mit dem südlich anschließenden Grundstück Ritterstraße 12, möglicherweise gehörte aber auch ein nördlich an das Haus anschließender Streifen ehemals als Durchfahrt zum Haus, ist aber im vorderen Bereich im 19. Jahrhundert dem Grundstück Ritterstraße 16 zugehörig.

1537 Witwe Gogreve (hat Huderecht auf 4 Kühe); 1581 Evert Bons; 1650 wird die Erbschaft des Brauers und Bürgers Christoffer Bons unter den Kindern geteilt. Das *Wohn- und Echterhaus uff der Ridder Straßen*, gelegen zwischen Johann Topp und Wilhelm Rembach, angeschlagen auf 1700 Thl, erhält der Sohn Leutnant Christoffer Bons (seine Schwester das andere Haus an der Obermarktstraße. Siehe KAM, Mi, B 240). 1663 Jürgen Gravenstein, hat sein Haus für 600 Thl gekauft; 1675/79 Jürgen Grevenstein; 1698 Witwe Gravenstein, zahlt jährlich 4 Thl Giebelschatz; 1703/11/29 Witwe Gravenstein; 1738 Eberhard Costede (früher Theophilus Vögeler); 1743 Eberhard Costeden; 1750 Witwe Costede; 1755/66 Meister Roggenkamp, Haus für 150 Rthl; jetzt 1773 Johann Wilhelm Meyer; 1798 Stackemann; 1799 Carl Friedrich Arning; 1802/04 Kaufmann Arning, Wohnhaus 1100 Rthl, Hinterhaus 100 Rthl, hat Braurecht, eigener Brunnen, hält 3 Kühe; 1806 Branntweinbrenner Christian Friedrich Arning; 1810 Konkurs der Erben Arning (KAM, Mi, D 393); 1818 Versteigerung des Nachlasses des verstorbenen Kaufmanns Anton Gottlieb Stoy (wohnt Markt 2). Wohnhaus mit dahinterliegendem Garten, angeschlagen zu 794 Rthl; 1818/37 Schlächter Diederich Westphal, Wohnhaus 1000 Rthl, Hinterhaus 200 Thl; 1846/53 Fleischer D. Westphal; 1873/78 Fleischer Westphal; 1884 Fleischermeister Chritian Klopp (Bäckerstraße 20); 1893 Schlachtermeister Christian Klopp; 1899 Verkauf an den Hof-Buchdruckereibesitzer Gustav Bruns (siehe Obermarktstraße 26).

Haus (16./17. Jahrhundert–1960)

Relativ schmales und recht tiefes Haus, dessen Baugeschichte kaum weiter bekannt ist. Als Quelle dazu liegt fast nur eine Bauaufnahme von 1884 vor. Danach ein giebelständiges Dielenhaus in der charakteristischen Erscheinung der frühen Neuzeit mit massiven Umfassungswänden, die die charakteristischen Bögen im Inneren aufweisen. Über dem hohen Untergeschoß ein aufgesetztes Speichergeschoß, darüber ein Satteldach. Das Innere wird von einer hohen Diele bestimmt, die im Vordergiebel von einem hohen, offensichtlich rundbogigen Torbogen erschlossen wurde. In der Mitte der südlichen Traufwand ein Kamin, hier wohl die alte Herdstelle zu suchen. Davor in der südwestlichen Ecke (rechts des Tores) ein zweiräumiger Einbau (Stube und Kammer) mit Zwischengeschoß und vor diesem eine zweigeschossige Utlucht mit flachem Pultdach. Ein zweiter Einbau links des Dielentores. Im rückwärtigen Bereich des Hauses wohl eine seitliche unterkellerte Saalkammer mit südlich vorbeiführendem Küchengang. Das Speichergeschoß zu einem unbekannten Zeitpunkt ausgebaut.

Das Haus wurde 1786/97 für 500 Rthl renoviert und erhielt 1833 einen neuen Giebel (KAM, Mi, E 955), wobei sich die Nachricht nur auf Reparaturen beziehen kann (möglicherweise im Gefolge des Brandes der Nachbarhäuser Ritterstraße 16 im November 1831).

1884 nach Besitzwechsel Umbau des vorderen Hausbereiches. Nachdem zunächst nur kleine Änderungen zum Einbau eines Ladens geplant waren, kommt es auf Initiative der Stadtverwaltung zum Abbruch der vorgebauten Utlucht und damit zum Neubau des ganzen Giebels (durch Zimmermeister Lück). Dabei wurde eine schlichte Putzfassade mit rechteckiger Haustür, seitlichem Schaufenster und Laden dahinter geschaffen, das Zwischengeschoß des rechten Einbaus entfernt. Offensichtlich entstand zudem ein neues zweiläufiges Treppenhaus in der Mitte der südlichen Traufwand.

Hinter dem Haus ein Wirtschaftsgebäude aus Fachwerk, das bei größerer Breite nach Norden hinter das Haus Ritterstraße 16 reicht und um 1890 umfangreiche Ställe für die Schlachterei aufnahm. In diesem Bereich dürfte die 1799 erwähnte Essigfabrik zu suchen sein. Sie sollte in diesem Jahr eingerichtet werden, wobei man unter eisernen Rosten Steinkohlen brennen wollte. Die Anlage wurde durch den Maurer Heiler angefertigt. Bedenken bestanden, *weil so wenig hier in Minden als umliegenden Örten eine Braupfanne ist, wo man Steinkohlen unter brennen kann...* (KAM, Mi, C 146,2 alt).

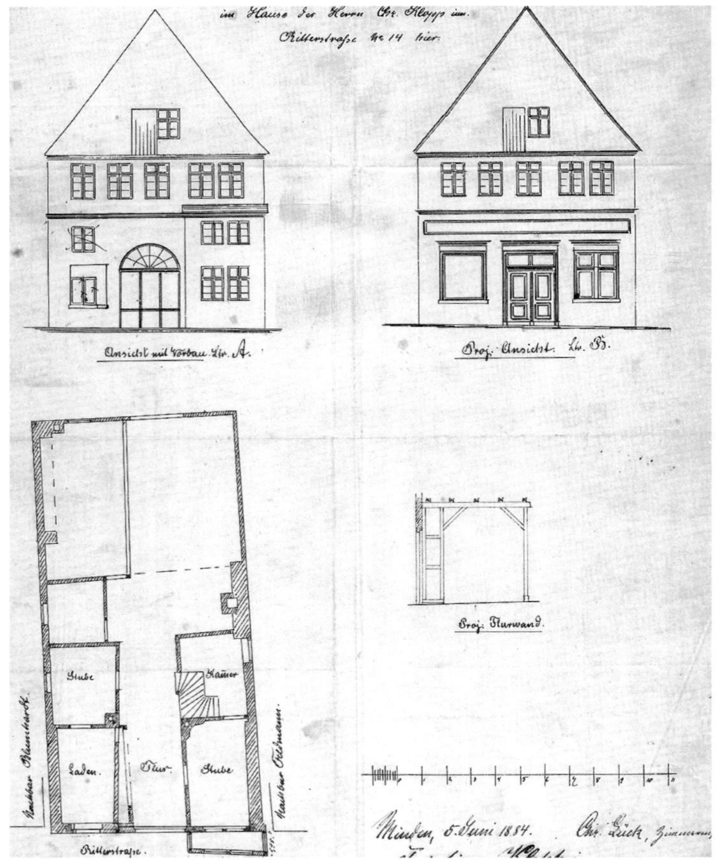

Abb. 1363 Ritterstraße 14, Bestandsplan und Umbauentwurf, Zimmermeister C. Lück, 1884.

1899 wird nach Erwerb durch die nordöstlich anschließende Druckerei ein kleineres Stallgebäude, das auf dem Hof hinter dem südlichen Anbau des Hauses Ritterstraße 16 stand, abgebrochen. Statt dessen wurde das östliche Ende der Hausstätte mit einem eingeschossigen Lager bebaut, das später noch mehrmals erweitert wurde (siehe dazu unter Obermarktstraße 26). 1960 Abbruch des Hauses für die Erweiterung des Druckereibetriebes Bruns (siehe Obermarktstraße 26), doch kam ein hier geplanter Neubau nie zur Ausführung. Statt dessen hier Anlage eines Betriebshofes.

RITTERSTRASSE 15 (Abb. 1364, 1360)

1729 bis 1743 Martini-Kirchgeld Nr. 329; bis 1878 Haus-Nr. 427; bis 1908 Ritterstraße 19

Kleine Hausstelle, die wohl im 15. Jahrhundert von St. Martini zur Pacht aus einem großen, dem Stift 1284 zugefallenen und danach in Gärten aufgeteilten Gelände eines weitläufigen Hofes ausparzelliert worden ist. Dabei dieser Bau zusammen mit den anschließenden Häusern auf einem zu etwa neun oder zehn kleineren Hausstätten aufgeteilten Gartenstreifen parallel zur Ritterstraße errichtet und nach Westen jeweils durch Teilflächen von zwei weiteren parallelen Gartenstreifen für Hofplatz und Wirtschaftsgebäude erweitert. Das Grundstück, das zunächst bis zur Parzelle Videbullenstraße 7 reichte, heute rückwärts sehr begrenzt durch den nach 1828 erfolgten Abverkauf der rückwärtigen Flächen zur Anlage eines großen, zum Haus Ritterstraße 19 gehörenden Gartens.

Abb. 1364 Ritterstraße 15 (links) und 17, Ansicht von Nordosten, 1993.

1537 Berend Bunte (hat Huderecht auf 4 Kühe); 1581 Johan Varenow, später Henninck Klothacke; 1658 hat die Witwe von Cordt Klothacke Schwierigkeiten, die 50 Rthl, die ihr Mann 1655 bei Behr und Schlueter für *das Wohnhauß auff der Ritterstraßen* aufgenommen hat, zurückzuzahlen (KAM, Mi, B 103 b,3 alt); 1663 *Hinrich Klothacke longus*, Haus ist freies Erbgut (hat auch Wohnhaus am Weingarten sowie weiteres Wohnhaus und gibt jährlich Hr. Brickwede 28 gr Pacht); 1688 Baltzer Rädeckers Haus; 1698/1711 Hinrich Klothacke, zahlt jährlich 4 Thl Giebelschatz; 1713 Henrich Klothacke *antea* Balthasar Rädecker; 1715 hat Henrich Klothacke auf seinem Haus zwei Obligationen über 40 und 170 Thl beim Heilig-Geist-Hospital (KAM, Mi, C 592); 1731 Johan Herman Klothacke; 1736 Witwe J. H. Klothacke; 1738 Rudolph Westrup möchte die auf seinem Haus stehenden 40 Rthl noch in diesem Jahr abbezahlen; 1738 Henrich Klohthacken Schwiegersohn, der Johan Jacob Frewert auf der Ritterstraße, gesteht 170 Rthl Schulden ein, habe *sich wegen des gethanen Baues verblößet.* Er verfüge über keinen Landbesitz. Das Hospital droht mit Subhastation, so daß das Haus 1740 an Dieterich Schlinger verkauft wird (KAM, B 103 c,9 alt; C 217,22a alt; C 592; C 604).

1740 Diederich Schlinger nimmt eine Obligation beim Heilig-Geist-Hospital für ausstehende Kaufgelder für das ehemalige Klothackische Haus auf der Ritterstraße auf. Spätere Eigentümer sind 1750 Witwe Schlinger, die den Landreuter Thieme heiratet (KAM, Mi, B 103 c,9 alt; C 217,22a alt; C 604); 1738/40 Erben Henrich Klothacken, 1743 Schlinger; 1750 Wein-Visierer Thieme; 1755/66 Witwe Thiemen, Haus für 80 Rthl; 1781 Witwe Thiemann, Haus für 100 Rthl; 1798 Frederking; 1802/04 Maschmeier, hat als Mieter Witwe Schauen und Gärtner Opitz, Haus für 800 Rthl, ohne Braurecht, hält kein Vieh; 1806 Branntweinbrenner Wilhelm Maschmeyer, 1818 Maschmeier, Haus für 800 Thl; 1832 Böttcher Lebrecht Dacke; 1837/53 Kaufmann Schulze, Mieter ist 1846 Böttcher Karl Jäger; 1853 das Erdgeschoß wird als Lager genutzt; 1862 Verkauf von Deps an den Schlosser Heimann; 1873 Schlosser Niehus; 1878 Querl; 1907/10 Mechaniker Adolf Querl.

Haus (bis etwa 1835)

Das Haus scheint um 1655 wegen der aufgenommenen Gelder erneuert worden zu sein. 1731 fällt es dem Eigentümer *schwer genug, das Wohnhaus im Stande zu erhalten, welches noch eine ziemliche Reparation nöthig hätte. Es steht bis in die zweite Etage in festen Brandmauern.* 1736 ist das Wohnhaus im Bereich des Vordergiebels noch immer baufällig und bedarf einer dringenden Herstellung. Es hat nun schon über ein Jahr im Dache offen gestanden. Dazu sind etwa 300 Hangsteine und 300 Mauersteine erforderlich. Noch ist das Holzwerk in Ordnung, aber an besonderen Schäden wird bemerkt: der Giebel vorn ist noch nicht wieder mit Steinen behangen und nicht wieder ausgemauert. Die Dielen auf dem Dachboden sind schadhaft, z. T. auch weggebrochen. Bei einer Begutachtung durch den Zimmermeister Niemann und den Maurermeister Gabriel im Januar 1737 sind die Schäden dann behoben und es wird festgestellt, das Haus habe ein stabiles Fundament, die Dachdeckung mit Steinen und in Kalk gelegt sei in Ordnung und ein bis über das Dach geführter Schornstein vorhanden (KAM, Mi, C 832). Allerdings überstiegen die Kosten die Möglichkeiten des Eigentümers, der das Haus deswegen 1740 veräußern mußte.

Haus (von etwa 1835)

Das Haus wurde nach Eigentümerwechsel wohl um 1835 für den Kaufmann Schulze neu errichtet. Dreigeschossiges Giebelhaus aus verputztem Backsteinmauerwerk; Sockel, Sohlbänke der Fenster sowie das fein profilierte Gewände der Haustür einschließlich deren Überdachung aus Sandstein. Der Vordergiebel vierachsig gegliedert und durch Putz gestaltet, dabei die Fenster mit fein profilierten Faschen, die Geschosse durch feine Gesimse getrennt. Das Giebeldreieck mit einem starken Gesims abgesetzt, das sich in ähnlicher Form unter dem Dachansatz findet. Hier drei halbrunde Fenster.

Das ganze Haus unterkellert, Umfassungswände aus Bruchsteinen, Wölbung über Gurtbögen aus Backsteinen. Das Innere wird bestimmt durch einen durch das ganze Erdgeschoß führenden, mittleren Längsflur, der von tragenden Wänden begleitet wird. Nördlich davon vier breitere Wohnräume (in der Fassade mit zwei Fenstern), westlich eine Folge von Stube, Kammer, Treppenhaus und weiterem Raum.

1893 Entwässerung; 1906 Kanalisation; 1907 Einbau eines neuen Treppenhauses (Plan: O. Heurich), Kosten 1000 Mark. Dieses nun zweifach gewendelt und durch Etagentüren ergänzt, die in den oberen Teilen verglast wurden; 1908 Umbau des Ladengeschäftes (Plan: O. Heurich) zugleich wird der vordere Hausflur mit Lambris ausgeschlagen und die Decke mit Holz verkleidet; 1909 Neubau eines Schornsteins; 1998 Sanierung.

Hinter- oder Brauhaus (bis um 1730)

1731 wird berichtet, daß das Hinterhaus, vormals zum Brauen genutzt, steinerne Umfassungswände gehabt hätte, aber nun ganz abgebrochen worden sei und die Materialien schon größtenteils verkauft seien. Es war dem Einsturz nahe, und der Eigentümer hatte kein Geld zur Reparatur.

Um 1900 bestand als unmittelbarer Anbau an den Rückgiebel auf der südlichen Seite des Hofplatzes ein Wirtschaftsgebäude aus Fachwerk.

RITTERSTRASSE 16 (Abb. 1365–1366)

1729 bis 1743 Martini-Kirchgeld Nr. 337 und 338; bis 1878 Haus-Nr. 424–425 (das Gebäude auch unter der Adresse Trockenhof 2)

Rechteckige bürgerliche Hausstelle, die bis 1646 mit einem wohl größeren Haus bebaut war (möglicherweise handelte es sich bei dem bis 1960 erhaltenen Gebäude Trockenhof 4 um ein zugehöriges und massives Hinterhaus). Nach der Anlage der Straße Trockenhof im Jahre 1646 an der Stelle der

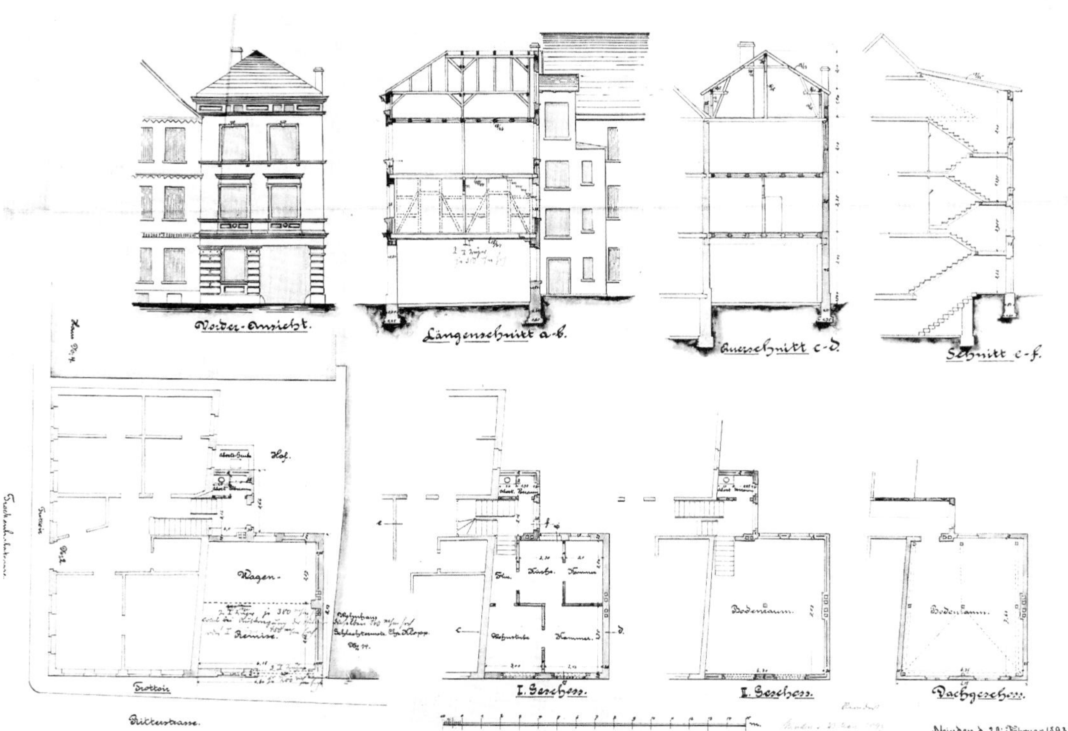

Abb. 1365 Ritterstraße 16, Bestandsplan und Bauplan zur Errichtung eines südlichen Anbaus, Maurermeister G. Sipp 1893.

nördlich anschließenden Hausstelle konnte das Grundstück anders bebaut werden, da es nun eine Erschließung entlang der nördlichen Längsseite erhielt. Schon im gleichen Jahr werden hier mehrere kleine Häuser beschrieben, womit offensichtlich eine Reihe von drei kleinen zum Trockenhof orientierten Mietshäusern gemeint ist (Ritterstraße 16, Trockenhof 2 sowie Trockenhof 4), wobei die beiden ersten wohl auf die Stelle des Vorderhauses gestellt wurden oder durch dessen Teilung entstanden. Nach einem Brand der ersten beiden Bauten wurde an ihrer Stelle 1832 ein großer Neubau auf beiden Hausstellen errichtet. Bei der südlich an die Bauten anschließenden Freifläche scheint es sich um die ehemalige Beifahrt des Hauses Ritterstraße 14 zu handeln. Heute sind alle Hausstellen in das Betriebsgelände des Druck- und Verlagshauses J. C. C. Bruns (siehe Obermarktstraße 26) einbezogen.

HAUS-NR. 424 (1729 bis 1743 Martini-Kirchgeld Nr. 337): 1537 Aver Johan Meysolle (hat Huderecht auf 2 Kühe); 1581 Johan Meysolle, dann Johann Topp; 1618 nimmt Harmen Fischer bei der städtischen Rentenkammer eine Obligation über 80 Thl auf, für die er jährlich 3 Rthl Zinsen zahlt. Nachgehende Schuldner sind: Gerdt Büttner, 1663 Ludwig Barlingshoff, 1674 Henrich Timmerkathe. 1685 wird das Kapital von Witwe Gerd Costede *auff Kamp* bezahlt.(KAM, Mi, B 151und B 151,4 alt). 1646 Meister Ludwig Bartlingshof (KAM, Mi, AI, Nr. 817; B 101); 1650/54 Johann Topp; 1663 Witwe Ludowig Berlinghoff: *Das Haus wehre gerichtlich gekauft für 800 Thl daraus noch schuldig* 40 Thl bei der Bartholomäus-Bruderschaft; 1675/79 Hinrich Timmerkahte; 1698/1711 Hinrich Timmerkahte, zahlt jährlich 3 ½ Thl Giebelschatz; 1729 Joh. Gerd Krüger (ehemals Joh. Henrich Ernsting); 1750 Gerd Kröger; 1755 Meister Rohde, 40 Rthl; 1766 Rohde, 100 Rthl; 1781 Witwe Rohde, 50 Rthl; 1798/1802 Tagelöhner Noas, Haus für 50 Rthl; 1804 Jochmus, Haus ohne Braurecht, hält 1 Jungvieh und 1 Schwein; 1805/18 Glaser Rudolf Jochmus, Haus für 500 Rthl; 1727 Schlosser Tanger, Haus für 750 Thl; 1832 Schlosser Conrad Fanger; 1846/53 Schneider Wilhelm Blumhard; 1873/78 Schneider Blumhardt; 1908 Buchdruckereibesitzer Gustav Bruns.

HAUS-NR. 425 (1729 bis 1743 Martini-Kirchgeld Nr. 338): 1537 Johan Averborch (hat Huderecht auf 4 Kühe); 1581 Tonnies Byse.

Abb. 1366 Rittterstraße 16 und 12 (rechts), Ansicht von Nordwesten, 2000.

1729 Ernsting; 1738/40 Joh. Henrich Ernsting (früher Grave); 1751/59 hat Andreas Ehrnsting eine Obliagtion über 120 Rthl beim Nikolai-Hospital auf seinem Haus auf der Ritterstraße am Trocken Hofe; 1774 Martin Petersen (KAM, Mi, B 103 b,2 alt; C 203,22 alt; C 604); 1750 Witwe Ernsting; 1755/66 Andreas Ehrensting, Haus für 200 Rthl; 1768 Witwe Ernsting, Haus ist im Siebenjährigen Krieg ruiniert worden (KAM, Mi, C 380); 1781 Tischler Petersen; 1802/04 Tischler Petersen und drei Mieter (insgesamt 14 Personen im Haus), Haus für 600 Rthl, ohne Braurecht, hält 1 Schwein; 1806 Tischler Christian Meyer, Erhöhung Versicherung auf 1 600 Rthl; 1809 Eigentümer ist von Toss; 1811 Tischlermeister Meyer; 1818 Tischler Meyer, Haus für 2 000 Thl, jetzt die Hausnummer in a und b unterschieden; 1831 Tischler Meyer; 1833 Meyer, jetzt 3 000 Thl; 1846 Mieter sind Marcus Edler und David Heilbronn; 1850 das Haus, vormals Meier, jetzt als jüdisches Schulhaus genutzt, wird versteigert (Fama); 1853 Steindruckerei von Moritz Burgheim (stirbt in diesem Jahr), hat auch zwei Mieter im Haus, von den Stuben ist eine als Schulstube genutzt; 1862 Witwe Johanne Burgheim, Steindruckerei (von Schroeder 1966, S. 49); 1873 Prorektor Dr. Dornheim; 1878 Dornheim; 1893 Gustav Bruns; 1906 Buchdruckereibesitzer Gustav Bruns.

Haus-Nr. 424 (1646–1831)

Das Haus, das unmittelbar an der Straßenecke gestanden haben muß, hatte nur eine kleine Grundfläche, brannte aber 1831 ab und wurde dann mit dem Nachbargebäude zusammen durch einen größeren Neubau ersetzt.

Haus-Nr. 425 (1646–1831)

1811 wird berichtet, der Besitzer *hat in den letzten Jahren für über 600 Rthl Ausbauten vornehmen lassen* (KAM, Mi, D 387). Offensichtlich wurde das Haus damit zu einem für mehrere Parteien eingerichteten Mietshaus. Am 18. 11. 1831 brannte das Haus nieder (KAM, Mi, E 129).

Wohnhaus Nr. 424/425 (von 1832)

1833 wird das vom Tischler Meyer errichtete Haus (KAM, Mi, F 955) als Neubau bezeichnet, der jetzt drei Etagen hoch sei (KAM, Mi, E 955). Das Gebäude in den unteren beiden Geschossen massiv, darüber aus verputztem Fachwerk und mit einem Krüppelwalmdach ist auf der ganzen Fläche mit Tonnen auf Gurtbögen unterkellert, wobei die Einteilung dem Erdgeschoßgrundriß folgt. Südlich an den Kernbau (unter dem Anbau von 1893) anschließend ein schmales Gewölbe aus Bruchstein, wohl als ehemalige Kloake anzusprechen.

Das Gebäude in seiner Längsfront zum Trockenhof axial aufgebaut und von sechs Fensterachsen, im Giebel zur Ritterstraße vier Fensterachsen. Das Innere mit einem breiten mittleren Querflur und seitlichen Wohnbereichen. Im rückwärtigen Bereich des Flures ein zweiläufiges Treppenhaus.

1893 Entwässerung. 1959 Umbau des ganzen Gebäudes und Einbezug in den Komplex des Verlagshauses Bruns. Dabei Entfernung der meisten Innenwände, Neuverputz der Fassaden und Einbau von Ganzglasfenstern (Plan: Hempel & Ibrügger).

1893 wird an der Stelle eines baufälligen südlichen Anbaus (über dessen weiteres Aussehen nichts bekannt ist) durch den Bauunternehmer Gustav Sipp ein dreigeschossiger massiver Neubau errichtet. Dieser Bau unter einem zur Straße angewalmten flachen Satteldach von zwei Fensterachsen erhielt eine reich stuckierte Fassade in Formen der Neorenaissance und nahm im Erdgeschoß eine Diele, in den beiden Obergeschossen jeweils eine kleine Wohnung auf. Zusammen mit dem Altbau wurde an der alten Stelle ein gemeinsames neues Treppenhaus mit Aborten errichtet. 1930 Umbau des Erdgeschosses zu einer Garage (Plan: R. Moelle & Sohn). 1959 die Stuckgliederung entfernt und neu verputzt.

RITTERSTRASSE 16/18

Bis ins 17. Jahrhundert bestand zwischen den Hausstätten Ritterstraße 16 und 18 eine weitere Hausstätte, die 1648 für den Bau der Straße Trockenhof eingezogen wurde. Sie gehörte dem Stift St. Martini und befand sich zuletzt im Besitz von Reinicke Aversberg (KAM, Mi, B 101). Das Haus scheint schon vor 1648 verfallen gewesen zu sein, so daß die als wüst bezeichnete Stelle 1648 für 200 Rthl durch die Stadt vom Stift erworben werden konnte. Die Hausstelle heute Trasse des Trockenhofes.

1537 Derik Hartog (hat Huderecht auf 4 Kühe); 1581 Daniel Frund (4 Kühe); 1648 Reinicke Aversberg.

RITTERSTRASSE 17 (Abb. 1360, 1364, 1367)

1729 bis 1743 Martini-Kirchgeld Nr. 328; bis 1878 Haus-Nr. 428; bis 1908 Ritterstraße 21

Kleine Hausstelle, die wohl im 15. Jahrhundert von St. Martini zur Pacht aus einem großen, dem Stift 1284 zugefallenen und danach in Gärten aufgeteilten Gelände eines weitläufigen Hofes ausparzelliert worden ist. Dabei das Haus zusammen mit den anschließenden Häusern auf einem zu etwa neun oder zehn kleineren Hausstätten aufgeteilten Gartenstreifen parallel zur Ritterstraße errichtet und nach Westen jeweils durch Teilflächen von zwei weiteren parallelen Gartenstreifen für Hofplatz und Wirtschaftsgebäude erweitert. Giebelhaus auf einer schmalen, auf ganzer Breite überbauten Parzelle, beidseitig nur vom Tropfenfall begleitet (nördlich um 1770 unmittelbar Brandwand von Ritterstraße 19 angeschlossen). Hinter dem Haus reichte das Grundstück ehemals bis zur Parzelle Videbullenstraße 7; heute hier aber nur ein kleiner Hofplatz, allseitig mit einer bruchsteinernen Umfassungsmauer umschlossen. In dieser nördlich ein sandsteinernes (heute vermauertes) breites Türgewände zum Hof Ritterstraße 19. Das Grundstück ist in seiner heutigen Ausdehnung sehr begrenzt durch den nach 1828 erfolgten Abverkauf der rückwärtigen Flächen zur Anlage eines großen, zum Haus Ritterstraße 19 gehörenden Gartens.

1537 Cord Söter; 1587 Cord Söter; 1598 Jaspar Schonebohm; 1675/79 Herman Meysolle, zahlt jährlich 3 Thl Giebelschatz; 1698/1711 Hermann Mesolle. Er hat 1710 eine Obligation über 20 Thl auf seinem Haus beim Nikolai-Hospital; 1729 Wittekate; 1738/40 Jobst Henrich Wittkate; 1750 Witwe Wittkate; 1751 Jobst Hinrich Witkate, 1759 Fuhrmann Arend Henrich Wittkate auf der Ritterstraße. Auf dem Haus eine Obligation von 10 Thl (KAM, Mi B 103 b,2 alt; C 203,22 alt; C 604); 1755/81 Wittkate, Haus für 150 Rthl; 1795 Branntweinbrenner Maschmeyer; 1802/04 (zusammen mit Ritterstraße 15) Maschmeyer, Haus für 800 Rthl, ohne Braurecht, hat hölzerne Handspritze, einen Brunnen, hält 3 Kühe, 1 Jungvieh und 4 Schweine; 1806/09 Maschmeyer Wohnhaus und Brennhaus; 1832 Böttcher Lebrecht Dacke; 1837 jetzt Schulze; 1846 Zollamtsassistent Hünecke; 1853 Bauschreiber Leps; 1873 Regierungssekretär Moisel; 1874/78 Tipper; 1908 Witwe Oskar Tipper; 1932 Elisabeth Veit.

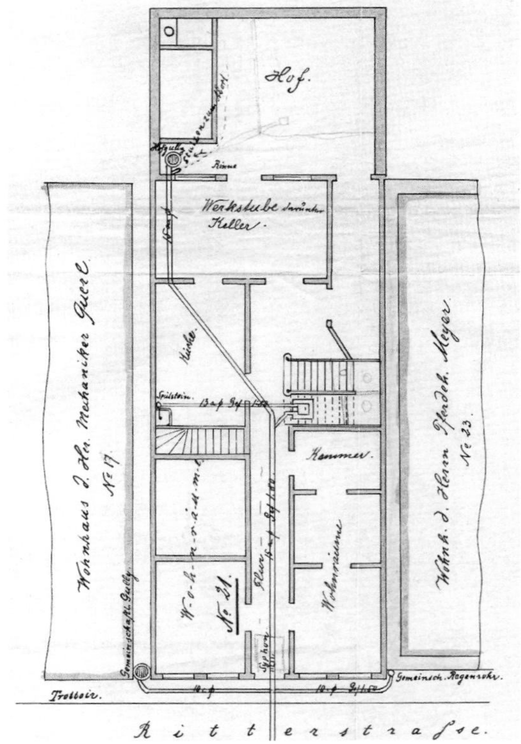

Abb. 1367 Ritterstraße 17, Grundriß aus der Entwässerungsakte von 1892.

Dielenhaus (17. Jahrhundert ?)

Giebelständiges Fachwerkhaus, in der heutigen Erscheinung auf ein älteres Giebelhaus aus Fachwerk zurückgehend, das wohl Anfang des 18. Jahrhunderts aufgestockt wurde und 1853 einen Umbau erhielt, bei dem man die hohe Diele im vorderen Bereich zweigeschossig durchbaute. Seitdem das Gebäude mit dreigeschossiger verputzter Fassade und Halbwalm, die durch gleichmäßige Fensterordnung gegliedert ist, in den beiden unteren Etagen fünfachsig, darüber drei Fensterachsen.

Der Kern des Hauses bildet ein wohl zunächst eingeschossiges Fachwerkgerüst mit hoher Diele, das auf Grund des bewohnten und verkleideten Zustandes momentan nicht näher zu analysieren ist. Das heute zweitverzimmerte Dachwerk könnte dieser Bauphase zugehören. Die sehr hohe Diele dürfte schon einen seitlichen Einbau (wohl auf der rechten Seite) besessen haben, doch hat sich davon auf Grund jüngerer Umbauten nichts erhalten. Vor dem rückwärtigen Giebel dürfte ein saalartiges Zimmer mit seitlichem Küchenflur (auf der Nordseite) bestanden haben, wie es noch die Kelleranlage widerspiegelt. Diese mit Bruchsteinwänden, die Balkendecke 1930 mit ausgemauerten Eisenträgern ersetzt. Die nördliche Traufwand heute durch den Anbau des Hauses Ritterstraße 19 völlig verstellt, jedoch wohl noch im Gerüst erhalten, die südliche Traufwand in Teilbereichen im 19. Jahrhundert in Backstein massiv erneuert.

Wohl in der Mitte des 18. Jahrhunderts wurde das Dach abgenommen und nach Aufsetzen eines relativ hohen zusätzlichen Fachwerkstockwerkes (das auf Grund der Höhe wohl Wohnzwecken diente) neu aus den alten Hölzern verzimmert, wobei die Giebel jeweils Halbwalme erhielten. Die Traufwände erkennbar aus Fachwerk mit einer Riegelkette, Backsteinausmauerung und langen Fußstreben an den Eckständern. Im Zuge dieses Aufstockung dürfte zur Abtragung der zusätzlichen Lasten auf der linken Seite der Diele ein Längsunterzug aus Nadelholz unter die Balkenlage (die jetzt als Geschoßbalken dienten) eingebaut worden sein, der wohl von zwei Säulen mit langen geraden Kopfbändern unterstützt wurde.

1853 wird das Gebäude einschneidend modernisiert, wobei man die Wirtschaftsdiele aufgab. Dazu wird in diesem Jahr vermerkt, *das Haus ist in Bau und neu* (KAM, Mi, E 134). Der sicherlich vorhandene alte seitliche Stubeneinbau wird abgebrochen und statt dessen ein neuer Innenausbau geschaffen. Er ist bis heute weitgehend erhalten, wenn auch viele Details wie Fenster, Türen und Treppengeländer erneuert sind, ferner ein Bad eingebaut wurde. Im Erdgeschoß wird die Raumstruktur durch einen mittleren Flur mit seitlichen Wohnräumen bestimmt, der das Treppenhaus im hinteren Drittel (vor der rückwärtigen Saalstube) erschließt. Die Räume der Zwischen- und Obergeschosse sind ohne Flur um diese Treppenanlage angeordnet. Das Dach wurde nicht ausgebaut.

1892 Entwässerung; 1910 Kanalisation; 1936 Erneuerung eines Schornsteines.

Stallgebäude (bis 1932)

1909 erweitert, 1932 abgebrochen.

RITTERSTRASSE 18 (Abb. 1368–1371)

1729 bis 1743 Martini-Kirchgeld Nr. 339; bis 1878 Haus-Nr. 429

Zu dieser hervorgehobenen Hausstelle offenbar ehemals die heutige Hausstelle Ritterstraße 20 (als Nebenhaus ?) zugehörig. Möglicherweise handelt es sich um eine erst um 1540 vom Stift St. Martini ausgegebene Hausstelle, so daß es sich bei dem bestehenden Gebäude um die Erstbebauung handeln würde. Erst seit dem Bau der Straße Trockenhof auf dem südlich anschließenden, vor 1646 wüst gefallenen Grundstück handelt es sich bei dieser seitdem recht schmalen Hausstelle um ein Eckgrundstück.

1537/81 Witwe Dove (hat Huderecht auf 4 Kühe). In einem Rechtsstreit zwischen Martini-Kapitel und Hans Stenowen, der 1664 wegen des baufälligen Pachthauses aufgenommen wird, verfolgt man die Besitzgeschichte bis in das 16. Jahrhundert zurück. Danach verpachtet das Martinikapitel 1591 dem *Canonici* Erico Reschenen und seiner Frau Annen Halstenberg ein Pachthaus, *so gelegen uff der Ridderstraße zwischen Johan Varnouwen undt unsers Hause so itzo die Grubenhagische umb die Heuer bewohnet.* Das Haus wurde vorher von der *Dovesche* bewohnt, die allerdings 36 Jahre lang die jährliche Gebühr von 2 gfl nicht gezahlt hätte. Außerdem habe sie *daß Hauß gantz undt gar verfallen laßen, das sie selbst daß Holtz am Wohnhauße, dörnsen schlafkammern Dhoren undt Bohden weggebrochen, undt verbrandt, den Keller ümbgraben und die Steine verkaufft, auch daß Echterhauß undt kleine Hauß im Hoffe gantz weggenommen, undt also durchaus zum Verderb undt desolat gemacht, derowegen dan gemelter Herr Erich undt seine mitbeschriebene sollen und wollen solch verfallenes Hauß, waßen des daßelbst noch vorhanden, in grundt daall nehmen, dasselbe innerhalb dreyer Jahren, mit zweien Brandmauern undt steinern gebells undt welfften Keller wiederumb außzubauen, mit daraußen Sahl, Schlaffkammern undt andre gemachern dermaßen aptiren, daß es ein wol erbawetes Hauß sein soll, weilen aber der Raum des Hauses fast enge, ist vorabscheidet undt nachgeben, daß die Brandtmauer soll in dem Hause darin die Grubenhagesche umb die heur wohnet ausgezogen, und also die gate so ohn daß an dieß Hauß gehörig, zu dem Raum genommen werden. Doch sollen Herr Erich und seine mitbeschriebene ein steinere Renne uf ihr unkosten ohn zuthuen eines Ehrwürdigen Capittels undt dessen Hauses zuhalten verbunden undt obligieret sein, undt dar daß andere Hauß auch künftig solle ausgeständert oder aber mit anderen Brandtmauren außgezogen werden, soll gedachtes Capittul die Balcken außen die Brandtmauren zu legen gemächtiget sein.* Die Bauherren sind allein für alle künftigen notwendigen Reparaturen zuständig und haben jährlich zu Michaelis einen Pachtzins von 2 gfl an das Martinikapitel zu zahlen. *Weilen in dem Hause die Brauwgerechtigkeit von vielen undencklichen Jahren gewesen und noch ist,* sind die neuen Besitzer verpflichtet, diese auf keinen Fall zu *alieniren, verkauffen noch vorkommen* [zu] *lassen.* 1595 wird erneut vermerkt, daß das Martini-Kapitel eine *Hausstehe* verkaufte, *darauf ein altes verfallenes Haus stehet . auf der Ritter Strate gelegen zwischen Johan Varnauw und unserem Haus worinnen Reinke Averberg vor die Heuwer wohnet* als *frey Erb und Eigenthömlich und ohne alle Ansprache für 100 Reichs Thall an den Cannonico Erich Raschen.* Danach das Haus um 1555 an die Witwe Dove verpachtet, um 1590 vermietet an die Witwe Grubenhagen; seit 1591 Erico Reschenen in der Ritterstraße zwischen Johan Vornow

Abb. 1368 Ritterstraße 18 (rechts) mit Einmündung des Trockenhofes, nach links anschließend Nr. 20 bis 24, Ansicht von Südwesten, 1993.

und dem des Fr. Grubenhagen (STA MS, St. Martini, Regesten 715); 1665 ist Hans Stenow Besitzer des Hauses, der einen Prozeß mit dem Martini-Kapitel um die Freiheiten des Hauses führt (STA MS, St. Martini, Akten 162, fehlerhaft auch bei Dove 1943). 1648 Pachthaus vom Martini-Stift, gehörte 1646 dem verstorbenen Johann Korff, Bewohner ist Hans Steinow (KAM, Mi, A I, Nr. 817 und B 101); 1649 kauft *Johan Steinnow auff der Ritterstraße* von den Erben Wentorp *den platz oder hausstette auff der hohen straßen allernegst bei Johan Könemans Seeligen Hause* (Hohe Straße 1) *belegen* (KAM, Mi, B 67,25 alt), doch wird der Verkauf unter Rückzahlung des Kaufgeldes von 55 Thl 1651 wieder annuliert (KAM, Mi, B 275 alt). 1663 Hans Steinow (besitzt auch ein Haus im Greisenbruch und eine wüste zu St. Martini gehörende Hausstätte in der Pöttcherstraße); 1675 M. Rudolph Stenauw; 1676 Mons. Steynaube; 1677 Mons. Rudolff Steinow; 1678 Rudoll Steinow; 1698 Lieutenant Münter in Steinows Haus, zahlt jährlich 4 Thl Giebelschatz; 1703 Johan Hermann Klothacke, vorher Steinow; 1711 Johan Hermann Klothake; 1738 Tielen (früher Joh. Herm. Klothackens Haus); 1740 Kriegskommissar Gavron; 1743 ohne Eintrag (Haus ohne Landbesitz); 1750 Herr Comm. Gawron; 1755 Acciseinspektor Gawaron, Haus für 400 Rthl; 1766 Major von Eckersberg; 1772 und 1776 bietet der Obristleutnant von Eckartsberg das Haus zum Kauf an, mit Brau- und Huderecht; 1781 Obrist von Pomiana; 1798 Hauptmann von Beust; 1802/04 Kapitän von Beust, Haus für 1 000 Rthl und Scheune, hat Brunnen, kein Braurecht, kein Vieh; 1806 Branntweinbrenner Gottlieb Lohmeyer, Wohnhaus und Brennhaus; 1818 Lohmeyer, Wohnhaus 1 600 Thl und Scheune 200 Thl. Er hat im ersten Geschoß mit Stube und Kammer und im Dach mit drei Stuben, Kammer und Küche an zwei Offiziere vermietet (von Bergmann-Korn 1987, S. 119); 1836 Lohmeyer; 1846 Pensionär Gottfried Bennie und drei weitere Parteien (insgesamt 18 Personen); 1853 Wirt Rodenberg, vermietet an Inspektor Kalame und Gerichtssekretär Laufkötter; 1873/78 Gastwirt Thiele; 1891 Kaufmann Wischmeyer; 1893/96 Wirt Albert Ludewig, 1896/98 Wirt Ferdinand Bohnenberg; 1898/1900 Wirt Philipp Thiele; 1900/10 Ferdinand Bohnenberg; 1906/08 Wirt Wilhelm Kalde; 1927/30 Gastwirt Heinrich Pielsticker; 1936 Arthur Berg; 1955 Konkurs der Firma Berg und Veräußerung der Baugruppe in Teilen (den Saal erwirbt die Firma Bruns, siehe Obermarktstraße 26); 1978 Richter.

Abb. 1369 Ritterstraße 18, rückwärtige Ansicht vom Trockenhof, 1993.

Dielenhaus (von 1592/94)

Eines der größten erhaltenen steinernen Bürgerhäuser Mindens, auf Grund bautechnischer Hinweise offensichtlich ein weitgehender Neubau aus dem späten 16. Jahrhundert. Es dürfte sich daher um den Bau handeln, der in der Verkaufsurkunde des Martini-Stiftes mit dem Käufer 1591 vereinbart wurde. Von einem Vorgänger stammt möglicherweise der vordere Bereich der nördlichen Erdgeschoßwand, da sie aus der Flucht tritt, ebenso evtuell der Gewölbekeller. Alle Umfassungswände aus Backstein mit inneren Entlastungsbögen, dabei zwischen dem hohen Untergeschoß und dem Obergeschoß eine Reduzierung der Wandstärke, ferner hier eine engere Bogenstellung. Geschoßbalkenlage und Dachbalken aus äußerst stark dimensionierten Eichenbalken. Die ursprüngliche Gestalt auf Grund eines starken, mit äußerem Verputz verbundenen Umbaus des Hauses im 18. Jahrhundert und mehrerer innerer Umbauten mit weitgehender Verkleidung der historischen Substanz momentan nur im Grundsätzlichen zu erfassen, aber offenbar ist die ursprüngliche Substanz noch weitgehend vorhanden.

Der Grundriß des Hauses wird durch die ungewöhnlich schmale und lange Form des Hauses auf einer Grundfläche von 6,90 x 26 m geprägt, zeigt aber dennoch die zeittypischen Merkmale. Das

Abb. 1370 Ritterstraße 18, nördliche Traufwand mit vermauertem, fünfbahnigem Fenster von 1592 zur Belichtung der Küche, Zustand 1995.

Erdgeschoß wird bestimmt durch eine vordere Diele (über einen hier möglicherweise vorhandenen Stubeneinbau momentan keine Hinweise zu gewinnen), rückwärtig ein eingestellter erhöhter Saal mit einem tonnengewölbten Keller aus Bruchstein darunter. Dieser mit Kieselsteinen gepflastert. Neben dem Saal auf der Nordseite ein Küchengang zum Hof, in den vom Keller zwei Fenster führen. Der davor liegende Küchenbereich in der linken Traufwand durch ein sehr großes, noch erhaltenes fünfbahniges Glasfenster mit Sandsteingewänden belichtet.

Über die ursprüngliche Gliederung des Obergeschosses sind keine Details bekannt.

Das Dreieck des Rückgiebels vom Dachwerk aus einsehbar und in eine enge Reihe von Bögen gegliedert (siehe Rückgiebel Simeonstraße 19), die in drei Etagen übereinander jeweils eine heute zumeist vermauerte Luke aufnahmen (unten 5, darüber 3, dann 1 Luke). Über dem Bau ein äußerst aufwendiges Dachwerk, bei dem die 18 Sparrenpaare (zwischen den backsteinernen Giebeldreiecken) mit jeweils zwei Kehlbalken einen Längsverband mit einem Unterzug aufweisen, der zwischen vier gleichmäßig verteilte Spitzsäulen gespannt ist. Weitere Aussteifung durch Kopfbänder unter den unteren Kehlbalken (durch Abwalmung des Vordergiebels dessen sicherlich ehemals vorhandenes steinernes Giebeldreieck, die vordere Spitzsäule des Dachwerks und dessen Längsunterzüge seit dem 18. Jahrhundert entfernt). Die Kehlbalken zum Teil zweitverwendet, das Holzwerk nicht geräuchert.

Die Sparren durch die ursprüngliche, erhaltene Dielung aus breiten Eichenbohlen in die Balken gezapft, die durch Nut und Feder miteinander verbunden sind.

Das Haus wurde im Laufe der Zeit in verschiedenen Umbauten in zahlreiche Zimmer aufgeteilt, wobei die Diele im Erdgeschoß in Fortführung des rückwärtigen seitlichen Küchenganges zu einem nördlichen breiten Flur zugebaut wurde, an den sich seitlich eine Raumfolge entlang der Straße Trockenhof anschloß. 1772 hat das Haus *zwei Stuben, drei schöne helle Kammern, eine Küche, einen schönen Keller, geräumigen Boden, Kuhstall, worin auch zwei Schweineställe.* Zugehörig Huderecht für vier Kühe (WMA 1772, S. 2). 1776 wird es wiederum beschrieben: *ist ganz massiv von Quadersteinen aufgeführet, darin nicht nur viele gute Zimmer, sondern wobei auch Stallung, Wagenremise, Blumengarten und Pumpe* (WMA 1776, Sp. 241).

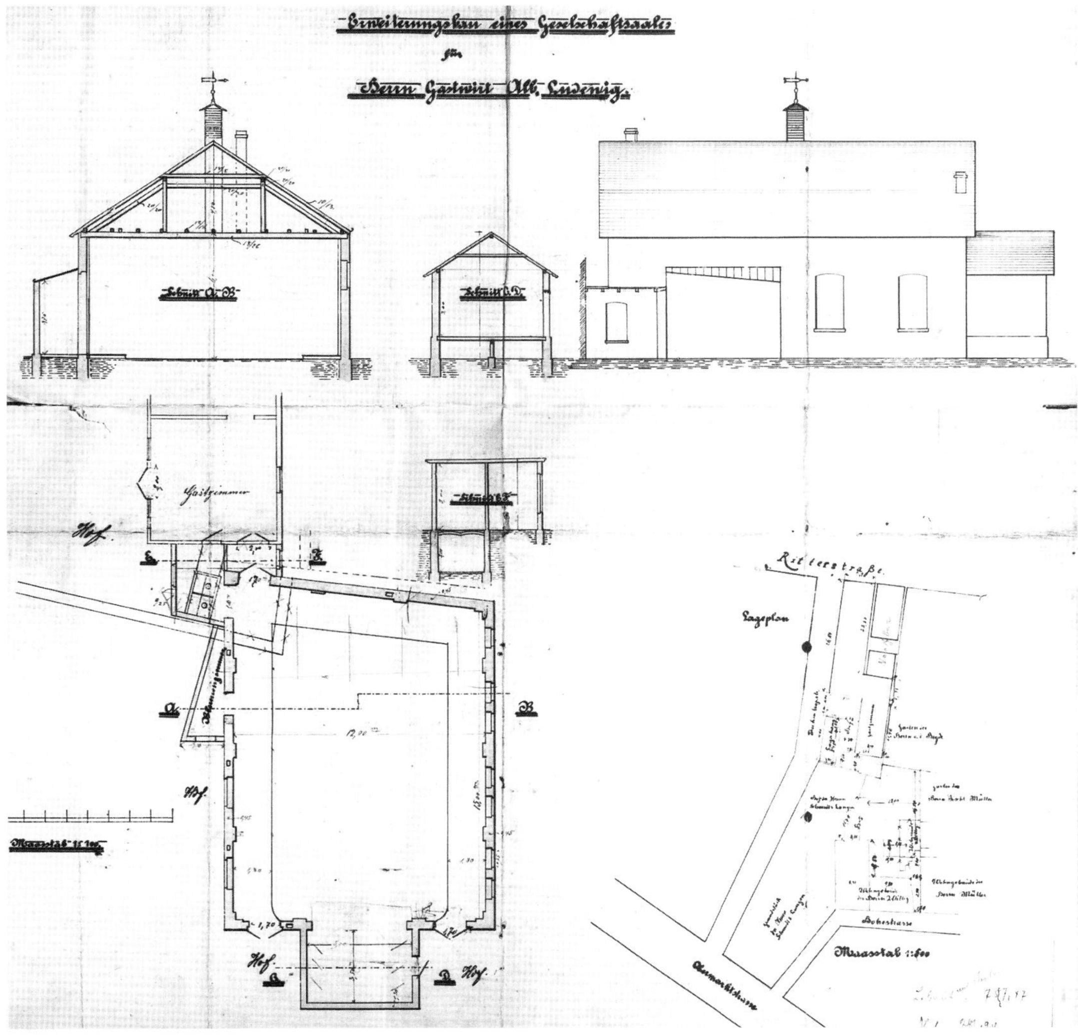

Abb. 1371 Ritterstraße 18, Bauplan zur Errichtung des Saalgebäudes (Trockenhof 3), Zimmermeister H. Scheidemann, 1893.

1891 Entwässerung; 1901 kleiner Brandschaden im vorderen Bereich der Gaststube, wonach hier Deckenbalken ausgewechselt werden müssen; 1906 und 1927 Kanalisation; 1936 Umbau der Gaststätte: Aufstellen von Leichtbauwänden, Veränderung der Fenster in diesem Bereich und Schaffung eines Eingangs an der südwestlichen Hausecke. Neuverputz (Plan: G. König); 1945 Umbau (Plan: H. Schwarze) und 1978 Umbau der Gaststätte, wobei im vorderen Hausbereich einige der im 19. Jahrhundert eingestellten Wände wieder entfernt wurden; 1984 in die Denkmalliste der Stadt Minden eingetragen.

Hinterhaus (bis 1910)(auch unter Trockenhof 1)

Zweigeschossiger Fachwerkbau mit Satteldach. Im Erdgeschoß Stallräume, das Obergeschoß in zahlreiche Räume seitlich eines mittleren Flures aufgeteilt. 1894 wird das Wirtschaftszimmer im Erdgeschoß unter Aufgabe der Ställe vergrößert, wobei man die nördliche Fachwerktraufwand massiv ersetzt. Im Dachwerk entsteht ein Sprengwerk (Entwurf und Ausführung der Holzarbeiten: Zimmermeister Scheidemann, Maurerarbeiten: Litzinger).

Hinterhaus (von 1910)

1910 als Neubau nach Plan von Chr. Heurich errichtet, wobei auch die ehemalige Fläche des rückwärtigen, zum Haus Ritterstraße 20 gehörenden Wirtschaftsgebäudes genutzt wurde. Zweigeschossiger verputzter Massivbau.

1912 Einbau eines Apparateraumes für das anschließende Kino im ehemaligen Saal; 1936 Umbau des Erdgeschosses zu drei Garagen sowie einem westlichen Clubzimmer (Plan: G. König); 1948 Einbau einer Notwohnung (Plan: Dessauer); 1949 Einbau einer Wurstküche und eines Verkaufsraumes für den Pächter Schlachtermeister Otto Kien; 1963 Einrichtung einer Räucherkammer; 1960 wird das Erdgeschoß, bisher als Versammlungsraum genutzt, zu einer Bar umgebaut.

Saal (von 1893) (auch unter Trockenhof 3)

1893/94 als »Versammlungslokal« durch den Bauunternehmer und Zimmermeister H. Scheidemann errichtet, allerdings im Folgenden auch für regelmäßige Tanzveranstaltungen und für Theateraufführungen genutzt. Eingeschossiger verputzter Backsteinbau mit schlichtem Satteldach, vor dem Ostgiebel ein kleiner rechteckiger Anbau unter eigenem Satteldach, eine kleine Bühne aufnehmend. Bei einer lichten Breite von 12 m und einer Länge von über 15 m wurde die flache verputzte Decke an dem hölzernen Dachwerk aufgehängt, das mit zwei stehenden Stühlen und einem darin eingebundenen Sprengwerk ausgesteift wurde. Mit seiner südöstlichen Ecke stieß der Saal unmittelbar an das Haus Hohe Straße 1 an. Nach einer Revision von 1902 ist der Saal bei einer Grundfläche von 187 qm für 375 Personen zugelassen.

1905 Ersatz der Gasbeleuchtung durch elektrische Beleuchtung; 1911 Verstärkung der durchgebogenen Deckenbalken und Einbau von Logierzimmern im Dach (Plan: Heurich). Der Saal wird im Folgenden als »Lichtspielvarieté« unter dem Namen »Central Biograph« genutzt, wofür 1912 der Anbau eines Apparateraumes für das »Kinografische Theater« nach Plänen des Baugewerkemeisters W. Jacobi erfolgt. Dieses Kino hat 178 Plätze. 1930 Umbau zu einem Lichtspieltheater mit 273 Plätzen (Plan: K. Eigenrauch/Hausberge, Pächter Kaufmann H.W.Schwartze/Aminghausen). Allerdings wurde das Schauburg-Lichtspieltheater schon nach kurzer Zeit 1932 wieder geschlossen. 1936 Umbau des Kinos zu einem Gebrauchtwagenausstellungsraum. 1955 ist der Saal von der Druckerei Bruns angemietet, die hier ein Papierlager untergebracht hat. Nachdem er von der Druckerei erworben werden konnte, plante man 1960 eine Erneuerung der Dachkonstruktion, die jedoch nicht ausgeführt wurde. 1966 wird auf einem neuen massiven Fundament eine Rotationsdruckmaschine aufgestellt.

1990 beim Abbruch der Häuser Hohe Straße 1 und 3 auch der Bühnenanbau des Saals entfernt.

2000 Abbruch und Planierung als Parkplatz.

RITTERSTRASSE 19 (Abb. 1360, 1372–1374)

1729 bis 1743 Martini-Kirchgeld Nr. 326 und 327, von 1771 bis 1878 Haus-Nr. 431/432, bis 1908 Ritterstraße 23

LITERATUR: Jahr 1929, S. 43, Abb. 69 und 80.

Unter der heutigen Hausnummer bestanden vor 1770 zwei unterschiedliche, eigenständig numerierte Hausstätten, die danach mit dem die ganze Fläche umfassenden, erhaltenen Gebäude überbaut wurden. Aber auch diese beiden Hausstellen sind durch Zusammenlegung von mehreren kleineren Hausstätten entstanden. Die hier sicherlich ehemals drei kleinen Hausstellen entlang der Ritterstraße sind wohl im 15. Jahrhundert von St. Martini zur Pacht aus einem großen, dem Stift 1284 zugefallenen und danach in Gärten aufgeteilten Gelände eines weitläufigen Hofes ausparzelliert worden (siehe Videbullenstraße). Dabei die Häuser in einer Reihe von etwa neun oder zehn kleineren Hausstätten auf einem Gartenstreifen parallel zur Ritterstraße errichtet und nach Westen jeweils durch Teilflächen von zwei weiteren parallelen Gartenstreifen für Hofplatz und Wirtschaftsgebäude erweitert. Auf der linken Hausstätte (Haus-Nr. 431) standen in der frühen Neuzeit zwei Gebäude, wohl Haus und Nebenhaus. Bei der heutigen recht großformatigen Hausstelle an der Ecke zur Videbullenstraße handelte es sich um ein rechteckiges, weit in den Block reichendes Grundstück, das um 1590 durch Zusammenlegung mehrerer dieser kleinen Grundstücke an der Ritterstraße, aber auch an der Videbullenstraße entstand und auf dem dann neben dem Haus mit Nebenhaus an der Ritterstraße auch noch rückwärts eine Scheune bzw. Brauhaus sowie zwei Mietshäuser errichtet wurden (siehe Videbullenstraße 1, 3 und 5). Diese Nebenbauten sind dann um 1750 wiederum von der nördlichen Hausstätte Ritterstraße 19 abgetrennt worden. Der entlang der Ritterstraße um 1770 fertiggestellte Neubau war über etwa 100 Jahre ein Zentrum des gesellschaftlichen Lebens der Stadt und mit der Geschichte zahlreicher bedeutender Mindener Personen verbunden, bis er von 1860 bis 1893 Mittelpunkt des bedeutenden Bauunternehmens Schütte wurde. Seit spätestens 1927 als Kindergarten eingerichtet.

Im 18. Jahrhundert ein erbzinspflichtiges Haus von St. Martini (STA MS, St. Martini, Akten 156), wofür jährlich 2 Mgr Pachtzins gezahlt wurden. Noch 1805 wird die Hausstätte zum Stift St. Martini lehnspflichtig bezeichnet.

HAUS-NR. 431 (linker Teil, bis 1771 bestehend – 1729 bis 1743 Martini-Kirchgeld Nr. 327): 1537 Johann Dove (hat Huderecht für 4 Kühe); 1598 verpachtet St. Martini dem Herman Schriver und seiner Frau Anna ein Haus in der Ritterstraße, zwischen Jasper Schonebooms und desselben Schrivers Haus, das bisher Reineke Schonebohm in Pacht hatte (STA MS, Minden St. Martini, Regesten 754). 1678 Witwe Heinrich Codstede (zahlt jährlich 3 ½ Thl Giebelschatz); 1698/1711 Johann Mathias Tellmann.

1663 kleines Nebenhaus von Hermann Schreiber; 1698/1703 Mieter ist Friedrich Meyer; 1709/11 Johann Henrich Schreibers kleines Haus; 1729/40 Witwe Tellmann; 1743 ohne Nennung (Haus ohne Landbesitz); 1750/55 Tellmanns Tochter, Haus für 60 Rthl; 1764 Kammerdirektor Bärensprung, Neubau, taxiert zu 900 Rthl (KAM, Mi, C 380).

HAUS-NR. 432 (rechter Teil, bis 1771 bestehend; 1729 bis 1743 Martini-Kirchgeld Nr. 326): Die Hausstätte ist im späten 16. Jahrhundert wohl durch Zusammenkauf mindestens vier kleiner Grundstücke an der Videbullenstraße entstanden:

1) Bude an der Ritterstraße: 1526 verpachtet St. Martini der Geseke, Witwe des Gerke von Leteln und ihren Kindern Albert, Rolf und Katharina zwei Buden mit Hof *vpp de Rydderstrate twyschenn saligen Arndt Rumpes boden vnd Hinrick Tabeken vnd Annen syner husfrowen huse*. Bisherige Pächter waren Heinrich und Anne, Schwager und Tochter der Geseke, Witwe des Gerke von Leteln (STA MS, Mscr. VII, 2701b, Bl. 34r–34v); 1556 Magnus Busemann; 1574 Albert Kemena; 1580 verpachtet St. Martini der Grete Bullen und ihren Vormündern ein Haus in der Ritterstraße zwischen Joh. Schonebaums und Georg Hartmanns Haus, das vorher der verstorbene Albert von Leteln inne hatte (STA MS, St. Martini, Urkunden 628).

2) Eckhaus an der Ritterstraße: 1488 verkaufen Werneke Bons und seine Frau Ilseke an St. Martini eine Rente *in vnsse huss myt alle syner tobehoringe, so dat beleghen ys vp der Ridderstrate vpp dem orde der Viteboledenstrate* (STA MS, St. Martini, Urkunden Nr. 258. – STA MS, Mscr. VII, 2711, Bl. 120r–120v. – Schlipköther 1990, S. 88); 1526 verpachtet St. Martini dem Heinrich Tabeke und seiner Frau Anne ein Haus *vp dem orde der Viteboldenstrate des de huss dor vthgeyt vpp de Ridderstrate*. Frühere Besitzer waren Geseke, Witwe des Gerke von Leteln und ihre Kinder Albert, Rolf und Katharina (STA MS, Mscr. VII, 2701b, Bl. 33r–33v. – Warnecke 1995, S. 472). 1527 ver-

kaufen Heinrich und Anne Tabeke an Alheid, Tochter des Cord Grotehencke d. Ä. eine Rente aus ihrem Haus *vp dem orde der Viteboldenstrate des de rechte hussdor vthgeyt vpp de Rydderstrate* (STA MS, Mscr. VII, 2701b, Bl. 33v–34r); 1556 verpachtet St. Martini an Arnd Bons und seine Frau Anna ein Haus *vp der Ridderstratenn twischen Magn[u]ses Busmans huse vnd vnseren canonicat hofe*, das zuvor der verstorbene Kanoniker Heinrich Buten (= Ritterstraße 21) bewohnt hatte (STA MS, Mscr. VII, 2701b, Bl. 82v–83v); vor 1574 Johann Trever; 1574 verpachtet St. Martini dem Georg Hartman und seiner Frau Anna ein Haus in der Ritterstraße zwischen dem des Kanonikers Franz von Waldeck (= Ritterstraße 21) und dem des Albert Kemena, nach Verzicht des Peter Talke und Frau Catharina (STA MS, St. Martini, Urkunden 594); 1592/97 Hermann Schreiber.

3) Parzelle an der Videbullenstraße: 1574/89 Heinrich Weterkamp; 1592 verpachtet St. Martini dem Herman Schriver und seiner Frau Anna ein Haus in der Ritterstraße zwischen dem Kanonikatshof, den Joh. Grone bewohnt (= Ritterstraße 21) und dem Haus des Reincke Karendriver *an der Vitebollenstraße*, nachdem Melchior von der Wick, Sekretär der Stadt Minden und Reinken Hartman mit Mutter verzichtet haben (STA MS, Minden St. Martini, Urkunden 722). Ab 1597 Hermann Schreiber.

4) 1568 Ernst Bodeker; 1580 Anna Abt, Witwe des Ernst Bodeker, danach Bernd Bunte; 1589 Hermann Sandmann; 1597 Caesarius von Halle; 1647 Hermann Schreiber.

1663 Hermann Schreiber. Besitzt ein Wohnhaus, ein kleines Nebenhaus und ein Brauhaus; 1675/78 Herman Schreiber; 1679 Bürgermeister Herman Schreiber, zahlt keinen Giebelschatz; 1698 Herr Bürgermeister Hermann Schreibers Haus (bewohnt von Dr. Becker), zahlt jährlich 4 Thl Giebelschatz; 1728 besteht der Besitz aus dem Wohnhaus, einem Brauhaus sowie zwei dahinter an der Videbullenstraße liegenden Häusern. Hinter dem Brauhaus (Beschreibung siehe Videbullenstraße 1) *zwei schöne grüne Höfe*, wovon der größere 45 Fuß lang und 40 Fuß breit, mit einer Hecke von Jasmin umgeben, beide mit einigen Apfel- und Pfirsichbäumen, ferner Weinstock und Blumenwerk; 1703/11 Johann Henrich Schreiber (hat auch die Buden Nr. 553 und 554 am Königswall); 1728 Witwe Henrich Schreiber, Besitz soll versteigert werden (WMA 1728, S. 29); 1729 Joh. Henrich Schreibers Wohnhaus; 1736 Schultze; 1743 ohne Eintrag (Haus ohne Landbesitz); 1738/40 Hofrat und Postrat Schultze; 1750/55 Schultzesches Haus, 600 Rthl; 1766 Kammerdirektor Baerensprung, Haus für 600 Rthl.

HAUS-NR. 431/432 (seit 1771): 1771 Kriegsrat Barensprung, der Neubau ist fertig (Nr. 431 neu für 200 Rthl, Nr. 432 neu für 2000 Rthl versichert); 1781 Kammerdirektorin Beerensprung, Haus für 2200 Rthl; 1776 wird der Witwe Kammerdirektor Baerensprung bescheinigt, daß sie für ihr auf der Ritterstraße vormals Johan Henrich Schreibers Haus je 15 Schilling, für die beiden dazugehörigen Nebenhäuser je 10 bzw. 3 Schilling bezahle (STA MS, St. Martini, Akten 144 c). 1792 soll der Kaufmann Benecke sen. den Besitz Ritterstraße 19 neu versichern. Benecke hat *das olim Schreibersche Haus* vom Oberfinanzrat von Bärensprung für 4500 Rthl gekauft. Nach Absprache des Martini-Stiftes mit dem Eigentümer soll *nach Abrechnung des Gartens vor dem Simeonis Thore und der Erweiterung des Hauptgebäudes dieses nebst den zwey Nebenhäusern auf 2000 RThl angeschlagen werden.* Ebenfalls 1792 erklärt der Regierungsrat von Wick, der das Haus von Benecke gekauft hat, den Wert des von ihm angekauften Hauses auf 1800 Rthl. zu senken, *weil dieses Haus mit einem Bürgerhause zusammen gezogen worden wäre, dessen besonderer Werth sich ohne große Schwierigkeiten nicht ausmitteln ließ* (STA MS, St. Martini, Akten 144 c); 1794/98 Regierungsrat von Wick, Haus ohne Braurecht; 1802 von Wick, Haus für 3000 Rthl; 1804 von Wick ist tot, Wohnhaus und Scheune, kein Braurecht, eigener Brunnen, hält kein Vieh; 1805 Nachlaß des kürzlich verstorbenen Regierungs-Rates von Wick soll versteigert werden (WMA 1805): Wohnhaus mit Hinterhaus, Stallung, Brunnen und Garten sowie Huderecht für 4 Kühe vor dem Königstor. Der Komplex wird von Geheimrat Daniel Heinrich Delius (1773–1832) erworben (war Kriegs- und Domänenrat bei der Regierung in Minden, 1816 Regierungspräsident in Trier und 1825 in Köln); 1809 Präfekt Delius und Mieter Fräulein von Pestel (als Mieter 1809–1816 auch Nicolaus Meyer, der dann den Komplex Obermarktstraße 24 erwarb. Siehe Nordsiek 1977, S. 265); 1815 Regierungsrat Delius; 1818 Regierungspräsident Delius in Trier, Wohnhaus 3000 Thl, Scheune 800 Thl; 1832 Arnold Schulze; 1836 Kaufmann Karl Stoy (* 21. 3. 1799); 1846/53 Kaufmann Arnold Schulze und Mieterin Konsistorialrätin Sasse und Pastorin Jacoby; 1860 Zimmermeister Friedrich Wilhelm Schütte; 1873/78 Zimmermeister Schütte; 1892 Verkauf von Ferdinand Schütte an Max Meyer; 1908/10 Pferdehändler Max Meyer; 1927/81 Kirchengemeinde St. Martini.

Nebenhaus (Haus-Nr. 431) bis 1770

1732 erklärt Witwe Tellmann, ihr Haus sei so baufällig, *daß vor kürtzen mein Hauß einige fach gantz herunter bis an die Erde gefallen, so daß ich nicht einmal Platz finde, da ich mich drucken hinbetten kan, dan mein Einquartierter Solldat, den besten ohrt, so noch im Haus zu finden, vor sich nun ausgenommen.* Sie bittet um Hilfe für den Wiederaufbau. Die Stadt gewährt ihr 1733 5 Rthl und drei Bäume aus dem Mindener Wald (KAM, Mi, C 832). 1764 wird das Gebäude als eingefallen beschrieben.

Haupthaus (Haus-Nr. 432) bis 1770

1728 befinden sich in dem Wohnhaus eine Stube, drei große Säle mit Kaminen. Ferner wird ein Wasch- und ein Rollhaus genannt. 1736 besteht bei dem Haus Einsturzgefahr (KAM, Mi, C 832).

Haus (von 1764/70)

Eingeschossiger, heute nicht mehr verputzter Baukomplex aus Fachwerk, der dreiflügelig um einen kleinen Innenhof konzipiert ist und in Ecklage zweier Straßen mit Vollwalmdach gestellt ist. Das für den Kriegsrat Bärensprung offensichtlich in zwei Abschnitten 1764 (linker Teil) und 1770

Abb. 1372 Ritterstraße 19, Ansicht von Nordosten, rechts Einmündung der Videbullenstraße, um 1930.

(rechter Teil) errichtete Gebäude steht über einem hohen Sockel, in den zwei Kelleranlagen integriert sind. Die beiden seitlichen Wände zur anschließenden Bebauung als Brandwände massiv, ansonsten als schlichte und für Verputz vorgesehene Fachwerkkonstruktion ausgeführt, mit Fußstreben an den Eckständern ausgesteift. In welchem Umfang Teile der Vorgängerbauten (wohl zumindest in den Kelleranlagen) wieder Verwendung fanden, ist heute nicht mehr feststellbar, da der Bau seit einem Umbau 1981 durch ein weitgehend erneuertes und verändertes Inneres bestimmt wird.

Offensichtlich gehören die beiden südlichen Fensterachsen zu dem schon 1764 errichteten Neubau des Nebenhauses. Dieses ein schmaler und langgezogener und sicherlich zunächst giebelständiger Baukörper mit massiver südlicher Traufwand. Im Inneren offenbar südlicher schmaler Flur in der ganzen Haustiefe, daran Raumfolge von vorderer Stube und rückwärtiger etwas erhöhter Saalkammer, darunter ein Gewölbekeller (nach Berichten aus Backsteinen, seit 1981 verschüttet). Dieser Bauteil im rückwärtigen Bereich (möglicherweise erst seit 1860) zweigeschossig und heute mit einem flachen Pultdach abgedeckt.

In einem zweiten Schritt 1770 Errichtung eines großen Neubaus nördlich davon, der aus einem breiten Baukörper entlang der Videbullenstraße (an Stelle und/oder unter Verwendung des Vorgängerhauses) und einem wenig tiefen Zwischenbau an der Ritterstraße besteht. Neubau, Zwischenbau und das wenig ältere Nebenhaus erhielten dabei eine einheitliche Fassade von neun Achsen mit mittiger Haustür und wurden unter einem Vollwalmdach zusammengezogen, so daß ein breitgelagerter und palaisartiger, zur Bauzeit höchst moderner und neuartiger Baukörper entstand, der sich zudem auf Grund der Ecklage mit zwei langen Schaufronten darbot. Die Fenster an der Hauptfront zur Ritterstraße jeweils in Zweiergruppen zusammengefaßt. Die gestalterische Wirkung noch dadurch

Abb. 1373 Ritterstraße 19, Grundriß des Erdgeschosses, Umzeichnung des Entwässerungsplans von 1893. Oben das Wirtschaftsgebäude Videbullenstraße 1.

unterstrichen, daß man den Bau mit einem neuartigen hohen Sockel versah (wodurch das Erdgeschoß angehoben wurde und die wohl älteren Keller unter dem Niveau verschwanden) und über eine kleine Vortreppe erschloß. Eine vergleichbare Fassadengestaltung wurde an der ebenso langen Wand zur Videbullenstraße vorgenommen. Weitere Gestaltungselemente, wie Putzgestaltung, Fenster und Haustür auf Grund späterer Veränderungen nicht mehr bekannt.

Nach Besitzwechsel 1860 scheint die Eingangssituation verändert worden zu sein. So wurde (sicherlich als Zeichen der nun hier ansässigen erfolgreichen Baufirma Schütte) eine zeitgenössische starke Rahmung mit korinthischen Pilastern, die ein flaches, aber hohes Gebälk tragen, aufgeputzt und eine neue zweiflügelige Haustür mit aufgeschraubten Rosetten aus Guß eingesetzt. Zugleich scheint die nach Süden anschließende Wand über zwei Fensterachsen massiv erneuert und auf den gesamten Fronten ein Quaderputz aufgetragen worden zu sein. Ebenfalls dürfte zu diesem Zeitpunkt der übergiebelte Dachausbau am westlichen Ende der Seitenfront zur Videbullenstraße erfolgt sein, um zusätzliche Wohnräume im bislang nicht ausgebauten Dachgeschoß zu schaffen. Zusätzlich wurden daher an dieser Front zwei Schleppgaupen aufgebracht.

Das Innere wird durch einen breiten Flur erschlossen, der bis zum Innenhof führt und zwei schmalere Seitenflure erschließt. Der südliche führt (bei Veränderung der dortigen vorderen Stube)

Abb. 1374 Ritterstraße 19, Spielhalle von 1927, Zustand 1995.

zum alten Flur des Nebenhauses, der nördliche entlang der südlichen Hoffront, so daß die entlang beider Straßenfronten gestaltete Folge aus recht gleich dimensionierten Zimmern jeweils auch indirekt erschlossen ist. Die Kelleranlage unter dem nördlichen Bauteil besteht aus drei Abschnitten: ein östlicher mit Balkendecke (heute in Beton erneuert), daran anschließend nach Westen zwei hintereinandergeschaltete Räume mit Tonnengewölbe (heute verputzt, das Material nicht zu erkennen).

1893 Entwässerung; am 29.12.1943 entstehen durch Bombentreffer erhebliche Druckschäden an Dach und Fenstern. Bei der Wiederherstellung scheint das Fachwerk der beiden Ansichten bis auf einen kleinen Abschnitt südlich der ebenfalls beibehaltenen Haustürsituation freigelegt und die Gefache weiß geputzt worden zu sein, so daß die Fassade heute in mehrere Abschnitt zerfällt und dem Bau bis heute ein wesentlicher Teil seiner gestalterischen Qualität genommen wird.

1981 Sanierung und Umbau des Komplexes für Zwecke des Kindergartens (Planung: Moelle). Dabei wird das Dachwerk einschließlich des Zwerchhauses auf der nördlichen Seite und der Dachbalken völlig neu verzimmert und zu Wohnzwecken ausgebaut, an der Ritterstraße werden vier Schleppgaupen aufgesetzt (Planung: Moelle & Thiele). Zugleich die Kelleranlage unter dem südlichen Flügel zugeschüttet und ein neues massives Treppenhaus nördlich der Haustür eingebaut. 1984 in die Denkmalliste der Stadt Minden eingetragen.

Werkstätte des Zimmermeisters Schütte (1860–um 1892)

1860 errichtet (KAM, Mi, F 1137), keine weiteren Hinweise auf Umfang und Abbruch bekannt, möglicherweise schon 1892 nach Besitzwechsel verschwunden.

Spielhalle im Garten (von 1927)

In der zugehörigen Gartenanlage hinter dem Haus wurde 1927 eine *offene Spielhalle* errichtet. Diese in späthistoristischen Formen aus Holz gearbeitet und aus einem flachen pappgedeckten Satteldach bestehend, das auf gedrechselten Säulen steht. Im Grundriß dabei die Rückseite apsidial mit einem Fünfachtelschluß versehen.

Abb. 1375 Ritterstraße 20, Ansicht von Südwesten, 1993.

RITTERSTRASSE 20 (Abb. 1368, 1375–1379)

1729 bis 1743 Martini-Kirchgeld Nr. 340; bis 1878 Haus-Nr. 430

LITERATUR: KRINS 1951, S. 90.

Schmale und recht kleine Parzelle, bis auf die Traufgassen auf ganzer Breite bebaut, ehemals wohl (als Nebenhaus ?) zum Grundstück Ritterstraße 18 gehörig. In beiden Traufgassen sandsteinerne Rinnen. Der kleine Hofplatz rückwärts bis um 1900 mit einem Wirtschaftsgebäude abgeschlossen (heute hier Erweiterungsbau zum Komplex Ritterstraße 18), seitlich südlich noch ein kleiner Holzstall des 19. Jahrhunderts erhalten (Aborte auf der nördlichen Seite verschwunden).

1537 Magnus Busmann (hat Huderecht für 2 Kühe); 1556 Magnus Bußmann (SCHLIPKÖTHER 1990, S. 89); 1581 Hermann Varenow (2 Kühe).

1675 Cordt Poleman; 1676/79 Witwe Cord Poleman; 1698/1711 Thöle Costede bzw. Tolle Kostede, zahlt jährlich 2 Thl Giebelschatz; 1729/40 Hans Henrich Wente; 1743 Witwe Wenthen, jetzt Korbach; 1750 Meister Korbach; 1755 Meister Kurbach, Haus für 200 Rthl; 1761 Schuster Remmert; 1766/98 Meister Remmert, 250 Rthl; 1802/04 Fr. Remmert 200 Rthl, kein Braurecht, hält 1 Jungvieh und 2 Schweine; 1818 Schuhmacher Remmer, Haus für 600 Thl; 1832 Armen St. Nikolai; 1836 Maurermeister Krah, erhöht von 600 auf 1 200 Thl; 1846 Schuster Heinrich Holsing; 1853 Schuhmacher Kleinschmied und Mieter Lehrer Pohlmeyer (Haus hat drei Schlafkammern unter dem Dach); 1873 Mieter ist Lehrer Ahrendt; 1878 Kleinschmidt; 1893 Fräulein Lina Kleinschmidt; 1908 Wirt Wilhelm Kalde; 1910 Ferdinand Bohnenberg; 1936 Wirtswitwe Marie Thiele, geb. Bohnenberg; 1942 Postinspektor G. Gagelmann; 1965 Stadt Minden.

Abb. 1376 Ritterstraße 20, Rückansicht von Nordosten, 1995.

Wohnhaus (von 1835)

Nach Abbruch des vom Armenhaus St. Nikolai erworbenen Altbaus errichtete Maurermeister Krah (KAM, Mi, F 955) einen kompletten Neubau, der (wie in zahlreichen vergleichbaren Fällen solcher von Handwerkern erbauten Häuser) nach Fertigstellung verkauft wurde. Dieser Neubau ist bis heute weitestgehend unverändert erhalten und daher ein wesentliches Zeugnis des bürgerlichen Wohnbaus Mindens in der ersten Hälfte des 19. Jahrhunderts und der hier tätigen Handwerkerschaft. Das Gebäude am Sturz der vorderen Haustür in einem Medaillon bezeichnet *No 430 HK 1835*, also mit Haus-Nummer, Kürzel des Erbauers (Maurermeister Heinrich Krah) und Baujahr.

Zweigeschossiges schmales Giebelhaus in geschlossener Bebauung mit backsteinernen Umfassungswänden. Nur die beiden dreiachsigen Giebel (mit Krüppelwalm) verputzt, das rückwärtige Giebeltrapez aus Sichtfachwerk. Sohlbänke der Fenster und die Türgewände in beiden Giebeln aus Sandstein. Das schon ursprünglich ausgebaute Dach mit Pfannen gedeckt, die Sparrenkonstruktion von 50 Grad mit einer Kehlbalkenlage zum Teil aus wiederverwendeten Eichensparren, zum Teil aus neuen Nadelholzsparren.

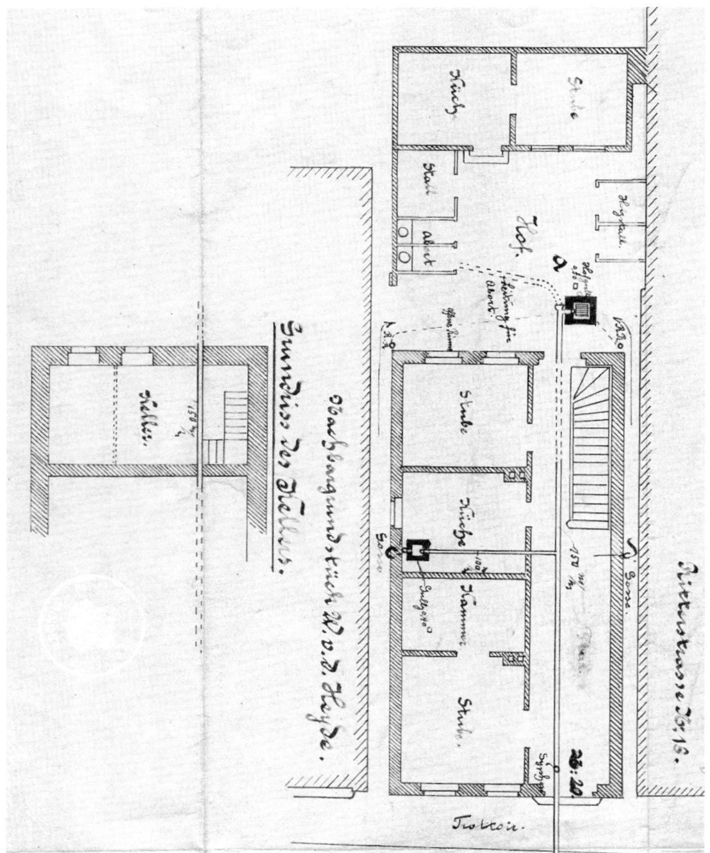

Abb. 1377 Ritterstraße 20, Plan zur Entwässerung des Grundstücks 1893.

Das Innere wird im Erdgeschoß bestimmt durch einen rechtsseitigen mit ca. 2,1 m Breite recht geräumigen und durch das ganze Haus laufenden Flur, der an beiden Enden recht breite Haustüren aufweist und daher wohl eine Befahrbarkeit des Hofplatzes mit kleinen Karren sicherstellen sollte. Das vordere zweiflügelige Türblatt (von außen neu aufgedoppelt) erhalten. Der Flur nimmt rückwärtig die einläufige Treppe auf, deren Geländer der Bauzeit mit durchgesteckten geradegestellten Stäben gestaltet ist. Linksseitig eine Folge von vier Räumen (Stube, Kammer, Küche und Stube), die alle durch zwei in den Wänden befindliche Schornsteine beheizbar sind. Das hintere Viertel des Hauses ist unterkellert und überdeckt mit einer flachen Backsteintonne. Im Obergeschoß und im Dachgeschoß jeweils ein vergleichbarer Grundriß, jedoch ist im vorderen Drittel der Flurbereich in einen größeren Wohnraum hinter dem Vordergiebel einbezogen.

Fast alle Türen im Haus aus der Bauzeit erhalten, ferner die Fenster im Obergeschoß des Rückgiebels. Ein Fenster im Obergeschoß der nördlichen Traufwand dürfte dem 18. Jahrhundert entstammen und wurde wieder verwendet. Im Dachgeschoß im östlichen Raum eine Tür, die noch aus dem Vorgängerbau stammen dürfte.

1893 Entwässerung; 1909 Kanalisation (wobei zwei Aborte auf dem Erdgeschoßflur abgeteilt werden).

Abb. 1378 Ritterstraße 20, Treppenanlage von 1835, Zustand 1995.

Abb. 1379 Ritterstraße 20, Türblatt im Erdgeschoß von 1835, Zustand 1995.

Wirtschaftsgebäude (bis 1910)

Nach dem Entwässerungsplan von 1893 diente das Gebäude zuletzt Wohnzwecken. Nachdem das Grundstück mit dem großen Nachbarkomplex Nr. 18 zusammengeschlossen wurde, entstand unter Einschluß dieses Geländes ein dorthin gehörender zweigeschossiger unterkellerter und unverputzter Backsteinbau mit Satteldach. Fensteröffnungen mit Segmentbögen (siehe unter Ritterstraße 18).

RITTERSTRASSE 21, *die Bruderwort* (Kurie des Martini-Stiftes), seit 1834 Bürgerschule (Abb. 1380–1387)

bis 1818 ohne Haus-Nr.; bis 1878 Haus-Nr. 434 b

PLAN: *Situationsplan von der zum Stifte St. Martini gehörenden Curie Nr. 434 B mit den dazu gehörigen Nebengebäuden, Garten und Hofraum.* M etwa 1:300, um 1820 (STA DT, D 73, Tit. 4 Nr. 9887) (Abb. 1380).

Das Gelände dürfte die südwestliche Ecke des dem Stift St. Marien im 11. Jahrhundert überwiesenen Geländes markieren. Allerdings wurde diese Fläche nach 1300 nicht zur Aufsiedlung für Stiftsherrenkurien genutzt, sondern wegen seiner zum Stift randlichen Lage von diesem vermietet (während das nördlich anschließende Gelände im östlichen Bereich als Wirtschaftshof eingerichtet wurde – siehe Alte Kirchstraße 1 – und im Westen den seit etwa 1238 dort anschließenden Domini-

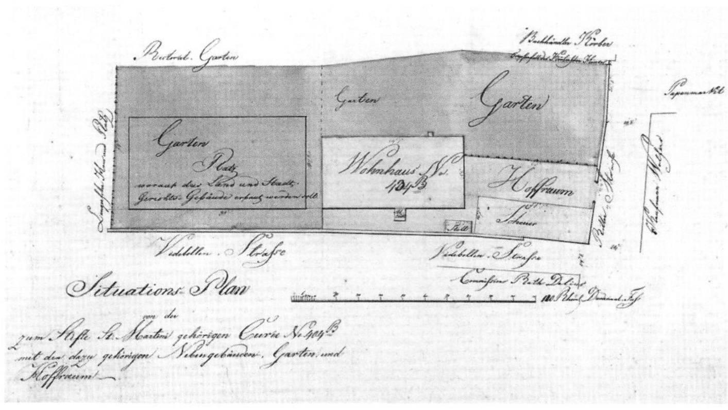

Abb. 1380 Ritterstraße 21, sogenannte Bruderwort: *Situations-Plan von der zum Stifte St. Martini gehörenden Curie No 404b*. Um 1820. Norden oben. Entlang der unteren Grundstücksgrenze die Videbullenstraße.

kanern übergeben wurde). Das hier wohl spätestens im 13. Jahrhundert ausgewiesene rechteckige Grundstück von erheblicher Breite reichte auf der Nordseite der Videbullenstraße tief in den Baublock hinein und wurde nach den archivalischen Nachrichten zeitweilig wohl auch dorthin orientiert. Es erhielt die zwischen dem 13. und 18. Jahrhundert belegte Bezeichnung *Bruderwort.* In der Neuzeit war es mit einer Mauer umgrenzt, wobei das Wohnhaus in der Mitte des Geländes und ein kleines Wirtschaftsgebäude in der südöstlichen Ecke an den beiden hier zusammengeführten Straßen standen. 1820 wurde im Westen des Geländes der Neubau eines *Land- und Stadtgerichts Gebäudes* geplant. Das Grundstück seit 1833 Schulzwecken dienend und seitdem wiederholt nach Norden, Westen und teilweise auch nach Osten erweitert. Das Schulhaus von 1834 erhebt sich im hinteren Grundstücksbereich auf querrechteckiger Grundfläche, die die gesamte Grundstücksbreite einnimmt, wobei Hauptfassade und Haupteingang auf die Ritterstraße ausgerichtet sind. Auf dem Hof markiert eine Allee die Eingangsachse. Die Turnhalle von 1875 entstand auf einer nordwestlichen Erweiterung des Schulgeländes (siehe Alte Kirchstraße 9). Nach Umzug des Gymnasiums (siehe Alte Kirchstraße 11) wurde nach 1880 auch dieses Gelände der Schule zugeschlagen und hier 1884 ein weiteres Schulhaus errichtet. Dieses liegt auf einer nördlichen Erweiterung des Geländes bis zur Alten Kirchstraße und ist dorthin ausgerichtet. Die Schulhofgrenze der seitdem getrennt geführten Knaben- und Mädchenschule verlief in Verlängerung der nördlichen Seitenwand des Mädchenschulhauses.

Bei einer Baustellenbeobachtung wurden in der südöstlichen Ecke des Geländes Fundamente des kleinen Wirtschaftsgebäudes angeschnitten (Teil I, Kap. I.3, Fundstellenkatalog, Fundstelle 93, Dokumentation R. Plöger/Museum Minden).

Vor 1357 wurde das St. Martini gehörende Grundstück gegen jährlichen Zins an die Dominikaner verpachtet. In diesem Jahr verpachtet das Stift dem Burkhard Hollenderbroke, Rektor der Heilig-Geist-Kapelle am Markt sowie Johannes de Birden, Rektor der Kapelle in Hahlen auf Lebenszeit *domum cum curia et area*, die die *fratres predicatores a nobis pro annuo censu habuerint que vulgariter dicitur der Brodereword in platea Vitebollenstrate sitas* (STA MS, St. Martini, Urkunden Nr. 153. – STA MS, Mscr. VII, 2711, Bl. 15r–16r).

1530/39 Wilken Klenke (?) (die Familie besaß zuvor einen Hof an der Tränkestraße 12, ab 1567 einen an der Brüderstraße 20). Er nutzt auch das an das Grundstück anschließende *achter husz* des Dominikanerklosters (Alte Kirchstraße links 11) als Stall und Brauhaus. Ab 1549 wird die Kapitels-Kurie (zuvor an den Kanoniker Heinrich Buten verpachtet), genannt *thor broderhues* auf Lebenszeit an Franz von Waldeck (danach an seinen Bruder Philipp) verpachtet. Sie liegt *vpp dem orde der Viteboldenstrate vnd twiscken der selben* [St. Martini] *vnde dem Cloester sancti Pauli, thor broderhues genanndt, gelegen* (STA MS, St. Martini, Urkunden Nr. 327. – STA MS, Mscr. VII, 2711,

Bl. 118v–119r). Franz von Waldeck war ein minderjähriger Sohn des Franz von Waldeck (* 1491), der ab 1530 Bischof von Minden, ab 1532 auch Bischof von Münster und Osnabrück war und am 16. 7. 1553 in Münster starb (zur Geschichte siehe Behr 1996, hier besonders S. 480–482), und dessen drei Söhne aus seiner Verbindung mit Anna Polmann aus Einbeck (starb 1557) nach der Wiederbesetzung des Stiftes St. Martini dort Kanonikerstellen erhielten: Franz (ab 1549, erhielt 1557 ein Vikariat, ist 1572 Senior des Kapitels und stirbt 1580), Philipp (ab 1549 im Stift, studiert 1564 in Marburg, ist 1580 Thesaurar von St. Martini, wohnt wohl in dem Thesaurarhof Ritterstraße 36 und ist bis 1601 erwähnt) und Barthold (1549 bis 1560 belegt, hat wohl in dieser Zeit das zum Dom gehörende Vikariatshaus Brüderstraße 20). Die Kurie *Broderhues* wohl bis zum Tode 1580 von Franz von Waldeck bewohnt. Sie besteht aus Haus und Hof mit Zubehör: *upp dem orde der Viteboldenstrate und twischken der selben unde dem Closter sancti Pauli ... gelegen* (STA MS, St. Martini, Urkunden 512 und 578. Siehe auch Schlipköther 1990, S. 88); 1580 Philipp von Waldeck, Thesaurar von St. Martini verkauft (um die von seinem verstorbenen Bruder Franz von Waldeck rückständigen Renten dem Johan Pretrens bezahlen zu können) eine Rente aus dem Haus in der Ritterstraße an Johan Grone, Amtmann zu Hausberge (Frau des Grone heißt Anna, sein Sohn Johann) aus seinen Präbenden-Einkünften, die leider schon größtenteils dem Abt von St. Simeon, Joh. Franke, verpfändet sind (STA MS, St. Martini, Urkunden 623); 1591 Georg Hartmanns Hof; 1592 Kanonikats-Hof, bewohnt von Joh. Grone; 1654 Herrn Ravens Hof.

Um 1780 *Regierungspronotarius Wiedekings Erbpachthaus* des St. Martini-Stiftes in der Videbullenstraße; 1805 Martini-Kurie des Kanonikus von Uhlemann, Wohnhaus 1 500 Rthl, Scheune 300 Rthl; 1806 Kanonikus von Pfuhl; 1812 Haus des Martinikapitels, verpachtet an Kanonikus von Pfuhl, vermietet an Pastor Beckhaus; 1818 Kanonikus von Pfahl, Wohnhaus für 1 500 Rthl, Scheune für 300 Rthl; 1819 von Phul, ist verpachtet an Witwe Kottenkamp; 1836 wird vermerkt, daß das Gebäude abgebrochen und auf dem Platze das evangelische Schulhaus erbaut worden sei.

Kuriengebäude (1549–1834) (Abb. 1380)

Die Gestalt des offensichtlich sehr aufwendigen und zweigeschossigen Kuriengebäudes ist nicht im Detail bekannt. Nach der um 1634 erstellten Vogelschau von Hollar, dem Lageplan von 1820 und dem Urkataster von 1828 ein zweigeschossiger, rechteckiger Bau mit steilem Satteldach, der seine Längswände nach Süden und Norden wies. 1549 gestatten die Kanoniker von St. Martini, daß ihr Mitbruder Franz von Waldeck das Haus wegen Baufälligkeit abbrechen und auf seine Kosten neu errichten dürfe. Dafür erhält er und nach seinem Tode auch sein Bruder freies Wohnrecht. Anlaß dieser Baumaßnahme dürfte die fehlende Bauunterhaltung des Gebäudes in den Jahren 1530 bis 1548 gewesen sein, als das kirchliche Eigentum von der Stadt Minden beschlagnahmt und verpachtet worden war; sie es schließlich aber wieder zurückgeben mußte. Nach dem Lageplan von etwa 1820 in der Mitte der südlichen Traufwand ein Abortvorbau. In der südöstlichen Ecke des Grundstückes (auf der Straßenecke) als Nebengebäude eine Scheune nicht näher bekannter Gestalt.

Das Gebäude 1833 für den Neubau der Bürgerschule abgebrochen (die Fundamente unter dem heutigen Schulhof erhalten).

Bürgerschule, später Knaben- und Mädchen-Mittelschule, dann Realschule (mit Alte Kirchstraße 9)

QUELLEN: Bauakte Alte Kirchstraße 9. – Hochbauamt der Stadt, Mappe 2204. – KAM, Mi, F 2239.

LITERATUR: Bürgerschule 1836. – 150 Jahre Bürger-, Mittel- und Realschule 1986. – Kerner 1961. – Leuttner 1913. – Schroeder 1893. – Verw.-Berichte der Stadt Minden 1873–1900.

Schon 1723 forderte der preußische König Friedrich Wilhelm I. die Einrichtung einer allgemeinen deutschen Schule in Minden, die an die Stelle der bestehenden evangelischen, von den Kirchengemeinden unterhaltenen *Parochialschulen* treten sollte; allerdings wurden erst 1772 die Schulen der lutherischen Gemeinden von St. Martini, St. Marien und St. Simeonis zu einer solchen Deutschen Schule vereinigt und im Waisenhaus (siehe Brüderstraße 16) untergebracht. Bereits 1806 folgte die Auflösung, als französische Truppen im Waisenhaus ein Militärlazarett einrichteten. Als Unterrichtsräume für die nun wieder eingerichteten Gemeindeschulen stellten die Küster ihre eigenen Wohnungen zur Verfügung. Die 1816 neu eingerichtete preußische Verwaltung inspizierte die Schulzimmer und stellte fest, daß unter Einbeziehung des Raumbedarfs für das Mobiliar jedem Kind nur 1 ½ Quadratfuß Fläche zur Verfügung standen. In einem Bericht über den Zustand der Elementarschulen verglich die Stadtverwaltung die Klassen mit *engen Dunsthöhlen ..., in welchen alle geistige Regsamkeit der Kinder erschlaffen, und sogar ihre Gesundheit gefährdet werden müsse.* Viele Eltern zogen die Konsequenz und vertrauten ihre Kinder kleinen Privatschulen, den *Winkelschulen* an. Die Lösung dieser unhaltbaren Zustände konnte nur in einem Umzug der Schule in größere, geeignete Räume bestehen. Das 1832 von den Militärbehörden geräumte Waisenhaus hielten die Verantwortlichen für ungeeignet, da Fachleute befürchteten, das Gebäude werde bei einer Entfernung von Innenwänden einstürzen. Darüber hinaus war aus verschiedenen Gründen die Vereinigung von insgesamt 1 000 Kindern der Bürgerschule und der Frei- und Armenschule, die nach längerer

Abb. 1381 Ritterstraße 21, ehemalige Bürgerschule I, Ansicht von Osten, links Videbullenstraße 1 bis 5, rechts Denkmal für Bürgermeister Kleine und die Hintergebäude von Ritterstraße 23. Lithographie von Sickert 1855/58.

Unterbrechung das Waisenhaus wieder bezog, unerwünscht. So wurde schließlich von städtischer Seite der Neubau eines Bürgerschulgebäudes beschlossen. Für die einschließlich Inventar 9800 Thl teure Errichtung stellte die Stadt den drei lutherischen Gemeinden und der reformierten Gemeinde St. Petri, die sich dem Vorhaben angeschlossen hatte, 5200 Thl zur Verfügung. Das Baugrundstück, das Gelände der ehemaligen *Pfuhlschen Kurie* an der Ritterstraße, war 1830 vom König der Stadt zum Bau einer Armenanstalt geschenkt worden. 2000 Thl wurden aus Mieteinnahmen für das Waisenhaus beigesteuert. Den Rest zahlten die drei lutherischen Gemeinden als Vorschuß, der aus Steuereinnahmen abgezahlt werden sollte. Der im Mai 1834 begonnene Neubau konnte am 5. 1. 1836 eingeweiht werden. Die für die gut 600 Kinder (1832) der Gemeindeschulen gebaute Einrichtung erfüllte zunächst die Funktion einer Elementarschule, war aber von Anfang an bereits auf die Weiterentwicklung zu einer Mittelschule ausgelegt. 1838 ordnete die Regierung den völligen Übergang der Schule und ihres Vermögens in die städtische Verwaltung an. Die Einzügigkeit mit zunächst acht Klassen für sieben Jahrgänge – der Abschlußjahrgang war in eine Mädchen- und Jungenklasse geteilt – wurde mit steigenden Schülerzahlen schrittweise in ein mehrzügiges System mit Geschlechtertrennung umgewandelt.

Dem steigenden Raumbedarf war das Gebäude nicht gewachsen, so daß Anfang der 1870er Jahre für zwei von zwölf Klassen Räume angemietet werden mußten. 1872/74 erfolgte die Umstellung auf einen Mittelschul-Lehrplan mit acht Jahrgängen und Unterricht in der französischen Sprache. Die offizielle Anerkennung als Mittelschule hing unter anderem von der Bereitstellung von Räumen für die nun insgesamt 16 Klassen ab. Der geplante Neubau eines Knabenschulhauses auf dem Gelände der alten Gymnasialgebäude verzögerte sich jedoch um Jahre, da die Pläne zur Errichtung eines neuen Gymnasiums wiederholt scheiterten. Darum behalf man sich damit, den Bau einer Turnhalle vorzuziehen und darin zunächst provisorisch vier Klassen einzurichten. Dort begann 1875 der Unterricht. Als im November 1880 das Gymnasium endlich seinen Neubau an der Immanuelstraße beziehen konnte, war der Weg für den Abbruch der alten Gymnasialbauten und den dortigen Bau eines neuen Knabenschulhauses frei. Am 15. 7. 1884 wurde der Neubau eingeweiht und von zwölf Knabenklassen bezogen. Das Gebäude von 1834 diente fortan als Mädchenschulhaus mit zunächst acht Klassen. Wenngleich der Lehrplan für Mittelschulen galt, war die Lehranstalt selbst Ende der 1880er Jahre offiziell noch keine Mittelschule. Aus Gründen, die mit der Lehrerbesoldung zusammenhingen, wurde die Einrichtung im gesetzlichen Sinne als *gehobene Schule* anerkannt, mit der Konsequenz, daß das Schulgeld gesenkt wurde und die Schülerzahl demzufolge auf 1100 anstieg. Die so entstandene Raumnot wurde erst durch einen sozialen Numerus Clausus wieder beseitigt, nachdem man sich 1892 zur Fortführung der Institution als voll ausgebaute und anerkannte Mittelschule mit entsprechend hohem Schulgeld entschieden hatte. Mit der offiziellen Anerkennung als Mittelschule fiel 1894 der Name *Bürgerschule* und ging auf die Volksschulen über. Als im frühen 20. Jahrhundert eine neunstufige Ausbildung eingeführt wurde, war eine

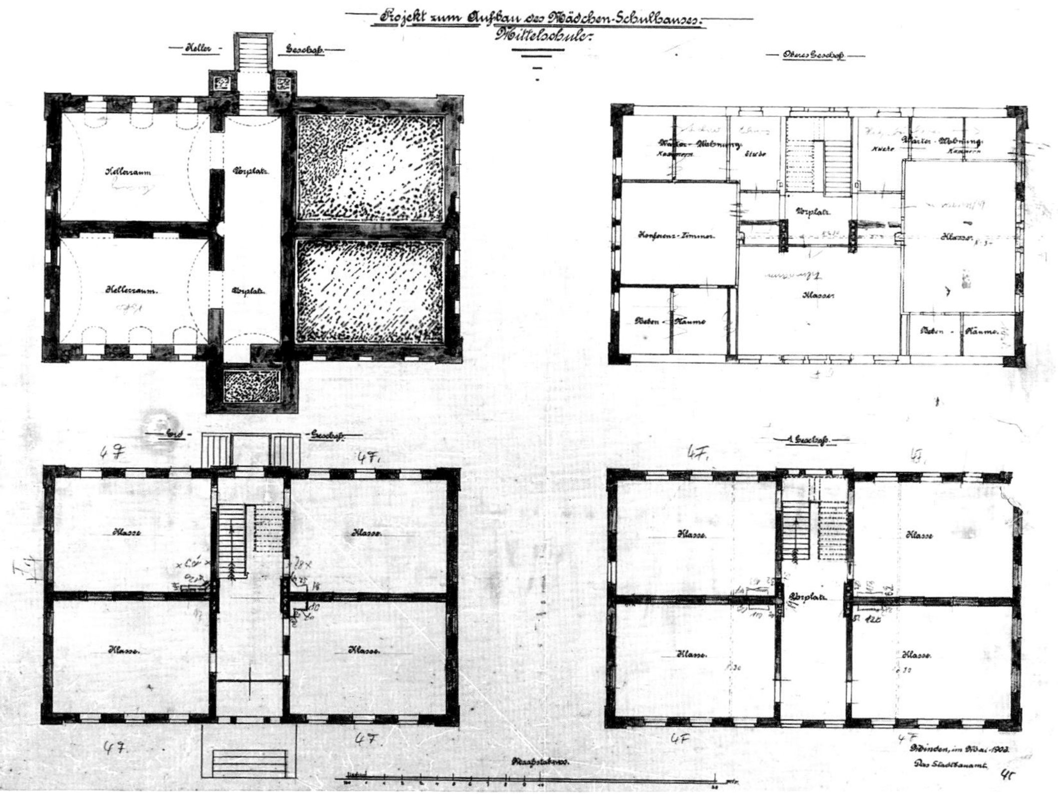

Abb. 1382 Ritterstraße 21, ehemalige Bürgerschule I, Grundrisse zum Umbau 1903.

Erweiterung der Gebäude unumgänglich. Anbauten an das Knabenschulhaus, am 2.12.1911 eingeweiht, lösten das Raumproblem und führten mit einem umfassend ausgestatteten Physikraum und einer Aula gleichzeitig zu einer Verbesserung der Inneneinrichtung. 1913 wurden Mädchen- und Jungenschule als vollausgestattete Mittelschulen anerkannt. Seinerzeit, im Schuljahr 1912/13, besuchten 578 Knaben in 16 Klassen und 314 Mädchen in 10 Klassen die Schule. 1951 bewirkte ein Ministererlaß die Umbenennung der Mittelschulen in Realschulen. Mit Beginn des Schuljahres 1964 zog die Mädchenschule in einen Neubau am Königswall. Die 655 Jungen in 19 Klassen verblieben in den alten Gebäuden, die renoviert wurden. 1967 erhielt die Jungen-Realschule den Namen »Freiherr-von-Vincke-Schule«, 1978 wurde die Koedukation eingeführt. 1991 und 1994 zog die von Vincke-Schule in zwei Phasen um in die Zähringer-Allee. Ab 1991 Bezug des Schulhauses von 1884/1911 durch das Lehrerseminar für die Primarstufe und die Fernuniversität Hagen, ab 1994 Bezug des Schulhauses von 1834 durch die Erwachsenenbildungsstätte *Weserkolleg*.

Bürgerschulhaus Ritterstraße 21 (von 1834/35) (Abb. 1381–1383)

Zweigeschossiger, verputzter und traufenständiger Backsteinbau mit Satteldach auf einer Grundfläche von 23,61 x 14,87 m. Pläne aus der Zeit vor dem Umbau des frühen 20. Jahrhunderts fehlen mit Ausnahme eines Grundrisses, der Jahrzehnte nach dem Bau entstand. Der Originalzustand jedoch aus der noch vorhandenen Bausubstanz, den späteren Bauaufnahmen und der ältesten Ansicht, einer Lithographie von Sickert aus den Jahren 1855/58, zu erschließen: Das nach der Fertigstellung mit 8000 Thl versicherte Gebäude war auf acht Klassen und zwei Reserveklassen ausgelegt. Die Gestalt ergab sich aus einer symmetrischen Anordnung von vier Klassen pro Etage, die durch einen zentralen Flur mit vorderem und hinterem Eingang und zweiläufiger Treppe im hinteren Bereich erschlossen werden. Die Reserveklassen lagen an den beiden Giebelseiten des Dachgeschosses. Der Keller mit Außenmauern in Sand- sowie Innenwänden und Gewölbetonnen in Backstein umfaßt den Flur und die südliche Gebäudehälfte. Der Grundstein im Scheitel des nordwestlichen Gewölbes trägt die Inschrift *Erbaut 1834, den 5. Juli.* Das Datum bezeichnet wahrscheinlich den Zeitpunkt der Grundsteinlegung. Die 9,03 x 6,63 m großen und 3,65 m (Erdgeschoß) bzw. 3,80 m (Obergeschoß) hohen Klassenräume erhielten jeweils von drei Fenstern an der Trauf- und zwei Fenstern an der Giebelseite Licht. Die ca. 1,10 x 2,20 m großen Fensteröffnungen schufen etwa 0,23 qm Fensterfläche pro qm Raumfläche. Die Reihung der Fenster in gleichmäßigem Abstand ergab den Grundrhythmus der Fassade, in deutlichster Ausprägung sichtbar im Obergeschoß der Vorderfront, wo die Klassenfenster zusammen mit zwei Flurfenstern eine gleichmäßige, achtachsige Reihe erzeugten. Der portikusartige Haupteingang, der den repräsentativsten Teil der Fassade bildet, paßte sich dem strengen Rhythmus an. Die portikusartige Eingangsarchitektur tritt nicht vor die Flucht der Fassade. Sie nimmt die Breite des Flures ein und rahmt mit einem flachen Dreieckgiebel über einem Gebälk und vier Pfeilern die zweiflügelige Eingangstür sowie zwei schmalere seitliche Fensterfelder. Der Fries trägt die Inschrift *BÜRGER·SCHULE·1834.* Eingefaßt werden sämtliche vier Fassaden von einer Blendarchitektur aus kräftigen Kolossal-Eckpilastern, die ein umlaufendes Gebälk, bestehend aus einem Architrav mit drei Faszien und einem ausladenden Traufgesims tragen. An den Giebeln ist, mit Ausnahme der Pilasterzonen, die Auskragung des Gesimses geringer. Kubische Aufsätze oberhalb der Traufe bekrönen die Ecken. Wie die Binnengliederung der Fassade im einzelnen aussah, läßt sich, da später zusätzliche Fenster eingebaut wurden und nur die ungenaue Lithographie von Sickert den Zustand vor dieser Veränderung dokumentiert, nicht mit Sicherheit sagen. Das Sohlbankgesims des Obergeschosses war laut Sickerts Darstellung vorhanden. Ob das Geschoßgesims und das Sohlbankgesims des Parterres dem Originalzustand entsprechen, ist dagegen unklar. Das gleiche gilt für die Fenstereinfassung durch ein schlankes Profil mit Ohren. Über die Gliederung der Seitenfassaden kann wegen der späteren Zumauerung von Fenstern und des Ausbaues des Dachgeschosses nicht viel gesagt werden. Sie sind heute innerhalb der rahmenden Blendarchitektur bis auf Blendfenster in der Südfassade, die der ursprünglichen Aufteilung entsprechen, ungegliedert. Das Giebelgesims springt nur wenig vor. Die Rückseite entspricht in ihrem Aufbau weitgehend der vorderen Fassade. Abweichend gestaltet ist der Treppenhausbereich, indem die Wand hier um einige Zentimeter vorspringt und Fenster und Türen eine andere Aufteilung besitzen. Die Schulglocke hing in einem zentralen Dachreiter mit polygonalem Grundriß.

Wohl 1903 (Baupläne Mai 1903 datiert) erfolgte nach Entwurf des Stadtbauamtes die Aufstockung um ein etwa 10,50 m breites Zwerchhaus im Bereich der vier mittleren Fensterachsen an beiden Traufseiten sowie eine Änderung der Fensterfronten und Zumauerung der seitlichen Klassenfenster in den beiden Vollgeschossen. Das Zwerchhaus erhebt sich mit flachem Dreieckgiebel über einem Gebälk, das auf Eckpilastern ruht. Seine siebenteilige Front besitzt Fenster in den drei mittleren und beiden äußeren Feldern, die den gleichartigen Fenstern der übrigen Geschosse axial zugeordnet sind. Ein Rundfenster ziert den Giebel. In den beiden unteren Geschossen traten an die Stelle von vordem drei Fenstern pro Klasse vier, indem das mittlere Fenster durch zwei Fenster ersetzt wurde und die Zwischenpfeiler schmaler wurden. Die bei Sickert gezeichneten seitlichen Pilaster des flachen Portikus wurden anscheinend durch das oben ausgekröpfte Faschenprofil des glatten Türgewändes ersetzt. Die neoklassizistische Gestaltung paßte sich dem Klassizismus des Ursprungsbaues an. Im Treppenhaus lassen Eisenträger mit aufgesetzten Blechrosetten und Blechstufen mit floral gestalteter Lochung darauf schließen, daß die gegenläufige Treppe der Umbauphase

Abb. 1383 Ritterstraße 21, ehemalige Bürgerschule I, Ansicht von Osten nach der Aufstockung von 1903, Zustand um 1915.

nach der Jahrhundertwende zuzurechnen ist. Älter sind möglicherweise einige Türen im Dachgeschoß mit vergleichsweise breiten, mehrfach profilierten Rahmen. Anfang/Mitte 1960er Jahre erfolgte eine umfangreiche Renovierung im Inneren. 1981 Sanierung der Fassaden; 1989 Neueindeckung, wobei durch das WAfD rote Ziegel gefordert werden.

Einfriedung (Abb. 1381, 1383, 1392)

Die Einfriedung des östlich des Schulgebäudes gelegenen Hofes mit einem schmiedeeisernen massiven Gitter auf Sandsteinsockel und mit Sandsteinpfeilern ist mit Ausnahme des Torbereichs bereits auf der Lithographie der Schule von Sickert (1855/58) zu sehen und dürfte daher zugleich mit der Schule entstanden sein. In der Mitte der Front zur Ritterstraße ein zentrales Tor, flankiert von zwei kleineren seitlichen Eingängen. Die Anlage gehört zu den aufwendigsten und frühesten erhaltenen Einfriedungen der Stadt.

Auf dem Hof wurde 1854 nordöstlich vor dem Schulhaus ein Denkmal für Bürgermeister Kleine errichtet (siehe hierzu Teil I, Kap. V).

Abortgebäude (1834–1911/12)

Nordwestlich hinter dem Schulhaus von 1834 als in der Gestalt nicht bekannter eingeschossiger Bau über einer Grundfläche von ca. 8 x 7 m errichtet und mit einem Grubensystem ausgestattet.

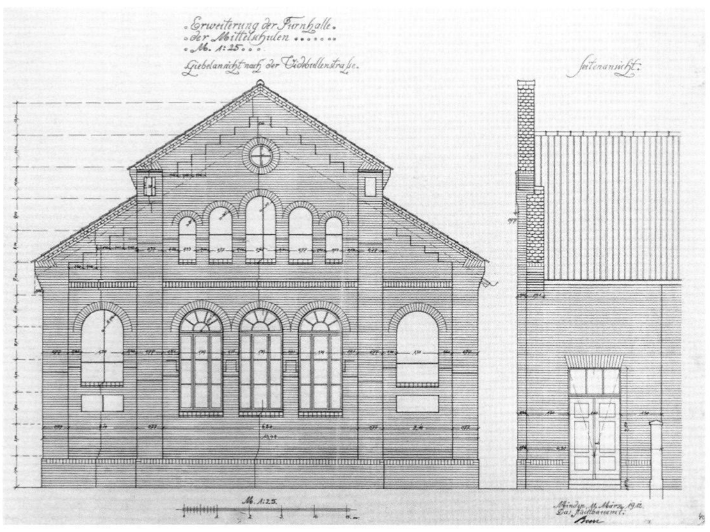

Abb. 1384 Ritterstraße 21, Turnhalle, Plan zur Erweiterung, Stadtbaumeister Burr, 1912.

Abortgebäude (1911/12–nach 1945)

Eingeschossiger, verputzter Anbau an die nördliche Giebelseite des Schulhauses von 1834; nach Entwurf des Stadtbauamtes unter Leitung von Stadtbaumeister Burr errichtet, genutzt als Toilette des benachbarten Knabenschulhauses, Breite 14,60 m, Tiefe 6 m. Neoklassizistische Pavillonform mit abgeschlepptem Walmdach; die zwei 5 m breiten Seitenrisalite mit flachem Dreieckgiebel über dem umlaufenden Traufgebälk, das auf Eckpilastern ruht. Zwischen den Risaliten flach gedeckte Loggia mit zwei eingestellten Säulen, drei Türen in der Loggia, jeweils eine in der Mitte der Risalite, kleine quadratische Fenster, Fledermausgaupe in der Mitte des Walmdaches.

Turnhalle (von 1874) (Abb. 1384)

Die erste in der Stadt errichtete Turnhalle wurde nach der Fertigstellung im Januar 1875 zunächst in vier Klassen aufgeteilt und erst seit 1884 ihrer eigentlichen Bestimmung als Sporteinrichtung zugeführt (schon 1847 ist allerdings ein »Winter-Turnlokal« im Keller des Ratsgymnasiums an der Alten Kirchstraße nachzuweisen).

Die Halle steht nordwestlich des Schulhauses von 1834 auf querrechteckiger Grundfläche. Der First verläuft parallel zu dem der Schule. Ihr Südgiebel liegt in einer Flucht mit der nördlichen Giebelwand des Schulhauses. Der traufständige Backsteinbau mit vorkragendem Satteldach umfaßte ursprünglich einen Innenraum von 15,50 x 11,80 x 5,76 m. Die Seitenwände waren fünfachsig mit vier Rechteckfenstern und Tür in der Mittelachse. Die Horizontalgliederung übernahmen schlanke, einfache Sockel-, Sohlbank- und Gurtgesimse in Backstein. Über dem Gurtgesims befand sich eine Attikazone mit Rundfenstern in jeder Achse. Die nördliche Giebelwand wurde von vier Fenstern durchbrochen. Die südliche war fensterlos, da sich hier das Abortgebäude anschloß. Ein zentraler Dachreiter mit rechteckigem Grundriß und Satteldach diente der Lüftung.

1912 die Turnhalle nach Süden um 3,70 m (Innenraum) bei gleichem Querschnitt verlängert. Die über das Dach erhöhte Giebelwand als Schaufront ausgebildet. Ihre fünfachsige Fassade besitzt einen dreiachsigen, risalitartigen Mittelteil, der durch seine leichte Erhöhung den Giebel zweistufig macht. Diese Anordnung täuscht einen basilikalen Querschnitt vor. Risalit- und Seitenfassaden werden gerahmt von Pfeilervorlagen und einem giebelbegleitenden Staffelfries. Im Erdgeschoß des

Risalitbereichs beleuchtete vor 1960 eine Dreiergruppe großer dreiteiliger Rundbogenfenster die Halle. Seitenflächen und Giebel wurden von rundbogigen Blendfenstern gegliedert. Die Größe der fünf Giebelfenster nahm von der Mitte zu den Seiten ab. Darüber war ein zentrales Rundfenster angeordnet. An der östlichen Traufseite des Anbaues befand sich ein zweiter Turnhalleneingang, damit die Halle sowohl vom Jungenschulhof, auf dessen Terrain der alte Eingang lag, als auch von dem durch eine Mauer abgetrennten Mädchenschulhof betreten werden konnte.

1960/61 Anbau von Turngeräteraum, Umkleideraum und Mädchenabort an die südliche Giebelwand der Turnhalle: Eingeschossiger Putzbau mit gering geneigtem Schleppdach. Ferner Anbau einer Knabentoilette an die östliche Traufseite der Turnhalle: Langgestreckter eingeschossiger Putzbau mit Flachdach und einem Band kleiner, fast quadratischer Fenster. Gleichzeitig Umgestaltung der hofseitigen Traufwand: Veränderung der Öffnungen durch Einbau eines Bandes von acht hochrechteckigen Fenstern im oberen Wandbereich sowie einer niedrigeren Tür, Putzfassade. 1973 Errichtung eines neuen Umkleide-, Dusch- und Toilettengebäudes im Bereich der Mädchentoilette von 1960/61 als eingeschossiger Putzbau mit gering geneigtem und mit Kunstschiefer gedecktem Pultdach.

Knabenschulhaus Alte Kirchstraße 9 (von 1883/84) (Abb. 1385–1387)

Das Gebäude entstand nördlich des seitdem als Mädchenschulhaus dienenden Schulhauses von 1834 auf längsrechteckiger Grundfläche an der Alten Kirchstraße auf dem Gelände der früheren Gymnasialbauten, nachdem diese nach Umzug der Gymnasialklassen in den Neubau an der Immanuelstraße im November 1880 abgebrochen werden konnten. Die Planungen durch die städtische Bauabteilung unter Stadtbaumeister H. Schneider. Dreigeschossiger, nur im hinteren Treppenhausbereich unterkellerter Backsteinbau mit Walmdach auf einer Grundfläche von 24,23 x 16,67 m. Die Gliederung des zwölfklassigen Gebäudes mit Rektor- und Konferenzzimmer entwickelt sich aus einem Grundriß mit zentralem Querflur und zwei dreifenstrigen Klassen an jeder Seite. Die vorderen, längs angeordneten Klassen sind zur Straßenfront ausgerichtet, die hinteren quer angeordnet und nach Seiten orientiert. Zwischen den hinteren Klassen gabelt sich der Flur in zwei Arme, die das zentrale Treppenhaus umfassen. Oberhalb des vorderen Eingangsbereiches liegt im ersten Stock das Rektor- und im zweiten das Konferenzzimmer. Die Grundfläche der 4 m hohen Klassen schwankt je nach Etage zwischen 9,21 m bzw. 9,33 x 6,50 m und 6,90 m vorne und 8,15 m bzw. 8,48 x 6,52 m bzw. 6,78 m hinten. Die Fensterfläche pro qm Raumfläche beträgt ungefähr 0,2. Der aufwendige, viel Raum in Anspruch nehmende Grundriß läßt sich nur im Hinblick auf eine spätere und wohl von Anfang an konzipierte Erweiterung erklären: Die auf allen Etagen bis zur rückwärtigen Außenwand reichenden Flure und die seitliche Beleuchtung der hinteren Klassen machten einen späteren Anbau rückwärtiger Flügel ohne Umbauten möglich. Eine Blendarchitektur aus Lisenen, Rahmen und einem Traufgebälk mit Konsolen aus Backsteinen mit normalem Format gibt am Außenbau die Dimensionen der einzelnen Komponenten wieder. Sie rahmt an der symmetrischen Straßenfront die Eingangsachse und die seitlichen Dreiergruppen der dreiteiligen Klassenfenster. Neben dem Traufgebälk bilden Gurtgesimse aus Sandstein horizontale Gliederungselemente. Den abgeschrägten Sandsteinsockel schließt ein ausladendes Wulstgesims ab. An den Seitenwänden zeigt die Blendarchitektur mit zwei unterschiedlich breiten Abschnitten die asymmetrische innere Aufteilung. Der vordere Abschnitt ist geschlossen, der hintere umfaßt die Fenstergruppe einer Klasse. Die sparsamer gestaltete Rückseite wird nur als Ganzes von der Blendarchitektur eingefaßt. Eine Binnengliederung fehlt. In der Mitte zeigen drei Fensterachsen die Lage des Treppenhauses mit seinen höhenversetzten Öffnungen und der beiden Flure mit den Hofeingängen an. Alle Öffnungen besitzen Segment-

Abb. 1385 Alte Kirchstraße 9, Knabenschulhaus, Ansicht von Nordosten, 1995.

bogen mit zwei Läufen. Die Blechtreppe besitzt unverzierte Stufen und ein schlichtes schmiedeeisernes Geländer mit geraden Stäben und Diagonalstreben.

1895 Aufstockung in Form eines Zwerchhauses an der Vorderseite des Altbaues mit einem 13,60 x 6,85 m großen Zeichensaal, an den sich im benachbarten Dachraum Modellräume anschlossen. Bewirkt durch den Drempel mit dem Traufgesims der Hauptfassade, die das zusätzliche Geschoß erst in Sohlbankhöhe beginnen lassen, erscheint das Zwerchhausgeschoß niedrig und wird im Vergleich mit den Normalgeschossen von einer größeren Zahl kleinerer Öffnungen durchfenstert. Es erhält dadurch einen abschließenden Charakter. Die von einem flachen Dreieckgiebel mit Rundfenster überdachte zentrale Achse ist in drei Fenster untergliedert. Die seitlichen Fensterpaare brechen aus der Achsengliederung der Vollgeschosse aus.

1911 Erweiterung des Knabenschulhauses nach Süden und Westen durch das Stadtbauamt unter Leitung von Stadtbaumeister Burr als Folge der Umorganisation zu einer voll ausgebauten Mittelschule mit neun Jahrgängen. Die Erweiterung besteht aus einem dreigeschossigen Anbau im östlichen Bereich der Rückseite, der dem Grundriß insgesamt Winkelform verleiht, und einer viergeschossigen Verlängerung nach Westen in Gestalt eines Seitenrisalits. Im Zuge der Erweiterung durch unterkellerte Anbauten wurde die rückwärtige Hälfte des Altbaues ebenfalls unterkellert. Spätestens im Zuge dieser Baumaßnahmen erfolgte der Einbau einer zentralen Luftheizungs- und Lüftungsanlage. Bei dem 10,35 m breiten und 8,73 m tiefen rückwärtigen Anbau mit einer Klasse

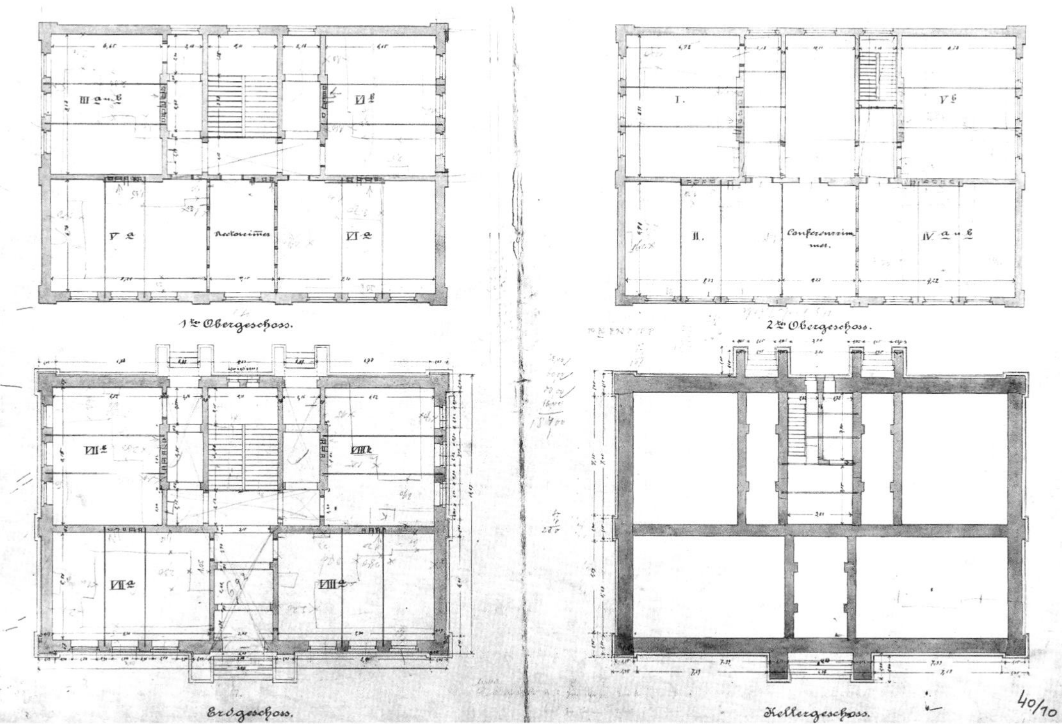

Abb. 1386 Alte Kirchstraße 9, Knabenschulhaus, Grundrisse aus dem Bauplan des Stadtbaumeisters H. Schneider 1883.

pro Geschoß wurde die im ursprünglichen Plan bereits vorgesehene Möglichkeit einer Erweiterung ohne Veränderung des inneren Gefüges im Bestand genutzt. Der östliche der beiden Flure wurde verlängert und erschließt in jedem Geschoß eine neue dreifenstrige Klasse, die neben die gleichartige Altbauklasse rückte. Die aus raumökonomischen Gründen nicht sinnvolle Fortführung des Flures bis zur Rückwand gewährt die Möglichkeit einer abermaligen Erweiterung. Der östliche Anbau füllt mit 9,54 m Breite die Lücke zum Nachbargebäude und springt mit seiner Tiefe von 17,15 m nach vorne um 40 cm und hinten um 13 cm vor die Flucht des Altbaues. Diese im ursprünglichen Konzept nicht vorgesehene Erweiterung erzwang Änderungen im Altbau. Dort wurde der dem Neubau benachbarte Klassenraum um 90° gedreht, damit ein Mittelflur entstehen konnte. Der Mittelflur mündet in den in den Neubau verschobenen westlichen hinteren Querflur, der die beiden neuen Räume erschließt. Die Räume wurden nicht nur als Klassenzimmer genutzt, sondern auch als Sammlungs- und Übungszimmer für den naturwissenschaftlichen Unterricht. Im dritten Obergeschoß entstand ein 16,20 x 8,70 x 6 m großer Fest- und Singsaal, der die gesamte Grundfläche einnimmt. Die Keller, die auf Grund breiter Lichtschächte durch große Fenster beleuchtet werden, enthielten in der westlichen Erweiterung Modellierräume für die Knaben und in der Süderweiterung und im Altbau eine Lehrküche für die Mädchen. Durch einen Handarbeitsraum wurde der südliche Anbau im Altbau ebenfalls von den Mädchen genutzt. Ob die naturwissenschaftlichen Lehrräume im Knabenschulhaus ebenfalls von beiden Geschlechtern genutzt wurden, ist nicht bekannt.

Abb. 1387 Alte Kirchstraße 9, Knabenschulhaus, Aula im Erweiterungsbau von 1911, Zustand 1997.

Der Außenbau übernimmt die Gestaltungsweise des Altbaues mit geringfügigen Variationen. Die Lisenen, die an der Straßenseite des neuen Seitenrisaliten die Fenstergruppen rahmen, sind von den Ecken abgerückt. An der Hofseite des Risalits läßt die enge Fensterstellung keine Vorlagen zu. Der Dreieckgiebel des Risalits, geziert mit einem halbrunden Fenster, zeigt eine dezent neo-klassizistische Auffassung. Der Drempel und das durchlaufende Gesims der Haupttraufe, das in Sohlbankhöhe verläuft, und das Traufgesims des Dreieckgiebels, das nicht dem Niveau der im Dachraum liegenden Festsaaldecke entspricht, verbergen die tatsächliche Höhe der Festsaaletage und verleihen ihr statt dessen die Optik eines die Fassade nach oben abschließenden und dementsprechend niedrigen Geschosses. Nur die hohen Fenster lassen hier einen besonderen Raum vermuten. Die vor dem Bau an der Alten Kirchstraße errichtete Einfriedung paßt sich mit Sandsteinsockel, Backsteinpfeilern, Sandsteingesimsen und -deckplatten sowie schmiedeeisernem Gitter den Fassaden an.

Eine Erweiterung der Blechtreppe von 1883/84 erschließt das seit 1895/1911 genutzte Dach- bzw. dritte Obergeschoß. Deren Stufen sind gelocht mit floralem Ornament, das schmiedeeiserne Geländer ist dem der unteren Treppe angepaßt. Der Festsaal wird von je drei hohen Fenstern an den Stirnseiten beleuchtet. Er hat eine dunkelbraun lackierte, in Felder unterteilte Holzbalkendecke. An deren Auflagerpunkten werden Elemente der räumlichen Dach- und Deckenkonstruktion sichtbar in Form von Wandstielen auf Steinkonsolen, Kopfbändern sowie Strebenfüßen, die als Kopfbänder in Erscheinung treten. Der Wandsockel ist holzvertäfelt, darauf aufbauend eine hölzerne Blend-

Abb. 1388 Ritterstraße 22, Ansicht von Nordwesten, 1993.

architektur mit einem übergeordneten System mit doppelten ionischen Pilastern und einem untergeordneten mit einfacheren Pilastern. Die Sockelvertäfelung ist unterhalb der Stützen zu Postamenten mit Diamantquadern ausgebildet. Die Blendarchitektur faßt verputzte oder stoffbehangene Wandfelder ein. Anfang/Mitte 1960er Jahre erfolgte eine umfangreiche Renovierung im Inneren.

L. Hammer

RITTERSTRASSE 22 (Abb. 1368, 1388–1391)

1729 bis 1743 Martini-Kirchgeld Nr. 341; bis 1878 Haus-Nr. 433

Die Struktur der Parzellen läßt erschließen, daß zu dieser Hausstätte zunächst ein größeres Grundstück mit breiter Straßenfront gehörte, von der nachträglich die Hausstätte Ritterstraße 24 – wohl zunächst als Nebenhaus – ausgeschieden wurde (dieses daher auch ohne Braurecht). Noch heute besitzt das Grundstück im rückwärtigen Bereich die alte Breite und zieht sich hinter dem Nachbarhaus entlang. Hier wird die Nordgrenze durch eine Bruchsteinmauer von hohem Alter bestimmt. Nach Neubau des herrschaftlichen Hauses 1877 wurde die rückwärtige Parzelle weitgehend als bis heute erhaltener Garten gestaltet, dessen zentraler Punkt ein Springbrunnen war.

Abb. 1389 Ritterstraße 22, rückwärtige Ansicht mit dem Waschhaus (links), Blick von Nordosten, 1995.

1537 Arend Bons (hat Huderecht für 4 Kühe); 1581 Arend Bons, später Johan Clare (4 Kühe); 1663 Johan Clare, der Wert seines Hauses wurde auf 800 Thl taxiert; 1675 Johan Clare; 1676/98 Christian Clahre, zahlt jährlich 4 Thl Giebelschatz; 1703 Johan Rödenbeke, vorher Clahre; 1711 Johan Rödenbeke; 1729 Witwe Joh. Hermann Rodenbeck; 1743 Witwe Rödenbeck, jetzt Oberg; 1750 Otto Oberg; 1755 Otto Hoberg, Haus für 600 Rthl; 1766 Hoberg, Haus für 800 Rthl; 1781 Witwe Hoberg, Wohnhaus 600 Rthl, Hinterhaus 200 Rthl; 1798 Le Pardey; 1802/04 Pardey, Haus und Scheune sowie Brunnen, hat Braurecht, hält 4 Kühe und 1 Schwein; 1806/09 Kaufmann Johann Friedrich Pardey; 1818 Windell, Junior, Wohnhaus 1200 Rthl, Hinterhaus 800 Rthl; 1832 Gottfried Windel; 1846/53 Kupferschmied Gottfried Windel und drei weitere Mieter (insgesamt 20 Personen im Haus; 1853 ohne Mieter); 1853 eine Scheune, wird benutzt zu Viehställen; 1873 Maler Horstmeyer und sieben Mietparteien; 1878/1907 Zigarrenfabrikant Wilhelm von der Heyde (zuvor Obermarktstraße 21, zur Geschichte siehe dort); 1908 Tischlermeister Hermann Müller; 1938 Stadt Minden.

Haus (bis 1877)

1786/1797 wurden Erneuerungen für 2000 Rthl durch Le Pardey durchgeführt (KAM, Mi, C 133). Das Haus im Sommer 1877 zu Gunsten eines Neubaus abgebrochen.

Wohnhaus (von 1877/78)

Für den Zigarrenfabrikanten Wilhelm von der Heyde durch die Zimmerei Schütte & Krause und den Maurermeister G. Sipp (von diesem auch der Plan) als ein repräsentatives neues Haus mit backsteinernen Umfassungswänden erbaut, das im Anspruch den zeitgleich vor den Wällen entstehenden großen Villenbauten entspricht (Bauplan in der Plansammlung KAM erhalten). Dieses ist in geschlossener Bauflucht zweigeschossig mit nicht ausgebautem Drempelgeschoß, über hohem Kellersockel und mit flachgeneigtem Dach, das an der Vorderfront hinter einer Attikazone abgewalmt wurde. Der Keller (nur unter dem vorderen Hausteil) ist mit Kappen auf Gurtbögen gewölbt.

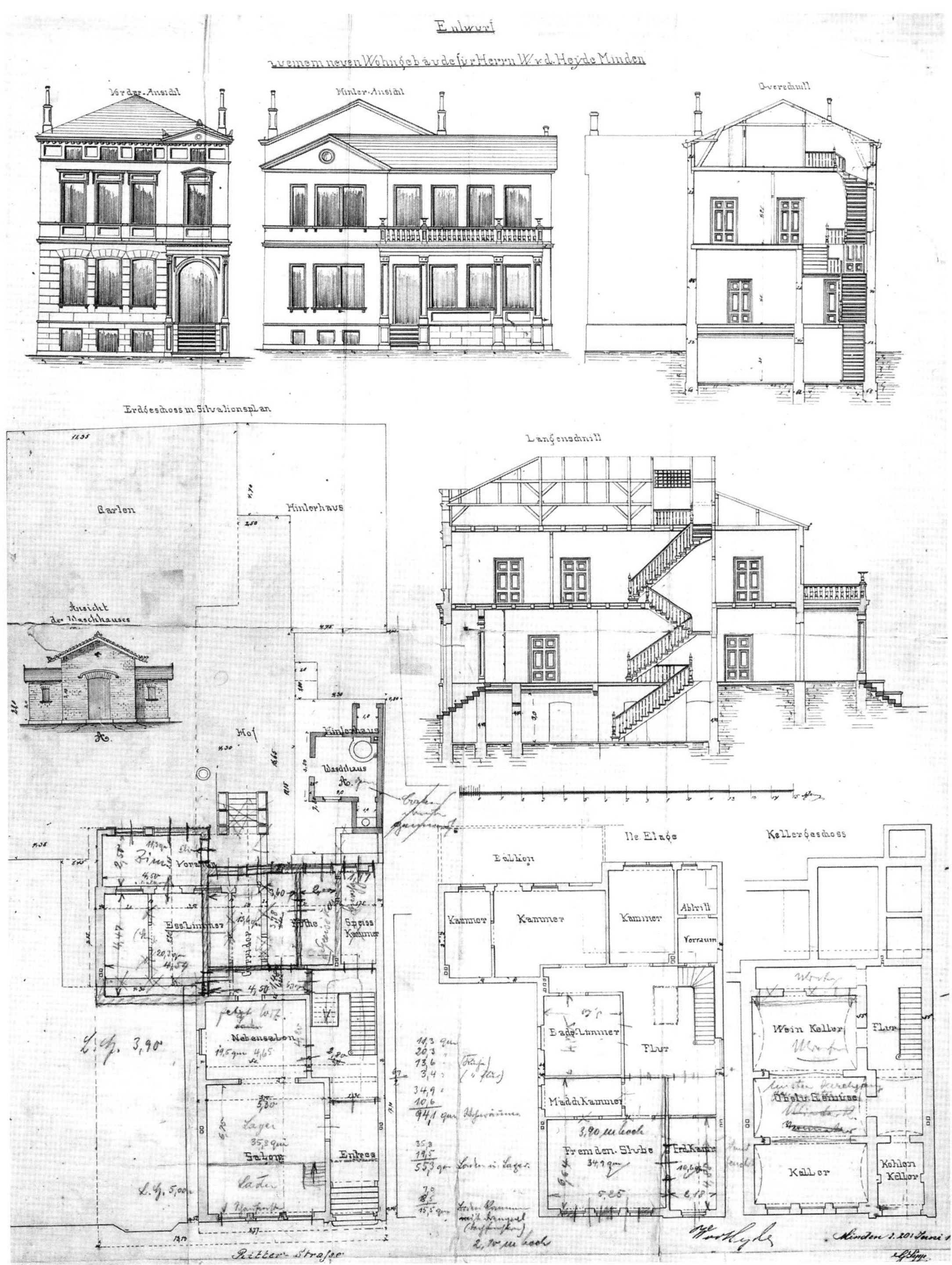

Abb. 1390 Ritterstraße 22, Bauplan zur Errichtung des Gebäudes, Maurermeister G. Sipp 1877.

Abb. 1391 Ritterstraße 22, Vestibül mit Zugang zum Salon und wohl 1908 eingebautem Windfang, Zustand 1995.

Der Vordergiebel ist dreiachsig gegliedert (im Entwurf vierachsig), wobei die südliche Achse als übergiebelter leicht vorspringender Risalit mit Hauseingang gestaltet ist. Die Front in reichen Formen der Neorenaissance stuckiert. Der Rückgiebel mit seinem flachen Giebeldreieck ist einfacher gestaltet, hier nur geputzte Faschen um die vier Fensterachsen, Geschosse durch Gesimse getrennt.

Das Innere wird bestimmt durch eine sehr repräsentative Erschließungszone entlang der südlichen Seite, die durch ein *Entree* mit innenliegender, auf den hohen Kellersockel führender Vortreppe in den breiten Flur führt. An der Rückseite sehr breite hölzerne, zweiläufige Treppe mit aufwendig gedrechseltem Geländer und Aborten auf dem Zwischenpodest. Zwischen der Vortreppe und dem Flur ein aufwendiger, verglaster Windfang (heute etwa 3 m zurückversetzt). Die nördlich anschließende Raumfolge aus zwei hintereinander geordneten *Salons*, Querflur und rückwärtigem Wohnraum in den Strukturen einschließlich der Türen erhalten, allerdings mit abgehängten Decken zu Geschäftszwecken ausgebaut (dabei 1908 zur Schaffung von Schaufenstern die vordersten drei Meter auf das Straßenniveau abgesenkt). Zum Garten das Haus nicht unterkellert und hier seitlich des nur noch schmalen Flures große Küche mit Speisekammer. Rückwärtig ferner ein eingeschossiger Anbau nach Norden (hinter dem Haus Ritterstraße 24), ursprünglich als offene Veranda mit Balkon darüber konzipiert. Im ebenfalls 3,9 m hohen Obergeschoß weitere repräsentative Wohnräume mit Stuckdecken (heute alle abgehängt).

1892 Entwässerung; 1907 Kanalisation; nach Übergang an den Tischlermeister Müller der vordere Bereich des Erdgeschosses umgebaut, wobei man hier ein Schaufenster schuf und den vorderen Bereich bei Abbruch des Kellergewölbes auf das Straßenniveau absenkte; 1984 in die Denkmalliste der Stadt Minden eingetragen.

Waschhaus auf dem Hof (1877–1999)

Zugleich mit dem Wohnhaus 1877 errichtet. Eineinhalbgeschossiger, kleiner verputzter Backsteinbau mit flachem Satteldach, als Blickfang der Gartenanlagen gestaltet. An den beiden Seiten jeweils kleine Anbauten für Aborte. 1999 abgebrochen.

RITTERSTRASSE 23 bis 33, sogenannte Museumszeile (Abb. 1392–1395)

Diese die Westseite des nördlichen Teils der Ritterstraße säumende Häusergruppe (die ehemals als *hinter der Curie* bezeichnet wurde) weist nicht nur eine gemeinsame Entstehungsgeschichte auf, sondern ist seit etwa 1920 durch die Stadtverwaltung Minden nach und nach aufgekauft und in verschiedenen Stufen zu einem städtischen Museumskomplex ausgebaut worden, womit zugleich ein charakteristisches Beispiel einer historischen Bürgerhausreihe erhalten werden sollte.

Die durch Bürger errichtete Häuserreihe ist allerdings Ergebnis starker Umwälzungen innerhalb der Stadt ab der Mitte des 16. Jahrhunderts und offensichtlich die Erstbebauung dieser Art innerhalb der Immunität des Martini-Stiftes auf einer nach 1530 aufgesiedelten Freifläche, die wohl zuvor zum Wirtschaftshof des Stiftes gehört hatte (dazu siehe unter Alte Kirchstraße 1/1 a). Der Prozeß der sich hier erst allmählich verdichtenden Bausubstanz läßt sich an den bekannten Baudaten noch gut verfolgen. Auffällig ist, daß die neu errichteten Bauten (mit Ausnahme des als Nebenhaus errichteten Hauses Nr. 25) alle mit eigenen massiven Traufwänden ausgestattet wurden, die allerdings mit nur geringem Abstand voneinander errichtet wurden. Damit unterscheiden sie sich deutlich von den mittelalterlichen Bürgerhäusern, bei denen in der Regel entweder seitlich breitere Traufgassen verblieben oder gemeinsame Traufwände errichtet wurden. Nachdem zunächst schon im Norden vielleicht ein bestehendes Wirtschaftsgebäude umgenutzt wurde (siehe Nr. 31), setzte die Besiedlung mit großen Wohnhäusern um 1554 ein: Zunächst wurden auf dem Gelände zwei recht breite Parzellen geschaffen. Auf der nördlichen Hälfte des nördlichen Grundstücks entstand um 1554 das Haus Ritterstraße 29, auf der südlichen Hälfte des südlichen Grundstücks einige Jahre später 1565 das Haus Ritterstraße 23. Diese Bauten standen offensichtlich noch frei auf großen Flächen. Kurze Zeit später im Jahre 1572 wurde dann das Haus Ritterstraße 27 errichtet, offensichtlich schon als ein selbständiges Haus (auf geteilter Parzelle), während der Bau des Hauses Ritterstraße 25 im Jahre 1611 eindeutig noch als Nebenhaus einzuschätzen ist. Nachdem wenige Jahre später mit dem Haus Ritterstraße 31 ein weiterer Neubau an der Straße entstanden war und man zudem die Häuser Nr. 29 um 1600 und Nr. 33 um 1620 aufgestockt hatte, war erst zu Beginn des dreißigjährigen Krieges das Straßenbild mit den eng gestellten, hohen Giebelhäusern entstanden, das später für ein so prägendes Beispiel eines spätmittelalterlichen Straßenbildes gehalten werden sollte.

Die komplette Überlieferung dieser Baugruppe, nur durch Umbauten modernisiert, brachte ihr im 20. Jahrhundert den Ruf einer malerischen Gruppe »alter Bürgerhäuser« ein, deren besondere Entstehungsgeschichte allerdings in Vergessenheit geraten war, so daß man die Häuser mehr oder weniger bewußt für im Kern mittelalterlich hielt. Aus diesen Gründen gehören die Häuser zu den

Abb. 1392 Ritterstraße 23 (links) bis 33, Ansicht von Süden, um 1910.

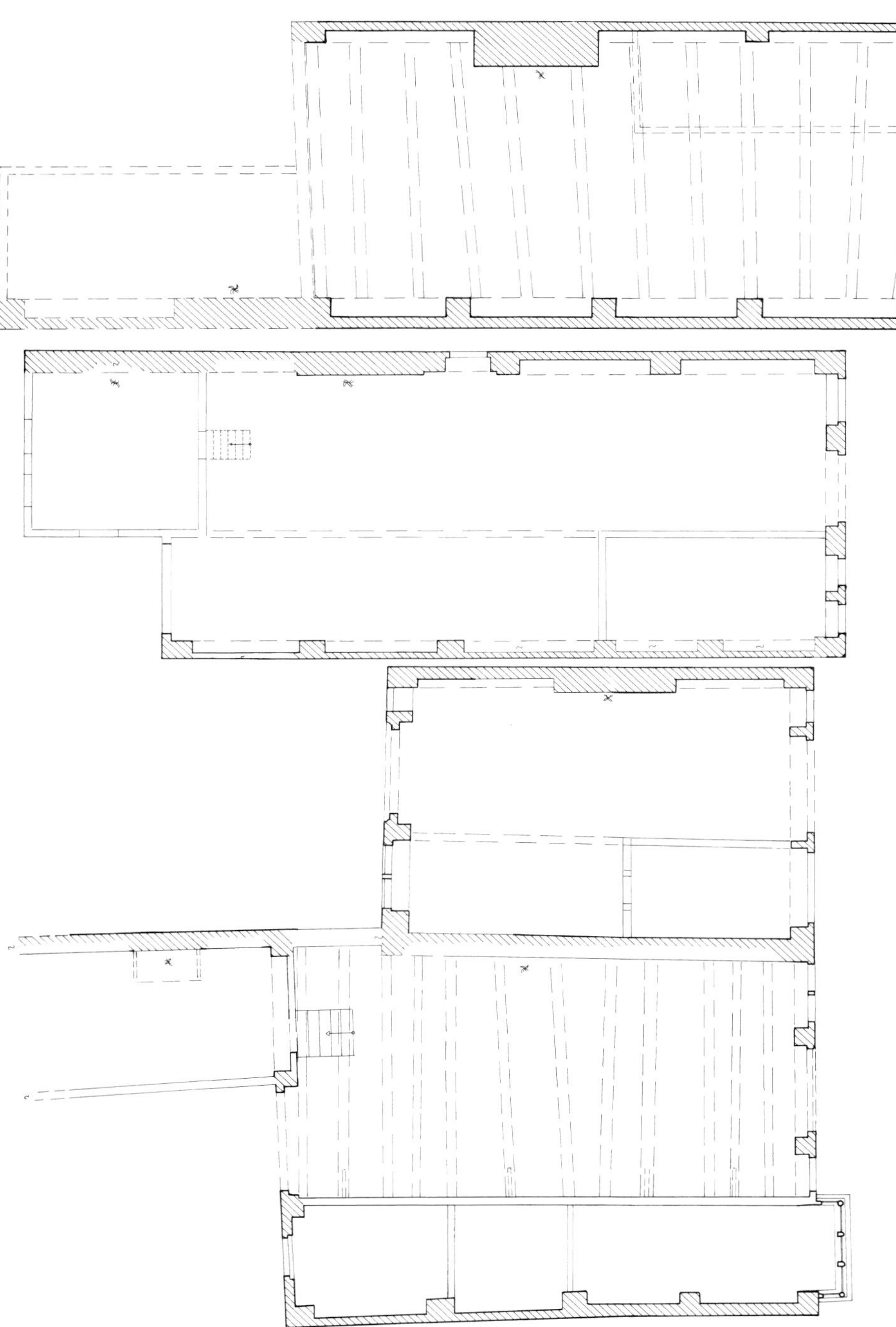

Abb. 1393 Ritterstraße 23–29, Rekonstruktion der Grundrisse, Zustand 17. Jahrhundert.

am meisten in der überörtlichen Literatur abgebildeten Bauten, die auch vielfach in baugeschichtliche Untersuchungen einbezogen wurden. Bemerkenswert bleibt dabei der immer deutlicher werdende Versuch, den Kern der Bauten als »spätmittelalterlich« einzustufen und in ihnen typische Vertreter des von der Forschung festgestellten norddeutschen Dielenhauses zu sehen (wie es wohl ebenso falsch auch für das in der Nachbarschaft, am Papenmarkt Nr. 2 stehende sogenannte »Hansehaus« geschah), die zunächst ohne jegliche innere Einbauten als Einhaus bestanden hätten (zuletzt noch ohne weitere Belege bei Baumeier 1995 so für diese Bauten vertreten).

Nachdem die Stadt Minden schon 1912 mit Haus Nr. 23 den nördlichsten Bau der Gruppe erworben hatte und ihn dann zur Einrichtung eines Museums bestimmte, entwickelte sich daraus etwa um 1920 das Konzept, auch die anderen Bauten der als besonders malerisch empfundenen Häuserreihe für Zwecke des sich schnell entwickelnden Museums zu nutzen. Große Bedeutung bei der Einrichtung des Museums hatte der altertümliche Charakter des seit langem nicht weiter veränderten Inneren und Äußeren des Hauses Nr. 23, den man bewußt als Stimmungswert schätzte, so daß der Bau zunächst keinen weitergehenden Umbauten unterzogen wurde. Das Haus bot *durch seine Originalität einen würdigen Rahmen für das neu gegründete Museum* (Bath 1974, S. 22). Entscheidend war sicherlich auch, daß als erster, noch bis 1951 amtierender Museumsleiter der schon lange im städtischen Bauamt arbeitende Bauführer Max Matthey berufen wurde. Er legte bei der Sammlungstätigkeit großen Wert auf Bauteile und Spolien, die noch heute einen besonderen Schatz in den Sammlungen des Museums ausmachen.

Schon 1929 wurde in der zweiten Auflage des Führers durch die Sammlungen des Museums vermerkt, daß diese schon so reichhaltig seien, daß der stetig steigende Raumbedarf dazu geführt habe, *daß die Stadt Minden die nebenliegenden Häuser Ritterstraße 25, 29 und 31 zur Erweiterung des Heimatmuseums angekauft hat. Wegen des Mangels an Kleinwohnungen können dieselben jedoch* noch nicht genutzt werden. Als die Stadt auf Grund der zeitgeschichtlichen Umstände im Sommer 1939 das Haus Nr. 27 aus dem Besitz des inzwischen berufs- und staatenlosen jüdischen Kaufmanns Leopold Israel Werberg aus Minden erwerben kann, hält die Verwaltung diesen Kauf allerdings insbesondere aus städtebaulichen Gründen für zweckmäßig, da man schon die benachbarten Häuser Nr. 23 und 25 sowie 29 und 31 besitze (KAM, Mi, H 60 Nr. 170).

Unmittelbar nach dem zweiten Weltkrieg, in dem die Häuser nur in den Dachbereichen beschädigt wurden, stand das Museumskonzept zunächst sehr in Frage. Zudem wird an Hand der nun einsetzenden Entscheidungsprozesse deutlich, daß es allen Seiten mehr um den Erhalt bzw. sogar die Wiederherstellung eines als malerisch und alt empfundenen Stadtbildes ging als um den Erhalt historischer Bausubstanz. Ihre genauere Kenntnis und Bedeutungsanalyse wurde vielmehr auch bei dem weiteren Ausbau des Museums bis nach 1970 nie zu einem Punkt größeren Interesses bei den Planungen und sollte in der Folge zu gravierenden Fehldeutungen der historischen Situation führen. Die Bauten wurden in erster Linie als Beispiele eines Typs, weniger als historische Urkunde gesehen, so daß deren individuelle Aussage weitgehend ausgelöscht werden konnte. So wurde von Museumsleitung, Stadtverwaltung, Denkmalpflege und Baupflege einmütig das Konzept verfolgt, eine »typische« bzw. »ursprüngliche Bürgerhausreihe« oder ein Stück »Altstadt« zu erhalten, dabei allerdings nicht zur Kenntnis genommen, daß es sich bei keinem der Häuser um mittelalterliche Bausubstanz handelt und bei den Hausstätten auch nicht um altes bürgerliches Siedlungsgebiet.

Beim Haus Nr. 25 wurde 1946 auf Grund des weitgehenden Verfalls der Abbruch diskutiert; die gleiche Diskussion setzte bald auch für das Haus Nr. 27 ein. Der Provinzialkonservator Dr. Rave weist jedoch am 19. 10. 1946 die Stadt Minden darauf hin, daß es *nach den unersetzlichen Verlusten, die die Altstadtstraßen Westfalens erlitten* hätten, jetzt umsomehr *unsere Pflicht ist, solche in Jahrhunderten zusammengewachsenen malerischen Straßenbilder, wie sie die dortige Ritterstraße bietet, in ihrem ursprünglichen Zustand zu erhalten. Daher ist es auch erforderlich, jedes einzelne Glied einer Hauszeile vor dem Verfall zu bewahren...* und erklärt sich daher bereit, einen Zuschuß für den Erhalt des Hauses Nr. 25 zu gewähren (dazu und auch zum folgenden: Archiv LWL, C 76, Nr. 549). Nachdem die Angelegenheit einige Jahre ruhte, wird die Wiederherstellung des Museums und die Erweiterung durch die Angliederung des Hauses Nr. 25 seit Herbst 1949 bis 1953 unter der planerischen Leitung von Prof. Werner March für die Stadt betrieben, führte allerdings zu einem weitgehenden, auch die Gestalt veränderten Neubau des Hauses, ferner zu einem inneren Umbau des Hauses Nr. 23. Bei letzterer Maßnahme stand die Wiederherstellung eines fiktiven (allerdings weder untersuchten noch erreichten) ursprünglichen Zustandes im Vordergrund der Planungen. In diesen Jahren wurde von der Stadtverwaltung konzipiert, die anschließenden Häuser des Baublocks (Ritterstraße 27–33 sowie Alte Kirchstraße 3–7) im Zuge einer Sanierungsmaßnahme insgesamt zu erneuern (KAM, Mi, H 60, Nr. 211), ein Plan, der bis auf den Ersatz der beiden größeren Häuser Alte Kirchstraße 5 und 7 durch eine öffentliche Bedürfnisanstalt nicht verwirklicht wurde.

1958 werden die Diskussionen um die Erweiterung des Museums wieder aufgenommen, doch war inzwischen im Jahre 1956 das Haus Nr. 27 wegen Baufälligkeit abgebrochen worden, so daß hier ein Neubau notwendig wurde. In der Auseinandersetzung um dessen Gestalt geht es vor allem um die Staffelung der Hausfronten, die man erhalten wollte, so daß zu deren weiterer Stärkung vor dem Neubau des Hauses auch ein Erker aus Spolien errichtet wird. Zudem wird dem Bau durch die gewählte Gestalt und den Einbau zahlreicher Spolien aus der Stadt der Charakter eines alten Hauses verliehen. Zu weiteren Entwicklung des Museumskonzeptes mit Erhalt der weiter nördlich anschließenden Häuser schreibt der Konservator Dr. Mühlen dann am 25. 11. 1958 zustimmend, daß das Museum zusammen mit den anschließenden Bauten *einen charakteristischen Winkel der Mindener Altstadt wahre. Der Bereich zwischen diesem Teil der Ritterstraße, dem Papenmarkt mit dem bemerkenswert unberührten spätmittelalterlichen Haus Bredemeier* (siehe Papenmarkt 2) *und dem überkragenden Fachwerkhaus Winkler vor dem Martini-Turm* (Martinikichhof 10) *ist für die Mindener Altstadtsituation wichtig...* Wiederum interessiert also weniger die tatsächliche historische Situation und ihre Genese, als vielmehr der besondere Stimmungswert, der hier undifferenziert unter dem Begriff »Altstadt« zusammengefaßt wird. Bei dem Haus Ritterstraße 29 wird im folgenden insbesondere auf die erhaltenen charakteristischen Zwischenböden hingewiesen (die allerdings bei der Sanierung gerade zu den aufgegebenen Bereichen gehörten).

Nachdem es 1970 gelang, durch den Kauf des naheliegenden Hauses Videbullenstraße 1 das Museum mit einem Magazingebäude zu erweitern, unterblieben bis 1974 konkrete Schritte für den Ausbau der Museumszeile selbst, wobei nun die Museumsleitung im Interesse der Ausweitung der Ausstellungsflächen sogar eine weitgehende Vernichtung der historischen Substanz fordert, indem man eine möglichst großzügige Innenaufteilung der Häuser, deren völlige Unterkellerung und eine Überbauung der Höfe vorschlägt. Der Wert wird allein in den Fassaden und der städtebaulichen Situation gesehen. *Das Innere der Häuser dagegen braucht und kann nicht erhalten bleiben. Erstens besitzen wir schon zwei gute Beispiele dieser alten Kaufmannshäuser im Hansehaus und in der Ritterstraße 23. Zweitens ist die derzeitige Innengestaltung der beiden Häuser Nr. 29 und 31 für museale Zwecke unbrauchbar.* Letztlich wurden die Bauten entsprechend solchen Gesichtspunkten durch das Hochbauamt umgebaut, doch entstanden entgegen den Wünschen des Museums im Erdgeschoß Räume für eine Jugendbücherei, so daß diese Bereiche erst später dem Museum zugeschlagen werden konnten. Den

Abb. 1394 Ritterstraße 23 (links) bis 31, *Museumszeile*, Ansicht von Südosten, 1993.

Abb. 1395 Ritterstraße 25 bis 33 (rechts), *Museumszeile*, Ansicht von Nordosten, 1993.

damit entwickelten Plänen, die bei den Bauten tatsächlich nur noch ihren städtebaulichen Wert berücksichtigen und bei beiden Häusern auf eine Rekonstruktion der Fassaden, völliges Ausräumen des Inneren und alleinigen Erhalt der Außenwände und Balkenlagen hinauslaufen, stimmt auch der Landeskonservator in Münster am 24. 11. 1974 zu, da diese Planungen *denkmalpflegerisch nicht zu beanstanden* seien.

Diese damit über lange Zeit deutliche Wertung der Situation vor allem auf Grund der Straßenkrümmung und der engen Reihung der Giebel von Bürgerhäusern als besonders malerische Altstadtstraße führte aber auch zu weiteren Entscheidungen. So wurden die unmittelbar gegenüberliegenden, zum Teil etwa gleich alten Häuser (Ritterstraße 28 a bis 36) seit 1959 mit der Zeit ohne Widerspruch als Beitrag zur Stadtsanierung abgebrochen. Es war eine heterogene Gruppe von zumeist kleineren Bauten, die keine geschlossene Hauszeile bildeten, Ausdruck der auch hier höchst komplexen Siedlungsgenese. Sie hatten ihren Ursprung ebenfalls in der allmählichen Aufsiedlung einer Stiftskurie, doch hatte der Prozeß hier nicht zu einer für das 20. Jahrhundert als typisch geltenden Gruppe von sogenannten Bürgerhäusern geführt. An ihrer Stelle sollten nun nach einer auf die Straße ausgerichteten Neuparzellierung »passende« Neubauten errichtet werden. Durch die 1980 bis 1983 hier unter intensiver Beratung des Baupflegeamtes in Münster errichteten beiden, im Detail und Material zeitgemäß gestalteten großen Komplexe wurde der schon so lange beschworene Altstadtcharakter der Straße weiter herausgearbeitet. Der Museumszeile wurde so ein für angemessen gehaltenes Gegenüber geschaffen, da man die Bauten nun dicht an die Straße rückte, mehrgeschossig und in den Fassaden gestaffelt stellte, zudem durch mehrere Giebel gliederte.

In Details ist man erst bei der 1983/85 vollzogenen Eingliederung auch des letzten Gebäudes Nr. 33 der Hausreihe von dem bisherigen Konzept abgerückt. Erst bei diesem Haus bemühten sich das Hochbauamt der Stadt und das Westfälische Amt für Denkmalpflege, auch in größerem Umfange die historische Substanz in der Gesamtheit des Hauses zu erhalten.

RITTERSTRASSE 23 (Abb. 1381, 1392–1394, 1396–1399, 1404, 1405, 1407)

1729 bis 1743 Martini-Kirchgeld Nr. 355; bis 1878 Haus-Nr. 441; bis 1908 Ritterstraße 27

LITERATUR: Ludorff 1902, S. 100 und Tafel 63. – Jahr 1929, S. 23–24, 35, Abb. 22. – Westfalen 31, 1953, S. 149. – Westfalen 41, 1963, S. 155. – Mummenhoff 1968, S. 91.

PLÄNE zu der beim Umbau 1950/52 von F. Fischer/WAfD entworfenen Ausstattung im Planarchiv/WAfD.

Die Parzelle, die erst seit 1680 nur noch die Breite des Hauses umfaßt, dürfte um 1560 durch Aufteilung von Flächen entstanden sein, die zum Gelände des Martini-Stiftes gehörten (dazu siehe Alte Kirchstraße 1/1 a). Auf Grund der Baugeschichte des Hauses und der Parzellenstruktur ist das Grundstück Ritterstraße 25 bis 1680 zugehörig und seit 1611 mit einem kleineren massiven Haus bebaut. Unmittelbar angebaut, diente dieses zunächst als Nebenhaus und ist erst 1680 zu einem selbständigen Besitz geworden. Da der rückwärtige Teil des Grundstücks hinter dem Haus Ritterstraße 25 beim größeren Haus verblieb, konnte hier um 1765 ein dazu gehörendes Brauhaus errichtet werden.

Zu nicht näher bekannter Zeit wurde als Streufund aus dem Boden eine Fußbodenfliese von rotem Ziegelton unbekannter Zeitstellung geborgen (Teil I, Kap. I.3, Fundstellenkatalog, Fundstelle 91). Verbleib des Fundes: Mindener Museum, MA 92.

1581 Gabriel Natorp, hat Huderecht für vier Kühe; 1663 Witwe Natorp und ihr Sohn Heinrich haben umfangreichen Hausbesitz, unter anderem: *Wonhauß sambt dem Nebenhauß*, ferner mehrere Häuser an der Videbullenstraße (KAM, Mi, B 122); 1675/6 Witwe Henrich Natorp; 1678 Witwe Heinrich Natorp, jetzt Nietze; 1679 Gabriel Nietze; 1698/1709 Dr. Conrad Vasmary (besitzt auch Ritterstraße 28 a); 1711 stirbt der Stadtphysikus Daniel Philipp Vaßmar; 1711 Witwe Dr. Vasmary (zahlt 4 Thl Giebelschatz); 1723 Witwe Dr. Vaßmar (geb. Anna Elisabeth Münchking); 1729/40 Witwe Mackenoven (früher Frau Dr. Vassmers Wohnhaus); 1743 Witwe Kriegsrat Mackenowen; 1750/55 Frau Kriegsrätin Mackenowen; 1755 Haus für 150 Rthl; 1756/81 Bäcker Gerd Henrich Meier, Haus für 150 Rthl; 1769 wird in Minden die erste Buchhandlung in Minden-Ravensberg durch den Buchhändler Joh. Felix Carl Gsellius (1738–1798) aus Celle gegründet (siehe von Schroeder 1966, S. 56 ff.). Sie befand sich zunächst am Markt (Nr. 11–13, Haus-Nr. 156) zur Miete und unterhielt von Anfang an auch eine Leihbücherei; nachdem Gsellius die Buchhandlung seines Vaters in Celle übernahm, ging die Mindener Handlung 1773 an Justus Heinrich Körber (28. 4. 1749 in Hessen – nach 1836) über, der sie um 1785 in dieses Haus verlegt (zur Geschichte siehe auch Krosta 1998, S. 19 ff.); 1798 Buchhändler Körber; 1802/04 Wohnhaus 800 Rthl, erstes Nebengebäude 100 Rthl, zweites Nebengebäude 100 Rthl, Hinterhaus 500 Rthl, hat Braurecht, eigenen Brunnen und hölzerne Spritze, hält 2 Pferde, 4 Kühe, 1 Stück Jungvieh und 2 Schweine; 1816 wird die Handlung an seinen Sohn Justus Körber d. J. (1777–1861) übergeben; 1818 Körber Senior; 1832 Julius Heinrich Körber; 1844 wird der Buchhändler Ferdinand Freytag aus Bielefeld aufgenommen, der von 1861 bis zu seinem Tode 1888 Alleininhaber der Firma war; 1846 Buchhändler Justus Körber und der Händler Ferdinand Freitag; 1873/78 Buchhändler Freytag; 1888 geht die Firma an den Sohn Albert Freytag; 1889 bewohnt von Frau Freytag; am 19. 2. 1894 feierte die Buchhandlung Körber & Freytag (Inhaber Albert Freytag) das 125jährige Bestehen des Geschäftes, das 1769 mit einem besonderen Privileg Friedrichs des Großen für die Buchhandlung Gsellius ausgestattet worden war. 1900 umfaßte die im Haus ebenfalls seit langem betriebene Leihbibliothek ca. 25 000 Bände (Teile davon sind im Kommunalarchiv erhalten: Nordsiek 1991, S. 60); Mai 1912 Verkauf des Hauses von der Witwe Mathilde Freytag an die Stadt Minden (die Buchhandlung wird in das Haus Hohnstraße 30 verlegt, wo sie noch bis etwa 1930 bestand); Nov. 1912 Beschluß, in dem Haus ein Museum einzurichten; 20. 9. 1922 Eröffnung des Museums, das später durch Zuerwerb der nördlich anschließenden Häuser erheblich erweitert wird.

Haus (von 1565 ⓓ)

Massives Dielenhaus mit Durchfahrtsdiele, zugehörigem Speichergeschoß und nachträglich angefügtem Hinterhaus. Nach den Baudetails in der Mitte des 16. Jahrhunderts errichtet, nach dendrochronologischer Datierung (1995 durch H. Tisje/Neu-Isenburg) die Bauhölzer 1565 eingeschlagen (Laag 1953 datierte den Bau fälschlich in das 15. Jahrhundert). Dabei wurden auch verschiedene Hölzer mit Fälldaten von 1500 und 1523 wiederverwendet, deren ursprünglicher baulicher Zusammenhang nicht mehr zu erkennen ist, die aber offensichtlich von einem einfach verzimmerten Gerüst, möglicherweise einem hier zuvor bestehenden Wirtschaftsgebäude von St. Martini stammen:

um oder nach 1490	Dachwerk, Firstsäule
1503± 2	Dachwerk, 2. Sparren von vorn, Südseite
1523/24	Dachwerk, 8. Sparren von vorn, Nordseite
1541/42	Dachwerk, Kehlbalken des 9. Gebindes (zweitverwendet)
1565/66	2. Dachbalken von vorn
1565/66	9. Dachbalken von vorn
1565/66	Dachwerk, 6. Sparren von vorn, Südseite
1565 ± 2	7. Dachbalken von vorn

Die Umfassungswände des Gebäudes bestehen durchgängig aus Backstein, lediglich das vordere (heute verputzte und möglicherweise nachträgliche) Giebeldreieck ist aus Fachwerk. In der südlichen Traufwand finden sich vier Bögen, die in ungewöhnlicher Bauweise durch beide Geschosse bis unter die Dachbalken reichen, in der nördlichen Traufwand sind (auf Grund von Verkleidungen im Erdgeschoß) die Bogenstellungen nur im Speichergeschoß festzustellen, folgen aber der Geschoßeinteilung. Hier sind nur drei Bögen nachweisbar, zwischen dem zweiten und dritten Bogen heute ein Wandfeld mit Durchgang. An dieser Stelle ist nach dem erhaltenen (heute verkleideten) Schornsteinzug die ursprüngliche Feuerstelle mit Wandkamin zu rekonstruieren. Am Rückgiebel liegt sowohl der Geschoß- wie auch der Dachbalken auf sandsteinernen, mit Wulst und Kehlen profilierten Konsolen auf. Sein Giebeldreieck ist auf der Innenseite durch ursprüngliche Pfeilervormauerungen verstärkt. Die Geschoßbalkenlage überspannt in sehr ungewöhnlicher Weise schon ursprünglich nicht die ganze Hausbreite, sondern liegt auf einer Längswand im südlichen Hausdrittel auf, so daß die das Gebäude seitlich begleitenden Räume eine andere Höhenentwicklung erhalten konnten (darauf dürfte die ungewöhnliche Ausbildung der Bögen in der südlichen Traufwand zurückgehen und zudem die These widerlegt sein, es hätte sich ursprünglich um ein »Einhaus« mit ungeteilter Diele gehandelt: Soenke 1977, S. 186). Vier der Balken über der Diele waren in unregelmäßigem Abstand mit Kopfbändern zu den Ständern der tragenden Längswand gesichert, wobei sie von hinten nach vorn mit den römischen Zahlen 1 bis 4 versehen wurden. Zwei Geschoß- und drei Dachbalken wurden auf Grund der ungewöhnlichen Konstruktion des Hauses zudem an der offen stehenden südlichen Traufwand mit in aufwendigen Renaissanceformen ausgeschmiedeten Eisenankern gesichert, wodurch das Haus ohne durchgehende Geschoßbalkenlage eine zusätzliche statische Sicherung erfuhr. Mit zwei weiteren gleichen Ankern ist der Dachstuhl am Rückgiebel gesichert (vereinfachte Kopien dieser Anker wurden um 1920 am Rückgiebel des Flügelbaus angebracht).

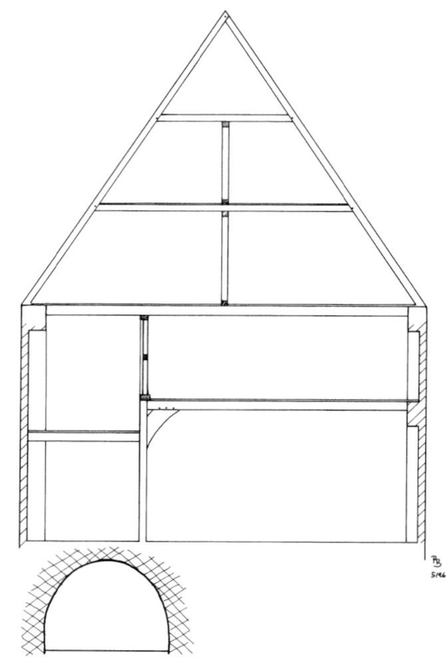

Abb. 1396 Ritterstraße 23, Querschnitt, rekonstruierter Zustand 1565.

Über dem Bau ein Sparrendach aus Eichenholz von elf Gebinden mit zwei eingezapften Kehlbalkenlagen, von dem die meisten Hölzer zweit- bzw. drittverwendet sind (es wurde offenbar also kein hier schon zuvor vorhandenes Gebäude wieder verwendet). Das Dachwerk mit einem einfach stehenden Stuhl in beiden Geschossen ausgesteift, dessen Ständer in jedem dritten Gebinde mit Kopfbändern im Längs- und Querverband gesichert. Zwischen dem dritten und vierten Balken ehemals ein Aufzug von der Diele (das Rad nicht erhalten). Windrispen zwischen den Sparren.

Das vordere Giebeldreieck aus Fachwerk, wobei die Riegel über die Ständer (einschließlich der Firstsäule) geblattet und mit einem Nagel gesichert sind. In der Giebelspitze ehemals ein Geckpfahl. Da sich hinter dem Dach der Utlucht ein massives Mauerstück mit einer schmalen (heute vermauerten) Luke erhalten hat, dürfte das Haus ursprünglich (entsprechend dem Rückgiebel) ein wohl in der ersten Hälfte des 17. Jahrhunderts abgebrochenes steinernes Giebeldreieck besessen haben.

Das Innere wird durch eine die nördlichen zwei Drittel des Hauses auf der ganzen Länge einnehmende Diele bestimmt, die von beiden Giebeln mit einem Torbogen erschlossen ist. So konnte der Hof durch das Haus hindurch befahren werden. Die beiden Torbögen rundbogig, wobei die Gewände aus Obernkirchener Sandstein am Vordergiebel ein umlaufendes Profil aus einer breiten beidseitig von Stäben begleiteten Kehle und am hinteren Tor nur abgefaste Kanten aufweisen. In der Mitte der nördlichen Traufwand ist ein (nicht mehr erhaltener) offener Wandkamin als Herdstelle des Haushaltes zu rekonstruieren. Unter der Diele und den anschließenden Wohnräumen wurden 1951 verschiedene, wohl zum Haus gehörende Fußböden freigelegt: etwa 50 cm unter dem heutigen Boden fand sich ein Gipsestrich mit eingestreuten Ziegelbrocken; etwa 25 cm darüber ein Pflaster aus Kieselsteinen (Laag 1953, S. 8). Bis auf die Torbögen sind kaum weitere Öffnungen der Bauzeit erhalten geblieben. Hier sind nur die Gewände des Dielenfensters im westlichen Bereich der Nordwand zu nennen sowie die schmalen Luken mit Stichbogenabschluß in beiden Giebeln zur Belichtung des Speichergeschosses. Die weiteren Fenster sind zumeist schon kurze Zeit nach der Erbauung verändert und erweitert worden.

Die Diele konnte auf Grund der baulichen Verhältnisse nur an wenigen Stellen belichtet werden. So besteht beiderseits des vorderen Tores ein schmales Fenster, das linke einbahnig und im unteren Bereich ehemals mit einer später herausgeschlagenen Brücke. Darunter ursprünglich zwei Flügel mit Schlagfalz. Das Gewände oben mit einem mit Akanthusblatt belegten Säulenprofil, oberer Abschluß mit einem schmalen Gesims. Das nördliche Fenster etwas breiter, zweibahnig und im Detail von anderer Gestaltung, zeigt aber offensichtlich die gleiche Handschrift wie das Erdgeschoß der Utlucht: die Kanten in runde, starke Säulenschäfte mit dorischen Kapitellen aufgelöst (wohl erste Hälfte des 17. Jahrhunderts). Ein weiteres mehrbahniges Fenster mit sandsteinernem Gewände am westlichen Ende der Diele in der nördlichen Traufwand (die beiden hier eingesetzten reich geschmückten Teilungspfosten der Zeit um 1600 sind aus Museumsbestand und von unbekannter Herkunft). Südlich wurde die etwa 4 m hohe Diele in ungewöhnlicher Art auf der ganzen Hauslänge durch einen schmalen Einbau aus Fachwerk begleitet, der in der Weise zweigeschossig ausgebaut war, daß hier das Zwischengeschoß mit 3,4 m in etwa die gleiche Höhe wie das 3,2 m hohe Erdgeschoß erhielt (so daß die trennende Balkenlage etwa 80 cm unter der Geschoßbalkendecke der hohen Diele gelegt wurde). Unter dem vorderen Drittel des Einbaus ein Gewölbekeller aus Bruchstein und mit Zugang über die Rückseite von der Diele her. Der Keller ist breiter als der Einbau und reicht bis unter die nachträglich, um 1575 errichtete Utlucht und dürfte daher auch erst zu dieser Zeit entstanden sein. Im augenblicklichen Zustand des Hauses ist nicht zu erkennen, ob dieser seitliche Einbau schon ursprünglich bis zum Rückgiebel reichte. Spätestens im 18. Jahrhundert wurde im hinteren Drittel des Einbaus eine geschlossene Küche eingerichtet, für deren Feuerstelle man auf der Diele vor dem Einbau einen stark dimensionierten steigbaren Kamin aufmauerte.

Vor dem Einbau ist um 1600 eine zweigeschossige Utlucht aufgesetzt worden, die bis auf den gemauerten und verputzten Sockel völlig aus Werkstein gefertigt ist. Sie ist in der Ansicht vierbahnig gegliedert, wobei die beiden Seiten jeweils eine weitere Bahn gleicher Breite bildet. Unterhalb und oberhalb der Fensterzonen jeweils eine weit vorstehende Gesimszone. Im Erdgeschoß scheint die Gliederung im 17. Jahrhundert verändert worden zu sein, wobei hier in der Ansicht nur noch drei Bahnen bestehen und die Teilungen durch Werksteinpfeiler ersetzt wurden, die man in der Ansicht als glatte Säulenschäfte mit Basis und dorischem Kapitell gestaltete. Die Teilungspfosten im Obergeschoß in der Ansicht als kannelierte Säulen mit hohen Postamenten, Schaftringen und korinthischen Kapitellen. Die Brüstungszone des Obergeschosses entsprechend der Fensterordnung durch

Abb. 1397 Ritterstraße 23, Ansicht des Giebels von Südosten, 1895.

Pilaster mit Beschlagwerk in sechs Felder aufgelöst, in denen sich unter Bögen von links nach rechts durch Inschriften bezeichnete Darstellungen von Tugenden finden: *PACIENCIA, ChARITAS, FIDES, SPES,* sowie *FORTITUDO* und *TEMPERENCIA.* Der obere Abschluß mit einer breiten Gesimszone, ebenfalls entsprechend der Fensterordnung in hier als Kissen gestaltete Felder gegliedert. Dahinter verdeckt das flache Dach. Die Steinmetzarbeiten werden bislang dem Mindener Bildhauer Johann Schwarte zugeschrieben (Lange 1925, S. 38; siehe auch Wehking 1997, Nr. 104).

Hinterhaus (um 1600 ?)

Nachträglich entlang der nördlichen Grundstücksgrenze an den Rückgiebel angefügt, heute nur noch in Resten erhalten und von unbekannter Länge (um 1765 wurde der westliche Teil zu Gunsten eines Hintergebäudes abgebrochen). Schmaler Bau über einem über das Bodenniveau herausragenden Keller mit Längstonne, aus Backsteinen aufgemauert, Sockelmauern aus Bruchstein. In der nördlichen Traufwand noch erkennbar zwei Bögen (der westliche heute nur noch zum Teil erhal-

Abb. 1398 Ritterstraße 23, rückwärtige Ansicht von Südwesten, 1993.

ten), dazwischen ein Kamin. An der Außenseite der nördlichen Wand noch heute die Köpfe der in die Wand gesteckten hölzernen Bosenwangen zu erkennen. Die Ausbildung der südlichen Wand zum Hof unklar, wohl ursprünglich auch aus Backstein (heute nur noch bis in Brüstungshöhe erhalten). Dieser Wandbereich wurde um 1765 als zweistöckige Fachwerkkonstruktion von vier Gebinden erneuert.

Der Westgiebel nach Abbruch des Brauhauses um 1920 als Backsteinmauerwerk neu gestaltet, wobei eine aufwendige Gliederung in Formen des Späthistorismus gewählt wurde (wohl durch den Bauführer und Museumsleiter Max Matthey), in der gleichen Art ehemals auch die südlich anschließende Hofmauer (alles um 1950 vereinfacht und verputzt).

Modernisierung 1765

1765 wurde das Haus für den Bäcker Meier einschneidend umgebaut, wofür (zusammen mit dem zugleich neu gebauten Haus Ritterstraße 28 a) 955 Rthl ausgegeben wurden, man jedoch zunächst keine Baufreiheitsgelder erhielt (KAM, Mi, C 388). Die 1779 dafür erneut eingereichten Anschläge lassen das Haus (bis auf den 1949 wieder entfernten rechten Dieleneinbau) in der Weise erkennen, in der es sich in wesentlichen Teilen bis 1947 erhalten hatte (KAM, Mi, C 384): *erstlich zur rechten Hand der Dähl eine Backstube mit einen Backoffen, oben eine Kammer. Linker Hand eine Stube, gantz neu* (hierin wird ein Ofen genannt). *Hinten im Hof im Hinterhaus einen neuen Giebel auf-*

Abb. 1399 Ritterstraße 23, Blick durch die Diele auf das Tor im Rückgiebel und die Zugänge zum Hinterhaus. Einrichtung als Heimatmuseum 1953.

geführet benebst eine Hofmauer, 20 Fuß lang. Die Kosten für diese Arbeiten, die durch den Zimmermeister Meyer und den Mauermeister Zengerle ausgeführt wurden, betrugen 323 Rthl. Ferner wird als weitere Ortsangabe noch im Flügelbau *hinten auf dem Saal* genannt und über der linken Stube *oben auf der Kammer*. Davor *ein Flor* (Flur), der andere Raum dieses Zwischengeschosses wird als *Stube* bezeichnet, in die man einen weiteren Ofen setzte. Der Glaser lieferte für die Außenfronten bleiverglaste Fenster, für das Innere des Hauses Kittfenster, wobei man weißes Glas verwendete.

Offensichtlich ist das Haus bei diesen nicht übermäßig teuren Baumaßnahmen im Inneren modernisiert und in den Funktionsabläufen auch anderes organisiert worden. Im Bereich des alten linksseitigen Stubeneinbaus wurden die bestehenden Räume erneuert und in der Mitte eine neue Treppenanlage eingebaut, die sich bis heute erhalten hat. Hierfür schuf man im Zwischengeschoß einen kleinen Flur, über eine breite, einfach gewendelte Treppenanlage von der Diele erschlossen. Diese Treppe, die weiter in das Speichergeschoß führt, weist gedrechselte Wendepfosten sowie gesägte Baluster unter dem Handlauf auf. Das rückwärtige Drittel des Einbaus wurde zu einer abgeschlossenen Küche ausgebaut (1947 für Zwecke des Museums mit einer Zwischendecke versehen und im Erdgeschoß die Nordwand zur Diele geöffnet, darüber ein Raum eingerichtet). Davor auf der Diele ein breiter steigbarer Kamin aufgemauert. In welchem Umfang bei diesen Baumaßnahmen die Konstruktion des alten Einbaus übernommen wurde, ist bislang nicht feststellbar. Die Diele zugleich zu einem breiten mittleren Flur reduziert, der allerdings noch immer zum Hof durchfahren werden konnte. So wurde rechts auf ganzer Länge ein weiterer (1947 für die Einrichtung des Museums wieder völlig abgebrochener) Einbau mit niedrigem Zwischengeschoß errichtet, der eine Backstube aufnahm (sie wurde offenbar an den alten Schornstein in der rechten Traufwand angeschlossen). In welchem Umfang im Ober- und evt. auch schon im Dachgeschoß Einbauten erfolgten, ist heute nicht mehr festzustellen.

Das Hinterhaus wurde nicht nur zum Teil abgebrochen, sondern der verbliebene Teil völlig umgebaut und zum Hof in Fachwerk erneuert, so daß heute außer dem Keller nur noch die nördliche Traufwand des ursprünglichen Bestandes erhalten ist.

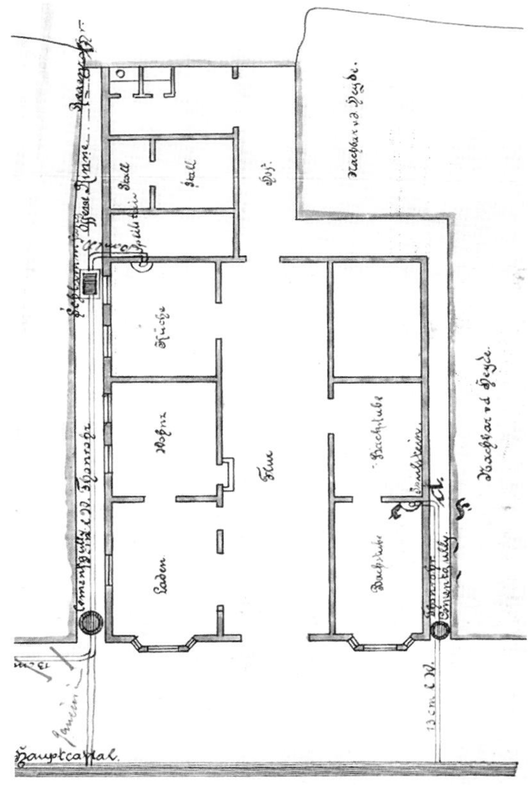

Abb. 1400 Ritterstraße 24, Grundriß des 1898 abgebrochenen Hauses aus der Entwässerungsakte von 1893.

1889 Entwässerung des Hauses. 1912 bis 1922 Ausbau des Hauses für Zwecke des Heimatmuseums, wobei man den Baubestand nicht veränderte, sondern nur durch den Einbau zahlreicher Spolien in seiner malerischen Wirkung verdichtete. Allerdings das Brau- und Wirtschaftsgebäude im Anschluß an das Hinterhaus (mit Ausnahme der Keller) abgebrochen und die Fläche dem westlich anschließenden Schulhof zugeschlagen. 1946 Wiederherstellung des Museums (dazu Archiv LWL Münster, C 76, Nr. 549), bei der auch erste Umbauten in Hinsicht auf eine Rekonstruktion der »ursprünglichen« Diele vorgenommen wurden. Ferner sollte eine bessere Übersicht in den Räumen geschaffen werden (dabei ging man fälschlicherweise davon aus, daß das Haus ursprünglich ein Einhaus ohne innere Unterteilungen gewesen sei. Dazu: Laag 1953, S. 8). Der nachträgliche nördliche Einbau wird abgebrochen und dafür die Balkenlage über der Diele durch einen auf zwei Ständern aufgelegten starken Unterzug unterstützt. Auch im Obergeschoß wurden die Zwischenwände entfernt. 1950/52 neue Dachdeckung und weiterer Umbau des Hauses (Planung: W. March, Entwurf der Ausstattung durch F. Fischer/Landeskonservator Münster) im Zuge der Erweiterung des Museums durch Angliederung des nördlich anschließenden Gebäudes Nr. 25. Dabei in Teilbereichen eine weitere Rekonstruktion eines allerdings nicht belegten alten Zustandes angestrebt, der das noch immer an alten Details reiche Haus allerdings in einen historischen Zwitterzustand führte. So wurde nach dem schon 1947 erfolgten Abbruch des rechten Dieleneinbaus nun der vordere, vermauerte Torbogen wieder geöffnet (1953

Abb. 1401 Ritterstraße 24, Ansicht von Nordwesten, 1993.

Rekonstruktion eines historischen Türblattes), um den Dielencharakter des Hauses wieder hervorzuarbeiten (allerdings die zugehörige Feuerstelle – obwohl aufgedeckt – nicht wieder hergestellt, sondern statt dessen eine historisch unsinnige und fiktive Küchennische in der südwestlichen Ecke des Hauses geschaffen, wofür man einen Teil der alten Einbauwand im Erdgeschoß zur Diele aufbrach und darüber einen Fenstersturz von 1571 aus dem Haus Bäckerstraße 55 einmauerte). Einbau einer Toilette in den seitlichen Stubeneinbau (dafür der Kellerzugang verändert). Der Dielenraum erhielt einen neuen Belag aus rechteckigen polierten Sandsteinplatten.

Im Vordergiebel über dem Tor ein Wappenstein von 1580 eingemauert, der von der Priggenhäger Mühle (Lindenstraße 40/42 stammt), im Rückgiebel an der entsprechenden Stelle ein Wappenstein von dem Haus Bäckerstraße 61.

1952 Restaurierung der Utlucht (Baugeschäft Homann und restauratorische Arbeiten wie Kunststeinergänzungen und Farbfassungen durch Dr. P. Leo/Minden); 1984 in die Denkmalliste der Stadt Minden eingetragen.

Brauhaus, später Lagerhaus (um 1765–um 1920) (Abb. 1381)

Der recht große Bau wohl um 1765 im Zuge einer großen Umbaumaßnahme hinter dem Haus errichtet, wofür man das westliche Ende des alten Flügelbaus abbrach. Von diesem eher ungewöhnlichen Bau, der bei Einrichtung des Komplexes als Museum um 1920 beseitigt wurde, heute nur noch die Kellerräume erhalten, so daß kaum noch weitere Aussagen zur Gestalt möglich sind. Dieser (möglicherweise als Bierlagerkeller errichtet) besteht aus zwei relativ

Abb. 1402 Ritterstraße 24, Fassadenentwurf des Architekten G. Jänicke/Berlin 1898, publiziert in der Architektonischen Rundschau 1901.

flachen Backsteintonnen, von denen die nördliche an den alten Keller unter dem Flügelbau angeschlossen wurde, während die südliche, parallel dazu liegende durch eine Türöffnung mit sandsteinernem Gewände erschlossen ist. Das Gebäude ein eingeschossiger Massivbau mit recht flach geneigtem Satteldach, später zum Vollwalmdach verändert.

Beim Abbruch fand sich ein großer steinerner Wasserbehälter, dessen Wände aus wiederverwendeten Sandsteinplatten bestanden, darunter zwei Wappentafeln mit verschiedenen Hausmarken aus dem Jahre 1626, heute im Hof des Hauses eingemauert (Inv.-Nr. Lap. 34).

RITTERSTRASSE 24 (Abb. 1400–1403)

1729 bis 1743 Martini-Kirchgeld Nr. 342; bis 1818 Haus-Nr. 434; bis 1878 Haus-Nr. 434 a

LITERATUR: Faber-Hermann 1989, S. 201.

Die recht kleine, fast völlig überbaute Hausstätte dürfte durch eine vor 1743 erfolgte Abtrennung (zunächst als Nebenhaus ?) von dem großen Grundstück Ritterstraße 22 entstanden sein.

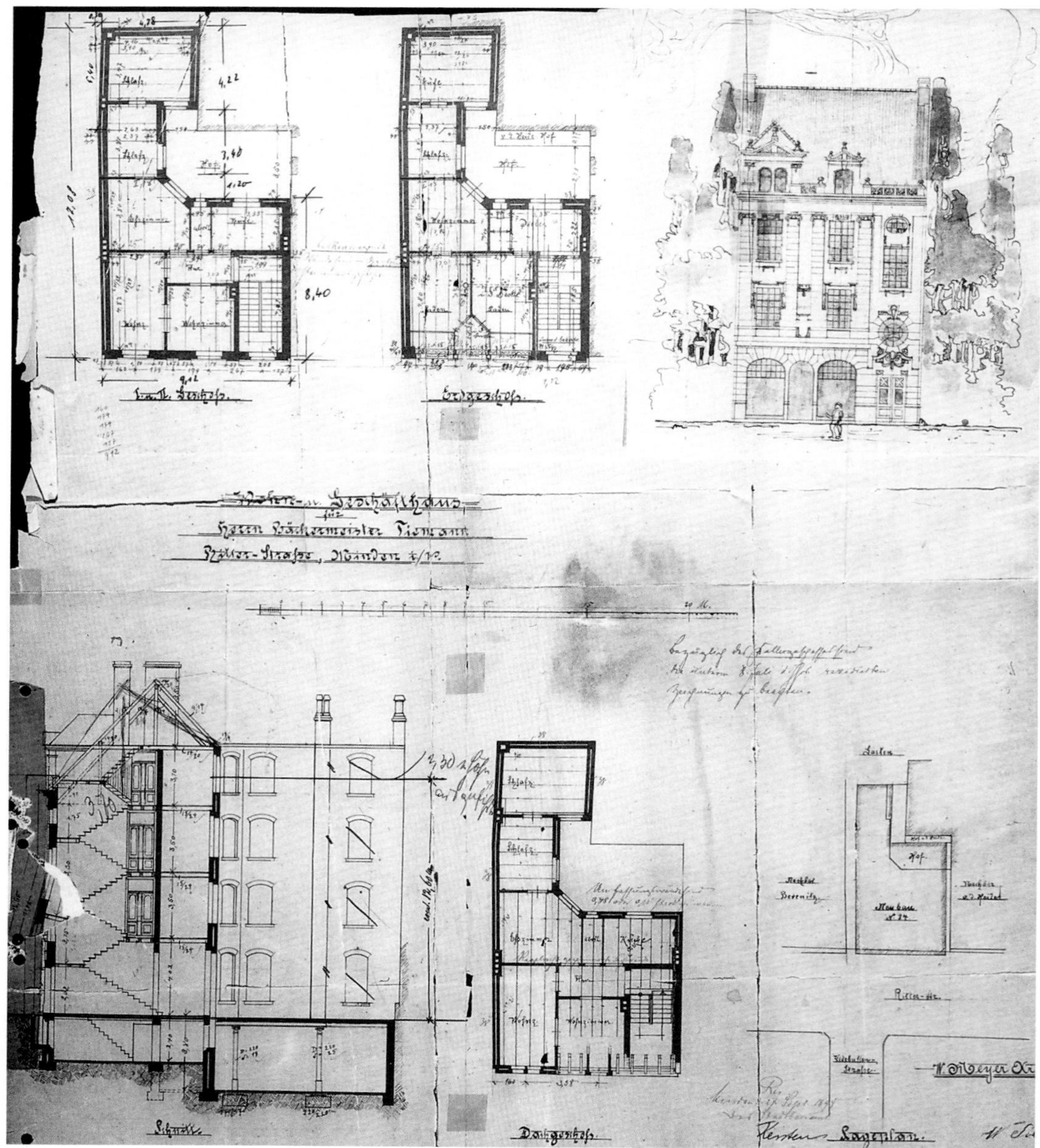

Abb. 1403 Ritterstraße 24, Bauplan zur Errichtung des Wohn- und Geschäftshauses, Architekt W. Meyer 1898.

1898 wurde bei Ausschachtungsarbeiten ein großer Schatzfund mit Münzen des 16. und 17. Jahrhunderts *im Gewichte von 27 Pfund* gemacht (Teil I, Kap. I.3, Fundstellenkatalog, Fundstelle 94). Über den Verbleib der Münzen ist nichts bekannt (KAM, Mi, F 2126. – Verw.-Bericht der Stadt Minden 1898–1900. – Nordsiek 1979, S. 62).

1537 nicht genannt; 1581 Jürgen Prüße, später Henrich Lilienkamp (hat Huderecht auf 4 Kühe).

1675/1711 Hermann Augustins, zahlt jährlich 4 Thl Giebelschatz; 1729/40 Rembert Vögeler; 1743/50 Witwe Sattler; 1755 Witwe Satteler, Haus für 200 Rthl; 1766 Otto Hoberg, Haus für 800 Rthl; 1767 Worthalter Otto Hoberg, Haus mit Braurecht; 1777 Kaufmann Philipp Hoberg, Besitz im Schätzwert von 1084 Rthl mit Huderecht auf 3 Kühe soll wegen ausstehender Schulden versteigert werden (WMA 1777); 1781 Hoberg, Wohnhaus 700 Rthl und Hinterhaus 100 Rthl; 1798 Schneider Schlüter; 1802 Frymuth; 1804 Bäcker Diedrich Freimuth, Haus ohne Braurecht, hat kein Vieh; 1809 Friemuths Haus; 1818 Bäcker Wiegand, Haus für 800 Thl; 1825 Erhöhung Wohnhaus auf 1200 Thl, Stallung 75 Thl; 1846/53 Bäcker Daniel Wieghardt; 1873 Mieter ist Schulwärter Kleditz; 1878 Wieghardt; 1893/1906 Bäckermeister W. Tiemann; 1908 Witwe Tipper (wohnt Ritterstraße 17).

Haus (bis 1898) (Abb. 1400)

1767 eine Reparatur vorgenommen (KAM, Mi, C 380), auf die offensichtlich das Haus in seiner Gestalt bis zum Abbruch zurückging. 1777 wird das Anwesen beschrieben: dort ist das *wohlbelegene, zur Handlung eingerichtete mit 3 Stuben, 1 Saal, 3 Kammern, 1 Küche und 1 Bude versehene Wohnhaus nebst dahinter befindliche Stallung, Hofplatz und kleinen Garten*. Nach dem Entwässerungsplan von 1893 ein relativ kurzes, dreischiffiges Giebelhaus mit mittlerem breiten Flur und seitlich jeweils drei Wohnräumen. Davor jeweils eine Utlucht mit gebrochener Grundfläche. Offensichtlich bestand auch ein Obergeschoß, in dem der Saal anzunehmen ist. Hinter dem Haus ein kleiner Stallanbau. 1898 abgebrochen.

Neubau (von 1898/99)

Nach Plänen des Architekten W. Meyer durch die Baufirma Schmidt & Langen für den Bäckermeister W. Tiemann für 21 000 Mark errichtet. Die Fassade in neubarocken Formen mit Anklängen an den Jugendstil durch den Architekten G. Jänicke aus Berlin entworfen, der sie (allerdings sehr idealisiert) auch in der Architektonischen Rundschau 17, 1901, Heft 2, Tafel 10 (mit Text) veröffentlichte. Bei dem dreiachsigen Bau unter einem recht flachen Satteldach sind die beiden nördlichen Achsen als gequaderter Risalit hervorgehoben und als schmaler dreigeschossiger Bau abgesetzt (der ursprünglich noch durch ein hohes Mansarddach betont werden sollte). Hier über den Bogenöffnungen der Schaufenster die beiden Obergeschosse mit einer Kolossalordnung durch Pilaster mit korinthischen Kapitellen zusammengefaßt. Darüber zwei geschweifte Dachausbauten. Daran südlich anschließend eine weitere und anders gestaltete Achse mit Treppenhauszugang und -fenstern. Die zweiflügelige Haustür und die Treppenhausfenster der Bauzeit erhalten, die Fenster angepaßt erneuert.

Der Baukörper mit einem schmalen nördlichen Hofflügel gestaltet, wobei Durchgangszimmer entstanden. Im Erdgeschoß Ladenlokal, in den beiden Obergeschossen und dem ausgebauten Dachgeschoß jeweils eine Wohnung von fünf Zimmern mit Aborten.

1906 Kanalisation; 1892 Umbau des Erdgeschosses (Plan: K. H. Weiß); 1984 in die Denkmalliste der Stadt Minden eingetragen.

RITTERSTRASSE 25 (Abb. 1392–1395, 1404–1407, 1410)

1729 bis 1743 Martini-Kirchgeld Nr. 356; bis 1878 Haus-Nr. 442; bis 1908 Ritterstraße 29

PLÄNE zu den beim Umbau 1950/52 von F. Fischer/WAfD entworfenen Ausstattungen im Planarchiv/WAfD.

Die Hausstelle, erst 1680 durch Abtrennung von der bürgerlichen Hausstätte Ritterstraße 23 entstanden, die ihrerseits wieder auf eine um 1540 erfolgte Aufteilung von Flächen zurückging, die zuvor zum Gelände des Stiftes St. Martini gehört hatten (dazu siehe Alte Kirchstraße 1/1 a). Nachdem hier

Abb. 1404 Ritterstraße 23 bis 29 (rechts), Ansicht von Nordosten, um 1920.

wohl schon im späten 16. Jahrhundert eine Bude bestand, wurde 1611 als Anbau an das Bürgerhaus Nr. 23 ein größeres Nebenhaus errichtet. Da der rückwärtige Teil der Parzelle auch nach 1680 bei Ritterstraße 23 verblieb, konnte hier um 1765 ein zugehöriges großes Brauhaus errichtet werden.

1581 Jürgen Jost Albert (hat Huderecht auf 1 Kuh); 1663 Witwe Natorps Nebenhaus (siehe Nr. 23); 1675/76 Jude Salomon Levi; 1678 Nebenhaus der Witwe Heinrich Natorp, bewohnt von einem Juden; 1680 Verkauf von Witwe Natorp an den Juden Kaufmann Salomon Levi und seine Frau Edel Simon Goldschmidt für 480 Rthl (Nordsiek 1988, S. 33); 1698/1711 Jude Salomon Levy (zahlt 2 Thl 24 gr Giebelschatz); 1738 Jude Salomon Levy, jetzt Philipp Salomon; 1740 Jude Ph. Salomon; 1743 ohne Eintrag (Haus ohne Grundbesitz); 1750/55 Jude Philipp Salomon, Haus für 200 Rthl; 1766 Jüdin Salomon; 1781 Jude Wulff; 1798 Wolff; 1802/04 Jude (Simon) Wolff, Haus für 1 000 Rthl, ohne Braurecht, hält kein Vieh; 1808 Änderung des Namens von Simon Wolff zu Mingelsheim (Herzig 1978, S. 50); 1818 Mingolsheim, Wohnhaus für 1 350 Thl, Hintergebäude 250 Thl; 1835 Erben Mingolsheim Brauer; 1838 Braun; 1846 Gürtler Samuel Brauer (evangelisch); um 1853 Witwe Brauer, Mieter ist Reg.-Sekretär Meyer, Hintergebäude; 1873/78/98 Tischler W. Drögemeyer; 1908 Witwe Max Schütte; 1919 Kauf durch die Stadt Minden.

Abb. 1405 Ritterstraße 25 (Mitte), Entwurf der Fassadenneugestaltung W. March, 1949.

Bude (Mitte des 16. Jahrhunderts–1611)

Nach dem geringen Huderecht dürfte es sich bei dem in seiner Gestalt nicht weiter bekannten Bau um eine kleine Bude gehandelt haben.

Dielenhaus (von 1611)

Das gegenüber den Nachbarbauten deutlich kleinere Haus 1611 (Datierung auf dem Torbogen) errichtet, wobei es südlich keine eigene Wand erhielt, sondern unmittelbar an das Haus Ritterstraße 23 angebaut, bzw. wegen der höheren Traufinie auf die seitdem gemeinsame Traufwand aufgesetzt wurde. Die nördliche Traufwand massiv mit zwei inneren Bogenstellungen in beiden Etagen. Sparrendach mit zwei Kehlbalkenlagen. Das Gebäude nach Einbezug in den Komplex des Museums 1950 in wesentlichen Teilen erneuert, im Inneren völlig entkernt und daher heute nicht mehr zu seiner Geschichte untersuchbar. Lediglich grundsätzliche Aussagen zum Bautyp sind noch möglich.

Das Gebäude nur in Teilen unterkellert, wobei diese völlig unter dem Straßenniveau liegen und ohne einen Bezug zur Raumaufteilung des Erdgeschosses sind (seit 1950 nur noch vom Hof erschlossen). Möglicherweise sind die Keller nicht gleichzeitig mit dem Haus angelegt, sondern nachträglich eingebaut. Ein größeres Gewölbe aus Bruchstein (Scheitel seit 1950 in Beton ersetzt) besteht in der südwestlichen Hausecke (hier an der Ostseite der alte Zugang von der Diele mit sandsteinernen Stufen), daran anschließend ein zweites kleineres Gewölbe in der nordwestlichen Ecke; beide durch einen gewölbten Gang verbunden.

Lediglich über den vorderen Giebel sind noch einige Informationen zu gewinnen. Er ist bis auf das Giebeldreieck massiv aufgemauert und wird durch einen großen Torbogen aus Sandstein bestimmt, dessen Gewände mit Beschlagwerk ornamentiert ist. Dabei kaum sichtbar im Scheitel des Bogens zwischen den Ornamenten die Datierung. Im Obergeschoß darüber bestand bis 1950 eine Fensterordnung aus der ersten Hälfte des 19. Jahrhunderts, im Abstand darüber war ein sandsteinernes Gesims mit Eierstabprofil zu erkennen, das sicherlich aus der Bauzeit stammte. Nach den Bauakten seien die Fenster die Reste eines von sandsteinernen Gewänden eingefaßten Fensterbandes, das 1950 wiederhergestellt werden sollte. Dabei wurden die völlig erneuerten Gewände – mit Ausnahme der vier Pfosten – mit Beschlagwerkornamentik (auf der Rückseite verändert und verlängert) modern gestaltet. Ferner fehlt seitdem das abschließende Gesims. Darüber bestand bis 1950 ein nur einfach vorkragendes und verputztes Giebeldreieck aus Fachwerk. Seitdem hier ein neu und in Formen der Baupflege konstruiertes zweifach vorkragendes Giebeldreieck mit verbretterter Spitze. Der heute im Rückgiebel vorhandene Torbogen aus Portasandstein, mit spätgotischen Stabprofilen und wohl nicht aus dem Gebäude stammend.

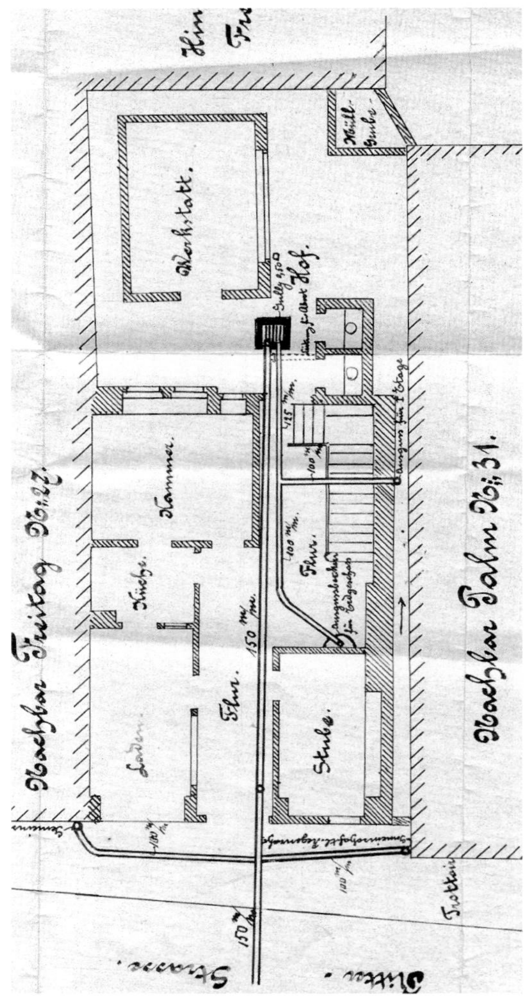

Abb. 1406 Ritterstraße 25, Plan zur Entwässerung des Grundstücks von 1893.

Unklar bleibt, ob das Erdgeschoß dieses Nebengebäudes ursprünglich innere Unterteilungen besaß. Lediglich eine kleine Stube in der südöstlichen Ecke könnte zum ursprünglichen Bestand gehört haben, während alle anderen Räume auf Umbauten zurückgehen, da sie die Torbögen in beiden Giebeln und damit die Durchfahrt überschnitten. In der Mitte der nördlichen Traufwand seit 1950 ein Kamin eingebaut, wobei er an einen alten hier bestehenden Kaminzug angeschlossen wurde (ob die Lage eines Herdfeuers an dieser Stelle allerdings zum Kernbau gehört, scheint eher unwahrscheinlich).

Das Obergeschoß mit etwa 3,85 m kaum weniger hoch als das Erdgeschoß, damit von ungewöhnlichem Maße (siehe Ritterstraße 31) und offensichtlich als Wohngeschoß konzipiert. Hierauf deutet auch die große Fenstergruppe im Vordergiebel, so daß hier wohl ein Saal zu erschließen ist.

1838 Umbau (KAM, Mi, F 955); 1893 Entwässerung; 1908 Kanalisation; 1945 Beschädigungen durch Fliegerbomben, die 1946 ausgebessert werden sollten (KAM, Mi, H 60, Nr. 170). Das Haus gilt dann als äußerst verfallen und steht weitgehend als Ruine da.

1950 Umbau des Hauses für Zwecke des Museums (Archiv LWL Münster, C 76, Nr. 549), der einem weitgehenden Neubau der oberen Bereiche gleicht (Bestandsaufmaß: Stadtplanungsamt; Pla-

Abb. 1407 Ritterstraße 23 und 25 (rechts), Ansicht von Nordosten, um 1957.

nung: W. March). Das Erdgeschoß wurde völlig als zukünftige Ausstellungshalle und Vortragssaal ausgeräumt und in der Mitte der nördlichen Traufwand an wohl alter Stelle ein Wandkamin des 17. Jahrhunderts eingebaut, der aus dem sogenannten Besselschen Hof, Königstraße 28, stammt (siehe dort). Den Raum erschloß man mit einer neu durchgebrochenen Tür von der Diele des Hauses Nr. 23, die Belichtung geschah in erster Linie durch die Öffnung der beiden Torbögen und deren weitgehende Verglasung (Eingang in das Museum weiterhin durch das Haus Nr. 23). Wände und Decke verkleidet, der Boden mit Sandsteinplatten ausgelegt. Darüber wird im Obergeschoß unter Entfernung aller Innenwände ein weiterer Saal eingerichtet, mit der angeblich in Resten erhaltenen und rekonstruierten Fenstergalerie in der Vorderfront belichtet (dabei allerdings fast alle Werksteine erneuert). Das Dachwerk darüber als Sparrendach aus Nadelhölzern neu verzimmert. Der Landeskonservator stellte zu diesen Baumaßnahmen eine Beihilfe zur Verfügung. In die Vorderfront ein großes Bruchstück eines Beischlages aus dem frühen 16. Jahrhundert eingemauert, ferner zur Gestaltung des Fensters neben dem Tor ein Fensterpfosten mit Säulenprofil aus dem späten 16. Jahrhundert. Im Rückgiebel über dem Torbogen eine Steinplatte aus nicht bekanntem Zusammenhang eingemauert, bezeichnet mit *Adam Erensting und Agnete Klomhus ORQ 1677* (Adam Ernsting wohnte 1663 im Marktquartier).

1959 mit zwei größeren Durchbrüchen im Erd- und einem weiteren im Obergeschoß an den Neubau des Hauses Ritterstraße 27 angeschlossen, der seitdem als Eingangsbau des erweiterten Museumskomplexes dient; 1984 in die Denkmalliste der Stadt Minden eingetragen; 1989 Erneuerung der Dacheindeckung.

RITTERSTRASSE 26/28/28a, Küsterei von St. Martini (bis 16. Jahrhundert) (Abb. 1408–1409)

1729 bis 1743 Martini-Kirchgeld Nr. 343; bis 1818 Haus-Nr. 435; bis 1878 Haus-Nr. 435 a
Große rechteckige Parzelle zwischen Ritterstraße und dem anschließenden Papenmarkt, zum Besitz des Martini-Stiftes gehörend und offensichtlich Grundstück einer großen Kurie – möglicherweise die Küsterei zu St. Martini. Von dieser um 1540 die Hausstelle Papenmarkt 5 abgeteilt. Auf dem Grundstück befindet sich heute eine ganze Gruppe von Bauten, die sich um den im Kern noch erhaltenen Kurienbau auf der Straßenecke gruppieren (Ritterstraße 28) und auf die Nutzung des Grundstücks durch ein umfangreiches Handelsgeschäft im 19. Jahrhundert zurückgehen. Hierfür wurde entlang der südlichen Grundstücksgrenze ein Wirtschaftsgebäude (Ritterstraße 26) errichtet, das um 1900 aus dem Grundstück ausparzelliert und zu einem eigenen Wohnhaus wurde. Ein dazwischen befindliches Stallgebäude 1948 zu einem Wohnhaus ausgebaut (Ritterstraße 28 a).

1512 *haue to der kosterye to sunte Marten behorich*, gelegen *to endest der Ridderstrate*. Hinter dem Haus zu dieser Zeit schon ein kleines Mietshaus abgetrennt (siehe dazu Papenmarkt 5). 1519 verkauft Geske, Witwe des Gerke Kemerer, an die Vikare von St. Martini eine Rente (Pachtgut der Küsterei St. Martini) *in ore hues vnd bode myt syner tobehoringe, so dat belegen ys vppe dem orde an dem ingange der Viteboldenstrate tho der luchteren hant* (STA MS, Mscr. VII, 2701b, Bl. 10r–10v). Der Küster von St. Martini wohnte schon 1525 in einem Haus auf der Opferstraße. 1566 wird das baufällige Kanonikerhaus an den Wichgrafen Johann Vincke und seine Frau Anna mit Recht auf Bewohnung auf Lebenszeit für sie, ihren Sohn Johann Vincke sowie für Anna, Tochter des Kaspar Hase aus Paderborn, verpachtet. Das *verfallene Canoniche haus vnndt hoff tho restaurerende vnndt vfthobuwende . . belegen an dem orde vp dem Papenmarckte na der Ridderstrate tegen dem haue ouer so vnser Mit Canonicus her Frantz von Waldegge itziger tidt besittet vndt hirbeuor vnser auch Mitcanonicus her Hinrich Buten zaliger etwan inngehatt vnndt beseten*; 1566 wird weiter berichtet: *gantz vndt ghar in dussen tweiluftigen tiden verwustet vndt tho einem desolat geworden vndt darbeneuen vnser Jungen Mit Canonicke geiner ist der solch hauss vnndt hoff tho optirende oder nachfolgender mathe tho reedificirende gedencket* (STA MS, Mscr. VII, 2711, Bl. 121r–121v. – STA MS, Mscr. VII, 2722, Bl. 1r–3r). 1581 Jürgen Nedderhoff (hat Huderecht auf 4 Kühe); am 1. 6. 1582 wird Georg Neuhoff, Diener des Domherrn Burchard von Langen, und seine Frau Anna Lippeling mit einem verfallenen Hof an der Ecke der Ritterstraße beleibzüchtigt. Er war früher vom verstorbenen Wichgrafen Johann Vincke bewohnt, der ihn seiner zweiten Frau, obiger Anna Lippeling, die darauf wieder den G. Nehrhof heiratete, hinterlassen hatte (STA MS, St. Martini, Urkunden 367). 1593 wird bekannt, daß *Catharina weilandts Bertoldt Bullen in dem Scharn hinterpliebende wittwe entschlossen sein solte, ihre liebe Tochter an Georgen Nidderhoff sich zubestaden.* Bei einem Besuch der Witwe Bulle in ihrem Haus im Scharn trafen sie dort auch ihren Sohn Herman an. Das Martini-Kapitel verlangte Klarheit über die weitere Nutzung des von dem Georgen Niderhoff (Neuhoff) *itzo noch innehabende ein zeithero bewontes hus uf der Ridderstraßen.* 1594 wird Georg Neuhoff, dessen Frau Anna Lippelding 1590 noch lebte und mit der er mindestens zwei Söhne hatte, vom Martini-Kapitel aufgefordert, die *Bullische Tochter innerhalb wenige tagen mit ihrem brautwagen und geräde zu sich in das Hauß zunehmen und daselb mit ihr zu bewonen.* 1622 trifft Wichgraf Franciscus Brakelman den *Herr Decanus Johannes Vering sambt seinen Mitcapitularen ad S: Martinum als Gerhardo Stael und Arnoldo von Landesberg, nach gehaltener Communication, uff ihr freundtlicheas ansuchen undt begeren, in ihres nunmehr vacirendes unde erledigtes Canonicat Hauß des Herrn Ascany a Mallingrath weilant Canonicat Hoff, nahe an ged Kirchen daselbst uff der Ritterstraßen ahn der Ecke belegen, der itzo zu letzt von Jurgen Vogt undt seiner Ehefrawen sel. wieder fueg undt recht, auch von Camera Imperiali vorlengste erhaltener Mandata undt Proceß de facto definiret und bewohnet worden.* Das Haus sei von Georg Neuhof und seiner Frau bewohnt worden; nach deren Tod (zuletzt starb wohl die Frau) schickte das Martini-Kapitel *etliche Arbeitsleute, so wie zur notigen reparation und seuberung* notwendig, die jedoch vom Bruder der Verstorbenen, Heinrich Bulle, aus dem Haus getrieben wurden. 1625 … Bremers, Witwe des Georg Kuhleman, mietet von Bertholdt Clare sein von seinem seeligen Vetter Henrich Bullen *engerbtes, unndt an der Ritterstraßen allernegst dem Papenmarkt und Everdt Homborgs Hause belegenes Wohn und Brauhaus* samt Mobilien und Gerätschaften für jährlich 40 Thl. Nachmieter war von 1634 bis 38 Everd Nietze (STA MS, St. Martini, Akten 144 a). 1669 wird festgestellt, daß Johannes Cröver als Schwiegersohn von Erich Reschen 1611 das Haus für sich beansprucht habe. Wie könne es aber dann sein, das der Dekan Reschen noch bis 1616 in den Pachtregistern Abgaben geleistet habe ? Hanna Corwers war Johan Corwers *filia* und *Decani Erici Reschen neptis* und heiratete etwa 1631 den Camerarius Bartold Clahren.

Abb. 1408 Ritterstraße 28 mit Einmündung des Papenmarktes und Nr. 26 (rechts), Ansicht von Nordwesten, 1993.

Das Ehepaar vermietete das Haus an Everhardt Nietze. Nach dem Tod Barthold Klahrens heiratete seine Witwe den Regimentsquartiermeister Urban Schultze und *ist damit in den Krieg gezogen*. Das Martini-Kapitel habe daraufhin das Haus eingezogen (STA MS, St. Martini, Akten 163). 1675/78 Erhardt Nietze (zahlt jährlich 4 Thl Giebelschatz); 1679 Eberhardt Nietze (zahlt 3 ½ Thl Giebelschatz); 1689 Otto Drewes; 1698 Herr Vierziegermeister Johann Otto Drewes (zahlt 3 ½ Thl Giebelschatz); 1703/11 M. Johan Otto Drewes; 1743 schuldet der Jude Gumpel für das angemietete Kapitularhaus an der Ritterstraße zwei Jahresmieten. Das Kapitel wehrt sich gegen eine Verrechnung mit Reparaturkosten, obwohl Gumpel das Haus *bey seinem einzuge mit großen Kosten zu seiner commodität aptieren lassen*. 1745 verpachtet das Martini-Kapitel an den Juden Gumpel Philip und seine Nachkommen das *alhir am Papen Marckte, und Ritter Straße befindliche Capitular Eckhauß ... so lange selbigen unter königlichen Schutz hieselbst leben*. Der Vertrag wird von Philip Salomon in Abwesenheit seines Sohnes Gumpert Philip unterzeichnet. 1786 möchte der Postdirektor Albrecht das Haus-Nr. 435 erwerben und verweist darauf, daß dem verstorbenen Besitzer des Hauses Gumpert Philipp nach jüdischem Erbrecht der Sohn Joseph Gumpert folgen müsse. Über diesen sei jedoch gerade der Konkurs eröffnet worden. Da Albrecht mit der Witwe Gumpert in Kaufverhandlungen stehe, solle ihm das Martini-Kapitel Pachtkonsens versichern. In einer Aktennotiz heißt es dazu, das dem *Capitul selbst daran gelegen ist, daß das Haus, worin jetzt kein Ziegelstein gebessert wird, und welches dahero immer mehr verfällt, einmal einen guten Besitzer wieder erhalte, wodurch der canon gesichert werde*. 1801 stellt die Regierung in einem Schreiben an das Martini-Kapitel fest, daß das Haus des Juden Levi in das Hypothekenbuch der Regierung als Freihaus eingetragen wurde. *Dies beruht ohne Zweifel in einem Irrthum, denn dieses Haus hat die Servis Nummer 435 und steht sowohl in unsern alten als neuern Hypothekenbuche unter dieser städtischen bürgerlichen Nummer auf den Namen Gumpert Philip, jedoch als ein Martini Capituls Erbpachthaus. Es gibt auch 12 mgr. Kirchengeld an Martinikirche, welches ein onus reale ist, und da es auch einen Hudetheil hat; so finden wir in allen diesem Merkmahle einer städtisch bürgerlichen Besitzung. Vieleicht ist die Täuschung daher entstanden a. weil der Besitzer seinen titulum possessionis vom Martini Capitel ableitet: allein dergleichen Häuser, welche als meyerstetisch vom Martini Capitul releviren, und an daselbe canon pflichtig sind, gibt es sehr viele numerirte Häuser sowohl in der Vitebullen als Opferstraße und sonst, welche als unter unser Jurisdiction gehörig unbezweifelt sind. b weil das Haus ein freyes genannt werden; allein es ist wahr, daß der Besitzer, als Jude frey von Einquartierungen, und sonstigen bürgerl. personallasten ist, aber nicht vom Hause sondern weil die Judenschaft in corpore für die persönl. Befreiung daran ein jährl. Contingent ad 101 RThl an die Cämmerey gibt.* Zum Abschluß stellt der Verfasser fest, das die Behörde bei ihrer Arbeitsüberlastung kein Interesse habe, ein und dasselbe Haus in zwei Hypothekenbüchern zu führen. Das Martini-Kapitel antwortet darauf der Regierung folgendermaßen: *Ursprünglich sind ohne Zweiffel alle von unserem Stifte relevirenden Häuser, besonders da sie in der Nähe der Martinikirche liegen, und vor der Reformation von Canonicis Vicariis, Stifts Officialen und Kirchen Bedienten bewohnt worden, stiftsfrey und ab oneribus civicis eximirt gewesen, und dieses gilt von dem Hause quaest. wohl um so mehr, da es am Papenmarckte i.e. in dem von Geistlichen bewohnten Bezirke liegt, weil aber in späteren Zeiten die alte Verfassung eine Abändrung erlitten und das Stift die mehrsten Häuser, um des oneris fabricae entledigt zu werden, auf emphyteutische Contracte ausgethan hat, so hat dasselbe daraus nicht vigiliren können. Ob dieser oder jener Bewohner Einquartierung angenommen und nachher die Versetzung einer Einquartierungsnummer, die erst in der Decade 1750 geschehen ist ohne Wiederspruch verstattet hat. Von der in der Decade 1770 bewerkstelligten Gemeinheit Theilung konnte man mit 5 RThl. die Erlaubnis erkaufen eine Kuh auf einer auf die gemeine Weide zu treiben, und wer bey der Theilung der Gemeinheit beweisen konnte in diesem Besitz zu sein oder nur im Frühjahr zu deren planieren der Maulwurff Hauffen ect. mit geholfgen zu haben, der erhielt nach Verhältniß seiner Nachweisung einen oder mehrere Hudetheile. Auf der Pertinenz Qualität eines Hude Theils folgt daher auch nicht schlechtens die qualitas civica des Hauses* (STA MS, St. Martini, Akten 144 c).

1729 Joh. Diederich Bresanten (schuldet seit 1721 Kirchgeld); 1738 ein Kapitels Haus (bisher an Joh. Diedrich Brasanten vermietet); 1740 Kapitels Haus, vermietet an Jude Gumpert; 1744 von Stift St. Martini in Erbpacht an den Schutzjuden Philipp Gumper (ist Sohn des Philipp Salomon, Geldwechseler und Händeler sowie Gemeindevorstand der Judenschaft zu Minden. Siehe Linnemeier 1995, S. 334); 1750 Jude Gumpert; 1755 Gumpert, Haus für 400 Rthl; 1778 Erwerb des Hauses durch Witwe Gumpert (Nordsiek 1988, S. 34); um 1780 ... *Philipps Erben Hauß, die Ecke am Papenmarkt und Ritterstraße*; 1781 Jüdin Gumpert; 1793 Jude Levi Wahrendorffer, rep. Stoeck; 1798 Levi Levi (* 1754, ist Schwiegersohn von Philipp Gumpert, verheiratet mit Ester Gumpert (1747–1823). Siehe Linnemeier 1995, S. 335); 1802 Levi Warendorffer, Wohnhaus 1 800 Rthl, Stallung 200 Rthl; 1804 Haus mit Braurecht, hölzerne und metallene Handspritze, kein Vieh; 1806 Trödler Levi Warendorffer; 1811 ersteht der Bäcker Friedrich Wilhelm Nolting das Haus nebst Zubehör und Huderecht für 4 Kühe im Rodenbeck, bei der auf Instanz des Hofpredigers Schnetlage durchgeführten Zwangsversteigerung für 810 Rthl. Nolting verkauft es aber umgehend an den Kaufmann Philipp Wolff Wolfers. Das Haus ist ein Erbpachthaus von St. Martini und der jährliche Zins beträgt 15 Thl; 1811 von St. Martini in Erbpacht an Th. W. Wolfers vergeben (STA MS, St. Martini, Akten 180 d); um 1813 bis um 1820 in dem Haus auch das erste Kasino des Regiments in Minden, seit etwa 1820 in Kampstraße 17 (Cramer 1910, S. 357); 1818 Kaufmann Philipp Wolff (Wolffers) und seine Söhne Jacob (* 1803), Samuel (* 1806) und Isaak (* 1807 – siehe Herzig 1978, S. 50). Wohnhaus 2 900 Thl, Stallung 100 Thl; 1819 das *an der Ritterstraße und dem Papenmarkte belegene vormalige Freihaus* (STA DT, D 23 A Nr. 134, Grundakte Kreis Minden Bd. 1 Blatt 26); 1832 Ph. W. Wolffers Senior; 1846 Jude Kaufmann Wolf Wolffers (82 Jahre); 1853 Kaufmann Wolfers, Wohnhaus und ein Nebengebäude mit drei Stuben zum Federlager; 1857 M. & I. Wolffers, Manufakturwaren; 1873/78 Fleischer Müller und sieben Mietparteien; 1892/1908 Sattlermeister Wilhelm Bevenitz; 1959 Sattlermeister Friedrich Bevenitz.

Wirtschaftsgebäude und Nebenwohnhaus Ritterstraße 26 (um 1850)

Offensichtlich als Wirtschaftsgebäude errichteter zweigeschossiger und unterkellerter (wohl schon ursprünglich verputzter) schmaler Backsteinbau mit Satteldach über ausgebautem Drempel. Die Fassade durch ein Band zwischen den Geschossen und Sohlbänke aus Sandstein gegliedert. Östlich schließen sich Wirtschafts- und Stallgebäude aus Fachwerk an.

Offensichtlich schon ursprünglich war das Gebäude als Wohnhaus ausgebaut mit einem nördlichen Flur, der südlich vier Zimmer erschloß. In der Mitte der nördlichen Traufwand ein Abortanbau. 1892 Entwässerung; 1908 Kanalisation. Heute weitgehend umgebaut und umgestaltet, dabei die nördliche Traufwand um 1985 mit Backsteinen verblendet, an der Stelle der ursprünglichen Aborte heute das Treppenhaus.

Kurienwohnhaus Ritterstraße 28 (von 1566 ?)

1566 wird das Grundstück neu verpachtet und vertraglich der Neubau des Wohnhauses durch den Pächter bestimmt: *tho einer neun gebawet nottrufftiglich sein wirdt up dat aller foder leiste vor sorgen undt die olden structur in den grund niederritten, undt eine neie fundamente up die olde stede oder wihe es nahrade unser am drechlichsten undt bequemlichsten geschenen kan, van steinen bis an die understen balcken upstein, die doeren und venster vun buckeborch, so einen howen undt muren undt solchen stapel noch einz mit guten starken holtze upstenderen, undt vor dan in gelicken na rade unser neuen tenilicker bequemlickeit an keller, schlapkameren, dornessen, sall, schornstein inwendich twen Jahren na dato vorferdigen, den hoff an der stratten wider darumb upfmuren, undt dän inwendich solches Huß mit balcken undt bonnen* ... (STA MS, St. Martini, Akten 144 a, S. 44 f.). Das dabei entstandene Gebäude offensichtlich der Kern des bis heute erhaltenen Hauses, das allerdings in seiner Baugeschichte auf Grund des bis in das Dach ausgebauten Zustandes und des durchgehenden Verputzes bislang nur in Ansätzen

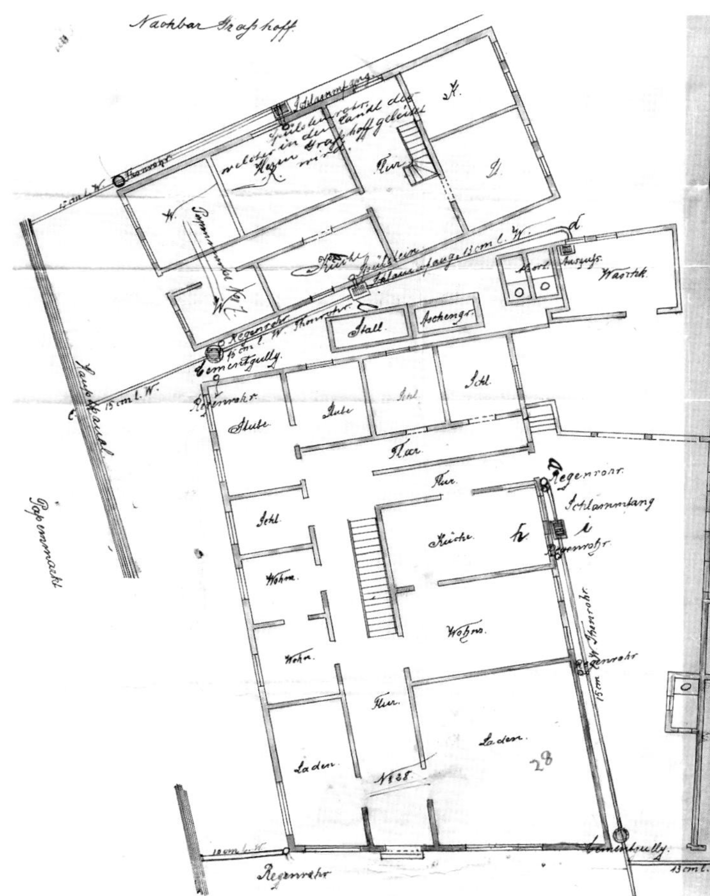

Abb. 1409 Ritterstraße 28 und Papenmarkt 5 (oben), Plan zur Entwässerung des Grundstücks 1892. Norden links.

bekannt ist und noch weiterer intensiver Beobachtung bedarf. Kern ist ein relativ schmaler zweistöckiger Bau, der nachträglich entlang der südlichen Traufwand einen eingeschossigen Anbau mit abgeschlepptem Dach erhielt. Auch dieser wiederum nachträglich durch ein Querhaus und eine Aufstockung erweitert, ferner im östlichen Bereich durch einen zweigeschossigen Querflügel ergänzt. Der Kernbau offensichtlich – entsprechend dem Vertrag – im Erdgeschoß mit massiven Umfassungswänden und im Obergeschoß aus Fachwerk errichtet. Das Sockelmauerwerk aus Backstein (Format 32 x 15 x 8 cm). Das Fachwerk mit einer Riegelkette, aus Eiche und stöckig verzimmert. Die Konstruktion des sicherlich nachträglich abgewalmten Daches nicht bekannt. Das Haus im östlichen Bereich unterkellert, wobei die Umfassungswände aus Bruchstein bestehen, die Decke aus einer Längslage von starken Eichenbalken (darunter ein Längsunterzug aus Nadelholz). Breite Zugangstreppe mit sandsteinernen Stufen und einem hölzernen Türgewände. In der westlichen Kellerwand eine (wohl nachträglich eingebaute) Bogennische.

Nach der Lage des Kellers und der Proportion des Hauses als ursprüngliche Struktur ein hohes Dielengeschoß mit rückwärtigem, unterkellertem Saal zu erschließen. Der ursprüngliche Stubeneinbau dürfte in der vorderen nordwestlichen Ecke zu suchen sein.

1582 setzt Georg Neuhoff, zweiter Ehemann der Anna Lippeling, Witwe des verstorbenen Wichgrafen Johann Vincke, die von diesem angefangenen Restaurierungsarbeiten am Gebäude fort (STA MS, St. Martini, Akten 145). In einer 1638 angefertigten rückwirkenden Handwerkerrechnung für um 1622 ausgeführte Arbeiten werden folgende Räume genannt: sechs neue Fenster in der Stube, Staketzaun, *den Kachell oven wieder zumachen oder umbzulegen unndt für seine neuwe stockpiepen geben*...(STA MS, St. Martini, Akten 144 a).

Für 1793 ist eine Reparatur überliefert (KAM, Mi, C 126), wobei zu dieser Zeit die südliche Erweiterung vorgenommen worden sein kann. Auch die heutige Gestaltung der Fassaden mit den axial geordneten Fenstern und dem (erneuerten) Verputz dürfte von diesen Baumaßnahmen stammen. Dabei der Giebel dreiachsig mit mittlerer Haustür und kleiner vorgelegter Freitreppe gegliedert. Seit diesem Umbau wurde das Haus durch einen mittleren Längsflur bestimmt, an den sich beidseitig Wohnräume anschlossen. Weitere Wohnräume vor dem Ostgiebel, die durch Aufteilung des großen Saales entstanden sind. Die südlichen Wohnräume zogen sich um 1900 durch den südlichen Anbau bis zur Hofseite.

Um 1860 kam es zu einem weiteren Umbau, bei dem man auch die noch erhaltene einläufige Haustreppe mit gedrechselten Traillen einbaute und das Dach des Anbaus zu Wohnzwecken ausbaute; 1892 Entwässerung; 1907 Kanalisation; 1912 Einbau eines großen Ladengeschäftes im Erdgeschoß mit Wegnahme der Außentreppe an der Ritterstraße und des ersten Drittels des mittleren Hausflures (Zugang nun in der südlichen Traufwand); 1959 Umbau des Ladens und Schaffung eines neuen Hauszugangs in der nördlichen Traufwand.

Werkstattgebäude (Ritterstraße 28 a)

Als zweigeschossiger Flügel aus Fachwerk östlich an die Südfront des Hauptbaus angefügt; 1948 Umbau und neues Dach über dem jetzt als Wohnhaus und Werkstatt ausgebauten Gebäude, wobei die Außenwände weitgehend massiv erneuert und mit Rauhputz versehen werden.

RITTERSTRASSE 27 (Abb. 1392–1395, 1404, 1405, 1407, 1410–1412)

1729 bis 1743 Martini-Kirchgeld Nr. 357; bis 1878 Haus-Nr. 443; bis 1908 Ritterstraße 31
Die Parzelle dürfte nach etwa 1540 durch Aufteilung von Flächen entstanden sein, die zum Gelände des Martini-Stiftes gehörten (dazu siehe Alte Kirchstraße 1/1 a). Zunächst war sie allerdings offensichtlich noch zur Hausstätte Ritterstraße 29 gehörig und für eine Durchfahrt bzw. später für ein Nebenhaus vorgesehen (die Parzelle blieb auch später ohne Braurecht). Der wohl erste Bau auf diesem Platz wurde 1579 durch den für die Mindener Geschichte bedeutenden Pastor an St. Martini, Hermann Huddaeus, kurz vor seinem Tode errichtet. Spätestens 1743 ist das Haus als selbständiges Bürgerhaus nachweisbar, so daß die Teilung des Grundstücks wohl unmittelbar zuvor erfolgt sein dürfte.

Im Zuge von Bauarbeiten wurden Streufunde mit neuzeitlicher Irdenware und Steinzeug (Teil I, Kap. I.3, Fundstellenkatalog, Fundstelle 90) geborgen. Verbleib der Funde: Mindener Museum, MA 90.

1572 Herman Huddig oder Huddaeus (weit über Westfalen hinaus bekannter Gelehrter und einer der führenden Personen der Reformationszeit in Minden. Besaß angeblich eine der beiden zu seiner Zeit bedeutenden Privatbibliotheken Westfalens. Entstammte der Bürgerfamilie Huddinck und war mit einer geborenen Dove verheiratet. Zunächst Konrektor und Rektor des benachbarten Gymnasiums, seit 1557 Pastor an St. Martini, seit 1565 Superintendent. Genaue Lebensdaten nicht bekannt, von 1540 bis 1577 nachweisbar, wohl 1517/18

Abb. 1410 Ritterstraße 25, 27 (Mitte) und 29 (angeschnitten), Ansicht von Nordosten, 1956.

bis um 1577. Siehe dazu von Schroeder 1969 und Wehking 1997, Nr. 92); 1581 Pauwel Weßling (hat Huderecht für 4 Kühe); 1603 Herman Huddich (Sohn des Bauherrn); 1663 Johann Neteler (?) (KAM, Mi, B 122). 1676/82 Bartholdt Schwier; 1698 Johan Harmen Borries Haus, zahlt jährlich 4 Thl Giebelschatz; 1703/11 Witwe Anthon Sebaß; 1723 Brauer und Kramer Johann Hölscher; 1738/40 Johann Hölschers Haus; 1743 Grobbäcker Tönnies Gabel; 1750 Meister Gabel; 1753 Friedrich Gabel; 1755 Gottfried Gabel, Haus für 225 Rthl; 1766 Gabel, 300 Rthl; 1771 Karl Arens; 1781 Böttcher Koch (ist 1768 aus Magdeburg zugezogen), Haus für 300 Rthl; 1796 Böttchermeister Koch; 1802 Ludwig Koch, Haus für 800 Rthl, Kuhstall 50 Rthl, hat kein Braurecht, hat hölzerne Handspritze, hält 1 Jungvieh und 1 Schwein; 1818 Bleicher Wahl; 1826 Wahl, Erhöhung Wohnhaus auf 1500 Thl und Stallung auf 200 Thl; 1846 Bäcker Wilhelm Wahl mit vier Mietparteien (insgesamt 22 Personen im Haus); um 1853 Bäcker Wahl mit fünf Mietparteien; 1873/78 Ph. Otto und sieben Mietparteien; 1893 Theodor Palm; 1908 Auktionator Adolf Werberg; 1939 Verkauf von Kaufmann Leopold Israel Werberg an die Stadt Minden; 1952 Rückgabe an die Erben Werberg in New York; 1959 Stadt Minden.

Dielenhaus (1579–1955)

1579 für Hermann Huddig oder Huddäus (Datierung mit Hauszeichen auf der Wappentafel in der Fassade) errichtetes und für die Bauzeit in der Größe durchschnittliches, aber durch das wohl ausgebaute Obergeschoß hervorgehobenes Dielenhaus mit massiven Umfassungswänden aus Backstein und zeitgleichem Obergeschoß. Rückwärts kurzer, südlich eingezogener Flügelbau. Die Traufwände mit geschoßweisen Bogenstellungen (im Dielengeschoß vier), wobei teilweise auch wiederverwendete Sandsteinquader vermauert wurden. Sparrendach mit zwei Kehlbalkenlagen, unter der unteren ein einfach stehender Stuhl mit Kopfbändern im Längsverband. Das vordere Giebeldreieck aus Fachwerk und zweifach vorkragend.

Abb. 1411 Ritterstraße 27, Ansicht von Osten, 1993.

Das Haus mit einer Durchfahrtsdiele konzipiert, von der sich der rückwärtige schlichte Torbogen in der südlichen Ecke des Westgiebels aus Obernkirchener Sandstein in Resten erhalten hatte. Nach dem Entwässerungsplan von 1893 offensichtlich links vorn ein (später verlängerter) Stubeneinbau, rechts eine breite, befahrbare Diele (das Tor etwa mittig im Giebel, rechts schmales Fenster zur Belichtung). Vor Kopf der Diele der Zugang zum unterkellerten Saal im Hinterhaus, der möglicherweise erst nachträglich errichtet wurde.

Der Vordergiebel war zuletzt im unteren Bereich völlig verändert und neu überputzt, ehemals mit einer bis vor das Obergeschoß reichenden, nachträglich errichteten Utlucht auf der Südseite (hier war beim Abbruch der Überfangbogen im Obergeschoß der Fassade nachzuweisen). In der Mitte des Obergeschosses in der Brüstungszone eine 1579 datierte Sandsteintafel mit Wappen (offensichtlich über dem Scheitelpunkt eines ehemaligen Torbogens), die in den Neubau wieder eingesetzt worden ist (dazu weiter unten).

Das offensichtlich als Alterswohnsitz des Superintendenten H. Huddaeus erbaute Haus zeichnet sich durch das hohe Obergeschoß aus, das damit offensichtlich Wohnzwecken diente. Entsprechende Obergeschoßsäle bei der recht bescheidenden Größe des Hauses deuten auf eine nicht in der Landwirtschaft fundierte Hauswirtschaft hin, die insbesondere durch Geldeinkünfte versorgt wurde, wobei das Obergeschoß als Studierraum und Bibliothek gedient haben könnte.

1781 wurde das Haus inwendig repariert, 1784 folgten weitere Reparaturen (KAM, Mi, C 874). 1795 werden 40 Rthl Baufreiheitsgelder für den Hausausbau ausgezahlt (KAM, Mi, C 156,13 alt). 1913 Kanalisation. Nachdem das Haus 1945 Schäden durch Fliegerbomben erlitt, wurde es nur noch notdürftig in Stand gesetzt. 1948 brachen Teile der südlichen Traufwand aus dem Haus (KAM, Mi, H 60, Nr. 170), und 1955 wird es abgebrochen (Fotodokumentation im Museum).

Neubau (von 1959)

Für die Zwecke des Museums Minden nach 1958 erstellten Plänen des Stadtbauamtes Minden errichtet (Archiv LWL Münster, C 76, Nr. 549). Zweigeschossiger verputzter und völlig unterkellerter Massivbau (Decken aus Beton) mit pfannengedecktem Satteldach, der im Unterschied zum Vorgängerbau die gesamte Parzelle bis zur rückwärtigen Grenze überbaute und heute im rückwärtigen Bereich die Baugruppe in historisch unangemessener Form dominiert.

Abb. 1412 Ritterstraße 27, Wappentafel von 1579, Zustand 1995.

Die Vorderfront als Bestandteil der Häuserzeile in Formen der Baupflege gestaltet und durch die Verwendung zahlreicher Spolien geschmückt, dabei auch die 1579 datierte Wappentafel aus Sandstein aus dem Vorgängerbau wieder eingesetzt (ältere Abbildung mit wesentlich weniger Abwitterung bei von Schroeder 1969, Abb. 40). Diese zeigt einen Schild mit einem auf seinem Nest stehenden Pelikan, der mit seinem Blut seine Jungen nährt. Unter dem Nest hängen Weintrauben. Um die Darstellung lateinische Inschrift: *HIS QUI PRESUNT / PRO LEGE ET PRO GREGE / 1579* (Denen, die an der Spitze stehen für das Gesetz und für das Volk). Oberer und seitlicher Abschluß mit Wasserschlag. Das Hauszeichen findet sich ebenso wie die Anfangsbuchstaben des Wahlspruches auch auf dem 1568 datierten und von Ludger tom Ring d. J. gemalten Porträt von H. Huddaeus, das sich heute in der Gemäldegalerie der Staatlichen Museen Berlin befindet (in der Literatur das heraldisch rechts sitzende Wappen irrigerweise seiner Frau und damit der Familie Dove zugeordnet – siehe Wehking 1997, Nr. 92 und 102).

Der um 1610 zu datierende Torbogen stammt einschließlich des Oberlichtes mit seinen Sandsteingewänden aus dem 1959 abgebrochenen Haus Simeonstraße 11. Ferner sind auch für die völlig neu gestaltete und aus städtebaulichen Gründen (zur weiteren Staffelung der malerischen Hausreihe) im Norden vor das Gebäude gestellte Utlucht Spolien von zwei unterschiedlichen Utluchten der Zeit um 1600 verwendet worden (Altbesitz des Museums, Herkunft nicht mehr bekannt). Die Utlucht aus Obernkirchener Sandstein aufgebaut, allerdings in ungewöhnlicher Weise dreigeschossig ausgeführt und das Treppenhaus bis zum Dach aufnehmend. 1984 in die Denkmalliste der Stadt Minden eingetragen.

RITTERSTRASSE 28 a (Abb. 1413)

1729 bis 1743 Martini-Kirchgeld Nr. 354; bis 1818 Haus-Nr. 440; bis 1878 Haus-Nr. 440 a; bis 1908 Papenmarkt 10

Extrem kleine Hausstelle, auf der ganzen Fläche überbaut. Es handelt sich um das südlichste Stück eines Grundstücksstreifens, der sich zwischen dem Haus Papenmarkt 8 und der Ritterstraße hinzog

Abb. 1413 Ritterstraße 28 a, Ansicht von Südwesten, rechts Papenmarkt 10, Zustand 1973.

und durch die Aufteilung der zu St. Martini gehörenden Kurie des Thesaurars im 16. oder 17. Jahrhundert entstanden ist. Das Gebäude war unmittelbar an das nördlich anschließende Haus Ritterstraße 30 angebaut (und als eigenständiges Haus erst durch eine nachträgliche Abteilung von dieser Hausstelle wohl in der zweiten Hälfte des 18. Jahrhunderts entstanden). Schon vor 1698 gehörte der Gesamtbau als Nebenhaus zu dem gegenüberliegenden Haus Ritterstraße 23, danach um 1800 zum Haus Papenmarkt 8.

1983 wurde in der Baugrube die Stratigraphie aufgenommen. Unter Bauschutt- und Brandschuttschichten befanden sich zwei ostwestlich verlaufende Bruchsteinmauern, die nicht näher zugeordnet werden konnten (Teil I, Kap. I.3, Fundstellenkatalog, Fundstelle 92). Siehe dazu AFWL 3, 1985, S. 277.

1698 Dr. Vasmars kleines Haus (zahlt 1 Thl 12 gr Giebelschatz), vermietet an Conrad Hüsemann, jetzt Johan Hinich Carsten; 1703 Johan Henrich Karsten in Dr. Vasmars kleinem Haus; 1709/11 Johann Henrich Karsten; 1711/23 Witwe Doctor Vassmar; 1723 Mieter ist der Schuster David Fleischer; 1729 *Witwe Mackonóvens Nebenhaus auf der anderen Straßenseite*; 1739 das Martini-Kapitel vermietet an den Schuster David Fleischer *das demselben zugehörige auff dem Papen marckte, von der Frau Doctorin Vasmarn Hofe befindliche zweyte kleine Capitular Hauß* für 7 Jahre für 9 Rthl jährlich (STA MS, St. Martini, Akten 144 c); 1743 Christoph Fleischer, Inquilinus (Pächter); 1750 vermietet an Meister Rose; 1755 Frau Kriegsrat Mackenauen (wohnt Ritterstraße 23) kleines Haus für 50 Rthl; 1756/66 Bäcker Gerh. Henrich Meyer; 1781 Meyer, 50 Rthl; 1798 Schuster Sieckmann; 1802/04 Kalkulator Voss (wohnt Papenmarkt 8), 600 Rthl, Mieter ist

Schürmann Junior, ohne Braurecht, ohne Vieh; 1806 Nebenhaus von Papenmarkt 8; 1818 Schneider Wehdeking, Haus für 500 Thl; 1832 Schneidermeister August Wiegmann; 1835 Bohmeyer; 1846 ohne Eintrag; 1853 Schneider Brockmann; 1873 Mützenmacher Fanger; 1878 Meinhardt; 1893 Buchbinder Berthold Christ; 1908/09 Steindrucker Karl Klopfer; 1919 Drucker und Maschinenmeister Hermann Rehmert; 1938 Jacob Janzen; 1983 Wohnhaus Minden GmbH.

Wohnhaus (1764–1983)

1764 als Neubau bezeichnet, wobei jedoch Material eines Vorgängerhauses in unbekanntem Umfang wieder Verwendung fand (KAM, Mi, C 384). So bestand auch die rückwärtige östliche Traufwand bis 1983 im Erdgeschoß aus Bruchsteinmauerwerk. Das Gebäude wurde durch den Zimmermeister Meyer und den Maurermeister Zengerle ausgeführt.

Nach einer erst 1779 erstellten Kostenabrechnung über den Neubau zur Erlangung von Baufreiheitsgeldern war das Fachwerkhaus mit Backsteinausfachung 56 Fuß lang, 24 Fuß breit (also etwa 18 x 7,5 m), zwei Etagen hoch und hatte 9 Sparrengebinde. Damit dürfte es sich noch um den Gesamtbau Nr. 28 a und 30 gehandelt haben. Das Satteldach wies zum Papenmarkt einen Krüppelwalm auf. *Worinnen sich befinden zwey Stuben, zwey Küchen, drei Kammern.* Da jeweils seitlich der beiden Haustüren eine Stube und oben seitlich des Flures je eine Kammer beschrieben werden, ist das Haus offensichtlich als ein zu dieser Zeit mehrmals in der Stadt belegtes Mietshaus für zwei Parteien errichtet worden. Die Fenster mit Läden erhielten Windeisen, dürften also mit Blei verglast gewesen sein.

Nach der Teilung des Hauses wurde das Dach des südlichen Teiles, der nun die drei südlichen Gefache umfaßte, im 19. Jahrhundert zu weiteren Wohnräumen ausgebaut, wozu die östliche Traufwand eine hohe Aufdrempelung erhielt. 1893 Entwässerung; 1909 Kanalisation; 1919 Umbau der Fenster und Türen im Erdgeschoß; 1983 Abbruch im Zuge der Stadtsanierung.

Hinter dem Haus beim Abbruch ein Grabstein des Johannes Kaupp (1738–1808) und seiner Frau Luise, geb. Kunsemüller (* 1751, † 1813) gefunden, heute im Museum Minden (Lap. 2).

RITTERSTRASSE 29 (Abb. 1392–1395, 1404, 1410, 1414–1421)

1729 bis 1743 Martini-Kirchgeld Nr. 358; bis 1878 Haus-Nr. 446; bis 1908 Ritterstraße 33

Die Parzelle dürfte um 1540 durch Aufteilung von Flächen entstanden sein, die zum Gelände des Stiftes St. Martini gehörten (dazu siehe Alte Kirchstraße 1/1 a). Dabei scheint sie ehemals die doppelte Breite aufgewiesen zu haben, wobei die Fläche des Hauses Ritterstraße 27 möglicherweise zunächst als Nebenhaus zugehörig war, aber schon spätestens 1579 als eigener Bauplatz abgeteilt wurde.

Im Zuge einer Baustellenbeobachtung wurden 1974 Scherben und Ofenkacheln des 16.–19. Jahrhunderts (Teil I, Kap. I.3, Fundstellenkatalog, Fundstelle 89) geborgen. Verbleib der Funde: Mindener Museum, MA 89.

1566 läßt Berendt Ellerman eine Obligation über 100 Thl bei der städtischen Rentenkammer auf das Haus eintragen. Als spätere Eigentümer werden dort genannt: Otto Varenhorst, Johan Groethueß, Jürgen Dove, 1663 Bartoldt Böenell, 1668 Arendt Wehmer (zahlt 50 Thl Kapital ab), 1670 Arendt Wehmer, der das restliche Kapital abzahlte (KAM, Mi, B 151 und B 154,4 alt). Eine weitere Rente wurde 1566 beim Heilig-Geist-Hospital aufgenommen. Dort als Besitzerfolge genannt: 1566 Berendt Ellermann, danach Otto Varenhorst, dann Johannes Grothues (KAM, Mi, B 114); 1572 *O. V.* (wohl Otto Vahrenhorst); 1603 Otto Vahrenhorst überweist eine Rente über 50 Rthl aus *seinem Haus achter Curria, twißchen Johannes Syckmans und Herman Huddichs Husern* an das Hospital St. Nikolai, gibt jährlich auf Weihnachten 2 ½ Thl *uff die Claves Kammer*; später Johan Grothus, dann Jürgen Dove; 1663 Bartholdt Bönell (*Haus für 900 Thl gekauft, zahlt Nicolai Armen jährlich 11 gr. Pacht* – siehe: KAM, Mi, B 122), jetzt Arend Wehmer.

1642 Margarethe Natorp, Witwe des Johan Grothausen erklärt: das *Haus hinter Kuria, 6 Morgen Erblandes und zweyen Erbgarten* – ehemals Teil der sogenannten *Kempers güter,* die neben dem Haus 26 Morgen Land und eine kleine Wiese umfaßten – wurde schon vor dem Tod ihres Mannes an seinen Schwiegersohn Krudup genannt, in Bremen abgetreten (KAM, Mi, B 58,8 alt); 1668 Arend Wehmer, Bauknecht, verdient im Jahr 50 Rthl; 1698/1717 Johan Rudolph Ebelinck (zahlt jährlich 4 Thl Giebelschatz); 1729 Brauer und Beckenschläger Christoph Hinrich Schmidt; 1729 Witwe Christoph Schmidt; 1738 Weißgerber Johan Sitzner (1727 wird der Weißgerber

Abb. 1414 Ritterstraße 29, Vorderansicht von Osten, um 1970.

Johann Setzner Bürger der Stadt. Siehe: KAM, Mi, C 352,7 alt), 1751 Johan Zetzener, 1759 Johan Setzener *vorhin Christ. Henrich Schmied vor sein Haus hinter Curia* (KAM, Mi, B 103 b,2 alt; C 203,22 alt; C 604; Urkunden A I, Nr. 770).

1743 ohne Eintrag (Haus ohne Grundbesitz); 1750/55/60 Johan Zetzner, Haus für 300 Rthl; 1766 Meister Dresing; 1781 Ernst Behrens, Haus für 300 Rthl; 1798 Schuster Dolle; 1802/04 Dolle, Haus für 1200 Rthl, hat Braurecht, hält kein Vieh; 1805 der Besitz von Dolle, Haus, Grundstück und Huderecht für 6 Kühe vor dem Simeonstor wird versteigert (WMA 1805); 1818 Witwe Dehne, Wohnhaus 1200 Thl; 1827/32 Schlosser Wilhelm Müller, Wohnhaus 1550 Thl, Ferkelställeanbau 250 Thl, Kuhstall 175 Thl, Schweinestall 25 Thl; 1846 Schlosser W. Müller; um 1853 Müller und Mieter Zahnarzt Christen; 1873/78 Bäcker Becker; 1893/1908 Bäckermeister Heinrich Becker; 1912 Bäckermeister Adolf Uhde; 1925 Kauf durch die Stadt Minden.

Dielenhaus (von 1555 ⓓ)

Das Haus wurde bei dem 1975 vorgenommenen Umbau für Zwecke des Museumskomplexes weitestgehend seiner historischen Substanz beraubt, so daß heute nur noch grundsätzliche Aussagen zum Typ der Kernsubstanz, aber keine Erkenntnisse mehr zur baulichen Entwicklung und Ausgestaltung möglich sind. Es wurde dabei im Inneren völlig freigeräumt und in jedem Geschoß auf eine Ausstellungshalle reduziert, ferner das Dachwerk aus Nadelholzbindern erneuert (Planung: Hochbauamt Stadt Minden). Der Vordergiebel in diesem Zusammenhang durch die Verwendung zahlreicher Spolien als »typische Fassade eines Renaissancebürgerhauses« gestaltet, wobei er völlig abgetragen und unter Verwendung der Werksteinspolien neu aus Kalksandstein aufgemauert wurde, das Giebeldreieck neu aus den alten Hölzern verzimmert. Auch der Rückgiebel wurde neu aufgemauert, auf den umlaufenden Mauerkronen ein Ringanker von Beton aufgebracht und die Balkenlage des Obergeschosses dafür um etwa 30 cm angehoben. Um Durchgänge zu den benachbarten Häusern zu schaffen, wurden an beiden Traufwänden in beiden Geschossen teilweise die Felder in den Wand-

Abb. 1415 Ritterstraße 29, Vorderansicht von Osten, 1993.

bögen herausgebrochen. Statt der Innenwände heute ein hölzerner Längsunterzug unter den beiden Balkenlagen, der jeweils von fünf Ständern mit Sattelhölzern getragen wird.

In der baugeschichtlichen Literatur wurde verschiedentlich auf das Gebäude eingegangen, wobei die auf Grund von Fehldeutungen erstellten Hypothesen zuletzt bei Baumeier 1995, S. 101–102 ohne Quellenangabe übernommen wurden. So wird von einem »spätmittelalterlichen Kern« ausgegangen, der 1572 stark umgebaut worden sein soll (Soenke 1977, S. 194, danach Nordsiek 1979, S. 49; dieser geht allerdings ohne Darlegung von Befunden von einem älteren Hauskern aus, der »um 1572« eine neue Fassade und ein Obergeschoß erhielt). Die Datierung 1572 scheint aus einem bei der Renovierung aufgefundenen und heute in der neuen Utlucht eingefügten Bruchstück einer Werksteinarbeit unbekannter Funktion entnommen zu sein.

Im Bestand folgendes noch feststellbar: Dielenhaus mit massiven Umfassungswänden, nach baulichen Kriterien in der Mitte des 16. Jahrhunderts entstanden, nach dendrochronologischer Datierung (1995 durch H. Tisje/Neu-Isenburg) um 1555 errichtet und um 1591 aufgestockt:

Abb. 1416 Ritterstraße 29, Ansicht von Südosten (nach Abbruch von Nr. 27), 1955.

Frühjahr 1551	Dachwerk, 4. Balken von vorn
1554/55	Dachwerk, 9. Balken von vorn
1555 ± 1	Dachwerk, 2. Balken von vorn
um oder nach 1550	Dachwerk, 3. Balken von vorn
1590 ± 2	9. Geschoßbalken von vorn
1590/91	8. Geschoßbalken von vorn

Auf Grund dieser Befunde ist das Haus offensichtlich zunächst 1554/55 eingeschossig errichtet worden, wobei als Bauherr Berend Ellermann anzunehmen ist. Zur Bauzeit des Kernbaus gehören noch die Formen des Torbogens, auf die Aufstockung weisen die Änderungen im Mauerwerk der südlichen Traufwand über dem Dielengeschoß (Höhe etwa 4,60 m) hin, wonach man das Gebäude um 1591 nachträglich um ein Obergeschoß von etwa 2,80 m Höhe erweiterte. Auf Grund der dendrochronologischen Daten wurde dabei nicht nur das alte Dachwerk einschließlich der Balken abgenommen und über den erhöhten Mauern wieder aufgesetzt (statt dessen wurden neue und kürzere Geschoßbalken auf den Mauerversprung über dem Erdgeschoß gelegt), sondern auch die alten sandsteinernen Kragsteine mit spätgotischer Kontur des daher zunächst offenbar massiven Giebeldreiecks wieder in den erhöhten Giebel eingesetzt. Ferner darüber ein Giebeldreieck aus Fachwerk neu verzimmert. Es ist zweifach über Stichbalken vorkragend und trug ehemals in der Spitzsäule einen Geckpfahl. Auf der

Abb. 1417 Ritterstraße 31 und 29 (rechts), rückwärtige Ansicht von der Alten Kirchstraße, Zustand 1970.

Schwelle geringe Reste einer Inschrift: …*IOHAN RV…NO AN…W… DEN 9 NOVEMBR* (siehe auch WEHKING 1997, Nr. 105). Der Rückgiebel einfacher gestaltet: hier schlug man um 1600 ein Obergeschoß aus Fachwerk auf, darüber folgte ein schlichtes und ohne Vorkragung verzimmertes Dreieck, das noch zum ursprünglichen Bestand gehört haben könnte. Auch die nördliche Traufwand ist zumindest in Teilbereichen aus Fachwerk erstellt worden (diese Bereiche wurden 1982 massiv erneuert). Das Dachwerk bis auf die beiden Giebeldreiecke seit 1975 nicht mehr erhalten.

Die Umfassungswände des Hauses sind aus Backstein, dabei in den Traufwänden im Erdgeschoß jeweils vier Bögen, im Obergeschoß jeweils sechs Bögen. Über dem Erdgeschoß 12, über dem Speicher 11 Balken. Im dem aus Bruchstein aufgemauerten Vordergiebel ein rundbogiges Tor mit sandsteinernem Gewände, das ein Profil aus Stab, breiter Kehle und Stab zeigt. Über dem Scheitel ein nachträglich eingebauter Wappenstein mit abdeckendem Wasserschlag in spätgotischen Formen. In der Darstellung halten zwei nackte Engel ein Wappenschild, das eine dreiblättrige Pflanze zeigt, daneben *OV* (wohl Otto Vahrenhorst). Südlich davon ein hohes dreibahniges Fenster mit sand-

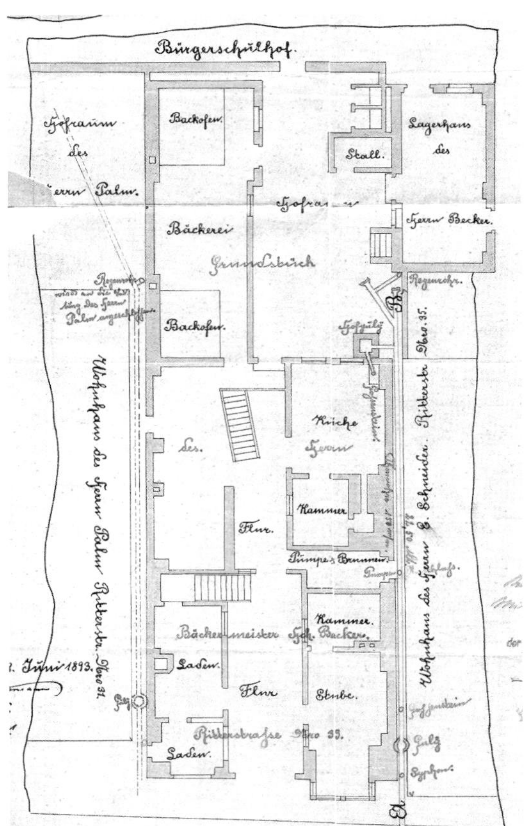

Abb. 1418 Ritterstraße 29, Grundriß aus der Entwässerungsakte von 1893.

Abb. 1419 Ritterstraße 29, Blick in die Diele, Zustand 1953.

steinernen Gewänden und mittlerer Brücke. Die Pfosten als Säulenschäfte mit korinthischen Kapitellen gestaltet. Das nach Vergleich der Steinmetzzeichen mit denen des Torbogens zum Kernbau gehörende Fenster diente der Belichtung der Diele und wurde nach den meisten erhaltenen Teilen 1975 im unteren Teil rekonstruiert. Nördlich des Torbogens eine zweigeschossige Utlucht unbekannten Alters aus verputztem Fachwerk. Sie wurde 1975 durch die freie Rekonstruktion einer renaissancezeitlichen Utlucht aus Werksteinteilen ersetzt, wobei bei der Sanierung des Hauses aufgefundene Spolien der Zeit Verwendung fanden. Zu diesem Zweck wurden diese allerdings willkürlich verändert. Darunter sind zwei zusammengehörende Wappentafeln mit der Datierung 1572, von denen das eine dem Wappen (Pflanze mit Wurzel und drei Blättern) über dem Torbogen gleicht und die Monogramme *O V* (Otto Varenhorst) trägt. Das andere, das ein Frauengesicht in Strahlenkranz zeigt, trägt die Buchstaben *G V D*. Die Gestaltung des Giebelobergeschosses wird durch eine Gruppe von fünf Fenstern mit Sohlbänken aus Sandstein bestimmt, die auf eine Renovierung der Fassade mit Verputz der ganzen Front um 1850 zurückgehen dürfte. Das dreiflügelige – seit 1975 durch eine Kopie ersetzte – Türblatt mit einem versprossten Oberlicht um 1800 eingesetzt (Abbildung schon bei Jahr 1929, Abb. 71).

Sowohl die ursprüngliche Organisation des Inneren wie auch dessen weitere Entwicklung ist weitgehend unklar. In der nördlichen Traufwand ist an der Stelle des dritten Bogens von vorn die ursprüngliche Kaminanlage für das Herdfeuer zu erschließen, wobei der anschließende Schornstein im Speichergeschoß nur durch eine Vorlage des Pfeilers zwischen dem vierten und fünften Bogen sichtbar wird. Zur 1975 freigelegten Feuerstelle gehören die Bruchstücke zweier Kaminkonsolen, von denen die linke eine auf einer Renaissancekonsole stehende Karyatide mit ionischem Kapitell zeigt, die die vorkragende Konsole des Rauchfangs trug, während die rechte schlichter gestaltet ist (1975 der Rauchfang rekonstruiert und Kragsteine des 17. Jahrhunderts aus dem Museumsbestand eingebaut). Sicherlich ist im Bereich vor der Feuerstelle von einem nördlichen vorderen seitlichen Stubeneinbau auszugehen.

Abb. 1420 Ritterstraße 29, Wappenstein mit dem Wappenschild des Bauherren Otto Vahrenhorst aus der Zeit um 1591, Zustand 1995.

1893 Entwässerung; 1913 Kanalisation; 1984 in die Denkmalliste der Stadt Minden eingetragen.

Flügelbau (1555–1912 und 1912–1959)

Hinter dem Haus befand sich bis in das frühe 20. Jahrhundert ein Flügelbau, der zum Bestand des 16. Jahrhunderts gehörte. Darunter ein Gewölbekeller (Baumeier 1995, S. 101). Der schmale Baukörper stand an der südlichen Grundstücksgrenze und wurde zuletzt als Backhaus genutzt.

1912 Abbruch des alten Backhauses auf dem Hof und Neubau eines zweistöckigen massiven Wirtschafts- und Wohngebäudes. 1959 Abbruch des Hinterhauses mit Werkstatt und Wohnung.

Abb. 1421 Ritterstraße 29, 1572 datiertes Bruchstück einer Utluchtbrüstung (?), Zustand 1975.

Abb. 1422 Ritterstraße 32 (links angeschnitten) und 30, Ansicht von Nordwesten, Zustand 1953.

Lagerhaus (1877–1959)

Nachdem ein Teil des Grundstücks 1869 an das westlich anschließende Gymnasium verkauft worden war, kam es 1877 zum Bau eines kleinen massiven Lagerhauses auf dem verbliebenen kleinen Hofgrundstück (siehe KAM, Mi, F 1012) hinter Ritterstraße 31.

RITTERSTRASSE 30–32 (Abb. 1422, 1423)

An der Stelle der ab 1959 im Zuge der Stadtsanierung durch die Stadtverwaltung aufgekauften und abgebrochenen Häuser Papenmarkt 8, Ritterstraße 28 a, 30, 32 und 34 wurde 1983 durch die Wohnhaus Minden GmbH nach Plänen des Architekturbüros Moelle & Thiele ein Mehrfamilienhaus errichtet. Der aus Kalksandstein errichtete dreigeschossige Komplex mit ausgebautem Dachgeschoß und roter Pfannendeckung unter Beratung des Baupflegeamtes Münster als Pendant zur Museumszeile (Ritterstraße 23–31) als gestaffelter Baukörper mit einer komplizierten Dachlandschaft gegliedert, wobei die Fassade in vier selbständige Giebel (jeweils mit Erkern) untergliedert wurde.

RITTERSTRASSE 30 (Abb. 1422–1424)

bis 1878 Haus-Nr. 440 b

Sehr kleine und schmale Parzelle, die sich zwischen dem Grundstück Papenmarkt 8 und der Ritterstraße hinzog. Sie entstand zusammen mit dem bis gegen 1800 zugehörigen Grundstück Ritterstraße 28 a im 16. Jahrhundert durch Abtrennung und Aufsiedlung der zum Stift St. Martini gehörenden Kurie des Thesaurars (siehe dazu Ritterstraße 36). Die Parzelle wurde in der ganzen Tiefe überbaut, so daß nur nördlich des Gebäudes ein kleiner Hofplatz mit Stall verblieb.

Abb. 1423 Ritterstraße 30–32 (rechts), Ansicht von Süden, 1997.

Der Grund des Hauses gehörte bis ins 18. Jahrhundert dem Martini-Stift und wurde in Pacht vergeben.

1781 Erben Controlleur Boltzen, Haus für 300 Rthl, Mieter ist Senator Hutschky; 1804 Mieter ist Voltenas und Invalide Marks, hält 1 Stück Jungvieh; 1805 Erben Controlleur Bolzen, Haus für 300 Rthl; 1818 Mingolsheim, Erhöhung der Versicherung von 400 auf 1 000 Thl; 1827 Möhring; 1832 Mingolsheim, Mieter ist Friedrich Wilhelm Pieper; 1846 Tabakfabrikant Gerhard Rosenhagen; 1853/56 Schneider Brockmann, Mieter ist der Lithograph Burgheim, der dort auch eine Druckerei betreibt; 1873/78 Witwe Brockmann; 1893/1908 Schuhmacher Emil Netz; 1927 Auktionator Wilhelm Horstmann; 1959 Stadt Minden.

Wohnhaus (1764–1959)

Zweigeschossiges, traufenständiges Haus von nur geringer Tiefe, offensichtlich auf eine Erneuerung im Jahre 1764 (siehe dazu unter Ritterstraße 28 a) zurückgehend. Nach der um 1800 erfolgten Trennung in zwei selbständige Bauten umfaßte der Bau fünf Gefache, wobei auch die Fassade fünfachsig gegliedert wurde. Diese in klassizistischer Weise schlicht geputzt und mit geschoßtrennendem Gesimsband. Das Innere mit einem mittleren Querflur und seitlich jeweils zwei hintereinanderliegenden Wohnräumen.

1856 Vergrößerung der Dachkammer (KAM, Mi, F 1137); 1893 Entwässerung; nachdem man schon 1938 den schlechten baulichen Zustand des Hauses festgestellt hatte, wurde es 1959 abgebrochen.

Abb. 1424 Ritterstraße 31, Ansicht von Osten, 1967.

RITTERSTRASSE 31 (Abb. 1392, 1394–1395, 1417, 1424–1426)

1729 bis 1743 Martini-Kirchgeld Nr. 361; bis 1878 Haus-Nr. 447 a; bis 1908 Ritterstraße 35 Das Grundstück gehörte noch bis in das frühe 19. Jahrhundert als Erbpachtland zum Stift St. Martini. Die Parzelle dürfte um 1530 durch Aufteilung des Wirtschaftshofes entstanden sein, der zum Martini-Stift gehört hatte (dazu siehe Alte Kirchstraße 1/1 a).

1537 Hinrich Walbom (später Hinrich Wiese); 1581 Detert Hencke (hat Huderecht auf 4 Kühe); 1621 H. W. (Heinrich Wiese) und seine Frau E. H.; 1663 Hinrich Wiese Senior *(hat im März 1638 seine Güter spezificiert und durch s. Herrn Camerarium Gabriel Natorp dem Rat übergeben lassen)* ? (KAM, Mi, B 122). 1698/1711 Johan Jochem Meyer, zahlt jährlich 4 Thl Giebelschatz; 1723 Brauer und Bäcker Joh. Herm Meyer; 1729/40 Johann Hermann Meyer; 1743 Kleinschmied Johan Meyer; 1750 N. Beckmeyer; 1755 Wilhelm Beckemeyer, Junior, Haus für 220 Rthl; 1766/81 Kaufmann Beckmeyer, 220 Rthl; 1789 Verkauf von Wilhelm Beckmann an Kaufmann Wilhelm Siekmann (STA DT, M1, I C Nr. 232); 1798 Kaufmann Sieckmann, Haus und Nebengebäude; 1802/04 Haus und Scheune mit Braurecht, hält 3 Kühe und 2 Schweine; 1812 Kaufmann Wilhelm Siekmann (geb. 1760, besitzt außerdem Ritterstraße 36 und Alte Kirchstraße 3); 1815 Kaufmann Siekmann mit den Söhnen Franz (* 1795) und Friedrich (* 1797); 1818 Wohnhaus 1 500 Thl, Scheune und Stall 500 Thl; 1832 Kaufmann Wilhelm Siekmann; 1846 Siekmann, Mieter ist Arzt Joh. Flamme und Kaufmann Wilhelm Rodowe (70 Jahre), insgesamt 16 Personen im Haus; um 1853 Minorennen Siekmann, Mieter ist Flamme; 1873/78 Schlosser Rabe; 1893 E. Schneider; 1908/10 Auktionator Wilhelm Horstmann; 1925 Kauf durch die Stadt Minden.

Gebäude (1514 ⓓ –um 1618)

Ein hier möglicherweise bestehender Fachwerkbau durch in dem späteren Haus wiederverwendetes Holz zu vermuten. Das Gebäude, vielleicht als Wirtschaftsgebäude für St. Martini errichtet, dann wohl kurz nach 1530 als Wohnhaus umgenutzt (1537 hier ein größerer bürgerlicher Haushalt nachzuweisen) und um 1618 für einen Neubau abgebrochen.

Dielenhaus (von 1618/1621)

Nach dem Monogramm neben den Hauszeichen über dem Torbogen von *H. W.*, wohl von dem 1663 hier noch nachweisbaren Heinrich Wiese, und seiner Frau *E. H.* errichtet. Die sich möglicherweise über mehrere Jahre hinziehende Bauzeit des Hauses ergibt sich aus dem Datum 1621 auf dem Torbogen (im Bereich des Scheitels zwischen die Ornamente klein eingeschlagen) und der dendrochronologischen Datierung der Decken- und Dachbalken des Hauses (1995 durch H. Tisje/Neu-Isenburg), wobei die jüngsten der verarbeiteten Hölzer im Winter 1618/19 eingeschlagen wurden:

1513/14	8. Geschoßbalken von vorn (Zweitverwendung)
1609 ± 4	4. Geschoßbalken von vorn
1616/17	Dachwerk, 4. Balken von vorn
1618/19	Dachwerk, 5. Balken von vorn
1619 ± 3	5. Geschoßbalken von vorn
1616 ±4	Dachwerk, 3. Balken von vorn
1625 ±8	Dachwerk, 10. Balken von vorn
1627 ± 8	7. Geschoßbalken von vorn

Möglicherweise wurden auf Grund der Daten bei dem 1621 errichteten Haus auch Balken aus dem Holzhandel erworben, die man schon einige Jahre zuvor eingeschlagen hatte. Ferner kam ein 1513 (d) datierter Balken zur erneuten Verwendung, der aus einem Fachwerkgerüst stammt und möglicherweise von einem Vorgängerbau stammt.

1975 das Haus, das sich bis dahin mit einer verputzten Fassade in der Gestaltung des frühen 19. Jahrhunderts zeigte, bei einer Sanierung und Umbau als Teil der Museumszeile weitestgehend seiner historischen Substanz beraubt. Dabei blieb außer den Traufwänden, den beiden Balkenlagen und den beiden Kellergewölben nur die vordere Fassade weitgehend erhalten, der Bogen des Tores sowie die Fenster des Obergeschosses wurden nach den erhaltenen Teilen ergänzt (Rekonstruktion durch das Amt für Denkmalpflege/Münster). Vernichtet wurden hingegen undokumentiert alle inneren Wände, sowie die Rückfront des Hauses einschließlich des Flügelbaus. Daher sind heute nur noch grundsätzliche Aussagen zu Typ und Bautechnik zu machen, während die Entwicklungsgeschichte des Hauses nicht mehr nachzuvollziehen ist. Der vordere Teil der südlichen Traufwand ist zu Gunsten einer Verbindung zum Haus Nr. 33 in beiden Geschossen abgebrochen und durch eine Betonkonstruktion abgefangen (Planung: Hochbauamt der Stadt Minden). Die Balkenlagen nach Abbruch aller Innenwände jeweils durch einen Unterzug getragen, der sich an einen ebenfalls neu verzimmerten Stubeneinbau hinter der Utlucht anschließt.

Das Haus wurde schon verschiedentlich in der baugeschichtlichen Literatur behandelt, dabei allerdings wesentlich zu früh datiert. Die zuletzt noch bei Baumeier 1995, S. 114 vertretene Auffassung, es handele sich hier um einen spätmittelalterlichen Bau, beruht offensichtlich auf der Feststellung, daß die Umfassungsmauern des Hauses aus Bruchstein und nicht – wie die meisten Steinbauten der Stadt – aus Backstein aufgesetzt sind (diese Unterscheidung geht vor allem auf Thesen von

Abb. 1425 Ritterstraße 31, Ansicht von Südosten, 1993.

SOENKE 1977 zurück). Doch im Unterschied zu den von ihm zum Beweis angeführten Bauten zeigen die Bruchsteinwände bei diesem Bau nicht mehr die charakteristischen Bogennischen an den Innenseiten, sondern bestehen aus homogenem Mauerwerk (vergleichbar auch das Haus Königstraße 31).

Den Kern bildet ein Dielenhaus mit massiven Umfassungswänden und zeitgleichem Obergeschoß. Die Wände aus Bruchstein ohne die charakteristischen Bögen aufgemauert. Lediglich über den Fenstern wurden von Backsteinen eingefaßte Bögen gemauert. Die Balken sollen nach BAUMEIER 1995 ursprünglich auf Konsolen aufgelegen haben. Das Haus hatte im Unterschied zu den Nachbarbauten keine Durchfahrtsdiele, sondern konnte bei einer Dielenhöhe von etwa 4,8 m nur durch ein Tor vom Vordergiebel aus befahren werden. Das rückwärtige Hausdrittel bis auf einen schmalen Bereich der südlichen Seite mit einem Tonnengewölbe aus Bruchstein unterkellert. Ein gleiches Gewölbe unter der Vorderstube nördlich des Torbogens (beide Keller sollen nach BAUMEIER 1995 jünger sein). Aus diesen Befunden läßt sich ein Dielenhaus erschließen mit vorderer Stube, rechts (nördlich) des Torbogens und einem rückwärtigen, unterkellerten Saal mit südlich vorbeiführendem Gang zum Hof. Der Saal als Flügel in den Hof vorspringend und offenbar zunächst nur eingeschossig (das Obergeschoß zuletzt von jüngerem Fachwerk). Die Diele konnte auf Grund

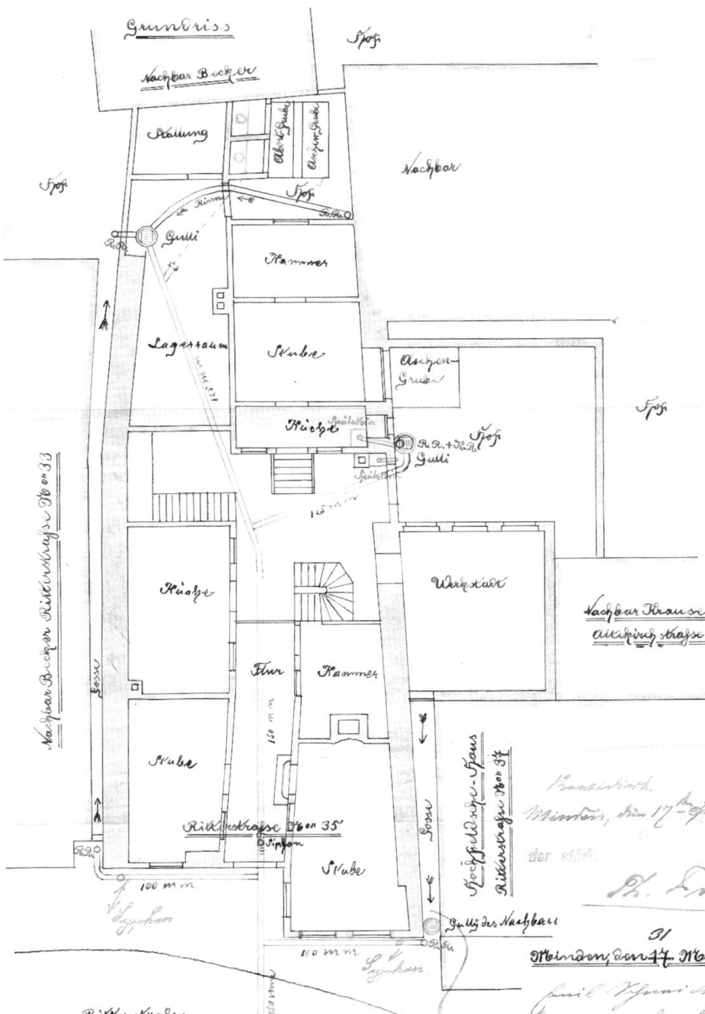

Abb. 1426 Ritterstraße 31, Plan zur Entwässerung des Grundstücks 1893.

der engen Verhältnisse der Nachbarbebauung nur über den Vordergiebel und zwei Fenster im rückwärtigen Bereich der nördlichen Traufwand (vor dem Saal) belichtet werden. Bei der Sanierung hier ein Pflaster aus Kieselsteinen freigelegt (Baumeier 1995, Abb. S. 107).

Das Obergeschoß mit einer Höhe von etwa 2,95 m recht hoch, über innere Teilungen ist nichts bekannt. Sowohl die Höhe wie auch die reiche Fenstergruppe im Vordergiebel deuten auf eine ursprüngliche Nutzung für Wohnzwecke hin. Das Dachwerk bis auf den Vordergiebel unbekannt, danach ein Sparrendach mit zwei Kehlbalkenlagen. Dabei das vordere Giebeldreieck ohne Vorkragung und mit einer Spitzsäule (in der Spitze ehemals Geckpfahl), in die die Riegel eingezapft sind. Seitlich davon die äußeren Hölzer überblattet. Die geschoßtrennenden Balken sind mit geschweiften Fußbändern zur Spitzsäule ausgesteift. Der Rückgiebel zu einem späteren Zeitpunkt (im 18. Jahrhundert ?) abgewalmt, dabei wohl auch das Obergeschoß darunter in Fachwerk erneuert.

Die massive Vorderfassade unterhalb des fachwerkenen Giebeldreiecks bauzeitlich weitgehend in Öffnungen aufgelöst und nach den erhalten Bauteilen 1975 in der ursprünglichen Form rekonstruiert. Das nördliche Drittel war dabei auf Grund der sauberen Ausführung der Mauerecken wohl schon zur Bauzeit durch eine zweigeschossige, bis in das Obergeschoß reichende Utlucht verdeckt (die wohl aus Stein bestand und später aus Fachwerk erneuert wurde). Der daran südlich anschließende Teil der Fassade mit durchlaufenden Zahnschnittgesimsen vertikal gegliedert. Darunter ein großer Torbogen, das breite Sandsteingewände mit Beschlagwerk ornamentiert. Darüber eine kleine Fenstergruppe, deren seitliche Pfosten Hausmarken in Kartuschen tragen (links *HW* bezeichnet – wohl Heinrich Wiese, rechts *EH*). Südlich neben dem Torbogen war auf Grund der Befunde eine große Fenstergruppe zu vermuten, die 1975 in angepaßten Formen mit schlichten Sandsteingewänden rekonstruiert wurde. Die Front des Obergeschosses ist in eine ungewöhnliche Gruppe von vier Bogenfenstern aufgelöst, bei denen die Gewände ebenfalls eine Beschlagwerkornamentik tragen. Von den Werksteinen hatten sich außer der Sohlbank bis zur Rekonstruktion (Zeichnungen G. Matuschek/WAfD Münster) nur die beiden äußeren Ansätze erhalten. Die vorhandene zweigeschossige Utlucht aus verputztem Fachwerk mit einem abgewalmten Satteldach (um 1900 mit Biberschwänzen gedeckt) wurde 1975 abgebrochen und aus gestalterischen Gründen durch eine unverputzte, aber etwas schmaler und niedriger dimensionierte neue Fachwerkkonstruktion mit flachem Pultdach ersetzt und dabei die Traufgasse zum Haus Nr. 33 vermauert (Archiv LWL, C 76, Nr. 549).

1802 wird berichtet, der Kaufmann Siekmann würde sein Haus reparieren (KAM, Mi, C 142); 1893 Entwässerung; 1910 Kanalisation; 1984 in die Denkmalliste der Stadt Minden eingetragen.

RITTERSTRASSE 32 (Abb. 1422, 1427, 1431, 1433)

1729 bis 1743 Martini-Kirchgeld Nr. 359; bis 1878 Haus-Nr. 444

Sehr kleine Hausstätte, die nur die Standfläche des auf die Mitte des 16. Jahrhunderts zurückgehenden Hauses umfaßt, im Süden durch die Hausstätten Ritterstraße 28 a/30 und Papenmarkt 8 begrenzt und alle offensichtlich durch die nachträgliche Ausparzellierung aus dem großen Kuriengrundstück (dazu siehe Ritterstraße 36) des Thesaurars des Martini-Stiftes im 16. Jahrhundert (möglicherweise 1571) entstanden.

1571 wird eine Obligation auf *Hans Bollmann Haus achter Kurien* beim Heilig-Geist-Hospital aufgenommen; 1581 Hans Stalmann (hat Huderecht auf 1 Kuh); 1698/1709 Cord Dröge; 1711/15 Johan Dieterich Dröge *hinter den Curien*; 1738 *Joh. Died. Drögen Wittibe* hat keinen Landbesitz und möchte die 40 Rthl der Obligation Ostern 1739 ablösen (KAM, Mi, C 592); spätere Eigentümer sind 1743 Schneider Brauns, 1746 Lucas Brauns, 1760 Meister Johan Lucas Brauns. 1764 *deses Haus ist den Armen zu gefallen und 1764 den 1ten May an den Glaser Johann Christph Reinward* für 135 Rthl verkauft worden (KAM, B 103 c,9 alt; C 217,22a alt; C 604).

1723 Schlosser Dieterich Dröge; 1729/40 Johann Diederich Dröge; 1743 Witwe Diedrich Drögen; seit 1746 Meister Johann Lucas Brauns, der für den Erwerb des Hauses *Hinter den Curien* Geld bei den Armen zum Heiligen Geist aufnimmt (KAM, Mi, C 217,22a alt); 1755 Brauns Haus, 50 Rthl; 1756 das Armenhaus hat das ehmals Lucas Braunsche Haus geerbt, will es aber verkaufen (ist mit 109 Rthl belastet, siehe KAM, Mi, C 656), es wird an den Glaser Johann Christoph Reinward für 135 Rthl verkauft; 1766 Glaser Reinewart, Haus für 150 Rthl; 1781 Witwe Fleschentrager; 1798 Witwe Floschenträger; 1802 Witwe Floschenträger, Haus für 200 Rthl; 1804 Feldwebel Fleschenträger, Haus ohne Braurecht, hält kein Vieh; 1806 Handlung W. Fleschenträger; 1818 Witwe Sommerwerck, Haus für 400 Thl; 1832 Horstmann; 1835 Büsching; 1846/53 Karrenbinder Friedrich Büsching und ein Mieter; 1873 Händler Herbord; 1878 Stahlhut; 1893/1908 Tischlermeister Hermann Schröder; 1935 Tischlermeister Max Schröder; 1963 Stadt Minden.

Dielenhaus (um 1550/1571–1963)

Das Gebäude gliederte sich in zwei unterschiedliche Bauteile: zur Straße ein kleiner giebelständiger und eingeschossiger Fachwerkbau, in der Mitte des 16. Jahrhunderts entstanden (oder anläßlich der Aufnahme einer größeren

Abb. 1427 Ritterstraße 32, Ansicht von Nordwesten, 1963.

Geldsumme im Jahre 1571 ?), dahinter auf gleicher Breite ein zweistöckiger Fachwerkbau in der Form eines Speichers unter eigenem Satteldach, wohl im 17. Jahrhundert angefügt. Das ganze Gebäude mit Backsteinen ausgefacht.

Der vordere Teil umfaßte sechs Gebinde mit aufgelegten Dachbalken und (ursprünglich) zwei Kehlbalkenlagen. Die Traufwände mit zwei Riegelketten und Fußstrebe zum Eckständer. Das vordere Giebeldreieck kragte auf vier geschweiften Taubandknaggen vor, die Schwelle darüber an der Unterkante mit Taustab beschnitzt. Giebeldreieck mit Spitzsäule, die Riegel hier über die Ständer geblattet.

Der rückwärtige Bauteil von vier Gebinden, stöckig verzimmert, jedoch ohne jegliche Vorkragungen. Im Erdgeschoß zwei Riegelketten, im Obergeschoß eine Riegelkette, alle Eckständer mit Fußstreben gesichert. Die Giebeldreiecke mit Verbretterung.

Im 19. Jahrhundert wurde die südliche Traufwand des vorderen Hausteiles massiv aus Backsteinmauerwerk erneuert, der Vordergiebel verputzt. 1893 Entwässerung; 1912 Kanalisation; 1963 Abbruch im Zuge der Stadtsanierung.

RITTERSTRASSE 33 (Abb. 1392, 1394–1395, 1428–1430)

1729 bis 1743 Martini-Kirchgeld Nr. 362; bis 1878 Haus-Nr. 448; bis 1809 Ritterstraße 37

LITERATUR: Kaspar 1986, S. 160. – Baumeier 1995, S. 101–115.

Die Parzelle scheint noch bis in das frühe 17. Jahrhundert Teil eines größeren zu St. Martini gehörenden Wirtschaftshofes gewesen zu sein, der den Baublock im Winkel zwischen der Ritter-

Abb. 1428 Ritterstraße 33, Ansicht von Südwesten, 1993.

straße und der Alten Kirchstraße umfaßte und mit mehreren Wirtschaftsgebäuden bebaut war (siehe dazu Alte Kirchstraße 1/1 a). Der Hof wurde um 1530/40 durch Abtrennung von mehreren Hausstätten (dazu siehe Ritterstraße 23–33) verkleinert, wobei offensichtlich die Wirtschaftsbauten in der nordöstlichen Ecke des Grundstücks zusammengezogen wurden. So wurde 1552 das ebenfalls zugehörige Gebäude Alte Kirchstraße 3 erweitert und im Zuge dieser Entwicklung wohl auch die hier 1554 errichtete Scheune errichtet. In Weiterführung des Konzentrationsprozesses 1561 hinter Alte Kirchstraße 3 ein Speicher errichtet und dafür ein westliches Stück der Scheune wieder abgebrochen. Die Scheune selbst wurde offensichtlich um 1620 privatisiert, etwa zur gleichen Zeit durch die Errichtung des Nachbarhauses Ritterstraße 31 zugebaut und 1625 zu einem Wohnhaus umgestaltet.

1698 Friederich Timmermans Haus, zahlt jährlich 2 Thl 24 gr Giebelschatz; 1703 Vahrenkamp in Zimmermans Haus; 1709/11 Johan Henrich Vahrenkamp; 1723 *Porcellain-Crahmer Hanß Henrich Vahrenkamp*; 1729/40 Hans Henrich Fahrenkamp (vorher Stremming); 1743 Johan Henrich Pierra; 1750 N. Stucke; 1755 Kammerbote Stucke, Haus für 150 Rthl; 1766 Weiskamp, 150 Rthl; 1786 Erhöhung der Versicherung auf 700 Rthl; 1798/1802 Klingemeyer, Haus für 700 Rthl; 1804/09 Witwe Klingemeyer, Haus ohne Braurecht, ohne

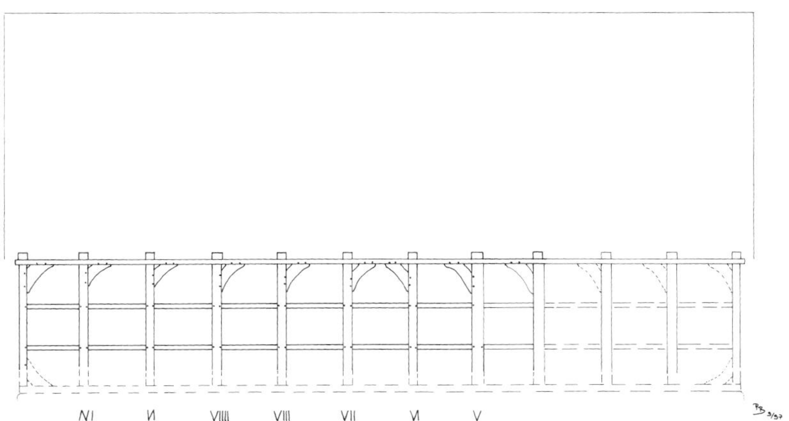

Abb. 1429 Ritterstraße 33, Rekonstruktion der nördlichen Traufwand, Zustand 1554.

Vieh; 1818 Böckel; 1832 Schuster Johann Lorenz Böckel; 1833 Witwe Böckel; 1846 Musiklehrer Heinemann Hochfeld und zwei weitere Mietparteien (insgesamt 17 Personen); um 1853 Musikus Hochfeld (Jude) und zwei Mietparteien; 1873/78 Kaufmann Hochfeld; 1906 Meister Gustav Ohlsen; 1908 Witwe Julia Ohlsen; 1953 Eva Putjenter; 1984 Stadt Minden.

Scheune (von 1554 ⓓ), seit 1625 (?) Dielenhaus

Zweigeschossiges Fachwerkgiebelhaus unter Satteldach mit vorgesetzter, ebenfalls zweigeschossiger Utlucht unter einem Pultdach. Das Gebäude ist im Zuge der Sanierung und des 1984/85 erfolgten Umbaus zum Teil der Museumszeile bauhistorisch untersucht worden, doch bedürfen die daraus erschlossenen Ergebnisse (siehe Baumeier 1995) Korrekturen, da sie verschiedene Befunde, wie Markierungen der Zimmerleute an den Bauhölzern, nicht berücksichtigten, ferner die ortsgeschichtlichen Zusammenhänge seit dem 16. Jahrhundert zu dieser Zeit noch nicht bekannt waren. Im Zentrum der vorgelegten Auswertung stand die Gestalt des Kernbaus, so daß auch bei diesem Haus die jüngere Geschichte weitgehend im dunkeln bleibt. Bei der Bauuntersuchung wurden 1984 im Auftrage des Westfälischen Freilichtmuseums in Detmold durch Hans Tisje/Neu-Isenburg auch umfangreiche dendrochronologische Datierungen erhoben, die die beiden Hauptbauphasen deutlich werden lassen:

1521	Erdgeschoß, Balken im Gebinde Nr. 7
Anfang 1553	Erdgeschoß, Balken im Gebinde Nr. 6
1554	Erdgeschoß, Balken im Gebinde Nr. 9
1625	Obergeschoß, Dachbalken 3. Gebinde von vorn
1625	Obergeschoß, Dachbalken 5. Gebinde von vorn
1625	Obergeschoß, Dachbalken 7. Gebinde von vorn
1625	Obergeschoß, Dachbalken 8. Gebinde von vorn

Den Kern des Gebäudes bildet ein für die wohl auf 1554 einzugrenzende Bauzeit sehr schlicht verzimmerter Fachwerkbau, der keine Schmuckelemente oder eine Vorkragung am Vordergiebel erkennen läßt. Er wies ursprünglich 12 Gebinde auf (erhalten sind davon heute noch die vordersten neun Gebinde). Das Gerüst auf Schwelle über einem Bruchsteinsockel wurde im Längsverband an jedem Ständer durch ein sichtbar verzimmertes Kopfband ausgesteift, wobei ihre Richtung in der Gerüstmitte wechselt. Im Längsverband bestehen ferner zwei einfach vernagelte Riegelketten. Aus den erhaltenen

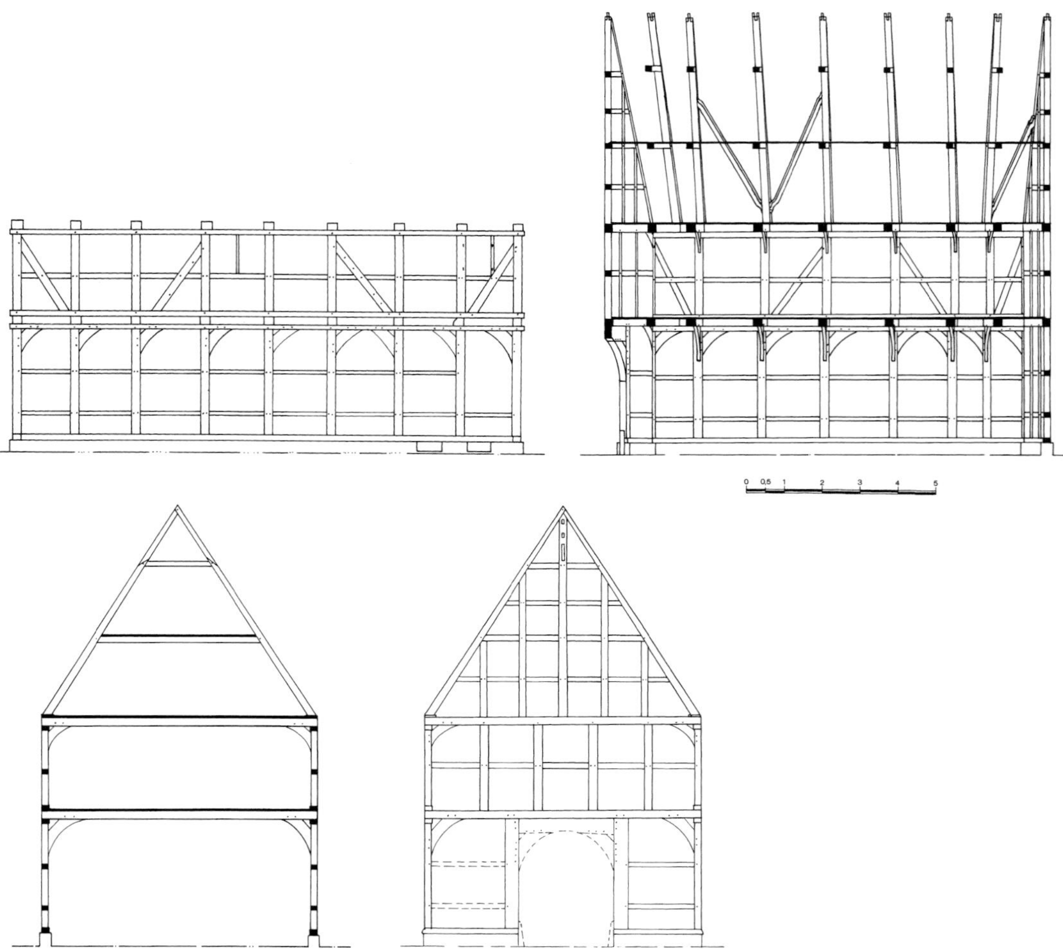

Abb. 1430 Ritterstraße 33, rechte Traufwand, Längsschnitt, Querschnitt und Ansicht, Rekonstruktion des Zustandes 1626 (aus Baumeier 1991).

Zapfenschlitzen von zwei sehr starken Ständern läßt sich rekonstruieren, daß in der Mitte des Vordergiebels ein Torbogen bestand. Über der mit Kopfbändern im Querverband ausgesteiften Balkenlage lag eine Dielung mit Nut und Feder. Das Dachwerk hat Sparren mit zwei gezapften Kehlbalken, wobei die Hölzer zum Teil bei Errichtung des heutigen Baus wiederverwendet wurden (offensichtlich aus unterschiedlichen Bauzusammenhängen). Das vordere Giebeldreieck dürfte zum Kernbau von 1554 gehören. Es zeigt eine Spitzsäule (ehemals mit Geckpfahl), bei der die Riegelkette in Höhe der Kehlbalken hinter die Ständer geblattet ist, die anderen Riegel aber verzapft wurden. Im Inneren waren ursprünglich keine Trennwände vorhanden, so daß der Bau nur aus einer befahrbaren Diele bestand und möglicherweise als Scheune (siehe den vergleichbaren Bau Ritterstraße 3) anzusprechen ist (ob die von Baumeier beobachteten Rauchspuren einer Feuerstelle im Bereich der Mitte der nördlichen Traufwand zum ursprünglichen Bestand gehören und ob sie auf eine Wohnnutzung hinweisen, bleibt unklar).

Schon wenige Jahre nach der Erbauung wurden von dem Gerüst wieder die letzten drei Gefache abgebrochen, um den Wirtschaftshof auf der noch bestehenden Fläche weiter verdichten zu können. So wurde 1561 auf der durch die Reduktion der Scheune entstandenen Fläche ein Speichergebäude als Hintergebäude zu Ritterstraße 3 errichtet (dazu siehe dort).

1625 wurde das Dachwerk abgenommen und über dem bestehenden Hausgerüst ein oberes Stockwerk verzimmert, darüber das alte Dachwerk wieder aufgesetzt. Diese Baumaßnahme dürfte im Zusammenhang mit dem Aus- und Umbau des Gebäudes zu einem Wohnhaus stehen. Das neu verzimmerte Gerüst richtet sich nach dem Kernbau, ist einfach verriegelt, wurde nun allerdings mit langen, zumeist über die Riegel geblatteten Fußstreben ausgesteift. Über den Dachbalken wurde eine Dielung mit Nut und Feder aufgebracht, durch die man die wiederverwendeten Sparrenpaare durchzapfte. Während das Erdgeschoß nun zu Wohn- und Wirtschaftszwecken eines Haushaltes eingerichtet wurde, diente das neu geschaffene Obergeschoß wohl zunächst als Lager.

Wohl zugleich mit dem Umbau entstand unter der südöstlichen Ecke des Hauses ein ganz eingetiefter Gewölbekeller, der bis unter den Bereich der Einfahrt reicht. Ob darüber zunächst eine Stube bestand, oder aber diese sogleich in der nordöstlichen Hausecke entstand, ist unklar. Die hiervor errichtete Utlucht dürfte in ihrer heutigen Gestalt in zwei Phasen seit dem 18. Jahrhundert entstanden sein: zunächst wies sie nur ein Erdgeschoß auf und war mit einem flachen Pultdach abgedeckt. Das darüber befindliche Obergeschoß dürfte aus dem frühen 19. Jahrhundert stammen. Auch das rückwärtige Hausdrittel wurde mit dem Ausbau als Wohnhaus mit einem aus dem Erdreich herausragenden Keller versehen, wobei beide Kelleranlagen einen gemeinsamen Zugang in der Mitte der südlichen Traufwand erhielten. Über dem Keller entstand ein Saal. Im Hausinneren bestand zunächst eine offene Feuerstelle in der Mitte der nördlichen Traufwand.

Im Laufe des 18./19. Jahrhundert wurde das Haus bis in den Dachboden hinein völlig zu Wohnungen ausgebaut, wobei man auch Teile der südlichen Traufwand massiv aus Backsteinmauerwerk erneuerte.

1953 erfolgte die Restaurierung der Fassade, wobei auf Betreiben des Landeskonservators ein Neuverputz unterblieb (Westfalen 41, 1963, S. 155). 1984 in die Denkmalliste der Stadt Minden eingetragen. 1984/85 Durchbau für Zwecke des Museums, wobei bis auf das Kerngerüst die historische Substanz entfernt wurde. Dabei wird hier im Erdgeschoß ein Museums-Café eingerichtet. Eingang dazu in der Mitte der nördlichen Traufwand, wobei der hier anschließende Hofplatz des Hauses Alte Kirchstraße 1/1 a als Verkehrsraum geöffnet wird. Im Giebel als Haustür statt der zuvor hier bestehenden Tür der Zeit um 1840 mit Oberlicht ein aufwendiges Türblatt von 1765 aus dem Haus Scharnstraße 13 (siehe dort) eingebaut.

Im Zuge dieser durch eine große Spende ermöglichten Baumaßnahmen wurde durch das Westfälische Freilichtmuseum/Detmold (G. U. Großmann) eine baugeschichtliche Untersuchung vorgenommen, die bei Baumeier 1995 veröffentlicht ist.

RITTERSTRASSE 34

1729 bis 1743 Martini-Kirchgeld Nr. 360; bis 1878 Haus-Nr. 445

Kleine Parzelle, die nur die Standfläche des Hauses umfaßte und im 16. oder 17. Jahrhundert durch die Abtrennung und Aufsiedlung von Flächen der zu St. Martini gehörenden Kurie des Thesaurars (dazu siehe Ritterstraße 36) entstanden ist.

1675/79 Heinrich Wehrman; 1698/1711 Hinrich Wehrman, zahlt jährlich 2 Thl 24 gr Giebelschatz; 1723 Schneider Christoffer Wehrmann; 1729/40 Christoph Henrich Wehrmann; 1743 Erben Witwe Wehrmann; 1750 Wehrmanns; 1755 Meister Rose, Haus für 150 Rthl; 1765 Nicolaus Bartholdt; 1766 Schuster Bartol, Haus für 200 Rthl; 1781 Meister Bartold; 1798 Bartholdt; 1802/04 Haus ohne Braurecht, hat hölzerne Spritze, hält 1 Schwein; 1806 Schuster Bartels; 1818 Witwe Bartold, Wohnhaus für 600 Thl, Stallung 100 Thl; ab 1835 Witwe Vogelsang; 1846 Händler Wilhelm Gärtner (insgesamt 11 Personen im Haus); um 1853 Kleinhändler Gärtner; 1873/78 Schuhmacher August Ammann und sechs Mietparteien; 1908 Schuhmacher August Ammann.

(Haus 16./17. Jahrhundert–um 1950)

Giebelständiger Fachwerkbau mit steilem Satteldach, bis zuletzt verputzt und undokumentiert abgebrochen. Den Proportionen nach dürfte es sich bei dem nur wenig tiefen Bau auf fast quadratischem Grundriß um ein später mehrmals umgebautes Haus des 16./17. Jahrhunderts gehandelt haben, das eine hohe, später zu einem mittleren Flur aufgeteilte Diele besaß. Darüber ein recht hohes, wohl Wohnzwecken dienendes Obergeschoß.

1893 Entwässerung; 1913 Kanalisation.

RITTERSTRASSE 36, Kurienhof des Thesaurars von St. Martini (Abb. 1332, 1431–1433)

Haus ohne Martini-Kirchgeld-Nummer; bis 1878 Haus-Nr. 447 b

Wohl Hauptgebäude der Kurie des Thesaurars (des Schatzmeisters) vom Stift St. Martini. Die zugehörige Parzelle umfaßte bis nach 1500 offensichtlich den ganzen Baublock zwischen Hoher Straße, Papenmarkt und Ritterstraße, wobei sie der im folgenden an letzterer Straße entstehenden Besiedlung auch die Bezeichnung *hinter der Curie* verlieh. Der Prozeß der Aufsiedlung setzte wohl um 1540 an mehreren Stellen des Blocks zugleich ein. So wurde vor 1547 der südliche Geländestreifen entlang des Papenmarktes ausgeschieden, auf dem 1547 nachweislich das Haus Papenmarkt 2 im Bau war und von dem wohl erst später wiederum die Grundstücke Hohe Straße 7 und Papenmarkt 4 abgetrennt wurden. Wohl zugleich wurde im Westen ein Streifen entlang der heutigen Ritterstraße ausgeschieden, der dann in einem nicht näher bekannten, bis in das 18. Jahrhundert reichenden Prozeß in die Grundstücke Papenmarkt 8 und Ritterstraße 28 a, 30, 32 und 34 unterteilt worden ist. Das Grundstück der zu dem Haus Papenmarkt 2 gehörenden Scheune Hohe Straße 9 ist wohl erst nach dem 18. Jahrhundert ausparzelliert worden. Der übrige Bereich des Baublocks verblieb noch bis in die erste Hälfte des 18. Jahrhunderts im Besitz der Kurie, als deren Wohnhaus offensichtlich das Haus Ritterstraße 36 diente. Hierzu gehörte neben dem südlich anschließenden Gartenland auch noch das nördlich anschließende kleinere 1599 errichtete Haus Ritterstraße 38, das möglicherweise zunächst als Amtsgebäude des Thesaurars gedient hatte.

1351 *in platea que ducit ab Ecclesia sancti Martini predicta versus occidentem apud curiam Thesaurarii* (STA MS, St. Martini, Urkunden Nr. 92. – STA MS, Mscr. VII, 2711, Bl. 97r–97v). Thesaurar ist 1352/58 Heinrich Kirchhof, 1460 Dethard von Leteln, 1507 Johannes Segelhorst (STA MS, St. Johannis, Urkunden 128), 1580/1601 Philipp von Waldeck (siehe Ritterstraße 21).

Über die Aufsiedlung des Hofes liegt ein Bericht in einer Prozeßakte des Stiftes gegen die Stadt Minden aus dem frühen 17. Jahrhundert vor (STA MS, Akten 20 a, S. 185 r; siehe ferner STA MS, RKG M1, 190 Bd. 2 Bl. 331r): *In der Kirchen S. Martini Thesaurie Hoff de facto eingenohmen, denselben post latam sententiam nacheinander durch nachbenannte Personen bebawet: Rudolff Voget Bürgermeister ein Haus, Heinrich Timmerman ein Hauß, Dirich Klepperts Haus darin er umb die Heuer wonet, Hans B[...] Haus, Johan Varrenow noch ein Haus, welches Johan Schriver gekoft* (1547 *vp deme Papenmarkede twischen Helmich Gunnewich vnde Tonnies Harthmans huseren belegenn*). Es handelt sich dabei um die Häuser Papenmarkt 2, 4, 6 und 8. Zur Geschichte siehe auch STA MS, St. Martini, Akten Nr. 173: Akte *Wegen eines ad Thesauriam ad S. Mart: gehorige Pachthauses* (alte Reg.-Nr. Rubr: V: Nr. 30). Darin eine in Latein abgefaßte Auflistung von 1528: *Expolita ad Thesauriam Ecclia St Martinj de Anno 1528: post Andreae Apli. Per D: Everh. Rubbeken In Vigilia Thome ad Stapulas ...*

1706 *das hinter den Curien ad Thesauriam gehörige Haus*, versichert zu 100 Thl; 1722 *zwey abgescherte Häußer hinter Curien, gehören ad Thesaurii, bewohnt der Buchbinder Quade*; 1723 Buchbinder Gerdt Conrad Quade; 1739 *das Thresorat-Haus*, Eigentümer ist Kanonikus See; 1744 wurde nach dem Tod des Kanonikus See durch M. Cramer in Beisein der Witwe und des *Camerario* Heinßen von *der Canonicat curia, also auch von dem Thesaurie Hause ein inventarium* angefertigt (siehe dazu weiter unten); 1765 wird das *an der Ecke der Ritterstraße und der sogenannten Straße hinter curien belegen Thesaurie Hauß*, das vordem der Frau Geheimrat Freiherr von Schellersheim gehörte, in Erbpacht an den Pedellen Friederich Wilhelm Bohnenberg und seine Frau Charlotte Ernsten überlassen. Das Haus wurde zuletzt von

Abb. 1431 Ritterstraße 36 (links), Rückansicht von Papenmarkt 6 und Ritterstraße 32, Ansicht von Norden, 1953

Frau Kaufmann bewohnt. Die jährliche Abgabe beträgt 15 Thl; 1771 steht das sogenannte Bonnenbergsche Haus zur Vermietung (MA 1771, S. 69); 1772 wird das Haus der Bonenbergischen Erben zum Verkauf angeboten (WMA 1772, Sp. 131); 1772 erhielten *Cammer-Cantzleysecretair* Heinrich Wilhelm Neuburg und seine *verlobte Jungferbraut* und zukünftige Ehefrau Friederique Dorotheen Borries das Erbpachthaus zur Pacht, das sie von Bohnenberg erkauften. (Pachtbrief auch in St. Martini Akten 144 c S.69); 1773 *ein freies Haus hinter der Curien, welche dem Martinikapitul zugehörig und von dem Cantzley-Sekretario in Erbpacht genommen*, 300 Rthl; 1780 Witwe Sekretär Neuburg; 1780 Kanzleisekretär Neuburg, *Erbpacht der Thesaurie Wohnung*, taxiert zu 300 Rthl; 1781 Sec. Neuburgs Haus für 300 Rthl; 1786 kaufen der Calculator Friederich Stremming und seine Frau Friederique Elisabeth Zelle von der Witwe Neuburg für 625 Rthl das Haus und werden von St. Martini bemeiert; 1801 kauft der Kaufmann Wilhelm Sieckmann und seine Frau Friderice Aleman aus dem Nachlaß des verstorbenen Kammersekretärs Stremming das *auf der Ecke der Ritterstraße und der sogenannten Straße hinter den Curien belegene vormals freie Erbpachtshaus mit dabei befindlichen Hofraum und Zubehör* für 1 400 Rthl. Es ist ein Erbpachtgrundstück von St. Martini. Die jährliche Abgabe betrug 15 Rthl zu Michaelis (STA DT, D 23 A Nr. 134, Grundakte Kreis Minden Bd. 1 Blatt 7, vorher Hypothekenbuch Minden-Ravensberg. Regierung Vol. 1 Pag. 21. Siehe auch STA MS, St. Martini, Akten 173). Anlaß war eine Versteigerung des Stremmingschen Besitzes (siehe auch STA DT, M1, I C Nr. 232); 1805 Kaufmann Sieckmann, Wohnhaus 900 Rthl; 1809 Mieter ist Hauptmann von Quernheim; 1812 Wilhelm Sieckmann (wohnt in Ritterstraße 31), Wohnhaus, Stallung und Hof; 1818 Wohnhaus 900 Thl; 1835 Wohnhaus 1 675 Thl, Hinterhaus 75 Thl, Stall und Abtritt 50 Thl; 1846 bewohnt von Kaufmann Franz Siekmann, der hier eine Seifenfabrik betreibt; um 1853 Siekmann und Mieter Makler Rodowe; 1873 Seifensieder Siekmann und vier Mietparteien (die Seifenfabrik dann Brückenkopf 1); 1878 Affolderbach; 1893 Wilhelmine Affolderbach; 1908 Agent oder Gerichtsvollzieher a. D. Karl Suderow.

Kurienwohnhaus (16. Jahrhundert ?–1977)

Die Baugeschichte des recht langgezogenen Hauses ist heute nach seinem undokumentierten Abbruch nur noch in wenigen Punkten zu klären. Es handelte sich um einen freistehendes, zweigeschossiges Fachwerkgebäude inmitten eines größeren Grundstücks, mit dem Vordergiebel zur Ritterstraße, aber um einiges von dieser zurückgesetzt errichtet.

Der Kern des Hauses dürfte sicherlich in das 16. Jahrhundert zurückreichen, ist allerdings nach 1774 stark umgebaut und zu einem Etagenwohnhaus umgestaltet worden. Zuvor handelte es sich um ein traditionelles giebelständiges Dielenhaus mit Toreinfahrt und seitlichen Einbauten mit großer und kleiner Stube, nachträglich von der Diele abgetrennter Küche, Hinterhaus mit schon in der ersten Hälfte des 18. Jahrhunderts zu mehreren Räumen unterteilter großer Kammer und einem Obergeschoß. An das Haus ferner Stall und Wirtschaftsräume angebaut, da zu der Kurie noch eine Landwirtschaft gehörte.

1744 der Bau in einem Inventar genau beschrieben: *1). eine alte eichen thür von 2. flügeln mit Schloß Schlüssel, Grindel (?) ohne Haaken und Spehrstange. 2). die fluhr im Hause mit Kieselsteine gepflastert. 3). Vor der wohnstube eine tennen mit eichen einfahrtsthür mit gehörigen hespen, schloß, schlüssel, klinke und handgriff. Vor dem Ofen, wo eingeheizet wird, eine tannen thür mit einer Klinke. 4). der boden in dieser stube ist mit Tannen beschossen in habitablen zustand, oben getünchet, eisenofen in schlechten stande, fenster mit den schrauben und tannen laden dafür auch noch gut. 5). die stube zur andern seite ist auch mit thür und beschuß item hespen, schloß, schlüssel und 2 Handgriffe versehen, fenster, schrauben und laden dafür noch brauchbahr, den darinnen befindlichen ofen prädentiret Fr[...] wittib See vor sich, weil ihr seel. Mann selbigen hierin gekauft. 6). Vor der bey dieser kleinen stube befindlichen Cammer ist eine schlechte Thür mit Schloß und Schlüssel, die Fenster passable, lade aber dafür, item der unter Beschuß im schlechten Stande. 7). die Küche an der Fluhr ist mit Schräncken umsetzt, woran eine Tannen Thür mit einer Klinke, der feuer Heerd 2 Backensteine erhöhet, fleischwiehme von 3 stangen, der busem vom Schornstein hängt in 2 stangen, der Schornstein und fenster ohne dafür befindlichen laden im stande. 8). Ein gebalkter keller mit einer tanne thür Schloß und Schlüssel, der Beschuß im schlechten Stande, der grund ungepflastert, 2 Löcher hierin ohne stangen mit hölzern klappen und eines auf 2 eissen stangen. 9). auß der Küche eine tannen thür mit Hespen und Klinken zu ... Hintern Theil des Hauses, auß dem hinteren Hause in den Hoff eine durchgeschnittene Thür mit einer Klinke und gehörigen Hespen. Weiters ist in solchem Hinterhause ein klein Cammerchen wofür die Tannenthür mit Schloß, Schlüssel und allda befindlichen fenstern im guten, die hinterhausfenster an sich aber in schlechten stande. An dem darinnen befindlichen Kuhstall sind 2 tannen thüren eine mit der klinke und die andre mit einer eisen grimbl (?), beide auch mit gehörigen hespen versehen, der Grund hierinnen nemlich Kuhstall mit Kieselsteinen gepflastert. Um den folgenden Misthoff eine tannen Plancke längs der straße worinnen 2 große Thüren und woran nöthige hespen. 10). am hinterhause ein separater vor sich alleine stehender Stall vor Schweine und Ziege, welchen Frau See vor sich pratendiert, weil ihr seel. Mann selbigen auf seine Kosten anbauen lassen. 11). in dem beym Hause befindlichen gärtgen finden sich fruchtbehrbäume, und längs der straße eine plancke von tannenbrettern, in welcher sich befinden 2 thürewn mit nöthigen hespen und einwürffe, die eine zum brunnen, und die andere zur straße. 12). der gang von der Hausthür zum secret ist mit einem stakett vom Garten separirt, wofür eine thür mit Hespen und eisen krampe. 13). zu der 2. Etage gehet eine gebrochene tannen im guten stande befindliche Treppe. 14). In der großen nach der Camp-seithe nach der straße befindliche Cammer findet sich ein neuer Eisenofen, welchen Frau See vor sich pratendiret, weilen ihr seel. Mann selbigen neu hierhin setzen lassen. Diese im guten stande befindliche logiament ist oben getuncht, unten mit tannendiehlen beschossen, und die fenster im guten stande, die tanneneingefasste Eingangsthür mit einem frantzösischem Schloße und Schlüsseln versehen. 15). Von dieser zur Stube gemachten großen Kammer gehet eine mit Schloß, Schlüssel und Hespen versehene eingefassete gute Thür in die zur anderen oder garten seite befindlichen Cammer, welche an tünchwerk, unterem Beschuß und fenstern in gutem stande. 16). Vor diesen beyden Zimmern ist eine torff Cammer mit tannendiehlen und [...]thür abgescheret, woran ein Einwurff. 17). Nach solcher Torfkammer folget über das Hinterhauß eine große plundercammer, wofür die thür mit Schloße und Schlüssel versehen, auch oben mit ney Eichen diehelen beschossen, die fenster darauf in passablen stande. 18). der oberste bohden über das gantze Hauß ist mit diehelen beschossen. 19). das Dach von so genannten Kattenträgen ist habitable.*

1772 das Haus beschrieben mit Saal, in dem sich ein Ofen findet, zwei Stuben, drei Kammern, einer Küche, Keller, Waschhaus und kleinem Garten.

Nach einem Eigentümerwechsel wurde das ältere und zunächst etwas schmalere Haus in einer in mehreren Schritten vollzogenen Umbauphase zwischen 1774 und 1783 zu einem Etagenwohnhaus umgestaltet, worüber verschiedene Nachrichten vorliegen: 1774 *ist vorn an der Straße ein neuer Giebel erbaut worden* für 64 Rthl (KAM, Mi, C 388). 1780 *sind verschiedene neue Stuben und Cammern ausgebauet, und das Haus zur Vermietung der Zimmer gut eingerichtet.* Kosten 100 Rthl (KAM, Mi, C 156,12) und schließlich wurde 1783 *die forderste Viesietenstube gebauet* für 66 Rthl. Ferner wurden dabei auch die zwei Seitenwände an dem Haus in der Länge von 40 Fuß neu gemacht, wobei Kosten von 80 Rthl entstanden. Auch eine neue Haustür wurde durch den Tischlermeister Johann Wilhelm Meyer für 4 Rthl 6 gr geliefert (KAM, Mi, C 388).

Seitdem stellte sich das Gebäude als ein zweigeschossiger, zur Ritterstraße giebelständiger Bau mit Krüppelwalmdach dar. Hinter dem Ostgiebel des Hauses im späten 19. Jahrhundert ein kleiner Hof zur Hohen Straße mit seitlichem kleinen Stallanbau. Der Westgiebel als Fassade annähernd fünfachsig gegliedert, die 1781 gelieferte Haustür zweiflügelig mit Aufdoppelung aus diagonal gesetzten profilierten Brettern. Oberlicht mit geschweiften Sprossen. Dahinter ein Flurhaus, bei dem wohl zunächst nur auf der nördlichen Seite Einbauten bestanden haben, während die drei südlichen Räume wohl durch Verschieben der südlichen Traufwand nach außen von der zunächst breiten Diele abgetrennt werden konnten. Zweifach gewendeltes Treppenhaus in der Mitte der nördlichen Traufwand. Vor dem Ostgiebel Küche und Stube.

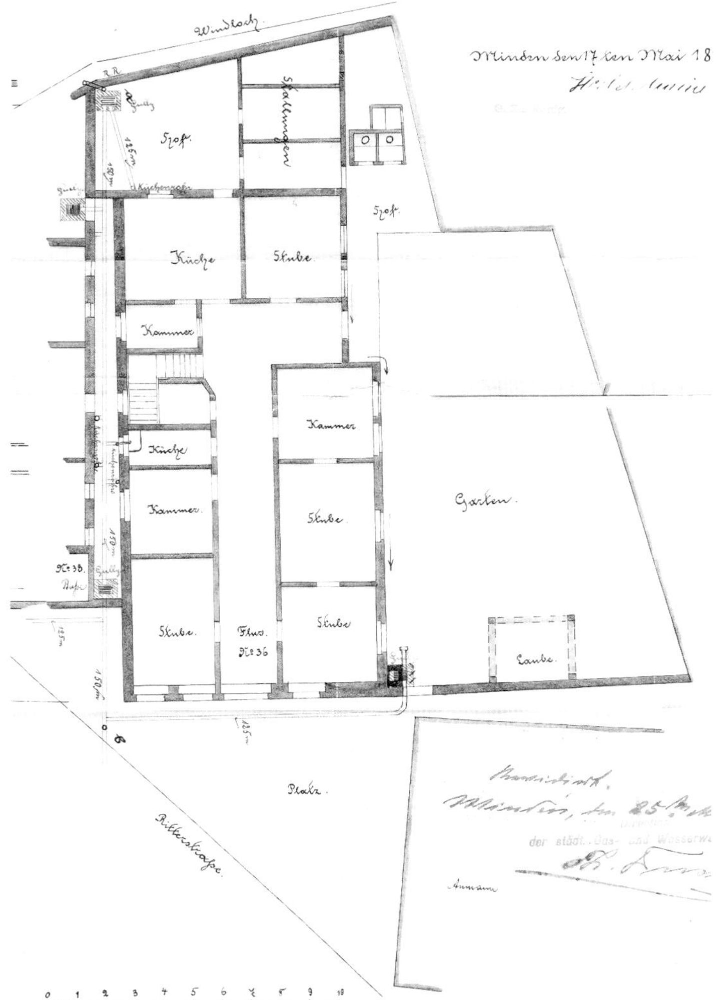

Abb. 1432 Ritterstraße 36, Grundriß aus der Entwässerungsakte von 1908.

Das Dach wurde offenbar um 1820 zur Schaffung weiterer Wohnfläche ausgebaut. Dabei schuf man auf der südlichen Traufseite einen zusätzlichen übergiebelten Dachausbau. 1893 Entwässerung; 1908 Kanalisation; die Stadtverwaltung erließ im Zuge der Stadtsanierung 1973 eine Abbruchverfügung für das baufällige Haus, die jedoch erst 1977 gerichtlich durchgesetzt werden konnte.

Neubau (von 1980)

Etwa im alten Umfang wurde 1980 mit Beratung durch das Baupflegeamt in Münster nach Plänen des Architekten A. von Kölln ein Neubau als Wohn- und Geschäftshaus mit Gaststätte im Erdgeschoß für Josefine Böckmann erstellt, als schlichter Putzbau mit steilem Satteldach gestaltet. Ein utluchtartiger Vorbau nimmt die Staffelung der schrägen Straßenführung auf, rückt den Bau allerdings (im Unterschied zum Vorgängerhaus) damit unmittelbar an die Straße. Ein rückwärtiger zugleich errichteter Bauteil unter der Adresse Hohe Straße 11 (siehe dort).

Abb. 1433 Ritterstraße 36 (Mitte), links dahinter Nr. 38 und 40, Ansicht von Südwesten, um 1960.

Abb. 1434 Ritterstraße 38, Ansicht von Norden, 1993.

RITTERSTRASSE 38 (Abb. 1332, 1433–1436)

1729 bis 1743 Martini-Kirchgeld Nr. 363; bis 1878 Haus-Nr. 449 a

LITERATUR: KASPAR 1986, S. 160.

Das Gebäude gehörte noch bis in die zweite Hälfte des 18. Jahrhunderts als zweites Haus zur Kurie des Thesaurars (Schatzmeisters) von St. Martini (siehe dazu Ritterstraße 36) und diente diesem auf Grund der baulichen Erscheinung möglicherweise zunächst als Amtsgebäude. Die Einkünfte flossen in der Neuzeit Stiftspersonen durch Verpachtung des Hauses zu.

1653 werden Johan Tacke und Frau Elßken Schavedreß mit einem auf *Thesauramy grunde erbaueten Hauß, und stätte* [...] *wie dasselbe hinter curiam gelegen* bemeiert. Am 24.12.1600 hatte Dieterich Näteler die Pacht erhalten, die 1624 erneuert wurde (STA MS, St. Martini, Akten 144 a, siehe auch Urkunden Nr 407). 1675/76 Albert Thielkings Haus (zahlt jährlich 2 Thl Giebelschatz); 1678/79 Barthold Tieleking.

Auf Grund eines Rechtsstreits 1755 zwischen dem Geheimrat und Stiftshauptmann Freiherr von Schellersheim als Nutznießer der jährlichen Pachtabgaben an den Thesaurar (auch als *Thesaurario Herr* bezeichnet) von St. Martini gegen den neuen Besitzer des Hauses, Herrn Gevekoht, auf Zahlung von Rückständen des alten durch den neuen Besitzer, wird die Besitzgeschichte des Hauses bis in das 17. Jahrhundert beschrieben. Nach der Urkunde von 1653 (Abschrift) pachten der Hufschmied Johan Tacke und seine Frau Else Schavedreiß vom Martini-Kapitel *ein auff wolge. Capittuls Thesaurarey Hoffes grunde erbauetes Hauß und Stätte wie die hinter Curian belegen,* gegen einen jährlichen Zins von 20 Mgr. 1653 Johan Tacke Possessor, 1698/1711 Friederich Lohmeyer (vermietet 1698 an Düvelshovet, 1703 an Quade, 1709 an Karol Frederking), dann dessen Witwe, 1726–33 Erben Lohmeyer, dann Witwe Hacker, 1739 Eigentümer ist Rudolf Meyer, bewohnt vom Kanonikus See (er versucht vergeblich, das mit einer bürgerlichen Hausnummer versehene Haus von den bürgerlichen Lasten zu befreien. Siehe KAM, Mi, C 103).

Abb. 1435 Ritterstraße 40 (links), 38, 36 und Alte Kirchstraße 1 (rechts), Ansicht von Norden, um 1910.

1723 Kramer Anton Meyer; 1729 Meyer; 1738/40 Friedrich Lohmeyer (früher Meyer); 1741 Jürgen Polheim dann Schuster Jordan, 1743 ohne Eintrag (Haus ohne Grundbesitz); 1750 Schuster Jordan; 1755 Meister Jordan, Haus für 150 Rthl; 1755 Kauf durch den Waageschreiber Joh. Diete. Gevekohte (Kaufanzeige soll im MIB Juni u. Juli 1755 gestanden haben), der in den folgenden Jahren keinen Pachtzins zahlt. 1772 die Erben des verstorbenen Stadtwaagenschreibers Johann Dieterich Gevekothe verkaufen das *hinter den Kurien* gelegene Wohnhaus (WMA 1772); der Kaufvertrag des Hauses Nr. 449 wird 1775 durch den Schuster Ferdinand Schaekel von den Erben Gevekoht vollzogen; 1781 Meister Schäckel, Haus für 100 Rthl; 1798 Schäckel; 1802/04 Wassermann, Haus für 100 Rthl, ohne Braurecht, hält 2 Schweine; 1806 Handlung Johann Wassermann; 1826 Wassermann, Erhöhung Wohnhaus und Stallung von 600 auf 800 Thl; 1832 Wäscher Wilhelm Guck; 1835 Vogeler, Erhöhung der Versicherung auf 1 050 Thl; 1846/53 Fleischer Vogeler, Mieter ist Fleischer Franz Piegnot (insgesamt 14 Personen im Haus); 1873 Witwe Pignot; 1878 Franke; 1893/1908 Schlachtermeister Heinrich Busse.

Haus (von 1599 ⓓ)

Das Gebäude wurde zu einem bislang unbekannten Zweck erbaut und scheint zunächst kaum innere Unterteilungen aufgewiesen zu haben. Außer einer Abtrennung eines Raumes von zwei Gefach Breite im östlichen Erdgeschoß konnten keine ursprünglichen inneren Wände festgestellt werden. Möglicherweise diente daher nur das Erdgeschoß mit der (unterkellerten ?) Stubenkammer und Diele zu Zwecken der Verwaltung (mit Schreibstube), das Obergeschoß mit einer Aufzugsluke in der Vorderfront als Lager. Dabei ist die aufwendige Ausführung bei nur kleiner Grundfläche auffällig, die für eine besondere Nutzung spricht.

Im Kern des zuletzt 1979 sanierten und innen innerhalb der alten Struktur vorsichtig veränderten Gebäudes ist trotz der komplexen Veränderungsgeschichte das komplette Gerüst des zweistöckigen Fachwerkgebäudes erhalten. Dieses hat eine Länge von acht Gebinden, die Balken des Obergeschosses und des Dachwerkes sind aufgelegt. Die Giebeldreiecke östlich mit Spitzsäule, westlich mit Firstsäule, die Hölzer in den Giebeldreiecken überblattet. Das Dachwerk mit einer Neigung

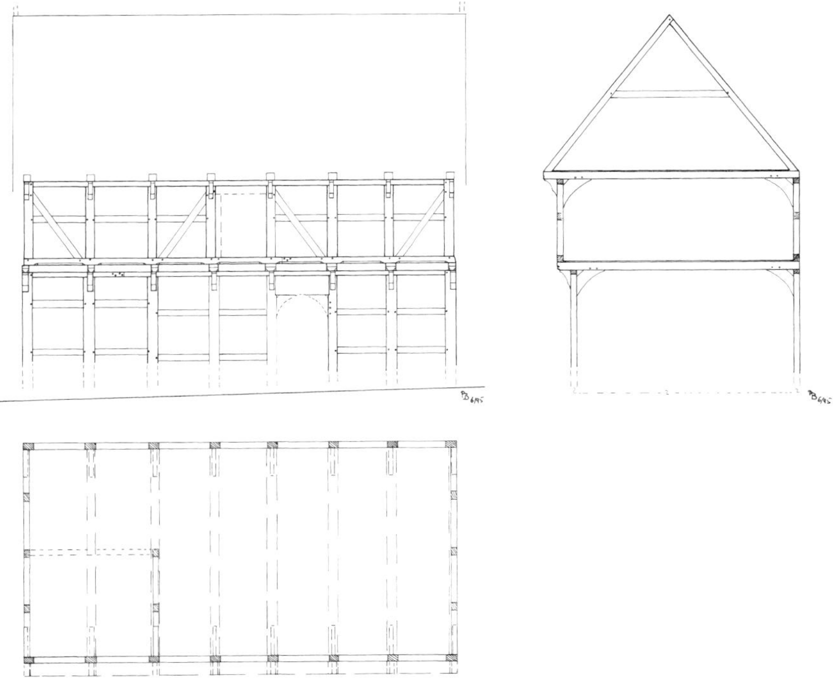

Abb. 1436 Ritterstraße 38, nördliche Traufwand und Querschnitt sowie Grundriß des Erdgeschosses rekonstruierter Zustand 1599.

von 52° und einer Kehlbalkenlage (zu einem erheblichen Teil aus wiederverzimmerten Hölzern eines 59° steilen Dachwerkes mit zwei gezapften Kehlbalken, bei dem die Sparren in die Schwelle eingetieft waren) ist durch die z. T. erhaltene Dielung gezapft. Das Obergeschoß hat eine umlaufende Riegelkette. Die Queraussteifung mittels leicht gekehlten (zumeist entfernten) Kopfbändern, in den Giebeln auch mit Fußbändern. Die südliche, verdeckte Traufwand im Obergeschoß mit Fußstreben an den Eckständern und am mittleren Ständer verstrebt. Auf Grund einer dendrochronologischen Datierung (2. Dachbalken von Ost) ist das Bauholz Ende 1598 eingeschlagen worden.

Die nördliche Traufwand als Schaufront ausgebildet. Hier kragt das Obergeschoß und Dach über kleinen gekehlten Knaggen vor. Das Erdgeschoß hier im Detail in seiner ursprünglichen Erscheinung nur noch in Resten erfaßbar, aber an der Schaufront differenziert gegliedert. Im Obergeschoß sind in symmetrischer Ordnung vier Gefache mit den zu dieser Zeit modernen Fußstreben versehen (die später für Fensteröffnungen alle entfernt wurden), in dem mittleren Gefach eine Luke (kein Riegel), in den beiden seitlichen strebenfreien Gefachen sind wohl Luken zu rekonstruieren (seit der Sanierung und der dabei vorgenommenen Freilegung der Fachwerkkonstruktion sind hier Fußbänder zur Dekoration in die Brüstungen der Gefache gesetzt, die den historischen nicht entsprechen).

Zu einem unbekannten Zeitpunkt und wohl in mehreren heute nicht mehr nachvollziehbaren Schritten wurde das Innere des Hauses in zahlreiche Räume unterteilt. Prägend ist ein letzter, wohl um 1860 zu datierender Umbau geblieben, wobei ein mittlerer Querflur im Erdgeschoß geschaffen wurde, von dem aus eine eng gewendelte, bis ins das Dach reichende Treppenanlage mit gedrechselten Traillen aus der Zeit eingestellt wurde. Der (wohl schon zuvor vorhandene) Keller wurde um etwa 1 m nach Westen erweitert und darüber ein größerer Wohnraum eingerichtet. Vor dem Westgiebel wurde ein kleiner utluchtartiger Anbau errichtet, der einen kleinen Wohnraum aufnahm und mit einem Pultdach versehen wurde (ehemals mit Biberschwanzeindeckung, seit 1979 mit Blech). Der Westgiebel und Anbau mit ornametal gestalteter Verschieferung versehen, die übrigen Ansichten spätestens seitdem verputzt.

Wohl zugleich wurde der kleine dreieckige östliche Hofplatz mit einem eingeschossigen Wirtschaftsgebäude aus Fachwerk mit Flachdach überbaut (1979 massiv erneuert). 1893 Entwässerung; 1906 Kanalisation, Einbau von Toiletten; 1945 nach Druckschäden Erneuerung der Dachdeckung; 1949 Einbau eines Schaufensters im mittleren Teil; 1965 bestehen von der Stadt im Zuge ihrer geplanten Stadtsanierung befürwortete Pläne für einen dreigeschossigen Neubau auf neuen Fluchten (Dipl.-Ing. G. Rodenberg), denen auch das Amt für Denkmalpflege nach Auflage von aufgesetzten Steildächern zustimmt; 1979 Renovierung und Umbau auf Initiative des Auktionators Jürgen Brinkmann (Planung: A. von Kölln). Dabei das Fachwerk (bis auf den verschieferten Westgiebel) freigelegt und eine zweiflügelige Haustür von 1776 mit sandsteinernem Türgewände aus dem abgebrochenen Haus Priggenhagen 5 (siehe dort) wieder eingebaut; darüber Einmauerung einer 1603 datierten und mit den Buchstaben *FM* versehenen Werksteinspolie aus nicht bekanntem Fundzusammenhang; 1984 in die Denkmalliste der Stadt Minden eingetragen.

RITTERSTRASSE 40 (Abb. 1099, 1332, 1333, 1433, 1437–1438)

1729 bis 1743 Martini-Kirchgeld Nr. 364; bis 1878 Haus-Nr. 450

Die Haustelle offensichtlich erst mit der Errichtung des im Kern um 1500 entstandenen Gebäudes geschaffen. Zu ihr gehört außer der Standfläche des Hauses keine weitere Fläche. Das Gebäude steht zusammen mit der unmittelbar anschließenden Baugruppe Martinikirchhof 10 (seit der Mitte des 17. Jahrhunderts Stadtmusikantenhaus) auf Gelände, das ehemals zum Kirchplatz des St. Martini-Stiftes gehört haben dürfte. Unter diesem benachbarten Haus sind um 1970 Skelettfunde gemacht worden, die auf eine ehemalige Nutzung der heute bebauten Flächen als Friedhof hinweisen. Dieser ist nach den Baubefunden aber spätestens im 15. Jahrhundert zum Teil für den Bau einzelner kleiner Wohnhäuser – möglicherweise für Bedienstete des Stiftes – abparzelliert worden, wobei das Gebäude Martinikirchhof 10 zunächst frei gestanden haben muß (also früher entstand). Während dieses von 1648 bis 1834 in der Verwaltung des Rates blieb, muß das Haus Ritterstraße 40 schon vor 1743 privatisiert worden sein.

Bauliche Hinweise legen es nahe, daß das Haus nördlich an ein Gebäude unbekannter Funktion (Torhaus ?) anschloß, das wohl in der Mitte des 17. Jahrhunderts (nach Übergang der Stadt an Preußen) abgebrochen wurde, wobei ein neuer Nordgiebel geschaffen werden mußte (dazu siehe unter Martinikirchhof 9 und 10).

1675 *der Buchbinder*; 1676/78 Bartolt Polsterling jetzt Lehmkuhle; 1679 Lehmkuhle in Adam Meyers Haus; 1698 Herbordt Quade zahlt jährlich 2 Thl 24 gr Giebelschatz; 1703 Adam Meyers Sohn; 1709/11 Anthon Meyer; 1729/40 Goldschmied Fischer; 1743/1750 Wilhelm Fischer; 1755 Gerhard Fischer, Haus für 150 Rthl; 1766 Georg Hünecke; 1781 Pedell Reith, Haus für 200 Rthl; 1802 Pedell Raidt, Haus für 600 Rthl; 1804 Witwe Raidt mit Magd und einer Tochter, hat kein Braurecht; 1809 Witwe Raidt (Haus am Kampe); 1818 Schuhmacher Drake; 1832/35 Witwe Dracke; 1846 Witwe Friederike Dracke und zwei Mietparteien; um 1853 Regierungsbote Ernsting mit Mieter Klempner Waag; 1873/78 Witwe Waag; 1893 Klempner August Waag; 1904/08 Buchbindermeister Rudolf Bentlage.

Abb. 1437 Ritterstraße 40 (Mitte) und 38 (rechts), links Martinikirchhof 10, Ansicht von Nordwesten, 1970.

Das zweigeschossige, traufenständig zur Ritterstraße stehende und verputzte Fachwerkgebäude ist im Zusammenhang mit den benachbarten Häusern von hohem städtebaulichen Reiz für den Maßstab der unmittelbar benachbarten Martinikirche und als solches mit seinem malerisch empfundenen roten Ziegeldach seit dem 19. Jahrhundert Vordergrund zahlreicher Altstadtbilder von Minden geworden. Die heutige Erscheinung des Gebäudes wird bestimmt durch einen glatten Verputz, der sich über den backsteinernen Nordgiebel und die westliche Traufwand zieht. Der Südgiebel ist über Schalung in ornamentaler Setzung verschiefert. Nur die nicht einsehbare rückwärtige östliche Traufwand ist nicht verputzt. Die Dachdeckung besteht aus roten Linkskremperziegeln.

Unregelmäßigkeiten des Baukörpers im Äußeren lassen erkennen, daß das Haus nicht in einem Guß entstanden ist, sondern auf zwei Bauphasen zurückgeht, später aber noch mehrmals verändert worden ist.

Der Kernbau der Zeit um 1500 umfaßte je zwei Räumen (Diele und Kammer/Stube ?) in seinen beiden Stockwerken. Mitte des 17. Jahrhunderts wurde das Raumprogramm um einen zweistöckigen und mit Gewölbekeller versehenen Anbau erweitert und der Nordgiebel massiv erneuert. Im 19. und 20. Jahrhundert erfolgten verschiedene Umbauten und Änderungen der Ansichten (teilweise massive Erneuerung, Verputz, Verschieferung, Schaufenster, Dachgaupe). Trotz der starken Umbauten ist das Gebäude ein bedeutendes frühes Zeugnis des nur sehr dünn überlieferten spätmittelalterlichen Fachwerkbaus sowie von sozialtopographisch noch näher zu erforschender Bedeutung für die durch kirchliches und adeliges Leben geprägte Oberstadt.

Haus (um 1500)

Der Kernbau wird gebildet aus einer Fachwerkkonstruktion aus Eichenholz (dendrochronologische Datierung am 2. Wandständer der Westseite des Obergeschosses: 1475 ohne Splint: um 1500 oder danach), die wohl nicht original mit Backsteinen ausgemauert war. Ein Großteil der Bauhölzer vom Dachwerk ist zweitverzimmert und mag auf den Bestand einer schon zuvor bestehenden, ersetzten Vorgängerbebauung hinweisen.

Zweistöckiges Gerüst von sechs Gebinden, bei dem die Geschoß- und Dachbalken im gebundenem System aufliegen. Aussteifung im Querverband durch heute durchgängig entfernte Kopfbänder; im Längsverband im Erdgeschoß durch zurückgesetzt verzimmerte schmale gerade Kopf-, im Obergeschoß durch einzelne, einfach genagelte Fußbänder, die jeweils zur Gerüstmitte weisen. Diese Konstruktion an der Schauseite zur Ritterstraße im Obergeschoß durch einzelne Kopfbänder bereichert. In jedem Stockwerk eine bündig verzimmerte Riegelkette. An der Unterkante auf der Innenseite des Wandrähms jeweils eine Nut. Am nördlichen Giebel das Obergeschoß ehemals (nach Befund an der rückwärtigen Traufwand) über Hakenbalken ca. 45 cm weit vorkragend, Knaggenform nicht mehr feststellbar. Ausbildung des darüber befindlichen Giebeldreiecks nicht nachweisbar, nach Gebindeabstand ehemals wohl auch vorkragend.

Die Dachkonstruktion besteht aus einem stuhllosen Sparrendach und zwei eingezapften Kehlbalkenlagen. Mehrere Sparren sind wiederverwendet, wobei hier z. T. zwei unterschiedliche Arten von Blattsassen zu erkennen sind.

In der Mitte des 17. Jahrhunderts folgte eine einräumige Erweiterung des schmalen Baus nach Süden um vier Gefache, wobei man die vorhandene Breite und Höhenausbildung des bestehenden Gebäudes übernahm, jedoch auf Grund der hier erfolgten Unterkellerung mit einem höheren Erdgeschoßniveau versah. Das Gerüst aus Eichenholz, die Hölzer des Dachwerks zweitverwendet. Hier im Längsverband mit über die einfache Riegelkette geblatteten Fußstreben ausgesteift, Vorkragung des Südgiebels von vier Gebinden im Obergeschoß um ca. 25 cm mit Hakenbalken über geschweiften Knaggen. Das Giebeldreieck mit Hochsäule.

Unter dieser Hauserweiterung ein tonnengewölbter Keller aus Bruchsteinmauerwerk, das in Schalung gemauert und heute gekälkt ist. Anfang der halbrunden Wölbung fast über dem Boden. Zugang durch den Kernbau, der Kellerhals gewölbt, später an Stelle der alten Treppe nach Norden verlängert und mit Backstein eingewölbt. Fensteröffnung in südlicher Stirnwand und an der westlichen Seitenwand (1912 erweitert, heute zugemauert). Zwischen beiden Fenstern in der Längswand eine Lichtnische.

Unter dem nördlichen Ende des Kernbaus wurde im 18./19. Jahrhundert ein balkengedeckter Keller eingebaut, der über eine Falluke des nördlichen Wohnraumes zugänglich ist.

Der nördliche Giebel ist als Ersatz einer Fachwerkkonstruktion in der Flucht der oberen Vorkragung nachträglich massiv aus Backstein aufgemauert. Die Datierung ist unklar, nach den eingemauerten Werksteinspolien aber nicht vor Mitte des 17. Jahrhunderts denkbar. Möglicherweise besteht hier ein Zusammenhang mit dem wohl zeitgleichen Umbau der Häuser Martinikirchhof 9 und 10, der in das Jahr 1648 zu datieren ist. Details sind im heute verputzten Zustand nicht erkennbar, die Fensteröffnungen (jetzt ?) mit hölzernen Stürzen versehen. Breites Schaufenster vor 1893 angelegt. Das Giebeldreieck ebenfalls aus Backstein gemauert, jedoch um ca. 10 cm zurückgesetzt (möglicherweise jünger als die Wand darunter ?) und mit drei schmalen Fensteröffnungen (das obere heute vermauert) unter Entlastungsbögen mit hölzernem Blockrahmen. Unter dem Giebeldreieck

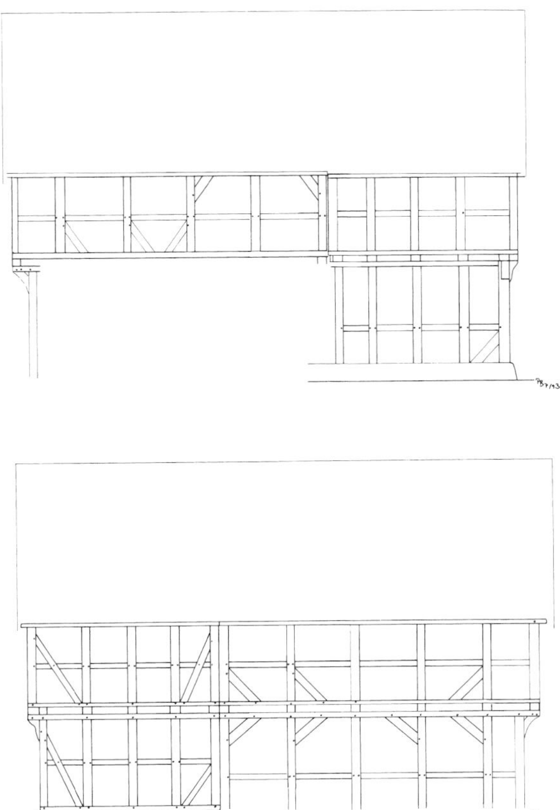

Abb. 1438 Ritterstraße 40, Rekonstruktion der beiden Traufwände (oben Westwand, unten Ostwand), Zustand 17. Jahrhundert.

sandsteinerne, heute überputzte Konsolsteine, die möglicherweise auf einen zuvor hier vorhandenen Schildgiebel hinweisen.

Die westliche Traufwand des Kernbaus heute im Erdgeschoß massiv und offensichtlich ein Ersatz des 18. oder 19. Jahrhunderts für eine entfernte Fachwerkkonstruktion. Dabei auch einzelne Hölzer der Obergeschoßkonstruktion (Ständer 1 und 5 von Nord) erneuert. 1893 war die Steinwand schon vorhanden, einschließlich eines schmalen Schaufensters im nördlichen Raum. 1904 wurde daneben ein weiteres eingebrochen und das alte zu einer Tür umgebaut.

Die heutige innere Aufteilung stammt durchgängig von einem nach 1904 durchgeführten Umbau des Hauses, bei dem bis auf Reste im Obergeschoß alle älteren Innenwände entfernt worden sind. Bestandspläne von 1893 und 1904 lassen eine möglicherweise noch ursprüngliche Innenaufteilung erkennen, die in beiden Geschossen durch zwei Querwände bestimmt wurde, von denen die eine den ehemaligen Südgiebel des Kernbaus bildet. Diese Wand heute noch durch Zapfenschlitze in Ständer und Balken nachweisbar.

Die Balkendecken sind heute im Anbau offen, im Kernbau wohl im frühen 20. Jahrhundert durchgängig mit Brettern in Nut-Feder-Verbindung verkleidet, im Obergeschoß z. T. zusätzlich mit profilierten Leisten in Felder aufgeteilt.

Bis 1904 die mittlere und größte Zone als Eingangs- und Verkehrsraum zu verstehen mit Treppe zum Gewölbekeller und zum Obergeschoß. Nördlich davon in beiden Geschossen jeweils ein Wohnraum, die mit diagonal in die südöstliche Raumnische gestellten, aus Backsteinen gemauerten Ofennischen versehen waren (im Obergeschoß erhalten). Unter dem nördlichen Raum im 18. oder 19. Jahrhundert ein (Kartoffel- ?)Keller eingebaut.

Die südliche Erweiterung des Hauses in jedem Stockwerk jeweils als eigener Raum ausgebildet, der im Erdgeschoß um ca. 30 cm höher liegt.

Nachträglich wurde von dem mittleren Verkehrsraum in der südöstlichen Ecke ein kleiner Raum abgetrennt, der 1893 als Stube bezeichnet wird und einen engen russischen, bis heute erhaltenen Kamin aufwies. Für diesen Umbau mußte der Zugang zum Gewölbekeller nach Norden verlegt werden. Diese Stube war 1904 bis zur vorderen Traufwand vergrößert. Später die beiden inneren Trennwände im Erdgeschoß, im Obergeschoß nur die südliche abgebrochen und die Konstruktion durch Eisenträger abgefangen. Neue Raumaufteilung durch Leichtbauwände in Holzkonstruktion. Schmale zweiläufige, sehr steile Treppenanlage des 19. Jahrhunderts.

Das Dachgeschoß ist im 18. oder 19. Jahrhundert durchgängig zu Kammern ausgebaut worden, dabei die Sparren mit Bohlen verkleidet, die Zwischenwände durch Bretter gebildet. Darauf finden sich zahlreiche Reste von Tapeten sowie z. T. Leinenbespannung. 1947 schuf man durch Entfernen der Sparrenlage im mittleren Hausabschnitt im Dach einen größeren Wohnraum, mit einer großen Schleppgaupe belichtet. Zuvor auf der vorderen Dachfläche nur eine Aufzugsluke über der zweiten Fensterachse von Nord.

1984 in die Denkmalliste der Stadt Minden eingetragen und Erneuerung des Anstriches; 1992 Reparaturen am Putz der Fassaden, die dabei zeitweise freigelegte Fachwerkkonstruktion wurde dokumentiert.

Von den Eigentümern wurden bei Reparaturmaßnahmen an verschiedenen Stellen des Hauses (Kellermauerwerk des Balkenkellers sowie nördliches Giebelmauerwerk) Spolien von reich ornamentierten sandsteinernen Fenstergewänden – insbesondere Fensterpfosten mit Akanthusblattdekoration – sichergestellt, die in das frühe 17. Jahrhundert zu datieren sind.

Rodenbecker Straße

Der heutige lange Straßenzug gliedert sich in zwei historisch höchst unterschiedliche Abschnitte. Während der westliche Bereich der Straße die Stadt mit der vorgelagerten, den Namen Rodenbeck tragenden Feldmark verband (zu diesem Teil der Straße siehe Teil V, Kap. V, S. 390–419), wies der heutige, östliche Bereich innerhalb der Altstadt ehemals eine ganz andere Gestalt und auch einen anderen Verlauf auf und trug darüber hinaus bis nach 1890 auch noch einen anderen Namen, da er bis zu dieser Zeit mit der Straße nach Rodenbeck noch keine Verbindung hatte.

Der Name wurde 1878 anläßlich der Durchführung der sogenannten *Kuhlenstraße* durch die Festungswerke zunächst für den äußeren Bereich der Straße eingeführt (KAM, Mi, F 395). Der heutige in der Altstadt verlaufende Abschnitt hieß hingegen noch bis in das frühe 18. Jahrhundert *Hin-*

Abb. 1439 Rodenbecker Straße, Ansicht der Bebauung unterhalb des Weingartens von Südwesten, links Einmündung der Wallstraße, rechts dahinter Rodenbecker Straße 12 bis 2, um 1910.

ter der Mauer, bis in das frühe 19. Jahrhundert dann *Wallgasse* (beides Bezeichnungen, die auch in anderen Bereichen der Stadtmauer verwendet wurden) und bis etwa 1890 *Simeonwallstraße*. Als schmale Gasse folgte sie damals der Innenseite der wohl im 18. Jahrhundert abgebrochenen mittelalterlichen Stadtmauer und verlief unterhalb der höher gelegenen und zum Verlauf der Bastau hier nach Süden steil abfallenden Grundstücke an der Südseite des Weingartens nach Westen und erschloß diese. In ihrem östlichen Bereich endete sie unmittelbar neben dem alten Simeonstor an der Simeonstraße, wo sie in einem recht schmalen Durchgang zwischen den Häusern Nr. 30 und 32 mündete, die beide Hintergebäude an der Gasse aufwiesen. Nachdem um 1510 Wälle vor der Stadtmauer errichtet worden waren und in diesem Zusammenhang auch das Simeonstor über die Bastaubrücke nach Süden verschoben worden war, entstand zu einem unbekannten Zeitpunkt ein zweiter Arm der Wallstraße, der auf dem Wall etwa vom heutigen Grundstück Rodenbecker Straße 7 weiter südlich verlief und jenseits des Hauses Nr. 38 in die Simeonstraße mündete.

Nach Norden wies die Gasse drei Verbindungen zum Weingarten auf, die Wallstraße, die Soodstraße und die Ortgasse, wobei nur die letztere mit vier kleinen Buden besiedelt war. Außerhalb des Bereiches dieser Straßenanbindungen blieb die Bebauung mit bewohnten Häusern bis um 1880 äußerst gering, so daß nur vereinzelt stehende Scheunen, Ställe und Wirtschaftsgebäude auf Rückparzellen von Weingarten und Simeonstraße zu finden waren. Eine Ausnahme bildete seit der zweiten Hälfte des 17. Jahrhunderts das Anwesen Rodenbecker Straße 7, wo eine Windmühle mit mehreren Nebengebäuden errichtet wurde. Nach deren Abbruch betrieb man hier noch bis gegen 1870 eine seit 1775 bestehende Lohgerberei.

Abb. 1440 Rodenbecker Straße, Bebauung unterhalb des Weingartens, Ansicht von Südwesten, links Rodenbecker Straße 18, Mitte: Nr. 12, um 1910.

Erst nach 1843 entstanden mit den Häusern Nr. 16 und 18 sowie Wallstraße 1 und 2 erste größere Wohnhäuser im Bereich der Straße. 1875 wird die Wallstraße zwischen der Simeonstraße und der Lohgerberei (Haus Nr. 7) neu gepflastert, wobei alte Steine aus der neu gestalteten Simeonstraße verwendet werden.

Nach der Entfestigung Mindens nahm der Verkehr auf dieser Straße erheblich zu. Dazu trug nicht nur der seit 1906 geplante Bau des Schwichowwalls bei, so daß die Rodenbecker Straße zur Verbindung der Portastraße mit der äußeren Rodenbecker Straße wurde, sondern die nun deutlich dichter werdende Bebauung der Straße selbst. So siedelte sich zu der noch bestehenden Lohgerberei (siehe Rodenbecker Straße 7) hier 1883 eine Tabakfabrik an (Nr. 11), und zugleich bestand auch eine kleinere Maschinenfabrik (auf dem Rückgrundstück von Simeonstraße 32). Um 1890 setzten die Bemühungen ein, die Straße als Fahrverbindung zwischen dem Simeonstor und dem Königswall auszubauen (die erst ab 1920 durch den parallel geschaffenen Schwichowwall ersetzt worden ist), wobei zunächst nur der östliche Abschnitt erstellt wurde. 1887 war schon das Haus Nr. 6 erbaut worden und markierte fortan die nördliche Fluchtlinie. Auf der südlichen Seite sollte die Straße nun bei Aufgabe ihres südlichen Zweiges erheblich verbreitert werden, wozu die Stadt Minden 1891 das Haus Simeonstraße 32 erwarb und abbrach, 1893 ebenfalls das Anwesen Nr. 7 erwerben konnte, um 1890 auch das 1894 abgebrannte Haus Nr. 5, wonach 1895 auf erheblich reduzierter Fläche mit dem Neubau Simeonstraße 32 ein neues Eckhaus zur aufgeweiteten Straße geschaffen wurde. Dieses markierte die neue Fluchtlinie der Südseite, wobei die Trasse 1897 nach Brand des Hauses Rodenbecker Straße 7 weiter nach Westen durchgeführt wurde.

Abb. 1441 Rodenbecker Straße, Blick von Süden auf die Bebauung hinter dem Weingarten (von links nach rechts): Rodenbecker Straße 12, Weingarten 52, 54 und 56, davor Rodenbecker Straße 10 und 8 (angeschnitten), um 1910.

Im westlichen Abschnitt ab der Einmündung der Soodgasse kam es allerdings erst 1920 zu einem Ausbau, als die Firma Strothmann die beiden weitläufigen Anwesen Königswall 103/105 und Weingarten 22, ferner 1921 auch das Anwesen Rodenbecker Straße 11 erworben hatte und durch umfangreiche Grundstückstausche eine neue Trassierung – insbesondere auf der Nordseite – und eine neue Gestaltung des Kreuzungsbereiches mit dem Königswall ermöglichte. Zunächst sollte die nördliche Ecke der Einmündung in den Königswall mit einem großen, herrschaftlichen Anwesen bebaut werden (siehe Königswall 105). Bemerkenswert sind hierbei die beiden durch die Firma Strothmann 1948 errichteten Pavillons, die die Ecken der Grundstückseinfassungen beiderseitig der Einmündung der Rodenbecker Straße in den Königswall akzentuieren (siehe Königstraße 105).

RODENBECKER STRASSE 2 (Abb. 1439, 1443–1444)

1878 bis 1908 Rodenbecker Straße 4

Lagerhausanbau (heute Wohnhaus) an das Haus Simeonstraße 30 (siehe dort).

RODENBECKER STRASSE 3

bis 1818 Haus-Nr. 309; bis 1875 Haus-Nr. 309 a

Budengrundstück im Anschluß an das Haus Simeonstraße 32.

Abb. 1442 Rodenbecker Straße, Blick von Nr. 2 nach Südwesten über die noch schmale Gasse, die Reste des abgebrochenen Komplexes Nr. 7 und das dahinter gelegene Bastautal auf die Bebauung am Simeonsplatz, 1897.

1685 zwei Buden unter einem Dach, gehören zu Haus Simeonstraße 30; 1696/1711 zwei Buden der Witwe Stuhr (wohnt Simeonstraße 32); 1743 ohne Eintrag; 1750 Sturische Buhde; 1755 *Stuers Bude am Walle vorm Simeonsthore*, vermietet an Daniel Meyer, Haus für 30 Rthl; 1766 Soldat Glaser, 30 Rthl; 1781 Witwe Glaser, 25 Rthl; 1798 Kommissionsrat Rodowe; 1802/04 Witwe Rodewes Haus ohne Braurecht, 25 Rthl, vermietet an Soldaten; 1805 Erhöhung auf 100 Rthl; 1809 Rodowes Bude, Mieter ist H. Gödeke; 1818 Tagelöhner Hacke, Wohnhaus 100 Thl; 1820/53 Lederfabrikant Wedeking (1820 Erhöhung auf 400 Thl); 1846 Mieter ist Invalide Friedrich Leidig; 1875 Maurer Schmieding.

Haus (bis 1875)

Das in seiner Gestalt nicht weiter bekannte Haus brannte 1875 ab.

RODENBECKER STRASSE 3–11

1952 wird das unbebaute Gelände von der Firma Strothmann erworben (siehe Königswall 101). Nach Aussiedlung des naheliegenden Betriebes ab 1981 wird das Gelände durch die Stadt überplant.

1983/84 Bau eines Mehrfamilienwohnhauses durch den Verein für freie Sozialarbeit/Minden mit sechs Altenwohnungen, acht Behindertenwohnungen und fünf Normalwohnungen (Plan: Lax & Schlender). Zwei- bis dreigeschossiger Putzbau, wobei dem weitläufigen Komplex durch Vorsprünge und verschiedene parallele Satteldächer eine kleinteilige und »altstadtverträgliche« Kontur verliehen wurde.

Abb. 1443 Rodenbecker Straße 6 (links) und 2, Blick nach Nordosten zur Einmündung in die Simeonstraße, ganz rechts die zwei Gebäude des Heilig-Geist-Hospitals Simeonstraße 34/36, 1896.

RODENBECKER STRASSE 5

bis 1818 freies Haus; bis 1878 Haus-Nr. 310 b (das Haus gehörte immer zum Grundstück Simeonstraße 32).

1798 Kommissionsrat Rodowe; 1818 Georg Rodowe, Wohnhaus für 200 Thl; 1846 Rodowe, bewohnt von zwei Mietparteien; 1853 Kaufmann Rodowe, vermietet an Maurer Wedemeier und Maurermeister Eidenger; 1878 Schütte.

Haus (bis 1894)

Das Haus, über dessen Gestalt nichts weiter bekannt ist, wurde zur Anlage der neuen Straßentrasse um 1890 durch die Stadt erworben und brannte am 1. 11. 1894 ab.

RODENBECKER STRASSE 6 (Abb. 1439, 1443–1445)

bis 1818 freies Haus und ohne Nummer; bis 1878 Haus-Nr. 300 b; bis 1908 Weingarten 60 bzw. Rodenbecker Straße 4

Das Grundstück ehemals Teil des großen bürgerlichen Anwesens Weingarten 68 (siehe dort).

1750 Johan Henrich Frederkings Nebenhaus am Weingarten; 1755/66 Senator Frederkings freies Haus am Weingarten, 100 Rthl; 1781 Witwe Senator Frederking; 1805 Kommerzienrat Rodowe, Haus am Weingarten, 100 Rthl; 1806 Witwe Rodowe, eingeschossiges Wohnhaus; 1809 Rodowe, Mieter ist Heuerling und Schuster Hustermeier; 1818/37 Major Thüre, Wohnhaus 500 Thl; 1847 Mieter ist Tagelöhner August Schele; 1853 Besitzer ist Kaufmann Disselhorst; 1887 Kreissekretär Antze; 1892 Klinik Dr. Dietrich & Dr. Schlüter (bis 1898, dann wohl in Weingarten 66); 1906 Dr. Schlüter (baut in diesem Jahr den repräsentativen Neubau Stiftstraße 6); 1921 Kaufmann Heinrich Scharpe.

Abb. 1444 Rodenbecker Straße 2 (rechts), 6, 8 und 10, Ansicht von Nordosten, 1895.

Haus (bis vor 1887)

Am 18.6.1825 wurde das Haus beim Brand der Häuser Weingarten 58 *vom Feuer ergriffen und stark beschädigt* (KAM, Mi, E 126).

Haus (von 1887)

Mit Antrag vom 9.2.1887 für den Kreissekretär Antze auf dem Grundstück seiner Schwiegermutter, der Witwe Nolting, durch den Architekten und Bauunternehmer G. Niermann errichtet. Zweigeschossiger traufenständiger Putzbau aus Backstein von fünf Fensterachsen über hohem Kellersockel. Über den drei mittleren Achsen des ausgebauten Drempelgeschosses ein 1889 aufgesetztes Zwerchhaus. Kellersockel und Erdgeschoß mit Quaderputz. Zugang am östlichen Seitengiebel mit vorgelagerter (erneuerter) Freitreppe. Das Innere mit einem Längsflur und drei Etagenwohnungen ist weitgehend unverändert überliefert: das zweiläufige Treppenhaus in der nordöstlichen Hausecke mit gedrechselten Traillen. Haustür und Innentüren erhalten, im Treppenhaus Terrazzoböden. Das Gebäude ist vollständig mit Backsteintonnen auf Gurtbögen unterkellert.

1891 wurde in dem Haus eine offensichtlich nur bis etwa 1898 bestehende Privatklinik von Dr. Dietrich und Dr. Schlüter eingerichtet. Die Wirtschaftsräume dabei im Kellergeschoß eingebaut, das weitläufige Grundstück wurde als Anstaltsgarten benutzt (Verw.-Bericht der Stadt Minden).

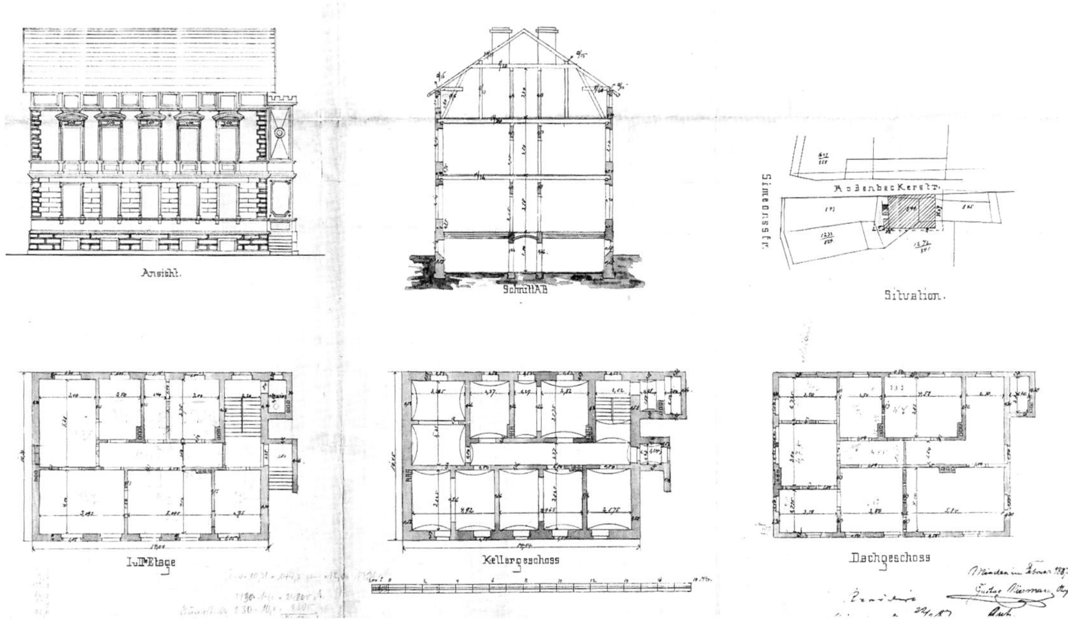

Abb. 1445 Rodenbecker Straße 6, Plan aus dem Bauantrag des Architekten G. Niermann, 1887.

1921 Bau eines Lagerschuppens hinter dem Haus; 1922 Wagenremise auf dem rückwärtigen Grundstück Weingarten 60 (Foto von 1895 in GRÄTZ 1997, S. 189); 1984 in die Denkmalliste der Stadt Minden eingetragen.

RODENBECKER STRASSE 7, Windmühle auf dem Simeonsthorschen Wall (1678–1689) und (1770–1813) und Lohgerberei Wehking (1775–um 1870)

von 1770 bis 1818 freies Anwesen ohne Nummer; bis 1878 Haus-Nr. 310 c

Das Gelände gehört zu einer Batterie der Befestigungswälle und wurde um 1678 von der Stadt zur Anlage einer zweiten Windmühle bestimmt.

Die Mühle im Auftrag des Rates 1678 errichtet. Am 7. 2. 1689 verhandelt der Rat *wegen die Windmühle in einem solchen schlechten Zustande, daß alle Außbesserung daran umbsonst und vergeblich würde, also besser seyn, daß eine neue aufgeführet würde.* Rat und Vierziger wollen diese an einem bequemeren Ort erbauen und dazu die vorhandenen Materialien zu Hilfe nehmen (KAM, Mi, B 352). Wenig später wurde die Mühle abgebrochen. Darauf bezieht sich auch eine Nachricht im Ratsprotokoll vom 26. 1. 1693, daß die alte städtische Windmühle abgebrochen und verwertet werden soll. Der Rat hofft, daß *Herr Cantzlär keine Brauerey noch frembden Bierschanck darin verlegen oder sonsten zum projudiz der Stadt etwas vornehmen* wolle. Der Kanzler bat am 21. 1. 1693, ihm die noch vorhandenen Materialien der alten Windmühle zu überlassen, denn er plante, die später sogenannte Kanzlers Mühle an der Viktoriastraße 21 (siehe auch dort) bauen zu lassen und daneben eine Windmühle zu errichten (KAM, Mi, B 356).

1729 wird im Zusammenhang mit der Frage nach einer einstigen Garnisons-Mühle in der Stadt vom Bürgermeister an die Regierung berichtet, die Windmühle beim Simeonstor bestehe nicht mehr, wohl aber noch das zugehörige Müllerhaus *bey der Batterie daselbst.* Der Ort der Mühle sei *auf dem Kupfer des großen Dohm-Capituls-Kalender* ersichtlich (KAM, Mi, C 498). 1731 wird im Besitzverzeichnis der Stadt auf das Recht verwiesen, auf dem Wall beim Simeonstor eine Mühle zu errichten, wie sie bis 1688 bestanden habe (KAM, Mi, C 369,4 alt).

1769 beantragt der Mühlenbaumeister Wehking den Bau einer Windmühle auf der Batterie vor dem Simeonstor, die er von Kammerdirektor Wermuth erworben habe. Am 7.12.1769 erhält er dazu ein königliches Privileg, wobei es auch auf den Platz der 1768 abgebrannten Brüggemannschen Windmühle vor dem Wesertor ausgestellt ist (KAM, Mi, C 1018). Die Mühle wird für 2136 Rthl fertiggestellt. 1775 *ist der massive Bau an der Mühle gantz solide ausgeführt* für 2878 Rthl (KAM, Mi, C 388); 1798 Wehkingsche Windmühle und Lohmühle, ist frei; 1805 genannt unter Zimmermeister Wehking, Windmühle 2500 Rthl (1809 reduziert auf 2000 Rthl); 1810 Lederfabrikant Wehdeking: Wohnhaus und die dazugehörigen Fabrikgebäude; während die Mühle im Frühjahr 1813 wegen Festungsbauarbeiten abgebrochen wird, können zwei daneben stehende Gebäude zum größten Teil erhalten bleiben. Der Besitzer, der Zimmermeister Wehdeking, gibt den Wert der vernichteten Bauten mit 5285 Thl an, der Bürgermeister 1815 mit 2000 Thl. Die Mühle hatte drei Gänge; 1816 Lederfabrikant D. Wehedekind; 1818 Diederich Wehdeking, Wohnhaus nebst Fabrikgebäude, versichert mit 3500 Thl; 1820 wird ein Teil des Geländes zum Festungsbau eingezogen; 1846 Gerber Diedrich Wehking; 1874/78 Lohgerber Diedrich Wehdeking; 1893 Verkauf von Carl Wehdeking (Hagen-Haspe) an die Stadt Minden für 15000 Mark (KAM, Mi, F 2328).

Windmühle (1678–1689)

Am 20.4.1678 bittet Hermann Böndel, Bürger der Fischerstadt, den Rat erneut, ihm nicht nur seinen noch immer ausstehenden Arbeitslohn *zu der hiesigen alhier neu aufgebauten Windtmühlen* zu bezahlen, sondern auch das Material, das er dazu geliefert hatte, wie etwa das Holz, das er mit seinem Schiffe *heruntergeholt habe*, und *dazu einen Balcken zu den flügeln gethan* (KAM, Mi, B 54,2 alt).

Windmühle (1770–1813)

1770 durch den Mühlenbaumeister Wehking für eigene Zwecke errichtet. Im Frühjahr 1813 muß die Mühle auf Befehl des französischen Prinzen Eckmühl zum Bau einer Batterie abgebrochen werden (KAM, Mi, E 1041).

Haus (1775–1897)

Im Anschluß an die schon 1813 wieder abgebrochene Windmühle wurde offensichtlich 1775 noch eine Lohmühle errichtet, die massive Umfassungswände erhielt. Später wird dieser Bau auch als *Fabrik* bezeichnet und erhielt noch zwei Anbauten. 1810 wird berichtet, das freie Wohnhaus und die Fabrik seien ausgebaut worden (KAM, Mi, D 387).

1816 ist das hart an der Bastau stehende Gerberhaus dem Einsturz nahe, kann aber bis 1823 auf Grund von Einsprüchen der Festungsbaukommission nicht repariert werden (STA DT, Mi, 1 C, Nr. 247).

Das Gebäude 1893 beschrieben: Wohnhaus, Hof und Gerberei. Das Wohnhaus ist von Ziegelfachwerk, hat eine Straßenbreite von 11,70 m und eine Tiefe von 15,50 m. Es hat einen Flur, drei Stuben, zwei Kammern, eine Küche und ist zum großen Teil mit gewölbten Kellern versehen. Östlich ein Anbau von ca. 3 m Breite, 18 m Länge. Südlich ein Anbau mit Gewölbekeller und zwei Stockwerken, Grundfläche von 5,60 x 6 m.

Das Haus 1893 zur Anlage der neuen Rodenbecker Straße durch die Stadtverwaltung angekauft. Nachdem es zunächst stehen blieb, brannte es am 14.2.1897 ab.

RODENBECKER STRASSE 8 (Abb. 1441 und 1444)

bis 1878 Haus-Nr. 300 c; bis 1908 Rodenbecker Straße 6

Das Grundstück ehemals Teil des großen bürgerlichen Anwesens Weingarten 68 (siehe dort), um 1900 zu Simeonstraße 30.

1685/86 Hans Segas Haus am Walle, hinter Hr. Conrad Frederkings Hinterhaus, jetzt Herr Magister Soestmann gehörig, zahlt 1 Thl Giebelschatz; 1696/1711 Hans Segas Haus, der Witwe Soestmann gehörig.

1853 Besitzer ist Witwe Thüren, vermietet an vier Handwerkerfamilien mit insgesamt 18 Personen; 1906 Bäckermeister August Kollmeyer; 1910 Verkauf an Schlachter Gustav Buter.

Scheune

Das Gebäude heute völlig verkleidet, so daß seine Bauzeit nicht genauer zu bestimmen ist.

Zweigeschossiger und traufenständiger Fachwerkbau mit Satteldach. Das Gebäude offenbar schon vor der Mitte des 19. Jahrhunderts zu einem Etagenmietshaus ausgebaut (Foto von 1895 siehe Grätz 1997, S. 189); 1906 Kanalisation; 1908 Brandschaden. Danach 1910 das Dach zu einem

Pultdach mit hoher nördlicher Seite umgestaltet (Plan: Kistenmacher). Nachdem der Bau 1955 als sehr baufällig galt, wurde er (Planung: L. Zirke) bei weitgehender massiver Erneuerung der Decken und Wände im Erdgeschoß zu Garagen, im Obergeschoß zu zwei Wohnungen umgebaut.

Über dem Hauszugang ein Wappenstein aus Sandstein eingemauert, der vom benachbarten Grundstück Weingarten 68 stammen soll (M. Nordsiek 1988, S. 30). In einer Rollwerkkatusche das Hauszeichen der Familie Hävermann, wohl frühes 17. Jahrhundert.

RODENBECKER STRASSE 9, Hof des Regierungsrates Dr. von Möller

bis 1808 freies Haus ohne Nummer; bis 1818 Haus-Nr. 309 b

Der Hof offensichtlich nach 1763/65 auf den geschleiften Wallanlagen zwischen der Rodenbecker Straße und der Bastau angelegt und bei der Neubefestigung der Stadt 1818 wieder eingezogen und abgebrochen.

1805 Maire Friedrich Wilhelm Müller, Wohnhaus (ist frei), Wallteil als Garten, Scheune und Garten; 1815 Dr. Wilhelm von Möller (* 1758), ein wohnbares Gartenhaus; 1818 Regierungsrat von Möller, Haus soll nicht versichert werden, da es zum Abbruch bestimmt ist (Möller verzieht in seinen zweiten und benachbarten Hof am Königswall 103/105); 1827 das Haus ist abgebrochen.

Hof (nach 1763/65–1818)

1817 auf einem Plan zur Anlage von Schuppen im Bereich des Simeonsplatzes die Gebäude verzeichnet. Danach ein mäßig großes Gebäude, westlich und östlich jeweils mit langen und schmalen Anbauten. Möglicherweise eher als Sommer- und Gartenhaus konzipiert.

Am Fuß des Hauptwalls im Generalabschnitt 1823 ein Denkmal für Schwichow errichtet, das 1908 auf das Grundstück Schwichowwall 1 versetzt worden ist (sieh Teil I, Kap. V).

RODENBECKER STRASSE 10 (Abb. 1439, 1441, 1444, 1446–1447, 1756)

bis 1818 Haus-Nr. 310; bis 1878 Haus-Nr. 310 a

Kleine Hausstelle, wohl erst durch Umnutzung eines ursprünglichen Neben- oder Wirtschaftsgebäudes der größeren Hausstelle Weingarten 56 entstanden.

1669/79 Albert Brinckmeyer/Brinkmann; 1681 vermietet an Christoffer Piele; 1685 Albert Brinkmanns Haus am Walle, ist vermietet, zahlt 1 Thl Giebelschatz (also als Bude eingeschätzt); 1696 A. Brinckmanns Haus; 1704 Johan Diederich Brand; 1711 Johann Withus; 1743 ohne Eintrag (Haus ohne Grundbesitz); 1750 Cord Henrich Meyer; 1755 Witwe Meyer, 30 Rthl; 1766 Cord Francke, 30 Rthl; 1781 Francke, 25 Rthl; 1798 Soldat Francke; 1802 Francke; 1804 Schmidt und eine Mieterin, Haus ohne Braurecht, hält 1 Jungvieh und 1 Schwein; 1806 Maurer Heinrich Schmidt; 1809 Maurergeselle Schmidt; 1818/37 Witwe Lotte Schmidt, Wohnhaus für 25 Thl; 1842/46 Tischler Gottlieb Tipper; 1853 Tipper, Haus mit Werkstube; 1878 Tipper; 1908 Witwe Friederike Tipper.

Wohnhaus

Bis 1996 zweigeschossiger, giebelständiger Fachwerkbau mit Satteldach und auf hohem Kellersockel, an der westlichen Traufwand ein kleiner Stallanbau. Der Bau wurde im Zuge einer Modernisierung in allen wesentlichen Teilen massiv erneuert. Den Kern der bis dahin bestehenden Form bildete ein wohl um 1800 entstandenes Wohngebäude, das im Norden wiederum einen kleinen eingeschossigen Speicherbau aus Fachwerk mitbenutzte, nach dendrochronologischer Datierung (1996 durch H. Tisje/Neu-Isenburg) im Jahre 1649 errichtet (Proben: Ostwand, 3. Ständer von Nord sowie Kopfriegel im südlich anschließenden Gefach). Danach handelte es sich bei dem Kernbau möglicherweise um einen Wiederaufbau eines bei der Beschießung der Stadt und insbesondere des Geländes am Weingarten 1637 zerstörten Gebäudes.

Abb. 1446 Rodenbecker Straße 10, Ansicht von Südosten, 1996.

Speicher (1649 ⓓ–1996)

Der Speicherbau auf hohem Bruchsteinsockel (obere Kante aus Backstein) in Hanglage, weit von der Straße zurückgesetzt und zu dieser giebelständig. Grundfläche von 4,6 m Breite und 4,25 m Tiefe. Zugang mit einfacher Tür (diese wohl ehemals mit Vortreppe) in der östlichen Seitenwand. Die westliche Wand höher als die übrigen Wände massiv aufgeführt. Das Gebäude von drei Gebinden aus stark dimensionierten Eichenhölzern, Balken aufgelegt, zwei einfach vernagelte Riegelketten und mit Fußstreben ausgesteift, die mit den Riegeln verzapft sind. Nur im Straßengiebel Kopfbänder im Querverband. Das Dachwerk aus runden Nadelhölzern unbekannter Zeit. Ursprüngliche Ausfachung unbekannt.

Das kleine Gebäude offensichtlich mit einer giebelparallelen Querwand, die sich noch mit Zapfenlöchern für zwei nahe beieinanderstehende Ständer in dem Balken abzeichnet (könnte auf die Nutzung des Gebäudes als ein Backhaus hinweisen, wobei der Backofen in der westlichen höher massiv ausgeführten Hälfte zu vermuten ist, der Kamin zwischen den Ständern).

Um 1800 Erweiterung des schon im späten 17. Jahrhundert zu Wohnzwecken genutzten Gebäudes zu einem größeren zweigeschossigen Wohnhaus, wobei der Bau bei größerer Breite (auf der Westseite) nach Süden bis zur Straßenfront verlängert wurde. Das Hausgerüst von drei Gefach Länge ist stöckig verzimmert und mit Schwelle-Rähm-Streben ausgesteift, der Giebel aus Backsteinen (Feldbrand) aufgemauert. Dabei auch der alte Speicher aufgedrempelt und Balkenlage höher gesetzt, um auch diesen Bauteil zweigeschossig auszubauen. Nachträglich der hintere Bauteil auf der Westseite mit einem dritten Geschoß versehen, so daß die Dachfläche dem Vorderhaus angepaßt werden konnte.

1907 Kanalisation; 1983 Einbau eines Ladens im Erdgeschoß und Umbau des Inneren, wobei die historische Inneneinteilung verändert wurde. 1996/97 nach Besitzwechsel erneut Umbau und Modernisierung (Plan: J. Lax), wobei die Reste des Kernbaus näher untersucht werden konnten. Die historische Substanz des Gebäudes dabei fast völlig entfernt und durch neue massive Wände ersetzt. Westlich des Hauses Errichtung einer Garage.

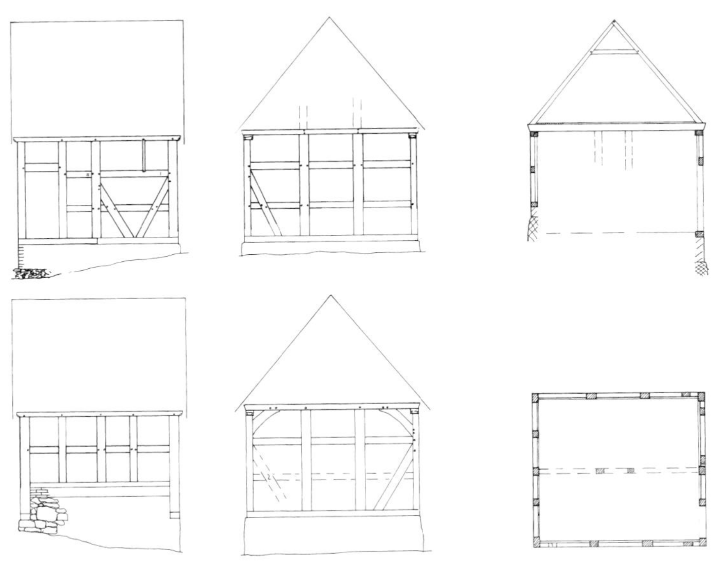

Abb. 1447 Rodenbecker Straße 10, Rekonstruktion des ursprünglichen Zustandes Mitte des 17. Jahrhunderts: vier Ansichten, Querschnitt und Grundriß.

RODENBECKER STRASSE 11, Zigarrenfabrik Holstein & Münch, später Zweigwerk Strothmann (Abb. 1448)

bis 1908 Rodenbecker Straße 9

Das Wallgelände bis 1763 Standort der Bastion V, nach 1815 der Bastion XII Schwichow.

Von 1883 bis vor 1917 Zigarrenfabrik Holstein & Münch (Inhaber sind 1906/08 Ferd. Münch und Karl Wefelmeier, 1912/14 K. Wefelmeier, Prokurist Robert Bartels); vor 1917 Nährmittelfabrik »Sieger« (Inhaber Heinrich Emil Rürup) für Back- und Puddingpulver (1923 durch die Firma das Haus Portastraße 38 errichtet); 1921 Erwerb der Gebäude durch die Brennerei Strothmann (zur Geschichte im einzelnen siehe Königswall 101), die hier eine Essigfabrik einrichtet (auch unter der Adresse Schwichowwall 12); 1983 nach Auslagerung der Fabrikation an die Stadt Minden verkauft.

Fabrikgebäude (1883–1984)

1883 nach Plänen von Architekt Ziegler durch das Bauunternehmen Usadel für die Zigarrenfabrik Holstein & Münch als Fabrikgebäude mit Wohnungen errichtet. Zweigeschossiger und mit Kappen auf Trägern unterkellerter Backsteinbau entlang der Straße, an den rückwärtig ein eingeschossiger, nicht unterkellerter Flügel mit flachem Pappdach für die Zigarrenfabrikation anschloß. Das Gebäude mit niedrigem Drempel und nicht ausgebautem Satteldach rückwärtig fünfachsig, zur Straße mit siebenachsiger, reich gegliederter Fassade, wobei über dem Erdgeschoß jeweils die beiden äußeren Achsen als übergiebelter Risalit zusammengefaßt wurden.

Im östlichen Seitengiebel Zugang, der einen mittleren Flur erschloß. Daran zur Fassade zwei Comptoirräume und nach Süden ein Sacksaal, im westlichen Teil des Gebäudes eine Wohnung mit zwei Zimmern und Küche. In der Mitte der südlichen Traufwand ein zweiläufiges Treppenhaus zu den Arbeits- und Lagerräumen im Obergeschoß, daran anschließend der Flügel mit zwei Arbeitssälen, Raum für den Meister und mehreren Aborten.

1917 Einfriedung (Plan: R. Moelle) als Steinpfeiler mit Holzgittern sowie provisorischer Lagerschuppenanbau aus Holz nach Süden (Plan: R. Moelle); 1919 Verbreiterung des Lagerschuppens (Plan: R. Moelle); 1922 Kanalisation; 1923 anstelle des Lagerschuppens Neubau eines Lagerhauses auf der ganzen Breite südlich des Vorderhauses und unter Einbezug der alten Fabrikflügel (durch Bauunternehmer Sierig); 1939 Luftschutzkeller; 1942 Anbau nach Westen für Tanks der Essigfabrik; 1946 Einbau neuer Tanks für 50 000 Liter; 1950/51 Erweiterung der Fabrikationsgebäude nach Süden durch Errichtung einer großen Halle sowie eines Kesselhauses aus Stahlbeton an Stelle der hölzernen Schuppen auf der Südseite (Plan: Prof. W. March). Der Bau mit einem flach geneigten Vollwalmdach (Vorplanungen Marchs von 1948 siehe auch Schmidt 1992, Abb. S. 113); 1978 Umbau der Essigfabrik zum Lager-

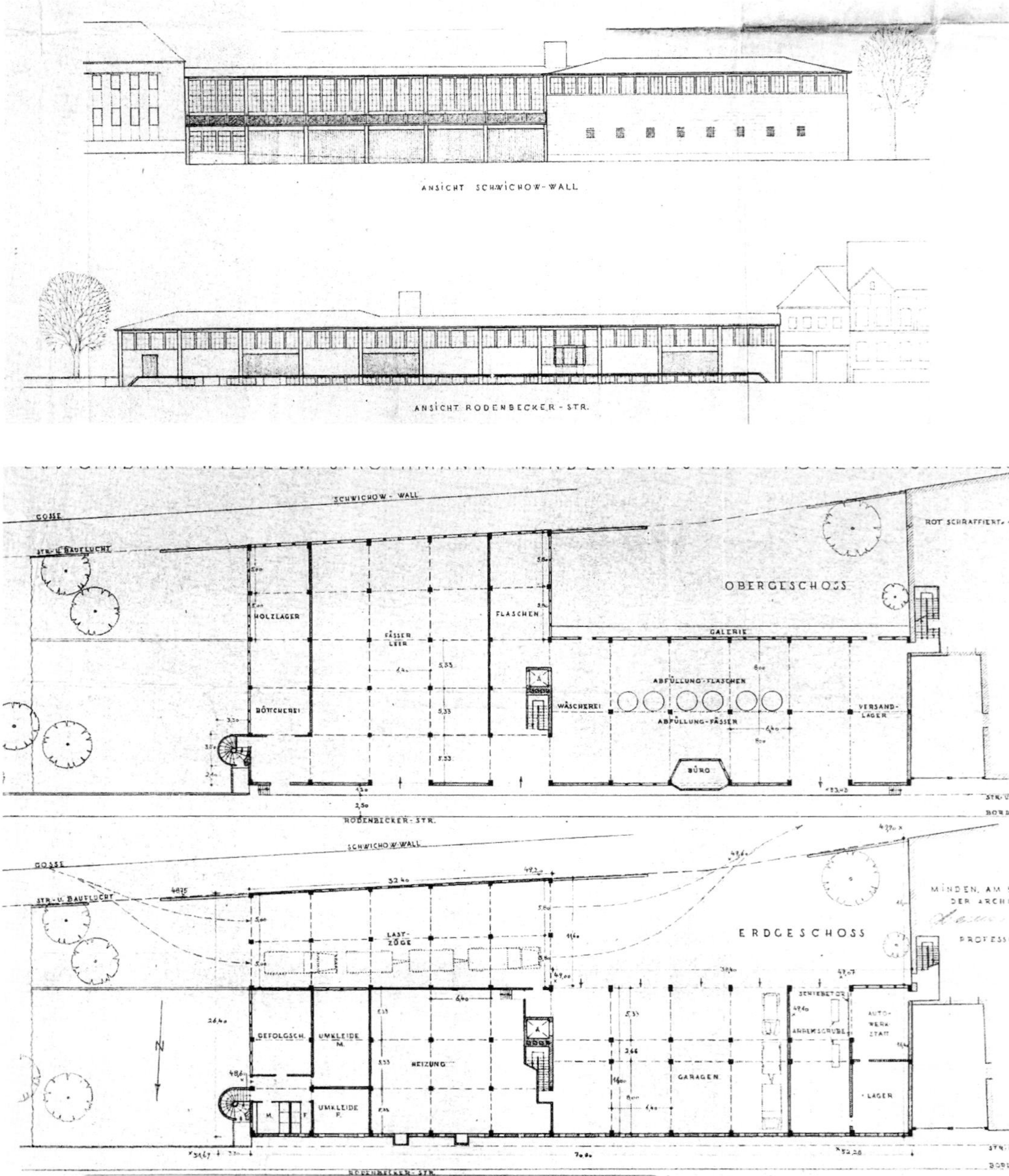

Abb. 1448 Rodenbecker Straße 11, Essigfabrik Strothmann. Ansichten und Grundrisse W. March 1947.

und Versandgebäude der Kornbrennerei Strothmann, wobei die südliche ausgewichene Außenwand erneuert wird (Unternehmer Sierig); 1984 Abbruch der gesamten Anlage im Auftrage der LEG.

1921 auf dem Grundstück auch ein Autoschuppen für die Firma Strothmann errichtet.

RODENBECKER STRASSE 12 (Abb. 1439–1441)

Hinterhaus von Weingarten 52, auf dem Hofgelände des Hauses Weingarten 50 (siehe dort).

Bruchstücke von Werksteinteilen (möglicherweise von einem Ziergiebel) mit Rollwerkformen sind um den Eingang dekoriert und sollen vom Grundstück Weingarten 68 stammen (dazu NORDSIEK 1988, S. 31).

RODENBECKER STRASSE 13

Das Grundstück beim Ausbau des Schwichowwalles von der Stadt Minden an die Brennerei Strothmann verkauft, die nach Änderung der Fluchtlinien 1921 eine Einfriedung errichten läßt, die 1931 erneuert wird (durch Baufirma Sierig).

1948/49 Errichtung eines Gartenpavillons für den Gemüsegarten der Familie Strothmann als Pendant zum gleichzeitigen gegenüberliegenden Pavillon (dazu siehe Königswall 103/105).

1978 Umnutzung des Gartens zu einem Park- und Lagerplatz für Zwecke der Brennerei Strothmann (auf dem Grundstück Rodenbecker Straße 11). Um 1985 Abbruch der östlich und südlich anschließenden Gartenmauern und Abgrabung der Gartenfläche um nahezu einen Meter zur Schaffung eines öffentlichen Parkplatzes, so daß der Pavillon heute isoliert steht und mit einer kleinen östlichen Zugangsrampe versehen werden mußte.

RODENBECKER STRASSE 14

ab etwa 1825 bis 1878 Haus-Nr. 309 b (zunächst diese Nummer für den Hof des Dr. von Möller auf dem südlich anschließenden Wall, siehe Rodenbecker Straße 9)

1977 Neubau eines Einfamilienwohnhauses für Karl-Heinz Schaper nach einem Plan von Architekt Erich Salm. Zweigeschossiges Haus mit sehr flachem Walmdach.

RODENBECKER STRASSE 16/WALLSTRASSE 2

bis 1878 Haus-Nr. 311 c

Die kleine Hausstätte wohl ursprünglich Teil des bürgerlichen Grundstücks Wallstraße 2 und um 1809 durch Ausbau einer kleinen Scheune im Anschluß an die Bude Rodenbecker Straße 18 entstanden.

1809 Bude des Bäckers Eisbergen (wohnt Alte Kirchstraße 5); 1818 drei Buden des Bäckers Eisbergen je 100 Thl; 1826 auf je 200 Thl erhöht; 1827 Eigentümer der Buden wird Gerichtsbote Knaust (siehe Weingarten 35. Seine Witwe heiratete im Dezember 1842 den Maurermeister Franz Lax); 1838 Knaust; 1846 wohnen unter den drei Adressen sechs Parteien (insgesamt 22 Personen); 1853 Eigentümer des Hauses ist Maurermeister Franz Lax, vermietet an fünf Parteien (24 Personen); 1878 Tipper; 1908 Privatier Karl Tipper.

Mietshaus (um 1843)

Das Haus dürfte wohl 1843 durch den Maurermeister Franz Lax (nach dessen Eheschließung 1842 mit der Erbin des Grundstücks) erbaut worden sein. Zweieinhalbgeschossiger und giebelständiger Putzbau mit hohem Untergeschoß und Satteldach.

1906 Kanalisation; 1935 werden Mängel am Haus beklagt und 1964 fordert die Stadt die Beseitigung von Bauschäden.

Abb. 1449 Rodenbecker Straße 18 (rechts), Hintergebäude des Weingartens und die Einmündung der Soodstraße mit den Häusern Nr. 1 und 6 (links), Ansicht von Südwesten, um 1910.

RODENBECKER STRASSE 18 (Abb. 1440, 1449)

bis 1878 Haus-Nr. 311 a/b

Die kleine Hausstätte wohl durch Abtrennung von dem bürgerlichen Grundstück Wallstraße 2 entstanden, wobei eine zugehörige Scheune um 1809 zur Bude Rodenbecker Straße 16 ausgebaut wurde.

1743 ohne Eintrag (Haus ohne Grundbesitz); 1750 Schüttens Bude; 1755/66 Schüttens Bude nebst Scheune, 80 Rthl; 1781 Meyers Bude, 75 Rthl; 1798 Branntweinbrenner Brinckmann; 1802/04 Brinckmann, Haus ohne Braurecht, vermietet an Soldaten; 1808 Bäcker Eisberg (wohnt Alte Kirchstraße 5), Scheune und Bude; 1809 Brinckmanns zwei Buden (wohnt Simeonstraße 30); 1818 Brinckmann, Wohnhaus 200 Thl; 1835 Karoline Brinckmann, Wohnhaus 300 Thl; 1846 Mieter ist Tagelöhner Karl Lorenz und zweite Partei; 1853 Eigentümer ist Meyer; 1878 Wegmann; 1908 Rentner Heinrich Stockhaus (hat auch Kampstraße 13).

Haus (von 1853)

1853 ist das Haus im Bau und noch nicht bewohnbar. Dreigeschossiger und giebelständiger Putzbau mit fünfachsigem Giebel und ausgebautem Dachgeschoß. Das Gebäude als Mietshaus eingerichtet.

1974 Umbau und Erweiterung nach Westen.

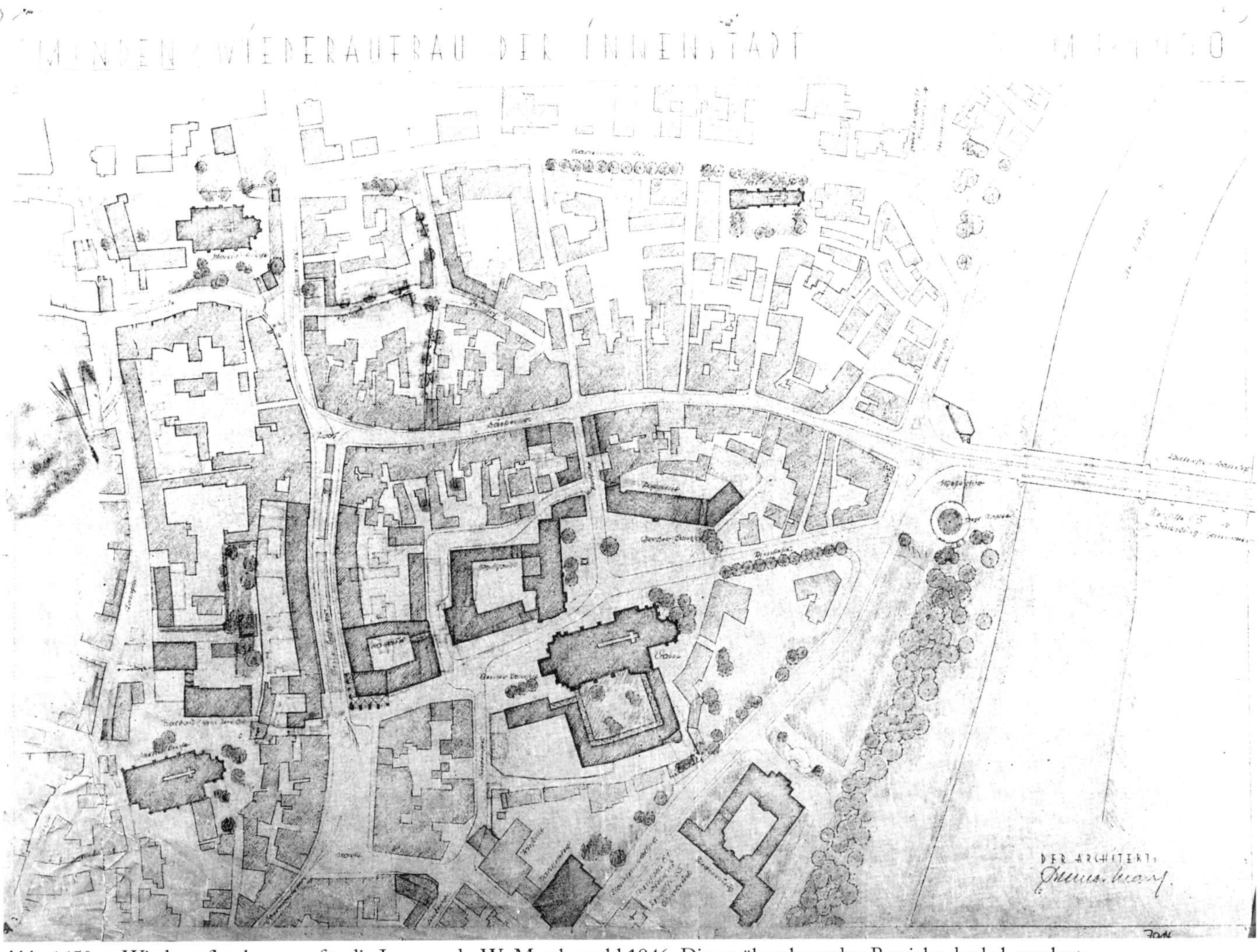

Abb. 1450 Wiederaufbaukonzept für die Innenstadt, W. March, wohl 1946. Die zu überplanenden Bereiche dunkel angelegt.

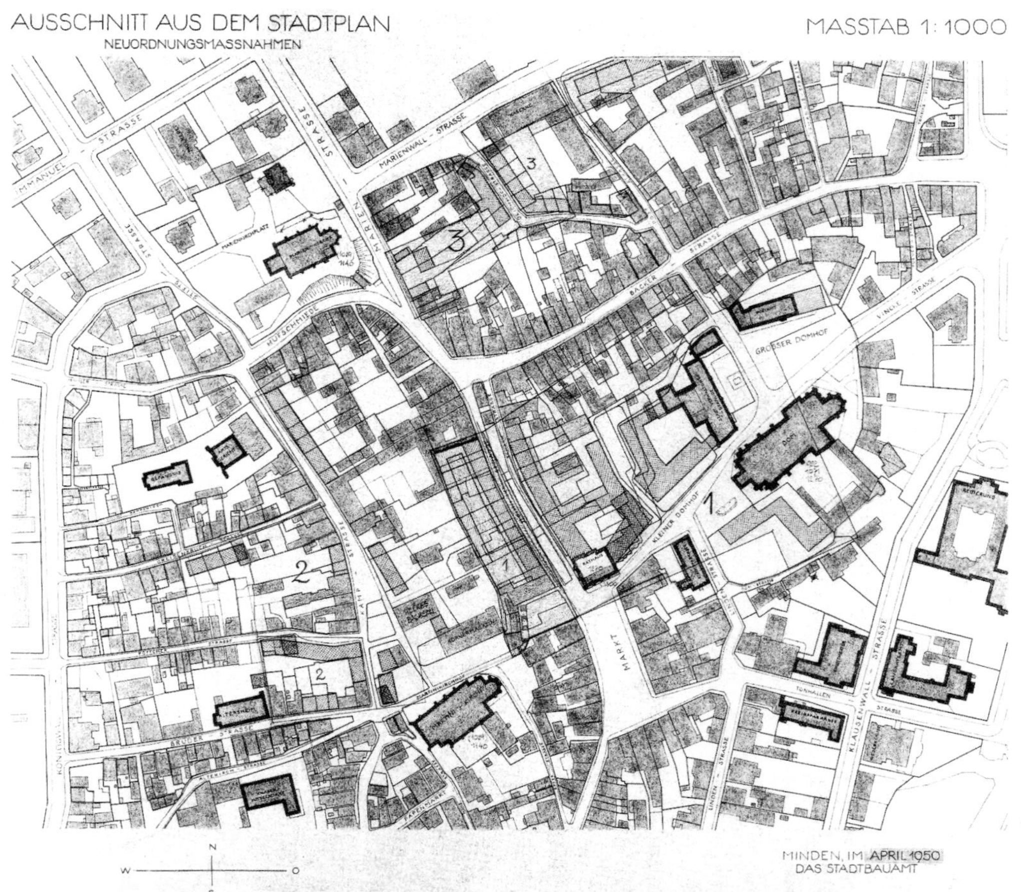

Abb. 1451 Ausweisung der drei Planungsgebiete für die Neuordnung der Grundstücke im Zuge des Wiederaufbaus, Stadtbauamt Minden, April 1950: 1 = Scharn und Domhof; 2 = Kampstraße; 3 = Deichhof, Mariensteg und Marienwall.

Scharn

Der Straßenraum nach 1945. Zur älteren Geschichte und den bis 1945 errichteten Bauten siehe Hohnstraße und Scharnstraße.

Nachdem der größte Teil der anstehenden Bauten bei einem Bombenangriff am 28.3.1945 in Schutt gesunken war, wurden die schon seit langem verfolgten Pläne zur Vereinigung der schmalen Scharnstraße mit der Hohnstraße wieder aufgegriffen. Schon in den Jahrzehnten zuvor hatte die Stadtverwaltung die meisten der Häuser der schmalen Reihe zwischen beiden Straße angekauft, so daß im Zuge des Wiederaufbaus unter Aufgabe der mittleren Bebauung die beiden parallel verlaufenden Straßenräume ohne große Fragen der Entschädigung privater Eigentümer vereint werden konnten: Von der historischen Scharnstraße bestehen daher heute nur noch die Parzellen der Ostseite, von der Hohnstraße nur noch die der Westseite. Im Zuge des Wiederaufbaus wurde die

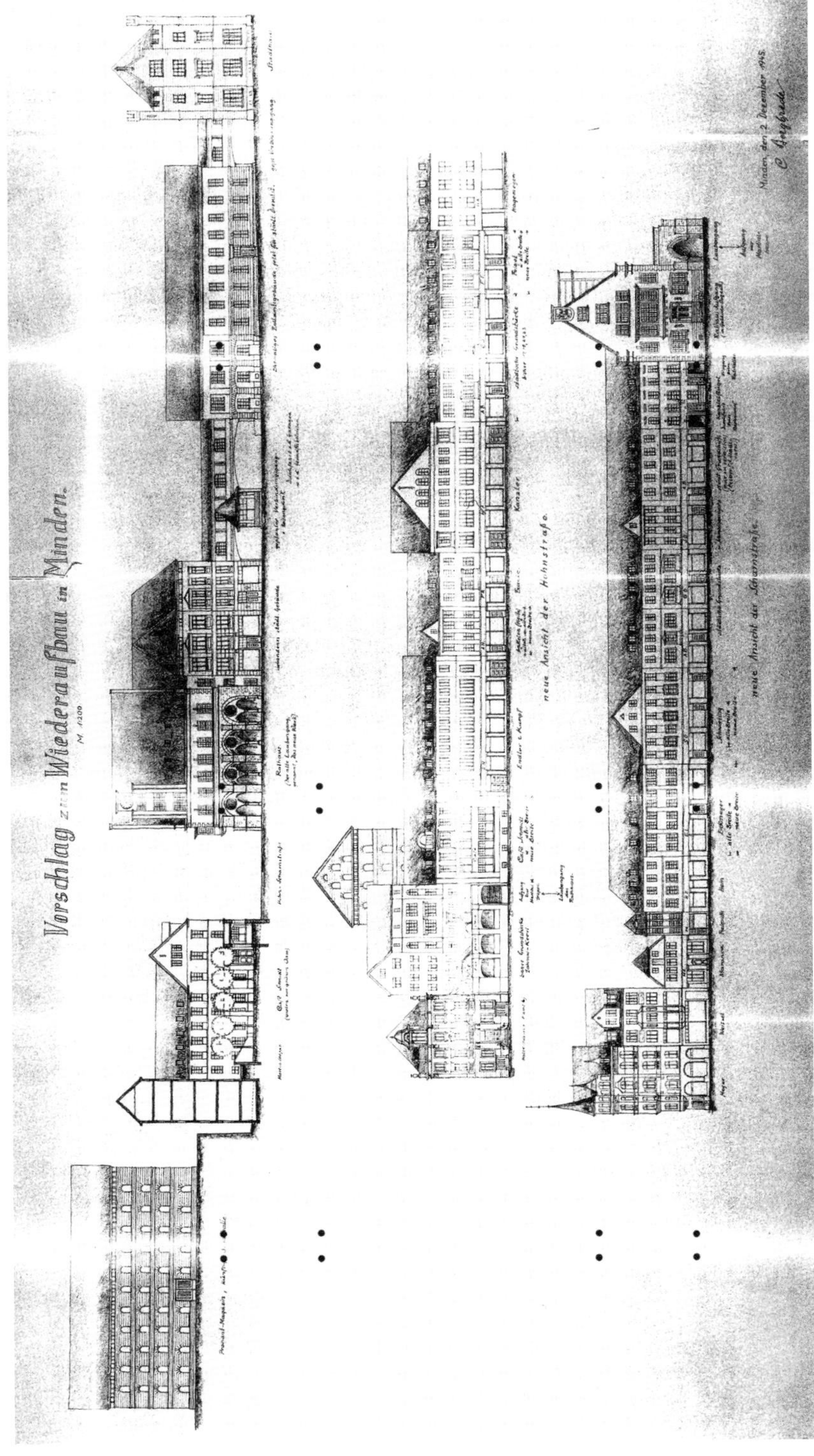

Abb. 1452 Scharn, *Vorschlag zum Wiederaufbau* von Stadtbaumeister Bergbrede Dezember 1945. Oben südliche Einfahrt in den Scharn mit der anschließenden Bebauung zwischen Martinikirchhof (links) und Großem Domhof (rechts). Mitte westliche Scharnfront, unten östliche Scharnfront.

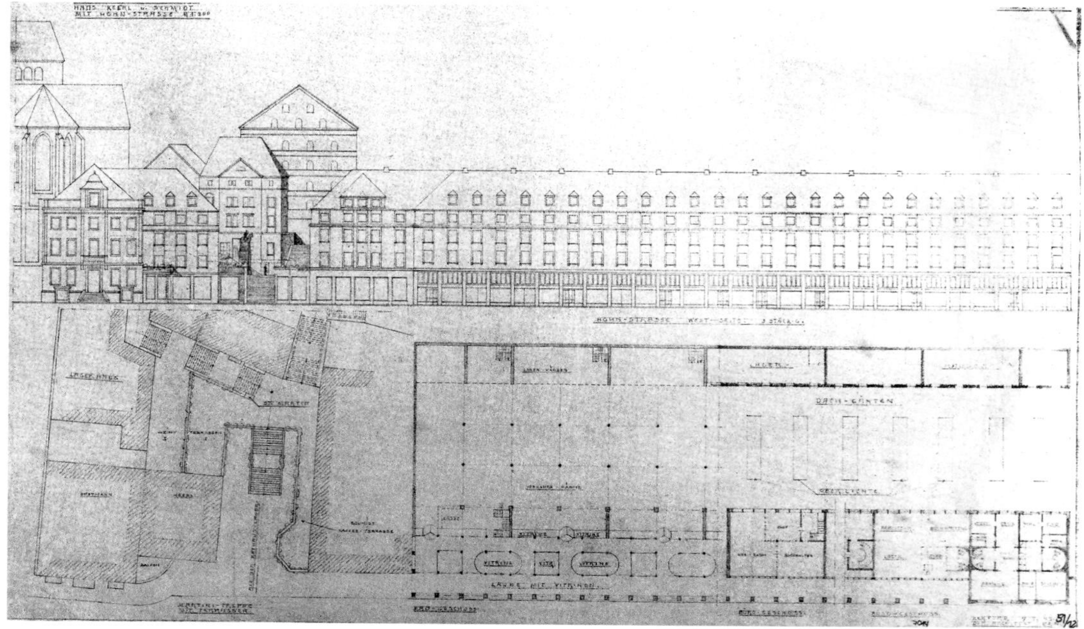

Abb. 1453 Scharn, Westseite, Wiederaufbaukonzept Planungsstand 1949.

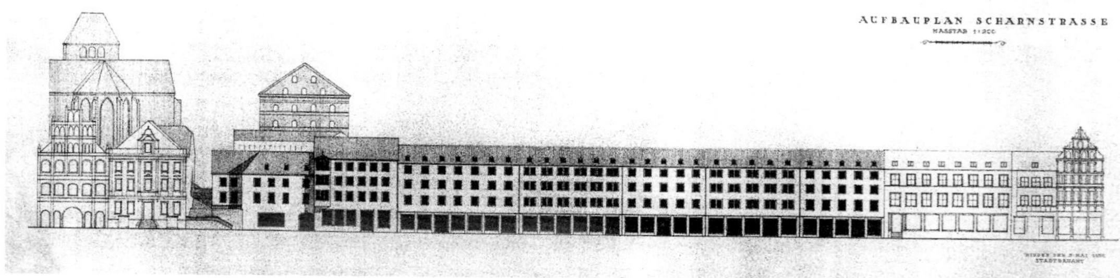

Abb. 1454 Scharn, Westseite, Wiederaufbaukonzept Planungsstand Mai 1950.

gemeinsame Trasse auch in den Fluchtlinien verändert, wobei man die bestehende Ausschwenkung nach Westen reduzierte, so daß sowohl die neue West- als auch die Ostfront in unterschiedlichem Maße nach Osten verschwenkt wurde.

Die umfangreichen Planungskonzepte zur veränderten Neubebauung des Bereiches wurden nach 1945 erst allmählich in einer langen und konträr geführten Diskussion entwickelt und auch später während des bereits eingesetzten Wiederaufbaus noch mehrmals verändert. Schon im August 1945 versuchte der Eigentümer des Grundstücks Scharn 10 statt seiner zerstörten Bauten im hinteren Teil seines Grundstücks als ersten Schritt eines Wiederaufbaus ein neues Lagerhaus zu errichten, doch wurde dies von den Behörden aus den unterschiedlichsten Gründen immer wieder unterbunden, wobei sich zunehmend eine sehr kontrovers geführte inhaltliche Diskussion über die Ziele des Wiederaufbaus entwickelte.

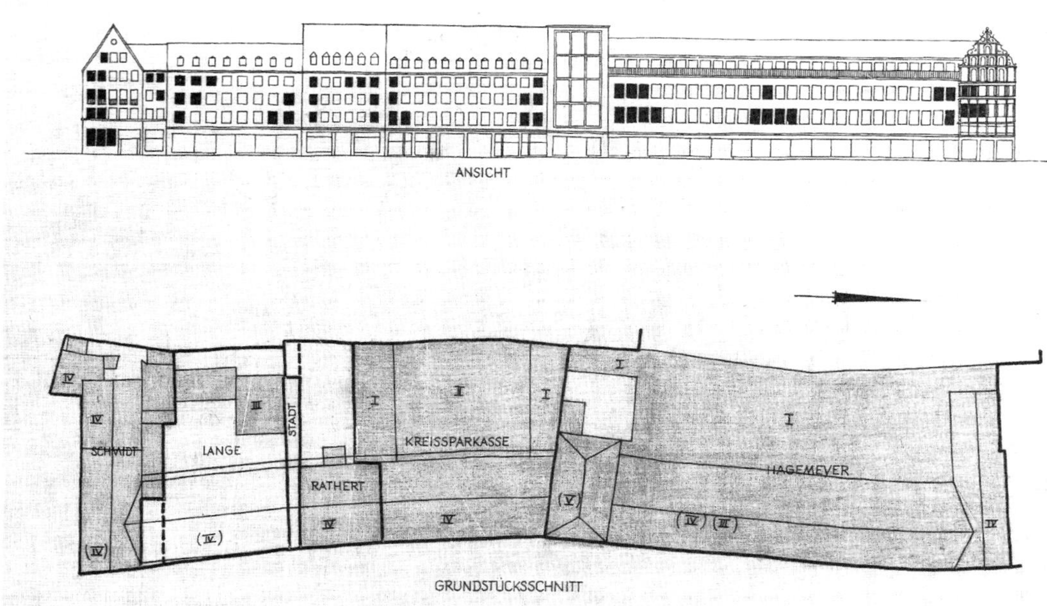

Abb. 1455 Scharn, Westseite, Wiederaufbaukonzept Planungsstand Februar 1953.

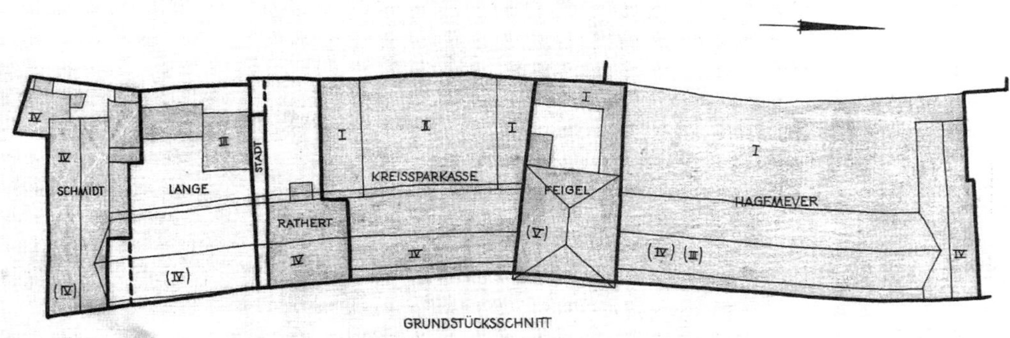

Abb. 1456 Scharn, Westseite, Wiederaufbaukonzept Planungsstand Juni 1953.

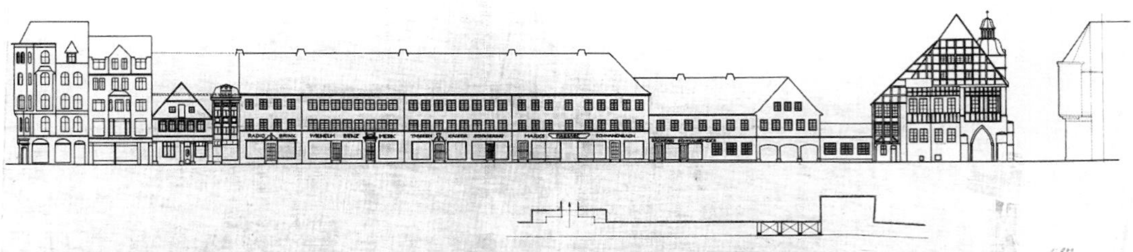

Abb. 1457 Scharn, Ostseite, Wiederaufbaukonzept Planungsstand um 1950.

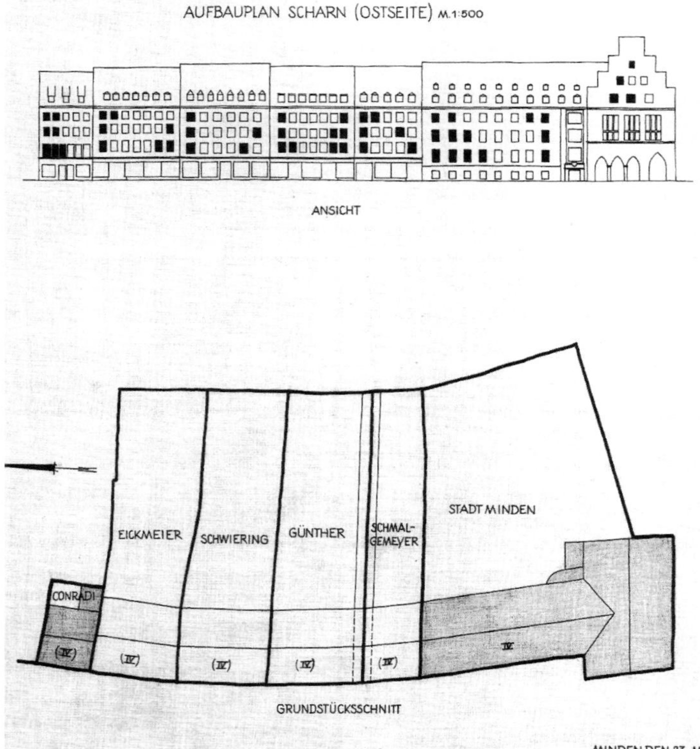

Abb. 1458 Scharn, Ostseite, Wiederaufbaukonzept Planungsstand März 1953.

Ein erstes Konzept zu einer solchen Neubebauung legte schon im Herbst 1945 der im Stadtplanungsamt tätige Dipl.-Ing. Ernst Hopmann als Entwurf zu einem Fluchtlinienplan vor, wobei die beabsichtigte, allerdings noch auf Einzelfälle reduzierte Zusammenlegung zu größeren Grundstücken deutlich wird. Nördlich des Rathauses sollte der breite Straßenraum durch zwei vortretende Baukörper eingeengt und vom Marktbereich getrennt werden. Die Pläne wurden durch den Stadtbauoberinspektor C. Bergbrede bis Dezember 1945 weiter ausgearbeitet und von ihm im Januar 1946 in einem Wiederaufbauvorschlag vorgelegt, der traditionellen Vorstellungen des Städtebaus unter dem Motto »Achte und erhalte das Ehrwürdige und Alte, aber ahme nicht die Stilformen nach«

Abb. 1459 Scharn, offizieller Beginn des Wiederaufbaus mit einer allgemeinen Enttrümmerungsaktion am 7. Mai 1948. Blick von der Hohnstraße nach Südosten über Scharnstraße zu den Trümmern des Rathauses.

(siehe Markt 1, Rathaus) folgte. Danach wurde eine dreigeschossige und traufenständige Bebauung beider Straßenfronten mit zurückhaltender Putzgliederung in klassizistischer Formensprache vorgeschlagen, nur bereichert durch einzelne aufgesetzte Giebeldreiecke. Dabei sollte das Rathaus als ein zweigeschossiger Putzbau mit steilem Satteldach und Dreistaffelgiebel zum Scharn nördlich der erhaltenen Laube errichtet werden, die man mit einer Dachterrasse abschließen wollte. Eine weitere eingeschossige Terrasse sollte gegenüber an Stelle der zerstörten Häuser Markt 2 und 4 entstehen.

Damit setzen sich in der Diskussion dieser Zeit vor allem die von W. March propagierten Ideen eines angeblich schon seit ottonischen Zeiten tradierten Städtebaus durch, die zur Freihaltung einer quer zum südlichen Scharn verlaufenden Sichtachse zwischen Martinikirchplatz und Domwestwerk (Verbreiterung der Martinitreppe und Freihaltung der Parzellen Markt 2 und 4, siehe auch dort) führten, wie sie etwa durch die Errichtung eingeschossiger Terrassenbauten in diesem Bereich deutlich werden. Während der folgenden langwierigen Planungsphase kam es im Zuge immer umfangreicherer Umlegungen zu einer wesentlichen Reduzierung der Zahl der anliegenden Hausstellen. Dieser Konzentrationsprozeß hatte schon im 19. Jahrhundert mit der Etablierung eines Geschäftszentrums in diesem Bereich eingesetzt, so daß sich die an und in der Mitte der Straße um 1800 nachweisbaren etwa 60 Hausstellen bis heute auf etwa 15 Hausnummern reduziert haben. Da noch während des Wiederaufbaus die weitere Konzentration fortschritt, sind auch die wenigen zu dieser Zeit vergebenen Hausnummern nicht mehr alle besetzt.

Abb. 1460 Scharn, offizieller Beginn des Wiederaufbaus mit einer allgemeinen Enttrümmerungsaktion am 7. Mai 1948. Blick nach Norden, links Hohn-, rechts Scharnstraße mit der erhaltenen Bebauung im nördlichen Bereich.

Nach ersten umfangreichen Grundstücksumlegungen begann 1947/48 zunächst noch zögerlich der Wiederaufbau, wobei es auch in den folgenden Jahren immer wieder zu wesentlichen Änderungen der Leitpläne kam. Hintergrund hierfür waren weitere umfangreiche Grundstücksverkäufe und -tausche, da die meisten Grundeigentümer nur hierin Möglichkeiten für einen Wiederaufbau sahen. So verkaufte etwa 1951 der Kaufmann Kanzler sein Gelände Hohnstraße 15 an den Kaufhausbesitzer H. Hagemeyer, der dies wenig später an die Kreissparkasse weitergab (Scharn 11), da diese an Stelle ihres beschlagnahmten Gebäudes Tonhallenstraße 2 ein neues Dienstgebäude errichten wollte. Der Schuster Feigel tauschte 1951 sein Grundstück Hohnstraße 29 mit dem anschließenden Kaufhaus Hagemeyer gegen die Parzellen Hohnstraße 17, 19 und 21, die 1953 im Zuge der weiteren Ausdehnung des Kaufhauses ebenfalls in deren Neubau einbezogen wurden. Erst damit waren die Grundstücke dieser Seite endgültig aufgeteilt und von 31 Hausstätten auf sechs Großflächen reduziert, wobei es im Süden nach 1960 noch einmal zu einer weiteren Zusammenlegung kam.

Nachdem W. March als von der Stadtverwaltung beauftragter Architekt für die städtebauliche Rahmenplanung 1946 ein Konzept für den Wiederaufbau vorgelegt hatte, erarbeitete H. Korth 1946/47 einen Wiederaufbauplan für das Gebiet. Parallel dazu setzte sich bei der Verwaltung die Vorstellung durch, daß es notwendig sei, zunächst einen Wettbewerb auszuloben. Im Juli 1946 wurde daher ein Ideenwettbewerb zum Wiederaufbau und zur Neugestaltung der Innenstadt ausge-

Abb. 1461 Scharn, Abbruch der letzten beiden erhaltenen Scharnhäuser: Hohnstraße 34 (vorne) und 36, im Herbst 1950. Im Vordergrund Umlegung der Straßenbahntrasse.

schrieben. Hierbei sollten Vorschläge erarbeitet werden *unter Berücksichtigung der besonderen Gegenbenheiten Mindens, der Verkehrslage, des Höhenunterschiedes zwischen Ober- und Unterstadt, der geschlossenen Unterbringung der Stadtverwaltung, der Wiedereinrichtung von etwa 50 Geschäften, der Parkmöglichkeiten...* (Nordsiek 1979, S. 107 f.). Aus den 15 eingereichten Beiträgen ging im Januar 1947 mit einem ersten Preis der Mindener Architekt W. Hempel hervor, dessen Pläne allerdings später nicht weiter verfolgt wurden. Bei dem zweiten Preisträger, dem Büro W. Schwagenscheidt/Kronberg wurde insbesondere gelobt, daß er neben der wirtschaftlichen Nutzung des Bodens auch die meisten städtebaulichen Ideen eingebracht habe und insbesondere den großen Geländesprung zwischen Unter- und Oberstadt zur Wirkung bringen wolle. Allerdings kamen auch seine Pläne, die eine lockere Pavillonbebauung mit einzelnen hohen Solitärbauten vorsahen, später nicht zum Tragen, da man sie als zu modern und im Umkreis des Doms nicht angemessen fand (dazu siehe Preusler 1985, S. 136–138 mit Abb.). Einen weiteren Preis erhielt Prof. E. Zinsser/Hannover. Es folgten weitere Planungen – etwa durch den Kreisbaurat Kühn, deren Ergebnisse bis 1950 immer wieder diskutiert und verändert wurden und Ausdruck der Spannungen zwischen den unterschiedlichen Parteien und ihren Vorstellungen zum Städtebau waren, wobei der seit 1945 in Minden ansässige Prof. W. March mit seinen von »Klassischen Vorstellungen« geprägten Ansichten starken Einfluß auf die Durchführung nahm (wie sie an dem von ihm geplanten Wiederaufbau des Rathauses deutlich werden). Allerdings hat auch er – trotz seines Auftrages für einen Generalplan zum Wiederaufbau der Stadt – sein erstes, schon 1946 erstelltes und 1947 weiter ausgearbeitetes Planungskonzept für die Scharnbebauung letztlich nicht ganz durchsetzen können, bei dem der lange und breite von traufenständigen Putzbauten mit Satteldach gesäumte Straßenraum nördlich des Rathauses durch

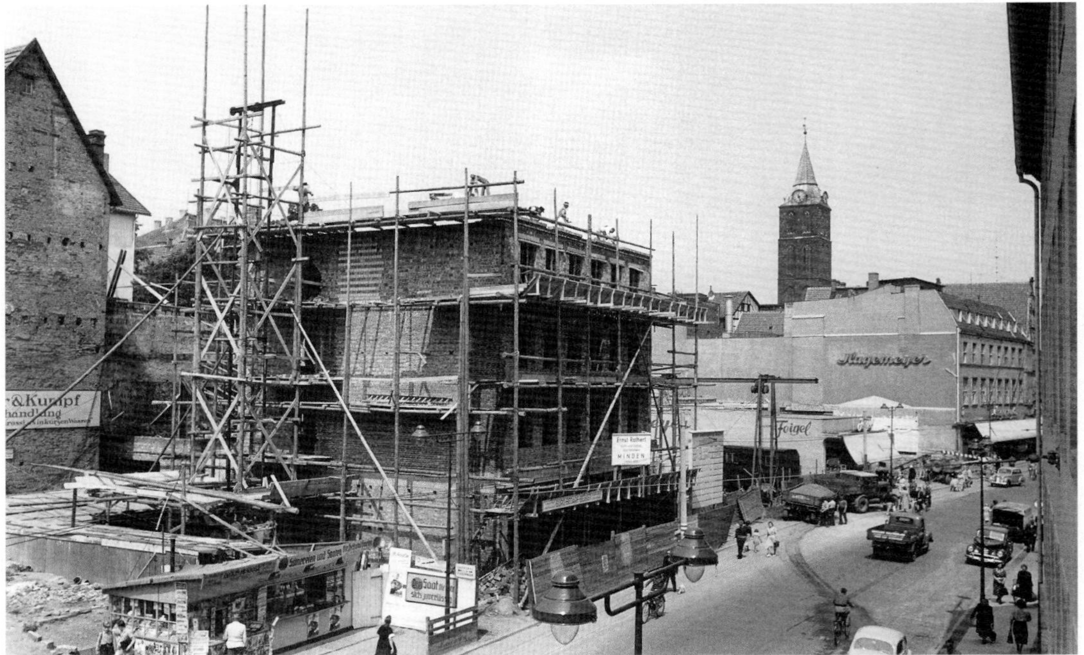

Abb. 1462 Scharn, Blick vom Rathaus auf die Westfront während der Bauarbeiten (Scharn 7 in der Mitte), 1953.

zwei aus den Fluchten hervortretende und gegenüber gestellte Giebelbauten mit Passagen für die Trottoirs eingefaßt werden sollte (Abb. bei Schmidt 1992, S. 119).

Das angesprochene, schon 1945 beantragte Lagerhaus wurde trotz der laufenden Wettbewerbe und Diskussionen 1948 als erster Neubau in diesem Bereich errichtet; auch das Stadthaus am Großen Domhof konnte schon in diesem Jahr wieder fertiggestellt werden. Zusammen mit mehreren, nach Beschädigungen wiederhergestellten Bauten (Hinterhäuser von Scharn 8 und die von ehemals Hohnstraße 1, 5 und 7) bildeten sie eine erste Planungs- und Bauphase. Parallel dazu waren auf den meisten Grundstücken in den ersten Jahren schon fliegende Bauten, bald auch feste Pavillons entstanden, die in manchen Fällen später nur noch schwer wieder beseitigt werden konnten (solche Bauten bestanden noch bis 1965 an der Straße). Auf Grund der langen Planungsphase entsprachen daher die ersten der neu erstandenen Bauten weder in der Gestalt noch in der Stellung den später durchgeführten Konzepten (etwa Lagerhaus Scharn 10 oder Hinterhaus Scharn 8). An anderer Stelle wurden sogar weitere Bauten abgebrochen, die aus der frühen Zeit des Wiederaufbaus stammten (so 1960 das wiederhergestellte Lagerhaus Hohnstraße 5 und 1967 auch das Hinterhaus von Hohnstraße 1), um das Kaufhaus Scharn 1/3/5 errichten zu können.

Nachdem schon im Mai 1946 Schüler erste Aufräumarbeiten vorgenommen hatten – wonach auch der Betrieb der Straßenbahn wieder aufgenommen wurde –, konnte die in vielen anderen Städten im Mai 1947 durchgeführte Enttrümmerungsaktion in Minden *wegen augenblicklicher Ernährungsschwierigkeiten* zunächst nicht durchgeführt werden. Die endgültige Enttrümmerung des ganzen Stadtbereiches konnte hier erst ab dem 7. Mai 1948 durchgeführt werden (Borchert 1988,

Abb. 1463 Scharn, Blick auf die dichte Pavillonbebauung hinter der Ostfront, um 1973. Links Kleiner Domhof und Rathaus, nach rechts Scharn 2–6.

S. 37). Mit dem an diesem Tag durchgeführten freiwilligen Arbeitseinsatz von sechs Stunden aller Männer zwischen 16 und 60 Jahren wurde der Wiederaufbau offiziell begonnen, wobei auch alle Stadtvertreter, Beamten und Angestellten der Verwaltung mit dem Bürgermeister Hattenhauer an der Spitze teilnahmen; die Arbeiten wurden in den folgenden Wochen auch durch Schüler fortgesetzt, wobei 1100 cbm Schutt – zum Teil mit der Straßenbahn – abgefahren wurden. 1949 schlossen sich die Anlieger des Scharns zu einer Gemeinschaft zusammen, um den Wiederaufbau mit der Verwaltung zu koordinieren.

Seit Oktober bestand Einigkeit darüber, das zerstörte Rathaus wieder aufzubauen, womit ein planerischer Fixpunkt in der neuen Bebauung geschaffen worden war. Ein endgültiges Konzept für die Bebauung des neuen, nun »Scharn« genannten Straßenraums konnte nach endlosen weiteren Diskussionen allerdings erst im Frühjahr 1949 verabschiedet werden, wobei versucht wurde, einen Kompromiß der noch immer konkurrierenden Vertreter moderner und konservativer Strömungen des Städtebaus zu finden. Unter Vereinigung beider Straßentrassen sollte er bei einer *zügigen Schwingung* 17 m breit werden, wobei seitlich der beiden Richtungsfahrbahnen jeweils Haltespuren angeordnet wurden, gesäumt von 3 m breiten Bürgersteigen. Die neu zu errichtenden Häuser sollten mit drei Geschossen eine Traufhöhe von 10,6 m und eine Ladenhöhe von 4,2 m sowie ausgebaute Satteldächer erhalten. Nur das Haus Scharn 1, das später nicht verwirklicht wurde, sollte vier Geschosse erhalten, wobei es zusammen mit dem neuen Westgiebel des Rathauses (siehe Markt 1) als *klare Eckpunkte* und als städtebauliche Einengung den Scharn vom Markt trennen sollte. Ferner sah das Konzept die Entfernung des hohen Turmes auf dem Gebäude Marienstraße 2 vor, da dieser

Abb. 1464 Scharn, Blick vom Rathaus nach Nordwesten mit den Bauten Nr. 5 bis 13, um 1960.

als zu starke städtebauliche Dominante am Nordende des neuen Straßenraumes angesehen wurde. Der Landeskonservator äußerte ohne Auswirkung Bedenken gegen dieses Konzept und regte an, statt dessen Scharnstraße und Hohnstraße getrennt zu lassen und dazwischen eine schmale eingeschossige Häuserreihe zu errichten.

Nach Festlegung der Pläne und Abbruch der beiden letzten in der Mitte stehenden ehemaligen Scharnhäuser im Herbst 1950 wurde der neue Verlauf der Straße vorbereitet, wobei insbesondere die östliche Front im südlichen Bereich um mehrere Meter zurückverlegt wurde, so daß der Westgiebel des Rathauses frei in den Straßenraum hervortrat. Die Trasse der Hohnstraße wurde in ihrem mittleren Teil um über einen Meter abgegraben und im Frühjahr 1951 die Schienen der Straßenbahn wegen des besseren Kurvenradius an der Ecke zur Bäckerstraße von der östlichen auf die westliche Seite der neuen Straße verlegt. Die fertiggestellte und asphaltierte Straße konnte am 21. 3. 1951 dem Verkehr übergeben werden. Im September des Jahres begann auch der von W. March geleitete Wiederaufbau des Rathauskomplexes an der Ecke zum Markt.

Während zunächst von Seiten der Verwaltung recht massiv versucht wurde, bei den entstehenden Bauten auf eine Gestaltung in traditionellen Formen Einfluß zu nehmen, wobei zahlreiche Skizzen des schon seit Jahrzehnten im Stadtplanungsamt arbeitenden Stadtbaumeisters Bergbrede vorgelegt wurden, wich man nach 1952 von dieser Haltung ab und überließ nun den die einzelnen Baumaßnahmen planenden Architekten die Wahl deutlich moderner Formen. Bis zu diesem Zeitpunkt war nach dem zunächst gültigen Konzept nur der Bau Scharn 7 begonnen worden, der damit heute allein noch die konzipierte Gestaltung der ersten Phase des Wiederaufbaus verkörpert (gleichartige Entwürfe wurden auch an der Bäckerstraße und an der Kampstraße gefördert und dort ver-

Abb. 1465 Scharn, Blick nach Südwesten auf die Bauten Nr. 7 bis 13, 1958.

einzelt durchgesetzt). Auch wurde die Bauhöhe schon 1950 von drei auf vier Etagen angehoben, aber durch Dispense bald in Teilbereichen noch weiter erhöht. 1951 kamen die Planungen im Bereich des weitgehend unzerstörten Kaufhauses Hagemeyer im Nordwesten des Scharns zum Abschluß, wobei man dieses durch Zuerwerb zahlreicher weiterer Grundstücke ab 1953 wesentlich nach Süden erweiterte. Die langen von Satteldächern bekrönten Fassadenflächen seiner neuen Ostfront versuchte man dabei durch die Zäsur eines niedrigen modernen »Hochhauselementes« des Neubaus Scharn 11 zu untergliedern, wobei alle Baumaßnahmen des Kaufhauses über Jahrzehnte von dem das Mindener Baugeschehen seit dieser Zeit stark mitprägenden Architekten A. Münstermann aus Bielefeld konzipiert wurden.

Der zweiten Phase gehören dann die nach recht einheitlichem Konzept 1954/57 errichteten Bauten der Ostseite des Scharns (Nr. 4, 6 und 8) im Anschluß an den Flügelbau des Rathauses an, die bei einer im Detail unterschiedlichen Planung durch unterschiedliche Architekten (Hempel & Ibrügger sowie A. Münstermann) doch eine gleiche Traufhöhe und durchgehende Satteldächer aufweisen. Gleichzeitig mit der Planung dieser Bauten wurde die westliche Straßenfront des neuen Domhofes (heute am Rathaus) geplant, wobei als integraler Bestandteil der Planungen eine rückwärtige Bebauung der Parzellen am Scharn gefordert wurde. Zur weiteren Anbindung wurden zudem zwei Passagen angelegt, die jeweils gemeinsamer Besitz der anschließenden Grundstücke waren und von eingeschossigen Ladenzeilen gesäumt wurden. Mehrere Bauten sollten zur Finanzierung in zwei Bauabschnitten errichtet werden, wobei in der Regel zunächst nur der Keller und das Erdgeschoß mit Geschäften, manchmal auch ein erstes Obergeschoß entstanden. In diesem Zustand verblieb das Haus Scharn 12 bis heute.

Abb. 1466 Scharn, Blick von Westen auf die Baustelle der beiden Lagerhäuser hinter Scharn 8 (rechts) und Scharn 10 (links), 1948. Am linken Bildrand das Hinterhaus Scharnstraße 13.

Entsprechend der stürmischen Entwicklung der Zeit war auch das dem Wiederaufbau zu Grunde liegende Verkehrskonzept schon nach wenigen Jahren überholt. Im Dezember 1959 wurde die Straßenbahn stillgelegt und danach die halbe Straßenbreite als Parkfläche ausgewiesen. 1977 schließlich wurde die Straße zusammen mit dem Markt in eine Fußgängerzone umgewidmet und die Fläche zwischen den Bauten durchgängig gestaltet. Danach kam es zu einer erneuten Umgestaltung, wobei in der Mitte des nun als sehr breit empfundenen Straßenzuges eine flache und ihren beiden Enden mit Bäumen bepflanzte, nach Osten durch einige Stufen zur tieferen Seite begrenzte Terrasse eingebaut wurde, die in ihrer Fläche der alten mittleren Häuserreihe entspricht und mit der man an den alten Zustand erinnern wollte.

SCHARN 1/3/5 (Abb. 1462)

bis 1945 Hohnstraße 1, 3, und 7 (siehe dort)

1960 als Kaufhaus auf dem Grundstück Scharn 3/5 durch die Kepa GmbH/Essen (Tochter der Karstadt AG) errichtet, Pläne in der Bauabteilung der Gesellschaft durch Baurat Frintrop erstellt, wobei der Bau wegen der Nachbarschaft zum Rathaus nicht den Vorstellungen der Denkmalpflege entsprach (Archiv LWL, C 76, Nr. 551, 1). Viergeschossiger und unterkellerter Stahlbetonbau mit zusätzlichem, zurückgesetztem Staffelgeschoß. Die Fassade im Erdgeschoß in Schaufenster aufgelöst, darüber über drei Geschosse mit einem durchgehenden Raster verkleidet, hinter dem die Fenster verdeckt werden. Das Staffelgeschoß mit durchgehender Fensterfront, verputzt und mit nicht vortretendem Flachdach abgeschlossen.

Abb. 1467 Scharn 4 (im Bau) und der Rathausflügel Scharn 2, Blick von Nordosten, 1954.

1965 der Komplex in den gleichen Proportionen durch Zuerwerb des Grundstücks Scharn 1 und Abbruch der dort stehenden Bauten bis zur südlich anschließenden Martinitreppe erweitert, dabei das erste Obergeschoß von der Treppe aus erschlossen. Dieser Bauteil nur viergeschossig und ohne das Staffelgeschoß, in den Ansichten mit großen Travertinplatten verkleidet. Im Erdgeschoß Schaufensterfront, ansonsten nur eine Reihe von Fensteröffnungen in der ersten Etage der seitlichen Südfront. Nur gegen große Bedenken des Landeskonservators errichtet, da das Kaufhaus damit nun bis zum Markt reichte und dort als Monolith mit ungegliederter Ecke an entscheidender Stelle im Stadtbild wirksam wurde.

1978 Umnutzung zu einem Neckermann-Kaufhaus, das aber nach einigen Jahren geschlossen wurde. Danach Umnutzung zu Spielothek, Kaufhaus und Büroräumen.

SCHARN 2

bis 1945 Scharnstraße 1, 2 und 3 (siehe jeweils dort).

Flügelbau des Rathausneubaus (siehe dazu Markt 1), 1952 zunächst für Zwecke des neu in Minden eingerichteten Landesverwaltungsgerichtes nach Plänen von Prof. March errichtet.

SCHARN 4 (Abb. 1463, 1467, 1468)

bis 1945 Scharnstraße 5

Der Baugrund durch umfangreiche Grundstücksumlegungen entstanden, wobei auf der Grenze zum Haus Scharn 6 eine gemeinsame Passage zum neu geschaffenen Domhof eingerichtet wurde.

1954 als viergeschossiges Wohn- und Geschäftshaus für den Metallwarenhandel Gustav Höltke (siehe dazu Obermarktstraße 33) nach Plänen des Architekturbüros Hempel & Ibrügger errichtet. Keller und Erdgeschoß als Stahlskelettbau, die oberen Wohnetagen aus Mauerwerk aufgeführt. Die Fassade mit gelben, glasierten Riemchen verkleidet, das ausgebaute Satteldach mit einer Reihe von Gaupen.

Zugleich mit dem Gebäude rückwärtig ein zweigeschossiger und unterkellerter Ladenbau mit Flachdach errichtet.

1977 Neubau des rückwärtigen Ladens als Verbindungsglied zum Rathauserweiterungsbau auf dem Domhof nach Plänen von Prof. Dipl.-Ing. H. Deilmann/Münster.

SCHARN 6 (Abb. 1463, 1468)

bis 1945 Scharnstraße 6 und rechter Teil des Grundstücks Scharnstraße 7

Die Parzelle durch umfangreiche Grundstücksumlegungen geschaffen, wobei an der Grenze zum Grundstück Scharn 4 eine gemeinsame Passage zum Domhof angelegt wurde.

1955 Neubau eines fünfgeschossigen unterkellerten Wohn- und Geschäftshauses mit Satteldach für den Kaufmann und Kinobetreiber Carl Riechmann (hatte das Grundstück zunächst für den Bau eines Kinos durch die Stadt zugesprochen bekommen). Der Bau nach Plänen des Büros Hempel & Ibrügger durch die Baufirma Mülmstedt & Rodenberg ausgeführt und in gestalterischer Einheit mit Scharnstraße 4. Die Fassade mit einem Putzraster, wobei die Felder entweder die Fenster aufnehmen oder aber mit gelben Fliesen ausgefüllt wurden. Das ausgebaute Satteldach mit einer Reihe von Gaupen.

Entlang der Passage wurden zugleich acht sogenannte *provisorische* Läden in einem eingeschossigen und nicht unterkellerten Anbau mit Flachdach errichtet. Sie wurden 1958 und 1960 durch rückwärtige Anbauten erweitert und zum Teil zu größeren Geschäftsräumen zusammengefaßt. 1965 Umbau (alles nach Plan von Hempel & Ibrügger).

SCHARN 7 (Abb. 1462, 1464)

bis 1945 Hohnstraße 9 und 11

1952/53 Bau eines viergeschossigen Wohn- und Geschäftshauses mit steilem Satteldach. Dieses in zwei Etagen ausgebaut. Der Bau als erster Neubau der Westseite der neuen Scharnstraße durch das Baugeschäft Ernst Rathert für eigene Zwecke errichtet und entgegen den späteren Bauten der Straße noch recht konservativ als sechsachsig gegliederter Putzbau gestaltet und durchgängig gemauert.

1953/54 wird durch den gleichen Bauherren auf dem Hof ein zweigeschossiges Hintergebäude für Werkstatt und Lagerzwecke errichtet, wofür die noch bestehenden Reste des alten Hauses Hohnstraße 9 bis auf die Substanz der Stützmauer beseitigt werden.

Abb. 1468 Scharn 4 bis 6, Ansicht von Südwesten, 2000.

SCHARN 8 (Abb. 1468)

bis 1945 linker Teil von Scharnstraße 7 und Scharnstraße 8

Der Baugrund durch umfangreiche Grundstücksumlegungen geschaffen, wobei er – entsprechend den Häusern Scharn 4 und 6 – eine mit dem Nachbarhaus Scharn 10 gemeinsame Passage zum östlich anschließenden Domhof entlang der Grundstücksgrenze erhielt.

1946 Errichtung einer Betonbaracke als provisorischer Geschäftsraum (Plan: H. Korth), die 1959 wieder abgebrochen wurde.

1959/60 als fünfgeschossiges und unterkellertes Wohn- und Geschäftshaus für den Fleischermeister Heinrich Schwering nach 1957 erstellten Plänen der Architekten A. Münstermann & K. Kracht in einem Zuge mit dem Nachbarhaus Scharn 10 errichtet.

Zugleich mit dem Gebäude wurde rückwärtig entlang der Passage eine eingeschossige Ladenfront mit Flachdach errichtet, mit dem man das nicht mehr in die Fluchten passende Hintergebäude von 1948 umbaute. 1996 Umbau mit Umgestaltung der Ansicht.

Östlicher Abschluß der Baugruppe mit einem dreigeschossigen und unterkellerten Wohn- und Geschäftshaus unter ausgebautem Satteldach. Der in den Ansichten verputzte und mit eingezogenen Balkonen versehene Bau wurde als Auflage in der Baugenehmigung des Vorderhauses von der Stadt verlangt, um eine städtebaulich befriedigende Front zum Domhof zu schaffen.

Hintergebäude (Abb. 1466)

1948 als Betriebs- und Wurstwarenherstellungsräume für den Fleischermeister Heinrich Schwiering nach Planung von H. Korth durch die Baufirma Mülmstedt & Rodenberg weitgehend neu gebaut, dabei Reste eines kleineren und nur zum Teil zerstörten Wirtschaftsgebäudes wieder verwendet, in den Entwürfen als *Wiederaufbau* bezeichnet. Zweigeschossiger verputzter Bau mit Satteldach (zunächst mit Klinkerfronten geplant), die Giebel in historistischer Weise als Staffelblendgiebel gestaltet.

SCHARN 9 (Abb. 1464)

bis 1945 Hohnstraße 13 und 15

1953 wird nach Neuaufbau der zerstörten Stützmauer und Zusammenlegung mehrerer Grundstücke ein neues Geschäftsgebäude für die Kreissparkasse errichtet (Plan: Büro A. Maiborn/Ibrügger und Hempel), die zuvor seit 1937 an der Tonhallenstraße 2 ihre Geschäftsstelle hatte. Viergeschossiger Putzbau mit Satteldach an der Straße, auf dem Hofbereich rückwärts die bis zur Stützmauer reichende Schalterhalle anschließend, deren seitliche, zweigeschossige Bereiche über die Süd- und Nordwand, die Halle selbst über eine große Glasfläche im Dach belichtet wird.

Das Erdgeschoß des Vorderbaus höher ausgeführt, wobei im Inneren Treppenanlagen die Höhenunterschiede innerhalb des nach Westen ansteigenden Grundstückes ausgleichen. Die Fassade noch nach den ersten Konzepten zum Wiederaufbau als zwölfachsige Putzfront mit rechteckigen, von breiten Faschen eingefaßten Fenstern konzipiert. Das Erdgeschoß in sechs große rechteckige Arkaden aufgelöst, die beiden mittleren als Eingang gestaltet. Noch während des Baus das zunächst geplante Satteldach in der Mitte mit einer zusätzlichen Loggia und vorlaufender Galerie aufgelöst.

Ab 1960 in mehreren Schritten der Komplex umgebaut und zudem nach Westen auf die Grundstücke Kampstraße 8 und 10 erweitert (Plan: Architekt Trappmann/Bielefeld), dabei 1966/70 über der Schalterhalle ein dreigeschossiges Bürohaus mit Flachdach errichtet und zur Kampstraße ein neuer dreigeschossiger Eingangsbereich mit Flachdach geschaffen, ferner auf dem davor eingerichteten Parkplatz 1961 ein Autoschalter (1982 Abbruch). Dafür 1966 Abbruch des rückwärtigen Hauses Kampstraße 8 sowie der Stützmauer im Bereich beider Grundstücke und umfangreiche Abgrabungen des gegenüber dem Scharn erheblich höher liegenden Geländes an der Kampstraße. Die Vorderfront zugleich mit Metallelementen verkleidet.

1979/80 Errichtung eines Parkhauses östlich des Grundstücks Kampstraße 8 (Plan: Architekt Rodenberg). 1983/84 Umbau der Schalterhalle (Plan: Architekt Rodenberg).

SCHARN 10 (Abb. 1468)

bis 1945 Scharnstraße 8 und 9

Der Baugrund durch umfangreiche Grundstücksumlegungen entstanden, wobei er – entsprechend den Grundstücken Scharn 4 und 6 – entlang der Parzellengrenze eine gemeinsame Passage mit dem Haus Scharn 8 erhielt.

Wohn- und Geschäftshaus

Nachdem auf dem Trümmergrundstück zunächst ein eingeschossiger Ladenbau aufgestellt worden war und dieser noch 1956 mit einem Toilettenanbau versehen wurde (Plan: Dustmann), 1957 als Wohn- und Geschäftshaus mit anschließender Passage für den Lebensmittelhändler Wilhelm Eickmeier nach Planung von A. Münstermann und K. Kracht errichtet. Fünfgeschossiger Putzbau mit flachem Satteldach, in der Gestalt mit dem Haus Scharn 8 zusammengezogen.

Hinter dem Haus, an der Nordseite der Passage eine kurze Zeile von eingeschossigen Läden mit Flachdach.

1967 der Raum zwischen dem östlichen Ende der Passage und dem Lagerhaus mit einer Hofüberdachung versehen (Plan: Wolfgang Janitz).

Lagerhaus (Abb. 1466)

Schon im August 1945 beantragte Kaufmann Wilhelm Eickmeier den Neubau eines Lager- und Kaffeeröstereigebäudes nach Planung von Hans Korth. Die erforderliche Ausnahmegenehmigung der Militärregierung verzögerte sich bis Februar 1946 trotz bereitliegender Baumaterialien. Danach war ein Neuantrag wegen geänderter Genehmigungsverfahren notwendig. Auch dieser Antrag kam nicht zur Genehmigung, da man nun das Ergebnis des städtebaulichen Wettbewerbes für die Neuordnung des Gebietes abwarten wollte. 1947 soll der erste Bauabschnitt, der nur Keller und Erdgeschoß vorsah, genehmigt werden, doch nachdem Eickmeier seine zwei anderen Läger 1948 räumen muß (darunter Paulinenstraße 3), wird der Bau sofort völlig nach den Plänen von 1945 durch das Baugeschäft Rathert als erster Neubau im zerstörten Scharngebiet errichtet. Dreigeschossiger, völlig unterkellerter Stahlbetonbau mit Klinkerverkleidung in solider Ausführung und traditioneller Gestaltung mit steilem Satteldach. Mit dem Bau entstand auch ein erstes Gebäude auf der neuen, den Domhof säumenden Bauflucht, der heutige Straße Am Rathaus.

SCHARN 11 (Abb. 1464, 1465)

bis 1945 Hohnstraße 17 bis 21

Das Gebäude 1953/54 für Kaufhaus Hagemeyer nach Plänen von A. Münstermann durch das Baugeschäft Sierig errichtet, wobei das Erdgeschoß dem Schuhhändler Feigel als früherem Grundeigentümer im Zuge des Kaufvertrages zur Verfügung gestellt wird. Fünfgeschossiger Stahlbetonbau mit Flachdach, in der Gestalt als städtebauliche Zäsur zwischen die langgezogenen und mit Satteldächern versehenen Baukörper der südlich anschließenden viergeschossigen Kreissparkasse und des nördlich anschließenden dreigeschossigen Kaufhauses Hagemeyer gesetzt und als Kontrapunkt zu dessen nördlichen Kopfbau, dem Haus Scharn 31, gedacht. Die Fassade vierachsig als Rasterfront gegliedert, die Fenster dabei als Erker gestaltet.

1966 auch das Erdgeschoß ganz in das Kaufhaus Hagemeyer (siehe Scharn 13) einbezogen (Plan: A. Münstermann) und der Bau zugleich nach Westen erweitert.

SCHARN 12

bis 1945 Scharnstraße 11

1950/51 als Wiederaufbau auf dem weitgehend unveränderten Grundstück für den Konditormeister Karl Conradi (Bäckerei Stapf) durch das Baugeschäft Fr. Kochbeck aus Barkhausen errichtet. Die

Statik erstellte Ing. Friedrich Hanke aus Peine. Von dem als Stahlbetonbau geplanten dreigeschossigen Haus mit Satteldach wurde als erster Bauabschnitt nur Keller und zwei Geschosse errichtet, darüber seitdem ein flaches Notdach.

SCHARN 13/19, Kaufhaus Hagemeyer (Abb. 1465, 1479)

(zur Geschichte des 1879 gegründeten Betriebes siehe unter Hohnstraße 27 rechts).
Der heutige Komplex seit 1953 durch zahlreiche Erweiterungsbauten des Altbaus Hohnstraße 27 entstanden, der 1897/98 in zwei Etappen errichtet wurde und 1937/38 völlig umgestaltet worden war (dazu siehe unter Hohnstraße 27).

1953 dreigeschossige Erweiterung als unterkellerter Stahlbetonbau nach Süden (auf die ehemaligen Grundstücke Hohnstraße 23 und 25) unter der Adresse Scharn 13. Die Planungen schon 1951 durch W. Nagel/Holzhausen erstellt und 1953 durch A. Münstermann überarbeitet. Die Fassade als Putzfront mit gleichmäßiger Reihung von Fenstern gestaltet, die mit vorstehenden schmalen Betonfaschen gefaßt wurden (zunächst erhält dieser Bauteil ein flaches Betondach, 1964 eine zusätzliche Etage mit vorderer Verkleidung als Walmdach aufgesetzt).

1956 Neubau des Haupttreppenhauses und Einbau von Rolltreppen. 1957 in einem zweiten Abschnitt der Altbau (Scharn 15) umgebaut, in der Fassade dem ersten Bauabschnitt angeglichen und im Inneren bei Abbruch des alten Tragsystem weitestgehend erneuert (Plan: A. Münstermann, Ausführung: Sierig).

1960 Erweiterung des bestehenden Komplexes durch einen großen, westlich dahinter erstellten Neubau, wobei das bestehende Lagerhaus von 1892 (siehe Hohnstraße 27 links) sowie die Stützmauer hinter den Bauten abgebrochen und hier ein weitläufiger und unterkellerter Bau von 80 m Länge und 20 m Breite mit Flachdach einschließlich Treppenhaus zur Kampstraße und Fahrstühlen entstand (Plan: A. Münstermann); 1966 Umbau im südlichen Bereich zum Einbezug des Hauses Scharn 11 (siehe dort) und dortige Erweiterung nach Westen; 1968 Einbau einer zentralen Erschließung mit einer alle Etagen verbindenden Rolltreppenanlage (Plan: A. Münstermann); 1969/70 Umbau des alten Hauses Scharn 17 zur weiteren Vergrößerung der Geschäftsflächen (siehe dort). 1970 Umbau der Haupteingänge und Einbau eines Fluchttreppenhauses in Scharn 17; 1974 Erweiterung des Kellergeschosses im Bereich hinter dem Altbau und dem anschließenden Flügelbau von Scharn 17 und Einbau einer weiteren Rolltreppe (Plan: A. Münstermann). 1979/80 Anbau eines großen Parkhauses auf dem westlich anschließenden, wesentlich höher gelegenen und inzwischen von der Bebauung freigeräumten Grundstück Kampstraße 18, dessen Erdgeschoß als vierte Etage seit 1995 in das Kaufhaus einbezogen und durch zwei Durchgänge angegliedert wurde.

SCHARN 14

bis 1945 Scharnstraße 12 (siehe dort)

SCHARN 16

bis 1945 Scharnstraße 13 (siehe dort)

SCHARN 17
bis 1945 Hohnstraße 29 (siehe dort)

SCHARN 18
bis 1945 Scharnstraße 14 (siehe dort)

SCHARN 19
bis 1945 Hohnstraße 31 (siehe dort)

Scharnstraße

DER STRASSENMARKT: Wenn auch heute der Marktplatz allgemein als das Zentrum des historischen Marktgeschehens betrachtet wird, so scheint dies zumindest für die Frühzeit der Stadtentwicklung so nicht zutreffend zu sein. Bevor die Stadt Minden im 13. Jahrhundert mit dem Bau der Stadtmauer zu einem einheitlichen Gebilde zusammenwuchs, es aber zugleich zu einer Differenzierung der städtischen und kirchlichen Rechtskreise kam, zogen sich die Handelsplätze offenbar durch die ganze bestehende Besiedlung. Dies war die Zone von der Obermarktstraße über den Markt und den Scharnbereich bis zum Anfang der Bäckerstraße. Dabei scheint aber insbesondere der Scharnbereich schnell zum zentralen Bereich des Handels geworden zu sein, sicherlich, weil er in geschützter Lage zwischen dem Steilufer im Westen und dem Bereich der Domburg im Osten lag. Allerdings erwuchsen hieraus auch spezielle topographische Schwierigkeiten.

Unter dem Begriff Scharn dürfte zunächst allgemein der weitere Straßenraum zwischen dem Markt im Süden und dem Beginn der Bäckerstraße im Norden verstanden worden sein, wobei man schon früh – vielleicht im 13. Jahrhundert – begann, die hier zunächst bestehende breite Straßenmarktfläche durch Aufstellen einer mittleren Reihe von Verkaufsständen, zunächst *Hallen*, später *Buden* genannt, in zwei parallele schmale Straßenräume zu unterteilen. Von diesen wurde der östliche schon im 14. Jahrhundert als *im Scharn* bezeichnet und tradierte noch bis 1945 mit der Bezeichnung *Scharnstraße* den alten Namen, während sich zur gleichen Zeit für die westliche Parallelstraße die sich aus der Topographie ergebende Bezeichnung *Hohe Straße* oder später *Hohnstraße* durchsetzte (im Unterschied zur in der Neuzeit gebräuchlichen Bezeichnung der Hohen Straße in der Oberstadt). Zu ihr wurden dann in der Neuzeit auch die aus der mittleren Budenreihe hervorgegangenen Häuser gezählt. Der nördliche Abschluß dieses Bereiches, an dem Bäcker-, Scharn-, Hohn- und Marienstraße sowie Hufschmiede zusammentrafen, wurde im Spätmittelalter als *Poos* bezeichnet (siehe dazu unter Bäckerstraße).

Der Begriff Scharn leitet sich von dem gleichen Wortstamm wie Schranne oder Schrangen ab und bezeichnet einen Verkaufsplatz, einen aufgeschlagenen Tisch. Damit dürfte der Name noch unmittelbar auf die Frühgeschichte dieses Gebietes als zentraler Platz des Marktes und des Handels hinweisen. Nachdem die hier aufgeschlagenen Stände aber spätestens im späten 13. Jahrhundert zu

Abb. 1469 Scharnstraße, Blick vom Marktplatz nach Norden auf die Häuserreihe zwischen der höherliegenden Hohnstraße (links) und der Scharnstraße, 1864.

fest eingerichteten Plätzen geworden waren, änderte sich auch die Bedeutung des Wortes in Minden. So wird 1322 das Erbe von *Bode, de kremere* verhandelt, der *in der Scharne* (also auf der Ostseite des Marktbereiches) wohnte, im gleichen Jahr auch das von *Woltere, deme hu(e)kere*, dessen Erbe *in den Scharnen bi Anteloye, dem se it geuen mith deme sode vnde gemake tomale, also als it Johan gehat hadde* (von Schroeder 1997, Stadtbuch 1318, I, Nr. 40 und 44). 1326 wird von einem Haus *vor den scharnen* und einem *eyn hus, dat leget an den Scarnen* gesprochen (KAM, Mi, A II, Nr. 7. – von Schroeder 1997, Stadtbuch 1318, I, Nr. 64). 1329 übergibt *Bernhert Dicmeyer … sin hus an den Scernen* an *Trebenzike* (von Schroeder 1997, Stadtbuch 1318, I, Nr. 75).

Der Name *Scharn* belegte damit auch weiterhin den engen Zusammenhang zwischen der Bezeichnung für diese Straße und der Anlage der sie westlich säumenden Verkaufsstände. Die Ursache, warum diese Stände schon so früh, spätestens um 1300, zu festen Verkaufsstellen wurden, könnte in Minden auch in der schon angesprochenen besonderen topographischen Situation liegen, denn der Straßenmarkt hatte sich hier auf einem dafür eigentlich recht ungeeigneten Gelände entwickelt. Da die Straße am Fuße der hohen Uferterrasse entlangführte, war die Fläche auf nahezu ihrer ganzen Länge in nicht unbeträchtlichem Maße schief, wobei zwischen der östlichen und der westlichen Kante des etwa 18 m breiten und über 150 m langen Geländes ein Abfall von bis zu 2,50 m bestand (auf Grund einer vergleichbaren Situation im südlichsten Bereich der Marktzone kam es dort zur Bezeichnung als *Schiefer Markt*). Als sich die Standorte der Buden verfestigten, scheint man versucht zu haben, ihnen dort auch eine gerade Standfläche zu geben. Zusammen mit einer Befestigung mußte dies auf Dauer zu umfangreichen Geländebewegungen führen. Die Buden wurden offensichtlich zunächst auf die Scharnstraße orientiert und erhielten von Osten her ihre Zugänge. Dafür mußten ihre westlichen Rückwände in den schrägen Platz eingesenkt werden und die Hohnstraße befestigt werden (Linnemeier 1997, S. 274, will hierin auch eine Vorkehrung der Buden gegen direkte Sonneneinstrahlung sehen). Um auch der Hohnstraße eine waagerechte Fahrbahn zu verleihen, scheint man sie durch massive Untermauerungen weiter erhöht zu haben, wobei dies natürlich nur in dem Bereich möglich war, wo Buden bestanden. Während die damit geschaffenen Flächen von Hohn- und Scharnstraße daher am nördlichen und südlichen Ende nahezu die gleiche Höhenlage aufweisen, differiert diese in der Mitte der Reihe um teilweise über zwei Meter. Hier wurden nach den Zerstörungen 1945 umfangreiche massive Mauern freigelegt, allerdings nur gelegentlich fotografiert und vor der Neuplanierung des Geländes nie weiter untersucht oder dokumentiert. Danach scheint die Hohnstraße zumeist mit einer Futtermauer aus Sandsteinblöcken gegen die Budenreihe gesichert worden zu sein, doch es lassen sich auch Bereiche feststellen, in denen die Straße auf offenen Gewölben von Backstein lag.

Während die Westseite der Marktzone zwischen dem 10. und 12. Jahrhundert besiedelt worden war (siehe dazu Markt), dürfte es auf der Ostseite erst im Laufe des 13. Jahrhunderts zur Anlage von Hausstätten gekommen sein, nachdem hier der aus dem Königsborn kommende Bach als Stadtbach (siehe dazu Kap. I.2) kanalisiert und die Grenze zwischen dem städtischen und bischöflichen Gebiet definiert worden war.

Hinweise in den Urkunden könnten darauf hindeuten, daß die Verkaufsstände zunächst zu den ihnen östlich gegenüber liegenden Hausstätten gehört haben, sie also vor den zugehörigen Häusern auf den Marktraum aufgestellt wurden und ihre Flächen später den Häusern als Besitz zugeschlagen wurden. In späterer Zeit wurde dieser dann unabhängig von den Häusern weiterverkauft. In ähnlicher Weise bestand noch bis in das frühe 19. Jahrhundert bei den weiter südlich stehenden Häusern an der Westseite des Marktes das Recht, vor den Häusern auf dem Markt Buden zu errichten. Wenn

Abb. 1470 Scharnstraße, Blick von der Treppe zwischen Hohnstraße und Scharnstraße mit den Bauten Hohnstraße 24 bis 2 nach Süden auf die westliche Häuserfront. Links Scharnstraße 8, um 1900.

dieses Recht noch auf mittelalterliche Wurzeln zurückgeht, wäre zunächst von einer nahezu doppelt so langen Reihe solcher Marktstände zwischen dem Beginn des Obermarktes und der Bäckerstraße auszugehen. Allerdings scheint es sich bei der Reihe am Scharn nicht um Buden zu handeln, die vor den westlich anschließenden Häusern der Hohnstraße aufgeschlagen wurden, sondern die zu den Hausstätten der Ostseite der Scharnstraße gehörten (hierhin öffneten sich die Buden auch). Auf dieser Seite lagen seit der zweiten Hälfte des 13. Jahrhunderts zunächst wohl acht, später sieben große bürgerliche Anwesen, auf denen schon im 14. Jahrhundert aufwendige Steinhäuser nachzuweisen sind. Erst später sind sie alle in zwei kleinere Hausstätten aufgeteilt worden (Gelände der nördlichen Anbauten sowie Hof des Rathauses mit Scharnstraße 1/2, 3/4, 5/6, 7, 8/9, 10/11, 12/13).

Abb. 1471 Scharnstraße, Blick von Nordosten auf die Westfront mit den Häusern Hohnstraße 18 bis 2, um 1930.

1335 besitzt die Witwe Gese Kelp ein steinernes Haus und zwei Buden im Scharn, deren Besitz im Zuge eines Heiratsvertrages ihres Sohnes Johannes Kelp mit seiner zukünftigen Frau Alheid, Tochter des Rickmar Ritzering, geregelt wird: *tho brukende tho yrer nut unde not myn stenhus in den Scarnen ene bode in den Scarnen de besten under twen, de he levest hebben wel* (KAM, Mi, A I, Nr. 84. – STA MS, Mscr. VII, 2726. – von Schroeder 1997, Nr. 191). Ein Versuch der Rekonstruktion der mittelalterlichen Parzellenstrukturen in diesem Bereich führt zu der Vermutung, daß den sieben die Ostseite der Scharnstraße säumenden großen Anwesen jeweils auf der Westseite der Straße zwei oder drei Budengrundstücke zugeordnet waren (siehe dazu im Einzelnen jeweils unter den bürgerlichen Grundstücken). Auffälligerweise gruppieren sich diese Buden fast in allen Fällen so, daß gegenüber der Mitte der Hausgrundstücke einer der schmalen Durchgänge zwischen den Buden lag, die zur Hohnstraße hinaufführten.

Aus diesem Parzellierungssystem fallen nur das nördlichste und das südlichste Grundstück der Budenreihe heraus, das jeweils für sich steht und größer gewählt ist, zudem auf der Ostseite der Scharnstraße keinem bürgerlichen Grundstück zugeordnet werden kann. Daher dürfte es sich hierbei um öffentliche Bauten handeln, wobei der nördliche (Hohnstraße 36) im 17. Jahrhundert als Fischscharren überliefert ist, eine Nutzung, die dieser Zusammenhänge wegen schon für die Frühzeit angenommen werden kann. Der südliche Bau ist 1610 schon in privatem Besitz und in seiner früheren Nutzung bislang nicht bekannt.

Geht man von einem Bezug der Buden zu den östlichen Hausstätten aus, dürften auch sie erst in der zweiten Hälfte des 13. Jahrhunderts entstanden sein. Auf Grund des siedlungsgeschichtlichen Zusammenhangs ist dieser Zeitpunkt auch für die südlich anschließende Reihe von Buden anzunehmen, die an der Ostseite des Marktes (Nr. 5 bis 11) eingerichtet wurden. Auch aus inhaltlichen Gründen scheint die Einrichtung solcher Marktbuden seit der Mitte des 13. Jahrhunderts naheliegend. So erhielt das Marktrecht der Stadt mit den 1232 abgeschlossenen Verträgen (siehe dazu S. 1281) zwischen Bischof und Bürgerschaft eine neue Grundlage, wobei fortan der Großhandel und die Messen unter städtischer Leitung standen, der zweimal in der Woche stattfindende Wochenmarkt hingegen in der Obhut des Bischofs verblieb. Die Marktstände auf den städtischen Marktflächen dürften daher zunächst nur von temporärer Bedeutung gewesen sein und wurden vielleicht nur zu den Jahrmärkten aufgeschlagen.

1354 werden *twe halle, de belegen sindt in den Scheren to Minden* an das Heilig-Geist-Hospital verkauft, von denen dann eine 1364 als *Bude*, gelegen gegenüber von Rolus Haus, bezeichnet wird (STA MS, Mscr. VII, 2316, Nr. 23 fol. 14r). Nachdem zunächst offensichtlich der Begriff *Halle* für die Verkaufsstände verwendet wurde, ersetzte man ihn im 14. Jahrhundert durch den bis in das 17. Jahrhundert gebräuchlichen Begriff *Bude*. Dieser Bezeichnungswandel könnte mit ihrem Funktions- und dem damit zusammenhängenden Gestaltswandel in Verbindung stehen.

1387 läßt sich nach den schriftlichen Quellen zum ersten Mal eine solche Bude als Dauerwohnung nachweisen. In diesem Jahr wird Arnd Garsse *de boden in den Schernen dar he nu to tiden inne wonet* vom Heilig-Geist-Hospital auf Lebenszeit ohne Zinszahlung übertragen (KAM, Mi, A III, Nr. 38. – STA MS, Mscr. VII, 2716, Bl. 27r). Danach wurden die Verkaufsstände zu Wohnhäusern. Sie wandelten sich dabei zunehmend von zunächst vielleicht noch offenen »Hallen« zu bewohnten »Buden«, ein Begriff, unter dem auch an anderer Stelle der Stadt bis ins 18. Jahrhundert hinein kleine, zunächst einräumige Häuser verstanden werden. Im Jahre 1404 übergibt die Stadt dem St. Johannis-Stift eine Bude *bei dem Potze* (d. h. der Poos, der Anfang der Bäckerstraße) zum Tausch für ein anderes »Haus« (Nordsiek 1979, S. 45). Bald werden die Buden daher auch als richtige Hausstätten verstanden: 1411 wird eine Rente verkauft *jn ore bode vnd stede mid al orer tobehoringe, alse de geleghen is in den Scharnen neghest der vtersten boden dar de sulue Roleff nv tor tijd jnne wond* (KAM, Mi, A I, Nr. 245).

Der Begriff *Scharn* verdichtete sich damit mehr und mehr auf die Bezeichnung der unteren Straße sowie offensichtlich auf einen größeren Bau, der in der zweiten Hälfte des 13. Jahrhunderts am nördlichen Ende der Ostseite, auf einem größeren Eckgrundstück zur Bäckerstraße, entstanden sein könnte, und der offenbar vom Amt der Fleischer gemeinsam als Verkaufsstand unterhalten wurde. Der Bau wurde noch im 15. Jahrhundert als *»Der Scharren«* bezeichnet (siehe Scharnstraße 15).

Nachdem die Verkaufsstände, die Hallen des 12. und 13. Jahrhunderts, spätestens im Laufe des 14./15. Jahrhunderts zu kleinen Häusern geworden waren, in denen Handwerker lebten und ihre Waren feilboten, wurden sie zu Häusern weiterentwickelt. 1305 wird in der Regelung des Baurech-

Abb. 1472 Scharnstraße, Blick von Südwesten unmittelbar nach den Zerstörungen am 28. März 1945. Rechts Westgiebel des Rathauses.

tes der Stadt festgelegt (KAM, Mi, AI, Nr. 24, siehe auch von Schroeder 1997, S. 190), daß die Marktstände, in denen die Bäcker und Fleischer ihre Waren feilhalten, nicht höher als 7 Fuß sein dürfen, also nicht die Wandhöhe von etwa 2 m überschreiten durften (für Häuser hingegen war die doppelte Höhe gestattet). Dies dürfte der Höhe der Stützmauer westlich der Buden entsprochen haben, die damit zunächst wohl nur mit ihrem Dach über die Straßenfläche der Hohnstraße hinwegragten. Optisch bildeten also zu dieser Zeit noch beide Straßen weitgehend eine Einheit.

Auffällig ist, daß sich das wirtschaftliche Zentrum des Gebietes schon im Spätmittelalter eindeutig auf die Hohnstraße verlagert hatte. Dies wird nicht nur an den dort errichteten, noch nachweisbaren großen Handelshäusern dieser Straßenseite deutlich, sondern auch daran, daß an der Scharnstraße mit der Zeit alle Grundstücke in zwei kleinere Hausstätten aufgeteilt wurden. Dies mag mit der wirtschaftlichen Entwicklung zusammenhängen: So bezeichnet Tribbe um 1460 in seiner Stadtbeschreibung die Scharnstraße – als eine der beiden Straßen zwischen dem Ende der Bäckerstraße und dem Markt – als die Schlachthausstraße oder Scharnstraße, weil sich dort alle Fleischer aufhalten. Ihr Vorteil war bei den östlich an die Straße anschließenden Grundstücken, daß sie rückwärts über den Stadtbach mit fließendem Wasser versorgt waren. Dies könnte der Grund dafür gewesen sein, am nördlichen Ende der Straße, an der Ecke zur Bäckerstraße, die öffentliche Fleischhalle einzurichten (siehe Scharnstraße 15).

Auch die weitere Entwicklung der Budenreihe trug dieser Schwerpunktverlagerung des Markes mit einer Umorientierung Rechnung: Offenbar sind nahezu alle Buden im Laufe des 16./17. Jahrhunderts als Fachwerkbauten erneuert worden, wobei nun der Raum ihres alten Erdgeschosses zu einem niedrigen Wirtschaftsuntergeschoß wurde und darüber ein hohes, nun von der Hohnstraße aus erschlossenes Hauptgeschoß aufgesetzt wurde. Zu dieser Straße waren sie damit noch immer ein-, von der Scharnstraße aus nun allerdings zweigeschossig. Es waren in der Regel kräftige Fachwerkgerüste von vier, gelegentlich auch fünf Gefach Länge, bei denen die Geschoßbalken zur Scharnstraße und die Dachbalken zu beiden Seiten weit über Knaggen unterschiedlicher Gestalt vorkragten (nachweisbar noch bei Hohnstraße 10, 14, 16, 18, 20, 30 und 32). Eine Ausnahme bildete die um 1500 erneuerte Bude Hohnstraße 16, die offensichtlich weiter zur Scharnstraße orientiert blieb. Die Buden Hohnstraße 30 und 32 erhielten wohl als Ausnahme schon im 16. Jahrhundert ein Obergeschoß. Bei Hohnstraße 20 scheinen zwei Buden in einem Zuge als gemeinsames Gerüst errichtet worden zu sein.

Diese höher gewordene Reihe trennte nun deutlich die beiden Straßenräume voneinander. Noch deutlicher wurde die Zäsur, als man in der zweiten Hälfte des 18. Jahrhunderts begann, zur Erweiterung der beengten Räume in den inzwischen zu Wohnhäusern erweiterten Buden ein zweites Geschoß aufzusetzen. In der zweiten Hälfte des 18. Jahrhunderts betrug die Taxe der Häuser aber zumeist nur 50 Rthl, eine Summe, wie sie auch für Miet-Buden in abgelegenen Gassen gebräuchlich war. Oft waren die Häuser vermietet, wobei man etwas Vieh in den Untergeschossen hielt (eine Kuh oder eine Ziege). Nach der Neubefestigung Mindens ab 1815 führte die große Nachfrage nach Wohnraum dazu, daß in den nächsten Jahrzehnten die meisten der Bauten weitere Obergeschosse erhielten und zu turmartigen, teilweise viergeschossigen Etagenmietshäusern ausgebaut wurden. Mit der immer höher werdenden Reihe der mittleren Häuser gerieten auch die Häuser an den Außenseiten von Hohn- und Scharnstraße immer mehr in den Schatten der engen und düster werdenden Gassen.

So wurde schon vor 1844 in der Öffentlichkeit der Abbruch der schmalen Häuserzeile diskutiert, wobei sich die Anwohner in diesem Jahr anläßlich des Neubaus von Hohnstraße 36 aussprachen für die *Wegräumung der Reihe kleiner, unansehlicher, zum Teil dem Einsturz drohender Häuser zwischen der Hohen- und Scharrensraße, wodurch eine bequeme und anständige Verbindung des schönen Marktplatzes mit dem Pohs, dem zweiten größeren Platz der Stadt, und der Bäckerstraße bewirkt würde* (Mindener Sonntagsblatt, nach MiMitt 28, 1956, S. 68–69). Allerdings wurde dieser Plan erst nach 1890 ernsthafter durch den Magistrat verfolgt, wobei nun städtebauliche und verkehrstechnische Gründe im Vordergrund standen. Noch um 1870/80 sind im Zuge der sich an der Hohnstraße immer stärker konzentrierenden Geschäftszone mehrere Bauten als vier- und fünfgeschossige Wohn- und Geschäftshäuser erneuert worden (etwa Hohnstraße 30, 32 und 34).

1896 kam es nach dem Ankauf des Hauses Hohnstraße 26 durch die Stadtverwaltung zu einem ersten Abbruch. 1898 beschlossen die Stadtverordneten, die Innenfluchten des Scharns aufzuheben, um die Vereinigung von Scharn und Hohnstraße *in Aussicht nehmen zu können* und am 10. 8. 1899 beschloß die Baukommission, durch das Hochbauamt Pläne *zur späteren Gestaltung der Scharnstraße* erstellen zu lassen (KAM, Mi, F 2239). Obwohl 1902 ein Modell des Konzepts erstellt wurde, das nach Abbruch der Häuserreihe die Beibehaltung der beiden von einer Futtermauer getrennten Straßentrassen vorsah, sind die in den folgenden Jahren aufgestellten neuen Fluchtlinienpläne nie förmlich in Kraft getreten. Allerdings konnten in den folgenden 20 Jahren allmählich fast alle Häuser der Reihe erworben werden, doch unterblieb ihr Abbruch zunächst mit Ausnahme des Hauses

Abb. 1473 Scharnstraße, Blick nach Norden, rechts Nr. 1 bis 5, links Hohnstraße 1 ff., um 1935.

Hohnstraße 28 – ebenso erwarb die Stadt zu dieser Zeit zahlreiche Häuser an den Außenseiten von Hohn- und Scharnstraße. 1942 legte der Planungsamtsleiter E. Hopmann ein ausführliches Gutachten über verschiedene Möglichkeiten einer Sanierung des Scharngebietes vor, das von einem totalen Abbruch bis zum Erhalt der mittleren Häuserreihe verschiedene Konzepte untersuchte (Akte im Planungsamt). Erst nachdem die gesamte mittlere Hausreihe bis auf die zwei nördlichsten Bauten durch Bombentreffer am 28.3.1945 zerstört worden war, konnte der lange verfolgte Plan ohne große Schwierigkeiten verwirklicht werden, da zu diesem Zeitpunkt auch nur noch wenige private Eigentümer zu berücksichtigen waren.

Neben den privaten Verkaufsbuden wurden auch öffentliche Verkaufsstellen eingerichtet. Während die Brotbank im Untergeschoß des unmittelbar südlich des Scharns gelegenen Kaufhauses (Markt 6) lag, bestand der öffentliche Fleischscharren bis 1666 am nördlichen Ende des Scharnbereiches (Scharnstraße 15), dann wurden die Bänke in die Laube des Rathauses verlegt. Die Fischbank bildete in unmittelbarer Nachbarschaft zur Fleischbank noch bis etwa 1723 den nördlichen Kopfbau der Scharnreihe (Hohnstraße 36). Ein weiterer, in seiner Funktion bislang unbekannter Verkaufsstand dürfte bis vor 1600 auch in dem südlichen Kopfbau der Reihe, dem Haus Hohnstraße 2, eingerichtet gewesen sein (ferner bestand zumindest im 18. Jahrhundert ein spezieller sogenannter *Judenscharren* an allerdings anderer Stelle der Stadt an der Kampstraße, siehe Pöttcherstraße 1).

Die Scharnstraße hat bis zu ihrer Zerstörung 1945 nie mehr die gegenüber der Hohnstraße untergeordnete Bedeutung verlieren können. Lediglich im späten 18. Jahrhundert wurden die meisten Bauten noch einmal mit neuen axialen Fassaden versehen. Dahinter aber kam es im Laufe der Neuzeit bei den bestehenden Bauten zumeist nur noch zu Reparaturen und Modernisierungen, so daß die meisten der hier stehenden Häuser bis zuletzt noch im Kern mittelalterliche Substanz bewahrten. Bei der Verlegung der Straßenbahngleise durch die Mindener Innenstadt entschied man sich – wiederum zu Gunsten der als Geschäftsstraße dienenden Hohnstraße – zu einer Trassierung über die damit stärker belastete Scharnstraße.

Auch die östliche Bebauung der Straße wurde ebenso wie die der benachbarten Hohnstraße bei einem Bombenangriff der englischen Streitkräfte am 28. 3. 1945 bis auf einen Abschnitt im nördlichen Bereich völlig zerstört (dazu Nordsiek 1995, S. 171 ff.).

1809 ist das Pflaster der Straße in einem so schlechten Zustand, daß es unter der Leitung des Baumeisters Funck neu verlegt werden muß. Dabei wird ein 9 Zoll hohes Trottoir von 12 Zoll Breite mit Rinne davor eingebaut, das dem Schutz der Häuser in der schmalen Straße dienen soll (KAM, Mi, D 178). 1875 wird die Straße ein letztes Mal auf Staatskosten bei Einbau von Bordsteinen umgepflastert und anschließend die Staatschaussee in die Obhut der Stadt übergeben. Die Straße wurde 1920 im Zusammenhang mit der Verlegung der Gleise für die Straßenbahn umgepflastert.

URKUNDLICHE NACHRICHTEN DER ZEIT VOR 1560 ZU NICHT LOKALISIERTEN BAUTEN DER STRASSE:

OSTSEITE:

1323 läßt *Henrich Trop* dem *Henriche Carnifex* und seiner Frau eine Hausstätte auf: *ol den del, de se hadden in dem erue, dat eres vaders gewesen hade in der Scharne*; *In deme seluen erue heuet gecoft de sulue Henrich siner brodere del* (von Schroeder 1997, Stadtbuch 1318, I, Nr. 48).

1326 *ante macella* (KAM, Mi, A II, Nr. 6. – KAM, Mi, A II, Nr. 78, zum 8. November 1431 inseriert. – von Schroeder 1997, Urkunden Nr. 39).

1364 verkauft Ilsebe, Witwe des Cord Wulf, dem Johann van deme Stelle und seiner Frau Gerburg eine Rente *in ereme Steynhuß vnnd stede vnnd in aldes huses thobehoringe alse dat gelegen is by den Scharnen twyschen Johannes huß Kelpes vnnd Merkeren huß*. Spätere Besitzer: *Herman Warendorp, Gerhardus Holtschmedt, Otto Hinrich, Hinrich Walbom, Johann Munnerman im Scharne, Wy meynen es sey Johan Auerberg im Scharrn* (STA MS, Mscr. VII, 2716, Bl. 18r).

1370 verkaufen *Sante Richardes vedere van der Beke vnd Arnd öre sohne* den Heilig-Geist-Herren eine Rente *vte orem erue dat belegen es in den Scharnen twischen Ludermannes hues van Dorne vnd Diderickes hues Turbanß* (STA MS, Mscr. VII, 2716, Bl. 20v).

1391 verkaufen Floreke von Lübbecke und seine Frau dem Bürgermeister Heinrich Gieseler eine Rente *in ore huiss vnd stede* [...] *alzo dat gelegen is in den Scheruen* [!] *neist Eghardes hus Clotes* (STA MS, Mscr. I, 111, Bl. 56. – STA MS, Mscr. I, 110, Bl. 32r–32v. – STA MS, Mscr. I, 114, Bl. 31v–32r).

1435 verkaufen Henneke Jeger Civeke und seine Frau dem Johann Koster eine Rente aus einem Eckhaus am Scharn: *jn ohre hus vnnde stede mit syner tobehoringe belegen vp dem orde der scharnen vnd jchteswanne Roleues vp dem Stene gehadt hadde*; *im hauße im Scharren* (STA MS, Mscr. VII, 2702, fol. 40v. – STA MS, Mscr. VII, 2703, S. 31).

1444 verkaufen Siemer Steinkamp und seine Frau Greteke dem Johann Koster eine Rente aus einem Eckhaus: *jn ohr hus vnnde stede mit alle siner tobehoringe belegen vp dem orde der scharnen vnnd jchteswanne Roleues vp dem Stene gehoret* (STA MS, Mscr. VII, 2702, f. 41r).

1479 verkaufen Nolte Moller und seine Frau Hille dem Johann Berkemeyer eine Rente aus Haus und Stätte *in den Scharne [tus]schen Reyneken Wilhelms und Arnd Segilhorstes* Häusern. (KAM, Mi, A IV).

1569 verkaufen Johann Kroess und seine Frau Hille dem Heilig-Geist-Hospital eine Rente aus Haus und Stätte, *so dat alhier in vnser stadt im Scharn twuschen Thomass Pilss vnnd Hinrich Degen husen belegenn.* Spätere Besitzer sind Johan Kroess, *Nu tides Johan Kramer anno 16, itzo Hinrich Sake.* (STA MS, Mscr. VII, 2716, Bl. 954–95v).

WESTSEITE:

1327 läßt *Hinricus Reynbolding* dem *Brunsten* auf *eyne bode, an der Sarnen* [!] *gelegen* (von Schroeder 1997, Stadtbuch 1318, I, Nr. 68).

(ohne Jahr) verkauft das Kloster St. Marien in Lemgo dem Heilig-Geist-Hospital vor dem Simeonstor *twe halle, de belegen sindt in den Schernen to Minden* (KAM, Mi, A III, Nr. 12. – STA MS, Mscr. VII, 2716, Bl. 14r).

1364 verpflichten sich Heinrich de Riddere und seine Frau Alheid gegenüber den Heilig-Geist-Herren zur Rentenzahlung *in erer bode, de se affgekoft hebbet den Vormunderen des hilghen ghestes vnnd gelegen iß in den Scharnen teghen Rolues huß;* späterer Besitzer: Arnd Gerse. (STA MS, Mscr. VII, 2716, Bl. 16v).

1372 gibt Albert von der Herrenmühle eine Rente zur Memorie *vte ener bode, de gheleghen is in den Scharnen* (von Schroeder 1997, Stadtbuch 1318, II, Nr. 13).

1388 verkaufen Ludeke Mese und seine Frau eine Rente *in ere bode mit alle erer tobehoringe also de belegen is in den Scharnen neyst Vornhagens bode* (KAM, Mi, A III, Nr. 39).

1395 verkaufen Adelheid, Begine und Witwe Grete von Langherden den Heilig-Geist-Herren eine Rente *in ere boden vn stede mit all orer tobehoring alß de belegen is in den Scharnen twischen Volquens buden van dem Hasle vn Henneken Tidemans buden.* Spätere Besitzer: Langerden, Clawes Mütinck, Richart Marquardinck, Hans Borchardinck (KAM, Mi, A III, Nr. 52. – STA MS, Mscr. VII, 2716, Bl. 31r).

1442 kaufen Werneke Merler und seine Frau von der Stadt eine Rente zurück: *in miner bode, dar ick nu to tyden inne wone, belegen in den Scharnen by Roter Kromers husen.* Weitere Besitzer: Warneke Merler, Eghert Auerberg (STA MS, Mscr. VII, 2716, Bl. 47v).

1448 verpachten die Nikolai-Herren dem Hermann Piel und seiner Frau Geseke eine Bude auf ewig: *ene boden de to dem hospitale sancti Nicolai hord belegen in den Scharnen twischen Amelunges Spenthoff vnd Richmarus van Bucken boden* (KAM, Mi, A III, Nr. 110).

1486 verkauft Johann Reschene den Nikolai-Herren eine Rente *yjn syne bode vnd stede myt orer tobehoringe so de belegen ys jn den Scharnen twusschen der Butenschen vnd Gesken Gogreuynck boden* (KAM, Mi, A III, Nr. 138).

1492 verkaufen Heinrich Höker, anders genannt Doringlo, und seine Frau Ilse dem Vikar an St. Martini, Johannes Berg anders genannt Sartor, eine Rente *in myne boden in der Shernen belegenn twusschen Johann Pyls vnde Eggert Ouerberch boden dar nu tydes ynne wonet Hinrick Scheff* (STA MS, St. Martini, Urkunden Nr. 270).

1502 verkaufen Richard Rassche und seine Frau Drudeke den Heilig-Geist-Herren eine Rente (Pachtgut Heilig-Geist-Hospital) *in ore boden mit orer tobehoringe so de belegenn iß in den Scharnen twischen Johann Treppekers vnnd Kuneken Wittinge boden dar de Hillige Geyst rede vyff schillinge to pacht jarlikes jnne hebben.* Spätere Besitzer: Richard Rasche, Johan Fromme, Thonnies Berman (STA MS, Mscr. VII, 2716, Bl. 63r).

1502 verkaufen Richard Marquarding und seine Frau Greteke den Heilig-Geist-Herren eine Rente *jn ore boden mit orer tobehoringe vnnd stede so de belegen iß in den Scharnen twischen Albert Mutinges vnde Geseken Gogreuinck boden.* Späterer Besitzer: Marquard Marquarding (STA MS, Mscr. VII, 2716, Bl. 63v).

1550 verkaufen Ernst Rasche und seine Frau Grete dem Heilig-Geist-Hospital eine Rente *jn vnd vth orer boden stede vnde thobehoringe so in dem Scharne twuschen der Auerbergs vnd Thomas Piles boden belegen.* Spätere Besitzer: Ernst Rasche, *Nu tides Johan Kramer* (STA MS, Mscr. VII, 2716, Bl. 94r–94v).

1556 verkaufen Tonnies Piel und seine Frau Gesche dem Heilig-Geist-Hospital eine Rente aus einer Bude mit Stätte *so de an dem Scharne twischen Johan Kiuenhagen vnd Franz Teigelkamp boden belegen.* Spätere Besitzer: Thomas Piel, Volmert Piel (STA MS, Mscr. VII, 2716, Bl. 107r–107v).

SCHARNSTRASSE 1 (Abb. 1469, 1474, 1475)

1729 bis 1743 Martini-Kirchgeld Nr. 64; bis 1818 Haus-Nr. 146; bis 1878 Haus-Nr. 146 a; heute Teilfläche von Scharn 2

Schmale, im Osten vom Stadtbach begrenzte bürgerliche Haustätte, zu der ursprünglich das Haus Scharnstraße 2 als Nebenhaus gehört haben dürfte, wobei beide Teile schon vor 1700 zu selbständigen Hausstellen wurden – noch um 1700 weisen beide Grundstücke unterschiedlich hohe Taxen beim Giebelschatz auf und nur das Haupthaus besaß Braurecht. Zwischen den Bauten eine gemeinsame Brandwand aus Backstein. Bis vor 1608 scheint auch das südlich anschließende Gelände des Rathaushofes und der nördlichen Anbauten an das Rathaus zur Hausstätte gehört zu haben.

Zum Grundstück dürften im 13. Jahrhundert auch die westlich anschließenden Buden Hohnstraße 4 und 6 gezählt haben. Möglicherweise hatte das gegenüber den nördlich anschließenden Grundstücken recht schmal bemessene Gelände ehemals auch nach Süden eine etwas weiter reichende Ausdehnung und wurde nachträglich für den Rathauskomplex beschnitten.

Vielleicht 1365: In diesem Jahr schließt Hermann Bogener und seine Ehefrau einen Vertrag über eine von ihm beim Bau seines Hauses mitbenutzte Wand des Rathauses (siehe Markt 1).

1711/11 Valentin Schindeler; 1738/43 Proc. Backhaus (wegen Schindelers sowie wegen Johann Christoph Eisbergs Erben); 1750/55/64 Hermann Heucke, Haus für 260 Rthl; 1766/67 Bäcker Johann Henrich Mömcke, zuvor Füselier Heuken; 1781/02 Bäcker Mömbke, Fachwerkgebäude: Wohnhaus 200 Rthl, Hinterhaus 75 Rthl, Braurecht; 1804 Witwe Mömken, einzige Bewohnerin, hält kein Vieh; 1806 Mömbke Erben: Änderung der Taxe: Wohnhaus und Hinterhaus je 400 Rthl; 1809 Mömke, bewohnt von Tischler Weitholz; 1816 wird das Haus der Witwe Mömken zum Kauf angeboten (MIB 1816); 1818 Waschermannsches Haus, nun durch Bäckermeister Gottfried Hohmann gekauft; 1818/36 Bäcker Gottfried Hohmann, Wohnhaus 800 Thl; 1840/53 Bäcker Gottfried Homann mit fünf Mietparteien (insgesamt 30 Personen); 1861 Verkauf an den Ökonom H. Boeke; 1878 Wischemeyer; 1908 Stadt Minden.

Abb. 1474 Scharnstraße 1, Blick von Südosten auf die ausgebrannte Ruine im Vordergrund, um 1947. Im Hintergrund die Ruine von Hohnstraße 5.

Haus (1365–vor 1608)

In diesem Jahr wird ein Vertrag über die Mitbenutzung einer Wand des Rathauses beim Bau eines Hauses geschlossen, wobei in dessen Wand Konsolen für die Auflager einer Decke eingefügt werden (siehe Markt 1). Diese Baumaßnahme ist nur nördlich des Rathauses denkbar, wobei der dort entstandene Bau spätestens 1608 für die Vergrößerung des Rathauskomplexes nach Norden abgebrochen und durch einen schmaleren, weiter nördlich plazierten ersetzt worden ist.

Dielenhaus (vor 1608–1945)

Zuletzt ein schmales Giebelhaus von drei Etagen und mit massiver Putzfront von drei Achsen Breite. Haustür links. Die Öffnungen des höheren Erd- und niedrigeren ersten Obergeschosses mit Sandsteingewänden. Das zweite Obergeschoß höher, ohne Sandsteingewände. Darüber Satteldach mit Blendgiebel. Nach diesen wenigen Hinweisen und Fotos der ausgebrannte Ruine mit charakteristischen Bögen in der nördlichen Traufwand wohl im Kern ein schmales massives Giebelhaus mit hoher Diele und niedrigem Speichergeschoß.

Dieses Gebäude wurde um 1770 modernisiert: 1767 wurde das im Siebenjährigen Krieg ruinierte Haus durch den Bäcker Momke erworben und zum Teil wieder bewohnbar gemacht. Dafür beantragte er Baufreiheitsgelder, weil *es ihm für Laqiere und Bohlen Beschuß fehle* (KAM, Mi, C 380). Um 1800 ist das Haus nach einem Bericht des Maurermeisters Däumer allerdings so baufällig, daß die Bögen der massiven Südmauer drohen, auf den Rathaushof zu fallen. Durch die Mauer geht auch ein Schornsteinrohr, das völlig vom Rost zerfressen ist (KAM, Mi, C 473).

1823 wurde das Gebäude nach Abnahme des Dachwerkes mit einem zweiten Obergeschoß versehen. Diese Maßnahme dürfte sich hinter dem überlieferten sogenannten *Neubau* verbergen. Dabei kam es zur Anlage einer Tür sowie von jeweils vier Fenstern in allen Etagen der südlichen, wohl erneuerten Traufwand zum Rathaushof. Hierüber wurde bis 1861 ein Prozeß geführt, wobei die Öffnungen schließlich vergittert werden mußten (KAM, Mi, F 356 und 691). Nach Verkauf 1861 als Dreifamilienhaus eingehend modernisiert.

SCHARNSTRASSE 2 (Abb. 1469, 1475)

1729 bis 1743 Martini-Kirchgeld Nr. 65; bis 1878 Haus-Nr. 145; heute Teilfläche von Scharn 2
Die Hausstelle offensichtlich aus einem Nebenhaus von Scharnstraße 1 hervorgegangen, aber schon vor 1700 zu einem selbständigen Anwesen geworden. Beide Bauten besaßen eine gemeinsame Brandwand.

1507 verkauft Heinrich Overberg und seine Frau Grete eine Rente an das Heilig-Geist-Hospital aus seinem Haus und Stätte: *so dat belegen is in den Scharnen twischen Arnd Hildensems vnnd Euert Rabbeken husen.* Spätere Besitzer: Hinrich Auerberg, Johan Auerberg, *nun zeites Pawel Koneman anno 1616* (KAM, Mi, A III, Nr. 155. – STA MS, Mscr. VII, 2716, Bl. 64v); 1540 weiterer Rentenverkauf von Johann Averberg, Sohn des Heinrich sowie seiner Frau Berte an das Heilig-Geist-Hospital aus seinem Haus und Stätte: *so dat belegen is in dem Scharne twischen den husen der Schombergeschen vnde Thomas Kosters.* Spätere Besitzer: Johan Auerberg Hinrichs Sohn, Cordt Kiuenhagen, Johan Kiuenhagen Wittwe Hil[...], *nu tides Paul Koneman anno 1616* (KAM, A III, Nr. 183. – STA MS, Mscr. VII, 2716, Bl. 65r–65v).

Auf dem Haus ferner eine 1616 beim Nikolai-Hospital aufgenommene Obligation über 100 Rthl, die 1781 abgelöst wurde. Danach sind Eigentümer: 1616 Paul Kühnemann; 1686 Caspar Wohlfahrt; 1701/11 Caspar Wolfahrt; 1715 Henrich Gieseler; 1741 das Haus des Henrich Gieseler wird auf Betreiben des Nikolai-Hospitals an Hermann Lohmann verkauft (KAM, Mi, B 103 b,2 alt; B 103 c,9 alt; C 203,22 alt, C 217,22a alt; C 604).

1738/41 Jobst Hermann Gieseler; 1743 ohne Eintrag (Haus ohne Grundbesitz); 1750/66 Hermann Lohmanns zweites Haus, 150 Rthl; 1768 Bäcker Blancke Senior; 1781/98 Gärtner Johannes Erhard; 1802/06 Gärtner Erhard, Haus 500 Rthl ohne Braurecht, hält 2 Stück Jungvieh; 1809 Lichtzieher Joh. Erhard; 1818/36 Glaser Heinrich Hildebrandt; 1846 Schlachter Georg Renke; 1853 Gauffres; 1878 Maranka; 1908 Stadt Minden.

Haus (um 1500–1945)

Schmales Fachwerkgiebelhaus des 15./16. Jahrhunderts, die südliche Traufwand als massive Brandwand mit dem Haus Scharnstraße 1 und gemeinsamer, weit in den Straßenraum vorragender steinerner Rinne. Das Haus von drei Fensterachsen Breite mit einem hohen, später mit einem Zwischengeschoß versehenen Dielengeschoß und einem niedrigen Obergeschoß darüber. Sowohl dieses als auch das darüber befindliche Giebeldreieck mit Vorkragung über tief gekehlten Knaggen (diese mit aufgelegten Stäben). Diese Form der Gestaltung läßt auf eine Bauzeit um 1500 schließen. Am 28. 3. 1945 durch Bombentreffer zerstört.

SCHARNSTRASSE 3 (Abb. 1469, 1475)

1729 bis 1743 Martini-Kirchgeld Nr. 66; bis 1878 Haus-Nr. 144, heute Teilfläche von Scharn 2
Das Grundstück ist offensichtlich vor 1700 durch die Abtrennung eines Streifens aus der Parzelle Scharnstraße 4 entstanden und ursprünglich wohl mit einem dorthin gehörenden Nebenhaus bebaut.

1701/11 Hermann Lohmann; 1729/43 Herman Lohmann im Scharn; 1750/66 Herman Lohmann, Haus 150 Rthl; 1781 Lohmanns Erben; 1798 Lohgerber Lohmann, halbmassives Haus mit Braurecht; 1802/1804 Lohmann 150 Rthl, kein Braurecht; 1806 Lohgerber Arend Lohmann; 1809 Lohmanns Erben, vermietet an Stellmacher Rasche; 1810 Geschwister Lohmann; 1818/35 gehört dem Armenhaus zum Geiste, Wohnhaus 500 Thl; 1836 Verkauf an Schlachter Karl Klopp; 1837 Schmied Gottschall; 1846 Maler Heinrich Rasche und drei weitere Parteien; 1851 Malermeister Rasche; 1853 Gottschall, vermietet an fünf Parteien; 1854 Witwe Gottschall (besitzt auch Kleiner Domhof 5); 1878 Heine; 1908 Stadt Minden.

Haus (bis 1837)

1810 ist das Haus nach Gutachten des Zimmermeisters Wehdeking Junior baufällig. Beschrieben als zweigeschossiger Bau mit massivem Erdgeschoß. Das erste Dachgeschoß ist ausgebaut. Im ersten Geschoß und im Dach-

Abb. 1475 Scharnstraße, Blick von Norden auf die südliche Hälfte der Ostfront (Hausnummern in das Foto eingetragen); Aufnahme von 1864.

geschoß soll hinten in der Stube der Schornstein erneuert werden. Im Obergeschoß muß das Fachwerk des Giebels wieder verputzt werden (KAM, Mi, D 269).

Wohnhaus (1837–1945)

1837 beantragt der Schmied Gottschall einen Neubau, gegen den keine Bedenken erhoben werden (STA DT, M 1, I P, Nr. 827). Dabei wohl das dreigeschossige und schmale Giebelhaus mit Putzfassade von drei Achsen in klassizistischer Gliederung errichtet. Der Bau am 28.3.1945 durch Bombenteffer zerstört.

SCHARNSTRASSE 4 (Abb. 1475)

1729 bis 1743 Martini-Kirchgeld Nr. 67; bis 1878 Haus-Nr. 143; heute Teilfläche von Scharn 2
Bürgerliche Hausstätte, östlich vom Stadtbach begrenzt. Ursprünglich dürfte das Haus Scharnstraße 3 als Nebenhaus zum Grundstück gehört haben. Darauf weist noch um 1700 die unterschiedlich hohe Taxe zum Giebelschatz hin, ferner die Tatsache, daß nur das Haupthaus Braurecht besaß. Zum Grundstück dürften im 13. Jahrhundert auch die westlich anschließenden Buden Hohnstraße 8 und 10 gehört haben.

1701/1711 Gabriel Ebeling; 1729 Gabriel Ebeling; 1738 Erben Gabriel Ebeling; 1737 Ebelingsches Haus, an Wagemeister Siemers vermietet, wird wieder zur Vermietung angeboten (WMA 1737); 1741 Ebelings Haus; 1743 Hermann Conrad Niehaus; 1750/55 Conrad Niehus, Haus für 300 Rthl; 1776 Conrad Niehus, Haus soll vermietet werden (WMA 1776, Sp. 233); 1781/98 Conrad Niehus, 300 Rthl; 1798 jetzt Bäcker Jöckemeyer; 1802/04 Buchmann, Haus mit Braurecht für 300 Rthl mit Scheune, hat Brunnen, hat 3 Kühe und 1 Schwein; 1806 Bäcker Hermann Buchmann; 1812/18 Gottlieb Mensing (Junior), Wohnhaus 300 Thl; 1825 Schwartz, Erhöhung auf 2000 Thl; 1832 Färber Gottfried Wahl, Reduzierung auf 1500 Thl; 1842 Witwe Wahl; 1846 Lohnkutscher Josef Helmingsmeier und drei weitere Parteien; 1851 wird im Haus die Essmannsche Leihbibliothek neu eingerichtet (MiSoBl 1851); 1853 Kauf durch Rendant August Schleicher; 1853 Hohmann; 1878 Schroeder; 1878 August Knickrehm (gründet eine Drahtgitterfabrik an der Brühlstraße 18); 1897/1908 Kaufmann Arthur Pape (wohnt Kleiner Domhof 7).

Haus (bis 1853)

1842 kommt es zu einem kleinen Brand im Anbau (KAM, Mi, E 697); 1853 steht das Haus leer, weil es *im Bau begriffen* ist.

Etagenwohnhaus (1853–1945)

Dreigeschossiges und breiteres massives Giebelhaus mit fünfachsiger Fassade und Krüppelwalmgiebel. Die Front streng axial mit mittlerer Haustür gegliedert, Fenster mit sandsteinernen Faschen, durch die Sohlbänke laufende Brustgesimse, ferner knappe geschoßtrennende Gesimse und Verdachungen im ersten Obergeschoß. 1863 wird das Dreifamilienhaus beschrieben als massives Wohnhaus mit Anbau und Hofraum sowie massivem Hinterhaus. Im Erdgeschoß hat es seitlich des Mittelflures drei Stuben, zwei Kammern, eine Küche, Speisekammer und Ladenraum. Im ersten Stockwerk drei Stuben, zwei Kammern, eine Küche und eine Dachkammer. Im zweiten Stockwerk drei Stuben, zwei Kammern, eine Küche und Bodengelaß. Im Dachgeschoß zwei Stuben und zwei Kammern. Im Hinterhaus ein Feuerungsgelaß zum Backen (STA DT, M 5C, Nr. 343).

1897 wird der Laden umgebaut, wobei die Schaufenster um etwa 20 cm auf die Bauflucht zurückgesetzt werden müssen (KAM, Mi, F 2240). Das Haus am 28.3.1945 durch Bombentreffer zerstört.

SCHARNSTRASSE 5 (Abb. 1475)

1729 bis 1743 Martini-Kirchgeld Nr. 68; bis 1878 Haus-Nr. 142; heute Scharn 4
Die bürgerliche Hausstätte, östlich durch den Stadtbach begrenzt und in der Neuzeit auf der ganzen Breite überbaut, bildete wohl zunächst eine Einheit mit dem nördlich anschließenden Grundstück Scharnstraße 6 (dieses wohl ein Nebenhaus). Zum Grundstück dürften im 13. Jahrhundert auch die westlich anschließenden Buden Hohnstraße 12, 14 und 16 gehört haben.

1729/41 Hermann Borries (hat umfangreichen Landbesitz); 1750/55 Jürgen Bock, Haus für 350 Rthl; 1764 Gerhard Blancke; 1766 Bäcker Meyer, 350 Rthl; 1772 Bäcker Theophilus Meyer, das Haus mit Nebengebäude und Braurecht, Huderecht für 4 Kühe und 2 Rinder vor dem Königstor soll versteigert werden. Der Wert ist auf 365 Rthl angeschlagen. 1776 steht es noch immer zum Verkauf und wird vom Kleinschmied Schütte erworben (MA 1772, Sp. 131 und 1774, Sp. 123 und 386); 1781 Schlosser Schütte, 100 Rthl; 1798 Schlosser Schütte, wird vom Juden Zacharias Levi bewohnt; 1802 Schütte; 1804 Schmalgemeyer, Haus mit Braurecht für 100 Rthl, hat Brunnen und hölzerne Handspritze, hält 2 Kühe; 1806/13 Bäcker Friedrich Schmalgemeyer, ist Schwiegersohn der Witwe Schutte; 1818/32 Bäcker Joh. Fr. Schmalgemeyer, Wohnhaus 1000 Thl; 1846 Bäcker Ernst Schmalgemeyer (* 1811) mit Familie; 1853 Schmalgemeyer, vermietet an drei Parteien; 1870 Bäcker Ernst Schmalgemeyer, Haus mit Stall, Anbau und Abort; 1878 Schmalgemeyer; 1908/19 Witwe Lina Schmalgemeyer.

Haus (15./16. Jahrhundert–1945)

Zuletzt ein zweigeschossiges, verputztes Giebelhaus mit Krüppelwalmdach, der Vordergiebel vierachsig und mit hohem Untergeschoß. Danach das Haus sicherlich im Kern ein spätmittelalterliches Dielenhaus mit (nachträglich ?) aufgesetztem Obergeschoß. 1772 hat das zweigeschossige Haus zwei Stuben, zwei Kammern, eine Küche und drei *beschossene* Böden. Im Nebengebäude *zur Beckerey* von zwei Etagen finden sich zwei Böden, eine Backstube, ein Backofen, eine Kammer, ein großer Saal in der zweiten Etage. Am 28. 3. 1945 durch Bombentreffer zerstört.

SCHARNSTRASSE 6

1729 bis 1743 Martini-Kirchgeld Nr. 69; bis 1878 Haus-Nr. 141; heute Teilfläche von Scharn 6
Die bürgerliche Hausstätte, östlich durch den Stadtbach begrenzt und in der Neuzeit auf der ganzen Breite überbaut, bildete zunächst eine Einheit (als Nebenhaus) mit dem südlich anschließenden Grundstück Scharnstraße 5.

1694 Christoph Hövet; 1697 Bürger und Schlosser Christoph Hövet; 1729 Christoph Hövet (oder Höfft); 1743 Kleinschmied Gottlieb Hövet; 1750 Meister Hövet; 1755 Witwe Hövet, Haus für 200 Rthl; 1764/66 Schlossermeister Christian Meyer, betreibt auch Landwirtschaft auf 13,5 Morgen eigenem Land; 1781 Schlosser Meyer, 200 Rthl; 1793 Gebrüder Höfft wollen das väterliche Haus mit Braurecht und Huderecht für 4 Kühe vor dem Kuhtor verkaufen (WMA 1793); 1798 Meister Höft, Haus mit Braurecht; 1802/04 Feldwebel Endorff, Wohnhaus für 1000 Rthl; 1806/08 Feldwebel Karl Endorf; 1809 Endorfs Haus; 1818 Endorf, Wohnhaus 700 Thl; 1823 Erhöhung auf 1200 Thl; 1826 Brückmann, Erhöhung auf 2000 Thl; 1832/46 Schneider Johann Arnold Brückmann mit zwei Mietparteien; 1853 Holzgräfe mit vier Mietparteien, eine Werkstelle im Haus; 1868/1878 Steindruckerei F. Morenz (zuvor an der Hohnstraße); 1880 Witwe Sophie Morenz; 1908 Händler Eduard Gedien; 1913 wird das Haus für 32000 Mark durch die Stadt Minden erworben.

Haus (von 1696 ?)

In diesem Jahr werden Baufreiheiten für das Haus beantragt, aber vom Rat verwehrt, *weill das Hauß in ansehunge seines itzigen Zustandes vor einem gahr geringen Preiß gekauffet undt durch die fürseiende reparati seine eigen interesse befordert* (KAM, Mi, B 359). Nach einem weiteren Antrag von 1697 werden zwei Jahre Freiheiten erteilt (KAM, Mi, B 360).

Wohnhaus (1804–1945)

Zuletzt zweigeschossiges Giebelhaus mit Satteldach und glatt verputzter Fassade. Diese fünfachsig gegliedert, wobei die Fenster ohne Faschen durch Brustgesimse zusammengefaßt werden. Nach den Proportionen der beiden etwa gleich hohen Etagen und der Fassadengestalt wohl ein Neubau nach 1800. 1804 wird berichtet, der Feldwebel Codorf (= Endorff ?) habe einen neuen Giebel erhalten (KAM, Mi, C 142).

Nach 1864 (wohl 1868) erhielt das Gebäude bei gleicher Gestaltung ein zweites Obergeschoß, darüber wieder ein schlichtes Satteldach. Am 28. 3. 1945 durch Bombentreffer zerstört.

SCHARNSTRASSE 7

1729 bis 1743 Martini-Kirchgeld Nr. 70 und 71; bis 1840 Haus-Nr. 139 und 140; 1840 bis 1878 Haus-Nr. 139/140; heute Teilflächen von Scharn 6 und 8

Breite bürgerliche Haustätte, östlich vom Stadtbach begrenzt und mit Haupt- und Nebenhaus (das nördliche Gebäude) bebaut. Diese im 18. Jahrhundert zeitweise in unterschiedlichem Besitz und als getrennte Hausstätten geführt, seit etwa 1835 wieder vereint. Zum Grundstück dürften im 13. Jahrhundert auch die westlich anschließenden Buden Hohnstraße 18 und 20 gehört haben.

HAUS-NR. 140 (1729 bis 1743 Martini-Kirchgeld Nr. 70): 1701/11 Jobst Hermann Schreiber; 1729 Schreibers erstes Haus; 1738 Witwe Rüdenbeck; 1743 Erben Jobst Hermann Schreiber; 1750 Witwe Rödenbecken; 1755 Rodenbeck, Haus für 400 Rthl; 1764/66 Christian Bick, 400 Rthl; 1781 Schlachter Klopp, Wohnhaus 350 Rthl, Hinterhaus 50 Rthl; 1798 Klopp; 1802/04 Klopp, Wohnhaus mit Braurecht für 400 Rthl und Hinterhaus, hat Brunnen und metallene Handspritze, hält 2 Pferde, 2 Kühe und 1 Jungvieh; 1812 Christian Klopp (besitzt auch Haus-Nr. 139); 1818 Claus Menny Junior (und Maurermeister Peter Menny), Wohnhaus 800 Thl, Hintergebäude 400 Thl; 1826 Erhöhung Wohnhaus 1 600 Thl, Hintergebäude 500 Thl; 1827/46 Maurermeister Peter Menny (* 1790, besitzt ab etwa 1840 auch das Nachbarhaus Haus-Nr. 139) mit mehreren Mietern; 1853 Menny mit zwei Mietparteien (der Pferdestall vermietet).

HAUS-NR. 139 (1729 bis 1743 Martini-Kirchgeld Nr. 71): 1729 Schreibers zweites Haus; 1738 Witwe Rödenbeck. Rödenbecks Nebenhaus; 1743 ohne Eintrag (Haus ohne Grundbesitz); 1750 Schreibersche Brauhaus; 1755 Brauhaus, 300 Rthl; 1764/66 das Schreibersche Brauhaus, 300 Rthl; 1774 soll das dem Brauamt gehörende Weißbier-Brauhaus verkauft werden (KAM, Mi, C 876). Zum Haus gehört das Braurecht und das Huderecht auf 4 Kühe vor dem Königstor (WMA 18, 1774); 1781 Sieckermann, Wohn- oder Essigbrennereihaus; 1798 Schuster Klopp, ist Packhaus oder Scheune; 1802/04 Klopp, Wirtschaftsgebäude; 1806 Scheune von Christian Klopp; 1818/32 Scheune von Schlachter Christoph Westphal, 1 000 Thl; 1836 zum Wohnhaus Haus-Nr. 140 geschlagen.

HAUS-NR. 139/140: 1816 will die Witwe des verstorbenen Knochenhauers Joh. Christian Klopp beide Häuser verkaufen (MIB 1816, S. 425); 1878 Müller und Albrecht; 1908 Stadt Minden.

Haus-Nr. 139 (bis um 1835)

1774 ist d*ieses Haus 71 Fuß lang und 27 Fuß breit, worin nur 1 Stube befindlich. Auch auf beiden Seiten mit einer massiven Mauer versehen, welche aber zur rechten Seite vom Eingang sehr baufällig und unten im Hause zur linken Seite einen schadhaften Bogen sich befindet* (11 Fuß breit 18 Fuß hoch). Im Haus ist eine Pumpe. Ferner wird ein Flur erwähnt.

Haus-Nr. 140, Wohnhaus (um 1835–1945)

Dreigeschossiger und breitgelagerter Putzbau mit Krüppelwalmdach, wohl durch den Maurermeister Peter Menny an der Stelle des Altbaus errichtet. Die weitere Gestalt und innere Aufteilung nicht bekannt (keine Akten zu dem Bau aufgefunden). Am 28. 3. 1945 durch Bombentreffer zerstört.

SCHARNSTRASSE 8

1729 bis 1743 Martini-Kirchgeld Nr. 72; bis 1878 Haus-Nr. 138; heute Teilfläche von Scharn 8
Bürgerliche Hausstätte, östlich durch den Stadtbach begrenzt und in der Neuzeit auf der ganzen Breite überbaut. Zunächst wohl eine Einheit mit dem nördlich anschließenden Grundstück Scharnstraße 9 bildend. Zum Grundstück dürften im 13. Jahrhundert auch die westlich anschließenden Buden Hohnstraße 22, 24 und 26 gehört haben.

Bei einer Baustellenbeobachtung wurden 1948 unter anderem eine Pfahlsetzung sowie mittelalterliche Scherben festgestellt (Teil I, Kap. I.3, Fundstellenkatalog, Fundstelle 38 – Verbleib der Funde: Mindener Museum, MA 94. – Siehe auch: Schirmer 1948, S. 10, Fundstelle 27).

Auf das Haus wurde 1615 beim Heilig-Geist-Hospital eine 1721 zurückgezahlte Obligation über 100 Thl aufgenommen. Danach sind Besitzer: 1615 Cordt Kivenhagen; 1710/11 Cord Kivenhagen; 1721 das Haus zwangsversteigert und von Witwe Strattmann (Cord Kievenhagens Tochter) gekauft (KAM, Mi, B 103,c 9 alt; C 217,22a alt).

1729 Hitzemann, früher Cord Kievenhagen; 1741 Johann Friedrich Hitzemann; 1743 ohne Eintrag (Haus ohne Grundbesitz); 1750 Funcke Junior; 1752 Johann Georg Funcke *im Scharrn;* 1755 Glaser Funcke, Haus für 300 Rthl; 1764/97 Wilhelm Röder, 300 Rthl; 1802/04 Röder und als Mieter Herr Todeschino Junior, halb massives Wohnhaus mit Braurecht für 600 Rthl und Scheune, hat Brunnen, hält kein Vieh; 1806 Schlachter Christian Ranke; 1809 Röders Haus, bewohnt von Herbergist Renne; 1812 Christian Ranke mit Familie, Wohnhaus mit Stall, Hof und Garten (besitzt auch Königstraße 16); 1818/32 Rudolf Homann, Wohnhaus 1 200 Thl; 1846 R. Homann (67 Jahre) mit sieben Mietparteien (insgesamt 35 Personen); 1853 Homann mit mehr als fünf Mietparteien; 1878 Gauffres; 1906 Karl Gauffres; 1908 Erben Karl Gauffres; 1919 Bertha Seelkopf.

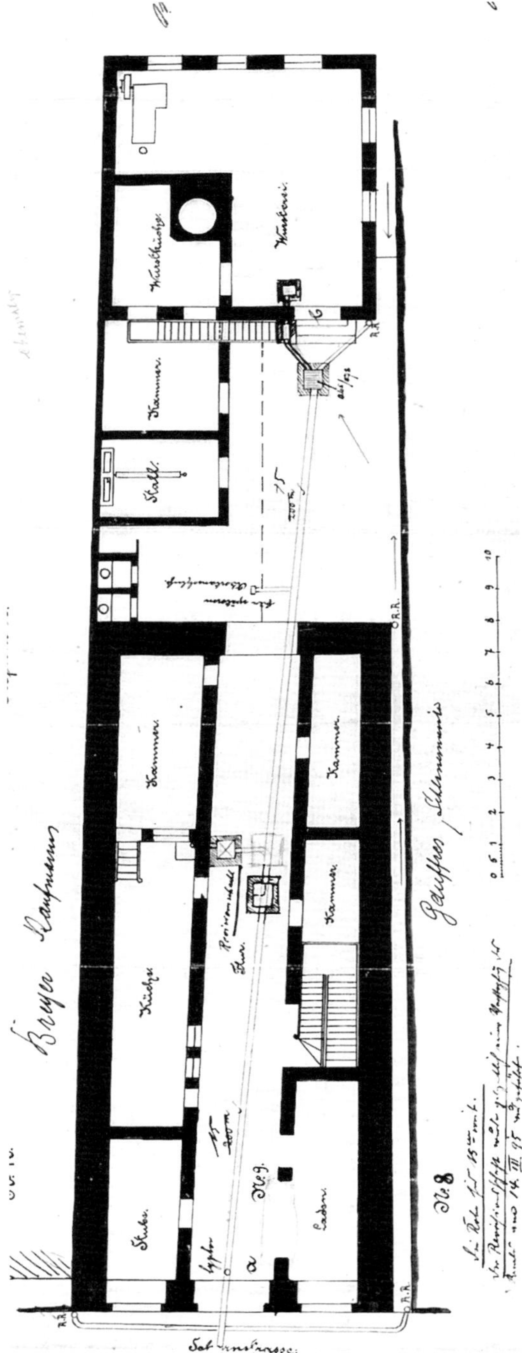

Abb. 1476 Scharnstraße 9, Entwässerungsplan des Grundstücks von 1893.

Haus (bis 1945)

1798 wird festgestellt, daß *der Giebel gefährlich* sei (KAM, Mi, C 133). Offensichtlich ist es danach zu Erneuerungen gekommen, von denen sich bis zur Zerstörung 1945 noch das sandsteinerne Gewände der Haustür mit leicht geschweiftem Sturz und mittlerem Keilstein erhalten hatte.

Die fünfachsige Fassade mit Giebeldreieck 1899 (KAM, Mi, F 2239) bei Erhalt des alten Türgewändes massiv erneuert, wobei eine dreigeschossige und unverputzte Backsteinfront geschaffen wurde. Gliederung mit geschoßtrennenden Gesimsen mit deutschem Band. Am 28. 3. 1945 durch Bombentreffer zerstört.

SCHARNSTRASSE 9 (Abb. 1476, 1477)

1729 bis 1743 Martini-Kirchgeld Nr. 73; bis 1878 Haus-Nr. 137; heute Teilfläche von Scharn 10

Die bürgerliche Hausstätte, östlich durch den Stadtbach begrenzt und in der Neuzeit auf ganzer Breite überbaut, bildete zunächst wohl eine Einheit mit dem südlichen Nachbargrundstück Scharnstraße 8.

1548 wird von Diederich Dieckman eine Obligation über 20 gfl bei der städtischen Rentenkammer eingetragen. Als spätere Eigentümer werden genannt: 1552 Diederich Dieckman, dann Jürgen Brockhuesen, Harmen Beerman, 1663 Hinrich Barner, Herman Lemmerß, 1695 Witwe Lemmers (KAM, Mi, B 151 und B 154,4 alt).

Nach dem Lagerbuch des Heilig-Geist-Hospitals von 1715 ein zugehöriges Pachthaus, das in diesem Jahr an *Gerdt Lemmert im Scharn* verpachtet ist. Später *Rolios Hause im Scharn,* 1742 Johan Christoph Asmus, 1753 Johann Caspar Borchert (KAM, B 103c,9 alt; C 217,22a alt; C 604).

1701 Gerdt Lemmert; 1711 Christoffer Meyer; 1711 Gerd Johan Lammers; 1729 Gerdt Johann Lemmert; 1733/41 Musquetier Stobbe (hat die Witwe von Gerd Johan Lemmert geheiratet); 1743 Soldat Schreve, früher Lemmert; 1750 Aßmus; 1755 Meister Borchard, Haus für 200 Rthl; 1760 Johan Caspar Borchert; 1764/66/81 Schuster Caspar Borchert, betreibt auch Landwirtschaft auf gemietetem Land (20 Morgen), Haus für 500 Rthl; 1798 Branntweinbrenner und Goldschmied Müller; 1802 Müller, Haus mit Braurecht für 2 000 Rthl, hat Brunnen, hält 1 Schwein; 1802 Versteigerung des Besitzes des Bürgers und Goldschmieds Müller wegen Konkurs. Haus mit Huderecht für 3 Kühe vor dem Wesertor wird für 1 565 Rthl von Vikar Vöegeler erworben (WMA 1802 und STA DT, M1, I C Nr. 231); 1806 Erben Kaufmann Hohlt; 1809 Erben Hohlt (siehe Scharnstraße 31), vermietet an Sattler Petersen und Gemeinhändler Ast; 1816 Branntweinbrenner Hildebrandt; 1818 D. Hildebrandt, Wohnhaus 1500 Thl, Brennerei 500 Thl; 1832 Daniel Hildebrandt; 1846/47 Schankwirt und Branntweinbrenner Daniel Hildebrandt (* 1775). Das Haus mit drei *beschossenen* Böden und Hintergebäude wird am 20. 12. 1846 versteigert (Fama); 1853 Renke mit einer Mietpartei (wohnte zuvor Scharnstraße 2, ab 1863 in dem durch ihn errichteten Neubau Stiftsallee 13); 1878 Schwiering; 1908/19 Schlachtermeister Wilhelm Schwiering.

Dielenhaus (1548 ?–1945)

Nach dem Entwässerungsplan von 1893 und Fotos der Fassade ein schmales und sehr tiefes, zweigeschossiges Giebelhaus mit massiven Umfassungswänden und steilem Satteldach, der Vordergiebel fünfachsig gegliedert. Auf der nördlichen Traufwand eine nach vorn entwässernde, sandsteinerne Rinne. Im Inneren breiter mittlerer, bis zum Rückgiebel reichender Flur, seitlich nur schmale Seitenschiffe mit Wohn- und Wirtschaftsräumen. Im Obergeschoß weitere Wohnräume, wohl durch Ausbau eines niedrigen Speichergeschosses entstanden. So wird der Bau noch 1846 mit drei Böden (also Speichergeschoß und zwei Dachböden ?) beschrieben. Das Gebäude möglicherweise 1548 entstanden (Aufnahme einer Obligation).

1802 beschrieben mit vier Stuben, mehreren Kammern, einer Küche, gebalktem Keller und Bodenraum. Das Haus wies bis zuletzt eine verputzte, wohl in der zweiten Hälfte des 18. Jahrhunderts veränderte fünfachsige Fassade auf, wobei das Giebeldreieck leicht über einem Profilbrett vorkragte. Am 28. 3. 1945 durch Bombentreffer zerstört.

Hinterhaus

1733 wird berichtet, der Eigentümer Stobbe *nimmt das ganze Hinterhaus herunter*, verkauft Steine und Holz sowie das *was sonst im Wohnhause an Brau-Geräthe und Steinen vorhanden* (KAM, Mi, C 832).

1816 kommt es zu einem Schadensfeuer im Hinterhaus, das als Brennerei eingerichtet ist (KAM, Mi, E 120).

Nach dem Entwässerungsplan von 1893 ein zweigeschossiger, fast quadratischer Bau mit wohl backsteinernen Umfassungsmauern.

SCHARNSTRASSE 10 (Abb. 1477, 1480)

1729 bis 1743 Martini-Kirchgeld Nr. 74; bis 1878 Haus-Nr. 136; heute Scharn 10

Schmale Hausstätte, die nördliche Traufwand gemeinsam mit dem Haus Nr. 11 und mit nach vorne entwässernder steinerner Rinne. Die Hausstätte daher wohl aus einem Nebenhaus des nördlich anschließenden Anwesens hervorgegangen.

1653 Caspar Tegemeyer; 1701 Hermann Bertram; 1708 Witwe Hermann Bertram; 1710 Hermann Bertram; 1729/41 Johann Hermann Bertram (hat umfangreichen Landbesitz); 1750/55 Johann Henrich Barntram, Haus für 400 Rthl; 1764 Jüdin Meyer; 1766/81 Schneider Ahrning, betreibt auch Landwirtschaft auf eigenem Land, 400 Rthl; 1782 Seifensieder Keitel, Versicherung auf 700 Rthl erhöht; 1792 Kaufmann Dove (wohnte Bäckerstraße 9) ist verstorben, das Haus wird vermietet (WMA 27, 1792); 1798 Erben Dove, Haus mit Braurecht; 1804 Erben Dove, das halb massive Haus steht leer; 1806/12 Böttcher Gottlieb Homann; 1818/32 Rudolf Homann, Wohnhaus 800 Thl, Branntweinbrennerei 200 Thl; 1846 Händler Josef Funck mit vier Mietparteien; 1853 Höcker mit vier Mietparteien. Im Haus zwei Werkstätten und Lager; 1878 Breyer; 1908 Kaufmann Christian Breyer; 1919 Kolonialwarenhandlung Wilhelm Rürup.

Dielenhaus (16. Jahrhundert–um 1900)

Das Haus dürfte in seiner letzten Erscheinung auf einen wohl 1782 durchgeführten Umbau zurückgehen, wobei die dreigeschossige und fünfachsige Putzfassade mit Krüppelwalm und schmalem hohen Tor geschaffen wurde. Im Inneren der beidseitig noch bestehenden hohen Diele jeweils zweigeschossige Einbauten, darüber ein recht hohes Obergeschoß. Nach diesen Befunden und auf Grund der Proportionen das Gebäude im Kern ein spätmittelalterlicher Massivbau mit hoher Diele, darüber ein höheres Obergeschoß und ein steiles Satteldach. Um 1900 für Neubau abgebrochen.

Wohn- und Geschäftshaus (um 1900–1945)

Der Bau nur durch eine Ansicht der Fassade bekannt. Danach ein dreigeschossiger Bau mit flach geneigtem Satteldach, das hinter einer Blendfassade verdeckt wurde. Diese fünfachsig gegliedert und mit starkem Gesims als oberem Abschluß. Die rechte Achse mit einem großen Bogen ausgeschieden, zwischen den anderen jeweils eine die beiden Obergeschosse zusammenfassende Kolossalgliederung. Das Erdgeschoß mit Schaufenstern.

Das Haus am 28. 3. 1945 zerstört.

Abb. 1477 Scharnstraße, Blick von Nordwesten auf die Häuser Nr. 11 (links), 10 und 9, rechts die Hinteransichten der Häuser an der Hohnstraße, um 1930.

SCHARNSTRASSE 11 (Abb. 1477, 1480, 1485)

1729 bis 1743 Martini-Kirchgeld Nr. 75; bis 1878 Haus-Nr. 135; heute Scharn 12

Die Hausstätte mit gemeinsamer Brandwand zu Nr. 10, auf der eine nach vorn entwässernde Rinne lag (beide Grundstücke zunächst wohl eine Einheit, dabei das südlich anschließende Gebäude wohl ein Nebenhaus). Zum Grundstück dürften im 13. Jahrhundert auch die westlich anschließenden Buden Hohnstraße 28 und 30 gehört haben. Die Hausstätte nach Osten zunächst durch den Lauf des Stadtbachs begrenzt.

In der Mitte des 17. Jahrhunderts ein größeres bürgerliches Anwesen mit Wohnhaus, Saalanbau und Nebenhaus sowie einem zu diesem Zeitpunkt schon – wohl seit 1547 zu Gunsten von Scharnstraße 13 – abgetrennten ehemaligen Hintergebäude (bis auf einen schmalen Gang an der südlichen Grenze). Zugehörig noch ein Wirtschaftsgebäude im östlich anschließenden Bereich der Domimmunität (1657 *Thymans achterhauß, so auff den Platz bis an die Beke gebauwet*), das mit seinem Westgiebel östlich des Stadtbaches gestellt war und östlich an das Hintergebäude von Bäckerstraße 6 stieß. Nördlich des Hauses ehemals ein *Dorwegh*, auf dem 1549 ein Anbau oder Nebenhaus errichtet worden ist.

1538 wurde das Haus verkauft; 1653 Thyman; 1701 Albert Notmeyer; 1710/11 Justus Cläve; 1729/43 Justus Cleve, früher Witwe Bertram; 1750/64 Justus Cleve, Haus für 300 Rthl; 1766/67 Böttcher Köpper, Haus mit Braurecht für 300 Rthl; 1781 Köper, jetzt Decke, 200 Rthl; 1793 Böttcher Decke; 1797 Karl Decke Senior; 1798 Böttcher Decke; 1801/04 Daniel Hildebrandt, halbmassives Haus mit Braurecht, hat Brunnen, hält 3 Kühe und 3 Schweine; 1805 Feldwebel Endorf; 1806/12 Böttcher Daniel Hildebrandt, Wohnhaus nebst Hofraum; 1815 Fuhrmann Friedrich Endorf (* 1771 *in den Todtenmann*); 1818 C. L. Petersen, Wohnhaus für 600 Thl; 1826 Stuhr, 1000 Thl; 1832 Franz Karl Stuhr; 1846 Franz Stuhr (64 Jahre) mit Familie und drei Mietparteien; 1853 Stuhr mit drei Mietparteien; 1878 Bröcker; 1906 Witwe Bröcker; 1908 Theodor Oppermann; 1919 Witwe Auguste Oppermann.

Dielenhaus (13./14. Jahrhundert–1945)

Das Haus zuletzt in einer Erscheinung des späten 18. Jahrhunderts mit fünfachsiger und dreigeschossiger, verputzter Front und Krüppelwalmdach. Der Bau mit massiven Umfassungswänden aber den Proportionen nach im Kern sicherlich spätmittelalterlich (um 1500 ?) und mit hohem Dielengeschoß (später mit einem Zwischengeschoß versehen) und hohem Obergeschoß.

Die nördliche Traufwand blieb bei den Zerstörungen 1945 erhalten, da sie zugleich dem anschließenden Haus Scharnstraße 12 als tragende Wand diente. Hier nach Freilegung zu erkennen, daß die Wand aus Bruch- oder Sandstein besteht und die Balkenlage über der hohen Diele auf einem von Konsolen getragenen Streichbalken auflag. Die erhaltenen Konsolen aus Sandstein und mit schlichter viertelkreisförmiger Abrundung. Das Obergeschoß darüber wohl nachträglich (15./16. Jahrhundert) und aus Backstein. Die Befunde lassen auf einen Kernbau des 13. oder 14. Jahrhunderts mit hoher Diele schließen.

1549 wurde hinter dem Haus ein kleiner unterkellerter Anbau mit Saal errichtet, 1657 als *Kammer* bezeichnet. Im Keller zu dieser Zeit die *Bierstannen* untergebracht. Südlich des beidseitig eingezogenen Anbaus eine Tür zu dem zum Wirtschaftsgebäude führenden Gang.

1767 wird das im Siebenjährigen Krieg ruinierte Haus repariert (KAM, Mi, C 380). 1793 sei das Haus stark repariert worden (KAM, Mi, C 126), wofür 1805 dann 40 Rthl Baufreiheitsgelder ausgezahlt werden (KAM, Mi, C 156,13 alt). Dabei wohl Ausbau zum dreigeschossigen Wohnhaus und Neugestaltung des Giebels mit Krüppelwalm. Am 28. 3. 1945 durch Bombentreffer zerstört.

SCHARNSTRASSE 12 (Abb. 1478, 1479, 1480, 1485)

1729 bis 1743 Martini-Kirchgeld Nr. 76; bis 1878 Haus-Nr. 134; heute Scharn 14

LITERATUR: Faber-Hermann 1989, S. 245 Abb. 256 a.

Das sehr schmale und nicht tiefe Grundstück ehemals als Beifahrt zum Haus Scharnstraße 13 gehörig, seit etwa 1600 mit einem bald selbständig gewordenen Nebenhaus überbaut.

1653 Johan Syckman; 1701/11 Lenhard Volkening; 1722 Leonhard Volkening, Bäcker im Scharn, wird am 18. 10. 1722 auf dem Martini-Kirchhof beerdigt; 1729/41 gehört Nagel; 1743 ohne Eintrag (Haus ohne Grundbesitz); 1750 Petersen; 1755 Johann Henrich und Berend Rohmöller, Haus für 150 Rthl; 1764 Mieter ist Witwe Wöking; 1766 Stubbe, 150 Rthl; 1768 Rumöller; 1781 Kesselführer Greve, 300 Rthl; 1802/04 Grebe, Fachwerkhaus ohne Braurecht für 300 Rthl, hält kein Vieh; 1806/09 Kesselhändler Wilhelm Greve und Ruhmöller; 1818 Wilhelm Ruhmöller, Wohnhaus für 500 Thl; 1832 Wilhelm Ruhmöller; 1835 Hennies; 1846 Schlossermeister Ernst Hennies und eine Mietpartei; 1855 Hennies mit einer Mietpartei, eine Werkstatt im Haus, 1878 Schuhmacher Hennies; 1907/19 Sattlermeister Karl Weber.

Nebenhaus (um 1570 ⓓ)

Schmaler Baukörper, offensichtlich im Laufe des 16. Jahrhunderts ohne eigene Traufwände zwischen die Wände der zwei benachbarten Häuser gestellt und durch mehrere Um- und Erweiterungsbauten gewachsen, in der heutigen Erscheinung durch einen Umbau mit Fassade von 1911 bestimmt. Der Kernbau durch mehrere einschneidende Umbauten heute nur noch in Teilen im rückwärtigen Bereich erhalten. Dieser mit hohem Untergeschoß (ursprünglich mit Durchfahrt ?) und niedrigerem Obergeschoß. Das Dachwerk mit 62° Neigung und untergestellter Spitzsäule mit überblatteten Riegeln im Rückgiebel. Der Dachfuß wohl noch vor 1600 zur Schaffung von höhereren Wohnräumen um etwa 90 cm erhöht, dabei ein neues Dachwerk mit zwei Kehlbalken aufgeschlagen, wobei der alte Rückgiebel erhalten blieb und in Fachwerk erhöht wurde. Beide Bauphasen lassen sich dendrochronologisch belegen: um oder nach 1570: Ostgiebel, Kerngefüge, 1. Riegel von oben; 1599: Dachwerk, Nordseite, 2. Sparren von Nord.

Die weitere Bau- und Veränderungsgeschichte wegen der umfassenden Modernisierung 1911 und der momentanen Verkleidungen nicht mehr klar zu fassen, doch scheinen die beiden alten Balkenlagen in dem Gebäude erhalten zu sein. 1768 wird berichtet, daß das im Siebenjährigen Krieg ruinierte Haus noch nicht renoviert worden sei (KAM, Mi, C 380).

1855 das Haus als ein Neubau bezeichnet, wobei die Stadt auf die Einhaltung der geltenden Fluchtlinie drängt, worüber noch 1857 ein Streit ausgetragen wird (KAM, Mi, F 370). Offenbar hierbei der vordere Teil des Gebäudes erneuert und mit einer neuen massiven und verputzten Front versehen worden. Die hohe Diele dabei zweigeschossig mit schmalem, linksseitigem Flur ausgebaut, zudem ein übergiebelter Dachausbau auf der ganzen Breite aufgesetzt, so daß der Bau in der Erscheinung nun viergeschossig wirkte.

1911 wiederum Umbau des nun als Wohn- und Geschäftshaus bezeichneten Gebäudes nach Plänen von W. Meyer. Das niedrige Zwischengeschoß entfernt und der Bau bis auf die vier letzen Gebinde des alten Dachwerkes (etwa 3,40 m Länge) durch Aufsetzen eines neuen Dachwerkes erhöht und in der Gestalt zu einem dreigeschossigen Haus mit Mansarddach ausgebaut. Das zweite Obergeschoß nur in der Fassade massiv, seitlich aber innerhalb des Dachstuhls untergebracht. Die neue Putzfassade durch Stuck in Formen des reduzierten Neubarock dreiachsig gestaltet. Im Erdgeschoß Laden und Werkstatt, in den beiden Obergeschossen jeweils vorn und hinten ein Wohnraum, in der Mitte südlich das Treppenhaus, daneben eine lichtlose Kammer.

1932 und 1970 Umbau des Ladens; 1989 Sanierung des Hauses (Plan: W. Rösner); 1997 Modernisierung des Hauses, dabei der Rückgiebel verkleidet und das Dach neu gedeckt.

1855 wird die zuvor abgebrochene Scheune auf dem Grundstück neu errichtet (STA DT, M 1, I P, Nr. 828).

Abb. 1478 Scharnstraße 13 (links) und 12 (Mitte), heute Scharn 16 und 14, rechts anschließend Scharn 12 und 8/10, Ansicht von Nordwesten, 1993.

SCHARNSTRASSE 13 (Abb. 1461, 1466, 1478, 1479, 1480, 1481–1485)

1729 bis 1743 Martini-Kirchgeld Nr. 77; bis 1878 Haus-Nr. 133; heute Scharn 16

Recht breite, bürgerliche Hausstätte, die nach 1500 neben dem heutigen Haus zunächst auch noch die Fläche des südlich anschließenden, am Ende des 16. Jahrhunderts hier errichteten Nebenhauses Scharnstraße 12 umfaßte und bei mäßiger Tiefe östlich vom Stadtbach begrenzt wurde. Zum Grundstück dürften im 13. Jahrhundert auch die westlich anschließenden Buden Hohnstraße 32 und 34 gehört haben.

Baubefunde belegen in dem Haupthaus einen alten Ausgang zum späteren Grundstück Bäckerstraße 4, womit von einem Zugang zu der dort östlich anschließenden ehemaligen *Brandstraße* (siehe Bäckerstraße 6) ausgegangen werden kann. Hier scheint über das wohl zunächst nur in Teilen bebaute Grundstück ein Wegerecht bestanden zu haben (siehe dazu Scharnstraße 15).

Baureste im Hinterhaus könnten darauf hindeuten, daß hier bis um 1500 ein großes und bis zum Stadtbach reichendes Steinhaus bestand, das erst danach bei Aufteilung des Grundstücks zu einem Dielenhaus mit schmalem Flügel umgestaltet wurde. Zur Vergrößerung des damit eng gewordenen Grundstücks gehörte schon im 17. Jahrhundert eine weitläufige, jenseits des Stadtbaches aus bischöflichem Besitz erworbene Fläche. Hier befand sich ein Wirtschaftsgebäude, das mit seinem westlichen Giebel auf der Westseite des Stadtbaches stand und von dort über den Hofplatz hinter Scharn-

Abb. 1479 Scharnstraße, Blick von Südosten auf den Komplex Scharnstraße 12/13 (heute Scharn 14 und 16). Links der Komplex des Kaufhauses Scharn 13/19, Zustand nach der Zerstörung der Nachbarbebauung, um 1947.

straße 12 befahren werden konnte (1657 das *achter Hauß, Vorzeiten der ander Stall*). Von hier aus wurde auch ein weiteres, offensichtlich 1547 von dem Nachbargrundstück Scharnstraße 11 hinzuerworbenes Wirtschaftsgebäude erschlossen, das westlich parallel zum Stadtbach hinter dem Hause Scharnstraße 11 stand (1657 das *Braw: Vorzeiten achterhaus*). Zwischen den letzten Bauten ein Schweinestall. Das Haus seit 1832 als Gasthaus genutzt, wozu ein großer, später noch mehrmals erweiterter Saalbau an Stelle dieser rückwärtigen Wirtschaftsgebäude gehörte.

1547 Schröder; 1653 Johan Schröder; 1701 Johann Schröders Erben, jetzt Thomas Möller; 1729 Erben Müller; 1738/41 Witwe Thomas Möller; 1743 *Johann Albert Jochmus im Scharn* (besitzt umfangreichen Landbesitz und ist verheirat mit einer geborenen Müller, die 1743 eine umfangreiche Erbschaft von Ländereien von Albert Müller in Hamburg und Johann Thomas Müller in Lübeck antritt); 1750 Albert Jochmus; 1755 Albrecht Jochmus, Haus für 800 Rthl; 1765 Witwe Jochmus, 1 000 Rthl; 1781 Witwe Jochmus, 400 Rthl; 1793 Jochmus; 1798 Dr. Hermes, Essigbrauerei; 1802 Jochmus, Wohnhaus 2 500 Rthl, neues Fabrikhaus 1 500 Rthl; 1804 Medizinalrat Harms, halbmassives Wohnhaus mit Braurecht, hat Brunnen und hölzerne Handspritze, Scheune, hält 2 Pferde, 2 Kühe und 2 Schwein; 1806 Arzt Reinhold Harmes; 1809 Medizinalrat Harmes; 1812 Medizinalrat Harms, Wohnhaus, Scheune, Stallung und Hofraum; 1818 Bevenitz, Wohnhaus 1 000 Thl sowie massive Hintergebäude nebst Stallung 600 Thl; 1832 Verkauf von L. Bevenitz an Schankwirt Aschentrupp; 1846 Schankwirt Heinrich Aschentrupp (* 1796) mit Familie und als Mieter Reg.-Sekretär Hermann Dahl und Drechsler Wilhelm Sommerwerk; 1853 Aschentrupp mit Reg.-Sekretär Dahl, drei Zimmer als Wirtschaft eingerichtet; 1878 Aschentrupp, um 1874 bis 1885 verpachtet an den Techniker August Hindermann und Frau (siehe Keber 1951); 1885 bis 1898 Hermann Aschentrupp; 1898 Verkauf an Klempnermeister Martin Maranka (Nachfahre einer alten Zinngießerfamilie, siehe dazu Krins 1954 und Walz 1998), der auch die Gastwirtschaft weiter betreibt, wobei um 1923 nach Übernahme durch den Sohn Carl Maranca der Klempnerbetrieb zu Gunsten des Ausbaus zur Großgaststätte mit Saalbetrieb aufgegeben wird; 1951 »Scharnschänke« von Carl Maranka.

Haus (13./14. Jahrhundert)

Zweigeschossiges und verputztes Giebelhaus mit Krüppelwalmdach und mit der fünfachsig gegliederten Fassade in der Erscheinung auf einen Umbau von 1765 zurückgehend, allerdings im Kern mittelalterlich. Die dendrochronologische Datierung des Dachwerkes blieb mit einer Ausnahme bei 10 genommenen Proben ohne Ergebnis (1996 durch H. Tisje/Neu Isenburg). Nur die mittlere Säule des Ostgiebels vom Hinterhaus ergab das Fälldatum um oder nach 1500. Der Kernbau in dem intensiv ausgebauten und genutzten Haus im Augenblick nur in Ansätzen zu fassen, aber den wenigen Befunden nach hochmittelalterlich: Offenbar ein zweigeschossiges und giebelständiges Dielenhaus mit Umfassungswänden aus Portasandsteinblöcken. Die charakteristischen Bogenstellungen an den beiden Traufseiten zeigen eine Mischung mit Backsteinen. Darüber ein Sparrendach mit drei Kehlbalkenlagen (heute im rückwärtigen Teil in Zweitverwendung erhalten). Dieses wohl um 1500 entstanden, wobei die weitere innere Gliederung des Hauses nicht erkennbar ist. Das Haus konnte nach der Beschreibung von 1653 zur Erreichung des Hofplatzes durchfahren werden, wobei neben dem Tor im Vordergiebel auch ein weiteres im Rückgiebel neben dem Hinterhaus bestand. Davon lassen sich im Bestand noch die Ausbruchspuren des Torbogens nachweisen. Da der Bau auf der ganzen Nordwand durch die Nachbarbebauung zugestellt war, wurde die Diele von einem großen Fenster im rückwärtigen Bereich der Südwand belichtet, dessen östliches Gewände ebenfalls zu erkennen ist.

Das Haus geht in seiner heutigen Erscheinung auf einen eingreifenden Umbau im Jahre 1765 zurück, der als Hauptreparatur für 2538 Rthl überliefert ist: *ist ein schönes, gut ausgebauetes und mit wohl eingerichteten Zimmern versehenes Haus* (KAM, Mi, C 388), wofür 400 Rthl Baufreiheitsgelder ausgezahlt wurden (KAM, Mi, C 133). Dabei über dem Haus der Dachstuhl neu verzimmert, wobei die alten Sparren bei geringerer Dachneigung wieder Verwendung fanden. Im Inneren wurde dabei ein zweigeschossiges Etagenhaus mit Fluren geschaffen, doch blieb es zunächst im Erdgeschoß bei einer schmalen Durchfahrtsdiele entlang der südlichen Traufwand, während nördlich eine breite Stube eingebaut werden konnte. Sie wurde unterkellert und gegenüber der Diele um einige Stufen erhöht. Im Obergeschoß entstanden seitlich eines Mittelflures mehrere Zimmer, die mit aufwendig gearbeiteten Türen erschlossen wurden. Sie sind zumeist erhalten und zeigen einfelderige und profilierte Blätter, die Zargen mit stark profilierten Bekleidungen. Zugang zum Obergeschoß über eine dreiläufige Treppenanlage, die hinter der Vorderstube offen in den rückwärtigen und noch weitgehend ungeteilten Dielenraum eingestellt wurde.

Im Zuge dieser Baumaßnahmen das Gebäude auch mit einer neuen verputzten Fachwerkfassade mit teilweise axialer Gliederung und Krüppelwalm versehen. Das schmale Tor mit reich dekorierten Flügeln versehen, von denen sich der mittlere Flügel erhalten hat. Dieser mit einer Aufdoppelung von Profilleisten, die zwei geschweifte Kartuschen mit Rocaillen zeigen. Das Blatt ist mit einem weiteren von 1767 im Haus Obermarktstraße 26 vergleichbar (Jahr 1927, Abb. 74) und heute in dem Haus Ritterstraße 33 des Museums Minden eingebaut.

1793 wird das Haus *repariert* (KAM, Mi, C 126), wobei offenbar die Durchfahrt im vorderen Bereich aufgegeben wurde. Dabei schuf man im rückwärtigen Bereich der Diele an Stelle des dortigen Hoftores eine Küche mit niedrigem Zwischengeschoß, wobei diese Räume bei Ausbruch des dortigen großen Dielenfensters wegen der beengten Verhältnisse und dem Wunsch, auch weiterhin einen schmalen Hofgang zu ermöglichen, etwa 2 m nach Süden auf den Hof ausgeweitet wurden. Hierbei entstand ein schlichter, teilweise vor den Rückgiebel des Hauses Scharnstraße 12 gestellter

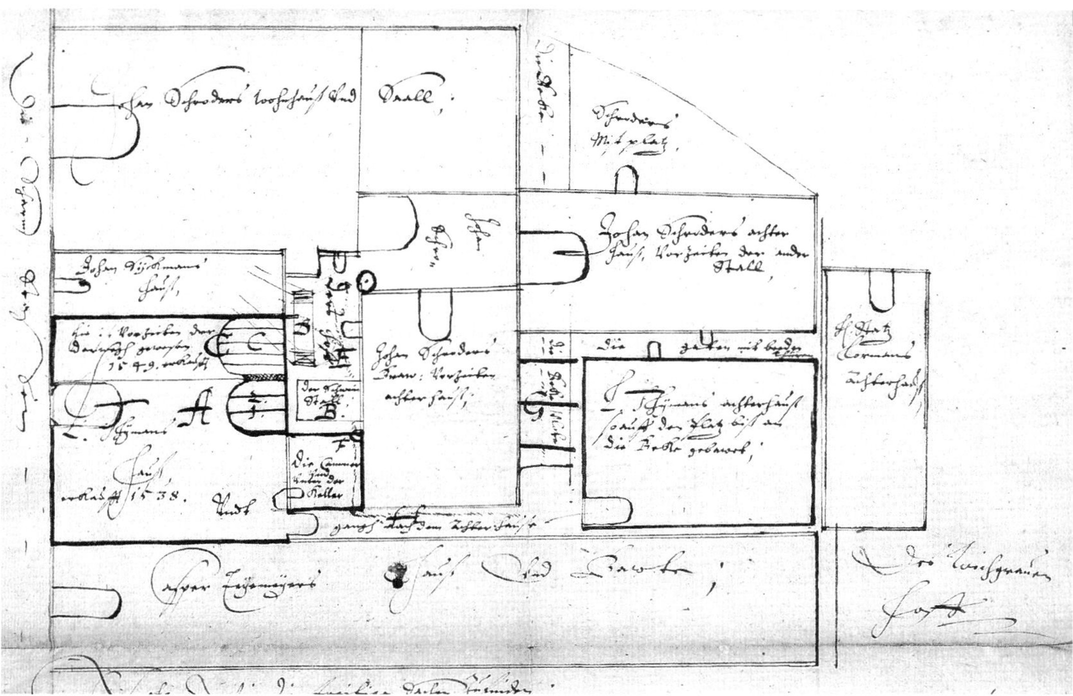

Abb. 1480 Scharnstraße 10 (unten) bis 13, Skizze zur Bebauung der Grundstücke entlang der Scharnstraße (links), Zustand 1657. Norden oben.

Fachwerkanbau von etwa 3,50 m oder drei Gefachen Länge, der mit einem Pultdach an das Dach des Hauses angeschlossen wurde.

In dem damit geschaffenen Zustand verblieb das Vorderhaus nun mehr als hundert Jahre, doch entstand ein großes Hinterhausgebäude (dazu weiter unten). So wird es 1885 beschrieben mit breitem Flur, an den sich links vorn die gute Stube anschloß. Rechts nachträglich ein Laden eingebaut, wobei ein Teil des früheren Tores vermauert werden mußte. Der Schankraum war unterkellert und einige Stufen gegenüber dem Flur erhöht. Rückwärts fand sich noch ein großer Raum, in dem ein Billard stand. Zum Obergeschoß führte eine reich geschnitzte Treppe (Keber 1951, S. 126).

1894 Entwässerung; 1897 Umbauten des Erdgeschosses im vorderen Bereich, wobei ein Ladengeschäft mit Schaufenstern eingebaut wird (Maurermeister A. Knothe); 1904 Vergrößerung des Ladens nach hinten, wobei die Treppenanlage entfernt und durch eine neue Treppe an der südlichen Seite des Hauses ersetzt wird (dabei Teile eines Geländers des späten 18. Jahrhunderts mit Sägebalustern aus nicht näher bekanntem Zusammenhang wieder verwendet). Verengung des breiten Flures zu schmalem Mittelflur und Abtrennung eines südlichen Clubzimmers. Einbau eines Lichtschachtes; 1923 Verkleinerung der Schaufenster; 1925 Umbau der gesamten Erdgeschoßzone zu einem repräsentativen Gasthaus- und Saalbetrieb, wobei in der alten Küche Toiletten eingebaut werden und die Küche an die Stelle der ehemaligen Treppe verlegt wird; 1951 Einbau von zwei Zimmern im vorderen Dachbereich, wobei die Kehlbalken entfernt werden sowie Einbau eines Ladengeschäftes vorn rechts (Plan: W. Dessauer); 1961 Umbau des vorderen Bereiches zum Laden mit neuen

Abb. 1481 Scharnstraße 13 (heute Scharn 16), Haustür von 1793, Zustand 1971 (heute im Museum Minden).

Abb. 1482 Scharnstraße 13 (heute Scharn 16), Treppenanlage von 1765 (?) mit Ergänzungen von 1904, Zustand 1995.

Schaufenstern. Bei weiteren Umbauten der Schaufenster nach 1970 die Haustür ausgebaut und an das Museum Minden abgegeben; 1984 der Komplex in die Denkmalliste der Stadt Minden eingetragen.

Flügelbau (13./14. Jahrhundert/um 1500)

Hinter dem Gebäude ein wohl etwa gleichaltriger Flügelbau mit massiven Umfassungswänden, der nach Norden eingezogen ist. Nach der Beschreibung von 1653 ist er mit seinem Rückgiebel vor den Stadtbach gestellt. Dachwerk mit Sparrenpaaren, bei denen die Kehlbalken jeweils doppelt genagelt waren. Das rückwärtige Giebeldreieck aus Fachwerk, wobei die wenigen Riegel über die eng gestellten Ständer und die mittlere Säule geblattet sind. Unter dem Bau ein niedriger Balkenkeller mit sieben Balken, Zugang ehemals von der Diele des Vorderhauses. Das Erdgeschoß als hoher Saal eingerichtet, wobei in der Südwand die Reste eines zweibahnigen großen Fensters mit sandsteinernem Gewände zu erkennen sind.

Dieser Flügel ist nach den Bauspuren und der dendrochronologischen Datierung offenbar um 1500 durch Umbau eines noch älteren, wohl in das 13. Jahrhundert zu datierenden Gebäudes entstanden. Erkennbar an der nördlichen Traufwand ein starker Streichbalken, der auf fünf sauber bearbeiteten viertelkreisförmigen Sandsteinkonsolen aufliegt. Auf diesem Balken die sehr stark dimensionierten und sauber behauenen, eichenen Kellerdeckenbalken. Die Wand aus Portasandsteinblöcken sauber aufgemauert und etwa in der Mitte mit einer offensichtlich als Tür zu interpre-

Abb. 1483 Scharnstraße 13 (heute Scharn 16), Tür im ersten Obergeschoß von 1765 (?), Zustand 1995.

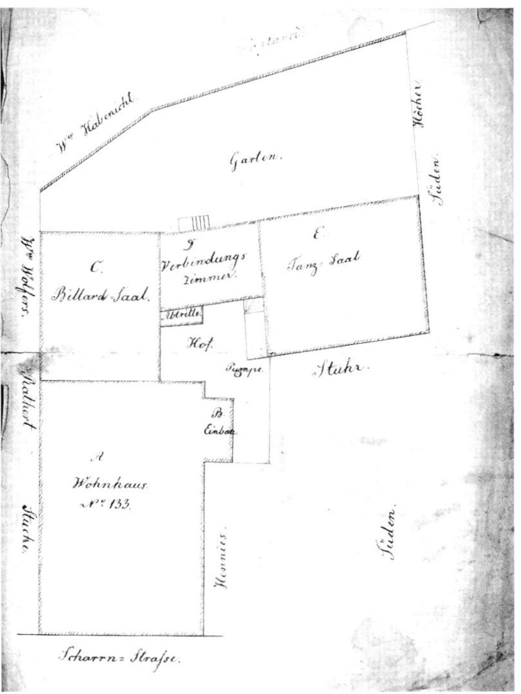

Abb. 1484 Scharnstraße 13 (heute Scharn 16), Zustand der Bebauung um 1850. Norden links.

tierenden Öffnung nach Norden (anschließend das Grundstück Bäckerstraße 4). Das Mauerwerk auf der Außenseite mit deutlichen Spuren eines Brandes, daher wohl vor dem letzten Brand, also vor 1373, oder sogar vor 1306 entstanden. Nach diesen Befunden war der Kernbau nach Osten kürzer und wurde um 1500 um zwei Balken verlängert, zugleich wohl in der Südwand erneuert. Da die Balken durchlaufen, erscheint es denkbar, daß der Bau zuvor breiter war und erst um 1500 zu einem schmaleren Flügelbau umgestaltet wurde. Dabei auch der Streichbalken verlängert und eine Konsole (von der Südwand ?) im Ostgiebel wiederverwendet. Dieser Kernbau hätte, wenn er bis zur Scharnstraße reichte, eine Tiefe von etwa 26 m besessen.

Der Flügel war offensichtlich wie das Haupthaus 1765 umgebaut und mit einem Obergeschoß versehen. Dabei das alte Dachwerk abgenommen und auf dem neuen Stockwerk bei geringerer Neigung wieder aufgeschlagen, das Giebeldreieck nur im oberen Bereich angepaßt. Die Nordwand massiv, die beiden anderen Außenwände in Fachwerk mit Backsteinausfachung ergänzt (auch das Erdgeschoß der Ostfront erneuert), dabei zur Schaffung großer Fenster ein schlichtes Gerüst mit Doppelständern aufgeschlagen.

Hintergebäude (von 1832)

1832 nach Verkauf des Hauses an den Schankwirt Aschentrupp südlich des Hauses, jenseits des Stadtbaches ein neues sogenanntes Hintergebäude errichtet, in dem ein großer *Gast-Saal* eingerich-

Abb. 1485 Scharnstraße 15 (links, angeschnitten) bis Nr. 9, Ansicht von Nordwesten, 1895.

tet wurde (KAM, Mi, E 955). Offensichtlich wurde der Bau unter Verwendung von Teilen des Vorgängergebäudes errichtet (1653 als *Brau- vorzeiten Achterhaus* bezeichnet), da die Mauern in den unteren Teilen aus Sandsteinblöcken und Backsteinen des 16./17. Jahrhunderts und das Dachwerk aus teilweise hier schon zum dritten Mal verzimmerten Eichenhölzern bestehen. Der Bau wurde mit einem schmaleren Zwischenbau der selben Entstehungszeit mit dem alten Flügelbau verbunden und so an den dort untergebrachten sogenannten *Billardsaal* angeschlossen, erhielt aber auch einen Zugang mit Vortreppe im Nordgiebel vom Hofplatz. Neben dem dortigen Zugang eine Sandsteintafel mit Inschrift: *Aschentrupp 1832* (Krins 1951, S. 90).

Beide Bauteile mit einem halb eingetieften Keller mit Balkendecke, wobei diese unter dem Saal durch eine mittlere Längswand zusätzlich gestützt wurde. Der breitere Saalteil eingeschossig und mit flach geneigtem Satteldach, der schmalere Teil bei anderer Höhenentwicklung zweigeschossig, wobei das niedrigere Obergeschoß mit einer Außentreppe vom Hof erschlossen wurde, durch den hier weit vorstehenden Dachüberstand geschützt. Die Bauten heute im Inneren durch zahlreiche Umbauten nur noch in den grundsätzlichen Strukturen erhalten und durch spätere Anbauten nach Osten zu einem großen Saalkomplex erweitert.

Nachdem der Stadtbach hinter dem Haus vor der 1894 durchgeführten Verrohrung überdeckt worden war, wurde der Komplex für die Nutzung als Gaststätte mit der Zeit mehrmals nach Osten in das anschließende Gartengelände erweitert: Schon vor 1894 östlich des Saales eine kleine offene Veranda angebaut; diese 1906 mit einem Glasdach versehen; 1921 Ersatz durch großen Anbau von etwa 9 m Tiefe mit Flachdach.

Ein aus dem Flur des Hauses stammender Stein mit Fratze, der als romanisch bezeichnet wird, kam schon vor 1920 in das städtische Museum und wurde in das Haus Ritterstraße 23 eingebaut.

SCHARNSTRASSE 14 (Abb. 1461, 1478, 1479, 1485, 1486)

1729 bis 1743 Martini-Kirchgeld Nr. 78 und 79; bis 1878 Haus-Nr. 131/132; heute Scharn 18
Die Hausstelle mit einem Doppelhaus offensichtlich der südliche Teil einer in dieser Form seit etwa 1500 bestehenden Reihe von insgesamt vier kleinen Buden des Fleischscharrens, die ohne Hofgrundstücke auf dem Zwickelgrund zwischen den Grundstücken Bäckerstraße 2 und Scharnstraße 13 bestanden (siehe dazu Scharnstraße 15). Nachdem der Fleischscharren 1666 in das Rathaus verlegt wurde und die Baureihe zu dieser Zeit offensichtlich sehr verfallen war, die beiden südlichen Teile in der Ansicht stark umgebaut und damit zu einem eigenständigen Gebäude umgestaltet. Die beiden Bauten werden seit 1755 gemeinsam taxiert und scheinen seit dieser Zeit auch schon gemeinsam genutzt worden zu sein.

HAUS-NR. 131 (1729 bis 1743 Martini-Kirchgeld Nr. 79): 1701/11 Hermann Krögers Witwe; 1729/41 Christian Meysolle; 1743 ohne Eintrag (Haus ohne Grundbesitz); 1750 Witwe Meysollen.

HAUS-NR. 132 (1729 bis 1743 Martini-Kirchgeld Nr. 78): 1701 Johann Alleine in Kocks Haus; 1708 Johann Diederich Röder; 1711 Bresantens Haus; 1732 Hüttemann, jetzt *der Bahder*, 1741 der Bader Schuhmacher; 1743 ohne Eintrag (Haus ohne Grundbesitz); 1745 Witwe Schuhmacher; 1747 Schilling; 1750 Peruquier Hünchen; 1751 Jobst Henrich Hünchen.

HAUS-NR. 131/132: 1755 Perückenmacher Hünchen, Haus für 50 Rthl; 1764 Jobt Henrich Hünichen; 1766/81 Perückenmacher Hünchen, 150 Rthl; 1798 Perückenmacher Bode; 1802 Bode, Haus für 900 Rthl; 1804 Mieter sind Schuster Bauch, Bevenitz und Millmenstaedt, Fachwerkhaus ohne Braurecht, sie halten kein Vieh; 1805 Bode, Besitz wird auf Betreiben der Gläubiger versteigert: Haus mit Huderecht (WMA 1805); 1806 Kaufmann W. Rodowe; 1809 vermietet an Goldschmied Paschen (Nr. 131) und Witwe Clausen, betreibt Gemeinhandel (Nr. 132); 1812 Witwe Rodowe (wohnt Simeonstraße 32); 1818 F. C. Gieseking, zwei Wohnungen unter einem Dach, 800 Thl; 1832/36 Sattler Franz Stuke (* 1795); 1846 Sattler Franz Stucke mit Familie und eine Mietpartei; 1853 dito, nun vier Mietparteien; 1878 Stucke; 1908 Korbmacher Gustav Weitzel; 1913 Korbmachermeister Gustav Witzel (wohnt Bäckerstraße 15).

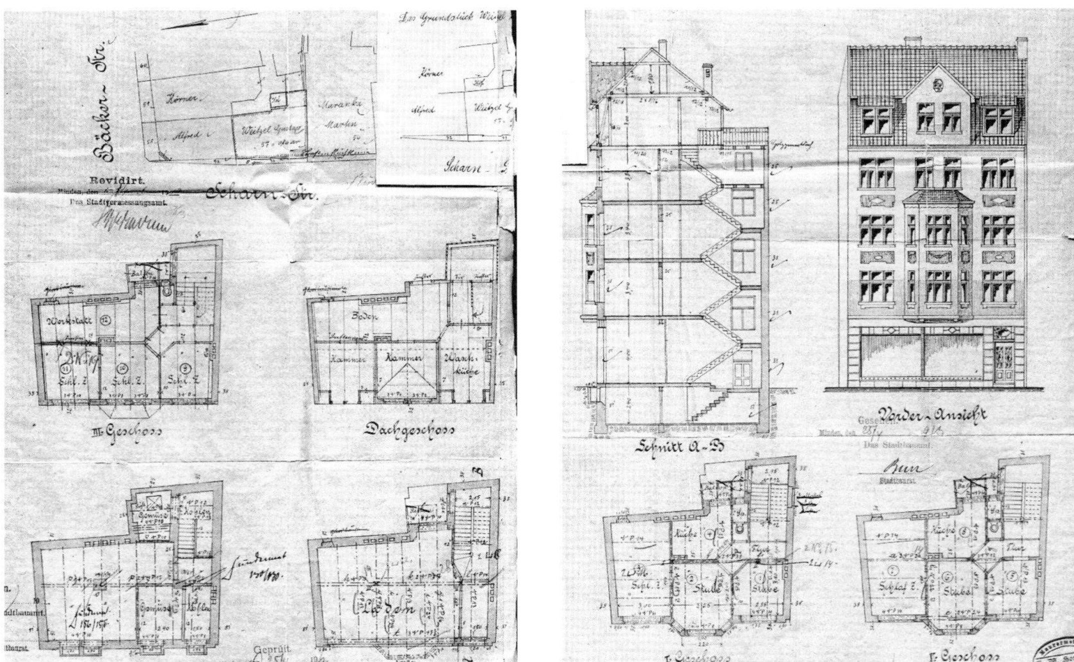

Abb. 1486 Scharnstraße 14 (heute Scharn 18), Plan zur Errichtung des Wohn- und Geschäftshauses des Maurermeisters C. G. Homann 1913.

Doppelhaus (17. Jahrhundert–1913)

Durch Umbau der nördlichen sechs Gefache des um 1500 errichteten, traufenständigen und dreistöckigen Fachwerkgerüstes von Scharnstraße 15 entstand nach 1666 ein Doppelhaus. Dabei die weiten Vorkragungen (wohl wegen Bauschäden) entfernt und eine neue Front mit geringer Vorkragung über Balkenköpfen geschaffen. Weitere Details des bis zuletzt verputzten Hauses nicht bekannt. Das Gebäude von sechs Gefach Breite und recht geringer Tiefe offensichtlich zunächst als Doppelhaus eingerichtet, dabei im Erdgeschoß jeweils schmaler Flur und zwei Gefach breite Stube daneben.

Seit etwa 1751 beide Teile zu einem Wohnhaus zusammengefaßt und um 1760 offenbar zu einem Etagenwohnhaus umgebaut. Dabei wohl auch die Front verputzt und der übergiebelte mittlere Dachausbau aufgesetzt. 1805 wird festgestellt: das Haus *hat 3 Wohnstuben, 4 Kammern, eine Küche und einen geräumigen Hausboden.* Der Wert wurde auf 630 Rthl taxiert. 1841 entstand ein *kleiner Brandschaden* (KAM, Mi, E 697). In der zweiten Hälfte des 19. Jahrhunderts das Erdgeschoß zum Ladengeschäft mit großem Schaufenster umgestaltet. 1913 für Neubau abgebrochen.

Wohn- und Geschäftshaus (von 1913)

1913 als viergeschossiges Wohn- und Geschäftshaus mit ausgebautem Mansarddach für den Korbmacher Gustav Witzel durch Maurermeister Homann errichtet, die Zwischendecken aus Eisenbeton. Die Fassade in schlichten Formen des späten Jugendstils mit dreiseitigem Erker im ersten und zweiten Obergeschoß. Darüber im Dach ein übergiebelter Ausbau.

Das zweiläufige Treppenhaus in der südöstlichen Ecke des Gebäudes. In den Obergeschossen jeweils eine Vierzimmerwohnung mit Balkon und innenliegenden Toiletten sowie Speisekammer hinter der Küche.

1949 Umbau der Schaufenster; 1952 Putzerneuerung; 1957 Einbau einer Apotheke; 1971 Umbau Apotheke und Entfernung der alten Treppe zum ersten Obergeschoß; 1995 Sanierung des Äußeren des Gebäudes.

SCHARNSTRASSE 15, die Schlachterbuden oder »*der Scharren*« (bis 1666) (Abb. 1485, 1487–1491)

1729 bis 1743 Martini-Kirchgeld Nr. 80 und 81; bis 1878 Haus-Nr. 129/130; die Adresse 1897 gelöscht und zu dem Grundstück Bäckerstraße 2 geschlagen

LITERATUR: Ludorff 1902, S. 101 und Tafel 65. – Jahr 1927, S. 27 Abb. 28. – Nordsiek 1979, S. 213 Abb. 28. – Kaspar 1986, S. 160.

Das zunächst großzügig bemessene Grundstück nördlich des bürgerlichen Anwesens Scharnstraße 13 diente offenbar bis in das 17. Jahrhundert als Standplatz der seit dem 14. Jahrhundert nachweisbaren, aber möglicherweise wesentlich älteren Fleischscharren. Es dürfte in seiner besonderen städtebaulichen Lage an der Ecke zur Bäckerstraße und unmittelbar gegenüber dem Fischscharren (siehe Hohnstraße 36) von Anfang an für eine hervorgehobene Nutzung vorgesehen gewesen sein. Das Grundstück ist daher wohl spätestens im Zusammenhang mit der Besiedlung des Geländes am Rande des Dombezirkes in der zweiten Hälfte des 14. Jahrhunderts für die öffentliche gewerbliche Nutzung bestimmt worden. Möglicherweise war es allerdings bis um 1500 noch größer dimensioniert und umfaßte auch die östlich anschließenden Parzellen Bäckerstraße 2 und 4, Teile, die dann erst mit oder nach dem Neubau des Scharrengebäudes um 1500 abgeteilt worden sind.

Die Fleischhalle wurde im Laufe des 17. Jahrhunderts (ab 1610 ?, spätestens 1668) zu vier kleinen Buden umgenutzt, die auf Grund der Entwicklung ohne Hofgrundstücke auf dem verbliebenen Zwickelgrundstück zwischen Bäckerstraße 2 und Scharnstraße 13 standen. Dabei scheint es – möglicherweise auf Grund von gravierenden Bauschäden – im 17. Jahrhundert zu einer Erneuerung der beiden südlichen Teile gekommen zu sein (siehe dazu Scharnstraße 14). Die beiden Häuser seit 1781 wieder in gemeinsamem Besitz, aber weiterhin bis 1890 getrennt genutzt und teilweise vermietet.

FLEISCHSCHARREN (bis 1666): Nach Piels um 1560 verfaßter Chronik soll Bischof Bruno das Recht zum Bau eines gemeinsamen Fleischhauses von Kaiser Heinrich im Jahre 1039 erhalten haben (Krieg 1981, S. 27). Ein öffentliches Verkaufsgebäude und auch Schlachthaus der Fleischer bestand am Scharn bis 1666 und wurde dann durch Fleischbänke in der Laube des Rathauses ersetzt (siehe Markt 1). Auf Grund der wenigen, bislang ermittelten Quellenbelege ist es vor 1336, möglicherweise schon vor 1264 an dieser Stelle eingerichtet worden. Der Standort auf Grund des rückwärtigen Zuganges zum Stadtbach bestens geeignet, da er an exponierter Stelle im Stadtgefüge lag. Das Fleischeramt mußte ähnlich wie in Hannover und Hildesheim jeweils zwei Garbrater oder Garköche stellen, die gekochtes und gebratenes Fleisch feilzuhalten hatten und in der Garküche Gäste bewirten sollten (Lauffs 1933, S. 14). Der Bau des Fleischscharrens offensichtlich gemeinschaftlicher Besitz der Fleischer und wohl als Fleischbank, aber auch als Garküche, möglicherweise ebenfalls als Schlachthaus genutzt. So hatten die Schuhmacher das Recht, frische Häute vor dem Fleischscharren zu erwerben (Lauffs 1933, S. 15).

1264 erhält ein Vikar Goswin Einkünfte aus einer Fleischbank (*macellum*) auf dem Markt (WUB 6, Nr. 794); 1425 wird von einem Haus, das *gelegen iß nogest dem Fleschus vp dem orde* gesprochen (STA MS, Mscr. VII, 2716, Bl. 43r). Der Bau dann in verschiedenen Teilen vermietet oder verpachtet. In dieser Funktion offensichtlich um 1500 noch einmal erneuert und zumindest danach in vier Teilen genutzt, offenbar Grundlage der vier hier später bestehenden Hausstätten: 1336 übergibt *Johannes, Johannes sone van Ryntelen, des nygen vleschoweres ... sin antal des huses in den Scharnen* (von Schroeder 1997, Stadtbuch 1318, I, Nr. 87). 1613 faßte der Rat den Plan, ein Schlachthaus im Brühl zu errichten, was aber wohl unterblieb (Linnemeier 1997, Anm. 92). 1662 besaß Johan Rumpke *in der Schlachtelboden im Scharn den Viertentheil* (KAM, Mi, B 122).1664 wird festgestellt, daß der Scharren für die Knochenhauer *unbequem und schädlich* sei (Linnemeier 1997, Anm 93). Zu dieser Zeit gab es sieben Knochenhauer in der Stadt; Jost und Heinrich Klothake, Mundermann, Konemann, Hoir, Rumpke und Gerd Hermann Klothacke. Nachdem offensichtlich zunächst erwogen worden war, den Scharren an Stelle des abgebrochenen Hauses Obermarktstraße 11 zu errichten (KAM, Mi, B 308), wurde der Fleichscharren 1666 in der Laube des Rathauses eingerichtet. Danach – vielleicht in Teilen auch schon zu einem früheren Zeitpunkt – das Gebäude in vier kleine Woh-

Abb. 1487 Scharnstraße 14/15, *der Scharren*, Ansicht von Nordwesten, um 1885.

nungen aufgeteilt. Der südliche Teil dann völlig erneuert. Ein Teil 1675 bezeichnet als *Cordt Beckemanns Bode als der Scharrn* (KAM, Mi, B 156). 1686 der Bau oder ein Teil noch bezeichnet als *der alte Scharn, Heinrich Rumpken gehörig* (KAM, Mi, B 156).

HAUS-NR. 129: (1729 bis 1743 Martini-Kirchgeld Nr. 81): 1701 Johan Magnus Eydt; 1708/11 Hermann Eisbergen; 1729 Gabriel Schäkels Haus; 1741 Gabriel Schäkel; 1743 ohne Eintrag (Haus ohne Grundbesitz); 1750 Schäckels Haus; 1755 Schäckel, Haus für 150 Rthl; 1764 Henrich Hornekahl; 1766/81 Schuhmacher Friedrich Giermann, 150 Rthl; 1798 Hutmacher Giermann; 1802 Guirmann, Haus für 250 Rthl; 1804/09 Schlachter Carl Wimmer, Fachwerkhaus ohne Braurecht für 250 Rthl, hält kein Vieh; 1834 Schlachter Karl Wimmer.

HAUS-NR. 130: (1729 bis 1743 Martini-Kirchgeld Nr. 80): Auf dem Gebäude lagen zwei 1610 und 1614 bei den beiden Hospitälern aufgenommene Obligationen. Danach sind Besitzer: 1610 Jürgen Veltmann; 1614 Geerke Veltmann, dann Nagelschmied Johann Witthus; 1701/38 Nagelschmied Johan Matthias; 1732 Wilhelm Deerberg; 1738 Friedrich Wilhelm Deerberg (Schwiegersohn des J. Matthias, hat keinen Landbesitz); 1739 Nagelschmied Bohne; 1743 ohne Eintrag (Haus ohne Grundbesitz); 1746 das Haus nach Konkurs von Bohne durch das Nikolai-Hospital als Hauptgläubiger verkauft (KAM, Mi, B 103 b,2 alt; B 103 c,9 alt; C 203,22 alt; C 217,22a alt; C 592 und C 604); 1750 sogenanntes Deerbergs Haus; 1751 Meister Johann Ludowig Bruns *im Scharrn*; 1755 Schneider Brauns, Haus für 100 Rthl; 1764 Brauns; 1766 Schneider Brauns, 150 Rthl; 1781 Friedrich Giermann, 100 Rthl; 1798 Hutmacher Giermann; 1802 Guirmann; 1804 Wimmer, bewohnt von den zwei Frauen Frederingen, Fachwerkhaus ohne Braurecht für 150 Rthl, halten kein Vieh; 1806/18 Schlachter Karl Wimmer, Haus für 150 Thl.

HAUS-NR. 129/130: 1835 Pape, Haus für 750 Thl; 1839 Jochmus; 1846 Witwe Adolfine Jochmus mit zwei Mietparteien; 1853 Jochmus mit einer Mietpartei; 1878 Weber; 1890 Schirmfabrikant Hermann Meyer; 1896/97 Friseur Rudolf Müller; 1897 Verkauf an Bäckermeister Richard (Bäckerstraße 2).

Fleischscharren (um 1520–1666) dann Wohngebäude (bis 1897)

Das 1897 abgebrochene Gebäude nur durch verschiedene Fotografien, einen Entwässerungsplan und Umbauantrag von 1890 überliefert. Es galt, ohne daß seine ursprüngliche Nutzung noch bekannt gewesen wäre – in zentra-

Abb. 1488 Scharnstraße 14/15, *der Scharren*, Ansicht von Nordwesten, 1895.

ler Ecksituation der Stadt stehend und mit malerisch vorkragenden Fachwerkstockwerken –, als einer der eigentümlichsten Bauten der Altstadt. Trotz einer noch 1890 vorgenommenen Wiederherstellung des Fachwerkes und Neugestaltung der Gefache durch Bemalung wurde der Bau ohne Widerspruch 1897 zur Errichtung eines mehrere Grundstücke umfassenden großen Wohn- und Geschäftshauses abgebrochen.

Zuletzt ein dreistöckiger Fachwerkbau mit Satteldach von acht Gebinden Länge und zwei Gefach breitem Giebel zur Bäckerstraße. Lediglich die östliche Traufwand scheint im Erdgeschoß massiv gewesen zu sein (eventuell nachträglich aufgemauert) und wies dort die charakteristischen Bögen auf der Innenseite auf. Der Bau später mehrmals verändert und im südlichen Teil stark erneuert, das Kerngerüst aber klar zu erkennen und nach den Gestaltungsmerkmalen seiner ungewöhnlichen Fachwerkkonstruktion um 1520 errichtet. Der Bau dürfte sich auf Grund zahlreicher Indizien auf dem südlich anschließenden Grundstück Scharnstraße 14 fortgesetzt haben: der hier bis 1913 stehende verputzte Fachwerkbau mit gleicher Höhenentwicklung, gleichem Gefachabstand und gleicher Tiefe, aber (zuletzt) anderer Fassadengestalt. Mit seinen sechs Gefachen Breite hätte der damit zu rekonstruierende langgezogene Gesamtbau von 14 Gebinden tatsächlich die vier historisch belegten Teile von dreimal drei Gefachen und an der schmaleren nördlichen Spitze einen weiteren Abschnitt von vier Gefachen aufgewiesen.

Das Gebäude ursprünglich an beiden Straßenfronten über allen Stockwerken kräftig über von Knaggen unterstützten Balken jeweils um etwa 65 cm vorkragend, dabei an der Ecke auch Knaggen unter Gratstichbalken. Die Knaggen auf kleinen aus dem vollen Holz gearbeiteten Konsolen aufgesetzt. Sie sind gekehlt und mit einem aufgelegten mittleren Stab, im zweiten Abschnitt bei zwei Kehlen mit zwei Stäben geziert. Die im ersten Obergeschoß des nördlichen Teils in der Mitte über dem ursprünglichen Tor befindliche Knagge zudem auch mit einer männlichen Figur beschnitzt. Diese nach den unklaren Fotografien ikonografisch nicht mehr zu deuten und wohl mit einem großen Hut, einem Brustpanzer, vorgesetztem, nacktem Unterschenkel und einem Tier (?) neben sich. Auf seinem Sockel als Zei-

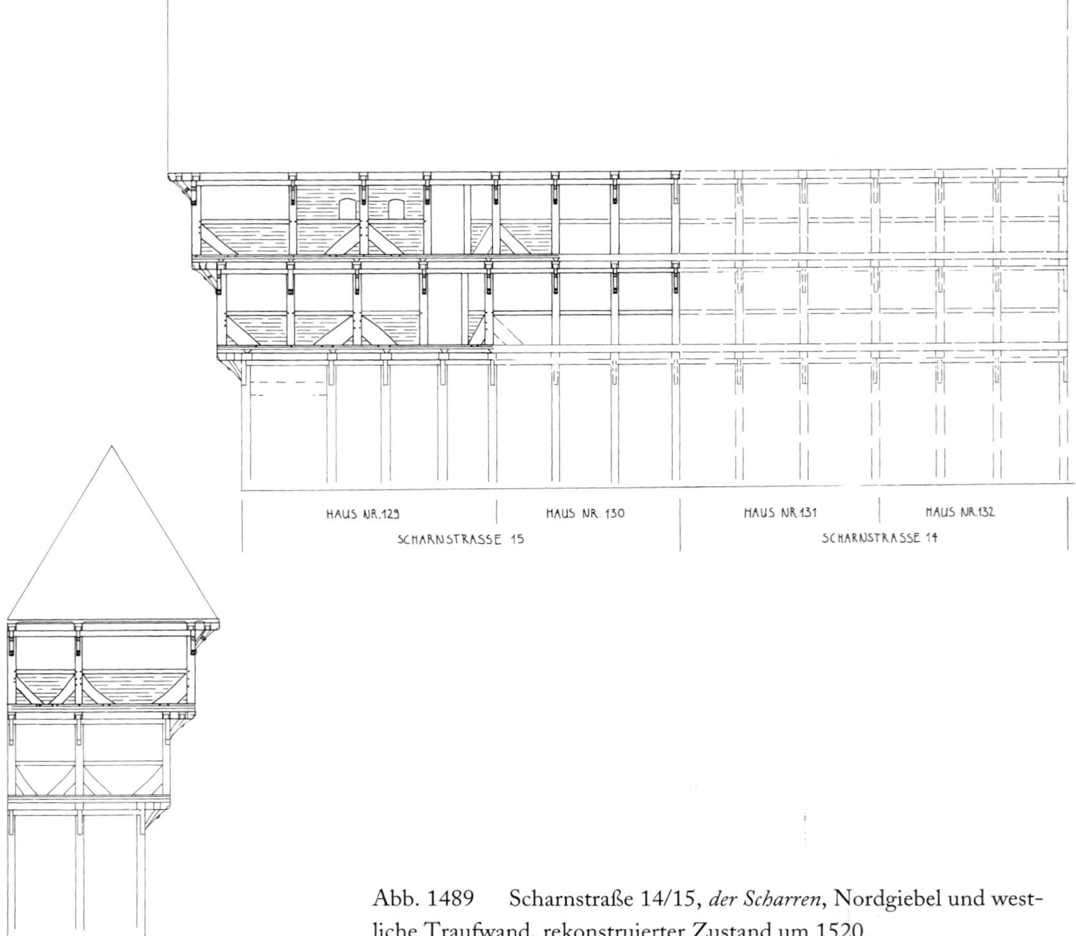

Abb. 1489 Scharnstraße 14/15, *der Scharren*, Nordgiebel und westliche Traufwand, rekonstruierter Zustand um 1520.

chen eine Art dreizinkige Gabel. Die Schwellen jeweils mit spätgotischem, über den Balkenköpfen genastem Stabprofil. Jedes Stockwerk mit einer bündig verzimmerten und breiten Riegelkette, dabei jeder zweite Ständer paarig mit geraden Fußbändern ausgesteift. Das Gerüst offensichtlich mit Backstein ausgemauert, dabei im zweiten Obergeschoß bis zuletzt in zwei Gefachen kleine, im Mauerwerk vorgesehene und sicherlich bauzeitliche Lüftungsluken erhalten.

Die ursprüngliche Grundfläche des gesamten Gebäudes nur sehr gering und bei einer Länge von etwa 22 m – dabei der Nordteil von etwa 11,60 m und der Südteil von 10,30 m Länge – am nördlichen Giebel nur mit einer lichten Breite von etwa 3,56 m, die sich nach Süden bis zum dritten Gebinde auf etwa 5,30 m erweiterte. Auf Grund der Vorkragungen und der hier nicht massiven Ostwand die beiden oberen Geschosse mit größerer Fläche, nach den Befunden (etwa die Luken des zweiten Obergeschosses) aber wohl nicht als Wohnräume, sondern nur als gut durchlüftetes Lager eingerichtet. Hierzu – im nördlichsten Teil noch nachzuweisen – in jeder der beiden oberen Stockwerke eine Ladeluke. Es erscheint daher zweifelhaft, daß der Komplex zunächst zu Wohnzwecken gedacht war. Nutzung und Einteilung des Erdgeschosses nicht bekannt, doch ein breiter torartiger Eingang im ersten Gefach von Nord (auf Grund der noch nachweisbaren Ständerstellung) zu belegen, dieses danach als durchgehende Verkaufshalle vorstellbar, in der die eigentlichen Verkaufsstände (und die Garbraterei ?) zu vermuten sind.

Im 17. Jahrhundert (um 1610 ?, da zu dieser Zeit Obligationen aufgenommen werden) in dem Bau eine kleine Wohnung (am Nordende) eingebaut – wobei der Torbogen vermauert wurde. Spätestens in der zweiten Hälfte des

Abb. 1490 Scharnstraße 14/15, *der Scharren*, Figurenknagge am 2. Gebinde von Norden, 1895. (stark vergrößerter Ausschnitt)

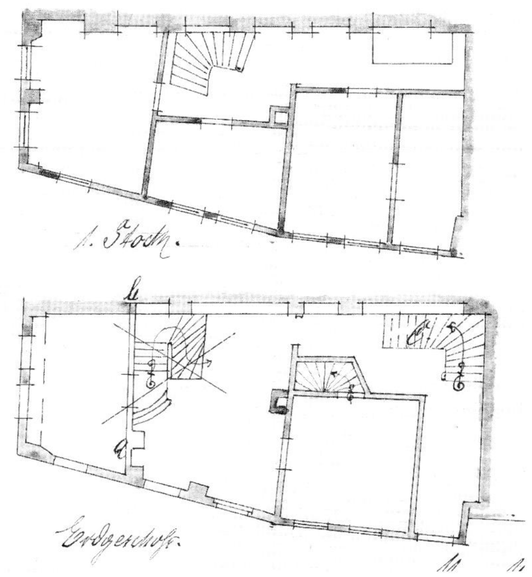

Abb. 1491 Scharnstraße 14/15, *der Scharren*, Gundriß vom Erd- und Obergeschoß des linken Hausteils, Zustand 1890.

17. Jahrhunderts (nach 1666 ?) wurde der ganze Komplex durchgängig zu Wohnhäusern umgebaut. Er scheint zu dieser Zeit sehr baufällig gewesen zu sein, da die beiden südlichen Gebinde der nördlichen Hälfte in großen Bereichen bei Beibehaltung der Gestalt in der Konstruktion erneuert wurden (die neuen Schwellen an der Kante abgefast), während bei der anschließenden südlichen Hälfte offenbar die gesamte Front bei Entfernung der weiten Vorkragungen neu verzimmert wurde. Nachdem dieser Bauteil damit eine eigene Gestalt erhielt, ging auch im Bewußtsein der Bevölkerung der alte Zusammenhang dieser beiden Gebäude verloren (siehe dazu unter Scharnstraße 14). Fortan war der nördliche Teil in zwei Hausstätten – eine südliche von drei Gefachen und eine nördliche von vier Gefachen – unterteilt, doch wiesen beide wegen der unterschiedlichen Gebäudetiefe etwa die gleiche Grundfläche auf.

Beim Nordteil im Zuge des Umbaus zur Vergrößerung der Grundfläche das Erdgeschoß bei Aufgabe der Vorkragung an der Traufwand unter die Flucht des ersten Obergeschosses vorgeschoben. Zusätzlich auch die Giebelwand in den beiden unteren Etagen vorgeschoben und die neu verzimmerte Front mit geschweiften Fußbändern verziert. Im späteren 18. Jahrhundert das Gebäude erneut modernisiert, wobei man das Erdgeschoß massiv erneuerte und eine Haustür mit sandsteinernem Gewände und Türblatt mit Rocailleschnitzereien einbaute. Dahinter kleine Diele, nach Norden zur Bäckerstaße eine nun unterkellerte Stube. Ausbau eines weiteren Wohnraumes darüber im zweiten Obergeschoß. Der übrige Bereich dieser Haushälfte nicht ausgebaut.

Der Südteil im Laufe des nicht im einzelnen nachzuvollziehenden Umbaus bis in die dritte Etage zu Wohnzwecken ausgebaut und das hohe Erdgeschoß in der zweiten Hälfte des 18. Jahrhunderts zusätzlich noch mit einem Zwischengeschoß versehen, so daß der Bau zuletzt viergeschossig genutzt werden konnte. Dabei die Erdgeschoßfront massiv erneuert, Haustür mit rechteckigem Sandsteingewände. Hier südlich schmaler Flur mit danebenliegender Stube im Erdgeschoß.

1839 das Gebäude *verbessert* (KAM, Mi, F 955), wobei die dabei durchgeführten Maßnahmen nicht weiter bekannt sind. Offensichtlich Erneuerung aller Fenster, Schlämmung der Fachwerkfronten und Schaffung des Krüppelwalmgiebels; 1890 Umbau des Erdgeschosses im Nordteil, dabei die hier untergebrachte Wohnung mit dem Keller und der barocken Haustür zu Gunsten eines Ladengeschäftes aufgegeben. Einbau von zwei Schaufenstern. Darüber Wiederherstellung des Fachwerks und Einbau einer neuen Treppe (Ausführung: Zimmermeister Max Müller); 1897 Abbruch des Hauses, wonach die Parzelle zum Grundstück Bäckerstraße 2 geschlagen wird (den Neubau siehe dort).

Seidenbeutel

Die Herkunft des erst seit dem späten 15. Jahrhundert nachweisbaren Namens ist unbekannt. 1498 *Siedenbeutel*, 1569 *Sidenbudel*, 1705 *im sog. Seydenbeutel.*

Die wohl erst im späten 15. Jahrhundert in dieser Form mit ihrer engen Bebauung entstandene Straße lag insgesamt im Gebiet der ehemaligen Immunität des Johannis-Stiftes und dürfte einschließlich der anschließenden Hausgrundstücke, auf denen die Wohnungen der Vikare des Stiftes entstanden, von der nördlich anschließenden Kurie des Dechanten abgeteilt worden sein (siehe dazu Marienwall, Haus-Nr. 761 r). Die heute nicht mit einem eigenen Namen ausgestattete und zum Seidenbeutel gezählte Gasse zwischen den südlichen Häusern des Seidenbeutels und der südlich anschließenden, zum Johanniskirchhof bzw. zur Tränkestraße gehörenden Bebauung wurde 1839 als *Rosmarin Straße* bezeichnet.

Es handelt sich offensichtlich um eine um 1500 entstandene Wohnanlage mit kleinen Häusern, sogenannten Buden, für Vikare des Stiftes (zusätzlich das schon 1470, möglicherweise für den Küster errichtete Haus Seidenbeutel 1). 1517 soll es an der Johannis-Kirche mindestens 17 Vikare gegeben haben, deren Stellen durch Stiftungen seit dem 13. Jahrhundert kontinuierlich und insbesondere in der Zeit um 1500 stark angewachsen waren. So sind an Stiftungsdaten von Vikarien bekannt (nach den Urkunden im Bestand STA MS, St. Johannis): 1345 St. Sylvester; 1399 St. Erasmus; 1399 St. Laurentius; 1399 St. Matthaei und Antonii; 1489 St. Crucis; 1490 Maria Magdalena in ecclesia sowie St. Thomae, Cosmae et Damiani; 1492 St. Johannis Baptistae et Evangelistae (vereint mit St. Barbara); 1500 St. Jacobi; 1504 St. Barbara sowie St. Mariae, Catharianae et Barbarae; 1507 St. Mariae, omnium Apostolorum, Johannis Baptistae [...]; 1508 Nativitatis B. M. V.; 1509 St. Lucia; 1517 Divisionis Apostolorum; 1519 St. Jodoci. Da sich im Bereich des Seidenbeutels außer dem Haus Nr. 1 insgesamt acht aus dem Zeitraum zwischen der Zeit um 1500 und 1570 stammende kleine Häuser für Vikare nachweisen lassen, bleibt zu vermuten, daß jedes Haus zunächst jeweils als Wohnung für zwei Vikare bestimmt war. Auf Grund der wenigen Hinweise aus dem Inneren der Bauten ist dabei davon auszugehen, daß jede der wohl ungeteilten Etagen für einen Vikar diente (siehe Seidenbeutel 8). Hier stand ihnen ein offenes Herdfeuer an einem großen Kamin zur Verfügung, während abgetrennte Stuben offensichtlich erst ab dem 16. Jahrhundert eingebaut wurden (siehe Seidenbeutel 6).

Die Anlage besteht aus einer nördlichen Reihe von fünf Häusern auf dem Gelände der Dekanatskurie und einer südlichen, parallel dazu errichteten Reihe von vier auf einer Freifläche errichteten Häusern, deren Entstehung offensichtlich noch komplexer ist: So werden 1585 vom Stift St. Johannis zwei Buden verkauft, die ehemals (zu einem nicht genannten Zeitpunkt) vom Kloster Loccum dem Dekan von St. Johannis verkauft und von diesem durch Schenkung seiner Dekanatskurie einverleibt worden waren (STA MS, St. Johannis, Urkunden 181 und STA MS, Mscr. VII, 2703, S. 37). Das Kloster Loccum hatte bis in die Mitte des 16. Jahrhunderts auf einer südlich anschließenden Kurie (siehe dazu Tränkestraße 5) eine Niederlassung (Stadthof) unterhalten, so daß es sich bei den erwähnten Buden um zwei Bauten der südlichen Reihe, möglicherweise um die etwa gleichartigen Bauten Seidenbeutel 6 und 8 handelt. 1498 wird die Vikarie St. Anna mit einer Stiftung bedacht, wobei sie *auff ein Haus belegen an Ecke des Siedenbeutels* eingetragen wird (STA MS, St. Johannis; Urkunden 113) und 1504 wird der Maria-Magdalena-Altar von St. Johannis durch eine Stiftung mit einem Haus ausgestattet, das bei dem Hof der Familie von Klencke (siehe Tränkestraße 10/12) lag.

Abb. 1492 Seidenbeutel, Blick vom Johanniskirchhof nach Osten auf die Häuser Seidenbeutel 3 und 5 (links) sowie Nr. 2 (Mitte) und Johanniskirchhof 6 (rechts, angeschnitten), um 1930.

Nach Piels um 1560 entstandener Chronik ist das Gebiet um St. Johannis zusammen mit der unteren Bäckerstraße 1373 abgebrannt, dürfte aber auch beim Brand der ganzen Bäckerstraße im Jahre 1306 mit vernichtet worden sein (Krieg 1981, S. 60 und 69). Im Januar 1569 geriet der Turm der Marienkirche in Brand, wobei durch Funkenflug viele Häuser, wiederum auch einige *in den Sidenbudel* verbrannt seien (Krieg 1981, S. 181). Allerdings scheint es sich dabei nicht um die in zwei Reihen erbauten Häuser zu handeln, da diese durchweg (mit Ausnahme von Seidenbeutel 9, eventuell auch 7) nach ihren konstruktiven Merkmalen in das frühe 16. Jahrhundert zu datieren sind und wohl in den Jahren um 1500 entstanden sind. Die Brandnachricht dürfte sich daher auf das letzte Haus der Reihe, Seidenbeutel 9, oder die östlich anschließende Kurie Tränkestraße 14 beziehen.

Spätestens seit den Quartvereinbarungen von 1660 hatte das Johannis-Stift nur noch drei Vikarien, so daß die meisten der Häuser fortan der allgemeinen Vermietung zugeführt wurden, wobei die Einkünfte der Kirchenfabrik zufielen. So tauchen die Bauten in den Stiftsakten des 18. Jahrhunderts auch unter dem Namen *Fabrik-Häuser* auf. Jedoch blieben alle bis auf das Gebäude Seidenbeutel 9 bis zur Auflösung 1810 im Besitz des Stiftes. Dennoch heißt es noch 1788, daß die jüngeren Kanoniker des Stiftes ihre Häuser im Seidenbeutel hätten (STA MS, St. Johannis, Akten 5 a).

Offensichtlich gehörte im 18. Jahrhundert auch die Straße selbst noch zum Besitz des Stiftes, denn in dessen Rechnungen werden verschiedentlich die Kosten für die Reparatur bzw. Erneuerung eines Schlagbaumes im Seidenbeutel erwähnt, der wohl den Straßenraum von der seit etwa 1645 mit der Verlegung des kleinen Wesertores öffentlich gewordenen Tränkestraße abgrenzte.

Bis auf das Haus Nr. 1 (Küsterhaus) und Nr. 5 (das noch von einem ehemaligen Vikar des Stiftes bewohnt wurde) wurden alle Häuser am 14. 11. 1815 von der Regierung Minden als Rechtsnach-

Abb. 1493 Blick vom Seidenbeutel (links Nr. 6 und rechts Nr. 3) nach Westen auf die Johannis-Kirche, um 1920.

folger des Stiftes zur Versteigerung ausgeboten (NORDSIEK 1979, S. 76) und dann durch Verträge vom Sommer 1816 veräußert, wobei in den meisten Fälle die bisherigen Mieter oder Pächter Eigentümer wurden. Im Laufe des 19. Jahrhunderts sind auf den rückwärtigen Flächen der Grundstücke auf der Nordseite der Straße neue Häuser errichtet worden, die sich der durch das anschließende Gelände von Stiftskurien gebrochenen Marienwallstraße zuwenden.

1871/72 wurde die Straße neu gepflastert, wobei zum größten Teil neue Kopfsteine Verwendung fanden. Dabei legte man auch Trottoirs an. Dieser Ausbau blieb von Störungen durch den Bau der Entwässerung 1892, später der Kanalisation 1906 und anderen Leitungen abgesehen, bis etwa 1980 unverändert erhalten.

Die einzigartige historische Situation der Straße als letzte noch ablesbare Vikariengasse blieb bis 1971, von der Erneuerung einzelner Bauten abgesehen, unverändert. Im Zuge der dann einsetzenden Stadtsanierung wurden nicht nur die beiden Bauten 7 und 9 durch einen unmaßstäblichen Neubau ersetzt und fast alle übrigen Bauten einschneidend verändert, sondern die Situation durch Abbruch fast der gesamten Bebauung an der anschließenden Tränkestraße stark verunklärt.

Abb. 1494 Blick vom Seidenbeutel (links Nr. 6 und rechts Nr. 3 sowie 1) nach Westen auf die Johannis-Kirche, 1994.

NENNUNG EINES NICHT NÄHER BEKANNTEN GEBÄUDES:

1498 wird *ein haus belegen an ecke des Siedenbeutels* genannt (STA MS, Mscr. VII, 2703, S. 38).

SEIDENBEUTEL 1, Küsterhaus des Johannis-Stiftes (Abb. 1494, 1495)

bis 1818 ohne Haus-Nr.; bis 1878 Haus-Nr. 761 s

Die Hausstelle zum Kirchhof ausgerichtet und gegenüber den benachbarten Grundstücken auch von etwas größerer Breite. Sie scheint im Unterschied zu den anschließenden Bauten der Zeit um 1500 schon um 1470 durch Aufsiedlung von Teilflächen der Kurie des Dechanten entstanden zu sein. Da der im Kern noch erhaltene Bau sich auch in der Gestaltung von den anschließenden Buden unterscheidet, dürfte er einer anderen Funktion gedient haben (möglicherweise – worauf auch die Lage unmittelbar hinter dem Chor der Kirche hindeuten könnte – von Anfang an als Küsterhaus). Auf dem rückwärtigen, nördlichen Teil der 1839 für den Ausbau der Festungswerke reduzierten Parzelle nach Abtrennung 1871 das Haus Marienwall 15 (siehe dort) errichtet.

Abb. 1495 Seidenbeutel 1 mit den anschließenden Bauten Marienwall 15 (links) und Seidenbeutel 3 bis 5 (rechts), Seidenbeutel 2 (angeschnitten), Ansicht von Südwesten, 1993.

1747 die Küster-Wohnung von St. Johannis; 1754/56 Küster Eißmann; 1772 bis 1809 Küster Johann Wilhelm Floris (geb. in Minden); ab Dezember 1809 Küster Heinrich Redlich (STA MS, St. Johannis, Akten 1 b); 1812 Wohnhaus mit Stall und Garten des Johannis-Kapitels, bewohnt von Küster Redlich; 1818/35 Küster Redlich, Wohnhaus 400 Thl; 1840 Verkauf des ehemals zum Johannis-Stift gehörenden Hauses für 240 Thl an Küster Redlich (STA DT, Domänenregistratur Minden, M 1, III C Nr. 554); 1846/53 Witwe Christine Redlich und zwei Mietparteien; 1871 Stellmacher Stümeier; 1908 Stellmacher Friedrich Stümeier.

Wohnhaus (1470/71 ⓓ)

Zweistöckiger Fachwerkbau von fünf Gebinden ohne Vorkragung, auf Grund einer dendrochronologischen Datierung (1996 durch Hans Tisje/Neu-Isenburg) 1470/71 errichtet (4. Dachbalken von West und Windrispe Dachwerk Nordseite) und 1983/84 ohne weitere Bauuntersuchung einschneidend modernisiert, daher heute nur noch in den erhaltenen Resten des Äußeren zu beurteilen. Das Gebäude auf nur kleiner Grundfläche (Breite 5,50 m, Länge 7,20 m) mit Fassade nach Westen, zum Kirchplatz ausgerichtet. Es entstand in der heutigen Form um 1780 durch Umbau, wobei das Erdgeschoß völlig erneuert wurde.

Das Kerngerüst zweistöckig verzimmert und von fünf Gebinden, dabei der Ostgiebel massiv aus Backstein. Das Gerüst im Längsverband im erhaltenen Oberstock in jedem zweiten Gebinde mit gekehlten, sichtbar verzimmerten Kopfbändern ausgesteift und einfach verriegelt. Diese am Vordergiebel von hinten vor die Ständer geblattet und seitlich in eine Nut geschoben. Am Giebel nachweisbar zudem ehemals Fußbänder an den Eckständern. Das 60° steile Dachwerk von fünf Gebinden aus Eiche mit einer gezapften Kehlbalkenlage. Die mit einer untergenagelten Windrispe ausgesteiften Sparren verrußt und durch die Dielung auf der Balkenlage gezapft. Das Dreieck des Ostgiebels nicht erhalten, das des Westgiebels ehemals mit Spitzsäule und nur einem überblatteten Riegel (belegbar durch im Bau wiederverwendete Hölzer). Die Gestaltung des Erdgeschosses unklar, aber zumindest am Vordergiebel mit einer Vorkragung über Knaggen (dies läßt sich aus dem weiteren Ständerabstand des darüber befindlichen Gefaches und der doppelten Balkenlage erschließen). Im Inneren möglicherweise zunächst ohne weitere Unterteilungen und evtuell mit Feuerstelle im massiven Ostgiebel.

Das Haus wurde um 1780 einschneidend modernisiert und das Dach abgewalmt, dabei im Giebel die Ständer zum Einbau von symmetrisch gesetzten Fenstern verschoben. Das Erdgeschoß wurde völlig neu verzimmert, wobei die Vorkragung durch Vorschieben der Wände beseitigt wurde. Die neuen Wände zweifach verriegelt und mit Schwelle-Rähm- bzw. Fußstreben ausgesteift; seitdem das Gebäude wohl verputzt.

Nach der Privatisierung 1840 scheint der Bau modernisiert worden zu sein. So ist in diese Zeit die an der südlichen Traufwand bis zur Sanierung vorhandene zweiflügelige und gefelderte Haustür zu datieren.

Das bis zu diesem Zeitpunkt verputzte Gebäude wurde 1983/84 (nach Planungen des städtischen Hochbauamtes) für Zwecke des BÜZ (siehe Johannis-Kirche) einschneidend modernisiert und bis auf das Kerngerüst seiner gesamten historischen Substanz beraubt, zugleich unterkellert und auf einen Betonsockel gestellt. Seitdem durch ein großes massives Treppenhaus auf der Nordseite zusammen mit dem Haus Marienwall 15 erschlossen. 1987 in die Denkmalliste der Stadt Minden eingetragen.

SEIDENBEUTEL 2 (Abb. 1492, 1495, 1496)

bis 1818 ohne Haus-Nr.; bis 1878 Haus-Nr. 761 v; bis etwa 1970 auch Johanniskirchhof 7

Die Hausstelle Teil einer Häuserreihe von kleinen Wohnhäusern, die um 1500 für Vikare des Johannis-Stiftes errichtet wurden.

1750 Haus des Stiftes St. Johannis, 200 Rthl, bewohnt von Hermann; 1781/1805 gehört dem Kapitel St. Johannis. Das Haus, *so die Hermann bewohnt*, 200 Rthl; 1798 Invalide Hermann; 1803 Hermann, Haus für 400 Rthl; 1812 Wohnhaus des Johannis-Kapitels, bewohnt von Hermann; 1816 Verkauf durch den Staat für 250 Rthl an Karl Beissner (STA DT, Domainenregistratur Minden, M 1, III C Nr. 554); 1818 Beissner, Wohnhaus 400 Thl; 1825 Erhöhung auf 725 Thl; 1832/35 Beissner, 725 Thl; 1846 Schlosser Franz Beine mit zwei Mietparteien; 1853 Beine mit drei Mietparteien. Eine Stube und eine Kammer wird von der Arbeitskommission des Militärs genutzt; 1878 Beine; 1893 Witwe Mörseburg; 1908 Erben bzw. Geschwister Breier.

Haus (um 1825)

Das Haus offensichtlich nach der Privatisierung um 1825 durch einen Neubau ersetzt, wobei es wohl nach Westen auf nahezu die doppelten Maße verlängert wurde (alle anderen und älteren Bauten der Gruppe weisen eine geringere Breite auf). Zweistöckig verzimmerter Fachwerkbau unter Satteldach von 13 Gebinden. Das Gerüst aus sehr knapp dimensionierten Eichenhölzern im Erdgeschoß mit drei Riegelketten und Schwelle-Rähm-Streben, im Obergeschoß mit zwei Riegelketten und Fußstreben. Der Westgiebel zum Kirchhof dreiachsig gegliedert, dabei im Gerüst hier Doppelständer.

Zugang in der nördlichen Traufwand zu einem schmalen Querflur, in den das Treppenhaus eingestellt war. Nordöstlich ehemals hohe Küche, in der südwestlichen Ecke eine Upkammer, darunter ehemals Stall (Decke hier heute mit Beton erneuert). Der vordere Bereich des Hauses und das obere Stockwerk als Wohnraum eingerichtet.

Abb. 1496 Seidenbeutel 2 (links) bis 8, rückwärtige Fronten zur südlichen Gasse, Ansicht von Westen, 1971.

Um 1930 Umbau des Erdgeschosses, wobei der ganze vordere Bereich des Erdgeschosses bei Einbau eines Tores in den westlichen Giebel und Abbruch der Innenwände in diesem Bereich zu einer großen Remise umgestaltet und die Schwelle höhergelegt wurde. Verlegung des Treppenhauses in den früheren Küchenbereich. 1984 in die Denkmalliste der Stadt Minden eingetragen.

SEIDENBEUTEL 3 (Abb. 1492–1495)

bis 1818 ohne Haus-Nr.; bis 1878 Haus-Nr. 761 t

LITERATUR: Kaspar 1986, S. 160.

Die Hausstelle Teil einer Häuserreihe von kleinen Wohnhäusern, die um 1500 für Vikare des Johannis-Stiftes auf einer Teilfläche der nördlich anschließenden Dekanatskurie errichtet wurden. Auf dem rückwärtigen nördlichen, 1839 für den Ausbau der Festungswerke zudem reduzierten Teil der Parzelle wurde 1897 das Haus Marienwall 13 (siehe dort) errichtet.

1750 St. Johannis, Haus für 200 Rthl, bewohnt von Papen; 1781 gehört dem Kapitel St. Johannis, *Papens Haus*, 200 Rthl; 1805 *Hartmanns Haus*, 400 Rthl; 1812 Wohnhaus des Johannis-Stiftes, wird bewohnt von Hartmann (?); 1816 Verkauf des Hauses für 250 Rthl durch den Staat an den Festungsbauaufseher Karl Piermont (STA DT, Domainenregistratur Minden, M 1, III C Nr. 554); 1818 Piermont, Haus für 400 Thl; 1827 Pyrmont, 400 Thl; 1832/35 Witwe Piremont; 1839 Brand; 1846 Tischler Bernhard Tegethoff und zwei weitere Mietparteien; 1853 Brandt, vermietet an zwei Parteien; 1878 Holle; 1893 Dammeyer; 1908 Witwe Dammeyer; 1961 Ernst König.

Vikarienhaus (um 1500)

Das bis zu diesem Zeitpunkt verputzte Gebäude 1985 ohne Bauuntersuchung und Dokumentation einschneidend und wenig denkmalverträglich saniert, dabei die Substanz weitgehend erneuert, so daß heute die Baugeschichte nicht mehr weiter zu klären ist. Außer den Balkenlagen und Teilen des Dachwerks wohl keine historischen Hölzer mehr erhalten, die übrigen Bauteile aus Altholz neu verzimmert, die Knaggen nachgeschnitzt, daher heute als weitgehender Neubau zu bezeichnen.

Erkennbar heute nur noch, daß es sich um ein zweistöckiges Fachwerkgerüst von vier Gebinden handelt, bei dem alle Ständer paarig mit Fußbändern gesichert wurden. Vorkragung des oberen Stockwerks und der Dachtraufe an der Südfront über dreifach gekehlten Knaggen (nachgeschnitzt und in der Form historisch nicht dokumentiert). Balkenköpfe mit einem (erhaltenen) Taustabprofil. Damit entspricht der Bau den benachbarten kleinen Häusern und dürfte in der Zeit um 1500 entstanden sein.

1893 Entwässerung; 1908 Kanalisation; 1986 in die Denkmalliste der Stadt Minden eingetragen.

SEIDENBEUTEL 4 (Abb. 1496–1498)

bis 1818 ohne Haus-Nr.; bis 1878 Haus-Nr. 761 w

LITERATUR: Kaspar 1986, S. 162.

Die Hausstelle ist Teil einer Häuserreihe von kleinen Wohnhäusern, die um 1500 für die Vikare des Johannis-Stiftes errichtet wurden.

1750 St. Johannis, Haus für 200 Rthl, bewohnt von Möhring; 1781 gehört dem Kapitel St. Johannis. Das Möhringsche Haus, 200 Rthl; 1798 Invalide Möhring; 1803 Möhring; Haus für 400 Rthl; 1805 das Möhringsche Haus, 400 Rthl; 1812 Wohnhaus des Johannis-Kapitels, bewohnt von Möhring; 1816 Verkauf des zum Johannis-Stift gehörenden Hauses für 145 Thl an Friedrich Möhring (STA DT, Domainenregistratur Minden, M 1, III C Nr. 554); 1818/35 Mohring, Haus für 400 Thl; 1836 August Borchard; 1846/53 Witwe Friedrich Borchard; 1878 Samsche; 1893 Disselhorst (vermietet an Arbeiter Brinke); 1908 Oberpostschaffner August Strate; 1938 Strate; 1976 Karl-Heinz Bredthauer.

Wohnhaus (18. Jahrhundert–1978)

Zweigeschossiger verputzter Fachwerkbau ohne Vorkragungen und unter recht flach geneigtem Satteldach. In der Ansicht dreiachsig gegliedert. Das Gebäude bis zuletzt verputzt, daher in seiner Konstruktion und Datierung nicht mehr weiter zu klären. Das Gerüst stöckig verzimmert und von fünf Gebinden. Den Proportionen nach wohl im 18. Jahrhundert neu gebaut. Das Innere in beiden Geschossen auf der westlichen Seite mit einem breiten Flur, in den die Treppe eingestellt ist, östlich nach vorne Stube und Kammer nach hinten (dieser Raum unterkellert). Im Ostgiebel noch bis zum Abbruch 1978 ein großer aus Backstein aufgemauerter Kaminblock, der offensichtlich gemeinsam mit dem Haus Seidenbeutel 6 genutzt wurde. 1893 Entwässerung; 1908 Kanalisation; 1938 neuer Anstrich.

1978 das Haus mit Beratung der Denkmalpflege »durchgebaut«, wobei ein weitestgehender Neubau bei Veränderung der Proportionen entstand, der den östlich anschließenden Bauten der Zeit um 1500 angeglichen wurde (Plan: Bollmann/Labsch & Friedemann). Seitdem ein zweistöckig verzim-

Abb. 1497 Seidenbeutel 8 bis 4 (rechts), Ansicht von Norden, 1972.

merter Fachwerkbau geringer Tiefe von fünf Gebinden Länge unter steilem Satteldach. Der Bau ohne weitere Freifläche rückwärts an eine schmale zum Johanniskirchhof gehörende Gasse gestellt, die nördliche Traufwand als Schaufront ausgebildet und mit Vorkragung des oberen Stockwerkes über Knaggen. 1984 in die Denkmalliste der Stadt Minden eingetragen.

SEIDENBEUTEL 5 (Abb. 1493, 1495, 1499)

bis 1818 ohne Haus-Nr.; bis 1878 Haus-Nr. 761 u

Die Hausstelle Teil einer Häuserreihe von kleinen Wohnhäusern, die um 1500 für Vikare des Johannis-Stiftes auf einer Teilfläche der nördlich anschließenden Dekanatskurie errichtet wurden. Das Haus diente bis zur Auflösung des Stiftes 1810 – als letztes der ursprünglichen Funktion aller Bauten der Straße – als Vikariat und war dem Altar *St. Margarethae in Ecclesia* zugeordnet (STA MS, St. Johannis, Akten 28, 2). Auf dem rückwärtigen nördlichen Teil der 1839 schon für den Festungsausbau in der Tiefe reduzierten Parzelle 1926 das Haus Marienwall 11 (siehe dort) errichtet.

1747 Vikar Genahl Haus; 1750 St. Johannis. Haus für 250 Rthl, bewohnt von Vikar Heinrich Antonius Genahl, hat *Vikariat St. Margarethae in Ecclesia*; 1766 Vikarius Anton Genahl (bis 1795), ist auch Vikar bei St. Martini und am Dom, lebt mit einer Magd oder Köchin; 1781 Haus des Kapitel St. Johannis, *Vikar Genals Haus*, 250 Rthl; 1803 Haus für 500 Rthl, bewohnt von Vikar Nußmann (seit 1795, geboren in Minden); 1805 Vikar Johanning, Haus für 600 Rthl; 1812 Wohnhaus des Johannis-Kapitels, bewohnt von Witwe Mohrin; 1818

Abb. 1498 Seidenbeutel 8 bis 4 (rechts, angeschnitten), Ansicht von Norden, 1993.

Kanonikus Neumann, Wohnhaus 600 Thl; 1827 Kanonikus Hüssmann, Haus für 600 Thl; 1832/35 Kanonikus Neumann, 600 Thl; 1840 Verkauf der ehemaligen zum Johannis-Stift gehörenden Neumannschen Kanonikatskurie mit Stall, Hofraum und Gartenraum für 375 Thl durch den Staat an Stellmacher Drücke (STA DT, Domainenregistratur Minden, M 1, III C Nr. 554); 1846/53 Stellmacher Jacob Drücke; 1868/74 in dem Haus die Steindruckerei R. Pohl (siehe VON SCHROEDER 1966, S. 50); 1878 Drücke; 1892 Witwe Drüke; 1906 Zigarettenfabrikant August Stratmann (wohnt Bäckerstraße 36); 1908 Stratmann & Co; 1925 Tabak- und Rauchwarenhändler Hermann Tegtmeier; 1956 Franz Rojahn.

Wohnhaus (Mitte des 18. Jahrhunderts–1840)

Im Hof des westlichen Nachbarhauses eine Fachwerkwand aus starken Eichenständern mit zwei Riegelketten und Bundzeichen aus lateinischen Zahlen erhalten. Diese Wand läßt ein hohes Erdgeschoß erkennen, das nach den erkennbaren Details in der Mitte des 18. Jahrhunderts verzimmert wurde und beim Neubau von 1840 durch Aufstockung weiter verwendet wurde. Danach der bestehende Bau weitgehender Ersatz eines Fachwerkhauses aus der Mitte des 18. Jahrhunderts.

Wohnhaus (von 1840)

Nach Veräußerung dieser letzten ehemaligen Vikarie des Stiftes St. Johannis durch den preußischen Staat im Jahre 1840 kam es zum Neubau, wobei Reste eines Vorgängerbaus wieder verwendet wurden. Dieses für den Stellmacher Drücke errichtete (STA DT, M 1, I P, Nr. 827) und die bisherigen Maße der Bebauung in Bautiefe und Traufenhöhe völlig sprengende Dreifamilienhaus ein dreistöckiger und sehr tiefer, traufenständiger Bau von drei Fensterachsen unter recht flach geneigtem Satteldach. Die Fassade aus Backstein aufgemauert und verputzt, sonst stöckig verzimmerter

Abb. 1499 Seidenbeutel 5, Ansicht der östlichen Seitenfront nach Abbruch von Nr. 7 und 9, Zustand 1971. Rechts Tränkestraße 13.

und mit Backsteinen ausgemauerter Fachwerkbau (diese Bereiche offensichtlich von Anfang an verkleidet, bis etwa 1985 mit Blechplatten beschlagen, heute durch Neubau verdeckt). Die Fassade in klassizistischer Weise glatt verputzt und nur durch vorstehenden Sockel, Sohlbänke, geschoßtrennende Gesimse und aufwendige Haustürrahmung aus Werksteinen zurückhaltend gegliedert. Oberer Abschluß mit großem Kastengesims (dieses sowie die Gesimse heute entfernt).

Im Inneren zunächst linksseitig ein breiter Flur mit geradläufigem Treppenhaus und rückwärtigem, die ganze Breite des Hauses einnehmendem Wirtschaftsraum. Vorn seitlich eine Folge von drei Räumen, offensichtlich Stube und (jeweils in der Tiefe noch einmal unterteilt) zwei Kammern sowie Küche und Speisekammer aufnehmend. Heute das Innere im Detail verändert, die zweiflügelige und gefelderte Haustür mit verglastem Oberlicht und das Treppenhaus mit gedrechselten Traillen erhalten.

1892 Entwässerung; 1906 Kanalisation. Um 1910 die Vorderfront mit Stuckelementen bereichert. 1984 in die Denkmalliste der Stadt Minden eingetragen.

Rückwärtig ehemals ein eingeschossiger massiver Bau unter Satteldach, der wohl zunächst Wirtschaftszwecken diente, 1892 zu einer Wohnung eingerichtet war und um 1900 als Fabrikationsräume für die Zigarettenherstellung genutzt wurde. In den an den Marienwall anschließenden Raum 1906 ein Schaufenster eingebrochen, um hier ein Friseurgeschäft einzurichten. 1927 für den Neubau des Hauses Marienwall 11 abgebrochen (siehe dort).

SEIDENBEUTEL 6 (Abb. 1496–1498, 1500–1502)

bis 1818 ohne Haus-Nr.; bis 1878 Haus-Nr. 761 z

LITERATUR: JAHR 1927, S. 20 und Abb. 17. – KASPAR 1986, S. 162, Abb. 25.

Teil einer Häuserreihe von kleinen Wohnhäusern, die offensichtlich um 1500 errichtet wurde. Dieses Haus zusammen mit dem Nachbarhaus möglicherweise zunächst im Besitz des Klosters Loccum (siehe Tränkestraße 5) und von diesem im 16. Jahrhundert an das St. Johannis-Stift verkauft. Fortan zunächst wie die Nachbarbauten Wohnung von Vikaren, später vom Stift als Mietshaus genutzt.

1750 St. Johannis-Stift. Haus für 200 Rthl, bewohnt von Kessler; 1781 gehört das Haus dem Kapitel St. Johannis, *die Kesselers Wohnung*, 200 Rthl; 1798 Invalide Kessler; 1802 Haus für 400 Rthl, bewohnt von Eickhoff; 1805 *die Eickhofsche Wohnung*; 1812 Haus des Johannis-Kapitels, bewohnt von Eickhoff; 1816 Verkauf des Hauses durch den Staat an den Maurergesellen Friedrich Hamann für 170 Rthl (STA DT, Domainenregistratur Minden, M 1, III C Nr. 554); 1818 Hahmannn, Wohnhaus für 400 Thl; 1832 Minorenne Hahmann; 1846 Glaser Ludwig Köhler und zwei weitere Parteien; 1853 Hahmann, vermietet an zwei Parteien; 1878 Gronemann; 1908 Schiffer Heinrich Gronemann; 1972 Werner Klapproth.

Wohnhaus (um 1510)

Zweistöckiger Fachwerkbau geringer Tiefe von 4 Gebinden Länge unter steilem Satteldach in einer Reihe vergleichbarer Bauten. Der Bau ohne weitere Freifläche rückwärts an eine schmale, zum Johanniskirchhof gehörende Gasse gestellt, die nördliche Traufwand als Schaufront ausgebildet.

Der Bau dürfte auf Grund von verschiedenen gestalterischen und konstruktiven Merkmalen um 1510 und damit vor der Reformation, wohl nur wenig früher als das benachbarte Gebäude Seidenbeutel 8 errichtet worden sein, unterscheidet sich allerdings in Details von diesem. So zeigt er mit den einfach gekehlten Knaggen eine ältere Gestaltungsform, doch findet sich hier das moderne Gestaltungsmittel der Schnürrolle an der Unterkante der Balkenköpfe. Die Schwellen in der gleichen Weise wie bei dem Nachbarbau gestaltet (siehe dort), die Brustriegel sind hier aber eingezapft.

In der Mitte des Westgiebels eine große möglicherweise aus der Bauzeit stammende und wohl mit dem Nachbarhaus gemeinsam genutzte Schornsteinanlage aus Backstein, zu der offensichtlich ursprünglich wohl eine offene Feuerstelle gehörte. Danach das Erdgeschoß wohl ungeteilt. Ob ebenfalls im Obergeschoß ein weiterer Wandkamin bestand, nicht bekannt.

Das Innere in der Neuzeit (bei Vermauerung des Kamins) mit einer vorderen abgetrennten Stube, um die sich der Flur bis zu einer offenen Küche in der südwestlichen Ecke herumzog. Diese vor der Mitte des 19. Jahrhunderts als eigener Raum abgetrennt und eine zweiläufige Treppe am südlichen Ende des Flures zum Obergeschoß eingebaut.

1893 Entwässerung; 1908 Kanalisation. Das Haus 1978 einschneidend saniert, dabei große Teile des Holzgerüstes erneuert, der Schornstein entfernt.

SEIDENBEUTEL 7/9

1985 als Teil des Neubaus Marienwall 9 errichtet (siehe dort).

SEIDENBEUTEL 7 (Abb. 1503)

bis 1818 ohne Haus-Nr.; bis 1878 Haus-Nr. 761 x

Die Hausstelle Teil einer Häuserreihe von kleinen Wohnhäusern, die um 1500 für Vikare des Johannis-Stiftes auf einer Teilfläche der nördlich anschließenden Dekanatskurie errichtet wurden.

Abb. 1500 Seidenbeutel 4 bis 8, Ansicht aus der Tränkestraße nach Nordwesten, 1972.

Der rückwärtige, nördliche Teil der Parzelle für den Ausbau der Festungswerke schon 1839 reduziert. Um 1860/70 die Hausstelle Tränkestraße 13 hinzuerworben und nördlich davon ein zugehöriges Werkstattgebäude errichtet (heute an Stelle dieser Bauten der Komplex Marienwall 9).

1750 St. Johannis, Haus für 300 Rthl, bewohnt von Wahl; 1781 Wohnung des Kapitel St. Johannis, *Wahls Wohnung*, 300 Rthl; 1803 Haus für 600 Rthl, bewohnt von Johanning; 1805 *Müßmanns Wohnung*, 500 Rthl; 1812 Wohnhaus mit Hofplatz des Johannis-Kapitels, bewohnt vom Invaliden Bäcker; 1816 Verkauf des Hauses durch den Staat für 250 Rthl an Dietrich Wehmeyer (STA DT, Domainenregistratur Minden M 1, III c Nr. 554); 1818 Wehmeyer, Wohnhaus 600 Thl; 1832/35 Heinrich Wehmeyer, 600 Thl; 1846/53 Tagelöhner Diedrich Wehmeier und drei Mietparteien; 1878 Wehmeier; 1898 H. Stratmann; 1908 Wirt Hermann Stratmann (wohnt Marienwall 7/Tränkestraße 14).

Haus (16. Jahrhundert–1971)

Die Baugeschichte des Gebäudes unbekannt, da es ohne weitere Dokumentation abgebrochen wurde. Zuletzt zweigeschossiger und verputzter traufenständiger Fachwerkbau von vier Achsen, in der Gestaltung der Ansicht mit einem schlichten Putzband zwischen den Geschossen. In dieser Gestalt auf das frühe 19. Jahrhundert zurückgehend (wohl im Zusammenhang mit der Privatisierung 1816). Haustür in der östlichen Fensterachse.

Nach dem Entwässerungsplan von 1893 hinter der Haustür ein durch das Haus bis zum Hof reichender Flur mit geradläufiger Treppe, links begleitet von einer Raumfolge aus Stube, Küche und Kammer. Den Proportionen und Maßen nach wohl im Kern noch aus dem 16. Jahrhundert (später eine ursprünglich sicherlich vorhandene Vorkragung entfernt).

Nachdem das Haus schon 1967 wegen Baufälligkeit abgestützt werden mußte, 1971 im Zuge der Stadtsanierung abgebrochen.

Abb. 1501 Seidenbeutel 4 bis 8, Ansicht aus der ehemaligen Tränkestraße nach Nordwesten, 1993.

SEIDENBEUTEL 8 (Abb. 1496–1498, 1500–1502)

bis 1818 Haus ohne Haus-Nr.; bis 1878 Haus-Nr. 761 bb (auch Tränkestraße 11)

LITERATUR: Kaspar 1986, S. 162 Abb. 25.

Teil einer Häuserreihe von kleinen Wohnhäusern ohne weitere Grundfläche. Dieses Haus zusammen mit dem Nachbarhaus möglicherweise zunächst im Besitz des Klosters Loccum (siehe Tränkestraße 5) und von diesem im 16. Jahrhundert an das Stift St. Johannis verkauft. Fortan zunächst wie die Nachbarbauten Wohnung von Vikaren, später vom Stift als Mietshaus genutzt.

1750 Haus für 250 Rthl, bewohnt von Pracht; 1781 Haus des Johannis Kapitels, *Prachts Wohnung*, 250 Rthl; 1798 Soldat Harting; 1803 Haus für 500 Rthl, bewohnt von Harting; 1805 *Hartings Wohnung*, 500 Rthl; 1812 Wohnhaus des Johannis-Kapitels, bewohnt von Harting; 1816 Verkauf des zum Johannis-Stift gehörenden Hauses durch den Staat für 195 Rthl an Kaup (STA DT, Domainenregistratur Minden, M 1, III C Nr. 554); 1818 Georg Kaupp, Wohnhaus für 200 Thl; 1826 Boeke, Erhöhung auf 500 Thl; 1832 Conrad Böke; 1846 Postkom. Wilhelm Heidelberg und eine Mietpartei (insgesamt 14 Personen); 1853 Kleinhändler Dreyer mit Familie. Im Haus zwei Dachkammern; 1893/09 Heinrich Scheel.

Vikariatshaus (um 1510)

Zweistöckiger Fachwerkbau geringer Tiefe von 5 Gebinden Länge unter steilem Satteldach in einer Reihe vergleichbarer Bauten. Der Bau ohne weitere Freifläche rückwärts an eine schmale zum

Abb. 1502 Seidenbeutel, Blick nach Osten (links Nr. 9, rechts Nr. 6 und 8) auf das Gebäude Tränkestraße 14, um 1930.

Abb. 1503 Seidenbeutel 7 (angeschnitten) und 9, Ansicht von der Tränkestraße nach Norden, 1967.

Johanniskirchhof gehörende Gasse gestellt, die nördliche Traufwand als Schaufront ausgebildet, der östliche Giebel zur Tränkestraße.

Das Gebäude dürfte auf Grund von gestalterischen und konstruktiven Details in die Zeit um 1510 zu datieren sein. So weist es neben – für diese Zeit – sehr modernen Formen der Gestaltung (etwa die dreifach gekehlten Knaggen mit aufgelegten Taubändern, eines der frühesten Beispiele für die Verwendung) auch noch sehr viel traditionelle Elemente auf. Hier ist auf die Einbindung der Brustriegel in das Gerüst hinzuweisen, die in seitliche Nuten der Ständer geschoben sind (wie es eher für Fachwerkbauten des 15. Jahrhunderts typisch ist), aber auch auf die Verzierung der vorkragenden Schwelle mit durchlaufendem Stabprofil bzw. der Unterkante mit fein ausgearbeiteten Schiffskehlen (etwa auch an dem Bau Alte Kirchstraße 1/1 a von 1483).

Der Bau offensichtlich in beiden Etagen für Wohnzwecke vorgesehen, wobei sich im erhaltenen Gerüst keine ursprünglichen Innenwände nachweisen lassen. Im Obergeschoß gezapfte Kopfriegel in der Ansicht, die auf eine reichere Durchfensterung hinweisen.

1893 Entwässerung; 1908 Kanalisation; nachdem der Bau im Zuge der Stadtsanierung 1973 zunächst abgebrochen werden sollte, wozu der LEG auch schon die Genehmigung vorlag, dann 1976 bei weitgehendem Erhalt des Gerüstes saniert, dabei auf der ganzen Fläche unterkellert (Foto um 1930 bei Grätz 1997, S. 139). 1997 in die Denkmalliste der Stadt Minden eingetragen.

SEIDENBEUTEL 9 (Abb. 1502–1504)

bis 1818 ohne Haus-Nr.; bis 1878 Haus-Nr. 761 aa

LITERATUR: KASPAR 1986, S. 162.

Sehr kleine Hausstätte in Ecklage zur Tränkestraße, von der zu einem unbekannten Zeitpunkt (im 17./18. Jahrhundert) wohl die Hausstelle Tränkestraße 13 abgetrennt worden ist. Die Hausstätte dürfte bis 1705 – wie später noch alle Nachbarhäuser – zum Johannis-Stift gehört haben. Seitdem offensichtlich verpachtet, wobei dem Stift 1755 ¾ Rthl im Jahr zuflossen.

Möglicherweise das Haus, das 1705 in den Rechnungen des Stiftes St. Johannis als verkauft geführt wird (STA MS, St. Johannis, Akten 28, 3). 1750 ein freies Haus, das sogenannte *Esauische Wohnhaus am Seidenbeutel*, 100 Rthl; 1755 Esausches Haus; 1761 Kaufmann Rodowe; 1805 Kommerzienrat Rodowe, Haus für 100 Rthl; 1816 Verkauf des zum Johannis-Stift gehörenden Hauses durch den Staat für 110 Rthl an Wilhelm Plege (STA DT, Domainenregistratur Minden, M 1, III C Nr. 554); 1818 Strempell, Wohnhaus für 300 Thl; 1822 jetzt Maurer Bernhardt, Erhöhung auf 500 Thl; 1832/39 Maurermeister Carl Bernhardt; 1846 Schuster Christian Gräber mit Familie; 1853 Kleinhändler Gräber; 1878 Westerhold; 1908 Arbeiter Heinrich Stöver.

Abb. 1504 Seidenbeutel 9, Ansicht von der Tränkestraße nach Südwesten, 1967.

Haus (um 1570–1971)

Der zweistöckige und traufenständige Fachwerkbau von fünf Gebinden war bis zuletzt in großen Teilen verputzt und wurde ohne weitere Dokumentation abgebrochen, so daß nur wenige Aussagen zur Geschichte möglich sind. Der Bau ist offensichtlich in zwei Abschnitten entstanden und war bis zu Beginn des 17. Jahrhunderts wohl nur eingeschossig.

Die Balkenlage über dem Erdgeschoß kragte an der vorderen Traufwand über Taubandknaggen vor, die eine Entstehung in der zweiten Hälfte des 16. Jahrhunderts nahelegen (möglicherweise nach einem Brand 1569). Weitere konstruktive Details sind nicht bekannt. Das Obergeschoß ebenfalls von fünf Gebinden und einfach verriegelt, allerdings ohne Vorkragung der Dachbalken und in der Ansicht mit geschweiften Fußbändern an den Ständern jedes zweiten Gebindes. Diese Gestaltung läßt auf eine Erbauung im zweiten Viertel des 17. Jahrhunderts schließen. Bei der Errichtung dieses Bauteils bestanden schon Schäden am Kernbau, so daß unter den Schwellen des Obergeschosses zum Teil Hölzer zum Ausgleich eingefügt wurden.

Das Haus offensichtlich nach dem Verkauf um 1822 modernisiert und wohl seitdem verputzt. 1971 im Zuge der Stadtsanierung trotz nicht vorhandener Bauschäden wegen Einsturz des Nachbarhauses abgebrochen (Foto um 1930 bei GRÄTZ 997, S. 139).

SEIDENBEUTEL 11

seit 1980 für das Haus Tränkestraße 14 (siehe dort) gebräuchlich.

Abb. 1505 Simeonskirchhof, Treppe von der Simeonstraße mit den anschließenden Bauten Simeonstraße 14 (links), sowie Simeonskirchhof 4 und Simeonstraße 12 (rechts), Ansicht von Osten, 1971.

Simeonskirchhof

Der Kirchhof dürfte in seiner heutigen Form erst in der Mitte des 15. Jahrhunderts mit der Anlage der Stützmauer unterhalb der Simeonskirche entstanden sein (siehe dazu auch Kap. I.2, Stützmauer), um der zu dieser Zeit vergrößerten Kirche eine ausreichende Standfläche zu verleihen. Diese Entwicklung läßt sich noch gut mit Hilfe einiger Urkunden nachzeichnen: So erwirbt das Kloster 1443 von den Brüdern und Knappen Johann und Bernd von Groperdorp (Brüder des Abtes) einen *hoff vnde hus myt aller tobehoringhe alze by sunte Symeon bynnen Minden by dem kerckhoue gheleghen ys* (STA MS, St. Mauritz und Simeon, Urkunden Nr. 166 und 170). Teile der Fläche wurden offensichtlich für die Erweiterung des Kirchhofes genutzt, die übrige Fläche wurde wieder verkauft. 1458 wird zwischen Bodo von dem Werder und dem Kloster festgestellt, daß man über dies Gelände *ghelecht hebbe eyne muren twyschen orem kerkhoue vnnd mynem houe van dem ordstender orer kemenaden an wente vppe dat hecke achte orem kore* (STA MS, St. Mauritz und Simeon, Urkunden Nr. 187. – STA MS, Mscr. I, 115, Bl. 65. – STA MS, Mscr. VII, 2713, Bl. 293). Nachdem das Gelände hinter der Mauer planiert und auch wesentlich angeschüttet worden war, konnte vor 1460 mit dem Bau des Chores selbst begonnen werden. Wohl erst 1485 war der vergrößerte Neubau fertiggestellt. Etwas später wurde auch mit dem Bau der Klosterkirche St. Mauritius nördlich der alten Pfarrkirche begonnen. Laut Klosterchronik ist ihr Chor seit 1464 errichtet worden und wurde 1474 geweiht.

Ein weitere Umgestaltung erfolgte mit dem Ausbau des Mauritius-Klosters, wofür das Kloster 1497 von der Kirchengemeinde auch zwei hier im Süden auf der Mauer stehende Häuser von Hans Clawesingk und Hermann Gordeninge erwarb: *twee hues dat eyne by der ghadderen by deme kerckhoue vnd bouen der treppen, de men van deme kerckhoue daell gheyt na Sunthe Symeonis dore dar yn vnsse coster anne tho wonende plach vnd dat andere hues dar vaste by na deme Wyngharden...* Statt dessen wurde durch das Kloster dem Kirchspiel nördlich der Kirche ein neues Küsterhaus (siehe Nr. 1) errichtet (STA MS, St. Mauritz und Simeon, Urkunden Nr. 251. – STA MS, Mscr. I, 115, Bl. 66. – STA MS, Mscr. VII, 2713, Bl. 266. – Schroeder 1886, S. 399). Vor 1492/94 konnte mit dem Bau des neuen Langhauses der Pfarrkirche, dem Turm und den Klostergebäuden begonnen werden. 1514 wurde die nordwestlich der Klosterkirche stehende Scheune des Domkapitels unmittelbar auf das Eckgrundstück von Königstraße und dem Kirchhof versetzt.

Schon 1348 wird ein Haus *ex opposito cymiterii sancti Symeonis* (von Schroeder 1997, Stadtbuch 1318, I, Nr. 98) genannt, 1498 dann *sunthe Symonis kerckhove*. Noch im 19. Jahrhundert war die Kirchengemeinde Eigentümer der Fläche und daher für den Unterhalt der Stützmauer und der beiden auf den Platz führenden Treppen zuständig. Bis Mai 1807 hatte das Gelände als Begräbnisplatz gedient, wobei die Bestattungen offensichtlich insbesondere im Bereich nördlich vom Chor der Kirche erfolgten. Zur Fernhaltung von Vieh bestand schon 1497 ein sogenanntes *Ghadder*, ein Gitter in der Fläche des Zuganges. Nachdem man die alten Grabstätten 1826 einplaniert hatte (Schroeder 1886, S. 690) wurde die Fläche 1828 als Straße gepflastert und die entstandenen Kosten danach auf die Anlieger umgelegt (KAM, Mi, F 641). Noch zu dieser Zeit war der Kichhof allerdings nur von Norden her, von der Königstraße her befahrbar, während ansonsten noch immer nur zwei Treppen zur Simeonstraße und zum Weingarten die Verbindung zur Stadt herstellten. Die anliegende Bebauung bestand aus einigen Hinterhäusern von der Simeonstraße und zwei Häusern im Nordosten an der Zufahrt zum Platz, ferner auf der Westseite im Anschluß an die Kirche aus den Bauten des ehemaligen Klosters, sowie des Pfarr- und des Küsterhauses.

Bis 1844 bestand südlich nur eine Treppenanlage zum Weingarten. Sie führte auf ein kleines Zwischenpodest, über das nach Westen die Straße Weingarten erreicht werden konnte und nach Süden eine weitere Treppe auf den Weingarten in Richtung zur Simeonstraße führte. Dieser Bereich des Kirchhofes wurde 1844 im Zusammenhang mit der Erneuerung der Stützmauer unterhalb des Artilleriezeughauses umgestaltet, wobei eine zuvor nicht bestehende Fahrverbindung zum Weingarten entstand (Pläne zu diesen Baumaßnahmen siehe: STA DT, D 73, Tit. 4, Nr. 10259). 1883/84 kommt es zu einer erneuten Pflasterung des Kirchhofes.

NACHRICHTEN ZU NICHT NÄHER BEKANNTEN BAUTEN

1352 wird zur Feier des Gedächtnisses an den Bischof Gerhard von Schaumburg eine Mark gegeben aus einem Hause beim Simeonskirchhof, das von den Testamentsvollstreckern des Herrn Rigmari Wegewind, eines Vikars der Kirche gekauft worden war (Löffler 1917, S. 10).

1799 soll ein Riß und Anschlag gefertigt werden für den Neubau des Herrn Pongemeyer am Simeonskirchhof (KAM, Mi, C 472).

SÜDLICHE TREPPE ZUM WEINGARTEN

Sie dürfte im Zuge des Baus der Stützmauer um 1450 entstanden sein und bildete bis 1844 die einzige Verbindung vom Weingarten zum Simeonskirchhof. 1840 sollte diese Treppe neu aufgebaut werden, in dem Plan des Maurermeisters Conrad Baumgarten als *Umlegung* bezeichnet. Nachdem 1841 erneut umfangreiche Schäden an Treppe und Brüstung festgestellt werden, kommt es schließlich 1842 zur Neuanlage. Diese Baumaßnahmen dürften im Zusammenhang mit der Verbindung des Simeonskirchhofes mit der Straße Weingarten stehen, wozu man 1844 eine neue Stützmauer unterhalb des Klostergeländes mit einer darunter befindlichen Straßentrasse anlegte, von der die Treppe nun in einem anderen Winkel – weiter nach Süden gerichtet – auf die tiefer liegende Weingartenstraße führte. Schon 1865 sind wieder Reparaturen notwendig und 1879 muß die ganze Treppe erneut aufgebaut werden (Plan erhalten), wobei die Stadt Minden einen Zuschuß an die Kirchengemeinde bezahlt (KAM, Mi, E 453 und F 668).

ÖSTLICHE TREPPE ZUR SIMEONSTRASSE (Abb. 1505)

Auch sie dürfte im Zuge des Baus der Stützmauer um 1450 angelegt worden sein. Nachdem 1835 zunächst verschiedene Instandsetzungen der bestehenden Treppenanlage erwogen wurden, wozu man nacheinander an die Steinhauermeister Furbisch und Schnabelrauch Aufträge erteilte und diese auch schon Pläne sowie Kostenanschläge ausgearbeitet hatten, kam es 1836 zu einem völligen Neubau der Treppenanlage, die durch den Maurermeister Homann mit Bückeburger Sandsteinstufen ausgeführt wurde (KAM, Mi, E 129; F 668. – Schroeder 1886, S. 695. – Nordsiek 1979, S. 81). Die Treppe um 1990 erneuert.

SIMEONSKIRCHHOF 1, Küsterhaus von St. Simeon (ab 1497)

bis 1818 ohne Haus-Nr.; bis 1878 Haus-Nr. 409 c

1497 verkauft die Gemeinde von St. Simeon an das Kloster St. Mauritz *twee hues, dat eyne by der ghadderen by deme kerckhoue vnd bouen der treppen de men van deme kerckhoue daell gheyt na Sunthe Symeonis dore dar yn vnsse coster anne tho wonende plach vnd dat andere hues dar vaste by na deme Wyngharden. Ock hebben de benompten heren vnssemm kaspel weder ghebuwet eyne nygghe hues to der kosterye jn oren hoeff by der gadder van dem kerckhoue hen dael na der Ridderstraten, jn welkerem hues wy doch myt alle nene fynsteren hebben schullen effte maken lathen noch bouen edder beneden dar man moghe doer seen effte sprake hebben jn der ergenompten hoeff heren hoeff* (STA MS, St. Mauritz und Simeon, Urkunden Nr. 251. – STA MS, Mscr. I, 115, Bl. 66. – STA MS, Mscr. VII, 2713, Bl. 266).

1755/66 Simeonis-Küsterhaus, versichert zu 50 Rthl; 1743–1799 Friedrich Lebrecht Neuburg (1719–1799), Küster, Lehrer der deutschen Schule und Organist an St. Simeon (siehe J. Brandhorst 1991, S. 216 f.); 1773 Küster Christian Neuburg (*wohnt im Kirchenhaus*); 1801/08 wohl bewohnt vom Küster und Organisten Karl Kapp, der als Komponist einen überregionalen Ruf besaß (siehe J. Brandhorst 1991, S. 178 f.); 1805 Küsterhaus, versichert zu 500 Rthl; 1809 Küster und Organist Witte (Seminarist aus Petershagen), Haus von zwei Etagen in schlechtem Zustand; 1818 Kirchengemeinde St. Simeon, Küsterhaus, versichert zu 500 Thl; 1846 Schneider Wilhelm Meister und ein Mieter.

Küsterhaus (1843–1894)

1843 wird ein Neubau des Küsterhauses errichtet, wofür die Gemeinde einen Antrag auf Zuschuß beim König stellt. Die Kosten wurden auf 1375 Thl geschätzt (KAM, Mi, F 803). Das traufenständige und offenbar zweigeschossige Gebäude, ein nördlicher Anbau an das Pfarrhaus, wurde für den Neubau eines Pfarrhauses (siehe Königstraße 7) 1894 abgebrochen.

SIMEONSKIRCHHOF 2, linker Teil

bis 1818 Haus-Nr. 409; bis 1878 Haus-Nr. 409 a; bis 1908 Simeonskirchhof 1 (heute Teil des Grundstücks Königstraße 5)

Die Parzelle dürfte erst seit dem 16. Jahrhundert durch Abtrennung aus einem Großgrundstück einer Vikarie des Domes (siehe dazu Simeonstraße 6) entstanden sein.

1743 ohne Eintrag (Haus ohne Grundbesitz); 1750 Niehusens Bude; 1755/66 Witwe Niehusens Bude, 20 Rthl; 1781/98 Bäcker Niehus, Bude für 25 Rthl; 1802 Niehus, Bude für 200 Rthl (1804 an Soldaten vermietet); 1808 Kaufmann Niehaus für seine Mutter (ebenso Ritterstraße 2); 1809 Witwe Niehus Bude; 1810 Böttcher Friedrich Wilhelm Kleine Junior, Wohnhaus und Hinterhaus; 1818 Gastwirt Stein, Wohnhaus 200 Thl; 1835 Witwe Stein; 1846/53 Schuhmacher Josef Bockelmann; 1853 vermietet an Schuhmacher Mohr.

Haus (um 1820–1906)

Nach erhaltenen alten Fotografien (GRÄTZ 1997, Abb. 194 und 195) ein unmittelbar an das Haus Königstraße 5 anschließender Fachwerkbau auf sehr kleiner, fast quadratischer Grundfläche und von vier Geschossen mit Kellersockel und unter flachem Satteldach. Die Front dünn geputzt und dreiachsig gegliedert. Den Formen nach um 1820 errichtet, und auf drei Etagen wohl als Wohn- und Mietshaus konzipiert, die vierte Etage niedriger und nur mit einer Ladeluke in der Straßenfront. Offensichtlich unterkellert. Das Haus nach Brandschaden am 25. 5. 1906 abgebrochen.

SIMEONSKIRCHHOF 2, rechter Teil (Abb. 1506)

bis 1818 ohne Haus-Nr.; bis 1878 Haus-Nr. 409 b; bis 1908 Simeonskirchhof 3 (heute Garten des Grundstücks Königstraße 5)

LITERATUR: LUDORFF 1902, S. 103 und Tafel 69.

Die Parzelle dürfte erst seit dem 16. Jahrhundert durch Abtrennung aus einem Großgrundstück einer Vikarie des Domes (siehe dazu Simeonstraße 6) entstanden sein. Da das Grundstück noch im 18. Jahrhundert frei war, bestand möglicherweise noch bis zu diesem Zeitpunkt ein Zusammenhang mit der Vikarie.

1766 noch nicht genannt; 1781 Zimmergeselle Brecker (am Simeonskirchhof, *ist eine freie Wohnung*); 1805 Polizei-Ausreuter Schwage, Wohnhaus für 300 Rthl; 1809 Ausreuter Schwager, Wohnhaus von zwei Etagen, Stall und Garten; 1812 Christian Schwager, Wohnhaus nebst Stall; 1818 Schwager, Wohnhaus 300 Thl, Stallung 50 Thl; 1846 Schlosser Anton Biermann und fünf Mietparteien (insgesamt 29 Personen); 1851 Verkauf an Schuhmacher Bertermann; 1853 Bertermann, vermietet an neun Parteien (insgesamt 31 Personen).

Wohnhaus (um 1780–1906)

Das Haus nur aus wenigen archivalischen Nachrichten und einer Fotografie der Brandruine (GRÄTZ 1997, Abb. 195) bekannt. Danach zunächst ein zweigeschossiger und traufenständiger Fachwerkbau mit nicht näher bekannter Gestalt, wohl durch den Zimmergesellen Brecker errichtet.

Um 1840 Um- und Ausbau zu einem dreigeschossigen und traufenständigen, verputzten Mietshaus mit Satteldach. In der Ansicht vierachsig, dabei jeweils in der äußeren Achse Haustüren. Daher offenbar in jeder Etage zwei kleine und durch getrennte Treppenhäuser erschlossene Wohnungen. Das Haus nach Brand am 25. 5. 1906 abgebrochen.

Auf dem Grundstück wurde nach Brand des Hauses eine zuvor an nicht weiter bekannter Stelle eingemauerte (Foto Ludorff 1896 im WAfD/Münster) Reliefplatte aus Sandstein geborgen (Führer Museum 1922, S. 13–14), die in zwei Bildern Adam und Eva mit Gott Vater und dem Baum der Erkenntnis im Paradies und die Vertreibung Adams und Evas aus dem Paradies darstellt. Die viel-

Abb. 1506 Simeonskirchhof 2, Reliefplatte mit der Darstellung der Vertreibung aus dem Paradies, um 1600. restaurierter Zustand um 1980 (heute Museum).

leicht um 1580 entstandene und rechteckige Platte (56 x 153 cm) unbekannter Funktion (möglicherweise Kaminsturz) am rechten Rand mit einem begleitenden Feld mit Beschlagwerk (links heute ebenso ergänzt) befindet sich jetzt im Museum Minden, Hof hinter Ritterstraße 23 (Inv.-Nr. Lap. 148 und 183).

SIMEONSKIRCHHOF 3, Pfarrhaus von St. Simeon

bis 1818 ohne Haus-Nr.; bis 1878 Haus-Nr. 409 d

Um 1800 ein Haus nebst einem Nebengebäude und Garten. Zugehörig ein Kuhkamp vor dem Simeonistor. Die Fläche seit 1894 unbebaut.

Die Pfarre der Simeonskirche war zunächst mit einem Weltgeistlichen besetzt. Die Lage seiner Wohnung ist nicht bekannt. Nachdem die Kirche 1434 dem dorthin verlegten Mauritiuskloster inkorporiert worden war, wurde die Stelle seit 1448 von einem Mönch des Klosters wahrgenommen. 1471 *die Wedeme* von St. Simeon genannt; 1492 der Bau des Pfarrhauses St. Simeon überliefert: *edificavimus domum plebanie Sancti Symeonis satis preciose* (Chronik St. Mauritz und Simeon: ZHVN 1873, S. 157).

1563 wird der Neubau zwischen dem Konvent und der Kirchengemeinde geregelt: *mit einer mauren dem conuent vnnd stift vngeferlich einen frien ganck von funf fuissen hinter dem hausze her vmbscheren, des der her abt vnnd conuent sich noch gefallen mugen haben zu gebrauchen vnnd soll solches hausz, dass alse gebauwet wirdt so woll alss die kerich* [danach über die Zeile geschrieben: *dem kloster*] *jncorporirt sein vnnd pleiben.* Das Haus wird dem Prädikanten überlassen. Für das Haus sei *eine Stette bey der Closter Custerey zu bebauen, doch sollen und wollen sie und das Cerspel mit einer maueren dem Convent und Stifft ungeferlich einen freyen ganck von funff fueszen hinter dem hausz her abscheren* (STA MS, St. Mauritz und Simon, Urkunden Nr. 330. – STA MS, Mscr. VII, 2713, Bl. 402r–403v. – STA MS, St. Mauritz und Simon, Akten, Nr. 3).

1747 *Pastoratshaus* (ist vermietet, da Pastor Anton Gottlieb Schlichthaber in seinem eigenen Haus Obermarktstraße 24 wohnt); 1755/66 Simeonis-Predigerhaus, versichert zu 150 Rthl; 1763 Pastor Henrich Johan Jellinghaus; 1773/86 Pastor Diedrich Henrich Rottmeyer; 1805 Predigerhaus, versichert zu 1 200 Rthl, Scheune 300 Rthl; 1809 Pastor Erdsieck, Haus von zwei Etagen in mittlerem Zustand mit Garten und Scheune; 1818 Kirchengemeinde St. Simeon, Predigerhaus, versichert zu 1200 Rthl, Scheune für 300 Thl; 1825 und 1831 wird das Gebäude jeweils für 6 Jahre an den Stadt-Gerichts-Sekretär Morius verpachtetet; 1846 Schneider Wilhelm Behring und zwei weitere Parteien; 1853 ohne Nennung; 1878 Kirchengemeinde.

Pfarrhaus (1492–1563)
Über das Aussehen des Pfarrhauses ist nichts weiter bekannt.

Pfarrhaus (1563–1894)

1744 wird das Haus wieder neu zur Vermietung angeboten: es hat *ein Saal, 4 Stuben, 4 Kammern, 1 gewölbter Keller, ein beschossener Boden, eine Neben- und Rauchkammer. Bey demselbigen* [...] *ein Hinterhaus mit beschossenen Boden, Stallungen auf 2 Pferde und 6 Kühe, anbey Platz zum Torfe, Holtze oder Wagen, auch zwey Schweineställe* [...] (WMR 1744).

1827 Reparatur des Hauses durch den Maurermeister Meyer: Reparaturen des Daches und besonders am Nebenbau sowie der Seitenwand an der Stube, die über dem Keller ausgewichen ist, ferner an der Anbauwand zum Hof, die ebenfalls ausgewichen ist. Auch Ausbesserungen im Inneren (KAM, Mi, E 1029). Nachdem schon 1890 der Plan für einen Neubau so weit gereift war, daß man einen Antrag auf Kostenübernahme bei der Regierung in Berlin stellte (KAM, Mi, F 803), wird dieser 1894 auf dem Gelände etwas weiter nördlich unter der Adresse Königstraße 7 (siehe dort) ausgeführt.

SIMEONSKIRCHHOF 3 a

bis 1818 ohne Haus-Nr.; bis 1878 Haus-Nr. 409 e

Eine kleine Hausstelle unbekannter Funktion, die im Anschluß an das Küsterhaus vor dem Pfarrhaus an der Straße selbst stand. Heute unbebaut.

1818 Wohnhaus am Simeonskirchhof (Gebäude des Klosters), 200 Rthl; 1823 verkauft; 1826 Kaufmann Reuter, Wohnhaus 300 Rthl; 1832 Johan Henrich Arnold Reuter; 1846 Reuter; 1853 Reuter, vermietet an Kleidermacher Hertz;

SIMEONSKIRCHHOF 4 (Abb. 1507–1509, 1533, 1539)

bis 1802 als Nebenhaus von Simeonstraße 12 ohne eigene Nummer; seitdem ein eigenständiges Wohnhaus; bis 1878 Haus-Nr. 276 b; bis 1908 Simeonskirchhof 5

LITERATUR: Ludorff 1902, S. 102 und Tafel 66.

Haus in Ecklage zur nördlichen Treppenanlage, die den Kirchhof mit der Simeonstraße verbindet, und auf steil abschüssigem Gelände zur Treppe orientiert. Die Hausstelle westlich (zum Kirchplatz) durch die Stützmauer um die Simeonskirche begrenzt, die im Bereich dieses Grundstücks ihr nördliches Ende findet. Die Baubefunde legen es nahe, daß diese Hausstelle kein hohes Alter hat, sondern zunächst als Beifahrt zum Haus Simeonstraße 12 gehört hat und der Grund erst um 1570 bebaut wurde. Beide Grundstücke zusammen bilden zudem eine rechteckige Blockparzelle und zahlten zugleich als einzige Häuser der Nachbarschaft bis ins 18. Jahrhundert nicht dem Domkapitel Lehnszins. Beide Bauten besitzen zudem eine gemeinsame Steinwand, die beim Neubau des Hauses Simeonstraße 12 um 1860 offensichtlich völlig in Backstein erneuert worden ist (sie zeigt zu Simeonskirchhof 4 verschiedene Bogenöffnungen).

1663 wohl die *Bode*, die Daniel Volkening (siehe Simeonstraße 12) an die Witwe des Magisters Ludovici vermietet hatte; vor 1802 Hutmacher Saul Erhard; 1802/04 Witwe Gerhard, Haus ohne Braurecht für 500 Rthl, hält 1 Jungvieh; 1809 Witwe Gerhard, betreibt Gemeinhandel, Wohnhaus von zwei Etagen in mittelmäßigem Zustand, Stall und Hof; 1818 Witwe Gerhard, Haus für 700 Thl; 1832

Abb. 1507 Simeonskirchhof 4, Ansicht von Südwesten (rechts Treppe zur Simeonstraße) Zustand 1993.

Schuster Wilhelm Meyer; 1846/53 Tischler Karl Schlüter; 1873 Witwe Louise Schlüter; 1908 Tischlermeister August Schlüter; 1950 Benno Schlüter; 1951 Harry Ahldag.

Nebenhaus (um 1570)

Das Gebäude, das nach den Details der Konstruktion und der Gestaltung in der Zeit um 1570 ohne erkennbare Verwendung älterer Reste errichtet wurde, ist bei relativ kleiner, fast quadratischer Grundfläche von großer bautechnischer und künstlerischer Qualität, zugleich mit einer (zum Teil auf die topographische Situation zurückgehenden) ungewöhnlichen Raumkonzeption. All dies – untypisch für ein Bürgerhaus – läßt darauf schließen, daß es sich zunächst um ein Nebenhaus der benachbarten Hausstätte Simeonstraße 12 handelte. Zweigeschossiges Giebelhaus mit Krüppelwalmdach, von nur mäßiger Tiefe, bis auf das Erdgeschoß aus Fachwerk errichtet, heute aber mit Ausnahme des Obergeschosses an der westlichen Traufwand verputzt. Vor der östlichen Seite des Giebels eine vorgesetzte Utlucht des frühen 17. Jahrhunderts aus Sandstein. Nördlich ein zweigeschossiger Anbau aus Fachwerk der Zeit um 1800 unter eigenem Satteldach. Die Baugeschichte

Abb. 1508 Simeonskirchhof 4, Ansicht von Nordwesten mit Blick auf den rückwärtigen Anbau, 1970.

des Hauses konnte auf Grund des verkleideten Zustandes und der intensiven Nutzung bislang nur im Ansatz geklärt werden.

Das Erdgeschoß besteht offensichtlich aus aufgemauerten, steinernen Umfassungswänden aus Backsteinen, die nur wenig über die hier niedrige Krone der Stützmauer unterhalb des Simeonskirchhofes hinausragen. Es nahm zum Kirchhof hin offensichtlich einen hohen Dielenraum auf, östlich anschließend eine Stube mit vorgestellter Utlucht. Dieser Raum ist gegenüber der Diele leicht erhöht und mit einem Balkenkeller darunter versehen (dieser unterkellerte Einbau ist offensichtlich im 19. Jahrhundert bis zum Rückgiebel verlängert worden, wobei die neuen Wände wohl aus Backstein massiv aufgemauert sind). Die Umfassungswände des Kellers sind aus Bruchstein, lediglich die östliche Traufwand besteht aus Backsteinen des 19. Jahrhunderts. Über diesem Erdgeschoß befindet sich ein hohes Fachwerkgeschoß von sieben Gebinden, bei dem die Eckständer mit geraden Fußbändern verstrebt sind. Über einer Brustriegelkette war der westliche Teil des Hauses ehemals wohl weitgehend in Fenster aufgelöst. Im Inneren des Obergeschosses offensichtlich die gleiche Raumgliederung wie im Erdgeschoß: zumindest im vorderen Bereich eine Längswand, die einen Raum hinter der Utlucht abteilt und zu den Balken mit Kopfbändern verstrebt ist. Auch hier ist die Raum-

Abb. 1509 Simeonskirchhof 4, Utlucht zur Simeonstraße, Ansicht von Südosten, 1895.

folge heute bis zum Rückgiebel verlängert. Darüber ein Dachwerk aus Eiche mit zwei Kehlbalkenlagen. Die Dachbalken zum Kirchhof ehemals wenig über (später entfernte Knaggen) vorkragend, Schwelle darüber an der unteren Kante profiliert (das Dachwerk um 1800 nachträglich abgewalmt).

Die in der Durchfensterung um 1800 veränderte, aber wohl bauzeitliche Utlucht ist offensichtlich als eigener Baukörper vor den Fachwerkgiebel gestellt worden. Sie ist von größerer Breite als die dahinter liegenden Räume und verdeckt die gemeinsame Traufwand mit dem Haus Simeonstraße 12. Die Utlucht ist – über einem Sockel aus Portasandsteinquadern – in feinsten Formen aus Obernkirchener Sandstein gearbeitet worden: Sie tritt nur wenig vor die Front des Hauses vor und ist daher seitlich nicht durchfenstert. Die Front ist durchgängig aus Werkstein gearbeitet und mit aufgelegten Lisenen in fünf Bahnen gegliedert, über die das Sockel- und obere Kranzgesims, ferner die beiden Brüstungsgesimse verkröpft sind. Nur das Sockelgesims des Obergeschosses (sowie das heute entfernte obere Kranzgesims) ist durchlaufend. Die Fensterzonen beider Etagen waren ehemals ganz in fünf schmale Glasbahnen aufgelöst, die (nach dem einzigen am Bau erhaltenen Beispiel) durch schmale Pfeiler unterteilt wurden. Diese an den Außenseiten als Säule mit Basis und Kapitell gestaltet. Die Brüstungszonen in beiden Geschossen in der Vorderfront seitlich jeweils mit durch die (mit floralem Ornament beschlagenen) Lisenen überschnittenen Fächerrosetten geziert, dazwischen im Mittelfeld jeweils eine kleine mit Fächer bekrönte Tafel (in die möglicherweise eine Inschrift gemalt war). Auf der Utlucht stand als Abschluß ehemals ein dreiteiliger Aufsatz, der 1895 nur noch in Resten vorhanden war (die Werksteinteile heute in das Mindener Museum, Lap. 114, verbracht) und offensichtlich ein kleines Satteldach verdeckte (heute hier ein flaches Pult aufgebracht). Seitlich über einer schmalen durch zwei Gesimse bekränzten Kopfzone jeweils ein halber Fächer, in der Mitte eine (ehemals wohl von einem weiteren Fächer bekrönte) Bildtafel, die zwei einen Schild haltende Putten zeigt. Der Schild mit dem Hauszeichen der Mindener Familie Vogt. Die Utlucht ist (wohl zur Schaffung einer klaren Grenzsituation mit dem Neubau des anschließenden Hauses Simeonstraße 12 um 1860) im rechten Bereich etwas reduziert, wobei die abschließende Pfeilerzone abgearbeitet worden ist.

In der zweiten Hälfte des 18. Jahrhunderts erhielt das Haus unter Erhalt eines darüber befindlichen sandsteinernen Sturzes aus dem frühen 17. Jahrhundert eine neue recht große rechteckige Haustür mit sandsteinerner Rahmung (sie wurde um 1950 zu kleinerer Türöffnung vermauert). Diese Veränderung dürfte mit der Aufteilung der Diele in einen mittleren Flur und zwei westlich daran anschließende Wohnräume entstanden sein.

Um 1800 ist der Bau nicht nur in verschiedenen Bereichen umgebaut worden (Änderungen im Dachwerk und dessen Ausbau zu Wohnzwecken, wozu ein übergiebelter Ausbau auf die westliche Traufwand aufgebracht wurde), sondern erhielt rückwärts nach Norden, entlang dem Kirchplatz einen Anbau von fünf Fensterachsen Länge aus schlichtem Fachwerk. Das Gerüst stöckig aus Eiche verzimmert und mit Schwelle-Rähm-Streben bzw. im Nordgiebel auch mit Fußstreben ausgesteift. Dieser Anbau besitzt ein hohes Wirtschaftsuntergeschoß (mit Ställen, Waschküche und Arbeitsraum) und ein zu Wohnzwecken eingerichtetes Obergeschoß, erschlossen durch einen Längsflur an der östlichen Traufwand. Der Bau bis um 1960 verputzt, dann die Gefache freigelegt (dabei die Fenster im Erdgeschoß zum Kirchhof vergrößert).

Der Innenausbau des Kernbaus ist heute unter den jüngeren Verkleidungen durch eine um die Mitte des 19. Jahrhunderts abgeschlossene Umgestaltung zu einem Etagenhaus mit mittlerem Flur bestimmt. Die zweiläufige Treppe und einige Türblätter dieser Zeit sind erhalten.

1908 Kanalisation; 1951 weiterer Ausbau des Daches; 1968 Garagenbau im Garten am Kirchhof; 1984 in die Denkmalliste der Stadt Minden eingetragen.

SIMEONSKIRCHHOF 5

1853 bis 1878 Haus-Nr. 277 b; oberer Eingang des Hauses Simeonstraße 14 (siehe dort)

SIMEONSKIRCHHOF 6

oberer Eingang des Hauses Simeonstraße 16; von 1818 bis 1878 Haus-Nr. 280 b/c (siehe dort)

SIMEONSKIRCHHOF 7

bis 1818 ohne Haus-Nr.; ab 1818 Haus-Nr. 282 b; oberer Eingang des Hauses Simeonstraße 18 (siehe dort)

Abb. 1510 Simeonskirchhof, Blick von Südwesten auf die Hinterhäuser von Simeonstraße 14 bis 18 (rechts), um 1910.

SIMEONSKIRCHHOF 8

oberer Eingang des Hauses Simeonstraße 22 (siehe dort)

SIMEONSKIRCHHOF 9

oberer Eingang des Hauses Simeonstraße 26 (siehe dort)

SIMEONSKIRCHHOF 11, St. Simeons-Kirche

siehe Teil III, Kap. VI

Simeonstraße

Die Simeonstraße muß heute als diejenige der historischen bürgerlichen Hauptstraßen von Minden bezeichnet werden, die ihren durch Jahrhunderte gewachsenen Charakter am deutlichsten erhalten hat. Sie behielt bis in das frühe 20. Jahrhundert ihre über Jahrhunderte bestehende Bedeutung als Zufahrt von Süden in das bürgerliche Zentrum der Stadt und als Ort intensiver Geschäfts- und Handelstätigkeit; diese Funktion verlor sie erst im Laufe des 20. Jahrhunderts – sicherlich nicht zuletzt auf Grund des Ausbaus der Lindenstraße, später auch des Klausenwalls als zügigere und bequemere Verbindung von den südlichen Vororten zum Markt und zur Weserbrücke.

Die Straße verläuft in mäßiger Steigung von der Furt über die Bastau in nordöstlicher Richtung schräg entlang dem Höhenversprung der durch die ganze Stadt von Süd nach Nord reichenden Uferterrasse und erreicht dann an ihrem nördlichen Ende deren obere Kante. An diesem Punkt verbindet sie sich mit der von Westen kommenden Königstraße, wobei beide hier in die beginnende Marktzone münden, die sich mit Schiefem Markt, Obermarkt, Markt und Scharnbereich weiter nach Norden fortsetzt. Die Besiedlung der Straße scheint nach den vorliegenden Befunden in einem sehr komplexen Prozeß erfolgt zu sein, der sich bis heute in der dabei entstandenen Parzellierung und der darauf erwachsenen Bausubstanz widerspiegelt. So konnten 1995 bei einer Grabung auf dem Grundstück Simeonstraße 17 Befunde freigelegt werden, die eine kontinuierliche Besiedlung dieses Geländes seit dem 9. Jahrhundert belegen. Allerdings legen es die im folgenden ausgeführten historischen Überlegungen nahe, daß die flächenhafte Besiedlung dieses Stadtbereiches mit bürgerlichen Anwesen erst seit etwa 1200 erfolgte und damit erheblich später als in der nördlich anschließenden Marktzone (schon Nordsiek meinte 1979, S. 32, auf Grund fehlender früher Nennungen der Straße davon ausgehen zu können, daß die Besiedlung der Straße jünger als die anderer Stadtbereiche sei). Auf Grund verschiedener Hinweise ist davon auszugehen, daß von einer noch recht unklar zu fassenden Vorgeschichte die Besiedlung (insbesondere im Bereich der Grundstücke Nr. 17/19) in der bis heute prägenden Form mit einer Reihe von wohl zunächst fünf großen bürgerlichen Anwesen auf der Ostseite der Straße erst um 1200 eingesetzt hat (Nr. 1/3, 5 links und rechts, 7 links und rechts, 9/11 und 13/15). Sie setzte die Besiedlung am Südende der Obermarktstraße, am Priggenhagen und am Anfang der Königstraße fort und drückte sich auch in der zu diesem Zeitpunkt erfolgten Gründung einer zusätzlichen Pfarre an der Simeonskirche aus, die westlich der Straße an der oberen Kante des Hanges steht. Alle diese großen Hausstätten sind später – zumeist wohl seit dem 16. Jahrhundert – unterteilt worden, wobei die bis heute prägende Bebauung mit Haupthaus auf der einen Hälfte und später zu einer selbständigen Hausstätte weiterentwickelten Nebenhäusern auf der anderen Hälfte in der überlieferten Baustruktur ablesbar blieb. Hierbei wurden die Hauptgebäude ohne Ausnahme schon im Mittelalter als steinerne Dielenhäuser errichtet.

Bei dem genutzten Siedlungsland scheint es sich durchgängig um Gelände gehandelt zu haben, das zuvor dem Bischof unterstand (und nicht – wie die älteren Siedlungsbereiche der Stadt – zu Wortgeld ausgegeben wurde). Noch im 18. Jahrhundert lassen sich im nordwestlichen Bereich der Straße Grundstücke als dem Bischof bzw. dem Dompropst lehnspflichtig nachweisen (Nr. 2, 4. 6, 8, 10, 14 und 28), während andere Parzellen und wichtige Punkte südlich der Bastau – wie etwa die Mühle – in der Frühzeit noch zum bischöflichen Amt des Wichgrafen gehörten. Gleiches gilt auch für das westlich anschließende Gelände zwischen dem Weingarten und der Königstraße, in dem offenbar die in vorstädtische Zeit zurückreichende bischöfliche »Curia Beldersen« aufging und spä-

Abb. 1511 Simeonstraße, Blick vom Obermarkt nach Süden auf die Bauten Simeonstraße 2 (rechts) bis 6 und 1 bis 19 auf der linken Seite, um 1900.

ter noch in stetig weiter reduzierter Form als Hof der Familie Gevekoth weiterbestand (siehe dazu unter Königstraße 7–23).

Mit der Anlage der Stadtbefestigung bekamen sowohl die schon entstandenen als auch die sich ausbildenden Strukturen der Stadtsiedlung einen festen Rahmen. Die hier an der Bastau liegende und vor 1315 nachweisbare Mühle (Nr. 35/37) blieb dabei außerhalb der Stadtbefestigung. Ihr gegenüber wurde kurz vor 1309 – ebenfalls unmittelbar vor dem Tor – ein Hospital angelegt (Nr. 36). Schon 1319 wurde zudem neben dem Tor ein Haus außerhalb der Stadtmauer errichtet (Nr. 34). Zu einem unbekannten Zeitpunkt erhielt die Mühle für einen gesteigerten Antrieb einen höheren Stau, wozu der Oberlauf der Bastau in einen Wall verlegt werden mußte, weil das schon bestehende Hospital damit tiefer als der Wasserspiegel lag. Das Hospitalgelände mußte in der Folge mit einem zusätzlichen Kanal in den Bereich unterhalb der Mühle entwässert werden.

Auf dem nördlichen Ufer der Bastau entstand am südlichen Ende der Straße eines der sieben Stadttore Mindens, das wegen seiner Lage nahe der neuen Pfarrkirche St. Simeon den Namen Simeonstor bekam und seit 1230 nachweisbar ist. Unmittelbar innerhalb des Tores teilte sich die Straße (die hier eine kleine platzartige Erweiterung aufweist) in die schon beschriebene Simeonstraße und den davon nach Westen abzweigenden Weingarten. Weiter verliefen entlang der Stadtmauer schmale Mauergassen, nach Westen im Zuge der heutigen Rodenbecker Straße, nach Osten die Petersilienstraße, die den Grundstücken der östlichen Seite der Simeonstraße auf der Rückseite folgte. Die Gassen blieben bis in das 19. Jahrhundert – von einigen Buden abgesehen – weitgehend unbesiedelt und hatten ihre Bedeutung im Stadtgefüge vor allem in der rückwärtigen Erschließung der großen bürgerlichen Parzellen am Weingarten und an der Simeonstraße.

Auffällig ist, daß die Parzellen, die sich um diese platzartige Erweiterung vor dem Simeonstor gruppierten, zu den größten bürgerlichen Hausstätten des ganzen Stadtgebietes zählten und hier zunächst einen eigenständigen bürgerlichen Siedlungsbereich bildeten. Sie bestanden wohl aus durchweg recht breiten Grundstücken, die – seit dem Spätmittelalter in der baulichen Entwicklung klar nachweisbar – neben dem eigentlichen, immer als Steinhaus ausgeführten Wohn- und Wirtschaftshaus noch Nebenhäuser und/oder Lagerhäuser aufwiesen. Es sind dies die sechs Anwesen Simeonstraße 21/23, 26/28, 29/31, 30/Weingarten 68, wohl auch Weingarten 66 sowie Simeonstraße 25/27. Gerade für diesen Bereich häufen sich daher frühe Nachrichten für große Steinbauten. Tribbe berichtet noch um 1460 von dem angeblichen Stifter des Heilig-Geist-Hospitals, der auch *das Haus, das einst die angesehene Witwe, die Volbertsche, bewohnte, das jetzt auf die Witwe Decbers übergegangen sei*, erbaut hat.

Eine Ausnahme bilden die beiden zwischen den zuvor beschriebenen Bereichen liegenden Parzellen Nr. 17 und 19, die im Mittelalter zu einem großen und wohl zunächst nicht bürgerlich genutztem Grundstück gehörten, auf dem über älterer Besiedlung seit dem 12. Jahrhundert ein großes, in zwei Phasen entstandenes und wohl traufenständiges Gebäude stand. Es liegt an der Stelle der Straße, wo der Hang vom Simeonskirchhof zur Bastauniederung am steilsten abfällt und seitlich der Simeonstraße daher am wenigsten Platz zur Besiedlung ließ. Noch zur Bauzeit scheinen nicht nur die gegenüberliegenden, sondern auch die benachbarten Parzellen – insbesondere Simeonstraße 15 – noch unbebaut gewesen zu sein. Der auch auf Grund seiner Größe im Stadtbild sehr auffällige und ungewöhnliche Bau scheint um 1200 Wohnort einer hervorgehobenen Persönlichkeit gewesen zu sein, möglicherweise des Verwalters (Meyer) der schon erwähnten *Curia Beldersen* (aus der die Familie von Beldersen hervorging) die als eine wichtige zum Dom gehörende Wirtschaftseinheit wenig weiter westlich auf der Höhe des Hanges lag (wobei dieser Wohnsitz möglicherweise wiederum an einen vorstädtischen Siedlungspunkt anknüpfte). Erst später, nach Untergang dieses Wohnsitzes, Auflösung der *Curia* und Eingliederung ihrer Flächen in die sich ausweitende Besiedlung der Stadt, ist er seit dem 14. Jahrhundert in mehreren Schritten in zwei den anderen angeglichene Giebelhäuser umgebaut worden.

Im frühen 16. Jahrhundert scheint es nach recht unklaren Nennungen in den Quellen zu einem Brand von einigen Bauten gekommen zu sein: *incendio periit magna domus ante portam Sancti Symeonis cum suis requisitis, ad synystram, et commota fuit tota civitas, quod periculum maximum fuit vicinis* (Chronik St. Mauritz und Simeon: ZHVN 1873, S. 164). Nach anderen Quellen fand der Brand am 12. 4. 1506 in der Simeonsvorstadt sowie in Teilen der Martini-Pfarre statt (Chronik St. Mauritz und Simeon: ZHVN 1873, S. 165. – Schroeder 1886, S. 403). Bislang kann diese Nachricht allerdings keinem Grundstück sicher zugeordnet werden (lediglich ein Zusammenhang mit dem 1513 errichteten Neubau von Nr. 17 ist möglich).

Während also die Ostseite der Straße schon seit der wohl um 1200 beginnenden Siedlungstätigkeit in diesem Gebiet der Stadt mit größeren, wohl fast ausnahmslos bürgerlichen Hausstätten besetzt wurde, verlief der Prozeß der Aufsiedlung auf der Westseite komplexer: Auf der oberen Kante der Terrasse war hier um 1200 die Simeonskirche gegründet worden, die man 1214 nach siebenjähriger Bauzeit weihte. Zwischen ihr und der weiter unten am Hang entlanglaufenden Straße war der zur Bebauung zur Verfügung stehende Platz erheblich durch den recht steilen Abhang der

Uferterrasse beeinträchtigt, der um 1450 durch den Bau einer Stützmauer unterhalb der zu dieser Zeit erweiterten Simeonskirche verändert wurde. Der zum Teil recht schmale Geländestreifen zwischen der Mauer und der Simeonstraße dürfte bis zu diesem Zeitpunkt auf weiter Strecke (etwa im Bereich Simeonstraße 14 bis 24) noch unbesiedelt geblieben sein, so daß die Straße zu dieser Zeit als ein weiter Raum gewirkt haben dürfte (davon ist heute nur noch der kleine auf den Simeonskirchhof führende Bereich vor den Häusern Nr. 8 bis 12 erhalten); möglicherweise gehörte der größte Teil auch – wie um 1500 nachzuweisen – zu dem herausragenden und gegenüber auf der Ostseite gelegenen Anwesen 17/19. So finden sich in diesem Straßenabschnitt als einziger Bereich der Straße keine Baureste aus der Zeit vor der Mitte des 15. Jahrhunderts, zudem blieb es hier oft bei der Errichtung von kostengünstigeren Fachwerkbauten. Offensichtlich handelt es sich bei den hier noch heute stehenden Häusern Nr. 14 (um 1500?), 18 (1511) und 20 (um 1475) um die Erstbebauung der Flächen, wobei es z. T. zunächst Wirtschaftsbauten waren, aus denen dann erst zu späterer Zeit Wohnbauten wurden (etwa für die Bauten 20, 24 und 26 nachweisbar). Für die drei zu diesem Komplex gehörenden Grundstücke Nr. 14, 16 und 18 wurde noch im 17. Jahrhundert eine in ihrer Bedeutung bislang nicht bekannte Abgabe an die städtische Kämmerei gezahlt (die aber sicherlich auf ältere Zusammenhänge hinweisen dürfte). Lediglich im nördlich davon liegenden Abschnitt der Straße war der Höhenunterschied zwischen der Straßenseite und dem Simeonskirchengelände geringer, zudem der Abstand beider größer. Hier wurde offensichtlich 1334 auf einer noch bestehenden und dem Dompropst zugehörigen Fläche eine zum Dom gehörende Vikarie mit weitläufigem Grundstück angelegt, deren Recht sich bis in das spätere 18. Jahrhundert in dem Hause Simeonstraße 6 erhalten hatte. Neben dem Vikariatshaus, das sicherlich zunächst inmitten des Blocks stand, fanden sich nur vereinzelt Wirtschaftsgebäude, von denen womöglich noch der Bau Königstraße 5 bis um 1900 zeugte. Die übrigen Hausstätten auf diesem Baublock scheinen erst nach der Reformation durch Aufsiedlung von Teilflächen entstanden zu sein, wobei es sich in manchen Fällen möglicherweise noch um zugehörige Mietshäuser oder Buden handelte. Die extrem enge Bebauung dieses Blocks erweist sich damit als ein Ergebnis der Bautätigkeit in der frühen Neuzeit.

Die Besiedlung der Straße konnte um einige Bauten nach Süden ausgeweitet werden, als der Rat der Stadt um 1510 begann, vor der Stadtmauer neue Wallbefestigungen anzulegen. Dabei wurden Hospital und Mühle in die neue Stadtumwallung einbezogen, die nun den Verlauf der Bastau in das Stadtinnere verlegte. Zu diesem Zweck wurde unmittelbar südwestlich der Brücke über die Bastau ein Durchfluß durch den neuen Wall geschaffen.

Die damit bis zum 16. Jahrhundert in verschiedenen Abschnitten geschaffene, recht komplexe Besiedlungsstruktur fand ihre Entsprechung in der Lagebeschreibung der einzelnen Häuser, wie sie zum Beispiel in den Giebelschatzregistern vorgenommen wird. So wird zwischen Häusern unterschieden, die *auf der St. Simeonisstraße* liegen, solchen die *vor dem St. Simeonistor* stehen und solchen, die sich *zwischen St. Simeonistor* befinden. Unter der letzten Ortsbezeichnung werden die nach 1510 entstandenen Bauten zwischen dem mittelalterlichen Stadttor und dem frühneuzeitlichen Tor, also der Bereich südlich der Einmündung der heutigen Rodenbecker Straße mit Hospital, Mühle sowie den vier Häusern Nr. 32, 33, 35 und 38 verstanden. *Vor dem St. Simeonstor*, dort wo sich nördlich des mittelalterlichen Tores Weingarten und Simeonstraße gabelten, lag die Gruppe der großen Bürgerhäuser, worunter neben den Bauten ab etwa Nr. 25 bis 33 auch die Häuser Weingarten 66 und 68 gefaßt wurden. Ohne klare Trennung davon wurden in der Regel erst die Häuser nördlich der Nummern 26 und 27 zur eigentlichen Simeonstraße gezählt.

Die Bebauung scheint sich in der Neuzeit zunächst nicht wesentlich geändert zu haben. Die großen Häuser dürften allerdings im 16. und 17. Jahrhundert vielfach umgebaut, mit neuen Fassaden versehen und mit Utluchten geschmückt worden sein, doch hat sich davon nur weniges überliefert. Auf mehreren Parzellen sind allerdings die seitlichen Durchfahrten seit dem 16. Jahrhundert mit Nebenhäusern überbaut worden, die später zumeist zu eigenen Häusern wurden und die dichte Reihe der Giebelhäuser komplettierten. Weitere Wohnhäuser entstanden wohl durch den Umbau von seitlich neben den Häusern stehenden Wirtschaftsgebäuden.

Sowohl bei der Beschießung der Stadt am 25. 10. und 4. 11. 1634 (siehe Schreiber 1957, S. 58) als auch – in allerdings geringerem Maße – während des Siebenjährigen Krieges ist es bei den Häusern an der unteren Simeonstraße zu größeren Schäden gekommen, doch konnten in allen Fällen die bestehenden Bauten wieder hergestellt werden.

Nicht zuletzt das Aufblühen der Lohgerbereien in der Stadt seit der Mitte des 18. Jahrhunderts brachte auch der Simeonstraße neue Impulse, etwa in den Unternehmungen der Familie Hempel (siehe Nr. 29) oder dem Ausbau der Mühle. So ist in den Jahren um 1780/90 in der Straße eine lebhafte Bautätigkeit zu beobachten, wobei auf der Ostseite zumeist nur Reparaturen und Umbauten an den großen alten Steinhäusern vorgenommen wurden, während im mittleren Bereich der Westseite mehrere Neubauten entstanden, die allerdings nur aus Fachwerk errichtet und durch Handwerker finanziert wurden.

Abgesehen von vereinzelten Baumaßnahmen setzt um 1850 eine weitere wichtige Veränderungsphase ein, die von einer Ausweitung der bestehenden Geschäfte und Handelshäuser getragen wird. Dabei begann man, das Straßenbild einschneidend zu verändern. Zum einen wurden die giebelständigen Altbauten hinter hohen Blendwänden verkleidet (erste Vorboten entstanden schon seit etwa 1800, z. B. Simeonstraße 29 und Weingarten 68), zum anderen wurden großzügige, nun meist dreigeschossige und ganz unterkellerte Geschäftshäuser errichtet, die Fassaden in klassizistischer Formensprache erhielten. Erst mit Neubauten aus der Zeit nach 1890 brach man mit dieser Entwicklung und errichtete nun individuellere Bauten, die aber immer noch als kombinierte Wohn- und Geschäftshäuser konzipiert wurden und zum Teil äußerst weitläufige, allerdings auch die Grundstücke nun extrem überbauende Komplexe bildeten.

Nachdem kurz nach 1900 die Bautätigkeit in der Straße bis auf kleinere Umbauten weitgehend aufhörte, setzte sie erst um 1955 wieder ein, wobei nun anstelle von durch jahrzehntelange Vernachlässigung verfallenen Gebäuden Neubauten entstanden, die allerdings nur noch von einem sehr geringen gestalterischen Anspruch getragen wurden und kaum noch den Versuch erkennen lassen, den Charakter einer innerstädtischen Straße weiterzuführen. Nach 1945 wandelte sich die Straße unter dem Einfluß der großen, in den Kasernenanlagen am Simeonsplatz stationierten englischen Besatzungsstreitkräfte zu einer Gaststätten- und Amüsierstraße mit mehreren Nachtlokalen, eine Entwicklung, die erst nach 1985 wieder zurückging.

Über den Ausbau des Straßenraumes selbst sind wir erst sehr spät – seit der Zeit um 1800 – unterrichtet: Im Zuge des 1797 einsetzenden Chausseebaus wurde die Ortsdurchfahrt Mindens als Staatschaussee ausgebaut. Dabei kam es 1806 zur Neupflasterung der Simeonstraße, wobei man 1806 das untere Stück am Tor fertigstellte (Rechnung dazu in KAM, Mi, C 509) und im gleichen Jahr die Arbeiten an der Straße selbst unter der Leitung des Maurermeisters Däumer in Angriff nahm. Hierbei entstanden Kosten von 1796 Rthl (KAM, Mi, C 512, D 177). 1808 werden die Bewohner der Straße dann aufgefordert, *die Radstößer* vor den Häusern zur Gewinnung einer breiteren Durchfahrt zu entfernen (KAM, Mi, D 174). Schon 1817 müssen allerdings wieder umfangreiche Pflasterreparaturen vorgenommen werden und 1855 kommt es zur Neupflasterung. 1874 werden die Trottoirs der Straße mit Ziegelpflaster ausgelegt, ferner wird der sogenannte *Brink zwischen Straße und Treppe* (heute als *Max-Ingberg-Platz* bezeichnet) repariert, da er ziemlich steil sei. Um hier eine möglichst flache Ebene zu erhalten, wird er im Westen teilweise abgesenkt und im Osten zugleich eine Futtermauer aus Backstein zur Straßenfläche errichtet, auf die man vier Sandsteinsäulen setzte. Die Treppe wurde aus alten Sandsteinplatten erstellt (KAM, Mi, E 704, F 106, F 720). 1874 wurde die Straße noch einmal als Staatschaussee neu gepflastert, und 1888/89 wird ein Kanal in der Straße verlegt und die Pflasterung damit erneuert. 1919 wird die Mindener Straßenbahn ausgebaut und auf elektrischen Betrieb umgerüstet, wobei die Strecke zwischen Markt und der Portastraße statt der bisherigen Trasse durch die Lindenstraße nun über die Obermarktstraße und durch die Simeonstraße verlegt wird, in der man die Gleise hart vor der östlichen Häuserfront in das Pflaster einbaute. Nach der Einstellung des Straßenbahnbetriebes zum Ende 1959 und der Aufnahme der Gleise wird zunächst nur dieser Teil mit Asphalt versehen. Erst im Zuge von Maßnahmen der Stadtsanierung wird 1989 eine Neupflasterung der Straße vorgenommen.

BRÜCKE ÜBER DIE BASTAU

1773 wird die Brücke nach einem Plan von Baurat Schloenbach durch den Maurermeister Zingerlin neu mit einem massiven Bogen über den Bachlauf erneuert. Nachdem die Bastau seit 1903 in ihrem Lauf verlegt wurde, ist das Bett verschüttet worden. Allerdings ließ man die Brücke selbst bestehen, da sie die Straße weiterhin über das zumindest auf der westlichen Seite tiefer gelegene Gelände hinwegführte. Es ist daher davon auszugehen, daß die Brücke bis heute unter der Straße erhalten ist.

NACHRICHTEN ZU NICHT BEKANNTEN HÄUSERN DER STRASSE

Wohl 1322 lassen *Clawes van der Beke und* sein Sohn *Arnolt* dem *Lutbrechte von Valhosen und* seiner Frau *Alheide* ein Haus und Erbe auf, gelegen *bi sinte Symeone* (von Schroeder 1997, Stadtbuch 1318, I, Nr. 35).

Wohl 1330 läßt *Conrat van Hille* dem *Hinrich van Heuerstede ere hus vppe sunte Symeonis orde* auf (von Schroeder 1997, Stadtbuch 1318, I, Nr. 79).

Wohl 1330–1333 läßt *Johan van Ernessen* dem *Gysike van Stemmeshorne* und seinem Schwager *Hermen* auf ein *hus bi su*(o)*nte Symeone* (von Schroeder 1997, Stadtbuch 1318, I, Nr. 81).

1339 läßt *Gerhardum dictum Holt* dem *Conrado de Reme* ein Steinhaus beim Simeonstor auf: *resignatio domus sive hereditatis lapidee juxta valvam sancti Symeonis* (von Schroeder 1997, Stadtbuch 1318, I, Nr. 89).

1348 lassen *Hillegundis*, Witwe des *Walteri de Euerstede* und ihre Töchter *Beka* und *Hillegundis* dem *Justacio de Smeringen* und seiner Frau auf *domum suam et aream* [...] *sitas ex opposito cymiterii sancti Symeonis* (von Schroeder 1997, Stadtbuch 1318, I, Nr. 98).

1364 lassen der Ratsmann Dietrich von Kappelle und seine Frau Hille dem Bernd von Melle und seiner Frau Grete ein Haus mit Stätte auf zur Pacht *in sunte Simions strate by Johannis Plocken huß*. Als spätere Besitzer werden genannt: Bernd von Melle, Richard Rosener, Werneke Schilling, Bernd de Ruker, Schweder von der Hoya, Heinrich von der Hoya (STA MS, Mscr. VII, 2716, Bl. 17r–17v).

1418 verpfänden die Brüder Johann und Bernd von Groperdorp der Kyne, Witwe des Klaus Trepel einen Hof *belegen by sunte Symeonis kerkhoue.* Aus dem Erlös errichtet die Witwe Trepel eine Memorialstiftung bei St. Simon (STA MS, St. Mauritz und Simeon, Urkunden Nr. 140).

1485 überträgt das Stift St. Mauritz der Adelheid, Witwe des Gerd Huddick, ein Haus an der Friedhofsmauer St. Mauritz: *domum nostram in pomerio circa cimiterium* (Chronik St. Mauritz und Simeon: ZHVN 1873, S. 155).

1498 verkaufen Johann Rungenhagen und seine Söhne Johann und Arnd dem St. Johannis-Kloster mit Zustimmung des Dompropstes als Lehnsherrn des Grundstücks eine Rente *vth einem orem huse mit alle siner thobehoringe belegenn jn der stad Minden by sunthe Simeonis kerckhoue vp dem orde twisschenn Hermen Trupenichtes huse vnd Johann Jungen boden* (STA MS, Mscr. VII, 2702, f. 18r–18v sowie 18v–19r).

1551 verkaufen Johann Gevekote und seine Frau Katharina dem St. Mauritz-Stift einen Gang *dar dorch wy vth vnsem haue nach sunte Simeons dare plegen thogande twusschen ohrem vorgeschreuen closter vnd dem haue, den ohre Erwerde van dem werdigen domcapittel tho Mynden jnne habben vnnd besitten belegen* (STA MS, St. Mauritz und Simeon, Urkunden Nr. 326; vermutlich auf dem Klostergelände nördlich des Weingartens zu lokalisieren).

1555 verkaufen Gerd Ruschemeyer und seine Frau Gese dem Heilig-Geist-Hospital eine Rente aus einem Haus mit Stätte, *so dat belegen iss vor sanct Simions dare twischen Cort Ernstinghs vnd der Heineman husern.* Als spätere Besitzer sind nachgetragen: *Johan Wernemann, Herman Ladewigs kleine huss vor S. Simeon by Jurden Planders hause anno 1647* (KAM, Mi, A III, Nr. 188. – STA MS, Mscr. VII, 2716, Bl. 106r–106v). 1570 wird von dem gleichen Ehepaar dem Heilig-Geist-Hospital eine weitere Rente aus dem Haus mit Stätte verkauft. Es liegt nun *vor sunte Simionis dare twischen Hinrich Schrieuers vnd Johan Clapmeiers husen* (KAM, Mi, A III, Nr. 198. – STA MS, Mscr. VII, 2716, Bl. 119v–120r).

Am 25. 10. 1634 kommt es zu Schußschäden an Ludewigs Haus (Bölsche o. J., S. 60).

1650 stirbt Arend Nieland. Um sein Haus vor dem Simeonstor kommt es zum Streit zwischen seinem Schwiegersohn Johann Kummel (verheiratet mit Margaretha Nieland) und Henrich Werfel Junior, da er das Haus erworben und die bisherigen Bewohner vertrieben habe (KAM, Mi, B 60 alt).

SIMEONSTRASSE 1 (Abb. 1221, 1512–1515, 1520, 1521, 1525)
bis 1878 Haus-Nr. 264

Große Parzelle an exponierter Stelle im Stadtgefüge zwischen dem Priggenhagen und der Simeonstraße/Königstraße, die hier beide in den nördlich anschließenden *Schiefen Markt* (Obermarktstraße) münden. Das bis 1894 bestehende, im Kern spätmittelalterliche Gebäude war giebelständig zur Simeonstraße orientiert. Der Zuschnitt des südlich anschließenden Hofplatzes mit einer hier im frühen 19. Jahrhundert nachweisbaren Scheune, aus dem nach Westen die kleine Hausstelle Simeonstraße 3 ausgegliedert war, läßt vermuten, daß dieser Bereich ursprünglich zum Grundstück gehörte und nachträglich (schon vor 1743) unterteilt wurde.

1667 Witwe Johan Henrich Clare; 1680 Johan Heinrich Clare, jetzt Johan Jochmus Junior; 1684/1711 Johan Jochmus Haus (zahlt 4 Thl Giebelschatz jährlich); 1743 Erich Gabriel Bauer; 1744 Gabriel Bauer. Das Haus mit Braurecht und Huderecht für 6 Kühe sowie zugehöriger Bude und Bruchgarten soll für 1 265 Rthl versteigert werden (WMR 1744, Nr. 9); 1746 Philipp Schreiber; 1750 N. Schreiber; 1755 Schreiber, Haus für 500 Rthl; 1766/67 Kaufmann Johann Ludwig Koch, 500 Rthl; 1781 Ludwig Koch, 200 Rthl; 1791 Justus Lieffert; 1798/04 Kaufmann Lieffert, halbmassives Haus mit Braurecht, hat hölzerne Handspritze, hält 1 Kuh und 1 Schwein; 1805 J. Gus. Liefert, Erhöhung von 200 auf 1 000 Rthl; 1809 Kaufmann Lieffert, baufälliges Wohnhaus und Stall; 1818 Kaufmann Lieffert, 1 000 Thl; 1826 Lieffert, Wohnhaus 1 500 Thl, Scheune 400 Thl, Anbau 100 Thl; 1832/36 Kaufmann Rudolf Gottfried Lieffert (* 1788); 1846 Kaufmann Rudolf Lieffert; 1848/53 Kaufmann August Buhmeier; 1865 A. Buhmeier, Kolonialwarenhandlung; 1873/78 Kaufmann Marpe; 1893/1908 Kaufmann Fritz Marpé, Destillation und Kolonialwarenhandlung; 1912 Nähmaschinen- und Fahrradhandel Kaufmann F. A. Mosel (später dann Priggenhagen 5).

Abb. 1512 Simeonstraße 1, Ansicht der nördlichen Traufwand zur Obermarktstraße, links Einmündung des Priggenhagen mit dem anschließenden Nebengebäude Priggenhagen 2, rechts der Beginn der Königstraße mit dem Eckhaus Simeonstraße 2, um 1890.

Haus (bis 1894)

Das ungewöhnliche und offensichtlich stadtgeschichtlich wichtige Gebäude wurde 1894 ohne weitere Dokumentationen und widerspruchslos abgebrochen. Kenntnisse über den Bau sind daher heute nur noch aus wenigen Fotografien, die den Bau von Norden zeigen, und dem Entwässerungsplan von 1893 zu gewinnen. Zweigeschossiger, rechteckiger und massiver Baukörper unter einem pfannengedeckten Satteldach, am östlichen Giebel mit einer schmalen zweigeschossigen Erweiterung auf der ganzen Gebäudebreite in verputztem Fachwerk unter angeschlepptem Dach. Das Innere wurde im letzten Zustand durch einen breiten mittleren Flur bestimmt, der vom westlichen, der Simeonstraße zugewandten Giebel erschlossen war und offensichtlich durch den Zubau einer früheren Diele entstand. Der Einbau entlang der nördlichen Traufwand reichte durch das ganze Gebäude und dürfte zuerst entstanden sein, später durch Laden, Treppenhaus, *Brennraum* und ein rückwärtiges Zimmer zur südlichen Seite ergänzt. Über diesem allmählich verbauten hohen Dielengeschoß ein niedriges Speichergeschoß, zur Nordseite nur durch kleine hochrechteckige Luken belichtet. 1744 hat das Haus zwei Stuben, acht Kammern, einen Saal, eine Bude, eine Küche und einen gebalkten Keller.

Verschiedene Hinweise an der Erscheinung des Baus lassen in dem zuletzt vorhandenen Gebäude einen spätmittelalterlichen rechteckigen Steinbau ungewöhnlicher Gestalt erkennen, der offenbar ein später abgenommenes Obergeschoß aufwies. So lag das Dach mit seiner auf das 17./18. Jahrhundert weisenden, recht geringen Neigung – an der nördlichen Traufwand erkennbar – unmittelbar auf einer aufwendigen steinernen Konsolarchitektur auf. Sie erscheint als Lager des Dachwerkes kaum sinnvoll, zumal diese Architektur zur Abwendung von Schäden durch große, darauf liegende Lasten nachträglich mit drei in unregelmäßigem Abstand vor die Nordwand gemauerten Strebepfeilern unterstützt war. Es handelte sich um 13 vor die Traufwand vorkragende Bögen, die auf zweifach vorkragenden Konsolen unbekannter Konstruktion aufliegen.

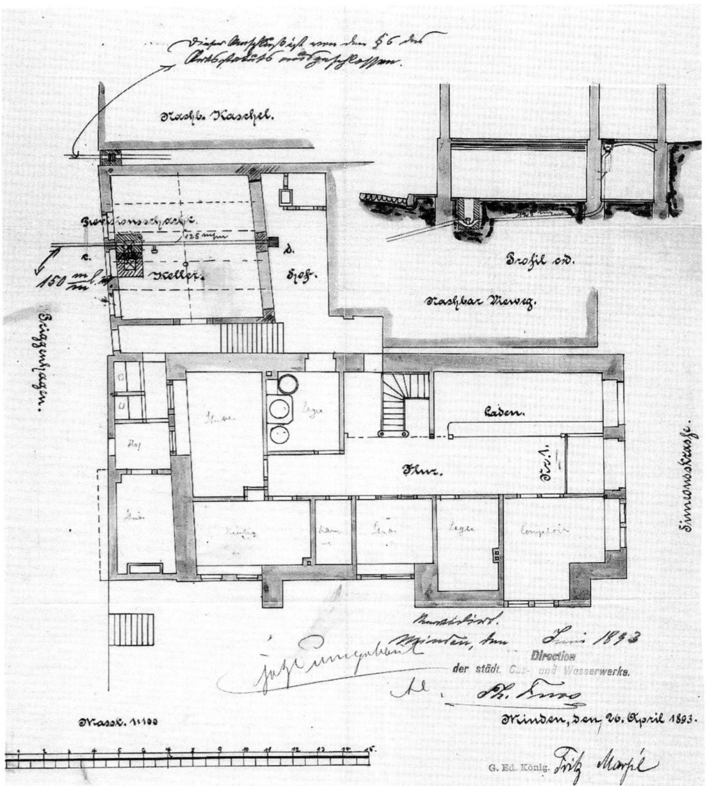

Abb. 1513 Simeonstraße 1, Grundriß aus der Entwässerungsakte von 1893 mit dem anschließenden Nebengebäude Priggenhagen 2. Norden unten.

Nebengebäude (von 1877) Priggenhagen 2 (Abb. 1512 und 1525)

1877 erhielt das Haus durch den neuen Eigentümer des Anwesens, Kaufmann Marpé nach Abbruch der hier bestehenden Scheune einen selbständigen Erweiterungsbau nach Süden, der zum Priggenhagen orientiert ist. Er weist bei vier Fensterachsen ein Satteldach über niedrigem Drempelgeschoß auf und hat über zwei niedrigen Lagergeschossen eine darüber angeordnete Wohnetage. Die Fassade des Backsteinbaus zum Priggenhagen ist geputzt und mit einer schlichten Gliederung gestaltet.

Wohn- und Geschäftshaus (von 1894)

Nach Verhandlungen zwischen Bauherr und Stadt um die Baufläche im Jahre 1893 wurde das alte Haus im Januar 1894 abgebrochen, während der Flügel zum Priggenhagen bestehen blieb und in den Neubau einbezogen wurde. Dieser wurde nach Plänen des Architekten W. Meyer auf völlig neu festgelegten Fluchtlinien errichtet, wodurch der Straßenraum zur Simeonstraße aufgeweitet werden konnte. Die Flächenreduzierung des Grundstücks auf der Westseite konnte nördlich durch den Zuschlag einer Teilfläche des Platzes ausgeglichen werden. Dafür mußte die bestehende Treppe in die diesen Platz zum Priggenhagen begrenzende Stützmauer verlegt werden. Es entstand ein die anschließenden Straßenräume vielfach dominierender dreigeschossiger und vielgestaltiger Backsteinbau mit zurückhaltender Putzgliederung in Formenanklängen der Gotik. Er erhielt eine zwei-

Abb. 1514 Simeonstraße 1, Ansicht der Nordfront von der Obermarktstraße aus, 1993.

mal gebrochene Hauptfassade nach Nordwesten, die mit einem sehr großen, um ein Geschoß überhöhten und übergiebelten Erker in der Mitte so stark betont ist, daß sie zusammen mit dem 12 Jahre später 1906 durch den gleichen Architekten gegenüber errichteten Haus Obermarktstraße 38 als Neuinterpretation der städtebaulichen Situation im späthistoristischen Sinne eine Torsituation zwischen der Straßengabelung Simeonstraße/Königstraße und dem *Schiefen Markt* bildet. Die viergeschossige Fassade des Erkers wird durch eine große Fenstergruppe unter einer Bogengliederung zusammengefaßt. Die seitlichen Fassadenabschnitte zum *Schiefen Markt* sind vierachsig, zur Simeonstraße dreiachsig und jeweils mit einem kleineren übergiebelten Dachausbau bekrönt. Das Erdgeschoß ist ganz

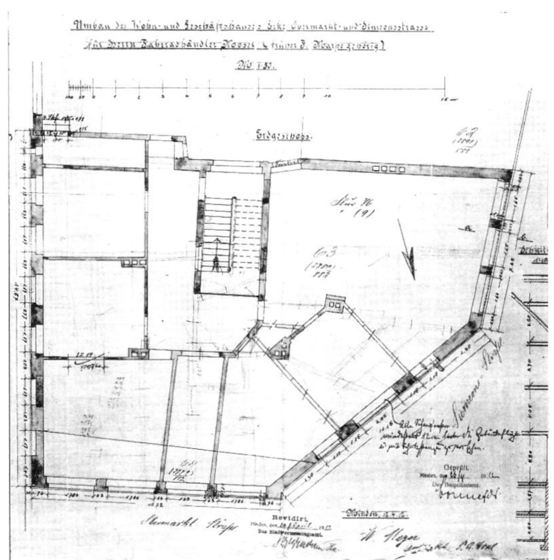

Abb. 1515 Simeonstraße 1, Erdgechoßgrundriß aus dem Umbauantrag von 1912.

Abb. 1516 Simeonstraße 2, Ansicht von der Obermarktstraße nach Südwesten, um 1930.

in bogenförmige Schaufenster aufgelöst und mit Quaderputz versehen. In der Mitte der südlichen Traufwand wurde ein zweiläufiges Treppenhaus geschaffen, das über einen Zugang in der Mitte der Nordfassade die Wohnungen der Obergeschosse erschließt. Der Keller mit Kappen auf Trägern steht zum tiefer liegenden Priggenhagen frei und ist hier als quaderverputztes Sockelgeschoß behandelt und durch zwei Tore erschlossen.

1900 (Plan: W. Meyer), 1912 und 1915 wurden Änderungen der Geschäftssituation im Erdgeschoß vorgenommen, wobei der Hauseingang zur südlichen Traufwand verlegt wird. 1957 erfolgte eine Modernisierung der Erdgeschoßfassade (Plan: Hempel/Ibrügger), 1985 Umbau des Erdgeschosses. 1991 in die Denkmalliste der Stadt Minden eingetragen.

SIMEONSTRASSE 2 (Abb. 1207, 511, 1512, 1516–1518)

bis 1878 Haus-Nr. 266 (auch unter der Adresse Königstraße 1)

Die Hausstätte dürfte erst im 16. Jahrhundert durch Abtrennung aus einem Großgrundstück einer Vikarie des Domes (siehe dazu Simeonstraße 6) entstanden sein. Hervorgehobene Parzelle an einer

Abb. 1517 Simeonstraße4/6 und 2 (rechts), Ansicht von Nordosten, 1993.

der wichtigen Straßengabelungen in der Stadt. Zu der recht großen, zur Simeonstraße orientierten Hausstelle gehörte ehemals westlich anschließend noch ein Wirtschaftsgebäude an der Königstraße (siehe Königstraße 1). Das Haus besaß eine gemeinsame Brandwand mit dem Gebäude Simeonstraße 4.

Im 18. Jahrhundert dompröpstliches Lehnshaus (KAM, Mi, C 152).

1667 Johan Kuhle; 1674 Witwe Johan Kuhlen; 1680/1711 Haus der Witwe Johan Kuhle (zahlt jährlich 4 Thl Giebelschatz); 1715 bestand in dem Haus der Witwe Kuhl eine Obligation des Heilig-Geist-Hospitals. Später ist ihr Sohn Friderich Kuhle Eigentümer; 1741 Joan Ludwig Schütte (KAM, B 103c,9 alt; C 217,22a alt; C 604). 1743/50 Hufschmied Meister Ludewig Schütte; 1755 Schütte, Haus für 400 Rthl; 1766 Witwe Ludewig Schutten; 1774/93 Sattler Denecke (oder Dedeke), 400 Rthl; 1798/1804 Bäcker Münstermann, halbmassives Haus für 400 Rthl mit Braurecht, hält 1 Kuh und 1 Schwein; 1806/36 Bäcker Gabriel Munstermann (* 1768/70); 1809 eingeschossiges Haus, ist mittelmäßig; 1818 Haus für 600 Thl, 1826 erhöht auf 700 Thl; 1835 erhöht auf 1 000 Thl, neu versichert Stall für 150 Thl; 1846/53 Bäcker Wilhelm Münstermann; 1865 Bäckerswitwe Münstermann; 1873/78 Bäcker Münstermann; 1880/92 Bäckermeister Albert Schnelle; 1903 Verpachtung und 1906 Verkauf an Bäckermeister Fritz Rolf; 1940 Bäckermeister Fritz Rolf Junior; seit 1965 Bäckermeister Hartmut Rolf.

Dielenhaus (16. Jahrhundert–1956)

Das Gebäude besaß nach den erhaltenen Plänen steinerne Traufwände, die an den Innenseiten Bogennischen aufwiesen. Der südöstliche Bereich war mit einem etwa 2,8 m hohen Tonnengewölbe (Scheitel in Firstrichtung) auf etwa halber Hausbreite unterkellert. Offensichtlich bildete den Kern des Hauses ein spätmittelalterliches Dielenhaus mit hoher Diele (etwa 5 m) und niedrigem Obergeschoß, bei dem die Diele nachträglich mit einem Zwischengeschoß versehen wurde. 1774 wird das Haus verbessert: *hat drei Stuben und eine Kammer mit Zubehör eingebauet* für 686 Rthl

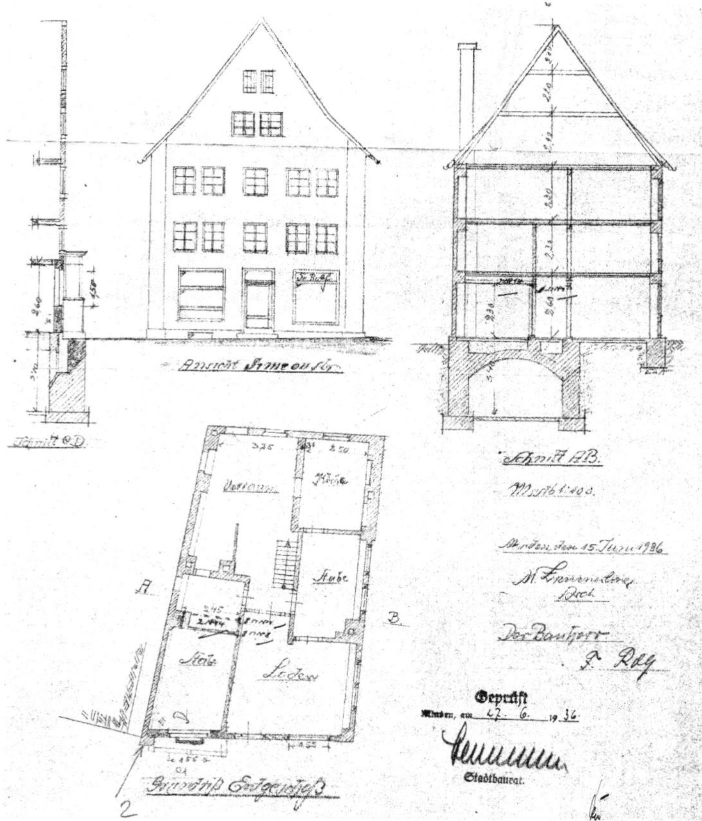

Abb. 1518 Simeonstraße 2, Grundriß aus dem Abbruchantrag der Utlucht 1936.

(KAM, Mi, C 388). Zuletzt bot es sich in einer Erscheinung dar, die auf einen Umbau um 1830 (Erhöhung der Versicherung) zurückgehen dürfte, wobei der dreigeschossige und fünfachsige Vordergiebel aus verputztem Fachwerk unter dem Satteldach mit zwei Kehlbalkenlagen entstand. Eine vordere linksseitige Stube war am Giebel durch eine eingeschossige Utlucht unter Pultdach betont (1936 entfernt).

Das Innere wurde im Erdgeschoß durch einen Mittellängsflur bestimmt, seitlich jeweils zwei Wohnräume. Rückwärtig links wohl große Backstube, rechts eine Küche.

Am 25. 6. 1882 kam es zu einem größeren Brandschaden in dem Haus; 1892 Entwässerung; 1908 Kanalisation.

Nebenbauten

Westlich des Hauses bestand jenseits einer Einfahrt an der Königstraße 1 eine Scheune, die nach Brand 1863 erneuert wurde (siehe dort).

1909 wurde auf dem Hofplatz (hinter der Scheune Königstraße 1) ein massives eineinhalbgeschossiges, nicht unterkellertes Bäckereigebäude mit flachem Satteldach errichtet (Plan und Ausführung: Maurermeister Halstenberg).

Wohn- und Geschäftshaus (von 1956)

Nach völligem Abbruch des Altbaus einschließlich der anschließenden Wirtschaftsbauten entstand unter Überbauung der noch vorhandenen Freiflächen für den Bäckermeister Fritz Rolf nach Plänen der Architekten A. Münstermann & K. Kracht ein dreigeschossiges Wohn- und Geschäftshaus mit verputzten Fassaden und flachem Vollwalmdach.

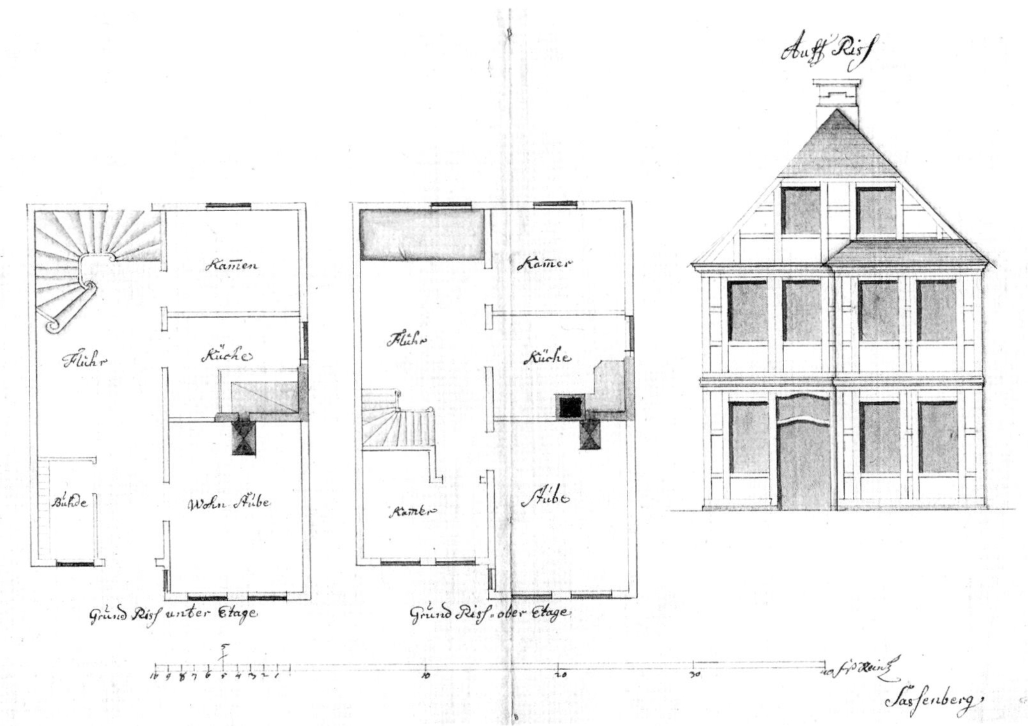

Abb. 1519 Simeonstraße 3, Grundrisse und Ansicht aus dem Bauplan des Zimmermeisters Sassenberg, 1780.

SIMEONSTRASSE 3 (Abb. 1519–1521)
bis 1878 Haus-Nr. 265

LITERATUR: JAHR 1927, S. 40, Abb. 58. – NORDSIEK 1988, S. 29 (Plan von 1780).

Sehr kleine Parzelle, nicht bis zum tiefer liegenden Priggenhagen reichend und seit langem bis auf sehr kleinen Hofraum weitgehend überbaut. Ursprünglich wohl (vor 1743 abgetrennter) Teil der Hausstelle Simeonstraße 1.

Im 17. und frühen 18. Jahrhundert das Haus immer durch Mieter bewohnt und daher wohl noch zum Anwesen Nr. 1 gehörend: 1667 Johann Volkening (1663 Mieter im Weingarten); 1680 Johan Volkening, jetzt Jürgen Henrich Meyer; 1688 Hinrich Barkhausen, jetzt Herr Johan Henrich Klahren (zahlt jährlich 3 Thl Giebelschatz); 1692/1704 Hinrich Barkhausen; 1711 Witwe Hinrich Barkhausen; 1743 ohne Eintrag (Haus ohne Grundbesitz); 1750 Johann Rudoph Rosenbohm; 1755/66 Vassmer, Haus für 100 Rthl; 1780/81 Armenprovisor Zilly, Haus für 400 Rthl; 1798 Pöttcher; 1802 Pöttger, Haus für 400 Rthl; 1804/06 Witwe Pöttcher, Haus ohne Braurecht, hält kein Vieh; 1809 Witwe Pöttcher, *2 Etagen-Haus in ziemlichen Zustand;* 1815/18 Wirt August Brennert (* 1778), Haus für 400 Thl; 1832/53 Schankwirt August Brenner; 1873 Kleinhändler Süß (und sieben Mietparteien); 1878/1908 Kürschner Friedrich Vieweg.

Haus (1780–1883)

Der Neubau des Zweifamilienhauses wird 1780 beschrieben: *ist zwar neu, aber schlecht gebauet* für 868 Rthl (KAM, Mi, C 156,12 alt). Nach dem erhaltenen Plan (KAM, Mi, Plansammlung) wurde ein zweistöckiger und giebelständiger Fachwerkbau mit Krüppelwalmdach errichtet, im Inneren durch eine Längswand untergliedert. Diese

Abb. 1520 Simeonstraße 1 (links), 3 und 5, Ansicht von Nordwesten, 1993.

teilte beide Geschosse in einen breiten nördlichen Flur und eine südliche, durch eine zweigeschossige Utlucht mit Pultdach betonte Wohnseite, in der sich im Erdgeschoß die zeittypische Raumfolge Wohnstube, Küche (mit gemauertem offenen Herd und rückwärtiger Feuerung des Stubenofens) und eine rückwärtige Kammer fand. Vom Flur vorn eine kleine Bude für Geschäftszwecke abgetrennt, rückwärts die gewendelte Treppe. Im Obergeschoß bestand der gleiche Grundriß für eine komplette Wohnung, nur war hier – statt der Bude – im vorderen Teil der Flurzone ein weiterer Wohnraum abgeteilt. Im Dachboden je ausgebauter Raum hinter den Giebeln.

Wohn- und Geschäftshaus (von 1883)

Der bestehende Bau wurde 1883 nach völligen Abbruch des alten Hauses auf neuer zurückgesetzter Baufluchtlinie durch die Maurerfirma Schmidt & Langen unter Teilnahme des Zimmermeisters Lück errichtet. Dreigeschossiger, traufenständig errichteter Backsteinbau mit völliger Unterkellerung und für Kammern ausgebautem, niedrigem Drempelgeschoß, die Fassade geputzt und stuckiert. Keller mit Kappen auf gemauerten Gurtbögen.

Das Gebäude ist (bis auf kleinere Änderungen im Ladenbereich von 1951) einschließlich der Fenster und Türen weitgehend im ursprünglichen Zustand erhalten, Treppenanlage mit gedrechselten Traillen. Das Erdgeschoß mit seitlichem Flur für Laden, Lagerräume und Werkstatt des Pelzgeschäftes, die beiden Obergeschosse jeweils zu selbständigen Vierzimmerwohnungen mit Küche eingerichtet. Aborte auf dem Hof.

1893 Entwässerung; 1913 Kanalisation.

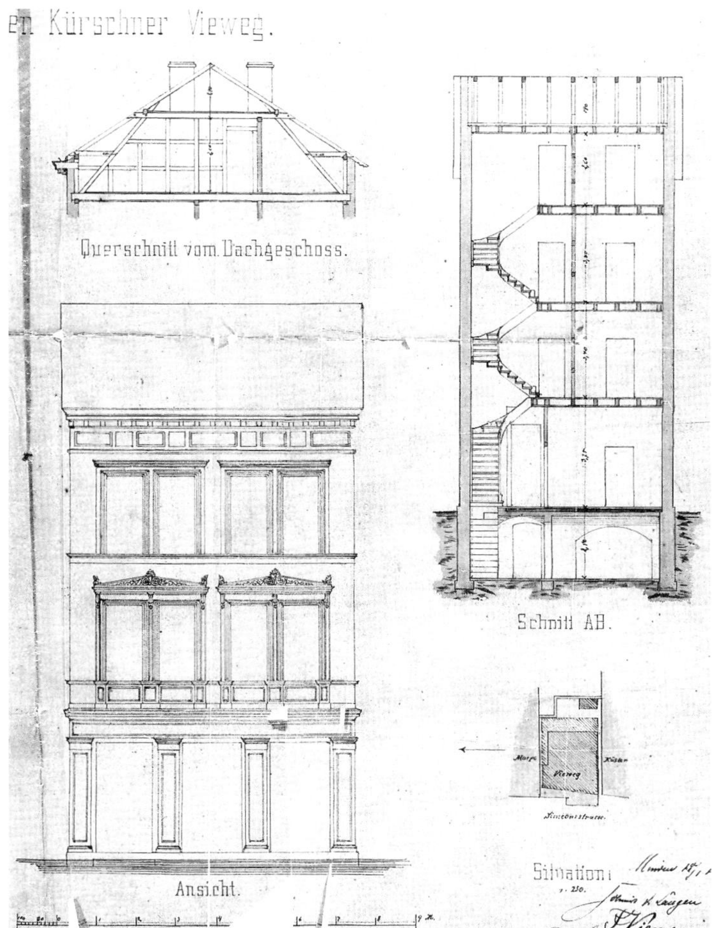

Abb. 1521 Simeonstraße 3, Ausschnitt aus dem Bauantrag, Zimmermeister Lück, 1883.

SIMEONSTRASSE 4 (Abb. 1511, 1517, 1522)

bis 1878 Haus-Nr. 267

Die Parzelle dürfte erst im 16. Jahrhundert durch Abtrennung aus einer Großparzelle einer Vikarie des Domes (siehe dazu Simeonstraße 6) entstanden sein.

Noch 1811 ein dompröpstliches Lehnshaus.

1667/76 Bäcker Johan Meyer; 1680 Hinrich Tribbe (zahlt jährlich 3 Thl Giebelschatz); 1684 Witwe Hinrich Tribbe; 1685 Jacob Meyer; 1692//96 Arendt Diedrich Dreyer; 1704/11 Witwe Heinrich Barckhausen; 1743/50 Glaser Johann Henrich Costede; 1755 Schonebohm, Haus für 100 Rthl; 1766 Schuster Josias; 1781 Zencker; 1790 Meister Herman Heinrich Kemmer, nun Zenker (ist eingeklagt); 1798 Meister Zenker; 1802 Zenker, Haus für 1200 Rthl; 1803 Versteigerung des Besitzes des Bürgers Buchner: *lehnsrührlges Bürgerhaus* im Wert von 1262 Rthl sowie Garten vor dem Simeonstor (WMA 2, 1803); 1804 Scheffer, Haus ohne Braurecht, hält kein Vieh; 1806 Schuhmacher Friedrich Gottlieb Volkening, Wohnhaus und Stall; 1809 vermietet an Schuster Böhne und weitere Familie; 1811 Verkauf von Haus und kleinem Hofraum durch Schuhmachermeister Friedrich Gottlieb Volkening an den Höker Johan Hederich (oder Heinrichs, * 1764/1773 in Tribau); 1836 Schankwirt Johan Hederich; 1836 Hanni Meyer Kohn, geb. Pollak; 1846/53 Händler Heinrich Cohn (mit drei Mietparteien), Kleidermagazin; 1857 Handel mit Koffern, Kisten und Anzügen für Auswanderer; 1865 N. Cohn, Handlung künstlicher Blumen und Putzfedern (für Landleute); 1873 Witwe Cohn (mit sechs Mietparteien); 1878 Gebrauchtwarenhandel Kohn; 1882 Schlachtermeister Carl Meyrahn; ab 1896 Schlachtermeister Fritz Schwiering; 1928/60 Schlachtermeister Hermann Schwiering.

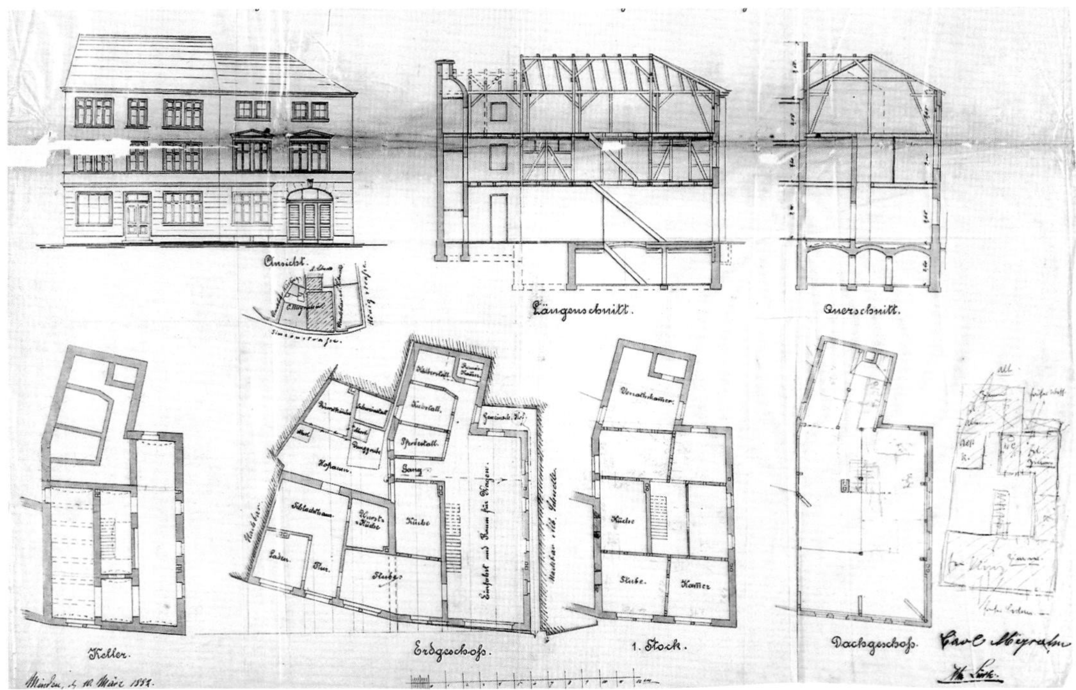

Abb. 1522 Simeonstraße 4 (rechts) und 6, Bauplan des Maurermeisters Lück, 1882.

Haus (bis 1882)

Nach den Wertangaben und den Beschreibungen muß es sich bei dem wohl als Fachwerkbau errichteten Haus um ein recht großes Gebäude gehandelt haben, das nach den Taxen offensichtlich um 1800 erheblich verbessert worden ist. 1803 hat das Haus *einen Saal, 6 Stuben mit Ofen, 6 Kammern, 1 Vorratskammer, 1 Küche, 3 zum Kochen eingerichtete Kamine, Boden und Hofraum.* 1809 beschrieben als Haus von zwei Etagen in gutem Zustand.

Wohn- und Geschäftshaus (von 1882)

Nachdem der Schlachter Carl Meyrahn, Besitzer des Nachbarbaus Simeonstraße 6, das Grundstück erworben hatte, wurde der Altbau (nach Ablehnung eines ersten Bauprojektes) abgebrochen und durch den Zimmermeister Lück ein eigenständiger Neubau errichtet, der allerdings mit dem Nachbarhaus eine funktionale Einheit bildet. Es entstand ein zweieinhalbgeschossiges Haus mit niedrigem Drempelgeschoß unter dem flach geneigten Satteldach. Die Umfassungswände wurden aus Backstein aufgeführt (die Fassade verputzt und in einfachen spätklassizistischen Formen mit gebändertem Erdgeschoß stuckiert), die Innenwände und Decken aus Nadelholz. Der Neubau diente als Anbau an das bestehende Wohnhaus Simeonstraße 6 in erster Linie dem Schlachtereibetrieb, wozu eine breite Wirtschaftsdiele mit Toreinfahrt geschaffen wurde, die zu Ställen im rückwärtigen Hausbereich führte. Nur im vorderen Bereich des ersten Obergeschosses eine selbständige, durch ein geradläufiges Treppenhaus von der Diele erschlossene Wohnung geschaffen, während dahinter und im niedrigen zweiten Obergeschoß Vorratskammer und Lagerböden eingerichtet wurden. Vor dem Rückgiebel entstand ein großer gemauerter Kamin für Zwecke der Räucherei. Der vordere Bereich des Hauses durchgängig mit Tonnen auf Gurtbögen unterkellert.

1892 Entwässerung und Umbau des Erdgeschosses, Reduzierung der Diele zugunsten eines Wohnraumes und eines Pferdestalles, die alten Ställe werden zu Werkräumen und Neuanlage einer Treppe; 1896 nach Eigentümerwechsel weiterer Umbau (Plan und Ausführung: G. Ed. König); 1904 Hofüberdachung (durch Firma Kamlah); 1905 Einbau einer Räucherkammer; 1906 Kanalisation; 1923 Vergrößerung der Kühlanlage; 1928 Einbau eines Ladens in die Diele, das Tor wird zum Schaufenster (Plan: W. Kistenmacher); 1965 Einbau einer Gaststätte; 1970 Änderung der Vorderfassade mit Entfernung des Schaufensters.

SIMEONSTRASSE 5 (Abb. 1520, 1523–1525)

bis 1878 Haus-Nr. 268/269

Unter der heutigen Hausnummer bestanden bis 1897 zwei noch selbständige Hausstätten, die erst dann gemeinsam überbaut wurden.

SIMEONSTRASSE 5, LINKS

bis 1878 Haus-Nr. 268 (der hintere Hauszugang unter der Adresse Priggenhagen 4)

1663 Jurgen Nietze (besitzt auch ein kleines Haus auf der Hohnstraße – wohl Hohnstraße 21); 1667 Jürgen Nietze; 1674 A. M. Jürgen Nietze; 1680 Amtmeister Jürgen Nietzens Haus, jetzt Andreas Kupferschmied; 1682/1711 Heinrich Nietze (zahlt jährlich 4 Thl Giebelschatz); 1743/48 Andreas Nietze (hat umfangreichen Landbesitz); 1748 Erwerb als Stadt-Brauhaus (als Ersatz des alten Brauhauses Ritterstraße 5); 1755/81 Brauhaus, versichert zu 300 Rthl; 1798 Brauhaus für Braunbier; 1802/04 Brauhaus 2000 Rthl, hat Braurecht, ist halbmassiv; 1806 Brauhaus der Brauer-Gilde; 1811 Kauf durch Kaufmann Hempel im Namen seiner Mutter für 505 Thl (KAM, Mi, D 387 und E 369); 1812 Packhaus des G. And. Hempel (wohnt Simeonstraße 29); 1818 Witwe Hempel, Packhaus für 2500 Thl; 1832 Gebrüder Hempel; 1836 Kaufmann Julius Hempell (* 1787); 1853 Hempel, unbewohntes Lagerhaus; 1873 Fabrikant Küster; 1877 Färberei und Stoffdruckerei W. Küster (zur Geschichte siehe Lindenstraße 35, wohin der Betrieb 1883 verlagert wird); 1881 wird in dem Haus die Eisenwarenhandlung Gustav Höltke (* 14. 1. 1856 in diesem Haus, † 1916) gegründet, die 1887 in die Obermarktstraße 33 verlegt wird; 1897 Druckerei Kaschel (vormals Küster); 1908 Fabrikbesitzer Hermann Kaschel (wohnt Lindenstraße 37).

Haus (1719–1877)

Das Gebäude mit massiven Umfassungswänden scheint zunächst ein eigenständiges, wohl 1719 (Datum durch erhaltene Inschrifttafel überliefert) errichtetes oder umgebautes Bürgerhaus gewesen zu sein, das nach Nachrichten von 1809 nur eingeschossig war. Es wurde im Zuge einer Umorganisation des Brauwesens um 1748 als ein städtisches Brauhaus eingerichtet, wozu es bis 1810 diente.

Das Gebäude wies auf der Nordseite des Giebels zur Simeonstraße eine Utlucht auf, die auf einen seitlich der Stube bestehenden Einbau schließen läßt. 1811/12 wurde der Bau nach der Privatisierung zu einem Pack- und Lagerhaus des Kaufmanns Hempel umgebaut (KAM, Mi, D 387). Beim Abbruch 1877 für den Neubau sollen die Umfassungswände erhalten geblieben sein.

Haus (von 1877)

In die Fassade des Nachfolgebaus wurde zwischen dem ersten und zweiten Obergeschoß eine Sandsteintafel aus dem Altbau wieder eingesetzt. Dort in zwei eingetieften, seitlich ausgerundeten Feldern dekorativ ausgestaltete Kursiv-Versalien: *AN·ACS ANNO 1719* (die ersten Buchstaben wohl Andreas Nietze). Unter dem linken Teil eingetieftes Sockelfeld mit seitlicher Karniesbegrenzung, darin: *MISS GUNST SCHAT UNS NICHT.* Unter der Datierung eingehauen *NEUERBAUT 1877.*

1877 wurde nach Abbruch des Altbaus angeblich *bis auf die untere Balkenlage* für den Färbereibesitzer und Stadtrat Küster durch den Zimmermeister C. Lück ein neues Wohn- und Geschäftshaus errichtet, das offensichtlich nicht dem Betrieb, sondern Mietzwecken dienen sollte. Dieser Bau

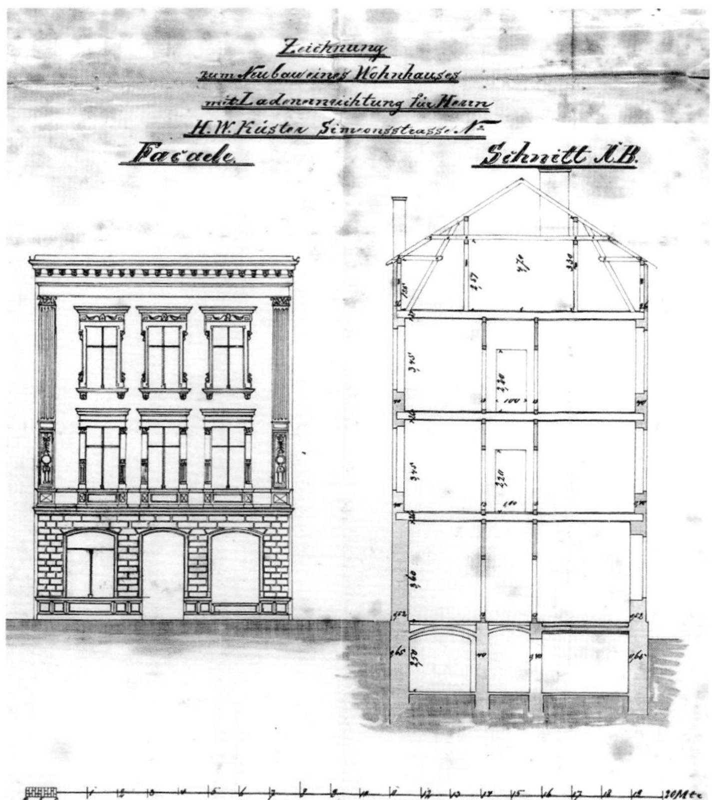

Abb. 1523 Simeonstraße 5 links, Ansicht und Querschnitt aus dem Bauantrag des Meisters Lück, 1877.

schon 1897 beim Anbau des rechten Bauteils im Inneren wieder stark umgebaut, der Erweiterungsbau in der Fassade aber dem Altbau angepaßt (die Baunaht noch deutlich in der Gehrung des hölzernen Gesimses abzulesen). Dreigeschossiger Massivbau mit ausgebautem flachen Drempel unter einem Satteldach, der über die ganze Parzelle bis zur hier etwa eine Etage tiefer liegenden Straße Priggenhagen reicht, so daß das hintere Drittel des ansonsten mit Kappen auf Gurtbögen versehenen Kellers als erdgeschossige Dreizimmerwohnung mit mittlerem Flur, Küche und Abort eingerichtet werden konnte. Die Obergeschosse durch ein zweiläufiges Treppenhaus in der Mitte der nördlichen Traufwand erschlossen, neben dem südlich ein kleiner Lichthof angeordnet wurde. Im Erdgeschoß neben einem Laden mit zugehörigen Nebenräumen auf der anderen Seite des mittleren Flures und im Hinterhaus eine Wohnung des Hausbesitzers. In den beiden Obergeschossen jeweils nach vorn und hinten eine Wohnung, das Dachgeschoß nicht ausgebaut. Die dreiachsige Fassade zur Simeonstraße offensichtlich einfacher, als im Entwurf ausgeführt: im Erdgeschoß mit einer Rustikaquaderung und seitlichen Schaufenstern, in den beiden Obergeschossen die Fenster mit schlichten übergiebelten Faschen, das Dach mit einem weit vorstehenden hölzernen Kastengesims über Konsolen verdeckt, darunter ein Stuckband. Die Fassade zum Priggenhagen ebenfalls dreiachsig und bis auf die Fensterverdachungen ohne weitere Gliederung. 1893 Entwässerung.

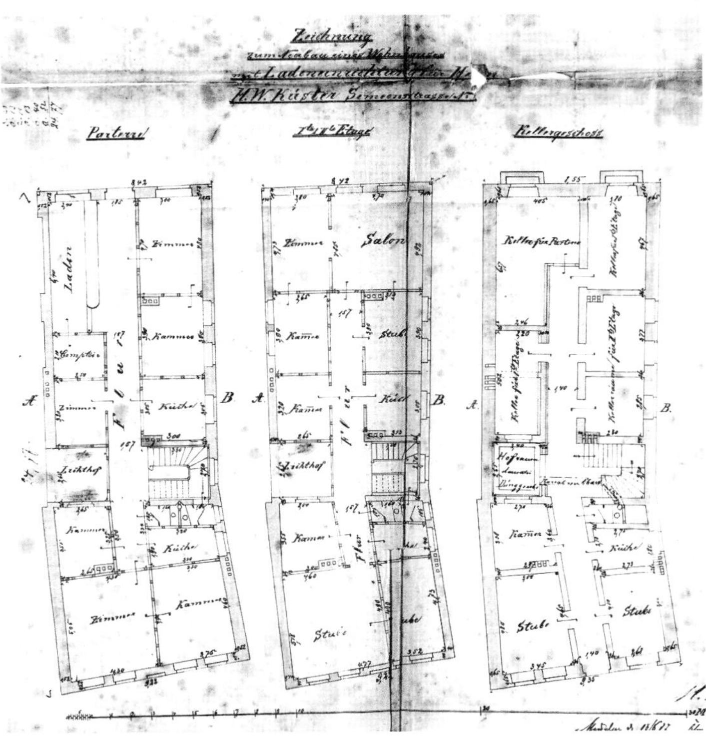

Abb. 1524 Simeonstraße 5 links, Grundrisse aus dem Bauantrag des Meisters Lück, 1877. Front zur Simeonstraße oben, zum Priggenhagen unten.

Erweiterung (von 1897)

Nachdem 1897 das Nachbarhaus Simeonstraße 5 (rechter Hausteil) erworben und abgebrochen werden konnte, der bestehende Bau durch umfangreiche Um- und Erweiterungsbauten nach Plänen von W. Meyer (die Pläne der Fassaden von A. Kelpe) auf mehr als die doppelte Größe gebracht. Das Konzept dieser Baumaßnahmen beruhte auf der Erweiterung des bestehenden kleinen Lichthofes nach Süden und dem Anbau von zwei Flügeln an das Vorderhaus entlang der Simeonstraße und das Hinterhaus am Priggenhagen. Dementsprechend erhielt der Baukomplex jetzt zwei den beiden Straßen folgende Satteldächer. Ein weiterer Lichthof entstand südlich einer zweiten Verbindung beider Hausteile im Bereich des Neubaus vor der Brandwand des Hauses Simeonstraße 7. Durch Übernahme der bestehenden Bauhöhen und einer durchgehenden Unterkellerung mit Decken aus Kappen mit Eisenträgern erreichte der Flügel zum Priggenhagen vier Vollgeschosse und zudem ein Drempelgeschoß. Zugleich wurde ein großer Ladenraum im Erdgeschoß des Vorderhauses geschaffen, wozu man den Hauseingang in einen bis zum Treppenhaus reichenden Gang entlang der nördlichen Traufwand verlegte. Die südliche Traufwand des Altbaus wurde vielfach aufgebrochen, und die Wohnungsgrundrisse der Obergeschosse so neu geordnet, daß in jeder Etage drei große Wohnungen mit Küche und Speisekammer, vereinzelt auch mit Badezimmer, entstanden. Die Fassade zur Simeonstraße wurde im Erdgeschoß ganz in Schaufenster mit eisernen Stützen aufgelöst, die beiden Obergeschosse in Anlehnung an die alte Fassade weitergeführt, allerdings als malerisches Element um einen Erker mit hohem, turmartigem Satteldach bereichert. Das gleiche Konzept der Übernahme der bestehenden Gestaltung wurde auch für die Fassade am Priggenhagen angewandt, wo nur

Abb. 1525 Simeonstraße 5, Front zum Priggenhagen von Südosten (rechts Priggenhagen 2), 1993.

in der zweiten Etage ein Erker eingefügt wurde (1898 ist dieser nach Plänen von W. Meyer zu einem dreigeschossigen Erker umgebaut worden).

Der Gebäudekomplex ist bis heute weitgehend in dem 1897 geschaffenen Zustand erhalten – einschließlich der Fenster, Innen- und Außentüren und der Ladenbereiche – und ist eines der aufwendigsten und weitläufigsten und zudem sehr gut überlieferten Beispiele der großen Wohn- und Geschäftshäuser mit umfangreichen Lagern, die von den traditionsreichen Mindener Geschäften in der zweiten Hälfte des 19. Jahrhunderts errichtet wurden. Diese Bauten sind die letzte Großform des traditionellen Handelshauses.

Der Lichthof nachträglich mit einem Glasdach versehen. 1907 Kanalisation; 1984 in die Denkmalliste der Stadt Minden eingetragen.

SIMEONSTRASSE 5, RECHTS
bis 1878 Haus-Nr. 269 (bis 1908 Simeonstraße 7)

1667/77 Herman Hermeling; 1680 Heinrich Hüser (zahlt jährlich 3 ½ Thl Giebelschatz); 1682 Witwe Heinrich Hüser; 1684 Hermann Hermelings Haus; 1696/1711 Harmen Niehus Junior; 1743/50 Hermann Niehus; 1755/66 Hermann Niehaus, Haus für 200 Rthl; 1775 Johann Conrad Meyer; 1781 Bäcker Meyer, Haus für 500 Rthl; 1798 Färber Denhardt; 1802/04 Färber Andreas Dänhard (* 1770), Haus mit Braurecht für 500 Rthl, hat Brunnen, hölzerne Handspritze, Scheune. Hält 2 Pferde, 2 Kühe und 1 Jungvieh; 1806 Blaufärber J. Andreas Denhardt, Wohnhaus 1200 Rthl, Hinterhaus am Priggenhagen 400 Rthl; 1815/18 Schönfärber Andreas Dehnhard; ab 1823 Schönfärber Heinrich Wilhelm Küster (Nordsiek 1990, S. 148); 1826/35 Küster, Wohnhaus 300 Thl, Hintergebäude am Priggenhagen 400 Thl; 1836/53 Färber Heinrich Wilhelm Küster (* 1799 in Bielefeld), hat auch zwei Hintergebäude am Priggenhagen (siehe dazu Priggenhagen 13 und 15); 1865 chemische Bleiche H. Küster; 1873 Fabrikant Küster.

Haus (bis 1897)

1803 wurden 50 Rthl Baufreiheitsgeld für Baumaßnahmen ausgezahlt (KAM, Mi, C 156,13 alt). Nach dem Entwässerungsplan von 1893 offensichtlich ein Fachwerkhaus mit massiver Fassade zur Simeonstraße, auf Grund der geringen Grundstücksbreite mit linksseitigem, bis zum Priggenhagen reichendem Flur, an den sich südlich Laden, *Comptoir*, Aborte und Küche anschließen. 1809 hat es zwei Etagen.

1897 brach man das bestehende Gebäude ab und errichtete an seiner Stelle nach Plänen von W. Meyer zwei Anbauten an den links anschließenden Bau von 1877 (siehe dort).

SIMEONSTRASSE 6 (Abb. 1511, 1517, 1522, 1531)
bis 1878 Haus-Nr. 270

Die Hausstätte gehörte zur Vikarie St. Dionysius (siehe Teil II, Kap. VII.2.16, S. 627 f.), einer der drei im bürgerlichen Bereich der Stadt angesiedelten Vikarien des Domes (STA MS, Domkapitel Minden, Akten Nr. 250). Diese war 1334 durch den Ritter Heineke von Münchhausen gestiftet und mit Einkünften in verschiedenen Dörfern nördlich und südlich von Minden ausgestattet worden (Dammeyer 1957, S. 101). Vor diesem Hintergrund scheint es (auch im Vergleich mit der Anlage der anderen Vikarien) wahrscheinlich, daß sie zunächst den ganzen Baublock zwischen Königstraße/Simeonskirchhof und Simeonstraße umfaßte. Die später auf der Fläche vorhandenen Hausstätten sind durchweg sehr klein und zeigen in der Regel auch keine spätmittelalterliche Bausubstanz, dürften also im 16. Jahrhundert (im Zuge der Veränderungen im Gefolge der Reformation) abgetrennt worden sein (es sind Simeonstraße 2, 4, 8 und 10, Königstraße 1, 3 und 5 sowie Simeonskirchhof 2, 4 und 6). Eine Ausnahme bildete das Gebäude Königstraße 5, das ursprünglich als Scheune der Vikarie gedient haben könnte.

Im 18. Jahrhundert ein sogenanntes *domprópstliches Lehnshaus* (KAM, Mi, C 152), das durchgängig von den Besitzern weiterverpachtet wurde.

1621 Vergabe an Johannes Voß; 1659 Vergabe an den Kleriker Johann Eberhard zur Mühlen, bewohnt 1667 Johan Hollt Senior, 1670 Witwe Johan Hollt Senior, 1672 Witwe J. Hollt Senior und Sohn, 1674 Cordt Hollt, 1680 Gerdt Hollt Senior (zahlt jährlich 2 Thl Giebelschatz), 1682 jetzt Heinrich Johan Cortholz (kleines Haus), 1684 jetzt Gerd Kröger, 1685 Gerd Krüger in Gabriel Ebelings Haus; 1688 resigniert an Wilhelm Heribert Konersmann, bewohnt 1692 von Witwe Christoffer Ruhen, 1696 *Christoffer thor Borg* und 1704 Gabriel Schütte; 1713 bis 1743 Vergabe an Friedrich Rohde; 1743 bis 1747 Vergabe an Johann Everhard Lorentz; 1743 bewohnt von Gabriel Schütte; 1747 bis 1776 Vergabe an Franz Carl Joseph Eismann; 1750 bewohnt von Hermann Otte, 1755 von Friederich Otto (Haus für 50 Rthl), 1766 von Hermann Otto (früher Kühle); 1776 bis nach 1810 Vergabe an Vikar Bernhard Thamann; 1781/98 bewohnt von Schneider Rüter, 50 Rthl; 1802 Requard; 1804 Eigentümer ist Maurermeister Johann Henrich Menny, halbmassives Haus ohne Braurecht, hält 1 Jungvieh; 1818 Menny Senior, Haus für 600 Thl; 1832 Witwe Sophie Louise Menny; 1843/59 Kupferschmied August Wieghard; 1873 Schlachter Carl Nolte; 1878 Schlachtermeister Carl Meyrahn; 1896 Schlachtermeister Wilhelm Schwiering.

Haus (bis 1865)

1809 beschrieben als zweigeschossiges Wohnhaus mit massiven Umfassungswänden. 1865 verkauft und abgebrochen (KAM, Mi, F 629).

Haus (von 1865)

Zweigeschossiger und traufenständiger Putzbau aus Backstein auf nahezu quadratischem Grundriß. Der dreigeschossige Bau mit flachgeneigtem Satteldach, die Fassade fünfachsig (bei gekuppelten Fenstern) und in spätklassizistischer Weise mit Putzgliederung versehen.

Das Innere wurde im Erdgeschoß durch einen mittleren Flur bestimmt, der seitlich jeweils zwei Räume erschloß. Die beiden linken Räume sind mit Kappen auf Gurtbogen unterkellert.

1882 mit Errichtung des Erweiterungsbaus Simeonstraße 4 das Treppenhaus abgebrochen und das Obergeschoß über den Neubau erschlossen. Bis auf eine vordere Stube diente das Erdgeschoß nun ganz der Wurstherstellung bzw. als Ladenraum. 1892 die Wurstküche und der mittlere Flur zugunsten eines großen Ladenraums aufgegeben (die hölzerne Verkleidung der Decke mit gedrechselten Elementen erhalten) und erneut ein gewendeltes Treppenhaus in der nordwestlichen Hausecke eingebaut (zu den weiteren Umbauten siehe unter Simeonstraße 4).

SIMEONSTRASSE 7 (Abb. 1526–1528)

bis 1878 Haus-Nr. 271/272; bis 1908 Simeonstraße 9/11

Die beiden hier bis in das 19. Jahrhundert bestehenden Hausstätten dürften durch Teilung eines großen bürgerlichen Anwesens entstanden sein, die wohl schon im Spätmittelalter erfolgte. Zugehörig zu dem nach Osten stark abfallenden Gelände auch die Grundstücke Priggenhagen 6 und 8, auf denen Wirtschaftsgebäude errichtet wurden. Im Laufe des 19. Jahrhunderts entstand auf dem Grundstück ein weitläufiger Bautenkomplex für einen großen Lebensmittelhandel, der schließlich mehrere historische Hausstellen umfaßte, die jedoch alle schon seit dem frühen 19. Jahrhundert in gemeinsamem Besitz waren. Auf Grund der dichten Überlieferung der gesamten Bebauung und zahlreicher Details ist der Komplex heute trotz einiger Erneuerungen in Teilbereichen ein wesentliches Zeugnis der Kultur, Wirtschaftsweise und Architektur eines städtischen Handelshauses der Kaiserzeit.

Heute ist die Parzelle an allen Straßenfronten bebaut mit einem kleinen inneren Hofplatz. Nahe der rückwärtigen Hausfront in der nordwestlichen Ecke ein Hausbrunnen.

LINKER TEIL

bis 1878 Haus-Nr. 271; bis 1908 Simeonstraße 9

1663 Jobst Hermann Brackrogge; 1667 Herman Rathert; 1668 Johann Bornemann; 1672 Witwe Johann Bornemann; 1674/1711 Conrad Lemmerhirte (zahlt jährlich 4 Thl Giebelschatz), 1737 Stadt-Brau-Haus des Senators Bock. An Pacht wird aus dem Haus über 44 Rthl an die städtische Rentenkammer abgeführt (KAM, Mi, C 355,15 alt). 1743 ohne Eintrag; 1750 Bockisches Brauhaus; 1755/81 Brauhaus für 300 Rthl; 1798 Weißbier-Brauhaus; 1802 Brauhaus 2 000 Rthl, hat Braurecht; 1809 Brauhaus; 1812 Scheune (ehemals Brauhaus) von Kaufmann Wilhelm Dieselhorst (wohnt im Nachbarhaus), gekauft für 525 Rthl (KAM, Mi, E 369); 1818 Packhaus von Kaufmann Friedrich Disselhorst, 2 000 Thl; 1823 Erhöhung Versicherung auf 4 000 Thl; 1832 Carl Wilhelm Gottlieb Vogeler; 1846/53 Karl Vogeler (* um 1804).

Brauhaus (bis um 1822)

1804/09 wird das Gebäude als eingeschossiger Bau mit massiven Umfassungswänden beschrieben und ist in schlechtem Zustand. Nachdem es um 1810 in privaten Besitz des benachbarten Kaufmanns überging, wurde es bis um 1822 noch als Lagerhaus genutzt und dann durch einen größeren Neubau ersetzt.

Packhaus (um 1822)

Hinter einer vorgeblendeten viergeschossigen Fassade ein dreigeschossiger Giebelbau, im Erdgeschoß sowie an Vorderfront und rechter Traufwand aus Backstein, ansonsten wohl aus Fachwerk

Abb. 1526 Simeonstraße 7, links und rechts sowie 9 (rechts), Ansicht von Westen, 1993.

von Eichenholz. Das Gebäude wurde nach dem um 1860 erfolgten Neubau des Haupthauses (rechter Bauteil) mit einer neuen Fassade versehen, die durch die regelmäßige Anordnung großer Fenster den Lagerhausbau als ein Wohnhaus in der Straße erscheinen läßt. Die Fassade dabei durch Aufmauerung auf eine größere Höhe gebracht und den originalen Krüppelwalm verdeckend, mit Stuckgliederung und oberem Abschluß mit einem hölzernen Kastengesims (dabei wurden aus Symmetriegründen zwei Blindfenster mit herabgelassenen Jalousien auf die Fassade aufgeputzt).

Das Gebäude ist im rückwärtigen Bereich in der Tiefe des Haupthauses auf der nördlichen Seite etwas eingezogen. Dachwerk mit einer Kehlbalkenlage aus Nadelholz, der Rückgiebel aus Fachwerk. Dahinter ehemals ein großer Aufzug im Dachwerk. Im Inneren offensichtlich zunächst keine weiteren Unterteilungen, das Erdgeschoß mit einer Torzufahrt von der Straße.

Rückwärtig schließt auf gleicher Breite ein zweigeschossiger Bauteil aus Fachwerk an (ehemals im Erdgeschoß verputzt, im Obergeschoß mit Schieferzierverkleidung beschlagen, jetzt mit Platten verkleidet), wobei dieser auf einem massiven, noch einige Meter in den vorderen Bereich hineinragenden Keller errichtet ist, der rückwärtig als Sockel auf ganzer Höhe aus dem Boden ragt und eine Einfahrt vom Priggenhagen aufweist.

1890 eine Wand im Lagerhaus massiv erneuert, da das Fachwerk morsch war (Firma Schmidt & Langen). 1940 das ehemalige Lagerhaus in beiden oberen Etagen jeweils zu einer Wohnung ausgebaut, dabei auch ein neues hölzernes Treppenhaus eingebaut. 1950 Umbau des Ladens im Erdgeschoß.

Abb. 1527 Simeonstraße 7, rechter Teil, Treppenhaus (Erdgeschoß) von etwa 1860, Zustand 1996.

Abb. 1528 Simeonstraße 7, rechter Teil, Etagentür im ersten Obergeschoß von 1901 (?), Zustand 1996.

RECHTER TEIL
bis 1878 Haus-Nr. 272; bis 1908 Simeonstraße 11

1663/67 *Cordt tho der Man*; 1680 Cordt Thorman; 1682/84 Witwe Cordt Thorman Senior (zahlt jährlich 4 Thl Giebelschatz); 1685/1704 Berendt Emmerling; 1709 Anton Borries; 1710/11 *Henrich Nietzen an der Hauße*; 1742/50 Gottlieb Meyer; 1755/66 G. Meyer, Haus für 200 Rthl; 1781 G. Meyer, Wohnhaus 150 Rthl, Hinterhaus 150 Rthl; 1796/98 Kaufmann Georg Meyer; 1802/04 Kaufmann M. G. Meyer, Haus mit Braurecht für 1200 Rthl, hat Brunnen und eine Scheune. Hält 1 Kuh, 1 Jungvieh und 1 Schwein; 1805 Wohnhaus 1600 Rthl, Hinterhaus 400 Rthl; 1809 Meyer, Wohnhaus, Hof und Scheune; 1812/15 Kaufmann Friedrich Wilhelm Diestelhorst (* 1778). Erhöhung Versicherung von 1600 auf 3000 Rthl; 1818/27 Friedrich Diesselhorst; 1832 Kaufmann Gottlieb Vogeler (* 1804); 1846/53 Kaufmann Karl Vogeler; 1865 C. Niebur, Kolonialwarenhandlung; 1873/78 Kaufmann Niebur; 1887/90 Witwe Mathilde Niebur (hat auch das Haus Priggenhagen 16 neu erbaut); 1901 Carl Niebur; 1906 Carl Niebur (vertritt die Petroleum-Produkte Aktiengesellschaft Hamburg, die Friedrich-Wilhelm-Straße 85 ein Öllager errichtet); 1940 Gustav Niebur; 1950 Foth/Bremen.

Haus (bis um 1860)

Das Gebäude wird 1802 mit massiven Umfassungswänden und mit zwei Etagen beschrieben. 1786/97 wurden über 500 Rthl für Reparaturen in dem Haus verbaut (KAM, Mi, C 133). Nach den Befunden im Keller handelte es sich offensichtlich um ein spätmittelalterliches Dielenhaus.

Von dem abgebrochenen Bau hat sich der vor dem Rückgiebel auf ganzer Hausbreite liegende Keller mit Umfassungswänden aus Sandsteinquadern und einem Tonnengewölbe aus Bruchstein erhalten. An dieses Gewölbe schloß sich ehemals ein weiterer Keller im südwestlichen Bereich des Hauses an.

Wohn- und Geschäftshaus (um 1860)

Dreigeschossiger Backsteinbau mit fein gegliederter Putzfassade, die das flach geneigte Satteldach hinter einem Attikageschoß mit hölzernem Kastengesims völlig verdeckt. Das Gebäude ist bis auf die fast durchgängig erneuerten Fenster im Inneren und Äußeren weitgehend im Zustand der Zeit um 1901 überliefert. Das Dach über der Attika abgewalmt.

Der Neubau wurde ganz unterkellert, wobei man den rückwärtigen Gewölbekeller des Vorgängerhauses übernahm, im übrigen aber neue Wände (zumeist Sandsteinquader) mit Backsteintonnen auf Bogenstellungen aus Backstein errichtete, die den Erdgeschoßgrundriß mit Mittellängsflur widerspiegeln. Dieser 1901 entfernte Flur führte zu einem unverändert erhaltenen zentralen großen Treppenhaus mit rückwärtigem Hofzugang. Die Treppe wird durch eine mit Glasziegeln gedeckte Fläche im Dach belichtet und ist pro Stockwerk jeweils zweifach gewendelt mit großem Auge und gedrechselten Traillen, die Zimmertüren mit profilierten Gestellen. Eine große, zweiflügelige Tür mit geätzten Scheiben zu den herrschaftlichen vorderen Wohnräumen des ersten Geschosses. In den um das Treppenhaus angeordneten Wohnräumen (heute in mehrere Wohnungen unterteilt) sind zum Teil noch Kachelöfen der Bauzeit erhalten, ferner aufwendige Türgestelle mit zweiflügeligen Türen.

1887 Entwässerung; 1890 Bau von Aborten auf dem Hof; 1901 Umbau des Ladens (Plan: Architekt W. Meyer), wobei im vorderen Bereich des Hauses bei Aufgabe der Haustür und des vorderen mittleren Flurs die Zwischenwände abgefangen und große Schaufenster eingebaut wurden. Der Hauseingang erfolgt seitdem seitlich über einen hinter dem Laden liegenden neuen Querflur durch den linksseitigen Scheunenteil; 1906 Kanalisation.

PRIGGENHAGEN 6, HINTERGEBÄUDE (Abb. 1529, 1530)

bis 1908 ohne Haus-Nr.

An der Stelle scheinen ehemals zwei kleinere Bauten bestanden zu haben, von denen das westlich stehende *Hinterhaus* 1812 zur Gartenerweiterung abgebrochen wurde.

1781 G. Meyer, Hinterhaus 150 Rthl; 1802/04 Kaufmann M. G. Meyer hat eine Scheune, die 1805 als Hinterhaus mit 400 Rthl taxiert wird; 1809 Meyer Scheune; 1813 Kielsche Seifenfabrik. Ist ohne Hausnummer und steht zwischen dem Diestelhorstschen Garten und dem Lübkingschen Haus (KAM, Mi, D 387); Fr. C. Kiel (wohnt Obermarktstraße 38) Seifenfabrik im Priggenhagen 700 Rthl; 1828 Scheune des Fr. Kiel; 1894 Küsters Scheune; 1908 Kaufmann Karl Niebur; 1952 Max Eickmann, Eier- und Lebensmittelgroßhandlung.

Westliche Scheune (bis 1812)

1812 wird berichtet, das *Hinterhaus* sei *von Grund auf abgebrochen und den Platz in einen Garten verwandelt* (KAM, Mi, D 387).

Östliche Scheune oder Lagerhaus bis 1895 (zu Haus-Nr. 272).

1812 in dem Gebäude eine Seifenfabrik untergebracht. In der zweiten Hälfte des 19. Jahrhunderts bestand dann hier ein Lagerhaus, das zum Betrieb Küster (Lindenstraße 35) gehört. 1895 abgebrochen.

Lagerhaus (von 1895)

Nach Abbruch der alten Scheune 1895 Neubau eines Lagerhauses für den Kaufmann Niebur nach Plänen des Büros Kelpe & Meyer, Ausführung durch Firma Schmidt & Langen. Der für ein Lagerhaus in der Erscheinung ungewöhnlich aufwendige Bau dürfte mit seiner reichen Fassadengestaltung insbesondere auf die straßenräumlich dominante Stellung des Gebäudes vor Kopf der von der Obermarktstraße aus einsehbaren Straße Priggenhagen zurückgehen.

Der dreigeschossige Backsteinbau mit vollem Kellergeschoß, innere Lastabtragung der Eisenbetondecken über drei gußeiserne Säulen, die einen Längsunterzug tragen. Auf Grund des Anstiegs des Grundstücks ist das erste Obergeschoß von Westen vom Hof des Haupthauses an der Simeon-

Abb. 1529 Priggenhagen 6, Ansicht von Norden, um 1930.

straße 7 ebenerdig zu betreten. Das sehr flach geneigte Pultdach hinter einer Blendfassade verdeckt. Diese in der Art norddeutscher Spätgotik mit reicher Verwendung von Formsteinen dreiachsig gegliedert, mit mittlerem Giebel versehen und oben mit fialbesetzter Blendfront abgeschlossen.

1895 Entwässerung; 1991 in die Denkmalliste der Stadt Minden eingetragen.

SIMEONSTRASSE 8 (Abb. 1531)

bis 1878 Haus-Nr. 274

Die Hausstätte dürfte erst im 16. Jahrhundert durch Abtrennung aus dem Großgrundstück einer Vikarie entstanden sein (siehe dazu Simeonstraße 6) und umfaßt auf Grund der Enge des Baublocks eine recht kleine Parzelle, die hinter dem Gebäude nur einen kleinen Hofplatz gestattete. Auf Grund der Baugeschichte des Gebäudes dürfte ehemals eine rechtsseitige Beifahrt neben dem schmalen Giebelhaus bestanden haben, die spätestens seit der Mitte des 19. Jahrhunderts in das Gebäude einbezogen worden ist.

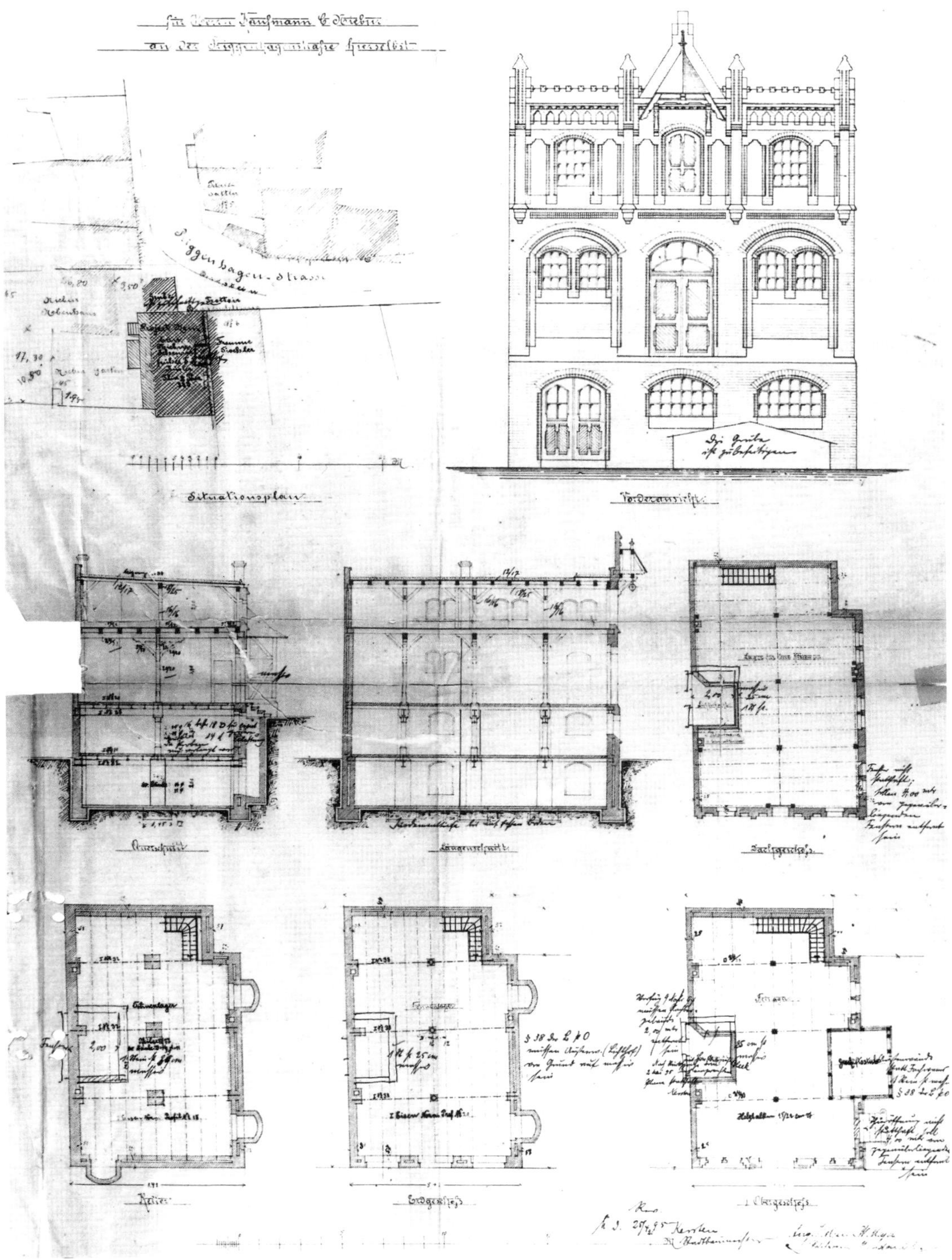

Abb. 1530 Priggenhagen 6, Bauplan des Architekten Kelpe 1895.

Abb. 1531 Simeonstraße 10 (angeschnitten), 8 und 6, Ansicht von Süden, 1993.

Im 17./18. Jahrhundert ein *dompröpstliches Lehnshaus* (KAM, Mi, C 152).

1663/67 Bäcker Johan Meyer; 1674 Heinrich Meyer, Johanns Sohn; 1680/1711 Hinrich Meyers Haus (zahlt jährlich 3 ½ Thl Giebelschatz); 1743 Erben Henrich Meyer; 1750/55 Conrad Meyer, Haus für 150 Rthl; 1766/81 Gronemeyer, 150 Rthl; 1783 Verkauf des Hauses (mit lehnsrechtlicher Bindung) mit Hintergebäude und Mistplatz sowie Hude für 6 Kühe durch Gronemeyersche Erben (WMA 21, 1783); 1798/1802 Färber Hiller; 1803/06 Branntweinbrenner Friedrich Brinckmann (wohnt Simeonstraße 30), Haus ohne Braurecht, 1804 vermietet an Tegetmeyer (hält 2 Stück Jungvieh) und Kessler; 1809 Brinckmann, vermietet an Schlachter Lüdeking, Wohnhaus und Scheune; 1815 Schlachter Daniel Sidon (* 1776 in Berlin); 1818 Böttcher Leipziger, Wohnhaus 800 Thl, Stallung 50 Thl; 1819 Erhöhung Wohnhaus auf 1 200 Thl; 1826 Maurermeister Meyer; 1829/36 Bäcker Friedrich Wilhelm Schoof (geb. 1795), Haus für 1 200 Thl; 1846 Herbergswirt Friedrich Rodenberg (im Haus sind 79 Personen); 1851 das Haus wird zum Verkauf angeboten: *vor einigen Jahren ganz neu erbauten massiven Wohnhauses ... in welchem bisher Conditorei betrieben und für 3 – 400 Thl Wohnungen vermiethet werden* (MiSoBl 1851); 1853 Conditor Schoof (mit drei Mietparteien); 1873 Rentner Rodenberg (mit vier Mietparteien); 1874/78 Bäcker S. F. Meyer: Wohnhaus, Seitengebäude, Hintergebäude, Abort; 1893/1906 Heinrich Jotten; 1908 Witwe Dreyer; 1911 Inspektor Carl Gingel; 1931 H. Ingberg, vermietet an Konfektionsgeschäft Kirschroth; 1950 Tapetengeschäft Herbert Müggenberg;

Dielenhaus (16. Jahrhundert–1829)

Schmaleres Giebelhaus mit hoher Diele und niedrigem Speichergeschoß, die Traufwände aus Backsteinmauerwerk. 1809 mit zwei Etagen beschrieben und baufällig. Rechtsseitig der Diele bestand offensichtlich vorne ein Einbau mit unterkellerter Stube (der Kellerraum mit bruchsteinernen Umfassungswänden ist wohl noch erhalten), wobei hiervor bis 1829 eine Utlucht stand. Im rückwärtigen Hausbereich dürfte eine Saalkammer gewesen sein. 1783 sind in dem Haus eine Stube, ein Saal, vier Kammern, ein gebalkter Keller und zwei Böden vorhanden.

Von diesem Gebäude, das bis zur heutigen rückwärtigen Parzellengrenze reichte, ist noch die linke Traufwand als gemeinsame Brandwand mit dem Haus Simeonstraße 10 erhalten: Sie wurde nach Ausweis der Bogenöffnungen für das Haus Simeonstraße 8 und damit spätestens 1570, als der Nachbarbau entstand, errichtet und zeigt im hohen Dielengeschoß drei breite, halbrunde Entlastungsbögen, wobei offensichtlich nach dem ersten Bogen von Süd in den hier breiteren Pfeiler eine Feuerstelle eingebaut war. Im niedrigen Speichergeschoß darüber engere Anordnung von fünf Bögen. Die Wand um 1820 für die Erhöhung des Hauses Simeonstraße 10 um ca. 1 m aufgehöht und auf die Krone eine nach vorn entwässernde Sandsteinrinne aufgebracht.

Wohnhaus (von 1829)

Das erst seit einem einschneidenden Umbau 1987 dreigeschossige Haus mit verputzter Fassade geht auf eine Neubaumaßnahme im Jahre 1829 zurück (STA DT, M 1, I P, Nr. 827). Nach dem Abbruch des Vorgängerbaus aus dem 16. Jahrhundert wurde die linke Traufwand als gemeinsame, backsteinerne Brandwand zu Haus Nr. 10 im Neubau wiederverwendet und verputzt. Da der Neubau eine geringere Tiefe erhielt, blieb hinter dem Haus (wohl im Bereich der ehemaligen Saalkammer) noch ein kleiner Hofplatz bestehen. Es entstand ein Bau von vier niedrigen Geschossen, mit zur Straße abgewalmtem Satteldach. An der Fassade Sockel und Haustür aus Sandstein, die Fenster mit geputzten Faschen und sandsteinernen Sohlbänken. Trennung der Geschosse durch schmale geputzte Gesimse.

Das Innere durch einen Längsflur in der zweiten Achse von Ost bestimmt, in dem auch die geradläufige Treppe zum Obergeschoß untergebracht war. Links davon Raumfolge aus Stube, Kammer und rückwärtigem Wohnzimmer, rechts wohl kein Raum abgetrennt. Der vordere Bereich des Flures mit einem Balkenkeller versehen. Östlich an das Gebäude anschließend ein möglicherweise schon zu einem früheren Zeitpunkt entstandener Flügelbau auf der ehemaligen Beifahrt mit größeren Geschoßhöhen. Zwei Geschosse über hohem Kellersockel (Trennwand zum anderen Keller aus Bruchstein mit Backsteinbögen).

1893 Entwässerung; 1911 Kanalisation, Einbau von Aborten; 1950 Umbau des Ladens; 1987/88 einschneidender Umbau des Hauses (Plan: J. Lax), der einem weitgehenden Neubau gleichkam. Dabei wurde das Innere unter Verwendung alter Balken völlig erneuert, die Geschoßhöhen vergrößert und dafür das oberste Geschoß des Hauses abgetragen. Die Fensteröffnungen der Fassade erhielten umlaufende Sandsteinfaschen.

SIMEONSTRASSE 9 (Abb. 1526, 1532)

bis 1878 Haus-Nr. 273; bis 1908 Simeonstraße 13

Die größere bürgerliche Hausstätte auf der ganzen Parzellenbreite bebaut; offenbar zu nicht näher bekanntem Zeitpunkt (wohl schon im Spätmittelalter) durch Teilung eines größeren bürgerlichen, auch das südlich anschließende Haus Nr. 11 umfassenden Anwesens entstanden. Da das Grundstück rückwärtig leicht abfällt, ist der rückwärtige Keller von der Hofseite ebenerdig zugänglich und gegenüber dem vorderen Dielenniveau völlig eingetieft.

1663 Herr Henrich Lilienkamp (vermietet an Johan Lilienkamp Junior für 32 Thl jährlich); 1667 Johan Leilgenkamp; 1685/92 Johan Lilienkamps Haus; 1696/1711 Daniel Meyer; 1734/50 Johann Heinrich Schonebom; 1755 Johann Henrich Costede, Haus für 150 Rthl; 1766 Glaser Fischer, 150 Rthl, betreibt auch Landwirtschaft auf eigenem Land; 1781 Bäcker Niehaus, 150 Rthl; 1785 freiwillige Versteigerung Besitz Bäckermeister Niehus: Wohnhaus mit Hintergebäude, Braurecht und Hude für 6 Kühe, sowie kleiner Obstgarten dahinter. Wert 1800 Rthl. Zugehörig eine Scheune für 180 Rthl im Priggenhagen und ein Bruchgarten mit Bäumen und einem kleinen Haus (Lindenstraße 40). Ferner umfangreicher Landbesitz und Kirchenstühle in St. Simeon; 1798/1804 Amtsvorsteher Linkelmann, halbmassives Wohnhaus mit Braurecht für 400 Rthl, Stall für 50 Rthl. Hält 1 Kuh und 2 Schweine; 1805/08 Schneidermeister Linkel-

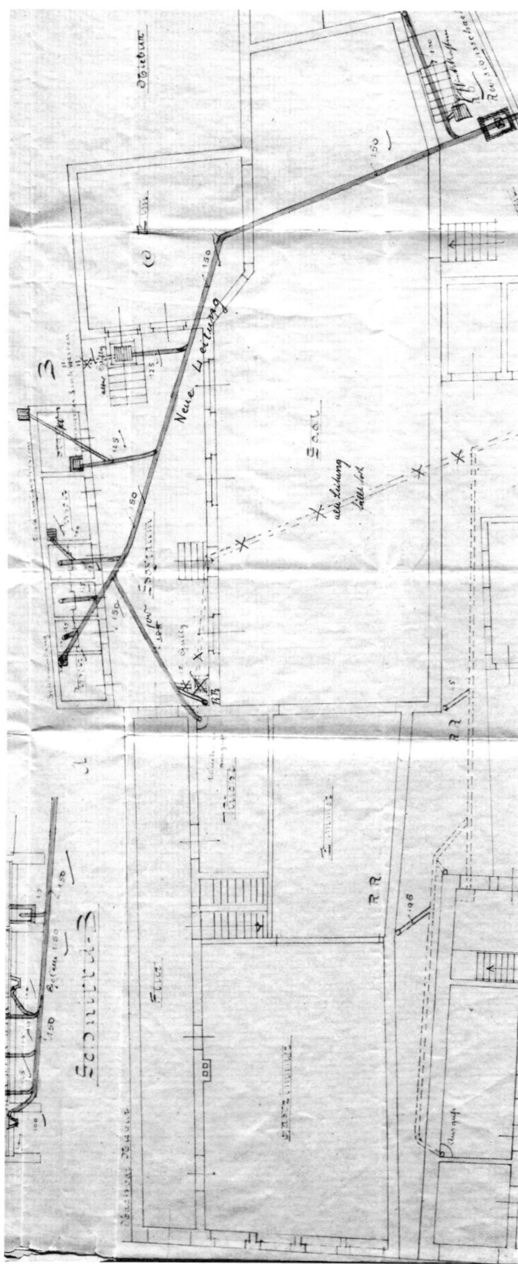

Abb. 1532 Simeonstraße 9, Grundriß aus der Entwässerungsakte von 1905.

mann, Wohnhaus und Stall; 1809 Witwe Schneider Linkelmann; 1812 Knefel, Wohnhaus, Stall, Hof und Garten; 1814 Verkauf von Witwe Kaufmann Knefel an Bäcker Carl H. D. Schmieding (* 1765 in Oldendorf); 1818 Schmieding; 1832 Witwe Schmieding; 1837 Brauer Carl Ludwig Henneking; 1846 Gastwirt Carl Henneking; 1853/65 Gastwirt Eduart Delkeskamp, (Gastwirtschaft und Getränkehandel); 1868/78 Gasthaus Ridder; 1880 Kaufmann Heiliger; 1892 Heinrich Heinemann; 1904 Wirt Carl Meier; 1919 Verkauf an Wirt Heinrich Wiele, Apollo Theater; 1920 Heinrich Hartwig, Kammerlichtspiele; 1926 Westdeutsche Grundstücksgesellschaft Hamburg; 1934 Wirt Wilhelm Krämer.

Dielenhaus (Spätmittelalter)

Kern des heute durch einen Umbau von etwa 1840 mit Errichtung einer neuen Schaufront bestimmten und vielfach im 20. Jahrhundert zu Gaststättenzwecken erweiterten und umgebauten Hauses bildet ein steinernes, eingeschossiges und giebelständiges Dielenhaus von etwa 20 m Tiefe und (vorn) etwa 9,3 m Breite, entsprechend den topographischen Bedingungen nach hinten etwa 1 m breiter werdend. Datierungskriterien für die Bauzeit des Kernbaus waren bislang auf Grund der völlig verkleideten historischen Substanz nicht zu gewinnen. Proportion und Typ des Kernbaus lassen eine Entstehung der Kernsubstanz zwischen dem 14. und dem 16. Jahrhundert erschließen.

Die äußeren Umfassungswände bestehen aus Backsteinmauerwerk, das in den Traufwänden die heute verstellten bzw. vermauerten charakteristischen Bogenstellungen spätmittelalterlicher Bauten aufweist. Das Dachwerk besteht einschließlich der Giebel aus vierzehn Sparrenpaaren aus Eiche mit drei eingezapften einfach genagelten Kehlbalkenlagen, ohne erkennbare Längsversteifung. Die Rispen sind nachträglich, die Kehlbalken z. T. beim Ausbau zu Wohnzwecken entfernt worden. Das Holz ist leicht geräuchert. Die Dachhaut besteht aus in Mörtel gelegten roten Pfannen der Zeit vor 1900 auf älteren Eichenlatten.

Der ursprüngliche Giebel – dem Befund nach mit hölzernem Giebeldreieck – ist verschwunden. Heute hier eine zweigeschossig konzipierte Schaufassade der Zeit um 1840, die im Zusammenhang mit dem Ausbau des Dachbodens zu Wohnzwecken entstand und ein volles Obergeschoß vortäuscht. Ausgeführt aus Backstein mit Putzgliederung. Im Erdgeschoß die Fassade im Laufe des 20. Jahrhunderts mehrfach umgebaut und erneuert. Das Obergeschoß mit Pilastergliederung, Fenster mit rundbogigem Abschluß, einige mit nach außen schlagenden Flügeln wohl noch aus der Bauzeit der Fassade erhalten. Dach durch Abwalmung und auf die Fassade gesetzte Attika weitgehend verdeckt.

Ein tonnengewölbter Keller unter der südlichen Hälfte des rückwärtigen Kernbaus. Darüber im Erdgeschoß noch bis nach 1900 ein Raum in den gleichen Dimensionen abgeteilt, ehemals wohl als Saal anzusprechen. Historische Bauteile der inneren Struktur sind heute im Erdgeschoß auf Grund der intensiven Bautätigkeit im Zusammenhang mit der schon 1857 belegten Gaststättennutzung mit Ausnahme des Gewölbekellers nicht mehr vorhanden. Der Ausbau des Dachgeschosses mit mittlerem Flur noch weitgehend im 1840 geschaffenen Zustand einschließlich Türblättern sowie der Treppenanlage zum zweiten Dachgeschoß. 1903 wird dieses Geschoß ausschließlich von der Familie des Gastwirtes bewohnt, es gibt keine vermieteten Räume im Haus.

Die Baugeschichte des Hauses ist in ihrer Entwicklung momentan nicht näher zu klären. Die ursprüngliche Diele, wohl mit seitlichem Stubeneinbau und rückwärtigem, rechtsseitig unterkellertem Saal später durchgebaut. Um 1840 Ausbau des Dachgeschosses zu weiteren Wohnräumen, wobei eine neue Fassade entstand. 1892 Durchbau des Erdgeschosses. Zu diesem Zeitpunkt bestand hier ein durchgehender Flur entlang der linken Traufwand, der rechte Bereich war über dem Keller in ein weiteres Gastzimmer sowie daneben zum Flur hin in Küche und ein innenliegendes Treppenhaus gegliedert. Rückwärtig schloß sich ein großer schmalerer Saal mit niedrigem Satteldach an. Dieser hatte Gartenausgänge an beiden Traufwänden und rückwärtig nach Norden ein angebautes Nebenzimmer. 1903 wurde die Treppe ein erstes Mal verlegt, es folgten verschiedene weitere Umbauten. 1905 Entwässerung; 1926 Kanalisation.

1919 richtete man im Saal ein Kino mit dem Namen »Apollo«, 1920 dann »Kammerlichtspiele« ein, das jedoch 1923 mit dem Abbruch des Saals wieder aufgegeben wurde. 1925 entstand mit weiteren Umbauten ein neuer Saalanbau (Plan R. Moelle), der 1933 und 1934 erweitert und umgebaut wurde, so daß alle zusammenschließbaren Räume schließlich für 672 Personen zugelassen waren. Der mit Wirtschafts- und Lagerräumen unterkellerte Saal erhielt eine Freitreppe zu einer kleinen rückwärtigen Gartenanlage zur Petersilienstraße. Das Gasthaus »Bürgerhof« diente vornehmlich dem Militär als Freizeiteinrichtung. Der Saalteil heute verfallen, der Kernbau noch in seiner traditionellen Nutzung. 1993 in die Denkmalliste der Stadt Minden eingetragen.

Die ältere Hofbebauung ist nicht bekannt. 1863 bestanden *drei massive Hinterhäuser*. Noch 1904 werden Schweine auf dem Hof gehalten.

SIMEONSTRASSE 10 (Abb. 1531, 1533–1535)

bis 1878 Haus-Nr. 275

Die Hausstätte dürfte erst im 16. Jahrhundert (1570 ?) durch Abtrennung aus einer Großparzelle einer Vikarie entstanden sein (siehe dazu Simeonstraße 6). Sehr schmale, nach hinten sich weiter verjüngende Parzelle. Der nicht befahrbare Hofplatz im 19. Jahrhundert mit mehreren kleinen Wirtschaftsgebäuden bebaut, heute freigeräumt.

Im 17. und 18. Jahrhundert ein sogenanntes *dompröbstliches Lehnshaus* (KAM, Mi, C 152). Das Lehen offensichtlich schon vor 1802 gelöst.

Abb. 1533 Simeonstraße 10 (rechts), 12 und Simeonskirchhof 4 mit der Treppe, Ansicht von Osten, 1970.

1570 nimmt Arendt Bünte eine Obligation über 110 gfl bei der städtischen Rentenkammer auf. Als spätere Besitzer werden genannt: 1589 Berendt Büntte (nimmt eine weitere Obligation über 50 Thl auf), Caßper Büntte, 1663 Johan Schmedt, 1680 der Schwiegersohn zahlt den Zins, 1681 Cordt Hoelt, 1685 *Gabriell Ebeling olim Johan Schmedts Haus* (KAM, Mi, B 151 und 155).

1663 Johan Schmitt; 1667/77 Johan Schmedt; 1680 Johan Schmidt; 1682/84 Cort Holt Senior; 1685/96 Gabriel Ebeling (zahlt jährlich 3 Thl Giebelschatz); 1704/11 Johan Michel Holt; 1743/50 Johann Hermann Hohlt; 1755 Hohlts Haus, 200 Rthl; 1766 Meister Andreas Denhard (früher Michael Holt), 500 Rthl; 1781 Meister Hiller, 500 Rthl; 1798 Färber Hiller; 1802 freiwillige Versteigerung des Besitzes von Schönfärber Carl Friedrich Hillert: Haus nebst Hintergebäude (angeschlagen zu 614 Rthl) mit Hude für 6 Kühe; 1803 Denhard; 1804 Denhards Haus (mit Braurecht und Scheune), vermietet an Chirurg Müller; 1806 Schmieding, Wohnhaus 1 000 Rthl, Hinterhaus 200 Rthl; 1812 Bäcker Schmieding, Wohnhaus und neu versichertes Hinterhaus; 1818 Philippstahl, Wohnhaus 1 000 Thl, Hinterhaus 200 Thl; 1826 Erhöhung Wohnhaus auf 1 600 Thl, Hinterhaus auf 350 Thl, neu Ziegenstall 50 Thl; 1828/36 Roßhändler Nathan Philipsthal (* 1794); 1846/53 Witwe Roßhändler Philipstal (1853 mit kleinem Laden und drei weiteren Mietparteien); 1856 Mehlhändler Carl Schütte; 1873/78 Klempner Kiesling (mit drei Mietparteien); 1895/1908 Witwe Charlotte Kiesling; 1963 Hanna Menz.

Dielenhaus (von 1570 ?)

Dreigeschossiges schmales Giebelhaus mit flachem Satteldach. Die dreiachsig gegliederte Fassade der Zeit um 1820 ist geputzt, vor der rechten Achse steht eine zweigeschossige sandsteinerne

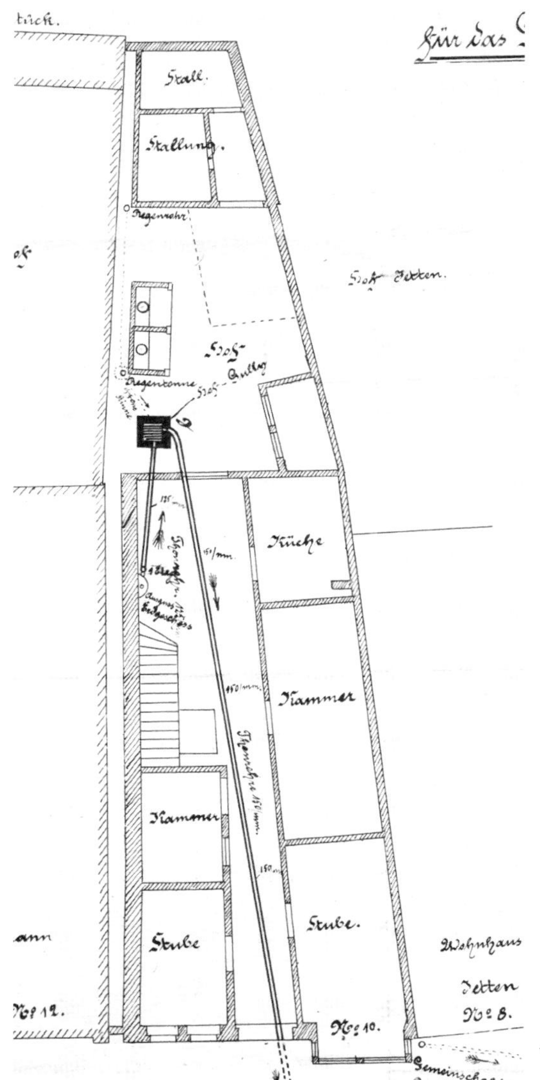

◁ Abb. 1534 Simeonstraße 10, Grundriß aus der Entwässerungsakte 1895.

Abb. 1535 Simeonstraße 10, Utlucht von 1589 (?), Ansicht des Obergeschosses von Süden, 1995.

Utlucht der Zeit um 1600 auf hohem Sockel. Das Gebäude setzt sich aus unterschiedlichen Bauteilen zusammen: den Kern bildet der Rest eines wohl schon um 1600 bestehenden schmalen Giebelhauses, das offensichtlich massive Umfassungswände hatte und möglicherweise um 1570 für Arendt Bünte errichtet wurde (Aufnahme einer Obligation). Dieses Haus besaß mit dem rechts anschließenden Gebäude Simeonstraße 8 eine gemeinsame Brandwand aus Backsteinmauerwerk, die ihre Bögen sowohl im Dielen- als auch Speichergeschoß letzterem Bau zuwendet; daher muß die Wand schon bei Errichtung von Nr. 10 bestanden haben. Das Haus offensichtlich mit hoher Diele, von der rechtsseitig (auf Grund der erhaltenen Utlucht) zumindest seit um 1600 eine Stube über hohem Kellersockel abgetrennt war; der Keller mit Balkendecke durch eine rückwärtige Treppe erschlossen.

Abb. 1536 Simeonstraße 11 bis 19, Ansicht von Norden, um 1920.

Die um 1600 (1589 ?) errichtete Utlucht erhielt auch ein Obergeschoß vor dem Speichergeschoß des Hauses (ob es sich nur um eine aufwendige Gestaltung handelt oder das Obergeschoß in Teilen schon zu Wohnzwecken ausgebaut war, bleibt unklar) und ist in ihrer ursprünglichen Substanz nur noch im ersten Obergeschoß vorhanden: hier die Fensterzone ehemals in der Front in vier verglaste Bahnen aufgelöst, seitlich jeweils eine weitere Bahn. Die Pfosten in der Ansicht durch runde, kannelierte Säulen gestaltet. Die darunter befindliche Brüstung ebenso wie die über den Fenstern befindliche Zone durch Zahnschnittgesimse eingefaßt und durch mit Beschlagwerk geschmückte Pilaster in der Gliederung der Fenster unterteilt. Die dazwischenliegenden Felder ebenfalls mit Beschlagwerk. Die vorderen Fenstersäulen wurden um 1800 in der Mitte zusammengeschoben, so daß zwei große hölzerne Fensterzargen eingebaut werden konnten. Zugleich wurden die Werksteinbereiche des Erdgeschosses zur Schaffung einer entsprechenden Fenstergliederung ausgewechselt. Der obere Abschluß der Utlucht seitdem mit flacher Metallabdeckung.

Der Altbau wurde um 1820 wesentlich umgebaut und erweitert: Ziel war die Auflösung der hohen Diele, die nun zweigeschossig durchgebaut wurde und die Einrichtung des Hauses als Flurhaus mit zahlreichen Wohnräumen. Zugleich wurde die linke, westliche Traufwand aus Fachwerk neu verzimmert (um 1860 bis auf den rückwärtigen Eckständer wiederum in Backsteinmauerwerk erneuert), ebenso der Rückgiebel. Zugleich wurde das Dachwerk abgenommen und ein zusätzliches niedriges zweites Obergeschoß aufgesetzt. Dazu die östliche steinerne Brandwand in Backsteinmauerwerk erhöht und erneut eine sandsteinere nach vorn entwässernde Rinne aufgesetzt. Die Fachwerkteile zeigen Schwelle-Rähm-Streben, im hohem Untergeschoß auch lange Fußstreben. Das Dachwerk besteht zum Teil aus neu verzimmerten Nadelholzbalken, zum Teil aus wiederverwendeten Eichenhölzern. Mehrere Spuren von Verblattungen deuten möglicherweise auf ein hohes Alter des demnach schon mehrmals erneuerten Kernbaus hin.

Die Haustür erhielt ein kräftiges, sandsteinernes Gewände, die übrigen Fensteröffnungen wurden nur eingeputzt. Das zweiflügelige Blatt der Haustür aus der Zeit um 1860.

1895 Entwässerung; 1907 Kanalisation; 1984 in die Denkmalliste der Stadt Minden eingetragen; 1990/1995 vorsichtige Modernisierung des Inneren bei weitgehendem Erhalt der Substanz. Zugleich wurde 1992/93 die Utlucht auf Grund der Steinschäden ganz abgebaut und die Werksteine weitgehend erneuert (Schaumburger Werkstätten). Dabei wurde im Obergeschoß die ursprüngliche Fensterordnung wieder eingeführt (allerdings mit sehr breiten Holzzargen), so daß sich die Utlucht jetzt in einem zeitlich sehr unklaren Zustand zeigt.

SIMEONSTRASSE 11 (Abb. 1536–1538, 1541)

bis 1878 Haus-Nr. 278; bis 1908 Simeonstraße 15

Die auf ganzer Breite (mit Traufgassen) bebaute Hausstätte rückwärtig stark abfallend und bis zur Petersiliengasse reichend. Die Hausstätte offenbar durch die wohl schon im Spätmittelalter (spätestens aber im 17. Jahrhundert) erfolgte Teilung eines größeren bürgerlichen Anwesens entstanden, das ehemals auch Nr. 9 umfaßte.

1663 Jacob Vaget († 1665); 1667 Diederich Prüße; 1685 Jacob Vagets Erbens Haus, jetzt Hilmar Bartlingshoff; 1692 Hilmar Bartlingshoff; 1696 Witwe Bartlingshoff; 1704 Johan Salter; 1711 J. Salter (Haus steht leer und wird zu Michaelis neu vermietet); 1741 Eberhard Meyer, vermietet an Frantz Vogelsang. Haus mit Hinterhaus und Hof sowie Braurecht, Huderecht für 6 Kühe soll verkauft werden (WMR 1741, 43); 1743 ohne Eintrag (kein Landbesitz); 1750 Gabriel Müller; 1755/66 Conrad Sobbe, Haus für 450 Rthl; 1781 Bäcker Heinrich Schwepe, 450 Rthl; 1789 Erhöhung Taxe Vorderhaus auf 900 und Hinterhaus 100 Rthl; 1798/1828 Bäcker Carl August Glissmann (* 1769 in Petershagen), 1802 halbmassives Haus mit Braurecht für 2000 Rthl, hält 1 Kuh und 5 Schweine; 1818 soll die Scheune als Stall für Artilleriepferde eingerichtet werden (KAM, Mi, E 358); 1832/36 Bäcker Heinrich Kühne (* 1803); 1846/53/56 Bäcker und Bierbrauer Heinrich Kühne; 1873/78 Bäcker Kühne; 1905/08 Bäckermeister Wilhelm Bertermann; 1954 Charlotte Bertermann; 1958 H. Müggenberg.

Haus (um 1610–1958)

Das Haus ist in seiner Gestalt nur durch den Kanalisationsplan von 1905 und einige Details bekannt, da es vor dem Abbruch nicht weiter dokumentiert wurde. Danach war es im Kern ein wohl (nach den Formen des erhaltenen Torbogens) um 1610 entstandenes steinernes Giebelhaus auf einer Grundfläche von etwa 16,5 m Länge und etwa 9 m Breite. Das Haus mit einer Diele von etwa 5 m Höhe, darüber niedriges Speichergeschoß von etwa 2,35 m. Steiles Satteldach mit wohl drei Kehlbalkenlagen. Der Giebel aus Backstein, das Speichergeschoß mit schmalen Bogenluken belichtet.

Von der Diele rechts vorn eine wohl nicht unterkellerte Stube (ca. 2,7 x 5 m Grundfläche) mit niedrigem Zwischengeschoß (ca. 1,8 m) abgetrennt, später dahinter eine Küche angefügt. Zu dieser Bauphase gehörte das sandsteinerne Gewände des Torbogens, sowie die vor den Stubeneinbau gestellte zweigeschossige Utlucht. Das Gewände

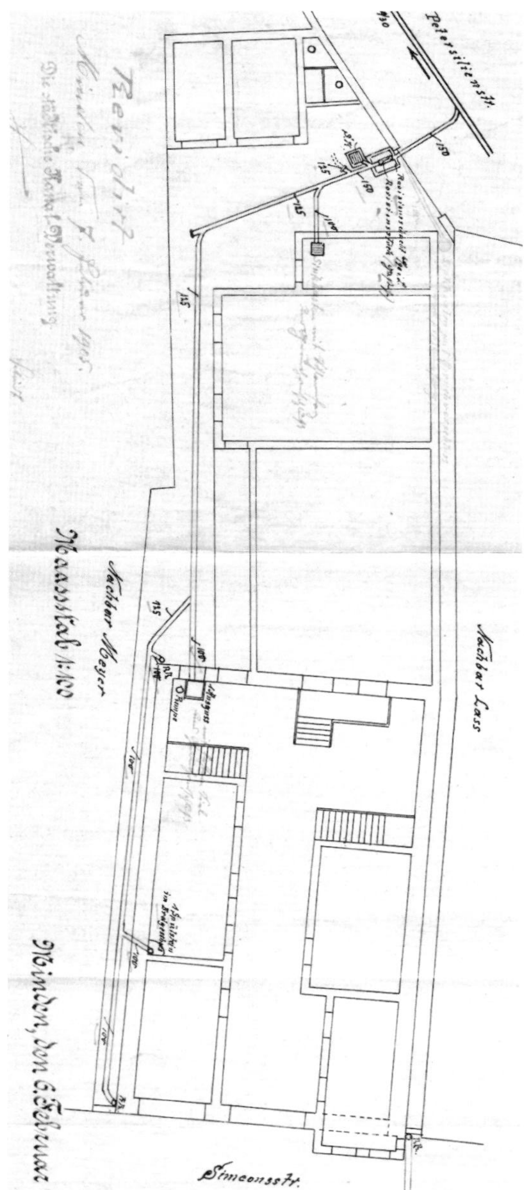

Abb. 1538 Simeonstraße 11, Torbogen von etwa 1610 (heute Museum, Ritterstraße 27), um 1950.

◁ Abb. 1537 Simeonstraße 11, Grundriß aus der Entwässerungsakte von 1905.

des Torbogens mit Beschlagwerk ornamentiert, Kante mit Zahnschnitt, im Scheitel ein Keilstein mit Engelskopf, darunter zwei Kartuschen mit Hauszeichen.

Spätestens im 18. Jahrhundert wurde auch links von der Diele ein schmaler zweigeschossiger Stubeneinbau abgetrennt. 1805 werden 30 Rthl Baufreiheitsgeld für nicht näher bezeichnete Umbauten am Haus ausgezahlt (KAM, Mi, C 156,13 alt). 1954 wurde die Utlucht des Hauses abgebrochen.

Das Sandsteingewände des Torbogens wurde ausgebaut und in das Museum Minden verbracht, wo es im Neubau der Museumszeile (Ritterstraße 27) Verwendung fand.

Wohn- und Geschäftshaus (von 1959/60)

Nach Plänen des Architekten A. Münstermann für den Kaufmann Herbert Müggenberg als dreigeschossiges verputztes Wohn- und Geschäftshaus mit Satteldach errichtet.

Hintergebäude

Die Hinterbauten blieben bei Abbruch des Vorderhauses erhalten: Ehemals als Anbau an den Altbau, heute freistehend ein eingeschossiges Wirtschaftsgebäude aus der ersten Hälfte des 19. Jahrhunderts aus Fachwerk. Das Satteldach heute durch ein flaches Pultdach ersetzt. Daran anschließend ein eingeschossiger massiver Bauteil mit Flachdach, im späten 19. Jahrhundert als Bäckerei errichtet.

SIMEONSTRASSE 12 (Abb. 1505, 1539, 1533)

bis 1802 Haus-Nr. 276; bis 1878 Haus-Nr. 276 a

Die Parzelle dürfte erst im 16. Jahrhundert durch Abtrennung aus der Großparzelle einer Vikarie (siehe dazu Simeonstraße 6) entstanden sein. Das Haus war im Gegensatz zu den benachbarten Bauten innerhalb dieses Baublocks (zumindest im 17./18. Jahrhundert) nicht dem Domkapitel lehnspflichtig und hat ehemals das um 1570 errichtete Haus Simeonskirchhof 4 als Nebenhaus gehabt (siehe dort). Beide Bauten bilden zusammen ein ansehnliches bürgerliches Anwesen auf einem Blockgrundstück, das westlich vom Simeonskirchhof begrenzt wird.

Folgende Nachrichten sind nicht sicher zuzuordnen und auf Grund der überlieferten Hauszeichen an der Auslucht von Simeonskirchhof 4 erschlossen (dazu NORDSIEK 1988, S. 26 f.): Rudolf Vogt (* um 1505, † 29. 6. 1565), Er war zwischen 1545 und 1560 verschiedentlich Bürgermeister (siehe dazu M. NORDSIEK 1988, S. 26 ff. – WARNECKE 1995, S. 471); sein Epitaph in St. Simeon.

1663 Daniel Volkening (hat sein Haus für 1 000 Thl gekauft und eine Bude an die Witwe des Magisters Ludovici vermietet); 1667 Daniel Folkening; 1673/1684 Jürgen Nottmeyer Junior; 1692/1711 Jürgen Nottmeyer; 1739 Witwe Andreas Dove; 1750 Böttchermeister Johann Gabriel Dresing; 1755 Meister Dresing, Haus für 200 Rthl; 1766 Böttcher Johan Georg Dresing, Haus für 300 Rthl, betreibt auch Landwirtschaft auf eigenem Land; 1781 Meister Siebeking, Wohnhaus 200 Rthl, Hinterhaus 100 Rthl; 1784/1786 Obrist von Eckhardsberg, Wohnhaus 200 Rthl, Hinterhaus 200 Rthl; 1798 Niemeyer; 1802/04/06 Schmied Johann Heinrich Niemeyer, halb massives Haus ohne Braurecht für 700 Rthl, hält 2 Pferde, 2 Kühe, 1 Jungvieh und 3 Schweine; 1809 Wohnhaus mit zwei Etagen in mittelmäßigem Zustand; 1815 Schmiede Heinrich (* 1775 in Bösingfeld) und Carl (* 1782) Niemeyer; 1818/36 Schmied Friedrich Daniel Niemeyer (* 1797), Wohnhaus 1 000 Thl, Stallung 200 Thl; 1840 Bierbrauer Ludwig Carl Henneking (wohnt Simeonstraße 9), Mieter ist 1846 Schneider Georg Hühner; 1851 Seiler Holz; 1853 Wirt Delkeskamp (wohnt Simenstraße 9), vermietet an drei Parteien; 1866 Kaufmann August Friedrich Wilhelm Henneking in Bielefeld; 1873/78 Schuhmacher Bertermann (hat fünf Mietparteien); 1906 Konditor Christian Bertermann; 1907/08 Conditor Friedrich Fincke; 1927 Kaufmann Brinckschmidt aus Dankersen.

Dielenhaus (16. Jahrhundert–etwa 1860)

Das Haupthaus des Anwesens dürfte im Vergleich zum erhaltenen und ansehnlichen Nebenhaus ein aufwendiger Bau mit hoher Diele gewesen sein. Das Gebäude besaß eine gemeinsame Traufwand mit dem zugehörigen Nebenhaus Simeonskirchhof 4, die durch dessen Utlucht verdeckt wurde. Offensichtlich handelte es sich daher um ein Haus mit massiven Umfassungswänden. 1784 Reparatur (KAM, Mi, C 874). Um 1860 völliger Abbruch.

Haus (von etwa 1860)

Zweigeschossiges schmales Giebelhaus über hohem Kellersockel zur Straße, errichtet aus Backstein, die Fassade geputzt und aufwendig gegliedert. Innenwände bis auf die Flurwand im Erdgeschoß aus Fachwerk. Das flach geneigte Satteldach auf niedrigem Drempel. Das Gebäude weitgehend bis auf die Flurzone unterkellert: Tonnen auf Bogenstellungen aus Backstein.

Die Fassade ist entsprechend der inneren Gliederung dreiachsig gegliedert. Die Geschosse durch schmale Bänder geschieden, das Dach hinter einer aufgemauerten hohen Attikazone mit einem Abschluß durch ein hölzernes Kastengesims über Konsolfries verdeckt. Die Rahmung der Fenster

Abb. 1539 Simeonstraße 12 (rechts) und dahinter Simeonskirchhof 4, links Simeonstraße 14, Ansicht von Südosten, 1993.

von unten nach oben abnehmend. Im Erdgeschoß durch Pilaster gerahmt, die ein glattes Gebälk tragen, darüber über den profilierten Faschen eine Verdachung über Konsolen, die im zweiten Obergeschoß fehlt.

Das Innere wird im Erdgeschoß bestimmt durch einen rechtsseitigen Flur, der durch das tiefe Haus bis zum Hof durchläuft. Seitlich vorn eine Stube, dann das zweiläufige, bis in das Dachgeschoß reichende Treppenhaus, dahinter zwei weitere Räume (Küche mit starkem Kaminblock und Stube). In den beiden oberen Geschossen jeweils eine Wohnung von sechs Räumen um den kleinen zentralen Flur angeordnet.

Hinter dem Haus auf dem Hof entlang der westlichen Grundstücksgrenze ein schmaler zweigeschossiger Flügel, wohl aus Fachwerk, der wohl zunächst Wirtschaftszwecken diente und später zu Wohnungen eingerichtet war.

1907 Kanalisation; 1927 Neubau eines Lagerhauses auf dem nördlichen Ende des Hofplatzes; 1930 Einbau eines Ladens mit Schaufenster; 1967 Umbau des Ladens; 1981 Brand des Hauses, wobei die gesamte innere Struktur vernichtet wird. 1984 in die Denkmalliste der Stadt Minden eingetragen; nachdem der Bau auf Grund des Einspruchs des WAfD/Münster nicht abgebrochen wurde, 1987 Wiederaufbau mit neuem Innenausbau mit Betontreppenhaus, wobei nur Keller, die Fassade und die Seitenfronten erhalten bleiben. Rückwärts neue verputzte Front mit moderner Fensterordnung, daran zweigeschossiger Anbau mit Flachdach.

SIMEONSTRASSE 13 (Abb. 1536, 1540, 1541)

bis 1878 Haus-Nr. 279; bis 1908 Simeonstraße 17

Bürgerliches Anwesen, das ehemals wohl eine Einheit mit dem südlich anschließenden Grundstück Nr. 15 bildete. Der Zeitpunkt der Teilung nicht bekannt. Zugehörig das Hinterhaus Petersilienstraße 18.

1663 Heinrich Mönneking Senior, vermietet für 30 Thl jährlich an den Höker Herman Meyer; 1667/84 Herman Meyer; 1692/1704 Jürgen Baxman; 1709/11 Vierzigermeister Baxmann; 1743 Eberhard Meyer; 1750/52 Mons. Joh. Rudolph Liefert; 1755 Witwe Gabriel Müller: erstes Haus, für 550 Rtl; 1766 Müllers erstes Haus, 550 Rthl; 1767/75 Johann Gabriel Hoefft; 1781 Meister G. Hoefft, 600 Rthl; 1798 Branntweinbrenner Hoefft; 1802/04 Hoefft, halb massives Wohnhaus mit Braurecht für 1 200 Rthl, Hinterhaus 300 Rthl, Haus im Bruchgarten 150 Rthl. Hat Brunnen, hält 1 Pferd, 2 Kühe, 1 Jungvieh. Hat als Mieter den Tagelöhner Scheffer; 1806/09 Chirurg Karl Friedrich Müller; 1809 Wohnhaus von zwei Etagen in baufälligem Zustand, Nebenhaus (hinter der Mauer) mit einer Etage in baufälligem Zustand; 1812/18 Gebrüder Meyer, Wohnhaus zur Brennerei gemacht für 1 200 Rthl; 1827 Gebrüder Meyer; 1832 Georg und Carl Meyer; 1833/46/53 Kaufmann Heinrich Rousseau, vermietet an Regierungssekretär Wilhelm Seemann (im Erdgeschoß Laden von Rousseau); 1873/78 Kaufmann Delkeskamp; 1880 Kolonialwarenhandel Otto Hoberg (das zum Großhandel ausgebaute Geschäft Gebr. Hoberg 1886/89 an der Kaiserstraße 7/9 neu errichtet); 1904/08 Witwe Elise Lass (wohnt Königstraße 152); 1929 Tischlermeister Friedrich Wiese; 1958 Witwe Sophie Wiese.

Haus (bis 1832)

Vom Vorgängerbau wurde in der südöstlichen Ecke des heutigen Hauses ein Keller übernommen, der in seiner Lage auf einen ehemaligen Flügelbau hinzuweisen scheint. Dieser mit Umfassungswänden aus Sandsteinquadern, einer Längstonne aus Bruchsteinmauerwerk und Pflaster aus Kieselsteinen. Es sind mehrere vermauerte Eingänge zu erkennen, seit langem erfolgt der Zugang in der westlichen Stirnwand.

Für den Zeitraum zwischen 1767 und 1780 sind mehrere größere Baumaßnahmen an dem Haus mit massiven Umfassungsmauern überliefert: 1767 wird berichtet, *hat ein neu Anbau angeführet* für 1 090 Rthl (KAM, Mi, C 388). 1775 kommt es zum *Bau einer neuen Giebelwand mit einem Erker … hat bey der vorigen Verteilung der Überschüsse schon wegen den inneren Bau des Hauses Prozentgelder erhalten, ob er wegen des Giebels noch anderweitige Vergütung erhalten kann, bleibt höheren Ermessen anheim gestellt.* Kosten zusammen mit dem neuen Wirtschaftsgebäude 376 Rthl (KAM, Mi, C 156,12 alt). Es wurde ein neuer Fachwerkgiebel vor das bestehende Haus gesetzt, wobei die Abrechnung von einem von Grund auf neu gebauten Giebel *nebst Stube mit Außlucht benebst Spöhndach* (Schindeldach) mit *1000 Spönen* spricht (KAM, Mi, C 388).

Neubau (von 1833)

Nach Abbruch des alten Hauses wurde für den Kaufmann Heinrich Rousseau ein völliger Neubau errichtet, wobei nur der alte Keller des Flügelbaus wieder Verwendung fand. Dabei die vordere Hälfte des Hauses ganz unterkellert, wobei hier Längstonnen auf gemauerten Bogenstellungen verwendet wurden, alles aus Backstein. Die Verbindung zum bestehenden Keller des Altbaus durch einen gewölbten Gang hergestellt. Das Grundstück auf ganzer Breite bis zum Rückgiebel des ehemaligen Hinterhauses überbaut, wobei ein zweigeschossiger Backsteinbau mit flachgeneigtem Satteldach entstand; rückwärtig mit Krüppelwalm, am Vordergiebel durch eine Schaufassade verdeckt. Sohlbänke der Fenster und das rückwärtige Türgewände aus Sandstein. Die Innenwände aus Fachwerk, die Dachbalken zum Teil wieder verwendet, zumeist aber ebenso wie das ganze Dachwerk aus neuem Nadelholz verzimmert.

Abb. 1540 Simeonstraße 13 (links) und 15 bis 21, Ansicht von Nordwesten, 1993.

Die beiden Giebel sind jeweils vierachsig gegliedert. Während der Rückgiebel ohne jeden Schmuck blieb, wurde die vordere Fassade mit einer (zumindest heute) in Minden einzigartigen Putzfassade in klassizistischer Gestalt versehen. Bei dieser ist das obere Dreieck des Giebels durch die Ausbildung einer starken und breiten darunter angebrachten Gesimszone optisch stark zurückgedrängt und das Satteldach darüber seitlich durch niedrige Attikaaufsätze und mittig hinter einem aufgesetzt wirkenden zweiachsigen Aufbau mit eingezogenem Dreieckgiebel (seitlich wieder Attikaaufsätze) verdeckt, der das dahinter befindliche traditionelle Satteldach überspielt. In der Obergeschoßzone keine weitere Gliederung, doch sind jeweils die Fenster in Nischen gesetzt, die die dazwischenliegenden Wandflächen lisenenartig hervorstehen lassen.

Das Innere wird im Erdgeschoß durch einen mittleren Flur bestimmt (der sich auch in der Gliederung des Kellers widerspiegelt), der bis zum Rückgiebel führte. Der ursprüngliche Hauszugang in der zweiten Achse von Süd heute zu Gunsten eines großen Ladenraums mit Schaufenster aufgegeben und der Flur an die südliche Traufwand verlegt. Südlich dieses ursprünglichen Flures vorne ein kleiner Raum (Laden ?), dann geradläufiger Treppenantritt und rückwärts Küche. Nördlich vordere Stube, Kammer und rückwärtiges Wohnzimmer. Das bis in das ausgebaute Dachgeschoß reichende zweifach gewendelte Treppenhaus mit großem Auge erhalten, über eine mit Glasziegeln gedeckte Fläche im Dach belichtet. Das Treppengeländer der Bauzeit mit durchgesteckten Stäben. Die Gliederung des oberen Geschosses und des ausgebauten Dachgeschosses mit einer Folge von Wohnräumen um das zentrale Treppenhaus.

1904 Kanalisation; 1958 und 1971 Umbauten im Erdgeschoß. 1984 in die Denkmalliste der Stadt Minden eingetragen.

PETERSILIENSTRASSE 18, HINTERGEBÄUDE

Wirtschaftsgebäude (um 1780–um 1830)

Es wurde nach den bewilligten Baufreiheiten um 1780 aus neuem Holz neu abgezimmert (KAM, Mi, C 380).

Hintergebäude (um 1830)

Zweigeschossiger, traufenständiger und verputzter Backsteinbau, errichtet um 1830 (auf dem Urkataster noch nicht vorhanden), auf Grund der Hanglage das Erdgeschoß rückwärts eingetieft. Die Fassade fünfachsig gegliedert. Haustür mit kräftigem Sandsteingewände, Sockel aus Sandsteinquadern. Flachgeneigtes Satteldach mit Pfannendeckung.

Das Innere durch einen mittleren Querflur bestimmt, seitlich jeweils zwei Wohnräume. Die südlichen Räume des Erdgeschosses im späten 19. Jahrhundert als Werkstatt und Stall genutzt, später ganz zur Werkstatt ausgebaut. 1929 Bau einer Terrasse in der Höhe des ersten Obergeschosses als *Verbindungsbrücke* zum rückwärtigen Werkstattgebäude.

SIMEONSTRASSE 14 (Abb. 1505, 1510, 1539, 1541–1543)

bis 1878 Haus-Nr. 277 (oberer Eingang des Hauses auch Simeonskirchplatz 5)

Die Hausstelle besteht nur aus der von dem Gebäude überbauten Fläche unterhalb der um 1450 erstellten Stützmauer um den Chor der Simeonskirche und dürfte erst danach durch Abparzellierung aus dem öffentlichen Raum entstanden sein, wobei es sich bis um 1800 um Lehnsland des Dompropstes handelte. Rückwärtig das giebelständige Gebäude an diese Stützmauer angebaut und mit Zugang zu einem Gewölbe unterhalb des Kirchhofes. Die Mauer selbst aus Sandsteinquadern aufgebaut.

Im 17. und 18. Jahrhundert ein *domspröbstliches Lehnshaus* (KAM, Mi, C 152).

1516 verkaufen Jost Nachtraven und seine Frau Aleke dem Johann Monnikehoff und seiner Frau Heske eine Rente aus einem Haus mit Stätte, *so dat belegenn vor sunte Simeon benedenn dem kerckhoffe vp dem orde by der treppen, dar men vp den kerckhoff geyt by Hinrick Jordeninges huse* (= Simeonstraße 16). Als spätere Besitzer eingetragen: Daniel Lichtbecke, Tonnies Reubig, Johannes Perdenking, *1647 Herman Ludwigs Erben, Bartelt Heil* [...] (STA MS, Mscr. VII, 2716, Bl. 78r). 1546 übertragen Johann Monnikehof und seine verstorbene Frau Gese dem Hartmann Hasenkamp *ein huss vor sanct Simeon by Mauris Mollers huse stande vnde ietzen Roleff Brackrogge inne wonende.* Eine seit 1516 aus dem Haus von Jost Nachtraven und seiner Frau Alheid zu zahlende Rente wird auf das Heilig-Geist-Hospital übertragen (STA MS, Mscr. VII, 2716, Bl. 78v).

1663 Hinrich Hueser (Haus kostete 440 Thl, ist ein dompröpstliches Lehen und zahlt jährlich an die Stadtkämmerei 12 gr); 1680/84 Witwe Hinrich Hueser; 1685 Arent Tonnies Kahmann in Hinrich Hüsers Haus (zahlt jährlich 3 ½ Thl Giebelschatz); 1692 Daniel Meyer Junior; 1696 Christian Mesoll in Huesers Haus; 1704 Gabriel Meyer in Huesers Haus; 1709/11 Huesers Haus; bis 1737 an Hueser verlehnt; 1737 bis 1764 an Johann Friedrich Zetzner verlehnt (1755 taxiert auf 200 Rthl); 1764 bis nach 1789 an Tischler Daniel Lange verlehnt (betreibt 1766 auch Landwirtschaft auf überwiegend angemietetem Land); 1781 Witwe Lange, Haus für 200 Rthl; 1798 Tischler Lange; 1802/04 Witwe Lange, Haus ohne Braurecht für 1 000 Rthl, hält 1 Kuh und 1 Schwein; 1809 Wohnhaus mit zwei Etagen in gutem Zustand, Mieter ist Kapitän Ravensky; 1816 wird der Besitz der verstorbenen Witwe Dorothee Louise Lange, geb. Stammelbach versteigert: die Häuser Simeonstraße 14 und 16, jeweils mit Huderecht für 6 Kühe, ferner umfangreicher Landbesitz (MIB 1816); 1818 Beerbaum, Haus für 1 000 Thl; 1828 Witwe Beerbaum; 1832/65 Goldschmied Friedrich August Hille (* 1804 in Clausthal). Mieter des

Abb. 1541 Simeonstraße 14 mit rechts anschließender Treppe zum Kirchhof, links die Häuser Simeonstraße 11 bis 19 (hinten), vor Kopf der Straße Simeonstraße 32, Ansicht von Norden, um 1910.

oberen Hausteils ist 1846 Schreiber Friedrich Küster; 1873/78 Geschwister Hille; 1906 Sparkasse Salzuflen; 1909 Witwe Dreyer; 1935 Zwangsversteigerung des Grundbesitzes des Althändlers Isaak Schweid; 1937 Otto Wagener.

Dielenhaus (vor 1516 ?)

Zweigeschossiges, verputztes Fachwerkgiebelhaus auf schiefwinkligem, nach hinten breiter werdendem Grundriß an städtebaulich entscheidender Stelle zwischen dem Simeonskirchhof, der dorthin führenden Treppe und der Simeonstraße. Hier bildet das Gebäude den Auftakt einer Baugruppe unterhalb der den Kirchhof tragenden Stützmauer. Den Kern des Hauses bildet ein wohl im 16. oder 17. Jahrhundert errichteter Fachwerkbau, möglicherweise kurz vor 1516 errichtet (Aufnahme einer Schuldverschreibung auf das Haus). Der Kernbau auf rechteckigem Grundriß von acht Gebinden Länge, der parallel zu der auf den Kirchplatz führenden Treppe und mit dem Rückgiebel vor die Stützmauer gestellt wurde, während ein dreieckiger Platz zwischen dem Haus und der Simeonstraße zunächst unbebaut blieb und den Blick auf den Seitengiebel des Hauses Simeonstraße 16 frei hielt. Über Konstruktion und Alter dieses Kerngerüstes sind augenblicklich wegen des verkleideten Zustandes keine näheren Aussagen zu machen. Die rückwärtigen Bereiche der nördlichen Traufwand sind im unteren Bereich auf Grund der anschließenden Treppenanlage massiv ausgeführt. Das Gebäude besteht im Inneren in ganzer Länge wohl aus einem hohen Dielengeschoß (mit einem rechtsseitigen zweigeschossigen Einbau). Das Dachwerk weist zwei gezapfte Kehlbalkenlagen aus Eichenholz auf.

An diesem Haus wurden 1777 kleinere Umbauten vorgenommen. In den Quellen wird dies in diesem Jahr als *Reparatur* für 317 Rthl bezeichnet: *besteht aus einem Einbau neuer Kammern, Ver-*

schwellungen und Dachreparaturen (KAM, Mi, C 156,12 alt). Weiter wird ausgeführt (KAM, Mi, C 388), daß auch *eine eingestürzte Mauer und Gewölbe auf dem Simeonskirchhof* repariert worden sei.

Zwischen 1786 und 1789 werden erneut für über 2 500 Rthl umfangreiche Baumaßnahmen (zusammen mit dem benachbarten Haus Simeonstraße 16) durchgeführt (KAM, Mi, C 133). Nach deren Abschluß wird sogar davon berichtet, man habe das Haus *vor einigen Jahren neu errichtet.* Ziel der Baumaßnahmen war eine wesentliche Vergrößerung des Hauses, wozu man das Gebäude entlang der südlichen Traufwand durch einen Anbau erweiterte. Dieser füllte den nach Südwesten breiter werdenden Zwickel zur Simeonstraße aus und verbaute den Nordgiebel des Hauses Simeonstraße 16. Möglich war dies offenbar dadurch geworden, da sich zu diesem Zeitpunkt beide Bauten im gleichen Besitz befanden. Da nach einer in den Akten erhaltenen Beschreibung die dritte Etage des Hauses nun über die Stützmauer bis auf den Kirchhof reichte, wobei die Balken der zweiten Etage auf Kragsteinen in der Mauer auflagen, bekam der Neubau auch einen Ausgang zum Kirchhof (KAM, Mi, C 859). Bei diesen Baumaßnahmen – bei denen man den Vordergiebel nur gering verbreiterte – wurde die Dachfläche des Kernbaus nach Westen hin zunehmend durch Auflanger erweitert und zugleich die frühere südliche Traufwand wohl in großen Teilen abgebrochen, ferner der Rückgiebel im südlichen Bereich aufgehöht. Der neue Bauteil erhielt im rückwärtigen Bereich eine dreigeschossige Einteilung, darunter einen Balkenkeller (hier wurden zahlreiche Werksteinspolien der Renaissancezeit wiederverwendet). Die hohe Diele des Kernbaus erhielt eine Zwischendecke und wurde zweigeschossig durchgebaut. Im Zuge dieser Baumaßnahmen auch das Giebeldreieck des Vordergiebels des wohl seitdem verputzten Hauses neu verzimmert, das nun zweifach über Schwellen schwach vorkragte (dieses Giebeldreieck scheint 1936 bei einem Neuverputz des Hauses mit Rauhputz massiv neu aufgemauert worden zu sein).

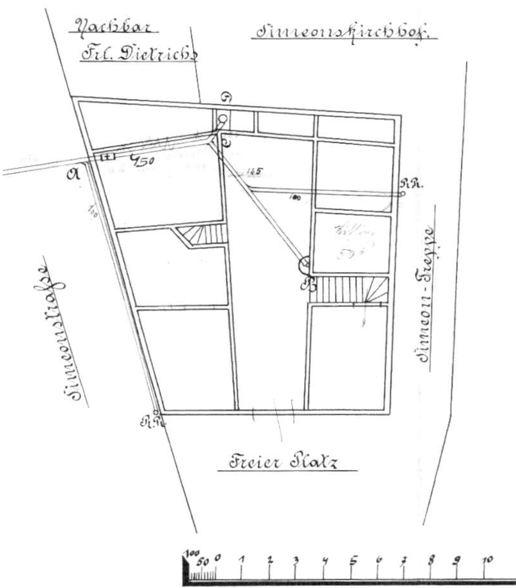

Abb. 1542 Simeonstraße 14, Grundriß des Erdgeschosses aus der Entwässerungsakte 1907.

1815 besitzt das Haus, taxiert zu 765 Rthl, *zwei Stockwerke, worin 5 Wohnstuben, 4 Kammern, eine Küche, Keller, Bodenraum und sonstige Bequemlichkeiten anzutreffen* sind. 1832 werden an Räumen in dem verputzten Fachwerkhaus beschrieben: im Erdgeschoß zwei Wohnstuben mit Kanonenöfen, eine Werkstube mit Kanonenofen, mit Steinplatten ausgelegte Küche nebst Rauchfang, eisernem Sparherd und steinernem Spülkumpf, ein gebalkter Keller mit anschließendem kleinen Gewölbe, als Mistbehälter genutztes kellerartiges Gewölbe, Hausflur, Gewölbe zu Stallraum, Raum mit Goldschmiedeesse und unbenutztem Schweinestall und darüberliegender Schlafkammer. Im oberen Stockwerk zwei Wohnstuben mit Kanonenöfen und vier Schlafzimmer und zwei kleine Treppen-

Abb. 1543 Simeonstraße 20 (links) und 18 bis 14, Ansicht von Südosten, 1970.

flure. Auf dem beschossenen Dachboden eine Kochkammer und Ausgang zum Kirchplatz (Nordsiek 1988, S. 34).

1909 Kanalisation, Einbau eines Abortes in das Gewölbe unter dem Kirchplatz; 1925 Umbau des vorderen Erdgeschosses zu einem großen Ladenraum; 1938 Aufteilung des Ladens und Wiedereinrichtung eines vorderen Mittelflures; um 1970 Erneuerung aller Fenster. 1984 in die Denkmalliste der Stadt Minden eingetragen.

SIMEONSTRASSE 15 (Abb. 1540, 1541)

bis 1878 Haus-Nr. 281; bis 1908 Simeonstraße 19

Bürgerliches Anwesen, das ehemals wohl eine Einheit mit dem nördlich anschließenden Grundstück Nr. 13 bildete. Zugehörig auch das Hintergebäude Petersilienstraße 20. Der Zeitpunkt der Teilung nicht bekannt. Das Grundstück mit einer Breite von etwa 9,5 m und einer Tiefe von 30 m bis zur Petersilienstraße reichend und mit Ausnahme des Tropfenfalls auf der ganzen Breite bebaut.

1663 Adolf Barckhausens Wohnhaus nebst einem Achterhaus am Priggenhagen; 1667/84 Herr Cammerarius Adolf Barckhausen, ehemals Cord Lesemanns Haus (zahlt jährlich 4 Thl Giebelschatz); 1692/96 Witwe Barckhausen; 1704/11 Johan Diederich Jäger; 1743 ohne Eintrag (Haus ohne Land); 1750 Johan Henrich Vogelsang; 1755 Vogelsang, Haus für 500 Rthl; 1766 Harten, 500 Rthl; 1773 Christian Dieterich Vogeler; 1781 Witwe Vogeler; 1798 Buchbinder Wundermann; 1802/04 Wundermann, halbmassives Haus mit Braurecht für 1 200 Rthl, hält 1 Schwein; 1806 Blaufärber Fr. Carl Knoth, Wohnhaus, Hinterhaus und Garten; 1809 Wohnhaus in zwei Etagen *in logeablem Zustand* und Hinterhaus mit zwei Etagen *in ziemlichen Zustand*; 1818 Färber Knodt, Wohnhaus 2 000 Thl und Hintergebäude 300 Thl; 1832 Erhöhung Versicherung auf 3 400 Thl und Hintergebäude auf 600 Thl; 1846/53/65 Färber Wilhelm Knodt, hat benutzten Pferdestall; 1873 Färbereibesitzer Knodt; 1878 Rupprecht; 1895 Rupprecht erbaut hinter dem Haus an der Petersilienstraße 11 eine Wäscherei; 1908/27 Färbereibesitzer Georg Rupprecht.

Haus (bis 1960)

Bis zum Abbruch 1960 ein zweigeschossiges verputztes Fachwerkgiebelhaus nicht näher bestimmbaren Alters. Das Giebeldreieck zweifach über kleinen eingezapften Balkenköpfen vorkragend (17. oder 18. Jahrhundert). Im Kern offensichtlich ein Dielenhaus mit wohl massiven Traufwänden (wie 1802 beschrieben), das einen linksseitigen, unterkellerten zweigeschossigen Einbau besaß. Die Diele dann nachträglich mit einem Zwischengeschoß versehen, wobei dieses ein anderes Niveau als das Obergeschoß des Stubeneinbaus erhielt.

1906 Kanalisation; 1960 Abbruch für Neubau.

Wohn- und Geschäftshaus (1960/61)

Dreigeschossiger, voll unterkellerter traufenständiger Putzbau mit ausgebautem Satteldach, für den Schlachtermeister Helmut Neuhoff nach Plänen von K. Falke durch den Unternehmer Hartmann & Niemann errichtet. Das Haus von geringerer Tiefe als der Vorgängerbau.

Wirtschaftsgebäude Petersilienstraße 20

Im Kern ein eingeschossiges Werkstattgebäude des 19. Jahrhunderts aus Backstein, die westliche Hoffront aus Fachwerk, wohl schon als Färberei errichtet.

1908 das Gebäude als Färberei genutzt und ohne innere Unterteilungen. 1927 Einbau einer Garage; 1963 weitgehender Neubau und Aufstockung des Gebäudes für Zwecke der Schlachterei Helmut Neuhoff (Plan: K. Falke).

SIMEONSTRASSE 16 (Abb. 1510, 1543)

bis 1818 Haus-Nr. 280; bis 1878 Haus-Nr. 280 a (oberer Eingang auch Simeonskirchhof 6, ab 1818 Haus-Nr. 280 b/c)

Sehr schmales Hausgrundstück unterhalb der hier nahe an die Simeonstraße heranreichenden und um 1450 erstellten Stützmauer für den Chorbau der Simeonskirche, wohl erst danach (aber vor 1527) vom öffentlichen Straßenraum abgeteilt. Das Grundstück schon im 18. Jahrhundert völlig mit einem Haus zugebaut, das unmittelbar vor die Stützmauer gestellt ist. Diese war 1786 so schadhaft, daß zur Reparatur das Haus abgebrochen werden mußte. Hierbei erhielt die Stützmauer sechs Strebepfeiler (KAM, Mi, C 859).

1516/27 *Hinrick Jordenynghes husz* (siehe Simeonstraße 14 und 18); 1546 *Mauris Mollers huse* (siehe Nr. 14); 1663/67 Barthold Soestmann Juniors Haus (zahlt jährlich 12 gr an die Stadtkämmerei und stirbt 1679); 1680 bewohnt von Witwe Steffen Drewe, zahlt jährlich 3 ½ Thl Giebelschatz; 1682 bewohnt von Christian Usolle; 1684 Paul Alborn in Soestmanns Haus; 1685/1711 Johan Paul Ahlborn; 1743 Witwe Paul Ahlborn; 1750 Meister Lange; 1755 Daniel Lange, Haus für 200 Rthl; 1766 Johann Daniel Lange, 200 Rthl; 1781 Witwe Lange, 200 Rthl; 1789 Tischler Daniel Lange; 1798 Tischler Lange; 1802/04 Witwe Lange, Haus ohne Braurecht für 1 000 Rthl, vermietet an Franzoni, Berger und Invalide Karnal; 1809 Witwe Langes Haus, Wohnhaus von drei Etagen in gutem Zustand; 1816 Besitz der verstorbenen Witwe Dorothee Louise Lange, geb. Stammelbach wird versteigert: die Häuser Simeonstraße 14 und 16, jeweils mit Huderecht für 6 Kühe, ferner umfangreicher Landbesitz (MIB 1816); 1818 Tischler Schneppel, Wohnhaus mit den beiden Wohnungen am Simeonskirchhof; 1828 Frieda Schnepel; 1846/53 Drechsler Friedrich Ries; 1873 Witwe Ries; 1878 Dietrich; 1908 Martha Dietrich in Barmbeck/Hannover.

Haus (um 1500–1786)

Das Haus in seiner Gestalt nicht weiter bekannt. Um 1780 wird berichtet, das Haus sei *neu errichtet* worden (KAM, Mi, C 859). Nachdem sich jedoch 1786 die Stützmauer hinter dem Haus verformte und das Hinterhaus schiefdrückte, mußte es abgebrochen und neu aufgebaut werden.

Von dem wohl um 1500 errichteten Vorgängergebäude ist 1787 der größte Teil des Kellers übernommen worden, der allerdings beim Neubau im südlichen Viertel verlängert worden ist. Er hat ein flaches Tonnengewölbe parallel zur Straße aus Bruchsteinmauerwerk.

Haus (von 1787)

1787 wurde das Haus *neu aufgebaut*. In der gleichen Baumaßnahme wurde auch eine umfangreiche Erweiterung des Nachbarhauses Simeonstraße 14 vorgenommen, wobei als Gesamtkosten für beide Häuser 1789 über 2500 Rthl angegeben wurden (KAM, Mi, C 133). Dreigeschossiger, verputzter Fachwerkbau mit Satteldach, rückwärtig unmittelbar an die Stützmauer angebaut. Das zweite Obergeschoß nur leicht über dem Niveau des Simeonskirchhofes und von hier über eine kleine Freitreppe zugänglich (diese Fassade heute im Fachwerk freigelegt, wobei das Gerüst hier mit Schwelle-Rähm-Streben ausgesteift ist). Das Dachwerk von neun Gebinden mit fachwerkenen Giebeldreiecken ist aus Nadelholz bzw. aus zweitverwendeten Eichenhölzern verzimmert.

Die Fassade wurde fünfachsig gegliedert mit mittiger Haustür und seitlich gekuppelten Fenstern. Das zweite Obergeschoß durch ein hölzernes Profil abgesetzt. Einfaches hölzernes Türgestell mit Oberlicht (die Tür heute nach innen versetzt). Offensichtlich bestand zunächst hier noch ein hoher und breiter Flur mit nur seitlichen Zwischengeschossen, der dann erst kurz nach 1800 mit einer Zwischendecke versehen wurde. Rückwärts zugleich eine Treppe mit einfachen diagonal gesetzten Stäben eingebaut. Der darunter befindliche Kellerzugang wurde um 1900 in den vorderen Flur verlegt, zugleich wurde statt der zwei Fenster rechts der Haustür ein Schaufenster eingebaut. Seitlich des in allen Etagen vorhandenen Flures jeweils zwei Räume.

1816 wird es beschrieben als ein *Wohnhaus von drei Stockwerken, worin 6 Wohnstuben, 7 Schlafkammern, ein Keller, 4 Kochkamine, 2 Bodenräume und verschiedene andere Gelegenheiten befindlich*, taxiert zu 810 Rthl.

1905 Kanalisation. 1986 in die Denkmalliste der Stadt Minden eingetragen.

SIMEONSTRASSE 17/19 (Abb. 1540–1555)

Von der durch die ergrabenen Reste belegten, in das 12. Jahrhundert zurückreichenden und beide Grundstücke umfassenden Vorgängerbebauung haben sich noch weitere und zum Teil recht umfangreiche Teile in der aufgehenden Bebauung erhalten: Nach den verschiedenen Befunden ist davon auszugehen, daß es sich zu dieser Zeit noch um ein recht weitläufiges Grundstück handelte, das wohl auch die anschließenden Parzellen Simeonstraße 13/15 und 21 einschloß und wohl ebenfalls das Gelände der dem Grundstück auf der anderen Straßenseite gegenüberliegenden späteren Hausstätten Nr. 18 bis 24 umfaßte. Die Fluchtlinie des nördlichen Teils der östlichen Bebauung der Simeonstraße weist zwischen den Parzellen Nr. 15 und 17 einen deutlichen Knick auf, der so interpretiert werden kann, daß die erst später in der Nachbarschaft des großen freistehenden Gebäudes errichteten Bauten auf diesen schon zuvor bestehenden Bau Rücksicht und Bezug nehmen mußten und letztlich die Trassierung der Simeonstraße in diesem Bereich von der Westfront des dabei schon bestehenden Baus bestimmt worden ist. Hier bestand schon um 1200 – vor der weiteren Besiedlung des umliegenden Geländes – eine große und zunächst frei stehende bauliche Anlage ungewöhnlichen Anspruchs, deren Bauherrenschaft wohl nur in einer öffentlichen Institution oder einem zugehörigem Amtsträger zu suchen sein dürfte. In diesem Bereich der Stadt, dessen Gelände weitgehend zum bischöflichen Grund gehört hatte, ist zunächst an einen Versammlungs- oder Mittelpunktsbau der ehemals in diesem Bereich gelegenen bischöflichen »Curia Beldersen« (zur Geschichte siehe Königstraße 23–27) zu denken. Indirekt läßt sich dieser Zusammenhang auch aus den späteren Besitzern des Geländes, der Familie von Leteln, erschließen, seit 1363 Rechtsnachfolger der Meier von Beldersen (siehe Nr. 19).

Die 1991–1996 in verschiedenen Teilabschnitten beider Grundstücke durchgeführten archäologischen Untersuchungen (Teil I, Kap. I.3, Fundstellenkatalog, Grabung 31) ergaben im Bereich des steil nach Osten abfallenden Geländes eine bereits vorgeschichtliche Siedlungsphase, die sich durch Reste von Laufhorizonten, Gruben, Pfostenspuren und keramisches Fundmaterial darstellte, aber keinen zusammenhängenden Befund lieferte. Eine zweite Bauperiode war für das 9. oder spätestens das frühe 10. Jahrhundert faßbar. Zu diesem Zeitpunkt entstand auf der westlichen Hälfte des Geländes ein großes Pfostenhaus, das zur Ausnutzung des vorhandenen Plateaus traufseitig zur späteren Simeonstraße angelegt wurde. Die geringen Befunde erlaubten es allerdings nicht, genauere Vorstellungen von Grundriß und Aussehen des Gebäudes zu entwickeln. Als Nachfolger dieses karolingisch-ottonischen Gebäudes entstand im 12. Jahrhundert wiederum ein nicht unterkellerter Holzbau entlang der Simeonstraße, der als Anbau oder Erweiterung unter Ausnutzung des steil abfallenden Geländes an seiner östlichen Traufseite ein schmales und unterkellertes Steingebäude erhielt (seit dieser Bauphase haben sich auch Befunde bis in die aufgehende Substanz erhalten). Dessen Keller war über eine Rampe von bequemer Breite im nördlichen Teil des hölzernen Vorderhauses erschlossen. Nur wenig westlich der Rampe konnte im Boden des großen Holzhauses eine Herdstelle von etwa 4 m Kantenlänge nachgewiesen werden, die im Vergleich zu Befunden aus den großen Bürgerhäusern der Stadt eine etwa dreimal so große Fläche einnahm. Der Holzbau wurde im frühen 13. Jahrhundert durch einen Steinbau ersetzt, der die Kernsubstanz der beiden heutigen Häuser Nr. 17 und 19. ausmacht. Zu diesem Haus gab es verschiedene Nutzungshorizonte, die die Existenz des Gebäudes bis in das Spätmittelalter belegen. Aus dem Boden unter der Diele des späteren Hauses Nr. 19 konnte 1991 eine Bulle des Papstes Lucius III. (1181–1185) geborgen werden, die die herausgehobene Stellung des Gebäudes bzw. der hier handelnden Personen dokumentiert, die Zugang zu päpstlichen Urkunden hatten (Verbleib der Funde: WMfA/Münster – siehe auch Neujahrsgruß 1992, S. 88; 1995, S. 87 und 1996, S. 78–80. – Isenberg/Peine 1998, S. 15–16).

G. Isenberg

Kurienhof (12.–14. Jahrhundert)
Das im 12. Jahrhundert errichtete und möglicherweise – wie der spätere Nachfolgerbau – etwa 24 m breite und über 13 m tiefe Gebäude, das zunächst keine massiven Umfassungswände hatte, zu dessen weiterer baulicher Gestalt für die Zeit vor 1200 aber keine konkreten Befunde gemacht werden konnten, wurde um 1200 im rückwärtigen Bereich des Grundstücks durch einen mehrgeschossigen, recht schmalen, aber langgezogenen Steinbau erweitert, der mit seiner Ostfront fast dem Verlauf der heutigen Petersilienstraße folgte und eine Tiefe von etwa 5 m im Lichten aufwies. Er wurde aus sorgsam bearbeiteten Quadern von Portasandstein errichtet, deren durchlaufende Lagerfugen unterschiedlich hohe Lagen unterscheiden lassen. Der Bau, der nördlich mit der Seitenfront des großen Kernbaus fluchtete, hatte eine Länge von mindestens 12 m, wahrscheinlich aber mehr (und reichte damit bis in das spätere Grundstück Nr. 19 hinein). Erhalten haben sich davon (in Teilen 1997 beseitigt) die Umfassungsmauern des Untergeschosses (im Bereich des heutigen Kellers des Flügelbaus von Nr. 17) in unterschiedlicher Höhe und die nördliche Seitenwand bis in die

Abb. 1544 Simeonstraße 17 und 19 (rechts), Ansicht von Norden, 2000.

Höhe des ersten Obergeschosses. Ein weiteres Mauerstück mit einer Höhe von über 8 m ist im Rückgiebel des heutigen Vorderhauses Nr. 19 erhalten. Danach ist davon auszugehen, daß dieser Anbau drei Nutzungsebenen aufwies, wobei sich die Höhenlage des Fußbodens über dem untersten Geschoß auf der Innenseite der Nordwand noch mit einem geringen Rücksprung von etwa 5 cm nachweisen läßt (so daß von einer Balkenlage über die kurze Spanne des Gebäude auszugehen ist). Das untere Geschoß war auf Grund des nach Osten abfallenden Geländes auf der rückwärtigen Ostseite nur wenig in den Boden eingetieft, westlich aber wie ein Untergeschoß behandelt. Hier bestand eine zur ursprünglichen Substanz gehörende Rampe mit seitlichen Abmauerungen, die aus dem Erdgeschoß des Kernbaus schräg von Norden in das Untergeschoß des Baus führte (und so als die günstigste Zufahrt von der Innenstadt über die Simeonstraße interpretiert werden kann). Die nördliche Seitenwand des Baus setzt sich noch etwa 3,5 m nach Westen über die nordwestliche Ecke hinaus fort, wo sie mit einer sauberen Eckverquaderung endete. Ob sie hier an einen schon bestehenden Vorgängerbau anschloß oder aber eine Art Schutzdach über der anschließenden Rampe trug, bleibt unklar. Der Bau dürfte auf Grund der Befunde, seiner Proportionen und der großen Rampe als Lagerhaus oder Speicherbau errichtet worden sein.

Wohl nur wenig später, in der ersten Hälfte des 13. Jahrhunderts, ist dieser massive Bau nach Westen durch einen Steinbau an Stelle des hier bestehenden Holzbaus erheblich erweitert worden. Im Unterschied zum älteren Bauteil besteht das Mauerwerk hier aus einem Quadermauerwerk, dessen einzelne Quader nicht so sauber beschlagen wurden. Zudem sind hier über den einzelnen Blöcken zur Schaffung durchlaufender Lagerschichten zum Teil bis zu drei

Lagen von kleinen flachen Sandsteinplatten eingefügt. Dieser Bauteil hatte bis zur Straße eine Tiefe von etwa 16,5 m bei einer Breite von 24 m. Die weitere Gestalt dieses äußerst aufwendigen und ungewöhnlichen Baus über der erstaunlich weiten Grundfläche ist weitgehend unklar. Erhalten hat sich davon die nördliche Seitenwand und ein kurzer Abschnitt der Südwand, Teile der Ostfront sowie kleine Bereiche der Westfront (im Haus Simeonstraße 17 als Fundament, im Bereich von Simeonstraße 19 in vier kurzen Abschnitten zwischen den heutigen Öffnungen z. T. bis in etwa 5 m Höhe). Während er im Inneren im Bereich des heutigen Hauses Simeonstraße 17 keine Hinweise auf eine weitere Unterteilung in Räume oder Geschosse aufwies, zeigen die erhaltenen Mauerreste in Nr. 19 mit den Resten der Gewände zweier übereinander angeordneter, kleiner und rechteckiger Fenster (siehe Abb. 1459), daß er zumindest im südwestlichen Bereich mehrgeschossig bei nur mäßig hohen Etagen unterteilt war. Der Boden des großen, wohl dielenartigen Hauptraumes zeigte eine Lehmstampfung, wobei südwestlich der Rampe zum rückwärtigen Hausteil eine sehr große Feuerstelle im Boden bestand. Diese lag frei im Raum und war mit Steinplatten in einer Fläche von etwa 4 x 4 m gepflastert.

Der Bau scheint allerdings schon zu einem frühen Zeitpunkt in wesentlichem Umfang verändert worden zu sein. So läßt die Baugeschichte des Hauses Simeonstraße 19 (siehe im weiteren dort) darauf schließen, daß die südliche Hälfte schon um 1330 zu einem giebelständigen Dielenhaus mit rückwärtigem Flügel umgebaut und damit zum Kernbau des dortigen späteren Giebelhauses wurde. Da die Westwand des hinteren Längsbaus der Zeit um 1200 noch heute in voller Höhe zwischen dem zu dieser Zeit noch niedrigen Vorder- und auch Hinterhaus Nr. 19 erhalten ist, ist davon auszugehen, daß der alte Bau auf der Parzelle Nr. 17 nach 1330 bestehen blieb, dann aber von dem möglicherweise durch einen Brand 1506 initiierten Neubau von 1513 weitgehend zerstört worden ist. Er könnte seit etwa 1330 als Wirtschaftsgebäude des Dielenhauses Nr. 19 genutzt worden sein.

SIMEONSTRASSE 17 (Abb. 1540, 1541, 1544–1547)

bis 1878 Haus-Nr. 283; bis 1908 Simeonstraße 21

Die nur die Breite des Hauses umfassende Hausstelle reicht rückwärtig bis zur Mauergasse, der Petersilienstraße, wo schon im späten Mittelalter ein zugehöriges, allerdings südlich eingezogenes Hintergebäude bestand. Die Grabungen auf der Parzelle 1993 und 1995 verdeutlichen, daß die Grundstücksgrenzen zwischen den Häusern Nr. 17 und 19 nicht seit der wohl um 1200 erfolgten Besiedlung des Stadtbezirkes festlagen, sondern zwischen den beiden Grundstücken wahrscheinlich erst um oder nach 1500 durch Abtrennung und Umnutzung zum Wohnhaus (spätestens um 1608 ?) des möglicherweise zunächst als Wirtschaftsgebäude errichteten Hauses Nr. 17 von dem Grundstück Nr. 19 entstanden sind, wobei letzteres Haus die zwischen beiden Bauten bestehende Beifahrt behielt. Diese ist rückwärtig durch einen in der zweiten Hälfte des 18. Jahrhunderts entstandenen und zum Haus Nr. 19 (zu dieser Zeit befanden sich beide Bauten wieder im gleichen Besitz) gehörenden Wirtschaftsbau überbaut. Zum Haus gehörte schon im Spätmittelalter ein Brunnen, der im Keller des späteren Hinterhauses lag (siehe dort). Die heutige Bebauung geht im Kern auf eine Wiederaufbauphase um 1513 zurück, bei der Reste der umfangreichen hochmittelalterlichen und steinernen Vorgängerbebauung Wiederverwendung fanden. Das Vorderhaus im April 1994 wegen Einsturzgefahr bis auf die nördliche massive Traufwand und die Steinbauteile des Vordergiebels abgebrochen, nachdem über viele Jahre ein Umbau des zudem seit 1990 ungenehmigt entkernten Gerüstes nicht zum Zuge kam. Das Hinterhaus zur Petersilienstraße war schon 1988 auf Grund einer Fehleinschätzung mit Zustimmung der Denkmalpflege abgebrochen worden. 1997/98 Neubebauung mit einem Gebäude zur Erweiterung des Komplexes Nr. 19.

1663/80 Witwe Lorentz Schreiber; 1685 Lorentzs Schreibers Haus (zahlt jährlich 4 Thl Giebelschatz); 1691 wird durch die Erben des Kämmerers Schreiber Steuerfreiheit wegen Hausbaus beantragt, die zunächst abgelehnt, aber nach Fertigstellung in Aussicht gestellt wird (KAM, Mi, B 354); 1697 beantragt die Erbin des Kammerarius Schreiber erneut Freiheiten. Nun lehnt der Senat ab, *weilen außer daß aufschreiben des Giebels und ander geringes flickwerck noch nichts hauptsächliches gebauet…* (KAM, Mi, B 360); 1699 beantragt Johan Gabriel

Abb. 1545 Simeonstraße 17 (links), Ansicht der linken Traufwand nach Abbruch von Nr. 15, Blick von Osten über Simeonstraße 18 auf die Simeonskirche, 1960.

Möller Freiheiten *wegen des anerkauften und erbaueten Schreiberschen Hauses.* Sie werden auf sieben Jahre gewährt, wobei festgestellt wird, es ginge nicht an, *ein Haus ins andere zu ziehen* (KAM, Mi, B 362); 1709/11 Gabriel Möllers Nebenhaus, *hat Freiheit*, jetzt Pieper.

1743 ohne Eintrag (Haus ohne Grundbesitz); 1750 Meister Piero; 1755 Witwe Müllers zweites Haus, 400 Rthl (wohnt Simeonstraße 19, besitzt auch Simeonstraße 13); 1766 Müllers 2. Haus (wohnt in Simeonstraße 19); 1781 Nolting; 1784 Branntweinbrenner Heinrich Wilhelm Nolting; 1798/1804 Nolting, halbmassives Haus mit Braurecht für 1500 Rthl. Hat Brunnen und Scheune. Hält 2 Pferde, 5 Kühe und 10 Schweine; 1806 Heinrich Wilhelm Nolting, Wohnhaus 2400 Thl und Scheune 1200 Thl, neu versichert ein Gartenhaus vor dem Simeonstor für 400 Rthl; 1809 Nolting, Branntweinbrennerei und Gemeinhandel; 1818 Nolting Senior, Wohnhaus 2400 Thl, Scheune im Priggenhagen 1200 Thl (siehe Priggenhagen 20); 1828/32 Witwe Nolting; 1846/53 Kaufmann Eduard Nolting, Getränkehandel und Agenturen (1853 hat er zwei Mietparteien, vier weitere Stuben und vier Kammern sind Offiziersquartiere und nicht vermietet); 1857 hat Mietwohnungen für Offiziere; 1863/1908 Kaufmann Christian Friedrich Dreyer, Kolonial- und Modewaren; 1920 Johann Tapper (bis 1911 Seilermeister Julius Tapper in dem dann abgebrochenen Haus Stiftsallee 17), Seilerei und Lebensmittel (*Tapper & Kayser*); bis 1978 Seilermeister Tapper.

Vorderhaus

In der letzten Erscheinung war das Vorderhaus ein dreistöckiges Fachwerkgiebelhaus mit axialer Putzfassade, das auf einen in das späte 18. Jahrhundert zu datierenden Umbau eines älteren, in mehreren Phasen entstandenen Hauskörpers zurückging. Beim Abbruch des Fachwerkgerüstes 1994 konnten verschiedene Befunde zur Baugeschichte erhoben werden, die sich vor dem Hintergrund der Grabungsergebnisse und von vier dendrochronologisch datierten Hölzern sowie der erhaltenen Steinbauteile wie folgt chronologisch einordnen lassen:

Bauphase I: Von der wohl kurz vor 1513 zerstörten Vorgängerbebauung mit massiven Umfassungswänden aus doppelschaligem Mauerwerk haben sich nicht nur zahlreiche Bodenfunde erhalten, sondern es wurden im aufgehenden Bestand der nördlichen Traufwand wesentliche Teile davon wieder verwendet, ferner unter dem jüngeren Straßengiebel als Fundamente der westlichen Umfassungswand und außerdem bis 1988 in Teilen der Umfassungswände des steinernen Hinterhauses mit tonnengewölbtem Kellerraum. Die in der gesamten Tiefe des Grundstücks nachweisbare nördliche

Abb. 1546 Simeonstraße 17, oben: Straßengiebel Zustand 1608 und Ende 17. Jahrhundert; unten: westliche Traufwand Zustand 18. Jahrhundert und Straßengiebel 18. Jahrhundert.

Wand des heutigen Hauses besteht in ihrer Länge aus vier unterschiedlichen Abschnitten und ist nachträglich (wohl 1513) um ca. 1 m über die ursprüngliche Höhe von etwa 4,3 m aufgemauert worden.

Bauphase II (1513/14 ⓓ): Nach den drei vorliegenden dendrochronologischen Datierungen und Befunden des Holzgerüstes ist das Gebäude 1513 im Bau gewesen und dürfte 1514 fertiggestellt worden sein:

um 1509	Erdgeschoß, 2. Deckenbalken von Nordwest
1512	Erdgeschoß, 1. Deckenbalken von Nordwest
Ende 1513	Erdgeschoß, 4. Deckenbalken von Nordwest

Für den Neubau wurden neben der nördlichen Traufwand auch die Fundamente der anderen Wände wieder verwendet, die man allerdings im rückwärtigen Bereich zur Schaffung eines nun ebenen Dielenbodens im Haus erheblich aufmauerte und hinterschüttete. Das Hinterhaus wurde mit einer südlich eingezogenen Seitenwand errichtet, wozu man zwischen die wiederverwendeten Ost- und Westwände des hinteren Gebäudes von etwa 1200 eine neue Querwand setzte. Zudem erhielt der neu geschaffene Kellerraum statt der nun vermauerten Rampe einen neuen Zugang mit einer gemauerten Treppe in der nordöstlichen Ecke des Vorderhauses.

Über den Steinbauteilen wurde als Vorderhaus ein giebelständiger Fachwerkbau von elf Gebinden aufgerichtet, dessen Gerüst zweifach gekehlte Kopfbänder in der Queraussteifung und zwei einfach vernagelte Riegelketten ohne jegliche Längsaussteifung erhielt; die Dachbalken aufgelegt. Die starke Schwelle liegt in der südlichen Traufwand über einem ungewöhnlich hohen Sockel aus Sandsteinquadern. Die Ausbildung des Vorder- und Rückgiebels dieses Gebäudes sowie dessen Innengliederung sind nicht mehr feststellbar. Die ursprüngliche Baugestalt des schmaleren Hinterhauses ist auf Grund der zahlreichen späteren Umbauten nicht mehr zu ermitteln, doch war es offensichtlich auch aus Fachwerk.

Die im Unterschied zu den übrigen Häusern der Straße aus Fachwerk errichtete Bausubstanz läßt vermuten, daß es sich bei dem Neubau zunächst nur um ein Wirtschaftsgebäude gehandelt hat (das möglicherweise noch zum Komplex Nr. 19 gehörte). Dieses nachträglich, spätestens 1608 zu einem Wohnhaus umgenutzt.

Bauphase III (1608): 1608 kam es zu einer Erneuerung des Vordergiebels, wobei dieser unterhalb der Balkenlage als Steinfront vom Typ des in Minden zu dieser Zeit bei reichen Häusern gebräuchlichen »Vierpfeilergiebels« ausgeführt wurde: Die Pfeiler sind aus Werkstein, zwischen denen die Sandsteingewände der großen Öffnungen eingesetzt wurden (der südliche Pfeiler älter und zum Torbogen des Nebenhauses von Nr. 19 gehörend). Zwischen den mittleren Pfeilern bestand ein sandsteinerner Torbogen und darüber eine niedrige, mehrbahnige Fenstergruppe, seitlich wurden Fenster eingesetzt: links ein vierbahniges, rechts ein zweibahniges. Diese mit einer als Gesims über den Torbogen durchlaufenden Brücke, so daß die Front in ein weitgehend gleichmäßiges Raster teilweise verglaster Flächen aufgeteilt wurde. Darüber wurde ein neues Giebeldreieck in Fachwerk unbekannten Aussehens aufgesetzt. Erhalten davon war nur die auf profiliertem Sandsteingesims aufgelegte Schwelle mit erhaben geschnitzter Inschrift: *ANNO 1608* (AN GOT)*TES SEGEN* (IST ALLES GELE)*GEN*. Es ist davon auszugehen, daß zu diesem Zeitpunkt auf Grund der aus der Achse verschobenen Lage des Torbogens schon ein linksseitiger Stubeneinbau bestanden hat (dieser ist 1758 allerdings völlig erneuert worden).

Bauphase IV (um 1695): Nachdem anscheinend an dem Haus schon seit 1691 mit Unterbrechungen Umbauten durchgeführt worden waren, wird 1698 nach Abnahme des alten Dachwerkes über dem bestehenden Vorderhaus ein durchgehendes und in lichter Höhe mit 2,95 m zu Wohnzwecken geeignetes Obergeschoß aus Fachwerk aufgesetzt. Das Gerüst nimmt das Achsmaß des älteren Hauses bei geringeren Querschnitten der verzimmerten Hölzer wieder auf. Mit Ausnahme des Vordergiebels ist die Konstruktion durchlaufend mit zwei Riegelketten versehen, die Eckständer und in der Gerüstmitte mit geraden Fußbändern ausgesteift. Es ist keine ursprüngliche Innenaufteilung mehr nachweisbar. Als Giebelschwellen wurden Längsunterzüge wiederverwendet, die wohl aus dem abgebrochenen Dachwerk stammen. Das rückwärtige Giebeldreieck wurde mit Firstsäule verzimmert, das vordere ist nicht erhalten. Am Vordergiebel wurde dieses Obergeschoß weitgehend in zahlreiche große Fensteröffnungen aufgelöst. Daher verspringt die obere Riegelkette. Das Giebeldreieck, über eingezapften Balkenköpfchen leicht vorkragend, mit zwei großen axial angeordneten Luken.

Bauphase V (1758 ⓓ): Die weitere Baugeschichte wird durch das allmähliche Zuwachsen der zunächst vorhandenen großzügigen inneren Struktur bestimmt, wobei man wiederholt auch die Fensteröffnungen veränderte. Die wenigsten der folgenden einzelnen Baumaßnahmen lassen sich chronologisch klar voneinander trennen: 1758 wird auf Grund einer dendrochronologischen Datierung (6. Ständer von Nordwest des Stubeneinbaus) vorn links im Haus der Stubeneinbau erneuert, sicherlich als Ersatz eines zuvor hier schon bestehenden, aber kürzeren. Er wurde stöckig mit einem Zwischengeschoß verzimmert und nahm offensichtlich eine vordere Stube und anschließende Kammer auf. Darunter wurde ein neuer Keller mit Balkendecke angelegt, dessen Umfassungswände aus Bauschutt aufgemauert sind. In der Südwand ein Bogen sowie im Bereich des östlich anschließenden Zugangs ein weiterer kleiner mit Tonnengewölbe aus Backstein versehener Kellerraum unter der Diele.

Bauphase VI: 1784 werden Reparaturen des Hauses erwähnt (KAM, Mi, C 874), zugleich wurde auf der rückwärtigen Durchfahrt auch ein Anbau an das Nachbarhaus Simeonstraße 19 errichtet. Anlaß war der Durchbau der Diele zumindest im vorderen Bereich des Hauses, wo nun im Anschluß an den bestehenden Einbau ein Zwischengeschoß eingefügt wurde, so daß die spätestens ab diesem Zeitpunkt verputzte Fassade dreigeschossig gegliedert werden konnte. Zu diesem Zweck wurden zwischen den Steinpfeilern alle Öffnungen verändert und in die großen alten Gewände Holzrahmen eingesetzt. Zugleich dürfte der Torbogen zugesetzt worden sein, wobei man in diesen ein sandsteinernes Portal einsetzte (darüber ist zur Einfügung zweier Fenster des Zwischengeschosses der Scheitel des Torbogens entfernt). Dies neue Gewände mit geschweiftem Sturz und scharriertem, umlaufendem breitem Band. Rechts der neuen Haustür ist zu dieser Zeit ebenfalls ein schmaler Einbau in der Diele entstanden, der schon im vorderen Bereich 1892 als Laden genutzt wurde. Dahinter befanden sich ein *Comptoir* und die Küche.

Bauphase VII (um 1820): Die zweiläufige Treppe zum Obergeschoß in der Mitte der nördlichen Traufwand hinter dem alten Stubeneinbau wurde nach Ausweis des Geländers mit den charakteristischen durchgesteckten Stäben um 1820 eingebaut und diente wohl dem Ausbau des Hauses als vornehmes Mietshaus. Zu diesem Zweck wurde auch im zweiten Obergeschoß die Raumaufteilung einschließlich der Türblätter neu organisiert. In dem damit geschaffenen Zustand blieb das Gebäude weitgehend bis zu seinem Abbruch. 1905 Kanalisation; 1925 Renovierung der Fassade; 1957 genaues Bestandsaufmaß durch Hochbauamt der Stadt (Planarchiv, Mappe 6003/10); 1958 Einbau einer Gaststätte im Erdgeschoß und Renovierung der Fassade; 1995 wegen massiver Bauschäden am Fachwerkgerüst und nach unsachgemäßer Entkernung des Gebäudes zur Vorbereitung einer Sanierung Abbruch bis auf die massive nördliche Traufwand und die massiven Teile des Vordergiebels, die in diesem Jahr in die Denkmalliste der Stadt Minden eingetragen werden. 1997 für die Neubebauung des Grundstücks auch Abbruch der nördlichen Traufwand bis auf den rückwärtigen Teil.

Hinterhaus (bis 1988)

Die Umfassungswände des Kellers stammten bis auf die Südwand noch aus der Bauzeit vor 1514 und wurden in den Neubau des Hauses einbezogen, wobei man das neue Hinterhaus nach Süden einzog und hier eine neue, heute nicht mehr nachweisbare Wand errichtete. Der zuvor flach gedeckte Keller erhielt nun ein Tonnengewölbe aus Sandsteinquadern. Der ursprüngliche Zugang wurde vermauert und durch einen neuen in der nordwestlichen Ecke ersetzt, der ein spitzbogiges Türgewände erhielt und mit einer Treppe im Bereich der Diele des Vorderhauses erschlossen wurde. Erhalten blieben davon bis 1988 die Umfassungsmauern sowie das Kieselsteinpflaster des Kellerbodens, in das ein Brunnen mit aufwendiger Fassung aus zwei Sandsteinplatten eingesetzt ist. Der Brunnenschacht ist aus jeweils halbrund gearbeiteten Werksteinen aufgesetzt.

Das darüber befindliche Hinterhaus später durch weitere Umbauten verändert, wobei insbesondere zur Schaffung einer Hoffläche ein Teil der südlichen Seite abgebrochen worden war. Die Ostfront zur Petersilienstraße im Erdgeschoß massiv und besaß Fenstergewände aus der ersten Hälfte des 17. Jahrhunderts, die die charakteristischen sandsteinernen, an der Oberseite abgerundeten Wasserschläge aufwiesen. Darüber zuletzt ein verputztes Fachwerkgeschoß und ein flaches Pultdach. 1988 Abbruch nach Zustimmung durch WAfD.

Sozialzentrum (von 1997/98)

Für den »Paritätischen Verein für Sozialarbeit Minden« unter erheblicher öffentlicher Förderung nach Plänen des Büros Lax & Schlender durch die Firma Becker errichtet, wobei die erhaltenen

Abb. 1547 Simeonstraße 17 (links angeschnitten) und 19, Ansicht von Norden während der Baumaßnahme, 1992.

Teile des Vordergiebels vom Vorgängerbau sowie die teilweise ergrabenen Mauerreste des auf dem Gelände bestehenden Kernbaus aus der Zeit vor 1200 integriert wurden. Der westliche Abschnitt der um 1200 errichteten Nordwand wurde wegen fehlender tiefgreifender Fundamente mit den erhaltenen Teilen der westlichen Längswand sowie den über den Keller aufragenden Teilen der Nordwand des Kernbaus zur Unterkellerung des Neubaus 1997 unter Hinnahme durch die Denkmalpflege abgebrochen. Der Bau in seinen Proportionen an dem abgebrochenen Altbau orientiert und als dreigeschossiger, unterkellerter und giebelständiger Putzbau mit ausgebautem Satteldach errichtet.

SIMEONSTRASSE 19 (Abb. 1540, 1541, 1547–1556, 1561)
bis 1878 Haus-Nr. 284; bis 1908 Simeonstraße 23

LITERATUR: NORDSIEK 1979, S. 217. – M. NORDSIEK 1990. – GROSSMANN 1983, S. 21.

Zur aus Grabungsbefunden ermittelten Frühgeschichte des Geländes siehe weiter oben (Nr. 17/19). Das rückwärtig bis zur Petersilienstraße reichende Grundstück umfaßte zumindest seit dem 16. Jahrhundert neben dem Haus mit Flügelbau und einer kleinen, südwestlichen Hoffläche noch eine nördlich am Haus vorbeiführende Beifahrt von etwa 2,5 m Breite, die ebenfalls bis zur Petersilienstraße reichte. Hierüber westlich zur Straße ein in seiner Gestalt nicht weiter bekanntes Nebenhaus als Durchfahrtsüberbauung und östlich an der Petersilienstraße ein 1786 errichtetes, allerdings etwa 5,1 m breites Wirtschaftsgebäude (das den gesamten Raum zwischen den Flügelbauten von Nr. 17 und 19 ausfüllte und wohl einen Vorgängerbau ersetzt haben dürfte). Bis um 1525 zudem die gegenüber dem Haus auf der westlichen Straßenseite gelegenen Grundstücke Nr. 18 bis 24 zugehörig, ferner möglicherweise Nr. 17, wo weitläufige Wirtschafts- und Nebenbauten bestanden.

1991 wurde bei der Ausgrabung im Boden des Hofes eine umfangreiche Schmelzofenanlage der Neuzeit freigelegt (möglicherweise für den Eisenhändler Goldstein um 1860 angelegt ?).

Offensichtlich ist der Bau 1363 von den Erben der Familie von Beldersen an Dethard von Leteln verkauft worden (siehe dazu Teil I, Kap. II, Siedlungsgeschichte). Sowohl M. NORDSIEK 1988, S. 23, als auch WARNECKE 1995 versuchten nachzuweisen, daß das Haus im 15. Jahrhundert im Besitz dieser führenden und mehrere Bürgermeister stellenden Familie gewesen ist. Warnecke gelang der Nachweis, daß die Familie in der Mitte des 16. Jahrhunderts ausstarb. Nach seinen Angaben die Linie der Familie wohl: Alebrand (Albert) von Leteln (Ratsherr und Bürgermeister 1372/1421), dessen Sohn Johann von Leteln (Ratsherr und Bürgermeister 1431/1454) sowie seine Brüder Albert (Bürgermeister 1435) und Gerd, sein Sohn Johann von Leteln (Ratsherr 1467), Hartmann von Leteln, Kaufmann († vor 1489, Witwe ist Drudeke Mauricius), Ritzer von Leteln d. Ä., Bürgermeister († 1500), bestattet in St. Simeon, seine Witwe ist Margarete Borries, Tochter des Bürgermeisters Hermann Borries, die 1515 ins Kloster aufgenommen wurde und vor 1527 starb, Dethard von Leteln, Bürgermeister (errichtete 1509 sein Testament und starb vor 1514), sein Bruder Ritzer von Leteln, Bürgermeister (1519 noch genannt) sowie zuletzt Dethards Sohn Johann (1516 genannt). Das Vermögen der Familie gelangte nach dem Tode seiner Großmutter auf Grund eines am 25. 11. 1525 eröffneten Testaments an dessen Vettern, den Bürgermeister Hermann Borgerff und Johann Kroeger – siehe VON BORRIES 1975, S. 105). Eine Grabplatte, die 1314 (1414 ?), 1430 und 1473 benutzt wurde und offenbar von der Familiengruft der Familie von Leteln in St. Simeon stammt, seit 1996 auf dem Hof des Hauses aufgestellt (siehe dazu WEHKING 1997, Nr. 56).

Wohl um 1515 überträgt vermutlich Margarethe von Leteln, Witwe des Risser d. Ä. dem Hermann Börries und seiner Tochter *dat grothe hus vor sunthe Simeon, dar se ann wonnede myt dem dwerhusze teghen auer moder* (STA MS, St. Mauritz und Simeon, Urkunden Nr. 272). Ob zu dieser Zeit noch das Grundstück Nr. 17 (als Wirtschaftsgebäude ?) zugehörig war, ist nicht bekannt. Vor 1527 wird durch die Anfang Februar 1527 verstorbene Margarethe von Leteln (Witwe des Bürgermeisters Risser von Leteln d. Ä.) in einem umfangreichen Testament, in dem auch das Hergewede und Gerade und verschiedenen Geldgaben aufgezählt werden, der Besitz verteilt: Ihre Kusine, Tochter des Hermann Borries erhält das *grothe husze vor sunthe Symeon* (STA MS, St. Mauritz und Simeon, Urkunden Nr. 294) sowie das auf der anderen Seite der Straße stehende Wirtschaftsgebäude Simeonstraße 20 (und 22/24 ?), während ihr Enkel Johann das sogenannte *kleine Haus* Simeonstraße 18 erhält. In einem weiteren Brief bestätigt Margarethe von Leteln ihrer Kusine, der Tochter des Hermann Borries die Auflassung von zwei Häusern bei St. Simeon im Testament: *myn grothe husz vor sunthe Symeon myt demm stalle auer demm steynweghe nomptliken myt demm dwerr buwete, dat myn husherr Rytzer vann Lethelenn buwede myt syner rechticheyt vnnd thobehoerr wente an de ortsparenn des lueteken huszes twyschenn dem suluen stawe vnnd Hinrick Jordenynghes husz vp de osterenn syden welkerr lutteke hus ick vnnd myns sones sone dem ick ghaff vnnd gheuen hebbe hebben vorkofft in vortyde Corde Blocke borgherr tho Mynden Anneken syner echtenn vrowenn* (STA MS, St. Mauritz und Simeon, Urkunden Nr. 297).

1663/67 Jobst Hermann Gevekote (zahlt jährlich 1 Thl an die städtische Kämmerei); 1680/84 Witwe Gevekothe; 1685 *Seligen Jobst Hermann Gevekothen Haus, worin anitzo Gabriel Möller zur Heuer wohnet*; 1692/1704 Gabriel Möller; 1709/11 Haus nicht taxiert (zu dieser Zeit frei); 1743/50 Johann Gabriel Müller (mit umfangreichem Grundbesitz); 1755 Witwe Müllers Wohnhaus, 700 Rthl; 1760 Rudolph Möller; 1766 Müllers Wohnhaus, 700 Rthl. Kaufmann Rudolph Müller ist auch Inhaber einer Vikarstelle bei St. Martini und hat Frau, Kinder und *Domestiquen* (STA MS, St. Martini, Akten Nr. 4); 1781 Harten (zur Familie siehe Bäckerstraße 35), Wohnhaus 1 000 Rthl, Waschhaus 100 Rthl, Hinterhaus 100 Rthl; 1784 Handlung von Georg Harten; 1798 Kaufmann Harten; 1802/04 Witwe Harten, Haus mit Braurecht, Brunnen und metallener Handspritze, hält 2 Kühe; 1805 Kaufmann G. Harten; 1809 Chr. Harten; 1812 Erben Johann Georg Harten; 1818/53 Kaufmann Christian Harten (* 1781) und 1846 auch Witwe Louise Mooyer (73 Jahre); 1856 Apotheker

Abb. 1548 Simeonstraße 19, Rückseite, Ansicht von Südosten, 2000.

Franz Becker; 1861/65 Kaufmann Joseph Goldstein, Eisenhandel; 1865 Verkauf an den Schönfärber Gustav Ferdinand Schonebohm (der Vater und Bruder betrieben in dem südlich anschließenden Haus Simeonstraße 21 eine Blaufärberei. Verheiratet mit Sophie Rehren, * 1844 in Polle/Weser. Siehe M. Nordsiek 1990, S. 150); 1873/78 Färbereibesitzer Schonebaum; 1908 Färbermeister Gustav Schönebaum (die Firma wird 1909 mit seinem Tode geschlossen); nach dem Tode der Witwe Schonebohm 1916 Verkauf des vermieteten Hauses an den Installateur Robert Schubert; 1920 Schubert; 1962/73 A. Schubert; 1989 Erwerb durch die Stadt Minden im Zuge einer Zwangsversteigerung.

Dendrochronologische Datierungen (1988 durch H. Tisje/Neu-Isenburg):

Vorderhaus

Ende 1318	4. Dielenbalken von Osten
Ende 1329	Dachwerk, 2. Firstsäule von Osten
Ende 1573	8. Dielenbalken von Osten
Ende 1615	2. Dachbalken von Osten

1614 ±2	Dachwerk, 4. Firstsäule von Osten
1682	6. Dielenbalken von Osten
Hinterhaus	
1311 ±4	Dachwerk, Südseite, 5. Sparren von Westen
Flügelbau	
Anfang 1786	4. Deckenbalken von Nord
1786	2. Deckenbalken von Nord

Abb. 1549 Simeonstraße 19, freigelegte Reste eines urspünglichen Fensters des 13. Jahrhunderts im Erdgeschoß vom südlichen Teil des Vordergiebels, darüber Sohlbank eines weiteren Fensters, 1992.

Den Kern des heutigen Hauses bildet ein um 1330 entstandenes, eingeschossiges und giebelständiges Dielenhaus mit massiven Umfassungswänden, die wohl in großen Teilen aus vom Vorgängerbau übernommenen Steinwänden bestanden. Der Bau mit einer Tiefe von etwa 18,30 m und einer Breite von 12,20 m vorne bzw. 13,20 m hinten. Der genaue Bauprozeß, Ursache und weitere Gestalt des dabei geschaffenen Gebäudes im Detail nicht bekannt, ebenso nicht seine Anbindung und sein Bezug zum nördlich anschließenden Grundstück Nr. 17. Dieses offenbar 1330 noch zugehörig, da die Nordwand des Hauses zwischen die aus dem Altbau übernommenen West- und Ostwände aus Bruchstein gesetzt, aber offenbar nicht als geschlossene Wand gestaltet wurde: Sie erhielt – von einem kurzen geschlossenen Mauerabschnitt im Westen mit Entlastungsbogen und Nische auf der Innenseite abgesehen – vielmehr drei spitzbogige und mit Backstein aufgemauerte Öffnungen, die auf rechteckigen, aus Sandsteinen aufgesetzten Pfeilern aufsitzen und offensichtlich zunächst nicht durch dünne Wandscheiben verschlossen wurden.

Die starken Balken (Höhe etwa 35 cm, Breite 25 bis 30 cm) über der etwa 4,95 m hohen Diele in enger, nicht ganz regelmäßiger Lage (Abstand etwa 85 cm) mit einem starken Längsunterzug in etwa einem Drittel der Hausbreite von Norden getragen, der vorne auf den Wandpfeiler nördlich eines mittig zu rekonstruierenden Tores und rückwärtig in den Wandpfeiler am Anschluß des Flügelbaus aufgelegt wurde. Er ist 35 cm hoch, an der Unterseite abgefast und lag ehemals sicherlich auf einer oder zwei freistehenden Säulen auf.

Die innere Organisation des Hauses für diese Zeit nur in Ansätzen bekannt: Es wurde weitestgehend durch die hohe, von den beiden Giebeln belichtete Diele bestimmt, die mit einem Tor im Vordergiebel befahren werden konnte. An das Haus schloß sich rückwärts ein wohl gleichzeitig oder wenig früher errichteter Flügelbau an, in dem eine Saalkammer lag (dazu weiter unten). Die Lage des Unterzuges sowie die nur im Westen geschlossene Nordwand des Hauses läßt eine schon ursprüngliche und wohl nicht unterkellerte Stube in der nordwestlichen Ecke des Hauses vermuten

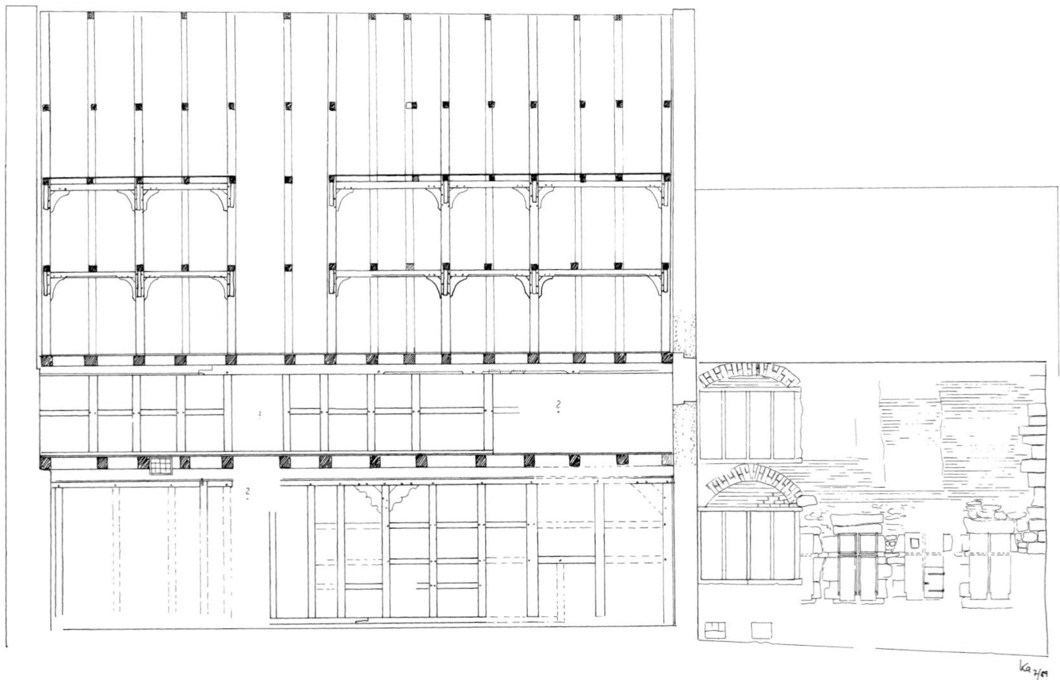

Abb. 1550 Simeonstraße 19, Längsschnitt durch das Vorderhaus mit Ansicht des Flügelbaus, Zustand 18. Jahrhundert.

(an der sie bis in das 20. Jahrhundert verblieb). Möglicherweise hatten sich bis 1993 noch Teile des Rähms und der westliche Ständer ihrer Dielenwand unter dem Unterzug erhalten; danach die Stube wohl drei Gefache oder etwa 4,8 m lang. Eine Feuerstelle in der Diele im Bestand nicht mehr belegt und im Mittelalter weder an der nördlichen Traufwand denkbar noch in der Trennwand zum Flügelbau nachzuweisen und daher – in Analogie zu anderen Bauten – im rückwärtigen Bereich der südlichen Traufwand (diese leider um 1865 erneuert) zu vermuten.

Umbau und Erweiterung (um 1615)

Um 1615 wurde nach dendrochronologischer Datierung ein einschneidender Umbau des Hauses vorgenommen, der dem Bau seine bis heute gültige Gestalt gab und seine Ursache offenbar auch in starken Bauschäden des alten Hauses gehabt hat (so zeigt die bis heute erhaltene südwestliche Ecke des Kernbaus extrem starke Setzungsschäden und zudem ein starkes Ausweichen der Südwand, Verformungen, die schon vor der Aufstockung um 1615 eingetreten waren). Dabei wohl ein Teil der Balkenlage ausgewechselt (der 6. Balken von vorn auf 1573 datiert) und zudem über dem ganzen Bau ein Speichergeschoß von etwa 2,3 m lichter Höhe aufgesetzt. Dieses ebenso wie der im südlichen, freistehenden Teil in seiner Gesamtheit erneuerte Rückgiebel von Backsteinen aufgemauert; hingegen der Vordergiebel über den teilweise übernommenen Partien des Kernbaus aus Blöcken von Portasandstein errichtet. Im neuen Speichergeschoß ein Längsunterzug mit Abfasung zwischen den etwa im Abstand von etwa 2,30 m gestellten, sich nach dem Rhythmus der alten Balkenlage richtenden (und nicht erhaltenen) Stützen. Das Dachwerk von 15 Gebinden folgt einem anderen Gebindeabstand als der ältere Kernbau und ist teils aus neuen, teils aus alten Hölzern (des alten abgebrochenen Dachwerkes) neu verzimmert, dabei mit drei gezapften Kehlbalkenlagen und mit Spitzsäulen, die zumeist in jedem zweiten Gebinde stehen und die abgefasten Unterzüge unter den beiden unteren Kehlbalken tragen; diese im unteren Geschoß im Längs- und Querverband mit gekehlten Kopfbändern ausgesteift, darüber nur im Längsverband; Unterbrechung der Konstruktion für einen Aufzug zwischen dem fünften und sechsten Balken von vorn (der Aufzug nachträglich um ein Gebinde weiter nach hinten versetzt).

Dieser Umbau des Hauses wurde nach einem ungewöhnlichen Gestaltungskonzept durchgeführt, die dem wesentlich erweiterten Haus – im Gegensatz zu den zahlreichen anderen Bauten in der Stadt – keine zeitgenössische, reiche Gestalt in Formen der späten Renaissance verleihen sollte, sondern dieses offenbar trotz der Erweiterung als einen Altbau erscheinen lassen sollte. So wurde knapp unterhalb der Spitze der rückwärtigen, schlicht mit Sandsteinplatten abgedeckten und als Schildgiebel aufgeführten Front eine offensichtlich ältere und aus nicht bekanntem Zusammenhang stammende rechteckige Sandsteintafel mit der Darstellung des Wappens der Familie von Leteln eingesetzt: es zeigt auf einem Stechschild einen Fischotter, der einen Fisch vom Kopf her frißt. Mit dieser Geste, sich auf die zu diesem Zeitpunkt schon nahezu 90 Jahre ausgestorbene Familie von Leteln zu beziehen, scheint die besondere, bis in die Vorgeschichte der Stadt zurückreichende und zu dieser Zeit wohl noch bewußte Tradition des Hauses betont worden zu sein. Nur die dichte Reihung der stichbogigen Luken von Speicher- und den vier Dachgeschossen, noch deutlicher durch die riesige, von Werkstein eingefaßte Fenstergruppe zur Belichtung der Diele läßt die Entstehung der Rückfront in der Zeit um 1600 erkennen. Noch deutlicher wurde diese historisierende Haltung aber an der Gestaltung des Vordergiebels, der durch die für diese Zeit völlig ungewöhnliche und ausschließliche Verwendung von großformatigen Sandsteinblöcken eine nur schwer zu unterscheidende Einheit mit den unteren und noch aus der Zeit um 1200 stammenden Mauerpartien bildet. Er erhielt nur kleine auf Konsolen mit gotischem Profil vorkragende, seitliche Fuß- sowie eine Firststaffel und wurde mit fein profilierten Sandsteinplatten abgedeckt. Jegliches Fehlen weiterer ornamentaler oder plastischer Formen und die nur schlichten und recht klein dimensionierten Fensteröffnungen verhindern jegliche gängige stilistische Einordnung, so daß die Fassade bis heute auch in der Literatur allgemein als spätmittelalterlich bezeichnet wird. Auffallend ist hier nur die starke umlaufende, allerdings unten jeweils rechteckig auslaufende Fasung der Öffnungen, die im Speichergeschoß zudem rundbogig, in den ersten beiden Dachgeschossen stichbogig, darüber rechteckig sind (die Öffnungen auf der Innenseite jeweils von Backstein überfangen); die Gestaltung der zugehörigen Öffnungen im Erdgeschoß wegen späterer Veränderungen nicht bekannt.

Das Innere des Hauses zu dieser Zeit nur in den grundsätzlichen Zügen bekannt, doch kann weiterhin nur ein Stubeneinbau in der nordwestlichen Ecke bestanden haben (Befeuerung des Ofens wohl in der östlichen Stirnwand der Stube). Die Lage des Küchenbereiches mit offener Herdstelle nicht bekannt. Der größte Teil des Erdgeschosses als hohe Diele genutzt, die von der Straße mit einem Torbogen nicht näher bekannter Gestalt und sicherlich südlich davon auch durch ein größeres Fenster belichtet wurde, ihr Licht allerdings vor allem durch eine extrem große Fenstergruppe im rückwärtigen Ostgiebel erhielt. Diese bestand aus zwei großen und durch einen Pfeiler aus Obernkirchener Sandstein getrennten Öffnungen, die nahezu die gesamte Breite der Front einnahmen. Der Sturz als breites, profiliertes Gesims gestaltet, dabei über dem mittlerem Pfeiler ein reich aus-

Abb. 1551 Simeonstraße 19, Reste einer Dekorationsmalerei des späten 17. Jahrhunderts auf einem Ständer des Stubeneinbaus (dieser in Zweitverwendung nach Umbau 1993).

geschmiedeter eiserner Anker zur Balkenlage; darüber zwei hohe Entlastungsbögen im Mauerwerk (die Gewände bis auf den nördlichen, seitlichen und in die Ecke zum Flügelbau eingemauerten Pfeiler im 19. Jahrhundert ausgebrochen). Eine Treppe – wohl als Wendeltreppe – in der nordöstlichen Ecke zu denken, von der aus der Saal im Hinterhaus sowie ein weiterer Raum darüber (dazu weiter unten) sowie das nicht ausgebaute Speichergeschoß und die Dachböden erschlossen waren.

Wohl in der zweiten Hälfte des 17. Jahrhunderts wurde der linke Stubeneinbau unterhalb des Längsunterzuges bis zum Rückgiebel verlängert, so daß er nun im Erdgeschoß eine Folge von Stube, Kammer und Küche aufnahm (unter der Küche ein gewölbter, 1988 abgebrochener Kellerraum geschaffen, über den fortan auch der Keller des Hinterhauses erschlossen wurde). Die Dielenwand aus Eichenfachwerk und mit einer recht engen Ständerstellung und zwei bzw. drei Riegelketten; etwa in der Mitte der Wand ein Ständer (dahinter Trennwand zwischen den vorderen, zweigeschossigen und dem hinteren, dielenhohen Bereich mit Küche) mit bündig verzimmerten Kopfbändern (Doppelkarnies) ausgesteift, ein weiteres Kopfband am rückwärtigen Eckständer. Die Fachwerkkonstruktion des Einbaus nach umfangreichen, bis 1993 erhaltenen Befunden wohl flächig bemalt: dabei auf gelbem Grund großflächige und schwungvoll geführte grüne bzw. blaugraue Ranken, die schwarz und weiß konturiert wurden. Gleiche Farbspuren fanden sich 1992 in geringen Resten auf den Deckenbalken der Diele und auf dem Putz der Laibungen über Haustür und südlich anschließendem Dielenfenster, so daß davon auszugehen ist, daß der gesamte Dielenraum in dieser farbenprächtigen Dekoration flächig ausgemalt war. Im Vergleich mit der Ausstattung des Saals im Hinterhaus (siehe unten) dürfte auch diese Farbgestaltung – bei anderen Farbfolgen – in das letzte Drittel des 17. Jahrhunderts zu datieren sein.

Der seitliche Einbau wohl um 1700 oder kurz danach ein erstes Mal einschneidend verändert: dabei die Zwischendecke über dem Erdgeschoß angehoben, die alte Balkenlage über dem Zwischengeschoß entfernt und statt dessen zwei recht hohe Zimmer von jeweils etwa 3,6 m Höhe übereinander geschaffen, wobei das obere in das frühere Speichergeschoß hineinragte (hierbei die Kopfbänder des Einbaus im Längsverband abgearbeitet und hiervor eine vierte Riegelkette als Auflager der Zwischendecke geschaffen). Zugleich mit diesem Umbau erhielt das Haus eine zweigeschossige Utlucht, für die in die Steinfassade eine große Bogenöffnung eingebrochen wurde. Die Utlucht selbst von Fachwerk verzimmert und mit flachem Pultdach, hinter weit vorstehenden Kehlbrettern verdeckt. Die Konstruktion möglicherweise von Anfang an verputzt oder geschlämmt; die großformatigen Fenster in den alten Öffnungen in der Mitte des 19. Jahrhunderts erneuert (um 1950 das Erdgeschoß abgebrochen und der Rest von eisernen Trägern abgefangen; 1994 erneut ein Erdgeschoß aus Fachwerk verzimmert). In der nördlichen Traufwand in diesem Zusammenhang große

Fensteröffnungen entsprechend der neuen Geschoßeinteilung eingebaut, die Gewände aus hölzernen Blockzargen erhielten. Sie besaßen ursprünglich einen etwa auf halber Höhe von außen auf den Rahmen geblatteten Kämpfer und jeweils nach außen schlagende Flügel, die vor ebenfalls von außen auf den Rahmen geblattete Pfosten schlugen (um 1800 die Fenster durch bis 1993 erhaltene vierflügelige und nach innen schlagende Fenster ersetzt).

1784 wurden Reparaturen in dem Haus durchgeführt, wobei über 1 500 Rthl verbaut wurden (KAM, Mi, C 133). Diese Nachricht scheint sich auf nicht näher bekannten inneren Umbau zu beziehen, wobei wohl auch das Hinterhaus umgebaut wurde (siehe weiter unten).

Abb. 1552 Simeonstraße 19, Haustür von etwa 1815, Zustand 1988.

Um 1815 die Diele des Hauses aufgeteilt und der Vordergiebel im Erdgeschoß verändert: statt des großen Torbogens wurde nun im Giebel eine große, ungewöhnlich aufwendig gestaltete und zweiflügelige Haustür mit verglastem Oberlicht und profiliertem, sandsteinernem Gewände eingebaut. Die Türblätter jeweils in den drei Feldern innerhalb ihrer Rahmenkonstruktion mit aufgesetzten, geschnitzten Dekorationen von Rosetten aus Akanthus bzw. Frauenköpfen mit langen Haaren und geflügeltem Helm (Medusenhäupter). Südlich davon ein hohes Schaufenster mit geschweiftem, wohl mit Kupfer gedecktem Dach geschaffen (nicht mehr erhalten).

Von der Diele nun mit Fachwerkwänden ein mittlerer Flur abgetrennt, der im vorderen Drittel die alte Dielenhöhe behielt, dahinter aber zur besseren Erschließung des Zwischengeschosses zweigeschossig aufgeteilt wurde. Zugehörig eine gegenläufige Treppenanlage in der nordöstlichen Hausecke. Der südliche Bereich behielt seine alte Höhe und wurde nun als abgetrennter Ladenraum eingerichtet.

Nach dem Verkauf des baufälligen Hauses 1865 mußten umfangreiche Reparaturen vorgenommen werden, wobei man bis auf einen kurzen Abschnitt im Westen insbesondere die gesamte südliche Traufwand als Backsteinwand erneuerte (M. Nordsiek 1990, S. 150) und die meisten der alten Balken in diesem Bereich auch anschuhte. Zugleich erhielt der größte Teil des südlichen Hausdrittels ein niedriges Zwischengeschoß (als Lagerböden), wobei man die Balken der Zwischendecke in die neue südliche Traufwand einmauerte. Alle Fenster des Hauses (bis auf die der nördlichen Seitenwand) wurden erneuert. Danach bestand vorn rechts im Haus ein Ladengeschäft, dahinter die Stoffdruckerei und der zunächst noch dielenhohe Mangelraum. Die Färberei lag im Gewölbe des Hinterhauses, darüber befand sich das tägliche Wohnzimmer und die Küche. Vorne, hinter der Utlucht, lag die gute Stube. Nur kurze Zeit nach der Erneuerung der südlichen Traufwand ist auch die große Fenstergruppe im Ostgiebel vermauert und die dort befindlichen Sandsteingewände entfernt worden, was auf den Durchbau auch des letzten hohen Dielenabschnitts schließen läßt. Statt dessen wurden in dem Giebel vier stichbogige Fenster in zwei Etagen in die vermauerte große Öffnung eingebaut.

Abb. 1553 Simeonstraße 19, Flügelbau, südliche Seitenwand, Ansicht von Süden, 2000.

Flügelbau (um 1311 ?/ Ende des 15. Jahrhunderts)

Den Kern des nur etwa die halbe Grundstücksbreite einnehmenden und bis zur Petersilienstraße reichenden Bauteils bildet ein offensichtlich zunächst eingeschossiger Bau von plattigem Bruchstein mit Verwendung größerer Blöcke an den Ecken, der vor den Rückgiebel des Dielenhauses gestellt wurde (dabei offenbar das ältere Hinterhaus von Nr. 17/19 abgebrochen oder verändert). Der 6,5 m breite Bau dabei leicht aus der Flucht des Vorderhauses nach Süden abgewinkelt, so daß die Südwand eine Länge von etwa 9,3 m, die Nordwand von 10 m erhielt. Das (nur in Wiederverwendung des späten 15. Jahrhunderts erhaltene) Dachwerk aus grob bearbeiteten Eichenstämmen mit einer gezapften Kehlbalkenlage. Der Bauteil wohl etwas früher als das Vorderhaus um oder kurz nach 1311 errichtet (wie es dendrochronologisch ein Holz des Dachwerkes sowie die Details der Gestaltung nahelegen).

Das Innere des offenbar zunächst nicht unterkellerten Bauteils mit einer zumindest nach Süden reich durchfensterten Saalkammer. Hiervon in der einzig im ursprünglichen Bestand erhaltenen Südwand die vermauerten Reste eine Reihe von vier aus Werksteinen gearbeiteten und jeweils 1,10 m breiten und 1,83 m hohen Kreuzstockfenstern erhalten, deren Öffnungen außen von starken (unten auslaufenden) Kehlen begleitet werden; die oberen Felder quadratisch, die unteren mit im lichten 1,20 m hohen Feldern. Alle Öffnungen im Inneren ohne jeglichen Falz und offensichtlich nur mit inneren schlichten Schlagläden zu verschließen.

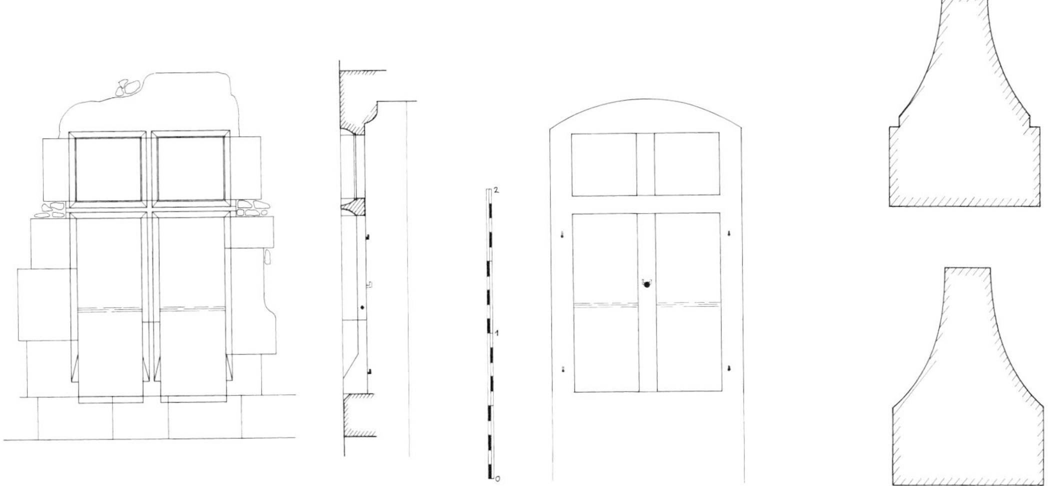

Abb. 1554 Simeonstraße 19, Flügelbau, Bauaufnahme eines Kreuzstockfensters des 14. Jahrhunderts. M 1:50. Rechts Profile. M 1:5.

Der Bau wohl im späteren 15. Jahrhundert mit einer mit wohl 2,2 m lichter Höhe recht niedrigen und möglicherweise nur als Speicher genutzter Etage aufgestockt und hierbei anscheinend auch die Nordwand und der Ostgiebel erneuert. Alle neuen Bauteile aus Backstein aufgemauert, dabei in der Nordwand in jeder Etage zwei der charakteristischen Bogennischen geschaffen (oben rundbogig, unten mit Stichbogen); nur die Gebäudeecken mit Sandsteinblöcken versehen. Der alte Dachstuhl offenbar darüber neu aufgeschlagen.

Um 1615 wurde zusammen mit dem Dielenhaus auch der Flügelbau stark umgebaut. Wohl erst hierbei ein vom Vorderhaus zugänglicher Keller geschaffen und dieser mit einer etwa 2,55 m im Lichten flach gewölbten Tonne aus Sandsteinblöcken eingewölbt, wobei auch die Niveaus der beiden Etagen verändert werden mußten: der Erdgeschoßboden wurde um etwa 60 cm angehoben (und nun als bis 1992 in Resten erhaltener Gipsestrich ausgeführt), die Decke darüber um etwa 70 cm abgesenkt, so daß zwei geräumige Wohnetagen entstanden. Zugleich die alten Steinkreuzfenster der Südfront vermauert und in der Mitte der Wand eine Schornsteinanlage eingebaut. Westlich davon in beiden Etagen jeweils eine große, neue und im Lichten 1,90 m hohe und jeweils 2,4 m breite, vierbahnige Fenstergruppe mit schmalen Sandsteingewänden und großem Entlastungsbogen von Backstein darüber geschaffen; der Sturz als Wasserschlag profiliert vorstehend.

Der Saal des Erdgeschosses mit einer Grundfläche von 9,58 x 4,78 m und einer lichten Höhe von 3,45 m erhielt einen offenen Wandkamin mit hölzernem, an der Decke befestigtem Rauchfang und wurde wiederholt mit einer farbigen Ausstattung versehen, von der verschiedene Reste überliefert, bei der Sanierung 1993 freigelegt und in Teilen anschließend restauriert wurden (siehe dazu Strohmann 1995). Als älteste Schicht der Gestaltung konnten auf der Nordwand auf dem dünnen, auf das Mauerwerk aufgetragenen Kalkputz Reste einer schlichten Dekorationsmalerei festgestellt werden, mit wenigen Strichen auf den noch feuchten Putz aufgebracht und wohl im späten 15. Jahrhundert entstanden. Die bislang in Westfalen für das bürgerliche Bauwesen und diese frühe Zeit fast einzigartigen Befunde reichen allerdings nicht aus, um daraus ein geschlossenes Bild der Raumfassung entwickeln zu können: Während in den oberen Wandpartien Rankenmalereien mit volutenförmigen Einrollungen und kurzen Verästelungen aufgedeckt wurden, fand sich in der östlichen Nische eine nur skizzierte Vorhangmalerei, wobei der geraffte Wandbehang jeweils an zwei Ringen an einer ebenfalls gemalten Stange gehängt erscheint. Diese Malerei dürfte spätestens um 1615 beim Umbau des Gebäudes überdeckt worden sein. Die zu dieser Zeit eingebrachte neue Zwischendecke mit acht knapp dimensionierten Eichenbalken wurde offensichtlich sogleich farbig gefaßt (zugehörige Wanddekoration nicht bekannt): während die Balken einen dunkelgrauen monochromen Anstrich direkt auf das Holz erhielten, wurden die Deckenfelder dazwischen aus durch Nut und Feder miteinander verbundenen Eichendielen über einer weißen Kalkgrundierung einfarbig blaugrau gefaßt. Die Nutzung und Gestaltung des Obergeschosses nicht bekannt.

Wohl im letzten Drittel des 17. Jahrhunderts wurde der Erdgeschoßsaal (bei Erhalt des Wandkamins mit Rauchfang) wiederum neu ausgestattet, wobei Wände und die Holzbalkendecke zunächst mit einer dicken Schicht eines Lehmputzes mit Strohzuschlag versehen und anschließend mit einem dünnen Kalkputz überzogen wurden. Zumindest die gesamte Decke sogleich mit einer aufwendigen Dekorationsmalerei versehen, während eine entsprechende Dekoration in formal sehr ähnlicher, aber in den Farben etwas abweichender Weise auf den Wänden möglicherweise erst wenig später aufgebracht wurde (hier haben sich zudem – wie auch auf den Deckenbalken – nur noch geringe Reste erhalten). Dabei erhielten die sieben Deckenfelder eine leimgebundene Bemalung von hellgrünen, stark verzweigten Akanthusranken auf hellem Grund und mit einer Konturierung und Binnengliederung aus roten und schwarzen Strichen. In die Ranken der Felder jeweils streng symmetrisch zwei von Blattkränzen gebildete Medaillons einbezogen, die auf weißem Grund etwas unbeholfene Darstellungen der zwölf Tierkreiszeichen zeigen. Diesen werden mit Hilfe von Inschriften, die der Medaillonrundung folgen, jeweils Kalendermonate zugeordnet, wobei die genaue Dauer des Monats in Tagen, Stunden und Minuten angegeben wird (genaue Darstellung siehe Strohmann 1995, S. 70 sowie – mit anderer Datierung Wehking 1997, Nr. 199). Auf den Seitenflächen waren die Balken ebenfalls mit Rankenwerk bemalt, wobei den Medaillons hier Sinnsprüche zugeordnet waren. Die Gestaltung der Balkenunterseite ist nicht bekannt.

Das Programm der Decke damit zunächst auf den Jahreslauf und im übertragenen Sinne auf Vergänglichkeit der Zeit und des Menschen hinweisend, dabei mit den verschieden Sinn- und Bittsprüchen in Bezug zur christlichen Glaubens- und Morallehre gesetzt. Die reiche Dekoration mit Rankenwerk eines der wenigen erhaltenen Beispiele einer ehemals wohl im bürgerlichen Bauwesen Westfalens weit verbreiteten Dekorationsmalerei des 17. Jahrhunderts, hier allerdings in der Kombination mit den Tierkreiszeichen ein bislang einzigartiger Befund, zu dem sich nur im norddeutschen Bereich Parallelen finden (Strohmann 1995). Die Malerei 1784 (?) mit Einbringung einer unter den Balken befestigten flachen Decke verdeckt (Befunduntersuchung und Dokumentation 1993 durch Firma Ochsenfarth/Paderborn und WAfD, Restaurierung: Böddecker & Schlichting DRV).

Im späten 18. Jahrhundert (um 1784 zusammen mit dem Vorderhaus) wurde ein weiterer Umbau des Hinterhauses durchgeführt, wobei nicht nur das Äußere mit Abwalmung des Ostgiebels und der Fensteröffnungen umgestaltet, sondern in beiden Etagen eine Querwand geschaffen wurde; sie wurde südlich in die alten Kaminanlage gestellt, die man nun zu einem schmalen Schornstein umbaute; zugleich Verschluß der Nischen durch Vermauerung bzw. an der Nordwand durch eine vorgestellte dünne Fachwerkwand. Im Ostgiebel seitdem in beiden Geschossen jeweils zwei Fensteröffnungen (älterer Zustand nicht bekannt). Die Räume des Erdgeschosses erhielten hohe hölzerne

Abb. 1555 Simeonstraße 19, Flügelbau, Dekorationsmalerei der Decke aus dem späten 17. Jahrhundert, Gesamtansicht nach der Restaurierung 1994. Unten Details von den Feldern für Januar (mit Wassermanndarstellung, links) und für Juli (mit Löwendarstellung, rechts), Zustand 1994.

Fußleisten, der rückwärtige Raum zudem mit einer Ofennische in der südwestlichen Ecke ausgestattet.

Nebenhaus (16. Jahrhundert)

Das Gebäude als zweigeschossige Durchfahrtsüberbauung wohl schon 1615 bestehend, da der zu dieser Zeit geschaffene Giebel des Haupthauses aus der Nordwestecke vorstehende Blöcke zur Einbindung der Nebenhausfront aufweist. Zudem der nördliche Pfeiler des Torbogens zunächst selbständig gemauert und erst nachträglich durch die 1608 errichtete massive Front des unmittelbar anschließenden Hauses Nr. 17 überbaut. Der Torbogen aus kleinen Werksteinen aufgesetzt und mit einer starken Abfasung, zudem leicht stichbogig, daher wohl im 16. Jahrhundert entstanden. Das südliche Seitengewände dabei aus zwei wiederverwendeten Stürzen wohl mittelalterlicher Fenster mit stark gekehlten Fasungen. Über dem Torbogen ein an der Unterseite gerundeter Wasserschlag des 17./18. Jahrhunderts.

Das Nebenhaus wohl im 18. Jahrhundert in verputztem Fachwerk erneuert, wobei die Höhen (bei teilweiser Vermauerung des Torbogens) nun denen des Stubeneinbaus des Haupthauses folgten. Zuletzt (im 19. Jahrhundert ?) das Dach als flaches, nach hinten leicht abfallendes Pappdach erneuert.

Der Bauteil 1991 bis auf den Torbogen abgebrochen und 1998 neu in alten Formen errichtet.

Scheunenflügel (von 1786)

Dreistöckig verzimmerter Fachwerkbau von fünf Gebinden Länge und mit Satteldach, traufenständig entlang der Petersilienstraße an die Nordwand des Hinterhauses angebaut; Länge 5,1 m, Tiefe 5,9 m. Der nach dendrochronologischer Datierung 1786 errichtete Bau mit massiv von Backstein aufgemauertem Erdgeschoß und in jedem Stockwerk mit einer Riegelkette, Kopfbändern im Querverband (mit Backstein ausgemauert). Das Erdgeschoß mit einer zweieinhalb Gebinde breiten Tordurchfahrt im Süden und wohl einem kleinen Stall im Norden. Die beiden Obergeschosse nicht unterteilt und jeweils mit einer Ladeluke zum Hof, daher wohl zu Lagerböden vorgesehen. Das Sparrendach mit einer Kehlbalkenlage, der Nordgiebel verbrettert.

Die beiden Obergeschosse im 19. Jahrhundert zu Wohnräumen ausgebaut, die mittels Durchbrüche vom Flügelbau aus erschlossen wurden. 1994 das Gebäude im Zuge der Sanierung abgebaut, das Gelände unterkellert und das Gerüst mit erheblichen Ergänzungen wieder aufgebaut und mit Nebenräumen versehen.

1904 Kanalisation; 1961 Einbau einer Gaststätte in den Bereich des Erdgeschosses auf der rechten Seite und Ausbau einer Wohnung im Speichergeschoß und erstem Dachboden (Plan: E. Lenz); 1973 Einbau einer Gaststätte mit Bordellbetrieb (Plan: W. Dessauer); 1984 Eintragung in die Denkmalliste der Stadt Minden; nachdem das Haus seit 1986 leer stand, zunehmend verfiel und mehrmals zwangsversteigert wurde, schließlich 1989 durch die Stadt Minden erworben, um es als wichtiges stadthistorisches Zeugnis zu erhalten; 1989 bauhistorische Voruntersuchung durch WAfD, eine genaue Bestandsdokumentation mit Ausnahme einer Bestandsaufnahme M 1:50 unterblieb; 1991/95 Sanierung (Plan: J. Lax) und Umbau als öffentliche Begegnungsstätte für den »Paritätischen Verein für Sozialarbeit Minden« (Bauherr: Stadt Minden/Hochbauamt), wobei im gesamten Komplex mit hoher öffentlicher Förderung rigoros große Teile der historischen Substanz vernichtet wurden und selbst die stadtgeschichtlich wichtige Ausgrabung des Bodens unter der Diele verhindert wurde (lediglich die Farbbefunde mit der bemalten Decke im Hinterhaus wurden restauriert): die gesamte, dem Gebäude nach 1650 im Inneren zugewachsene historische Substanz zu Gunsten der Teilrekonstruktion einer großen Diele entfernt, zudem der linke Einbau willkürlich verändert und das Gebäude zum großen Teil unterkellert; Beseitigung der wertvollen Haustür zu Gunsten der »Rekonstruktion« eines nicht belegten spitzbogigen Torbogens. Abbruch der hinteren Hälfte der Nordwand des Vorderhauses und Neuerrichtung, zusammen mit einem Stahlbetontreppenhaus mit Fahrstuhl. Die Technikeinrichtungen teilweise im neu geschaffenen Keller des Wirtschaftsflügels. Nachdem der Komplex 1997/98 durch Neubau auf dem Grundstück Nr. 17 erweitert werden konnte, Neubau in alten Formen des Nebenhauses.

Abb. 1556 Simeonstraße 18, Ansicht von Süden nach Abbruch von Simeonstraße 20. Links Stützmauer unterhalb des Simeonskirchhofes, 2000.

SIMEONSTRASSE 18 (Abb. 1510, 1543, 1545, 1556–1559)

bis 1818 Haus-Nr. 282; bis 1878 gelegentlich auch Haus-Nr. 282 a (oberer Eingang auch Simeonskirchhof 7; bis 1878 Haus-Nr. 282 b)

Recht kleiner Hausplatz von nur sehr geringer Tiefe zwischen der Simeonstraße und der Stützmauer unterhalb des Simeonskirchhofes, in dieser Breite erst nach Errichtung der in diesem Bereich um 1450 erstellten Mauer entstanden, dabei wohl zunächst als Teil des Wirtschaftshofes des großen bürgerlichen Anwesen Simeonstraße 19 auf der anderen Straßenseite dienend (siehe Nr. 20). Seit 1511 mit einem kleinen, aber soliden, giebelständigen Steinhaus bebaut, wobei südlich schon ursprünglich eine 1475 errichtete Scheune anschloß. Nur hinter letzterem Bau bestand als einzige Freifläche der Baugruppe ein sehr schmaler Hofplatz unterhalb der Stützmauer. Seit wohl 1775 gehören die zwei nördlichen Gefache der damals schon unterteilten Scheune als Nebengebäude zum Grundstück Simeonstraße 18, während der übrige Teil zu dieser Zeit zu dem selbständigen Haus Simeonstraße 20 ausgebaut wurde. Auf dem kleinen Hof im 19. Jahrhundert ein heute nicht mehr vorhandenes kleines Stallgebäude.

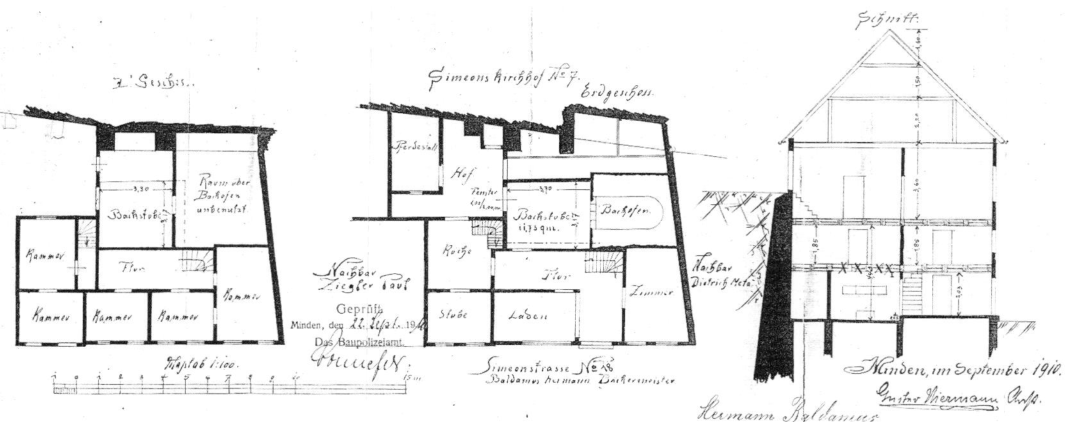

Abb. 1557 Simeonstraße 18, Grundrisse und Schnitt aus der Entwässerungsakte von 1910.

Die Stützmauer in diesem Bereich aus groben Sandsteinblöcken und mit vier wohl nachträglich davor gesetzten Strebpfeilern aus dem gleichem Material (die zwei nördlichen heute innerhalb des Gebäudes Simeonstraße 18) gesichert. Hinter dem Haus selbst zudem eine etwa 1,30 m tiefe, unter den Kirchhof reichende und nachträglich geschlagene Nische in der hier etwa 80 cm starken Stützmauer.

Das Haus wurde offenbar 1511 durch Risser d. J. von Leteln, der in dem Haus Simeonstraße 19 wohnte, nordöstlich anschließend an seine gegenüber dem Haus stehende Scheune Simeonstraße 20 errichtet. Um 1515 überträgt vermutlich Margarethe von Leteln, Witwe Risser d. Ä., ihrem Enkel Johann *dat lutteke husz by vnnd vor sunthe Simeonis kerckhaue*, worin Cord Block wohnt. Johann von Leteln verkauft das Haus an Heinrich Costedt (STA MS, St. Mauritz und Simeon, Urkunden Nr. 272). 1527 der Bau in dem Testament seiner verstorbenen Großmutter als das kleine Haus bezeichnet, das *twyschenn dem suluen stawe* (Simeonstraße 20) *vnnd Hinrick Jordenynghes husz vp de osterenn syden, welkerr lutteke hus ick vnnd myns sones sone dem ick ghaff vnnd gheuen hebbe hebben vorkofft in vortyde Corde Blocke borgherr tho Mynden Anneken syner echtenn vrowenn.* In einem weiteren Schreiben überträgt Margarethe von Leteln vor 1527 dem Cord Block und seiner Frau *dat lutteke hus dar by der gheuel na der strate vnnd na demm kerchoue ghekardt hefft… So schal Cordt Block vnde de syne schallen buten dar de ortsparen neden wendet eynen snorr theenn vnnd laten den bauen vthe demm varste des stalles eyn lode lopen vppe den snorr wat dan van sparen balken vnnd latten vnnd steyne na vtwysinghe des loedes vann demm stalle de in Cordes hus hanghen vnnd buwet is* (STA MS, St. Mauritz und Simeon, Urkunden Nr. 294 und 297).

1599 berichtete Lucke, Witwe des Johan Korver, daß sie vor Jahren das Haus mit ihrem Mann von Dietrich Mönneking für 700 Thl erworben hätte. Ferner habe sie von dem verstorbenen Daniel Lichtebenker *den Platz hintter meinem Haus am Kirchhoffe* gepachtet. 1637 erben die Brüder Henricus, Johann, Diederich und Jobst Costede das Haus *gegen S. Maurity Closter belegen* von ihrem Schwager Hinrich Corver in Lemgo. Auf dem Haus liegen 200 Thl an Kapitalschulden und aufgestauten Zinsen beim Nikolai-Hospital (KAM, Mi, B 56 alt); 1663 Hinrich Kostede, hat das Haus *judi civiliter* für 520 Thl gekauft (hat auch ein vermietetes Häuschen an anderer Stelle); 1668/70 Hinrich Kostede, zahlt jährlich 3 ½ Thl Giebelschatz; 1711 Hinrich Costede; 1743 ohne Eintrag (Haus ohne Grundbesitz); 1750 Witwe Hammen; 1755 Brockmanns Haus, 300 Rthl; 1766/81/98 Bäcker Salvey, 300 Rthl; 1802 Witwe Solvey, Haus für 1 500 Rthl; 1804 Zürner, vermietet an Soldaten; 1808/09/12 Witwe Salvey/Zürner, Wohnhaus von drei Etagen *in logeablem Zustand* (wohnt im Haus-Nr. 854); 1818 Böttcher Zürner (siehe Viktoriastraße 47), Haus für 800 Rthl; 1827 Nolting, Haus für 1 200 Rthl; 1828 Witwe Nolting; 1846/78 Bäcker Wilhelm Eduard Kamlah (1853 als Mieter auch Tischler C. Kamlah mit seiner Werkstube); 1894/1936 Bäckermeister Hermann Baldamus.

Giebelhaus (von 1511 ⓓ)

Das Haus nach dendrochronologischer Datierung 1511 errichtet, wobei als Bauherr der Bürgermeister Risser von Leteln d. J. überliefert ist, der gegenüber im Haus Simeonstraße 19 wohnte. Er schuf damit offenbar ein Nebenwohnhaus, das schon vier Jahre später seinem Sohn übertragen und 1527 verkauft wurde. Den Kern des heute dreigeschossigen und traufenständigen Hauses mit axial gestalteter Putzfassade, das in seiner Gestalt auf einen Umbau von 1781 zurückgeht, bildet ein giebelständiges Dielenhaus mit massiven Umfassungswänden. Diese aus Backstein (Format 31 x 15 x 8/9 cm) und einer Eckverquaderung aus Sandsteinen, wobei die Westmauer in die Stützmauer unterhalb des Simeonskirchhofes einbindet; in den Traufwänden jeweils geschoßweise gemauerte Entlastungsbögen. Über der Diele mit einer lichten Höhe von 4 m ein bewohntes Obergeschoß. Das Haus mit eigenem Rückgiebel vor der Stützmauer auf Grund des heute ausgebauten und bewohnten Zustandes nur in Ansätzen zu fassen, aber offensichtlich bis auf den 1781 erneuerten Vordergiebel in all seinen Umfassungswänden (bis auf einen kurzen westlichen Abschnitt der Südwand) sowie der starken Balkenlage aus Eiche über der Diele erhalten. Zwei dieser Balken (Nr. 1 und 3 von Ost) konnten ebenso wie ein Balken über dem Keller sowie ein im Dachwerk wieder verwendeter Balken dendrochronologisch auf 1511 datiert werden (1996 durch H. Tisje/Neu-Isenburg). Die Lage des Kellers in der südöstlichen Ecke des Hauses spiegelt noch die Situation der ursprünglich darüber angelegten Stube wieder, so daß die Diele entlang der Nordseite des Hauses zu rekonstruieren ist. Die Feuerstelle dürfte hinter der Stube an der südlichen Traufwand gelegen haben. Das Obergeschoß auf Grund der auffallend hohen lichten Höhe von etwa 2,45 m ebenfalls schon ursprünglich zu Wohnzwecken ausgebaut und mit einem weiteren Kamin im Anschluß an die Herdstelle des Erdgeschosses in der südlichen Traufwand versehen, der sich dort noch in einem leichten Wandvorsprung von etwa 92 cm Breite in der Außenwand abzeichnet. Hier auf der Innenseite eine schmale Nische von 78 cm Breite und einer Höhe von etwa 2 m, die zu einer Feuerungsanlage nicht näher bekannter Form gehört (Ofen oder offenes Feuer ?). Das Obergeschoß dürfte damit als Saal anzusprechen sein, der in diesem Fall auf Grund der beengten Grundstücksverhältnisse nicht hinter dem Haus, sondern im Obergeschoß eingerichtet wurde. Über dem Gebäude ein steiles Satteldach mit zwei Kehlbalkenlagen zu rekonstruieren, auf den Kronen der Traufwände eine sandsteinerne Rinne (wie auf der Südseite erkennbar erhalten). In der südlichen Traufwand im vorderen Bereich Fensteröffnungen.

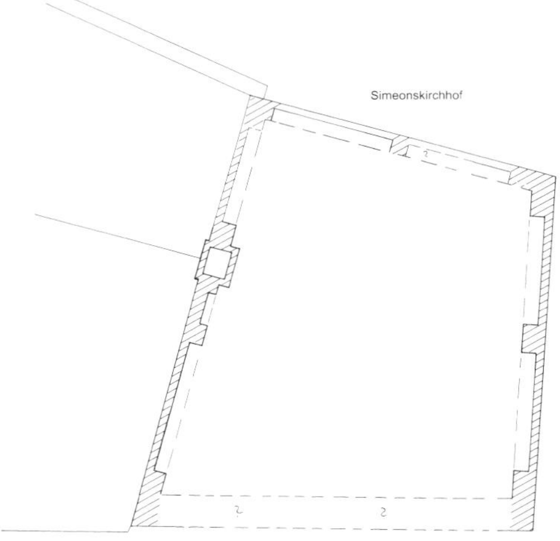

Abb. 1558 Simeonstraße 18, Grundriß des Obergeschosses, rekonstruierter Zustand von 1511.

1637 wird das Haus beschrieben als *dermaßen durch das Kriegesweßen ruinirt, das kein Stube, noch bodden, mehr vorhanden, und der keller gantz niedergefallen ist.* Danach scheint es zu einer Wiederherstellung gekommen zu sein. 1781 wird das Giebelhaus durch einen Umbau erweitert, wobei die zu dieser Zeit wohl schon zugehörigen zwei nördlichen Gefache des südlich anschließenden Fachwerkbaus mit den Gebinden 5 bis 7 (siehe auch Simeonstraße 20) als Anbau einbezogen wurden. Der zuvor wohl als Diele genutzte Bauteil wurde unter Beseitigung des alten Zuganges und des Nordgiebels unterhalb der alten Rähme neu verzimmert, wobei auch die schmale Gasse von etwa 75 cm Breite geschlossen wurde. Zugleich der Bau an der vorderen Traufwand durch Aufdrempelung zu einem dreigeschossigen Wohnhaus erweitert, das aber wohl getrennt erschlossen und vermietet wurde. Bei Erhöhung des Erdgeschosses weist der ganze Bauteil einen wohl bei diesem Umbau entstandenen Keller mit Tonnengewölbe aus Bruchstein mit Umfassungswänden aus Sandsteinquadern auf, der vom Keller des alten Wohnhauses aus erschlossen wurde.

Dem eigentlichen Haus wurde hingegen das alte Dachwerk einschließlich der Balken abgenommen, die Firstrichtung gedreht, und ein neues flacheres Satteldach mit zwei Kehlbalkenlagen aufgesetzt, das aus den alten Hölzern verzimmert wurde. Die Traufe bildete nun eine durchgehende Linie mit den Häusern Simeonstraße 20 sowie dem südlichen Anbau an das Haus Simeonstraße 20. Anlaß der Baumaßnahmen waren zum einen der weitgehende Durchbau der hohen Diele mit einem Zwischengeschoß, zum anderen auch schwere Bauschäden, wobei der rückwärtige Teil der südlichen Traufwand mit der alten Herdstelle abgebrochen und durch Fachwerk ersetzt wurde. Der Vordergiebel wurde wegen der veränderten Fensteröffnungen ebenfalls bis zum Boden abgebrochen und durch eine Fachwerkwand ersetzt. Das Dachwerk hier aus sieben Gebinden und mit zwei Kehlbalken, zum Teil aus wiederverwendeten Eichenbalken, zum Teil aus Nadelholz. Geschlossenes fachwerkenes Giebeldreieck zum wenig jüngeren Haus Simeonstraße 16.

1781 wird berichtet, der Bäcker Salvey habe ein halbes Haus mit Braurecht von Grund auf neu gebaut und 1783 heißt es, das Haus sei *größtenteils neu und gut ausgebauet*. Die entstandenen Kosten wurden mit 517 Rthl angegeben (KAM, Mi, C 156,12 alt und C 388). Seitdem der Bau in der Erscheinung ein dreigeschossiges Flurhaus mit einem mittleren, noch zwei Geschosse hohen Flur im vorderen Bereich. Die Fassade verputzt und axial gegliedert, wobei das zweite Obergeschoß ein anderes Achsmaß der Fenster aufweist als die beiden unteren Geschosse. Haustür mit Holzgestell, der Sturz mit darüber befindlichem Oberlicht an der Unterseite geschweift (das Blatt nicht erhalten und die Tür heute nach innen versetzt).

Das Gebäude wurde im unteren Bereich im 19. Jahrhundert von einem Bäckereibetrieb genutzt, wozu im rückwärtigen Bereich Werkstatt und Backofen eingerichtet waren. Dahinter zwischen den Pfeilern der Stützmauer noch Ställe, die über einen schmalen Gang vom Hof zugänglich waren. Die innere Struktur des Baus wohl weitgehend erhalten, jedoch momentan verkleidet und verbaut, daher nicht näher zu erfassen. Das zweite, mit ca. 3,60 m recht hohe Obergeschoß weist eine getrennte Erschließung vom Simeonskirchhof (dort Nr. 7) auf. 1894 Umbau des Ladens links der Haustür und Einbau eines neuen Backofens; 1905 Kanalisation; 1908 Abortanbau an die Stützmauer; 1910 Entfernung der Zwischendecke über dem Backofen.

SIMEONSTRASSE 20 (Abb. 1543, 1556, 1557, 1559)

bis 1878 Haus-Nr. 285

Nur wenig tiefes Grundstück zwischen der Simeonstraße und der Stützmauer unterhalb des Simeonskirchhofes, in dieser Form wohl erst mit der um 1450 erstellten Mauer entstanden. Die Fläche gehörte zunächst zu dem auf der anderen Straßenseite gelegenen Komplex Simeonstraße 19, wobei hier um 1475 ein Stall (wohl auf der Fläche von Nr. 22/24) und eine Scheune (Nr. 20), ferner 1511 ein zugehöriges Nebenhaus (Nr. 18) errichtet wurden. Der Besitz nach Aussterben der Familie von Leteln nach 1527 allmählich in unterschiedliche Grundstücke aufgeteilt: 1527 das Nebenhaus verkauft und 1620 der südliche Teil des Wirtschaftshofes mit eigenständigen Bürgerhäusern (Nr. 22/24) überbaut, wobei auch ein etwa 1,5 m südlicher Abschnitt der Scheune von 1475 abgebrochen werden mußte. Hinter der Scheune verblieb unterhalb der Stützmauer nur eine sehr schmale Hoffläche.

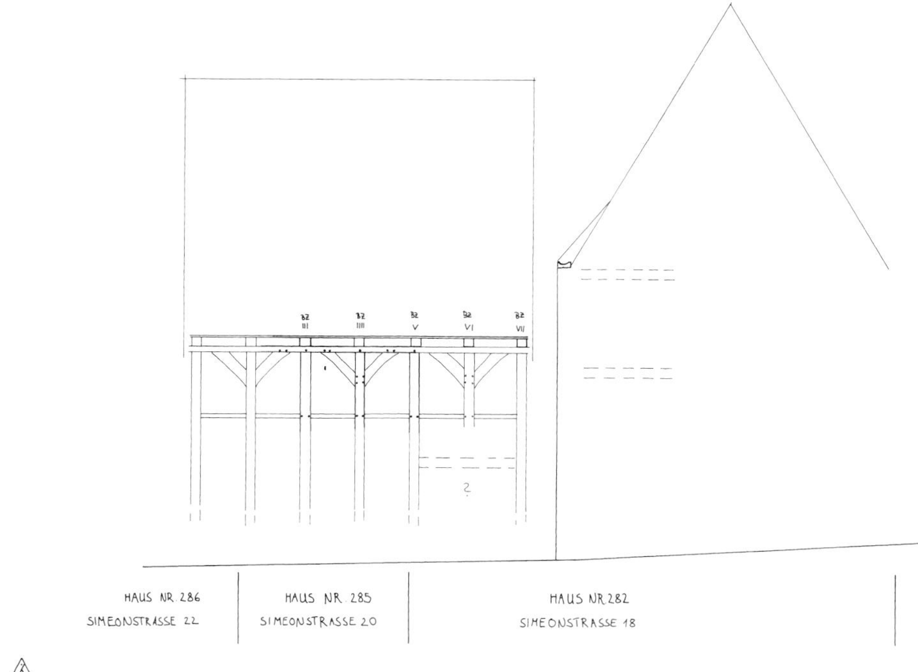

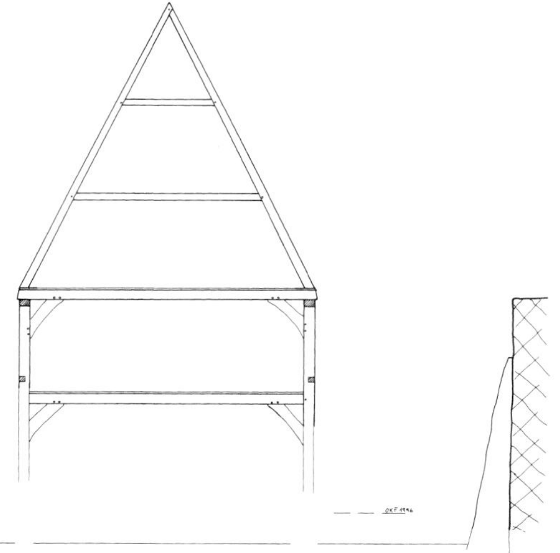

Abb. 1559 Simeonstraße 20, Rekonstruktion der um 1475 errichteten Scheune, deren Material später in verschiedenen Gebäuden verbaut wurde. Oben Ansicht der Straßenfront, unten Querschnitt (Blick nach Süden) durch Scheune, dahinterliegenden Hofplatz und Stützmauer.

Schon in der zweiten Hälfte des 17. Jahrhunderts wird der verbliebene Teil der Scheune auch als Wohnhaus genutzt und wohl seit 1775 ist der Traufenbau in zwei Abschnitte unterteilt: Während der südliche Teil von drei Gefachen Breite seitdem eine eigene Hausstätte bildet, wurde der nördliche Teil als eine Art Nebenhaus an das Haus Simeonstraße 18 angeschlossen, wodurch dieses auch einen Teil des kleinen Hofplatzes erhielt. Dabei die zwischen beiden Bauten bestehende schmale Gasse überbaut.

Vor 1527 wird durch die Anfang Februar 1527 verstorbene Margarethe von Leteln, Witwe des Bürgermeisters Risser d. Ä., testamentarisch ihrer Kusine, der Tochter des Hermann Borries das *grothenn husze vor sunthe Symeon* (siehe Simeonstraße 19) sowie die auf der anderen Seite der Straße stehenden Wirtschaftsgebäude Simeonstraße 20 vermacht. In einem weiteren Brief bestätigt Margarethe von Leteln ihrer Base im Testament die Auflassung der zwei Häuser bei St. Simeon, des großen Hauses *myt demm stalle auer demm steynweghe nomptliken myt demm dwerr buwete, dat myn husherr Rytzer vann Lethelenn buwede myt syner rechticheyt vnnd thobehoerr wente an de ortsparenn des lueteken huszes* (STA MS, St. Mauritz und Simeon, Urkunden Nr. 294 und 297 – beiliegend zu 1527 Februar 8). Um 1590 Daniel Lichtebenker. Hat den Platz hinter dem Haus an seinen Nachbarn verpachtet (siehe Nr. 18); 1668/86 Hinrich Kostede (wohnt Simeonstraße 18), vermietet an seinen Schwiegersohn Sergeant Frantz Michael Pohleman, Haus zahlt jährlich 1 Thl Giebelschatz (damit als Bude taxiert); 1692 bewohnt von Johann Walthuß; 1696 Hinrich Codstedes kleines Haus; 1704/10 Hinrich Costedes Nebenhaus; 1710 wird die Taxe des Giebelschatzes auf 1 ½ Thl erhöht; 1743 ohne Eintrag (Haus ohne Grundbesitz); 1750 Eigenrauch; 1755/66 Hutmacher Limpert, Haus für 100 Rthl; 1781 Meister Johann Jacob Limpert, 100 Rthl; 1782 Witwe Lempern; 1783 Johann Jacob Limpert (ist adoptierter Sohn); 1798/1804 Hutmacher Limpert, Haus für 200 Rthl ohne Braurecht, hält kein Vieh; 1809/12 Hutmacher Jacob Limpert, Wohnhaus von zwei Etagen in schlechtem Zustand (besitzt auch Johannisstraße 20); 1828/35 Hutmacher Jacob Lempert, Wohnhaus für 250 Thl; 1840 Schuhmacher Carl August Treller; 1846/53 Händler Karl Treller; 1873/78 Händler Treller; 1883 Kaufmann Carl Künecke/Wetzlar; 1886 Louis Rasche; 1897 Buchbinder Robert von Grappendorf; 1900 Seilermeister Paul Ziegler; 1905/20 Buchhändler Paul Ziegler; 1954 Josefine Mombark.

Wirtschaftsgebäude (um 1475 ⓓ), seit dem 17./18. Jahrhundert zwei Wohnhäuser (bis 2000)

Den Kern des Gebäudes bildet ein zur Straße traufenständiger Fachwerkbau von sieben recht unterschiedlich breiten Gebinden. Während die rückwärtige Traufwand der Flucht der Stützmauer im Abstand von etwa 4,65 m folgt, ist die vordere Wand auf die Simeonstraße ausgerichtet, so daß die Traufwände des Gerüstes nicht parallel stehen und der Südgiebel des Baus eine Breite von etwa 9 m, der Nordgiebel aber nur von 5,85 m aufweist.

Das Kerngerüst des nach mehreren dendrochronologischen Proben in den Jahren um 1475 errichteten Gebäudes mit einer Länge von etwa 9,5 m ist bis auf die beiden südlichen Gebinde in seinen wesentlichen Teilen bis 1996 erhalten geblieben (dendrochronologische Datierung 1996 durch H. Tisje/Neu-Isenburg). Das etwa 7,3 m tiefe Gerüst war von Süden nach Norden mit lateinischen Ziffern gebindeweise durchnumeriert und bestimmt durch aufgelegte, nicht vorkragende Dachbalken, paarige, sichtbar verzimmerte Kopfbänder im Längsverband an jedem zweiten Ständer und nur zwei einfach vernagelte, wohl ebenfalls sichtbar verzimmerte Riegelketten in den Längswänden. Die sehr großen Gefache mit einer Breite von 1,25 m und einer Höhe von 1,70 m auf Grund dieser Befunde wohl mit Backsteinen ausgefacht. Die Geschoßbalken eingezapft und mit Kopfbändern gestützt, wobei ein Obergeschoß mit einer lichten Höhe von 2,20 m und ein Erdgeschoß mit einer lichten Höhe von etwa 2,70 m entsteht. Im 6. Gebinde kein Geschoßbalken nachweisbar, hier möglicherweise ehemals keine Zwischendecke (hohe Diele ?). Mit über 60° sehr steiles Sparrendach mit nicht verräucherten Hölzern und zwei eingezapften Kehlbalken. Der Nordgiebel ehemals mit zwei Wandständern als Fachwerkfront ausgebildet.

Die ursprüngliche Funktion des Baus auf Grund der einfachen Ausführung des Gerüstes und des nur niedrigen Erdgeschosses wohl ein Wirtschaftsbau. Es ist denkbar, daß dieser entlang dem Nordgiebel auch einen zwei Gefach breiten hohen Wirtschaftsraum aufnahm (der allerdings auf Grund der durchlaufenden oberen Riegelkette kein hohes Tor zur Straße aufgewiesen haben kann), denn nur in diesem Bereich ließen sich keine alten Balken einer Zwischendecke nachweisen. Die niedrigen Bereiche dann wohl als Stall oder Lager genutzt. Erst nach 1620 diese Bereiche in ein Wohnhaus aufgeteilt, wobei in diesem Jahr die zwei südlichen Gebinde des Gebäudes abgebrochen wurden (an Stelle des zweiten Gebindes die massive Traufwand des Hauses Simeonstraße 22 errichtet). Die erschlossene Diele aber wohl noch bis 1781 bestehend.

Die Umnutzung zu einem Wohnhaus könnte um 1663 vorgenommen worden sein, denn erst danach wird es als Nebenhaus des Anwesens Simeonstraße 18 genannt. Um 1710 scheinen ferner Bauarbeiten vorgenommen worden zu sein, denn zu diesem Zeitpunkt wurde der Giebelschatz für das Gebäude erhöht. Die weitere, seit 1775 genauer faßbare Baugeschichte der beiden Abschnitte ist sehr individuell, aber insbesondere durch den Ausbau einer dritten Etage in beiden Bereichen bestimmt. Nach einem Brand im Dach der beiden Hausteile im Sommer 1996 wurde zunächst eine umfassende Sanierung und Umbau dieser Bauteile geplant, wobei die historische Substanz auf das Kerngerüst reduziert wurde. Stattdessen 2000 Abbruch und völliger Neubau.

Das Gebäude bestand aus den drei Gefachen zwischen den Gebinden 2 bis 5 des beschriebenen traufenständigen Fachwerkbaus. 1775 ⓓ wurde das Dach dieses Abschnittes zu einer dritten Wohnetage ausgebaut, wobei man rückwärtig nur eine Schleppgaupe zwischen die bestehenden Sparrenpaare setzte, nach vorne aber die Front in einer Fachwerkkonstruktion erhöhte, zwischen denen die Sparren ebenfalls erhalten blieben. Zum Einbau neuer Fenster wurden die Riegel zwischen den bestehenden Ständern neu verzimmert. Möglicherweise handelt es sich um die 1781/82 vermerkte sogenannte *Notreparatur in Dach und Fach für 160 Rthl* (KAM, Mi, C 156,12 alt). Die Holzarbeiten führte Zimmermeister Cloth durch, ferner lieferte ein Schreiner zwei neue gerade Treppen (KAM, Mi, C 388). Seit diesem Umbau war die Straßenfront verputzt und dreiachsig gegliedert. Das Haus wies seitdem im Erdgeschoß einen schmalen nördlichen Querflur auf, südlich daneben Stube, zum Flur offene Küche und rückwärtig weiterer Wohnraum. Der größte Teil des Hauses wurde bei Erhöhung des Erdgeschosses mit einem Balkenkeller versehen. In den beiden Obergeschossen vorn und hinten jeweils weitere Wohnräume, dazwischen die Erschließung. Das Gebäude war bis 1996 noch weitgehend in diesem Zustand erhalten, allerdings in den Details modernisiert und im Erdgeschoß umgebaut.

1886 Umbau des Erdgeschosses: Einbau eines Ladens mit Schaufenstern und Abbruch des großen alten steigbaren Schornsteines, der durch einen vierzügigen Schornstein ersetzt wird (Plan: Maurermeister König); 1905 Kanalisation; 1909 Erneuerung von Schaufenster und Haustür; 1954 Erweiterung des Kellers (für Bad und WC) und Ersatz der Holzbalkendecken durch Betondecke; 1964 Umbauten im Erdgeschoß und Einbau eines großen Schaufensters, wobei die Vorderfront im Erdgeschoß erneuert und die alten Balken der Zwischendecke über dem Laden entfernt werden.

Wohn- und Geschäftshaus (von 2000)

2000 nach Plänen von J. Lax errichtet. Dreigeschossiger Giebelbau mit Putzfront.

SIMEONSTRASSE 21 (Abb. 1540, 1560–1562)

bis 1878 Haus-Nr. 288; bis 1908 Simeonstraße 25

LITERATUR: Nordsiek 1990, Abb. 145. – Kaspar 1986, S. 162.

Recht breites bürgerlichen Anwesen, das rückwärts bis zur tieferliegenden Petersilienstraße reicht. Neben dem im Kern wohl spätmittelalterlichen Haus befand sich ehemals südlich eine Beifahrt, die später mit einem Nebenhaus (Simeonstraße 23) bebaut wurde. Zwischen beiden Häusern steht eine gemeinsame Traufwand, auf der eine sandsteinerne Rinne liegt. Hinter dem Haus seit dem 17. Jahrhundert ein Hinterhaus, das in der südöstlichen Ecke des Grundstücks errichtet wurde. Der verbliebene kleine Hofplatz zwischen dem Nebenhaus und dem Hinterhaus bis heute zum Grundstück gehörend.

1663 Casper Feltman im Marktquartier schuldet den Geistarmen 50 Thl (KAM, Mi, B 122); 1667 Caspar Veldmann (ist 1666 Aldermann des Backamtes und wird zum Vierzigermeister ernannt, siehe KAM, Mi, B 308); 1685 Caspar Feldtmann (zahlt jährlich 4 Thl Giebelschatz); 1686/1711 Johan Ludolff Feldmann; 1702/15 *Johann Rudolff Veltmann vorm Simeonis Thore*; 1738 Tochter der Witwe Joh. Lud. Feldmann erkennt die 100 Rthl Schulden an und hat noch 50 Thl Schulden bei den Nikolai-Armen und keinen Landbesitz (KAM,Mi C592). 1731 Witwe Feldman; 1743 kein Eintrag (Haus ohne Grundbesitz); 1746 Erben Witwe Feltmann (Charlotte und Dorothe); 1748 Bäcker Johan Friderich Meyer ist der Schwiegersohn von Feldman; 1750/54 Friedrich Meyer; 1755/66 Bäcker Meyer, Haus für 150 Rthl; 1781 Witwe Meyer, 150 Rthl; 1798 Branntweinbrenner Johann Cord Heinrich Schonebaum (zog um 1770 aus Kutenhausen zu); 1802/04 J. Hr. Schonebaum, Haus mit Braurecht für 500 Rthl, hat Brunnen und hölzerne Handspritze, hält 2 Kühe und 3 Schweine; 1809/15 Haus gehört Schonebaum (besitzt auch Markt 28), der hier auch wohnt, der Betrieb aber vermietet an den Branntweinbrenner Heinrich Froning (* 1766 in Lerbeck); ab 1817 Blaudruckerei Schonebohm (M. Nordsiek 1990, S. 143); 1823 Schönfärber Joh. Heinrich Schonebohm, Erhöhung von 500 auf 2000 Thl; 1836/53 Färber Heinrich Schonebaum (* 1790) mit Laden und Arbeitsstube; 1853 als Mieter auch die Leutnants von Hagens und Kymnen; ab 1863 Färbereibesitzer Carl Ludwig Schonebaum (sein Bruder Gustav Ferdinand eröffnet eigenen Betrieb im Haus Simeonstraße 19); 1891 Clarensche Familienstiftung von 1539 (wird 1896 wegen nicht mehr vorhandener Berechtigter von der Stadt Minden übernommen); 1908 Stadt Minden (Clarensche Stiftung); 1919 Verkauf von Stadt Minden (Stiftungskasse) einschließlich des Gartens an der Petersilienstraße für 26 000 Mark an Färbermeister Otto Kiel; 1936 Wilhelm Kiel (hat weitere Betriebsgebäude auf dem östlich anschließenden Grundstück Petersilienstraße 15).

Abb. 1560 Simeonstraße 21 (links), 23 und 25, Ansicht von Südwesten, 1993.

Dielenhaus (vor 1600)

In der Erscheinung heute ein zweistöckiges Wohnhaus in geschlossener Bebauung mit vierachsiger verputzter Fassade aus dem frühen 19. Jahrhundert, die das Satteldach hinter einer gestaffelten Blende verdeckt. Erdgeschoßzone heute in Schaufenster aufgelöst, die Geschosse durch knappe Putzgesimse unterteilt. Lediglich die Sohlbänke aus Werkstein. Die Rückansicht des hinter der Fassade stehenden Gebäudes läßt mit ihrem hohen Fachwerkgiebel die komplexe Baugeschichte des Grundstücks erkennen: Den Kern bildet ein vor 1600 erbautes Steinhaus mit starker Erweiterung im 17. Jahrhundert durch Errichtung eines Nebenhauses, eines Flügelbaus und durch Aufstockung; später verschiedentlich umgebaut.

Das sicherlich vor 1600 entstandene Giebelhaus mit hoher Diele und backsteinernen Umfassungswänden (die nördliche Traufwand ist wohl in Teilbereichen im 19. Jahrhundert neu aufgemauert worden) errichtet. Die starke Balkenlage besteht aus Eichenholz. Unter dem östlichen Ende des Hauses auf ganzer Breite ein großer Kellerraum mit Quertonne. Seine Umfassungswände

Abb. 1561 Simeonstraße 21 (links) und 19, Ansicht der Rückfronten von Südosten, 1927.

aus Sandsteinquadern, das Gewölbe aus Bruchstein; zwei große Fensteröffnungen in der östlichen, auf Grund der Hanglage des Hauses weitgehend aus dem Erdreich ragenden Wand; der Zugang ehemals in der südwestlichen Ecke (von der Hausdiele), heute von Osten, aus dem Erdgeschoß des Hinterhauses.

Das Gebäude ist im Bereich der südlichen Traufwand im rückwärtigen Bereich um etwa 1 m breiter und berücksichtigt damit das Nebenhaus (siehe Simeonstraße 23). Es scheint sich (da auch der Keller noch die Breite des vorderen Hausteiles widerspiegelt) um eine Verbreiterung des Hauses zu handeln, die vor Errichtung des oberen Stockwerks erfolgt sein muß und das zu dieser Zeit schon bestehende Nebenhaus erschließen läßt.

Über dem steinernen Giebelhaus befindet sich ein niedriges Fachwerkstockwerk, der Konstruktion nach der Zeit um 1600 zuzurechnen und sicherlich als Speichergeschoß anzusprechen. Das Gerüst aus starken Eichenhölzern zeigt aufgelegte Dachbalken, hat eine einfach vernagelte Riegelkette und ist mit geraden Fußstreben ausgesteift. Es wurde um das schon bestehende Nebenhaus

Abb. 1562 Simeonstraße 21, Ansicht des Rückgiebels und Hinterhauses von der Petersilienstraße aus nach Südwesten, 1993.

(Simeonstraße 23) mit Versprung gezimmert. Über dem Geschoß besteht ein steiles Dachwerk mit zwei Kehlbalkenlagen, der erhaltene Rückgiebel (ohne Vorkragung) mit Firstsäule, die Riegel seitlich davon über die Ständer geblattet.

Die innere Aufteilung bestand aus einer hohen Diele auf der südlichen Seite des Hauses (heute noch im rückwärtigen Bereich erhalten) und einem ebenfalls noch zum größten Teil erhaltenen nördlichen Einbau mit Zwischengeschoß. In der Mitte der südlichen Traufwand eine vermauerte Tür mit Sandsteingewände des 17. Jahrhunderts und Oberlicht, die einen Zugang von der Diele zum seitlich verbliebenen Hofplatz zwischen dem Nebenhaus und dem rückwärtigen Flügelbau herstellt.

1892 Entwässerung; 1907 Kanalisation; 1936 Abbruch eines rückwärtigen Anbaus und Errichtung eines eingeschossigen massiven Anbaus für Zwecke der Färberei.

1953 Umbau des vorderen Hausbereiches zu einem Laden und der Schaufenster, wobei das sandsteinerne profilierte Türgewände der mittleren Haustür entfernt wurde. Im Inneren wurden die Fachwerkwände im Erdgeschoß in Teilbereichen abgefangen. 1993 in die Denkmalliste der Stadt Minden eingetragen.

Flügelbau (17. Jahrhundert)

Zweistöckiger Bau mit steilem Satteldach aus dem 17. Jahrhundert, in die südöstliche Ecke des Grundstücks (gegenüber dem Vorderhaus nach Süden verschoben) gestellt und unmittelbar an die rückwärtige Petersilienstraße angrenzend. Das Erdgeschoß in der ursprünglichen Erscheinung unklar, jetzt massiv, das Obergeschoß aus Fachwerk: fünf Gebinde, die Dachbalken aufgelegt, an den Unterseiten der Köpfe mit Stabprofil.

SIMEONSTRASSE 22 (Abb. 1563, 1564, 1568)

bis 1878 Haus-Nr. 286 (oberer Eingang auch Simeonskirchhof 8)

Kleine und recht schmale, wohl erst 1620 geschaffene Hausstelle. Sie bildet einen baulichen Zusammenhang mit dem Nachbarhaus Simeonstraße 24, wobei die beiden 1620 zusammen errichtete Bauten wohl auf ein zuvor gemeinschaftlich genutztes Grundstück zurückgehen. Dieses offenbar nicht als Hausstätte genutzt, sondern zuvor mit einem Stallgebäude im Anschluß an Nr. 20 bebaut (siehe dort) und ursprünglich zum gegenüberliegenden Haus Simeonstraße 19 gehörend. Zudem war die Bebauung nur möglich, nachdem der Baugrund durch den Abbruch von zwei Gebinden des um 1475 erbauten Hauses Simeonstraße 20 (siehe auch dort) nach Norden verbreitert worden war. Das Haus Nr. 24 möglicherweise zunächst als Nebenhaus zu Nr. 22 zugehörig. Nachdem die beiden Bauten spätestens seit 1670 über mehrere Jahrhunderte in unterschiedlichem Besitz waren, sind sie seit 1905 wieder vereint.

1663 Johan Borries Juniors Haus (schuldet daraus dem Theodor Mönneking 400 Thl); 1667 Johann Borries Junior (stirbt Dezember 1666); 1668 Witwe J. Borries Junior; 1670//92 Hinrich Hartell; 1696/1711 Hans Jürgen Sandtrock; 1743 ohne Eintrag (Haus ohne Grundbesitz); 1750 Christian Schmied; 1755/66 David Schmidt, Haus für 200 Rthl; 1781 Schnadhorst, 200 Rthl; 1789 Branntweinbrenner Johan Heinrich Schnathorst (Frau ist Marie Meier), wohnt seit 17 Jahren hier; 1802/04 J. Heinrich Schnadhorst (mit Mieter Amelung), halbmassives Haus ohne Braurecht, hat Brunnen und hölzerne Handspritze, hält kein Vieh; 1809 Schnathorst und Mieter Schlächter Westphal Junior, Wohnhaus mit zwei Etagen in schlechtem Zustand; 1812 J. Hen. Schnathorst; 1815 Glaser Karl und Georg Le Doux (* 1784 und 1792); 1818 Glaser Le Doux, Wohnhaus 200 Thl; 1826 Glaser Le Doux, Erhöhung von 200 auf 2000 Thl; 1827/32 Witwe Charlotte Le Doux, geb. Schnathorst; 1846/53 Kaufmann Ernst Wüllner (mit mehreren Mietparteien), hat Laden im Haus; 1865 W. Wüllner, Kolonialwarenhandlung; 1873/78 Witwe Wüllner; 1899 Kaufmann Wüllner; 1905 Fräulein Amanda Wüllner; 1906 Bäckermeister August Kollmeyer (wohnt Simeonstraße 24); 1953 Ida Lane, geb. Spier.

Haus (von 1620 ⓓ)

Dreigeschossiges Giebelhaus mit axial gegliederter Putzfassade in geschlossener Bebauung. Es steht im baulichen Verband mit dem Haus Simeonstraße 24 (gemeinsam errichtete massive Wand zwischen beiden Häusern) und ist daher wohl zugleich mit dem dendrochronologisch auf 1619/20 datierten Nachbarbau errichtet worden. Das Gebäude geht in seiner heutigen Erscheinung auf Umbauten in der zweiten Hälfte des 18. Jahrhunderts zurück und wurde 1991 bis 1993 (Plan: Lax & Schlender) einschneidend saniert, wobei große Teile der historischen Substanz (einschließlich der Sparren) bis auf die Außenwände und das Kerngerüst entfernt worden sind. Die 1991 durch das WAfD durchgeführten Bauuntersuchungen brachten folgendes Ergebnis:

Kernbau (1619/20 ⓓ): Recht kleines Giebelhaus aus Stein von etwa 7,5 m lichter Breite und etwa 13 m Länge mit hohem Dielengeschoß und aufgesetztem Fachwerkgeschoß. Die beiden Traufwände sind aus Backstein aufgemauert, wobei auf Grund des schrägen Parzellenzuschnitts rechts drei und links vier Entlastungsbögen im Mauerwerk vorhanden sind. Über den Pfeilern der Bögen liegen jeweils die Deckenbalken auf. Die Bögen der linken Seite sind jedoch mit niedrigerem

Abb. 1563 Simeonstraße 26 (links), 24 und 22, Ansicht von Süden, 1970.

Scheitel ausgeführt, so daß unter der Balkenlage noch Platz für eine zweite obere sehr niedrige Reihe aus enger gesetzten Bögen ist. Diese Konstruktion deutet darauf hin, daß hier seitlich der Diele schon ein Einbau mit sehr niedrigem Zwischengeschoß vorgesehen gewesen sein muß, dessen Balken auf den Sohlbänken der oberen Nischen aufgelegen haben müssen. Weitere Aufschlüsse über Konstruktion, Breite und Länge des Einbaus waren nicht mehr festzustellen. Ebenso war nichts über eine Feuerstelle zu ermitteln. Vorder- und Rückgiebel waren nach den Abbruchkanten der Traufwände ebenfalls aus Backstein, sind allerdings im frühen 19. Jahrhundert bei Umbauten abgebrochen worden. Von dem aufgesetzten Fachwerkstockwerk, das wohl nur zu Speicherzwecken diente, sind ebenfalls nur Teile der Traufwände erhalten, deren Ständer über einer Schwelle über die Balkenlage gestellt sind. Eine Riegelkette; die Längsaussteifung mit geraden, etwas von der Bundfläche zurückgesetzten Kopfbändern in fast jedem zweiten Gebinde. Das ursprüngliche Dachwerk nicht erhalten.

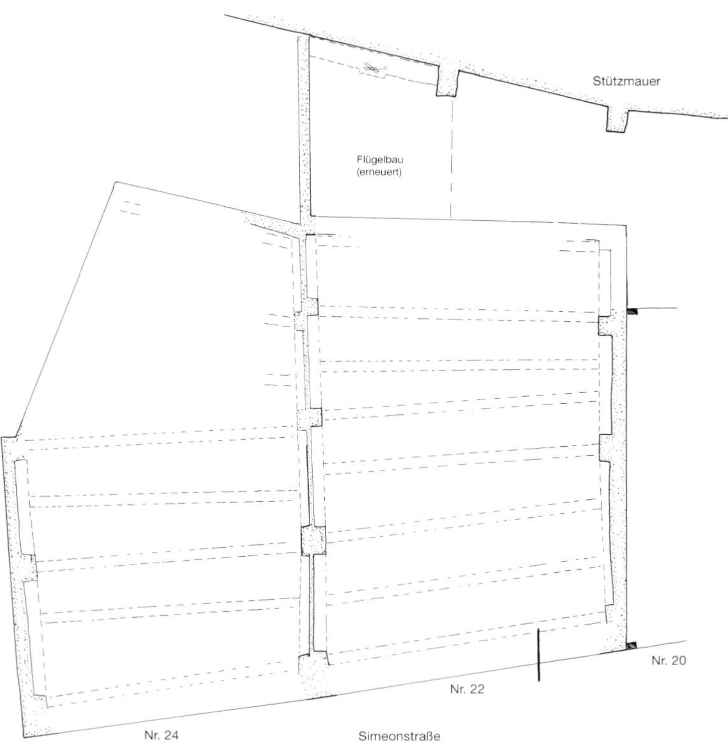

Abb. 1564 Simeonstraße 22 (rechts) und 24, rekonstruierter Grundriß 17./18. Jahrhundert.

Hinterhausbau (um 1775): Hinter dem Gebäude besteht bis heute ein (allerdings weitgehend erneuertes) nach Süden eingezogenes Hinterhaus, das bis vor die Stützmauer reicht. 1789 wird berichtet, daß das um 1775 auf dem zuvor offenen Hofplatz errichtete Hinterhaus direkt vor die Stützmauer gesetzt sei. Der letzte Balken, auf dem der Giebel ruht, streiche dabei unmittelbar vor einem Strebepfeiler der Mauer vorbei, wie es im Saal des Hauses zu sehen sei. Auf dem Hof sei ein Schweinekoben und ein Abtritt (KAM, Mi, C 859).

Erhalten von der ursprünglichen Substanz sind nur die Reste der südlichen Traufwand aus Backstein (ohne Bögen) im Erdgeschoß. Das Hinterhaus muß danach zweigeschossig gewesen sein, worauf die hohe Lage von Resten einer offenen Feuerstelle vor der Stützmauer hinweist. Von dieser ist noch die Führung des Kamins und der ausgebrannte Feuerplatz erkennbar, wobei er auf einem aus Backstein gemauerten Bogen vor der Stützmauer auflag. Den Bogen setzte man zwischen einen Strebepfeiler und die südliche Traufwand des Hinterhauses.

Umbau (um 1820): Zu dieser Zeit wurde eine wesentliche Erhöhung der Versicherungssumme des Hauses vorgenommen, die Modernisierungsmaßnahmen des zuvor als altertümlich beschriebenen Hauses widerspiegeln dürfte. Dabei wurde die noch hohe Diele des Hauses (bei Abbruch des alten linksseitigen Einbaus) in zwei durch Flure erschlossene Etagen mit neu eingebrachter Zwischendecke aufgeteilt, wobei auch der alte Vordergiebel zur Anlage einer neuen Fensterordnung abgebrochen wurde. Zugleich wurde auch die nördliche Traufwand des Obergeschosses (wegen Bauschäden ?) in Fachwerk neu verzimmert. Die neue Fassade aus verputztem Fachwerk wurde axial gegliedert; die von scharriertem Sandsteingewände eingefaßte Haustür bildet die Mittelachse, seitlich wurden die Fenster jeweils gekuppelt. Seitlich der durch das ganze Haus reichenden Flure entstanden rechts jeweils zwei schmale Räume, links die Folge aus großer Stube mit anschließender Kammer (dazwischen ehemals Kamin und eine zweiflügelige Tür), gefolgt von einem gewendelten Treppenhaus mit Geländer aus Sägebalustern. Zu dessen Belichtung wurde die Traufwand in diesem Bereich weitgehend für größere Fensteröffnungen erneuert (so daß zu diesem Zeitpunkt der rückwärtige Teil des Hauses Nr. 24 schon abgebrochen gewesen sein muß). Hinter dem Treppenhaus und vor dem Hinterhaus wurde eine geschlossene Küche eingerichtet, in der ein großer, später wieder vermauerter Kamin aufgemauert wurde.

Das Hinterhaus wurde ebenfalls stark erneuert, wobei ein neuer Rückgiebel (um ca. 1 m nach Osten versetzt) aus Stein, zum Teil auch Fachwerk, entstand und die nördliche Traufwand verändert wurde. Weiter wurde ein neuer Dachstuhl über dem ganzen Baukomplex aufgeschlagen.

Umbauten (19./20. Jahrhundert): Das Lagergeschoß des Hauses ist wohl erst später zu weiteren Wohnräumen ausgebaut worden. Weitere kleine Umbauten haben die im frühen 19. Jahrhundert geschaffene Struktur nicht mehr verändert. Nachdem Simeonstraße 22 und 24 seit 1906 in gemeinsamen Besitz kamen, erfolgte ein Durchbruch im vorderen Bereich, so daß die Stube nach Absenken ihres Fußbodens und Einbau von zwei Schaufenstern seitdem vom Nachbarhaus aus als Ladenraum der Bäckerei genutzt werden konnte.

1905 Kanalisation; 1986 in die Denkmalliste der Stadt Minden eingetragen.

SIMEONSTRASSE 23 (Abb. 1560)

bis 1878 Haus-Nr. 289; bis 1908 Simeonstraße 27

Die Hausstelle dürfte erst in der Neuzeit durch Errichtung eines Nebenhauses zum bürgerlichen Anwesen Simeonstraße 21 entstanden sein, das auf der hier zunächst bestehenden Beifahrt errichtet wurde. Beide Bauten haben eine gemeinsame Traufwand, auf der eine sandsteinerne Rinne liegt, und sind offenbar noch im 18. Jahrhundert in gemeinschaftlichem Besitz. Die Baugeschichte des Hauses Simeonstraße 21 läßt erschließen, das das Nebenhaus spätestens 1526 bestanden haben muß.

Das Haus gehörte zwischen etwa 1803 und 1840 der St. Simeonsgemeinde, die es als Prediger-Witwenhaus nutzte.

Pfingsten 1526 wurde von Berend Ernsting eine Obligation von 30 Thl auf das Haus beim Nikolai-Hospital aufgenommen. Als spätere Eigentümer werden genannt: 1685 Johann Friedrich Droste, vorher Diederich Neteler; 1696/1715 Witwe J. Friedrich Droste, 40 Thl Obligation. 1715 hat Witwe Friedrich Droste eine Schuldverschreibung beim Heilig-Geist-Hospital; 173(?) Nicolaus Meyer als Schwiegersohn von Droste, 1737 Nicolaus Meyer löst die Obligation ab (KAM, Mi B 103 b,2 alt; C 203,22 alt; C 604).

1663/71 Diederich Neteler (hat zwei Schuldverschreibungen über je 40 Thl bei beiden Armenhäusern); 1672/74 Johan Remeler; 1677/81 ohne Eintrag; 1685 Johan Friederich Droste, ehemals D. Netelers Haus, auf der *St. Simeonisstraße*, zahlt jährlich 2 Thl Giebelschatz; 1696/1711 Witwe J. F. Droste; 1743 Nicolaus Meyer; 1750 N. Vasmar; 1755/66 Hempels 2. Haus, 50 Rthl; 1781 Buchbinder Stiegmann, 50 Rthl; 1783 Erhöhung von 50 auf 150 Rthl; 1798 Buchbinder Stiegmann; 1802 Witwe Stiegmann, Haus für 150 Rthl; 1804 Predigerhaus, von Soldaten bewohnt; 1805/06 Simeonsprediger-Witwenhaus, 500 Rthl; 1809 Wohnhaus mit zwei Etagen in schlechtem Zustand, vermietet an Schlosser Lohhaus; 1835/36 Prediger-Witwenhaus von St. Simeonis, versichert zu 500 Thl; 1845/53 Witwe Edeler mit Familie und Schlosser Friedrich Eberlein; 1873 Schlosser Beine; 1878 Schonebaum; 1880/1908 Drechslermeister Ludwig Tegtmeier; 1920 Auguste Tegtmeyer; 1934 Frisör Julius Majewsky.

Wohnhaus (von 1526 ?)

Hinter einer um 1850 massiv erneuerten Fassade steht im Kern noch ein zweistöckiger Fachwerkbau mit steilem Satteldach, das über die Blendfassade herausragt. Diese aus verputztem und stuckiertem Backsteinmauerwerk und mit oberem Abschluß aus einem starken, auf Konsolen lagerndem hölzernen Gesims. Alle Öffnungen rundbogig, im erhöhten Erdgeschoß mit eingezogener Freitreppe Schaufenster und breite Haustüröffnung.

Das Fachwerkgerüst des Kernbaus im augenblicklichen Zustand nicht weiter einsehbar. Bauzeit nicht bekannt, möglicherweise 1526 (Aufnahme einer Obligation). Das rückwärtige Giebeldreieck mit Firstsäule, die Riegel seitlich davon sind gezapft. Die rechte Traufwand wurde um 1800 erneuert, wobei man die Balken anschuhte.

Das Innere wird bestimmt durch einen rechtsseitigen Flur. Darin eine einläufige Treppe mit gedrechselten Traillen der Zeit um 1850 (eine ältere Treppe in Wiederverwendung zum Keller).

Das Gebäude ist weitgehend unterkellert. Der älteste Teil ist ein längsrechteckiger Raum im nordöstlichen Bereich mit einem Gewölbe aus Bruchstein. Der ursprüngliche Zugang (heute vermauert) in der nordwestlichen Ecke. Die vordere Haushälfte in der Mitte des 19. Jahrhunderts mit einem breiteren Kellerraum versehen, dieser mit zwei Längstonnen aus Backstein über einem Gurtbogen.

1905 Kanalisation; 1934 Umbauten im Erdgeschoß. 1984 in die Denkmalliste der Stadt Minden eingetragen.

SIMEONSTRASSE 24 (Abb. 1563, 1564, 1568)

bis 1878 Haus-Nr. 287

Möglicherweise zunächst ein zum Haus Simeonstraße 22 gehörender Platz mit einem Nebengebäude, das um 1650 in ein Wohnhaus umgewandelt worden ist. Nachdem die Bauten über lange Zeit in unterschiedlichem Besitz waren, seit 1906 wieder vereint und gemeinsam genutzt.

1663 Albert Wiese, Wohnhaus und weiteres Wohnhaus auf derselben Straße, in dem Hinrich Kumbsthoff wohnt (ist sein Schwiegersohn und schuldet diesem 150 Thl); 1668 Albert Wiese († 1670); 1670/79 Witwe Albert Wiese; 1681/1685/1711 Lulff Rosenbohm, vorher Albert Wiese, Haus *auf der* St. *Simeonisstraße*, zahlt jährlich 3 ⅓ Thl Giebelschatz; 1735 Schuster Lulff Rosenbohm; 1750/55 Meister Ludolff Rosenbohm, Haus 150 Rthl; 1766 Schuster Friedrich Rosenbohm, betreibt Landwirtschaft auf gemietetem und eigenem Land; 1781 Witwe Rosenbohm, 150 Rthl; 1798/104 Tabakspinner Heucke, Haus mit Braurecht für 500 Rthl, hat hölzerne Handspritze, hält 1 Jungvieh und 2 Schweine; 1809 Wohnhaus von zwei Etagen; 1826 Erhöhung von 500 auf 1 000 Thl; 1836 Verkauf von Tabakspinner J. Friedrich Heuke (* 1767, † 1836) an Färber Johann Friedrich Karl Knodt (* 1765 in Bückeburg); 1846 in dem Haus leben zwei Parteien; 1853 Schlosser Eberlein, hat eine Mietpartei; 1873/1908 Bäckermeister August Kollmeyer; 1935 Bäckermeister Paul Kollmeyer.

Scheune ? (von 1620 ⓓ), seit etwa 1650 Wohnhaus

Dreigeschossiges Giebelhaus mit axialer Fassade und Krüppelwalmdach in geschlossener Bebauung, das zweite Obergeschoß mit Resten einer Fachwerkschaufront aus der Mitte des 17. Jahrhunderts.

Von dem 1620 errichteten und um 1650 aufgestockten Haus ist seit einem Umbau um 1790 nur noch der vordere Teil erhalten, der 1991/94 wiederum einschneidend durchgebaut und erneuert wurde (einschließlich des Dachwerkes, so daß von beiden Bauteilen heute nur noch Teile des Kerngerüstes und der Umfassungswände erhalten sind; Planung: Lax & Schlender). Seine zunächst sehr bescheidene Ausführung und das Fehlen einer inneren Aufteilung lassen es möglich erscheinen, daß der Bau zunächst als Nebenhaus oder sogar nur Wirtschaftsgebäude des Hauses Simeonstraße 22 diente und erst später (um 1650) in ein selbständiges Wohnhaus umgewandelt worden ist.

Auf Grund einer dendrochronologischen Datierung (1991 durch H. Tisje/Neu-Isenburg) ist davon auszugehen, daß das Haus 1620 erbaut worden ist. Die Daten im einzelnen:

Ende 1619	6. Geschoßbalken von Osten
1619	5. Geschoßbalken von Osten
1619	3. Geschoßbalken von Osten

Zwar ist auf Grund der gemeinsamen Traufwand zwischen Simeonstraße 22 und 24, die homogen gemauert ist und auf beiden Seiten jeweils auf die Gebäude bezogene Bögen aufweist, davon auszugehen, daß sie zugleich errichtet worden sind, doch sind sie von unterschiedlichem Standard. Nr. 24 ist deutlich bescheidener in der Ausführung, zudem mit einem schlecht geschnittenen Grundstück ausgestattet, das offenbar, ohne Platz für einen kleinen Hofraum zu lassen, ganz überbaut wurde. So bekam es auch eine etwa 1 m niedrigere Diele, die zudem nicht mit einem seitlichen Einbau ausgestattet wurde. Die rechte Traufwand wies bis zum Rückgiebel ehemals wohl vier Bögen auf, von denen knapp zwei erhalten sind. Verputzreste in Obergeschoß an der linken Traufwand des Hauses Simeonstraße 22 deuten darauf hin, daß ursprünglich kein Obergeschoß über dem Haus Simeonstraße 24 bestand.

Aufstockung (um 1650): Nachträglich (Datierung nach den Formen der Gestaltung) wurde nach Abnahme des Dachwerkes ein Obergeschoß aus Fachwerk auf das Gebäude aufgesetzt. Auf die Dachbalkenköpfe dafür eine starke Schwelle aufgelegt, darüber das Gerüst etwas im Gebindeabstand variiert. Das neue Gerüst mit einer Riegelkette erhält nicht mehr – wie beim Haus Nr. 22 – eine Aussteifung im Längsverband durch Kopfbänder. Dabei erhielt die Vorderfront ein Zierfachwerk, bei dem jeder Ständer seitlich mit geschweiften Fußbändern (Eckständer auch mit Kopfbändern) versehen wurde. Das Giebeldreieck darüber (um 1790 ersetzt) kragte ehemals über kleinen Knaggen vor. 1737 ist das Haus des Ludolf Rosenbohm baufällig: *es wäre sein Giebel etwas eingebogen, wollte sehen, daß Er die reparation diesen anstehenden Sommer vornähme* (KAM, Mi, C 832).

Umbau (um 1790): Das Haus wurde nach Nachrichten zwischen 1786 und 1797 *neu gebaut* (KAM, Mi, C 133), worunter der im Bestand nachweisbare einschneidende Umbau verstanden werden muß. Zum einen wurden dabei umfangreiche Bauschäden beseitigt (die Traufwände des aufgesetzten Speichergeschosses weitgehend neu verzimmert, die südliche Steinwand erneuert). Zudem diente die Maßnahme der Schaffung einer Raumeinteilung als Wohnetagenhaus. Um dieses bei Aufgabe der Diele und Schaffung von mit Flur erschlossenen Wohnräumen belichten zu können, brach man das hintere Drittel des Hauses ab, so daß ein Innenhof zwischen dem (bis auf die Balkenlage) neu verzimmerten Rückgiebel und der Stützmauer entstand. Zur Belichtung der neu eingeteilten Etagen wurden auch die Steinbauteile des Vordergiebels abgebrochen und durch eine verputzte Fachwerkkonstruktion ersetzt. Das Dach erhielt nun Krüppelwalme, vorne wurde zudem die Vorkragung des Giebeldreiecks entfernt.

Im Inneren wurde die Diele zunächst nicht ganz entfernt, sondern verblieb noch als schmaler hoher Flur zwischen den nun seitlich eingebrachten, jeweils zweigeschossigen Wohnbereichen, wobei die Zwischengeschosse wohl über kleine Stiegen zu erreichen waren.

Umbauten (19./20. Jahrhundert): Erst nachträglich erhielt auch der Flur eine Zwischendecke, so daß nun im damit geschaffenen ersten Obergeschoß ein Flur bestand, der mit einer schmalen einläufigen

Treppe erschlossen wurde. Des weiteren sind nur kleinere, in einzelnen Bereichen nachweisbare Umbauten festzustellen: Verstärkung der Steinwand im nordwestlichen Bereich des Erdgeschosses, offensichtlich zur Anlage einer Feuerstelle (daher hier die Küche zu suchen). Das zweite Obergeschoß wurde um 1825 zu Wohnzwecken ausgebaut. Nach 1900 wurde das Zwischengeschoß der linken vorderen Stube entfernt, offensichtlich zur Schaffung eines höheren Ladenraumes (über dem ein niedriger Kriechboden entstand), ferner wurde der Ladenraum bis in den Flur erweitert. 1986 in die Denkmalliste der Stadt Minden eingetragen.

Auf dem Hofraum 1906 als Ersatz für ein hier zuvor vorhandenes kleines Stallgebäude ein dreigeschossiger Anbau aus Backsteinmauerwerk errichtet, der als Lagerhaus bezeichnet wurde, zugleich im Erdgeschoß den Backofen der Bäckerei aufnahm.

SIMEONSTRASSE 25 (Abb. 1560)

bis 1878 Haus-Nr. 290; bis 1908 Simeonstraße 29

Großes bürgerliches Anwesen, dessen Gelände nach Osten abfällt und bis zur Mauergasse (Petersilienstraße) reicht. Heute auf der ganzen Breite bebaut; ursprünglich sicherlich das südlich anschließende Grundstück Simeonstraße 27 zugehörig. Dort stand das Haupthaus Nr. 25, von dem es vor 1700 als eigenständige Hausstelle abgetrennt wurde (zunächst möglicherweise für ein Nebenhaus genutzt).

1663/69 Johan Brand; 1670/73 Witwe Johan Brand; 1674 Erben Johan Brand; 1677/81 Herman Köneman (1681 mit Nachtrag *Laneus*); 1685/86 Hermann Köhnemann, ehemals Joh. Brands Haus *auf der St. Simeonisstraße*, zahlt jährlich 3 Thl Giebelschatz; 1696/04 Witwe Hermann Köhnemann; 1709 Witwe Evert Könemann; 1711 Evert Köhnemann; 1743 ohne Eintrag (Haus ohne Grundbesitz); 1750 Johan Hempel; 1754 Julius Matthias Hempel; 1755/66 Hempels Wohnhaus, 200 Rthl; 1776/77 Witwe Julius Matthias Hempel: vermietet das Haus 1776 (WMA 1776, Sp. 354) und hat das sogenannte Hempelsche Nebenhaus (siehe Simeonstraße 27/29); 1777 Konkurs des Kaufmanns Hempel, wobei der aus mehreren Häusern bestehende Besitz versteigert wird (WMA 1777); in der Hempelschen Versteigerung das Haus mit Braurecht und Huderecht vor dem Simeonstor angeschlagen zu 699 Rthl, und durch die Witwe aus zweiter Ehe erworben (WMA 1777, S. 447); 1781 Witwe Hempel, Haus für 600 Rthl. Im gleichen Jahr Verkauf des Besitzes der Witwe Hempel: Haus mit Braurecht und Hude für 6 Kühe, angeschlagen zu 769 Rthl; 1798 Bäcker Hermeling; 1802/04 Oexmann, Haus mit Braurecht für 2000 Rthl, hat Brunnen, hält 1 Kuh und 6 Schweine; 1809 Bäcker Friedrich Oexmann (hat auch Haus Weingarten 20), Wohnhaus in desolatem Zustand. Mieter ist Mäkler Fr. Ohm; 1814 Verkauf von Bäcker Oesmann an Schlachter Conrad Westphal (* 1780 in Bösingfeld); 1818 Knochenhauer Conrad Westphal, Haus für 800 Rthl; 1828/32 Bäcker Jacob Schroeder; 1836 Bäcker Schmalgemeyer, Erhöhung Versicherung von 800 auf 1600 Thl; 1846/53 Bäcker Schmalgemeyer, hat Backstube im Haus; 1865 Bäcker F. Bansmann; 1873/78 Privatier Schmalgemeyer; 1908 C. D. Schmalgemeyer (wohnt Bäckerstraße 58); 1914 Schneidermeister Fritz Bickmeier.

Dielenhaus (vor 1600–1914)

Von dem 1914 abgebrochenen Vorgängerbau sind Teile der nördlichen Traufwand in den Neubau einbezogen, die zu einem sicherlich noch aus dem 16. Jahrhundert stammenden Giebelhaus mit Backsteinwänden gehört und an der Innenseite rundbogige Nischen zeigt (nach den Bauplänen ist auch die südliche Seitenwand vom Vorgängerhaus übernommen).

Das die Fläche der gesamten Hausstelle einnehmende, eingeschossige Dielenhaus mit steilem Satteldach und vorderem Krüppelwalm gliederte sich nach dem *Kanalisationsplan* von 1907 in einen vorderen Teil mit hoher Diele, von der linksseitig ein zwei Raum tiefer Einbau mit vorgelagerter eingeschossiger Utlucht abgeteilt war, (wohl erst später) ein Einbau auf der rechten Seite. Rückwärtig das Gebäude dreigeschossig, im Untergeschoß hier Ställe und Wirtschaftsräume.

Das Haus wird 1777 beschrieben: Wohn- und Brauhaus mit dahinter gelegener Mistgrube, Huderechten, Garten an der Bastau und Wiesen ist angeschlagen zu 699 Rthl. In dem Haus befinden sich *unten 1 Stube, 1 Saal, 4 Cammern, 1 Boutique, 1 Speisekammer und 1 gewölbter Keller, desgleichen im 2ten Stockwerk 2 Stuben, 2 Cammern und ein beschossener Boden* (WMA 1777), ferner im dritten Stockwerk zwei Stuben, zwei Kammern und ein weiterer Boden.

Das Gebäude dürfte um 1836 (wesentliche Erhöhung der Versicherung) umgebaut worden sein, wobei es wohl zur Schaffung der Einbauten rechts und Durchbau der Diele im vorderen Bereich kam. Zugleich entstand der auf

Fotografien (Mielke 1979, S. 41) überlieferte Putzgiebel. Dieser zweigeschossig und fünfachsig mit mittiger, von breitem Sandsteingewände gerahmter Haustür und einem durch die Sohlbänke des Obergeschosses laufenden Gesims.

Haus (von 1914)

1914 wurde nach den Plänen des Architekten M. Zimmerling durch das Bauunternehmen L. Siering für den neuen Eigentümer des Grundstücks für etwa 19 000 Mark auf neuer zurückgesetzter Bauflucht ein Wohn- und Geschäftshaus errichtet (nachdem schon 1908 eine neue gemeinsame Brandwand zum Haus Simeonstraße 27 geschaffen wurde). Dreigeschossiger, aber zweigeteilter Baukörper, der bis auf einen kleinen mittleren Lichthof an der nördlichen Seite (daneben das Treppenhaus) die ganze Parzelle bis zur Petersilienstraße überbaut. Auf Grund der Hanglage des Grundstücks der rückwärtige Teil um ein Geschoß versetzt, hier aber nicht zusätzlich unterkellert. Die Kellerdecke aus Eisenbeton, die übrigen Zwischendecken auf Balkenlagen, die beiden Dachstühle aus geschraubtem Nadelholz als Mansarddach mit fast ebenem Oberdach.

Die vordere Fassade durch Rauhputz und eine stuckierte Gliederung gestaltet und mit Dachausbauten über dem Abschlußgesims gegliedert. Das Erdgeschoß mit einem rustizierenden Fugenschnitt in drei Bögen aufgelöst (Ladentür, Schaufenster und Hauszugang), darüber die vier Fensterachsen der beiden Geschosse durch Lisenen in Bänder zusammengefaßt und durch Perlstab eingerahmt. In den Brüstungsfeldern Kartuschen. Rückfassade dreiachsig, ohne weitere Gestaltung.

1960 Verblendung Erdgeschoßfassade mit Heisterholzer Spaltklinker; 1968 wird am Rückgiebel zur Petersilienstraße das überputzte Fachwerk sowie eine Zimmerdecke massiv erneuert.

SIMEONSTRASSE 26 (Abb. 1563, 1568)

Das Gebäude blieb bis 1878 ohne eigene Hausnummer, da es zu Simeonstraße 28 (als Nebenhaus des großen bürgerlichen Anwesens) gehörte. Erst um 1890 als eigener Besitz geführt.

Nachweisbare Mieter sind: 1815 Handlungsdiener Heinrich Beermann (geb. 1796 in Obernkirchen); 1853 Hermann Vogeler, Pferdeställe im Nebenhaus werden benutzt; 1878 Fleischer Wimmer; 1905/30 Klempnermeister Louis Siering; 1961 Wilhelmine Heidkamp, geb. Ackermann.

Scheune (bis um 1770)

Das Gebäude 1637 als *das kleine Haus* bezeichnet. Nach einem in diesem Jahr erstellten Verlassenschaftsinventar standen hier *4 Kühe, 3 Rinder, 2 Kälber und 6 Schweine*. Unter dem Dach wird Brennholz gelagert.

Wirtschafts- und Wohngebäude (um 1770)

Das Haus ist heute in der Erscheinung mit einem um 1930 vereinfachten und neu verputzten dreigeschossigen Massivgiebel von etwa 1865 versehen. Dahinter ein zweigeschossiger Fachwerkbau, errichtet wohl um 1770/80. Das Gerüst ist stöckig verzimmert und durch jeweils zwei Riegelketten und gekrümmte Fußstreben gekennzeichnet, die Balken mit offenen Verkämmungen. Der Bau scheint schon um 1800 neben seiner Wirtschaftsfunktion als Scheune mit Stall auch eine Wohnung aufgenommen zu haben. 1841 wird dann ein Brand des Hinterhausanbaus, welcher zum Pferdestall dient, erwähnt (KAM, Mi, E 697). Dieser Bauteil scheint als zweistöckiger Fachwerkbau erneuert worden zu sein. Noch 1863 wird das Gebäude beschrieben als Nebenhaus mit Pferdestall und Wohnung. Zu einem unbekannten Zeitpunkt (vor 1865) erfolgte der Umbau des Wirtschaftsgebäudes zu einem Wohnhaus, wobei man zur Straße eine neue Massivfassade errichtete.

Abb. 1565 Simeonstraße 27, Ansicht des Vordergiebels (von 1804 ?) von Westen, 1902.

Dabei wurde der alte Dachstuhl abgebrochen und statt dessen eine Art Mansarddach mit fast flachem Oberdach zur Schaffung einer dritten Etage aufgesetzt.

Das Gebäude ist nur im südlichen, vorderen Bereich unterkellert. Die Konstruktion im Detail stark erneuert (Betondecke), jedoch mit recht altem Kern (Backsteinwände). Der Zugang von der rückwärtigen Seite.

1905 Kanalisation; 1906 Bau eines Lagerschuppens am westlichen Ende des Grundstücks (an der Stützmauer); 1919 (Plan: M. Zimmerling) und 1930 (Plan: Sierig) Vergrößerung dieser Werkstatt; 1961 Umbau des Hauses zu einer Gaststätte.

SIMEONSTRASSE 27 (Abb. 1565–1567)

bis 1878 Haus-Nr. 292; bis 1908 Simeonstraße 31

LITERATUR: Nordsiek 1988, Abb. S. 41. – Faber-Hermann 1989, S. 244.

Großes bürgerliches Anwesen, dessen Gelände nach Osten abfällt und bis zur Mauergasse (Petersilienstraße) reicht. Heute auf der ganzen Breite bebaut; ursprünglich sicherlich aber das nörd-

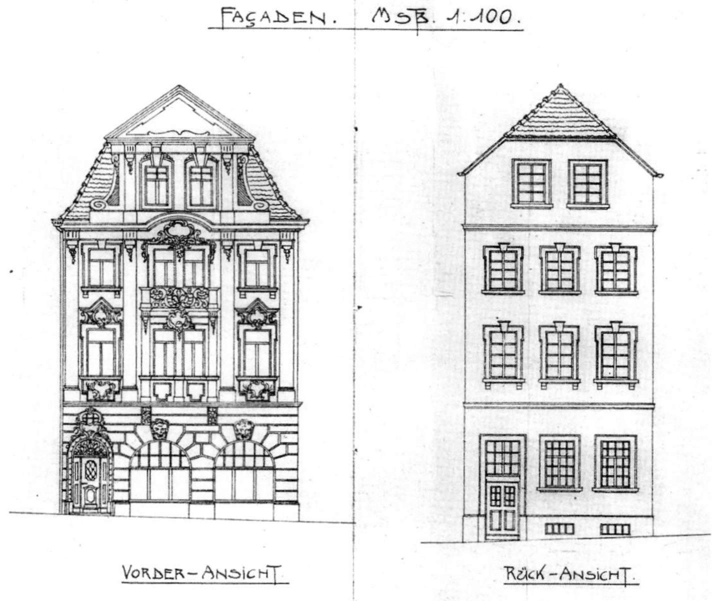

Abb. 1566 Simeonstraße 27, Ansicht von Vorder- und Rückgiebel aus dem Bauantrag des Architekten Moelle 1908.

lich anschließende Grundstück Simeonstraße 25 zugehörig, zunächst wohl mit einem Nebenhaus bebaut und zu nicht näher bekannter Zeit (vor 1700) als eigenständige Hausstelle abgetrennt.

1663/67 Hermann Wittenberg; 1668/72 Witwe Hermann Wittenberg; 1783 Erben Hermann Wittenberg; 1674/81 Hinrich Wittenberg; 1685/86 Jürgen Meysollen, ehemals Hermann dann Hinrich Wittenbergs Haus. *Haus vor dem* St. *Simeonsthoe*r, zahlt jährlich 4 Thl Giebelschatz; 1696 Jürgen Mesolle; 1704 Leutnant Kappelmann, jetzt Thomas Varcken; 1709/11 Thomas Varcken; 1743 Witwe Diestelhorst; 1748/50 Johan Henrich Flunckert; 1755 Flunckert, Haus für 350 Rthl; 1756/81 Brantweinbrenner Anthon Blancke, Haus für 350 Rthl; 1802 Branntweinbrenner Anthon Blancke; 1804 Witwe Blanke, halbmassives Haus mit Braurecht, hat Brunnen, hölzerne Handspritze, hält 3 Kühe und 5 Schweine; 1805 Kaufmann G. Diedrich Blancke, Erhöhung Versicherung von 350 auf 3 000 Rthl; 1809 Wohnhaus von zwei Etagen *in logeablem Zustand*; 1812 Eigentümer ist Witwe A. Blanke (zugehörig ein Bruchgarten); 1815/36 Kaufmann Georg Diederich Blancken (* 1783); 1847 Kaufmann Louis Tietzel, Mieter ist Kanzlist Karl Niermann; 1853 Kaufmann Tietzel, hat Laden im Haus, hat auch drei Mietparteien; 1857 Witwe Magdalena Hempell; 1862/1908 Kaufmann Lederfabrikant Fritz Hempell; 1906 Hempel & Söhne (Lagerhaus); 1912 Kaufmann Karl Hempell (erbaut sich das *Landhaus* Simeonsglacis 19); 1920 Hermann Carl Hempell.

Dielenhaus (bis 1908)

1770 wird eine Hauptreparatur des Hauses durchgeführt (KAM, Mi, C 156,12 alt), wobei ein Fachwerkgerüst, offensichtlich unter Verwendung von großen Mengen an neuem Grund- und Ständerholz (900 Fuß) und Riegeln (800 Fuß), neu abgebunden wurde (der Vordergiebel war nach alten Fotos allerdings massiv aus Backstein). Das Haus wird beschrieben als 68 Fuß lang und 27 Fuß breit. Dahinter ein Hof mit Stall und Pumpe. Das Dach wird mit alten Pfannen und neuen Docken neu eingedeckt, *die Zimmer gewellert.* Es werden *3000 Backsteine zur Scheerwand und Schornstein* geliefert.

Alle Fenster und Türen werden neu angefertigt (teilweise mit englischen Rahmen, Blei- und Kittfenstern) und die Schlösser überarbeitet, wobei unterschiedliche Räume genannt werden: die Stube rechter Hand erhielt einen neuen Ofen, dahinter befand sich eine *Bettekammer* oder auch *der Alkoven, dazu zwei Thüren mit englischen Rahmen und ausgeköhlter Verkleidung.* Ferner darüber eine Kammer. Linker Hand eine Bude für das Geschäft, darüber eine weitere Kammer. Ferner wird hinten ein Saal sowie ein Keller und *die Brennerey* erwähnt. *Rechter Hand zwey Treppen mit Potest und Gelender… Vorn heraus oben 3 Kammern. Auf dem Boden 24 Stück Klappem …* Ferner wurde ein ganz neuer Stall für 1 Kuh und 3 Schweine auf dem Hof errichtet.

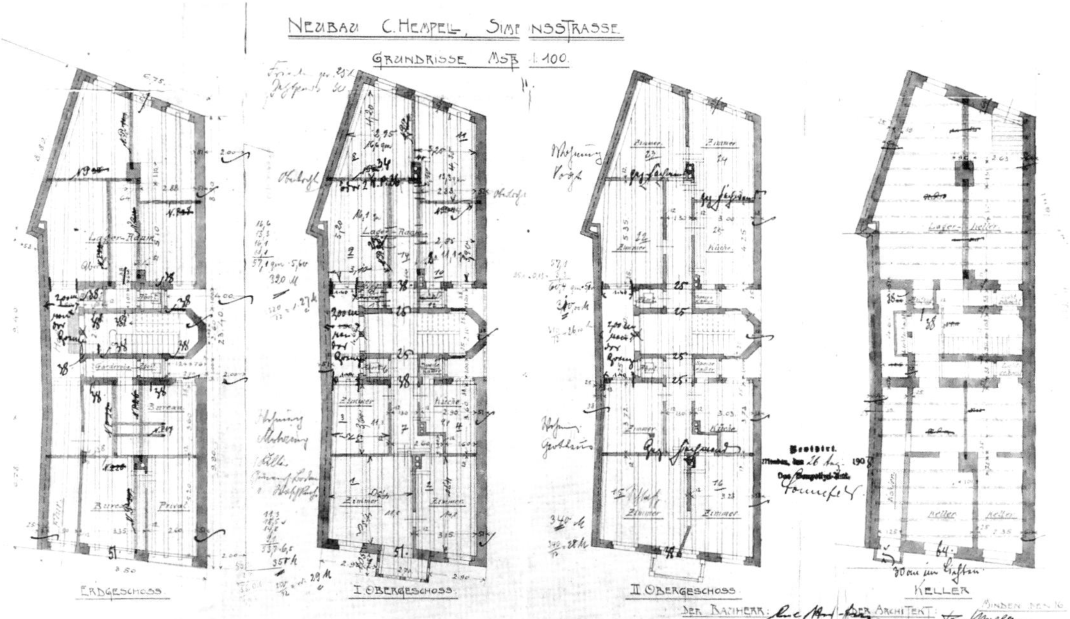

Abb. 1567 Simeonstraße 27, Grundriß aller Etagen aus dem Bauantrag des Architekten Moelle, 1908.

1804 wird eine weitere Hauptreparatur durchgeführt. Der zweigeschossige Giebel dürfte dieser Bauphase zugehörig gewesen sein und bestand aus (zuletzt) verputztem Backsteinmauerwerk mit einfachem, nur wenig über die Dachfläche ragendem Schildgiebel. Die beiden Wohnetagen vierachsig gegliedert, die rechteckige Haustür mit einem starken Gewände aus Sandstein mit stilisiertem Keilstein und zweiflügeliger Tür mit Oberlicht in der zweiten Achse von links. Das Dach mit zwei ausgebauten Böden, der untere mit einer großen mittleren Ladeluke, die mit einem Kranbalken in der Höhe der Hahnenbalken von der Straße beschickt werden konnte.

1908 wird der Bau vollständig abgebrochen (Foto von 1902 bei GRÄTZ 1997, S. 177 rechts).

Wohn- und Geschäftshaus (von 1908)

Das Gebäude wurde auf neuer, zurückgesetzter Bauflucht nach Plänen von R. Moelle (als eine seiner ersten Arbeiten) durch den Bauunternehmer G. Ed. König für den Kaufmann C. Hempell errichtet, wobei eine gemeinsame Brandwand für das 1914 ebenfalls erneuerte Haus Simeonstraße 25 erstellt wird. Die vierachsige Fassade in Formen des Neubarock gestaltet mit einem Mansarddach und einer reichen Stuckierung mit Balkonen und Schweifgiebel. Die Decken über dem Keller und über dem Erdgeschoß wurden aus Eisenbeton erstellt, alle anderen aus Holzbalken. Das Gebäude überbaute die gesamte Grundstücksfläche und wird durch ein quergelegtes und von der südlich anschließenden Gasse belichtetes Treppenhaus in einen vorderen und rückwärtigen Teil geteilt, zumal die Hanglage des Grundstücks rückwärts eine andere Höhenentwicklung und einen viergeschossigen Ausbau ermöglichte. Zugang zum Treppenhaus entlang der nördlichen Brandwand neben den vorderen Ladenräumen. Rückwärtig Lagerräume, ebenso in dem von der Petersilienstraße befahrbaren Keller. Im ersten Obergeschoß rückwärts noch Lagerräume, ansonsten jeweils in einer Haushälfte eine Wohnung mit eingebautem Abort und Speisekammer sowie Balkon neben der Treppe.

Abb. 1568 Simeonstraße 28 mit Einmündung des Weingartens (links) sowie Nr. 26 bis 22, Ansicht von Süden, 1993.

1909 erhielt der Lichthof eine Glasabdeckung. 1966 Einbau einer Gaststätte (Plan: W. Dessauer); 1967 Abschlagen der Fassadengliederung und einfache Neugestaltung; im selben Jahr Umbau des Treppenhauses und des Flures im Erdgeschoß (Plan: Architekt Bieber/Ronnenburg); 1972 Erweiterung der Kanalisation.

SIMEONSTRASSE 28 (Abb. 1568, 1579)

bis 1878 Haus-Nr. 291

Großes bürgerliches Anwesen, gegenüber dem Simeonstor und an der Gabelung von Simeonstraße und Weingarten; rückwärtig nach Norden zum Simeonskirchhof steil ansteigend (hier um 1450 durch den Bau der Stützmauer unter dem Chor der Kirche stark verändert). Das Grundstück ehemals von erheblicher Breite, wobei neben dem Hauptgebäude an der Straßenecke auch das heutige Haus Simeonstraße 26 als schon 1637 bestehendes Wirtschaftsgebäude bzw. Nebenhaus zugehörig war. Zugehörig im 18. Jahrhundert auch eine Bude, die nördlich auf dem Kirchhof lag und nur im Bereich der Treppe zum Weingarten zu denken ist.

1780 wurde die Stützmauer auf dem Hof des Hauses repariert, wobei die Steine durch die Kirchengemeinde St. Simeon zur Verfügung gestellt wurden (KAM, Mi, C 859). 1892 werden auf Drängen der Stadt Minden dort vorhandene Bogenöffnungen in der Stützmauer zugemauert.

Möglicherweise bezieht sich ein Vertrag von 1458 auf das Grundstück, in dem sich der Bürger Bode van dem Werder verpflichtet, die Mauer, die man mit Zustimmung von Abt und Konvent von St. Mauritz *ghelecht hebbe … twyschen orem kerkhoue unnd mynem houe van dem ordstender orer kemenadenn an wente uppe dat hecke achte orem kore* zu unterhalten (STA MS Mscr. I, 115, S. 65 b 293). Schon 1402 vererbpachten Dompropst und Domkapitel dem Bodo von Werder Dompropsteigut: *vnse hus mit syner tobehoringe, also dat gelegen is by Sunte Semyen neyst Arndes hus Ropers* (STA MS, Fürstentum Minden, Urkunden Nr. 244 a).

1634 Heinrich Pieles Haus; 1637 im Besitz der verstorbenen Eheleute Heinrich Piele und Margarethe geb. Lilienkamp: Haus mit Hinterhaus vor St. Simeon sowie kleines Nebenhaus und auch umfangreicher Landbesitz. Zum Haushalt zwei minderjährige Töchter und drei Mägde gehörig; 1663/79 Bartold Heydmann (hat zwei Obligationen über je 50 Thl bei beiden Hospitälern); 1681 Witwe Bartoldt Heidmann; 1685 B. Heidmanns Witwen-Haus, *vor St. Simeonsthoer*, zahlt jährlich 4 Thl Giebelschatz; 1696/1711 Heinrich Hartel, Haus und zugehörig eine *Bude uff dem* St. *Simeonsikirchhoffe* (dafür jährlich 1 Rthl Giebelschatz); 1743/50 Witwe Lübcken (hat umfangreichen Grundbesitz); 1755 Mündermans Haus, 200 Rthl; 1765/66 Kaufmann Johann Hermann Vögeler, 200 Rthl; 1780/89 Kaufmann Vogeler, Wohnhaus 800 Rthl, Nebenhaus 200 Rthl; 1795 Kaufmann Hermann Vögeler; 1801 Kaufmann Hermann Voegler will das Haus mit Huderecht auf 6 Kühe vor dem Simeonstor vermieten oder versteigern lassen (WMA 24, 1801); 1802 Voegeler hat auch eine Behausung ohne Nummer am Simeonskirchhof, die an den 76 jährigen Joh. Philipp Luft vermietet ist (KAM, Mi, C 43,1 alt); 1804 Hermann Vögeler, halbmassives Wohnhaus mit Braurecht 4 000 Rthl, Nebenhaus oder Scheune 1 000 Rthl, hat Brunnen, hölzerne Handspritze, hält 2 Kühe und 2 Schweine; 1809 Kaufmann Vögeler, Wohnhaus von 2 Etagen *in logeablen Zustand*, Nebenhaus von zwei Etagen in gutem Zustand; 1812 Hermann Vogeler (besitzt auch Haus-Nr. 233 c, heute Petersilienstraße 1); 1818/53 Kaufmann Ludwig Hermann Vogeler (* 1785), Wohnhaus 4 000 Thl, Nebenhaus 1 000 Thl; 1857 Witwe L. H. Vogeler; 1862 Rentier Gustav Vogeler; 1873/78 Fleischer Wimmer (mit neun Mietparteien in beiden Häusern); 1892 Witwe H. Wimmer; 1893 Zigarrensortiermeister August Grotemeyer; 1908 Kaufmann Robert Reuter; 1932 Regierungskanzleirat Albert Götze.

Haus (vor 1600–1892)

Das zweigeschossige Giebelhaus mit massiven Umfassungsmauern und Satteldach stand mit dem Rückgiebel auf der Stützmauer. Der sicherlich vor 1600 erbaute Bau 1637 in einem Verlassenschaftsinventar (siehe Brandhorst 1964) beschrieben, wobei *die Stube* und ein Keller darunter genannt werden. Im *Echterhusß nach dem Weingarten* finden sich ein großer Raum, *auf der Kammer* genannt, und ein Keller. Auf dem Boden wird ein Vorrat an Korn verwahrt. Damit zeigt sich das Haus mit typischer Raumstruktur, die von einer hohen Diele mit seitlichem Stubeneinbau und einem unterkellerten Hinterhaus bestimmt wird. Zugehörig das kleine Haus, in dem das Vieh steht (siehe Simeonstraße 26).

Am 29. 9. und am 25. 10. 1634 kommt es bei der Belagerung Mindens zu Schußschäden an dem Haus, die insbesondere das Hinterhaus treffen (Bölsche o. J., S. 56 und 60). 1780 wurden Baumaßnahmen an dem Haus durchgeführt. Nach einem Gutachten ist *das ganze Haus kaum die Hälfte der in Anschlag gebrachten 2726 Rthl Wert… Außer den Laden und einigen Abschierungen zum Waarenlager, Fenstern und Türen ist keine Hauptreparatur. Ersichtlich die ganz übertriebene Taxe …* (KAM, Mi, C 388). 1794 werden dann 50 Rthl und 1795 33 Rthl Baufreiheitsgelder ausgezahlt (KAM, Mi, C 156,13 alt). 1855/58 sollen die beiden Utluchten des Südgiebels am Haus erneuert werden, wobei die Stadt darauf besteht, daß auf Grund der engen Straße die rechte Utlucht *in Fortfall kommt* und nur die linke wieder aufgebaut wird. Die Planungen erstellte 1857 der Baumeister Luhmann (STA DT, M 1, I P, Nr. 828, fol. 274–279 und 360 – mit Lageplan von F. Hartung 1858 – und KAM, Mi, F 370). Das Gebäude wurde 1892 nach Einsturz des Rückgiebels auf Grund von Baufälligkeit abgebrochen.

Eine Säule, die ehemals eine Kaminwange getragen habe und aus dem Hinterhaus stammen soll, kam vor 1922 an das Museum der Stadt (Führer Museum 1922, S. 14).

Wohn- und Geschäftshaus (von 1892)

1892/93 für die Witwe Wimmer nach Plänen von Architekt G. Niermann durch die Baufirma Schmidt & Krause errichtet, nach Fertigstellung jedoch verkauft. Dreigeschossiges Wohn- und Geschäftshaus mit massiven Umfassungswänden und Vollwalmdach, errichtet mit durch Abschrägung betonter Ecke zum Weingarten. Die schlichten Putzfassaden durch einzelne, mit Backsteinen angedeutete Rustikablöcke um die Fensteröffnungen und einfache umlaufende Gesimse gegliedert.

Eingang vom Weingarten in der Mitte der westlichen Seitenwand mit Querflur zum zweiläufigen Treppenhaus, in den beiden Obergeschossen jeweils zwei Fünfzimmerwohnungen mit Küche und jeweils gemeinsamemn Abort auf dem Flur. Im Erdgeschoß im Norden eine weitere Wohnung, im Süden Laden mit Eingang in der Hausecke und Nebenräumen. Das Gebäude auf der ganzen Fläche in der Struktur des Erdgeschosses unterkellert: Backsteinkappen auf Stahlträgern.

Abb. 1569 Simeonstraße 29, Ansicht des Vordergiebels von Nordwesten, um 1900.

Die innere Struktur des Hauses mit Ausnahme des vorderen Ladenbereiches weitestgehend einschließlich der inneren Türen im ursprünglichen Zustand erhalten. 1906 Kanalisation; 1935 und 1962 Umbau des Ladens.

Stallgebäude (1894–um 1960 ?)

Als Stallgebäude hinter dem Haus neben der Treppe durch das Baugeschäft G. Niermann errichtet. Vor 1962 wieder abgebrochen.

SIMEONSTRASSE 29 (Abb. 1570–1573)

bis 1878 Haus-Nr. 293, bis 1908 Simeonstraße 33

LITERATUR: Faber-Hermann 1989, S. 206/207, Abb. 188.

Nach den Baubefunden dürfte es sich um eine recht breite Parzelle gehandelt haben, zu der noch bis in das 19. Jahrhundert südlich anschließend ein kleines Nebenhaus gehörte (dieser Teil wurde dann im vorderen Bereich zur Parzelle Simeonstraße 31 geschlagen). Seit der Mitte des 18. Jahrhunderts

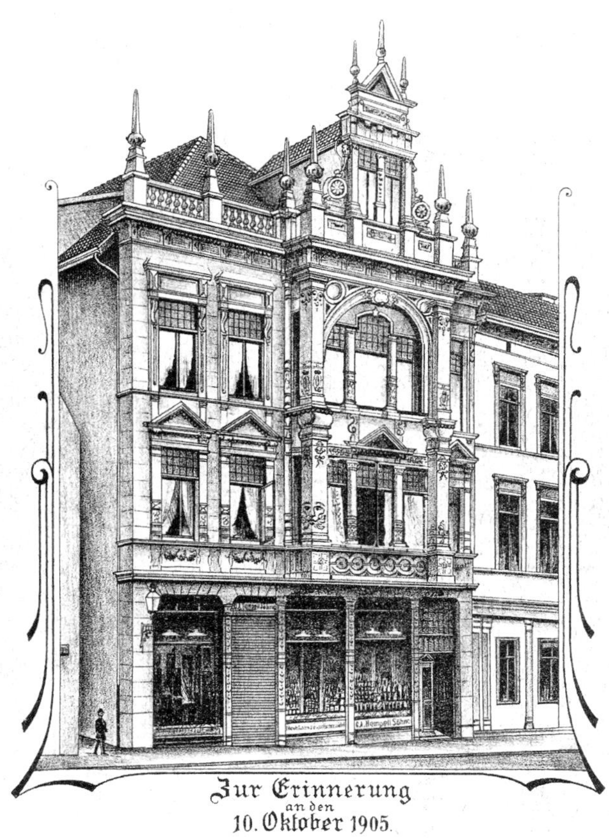

Abb. 1570 Simeonstraße 29, zeitgenössische Zeichnung der Fassade von 1902.

wurde das Haus der Mittelpunkt der umfangreichen Handelsaktivitäten der Familie Hempel, deren Mitglieder zeitweise auch die Häuser Simeonstraße 5, 21, 23, 25, 27 und 31 besaßen. Während zuerst Leder gegerbt und damit gehandelt wurde, ging man nach Aufgabe der Gerberei in der Mitte des 19. Jahrhunderts zum Kolonialwarenhandel über. 1933 Konkurs des großen Unternehmens.

1657 nimmt Heinrich Walbaum eine Obligation auf das Haus beim Nikolai-Hospital auf; als spätere Eigentümer werden genannt: 1663/67 Heinrich Walboms Witwe, 1668 Erben Heinrich Walbaum; 1669/79 Zacharias Stuhr; 1681 Johan Walbaum (zahlt jährlich 4 Thl Giebelschatz); 1685 *Herman Brasandt olim Heinrich Walbohm und nachgehentß Zachariaß Stuers Hauß … vor st Simeons Thoer*; 1710 Herman Brasandt; 1715 *Herman Brasanten Withe vorm Simeons Thore*; 1738 Joh. Herman Bertram, ist Schwiegersohn des Herman Brasanten; 1751 Johan Hinrich Bartram; 1759 *Julius Matthias Hempel, vorhin Johann Henrich Bertram* (die Obligation über 55 Thl wurde 1739 auf das Brasandtsche Haus *vor dem Simeonsthore* eingetragen); 1781 wird die Obligation aus dem Konkursgeld bezahlt (KAM, Mi, B 103 b,2 alt; B 122; B 155; C 203,22 alt; C 604). 1737 sel. Kaufmann Hermann Brasant (Erbverwalter ist Joh. Hermann Bartram); 1743 ohne Eintrag (Haus ohne Grundbesitz); 1750 Bertrams Haus; 1755 Brasantsches Haus, 300 Rthl. Seit 1751 an Lohgerber Julius Matthias Hempell (* 1723, † 1775) vermietet. Er gründete hier 1756 eine Firma, die bis 1933 dort bestand. Er war aus Börnecke bei Halberstadt zugewandert und lernte beim Kaufmann Frederking (Weingarten 68) den Beruf des Kaufmanns, heiratete 1749 die Witwe des Tabakhändlers Nicolaus Meyer (Simeonstraße 29) und ließ sich 1751 als Kaufmann und Lohgerber selbständig nieder (Nordsiek 1988, S. 31). In zweiter Ehe heiratete er 1761 Maria Breydenbörger; 1766/68 Kaufmann Hempel, 300 Rthl; 1777 Kaufmann Hempels Besitz wird nach Konkurs versteigert (siehe auch Simeonstraße 23 und Königstraße 4). Dieses auf 1 475 Rthl taxierte Haus mit Braurecht und Huderecht vor dem Simeonstor erwirbt Georg Andreas Hempel († 1812), Sohn aus erster Ehe, der die Firma neu gründete; 1781 Hempel, Wohnhaus 500 Rthl, Nebenhaus 100 Rthl; 1798 Lohgerber und Kaufmann Hempel; 1802/04 Hempel, halbmassives Wohnhaus mit Braurecht

Abb. 1571 Simeonstraße 29 (links) und 31, Ansicht von Nordwesten, 1993.

für 3 000 Rthl, Nebenhaus 1 000 Rthl. Hat Brunnen und zwei Scheunen, hält 3 Schweine; 1806/12 G. And. Hempel (hat 1811 das alte Brauhaus Simeonstraße 5 als Packhaus eingerichtet); 1812 bis 1819 Witwe Dorothea Elisabeth Hempel, geb. Behrens; 1815 die Familie besteht aus den Kaufleuten Friederich und Julius Hempel (* 1784 und 1787) und Lohgerber Wilhelm Hempel (* 1792) und Carl Hempel (* 1790); 1818 Witwe Hempell; 1820 Firma Gebrüder Hempell; 1828/36 Kaufmann Julius Hempell (* 1787, verheiratet mit Magdalena Vogeler); 1846/53 Kaufleute Friedrich und Karl Hempel; 1865 G. und A. Hempell, Kolonialwarenhandlung; 1873 Witwe Hempell; 1878 Hempell; 1908 Hempell & Söhne, Getreide- und Futterhandel (Inh. Kaufmann Fritz Hempell); 1932/33 Bankhaus Lampe.

Dielenhaus (15./16. Jahrhundert–1902)

Von dem 1902 in großen Teilen abgebrochenen Haus die nördlichen und östlichen Umfassungswände und der große Gewölbekeller im östlichen Teil des Gebäudes beim Neubau wieder verwendet. Der Keller mit Umfassungswänden aus sauber gearbeiteten Sandsteinquadern.

Bis zum Abbruch das Gebäude nach einem erhaltenen Foto (Grätz 1997, S. 177 und 178) und den Bauplänen von 1902 ein zweigeschossiges Giebelhaus mit massiven Umfassungswänden, dessen vorderer Krüppelwalm hinter einem Blendgiebel verdeckt wurde. Rückwärtig bestand auf ganzer Breite ein Hinterhaus mit unterkellertem Saal. Der Vordergiebel war offensichtlich in einer für Minden ungewöhnlichen Art als großer Dreistaffelgiebel konzipiert, wobei die unteren Staffeln seitlich auf spätgotischen Konsolen vorkragten. Die Staffeln mit sandsteinernen Platten abgedeckt, die an der Unterseite Zahnschnittgesimse aufwiesen. Den Details nach der Bau damit sicherlich im Kern noch aus dem 15./16. Jahrhundert und um 1600 im Giebeldreieck verändert, wobei man dieses wohl bei der Reparatur 1804 in der Spitze erneut veränderte und die obere Staffel bis auf einen niedrigen Ansatz abbrach. Die Haustür mit geschweiftem Sandsteingewände aus der zweiten Hälfte des 18. Jahrhunderts, rechts davon eine eingeschossige Utlucht, die im

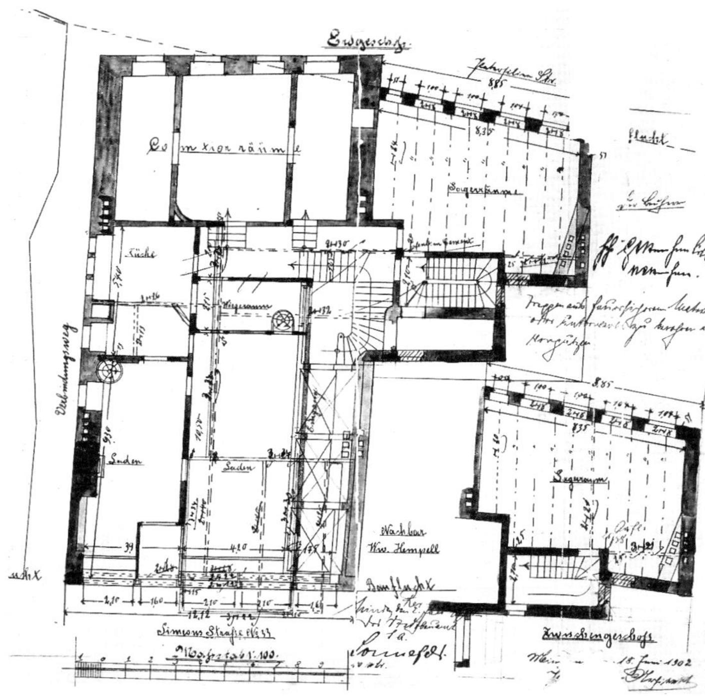

Abb. 1572 Simeonstraße 29, Grundriß aus dem Antrag zum Umbau, Architekt Meyer 1902.

Kern ebenfalls zu einer Umbauphase der Zeit um 1600 gehörte. Sie hatte ursprünglich vier Fensterbahnen (zuletzt mit zwei Flügelfenstern) und war mit einer Reliefplatte abgedeckt (das erhaltene Foto läßt Details der Gestaltung darauf nicht erkennen, doch dürfte eine der entsprechenden Platten unbekannter Herkunft in der Sammlung des Mindener Museums hierher stammen).

1737 wird das Haus zur Vermietung angeboten und beschrieben als *Wohn- und Brauhaus, worinnen 2 Stuben, 3 Kammern, 1 Keller, 4 Boden, ein Sahl, ein Hinterhaus*. Ferner gehörte dazu *ein Bruch-Garten und Huderecht für 6 Kühe* (WMR 1737).

Das *nahe dem Thore gelegene Gerber-Hauß* ist noch 1763 *ruiniert durch zwei Kanonenkugeln*, weswegen man in den folgenden Jahren umfangreiche Baumaßnahmen durchführte. Die ausgeführten Arbeiten wurden 1768 zur Erlangung von Baufreiheiten durch den Maurermeister Zingerlin und den Zimmermeister Ernsting abgerechnet, wobei von der Reparatur des baufälligen Hauses mit dem Nebenhaus gesprochen wird. Nach den Anschlägen (KAM, Mi, C 380) wurden dafür 666 und 404 Rthl abgerechnet. Bei diesen grundlegenden Arbeiten, bei denen offensichtlich ein Durchbau des alten Hauses vorgenommen wurde, brach man den Rückgiebel ganz ab, ferner ein Stück der ebenfalls ausgewichenen anschließenden Mauer. Ebenso wird die steinerne Rinne zwischen den Häusern heruntergenommen.

In dem Haus befanden sich nach den Baumaßnahmen, wobei auch zwei Schornsteine aufgemauert werden, vier Stuben, eine Küche und eine Butze. Ferner *in der zweiten Edasche, wo ein Sahl gemacht worden mit 4 Fenster Luchten … welche durch den Giebel hindurch gebrochen*. Hier sind auch zwei Stuben und ein Gang, die alle gewellert werden.

1777 befinden sich *unten im Hause 2 Stuben, 2 Kammern, 1 Saal, 1 Buhde, 1 zugemachte Küche, 1 Keller, die Gärberey, 1 Stube über der Boutique. Und in den Nebengebäuden, so mit dem Wohnhaus unter einem Dache befindlich, Stallung für Kühe, Pferde und Schweine, ferner im 2ten Stockwerk 1 Saal und Kammer und ein beschossener Boden*. Zum Haus gehört neben Huderechten und den üblichen bürgerlichen Pflichten auch ein dahinter liegender Bruchgarten mit steinernem Pfeiler und Pforte und 17 Obstbäumen und das darin befindliche Gärberhaus. Der Gesamtbesitz wird auf 1 475 Rthl angeschlagen (WMA 1777).

1804 kam es zu einer *Hauptreparatur* des Hauses, deren genauer Umfang nicht bekannt ist (KAM, Mi, C 142).

1853 sind in dem Haus auch ein Laden und zwei Lederkammern.

Abb. 1573 Simeonstraße 29, Ansicht der 1902 abgebrochenen Utlucht der Zeit um 1600, Zustand 1902.

Nebenhaus (bis 1861)

Das Haus besaß eine gemeinsame Traufwand mit dem Haus Simeonstraße 29 (bis 1902 noch in der Straßenansicht erkennbar und wohl noch heute erhalten).

Am Nebenhaus werden um 1768 ebenfalls Baumaßnahmen durchgeführt. Dabei der baufällige Giebel heruntergenommen und *neu ausgemauert* (KAM, Mi, C 380). Das Haus wird 1809 als zweigeschossig und in schlechtem Zustand beschrieben und nicht zu Wohnzwecken, sondern als Fabrikgebäude der Lohgerberei genutzt. Der Bau wurde zu einem unbekannten Zeitpunkt im frühen 19. Jahrhundert zum Grundstück Simeonstraße 31 geschlagen und spätestens 1861 für einen Neubau abgebrochen.

Wohn- und Geschäftshaus (von 1902)

Der weitgehend einem Neubau gleichkommende, aber als *Umbau des Wohnhauses* beantragte Bau wurde auf neuer, zurückgesetzter Baufluchtlinie nach Plänen des Architekten W. Meyer im Auftrage des Kaufmanns Hempell für seine Lederhandlung errichtet, wobei als massive Teile des Vorgängerhauses die nördliche Traufwand und der Rückgiebel an der Petersilienstraße einschließlich des anschließenden Abschnitts des Dachstuhls wieder verwendet wurden. Ferner der Gewölbekeller übernommen (die abdeckende Tonne um 1960 bei Einrichtung als Garage abgebrochen und durch eine Betondecke ersetzt) und vereinzelt Teile der Ausstattung wieder verwendet (etwa die heutige Kellertreppe mit Sägebalustern des 18. Jahrhunderts).

Es entstand ein dreigeschossiges, ganz unterkellertes Wohn- und Geschäftshaus mit flachgeneigtem Vollwalm, das nach vorn hinter einer aufwendig in eklektizistischen Formen stuckierten Fassade mit vorgelegtem und übergiebeltem großen Balkon zurücktritt (zunächst war eine Backsteinfassade in gotischen Formen geplant). Der Erker weiter durch ein großes Thermenfenster in der zweiten Etage betont, das zwischen die Ecklisenen gespannt ist. Das Erdgeschoß wurde bis auf den Hauszugang entlang der südlichen Traufwand ganz für Geschäftszwecke genutzt und in Schaufenster mit vier Teilungspfeilern aufgelöst. Aus dem Laden bestanden zum Keller mit Betondecke mehrere kleine Wendeltreppen. Der Hausflur mit Rabbitzgewölben führt zu einem zentralen Treppenhaus.

Die zweigeschossige Rückfassade über einem hohen Kellersockel wurde weitgehend in der alten Gliederung und mit Krüppelwalmdach belassen. Dieses 1994 abgenommen und das Gebäude in diesem Bereich durch eine Etage auf die Trauflinie des vorderen Hausteils erhöht; seitdem der Bau hier viergeschossig mit ausgebautem Dach.

Südlich an das Hinterhaus anschließend entstand zugleich ein viergeschossiges Lagerhaus aus Backstein mit Stahlbetondecken (die vierte und höhere Etage zusammen mit der zweiten Etage des

Abb. 1574 Simeonstraße 30 mit der anschließenden Bebauung Nr. 32 und 34 (links), Ansicht von Nordosten, 1993.

Vorderhauses als Wohnung des Hauseigentümers mit sieben Zimmern, Küche, Speisekammer, Abort und Balkon eingerichtet). Darüber ein hohes Pultdach mit drei weiteren Lagerböden. Das Lagerhaus durch ein eigenes Treppenhaus (unmittelbar neben demjenigen des Hauses) erschlossen. 1984 in die Denkmalliste der Stadt Minden eingetragen.

SIMEONSTRASSE 30 (Abb. 1443, 1444, 1574–1576, 1579)

bis 1878 Haus-Nr. 299 (das rückwärtige Lagerhaus auch unter Rodenbecker Straße 2)

LITERATUR: Kaspar 1986, S. 162.

Das schon vor der Mitte des 17. Jahrhunderts selbständige bürgerliche Anwesen in Ecklage zur Rodenbecker Straße besteht aus dem vorderen, im Kern spätmittelalterlichen Giebelhaus mit rückwärtigem Saalteil und einem daran angebauten rückwärtigen Lagerhaus. Der relativ bescheidene Umfang des Kernbaus, die ohne Freifläche bestehende, sehr kleine, zugehörige Parzelle, sowie das im 19. Jahrhundert bis an die Rodenbecker Straße reichende Grundstück Weingarten 68 lassen erschließen, daß der Komplex ursprünglich (als Nebenhaus ?) zum Besitz Weingarten 68 mit seinem erheblich größeren Haus gehört hat.

1663 Daniel Walbom *sein won, wie auch sein achterhauß am Weingarten, item 2 Boden unter einem Dach*; 1667 Herr Daniel Walbaum; 1668/73 Erben Daniel Walbaum; 1674/78 keine Nennung; 1679 Herman Daniel Walbaum; 1681 *des sehligen Herman Daniel Walbaums Wittibe itzo Zacharias Stur*; 1685/86 *Thomaß Varkenß olim seel. H. Daniell Walbomß Hauß*, zahlt jährlich 4 Thl. Giebelschatz; 1696/1704 Thomas Varcken; 1709/11 Johan Herman Brasanten; 1743 Johann Wilhelm Witthaus; 1750/81 Wilhelm Witthus, Haus für 200 Rthl; 1798/1804 Branntweinbrenner Friedrich Brinckmann, halb massives Haus mit Braurecht für 200 Rthl, hat Brunnen, hält drei Kühe und drei Schweine; 1806 Erhöhung Taxe auf 1 000 Rthl; 1809 Wohnhaus von zwei Etagen in gutem Zustand; 1812 Brinckmann (besitzt auch die Häuser Simeonstraße 8 und Rodenbecker Straße 18); 1827 Brinckmann, 700 Thl; 1832/36 Kupferschmied Johann Georg Meyer (* 1788), Wohnhaus und Hinterhaus für 2 000 Thl; 1846 Kupferschmied Johann Meyer und drei weitere Mietparteien; 1853 Witwe Friederike Meyer mit Mietern: Kaufmann Asprion (zuvor Bäckerstraße 42) und Kaufmann Vogeler; 1865 Bäcker W. Brenner; 1873/78 Schankwirt Brenner (mit vier Mietparteien); 1908 Erben Brenner; 1912 Roßschlächter Gustav Büter; 1950 Roßschlächter Büter; 1960 Schlachtermeister H. Neuhoff.

Dielenhaus (vor 1500)

Steinernes Giebelhaus in Ecklage zur Rodenbecker Straße, auf einer Grundfläche von 19,8 x 10,3 m, rückwärtig bis auf etwa 5,2 m schmaler werdend. Das Haus gliedert sich in einen vorderen Dielenbereich und ein anschließendes, unterkellertes Hinterhaus (dahinter als selbständiger Bauteil ein Lagerhaus aus der ersten Hälfte des 16. Jahrhunderts). Das Gebäude in seiner Baugeschichte bislang nicht näher zu erfassen, jedoch auf Grund der äußerst steilen Dachneigung und des in die erste Hälfte des 16. Jahrhunderts zu datierenden Anbaus sicherlich spätmittelalterlich. Über die ursprüngliche innere Aufteilung und Struktur des Gebäudes können auf Grund des ausgebauten Zustandes im Augenblick keine Angaben gemacht werden. Der Hinterhausbereich scheint nur mit einem balkengedeckten, kaum eingetieften Keller ausgestattet gewesen zu sein.

Kurz nach 1800 (wohl 1806, als die Versicherung erheblich erhöht wurde) erfolgte für den Branntweinbrenner Brinckmann ein Durchbau des Hauses zu einem zweigeschossigen Flurhaus, wobei auch eine neue dreigeschossige Blendfassade vor der nun abgewalmten Giebelfront geschaffen wurde. Diese (1912 verändert) ursprünglich in Formen des Klassizismus streng gestaltet, fünfachsig gegliedert und im Erdgeschoß seitlich durch aufgeputzte Pilaster eingefaßt, die ein geschoßtrennendes Gesimsband tragen. Die Fenster nur mit sandsteinernen Sohlbänken, dabei die Mittelachse durch eine Verdachung des Fensters im ersten Obergeschoß betont. Über einem stärkeren Abschlußgesims eine aufgesetzte Ädikula vor dem Krüppelwalm, die durch aufgeputzte Felder mit abwechselnden Rauten und Kreisen gegliedert ist.

Im Inneren seitdem ein recht breiter Mittellängsflur mit (auf Grund des rückwärts schmaler werdenden Grundrisses) Ausnahme des nordwestlichen Bereiches im Anschluß an die zweifach gewendelte Treppe. Kranhäuschen zur Beschickung des nur im vorderen Bereich ausgebauten Dachbodens.

1906 Kanalisation; 1912 Verlegung der Wurstküche in das Rückgebäude und Renovierungen des Vorderhauses: Schaufenster südlich der Haustür und Neuverputz der Fassade mit Aufbringen reicher Ornamente in neubarocken Formen (Plan: M. Zimmerling); 1925 Einbau eines Schaufensters nördlich der Haustür. 1991 in die Denkmalliste der Stadt Minden eingetragen; 1992 Modernisierung und kleinere Umbauten, wobei das Dach völlig zu Wohnräumen ausgebaut wird.

Lagerhaus (erste Hälfte des 16. Jahrhunderts)

Bis 1912 viergeschossiger, seitdem dreigeschossiger für Minden ungewöhnlich gebliebener Baukörper von 9,3 m Länge und ca. 6 m Tiefe, bis auf die rückwärtige Traufwand mit Umfassungswänden aus Backsteinen (Öffnungen mit Sandsteingewänden). Die rückwärtige Traufwand aus einer stöckig verzimmerten Fachwerkkonstruktion (im Erdgeschoß 1912 massiv erneuert), die in der ersten Hälfte des 16. Jahrhunderts entstanden sein dürfte. Das Gerüst ist von sechs Gebinden, wobei die Ständer sowohl mit Kopf- wie auch Fußbändern im Längsverband ausgesteift sind. Die Aus-

Abb. 1575 Simeonstraße 30, Vordergiebel (bis 1912) aus dem Umbauantrag.

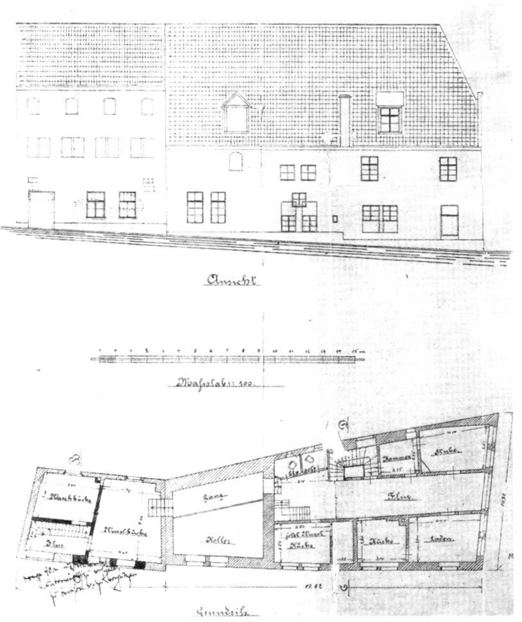

Abb. 1576 Simeonstraße 30, Plan zum Umbau des Komplexes, Architekt Zimmerling 1912.

fachung mit Backsteinen wohl bauzeitlich. Das Gebäude gliederte sich in ein durch einen rundbogigen Torbogen von der Rodenbecker Straße aus befahrbares Erdgeschoß (seitlich wohl auf Grund der westlich anschließenden Luken mit Ställen) und ein niedriges darüber angeordnetes Zwischengeschoß. Darüber zwei Vollgeschosse, von denen das untere zur Straße mit vier von rechteckigen Sandsteingewänden gerahmten gekuppelten Fenstern belichtet ist (möglicherweise auch als Wohnraum genutzt ?), darüber nur schmale gemauerte Luken mit Stichbogen. Darüber ein steiles, im 19. Jahrhundert mit Pfannen gedecktes Satteldach.

1912 Umbau des unteren Bereiches (bei Entfernung des Zwischengeschosses) zu einer Wurstküche und einer Waschküche und Schaffung einer darüber liegenden Wohnung (Foto von 1895 in GRÄTZ 1997, S. 187 und 189). Zugleich Einbau eines Treppenhauses bis zum ersten Obergeschoß und Neuverputz der gesamten Steinwände. Dabei werden die Öffnungen der vorderen Traufwand in dem ausgebauten Erdgeschoß verändert: der Torbogen und die westlich anschließenden Luken werden zu Gunsten einer Haustür und zweier neuer Fenster verbaut, die Fenster des darüber befindlichen Zwischengeschosses vermauert (Plan: M. Zimmerling). 1984 in die Denkmalliste der Stadt Minden eingetragen; 1992 Modernisierung und kleinere Umbauten.

SIMEONSTRASSE 31 (Abb. 1572, 1579)

bis 1878 Haus-Nr. 294; bis 1908 Simeonstraße 35

Das bürgerliche Anwesen kann erst nach der um 1511 erfolgten Verlagerung der Stadtbefestigung nach Süden entstanden sein. Unmittelbar westlich an das Haus schloß sich das mittelalterliche

Simeonstor an, so daß an der Stelle des Hauses ehemals der Verlauf der Stadtmauer anzunehmen ist. Das heutige Grundstück scheint sich aus mehreren historischen Einheiten zusammenzusetzen: Nördlich dürfte ein – damit schon im Mittelalter besiedelter – schmaler Abschnitt zunächst zum Haus Simeonstraße 29 gehört haben, auf dem ein dort zugehöriges Nebenhaus stand. Südlich an die nach 1510 entstandene historische Hausstätte, die nicht auf ganzer Breite bebaut war (hier entsteht 1781 ein Flügelbau), schloß sich noch ein städtisches Grundstück mit dem sogenannten *Bauschreiberhaus* an. Westlich schloß an das Haus das auf der Straße stehende Simeonstor an, dessen Wohnraum im Obergeschoß 1806 zum Besitz des Hauses gehörte.

1663 Herman Wittenberg, vermietet für 20 Thl jährlich an Johan Rabeding Junior; 1667/72 Johan Rabeding, Haus vor dem Simeonstor; 1673/74 Witwe Johan Rabeding; 1677/96 Johan Albert Siedeler, vorher Johan Rabeding, davor Hinrich Brackrogge (zahlt jährlich 4 Thl Giebelschatz); 1704 Simon Webers Haus im Tore; 1709/11 Johan Weffer; 1743 Hans Henrich Weber; 1748/50 Witwe Weber; 1755 Schmalgemeyer, Haus für 300 Rthl; 1766 Schustermeister Anton Schlinger, 300 Rthl, betreibt auch Landwirtschaft auf überwiegend gemieteten Land; 1781 Schustermeister Schlinger, 400 Rthl; 1782/98 Branntweinbrenner Schlinger; 1802/06 Christian Ludwig Schlinger, halb massives Wohnhaus mit Braurecht für 500 Rthl, Hinterhaus 300 Rthl, hat Brunnen, hölzerne Handspritze. Hat Scheune, hält 1 Pferd, 3 Kühe und 3 Schweine; 1809 Branntweinbrenner und Gastwirt Schlinger: Wohnhaus von zwei Etagen in schlechtem Zustand, Scheune von zwei Etagen in schlechtem Zustand, baufälliges Torgebäude von einer Etage; 1812 Ludwig Schlinger, Wohnhaus mit Scheune und ein Turmgebäude, ferner Bruchgarten; 1818/28 Witwe Schlinger, Wohnhaus 700 Thl, Torgebäude 100 Thl, Hinterhaus 200 Thl; 1832 Erben Witwe Schlinger; 1836 Bäcker Christian Gottfried Rahtert (* 1790, verheiratet mit Margarethe Johanne Schlinger): Wohnhaus und Anbau 1 950 Thl, Torgebäude 375 Thl, Hinterhaus 475 Thl; 1846 Ökonom Christian Rathert; 1853 Witwe Rathert; 1863 Tabakfabrik Gebrüder Rahtert (Kaufmann Hermann Christian Rahtert, zugehörig auch das Gebäude Petersilienstraße 21); 1873/78 Kaufleute H. und C. Rathert (mit vier Mietparteien); 1908 Kaufmann Julius Hempell und Witwe Emma Hempell.

Haus (bis 1861)

1781/82 wurde eine Hauptreparatur für 504 Rthl durchgeführt (KAM, Mi, C 156,12 alt), wobei der Eigentümer *nach der Straße einen neuen flügell von 2 Etagen hoch bauen* läßt. Das Haus mit Braurecht wird anschließend als *halb neu* bezeichnet (KAM, Mi, C 874). Nach erhaltenen Abrechnungen entstanden Kosten von 505 Rthl (KAM, Mi, C 388). Der Bau wird beschrieben: *Im Wohngebäude linker Hand 2 Etagen hoch, jede mit einer Stube, Kammer versehen … rechter Hand im Hause unten und oben eine Stube und Comodite.*

1784 wird in einer weiteren Baumaßnahme *ein neu Hintergebäude* errichtet, wozu sich der Eigentümer verschuldete (KAM, Mi, C 874). Die Bauten auf dem Grundstück (ein Wohnhaus für 1 880 Thl und ein *Thorgebäude* für 1 500 Thl, im Besitz der Witwe Rathert) wurden 1861 abgebrochen, um einem großen neuen Wohn- und Geschäftshaus Platz zu machen. Die Reste des an das Haus Simeonstraße 32 anschließenden Torgebäudes blieben zunächst noch stehen und wurden erst im März 1867 abgebrochen (KAM, Mi, F 274).

Haus (von 1861)

Dreigeschossiger, traufenständiger Bau mit niedrigem Drempelgeschoß und flachgeneigtem Vollwalmdach, 1861 für die Tabakfabrikanten Gebr. Rathert errichtet. Der Bau aus Backstein aufgemauert, die Fassade verputzt und in spätklassizistischen Formen mit geschoßteilenden knappen Gesimsen und flachen Fensterfaschen gestaltet. Rückwärtig an den breiten Baukörper schließt sich südlich ein schmaler, bis zur Petersilienstraße reichender Flügel an, zu der das Kellergeschoß offen liegt und ehemals durch ein Tor befahren werden konnte. Dieser Bauteil mit dreiachsiger, verputzter Fassade bis auf die Sohlbänke aus Sandstein ohne Gliederung und übergiebelt.

Das Gebäude ist auf der ganzen Fläche unterkellert mit Tonnen, die auf Gurtbögen aufliegen. In den Umfassungswänden wurden teilweise alte Sandsteinquader wieder verwendet.

Das Innere wurde im Erdgeschoß durch einen mittleren Querflur bestimmt, der das zweiläufige Treppenhaus mit gedrechselten Traillen vor der rückwärtigen Traufwand erschließt. Dieser Mittellängsflur wurde im Erdgeschoß um 1900 zur Schaffung größerer Läden aufgegeben und statt dessen ein neuer Zugang zum Treppenhaus im Norden der Front geschaffen, wobei der untere Treppenlauf (sowie die Kellertreppe) verändert wurde. Die Obergeschosse zu großen Wohnungen eingerichtet, wobei heute an den Treppenabsätzen zusätzliche Etagentüren eingezogen sind.

Bauzeitliche Fenster haben sich als Innenfenster zwischen dem Treppenhaus und den Wohnräumen erhalten. 1892 Kanalisation; 1965 Ladenumbau; 1991 in die Denkmalliste der Stadt Minden eingetragen.

SIMEONSTRASSE 32 (Abb. 1541, 1574, 1577–1578)

bis 1878 Haus-Nr. 298

LITERATUR: Jahr 1927, S 45, Abb. 81. – Nordsiek 1988, S. 15–25.

Die Parzelle schloß sich als südlichste Hausstelle der Straße unmittelbar westlich an das mittelalterliche (erst 1867 abgebrochene) Simeonstor an und umfaßte im rückwärtigen Bereich noch einen schmalen Streifen entlang der Innenseite der Stadtmauer. Die Hausstätte entstand durch die Bebauung eines Grundstückszwickels zwischen der Stadtmauer und der Simeonstraße und ist offensichtlich 1319 durch Verlegung der Stadtmauer sogar noch vergrößert worden.

Im 18./19. Jahrhundert waren weitläufige Flächen westlich des Hauses entlang der heutigen Rodenbecker Straße zugehörig, auf denen sich eine Scheune, Mietshäuser (Rodenbecker Straße 3), aber auch ein weiteres Wohnhaus unbekannter Funktion (Rodenbecker Straße 5) befanden. Die Parzelle wurde 1891/1895 mit Anlegung der Rodenbecker Straße auf der nördlichen Schmalseite auf fast die halbe Breite reduziert. Da damit die rückwärtigen Bereiche des Grundstücks fortfielen, verkleinerte sich der Platz für einen Neubau auf ein seit 1895 fast völlig bebautes Grundstück. Dieses wurde um 1945 durch den Zukauf der nördlichen Bereiche (nördliche Durchfahrt und die beiden rückwärtig anschließenden Nebengebäude) des Grundstücks Simeonstraße 34 wieder erheblich erweitert.

Folgende Nachricht scheint sich auf diese Parzelle zu beziehen: 1319 überträgt die Stadt ein Mauerstück an Gerhard, Sohn der verstorbenen Wibbe, gegen Zahlung von 7 Mark mit der Gestattung der Überbauung in der Länge seines Hauses und unter der Bedingung, daß die durch die Mauer gebrochenen Fenster und Öffnungen besonders gesichert werden: *murum nostre civitatis* vom Simeonstor *usque ad angulum sue domus, qua iuxta puteum vicus patet*; *quatenus ipsum murum loco predicto destruat et restauret, disponat et* [...] *extendere versus fossatum secundum formam edificii competentem ac superedificet.* Als Bedingung wird ferner festgelegt, *quod eiusdem edificii fenestre seu aperture muniantur* (KAM, Mi, A I, Nr. 34. – STA MS, Mscr. VII, 2726. – STA MS, Mscr. VII, 6812, I, E, Bl. 10. – WUB X, Nr. 650. – Nordsiek 1988, S. 8). Wohl 1326 überlassen Ritzer und seine Söhne Rickmar, Gieseler und Dietrich der Wibbe, Witwe des Plocke (*de Plockesche*), und ihren Kindern Johannes und Gebeke *eyn hus, dat leget an sante Symeonis strate neyst des Hilligen Gestes hus* (von Schroeder 1997, Stadtbuch 1318, I, Nr. 62. – Nordsiek 1988, S. 22). 1588 L.V. (Lucas Vahrenholz ?) und seine Frau C. F.

1663 Färber Heinrich Siebe (besitzt auch Simeonstraße 38), hat Haus zur Miete von Herrmann Wehrkamp (der sich in *Revel Liefflandt* aufhält); 1667/77 Hermann Wehrkamp; 1685/86 Zacharias Stuhr, ehemals Joh. Wehrkamps, dann Hermann Wehrkamps Haus, *zwischen St. Simeonis Thore*; zahlt jährlich 4 Thl Giebelschatz. Zugehörig zwei von Simeonstraße 30 angekaufte Buden *beim Walle vor St. Simeonis;* 1696/1711 Witwe Zacharias Stuhr; 1738 ehemals Kochsches Haus, im Besitz des Heilig-Geist-Hospitals, seit etwa 1730 verpachtet an Raban Rodowe (KAM, Mi, C 214,1 alt); 1743 ohne Nennung (Haus ohne Grundbesitz); 1750 Rodowe Junior; 1754/55 Rabanus Rodowe (erwirbt umfangreichen Landbesitz), Haus für 200 Rthl; 1766 Rabanus Rodowe, Haus für 400 Rthl; 1781 Kaufmann Rodowe, Wohnhaus 700 Rthl, Hinterhaus 200 Rthl, kleines Haus 100 Rthl; 1798/1802 Kaufmann Rabanus Rodowe; 1804 Witwe Rodowe, halbmassives Wohnhaus mit Braurecht 1 500 Rthl, Hinterhaus 500 Rthl, kleines Haus 100 Rthl. Hat Brunnen und hölzerne Handspritze, hat zwei Scheunen, hält 3 Pferde, 4 Kühe und 3 Schweine; 1805 neu versichert *ein kleines Gebäude zwischen dem Hofe und Hinterhause* für 300 Rthl; 1812 Witwe Rodowe, Wohnhaus von zwei Etagen, zwei Scheunen und Stall von zwei Etagen und Lagerhaus von zwei Etagen (ihr gehört auch das Doppelhaus Scharn 18, Markt 20, Weingarten 20 (Haus-Nr. 342), Bartlingshof 1, Haus-Nr. 309 an der Wallstraße und Rodenbecker Straße 6); 1815/36 Kaufmann Georg Rodowe (* 1784), Wohnhaus 3 000 Thl, Hinterhaus 1 000 Thl; 1846/53 Georg Rodowe; 1867 von Rodowe für 7 100 Thl (zusammen mit Haus Rodenbecker Straße 5) durch die Stadt Minden erworben, um das innere Simeonstor abzubrechen (KAM, Mi, F 274); 1870 vermietet an Maschinenbauanstalt G. D. Müller & Co./Köln; 1872 Verkauf an Zimmermeister Schütte für 5 400 Thl; 1873 Mieter ist Fleischer Fritz Wimmer; 1878 Schütte; 1891 Stadt Minden; 1895 Kauf durch Restaurateur G. Neumann; 1899/1920 Wirt Gustav Neumann; 1933 Neumann, »Herforder Hof«; 1941/48 Wilhelm Schröder, »Reichshof«; 1945/47 Tagungsstätte des »Deutschen Wirtschaftsrates bei der Kontrollkommission« mit Kantine für 150 Personen (zur Geschichte und Bedeutung dieser Institution siehe Kossack 1993); 1957 Jürgen Langfeld.

Dielenhaus (bis 1891)

Das Haus ist nur aus wenigen Beschreibungen und in seinen Umfassungen bekannt. Es scheint ein zumindest aus dem 16. Jahrhundert stammendes Giebelhaus mit backsteinernen Umfassungswänden gewesen zu sein, die Bogennischen auf den Innenseiten aufwiesen. Weil es unmittelbar an das Simeonstor angebaut war, hat es keine der üblichen Giebelfronten gehabt, vielmehr sprang diese im südlich an das Tor anschließenden Bereich um einige Meter zurück.

1738 wird berichtet, das Haus sei ruiniert gewesen, aber durch das Heilig-Geist-Hospital auf Anweisung des Rates wieder hergestellt worden. 1867 wird das vor den Giebel gesetzte alte innere Simeonstor abgebrochen (hatte nach Nordsiek 1988, S. 8, eine Durchfahrtsbreite von 3,88 m), wobei auch ein vorderes Kellergewölbe entfernt wird. Nach Schaffung einer neuen Fassade wird das Haus wieder als Mietshaus privatisiert, dann aber erneut von der Stadt Minden erworben. 1891 der Bau zur Verbreiterung der Kreuzung durch die Firma Sierig abgebrochen und der nördliche Teil des Grundstückes der neu angelegten Rodenbecker Straße zugeschlagen.

Herdkamin (von 1588) (Abb. 1577, 1578)

Sturz und die Konsolen vom 1588 datierten Rauchfang des Herdkamins auf der Diele (andere Überlieferungen sprechen von dem Saalkamin) wurden beim Abbruch des Hauses sichergestellt, später im Museum der Stadt Minden und nach dem Wiederaufbau des Rathauses (Markt 1) dort 1953 im kleinen Ratssaal eingebaut. Die Teile aus Obernkirchener Sandstein; Höhe bis zum Sturzgesims 1,65 m, bis zur obersten Deckplatte 2,25 m, größte Breite 3,14 m, Tiefe 65 cm. An der Feuerwand zwei balusterförmige Säulen mit mäßig vorkragenden Volutenkonsolen und hohem Sturz. Diese teilen die Beschlagwerksleisten in zwei Felder, darin mittig kreisrunde Wappenkartuschen mit Rollwerkrahmung. Links ein schrägrechts gebrochener Ast (?) über den Initialen *L V*, rechts Hausmarke, begleitet von *C W* (?). Zwischen den Ecklisenen und den Kartuschen in eingetieften Feldern geteilte Jahreszahl *15 88*, zwischen den Wappen und der Mittelleiste zweigeteilte Versinschrift in Antiqua-Versalien: *FLOSCULUS ASCENDE / NS SI NON HOC / TEMPORE FLORET, / DEPENDENS CHR / ISTO VIVAT UTE / RQUE DEO // GRATIA SIT CHRISTO / QUI NOS SINE FINE / TUETUR. ANGELI / COQUE TEGIT NOS / SUA MEMBRA CHORO*: (Wenn das aufsteigende Blümchen nicht zu dieser Zeit blühet, so möge das herabhängende für Christus leben. Beide für Gott. Dank sei Christus, der uns ohne Ende schützt, und durch der Engel Schar uns, seine Glieder, deckt. – Siehe Wehking 1997, Nr. 110). Das Sturzgesims mit dichtgereihten Konsolen, darauf über den Leisten drei freistehende Baluster mit quadratischem Grundriß und bekrönender Halbkugel. An der Wand über dem dreiseitig abgewalmten Rauchfang ein attikaartiger Aufsatz mit zwei Beschlagwerkleisten zwischen Konsolgesimsen. Im Feld Rollwerkkartusche mit dem Wappen Vahrenholz (?) inmitten der Jahreszahl *15 88*. Inschriften und Wappenbilder seit der Aufstellung im Rathaus vergoldet.

Nebengebäude (bis 1891)

Rückwärtig an den Westgiebel des Hauses schlossen sich jenseits eines kleinen Hofes (auf dessen südlicher Hälfte 1800 ein weiteres Wirtschaftsgebäude errichtet wurde) auf dem schmalen und langgezogenen Grundstück mehrere Nebengebäude an (die Plätze heute durchgängig unter der Straßenfläche der Rodenbecker Straße). Zunächst stand hier im 19. Jahrhundert ein großes zweistöckiges Wirtschaftsgebäude aus Fachwerk, das 1870 abbrannte und nicht wieder errichtet wurde. Der dabei entstandene Schaden wird mit 1400 Thl angegeben (KAM, Mi, F 274). Zu dieser Zeit das ganze Grundstück an eine Maschinenbauanstalt vermietet, die weiter westlich ein (in seiner Gestalt nicht näher bekanntes) Kesselhaus mit Schornstein errichtet hatte.

Abb. 1577 Simeonstraße 32, ehemaliger Herdkamin von 1588 (heute im Rathaus), Zustand 1997.

Abb. 1578 Simeonstraße 32, ehemaliger Herdkamin von 1588 (heute im Rathaus), rechte Wange, Zustand 1997.

Wohn- und Gasthaus (von 1895)

1895 für den Gastwirt Gustav Neumann nach Plänen von Architekt Müller durch die Firma G. Ed. König für etwa 30 000 Mark errichtet (Baupläne in den Akten nicht erhalten). Dreieinhalbgeschossiger Backsteinbau mit flachem Vollwalmdach über Kellersockel. Die neu geschaffene Einmündung der Rodenbecker Straße wurde durch Abschrägung des Baukörpers betont, die Langseite mit mittigem Treppenhaus dieser neuen Straße zugewandt. Das hohe Erdgeschoß mit Quaderputz, ansonsten die beiden Fassaden mit hartgebrannten Klinkern verkleidet und mit Zementputz in schlichter Weise gegliedert.

Die innere Organisation wird durch einen hohen Gastraum mit Nebenzimmer im östlichen und die Wirtschaftsräume sowie Aborte im westlichen Bereich bestimmt. Im ersten Obergeschoß Wohnung des Wirtes, die beiden anderen Geschosse mit Gastzimmern. Zweiläufiges Treppenhaus, Innentüren, Fenster und Haustür mit Ausnahme des Gaststättenbereiches im Erdgeschoß durchgängig erhalten.

1896 Entwässerung; 1907 Kanalisation; 1935 wird im östlichen Gaststättenbereich das hohe Erdgeschoß mit einem Zwischengeschoß versehen, wobei man das Erdgeschoß zugleich bei Verschüttung des Kellers in diesem Bereich absenkte und die Fassade hier neu mit Putz gestaltete (durch Baufirma Gremmels). 1946 wird ein eingeschossiger, unterkellerter Küchenanbau unter flachem

Pultdach südlich des Hauses auf der hinzuerworbenen ehemaligen Durchfahrt errichtet. Die frühere Küche wird Clubzimmer (dafür wird die Auflage zum Abbruch der beiden ehemals zum Hospital gehörenden Nebengebäude gemacht, siehe S. 2215, Simeonstraße 34). Um 1960 wird an Stelle des kleinen, westlich an das Haus anschließenden Wirtschaftshofes ein Garagenanbau erstellt.

SIMEONSTRASSE 33 (Abb. 1579–1581)

bis 1878 Haus-Nr. 295; bis 1908 Simeonstraße 37

Sehr kleine und erst nach 1510 mit der Anlage eines Walles südlich der alten Stadtmauer entstandene Hausstelle, die bis zu einem unbekannten Zeitpunkt vor 1743 zum Heilig-Geist-Hospital (siehe Simeonstraße 34/36) gehörte und den Winkel zur Petersilienstraße umfaßte, rückwärtig zudem noch durch ihren Verlauf schmaler werdend. Unter dem Grundstück verlief ein gemauerter Kanal, der das Gelände des Heilig-Geist-Hospitals zur Bastau unterhalb der Simeonsmühle entwässerte.

Vor 1641 war die Bude vom Hospital an Harmen Kroeß für 24 gr vermietet. Nachdem er auszog, stand das Haus *geraume Zeit wust* und *albereits von der wachte und Soldaten zuverwusten eingenommen.* Darauf wurde Johann Kammel 1641 von den Vorstehern des Hospitals gebeten, das Haus *anzumieten und wieder zu rechte machen und bewohnen.* Er schloß einen Pachtvertrag auf 12 Jahre, wobei er jährlich 3 Rthl für *die bode an der mühlen zwischen S. Simeonis thoren* an das Heilig-Geist-Hospital zahlte (KAM, Mi, B 60 alt). 1663 Johan Dirich Bock (*das Hauß gehört Hermann Wittenberg zu, zahlt 14 Thl. heure*); 1667/81 Johann Dirk Bock; 1685/86 Johann Dieterich Bocks Haus *zwischen* St. *Simeonis Thor,* zahlt jährlich 2 Thl 24 gr Giebelschatz; 1696 Witwe J. D. Bock; 1704 Johan Hancke; 1710 Johan Ohm; 1734/50 Caspar Arning; 1755 Ahrning, Haus für 200 Rthl; 1766/81 Bäcker Ahrning, 200 Rthl; 1782 Bäcker Konrad Arning Junior; 1802/04 Arning, halbmassives Haus mit Braurecht für 1000 Rthl, hat Brunnen, hölzerne Handspritze, hält 1 Kuh und 2 Schweine; 1806/12 Conrad Arning; 1815 Kaufmann Heinrich Arning (* 1786); 1818 Hohenkerker; 1820 Witwe Schmalgemeyer, Erhöhung von 800 auf 1500 Thl; 1825/38 Kaufmann Friedrich Wilhelm Angeroth (* 1798 in Rhaden), Erhöhung auf 2500 Thl (er erwirbt 1833 auch das gegenüberliegende Haus, Simeonstraße 36); 1846/53 Kaufmann Wilhelm Deichmann (mit Laden und Comptoir); 1853 Verkauf von Witwe Kaufmann Deichmann an Kaufmann Vogler; 1865 C. Rubrecht, Kolonialwarenhandlung, Restauration und Schankwirtschaft; 1873/78 Kaufmann Güse; 1908/12 Kaufmann August Brathering; 1920 Wilhelm Quarz (Wirtshaus zum Simeonstor). 1960 Verkauf an Gastwirt A. Arendt.

Wohnhaus (von 1782)

Das Gebäude, das sich heute mit einer für Minden typischen viergeschossigen Putzfassade in spätklassizistischer Gestaltung darstellt, ist mit zwei Vollgeschossen und in drei erkennbaren Abschnitten entstanden. Von dem ältesten, vor 1782 bestehenden Bau haben sich heute nur noch etwa 4 m im südlichen Bereich zwischen dem Vorderhaus und dem rückwärtigen Um- oder Anbau von 1782 erhalten. Hier die südliche Traufwand aus verputztem Backstein, darüber ein Mansarddach, heute mit Linkskrempern gedeckt. Das hintere Drittel das Hauses ebenfalls zweistöckig, aber wegen des abfallenden Geländes mit einer anderen Höhenentwicklung. Dieser Bauteil ist zum großen Teil aus Fachwerk errichtet. Lediglich die nördliche Traufwand wurde im Erdgeschoß aus Bruchstein aufgeführt. Die beiden sichtbaren Fassaden sind verputzt. Wegen der engen Führung der Petersilienstraße, die nur ein östlich schmaler werdendes Grundstück zuließ, kragt das Obergeschoß vor. Darüber wiederum ein Mansarddach mit Krüppelwalm am östlichen Rückgiebel. Das Dach ist offensichtlich 1782 zusammen mit einer Erweiterung des zuvor wohl nur sehr kleinen Hauses errichtet worden, und wurde als *eine Hauptreparatur mit einem neuen Anbau, ist gut gebauet* vermerkt. Die Kosten dafür betrugen 1020 Rthl (KAM, Mi, C 156,12 alt), wozu 130 Rthl Baufreiheitsgelder ausgezahlt wurden (KAM, Mi, C 133). Nach den von Sassenberg revidierten Abrechnungen (KAM, Mi, C 388) handelte es sich um einen *Neubau, 2 Etagen hoch mit einem Mandartendach, die untere Etage massive, die obere von Stiehl und Riegel.* Das Haus wurde auf einem *Rostwerk* von Pfählen erstellt, auf denen Bohlen gelegt wurden. Die Wände des Erdgeschosses bestehen aus Backsteinen.

Abb. 1579 Simeonstraße 33 (rechts), Blick nach Norden mit Nr. 31, 28 und 30 (Mitte), 1993.

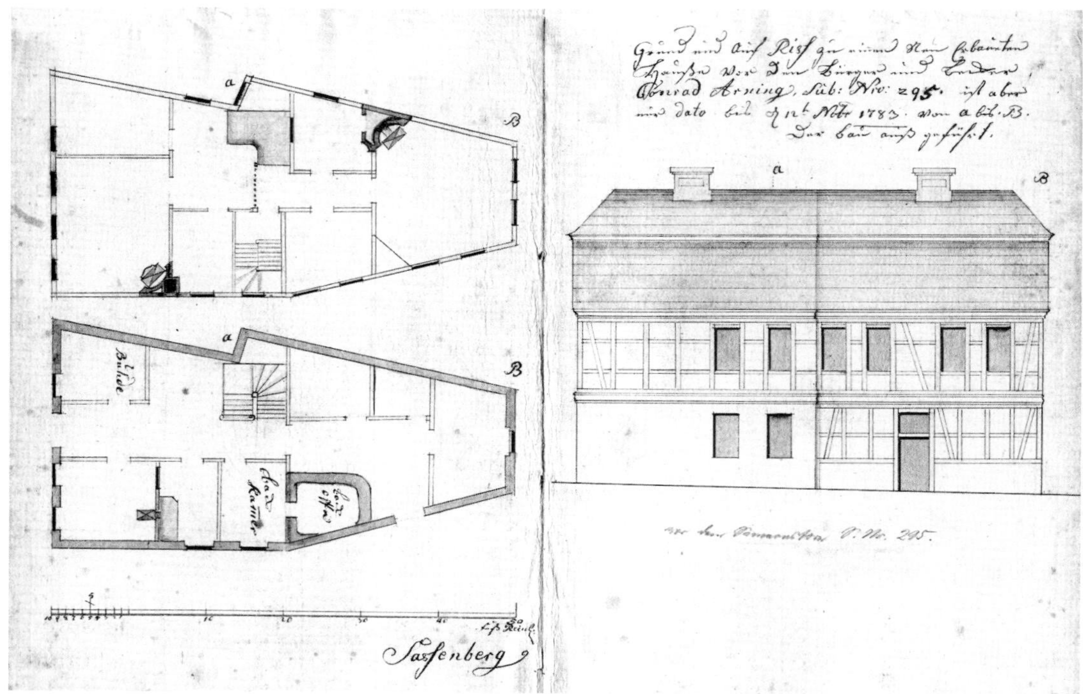

Abb. 1580 Simeonstraße 33, Grundrisse und Ansicht der Traufwand zur Petersilienstraße, Zimmermeister Sassenberg, 1782.

Die 12 Dachbalken sind aus *Tannenholtz*, das Dach wurde mit 2500 Pfannen in Docken gelegt, *die Börhrte und der First* in Kalk. Es wird ein Saal im Hause genannt. Der bei diesen Baumaßnahmen geschaffene Mansarddachstuhl ist noch vorhanden, wobei die Sparren von Unter- und Oberdach aus Eiche, die Spann- und Kehlbalken aus Nadelholz sind (Entwurfsplan bei Nordsiek 1988, S. 48, siehe auch S. 33).

1803 kommt es zu umfangreichen Untersuchungen des unter dem Haus durchführenden Kanals, der das Gelände des Hospitals (siehe Simeonstraße 34/36) entwässert und unter der Straße und diesem Hause hindurch bis zur Bastau unterhalb der Simeonstormühle führt. Der Kanal sei seit mindestens 50 Jahren nicht mehr gereinigt worden, sei aber nach einem Gutachten mit Plan des Maurermeisters Rediger von Januar 1804 nachträglich durch Baumaßnahmen im Hause Simeonstraße 33 (Fundamente von Scheidewänden der Stube) schmaler gemacht und in der Höhe reduziert worden, so daß das Wasser nicht mehr abfließen könne (KAM, Mi, C 214,4 alt).

1838 läßt der Kaufmann Angeroth nicht näher bekannte Umbauten in dem Haus durchführen (KAM, Mi, F 955).

Um 1870 wurde dem Gebäude eine neue Fassade vorgeblendet, die ein zusätzliches Geschoß vortäuscht, indem das Satteldach hinter einer Blendfront verdeckt wird. Diese Maßnahme dürfte nicht zuletzt mit dem Neubau eines großen, die Nachbarschaft weit überragenden Wohn- und Geschäftshauses auf dem Nachbargrundstück Simeonstraße 33 im Jahre 1861 zusammenhängen. Zugleich mit der neuen Fassade wurde das Gebäude in der Tiefe eines Zimmers (etwa 3 m) mit

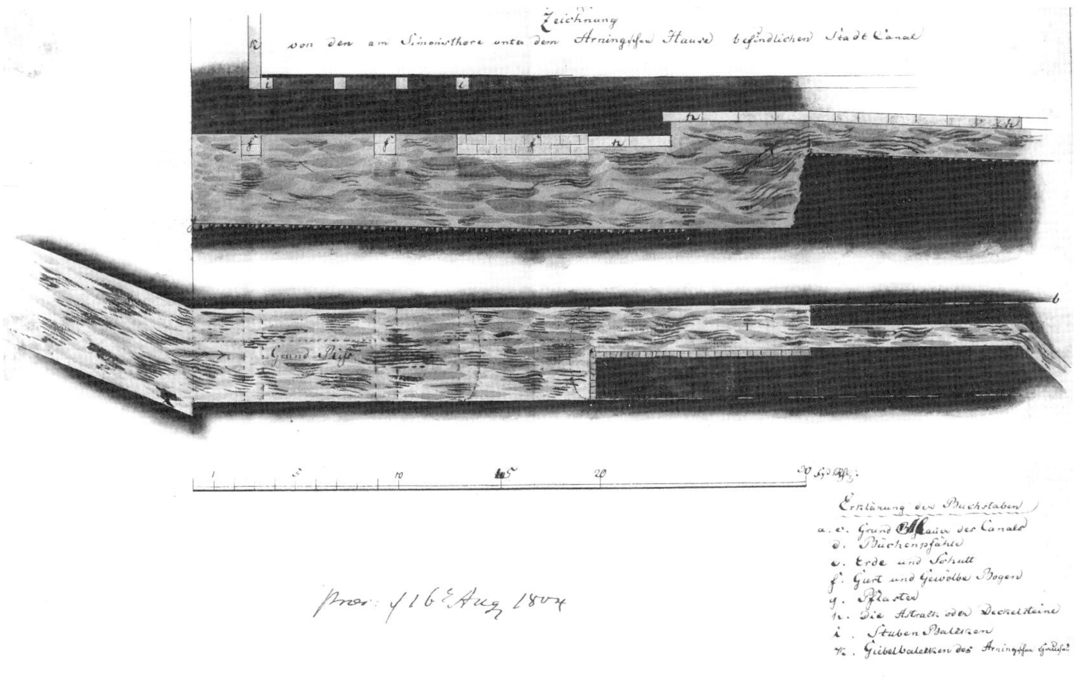

Abb. 1581 Simeonstraße 33, Bestandsplan des unter dem Haus langgeführten Entwässerungskanals vom Heilig-Geist-Hospital, Maurermeister Rediger, 1804.

Backsteinwänden erneuert und mit einem flachen Satteldach versehen (dahinter entstand an der nördlichen, eingebauten Traufwand ein kleiner Lichthof).

1906 Kanalisation. 1991 in die Denkmalliste der Stadt Minden eingetragen. 1996/98 Sanierung und Modernisierung des Inneren. Einbau einer Gaststätte im Erdgeschoß.

SIMEONSTRASSE 34/36, Heilig-Geist-Hospital (Abb. 1582–1585)

bis 1818 ohne Haus-Nr.; seitdem Nebenhäuser oder kleine Wohnhäuser unter Simeonstraße 34 (bis 1878 Haus-Nr. 297 c, d und e an der sogenannten *Geiststraße*) und Hauptgebäude unter Simeonstraße 36 (bis 1878 Haus-Nr. 297 b; bis 1908 Simeonstraße 38)

Die Geschichte des Heilig-Geist-Hospitals ist trotz einer reichen Überlieferung im KAM und STA MS bislang noch nicht weiter aufgearbeitet (dazu insbesondere Nordsiek 1988, S. 15 ff., und Schulte 1997, S. 184–190). An dieser Stelle wurde kurz vor 1309 als zweites städtisches Hospital ein *Marien-Hospital* eingerichtet. Nachdem dieses 1332 mit dem älteren und wohl kurz vor 1250 gegründeten *Heilig-Geist-Hospital* an der Südseite des Marktplatzes (siehe Markt 26) vereint worden war, übernahm man diesen Namen, während der erste Name verloren ging. Das Hospital lag südlich vor der Stadtbefestigung, unmittelbar westlich im Anschluß an das Simeonstor und wurde erst mit der Anlage eines neuen Wallringes um 1510 in die Stadt einbezogen. Das Gelände des Hos-

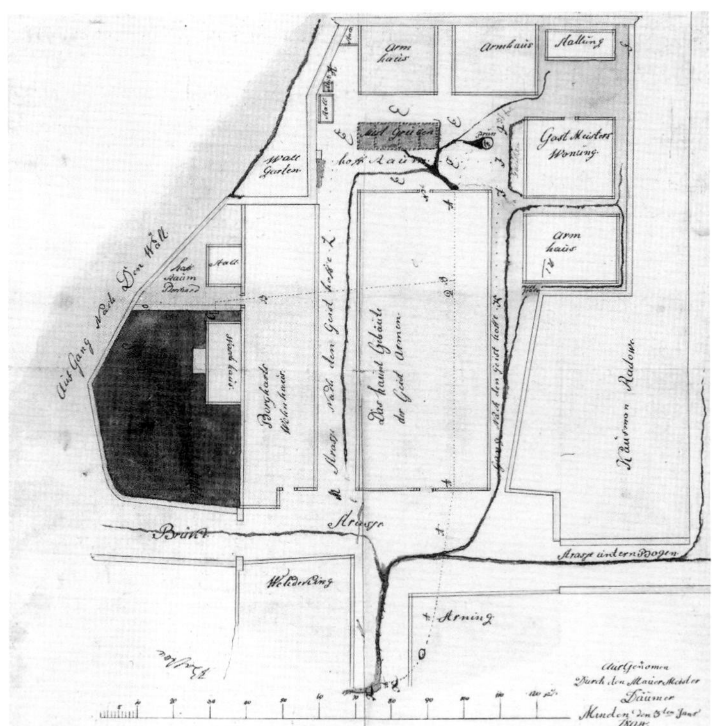

Abb. 1582 Simeonstraße 34/36, Heilig-Geist-Hospital, Grundriß aus der Gesamtanlage mit Entwässerung, Maurermeister Däumer, 1804. Norden rechts.

pitals scheint zunächst recht weitläufig gewesen zu sein und zumindest alle Hausstätten zwischen dem mittelalterlichen Simeonstor (zwischen den Häusern Simeonstraße 33 und 34) und der Bastau beidseitig der Straße umfaßt zu haben. Eine Ausnahme bildete nur die Mühle auf der östlichen Seite der Straße. Auf den Zusammenhang aller Grundstücke deutet nicht nur der gemauerte Kanal hin, der das Hospitalgelände zur Bastau hin entwässerte und auch die Hausstätten Simeonstraße 35 und 36 berührte, sondern auch, daß das Hospital noch bis in die zweite Hälfte des 18. Jahrhunderts Besitzrechte an der Hausstätte Simeonstraße 36 hatte. Die Existenz des Kanals, der das Wasser aus dem extrem tiefliegenden Gelände in die Bastau unterhalb des Wehres der Simeonsmühle entwässerte, legt es nahe, daß die Mühle erst relativ spät mit einem hohen Stau für ein mittel- oder oberschlächtiges Rad versehen wurde, wobei der Wasserspiegel des Staus über das Bodenniveau der umstehenden Bebauung am südlichen Ende der Simeonstraße angehoben wurde (auf dieses weitläufige Gelände könnte die bei Tribbe um 1460 als Legende ausgewiesene Nachricht hindeuten, das Hospital sei von einem reichen Bürger gestiftet worden, *der zunächst oberhalb der Brücke auf beiden Seiten bauen wollte, wie es in einigen Städten ist, und zwar* Miethäuser für seinen Lebensunterhalt).

Eine erste räumliche Beschränkung erlitt das Hospital durch den um 1510 vor der mittelalterlichen Mauer aufgeschütteten Wall, der sowohl die zuvor durch die Stadt erworbene Mühle (zu ihrer Geschichte siehe Nr. 35/37), als auch das Hospital in die Stadtbefestigung einbezog. Die Mühle wurde dann dem Hospitalvermögen überwiesen. 1650 wurde die auf Grund der Lage inzwischen als Badehaus genutzte vordere Hälfte der Hausstätte Simeonstraße 38 vom Hospital gelöst, während der rückwärtige Teil dieses Grundstücks zuvor mit einem Küchengebäude bebaut worden war, so daß das

Hospitalgelände nun auf allen Seiten durch Nachbarbauten eingeschränkt war. Das Hospital bestand in der Neuzeit auf dem durch den Verlauf der älteren und der jüngeren Stadtbefestigung sehr beengten Grundstück aus dem Haupthaus (heute Simeonstraße 36), einem giebelständigen großen Steinhaus, das auch die Kapelle umfaßte, sowie sechs kleinen, offensichtlich eingeschossigen Fachwerkhäusern, die auf dem Hofgelände dahinter lagen (heute Simeonstraße 34). Dazwischen standen noch zwei kleine Stallgebäude. Die Bauten werden im Hauptbuch des Hospitals von 1759 alle genannt (KAM, Mi, C 217,22a alt; dazu siehe auch den Lageplan von 1804 vom Maurermeister Däumer zur Wasserführung in diesem Gebiet in KAM, Mi, C 214,4, siehe Abb. 1582). Auf dem rückwärtigen Grundstück standen – seit dem 18. Jahrhundert nachweisbar – vier kleine Armenwohnhäuser aus Fachwerk. Zwei weitere lagen hinter dem Rückgiebel des Hospitals an der Westgrenze. Diese sechs Häuser werden im Hauptbuch des Hospitals von 1759 aufgeführt, wobei sie bis auf ein Doppelhaus alle eine Wohnung aufweisen. Sie werden jeweils für 4 Jahre vermietet, wobei der Zins bis um 1765 4 Rthl, danach 6 Rthl umfaßte. Die Mieter, die in der Regel nur wenige Jahre hier blieben, sind vielfach Witwen. Über die Geschichte der vier Armenwohnungen ist nichts weiter bekannt, doch bestand der westliche Bau offenbar noch bis 1928, als er einem Garagenbau auf dem Grundstück Simeonstraße 36 weichen mußte. Die zwei weiteren Bauten befanden sich weiter nördlich an der Grenze zum Rückgrundstück Simeonstraße 30, wo sie seit dem 1891 erfolgten Ausbau der Rodenbecker Straße tief unterhalb einer Stützmauer der verbreiterten Straße liegen. Nachdem dieser Grundstücksteil seit etwa 1905 von der Parzelle Simeonstraße 36 abgetrennt worden war und so die Adresse Simeonstraße 34 erhielt, gelangte er um 1945 zum Grundstück Simeonstraße 32. Auf Grund von dortigen Baumaßnahmen verlangte die Bauaufsicht 1946 zur Wahrung der nötigen Freiflächen den Abbruch der beiden nur noch als Lager bezeichneten Bauten, der allerdings noch lange hinausgezogen wurde und schließlich nur für den östlichen Bau durchgeführt wurde, während der westliche bis heute als letztes Zeugnis dieser wichtigen Anlage erhalten blieb.

Wohl 1309 werden Reliquien zu dem neuen Hospital St. Marien vor dem Simeonstor übertragen: *novi Hospitalis extra muros Sanctj Simeonis Mindensis* (KAM, Mi, A III, Nr. 5. – STA MS, Mscr. VII, 2716, Nr. 3v). 1326 (?) *an sante Symeonis strate neyst des Hilligen Gestes hus* (von Schroeder 1997, Stadtbuch 1318, I, Nr. 62). 1331 *hospitalibus beatae Virginis Mariae extra muros ac sancti Nicolai extra fossata civitatis* (STA MS, Mscr. VII, 2716, Bl. 6r–6v). 1332 wird das Marienhospital mit dem Heilig-Geist-Hospital am Markt zusammengelegt: *duo hospitalia*, das andere *de beatae Mariae Virginis fraternitate*; *Alterum hospitale scilicet secundarium extra valvam Sanctj Simeonis juxta ejusdem nostrae civitatis fossata ob reverentiam praelibata Mariae Virginis in quo mendicj infirmantes assumuntur* (STA MS, Mscr. VII, 2716, Bl. 7r–9r). 1338 *miserabilibus personis Hospitalis Sanctae Mariae extra valvam Sancti Simeonis* (STA MS, Mscr. VII, 2716, Bl. 11r). 1342 Mandat zur Wiederbeibringung der entfremdeten Güter des Marien-Hospitals (KAM, Mi, A III, Nr. 8. – STA MS, Mscr. VII, 2716, Bl. 11v); 1342 genannt als *de den Hiligen Geist vorstat vnnd bewaret buten Sunte Symeone* (STA MS, Mscr. VII, 2716, Bl. 12r). 1343 werden die Vorsteher des Heilig-Geist-Hospitals und von St. Marien vor dem Simeonstor genannt (STA MS, Mscr. VII, 2716, Bl. 12v); 1354 *in deme heiligen geiste vor Sante Symeones dore vor Minden* (KAM, Mi, A III, Nr. 12. – STA MS, Mscr. VII, 2716, Bl. 14r); ab 1376 sollten nach Beschluß des Rates nur noch geborene Bürger Mindens eine Präbende im Hospital erhalten (von Schroeder 1977, S. 170); Tribbe beschreibt die Anlage um 1460 mit *jenem teuren Bau*, im dem *18 oder 20 Freistellen, an die an jedem Tage je nach der Zeit Fleisch, Milchspeisen und Bier verteilt wird. Und es hat einen Familienvater, der ihnen die Spenden verteilt und hat es eine Köchin und eigene Küche, wohl 16 oder 18 und 2 Hauptverteiler sind dort vom Rat. Und in jenes Haus kommen aus der Stadt die, die irgendwelche Verluste durch die Stadt erlitten haben, Arme, Witwen und einige Auswärtige, die die vorgenannten Freistellen kaufen.* Die Verwaltung des Hospitals ist in einem Anbau am Martini-Kirchhof (siehe Martinikirchhof 5) des Kaufhauses am Markt untergebracht (siehe Markt 6). Auch im 18. Jahrhundert scheinen die inneren Verhältnisse des Hospitals noch sehr ähnlich zu sein. Es wurde von zwei Aufsehern (den *Provisoren*) aus dem städtischen Rat verwaltet und durch einen Gastmeister geleitet, der auch die 18 bis 20 Insassen mit Lebensmitteln versorgte. Die Anstalt bezog 1788 ca. 679 Rthl Einkünfte (KAM, Mi, C 200,4 alt)

1528 Verwahrer des Heiligen Geistes *in der vorstatt Simeonis* (KAM, Mi, A III, Nr. 175. – STA MS, Mscr. VII, 2716, Bl. 82v–83r); 1818 gehört den Armen zum Geist: *Hospital zum Geiste*, versichert zu 3 000 Rthl sowie sieben kleine Wohnungen, jede zu 250 Rthl; 1833 wird der Komplex *des Geist-Armenhauses nebst den 4 kleinen Wohnungen* nach einer Taxation durch den Zimmermeister Fr. Wehdeking öffentlich zum Verkauf ausgeschrieben, wobei die Glocke und die auf dem Gebäude sitzende Turmspitze ausgenommen werden. Zwar ist Joh. Heinrich Wehdeking mit 3 750 Thl Meistbietender, doch wird der Komplex dann dem benachbart (Simeonstraße 33) wohnenden Kaufmann Fr. Wilhelm Angeroth zugeschlagen (KAM, Mi, E 560). 1835 verkauft dieser die Anlage an Carl Vogeler (Nordsiek

1988, S. 13). 1846 bewohnt von Händler Karl Lange und 16 weiteren Mietparteien (insgesamt 60 Personen); 1853 Besitzer ist der Kaufmann Deichmann (wohnt Simeonstraße 33), vermietet an Kleinhändler Lange und sieben weitere Mietparteien (insgesamt 28 Personen); 1873/78 Kaufmann Schmieding (mit vier weiteren Parteien); 1893 Witwe Schmieding, verpachtet an Kaufmann J. Müller; 1902/6 Kaufmann Karl Müller; 1908 August Meffert; 1928 gehört der Grundstücksteil Nr. 34 Gastwirt Willhelm Quarz (seit etwa 1945 zum Grundstück Simeonstraße 32 geschlagen) der Grundstücksteil Nr. 36 Kaufmann August Meffert (Kolonialwaren und Kaffeegroßrösterei); 1951 August Meffert.

Abb. 1583 Simeonstraße 34/36, Heilig-Geist-Hospital, Glocke von 1736 (heute auf Gut Renkhausen), Zustand 1999.

Hospitalgebäude (bis 1865) Simeonstraße 36

Über das Gebäude konnten bislang nur wenige Angaben gewonnen werden: Eingeschossiger Bau mit Satteldach und massiven Umfassungswänden (der Westgiebel aus Fachwerk), auf dem Dach ein Dachreiter mit Glocke. Diesen läßt 1736 der Vorsteher des Hospitals, Johann Heinrich Frederking auf seine Kosten erneuern (Schlichthaber II 1752, S. 52), wobei auch eine neue Glocke beschafft wird. Dachreiter und Glocke werden beim Verkauf des Hospitals 1833 durch die Stadt zurückbehalten. Die Glocke gelangte später auf das Gut Renkhausen, wo sie noch heute erhalten ist (siehe unten).

Unter dem Gebäude verlief ein gemauerter und überwölbter Kanal, der das ganze Gelände des Hospitals in die Bastau unterhalb des Wehres der Simeonstormühle entwässerte. Er wurde 1804 nach Jahrzehnten der Verschlammung geräumt, worüber langwierige Gutachten um die entstandenen Kosten einschließlich einer Karte der Oberflächenentwässerung (Däumer 1804) und der Konstruktion des Kanals (Rediger 1804) erstellt wurden (KAM, Mi, C 2144 alt und C 512). Er wird unter dem Gasthaus mit 88 Fuß Länge und 6,5 Fuß Breite angegeben, sei massiv überwölbt und zu begehen. Ein Nebenarm sei vom Hof des Hauses Simeonstraße 38 zugeführt.

In dem Gebäude wurde wohl nachträglich eine Kapelle eingerichtet: 1401 bestätigt der bischöfliche Offizial die Stiftung eines Altars durch den verstorbenen Albert von der Mühle im Armenhaus vor dem Simeonstor (KAM, Mi, A II, Nr. 51. – STA MS, St. Mauritz und Simeon, Urkunden Nr. 124. – STA MS Münster, Mscr. I, 115, Bl. 28–30. – STA MS, Mscr. VII, 2713, Bl. 174r–177v. – Schroeder 1886, S. 314). 1454 *weghen der cappellen vnde altares liggende an deme hilghen gheste in der vorstad buten sunte Symeon* (STA MS, Mscr. VII, 2713, Bl. 283r–283v). Tribbe spricht um 1460 von der Kapelle: sie *hat jährlich wohl an 16 Gulden und eine damit verbundene Freistelle und gehört dem 2. Stadtschreiber* (siehe dazu auch Martinikirchhof 5). In der zweiten Hälfte des 18. Jahrhunderts wird die *Geistkirche* auch für Militärgottesdienste der preußischen Garnison benutzt (Nordsiek 1988, S. 17).

Im März 1865 brannte das Hospital nieder (Schroeder 1886, S. 706). An der Stelle wurde anschließend im vorderen Bereich des Grundstücks ein neues Wohnhaus, dahinter im rückwärtigen Bereich des alten Bauplatzes ein Lagerhaus errichtet (siehe dazu Simeonstraße 36). Die mittlere Baufläche des Spitals blieb unbebaut.

Glocke (von 1736)

Die Glocke gelangte nach 1836 auf das Gut Renkhausen (Lübbecke-Gehlenbeck, Renkhauser Allee 1), das sich im Besitz der aus Minden stammenden und im 19. Jahrhundert im Raum Lübbecke tätigen Kaufmannsfamilie Stille befand. Hier war sie als Läuteglocke am Giebel eines Nebengebäudes angebracht. Zu nicht näher bekannter Zeit stürzte sie allerdings ab, wobei sie einen tiefen Riß erhielt und zudem ein großes, nicht erhaltenes Stück mit Teilen der unteren Inschrift ausbrach. Seitdem wird die Glocke im Inneren des Gutshauses verwahrt.

Abb. 1584 Simeonstraße 34/36, Heilig-Geist-Hospital, die beiden nördlichen Armen-Wohnhäuser (links 2. Haus, rechts 1. Haus), Blick von der Rodenbecker Straße nach Südosten, um 1955.

Die etwa 50 kg schwere Bronzeglocke wurde 1736 von einem nicht bekannten Gießer erstellt. Ihr Durchmesser beträgt 45,8 cm, die schräge Höhe von 33,8 cm und die Höhe (ohne Krone) etwa 35,5 cm. Auf der Flanke eine datierende Inschrift, die neben dem Pastor der Pfarrkirche auch den Provisor des Hospitals nennt, der die Glocke stiftete: *H : A·G·Schlichthaber·Past : AD S·SIM*[EONIS] *:/H: I·H·FREDERKING·PROVISOR AD S·SP*[IRITUS] *:/·1736*. Eine weitere Inschrift am unteren Rand: *PS ZO·V·10 HILF H*[ERR, DEM KÖNIG UND ER]*HORE UNS WAN WIR RUFEN*. Auf der Schulter ein leeres Band zwischen zwei Stegen, begleitet von zwei Ornamentbändern. Die schmucklose 6-Henkel-Krone mit Mittelöse, dabei einer der paarigen Henkel ab. Die Glocke ist noch an einem alten, vermutlich originalen Holzjoch befestigt (Angaben von C. Peter/Hamm 1999).

DIE ZWEI NÖRDLICHEN ARMENHÄUSER

Erstes nördliches Armenwohnhaus (seit 1800 Gastmeisterwohnung) Simeonstraße 34

Während der Gastmeister bis 1800 in einem rückwärtigen Bauteil des Hauses Simeonstraße 38 wohnte, ist er 1804 in diesem Hauses nachzuweisen, das dieser Zweckbestimmung offensichtlich bis zur Privatisierung des Gasthauses 1833 diente. 1873 Flurschütz Boknecht (und vier weitere Mieter); 1878 Güse; 1908 August Brathering; 1942 Quant; 1945 Wilhelm Schröder, (wohnt Simeonstraße 32).

Eingeschossiges Fachwerkhaus von fünf Gebinden und Satteldach, im Kern wohl noch aus dem 17. Jahrhundert. Die Dachbalken mit abgefasten Köpfen, die Eckständer mit Fußstreben, eine Riegelkette. Die fachwerkenen Giebeldreiecke ohne Vorkragung, doch der Südgiebel (zum Hospitalhof)

Abb. 1585 Simeonstraße 34/36, Heilig-Geist-Hospital, 1. nördliches Armenwohnhaus, Ansicht von der Rodenbecker Straße nach Südwesten, 1994.

ursprünglich reicher gestaltet: im Dreieck mit Spitzsäule und später entferntem Geckpfahl. Im unteren Bereich wurde das Gebäude in der ersten Hälfte des 19. Jahrhunderts mit Schwelle-Rähm-Streben neu verzimmert.

Die innere Aufteilung wird bestimmt durch nicht in das Gerüst eingebundene Wände, deren Datierung nicht geklärt werden konnte: Mit einer firstparallelen Wand und zwei Querwänden (zwei Schornsteine in den inneren Wandwinkeln) werden vor dem Südgiebel zwei kleine und vor dem Nordgiebel zwei größere Räume ausgeschieden. Der Raum dazwischen als kleiner Flur mit Treppe zum teilweise ausgebauten Dach ausgestaltet, so daß der Bau zumindest in den letzten zwei Jahrhunderten zu zwei sehr kleinen Wohneinheiten aufgeteilt war. Das Gebäude in der südöstlichen Ecke unterkellert (die Balkendecke heute durch Beton ersetzt).

1907 Kanalisation; um 1980 wurde das (seitdem im Inneren völlig verkleidete und nicht untersuchbare) Gebäude modernisiert und zu einer Wohnung eingerichtet.

Zweites nördliches Armenwohnhaus (bis 1957) Simeonstraße 34 b

Das Gebäude, östlich der Gastmeisterwohnung gelegen und schon 1945 als baufälliges Haus beschrieben, sollte nach Auflage durch die Stadt Minden in der Genehmigung zum Anbau einer Küche an das Haus Simeonstraße 32 bis 1950 abgebrochen werden. 1957 wird das nun als altes Lager bezeichnete Haus abgebrochen.

DIE VIER WESTLICHEN ARMENWOHNHÄUSER

EIN HAUS AM GEISTE: Mieter ist 1715 Jobst Henrich Bülow, dann dessen Witwe. *Nachdem dieses Hauß anno 1727 eingefallen…* haben Senator Baxman und H. Gabriel Nietze das Haus besichtigt und erklärt: *ein gantz neues Hauß müße gebauet werden; welches auch geschehen und hatte man alle alte materialien dazu wieder angewandt das nunmehro 2 guthe wonungen daraus geworden.* 1728 Mieter Johan

Schütte und Johan Witthuß. Mieter der ersten Wohnung: 1730 Christoph zur Borg *hat das eine Hauß*, 1734 Johan Henrich Witte, 1758 Frantz Klingeler, 1760 Witwe Knochen, 1763 Fleßner, 1770 Soldat Endler, 1784 Krempel. Mieter der zweiten Wohnung ist der 1738 verstorbene Böschemeyer, 1739 Schneider Düsterdieck, 1740 Jacob Hamelter, 1757 Bünte, 1760 Liesgen, dann Conrad Schäffer, 1764 Witwe Rummi, 1770 Fügel, 1772 Zimmergeselle Spenger, 1780 der gewesene Kutscher Hasenbrinck (KAM, B 103 c,9 alt).

EIN HAUS AM GEISTE: 1715 bewohnt Henrich Strümpeler (zahlt jährlich 1 Thl 18 gr Miete); 1735 an Joh. Hinrich Plate (für 3 Rthl jährlich) auf 4 Jahre vermietet; 1751 Johan Henrich Plate; 1752/84 Samuel Schönborn (zahlt 1760 jährlich 4 Rthl, 1784 dann 6 Rthl Miete); 1786 Witwe Weichel; 1795 Witwe Bohnen (KAM, B 103 c,9 alt).

EIN HAUS AM GEISTE: Mieter ist 1715 Johann Dellbrügge, 1735 Friedr. Colmeyer, 1739 Mich. Bart. Bickmeyer, 1747 Pielen, 1751 Engelbrecht, 1754 Peter König, 1756 Michaelis Schröder, 1758 Caspar Feltmann, 1770/84 Witwe Siemers, 1788 Geschwister Grote, 1796 Musqetier Schneider (KAM, B 103 c,9 alt)

EIN HAUS AM GEISTE: Mieter ist 1715 Witwe Gerhard, 1717 Henrich Schnelle, 1731 Wischmann, 1750 Scharffs Tochter, dann Heydemann, 1758 Kollmeyer, 1760 Arend Fleßner, 1784 Hügel (KAM, B 103 c,9 alt).

EIN HAUS AM GEISTE: Mieter ist 1715 Witwe Dammeyer. Nachdem 1728 Witwe Dammeyer stirbt, wird das Haus nicht weitervermietet, da *dieses Häußgen erstlich repariert werden* muß. Mieter ist 1730 Witwe Johan Jürgen Vogt, 1760 Christian Vogt, 1784 Flügel oder Hugel (KAM, B 103 c,9 alt).

1853 ist das Armenwohnhaus Haus-Nr. 297 c vermietet an den Eisenbahnbediensteten Bake (1873 Flurschütz Bocknecht), Haus-Nr. 297 d an Herrn Schubert und Haus-Nr. 297 e an Herrn Musemann.

SIMEONSTRASSE 35, Simeonstorsche Mühle (Abb. 1586–1587, 1589)
bis 1818 Städtisches Gebäude Nr. 17; bis 1878 Haus-Nr. 296; bis 1908 Simeonstraße 39

Bis gegen 1800 wurde unter der Hausnummer nur eine sehr kleine Hausstelle verstanden, die sich auf einem kleinen Restgrundstück zwischen der nördlich liegenden, durch die Simeonstorschen Mühle überbauten Bastau und dem südlich anschließenden, kurz nach 1510 entstandenen Stadtwall befand. Ihre Einrichtung war erst danach möglich und ist wohl um 1708 erfolgt, als sie von der Mühle abgetrennt wurde. Die Hausstelle gehörte bis 1764 zum Heilig-Geist-Hospital (siehe Simeonstraße 34/36) und bildet erst seitdem mit der südlich anschließenden Simeonstorschen Mühle eine Einheit. Die Hausnummer wurde ab 1818 auch auf die bis zu diesem Zeitpunkt als frei geltende benachbarte Mühle übertragen.

Die Mühle bestand schon vor 1315 und gehörte ursprünglich wohl zum bischöflichen Besitzkomplex, lag auch nach der Auflösung der zur Verwaltung der Güter eingerichteten *Curia Hasle* (siehe auch Teil V, Kap. IV, S. 117) und der Ausweitung der Stadt bis um 1510 außerhalb der Stadt, knapp vor dem im frühen 13. Jahrhundert entstandenen Simeonstor. 1315 verkauft der Bischof einen Lehnshof in Minden, zugleich ein Gut und eine Mühle in Hasle an das Kloster Marienfeld: *molendinum nostrum ante valvam s. Symeonis extra muros Myndenses* an das Kloster Marienfeld (STA MS, Mscr. VII, 1326, Bl. 130v. – WUB X, Nr. 491). Der Verkauf wird im folgenden Jahr durch den Bischof (STA MS, Mscr. VII, 1326, Bl. 129v. – WUB X, Nr. 508a) und durch *Wicburgis*, *Hillegundis* und *Godefridus*, Erben (wohl als Pächter) der Mühle, bestätigt (STA MS, Mscr. VII, 1326, Bl. 130. – WUB X, Nr. 508b). Das Kloster Marienfeld verkauft den Besitz 1446 an den Herforder Kirchherren Bobbinchus (VAHRENHOLD 1966, S. 99. – WUB 8, Nr. 1055 und 1056). 1514 verkaufen Bürgermeister Johann Gevekote, seine Frau Lucke, ihre gemeinsame Tochter Lucke und sein Sohn Hartmann *syne molen, gheheten de Haßellmole, so de belegen ys buten sünte Symeon, myt dem dyke, waterulote, molenhuse* (KAM, Mi, A I, Nr. 461. – STA MS, Mscr. VII, 2716, Bl. 38r–38v. – VON SCHROEDER 1997, Urkunden Nr. 168). 1514 bestätigen die Brüder Johann und Jasper Gevekote der Stadt den durch den Vater Johann Gevekote getätigten Verkauf: *sine molen geheten de Haßel Molen belegen buten sunte Simeon mit dem dike waterflöte grunde vnd molenhuse* (KAM, Mi, A I, Nr. 462. – STA MS, Mscr. VII, 2716, Bl. 39r–39v). Der Name der Mühle erinnerte noch zu dieser Zeit an die vor dem Tor liegende Wüstung Hasle (HORSTMANN 1935, S. 39). Der Kauf dürfte mit den in diesem Jahr begonnenen Erweiterungen der Stadtbefestigung zusammenhängen, denn 1512 begann man den Bau eines Zwingers vor dem Simeonstor. Die Mühle bekam nun eine Lage innerhalb der neuen vorgelegten Stadtwälle.

Nach Tribbe (um 1460) gehörte die Mühle ehemals zum Amt des Wichgrafen. Danach dürfte sie Teil der südlich der Bastau befindlichen Curia Hasle gewesen sein. Nachdem sie in den Besitz der Stadt kam, stand sie von 1514 bis 1764 in der Verwaltung des Heilig-Geist-Hospitals und unter der Aufsicht des städtischen Armenprovisors. Der Name änderte sich damit auch in »Heilig-Geist-Mühle«. Pächter der Mühle sind: 1694 Conrad Aldach, 1699 Müller Ohm; 1708 Müller Johann Ohm; 15.1.1735 Tod des Müllers Johan Ohm; 1743/47 Müller Weymann, 1753/57 Joh. Gerth Ackermann (KAM, Mi, C 1006, 1109); 1763 Pächter ist der lippische Mühlenpächter Georg Kloth. 1764 Verkauf der Mühle (zusammen mit der Herrenmühle) gegen Erbpacht an die Vettern Müller Kloth aus Detmold und Johann Friedrich Wehdeking für 8300 Rthl, wobei der Besitz schon bald aufgeteilt wird. Die Geist-Mühle erhielt Müller Johann Friedrich Wehking (KAM, Mi, C 217,22a alt); 1785 Zimmer- und Mühlenbaumeister Johann Heinrich Wehdeking; 1805 Zimmermeister Wehking: Haus mit der Mühle 1000 Rthl, Oelmühle 1000 Rthl, Wassermühle 500 Rthl, Lohmühle mit dem Gebäude 500 Rthl; 1825/56 Baumeister Friedrich Wehdeking (hat auch Königstraße 41); 1862 Meiersiek; 1863 Witwe Caroline Meyersiek; 1868

Abb. 1586 Simeonstraße 35, Ansicht von Westen, 1993.

Mühlenfabrikant Friedrich Holtekemper; 1878 Usadel; 1893 Erdbrügger; 1898 Verkauf der Mühle und der Staugerechtsame von Heinrich Erdbrügger für 30 000 Mark an die Stadt, die damit die Verlegung der Bastau einleitete (KAM, Mi, F 2327 und F 2400: hier zahlreiche Pläne über die Stauanlage); die Mühle besteht aber noch als Kunstmühle weiter: 1920 Mühle H. Erdbrügger (Inhaber ist Heinrich Ohsiek).

HAUS-NR. 296: 1667/69 Witwe Hermann Siebken; 1670 Witwe Hermann Siebken und Schwiegersohn; 1772/74 Ahlert Wlomer und seine Schwiegermutter; 1777/79 Ahlert Wlömert; 1681 Mieter ist Albert Kivenhagen; 1685/86 Altert Wlömers olim Hermann Siebken Haus (zahlt jährlich 1 Thl. 12 gr Giebelschatz); 1696 Daniel Ohm, *Müller im Heilig Geist*; 1704 Johan Ohm alias Wlömers Haus; nach dem Lagerbuch des Heilig-Geist-Hospitals *ein Haus am Ende der Heyl. Geist Mühlen, welches in ao 1708 von dem Müller Johann Ohm erkaufft* wurde. Es wird vermietet. Mieter sind: 1715 Johann Caspar Arning, 1721 Johan Herman Roßmeyer, 1736 Johan Martin Seeler, 1760 Friederich Wedekind. Das *Haus ist 1764 Ostern an den Müller Weking verkaufft* worden (KAM, B 103 c,9 alt; C 217,22a alt; C 604).

1743 ohne Eintrag (Haus ohne Grundbesitz); 1750 Schuster Seele; 1755 Haus der Geist-Armen, 100 Rthl; 1759 *Haus am Simeonsthor an der Mühle der Geist Armen*, vermietet an Friedrich Wedekind (KAM, Mi, C 217,22a, alt); 1764 Verkauf vom Heilig-Geist-Hospital an den Müller Wehking; 1781 Müller Wehking, 100 Rthl; 1798 Mühlenmeister Wehdeking; 1805 Zinngießer Wehking, Wohnhaus 600 Rthl; 1806 Zimmermeister Joh. Heinrich Wehdeking Senior; 1815 Müller Gottlieb Wedeking (* 1792) und Architekt Friederich Wedeking (* 1782); 1825 J. H. Wehdeking, Wohnhaus nebst Mahlmühle, 2 000 Thl, Oelmühle 1 000 Thl; 1836 Mühlenbesitzer Friedrich Wehdeking (* 1781); 1846/53 Müller Friedrich Wehdeking; 1863 Witwe Caroline Meyersiek; 1868 Mühlenfabrikant Friedrich Holtkemper; 1873 Müller Schürmann; 1878 Usadel; 1908/20 Dampfmüller Heinrich Ohsiek; 1952 Müller Heinrich Ohsiek; 1960 Herbert Arendt.

Der Mühlenkomplex setzte sich aus mehreren Bauteilen zusammen. Kern dürfte das (nicht freie, unter der Haus-Nr. 296 geführte) Wohngebäude in der nordwestlichen Ecke, zwischen Simeonstraße und Petersilienstraße sein, an das sich sowohl östlich wie auch westlich Anbauten anschlossen. Die ältere Baugeschichte des Komplexes konnte bislang kaum aufgeklärt werden. Offensichtlich sind die Bauten in der zweiten Hälfte des 18. Jahrhunderts weitgehend erneuert worden. 1961

Abb. 1587 Simeonstraße 35, Ansicht der Mühle und des Wohnhauses von Südwesten, um 1950.

wurde der völlige Abbruch der Bauten zu Gunsten eines großen Neubauprojektes geplant (Architekt W. Dessauer), aber bis auf den Abbruch der eigentlichen Mühle 1968 nicht durchgeführt.

Wohnhaus (um 1768/1879)

1768 stellt der Müller Wehking fest, ihm sei beim Kauf der Simeonsthorschen Mühle eine kleine Hausstätte Nr. 296 unter der Bedingung überlassen worden, auf ihr die Einquartierungslast so lange ruhen zu lassen, bis er eine wüste Hausstätte bekommen habe. Dies sei nun der Fall und er wolle nun am Weingarten 6 ein neues Haus errichten (KAM, Mi, C 380), wozu es aber nicht kommt. Diese Eingabe könnte im Zusammenhang mit einem beabsichtigten Neubau des Hauses stehen, das 1815 als *zweigeschossiges massives Wohnhaus mit Hofraum und Mühle* (diese in einem eingeschossigen, massiven Anbau) beschrieben wird.

1879/80 wird vor diesem in Gestalt und Ausstattung nicht weiter bekannten zweigeschossigen Steinhaus eine neue Fassade durch den neuen Eigentümer, den Bauunternehmer Usadel, errichtet und zugleich die östlich anschließende Mühle zu einer Maschinenmühle mit hohem Schornstein umgebaut (die Pläne dieser beantragten Maßnahmen in den Bauakten nicht aufgefunden). Zugleich dürfte es zu einem Umbau des Hauses gekommen sein. Dieses ist seitdem ein zweigeschossiges Giebelhaus mit flach geneigtem Satteldach über einem niedrigen Drempelgeschoß. Das Gebäude von Backstein, die dreiachsige Fassade verputzt und in spätklassizistischer Weise gestaltet. Über dem schlicht geputzten Erdgeschoß (das offensichtlich seitdem im vorderen Bereich Ladenzwecken mit größeren Schaufenstern diente) ein Obergeschoß, das durch ein rechteckiges Sockelgesims und ein breites, oberes, von aufgeputzten Pilastern getragenes Gesims hervorgehoben ist. Darüber ein vom Gebälk gerahmtes Giebeldreieck mit heute vermauertem Doppelfenster. Die Wirkung der Fassade

Abb. 1588 Simeonstraße 36, Ansicht von Südosten, 1993.

ist seit 1970 durch Höhenreduzierung der Fenster erheblich beeinträchtigt. 1988/89 wurde das Innere des Gebäudes völlig modernisiert und mit einem massiven Treppenhaus versehen.

Mühlengebäude (bis Ende des 18. Jahrhunderts)

Am 31. 7. 1634 erlitt die Mühle Beschußschäden bei der Belagerung der Stadt (Bölsche o. J., S. 46). Für 1752 ist eine Reparatur der Mühle überliefert (KAM, Mi, C 1004).

Mühlengebäude (Ende des 18. Jahrhunderts–1968)

Der zuletzt bestehende Bau war ein eingeschossiger Fachwerkbau von acht Gebinden Länge in Traufenstellung zur hier erheblich höher liegenden Simeonstraße bzw. ihrer Brücke über die Bastau. Das Gebäude stand zum großen Teil über dem Bachlauf und wurde offensichtlich im späten 18. Jahrhundert neu erbaut. Im Wandgefüge finden sich überkreuzende Schwelle-Rähm-Streben. Der unmittelbar auf der Ufermauer stehende Südgiebel mit Krüppelwalm und verbrettertem Giebeldreieck ist offensichtlich in dem darunter befindlichen Bereich massiv aufgemauert, da davor die beiden Wasserräder gelagert waren. Über die technische Ausstattung der 1898 mit der Bastauregulierung stillgelegten wassergetriebenen Anlage ist nichts näheres bekannt: 1815 Mühle hat zwei Gänge, Wert 3000 Thl; 1829 die Mühlenanlage hat drei unterschlächtige Räder; 1857 hat einen Mahlgang und eine Ölpresse; 1863 Einbau eines Grundzapfens zur Fixierung der Stauhöhe (KAM, Mi, G II Nr. 10; mit Skizze der Wehranlage); 1935 Dampfmühle und Futterhandel. Das Gebäude wurde 1968 abgebrochen und statt dessen eine Gaststätte (siehe Simeonstraße 37) errichtet.

Ölmühle (1777–1983)

1777 bis 1779 kam es zum Neubau einer Ölmühle durch den Mühlenbaumeister Wehking für 1 377 Rthl. Dieser wurde als Anbau ohne Wohnung an die bestehende Mühle errichtet (KAM, Mi, C 388 mit Anschlag): Quadratischer Fachwerkbau von 42 Fuß Grundmaß mit gekehltem Dachgesims, englischen Fenstern und gedockter Ziegeldeckung.

1779 wird berichtet, es sei durch den Müller Wehking auf dem Wasser *ein gantz neues Haus ohne Schulden errichtet* worden, gehört zur Ölmühle (KAM, Mi, C 874). Offensichtlich ist dies der heute nur noch im Kern erhaltene, östliche, zweigeschossige und inzwischen massive Flügel mit hohem Sockelgeschoß und ehemals Mansarddach (dessen östliches Giebeldreieck aus Fachwerk). 1785 *nach holländischer Art erbaute Oelmühle.* Näheres zu dem Gebäude und seiner Ausstattung ist nicht bekannt.

Nach einem weitgehenden Brandschaden des Gebäudes 1983 wurde es bis 1989 völlig verändert als dreigeschossiges Wohnhaus unter flachem Satteldach wieder aufgebaut.

Steinbalken, ehemals wohl über dem Zufluß aus dem Mühlgraben, der 1953 am zugeschütteten Einlauf der Bastau zur Mühle gefunden wurde (dazu von Schroeder 1964, S. 248. – M. Nordsiek 1988, S. 14): Sandstein, Länge etwa 2,75 m mit Inschrift und den Wappen Lippelding und Stolte in der Mitte *JOHAN LIPPELDING SENIOR A*(mt-) *M*(eister)· *JOHANN STOLTE/ PROVISORES DER ARMEN ZUM · HEILIGEN GEIST/ 16 93*

SIMEONSTRASSE 36 (Abb. 1574, 1588, 1589)

Nachfolgebau des 1865 abgebrannten Hospitals (siehe Simeonstraße 34/36)

Haus (von 1865/66)

Dreigeschossiger, fünfachsiger Backsteinbau mit verputzter und in schlichten Formen des Spätklassizismus gegliederter Fassade. Satteldach über niedrigem Drempelgeschoß. Das Haus in der ganzen Fläche mit Backsteintonnen auf Gurtbögen unterkellert.

Das Innere ursprünglich mit einem Mittelquerflur, der das zweiläufige Treppenhaus in der Mitte der nördlichen Seitenwand erschließt. Der Flur schon 1902 im vorderen Bereich zur Schaffung eines großen Ladenlokals aufgegeben (Planung: W. Meyer), Zugang seitdem unter dem Treppenpodest in der seitlichen Zufahrt. Dabei sind auch die Kellerdecken im vorderen Bereich zur Absenkung des Erdgeschosses in Eisenbeton erneuert worden.

Im Keller des Hauses bestand noch 1966 ein Hausbrunnen.

1907 Kanalisation; 1949 Einbau großer Schaufenster (Plan: W. Moelle); 1991/92 wird das Haus umgenutzt und renoviert (Plan: Lax & Schlender).

Nebengebäude (1865–1984)

Am 16. 10. 1893 brannte das wohl zugleich mit dem Vorderhaus um 1865 errichtete Gebäude aus, das bei gleicher Breite jenseits eines Hofplatzes errichtet worden war (der Westgiebel steht etwa an der Stelle des Westgiebels des alten Hospital-Gebäudes). Noch im gleichen Jahr wird das *durch Brand beschädigte Lagerhaus* bei Erhöhung der Mauern um 1,5 m wieder aufgebaut (Plan und Ausführung G. Ed. König). Das Erdgeschoß mit gewölbten Räumen. 1928 werden westlich des Hintergebäudes ein kleines Lagergebäude und ein Stall (möglicherweise noch die westlichsten Nebenbauten des Hospitals) abgebrochen und statt dessen eine Reparaturwerkstatt für Autos sowie sechs Garagen errichtet (Unternehmer W. Kuhlmann), ferner eine Tankpumpanlage der Firma Dapolin auf dem Innenhof. 1984 Abbruch aller dieser Bauten.

SIMEONSTRASSE 37

bis 1818 ohne Haus-Nr.; bis 1878 unter der Haus-Nr. 296; bis 1908 Klausenwall 1; bis 1970 Lindenstraße 68

Zur Geschichte des 1968 abgebrochenen Mühlenhauses der Simeonstorschen Mühle siehe Simeonstraße 35. Mit dem Abbruch wurde auch das alte Bachbett der seit 1902 hier nicht mehr fließenden Bastau zugeschüttet und auf der so geschaffenen Fläche nach Plänen von W. Dessauer eine eingeschossige Gaststätte (als Anbau an das Haus Simeonstraße 35) errichtet. Nach einem Brandschaden 1970 kam es zu einem Umbau. 1975 Umbau zur Diskothek und Erweiterungsbau (Plan: Ingenieurbüro Steep/Röcke bei Bückeburg), dabei der Bau mit Klinkersteinen verblendet und mit einem flachen Pfannendach versehen.

SIMEONSTRASSE 38 (Abb. 1589, 1590)

bis 1818 Haus-Nr. 297, bis 1878 Haus-Nr. 297 a, bis 1908 Simeonstraße 40

Offensichtlich bis in das späte 18. Jahrhundert nur eine kleine Hausstelle auf einem Restgrundstück zwischen der im 16. Jahrhundert errichteten Stadtmauer, der diese hier querenden Bastau und dem nördlich und westlich anschließenden Hospital, wobei das Gelände mit dem bestehenden Bau erst 1650 von dem Hospital abgetrennt wurde. Im Spätmittelalter bestand möglicherweise im rückwärtigen Bereich zunächst das Küchengebäude des Hospitals. Der vordere Bereich in der Mitte des 17. Jahrhunderts verkauft und zu einer eigenständigen Hausstelle verwandelt, in dem zeitweise ein das vorbeifließende Bastauwasser nutzendes Badehaus eingerichtet wurde. Der rückwärtige, nach Westen anschließende Bereich, auf dem in der ersten Hälfte des 17. Jahrhunderts ein Wohnhaus für den Hofmeister des Hospitals stand, wurde hingegen vom Hospital erst im Jahre 1800 an den Besitzer der vorderen Hausstelle verkauft, so daß eine größere Bebauung der seit 1969 wüsten Parzelle möglich wurde.

VORDERER TEIL (vor 1800): 1650 wird vor dem Rat der Stadt der Verkauf des Hauses für 200 Rthl durch das Hospital an Hermann Schilling verhandelt, der noch später als Bader in Minden nachzuweisen ist (KAM, Mi, B 103 b,1 alt): Es wird beschrieben als *zwischen St. Simeonis Thore undt der Bastaw an einer undt dem Heiligem Geiste an der anderen Seiten belegenes Wonhaus.* Das Haus war schon früher vom Hospital an Hans Ruttig erblich verkauft worden, wurde aber, weil dieser starb und die Kaufgelder nicht zahlte, wieder zurückgenommen. Man habe es dann, *weil es während der vergangenen Kriegszeiten zur Badtstuben und Court De Grande gebrauchet undt merklich verderbet, also die Armen solches reparieren und wieder aufbauen zu lassen.* Nun wolle man es mit *zugehörigen Grunds, Balcken, Boden, Tache und Fachen von Fordersten bis an den hintersten Giebel auch freyen Druppenfall und alles anderes zustehenden Rechts und Gerechtigkeiten* verkaufen. Hinten auf dem Hof war schon zu dieser Zeit ein Haus errichtet worden, das dem Hospital diente und als die *Heiligen Geistes Kuche* bezeichnet wird. Um den Seitenausgang des Hauses durch den Käufer benutzen zu können, wird ihm die Nutzung des nördlich anschließenden seitlichen Fuhrweges zu seinem *Offen und Kuhlung* zugestanden.

1663/71 Färber Heinrich Siebe (wohnt Simeonstraße 32); Mieter sind 1672/73 Hans Jürgen Schniedt; 1774 Moritz Galle; 1677/85 Heinrich Siebens Haus, ist vermietet (zahlt jährlich 2 ½ Thl Giebelschatz); 1696 Heinrich Siebelns Haus, vermietet an Frau Zuhtisch; 1704/11 Wilhelm Kuhlmann; 1743 Caspar Trebbe; 1750 Johann Henrich Trebbe; 1755/66 Trebbe, Haus für 200 Rthl; 1781 Bäcker Arning Senior, 200 Rthl; 1798 Branntweinbrenner Diedrich Borchard (hinten im Haus *ist die Gastmeisterwohnung*).

HINTERER TEIL (vor 1800): Die Nutzung als Küchengebäude des Hospitals scheint noch im 17. Jahrhundert aufgegeben worden zu sein. 1710 im Hauptbuch des Heilig-Geist-Hospitals bezeichnet als ein zugehöriges *Haus im Simeonis Thore.* Als Mieter werden genannt: 1715 der Pförtner Johann Christoffer Böndel (für den die Stadtrentenkammer die Miete bezahlt. Zieht 1722 nach Lübbecke), 1722 neuer Mieter ist Johan Berend Habsmeier, 1727 Mieter Witwe Claveien, 1730 Christ. Wischman, 1732 Windmeyer, 1736 Witwe Claveien, 1747/52 deren Tochter, die Tetzelzoffsche, 1753 Pastorin Böttgern, 1754 Schweinsberg, 1758 Bünte, 1760 der gewesene Hofmeister Bünte. 1759 ein Haus am Simeonsthor, bewohnt vom ehemaligen Hofmeister Bünte; 1757 vermietet an Schweinsberg (KAM, Mi, C 217,22a alt). 1784 wird das Haus an die Eheleute Jantzen vergeben, die dafür ihr *auf der Fischerstadt gehöriges Haus welches dem Einsturz drohet und gebauet werden muß, denen Gast Institut abtreten* (ihr Haus wird am 31. 1. 1798 für 310 Rthl an Wilhelm Schneteler verkauft); 1794 Jantzten verstorben, jetzt Witwe Weichel (KAM, B 103 c,9 alt; C 217,22a alt; C 604).

Abb. 1589 Simeonstraße 38 (links), 36 sowie 35 (rechts), Ansicht vom Südende der Bastaubrücke nach Norden in die Stadt, um 1950.

GESAMTFLÄCHE: 1802/04 Borchard, Haus mit Braurecht für 800 Rthl, hat Brunnen, hält 2 Pferde, 2 Kühe und 2 Schweine; 1809 Salzfaktor und Branntweinschankwirt Borchard: Wohnhaus von zwei Etagen in gutem Zustand; 1815/18 Branntweinbrenner Diedrich Borghard (* 1768); 1817 soll das Haus verkauft werden (KAM, Mi, E 1076); 1832 Witwe Justine Borchard (geb. Arning); 1839/46 Kaufmann Wilhelm Angeroth; 1853 Minorennen Angeroth, vermietet an Händler Diekmann (besitzt Laden); 1873/78 Kaufmann Deichmann; 1908 Stadt Minden.

Vorderes Haus (bis 1780)

1696 werden von der Stadt zwei Jahre Steuerfreiheit für die Reparatur des Hauses gewährt (KAM, Mi, B 359).

Vorderes Haus (1780–1969)

1780 wird berichtet, der Bäcker Arning habe *gantz neu gebauet*, das Haus sei ohne Schulden erbaut, sei ein Brauhaus, fertig und bewohnt (KAM, Mi, C 874). Da das Grundstück bis zum Jahre 1800 nur sehr kleine Maße aufwies, war es wohl weitgehend mit dem Haus bebaut. In diesem Jahr gelang es dem Branntweinbrenner Diederich Borchard wegen des sehr beschränkten Platzes das hinter seinem Haus gelegene und bebaute Gelände vom nördlich anschließenden Hospital (siehe dazu Simeonstraße 34/36) für 500 Rthl zu erwerben (siehe weiter unten). Der Käufer mußte sich verpflichten, den Abschnitt des unter seinem Hause durchführenden Kanals auf seine Kosten zu unterhalten, ferner ein Wegerecht durch sein Haus auf den Hof des Armenhauses zu gestatten. 1804 wird der seit über 50 Jahren ungeräumte und gewölbte Kanal unter diesem Hause im Zuge einer größeren Maßnahme gereinigt (KAM, Mi, C 214,4 alt). Auf den dabei angefertigten Plänen wird an der südlichen Traufwand des Hauses im Flußbett der Bastau ein Waschhaus verzeichnet (siehe Abb. 1582).

Über die genauere Gestalt des offensichtlich in mehreren Etappen seit 1780 entstandenen Hauses mit massiven Umfassungswänden ist nur sehr wenig bekannt, zumal nur wenige Ansichten des Giebels zu ermitteln waren. Nach dem Kanalisationsplan von 1906 handelte es sich um ein eingeschossiges Giebelhaus erheblicher Tiefe und von vier Achsen im Giebel, wobei es auf ganzer Länge südlich des Flures mit Räumen versehen war, während dies nördlich nur in Teilbereichen (wohl teilweise erst nachträglich ?) erfolgte. Um 1870 erfolgte der Ausbau des Dachgeschosses mit einem zweifensterigen übergiebelten Dachhaus zum südlich anschließenden Bastaulauf.

Hinteres Gebäude (vor 1500–1969)

Rückwärts an das vordere Haus schloß sich ein zuletzt als Wirtschaftsbau genutztes Gebäude mit starken Umfassungswänden aus Bruchsteinen an, das auf Grund der Lage unmittelbar an der Stadtmauer einen fast dreieckigen Grundriß erhielt. Dabei wurde die Rückfront von der noch in Teilen erhaltenen Stadtmauer (siehe hierzu auch Kap. I.2) überbaut, muß also im Kern älter als diese und damit vor dem frühen 16. Jahrhundert errichtet worden sein. Das Erdgeschoß dieses Baus war über einer Bogenstellung mit zwei parallelen großen Tonnengewölben aus Backsteinen (Maße: 25/26 x 12,2/13 x 5/6 cm) versehen. Es bestand ein großer Zugang zum nördlich anschließenden Hof des Hospitals. Die westlichen, an die Stadtmauer anschließenden Bereiche der Gewölbe sind noch 1998 in Resten erhalten. Die Tonnengewölbe könnten auf die Nutzung als feuerfest eingerichtetes Küchengebäude hindeuten.

Diese Teile werden beim Verkauf an den Besitzer des vorderen Hauses im Jahre 1800 in dem Vertrag folgendermaßen beschrieben (KAM, Mi, E 560, siehe auch C 214,1 alt): *eine massive untere Etage, bestehend aus einem kleinen Flur, eine Kammer daneben und noch eine Kammer über den Flur... desgleichen ein Anbau mit einer Stube, ein Stockwerk hoch, welche der Hofmeister Mathias bisher bewohnt hat* ... ferner einen kleinen Garten oder Hofplatz, ein Abtritt und im Gang an der Wallmauer eine Mistgrube.

Das Gebäude wurde offensichtlich im 19. Jahrhundert für Zwecke der Branntweinbrennerei eingerichtet. 1937 Erneuerung einer Decke über dem Erdgeschoß. Das Haus im Oktober 1969 durch die Stadt Minden abgebrochen.

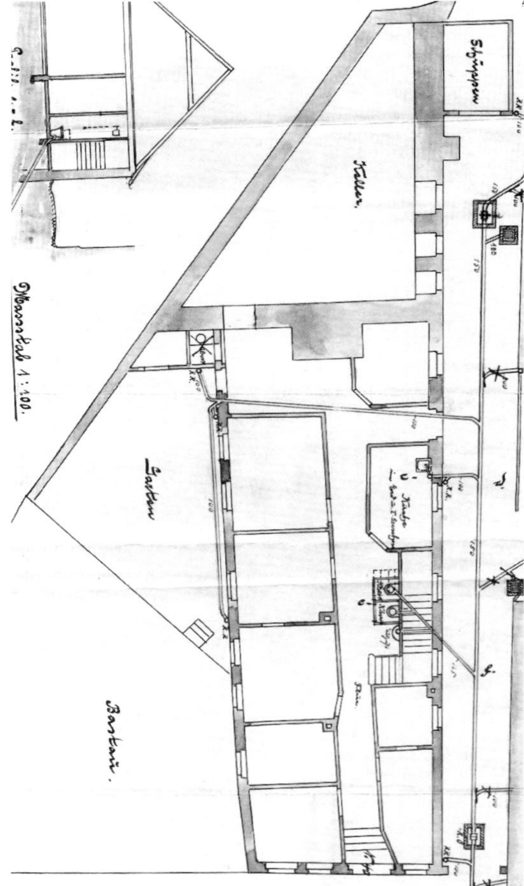

Abb. 1590 Simeonstraße 38, Entwässerungsplan von 1906. Links oben Lauf der Stadtmauer von etwa 1511.

Soodstraße

Auf der Westseite der Straße liegen eine Reihe von kleinen Parzellen, die vor der Mitte des 17. Jahrhunderts wohl alle von dem großen Hofgrundstück Weingarten 34 abgetrennt wurden. Auf diesen entstand zu nicht näher bekannter Zeit nördlich ein kleines Haus am Weingarten Nr. 36 und im Anschluß daran in der Mitte des 17. Jahrhunderts das Gebäude einer Ölmühle, die um 1660 zu einer Reihe von drei Buden umgebaut und im 18. Jahrhundert durch zwei Buden ersetzt wurde. Auf der Ostseite bestand nur eine kleine Hausstelle, ebenfalls wohl im 17. Jahrhundert entstanden und von dem bürgerlichen Anwesen Weingarten 38 abgetrennt. Die Gasse als Erschließung dieser Bauten daher wohl erst im 17. Jahrhundert angelegt. 1685 als *Soststraße* und auch als *Sostgang* bezeichnet, wobei die Bedeutung der Benennung nicht weiter bekannt ist.

Abb. 1591 Soodstraße, Blick von der Rodenbecker Straße nach Norden Richtung Weingarten, um 1910.

SOODSTRASSE 1 (Abb. 1449, 1592–1593)
bis 1878 Haus-Nr. 312

LITERATUR: Jahr 1927, S. 39 und Abb. 54.

Zu der kleinen Hausstelle gehört ein südlich anschließendes kleines Gartengrundstück.

1743 ohne Eintrag (Haus ohne Grundbesitz); 1750 Negenborns Bude; 1755/66 Bude und Scheune von Nebenborns Erben, 30 Rthl; 1781 Witwe Meyer, Wohnhaus 25 Rthl; 1798 Branntweinbrenner Freymuth; 1802/04 Freymuth, Mieter ist Feldwebel Gebers, Haus ohne Braurecht; 1818 Freymuth, Haus für 50 Thl; 1826 Erhöhung auf 600 Thl; 1835 Witwe Freymuth; 1846/53 Tagelöhner Anton Brand und zwei Mietparteien; 1878 Rosemeyer; 1906/08 Zigarrenarbeiter Heinrich Schaub; 1928/94 Paul Schaub.

Abb. 1592 Soodstraße (rechts Nr. 1, links Nr. 6), Blick von der Rodenbeckerstraße nach Norden Richtung Weingarten, 1970.

Haus (Mitte des 17. Jahrhunderts)

Den Kern des Hauses bildet ein kleines Fachwerkhaus von sechs Gebinden Länge, dessen Gerüst durch Fußstreben, zwei Riegelketten und sehr starke Ständer charakterisiert ist. Die Giebeldreiecke ohne Vorkragung. Das mittlere Gefach ist deutlich breiter und scheint darauf schließen zu lassen, daß das Gebäude – im 18. Jahrhundert als Bude bezeichnet – schon ursprünglich mit einem Querflur und seitlichen Wohnräumen konzipiert wurde. 1768 wird das Haus als im Siebenjährigen Krieg *ruiniert* bezeichnet (KAM, Mi, C 380).

Um 1820 ist der Bau (1836 deutliche Erhöhung der Versicherung) zu einem kleinen Mehrparteienmietshaus umgebaut und modernisiert worden, wobei auch die Krüppelwalme und die beiden Schleppgaupen an den Traufseiten zum Ausbau des Daches entstanden. Seitdem wird das Haus durch einen Querflur bestimmt, an den sich vor beiden Giebeln jeweils zwei Wohnräume anschließen. Der südöstliche Raum ist unterkellert (Eingang zum Keller mit Balkendecke aus Eichenbalken von außen). Zugang des Flures in der Mitte der westlichen Traufwand, vor der östlichen dann eine dreiläufige Treppe zum ausgebauten Dach. 1907 Kanalisation; 1935 Anbau eines eingeschossigen Vorbaus mit Flachdach vor dem Südgiebel; um 1980 wurde die westliche Traufwand und der Südgiebel massiv erneuert.

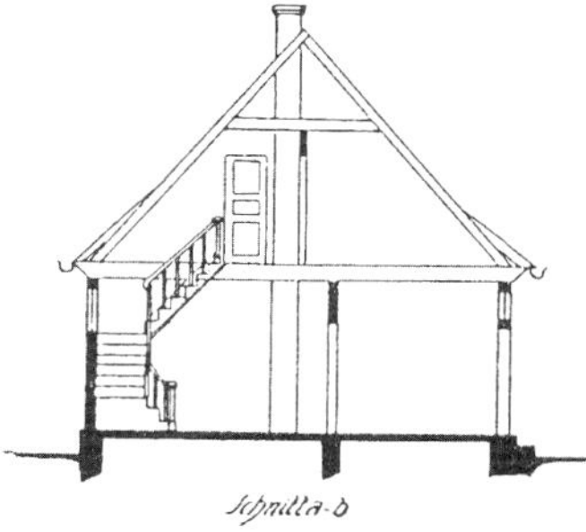

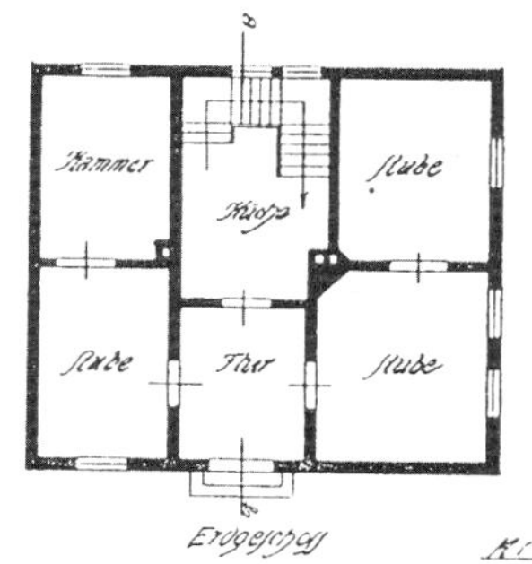

Abb. 1593 Soodstraße 1, Querschnitt und Grundriß (nach JAHR 1927, Abb. 54) ohne Maßstab.

Abb. 1594 Soodstraße 4, Ansicht des nördlichen Seitengiebels 1993.

SOODSTRASSE 4/6 (Abb. 1449, 1592, 1594–1595, 1740)

bis 1878 Haus-Nr. 313 und 314; bis 1908 Soodstraße 2 und 4

Die kleine Hausstätte wohl erst im 17. Jahrhundert auf einer Teilfläche des großen Hofgeländes Weingarten 34 entstanden. Nachdem hier zunächst das Gebäude einer Ölmühle bestand, dieses um 1660 zu den sogenannten *Sanderschen Buden* umgebaut, wobei es sich bis 1709 um drei, danach um zwei Buden handelte. Sie wurden um 1740 einzeln verkauft, wobei die eine der beiden Buden noch in der zweiten Hälfte des 18. Jahrhunderts an das Grundstück Weingarten 36 fällt und dort fortan als eine Art Hinterhaus genutzt wird.

1663 Barthold Heitmann (wohnt in der Simeonstraße) hat *eine Oelmühlen, welche Bertram Sander zu Vlotho für 200 thl innehabe, daraus sein gemachet drey Boden, wovon gedachter Sander jahrlich erhebe 10 thl.* (KAM, Mi, B 122); 1685 Johann Sander zu Vlotho, *erste, zweite und dritte Bude in der Soodstraße*; 1709/1710 sogenannte Sanders Buden, sind im Besitz der Stadt; 1723 sind als Mieter Witwe Sander (4 Rthl 14 gr) und Witwe Droste (3 Rthl 32 gr.) verzeichnet (KAM, Mi, C 351,1 alt); 1725 ist die erste Bude an den Maler Kemstein, die zweite an Joh. Hinrich Münstermann für je 5 Rthl vermietet (KAM, Mi, C 352,4 alt). 1729 Kernstein und Münstermann (KAM, Mi, C 354,11 alt). Nachdem sich die Stadt zunächst im Sommer 1737 darum bemüht, einen neuen Mieter für die bislang an den Leineweber Frantz Ludwig Wehrmann für 5 Rthl im Jahr vermietete Bude zu finden (WMR 1737), erwirbt der Stadtsekretär Riebeck diese 1738 für 55 Rthl. Für die andere Bude erhielt die städtische Rentenkammer im gleichen Jahr noch 4 Rthl Pacht (KAM, Mi, C 355,15 alt).

SOODSTRASSE 4 (bis 1878 Haus-Nr. 314; bis 1908 Soodstraße 2): 1743 ohne Eintrag (Haus ohne Grundbesitz); 1750 Verkauf von Erben Hermann Meyer an Leineweber Johann Möller; 1755 Joh. Möller, Haus für 30 Rthl; 1766 Witwe Rodenberg; 1781 Witwe Rodenberg, 25 Rthl; 1798 Soldat Thiele; 1802/04 Bernh. Thiele, Haus ohne Braurecht, hält 1 Jungvieh und 1 Schwein; 1806 Soldaten-

Abb. 1595 Soodstraße 6, Ansicht von Südosten, 1993.

witwe Thiele; 1818 Witwe Thiele, Haus für 100 Thl; 1827 Verkauf von der Stadt Minden an Reg. Kalkulator Christian Bünte (KAM, Mi, E 712); 1832/37 Friedrich Ludwig Knaust; 1846 Karl Schönfeld; 1853 Tagelöhner Weber mit zwei Mietparteien; 1878 Weber; 1905 Fabrikant R. Noll; 1906 Mieter ist Friedrich Allersmeyer; 1908 Fabrikant Noll; 1914 Rentier Rudolf Noll in Barkhausen verkauft das Haus an die Prostituierte Luhm, geb. Schmidt (* 11. 9. 1883 in Neubrandenburg, vor 1914 in Bremen und Minden gemeldet) aus Hannover, die hier ein Bordell einrichtet (KAM, Mi, G II, Nr. 675).

SOODSTRASSE 6 (bis 1878 Haus-Nr. 313; bis 1908 Soodstraße 4): 1743 ohne Eintrag (Haus ohne Grundbesitz); 1750/55 Witwe Plümer, Haus für 30 Rthl; 1766 Soldat Müller, Haus ohne Braurecht für 30 Rthl; 1769 Witwe Freymuth; 1781 Müller, 25 Rthl; 1798 Leutnant Röttger in Lübbecke; 1802/04 Röttger, Haus für 125 Rthl ohne Braurecht, vermietet an Soldaten; 1805 Erben Röttger; 1806 Mieter ist Schlachter W. Wimmer; 1809 Rötters Haus; 1818/53 Tischler Lange, Wohnhaus 600 Thl; 1846 vermietet an den Polizeisergeanten Gottl. Müller und weitere Familie; 1853 vermietet an drei Parteien; 1878 Wallbaum; 1908 Briefträger Diedrich Wallbaum; 1928 Dietrich Wallbaum.

Ölmühle (bis um 1660)

Über das Aussehen der Mühle nichts weiter bekannt.

Budenreihe (um 1660–1709)

Bis zum Neubau im Jahre 1710 bestanden hier drei Buden, die durch Umbau der Ölmühle entstanden waren.

Doppelbude (1710)

1709/10 wurden die Gebäude *heruntergenommen* und neu aufgerichtet. Für die Arbeiten wurde ein Vertrag mit dem Zimmermann Hans Herman Lauht abgeschlossen, der für die Arbeiten 15 Rthl 18 gr erhielt, während der Maurer Rohr fast 18 Rthl erhielt. Während der Arbeiten mußte das alte

Holz in 48 Nächten bewacht werden, wofür 4 Rthl Lohn berechnet wurden. Die Gefache des neu verzimmerten Gerüstes mit Ziegeln ausgefacht, die Mauern innen mit Kalkputz mit Haaren verstrichen (KAM, Mi, B 104 alt). Ferner wurden neue Fundamente gemauert, sowie Dachsteine, die zum Teil von dem Altbau abgenommen worden waren, in 3 200 Strohdocken gelegt (KAM, Mi, B 147,6 alt). Das bei dieser Baumaßnahme errichtete traufenständige Fachwerkgerüst bis heute in wesentlichen Teilen erhalten, allerdings später vielfach verkleidet und im augenblicklichen und ausgebauten Zustand nicht weiter zu untersuchen.

Schon 1716 muß die eine der beiden Buden wieder repariert werden (KAM, Mi, C 43,1 alt).

Rechter Teil (Soodstraße 4): Das eingeschossige und traufenständige Fachwerkgerüst in dem Haus erhalten, heute aber mit großen Dachausbauten auf beiden Traufwänden. Das Gerüst nach Osten übergiebelt, nach Westen am First abgeschleppt. Auch die alten Außenwände im Fachwerkgerüst im Kern erhalten, heute aber völlig durch aufgedoppelte Bretter verdeckt.

1905 Kanalisation; 1993 Anbau eines Wohnraumes und einer Garage nach Norden (auf dem Grundstück Weingarten 36).

Linker Teil (Soodstraße 6): 1767 müssen an dem im Siebenjährigen Krieg ruinierten Haus die Schäden beseitigt werden, wobei eine neue Wand verzimmert wird, ferner neue Fenster eingesetzt werden (KAM, Mi, C 380). 1769 heißt es dann, *das eine Haus ist zwar neu gebauet, nur aus fünf schlechten Gebäuden und kann daher aufs Höchste nur zu 300 Rthl angeschlagen werden. Die Reparatur des Hauses aber braucht nach dem Überschlag nur 230 Rthl.* Gesamtkosten angeblich 1 003 Rthl (KAM, Mi, C 388).

Eingeschossiger und traufenständiger Fachwerkbau unter Satteldach, nach Süden auf Grund der Hanglage auf recht hohem Sockel, der im südlichen Drittel mit Balkendecke unterkellert ist. Das Fachwerkgerüst aus schmalen Hölzern verzimmert und offensichtlich für Verputz bestimmt. Aussteifung der Ecken mit leicht geknickten Fußstreben, zwei einfach genagelte Riegelketten.

Das Innere mit einer breiten mittleren Erschließungszone, an die sich beidseitig zu den Giebeln jeweils zwei hintereinander angeordnete Wohnräume anschließen.

1906 Kanalisation; 1975 Umbau des Hauses, wobei das Fachwerk in der Ansicht freigelegt, der Flur verschmälert, das Dach ausgebaut und eine neue Treppe eingebaut wird. Westlich des Hauses eine Garage mit Dachterrasse darüber angebaut (Foto um 1935 bei GRÄTZ 1997, S. 191).

Im südlichen Giebeldreieck ein Ofenstein unbekannter Herkunft von 1628 eingemauert mit Inschrift: *IOH AN HELDT / ILSE WIDEMANS.*

Stiftstraße

Behandelt wird hier nur der kurze, südliche Straßenabschnitt zwischen der Kampstraße und dem Königswall, der innerhalb der Altstadt verläuft (zum weiteren Verlauf siehe Teil V, S. 880–934).

Der recht kurze Teilabschnitt der Straße innerhalb der Altstadt ist in seinem Verlauf erst in den letzten hundert Jahren entstanden und liegt auf seiner ganzen Strecke auf Flächen, die bis in das frühe 19. Jahrhundert zum Gelände das Marien-Stiftes gehört hatten. Während sich östlich die Bauten der Klausur mit Kreuzgang anschlossen, lagen westlich recht weite Flächen, die wohl zunächst nicht oder nur dünn bebaut waren und im Mittelalter zum Gelände des sogenannten Äbtissinnenhofes gehört hatten (siehe dazu weiter unten). Hiervon scheint im späteren 15. Jahrhundert der Hof der Dechantin von St. Marien abgeteilt worden zu sein (siehe Königswall 1 und Hahler Straße 8/12). Westlich der heutigen Straße scheint man in einem bislang nicht näher bekannten Prozeß auf der freien Fläche im Laufe des 15. bis 17. Jahrhunderts weitere Häuser errichtet zu haben, so wohl schon vor 1500 das Haus des Stiftskämmerers (siehe Nr. 1), später südlich davon die Bauten Hahler Straße 2 und 4/6.

Da die wenigen Durchlässe der Festung im 19. Jahrhundert oft die Passage erschwerten und weite Umwege für die Bürger nötig machten – etwa um die Stadt vom Bereich der Kampstraße Richtung Norden zu verlassen – kam es nach langen Verhandlungen schließlich 1869 zur Anlage der *Stiftspassage,* wodurch es den Bewohnern der Oberstadt möglich wurde, einen nördlichen Stadteingang (von der Marien-, Stift- und Hahler Straße kommend) ohne Überwindung der Steigung an der Hufschmiede zu nutzen. Hierbei schuf man – da militärische Gründe für den Bau nicht vorlagen – auf städtische Kosten eine schmale Durchfahrt zwischen den bestehenden Bauten über das ehemalige und seit 1815 als Festungsbauhof genutzte Stiftsgelände. Hierfür sammelten die Bürger 1 500 Thl und die Kreisstände bewilligten 500 Thl, so daß die neu geschaffene Stiftsbrücke über den Festungsgraben am 22. 12. 1869 in Gebrauch genommen werden konnte (Meinhardt 1954, S. 129). Mit der Aufhebung der Festung Minden 1873 und der 1878 einsetzenden Planierung der Wälle konnte die Straße erweitert und ausgebaut werden. 1878 wurde ein erster Teil der Straße gepflastert und mit Bordsteinen versehen und 1896 der südlichste Teil bis zur Hahler Straße ausgebaut und gepflastert.

Der zunehmende Autoverkehr und die zunächst bestehenden Vorstellungen, die Altstadt autogerecht aus- und umbauen zu können, führten in diesem Bereich zu einschneidenden Veränderungen im Stadtgefüge: So richtete die Kreissparkasse Minden schon 1961 einen Autoschalter auf ihrem eigenen Parkplatz Kampstraße 10 ein und plante daneben seit 1966 eine 1979/80 verwirklichte Tiefgarage. Der Martinikirchhof wurde als Parkplatz ausgebaut und zudem durch Flächen anschließender, zerstörter Häuser ergänzt. 1964 kam es daher zur erheblichen Verbreiterung der Stiftstraße auf der Westseite, wodurch eine bessere Verbindung vom Königswall und der äußeren Stiftstraße zur Kampstraße geschaffen wurde (dem folgte 1969 der Bau des Parkhauses Kampstraße 17/19 und 1979 des Parkhauses Kampstraße 18/22). Hierfür mußten die Bauten Hahler Straße 2 und 4/6 sowie Stiftstraße 1 abgebrochen werden. Als neuer Eckbau zur Hahler Straße entstand auf den neu parzellierten Restflächen das Wohn- und Geschäftshaus Hahler Straße 2.

STIFTSTRASSE 1, Kämmererhaus des St. Marienstiftes

bis 1818 ohne Haus-Nr.; bis 1878 Haus-Nr. 699 d

Die kleine, kaum mehr als die Standfläche umfassende Hausstätte ist Teil eines größeren Geländes zwischen dem engen Gelände des Marien-Stiftes im Osten und den größeren Kuriengeländen im Westen, ehemals wohl im Zusammenhang mit Hahler Straße 2 und 4/6. Dieses Gelände möglicherweise erst im 16./17. Jahrhundert aufgeteilt.

1476 wird das Haus des Kämmerers der Äbtissin von St. Marien genannt: *in domo Johannis Schriuer camerarij prefate domine abbattisse* (STA MS, St. Marien, Urkunden Nr. 81).

1781 Stiftskammerariushaus, taxiert zu 200 Rthl, *die an des Cammerari Wohnung gebaute Scheune*, taxiert zu 250 Rthl; 1805 Stiftskammerariatshaus, taxiert zu 400 Rthl, daran angebaute Scheune für 500 Rthl; 1812 Hoekemeyer, Kammerariatshaus mit Scheune; 1815 Bewohner ist Georg Meyer (* 1791); 1818 Stiftskammerarius Hoeckemeier (wohnt in Paderborn), Haus für 400 Thl; 1823 Haus wird verkauft an Fuhrmann Vaut, erhöht die Versicherung auf 1 200 Thl; 1836 Fuhrmann Vaut; 1856 Tischler Vogeler; 1874/78 Tischler F. Vogeler; 1906 Rentner Karl Krause (wohnt Immanuelstraße 10); 1908 Stadt Minden; 1912/54 Stadt Minden, verpachtet an die Möbelhandlung Luise Voegler, vor 1927 Stute & Brauns.

Haus (vor 1700–1964)

Das bis zuletzt verputzte Giebelhaus aus Fachwerk nur durch einige Fotos des Giebels dokumentiert (Bauakten zu dem Gebäude nicht aufgefunden). Zuletzt breitgelagerter Bau von drei Etagen und mit recht flach geneigtem Satteldach. Nach den Proportionen im Kern sicherlich vor 1700 errichtet und ehemals mit hoher, später zweigeschossig durchgebauter Diele. Offensichtlich auf der südlichen Seite mit einem Stubeneinbau und Zwischengeschoß. Über dem Bau ein recht hohes, wohl zu Wohnzwecken errichtetes Stockwerk. Das Dachwerk auf Grund der geringen Neigung sicherlich nach 1800 erneuert (wohl nach einem Brandschaden 1825 im Zusammenhang mit dem Brand der anschließenden Häuser an der Hahler Straße), der Dielenbereich durchgebaut und mit niedrigem Zwischengeschoß versehen.

1954 Umbau des Ladengeschäftes (Plan: P. Gay), wobei die Schaufenster vergrößert und die Wand zwischen Flur und Ausstellungsraum geöffnet wird. 1964 für die Verbreiterung der Einmündung der Stiftstraße in die Kampstraße durch die Stadt Minden abgebrochen.

1856 wird das Hinterhaus verlängert und zugleich mit einer zweiten Etage versehen (KAM, Mi, F 1137).

STIFTSTRASSE 2, Klausur des Stiftes St. Marien (siehe Teil III, Kap. III)

STIFTSTRASSE 4, Äbtissinnenhaus des St. Marien-Stiftes (Abb. 1596)

bis 1878 Haus-Nr. 699 h

Das Haus lag in der Neuzeit nördlich der heutigen Stiftstraße zwischen der Marien-Kirche und der Stadtmauer und bildete den letzten Rest des zunächst sehr weitläufigen Äbtissinnenhofes (siehe dazu weiter unten). Das eigentliche Wohnhaus stand mit seiner Längsseite zur Stadtmauer nördlich des Westflügels des Marien-Stiftes, während nordwestlich davon noch eine Wagenremise und ein Torhüterhaus standen.

Um 1460 berichtet Tribbe in seiner Stadtbeschreibung, daß die Äbtissin einen eigenen Hof als Wohnung habe, während die anderen Stiftsdamen in der Klausur wohnen. Als Äbtissin seit dem 15. Jahrhundert bekannt (zumeist nach WKB 1992, S. 612): Kunigunde von Landsberg (1425/66), Adelheid Solkes (1474/83), Gesene von Golteren (1494/1521), Katharina von Münchhausen (1521/64), Dorothea von Holle (1564/92), Anna von Vincke (1592/1611), Margarete von Segerde (1612/24), Magdalene von Werpup (1624/29), Katharina Elisabeth von Reden (1629/55), Anna von Oer (1679/92), Sophie Katharina von Oeffner (1670/79), Juliane Maria von Oer (1679/92), Anna Maria von Oer (1692/1733), Johanna Magdalena Elisabeth von Haren (1733–1752), Judid Margarethe von Issendorf (1752/77), Friederike Sophia Amalie Spiegel zu Peckelsheim (1777/85), Charlotte Henriette Wilhemine Sophie von dem Bussche-Hünefeld (1800/13).

1781 *das abteiliche Haus*, taxiert zu 1 500 Rthl, ferner *die Scheune auf dem abteilichen Hofe*, taxiert zu 200 Rthl; 1805 das abteiliche Haus, taxiert zu 3 000 Rthl und Scheune 400 Rthl; 1812 Abtei der Äbtissin von Busch; 1813 wird das Haus durch die Festungsbaukommission eingezogen und die Äbtissin von der Busche noch 1824 mit 200 Rthl jährlich für die entzogene Wohnung entschädigt (STA DT, M 1, I C, Nr. 245). 1818 die abteiliche Wohnung (*stehet zum Abbruch*), die Wagenremise (*ist bereits abgebrochen*); 1878 Militärgefängnis; 1908 nicht genannt.

Äbtissinnenhaus (bis 1818)

Das Haus 1816 vor dem Abbruch im Zuge des Festungsbaus eingehend taxiert. Danach ein zweigeschossiger Fachwerkbau mit Pfannendach, einer Länge von 56 Fuß und einer Breite von 37 Fuß. Beide Etagen haben eine Höhe von 10 Fuß und sind jeweils zweifach verriegelt und mit Backsteinen ausgemauert. Ferner besteht ein Anbau mit einer Länge von 32 Fuß und einer Breite von 28 Fuß (STA DT, Mi I C, Nr. 799).

Torhüterhaus (bis 1806)

Wohl 1781 als *das kleine Stiftshaus am Walle* genannt und mit 100 Rthl versichert. 1806 soll das sehr kleine Haus *nach dem Wall hin belegen, zur Wohnung eines einzelnen Bedienten oder Thürhüters einer zeitigen Frau Äbtissin bestimmt gewesen,* wegen Baufälligkeit abgebrochen und der Platz dem Garten zugeschlagen werden (KAM, Mi, C 57,45 alt).

Stiftswagenremise am Wall (bis um 1816)

1781 auf 150 Rthl, 1805 auf 300 Rthl taxiert; 1809 beschrieben als Fachwerkhaus mit Ziegeldach und Wohnung.

Abb. 1596 Stiftstraße, Bebauung des Äbtissinnenhofes von St. Marien im nordwestlichen Winkel der Stadtbefestigung (unten rechts). Unten Mitte: jenseits des Hofplatzes im Bereich der heutigen Stiftstraße der eigentliche Hof der Äbtissinnen, Vogelschau von Norden, Wenzel Hollar um 1634.

DER ÄBTISSINNENHOF VON ST. MARIEN (Abb. 1596)

Der Äbtissin von St. Marien scheint schon im 14. Jahrhundert ein eigener Hof als Wohnung zugestanden zu haben. Bis in die zweite Hälfte des 15. Jahrhunderts war sie damit die einzige Stiftsdame, die nicht in der Klausur lebte. Teile des zum Hof gehörenden weitläufigen Geländes wurden schon früh von ihr verkauft, verlehnt oder verpachtet, wozu zahlreiche Nachrichten aus den mittelalterlichen Urkunden vorliegen, ohne daß diese einzelnen Bauten zugeordnet werden können. Das Gelände erstreckte sich von der Fläche nördlich der Kirche, wo noch bis 1816 das Wohnhaus der Äbtissin stand, weit nach Westen bis kurz vor das Hahler Tor. Möglicherweise ist auf einer Teilfläche des Geländes zum Ende des 15. Jahrhunderts auch der später noch weiter aufgeteilte Hof der Dechantin entstanden (siehe Königswall 1). Auf dem Äbtissinnenhof im nordwestlichen Bereich der Stadt nahe der Mauer entwickelte sich mit der Zeit eine dichte Bebauung, über deren genauere Struktur nur ungenaue Angaben bestehen, da fast alle der dort errichteten Bauten im Zuge der Neubefestigung in den Jahren nach 1816 zu Gunsten der Festungswerke abgebrochen wurden und das Gelände einplaniert wurde. Da das Urkataster Mindens erst 1828 fertiggestellt wurde, vermittelt nur die um 1634 entstandene Vogelschau von W. Hollar sowie ein im Jahre 1800 erstellter Straßenplan der Stadt eine ungefähre Übersicht über die Struktur der Bebauung.

Da die vielen Nachrichten zu den hier bestehenden Bauten in der Regel nicht mehr lokalisierbaren Hausstätten zugeordnet werden konnten, werden sie im folgenden so weit möglich in der Reihenfolge ihrer Nennungen innerhalb der Haus-Numerierung der Stadt dargestellt. Hierbei läßt sich ein Rundgang verfolgen, der vom Hahler Tor entlang dem Königswall nach Osten bis in den Bereich der heutigen Stiftstraße und dann zurück entlang der Ostseite des Königswalls bis zur Hahler Straße verlief.

EINZELNEN BAUTEN NICHT ZUZUORDNENDE NACHRICHTEN:

1364 verpfändet der Knappe Helmbracht de Kemerer der Witwe des Gebeke Dunkers einen Speicher auf dem Äbtissinnenhof St. Marien: *minen spyker vp dem houe der Ebdissen tho sunte Marien tho Mynden* (STA MS, St. Marien, Urkunden Nr. 43). 1395 verkaufen der Knappe Helmbert Kemerer und seine Frau Rixe der Äbtissin zu St. Marien *ene vnse stede de gheleghen is binnen Minden by der Ebedischen houe twischen deme Waschus vnd Henken huse Arndingh* (STA MS, St. Marien, Urkunden Nr. 52).

Wohl 1379 geben Johannes Bodendorf und sein Sohn Ernst mehrere Gärten und Stätten zwecks Kapellenstiftung zur Erinnerung der verstorbenen Gertrud, Frau des Johannes Bodendorf: *in certis ortis seu areis sitis infra et extra portas ciuitatis Mindensis dictis Hallerdor et sunte Marien dor* (STA MS, St. Marien, Urkunden Nr. 47).

1425 verpachtet St. Marien dem Johannes Wacker *ene vnse stede bynnen Minden, beleghen vp dem Ebedisschen houe dar ichteswanne Grabok vppe gheseten hadde* (STA MS, St. Marien, Urkunden Nr. 68).

1474 überläßt Geseke Nackinck der Küsterei zu St. Marien drei Häuser auf dem Äbtissinnenhof von St. Marien zur Memoria: *dre huse beleghen vppe der ebbedeschen haue vnde benomptliken der hus eyn myt syner tobehorynghe dat belegen ys vppe deme orde by deme Haller dare achter vnsen stichtes egen hus* [...] *van deme anderen huse belegen by des hylgen cruces spiker... van deme drydden huse belegen achter vnsers stichtes stiggen haue proppe deme orde.* Das erste Haus *schal horen to der costerigge dar de sulue coster schal ynne wonen* [...] *vnde anderen twe huse schullen to der lucht vor alle cristenzele vppe dem kerckhoue dar sulues to vnser leuen frowen vnde de sulue coster wo to vnser frowen coster is schal wonenn in deme vorbenompten hus dat dar sunderliken benompt is de coster schal vnde wel de pente boren van den anderen twen husen vnde dar mede schal he betugen de lucht alle yar vnde vorwaren dat vnde setten de kerssen alle auende vor alle cristen zele vppe deme kerckhoue vorghescreuen* (STA MS, St. Marien, Urkunden Nr. 80).

1479 Verschreibung durch *Johann Kemmerers auf ein haus, so dat belegen ist auff der Ebbedischen Hoeff zu Minden* (STA MS, Mscr. VII, 2703, S. 49).

1548 läßt der Schreiber des Domkapitels dem Johann Rosendal und seiner Frau Tyge zwei Häuser mit Höfen auf dem Äbtissinnenhof von St. Marien auf (sind Pachtgut von St. Marien): *syn grote hus myt dem haue*, wie es seine Großmutter und sein Vater besessen haben, *so dath up vnsem haue binnen Minden twusschen des erbaren Jaspers Kemeners haue vnd dem spikeren gelegen is dar eyn frigh wech to allenst syden vnd haluen vmbe vnd by dal* (=hinunter) *geit*; Johannes Schreiber behält *dat k*[leine] *orthus in dem vorgescreuen haue* (STA MS, St. Marien, Urkunden Nr. 111).

1554 läßt Arnd Cappelmann dem Stift St. Marien ein Haus auf dem Äbtissinnenhof von St. Marien zwecks zukünftiger Verpachtung durch St. Marien auf: *ein hus binnen Minden vor dem Haller doer vp der Ebbedissen houe twischen Jasper Kemmeners huse vnd der Beermanschen bode belegen* (STA MS, St. Marien, Urkunden Nr. 119).

1564 lassen Hermann Vogeler und seine Frau Katharina dem Heinrich Rummeken und seiner Frau Mette ein Haus mit Hof auf dem Äbtissinnenhof von St. Marien (Pachtgut) auf: *ohr hus mit dem haue* [...] *szo dat vp vnsrem houe, der Ebbedissen hoff genant, alhir bynnen Mynden, twusschen des* [...] *Jorgen van Holle Ouersten have vnd den spikernn belegenn* (STA MS, St. Marien, Urkunden Nr. 141).

1570 verpachtet St. Marien dem Gerke Franken und seiner Frau Ilse ein Haus *dat belegenn is vp vnssem houe gehetenn der Ebdischenn hoff twischenn Diderichs Freibecker vnd Herman Vogelers husen bey der mhurenn*, das früher Heinrich von Greven und seine Frau Dorothea bewohnten (STA MS, St. Marien, Urkunden Nr. 161).

HAUS-NR. 674/675/676

Reihe von drei Buden unter einem Dach, die St. Marien-Kirchgeld zahlten.

HAUS-NR. 674: 1743 ohne Eintrag (Haus ohne Grundbesitz); 17/50 Johann Meyer (früher Dop); 1755 Meyers Haus, 40 Rthl; 1766 Soldat Kreutzer, 40 Rthl; 1781 Soldat Meyer, 50 Rthl; 1791/97 Friedrich Meyer; 1798 Maurergeselle Carl Siegmund Schmidt hat das Haus von den Gebrüdern Joh. Diedrich Chr. Arning als Erben ihrer Schwester, der Witwe Friedrich Meier, geb. Arning für 200 Rthl erworben (STA DT, M I, I C, Nr. 231); 1798 ist das Haus unter einem Dach mit Haus-Nr. 675 und 676; 1802/04 Maurergeselle Preisler, Haus ohne Braurecht für 200 Rthl, hält kein Vieh; 1808 Maurer Christian Preisler, Wohnhaus und Gemüsegarten; 1816 Prasler, Haus wird für die Festung eingezogen. Das Haus ist 1818 schon abgebrochen.

HAUS-NR. 675: 1743 ohne Eintrag (Haus ohne Grundbesitz); 1744/50 Friederich Bödecker; 1755 Witwe Bödecker, Haus für 30 Rthl; 1766/68 Düsberg, 30 Rthl; 1781/95 Duisberg, 25 Rthl; 1796 Verkauf von Duisberg an Schwieger; 1798 Armenvogt Schwier; 1802/04 Invalide Schwier, Haus ohne Braurecht für 25 Rthl, hält kein Vieh; 1806 Invalide Christoph Schwieger ist 70 Jahre alt und schwach, vermacht das Haus seinem Stiefsohn, dem im Feld stehenden Musquetier Friedrich Wilhelm gen. Schwieger und seiner Stiefschwiegertochter Marie Louise Schwieger, geb. Kühlemeyer (STA DT, M 1 I C, Nr. 232); 1808 Soldat Schwier, Wohnhaus und Gemüsegarten; 1816 Witwe Schwier, Haus wird für die Festung eingezogen; 1818 ist das Haus schon abgebrochen.

HAUS-NR. 676: 1743 Henrich Kahro (früher Kloth); 1750 Heinrich Kahre; 1755 Kahre, Haus für 30 Rthl; 1759 Möllenbrock; 1766 Mölenbrock, 30 Rthl; 1781/91 Möhlenbrock, 25 Rthl; ab 1796 Witwe Möllenbrock; 1798 Unteroffizier Kleinlein; 1802/04 Witwe Kleinlein, Haus ohne Braurecht für 400 Rthl, hält kein Vieh; 1805 Verkauf von Witwe Sophie Marie Kleinlein (geb. Kruse) für 410 Rthl an Conrad Heinrich Stellbrinck (STA DT, M 1, I C, Nr. 232); 1808 Tagelöhner Steinbrink in Bremen, Wohnhaus und Gemüsegarten; 1809 Stellbrinks Haus, vermietet an Gemeinhändler Redecker; 1812 Tagelöhner Steinbrinck; 1816 Rauhleders Tochter, Haus wird für den Festungsbau eingezogen; 1818 Haus ist schon abgebrochen.

HAUS-NR. 677

1743 ohne Eintrag (Haus ohne Grundbesitz); 1748 wird notiert, *daß das Haus zum Pulvermagazin gezogen* wurde (KAM, Mi, C 103). Es soll nach späteren Nachrichten seit diesem Jahr wüst sein. 1750 Händelers Hausstätte; 1755 Händelers wüste Hausstelle; 1770 Hedelers Hausstätte, ohne Erben; 1781 die Stelle ist wüst und zu klein, um neu bebaut zu werden (KAM, Mi C 879).

HAUS-NR. 678

ab 1812 Haus-Nr. 678 a; zahlte Kirchgeld an St. Marien

1743 ohne Eintrag (Haus ohne Grundbesitz); 1744 Matthias Falcke; 1745 Verkauf des Hauses mit Huderecht auf 4 Kühe von der Witwe des Musquetiers Moritz an Conrad Henrich Luhmann; 1746 Verkauf an Kriegsrat Rappard; 1750 vermietet an Thurmeyer; 1755 Kriegskommissar Rapperts Haus, 40 Rthl, Mieter ist Schütte; 1765 Verkauf von Rappard für 100 Rthl an den Tischler Johann Christian Ludwig Borcharding; 1766 Borgarding, 40 Rthl; 1781/96 Witwe Borgarding, 50 Rthl; 1798 Kammerbote Nicolaus Rauhleder, hat das Haus ohne Braurecht erworben (STA DT, M 1, I C Nr. 231); 1804 Rauhleder, für 50 Rthl, hält 1 Jungvieh und 1 Schwein; 1806 Rohleder, Erhöhung auf 150 Rthl; 1808 Witwe Kammerbote Christoph Rauhleder, Wohnhaus und Gemüsegarten; 1812/1816 Witwe Rauhleder, Haus wird für den Festungsbau eingezogen.

HAUS-NR. 678 b

freies Haus, bis 1812 ohne Haus-Nr.

1744 Christ. Borcharding; 1768 Henneking (früher Borcherding); 1798 Fuhrmann Culmann; 1808 Ökonom Heinrich Kuhlmann, Wohnhaus und Gemüsegarten; 1816 Kuhlmann, Haus wird für den Festungsbau eingezogen.

HAUS-NR. 679

zahlte Kirchgeld an St. Marien

1743 ohne Eintrag (Haus ohne Grundbesitz); 1744 Johann Jacob Eckernjäger; 1746 Friedrich Kruse; 1747/1766 Bastian Heyer (oder Heuer), Haus für 50 Rthl; 1768 Bestian Heyer, Haus ist im Siebenjährigen Krieg ruiniert worden; 1781/91 Soldat Buse, Haus für 50 Rthl;

1791/93 Invalide Büße; 1794/97 Soldat Diederichs; 1798 Kesselträger Schtüchter; 1802 Maurergeselle Diederichs, Haus für 100 Rthl; 1804 Tischler Ran und als Mieter Kammerbote Schulze und Invalide Eigenhard, Haus ohne Braurecht, hält 2 Jungvieh und 1 Schwein; 1806 Bürger Buchter; 1808 Erben Buchter, Wohnhaus und Gemüsegarten; 1809 Büchters Haus, *am Hahler Thor*; 1812 Erben Buchter, ist unbewohnt; 1816 Gottlieb Teßler, Haus wird für den Festungsbau eingezogen.

HAUS-NR. 680
zahlte Kirchgeld an St. Marien

1743 ohne Eintrag (Haus ohne Grundbesitz); 1744 Witwe Christ. Hoyer; 1750 Christian Heyer; 1755/66 Bastian Heyer, Haus für 80 Rthl; 1768 Witwe Friedrich Hoyer; 1781/96 Witwe Kruse, 75 Rthl; 1798/1804 Unteroffizier Teilke, Haus ohne Braurecht für 75 Rthl; 1805 Unteroffizier Christian Teilke *auf dem Stift*, Wohnhaus und Gemüsegarten; 1812 Wilhelm Teilcke; 1818 abgebrochen.

HAUS-NR. 681/682
Doppelhaus unter einem Dache, lag im Stiftsgebiet von St. Marien

HAUS-NR. 681: 1743 ohne Eintrag (Haus ohne Grundbesitz); 1744 Jürgen Wißbröker; 1750 Wischmeyer; 1755/66 Meister Wischmeyer (früher Wißbröker), Haus für 40 Rthl; 1768 Tischler Wischmeyer; 1781 Soldat Wischmeyer, 50 Rthl; 1781/91 Witwe Tentzer; 1791/98 Worthalter Bünte; 1802/04 Witwe Bünte, vermietet an zwei Witwen, Haus ohne Braurecht für 100 Rthl; 1808 Erben Schuster Bünte, Wohnhaus ohne Hofraum, Verkauf an Christian Bünte in Petershagen; 1809 Bünte, unter einem Dach mit Haus-Nr. 682; 1812 Christian Bünte in Petershagen; 1816 Erben Bünte, Haus wird für den Festungsbau eingezogen.

HAUS-NR. 682 (ab 1812 Haus-Nr. 682 a): 1743 ohne Eintrag (Haus ohne Grundbesitz); 1744/55 John Schneidewindt, Haus für 30 Rthl; 1766 Meister Winckeler, 30 Rthl; 1768 Meister Bünte (vorher Schneidewind); 1781 Worthalter Meister Bünte, 50 Rthl (erwirbt 1791 auch das Nachbarhaus); 1804 Witwe Bünte, vermietet an Invalide Goldschmiedt (hält 1 Schwein), Haus ohne Braurecht, 100 Rthl; 1808 Erben Bünte, Wohnhaus ohne Hofraum, nun Diederich Bünte in Minden; 1809 vermietet an Goldstein; 1812 Diedrich Bünte (wohnt Markt 12); 1816 Erben Bünte, Haus wird für den Festungsbau eingezogen.

HAUS-NR. 682 b
Die Nummer wurde 1812 vergeben.

1816 das kleine Pöttchersche Haus am Walle (nahe der Kirche St. Marien).

Gartenhaus (bis 1816)

Das Gebäude war nach den erhaltenen Taxationen ein achteckiger Massivbau mit einer oberen Etage aus Fachwerk, dessen Wert mit 216 Thl berechnet wurde. Es wurde durch den Zimmermeister Wehking für den Oberlandgerichtsrat Rieke abgebaut und nach Dützen gefahren, um es dort wieder aufzustellen (STA DT, M 1, I C, Nr. 799).

HAUS-NR. 684
zahlte Kirchgeld an St. Marien

1743 Anthon Schröder; 1744 Cord Riekmann; 1750 Riekmanns Erben, vermietet an Johann Henrich Rüter; 1755 Riekmann, vermietet an Reuter, Haus für 30 Rthl; 1766 Busch, 30 Rthl; 1768 Thormann (früher Riekmann); 1781 Witwe Busch, 25 Rthl; 1785 Peter Busch, 150 Rthl; 1791/96 Witwe Bußkin; 1797/98 Soldat Hulsenbeck; 1802 Witwe Busch, Haus für 150 Rthl; 1804 Witwe Hulsenbeck, Haus ohne Braurecht; 1808 Witwe Hulsenbeck, Wohnhaus und Gemüsegarten; 1812 Witwe Wilhelm Hulsenbeck; 1816 Busch, Haus wird für den Festungsbau eingezogen.

Haus (um 1785–1816)

Das Haus wurde offensichtlich um 1785 erneuert.

HAUS-NR. 685
zahlte Kirchgeld an St. Marien

1743 ohne Eintrag (Haus ohne Grundbesitz); 1750 das Wulfische Haus; 1755/66 Meister Mathias, Haus für 40 Rthl; 1768 Conrad Matthias; 1779/96 Meister Johann Friederich Mathias, Haus für 50 Rthl; 1798 Rüter; 1789 Verkauf vom Schneider Johann Friedrich Matthias und seiner Frau Ilse Clare an Johann Henrich Reuber oder Reuter (STA DT, M1, I C Nr. 232); 1891/98 Reuter; 1802/04 Tagelöhner Heinrich Rüter, Haus ohne Braurecht, hält 1 Jungvieh; 1808 Totengräber Heinrich Rüter, Wohnhaus ohne Hofraum; 1809/12 Nachtwächter Heinrich Rüter.

Wohnhaus (bis 1816)

1768 wird berichtet, das Haus sei im Siebenjährigen Krieg ruiniert worden (KAM, Mi, C 380); das Haus 1816 abgebrochen.

HAUS-NR. 686
zahlte Kirchgeld an St. Marien

1743 Henrich Eggemann; 1744 David Schramme (vorher Joh. Heinrich Eggemann); 1750 Schramme; 1755/66 Schultzens Haus, 50 Rthl; 1781 Meister Gerlach, 50 Rthl; 1789 Verkauf von Schwarze an den Bäcker Conrad Augustin; 1791/96 Madame Pomiana; 1797 Fräulein von Pomian; 1798 Panhorsten; 1802 Madame Panhorst, 50 Rthl; 1804 Soldat Wegmann; 1808 Schneider Franz Wiegmann, Wohnhaus ohne Hofraum; 1809 Tagelöhner Franz Wegemann; 1812 Franz Wiegmann; 1816 Franz Wegemann, Haus wird für den Festungsbau eingezogen.

HAUS-NR. 687
zahlte Kirchgeld an St. Marien

1743 ohne Eintrag (Haus ohne Grundbesitz); 1744 Fr. Nagel (früher Engelke Schilling); 1750 Nagel, jetzt Schier; 1755 Schier, Haus für 40 Rthl; 1766 Schier; 1768 Soldat Schier, Haus wurde im Siebenjährigen Krieg ruiniert (KAM, Mi, C 380); 1772 wird das Haus des Soldaten Rudolf Schier auf Befehl des königlichen Lombards versteigert (WMA 1772, Sp. 276); 1781 Flügel; 1791 Kammerbote Flügel; 1798/1804 Acciseaufseher Flügel, Haus ohne Braurecht für 50 Rthl, hält kein Vieh; 1800 Verkauf von den kranken Eheleuten Friedrich Flügel an den Musquetier Henrich Rehling, verheiratet mit Catharina Elisabeth Rehling, ihrer Tochter (STA DT, M 1, I C Nr. 232); 1808 Tagelöhner Heinrich Röhling; 1809 vermietet an Schneider Bovers; 1816 Heinrich Röhling, Haus wird für den Festungsbau eingezogen.

Haus (bis 1816)

1772 hat das Haus in der unteren Etage eine Stube und einen gebalkten Keller, in der oberen Etage drei Kammern. 1816 für den Festungsbau abgebrochen.

HAUS-NR. 688
zahlte Kirchgeld an St. Marien; ab 1812 Haus-Nr. 688 a

1743 Hans Henrich Engelking; 1744 Michael Schumacher; 1750/54 Meister Schumacher; 1755/66 Witwe Schuhmacher, Haus für 50 Rthl; 1772 Verkauf des Wohnhauses der Witwe Schuhmacher, auf dem Stifte Haus-Nr. 688 mit Garten durch Verwandte, *aus dem neuen Thore gleich beym Schlagbaum* (MA 1772, Sp. 252); 1773 Johann Heradt; 1781/96 Schneidermeister Johan Jobst Brinckmann; 1797 Cappel; 1798 Schuster Böcker; 1802/04 Witwe Böcker, Haus ohne Braurecht für 150 Rthl; 1808 Schuster Heinrich Bockel, Wohnhaus und Gemüsegarten; 1809 Bockels Haus, bewohnt von Tagelöhner Wegmann; 1812 Friedrich Wilhelm Böcker (wohnt Brüderstraße 17); 1816 Witwe Bockler, Haus wird für den Festungsbau eingezogen.

Haus (bis 1816)

Das sehr kleine Haus des Meisters Brinckmann wurde 1781 als *Reparatur* bzw. als Neubau bezeichnet (KAM, Mi, C 874 und 885). Vor dem Abbruch wurde der Bau 1816 eingehend taxiert. Danach ein eingeschossiger Fachwerkbau mit Pfannendach und einer Grundfläche von 18 x 18 Fuß. Die Wände hatten eine Höhe von 11 Fuß. Ferner bestand ein zweigeschossiger Stubenanbau auf einer Grundfläche von 12 x 10 Fuß und mit einer Geschoßhöhe von 6 ¼ Fuß. Stallanbau von 15 x 11 Fuß (STA DT M 1 I C, Nr. 799).

HAUS-NR. 688 b, das sogenannte Sekretariatshaus des Stifts St. Marien

bis 1812 freies Haus

1781 Sekretariatshaus, versichert zu 400 Rthl, Scheune am Haus, versichert zu 200 Rthl; 1798 das Sekretariatshaus des Marien-Stiftes; 1805 die an das Haus angebaute Scheune ist versichert zu 400 Rthl; 1812 Grefien Niehus; Wohnhaus nebst Garten und Scheune; 1818 Stiftssekretär Niehus, Wohnhaus für 800, Scheune für 400 Rthl; 1822 ist das Haus *für den Festungsbau niedergerissen* worden.

Wohnhaus (bis 1822)

1809 beschrieben als ein Fachwerkhaus mit Ziegeldach und einer Wohnung. Ferner bestand eine Scheune.

HAUS-NR. 689

zahlte Kirchgeld an St. Marien

1743 ohne Eintrag (Haus ohne Grundbesitz); 1744 Hans Henrich Engelking; 1748/50 Mathias Dencker; 1755/66 Decker, Haus für 40 Rthl; 1781 Decker, 50 Rthl; 1791/94 Bergmann; 1795 Verkauf durch den Invaliden Andreas Bachmann an Witwe Sieckmann (STA DT, M 1, I C, Nr. 232); 1797 Dovekin; 1798 Soldat Düfeck; 1802/04 Düfeck, Haus ohne Braurecht für 50 Rthl; 1808 Witwe Döfing, Wohnhaus ohne Hofraum; 1809 Düfeks Haus, Mieter ist W. Coring; 1818 Witwe Duffek, Wohnhaus für 50 Thl; 1822 Siekmann; 1822 für den Festungsbau niedergerissen.

Haus (bis 1822)

Das Fachwerkhaus von einer Etage hatte nach der erhaltenen ausführlichen Taxation für den Abbruch (STA DT, M 1, I C, Nr. 801) nur eine Grundfläche von 19 x 16 Fuß. Der Wert wurde von Friemel auf 284 Thl berechnet.

HAUS-NR. 690

zahlte Kirchgeld an St. Marien

1743 ohne Eintrag (Haus ohne Grundbesitz); 1744 Anton Wischmeier; 1750 Deerberg; 1755/66 Henrich Hunte (früher Elsken), Haus für 20 Rthl; 1781 Soldat Fisch, 25 Rthl; 1791 Fischin; 1796 Hunte; 1797/02 Soldat Krieps, Haus für 25 Rthl; 1804 Haus ist wüst; 1806 Schwartze, 600 Rthl; 1808 Tagelöhner Friedrich Schwartz; 1809 Schwartzens Haus, in gutem Zustand; 1812 Fr. Schwartz; 1818 Schwartze, Haus für 400 Rthl; 1822 für den Festungsbau niedergerissen.

Haus (1804–1822)

Das Haus 1804 neu gebaut. Es hatte nach der erhaltenen ausführlichen Taxation für den Abbruch (STA DT, Mi 1, I C, Nr. 801) eine Grundfläche von 22 x 17,5 Fuß, zwei Etagen von Fachwerk und war mit Pfannen eingedeckt. Der Wert wurde von Friemel für das Haus auf 602 Thl, für den Stall auf 20 Thl festgesetzt.

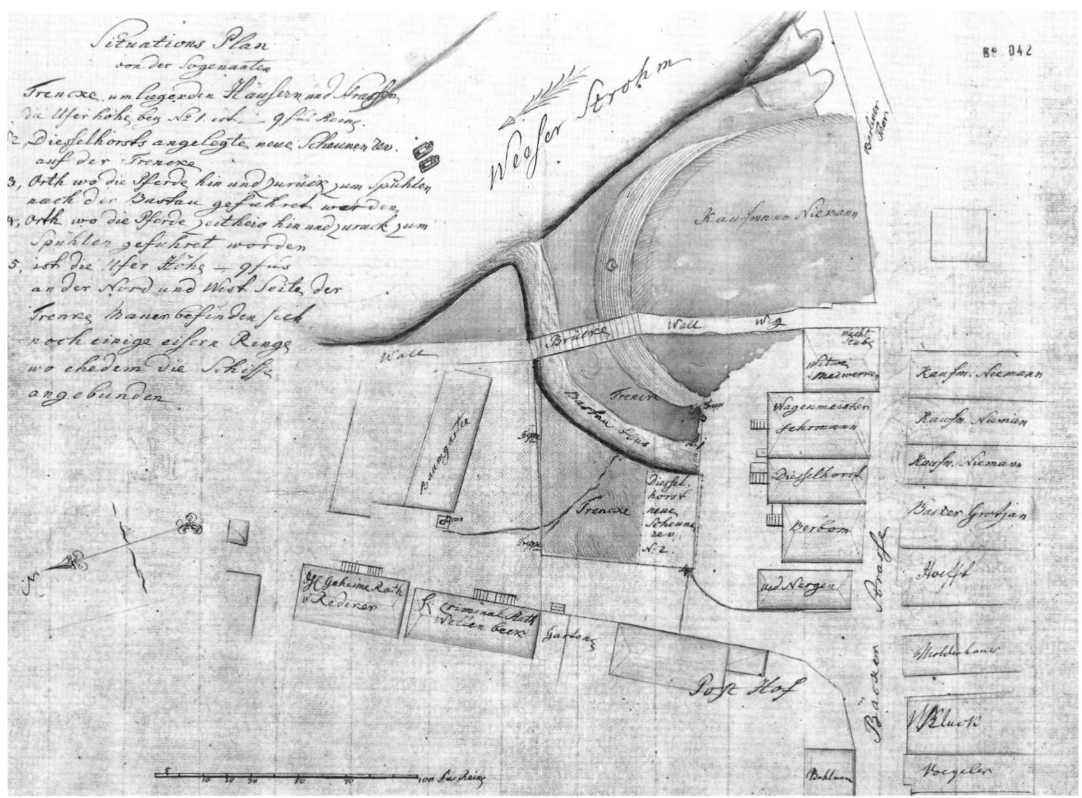

Abb. 1597 Tränkestraße, *Situationsplan* mit der Bebauung im Bereich der Tränke. Rechts unten Straßengabelung von Bäckerstraße und Tränkestraße, darüber die Häuser auf der Nordseite der Weserbrücke (heute Bäckerstraße 69–71), oben das sogenannte Rondell und die Weser. Norden links. Friemel 1788.

Tränkestraße

KARTEN: *Situations Plan von der sogenanten Trencke, umliegenden Häusern und Strassen*… Gezeichnet von Friemel 1788 (KAM, Mi, C 337) (Abb. 1597). Ein weiterer, wohl davon abgezeichneter und weitgehend identischer Plan, am 23. 7. 1788 von Friemel signiert, auch in STA MS, KDK Minden, IV, 240 (Abdruck in MIELKE 1981, S. 132). – *Zeichnung von der sogenanten Tränck. Auf genommen und entworffen von den stad Mauer Meister Däumer, Minden den 12ten october 1801* (aus KAM, Mi, C 339) (Abb. 1598). – Karte der Tränke mit den anschließenden Grundstücken. Gezeichnet von *Frid. Wehdeking d. 28ten August 1806* (KAM, Mi, C. 889) (Abb. 1600). – *Situationsplan von den Gebäuden etc. des Hrn. Ernst Dieselhorst zwischen der Tränckestrasse und dem Walle.* Gezeichnet von Baukondukteur G. Trippler 1833 (KAM, Mi, E 441) (Abb. 1601).

Der Straßenzug besteht in seinem historischen Verlauf seit den umfangreichen Flächenumlegungen im Zuge der Stadtsanierung um 1975 nicht mehr, wobei er zusammen mit den anliegenden Grund-

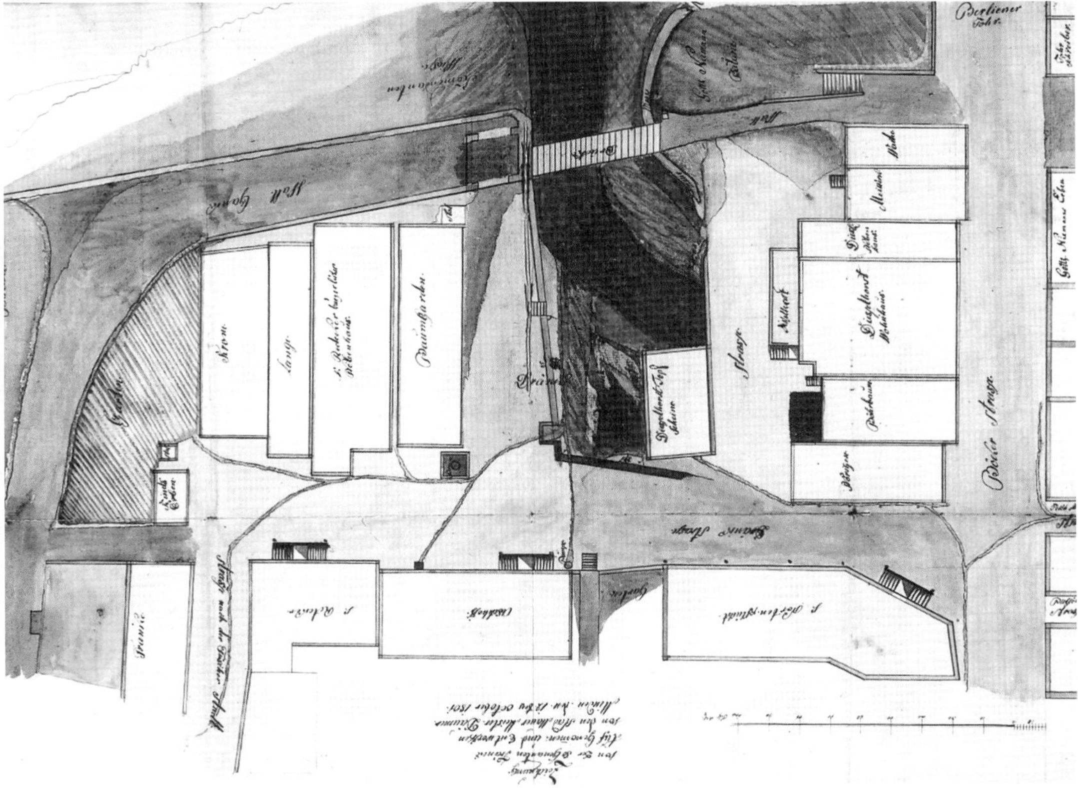

Abb. 1598 Tränkestraße, die gleiche Situation wie Abb. 1597 im Zustand 1801. Norden links. Maurermeister Däumer.

stücken zum großen Teil durch den großflächigen Komplex eines Kaufhauses überbaut wurde (siehe Bäckerstraße 61/67). Die wenigen Bauten in diesem Bereich, die diese umwälzenden Planungen überstanden haben, werden heute zu anderen Straßen gezählt (sind hier aber zur Wahrung ihres historischen Zusammenhanges unter den alten Adressen abgehandelt). So wird ein kurzer erhaltener südlicher Abschnitt der Straße – im Anschluß an die Bäckerstraße – heute als »An der Tränke« bezeichnet, während der erhaltene nördliche Abschnitt heute zur Straße Seidenbeutel gezählt wird.

Die Trasse der Straße dürfte Teil des in vorstädtische Zeit zurückreichenden Weges vom Nordtor des Dombezirkes (im Zuge der Poststraße) über die östliche Bäckerstraße zur Fischerstadt (im Zuge der Weserstraße) und weiter entlang dem Weserufer gewesen sein. Auf diese alte Wegeführung wies noch bis 1975 die sanft gekrümmte Flucht auf der Westseite der Einmündung der Tränkestraße in die Bäckerstraße hin (möglicherweise ersetzte diese Wegeführung eine noch ältere Trasse, die von der Tränkestraße nach Süden direkt über die Bäckerstraße in die Domimmunität führte und in dem dortigen kleinen Weg zwischen den Grundstücken Großer Domhof 6 und 7 ihre Fortsetzung fand). Mit dem Bau der Stadtmauer nach 1231 und dem Anschluß der Weserbrücke an das Ostende der Bäckerstraße verlor die Tränkestraße ihre Bedeutung als Teil einer Hauptstraße und wurde über mehrere Jahrhunderte zu einer schmalen Gasse hinter der Stadtmauer, wobei der vor der

Mauer verbleibende und der später als Fischerstadt bezeichnete Siedlungsbereich über sie und das am nördlichen Ende errichtete sogenannte Kleine Wesertor mit der Stadt verbunden blieb. Die Besiedlung dieses Stadtbereiches scheint im wesentlichen in der Zeit um 1200 erfolgt zu sein, wobei die wohl um 1206 erfolgte Gründung des Johannis-Stiftes in der Nachbarschaft entscheidend war. Nach den vorliegenden archäologischen Befunden (siehe dazu die Grabung auf dem Grundstück Bäckerstraße 61) bestanden in diesem Bereich des alten Weges in früherer Zeit auch keine nennenswerten vorstädtischen Besiedlungen. Allerdings handelte es sich bei der nun einsetzenden Ansiedlung zunächst nicht um ein bürgerliches Quartier. Durch den Grundbesitzer in diesem Gebiet und den Gründer des Stiftes, den Bischof, wurden hier vielmehr verschiedene Großparzellen ausgegeben, auf denen zumeist erst in der Neuzeit durch Auf- und Abteilungen mit der Zeit einzelne Hausstätten entstanden: auf der westlichen Seite lagen der Hof des Propstes von St. Johannis (Nr. 1), ein Hof des Klosters Loccum (Nr. 5) und der Hof des Abtes von St. Mauritius (Nr. 10/12), während die östliche Seite erst mit dem Bau der Stadtmauer ab etwa 1230 ihre endgültige Gestalt erhielt und unmittelbar an das Ufer der Weser bzw. die Mündung der Bastau grenzte. Allerdings scheint die Linie der Stadtmauer im Zuge einer Baumaßnahme des Loccumer Klosterhofes 1317 noch einmal weiter nach Osten, an das Weserufer verschoben worden zu sein.

Der Name der Straße ist spätmittelalterlich und bezieht sich offensichtlich auf die Möglichkeit der Viehtränke in der Weser bzw. der Bastau vor der Stadt. Der Name ist zunächst im 16. Jahrhundert als *die Drenke* belegt, wobei man mit dem Begriff zunächst nicht die der östlichen Stadtmauer folgende Gasse bezeichnete, sondern das östlich anschließende Gebiet vor der Stadtmauer, wo ein Zugang zur Weser bestand. Dieser noch unbestimmte Raumbegriff für eine Fläche außerhalb der Mauer wird auch in einer Beschreibung der Kreuzprozession bei Piel deutlich, wo man *die Drenke unter der brucke hin, die marsch hinan bi an das Koedor* (= Königstor) zieht (Krieg 1981, S. 59). Erst später wurde die Bezeichnung auf einen speziellen Ort eingegrenzt. So ist im 18. Jahrhundert das Viehtränken die vorherrschende Nutzung eines östlich anschließenden, ab 1553 im Zuge des Ausbaus der Befestigungswerke entstandenen, zu dieser Zeit aber nur noch in Teilen bestehenden Hafenbeckens in der Bastaumündung (dazu weiter unten).

Bei der späteren Straße handelte es sich um eine kleine, unmittelbar vor dem Wesertor nach Norden abzweigende und der Stadtmauer folgende und in dieser Form offensichtlich seit der Mitte des 13. Jahrhunderts bestehende Gasse, die westlich zunächst nur von zwei großen Kuriengrundstücken gesäumt wurde. An nördlichen Ende der Gasse (im Bereich zwischen den Häusern Tränkestraße 8 und 10) bestand das sogenannte kleine Wesertor, das den Ausgang nach Norden zur Fischerstadt vermittelte (später das Grundstück Marienwall 1). Nach Nordwesten anschließend lag die Immunität des Stiftes St. Johannis. Ob im weiteren Verlauf der späteren Tränkestraße/Seidenbeutel schon ein Zugang zu diesem Gebiet bestand, ist bislang unklar. Nach Piels um 1560 entstandener Chronik ist das Gebiet um St. Johannis zusammen mit der unteren Bäckerstraße 1373 abgebrannt, dürfte aber ebenso bei dem Brand der ganzen Bäckerstraße im Jahre 1306 mit vernichtet worden sein (Krieg 1981, S. 60 und 69). Tribbe spricht in seiner um 1460 entstandenen Stadtbeschreibung von der *Fischerstraße*, die beim Wesertor von der Bäckerstraße abzweigt, womit offensichtlich dieser Straßenzug bezeichnet wird. Der Nennung entspricht zu dieser Zeit die Bezeichnung der Straße nördlich vor dem Kleinen Wesertor als Fischmarkt (siehe Kap. III, Steinweg).

Die topographische Situation änderte sich zum ersten Male grundlegend ab 1553, als das offene Ufergelände östlich vor der Mauer zu einem abgeschlossenen Hafen umgestaltet wurde, wobei man zwischen der Brückenkapelle in der Mitte der Weserbrücke und der Mauer der Fischerstadt im Bett

Abb. 1599 Tränkestraße, Blick nach Süden (rechts Nr. 5, 3 und 1) beim Weserhochwasser am 10. 2. 1946.

der Weser einen Wall mit Mauer aufgeschüttete. Damit verlor der Bereich der Tränke den unmittelbaren Bezug zum Fluß, und es wurden die Voraussetzungen dafür geschaffen, die Besiedlung später weiter nach Osten auszudehnen. Auf der Westseite der Walles standen schon nach der um 1634 entstanden Vogelschau von Wenzel Hollar entlang dem Hafenbecken einige Gebäude, deren ursprünglicher Zweck sicherlich in einer Nutzung als Lagerhaus nahe den Anlegeplätzen der Schiffe zu sehen sein dürfte. Es handelt sich dabei um die späteren vier Hausstellen auf den Grundstücken Tränkestraße 4, 6 und 8. Da noch im 18. Jahrhundert zwei der vier hier stehenden und zu dieser Zeit schon durchgängig als Wohnhäuser genutzten Bauten ein Pachtgeld an das Nikolai-Hospital zahlen mußten, könnte es sich ebenso wie bei den Plätzen der südlich an die Tränkestraße anschließenden Häuser auf der Nordseite der Weserbrücke um Gelände handeln, das nach Aufschüttung der Wälle von der Stadt in Erbpacht vergeben wurde (wobei die Einnahmen dem der Stadt unterstehenden Hospital zugeschlagen wurden). Die zunächst nur von Osten über den Wall erschlossenen Hausstellen wurden westlich von einem schmalen nördlichen Bereich des Hafenbeckens zwischen Stadtmauer und Wall begrenzt, wobei diese Fläche mit der Verlandung allmählich an die Hauseigentümer veräußert wurde, so daß diese schon seit der zweiten Hälfte des 18. Jahrhunderts ihre Bauten bis in die Flucht der Tränkestraße vorrücken konnten.

Im Zuge der Neubefestigungsarbeiten, die man in der schwedischen Zeit zwischen 1634 und 1648 durchführte, ist die alte, wohl seit dem 13. Jahrhundert bestehende Lage des Kleinen Wesertores aufgegeben und weiter nordwestlich durch ein neues Stadttor als Verbindung zur Fischerstadt ersetzt worden. Damit erhielt die Tränkestraße in ihrem nördlichen Abschnitt im Bereich des ursprünglichen Kleinen Wesertores ihren charakteristischen Knick nach Nordwesten und wurde nun über das Gebiet des Stiftes St. Johannis verlängert und durch den Garten des Kuriengeländes Tränkestraße 14 gelegt. Die Verlegung des Tores muß in den Jahren zwischen 1644 und 1647 durchgeführt worden sein, da man in diesen Jahren nach archivalischer Überlieferung mindestens zwei Häuser an der Tränkestraße wegen des Abbruchs der Stadtmauer niederbrach.

Nachdem die Mauergasse seit dem späten 17. Jahrhundert ihren isolierten Charakter verlor, da die sie östlich begleitende Stadtmauer abgebrochen und nun ein freier Zugang zum Hafenbecken möglich wurde, konnte dieses auch durch den gegenüberliegenden Posthof (Tränkestraße 1) als Tränke für die Pferde genutzt werden.

1712 werden für den *Steinweg an der Tränke* im Auftrage der Stadt *11 Fuder Kieselinger Steine und 46 Fuder Grand für den Weg* verbraucht (KAM, Mi, B 105 alt). 1730 wird das Pflaster auf dem Weg vor dem Posthof an der Tränkestraße durch den Steinsetzer Witthauß repariert, ein weiteres Mal 1751 durch den Steinsetzer Strümpeler (KAM, Mi, C 499). 1741 fordert die Regierung die Reparatur des Pflasters im nördlichen Abschnitt der Straße (zwischen dem Haus Nr. 12 und dem Fischertor), worüber der Steinsetzer Wilthus einen Anschlag fertigte (KAM, Mi, C 499). 1785 wurde das Straßenpflaster um den Posthof herum durch die Pflasterer Müller und Becker erneuert (KAM, Mi, C 503) und 1858 das bestehende Pflaster durch den Steinsetzer Büttner für 48 Thl umgelegt (KAM, Mi, F 407). 1874 wird die Straße neu mit alten Steinen von den Domhöfen gepflastert, wobei man Trottoirs anlegte. Im Zusammenhang mit der Anlage der Kanalisation mußte das Pflaster 1891 erneut umgelegt werden und blieb danach bis zum Einzug der Straße um 1975 in der Form erhalten.

DAS HAFENBECKEN »TRÄNKE«

Außerhalb der Stadtmauer befand sich östlich der Straße die Mündung der Bastau in die Weser, die offensichtlich bis zum 16. Jahrhundert im Uferbereich nicht weiter befestigt war. Mit dem 1553 durchgeführten Bau des Festungswalls in der Linie zwischen der Brückenkapelle und der Fischerstadt geriet dieser Bereich in die Verteidigungslinie, womit er die Funktion eines geschützten Hafens erhielt. Ob er zu dieser Zeit schon mit massiven Umfassungsmauern umgeben wurde, ist unbekannt. Nach einem anläßlich eines Streites 1788 gefertigten Lageplan (siehe dazu weiter unten sowie Abb. 1597) ist seine Anlage in einem unmittelbaren Zusammenhang mit der Weserbrücke und dem Durchfluß der Bastau unter der Bäckerstraße zu sehen. Spätestens Anfang des 18. Jahrhunderts war der Hafen zum großen Teil schon verlandet. Ab wann der dem Weserverlauf unmittelbar folgende Wall am Ufer als später sogenannte Schlachte ausgebaut wurde, ist ebenfalls nicht näher bekannt.

Möglicherweise gehen die Kaimauern des Hafenbeckens erst auf eine Baumaßnahme von 1665 zurück. So wurde in diesem Jahr angeblich ein *Kump* an der Weser hergestellt, damit die Schiffe an die Stadt kommen können (MOOYER 1852, S. 189). Das Becken wurde um 1695 mit Abbruch der Stadtmauer zur Stadt hin freigelegt, wobei die Mauergasse nun offensichtlich schnell den Namen *Tränke* erhielt. 1711 werden Reparaturen *an der Drencke* ausgeführt, wofür 94 Quadersteine von der Witwe Lippelling und 218 ebensolche Steine von einer wüsten Hausstätte an der Bäckerstraße angekauft werden. Damit konnte *die niedergefallene Mauer an der Drencke, an der seithe am Posthofe* aufgemauert werden (KAM, Mi, B 104 alt).

Mangelnde Unterhaltung, aber auch der von der Bastau transportierte und sich in der Mündung bei der geringen Strömung absetzende Schlamm führten schon bald zur Verlandung des Hafens. 1744 wird festgestellt, *die Tränke, die den Schiffern zum Hafen dienen soll*, sei *durch häufiges Hineinwerfen* [...] *verschlammt, daß solche ganz unbrauchbar*[...] Es wird erwogen, den Hafen wiederherzustellen, doch wird in den folgenden Jahren festgestellt, daß auch die Ufermauern stark verfallen seien. Der Maurermeister Johannes Zengerten führt in einem Gutachten vom 8.2.1749 aus, daß die Mauer an der Seite zum Posthof (also entlang der Tränkestraße) ganz ausgewichen sei und zu Vögeler (also nördlich, zum Haus Tränkestraße 4) sei sie schon zum Teil eingestürzt, ferner müßten die übrigen Teile neu ausgemauert und gefugt werden. Zu diesem Zweck liefert der Maurer Böckener am 13. 1. 1749 einen Anschlag *zur Errichtung einer*

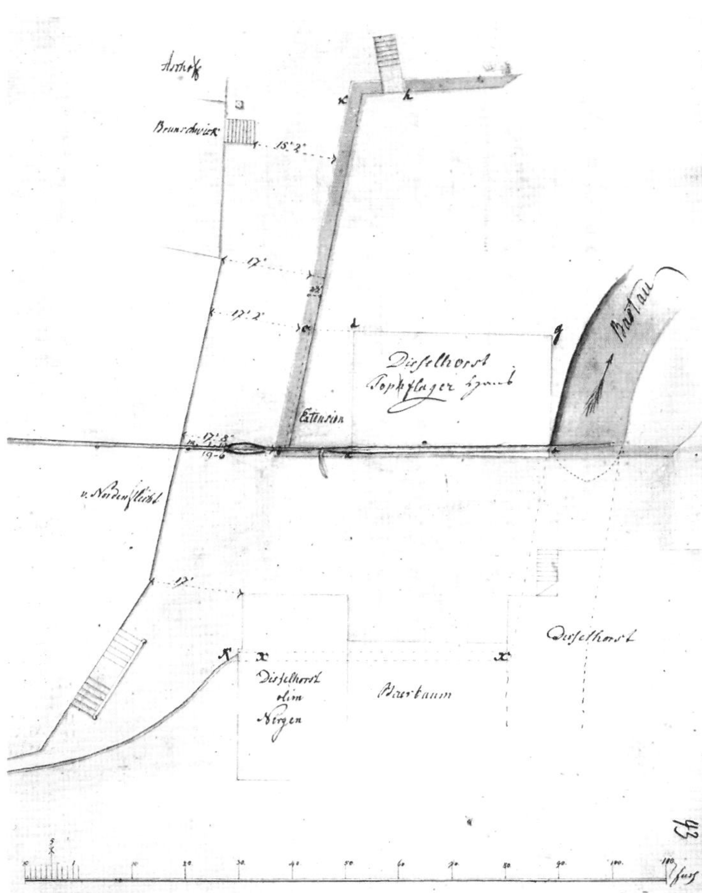

Abb. 1600 Tränkestraße, Hafenbecken, Zustand des verlandeten Geländes, 1806. Norden oben. Zimmermeister F. Wehking.

Brustmauer von 2 Fuß Dicke und 4 Fuß hoch an der Tränke. Doch kommt es nicht mehr zu einer Wiederherstellung (KAM, Mi, C 500). 1763 wird der Weserhafen als verlandet beschrieben und soll wiederum freigelegt werden, doch unterbleiben auch diesmal die Arbeiten (Bachmann 1987, S. 356).

Nach den bislang bekannt gewordenen spärlichen Quellen ist davon auszugehen, daß der nördliche Arm des Hafenbeckens (vor den Häusern Tränkestraße 4–8) schon zu Beginn des 18. Jahrhunderts zugeschüttet war. Ab wann die Häuser über diese Fläche bis zur Straße vorgeschoben wurden, ist nicht bekannt.

1720 war das den Hafen umgebende Gelände an Topfhändler verpachtet, nachdem der Rat den Topfhandel von der Masch (auf dem rechten Weserufer südlich der heutigen Viktoriastraße) 1652 zur Tränkestraße verlagert hatte. Im 18. Jahrhundert sind verschiedene Töpferbuden neben der Tränke nachzuweisen. Sie gehörten jeweils einzelnen Topfhändlern (Mielke 1981, S. 127). Neben dem sich hier ausbildenden Zentrum des Topfhandels wird das alte Hafenbecken im 18. Jahrhundert auch als Schweine- und Pferdetränke genutzt.

Als der südliche Nachbar, der Topfhändler Diesselhorst, an der Bäckerstraße 1788 zunächst ohne Genehmigung beginnt, auf dem halb verschütteten Gelände des Hafens ein größeres Lagerhaus *für eine Niederlage der irdenen Waaren* zu errichten (das spätere Gebäude Tränkestraße 2), wird auf Grund zahlreicher Eingaben eine umfangreiche Untersuchung der Situation vorgenommen (KAM, Mi, C 337 mit Karte: Abb. 1597). Der Magistrat der Stadt stellt am 25. 6. 1788 für den Bereich des *Bassins* fest: *die Tränke oder der sogenannte Hafen gehört ohnstreitig* [...] *der Cammerey* [...] *aber den Schiffsfahrenden, welche sich dieses Hafens in vorigen Zeiten, so lange die Tränke noch dermaßen wassereich gewesen, daß sie mit den Schiffen ein- und außfahren können, gegen Erlangung des Hafengeldes beym Ein- und Außladen der*

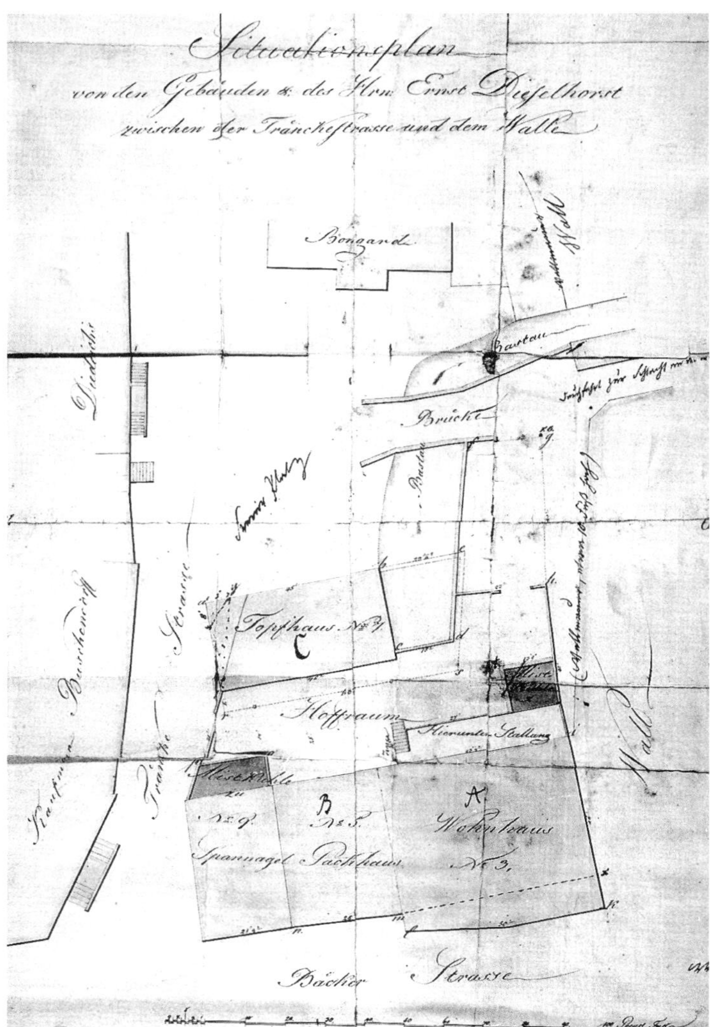

Abb. 1601 Tränkestraße, Hafenbecken, gleiche Situation wie Abb. 1600 nach Planierung und teilweiser Überbauung, Bau-Condukteur Trippler, 1833.

Waren bedienet haben. Durch die oberhalb der Weserbrücke angelegte Schlachten und Bollwerke an beiden Seiten des Weserufers, ist es geschehen, daß dieser Hafen vor und nach versandet[...] *welches weit über Menschengedenken hinaus geht. Nach Ausweise der Verpachtungs-Akten de 1720 sind die Plätze dies- und jenseits der Tränke jederzeit zum Topfhandel deciret worden, und haben sich die concuatores zwey Hütten theils zur Niederlage, theils zur Wohnung daselbst verbauet und die Plätze selbsten vermittelst eines Stackets eingeschlossen*[...] Schon 1720 sei *dem Liborius Sauer die Bebauung eines Platzes an und über der Tränke* [...] als Kern des späteren Hauses Bäckerstraße 69 für den Topfhandel gestattet worden (er hatte dort an zentraler Stelle auch einen Ort für Topfhändler eingerichtet, die keinen eigenen Stand hatten). Auch der gegenüber, an der Tränkestraße 1 niedergelassene Postmeister Coudelance bat in diesem Jahr um Erlaubnis, neben seinem Häuschen eine Hütte erbauen zu dürfen, bis die Tränke wieder schiffbar gemacht würde (KAM, Mi, C 1112). Ab 1725 läßt sich kontinuierlich die Verpachtung von zwei Topfbuden jeweils für vier Jahre auf dem Platz des ehemaligen Hafens durch die Stadt nachweisen (KAM, Mi, C 338 – mit Namen der Pächter – und C 1112).

Dennoch hielt man den jetzt verlandeten Hafen noch *für eine zimliche Anzahl Schiffe geräumig genug, mit einer starken Mauer eingefasset, er ist an den drey Stadt-Seiten selbst mit Wagen zugänglich* [...] und *auch der Ausfluß der Bastau*

Abb. 1602 Tränkestraße, Ansicht über die Schlachte hinweg auf die östlich anschließende Bebauung. Mitte Bäckerstraße 71, davor Durchfahrt unter dem Festungswall und Mündung der Bastau, rechts davon Tränkestraße 4 und 6, vor 1894.

in die Weser für wenigstens 10 Schiffe ebenfalls dient (siehe auch BACHMANN 1987, S. 356). Daher wird am 30.7.1788 durch die Regierung entschieden, daß Disselhorst zwar seine Topfniederlage auf dem ehemaligen Hafengelände errichten dürfe, aber ebenso wie seine Nachkommen verpflichtet sei, diese auf seine Kosten auch wieder zu entfernen, falls der Hafen wiederhergestellt werden solle (parallele Aktenüberlieferung im STA MS – siehe MIELKE 1981, S. 127). Als weitere Auflage wird daher verlangt, daß der Bau auf Pfeiler gestellt wird (KAM, Mi, C 889).

1800 beantragt der Kaufmann Seydel die Überlassung einer Fläche zur Errichtung eines Lagerhauses auf der sogenannten *Tränke, ein lange wüster Ort*, nördlich des Diesselhorstschen Lagerhauses. Nachdem Seydel den Platz dann wegen eines anderen Projektes nicht mehr benötigte, wird dieser *noch offene Platz des ehemaligen Hafens oder der sogenannten Tränke* 1802 dem Assistenz-Rat Aschoff überlassen, der gegenüber das Haus Tränkestraße 3 bewohnte (KAM, Mi, C 339), aber offenbar dort auch keinen Bau errichtete.

1822 gilt der ehemalige und verlandete Hafen als Staatseigentum, ist aber der Stadt als Ratszimmerplatz überlassen. Nachdem die östlichen Bereiche in diesen Jahren bei der Anlage der Festungswälle verschüttet wurden, ferner in diesem Zusammenhang ein weiterer Teil für den Bau einer neuen Zufahrtsstraße von der Tränkestraße zur Schlachte benötigt wurde, werden die Restflächen des nun sogenannten *Tränkeplatzes* vom Staat an den Kaufmann Ernst Diesselhorst (Bäckerstraße 71 und 73) und den Drechsler Drake (Bäckerstraße 69) verkauft (KAM, Mi, E 441 und F 1171), wobei es jeweils auch um Ausgleichsflächen für durch den Festungsbau eingezogene Grundstücke ging. 1833 wird im Zusammenhang mit der Vergrößerung seines Lagerhauses die Bastau durch eine neue von Diesselhorst bezahlte Mauer (KAM, Mi, E 441) eingefaßt (Ausführung Maurermeister Lax), und 1834 will Ernst Diesselhorst, der inzwischen die meisten der anliegenden Bauten besaß, auch auf dem sogenannten Tränkeplatz *über dem alten nutzlosen Bastaubett* statt eines kleines anstehenden Packhauses einen größeren Bau errichten. Nach einer Zahlung von 200 Thl Ablösung an die Kämmereikasse wird ihm dies auch gestattet. Eine weitere Fläche wird im gleichen Jahr durch den Kaufmann Buschendorff erworben, der hierauf 1838 einen Neubau (Tränkestraße 6) errichtet (KAM, Mi, F 366). Damit war von dem Hafenbecken nur noch der Verlauf der Bastau selbst übrig geblieben, der nun durch eine Mauer gesichert wurde (Akte von 1832/1871 in KAM, Mi, F 401).

1874 konnte mit dem Neubau der Häuser auf der Nordseite der Bäckerstraße die Einmündung der Straße sehr aufgeweitet werden und 1875 wurde wiederum im Norden der frühere Tränkeplatz durch den Umbau des Hauses Tränkestraße 4 beschnitten, wobei die Mauer der Bastau in diesem Bereich erneuert werden mußte.

Eine grundsätzliche Umgestaltung erfolgte nach der Verlegung des Bastaulaufes, die im März 1904 fertiggestellt wurde. Danach wurde eine Zufahrt zur Weserschlacht über den alten Bastaulauf geplant, die dann allerdings nach einer ersten Zuschüttung erst 1912 fertiggestellt wurde. In diesem Zuge wurde die Kreuzung von Tränke- und Bäckerstraße am Wesertor als Hochwasserschutz erhöht.

ARCHÄOLOGISCHER BEFUND:

1975 wurde ein Teil der mittelalterlichen Stadtmauer bei Straßenbauarbeiten freigelegt, *ein Zweischalenmauerwerk offenbar, dessen Schalen aus großen, sorgfältig behauenen Sandsteinquadern, in Mörtel verlegt, bestanden.* Die Gesamtbreite der Mauer wurde nicht festgestellt (Teil I, Kap. I.3, Fundstellenkatalog, Fundstelle 35). Siehe: Isenberg 1977 a, S. 448.

BRÜCKE ÜBER DIE BASTAU im Wallverlauf, sogenannte *Tränkebrücke* (bis 1817)

1809 wird die Brücke als sehr baufällig bezeichnet und ist nach einer Anzeige durch den Landbaumeister Kloth nur aus einem simplen Hängewerk errichtet. Nachdem ein Kostenanschlag angefertigt wurde, wird Zimmermeister Wehdeking mit der Reparatur beauftragt (KAM, Mi, F 1171). 1813 wird die Holzbrücke erneut durch den Zimmermeister Wehdeking für 206 Rthl repariert (KAM, Mi, E 1041). Der Bau verschwand im Zuge der Neubefestigung der Stadt nach 1817.

BRÜCKE ÜBER DIE BASTAU an der Tränke (1825–1879)

Sie wurde 1825 durch die Festungsverwaltung errichtet, um nach Anlage der Festungswälle eine neue Fahrverbindung von der Stadt zur Schlachte zu schaffen (KAM, Mi, E 441). Dabei wurde eine massive Brücke über die Bastau im Bereich des ehemaligen Hafenbeckens gebaut, die nach Osten von der Tränkestraße etwa gegenüber dem Haus Nr. 3 abzweigte.

1835 muß das Pflaster auf der Brücke erneuert werden, ebenso 1856 und 1875 einschließlich der anschließenden Straße bis zur Schlachte (KAM, Mi, F 407). Im Zuge der Entfestigung ab 1879 und der Anlage der danach hier angelegten südlichen Weserstraße abgebrochen.

HAUS IN UNBEKANNTER LAGE (nördlicher Bereich der Straße)

1644 erklärt Tomas Uphoff, der schon 1626 als Besitzer einer Schiffsmühle nachweisbar ist, daß er *sich nun zur Heuer setzten* müßte (sich also woanders einmieten müsse), da sein Wohnhaus abgebrochen werden soll, aber auch sein anderes Haus bei der Fischerstadt durch den Abbruch der Stadtmauer ganz ruiniert worden sei. 1647 berichtet die Witwe Uphoff, daß sie und ihr Mann ihr Haus *an der Trencke* verlassen mußten und sie statt dessen *ein Haus forne auf der Fischerstadt erworben hätten, dieses dann aber durch abbrechung der Stadt Mauren dermaßen entblößet und bescheidigt, das ich solches dieser Zeitt nicht verkäuven konne, sondern öde und wüst* (KAM, Mi, B 66,23 alt).

TRÄNKESTRASSE 1 (Abb. 1597–1599, 1603–1606)

bis 1818 ohne Haus-Nr.; bis 1878 Haus-Nr. 14 e; bis 1908 Bäckerstraße 67

PLÄNE: *Geometrischer Grund=Riss von dem ehemaligen Post=Hofe zu Minden an der Becker Strasse* sowie *Brouillon vom Grund= und Auf=Riss des ehemaligen Post=Hofes zu Minden an der Becker Strasse … aufgenommen durch den Kunstmeister Bielert*, wohl 1792 (STA BÜ, B 2349, 1 und 2) (Abb. 1604

Abb. 1603 Tränkestraße 1, Ansicht der Fassade zur Bäckerstraße, 1971.

und 1605). – Plansatz von 1792 von C. A. von Vagedes, Landbaumeister in Bückeburg: *Entwurf der Einrichtung des unteren Stockwerks der Behausung des Herrn Kriegsrathen von Nordenflycht, welche auf dem Platze des alten Posthofes zu Minden erbauet werden soll* sowie *Entwurf der Einrichtung des oberen Stockwerkes der neu zu erbauenden Wohnung* … (STA BÜ, B 2348, 1 und 3) (Abb. 1606).

Kern eines sehr weitläufigen Hofgeländes an exponierter Stelle im Stadtgefüge, im Mittelalter als eine dem Bischof gehörende Kurie genutzt, die 1250 dem Johannis-Stift zugesprochen und danach als Sitz des Propstes von St. Johannis genutzt wurde. Zu nicht näher bekannter Zeit wurden offenbar Teile des Grundstücks Bäckerstraße 61 zugeschlagen (hier Stall errichtet), dafür wohl Teilbereiche an der Bäckerstraße 65 abgetrennt. Seit 1662 durch die Quartvereinbarungen an den Staat gefallen und von 1672 bis um 1792 als Posthof eingerichtet (nachdem der bisherige Posthof an der Ritterstraße 7 in den Besitz der reformierten Gemeinde übergegangen war). Danach privatisiert und in bürgerlicher Nutzung. Die Parzelle seit 1975 aufgehoben und in den Kaufhauskomplex Bäckerstraße 61/67 einbezogen.

Die um 1790 bestehende Bebauung des Geländes scheint eine in der Anlage weit zurückreichende Bebauungsstruktur widerzuspiegeln: in der nordöstlichen Ecke das Hauptgebäude, über einen Vorhof südlich davon erschlossen. Dieser vermittelt auch die Zufahrt zu einer großen Scheune

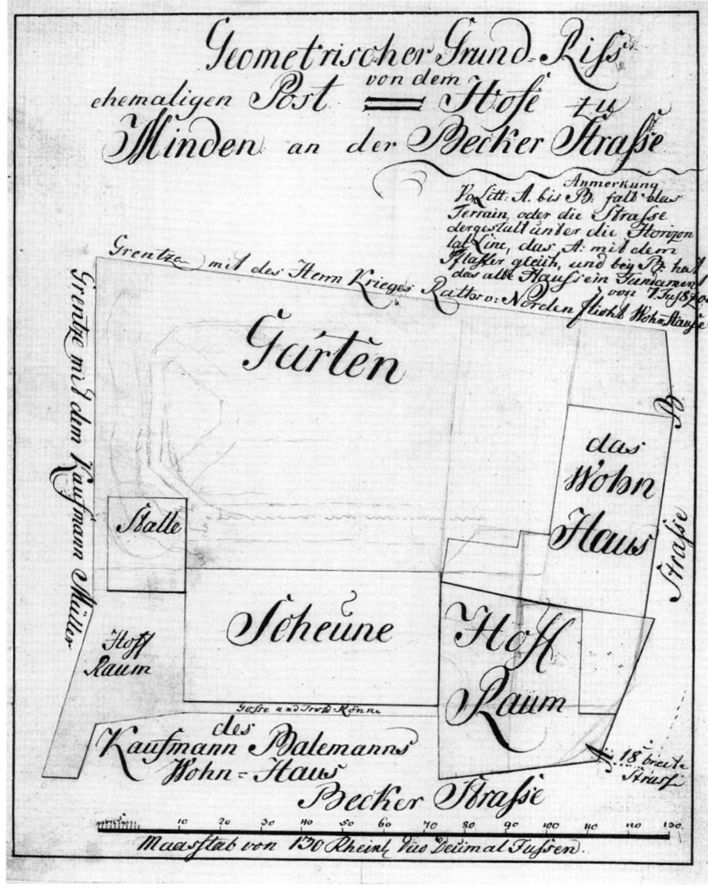

Abb. 1604 Tränkestraße 1, ehemaliger Posthof, Grundriß der Gesamtanlage, Kunstmeister Bielert 1792. Norden oben.

entlang der südlichen Grundstücksgrenze zu Bäckerstraße 65 (wohl um 1860 dorthin verkauft), während der nordwestliche Bereich als Garten unbebaut blieb.

1250 wird vom Stift St. Johannis eine bislang dem Domkapitel gehörende Kurie erworben, gelegen östlich des Stiftes: *curiam nostram, sitam versus plagenn, orientalem eidem ecclesie sancti Johannis* [lat. plaga: Fläche, Gegend] (STA MS, Mscr. VII, 2701, fol. 42v–43r. Siehe auch WUB VI, Nr. 152 und 542). Um 1350 lag ein Klosterhof neben dem Hof der Loccumer Mönche nach der Weser hin, aus dem die Kanoniker des Domes nun eine Rente erhalten sollten (Schroeder 1886, S. 262). Schon 1230 wurde bestimmt, daß die Propstei von St. Johannis nur mit einem Kanoniker des Domes besetzt werden sollte, der in Minden zu wohnen habe (Schroeder 1886, S. 127). Bei der Verbindung beider Ämter blieb es bis 1802, doch lebten die Pröpste seit etwa 1700 nicht mehr in Minden. 1251 wird durch einen päpstlichen Pönitentiar bestimmt, daß wegen der Armut des Stiftes einer der Domkanoniker die Propstei erhalten soll, so wie es schon bei der Gründung des Stiftes bestimmt gewesen sei, und stattete sie mit dem Bann in Ladesbergen und Mandelsloh aus (Schroeder 1886, S. 128). 1520 wird der Propsteihof durch den Propst Thomas von Halle an Roleff von Halle und seine Frau verpachtet. Er liegt neben dem Kirchhof an der Straße, die zwischen dem Hause des Kanonikers Kermann und dem Hauses des Symon von Oeynhausen hindurchgeht (STA MS, St. Johannis, Urkunden 149).

1665 trat das Domkapitel im Zusammenhang mit den Quartverhandlungen an den Kurfürsten einen Kanonikatshof in der Stadt ab, der zum Posthof eingerichtet werden sollte (Spannagel 1894, S. 93). Darunter dürfte dieser Hof verstanden worden sein, der allerdings (möglicherweise, da er zu dieser Zeit noch mit einem Kanoniker besetzt war) erst einige Jahre später, seit 1672 diese Nutzung erhielt. Der Propst wohnte nun zunächst im Bereiches des Domhofes, später zumeist an anderen Stiften, da dieses Amt nur noch als zusätzliche Einkünfte vergeben wurde. Als Pröpste sind nachzuweisen: 1520 Thomas von Halle; bis 1695 Johann Adrian von Wendt

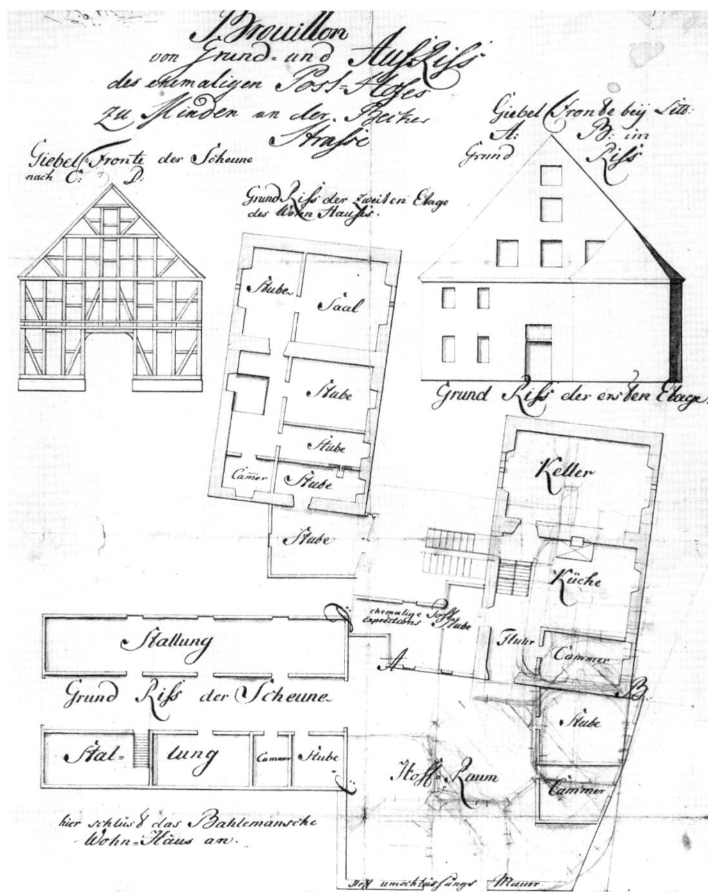

Abb. 1605 Tränkestraße 1, ehemaliger Posthof, Bestandsaufnahme von Wohnhaus und Scheune mit Skizzierungen für die Umgestaltung Kunstmeister Bielert 1792.

(Domherr zu Minden und Osnabrück); 1695–1712 Adrian Christian Wolfgang von der Horst, Domherr zu Minden und Hildesheim; 1721 Herman Diedrich Theodor L. B. von Nehem (Dompropst zu Osnabrück); 1734–1770 Franz Christoph von Hanxleden, Domherr zu Minden, Domdechant in Münster; 1770–1802 Damian Wilhelm von Forstmeister, Domherr zu Minden, Domdechant zu Paderborn, Kanoniker zu Fritzlar. Ab 1802 sollte die Stelle zur Gewinnung von Geldern zur Reparatur von Kirche und Reventer auf 10 Jahre unbesetzt bleiben.

1693/94 Tod des Postmeisters Albrecht Schroeder; 1698 Postmeister David Coudelance (er gehört zur französischen Gemeinde, den Hugenotten, an der reformierten Kirche, Krieg 1961, S. 9); 1720 königlich preußischer *Postmeister Coudelans* im Posthof *an der unteren Bäckerstraße*; bis 1725 *Postmeister Coedelantz*; 1744 steht des Gebäude des Posthofes im Weserhochwasser; 1781 Witwe Postdirektor Widekings. 1784 bei Weddigen *nicht weit vom Thore ist das Posthaus, ein altes, nicht sonderlich ansehnliches Gebäude mit einem Vorhofe* (Neumann 1969, S. 118). 1788 *der Posthof.* Der Posthof wurde um 1792 auf das Gelände an der Poststraße 7 verlegt und der alte Bau anschließend umgebaut bzw. erweitert. 1798 von Nordenflicht, Haus bewohnt durch Offizier von Stein; 1805/06 *Kriegsrat E. A. von Nordenflicht*, halbmassives Wohnhaus und Packhaus, Wohnhaus 5 000 Rthl, Hinterhaus 700 Rthl, Waschhaus 300 Rthl; 1809 Kriegsrat von Nordenflicht und als Mieter der Kammerdirektor Hass. Haus ist *sehr gut logeable.* Zum Haus eine Scheune von 16 x 9 Fuß, Waschhaus von 8 x 4 Fuß; 1818/28 Friedrich Buschendorff, Wohnhaus 5 000 Thl, Hinterhaus 700 Thl, Waschhaus 300 Thl; 1846 Kaufmannswitwe Charlotte Buschendorff (71 Jahre) mit ihrer Schwester, Regine Meywerk (70 Jahre) sowie als Mieter Regierungsrat Philipp Ascher; 1853 Buschendorff und als Mieter Landrat von Oheimb. In dem Haus ein Comptoir; 1873 Witwe Buschendorff (Mieter ist Kaufmann Wiehe); 1878 Buschendorf und Jüncke; 1883 Spediteur F. Nagel; seit 1885 Firma der Kaufleute Lagemann & Schelken: Öfen, Bauartikel, Glashandel, Eisenhandel und Werkzeuge (Kaufmann Max Schelken läßt sich 1936 das repräsentative Wohnhaus Königstraße 13 bauen); die Firma Lagemann & Schelken errichtete 1971 unter der Adresse »Zum Industriehafen 8« einen großzügigen Neubau (Plan: W. Rösner) und verlagerte den Betrieb dorthin.

Kuriengebäude (vor 1600–1792/1974)

Das nach seiner Gestalt sicherlich vor 1600 errichtete recht kleine Kuriengebäude stand mit seiner Längswand entlang der Tränkestraße in der nordöstlichen Ecke des Grundstücks (Teile der Umfassungswände dürften noch unerkannt bis 1974 erhalten gewesen sein). Die Bestandsaufnahme von 1792 läßt einen im Kern wohl eingeschossigen Steinbau mit hoher Küchendiele im vorderen und einem mit Balkendecke unterkellerten Saal im rückwärtigen Bereich erschließen. In der ebenfalls massiven Trennwand ein Schornsteinstapel mit großer offener Feuerstelle zur Diele und ursprünglich sicherlich auch zum Saal. Sein Zugang links der Herdstelle.

Das Haus dürfte nach seiner Einrichtung um 1672 als Posthof in den für 1792 dokumentierten Zustand umgebaut worden sein. Hierbei wurde die vordere Diele zweigeschossig durchgebaut: im Erdgeschoß verblieb an der westlichen (rückwärtigen) Traufwand ein breiter Flur mit gegenläufiger Treppe und hierhin offener und großer Küche hinter einer großen Kammer in der südöstlichen Hausecke. Im Obergeschoß entstand ebenfalls ein Flur und darum drei Stuben und eine Kammer, ferner wurde von hier der in *Stube* und *Saal* aufgeteilte alte Saal erschlossen. Das Raumprogramm zu nicht näher bekannter Zeit durch einen zweigeschossigen und schmalen Vorbau aus Fachwerk und unter Vollwalmdach vor den südlichen Giebel erweitert, der im Erdgeschoß eine weitere Stube und Kammer, im Obergeschoß eine Stube aufnahm. Ferner fügte man an der westlichen Traufwand einen eingeschossigen Anbau aus Fachwerk an, der die *Post=Expeditions Stube* aufnahm.

1720 wird vermerkt, daß Passagiere im Posthof übernachten könnten. In der Poststube höre man allerdings das Grunzen von Schweinen aus dem Nachbargebäude (KAM, Mi, C 1112) – offensichtlich der Scheune des Hofes.

Südliche Erweiterung (1792–1899/1974)

Nach Verlagerung der Posthalterei erfolgte 1792 ein eingreifender Umbau des Gebäudes einschließlich einer südlichen Erweiterung an Stelle der beiden Anbauten und des Vorhofes, die durch den Landbaumeister C. A. von Vagedes aus Bückeburg geplant und unter seiner Leitung auch durchgeführt wurde. Die erhaltenen Bestandspläne des Kunstmeisters Bielert, die darin eingetragenen ersten Konzepte der Veränderungen und die endgültigen Umbaupläne (siehe Albrecht 1995, Abb. 38 und 39, S. 71) tragen handschriftliche Vermerke über Änderungen auf der *Baustette* und sind offensichtlich auch zur Ausführung gelangt. Ziel dieser Baumaßnahmen war es, aus dem räumlich eher bescheidenen, verwinkelten und altertümlichen Anwesen ein repräsentatives Palais für ein bzw. zwei vornehme private Haushalte einschließlich der notwendigen Nebenräume zu schaffen. Dafür entstand im Anschluß an den bestehenden Bau, der eine völlig neue Innenaufteilung erhielt, südlich an der Ecke des Grundstücks zur Bäckerstraße an der Stelle der alten Hofzufahrt ein zweigeschossiger Anbau, der dem gekrümmten Straßenverlauf durch eine zweifache Abknickung der Fassade folgte (jeweils mit drei und zwei Fensterachsen). Der gesamte Bau erhielt ein durchgehendes Satteldach. In dem mittleren Abschnitt der neu gestalteten, streng mit insgesamt 12 Achsen gegliederten und durch Pilaster oder Lisenen an den Ecken aufgeteilten Fassade der Hauszugang von der Straße mit drei vorgelagerten Stufen, der zu einem gewendelten Treppenhaus in einem oval geformten und von der Rückseite belichteten Raum vermittelte. Daneben wurden im südlichen Teil zur Straße Küche und Speisekammer, rückwärts eine *Bedienstenstube* eingerichtet. Im Erdgeschoß entlang der Straße nach Norden anschließend eine Enfilade von Vorzimmer, Speisezimmer mit ovalen Ecken und Schlafzimmer, rückwärts vier Nebenräume. Auch im offensichtlich getrennt zu nutzenden und im Prinzip vergleichbar wie das Erdgeschoß eingeteilten Obergeschoß wurde an der gleichen Stelle wie unten eine Küche geschaffen, statt der *Bedientenstube* hier aber eine schmale Treppe zum Dach.

Wohn- und Geschäftshaus (1899–1974)

1899 wurde durch erneuten Um- und Erweiterungsbau sowie Aufstockung ein in der Erscheinung dreigeschossiges und aufwendig gestaltetes Wohn- und Geschäftshaus mit reich dekorierter Fassade für das Eisenwarengeschäft und den Baumaterialhandel Lagemann & Schelken nach Plänen von A. Kelpe geschaffen (Bauakten nur in Teilen erhalten, die ausführende Firma nicht bekannt). Hierbei wurde nun der südliche, 1792 geschaffene und mehrmals in der Front abknickende Bauteil betont, da er nach der nördlichen Verschiebung des östlich anschließenden Baublocks Bäckerstraße 71 im Jahre 1876 weithin sichtbar geworden war und seitdem das Stadtbild von der Weserbrücke aus mit prägte (Genehmigung der Baukommission zur Höherführung der Fassade zur Bäckerstraße vom 20.4.1899 siehe KAM, Mi, F 2239). Dabei hier ein breiter Mittelteil als übergiebelter Satteldachbau gestaltet, begleitet von seitlichen, auf die Ecken gesetzten Pavillons unter kleinen Zwiebeln. Die Fassaden mit rotem Klinker verkleidet und mit reicher Putzdekoration in Formen der Renaissance. Das Erdgeschoß in Schaufenster aufgelöst und mit rustizierten Pfeilern. Die seitlichen Flügelbauten zweigeschossig mit Satteldach (Abb. siehe Brandhorst 1995, S. 8 und 9).

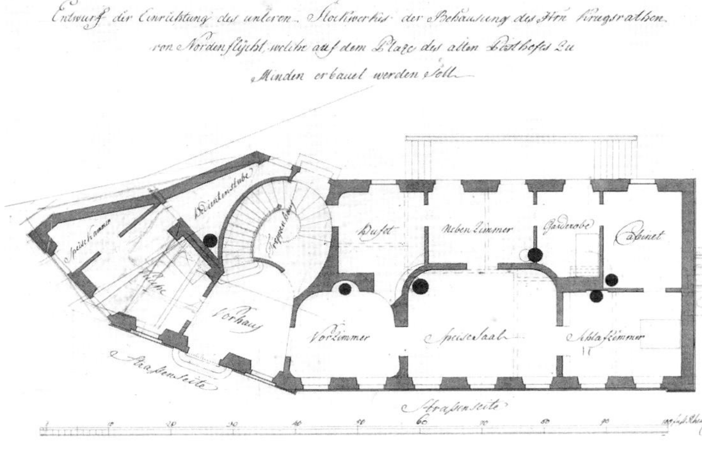

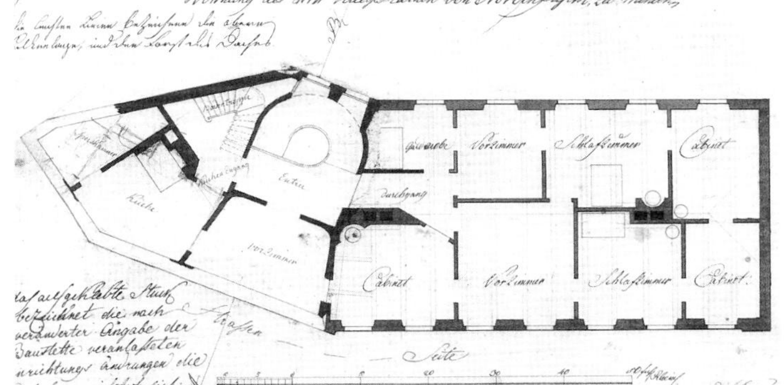

Abb. 1606 Tränkestraße 1, ehemaliger Posthof, Grundriß von Erd- und Obergeschoß zur Umgestaltung des Wohnhauses, Landbaumeister C. A. von Vagedes, 1792.

1974 der gesamte Komplex ohne weitere Dokumentationen im Zuge der Stadtsanierung abgebrochen.

Posthof-Scheune (18. Jahrhundert–1880 ?)

Nach dem Bestandsplan von 1792 ein zweistöckiger und giebelseitig erschlossener Fachwerkbau. In jedem Stockwerk aufgelegte Balken, eine Riegelkette und Aussteifung der Wände mit Fußstreben. Das Erdgeschoß mit mittlerer Längsdurchfahrt, an die sich seitlich Ställe sowie in der südöstlichen Ecke eine Stube und Kammer für Gesinde anschließen. Das Obergeschoß als Boden offenbar ungeteilt.

In dem Gebäude scheint 1860 die Seifenfabrik Becker eingerichtet worden zu sein, die 1880 niederbrannte (siehe hierzu Bäckerstraße 65).

Lagerhaus (1899–1974)

1899 Neubau eines Lagerhauses für die Firma Lagemann & Schelken (KAM, Mi, F 2240) als schmaler nördlicher Anbau an das Wohnhaus und tief in den Baublock hineinreichend. Dreigeschossiger Massivbau mit Flachdach, im Erdgeschoß großer Torbogen als Einfahrt. 1957 Umbau; 1974 im Zuge der Stadtsanierung abgebrochen.

TRÄNKESTRASSE 2, das sogenannte Topfhaus (Abb. 1597, 1598, 1600, 1601, 1607)

bis 1846 ohne Haus-Nr.; bis 1878 Haus-Nr. 9 b

Das Gebäude wurde 1788 als sogenannte *Niederlage* des Topfhändlers Disselhorst (siehe Bäckerstraße 71) für seinen Topfhandel errichtet und steht damit in der Tradition der im Bereich der Tränkestraße schon spätestens seit dem frühen 18. Jahrhundert nachweisbaren Verkaufslager für Töpfereiwaren. Der Bauplatz wurde Diesselhorst vom Magistrat auf Widerruf zur Pacht überlassen, so daß der Bau nach Fertigstellung als frei galt, jedoch jährlich 1 Rthl Grundpacht an die Kämmerei zu zahlen waren (KAM, Mi, C 133).

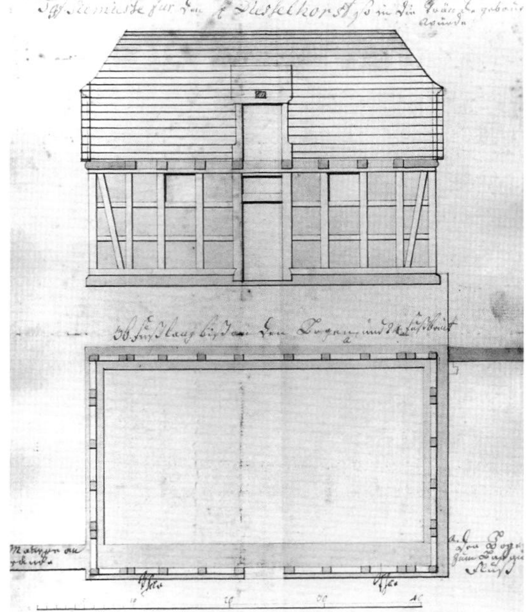

Abb. 1607 Tränkestraße 2, ehemaliges Topfhaus, Bauplan von 1788.

Topfhaus oder Packhaus des Händlers Diesselhorst (1788–1871)

Es entstand nach einer überlieferten Zeichnung *eine Topf Remiese für den H. Diesselhorst, so in der Tränke gebaut würde* (STA MS, KDK Mi, IV, 240 abgedruckt bei Mielke 1981, S. 127) als eingeschossiger und zur Straße giebelständiger Fachwerkbau von zehn Gebinden und mit Krüppelwalmdach. Das Wandgerüst mit zwei umlaufenden Riegelketten und Schwelle-Rähm-Streben in den äußersten Gefachen ausgesteift, die beiden Giebeldreiecke über Stichbalken vorkragend. In der Mitte der nördlichen Hauptfront eine Tür, seitlich jeweils ein kleine Luke und über der Tür ein Dachausbau mit Ladeluke.

Der Auflage, den Bau auf Pfeilern zu errichten, kam Diesselhorst nicht nach und ließ statt dessen einfache Pfähle verwenden, so daß das Gebäude nach Fertigstellung schnell absackte. Zur Feststellung der Schäden fertigte der Zimmermeister Wehking 1806 einen Plan und der Maurer Müller 1808 ein Gutachten an, so daß die Situation gut dokumentiert ist (KAM, Mi, C 889). Schon 1830 wird festgestellt, daß das Hinterhaus von Diesselhorst allgemein nur unter dem Namen *Topfhaus* bekannt sei.

1806 wird der Bau um etwa 3 m nach Westen bis zur Straße verlängert und 1819 auch um ein Stockwerk erhöht (KAM, Mi, E 441). 1830 wird erneut die Erweiterung des Schuppens beantragt, wobei Diesselhorst nun eine östliche Verlängerung vornehmen und den Lauf der Bastau überbauen will. Der Bau wird 1833 ausgeführt, wobei die Ufermauer der Bastau in diesem Bereich durch Diesselhorst erneuert werden mußte (KAM, Mi, E 441). Nachdem bereits im folgenden Jahr erneut Verhandlungen über die Erweiterung des Packhauses *über das alte nutzlose Bastaubett* hinweg einsetzen und zu diesem Grunde 200 Thl Ablösung an die Stadt gezahlt werden, errichtet Diesselhorst 1838 ein neues Wohnhaus (KAM, Mi, F 955), über dessen Gestalt nichts weiter bekannt ist.

Lagerhaus (1874–1976)

Im Zusammenhang mit dem Neubau des Vorderhauses (siehe Bäckerstraße 71) errichtet. Viergeschossiger Putzbau mit flachem Satteldach über einem nicht ausgebauten Drempelgeschoß. Der Bau auf einem Kellersockel von drei parallelen Tonnengewölben auf Gurtbögen (Bestandsaufmaß in der Plansammlung des Hochbauamtes der Stadt, Mappe 6003/11). 1976 Abbruch im Zusammenhang mit dem Bau des Karstadt-Kaufhauses (siehe Bäckerstraße 61/67).

Abb. 1608 Tränkestraße 3 (links) und 5, Ansicht von Süden, um 1950.

TRÄNKESTRASSE 3 (Abb. 1597–1599, 1608–1610, 1612)

bis 1812 ohne Haus-Nr.; bis 1878 Haus-Nr. 14 d; bis 1908 Tränkestraße 1

Der freie Hof ist wohl in der zweiten Hälfte des 17. Jahrhunderts durch Abtrennung von dem großen Hofgelände Tränkestraße 5 entstanden. Auf der um 1634 entstandenen Vogelschau von Hollar ist diese Trennung noch nicht zu erkennen. Die Parzelle seit 1975 aufgehoben und in den Kaufhauskomplex Bäckerstraße 61/67 einbezogen.

1750 Witwe Prokurator Pieper; 1752 Witwe Prokurator Pieper mit einem Kind und einer Magd; 1755 Unteroffizier Pieper, Wohnhaus für 600 Rthl; 1766 Fiskal Wellenbeck, Wohnhaus 1 000 Rthl; 1781 Regimentsquartiermeister Wellenbeck, 1 000 Rthl; 1788 Kriminalrat Wellenbeek; das *an der Träncke belegene Wellenbecksche jetzt Aschoffsche vormalige Freihaus*. Die Witwe Kriminalrätin Wellenbeck hat das Haus 1796 dem Kammerrat und Stadtrichter Aschoff gegen *eine Leibrente von 100 Rthl jährlich und der freien Mitbewohnung* abgetreten, und starb 1797. Aschoff schließt mit seiner Braut, der Witwe Prediger Hoffbauer geb. Kottmeyer, ein *pactum communionis bonorum universalis*. Nach Aschoffs Tod wird 1818 seine Witwe Dorothee Wilhelmine geb. Kottmeyer Eigentümerin (STA DT, D 23 A Nr. 134. Grundakte Kreis Minden Bd. 1 Blatt 2. Siehe auch vorher Hypothekenbuch Minden-Ravensberg. Regierung Vol. 1 Pag. 1); 1798 Aschoff, mit Ziegeln gedecktes Fachwerkhaus; 1801 Aschoff; 1805 Assistenzrat Aschoff, Wohnhaus 2 500 Rthl; 1809 Stadtdirektor Aschoff; 1812

Abb. 1609 Tränkestraße 3, Ansicht von Nordosten, 1970.

Tribunalrichter Aschoff, Wohnhaus und Garten (hat auch Brüderstraße 13), 1818 Witwe Tribunalrichter Aschoff, Wohnhaus 2200 Thl, Torfremise 300 Thl; 1827/32 Medizinal-Assessor Diederichs; 1846 Particulier Simon Burgheim (80 Jahre) und sein Sohn, Baumeister Julius Burgheim (47 Jahre), und als Mieter Kaufmann August Schleicher; 1853 Burgheim und eine Mietpartei. Im Haus auch die Baugewerbeschule von Architekt Burgheim; 1865 E. Weddigen: Gasthaus 2. Ranges »Stadt Bremen«. 1898 Kauf durch die 1893 gegründete »Mindener Schleppschiffahrtsgesellschaft«, die 1900 schon drei Dampfer und 20 Frachtkähne unterhielt; 1972 Karstadt AG/Essen.

Wohnhaus (zweite Hälfte des 17. Jahrhunderts–1972)

Zweigeschossiger und traufenständiger Fachwerkbau über hohem Sockel und mit Krüppelwalmdach, in der Mitte der Front ein übergiebelter Dachausbau. Das bis etwa 1930 verputzte Haus auf einer Grundfläche von 18,50 x 8,50 m nach den erkennbaren Details der Konstruktion offenbar in zwei Etappen geschaffen. Den Kern bildet die südliche Hälfte des Hauses; ein zweigeschossiger und traufenständiger Fachwerkbau von sieben Gebinden, wohl im späteren 17. Jahrhundert errichtet. Dieser stöckig verzimmert, mit aufgelegten Dachbalken und leichter Vorkragung des oberen Stockwerkes über kräftiger Schwelle. Der Oberstock einfach verriegelt, das höhere Erdgeschoß zweifach, das Gerüst mit Fußstreben ausgesteift. Zugang in der Mitte der Front über eine vorgelegte zweiläufige Freitreppe.

Um 1760 (zu dieser Zeit wird die Versicherung erheblich angehoben) Verlängerung des Hauses in den gleichen Proportionen nach Norden auf die doppelte Länge, die allerdings in anderer Konstruktion ausgeführt wurde, so daß der Bau wohl seitdem auch für Verputz gedacht war: jedes Stockwerk mit zwei Riegelketten und kurzen Fußstreben, dabei für die Fenster Riegelversprünge. Zudem nun das Dach mit Vollwalm gestaltet.

Um 1800 in der Mitte der Front einen Dacherker aufgesetzt. 1893 Entwässerung; 1908 Kanalisation; 1972 abgebrochen.

Lagerhaus (1897–1972)

Durch die Firma Schütte & Krause für 3 600 Mark errichtet (ein erster Plan von Schmidt & Langen); 1938 Einbau einer Waschküche (Baugeschäft Gremmels).

TRÄNKESTRASSE 4 (Abb. 1597, 1598, 1601, 1602, 1611)

bis 1878 Haus-Nr. 11; bis 1908 Tränkestraße 2 bzw. Marienwallstraße 1 (später auch Weserstraße 1)

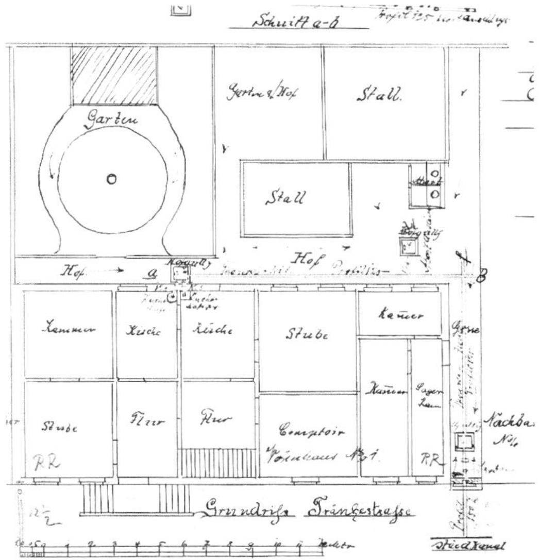

Abb. 1610 Tränkestraße 3, Grundriß zur Entwässerung des Grundstücks 1893.

Die Hausstelle auf einem nach 1553 vor der Stadt in der Weser aufgeschütteten Wall angelegt, zunächst wohl als Lagerhaus genutzt und von Osten, von der Schlachte, erschlossen. Die westliche Erschließung wurde erst nach 1700, nach Verlandung des schmalen Hafenbeckens zwischen dem Haus und der Tränkestraße möglich. Um 1770 bestand in dem Haus für eine kurze Zeit ein Gesundbrunnenbetrieb.

Die Parzelle seit 1975 aufgehoben und in den Kaufhauskomplex Bäckerstraße 61/67 einbezogen.

1675 Hanß Friederich Becker; 1683 Witwe Johan Claren; 1694 Johann Vögeler; 1701/1711 Johan Vogeler; 1741 Gerd Henrich Vögeler; 1755/66 Witwe Gerd Henrich Vögeler, Haus für 150 Rthl; 1770 Büchsenschäfter Baumgarten; 1781/1788 Baumgarten, 150 Rthl; 1795 Büchsenschäfter Bomgart; 1802/04 Witwe Baumgarten, Fachwerkhaus ohne Braurecht für 150 Rthl, hält 1 Kuh und 1 Jungvieh; 1806/11 Büchsenschäfter Gottlieb Baumgarten; 1818 Büchsenmacher Bongarde, Wohnhaus 800 Rthl; 1832 Bongarde; 1836 Makler Grotjan, Erhöhung auf 1 200 Thl; 1846 Makler Friedrich Grotjahn und seine Schwester; 1853 zusätzlich als Mieter der Leutnant von Bülow; 1875 Schaffer Quirin Bondkirch; 1878 Bondkirch; 1891 Althoff; 1905/52 C. A. Wiehe; 1972 Gerhard Meier; 1976 LEG.

Haus (1694–1875)

1694 bekommt Johann Vögeler wegen Hausbaus fünf Jahre Freiheit mit Ausnahme der Wachen (KAM, Mi, B 357). Er errichtete einen dreigeschossigen und recht schmalen, nicht unterkellerten Fachwerkbau von etwa 7 x 17 m Grundfläche. In diesen Proportionen ist das Haus auch auf dem Plan der Tränkestraße von 1788 verzeichnet.

Gesundbrunnen (1770–1772)

1770 wurde in dem Haus ein offensichtlich nur kurze Zeit bestehender Gesundbrunnen eingerichtet, wobei 1772 eine im Keller des Hauses gefaßte Quelle beschrieben wird. Die im Sommer 1770 entdeckte Quelle wurde als Brunnen von 3 Fuß 6 Zoll Durchmesser (etwa 1,10 m) mit sandsteinernen Ringsteinen eingefaßt. Das überfließende Wasser der etwa 900 Pfund/Stunde schüttenden Quelle wurde durch eine etwa 10,70 m lange Röhre der Tränke zugeleitet. Dieser Anlage dürfte wohl der im Inneren des Hauses befindliche Brunnen mit sandsteinerner Umfassung entsprechen, der später vermauert und 1971 für kurze Zeit freigelegt war (siehe MT vom 20. 5. 1971). Eigene Gebäude für den Badebetrieb, die hier zunächst errichtet werden sollten, kamen nicht zur Ausführung, wohl aber einige Baderäume, so daß 1772 auch ein florierender Badebetrieb überliefert wird (siehe dazu Marowsky 1952, S. 13 und

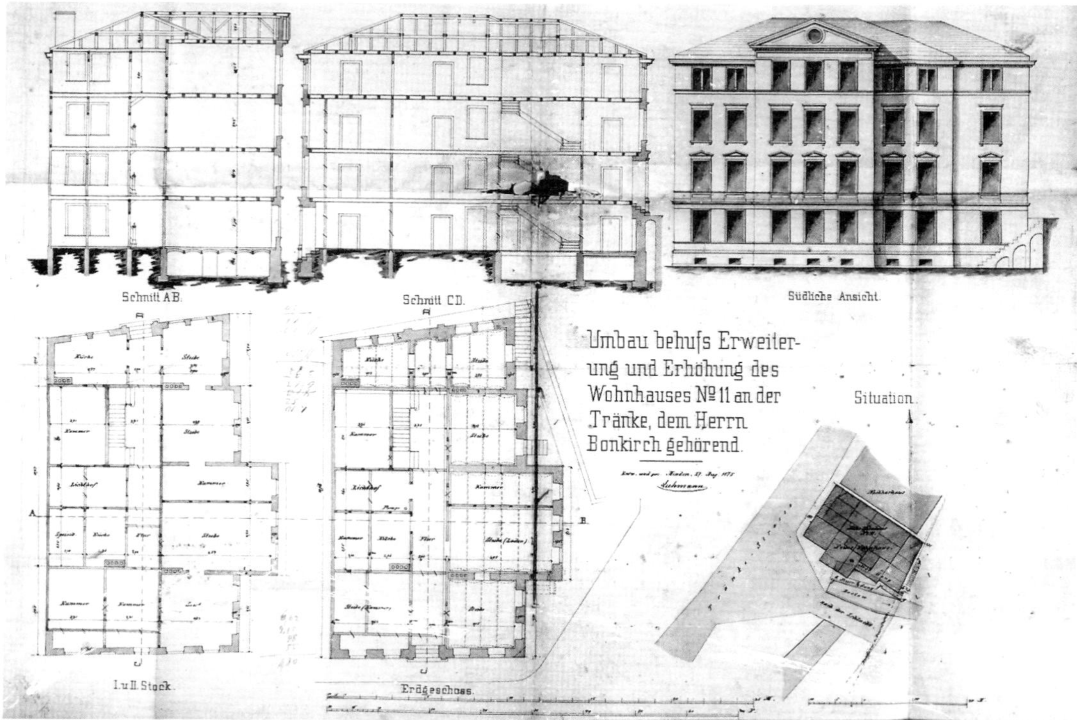

Abb. 1611 Tränkestraße 4, Bauplan zur Errichtung des Hauses Maurermeister Luhmann 1875.

Kaspar 1993, S. 211). Der Betrieb scheint allerdings schon bald wieder zu Gunsten des zur gleichen Zeit in der Fischerstadt großzügig eingerichteten Gesundbrunnens eingegangen zu sein (siehe dazu Oberstraße 66/68).

Um- bzw. Neubau (1875–1976)

1875/76 kam es zu Umbau und Erweiterung des Hauses, die einem weitgehenden Neubau gleichkamen (Akte im KAM, Mi, F 303). Dabei wurde der bestehende dreigeschossige Fachwerkbau durch Erweiterung und Aufstockung in ein viergeschossiges Etagenwohnhaus umgestaltet (Plan Maurermeister Luhmann, Ausführung Zimmermeister Scheidemann), wobei nur im mittleren Bereich der eingebauten nördlichen Traufwand Teile des Vorgängerhauses erhalten blieben. Die Flucht des Baus dabei wesentlich nach Süden in den Bereich der Tränkestraße herausgeschoben. Es entstand ein Massivbau mit spätklassizistischer Fassadengestaltung aus Putz über einem hohen Kellersockel und mit flach geneigtem Vollwalmdach. Dabei durch die reichere Gestaltung und Absetzen mittels eines Gesimses das oberste Geschoß mit voller Höhe als Mezzanin gestaltet. Die Südfront zur Gasse nach der Schlacht als Schaufront mit acht Fensterachsen ausgebildet (die seitlichen Giebel jeweils fünfachsig gegliedert) und mit einem dreiachsigen übergiebelten Risalit versehen. Auf Grund der Lage des Gebäudes wurde die östliche Seitenfront zum Wall ausgerichtet, wobei hier das erste Geschoß unter Niveau lag. Nur die neu angebauten Teile wurden unterkellert, die Decken dabei mit Kappen auf Eisenschienen.

Das Innere durch einen Längsflur und ein innenliegendes, nur durch das Dach belichtetes Treppenhaus erschlossen und mit jeweils zwei Wohnungen in jedem der oberen Geschosse, dabei die größeren mit einer Speisekammer. Im Erdgeschoß die Möglichkeit zur Einrichtung eines Ladens hinter dem Risalit vorgesehen.

1891 Entwässerung; 1905 Kanalisation; 1952 Neuaufmauerung der nördlichen Traufwand; 1959 Einbau von Schaufenstern zur Tränkestraße (Baugeschäft Becker); 1971/72 Umbau und Einbau einer Praxis (Plan: H. P. Korth); 1976 Abbruch im Zuge der Stadtsanierung für Neubau des Karstadt-Kaufhauses.

TRÄNKESTRASSE 5, Kurienhof des Klosters Loccum (Abb. 1597–1599, 1612–1614, 1616)

bis 1818 ohne Haus-Nr.; bis 1878 Haus-Nr. 14 c (nach 1853 auch Haus-Nr. 14 f für den rückwärtigen Bereich); bis 1908 Tränkestraße 3

LITERATUR: JAHR 1927, S. 42 Abb. 73.

PLAN: *Maßstäbliche Aufnahme / Freitreppe* im Maßstab 1:20 durch Hans Joachim Gelderblom (Planarchiv WAfD).

Zunächst eine sehr große Hofstelle, auf zwei Seiten von Kurien des Johannis-Stiftes umgeben und von 1295 bis in die erste Hälfte des 16. Jahrhunderts als Niederlassung des Klosters Loccum genutzt. Von dem Gelände zwischen etwa 1630 und 1750 der südliche Teil als ebenfalls freier Hof Tränkestraße 3 abgetrennt. Zu dem Hof gehörten auch zwei Buden auf dem Seidenbeutel (möglicherweise die Häuser Seidenbeutel 6 und 8). Die Parzelle nach Abbruch aller Bauten seit 1975 aufgehoben und in den Kaufhauskomplex Bäckerstraße 61/67 einbezogen.

1264 wurde die Curie *vor dem kleinen Wesertor* durch den Bischof Kono an den Bürger Heinrich Sprunk (Ratsherr 1266/85), der viel für die Kirche geopfert hätte, unter der Bedingung verlehnt, daß es kein städtisches Gut würde (WUB VI, Nr. 794 und 795); 1295 verzichtet der Bürger Heinrich Sprunk und sein Sohn Ludwig, als Kanoniker des Domes und Propst von St. Johannis bezeichnet, gegen eine Zahlung von 70 Mark auf das Lehen zu Gunsten des Klosters Loccum. Der Hof besteht aus der *area*, dem Haus sowie zwei angrenzenden Holzhäusern (SCRIVERIUS 1974, S. 180/181. – WUB VI, Nr. 1528, 1529 und 1830); 1317 gestattet die Stadt die Verstärkung und Erweiterung des Hauses des Klosters Loccum: *facultas et usus in muro, quo nostra contra domum suam lapideam cingitur civitas, quibus utentes predictam domum suam, que ruinam minatur, firmare possent et per appendicias novi edificii super predicto muro nostro edificandi ipsam possent nichilominus dilatare, et quod pro cultu divino ampliando unam capellam supra valvam nostram parvam, que ibidem contra aquilonem adiacet, possent sibi utiliter instaurare; ius et facultatem firmandi ipsam domum super muro nostro predicto et ab uno pede ultra angulares orientem ultra murum nostrum usque ad quatuor pedes numerandos contra littus Wisere novum edificium, prout eis commodum fuerit, ac capellam super predictam parvam valvam Wisere, que adiacet, construendi, ita quod per nos pes lapideus muri a maiori valva Wisere usque ad fenestram ferratam prope ostium predicte domus lapidee eorum proximam deponatur et ipsi ab illo termino interiecto pariete de novo erigendo soli habeant usum vie liberum super parvam nostram valvam ac capellam super eadem construende ac perpetuo possidendi liberam habeant facultatem cum illa tamen conditione, quod a latere aquilonari capelle gradus pro ascensuris et descensuris per eos fiant et a latere occidentali gradus ad ascensum et introitum capelle.* (WUB X, Nr. 564); 1350 Hof der Loccumer Mönche; 1351 verkauft der Abt des Klosters Loccum den Brüdern Johannes, Ludolf und Gerhard von Münchhausen einen Kornspeicher, der neben dem Hof an der Straße vom Kirchhof von St. Johannis zum Klosterhof liegt: *granarium nostrorum juxta cimiterium sancti Johannis in Mynda situm in platea qua ducit ab eodem cimiterio ad domum monachorum de Lucka* (STA MS, St. Marien, Urkunden Nr. 31). 1511 das Haus *der heren van Llocken huse* liegt neben dem *Clencken houe bynnen Mynden* (STA MS, St. Martini, Urkunden Nr. 292a. – STA MS, Mscr. VII, 2711, Bl. 116v–117r). Der Hof wurde zu einer nicht näher bekannten Zeit, wohl spätestens in der Mitte des 16. Jahrhunderts durch das Kloster aufgegeben (zur Wirtschaftsgeschichte des Klosters in der Neuzeit, in der er nicht mehr vorkommt, siehe EGGERS 1994).

1747 Kriegsrat Culemanns Behausung und dessen Scheune (hat auch einen Hof Poststraße 8); 1752 Culemann mit Frau, sechs Kindern, drei Knechten und vier Mägden, hält 2 Kühe; 1755 Culemann, Wohnhaus 1 000 Rthl, Scheune 100 Rthl; 1766 Kriegsrat Redecker, Wohnhaus 1 500 Rthl, Scheune 500 Rthl; 1781 Geheimrat Redeker; 1788 Geheimrat von Redeker; 1798/1801 von Redeker, mit Ziegeln gedeckter Fachwerkbau; 1805 Geheimer Kriegssrat und Banco Direktor Franz von Redecker (* 1734, † 6. 5. 1805), Wohnhaus 1 500 Rthl, Scheune 500 Rthl; 1808 wird das Haus und die Scheune (14 x 8 Fuß) der verstorbenen Witwe Kriegsrat Redecker (geb. Friederike von Pestel) mit Mobiliar sowie das gegenüberliegende ehemalige Heyersche Haus zum Verkauf angeboten (WMA 1808); 1809 verkauft der Domainen-Erheber Johann Daniel Blomberg als Vertreter der Erbengemeinschaft der verstorbenen Witwe Geheimer Kriegsrat von Redecker das *vormalige Freihaus* bestehend aus einem Wohnhause, einer Scheune und einem Hofraum für 2 000 Rthl an Johanne Franciska Roden geb. Schrader, Witwe des Geheimen Finanzrats Roden. Die Erbengemeinschaft von Redecker besteht aus folgenden Personen: 1. Obrist von Pestel, 2. Drostin von Plessen geb. von Pestel, 3. Staatsrat, später Regierungspräsident von Pestel (siehe Königstraße 15) und 4. Majorin von Kalkstein geb. von Pestel (STA DT, D 23 A Nr. 134, Grundakte Kreis Minden Bd. 1 Blatt 10). 1809 Geheimrätin Roden; 1818 Frau Geheimrat Rohden, Wohnhaus 1 500 Thl, Scheune 500 Thl; 1819 das *an der Träncke sub No 14 c belegene olim Redeckersche jetzt Rodensche vormalige Freihaus*; 1835 Erben Rohde; 1846 Zollabrechner Hermann Kracht und drei weitere Mietparteien (insgesamt 30 Personen); 1852/53 Fährpächter Ohlemeyer zu Hausberge, vermietet an vier Parteien. Haus hat zwei Geschäftszimmer (unter anderem die Kanzlei des hier auch wohnenden Rechtsanwalts Piel), Haus steht zum Verkauf (Fama 1852); 1873 Gastwirt Thiede; 1878 Beine; 1893/1908 Werkmeister Friedrich Kessebohm; 1926 Gastwirt Hermann Mohrmann.

Abb. 1612 Tränkestraße 5, Ansicht von Südosten, um 1920.

Klosterhof Loccum (1295–17. Jahrhundert)

1295 lag das hier schon bestehende steinerne Haupthaus in nächster Nähe zum kleinen Wesertor. 1317 wird das Haus als Ruine bezeichnet (wohl 1306 bei dem großen Brand abgebrannt ?), nun aber bei der Wiederherstellung erweitert, wobei der Rat es gestattet, das Obergeschoß des anschließenden kleinen Wesertores als Kapelle auszubauen. Ferner wird der Anbau eines weiteren Gebäudes bis auf vier Fuß an die Weser gestattet (also wohl nach Osten), wobei die Stadtmauer vom Wesertor bis zu diesem Ort abgebrochen und neu gebaut werden mußte. Dieser Bau in der Vogelschaus Wenzel Hollars um 1634 wohl zutreffend dargestellt.

Wohnhaus (um 1720–1976)

Zweistöckiger, traufenständiger und verputzter Fachwerkbau über hohem, teilweise unterkellertem Sockel und mit Mansarddach. Rückwärtig westlicher, schmaler Flügelbau unter Satteldach. Das Gerüst stöckig verzimmert und mit leichter Vorkragung des oberen Stockwerks über Balkenköpfen; in beiden Etagen mit zwei Riegelketten, Fußstreben an den Eckständern. Die vordere Fassade mit acht Fensterachsen, von denen später einige vermauert wurden.

Im Inneren breiter mittlerer Flur, an den sich beidseitig zwei Räume anschließen. Die gewendelte Treppe vorn neben der Haustür im Flur.

Das Haus wurde um 1760 umgebaut und wahrscheinlich in diesem Zusammenhang auch verputzt. Dabei der Front eine aufwendige zweiläufige Freitreppe vorgelegt, deren Konstruktion ganz aus großformatigen Sandsteinplatten aufgesetzt wurde. Dekoration in Formen des Rokoko, ebenso auch die Schmiedearbeiten des Geländers (bei Abbruch des Hauses sichergestellt und heute in die Südfront der ehemaligen Knabenschule Domstraße 12 eingebaut – siehe Teil II, Kap. IX.4.4, S. 1465–1467 Abb. 950, 952). Die Haustür zudem neu gestaltet mit reicher Rahmung, Oberlicht

Abb. 1613 Tränkestraße 5, Ansicht von Nordosten, 1972.

und zweiflügeligem Blatt, ebenfalls in Rokokoformen. Über den mittleren der Fassadenachsen ein übergiebelter Dachausbau aufgesetzt, dabei das Dreieck mit profilierten Gesimsbrettern ausgeschieden.

Um 1870 der südliche Teil der Erdgeschoßfassade massiv erneuert, dabei hier die Fensterachsen verändert. 1893 Entwässerung; 1908 Kanalisation; 1976 Abbruch des Komplexes ohne jegliche Dokumentation im Zuge der Stadtsanierung durch die LEG.

TRÄNKESTRASSE 6, rechter Teil (bis 1884, dann das ganze Grundstück)

(Abb. 1597, 1598, 1602, 1615)

bis 1878 Haus-Nr. 12; bis 1908 Tränkestraße 4 (bis 1906 auch Marienwallstraße 3; dann Weserstraße 2); seit 1985 Grimpenwall 3

Die Hausstelle auf einem nach 1553 vor der Stadt in der Weser aufgeschütteten Wall angelegt, zunächst wohl als Lagerhaus genutzt und von Osten, von der Schlachte, erschlossen. Die

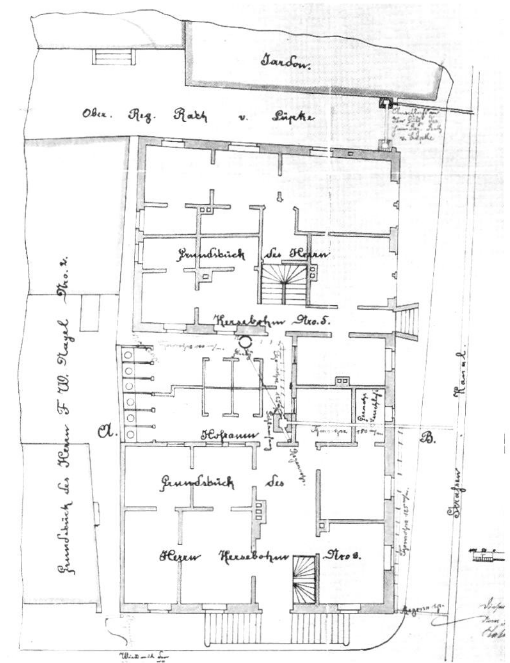

Abb. 1614 Tränkestraße 5 (unten) und 7, Plan zur Entwässerung von 1893, Norden rechts.

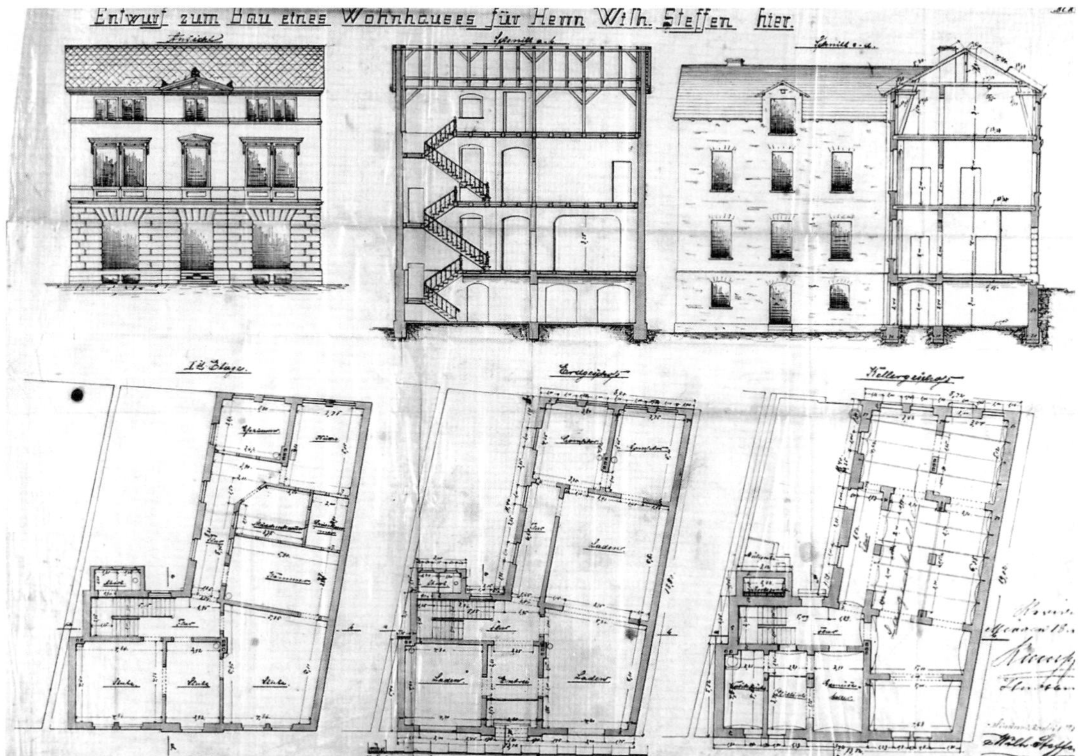

Abb. 1615 Tränkestraße 6, Plan zur Errichtung des Gebäudes, Maurermeister Sipp, 1884.

westliche Erschließung erst nach 1700, nach Verlandung des schmalen Hafenbeckens, zwischen dem Haus und der Tränkestraße möglich geworden. Die Parzelle nach Abbruch aller Bauten seit 1976 aufgehoben und danach in den Kaufhauskomplex Bäckerstraße 61/67 einbezogen.

1710 werden aus dem Haus des Schirr-Meisters Bierbohm 4 gr Pacht an das Nikolai-Hospital gezahlt. Als spätere Eigentümer werden genannt: 1751/74 Hans Hinrich Heuer (1774: 2 gr 8 d), 1784 *Geheim Rath Redecker*, dann Kaufmann Seydel, 1815 Buschendorff, 1819 Haus wurde abgebrochen (KAM, Mi B 103 b,2 alt; C 203,22 alt; C 604).

1675 *der junge Nyebuer*; 1779/83 Caspar Niebuhr; 1701 Caspar Niebuhr Haus; 1710 *Zeugwartell* Pfriemel; 1711 Scheermeister Berbohm; 1718 Jobst Beerbaum *bey der Drencke*; 1726 Witwe Jobst Bierbaum (Schwiegersohn ist Tischler Kappelmann); 1751 Witwe Meywerk, vermietet an Töpfer Hans Hinrich Heuer; 1755 Heyer, Haus für 250 Rthl; 1766 Johann Henrich Heuer, 250 Rth; 1768 Mieter ist Hofprediger Fricken; 1776 Hans Hinrich Heuers Wohnhaus bei der Tränke mit Hudeteil vor dem Fischertor, taxiert zu 720 Rthl wird verkauft (MA 1776, Sp. 173); 1774 Erhöhung Haus auf 700 Rthl; 1781 Geheimrat von Redekers bürgerliches Nebenhaus (wohnt Tränkestraße 5), Wohnhaus für 700 Rthl; 1791 Rat von Redecker (Nebenhaus wird als Wagenremise gebraucht); 1798 von Redecker; 1801 von Redekers bürgerliches Nebenhaus; 1804 von Redeckers Scheune; 1808 gehört der verstorbenen Witwe Kriegsrat Redecker und wird mit dem Nebenhaus zum Verkauf angeboten; 1808/09 Kaufmann Friedrich Wilhelm Seydel (wohnt Bäckerstraße 65), Wohnhaus, vermietet an Tischler Drögemeier; 1812 Seydel, Wohnhaus, als Stallung genutzt; 1818 Kaufmann Buschendorff (wohnt Bäckerstraße 74), Packhaus 1500 Thl; 1818/53 Buschendorf, Packhaus; 1884 Buschendorffs Scheune; 1885 Wilhelm Steffen; 1899 Erben Steffen; 1906 Mindener Schleppschiffahrtsvereinigung; 1963 Gerhard Meyer.

Haus (bis 1834)

Im 18. Jahrhundert ein Haus, das mit dem Nachbarhaus unter einem Dach steht. Es wird 1776 beschrieben mit einer Stube, vier Kammern, einem Saal, einem beschossenen Boden und zwei gewölbten Kellern. 1802 als ein Giebelhaus mit einer linksseitigen Utlucht zur Tränkestraße genannt. Das Gebäude 1834 abgebrochen.

Packhaus (1834–1884)

Nachdem Kaufmann Buschendorff 1834 zusätzliches Gelände – wohl eine Fläche zwischen der Straße und der Hausstelle – von der Stadt erwerben konnte, errichtete er 1838 einen Neubau (KAM, Mi, F 366). 1884 Abbruch für Neubau.

Wohnhaus (1884–1976)

Als Wohnhaus für Wilhelm Steffen unter Einzug der nördlich anschließenden Hausstelle durch den Bauunternehmer Sipp erstellt. Dreigeschossiger, zur Weserfront ausgerichteter und traufenständiger Putzbau mit flachgeneigtem Satteldach über niedrigem Drempelgeschoß. Die Fassade fünfachsig gegliedert, dabei die mittlere Achse als leicht vorspringender und übergiebelter Risalit gestaltet (1894 Anbau eines Balkons über der Haustür durch das Baugeschäft Schmidt & Langen). Schlichte Putzgliederung in spätklassizistischer Tradition. Das Innere mit mittlerem Stichflur, der zu einem zweiläufigen Treppenhaus in der südwestlichen Ecke des Gebäudes führt.

Rückwärtiger schmaler Flügel an der Nordgrenze des Grundstücks bis zur Tränkestraße. Hier die Giebelfront vierachsig, im als Erdgeschoß ausgebildeten Untergeschoß mit rundbogigen Fenstern.

Noch 1884 auf der südlichen Hoffläche an der Tränkestraße ein Lagerschuppen errichtet; 1891 Entwässerung; 1899 Ausbau des Dachgeschosses (Baugeschäft Usadel); 1906 Umbau des Erdgeschosses zum Wall; 1963 Anbau einer Garage; 1976 Abbruch durch die LEG im Zuge der Stadtsanierung.

TRÄNKESTRASSE 6, linker Teil (bis 1884) (Abb. 1597, 1598)

bis 1878 Haus-Nr. 13; dann Tränkestraße 6

Die Hausstelle auf einem nach 1553 vor der Stadt in der Weser aufgeschütteten Wall angelegt, zunächst wohl als Lagerhaus genutzt und von Osten, von der Schlachte, erschlossen. Die westliche Erschließung erst nach 1700, nach Verlandung des schmalen Hafenbeckens, zwischen dem Haus und der Tränkestraße möglich geworden. Die Parzelle seit 1886 Teil des südlich anschließenden Grundstücks Tränkestraße 6 rechts.

1675/79 Witwe Johan Edeler; 1683 Johan Tacke; 1701 Hinrich Aleff (vorher Edelers Haus); 1711 Hinrich Alff Quade; 1743 Witwe Johann Daniel Spilker; 1755 Soldat Kirrn, Haus für 80 Rthl; 1764 Christian Kern; 1766 Kerns Haus, 80 Rthl; 1768 Kernsche Erben; 1781 Kerns Haus, 75 Rthl; 1791 Haus wird als Wagenremise des Rates von Redecker im Nebenhaus gebraucht; 1798 Mieter ist Witwe Lange; 1802 Kerns Haus, Mieter ist Lange; 1804 Schneider Henschen, Fachwerkhaus ohne Braurecht, hält 1 Schwein; 1806 A. W. Henschen; 1808 als Nebenhaus des Hauses Nr. 12 zum Verkauf angeboten (WMA 1808); 1818 Steuerassessor Rohm, Wohnhaus 500 Thl; 1832 Grenzaufseher Friedrich Bernhard Rohm; 1846 Maler Heinrich Dreyer und vier weitere Bauhandwerker; 1853 Krekeler, vermietet an zwei Parteien; 1878 Schiffer C. Kregeler; 1880/81 Fleischer Otto Sydow.

Haus (bis 1881)

Im 18. Jahrhundert ein sehr schmales Haus, das mit dem Nachbarhaus unter einem Dach steht (offenbar eine Trennung unter dem First). Das Haus wird 1768 als sehr baufällig beschrieben, worüber sich der Bewohner des anderen Hausteils, der Hofprediger Fricken beschwert (KAM, Mi, C 380). Das Haus brannte am 26.1.1881 ab (Verw.-Bericht).

TRÄNKESTRASSE 7 (Abb. 1614)

bis 1818 ohne Haus-Nr.; bis 1878 Haus-Nr. 25 d

Dieses in der zweiten Hälfte des 18. Jahrhunderts als freier Hof geführte Grundstück scheint erst kurz vor 1750 vom Gelände der Stiftskurie von St. Johannis Johanniskirchhof 6 abgetrennt und zunächst vom Anwesen Tränkestraße 5 mit genutzt worden zu sein, bis es um 1765 zu einem selbständigen Besitz wurde. Die Parzelle seit 1975 aufgehoben und in den Kaufhauskomplex Bäckerstraße 61/67 einbezogen.

1750 Kriegsrat Culemann, vorher Coudelanc; 1755 Kriegsrat Culemanns Hof, 700 Rthl; 1766 Kriminalrat von der Beekens Hof, 2000 Rthl; 1781 Witwe Kriminalrat von der Beek, Wohnhaus 1600 Rthl, Hinterhaus 400 Rthl; 1798 Kammersekretär Herbst, freies Haus und Scheune; 1803 Kanzleidirektor Herbst, Wohnhaus 1600 Rthl, Hinterhaus 400 Rthl, später Lederfabrikant Funcke; 1803 verkauft der Bürger Rudolph Francke den Hof für 3100 Rthl an den Kaufmann Johann Anthon Brunswick (STA DT, D 23 A Nr. 134, Grundakte Kreis Minden Bd. 1 Blatt 34); 1818 Kaufmann Anton Brunswick, Wohnhaus 1400 Thl, Scheune 100 Thl; 1819 der *sub Nr 25 b hinter der Träncke belegene vormals freien von der Beeckschen Hof, bestehend aus einem Wohnhause, einem Vorhofe, einem dahinter belegenen Blumen-Garten und einem kleinen an die Tränckstraße führennden Strichs Gartenland;* 1835 Kapitän Karl von Schröder; 1839 Schröder; 1846/53 Hauptkontrolleur Johann Niemann (* 1790). Ein Geschäftszimmer im Haus; 1873 Bürgermeister Brüning (baut dann als eigene Villa Marienstraße 15) und Regierungsrat von Carow; 1878 Kreideweiß; 1908 Oberregierungsrat a. D. Hermann von Lübke; 1918 wird das Haus Teil der Stadtrat Meyer Stiftung (soll ein Waisenheim einrichten); 1922 Willi Leymers in Hamm.

Wohnhaus (1835/39–1975)

Bis 1839 wird der 1835 beantragte Neubau für Kapitän von Schröder errichtet (STA DT, M 1, I P, Nr. 829 und KAM, Mi, F 955), der in den folgenden Jahrzehnten als anspruchsvolle Adresse galt (weitere historische Unterlagen zu dem Gebäude nicht aufgefunden). Dreigeschossiger und giebelständiger Putzbau auf hohem Kellersockel (Kappen auf gemauerten Bögen) und mit flachem Satteldach über niedrigem und ausgebautem Drempelgeschoß. Zugang in der linken Achse, der über einen seitlichen Flur zu einem Treppenhaus in der Mitte führt.

1922 Kanalisation; 1975 im Zuge der Stadtsanierung durch die LEG abgebrochen. Genaue Bestandspläne von etwa 1960 in der Plansammlung des Hochbauamtes (Mappe 6003/10).

TRÄNKESTRASSE 8 (Abb. 1598)

bis 1818 Haus-Nr. 14; bis 1878 Haus-Nr. 14 a (bis 1906 auch Marienwallstraße 5; dann auch Weserstraße 3)

Die Hausstelle auf einem nach 1553 vor der Stadt in der Weser aufgeschütteten Wall angelegt, zunächst wohl als Lagerhaus genutzt und von Osten, von der Schlachte, erschlossen. Die westliche Erschließung erst nach 1700, nach Verlandung des schmalen Hafenbeckens, zwischen dem Haus und der Tränkestraße möglich geworden. Die Parzelle nach Abbruch aller Bauten seit 1975 aufgehoben und in den Kaufhauskomplex Bäckerstraße 61/67 einbezogen.

1675/79 Jürgen Drape; 1683 Harmen Gottschalck Meyer; 1701/11 Jobst Spiker; 1710 werden aus dem Haus des Jobst Spilcker 9 gr Pacht an das Nikolai-Hospital gezahlt. Als spätere Eigentümer werden genannt: 1751 Jobst Spilkers Wittwe, 1759/84 Linneweber Crone (KAM, Mi B 103 b,2 alt; C 203,22 alt; C 604); 1743 Erben Albert Classe, jetzt Lehmann; 1755/66 Crone, Haus für 50 Rthl; 1781 Leineweber Crone, 50 Rthl; 1802/04 Leineweber Crone, Fachwerkhaus ohne Braurecht für 50 Rthl, hält 2 Stück Jungvieh und 1 Schwein; 1806/12 Leineweber Justus Krohne; 1818 Leinweber Krone, Wohnhaus 600 Thl; 1832 Witwe Krone; 1846 Mieter ist Böttcher Heinrich Hack und Schlosser Heinrich Holle; 1853 Grotjahn, vermietet an vier Parteien; 1873 Böttcher Martens; 1908 Böttcher Heinrich Karl Ludwig Marten.

Dielenhaus (um 1700–1940)

Schmaler und eingeschossiger Fachwerkbau von nicht näher bekanntem Alter, möglicherweise um 1700 errichtet. Das Haus mit einer schmalen, etwa 4,25 m breiten Diele entlang der südlichen Traufwand und einer ebenfalls schmalen und zudem unterkellerten Stube mit anschließender Kammer auf der Nordseite (etwa 2,30 m breit). Am Ostende des Hauses ein halb unterkellerter Bereich mit einer Saalkammer (?), im 19. Jahrhundert als Küche und Speisekammer eingerichtet. Spätestens seit dem 1884 errichteten, unmittelbar angrenzenden Neubau Tränkestraße 6 das Dach als daran angelehntes Pultdach ausgeführt. 1789 wird das Haus repariert, da eine Seite abgesackt sei (KAM, Mi, C 467).

Im 19. Jahrhundert östlich zur Wallstraße ein zweigeschossiger, massiver und dorthin traufenständiger Bauteil angebaut, der nur die Tiefe eines Raumes besaß. 1893 Entwässerung; 1908 Kanalisation; 1940 wird das verfallene Gebäude abgebrochen.

Abb. 1616 Tränkestraße 5 (links), Blick nach Norden auf das Gebäude Marienwall 1 und den Ostgiebel von Tränkestraße 10, Zustand 1970.

TRÄNKESTRASSE 10 (Abb. 1598, 1616)

bis etwa 1840 ohne Haus-Nr.; bis 1878 Haus-Nr. 25 g

Teil des Hofgrundstücks Tränkestraße 12 (zur Geschichte siehe dort). Das Gelände östlich von dem bis um 1640 bestehenden zur Fischerstadt führenden Kleinen Wesertor (siehe Marienwall 1) im Zuge der Stadtmauer begrenzt. Nördlich die Parzelle offensichtlich ehemals weiter gefaßt und bei den verschiedenen Neubefestigungen der Stadt um 1640 und nach 1817 wohl reduziert. Die Parzelle seit 1975 aufgehoben und in den Kaufhauskomplex Bäckerstraße 61/67 einbezogen.

1853 Stuckens Lagerhaus; 1873 Witwe Kleinhändler Rieke; 1878 Rieke; 1906 Geschwister Rieke; 1919 Fräulein Clara Rieke.

Adelshof (17. Jahrhundert–1975)

Zweistöckiger und traufenständiger, bis zuletzt verputzter Fachwerkbau auf einer Grundfläche von 9,30 x 7 m unter hohem Satteldach. Das Gebäude 1975 ohne Dokumentation oder Untersuchung abgebrochen, nach den wenigen Informationen, der Vorkragung des Obergeschosses über Balkenköpfen und den Proportionen aber sicherlich aus dem 17. Jahrhundert stammend. Das Erdgeschoß mit etwa 4,50 m hoher Diele, von der in der nordöstlichen Ecke eine Saalkammer über halb eingetieftem Keller abgeteilt war. Nachträglich im westlichen Teil des Hauses Einbau eines zweigeschossigen Stubenteils mit niedrigem Zwischengeschoß. Das Obergeschoß mit etwa 2,90 m Höhe sicherlich zu Wohnräumen dienend.

Um 1803 wurde das Haus zu einer Seifenfabrik eingerichtet. In diesem Jahr wird *die Seiffensiederey und das Nebenhaus repariert* und durch den Maurerpolier Meyer neu verputzt (KAM, Mi, C 142). Nach Schließung der Fabrik als Lagerhaus genutzt und um 1870 Umbau zu einem Wohnhaus. 1893 Entwässerung; 1906 Umbau des Erdgeschosses durch Maurermeister Pook, wobei das Zwischengeschoß entfernt wird; 1913 Kanalisation; 1975 abgebrochen.

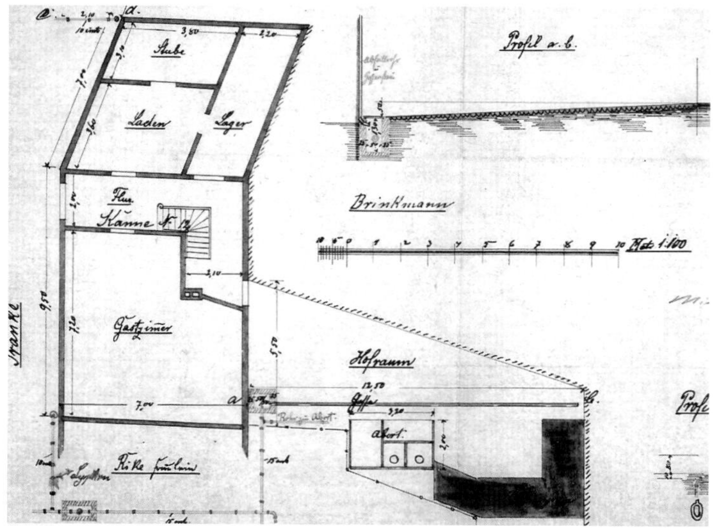

Abb. 1617 Tränkestraße 12, Grundriß zur Entwässerung des Grundstücks 1893.

TRÄNKESTRASSE 11 siehe Seidenbeutel 8

TRÄNKESTRASSE 12, Kuriengrundstück, seit etwa 1435 Hof (Abb. 1617)

bis 1818 ohne Haus-Nr; bis 1878 Haus-Nr. 25 e und (ab etwa 1840) auch Haus-Nr. 25 h/i; bis 1908 Johanniskirchhof 5; bis um 1960 Johanniskirchhof 6

LITERATUR: Kaspar 1986, S. 163.

Zum großen Teil ehemals ein Kuriengrundstück, in den Abmessungen durch die Stadtmauer im Nordosten bestimmt. Es dürfte wohl 1318 vom Bischof als Grundbesitzer dem Kloster St. Mauritius geschenkt worden sein und wurde von diesem nach Auflösung der »vita communis« als Wohnsitz des Abtes genutzt. Um 1435/58 (nach Umsiedlung des Klosters an die Simeonskirche) Verkauf an die Familie von Klencke und seitdem Adelshof im Besitz verschiedener Familien und mit einer vielfältigen Bebauung. Das Haupthaus wohl im Osten (später Nr. 10), im 19. Jahrhundert als Fabrik bzw. Wirtschaftsgebäude genutzt, Nebenbauten oder Buden im Westen (Nr. 12). Das Grundstück spätestens in der zweiten Hälfte des 18. Jahrhunderts in zwei unterschiedliche Besitze untergliedert und später noch weiter unterteilt. Auf dem rückwärtigen nördlichen Teil der Parzelle 1865 das Haus Marienwall 3 (siehe dort) errichtet. Die meisten Flächen 1976 für den Bau eines Kaufhauses (siehe Bäckerstraße 61/67) eingezogen, so daß heute die historischen Zusammenhänge nicht mehr abzulesen sind.

Wohl die beiden nahe der Mauer, dicht bei St. Johannis gelegenen Grundstücke, die der Bischof 1318 dem St. Mauritius-Kloster als Kapital zur Verlegung des Klosters schenkte: *duas areas claustrales ecclesie et capitulo nostro pertinentes in ciuitate Myndensi iuxta murum et citra ecclesiam sancti Johannis sitas* (STA MS, St. Mauritz und Simeon, Urkunden Nr. 56. – STA MS, Mscr. I, 115, Bl. 15 f. – STA MS, Mscr. VII, 2713, Bl. 84r–85v. Siehe auch WUB X, Nr. 582. – Scriverius 1974, S. 187). Da die Verlegung erst später erfolgte, zunächst wohl für Zwecke des Klosters selbst verwandt. Nach der um 1460 erstellten Chronik von Tribbe besaß das Mauritius-Kloster auf dem rechten Weserufer einen Hof bei St. Johannis als Wohnung für die Äbte (der Besitz des Klosters wurde 1380 zwischen Abt und Konvent geteilt). Er wurde nach der 1435 erfolgten Verlegung des Klosters in die Stadt zu einer nicht genauer bekannten Zeit zur Finanzierung der

Baumaßnahmen an Wilken Klenke (vor 1422–1463) verkauft, der in diesen Jahren nach und nach einen großen Güterbesitz erwarb, so 1438 als Pfand die Schlüsselburg (zur Familie siehe Albrecht 1995 a, S. 26 ff.). 1504 wird in einer Urkunde von dem *Klencken Hof an der Stadtmauer nächst dem Tore* gesprochen, wobei ein daneben stehendes kleines Haus zu einer Vikarie von St. Johannis gestiftet wird (Schroeder 1886, S. 401). 1511 wird der Hof des Wilken Klenken (Sohn des Ludolf Klenken) durch ein Haus und Grundstück erweitert: Wilken Klencke erhält durch den Domherren und Propst von St. Martini (als Lehnsherr der Vikarie der 11 000 Jungfrauen) und durch Hardewich von Lenthe, Vikar der 11000 Jungfrauen *eynes huses vnnd houes haluen bhorich dem lehne der eluen dusent meghede vorbenomt twusschen der heren van Llocken huse vnnd der Clencken houe bynnen Mynden belegen* (STA MS, St. Martini, Urkunden Nr. 292a. – STA MS, Mscr. VII, 2711, Bl. 116v–117r). Klenke löst dies mit einem Haus an der Ritterstraße ab (STA MS, St. Martini, Urkunden 382 a); 1520 Symon von Oeynhausen (?) (siehe dazu unter Tränkestraße 1); die Familie von Klenke erwarb 1567 einen Hof an der Brüderstraße 20 (als Ersatz für diesen Hof ?), hatte aber wohl von 1530 bis 1546 auch die Kurie Ritterstraße 21.

1741 Uhlemanns Haus; 1750 Uhlemanns Haus auf dem Walle; 1752 Sekretär Uhlemanns Wohnungen, bewohnt von Nicolaus Kramer mit Familie und Witwe Büloen; 1755 Sekretär Uhlemann, Haus für 600 Rthl (wohl der Domvikar und Vikar an St. Johannis Albert Mathias Uhlemann (* 1712, † 1792), der in der Dompropstei wohnte und als Vertreter des in Mainz lebenden Domdechanten Hugo Franz Karl von Eltz in Minden großen Einfluß erlangte. Sein Neffe Georg Heinrich Uhlemann wurde Dechant (siehe dazu seine Kurie Haus-Nr. 761 r, heute Marienwall) von St. Johannis (dazu Nottarp 1954, S. 113). Ferner 1752 Koch Göckemeyer mit Familie und Verwandten, hält 2 Kühe; 1766 Koch Gökemeyer, 600 Rthl; 1781 Gockemeyer; 1798 Göckemeyer, Haus mit drei Wohnungen, vermietet an Tagelöhner Hagemeyer, Emigrant Wassée, Zelle und Lingelbach; 1803 Kaufmann Hohlt (siehe Hohnstraße 31), Seifensiederei; 1805 Kaufmann Hohlt, Seifenfabrik 5 000 Rthl; um 1810 Seifenfabrik 5 000 Rthl und Trautsche Scheune für 700 Rthl; 1812 Kaufmann Joh. Herm. Meyer in Bremen (Erben Hohlt); 1818 Kaufmann Reinhold Pollitz, Seifenfabrik (1811/21 am Markt 14 wohnend, wo zunächst auch die Fabrik in bescheidenem Rahmen bestand) nebst Wohnhaus, 4 000 Thl; 1826 Verkauf an Kaspar Müller, Wohnhaus und Seifenfabrik, Erhöhung auf 5 000 Thl; 1828 Seifenfabrik von Kaspar Müller; 1832 Erben Carl Friedrich Müller; 1846 Maurermeister Gottfried Wiese und als Mieter Reg.-Sekretär Martin Suermann und Maler Johann Kindlein; 1851 Malermeister Kienlein; 1853 Haus-Nr. 25 e: Rieke, vermietet an vier Parteien. Haus-Nr. 25 h: Reischauer, vermietet an Reg.-Sekretär Suhrmann und Maler Kindlein. Haus-Nr. 25 i: 1846/53 Witwe Friedrichs mit Familie und zwei Mietparteien; 1873 Tischler Holle; 1878 Kuhlmann; 1893 Kanne; 1910/29 Gastwirt Ludwig Sensmeier; 1929 Kaufmann und Wirt Ernst Meier.

Zwei Buden (um 1550–1976)

Die beiden nebeneinanderstehenden und traufenständigen Häuser nur durch verschiedene Fotografien bekannt. Da sie bis zum Abbruch verputzt waren, kaum Hinweise auf die Baugeschichte und Gestalt möglich, aber auf Grund der Vorkragungen sicherlich im 16. Jahrhundert entstanden. Die Bauten standen mit einem leichten Winkel zueinander, waren also offensichtlich selbständig verzimmert. Zweistöckige Fachwerkgerüste, die an der Straßenfront im Obergeschoß recht weit, wohl über Knaggen vorkragten. Der linke Bau von sechs Gebinden. Im Wandgefüge des Giebels geschweifte Fußbänder an den Mittelständern (Kaspar 1986, S. 163).

1893 Entwässerung; 1910 Kanalisation; 1929 Anbau einer Waschküche auf dem Hof (Baugeschäft Gremmels). 1976 Abbruch durch die LEG im Zuge der Stadtsanierung.

TRÄNKESTRASSE 13 (Abb. 1499)

bis 1878 Haus-Nr. 762 (auch Seidenbeutel 11)

Sehr kleine Hausstelle, zu einem unbekannten Zeitpunkt (17./18. Jahrhundert ?) aus dem Grundstück des südlich anschließenden Hauses Seidenbeutel 9 ausparzelliert. Der nördliche Teil der Fläche wohl bis 1839 Standort der Dekanatskurie von St. Johannis (siehe dazu Marienwall Haus-Nr. 761 r). Seit der zweiten Hälfte des 19. Jahrhunderts für ein Nebengebäude des Grundstücks Seidenbeutel 7 genutzt.

1743 ohne Eintrag (Haus ohne Grundbesitz); 1750 J. Christian Mindel; 1755 Meister Mindel, 50 Rthl; 1766 Mindel, 60 Rthl; 1771 Joh. Christoph Mindel *an der Fischerstadt*; 1781 Meister Mindel, 100 Rthl; 1792 Joh. Christoph Mindel; 1798 Stallmeister Mundel; 1802/04 Mindel, Fachwerkhaus ohne Braurecht für 200 Rthl, hält 2 Schweine; 1809 Stallmeister Mindel; 1818 Gärtner Ehrhardt, Wohnhaus für 200 Thl; 1832 Witwe Ehrhardt (Johannisstraße 5); 1831 Pächter ist Söffker, Erhöhung auf 350 Thl; 1839 Söffker; 1846/53 Ehrhardt, Pächter ist Fleischer Kaspar Samuel. 1893 Werkstatt von Karl Stratmann; 1920 Otto Stratmann, Cigarrenhandel; 1974 Lina Stratmann.

Werkstattgebäude (um 1860/70–1977)

Zweieinhalbgeschossiger sehr schmaler Massivbau unter flach geneigtem Satteldach. Der Giebel zweiachsig gegliedert, die Fenster mit aufgeputzten, spätklassizistischen Fensterfaschen.

1956 Einbau eines Lebensmittelgeschäftes; 1969 Umbau zur Imbißbude; 1974 Brand; 1977 Abbruch durch die LEG.

Abb. 1618 Tränkestraße 14 (heute Seidenbeutel 11), Ansicht von Südosten, 1993.

TRÄNKESTRASSE 14, Kurie des Johannis-Stiftes (Abb. 1502, 1618–1622)
bis 1818 ohne Haus-Nr.; bis 1878 Haus-Nr. 761 cc/dd/ee; seit 1980 Seidenbeutel 11 (auch Marienwall 7)

LITERATUR: Die Heimat 3, 1927, S. 41. – Nordsiek 1979, S. 242. – Hansen/Kreft 1980, S. 290 – Kaspar 1986, S. 162.

PLÄNE: Rekonstruktionszeichnungen von Matthey sowie Detailzeichnungen von O. Heurich, 1927 im Archiv WAfD. – Rekonstruierende Bauaufnahme von 1980 durch J. Schepers/A. Konovaloff im Planarchiv WAfD.

Das Kuriengrundstück, im 18. Jahrhundert zumeist als *die siebente Kurie* bezeichnet, in der Fläche und dem Umriß mehrmals durch Umbauten der nordwestlich anschließenden Stadtmauer beschnitten und verändert. Seit etwa 1640 die Tränkestraße durch den Garten nach Norden zu dem neu angelegten Fischerstädter Tor verlängert. Der verbliebene Bau ist nach seinen Proportionen und der den Zustand von etwa 1634 dokumentierenden Darstellung auf der Vogelschau von Hollar offensichtlich nicht das Hauptgebäude der Kurie gewesen. Der nordöstliche Bereich der Parzelle um 1817 für den Festungsbau eingezogen, dabei offenbar auch ein hier stehendes großes Kuriengebäude abge-

Abb. 1619 Tränkestraße 14 (heute Seidenbeutel 11), Ansicht von Südwesten, im Vordergrund links Seidenbeutel 8, rechts Hintergebäude Marienwall 5, 1927.

brochen. Auf dem nördlichen Teil der verbliebenen Parzelle um 1870 das Haus Marienwall 7 (siehe dort) errichtet, so daß von dem einstigen weitläufigen Gelände seitdem lediglich noch der Hausgrund des Hauses Tränkestraße 14 erhalten blieb.

1750 Kurie des Johannis-Stiftes, Haus für 300 Rthl; 1781 Ein Haus des Johannis-Kapitels, Kurie des Dekans Brickwede, 300 Rthl; 1788 Curie des Medius Major am Stift St. Johannis, bewohnt von Kontrolleur Kerstein; 1798 Vollhage, früher Rodowe in Osnabrück, halbmassives Haus mit drei wirklichen Wohnungen, ist vermietet; 1803/05 Kurie des Kanonikus Uhlemann II (siehe dazu auch Kurie Haus-Nr. 761 r am Marienwall), Wohnhaus für 600 Rthl. Ist vermietet für 20 Rthl im Jahr; 1818/35 Sassenberg, 3 *Wohnungen unter einem Dache*, 1000 Thl; 1846 Schneider Wilhelm Sassenberg (26 Jahre alt) mit sechs Mietparteien (insgesamt 20 Personen); 1853 Sassenberg (Armengendarm in Münster), vermietet an drei Parteien (darunter Witwe Schwarz mit fünf Kindern in einer Stube und einer Kammer sowie der Arbeiter Person mit drei Erwachsenen und einem Kind in einer Stube und einer Kammer), insgesamt 20 Personen im Haus; 1848 Umschreibung von Witwe Friedrich Sassenberg auf den Privatschreiber Wilhelm Sassenberg; 1878 Westerhold; 1891/1908 Restaurateur Stratmann; 1919 Witwe Stratmann, Gasthof und Ausspann; 1927 Emil Menke »Deutsches Haus«; 1934 Oswald D'Arragon »Deutsches Haus«; 1955 Hotel Deutsches Haus (D'Arragon).

Kurienhaus (um 1569/70 ?)

Ungewöhnlich schmaler und hoher Baukörper, errichtet wohl nach Brandschaden des Vorgängers im Jahre 1569 (in diesem Jahr sei es am Seidenbeutel durch Funkenflug beim Turmbrand der Marien-Kirche zu Bränden gekommen). Die ungewöhnlich schmalen Proportionen des in gestalterischer und bautechnischer Hinsicht sehr aufwendigen und qualitätvollen Baus dürften auch

Abb. 1620 Tränkestraße 14 (heute Seidenbeutel 11), Ansicht von Nordwesten, im Vordergrund links Marienwall 7, rechts Seidenbeutel 9, 1927.

darauf hindeuten, daß er bei seiner Errichtung auf schon bestehende benachbarte Bebauung Rücksicht nehmen mußte. Das Gebäude steht mit seinen Schauseiten nach Süden zur Tränkestraße.

Dreigeschossiger Bau unter Satteldach, die beiden unteren Geschosse verputzt, darüber ein Fachwerkstockwerk mit geputzten Gefachen. Das Haus ehemals mit hohem Erdgeschoß von bruchsteinernen Umfassungswänden, wobei dieses offensichtlich zunächst weitgehend als hohe Diele genutzt wurde. Darauf weisen in der Mitte der östlichen (rückwärtigen) Traufwand umfangreiche Reste der Sandsteingewände von einem sehr hohen und mehrbahnigen Fenster hin, durch dessen Sturz ein aus der Wandfläche vorstehendes (heute nur noch in Resten erhaltenes) Wasserschlaggesims mit gekehlten Profilen läuft. Das Fenster später umgebaut und mit einem hölzernen, ebenfalls in großen Teilen noch erhaltenen Gewände eingefaßt. Das nördliche Drittel des Hauses wohl als Saalkammer abgetrennt und als solche unterkellert. Darüber erhebt sich ein Stockwerk aus Fachwerk, das auf Grund seiner überdurchschnittlichen Höhe sicherlich nicht nur als Lager-, sondern wohl auch als Wohn- oder Saalgeschoß konzipiert war, obwohl sich im 6. Gefach von Nord eine Ladeluke zur Straße befand. Das Fachwerkgerüst von elf Gebinden mit aufgelegten Balken, an der westlichen Traufwand und dem Südgiebel das Stockwerk sowie das Dachwerk über Taubandknaggen vor-

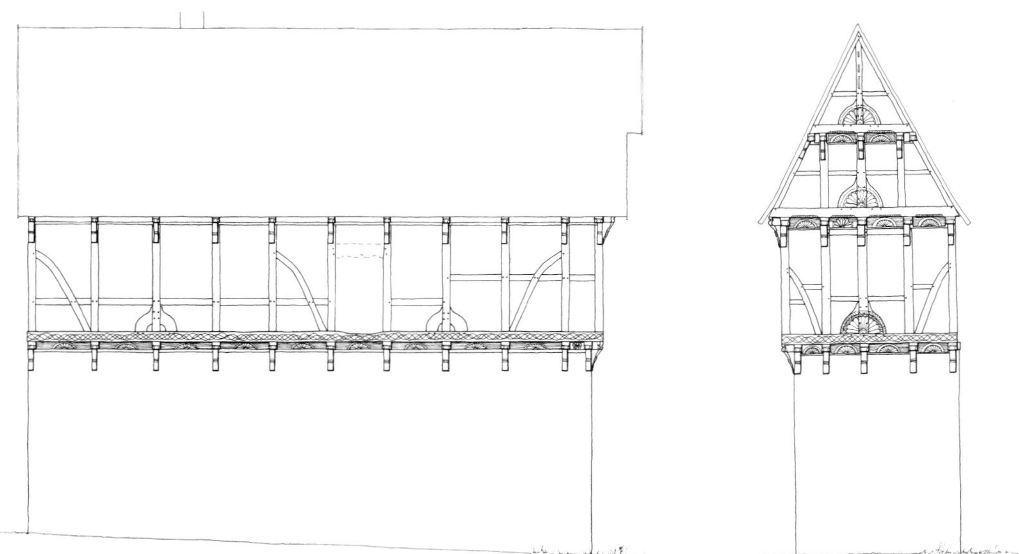

Abb. 1621 Tränkestraße 14 (heute Seidenbeutel 11), Rekonstruktion der westlichen und südlichen Schaufront, Zustand um 1570 (nach Konovaloff 1980).

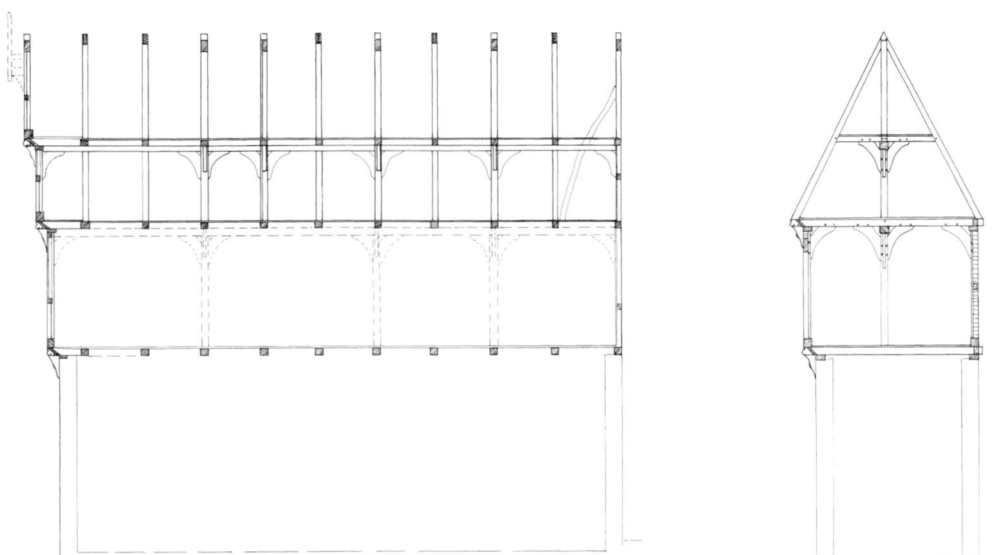

Abb. 1622 Tränkestraße 14 (heute Seidenbeutel 11), Rekonstruktion Längs- und Querschnitt, Zustand um 1570.

kragend, die über dem steinernen Untergeschoß als nur der Dekoration dienende Hängeknaggen ausgebildet wurden. Das Dreieck des Südgiebels zweistöckig verzimmert, ehemals mit Geckpfahl. Dachwerk mit einer Kehlbalkenlage und Längsunterzügen zwischen den Spitzsäulen in jedem zweiten Gebinde. Aussteifung des Wandgerüstes mit einzelnen und zur Bauzeit neuartigen Fußstreben sowie einzelnen traditionellen Fußbändern. Weitere Dekoration des Fachwerkgerüstes durch Schnitzarbeiten mit Flechtwerkband auf der Schwelle sowie Füllbrettern mit Fächerrosetten zwischen den Balkenköpfen. Weitere Fächerrosetten zur Betonung einer Symmetrieachse auf den paarigen Fußbändern, die sich seitlich des Mittelständers in allen drei Stockwerken des Südgiebels finden. Der Versprung der einzigen Riegelkette, die nur in den drei südlichen Gefachen in halber Höhe sitzt, könnte auf eine ehemals reiche Durchfensterung der nördlichen sieben Gefache hindeuten.

Die hohe Diele scheint in ihrem südlichen Drittel schon lange zweigeschossig aufgeteilt worden zu sein. So konnte der Bau bereits zum Ende des 18. Jahrhunderts als Dreifamilienhaus mit kleinen Wohnungen dienen, wobei die Einteilung der Wohnbereiche nicht bekannt ist. 1797 wurde das Haus für 1200 Rthl renoviert (KAM, Mi, C 134). Spätestens im 18. Jahrhundert wies das Haus bei zwei Querwänden eine breite mittlere Erschließungszone mit Treppe auf, an die sich zu beiden Giebeln jeweils ein größerer Wohnraum anschloß (so auch der Zustand bei der Entwässerung 1892). 1927 wurde das Fachwerk freigelegt (Leitung Architekt O. Heurich) und nach einer Rekonstruktionszeichnung des Stadtbauamtmanns Matthey mit einer Beihilfe des Konservators in Münster 1928 in Stand gesetzt (KAM, Mi, G V, Nr. 106). 1934 Neufassung (LWL Münster Archiv, C 76, Nr. 42 a und 1033). 1955 Dachausbau, wobei zur Tränkestraße eine lange Schleppgaupe aufgesetzt wurde. 1994 in die Denkmalliste der Stadt Minden eingetragen.

Marienwall 7

Den Kern bildet ein kleiner, zwischen etwa 1850 und vor 1883 errichteter, nördlicher Anbau an den Altbau. Eineinhalbgeschossiger rechteckiger und nur in der nördlichen Hälfte unterkellerter Putzbau auf einer Grundfläche von etwa 10 x 8 m mit vierachsiger Putzfassade. Der Bau mit zwei Kappen auf Gurtbogen unterkellert. Bis 1883 als kleine Wohnung eingerichtet, dann nach Abfangung der Decke durch eine eiserne Säule als Restaurant eingerichtet. Im Drempelgeschoß unter dem niedrigen Satteldach nur Nebenräume. Statt der bestehenden nördlich anschließenden Ställe wird 1883 auch an der Straßenecke ein eingeschossiger Anbau mit Flachdach errichtet, in dem ein weiterer Restaurationsraum untergebracht wird (Baumeister Luhmann). 1891 Entwässerung.

1893 Aufstockung des alten Anbaus bei Beibehaltung der Gestaltung zu einem zweigeschossigen Bau mit niedrigem Drempel (Baugeschäft Schütte & Krause), wobei nun im Erdgeschoß vom Restaurantraum mit dem Buffett in der nordöstlichen Ecke eine Treppe zum Keller und Dach abgetrennt ist. Zugang von der Tränkestraße. Im Obergeschoß zwei größere Schlafräume.

1898 auch der nördliche bislang eingeschossige Anbau von 1883 um eine Etage und ein Satteldach aufgestockt (Baumeister Luhmann) und der Bau mit einer historistischen Stuckdekoration versehen. Die abgeschrägte Gebäudeecke Tränkestraße/Marienwall wird als dreigeschossiger und übergiebelter Risalit gestaltet. Ferner wird im Innenhof im Anschluß an den Altbau ein neues Nebengebäude mit Aborten im Erd- und Waschküche im Obergeschoß errichtet.

1908 Kanalisation; 1934 Umbau und Aufstockung aller Bauteile um je ein weiteres Geschoß, wobei die Höhenentwicklung dem Bau Marienwall 5 angepaßt wird (der Bauteil an der Tränkestraße in verputztem Fachwerk ausgeführt). Darüber wird ein flaches Satteldach errichtet, die Fassaden schlicht neu verputzt (Baugeschäft Gremmels).

Abb. 1623 Trockenhof, Bebauung der Südfront mit den Häusern Ritterstraße 16/Trockenhof 2 (rechts), Nr. 4 und 6, Obermarktstraße 26 (Hinterhaus), Zustand 1960.

Trockenhof

Die Straße, die den Obermarkt mit der Ritterstraße verbindet, wurde erst 1648 auf den 1646 erfolgten Antrag einer ganzen Gruppe von Bürgern nach Abbruch von zwei (offensichtlich durch den Krieg verfallenen) Bürgerhäusern durch die Stadt angelegt. Als Gründe für die Anlage werden die fehlenden Verbindungen zwischen dem Obermarkt und der Ritterstraße angeführt, insbesondere weil die Hufschmiede so steil und ein weiter Umweg und die Königstraße so eng sei. Das bedeutet, daß die Hohe Straße und die Opferstraße, die über das Gebiet des Martini-Stiftes führten, zu dieser Zeit noch nicht für den öffentlichen Verkehr zur Verfügung standen (eine weitere Verbindung, der Petrikirchweg ist erst 1912 angelegt worden). Als weiterer Grund wird die Erreichbarkeit des neuen Friedhofes an der Ritterstraße (auf dem Rückgelände des Hospitals Obermarktstraße 36) angeführt. Die Anlage der Straße wurde dadurch möglich, daß kurz zuvor *das Haus, so auf der Ritterstraßen zwuschen M. Ludewig Bartlinghoffes und Johann Korffes sehl. Heusern gestanden, und vor diesem von Reineken Zuerberg erseßen und bewohnet und imgleichen sehl. Blases Haus oben dem Marckte ohnlengst demolyrt, herunter genommen und wegk gereumet, und weil gedachte Häusere von achter zu zusahmen gestoßen, dadurch als von der Ritterstraßen nach der Straßen oben dem Markte* [...] *ein ahnsehnlicher Weg erofnet worden* [...] *daß gemeiner Stadt damit woll gedienet werden, wenn diese entleddigte Hausstedden zu einer offentlichen gemeinen Straßen frey leddig muchte gelaßen aptieret und verbraucht werden* möge (KAM, Mi, B 101). Das Grundstück gehörte dem Martini-Stift und wurde 1648 für 200 Rthl der Stadt Minden verkauft.

Die neue Straße scheint schon bald nach ihrer Fertigstellung die noch heute übliche Bezeichnung erhalten zu haben. So wird sie 1733 der *Dröge Hof* genannt, 1833 als *Drackumer Hoff* (KAM, Mi, E 955) mißverstanden. Die Straße wird offensichtlich auch sogleich gepflastert, denn am 11.6.1691 beschließt der Rat die Ausbesserung *des Steinweges, des sog. Drögenhoffes* (KAM, Mi, B 354). 1816 wird eine Pflasterung der Straße durch den Pflastermeister van Houten durchgeführt (KAM, Mi, E 704). 1878 kommt es zur Neupflasterung der Straße, die teilweise mit neuen Steinen bei dem Einbau von Bordsteinen erfolgt. 1881 werden die Fluchtlinien festgestellt, 1889 die Kanalisation gelegt.

TROCKENHOF 1

Hinterhaus des Komplexes Ritterstraße 18 (siehe dort)

TROCKENHOF 2

Zweiter Eingang des Hauses Ritterstraße 16 (siehe dort)

TROCKENHOF 3

Saalbau hinter dem Komplex Ritterstraße 18 (siehe dort)

TROCKENHOF 4 (Abb. 1623)

Haus-Nr. 426; 1878 bis 1908 Trockenhofstraße 4

1750/55/66 Meister Kuhlemann, Haus für 50 Rthl; 1781 Witwe Culemann, Haus für 150 Rthl; 1798 Schneider Siebruch; 1802/04 Sieburg und zwei Mietparteien, Haus für 500 Rthl, Stallung 100 Rthl, ohne Braurecht, hält 2 Stück Jungvieh; 1805 Schneider Siebruch, Haus wird von der Stadt versteigert (es war dem Schneider Specht für 755 Rthl zugefallen. Siehe WMA 1805); 1806 Schneider Friedrich August Specht; 1818 Bartolomäi-Brüderschaft, Wohnhaus 500 Rthl, Stall 100 Rthl; 1832/35 Witwe Unverzagt; 1846 Amtsdiener Jacob Riehl und ein Mieter; 1853 Witwe Bockelmann mit drei Mietparteien (insgesamt 18 Personen); 1873/8 Schlosser Bockelmann mit fünf Mietparteien; 1882 Bockelmann; 1891/1908 Buchdruckereibesitzer Gustav Bruns (siehe Obermarktstraße 26).

Haus (16./17. Jahrhundert–1960)

Kleines Giebelhaus mit massiven Umfassungsmauern und steilem Satteldach, das zur Straße einen Halbwalm aufwies. Der Bau, dessen Wände auf der Innenseite offenbar die charakteristischen Entlastungsbögen aufwiesen, auf einer Grundfläche von 9,7 m Tiefe und 7 m Breite, auf Grund der Lage und der Proportionen möglicherweise bis in die Mitte des 17. Jahrhunderts als Hinterhaus eines Vorgängergebäudes von Ritterstraße 16 dienend. Das Satteldach wohl nach Abtrennung vom Vorderhaus im 17. Jahrhundert aufgesetzt (Ansicht des rückwärtigen Giebels bei Grätz 1997, S. 229).

1833/34 soll hier ein *Neubau* errichtet worden sein (KAM, Mi, E 955). Diese Baumaßnahme scheint sich auf eine Reparatur zu beziehen, wohl im Zusammenhang mit dem Brand das Nachbarhauses Trockenhof 2 im Dezember 1831. Dabei scheint der östliche, zweigeschossige Anbau unter Satteldach entstanden zu sein. Dieser von verputztem Fachwerk und mit drei Fensterachsen. Der Kernbau war im 19. Jahrhundert zweigeschossig ausgebaut und wies auf der östlichen Seite einen breiten Flur mit zweiläufiger Treppenanlage zum Obergeschoß auf. Dahinter eine Küche. Westlich neben dem Flur zwei hintereinanderliegende Wohnräume.

Um 1860 wird der Komplex durch den Neubau des Hauses Trockenhof 6 erweitert. 1889 Entwässerung. 1902 werden einige Fenster umgestaltet und 1917 hinter dem Flügel ein dreigeschossiger Anbau als Setzerei errichtet; dieser 1924 erweitert (Baugeschäft Schmidt & Langen) und 1934 auf dem Hof noch ein eingeschossiger massiver Schuppen errichtet (Plan: R. Moelle). 1960 der Komplex für den Neubau des Betriebsgebäudes der Druckerei Bruns hinter Obermarktstraße 26 abgebrochen (siehe dort).

TROCKENHOF 6 (Abb. 1623)

Wohnhaus (um 1860–1960)

Offensichtlich als zusätzliches Gebäude durch den Besitzer des Nachbarhauses Trockenhof 4, den Herrn Bockelmann errichtet. Zweieinhalbgeschossiges und schmales Giebelhaus mit Satteldach, um 1860 erbaut. Putzfassade mit zwei Fensterachsen und mit Gliederung aus seitlichen Lisenen. Der Bau im südlichen Bereich an der westlichen Traufwand breiter und hinter den Flügelbau des Hauses Trockenhof 4 reichend. Hier ein Treppenhaus.

1889 Entwässerung und 1890 hier schon im Erdgeschoß die Steindruckerei von Bruns untergebracht; 1892 durch einen Verbindungsbau mit dem Druckereigebäude hinter Obermarktstraße 26 verbunden. 1960 für den Neubau des Betriebsgebäudes der Druckerei Bruns hinter Obermarktstraße 26 abgebrochen (siehe dort).

Umradstraße

1353 wird der Name *Vmberadenestrate* zum ersten Mal erwähnt (STA MS, St. Martini, Urkunden Nr. 97). Die ursprüngliche Bedeutung der Bezeichnung ist nicht bekannt. Später wird die Straße – wie etwa 1581 – auch schlicht *im Ummerad* genannt (Schroeder 1886, S. 523). Die Straße liegt in einem Bereich der Stadt, der wohl erst spät, im Laufe des 14. Jahrhunderts, dichter besiedelt worden ist. Dennoch könnte es sich bei ihr um einen im Kern weit in die vorstädtische Zeit zurückreichenden Weg zwischen den ebenfalls sehr alten Trassen der Königstraße im Süden und der Videbullenstraße im Norden handeln, denn ihr Verlauf ist nicht von dem umgebenden Straßenraster bestimmt, sondern folgt offenbar einer anderen Orientierung. Die Umradstraße stellt in ihrem Verlauf auf der höchsten Erhebung des leichten Geländerückens die Verbindung zwischen der vorstädtischen »Curia Beldersen« und der sogenannten »Hinteren Curia Beldersen« her. Erstere erstreckte sich südlich der Königstraße (siehe Königstraße 23/27), letztere auf der nördlichen Seite der mittleren Videbullenstraße (etwa Videbullenstraße 2 bis 12).

Nachdem das die Straße umgebende Gelände im 13. Jahrhundert in die Stadtbefestigung einbezogen wurde, diente die Straße zunächst offenbar nur der Erschließung von Wirtschaftsgebäuden, die auf den anliegenden Großgrundstücken standen. In der Mehrzahl handelte es sich um Flächen, die sich seit dem 14. Jahrhundert im Besitz des Martini-Stiftes befanden und erst nach der Mitte des 14. Jahrhunderts allmählich aufgeteilt und besiedelt wurden. Zunächst scheint der Baublock im Südwesten aufgesiedelt worden zu sein (siehe auch S. 901 ff., Einleitung zur Königstraße), während die westlich daran anschließende weite und bis zur Stadtmauer reichende Fläche zum sogenannten Borchardingschen Hof gehörte (siehe Königswall 75). Auf Teilen seiner rückwärtigen Flächen entlang der Umradstraße sind offenbar seit dem 16. Jahrhundert Buden entstanden, wobei man schon bestehende alte Wirtschaftsgebäude des Hofes umnutzte (siehe Umradstraße 11–19). Auch eine noch 1487 namenlose, etwa in der Mitte von der Umradstraße nach Westen abzweigende und bis zur Stadtmauer führende Gasse zwischen den rückwärtigen Grundstücken der Königstraße und dem Borchardingschen Hof wurde dabei seit dem 16. Jahrhundert besiedelt und wurde daher zunächst als »Neue Straße« bezeichnet (siehe Bartlingshof).

Auf der Ostseite der Umradstraße lagen im Süden im Anschluß an einen großen, zur Königstraße orientierten Hof (siehe Königstraße 26/28) ein größeres, vom Dompropst zu Lehen ausgegebenes Gelände (Umradstraße 4/6) und daran nördlich anschließend die rückwärtigen Flächen des zur Ritterstraße orientierten Hofes der Familie Garsse (siehe Ritterstraße 7). Auch hier befand sich zunächst nur ein Wirtschaftsgebäude, das später zu zwei Buden ausgebaut wurde (Umradstraße 12/14) und dem um 1600 weitere im Anschluß errichtete Buden folgten (Nr. 8/10 und 16). Grundherr des anschließenden, bis zur Videbullenstraße reichenden Geländes war der Kämmerer des Bischofs, doch war es seit 1284 im Besitz des Martini-Stiftes und wurde von diesem mit der Zeit in verschiedene Pachtgrundstücke aufgeteilt (zur Geschichte dieses Geländes siehe S. 2312 ff., Einleitung Videbullenstraße). Hierbei entstanden vor 1500 hinter den beiden größeren Hausstätten Videbullenstraße 19 und 21 die vier kleinen Hausstätten Umradstraße 18–24.

Die Grundstücke entlang der Straße waren also zunächst wohl nur in Teilen bebaut, als es 1580 oder 1581 offenbar zu einem Brand im Südosten (siehe Nr. 4) der Straße kam. Danach entstanden dort verschiedene Neubauten. Entsprechend der komplexen Grundbesitz- und Besiedlungsgeschichte der Straße blieb auch die anstehende Bebauung vielfältig, aber immer von der ansässigen

Abb. 1624 Umradstraße, Blick von der Einmündung Königstraße nach Norden, um 1920. Links Nr. 5 bis 9, in der Mitte Nr. 24.

kleinbürgerlichen Bevölkerung bestimmt. Prägend für das Straßenbild seit der Zeit um 1600 bis heute blieben die beiden im mittleren Abschnitt sich gegenüberstehenden Reihen von Buden sowie die daran anschließenden Gruppen von klein dimensionierten Giebelhäusern. Keine andere Gasse der Stadt ist so oft fotografisch festgehalten worden, was insbesondere auf die malerische Wirkung der sonst nirgendwo mehr erhaltenen dichten Gruppierung von Kleinhäusern zurückzuführen ist (siehe etwa Abbildung der Straße in der Zeit um 1910 bei Brandhorst 1995, S. 42).

1871 wurde die Straße neu mit unbehauenen Steinen gepflastert und 1887 die Fluchtlinie festgestellt. 1894 der Entwässerungskanal zwischen der Videbullenstraße und dem Bartlingshof hergestellt und anschließend die Straße mit den alten Steinen umgepflastert. Dieses Pflaster ist in großen Bereichen bis heute erhalten geblieben.

NACHRICHTEN ZU NICHT LOKALISIERTEN HÄUSERN DER STRASSE

1322 verkauft der Domherr Statius von Schloen den Hof seiner Familie: *vendicionem curie quondam sue in Minda per patrem suum dominum Dethardum, militem* (STA OS, Fürstentum Osnabrück, Nr. 150. – WUB X, Nr. 815). 1353 erhält St. Martini von dem Domkanoniker Johannes de Gesmele und von Justacius von Schloen, Sohn des Ritters Ludolf, sowie von dem minderjährigen Heinrich vom Lande (unter Zustimmung seines Vormundes Heinrich vom Lande d. Ä.) das Eigentum an *duabus areis cum edificiis inibi constructis sitas in platea que dicitur Vmberadenestrate* (STA MS, St. Martini, Urkunden Nr. 97).

1356 verpachtet St. Martini dem Konrad Durkop und seiner Frau Alheid *aream unam et domum* [...] *sitas in der vmberadenenstrate quas quondam discreti viri dominus Bruno vicarius in Ecclesia Mindensi Johannes et Hermannus presbiter et Alheydis soror eorundem dicti Dicmeyer* (STA MS, St. Martini, Urkunden Nr. 102. – STA MS, Mscr. VII, 2711, Bl. 104v).

1365 verpachtet St. Martini dem Justacius von Schmarrie und seiner Frau Wolburg einen Garten: *ortus unus seu aree que Hinricus de Holthusen a nobis vsualiter habere dinoscitur necnon fundum seu aream domus cuiusdam dicti Stoternereyneke in platea Vnberadenestrate situm habentem in latitudine quinquaginta vlnas Mindenses australes confines sunt versus meridiem area Johannis in dem Orde et versus aquilonem ortus noster seu area que Johan Durekop a nobis vsualiter obtinet que quidem predicte principales tres aree seu fundi de duabus plateis predictis in longitudine sibi linealiter correspondent* (STA MS, St. Martini, Urkunden Nr. 113. – STA MS, Mscr. VII, 2711, Bl. 16v–19r).

1396 wird von Heinrich Gieseler wegen seiner Gasthausstiftung eine Rente aus einem Haus übertragen *in Tileken huse Voghedes vp der Vnberadene strate* (KAM, Mi, A I, Nr. 181. – STA MS, Mscr. VII, 2726).

1429 erbt Johann von Langen von den Kindern des Johann Steneke *dre boden in der Vnberadenen straten* (KAM, Mi, A I, Nr. 272).

1429 erben Johann und seine Schwester Bruneke von Langen von ihrer Mutter Beate *des vedelers hus in der Vnberaden strate* (KAM, Mi, A I, Nr. 272).

1443 verkaufen Lambert Steffen und seine Frau Greteke mit Zustimmung von St. Martini (Pachtgut St. Martini) eine Rente *in orem huse beleghen in dem Vmberade twisschen Henricken Vedeler vnde Hinricks Musekingh hus* (STA MS, St. Martini, Urkunden Nr. 171).

1487 verkaufen Lutteke Jordan und sein Sohn Jordan an St. Martini eine Rente uf *vth oreme husse vnde tobehoringe so dat belegen is in der Vmberademen strate vnde geit vp de strate de daer loppt van der stadt muren ouer na deme Kodoer* (STA MS, St. Martini, Urkunden Nr. 251).

1506 verkaufen Johann Holzschuhmacher und seine Frau Hille dem Heinrich Stortekop (Sangmeister von St. Martini) eine Rente aus einem *huss myt der molen belegen ys in dem Vnberade by Johan Tymerkaten huse* (STA MS, St. Martini, Urkunden Nr. 285b); 1524 verpachtet St. Martini Heinrich Nolting und seiner Frau Geseke ein Haus mit Stätte *in dem Vmberade twyschenn Johan Tymmerkaten vnd Johan Raschenn husenn.* Frühere Besitzer war der verstorbene Johann Ogenmeyer, anders genannt der Holzschuhmacher, und seine Frau Hille sowie ihre Tochter Aleke und deren Ehemann Heinrich Timmermann (STA MS, Mscr. VII, 2701b, Bl. 29v–30r).

1517 verpachtet St. Martini an Nolte Salge und seine Frau Lucke ein *huss vnnd stede myt syner tobehoringe so dat beleghen ys in dem Vnberade twusschen Johan Tymmerkathen vnnd Bernd Velebers husen*, zuvor von Dietrich von Moers und seinem Sohn Lambert besessen (STA MS, Mscr. VII, 2701b, Bl. 3v–4r). Im gleichen Jahr wird eine Rente aus dem Haus an den Domvikar Heinrich Tabeke verkauft (STA MS, Mscr. VII, 2701b, Bl. 3r) und eine weitere an Marquard Eggena und seine Frau Aleke (STA MS, Mscr. VII, 2701b, Bl. 3r–3v); im folgenden Jahr zwei weitere Renten an Lambert von Moers (STA MS, Mscr. VII, 2701b, Bl. 8r) und Thomas Busse, Vikar eines Altars in St. Marien (STA MS, Mscr. VII, 2701b, Bl. 7v–8r). Auch 1520 wird eine weitere Rente aus dem Haus an eine nicht genannte Person verkauft (STA MS, St. Martini, Urkunden Nr. 305c. – STA MS, Mscr. VII, 2701b, Bl. 12r. – STA MS, Mscr. VII, 2711, Bl. 115v).

Abb. 1625 Umradstraße, Blick von der Einmündung der Videbullenstraße nach Süden mit Blick auf das Haus Nr. 18 (Giebelhaus Mitte) und die anschließenden Bauten 16 bis 8, um 1920.

1520 verpachtet St. Martini ein Haus an Heinrich Spanmann und seine Frau Ise, *so dat belegen ys in dem Vnberade by Diderick van Morsen husse twysschen Johan Tymmerkaten vnnd Gerckenn Borchardingen husen* (STA MS, Mscr. VII, 2701b, Bl. 13r). Das Haus wird schon 1525 erneut von St. Martini verpachtet an Ludeke Schonebohm und seine Frau Heyle *in dem Vmberade twyschenn Johan Tymmerkaten vnd Gereken Borchardinges husen*. Frühere Besitzer hier Heinrich Spanmann und seine Frau Ilse; vorheriger Besitzer war Rikele, Witwe des Bernd Veleber (STA MS, Mscr. VII, 2701b, Bl. 22v–23r). Noch im gleichen Jahr verkaufen Ludeke Schonebohm und seine Frau Heyle an Heinrich Spanemann und seine Frau Ilse eine Rente aus einem Haus mit Stätte (STA MS, Mscr. VII, 2701b, Bl. 24r).

1522 verkauft Konrad Bartoldi, Vikar am Altar St. Marien in der Kapelle auf der Weserbrücke, dem Vikar des Altars Heiliger Leichnam in St. Marien, Thomas Busse, einen Rentenbrief aus einem Pachthaus von St. Martini: *jn Nolten Schepers huosz jn der Vnberadenen straten twisschen Brun des Velebers vnde Johann Tymmerkaten husen dar suluest bynnen Minden* (KAM, Mi, A I, Nr. 485).

1529 verpachtet St. Martini an Heinrich Tymmerkate und seine Frau Greteke ein Haus mit einer halben Stätte *nogest Ludeken Tymmerkaten haue* [...] *in dem Vnberade twysschen des vorgenomten Lludeken Tymmerkaten vnd Gercken Brandes husenn*. Früherer Besitzer war Gerke Brand und seine Frau Gertrud (STA MS, Mscr. VII, 2701b, Bl. 42v–43r).

1529 verpachtet St. Martini dem Gerke Brand und seiner Frau sein Elternhaus mit einer halben Stätte *so dem suluen Ghercken dat van synen olderen myt rechte angefallen is dat, in dem Vnberade belegen is twysschen Hinrick Tymmerkaten vnd Greteken syner echten husfrowen huss und Johan Garsen haue* (STA MS, Mscr. VII, 2701b, Bl. 44r–44v).

1559 verpachtet St. Martini an Johann Timmerkate d. J. und seine Frau Katharina ein Haus mit Stätte *in der Vnberadenstrate twischen Carstenn Meigers vnd der Konemanschen huserenn* gelegen. Früherer Besitzer: Johann Timmerkate [d. Ä.] und seine Frau [Eltern des Johann Timmerkate d. J.] (STA MS, Mscr. VII, 2701b, Bl. 75v–76v).

1560 wird von St. Martini das bislang an Jürgen Rumestall verpachtete Haus mit Stätte neu an Johann Kutemeier verpachtet. Es ist gelegen *in der Vnberadenstrate* [...] *twischen Ernst Roleuinges vnd der Slipstynnen huseren*. Bewohner sind Jürgen Rumestall und seine Frau Grete (STA MS, Mscr. VII, 2701b, Bl. 78r–80r).

1567 verpachtet St. Martini an den Ratsmann Volmert Bobert (*Bouerdt*) und seine Frau Gese ein Haus *in dem Vmbherade twisschen Johan Timmerkathen vnd Johann Rasschen husenn*, das zuvor Karsten Meier und seine Frau Kunneke besaßen (STA MS, St. Martini, Urkunden Nr. 356. – STA MS, Mscr. VII, 2701b, Bl. 119r–120r. – STA MS, Mscr. VII, 2711, Bl. 121v).

1586 verpachtet St. Martini dem Herman Steinmeier und seiner Frau Alheid ein Haus *im Umberade* zwischen Ernst Coneman und Johann Kleppers Häusern (STA MS, St. Martini, Regesten 683).

1589 verpachtet St. Martini dem Tewes von Essen *im Umberade* neben dem Springmanschen Hause, ein Haus, das bisher Joh. Springmann Junior inne hatte (STA MS, St. Martini, Regesten 707).

1634 wurde auf Anordnung des Rates das Haus von Tönnies Rolemeyers *im Umberade* abgebrochen, da er zu den Schweden übergelaufen war (Bölsche o.J., S. 61).

1675 verpachtet St. Martini dem Hans Heinrich Heesemann, Bürger und Soldat im Ellerschen Regiment ein Haus *im Umrade* zwischen dem des Cord Tieman und dem des verstorbenen Johan Büning, das bisher Johan Benenkinks Witwe Dorothea Edeler in Pacht hatte (STA MS, St. Martini, Urkunden 434).

1704 verpachtet St. Martini dem Herman Tönnies Meyer und seiner Frau Catharina Köster ein Haus *im Umrad*, das bei den Häusern derer von Campen und Heinrich Stiegmann lag und auf das die Kammerverordneten der Stadt Minden in specie Heinrich Riensche verzichtet haben (STA MS, St. Martini, Urkunden 448).

UMRADSTRASSE 1

Hinterhaus von Königstraße 30 (siehe dort)

UMRADSTRASSE 2

1729 bis 1743 Martini-Kirchgeld Nr. 217; bis 1878 Haus-Nr. 519

Sehr kleine Hausstelle, die wohl in der Mitte des 16. Jahrhunderts aus dem großen Hof Königstraße 26/28 ausparzelliert wurde. Dabei das Haus so an den Rückgiebel des Haupthauses Königstraße 26/28 angebaut, daß das dortige Hinterhaus später nur noch in östlicher Verlängerung dieses abgetrennten Hauses Umradstraße 2 errichtet werden konnte. Um 1840 wurde das Haus wieder dem Haupthaus Königstraße 26/28 zugeschlagen und teilweise von dort aus benutzt, bzw. wurden später unter dieser Adresse alle Wohnungen geführt, die sich in diesem Haus und dem östlich anschließenden Hinterhaus von Königstraße 28 befanden. Die Hausstätte seit 1976 in den Komplex Königstraße 22–30 einbezogen.

1698/1711 Johan Remmert Vogeler, zahlt jährlich 2 Thl 24 gr Giebelschatz; 1729 Johann Rembert Vögeler; 1738/40 Johann Rembert Vögelers Haus; 1743 ohne Nennung (Haus ohne Grundbesitz); 1750 Meister Becker; 1755 Beckers Haus, 80 Rthl; 1766 Anthon Brinck, 80 Rthl; 1781 Brinck, 75 Rthl; 1798 Tagelöhner Raidt; 1802/04 Reinert mit Mieterin, Haus ohne Braurecht, hält 1 Jungvieh und 1 Schwein; 1806 Tagelöhner Meyer, Erhöhung von 75 auf 300 Rthl; 1809 Meyer; 1818 Meyer, Wohnhaus 300 Thl; 1819 als Mieter Maurer Friedrich Lax; 1832 Tagelöhner Meyer; 1846 Haus ist unbewohnt; 1853 Kaufmann Nolting (Erdgeschoß dient als Remise); 1873 vier Mietparteien; 1878 Nolting; 1908 Regierungsbaurat vom Hove (wohnt in Münster).

Wohnhaus (um 1805–1976)

Zweigeschossiger und giebelständiger Massivbau mit Satteldach. Die Vorderfront des recht kleinen Baus auf einer Grundfläche von 9,8 x 7 m dreiachsig und mit Krüppelwalmdach. Das Haus nur mit zwei eigenen Außenwänden, da östlich und südlich an Königstraße 28 angebaut.

Nach 1840 im Inneren mehrmals umgebaut (keine Unterlagen dazu gefunden); 1909 Kanalisation; 1976 zusammen mit Königstraße 26/28 abgebrochen.

UMRADSTRASSE 3

Die Hausstelle wurde als Erbpachtland von St. Martini ausgegeben. Nachdem das Haus seit 1660 in den gleichen Besitz wie das südlich anschließende Bürgerhaus Königstraße 30 kam, wurde es bis um 1900 nur noch als Scheune zu Königstraße 30 genutzt.

1660 Hartogs Haus *im Umrad*; 1662 Hartogs Scheune, ist ein ehemaliges Haus (zur weiteren Geschichte siehe Königstraße 30); 1929 Ernst Berg; 1937 Malermeister Herbert Lax.

Wohnhaus (um 1500 oder 1577 ?), Scheune von 1660–um 1900

Giebelständiges, verputztes und eingeschossiges Dielenhaus aus Fachwerk mit pfannengedecktem Satteldach; der Vordergiebel massiv und aus Backstein mit Werksteinblöcken im Fundament und an den Ecken. Das Gebäude ist nach den wenigen, in dem voll ausgebauten Haus sichtbaren Bauspuren in zwei Abschnitten entstanden:

Den Kern bildet ein Dielenhaus von sieben Gebinden, zum überwiegenden Teil aus wiederverwendeten Eichenhölzern in der zweiten Hälfte des 17. Jahrhunderts errichtet. Das Giebeldreieck des Straßengiebels mit einer Firstsäule und ehemals mit Geckpfahl, die seitlichen Riegel alle verzapft. Sparren mit zwei Kehlbalkenlagen, Windrispen zwischen den Sparren. Die wiederverwendeten Höl-

Abb. 1626 Umradstraße 3, Ansicht von Nordosten, 1993.

zer stammen aus einem Gerüst, das durch paarige Kopfbänder an jedem zweiten Ständer im Längsverband und Lehmausfachung charakterisiert wird. Gebindeabstand etwa 1,60 m. Die Sparren (ursprünglich mit untergenagelten Windrispen) aus diesem Gerüst noch heute auf dem Dach. Das Gerüst könnte den Merkmalen nach schon um 1500 aufgeschlagen worden sein und wäre möglicherweise 1577 durch Vorsetzen einer massiven Front mit mittlerem Torbogen ergänzt worden.

1731 wird berichtet, das Hinterhaus sei bis auf vier Fach ganz heruntergebrochen, die Baumaterialien seien verkauft und die Fläche dem Garten zugeschlagen worden. Die noch stehenden vier Gefache des Hinterhauses seien ohne Dielen, Fenster und Treppe (KAM, Mi, C 832). Offensichtlich war nur entlang der südlichen Traufwand eine schmale Reihe von Wirtschaftsräumen abgetrennt. 1776 beschrieben als *eine gleich hinter dem Haus liegende Scheune mit 1 beschossenen Boden, Pferde-, Kuh- und Schweinestallung sowie Behältnissen für Federvieh und Feuerung* (WMA 1776, Sp. 296). Um 1800 wurde der Bau wiederum um vier Gebinde in Nadelholz rückwärts nach Westen verlängert, wobei man die südliche Traufwand einzog. Hier ebenfalls ein Wirtschaftsraum eingerichtet. Das Gebäude 1959 modernisiert und neu verputzt, mit breiter mittlerer Haustür und seitlichen Fenstern. 1996 der Verputz wiederum erneuert, dabei Freilegung der Sandsteine und eines wohl als Spolie verwendeten Inschriftsteines mit den Buchstaben *V B*, der Jahreszahl *1577* sowie Hauszeichen (er dürfte vom ehemaligen Torbogen stammen).

Nach 1900 wurden die Wirtschaftsräume zu Wohnzwecken ausgebaut, doch verblieb die Wirtschaftsdiele noch im alten unverbauten Zustand. Zugleich die nördliche Traufwand aus Backstein neu aufgemauert. Das Gebäude 1959 zu Wohnzwecken ausgebaut, wobei die Diele durch Einbau von nördlichen Wohnräumen zu einem breiten durchgehenden Flur reduziert wurde. Die nördliche Traufwand sowie der rückwärtige Bereich der südlichen Traufwand wurden massiv erneuert, das rückwärtige Giebeldreieck mit Eternitplatten beschlagen. Ferner baute man in der nordwestlichen Ecke ein Treppenhaus ein und schuf im Dachgeschoß (nach Höherlegung der unteren Kehlbalken) Wohnräume (Plan: Bau.-Ing. Bischoff, Unternehmer: W. Prinz). Ein Raum seitdem unterkellert. 1995 modernisiert (neue Giebelverbretterung und neue Eindeckung mit Betonpfannen).

Hinter der Scheune auf dem Hof wurde 1929 ein eingeschossiger massiver Anbau für den Lumpenhandel errichtet, dem 1937 an der rückwärtigen Grundstücksgrenze eine Werkstatt für den Malereibetrieb folgte.

UMRADSTRASSE 4

1729 bis 1743 Martini-Kirchgeld Nr. 218; bis 1878 Haus-Nr. 518

Die Hausstätte besteht wohl seit der zweiten Hälfte des 15. Jahrhunderts als ein Lehnsgrundstück des Dompropstes, das über Jahrhunderte (bis etwa 1840) im gleichen Besitz wie die nördlich anschließende Hausstelle Nr. 6 war (dort zumeist nur ein Nebenhaus). Das Grundstück ab 1959 unbebaut und seit 1976 in den Komplex Königstraße 22–30 einbezogen.

Im 18. Jahrhundert ein Lehnshaus der Kriegs- und Domainenkammer (KAM, Mi, C 175).

1496 belehnt der Bischof Albert Kastorp mit zwei Häusern zu Erbmannlehen und erlaubt die Geldaufnahme bei Deppe Roleving: *to eynen rechten erffmanlehne myt twen husen bynnen Minden jn dem Vnberade beleghen, so de syn vader Albert Kastorpp saliger van vns vnde vnsem stichte to lehne hadde* (STA MS, Fürstentum Minden, Urkunden Nr. 351). Diese Hausstätten sind bebaut mit *twe huse, dat eyne van dren boden myt oren tobehoringhen, so de beleghen synt in dem vnberade* [!] *twisschen Ernst Gharsen vnnd Lludeken Marquardinges* (STA MS, St. Martini, Urkunden Nr. 275). Der Rentenbrief wird 1499 an St. Martini verkauft (STA MS, St. Martini, Urkunden Nr. 280. – STA MS, Mscr. VII, 2711, Bl. 103v). 1515 verpfänden die Brüder Ludeke und Gerke Cordings zwei Häuser mit Stätten mit Zustimmung des Bischofs als Lehnsherrn an Unbekannt: *twe hueße vnnd huesesstede im Vmberade twyschen der Garseschenn houe vnnd Ludeken Hoikers hueße* (STA MS, St. Martini, Urkunden Nr. 298).

1581 läßt Cord Rödenbeck eine Obligation beim Heilig-Geist-Hospital über 50 Rheinische Goldgulden mit Zustimmung des Bischofs Hermann auf sein Haus *im Umberathe* eintragen; 1581 *Churdt Rodenbeche und Gese sein eheliche Hausfrawe* verkaufen *inbehuff ihres erlittenen Brandschadens und zur widererbawung ihres von S. F. B. zu lehen tragenden abgebrandten Lehnhauses* an das Heilig-Geist-Hospital eine Rente aus den 50 Rgfl (KAM, Mi, A I, Nr. 711). Späterer Eigentümer ist der Fuhrmann Caspar Meyer; 1663 Henrich Meyer, dompröpstliches Lehnshaus; 1698 Erben Johan Pielen, zahlen jährlich 3 Thl Giebelschatz; 1703/15 Fuhrmann Casper Meyer; 1726 Culen; 1729 Caspar Meyer; 1738 Casper Meyers Witwe erklärt sich bereit, die auf dem Haus lastende Hypothek auf Landbesitz eintragen zu lassen (KAM, Mi, C 592); 1738/40 Caspar Meyers Haus; 1739/43 Witwe Caspar Meyer; 1746 Ernst Lange (C. Meyers Schwester-Sohn); 1750 Ernst Lange in Witwe Caspar Meyers zweitem Haus; 1755 Postfahrer Langens Wohnhaus, 200 Rthl; 1759 Witwe Caspar Meyer, jetzt Ernst Lange; 1766 Fuhrmann Lange; 1771 Haus des Ernst Lange; 1781 Witwe Lange; 1798 Fuhrmann Langes Wohnhaus und Scheune; 1802/04 Posthalter Lange, Haus für 200 Rthl mit Braurecht, hält 12 Pferde, 2 Kühe, 1 Jungvieh und 2 Schweine; 1809 Lange; 1818 Posthalter Lange, 2000 Thl; 1832 Witwe Lange; 1835 Erben Lange, 2000 Thl; 1846 Schuster Arnold Kramer und drei Mietparteien (insgesamt 18 Personen); 1851 Tischler Petersen; 1873/78 Zigarrenmacher L. und F. Sinemus (mit vier Mietparteien); 1908 Regierungsbaurat vom Hove (siehe Königstraße 30); 1948 Carl Niermann.

Dielenhaus (1581 ?–1959)

Das höchst ungewöhnliche Haus blieb ohne weitere Dokumentationen und ist nur nach ungenauen Bestandsplänen von 1948 bekannt. Danach ein eingeschossiger und giebelständiger Fachwerkbau von 13,8 m Länge und bis zu 11,20 m Breite mit mäßig steilem Satteldach und einem auf der Nordseite eingezogenen und unterkellerten Hinterhaus von 5,8 m Tiefe und 8,9 m Breite. Dieses mit halb eingetieftem, balkengedecktem Keller. Nach diesen Hinweisen das Gebäude im 16./17. Jahrhundert – wohl 1581 als Wiederaufbau nach einem Brand – als großes und breitgelagertes Dielenhaus errichtet. In der südwestlichen Ecke eine große Stube, die als Utlucht aus dem Baukörper hervortrat (evt. nachträglich eingebaut oder vergrößert – möglicherweise im Zusammenhang mit der Nutzung des Hauses um 1800 als Poststation ?). Nachträglich die Diele an beiden Traufseiten durch verschiedene Einbauten teilweise verbaut, wobei ein Einbau im Nordwesten auch ein sicherlich zunächst vorhandenes Tor im Vordergiebel verstellte.

Zwischen 1786/97 wurden 400 Rthl für Renovierungen verbaut (KAM, Mi, C 133). 1809 beschrieben als eingeschossiges Wohnhaus in mittlerem Zustand.

1948 Einbau einer Wohnung im Dach des Hinterhauses; 1959 Abbruch wegen Baufälligkeit und Errichtung eines Wellblechschuppens im rückwärtigen Gelände.

Stallgebäude (vor 1700–1974)

Eingeschossiger Fachwerkbau unter recht flachem Satteldach, östlich hinter Nr. 6 entlang der nördlichen Grenze aufgestellt (Länge 10,3 m, Tiefe 8,5 m). Das Kerngerüst offenbar mit recht großen Kopfbändern im Querverband, daher sicherlich vor 1700 errichtet, aber später mehrmals verändert. Der Bau möglicherweise ein rückwärtiger Abschnitt des Hauses Nr. 6.

1948 Ausbau der Wohnung, wobei das westliche Viertel unterkellert wird (Plan: O. Rohlfing); 1974 Abbruch.

UMRADSTRASSE 5 (Abb. 1624, 1627)

1729 bis 1743 Martini-Kirchgeld Nr. 279; bis 1878 Haus-Nr. 520

Die etwa 13 m breite und 26 m lange Parzelle besteht auf Grund der Bauspuren offenbar in dieser Form seit spätestens 1591 und läßt auf der Nordseite des Wohnhauses Platz für eine etwa 3,30 m breite Durchfahrt zum rückwärtigen Hof.

1729/40 Spönemann (1719 wurden ihm 12 Jahre Kirchgeldschulden erlassen, möglicherweise wegen Zwangsversteigerung); 1743 Casper Friedrich Spönemann; 1750 Jost Spönnemann; 1755 Spönemann, 100 Rthl; 1766 Spönemann; 1781 Horstmeyer, 100 Rthl; 1798 Schuster Anton Barthold; 1802/04 Barthold und Mieter Ratsdiener Fischer, Haus für 100 Rthl, ohne Braurecht, hält 1 Jungvieh; 1808 Witwe Barthold; 1818 Schuhmacher Barthold, Haus für 300 Thl; 1832 Witwe Barthold; 1835 Rohde, Haus für 600 Thl; 1844 soll das Haus, ehemals Besitz des Fuhrmanns Beißner, mit Hudrecht für 3 Kühe vor dem Königstor versteigert werden (ÖA 20, 1844); 1846 Schuster Christian Rohde mit drei Mietparteien (insgesamt 16 Personen); 1851 Mieter ist Tischler Rohde; 1853 Schuhmacher Rohde und drei Mitmieter (eine Stube als Tischler- und eine Stube als Schuhmacherwerkstatt eingerichtet); 1873/78 Fuhrmann Todt; 1891/1908 Tischlermeister Wilhelm Kuhne; 1925 Witwe Kuhne; 1940 Lina Kosalowsky, geb. Kuhne.

Haus (von 1592 ⓓ)

Im Kern ein eingeschossiges giebelständiges Dielenhaus mit massiven Umfassungswänden auf einer Grundfläche von ca. 17,90 x 9,65 m, heute in der Gestalt stark verändert und rückwärtig erweitert, aber unter Putz und Verkleidung offenbar noch mit allen wesentlichen Teilen der historischen Substanz erhalten. Die Wände aus Bruchstein aufgemauert, dabei in den Traufwänden die charakteristischen Bogenstellungen aus Backstein gemauert (auf der Südseite insgesamt fünf Bögen). Auf Grund einer dendrochronologischen Datierung das Bauholz Ende 1591 (8. Sparren von Ost, Südseite) eingefällt, das Haus daher wohl 1592 erstellt. Das Dachwerk von 14 Gebinden ehemals mit etwa 60° Neigung und zwei Kehlbalkenlagen, der Vordergiebel mit Fachwerk und in der Mitte mit Spitzsäule (das Dachwerk später aus den Hölzern neu verzimmert und die Neigung auf 52° reduziert).

Innerhalb des heutigen Innenausbaus aus dem 19. Jahrhundert in verputztem Zustand wohl die wenigen ursprünglichen Inneneinteilungen erhalten: in der vorderen nordöstlichen Ecke der ursprüngliche und nur einen Raum tiefe Stubeneinbau mit sehr niedrigem Zwischengeschoß. In der südwestlichen Ecke des Hauses ein heute ganz unter dem Erdgeschoßniveau liegender Keller mit

Abb. 1627 Umradstraße 5 (links), 7 und 9, Ansicht von Südosten, 1993.

Tonnengewölbe, was auf einen Saal mit nördlich danebenliegendem Durchgang zum rückwärtigen Hof hindeutet (darauf läßt auch die andere Bogenstellung an dieser Traufwand schließen). Der Durchgang später mit einem Balkenkeller versehen.

Die vordere Diele in offensichtlich mehreren Bauabschnitten durch seitliche Einbauten mit Zwischengeschossen aufgeteilt und auf einen breiten mittleren Flur reduziert. In der nordöstlichen Ecke 1891 eine zweiläufige Treppenanlage mit gedrechselten Traillen zur Erschließung des Dachgeschosses, in dem eine Wohnung eingebaut wird. 1895 weitere Umbauten: Dach ausgebaut, an Stelle der nördlichen Beifahrt ein kleiner eingeschossiger Werkstattanbau mit historistischer Putzfassade und kleinere Umbauten im Hause (Plan: Maurermeister Sierig). 1896 Entwässerung; 1904 Einbau eines Schaufensters südlich der Haustür; 1909 Ausbau von zwei Zimmern im Zwischengeschoß in der Mitte der südlichen Traufe; 1912 Kanalisation.

UMRADSTRASSE 6 (Abb. 1628)

1729 bis 1743 Martini-Kirchgeld Nr. 219; bis 1878 Haus-Nr. 517

Die Hausstätte bildete bis um 1840 eine Einheit mit dem südlich anschließenden Haus Nr. 4 und wurde seit der zweiten Hälfte des 15. Jahrhunderts über Jahrhunderte als Lehnsgrundstück durch den Dompropst ausgegeben. Zumeist standen hier nur ein Nebenhaus, Buden oder eine Scheune. Nach 1828 und kurz vor dem Neubau um 1840 muß die Parzelle rückwärtig erheblich erweitert worden sein, wobei der Garten sich hinter die nördlich anschließenden Nachbarbauten schob.

Abb. 1628 Umradstraße 6, Ansicht von Südwesten, um 1960.

Im 18. Jahrhundert ein Lehnshaus der Kriegs- und Domänenkammer (KAM, Mi, C 175).

1698/1703 Jürgen Requate, zahlt jährlich 3 ½ Thl Giebelschatz; 1704/09 Johan Jürgen Funcke vorher Requate; 1711 Witwe Johan Jürgen Funcke; 1726/44 von Ilgen; 1738 Caspar Meyers Nebenhaus; 1742/50 Witwe Caspar Meyer (hat etwa 30 Morgen Land); 1755 Postfahrer Langens zweites Haus, 200 Rthl; 1759 jetzt Ernst Lange; 1766 Fuhrmann Langens zweites Haus, 200 Rthl; 1771 Haus des Ernst Lange; 1775 Grobschmied Schwartz, Haus wird seit vor 1750 als Scheune genutzt; 1781 Schwartze, Scheune für 200 Rthl; 1791 Schwartze, Haus wird zur Scheune gebraucht; 1798 Fuhrmann Langens Nebenhaus, ist Scheune; 1802/04 Langens Scheune, ohne Braurecht; 1806 Posthalter Ernst Lange; 1818 Posthalter Lange, Scheune 1 000 Thl; 1832 Witwe Lange; 1835 Erben Lange, Scheune; 1846 Maler August Vordiek mit Familie; 1873/78 Maler Vordieck; 1908 Rentner Wilhelm Vordieck; 1912 Unternehmer W. Engelke.

1494 dürften hier drei Buden unter einem Dach bestanden haben (siehe Nr. 4); später ein größerer Bau, für den 1664 3 Rthl Giebelschatz zu zahlen waren.

Haus (von etwa 1840)

Das anspruchsvolle Gebäude wurde zwischen 1835 und 1846 für den Malermeister August Vordiek nach Abbruch eines alten, schon seit Jahrzehnten nur noch als Scheune genutzten Gebäudes errichtet, wobei der Neubau um etwa vier Meter von der Straßenflucht zurückgesetzt mit einem kleinen Vorgarten versehen wurde. Dieser von einem wohl zeitgenössischen Eisengitter auf Sandsteinsockel eingefaßt.

Zweigeschossiger, traufenständiger und verputzter Ziegelbau von sieben Achsen über Sandsteinquadersockel. Sohlbänke der Erdgeschoßfenster und Gewände der Haustür aus Sandstein. Die Fassade um 1980 neu verputzt, dabei die ursprüngliche Gliederung entfernt: Erdgeschoß mit Quadergliederung, Obergeschoß durch breites Band abgesetzt, weiteres Band über die Sohlbänke laufend. Fenster im Obergeschoß mit knappen Faschen. Dachwerk aus zumeist wiederverwendeten

Eichensparren mit einer Kehlbalkenlage und zwei stehenden Stühlen. Der Bereich nördlich des Querflures unterkellert: zwei Längstonnen auf einer firstparallelen gemauerten Bogenstellung, die Umfassungswände aus Bruchstein. Zugang vom Treppenhaus.

Die innere Struktur bestimmt durch eine breite mittlere Querflurzone, erschlossen durch eine Haustür in den beiden Traufwänden. Der rückwärtige Bereich mit zweiläufiger Treppe (Geländer bis auf die Pfosten erneuert). Seitlich davon beidseitig jeweils eine durch eine Quer- und Längswand bestimmte Wohneinheit von vier Räumen, in der Mitte jeweils ein Schornstein. Teilweise Türen der Bauzeit erhalten, einige Trennwände nachträglich entfernt. Möglicherweise bestand in der nördlichsten Achse des Hauses im Erdgeschoß zunächst oder nur zeitweise eine schmale Durchfahrt zum Hof. 1912 werden hier in größere Öffnungen Fenster eingebaut.

1980 Dachausbau für Wohnzwecke mit neuem Treppenzugang und Dachaufbau (Auswechslung von drei Sparren).

Rückwärtig hinter dem Treppenpodest dreieinhalbgeschossiger Anbau aus Fachwerk aus der Mitte des 19. Jahrhunderts mit flachem Satteldach, der unten einen offenen Stall aufnahm, darüber wohl Wirtschaftsräume (oder Aborte).

An der östlichen Ecke des nördlichen Giebels ein zweigeschossiger Anbau aus Fachwerk mit Pultdach aus der Mitte des 19. Jahrhunderts.

UMRADSTRASSE 7 (Abb. 1624, 1627, 1629, 1631)

1729 bis 1743 Martini-Kirchgeld Nr. 278; bis 1878 Haus-Nr. 521

Kleines bürgerliches Anwesen, das ursprünglich zu einem Gelände des Martini-Stiftes gehört haben dürfte.

1579 wurde von Ernst Kamman eine Obligation über 10 Thl aufgenommen, die zunächst auf der Vikarie Trirum Regium, später auf dem Nikolai-Hospital eingetragen ist. Als spätere Besitzer des Hauses werden genannt: 1710/15 Christoph Möller, 1751 Jobst Hinrich Möller, 1759 Jobst Henrich Möller des Christoph Möllers Sohn (KAM, Mi B 103 b,2 alt; C 203,22 alt; C 604).

1698 Christoffer Müller, vorher Johan Wiese, zahlt jährlich 2 Thl Giebelschatz; 1729/40 Christoph Müller; 1743 Karrenführer Jobst Henrich Müller; 1750 Jost Henrich Möllers Haus; 1755/66 Möller, Haus für 100 Rthl; 1775 Fuhrmann Mollers Haus, ist seit 1765 Scheune; 1798 Fuhrmann Möller; 1802 Erben Schäckel; 1804 Soldatenwitwe Agnese Strobach, Haus ohne Braurecht, hält 1 Jungvieh; 1809 Witwe Strohbach und Mieter Stellmacher Kolle; 1818 bis 1826 Besitz des Armenhauses zum Geist, 600 Thl, dann Verkauf für 745 Thl an Christoph Friedrich Mielert; 1832 Tagelöhner und Kleinhändler C. F. Mielert; 1846 Händler Heinrich Meyer (ist allein im Haus); 1850 Verkauf durch Schuhmacher W. Meier; 1852 Kellner Haselhorst verkauft sein Haus an Kleinhändler Karl Kersing; 1853 Herbergier Hasselhorst; 1873/78 Witwe Schankwirt Kersing; 1896 Witwe Kersing; 1908 Fräulein Marie Kersing; 1929 Eduard Schonebohm; 1964 Edmund Krukenberg.

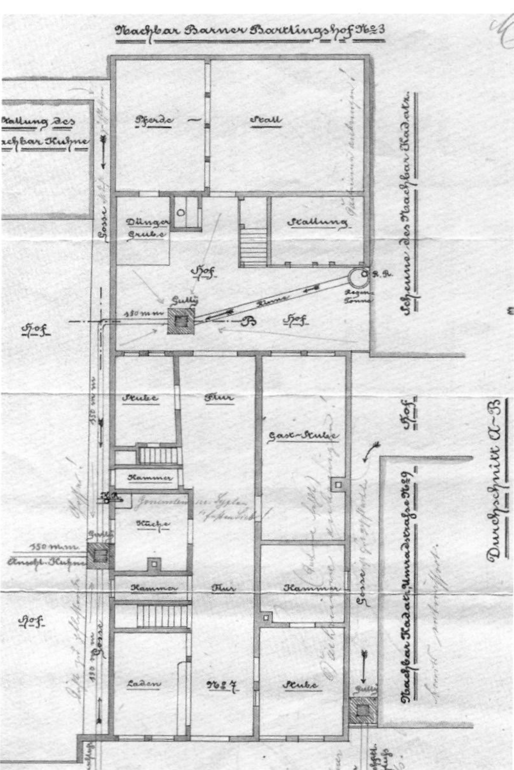

Abb. 1629 Umradstraße 7, Grundriß aus dem Entwässerungsplan von 1896.

Abb. 1630 Umradstraße 8 (rechts) bis 18, Ansicht von Südwesten, 1993.

Haus (17./18. Jahrhundert–1977)

Verputztes Fachwerkgiebelhaus mit pfannengedecktem Krüppelwalm. Das mittige hohe und rechteckige Tor deutete auf die bis zum Rückgiebel reichende mittlere hohe Diele hin. Seitlich jeweils zweigeschossige Einbauten, die vier Räume hintereinander umfassen. Baualter und Entwicklungsgeschichte des den Proportionen nach aus dem 17. oder 18. Jahrhundert stammenden und 1802 (siehe KAM, Mi, C 142) umgebauten Hauses sind nicht mehr weiter zu ermitteln.

Auf dem rückwärtigen Hof befand sich im späten 19. Jahrhundert ein Wirtschaftsgebäude aus Fachwerk.

1896 Entwässerung; nach Brand 1976 die Ruine 1977 abgebrochen.

Geschäftshaus (von 1977/78)

Als eingeschossiges und zum Teil unterkellertes massives Giebelhaus mit Satteldach und Putzfront nach Plänen von J. Lax errichtet.

UMRADSTRASSE 8 (Abb. 1625, 1630, 1633)

1729 bis 1743 Martini-Kirchgeld Nr. 280; bis 1878 Haus-Nr. 516

Teil einer Doppelbude, zu der als andere Hälfte das Haus Umradstraße 10 gehörte und die beide offensichtlich auf sehr kleinen, abgetrennten Teilen des Rückgrundstücks des großen Hofes der Familie Garsse an der Ritterstraße 7 entstanden sind. Beide Bauten stehen bei einer Breite von je etwa 5,50 m nur auf einem etwa 10,50 m tiefen Grundstück.

Abb. 1631 Umradstraße 7 (links angeschnitten), 9 und Nr. 24 (Mitte), Ansicht von Süden, um 1920.

1738/40 Arend Poock; 1743 ohne Eintrag (Haus ohne Grundbesitz); 1750 Baxmanns Haus; 1755/66 Meister Basen, Haus für 50 Rthl; 1781 Bäsen; 1798 Thüren, vermietet an Schneider Ehrig; 1800 Neuburg; 1802/04 Erben Nieburg, vermietet an Schneider Erich und Witwe Schlichten, Haus ohne Braurecht, halten 1 Jungvieh und 2 Schweine; 1806 Petrowsky, Wohnhaus, Erhöhung von 50 auf 200 Rthl. Hat das Haus für 50 Rthl von den Neuburgschen Erben gekauft (KAM, Mi, D 387); 1807 Haus ist baufällig; 1809 Erich (der Nachlaß der Neuburgschen Erben fiel 1803 mit dem Tod des letzten Kindes an die Stadtkasse und wurde 1810 versteigert: KAM, Mi, D 282); 1818 Schuhmacher Langenberg, Wohnhaus 250 Thl, Stallung 50 Thl; 1832 Schuster Arnold Langenberg; 1846 Langenberg und Heinrich Dobener; 1853 Witwe Langenberg (Haus ist in sehr schlechtem Zustand); 1873/78 Nagelschmied Sobbe; 1906 Erben Sobbe; 1908 Maurer Karl Lax.

Haus (um 1600)

Traufenständiger und verputzter, zweistöckiger Fachwerkbau unter einem pfannengedeckten Satteldach, dessen inneres Gerüst wohl im Verbund mit dem Nachbarhaus Nr. 10 steht. Da er zusammen mit dem Nachbarhaus höher als die anschließende Reihe von ähnlichen Häusern ist, scheint es möglich, daß er von Anfang an in Teilen zweigeschossig genutzt wurde. Die genauere Konstruktion und die Geschichte des völlig ausgebauten Gebäudes bislang nicht bekannt. Es dürfte zusammen mit dem Nachbarhaus um 1600 errichtet worden sein.

Die heutige innere Aufteilung nicht ursprünglich und zuletzt auf einschneidende Umbauten von 1908 und 1984 zurückgehend. Bis 1908 rechts eine breite Flurdiele, von der links eine Stube und dahinter eine wohl zum Flur offene Küche abgetrennt war.

1809 wird das Haus mit dahinterliegendem Hof auf 165 Rthl taxiert. Es wird beschrieben als zwei Etagen hoch und enthält in der ersten Etage eine Stube mit Pottofen, eine Küche, einen Flur und kleine Stallung. In der zweiten Etage zwei Kammern, Flur sowie Boden (WMA 1809). In der Mitte des 19. Jahrhunderts entstand rückwärtig auf halber Breite entlang der südlichen Grundstücksgrenze ein zweigeschossiger Anbau aus Fachwerk unter einem Quersatteldach. Er nahm in jeder Etage einen zusätzlichen Raum auf. Der Anbau sowie die Küche des Altbaus unterkellert. 1896 Entwässerung. Zu dieser Zeit wurde das alte, noch erhaltene offene Herdfeuer als Schmiedesse genutzt.

1908 Umbau und Kanalisation durch den Eigentümer, den Maurer Karl Lax, wobei die Innenwände zur Schaffung eines zweigeschossigen Wohnhauses mit schmalen Seitenflur weitgehend erneuert wurden. 1984 innerer Umbau. 1991 in die Denkmalliste der Stadt Minden eingetragen.

UMRADSTRASSE 9 (Abb. 1624, 1627, 1631, 1632)

1729 bis 1743 Martini-Kirchgeld Nr. 277; bis 1878 Haus-Nr. 522

Die Hausstelle, ehemals Pachtland von St. Martini, damals sicherlich weiter in den Baublock hineinreichend und wohl auch die später (vor 1660) abgetrennten Grundstücke Bartlingshof 1 und 3 umfassend. Recht kleine Parzelle, im 19. Jahrhundert völlig bebaut. Heute das Grundstück Bartlingshof 1 wieder zugehörig und seit 1971 als Hofplatz genutzt.

1698 Davidt Neteler in Schepers Haus, zahlt jährlich 2 ½ Thl Giebelschatz; 1711/29/40 David Neteler; 1743 ohne Eintrag (Haus ohne Grundbesitz); 1750 David Neterlers Haus; 1755/66 Wulbrandt, Haus für 80 Rthl; 1780/81 Küchengärtner Gercke, Haus für 75 Rthl; 1798 Branntweinbrenner Gerke; 1802/04 Gerke und Mieter Tagelöhner Müller, Haus für 75 Rthl, ohne Braurecht, hält kein Vieh; 1806 Witwe Gerke; 1809 Rodewens Haus, vermietet an Tagelöhner Brinckmann; 1818 Pabst Junior, Haus für 100 Thl; 1824 Musikus Roscheck, Haus für 200 Tl; 1832 Witwe Wimmer; 1846 Tabakspinner Karl Wimmer und Mieter Maurer Josef Wöhrmann (insgesamt neun Personen); 1853 Tabakspinner Wimmer und zwei Mitmieter; 1856 Zigarrenmacher Sauer; 1873/78 Zigarrensortierer Sauer (und fünf Mietparteien); 1908 Oberpostschaffner Hermann Labjuhn.

Haus (bis 1855)

1780 *einen neuen Anbau, kein Brauhaus*, mit Schulden an einer abgelegenen Straße fertiggestellt (KAM, Mi, C 874). 1809 Haus ist ganz schlecht und baufällig.

Abb. 1632 Umradstraße 9, Ansicht von Nordosten, 1993. Rechts Einmündung des Bartlingshofes.

Haus (von 1856)

Der Bau wird 1856 als Reparatur bezeichnet (KAM, Mi, F 117), doch konnten keine Teile eines Vorgängerbaus festgestellt werden. Statt des Vorgängerhauses entstand ein zweieinhalbgeschossiges verputztes Fachwerkhaus mit Satteldach von 45°, offensichtlich zu Mietzwecken eingerichtet. Die Fassade ist fünfachsig gegliedert, heute neu verputzt und die Fenster erneuert, Dach durch Isolierung aufgehöht und mit schwarzen Pfannen gedeckt.

Das Innere in allen drei Etagen bestimmt durch einen mittleren Längsflur mit geradläufiger Treppe der Bauzeit (gedrechselte Traillen), seitlich davon in beiden Etagen jeweils drei Räume (heute jeweils die beiden hinteren zusammengefaßt), wohl Stube, Küche und Kammer. Im zweiten Dachgeschoß zur Straße eine weitere Kammer. Die beiden Räume vorn zur Straße und südlich der anschließende Raum sind mit Tonnengewölben aus Backsteinen unterkellert. Einige Türen der Bauzeit erhalten. Rückgiebel massiv erneuert und verputzt.

Das Wirtschaftsgebäude auf dem Hof nicht erhalten.

Abb. 1633 Umradstraße 10 und 8 (rechts), Ansicht von Nordwesten, 1993.

UMRADSTRASSE 10 (Abb. 1625, 1630, 1633)

1729 bis 1743 Martini-Kirchgeld Nr. 281; bis 1878 Haus-Nr. 515

Teil einer Doppelbude, zu der als andere Hälfte das Haus Umradstraße 8 gehörte und die beide offensichtlich auf sehr kleinen abgetrennten Teilen des Rückgrundstücks des großen Hofes der Familie Garsse an der Ritterstraße 7 entstanden sind. Beide Bauten stehen bei einer Breite von je etwa 5,50 m nur auf einem etwa 10,50 m tiefen Grundstück.

1729 Weichel; 1738/40 Meister Carol Weichel; 1744 Baumeister Carl Weichel; 1750 Meister Rauschs Nebenhaus (siehe auch Umradstraße 12); 1755 Meister Rausch, Haus für 50 Rthl; 1766/81 Meister Geyer; 1785 Erhöhung auf 100 Rthl; 1798 Wiener; 1802/04 Aufseher Matthias Jacob Wiener, vermietet an Tagelöhner Horn, Haus für 200 Rthl, ohne Braurecht, hält kein Vieh; 1809 Wiener, vermietet an Koral Horn; 1818 Steueraufseher Wiener; 1826 Erhöhung Haus auf 550 Thl; 1827/53 Schuster Johann Haeger in Dützen; 1846 Haus ist vermietet; 1853 vom Besitzer bewohnt; 1873/78 Tilhelm (mit zwei Mietern); 1903/08 Witwe Louis Nolte; 1914/18 Kraftfahrer (Postschaffner) Karl Nolte.

Haus (um 1600–1990)

Traufenständiger, bis zuletzt verputzter, zweistöckiger Fachwerkbau unter einem pfannengedeckten Satteldach, dessen inneres Gerüst wohl im Verbund mit dem Nachbarhaus Nr. 8 stand. Beim Abbruch 1990 konnten keine

Abb. 1634 Umradstraße 11 bis 21 (rechts), links Bartlingshof 2 bis 10, Ansicht von Südosten, 1993.

Befunde mehr erhoben werden. Da der Bau höher als die anschließende Reihe von ähnlichen Häusern war, ist es möglich, daß er von Anfang an zweigeschossig aufgeteilt war. Offensichtlich war das Gerüst des Vorderhauses stöckig verzimmert.

Erst bei einem Umbau (um 1800 ?), bei dem ein kleiner Flur geschaffen und die Fassade neu gegliedert und anschließend verputzt wurde, scheint man das aufwendige sandsteinerne Türgewände von einem anderen Ort als Spolie hierher versetzt zu haben. Dieses (ehemals als Teil einer weitergehenden Fassadengliederung) besteht aus einem rundbogigen Türgestell, das in der Ansicht ganz mit fein ausgearbeitetem Beschlagwerk versehen ist und in das späte 16. Jahrhundert datiert werden darf. Im Bogen zwischen den Werksteinen eingeschoben drei stärkere Blöcke: die seitlichen zwei mit Diamantquader, der im Scheitel mit Engelskopf. Auf den Bogen seitlich in der Linie des seitlichen Gewändes aufgesetzt zwei Pfosten (seitlich ehemals Fenster ?), die ein Stück eines Gesimssteines mit Karniesprofil tragen. Unter dem Bogenansatz als Kapitellzone eine eingeschobene Platte mit Eierstabprofil und darunter zwei rechteckige Türgewände, die in der Ansicht wesentlich breiter als der Bogen sind, zudem eine mit frühbarocken Ornamenten vermischte Beschlagwerkdekoration zeigen, wie sie wohl erst ab etwa 1630 denkbar ist.

Der rückwärtige Teil des Erdgeschosses wurde nun als Flur mit einer schmalen und gewendelten Treppe sowie einer kleinen Küche daneben genutzt. Der starke Kaminblock dabei an üblicher Stelle hinter der großen Stube. Hinter dem Haus wurde im 19. Jahrhundert ein kleiner eingeschossiger Anbau errichtet, der 1896 als Kammer genutzt wurde. Er war aus Fachwerk und mit einem Pultdach versehen, darunter ein Tonnengewölbe.

1896 Entwässerung; 1908 Kanalisation; 1914 wurde ein Dachausbau für eine hier wohnende Mieterin beantragt. 1984 in die Denkmalliste der Stadt Minden eingetragen.

Das Gebäude 1990 im Zuge einer sogenannten »Sanierung« ohne denkmalrechtliche Erlaubnis abgebrochen und in kaum veränderten Proportionen und unter Verwendung des alten sandsteinernen Türgestells (dabei die Reihenfolge der Ziersteine in dem Bogen in historisch falscher Form verändert) als verputztes, zweistöckig verzimmertes Fachwerkgebäude neu errichtet.

UMRADSTRASSE 11–17, Budenreihe (Abb. 1634, 1635)

bis 1878 Haus-Nr. 504 bis 507

Reihe von Buden, die auf dem Rückgrundstück des sogenannten Borchardingschen Hofes (siehe dazu Königswall 75) stehen. Die Budenreihe auf Grund konstruktiver Merkmale wohl in der zweiten Hälfte des 16. Jahrhunderts durch Umbau eines älteren, wohl ursprünglich als Wirtschaftsgebäude genutzten, traufenständigen Fachwerkgerüstes entstanden, das in den Jahren um 1400 errichtet worden sein dürfte.

1738/50 wird die Hausreihe als *Knops erste bis vierte Bude* bezeichnet (weitere fünf Buden des gleichen Eigentümers standen auf dem anschließenden Grundstück Bartlingshof 2–14, siehe auch dort). Die vier Buden waren 1755 im gemeinsamen Besitz eines Herrn Vasmark und jeweils 50 Thl wert. Die Trennung der Häuser in einzelne Besitztümer und damit deren individuelle Entwicklung beginnt zwischen 1781 und 1809 mit dem Verkauf von Nr. 11 und 13. Im Laufe des 19. Jahrhunderts werden die Bauten unterschiedlichen Nutzungen zugeführt und dabei auch unterschiedlich stark erneuert. Die Kernsubstanz und ursprüngliche Proportion heute nur noch in dem Haus Nr. 13 und 15 zu erkennen, insbesondere weil ersteres seit dem frühen 19. Jahrhundert zumeist nur noch als Lager genutzt wurde. Hier ist noch die Vorderwand sowie das ursprüngliche Dachwerk erhalten. Gleiches ist trotz der Aufstockung beim Haus Nr. 15 der Fall.

Wirtschaftsgebäude (um 1400 ?)

Eine dendrochronologische Datierung in dem Bauteil Nr. 13 (1995 durch H. Tisje/Neu-Isenburg) erbrachte weitere – allerdings nicht eindeutige – Hinweise zur Baugeschichte:

1502 ± 4	Dachwerk Westseite, Auflanger am 3. Sparren von Süden
Ende 1583	Dachwerk, Südgiebel, 1. Ständer von Osten
1637 oder kurz danach	Dachwerk, 3. Kehlbalken im 3. Gebinde von Süden

Das Kerngerüst aller Bauten – soweit aus den heute noch erhaltenen Bauteilen zu ersehen – besteht aus einem wohl 13 Gebinde umfassenden Fachwerkgerüst mit aufgelegten, nur nach hinten wenig überstehenden Dachbalken, die an den Köpfen abgefast sind; Aussteifung des Gerüstes mit geschweiften Kopfbändern im Längsverband, während die Kopfbänder im Querverband gerade geschnitten sind. Welche innere Aufteilung das Gerüst im ursprünglichen Zustand aufwies, ist im augenblicklich verbauten Bestand nicht festzustellen. Offensichtlich sind aber die Trennwände (nach dem Befund zwischen Nr. 11 und 13) erst nachträglich, nach der dendrochronologischen Untersuchung wohl 1584 eingesetzt worden. Seitdem bildeten jeweils drei Gefache einen eigenen Hausteil. Heute sind Reste des Kerngerüstes nur noch in den Bauten Nr. 13 und 15 erhalten, während die Substanz in den Bauteilen Nr. 11 und 17 später bei Umbauten vollständig erneuert wurde.

Das einfach ausgeführte, mit 62° Neigung sehr steile Dachwerk ist nur mit einem gezapften Kehlbalken ausgesteift; die Hölzer sind nur grob bearbeitet und stark verräuchert (möglicherweise zunächst für ein Weichdach vorgesehen), die Sparren sind durch die Dielung gezapft. Ein einziges Zimmermannszeichen konnte am 5. Kehlbalken von Süd festgestellt werden: er trägt 5 rechteckige Vertiefungen, womit nachzuweisen ist, daß die Baugruppe tatsächlich ehemals auch den Bereich des Hauses Nr. 11 umfaßt hat. Mehrere weitere in dem Bau beobachtete Spuren sind im Augenblick nicht in ihrem weiteren Zusammenhang zu klären: der 7. Balken von Süd kragt an der westlichen Traufwand ohne eine Abstützung durch ein Kopfband um ca. 40 cm über, der Sparren ist jedoch über dem Rähm in den Balken eingezapft. Nach Süden nimmt der Gebindeabstand der östlichen Ständer gegenüber denen in der westlichen Traufwand so zu, daß die Balken hier eine diagonale Lage im Hausgefüge erhalten. Zwischen den Bauten Nr. 11 und 13 wurde nachträglich auch im Dach eine Trennwand in das Sparrenpaar eingebaut, bei dem die Riegel über die Ständer geblattet sind (wohl vor dem 17. Jahrhundert).

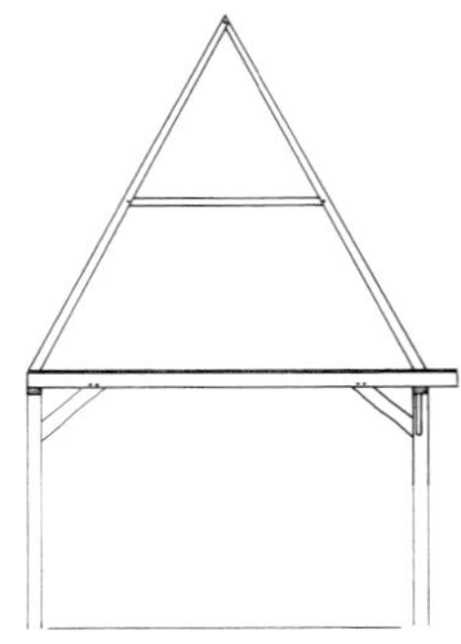

Abb. 1635 Umradstraße 11–17, Rekonstruktion eines Teilabschnittes des Kerngerüstes aus der Zeit um 1400. Querschnitt (Blick nach Süden).

Die über 20 m lange Hausreihe hat mit etwa 5,20 m nur eine sehr geringe Tiefe. Daher ist zu vermuten, daß die einzelnen Hausabschnitte mit einer Grundfläche von etwa 25 qm zunächst keine inneren Unterteilungen gehabt haben und nur aus einem mäßig hohen Wohn- und Wirtschaftsraum bestanden.

UMRADSTRASSE 11 (Abb. 1631, 1634)

1729 bis 1743 Martini-Kirchgeld Nr. 286; bis 1878 Haus-Nr. 507

1738/40 *die sechste Knopische Wohnung* (Mieter ist Aegidius Kröger); 1743 ohne Eintrag (Haus ohne Grundbesitz); 1750 Knops vierte Bude; 1755/81 Fassmarsche vierte Bude, 50 Rthl; 1798 Branntweinbrenner Meyer; 1802 Meyers Wohnhaus, 300 Rthl und Nebenhaus 300 Rthl; ab 1804 zusammen mit Haus-Nr. 506; 1809 Meyer; 1816 *Witwe Flake will beide Häuser (Nr. 506/507) verkaufen: 2 Stuben, 4 Kammern, 2 Böden, 1 Keller, hinlänglicher Raum zur Anlegung einer Brennerey und Stallung, mit einem kleinen Garten hinter denselben* (MIB 1816); 1818/33 Huck, Wohnhaus, 300 Thl; 1846/53 Händler Johann Weber; 1873/78 Postbote Ruhenstroth und drei Mietparteien; 1895 Wilhelm Brendel; 1908 Kanzleigehilfe Brendel.

Wohnhaus (um 1840)

Zweigeschossiger massiver Bau (rückwärtiger Giebel in Fachwerk mit Schwelle-Rähm-Streben) aus verputztem Backstein auf niedrigem Sockel; Sohlbänke aus Sandstein. An Stelle des Vorgängergebäudes als Giebelhaus mit einem ausgebauten Satteldach (heute mit Betonpfannen) ausgeführt. Fassade vierachsig mit Haustür, Grundriß mit mittlerem Längsflur, das Treppenhaus der Bauzeit mit gedrechselten Traillen ist zweifach gewendelt in der rechten Seite. In jeder Etage links Stube, Kammer und Küche, rechts vorn Stube, hinten Kammer. Türen innen und außen sowie die Fenster erneuert. Das Haus ist vollständig unterkellert: äußere Wände aus Sandsteinquader, Wände, Kappen über Gurtbögen sowie der Boden aus Backsteinen.

1913 Kanalisation; 1988 Entfernung Schornsteinkopf.

UMRADSTRASSE 13 (Abb. 1634, 1636)
1729 bis 1743 Martini-Kirchgeld Nr. 287; bis 1878 Haus-Nr. 506

1738/40 *die siebte Knopische Wohnung* (Mieter ist Daniel Franke); 1743 ohne Eintrag (Haus ohne Grundbesitz); 1750 Knops dritte Bude; 1755/81 Fassmarsche dritte Bude; 1798 Witwe Fassmer; 1802/04 Diederich Meyer, Haus für 300 Rthl, ohne Braurecht; ab 1804 zusammen mit Haus-Nr. 507: hält 7 Kühe und 2 Schweine; 1818/33 Hucks Scheune, 300 Thl; 1846/53 Händler Johann Weber; 1873 Witwe Rachel und Rachel; 1878 Postbote Ruhenstroth und drei Mietparteien; 1895 Wilhelm Brendel; 1908 Kanzleigehilfe Brendel (wohnt Umradstraße 11).

Bude (um 1400/1584 ?–1999)

Eingeschossiger und traufenständiger, verputzter Fachwerkbau unter Satteldach. Die Vorderfront vierachsig.

Auf Grund der dendrochronologischen Untersuchungen bestand das Kerngerüst schon in der zweiten Hälfte des 16. Jahrhunderts, da die nachträglich hier eingebaute Trennwand zum Haus Nr. 11 schon 1584 entstanden sein dürfte. In welchem Zusammenhang das wohl nachträglich eingebaute und damit wiederverwendete Bauholz von etwa 1502 steht, bleibt unklar. Um 1638 wurde eine Reparatur am Dach vorgenommen. Das Kerngerüst ist in dem Bau noch teilweise erhalten, doch wurde das Gebäude im 19. Jahrhundert nach hinten erweitert und dabei das Dachwerk mit Wandrähm auf einem Unterzug abgefangen und rückwärts angeschleppt. Unter dem Putz der Vorderfront ist eine (nachträgliche ?) Torkonstruktion zur Diele erkennbar, die mit der Nutzung des Gebäudes seit etwa 1800 als Scheune zusammenhängen dürfte.

1895 ist das Haus wieder bewohnt: links eine unterkellerte Stube und zwei Kammern, rechts von der Diele eine kleine Kammer abgekleidet. Das seit langem nicht mehr bewohnte Gebäude bis 1999 weitgehend in diesem Zustand erhalten. 1993 in die Denkmalliste der Stadt Minden eingetragen.

1999 Abbruch für Neubau, da der Bau nicht sanierungsfähig schien.

1895 steht auf dem Hof ein massives Stallgebäude für die Bauten Nr. 11 und 13.

UMRADSTRASSE 15 (Abb. 1634, 1636)
1729 bis 1743 Martini-Kirchgeld Nr. 288; bis 1878 Haus-Nr. 505

1729 Bartling; 1738/40 die achte Knopische Wohnung (Mieter ist Bartling); 1743 ohne Eintrag (Haus ohne Grundbesitz); 1750 Knops zweite Bude; 1755/81 Fassmarsche zweite Bude; 1798 Maurer Johan Christian Lorey; 1802/04 Lorey und Mieter Baumgarten, Haus für 50 Rthl, ohne Braurecht, hält 1 Schwein und 1 Jungvieh; 1809 Invalide Lorey; 1818 Lohrey, Wohnhaus, 100 Thl; 1826 Erhöhung auf 300 Thl; 1832 Christian Groß; 1846 Witwe Charlotte Groß; 1873 Witwe Groß; 1878 Gross; 1895 Arbeiter Osterholz; 1908 Witwe Minna Osterholz; 1934 Clemes Molitor; 1954 Tischler Wilhelm Brockmeier.

Bude (um 1400/1584 ?–1999)

Das vor der Mitte des 16. Jahrhunderts entstandene Kerngerüst von drei Gefach Länge in dem verputzten Gebäude in Teilen erhalten (die Ständer wohl weitgehend erneuert bzw. versetzt), ist jedoch um 1826 durch Aufdrempelung um ein aufgesetztes Geschoß erhöht und mit neuem, flacher geneigtem Satteldach versehen worden (darin sind die oberen Bereiche der alten Sparren erhalten). Zugleich erfolgte ein zweigeschossiger Durchbau des Kerngerüstes und ein Verputz der Ansichten. Die innere Struktur beruht seitdem auf einem breiten Flur rechts und Stube, Kammer und rückwärtiger Küche links. Treppe auf dem Flur. Das Gebäude wurde nicht unterkellert. Eine dendrochronologische Datierung des 2. Sparrens von Süd der Westseite (durch H. Tisje/Neu-Isenburg) im Jahre 1995 blieb ohne Ergebnis. 1895 Entwässerung, 1934 Kanalisation. 1999 Abbruch für Neubau.

Auf dem Hof besteht 1895 ein Stallgebäude aus Fachwerk. Statt dessen wird 1929 eine massive Waschküche und Stall errichtet, diese 1954 zur Werkstatt umgebaut.

Abb. 1636 Umradstraße 13 (links), 15 und 17, Ansicht von Nordosten, 1993.

UMRADSTRASSE 17 (Abb. 1634, 1636)

1729 bis 1743 Martini-Kirchgeld Nr. 289; bis 1878 Haus-Nr. 504

1738/40 die neunte Knopische Wohnung (Mieter ist Nicolaus Schier); 1743 ohne Eintrag (Haus ohne Grundbesitz); 1750 Knops erste Bude; 1755/81 Fassmarsche erste Bude, 50 Rthl; 1798 Invalide Harter; 1802/04 Härter und Witwe Rebhun, Haus ohne Braurecht, hält 1 Jungvieh; 1806 Invalide Valentin Hart; 1818/27 Witwe Härtel, Wohnhaus 50 Thl (der Invalide Harter hatte schon 1798 in einer Dachkammer gewohnt); 1829 jetzt General-Armen-Kasse 250 Thl; 1832/35 Witwe Reuter, Wohnhaus 350 Thl, Stall 25 Thl; 1846 Schuster Friedrich Reuter mit zwei Mietparteien; 1853 Nachtwächter Rüter (Haus ist besonders schlecht); 1873 Witwe Reuter und vier Mietparteien; 1908 Oberbriefträger Ernst Reuter; 1913 Reuter; 1948 Lambert Ibing.

Haus (um 1860)

Dreigeschossiger Neubau von etwa 1860, wohl für Mietzwecke errichtet. Das Gebäude ist trotz der Tiefe traufenständig und besteht zum großen Teil aus Fachwerk. Die dreiachsige Vorderfront und die rechte Traufwand sind im Erdgeschoß aus Backstein aufgemauert und verputzt, Fenster mit Sandsteinsohlbänken. Die Haustür mit Sandsteingewände und Datierung (heute überputzt). Das mit Backstein ausgemauerte Gerüst ist stöckig verzimmert und mit einer Riegelkette und Schwelle-Rähm-Strebe versehen. Das Dachwerk von Nadelholz in sechs Gebinden mit einem Kehlbalken und doppelt stehendem Stuhl. Der Keller mit flachen Backsteintonnen zwischen Bögen. Die innere Struktur wird durch einen Seitenflur und ein in der Mitte des Hauses befindliches zweifach gewen-

Abb. 1637 Umradstraße 12, Ansicht von Westen, 1993.

deltes Treppenhaus bestimmt. In jeder Etage Stube, zwei Kammern und rückwärtig Küche. Auf dem Hof Anbauten mit Aborten und Ställen.

1895 Entwässerung; 1913 Kanalisation; 1966 Einrichtung einer Gaststätte.

1948 Ausbau eines Schuppens auf dem Hof zur Wohnung mit neuem Treppenhaus.

UMRADSTRASSE 12 (Abb. 1625, 1630, 1637–1640)

1729 bis 1743 Martini-Kirchgeld Nr. 282; bis 1878 Haus-Nr. 514

LITERATUR: Krins 1951, S. 72.

Die beiden Häuser Umradstraße 12 und 14 haben nach Ausweis des Dachgerüstes ein gemeinsames Kerngerüst, das ursprünglich wohl neun Gebinde umfaßte, heute allerdings nur noch im Haus Umradstraße 12 erhalten ist. Dieses Kerngerüst, an der nördlichen Seite durch einen massiven Giebel begrenzt, bildete ursprünglich ein größeres zusammenhängendes Gebäude, das erst nachträglich (ohne auf die bestehende Einteilung der Gebinde dieses Kerngerüstes Rücksicht zu nehmen) in die

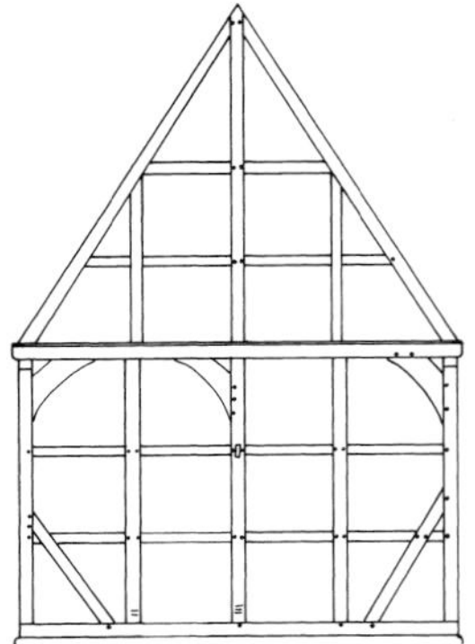

Abb. 1638 Umradstraße 12, südliche Seitenwand, rekonstruierter Zustand 16. Jahrhundert (Aufnahme nach Abbruch von Nr. 10 im Jahre 1990).

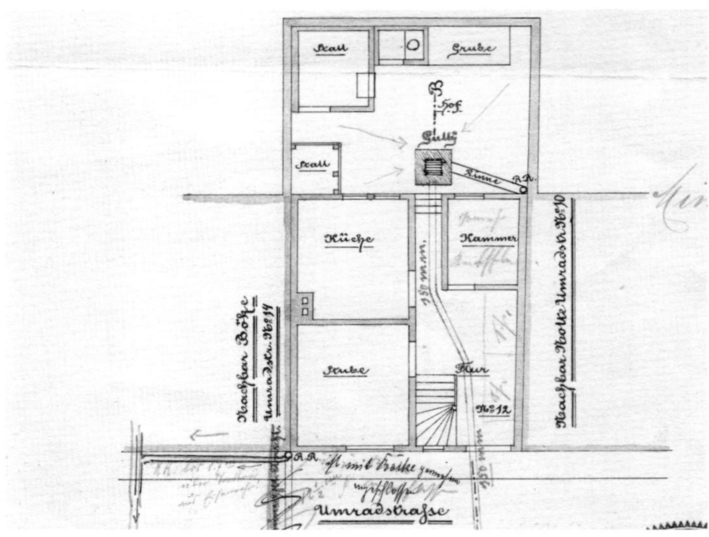

Abb. 1639 Umradstraße 12, Grundriß aus dem Entwässerungsplan von 1896.

heutigen beiden Häuser aufteilt wurde. Naheliegend ist hier ein Zusammenhang mit der Geschichte eines dahinterliegenden Hofes (Ritterstraße 7), dem der Bau zunächst möglicherweise als Mietwohnungsreihe (deren einzelne Abteilung wohl noch kleinere Einheiten bildeten), als Wirtschaftsgebäude oder auch beiden Zwecken diente. Als Anbau nach Norden wurde auf dem gleichen Gelände auch das Haus Umradstraße 16 errichtet.

1729/40 Christoph Weichel; 1743 ohne Eintrag (Haus ohne Grundbesitz); 1750 Meister Rausch (siehe auch Umradstraße 10); 1755 Meister Rauschs Haus, 50 Rthl; 1766/81 Meister Rausch; 1798 Brauknecht Meyer; 1802 Meyer, Erhöhung Haus für 200 Rthl; 1804 Witwe Meyer, hat kein Braurecht, hält 1 Jungvieh; 1806 Tagelöhner Gottlieb Meyer; 1818 Meyer, Haus für 200 Thl; 1832 Tagelöhner Gottlieb Meyer; 1846 Pensionär Hermann Vogt, vermietet an Tagelöhner G. Meyer; 1853 Zigarrenmacher Voigt; 1873/78 Kirchendiener Diekmann; 1896/1913 Telegrafist August Martens (Erben Diekmann).

Haus (zweite Hälfte des 16. Jahrhunderts ?)

Zweigeschossiges, kleines, traufenständiges, verputztes Fachwerkhaus in einer Reihe gleichartiger Bauten mit pfannengedecktem Satteldach. Über der Haustür ein hier sicherlich in Zweitverwendung eingebauter Türsturz. Dieser mit der Inschrift *ANNO 1630*, dazwischen ein Cherub, oberer Abschluß mit Zahnschnittprofil und einem Karniesprofil.

Das Kerngerüst des Gebäudes bilden 3 ½ Gefache eines traufenständigen Holzgerüstes mit den Gebindezahlen (von Nord nach Süd) *VI* bis *VIIII* an den durch die Bodendielen gezapften Sparren. Die wohl durchgängig erhaltenen Ständer sind allerdings augenblicklich nirgends näher untersuchbar. Während die heutige nördliche Trennwand des Hauses nicht unter einem Gebinde steht, scheint der Südgiebel die alte Baugrenze des Kerngerüstes zu bezeichnen. Dieser Südgiebel besaß ursprünglich ebenso wie die anderen Gebinde nur zwei Kehlbalken, aber offensichtlich schon von Anfang an eine Spitzsäule. Nachträglich wurde hier (nach Entfernung der Riegel) ein engeres Fachwerkgerüst mit drei Riegelketten eingebaut, das mit Bohlen beschlagen wurde. Diese Umbaumaßnahme ist vor dem Zeitpunkt der Errichtung des diesen Giebel verdeckenden Hauses Umradstraße 10 zu datieren.

Der Südgiebel lag 1990 beim Neubau des Hauses Nr. 10 frei. Danach besitzt das Hausgerüst eine Längswand genau unter dem First, die ebenso wie die Wandständer mit großen Kopfbändern zu den Balken ausgesteift ist. Zusätzlich kürzere Fußstreben. Daraus ist hier ein Haus zu erschließen mit hoher, bis unter die Balken reichender Diele vorn und einem zweigeschossigen Bereich hinten, wohl Stube und niedrige Bühne darüber aufnehmend.

Abb. 1640 Umradstraße 12, über der Haustür eingesetzte Spolie, Zustand 1991.

Die weitere Baugeschichte des Hauses ist zur Zeit nicht zu klären. Der jetzige Innenausbau mit dem Einbringen einer Zwischendecke dürfte in der zweiten Hälfte des 18. Jahrhunderts erfolgt sein, aus dieser Zeit mehrere Türblätter erhalten. Im Erdgeschoß seitlich des recht breiten Flures eine Stube und Kammer (diese mit einem wohl im 19. Jahrhundert eingerichteten, von außen zugänglichen Keller und dann als Küche genutzt), vom Flur später rückwärts eine weitere kleine Kammer abgeteilt. Im Obergeschoß weitere Schlafkammern, der Dachboden nicht ausgebaut. Auf dem Hof im 19. Jahrhundert ein kleiner Stall aus Fachwerk mit angebautem Abort.

1896 Entwässerung; 1913 Kanalisation; 1984 in die Denkmalliste der Stadt Minden eingetragen.

UMRADSTRASSE 14 (Abb. 1625, 1630)

1729 bis 1743 Martini-Kirchgeld Nr. 283; bis 1878 Haus-Nr. 513

Teil einer zusammenhängenden Häuserreihe (dazu siehe Umradstraße 12).

1738/40 Nagelschmied Ernsting; 1743 ohne Eintrag (Haus ohne Grundbesitz); 1750 Ernsting; 1755/66 Backsmann, Haus für 50 Rthl; 1781 Baxmann; 1798 Georg Ohm; 1802/04 Ohm, vermietet an Horstmeyer (hält 2 Stück Jungvieh und 2 Schweine), Haus für 50 Rthl, ohne Braurecht; 1805 Brettholz; 1806/09 Mieter ist Schuster Friedrich Horstmeyer; 1813 Heinrich Brettholz (wohnt Bäckerstraße 41); 1818 Tagelöhner Loose, Haus für 200 Thl; 1832 Witwe Loose; 1835 Nolting, Wohnhaus und Anbau 350 Thl; 1846 Händler Karl Kersing; 1853 Händler Nolting (hat in dem Haus einen kleinen Laden) und eine Mietpartei; 1873/78 Zigarrenmacher Hoffmann (mit vier Mietparteien); 1896/1913 Korbmacher Ferdinand Böke (zusammen mit Umradstraße 16); 1932 Otto Matthies; 1978 Christel Köster.

Haus (zweite Hälfte des 16. Jahrhunderts ?)

Das Gebäude scheint viereinhalb Gefache eines älteren Gerüstes zu umfassen, das sich in dem südlich anschließenden Haus Umradstraße 12 fortsetzt (dazu siehe dort). Nördlich wird der Bau durch eine starke und massiv gemauerte Brandwand begrenzt, deren genauere Konstruktion und Alter momentan nicht festzustellen ist. Die Pläne von 1896 und 1913 lassen auch in diesem Bauteil eine mittlere Trennwand unter dem First des Hauses erkennen. Vorn rechts eine Stube (schon 1896 als Laden genutzt) daneben ein breiter Flur, der bis auf eine kleine (wohl später abgetrennte) Küche hinter der Stube das ganze Erdgeschoß einnimmt. Auf dem Hof an der südlichen Seite ein Anbau mit einer weiteren Stube.

1896 Entwässerung; 1913 Kanalisation; 1932 Umbau des Inneren und Abbruch des Stallschuppens auf dem Hof; 1978 Restaurierung und Modernisierung (Plan: H. P. Korth).

Abb. 1641 Umradstraße 14 (rechts) und 16, Ansicht von Nordwesten, 1993.

UMRADSTRASSE 16 (Abb. 1625, 1630, 1641)

1729 bis 1743 Martini-Kirchgeld Nr. 284; bis 1878 Haus-Nr. 512

Die sehr kleine Hausstelle dürfte ursprünglich zu dem Hofgelände Ritterstraße 7 gehört haben. Sie war sicherlich zunächst mit einem Mietshaus (Bude) bebaut, das als Anbau an das größere Gebäude Umradstraße 12/14 vor dessen massiven Nordgiebel errichtet worden war. Als selbständiges Haus vor der Mitte des 18. Jahrhunderts nachzuweisen.

1729 Koch; 1738/40 Johann Jobst Koch; 1743 ohne Eintrag (Haus ohne Grundbesitz); 1750 Joost Kock; 1755 Koch, Haus für 50 Rthl; 1766 Witwe Meckmann, 50 Rthl; 1768 Witwe Koch (Haus ist im Krieg ruiniert worden); 1781 Borgmann, 50 Rthl; 1798 Tagelöhner Borgmann; 1802/04 Borgmann, Haus für 200 Rthl, ohne Braurecht, hält kein Vieh; 1806/09 Wäscherin Witwe Sophie Borgmann; 1818 Tagelöhner Meyer, Haus für 200 Thl; 1832 Tagelöhner Heinrich Meyer; 1846/53 Tagelöhner Ferdinand Arens mit vier Mietparteien; 1873/78 Bahnschlosser Plöger (mit zwei Mietparteien); 1896 Erben Plöger; 1908 Korbmacher Ferdinand Böke (wohnt Umradstraße 14).

Wohnhaus (um oder nach 1600)

Zweigeschossiger und traufenständiger, heute bis auf das nördliche Giebeldreieck verputzter Fachwerkbau unter Satteldach, auf der Südseite an den massiven Giebel der Baugruppe Nr. 12/14 angebaut. Das in seiner Konstruktion nicht weiter bekannte Gerüst ohne weitere Vorkragung aus zum Teil wiederverwendeten Hölzern verzimmert. (Aufnahme um 1900 bei Brandhorst 1995, S. 43)

Abb. 1642 Umradstraße 18 (rechts) und 20, Ansicht von Nordwesten, 1993.

Die Bau- und Umbaugeschichte des Gebäudes bislang nicht weiter bekannt. Das Innere wohl noch um 1900 zum Teil mit hoher, bis unter die Dachbalken reichender Diele, von der rechts ein zweigeschossiger Einbau abgetrennt war. Dieser in beiden Etagen mit jeweils einem Raum nach vorn und hinten. Ein weiterer alter und zweigeschossiger Einbau wohl in der linken vorderen Ecke. Im 19. Jahrhundert (?) dahinter vor dem Nordgiebel eine Küche von der hohen Diele abgetrennt.

1896 Entwässerung; 1968 Kanalisation und Einbau eines Badezimmers.

UMRADSTRASSE 18 (Abb. 1630, 1642, 1646)

1729 bis 1743 Martini-Kirchgeld Nr. 285; bis 1878 Haus-Nr. 511

Kleine Hausstätte, zu nicht näher bekannter Zeit von St. Martini als Pachtgrund ausgegeben. Ursprünglich Teil des großen Grundstücks Videbullenstraße 21, erweitert um rückwärtige Flächen von Videbullenstraße 17 (siehe jeweils auch dort).

1729 Kleene; 1738/50 Stallmeister Christoph Kleene; 1755 Stallmeister Kleine, Haus für 100 Rthl; 1766/68 Witwe Kleine (Haus ist im Krieg ruiniert worden); 1781/84 Meister Zingerlin, Haus für 300 Rthl; 1798 Invalide Matthies; 1802/04 Maurergeselle Heinrich Matthias und Mieter Tagelöhner Stodeck, Haus für 300 Rthl, ohne Braurecht, hält kein Vieh; 1818 Witwe Matthias, Wohnhaus 400 Thl, Hinterhaus 200 Thl; 1823 Erhöhung Wohnhaus auf 900 Thl; 1827/32 Philipp Westermann; 1846 Bürger Ph. Westermann mit sieben Mietparteien (insgesamt 32 Personen); 1853 Witwe Westermann mit zahlreichen Mietern; 1873/78 Zigarrenmacher Berger (mit neun Mietparteien); 1896 Heidemann; 1908 Zigarrenarbeiter Wilhelm Berger; 1920/29 Dachdeckermeister Karl Schmidt.

Abb. 1643 Umradstraße 19 (links) bis 27, Ansicht von Süden, um 1930.

Etagenwohnhaus (um 1823)

Zweigeschossiges und giebelständiges Haus auf einer Grundfläche von 16,1 x 8,25 m über Sockel (nur die südlichen Wohnräume unterkellert) und mit recht flach geneigtem Satteldach. Das Gebäude nach den Details und der wesentlichen Erhöhung der Versicherung um 1823 nach Besitzwechsel für P. Westermann neu errichtet. Das Erdgeschoß aus Backstein, das Obergeschoß aus Fachwerk; dieses mit zwei Riegelketten und Schwelle-Rähm-Streben. Der Vordergiebel mit mittlerer Haustür fünfachsig gegliedert und wohl verputzt (heute der fachwerkene Teil verschiefert).

Das Innere mit mittlerem und bis zum Rückgiebel reichendem Längsflur, an den sich seitlich Wohnräume anschließen: nördlich Stube mit Kammer, Küche und weitere Stube, südlich Stube mit Kammer, Küche, Treppenhaus und weitere Stube. Im Obergeschoß vergleichbare Aufteilung; das Dach zumindest hinter den Giebeln ebenfalls ausgebaut. Entsprechend der Raumaufteilung vier russische Schornsteine im Haus.

1896 Entwässerung; 1929 Abbruch der eingeschossigen Utlucht rechts der Haustür und Neubau der südlichen Außenwand; 1934 Einbau eines dreiteiligen Fensters; 1987 Umbau des Inneren.

Abb. 1644 Umradstraße 19 (links) und 21, Ansicht von Südosten, 1933.

UMRADSTRASSE 19 (Abb. 1634, 1643–1645)
1729 bis 1743 Martini-Kirchgeld Nr. 292; bis 1878 Haus-Nr. 503

LITERATUR: KASPAR 1986, S. 163.

Recht kleine Parzelle von geringer Tiefe, weitgehend bebaut und rückwärtig durch eine Bruchsteinmauer vom Garten des Hauses Umradstraße 25 begrenzt.

1729/40 Anthon Ellinghusen; 1743 ohne Eintrag (Haus ohne Grundbesitz); 1750 Elinghausen; 1755 Ehlinghausen, Haus für 40 Rthl; 1766/81 Maschmann; 1798 Buchdrucker Pappel; 1802/04 Pappel und Mieterin Witwe Fischer, Haus für 200 Rthl, ohne Braurecht, hält 1 Jungvieh, 1 Schwein; 1806/09 Witwe Pappel; 1818 Witwe Pappel, 200 Thl; 1827 Unteroffizier Pappel, 375 Thl; 1832/35 Wilhelm Heuke, Wohnhaus und Stall; 1846 Witwe Charlotte Heuke; 1853 Heucke; 1873/78 Schneider Rosenkranz; 1908 Malermeister Hermann Bevenitz.

Dielenhaus (um 1600)

Kleineres Fachwerkgiebelhaus mit heute stark verändertem Kerngerüst. Dieses nach Details der Giebelgestaltung und der erhaltenen Teile des Gerüstes um 1600 errichtet, aber durch zahlreiche Umbauten und Brandschaden des Dachwerkes 1982 stark verändert und reduziert. Heute am Vor-

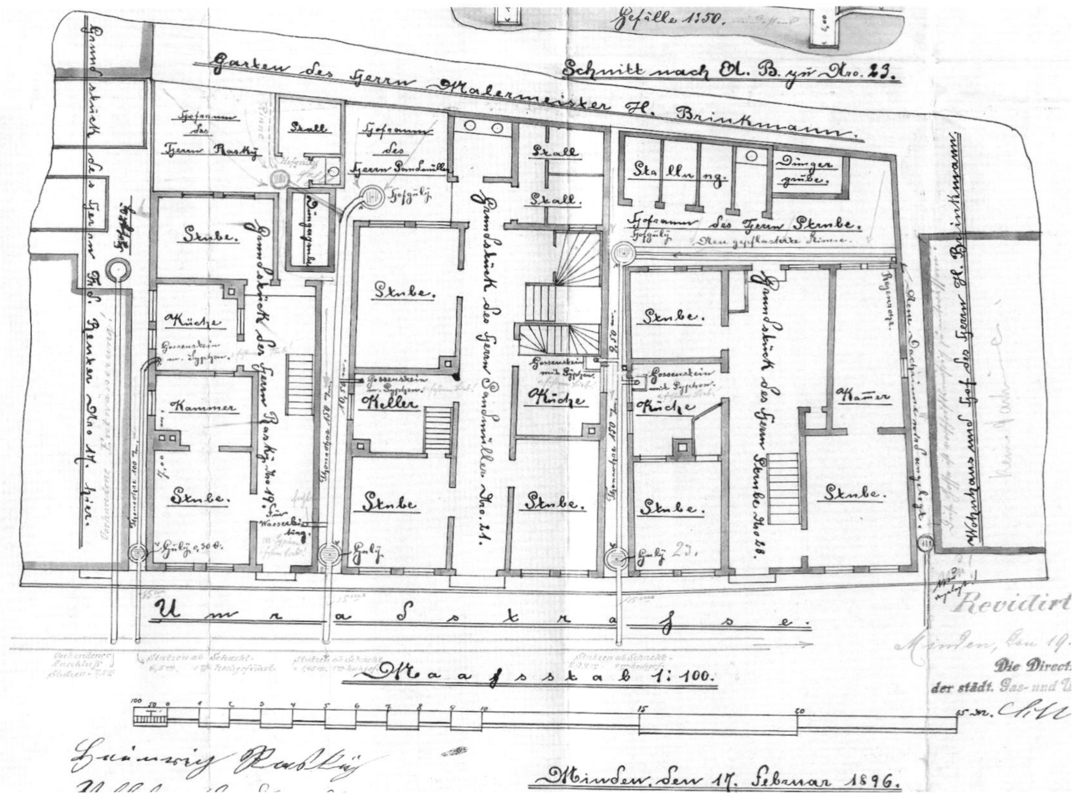

Abb. 1645 Umradstraße 19 (links), 21 und 23, Entwässerungsplan der Grundstücke von 1896.

dergiebel mit verputzten, weiß gestrichenen Gefachen, hohem, verputztem Sockel und pfannengedecktem Satteldach. Traufwände mit unverputzten Ziegelausmauerungen, Rückgiebel und Anbau vollständig verputzt.

Das Kerngerüst von sechs Gebinden mit aufgelegten Dachbalken, im Längsverband zwei Riegelketten und kurze Fußstreben an den Eckständern. Vorderes Giebeldreieck über Stichbalken und kleinen Taubandknaggen vorkragend, dazwischen Füllhölzer mit Schnürrollen. Das Giebeldreieck darüber einschließlich des Dachwerkes 1982 bis auf die Schwelle, die mit Flechtwerk beschnitzt ist, nach Brandschaden in Fachwerk erneuert (Zustand um 1935 siehe Grätz 1997, S. 203).

Das Innere zunächst offensichtlich von einer hohen Diele auf der rechten (nördlichen) Seite und linksseitigem Stubeneinbau bestimmt.

Im 18. Jahrhundert an der linken Traufwand der weite Gefachabstand durch zusätzliche Zwischenständer und Riegelketten verkleinert. Die Fenster des Erd- und Zwischengeschosses dieser Wand dürften noch dieser Bauphase entstammen. Zu dieser Zeit der linksseitige Einbau schon zwei Raum tief und zweigeschossig, dahinter schloß sich die hohe (nachträglich abgetrennte) Küche an. Heute ist auch die Diele zweigeschossig aufgeteilt.

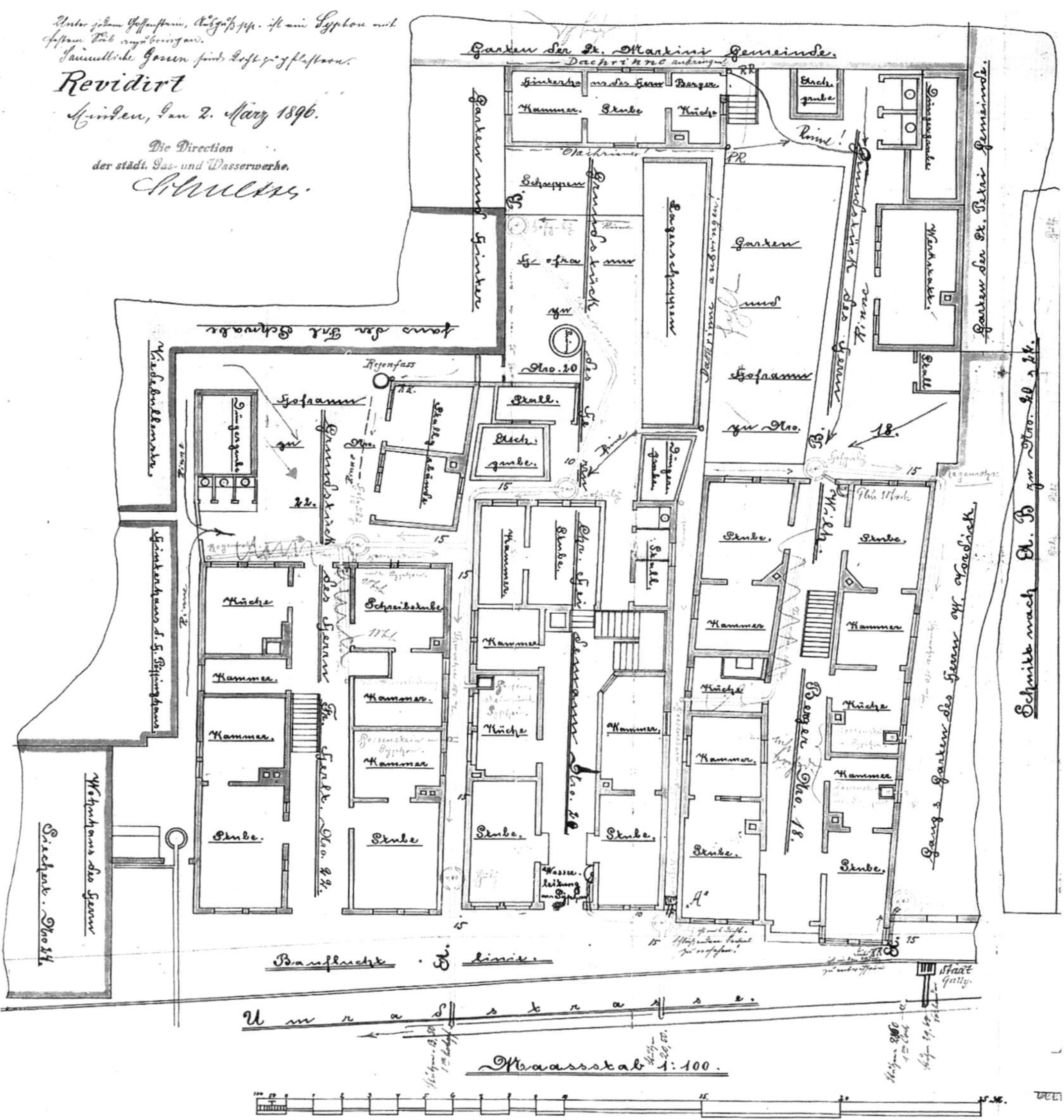

Abb. 1646 Umradstraße 18 (rechts), 20 und 22, Entwässerungsplan der Grundstücke von 1896.

Der heutige, rückwärtige Anbau (wohl für eine weitere Stube mit Kammer darüber) von vier Gebinden mit Schwelle-Rähm-Streben hinter dem Stubeneinbau entstammt der Zeit um 1800. Er hat ein Satteldach und wurde über einem älteren gebalkten Keller (der dabei verkürzt wurde) errichtet. Dieser heute mit der ehemaligen Kloake unter dem Hof zu einem größeren Raum verbunden.

1896 Entwässerung; 1914 Kanalisation; 1991 die Fassade des Hauses in die Denkmalliste der Stadt Minden eingetragen.

UMRADSTRASSE 20 (Abb. 1642, 1643, 1646, 1647)

1729 bis 1743 Martini-Kirchgeld Nr. 290; bis 1878 Haus-Nr. 510

Kleine Hausstätte, zu nicht näher bekannter Zeit von St. Martini als Pachtgrund ausgegeben. Ursprünglich Teil des großen Grundstücks Videbullenstraße 21, erweitert um rückwärtige Flächen von Videbullenstraße 17 (siehe jeweils auch dort).

1991 wurde während der Bauarbeiten unter dem Hinterhaus ein Bruchsteingewölbe festgestellt. Bodenverfärbungen und Mauerreste deuteten auf das Vorhandensein einer Kaminanlage neben dem Aufgang vom Vorder- zum Hinterhaus (Teil I, Kap. I.3, Fundstellenkatalog, Fundstelle 97). Siehe Fundchronik 1991 in AFWL 9A, 1997, S. 301.

1729/40 Johann Henrich Niemann; 1742 Jobst Henrich Niemann; 1750 N. Tügel; 1755/66 Hermann Tügel, Haus für 40 Rthl; 1768 Hermann Tügel (Haus ist im Krieg ruiniert worden); 1781 Soldat Bornemann, 50 Rthl; 1798/04 Soldat Lasca, vermietet, Haus für 50 Rthl, ohne Braurecht, hält 1 Jungvieh, 1 Kuh und 1 Schwein; 1806 Invalide Fr. Lasca; 1809 Witwe Lasca (verkauft Gartenfrüchte); 1818 Schneider Laska, Wohnhaus 400 Thl; 1835/32 Höker Friedrich Laska, Wohnhaus 1 000 Thl; 1846/51 Karrenbinder und Arbeitsmann Karl Kumt mit vier Mietparteien; 1873/78 Maurerpolier Heidemann (und vier Mietparteien); 1908 Witwe Luise Heidemann.

Abb. 1647 Umradstraße 20, Haustür von etwa 1840, Zustand 1989.

Dielenhaus (16. Jahrhundert–1991)

Eingeschossiges Giebelhaus mit einem dem 16. Jahrhundert entstammenden Kerngerüst von wohl sechs Gebinden Länge. Dieses mit großen, weit ausgreifenden paarigen Kopfbändern im Längsverband. Gleiche Kopfbänder auch im Querverband zu den aufgelegten Dachbalken. Die Sparrenpaare offenbar nur mit einer Kehlbalkenlage.

1833 erhielt das Haus eine neue Zwischenwand (KAM, Mi, E 955), und in der Mitte des 19. Jahrhunderts wurde es stark umgebaut und rückwärts zu einem zweigeschossigen Bauteil aufgestockt. Dabei das Erdgeschoß weitgehend massiv erneuert, das neue Obergeschoß aus Fachwerk mit Lehmsteinen ausgemauert. Das Vorderhaus erhielt einen neuen fünfachsig gegliederten und verputzten Giebel und eine neue innere Aufteilung mit mittlerem Längsflur. Die zweiflügelige Haustür dieser Bauphase reich gestaltet.

1896 Entwässerung; 1991 nach starkem Verfall abgebrochen.

Wohnhaus (von 1991)

Zur Straße ein eingeschossiger und giebelständiger Fachwerkbau über Kellersockel und mit Satteldach, an den sich rückwärts ein größerer und zweigeschossiger Putzbau unter zwei parallelen Satteldächern anschließt (bei Überbauung der Hausstelle Nr. 22).

UMRADSTRASSE 21 (Abb. 1634, 1643, 1644, 1645)

1729 bis 1741 Martini-Kirchgeld Nr. 499; bis 1878 Haus-Nr. 502

Die Hausstelle scheint erst um 1725 entstanden zu sein (sie erhielt erst nachträglich eine Kirchgeldnummer). Recht kleine Parzelle von geringer Tiefe, weitgehend bebaut und rückwärtig durch eine Bruchsteinmauer vom Garten des Hauses Umradstraße 25 begrenzt. In dem Haus lebten mehrere Generationen der Maurerfamilie Schnabelrauch.

1729/40 Albert Stiegmann; 1743 ohne Eintrag (Haus ohne Grundbesitz); 1750 Albert Stiegmann; 1755 Vögeler, Haus für 50 Rthl; 1766/81 Meister Vögeler; 1778 Albert Stiegmann; 1798 Drechsler Vögeler; 1802 Lucas (Witwe Stiegmann), Haus für 500 Rthl; 1803 Bürger Lucas (will Haus einschließlich Huderecht für 2 Kühe vor dem Königstor versteigern lassen: WMA 7, 1803); 1804 Drechsler Johan Heinrich Lucas, vermietet an den Meister Neumann, hat kein Braurecht, hält kein Vieh; 1809 Lucas Haus, vermietet an den Lumpensammler Angeroth; 1818/28 Drechsler Lucas; 1828 Köhnemann (?); 1832 Joh. Adolf Schnabelrauch, Erhöhung von 500 auf 900 Thl; 1846 Witwe Händler Schnabelrauch, Mieter ist Maurer Sabirowsky und weitere drei Maurer sowie weitere Familie (insgesamt 18 Personen); 1850 Witwe Steinhauer Schnabelrauch; 1853 eine Stube wird als Laden genutzt; 1873 Witwe Schnabelrauch und Maurerpolier Schnabelrauch (und drei weitere Mietparteien); 1878 Hoffmann; 1908/21 Schneidermeister Wilhelm Sandmüller.

Haus (um 1725)

Verputztes eingeschossiges Giebelhaus mit pfannengedecktem Satteldach. Fassade fünfachsig gegliedert mit mittlerer Haustür. Das Haus ohne Keller geht in der heutigen Erscheinung auf einen Umbau des früheren 19. Jahrhunderts zurück, ist aber in der Fassade um 1920 neu verputzt worden. Das wohl um 1725 entstandene Kerngerüst von sechs weiten Gebinden mit aufgelegten Dachbalken wird durch zahlreiche lange Fußstreben und zwei einfach vernagelte Riegelketten ausgesteift. Es weist ein 45° steiles Dachwerk mit einer Kehlbalkenlage und Windrispen zwischen den Sparren auf. Die Sparren sind zum Teil rußgeschwärzt und zweitverwendet. Das vordere Giebeldreieck hat eine Spitzsäule mit eingezapften Riegeln und ist mit sogenannten »Katzentrögen« in Kalk ausgemauert.

Das Innere zunächst sicherlich mit einer Diele, von der einseitig (wohl rechts) Einbauten abgetrennt waren. Das Haus innen bis heute bestimmt durch einen wohl um 1800 entstandenen Mittellängsflur mit beidseitigen Wohnräumen, die bis zu einem Umbau nach 1913 Zwischengeschosse aufwiesen. 1803 das Haus mit drei Stuben, sechs Kammern, zwei Küchen, Stallung, Boden und Hofraum beschrieben, war also schon zu dieser Zeit für Mietzwecke eingerichtet. Rechts befindet sich hinter Stube und Küche vor dem Rückgiebel eine gewendelte Treppenanlage aus dem frühen 19. Jahrhundert mit durchgesteckten Stäben (Antritt heute erneuert). Im Dachgeschoß ebenfalls seit dieser Zeit Wohneinbauten (zugehörig eine Gaupe in der südlichen Dachfläche). Türen in allen Bauteilen aus dem 19. Jahrhundert erhalten (im Erdgeschoß mit ovalen Fenstern), Fenster erneuert. 1896 Entwässerung (Abbildung des Zustandes um 1935 bei GRÄTZ 1997, S. 203).

Rückwärtig Stallanbau des 19. Jahrhunderts, zunächst eingeschossig mit Satteldach. 1921 Aufstockung für Lagerraum und mit einem Pultdach versehen. 1943 Einbau eines Luftschutzkellers an Stelle der Jauchegrube.

UMRADSTRASSE 22 (Abb. 1646)

1729 bis 1743 Martini-Kirchgeld Nr. 291; bis 1878 Haus-Nr. 509

Kleine Hausstätte, zu nicht näher bekannter Zeit von St. Martini als Pachtgrund ausgegeben. Ursprünglich Teil des großen Grundstücks Videbullenstraße 21 (siehe auch dort). Das Grundstück heute in der vorderen Hälfte als Parkplatz und Garten von Nr. 20 genutzt, im rückwärtigen Bereich von dort überbaut.

Abb. 1648 Umradstraße 23 (links) bis 27, Ansicht von Süden, 1971.

1737/41 *Piele im Umrade*; 1743 Christoph Piele; 1750 Henrich Piele; 1755 Schirrmeister Piele, Haus für 100 Rthl; 1766/81 Witwe Piele, 10 Rthl; 1798 Branntweinbrenner Maschmeyer; 1802/04 Anton Maschmeyer, Haus für 400 Rthl, hat Braurecht, hält 3 Kühe und 2 Schweine; 1818 Maschmeyer; 1826 Erhöhung von 400 auf 1000 Thl; 1832 Bäcker Anton Maschmeyer; 1846 Zimmermeister Friedrich Schütte; 1853 Schütte, vermietet an vier Parteien; 1873/78 Fleischer Westphal (und fünf Mietparteien); 1908 Paul Rothe; 1938 Kupferschmied Siegmund Lachmann; 1968 Stadt Minden.

Haus (bis 1968)

Giebelständiges und verputztes Fachwerkhaus unter Satteldach. Der Bau in Konstruktion und Alter nicht weiter bekannt. Zuletzt mit einem mittlerem Längsflur, der bis zum Rückgiebel reichte. Nördlich davon Stube, Kammer und Küche, südlich Stube, zwei Kammern und weitere Stube. Die geradläufige Treppe in den Flur eingestellt.

1797 wurden für 400 Rthl Renovierungen an dem Haus ausgeführt (KAM, Mi, C 133); 1896 Entwässerung; 1938 Anbau einer Waschküche auf dem Hof; 1968 Abbruch.

1976 Bau einer Doppelgarage, die 1991 zu Gunsten des Neubaus Umradstraße 20 wieder abgebrochen wurde.

UMRADSTRASSE 23 (Abb. 1643, 1645, 1648)

1729 bis 1743 Martini-Kirchgeld Nr. 294; bis 1878 Haus-Nr. 501

Recht kleine Parzelle von geringer Tiefe, weitgehend bebaut und rückwärtig durch eine Bruchsteinmauer vom Garten des Hauses Umradstraße 25 begrenzt. Die Hausstätte scheint erst 1701 zusammen mit dem Nachbarhaus Umradstraße 25 durch einen Neubau der Stadt Minden entstanden zu sein.

1738/40 Tönnies Stiegmann; 1743/50 Witwe Tönnies Stiegmann; 1755 Witwe Wilcken, Haus für 50 Rthl; 1766 Witwe Stiegmann; 1781 Soldat Wilkening; 1798 Schuster Wilckening; 1802/04 Wilckening, Haus für 50 Rthl, ohne Braurecht, hält 1 Jungvieh; 1807 Witwe Wilckening (wohnt in Oldenburg), Erhöhung von 50 auf 200 Rthl; 1818 Witwe Kanniga, Wohnhaus 200 Thl; 1822 Rumpff, Erhöhung auf 825 Thl; 1828/35 Steinhauer Joh. Rumpf; 1846 bewohnt von zwei Mietparteien; 1853 Brüggemann mit drei weiteren Mietparteien; 1873 Arbeiter Hille und drei weitere Mietparteien; 1878/96 Strube (wohnt Umradstraße 28); 1908 Schneider August Wiegand; 1971 Stadt Minden.

Haus (1701 ?–1971)

Recht breites eingeschossiges Giebelhaus aus (bis zuletzt) verputztem Fachwerk und von geringer Tiefe. Im Mai 1701 erhält ein Zimmermann von der städtischen Kämmerei *Nägel zu den beyden Häusern im ummeraht*. Ferner werden 25 Stück Tannendielen geliefert und auch der Tischlermeister J. H. Lübbe arbeitete 13 Tage auf der Baustelle (KAM, Mi, B 147,5 alt).

Nach der Besitzgeschichte lassen sich Umbauten um 1822 nachweisen, die sicherlich im Zusammenhang mit dem Festungsbau stehen und zusätzlichen Mietraum schaffen sollten.

Nach dem Entwässerungsplan ein Dielenhaus mit rechtsseitigem vorderen Stubeneinbau, der unterkellert war.

Wohl nachträglich wurde entlang der linken Traufwand ein durchgehender Einbau errichtet, der Stube, Küche und eine weitere Stube aufnahm. Ebenfalls nachträglich an der rechten Traufwand eine Kammer hinter der alten Stube eingebaut (Abb. bei Grätz 1997, S. 203).

1896 Entwässerung; 1912 Kanalisation; 1971 abgebrochen.

UMRADSTRASSE 24 (Abb. 1624, 1631)

1729 bis 1743 Martini-Kirchgeld Nr. 293; bis 1878 Haus-Nr. 508

Die kleine Hausstätte (Pachtland von St. Martini) zu einem unbekannten Zeitpunkt vor 1743 von dem Hausgrundstück Videbullenstraße 23 (zur Geschichte des Geländes siehe auch dort) abgetrennt und mit einem kleinen Hofplatz versehen, der südlich an die Traufwand des Hauses anschließt. Der Hofplatz heute zum Teil mit einer Garage bebaut.

1697 Jürgen Schnepel; 1729/40 Jürgen Schnepel; 1743/50 Jürgen Schnepel; 1755/66 Witwe Schnepel, Haus für 100 Rthl; 1768 Conrad Bente, Haus ist im Krieg ruiniert worden; 1777 Böttcher Dietich Zörner; 1781 Meister Zörner; 1786 Erhöhung auf 200 Rthl; 1798 Böttcher Kühne; 1802/04 Böttcher Heinrich Kühne (wohnt Videbullenstraße 19), vermietet an Kollmeyer, Haus für 200 Rthl, hat kein Braurecht, hält 1 Schwein; 1809 Kühnes Haus; 1818 Erben Kühne; 1823 Gröninger, Erhöhung auf 550 Thl; 1832 Hermann Gröninger; 1846 Maurer Wilhelm Wagner und weitere Partei; 1853 Geh. Regierungsrat Winkelmann, vermietet an mehrere Parteien; 1873/78 Witwe Förster und vier Mietparteien; 1908/12 Schuhmacher August Siecher; 1948/55 Schuhmachermeister Richard Gosch.

Haus (bis 1774)

1697 beantragt Jürgen Schnepel Baufreiheiten für den Bau seines erworbenen und sich bislang in einem *baulosen Zustand* befindlichen Hauses bei der Stadt. Sie erklärt sich dazu bereit, wenn der Bau *untadelhafft* ausgeführt würde (KAM, Mi, B 360).

Haus (von 1774/77)

1768 wird das Haus als im Siebenjährigen Krieg ruiniert bezeichnet und danach zwischen 1774 und 1777 durch den Böttcher Diedrich Zörner als *ein Nebenhaus 29 Fuß lang und 20 Fuß tief neu gebauet* (KAM, Mi, C 384, siehe auch C 380). Es sei ein ganz neues Haus, erbaut mit Schulden (KAM, Mi, C 874). Zweigeschossiges giebelständiges Haus mit Satteldach, heute mit Eternitplatten verkleidet, Fenster erneuert. Inneres ebenfalls völlig verkleidet, daher keine weiteren Hinweise auf Baualter und Baugeschichte zu gewinnen. Das Gebäude als ausgemauertes und zumindest schon in der zweiten Hälfte des 19. Jahrhunderts verputztes Fachwerkhaus errichtet. Das Haus in der Länge in beiden Geschossen dreizonig gegliedert, die mittlere Flurzone von dem südlich an das Haus anschließenden Hofplatz erschlossen. Hier eine geradläufige Treppe der Bauzeit (Stufen neu aufgedoppelt). An die Flurzone anschließend zu den Giebeln jeweils Wohnzonen mit je zwei nebeneinanderliegenden Räumen, die beiden Schornsteine in den Winkeln der Räume mit der Flurwand. Der westliche Bereich unterkellert mit einem vom Flur erschlossenen Balkenkeller, davon weiter zugänglich ein kleiner Keller mit Tonnengewölbe aus Backsteinen unter dem nördlichen Bereich des Flures. Die Tür mit zwei Füllungen zum Kellerabgang wohl bauzeitlich, allerdings in Zweitverwendung.

1896 Entwässerung; 1912 Kanalisation; 1948 Umbau; 1955 Dachausbau des rückwärtigen Bereiches, wobei hier ein Drempelgeschoß entstand.

UMRADSTRASSE 25 (Abb. 1648, 1649)

1729 bis 1743 Martini-Kirchgeld Nr. 295; bis 1878 Haus-Nr. 500

Die Parzelle und Bebauung dürfte erst nach 1700 nach Aufteilung des Hausgrundstücks eines großen Hofes entstanden sein (siehe dazu Königswall 75) und scheint 1701 zusammen mit dem Nachbarhaus Nr. 23 mit einem Neubau durch die Stadt bebaut worden zu sein. Heute eine größere und breitere Parzelle, die sich bis hinter die kleinen Hausgrundstücke von Umradstraße 19, 21 und 23 erstreckt (die möglicherweise nachträglich abgetrennt wurden).

1729 Stuer; 1738/40 Christian Besser; 1743/50 Christian Besser; 1755 Friedrich Christian Besser, Haus für 200 Rthl; 1766 Johan Ernst Berens, 200 Rthl; 1780 Breemeyer; 1781 Friedrich Konrad Mensen, 200 Rthl; 1798 Witwe Mensen (Haus mit zwei Nebengebäuden); 1802 Frieke, Wohnhaus 600 Rthl, Scheune 200 Rthl; 1804 Hautboist Fricke, Mieter ist Witwe Mensen; 1809 Musikus Fricke (Wohnhaus und Scheune); 1818 Fricke, Wohnhaus 300 Thl; 1827 Engelken, Wohnhaus 1000 Thl; 1828/32 Schneider Wilhelm Engelke; 1846 Grenzaufseher Heinrich Lücke und Mieter Karl Kühn; 1853 Lücke und zwei Mietparteien; 1873 Amtsdiener Lücke und sechs weitere Mietparteien; 1878 Gansing; 1896 W. Brinckmann; 1908 Malermeister Hermann Brinckmann; 1932 Malermeister Julius Brinkmann.

Wohnhaus (1701 ?–1780)

Das Haus scheint 1701 zusammen mit dem Nachbarhaus Nr. 23 durch die Stadt errichtet worden zu sein.

Wohnhaus (von 1780)

1780 wurde noch an dem *gantz neu Haus von Grund auf, kein Brauhaus* gebaut, das mit Schulden errichtet wurde (KAM, Mi, C 874). Zweigeschossiges, traufenständiges, verputztes Fachwerkhaus mit axialer Fassade, in der ersten Hälfte des 19. Jahrhunderts (um 1825 ?) modernisiert und spätestens seit dieser Zeit verputzt. Der südliche Seitengiebel mit Eternitplatten verkleidet, der nördliche durch das Haus Nr. 27 verdeckt.

Das Kerngerüst des Hauses weist neun Gebinde auf, das Dachwerk besteht aus Nadelholz, hat eine Neigung von 43° und eine Kehlbalkenlage (einige Kehlbalken zweitverwendet). Weitere Details sind zur Zeit nicht feststellbar, da das Gerüst verputzt ist. Rückwärts im südlichen Bereich ein wohl zeitgleicher eineinhalbgeschossiger Anbau unter Schleppdach mit Doppelständern zwischen den Fenstern. Erdgeschoß wohl Wohnzwecken dienend, das niedrige Obergeschoß Lager (?) mit

Abb. 1649 Umradstraße 25, Ansicht von Nordosten, 1993.

Schwelle-Rähm-Strebe. Dieser Bereich nachträglich (um 1820 ?) um ein Gefach erhöht mit einem Schleppdach versehen und ebenfalls durch Einbau großer Fenster zu Wohnzwecken ausgebaut.

Das Innere des Hauses wird durch einen Querflur in beiden Etagen (mit der Treppenanlage) und eine mittlere firstparallele Trennwand bestimmt, wodurch südlich in beiden Etagen zwei Wohnräume, nördlich jeweils zwei hintereinandergeschaltete, vordere und hintere Räume geschieden werden. Dieses Raumprogramm ermöglichte eine teilweise Vermietung von Räumen und ließ mehrere Mietparteien im Haus zu.

Schon ursprünglich war im Dachwerk hinter beiden Giebeln jeweils eine Kammer eingebaut.

Am rückwärtigen Anbau im Erdgeschoß zwei Fensteranlagen des frühen 19. Jahrhunderts erhalten. Zweiläufige Treppenanlage mit Wendepodest bis in das Dachgeschoß aus der ersten Hälfte des 19. Jahrhunderts erhalten, die Geländer mit durchgesteckten Stäben. Auch die weitere Einrichtung des Hauses mit den Zimmertüren einschließlich Gestell der Haustür dieser Ausbauphase erhalten. Die Fenster der Vorderfront um 1920 erneuert. 1896 Entwässerung; 1911 Kanalisation.

Auf dem Hof hinter dem Haus steht ein zweigeschossiges backsteinernes Werkstattgebäude mit Pultdach aus der zweiten Hälfte des 19. Jahrhunderts, nicht unterkellert. 1932 ist es zu Wohnzwecken ausgebaut worden. Statt dessen wurde im gleichen Jahr ein hölzerner Lagerschuppen errichtet, dem 1952 ein weiteres freistehendes Werkstattgebäude folgte.

Abb. 1650 Umradstraße 27, Ansicht von Nordosten, 1993. Rechts Videbullenstraße.

UMRADSTRASSE 26/28 siehe Viedebullenstraße 23

UMRADSTRASSE 27 (Abb. 1643, 1648, 1650, 1651)

1729 bis 1743 Martini-Kirchgeld Nr. 296; bis 1878 Haus-Nr. 499

Die Eckparzelle zur Videbullenstraße und ihre Bebauung sind wohl erst in der ersten Hälfte des 18. Jahrhunderts nach Aufteilung des Hausgrundstücks eines großen Hofes entstanden (siehe Königswall 75).

1722 läßt *Johann Rudolph Kriete, Grützmacher auf der Vitebullen Straßen*, eine Landhypothek beim Heilig-Geist-Hospital eintragen. Spätere Eigentümer sind: Johan Gevekothen, 1764 Otto Tuntzelmann in den Umrade (KAM, B 103 c,9 alt; C 217,22a alt; C 604).

1729 Kriete; 1738/40 Joh. Rud. Kriete; 1743/50 Rudolph Kriete; 1755 Krite, Haus für 100 Rthl; 1766 Duntzelmann, 100 Rthl; 1781 Donselmann; 1798 Donzelmann; 1802/04 Feldwebel Donzelmann, Haus für 300 Rthl ohne Braurecht; 1806/09 Stallmeister Rud. Donselmann, Wohnhaus und Stallung; 1818 Donzelmann; 1822 Erhöhung Wohnhaus auf 1 000 Thl, neu versichert das Hinterhaus für 125 Thl; 1828/32 *Billeteur* Rudolf Donzelmann; 1846 Witwe Louise Donzelmann und Schüler als Untermieter; 1853 Witwe Donzelmann und zwei Lehrer; 1863 Kaufmann Rumpff; 1873/78 Kaufmann Barkhaus; 1895 Stahlhut; 1902/08 Witwe Amilie Stahlhut.

Haus (von 1722 ?/um 1790)

Zweigeschossiger und zur Videbullenstraße traufenständiger, verputzter Fachwerkbau unter recht flach geneigtem Satteldach. Die rückwärtigen, nicht verputzten Wände lassen erkennen, daß

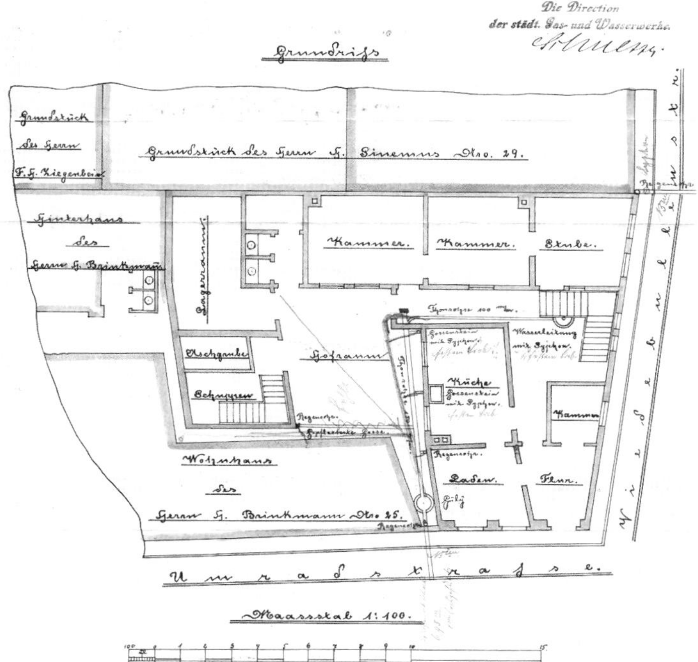

Abb. 1651 Umradstraße 27, Entwässerungsplan des Grundstücks von 1896.

der Bau in zwei Phasen erbaut worden ist. Das deutlich ältere Erdgeschoß könnte auf Grund der auf das Gebäude eingetragenen Hypothek im Jahre 1722 erbaut worden sein. Es weist ein kräftiges, mit Backsteinen ausgemauertes Gerüst mit Fußstreben auf. Damit der Bau zunächst eingeschossig, wobei die weitere Gestalt und innere Gliederung im ausgebauten Zustand augenblicklich nicht weiter zu klären ist. Das bis um 1980 erhaltene Blatt der Haustür könnte noch der Bauzeit um 1722 entstammen. Es zeigte ein aufgelegtes geschweiftes Kissen.

In den Jahren zwischen 1786/97 wurden über 200 Rthl für Renovierungen aufgewendet (KAM, Mi, C 133). Bei dieser Baumaßnahme scheint das Obergeschoß aufgesetzt und darüber ein neues Dachwerk verzimmert worden zu sein. Ferner wurden die Ansichten verputzt und die Fensterordnung axial gestaltet.

Im Inneren entlang der südlichen Seitenwand eine Folge von Räumen, während die nördliche Haushälfte wohl als Flurdiele eingerichtet war. Von dieser nur vor dem rückwärtigen Westgiebel zwei unterkellerte Zimmer abgeteilt, vor die die Treppe zum Obergeschoß gestellt wurde.

Das Dachwerk – zumindest hinter dem Giebel zur Umradstraße – um 1820 mit einer Kammer ausgebaut. Ferner zugleich Erweiterung durch rückwärtigen, zweigeschossigen Anbau aus Fachwerk nach Süden, der weitere Zimmer und Werkräume aufnahm.

1863 kam es zu einem Brandschaden in dem Haus (KAM, Mi, F 1137); 1895 Entwässerung; 1902 Vergrößerung des Schaufensters; 1908 Kanalisation; 1979 wird das Haus sehr durch den Neubau des Komplexes Videbullenstraße 25 in seiner Standfestigkeit erschüttert; um 1980 Umbau des Erdgeschosses, wobei die alte Haustür vermauert und der Eingang in die Mitte der nördlichen Seitenfront verlegt wird. Vermauerung des Schaufensters und Erneuerung der Fenster.

Videbullenstraße

Der Name der Straße als *platee Vitobollonis* schon 1284 belegt, dabei dessen Herkunft nicht bekannt, aber möglicherweise der Name eines frühen Anwohners. Sie verläuft von Osten nach Westen zwischen der Ritterstraße und der Stadtbefestigung im Zuge des heutigen Königswalls. Die hier anliegenden Flächen waren schon im 13. Jahrhundert zu unterschiedlichen Grundstücken aufgeteilt, aber wohl noch wenig besiedelt. Ihre frühe Nennung und Bedeutung erhielt die Straße wohl dadurch, daß sie eine in die vorstädtische Zeit zurückreichende Siedlungsgrenze markiert: Die Nordseite begrenzte wohl schon seit dem 11. Jahrhundert das ursprüngliche, dem Stift St. Martini zugeteilte Gelände, dem das weitläufige Gelände der *hinteren Curia Beldersen* folgte (wohl 2 rechts bis Nr. 12). Auf ihr standen schon vor 1236 verschiedene Steinbauten, die zum Kern des an ihrer Stelle begründeten Dominikanerklosters (siehe Alte Kirchstraße 9–15) wurden (Löffler 1917, S. 174). Dieses wurde allerdings nach Norden, zur Brüderstraße orientiert (siehe Alte Kirchstraße 13), wobei an der Videbullenstraße nur ein zugehöriger Baumgarten bestand. Das westliche Drittel wurde von einer noch länger unbebauten Fläche eingenommen, die sich zunächst im Besitz des Domkapitels befand, dann aber ebenfalls von St. Martini übernommen und schon im 14. Jahrhundert zu wohl fünf größeren Hausstellen (wohl Nr. 12, 14, 16, 18 und 20/22) aufgeteilt wurde. An diese schloß sich entlang der Mauer noch ein größeres Gelände an, das mit einer großen Zahl von kleinen Häusern oder Buden dicht bebaut wurde (siehe Nr. 24/26), wobei von diesen Grundstücken später in der Neuzeit weitere Hausstätten am Königswall und der Südseite der Alten Kirchstraße abgeteilt wurden. Eine wohl nur kleine Teilfläche des Grundstücks Nr. 12 wurde 1402 den Dominikanern pachtweise überlassen. Die weitere Bebauung dieser Straßenseite scheint – von der Anlage einer verschiedenen Zwecken dienenden Kurie an der Ecke zur Ritterstraße (siehe Ritterstraße 21) abgesehen – erst nach Auflösung des Dominikanerklosters und Übernahme seiner Flächen durch die Stadt Minden bzw. Überweisung an St. Martini nach 1530 erfolgt zu sein, wobei man allmählich den Obstgarten des Klosters aufsiedelte (Nr. 2 bis 10).

Die Flächen entlang der Südseite der Straße bis zur Umradstraße waren seit dem späten 13. Jahrhundert Pachtland von St. Martini und zuvor nur von zwei großen Höfen genutzt. Grundherr des Geländes war der Kämmerer des Bischofs. Das Gelände, das zu diesem Zeitpunkt aus drei wohl als Wiesen oder Acker genutzten Flächen zwischen der Ritterstraße im Osten und der Umradstraße im Westen bestand und südlich durch den einen später im Besitz der Familie Garsse befindlichen Hof begrenzt wurde (siehe Ritterstraße 5), war dem Kloster zum größten Teil durch eine Stiftung 1284 zugefallen, um aus den Erträgen Lichter im Kloster sowie die Heizung im *estuarium* der Klausur zu unterhalten. Zu diesem Zweck hatte der Kanoniker Eckehard von dem Ritter Konrad, genannt von Lutteren, und seinen Erben *unam aream sitam in fronte platee Vitobollonis versus austrum,* also ein Gelände am Anfang auf der Südseite der Straße erworben und diese sehr große Fläche in fünf (nach den anfallenden Abgaben wohl unterschiedlich große) von der Videbullenstraße erschlossene Gärten aufgeteilt (über hier zuvor bestehende Bauten ist nichts bekannt). Ferner habe Eckehard in selbiger Straße neben diesem Gelände eine weitere Fläche von dem Mindener Bürger Albert Helbold und seiner verwitweten Mutter erworben, die er ebenfalls nicht in Hausstätten, sondern in zwei Gärten unterteilt habe. Als letztes habe er auch noch ein daneben befindliches kleineres Grundstück vom Kapitel von St. Martini gekauft (STA MS, St. Martini, Urkunden Nr. 29. – STA MS, Mscr. VII, 2711, Bl. 87r–88v. – WUB, VI, Nr. 1306). Die hier zunächst geschaffenen acht großen Gärten

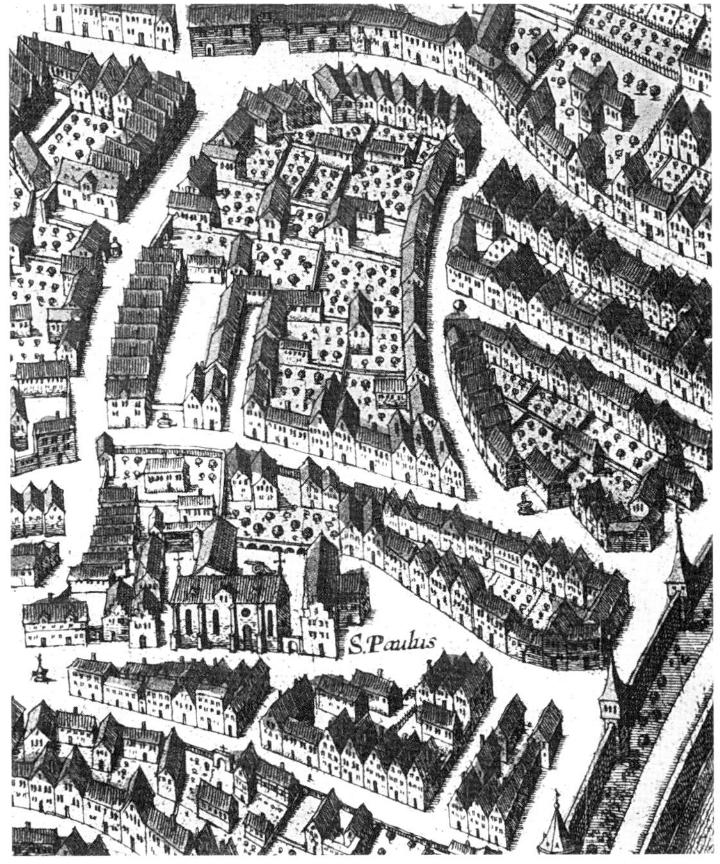

Abb. 1652 Videbullenstraße, Ausschnitt aus der Vogelschau Wenzel Hollars um 1634. In der Bildmitte waagerecht die Videbullenstraße zwischen der Ritterstraße links und dem Königswall ganz rechts. Am oberen Bildrand die Königstraße. Deutlich erkennbar der Brunnen auf dem heutigen Grundstück Videbullenstraße 1 (links) und der eng bebaute Abtsgang auf dem Grundstück Nr. 7.

sind in späteren Zeiten durch das Kloster verschiedenen Zwecken zugeführt worden. Da aber noch um 1575 nach erhaltenen Pachtregistern von St. Martini (STA MS, St. Martini, Akten 144 a) für die noch ungeteilten Grundstücke die gleichen Pachtangaben entrichtet wurden, wie sie 1284 festgesetzt worden waren, zudem das ursprüngliche Aufteilungsschema der östlichen, später besonders stark überbauten und veränderten Flächen noch 1687 bekannt war und in einem Plan dokumentiert wurde (siehe Ritterstraße 13), läßt sich die Einteilung der Flächen des Baublocks für die Zeit vor und nach 1284 rekonstruieren und die weitere Aufsiedlung der Teilflächen gut verfolgen: Bei den fünf östlichen Gärten handelt es sich demnach von Osten nach Westen um die heutigen Grundstücke: 1) die Fläche der heutigen Hausstätten Ritterstraße 9 bis 19; 2) Videbullenstraße 1 sowie die Höfe hinter den vorgenannten Häusern; 3) Videbullenstraße 3/5 und teilweise wiederum Gärten hinter den oben genannten Häusern; 4) Videbullenstraße 7 (auf dem im 15. Jahrhundert ein Gang mit kleinen Vikariatswohnungen eingerichtet wurde) und 5) Videbullenstraße 9 (das breiter war und ungeteilt als Hof vererbpachtet wurde: ab 1428 an von Münchhausen). Das zweite Gelände umfaßte die heutigen Grundstücke Videbullenstraße 11 bis 19 und wurde in die beiden Flächen 11/13 und 15/19 eingeteilt. Während die östliche ebenfalls als Hof ausgegeben wurde (ab 1332 Minoriten in Herford), teilte man die westliche später weiter auf. Das westlichste Gelände umfaßte die Grundstücke Videbullenstraße 21 und 23, wobei hiervon später im Zuge einer Besiedlung und weiteren Aufteilung der Rückflächen die vier kleinen Hausstätten Umradstraße 18 bis 24 abgeteilt wurden.

Die östlichsten beiden Gärten der Reihe wurden zu einer nicht näher bekannten Zeit, wohl im 15. Jahrhundert mit einer Vielzahl von kleineren Häusern oder Buden bebaut, die nach 1600 zum Teil zu Gunsten einiger größerer bürgerlicher Anwesen wieder verschwanden (siehe Ritterstraße 19).

Der südwestliche Abschnitt der Straße, hinter der Einmündung der Umradstraße begrenzte das weite Gelände einer vom Dompropst verlehnten und im 16. Jahrhundert als *Borchardingscher Hof* bezeichneten Hofanlage (zur Geschichte siehe Königswall 75), deren Hauptgebäude wohl zur Videbullenstraße orientiert war und die zwischen dem 16. und dem 18. Jahrhundert mit kleineren Hausstätten aufgesiedelt wurde.

Ein Brunnen als öffentliche Wasserstelle ist schon seit 1235 bzw. 1319 belegt, wohl mit dem noch erhaltenen auf dem ehemals großen Grundstück Nr. 17–21 identisch und wohl ein Hinweis, in seinem Umkreis den Kern der Besiedlung zu suchen: nördlich die *curia Beldersen*, südlich einige Höfe. Ein zweiter, allerdings nicht weiter belegter Brunnen stand nach der um 1634 entstandenen Vogelschau von W. Hollar ebenfalls südlich der Straße, aber im östlichen Bereich auf einer Freifläche, die sich wohl an Stelle des jetzigen Gebäudes Nr. 1 befand. Er diente als Wasserstelle für die vielen im Umkreis durch St. Martini ausgegebenen kleinen Hausstellen. Da der 1663/64 auf dieser Fläche errichtete Bau als Brauhaus diente und dieses später auch mit einem Brunnen ausgestattet war, dürfte es wohl die Tradition des Wasserplatzes fortsetzen.

Entsprechend der komplexen Besiedlungsgeschichte blieb nicht nur die Bebauung entlang der Straße sehr vielfältig, sondern auch die Zusammensetzung der hier wohnenden Menschen. In den kleinen Häusern am westlichen Ende der Nordseite und im östlichen Abschnitt der Südseite wohnten sogenannte kleine Leute, Witwen und Bedienstete. In den größeren bürgerlichen Anwesen auf beiden Seiten des mittleren Abschnitts wohnten und wirtschafteten Handwerker und Kaufleute, zum Teil mit umfangreicher landwirtschaftlicher Tätigkeit verbunden. Dazwischen lagen die weitläufigen, zumeist an adelige Familien verpachteten Höfe (Nr. 9, 11, 25 und Ritterstraße 21). Schon seit der Mitte des 17. Jahrhunderts läßt sich die Straße als ein bevorzugter Wohnort der Mindener Juden nachweisen (dazu auch das Haus Ritterstraße 26/28 a), die hier um 1680 in dem Haus Nr. 15 auch ihre Judenschule bzw. Synagoge einrichten. Zwei Häuser dieser Straße (Nr. 8 und 15) sind über Jahrhunderte in jüdischem Besitz gewesen (ein weiterer Schwerpunkt jüdischen Lebens in der Stadt scheint in der frühen Neuzeit der Deichhof gewesen zu sein). Erst nach 1800 lassen sich Mitglieder der jüdischen Gemeinde überall in der Stadt nieder (zur Geschichte siehe Linnemeier 1995) und verlassen mit der Zeit ihre Häuser in der Videbullenstraße, bis auch 1865 die Synagoge selbst zur Kampstraße 6 verlegt wird. Nun wurde die Straße vor allem von handwerklichen Haushalten geprägt, wobei insbesondere auf drei Baubetriebe hinzuweisen ist: Maurer Homann in Nr. 12, Maurer Bernhard in Nr. 19 und verschiedene Betriebe in Nr. 25.

Die Bausubstanz der Straße blieb von größeren Bränden und Zerstörung in den verschiedenen Kriegen verschont und wurde im Laufe der Jahrhunderte nach individuellen Bedürfnissen nach und nach umgebaut oder aber ausgetauscht. Hierbei entstanden nach 1890 zunehmend Bauten, die die historischen Strukturen verließen und sich großstädtischen Bauformen zuwandten, etwa die beiden als Villen geplanten Pfarrhäuser Nr. 9 und 11 oder die großformatigen Mietshäuser Nr. 14, 16 und 20. Bauten der Zeit vor 1700 sind daher heute nur noch auf den Grundstücken 1, 3, 12, 15, 19, 23 und 26 erhalten. Bis zu den seit 1960 einsetzenden Abbrüchen im Vorgriff auf eine in diesem Stadtbereich nicht konkreter geplante Stadtsanierung (Nr. 2, 4, 6, 8, 13, 18 und 21) wurde das Straßen-

Abb. 1653 Videbullenstraße, Blick nach Westen, rechts die Häuser Nr. 2 (vorne) bis 12, um 1953.

bild insbesondere durch eine Neubau- und Umbauphase des späten 18. Jahrhunderts geprägt, die nahezu alle älteren Bauten erfaßte und ihnen glatt verputzte Fronten mit axialen Fensterordnungen und einer besonderen Betonung durch aufwendiger gestaltete Haustüren brachte. Die nach Aufgabe der Sanierungspläne nach 1980 erneuerten und wiederhergestellten Altbauten der Straße haben alle diese Gestaltung zu Gunsten der Freilegung der Fachwerkfronten verloren. Als Neubau entstand seitdem Nr. 25.

Über den älteren Ausbau der Straße ist nichts bekannt. 1877 wurde die Straße weitgehend mit neuen Kopfsteinen versehen und zugleich ein Trottoir mit 344 m Bordsteinen angelegt. Nur auf einem kleinen Stück verblieb noch das alte Kieselpflaster. 1887 wurden die Fluchtlinien festgelegt und 1894 wurde die Kanalisation geschaffen. Das Pflaster blieb seitdem weitgehend unverändert erhalten.

NACHRICHTEN ZU NICHT BEKANNTEN BAUTEN AN DER STRASSE

1322 verpachtet St. Martini der Gertrud, Tochter des verstorbenen Dompropstes Giso, und ihrem Sohn *domum suam et aream in platea vitebullonis quam sorores videlicet Lutgardis et Elizabet inhabitauerant* (STA MS, St. Martini, Urkunden Nr. 61. – STA MS, Mscr. VII, 2711, Bl. 13v–14r. – WUB X, Nr. 838).

1326 verkauft St. Martini dem Domkanoniker und Archidiakon zu Pattenhausen Johannes von Lübbecke ein Haus mit Stätte *sitam in platea que proprie dicitur vitebollen strate quam inhabitat honesta matrona Domina ... Gertrudis de horst cum proprietate que ad nostram Ecclesiam pertinebat pleno jure* (STA MS, St. Martini, Urkunden Nr. 67. – STA MS,

Mscr. VII, 2711, Bl. 94v). 1352 erhalten Hebele, Frau des Lubbert Quatacker, Gertrud, Tochter des Bruders der Hebele, von St. Martini zur Erbpacht ein Haus mit Stätte auf Lebenszeit: *domum et aream cum omni iuris integritate sitas in platea Viteboldi quas olim domina Gertrudis de Horst inhabitauerat* (STA MS, St. Martini, Urkunden Nr. 90).

1350 verzichtet der Scholar Albert Reineberg zu Gunsten Heinrichs, des Rektors des Altars St. Nikolai in St. Martini, auf ein Haus, das neben dem der Augustiner liegt: *domo et area quam quondam Magister Wicboldus pater suus inhabitabat site in quodam via platee Vitebolenstrate versus meridiem apud domum fratrorum Heremitarum ordinis sancti Augustini* (STA MS, St. Martini, Urkunden Nr. 89. – STA MS, Mscr. VII, 2711, Bl. 102r).

1350 hat das Dominikanerkloster St. Pauli ein Haus *in quodam via platee Vitebolenstrate versus meridiem apud domum fratrorum Heremitarum ordinis sancti Augustini* (STA MS, St. Martini, Urkunden Nr. 89. – STA MS, Mscr. VII, 2711, Bl. 102r).

1351 verpachtet St. Martini dem Gerwich von Röcke und seiner Tochter Margarethe ein Haus mit Stätte: *aream quandam cum suis edificiis sitam in platea Viteboldi; pertinentem et domum superedificatam quam inhabitant cum aliis pertinentiis suis in platea Viteboldi situs cuius confines sunt versus orientem area et domus quas a nobis optinent Alheydis et Beke sorores dicte de Widen et versus occidentem area et domus quas a nobis optinet Henricus de Holthusen* (STA MS, St. Martini, Urkunden Nr. 92. – STA MS, Mscr. VII, 2711, Bl. 97r–97v).

1352 erhält Hildemar van den Husen und seine Frau Gerburg (mittels Heinrich Kirchhof, Thesaurar St. Martini) von St. Martini den Nießbrauch aus einer Stätte und Gütern auf Lebenszeit: *aream et bona Ecclesie sancti Martini ad vsufructum vite sue; aream et bona Ecclesie* [...] *sitam in platea Viteboldi quam dictus Blome inhabitabat* (STA MS, St. Martini, Urkunden Nr. 93. – STA MS, Mscr. VII, 2711, Bl. 100r).

1361 verpachtet St. Martini der *Tyleke de Schedinbruggen* auf Lebenszeit *domum et aream quas in platea Viteboldi quas Pelleke relicta quondam Rodolphi de Ofleten* (STA MS, St. Martini, Urkunden Nr. 110. – STA MS, Mscr. VII, 2711, Bl. 12r und 13v).

1370 verpachtet St. Martini dem Johannes von Cappel ein Haus mit Stätte: *domum et aream sitas in platea Viteboldi* (STA MS, St. Martini, Urkunden Nr. 119. – STA MS, Mscr. VII, 2711, Bl. 126r).

1394 hat das Dominikanerkloster St. Pauli ein Haus *in platea Viteboldi iuxta aream et domum fratrum heremitarum ordinis sancti Augustini* (STA MS, St. Martini, Urkunden Nr. 145. – STA MS, Mscr. VII, 2711, Bl. 126v).

1418 verpachtet St. Martini dem Rabodo Bulsing und seiner Frau Ilseke *aream et domum* [...] *sitas in platea Viteboldi Herman Stalle a nobis habuit* (STA MS, St. Martini, Urkunden Nr. 164).

1460 verpfänden Johannes Prester und seine Frau Alheid dem Thesaurar von St. Martini *eorum domo, sita in platea vulgariter appellata Vitebolden strate* zwischen dem Haus *Hermanni Hasenkamp* und dem Haus *Engelken Bruggemans* (STA MS, St. Martini, Urkunden Nr. 195).

1460 verpfänden Engelke Bruggeman und seine Frau Margarethe dem Thesaurar von St. Martini *eorum domo sita in platea vulgariter appellata Vitebolden strate* zwischen dem Haus *Johannis Prester* und dem Haus *Geseken Familiaris* (STA MS, St. Martini, Urkunden Nr. 196).

1500 verpachtet St. Martini dem Gerke Pipenbrink und seiner Frau Gese *ein vnse boden, belegen in der Vitheboldenstrate ahn Hans Hoiffsmedes huse*. Frühere Besitzer waren Floreke Heitmann und seine Frau (STA MS, Mscr. VII, 2701b, Bl. 127v–128r).

1510 verkaufen Cord Oldenburg und seine Frau Hille an St. Martini eine Rente aus *hus vnde hoff myt syner tobehoringe, so dat beleghen ys yn der Vitebolden strate twuschen Borchart Felix vnde Die[r]eck Stennekes husen dat alle vnser kerken pachtgud is* (STA MS, St. Martini, Urkunden Nr. 290 a. – STA MS, Mscr. VII, 2711, Bl. 117r).

1521 verpachtet St. Martini der Anneke Nortmeyer, Magd des Domherren Johann Tribbe, und ihrem Sohn Daniel Tribbe ein Haus mit Stätte *in der Viteboldenstrate twyschen Johann Prangen vnd seligen Dir[ick] Strunckes* [Steneke] *nagelathenn husfrouwen*, das zuvor Cord Oldenborch und seine Frau Bickel bewohnten (STA MS, Mscr. VII, 2701b, Bl. 19v–20r). 1526 verpachtet St. Martini dem Meister Gerd Leveken (Ziegelmeister auf dem Rodenbeck) und seiner Frau Marieke ein Haus mit Stätte *in der Viteboldenstrate twysschen Johann Prangen vnd seligen Diricke Stennekes nagelaten husfrowen husen*. Frühere Besitzer waren Anneke Nortmeyer, Magd des Domherren Johann Tribbe, und ihr Sohn Daniel Tribbe (STA MS, Mscr. VII, 2701b, Bl. 23r–23v).

1522 verpachtet St. Martini dem Beneke Heyse und seiner Frau Greteke ein Haus *in der Viteboldenstrate twyschen der Spanmanschen vnd des groten Gysekenn hussen*. Frühere Besitzer waren Greteke, Witwe Widensal, und ihre Söhne Cord und Heinrich (aus der Erbschaft des verstorbenen Ludeke Timmerkate, des Großvaters von Cord und Heinrich) (STA MS, Mscr. VII, 2701b, Bl. 21v–22r).

1523 verpachtet St. Martini dem Heinrich Schele und seiner Frau Gese (auch zugunsten der Drucke, Schwester der Gese, Witwe des Arnd Solter, sowie der Grete, Witwe des Heinrich Moller, und der Mette, Frau des Johann Klothacke, sowie ihrem Mann Johann Klothacke) ein Haus mit Stätte *in der Viteboldenstrate twyschen Beneken Heysen vnd Hinrick Pepers husen*. Früherer Besitzer war Grote Gieseke, Vater der Gese, der Frau des Heinrich Schele (STA MS, Mscr. VII, 2701b, Bl. 30v–31r).

1526 vererbpachtet St. Martini der Katharina von Barkhausen *eyn vnsser kercken huss myt syner tobehoringe, so dat beleghen ys in der Viteboldenstrate twusschen saligen Hinrick Pepers vnnd Gherd Teygelmesters husen*. Frühere Besitzer waren: Hille Steneking, Witwe des Dietrich Steneke und ihr Sohn Johann (STA MS, St. Martini, Urkunden Nr. 308. – STA MS, Mscr. VII, 2701b, Bl. 28r–28v. – STA MS, Mscr. VII, 2711, Bl. 116r). Noch im gleichen Jahr überläßt Katharina von Barkhausen der Witwe Hille Steneking zum freien Bewohnen auf Lebenszeit die *boden an orem huse in der Viteboldenstrate beleghen* (STA MS, Mscr. VII, 2701b, Bl. 29r).

1546 verkaufen Heinrich Ludermann und seine Frau Grete den städtischen Kistenherren eine Rente *jn vnde vthe orhem huse stede vnde tobehoringe, so dat jn der Vitebulen strate twischen Tonnyes van Monnichusen vnde Hermen Schrimpers huseren vnde houen belegen* (KAM, Mi, A I, Nr. 595).

1558 bestätigt St. Martini statt des bisherigen Pächters Richard Prange nun Gerd Selle für ein Haus mit Stätte *in der Vitebullenstrate thwusschen Johan Heisen vnd Dethardt Kraspots husen* (STA MS, Mscr. VII, 2701b, Bl. 57v–59v und Bl. 59v–61r); 1570 verpachtet der Dechant von St. Martini dem Bürger Cord Ascheberg und Frau Lucken ein Haus in der Videbullenstraße zwischen Heinrich Bramenkamp und Heinrich Klote, das bisher Gert Selle und seine Frau Mette bewohnten (STA MS, St. Martini, Regesten Nr. 587).

1559 verpachtet St. Martini dem Johann Oldenburg und seiner Frau Gesche ein Haus mit Stätte *in der Vitebullenstrate thwusschen Johann Lutemans vnd Clawes Tiemans huse*. Früherer Besitzer war Konrad von Beren (STA MS, Mscr. VII, 2701b, Bl. 54v–55v).

1560 verpachtet St. Martini dem Johann Bodeker d. Ä. und seiner Frau Maria *vnsse bodenn myt alle orer thobehoringe* [...] *jnn der Viteboldennstrathe* zwischen den Häusern von *Peter Tabeken* und *Johann Bodekers des jungen*. Früherer Besitzer war Anna, Witwe des Heinrich Dove (STA MS, St. Martini, Urkunden Nr. 342. – STA MS, Mscr. VII, 2701b, Bl. 73r–74r. – STA MS, Mscr. VII, 2711, Bl. 121r).

1563 lassen Floreke Heitmann und seine Frau Anna dem Johann Hufschmied (*Hoffsmit*) und seiner Frau Gese ein Haus (Pachtgut St. Martini) auf *in der Vitheboldenstrate twisschen Ernest Roleuings vnd Johan Aldenborgs husern* (STA MS, Mscr. VII, 2701b, Bl. 122v–124r).

1565 verpachtet St. Martini dem Ratsmann Georg von Leden und seiner Frau Anna ein Haus *in der Vitheboldenstrate twiscken Hanss Kockes vnnd Luder Moller husen*. Frühere Besitzer waren Heinrich Suidtfelt und seine Frau Katharina (STA MS, Mscr. VII, 2701b, Bl. 103v–104v).

1568 bescheinigt der Senior des Martini-Kapitels, daß Joh. Bödeker zugunsten seines Sohnes Ernst und dessen Frau Anna auf ein Pachthaus, *so dat belegen jn der Vithbullen strate negest der Boden ahn dem Sode* verzichtet haben, das neben seinem liegt, und verpachtet es an Ernst Bödeker (STA MS, St. Martini, Regesten 583. – STA MS, Mscr. VII, 2701b, Bl. 124r–125r).

1570 vererbpachtet St. Martini dem Cord Ascheberg und seiner Frau Lucke *ein vnser kerckenn hauss vnd stede mit seiner thobehoringe vnd gerechtigkeit so belegen is jn der Vitebullen strate thwischen Hinrich Bramekampe vnd Hinrich Klotes haus* (STA MS, Mscr. VII, 2701b, Bl. 129r–130r).

1574 verpachtet der Dechant von St. Martini dem Heinrich Weterkamp und seiner Frau Drude ein Haus in der Videbullenstraße zwischen Jürgen Hartmans und Ernst Bodekers Häusern, das bisher Joh. Terver und Frau Maria bewohnten (STA MS, St. Martini, Regesten 595); 1597 verpachtet der Dechant von St. Martini dem Herman Schriver (Schreiber) und Frau Anna ein Haus in der Videbullenstraße, zwischen dem des Caesarius von Halle und dem des guten Schriver, das bisher Heinrich Wetekamp in Pacht hatte (STA MS, St. Martini, Regesten 753).

1580 beurkundet der Dechant von St. Martini, daß Anna, Tochter des Jobst Abt, Witwe des Ernst Bodker, nebst ihren Stiefkindern Joh. und Ilse eine Geldrente aus ihrem Haus in der Videbullenstraße zwischen dem des Heinrich Wetekamp und dem des Joh. Bodeker verkauft hat (STA MS, St. Martini, Regesten 627).

1583 verpachtet der Dechant von St. Martini dem Ratsherrn Georg Hartmann und seiner Frau Anna ein Haus in der Videbullenstraße zwischen dem des Heinrich Prange und dem des Jost Abt (STA MS, St. Martini, Regesten 639).

1584 verpachtet der Dechant von Martini dem Georg Rothfos und seiner Frau Catharina ein Haus in der Videbullenstraße bei Hans Hofsmedes Haus (STA MS, St. Martini, Regesten 655).

1589 verpachtet der Dechant von St. Martini dem Hermann Sandmann und seiner Frau Margarete ein Haus in der Videbullenstraße zwischen Heinrich Wetekamps und Johan Bodekers Haus, das bisher Bernt Bunte inne hatte (STA MS, St. Martini, Regesten 708); 1597 verpachtet St. Martini dem Caesarius von Halle, Kanoniker von St. Johannis, und seiner Frau Maria Stevens ein Haus in der Videbullenstraße zwischen Heinrich Wetekamp und Joh. Brunings Haus, das bisher Herman Sandman in Pacht hatte (STA MS, St. Martini, Regesten 745).

1591 verpachtet der Dechant von St. Martini dem Jobst Abt Senior und seiner Frau Anna ein Haus in der Videbullenstraße zwischen Dethards Saligen und Luder Mollers Haus, das bisher Telken Heise inne hatte (STA MS, St. Martini, Regesten 712); 1592 verpachtet der Dechant von St. Martini dem Reinke Brandhorst und Frau Anna eine Haus in der Videbullenstraße zwischen dem des Dethard Salinger und dem des verstorbenen Luder Moller, das bisher Jobst Abt senior inne hatte (STA MS, St. Martini, Regesten 720); 1596 verpachtet St. Martini dem Johan Bernink und seiner Frau Ilschen ein Haus in der Videbullenstraße zwischen Cordt Jacob und Albert Schilling, das bisher Reineke Brandhorst inne hatte (STA MS, St. Martini, Regesten 743); 1596 Reinecke Brandhorst und Johann Berninch.

1596 verpachtet der Dechant von St. Martini dem Ratsherrn Pawell Wesseling und seiner Frau Anna ein Haus in der Videbullenstraße zwischen Herman Sandtmann und Johan Bruning, das bisher von Johan Bodeker bewohnt wurde (STA MS, St. Martini, Urkunden 390).

1596 verpachtet der Dechant von St. Martini dem Ratsherrn Pawell Wesseling und seiner Frau Anna ein Haus in der Videbullenstraße zwischen Paul Wesselings und der Vikarie Trinitatis Haus, das bisher Bernd Dradeking in Pacht hatte (STA MS, St. Martini, Regesten 742).

1672 Revers des Johan Wilhelm Bolte und seine Frau Catharina Elisabeth Rödenbeck über die Pachtung eines Hauses auf der Videbullenstraße zwischen Johan Weihen und Jurgen Schutten Häusern, die ebenfalls Pachthäuser von St. Martini sind, das vorher Reinken Brandhorst in Pacht hatte (STA MS, St. Martini, Urkunden 428).

Abb. 1654 Videbullenstraße 1, Ansicht von Norden, 1993.

VIDEBULLENSTRASSE 1 (Abb. 1654–1656)
bis 1878 ohne Haus-Nr.

LITERATUR: Ludorff 1902, S. 102 und 104. – Jahr 1929, S. 30–31 Abb. 34 und 35. – Dehio 1969, S. 344. – Nordsiek 1979, S. 247. – Kaspar 1986, S. 163.

Seit der Mitte des 17. Jahrhunderts Teilgrundstück des großen Anwesens Ritterstraße 19 und seit 1663 mit einem zugehörigen Wirtschaftsgebäude bebaut. Zuvor (wie die Nachbargrundstücke) zumindest im westlichen Teil mit einer Bude bebaut, die auf Erbpachtland von St. Martini stand. Die östliche Hälfte der heutigen Hausstätte wohl vor 1663 unbebaut und als öffentlicher Wasserplatz für die zahlreichen kleinen Häuser der umliegenden Grundstücke eingerichtet. Der im 17. Jahrhundert wegen Abbruch der meisten dieser Häuser an Bedeutung verlierende Brunnen dürfte identisch mit dem später in dem Brauhaus erwähnten Brunnen sein.

1569/89 Johann Bodeker (auch Videbullenstraße 3); 1596/97 Johann Brun; in der zweiten Hälfte des 17. Jahrhunderts zeigt Hermann Schreiber an, daß er *eine geringe Behausung, welche für diesen Volkenings Haus genannt, in sein itziges Brauhaus einzuziehen genötigt werde* (KAM, Mi, B 790); 1663 *Brawhauß* des Anwesens von Hermann Schreiber (siehe Ritterstraße 19); 1667 wird Hermann Schreiber von St. Martini mit dem Grundstück bemeiert (vorher Gabriel Natropf); 1728 das Brauhaus der Witwe Johan Henrich Schreiber mit Brun-

Abb. 1655 Videbullenstraße 1, rückwärtige Ansicht von Süden, 1995.

nen und steinernen Böden sowie einem Kumpf (siehe Ritterstraße 19); 1853 Kaufmann Arnold Schulze, eine große Scheune, nicht eingerichtet zu Stallung; 1890 Verkauf von Ferdinad Schütte an den Pferdehändler Max Meyer. 1970 Verkauf an die Stadt Minden.

Wirtschaftsgebäude (von 1663/64 ⓓ)

Der weitgehend in der ursprünglichen Form erhaltene Bau dendrochronologisch (1996 durch H. Tisje/Neu-Isenburg) datiert. Danach unter Verwendung von älteren Hölzern wohl im Jahre 1664 aufgeschlagen:

1557 ± 8	Erdgeschoß, Rückgiebel, Flügelbau, 2. Ständer von West
1663/64	1. Dachbalken von Nord
1663/64	3. Dachbalken von Nord
1663/64	Dachwerk, 1. Spitzsäule von Nord

Zweistöckiges, giebelständiges und mit Backsteinen ausgefachtes Fachwerkgerüst von neun Gefach Länge. Grundfläche 13,30 x 10,25 m. Das stabile Eichengerüst ausgesteift mit Fußstreben, das untere Geschoß mit zwei Riegelketten, das obere mit einer. Das Sparrendach mit zwei Kehlbalkenlagen und einer Spitzsäulenkonstruktion in jedem zweiten Gebinde. Auch in den darunter befind-

Abb. 1656 Videbullenstraße 1, Detail der Fassadengestaltung im ersten Obergeschoß, 1895.

lichen Etagen diese Längsaussteifung, im oberen Geschoß wohl als Längsunterzug, im Erdgeschoß mit einer geschlossenen Wand. Der davon östliche Bereich als Diele ausgebildet und mit einem Torbogen am nördlichen Straßengiebel, der westliche Bereich offensichtlich mit Unterteilung für nicht näher bekannte Funktionen. Hinter diesem Bereich rückwärts in beiden Etagen ein zweistöckiger Vorbau von zwei Gefach (ca. 2,27 m) Tiefe, mit eigenem Satteldach versehen. Dieser von größerer Breite als die innere Abtrennung und möglicherweise nur wenig nachträglich errichtet (nur hier wurden Bauhölzer zweitverwendet). Am Vordergiebel jede Etage über Stichbalken vorkragend, das Giebeldreieck zudem noch dreimal über eingezapfte Balkenköpfe. Die Füllhölzer dazwischen mit floralem Beschlagwerk bzw. oben mit Zahnschnitt. Die beiden Rückgiebel ohne Vorkragung, aber stöckig verzimmert, das große Dreieck mit mittlerer Hochsäule und mit Backsteinen ausgemauert, das kleine verbrettert (jetzt erneuert).

Die ursprüngliche Funktion des aufwendigen und zudem mit innerer Teilung versehenen Baus bislang unbekannt. Möglicherweise ein Lagerhaus, das auch für eine Wohnnutzung vorgesehen war. Dafür sprechen die Spuren von Fenstern seitlich des Tores und im Rückgiebel, allerdings bleibt die geringe Zahl von Räumen bei der Größe des Gebäudes erstaunlich. Spuren in der Balkenlage lassen einen ursprünglichen Schornstein in der südwestlichen Gebäudeecke (des Kernbaus) erschließen. Dieser später durch einen noch vorhandenen Schornstein in der Mitte der westlichen Längswand ersetzt, so daß die beiden hier nach vorn und hinten angeschlossenen Räume beheizt werden konnten.

Der Bau später eindeutig als Wirtschaftsgebäude genutzt. 1892 wird der Umbau der Scheune zu einer Pferdestallung geplant, aber nicht ausgeführt. 1906 Kanalisation; 1937 Einbau einer Wohnung, wobei Teile der Innenwände massiv erneuert werden; 1961 die Längswand im Erdgeschoß massiv erneuert (Plan: A. Münstermann); 1970 wird das Gebäude nach Besitzwechsel durch die Stadt Minden als Lager und Werkstatt des Museums eingerichtet. 1984 in die Denkmalliste der Stadt Minden eingetragen und Erneuerung der Dachdeckung über einer neu eingebrachten Rauhspundplatte auf den Sparren.

VIDEBULLENSTRASSE 2 RECHTS

Die kleine Hausstätte lag zwischen dem Gelände des Hofgrundstücks Ritterstraße 21 und der im 16. Jahrhundert entstandenen Hausstätte Videbullenstraße 2 und dürfte ebenso, wie die westlich anschließenden Grundstücke durch Aufsiedlung des Gartens des Dominikanerklosters entstanden sein. Das Gebäude scheint um 1590 in zwei Wohnungen unterteilt worden zu sein. Es ist zu nicht näher bekannter Zeit vor 1700 wieder verschwunden, und die Fläche ist später dem östlich anschließenden Hof zugeschlagen worden.

1581 Heinrich Schutte; 1588 Herman Schulte; 1592 verpachtet der Dechant von St. Martini dem Heinrich Wolken und seiner Frau Grete ein Haus in der Videbullenstraße neben Georg Hartmans Hof und Hans Bodekers Hause, das bisher Johan Prange in Pacht hatte (STA MS, St. Martini, Regesten 725). 1597 verpachtet St. Martini dem Ludeke Ellerman und seiner Frau Grete ein Haus in der Videbullenstraße zwischen Hans Bodeker und dem, welches zur Hälfte Heinrich Woltke hat und das bisher Herman Schulte in Pacht hatte (STA MS, St. Martini, Regesten 746).

VIDEBULLENSTRASSE 2 (Abb. 1653)

1729 bis 1743 Martini-Kirchgeld Nr. 323; bis 1878 Haus-Nr. 490

Die kleine bürgerliche Hausstätte auf dem Gelände der bis in das 13. Jahrhundert bestehenden *Hinteren Curia Beldersen* dürfte erst nach 1530 durch die von der Stadt ab 1539 durchgeführte Aufteilung von Gartenflächen des hier nördlich anschließenden und von etwa 1238 bis 1530 bestehenden Dominikanerklosters entstanden sein. Das Grundstück seit 1970 dem Gelände der Bürgerschule Ritterstraße 21 (siehe dort) zugeschlagen und seit 1973 mit einem Anbau der dortigen Turnhalle überbaut.

1577 Johann Tegeler; 1581 verpachtet der Dechant von St. Martini dem Hans Bodeker und seiner Frau Mette ein Haus in der Videbullenstraße zwischen Heinrich Schutten und Arnd Rabbin, nachdem Heinrich Tegeler und dessen Sohn Herman und Schwiegersohn Dethard Salige sowie Herman Riesenbrock und Georg Tegeler darauf verzichtet haben (STA MS, St. Martini, Regesten 630); 1588 erhalten Hans Bödeker und seine Frau Mette vom Martini-Kapitel ein Haus und Stätte auf der Videbullenstraße zwischen Herman Schulten und Meister Arend Rabins Häusern. Vorpächter waren Meister Hinrich Teigeler, Herman Teigeler Vater und Sohn, Dethart Salige, Herman Kisenbrock und Jorgen Teigeler (STA MS, St. Martini, Akten 144 a).

1698/1711 Jürgen Spechtman, zahlt jährlich 2 Thl 27 gr Giebelschatz; 1729 Jürgen Schwartze; 1738/40 J. Schwartze (vorher Lulff Spechtmann); 1743 Johann Casper Schwartze; 1750 Schwartzens Haus; 1755 Kriegskommissar Giffenig, Haus für 60 Rthl; 1. 11. 1763 Verkauf an Henrich Lenger; 1766 Lenger, 60 Rthl; 1781 Lenger, 50 Rthl; 1795 Schulmeister Lenger zu Engeloh; 1802 Lenger; 1804 Witwe Lenger, Haus ohne Braurecht, hält 1 Schwein; 1809/12 Jungfer Maria Lenger; 1816 Schullehrer Lenger; 1817 Kaufmann G. C. Krübbe; nach 1832 Friedrich Wilhelm Seidel; 1846 Mieter ist Wundarzt Karl Hildebrand; 1853 Gutsbesitzer Seidel, vermietet an Kreischirurg Hildebrand; 1873/78 Kreiswundarzt Hildebrand; 1895 Geschwister Hildebrand; 1908 Stadtgemeinde Minden; 1970 Stadt Minden.

Haus (um 1540 ?–1816)

1816 wird festgestellt, der Lehrer Lenger habe sein baufälliges Haus niedergerissen und schon Holz und anderes Material für den Neubau mit erborgtem Gelde beschafft, bekomme aber wegen der unklaren Rechtslage keine Baugenehmigung durch die Militärbehörden. 1817 verlangt der Rat den Aufbau des wüsten Hauses innerhalb von sechs Monaten (von Bergmann-Korn 1987, S. 115), doch ist das Grundstück noch 1832 wüst.

Haus (um 1835–1970)

Zweigeschossiger und traufenständiger, wohl von Anfang an verputzter Fachwerkbau mit Satteldach. Das kleine und niedrige Gebäude mit fünfachsiger Fassade, dabei Haustür in der Mitte.

Das Innere mit bis zur Hoftür führendem Mittelflur, in den die Etagentreppe eingestellt ist. Seitlich davon jeweils eine vordere Stube und rückwärtiger Raum, wohl als Küche bzw. Kammer genutzt. Das Gebäude unterkellert (über eine Treppe vom Hof erschlossen).

Auf dem Hof kleines Stallgebäude mit Abort.

1895 Entwässerung; 1908 Kanalisation; 1970 Abbruch.

Abb. 1657 Videbullenstraße 3 (links) und 5, Ansicht von Nordosten, 1993.

VIDEBULLENSTRASSE 3 (Abb. 1657–1658)

1729 bis 1743 Martini-Kirchgeld Nr. 325; bis 1878 Haus-Nr. 491

Erbpachtland, das St. Martini vergab. Das Stift hatte es 1284 erhalten und seitdem zunächst zusammen mit Nr. 5 als Garten ausgegeben, der wohl seit dem 15. Jahrhundert zu kleineren Hausstätten aufgeteilt wurde. Das Grundstück gehörte vom 17. Jahrhundert bis etwa 1770 zu dem großen Anwesen Ritterstraße 19 und war seit langem (ebenso wie das Nachbarhaus Videbullenstraße 5) mit einem kleinen Mietshaus bebaut. Seitdem ausparzelliert und als eigenes Haus geführt. Vor der Mitte des 17. Jahrhunderts mit einer Bude bebaut, die offensichtlich Teil eines Doppelhauses mit Videbullenstraße 1 war.

1574/89 Johan Bodeker (auch Videbullenstraße 1); 1596 Paul Wesseling (besitzt auch Videbullenstraße 5); 1667 Herman Schreiber und Frau Margarete Sobe erhalten vom Martini-Kapitel ein Haus auf der Videbullenstraße zwischen Herman Schreibers an der einen und der Witwe Johan Wiehen an der andern Seite zur Pacht. Vorpächter war Gabriel Natrupff (STA MS, St. Martini, Akten 144 a). 1728 eines der beiden kleinen Häuser der Witwe Johann Henrich Schreiber, zum Anwesen Ritterstraße 19 gehörend; 1738 Hofrat und Postmeister Schultze (früher Joh. Heinrich Schreibers kleines Haus); 1743 ohne Nennung (Haus ohne Grundbesitz); 1750 Schultzens Haus; 1755 Schultzens kleines Haus, 100 Rthl; 1762: zwei kleine, von den bürgerlichen Pflichten befreite Häuser sollen verkauft werden. Das eine (Videbullenstraße 3) hat zwei Stuben und eine Kammer, das andere (Videbullenstraße 5) eine Stube und eine Kammer. Kosten 156 Rthl (WMR 1762, Nr. 15); 1764 Schulze; 1766 Kammerdirektor Bärensprungs kleines Haus, 100 Rthl; 1767 Kammerdirektor Bärensprung verkauft für 250 Rthl an den Brauaufseher Hoym eines der *in der Videbullen Straße, belegenen kleinen Geistig freyen Häusern, dasjenige kleine Häusgen* (Videbullenstraße 3), *welches in der Videbullen Straße, rühren des Herrn Verkäufer großen bürgerlichen Hause sub Nro 432* (Ritter-

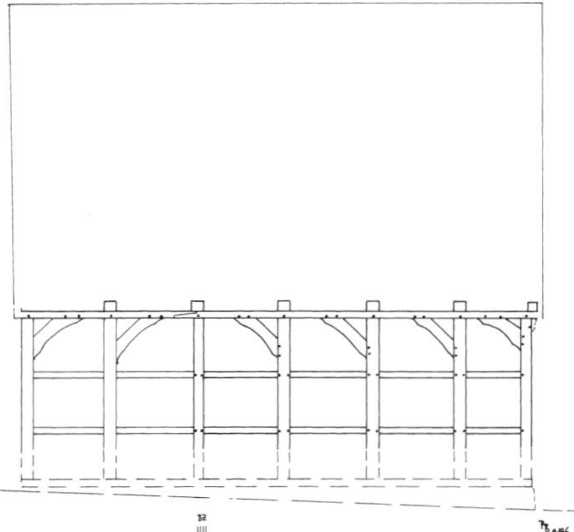

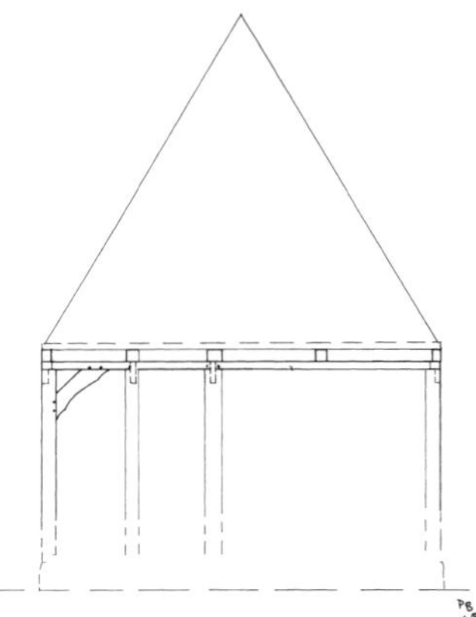

Abb. 1658 Videbullenstraße 3, östliche Traufwand und Straßengiebel, rekonstruierter Zustand 17. Jahrhundert.

straße 19), *und auf der anderen Seite an den, dem Herrn Verkäufer gleichfals zuständigen zweiten kleinen Geistlich freyen Häusgen* (Videbullenstraße 5) *belegen, Einquartierungsfrei, benebste einen dahinter befindlichen kleinen Garten Plätzen von ungefehr 3 QRuten* (STA MS, St. Martini, Akten 144 c); 1771 zusammen mit Haus-Nr. 492 für 300 Rthl versichert; 1772 Inspektor Hojm; 1781 Heym, 150 Rthl; 1791 Witwe Andersen; 1795 Kammersekretär Zimmermann; 1794 wird der Bierinspektor Johan Heinrich Samuel Hoym vom Martini-Kapitel mit dem bereits 1772 von ihm gekauften *kleinen Haus in der Vitebullenstraße neben den Hinterhause des Herrn Regierungsrat von Wick, olim Schreiber,* bemeiert (STA MS, St. Martini, Akten 144 c); 1798 ohne Eintrag, da das Haus angeblich frei sei; 1801 kauft der Bürger und Schuster Heinrich Schmeltzer von dem Bieraufseher Johan Henrich Samuel Hoym ein Pachthaus auf der Videbullenstraße neben dem Hinterhaus des Reg. Rat von Wick gelegen (STA MS, St. Martini, Akten 144 b); 1802/04 Schmelzer mit Mieter Witwe Warendorf, Haus 400 Rthl, ohne Braurecht, hält 1 Schwein; 1809 Schuster Schmeltzer, eingeschossiges Wohnhaus; 1815 Schuhmacher Heinrich Schmeltzer; 1818 Schmeltzer, 150 Thl; 1835 Heinrich Schmeltzer, Erhöhung auf 475 Thl, Stall 25 Thl; 1846/53 Händler Eduard Geißel (ohne Mieter); 1873/94 Witwe Schrobach; 1908/11 Schuhmacher Louis Schrobach; 1937 Glasreinigermeister Wilhelm Engelke.

Dielenhaus (Mitte des 17. Jahrhunderts)

Das dreigeschossige recht schmale Fachwerkgiebelhaus geht in seiner heutigen Erscheinung auf eine Aufstockung der Zeit um 1855 zurück, enthält aber ein in der Mitte des 17. Jahrhunderts errichtetes Kerngerüst. Von diesem heute erkennbar erhalten: 7 Gebinde mit aufgelegten Balken und zwei einfach vernagelten Riegelketten, im Längsverband ausgesteift mit sichtbar verzimmerten, einzelnen Kopfbändern, die in den meisten Gebinden nach hinten weisen. Vorkragung der beiden Giebeldreiecke über Stichbalken, vorne ehemals von kleinen Knaggen getragen. Der alte wohl 1772 für einen Vollwalm abgenommene Vordergiebel im linken Stubeneinbau in Teilen wiederverwendet erhalten. Die ursprüngliche innere Einteilung augenblicklich kaum zu erschließen, nach Ausweis der Zapfenschlitze zweier Ständer im erhaltenen Rähm des Vordergiebels offensichtlich von einer rechtsseitigen Diele mit einem schmalen linksseitigen vorderen Einbau bestimmt.

1772 wurde das Haus repariert, in den städtischen Registern aber bezeichnet als *ein neues Gebäude, eine Etage hoch und nach seiner Arth sehr gut und bequem eingerichtet.* Als Kosten dieser Baumaßnahme wurden 821 Rthl angegeben (KAM, Mi, C 388). Dabei wurde der linke Stubeneinbau verbreitert. Zu dieser Zeit dürfte der Bau die noch bis etwa 1855 erhaltene Abwalmung des Vordergiebels erhalten haben (diesen Zustand zeigt die Ansicht der benachbarten Bürgerschule von etwa 1855). An den Traufwänden wurden zugleich einzelne Ständer ausgetauscht. In welchem Umfang darüber hinaus der übrige Bereich der Diele noch erhalten blieb bzw. durchgebaut wurde, ist unklar. 1811 (nach dendrochronologischer Datierung eines Balkens über dem Keller) wurde

Abb. 1659 Videbullenstraße 4, dahinter 6 bis 12, Ansicht von Südosten, 1970.

offensichtlich vor dem Rückgiebel eine große unterkellerte Stube in der südwestlichen Ecke eingebaut (ein Deckenbalken 1995 durch H. Tisje/Neu-Isenburg dendrochronologisch auf 1890 ±8 datiert). Ob zugleich auch der vordere rechte schmale Einbau entstand, der die Diele zu einem mittleren Flur reduzierte, ist unklar.

Um 1855 erfolgte nach Abnahme des alten Dachstuhls eine Aufstockung in einer einfachen Fachwerkkonstruktion, die mit Backsteinen ausgemauert wurde. Das Gerüst ist mit Schwelle-Rähm-Streben, am heute freigelegten, aber ehemals verputzten Vordergiebel (Gliederung mit einfachen Profilen zwischen den Geschossen) zudem mit einem Strebenkreuz ausgesteift. Darüber ein relativ flaches Satteldach. Zugleich wurde vor dem alten Vordergiebel eine Fachwerkkonstruktion aus eichenen Bohlen aufgedoppelt.

1894 Entwässerung; 1911 Kanalisation; 1937 Umbau der zwei Fenster im Erdgeschoß links zu einem Fenster; 1949 Fensterumbau rechts; 1951 Neubau Kohlenschuppen. 1982 Freilegung des Fachwerkgiebels, wobei hier in der Mitte des ersten Obergeschosses eine Spolie unbekannter Herkunft von einem Renaissancefenster eingemauert wurde. 1982 in die Denkmalliste der Stadt Minden eingetragen.

VIDEBULLENSTRASSE 4 (Abb. 1653, 1659–1660)

1729 bis 1743 Martini-Kirchgeld Nr. 322; bis 1878 Haus-Nr. 489

Die kleine bürgerliche Hausstätte auf dem Gelände der bis in das 13. Jahrhundert bestehenden *Hinteren Curia Beldersen* dürfte erst nach 1530 durch die von der Stadt ab 1539 durchgeführte Aufteilung von Gartenflächen des hier nördlich anschließenden und von etwa 1238 bis 1530 bestehenden Dominikanerklosters entstanden sein. Das Grundstück seit 1972 dem Gelände der Bürgerschule Ritterstraße 21 (siehe dort) zugeschlagen und seit 1973 mit einem Anbau der dortigen Turnhalle überbaut.

1577 verpachtet der Dechant von St. Martini an Arnd Rabbin und seine Frau Alheid ein Haus in der Videbullenstraße zwischen Johan Tegelers und Heinrich Suttfeldes Haus, das vorher der verstorbene Joh. Kock und sein Sohn David mit Frau Wobbecke bewohnt hatte, nachdem der Anwalt des letzteren darauf verzichtet hat (STA MS, St. Martini, Regesten 616); 1579 Arnd Rabin; 1581 Arnd Robin; 1588 Meister Arend Rabbin; 1620 Adolf Karre nimmt eine Obligation von 25 Thl bei der Kirche St. Marien auf. Als späterer Besitzer wird genannt: Johann Adam Krekeler; 1698/1711 Adam Krekeler, zahlt jährlich 1 Thl 12 gr Giebelschatz; 1729/33 Franz Hohmann; 1734 der junge Homann verkauft das Haus 1734 für 155 Rthl an den Kutscher Johann Jobst Brockmeyer; 1743 nicht genannt (Haus ohne Grundbesitz); 1750 Brockmeyers Haus; 1755/66 Witwe Brockmeyer, Haus für 20 Rthl; 1778 Schuhmacher Ludwig Brockmeyer; 1781 Meister Brockmeyer; 1787 Überschrieben auf den Schuster Daniel Gustav Brockmeier (* 1741, verheiratet seit 1766); 1795 Schuster Ludewig Brockmeyer; 1802/04 Schuster Brockmeyer, Haus für 25 Rthl, ohne Braurecht, hält 1 Jungvieh; 1809 Schuster Brockmeyer; 1818 Brockmeyer, 25 Thl; 1824 Brockmeyer, Erhöhung auf 1 000 Thl; 1827 Witwe Brockmeyer; 1832/46 Tagelöhner Heinrich August Ludwig Brockmeier (* 1792); 1842 Streit um das seit 1620 auf dem Haus liegende Kapital (PfA St. Martini O 3, Bd 2, Fasz 4); 1853/54 Ökonom Brockmeyer mit einer Mietpartei; 1867 Verkauf von Buchheister an Billetteur Ludwig Schirmeister; 1873/78 Stadtsekretär Schirmeister; 1896/1908 Tischlermeister Carl Michels; 1913 Witwe Michels; 1972 Stadt Minden.

Bude (?) (von 1620 ?–um 1824)

Nach den geringen Versicherungswerten kann es sich nur um eine sehr kleine und eingeschossige Bude gehandelt haben.

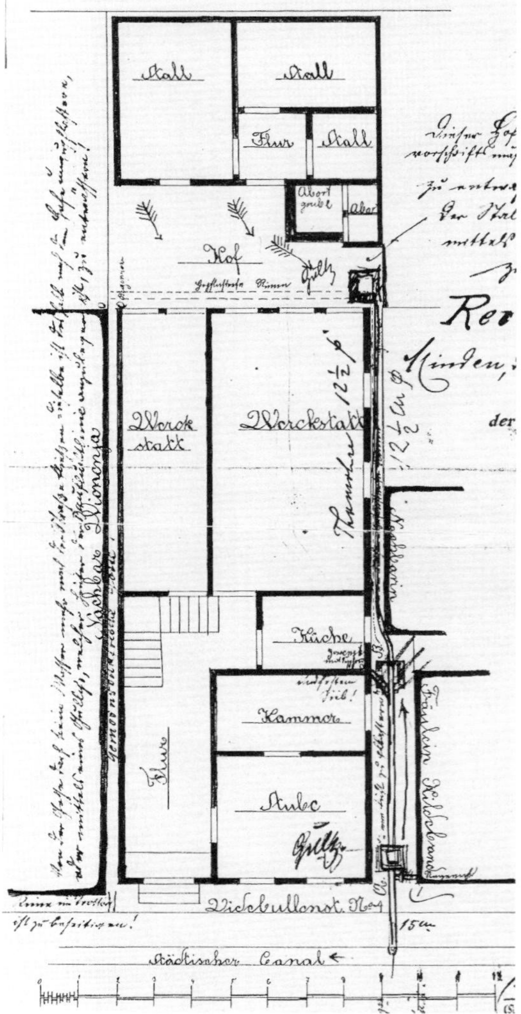

Abb. 1660 Videbullenstraße 4, Entwässerungsplan des Grundstücks von 1896.

Wohnhaus (um 1824–1972)

Zweigeschossiges und giebelständiges, tief in den Block reichendes Fachwerkhaus mit Satteldach. Das Gerüst stöckig verzimmert, mit aufgelegten Balken, Schwelle-Rähm-Streben und mit Backsteinen ausgefacht. Die dreiachsige Giebelfront verputzt und mit linksseitiger Haustür. Diese mit zwei Vorstufen, hölzerner Bekleidung, zweiflügelig und mit Oberlicht. Dachdeckung mit Linkskrempern.

Das Innere mit westlichem Seitenflur, in den rückwärts die gewendelte Treppe eingestellt ist. Seitlich Folge von Stube, Kammer und schmalerer Küche. Die rückwärtige Haushälfte im Erdgeschoß als Werkstatt eingerichtet.

1854 wurde ein *teilweiser Neubau* vorgenommen (KAM, Mi, F 1137), wobei das Hinterhaus in einem Teil eine dritte Etage als zusätzlichen Lagerraum erhielt. Hierfür in diesem Bereich die Dachfläche seitlich angehoben.

1896 Entwässerung; 1913 Kanalisation; 1972 Abbruch.

1853 Bau eines Stallgebäudes (KAM, Mi, F 1137).

Abb. 1661 Videbullenstraße 5, dahinter 3 und 1, Ansicht von Nordwesten, 1970.

VIDEBULLENSTRASSE 5 (Abb. 1661–1665)

1729 bis 1743 Martini-Kirchgeld Nr. 324; bis 1878 Haus-Nr. 492 a

Erbpachtland, das St. Martini vergab. Das Stift hatte es 1284 erhalten und seitdem zunächst zusammen mit Nr. 5 als Garten ausgegeben, der wohl seit dem 15. Jahrhundert zu kleineren Hausstätten aufgeteilt wurde. Das Grundstück gehörte vom 17. Jahrhundert bis um 1780 zu dem großen Anwesen Ritterstraße 19, war seit langem mit einem kleinen Mietshaus bebaut und wurde dann als kleine Hausstätte ausparzelliert.

1531 verpachtet St. Martini dem Hermann Schrimper ein Haus *in der Vitebullenstraten twischen der Vicarie Trinitatis vnd zaligen Johan Pinxtens huesse*. Früherer Besitzer war Mette, Witwe des Hermann Timpe (STA MS, Mscr. VII, 2722, Bl. 4r–4v. – STA MS, Mscr. VII, 2711, Bl. 116v); 1565 verkaufen Hermann Schrimper und seine Frau dem Tonnies Hartmann ihr *huess in der Vitebullenstrate belegen* (STA MS, Mscr. VII, 2722, Bl. 5r. – STA MS, Mscr. VII, 2722, Bl. 6r. – STA MS, Mscr. VII, 2711, Bl. 116v); 1574 verpachtet der Dechant St. Martini dem Bürger Bernd Warneking und Frau Alheid ein Haus in der Videbullenstraße zwischen dem des Johan Bodeker und dem der Vikarie St. Trinitatis, das bisher Thonies Hartmann und seine Frau Catharina bewohnten (STA MS, St. Martini, Regesten 593); 1574 Bernd Warneking (vorher Tonies Hartmann); 1596 Paul Wesseling (vorher Bernd Dradeking); 1667 Witwe Johann Wiehen; 1728 eines der beiden kleinen Häuser der Witwe Johann Henrich Schreiber, zum Anwesen Ritterstraße 19 gehörend; 1738 Hofrat und Postmeister Schultzes zweites Haus (früher Joh. Heinrich Schreibers kleines Haus); 1743 ohne Eintrag (Haus ohne Grundbesitz); 1750 Schultzen, deren *zweytes Haus*; 1755 Schultzens zweites Haus, 50 Rthl; 1762 Haus soll verkauft werden (siehe Videbullenstraße 3); 1764 Schulzens zweites Haus; 1766 Kammerdirektor Bährensprung zweites Haus; 1771 zusammen mit Haus-Nr. 491 für 300 Rthl versichert; 1781 Witwe Andersen; 1791 Aufseher Hoym; 1794 *Canzleysecretair* Zimmermann; 1798 Zimmermann; 1802/04 Kaup, vermietet an Auditeur Dönch, Haus für 400 Rthl ohne Braurecht;

1794 verkauft der Regierungsrat von Wick *das kleine Haus in der Vitebullen Straße neben dem Hause des Herr Bier Inspector Höym, olim Schreiber*, an den *Cammer-Cantzley-Sekretär* Christian Friederich Zimmermann (STA MS, St. Martini, Akten 144 c).

1803 erklärt der *Kirchenvorsteher und Backmeister* Johan Kaup das in der Videbullenstraße zwischen dem des Bier Inspektor Hoym Videbullenstraße 3) und dem *reformierten Cantor Zahn* (Videbullenstraße 7) *belegen Haus* von der Witwe des *Cammercantzleysekretair* Zimmermann testamentarisch geerbt zu haben, und möchte bemeiert werden (STA MS, St. Martini, Akten 144 c); 1818 Friedrich Kaup, Wohnhaus 400 Thl, Stallung 50 Thl; 1822 Registrator Nietsch, Erhöhung Wohnhaus auf 950 Thl; 1832 Witwe Registrateur Nitsch; 1846 Witwe Elisette Nietsch mit Familie und drei Gymnasiasten; 1853 Witwe Nietsch (im Obergeschoß Mieter Telegraf Herzog mit Familie, im Dach Pensionär Austrat mit Familie, insgesamt elf Personen); 1873/78 Zugführer Hoppmann; 1895/1908 Lokführer Anton Heitmann.

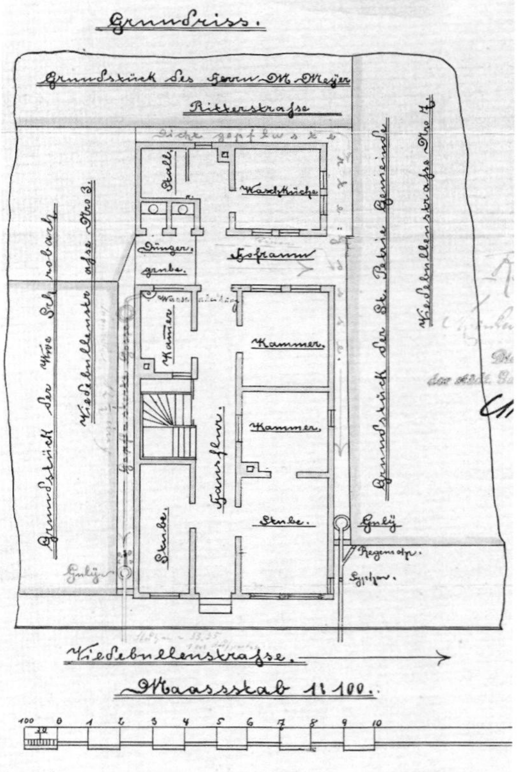

Abb. 1662 Videbullenstraße 5, Plan zur Entwässerung des Grundstücks 1895.

Haus (von 1794)

1794 als *Neubau* bezeichnet (aber fälschlich unter der Haus-Nr. 491 genannt. Siehe KAM, Mi, C 126). Heute muß das Haus als eines der wenigen, selbst in der inneren Ausstattung fast unveränderten Beispiele der reichhaltigen bürgerlichen Neubautätigkeit des späten 18. Jahrhunderts bezeichnet werden. Modern eingerichtetes Wohnetagenhaus, das auf Grund des Raumprogramms und der Ausstattung die Vermietung mehrerer getrennter Wohnungen ermöglichte. Der Ausbau des Dachgeschosses um 1822 dürfte auf die Wohnungsnot der neu befestigten Stadt zurückgehen. Das Haus heute ein bedeutendes Zeugnis der Entwicklung des Mietshauswesens, erhalten einschließlich des zugehörigen Wirtschaftsgebäudes.

Zweigeschossiges schmales Giebelhaus mit Krüppelwalm aus Fachwerk über hohem Kellersockel. Schmale Freitreppe von drei Stufen vor dem Haus mit heute eingezogener Haustür. Fassade verputzt mit flachen Bändern zwischen den Geschossen und vierachsig gegliedert, rechte Traufwand seit etwa 1912 mit Blechplatten in Backsteinmauerimitation verkleidet.

Das Gerüst von neun Gebinden ist zweistöckig und mit Backsteinen ausgefacht (Gefache am Rückgiebel um 1912 mit Zementputz versehen), mit aufgelegten Dachbalken, ausgesteift mit Schwelle-Rähm-Streben, die Ständerstellung von der Fensterordnung bestimmt. Das Dachwerk aus zweitverwendeten Eichensparren mit einer Kehlbalkenlage, heute mit roten Falzziegeln gedeckt. Die Fenster teilweise noch aus der Bauzeit (im Erdgeschoß am Rückgiebel).

Das Innere wird bestimmt durch einen durch das ganze Haus reichenden Längsflur mit Steinboden aus diagonal gelegten schwarzen, weißen, roten und gelben Steinplatten. Rechts breitere

Abb. 1663 Videbullenstraße 5, Erdgeschoßflur mit Blick zur Haustür, 1995.

Abb. 1664 Videbullenstraße 5, Tür von 1794 zur Wohnstube im Obergeschoß, 1995.

Wohnräume von zwei Fensterachsen (Stube, Kammer und weitere Stube), links schmalere Raumfolge aus Stube, gewendelter Treppenanlage und weiterem, beheizbarem Raum (Küche ?). Die Ausstattung mit Türen, Böden, Fußleisten, Lambris (im südwestlichen Raum) und Fenstern sowie Schornsteinen aus der Bauzeit erhalten. Die Treppe mit Sägebalustern in Rokokoformen. Das Obergeschoß durch eine Längswand unter dem First und zwei Querwände in sechs Raumteile unterteilt, vorne zwei große Wohnräume (jeweils mit zwei Fenstern, besonders aufwendig gearbeiteten Füllungstüren und erhaltenen hohen Fuß- und Stuhlleisten). In der Mitte westlich ein weiterer Raum, daneben der Flur. Rückwärtig östlich eine Küche (mit großem Kamin) und ein weiterer Raum.

Das Haus im Bereich des vorderen rechten Raumes unterkellert mit einer Backsteintonne, im Bereich des linken Raums mit einem Balkenkeller. Der Zugang zu diesen Kellern durch eine steinerne Treppe unter der Haustreppe, die auch in einen weiteren gebalkten Keller unter der westlichen Küche führt. Südlich anschließend ein weiterer sehr niedriger Kriechkeller, möglicherweise nachträglich zur Belüftung der Böden angelegt.

Abb. 1665 Videbullenstraße 5, Fenster im Erdgeschoß von 1794, Rückfront, 1995.

Der Ausbau des Dachbodens zu Wohnungen erfolgte um 1822 bei Besitzwechsel einschließlich einer Weiterführung der Treppenanlage (mit Geländer aus durchgesteckten diagonal gestellten Stäben), der Türen und der Raumeinteilung: vorne zwei Kammern, dahinter schmale Küche (mit Schleppgaupe in der westlichen Dachfläche) und Flur, rückwärtig großer Wohnraum. Um 1912 nach weiterem Besitzerwechsel Erneuerung der Haustür und Verkleidung der freien westlichen Traufwand. 1895 Entwässerung; 1912 Kanalisation; 1984 Eintragung in die Denkmalliste der Stadt Minden.

Auf dem Hof ein zeitgleiches eingeschossiges Wirtschaftsgebäude von drei Räumen aus Fachwerk mit flachem Pultdach (wohl ein ursprüngliches Satteldach ersetzend). Gerüst mit Schwelle-Rähm-Streben. Fenster und Türen der Bauzeit. Nachträglich wurden an den östlichen Seitengiebel zwei Aborte angebaut.

VIDEBULLENSTRASSE 6 (Abb. 1653, 1659)

1729 bis 1743 Martini-Kirchgeld Nr. 321; bis 1878 Haus-Nr. 488

Die kleine bürgerliche Hausstätte auf dem Gelände der bis in das 13. Jahrhundert bestehenden *Hinteren Curia Beldersen* dürfte erst nach 1530 durch die von der Stadt ab 1539 durchgeführte Aufteilung von Gartenflächen des hier nördlich anschließenden und von etwa 1238 bis 1530 bestehenden Dominikanerklosters entstanden sein. Das Grundstück seit 1980 unbebaut und dem Gelände Alte Kirchstraße 13 zugeschlagen.

1577 Heinrich Suttfeld; 1579 verpachtet der Dechant von St. Martini dem Cord Rinschen und Frau Geseke ein Haus in der Videbullenstraße zwischen dem des Arnd Rabin und dem des Cord Piper, das Heinrich Sutfeld und seine Tochter Alheid, die Witwe des Rud. Culeman, Leggemeister von Minden, aufgegeben hatten (STA MS, St. Martini, Regsten 618); 1606 Cord Reinsche; 1653/71 Hermann Böcker?; 1698/1711 Hinrich Hopman, zahlt jährlich 1 Thl 12 gr Giebelschatz; 1729/43 Wilhelm Adrian; 1750 Meister Meyer; 1755 Witwe Münstermann, Haus für 20 Rthl; 1763 Soldat Friedrich Münstermann; 1766 Witwe Münstermann; 1781 Münstermann, 25 Rthl; 1791 Friedrich Münstermann; 1798 Münstermann; 1802/04 Münstermann, Haus für 400 Rthl ohne Braurecht, hält kein Vieh; 1809 Witwe Münstermann; 1812 Heinrich Fahrenkamp; 1818 Fahrenkamp, Wohnhaus 250 Thl, Nebengebäude 150 Thl; 1832 Tagelöhner Joh. Friedrich Fahrenkamp; 1846 Schuhmacher Wilhelm Harlt; 1853 Schuhmacher Wienenga mit zwei Mietparteien (eine Stube als Werkstatt eingerichtet); 1873/78 Schuhmacher Wienenga (und sechs Mietparteien); 1908 Schuhmacher Ferdinand Wienenga; 1938 Bäckermeister Wienenga; 1950 Heinrich Lübeck; 1980 Benker.

Bude (um 1540 ?–um 1790)

Nach den nur geringen Versicherungswerten dürfte es sich bei dem Gebäude um eine eingeschossige Bude gehandelt haben. Sie scheint um 1790 für einen Neubau abgebrochen worden zu sein.

Wohnhaus (um 1790–1980)

Zweigeschossiger und giebelständiger Fachwerkbau mit Satteldach, der Giebel bis zuletzt verputzt und fünfachsig mit mittlerer Haustür gestaltet. Das Giebeldreieck leicht vorkragend. Das Haus nach den Proportionen und dem Anstieg der Versicherung um 1790 neu errichtet.

Das Innere mit geschoßhoher Diele auf der westlichen Seite, an die sich östlich eine Raumfolge von Stube, Kammer und Wandschrank (Bett ?) anschloß. In den breiten Flur nachträglich auch westlich eine schmale Stube mit Hinterkammer eingebaut. Treppe zum Obergeschoß vor dem Rückgiebel.

1895 Entwässerung; 1908 Kanalisation; 1962 Erweiterung der Entwässerungsanlagen; 1980 Abbruch.

Hinter dem Haus westlich in der zweiten Hälfte des 19. Jahrhunderts ein massiver eingeschossiger Anbau mit zwei Stuben angebaut, wobei hier um 1920 eine Backstube eingebaut wurde. Diese 1949 in eine Notwohnung umgebaut.

Auf dem Hof in der nordwestlichen Ecke ein fachwerkenes Wirtschaftsgebäude, in dem man vor 1890 eine weitere kleine Wohnung einrichtete.

VIDEBULLENSTRASSE 7, der sogenannte *Abtsgang*, zuletzt Vikarie St. Trinitas bei St. Martini

bis 1818 ohne Haus-Nr.; bis 1878 Haus-Nr. 492 b

Erbpachtland, das St. Martini 1284 erhalten hatte. Das recht schmale, aber tief in den Baublock reichende Gelände in seinem Zuschnitt seitdem festliegend und offensichtlich seit dem 15. Jahrhundert mit zwei Reihen von traufenständigen Buden bebaut, die an einem schmalen mittleren Weg entlang aufgestellt wurden, der im späteren 16. Jahrhundert als *Abtsgang* bezeichnet wurde. Er reichte bis hinter das Haus Ritterstraße 15. Hier scheinen die Vikare von St. Martini gewohnt zu haben, oder diese unterhielten hier kleine Zinshäuser zu ihrer Versorgung. Der Bau dieser kleinen Zinshäuser dürfte im Zusammenhang mit der Errichtung vieler weiterer solcher Häuser auf der östlich anschließenden Fläche entlang der Videbullenstraße und der Ritterstraße erfolgt sein (siehe auch die Nachrichten zur Geschichte und eine grobe Karte von 1687 bei Ritterstraße 13). Nachweisbar sind im Abtsgang mindestens acht Buden auf der östlichen Seite und eine nicht weiter bekannte Zahl von Häusern auf der westlichen Seite. Östlich des Zuganges stand ein größeres Haus, das zur Vikarie St. Trinitatis gehörte und am südlichen Ende des Ganges (hinter Ritterstraße 13) wurde zudem ein größerer Vikariatshof St. Maria Aegyptiaca eingerichtet. Nach der Reformation 1350 wurden die Häuser bis 1547 von der Stadt, dann wieder vom Stift als allgemeine Mietshäuser ausgegeben. Die meisten der Bauten an der Ostseite gelangten nun über längere Zeit in die Pacht von Mitgliedern der Familie Abt, wonach offenbar schon bald der prägende Name *Abtsgang* entstand, während die Häuser zuvor keine spezielle Lagebezeichnung hatten und als *an der Videbullenstraße* stehend bezeichnet wurden. Die Häuser der Westseite wurden mit der Zeit von den Besitzern des westlich anschließenden Hofes der Familie von Münchhausen (Videbullenstraße 9) erworben. Nachdem sich wohl 1597 anläßlich einer Neuverpachtung die Zahl der Häuser durch Zusammenlegung von jeweils zweien zu einer größeren *Bude* entlang der Ostseite auf die Hälfte reduzierte und zu dieser Zeit auch schon das hintere Vikariatshaus abgebrochen war, scheinen die Bauten des Ganges um 1630 zum großen Teil zerstört worden zu sein, so daß 1662 schließlich nur noch zwei Häuser der Ostseite und das vordere Vikariatshaus bestanden. Die Fläche der westlichen Häuserreihe war inzwischen dem anschließenden Adelshof (Videbullenstraße 9) zugeschlagen worden. Nach 1714 gelangte der westliche Teil der Fläche wieder zum ursprünglichen Grundstück, das nun mit einem großen Gebäude überbaut wurde.

LINKE (ÖSTLICHE) REIHE

1) VIKARIATSHAUS ST. TRINITATIS: die Vikarie wurde 1347 gestiftet und mit Landbesitz ausgestattet, das für 100 Osnabrücker Denare vom Kloster Loccum erworben worden war (siehe STA MS, St. Martini, Urkunden Nr. 127. – STA MS, Mscr. I, 111, S. 37 f. – STA MS, Mscr. I, 110, fol. 22'–23. – STA MS, Mscr. I, 114, fol. 21v–22r; 46). Die Einnahmen der Vikarie bestanden aus Zinsgerste, Abgaben des *Camhoff zu Dören*, Zinshühnern von fünf Personen aus Döhren und der Miete für das Vikariatshaus. Die Mieteinnahme wird von 1688–1722 mit jährlich 8 Thl aufgeführt. Die Vikarie 1560 von St. Martini an den Arndt Bonell, zuvor an den verstorbenen Johannes Grütener verpachtet. Der Propst von St. Martini beleibzüchtigt 1576 Gerd, Vye und Anna von Alden, Kinder des Johann von Alden, zur Zeit Inhaber der Vikarie St. Trinitas, mit dem Haus in der Videbullenstraße *nächst dem Abtgangs* (STA MS, St. Martini, Regesten Nr. 602); 1691 Kanonikatskurie St. Martini. 1688 heißt es: *ein alt hauß in der fitebullenstraßen NB: hac est manus propria Stephani Pellinger olim possesoris.* 1691 und 1694 ist ein Hopman wohl Mieter einer Haushälfte. 1694/96 wird auch eine Witwe Jochim genannt. 1706 heißt es dann: *der Canon aus der vormaligen Vicariatwohnung 8 RThl. NB Daß in der Vitebullenstraße nechst der reformierten Kirchen belegene niedergefallenen Vicariatshauß ist von hiesiger reformierten gemeynde wieder auffgebawet* und an sie in Erbpacht gegangen mit der Bedingung, jährlich 8 Rthl an den Vikar von St. Trinitas zu zahlen (STA MS, St. Martini, Akten 44).

2) ZWEI BUDEN: 1514 verpachtet St. Martini dem Hermann Abt und seiner Frau Debbeke ein Haus mit Hof *in der Viteboldenstrate achter dem huse vnnd hoff der hilligen Dreifoldigkeit.* Früherer Besitzer war Johann Abt und seine Frau Metteke (sind Vater und Stiefmutter des Hermann Abt). Heinrich, Aleke, Metteke, Greteke, Lucke und Snedeke, echte Kinder des Johann Abt und der Metteke, verzichten auf das Haus durch ihren Vormund Hermann Tegtmeier (STA MS, Mscr. VII, 2722, Bl. 14r–15v. – STA MS, Mscr. VII, 2711, Bl. 115r). 1518 verkaufen Hermann Abt und seine Frau Debbeke an St. Martini eine Rente aus einem Haus (ist Pachtgut des Vikariats

Heilige Dreifaltigkeit), *so de belegen synt in der Vitebolden strate achter dem huse vnnd houe behorich to dem lehne Trinitatis der suluen kercken vorscreuen dar de lutteke strate to geyt* (STA MS, St. Martini, Urkunden Nr. 303). 1522 verkaufen Hermann Abt und seine Frau Debbeke dem Rolf Reschene (Kanoniker von St. Martini) und dem Johann Bruggemann (Vikar St. Martini und Testamentsvollstrecker des Johann Campe, Senior von St. Martini) eine Rente aus einem Haus (Pachtgut St. Martini), *so de belegen synt in orem ganghe by des augustiners haue in der Viteboldenstrate* (STA MS, St. Martini, Urkunden Nr. 306b; STA MS, Mscr. VII, 2701b, Bl. 20v–21r. – STA MS, Mscr. VII, 2711, Bl. 117v). 1537 verkaufen Hermann Abt und seine Frau Gese den Bauherren von St. Martini eine Rente *jn vnd vth orem hu(o)se stede vnd mit desz tobehorynnge so dat jnn der Vittebollden straten twusken Gereke Peper vnd Metten Grellen zeligenn Hynricks Grellen nagelaten wedewen husen belegen* (KAM, Mi, A I, Nr. 538). 1597 verpachtet der Dechant von St. Martini an Rudolf Abt zwei Häuser in der Videbullenstraße, hinter dem Hause der Heiligen Dreifaltigkeit im Abtsgange, die bisher Herman Abt (Großvater des Rudolf) mit seinen Kindern in Pacht hatte (STA MS, St. Martini, Regesten Nr. 751)

3) ZWEI BUDEN: 1597 verpachtet St. Martini dem Thomas Kivenhagen, Sohn des verstorbenen Joh. Kievenhagen und seiner Frau Gese zwei Häuser in der Videbullenstraße und in der Abtgasse, beim Hofe des Ludewig von Remmerthausen, die bisher Herman Abt in Pacht hatte (STA MS, St. Martini, Regesten 748).

4) ZWEI BUDEN: 1597 verpachtet der Dechant von St. Martini Jobst Klapmeyer und Frau Mette zwei Häuser in der Videbullenstraße und in der Abtgasse, neben Thomas Kivenhagens Haus, das bisher Herman Abt in Pacht hatte (STA MS, St. Martini, Regsten 750).

5) ZWEI BUDEN: 1597 verpachtet der Dechant von St. Martini der Anna, Witwe des Claus Weideman, zwei Häuser in der Videbullenstraße und in der Abtgasse, beim Hofe des Ludewig von Remmerthausen, neben Jobst Klapmeyers Wohnung, die bisher Herman Abt in Pacht hatte (STA MS, St. Martini, Regesten 749).

6) VIKARIATSHAUS ST. MARIA ÄGYPTIACA: Die zu nicht bekannter Zeit gegründete Vikarie wurde 1473 erweitert (BEHR 1992, S. 621). Das Haus stand hinter dem Haus Ritterstraße 13 und scheint, nachdem es stark verfallen und der notwendige Neubau 1593 festgestellt wurde, spätestens um 1600 ersatzlos abgebochen worden zu sein. (siehe STA MS, St. Martini, Akten 163)

RECHTE (WESTLICHE) REIHE

1) 1560 verpachtet St. Martini dem Arnd Bonel und seiner Frau Ilse ein Haus mit Stätte *in der Viteboldenstrate twisschen der Augustiner haue, den nu Tonnies van Monnichausenn nagelaten wethwe hefft vnd Arendt Bonells huse belegen.* Früherer Besitzer des Hauses war der verstorbene Johann Grutener (STA MS, Mscr. VII, 2701b, Bl. 83v–84v). 1574 verpachtet St. Martini dem Heilwig von Lutzow und den Geschwistern Segebard, Anna, Heilwig, Hermann und Christoff von der Hude ein Haus in der Videbullenstraße am Abtsgang, das die Augustiner in Herford in Pacht gehabt hatten und darauf Tönnies von Münchhausen, des verstorbenen Dietrich Sohn (STA MS, St. Martini, Regesten Nr. 597). 1579 wird dem Levin von Münchhausen, Sohn des verstorbenen Joist von Münchhausen, ein Haus in der Videbullenstraße verpachtet, gelegen zwischen dem der Vikarie St. Trinitas und dem des Herman von der Hude, das er von der Tochter des verstorbenen Benedict Berenrodt gepachtet hat und das vorher der Heinrich von Lutzow und die Geschwister von der Hude, Segeband, Anna, Heilwig, Hermann und Christoph, in Pacht hatten (STA MS, St. Martini, Regesten 620).

2) 1577 verpachtet der Dechant von St. Martini an Herman von der Hude ein Haus in der Videbullenstraße zwischen dem Haus des *von der Hude* und des Arnd Bonel, nachdem Gedeke, Tochter des verstorbenen Benedict Berenbrodt verzichtete (STA MS, St. Martini, Regesten 610). 1579 verpachtet der Dechant von St. Martini dem Herman von der Hude ein Haus in der Videbullenstraße zwischen dem des Herman von der Hude, das er von der Tochter des verstorbenen Benedict Berenbrock gekauft hat, und dem des Johan Bonel. Das Haus bewohnte bisher Heinrich Rinsche und seine Frau Geseke (STA MS, St. Martini, Regesten 617).

Am 21.7.1662 wird von St. Martini ein Pachtbrief für den Regierungsrat Daniel Ernst Derenthal und seine Frau Cath. Maria von Drebber ausgestellt über *zwey verschiedene unser Kirchen zugehörige Häuser, und sechs* [...] *Häuser, durch d Kriegswessen ruinirt und abgebrochen sein; ins Osten auf Tönnies Jägers, Joest Knochenwefels und Tönnies Brandts Häuser, nach Westenn uff Herr Derenthals und Cap: Schreibers Höfe, welcher Schreibers Hoff unser Kirche auch pfachtbar, nach süderseit angemeltenn Derenthals Hoff langshero, unnd nach norderseits respective* [...] *Vikariat Hoff SS: Trinitatis* (Dreifaltigkeit) *unnd Theodori Mönkings Hoff, welcher Mönkings Hoff gleichfalls unser pachtguet ist, im Abbsgange belegenn, schießende*, wie sie bisher Baltasar Steffens Witwe inne hatte (STA MS, St. Martini, Urkunden 419).

1713 wird festgestellt, daß sich im Abtsgange drei Häuser befinden, von denen das eine Michael Kemenau, das zweite Balthasar Scheffening und das dritte Rolff Abdes Bude sei (PfA St. Martini S.1).

WAISENHAUS (SPÄTER KÜSTERHAUS) DER REFORMIERTEN GEMEINDE: 1701 wird das Münnermannsche Haus mit Braurecht und den bürgerlichen Pflichten versteigert. Es wird von Leutnant Münter für die reformierte Gemeinde erworben, um hier ein Waisenhaus einzurichten. Darüber kommt es zum Streit mit der Stadt (KAM, Mi, B 103 e,14 alt). 1713 wird festgestellt, daß für das reformierte Gemeinde-Waisenhaus, in dem zuletzt der Schnurmacher Jochmus gewohnt hätte, noch die Kirchengelder an St. Martini für die Zeit ab 1676 zu zahlen seien (PfA St. Martini, S 1). Die Einrichtung des reformierten Waisenhauses hatte schon eine längere Vorgeschichte: Die Drostin Anna Gertrude von Münchhausen (1626–1687) übertrug 1686 der Gemeinde 900 Rthl für ein Waisenhaus, und 1691 hatte sich der Kurfürst Friedrich III. verpflichtet, ein Waisenhaus zu stiften und zu diesem Zweck 1698 500 Rthl gegeben. Weitere Spenden durch Bürger (SCHROEDER 1886, S. 630. – SCHMUHL 1994, S. 91. – KUHLMANN 1994, S. 116); 1698 errichtet die Gemeinde eine eigene Schule und stellt einen Lehrer ein. 1705 Schulhaus St. Petri, mit einer weiteren Spende (Einkünfte aus der Vikarie Assumptionis Beatae Mariae Virginis des Domes, die seit 1686 der reformierten Gemeinde zum Unterhalt des Schulhauses überwiesen ist, vgl. Teil II, Kap. VII.2.7, S. 621) durch König Friedrich I. zum Wohle des Waisenhauses. Die Lage dieser Schule ist nicht bekannt, wird aber schon bald in das neue Waisenhaus verlegt. Nachdem man das Waisenhaus, in dem jeweils 10 bis 12 Kinder von reformierten Eltern aufgenommen wurden, um 1750 aufgab, diente das Gebäude bis 1835 nur noch als Schulhaus (seit 1813 als allgemeine Bürgerschule). 1798 reformierte Schule; 1809 Rektor Silkenstadt; 1818 reformierte Kirchengemeinde, Schule, versichert mit 600 Rthl; 1832 Küsterei der reformierten Kirche; 1846 Lehrer Heinrich Jerrentrup und eine Mietpartei; 1853 nicht genannt; 1895/1908 Küsterhaus der Petrigemeinde.

Vikariatshaus St. Trinitatis (bis um 1705)

Das Haus wird 1701 beschrieben als 80 Fuß lang und 28 Fuß breit (etwa 29 x 9,3 m), hatte also recht große Ausmaße. Um 1705 eingestürzt und wohl durch das reformierte Waisenhaus (siehe unten) ersetzt.

Vikariatshaus St. Maria Aegyptiaca (bis um 1600)

1593 wurde der notwendige Neubau des Gebäudes überlegt (überliefert als Beiheftung in einer Akte 1698 in KAM, Mi, B 122). Danach handelte es sich um ein massives Giebelhaus mit aufgesetztem und ebenfalls massivem Speichergeschoß: *an beyden seiten mit Mauren undt Bogen biß zum untersten Balken, und zwar unten mit fünf und oben mit sex bogen aufgeführt, die orttstend und Hauß thor von Haußberger steinen, der Keller gewölbt, viel Balken im Hause unten und oben anzutreffen.* An Steinen für den Giebel benötige man: *1 Schiff Berg Hawsteine, 3 Schiffe ruhe Steine, 13 M. Mürsteine kosten 56 gfl, 20 Fuder Kalck kosten 20 gfl.* An Holz benötige man 27 *Balken* von 41 *Schuhen*, 58 *Spahren* von 40 *Schuhen.* Für *Giebelholz* 8 Block von 30 Schuhen zu 4 *Unterschlägen* unten und oben und *ständern* 6 Blöcke; zu Latten 10 Blöcke, *so auch nicht eine delle im gantzen Hause, so wiederum gleck werden könne, müßten woll haben zu dellen 10 block Dellen Holtzes. Von den alten Balcken müchte man die untersten Hanenbalken redden. Nota, einfältige Dacksteine, ist auch vielen orthen weith zu brochen und will in demolitione auch etwas umbkommen.*

Waisenhaus und Schule der reformierten Gemeinde, später Küster- und Schulhaus (um 1705–um 1920)

Eingeschossiger und traufenständiger, verputzter Fachwerkbau mit fünfachsiger Fassade, an der Vorderfront ein hoher und übergiebelter Dachausbau. Das Innere mit mittlerem Längsflur, der bis zur Hoftür führt. Westlich eine Folge von Stube und zwei Kammern, östlich vordere Stube und große rückwärtige Küche. In diese auch die Treppe zum Obergeschoß eingestellt. Rückwärtig ein östlicher Flügelbau auf halber Hausbreite mit weiterer Stube und Kammer dahinter. Das Haus wohl um 1920 abgebrochen und die Fläche dem Garten von Nr. 9 zugeschlagen.

VIDEBULLENSTRASSE 8 (Abb. 1653, 1659)

1729 bis 1743 Martini-Kirchgeld Nr. 320; bis 1878 Haus-Nr. 487

Die kleine bürgerliche Hausstätte auf dem Gelände der bis in das 13. Jahrhundert bestehenden *Hinteren Curia Beldersen* dürfte erst durch die von der Stadt ab 1539 durchgeführte Aufteilung von Gartenflächen des hier nördlich anschließenden und von etwa 1238 bis 1530 bestehenden Dominikanerklosters entstanden sein. Da es sich um ein Pachthaus von St. Martini handelt, dürfte die Hausstelle wohl erst nach 1548, nach der Rückgabe des Kirchenvermögens entstanden sein. Das Grundstück ist seit 1971 unbebaut und dem Gelände Alte Kirchstraße 13 zugeschlagen.

Auf dem Haus zu nicht näher bekannter Zeit eine Obligation beim Hospital St. Nikolai eingetragen. Für diese jährlich 8 gr gezahlt (KAM, Mi, B 103 b,2 alt). Das Haus soll bis 1802 als sogenannte *Judenherberge* gedient haben.

1579 Cord Pieper; 1606 verpachtet der Dechant von St. Martini an Ludwig Karendriver, genannt Sonneding und seine Frau Alheid ein Haus in der *Vitebollenstrate* zwischen Herman Krogers und Cord Reinschen Haus, das vorher Joh. Sickmann in Pacht hatte (STA MS, St. Martini, Urkunden 395); 1612/14 Melchior von der Wiek (war von 1585 bis 1608 erster Sekretär der Stadt. Seine Nachfahren später in Königstraße 32 – siehe Nordsiek 1993, S. 33); 1653 bewilligt das Kapitel von St. Martini, daß Johan Hölscher als Bevollmächtigter der Erben des Melchior von der Wyck, *ein Kirchenpfachthaus und Stedde in der Vietebullenstraße zwischen Brandt Rüterß, so auch unser Kirchen Pfachtgut, unnd Herman Böckers behausung*, dem Meister Jobst Witschiven und seiner Frau Elisabeth verkaufen darf (STA MS, St. Martini, Urkunden 404);1653 Jobst Witschiven (vorher Melchior von der Wyck), vor 1670 Witwe Wietschieven; 1670 Kauf durch Jude Zacharias Hirsch für 600 Rthl (Nordsiek 1988, S. 33); Revers des Zacharias Hirsch und Frau Sara vom 27.5.1671 über die Pachtung eines Hauses auf der Videbullenstraße zwischen dem des Brandt Rüters und dem des Herman Boecker, auf das Heinrich Hadewich als Bevollmächtigter der Elisabeth Lagingk, Witwe des Meisters Jobst Wietschieven, verzichtet habe (STA MS, St. Martini, Urkunden 427); 1675/79 Zacharias Hirsch; 1698 Jonas Hirsch, vorher Zacharias Hirsch, zahlt jährlich 3 ½ Thl Giebelschatz; 1703 der Jude Jonas in Hirschens Haus; 1709/11 Jonas Hirsch; 1710/50 zahlt Jonas Hirsch 1 gr 4 d Pacht an das Nikolai-Hospital wegen einer auf dem Hause lastenden Obligation; 1755 vermieten Nathan Jonas Hirsch und Frau Malca Hertz ihr Haus (Pachthaus von St. Martini) an der *Fiddebullen Straßen* an Joseph Meyer und dessen Frau auf 10 Jahre (STA MS, St. Martini, Akten 144 c); 1738/40 Jonas Zacharias Hirsch; 1743 nicht genannt (Haus ohne Grundbesitz); 1750 Jude Hersch; 1751 Jonas Hirsch; 1759 der Jude Nathan Meyer, *wohnet jetzt darinne;* 1766 Jude Nathan Meyer, Haus für 400 Rthl; 1770 Jude Nathan; 1774 Jude Nathan; dann der Jude Friede, Samuel Nathan (KAM, Mi B 103 b,2 alt; C 203,22 alt; C 604); 1781 Jude Natan, 200 Rthl; 1798 Witwe Natan, Haus ist halb massiv; 1802 Jüdin Natan, 200 Rthl; 1802 verkauft der Jude Natan Hirsch für 500 Rthl das Haus-Nr. 487 an der Videbullenstraße an den Juden Brendel Hertz, der damit von

St. Martini bemeiert wird (STA MS, St. Martini, Akten 144 c); 1804 Jude Michel, Haus ohne Braurecht, hält 1 Pferd; 1808 Namensänderung von Michel (* 1796), Sohn des Samuel Nathan, zu Michel Friede (siehe Herzig 1978, S. 50); 1809 Schlächter Michel Friede; 1818 Nathan Friede, Wohnhaus 800 Thl, Nebengebäude 200 Thl; 1832 Michael Friede; 1836 Erhöhung Wohnhaus auf 1 800 Thl, Nebenhaus gesenkt auf 125 Thl, neu Anbau 75 Thl; 1846/53 Tischler Amandus Rosenkranz (ist katholisch) mit drei Mietparteien (eine Stube als Werkstatt eingerichtet); 1873/78 Zugführer Schenker (und zehn Mietparteien); 1902/08 Schlossermeister Adolf Kayser; 1959 in dem Haus Schlosserei und sechs Wohnungen; 1970 Erika Benker.

Haus (16. Jahrhundert–1971)

Zuletzt dreigeschossiger und giebelständiger Bau mit massiver, verputzter und siebenachsig gestalteter Front über einer Grundfläche von 11,6 m Breite und 17 m Tiefe. Die Baugeschichte des ungewöhnlichen, aber ohne weitere Dokumentation abgebrochenen Gebäudes nicht weiter bekannt; möglicherweise als Dienstwohnung des ersten Stadtschreibers im späten 16. Jahrhundert entstanden. Nach den Proportionen und einem Zeitungsfoto des Abbruchs wohl im Kern ein eingeschossiger und giebelständiger Fachwerkbau, als Dielenhaus mit Torbogen und seitlichen Abtrennungen sowie rückwärtiger Saalkammer vorstellbar. Dieser Bau dann später wohl zweifach um eine Etage erhöht und zudem den größten Teil der Außenwände massiv erneuert. Offenbar zunächst westlich ein breiteres Seitenschiff mit Stube, östlich (später ?) ein schmaler Einbau. Das hintere Drittel des Hauses auf der ganzen Breite mit einem halbeingetieften Keller, darüber eine Saalkammer zu vermuten.

1802 wird berichtet, *der Jude Michel hat die Juden Herberge gekauft und läßt sie ob neu bauen* (KAM, Mi, C 142). Dabei wahrscheinlich das zweite Obergeschoß mit dem flach geneigten Dach aufgesetzt. Der Vordergiebel wohl um 1860 erneuert oder umgestaltet; 1895 Entwässerung; 1902 Umbau eines Schaufensters, da der Laden wieder als Wohnzimmer eingerichtet wird.

1903 Bau eines kleinen massiven Waschhauses auf dem Hof; 1906 Überdachung des rückwärtigen Hofplatzes zur Lagerung von Leitern und Wagen; 1971 Abbruch des gesamten Komplexes.

Beim Abbruch soll ein Torbogen mit Renaissancedekoration geborgen und in das Museum Minden verbracht worden sein.

VIDEBULLENSTRASSE 9, Münchhausenhof (Schwarze Linie) (Abb. 1666–1668, 1670)

bis 1818 ohne Haus-Nr.; bis 1878 Haus-Nr. 492 c; bis 1908 Videbullenstraße 9/11

Das in der Neuzeit große Hofgrundstück setzte sich aus zwei Teilgrundstücken zusammen, die – mit unterschiedlicher Geschichte – beide zum Eigentum des Martini-Stiftes gehörten. Der schmalere östliche Teil aus dem westlichen Teil des sogenannten Abtsganges hervorgegangen, wo Lewin von Münchhausen 1579 ein Pachthaus von St. Martini hatte erwerben können – dieses war schon zuvor zeitweise als Altenteil von der Familie von Münchhausen genutzt worden –, während der westliche Teil von 1428 bis 1613 von der Familie von Münchhausen in Erbpacht von St. Martini besessen wurde. Es handelte sich um ein 1284 an das Stift gefallenes Gelände, für das seitdem 8 solidi Pacht zu zahlen war. Danach gelangte das ganze Gelände nacheinander in Erbpacht an verschiedene hervorgehobene Persönlichkeiten, wobei noch zu dieser Zeit zwischen einem Lehnhof und einem Erbpachthaus unterschieden wurde. 1714 kam der Komplex in den Besitz der reformierten Gemeinde, die ihn bis heute als Pfarrhaus nutzt. Danach der östliche Teil wieder dem schon seit 1701 der reformierten Gemeinde gehörenden Grundstück Nr. 7 zugeschlagen.

1332 vielleicht die *area* des Ritters Rembert von Duvel (siehe Nr. 11); Seit 1428 ein Stadthof der Familie von Münchhausen/Schwarze Linie (schon 1359 besaß die Familie von Münchhausen/Weiße Linie einen Hof in Minden an der Kampstraße 25/Greisenbruchstraße 18). Inhaber wohl zunächst Ludolf von Münchhausen, Lehnsmann des Bischofs von Minden und Burgmann zu Schlüsselburg (von Lenthe 1976, S. 38); 1528 Tönnies (Anton) von Münchhausen (vor 1500–vor 1566). Er ist der Sohn des Dietrich von Münchhausen, Pfandherr zu Rhaden; 1542 leiht Tönnies von Münchhausen zusammen mit seiner vor 1542 geheirateten Frau Heilwig von der Hude der Stadt Bremen 800 gfl, 1552 wird er Drost des Bischofs von Bremen im Amt Neuhaus/Oste (von Lenthe 1976, S. 66); 1560 Witwe des Tönnies von Münchhausen (v. d. Horst 1898, S. 137); 1567 wird Heidewich von der Hude, Witwe des Tonnies von Münchhausen in

Abb. 1666 Videbullenstraße 9, Inschriftbalken von 1528 (heute im reformierten Gemeindehaus Ritterstraße 7 a).

der Marienkirche beerdigt; 1576 wird Anna von Hude, Witwe des Jobst von Münchhausen († 1565) in der Marienkirche beerdigt (eine Grabplatte unbekannter Herkunft für die 1579 verstorbene Ilsa von Münchhausen (Tochter des Jobst) heute an der südlich anschließenden Petrikirche aufgestellt – siehe Schlipköther 1990, S. 82); 1579 Levin von Münchhausen pachtet den Hof vom Martini-Kapitel (vgl. STA MS, St. Martini, Urkunden 620). Er starb unverheiratet als letzter seines Stammes der Familie schon vor 1582 (von Lenthe 1976, S. 94). Offensichtlich gelangte der Hof nach seinem Tode an die Nachfahren seines Vetters, die auf dem Hof an der Kampstraße bzw. auf dem Spenthof vor der Stadt lebten.

1637 wurde das Haus eximiert, später von der Witwe des *sehl. Junkers* Jobst von Spiegel, Erbgesessener zu Klingenberg, dem Martini-Kapitel zurückgegeben und von diesem umgehend an Dr. Heinrich Schreiber weitergegeben; 1657 Heinrich Schreiber, Doktor der Rechte und Bürgermeister und seine Ehefrau Beata Erp-Brockhausen erhalten vom Martini-Kapitel das *in der Vitebullenstraßen zwischen unseren vom wohlg. Capitul auch zu Pfacht empfangenen Adelichen Erbpacht Hoffe an einer und dan Albert Meyers sehl. Hause an der anderen seiten belegenes Erbpachthauß;* 1685 betrugen die Abgaben für den Hof: *pro laudemio der 50tzigste Pfennig von den Kaufgeldern pro sigillo dem H. Decan goldt und silber 2 ¼; dem Capitulo ein 4tel wein – 1 Thl. 12; Syndico 1 Rthl; Secretario 1 Rthl. undt das pergament zum pfacht brieff; Camerario eine Kanne wein*; 1662 Theodor von Münchhausen; 1714 Subhastation des *Mönkingschen Pachthauses* (auch als *freyer Hoff* bezeichnet) an der Videbullenstraße (in dessen Verlauf die Geschichte bis in das 16. Jahrhundert zurückverfolgt wird. Siehe dazu STA MS, St. Martini, Akten Nr. 164). Er wird von dem Regierungsrat von Montingny für 1 205 Rthl erworben und 1715 der reformierten Kirchengemeinde überlassen, die dort ein Pfarrhaus einrichtet (zuvor in dem Haus Ritterstraße 7, in dem sich auch die Kirche befand). Als Pfarrer (zugleich bis um 1850 Mitglied des Konsistoriums und Superintendent der reformierten Gemeinden in Bielefeld, Herford, Vlotho und mit dem Titel »Hofprediger«) sind hier nachzuweisen (nach Schmuhl 1994, S. 20): bis 1737 Hermann Pörtner, 1737/54 Georg Christian Sagittarius, 1754/1806 Johann Andreas Fricke, 1806/11 Johann Samuel Snedlage, 1811/19 Justus Wilhelm Gottlieb Beckhaus, 1818/51 Ernst Rudolf Niemöller, 1852/55 Abraham Rübel, 1856/71 Gustav Lenhartz, 1872/1911 Florenz Kriege, 1912/36 Paul Luckfiel, 1936/38 Albrecht Wollenschläger, 1938/50 Heinrich Puffert, 1950/63 Dr. Reinhard Freese, 1963/67 Dr. Heinrich Quistorp, ab 1967 Wilhelm Kreutz.

1818 reformierte Kirchengemeinde, Predigerhaus, versichert für 1 200 Rthl, Scheune und Holzstall für 300 Rthl; 1846 als Mieter auch Rektor Gerhard Adams; 1853 nicht genannt; 1878/1908 Pfarrhaus Petrigemeinde (das Huderecht auf sechs Kühe vor dem Marientor wird 1896 in ein Grundstück verwandelt).

Haus (1528–1890)

Das Haus wurde nach dem erhaltenen Inschriftbalken 1528 errichtet. Der Baukomplex nicht weiter dokumentiert und aus zwei im Winkel stehenden Bauteilen bestehend. Nur der Westgiebel des Westflügels fotografisch durch Aufnahmen des Nachbarhofes Nr. 11 dokumentiert (siehe Abb. 1670). Der Bauteil danach zweistöckig, mit massivem Erd- und fachwerkenem Obergeschoß. Dieses an den Traufseiten über Knaggen vorkragend, mit einer Riegelkette und Aussteifung im Längsverband mit Kopf- und Fußbändern. Vor dem Westgiebel eine große aus Backsteinen aufgemauerte Kaminanlage gestellt.

1890 Abbruch des Hauses, wobei Teile seines Fundamentes bis heute im Pfarrgarten erhalten blieben (der Nachfolgebau weiter nördlich an der Straße errichtet).

Ein an unbekannter Stelle des Hauses angebrachter langer Balken aus Eichenholz mit Inschrift von 1528 beim Abbruch ausgebaut und 1913 in zwei Teile getrennt in einen Raum des Obergeschosses des nahegelegenen Petri-Gemeindehaus (Ritterstraße 7 b) wieder eingebaut. Er zeigt frühe Formen der Zierschnitzerei: Am Anfang das Vollwappen des Tönnies von Münchhausen, nach (heraldisch) links gekehrt. Im gelehnten Schild ein Mönch en face, der in seiner rechten Hand einen Stab hält. Statt der üblichen Helmzier, die den Mönch wachsend zeigt, hier ein Federbusch (?). Daran anschließend eine lange, in einem vertieften Feld aus dem Holz gearbeitete Inschrift in spätgotischer Textura: *Ick · Tonies · van · Monnickhuse(n) · zelghe(n) · diderickes · sone ·* (Lücke im heute hier getrennten Balken, wohl zwei abgeschnitzte Wörter) *· hebbe · duth · buwe(n) · late(n) · Am · Jar ·*

XXVIII. Am Schluß Meisterzeichen: Göpel mit hinteren Schaftnasen an den oberen Schäften. Anschließend Reliefszene mit zwei Brustbildern: ein Mönch redet auf einen Mann mit Kappe ein, der sich mit beiden Zeigefingern »das Maul zerreißt«. Am äußeren Ende wiederum ein Vollwappen mit ledigem Schild (Schildbild abgeschnitzt?) und zwei hornartigen Spitzen als Helmzier (siehe auch WEHKING 1997, Nr. 71).

Reformiertes Pfarrhaus (von 1890/91)

Nach einem Entwurf des königlichen Bauinspektors Saran ausgeführt (der zugleich auch den Konfirmandensaal Ritterstraße 7 baute). Zweigeschossiger Backsteinbau über hohem Kellersockel (Kappen auf Gurtbögen) und mit nur teilweise ausgebautem Vollwalmdach. Der Bau mit Backsteinfronten und nur zurückhal-

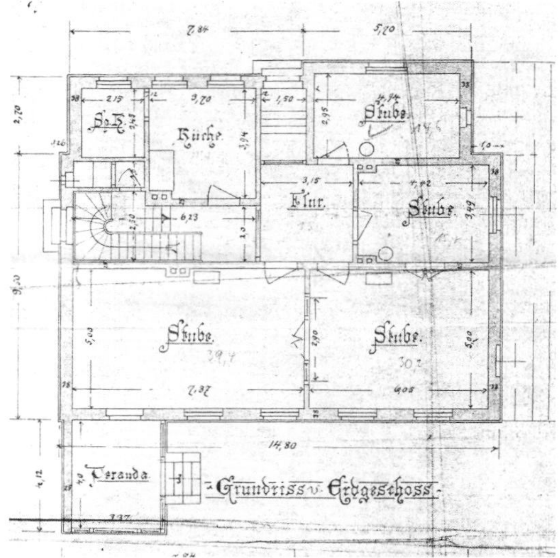

Abb. 1667 Videbullenstraße 9, Grundriß vom Erdgeschoß, Bauinspektor Saran 1890

Abb. 1668 Videbullenstraße 9, Ansicht von Nordosten, 1993.

tender, fast karger Dekoration durch deutsche Bänder zwischen den Geschossen, dabei die strenge Form im späthistoristischer Weise in den Umrissen malerisch aufgelöst durch einen zweigeschossigen und übergiebelten Vorbau im östlichen Teil der Vorderfront. Hier ein schlichter Blendgiebel mit Fuß- und Giebelstaffel. Die Fenster mit Stichbögen.

Zugang in der Mitte der Vorderfront mit spitzbogiger »gotischer« Türöffnung über innere Vortreppe zu einem kleinen Flurraum. Von diesem die vordere Amtsstube sowie die drei weiteren Wohnräume nach Osten und Süden, ferner ein Flur, der die Küche mit Speisekammer im Nordwesten sowie das eingestellte und gewendelte, von der westlichen Seitenfront belichtete Treppenhaus zum Obergeschoß erschließt. Im Obergeschoß acht Schlafkammern. Aborte im Hausinneren zwischen Treppe und Speisekammer. Der Südfront eine eingeschossige, hölzerne Veranda vorgelegt.

1894 Entwässerung; 1904 Kanalisation; 1940 Einbau Luftschutzraum; 1969 Renovierung, wobei die Fenster sowie die Innentüren erneuert werden. Veranda mit Stahlbeton und Balkon darüber erneuert, ferner der Vordergiebel vereinfacht.

Die Grundstückseinfassung 1913 nach Zurücknahme auf die Bauflucht als geschmiedetes Gitter über Backsteinsockel errichtet und 1958 mit dem alten Gitter erneuert.

Konfirmandenzimmer (um 1820–1891)

bis 1878 Haus-Nr. 492 e; bis 1891 Videbullenstraße 13

Vor 1828 als kleiner und quadratischer Fachwerkbau im Nordwesten des Grundstücks unmittelbar an die Straße gebaut, möglicherweise durch Umbau eines älteren Stallgebäudes entstanden. 1891 durch einen Neubau unter der Adresse Ritterstraße 7 a ersetzt.

VIDEBULLENSTRASSE 10 (Abb. 1653, 1659, 1669)

1729 bis 1743 Martini-Kirchgeld Nr. 318; bis 1878 Haus-Nr. 486

Die kleine bürgerliche Hausstätte auf dem Gelände der bis in das 13. Jahrhundert bestehenden *Hinteren Curia Beldersen* dürfte erst nach 1530 durch die von der Stadt ab 1539 durchgeführte Aufteilung von Gartenflächen des hier nördlich anschließenden und von etwa 1238 bis 1530 bestehenden Dominikanerklosters entstanden sein.

1606 Hermann Kroger; 1653/71 Brandt Rüter; 1715 Dove; 1729 Daniel Francke; 1738/40 Eberhard Daniel Franke; 1743 nicht genannt (Haus ohne Grundbesitz); 1750 N. Rust; 1755 Ruthes Haus, 60 Rthl, Mieter ist wohl Eberhard Franke; 1764 Hermann Bartelmeyer; 1766 Walter, 60 Rthl; 1781 Bergmann Kornhard, 50 Rthl; 1791 Henrich Kern; 1798 Leineweber Kern; 1802/04 Kern und eine Mietpartei, Haus für 200 Rthl, ohne Braurecht, ohne Vieh; 1809 Schuster Kranig; 1818 Schuhmacher Krahnig,

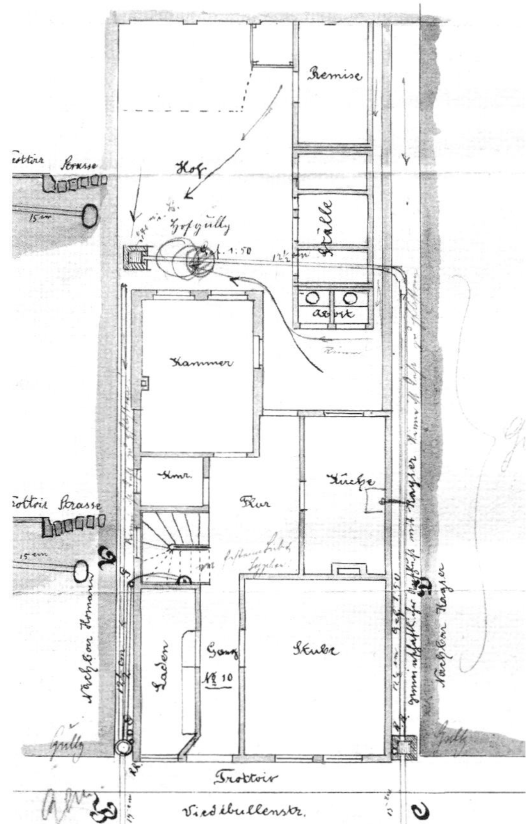

Abb. 1669 Videbullenstraße 10, Plan zur Entwässerung des Grundstücks, 1895.

Wohnhaus 300 Thl, Anbau 100 Thl; 1832 Schuster Johann Kranich; 1846/53 Tischler Gröne (eine Stube als Werkstatt eingerichtet); 1873/78 Tischler Gröne; 1895 Fritz Reese; 1908/09 Zigarrenarbeiter Wilhelm Heitlage; 1932 Maurermeister Johann Flore.

Dielenhaus (Mitte des 16. Jahrhunderts–um 1810)

Im Erdgeschoß des heutigen Hauses umfangreiche Reste eines umgebauten Gerüstes aus der Mitte des 16. Jahrhunderts. Dieses mit aufgelegten Balken und einer starken Riegelkette; Längsaussteifung mit Kopfbändern im Längsverband.

Wohnhaus (um 1810)

Das Haus den Proportionen nach im frühen 19. Jahrhundert für den Schuhmacher Kranich errichtet, wohl um 1810 (im Zusammenhang mit der wesentlichen Erhöhung der Versicherung). Allerdings wurde dabei das Erdgeschoß des Vorgängerbaus weiter genutzt. Seitdem ein zweigeschossiger und giebelständiger Fachwerkbau mit Satteldach und bis heute verputzter vierachsiger Front. Der Bau von nur geringer Tiefe im Erdgeschoß vorne rechts mit einer Stube und dahinter einer schmaleren, vom Hofgiebel belichteten und möglicherweise erst nachträglich abgetrennten Küche. Der Kamin in der Trennwand beider Räume. Westlich mit Diele, von der wohl später ein schmaler westlicher Laden abgetrennt wurde. Dahinter die gewendelte Treppe zum Obergeschoß. Rückwärtig ein schon 1828 vorhandener westlicher Flügelbau, wohl nachträglich mit massiven Umfassungswänden versehen.

Auf dem Hof an der Ostgrenze ein eingeschossiges Stallgebäude aus Fachwerk.

Flur und Küche wohl später unterkellert; 1895 Entwässerung; 1909 Kanalisation; 1932 Erneuerung des baufälligen Küchenschornsteins.

VIDEBULLENSTRASSE 11, wohl 1332 bis 1530 Terminei der Herforder Augustiner-Eremiten, danach Adelshof, seit 1780 Pfarrhaus von St. Martini (Abb. 1670–1674)

bis 1818 ohne bürgerliche Haus-Nr.; bis 1878 Haus-Nr. 492 d; bis 1908 Videbullenstraße 15

Das Gelände, wohl aus einem an St. Martini 1284 gestifteten und zunächst auch Nr. 13 umfassenden Garten hervorgegangen (zur frühen Geschichte des Geländes siehe Nr. 17), wurde verschiedentlich neu aufgeteilt. Zwischen 1332 und 1530 hier eine Niederlassung der Franziskaner aus Herford, die 1394 erweitert wurde. Danach zunächst in zwei Flächen ausgegeben und wohl zudem im Nordwesten die seitdem bestehende Hausstelle Nr. 13 ausgegliedert. Der östliche Hof seit 1577 von St. Martini als Adelshof verpachtet und anschließend neu bebaut. 1675 Hinzunahme der westlichen Flächen (im 17. Jahrhundert als eigener Hof verpachtet). Diese weitläufige Anlage in typischer Weise mit einer Gruppe von Gebäuden bebaut, die jedoch frei im Grundstück und nicht an der Straße orientiert waren. Die Gebäudegruppe bestand im Kern aus einem weit von der Straße zurück stehenden Haupthaus und aus einer davor an der Straße stehenden Scheune, dazwischen nachträglich ein sogenanntes Nebenhaus errichtet. Der Hof seit etwa 1780 als erstes Pfarrhaus von St. Martini genutzt und für diesen Zweck 1896 unter Abbruch aller Altbauten mit einem Neubau besetzt.

Auf dem Gelände sollen sich von etwa 1235 bis 1238 die Dominikaner niedergelassen haben, bevor sie die nördlich der Straße gelegene Kuria Beldersen zugewiesen bekamen (Löffler 1917, S. 174); 1332 verpachtet St. Martini den Herforder Minderbrüdern einen Hof: *area qua fratres nostri Terminarij in Minda inhabitant sita iuxta aream domini Rembertj dicti Duuel militis* (STA MS, Mscr. I, 111, Bl. 52 f. – STA MS, Mscr. I, 110, Bl. 31v–32r. – STA MS, Mscr. I, 114, Bl. 31r–31v). Als Abgaben sind jährlich 4 mindensche Schillinge zu zahlen. Es besteht die Verpflichtung, auf dem Grundstück weder ein Kloster, eine Kapelle oder einen Altar zu errichten (Schroeder 1886, S. 402). Aber zumindest ein Haus besaß der Orden hier noch später: 1350 hat das Dominikanerkloster St. Pauli ein Haus *in quodam via platee Vitebolenstrate versus meridiem apud domum fratrorum Heremitarum ordinis sancti Augustini* (STA MS, St. Martini, Urkunden Nr. 89; STA MS, Mscr. VII, 2711, Bl. 102r) und auch 1394 hat das Dominikanerkloster St. Pauli ein Haus *in platea Viteboldi iuxta aream et domum fratrum heremitarum ordinis sancti Augustini* (STA MS, St. Martini, Urkunden Nr. 145. – STA MS, Mscr. VII, 2711, Bl. 126v).

Abb. 1670 Videbullenstraße 11, Ansicht von Norden auf das Hauptgebäude von 1578 und das vorgebaute Nebengebäude von etwa 1780. Links Westgiebel von Nr. 9 (angeschnitten). 1861.

1394 verpachtet St. Martini den Augustinerbrüdern zu Herford *aream unam et domum, quas olim Wedekindus de Jndagine* (von Hagen) *ciuis Mindensis a nobis habuit, sitae in plata Viteboldi iuxta aream et domum fratrum heremitarum ordinis sancti Augustini qua ipsi fratres longo tempore antea a nobis pro annuo censu possederant* (STA MS, St. Martini, Urkunden Nr. 145); 1522 *in orem ganghe by des augustiners haue in der Viteboldenstrate beleghen* (STA MS, St. Martini, Urkunden Nr. 306 b. – STA MS, Mscr. VII, 2701b, Bl. 20v–21r. – STA MS, Mscr. VII, 2711, Bl. 117v). 1504/05 besteht eine weitere Terminei der Franziskaner an der Pöttcherstraße. Die Niederlassung wohl 1530 im Zuge der Reformation eingegangen und das Grundstück seit 1548 wieder durch St. Martini neu verfügbar (zur Geschichte der Niederlassung siehe auch WKB I, 1992, S. 633 f.). Um 1575 Arend Bonels zwei Häuser?

WESTLICHER HOF: um 1548 bis 1577 Heinrich Riensche; 1654/58 *Herrn Raves Canonicathoff* (siehe Nr. 13); 1662 erhalten Heinrich Goldschleger (Kaufmann, stammte aus dem Haus Hohnstraße 1) und seine Frau Elisabeth Schlipstein vom Martini-Kapitel *einen in der Vietebullenstraßen alhir, zwischen Herrn Dieterichen Mönkings Hoffe, und dehme von wolgemelten Capitulo von uns zugleich zu Pfacht empfangenen Erbpacht Hause, belegenen adelich freyen Erbpacht-Hoff* (aus der Geschichte des Hofes Videbullenstraße 9); 1674 Tod von Henrich Goldschläger; 1675 *Erbpachts Hof des Herr Licentiatus Johan Henrich Goldschläger.*

ÖSTLICHER HOF: um 1548 bis 1577 Benedikt Berenbrock; ab 1577 Hermann von der Hude; 1605 Rittmeister Hermann von der Hude, besitzt einen Kirchenstand in St. Martini.

GESAMTFLÄCHE: Am 10. 10. 1675 verpachtet das Martini-Kapitel an den Leutnant Thomas Becker und dessen Frau Anna Elisabeth Kollmann einen *freyen Adelichen Erbpachts Hof* in der *Vitebullen Straße, zwischen Herrn Dierichen Monnekings Hofe an einer und dernächst daran schließenden Platz und Hause an der andern Seite, welchen Erbpachts Hof Herr Licentiatus Johan Henrich Goldschläger uns zu Forderst selbst hinwiederum abgetreten und überantwortet hat, und derselben, wie auch obgedachten Platz und Hause, welchen Benedictus Vornebrade nachgelassene Tochter unsern antessoren abgetreten.* 1717 Herrn Heinrich Goldschlägers Hof, jetzt Hof des Bürgermeisters

Abb. 1671 Videbullenstraße 11, Ansicht von Norden auf das Hauptgebäude von 1578 und das vorgebaute Nebengebäude von etwa 1780, wohl 1894.

Fr. W. Becker (PfA St. Martini, S 1); 1729 leiht sich Kriegs- und Domainenrat Becker († vor 1758) von Kriegsrat Thuren 2000 Rthl, die als Hypothek auf dem Hof lasten; 1750 Kriegsrat Höpkens Hof; 1755 Friedrich Fundels Hof, 1200 Rthl; 1762 verkauft die Witwe Kriegsrat Hopeke, jetzt die Frau des Leutnants Pfindel an den Regierungs-Protonotar Friedrich Widekind (siehe auch STA MS, Reg. Mi.-Ra. Nr. 836) für 280 Louisdor den in der Videbullenstraße belegenen freien *Hof mit dem Wohnhause, Nebengebäude auch Hof und Garten ...* Huderecht für 2 Kühe in der Kuhtorschen Hude sowie einem Recht zu den Grabgewölben in den Kirchen von St. Martini und St. Pauli. Der Pachtzins des Hofes beträgt 17 Bremer Schillinge oder Körtlinge; 1762 verpachtet das Martini-Kapitel an den *Reg.-Protonotaris und Secretaris* Christian Friedrich Melchior Wiedukind und Frau Johanne Reymondon einen Erbpachtshof an der Videbullenstraße *zwischen dem reformierten Hofprediger Hause an der linken* (Videbullenstraße 9) *und des Stadt Chirurgus Beyers Hause* (Videbullenstraße13) *an der rechten Seiten.* Dieser Hof wurde zuletzt 1675 an den Leutnant Thomas Becker verpachtet, und zuletzt von der Tochter des Kriegs- und Domainenrats Becker, Sophie Conradine Becker verehelichte Pfindel bewohnt. Widukind behauptet, daß der Hof bereits 1537 ein Kapitelshof gewesen sei. Thomas Becker soll 1677 einen Gartenfleck von der Witwe Kamper und 1737 soll Kriegsrat Becker einen Garten von der reformierten Kirche angekauft haben, den er auf der einen Seite mit einer massiven Mauer und den Rest mit Plankwerk einfrieden ließ. Mit dem Haus kaufte Widukind drei Gewölbe in der Martini-Kirche und eines in der Kirche St. Pauli, insgesamt bezahlte er 1400 Rthl (STA MS, St. Martini, Akten 144 c); 1766 erklären Friedrich Widekind und seine Frau Jeanne geb. Reymondon, den Hof seinerzeit für 1487 Rthl in bar gekauft zu haben (STA MS, Minden-Ravensberg, Regierung, Nr. 836: Grundakten über den in der Videbullenstraße zu Minden gelegenen freien Hof (1675) 1758–1766. Siehe auch STA MS, St. Martini, Akten 156). 1766 Regierungssekretär Wiedekind, Haus für 1500 Rthl; 1781 Witwe Wiedeking, Wohnhaus 1000 Rthl, Nebengebäude 500 Rthl, jetzt Martinipredigerhaus; 1794 Haus des Pastors Frederking; 1809 Konsistorialassistent Frederking; 1812 Haus der Martini-Kirche, Wohnhaus nebst Stallung; 1818 Kirchengemeinde St. Martini, Predigerhaus, versichert zu 3000 Rthl, Nebenhaus für 500 Rthl; 1819 Konsistorialassistent Frederking und Kaufmann Hermann Krübbe (PfA St. Martini, Q 21); 1821 Prediger Becker; 1846 Konsistorialrat Reinhold Winzer; 1848 erstes Pfarrhaus St. Martini und Nebenhaus 3000 Thl, Scheune 500 Thl; 1853 nicht genannt; 1873 Martinigemeinde, bewohnt von zwei Lehrern und einem Kaufmann.

Haus (1578–1895)

Das Gebäude nur aus mehreren vor dem Abbruch erstellten Fotografien bekannt. Danach ein zweigeschossiger giebelständig zur Straße orientierter Fachwerkbau von acht Gebinden Länge unter einem hohen Satteldach, nach den erkennbaren konstruktiven Details um 1560, nach überliefertem Baudatum 1578 errichtet. Damit wohl nach der Neu-

Abb. 1672 Videbullenstraße 11, Ansicht der Hofanlage von Südwesten mit den Rückfronten des Hauptgebäudes (rechts), Nebengebäude und Scheune (links), um 1890.

einteilung des Grundstücks 1577 durch Hermann von der Hude errichtet. Der Bau auf allen vier Seiten sowohl über dem Erd- als auch über dem Obergeschoß recht flach auf zweifach gekehlten Knaggen vorkragend. Das Gerüst in beiden hohen Stockwerken mit jeweils zwei Riegelketten und mit langen, leicht geknickten Fußstreben ausgesteift. Das vordere Giebeldreieck mit zusätzlicher Vorkragung über Knaggen, darüber eine untergestellte Spitzsäule, das rückwärtige Giebeldreieck mit einer untergestellten Spitzsäule, ehemals wohl verbrettert, später mit Fachwerk ausgefüllt. Die Giebel von vier Gefach Breite, dabei im Vordergiebel im zweiten Fach von Ost eine recht bescheidende Bogentür als offensichtlich ursprünglicher Hauszugang. Darüber auf der Schwelle des Oberstocks die kurze Inschrift: *VERBUM DOMINI MANET IN AETERNUM* (Das Wort des Herrn bleibt in Ewigkeit), rechts davon die überlieferte Datierung (siehe Wehking 1997, Nr. 100). Eine weitere Bogentür (wohl der Bauzeit) in der nördlichen Hälfte der westlichen Traufwand – diese könnte im Erdgeschoß nachträglich (?) von Stein aufgemauert sein.

Über das Innere des offensichtlich in beiden Stockwerken zu Wohnzwecken vorgesehenen Gebäudes ist kaum etwas zu ermitteln. Der Bau hier offensichtlich durch eine innere Querwand in beiden Stockwerken in einen vorderen Bereich von vier und einen hinteren von drei Gefachen unterteilt, die sich durch Streben in den beiden Traufwänden abzeichnet und in der auch der große Kaminblock angeordnet ist. Danach im Erdgeschoß vorne eine große, fast quadratische Diele zu vermuten, dahinter eine Saalkammer, wobei die Lage einer Stube in dem nur schmalen Bau unklar bleibt.

1800 wird *das gantze Haus ausrepriert und die abgefallenen Stellen an denen Teken und Wenden wieder angebutzt und das gantze Haus ausgeweist und die Tächer repariert und an Giebel etliche Fachwende zugemauert ... Das Haus ... ward roht angestrüchen*, wofür der Maurermeister Däumer 17 Rthl 5 gr in Rechnung stellte (PfA St. Martini, S. 10). Nach dem Tode des Pastors Ruschmüller am 23. 2. 1820 wird das Haus für den neuen Amtsinhaber renoviert, bzw. die schon im vorigen Jahr ausgeführten Renovierungsarbeiten zu Ende geführt, worüber sich ein umfangreicher Rechnungsbestand erhalten hat. Am Hause werden dabei Zimmerarbeiten, aber auch Schreinerarbeiten durch den Tischler Döx an Fuß-

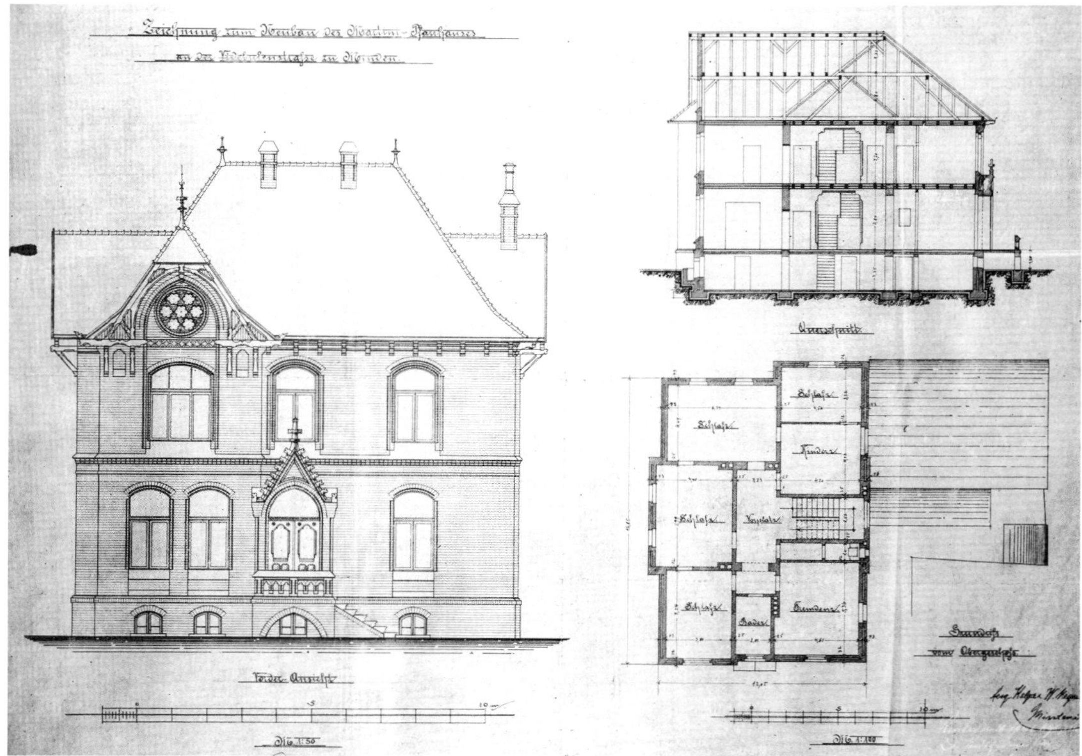

Abb. 1673 Videbullenstraße 11, Pfarrhaus, Ansicht, Querschnitt und Grundriß aus dem Bauplan des Architekten A. Kelpe 1895.

böden, Fenstern, Türen und Treppen durchgeführt, diese dann durch den Maler Wilhelm Krause gestrichen und 1821 durch den Glaser Hildebrandt neue Fenster mit Bleisprossen geliefert (PfA St. Martini, S 11). Ein Zimmer wird zudem mit einer aus Münster gelieferten Tapete ausgekleidet. Sie bestand aus zehn Stücken, zudem wurden 68 Ellen Borte gebraucht, wofür der Meister Asmus Junior immerhin Kosten von 21 Thl abrechnete. Bei den Arbeiten werden genannt: Gesindestube, Kammer neben der Stube, Gang zur Stube, Große Stube, Wohnstube hinten, Kammer daneben, Küche, Keller und die Kinderlehre, in der sich eine Wärmpyramide befindet. Das Haus hat ein Schieferdach, das einschließlich der zwei Schornsteine in Stand gesetzt werden muß.

1821 werden die äußeren Anlagen in Ordnung gebracht, wobei festgestellt wird, daß der massive Torbogen der Einfahrt (offensichtlich in der noch bestehenden Grundstücksmauer) einsturzgefährdet sei.

1827 wird das Haus im Inventar der St. Martini-Gemeinde (PfA St. Martini, S 11) beschrieben (wobei offensichtlich auch das Nebenhaus erfaßt wird): Das Haus hat 1) ein großes Zimmer rechter Hand, auf dem sich ein großer Kanonenofen mit eiserner Röhre findet. 2) große Stube mit kleinem Kanonenofen. 3) Hinterzimmer mit kleinem Kanonenofen. 4) Hinteres Hinterzimmer. In der oberen Etage 5) ein Vorderzimmer mit kleinem Kanonenofen. 6) Kinderlehrstube mit 33 hölzernen Bänken und kleinem Kanonenofen. In der Scheune zwei hölzerne Krippen.

Ab 1829 wurde in dem Gebäude auch die Martini-Schule untergebracht (Schroeder 1886, S. 691). Die Bauten im April 1895 für den Neubau abgebrochen.

Nebenhaus (um 1780–1895)

Das Gebäude nach konstruktiven Merkmalen möglicherweise bei Einrichtung des Hofes als Pfarrhaus um 1780 errichtet, um das Raumprogramm auszuweiten. Zweistöckiges Fachwerkgerüst unter Satteldach, um halbe Gebäude-

Abb. 1674 Videbullenstraße 11, Pfarrhaus, Ansicht von Norden, 1993.

breite nach Westen versetzt und bei gleicher Höhenentwicklung unmittelbar vor den Nordgiebel des alten Haupthauses gestellt. Zweistöckig verzimmertes und mit kurzen Fußstreben ausgesteiftes Gerüst ohne Vorkragungen und mit zwei Riegelketten in jedem Stockwerk.

Scheune (bis etwa 1890)

Eingeschossiger Fachwerkbau von nicht näher bekanntem Alter unter Satteldach mit Krüppelwalm. Der Nordgiebel unmittelbar an die Straße gestellt. 1821 wird das Dach mit alten Steinen des Schuppens ausgebessert und der First neu in Kalk gelegt. Ferner wird der feuergefährliche Bosen der Herdstelle entfernt, so daß die Scheune wohl mit einer Braustelle eingerichtet war.

Die Scheune scheint schon 1891 abgebrochen worden zu sein, da in diesem Jahr die Einfriedung des Grundstücks zur Straße erneuert wird.

Pfarrhaus (von 1895)

1895 als Pfarrhaus mit angebautem Konfirmandenzimmer nach einem von vier alternativ ausgearbeiteten Plänen des Mindener Büros Kelpe & Meyer durch den Maurermeister Knothe und den Zimmermeister L. Rose aus Holzhausen II errichtet. In der Baukommission der Gemeinde unter Leitung des Baumeisters Hutze/Porta wirkten nahezu alle Architekten der Region mit (PfA St. Martini Q 21, Bd 2), die auch Vorplanungen bzw. Alternativplanungen vorlegten: so November 1894 W. Homann, Februar 1895 H. Hutze/Porta, 1895 Baumeister Chr. Luhmann (erhalten in Plansammlung des Kreiskirchenamtes).

Zweigeschossiger Backsteinrohbau unter hohem Vollwalmdach, der rechteckige Baukörper in der für das Büro charakteristischen Weise durch aufgesetzte Giebel mit Schwebewerk und die Verwendung von Formsteinen malerisch in Formen der norddeutschen Spätgotik aufgelöst. Zugang in der Mitte der dreiachsigen Fassade mit reich durchbrochenem Wimperg darüber, dabei die östliche Achse als leicht vortretender und übergiebelter Risalit ausgestaltet (hier eine Maßwerkrosette im Giebel).

Das Innere mit einem mittleren Längsflur, der zum zweiläufigen Treppenhaus in der Mitte der westlichen Seite führt und die vier großen, halböffentlichen Diensträume sowie Eßzimmer und Küche mit Speisekammer und den Abort erschließt. Im Obergeschoß drei Schlafzimmer, Badezimmer, Fremdenzimmer sowie Kinderzimmer mit eigenem Schlafraum (siehe auch FABER-HERMANN 1989, S. 149–150 und Abb. 89).

Westlich ein eingeschossiger Anbau unter Satteldach, der einen von Süden belichteten Konfirmandensaal mit Vorraum und Aborten auf der Nordseite aufnimmt.

1928 Umbau und Erneuerung des hölzernen Freisitzes an der Rückfront als massiver Bau. 1965 neue Vortreppe und Einbau einer Garage in den Keller.

VIDEBULLENSTRASSE 12 (Abb. 1653, 1675–1677)

1729 bis 1741 Martini-Kirchgeld Nr. 316; bis 1781 zwei selbständige Hausstellen unter den Haus-Nrn. 484 und 485; ab 1781 bis 1878 Haus-Nr. 484/485

Das größer bemessene und etwa 15 m breite Grundstück gehörte wohl schon seit dem späten Mittelalter zum Güterbesitz von St. Martini und wurde (ebenso, wie das gleichformatige westlich anschließende) vom Stift verpachtet. Es dürfte sich bei dem Gelände um die westliche Hälfte eines größeren Hofes von St. Martini handeln, dessen östliche Hälfte 1402 dem Kloster St. Pauli übergeben wurde. Offensichtlich eine Hausstelle, auf der vor 1715 aus einem kleinen Gartenhaus ein zweites kleines, aber 1766 wieder verschwundenes Wohnhaus entstand. Das Haus steht nur auf zwei Dritteln der Grundstücksbreite und westlich mit Platz für eine seitliche etwa 4 m breite Einfahrt. Der nordöstliche Teil des Geländes im 19. Jahrhundert für ein Betriebsgebäude der Zuckerfabrik (Alte Kirchstraße 15) abgetrennt.

1402 wird von Martini *en del des hoves de den horde to dem huse dat de* [...] *Cord vnde Heylewich* Grutener *hebbet, van den suluen heren einen ewighen tyns ... dat ghelegen is in der Vitebollenstrate* an das Dominikanerkloster St. Pauli übergeben. Cord Grutener und seine Frau Heilwig stimmen dem Besitzwechsel wegen einer zugleich auf das Haus eingetragenen Rente zu (STA MS, St. Martini, Urkunden Nr. 152. – STA MS, Mscr. VII, 2711, Bl. 126v).

HAUS-NR. 484: 1743 Gärtner Schmidt; 1750/55 Hohenkerckers kleines Haus für 100 Rthl; 1764 Hohenkerker; 1766 Bäcker Kauhfs kleines Haus, ist abgebrochen. 1797 ist das Grundstück von St. Martini an Christian Friedrich Nolting verpachtet (STA MS, St. Martini, Akten 177–179).

HAUS-NR. 485 (1729 bis 1743 Martini-Kirchgeld Nr. 316): Am 29. 9. 1644 verpachtet das Martini-Kapitel dem Gabriel Natorp, Kämmerer der Stadt Minden, und seiner Frau Ilsaben ein Haus *in der Vite Bullenstraße zwischen Seehl. Gert Volckenings witwen und Thomas Woltemachten* (im Regest Bottenmachten), das bisher Lorenz Pfinster in Pacht hatte (STA MS, St. Martini, Urkunden 402). 1690 Natorpsches Haus; 1715 Henrich Hohenkerker und Anne Catharine Hincksman kaufen für 262 Rthl von der Witwe Moritz Brüning, als Natorpscher Erbin ein *Brauhaus mit einer kleinen Nebenwohnung, Stallung und Hoffraum* der Martini-Kirche in der Videbullenstraße *zwischen Kollmeyers und Doven Häusern belegen, und mit dem Hoffraum an besagten Kollmeyers, des Juden Jonas Hirschen zu beyden Seithen belegenen Gartens, und des Currenten Raceptoris Haus im mediate grentzen.* Das Haus ist pachtpflichtig an St. Martini (STA MS, St. Martini, Akten 144c). 1729/43 Johann Heinrich Hohenkerker (stirbt 1757); 1750/55 Hohenkerckers Wohnhaus, 100 Rthl; 1766 Bäcker Kauhf.

HAUS-NR. 484/485: 1781 Bäcker Wiehe; 1798 wird der Tischler Henrich Müller verurteilt, dem Martini-Kapitel die fälligen Weinkaufgelder für sein durch Konkurs von Rudolph Wiehe erstandenes Haus zu zahlen. Die Subhastation hatte schon 1795 stattgefunden (STA MS, St. Martini, Akten 144 c); 1797 wird das Grundstück von St. Martini an den Böttcher Hohmann verpachtet (STA MS, St. Martini, Akten Nr. 177); 1798 Böttcher Friedrich Hohmann, Haus ist halbmassiv; 1802/04 Gabriel Homann mit zwei Mietpar-

Abb. 1675 Videbullenstraße 12 und 10 (rechts), Ansicht von Südwesten, 1993.

teien, Haus für 600 Rthl, hat Braurecht, hält 1 Kuh, 1 Jungvieh und 3 Schweine; 1809 Böttcher Homann; 1818 Böttcher Friedrich Homann, Wohnhaus 1200 Thl, Nebengebäude 250 Thl, Stallung 50 Thl; 1832 Witwe Homann; 1846/53 Witwe Louise Homann mit einer Mietpartei; 1847 macht sich der Böttcher Karl Homann selbständig (KAM, Mi, E 375); 1873/78 Böttcher Homann (mit vier Mietparteien); 1894 Witwe Homann; 1908 Maurermeister Carl Homann.

Haus (bis 1766) Haus-Nr. 484

Schon vor 1715 als eine kleine Nebenwohnung bestehend. 1748 wird festgestellt, das Haus sei *originete nur ein Gartenhäusgen gewesen,* [...] *solches wegen Mangel des Raumes und da es kaum 4 Schritte tief* [...] nicht mit Einquartierung belegt werden könne (KAM, Mi, C 103).

Haus (vor 1600–1797) Haus-Nr. 485

Nach den Befunden ein giebelständiges Dielenhaus unbekannter Bauart, aber wohl in den gleichen Proportionen wie der 1797 errichtete Nachfolgerbau und offenbar vor dem frühen 17. Jahrhundert errichtet. Hinter dem Haus ein in Resten erhaltenes, etwa halb so breites, zweistöckiges und unterkellertes Hinterhaus bzw. Flügelbau entlang der östlichen Grundstücksgrenze und unter dem rückwärtigen Hausteil ein kleiner Keller, von der Diele ? erschlossen (dazu siehe unten).

1731 wird über das Haus, offensichtlich ein Dielenhaus mit seitlichen Stalleinbauten berichtet: *auch haben wir bey dieser gelegenheit Johann Heinrich Hohenkerckers Wohnhaus in augenschein genommen, welches fast dem einfall dräuet, dieses ist ein brau- und Becker Hauß, aber einem Viehstalle ähnlicher, als einem dergleichen Häuser; die Kühe stehen auff der Dehl, und wird herinnen an statt eines Stalls mit bier kufe eingesperret, dieser übelen Hauswirth hat an der Gasse eine Plancke, oder Scherrwand, gleichfalls herunterfallen lassen, und dadurch sv. ein privet zum prospekt der vorbeygehenden frey gestellet, welches sehr scandaleux aussieht* (KAM, Mi, C 832).

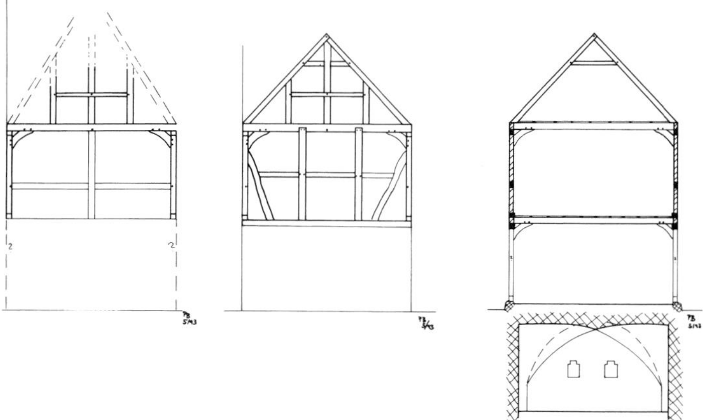

Abb. 1676 Videbullenstraße 12, Flügelbau, Nordgiebel, Zustand 17. Jahrhundert und 19. Jahrhundert sowie Querschnitt im Zustand 19. Jahrhundert.

Flügelbau (erste Hälfte des 17. Jahrhunderts)

Zweistöckiger, heute stark veränderter Fachwerkbau unter Satteldach mit halb aus dem Boden ragendem Kellersockel, nach den konstruktiven Details wohl in der ersten Hälfte des 17. Jahrhunderts errichtet. Das ursprüngliche Fachwerkgerüst von vier Gebinden stöckig verzimmert, mit aufgelegten Balken, einer Riegelkette und langen Fußstreben, die ohne Nagel über die Riegel geblattet sind; im Querverband leicht gekehlte Kopfbänder. Der Bau ohne südliche Wand vor das (damit wohl früher errichtete) Vorderhaus gestellt. Das wohl etwa 60° steile Dach mit Spitzsäulenkonstruktion im nördlichen Giebeldreieck. Die Ausfachung nicht bekannt; in beiden Traufwänden Reste von hölzernen Stöcken für Kreuzstockfenster. Unter dem Bau ein massives Kellergeschoß von schwarzem Kalk-Bruchstein mit einem auf Eckvorlagen aufliegendem Kreuzgratgewölbe; Zugang dazu ursprünglich über einen ebenfalls noch erhaltenen kleinen und mit einer Tonne eingewölbten, südlich anschließenden Kellerraum unter dem ehemaligen Vorderhaus und mit einem sandsteinernen Türgewände.

Im 18. Jahrhundert scheint das Erdgeschoß des Flügelbaus in Fachwerk erneuert worden zu sein (davon nur noch die fünf Deckenbalken darüber, die Rähme und ein Stück der Schwelle erhalten). Wohl zugleich das Fachwerk des Nordgiebels verändert. Um 1800 (zusammen mit dem Neubau des Vorderhauses ?) das Dachwerk mit Eichensparren und einer geringeren Neigung erneuert und dabei das Giebeldreieck entsprechend gekürzt. Wohl 1906 das Fachwerk des Erdgeschosses in Backstein erneuert und das Innere hier in Waschküche und Futterkammer unterteilt; der offene Übergang zum Obergeschoß überdacht.

Haus (von 1797/98)

Das Haus ist 1797/78 für 7290 Rthl neu gebaut worden, wofür 150 Rthl Baufreiheitsgelder ausgezahlt wurden (KAM, Mi, C 134). Das Hinterhaus des Vorgängerbaus wurde erhalten und in den Neubau übernommen. Bauherr war der Böttcher Friedrich Homann, der sich in der Fassade mit einem Hauszeichen auswies (und dessen Nachfahren das Anwesen noch heute besitzen): Dieses eine Sandsteinplatte mit einem halbplastischen, stehenden Daubenfaß, darunter *AN 1798 NO F. C. Homann*. Die Platte wohl an originaler Stelle in der 1909 neu geputzten Fassade.

Abb. 1677 Videbullenstraße 12, Flügelbau, östliche Traufwand Zustand 19. Jahrhundert und Grundriß (Bestand 1993).

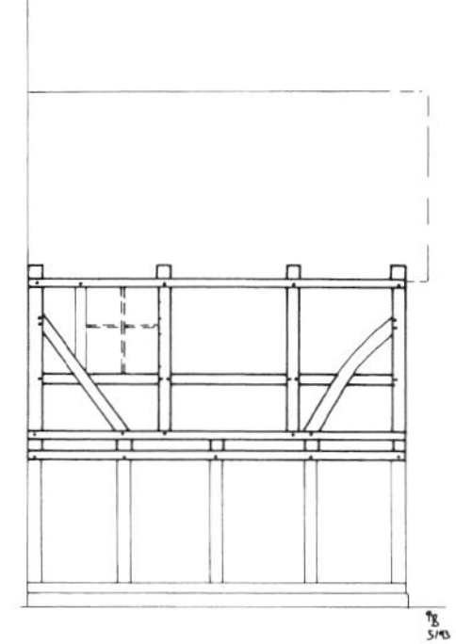

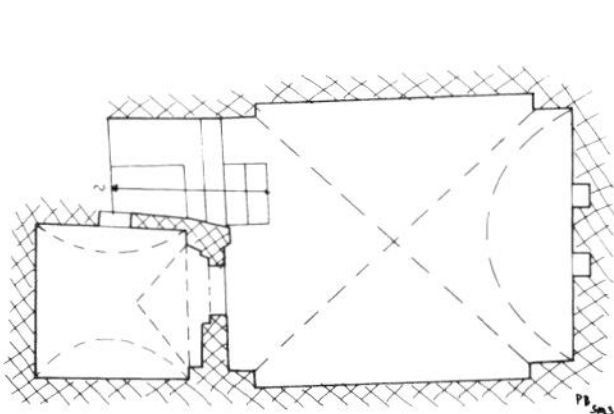

Zweistöckiger und giebelständiger Fachwerkbau auf einer Grundfläche von 10,4 x 14 m mit Vollwalmdach, die Vorderfront aus Backstein, geputzt und mit fünfachsiger Gliederung. Das Fachwerkgerüst mit aufgelegten Dachbalken, mit Backstein ausgemauert und in jedem Stockwerk mit zwei Riegelketten. Ständerstellung nach der Ordnung der Fenster und der inneren Gliederung ausgerichtet und unregelmäßig (und daher wohl für einen einheitlichen Anstrich oder Überschlämmung vorgesehen).

Das Haus nicht von der Straße, sondern von der westlichen Traufseite über den seitlichen Hof erschlossen. Hinter der wohl zweiflügeligen mittleren Haustür ein breiter Flur, in den am östlichen Ende die gegenläufige Treppe eingestellt ist. Zur Straße entlang dem Südgiebel eine Folge von zwei Stuben und einer Kammer, nach Norden die Küche und hinter einem Querflur zum Rückgiebel zwei weitere Räume.

1895 Entwässerung; 1908/09 Umbau des Hauses, wobei die alte Treppe verändert und mit einem Zugang in der östlichen Achse des Südgiebels versehen, ferner bis in das Dachgeschoß verlängert wird. Dieses zu Wohnzwecken ausgebaut und hierfür zur Belichtung das Haus mit einem steilen Giebeldreieck mit (nach baupolizeilicher Auflage nur) aufgeputztem Fachwerk versehen. Zum Hof Aufbau eines weiteren übergiebelten Dachausbaus (hier allerdings von schlichtem Fachwerk) und Errichtung einer kleinen Nebentreppe in einem nördlichen Anbau.

Um 1885 auf dem Hof hinter dem Haus freistehend ein größeres zweigeschossiges Wirtschafts- und Lagergebäude errichtet, das nach 1900 mehrmals umgebaut und verändert, nach 1900 auf das westlich anschließende Grundstück erweitert wurde. 1904 Errichtung eines Lagerkellers für Kies und Erhöhung des Lagerschuppens für Holz. 1997 Abbruch.

VIDEBULLENSTRASSE 13

1729 bis 1743 Martini-Kirchgeld Nr. 319; bis 1878 Haus-Nr. 493; bis 1908 Videbullenstraße 17

Kleine Hausstätte (Pachtland von St. Martini), wohl um 1540 durch Abtrennung einer Teilfläche von dem westlichen Hof Videbullenstraße 11 entstanden. Seit 1978 unbebaut und dem Grundstück Nr. 15 als Garten zugeschlagen.

1560/68 Johann Bonel; 1577 Arend Bonel; 1579 Johann Bonel; 1654 wird durch St. Martini ein Revers für Herman Benthon, Bürger und Nagelschmied und seine Frau Gertrud ausgestellt über die Pacht eines Hauses in der Videbullenstraße, *zwischen Herren Raven Hoffe ahn der einen und Lang Carebs Hause ahn der anderen seiten gelegen*, das bisher Joh. Wehrkamp innehatte (STA MS, St. Martini, Urkunden 408); 1658 erhalten Herman Benthon (oder Genthon) und seine Frau Gertrud von St. Martini ein Haus auf der Videbullenstraße zwischen *Herrn Raves Canonicathoff* und Long Carlus zur Pacht (STA MS, St. Martini, Akten 144 a).

1675 Tochter des verstorbenen Benedict Vornebrade (siehe Nr. 11); 1729/40 Rudolf Jochmus; 1743 Witwe Rudolf Jochmus; 1750/55 Erben Jochmus, Haus für 100 Rthl; 1762/64 Stadtchirurgus Beyer; 1766 H. Beyer, 200 Rthl; 1781 Beyer, 200 Rthl; 1795 Landchirurg Beyer; 1798 Chirurg Ebeling; 1802/04 Chirurg Ebeling, Haus für 400 Rthl, ohne Braurecht, hält kein Vieh; 1809 Ebeling, 400 Rthl; 1832 Ebeling, Erhöhung auf 650 Thl; 1832 Witwe Ebeling; 1846/53 Witwe Strengel, vermietet an zwei Parteien; 1873 Kistenmacher Küster mit vier Mietparteien; 1878 Bevenitz; 1908 Malermeister Hermann Bevenitz; 1914 Malermeister W. Bevenitz; 1978 Erika Benker.

Wohnhaus (um 1540 ?–1978)

Zweigeschossiger und traufenständiger, bis zuletzt verputzter Fachwerkbau. Die Dachtraufe über schmalen Kopfbändern und Dachbalken vorkragend; darüber steiles Satteldach. Nach dem Entwässerungsplan das Innere mit mittlerem, bis zum Hof führendem Flur, beidseitig von vorderer Stube und rückwärtiger Kammer begleitet. Die östlichen Räume wohl bauzeitlich, die westlichen wohl nachträglich bei Durchbau einer Diele entstanden. Nach diesen Befunden der Bau sicherlich vor 1600 errichtet und daher möglicherweise auf die um 1540 vermutete Einrichtung des Grundstücks zurückgehend. Das Haus zunächst wohl mit hoher Diele im Erdgeschoß und niedrigem Speichergeschoß darüber.

Das Gebäude nach 1830 westlich um eine Fensterachse auf das Freigelände des Anwesens Nr. 15 erweitert. 1895 Entwässerung; 1914 Kanalisation; 1978 Abbruch wegen Baufälligkeit.

Um 1860 im Hof ein massives Werkstattgebäude errichtet.

VIDEBULLENSTRASSE 14 (Abb. 1678)

1729 bis 1743 Martini-Kirchgeld Nr. 313; bis 1878 Haus-Nr. 483

Größere, tief in den Block hineinreichende und etwa 14 m breite Hausstätte, die wohl schon im Spätmittelalter auf Pachtland von St. Martini entstand und – ebenso wie das östlich anschließende Grundstück – nur zu zwei Dritteln Breite mit einem Haus bebaut wurde, so daß westlich noch Platz für eine Durchfahrt verblieb.

Im 15. Jahrhundert verpachtet St. Martini dem Heinrich Kemnade und seiner Frau Grete *vnsen hoff vnd hus mit alle siner tobehoringe, alse dat gheleghen is in der Vitebolen strate twischen hern Hinrikes Kiuenhaghen vnd Cordes huse Gruteners, den Hinrik Proyt van vns hadde.* Früherer Besitzer scheint Arnd Knyert gewesen zu sein (KAM, Mi, A II, Nr. 122).

1690 ist die Hausstätte *der von Hussen* seit langem wüst und fällt wegen *restierender Steuergelder* der Stadt zu. Der Schweinschneider Nicolaus Brauer will diese Stelle erwerben, wenn er Freiheiten für den Neubau erhält. Auch Jürgen Hamme werden 5 Jahre Freiheiten versprochen (KAM, Mi, B 353); 1692 wird die Hausstelle des verstorbenen Joh. Hesse an Meister Nicolaus Brauer verkauft (KAM, Mi, B 354); 1694 Verkauf des noch nicht bebauten Geländes von Schweinschneider Nicolaus Brauer an Henrich Koldemeyer; 1698 Sergiante Kollmeyer (zahlt keinen Giebelschatz); 1715 Kollmeyer; 1719/23 Stießmeyer; 1729 Erben Kollmeyer (Witwe Schreiber) früher Witwe Nicolaus Brauer; 1740 Witwe Schreiber (ehemals Erben Kollmeyer); 1743/1750 Goldschmied Höver; 1755 Höver, Haus für 100 Rthl; 1766 Telgner, 100 Rthl; 1781 Telgner (hat auch Haus Nr. 16); 1798 Buchdrucker Fobbe; 1802/04 Fobbe, Haus für 800 Rthl, ohne Braurecht, hält kein Vieh; 1809 *Schankwirt und Logie* Fobbe; 1812 Friedrich Fobbe; 1818/27 Tietz, Haus für 800 Thl; 1832 Unteroffizier Carl Schewe; 1846 Grenzbeamter Johann Schewe und drei Mietparteien; 1853 Grenzaufseher Schewe und zwei Mietparteien; 1873/78 Auktionskommissar Rehdig; 1894 Witwe Rehdig; 1906 Maurermeister Carl Homann.

Haus (1694–1900)

Nachdem die Haustelle einige Jahre wüst lag, wollte Nicolaus Brauer 1691/94 einen Neubau errichten, doch wird von diesem die Hausstelle dann an Heinrich Kollmeyer verkauft, der die Freiheiten vom Rat bestätigt bekommt (KAM, Mi, B 357). Das in seiner Gestalt nicht weiter bekannte Haus 1900 zur Erweiterung des Betriebsgeländes der Baufirma Homann (siehe Nr. 12) abgebrochen.

Nach dem 1894 erstellten Kanalisationsplan ist das wohl zunächst giebelständige Haus offensichtlich in zwei Abschnitten entstanden. Kern vermutlich ein bescheidenes Dielenhaus mit unterkellertem Einbau entlang der westlichen Seite, der nach vorn eine Stube mit vorgelagerter Utlucht und rückwärts eine Küche erhielt. Nachträglich (?) der Bau nach Westen bis zur Grundstücksgrenze erweitert und hier zusätzliche Wohnräume untergebracht. Dies dürfte nach dem Anstieg der Versicherungswerte im späten 18. Jahrhundert erfolgt sein (Ausbau zu einem Gasthaus ?). Zudem auch in der Diele entlang der östlichen Seitenwand Einbauten errichtet und hier eine Treppenanlage zum Dachgeschoß eingebaut. In der ersten Hälfte des 19. Jahrhunderts entlang der westlichen Grundstücksgrenze ein Stallanbau geschaffen.

Abb. 1678 Videbullenstraße 14, Ansicht von Südosten, 1993.

Mietshaus (von 1900/01)

Als Vierfamilienhaus mit Büros und Lagerhaus für den Maurermeister W. Homann für 20000 Mark nach eigenen Plänen auf den westlichen zwei Dritteln des Grundstücks erbaut, dabei völlig veränderte Bauhöhen in der Straße eingeführt. Dreigeschossiger Putzbau über hohem Kellersockel (preußische Kappen) und mit ausgebautem Satteldach. An der Vorderfront die beiden westlichen der vier Achsen in einem flach vortretenden, dreieinhalbgeschossigen und übergiebelten Risalit zusammengefaßt. Zurückhaltende Gliederung mit vortretendem Sockel, Brustgesims im ersten Obergeschoß und Putzfaschen um die Fenster in verschiedenen Formen des 16. Jahrhunderts. Der östlichen Seitenfront im Erdgeschoß eine massive Veranda mit Balkon darüber vorgelegt. Rückwärtig ein gleichhoher, aber nur halb so breiter Flügelbau entlang der westlichen Grenze.

Das Innere bis heute weitgehend unverändert und vom Hof über Haustür in der östlichen Seitenfront und anschließendes gegenläufiges Treppenhaus erschlossen. Die Etagenwohnungen daran anschließend um eine kleine gefangene Diele und mit fünf Zimmern; dabei Küche mit Speisekammer und rückwärtigem Balkon. Die Hochparterrewohnung für den Besitzer und mit Zugang zu den Büroräumen im rückwärtigen Flügelbau (darüber und darunter Lagerräume des Baugeschäftes).

Abb. 1679 Videbullenstraße 15, Ansicht von Nordosten, 1993.

1904 Aufbau einer hölzernen Veranda für die erste Etage mit Backsteinausmauerung; 1908 Kanalisation; 1913 massive Erneuerung der Veranda und Aufbau einer zweiten Etage. 1927 Umbau des zweiten Obergeschosses im rückwärtigen Anbau.

VIDEBULLENSTRASSE 15 (Abb. 1679)

1729 bis 1743 Martini-Kirchgeld Nr. 317; bis 1878 Haus-Nr. 494; bis 1908 Videbullenstraße 19 Größere Hausstelle (Pachtland von St. Martini), wohl aus einer Teilfläche des 1284 dem Stift überlassenen Geländes hervorgegangen und zunächst eine Einheit mit Videbullenstraße 17 (zur Geschichte siehe dort) und Nr. 19 bildend. Das Grundstück bis 1978 nur die Breite des Hauses einschließlich der Traufgassen umfassend, heute (nach Abbruch des anschließenden Hauses Nr. 13) östlich wesentlich erweitert.

Im Abstand von etwa 5 m hinter dem Rückgiebel und in axialer Ausrichtung dazu wurde 1993 ein zuletzt nicht mehr bekannter Brunnenschacht unter dem aufgeschütteten Gartenland aufgedeckt. Er liegt damit an eher ungewöhnlicher Stelle auf dem Grundstück, wobei seine Anlage im Zusammenhang mit der Nutzung des Grundstücks seit etwa 1680 durch die Synagogengemeinde stehen könnte (zur Ausstattung der Mikwe ?). Der Schacht von etwa 12 m Tiefe aus Sandsteinblöcken gemauert. Bei der wohl im 18./19. Jahrhundert vorgenommenen Abdeckung erfolgte eine Aufmauerung von ca. 20 cm in Backstein. Darauf eine Abdeckung aus zwei unterschiedlich großen Sandsteinplatten mit scharrierter Oberfläche, die zusammen ein Quadrat ergeben und in die mittig eine kleine weitere Platte (als Revisionsschacht ?) eingelassen ist.

Im 18. Jahrhundert ein erbzinspflichtiges Haus von St. Martini (STA MS, St. Martini, Akten 156).

1559 Johann Cutemann; 1560 verpachtet St. Martini dem Jobst Brocksmed und seiner Frau Anna ein Haus *in der Viteboldenstraten twischen Johan Bonells vnd Johan Oldenborges husen* (STA MS, Mscr. VII, 2701b, Bl. 86r–87r). Noch im gleichen Jahr verkaufen Jobst Brocksmet und seine Frau Anna dem Johann Huddick (Domvikar) eine Rente aus ihrem Haus mit Stätte, das Pachtgut von St. Martini ist (STA MS, Mscr. VII, 2701b, Bl. 84v–96r). 1568 verpachtet das Kapitel von St. Martini dem Ernst Pladise und Frau Ocken ein Haus in der Videbullenstraße zwischen Johan Bonnels und Johan Oldenborgers Häusern, nachdem die Eheleute Jost und Anna Brockschmed darauf verzichtet haben (STA MS, St. Martini, Regesten 584. – STA MS, Mscr. VII, 2701b, Bl. 125v–126v).

1654 *Lang Carebs* Haus; 1658 Long Carlus (siehe Nr. 11); das Haus offensichtlich 1680 durch Salomon Levi als Synagoge erworben. Diese lag zuvor in der Greisenbruchstraße (Brandhorst 1992, S. 165; Birkmann/Stratmann 1998, S. 183). Levi war wie sein Vater, der Rabbiner Levi Joel Loeb und sein Großvater Fibes Salomon Vorsteher der Judengemeinde Mindens (Linnemeier 1995, S. 329). 1698/1711 *die Juden Schule*; 1738/43 *die Judenschule*, Haus ohne Grundbesitz; 1750 Knüsings Haus; 1755/66 Sponemanns Haus, 150 Rthl (1764 Judenschule); 1778 *eine Synagoge*, so *die jüdische Gemeinde* schon *im vorigten Jahrhundert* (1688) *von denen Knüsingschen Pupillen acquiriret hat* (Nordsiek 1988, S. 31). 1781 Judenschule; 1796 Heidemann; 1798 Judenschule und Wohnhaus; 1802/04 Judenschule, Haus für 300 Rthl, wird bewohnt von Ephraim Samuel, ohne Braurecht, hält kein Vieh; 1809 Judenschulmeister Ephraim Ries; 1818 Judenschule, Haus für 300 Thl. *Eine Synagoge, welche aber ein numeriertes Bürgerhaus ist* (KAM, Mi, F 102); 1821 Erhöhung auf 1 500 Thl; 1831 bis 1865 Synagoge (bewohnt 1846 von Gastwirt Levi Höllenberg; 1853 nicht genannt – die Judenschule bis 1850 in dem Haus Ritterstraße 16); 1862 Judenschule, bewohnt von Prediger und Lehrer Ebler; 1865 wird die Synagoge im Haus geschlossen und zur Kampstraße 6 verlegt; 1873 Schlosser Heimann mit sechs Mietparteien; 1878 Großmann; 1895 Tischlermeister Flamme; 1906/09 Sattlermeister Hermann Holzapfel; 1924 Rasse-Hundehandlung Robert Riese; 1982 Stadt Minden; 1983 Burkhard Schäkel.

Dielenhaus (17. Jahrhundert)

Das heutige giebelständige Fachwerkhaus mit Krüppelwalm besteht offenbar aus zwei unterschiedlich alten Bauteilen, die heute allerdings auf Grund umfangreicher Auswechselungen der Hölzer und einschneidender Umbauten in den Jahren 1983–1987 nicht mehr im Einzelnen in ihrer baulichen Entwicklung deutbar sind. Bei diesen nicht weiter baugeschichtlich dokumentierten Umbaumaßnahmen (Planung: H. Otto) wurde das innere Gerüst weitgehend entfernt, das Fachwerk in mehreren Schritten an allen Fronten freigelegt und der Vordergiebel mit einem Krüppelwalm versehen. Zuvor war das Haus durch einen um 1800 vorgenommenen Umbau eines älteren Gebäudes bestimmt, das wohl im 17. Jahrhundert errichtet worden war. Dabei allerdings sind möglicherweise Hölzer eines hier bestehenden Vorgängerbaus wieder verwendet worden, der nach den noch erkennbaren konstruktiven Details wohl im 14. Jahrhundert errichtet worden ist.

Der vordere Hausteil (von mindestens acht Gebinden Länge) besteht im Kern aus einem wohl im 17. Jahrhundert aufgeschlagenen Fachwerkgerüst, wobei die Sparren des Dachwerks schon zuvor einmal verwendet worden sind (zuvor mit gleicher Neigung von 55° und ebenfalls eingezapften Kehlbalken). Dieses Kerngerüst mit starken Hölzern, aufgelegten Balken, langen Fußstreben und einer Riegelkette im Wandgefüge (diese verspringt im rückwärtigen Bereich wohl zur Anlage großer Küchenfenster).

Das etwa 9 m breite und 10 m tiefe Vorderhaus wohl zunächst als Dielenhaus mit einer Stube in der nordöstlichen Ecke eingeteilt. Hiervon zeugt noch die der Fassade auf der Ostseite vorgelegte Utlucht mit Pultdach. Später die Diele im Zuge von Umbauten weiter aufgeteilt, wobei die westliche Seite mit einem die ganze Länge des Vorderhauses einnehmenden und mit 3 m auch sehr breiten Einbau versehen wurde. Dieser heute völlig veränderte Bereich wurde großzügig unterkellert, wobei seine Umfassungswände aus Bruchstein (westlich aus Backstein) bestehen und die Tonne aus Backstein öst-

Abb. 1680 Videbullenstraße 16, Ansicht von Südwesten, um 1920.

lich auf einer vor die Wand gestellten Bogenstellung aufliegt. Zugang heute mit einer Treppe aus Beton. Der Bereich darüber zuletzt in Stube, Kammer und Treppenhaus eingeteilt, aber möglicherweise zunächst für die Zwecke der hier um 1688 eingerichteten Judenschule und Synagoge geschaffen.

Wohl um 1800 wurde der östliche Einbau verbreitert und nach hinten verlängert, womit die Diele ganz aufgeteilt war und das Haus nun durch einen bis zum rückwärtigen Giebel reichenden mittleren Flur bestimmt wurde, an den sich nun beidseitig Wohnräume anschlossen. Die Treppe mit Wendepodest zur Erschließung des ausgebauten Dachgeschosses (näheres hierzu nicht mehr zu ermitteln) in der Mitte der westlichen Seite, gegenüber ein Gang zu einem seitlichen Hofzugang. Im späteren 19. Jahrhundert der Flur rückwärts mit einem anschließenden Raum zu einer Werkstatt zusammengefaßt. Der Vordergiebel wohl spätestens seit dieser Zeit verputzt.

Bei dem rückwärtigen Hausteil mit einer Länge von etwa 7,5 m werden die Balken seit nicht weiter bekannter Zeit durch zwei Unterzüge aus Nadelholz unterstützt, die wohl ursprünglich in Wände eingebunden waren, seit 1984 aber auf Ständern mit Kopfbändern aufliegen. Möglicherweise

Abb. 1681 Videbullenstraße 16, Torbogen von 1614, Zustand 1895.

steht dieser merkwürdige Befund ebenfalls im Zusammenhang mit der Nutzung des Hauses durch die jüdische Gemeinde (Einbau eines hinteren Versammlungsraumes nach Aufteilung ihres vorderen Raumes ?). Über diesem Bauteil befinden sich die Eichensparren heute in ihrem dritten Verbund, wobei sie ursprünglich zu einem wohl noch in das 14. Jahrhundert zu datierenden Dachgerüst mit angeblatteten Kehlbalken gehört haben dürften.

1895 Entwässerung; 1909 Kanalisation, Einbau von Toiletten unter dem Treppenabsatz. 1984 in die Denkmalliste der Stadt Minden eingetragen.

VIDEBULLENSTRASSE 16 (Abb. 1680–1683)

1729 bis 1743 Martini-Kirchgeld Nr. 311; bis 1878 Haus-Nr. 482
zugehörig das Wirtschaftsgebäude Alte Kirchstraße 23

LITERATUR: Ludorff 1902, S. 102. – Jahr 1929, S. 26 und Abb 27. – Krins 1951, S. 72. – Schlipköther 1990, S. 92–93 (Abbildung von 1927).

Das Grundstück von etwa 14 m Breite zunächst nur auf den westlichen zwei Dritteln bebaut und östlich Platz für eine Durchfahrt lassend. Die recht große Parzelle bis heute bis zur Alten Kirchstraße reichend, wo seit dem 17. Jahrhundert ein die ganze Parzellenbreite einnehmendes, zuge-

Abb. 1682 Videbullenstraße 16 und 14, Ansicht von Südwesten, 1993.

höriges Wirtschaftsgebäude besteht. Dieses weist eine Durchfahrt auf das zwischen beiden Straßen liegende Hofgrundstück auf.

In der ersten Hälfte des 15. Jahrhunderts: Hinrich Kivenhagen (siehe Nr. 14); 1614 H. A. Varken; 1698/1711 Harmen Arendt Varcken, zahlt jährlich 3 Thl Giebelschatz; 1729 Varcken; 1738/50 Ludwig Stuhr; 1755/66 Ludwig Stuhr, Haus für 100 Rthl; 1771 Verkauf des Stuhrschen Hauses mit Hofplatz, Hinterhaus und dortiger Ausfahrt (=Alte Kirchstraße 23) sowie Brunnen auf dem Hof für 547 Rthl sowie Braurecht und Huderecht für 6 Kühe für 135 Rthl (MA 1771, S. 52); 1781 Telgner, Haus für 100 Rthl; 1795/98 Stallmeister Telgener, Wohnhaus mit Braurecht und Scheune; 1802 von Bandemer, Wohnhaus für 600, Scheune für 200 Rthl; 1804 Sekretär von Bandemer, Haus ohne Braurecht, hält Schweine; 1809 Maire-Sekr. von Bandemer; 1811 durch Versteigerung von Maire-Sekretär Bandmer an Chirurg Vogeler; 1812 Gottlieb Vogeler (wohnt Weingarten 66 und besitzt weitere fünf Häuser); 1818 Witwe Vogeler, Wohnhaus 900 Thl, Scheune 100 Thl; 1827 Witwe Vogeler, Wohnhaus 1 550 Thl, Scheune 400 Thl, Abtritt 50 Thl; 1832 Erben Witwe Vogeler; 1846 Fuhrmann Karl Hoppe mit zwei weiteren Mietparteien; 1853 Ökonom Hoppe (sein Sohn Wilhelm eröffnete in dem Haus 1865 eine Schmiede, aus der später die Hufeisenfabrik Hoppe & Homann – siehe Stiftstraße 51 – hervorging); 1873/78 Ökonom Buchholz; 1895/1927 Landwirt August Buchholz.

Dielenhaus (16./17. Jahrhundert–1927)

Eingeschossiges und recht niedriges Giebelhaus mit massiven Umfassungswänden und Giebeldreiecken aus Fachwerk, mindestens seit 1614 bestehend. Der Vordergiebel mit mittlerer Toreinfahrt und linksseitiger, eingeschossiger Utlucht unter eigenem Satteldach. Das hintere Viertel des Hauses wohl als unterkellerte Saalkammer eingerichtet.

Die Baugeschichte des offensichtlich in mehreren Schritten entstandenen Hauses aus Fotografien und den archivalischen Nachrichten sowie den erhaltenen Entwässerungsplänen nur noch andeutungsweise nachzuvollziehen. Die Umfassungswände sind möglicherweise älter als der mittlere rundbogige Torbogen mit Sandsteingewände, der

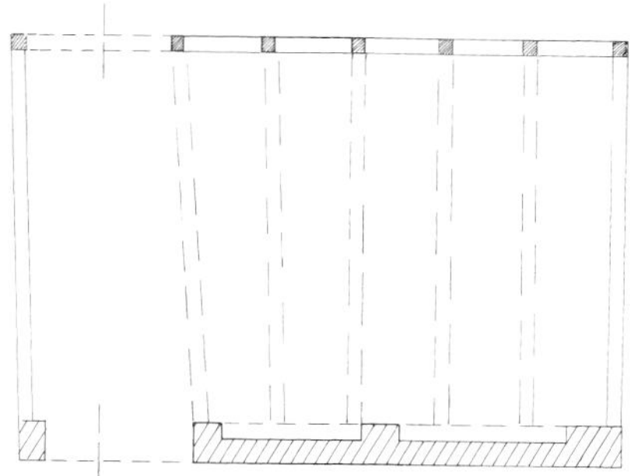

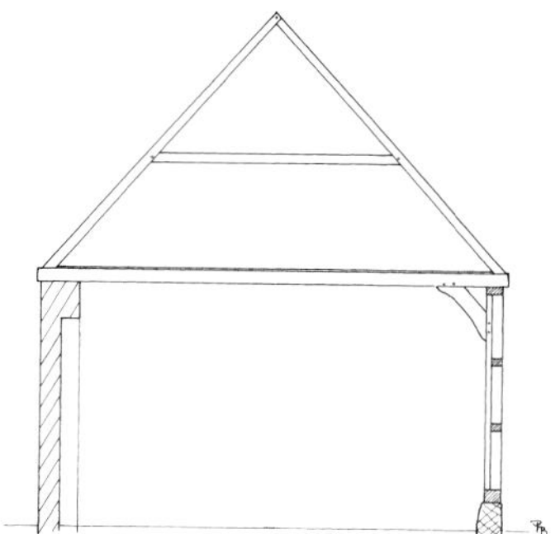

Abb. 1683 Videbullenstraße 16, Scheune (Alte Kirchstraße 23), Grundriß und Querschnitt, rekonstruierter Zustand 17. Jahrhundert.

eventuell nachträglich eingebaut wurde. Dieser an der Kante mit Zahnschnittprofil, in der Ansicht mit Beschlagwerk und Bossenquadern. Der Scheitelstein mit Engelskopf; links davon *AN*, rechts *NO*, darunter Jahreszahl *1614* und zwei Kartuschen: die linke ohne Aufschrift, die rechte *HAV* (H. A. Varken) bezeichnet und mit einer Darstellung eines Baums mit zwei von den unteren Ästen herabhängenden Glöckchen.

Ein größerer Umbau oder eine Wiederherstellung (nach Kriegsschäden ?) des Hauses ist in der Mitte des 17. Jahrhunderts vorgenommen worden. Dabei wurde wohl das Dachwerk einschließlich der Giebeldreiecke erneuert. Das vordere Giebeldreieck kragte seitdem dreifach über profilierten Schwellen vor, wobei die Ständer jeweils mit den für die Mitte des 17. Jahrhunderts typischen, geschweiften Fußbändern verstrebt sind. Die gleiche Form zeigt der kleine zweifach vorkragende Giebel der Utlucht. In beiden Giebelspitzen Geckpfähle. Das Innere wurde bestimmt durch eine Diele, von der offensichtlich zunächst nur westlich Räume abgetrennt waren (vordere Stube mit Utlucht). Diese auf Grund der geringen Balkenhöhe ohne Zwischengeschoß. Die östlichen Räume wohl erst im 18. oder 19. Jahrhundert abgetrennt, ebenso wohl die Räume vor dem Rückgiebel. 1771 wird das Haus bei einem Verkauf beschrieben *mit 2 Stuben, 3 Kammern, 1 Küche, 1 gebalkter und 2 gewölbter Keller und zwei beschossenen Böden.*

Nach 1800 (wohl nach Besitzwechsel um 1835) hat man das Haus an der rechten Traufwand durch einen Wirtschaftsanbau auf der ehemaligen Beifahrt erweitert, dessen Dach auf den Altbau aufgeschleppt wurde und der eine Durchfahrt zum Hof erhielt. Dahinter entlang der östlichen Grundstücksgrenze Düngergruben und Verschläge.

1895 Entwässerung; 1919 Toilettenanlage; 1927 Abbruch.

Zweifamilienhaus (von 1927)

Als zweigeschossiger und traufenständiger Putzbau mit hohem Kellersockel und Satteldach durch den Bauunternehmer G. W. Homann für den Schlachtermeister Karl Busse errichtet. Das Gebäude in zurückhaltenden Formen des expressionistisch geprägten Heimatstiles gestaltet, wobei für die westliche Durchfahrt zum Hof der alte Torbogen des abgebrochenen Vorgängerhauses wieder Verwendung fand. Dieses mit aufwendig gestaltetem Türblatt. Hauszugang von der Durchfahrt mit anschließendem Treppenhaus an der rückwärtigen Traufwand. Jede Wohnung mit Bad und einer nicht belichteten, kleinen, zentralen Diele.

1984 in die Denkmalliste der Stadt Minden eingetragen.

Wirtschaftsgebäude (erste Hälfte des 17. Jahrhunderts) Alte Kirchstraße 23

Traufenständiger Bau an der Alten Kirchstraße, zwischen die beiden etwa gleichhohen, ebenfalls traufenständigen Wohnhäuser Alte Kirchstraße 21 und 25 gestellt. Die Fassade zur Alten Kirchstraße aus Backstein (Format 30 x 14,5 x 7,5 cm) gemauert (Ecken aus Bruch- und Sandsteinblöcken aufgesetzt) und neben dem Tor durch zwei innen sichtbare Enlastungsbögen ausgesteift, ansonsten als Fachwerkbau errichtet. Dieser mit acht Gebinden, die im Querverband mit gekehlten Kopfbändern, im Längsverband jeweils mit zur Gerüstmitte weisenden geraden Kopfbändern ausgesteift sind, die Eckständer an den Seitengiebeln zusätzlich mit Fußstreben. Zwei einfach vernagelte Riegelketten, die Dachbalken aufgelegt. Das Dachwerk mit nur einer einfach vernagelten Kehlbalkenlage und Rispen zwischen den Sparren. Die Giebeldreiecke eine mit Lehmflechtwerk ausgefachte Konstruktion und mit Spitzsäule.

Die innere Struktur durch eine Querdurchfahrt im östlichen Teil von zwei Gebinden Breite bestimmt; die hölzernen Torstürze an beiden Seiten wegen späterer Verbreiterung nicht mehr erhalten. Nachträglich wurde durch Anblatten eine Querwand aus Fachwerk unter dem dritten Gebinde von West eingefügt. In dem mittleren Bogen der Vorderfront sind zwei kleine Fensteröffnungen untereinander angeordnet (die untere heute vermauert, die obere mit einem wohl bauzeitlichen Blockrahmenfenster).

1771 wird der Bau in der Verkaufsanzeige beschrieben als *Hinterhaus mit Ausfahrt. Darin 1 Kuhstall für 6 Kühe mit steineren Krippen, 3 Schweineställen sowie ein Kälberstall.* 1927 Abbruch eines rückwärtigen Stallanbaus und Einbruch einer neuen westlichen Durchfahrt mit großen Toren in beiden Längswänden. Zugleich wurde die Straßenfront mit grobem Zementputz neu verputzt. 1995 massive Erneuerung der westlichen Giebelwand unter dem Dachbalken, statische Sicherung durch Einbau einer Stahlkonstruktion sowie Sanierung und Neueindeckung des Daches (dabei Dokumentation des Kernbaus).

VIDEBULLENSTRASSE 17 (Abb. 1684–1686)

1729 bis 1743 Martini-Kirchgeld Nr. 315; bis 1878 Haus-Nr. 495; bis 1908 Videbullenstraße 21
Das Gelände als weitläufiger Hof wohl schon im 13. Jahrhundert besiedelt. Seit 1284 Gelände im Besitz von St. Martini und später als Pachtland vom Stift ausgegeben. Zunächst zusammen mit Nr. 15 und 19 ein größeres und tief in den Baublock reichendes Gartengrundstück, das seit dem frühen 14. Jahrhundert bebaut wurde. Wohl 1319 eine Teilfläche als kleinere Hausstelle Nr. 19 ausparzelliert und vor dem 16. Jahrhundert auch Nr. 15 abgetrennt, zudem die südlichen Flächen den Hausstätten Umradstraße 18 und 20 zugeschlagen.

Im 18. Jahrhundert ein erbzinspflichtiges Haus von St. Martini (STA MS, St. Martini, Akten 156).

Nach der Tradition sollen sich die Dominikaner 1236 zunächst auf diesem Gelände niedergelassen und dort einen Brunnen angelegt haben (dazu siehe Nr. 19), bevor sie weiter nördlich die *hintere Curia Beldersen* zum Bau eines Klosters erhielten; 1284 wird die Hofstätte des Mindener Bürgers Albert und seiner Mutter, der Witwe des Mindener Bürgers Helbold von Eckehard, Kanoniker an St. Martini, erworben, in zwei Gärten unterteilt (Videbullenstraße 11/13 und 15/19) und dem Stift zur Finanzierung der Heizung im *Estuarium* der Klausur überlassen (WUB VI, Nr. 1306); 1319 überträgt St. Martini dem Domkanoniker und Offizial der Mindener Kurie Johannes vom Markt (*de Foro*) sowie dem Rektor des Altars St. Petri im Dom namens Hermann eine Stätte auf Lebenszeit, die beim Brunnen neben dem Haus des Menrici am Ende der Straße liegt: *aream nostram sitam iuxta puteum apud domum domini Menrici in capite platee dicte Vitebollenstrate.* Einen Teil dieses Grundstücks mit den dort befindlichen Bauten überträgt Johannes vom Markt dem Arnold vom Tor, Kanoniker an St. Martini: *postea suam partem seu possessionem in dicta area, area memorata cum omnibus edificiis et structuris* (STA MS, St. Martini, Urkunden Nr. 56. – WUB X, Nr. 682). 1350 verpachtet St. Martini dem Heinrich von Holzhausen und seiner Frau Gertrud ein Haus mit Stätte und Brunnen: *aream vnam et domum* [...] *quas dominus Henricus van de Drakenborch et Johannes frater suus* [...] *sitas in quodam vico platee dicte Vitebollenstrate cum* [...] *putei siti infra areas Beken de Widen puelle et Johannis de Opendorpe vel Lamberti de Meppen* (STA MS, St. Martini, Urkunden Nr. 108 zu 1361 November 4).

1559 Conrad von Behren; 1560/68 Johann Oldenburg; 1579 verpachtet der Dechant von St. Martini dem Cord Schelen und seiner Frau Anna ein Haus in der Videbullenstraße zwischen dem des Johan Hofsmed und dem des Ernst Pladise, das vorher Johan Oldenburg inne hatte (STA MS, St. Martini, Regesten 619); 1592 Cordt Schelen; 1682/95 Witwe Fromm; 1692 wird vom Rat erwogen, das *Frommische Haus in der Vietebullenstraßen* von den Kreditoren günstig zu erwerben, weil man den Ratsstall verloren habe (KAM, Mi, B 355);

Abb. 1684 Videbullenstraße 17, Ansicht von Nordwesten, 1993.

1698 Jürgen Arendt Petersen, zahlt jährlich 2 Thl Giebelschatz; 1738/40 Witwe Jürgen Arend Petersen; 1743 kein Eintrag (Haus ohne Grundbesitz); 1749 Johann Hermann Heitmann; 1750 Petersen, dann Petersens Erben; 1755 Wiehe, Haus für 200 Rthl; 1758 will das Martini-Kapitel *gegen die beide Käufer Capituli Pachthäuser in Vitbulli Straßen, Wiehe und Lenger* klagen (STA MS, St. Martini, Akten 144 c, S. 130); 1766 Bäcker Wiehe, 1774 N. N. Stotzeck; 1781 Schultze, 200 Rthl; 1781 verkaufte der Branntweinbrenner Stodieck das Haus für 510 Rthl an den Branntweinbrenner Schultze, nachdem es vorher im MIB inseriert war. Stodieck war seit 1767 im Besitz des Hauses, das er von einem Wiehe erkaufte. Das Haus steht auf einem Erbpachtgrundstück des Martini-Kapitels, welches den Branntweinbrenner Johann Friedrich Schultze damit 1788 bemeiert. 1788 liegt das Haus *Sub nr: 495 an der Vitebullen Straße zwischen der Juden Schule und dem Hause der Witwe Roeder* (STA MS, St. Martini, Akten 154); 1783 Branntweinbrenner Friederich Schultze; 1792 Johann Friedrich Schultze; 1794/98 Branntweinbrenner Schulze; 1802/04 Schulze, Haus für 500 Rthl, mit Scheune und Braurecht und eigenem Brunnen. Hält 7 Kühe und 2 Schweine; 1810 Friedrich Gabriel Schulze; 1818 Erben Schulze, Wohnhaus 500 Thl; 1825 Erhöhung auf 1 000 Thl; 1826 Bernard, neuer Viehstall 150 Thl, Scheune 200 Thl, Hintergebäude 200 Thl; um 1831 Erhöhung Wohnhaus auf 1 450 Thl; 1832 Maurermeister Carl Bernhard (besitzt auch Seidenbeutel 9); 1846 Maurermeister Karl Bernhard; 1853 Witwe Bernhard, Maurermeister Bernhard mit Familie und einer Mietpartei; 1873/78 Witwe Großmann (mit neun Mietparteien); 1895/1908 Zigarrensortierer Wilhelm Fentz; 1924 Max Fentz; 1929 Fahrradhändler Wilhelm Fentz.

Dielenhaus (16./17. Jahrhundert)

Die schmale Hausstätte mit einem tief in den Baublock reichenden Komplex unterschiedlich alter Gebäude bebaut, wobei ihre Entwicklung bislang nur in Teilen bekannt ist. Der Komplex in seiner dichten, gewachsenen historischen Struktur, seinen zahlreichen erhaltenen Baudetails und den erhaltenen Hintergebäuden heute ein ungewöhnlich aussagekräftiges Beispiel eines bürgerlichen, dem Wohnen und Wirtschaften einer großen Hausgemeinschaft dienenden Anwesens.

Das Vorderhaus, ein schmales zweigeschossiges Giebelhaus mit Satteldach und geputzter vierachsiger Fachwerkfront, wird bis heute durch eine Baumaßnahme im Jahre 1783 bestimmt. Im Kern offenbar ein vielleicht nur eingeschossiges und giebelständiges Dielenhaus mit rückwärtigem und unterkellertem, östlich eingezogenem Flügelbau, das wohl im 16. oder 17. Jahrhundert errichtet worden ist.

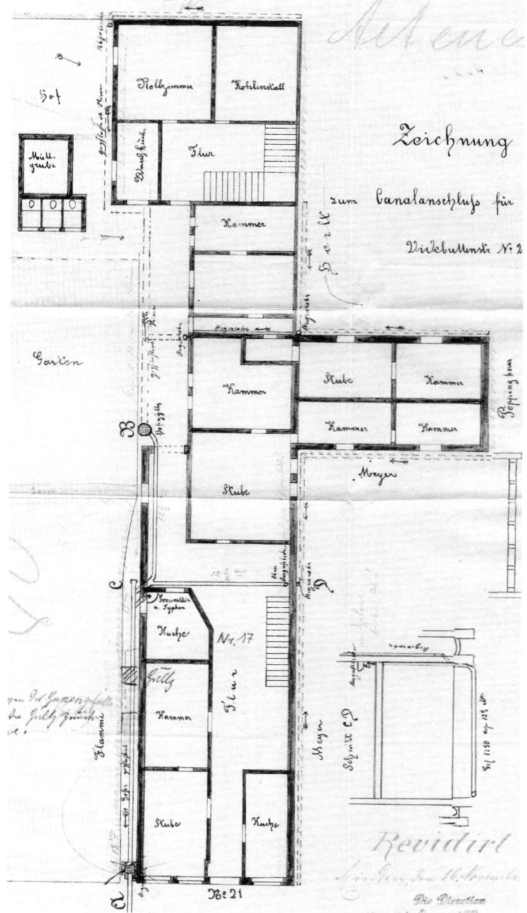

Abb. 1685 Videbullenstraße 17, Grundriß zur Entwässerung des Grundstücks 1895.

1783 wurde das Haus nach einem Eigentümerwechsel mit eigenen Mitteln *stark repariert* (KAM, Mi, C 874). Anlaß waren starke Bauschäden an dem bestehenden Bau, wobei die Arbeiten nach dem Gutachten des Bauinspektors Sassenberg nötig geworden waren *durch Einsturz des vorderen Giebels.* Daher hatte der Eigentümer zur Straße *unten eine neue Frontwand mit Stube und Kammer nebst Scheidewand erbauen lassen. Zweitens hintten im Hoff eine Holtzremise nebst Viehstall 16 Fuß lang und 12 Fuß breit.* Ferner wurde die Treppe im Haus erneuert und die Fachwerkkonstruktion sowie die Fenster angestrichen. An Kosten waren dabei insgesamt 279 Rthl entstanden (KAM, Mi, C 388). Zwischen 1786/97 werden weitere Renovierungen vorgenommen, bei denen über 1 000 Rthl verbaut werden (KAM, Mi, C 134) und an deren Ende der Bau in den bis heute erhaltenen Proportionen stand. Das dabei geschaffene Haus ein Fachwerkbau, die Konstruktion wegen Verputz aber nicht weiter einsehbar. Die schlicht geputzte vierachsige Vorderfront insbesondere durch das Gewände der breiten Haustür mit Oberlicht betont. Das Gewände mit einer hölzernen Bekleidung, die ein stark scharriertes Sandsteingewände imitiert. Das Innere mit einem breiten westlichen Flur, von dem in den vorderen zwei Dritteln entlang der Ostseite eine Folge von Stube, Kammer und Küche abgetrennt wurde. Westlich zur Straße hinter der Vorderfront ein kleiner weiterer Raum. In den breiten Flur, mit großformatigen Sandplatten ausgelegt, entlang der westlichen Seitenwand eine geradläufige (wohl um 1825 erneuerte) Treppe. Vor dem Rückgiebel des Hauses in der südwestlichen Ecke ein zweistöckiger Flügelbau mit Saalkammer über fast ganz eingetieftem Keller (zugänglich über Treppe in der südwestlichen Ecke der Diele). Dieser mit flacher Tonne aus Backstein, wobei Form und Detailgestaltungen für eine Bauzeit im 16./17. Jahrhundert sprechen.

Abb. 1686 Videbullenstraße 17, rückwärtige Ansicht von Osten auf die Seitenwand des Flügelbaus, 2000.

Nach Besitzwechsel scheint das Anwesen durch den neuen Eigentümer, den Maurermeister C. Bernhard 1825 im rückwärtigen Bereich erheblich erweitert und verändert worden zu sein. Der nördliche Teil des Flügelbaus wurde durch eine massive zweigeschossige rückwärtige Erweiterung des Vorderhauses in das Gebäude einbezogen (zugleich die östliche Traufwand im Erdgeschoß massiv erneuert) und das Dach zugleich mit Gaupen zu Wohnzwecken ausgebaut. An seiner Hoftür im Sandsteingewände die Inschrift: *Erbaut von C. Bernhardt M* [...] *18*(25 ?). Im Flur des Vorderhauses eine neue Treppe mit einem Geländer mit durchgesteckten Stäben eingebaut. Zudem wurde auf einer westlich anschließenden Fläche hinter dem Haus Nr. 19 ein ebenfalls mit Tonnen unterkellerter und zweigeschossiger Flügelbau aus Backstein mit Satteldach an das Hinterhaus angebaut. Die Fenster mit sandsteinernen Sohlbänken. In diesem Zusammenhang eine ungewöhnliche Fenstergruppe in die Ostfront des Flügelbaus eingebaut, die mit einem starken Sandsteingewände mit massiven Teilungspfosten versehen wurde.

Bei weiteren Anbauten um 1830 ein Stallgebäude in südlicher Verlängerung des alten Flügelbaus bis zu zweieinhalb Geschossen unter flachem Satteldach aufgestockt (die Westwand als Schutz vor Schlagregen mit Biberschwanzziegeln behängt), ferner das am südlichen Ende des Grundstücks stehende Wirtschaftsgebäude des 17./18. Jahrhunderts umgebaut und mit zwei Obergeschossen versehen. Diese Bauten alle aus Fachwerk, mit Schwelle-Rähm-Streben ausgesteift und mit Backsteinen ausgemauert.

1895 Entwässerung; 1913 Kanalisation; 1924 Einbruch einer Tür in den Vordergiebel für Werkstattzugang; 1926 Balkon und verglaster Freisitz; 1929 Abbau der dritten Etage des zweiten Hinterhauses wegen Baufälligkeit und Wiederaufsatz des bestehenden Pultdaches; 1991 in die Denkmalliste der Stadt Minden eingetragen; 1995 Abbruch auch der zweiten Etage dieses Baus, so daß nur noch der Kernbaus des 17. oder 18. Jahrhunderts in Resten erhalten blieb. Dieses ein Fachwerkgerüst mit Fußstreben.

VIDEBULLENSTRASSE 18

1729 bis 1743 Martini-Kirchgeld Nr. 309; bis 1878 Haus-Nr. 481

Größeres Grundstück, offenbar schon vor 1500 als Pachtland von St. Martini ausgegeben und wohl zunächst bis zur Alten Kirchstraße reichend. Hier zu nicht näher bekannter Zeit (vor 1720) die kleine Hausstelle Alte Kirchstraße 25 mit einer Doppelbude ausparzelliert.

1729/43 Ludolph Wiehe; 1750 Lülff Wiehe; 1755 Ludolf Wiehe, Haus für 100 Rthl; 1764 Witwe Wiehe; 1766 Tischler Christian Wiehe, Haus für 150 Rthl, betreibt auch Landwirtschaft auf eigenem Land; 1781 Witwe Wiehe, 100 Rthl; 1795 Tischler Zeneker; 1798 Tischler Zenner; 1802/04 Zenner, Haus für 100 Rthl, ohne Braurecht, hält 1 Jungvieh; 1809 Tischler Zenner; 1818 Donzellmann, 300 Thl; 1826 Erhöhung auf 1 075 Thl; 1832 Rudolf Donzelmann; 1846 Fleischer Heinrich Premgo und zwei Mietparteien; 1853 Schlachter Prengo; 1873/78 Fleischer Busse; 1892/1900 Schlachtermeister Wilhelm Busse; 1908 Schlachtermeister Karl Busse; 1950 Fleischermeister Franz Apel; 1971 Stadt Minden.

Dielenhaus (17. Jahrhundert ?–1971)

Das Haus nur nach den Entwässerungs- und den Umbauplänen von 1892 bekannt. Danach im Kern ein giebelständiges und eingeschossiges Fachwerkhaus von 9 x 14,80 m Grundfläche. Links des mittleren Torbogens ein Stubeneinbau, der (nach Urkataster) 1829 noch eine Utlucht aufwies. Zu späterer Zeit der Einbau bis zum Rückgiebel verlängert und hier Küche und eine weitere Kammer untergebracht. Ferner auch rechts der Diele einen schmaleren und bis zum Rückgiebel reichenden Einbau geschaffen.

1892 nach Abbruch des alten Dachwerkes Aufbau eines Drempelgeschosses und Bau eines neuen, flacher geneigten Dachstuhls (Zimmermeister W. Jacobi); zugleich die Außenwände zumeist massiv erneuert und ein schlichter dreiachsiger Putzgiebel mit schmalem Tor geschaffen. 1894 Entwässerung; 1900 Einbau einer Wohnung im Dachgeschoß und Gestaltung einer reicheren Vorderfront mit backsteinernem Staffelgiebel in spätgotischen Formen (Maurermeister C. W. Homann); 1908 Kanalisation; 1950 Umbau des Erdgeschosses zu einem großen Fleischereigeschäft (dabei auch Teile der östlichen Wohnung von Nr. 20 einbezogen); 1971 Abbruch wegen Baufälligkeit.

1893 Errichtung eines eingeschossigen Werkstattgebäudes mit flachem Pappdach im Nordosten des Hofes.

VIDEBULLENSTRASSE 19 (Abb. 1687–1688)

1729 bis 1743 Martini-Kirchgeld Nr. 314; bis 1878 Haus-Nr. 496; bis 1908 Videbullenstraße 23

Kleine Hausstelle, Pachtgrund von St. Martini, als Teilfläche des größeren Gartengeländes wohl 1319 aus dem Nachbargrundstück Nr. 17 (zur Geschichte siehe dort) ausgeschieden. Das auf dem Grundstück 1668 errichtete heutige Gebäude nach Osten mit einer Tür im Obergeschoß versehen, westlich wohl unmittelbar an ein weiteres Gebäude auf dem Grundstück Nr. 21 angrenzend. Dabei das in seiner Gestalt ungewöhnliche und wohl als ein reines Wohnhaus (Witwenwohnhaus ?) errichtete traufenständige Gebäude hinter einer zumindest im 19. Jahrhundert öffentlichen und möglicherweise schon im 13. Jahrhundert erwähnten Brunnenstelle von der Straße zurückgesetzt aufgestellt.

Abb. 1687 Videbullenstraße 19, Ansicht von Nordwesten, 1993.

Brunnenschacht vor dem Haus (von 1236 ?)

Der Brunnen soll nach chronikalischer Überlieferung 1236 von den Dominikanermönchen gegraben worden sein (Löffler 1917, S. 174), als sich der Orden vorübergehend auf diesem Grundstück niedergelassen hatte: So berichtet Hermann von Lerbeck in seiner Chronik: *praedicatores … fratres intraverunt ad inhabitandum* […] *ad plateam Vitebollenstrate dictam, ubi putem, quem nunc fratres heremitae sanctin Augustini possident* (Löffler 1917, S. 62). Der Brunnen von etwa 12 m Tiefe und einem Durchmesser von 1,70 m ist mit Sandsteinblöcken ausgemauert. Diese Fassung unbekannten Alters (in der Anlage sicherlich vor der 1668 erfolgten Errichtung des auf ihn rücksichtnehmenden Hauses entstanden) und mit ungewöhnlich großem Querschnitt.

Der Brunnen war in den letzten Jahrhunderten überdeckt und zuletzt bis nach 1900 mit einer Pumpe auf der Abdeckung versehen. 1975 die Abdeckung entfernt und statt dessen eine Einfassung aus vier gebogenen Sandsteinplatten aufgestellt, die vom Hof Hoppmann in Minden-Hahlen stammt. Darauf ein schmiedeeiserner Aufsatz, nach historischem Vorbild durch die Mindener Firma K. Schwarze & Sohn erstellt.

1519 Lucken Pepers; 1559 Clawes Tiedeman; 1563/79 Johann Hofsmed; 1592 verpachtet der Dechant von St. Martini dem Albert Schilling und Frau ein Haus in der Videbullenstraße zwischen dem des Ernst Rolevink und dem des Johann Oldenborg jetzt Cord Schelens Haus, das bisher Johan Hofsmede und Frau Gese bewohnt haben (STA MS, St. Martini, Regesten 723); 1596 Albert Schilling; 1682 verpachtet St. Martini der Anna Catharina Köhneman, Witwe des Thomas Hartog (siehe Königstraße 30), ein Haus in der Videbullenstraße zwischen dem des Otto Tiedemann und dem der Witwe Fromm, das bisher Heinrich Wedekamp in Pacht hatte (STA MS, St. Martini, Urkunden 438). Am 21. 2. 1690 wird das Haus vom Kapitel von St. Martini dem Herman Bremer und seiner Frau Anna Barbara Hinderman verpachtet. Es liegt in der Videbullenstraße zwischen dem des verstorbenen Otto Tiedemann jetzt Nicolaus Brauer und dem der Witwe Fromm, das bisher die Witwe Hartog inne hatte (STA MS, St. Martini, Urkunden 439). Am 19. 9. 1695 verpachtet das Kapitel von St. Martini dem Jost Herman Wedekink und seiner Frau Margarete Ilse Meyers ein Haus in der Videbullenstraße zwischen dem des verstorbenen Otto Tielemans jetzt Nicolaus Brauer und dem der Witwe Fromm (STA MS, St. Martini, Urkunden 444). 1738/50 Adolph Röder (früher Wehkings Haus); 1755 Adolph Röder, Haus für 100 Rthl; 1764/66 Witwe Röder; 1781 Witwe Röder, 100 Rthl; 1783 Witwe Adolf Röder, überläßt ihren Kirchenstuhl für rückständige Baukosten (Burchard 1937, S. 24); 1791 vermietet an Tagelöhner Hauk; 1796 Erben Witwe Röder; 1798 Branntweinbrenner Schultze (siehe Videbullenstraße 17), bewohnt vom Juden Michel; 1802/04 Schultze, Haus 300 Rthl, ohne Braurecht (1804 vermietet an Schuster Kerbel, Jude Itzig, Tagelöhner Müller, haben zusammen 2 Stück Jungvieh und 1 Schwein); 1809/12 Branntweinbrenner Gabriel Schultze; 1818 Witwe Busch, Haus für 400 Thl; 1822 Griese, Erhöhung auf 500 Thl; 1832 Ludwig Griese; 1846/1853 Tischler Christian Meier mit einer Mietpartei (eine Stube ist als Werkstätte genutzt); 1873/95 Fräulein Wilhelmine Meyer mit vier Mietern; 1908 Zugführer Ferdinand Arndt; 1918/36 Witwe Fanziska Püschel (Tochter von F. Arndt); 1939/59 Hans Glabach.

Wohnhaus (von 1668 ⓓ)

Komplexe, zwei- bis dreigeschossige Baugruppe, deren Kern ein kleines Wohnhaus von 1668 bildet. Dieses durch mehrere dendrochronologische Datierungen (1996 durch H. Tisje/Neu-Isenburg) wohl 1668 mit Verwendung von zum Teil abgelagerten Hölzern errichtet:

1657/58	Dachwerk, Westgiebel, Spitzsäule
1657/58	Dachwerk, Ostgiebel, südlicher oberer Riegel
1658/59	Dachwerk, Nordseite, 3. Sparren von Westen
1659/60	Dachwerk, Nordseite, 2. Sparren von Westen
1667/68	Erdgeschoß, Ostgiebel, 2. Ständer von Norden

Der Kernbau auf Grund des ausgebauten Zustandes nur in Teilen des Äußeren und des Dachbereiches genauer zu erfassen. Danach ein zweistöckiger und traufenständiger Fachwerkbau von fünf Gebinden auf einer Grundfläche von 8 x 6 m. Im Erdgeschoß mit zwei, im Oberstock mit einer Riegelkette, Aussteifung mit Fußstreben. Dachwerk mit einer Kehlbalkenlage, Windrispen zwischen den Sparren, der östliche Giebel mit Spitzsäule, der westliche mit untergestellter Spitzsäule. Nur der Ostgiebel mit Geckpfahl.

Das Gebäude wohl in beiden Stockwerken als Wohnhaus eingerichtet, dabei das Erdgeschoß mit einer Höhe von 3 m, das Obergeschoß im Lichten unter den Balken ca. 2,25 m. Dabei im östlichen Giebel im oberen Stockwerk eine bauzeitliche Türöffnung unbekannter Funktion, auf dem breiten Sturz die Inschrift [...] *AC: K ANNO 16* [...] (wohl als Anna Catharina Könemann zu entschlüsseln. Da die beiden letzten nur in der unteren Hälfte erhaltenen Zahlen nur als eine sechs oder acht zu ergänzen sind, wohl auf Grund einer dendrochronologischen Datierung als 1668 zu lesen).

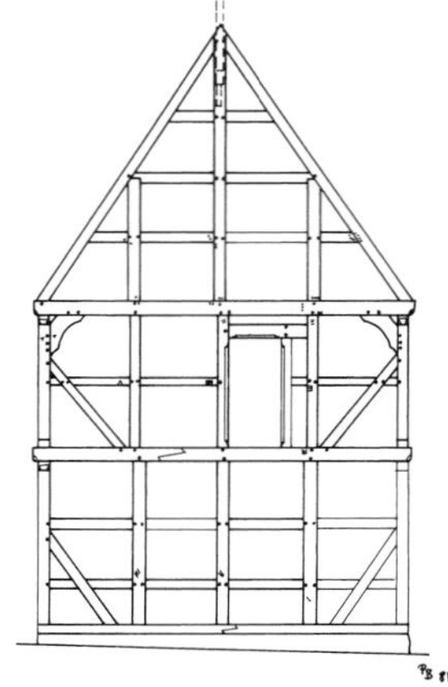

Abb. 1688 Videbullenstraße 19, Ostgiebel, rekonstruierter Zustand Ende 17. Jahrhundert.

Die ursprüngliche Innenaufteilung momentan nicht zu ermitteln. Unter dem Bau ein kleiner Kellerraum mit Backsteintonne.

1733 erfolgte ein rückwärtiger Anbau von etwa 1,80 m Breite in der gesamten Höhe des Gebäudes, aber nur an der östlichen Hälfte. Am Rähm unter dem angeschleppten Dach eine Inschrift *P A R 1733* (wohl als Adolph Röder zu entschlüsseln).

1792 nach Verkauf an den Eigentümer des westlich anschließenden Grundstücks *eine starke Reparatur* des Hauses vorgenommen (KAM, Mi, C 126). Dabei dürfte wohl dieser Anbau nach Westen in Fachwerk auf die ganze Hausbreite erweitert worden sein (dieser Bauteil heute massiv erneuert).

Das Gebäude um 1840 durch An- und Umbau zu einem dreigeschossigen Etagenwohnhaus mit mittlerem Längsflur ausgebaut und wohl zugleich verputzt. Dabei das Dachwerk auf der Nordseite angehoben und zugleich westlich des Brunnens ein dreigeschossiger und übergiebelter Vorbau von zwei Fensterachsen Breite errichtet. Darunter ein zusätzlicher Kellerraum mit Backsteintonne. Die hier verwendeten Bauhölzer aus zum Teil recht gering dimensioniertem Nadelholz. Gewendeltes Treppenhaus bis in das dritte Geschoß vor der Rückwand sowie die meisten Türen dieser Bauphase erhalten. Zu einem nicht näher bekannten Zeitpunkt, wohl auch in der ersten Hälfte des 19. Jahrhunderts ein rückwärtiger eingeschossiger Flügel unter Satteldach wohl für Wirtschaftszwecke aus Fachwerk erstellt (später massiv erneuert; dabei umfangreicher, in das Museum verbrachter Scherbenfund).

1895 Entwässerung, 1908 Kanalisation; 1956 Umbau des Ladengeschäftes im Vorbau mit Einbau von Schaufenstern. 1960 Vorbau eines Balkons von Beton und weiterer Ladenumbau.

1949 Wiederaufbau eines verfallenen Stallgebäudes.

Abb. 1689 Videbullenstraße 20, Ansicht von Südosten, 1993.

VIDEBULLENSTRASSE 20 (Abb. 1689)

1729 bis 1743 Martini-Kirchgeld Nr. 308; bis 1878 Haus-Nr. 480
Kleine Hausstätte und wohl Pachtgut von St. Martini, möglicherweise durch Aufteilung einer größeren Hausstelle zu nicht näher bekannter Zeit (vor 1720) zusammen mit Nr. 22 entstanden. Zunächst wohl auch die Hausstätte Alte Kirchstraße 27 zugehörig.

1729 Pollhey; 1740 ein ehemals städtisches Haus, jetzt Joh. Jobst Pollhey; 1743 nicht genannt (Haus ohne Grundbesitz); 1750 Henrich Seeler; 1755/66 Meister Seiler, Haus für 40 Rthl; 1781 Soldat Brenner; 1782 Fuselier Bremer; 1795 Soldat Brennert; 1798 Kutscher Tiemann; 1802/04 Tiemann und zwei Mietparteien, Haus für 200 Rthl, ohne Braurecht, hält 1 Vieh; 1809 Handlung Henrich Tiemann; 1818 Schneider Mohrfeldt, 200 Thl; 1832 Schneider Wilhelm Mordfeld; 1846 Witwe Henriette Meier; 1853 Bedienter Dreyer; 1873/78 Lohndiener Dreyer; 1895 H. Dreyer; 1906 Witwe Sophie Dreyer.

Haus (1783–1912)

1782/83 Wiederaufbau nach Einsturz (KAM, Mi, C 388). Schmales und giebelständiges Fachwerkhaus. Der Vordergiebel dreiachsig mit linksseitiger Haustür.

1895 Entwässerung; 1908 Kanalisation sowie Neubau einer Waschküche und eines Abortanbaus; 1910 Abbruch für Neubau.

Mietshaus (von 1911)

Als Achtfamilienhaus für die Witwe Sophie Dreyer durch den Maurermeister C. W. Homann unter Einzug der Grundstücke Nr. 22 und 24 errichtet. Dreigeschossiger und traufenständiger Putzbau über hohem Kellersockel (Eisenbetondecke) und mit ausgebautem Mansarddach. Die siebenachsige Fassade nur schlicht geputzt und bis auf Brustgesimse, Sohlbänke und eine schlichte Verdachung über der dritten Etage ohne weitere Putzgliederung; symmetrisch gestaltet mit mittlerem Eingang und darüber zwischen den Geschossen zur Belichtung des Treppenhauses angeordneten Fenstern. Seitlich davon jeweils ein gebrochener zweigeschossiger Erker vor den beiden Obergeschossen.

Das Innere als sogenannter »Doppelspänner« mit jeweils einer Wohnung seitlich des mittleren Treppenhauses; dabei die westlichen Wohnungen mit fünf Räumen, Aborten im Flur, aber (oben) mit Badezimmer; die östlichen Wohnungen dagegen weiträumiger und unter Einbezug eines rückwärtigen Flügelbaus. Diese mit sechs Räumen, Abort und Badezimmer sowie Balkon in einem Lichthof am östlichen Seitengiebel.

VIDEBULLENSTRASSE 21 (Abb. 1690)

1729 bis 1743 Martini-Kirchgeld Nr. 312; bis 1878 Haus-Nr. 497; bis 1908 Videbullenstraße 25
Die Hausstelle als Teil eines schon vor 1284 im Besitz von St. Martini befindlichen Gartens zunächst eine Einheit mit dem westlich anschließenden Grundstück Nr. 23 und zu nicht näher bekannter Zeit (vor 1500) durch Aufteilung in zahlreiche Hausstätten geschaffen (siehe auch Umradstraße 18 bis 24). Sie wurde schon vor 1500 selbständig von St. Martini verpachtet. Das Grundstück seit 1969 unbebaut.

1284 erwirbt der Kanoniker Eckehard bei St. Martini vom Kapitel St. Martini ein Grundstück, damit fortan aus den Pachteinkünften daraus die Heizung des *Estuariums* in der Klausur finanziert würde (WUB VI, Nr. 1306).

1519 verkauft Grete, Witwe des Hermann Moller (anders genannt Arnding) dem Domvikar Heinrich Tabeke eine Rente aus einem Haus mit Stätte (Pachtgut St. Martini), *so dat belegen ys in der Viteboldenstrate twyschen Johan Schepers vnd Llucken Pepers husen* (STA MS, Mscr. VII, 2701b, Bl. 11r–11v); 1526 Haus des verstorbenen Harmen Moller (siehe Nr. 23); 1562/93 Ernst Rohlefing; 1622 T. H.; 1682 Otto Tiedemann; 1690/95 Nicolaus Brauer; 1729/43 Friedrich Brauer; 1750 Witwe Brauers Haus; 1755 Witwe Brauer, Haus für

150 Rthl; 1764 Höver; 1766 Höver, 150 Rthl; 1781 Witwe Höver, 150 Rthl; 1791 Höver, Mieter ist Jüdin Michel; 1796 Erben Gottfried Höver; 1798 Zuckerknecht Spieß, Haus und Scheune; 1802 Spies, Haus für 600 Rthl; 1804 Branntweinbrenner Tünnermann, Haus ohne Braurecht, hat eigenen Brunnen, hält 4 Kühe, 1 Jungvieh und 1 Schwein; 1807 Tünnermann; 1812 Hermann Gröninger; 1818 Gröninger, Wohnhaus 700 Thl, Stallung 100 Thl; 1823 Erhöhung auf 1500 Thl, Stallung auf 300 Thl, neu versichert Brennereigebäude 250 Thl; 1832 Hermann Gröninger; 1846 Händler Wilhelm Beimförder und zwei weitere Mieter; 1853 Bäcker Buchholz und der Mieter Maler Bock (eine Kammer als Laden genutzt); 1873/78 Tischler Pöppinghaus und fünf Mieter; 1892/95 Tischlermeister H. Päppinghaus; 1908 Erben Rentner Hugo Pöppinghaus; 1907 Klempnermeister Johann Hudecek (Päpinghaus Erben); 1968 Stadt Minden.

Haus (1622 ?–1969)

Das Haus nur aus den wenigen Unterlagen der Bauakten bekannt. Danach ein giebelständiges und eingeschossiges Haus mit Satteldach auf einer Fläche von 9,8 x 16,3 m. Der nicht mehr weiter bestimm- und datierbare Kernbau wohl aus Fachwerk, aber wohl 1797 in großen Teilen mit massiven Umfassungswänden erneuert worden. Auf Grund der Höhe der Wände von nahezu 4 m wohl als Dielenhaus errichtet und daher sicher vor 1700 zu datieren, möglicherweise auch von 1622, worauf eine im Haus wiederverwendete Spolie hinweist (siehe unten). Dieses wohl zunächst auf der östlichen Seite mit einer unterkellerten Stube.

1797 sind an dem Haus 300 Rthl für Reparaturen verbaut worden (KAM, Mi, C 134). Seitdem mit fünfachsiger Putzfassade und mittiger Haustür, die Fenster mit Sohlbänken, das Giebeldreieck mit einem Gesims abgesetzt. Die Haustür mit Sandsteingewände, wobei auf der rechten Seite ein sandsteinerner Schlußstein wieder verwendet wurde. Dieser mit der Datierung *1622* und seitlich begleitet von zwei Hauszeichen, bezeichnet mit *TH* und *WL* (Krins 1951, S. 72). Seit diesem Umbau das Innere mit breitem Mittellängsflur, an den sich beidseitig eine Folge von Zimmern anschloß. Rückwärtig östlich ein kleiner Anbau.

Am südlichen Ende des Grundstücks ein massiver kleiner und traufenständig zum Vorderhaus gestellter Bau, wohl das 1823 neu versicherte Brennereigebäude. Dieser Bau im späten 19. Jahrhundert als Wohnhaus eingerichtet.

1892 Ausbau des Dachgeschosses zur Wohnung (Baugewerk Schütte & Krause); 1895 Entwässerung; 1907 Anbau einer Klempnerwerkstatt; 1908 Kanalisation und Bau einer Waschküche (Maurermeister C. W. Homann); 1914 Ausbau des Dachgeschosses, wobei auf der rechten Seite ein Ausbau aufgesetzt wird; 1968 Abbruch des Hinterhauses, dem 1969 der Abbruch des Vorderhauses folgte.

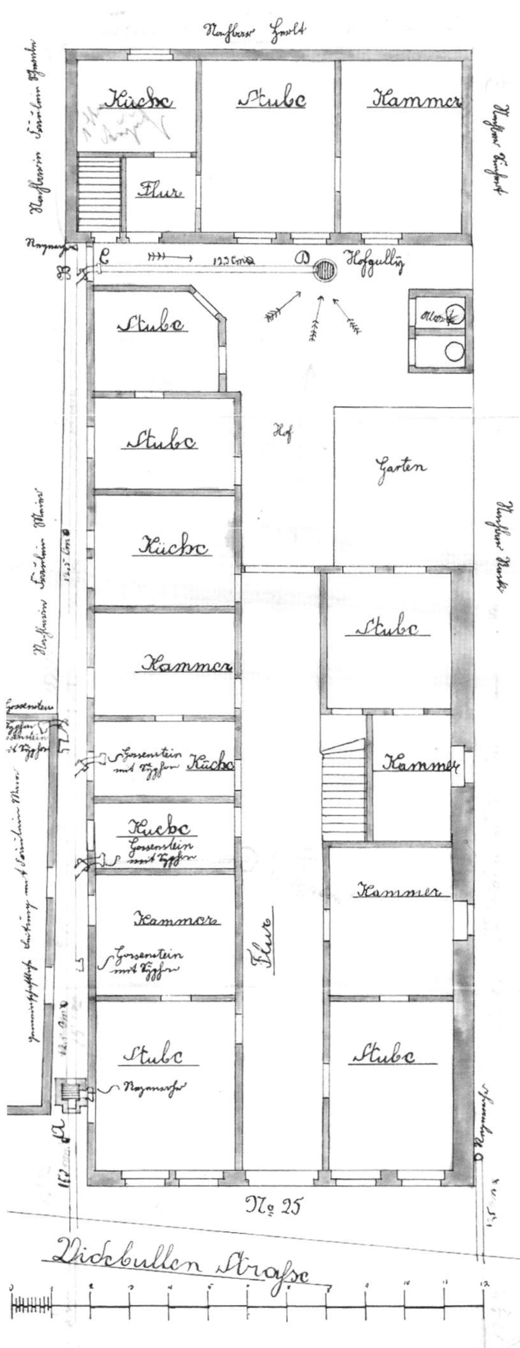

Abb. 1690 Videbullenstraße 21, Plan zur Entwässerung des Grundstücks 1895.

VIDEBULLENSTRASSE 22

1729 bis 1743 Martini-Kirchgeld Nr. 304; bis 1878 Haus-Nr. 478

Kleine Hausstätte und wohl Pachtgut von St. Martini, möglicherweise zusammen mit Nr. 20 durch Aufteilung einer größeren Hausstelle zu nicht näher bekannter Zeit (vor 1720) entstanden. Seit 1911 in das Grundstück Nr. 20 einbezogen.

1729 Christian Hacke; 1738/40 Johann Henrich Hägering; 1743 nicht genannt (Haus ohne Grundbesitz), 1750 Johann Henrich Hegering; 1755 Hägering, Haus für 50 Rthl; 1766 Meister Haegering, 50 Rthl; 1781 Rolfing; 1798 Tagelöhner Telge; 1804 Telge und ein Mieter, Haus ohne Braurecht, ohne Vieh; 1809 Tagelöhner Telge; 1818 Tagelöhner Telge, Haus für 200 Thl; 1832 Friedrich Telge; 1846 Mieter ist Witwe Henlein; 1853 Minorennen Telge, Mieter ist Schuhmacher Waldeyer; 1873 Bahnarbeiter Gieseking; 1896 Briefträger H. Hagens, 1908 Briefträger i. R. August Hagens.

Wohnhaus (bis 1911)

Schmaler und giebelständiger Fachwerkbau mit dreiachsigem Vordergiebel und Haustür rechts.

Das Innere mit Flur entlang der rechten Seitenwand bis zum Rückgiebel, an den sich links eine Folge von Stube, Kammer und zwei Küchen anschließt. Vor dem Rückgiebel ein Anbau des 19. Jahrhunderts mit weiterer Stube.

1896 Entwässerung; 1908 Kanalisation; 1911 Abbruch für Neubau des Hauses Videbullenstraße 20/22.

VIDEBULLENSTRASSE 23 (Abb. 1691–1692)

1729 bis 1743 Martini-Kirchgeld Nr. 310; bis 1878 Haus-Nr. 498; bis 1908 Videbullenstraße 27; auch unter der Adresse Umradstraße 26 und 28

LITERATUR: Jahr 1929, S. 46 Abb. 77 und 85.

Hausstelle auf der Ecke zur westlich anschließenden Umradstraße. Sie bildete als Teil eines schon vor 1284 im Besitz von St. Martini befindlichen Gartens zunächst eine Einheit mit dem östlich anschließenden Grundstück Nr. 21 und wurde zu nicht näher bekannter Zeit (vor 1500) durch Aufteilung in zahlreiche Hausstätten geschaffen (siehe auch Umradstraße 18 bis 24). Das Grundstück nach Norden breiter werdend, wobei auf dem an das Haus anschließenden östlichen Zwickel ein Nebengebäude entstand.

1519 Johann Scheper; 1526 verpachtet St. Martini dem Johann Peper und seiner Frau Geseke ein Haus *in der Viteboldenstrate by salghenn Harmen Mollers huse vp dem orde der Vmberadenstrate*. Frühere Besitzerin war Geseke Schepering, echte Tochter des verstorbenen Hermann Bogers (STA MS, Mscr. VII, 2701b, Bl. 27r–27v). Im gleichen Jahr verkaufen Johann Peper und seine Frau Geseke der Geseke Schepering eine Rente aus dem Haus (STA MS, Mscr. VII, 2701b, Bl. 27v–28r) und 1527 verkaufen sie eine weitere Rente aus dem Haus mit Stätte *in der Viteboldennstrate vpp demm orde als menn na demm Vmberade gheit* an Gerke Wige und seine Frau Hille (STA MS, Mscr. VII, 2701b, Bl. 37r); um 1580 Jurgen Ruwefel; 1592 verpachtet der Dechant von St. Martini dem Cord Jacob und Frau Elisabeth ein Hause in der Videbullenstraße zwischen dem des Jobst Brockschmeds Witwen Haus und der Ecke des Umberade, das bisher Reineke Brandhorst inne hatte (STA MS, St. Martini, Regesten 721); 1596 Cord Jacob.

1729/40 Joh. Heinrich Wiehe; 1743 nicht genannt (Haus ohne Grundbesitz); 1750 Johann Henrich Wiehe; 1755/66 Tönnies Wilckening, Haus für 100 Rthl; 1771 Friedrich Wilkening, Besitz im Wert von 250 Rthl wird versteigert (WMA 1771, S 476); 1774 Böttcher Diedrich Zörner; 1781 Meister Zörner, Haus für 100 Rthl; 1784 Böttcher Zerner; 1786 Zörner, Erhöhung auf 400 Rthl; 1796/98 Böttcher Kühne; 1802/04 Kühne, Haus für 400 Rthl, hat Braurecht, hält 4 Kühe und zwei Schweine; 1809 Böttcher Kühne; 1818 Erben Kühne, 1832 Tischler Friedrich Wilhelm Kühne; 1846 Tischler Wilhelm Kühne mit zwei Mietparteien; 1853 Tischler Kühne mit drei Mietparteien (eine davon im Dach). Eine Stube ist Werkstätte und zugleich die Wohnstube; 1873/78 Tischler F. und J. Kühne; 1895 August Rasky; 1906 Witwe Emilie Rasky.

Haus (um 1526 ?)

Das Haus wurde möglicherweise um 1526 nach Erwerb des Pachtgrundes für Johann Peper neu gebaut. Hierfür sprechen die zwei auf das Haus aufgenommenen Obligationen ebenso wie die Kon-

Abb. 1691 Videbullenstraße 23, Ansicht von Nordwesten, rechts Einmündung der Umradstraße, 1993.

struktionsdetails des nach einschneidendem Umbau im späteren 17. Jahrhundert und um 1775 nur noch zum Teil erhaltenen Kerngerüstes. Die Bauhölzer der westlichen Traufwand weisen den Kern als ein Gerüst von wohl neun Gebinden Länge, mit starken Ständern und nur einer Riegelkette aus, wobei die Längsaussteifung durch einzelne Kopfbänder und Fußbänder an den Eckständern hergestellt wurde. Möglicherweise wies eine Traufwand eine Vorkragung über Knaggen auf. Weitere Details zum Kernbestand sind in dem ausgebauten und modernisierten Gebäude augenblicklich nicht zu erkennen. Der Bau danach als ein giebelständiges und eingeschossiges Dielenhaus zu rekonstruieren. Der Bau wohl im späteren 17. Jahrhundert stark verändert, wobei die Wand nun (bei offensichtlicher Neuverzimmerung der Hölzer) zwei Riegelketten und Fußstreben erhielt. Das Haus dabei auf acht Gebinde reduziert und statt dessen rückwärtig anschließend einen schmaleren Flügelbau an der Umradstraße von fünf Gebinden erstellt. Über dem Bau ein steiles Sparrendach, das möglicherweise noch heute erhalten ist. Das Haus im Inneren wohl mit Diele, von der zumindest ein Einbau (wohl mit Zwischengeschoß) abgetrennt war. Die Gestaltung des Giebels nicht bekannt.

1771 hat das Haus nach einer Versteigerungsanzeige zwei mit Öfen versehene Stuben, sechs Kammern und eine Küche. Ferner einen Kuhstall und einen Schweinestall sowie einen Hofplatz von 28 x 16 Fuß. Zugehörig ein Huderecht für 2 Kühe. 1774/77 baute der Böttcher Zörner dann nicht nur das Nebenhaus neu (siehe Umradstraße 24), *sondern auch im Wohnhaus hinter eine Stube angele-*

get, wofür 1031 Rthl aufgewendet wurden (KAM, Mi, C 388). 1777 wird das Haus als *Neubau* bezeichnet; es sei errichtet worden mit Schulden (KAM, Mi, C 874). 1781 wurden weitere Baumaßnahmen ausgeführt: *in dem ersten Wohn Hause befinden sich auch 3 Cammern, welche im Jahr 1781 erbauet sindt, wie auch auf dem Boden einen Beschuß nebst Abkleidung einer Cammer mit Diehlen* (KAM, Mi, C 388). Bei diesem Umbau scheinen die Außenwände in erheblichen Teilen neu verzimmert worden zu sein, insbesondere um der veränderten Fensterordnung zu entsprechen und auch, um kleinere und mit Backsteinen ausgefachte Felder zu schaffen. Vereinzelt wurden Fußstreben in das Gerüst eingebaut. Zudem dabei einen neuen Vordergiebel ohne Vorkragungen geschaffen und diesem auf der linken Seite eine weit vortretende Utlucht unter eigenem Satteldach vorgelegt. Im Inneren wohl zunächst noch mit einer breiten Diele, die auf der Ostseite von einer Folge von je drei Zimmern begleitet wurde. Möglicherweise bestand zu dieser Zeit noch ein Tor im neuen Vordergiebel. Schon etwa 5 Jahre später (siehe weiter unten) sind aber auf der westlichen Seite der Diele auch drei weitere Zimmer eingebaut worden, wonach nun im Inneren nur noch ein breiter mittlerer von einer zweiflügeligen Haustür mit verglastem Oberlicht belichteter Flur verblieb. Hinter den beiden seitlichen Einbauten ein an ein Küchenflett erinnernder Querflur vor dem Rückgiebel mit Ausgängen an beiden Traufwänden. Der Flur mit Sandsteinplatten ausgelegt.

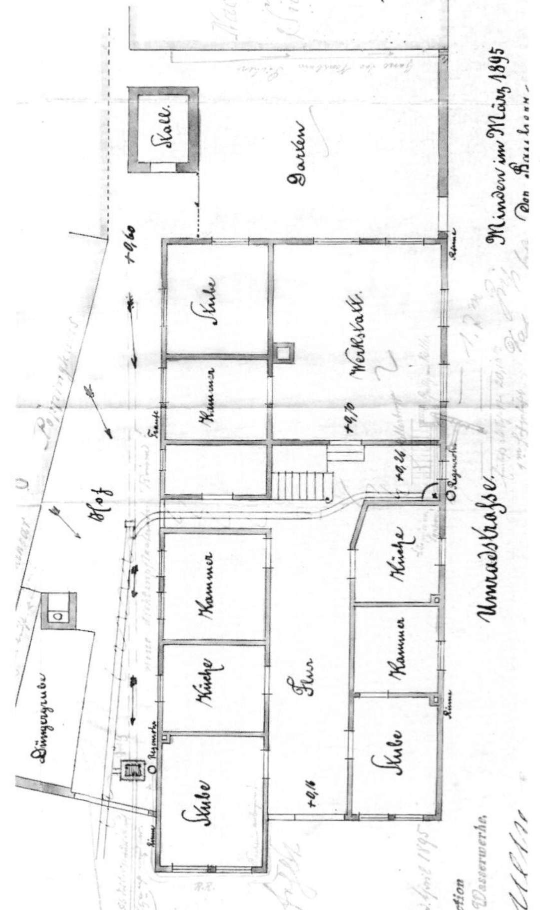

Abb. 1692 Videbullenstraße 23, Plan zur Entwässerung des Grundstücks 1895.

Das daran anschließende Hinterhaus ist in zwei Abschnitten entstanden: zunächst bestand hier ein recht schmaler, aber gegenüber dem Vorderhaus schon zweistöckig verzimmerter Flügelbau mit halb eingetieftem Keller, nach den Konstruktionsmerkmalen wohl in der zweiten Hälfte des 18. Jahrhunderts entstanden und mit Fußstreben an den Eckständern. Auf diesen Bauteil dürfte sich folgende Nachricht beziehen: 1785 *hat einen Anbau von 21 Fuß lang, 16 Fuß tief, 2 Etagen vorgenommen, und im Wohnhause selbst drei Kammern eingebauet*. Dabei wurden Kosten von 489 Rthl aufgewendet (KAM, Mi, C 156,12 alt). Nachträglich ist dieser Bau (wohl um 1820/30) auf der östlichen Seite auf die Breite des Vorderhauses gebracht und darüber mit einem neuen Dachwerk versehen worden. 1854 wird ein *teilweiser Neubau* festgestellt (KAM, Mi, F 1137), wobei das Hinterhaus zur Gewinnung weiterer Räume nach Westen mit einem Obergeschoß aufgedrempelt wird. Das Haus besitzt lediglich in der südwestlichen Ecke einen heute mit Betondecke versehenen und neu ausgemauerten

Kellerraum, der sich unter dem älteren Teil des Hinterhauses befindet (dieser ist wiederum schmaler als der Flügelbau und dürfte daher wohl noch von einem Vorgängerbau stammen). Im Flettbereich wurde eine gewinkelte Treppe zum neu ausgebauten Obergeschoß eingebaut (Zustand des Raumes um 1920 siehe JAHR 1929, Abb. 85).

Spätestens seit dem Umbau 1854 war das Haus verputzt und erhielt zugleich eine neue, handwerklich sauber gearbeitete zweiflügelige Haustür (siehe JAHR 1929, Abb. 77) mit umlaufender hölzerner Fasche.

1895 Entwässerung; 1907 Kanalisation; 1982/85 Renovierung des Hauses einschließlich Dachstuhlsanierung und Neueindeckung. Freilegung des Fachwerks an den Ansichten, wobei der Vordergiebel aus neuen Hölzern kopiert wird (Planung: Lax & Schlender). 1984 in die Denkmalliste der Stadt Minden eingetragen.

1906 Anbau einer »Werkstelle«, eines massiven, eingeschossigen Gebäudes mit flachem Holzsatteldach an der östlichen Traufwand, die Fassade aus Backstein gestaltet (durch Maurermeister C. W. Homann); um 1930 verputzt und umgebaut.

VIDEBULLENSTRASSE 24–26

Das seit dem Spätmittelalter im Besitz von St. Martini befindliche und vom Stift mit den darauf stehenden Häusern zur Pacht ausgegebene Land am westlichen Ende der Straße wurde im Unterschied zu den östlich anschließenden Flächen nicht zu größeren Hausstätten aufgeteilt. Die größere Fläche, umgrenzt von der Videbullenstraße im Süden, der Mauergasse (heute Königswall) im Westen und der Alten Kirchstraße im Norden wurde seit spätestens der Mitte des 15. Jahrhunderts mit einer größeren Anzahl von kleinen Häusern und Buden bebaut. Zu ihrer Verpachtung haben sich für die Zeit zwischen 1471 und dem späten 17. Jahrhundert zahlreiche Nachrichten erhalten, ohne daß diese bislang alle einzelnen Bauten zugeordnet werden konnten (siehe jeweils auch unter den einzelnen Adressen). Aus den in den Verträgen erhaltenen Lagebeschreibungen ist zu entnehmen, daß entlang der Videbullenstraße mindestens vier kleine Häuser bestanden, zwischen denen (westlich von Nr. 24) eine schmale Gasse zur Erschließung einer weiteren, dahinterstehenden Reihe von Häusern hindurchlief (diese wurden offenbar später jeweils den Hausstätten an der Straße zugeschlagen). Weitere Bauten werden am Wall beschrieben (1517 bezeichnet als *beneden der Vitebolden strate teghen der stad muren*). Noch im 18. Jahrhundert lassen sich auf dem Gelände mindestens acht kleine Häuser oder Buden nachweisen (Videbullenstraße 24 und 26, Königswall 61 bis 65 und Alte Kirchstraße 29), eine Zahl, die nach Zusammenlegung verschiedener hier zuvor bestehender noch kleinerer Bauten im 16. Jahrhundert wesentlich höher lag und sicherlich 12 Bauten überschritt.

1471 verkaufen Johann Bulsing (*Vulsing*) und seine Frau Geseke dem Albert von Leteln (Domherr und Archidiakon zu Pattenhausen) eine Rente aus einem Haus mit Hof und Bude (Pachtgut St. Martini): *vthe orem hus haue boden vnde tobehoringen, so de belegen syn in der Vitebolen strate vppe deme orde na der stad muren welk gud vnsser kercken pacht gud is* (STA MS, St. Martini, Urkunden Nr. 213. – STA MS, Mscr. VII, 2711, Bl. 127r).

1559 verpachtet St. Martini dem Johann Oldenburg und seiner Frau Geseke *ein ihrer kerchen huess vnd stede mit siner tobehoring so dat belegen ist in der Vitebuldenstrate nogest Johan Cuttemans* [?] *huse nha der stadt muren*. Früherer Besitzer war Konrad von Beren (STA MS, St. Martini, Urkunden Nr. 337. – STA MS, Mscr. VII, 2711, Bl. 120v).

1561 verpachtet St. Martini dem Segelke Spilker und seiner Frau Mette ein Haus *binnen Minden, beneden der Viteboldenstrate tegen der stadt muhren twischen Thomass Stripen vnnd Henrich Lindemans husen*. Bisherige Besitzer waren Hille, Witwe des Johann Bons anders genannt Scheper, ihr Sohn Johann, dessen Frau Anna, Johann Ostermeier, seine Frau Anna Bons und deren Tochter Katharina Bons (STA MS, Mscr. VII, 2701b, Bl. 96r–97v).

1674 Revers des Clamer Grummert und Frau Elisabeth Sahtröve über die Pacht eines Hauses zu *Ende der Vitebullenstraße am Walle, bey Sehl. Henrich Bramkampes Erben Hause, wovon es ein Theil ist, auch unser Kirchen pfachtguht*; das Haus war zuletzt an Henrich Bramkamp verpachtet und kam *inscio capitulo* an Andreas Bonhorst. Dessen Kreditor Peter von Rinteln ließ es dann gerichtlich an Clamer Grummert verkaufen (STA MS, St. Martini, Urkunden 432).

1704 verpachtet das Kapitel von St. Martini dem Albert Riehman und seiner Frau Anna Cath. Bruns ein Haus in der Videbullenstraße *hinter Clamer Grummerts und bey der Wittwe Meyers hausern hinten an der Videbullenstraße nach dem Walle* belegen, das bisher Heinrich Rohlfing inne hatte (STA MS, St. Martini, Urkunden 447).

VIDEBULLENSTRASSE 24

1729 bis 1743 Martini-Kirchgeld Nr. 306; bis 1878 Haus-Nr. 479

Sehr kleine Hausstelle, seit dem Spätmittelalter wohl Pachtland von St. Martini und zu einem größeren Gelände gehörend, das spätestens seit der Mitte des 15. Jahrhunderts mit zahlreichen kleinen Häusern oder Buden bebaut wurde (zur Geschichte siehe Videbullenstraße 24–26). Auf dieser Teilfläche dabei zunächst zwei hintereinanderstehende und später vereinte Gebäude, wobei das hintere durch eine schmale westlich anschließende Gasse (siehe Nr. 26) erschlossen war. Die Hausstelle seit 1911 in das Grundstück Nr. 20 einbezogen.

VORDERES HAUS: 1517/59 Johann Heyse (siehe Nr. 26).

HINTERES HAUS: 1559 verkaufen Katharina Widensal und ihre Schwester Anneke, der Ratsmann Bernd Surbruwer sowie Cord und Johann, Söhne des verstorbenen Johann Widensal (Bruder von Katharina und Anneke) dem Thomas Hilleker und seiner Frau Gese ein Haus (Pachtgut St. Martini) *in der Vitebolden nha der muren achter Johan Heisen huse* (STA MS, Mscr. VII, 2701b, Bl. 120v–121v).

1729/40 Joh. Jobst Springmeyer; 1743 Jobst Springmeyer; 1750 Sprinmeyer; 1755/66 Witwe Springmeyer, Haus für 50 Rthl; 1781 Witwe Springmeyer, 50 Rthl; 1798 Schuster Trümper; 1802/04 Trümper Senior, Haus ohne Braurecht, hält 1 Jungvieh; 1809 Schuster Trümper; 1818 Trümper, 200 Thl; 1832 Witwe Trümper; 1846/53 Schneidermeister Heinrich Dorgeloh; 1873/78 Witwe Kleinschmidt; 1878 Utermann; 1896 Witwe Prangemeyer; 1908 Schuhmachermeister Wilhelm Riensch.

Wohnhaus (17./18. Jahrhundert–1911)

Kleines giebelständiges Fachwerkhaus mit Satteldach. Die Vorderfront vierachsig, Haustür in der zweiten Achse von rechts. Das Innere mit links Folge von Stube, Küche (mit gemauertem Schwibbogenherd) und rückwärtigem Werkraum, rechts (möglicherweise als Durchbau eines zunächst breiten Dielenraumes) mit schmaler, vorderer Kammer und gegenläufiger Treppe dahinter; der rückwärtige Bereich dahinter als Dielenraum abgetrennt.

1896 Entwässerung; um 1905 Anbau einer massiven Waschküche; 1909 Kanalisation; 1911 Abbruch.

VIDEBULLENSTRASSE 25

1729 bis 1743 Martini-Kirchgeld Nr. 297; bis 1878 Haus-Nr. 551; bis 1908 Videbullenstraße 29

Das Grundstück und die Bebauung dürfte erst in der ersten Hälfte des 18. Jahrhunderts nach Aufteilung des Geländes des großen sogenannten *Borchardingschen Hofes* entstanden sein (siehe dazu Königswall 75). Die Bebauung ging dabei aus dem alten Nebenhaus des Hofes hervor, an das sich noch zwei Buden anschlossen. Das Anwesen während des 19. Jahrhunderts Wohnort und Arbeitsplatz zahlreicher, das Stadtbild prägender Baubetriebe, die die westlich anschließende Freifläche als Lagerplatz nutzten. Dieser 1843 durch Vorschieben der Bauflucht entlang dem Königswall nach Westen erheblich erweitert. Das Grundstück seit 1978 in den Neubaukomplex Königswall 69 einbezogen (siehe dort).

Vielleicht 1667 Schreibers Buden am Wall.

1738 Schreibers Nebenhaus oder erste Bude (jetzt W. Kruse); 1740 Wilhelm Kruse (früher des Schreibers Nebenhaus); 1746 Braumeister Johann Friedrich Müller; 1750/55/66 Friederich Möller, Haus für 150 Rthl; 1778 Johann Friedrich Möller; 1781 Meister Möller; 1798 Schmied Müller; 1802/04 Schlossermeister Müller, Haus für 150 Rthl, ohne Braurecht, hat Brunnen, hält 4 Kühe und 2 Schweine; 1805 Erhöhung von 150 auf 1 500 Rthl; 1813 Schlossermeister Wilhelm Müller; 1818 Schlosser Müller, Wohnhaus 1 200 Thl, Hinterhaus 300 Thl; 1832 Schlosser Wilhelm Müller; 1846 Händler Heinrich Petermann; 1853 Zimmermeister Schütte; 1870/74 Zimmermeister (Rentier und Kaufmann) Friedrich Schütte sowie Zimmermeister Krause, ferner die Witwen Ch. und P. Abel: Wohnhaus mit Anbau, Treppenausbau, Abtritt und Stall; 1878 Baugewerk Schütte & Krause; 1880 Verkauf des Anwesens an Maurermeister Pook; 1895 Maurermeister C. A. Sinemus; 1908 Kohlenhändler Karl Sinemus; 1978 Stadt Minden (Wohnhaus Minden GmbH).

ZWEI BUDEN (Martini-Kirchgeld Nr. 298 und 299): 1) 1729 die zweite Schreibersche Bude: Mieter ist Daniel Picht; 1738/40 Bude des Jagdrats Reuber (wohnt Königstraße 37), Mieter ist Paul Wentz.

2) 1729 die dritte Schreibersche Bude: 1738/40 Bude des Jagdrats Reuber: Mieter ist Johann Jobst Schmidt. 1778 Sabl. Röse.

Buden (bis um 1790 ?)

Die Buden scheinen in der Mitte des 18. Jahrhunderts zunächst zu einem Wohnhaus zusammengefaßt und später dann verschwunden zu sein.

Haus (um 1790–1978)

1786/97 wurden über 600 Rthl für Renovierungen verbaut (KAM, Mi, C 133). Dabei entstand wahrscheinlich durch Umbau oder als Ersatz des hier zuvor bestehenden Gebäudes im Osten des Grundstücks und unmittelbar an der Straße ein zweigeschossiger und traufenständiger Fachwerkbau mit Satteldach. Dieser mit einer siebenachsigen Putzfront nicht genauer bekannter Gestalt. Haustür in der vierten Achse von Ost zum bis zu einer Hoftür reichenden breiten Flur, in den hinten die gegenläufige Treppe eingestellt wurde. Östlich daneben eine Folge von drei Räumen, westlich daran anschließend ein Längsflur. Vor diesem zur Straße zwei Zimmer, ein weiterer wohl als Küche genutzter Raum nach hinten.

Für 1813 sind Umbauten belegt (KAM, Mi, D 387). Dabei möglicherweise das Haus um die beiden westlichen Achsen erweitert; 1895 Entwässerung; 1913 Kanalisation; 1978 Abbruch.

VIDEBULLENSTRASSE 26 (Abb. 1693)

1729 bis 1743 Martini-Kirchgeld Nr. 301; bis 1878 Haus-Nr. 477

Seit dem Spätmittelalter wohl Pachtland von St. Martini und zu einem größeren Gelände gehörend, das spätestens seit der Mitte des 15. Jahrhunderts mit zahlreichen kleinen Häusern oder Buden bebaut wurde (zur Geschichte siehe Videbullenstraße 24–26). Auf dieser Teilfläche im 16. Jahrhundert eine Reihe von mehreren nebeneinanderstehenden kleinen Häusern: im östlichen Bereich offenbar zwei hintereinanderstehende und später vereinte Häuser, wobei das hintere durch eine östlich am Haus vorbeiführende Gasse erschlossen war. Das vordere Haus seit 1523 zeitweilig wiederum in zwei Wohnungen unterteilt. Westlich anschließend ein weiteres Haus, an das dann wiederum westlich das Haus Königswall 67 anschloß. Die östliche Hausgruppe seit vor 1740 nur noch als Wirtschaftsgebäude genutzt (zwischen den Häusern Nr. 24 und 26 werden noch in der ersten Hälfte des 18. Jahrhunderts zwei weitere Kirchgeldnummern verzeichnet). Nach einem Brand 1849 wurden die Grundflächen von dem linken Haus und Königswall 69 neu geordnet, wobei die beiden sehr kleinen historischen Hausplätze dem Neubau Videbullenstraße 26 zugeschlagen wurden und der Neubau am Königswall statt dessen um einige Meter weiter westlich im Bereich der mittelalterlichen Wallgasse errichtet wurde.

VORDERES, RECHTES HAUS: 1517 verpachtet St. Martini dem Johannes von Rymelssen und seiner Frau Ilseke ein Haus *dat belegen ys in der Viteboldenstrate twusschen Beneken Heysen vnd Albert Sluters husen*. Frühere Besitzer waren Heinrich Nortglise und seine Frau Barteke (STA MS, Mscr. VII, 2701b, Bl. 5r–5v); 1518 verpachtet St. Martini dem Johan Lebrinck und seiner Frau Kunneke ein Haus mit Stätte *so dat belegen ys in der Viteboldenstrate twjschen Beneken Heysen vnnd Albert Sluters husen*. Frühere Besitzer waren Johann von Rymelsen und seine Frau Ilseke (STA MS, Mscr. VII, 2701b, Bl. 8v); 1523 verpachtet St. Martini ein Haus *in der Viteboldenstrate* –

twysschen Beneken Heysen vnd Alberts Sluters husen in zwei Hälften. Die eine Hälfte erhält Berthold Spanman, seine Frau Hille und ihr Sohn Diethard, die andere Jordan Hasenkamp und seine Frau Geske. Frühere Besitzer waren Hille, Witwe des Berthold Spanman und ihr Sohn Diethard und vorher Kunneke, Witwe des Johann Lebrink (STA MS, Mscr. VII, 2701b, Bl. 22r–22v).

Rechte Hälfte: 1523 verkaufen Jorden Hasenkamp und seine Frau Geseke dem Gerke Wie (*Wyge*) und seiner Frau Hille eine Rente aus einem Haus mit Stätte (Pachtgut St. Martini) *in der Viteboldenstrate twyschen Benekenn Heysenn vnd salighen Albert Sluteres husen* (STA MS, Mscr. VII, 2701b, Bl. 21r–21v); 1577 verpachtet der Dechant von St. Martini an Dethard Salge und Frau Anneken ein Haus in der Videbullenstraße zwischen Heinrich Claes und Benke Heisens Häusern nach Verzicht des Jordan Hasenkamp und der Erlaubnis, eine Hälfte des Hauses an Eggert Hamerlin und seine Frau Geseke zu verpachten (STA MS, St. Martini, Regesten 605).

HINTERES, RECHTES HAUS: 1517 verpachtet St. Martini dem Johannes Wysen und seiner Frau Kunneke *eyn vnser kercken hus vnnd stede myt eynem houeken van verteyn voten achter dem suluen huse, so dat belegen ys achter Johan Rymelsen huse, dar tho myt eynem ganckwege van ver voten wyt twusschen des suluen Johan vnde Beneken Heysen husen in der Viteboldenstrate belegen* (STA MS, Mscr. VII, 2701b, Bl. 1r–1v).

VORDERES, LINKES HAUS: 1517/23 Albert Sluter (siehe linkes Haus); 1523 seliger Albert Sluter.

1729 Neteler; 1738/40 Rudolf Schultze; 1743 ohne Eintrag (Haus ohne Grundbesitz); 1750 Rudoph Schultze; 1755 Meister Schultze, Haus für 40 Rthl; 1766 Meister Schwartze, 40 Rthl; 1781 Meister Schwartze (gehört auch Königswall 67), Haus für 50 Rthl; 1798 Kaufmann Patz; 1802 Patze, Haus für 100 Rthl; 1804 Brauknecht Feld, Haus ohne Braurecht, ohne Vieh; 1809 Brauknecht Feld; 1818 Tagelöhner Feldt, Haus für 100 Rthl; 1827 Feldt, 300 Thl; 1838 Schuhmacher Eickhoff; 1830/46 Schumacher Wilhelm Eickhoff mit drei Mietparteien; 1849 Lax; 1853 Händler Brennförder und ein Mieter (eine Stube als Laden eingerichtet); 1873/78 Schankwirt Brennförder; 1895/1908 Bäckermeister Albert Althoff; 1922 Johannes Althoff; 1926 Gustav Althoff; 1931 Bäckerei und Konditorei E. Grote; 1957 Wilhelm Lax.

Haus (15./16. Jahrhundert–1849)

Schmales und unmittelbar an das Haus Königstraße 67 angebautes, wohl traufenständiges Fachwerkhaus, wohl in den gleichen Proportionen wie die östlich anschließende und im Kern erhaltene Scheune.

1830 brach in dem Haus ein Brand aus, *welcher die Häuser teilweise einäscherte* (KAM, Mi, E 128); 1838 Umbau (KAM, Mi, F 955); das Haus brannte am 18. 5. 1849 ab (KAM, Mi, E 697).

Westlicher Teil: Wohnhaus (von 1849)

Zweigeschossiger und traufenständiger Putzbau, unter einem Dach und mit gleicher Gestaltung wie das westlich anschließende Haus Königswall 67 und mit diesem zusammen 1849 durch den Maurermeister F. Lax errichtet (STA DT, M 1, I P, Nr. 828, fol. 115). Die Vorderwand sowie die Brandwand zum westlich anschließenden Haus massiv, dabei die Ansicht schlicht geputzt, vierachsig und nur durch sandsteinerne Sohlbänke und ein durchlaufendes Brustgesims in ersten Geschoß gestaltet. Rückwand und der kurze Flügelbau aus Fachwerk.

Das Innere mit mittlerem, bis zum schmalen Hof reichenden Flur, in den die Geschoßtreppe eingestellt ist. Seitlich jeweils vordere Stube und rückwärtiger Raum, als Kammer bzw. Küche eingerichtet. Das Gebäude ist nur im östlichen Teil unterkellert (Balkendecke).

1895 Entwässerung; 1905 Kanalisation.

Östlicher Teil: Wohnhaus (15./16. Jahrhundert ?), seit dem 18. Jahrhundert Scheune

Eingeschossiger und traufenständiger Fachwerkbau mit Satteldach. Die Konstruktion und das Alter des Baus im augenblicklichen, ausgebauten Zustand nicht weiter zu ermitteln, aber nach der Entwicklung der Grundstücke wohl deutlich vor 1700 errichtet; zunächst möglicherweise zu einer Bude eingerichtet, aber schon vor 1741 zur Scheune umgebaut. Die Vorderwand heute verputzt, die Rückwand aus Fachwerk und mit starken Ständern.

Das Innere mit breitem, wohl mit einem Tor vor der Straße erschlossenem Dielenraum in den westlichen zwei Dritteln und einer wohl als Stall genutzten Abtrennung (mit Zwischenboden darüber) vor dem östlichen Giebel. Möglicherweise im Zusammenhang mit dem Neubau des Wohnhauses über der vorderen Traufe eine durchgehende Abschleppung bei Anhebung der Trauflinie auf die des Wohnhauses geschaffen und die Front in der gleichen Art verputzt.

Abb. 1693 Videbullenstraße 26, östlicher (rechts) und westlicher Teil, Ansicht von Südosten 1993. Im Hintergrund Königswall 69.

Das Gebäude wohl erst in der zweiten Hälfte des 19. Jahrhunderts im Inneren zur Erweiterung des Wohnhauses genutzt und dabei im westlichen Bereich (unter der ehemaligen Diele) mit zwei Tonnengewölben unterkellert. Die Diele als Gastraum eingerichtet, der Stall als Backraum und Lager. 1922 Umbau der Backstube in der nordöstlichen Ecke und Einbau neuer Backöfen; 1926 Vergrößerung der Ladenfenster; 1957 Umbau des als Mehlboden genutzten Obergeschosses zu einer Wohnung (mit Leichtbauwänden).

Wallstraße

Kurze Gasse, die die Verbindung vom Weingarten nach Süden den Hang hinab zur Rodenbecker Straße herstellt. Sie erhielt erst im 19. Jahrhundert eine größere Bedeutung. Diese Straße *nach dem Anwesen des Lohgerbers Wehdeking* an der Rodenbecker Straße (Nr. 7) wurde 1845 zum ersten Mal gepflastert, worüber sich dieser Anwohner beschwerte (KAM, Mi, F 641). Die zuvor unbebaute Straße in den folgenden Jahren mit drei größeren Mietshäusern bebaut.

Abb. 1694 Wallstraße 1, davor Seitengiebel von Weingarten 44, Ansicht von Nordwesten, 1993.

WALLSTRASSE 1 (Abb. 1694–1695, 1746)

1847 bis 1878 Haus-Nr. 308 b

Die Hausstelle durch Abtrennung der südlichen Hälfte des Grundstücks Weingarten 44 im Jahre 1847 entstanden.

1847/1853 Zimmergeselle Wehking und eine Mietpartei; 1878 Zolendsch; 1908 E. Boßhardt (wohnt Fischertor 1); 1931 Freimuth.

Haus (1847 ?)

Das schlichte Zweifamilienhaus wurde nach Eigentümerwechsel des Grundstücks Weingarten 44 auf der südlich anschließenden Freifläche durch dessen Besitzer, den Zimmergesellen Wehking errichtet. Zweigeschossiger traufenständiger Backsteinbau von vier Achsen mit Satteldach, auf Grund der schwierigen Grundstücksverhältnisse auf stark gekrümmter Fläche, zudem nach Süden mit offenliegendem Untergeschoß. Dieses nur unter etwa zwei Dritteln des Hauses und mit Balkendecke. Der Nordgiebel unmittelbar an das Haus Weingarten 44 angebaut und in Fachwerk ausgeführt. In den Ansichten verputzt, die rechteckigen Fenster mit Sohlbänken aus Sandstein.

Abb. 1695 Wallstraße 1, Südgiebel von der Rodenbecker Straße aus, 1993.

Das Innere in beiden Etagen mit einem mittleren Flur, in den die geradläufige Treppe integriert ist und an den sich vor der rückwärtigen Traufwand die Küche anschließt. Beidseitig des Flures jeweils vordere Stube und Kammer.

1908 Kanalisation; 1931 wird ein südlicher Anbau mit Wohnung und Schneiderwerkstatt geplant, aber von der Stadt abgelehnt, statt dessen Einbau einer Garage im Untergeschoß; 1974 Verblendung des Erdgeschosses; 1986 Vorbau vor der Garage.

WALLSTRASSE 2 (Abb. 1696)

bis um 1850 ohne Haus-Nr.; bis 1878 Haus-Nr. 311 d–e

Letzter Teil eines zunächst wohl größeren bürgerlichen Anwesens, das später in verschiedene Grundstücke aufgeteilt worden ist (und möglicherweise aus der Teilung eines größeren Hofes zusammen mit den östlich anschließenden Grundstücken an der Rodenbecker Straße hervorgegangen ist), dabei wohl Weingarten 42 mit einer zugehörigen Scheune bebaut, Rodenbecker Straße 16 und 18 mit Buden. Schon seit vor 1740 ist das Gelände keine selbständige bürgerliche

Abb. 1696 Wallstraße 2, rechts Weingarten 40/42, Ansicht von Nordosten, 1993.

Hausstelle mehr. Die wohl 1843 wieder besiedelte Hausstelle durch Trennung von dem wohl zur gleichen Zeit bebauten, südlich anschließenden Gelände Rodenbecker Straße 16 geschaffen, wobei auf beiden Flächen große Mietshäuser durch den Maurermeister Lax entstanden.

1851 Haus im Besitz von Maurermeister Lax; 1878 Kroeger; 1903/08 Tischlermeister Karl Lange (wohnt Weingartenstraße 34); 1928 Karl Lange; 1957 Schütte.

Wohnhaus (um 1843)

Dreigeschossiges Mietshaus für wohl acht Parteien, durch den Maurermeister Franz Lax als eigener Besitz errichtet. Verputzter Backsteinbau mit Satteldach auf der Ecke zur Weingartenstraße, dieser den Giebel zuwendend, Zugang in der Mitte der Traufwand. Der ganze Bau unterkellert, dabei der Sockel auf Grund der Hanglage südlich weit aus dem Erdreich ragend. Die schlichten Fassaden durch Fensterachsen, sandsteinere Sohlbänke sowie ein Putzband über dem Erdgeschoß gegliedert.

Das Innere mit breitem Querflur, in den das Treppenhaus eingestellt ist und daran anschließenden kleinen Wohnungen zu den beiden Giebeln.

1903 Kanalisation; 1929 Entfernung einer Wand in der Werkstatt, die 1957 beim Umbau zu zwei Wohnungen wieder eingebaut wird.

Abb. 1697 Weberberg, Blick vom Marienkirchplatz nach Süden in die Gasse, links Hufschmiede 11, rechts Hufschmiede 13, um 1910.

Weberberg

Der Name schon 1358 als *vicus Weverberg* belegt (STA MS, St. Marien, Urkunden Nr. 34). Die Straße bei Tribbe in seiner um 1460 entstandenen Stadtbeschreibung als ein Platz oder Winkel namens *Weberberg* beschrieben, an den man komme, wenn man von der Marienkirche in die untere Stadt hinuntergehe (bis in das 17. Jahrhundert wurde daneben auch die Bezeichnung *Weberstraße* für die heute als Hohe Straße bezeichnete Zufahrt von der Obermarktstraße zu St. Martini benutzt). Die Gasse verläuft auf der oberen Krone eines Teilabschnittes der Stützmauer zwischen der sogenannten Weberbergtreppe im Süden und der Hufschmiede im Norden. Sie deckt sich damit in

Abb. 1698 Weberberg, Blick nach Norden zum Marienkirchplatz, links Seitenfront von Hufschmiede 13, 1979.

ihrem Verlauf mit dem Anteil der Stützmauer, der südlich der Hufschmiede vom Marien-Stift erbaut worden sein dürfte, während weiter südlich auf der weiteren Krone der Mauer keine Gasse verläuft und das Gelände hier zu den die Ostseite der Kampstraße säumenden Stiftskurien von St. Martini gehörte. In der um 1634 entstandenen Stadtansicht von W. Hollar ist die Gasse auch dargestellt, aber hier in offensichtlich unpräziser Weise weiter nach Süden fortgeführt.

1889/91 wurde die Kanalisation der Straße verlegt.

Eine Besiedlung der Straße kann zunächst nur auf der Westseite (auf den rückwärtigen Flächen hinter der Hausstätte Hufschmiede 13) bestanden haben und scheint hier schon früh mit Initiative des Grundeigentümers, des Stiftes St. Marien, eingesetzt zu haben, dürfte allerdings immer aus kleinen Häusern bestanden haben. Ihre Bewohner mögen dann auch zur Benennung beigetragen haben (wobei schon im 14. Jahrhundert eine niederdeutsche Bezeichnung der Gasse bekannt ist, die selbst in den lateinischen verfaßten Urkunden verwendet wird und damit die aus dem Volksmund kommende Benennung der Besiedlung zu bestätigen scheint). Hier dürfte also eine kleine Gruppe von kleinen Pacht- oder Lehnshäusern des Stiftes St. Marien bestanden haben, die in den Urkunden des 14. Jahrhunderts unter der Bezeichnung *vicus* zusammengefaßt wurde. Sie dürften entsprechend anderen vergleichbaren Besiedlungen als Buden vorzustellen sein und etwa im Bereich der heutigen Hausstelle Weberberg 3 zu suchen sein. Bauten der Zeit vor 1800 sind allerdings nicht überliefert, wobei wohl auch die Parzellierung in diesem Bereich verschiedentlich verändert wurde. So wird 1366 durch die Äbtissin ein angrenzendes Haus mit Grundstück von der Lehnspflicht befreit: *domo et eius area situata prope cimiterium nostrorum extendentem se ad vicum qui dicitur Weruerberch, quam proinde inhabitat Abeke Desonied* [?] (STA MS, St. Marien, Urkunden Nr. 44).

Weberbergtreppe (14. Jahrhundert–1956)

Die Gasse endete bis 1956 im Süden mit einer östlich anschließenden und zur Stützmauer gehörenden Treppenanlage, die zwischen den Häusern Hufschmiede 1 und Hohnstraße 31 (heute Scharn 19) vor dem westlichen Ende der Bäckerstraße mündete. Sie markierte damit im Stadtraum nicht nur die Grenze zwischen der Marien- und der Martinipfarre, sondern auch die Grenzen damit zusammenhängender, unterschiedlicher grundrechtlicher und bis in die vorstädtische Zeit zurückreichender Einflußkreise. Die Treppe hatte in dieser Funktion sicherlich eine lange Tradition und dürfte mit der wohl in diesem Bereich im Laufe des 14. Jahrhunderts erfolgten Errichtung der Stützmauer entstanden sein (siehe auch Kap. I.1, Stützmauer). Dabei verlief die Treppe über mehrere Podeste, wobei die Mauer – möglicherweise als Substruktion der Treppe – nur im Bereich der beiden anschließenden Hausstellen in zwei parallele Züge und der Hang damit in zwei etwa gleich hohe Terrassen unterteilt war. Der oberste Treppenpodest erst im Bereich der Front des Hauses Weberberg 3.

1853 kam es zu einer Erneuerung der Treppenanlage, insbesondere des oberen Abschnitts und des daran anschließenden Straßenabschnitts, wobei der Apotheker Faber als Anwohner (siehe Hohnstraße 31) mit der Stadt einen Streit um die Unterhaltspflicht ausfocht. Nach Zeugenaussagen sei die Treppe früher von den Anwohnern unterhalten worden. 1905 werden nach dem Neubau des nördlich anschließenden Hauses Hufschmiede 1, wobei die Futtermauer auf dieser Seite erneuert wurde, auch die Treppenstufen durch die Firma Usadel neu gelegt (KAM, Mi, F 405). 1929 beantragte Robert Meyer, Besitzer des nördlich an die Treppe anschließenden Hauses Hufschmiede 1, die Sperrung des Weberberges bei der Stadt, da die recht dunkle Gasse fortwährend verschmutzt würde. Dem schloß sich der Rat an, so daß 1930 die Einziehung der Straße als öffentlicher Weg bekannt gemacht wurde (KAM, Mi, G II, 799). Beim Neubau des Hinterhauses von Hohnstraße 31 wurde die Treppe zum Scharn 1956 abgebrochen.

WEBERBERG 1

Rückwärtiger Eingang zum Haus Scharn 19 (siehe Hohnstraße 31)

WEBERBERG 3 (Abb. 1699–1700)

bis 1878 Haus-Nr. 717; bis 1908 Weberberg 1 (die Scheune zeitweilig unter Haus-Nr. 717 a, das Badehaus unter Haus-Nr. 717 b geführt)

Kleine Hausstätte (Pachtland von St. Marien), in der zweiten Hälfte des 18. Jahrhunderts zeitweilig nur mit einer Scheune zu dem Grundstück Hufschmiede 13 bebaut, in der aber auch eine Wohnung bestand. Nach Einrichtung einer dritten Apotheke in Minden im Jahre 1812 (heute Scharn 19 – siehe Hohnstraße 31) wurde das Gebäude von deren Besitzer vor 1818 als Scheune erworben und vor 1846 (wohl um 1840) erneuert und als öffentliches Badehaus eingerichtet, das bis zur Eröffnung des städtischen Badehauses an der Immanuelstraße 20 (zur Badegeschichte siehe dort) im Jahre 1901

Abb. 1699 Weberberg 3, 5 (rechts angeschnitten) und die Rückgebäude von Hufschmiede 1 (links), Ansicht von Norden, 1994.

in Betrieb blieb. Das Haus nach Süden auf einer hohen Sockelmauer, da vor der Vorderfront der oberste Abschnitt der 1956 beseitigten Weberbergtreppe verlief.

1521 erhält Hermann Vrolike zusammen mit seiner Frau Anna und ihren Kindern Anna, Katharina und Dorothea von der Äbtissin ein dem Stift gehörendes, *buwuellige huss vpp dem Weuerberghe achter Hinrick Rellen huse belegen* mit der Auflage verpachtet, daß sie es *van grunt vpp by vnser egene kost nyge buwen vnnd dat jn buwete vnnd beterynge* halten: *eyn eres stichtes* (STA MS, St. Marien, Urkunden Nr. 94).

1750 Güldenpfennig (auf der Hufschmiede); 1755/66 Güdenpenning et Backemeyer, Haus für 30 Rthl; 1781/98 Appels kleines Haus, *steht jetzt zu*, 200 Rthl; 1791 Nebenhaus, ist nicht bewohnt und wird vom Eigentümer gebraucht; 1804 Appel, bewohnt von Witwe Niemeyer, kein Braurecht, hält kein Vieh; 1805 Landrentmeister Appels kleines Haus, 200 Rthl; 1806 Scheune des Landrentmeister Appell, 200 Rthl; 1818 Apotheker Beisenhirtz, Scheune 200 Rthl; 1836 Scheune; 1846/53 Apotheker Faber, bewohnt von Bademeister Heinrich Barmeier, sowie weiterer Familie (insgesamt zehn Personen); 1853 von Bademeister Bameyer mit Frau und drei Kindern bewohnt; 1854/1876 K. Faber, künstliche Bäder, Poos 91 a (bzw. ab 1862 C. L. Faber, Weberberg Haus-Nr. 717 a); 1873 bewohnt von Bademeister Friedrichs; 1896 Besitzer ist Apotheker Sander. Nachdem der Badebetrieb aufgegeben worden war, veräußerte der Apotheker das Gelände mit Gebäude vor 1902 an den Tischlermeister Ronike, Hufschmiede 17/19, der zu dieser Zeit auf den rückwärtig anschließenden Grundstücken seinen Betrieb laufend erweiterte; 1913 Ronike; 1939 gehörte der Komplex zum Grundstück Hufschmiede 5; 1978 Ingeborg Rühl/Nürnberg; heute wieder zu Hohnstraße 31 gehörend.

Badehaus (um 1840)

Der bescheiden erscheinende Bau ist ein bedeutendes Zeugnis der städtischen Hygiene und Gesundheitspflege und eines der frühesten erhaltenen Beispiele eines städtischen Badehauses in Westfalen. Eingeschossiger Fachwerkbau von 11,35 x 5,75 m, traufenständig zur Straße gestellt und mit einem Pultdach, das als halbes Mansarddach gestaltet wurde. Verputzter Fachwerkbau mit

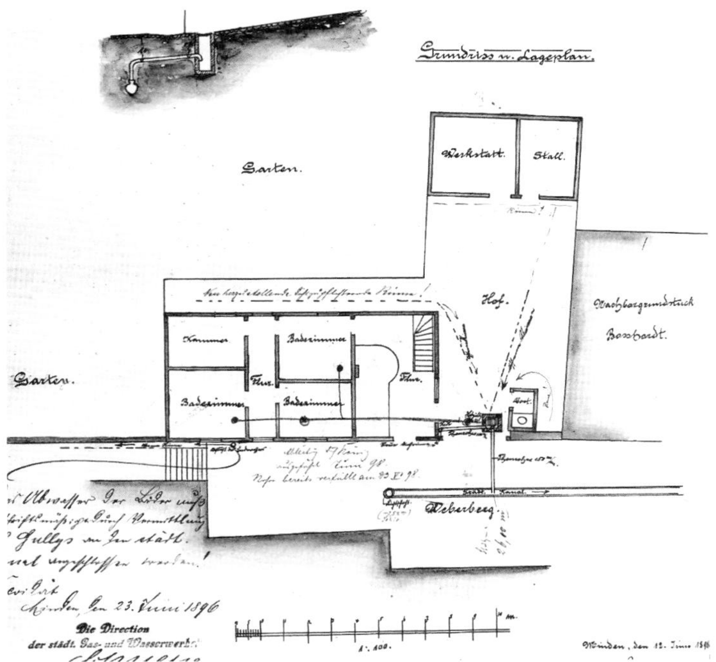

Abb. 1700 Weberberg 3, Badehaus, Plan zur Entwässerung des Grundstücks 1896.

stöckigem Gerüst und einer Aussteifung mit Schwelle-Rähm-Streben, die Ansicht zum Weberberg mit vier Fensterachsen. Zugang über Vorhof im nördlichen Seitengiebel.

Das Innere mit einem hausbreiten und geräumigen Vorraum im nördlichen Viertel, in dem zum einen der Kessel für die Erwärmung des Wassers, zum anderen eine schmale Treppe zum Obergeschoß bestand. Hier wohl von Anfang an Wohnung für den Bademeister, der das Haus im Auftrage der Apotheker betreute. Die drei Wohnräume durch einen Längsflur entlang der vorderen Traufe erschlossen, wobei der Winkel unter der Dachfläche mit Wandschränken verdeckt wurde. Ein zweiter Zugang in der zweiten Achse von Süden zu einem schmalen Flur, der jeweils zwei seitlich anschließende Räume erschloß. Diese offenbar zunächst alle als Badezimmer eingerichtet.

1853 wird das Gebäude beschrieben: *in der ersten Etage sind vier Badezimmer, im zweiten Geschoß drei kleine Wohnräume und ein Schlafzimmer*. Die Herkunft der in dem Haus genutzten Badewässer nicht bekannt, die Abwässer bis zum Anschluß an den städtischen Kanal in einer offenen Rinne entlang der Weberbergtreppe zum Grundstück der Apotheke Hohnstraße 31 abgeleitet. Für den Haushalt des Bademeisters bestand nordwestlich des Hauses ein Wirtschaftsgebäude mit Werkstatt und Stall. Hier auch ein Abortgebäude.

1896 Entwässerung. Der Badebetrieb mit Eröffnung des städtischen Badehauses an der Immanuelstraße 20 im Jahre 1901 eingestellt. Seitdem der Bau ohne größere Umbauten auch im Erdgeschoß als Wohnung eingerichtet (wobei die Tür zum Flur vermauert und die Wand zwischen dem Flur und den beiden nördlichen Baderäumen abgebrochen wurde), Türblätter der Bauzeit teilweise erhalten; 1913 Kanalisation; 1951 Verlegung der Haustür vom Nordgiebel zur Ostwand; 1978 wird geplant, das Haus abzubrechen und durch ein Fertighaus zu ersetzen; 1991 in die Denkmalliste der Stadt Minden eingetragen.

1902 nach Abbruch des Wirtschaftsgebäudes Bau eines großen dreigeschossigen Lagerschuppens nach Plan des Architekten A. Kelpe entlang der gesamten westlichen Grundstücksgrenze; 1961 Abbruch.

1939 Waschküche aus Holz an der nördlichen Grundstücksgrenze (Baugeschäft Sierig), 1951 zur Wurstküche umgebaut; 1961 Errichtung eines Hühner- und Geräteschuppens.

WEBERBERG 5 (Abb. 1699)

Scheune zum bürgerlichen Anwesen Hufschmiede 13, erst seit etwa 1900 selbständige Hausstätte.

Scheune (frühes 19. Jahrhundert), seit etwa 1900 Wohnhaus

Kleiner, eingeschossiger und giebelständiger Fachwerkbau von 9,60 x 6,35 m Grundfläche mit Toreinfahrt, wohl in der ersten Hälfte des 19. Jahrhunderts errichtet. Auf der Nordseite etwa 3,90 m hohe Diele, südlich begleitet von einem Einbau mit Ställen. Um 1900 Ausbau zum Wohnhaus, dabei die Diele zum schmalen mittleren Flur reduziert und rückwärtig Treppenanlage geschaffen.

Das heutige zweigeschossige und verputzte Giebelhaus durch mehrere Umbauten entstanden: 1950 Umbau und Erweiterung. 1957 Umbauten, wobei statt einer Wurstküche nun an der südlichen Traufe ein Unterrichtsraum angebaut wird; 1959 weiterer Umbau und Unterkellerung.

Weingarten

Schon um 1300 wird der Begriff *Weingarten* gebraucht (Scriverius 1966, S. 182 f. – Nordsiek 1979, S. 34), zu dieser Zeit allerdings nicht als Straßenbenennung, sondern als Lagebezeichnung für einen recht weitläufigen Bereich im südlichen Stadtgebiet. Die Bezeichnung reiht sich damit in eine Gruppe von Belegen für den im Spätmittelalter bis nach Norddeutschland verbreiteten Anbau von Wein (Müller 1996) ein und mag sich insbesondere auf den recht hohen Abhang auf dem Nordufer der Bastau beziehen, in dem die Weinstöcke mit guter Südsonne beschienen wurden. Der in der Topographie noch deutliche Hang zwischen der Straße Weingarten und dem Schwichowwall ist später von der sich verdichtenden Stadt besiedelt worden. Im Lehnsverzeichnis des Mindener Bischofs von 1310 wird von der *loca* (Gegend) gesprochen, die *Wingade* hieße. Hier sind durch den Bischof eine Kurie an Johann Ar. von der Beeke, zwei Häuser an Lambert von Wymire sowie ein halbes Haus verlehnt. 1311 wird zusätzlich noch ein Haus an den Ministerialen Engilbert von Haddenhausen verlehnt, gelegen im *Wingarden, infra muros.* Offensichtlich war die Bezeichnung für ein noch kaum besiedeltes Gebiet der ehemaligen bischöflichen Kuria Beldersen gebräuchlich (dazu siehe Königstraße 23–27), die um 1200 in den Siedlungsbereich der sich ausdehnenden und nach 1230 mit der Mauer umgebenen Stadt einbezogen worden war. Es ist gut möglich, daß auf diesem Teil des bischöflichen Gutes zunächst noch Wein für den Bedarf der Kurie bzw. der Kirche angebaut wurde. Nach baulichen Befunden ist jedoch um 1240 auch hier zumindest von einzelnen Hausbauten auszugehen (siehe Weingarten 52).

Abb. 1701 Weingarten, Blick vom Simeonskirchhof nach Südwesten, links Nr. 60 bis 44, 1979.

Auch bei Tribbe wird der Begriff Weingarten um 1460 in seiner Stadtbeschreibung eindeutig für einen ganzen Abschnitt der Stadt genutzt und als ein Teil des Gebietes bezeichnet, der beim Simeonstor beginnt und sich über das Kuhtor hinwegzieht und in dem einst die Wohnstätten der Ritter waren. Die Straße selbst scheint auch bei ihm noch keinen Namen zu haben, sondern wird genannt als *bei St. Simeon, zur rechten Hand, eine kleine Straße*, wo einst die Kuria Beldersen gelegen haben soll. Damit erhalten wir erste Hinweise auf die bislang noch kaum im einzelnen geklärte Siedlungsgeschichte dieses Stadtbereiches. Sie muß offensichtlich in einem engen Zusammenhang mit dem zunächst weitläufigen Hofgelände gesehen werden, das aus den Resten der Kuria Beldersen entstand, zwischen 1318 und der Mitte des 15. Jahrhunderts den Zisterziensern von Marienfeld gehörte und dann im Besitz der Familie Gevekoth war, wobei es allmählich immer weiter aufgeteilt und zum Teil auch bebaut wurde (im einzelnen hierzu unter Königstraße 23–27).

Noch 1636 wird die Straße nur als der *Steinweg auf dem Weingarten* bezeichnet (Bölsche o. J., S. 58). Unklar bleibt dabei allerdings, ob man im Folgenden unter dieser Bezeichnung den ganzen heutigen Verlauf der Straße Weingarten meinte. So wurde der östliche Bereich noch bis in das 19. Jahrhundert zur Simeonstraße gerechnet, zumal die dortigen Hausstellen Weingarten 60, 66 und 68 sich dorthin orientieren.

Die die Straße nur sehr unklar charakterisierende Bezeichnung hat ihre Ursache offensichtlich in der lange Zeit kaum bestehenden Bebauung. Noch im Spätmittelalter scheint sich diese auf den öst-

Abb. 1702 Weingarten, Treppe zum Simeonskirchhof, Ansicht von Südwesten, um 1910.

lichsten Abschnitt der Straße im Anschluß an die Simeonstraße beschränkt zu haben. Die westlichste bürgerliche Hausstelle an der Straße dürfte über lange Zeit das Anwesen Weingarten 52 gewesen sein, das hier zudem recht allein stand. Weiter westlich diente die Straße nur der Erschließung von großflächigen Höfen und Kurien, die seit dem 13. Jahrhundert mit der Aufsiedlung der Kurie Beldersen insbesondere auf ihrer Außenseite entlang der Stadtmauer entstanden. Hier siedelten sich Adelige, geistige Institutionen und Stiftungen, aber auch eine Vikarie des Domes an. So dürften noch um 1500 auf der Außenseite des Weingartens zwischen dem Simeonstor und dem Königstor nur die folgenden 11 Grundstücke bestanden haben: Weingarten 68, 66, 56, 52, Wallstraße 2, Weingarten 38, 34, 24/30, 22, Königswall 89 und Königstraße 49. Auf der inneren Seite der Straße lagen auf einer weiten Strecke von Osten nach Westen zunächst einige Kurien oder Höfe, aus denen seit dem 14. Jahrhundert das Gelände des hier im 15. Jahrhundert angesiedelten Mauritiusklosters entstand, dann der noch verbliebene Hof Beldersen, der spätere Hof der Familie Gevekothe, zuletzt der *Stockhof* (siehe Königstraße 23–27) sowie im Westen einige weitere nicht näher bekannte Kurien.

Der westlichste Abschnitt der Straße – wohl im Bereich zwischen der Königstraße und der Ortstraße – wurde, zwischen dem frühen 15. Jahrhundert und 1566 belegbar, als *Düstere Straße* bezeichnet (siehe etwa 1429 bei Königstraße 49). Der gleiche Begriff scheint später auch noch für einen Gartenweg in nicht bekannter Lage vor dem Kuhtor verwendet worden zu sein: 1403 werden *twe ackere, de gaed vppe de duestern straten*, genannt (STA MS, Fürstentum Minden, Urkunden Nr. 218 e) und 1687 erwarben die Kuhtorschen Hude-Vorsteher die Düstere Straße *sambt deen darauff gestandenen Bäumen und jungen Heisters* für 30 Rthl (C 369,4 alt). Der Begriff *Düstere Straße* noch 1895 genutzt (KAM, Mi, F 2239).

Offensichtlich erst seit dem Spätmittelalter sind an den unterschiedlichsten Stellen aus diesen großen Grundstücken Hausstellen ausparzelliert worden, wobei die Besiedlung erst im Laufe des 16. und 17. Jahrhunderts eine größere Dichte erhalten sollte. Deutlich etwa bei den Hausstätten Nr. 5 bis 21 (auch Ortstraße 2–6), wobei nach den Baubefunden hier von einer Besiedlung im Laufe des 15. und 16. Jahrhunderts auszugehen ist. Daher dürfte es sich bei einem Großteil der nach 1950 an der Straße im Zuge der »Stadtsanierung« abgebrochenen Bauten wohl um die Erstbebauung auf dem entsprechenden Grundstück gehandelt haben. Erst mit dieser Besiedlung verschwand in weiten

Abb. 1703 Weingarten, Blick von Nordosten auf die Häuser Nr. 32 und 30 (links) sowie 27 (rechts), um 1910.

Abb. 1704 Weingarten, Blick nach Westen, rechts Nr. 29 bis 23, vor Kopf das Gebäude Nr. 20, um 1940.

Bereichen der vornehme und weitläufige Charakter, den dieses Stadtgebiet im Spätmittelalter besessen hatte. Nur vereinzelt – etwa Weingarten 22 oder Königswall 103/105 – blieben die alten Hofanlagen noch relativ ungeschmälert erhalten. Ein weiterer Schritt der Besiedlung dürfte in den wohl in der zweiten Hälfte des 17. Jahrhunderts erfolgten Teilungen größerer Häuser zu sehen sein, die sich etwa bei 15/17, 19/21 und 35/37 nachweisen lassen, aber auch zur weiteren Verkleinerung von Hausstätten führten (etwa bei Weingarten 7/9 und Ortstraße 2/4 zu vermuten) oder zur Errichtung von Budenreihen in ihren Randbereichen (etwa Weingarten 44/48 oder die Ortstraße). Seit dem 19. Jahrhundert setzte ein umgekehrter Prozeß ein, wobei vermehrt Parzellen zusammengelegt wurden, um größere Bauten errichten zu können. Neben vielen einzelnen Projekten ist hier insbesondere auf die Kornbrennerei Strothmann hinzuweisen, die – 1892 beginnend – im Lauf von nahezu 100 Jahren den größten Bereich des westlichen Straßenabschnitts in ihren immer weiter in den vielgliederigen Stadtorganismus eingreifenden Betrieb einbezog (dazu siehe unter Königswall 101).

Große Verwüstungen in dem Stadtgebiet richteten Beschußschäden bei der französischen Belagerung 1757 an, wobei viele Bauten erst nach 10 Jahren wieder bewohnt und die alten Gerüste wiederhergestellt oder repariert wurden. Um 1820/30 sind – entsprechend der allgemeinen Situation der Stadt – zum ersten Mal im Laufe ihrer Geschichte zahlreiche Bauten einschneidend erneuert oder sogar neu gebaut worden, um Wohnraum zu schaffen.

Die Bebauung der abgelegenen und wirtschaftlich unbedeutenden Straße verfiel nach 1900 zusehends, so daß es nach 1950 zu zahlreichen, von der Stadt beförderten oder sogar initiierten Abbrüchen als Beitrag zur Stadtsanierung kam, wobei bis 1970 ganze Gruppen von Bauten beseitigt wurden. Wenn auch nach 1980 Neubauten errichtet wurden, sind bis heute noch nicht alle Baulücken wieder geschlossen.

Über den Ausbau der Straße erfahren wir erst sehr spät genaueres, so daß sie wahrscheinlich bis um 1800 in ihrer schon 1636 vorhandenen Bepflasterung nicht mehr erneuert worden ist. Wohl 1843/44 erhielt die Straße eine Fahrverbindung zum Simeonskirchhof, nachdem die Stützmauer unterhalb des Klostergeländes von St. Mauritius erneuert und dabei auch verändert worden war. Zuvor hatte es hier nur eine schmale Treppenanlage gegeben, die nun – nach Anschütten einer Rampe an Stelle der alten Treppe ebenfalls breiter und stärker nach Süden ausgerichtet (neben dem Grundstück Simeonstraße 28) erneuert wurde (siehe dazu auch unter Kap. I.1, Stützmauer). 1877 wird der westliche Teil der Straße mit Kopfsteinen neu gepflastert, dem folgt 1878 die Neupflasterung des östlichen Stücks. Dabei werden durchgehend Bordsteine eingebaut. 1889 kommt es zur Anlage der Kanalisation von der Königstraße bis zum Haus Weingarten Nr. 58.

NACHRICHTEN ZU NICHT NÄHER BEKANNTEN HÄUSERN AM WEINGARTEN

SIECHENHAUS

Bis 1547 der Gemeinschaft der Domherren gehörend und dann dem Stift St. Mauritius in Erbpacht übergeben (Dammeyer 1957, S. 73). In diesem Jahr verkauft das Domkapitel gegen jährliche Leistung eines Zehnten dem Kloster St. Mauritius *ein vnse hus vnd hoeff vpp dem Wyngarden achter vnd tho ende genanten stiffts vnd kloisters Symeonis belegen geheten de Sekenhoeff* (STA MS, St. Mauritz und Simeon, Urkunden Nr. 324).

DER GOLDENE ENGEL

1690 ist das Haus baufällig. Friedrich Tatje will das Haus auf dem Weingarten ersteigern, bietet aber zu wenig, da der Platz und das Material des Hauses, so man es abbrechen würde, mehr wert wäre. Wenig später bietet auch Jürgen Nottmeyer bei der Stadt auf das *Häuschen auf Weingarten, der gulden Engel genannt* (KAM, Mi, B 353).

1356 überlassen die Brüder von dem Berge drei Grundstücke, ehemals Besitz der von Uffeln, der Stadt zum ewigen Besitz: *dre wo(e)rde vppe dem Wyngarden binnen der stad* (KAM, Mi, A I, Nr. 85. – STA MS, Mscr. VII, 2726. – Schröder 1886, S. 269. – von Schroeder 1997, Urkunden Nr. 59).

1359 verpfänden die Brüder Span, der Priester Gerd und der Knappe Richard sowie ihre Schwester Lutmot an St. Martini *vnser stede vnde in alle der buwet de wy hebbet vp deme Wyngarden bynnen Mynden* (STA MS, Mscr. I, 111, Bl. 35 f. – STA MS, Mscr. I, 110, Bl. 27r–27v. – STA MS, Mscr. I, 114, Bl. 26r). Die auf dem Hause und der Stätte liegenden Schulden werden 1377 wieder durch den Knappen Richard Span gelöscht: *in den husen vp dem Wingarden dar ub anne wonet Arend Vle vnd Herman Waschebeke* (STA MS, St. Martini, Urkunden Nr. 128. – STA MS, Mscr. I, Bl. 49r. – STA MS, Mscr. I, 110, Bl. 27v. – STA MS, Mscr. I, 114, Bl. 26v)

1391 verkaufen Ludeke de Schmed und seine Frau dem Heilig-Geist-Hospital eine Rente *in erem huse vn stede mit all siner tobehoring dat gelegen is vp dem Wingarden by der Heren houe van sunte Marien velde* (STA MS, Mscr. VII, 2716, Bl. 29v). 1396 verkaufen sie dem Heilig-Geist-Hospital eine weitere Rente aus dem Haus mit dem *hoff mit dem Spiker vnd Sode, den Cort van Hartlage hefft* (STA MS, Mscr. VII, 2716, Bl. 32v).

1393 verkaufen Heinrich Dreyer und seine Frau dem Hospital vor Minden eine Rente *in twe hus vnde stede* [...] *dat eyne dat gheleghen is vppe dem Wyngarden neyst Henken hus Kremering* (KAM, Mi, A III, Nr. 45).

1395 verkauft Wolburg, Witwe des Statius von Schmarrie d. J. St. Martini eine Rente *in eneme houe vnde twey spykeren* [...] *de gheleghen syn vp dem Wyngarden* (STA MS, St. Martini, Urkunden Nr. 147).

1400 verzichten die Brüder Heinrich und Johann van Billem für sich und ihre Schwester Anneke auf *das gude vppe deme Wyngarden dat Diderik Bruchtorp borghermester ghekofft hefft* (KAM, Mi, A I, Nr. 194. – STA MS, Mscr. VII, 2726).

1424 verpachtet das Heilig-Geist-Hospital dem Heinrich Porse *eynen spyker vnd eynen hoff belegen uppe deme Wyngarden achter des ergenompten Hinrikes huss de Henken Gobeling gehad hadde.* Als spätere Besitzer nachgetragen: Heinrich Porse und Thomas Lundenow (KAM, Mi, A III, Nr. 80. – STA MS, Mscr. VII, 2716, Bl. 42v).

1445 erhält die Stadt eine Rente von Hekesouw *van dem hus vp dem Wingarden* (KAM, Mi, A II, Nr. 89).

1497 verkaufen die Älterleute von St. Simeon dem Stift St. Mauritius *twee hues, dat eyne by der ghadderen by deme kerckhoue vnd bouen der treppen de men van deme kerckhoue daell gheyt na Sunthe Symeonis dore dar yn vnsse coster anne tho wonende plach vnd dat andere hues dar vaste by na deme Wyngharden* (STA MS, St. Mauritz und Simeon, Urkunden Nr. 251. – STA MS, Mscr. I, 115, Bl. 66. – STA MS, Mscr. VII, 2713, Bl. 266).

1514 verkaufen Ermerth van der Lethe und seine Frau Alheid mit Zustimmung der Brüder Hermann und Johann Börries den städtischen Rentherren eine Rente *jn or huss vnd stede myt syner tobehoringe so dat belegen ys vp dem Wyngarde twusschen Volbert Munstermans vnd Hinrick Boberdes huse* (KAM, Mi, A I, Nr. 463 und 464).

1528 verkaufen Heinrich Kleimann und seine Frau Mette dem Heilig-Geist-Hospital eine Rente aus Haus und Stätte *so dat belegen iss vppe dem Wyngarden twisschen Euerth Meyers boden vndt der Blaseschen huse* mit Zustimmung des Erbherrn Johann Klare, da er *de rechticheit in der bauenschreuen hussstede alse sines erffgudes hefft* (STA MS, Mscr. VII, 2716, Bl. 81v–82r).

1542 verkaufen der Bürgermeister Floreke Klare und seine Frau Beate einen Rentenbrief an die Rentenherren der Stadt *jn Gerke Meynekinck vnd Grete syner husfrawen huse belegen vp dem Wingarden* (KAM, Mi, A I, Nr. 579).

1554 verkauft Johann Suetmeyer mit seiner Frau Katharina dem Heilig-Geist-Hospital eine Rente aus seinem Haus, *so dat vp dem Wingarden twischen Johan Meyers vnd Engelken Dodinges husern belegen.* Als spätere Besitzer sind nachgetragen: Johann Suetmeyer *vp dem Weingarten*, Gerke Stemming (STA MS, Mscr. VII, 2716, Bl. 103r–103v).

1555 verkaufen Heinrich Kruse und seine Frau Anna dem Heilig-Geist-Hospital eine Rente aus Haus und Stätte *so dat gelegen iss vp den Wingarden twischen Sweneken Kuckuckes vnd Thomas Blasen husen.* Als spätere Besitzer sind nachgetragen: Heinrich Kruse, *ietziger zeit* Albert Bleibom, *itzo M*[eister] Friedrich Zelle (STA MS, Mscr. VII, 2716, Bl. 105r–105v). Dieser 1700 als Stadtzimmermeister belegt.

1561 verkaufen Heinrich Wiese und seine Frau Grete dem Heilig-Geist-Hospital aus Haus und Stätte (Pachtgut Heilig-Geist-Hospital) eine Rente *so dat vp dem Wingarden twischen saligen Hinrich Tabeken vnd Albert Kuckuckes boden vnd husen belegen.* Als spätere Besitzer nachgetragen: Heinrich Wie, *itzo* Johann Holscher (KAM, Mi, A III, Nr. 193. – STA MS, Mscr. VII, 2716, Bl. 111r–111v).

1566 verkaufen Johann Hartoge d. J. und seine Frau Gese dem Heilig-Geist-Hospital eine Rente aus einem Haus mit Stätte, *so dat vp der Dusterstraten twischen Moritz Mollers vnd Cord Mollers husen belegen.* Als spätere Besitzer genannt: *Johan Hartigere junger*, Sebastian Konemann (STA MS, Mscr. VII, 2716, Bl. 124v–125r).

Am 29. 9. 1634 fiel eine Granate in das Haus des Hermann Haken, das völlig zerstört wurde (Bölsche o. J., S. 56).

Am 6. 10. 1634 wurde das Haus von Johann Lillienkamp an der Vorderfront durch Splitterschäden beschädigt (Bölsche o. J., S. 57).

Am 7. 10. 1634 fiel eine Granate in Rotger Seelens Haus, konnte aber gelöscht werden (Bölsche o. J., S. 58).

Am 7. 10. 1634 wurde das Haus von Hermann Olleweldt an der Vorderfront durch Splitterschäden beschädigt (Bölsche o. J., S. 58).

Am 8. 10. 1634 fiel eine Granate in Johann Schönebauers Haus, es wurde ziemlich beschädigt. Es entstand ein großer Krater im Boden (Bölsche o. J., S. 58).

Am 19. 10. 1634 wurde das Hinterhaus von Heinrich Meier auf dem Weingarten von Granaten getroffen (Bölsche o. J., S. 59).

Am 19. 10. 1634 fiel eine Granate in das Haus der Witwe Augustin (Bölsche o. J., S. 59).

Am 25. 10. 1636 und am 27. 10. 1634 kam es zu starken Schußschäden am Hinterhaus von Bremermann und weiteren Häusern bis zur Königstraße (Bölsche o. J., S. 60 und 61).

Am 25. 10. 1634 fiel eine Granate in Heinrich Donins Haus, richtete aber keinen größeren Schaden an (Bölsche o. J., S. 59).

1699 hat Müller Daniel Ohm das auf dem Weingarten gelegene Wittenbergische Haus gekauft. Er beantragt Baufreiheiten, die aber nicht gewährt werden, da auf dem Grundstück genügend Baumaterial vorhanden ist (KAM, Mi, B 362, 101).

1734 wurde ein Haus am Weingarten durch H. Harthen von den Erben Brasanten für 62 Rthl erworben. Harthen ließ es noch im gleichen Jahr *mehrerenteils neu bauen* für 130 Rthl. Zum Haus gehört die Hudegerechtigkeit auf 2 Kühe in der Simeonsthorschen Feldmark (Hausbuch des H. Harthen 1743, KAM, Mi, C 104).

WEINGARTEN 1 (Abb. 1705)

1818 bis 1838 Haus-Nr. 377 b; ansonsten Hinterhaus zu Königstraße 45; heute Teil des Komplexes Ortstraße 1

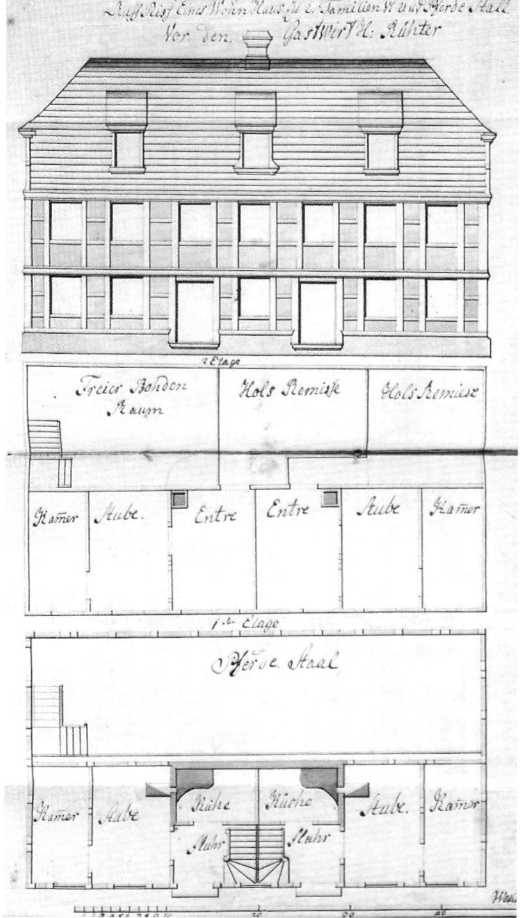

Abb. 1705 Weingarten 1, Plan mit Ansicht sowie Grundriß von Erd- und Obergeschoß, Zimmermeister Wehking 1782.

Scheune mit zwei Mietwohnungen (1782–1977)

An der Stelle eines kleinen, noch 1781 für 50 Rthl versicherten Wirtschaftsgebäudes wurde 1782 für den Gastwirt Reuter ein aufwendiger Neubau errichtet und als Hinterhaus mit Wohnungen für zwei Familien und Stallung seines nördlich anschließenden Gasthauses Königstraße 45 bezeichnet. *Sein neues Wohnhaus auf zwei Wohnungen, 50 Fuß lang, 30 Fuß breit, 2 Etagen hoch* [...] *mit 13 Gebint* [...] *die Unteretage 2 Stuben, 2 Kammern, 2 Küchen und Flur.* In dem Haus werden vier eiserne Öfen à 12 Rthl aufgestellt. *Die auswendigen Fächer zu berappen mit der Rüstung anzufertigen für 8 Rthl.* Die Gesamtkosten des Baus nach Plänen des Zimmermeister Wehking betrugen 1 067 Rthl (KAM, Mi, C 388). Das Gebäude ab Dezember 1782 für 350 Rthl neu versichert. Für den Bau wurden durch die Stadt 200 Rthl Baufreiheitsgelder ausgezahlt (KAM, Mi, C 133). 1818 wird der nun mit 1 500 Thl versicherte Bau als Brennerei bezeichnet.

Nach der in den Akten zur Abrechnung der Baufreiheiten erhaltenen Planzeichnung des Zimmermeisters Wehking ein traufenständiger, zweistöckiger Fachwerkbau mit Krüppelwalmdach. Dieser mit zwei Riegelketten und einem Gerüst, das auf die regelmäßige Anordnung der Öffnungen berechnet ist. Das Gebäude in beiden Etagen mit einer mittleren Längswand, die einen vorderen Wohnbereich von einem rückwärtigen Wirtschaftsteil schied. Dieser mit großem Pferdestall im Erdgeschoß und drei nebeneinander angeordneten Lagerräumen im Obergeschoß. Der Wohnbereich in zwei nebeneinanderliegende Wohnungen unterschieden, die jeweils in beiden Etagen aus einem mittleren, als *Entre* bezeichneten Raum und anschließender dunkler Küche mit offenem Herd sowie zwei seitlich anschließenden Wohnräumen, als Stube und Kammer bezeichnet, bestehen. Ob diese Wohnbereiche in jeder Etage getrennt (bei gemeinsamer Küche) vermietet werden sollten, ist unklar, aber bei der gleichen Ausbildung der Grundrisse naheliegend. Die mittleren Fenster in der Fassade jeweils gemeinsam zur Belichtung der beiden kleinen Treppen.

Das Gebäude scheint seit etwa 1840 nur noch als Wirtschaftsgebäude genutzt worden zu sein. Dafür wurde es umgebaut, wobei es nun einen mittleren Eingang erhielt (darüber im Obergeschoß eine Ladeluke), nördlich um zwei Fensterachsen verlängert und anschließend verputzt wurde. Dabei sorgfältige Gestaltung mit Putzfaschen, sandsteinernen Sohlbänken und einem Putzband zwischen den Geschossen. Der nördliche Teil des Gebäudes wurde zudem vollständig unterkellert. Um 1870 rückwärtige Erweiterung durch einen zweiten parallelen Baukörper und 1888 Anbau von Toiletten und einer Außentreppe (siehe Königstraße 45); 1941 Einbau eines Schornsteines; das schließlich stark baufällige Haus 1977 abgebrochen.

WEINGARTEN 2

bis 1878 Haus-Nr. 366

Die sehr kleine Hausstelle ist zu nicht näher bekannter Zeit nach 1500 durch Abtrennung eines Nebengebäudes von dem größeren bürgerlichen Anwesen Königstraße 49 entstanden und seit 1963 wieder Teil davon.

1743 ohne Eintrag (Haus ohne Grundbesitz); 1750/55/66 Johann Cord Möhle, Haus zu 80 Rthl; 1781 Verkauf von Möhle an Neuburg, nun Herr Neuburgs drittes Haus, 75 Rthl; 1798/1804 Ernsting, Haus für 300 Rthl, ohne Braurecht, hält kein Vieh; 1809 Nagelschmied Ernsting; 1818 Ernsting, Wohnhaus 300 Thl, Nebenhaus 250 Thl; 1832 Friedrich Wilhelm Ernsting; 1846/53 Tischler Wilhelm Ernsting mit zwei bzw. drei Mietparteien; 1878 Rothe; 1892/1906 Feilenhauer Friedrich Rothe; 1908/10 Feilenhauer Max Rothe (wohnt Umradstraße 22).

Haus (bis 1961)

1781 wird die *Scherwand*, also die gemeinsame Wand zwischen dem von Herrn Möhle erworbenen Haus und Neuburgs neu gebautem Haus am Königswall (siehe Königsstraße 49) *von grundt auf erneuert* (KAM, Mi, C 118).

Eingeschossiges Fachwerkgiebelhaus mit recht flach geneigtem Satteldach. Entlang der westlichen Traufwand schmaler dielenartiger Flur, an der Ostseite Folge aus unterkellerter Stube und drei anschließenden Räumen. Rückwärtig anschließend ein zweites eingeschossiges und vergleichbar ausgestattetes Haus, von der sogenannten Nachtigallenstraße aus (der Gasse zum Königswall) erschlossen. 1892 Entwässerung; 1910 Kanalisation; 1911 Ausbau des Dachgeschosses. Abbruch 1961 für Errichtung eines Anbaus an das Haus Königstraße 49.

WEINGARTEN 3

bis 1818 Haus-Nr. 357; 1818 bis 1837 Haus-Nr. 357 a und 357 b; heute Teil des Komplexes Ortstraße 1

Das Grundstück auf der Ecke zur Ortstraße offenbar durch eine 1515 vorgenommene Abteilung bisherigen Gartenlandes vom großen Hofgrundstück Königstraße 45/47 entstanden, wobei die Fläche vom Lehnsherrn, dem Dompropst, an Hermann Wentrup übertragen wurde, damit er dort ein Haus errichten könne (siehe dazu Königstraße 45/47). Die Parzelle heute in einen großen Neubaukomplex auf der Ecke zur Ortstraße einbezogen (siehe dazu Ortsstraße 1).

1989 wurden bei einer Baustellenbeobachtung Fundamente aus Backsteinmauerwerk mit Gewölbeansätzen festgestellt (Teil I, Kap. I.3, Fundstellenkatalog, Fundstelle 101; Dokumentation: WMfA).

1515 überträgt der Dompropst *dem Hermann Vrentorp* und seiner Frau Regele als Dank für treue Dienste zwei Gärten, die zuvor Lüdecke Meysolle und seine Frau zu Lehnsrecht hatten: *twe oer gardenstucke achter orem huse vor dem Kodore belegen ein vnnd derchtich vote lanck vp welck ein stucke by der straten her na dem Wyngarden belegen to einem huse to bauwen also dat vnse leynguth iss* (STA MS, Mscr. VII, 2716, Bl. 71v–73v). Im Dezember des gleichen Jahres verkaufen Hermann Vrentrop und seine Frau Regele dem Domküster und Provisor der Domchorschüler eine Rente (mit Zustimmung des Dompropstes und Erlaubnis zur Überbauung von zwei Gärten) *in ore twe garden stucke vor dem Kodor achter Ludeken Meysels na dem Wingarden belegen, dar se ein nyge huss vp desuluen garden stucke mede setten willen* (STA MS, Mscr. VII, 2716, Bl. 71r–72r). Im Jahr darauf verkaufen Hermann Vrentorp und seine Frau Regele dem Heilig-Geist-Hospital eine Rente aus dem Haus und der Stätte *so dat belegen iß vp dem Wyngardenn twischen Cord Lubberdes huse vnd Ludeken Meysollen haue* (STA MS, Mscr. VII, 2716, Bl. 74r–74v). 1517 wird Haus und Stätte des Hermann Vrentrup auf Bitten des Ratsherren Hermann Rodenbecke durch den Stadtrichter als Pfand genommen: *in Herman Vrentorps huss twusschen Ludeken Meysollen haue vnd Cord Lubberdes huse vp dem Wyngarden belegen* (KAM, Mi, A III, Nr. 162. – STA MS, Mscr. VII, 2716, Bl. 79r). 1528 wird dieser Rentenbrief vom 17. August 1517 von Mette, Witwe des Ratsmanns Hermann Rodenbeck, dem Heilig-Geist-Hospital verkauft: *in Herman Vrentorps huss vppe dem Wyngarden belegen* (KAM, Mi, A III, Nr. 175. – STA MS, Mscr. VII, 2716, Bl. 82v–83r). 1570 hatte Domsyndikus Wentrup einen Hof auf der Hohen Straße 6.

1743 ohne Eintrag (Haus ohne Grundbesitz); 1750 Justizkommissarin Lüders; 1755 Johann Jürgen Münstermann, Haus für 100 Rthl; 1766 Leineweber Jürgen Münstermann, betreibt auch Landwirtschaft auf eigenem Land; 1781 Münstermann; 1798/1804

Abb. 1706 Weingarten 4, dahinter Königstraße 49, Ansicht von Südosten, 1988.

Leineweber Münstermann, Haus für 100 Rthl, ohne Braurecht, hält 2 Kühe und 2 Schweine, hat Nebengebäude (Stall); 1806 Carl Münstermann; 1809 Münstermanns Haus nebst Garten (wohnt Deichhof 20); 1816 als Mieter Maurergeselle Bernh. Heinrich Lax; 1818/35 Haus-Nr. 357 a: Münstermann, Haus für 300 Thl und Haus-Nr. 357 b: Münstermann, Haus für 200 Thl; 1828/35 H. R. Schroeder (Haus-Nr. 357 a/b zu 1 000 Thl); 1846 Händler Heinrich Schroeder und eine Mietpartei; 1853 Schroeder und eine Mietpartei; 1878 Kleinhändler Schröder; 1893 Kaufmann Carl Rürup; 1906/08 Witwe Kaufmann Marie Rürup; 1972 Eckhard Theiß; 1982 GSW Minden.

Wohnhaus (1876–1982)

1876 errichtete der Kleinhändler Schröder einen Neubau (Verw.-Bericht). Dieses ein zweigeschossiger und traufenständiger Putzbau mit flachem Vollwalmdach. Die siebenachsige Front schlicht verputzt und bis auf ein schmales geschoßtrennendes Gesims ohne weitere Unterteilung.

Das Innere wohl zunächst in traditionellen Formen und mit einem breiten Flur, vom südlichen Seitengiebel an der Oststraße erschlossen und beidseitig von verschiedenen, nicht näher bekannten Räumen begleitet. Eine einzig unterkellerte (Decke mit Kappen auf Eisenträgern) Raumflucht vor dem Nordgiebel durch eine Querwand abgeteilt, davor die Treppenanlage zum Obergeschoß, das zahlreiche, zu mehreren Wohnungen gruppierte Wohnräume zeigte. Der Zugang schon vor 1893 vermauert und an die westliche Traufwand verlegt. 1893 Entwässerung; 1897 Umbauten im Erdgeschoß zur Schaffung eines größeren Ladenlokals an der Westfront; 1906 Kanalisation; 1982 durch die GSW Minden abgebrochen.

1972 Errichtung einer Doppelgarage.

Abb. 1707 Weingarten 4, Ansicht von Südosten, 1991.

WEINGARTEN 4 (Abb. 1706–1710)

bis 1878 Haus-Nr. 367

Sehr kleine Hausstätte, zu einem nicht näher bekannten Zeitpunkt nach 1500 von der weiten Hausstelle Königsstraße 49 abgeteilt und aus einem dort zugehörigen Wirtschafts- oder Nebengebäude hervorgegangen.

1743 ohne Nennung (Haus ohne Grundbesitz); 1750 Cordmeier; 1755/66 Johann Cordt Meyer, Haus für 60 Rthl; 1771 Kaufmann Conrad Neuburg; 1776 Wachtmeister Romberg; 1776/81 Möhle, Haus für 50 Rthl; 1798 Zimmergeselle Joh. Henrich Möhle; 1802/04 Möhle, Haus für 50 Rthl, ohne Braurecht, hält 1 Schwein; 1809 Witwe Mauer; 1818 Kammacher Friedrich Jürgens (* 1772), Haus für 300 Thl; 1838 Kammacher Dietrich Jürgens; 1846 Tagelöhner Heinrich Nagel mit fünf weiteren Mietparteien (insgesamt 25 Personen); 1853 Kaufmann Arning, vermietet an vier Parteien; 1873/78 Bremser Hanke; 1893/1919 Witwe Julie Schaper, Fisch- und Gemüsehandlung.

Zweigeschossiger und traufenständiger, bis 1988 verputzter Fachwerkbau mit steilem Satteldach und mit Schiefer beschlagenem Nordgiebel. Das Wohnhaus auf Grund von Bauuntersuchungen, die im Zuge des Umbaus 1988 vorgenommen wurden (Kaspar/WAfD Münster) in seiner heutigen Erscheinung im Laufe einer komplexen Umbaugeschichte eines im Kern 1496 errichteten Wirtschaftsgebäudes entstanden.

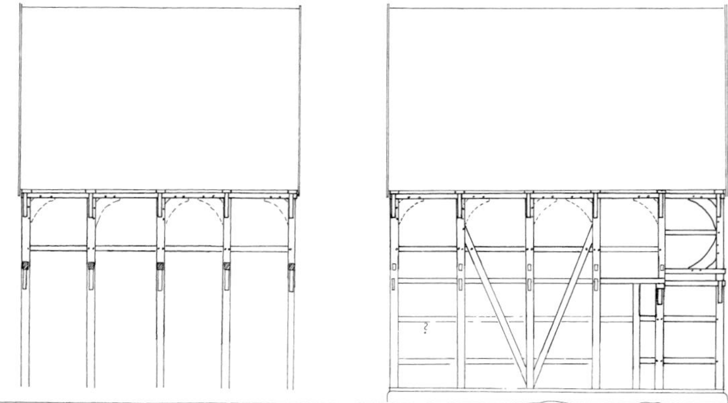

Abb. 1708 Weingarten 4, östliche Straßenfront, rekonstruierter Zustand um 1500 und um 1600.

Wirtschaftsgebäude (von 1496 ⓓ)

Zweigeschossiges und schlichtes Fachwerkgerüst von fünf Gebinden aus Eichenholz, wobei die aufgelegten Dachbalken an der östlichen Seite über gekehlten Kopfbändern vorkragen, während die Geschoßbalken in die Ständer eingezapft und mit Kopfbändern gesichert sind. Längsverband des Gerüstes mit verdeckt verzimmerten Kopfbändern an jedem Ständer, zur Gerüstmitte weisend. Das Gerüst von Nord nach Süd mit lateinischen Zahlen numeriert. Die Kehlbalken der Sparrengebinde mit Schwalbenschwanz angeblattet, wobei die Hölzer sehr knapp dimensioniert (Sparren 13 x 15 cm, Kehlbalken 8 x 12 cm) und zumeist als Vollhölzer verarbeitet wurden (der 3. Sparren von Süd auf der Ostseite konnte 1988 durch H. Tisje/Neu-Isenburg dendrochronologisch auf Ende 1495 datiert werden – vier weitere Proben ohne Ergebnis). Windrispen zwischen den Sparren. In der westlichen, durch das Haus Königsstraße verdeckten Traufwand auf der ganzen Wandhöhe lediglich zwei schmale Riegelketten, aus der Bundebene um etwa 2 cm zurückgesetzt verzimmert und daher wohl nach Ausfachung mit Lehmflechtwerk wie die Kopfbänder ehemals überputzt. In der östlichen Traufwand lediglich im oberen Geschoß eine Riegelkette nachzuweisen, während im unteren Geschoß die Wand wohl nicht verschlossen war. Hier bestand ein Vorbau nicht näher bekannter Gestalt, der die gesamte Länge des Gebäudes verdeckte. Dieser noch ablesbar an den Zapfenschlitzen für eingezapfte, von Kopfbändern unterstützte Balken. Der wegen der Straße nur wenig tiefe Anbau dürfte mit einem auf diesen Balken aufliegenden Pultdach an das Hauptgebäude angeschlossen gewesen sein. Die Ausführung der beiden Giebel nur noch ansatzweise zu ermitteln: der nördliche schon im 16. Jahrhundert entfernt, der südliche im 18. Jahrhundert (wohl 1771) erneuert; Nordgiebel im oberen Geschoß mit zwei Ständern.

Eine innere Unterteilung der beiden Geschosse in dem Gebäude nicht festzustellen. Das Erdgeschoß sicherlich 3,60 m hoch, das Obergeschoß etwa 2,20 m. Hinweise auf die ursprüngliche Nutzung des ungewöhnlichen Baus – sicherlich als Wirtschaftsgebäude anzusprechen – konnten nicht ermittelt werden. Das dendrochronologische Datum entspricht den zeittypischen Erscheinungen der Fachwerkkonstruktion, so daß der Bau wohl 1496 aufgeschlagen wurde.

Umbau zum Wohnhaus (um 1600)

Um 1600 scheint der Wirtschaftsbau zu einem kleinen zweigeschossigen Wohngebäude umgestaltet worden zu sein. Dabei der Vorbau an der östlichen Traufwand entfernt und diese mit drei

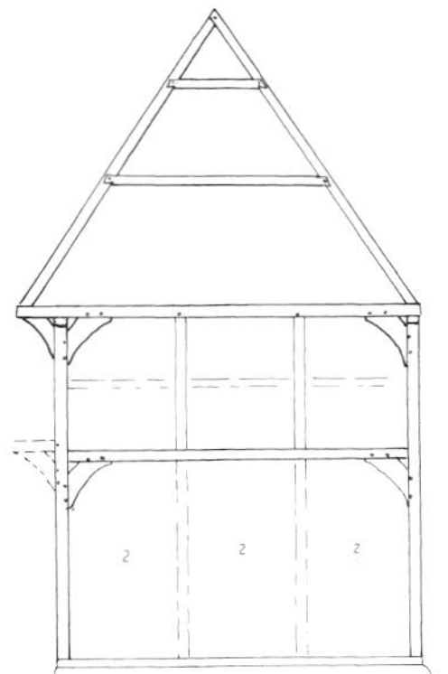
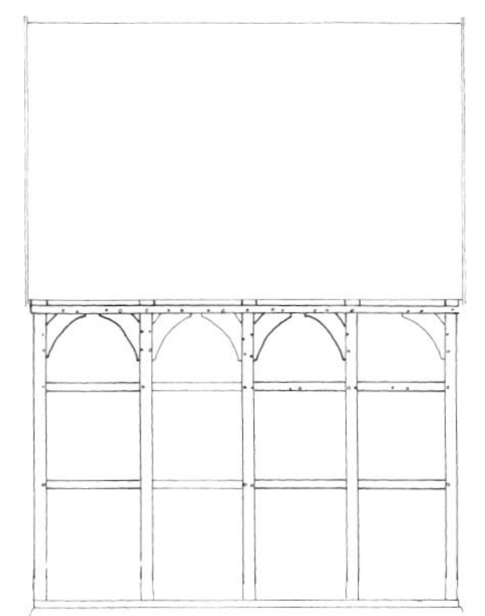
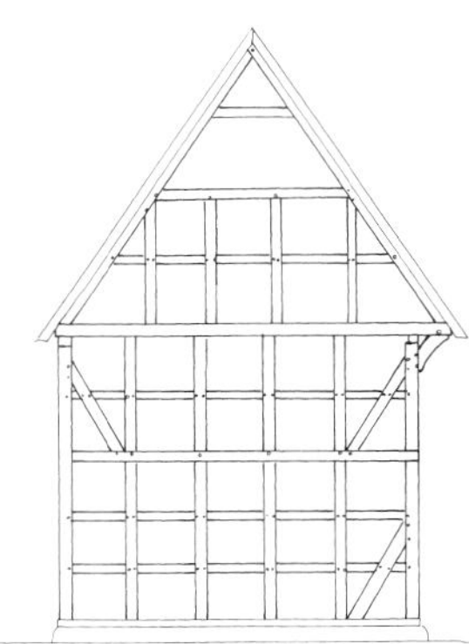

Abb. 1709 Weingarten 4, Nordgiebel und rückwärtige (westliche) Traufwand, Zustand um 1500 sowie Südgiebel von 1771 (?).

zusätzlichen Riegelketten geschlossen, zugleich auch mit zwei langen Ständer-Ständer-Streben ausgesteift. Ferner der Bau um ein Gefach nach Norden verlängert, wobei die Ostwand in diesem Bereich wegen der in die Standfläche eingreifenden Straßenführung mit einer Vorkragung des Obergeschosses versehen wurde. Der angefügte Teil stöckig verzimmert und das Gerüst hier mit gekehlten Kopf- und Fußbändern ausgesteift. Das mit Bohlen beschlagene Giebeldreieck mit Spitzsäule, hinter die die an die Sparren geblatteten Kehlbalken ebenfalls geblattet wurden. Der Hauszugang seitdem im nördlichen Bereich der östlichen Traufwand, so daß in der nördlichen Hälfte des Hauses eine kleine hohe Diele, im südlichen Bereich ein Wohnraum zu vermuten ist. Nutzung des Obergeschosses nicht bekannt.

1768 wird berichtet, das Haus sei im Kriege (1757) ruiniert worden; es wird 1771 für den Kaufmann Conrad Neuberg für eigene Zwecke wiederhergestellt und danach als neues Haus auf einer alten Hausstelle mit Braurecht bezeichnet (KAM, Mi, C 874). Dabei scheint der südliche Teil des Gerüstes stark erneuert worden zu sein, der Südgiebel ganz neu verzimmert und nun eng verriegelt, die Eckständer zudem mit Fußstreben ausgesteift und das ganze Gerüst mit Backsteinen ausgemauert. Bei diesem Umbau kam es zum Einbau eines halb aus dem Boden ragenden Kellers mit Balkendecke unter der südlichen Haushälfte. Hierüber nun die Wohnstube, während der nördliche Teil das Hauses weiterhin eine Küchendiele verblieb. Das Obergeschoß wohl ebenfalls schon zu Wohnräumen ausgebaut.

Wohl wenig später, aber sicherlich vor 1829 erfolgte eine weitere Erweiterung des Hauses nach Norden durch einen zweigeschossigen Anbau von zwei Gebinden, mit einem Pultdach an den alten Giebel angeschlossen. Da der Bauteil im Obergeschoß mit ungebrannten Lehmsteinen ausgefacht wurde, wurde spätestens zu diesem Zeitpunkt der ganze Bau verputzt bzw. der neue Nordgiebel wohl mit Schiefer beschlagen. Mit dieser Erweiterung konnte die Diele nun auch nördlich von Wohnräumen begleitet werden. Zugleich dürfte auch der schmale Stallanbau im südlichen Bereich der Westwand erfolgt sein, als Fachwerkgerüst mit Schleppdach an den Kernbau angefügt. 1831 kommt es zu einem Brand im Haus, der jedoch bald gelöscht werden konnte (KAM, Mi, E 129); 1893 Entwässerung.

Abb. 1710 Weingarten 4, Dekorationsmalerei im Hausflur von 1907, Zustand 1991.

1907 der gesamte Flurbereich mit einer Dekorationsmalerei versehen. Während die Wände im unteren Bereich mit einfachen genuteten Brettern als Lambris verkleidet wurden (mit den gleichen Brettern auch die ornamental bemalte Decke verkleidet), sind die Putzflächen darüber durch schablonierte Schmuckbänder und oberen Abschluß von Blütenbögen in Felder abgeteilt, in die verschiedene Szenen gemalt wurden, die sich wohl auf die Nutzung des Hauses als Fisch- und Gemüsehandlung beziehen: gegenüber der Tür ein Segelschiff, bezeichnet als *AENNE*, nördlich der Blick in einen barocken Park mit Fontäne.

1910 Kanalisation; 1988/89 Sanierung und Umbau des Hauses mit Freilegung der in großen Teilen erneuerten und völlig neu ausgemauerten Fachwerkkonstruktion (Planung: J. Lax), wobei das südlich angebaute Stallgebäude abgebrochen wird. Entkernung des Ober- und Dachgeschosses, die Malerei des Flures erhalten; 1990 Eintragung des Hauses in die Denkmalliste der Stadt Minden.

WEINGARTEN 5 (Abb. 1711)

bis 1878 Haus-Nr. 350

Kleinere Hausstelle auf der Ecke zwischen der Ortstraße und dem Weingarten, wohl erst im Spätmittelalter bei Aufteilung eines großen Hofgeländes entstanden, wobei es später wohl noch einmal zur Aufteilung eines größeren, die heutigen kleinen Hausstellen Weingarten 5 und 7 sowie Ortstraße 2 und 4 umfassenden Grundstücks gekommen ist. Diese Hausstelle zunächst wohl auch das spätere und unmittelbar angrenzende Grundstück Ortstraße 2 umfassend.

Abb. 1711 Weingarten 5, Ansicht von Nordosten, links Einmündung Ortstraße, 1993.

1515 Cord Lübberdes (siehe Königstraße 47); 1743 ohne Eintrag (Haus ohne Grundbesitz); 1750 Meister Johann Jost Wehking; 1755/66 Jobst Wehking, Haus für 150 Rthl; 1781 Marckewitz, 150 Rthl; 1798 Marckewitz; 1802/04 Schuster Friedrich Sobbe und Mieter Witwe Copiist Schlicken, Haus für 300 Rthl, ohne Braurecht, hält 1 Jungvieh; 1809 Schuster Sobbe; 1818 Witwe Sobbe, 300 Thl; 1828 Wilhelm Schmale; 1832 Heinrich Schmale; 1836 Frantz, Haus für 350 Thl; 1846/53 Tagelöhner Johann Frantz mit zwei Mietparteien; 1878 Kastell; 1908 Erben Privatier Fritz Kastell; 1909 Arbeiter Ernst Sinemus; 1934 Wilhelm Gerlach.

Dielenhaus (16./17. Jahrhundert)

Dreigeschossiges und giebelständiges Wohnhaus, in der heutigen Erscheinung auf eine Erneuerung um 1850 zurückgehend. Den Kern bildete ein giebelständiges Dielenhaus aus dem 16./17. Jahrhundert mit hoher Diele. Erhalten davon heute nur noch die starke Balkenlage über dem heutigen ersten Obergeschoß. Das Haus zu einem nicht näher bekannten Zeitpunkt in der ersten Hälfte des 19. Jahrhunderts zweigeschossig durchgebaut, offenbar zugleich die Umfassungswände massiv ersetzt. Dabei die Diele zu einem schmalen Mittelflur reduziert, an den sich beidseitig eine Folge von Stube und Kammer mit Zwischengeschossen anschloß. Die nordwestliche Stube unterkellert. Rückwärtig zwei weitere, nebeneinanderliegende Kammern mit Zwischengeschoß.

Wohl um 1850 nach Abnahme des alten Dachwerkes ein zusätzliches Stockwerk aus Fachwerk aufgesetzt und einen neuen, recht flachen Dachstuhl aufgeschlagen.

1896 Entwässerung; 1908 Kanalisation; 1934 der größte Teil des Hauses (bis auf die rechtsseitigen Wohnräume) unterkellert, dabei alle Decken mit Eisenbeton ausgeführt. Das obere Fachwerk des Vordergiebels heute mit geprägter Pappe beschlagen.

WEINGARTEN 6 (Abb. 1712)

bis 1878 Haus-Nr. 352 und 358

Zwei recht kleine Hausstätten von nur geringer Tiefe, nördlich durch eine kleine Gasse zum Königswall begrenzt, die um 1900 als *Nachtigallenstraße* bezeichnet wurde. Nach den Grundzinsabgaben ist davon auszugehen, daß es sich um (vor 1653) vom Gelände der Vikarie *Omnium Sanctorum* des Domes (siehe dazu Königswall 93) abgetrennte kleine Hausstellen handelt. Wenn auch die Grundstücke noch lange getrennt aufgeführt wurden, waren sie doch schon seit 1786 mit einem gemeinsamen Haus überbaut, das aber bei gemeinsamem Eigentümer offensichtlich noch zwei Eingänge behielt. 1898 wurde ein Teil der Fläche für den Neubau des Gebäudes Königswall 93 a verkauft, während seit 1952 in diesem Bereich wieder die Gesamtfläche zum Grundstück Königswall 93 gehört. Einfassung der südlichen Hälfte mit einer Bruchsteinmauer.

HAUS-NR. 352: 1743 ohne Ertrag (Haus ohne Grundbesitz); 1750 Hilmar Küsters Haus; 1755 Schonebohms Haus, 100 Rthl; 1766 Schonebaum, Scheune, ist eingefallen; 1768 Müller Wehking will hier ein neues Haus errichten und darauf die Lasten seines Hauses Simeonstraße 35 übertragen (KAM, Mi, C 380); 1772 Schonebohms Haus, ist abgebrochen, mit Huderecht für 6 Kühe (KAM, Mi, C 875); 1779 Kaufmann Tietzel (siehe dazu unter seinem Wohnhaus Königstraße 41), wüster Platz, will bauen; 1782 Kaufmann Tietzel, seit vielen Jahren wüst; 1798 Worthalter Tietzel, bewohnt von Herrn von May; 1802/04 Tietzel, Wohnhaus 1100 Rthl, Stallung 100 Rthl, ohne Braurecht, vermietet an Leutnant von Stach; 1807 Worthalter Tiezel, Versteigerung des Hauses mit dahinter befindlichem Garten (WMA); 1808 gehört dem Salzrendant S. J. Berring in Neusalzwerk; 1809 Berings Haus, vermietet an einen Lieutenant; 1818 Salinenrendant Berring, Wohnhaus 1100 Thl, Stallung 100 Thl; 1832 Rendant Berring (hat auch Garten Lindenstraße 23); 1846 Steuerrat Johann Vorländer; 1853 Ökonom Volkening, vermietet an Gerichtsrat Gellern; 1878 Renke; 1892/1908 Dachdeckermeister Heinrich Timmermann (hat Fabrik Festungsstraße 3 und wohnt später Kampstraße 10); 1918 Zirkusbesitzer Emil Winter; 1952 Dr. Happel.

HAUS-NR. 358: Noch 1759 geht der Grundzins des Hauses an die Vikarie Omnium Sanctorum (KAM, Mi, C 199,1 alt). Zur Geschichte siehe unter Königswall 93.

1657 wurde von Caspar Feldmann auf das Haus eine Obligation von 50 Thl beim Nikolai-Hospial aufgenommen; 1702 Johann Ludolf Feldmann; 1710 Ludolff Feldtmann; 1738 Witwe Feldman Meyer; 1751 Johan Friedr. Meyer; 1759 Johann Friederich Meyer, vormals Johann Ludolph Feltmann Obl. 50 Rthl (KAM, Mi B 103 b,2 alt; C 203,22 alt; C 604). 1743 Witwe Hauptmann Briesen; 1750 Erben Briesen; 1755 Tobias Rahtert, Haus für 100 Rthl; 1759 Charlotte Wimmer, geb. Rahters stiftet das Haus mit Land und Garten dem Heilig-Geist-Hospital und erhält dafür einen Sitz im Hospital; 1759 Witwe Wimmer geb. Annen Charlotte Rahtert verkauft dem Bürger Ludewig Bregenzen und dessen Ehefrau geb. Beckemeyer für 90 Rthl *ihr an Wein Garten Sub N. 358 belegenes Haus, nebst dem dazu gehörigen Hofraum, mit samt der Simeonthorschen Hude Gerechtigkeit auf 6 Kühe, und dem Wassergange sowohl zu dem Brunnen am Walle, als an demjenigen so zwischen Wehkings und Münstermans Häusern belegen*; 1764 will das Armenhaus das Gebäude verkaufen (KAM, Mi, C 656 und 667). Es wird von dem Ordonnanzwirt Joh. Conrad Mense erworben (KAM, Mi, C 159,1 alt); 1766 Soldat Mensen; 1774 Verkauf an den Worthalter Tietzel (siehe dazu unter seinem Wohnhaus Königstraße 41 – siehe KAM, Mi, C 199,1 alt); 1781 Tietzel (leerer Platz); 1798/1802 Tietzel, Haus für 900 Rthl; 1804 Mieter ist Otto, Haus ohne Braurecht, hält 1 Jungvieh und 1 Schwein; 1807 Worthalter Tietzel, Versteigerung des Hauses mit Garten (WMA); 1807 Salzrendant Beering; 1809 Mieter ist Fuchs; 1818/1835 Salinenrendant Heinrich Berring, Wohnhaus für 900 Thl; 1846 Schlosser Louis Günther und weiterer Mieter; 1853 Fuchs, jetzt Rennekamp.

Haus-Nr. 352 (bis 1786)

Nachdem das alte Haus (30 Fuß breit, 72 Fuß tief) zuletzt nur noch als Scheune genutzt worden war, wird 1768 die Schonebohm gehörende Hausstätte als im Krieg 1757 ruiniert bezeichnet und soll von dem Müller Wehking bebaut werden (KAM, Mi, C 380), was jedoch zunächst unterbleibt. 1785 wird der Hausplatz wieder durch die Stadt einschließlich des zugehörenden Braurechts und 6 Kuhweiden vor dem Simeonstor zur Bebauung ausgeboten (WMA 16, 1785).

Haus (1786–1953)

Nachdem die beiden nebeneinanderliegenden Grundstücke wüst gefallen waren, ließ Kaufmann Tietzel 1786 auf beiden Teilen ein neues Haus errichten, das als *halb massiv* bezeichnet wurde (KAM, Mi, C 885). Das Gebäude eingeschossig mit bruchsteinernen Umfassungswänden und flach geneigtem Satteldach. Es war nur zum Teil unterkellert und wies einen mittleren Längsflur auf.

1892 Entwässerung; 1908 Kanalisation. 1919/20 Neubau eines zweigeschossigen massiven Lagerhauses mit flachem Satteldach als Anbau an das bestehende Wirtschaftsgebäude (Ausführung Gebr. Halstenberg).

1953 Abbruch aller Bauten auf dem Grundstück, danach Anbau an die Klinik im Hause Königswall 93 (siehe dort).

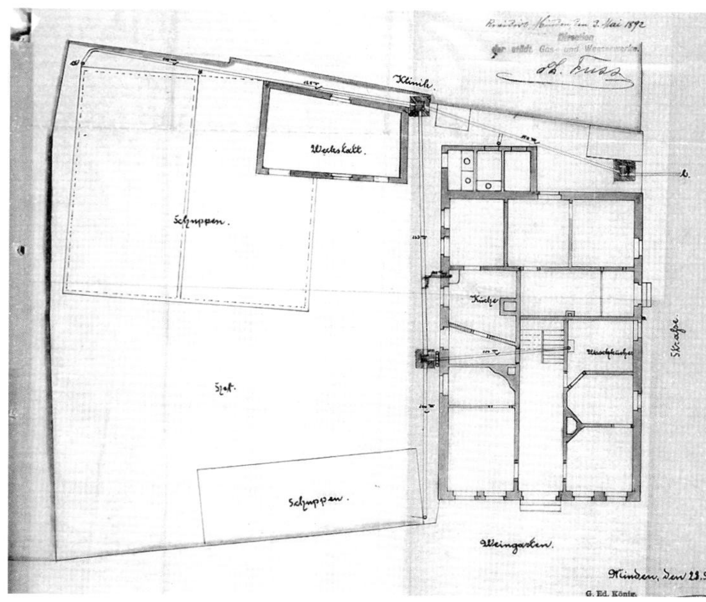

Abb. 1712 Weingarten 6, Plan zur Entwässerung des Grundstücks, 1892.

WEINGARTEN 7 (Abb. 1713, 1714)

bis 1878 Haus-Nr. 349

Kleine Hausstelle, wohl erst spät mit Aufteilung eines großen Hofgeländes entstanden, wobei es später wohl noch einmal zur Aufteilung eines größeren, die heutigen kleinen Hausstellen Weingarten 5 und 7 sowie Ortstraße 2 und 4 umfassenden Grundstücks gekommen ist.

1743 Anthon Henrich Wulbrand; 1750 Friedrich Christ. Meyer; 1755/68 Friedrich Christian Meyer, Haus für 30 Rthl; 1774 Mieter ist Sergeant Dedecke; 1781 Christian Meyer, Haus für 25 Rthl; 1787 Gerhard Henrich Dennecke; 1802/04 Ratsdiener Denecke, Haus für 200 Rthl, ohne Braurecht, hält 1 Jungvieh; 1806 Erben Denecke; 1810 Konkurs von Deenekens Erben; 1818 Maurer Diederich; 1827 Erhöhung von 200 auf 400 Thl; 1832 Maurergeselle Reinhard Dietrich; 1846 Wilhelm Dederich; 1853 Schlosser Detering mit zwei Mietparteien; 1854 Wehking (wohnt Hufschmiede 23) will sein Haus-Nr. 349 verkaufen (AMA 31, 1854); 1856 Gerichtsbote Veedorf; 1878/93 Veedorf; 1908 Maschinist August Hilker.

Dielenhaus (15./16. Jahrhundert)

Eingeschossiges Giebelhaus mit fünfachsiger Putzfassade und Krüppelwalm. Das Gebäude weitgehend verkleidet, so daß die an einigen Details erkennbare und weit zurückreichende Baugeschichte im Augenblick nicht aufzuklären ist.

Im Kern des Hauses haben sich nicht näher zu bestimmende Teile eines eingeschossigen giebelständigen Hauses des 15./16. Jahrhunderts erhalten. Erkennbar noch im Verband stehende Ständer an der nördlichen Traufwand mit äußerer Waldkante, einer Riegelkette bei mäßig hohen Gefachen und Kopfbändern im Längsverband. Das Kerngerüst länger als der heutige Bau.

Die heutige Erscheinung dürfte wesentlich auf die Wiederherstellung des 1757 im Siebenjährigen Krieg ruinierten Hauses (KAM, Mi, C 380) zurückgehen. Dabei wurde 1774 festgestellt, es *sind Stuben und Kammern eingebauet* für 288 Rthl (KAM, Mi, C 388). Offensichtlich wurde dabei zumindest entlang der nördlichen Traufwand ein Einbau in der Tiefe zweier Räume geschaffen, der vorn Stube, dahinter Kammer aufweist (dazwischen eine zweiflügelige, verglaste Tür der Zeit um

Abb. 1713 Weingarten 7, Ansicht von Westen, 1993.

1800 erhalten). Dieser Teil mit einem Keller (Wände aus Bruchstein, Balken durch Eisenbeton ersetzt). Möglicherweise bestand rechts noch eine Diele, die erst bei dem 1856 überlieferten *Durchbau des Hauses* (KAM, Mi, F 1137) aufgegeben und zu einem schmalen Mittelflur mit zwei weiteren Wohnräumen entlang der südlichen Traufwand reduziert wurde. Rückwärtig wurde nördlich ein kleiner Anbau unter Pultdach für einen weiteren Wohnraum errichtet. Der Boden wurde im Inneren des Hauses erhöht, so daß eine kleine Freitreppe vorgelegt werden mußte. Auf diese Baumaßnahme dürfte auch die heutige verputzte Backsteinfassade zurückgehen, bei der nur die Sohlbänke der Fenster aus Sandstein gearbeitet sind.

1893 Entwässerung; 1909 Kanalisation; im 20. Jahrhundert Ausbau des Dachgeschosses mit neuer Treppenanlage auf dem Hof und Modernisierung der inneren Ausstattung.

WEINGARTEN 9 (Abb. 1715, 1716)

bis 1878 Haus-Nr. 345

Kleine Hausstelle, wohl durch Aufteilung eines größeren Hofgeländes entstanden.

1743 Witwe Andreas Negenborn; 1750 Negenborn; 1755 Erben Negenborn, Haus für 200 Rthl; 1756/72 Diestelhorst, 200 Thl; 1781 Witwe Diestelhorst, Haus für 200 Rthl; 1787 Kirchhoff, erhöht auf 800 Rthl; 1798/04 Branntweinbrenner Kirchhoff, Haus für 800 Rthl, ohne Braurecht, hat Brunnen, hält 3 Kühe, 2 Schweine; 1805 Kirchhoff, Wohnhaus für 1600 Rthl, Nebengebäude 600 Rthl, Stallung 300 Rthl; 1806 Branntweinbrenner Rudolf Disselhorst; 1809 Kaufmann Bohne; 1818 Rudolf Diestelhorst; 1820 Konkurs Branntwein-

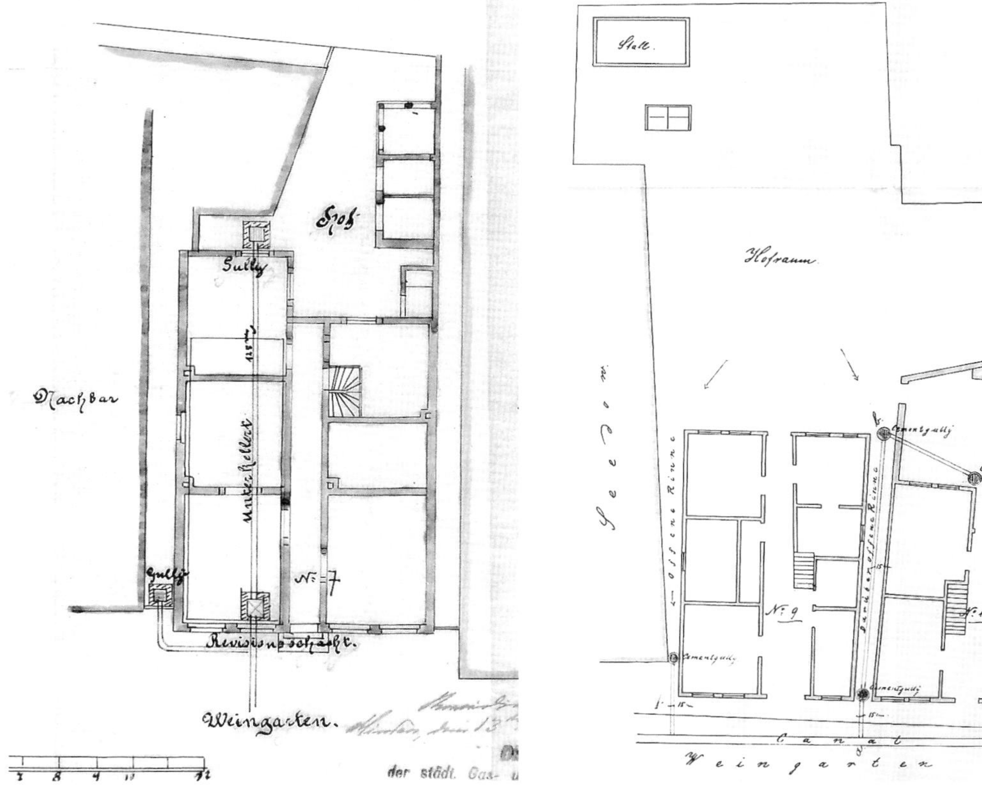

Abb. 1714 Weingarten 7, Grundriß aus der Entwässerungsakte von 1893.

Abb. 1715 Weingarten 9 (links) und 11, Grundrisse aus dem Plan zur Entwässerung 1893.

brenner Rudolph Disselhorst mit Versteigerung seiner Häuser (siehe auch Obermarktstraße 16 und 18): Wohnhaus, Stallungen, Nebengebäude, Hofraum und Gärten, angeschlagen zu 1700 Thl (PIB 85, 1820); 1828/32 Friedrich Wilhelm Diesselhorst; 1846 Witwe Heinrich Utermann mit sieben Mietparteien (insgesamt 34 Personen); 1851 Arbeitsmann Stuke will das früher Utermannsche Haus nebst Hintergebäuden verkaufen (MiSoBll 1851); 1853 Maurer Stucke und sechs Mietparteien, Haus, drei Hintergebäude und Stall werden neu versichert für 1900 Thl; 1878 Hamann; 1893 Franz Klocke; 1901/27 Kaufmann Karl Niebur (wohnt Simeonstraße 7); 1956 P. Meerikamp/Löhne.

Haus (bis 1901)

1772 werden Verbesserungen des Hauses für 668 Rthl vorgenommen: *die Baustücke bestehen in einer Krahmbude mit allen dazu gehörigen Schubkästgen, einen kleinen Stall im Hofe und ein Häusgen im Garten* (KAM, Mi, C 388).

1794 wird eine weitere Reparatur vorgenommen (KAM, Mi, C 126) und 1853 erfolgten wohl ebenfalls Bauarbeiten, da Versicherung angehoben wird. Nach dem Entwässerungsplan von 1893 ein Giebelhaus aus Fachwerk mit breiterem Mittelflur und beidseitiger Folge von Wohnräumen. Im Kern wohl ein Dielenhaus mit später verbauter Diele. 1901 Abbruch.

Haus (von 1901)

An Stelle der beiden alten Haustellen Nr. 9 und 11 wurde 1901/02 nach erheblichen Abtragungen des rückwärtigen Grundstücks (hier mußten hohe Futtermauern errichtet werden) nach Plänen von W. Meyer/Minden ein großes Mietshaus mit zwei Ladengeschäften für den Kaufmann Niebur

Abb. 1716 Weingarten 9/11, Ansicht von Südwesten, 1993.

(siehe Simeonstraße 7) für 60 000 Mark errichtet. Dreigeschossiger, schlicht gestalteter Backsteinbau mit Satteldach. Die sechsachsige Fassade entsprechend der inneren Gliederung als Doppelhaus symmetrisch aufgebaut, dabei jede der dreiachsigen Haushälften mit einem über dem Erdgeschoß beginnenden mittleren und übergiebelten Risalit gestaltet. Hierunter im Erdgeschoß jeweils ein Schaufenster, die beiden Haustüren in den beiden Achsen dazwischen.

Die beiden Bauten weit in den Block hineinragend, dabei hier aber im Grundriß unterschiedlich gestaltet und Nr. 9 mit einem, Nr. 11 mit zwei Lichthöfen ausgestattet. Die verschieden gestalteten Treppenhäuser am Ende von langen Fluren und von den Lichthöfen belichtet, dabei in jeder Etage in Nr. 9 eine Wohnung mit elf Räumen, in Nr. 9 mit acht Räumen.

1905 Kanalisation; 1927 soll der Backofen im Keller auf behördlichen Druck stillgelegt werden; 1936 ein Schaufenster durch Einbau eines Fensters geschlossen.

WEINGARTEN 10 (Abb. 1717)

bis 1878 Haus-Nr. 351

Die Hausstelle dürfte zu einem unbekannten Zeitpunkt aus dem Gelände der Vikarie *Omnium Sanctorum* des Domes (siehe dazu Königswall 93) ausgegliedert worden sein.

Abb. 1717 Weingarten 10, Ansicht von Nordosten, 1993.

1743 ohne Eintrag (Haus ohne Grundbesitz); 1750 Johann Henrich Kleene; 1755 J. H. Kleine, Haus für 30 Rthl; 1766 Schonebaum; 1779/98 Worthalter und Kaufmann Tietzel (siehe sein Wohnhaus Königstraße 41), Haus für 100 Rthl; 1802/04 Tietzel, Haus für 500 Rthl, ohne Braurecht, vermietet an Tischler Stegemann (hält 2 Schweine); 1807 Worthalter Tietzel: Versteigerung des Hauses nebst Hude vor dem Simeonsthor für 2 Kühe (WMA); 1809 Salzrendant Heinrich Behring in Neusalzwerk, Mieter ist Stegemann; 1818 Salinenrendant Berring in Neusalzwerk; 1822 Erhöhung von 800 auf 1 300 Thl; 1828/32 Heinrich Berring; 1853 Salinendirektor Berring (1846 an fünf Parteien vermietet); 1878 Heinrich; 1888/1956 Tischlermeister Karl Vieweg.

Haus (1779–um 1825)

1779 wurde ein eingeschossiger Neubau aus Fachwerk errichtet, über den mehrere Nachrichten vorliegen: *Ein gantz neu Haus von Grund auf gebaut, ist bald fertig, auf der alten Stelle* (KAM, Mi, C 874). 1780 wird berichtet: *hat ein neu Haus bauen lassen von 39 Fuß lang, 27 Fuß breit, eine Etage hoch, worin 1 Stube, 2 Kammern, eine Küche, Stallung… von 10 Gebinden* Länge. Das Haus erhielt unter anderem zwei Luchten von englischen verkitteten Fenstern (KAM, Mi, C 388). Die Kosten betrugen 489 Rthl: *ist ein klein Gebäude, so als ein wüstes Haus neu ausgebauet worden* (KAM, Mi, C 156,12 alt).

Haus (von etwa 1825)

Offensichtlich durch den Rendanten Berring um 1825 (vor 1828) als massives Haus errichtet, das Mietzwecken diente und 1894 im oberen Bereich und an der Fassade wesentlich verändert wurde. Bis dahin zweigeschossiges Haus mit Satteldach und fünfachsiger Putzfassade. Mittelflur und zweiläufiges Treppenhaus in der Mitte der nördlichen Traufwand. Treppengeländer mit Traillen in Biedermeierformen. Südlich vier Wohnräume, rechts drei Räume. Türgewände der Bauzeit, Blätter erneuert. Im Obergeschoß der Flur kürzer, da Wohnraum vor dem Vordergiebel. Das Gebäude in der ganzen Fläche entsprechend der Erdgeschoßstruktur unterkellert mit Backsteintonnen auf Gurtbögen. An der Fassade der Sockel und (wie auch an den anderen Fronten) die Sohlbänke aus Sandstein, Türgewände nicht feststellbar.

1893 Entwässerung: 1894 ein zusätzliches Geschoß aufgesetzt und die Fassade durchgehend neu stuckiert (Plan G. Niermann). Dabei die bestehende Treppenanlage verlängert. Haustür in Formen der Neorenaissance erhalten; 1908 Kanalisation; 1956 Einbau von Toiletten. Seiten- und Rückfronten neu verputzt.

Wirtschaftsgebäude (um 1850–um 1980)

hinter dem Haus auf dem Hof als zweigeschossiger und massiver Bau unter Satteldach um 1850 erbaut.

1889 Vergrößerung des nun als Tischlerwerkstatt genutzten Baus durch einen massiven dreigeschossigen Anbau (Plan und Ausführung F. Pook); um 1980 abgebrochen.

WEINGARTEN 11 (Abb. 1715, 1716)

bis 1878 Haus-Nr. 344

Kleine Hausstelle, wohl durch Aufteilung eines größeren Hofgeländes entstanden.

1743 Simon Kruse; 1750 Tobias Ratert; 1755 Daniel Hahne, Haus für 80 Rthl; 1766 Ackmann; 1781 Witwe Ackemann, 75 Rthl; 1798/1804 Schneider Johann Christian Lütker, Haus für 300 Rthl ohne Braurecht, hat hölzerne Handspritze, hält 1 Jungvieh und 1 Schwein; 1809 Schneider Lütker; 1818 Witwe Rappert, Haus für 300 Thl; 1826 Erhöhung auf 500 Thl; 1827/32 Schuster Heinrich Daum; 1846 Händler Heinrich Hamann mit vier Mietparteien; 1848 wird das Haus aus dem Nachlaß des verstorbenen Kaufmanns P. W. Wolfers Sen. verkauft (Fama 26, 1848); 1878 Hamann; 1893 Franz Klocke; 1908 Kaufmann Karl Niebur (wohnt Simeonstraße 7).

Haus (bis 1901)

Um 1780 Reparatur (KAM, Mi, C 156,12 alt). Nach dem Entwässerungsplan von 1893 ein Giebelhaus aus Fachwerk mit breiterem Mittelflur, in den eine einläufige Treppe eingestellt ist, seitlich jeweils zwei Wohnräume.

1901 Abbruch für Neubau Weingarten 9/11 (siehe Weingarten 9).

WEINGARTEN 12

bis 1878 Haus-Nr. 348

Das Grundstück reicht bis zum Königswall, seit der zweiten Hälfte des 19. Jahrhunderts mit einem an dieser Straße errichteten Neubau (siehe Königswall 95) dorthin orientiert.

1737 Andreas Negenborn; 1743 kein Eintrag (Haus ohne Grundbesitz); 1750 Negenborns wüste Hausstätte; 1755/66 wüst; 1778 Lohmeier; 1781/87 Johan Rolf Lohmeier, Haus für 150 Rthl; 1802/04 Lohmeier, Wohnhaus 600 Rthl ohne Braurecht, Brennerei und Viehhaus 400 Rthl, hat Brunnen, hält 7 Kühe und 2 Schweine; 1818/28 Lohmeier, Wohnhaus und Brennerei; 1832 Witwe Lohmeier; 1846 vermietet an Tagelöhner Wilhelm Rennekamp; 1853 Witwe Mohrien mit einer Mietpartei; 1876/93 Georg Wehking (wohnt Königswall 95); 1910 Malermeister und Badeanstaltsbesitzer Louis Gerbig.

Haus (bis etwa 1740)

1737 Das Haus auf dem Weingarten soll zwangsversteigert werden, taxiert auf 379 Rthl (WMR 1737). Das offensichtlich baufällige Haus kurz danach abgebrochen und die Stätte 1750/66 als wüst bezeichnet.

Haus (1768/77–1876)

1768 will der Zimmergeselle Marckewitz auf der seit etwa 25 Jahren wüsten Hausstelle einen Garten einrichten (KAM, Mi, C 380), doch wird bald danach *ein Neubau für über 1 100 Rthl errichtet.* Schon 1778 *ist ein Anbau seines neuen Hauses, wofür er schon Baufreiheitsgelder erhalten,* für 307 Rthl erfolgt (KAM, Mi, C 388).

1893 befindet sich auf der Parzelle ein Wirtschaftshof des Anwesens Königswall 95, der zur Straße durch eine Mauer eingefaßt ist und rückwärtig durch ein nicht bewohnbares Wirtschaftsgebäude aus Fachwerk begrenzt wird.

1967/68 als erster Bauabschnitt der Betriebserweiterung der Kornbrennerei Strothmann Errichtung eines dreigeschossigen Betongebäudes im Anschluß an das Gebäude Königswall 99 (siehe zur Geschichte der Firma auch Königswall 101). Planung Huhn/Düsseldorf, Ausführung Baufirma Sierig). Vergleiche auch Weingarten 14.

1987 Umbau bei der Umnutzung des Komplexes zum städtischen Bildungszentrum (Plan: H. P. Korth), Studiotheater »Kleines Theater am Weingarten« und Jazzclub (Zugang vom Königswall).

WEINGARTEN 13

bis 1818 Haus-Nr. 339; bis 1878 Haus-Nr. 339 a

Kleine Hausstelle, wohl durch Aufteilung eines größeren Hofgeländes entstanden.

1743 Herman Spilcker; 1750 Witwe Spilker; 1755/66 Johan Fischhaupt, Haus für 80 Rthl; 1781 Meister Seelert, Haus für 75 Rthl; 1798 Tischler Fischhaupt; 1802 Meister Seelert, 75 Rthl; 1804/06 Tischler Heinrich Fischhaupt, Haus ohne Braurecht, hält 2 Kühe und 2 Schweine; 1818 Fischhaupt, Wohnhaus 800 Thl; 1827/35 Wohnhaus 1 000 Thl, Stallung 100 Thl, Hintergebäude 700 Thl; 1828/46 Tischler Friedrich Wilhelm Fischhaupt mit fünf Mietparteien (insgesamt 17 Personen); 1851 Malermeister Wagener; 1853 Fischhaupt und drei Mietparteien; 1879 Postverwalter a. D. Möhlmann; 1878 Möhlmann; 1908 Malermeister Hermann Bevenitz; 1927 Wilhelm Bevenitz; 1971 Kornbrennerei Strothmann.

Haus (1826–1971)

Das traufenständige und eingeschossige Haus nach Ausweis eines Schlußsteins über der Haustür mit der Bezeichnung *FWF 1826* (siehe Krins 1951, S. 90) für den Tischler Friedrich Wilhelm Fischhaupt errichtet.

1879 wird das angebaute Hintergebäude abgebrochen. 1971 Abbruch zur Schaffung eines Wendeplatzes für die Lastkraftwagen der Zulieferer der Kornbrennerei Strothmann.

WEINGARTEN 14

bis 1878 Haus-Nr. 347

Die Parzelle heute mit dem Grundstück Weingarten 12 vereinigt und gemeinsam überbaut.

1743 ohne Eintrag (Haus ohne Grundbesitz); 1750 Henrich Korte; 1755/66 Kortens Haus, 50 Rthl; 1781 Witwe Francke, 50 Rthl; 1798/1804 Branntweinbrenner Lohmeyer, Haus für 200 Rthl, ohne Braurecht (1804 an Soldaten vermietet); 1809/35 Lohmeiers Haus, 200 Thl; 1846 Steinsetzer Ludwig Büttner und drei Mietparteien; 1853 Tischler Doese mit zwei Mietparteien; 1878 Müller; 1906 Wilhelm Müller; 1908 August Gerbig; 1915 Wilhelmine Karoline Gerbig; 1938 Gerbig.

Haus (um 1820–1940)

Das Haus war zusammen mit dem allerdings schmaleren Wohnhaus Weingarten 16 wohl um 1826 neu gebaut worden. Nach dessen um 1935 erfolgten Abbruch für den Erweiterungsbau der Brennerei Strothmann blieb es zunächst noch bestehen, bevor auch dieses neuen Betriebsgebäuden wich.

WEINGARTEN 15/17

bis 1878 Haus-Nr. 337 (Nr. 17) und 338 (Nr. 15)

Seit 1882 unbebaute Hausstelle, die zu einem unbekannten Zeitpunkt vor 1570 in der Länge in zwei Teile getrennt wurde (dabei möglicherweise ein älteres Wirtschaftsgebäude eines hier zuvor bestehenden Hofes aufgeteilt).

HAUS-NR. 338: 1570 wurde von Gerd Ruschmeier eine Obligation beim Nikolai-Hospital auf das Haus aufgenommen, die 1710/15 auf Johann Piele übertragen war; 1751 Daniel Heyne. Nach dem Lagerbuch des Heilig-Geist-Hospitals hat Daniel Heine von 1715 bis 1754 sein Haus *denen Geist Armen* abgetreten. Mieter ist 1754 Johan Jürgen Möller, 1755 Soldat Petersen, 1757 Ahlemann, 1759 Nobbe, 1760 Mauergeselle Köhler. 1764 Haus wird für 45 Rthl an den Ratsdiener Leonhard verkauft (KAM, B 103 c,9 alt; C 217,22a alt; C 604).

1743 ohne Eintrag (Haus ohne Grundbesitz); 1750 Daniel Heine; 1755/66 gehört den Geist-Armen, Haus für 30 Rthl; 1764 das Armenhaus will das von Heinen erhaltene Haus veräußern (KAM, Mi, C 656); 1781 Becker, Haus für 200 Rthl; 1798 Nachtwächter Becker; 1802 Steegemann, Haus für 200 Rthl; 1804 Witwe Becker und Mieter Tagelöhner Kohl (hält 1 Jungvieh), Haus ohne Braurecht; 1809 Witwe Becker; 1818/28 Stegemann, Wohnhaus 200 Thl; 1832/53 Tischler Heinrich Stegemann; 1878 Stegemann.

HAUS-NR. 337: Am 3.12.1588 wurde von Hermann Meyer eine Obligation von 10 Thl beim Nikolai-Hospital auf das Haus aufgenommen. 1710/15 *itzo besizet das ufn Weingarten sich befindliche Hauß Arend Brand.* 1751 Anthon Schwerdman; 1768 Hubach, dann Weißgerbergeselle Conrad Hacke.

1743/50 Anthon Schwertmann; 1755 Schwertmann, Haus für 30 Rthl; 1766 Karl Huberg, 30 Rthl; 1781 Haacke, 25 Rthl; 1798/1804 Haake, Haus für 25 Rthl ohne Braurecht, hält 1 Jungvieh; 1806/09 Tagelöhner Heinrich Haake; 1818/37 Tagelöhner Rabeneck, Haus für 150 Thl; 1846 Haus ist vermietet; 1853 Orgeldreher Meyer mit zwei Mietparteien; 1878 Meyer.

Dielenhaus (vor 1570–1882)

Giebelständiges und eingeschossiges Dielenhaus aus Fachwerk mit steilem Satteldach, sicherlich vor 1570 errichtet. 1881 wird in einem Gutachten des Baumeisters Luhmann festgestellt, es habe sich ehemals um ein Haus gehandelt, das nachträglich unter dem First getrennt worden sei. Das Doppelhaus 1882 wegen Baufälligkeit abgebrochen. Der Platz bei einer Zwangsversteigerung 1888 durch die Stadt Minden erworben und 1903 an den Maler Bevenitz veräußert (KAM, Mi, F 2320), der das benachbarte Haus Weingarten 13 besitzt. Er läßt 1927 eine Einfriedung errichten. 1977 durch die Firma Strothmann zwei Fertiggaragen aufgestellt.

WEINGARTEN 16

bis 1878 Haus-Nr. 346

Die Parzelle gehört seit 1935 zum Gelände der Kornbrennerei Strothmann und ist mit Teilen der Betriebsgebäude bebaut worden.

1743/50 Daniel Francke; 1755/66 Francke, Haus für 50 Rthl; 1781 Thiele, 50 Rthl; 1798/1804 Tagelöhner Wilhelm Kuhling, Haus für 50 Rthl, ohne Braurecht, hält 1 Jungvieh; 1809 Kuhling; 1818 Maurermeister Meyer; 1826 Meyer, Erhöhung von 100 auf 300 Thl; 1827/32 Nachtwächter Heinrich Jacob; 1846/53 Witwe Sophie Jacob und zwei Mietparteien; 1878 Arendt; 1893 Witwe Arendt; 1908 Invalide Georg Arendt; 1913 Ahrendt; 1940 Firma Strothmann.

Haus (um 1826–um 1935)

Das mit nur drei Fensterachsen sehr schmale, aber tiefe, zweigeschossige und traufenständige Haus war (nach Entwässerungsplan von 1893) offensichtlich zusammen mit dem Haus Weingarten 14 um 1826 durch den Maurermeister Meyer neu unter gemeinsamem Satteldach gebaut worden und bestand aus einem rechtsseitigen Flur (darin eine geradläufige Treppe) und der linksseitigen Raumfolge von Stube, Kammer und rückwärtiger Küche. 1913 Kanalisation.

Auf dem Hof ein kleines massives Wirtschaftsgebäude mit drei Ställen und angebautem Abort.

1940 wird nach dem schon vor 1938 erfolgten Abbruch der Bebauung auf der ganzen Parzelle und unter teilweiser Verwendung von alten Umfassungswänden nach Plänen von Ernst Huhn/Düsseldorf ein Lagergebäude als Stahlbetonbau für die Firma Strothmann errichtet (hier auch Branntweinbrennerei und Destillation für Lösungsmittel von Flugzeuglacken), das 1969 durch den zweiten Bauabschnitt (Plan: Huhn/Düsseldorf) des neuen Betriebsgebäudes ersetzt wurde (siehe dazu auch Königswall 101).

WEINGARTEN 18

bis 1878 Haus-Nr. 343

Die Hausstelle gehört seit 1914 zum Betriebsgelände der Kornbrennerei Strothmann (dazu siehe unter Königswall 101).

1743 ohne Eintrag (Haus ohne Grundbesitz); 1750 Holtzhauer; 1755 Witwe Holtzhauer, Haus für 30 Rthl; 1766 Liebauer, 30 Rthl; 1781 Liebau, 25 Rthl; 1798 Schuster Liebau; 1802 Witwe Liebau; 1804 Liebauer, Haus ohne Braurecht, hält 1 Kuh, 1 Jungvieh und 1 Schwein; 1806 durch Erbe von Witwe Adolf Liebau an ihren Sohn, Schustermeister Christoph Friedrich Liebau (WMA); 1818 Liebau, Haus für 200 Thl; 1832 Böttcher Wilhelm Kleine; 1835 Witwe Kleine, Wohnhaus und Stallung 800 Thl; 1846 Tagelöhner August Waake mit vier Mietparteien (insgesamt 22 Personen); 1853 Tischler Jürgens mit einer Mietpartei; 1873/78 Witwe Ziegeler; 1893 Maurer Heinrich Rohde; 1900 Nebenhaus Strothmann; 1908 Kaufmann Wilhelm Strothmann.

Haus (um 1800–1914)

Eingeschossiger und giebelständiger Fachwerkbau unter recht flach geneigtem Satteldach. Der Vordergiebel fünfachsig mit mittlerer Haustür. Das Innere mit bis zum Rückgiebel reichendem Mittelflur, daran südlich eine Folge von vier Räumen und nördlich Stube, Küche (mit hier einschneidender und gewendelter Treppe zum ausgebauten Dachgeschoß) und eine rückwärtige Stube.

1893 Entwässerung; 1910 Kanalisation und Aufstockung des Hauses durch Ausbau des Dachwerkes zu einer zweiten Etage (Plan: Baugewerksmeister W. Jacobi). Hinter dem Haus ein zweigeschossiger, zuletzt zu Wohnzwecken ausgebauter Wirtschaftsbau mit Pultdach über einem Drempel.

1914 Abbruch.

Fabrikgebäude (1931–1971)

1914 sollte nach Abbruch der bestehenden Bebauung ein Lagerhaus und Pferdestall für die Kornbrennerei Strothmann (durch die Baufirma Louis Sierig für etwa 4200 Mark) errichtet werden, das als Anbau an das 1921 errichtete Gebäude Weingarten 20 und die bestehende Fabrik am Königswall 99 jedoch erst 1931 nach Plänen der Baufirma Johann Sierig und in Angleichung an die älteren Fassaden ausgeführt wurde (siehe zur allgemeinen Geschichte auch Königswall 101). Zweigeschossiger, nicht unterkellerter Stahlbetonbau mit flachem Satteldach aus einer Eisenkonstruktion, die Fassade geputzt und als zweigeschossiges und dreiachsiges Wohnhaus gestaltet. 1933 sollte eine Erweiterung in den gleichen Formen auf den Grundstücken Weingarten 14 und 16 einschließlich eines großen integrierten Turmes erfolgen. Bis auf den nie ausgeführten Turm erfolgte der Bau erst 1940, wurde aber bei der weiteren Betriebserweiterung 1971 durch einen Neubau ersetzt.

1938 wurde ein Büroraum mit Massivdecke und 1961 ein Lagerraum zusätzlich unterkellert. Auch all diese Arbeiten führte die Firma Sierig aus.

WEINGARTEN 19/21 (Abb. 1718)

bis 1878 Haus-Nr. 333 und 334

Kleine Hausstelle, wohl bei Aufteilung eines größeren Hofgeländes entstanden und noch vor 1743 durch Längsteilung in zwei Besitztümer unterteilt.

HAUS-NR. 333 (rechte Haushälfte): 1743 ohne Eintrag (Haus ohne Grundbesitz); 1750 Witwe Kayser; 1755/66 Reinhard Keyser, Haus für 30 Rthl; 1781 Arning, Haus für 50 Rthl; 1798 Witwe Arning; 1802/04 Arning, Haus ohne Braurecht für 50 Rthl; 1804 vermietet an drei Parteien, es werden 1 Jungvieh und 1 Schwein gehalten; 1806 Erben Schneider Arning; 1809 Arnings Haus; 1818 Tischler Friedrich Wilhelm Fischhaupt; 1823 Erhöhung Versicherung von 300 auf 600 Thl; 1846 Tischler Fischhaupt, vermietet an sechs Parteien mit 38 Personen; 1870 Erben Fischhaupt; 1878 Möhlmann; 1893 Witwe Elisabeth Möhlmann; 1908/14 Maurer Eduard Müller; 1966 Stadt Minden.

HAUS-NR. 334 (linke Haushälfte): 1743 ohne Eintrag (Haus ohne Grundbesitz); 1750 Wehking Junior; 1755 Meister Krüger, Haus für 40 Rthl; 1766/81 Ludewig Jürgens; 1798 Witwe Jürgens; 1802 Ludewig Jürgens; 1804/06 Leineweber Rudolf Wischbröcker, Haus ohne Braurecht, hält 1 Kuh und 1 Schwein; 1814 Leineweber Wisbräker; 1818 Stratmann, Haus für 300 Thl; 1828/32 Schuster Wilhelm Stratmann; 1842 Haus des Schusters W. Stratmann wird versteigert (KAM, Mi, F 955); 1846 vermietet an sechs Parteien (insgesamt 20 Personen); 1853 Wehdeking, vermietet an drei Parteien; 1878 Fröhlich; 1908/13 Witwe Händler Wilhelm Fröhlich; 1966 Stadt Minden.

Abb. 1718 Weingarten 19/21, Ansicht von Südosten, um 1960.

Dielenhaus (17. Jahrhundert–1966)

Eingeschossiges und giebelständiges Dielenhaus aus Fachwerk, wegen der bekannten geschichtlichen Zusammenhänge vor 1743 entstanden, auf Grund der Dachneigung wohl aus dem 17. Jahrhundert. Das Haus mit einer Stube in der südöstlichen Ecke, die durch eine weit vortretende und unter eigenem Satteldach befindliche Utlucht betont wird, und Diele an der Westseite. Vor 1743 Einbau einer Trennwand unter dem First (damit wohl Verbau des Torbogens und Ersatz durch zwei nebeneinanderliegende Haustüren) und Einbau weiterer Räume entlang der Traufwände, wodurch die Diele zu zwei schmalen Fluren reduziert wurde.

Haus-Nr. 333: 1870 wird der Stall abgebrochen (KAM, Mi, F 1635). 1893 Entwässerung; 1914 Kanalisation.

Haus-Nr. 334: 1814 kann ein im Hinterhaus ausgebrochenes Feuer noch rechtzeitig gelöscht werden (KAM, Mi, E 120). 1913 Kanalisation.

1966 Abbruch wegen starker Baufälligkeit.

Abb. 1719 Weingarten 20, Fabrikgebäude mit Rektifizierturm von 1923, Ansicht von Osten, Zustand 1993.

WEINGARTEN 20 (Abb. 1704, 1719)

Das Gelände dürfte ursprünglich Teil des Hofes Königswall 103/105 gewesen sein. Vor 1878 bestanden auf dem Gelände die drei kleinen Hausstellen Haus-Nr. 340, 341 und 342. Die beiden südlichen Bauten sind 1825 und 1840 zur Abrundung des Grundstücks Königswall 103/105 abgebrochen worden. In der zweiten Hälfte des 19. Jahrhunderts gehörte eine inzwischen wieder davon getrennte Fläche als Rückgrundstück zum Anwesen Königswall 101, auf dem 1886 die Kornbrennerei Strothmann gegründet wurde (siehe dort), wobei ab 1891 am Weingarten zugehörige Wirtschaftsgebäude errichtet wurden.

HAUS-NR. 340: 1743/50 Hermann Mainsen; 1755 Meister Arend Henrich Münstermann, Haus für 100 Rthl; 1766 Meister Heidemann; 1766 Leinweber Hinrich Münstermann, betreibt auch Landwirtschaft, überwiegend auf eigenem Land; 1781 Meister Jürgen Münstermann; 1784 Leineweber Münstermann; 1798 Bäcker Essmann; 1802 Oexmann, Haus für 350 Rthl; 1804 Oexmann, Haus ohne Braurecht, vermietet an Morsch, hält 2 Kühe und 2 Schweine; 1809 Oexmanns Haus; 1818/32 Invalide Christian Krohne, Haus für 300 Thl; 1846 bewohnt von sieben Parteien (insgesamt 22 Personen); 1853 Witwe Langelittich.

HAUS-NR. 341: Auf dem Haus lag eine 1514 aufgenommene Obligation über 10 gfl der städtischen Rentenkammer. Die Urkunde darüber ebenfalls erhalten, wonach das Haus lag *vp dem Wyngarde twusschen Volbert Munstermans vnnd Hinrick Boberdes husen* (KAM, Mi, A I 463). Danach sind als Besitzer benannt: 1514 Ermedt v(on) d(er) Lehte und seine Frau Alheyt, dann Cordt Langshalß, Lucas Sylings, Herman Leeseman, Gerdt Meyer, Cordt Büntings, Hinrich Büntings, Johan Büntings, 1663 Albert Köllings, Cordt Jacob, 1683 Jürgen Meyer; 1714 nun Joh. Cappelman, dann Johan Cordt Heidemann; 1743 ohne Eintrag (Haus ohne Grundbesitz); 1750 Heydemann; 1755 Johann Cordt Heydemann, Haus für 60 Rthl; 1766 Arend Henrich Münstermann, 60 Rthl; 1781 Richard Meyer, 50 Rthl; 1798/04

Nachtwächter Meyer mit Mieter, Haus ohne Braurecht für 50 Rthl, hat hölzerne Spritze, hält 1 Kuh und 2 Schweine; 1809 Richard Meyer; 1818 Dorgeloh; 1831 Dorgelow, Erhöhung Versicherung von 50 auf 300 Thl; 1846 ohne Eintrag; 1853 ist nicht mehr vorhanden, Parzelle gehört von Möller.

HAUS-NR. 342: 1743/50 Meister Johann Christoph Linckelmann; 1755/66 Linckelmann, Haus für 100 Rthl; 1781 Linckelmann, 300 Rthl; 1798/1802 *Com.-Rat* Rodowe; 1804 Witwe Rodowe, Haus ohne Braurecht, vermietet an den Kammerboten Morig, hält kein Vieh; 1809 Rodowes Haus, vermietet an Ebermann; 1818 Rodowe, Haus für 400 Thl; 1825 nicht mehr vorhanden, Parzelle gehört Regierungsrat von Möller.

Haus-Nr. 340 (bis 1796)

1784 wird eine Reparatur durchgeführt (KAM, Mi, C 874).

Haus-Nr. 340 (1797–19. Jahrhundert)

1797 das Haus ist *ganz neu gebauet und wird noch nicht bewohnet* (KAM, Mi, C 133).

Haus-Nr. 341 (bis 1693)

1693 wird von der Stadt festgestellt, *Meyers Hauß aufm Weingarten* [...] *wehre herunter gewehrct*, offenbar, weil es zu baufällig war (KAM, Mi, B 356)

Haus-Nr. 342 (bis 1825)

Das Haus *ist 1825 abgebrochen* worden (KAM, Mi, E 693), offensichtlich um das Gelände des Anwesens Königswall 103/105 abrunden zu können.

Im Zuge des Ausbaus der Brennerei Strothmann wurde im Jahre 1923 hinter dem bestehenden Brennereigebäude auf dem Grundstück Königswall 99 als erster Bauabschnitt eines größeren Fabrikationsgebäudes ein sogenannter Rektifizierturm durch die Baufirma Sierig errichtet; die weiteren Bauteile zur Erweiterung der Lager auf dem Grundstück Weingarten 18 unterblieben bis 1931. Diesen Turm gliedern auf jeder Seite drei schlanke Rundbogenblenden mit Lünettenfenstern unter den Keilsteinen; unter den Sohlbänken lisenenartige Vorlagen. Als oberer Abschluß eine glatte Attika zwischen knappen Kehl- bzw. Karniesgesimsen. Verputzter Eisenbetonbau, umgeben von einem zweigeschossigen und unterkellerten Bau, aus städtebaulichen Gründen und als Blickpunkt im westlichen Straßenknick in den Formen eines klassizistischen Bürgerhauses mit aufwendiger Putzfassade gestaltet. Die zweimal leicht geknickte Front zum Weingarten dreiteilig: in der Mitte flacher Risalit mit fünf Achsen in schlanken, rundbogigen Blenden unter dreifachem Gebälk und konzentrisch gefeldertem Dreiecksgiebel. Vor den drei mittleren Türen des Erdgeschosses Estrade mit seitlichen Treppen und streng gezeichnetem Eisengeländer. Die seitlichen Fassadenteile links einachsig, rechts dreiachsig; Fenster mit schlichten Faschen, im Erdgeschoß mit hohem, glattem Aufsatz und gerader Profilverdachung. Alle gliedernden und rahmenden Teile aus blaugrauem Kunststein und gegen weiße Putzflächen abgesetzt.

Der Bau 1991/93 nach Plänen des städtischen Hochbauamtes zu einem Kulturkaffee umgenutzt.

WEINGARTEN 22 (Abb. 1720–1726)

bis 1818 ohne Haus-Nr.; bis 1878 Haus-Nr. 339 b

Große, rechteckige Hofparzelle innerhalb einer Reihe gleichartiger Grundstücke zwischen dem Weingarten und dem Wall (heute Rodenbecker Straße bzw. Königswall). Über die Geschichte des Hofes und des zugehörigen Geländes für die Zeit vor 1750 bislang nichts bekannt. Er bestand offensichtlich schon länger in einem engen Bezug zu dem westlich anschließenden Hof (siehe Königswall 103/05); seit 1922 in das benachbarte Gelände der Fabrik Strothmann (siehe Königswall

Abb. 1720 Weingarten 22, Ansicht von Nordosten mit Anbau von etwa 1860 (links) und Treppenhausvorbau von 1955, Zustand 1993.

101) einbezogen. Die Anlage scheint nach Übergang an den Hauptmann von Grabowsky um 1796 weitgehend erneuert worden zu sein (1800 werden 100 Rthl Baufreiheitsgelder ausgezahlt. Siehe: KAM, Mi, C 156,13 alt), davon ist heute allerdings nur noch das Wohnhaus erhalten. 1850 besteht die Hofanlage inmitten eines großen Geländes aus *einem massiven Haus in bestem Zustand mit vorzüglichen geräumigen Kellern, Scheune, Wagen-Remise, Pferdestall. Ferner Schoppen und ein großer Garten* (Fama 1850).

1750 Präsident von Bessels Lehnshof; 1755/81 Kammerpräsident von Bessel, 400 Rthl; 1797 kauft Hauptmann Wilhelm Georg Ludewig von Grabowsky für 2000 Rthl vom Kammer-Präsidenten Carl Wilhelm von Bessel zu Prenzlow den Hof, bestehend *aus einem alten Wohnhause, einem Hinterhause, Hofplatz und Garten.* Der Hof war ein dompröpstliches Lehngut, und Grabowsky mußte Verzichtserklärungen von dem mitbelehnten Geheimrat von Bessel in Petershagen und dessen einzigem Sohn, Cammer-Referendar von Bessel einholen. 1798 Comissar von Grabowsky, halbmassives Haus und Nebengebäude, ist frei; 1805 Major Georg Carl von Grabowsky (* um 1757), Wohnhaus von zwei Etagen für 2500 Rthl, Nebengebäude (Scheune) 2000 Rthl und Feuerungsremise bzw. Stall 500 Rthl; 1812 Major Grabowsqui, Wohnhaus nebst Scheune; 1818 wird erklärt, daß das *alte Wohnhaus und Hinterhaus abgebrochen und an deren Stelle ein ganz neues Wohnhaus und Hinterhaus, und außerdem ein kleines Nebenhaus erbaut ist. 1819 der auf dem weingarten sub No 339 b belegene vormals von Besselsche jetzt von Grabowskysche Hof* (STA DT, D 23 A Nr. 134, Grundakte Kreis Minden Bd. 1 Blatt 16, vorher Hypothekenbuch Minden-Ravensberg. Regierung Vol.1 Pag. 182).

1818/35/46 Major von Grabowsky, Wohnhaus 1500 Thl, Seitengebäude 1000 Thl; 1850 wird der Besitz des Lieutenants von Grabowsky wegen Versetzung versteigert; 1853 Kaufmann Rupe (bis 1852 in Obermarktstraße 1) mit einer Mietpartei, Haus und Pferdestall

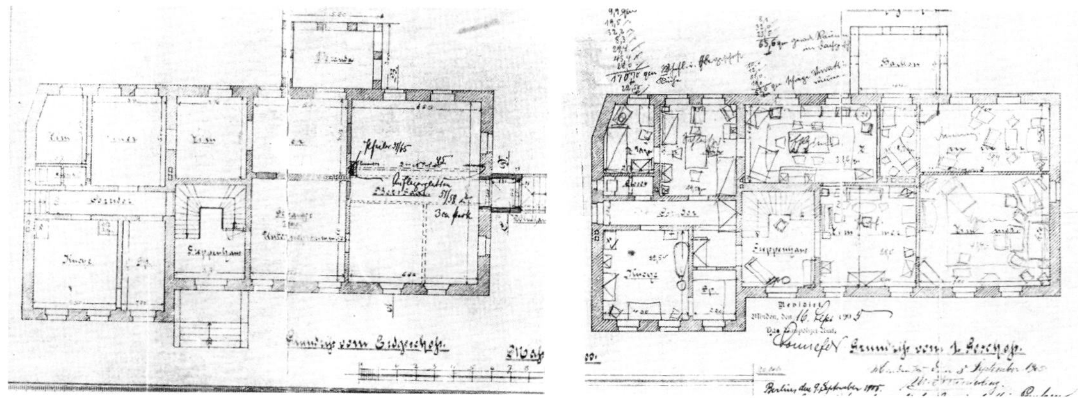

Abb. 1721 Weingarten 22, Grundriß von Erd- und Obergeschoß. Umbauplanung M. Zimmerling 1905.

(hat 2 Pferde); 1873/89 Regierungsrat Süß; 1894 Oberregierungsrat Süß (* 1.5.1829 in Haddenhausen, † 28.8.1904), verheiratet mit Marie Stille (* 26.12.1835, † 23.10. 1903). Der Sohn Siegfried ließ sich 1902 die Villa Marienstraße 72 erbauen, die Tochter Marie 1903 das Haus Rodenbecker Straße 35 umbauen. Weiterer Sohn Otto Süs (* 21.7.1874, † 26.4.1921). Die Grabstätte der Familie auf dem Nordfriedhof (siehe Teil V, Kap. VI, S. 781) erhalten; 1905/21 Evangelische Gemeinschaft in Preußen e.V. (die spätere Methodistengemeinde, siehe Bleekstraße 13); 1921/22 erbaut Wilhelm Strothmann der Gemeinde das Haus Königstraße 68 und tauscht dagegen dieses Anwesen ein.

Wohnhaus (um 1797)

Auf einer Skizze der Hofanlage von 1797 wird das Haus als Neubau bezeichnet. Diese Baumaßnahme steht im Zusammenhang mit dem Kauf des Hofes durch den Hauptmann von Grabowsky. Ob und in welchem Umfang dabei Reste des Vorgängerhauses wieder Verwendung fanden, wie es für den Keller wahrscheinlich ist, kann augenblicklich nicht geklärt werden.

Zweigeschossiges verputztes Backsteinhaus mit Krüppelwalmdach, die Längsfronten fünfachsig gegliedert. Dachwerk mit zwei Kehlbalken aus Nadelholz. Unter der westlichen Haushälfte ein großer Kellerraum mit zwei Kreuzgratgewölben (stark neu verputzt), hier ein großes Becken aus Sandstein (Pökelfaß ?). Die übrigen Bereiche des Hauses neu unterkellert.

Die ursprüngliche innere Gliederung des durch verschiedene anspruchsvolle Umbauten des 20. Jahrhunderts geprägten Baus auf Grund der verschiedenen Veränderungen heute nicht festzustellen, aber bestimmt durch zwei Querwände, die in beiden Geschossen drei nebeneinanderliegende Zonen schufen. Der westlichste und unterkellerte Bereich von zwei Fensterachsen offensichtlich als zunächst ungeteilter Saal, daher die mittlere Zone (ebenfalls von zwei Achsen Breite) wohl der Erschließung dienend. Hierfür zunächst Zugang in der mittleren Achse der Nordwand, wobei der Vorraum mit der nicht erhaltenen Treppe wohl auf die nördliche Hälfte beschränkt war, südlich anschließend ein Wohnraum. Die östliche Zone (von einer Fensterachse) im Erdgeschoß wohl mit Stube und Küche (?) eingerichtet.

Um 1860 wird der Bau nach Osten um einen zweigeschossigen und massiven, ganz unterkellerten Anbau mit Flachdach erweitert, wobei alle Fassaden einheitlich neu mit einer Stuckierung versehen werden. Im Inneren weist der neue Bauteil im Erdgeschoß einen schmalen mittleren Flur auf und erhält im nördlichen Teil eine Küche mit Speisekammer, südlich zwei Zimmer und einen Abort. Zugleich der Zugang in die östlichste Achse der Nordwand verlegt und hier eine neue Treppenanlage mit gedrechselten Traillen eingebaut (heute ab Obergeschoß erhalten). Der westliche Saal im

Abb. 1722 Weingarten 22, Raumausstattung von 1922 im ersten Obergeschoß (W. Kreis/ Düsseldorf ?), Salon, Zustand 1995.

Abb. 1723 Weingarten 22, Raumausstattung von 1922, Vorraum zum Chefbüro im Erdgeschoß, Zustand 1995.

Erdgeschoß in mehrere Räume unterteilt. Zugleich auch Anbau einer massiven Veranda in der Mitte der südlichen Front.

1889 Entwässerung; 1905 nach Besitzwechsel Kanalisation. In diesem Jahr die Zwischenwände im östlichen Saal des Erdgeschosses wieder entfernt und hier ein Betsaal für die evangelische Gemeinschaft eingerichtet, ferner im Westgiebel einen Zugang mit Windfang in neugotischen Formen und mit Vortreppe geschaffen (Planung: M. Zimmerling).

Wohl 1922 nach Übernahme des Hauses durch die Firma Strothmann kleinere Umbauten zur Einrichtung einer Wohnung für den Besitzer durchgeführt (zur Geschichte der Firma siehe unter Königswall 101), wobei der Bau im ersten Obergeschoß innerhalb der bestehenden Räume mit einer äußerst aufwendigen und ungewöhnlichen Innenausstattung versehen wurde. Sie dürfte nach den Vergleichen mit dem zugleich entstandenen Verwaltungsgebäude des Betriebes (siehe Königswall 99) und den 1921 eingestellten Planungen für ein neues Wohnhaus (siehe Königswall 103/105) durch

Abb. 1724 Weingarten 22, Raumausstattung von 1922 im ersten Obergeschoß (W. Kreis/Düsseldorf?), Speisezimmer, Zustand 1995.

Abb. 1725 Weingarten 22, Raumausstattung von 1922 im ersten Obergeschoß (W. Kreis/Düsseldorf?), Damenzimmer, Zustand 1995.

W. Kreis/Düsseldorf entworfen worden sein. In feiner Abstimmung von Stuckdekoration, Lichtführung, Parkettböden, Tür- und Fenstergestaltungen bis hin zu den Heizkörperverkleidungen wurde dabei eine Raumfolge geschaffen, die großbürgerlichen Repräsentationsaufgaben entsprach und entsprechend dem Ablauf einer Einladung Speisezimmer und Salon zentral zwischen Herren- und Damenzimmer anordnete (über die sicherlich ehemals zugehörig entworfenen Möbel nichts bekannt): Der Vorraum in der Mitte der Nordseite mit einem schweren Kamin aus Muschelkalk und einer durch Stuck angedeuteten Balkendecke als dunkleres Herrenzimmer eingerichtet. Ihm folgt nach Durchschreitung einer zweiflügeligen Glastür in der nordwestlichen Ecke ein lichtdurchfluteter Salon mit einer feinen Stuckdekoration in neoklassizistischen Formen (große Deckenrosette mit mittlerem Blattkranz und zwölf Stäben, über die zeltartig ein rundes Tuch mit Volants und rankenartig offenem Saum gespannt zu sein scheint; reiches Deckenprofil mit Mäander und Kymation). Über eine weitere zweiflügelige Glastür gelangt man in das schmale Speisezimmer vor der Südfront des Hauses mit einer leichten Stuckdekoration in Formen aus Klassizismus, Neugotik (Spitzbogen am Gebälk, Säulenschäfte unten geriefelt, mit Festons unter dem Kapitell) und Expressionismus (Deckenstuck mit zwei Ovalkränzen aus Leisten und Blattwerk in barockisierenden, spitzig gebrochenen Formen). Dabei die östliche Schmalseite durch eine Säulenstellung zu einem kurzen Zwischenraum mit Austrittsmöglichkeit auf einen Balkon vor der Südfront geöffnet, hinter dem eine Glastür in den östlich anschließenden Damensalon vermittelt. Der Zwischenraum (als Anrichte?) mit fast wandhoher, gefelderter Täfelung und Lambrequin-Abschluß, rundbogige Wandnische an der Schmalseite (ehe-

Abb. 1726 Weingarten 22, Raumausstattung von 1955 (Jürres), Treppenhaus, Zustand 1995.

malige Ofenische ?), mit bandelwerkartigem Stuck in der Leibung. Das Damenzimmer mit gerundeten Ecken, eingebauten Glasschränken und einer heiter leichten Dekoration des Deckenspiegels in floralen Formen, das ganze im Charakter des 18. Jahrhunderts, aber ohne ausgeprägte Stilzitate. Von hier aus kann wieder das Treppenhaus erreicht werden.

1955 das Haus ein weiteres Mal modernisiert und den herrschenden gesellschaftlichen Repräsentationsbedürfnissen angepaßt. Nach Abbruch des bescheidenen hölzernen Treppenhauses von etwa 1860 nun eine aufwendige Treppenanlage geschaffen, zudem eine getrennte Erschließung des eher öffentlich als Chefbüro genutzten Erdgeschosses und des privat durch Wilhelm August Strothmann genutzten Obergeschosses ermöglicht (Planung: Bau-Ing. Jürres). Hierfür wurde der Nordfront des Hauses ein großer, rechteckiger Vorbau mit Flachdach und teilweiser Travertinverkleidung vorgesetzt. Im Inneren ein halb gerundetes Treppenhaus um ein offenes Auge, das nur durch eine große Glasfläche in der Decke sein Licht empfängt. Geländer aus dünnen Stäben geschmiedet, elektrische Beleuchtung über als Bienenkörbe gestaltete Glaskuppeln in Nischen der Wände. Während das erste Obergeschoß ansonsten unverändert blieb, das Erdgeschoß teilweise mit einer neuen Ausstattung versehen: Der zentrale Vorraum behielt die Fassung der 20er Jahre mit Solnhofener Platten als Bodenbelag und mit einer scharfen, klaren Putzdekoration um die verschieden konturierten Türöffnungen; über dem breiteren und seitlich abgerundeten Zugang zum Chefbüro feiner Stuck mit Segelschiff als Zeichen des Handels und lateinische Umschrift: *FACERE BENE ET DICERE VERA* (Gutes tun und Wahres sagen). Das Büro mit schlichten Stuckvouten und Marmorboden und schlichtem Wandkamin aus ähnlich gefärbtem Material. Seitlich vor der Südfront anschließend weitere Räume, der westliche reicher gestaltet und mit einem leichten völlig in Glas aufgelösten Wintergartenvorbau. 1984 in die Denkmalliste der Stadt Minden eingetragen.

Scheune (1797–1963)

1797 wird der nördliche Giebel der die Hofeinfahrt vom Weingarten östlich begrenzenden Scheune bis zum Giebel des anschließenden Armenhauses vorgezogen, ferner westlich davon eine neue Hofeinfahrt errichtet. Für die Genehmigung erhält die Stadt Minden 20 Rthl. Es wird ein erhaltener Plan angefertigt (KAM, Mi, C 471). 1905 das Gebäude als Wohnhaus genutzt. 1963 Abbruch des baufälligen Gebäudes und Errichtung einer neuen Grundstückseinfassung.

Wirtschaftsgebäude

In der zweiten Hälfte des 19. Jahrhunderts befindet sich in der nordwestlichen Ecke des Grundstücks eine Wagenremise und ein Pferdestall.

Abb. 1727 Weingarten 23 und 25 (rechts), Ansicht von Südwesten, 1993.

WEINGARTEN 23 (Abb. 1704, 1727)

bis 1878 Haus-Nr. 332

Größeres bürgerliches Grundstück, das ehemals wohl bis zur Ortstraße reichte, wo es mit einer bis in die Mitte des 18. Jahrhunderts zugehörigen Scheune bebaut war, aus der nach mehrmaligen Besitzwechseln zu Anwesen der Nachbarschaft schließlich um 1818 die Hausstätte Ortstraße 8 hervorging.

1555 läßt Heinrich Cruse auf seinem Haus *ufm Weingarten* eine Obligation des Heilig-Geist-Hospitals eintragen. Spätere Eigentümer sind 1715 Daniel Friederich Bock, dann dessen Schwiegersohn Hans Hinrich Tegtmeyer. Nach dem Lagerbuch des Heilig-Geist-Hospitals von 1715 besteht eine Obligation auf dem Haus, das in diesem Jahr *Friederich Bock aufm Weingarten* gehört. Nachträge sind: *jetzo dessen Tochter die Wittibe Tegtmeyer*, 1740 Aakeman, Jürgen Horstmeyer. 1738 Hans Henrich Tegtmeyers Frau *auff dem Wingarten* erkennt Schulden an, hat aber keinen Landbesitz (KAM, Mi, C 592). 1739 Witwe Tegtmeyer hat das Haus von ihrem Vater, dem Tischler Daniel Friederich Bock ererbt. Sein auf 347 Rthl taxiertes Haus sollte 1737 versteigert werden (WMR 1737), doch bezog es dann seine Tochter mit ihrem Mann, der jedoch schon im folgenden Jahr verstarb. 1740 *Cord Hinr: Akeman hat die Tegtm:/Bocks Tochter gefreyt.* 1760 Johan Jurgen Horstmeyer (KAM, B 103 c,9 alt; C 217,22a alt; C 604). 1771 hat das Nikolai-Hospital *daß Jürgen Horstmeyers Hauß* [...] *für ihre Schuldforderungen, weil es zum Concurs gekommen annehmen müssen.* 1771 Mieter Christoph Leeyer, 1775 Soldat Hopfen ?, 1775–87 Mieter Bertram, 1788–92 Soldat Dickfelder. *In der Zeit das wegen holl. Krieg das Regiment ausmarschiert, ist monatlich 4 gr 4 d remision gegeben, dasgleiche da das Regioment nach dem Rhein maschiert, welches oberlich approbirt ist.* 1796–1803 ist der Musqet. Dickfelder Mieter (KAM, Mi, B 103 b,2 alt; C 203,22 alt; C 604).

1743 Witwe Tegetmeier, jetzt Ackemann; 1750 Ackemann; 1755/66 Johann Jüren Horstmeyer, Haus für 100 Rthl; 1773 St. Nikolai hat das Horstmeiersche Haus übernommen; 1775 das olim Horstmeyersche Haus wird durch das Hospital St. Nikolai bis 1788 an Bertram vermietet; 1781 gehört dem Armenhaus, Gebäude für 400 Rthl; 1792–1803 an den Musquet Dickfeller verpachtet (KAM, Mi, C 664); 1802/04 Haus der Armen, Gebäude ohne Braurecht für 1 000 Thl, vermietet an Soldaten; 1815 verpachtet an Aufseher Ludwig Vogeler (* 1763) und Diederich Vogeler (* 1797); 1818/53 Haus der Nikolai-Armen, versichert zu 1 000 Thl; 1846 vermietet an Polizeisergeant Franz Melchior und fünf weitere Parteien (insgesamt 17 Personen); 1878 Meyer; 1893 Kaufmann Raphaelsohn; 1908 Tischlermeister Pilipp Lange; 1920 Tischler Georg Kastner.

Haus (bis um 1800)

Das Fachwerkhaus wird 1773 durch den Zimmermeister Wehking einer umfangreichen Reparatur unterzogen, bei der zahlreiche Hölzer erneuert werden. Abrechnung in den Akten Armenhaus St. Nikolai erhalten (KAM, Mi, C 204,29 alt).

Haus (um 1800)

Eingeschossiges Giebelhaus der Zeit um 1800 mit fünfachsiger Fassade und Satteldach mit Krüppelwalm. Die Umfassungswände aus Backstein, die Giebeldreiecke aus verputztem Fachwerk. Die Wände verputzt, Sohlbänke der Fenster und das starke Türgewände der Haustür aus Sandstein. Nach dem Entwässerungsplan bestand rechts des breiten Flures ein durchgehendes Wohnseitenschiff, links vorne Stube und hinten eine große Küche, die utluchtartig aus dem Gebäude herausragte. Das Innere heute völlig erneuert, ein Keller im nordöstlichen Bereich heute verschüttet. Ehemals bestand zumindest entlang der westlichen Traufwand ein Zwischengeschoß, 1923 bei einem ersten inneren Umbau entfernt.

1893 Entwässerung; 1912 Kanalisation; 1923 Teile der Außenwände und der Innenwände massiv erneuert; 1968 Ausbau des Dachgeschosses, dabei Aufbau eines neuen Dachwerkes und neuer Giebeldreiecke (Foto um 1935 bei Grätz 1997, S. 185).

Auf dem Hof ein zweigeschossiges, massives und verputztes Werkstattgebäude mit flachem Dach, um 1890 als Stall errichtet und verschiedentlich umgebaut.

WEINGARTEN 24 (Abb. 1728)

bis 1878 Haus-Nr. 336

Die Hausstelle wohl erst in der Neuzeit durch Aufteilung eines die Grundstücke Weingarten 24, 26, 28 und 30 umfassenden, in der Geschichte nicht näher bekannten Hofgeländes entstanden und seit 1966 Teil des Gartens von Weingarten 22.

Auf das Haus war eine Obligation bei der städtischen Rentenkammer eingetragen: *Levin Nagel wegen des auf den Weyngarten belegenen, in ao: 1705 an sich gekaufften Büntingischen Hause Obl. 20 Rthl.* Als spätere Eigentümer werden genannt: 1714 Wilhelm Meyer (KAM, Mi, B 151 und B 154,4 alt). 1783 *Ein Haus im Weingarten haben die Armen von den ungesunden Becker geerbt.* Mieter ist 1785–89 Soldat Schmidt, 1798–92 Kalb, 1792–93 Spangenberg, 1793–1800 Soldat Hespus, 1800 Invalide Hespus (KAM, Mi B 103 b,2 alt; C 203,22 alt; C 604).

1743 ohne Eintrag (Haus ohne Grundbesitz); 1750 Wilhelm Meyer; 1755 Meister Becker, Haus für 30 Rthl; 1766 Witwe Becker; 1780 erbt das Hospital St. Nikolai das Haus von Becker und vermietet es an den Unteroffizier Schmidt, dem 1788/92 Spangenberg und 1793/1804 Hespus folgt (KAM, Mi, C 664); 1781/1832 im Besitz des Armenhauses St. Nikolai (1781 zu 25 Rthl, 1802 zu 500 Rthl taxiert und von Soldat Schmidt

Abb. 1728 Weingarten 24, Bauplan des Zimmermeisters F. Wehking von 1804.

Abb. 1729 Weingarten 25, Ansicht von Südwesten, 1993.

bewohnt, 1804 wüst, 1805 mit 800 Rthl versichert); 1846 Pächter ist Maurer Heinrich Begehr mit vier Mietparteien (insgesamt 17 Personen); 1847 das städtische Haus steht erneut zur Verpachtung an; 1853 Begehr; 1878 Lübking; 1906 Ernst Arnold; 1908 Fräulein A. Buchmeyer; 1966 Firma Wilhelm Strothmann.

Haus (bis 1804)

Das Gebäude hat 1780 eine Stube und zwei Kammern (WMA 42, 1788).

Haus (1805–1966)

1804 wird im Auftrag des Armenhauses St. Nikolai durch den *Entreprenneur Wedeking Junior* für 558 Rthl ein zum 1.6.1805 bezugsfertiger Neubau errichtet (KAM, Mi, C 688). Die Traufen des giebelständigen Hauses erhalten wegen nachbarschaftlicher Streitigkeiten Rinnen aus gefirnistem Blech von 32 Fuß Länge. Für das Haus werden elf Fenster mit Bleiruten geliefert (KAM, Mi, C 213,85b alt).

Nach dem erhaltenen Entwurfsplan des Zimmermanns sollte es ein Wohnhaus aus Fachwerk mit zwei kleinen Wohnungen von je drei Räumen und Küchenstelle werden, wobei die Bereiche der beiden Wohnungen nicht klar voneinander geschieden sind. Im Erdgeschoß besitzt jede Partei eine Stube, der dazwischenliegende, zur seitlichen Längsflur offene Küchenbereich weist nebeneinander zwei offene Feuerherde auf. Diese sind überwölbt und befeuern auch die Hinterladeröfen in den Stuben. Im dem durch eine gemeinsame, vom Längsflur heraufführende Treppe erschlossenen Obergeschoß ein Querflur, der an jedem Giebel jeweils zwei (Schlaf-)Kammern der beiden Parteien erschließt.

Nach Fertigstellung wird das Haus, welches *mit 2 Stuben, 4 Kammern, Küche, Bodenraum und Stallung versehen ist,* zur Verpachtung ausgeschrieben. Möglicherweise blieb die Nutzung als Ein- oder Zweifamilienhaus den Pächtern überlassen. Nach Ausweis des Entwässerungsplanes von 1893 war das Raumgefüge zu dieser Zeit noch unverändert mit linksseitigem Flur und rechtsseitiger Raumfolge aus Stube, Küche und weiterer Stube. 1966 Abbruch des Hauses zur Vergrößerung des Grundstücks Weingarten 22.

WEINGARTEN 25 (Abb. 1704, 1727, 1729, 1730)

bis 1878 Haus-Nr. 331

Zunächst wohl eine größere, möglicherweise erst im 15./16. Jahrhundert entstandene bürgerliche Hausstätte, die möglicherweise bis zur Ortstraße reichte, wo ein zugehöriges Wirtschaftsgebäude stand (später das Wohnhaus Ortstraße 10). Schon vor 1700 zu einem kleineren Anwesen reduziert und die rückwärtigen Grundstücke zumeist verkauft.

1634 Daniel Lübbeking; vor 1663 *Daniell Lübbeeking; 1663 Herman Schonebohm (Sein Wonhauß Ein Haus oben am Weingarten*); 1667/81 Herman Schonebohm; 1673 beschwert sich Hermann Schonebohm beim Magistrat über zu hohe Steuerbelastung, da er sein Wohnhaus am Weingarten mit 26 Morgen Saatland und einen halben Garten in Dützen seiner Stieftochter Anna Margarete Lübking bei deren Hochzeit mit Heinrich Meyer mitgeben mußte, so daß ihm und seiner Frau nur ein *altes von leimen zusammen gekleibtes Hauß* und ein halber Pachtgarten übrig geblieben sind (KAM, Mi, B 65,21 alt); 1685/86 *Herman Schonebohm olim Daniell Lübbekingß Hauß*, zahlt jährlich 2 Thl 24 gr Giebelschatz; 1696/1711 Johan Henrich Wiese. Nach dem Lagerbuch des Heilig-Geist-Hospitals von 1715 ist es ein zugehöriges Pachthaus, das in diesem Jahr an *Johan Henrich Wiese aufm Weingarten* verpachtet ist. Später ist Christoph Jürgens Pächter (KAM, B 103 c,9 alt; C 217,22a alt; C 604).

1717 Johan Henrich Wiese; 1743 ohne Eintrag (Haus ohne Grundbesitz); 1750/55 Christoffer Jürgens, Haus für 80 Rthl; 1766 Schuster Christoffer Jürgens, betreibt auch Landwirtschaft auf gemietetem Land; 1781 Meister Jürgens, Haus für 75 Rthl; 1804 Witwe Jürgens, Haus ohne Braurecht, hält 4 Kühe und 2 Schweine; 1809/18 Witwe Jürgens; 1810 Jürgens hat ohne Genehmigung eine Branntweinbrennerei angelegt (KAM, Mi, D 269); 1822 Versteigerung von Wohnhaus nebst Anbau und Garten; 1823 Erhöhung Versicherung von 75 auf 500 Thl; 1828 Karl Jürgens; 1831 Anbau neu für 250 Thl versichert; 1835 Jürgens, Wohnhaus mit Anbau 1000 Thl; 1846 Witwe Friedrich Jürgens mit acht Mietparteien (insgesamt 22 Personen); 1850 Eigentum der Armenkasse (sogenanntes Jörgensches Haus); 1853 Witwe Jürgens mit sechs Mietparteien; 1871 Orgeldreher Carl Meyer; 1878 Lax; 1879 Maurermeister Borgolte; 1893/1908 Lokführer Karl Werner.

Haus (bis 1879)

Am 28.10.1634 kommt es bei der Belagerung Mindens zu Schußschäden an dem Haus (Bölsche o.J., S. 61).

1810 muß die Brandmauer des Hauses wegen Feuergefahr verstärkt werden. Um den Schornstein wird das Dach mit Blech beschlagen: *geplatteiset* (siehe KAM, Mi, D 269). 1850 Reparatur (Dach und vordere Haustür) durch den Maurermeister Baugarten für 81 Thl (KAM, Mi, F 493).

1879 das Haus durch den neuen Eigentümer abgebrochen.

Haus (von 1879)

Erbaut nach eigenem Entwurf durch den Maurermeister Borgolte als *Wohngebäudes nebst Bauschuppen und Brunnen*. Zweigeschossiges, weitgehend unverändert erhaltenes Giebelhaus mit ausgebautem Satteldach über niedrigem Drempelgeschoß, Fassade fünfachsig und verputzt. Lediglich einige Fenster und der Ortgang bei Neudeckung verändert.

Das Innere mit einem Mittellängsflur, der vor einer Reihe von Wohnräumen sowie der Küche vor dem Rückgiebel endet und zu einem zweiläufigen Treppenhaus in der Mitte der südlichen Seite führt. Im Erdgeschoß seitlich *ein Laden nebst Comptoir*. Keller unter den vorderen zwei Dritteln des Hauses mit Backsteinkappen über Eisenträgern.

Der Bauschuppen hinter dem Haus aus Fachwerk und im Obergeschoß mit einer Kammer versehen. Dieser Bau wird 1893 bewohnt und ist später abgebrochen worden.

1893 Entwässerung; 1908 Kanalisation.

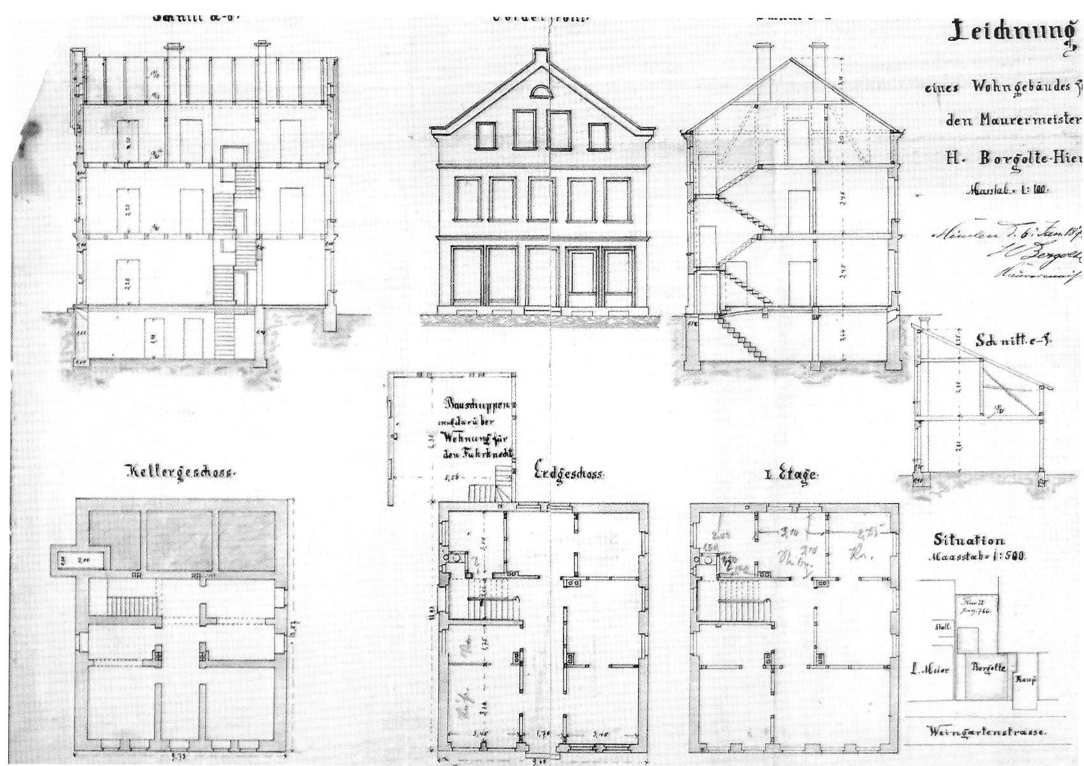

Abb. 1730 Weingarten 25, Bauplan des Maurermeisters Borgolte 1879.

WEINGARTEN 26 (Abb. 1734)

bis 1878 Haus-Nr. 335

Die Hausstelle wohl erst in der Neuzeit durch Aufteilung eines die Grundstücke Weingarten 24, 26, 28 und 30 umfassenden, nicht näher bekannten Hofgeländes entstanden und seit 1967 Teil des Gartengeländes von Weingarten 22.

1743 ohne Eintrag (Haus ohne Grundbesitz); 1750 Strümpeler; 1755 Henrich Strümpeler, Haus für 20 Rthl; 1766/68 Witwe Strümpler, kein Braurecht; 1768 an Tagelöhner Friedrich Meyer; 1781 Müller, läßt Taxe auf 50 Rthl erhöhen; 1798 Müller; 1802 Caspar Möller; 1804 Möller und eine Mietpartei, Haus ohne Braurecht, hält 1 Schwein; 1806 Kaufmann Möller; 1809 Totengräber Möller; 1818 Bögemann, Haus für 50 Thl; 1835 Witwe Wehking, taxiert zu 200 Thl; 1846 Reg.-Sekretär Kleine, vermietet an Witwe Elise Steffen; 1852 Umschreibung von Lohgerber Wocker in Bünde auf Heinrich Bollmann; 1853 Kleine, vermietet an vier Parteien; 1878 Kleine; 1908 Louis Sander; 1938 Strothmann.

Haus (1768–um 1820)

1768 wird das im Krieg 1757 ruinierte Haus repariert (KAM, Mi, C 380).

Wohnhaus (um 1820–1967)

Nach der Erhöhung der Versicherungssumme zu schließen, wurde um 1820 der bis 1967 erhaltene Bau neu errichtet. Eingeschossiger, massiver und verputzter Giebelbau von nur geringer Tiefe unter recht flach geneigtem Satteldach mit Krüppelwalm. Der Vordergiebel dreiachsig (im Dreieck nur zwei Fenster), doch der Bau von der westlichen Traufseite her erschlossen.

Abb. 1731 Weingarten 27 (links) und 29, Ansicht von Südosten, 1993.

1846 kleiner Brandschaden in der Schlafkammer (KAM, Mi, E 697).

1938 Errichtung eines Fahrradschuppens neben dem Haus für Mitarbeiter der Brennerei Strothmann (Baufirma Sierig).

1967 an Stelle des abgebrochenen Hauses eine Doppelgarage mit Abstellraum (Plan: Ing. G. Kirchhof) für die Firma Strothmann errichtet.

WEINGARTEN 27 (Abb. 1703, 1704, 1731–1733, 1744)
bis 1878 Haus-Nr. 328

1743 Witwe Hermann Meyer; 1750 Johan Henrich Meyer; 1755 Friedrich Meyer, Haus für 30 Rthl; 1766/81 Soldat Jacobi, Haus für 25 Rthl, kein Braurecht; 1798 Invalide Jacobus; 1802 Jacobi, Haus für 25 Rthl; 1804 Witwe Jacoby, Haus ohne Braurecht, hält kein Vieh; 1805 der Besitz der Witwe Jacobi wird versteigert: Haus und Hudeteil für 2 Kühe vor dem Simeonstor (war dem Bürger Conrad Jogel für 582 Rthl zugefallen. Siehe: WMA 1805); 1806 Tagelöhner Wilhelm Ostermeier; 1818 Ostermeier, Haus für 250 Thl; 1828 Johannes Nagel; 1832 Tagelöhner Friedrich Nagel; 1846 bewohnt von Witwen mit Familien; 1853 Bäcker Stammelbach und drei Mietparteien; 1878 Kaupp; 1893/1908 Dienstmann Heinrich Strippelmann.

Haus (17. Jahrhundert)

Sehr schmales, zweigeschossiges Giebelhaus aus Fachwerk, am Giebel verputzt. Das in der heutigen Erscheinung durch Modernisierungen des 19. Jahrhunderts bestimmte Haus hat eine komplexe

Baugeschichte: Kern ist ein eingeschossiges Fachwerkgiebelhaus von fünf Gebinden mit aufgelegten Balken, wobei das Rähm an der Traufe ebenso wie die Giebeldreiecke über kleinen eingezapften Balkenköpfen vorkragt. Breite Ständer, zwei Riegelketten und weit ausgreifende Fußstreben an den Eckständern. Datierung des Gerüstes auf Grund der konstruktiven Details in das 17. Jahrhundert.

Das Innere des Hauses wird offensichtlich durch einen westlichen (nachträglich mit Zwischengeschoß versehenen) Flur und östlich angelegte Folge von Wohnräumen aus Stube und Kammer (wohl mit Zwischengeschoß) bestimmt. Das Gebäude ist im nordöstlichen Bereich unterkellert (jetzt hier Eisenbetondecke). 1768 wird *das im Krieg* (1757*) ruinierte Haus repariert* (KAM, Mi, C 380).

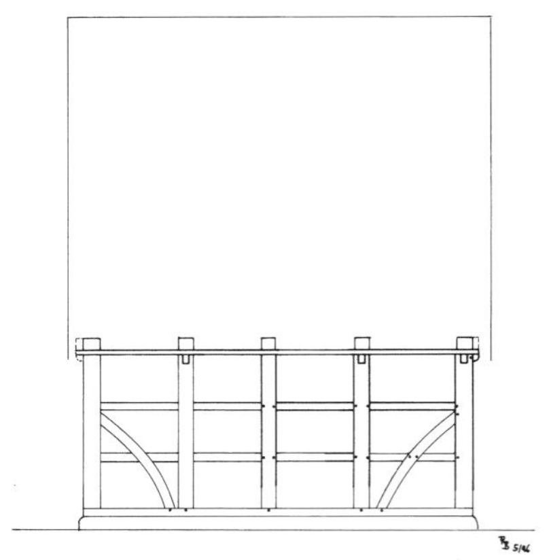

Abb. 1732 Weingarten 27, östliche Traufwand, rekonstruierter Zustand 17. Jahrhundert.

Rückwärtig ein wohl im frühen 19. Jahrhundert errichteter, westlich eingezogener zweigeschossiger Anbau unter Satteldach von drei Gefachen Länge. Das Gerüst mit Backsteinen ausgemauert. Daran anschließend ein kleiner Stallanbau aus Fachwerk von drei Gefachen Länge, jetzt mit einem neuen Flachdach versehen.

1893 Entwässerung; 1898 werden Flur des Hauses und Hof tiefergelegt, dabei Entwässerung erneuert; 1908 Kanalisation. Zu einem unbekannten Zeitpunkt wurde das Innere des Hauses vorsichtig modernisiert, wobei man das Zwischengeschoß in Teilbereichen bis in das Dachwerk hinein erhöhte (wohl ein Balken entfernt).

WEINGARTEN 29 (Abb. 1704, 1731, 1733, 1744)
bis 1878 Haus-Nr. 327

Nach dem Lagerbuch des Heilig-Geist-Hospitals von 1715 ist es ein zugehöriges Pachthaus (zahlt 2 gr 4 Pf), aus dem in diesem Jahr *Reincke Meyers Wittibe aufm Weyngarten* zahlt. Später genannt: 1727 bis 1760 Herman Heucke (KAM, B 103 c,9 alt; C 217,22a alt; C 604).

1717 Witwe Reinke Meyer; 1743 Witwe Mulen, jetzt Hermann Heucke; 1750 Herman Heucke; 1755/66 Jobst Heucke, Haus für 20 Rthl; 1768 *Langens wüste Stätte, ist im Krieg entstanden* (KAM, Mi, C 380); 1781 Schnadhorst, Haus für 50 Rthl; 1798/04 Invalide W. Schnadhorst, Haus ohne Braurecht, hält 1 Jungvieh; 1809 Schneider Schnadhorst; 1818 Schnadhorst; 1835 August Schnadhorst, Erhöhung von 100 auf 250 Thl; 1846/53 Schuster Georg Nolte mit zwei Mietparteien; 1878 Meyer; 1893 Schlachtermeister Ludwig Riemann; 1906/08 Stiftsbrauerei AG; 1931/34 Marie Hey.

Dielenhaus (um 1540 ⓓ)

Zweigeschossiges, sehr schmales Giebelhaus mit Krüppelwalmdach, heute in der Ansicht verputzt. Das Gebäude geht in seiner heutigen Erscheinung auf eine Wiederherstellung um 1770 zurück, wobei das wesentlich ältere Gerüst eines während des Siebenjährigen Krieges 1757 wüst gefallenen Hauses wiederverwendet wurde. Dieses weist noch heute erkennbar mindestens sechs Gebinde auf und ist auf Grund einer dendrochronologischen Datierung um 1540 aufgeschlagen worden (1538 ±3 linke Traufwand, 5. Gebinde von Nord). Dieses Gerüst in einer zur Bauzeit schon

Abb. 1733 Weingarten 27 (links angeschnitten) bis 41 auf der nördlichen Straßenseite und Nr. 36 bis 48 auf der südlichen Seite, Blick nach Osten, um 1910.

äußerst altertümlichen Weise verzimmert: Die Traufwand war zunächst auf der ganzen Höhe von etwa 3,10 m nur mit einer einfach genagelten Riegelkette versehen, so daß sehr hohe und etwa 1,45 m breite Gefache mit unbekannter Ausmauerung entstanden. Verstrebungen sind im Längsverband nicht nachzuweisen. Nachträglich dieses Gerüst um offensichtlich zwei Gebinde nach Süd verlängert, wobei zugleich an Stelle der einen Riegelkette nun zwei Riegelketten zur Verkleinerung der Gefache eingebaut wurden. Danach ist von einem schmalen eingeschossigen Giebelhaus mit hoher Diele auszugehen, wobei über die ursprüngliche innere Aufteilung in dem voll genutzten Haus nichts zu ermitteln war.

Um 1770 ist das Gerüst in den ersten drei Gefachen nach Abbruch des Dachwerkes in diesem Bereich in der Höhe um etwa 1,20 m reduziert worden, um hier durch Aufzimmerung einer neuen Konstruktion nun ein zweistöckiges Etagenhaus mit etwa 2,20 m hohen Räumen schaffen zu können. Aussteifung des Gerüstes mit Schwelle-Rähm-Streben. Seitdem besteht im Inneren wohl ein vorderer rechtsseitiger Flur und eine daneben befindliche Stube. Dahinter blieb der alte Bau mit der hohen Diele erhalten.

Der hintere Hausbereich ist in der ersten Hälfte des 19. Jahrhunderts (1835 wesentliche Erhöhung der Versicherung) nach Abnahme des Dachwerkes (und wohl auch der Dachbalken) durch Erhöhen der alten Traufwände mit einer einfachen Fachwerkkonstruktion dem vorderen Teil

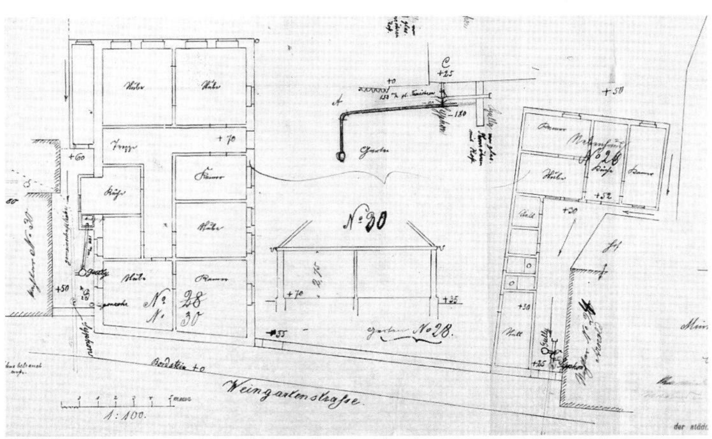

Abb. 1734 Weingarten 30 (links) und 26 (rechts), Plan zur Entwässerung der Grundstücke von 1893.

in den Proportionen angeglichen worden. Lediglich ein eichener Sparren des Kernbaus mit gezapfter Kehlbalkensasse wurde wieder verwendet, während das Dachwerk sonst aus halben Nadelholzbalken neu verzimmert wurde. Im Inneren seitdem ein durch das ganze Haus reichender rechtsseitiger Flur, an den sich vier Räume anschließen. Nur der zweite Raum war offensichtlich schon lange mit einer kleinen Tonne unterkellert, davor und dahinter heute jeweils ein Keller mit Betondecke, die Wände aus Backsteinen.

1893 Entwässerung. Auf dem Hof zu dieser Zeit ein kleines Stallgebäude aus Fachwerk; 1906 Kanalisation; 1934 wurde das Erdgeschoß des Vordergiebels als Instandsetzung massiv neu aufgemauert (Maurermeister E. Sinemus), wobei die Stube hier (1893 als Laden genutzt) nun zwei Fenster erhielt (Abb. um 1935 bei Grätz 1997, S. 185).

WEINGARTEN 30 (Abb. 1703, 1734, 1744)

bis 1878 Haus-Nr. 330

Die Hausstelle wohl erst in der Neuzeit durch Aufteilung eines die Grundstücke Weingarten 24, 26, 28 und 30 umfassenden, in der Geschichte nicht näher bekannten Hofgeländes entstanden und heute Garten des Hauses Weingarten 22.

1743 Erben Soestmann, jetzt Senator Busch; 1750 Herr Dr. Möllers Haus; 1755/66 Kriegskommissar Gavron, Haus für 300 Rthl; 1777 das Haus mit Huderecht für 4 Kühe, gemeinschaftlicher Besitz des entwichenen Kalkulators Schlicken und *Kammer-Canzley-Sekretär* Gaffron wird verkauft (WMA 1777, S. 445); 1781 Witwe Johann Friedrich Appel, Haus für 300 Rthl; 1798/1804 Böttcher und Wirthalter Heinrich Kleine, Haus für 300 Rthl ohne Braurecht, ist 1804 an Soldaten vermietet; 1809 Kleines Haus, vermietet; 1818 Wirthalter Kleine; 1829 Witwe Kleinen, Erhöhung auf 2000 Th; 1832/35 Regierungssekretär Kleine, Wohnhaus mit Anbau; 1846 Heinrich Kleine mit drei Mietparteien; 1853 Regierungs-Sekretär Kleine (ohne Mieter); 1876/80 als Mieter der preußische Major Lothar Friedrich Franz Peter von Le Fort (* 1831 † 1902) und seine Frau Elsbeth Karoline Therese von Wedel-Parlow (* 1842, † 1918), deren hier am 11. 10. 1876 geborene Tochter Gertrud von Le Fort später als Dichterin sehr bekannt werden sollte (siehe dazu Kranz 1976); 1878 Besitzer des Hauses ist Kleine (im Sommer verzog die Familie von Le Fort nach Berlin – siehe Kienecker 1979); 1893/1908 Witwe Adele Sander; 1911 Weigert.

Haus (bis um 1828)

1777 hat das Haus *1 Stube, 3 Kammern, 1 Saal, 1 Küche, 1 Boden und einen gewölbten Keller.* Hinter dem Haus ein Garten. 1803 wird ein Anbau hinter dem Wohnhaus durch den Zimmermeister A. Wehking Junior repariert (KAM, Mi, C 142).

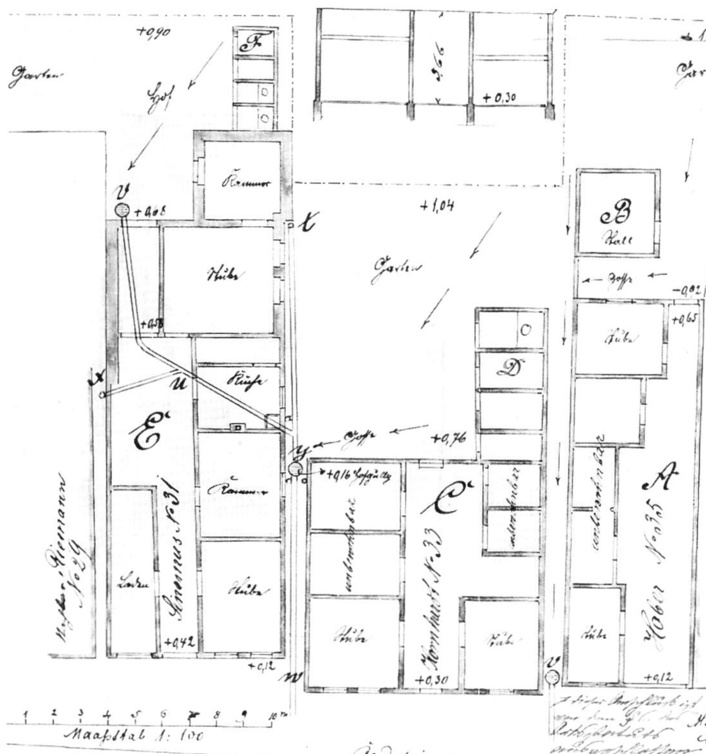

Abb. 1735 Weingarten 31, (links) 33 und 35, Plan zur Entwässerung der Häuser von 1893.

Wohnhaus (um 1828–1968)

Eingeschossiges Haus mit massiven Umfassungswänden und recht flach geneigtem Krüppelwalmdach. Der langgezogene Bau mit ausgebautem Dachgeschoß und vierachsig gegliederten Giebelfassaden sowie langer, zum Garten gewandter Westfront. Das Innere mit einem Längsflur (Haustür in der zweiten Achse von Osten), im vorderen Hausbereich beidseitig von einer Folge von drei Wohnräumen begleitet (der dritte nach Osten Küche und aus der Front vorspringend). Daran anschließend nach Osten zweiläufige Treppe zum Dachgeschoß, nach Westen kurzer Stichflur zur Gartentür und vor dem Südgiebel zwei große Wohnräume, wohl die besten Zimmer.

Zur besseren Belichtung des Dachgeschosses wurde nach der Mitte des 19. Jahrhunderts auf der westlichen Traufseite eine lange Gaupe aufgesetzt. Der Hauszugang in der Vorderfront vor 1900 aufgegeben und der Flur hier dem vorderen östlichen Wohnraum zugeschlagen.

1968 Abbruch des Hauses durch die Firma Kornbrennerei Strothmann im Rahmen der Stadtsanierung, um hier das Gartengelände der Villa Strothmann vergrößern zu können.

WEINGARTEN 31 (Abb. 1703, 1735, 1744)
bis 1878 Haus-Nr. 326

Nach dem Lagerbuch des Heilig-Geist-Hospitals von 1715 ist es ein zugehöriges Pachthaus (zahlt 2 gr 6 Pf), aus dem in diesem Jahr *Hermann Hoelt aufm Weyngarten* zahlt. Um 1730 bis nach 1760 ist es an Heinrich Weißbröcker verpachtet (KAM, B 103 c,9 alt; C 217,22a alt; C 604).

1717 Herman Hoelt; 1743/50 Henrich Wiesbröcker; 1755 Witwe Wiesbröcker, Haus für 50 Rthl; 1766 Witwe und der Leineweber Johann Rudolf Wiesbröcker, betreibt auch Landwirtschaft auf eigenem Land; 1781/98 Leinewebermeister Wiesbröcker; 1802 Wiesbröcker, Haus für 50 Rthl; 1804 Tischler Jacob Mauss, Haus ohne Braurecht, hat hölzerne Spritze, hält 1 Kuh und 2 Schweine; 1809

Tischler Mauss; 1818 Witwe Mauss, Wohnhaus 500 Thl; 1827 Wohnhaus, neu wird Hinterhaus mit 300 Thl und Werkstatt mit 200 Thl versichert; 1832 Witwe Mauss; 1846 Händler Georg Meier und zwei weitere Mietparteien (insgesamt 19 Personen); 1853 Seydel, vermietet an drei Parteien; 1878 Schroeder; 1893/1908 Kohlenhändler Christian Sinemus; 1970 Stadt Minden.

Wohnhaus (um 1820–1970)

Eingeschossiges und giebelständiges, bis zuletzt verputztes Fachwerkhaus mit recht flach geneigtem Satteldach, in der Erscheinung wohl auf einen Neubau um 1820 zurückgehend. Der Vordergiebel vierachsig und mit Tür in der zweiten Achse von West. Das Dach mit Kammern ausgebaut und im Giebel mit zwei großen Fenstern belichtet.

Das Innere wohl mit schmaler Diele auf der Westseite, an die sich östlich eine Folge aus Stube, Kammer und Küche mit Speisekammer anschloß. Die Diele später im vorderen Bereich zum schmalen Flur und westlich anschließenden Ladenraum mit Schaufenster umgebaut. In der zweiten Hälfte des 19. Jahrhunderts rückwärtige massive Erweiterung mit einer großen Stube und einer kleinen Kammer in einem weiteren Anbau.

1893 Entwässerung; 1908 Kanalisation; 1970 Abbruch (Foto um 1935 bei GRÄTZ 1997, S. 185).

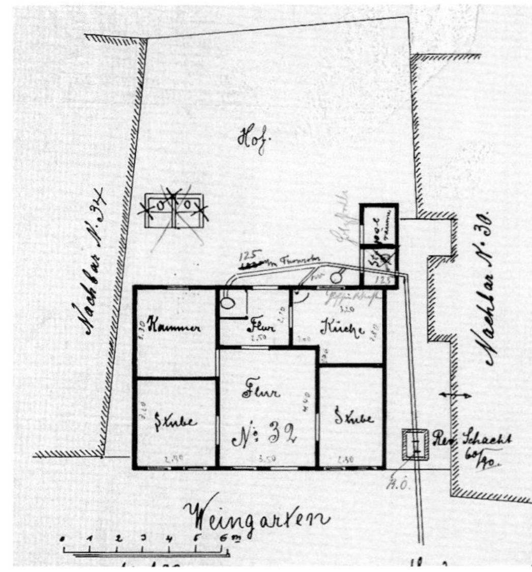

Abb. 1736 Weingarten 32, Plan zur Entwässerung des Hauses 1908.

Mietshaus (von 1981) Weingarten 31/35

Für die GSW Minden mit 18 Wohnungen nach Plänen der Architekten H. Müller & W. Janitz errichtet. Langgezogener und nicht auf die historischen Grundstücksgrenzen bezogener zweieinhalbgeschossiger Putzbau über hohem Kellersockel, mit vielen Versprüngen in der Fassade und Satteldach.

WEINGARTEN 32 (Abb. 1736)

bis 1878 Haus-Nr. 329

Wohl als Teil eines größeren Hofgrundstückes zu sehen, das schon vor 1743 von dem Grundstück Weingarten 34 (siehe dort) abgeteilt worden ist. Seit 1967 Teil der Gartenanlage des Hauses Weingarten 22.

1743 Witwe Reineke Meyer; 1750 Berghoff; 1755 Witwe Hessenbour, Haus für 50 Rthl; 1766 Haus ist abgebrochen; 1772 ist wüst, gehört der Witwe Heesenberg, mit Huderecht für 3 Kühe (KAM, Mi, C 875); 1781 Vögeler, Haus für 100 Rthl; 1798 Chirurg Vogeler; 1802/04 Vogeler, Haus ohne Braurecht für 300 Rthl, vermietet an Maurer Rory, hält 1 Jungvieh; 1809 Mieter ist Schuster Kollmeier; 1818 Witwe Vogeler, Wohnhaus für 300 Thl; 1827/35 Witwe Vogeler, Wohnhaus 600 Thl, 2 Schweineställe je 25 Thl, Abtritt 25 Thl; 1846/53 Witwe Karoline Bütow mit zwei Mietparteien; 1878 Bütow; 1908 Witwe Paula Gottschalk.

Haus (um 1775–1967)

Zweigeschossiger und traufenständiger Fachwerkbau unter Satteldach.

1908 Kanalisation. Haus 1967 abgebrochen.

Abb. 1737 Weingarten 33 (links) und 35 bis 43 auf der Nordseite der Straße sowie Nr. 38 bis 50 auf der Südseite, Blick nach Osten, um 1910.

WEINGARTEN 33 (Abb. 1733, 1735, 1737, 1744)

bis 1878 Haus-Nr. 323

Die Hausstätte ist zu einem unbekannten Zeitpunkt (wohl erst im 17. Jahrhundert) aus der großen Fläche des Gevekothschen Hofes (siehe Königstraße 23–27) abgetrennt worden. Heute Teil des Komplexes Weingarten 31/35.

1743 ohne Eintrag (Haus ohne Grundbesitz); 1750 Witwe Meinsen; 1753 Meister Johann Peter Rieckmann; 1755 Rieckmann, Haus für 60 Rthl; 1766 Soldat Bauer, 60 Rthl; 1768 Tagelöhner Müller; 1781 Soldat Bauer, 50 Rthl; 1798 Scheider Riegmann; 1802/04/09 Wilhelm Richmann und als Mieter eine Witwe, Haus ohne Braurecht für 400 Rthl, hält 2 Stück Jungvieh; 1818 Steueraufseher Kaiser, Haus für 400 Thl; 1828/32 Witwe Kaiser; 1846 Haus ist an zwei Parteien vermietet; 1853 Kaiser und Mietpartei; 1878/1908 Kornhardt; Rentner Georg Kornhardt (wohnt Königstraße 31); 1948 Franz Ristau.

Dielenhaus (17. Jahrhundert–1950)

Das bis zuletzt verputzte Haus nur durch ältere Fotografien und einen Entwässerungsplan von 1893 bekannt. Danach ein größeres, eingeschossiges, aber nicht sehr tiefes Dielenhaus aus Fachwerk mit hohem Satteldach. Das Giebeldreieck verbrettert. Nach den Proportionen wohl im 17. Jahrhundert erbaut. Im Inneren zunächst wohl breite und über 5,50 m hohe Diele auf der östlichen Seite und westlich ein bis zum Rückgiebel reichender Einbau mit vorderer unterkellerter Stube und zwei anschließenden Räumen (wohl Küche und Kammer); darüber niedrige Kriechböden.

1768 eine nicht näher bekannte Reparatur ausgeführt (KAM, Mi, C 380). Spätestens im frühen 19. Jahrhundert der Torbogen geschlossen und die Diele im vorderen Bereich zu einem schmalen hohen Flur verbaut, da nun auf der östlichen Seite ein zweigeschossiger Einbau abgeteilt wird. Dabei Einbau einer schmalen Haustür mit Oberlicht und Verputz des Fachwerks.

1893 Entwässerung; 1908 Kanalisation; 1948 Abbruch des baufälligen rückwärtigen Stallflügels; 1950 Abbruch des Hauses wegen Baufälligkeit.

WEINGARTEN 34 (Abb. 1738, 1739, 1744)

bis 1878 Haus-Nr. 325

Die Größe der Parzelle und der Nachweis eines hier noch bis 1891 bestehenden großen Steinhauses legen es nahe, hier den Kern eines großen Hofgeländes zwischen Weingarten und der Stadtmauer zu suchen, wenn auch bislang nichts über seine Geschichte bekannt ist. Zumindest die westlich anschließende Parzelle Weingarten 32 dürfte ehemals zu dem großen Grundstück gehört haben, das schon vor 1773 aufgeteilt und in bürgerliche Hände gekommen ist. Ebenso dürften schon vor der Mitte des 17. Jahrhunderts die Grundstücke der Buden auf der Westseite der Soodstraße aus dem Gelände ausparzelliert worden sein. Heute gehört im vorderen Bereich das Hausgrundstück Weingarten 36 zum Grundstück, während rückwärts Teile an das Grundstück Soodgasse 6 abgegeben worden sind.

1743 Tischler Johann Lange; 1750 Meister Lange; 1755 Witwe Lange, Haus für 180 Rthl; 1766 Tischler Christian Lange, betreibt auch Landwirtschaft auf gemietetem Land; 1781 Erben Lange, Wohnhaus 175 Rthl, Hinterhaus 75 Rthl; 1798 Tischler Lange (Haus ist halbmassiv); 1802/04 Philip Lange Junior, Wohnhaus ohne Braurecht für 500 Rthl, Hinterhaus (Scheune) 300 Rthl, hat hölzerne Handspritze, hält 2 Kühe und 3 Schweine; 1806 Tischler Philipp Lange; 1818/28 Tischler Lange, Wohnhaus, Hinterhaus und Werkstatt; 1832/46 Tischler Gottfried Lange mit drei Mietparteien; 1853 Tischler Lange und Mieter Zimmermann Karl Meinert (im Haus ist ein kleiner Laden); 1891 Tischlermeister Lange; 1908 Tischlermeister Karl Lange; 1912 Maurermeister Fritz Sinemus; 1913 Bevenitz; 1954 Homann.

Haus (bis 1891)

Das Gebäude brannte am 11. 4. 1891 (bis auf die alte Werkstatt auf dem Hof – siehe dazu im folgenden) total ab. Von dem Vorgängerbau sind beim Neubau verschiedene Teile übernommen worden: neben zahlreichen wiederverwendeten, auch angebrannten Balken besteht die westliche Seitenwand im Erdgeschoß aus Backsteinmauerwerk mit

Abb. 1738 Weingarten 34, Ansicht von Norden, 1993.

drei Entlastungsbögen. Der Torbogen aus Sandsteinquadern ist an der Kante mit einer umlaufenden Abfasung versehen. In der nordöstlichen Ecke des Hauses ein Tonnengewölbe aus Backstein mit Umfassungswänden aus Bruchstein. Daran nach Osten anschließend ein weiteres (stark verputztes) Gewölbe. Diese Bauteile deuten auf einen großes und traufenständiges Haus mit steinernen Umfassungswänden hin, das wohl aus dem 16. Jahrhundert stammte. Nach Erinnerung des Eigentümers besteht eine Kellerstufe aus einem Sandsteinblock mit der Datierung 1574 (heute zugeputzt).

Neubau (von 1891)

Nachdem das Haus total abgebrannt war, wurde unter Verwendung einiger Reste des Vorgängers schon nach sechs Wochen mit dem Neubau durch die Baufirma C. W. Homann für den Tischler August Lange begonnen. Zweigeschossiger, traufenständiger und verputzter Backsteinbau mit flachgeneigtem, mit schwarzen Pfannen gedecktem Satteldach. Das Gebäude von erheblicher Länge und in der Ansicht durch den Aufbau eines übergiebelten Dachausbaus über den vier mittleren Fensterachsen sowie Putz nur schlicht gegliedert. Westlich eine Diele mit Durchfahrt zum Hof angelegt, links ein Querflur mit zweiläufigem Treppenhaus. Bei Übernahme der Keller der vordere Bereich des Hauses (mit Ausnahme der Diele) völlig unterkellert mit Kappen auf Eisenträgern. Rückwärtig zwei seitliche Anbauten aus Fachwerk für Wirtschaftszwecke, der östliche für Gesinde, der westliche als Werkstatt.

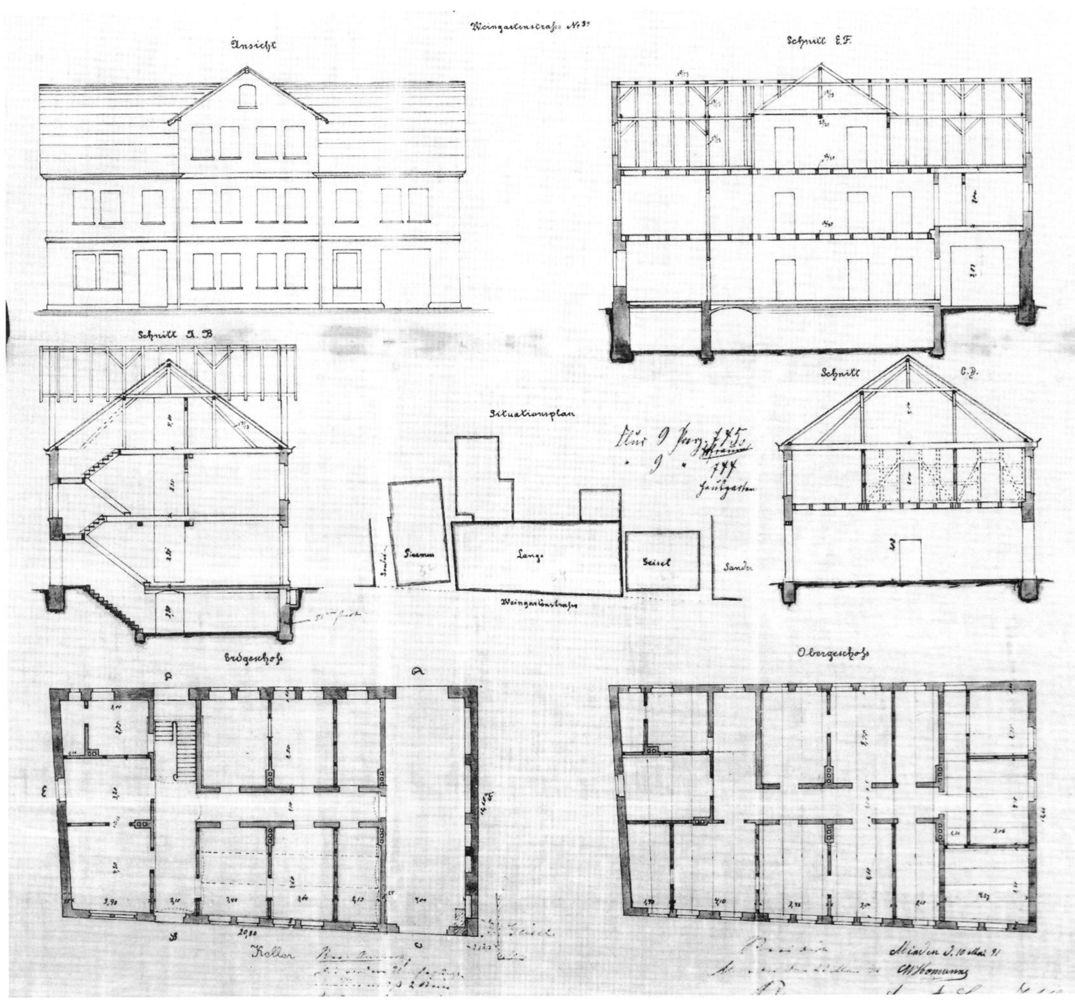

Abb. 1739 Weingarten 34, Plan zur Errichtung des Hauses, Baugeschäft C. W. Homann 1891.

Das Haus ist in der ursprünglichen Struktur erhalten, aber in manchen Details (etwa einigen Fenstern und Türen) modernisiert. 1899 Aufstockung des östlichen Hausteils (Entwurf: Schnabelrauch); 1906 Neubau eines Holzlagerschuppens (Plan: Schnabelrauch) im Anschluß an die Werkstatt; 1913 Kanalisation; 1954 Neubau einer Waschküche.

Alte Werkstatt (von 1802)

Hinter dem östlichen Anbau des Hauses wurde ein älterer Fachwerkbau in die Neubaumaßnahme einbezogen. Dieses zunächst ein eingeschossiges Fachwerkhaus mit Satteldach aus der ersten Hälfte des 19. Jahrhunderts, nachträglich um 1880 beidseitig aufgedrempelt und verputzt. Es dürfte sich um die 1802 erwähnte *neue Werkstelle* handeln (KAM, Mi, C 142), 1808 als Wohnhaus mit Hinterhaus und neuem Anbau, *welchen er zu seiner Werkstätte gebraucht* beschrieben (KAM, Mi, D 387).

WEINGARTEN 35/37 (Abb. 1733, 1735, 1737, 1744)

bis 1878 Haus-Nr. 322 und 321

Die Hausstätte ist zu einem unbekannten Zeitpunkt (wohl erst im 16./17. Jahrhundert) aus der großen Fläche des Gevekothschen Hofes (siehe Königstraße 23–7) abgetrennt und mit einem größeren Dielenhaus bebaut worden, das schon vor 1685 in zwei Häuser geteilt wurde. Heute Teil des Komplexes Weingarten 31/35.

WEINGARTEN NR. 35 (Haus-Nr. 322): Nach einer Nachricht von 1813 sei das nun dem Bürger Knost gehörende Haus von dem Obrist von Rentzell erbaut worden (KAM, Mi, D 387). 1679/80 Johan Henrich Meyer; 1685/86 Johan Henrich Meyers Haus am Weingarten, zahlt 1 Thl Giebelschatz; 1696/1704 Schusterknecht Johan Henrich Meyer; 1710 besteht eine von Johann Henrich Meyer beim Nikolai-Hospital aufgenommene Obligation über 15 Thl auf dem Haus, das der Witwe J. H. Meyer gehört; 1751 Johan Hinrich Brand; 1759 Carl Schuh *ein altes Capital in seinem Hause auf dem Weingarten*. Die Obligation wurde 1765 abgelöst (KAM, Mi, B 103 b,2 alt; C 203,22 alt; C 604).

1743 Witwe Kellermeyer; 1750 Johann Henrich Brandt; 1755 Witwe Brandt, Haus für 30 Rthl; 1757 Carl Schuh; 1766 Witwe Schue, 30 Rthl; 1781 Erben Schue, 25 Rthl; 1798 Witwe Heinrich Meyer; 1802 Erben Schue; 1804 Soldat Knost, Haus ohne Braurecht; 1806 Kutscher Ludwig Knost; 1809 Tagelöhner Knaust; 1818 Knaust, Wohnhaus 500 Thl, Stallung 100 Thl; 1832 Gerichtsbote Friedrich Ludwig Knaust (hat seit 1827 auch Rodenbecker Straße 16. Seine Witwe heiratete 1842 den Maurermeister Franz Lax); 1846 bewohnt von Schuster Karl Mail und zwei weiteren Mietparteien; 1851/53 Maurermeister Franz Lax; 1873/78 Handlungsreisender Höber; 1893/1912 Friedrich Höber; 1926 August Wilhelm.

WEINGARTEN NR. 37 (Haus-Nr. 321): 1685/86 Johann Hinrich Linsings Haus am Weingarten, zahlt 1 Thl Giebelschatz; 1696/1711 Heinrich Schwerdtmann; auf dem Haus ist 1710 eine von Henrich Schwertman beim Nikolai-Hospital aufgenommene Obligation von 15 Thl; 1751 Jurgen Schwerdman; 1759 *Jürgen Schwertmann vorhin Hinr: Schwertmann in dem Hause auf dem Weingarten*, später Jürgen Poch (KAM, Mi, B 103 b,2 alt; C 203,22 alt; C 604). 1743/55 Jürgen Schwertmann; 1755 Haus für 30 Rthl; 1766/81/98 Poch, 30 Rthl; 1768 Mieter ist Tagelöhner Daniele Meyer; 1802/04 Witwe Poch, Haus für 50 Rthl, ohne Braurecht, mit hölzerner Handspritze, hält 2 Kühe und 1 Schwein; 1806 Bäcker Konrad Schmieding; 1809 Tagelöhner Mahnhold (schenkt Bier auf den Märkten aus); 1818 Mahnholdt, Haus für 400 Thl; 1832 Unteroffizier Biernholz; 1846/53 Witwe Amalie Bernholz mit Familie; 1873/78 Arbeiter Bartsch; 1908 Geschwister Bartsch; 1913 Witwe Bartsch.

Dielenhaus (16./17. Jahrhundert–um 1930)

Breit gelagertes, bis zuletzt verputztes Fachwerkgiebelhaus mit steilem Satteldach und Halbwalm. Das Giebeldreieck schwach über der Schwelle vorkragend. Offenbar im Kern ein giebelständiges Dielenhaus mit hoher Mitteldiele von etwa 9,50 m Breite und einer Länge von 14,85 m. Westlich vorn eine unterkellerte Stube abgetrennt und östlich im rückwärtigen Bereich ein unterkellerter Saal.

Das Haus vor 1685 durch Einbau einer Längswand unter dem First in zwei gleiche Hausteile mit zwei schmalen Dielen unterteilt. Dabei zur Schaffung der notwendigen Wohnräume wohl in der östlichen Hälfte einen bis zum rückwärtigen Saal reichenden Einbau und in der westlichen Hälfte ebenfalls hinter der vorderen Stube einen schmaleren zweigeschossigen Einbau bis zum Rückgiebel geschaffen. Beide Teile seitdem mit individueller Geschichte. Im Zuge des Umbaus wohl auch ein neuer Giebel mit zwei getrennten Zugängen geschaffen.

Nr. 35: Hier bis zuletzt ein Torbogen erhalten (um 1800 erneuert). 1926 sind die Deckenbalken über dem Keller der Vorderstube morsch, wobei der gesamte Einbau nun erneuert wird. Dabei die Diele zu einem schmalen Flur reduziert, daneben ein zweigeschossiger Wohnteil geschaffen. Die Arbeiten sind noch 1929 nicht vollendet.

Nr. 37: 1768 wird eine Reparatur durchgeführt (KAM, Mi, C 380). Zuletzt mit schmalem durch Haustür mit Oberlicht belichtetem Flur erschlossen. 1893 Entwässerung; 1913 Kanalisation.

WEINGARTEN 36 (Abb. 1733, 1740, 1741)

bis 1878 Haus-Nr. 324

Das kleine Grundstück aus dem großen Hofgelände Weingarten 34 (siehe dort) ausparzelliert. Auf der westlichen Ecke zur Soodstraße scheint es im 18. Jahrhundert durch den Zuerwerb einer rückwärtig anschließenden Bude (siehe dazu Soodstraße 2/4) erweitert worden zu sein. Heute als Hofplatz mit Anbau von Soodstraße 4.

Abb. 1740 Weingarten 36, Ansicht von Nordosten mit Blick in die Soodstraße, im Hintergrund Soodstraße 4, um 1953.

1743 ohne Eintrag (Haus ohne Grundbesitz); 1750/56 Johann Henrich Münstermann, Haus für 40 Rthl; 1766 Leineweber Johann Möller, betreibt auch Landwirtschaft auf eigenem Land; 1781 Johann Henrich Münstermann oder Möller, 50 Rthl; 1798/1802 Tagelöhner Kollmeyer; 1803 vermachten Johann Hermann Kollmeyer und seine Frau Margaretha Elisabeth, geb. Busch das Haus für ein lebenslanges Wohnrecht dem Heilig-Geist-Hospital. Hierzu erfolgte eine genaue Aufstellung ihres Besitzes (KAM, Mi, C 200,4 alt). 1804/1807 gehört den Geistarmen (seit 1803 durch Fr. Wutze bewohnt, 1804 auch Manhold), kein Braurecht, es wird ein Jungvieh und 1 Schwein gehalten; 1809 Invalide Wutje; 1818/38 gehört den Geistarmen, Haus für 500 Thl; 1846 Maurer Georg Gehauf und acht weitere Parteien (insgesamt 21 Personen); 1853 Ludwig, vermietet an vier Parteien; 1873 Böttcher Kraatz; 1878 Schroeder; 1908 Kohlenhändler Christian Sinemus.

Dielenhaus (16./17. Jahrhundert–um 1960)

Von dem Bau hat sich nur eine 1953 entstandene Fotografie sowie der Kanalisationsplan von 1908 erhalten. Ferner liegt weiterhin ein Gutachten des Zimmermeisters Wehking Senior von 1803 vor, das schon die bis zuletzt bestehenden Bauten beschreibt. Nach diesem handelte es sich um ein Fachwerkhaus, das in seinem vorderen Teil eingeschossig war und rückwärts zum Wall einen Flügel von zwei Etagen besaß. Das Gebäude von vier sehr weiten Gefachen sicherlich im Kern aus dem 16./17. Jahrhundert und später mehrmals verändert, der Vordergiebel wohl aus dem 18. Jahrhundert und ohne Vorkragung des ausgefachten Giebeldreiecks. Das Haus mit einer westlichen Diele, im Giebel von einem breiten Tor erschlossen und einer östlichen Folge von drei Räumen mit darüber befindlichen Zwischengeschossen. Das Hinterhaus bei gleicher Breite wohl im 18. Jahrhundert zweistöckig (als Ersatz des hinteren Hausteils ?) neu verzimmert und unter recht flachem Satteldach.

In dem Haus befinden sich 1803 drei kleine Wohnungen (*Gelegenheiten* genannt), die für *drei Haushalte von geringem Stande* geeignet sind (in einer Wohnung fehlt allerdings der Ofen). Ferner ist ein Keller, aber nur eine Küche vorhanden, doch finden *sich mehrere Häußer von 3 pachthaushalten, so eine Küche nutzen müßen*. Die Schenker des Hauses behalten sich zu ihrer Nutzung die Bude hinten im Hause mit der danebenliegenden Kammer (ferner den halben Kuhstall und einen Garten vor dem Simeonstor) zur Benutzung vor, worunter offensichtlich eine der drei *Gelegenheiten* verstanden wird.

1908 Kanalisation.

WEINGARTEN 38 (Abb. 1733, 1737, 1744)

bis 1878 Haus-Nr. 315

Das kleinere bürgerliche Grundstück auf der östlichen Ecke zur Soodstraße zuletzt auf der ganzen Fläche bebaut, zunächst aber wohl zusammen mit Weingarten 40 zu einem größeren Anwesen gehörend (möglicherweise aus der Teilung eines größeren Hofes zusammen mit dem östlich anschließenden Grundstück Wallstraße 2 hervorgegangen). Wohl im 17. Jahrhundert die kleine Hausstelle Soodstraße 1 abgetrennt.

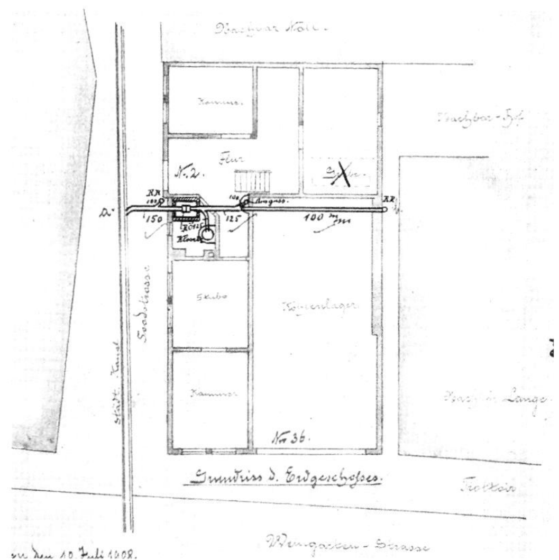

Abb. 1741 Weingarten 36, Grundriß aus der Entwässerungsakte von 1908.

1743 ohne Eintrag (Haus ohne Grundbesitz); 1750 N. Worning; 1751 Johann Dieterich Worninghausen; 1755 Witwe Worning, Haus für 50 Rthl; 1766/81 Daniel Meyer, 50 Rthl; 1798 Witwe Meyer; 1802 Daniel Meyer, Haus für 300 Rthl; 1804 Dressler, Haus ohne Braurecht, hält 1 Kuh; 1805 Versteigerung des Vermögens des Einwohners Drechsler: Haus auf dem Weingarten, an der Soodstraße und Huderecht für 2 Kühe vor dem Simeonstor (WMA 1805); 1806/09 Witwe und Tagelöhnerin Dressler; 1818 Knaust, Wohnhaus für 300 Thl; 1826 Erhöhung der Versicherung auf 2000 Thl; 1832 Friedrich Ludwig Knaust; 1846 vermietet an den Schlächter Friedrich Westfal; 1853 Fuhrmann Deterding; 1873/78 Heitzer Peterding; 1908 Wilhelm Peterding; 1914 will der Lokführer W. Peterding sein Haus mit drei Wohnungen wegen der Lärmbelästigung aus dem im Nachbarhaus Soodstraße 4 eingerichteten Bordell an die Stadt verkaufen (KAM, Mi, G II, Nr. 675); 1975 Firma Strothmann.

Haus (um 1766–1975)

1767 beantragt Zimmergeselle Meyer Baufreiheiten, denn er habe das ehemalige Worningsche Haus gekauft, das im Kriege (1757) *mit Heu und Stroh belegt* und dadurch so ruiniert worden sei, daß *nichts als die 4 Stender stehengeblieben* seien (KAM, Mi, C 380). 1805 hat das Haus eine Stube, zwei Kammern, Küche und Hausboden. Anbau mit Stuben- und Kammeranlagen sowie Ställen und beschossenen Böden. Wert 361 Rthl.

Um 1826 erfolgte ein wesentlicher Umbau oder Neubau. Seitdem zweigeschossiger und verputzter Fachwerkbau unter Satteldach und Krüppelwalm. Der Bau von der westlichen Traufseite über die Soodstraße erschlossen und mit einem weitläufigen Flur, um den sich verschiedene Wohnräume gruppieren. Möglicherweise aus einem Dielenhaus mit breiter Längsdiele auf der westlichen Seite und schmalem Seitenschiff entlang der östlichen Seite hervorgegangen. 1893 Entwässerung; 1906 Kanalisation; 1975 Abbruch.

Einfamilienhaus (von 1987)

Als Teil einer auch die Bauten 40 und 42 umfassenden Reihe durch die Hummel-Hausbau/Bückeburg für Wolf-Dieter Stein/Bad Eilsen errichtet. Zweigeschossiger Putzbau mit übergiebeltem Vorbau.

WEINGARTEN 39 (Abb. 1733, 1737, 1742–1743)

bis 1878 Haus-Nr. 320

Die Hausstätte ist zu einem unbekannten Zeitpunkt (wohl erst im 16./17. Jahrhundert) aus der großen Fläche des Gevekothschen Hofes (siehe Königstraße 23–27) abgetrennt worden. Heute Teil des Komplexes Weingarten 31/35.

Abb. 1742 Weingarten 39, dahinter die Reckertsche Schule an der Fröbelstraße, Ansicht von Südwesten, 1953.

Vor dem Haus befand sich 1820 ein Brunnen, der wohl der Versorgung der auf dem Gelände des Gevekothschen Hofes errichteten Häuser Nr. 33 bis 45 diente (später mit einer Pumpe abgedeckt, siehe Abb. 1733).

1743 ohne Eintrag (Haus ohne Grundbesitz); 1750 Witwe Lenneking; 1755/66 Hermann Jonas Stiegmann, Haus für 50 Rthl; 1781 Stiegmann, 50 Rthl; 1798 Tabakspinner Heucke; 1802/04 Heucke, Haus ohne Braurecht für 300 Rthl, hält kein Vieh, vermietet an zwei Witwen; 1818 Heuken; 1826 Haus erhöht auf 600 Thl; 1828 Johann Friedrich Heuke (auf dem Simeonstor); 1832 Tabakspinner Friedrich Johann Heucke; 1836 Brand, Erhöhung Wohnhaus auf 1350 Thl, Stall neu für 150 Thl versichert; 1846 Händler Friedrich Ludewig und drei Mietparteien; 1853 Kleinhändler Ludewig und zwei Mietparteien; Ehefrau Lange; 1878 Güse; 1893 H. Güse; 1908 Messerschmied Friedrich Müller; 1926 Scherenschleifer Müller; 1942 Verkauf durch Erben des 1941 verstorbenen Messerschmieds Friedrich Müller an die Stadt (KAM, Mi, H 60 Nr. 218); 1956 Stadt Minden.

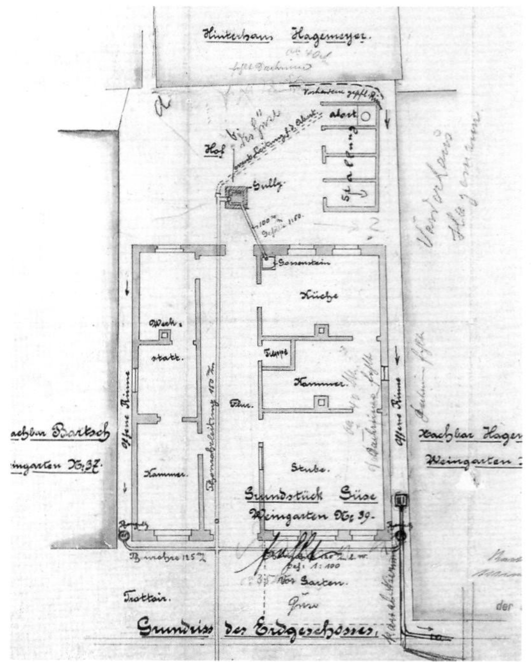

Abb. 1743 Weingarten 39, Plan zur Entwässerung des Grundstücks 1893.

Dielenhaus (16./17. Jahrhundert–1956)

Nach den Proportionen das Giebelhaus aus Fachwerk im Kerngerüst sicherlich aus dem 16. oder 17. Jahrhundert und zunächst mit hoher Diele. Diese wohl auf der Ostseite des Hauses und westlich ein Stubeneinbau auf der ganzen Länge mit Zwischengeschoß.

Nachdem es 1836 zu einem Brand in dem Haus kam, wurde es offensichtlich stärker umgebaut und dabei in den bis zuletzt erhalten Zustand gebracht. 1839 die Versicherung auf Grund von Verbesserungen erhöht (KAM, Mi, F 955). Seitdem der Bau mit massiven Umfassungswänden und wohl mit Halbwalm und fünfachsiger Fassade, dabei die hohe Haustür mit rechteckigem Sandsteingewände in der zweiten Achse von Ost. Nach Krins 1951, S. 91 über der Haustür in rechteckiger Umrahmung die Bezeichnung *J H* [=Johann Heuke] *NO 320*. Die Diele bis auf einen schmalen mittleren Flur durch breiten östlichen Einbau mit Raumfolge von Stube, Kammer und rückwärtiger Küche durchgebaut. Das Dachgeschoß ebenfalls ausgebaut. 1853 Ausmauerung des Giebels (KAM, Mi, F 1137). 1953 wird das Haus wegen starker Baufälligkeit in Teilbereichen geräumt und 1956 abgebrochen.

Abb. 1744 Weingarten 41 (rechts), Blick nach Westen auf die Häuser Nr. 37 bis 27 und links Nr. 44 bis 38 (vorne) und Nr. 34 bis 30, um 1910.

WEINGARTEN 40 (Abb. 1696, 1733, 1737, 1744)

bis 1878 Haus-Nr. 316

Kleines bürgerliches Anwesen, zunächst wohl mit Weingarten 38 zusammengehörend.

1743 ohne Eintrag (Haus ohne Grundbesitz); 1750 Hermann Meyer; 1755 Jobst Meyer, Haus für 50 Rthl; 1766 Johann Friedrich Meyer; 1781 Friedrich Meyer, jetzt Münstermann, 50 Rthl; 1786 Johann Rolf Lohmeyer; 1798 Leineweber Münstermann; 1802/04 Münstermann, Haus ohne Braurecht für 400 Rthl, hält 1 Kuh und 2 Schweine; 1806/18 Leineweber Rudolph Münstermann; 1826 Erhöhung auf 700 Thl; 1846 Leinweber Rudolf Münstermann; 1853 Schuster und Leineweber Münstermann mit zwei weiteren Parteien im Haus (hat eine Werkstube); 1873/78 Bäcker Stockhaus; 1908 Bäckermeister Heinrich Stockhaus; 1974 Stadt Minden.

Dielenhaus (17. Jahrhundert–1974)

Das Gebäude nur aus einem Entwässerungsplan von 1893 und von einer Fotografie des Giebels näher bekannt. Danach im Kern ein größeres eingeschossiges und giebelständiges Dielenhaus aus Fachwerk. Entlang der östlichen Traufwand die hohe Diele, westlich vorn eine als Utlucht vor die Fassade tretende Stube mit Kammer in einem Zwischengeschoß darüber. Rückwärtig hier wohl eine Saalkammer. Durch spätere Einbauten entlang der östlichen Traufwand die Diele zu einem schmaleren Flur verengt und der Vordergiebel dabei zu einer zweigeschossigen und vierachsigen, zuletzt verputzten Fassade umgebaut. 1974 abgebrochen.

Einfamilienhaus (von 1987)

Durch die Hummel-Hausbau/Bückeburg für Wolf-Dietrich Stein/Bad Eilsen errichtet.

WEINGARTEN 41

(Abb. 1733, 1737, 1744–1745)

bis 1878 Haus-Nr. 319

Die seit 1723 bestehende Hausstelle ist erst 1764 von der großen Fläche des Gevekothschen Hofes (siehe Königstraße 23–27) abgetrennt worden (KAM, Mi, C 391,4 alt). Im 17. Jahrhundert soll hier eine zum Gevekothschen Hof gehörende Scheune gestanden haben, später lag der Platz bis 1723 wüst.

1723 Domdechant von Hammerstein (siehe Königstraße 29); 1743 Samuel Heitmann (wohl Mieter); 1750 des Herrn Dom-Dechanten Haus; 1755 Haus für 200 Rthl des seeligen Domdechanten von Hammerstein; 1764 Haus wird von Frau von Hammerstein zum Verkauf angeboten; 1766 Babilitzky, Haus für 200 Rthl; 1776 das Haus des Kriegskommissars Eichmann (wohnt Königstraße 31 und besitzt auch Königstraße 37) wird an Bürger Heinrich Kollmeyer verkauft (WMA 1776, Sp. 23); 1781 Kollmeyer; 1798 Leineweber Fashauer, Haus mit Braurecht; 1802/04 Fasshauer, Haus ohne Braurecht, 400 Rthl, hat hölzerne Handspritze, 2 Kühe und 1 Schwein; 1806 Leineweber Gottlieb Fasshauer; 1809 Fasshauer; 1818/32 Ch. Gottlieb Müller, Erhöhung Wohnhaus von 300 auf 950 Thl, Neuversicherung Brennerei für 450 Thl; 1846 Witwe Karoline Müller und zehn Mietparteien (insgesamt 38 Personen); 1853 Witwe Müller und acht Mietparteien; 1873 Kuhhirte Göbel; 1878 Hagemann; 1908 Witwe Karoline Reinhardt (wohnt Johannenstraße 26); 1921 Kauf durch die Stadt Minden.

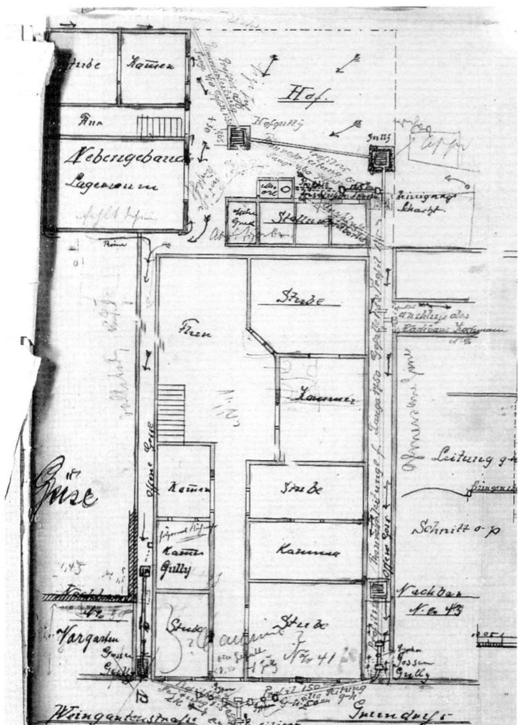

Abb. 1745 Weingarten 41, Plan zur Entwässerung des Grundstücks, 1893.

Haus (1723–1921)

1723 will Herr von Hammerstein auf dem wüsten Platz ein neues Haus errichten, auf das dafür ein Braurecht und das Huderecht für 4 Kühe vor dem Königstor (vom Grundstück Königstraße 29) übertragen werden (KAM, Mi, C 103). Es wurde als ein zweigeschossiger und giebelständiger Fachwerkbau mit Satteldach ausgeführt, dieses mit (nachträglichem ?) Halbwalm. Offensichtlich bestand zunächst an der Westseite eine hohe Diele, östlich (rechts) von einem zwei Fenster breiten und zweigeschossigen vorderen Stubeneinbau begleitet. Rückwärtig auf dieser Seite eine Saalkammer.

1786/96 wurden in dem Haus 200 Rthl verbaut. Dabei dürfte die Diele auf der Westseite dann zweigeschossig durchgebaut und die Fassade durchgehend zweigeschossig gestaltet und anschließend verputzt worden sein. Einbau einer Haustür in der zweiten Achse von Ost. 1893 Entwässerung; 1913 Kanalisation; 1921 Abbruch.

1921 Neubau eines Stallgebäudes. Dieses nach Kriegsschäden 1947 durch die Mieter des Nachbarhauses (dazu KAM, Mi, H 60 Nr. 218) Weingarten 43 neu errichtet.

WEINGARTEN 42 (Abb. 1696, 1733, 1737, 1744)

bis 1878 ohne Haus-Nr.

Das Grundstück wohl immer nur mit einer Scheune bebaut und zunächst wohl zum Gelände des größeren bürgerlichen Anwesens Wallstraße 2 gehörend, seit etwa 1830 zu Weingarten 40 (heute beide Grundstücke gemeinsam überbaut).

1818 *Scheune zwischen Haus Nr. 311 und 316* (Rodenbecker Straße 16 und Weingarten 40) des Zimmermeisters Wehdeking, 600 Rthl; 1823 gelöscht; seitdem offenbar zum Grundstück Weingarten 40 gehörend; 1892/1905 Bäckermeister Stockhaus.

Scheune (bis 1974)

Eingeschossiger, offensichtlich als Scheune errichteter recht großer und giebelständiger Fachwerkbau mit Satteldach, Alter nicht näher bekannt. Um 1870 Umbau zu einem dreigeschossigen Wohnhaus, dabei eine massive und dreigeschossige Blendfront vorgesetzt und diese vierachsig mit spätklassizistischer Putzgliederung gestaltet. Im Erdgeschoß weiterhin Dielentor auf der östlichen Seite. 1893 Entwässerung; 1905 Kanalisation; 1974 abgebrochen.

WEINGARTEN 43 (Abb. 1737)

bis 1878 Haus-Nr. 318

Die Hausstätte ist zu einem unbekannten Zeitpunkt (wohl erst im 16./17. Jahrhundert) aus der großen Fläche des Gevekothschen Hofes (siehe Königstraße 23–7) abgetrennt worden. Heute Teil des Komplexes Weingarten 31/35.

1743 ohne Eintrag (Haus ohne Grundbesitz); 1750 Friederich Krumme; 1755 Heinrich Wulbrandt, Haus für 60 Rthl; 1766 Wulbrandt, 50 Rthl; 1781 Witwe Wulbrandt; 1798 Böttcher Kleine; 1802/04 Kleine, Haus für 50 Rthl, ohne Braurecht, vermietet an den Unteroffizier Sömerwerk; 1806 Worthalter und Böttcher Heinrich Kleine: Wohnhaus, Stall und Hof; 1818 Worthalter Kleine, Wohnhaus für 500 Thl; 1828/35 Friedrich Nolting, 500 Thl (vermietet); 1846 vermietet an sechs Parteien (insgesamt 19 Personen); 1853 Nolting, vermietet an drei Parteien; 1873 Witwe Unger; 1878 Schmieding; 1893 Postschaffner Kochmann; 1908 Witwe Erben Marie Kochmann; 1950 Frau S. Kreuz und Marschall.

Dielenhaus (bis um 1970)

Eingeschossiges Giebelhaus mit Satteldach und verputzter Vorderfront. Im Kern wohl ein Dielenhaus mit östlicher Diele und Stubeneinbau in der südwestlichen, vorderen Ecke. Die Diele später mit einem bis zum Rückgiebel reichenden Einbau entlang der östlichen Traufwand auf einen mittleren Flur reduziert. 1893 Entwässerung.

Abb. 1746 Weingarten 44, Ansicht von Nordwesten mit Blick in die Wallstraße (rechts), 1953.

WEINGARTEN 44 (Abb. 1694, 1701, 1733, 1737, 1746–1747)

bis 1878 Haus-Nr. 308 (auch Wallstraße 1)

Die Hausstelle dürfte zu nicht näher bekannter Zeit aus dem großen bürgerlichen Anwesen Weingarten 52 ausparzelliert worden sein. Um 1847 auf der südlichen Hälfte des Grundstücks – unmittelbar an die westliche Traufwand angefügt – das Haus Wallstraße 1 errichtet (siehe dort).

Das Haus scheint bis um 1760 zu einer wohl die Gebäude Weingarten 44, 46 und 48 umfassenden, möglicherweise um 1670 errichteten Reihe von Buden (es liegen keine früheren Nennungen vor) gehört zu haben, die danach eine sehr unterschiedliche Entwicklung nahmen.

1667/81 Heinrich Homburg; 1685/86 Hinrich Homburgs Haus auf dem Weingarten, zahlt 1 Thl Giebelschatz; 1696/1704 Carol Rotkopp; 1709/11 Wilhelm Engelke; 1715 hat Engelke Greve in ihrem Haus eine Obligation von 5 Thl des Heilig-Geist-Hospitals. Spätere Eigentümer sind Wilhelm Greve, dann Gerd Rohtkop, 1760 Jobst Heieken (Heike), bis 1783 Jobst Heyke (KAM, B 103 c,9 alt; C 217,22a alt; C 604).

1744/1750 Gerd Henrich Rothkopff; 1755 Gerdt Rottkop, Haus für 50 Rthl; 1766 Jost Heucke; 1768 Tagelöhner C. Heucke; 1781/82 Witwe Heuken; 1798 Tabakspinner Heuke; 1802/04 Heuke, vermietet an den Maurergesellen Möller, Haus für 200 Rthl, ohne Braurecht, hält 1 Jungvieh und 1 Schwein; 1809 Heukens Haus; 1818 Joh. Friedrich Heuke, Wohnhaus für 200 Thl; 1826/35 Erhöhung auf 400 Thl; 1846 Witwe Karoline Nollmann; 1853 Zimmergeselle Wehking, vermietet an drei Parteien; 1873/78 Witwe Zolendsch; 1893/1908 Emil Bosshard; 1941 Schneidermeister Fritz Freismuth; 1942 Schröder.

Wohnhaus (von 1768 ?)

Eingeschossiges, verputztes und traufenständiges Fachwerkhaus, das seinen westlichen Seitengiebel mit Krüppelwalm der Wallgasse zuwendet. Die Fassade mit sechs Achsen, Haustür in der dritten Achse von Ost, alle Fenster und Türen erneuert. Auf Grund des im Inneren und Äußeren verkleideten Zustandes und des ausgebauten Daches sind augenblicklich keine eingehenderen Aussagen zur Baugeschichte möglich. Proportionen und Gestalt sprechen für einen Neubau aus dem

Abb. 1747 Weingarten 44, Ansicht von Nordwesten mit Blick in die Wallstraße (rechts), 1993.

18. Jahrhundert. Daß die für 1768 überlieferte Reparatur des im Siebenjährigen Krieg 1757 ruinierten Hauses (KAM, Mi, C 380) damit in Verbindung gebracht werden kann, ist naheliegend.

Das Haus nachträglich nach Westen um eine Fensterachse erweitert. Diese Baumaßnahme dürfte mit der 1782 durch den Zimmermeister Möller für 115 Rthl ausgeführten Reparatur gemeint sein: *hat eine Stube und Kammern neu eingebauet, das Haus verschwellet und das Dach umgebauet* (KAM, Mi, C 156,12 alt). Letzteres wurde nach den erhaltenen Schriftzeugnissen abgenommen und nach Einbau einer Stuhlkonstruktion wieder aufgeschlagen. Ferner wurde ein Eisenofen für 7 Rthl geliefert (KAM, Mi C 388).

Auf Grund der vorliegenden Nachrichten und der wenigen Befunde sowie der in der Struktur erhaltenen Raumeinteilung ist davon auszugehen, daß zunächst ein fünfachsiges Traufenhaus mit mittlerem Querflur geschaffen wurde, an den sich beidseitig je zwei Wohnräume anschlossen. Der südwestliche Raum mit einem Keller (Backsteintonne mit Bruchsteinwänden) und einem großen Fenster in der (seit dem 19. Jahrhundert durch das Haus Wallstraße 1) verbauten Südwand.

Dieses Haus 1782 nach Westen um eine Fensterachse erweitert, wobei das Dach hier einen Krüppelwalm erhielt. Aus dieser Zeit dürfte auch die Treppe zum Dachgeschoß in dem rückwärtigen Bereich des Flures stammen. In der ersten Hälfte des 19. Jahrhunderts Errichtung eines rückwärtigen Dachausbaus im Anschluß an das zu dieser Zeit schon erneuerte Haus Weingarten 46; 1847 nach Eigentümerwechsel die südliche Traufwand und das Gartengelände für das angebaute Haus Wallstraße 1 zum Teil verbaut; 1893 Entwässerung; 1934 Kanalisation.

Abb. 1748 Weingarten 45, Ansicht von Südwesten, rechts Tor zum Artillerie-Zeughof (Pauline-von-Mallinkrodt-Platz), 1993.

WEINGARTEN 45 (Abb. 1748)

bis 1878 Haus-Nr. 317

Die Hausstätte zu einem nicht näher bekannten Zeitpunkt (auf Grund der Baubefunde wohl spätestens im 16. Jahrhundert) von der großen Fläche des Gevekothschen Hofes (siehe Königstraße 23–27) abgetrennt worden.

1743 ohne Eintrag (Haus ohne Grundbesitz); 1750/55 Johann Rieckmann, Haus für 60 Rthl; 1766 Johan Meier, 60 Rthl; 1781 Meier, Haus für 50 Rthl; 1798 Witwe Heinrich Meier; 1802 Witwe Meier, Haus für 50 Rthl; 1804 Eisbergen, Haus ohne Braurecht, vermietet an Soldaten; 1806 Bäcker Eisbergen, Wohnhaus, Nebenhaus, Hof und Wallgarten; 1809 Eisbergen, Mieter ist Schuster Keyser; 1818 Eisbergen, Haus für 300 Thl; 1821 Witte, Erhöhung auf 1 000 Thl; 1828/35 Witwe Witte; 1846 Mieter ist Schneider Karl Meier und zwei weitere Parteien; 1853 Fissmer, vermietet an 4 Parteien; 1873/78 Witwe Klüter; 1897 Arbeiter Wilhelm Brinkmann; 1908/19 Händler Heinrich Brinckmann, Kolonialwarenhandlung.

Dielenhaus (16. Jahrhundert)

Zweigeschossiges und giebelständiges Fachwerkhaus mit mäßig steilem Satteldach und fünfachsig gestaltetem Giebel, seit etwa 1980 mit Sichtfachwerk und weiß geputzten Gefachen. Im Kern scheinen sich nach Befunden an beiden Traufwänden Reste eines eingeschossigen Dielenhauses aus dem 16. Jahrhundert erhalten zu haben. Davon erkennbar ein Gerüst von wohl sechs Gebinden mit kaum an der Oberfläche bearbeiteten Ständern im Abstand von etwa 1,70 m und zwei Riegelketten. Offensichtlich mit einer Längsaussteifung mit Kopfbändern.

Das Haus ist um 1821 einschneidend umgebaut und vergrößert worden (erhebliche Erhöhung der Versicherung). Dabei der vordere Teil der Umfassungswände neu abgebunden, dahinter in die breiten Gefache Zwischenständer eingestellt und der Bau rückwärtig wohl zu Gunsten eines schmaleren zweigeschossigen Hinterhauses verkürzt worden. Darüber ein neues, flacher geneigtes Dachwerk (aus den alten Hölzern ?) verzimmert. Der Vordergiebel wohl zugleich verputzt und als fünfachsige Front mit mittlerer Haustür gestaltet.

Im Inneren die hohe Diele zweigeschossig durchgebaut und das Haus damit zum Etagenwohnhaus umgestaltet. Hinter der Haustür mittlerer Längsflur bis zum Hof, an den sich östlich eine Folge von Stube, Küche und rückwärtiger Stube anschließt, westlich Stube und Kammer und rückwärtig ein zum Flur offener noch die alte Dielenhöhe zeigender Bereich, in den die Treppe zum in der gleichen Weise eingeteilten Obergeschoß eingestellt wurde, von dem aber auch der rückwärtige Stallanbau erreicht werden konnte.

1893 Entwässerung; 1897 Einbau von Fenstern im Giebeldreieck (Maurermeister P. Luhmann); 1913 Kanalisation; um 1980 Modernisierung des Hauses, wobei das Fachwerk freigelegt wurde.

WEINGARTEN 46 (Abb. 1701, 1733, 1737, 1749, 1754)

bis 1878 Haus-Nr. 307

Das Haus scheint bis um 1760 zu einer wohl die Gebäude Weingarten 44, 46 und 48 umfassenden Reihe von drei Buden gehört zu haben, die danach eine sehr unterschiedliche Entwicklung nahmen. Die Hausstelle dürfte zu nicht näher bekannter Zeit aus dem großen bürgerlichen Anwesen Weingarten 52 ausparzelliert worden sein.

1670/76 Arend Witthus Junior; 1677/79 Arend Witthus; 1681 seliger Arend Witthus; 1685/86 Johann Westermann, ehemals auch Arend Witthus Haus auf dem Weingarten, zahlt 1 Thl Giebelschatz; 1696 Steffen Junior; 1704/11 Steffen Jonas; 1743 Jobst Busse (vorher Engel Greven); 1748 Joh. Jürgen Münstermann; 1750 Rothkopffs Haus; 1755 Henrich Krüger (zusammen mit Haus-Nr. 306 für 40 Rthl versichert); 1766 Nicolas Müller (zusammen mit Nr. 306); 1780 Zimmermeister Johann Nicolaus Möller; 1781 Mieter ist Witwe Kolligen, Haus für 25 Rthl; 1783 Zimmermeister Müller; 1798 Witwe Müller; 1802 Witwe Nicolas Müller, 250 Rthl; 1804 Schuster Brandstetter, Haus ohne Braurecht, hält 1 Jungvieh und 1 Schwein; 1809 Schuster Brandstetter; 1818 Brandstetter, Haus für 300 Thl; 1820 Verkauf von Witwe Flaken an Fuhrmann Huck (Wert Gebäude 250 Thl, Garten 40 Thl); 1831 Conrad Müller; 1846 Tischler Friedrich Spoinsky mit Mieter Eisenbahnbeamten Josef Heinemann; 1853/55 Tischler Spoinsky mit zwei Mietparteien, Werkstube im Haus; 1873/94 Wilhelm Spoinsky; 1908 Arbeiter Heinrich Blankenhahn.

Haus (bis um 1825)

Offensichtlich bestand hier im 18. Jahrhundert auf Grund des geringen Versicherungswertes ein sehr kleines und traufenständiges Haus von wohl drei Gefachen Breite, das ebenso wie das anschließende Haus Weingarten 48 vermietet wurde. 1772/75 werden durch den Eigentümer, Zimmermeister Möller, Reparaturen der beiden sehr baufälligen Häuser durchgeführt. Dabei sind zunächst die Vorderfront von 50 Fuß Länge (etwa 16 m) neu gegründet und weitere neue Hölzer in den Bau eingesetzt worden, der mit Backsteinen ausgefacht wurde. 1775 das alte Dach abgenommen und sechs Sparrenpaare neu verzimmert. Es erhält eine Ziegeldeckung mit Docken. Ferner wird eine neue Stube von 9 Fuß Länge und 8 Fuß Breite eingebaut und weitere Arbeiten durchgeführt. Für diese Arbeiten (für die Möller 40 Rthl beim Kaufmann Rodove und Holz beim Zimmermeister Wehking lieh) beantragt er 1780 Baufreiheiten (KAM, Mi, C 388), wobei 1783 die Arbeiten als eine *Notreparatur, wegen der verfallenen Häuser* bezeichnet werden (KAM, Mi, C 156,12 alt). Nach Besitzerwechsel und auf Grund der Stilformen wurde das Haus wohl um 1825 abgebrochen und durch einen Neubau ersetzt.

Haus (um 1825)

Zweigeschossiges, massives Traufhaus aus Backstein. Die vierachsige Fassade verputzt, Türgewände der Haustür und Sohlbänke der Fenster sowie der Sockel der Vorderfront aus Sandstein. Der Westgiebel aus Fachwerk.

Die zweiflügelige Haustür einschließlich des Oberlichtes (Sprossen als Pfeile gestaltet) der Bauzeit. 1855 ein Teil (KAM, Mi, F 1137), offensichtlich der östliche rückwärtige Bereich, des Hauses erhöht, der zugleich nach Süden in den Garten hinein um etwa 1 m verlängert und im Inneren einschließlich des Flurraumes neu gestaltet wurde.

Das Innere bestimmt durch einen Mittellängsflur. Rechts zwei Wohnräume (darunter Keller mit Backsteintonnen auf einem Gurtbogen), links Stube und rückwärtige, ebenfalls unterkellerte Küche.

1894 Entwässerung; 1906 Kanalisation; 1912 Einbau von Klosetts. 1991 in die Denkmalliste der Stadt Minden eingetragen.

Die nach Entwässerungsplan von 1894 auf dem Hof vorhandenen umfangreichen Wirtschaftsgebäude (mit Wohnung und Ställen) heute alle verschwunden.

WEINGARTEN 48 (Abb. 1701, 1733, 1737, 1749, 1754)

bis 1878 Haus-Nr. 306

Das Haus scheint bis um 1760 zu einer wohl die Gebäude Weingarten 44, 46 und 48 umfassenden Reihe von Buden gehört zu haben, die danach eine sehr unterschiedliche Entwicklung nahmen. Die Hausstelle dürfte zu nicht näher bekannter Zeit aus dem großen bürgerlichen Anwesen Weingarten 52 ausparzelliert worden sein.

1670/76 Arend Witthus Junior; 1677 Arend Witthus Schwester; 1679/81 Heinrich Brüggemann; 1685/86 Heinrich Brüggemann, ehemals Arend Witthus Haus auf dem Weingarten, zahlt 1 Thl Giebelschatz; 1696 Witwe Brüggemann; 1704/11 Johan Heinrich Krecke, vorher Brüggemann; 1743/1750 Erben Johan Krecken; 1755 Henrich Krüger (Haus zusammen mit Haus-Nr. 307 für 40 Rthl versichert); 1766 Nicolas Müller (Haus-Nr. 306/07); 1781 Nicolas Müller, Wohnhaus 25 Rthl; 1783 Zimmermeister Müller; 1786 jetzt Witwe Kollingen, 75 Rthl; 1798 Bäcker Exmann; 1802/04 Brandtsteedt (Brandstetter), Haus für 300 Rthl ohne Braurecht, hält 2 Stück Jungvieh; 1806 Invalide Jacob Brandstetter, Wohnhaus von einer Etage und Hof; 1820 Haus, taxiert zu 450 Thl, wurde von Witwe Flake an den Fuhrmann Huck verkauft; 1818/37 Heinrich Schnüll, Wohnhaus für 300 Thl; 1846 Zimmermann Hermann Wehking mit zwei Mietparteien (insgesamt 13 Personen); 1853 Eigentümer ist Wehking, vermietet an drei Parteien; 1873 Witwe Mail; 1878 Zolendsch; 1894/1906 Emil Bosshardt; 1908 Zigarrenhändler Ernst Heldt; 1914 in dem Haus ein Bordell (KAM, Mi, G II, Nr. 675).

Haus (bis etwa 1810)

Das kleine traufenständige Mietshaus auf sehr schmaler Parzelle (von wohl drei Gefachen Breite) und nur geringem Wert hatte nur eine Etage. 1768 kam es zu einer Reparatur des im Siebenjährigen Krieg ruinierten Hauses (KAM, Mi, C 380), das dann zusammen mit dem Nachbarhaus Nr. 46 (siehe dort) 1772/75 weiter repariert wurde. Im frühen 19. Jahrhundert wurde es (auf Grund der veränderten Versicherungssummen und der Gestaltformen) abgebrochen und durch einen Neubau ersetzt.

Haus (um 1810)

Dreiachsiger und traufenständiger Putzbau von zwei Geschossen und mit Satteldach. Die Sohlbänke des Obergeschosses als durchlaufende Brustgesimse gestaltet und ebenso wie das Haustürgewände und der Sockel aus Sandstein.

Um 1840 um ein Geschoß erhöht, dieses aus verputztem Fachwerk; 1894 Entwässerung; 1913 Toilettenanschluß.

Abb. 1749 Weingarten 46 (rechts) bis 50, Ansicht von Nordwesten, 1993.

WEINGARTEN 50 (Abb. 1701, 1737, 1749, 1754, 1762)

1767 bis 1818 Haus-Nr. 237; bis 1878 Haus-Nr. 305 b

Bis in das spätere 19. Jahrhundert keine eigene Hausstelle, sondern das Grundstück nur mit Nebengebäuden bebaut. Die ältere Geschichte des Geländes nicht bekannt, auszugehen ist aber von einem Zusammenhang mit der östlich anschließenden Hausstätte Weingarten 52, da in diesem Haus verschiedene Durchgänge nachzuweisen sind. Auf dem rückwärtigen Gelände um 1600 zudem ein zu Weingarten 52 gehörendes Hinterhaus errichtet, wobei die ungewöhnliche Gruppierung wohl aus der ungünstigen Siedlungslage auf dem steilen Grundstück zu erklären ist. 1663 bestand nachweislich ein sogenanntes *Nebenhaus* zu Weingarten 52. Die Haus-Nr. 237 wurde 1767 von Lindenstraße 15 auf eine zu dieser Zeit hier bestehende *Scheune* zwischen den Häusern mit den Haus-Nrn. 305 und 306 übertragen, um sie zu einem Haus auszubauen, dann allerdings später nicht verwendet. Der Hausbau scheint daher zunächst unterblieben und erst um 1865 erfolgt zu sein.

1873/78 Schuhmacher Beyer (siehe Weingarten 52); 1935 Witwe Willmann; Karl-Heinz Schaper.

Scheune (bis 1767)

1767 will Regierungs-Rat Aschoff das Haus Lindenstraße 15 (Haus-Nr. 237) abbrechen und die darauf ruhenden Rechte und Pflichten auf diese Scheune übertragen lassen. Sie soll zu einem Wohnhaus ausgebaut werden und ist 37 Fuß lang und 32 Fuß breit. Der Antrag wird genehmigt (KAM, Mi, C 380), aber der Bau wohl nicht ausgeführt.

Wohnhaus (um 1865)

Zweigeschossiges und giebelständiges Wohnhaus über Kellersockel und mit flachgeneigtem Satteldach über Drempelgeschoß und mit Krüppelwalm. Die Fassade fünfachsig, mit mittlerer Haustür und einer strengen Gliederung in spätklassizistischen Formen: zwischen den Geschossen Gesimse, sonst nur sandsteinerne Sohlbänke unter den eingeschnittenen rechteckigen Fensteröffnungen (Foto um 1912 in Grätz 1997, S. 183). Der Bau rückwärtig auf der Ostseite stark eingezogen.

1935 Ausbau des Daches; 1961 Schuppen auf dem Hof zur Rodenbecker Straße; um 1965 das Haus modernisiert, dabei die Fenster verändert und die Front neu verputzt.

WEINGARTEN 52 (Abb. 1439–1441, 1750–1762)

bis 1818 Haus-Nr. 305; bis 1878 Haus-Nr. 305 a

Das größere bürgerliche Grundstück in stark nach Süden abfallender Hanglage zwischen dem Weingarten und der Mauergasse (heute Rodenbecker Straße) und wohl immer auch das westlich anschließende Gelände Weingarten 50 umfassend, wo wegen des abfallendes Geländes die Nebenbauten, wie Scheune, Flügelbau (Rodenbecker Straße 12) und zeitweise wohl auch ein Nebenhaus errichtet wurden. Zu vermuten ist, daß auch die daran westlich anschließenden Budengrundstücke Weingarten 44, 46 und 48 sowie die davon abgetrennten Stätten Wallgasse 1 und Rodenbecker Straße 14 ehemals zugehörig waren. Das Grundstück nach Grabungsbefunden wohl seit dem 13. Jahrhundert besiedelt, wobei hier mit dem in Etappen größer werdenden Haus umfangreiche Aufschüttungen des Hanges notwendig wurden. Die Hausstätte vor dem 18. Jahrhundert (nach den Giebelschatzregistern) in der weiteren Umgebung das einzige größere Haus (dessen mittelalterliche Bedeutung bislang nicht bekannt). Dem entspricht auch seine ungewöhnliche und weit in das Mittelalter zurückreichende Baugeschichte.

Das Haus in der Neuzeit Teil einer Gruppe von drei vergleichbaren Giebelbauten (siehe auch Nr. 54/56), wobei die beiden westlich anschließenden 1966 abgebrochen und 1982 in städtebaulich stark verändernder Weise durch drei traufenständige Neubauten ersetzt wurden.

ARCHÄOLOGISCHE BEFUNDE UND FUNDE:

LITERATUR: Trier 1987. – Isenberg/Lobbedey 1974. – Neujahrsgruß 1994, S. 86. – Isenberg/Peine 1998.

Im Februar 1993 nahm das Westfälische Museum für Archäologie, Amt für Bodendenkmalpflege, Referat Mittelalter kleinere archäologische Sondierungen zu den umfangreichen baugeschichtlichen Untersuchungen innerhalb des Hauses Weingarten 52 und zwar im Westteil des Vorderhauses (Westflügel) sowie im Keller vor (siehe Teil I, Kap. I.3, Fundstellenkatalog, Grabung 32). Verbleib der Funde: WMfA.

Insbesondere die drei Sondagen im westlichen Einbau (Abb. 1750) bestätigten im Ergebnis die – auf Grund der dendrochronologischen Datierung einiger Dachgeschoßbalken – seitens der Bauforschung für diese Parzelle spätestens ab dem 13. Jahrhundert angenommenen Bauaktivitäten.

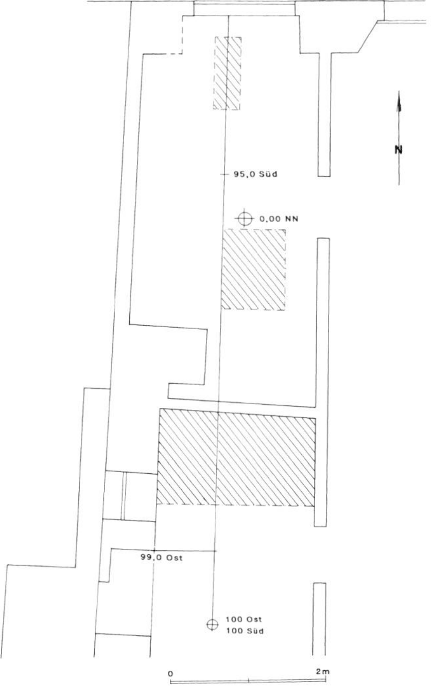

Abb. 1750 Weingarten 52, Erdgeschoßgrundriß, Ausschnitt mit westlichem Einbau, Lage der Nord-, Mittel- und Südsondage innerhalb der Meßachse. M 1:200.

Die durch die räumlich eingegrenzte Sondierungsform zwar ausschnitthaft bleibenden Befunde von Pfostenlöchern, Laufniveaus sowie verziegelte Lehmfragmente stützen die Annahme eines Wandständerbaus in Fachwerk als frühes, möglicherweise erstes Gebäude auf dem Gelände.

Vornehmlich im Südschnitt des Westflügels ließen sich in den hoch- bis spätmittelalterlichen Schichten auf einer relativ kleinen Fläche Pfostenlochstellungen verschiedener, aufeinanderfolgender Bau-, Umbau- oder Reparaturphasen (Abb. 1752 Befundnrn. 8 und 13) feststellen. Ihre ursprüngliche Funktion konnte dabei nicht näher eingegrenzt werden. Der Durchmesser dieser Pfostenlöcher mit 20–30 cm reicht – wenn auch knapp – aus, um die ehemals darin eingesetzten Pfosten als Giebelständer ansprechen zu dürfen. Eventuell gehörten sie aber auch zu Baugerüsten, die im Zusammenhang mit der Erweiterung des Hauses nach Norden, zur Front der Weingartenstraße hin, noch vor der »Versteinerungsphase« stehen könnten.

Unmittelbar vor der Innenkante des westlichen Traufwandfundamentes, das in einen dunkelbraun-schwarzen, organisch angereicherten Laufhorizont (Abb. 1751 Befundnr. 21) eingetieft wurde, fand sich das gut erhaltene Ventilstück, das »Küken«, eines Zapfhahns aus Bronze (Abb. 1753), der in das späte 14. oder frühe 15. Jahrhundert datiert werden kann, was durch die vergesellschaftete Keramik bestätigt wird. Zwei Pfostenlöcher einer jüngeren Pfostenlochphase ließen sich diesem Niveau stratigraphisch zuordnen, so daß mit dem Beginn der »Versteinerungsphase« nicht vor dem späten 15. oder frühen 16. Jahrhundert gerechnet werden kann. Der spätmittelalterliche Horizont lag wiederum auf einem älteren schwarzhumosen Laufniveau, das in der mittleren und südlichen Sondage festgestellt wurde, und wohl für den Gesamtbereich des Vorderhauses konstatiert werden darf. Auch in dieser Schicht wurde in der Südsondage ein allerdings eher schmales Pfostenloch von geringem Duchmesser (Abb. 1752 Befundnr. 13) festgestellt, das von jüngeren Pfostengruben (Abb. 1752 Befundnr. 8) geschnitten bzw. abgegraben wurde. Die Kontinuität von Pfostengruben über einen längeren Zeitraum an ein und derselben Stelle untermauert ihre Interpretation als Giebelständer.

Unter den Keramikfunden der frühesten, durch Belaufspuren auch nachweislich genutzten Schicht (Abb. 1751 und 1752 Befundnr. 12), fanden sich Stücke der graublauen Irdenware »Paff-

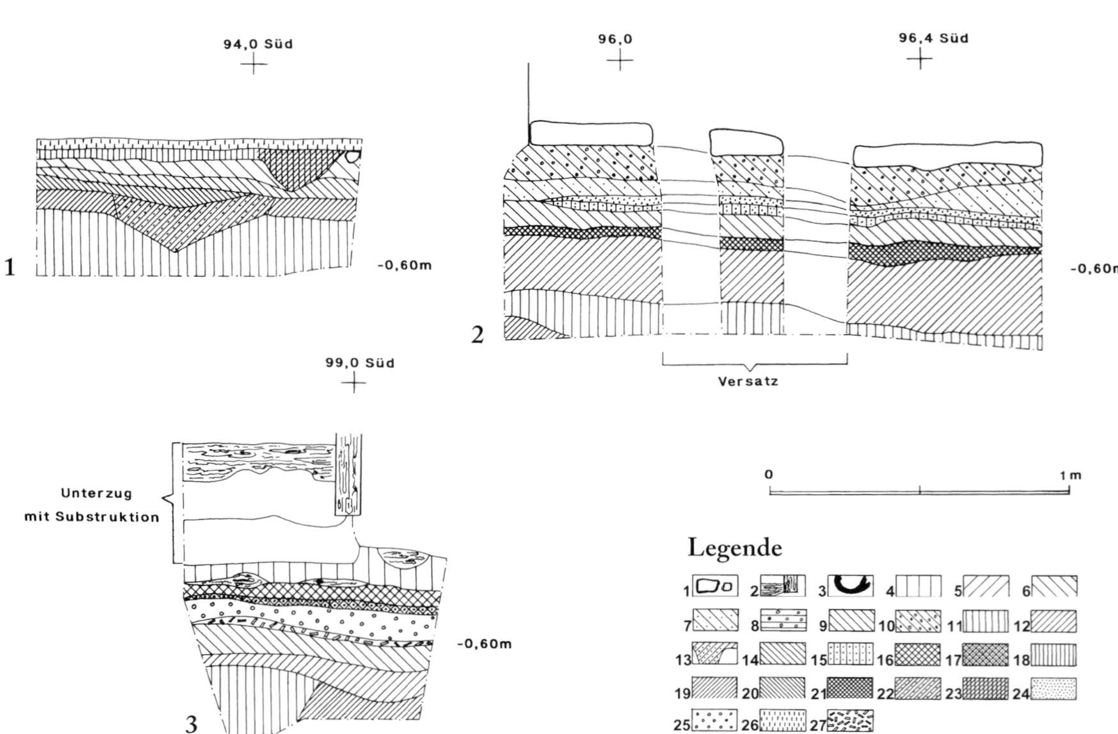

Abb. 1751 Weingarten 52, Ostprofile der Nord- (1), Mittel- (2) und Südsondage (3). M 1:25. Befundnummern im Text erklärt.

rather« sowie der gelben Irdenware »Pingsdorfer Art«. Sie datieren diesen Horizont in das späte 12. oder frühe 13. Jahrhundert. Keramikfragmente, Holzkohlestückchen und verziegelte Lehmeinschlüsse sowie das o. g. Pfostenloch belegen hier Siedlungsniederschlag ab diesem Zeitpunkt.

Dieser erste, früheste Laufhorizont lag direkt auf einer künstlich auf den geologisch anstehenden weichen feinkiesigen, leicht lehmigen Sand aufgebrachten festen Planierschicht aus rötlichem Kies (Abb. 1751 und 1752 Befundnr. 11), die mit kleinsten Mörtelstippen durchzogen war.

Bevor man mit der Errichtung des Ständerbaus beginnen konnte, waren offenbar umfangreiche Erdbewegungen zur Erweiterung des Bauplatzes und zur Herstellung eines einheitlichen Bauniveaus notwendig. Mächtige Kiessandschichten wurden dabei gegen und auf die natürliche Hang- bzw. Böschungsoberkante aufplaniert (Abb. 1751 und 1752 Befundnrn. 11 und 19).

Im Ostprofil der drei Vorderhaussondagen zeigte sich, daß sich diese sehr kompakte Kiesan- bzw. -aufschüttung im Laufe der Jahrhunderte sowohl durch den ständigen Belauf als auch auflastendes Boden- bzw. Gebäudegewicht entsprechend des Hanggefälles vom Weingarten zur Rodenbecker Straße von Nord nach Süd abgesenkt hatte.

Die Sondage im Keller wurde unmittelbar vor seiner nordwestlichen Innenecke angelegt, da sich an dieser Stelle in der westlichen Traufwand ein Rauchabzug für eine ebenerdige Feuerstelle befand. Die Untersuchungen ergaben, daß der Keller – wie bereits von der Bauforschung angenommen – in den Hang hineingebaut worden ist. Dabei schneiden Nord- und Westmauer die von Nord nach Süd

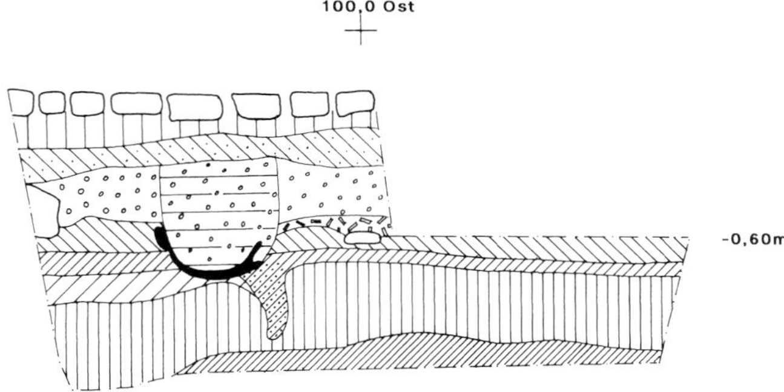

Abb. 1752 Weingarten 52, Nordprofil der Südsondage. M 1:25. Legende zu den Befunden siehe Abb. 1751, Erklärungen im Text.

Abb. 1753 Weingarten 52, ergrabenes »Küken« eines Zapfhahns der Zeit um 1400. ▷

abfallenden Schotterkiesel- und Kiessandschichten der Weserterrasse. Die darauf lagernden Bau- und Abbruchschuttschichten (zahlreiche Backstein- und Dachziegelfragmente, glasierte Keramik) datieren sämtlich ab der frühen Neuzeit (um und nach 1500) und sind an dieser Stelle als Umbaumaßnahmen im Zusammenhang mit Rauchabzug und Feuerstelle zu sehen.

Chr. Hemker

1663 Berendt Emmerling *Sein Won- und Nebenhauß,* hat umfangreichen Landbesitz (KAM, Mi, B 122); 1667/72 Witwe Berent Emmerling; 1673/81 Erben Emmerling; 1685/86 Johan Hinrich Lillienkamp *olim H. Berent Emmerlingß Hauß uffm Weingarten*, zahlt jährlich 4 Thl Giebelschatz; 1696 Johan Henrich Lillienkamp; 1704 Arendt Kümmel alias Lilienkamp; 1709/11 Arendt Kümmel.

1710 auf Emerlings Haus am Weingarten liegt eine Obligation von 22 Thl beim Nikolai-Hospital. 1715 wird berichtet, die Obligation sei 1582 von Johann Kempern aufgenommen worden *und besizet dermahlen das dafür verschriebene auff dem Weingarten belegene Hauß Arend Kymmel, vormahlen Emerlings Erben.* An anderer Stelle heißt es: *hat die Kirche zu S. Simeonis Emerlings Haus uffn Weingarten eingezogen, worauff die Armen ein Capital a 22 Rthl stehen haben. Das haus besitzt itzo Arnold Kümmel, und mußen die Concursacta nachgesehen werden* [...](KAM, Mi B 103 b,2 alt; C 203,22 alt; C 604).

1743 Stiftssekretär Arnold Kümmel (1732 kauft der Stiftssekretär Kümmel zwei Kirchenstühle in St. Martini); 1750 Kümmelsches Haus; 1755 Haus gehört der Simeonskirche, 200 Rthl; 1766 Freymuth, 200 Rthl; 1776 soll die den Ranzauschen Erben (siehe Weingarten 56) gehörende, in dem ehemals Kümmelschen, jetzt Schnepelschen Haus liegende Braugerechtigkeit meistbietend verkauft werden (MA 1776, Sp. 52); 1781 Witwe Frimuth, 200 Rthl; 1798 Fuhrmann Freymuth, Haus mit Brunnen und Braurecht; 1802/04 Freymuth, Haus ohne Braurecht, hat Brunnen und hölzerne Handspritze und Scheune, hält 4 Kühe, 2 Stück Jungvieh und 3 Schweine; 1805 Erhöhung Wohnhaus von 200 auf 1 000 Rthl; 1806 Branntweinbrenner Freymuth; 1818 Branntweinbrenner Wilhelm Freymuth, Wohnhaus 400 Thl; 1821 Verkauf an Kaufmann Buschendorf; 1823 Buschendorff, Erhöhung auf 2 550 Thl; 1828 Verkauf von Kaufmann Buschendorff an Lederfabrikant Diedrich Wehdeking für 500 Thl; 1846 Mieter ist Zimmermann Gottlieb Bredemeier und eine weitere Mietpartei; 1853 Eigentümer Lohgerber Wedeking Junior und vier weitere Parteien (insgesamt 21 Personen); 1862 Witwe Charlotte Wehdeking (geb. Koch, verheiratet mit August Schonebohm); 1864 Verkauf an Tischlermeister August Borchardt; 1870 durch Versteigerung an Fräulein Auguste Wegmann, die das Haus dem Schuhmachermeister Heinrich Beyer verkauft; 1878 durch Versteigerung an Kaufmann Heinrich Stork; 1891 Verkauf an Johann Johänning; 1895 verkauft an Dachdecker Hermann Willmann; 1908 Kohlenhändler Hermann Willmann; 1912 Spediteur Hermann Willmann (wohnt Weingarten 50); 1936 Witwe Kohlenhändler Hermann Willmann.

Abb. 1754 Weingarten 56 (links) bis 46, Ansicht von Nordosten, um 1950.

Zweigeschossiges, giebelständiges und teils aus verputztem Fachwerk, teils massiv ausgeführtes Wohnhaus mit Krüppelwalm und Pfannendach. Auf Grund der Hanglage der rückwärtige Teil mit niveaugleichem Ausgang zur Rodenbecker Straße unterkellert. Das Gebäude ist in seiner heutigen Erscheinung weitgehend von einem umfassenden Umbau der Zeit um 1822 bestimmt, geht aber in seinen Dimensionen auf einen Ausbau der Zeit um 1600 von mittelalterlicher Bausubstanz zurück, die im Kern wiederum in mehreren Abschnitten seit 1241 entstand.

Auf Grund günstiger Umstände – vor allem, weil das seit etwa 1970 leerstehende Gebäude im Laufe des 20. Jahrhundert praktisch keinen Erneuerungen unterzogen wurde – barg das Haus bis zu seiner Sanierung 1992/94 eine ungewöhnliche Fülle historischer Befunde unter und über der Erde, die nicht nur das langsame Wachsen des Baukörpers im Laufe der Jahrhunderte sichtbar werden ließen, sondern auch zahlreiche wichtige Einzelheiten zu bautechnischen Fragen, Formen der Ausstattung und anderen historischen Fragestellungen beitrugen. Zur Klärung der eingehend dokumentierten Baugeschichte wurden umfangreiche dendrochronologische Untersuchungen (1993 durch H. Tisje/Neu-Isenburg) vorgenommen, deren Ergebnisse – zeitlich geordnet – folgende Daten erbrachten:

1228 ±6	6. Geschoßbalken von Norden
1241	5. Geschoßbalken von Norden
Ende 1241	8. Geschoßbalken von Norden, westlicher Teil
um/nach 1540	4. Geschoßbalken, östliche Anschuhung
um/nach 1550	1. Geschoßbalken, östlicher Rest
Ende 1589	2. Stichbalken von Osten am Nordgiebel, Obergeschoß
um oder nach 1590	Ständer östlicher Stubeneinbau
1591	1. Sparren von Norden
Ende 1594	8. Dachbalken von Norden
Ende 1594	7. Dachbalken von Norden
1596	östliche Stube, Ständer
um oder nach 1600	Schwelle östliche Stube, Verlängerung
Ende 1602	Rückgiebel, Obergeschoß, 2. Ständer von Osten
Anfang 1603	Fußstrebe westliche Traufwand Obergeschoß
Ende 1613	Östliche Traufseite, 3. Ständer von Süden, Obergeschoß
Ende 1637	6. Dachbalken von Norden
1633 ±8	5. Dachbalken von Norden
Ende 1751	Hängepfosten an Lucht westliche Traufwand
1768	Westlicher Stubeneinbau, Deckenbalken
1770	Luchtbalken westliche Traufwand
Ende 1801	Erdgeschoß, Ständer in Längswand
1820	Obergeschoß, Rähm östlicher Stubeneinbau
Ende 1820	Westliche Traufwand, Obergeschoß, Schwelle Nord
1821	Nordgiebel, Riegel Dachgeschoß
Ende 1821	Treppe zur linken Stube, Pfosten
1822 ±8	Nordgiebel, 2. Ständer von Westen, 1. Dachgeschoß

Kernbestand des Gebäudes sind demnach drei datierte Balken (5., 6. und 8. Geschoßbalken), zu denen auf Grund von Verzimmerungsspuren zumindest der nicht datierbare 3. Balken (möglicherweise auf Grund der Querschnitte auch der stark abgearbeitete 4. Balken) hinzuzurechnen sind. Auf Grund ihrer gleichen Behandlung stammen sie wohl aus einem 1242 errichteten Gebäude, dessen Traufwände Wandständer aufwiesen. Allerdings sind sie bis zu ihrer endgültigen Lage im heute bestehenden Haus alle zum dritten Mal verzimmert, dabei jeweils gewendet und auch verschiedentlich abgearbeitet worden. In ihren ursprünglichen Maßen müssen sie Querschnitte von mindestens 40 x 40 cm aufgewiesen haben. Die große Gemeinsamkeit der Balken läßt vermuten, daß sie von dieser Parzelle stammen und bei Umbauten jeweils nur neu verzimmert wurden. Der vorderste der alten Balken, der heutige dritte Geschoßbalken, weist an seiner nördlichen Seite zahlreiche Holzbohrungen in gleichmäßigem Abstand auf, die – ebenso wie Schlitze von Kopfzapfen an der Unterseite – auf die Konstruktion einer ehemaligen Giebelwand hinweisen können. Dazu gehört eine tiefe Nut an der Balkenunterseite, die Zeichen einer Verbohlung sein könnte. Alle Balken hatten in ihrer ersten Verzimmerung angeblattete Kopfbänder zu den Traufwänden. In ihrer zweiten und dritten Nutzung lagen sie in Gefügen gleicher Breite, wurden aber mit eingezapften Kopfbändern zu den Traufwänden ausgestattet.

Nach dem Spätmittelalter dürfte dem Gebäude ein schmaleres, heute nur noch in Resten erhaltenes Hinterhaus angefügt worden sein. Offensichtlich setzte damit die Versteinerung der Bebauung auf dieser Parzelle ein. Da dieser Bauteil um 1600 in die rückwärtige Erweiterung des Hauses einbezogen wurde, haben sich von der ursprünglichen Bausubstanz heute nur noch der größte Teil des Kellers, Teile des Rückgiebels und die rechte Traufwand erhalten. Es handelt sich um einen mit der rechten Traufwand des Vorderhauses fluchtenden, leicht aus der Achse weisenden Anbau, der an der linken Seite auf etwa halbe Breite des Vorderhauses eingezogen ist. Über die Ausbildung des dabei zum Teil verbauten Rückgiebels des Vorderhauses konnten keine Befunde erhoben werden.

Der wohl als Flügelbau anzusprechende, relativ kleine, rückwärtige Anbau entstand über einem hohen Kellersockel, auf Grund des rückwärts steil abfallenden Grundstücks ebenerdig mit dem kleinen verbleibenden Hof zur Rodenbecker Straße. Dieser Keller mit bruchsteinernen Umfassungsmauern erhielt ein Tonnengewölbe aus Bruch- und Backstein, das die weitere Distanz des längsrechteckigen Gebäudes überspannt und nur an den tiefsten Punkten des Gewölbes einen Verband zu den Umfassungswänden aufweist. Ein innerhäusiger Kellerzugang war nicht nachweisbar. Das Gewölbe durch Ausbruch zu unbekannter Zeit (nach 1600, wohl im 18. Jahrhundert) in der nordöstlichen Ecke mit einem Rauchabzug für eine ebenerdige Feuerstelle versehen, deren darüberliegender Schornstein heute nicht mehr erhalten ist, aber in der Folge auch die Herdfeuerstelle des Vorderhauses aufnahm.

Die erhaltenen Teile der massiven Westwand des Flügels zeigen in beiden Geschossen einen unterschiedlichen Rhythmus von Bogenstellungen, dessen Bögen aus Backsteinen das ebenfalls weitgehend aus Backsteinen bestehende Mauerwerk verspannen (Ziegelformat 30 x 14,5 x 7,5 cm). Da sich im Obergeschoß zudem die Backsteinformate (27/28 x 12,5/14 x 8 cm) und deren Farben unterscheiden, ist zu erschließen, daß dieses durch nachträgliche Aufstockung zu einem unbekannten Zeitpunkt (vor der allgemeinen Aufstockung des Hauses um 1600) entstand. Im Erdgeschoß gab es offenbar nur einen, im Obergeschoß zwei Bögen. Ansätze des südöstlichen Eckpfeilers erlauben es, ebensolche Bögen auch für den Rückgiebel zu rekonstruieren, wo sie Fenster aufgenommen haben dürften. Das im Erdgeschoß etwa 72 cm starke Mauerwerk verspringt am Ansatz des Obergeschosses als Balkenauflager an der Traufwand innen um ca. 20 cm. Eindeutig zu diesem Flügelbau gehörende originale Bauhölzer konnten nicht ermittelt werden.

Seit einem nicht genau bestimmbaren Zeitpunkt ersetzte man die zunächst auf einer Holzkonstruktion beruhenden Umfassungswände des noch eingeschossigen Dielenhauses in mehreren Schritten durch Steinmauern. Befunde über eine innere Gliederung des Hauses sind bis auf die Existenz eines Längsunterzuges für den Zeitraum davor nicht bekannt. Dieser läßt sich als »Schatten« noch über dem ältesten Teil des späteren Stubeneinbaus ablesen, ferner an Dollenlöchern der Unterseiten des 6. und 7. Balkens in ihrer dritten und heutigen Lage. Sein rückwärtiges Auflager muß etwa im Bereich des Anschlusses des Flügelbaus gelegen haben.

Die Befunde lassen folgenden Ablauf der »Versteinerung« des Hauses erschließen: Zunächst entstand ein steinerner Vordergiebel als Vier-Pfeiler-Giebel, dem – nach Putzresten auf der Innenseite des östlichen Pfeilers – erst nachträglich die steinerne Traufwand angeschlossen wurde. Spätestens zu diesem Zeitpunkt hat man also das Haus nach Norden bis zur heutigen Ausdehnung verlängert. Von den vier Pfeilern sind bis heute die drei östlichen in alter Höhe erhalten, der westliche bis ca. 1 m Höhe. Im Kern bestehen sie aus Backsteinmauerwerk (Ziegelformat: 31 x 15 x 7,5/8 cm), wobei der östliche Eckpfeiler – für den als einzigen der Nachweis erbracht werden konnte – noch original aus Sandsteinquadern gemauert ist (die beiden anderen erhaltenen Pfeiler erhielten im Zusammenhang mit der Giebelneugestaltung um 1821 eine neue Außenhaut aus Backstein). Die weitere Ausgestaltung der Vorderfront ist bis auf einen Ausschnitt nicht mehr zu ermitteln, aber nach Ausweis zahlreicher im Haus erhaltener Spolien wohl schon einmal um 1600 erneuert worden: Im Sockelbereich zwischen den beiden östlichen Pfeilern ursprüngliches Backsteinmauerwerk erhalten, im Verbund gemauert. Es erlaubt den Schluß, daß zur Zeit der Errichtung dieses steinernen Vordergiebels schon ein Stubeneinbau bestand, nach Ausweis des sandsteinernen Fenstergewändes mit Keller (anderen Befunden nach wohl balkengedeckt), darüber ein Raum, der mit einem in der Detailausbildung nicht mehr erkennbaren Erker auf die Straße versehen war. Davon erhalten der Ansatz des linken sandsteinernen Kragsteins, darüber im Mauerwerk der Ansatz des Aussprungs, offenbar aus halbsteinigem Backsteinmauerwerk. Der rechte Kragstein nur noch als Negativschatten im Ersatzmauerwerk des frühen 19. Jahrhunderts nachweisbar.

Sowohl die Datierung des nur in einem westlichen Rest erhaltenen ersten (vor dem alten Kerngerüst liegenden) Geschoßbalkens als auch die Anschuhung des 4. Geschoßbalkens lassen in dem Fehlen von Kopfbandschlitzen vermuten, daß wohl in diesem Baureparaturzusammenhang um 1550 die östliche Traufwand in zwei Abschnitten aus Stein ersetzt worden sein könnte. Im Bereich der vorderen Stube handelt es sich um Bruchsteinmauerwerk, das mit einem aus Backsteinen gemauerten Bogen verspannt wurde (Backsteinformat: 27/28 x 12,5/14 x 8 cm). Das Mauerwerk stößt stumpf vor den östlichen, zudem hier ehemals verputzten Pfeiler der Fassade. Die Balkenlage über dem Erdgeschoß ist in die Traufwand eingemauert.

Unter der Stube wurde – nach Ausweis von Putz zwischen den Fassadenpfeilern und dem Gewölbe – nachträglich im Zusammenhang mit der Errichtung der steinernen Traufwand ein Gewölbekeller eingebaut. Dessen hohe Tonne aus Bruchsteinen nimmt zudem Rücksicht auf den zu dieser Zeit schon bestehenden westlichen Fassadenpfeiler, dessen Fundament durch den Keller untergraben und abgemauert wurde. Die Rückwand der Stube stößt genau vor die rückwärtige Kante des Pfeilers. Kellerausgang mit Sandsteingewände an der rückwärtigen Schmalwand.

Erst später ist diese Steinwand auch hinter der Stube verlängert worden, wobei der zweite Bogen in den bestehenden Pfeiler eingearbeitet worden ist.

Wohl zwischen 1597 (Datierung am rückwärtigen Ständer des linken Stubeneinbaus) und 1613 (jüngste Datierung der verwendeten, ab 1589 eingefällten Bauhölzer) ist – nach den weit gestreuten

Abb. 1755 Weingarten 52, Ansicht von Nordosten, 2000.

Daten möglicherweise in mehreren, nicht mehr nachvollziehbaren Bauabschnitten – ein weitreichender Um- und Erweiterungsbau des Hauses vorgenommen worden, der bis heute bestimmend für dessen Dimensionen geblieben ist. Zum einen wurde es rückwärtig verlängert, in dem man den Winkel zwischen Flügelbau und Haus ausfüllte, zum anderen versah man das vergrößerte Haus noch – wie es bislang nur bei dem eingezogenen schmalen Flügelbau vorhanden war – mit einem Obergeschoß (an Stelle des kleinen Flügelbaus wurde um 1616 ein neues Hinterhaus errichtet – dazu siehe weiter unten Rodenbecker Straße 12). Im Unterschied zur vorigen Bauphase nutzte man nun allerdings wieder Fachwerk als Material der neuen Abschnitte der Außenwände. Das einbezogene Obergeschoß des Flügels blieb zu diesem Zeitpunkt an den mitbenutzten steinernen Umfassungswänden noch erkennbar. Die Fachwerkkonstruktion ist dabei bestimmt durch einfach vernagelte Hölzer und schmale, gerade Fußstreben zur Aussteifung des Wandgerüstes. Am nur in Resten erhaltenen in Fachwerk aufgesetzten Obergeschoß des Vordergiebels kragte man das Dreieck über Stichbalken vor, unter denen ehemals kleine Knaggen unbekannter Form saßen. Möglicherweise ist auch

Abb. 1756 Weingarten 52, rückwärtige Ansicht von Süden mit dem Hintergebäude (Rodenbecker Straße 12) und Rodenbecker Straße 10, 1970.

die darunter bestehende Steinfassade zu diesem Zeitpunkt zwischen den vier Pfeilern neu gestaltet worden, worauf zahlreiche Spolien von großen Fensteranlagen mit Renaissanceornamentik hinweisen. Auf Grund der zahlreichen späteren Umbauten konnten keine Befunde für die ursprüngliche Ausfachung ermittelt werden.

Im Zusammenhang mit den weitreichenden Erweiterungen wurde der Stubeneinbau über dem Kellersockel erneuert. So konnte ein Ständer dendrochronologisch auf 1596 datiert werden; der ehemalige Eckständer trägt die eingeschnitzte Datierung (15 ?)*97*. Letzterer läßt zudem den Zapfenschlitz eines Kopfbandes erkennen, das wohl zur Unterstützung des noch existenten Längsunterzuges unter der Balkenlage eingebaut wurde. Die Konstruktion der zwei Gefache langen Dielenwand dieses Einbaus wurde unter diesen Unterzug gesetzt und nach oben zwischen den Ständern mit Kopfriegeln ausgesteift.

Zu einem nicht näher bestimmbaren Zeitpunkt (möglicherweise um 1637) wurde dieser Stubeneinbau um zwei Gefache verlängert; der Ständerabstand richtete sich dabei nach der vorhandenen Balkenlage. Die Tonne des Kellers dabei weitergeführt (wobei Reste der alten Rückwand mit einem Pfeiler des rückwärtigen Zuganges erhalten blieben), ein gleichartiger Eingang neu geschaffen. Die Fachwerkkonstruktion darüber wurde verlängert, wobei zu diesem Zeitpunkt schon der alte Längsunterzug unter der Balkenlage entfernt war (im Bereich des alten Stubeneinbaus wurde die ent-

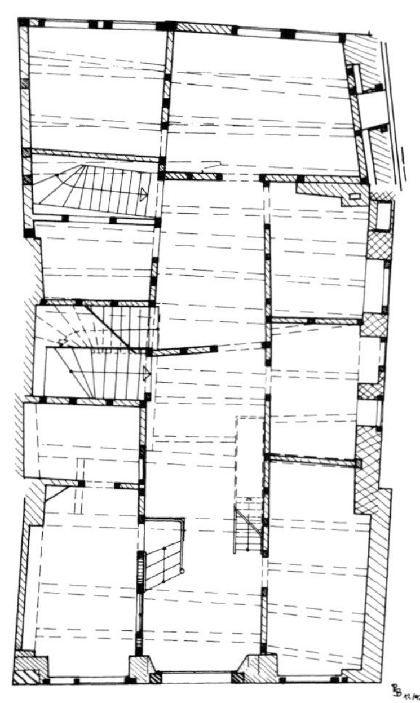

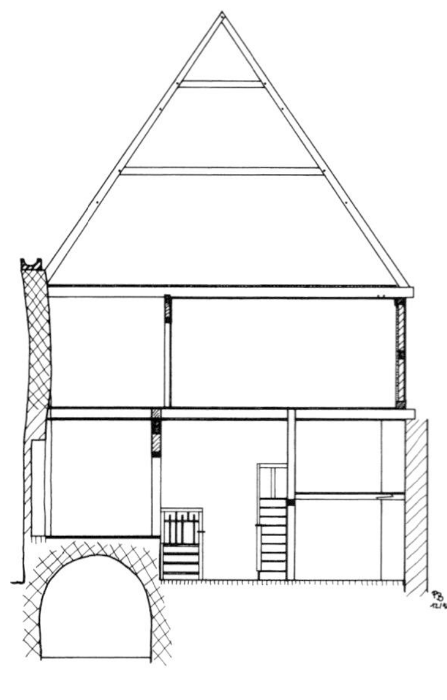

Abb. 1757 Weingarten 52, Grundriß im Erdgeschoß sowie Querschnitt durch den vorderen Hausteil mit unterkellerter Stube, Bestand 1992.

standene Lücke durch untergeschobene Holzblöcke eher notdürftig geflickt, da man offensichtlich die Fachwerkwand schon verputzte). Der Stubeneingang bei diesem Umbau in den neuen Teil verlegt, davor eine Treppenanlage, deren Geländer-Zapflöcher noch in den Ständern erhalten sind; die Hölzer des Türgewändes abgefast. Weitere innere Aufteilungen sind nicht belegbar. Dieser Umbau steht möglicherweise im Zusammenhang mit im folgenden beschriebenen, umfangreichen Reparaturen des Hauses.

Die Datierung zweier Dachbalken in der Hausmitte auf den Zeitraum um 1637 ist nur als notwendige Reparaturmaßnahme zu erklären, denn das zu diesem Zeitpunkt erst geringe Alter des Obergeschosses läßt vermuten, der Anlaß seien weniger allgemeiner Verfall als vielmehr Beschußschäden durch Belagerung gewesen, die für die Häuser an der Rodenbecker Straße und Weingarten zwischen Juli und November 1634 (Bölsche o. J. – Krieg 1957, S. 58. – Nordsiek 1988, S. 8) nachgewiesen sind. Das Fehlen von Kopfbandschlitzen in den wohl drei Jahre später eingebrachten Reparaturhölzern muß dabei so interpretiert werden, daß offenbar im Zusammenhang mit diesen Baumaßnahmen der Teil der westlichen Traufwand, der zum Kernbau gehört, über dem schon bestehenden massiven Erdgeschoß als Ersatz für die Fachwerkkonstruktion der Jahre um 1590 massiv aufgemauert wurde. Allerdings errichtete man ein homogenes, nur in Lehm gemauertes und nicht durch Bögen verspanntes Mauerwerk aus großen unbehauenen Bruchsteinen und Bauschutt sowie Ziegeln, das keine große Standsicherheit aufweist (1990 auf Grund von Nässeschäden zum Teil eingefallen). Im Zusammenhang mit diesen Reparaturen am Haus – bei denen offenbar auch der alte

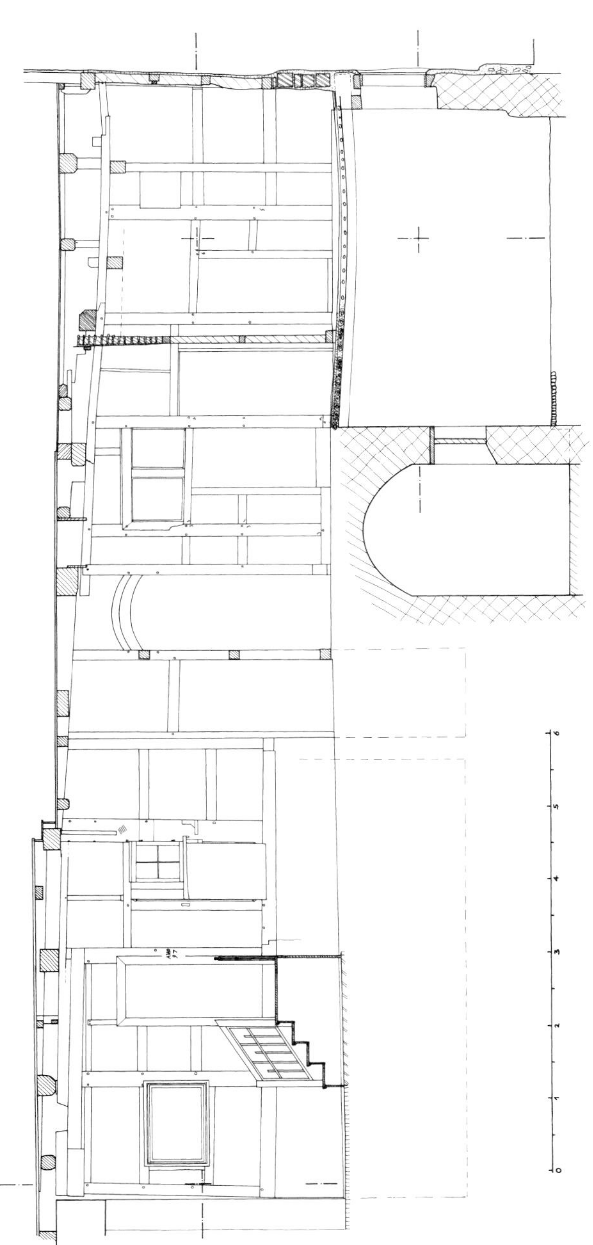

Abb. 1758 Weingarten 52, Längsschnitt durch Erd- und Kellergeschoß, Blick nach Osten, Bestand 1992. M 1:100.

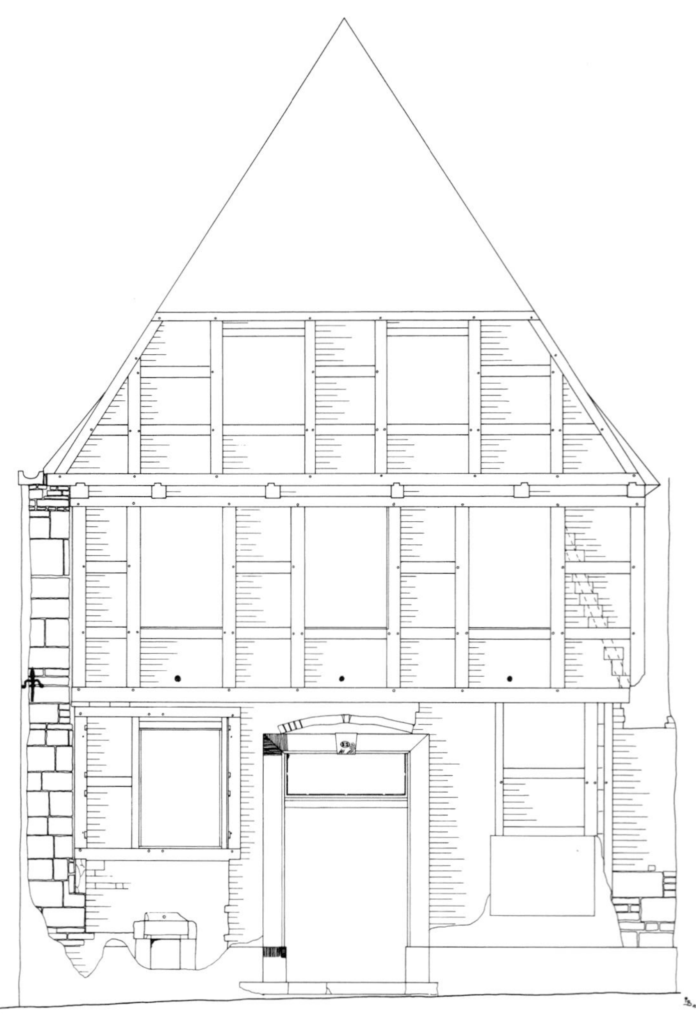

Abb. 1759 Weingarten 52, Straßengiebel, Bestand 1992 nach Abnahme des Putzes. M 1:100.

Unterzug unter der Dielenbalkenlage entfernt wurde – müssen auch Teile des Dachwerkes neu verzimmert worden sein, worauf auch die heute nicht mehr im System der Numerierung stehenden Sparrenpaare hindeuten. Zudem erhielten die Sparren zu einem nicht datierbaren Zeitpunkt bei einer Neuaufrichtung zwei neue Kehlbalkenlagen.

Die weitere innere räumliche Entwicklung des Hauses läßt sich zwar mit zahlreichen Einzelbefunden belegen, doch gelang es nicht, die Entwicklung des linken und des rechten Stubeneinbaus vor dem großen Umbau von etwa 1821 einander zeitlich zuzuordnen, deswegen im folgenden die Einbauten getrennt dargestellt:

Wohl im 18. Jahrhundert der linke Stubeneinbau bis zum Rückgiebel verlängert. Dabei verzimmerte man die rückwärtige alte Einbauwand unter Verwendung älterer Hölzer neu und brach wohl

Abb. 1760 Weingarten 52, linker Stubeneinbau, Blick durch die Diele zum Vordergiebel, Zustand 1992.

auch die linke steinerne Traufwand des Flügelbaus ab. In diesem Zusammenhang müssen bis in den Keller hinein neue Fundamente des Hauses gebaut worden sein. Es entstand unter Einzug des alten Tonnengewölbes ein neuer großer Kellerraum mit Längsbalkendecke, der eine neu aufgemauerte Stützmauer gegen den Hang unter dem Vorderhaus bekam. Hinter der Stützmauer schuf man einen zusätzlichen kleinen gewölbten Kellerraum unter der verbliebenen Diele. Die vom rückwärtigen Hof ebenerdig mit einer Tür und Fenstern gut erschlossene Kelleranlage, die im Bereich des verbliebenen alten Gewölbes eine schon früher angelegte und intensiv genutzte Feuerstelle aufwies, diente wohl gewerblichen Aufgaben, möglicherweise als Braukeller. Der Kellerraum mit einem dichten Kieselpflaster ausgelegt und – wohl in dieser Form nachträglich um 1820 – mit einer breiten, durch eine Trennwand abgeschlossene Treppe mit Flur zum Hof vom Erdgeschoß des Hauses erschlossen.

Auch auf der rechten Seite des Hauses bestanden schon Einbauten in die Diele. Nach den dendrochronologischen Daten schuf man hier um 1770 einen kleinen zweigeschossigen, zwei Gefach langen vorderen Einbau, an den sich eine ebenfalls zwei Gefach lange Luchtkonstruktion anschloß, die die Balkenlage auffing. Hier bestand ein Durchgang, so daß diese Baumaßnahme auf einen funktionalen Zusammenhang mit dem benachbarten Grundstück Nr. 50 hinweist – der sich auch an einem nachträglichen Durchbruch sowohl im Keller als auch im Erdgeschoß zum Hinterhaus Rodenbecker Straße 12 belegen läßt. Die rechte Traufwand des Vorderhauses bestand zu dieser Zeit noch aus Fachwerk, da die Balken erst nachträglich mit Steinen ummauert worden sind.

In einem nächsten Bauabschnitt zwischen 1770 und 1802 wurde diese erst kurz zuvor geschaffene Lucht des rechten Einbaus wieder aufgegeben. So wurden 1786/97 bei nicht näher bekannten Renovierungen im dem Haus über 800 Rthl verbaut. Man verlängerte nun statt der Lucht den rechten Einbau durch eine Hängebühne, unter der ein niedriger, zur Diele noch offener Bereich verblieb (der Treppenpodest mit einfacher Treppe, die zwei Zugänge zu der Kammer über dem vorderen Bereich und der Hängebühne erschließend, bis 1992 erhalten). Zu einem unbekannten Zeitpunkt ist der in der Lucht befindliche westliche Ausgang des Hauses neu gestaltet worden, indem man in den alten Entlastungsbogen der Traufwand eine um die Türöffnung greifende Fachwerkkonstruktion einbrachte und so eine glatte Wandfläche des Raumes schaffen konnte. Zu diesem Zeitpunkt diente der inzwischen von der Diele abgetrennte Raum wohl als Küche, da alle Hölzer dieses Bereiches stark verrußt sind. Die Feuerstelle dürfte in dem nachträglich eingebauten, aus dem Keller reichenden Kamin vor der östlichen Traufwand gelegen haben. Der Rauch zog aber auch über die noch nicht abgeteilte Diele mit deutlicher Abschwächung in die vorderen Hausbereiche.

Für eine Baumaßnahme um 1802 dürften wohl Bauschäden verantwortlich sein. Es wurden Reparaturen an der linken Einbauwand durchgeführt und anschließend, da die Konstruktion starke Senkungserscheinungen aufwies, im rückwärtigen Hausteil eine neue, tiefer gelegte Balkendecke aus Eichenbalken eingebaut. Sie wurde an der Unterseite durch eine verputzte Bretterlage verkleidet. Da zugleich eine neue Querwand entstand, diente der alte Dielenraum des Hauses in den drei hintersten Gebinden seit dieser Zeit nicht mehr als Küche, sondern als Wohnraum.

In einem nächsten Umbau um 1821 ⓓ wurde eine Verbindung beider Dielenseiten hergestellt, wobei es zu weitreichenden Veränderungen in der Raumstruktur, aber auch zur Veränderung der äußeren Erscheinung kam (möglicherweise im Zusammenhang mit dem Besitzwechsel an Kaufmann Buschendorf). Das Haus wurde nun zu einem mehrgeschossigen Flurhaus umgebaut, wobei man darauf Wert legte, dies sowohl äußerlich als auch innerlich in einer »modernen« Gestalt darzustellen: beide Giebel wurden neu gestaltet und in der Fachwerkkonstruktion stark erneuert, mit Krüppelwalmen versehen und anschließend der Zeitmode entsprechend verkleidet: Der Vordergiebel, im Erdgeschoßbereich aus Backstein mit Sandsteingewänden zwischen die alten, nur z. T. wiederverwendeten Reste der vier Pfeiler gemauert, erhielt einen rauhen »Besenputz«, der Rückgiebel einen Behang mit Biberschwanzziegeln. Dabei gelangten umfangreiche Spolien einer Werksteinfassade des 16. und 17. Jahrhunderts (die möglicherweise zu der alten Vorderfassade gehört haben) in die Gefachausmauerungen des Rückgiebels.

Auch dieser Umbau nahm seinen Ausgang in zahlreichen technischen Reparaturen (wie der Fachwerkerneuerung des Rückgiebels und dem Ersatz von Teilen der bis zu diesem Zeitpunkt wohl noch aus Fachwerk bestehenden rechten Traufwand) in Backsteinmauern. Im linken Einbau wurde ein zweiläufiges Treppenhaus geschaffen, so daß spätestens zu diesem Zeitpunkt auch das Obergeschoß einer Wohnnutzung zugeführt wurde (ältere Befunde waren hier nicht zu ermitteln). Nachdem zu diesem Zweck die inzwischen auf Grund zahlreicher Bauschäden unregelmäßige Deckenbalkenlage durch aufgelegte Böden ausgeglichen wurde, erstellte man hier leichte Zwischenwände und schuf mehrere abgeschlossene Wohnungen. Im Anschluß an den durch einen Bogen gestalteten Treppenhauszugang wurde die nun zu einem breiten Flur reduzierte Diele durch eine Querwand von der dahinter schon seit 1802 in den Maßen reduzierten, ehemals großen Küche abgeteilt. Auch sie wurde bald danach – in einer anderen Fachwerkkonstruktion aus Nadelholz – durch eine Längs-

Abb. 1761 Weingarten 52, Hintergebäude, Treppenhaus im ersten Obergeschoß, Zustand 1992.

wand in einen schmalen Hausflur und eine nun dunkle, nur noch indirekt beleuchtete Küche unterteilt (die hier aufgemauerte Feuerwand ist 1992 ohne Dokumentation abgebrochen worden).

Die verbliebene Flurdiele wurde nun durch eine große, zweiflügelige Haustür mit verglastem Oberlicht erschlossen, die man in den alten Torbogen einsetzte, und wurde mit Backsteinen und Sandsteinplatten gepflastert (im 20. Jahrhundert in der Folge der Kanalisationsanlage durch einen Zementestrich ersetzt).

1991 in die Denkmalliste der Stadt Minden eingetragen. Im Zuge der 1992/95 durchgeführten Sanierung des Hauses Umbau zu einem Einfamilienhaus (Planung: Büro Lax & Schlender), dabei in Abstimmung mit der Denkmalpflege weitgehender Verlust der allerdings im Verfall begriffenen historischen Substanz und der zahlreichen Einzelbefunde, wobei es insbesondere zu Abbruch und Erneuerung der rechten Traufwand – bis auf die Mauer des ehemaligen Flügelbaus – kam, die nun in historisierender Weise ein Backsteinmauerwerk mit Bögen erhielt. Ferner auch teilweise Neuaufmauerung der linken Traufwand. Abbruch und Neuverzimmerung des Rückgiebels und des Dachstuhls. Entfernung aller Gefache, Fußböden, Deckenverkleidungen und Kamine. Neubau eines massiven Treppenhauses im Bereich der ehemaligen Küche im rechten Seitenschiff.

Flügelbau (um 1616) Rodenbecker Straße 12 (Abb. 1439–1441, 1756, 1761)

Zweigeschossiger Massivbau über nach Süden weit aus dem Erdreich herausragendem Sockel und mit steilem Satteldach entlang der westlichen Grundstücksgrenze und wohl seit dem späten 18. Jahrhundert als eigenes und von der Rodenbecker Straße erschlossenes Wohnhaus eingerichtet. Seitdem der Bau verputzt und mit einem Krüppelwalmdach versehen.

Wohl als Flügelbau des Dielenhauses am Weingarten kurz nach 1616 errichtet, auf Grund der steilen Hanglage des Baugrundes jedoch seitlich nach Westen verschoben. Er ersetzte offenbar ein kleineres Hinterhaus, das im Zuge verschiedener, in den Jahren zuvor am Vorderhaus vorgenommener Umbauten in das Gebäude einbezogen worden war. Zur Klärung der Baugeschichte wurde eine dendrochronologische Datierung (1992 durch H. Tisje/Neu-Isenburg) vorgenommen.

Abb. 1762 Weingarten 50 (rechts) bis 62, Ansicht von Westen, 1912.

Danach wurde der Baum für den 6. Sparren von Süd der Ostseite des Dachwerkes 1616 oder kurz danach eingefällt.

Das Erdgeschoß mit massiven Umfassungswänden, das Obergeschoß aus Fachwerk. Um 1800 Einbau von Wohnungen und innere Unterteilung der zunächst wohl als Säle genutzten Geschosse. Die breite und gewendelte Treppe mit einem Geländer von durchgesteckten Stäben, die Haupttüren zweiflügelig und mit einer Verglasung mit geschweiften Sprossen. 1993 in die Denkmalliste der Stadt Minden eingetragen und 1995 ohne weitere Untersuchung saniert und zu Wohnungen durchgebaut.

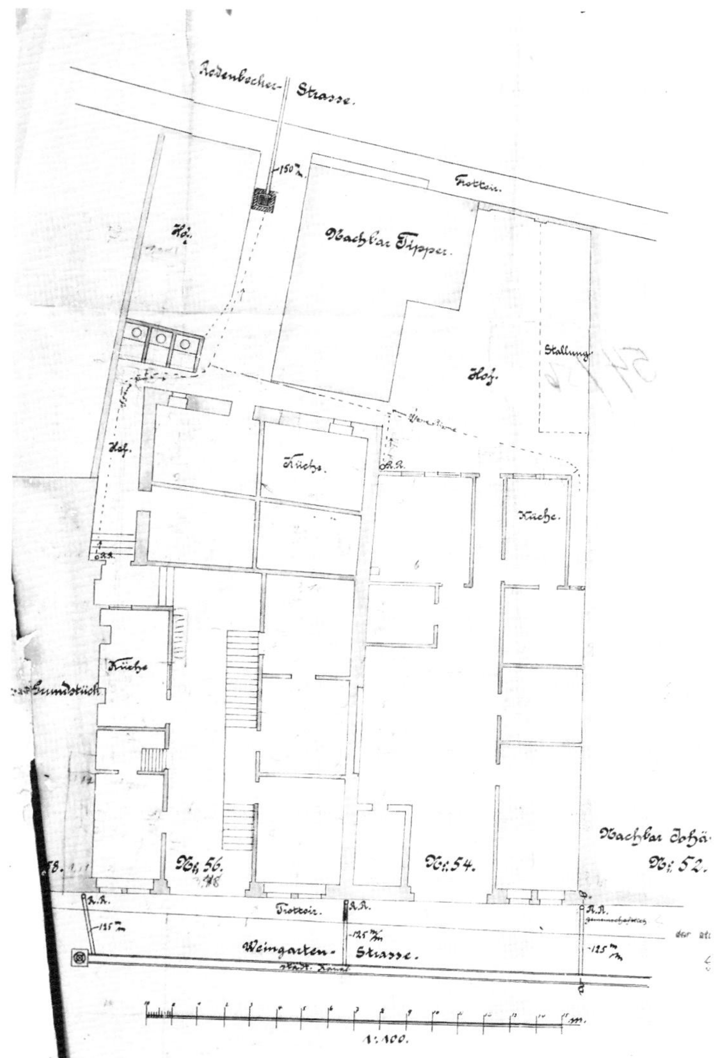

Abb. 1763 Weingarten 54 (rechts) und 56, Plan zur Entwässerung der Grundstücke 1894.

WEINGARTEN 54 (Abb. 1701, 1754, 1762–1763)

Das Grundstück immer Teil der großen Hausstätte Weingarten 56 und spätestens seit 1616 mit einer dort zugehörigen Scheune bebaut. Rückwärtig zudem bis etwa 1720 eine wüst gefallene Hausstätte an der Rodenbecker Straße.

Rückwärtiges Gelände an der Rodenbecker Straße: Die dort im 17. Jahrhundert nachweisbare Hausstelle gehörte dem Armenhaus Heilig-Geist und erbrachte eine jährliche Pacht von 8 Mgr: vor 1688 Hermann Lange (Hausstätte zwischen Cord Schroeder und Reinecke Wiese. Der Platz stößt an den ehemals Ilschen Seelens Hof Platz); 1688 Jobst Ernsting; 1716/19 Witwe Jobst Ernsting. 1716 ist das Haus, das zu dieser Zeit noch *hinthern Weingarten an der Mauer*, also an der Rodenbecker Straße (heute Nr. 10) stand, *heruntergefallen*, so daß die Witwe Ernsting nicht mehr dort wohnen konnte. Die Hausstätte dann 1725 *ledig und darauf Gras wächst*. 1738/39 gehört der wüste Platz dann aber schon zum Grundstück Weingarten 56 (KAM, Mi, B 103 b,3 alt).

Scheune (1616–1967)

Das Gebäude, in den Proportionen genau dem östlich anschließenden Wohnhaus folgend, wohl 1616 zwischen die bestehenden massiven Traufwände von Weingarten 52 und 56 gestellt, dabei massiver Vorder- und Fachwerkgiebel nach Süden geschaffen. Der Bau 1967 ohne weitere Dokumentation abgebrochen, daher heute im Inneren nur noch auf Grund der Entwässerungspläne zu erfassen: im Vordergiebel Torbogen in der gleichen Gestalt wie am Haupthaus, nur ohne Inschrift (der Scheitelstein im Museum Minden, Lap. Nr. 117 a erhalten – siehe auch Wehking 1997, Nr. 156), daher wohl zugleich mit diesem entstanden. Das Innere mit Stalleinbauten auf der westlichen Seite, während der übrige Bereich wohl ungeteilt blieb.

Um 1840 teilweiser Ausbau zu Wohnungen; 1894 Entwässerung; 1906 Kanalisation; 1967 Abbruch durch die Stadt Minden wegen Baufälligkeit (Abb. bei Grätz 1997, S. 183).

Mehrfamilienhaus (von 1982) Weingarten 54/56

In der Gestalt einer Gruppe von drei Häusern als zweieinhalb- bzw. dreigeschossiger und traufenständiger Putzbau mit verspringenden Fronten und Satteldach errichtet.

WEINGARTEN 56 (Abb. 1701, 1754, 1762–1763)

bis 1878 Haus-Nr. 304

Größeres bürgerliches Anwesen, dessen recht breites Grundstück ehemals bis zur Rodenbecker Straße reichte, wo das heutige Gebäude Rodenbecker Straße 10 wohl zunächst zugehörig war (dieses 1649 als Speicher oder Backhaus erbaut, aber schon seit der zweiten Hälfte des 17. Jahrhunderts auch vermietet). Ferner das westlich anschließende Grundstück Weingarten 54 als Scheune zugehörig. Im rückwärtigen Teil des Geländes im 17. Jahrhundert zudem ein kleines Haus, wohl aus einer Bude hervorgegangen, nachzuweisen.

1739 Johan Daniel Rantzau; 1750 Daniel Rantzau; 1755 D. Rantzau, Haus für 180 Rthl; 1766 Böttcher Wilhelm Rantzau, betreibt auch Landwirtschaft auf eigenem Land; 1781 Rantzow, Wohnhaus 200 Rthl, Hinterhaus 100 Rthl; 1798 Böttcher Kleine (die Scheune ist 1791 neu gebaut); 1802/04 Kleine, Wohnhaus mit Braurecht und Hinterhaus und Scheune, hat eigenen Brunnen und metallene Spritze. Hält 3 Pferde, 8 Kühe und 4 Schweine; 1806 Böttcher und Worthalter Heinrich Kleine, zweistöckiges Wohnhaus, Nebenhaus, Hof, Scheune und Stall; 1818/32 Worthalter Kleine, Wohnhaus 200 Thl und Hinterhaus 100 Thl; 1835 Erben Kleine; 1846 Ökonom Jacob Rasche und zwei weitere Mietparteien (insgesamt 24 Personen); 1853 Ökonom Rasche und zwei Mietparteien; 1873/78 Witwe Althoff; 1894 Witwe Sieges; 1906/08 Kaufmann Wilhelm Elling (wohnt Greisenbruchstraße 18), Honighandel und Kunsthonigfabrik; 1909 Verkauf an Kaufmann Heinrich Bögelholz zu Löhnebeck; 1922 Kauf durch die Stadt Minden.

Dielenhaus (Spätmittelalter/1616–1967)

Giebelständiges Dielenhaus mit hohem Torbogen, fünfachsigem Obergeschoß und Krüppelwalmdach, am Torbogen 1616 datiert. Das 1967 ohne Dokumentation abgebrochene Haus offenbar in mehreren Schritten entstanden, heute allerdings nur noch in großen Zügen zu erfassen. Kern offensichtlich ein wohl noch spätmittelalterliches massives Dielenhaus (15./16. Jahrhundert) von 9,80 m Breite und einer inneren Höhe unter den Balken von etwa 4,50 m mit einem leicht auf der Ostseite eingezogenen Hinterhaus. Vordere, unterkellerte Stube auf der rechten Seite. Der Bau 1616 mit einem Obergeschoß mit einer lichten Höhe von etwa 2,30 m versehen und zugleich mit einer westlich anschließenden Scheune in gleichen Proportionen ergänzt. Von dem Bau haben sich bis heute noch Reste der mit Weingarten 58 teilweise gemeinsamen Traufwand erhalten: diese mit drei der charakteristischen Bögen in dem Backsteinmauerwerk der hohen Dielenseitenwand, während das Mauerwerk des Obergeschosses homogen und ohne Bögen gemauert ist und wohl erst im 17. Jahrhundert (wohl 1616) aufgesetzt wurde. Die weitere Gestalt des Hinterhauses nicht bekannt.

Im Zuge des Umbaus 1616 wurden im vorderen Bereich der Diele beidseitige Einbauten mit Zwischengeschossen geschaffen (der rechte breiter), dazwischen die hohe Diele. Diese mit sandsteinernem Torbogen befahrbar. Das schlichte und im Profil einfach rechteckige Gewände mit einem Scheitelstein, der einen von Hauszeichen begleiteten Engelskopf zeigt. Dieser seitlich begleitet von Inschrift: *WELCHN GOT BENE/DEIT DEM SCHADT / KEIN*

Abb. 1764 Weingarten 58, Ansicht von Nordosten, 1993.

NEIDT WO GOT / NICHT GEHT HILFT / KEIN ARBEIT. Unter der Darstellung zweiter Spruch: *FURCHTE GOT UND / THU WAS RECHT IST / 16 16* (siehe Krins 1951, S. 72. – Wehking 1997, Nr. 156 – der Stein im Museum Minden erhalten: Lap. Nr. 117).

Das Haus um 1840 (zusammen mit der westlich anschließenden Scheune) modernisiert und sowohl im Hinterhaus als auch in dem wohl bislang nur als Speicher genutzten Obergeschoß zu Wohnungen ausgebaut. Dabei die Fassaden geputzt und mit schlichten Gesimsbändern und Krüppelwalmen gestaltet.

1894 Entwässerung; 1906 Kanalisation; 1908 Einbau eines Schaufensters auf der Ostseite; 1967 Abbruch durch die Stadt Minden wegen Baufälligkeit (Abb. bei Grätz 1997, S. 183).

WEINGARTEN 58 (Abb. 1701, 1762, 1764, 1765)

bis 1825 Haus-Nr. 302 und 303; bis 1878 Haus-Nr. 303

Zwei kleine, wohl aus Buden hervorgegangene Hausstätten, die seit 1798 in gemeinsamem Besitz waren und nach einem Brand 1825 durch ein großes Wohnhaus ersetzt wurden. Die Buden dürften ursprünglich zum Besitz des großen bürgerlichen Anwesens Weingarten 66 gehört haben.

Abb. 1765 Weingarten 60 (links) und 58, Ansicht von Nordosten, 1993.

RECHTER HAUSTEIL: bis 1825 Haus-Nr. 302: 1743 ohne Eintrag (Haus ohne Grundbesitz); 1750 Erben Bruns; 1755 Jobst Busch, Haus für 70 Rthl; 1766 Colmeyer, Haus für 30 Rthl; 1781 Collmeyer, 25 Rthl; 1798 Karrenführer Tügel; 1802/04 Anton Tügel, Haus für 300 Rthl, ohne Braurecht, Mieter ist Soldat Keyser; 1806 Fuhrmann Konrad Tügel; 1809 Tügels Haus; 1818 Fuhrmann Tügel, Haus für 100 Thl.

LINKER HAUSTEIL: bis 1878 Haus-Nr. 303: 1737 Versteigerung von Meister Friederich Darthens Haus auf dem Weingarten (WMR 1737); 1745 Friderich Darthen; 1750 Dathen, jetzt Tügel; 1755/66/81 Anthon Tügel, Haus für 100 Rthl; 1782 Fuhrmann Tügel (Tagel); 1802/04 Anton Tügel, Haus für 400 Rthl, ohne Braurecht, hält 1 Pferd, 1 Kuh und 1 Schwein; 1818 Fuhrmann Tügel, Wohnhaus 200 Thl.

HAUS-NR. 302/303: 1827/37 Witwe Wagener, Wohnhaus nebst Anbau 1650 Thl; 1846 Böttcher Hermann Bake und zwei weitere Mietparteien; 1853 Böttcher Baake und drei weitere Mietparteien (insgesamt 22 Personen im Haus); 1878 Hellmeyer; 1908 Böttcher Julius Hellmeyer; 1919 Karl Hellmeyer (wohnt in Mülheim a. Rhein), vermietet an Klempner Bodenhausen und vier weitere Parteien; 1934 Dekorationsmaler K. G. Waldau.

Doppelhaus (bis 1825)

Es handelte sich um ein Fachwerkhaus unbekannter Form. Am Teil Haus-Nr. 303 wurde 1782 eine *Nothreparatur*, vorgenommen, *bestehet aus Verschwellung und Einzügen neuer Wände, den Verfall des Hauses zu hindern.* Kosten 84 Rthl (KAM, Mi, C 156,12 alt). Nach Gutachten des Zimmermeisters Sassenberg *fand sich, daß 2 Balken, der ganze Giebel, der Schorstein nebst Brantmauer heruntergestürzt und die Stube beschädigt war. Dieser Unsicherheit wegen Feuersgefahr zu verhüten wurde der Tagel angehalten, selbige Reparatur in Stand zu setzen.* Ferner wurde der Giebel mit Dielen beschlagen (KAM, Mi, C 388).

1803 wird ein Anbau an dem Haus durch den Zimmermeister Wehking Junior errichtet (KAM, Mi, C 142). Am 18.6.1825 *brach in den Tügelschen Häusern* [...] *feuer aus, welche zum Theil ausbrandten* (KAM, Mi, E 126). Daraufhin wurden sie abgebrochen und durch einen gemeinsamen Neubau ersetzt.

Haus (von 1826)

Zweistöckiges und traufenständiges, ursprünglich (bis 1977) verputztes Wohnhaus aus Fachwerk, in seiner heutigen Gestalt allerdings in zwei Etappen entstanden. Während man – nach der unterschiedlichen Ausführung der Fachwerkkonstruktion und Befunden an den Geschoßbalken – das Erdgeschoß wohl unmittelbar nach 1825 errichtete und zunächst mit einem Satteldach über leicht vorstehenden Balkenköpfen versah, wurde das Obergeschoß erst in einem zweiten Abschnitt – wohl wenig später geschaffen.

Der Bau in der Ansicht fünfachsig und auf Grund der topographischen Lage über zum Teil sehr hohem Sockel. Recht flach geneigtes, zunächst nicht ausgebautes Satteldach. Das Gebäude mit seinem Westgiebel unmittelbar an die massive Wand des Hauses Weingarten 56 angefügt und zu dem östlich anschließenden Haus Weingarten 60 mit einer massiven Wand abgeschlossen. Das Gerüst stöckig verzimmert, zweifach verriegelt und an den Ecken mit Schwelle-Rähm-Streben ausgesteift.

Zugang über eine einflügelige Haustür mit Oberlicht und drei Vorstufen in der zweiten Achse von West zu einem bis zum rückwärtigen Hofausgang (mit Vortreppe) reichenden Flur, in den die zweiläufige Treppe zum Obergeschoß eingestellt wurde. Weitere Raumeinteilung in beiden Etagen durch eine firstparallele Längswand bestimmt, wobei östlich des Flures an beiden Traufwänden jeweils Stube und dahinterliegende schmale Kammer, westlich nach vorne weitere Stube, nach hinten eine Küche ausgeschieden werden. Nur unter der Küche ein vom Hof erschlossener und mit Backsteinen gewölbter Kellerraum.

Nachträglich auf dem Hof ein zweigeschossiger und massiver Flügel für Ställe angebaut; 1906 Kanalisation; 1934 Ausbau des Dachgeschosses, wobei auf beiden Traufen sehr große Ausbauten aufgebracht werden; 1977 modernisiert und umgebaut (Plan: J. Lax), dabei das Fachwerk freigelegt, der obere Teil des rückwärtigen Anbaus abgebrochen und darüber eine Terrasse errichtet.

WEINGARTEN 60 (Abb. 1701, 1762, 1764–1765)

bis 1853 nicht genannt; bis 1878 Haus-Nr. 301 a

Das Grundstück zunächst Teil des großen bürgerlichen Anwesens Weingarten 66, aber schon vor 1740 zu dessen südlichen Nachbarn Weingarten 68 zugeschlagen (zur Geschichte siehe dort).

Scheune (um 1700)

Eingeschossiger und traufenständiger Fachwerkbau von neun Gebinden. Das auf Grund der topographischen Lage über einem zur Straße recht hohen Bruchsteinsockel aufgeschlagene Gerüst mit zwei Riegelketten wohl um 1700 verzimmert. Nach 1800 Einbau einer Wohnung, dabei zum Weingarten eine Utlucht aus Fachwerk vorgebaut. 1984 in die Denkmalliste der Stadt Minden eingetragen.

WEINGARTEN 66 (Abb. 1766–1769)

bis 1878 Haus-Nr. 301

LITERATUR: FABER-HERMANN 1989, S. 84–85 Abb. 17 – GRÄTZ 1997, S. 179.

Große bürgerliche Parzelle, die nicht zum Weingarten zu rechnen, sondern im Zusammenhang mit der Besiedlung der Simeonstraße zu sehen ist. Der östliche Kopf des Baublocks zwischen der Roden-

Abb. 1766 Weingarten, Blick nach Osten, links Simeonskirchhof, rechts Rückfront von Weingarten 66 (dahinter Simeonstraße 28), um 1910.

becker Straße und dem Weingarten dürfte ehemals nur von zwei großen bürgerlichen Anwesen eingenommen worden sein (Weingarten 66 und 68/Simeonstraße 30). Zu dem nördlichen der beiden Anwesen dürften zunächst große, westlich anschließende Flächen gehört haben, wohl einschließlich der beiden Buden auf dem späteren Grundstück Weingarten 58. Als Wirtschaftsgebäude diente das Haus Weingarten 60. Diese rückwärtigen Teile des Grundstücks zu einem nicht näher bekannten Zeitpunkt, aber wohl schon vor 1740 an das Nachbargrundstück Weingarten 68 veräußert.

1663 Hinrich Harst; 1667/81 Henrich Hast; 1685/86 Hinrich Haßts Haus, *vor St. Simeon und am Weingarten*, zahlt 3 ½ Thl Giebelschatz; 1696/1711 Friedrich Kottke (auch Codike oder Catge); 1732 Augustus Vögeler; 1750/55/66 Witwe Vögeler, Haus für 300 Rthl; 1774 Johan Gottlieb Vogeler; 1781 Vögeler, 300 Rthl; 1798 Chirurg Vögeler (hat auch Weingarten 32); 1802/04 Chirurg Vögeler, Haus für 1 000 Rthl mit Braurecht, eigenem Brunnen und hölzerner Handspritze, hat 3 Kühe und 2 Schweine; 1806/09 Chirurg Vogeler (wurde als erster auf einem Privatfriedhof der Familie Vogeler in Minden-Rodenbeck an der Berliner Allee 52 bestattet); 1818 Witwe Vogeler, Wohnhaus mit Einschluß der Stallung für 1 000 Thl; 1827 Erben Witwe Vogeler, Wohnhaus 1 800 Thl; 1846 wohnen in dem Haus sechs Familien mit 27 Personen; 1853 Eigentümer ist Witwe Schroeder und Behrends mit vier Mietparteien (insgesamt 30 Personen); 1865 Gaststätte 3. Ranges und Herberge »In der Sonne« von L. Behrens; 1873/78 Steuereinnehmer Fahrenkamp und Mieter Major Block, Hauptmann Trautmann und Witwe Paul; 1908/11 Sanitätsrat Dr. med. Max Diedrich.

Neubau (von 1865/68)

Der Neubau des Hauses muß nach völligem Abbruch des alten Hauses zwischen 1865 und 1868 erfolgt sein. Bauherr war offensichtlich der Steuereinnehmer Fahrenkamp (keine weiteren Akten dazu aufgefunden). Der errichtete Komplex aus verputztem Backsteinmauerwerk gliedert sich in ein dreigeschossiges und fünfachsiges Haus mit Schaufront zum kurzen Ostteil des Weingartens und

Abb. 1767 Weingarten 66, Vorderfront von Südosten, 1910.

niedrigem Satteldach über Drempelgeschoß, daneben ein zeitgleicher nördlicher Anbau, der den Grundstückswinkel des hier nach Westen abbiegenden Weingartens ausfüllt. Dieser offensichtlich zeitgleich errichtet, ein wenig aus der Flucht der Fassade zurückgesetzt und neben dieser völlig zurückhaltend gestaltet, um die Hauptfassade des Hauses in ihrer symmetrischen Wirkung nicht zu beeinträchtigen. Beide Bauteile völlig unterkellert mit Tonnen auf Gurtbögen.

Die Gestaltung der Fassade unter den zahlreichen zu dieser Zeit entstandenen Bauten ungewöhnlich und überdurchschnittlich anspruchsvoll, da in das übliche Schema der fünfachsig und dreigeschossig konzipierten und symmetrisch aufgebauten Front hier die Fassadenkomposition des etwa 15 Jahre zuvor entstandenen Wohnhauses des Architekten Friedrich August Stüler in Berlin, Lennéstraße 3, eingefügt worden ist (dazu Faber-Hermann 1989, S. 85). Die Ähnlichkeit wird insbesondere beim Aufbau der Mittelachse mit Eingang, Balkon und bogenüberfangener Mittelfenstergruppe deutlich, obwohl in Minden alle Details, wie Gesimse und Fensterüberdachungen gegenüber dem nur wenig plastischen und strengen Vorbild jeweils reicher ausgestaltet sind. So erhielt der hohe Sockel eine Verblendung aus rauh behauenen Sandsteinquadern, das Erdgeschoß einen gebänderten Putz; zwischen Erd- und Obergeschoß reiche Gesimse. Die das niedrige Drempelgeschoß ver-

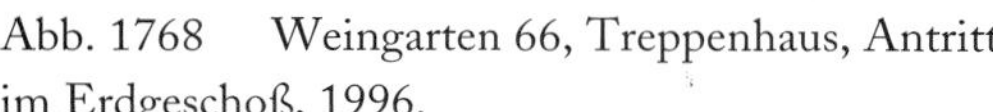

Abb. 1768 Weingarten 66, Treppenhaus, Antritt im Erdgeschoß, 1996.

Abb. 1769 Weingarten 66, Treppenhaus mit Etagentür, 1996.

deckende Attikazone mit kleinen gekuppelten Rechteckfenstern ist ebenfalls mit einem Gesims abgetrennt und von einem starken, auf Konsolen ruhenden Gesims abgedeckt.

Das Innere des Hauses bis heute weitgehend im ursprünglichen Zustand (einschließlich der Fenster in der Vorderfront mit innenliegenden Läden sowie der Haustür) erhalten und im Erdgeschoß bestimmt durch einen mittleren Querflur und ein darin rückwärts eingefügtes zweiläufiges Treppenhaus mit Aborten auf den Wendepodesten (diese aus der Rückfassade vorspringend, darunter gemauerte und überwölbte Abortgrube). Im ersten Obergeschoß die Hauptwohnräume als Enfilade hinter der Vorderfront mit zweiflügeligen Türen (die Blätter in der mittleren Füllung jeweils mit Kreisornament).

1898 Entwässerung; 1904 Kanalisation; 1911 Glasdach mit eiserner Konstruktion (nach Plänen Architekt Meyer) über dem Balkon der Fassade (um 1990 erneuert). 1991 in die Denkmalliste der Stadt Minden eingetragen. Um 1994 Anbau eines kleinen eisernen Balkons im ersten Obergeschoß an der Rückfront und Erneuerung von Fenstern.

Abb. 1770 Weingarten 68 (rechts) sowie Simeonstraße 30 und 32, Ansicht von Nordosten, 1993.

WEINGARTEN 68 (Abb. 1770–1772)

bis 1806 Haus-Nr. 300; bis 1878 Haus-Nr. 300 a

Sehr großes und mit zugehörigen Flächen gut ausgestattetes bürgerliche Anwesen, zudem an hervorgehobener Stelle im Stadtgefüge, unmittelbar vor dem Simeonstor gelegen. Das Grundstück umfaßte zunächst offensichtlich nicht nur das südlich anschließende Grundstück Simeonstraße 30 (ursprünglich als Nebenhaus ? mit angebautem Lagerhaus), sondern auch weitere Wirtschaftsgebäude und Buden an der Rodenbecker Straße (siehe Haus Nr. 6 und 8). Nachdem das südlich anschließende Nebenhaus schon früh (vor dem 16. Jahrhundert) zu einer selbständigen Hausstätte wurde, das Gelände vor 1740 durch Zuerwerb von Flächen des Nachbargrundstücks Weingarten 66 bis zum Weingarten (hier 1933 Einbau eines Tores) erweitert. Ein vermauerter Torsturz am Weingarten bezeichnet *ANNO 1740 JHF EDK* (also Johann Henrich Frederking und wohl seine Frau). Verschiedene Spolien, die vom Haus stammen sollen, wurden auf der Parzelle Weingarten 68 gefunden, weitere auch noch auf den Grundstücken Rodenbecker Straße 8 und 12.

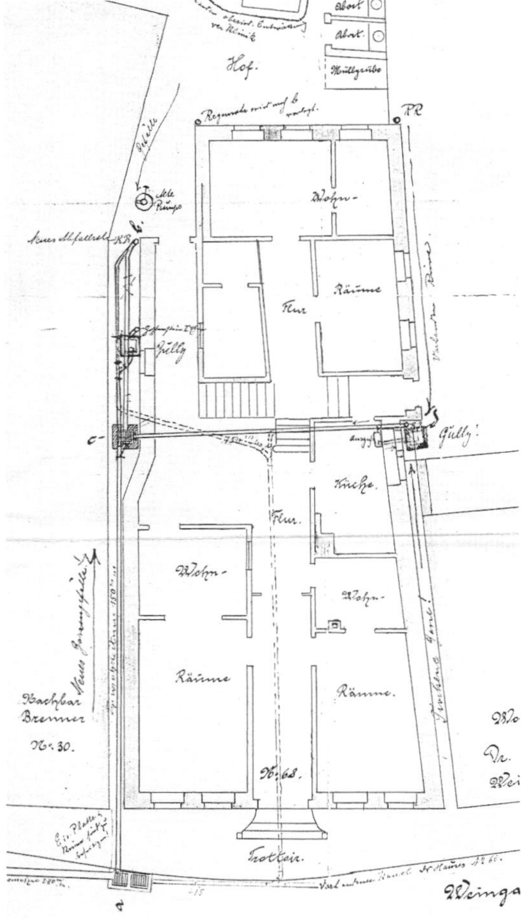

Abb. 1771 Weingarten 68, Grundriß aus dem Entwässerungsplan von 1898.

Folgende Nachrichten sind erschlossen (dazu NORDSIEK 1988, S. 28 ff.): 1634 Bürgermeister Heinrich Schmitting (1586–1664). Verheiratet mit Anna Hävermann (eine von J. H. Frederking der Simeonskirche gestiftete Erinnerungstafel von 1744 dieser edlen Stifter mit zwei älteren Porträts des Ehepaares im Rathaus erhalten). Sie vermachen ihren umfangreichen Besitz, Haus mit Brauhaus und Hinterhaus, gelegen vor dem Simeonstor, den ihnen verwandten Geschwistern Heinrich Daniel Rather und Anna Hedwig Rather. Durch Erbgang über letztere gelangt das Haus an die Familie Frederking.

1668/73 Erben Bürgermeister Heinrich Schmitting; 1674/81 Conradt Frederking; 1685/86 *H. Conradt Frederkingß Hauß olim H. Burger M. Heinr: Schmitting am Wall vor St. Simeonis*, zahlt jährlich 4 Thl. Giebelschatz; 1696 Herr Conrad Frederking; 1696/1711 Witwe Conrad Frederking; 1733 Johann Henrich Frederking (mit umfangreichen Landbesitz); 1750 J. H. Frederking; 1755/66 Senator Frederking, Haus für 600 Rthl, 1. Scheune 100 Rthl, 2. Scheune 100 Rthl; 1781 Witwe Senator Frederking; 1798 Com.-Rat Rodowe mit zwei Nebengebäuden; 1802 Rodowe, Haus für 1 500 Rthl, zwei Scheunen je 250 Rthl und das Gartenhaus vor dem Kuhtor 200 Rthl; 1804 Witwe Rodowe, vermietet an den Capt. Thüre, Haus mit Braurecht, Brunnen und hölzerner Handspritze; 1806/09 Eigentümer ist Major Christian Martin Thüre (* 1757 in Minden) und Sohn Christian Friedrich Thuren (* 1798): Wohnhaus von zwei Etagen, Stall und Garten; 1818/37 Major Thüre, Wohnhaus 2 500 Thl, Stallung und Waschhaus 500 Thl, hinterste Scheune 500 Thl; 1836 Regierungsrat Ferdinand von Schütz (Mieter ?, * 1784 in Berlin); 1847 Witwe Thüre und Kaufmann Friedrich Schäfer mit Familie; 1853 Kaufmann Disselhorst mit Witwe Thüren als Mieterin; 1865 Witwe auf der Heyden (Guano- und Mineraldüngerhandlung); 1878 Nolting; 1898 Dr. Dietrich/Dr. Schlüter (siehe auch Rodenbecker Straße 6); 1908 Dr. med. Karl Schlüter (wohnt Stiftsstraße 6); 1926 Saar; 1927 Witwe Minna Saar; 1949 Oskar Saar.

Das Haus nimmt das Grundstück in ganzer Breite ein und reicht tief in den Block hinein. Es geht in seiner heutigen Erscheinung auf zwei umfangreiche Neubauprojekte um 1770 und um 1810 zurück, wobei jeweils nur zum Teil auch ältere Bauteile der abgebrochenen Vorgängerbebauung wieder verwendet wurden. In einem ersten Bauabschnitt das Hinterhaus stark umgebaut, erweitert und aufgestockt, in einem zweiten Abschnitt das Vorderhaus dann völlig neu gebaut. Der gesamte Komplex seitdem ungewöhnlich wenig verändert und bis heute in vielen Details als ein ungewöhnlich qualitätvolles Beispiel eines großbürgerlichen Wohnhauses aus dem frühen 19. Jahrhundert überliefert. 1991 der Komplex in die Denkmalliste der Stadt Minden eingetragen.

Haus (vor oder um 1600–1810)

Erkennbar von der Vorgängerbebauung in den Neubau übernommen wurden der Keller und wohl auch das Erdgeschoß des Hinterhauses. Danach zu erschließen, daß das um 1810 abgebrochene Vorderhaus die gleichen Ausmaße hatte. Es dürfte als Dielenhaus mit massiven Umfassungswänden errichtet worden sein und hatte – nach den zahlreichen wohl von diesem Bau stammenden Spolien – einen reich gestalteten Giebel in Formen der Renaissance. Hinter dem Haus ein Flügelbau von etwa halber Hausbreite entlang der nördlichen Grundstücksgrenze, von dem heute noch der Gewölbekeller und wohl die Umfassungswände des Erdgeschosses erhalten sind.

Vorderhaus (um 1810)

Dreigeschossiger und nicht unterkellerter Backsteinbau ohne erkennbare Bauteile der Vorgängerbebauung, wohl um 1810 nach Besitzwechsel für den Major Thüre errichtet. Über dem Haus ein flach geneigtes Krüppelwalmdach, als Sparrendach mit einer Kehlbalkenlage aus Nadelholz ausgeführt. Die Putzfassade fünfachsig und als viergeschossige Blendfront in ungewöhnlich strenger, klassizistischer Haltung mit nur knapper Dekoration aus einzelnen und akzentuiert gesetzten Werksteinteilen ausgeführt: geschoßtrennende Gesimse, Sohlbänke und das gepunzte Gewände der Haustür, ehemals auch die vorgelagerte Freitreppe. Nur das Gesims über dem ersten Obergeschoß stärker vorkragend. Ein weiterer Akzent durch die knappe Verdachung mit ungegliederten flachen Giebeln über den Fenstern der mittleren Achse im ersten und zweiten Obergeschoß. Die Sohlbänke seitlich auf kleinen Klotzkonsolen aufliegend, die sich in einer dichten Reihung auch unter dem oberen Abschlußgesims der Front finden.

Das Innere mit breitem Mittelflur, der zu einer repräsentativen, mehrläufigen und bis in das Dach führenden Treppenanlage im Südwesten führt, die die abgetrennten Etagenwohnungen jeweils im Vorder- und Hinterhaus erschließt. Das Geländer in aufwendiger Verarbeitung mit durchgesteckten und zudem profilierten Stäben. Seitlich des Flures im Erdgeschoß jeweils große vordere Stube mit diagonal in den Ecken plazierten Ofennischen und rückwärtige Kammern. Auf der Nordseite anschließend wohl Küche, südlich offener und als Hauswirtschaftsplatz und Waschküche dienender Bereich unterhalb der Treppe (um 1950 abgetrennt). Türen zumeist aus der Bauzeit, die unteren Füllungen dabei geriefelt, die oberen mit Dreiecktropfen in den Ecken.

1898 Entwässerung; 1949 Einbau eines Schaufensters links der Haustür.

Hinterhaus (16. Jahrhundert ? und um 1770)

Am 29. 9. 1634 kommt es bei der Belagerung Mindens zu Schußschäden an dem Haus, die insbesondere das Hinterhaus treffen (Bölsche o. J., S. 56 und 60).

Der Bau mit zwei Geschossen und Satteldach und mit Keller, der wegen des nach Süden ansteigenden Geländes weitgehend unter der Erdoberfläche liegt. Dieser mit einer großen Tonne, die aus Backsteinen und Sandsteinblöcken aufgemauert ist und einem Bodenbelag mit großen Sandsteinplatten. Breiter Zugang in der östlichen Stirnwand (ehemals von der Diele des Vorderhauses) und weitere große und heute vermauerte Öffnung in der südlichen Längswand. Der Bau in seiner inneren Gliederung und seiner Geschichte auf Grund des momentanen Ausbaus und der Verkleidung der Nordwand mit Strukturpappe nicht weiter bekannt, wohl im Kern aus dem 16. Jahrhundert. Dabei das Erdgeschoß mit massiven Umfassungswänden.

Abb. 1772 Weingarten 68, Treppenhaus von etwa 1810, Zustand 1998.

Das Obergeschoß aus Fachwerk und wohl um 1770 aufgesetzt, dabei die Ständerstellung von den großen Fensteröffnungen bestimmt; zwei Riegelfolgen, Aussteifung mit Schwelle-Rähm-Streben. Im Zuge dieses Umbaus die östliche Hälfte des Hinterhauses mit massiven Wänden und sandsteinernen Gewänden der Öffnungen auf die Breite des Vorderhauses gebracht und in der westlichen Hälfte das Obergeschoß in dieser Flucht nach Süden über dem Hof weit vorkragend. Das Dachwerk als Sparrendach mit zwei Kehlbalkenlagen aus Nadelholz. Das westliche Giebeldreieck zunächst als Fachwerkgiebel aus Eichenholz verzimmert (davon nur noch das Sparrenpaar erhalten).

In der Mitte des 19. Jahrhunderts der Westgiebel erneuert und an der Nordwand ein dreigeschossiger und übergiebelter Ausbau angefügt.

1933 Ausbau einer Dachgeschoßwohnung.

Windloch

Im 19. Jahrhundert die offizielle Bezeichnung für den Straßenbereich zwischen Papenmarkt, Ritterstraße und der den Martinikirchhof von West nach Ost überquerenden Straße, die heutigen Adressen Martinikirchhof 10 sowie Hohe Straße 7, 10 und 12 umfassend (siehe jeweils dort). Die Herkunft des Namens dürfte in den oft starken Windströmen begründet liegen, die sich in der engen Gasse zwischen dem Westturm der St. Martini-Kirche und dem Haus Martinikirchhof 10 bilden.

Wolfskuhle

Die Bezeichnung der Wolfskuhle ist schon sehr alt, doch zunächst möglicherweise für einen anderen Ort in der Nähe verwendet. So wird 1425 als Ortsangabe in einer Urkunde vermerkt *buten dem Kodor by der wulffeculen* (KAM, Mi, A III, Nr. 82).

Kleine, von der Pöttcherstraße nach Norden abzweigende Stichgasse mit vier Hausstätten auf der Ostseite. Diese Situation dürfte erst allmählich zwischen dem 16. und 18. Jahrhundert mit der Erbauung mehrerer kleiner Häuser entstanden sein, die offenbar auf die Aufteilung des größeren bürgerlichen Grundstücks Pöttcherstraße 28 zurückgehen. Zunächst bestand dort nur am nördlichen Ende das Haus Nr. 6, zudem der sehr kleine Bau Nr. 8 vor dem nördlichen Ende der Gasse (durch Abteilung von Greisenbruchstraße 27). Um 1730 scheint dann das Haus Nr. 4 und um 1800 als Nebenhaus davon das Haus Nr. 2 entstanden zu sein. 1895 erhält die Gasse Kanalanschluß. Nachdem die Wohnhäuser alle zwischen 1925 und 1967 abgebrochen wurden, die Wolfskuhle heute nur noch der Erschließung der Häuser am Königswall dienend. Das Pflaster aus behauenen Granitsteinen erhalten.

Abb. 1773 Wolfskuhle, Blick von der Pöttcherstraße nach Norden, rechts Nr. 2, in der Mitte Nr. 8, um 1920.

WOLFSKUHLE 2 (Abb. 1773, 1774)

1818 bis 1878 Haus-Nr. 601 b

Die sehr kleine, kaum mehr als die Standfläche des Hauses umfassende Stätte um 1802 durch Abtrennung von Wolfskuhle 4 entstanden und seit 1967 nicht mehr bestehend.

1818/35 Wulbrandt in Petershagen, Wohnhaus soll nicht versichert werden; 1846 Fuhrmann Johann Stohmeier; 1873 Witwe Biensfeld; 1878/96 Eduard Sierig; 1937 Bote der Beamtenbank Leopold Raake; 1947 Gustav Beckmann.

Wohnhaus (um 1802–1967)

Eingeschossiger und traufenständiger Fachwerkbau von drei Achsen mit nicht ausgebautem Satteldach. Nördlich ein schmaler Flur mit Treppe zum Dach und rückwärtiger Kochstelle, südlich nach vorne Stube, rückwärtig Kammer.

1896 Entwässerung; 1934 Einbau eines Zimmers im Dach mit Gaupe auf der Ostseite (Baugeschäft Sierig); 1937 Kanalisation und Ausbau des Dachgeschosses mit weiterer Kammer sowie Flur mit Toilettenraum (Baugeschäft Sierig); 1967 Abbruch durch die Stadt Minden.

WOLFSKUHLE 4 (Abb. 1773–1775)

1729 bis 1741 ohne Martini-Kirchgeld Nr.; bis 1818 Haus-Nr. 601; bis 1878 Haus-Nr. 601 a

Kleine Hausstätte, wohl um 1730 durch Abtrennung von Pöttcherstraße 28 entstanden, wobei schon um 1802 südlich ein kleines, als eigenes Wohnhaus genutztes Nebenhaus (Wolfskuhle 2) entstand. Die Hausstätte fast völlig überbaut, daher westlich der Gasse ein sehr kleiner Platz, auf dem im 19. Jahrhundert ein Abortgebäude stand.

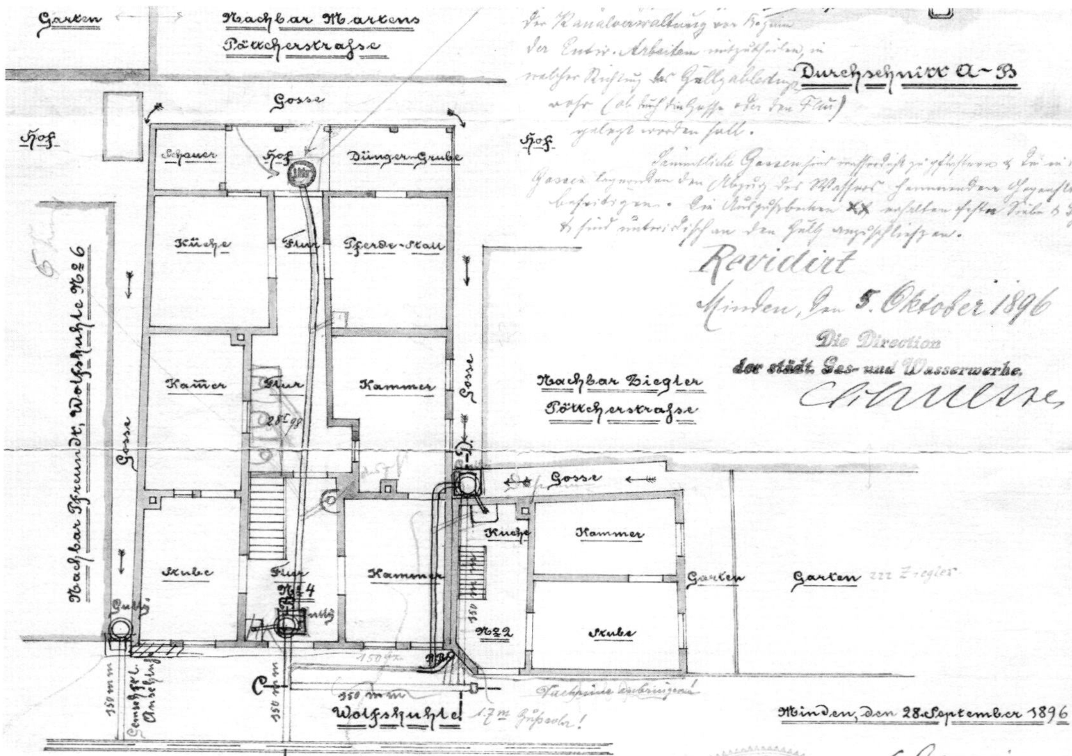

Abb. 1774 Wolfskuhle 2 (rechts) und 4, Plan zur Entwässerung von 1896.

1743 ohne Eintrag (Haus ohne Grundbesitz); 1750 Heineberg; 1755 Heineberg Senior, Haus für 100 Rthl; 1763 Friederich Wilhelm Heyneberg; 1766/81 Fridrich Heyneberg, 100 Rthl; 1791 Fuhrmann Heineberg. Haus hat Huderecht für 2 Kühe vor dem Königstor (hat Pöttcherstraße 20 als Scheune) und ist hoch mit Schulden belastet; 1798 Fuhrmann Friedrich Wilhelm Heineberg; 1802/04 Fuhrmann Friedrich Heineberg, Wohnhaus ohne Braurecht für 100 Rthl, hält 2 Pferde, 1 Kuh, 1 Jungvieh und 1 Schwein; 1806 Fuhrmann Carl Heineberg, Wohnhaus und Nebenhaus, kein Hofraum; 1812 Co. Fuhrmann Heineberg, Wohnhaus und Nebenhaus (hat auch Pöttcherstraße 20); 1818 Hagemann, Wohnhaus für 300 Thl; 1831 Fuhrmann Hagemann, Erhöhung Wohnhaus auf 525 Thl, neu Versicherung Nebengebäude mit 125 Thl; 1846 Witwe Christine Hagemann mit zwei Mietparteien; 1851 soll das geräumige Haus der Witwe Hagemann versteigert werden; 1853 Witwe Hagemann (das Haus *ist außerordentlich schlecht* im Zustand). Verkauf an Maurer Denk (KAM, Mi, F 370); 1873 Witwe Rasky; 1878 Maurer Sierig; 1910/23 Maurerpolier Eduard Sierig.

Dielenhaus (um 1730 ?–1967)

Zweigeschossiger und giebelständiger Fachwerkbau mit Satteldach. Die Vorderfront mit mittlerer Haustür und nur im Erdgeschoß fünfachsig gegliedert. Nach den erhaltenen Plänen und einer Fotografie des verputzten Vordergiebels wohl im Kern ein giebelständiges, eingeschossiges Dielenhaus mit einem Stubeneinbau in der vorderen rechten Ecke. Dieser nur mit einem niedrigen Zwischengeschoß. Nachträglich (1792 ?) weitere zweigeschossige Einbauten geschaffen, so daß die Diele schließlich auf einen schmalen mittleren Flur mit seitlichen Räumen reduziert war.

Nachdem 1791 berichtet wird, daß das Haus seit mehr als 10 Jahren baufällig sei (KAM, Mi, C 467) wird es 1792 zunächst von der Stadt zum Verkauf angeboten (WMA 20, 1792), dann aber doch durch den Besitzer Fuhrmann Heineberg repariert (KAM, Mi, C 126).

1896 Entwässerung; 1910 Kanalisation; 1967 Abbruch durch die Stadt Minden.

1855 wird hinter dem Haus ein kleiner neuer Stall errichtet (KAM, Mi, F 1137).

WOLFSKUHLE 6 (Abb. 1775)

1729 bis 1741 Martini-Kirchgeld Nr. 442; bis 1878 Haus-Nr. 600

Kleinere Hausstätte, wohl im 16./17. Jahrhundert durch Abteilung des Grundstücks Pöttcherstraße 28 entstanden und seit 1965 nicht mehr bestehend. Da die Stätte fast völlig mit dem Haus überbaut war, westlich der Gasse ein kleiner Hofplatz, auf dem ein kleines Wirtschaftsgebäude bestand.

1729 Möller (früher Andreas Jürgen Koch); 1738/41 Johann Hermann Möller; 1743 ohne Eintrag (Haus ohne Grundbesitz); 1750/55 Conrad Möller, Haus für 60 Rthl; 1766 Soldat Sarregen, 60 Rthl; 1781 Meister Möller, 50 Rthl; 1798/1804 Hautboist Müller, Haus ohne Braurecht für 600 Rthl; 1806 Hautboist Christoph Müller, Wohnhaus ohne Hofraum; 1809 Musikus Müller, *ein gut gebautes Haus* von einer Etage; 1818 Polizeisergant Müller, 600 Thl; 1820 Erhöhung auf 800 Thl; 1831 Demoiselle Müller (Tochter des verstorbenen Polizeidieners Müller); 1835 Kreisschreiber Müller; 1846/53 Witwe Sophie Reichmann und zwei Parteien als Mieter; 1873 Witwe Preundt; 1878 Karl Pfreundt; 1896/1908 Witwe Pfreund; 1920 Gustav Braungarten.

Dielenhaus (um 1705 ?–1965)

Zweigeschossiges Giebelhaus aus verputztem Fachwerk und mit Satteldach, die Fassade vierachsig gegliedert. Der Bau möglicherweise – wie für zahlreiche Nachbarhäuser nachzuweisen – im Zuge des Wiederaufbaus nach einem größeren Brand 1705 entstanden. Nach den erhalten Plänen sowie älteren archivalischen Nachrichten im Kern ein eingeschossiges Dielenhaus in traditionellen Formen mit einer Stube in der vorderen rechten Ecke. Diese mit höherem Zwischengeschoß. In der linken hinteren Ecke des Hauses eine unterkellerte Saalkammer, später hinter der Stube zwei weitere Kammern geschaffen. Das Zwischengeschoß über eine Galerie vor dem Einbau erschlossen. Im frühen 19. Jahrhundert werden weitere Kammern im Dach eingebaut.

1831 wird das in einem nicht guten Zustand befindliche Haus durch den Zimmermeister Wehking auf 386 Thl taxiert. Dabei wird es beschrieben als eingeschossiges Fachwerkhaus mit gepflastertem Flur. Offensichtlich scheint es sich noch zu dieser Zeit um ein traditionelles Dielenhaus zu handeln, denn es besteht ein Zwischengeschoß, ferner im hinteren Hausteil ein unterkellerter Bereich. In dem Haus zwei geräumige Wohnstuben mit einem Kanonenofen, eine kleine niedrige Stube, eine weitere kleine Stube mit Kanonenofen, eine Küche mit Kochherd, eine kleine Speisekammer, vier Schlafkammern im Halbgeschoß, ein gebalkter Keller hinten im Hause unter der Stube (PfA St. Martini, P 4).

1920 Umbau, wobei auch auf der linken Seite der Diele ein zweigeschossiger Einbau mit weiteren Wohnräumen geschaffen wird.

1965 Abbruch durch die Stadt Minden.

WOLFSKUHLE 8 (Abb. 1773)

1729 bis 1741 Martini-Kirchgeld Nr. 443; bis 1878 Haus-Nr. 599; bis 1908 Wolfskuhle 7

Sehr kleine Hausstelle, wohl zu nicht näher bekannter Zeit aus dem Grundstück Greisenbruchstraße 27 ausparzelliert. Zugehörig eine kleine, östlich anschließende Hoffläche hinter dem Haus Greisenbruchstraße 27.

1729 Johann Hinrich Dencker; 1738/41 Johann Henrich Seele; 1743 ohne Eintrag (Haus ohne Grundbesitz); 1750 Johann Heinrich Seele; 1755 Henrich Seele, 45 Rthl; 1766 Seelen, 45 Rthl; 1781 Bäcker Seele, Wohnhaus für 50 Rthl; 1791 Witwe Seele und als Mieter Konstschepke; 1798 Backmeister Borchard; 1802 Bäcker Borchard (wohnt Markt 16); 1804 Mieter sind Witwe Konschopern, ein Invalide und weitere Familie, Haus ohne Braurecht, hält kein Vieh; 1806 Backmeister Conrad Borchard (wohnt Markt 16), Wohnhaus ohne Hofraum; 1809 Borchards Haus, bewohnt von Stuhlmacher Panperin; 1818 Gebrüder Lassard, Haus für 400 Thl; 1832 P. Lasard; 1846 Mieter ist Maurer Wilhelm Lotz und Maurer Johann Pielenstieker sowie zwei weitere Parteien; 1853 Kaufmann Lasard, vermietet an Maurer Lotz und eine weitere Partei; 1873/78 Böttcher Reinbold; 1896 Schachtmeister Fuhlrott; 1908 Rentier August Spannagel (wohnt Weserstraße 17); 1924 Carl Todt; 1949 Anna Todt.

Haus (um 1705 ?–bis 1925)

Zweigeschossiger und giebelständiger, sehr kleiner und bis zuletzt verputzter Fachwerkbau mit Satteldach. Der Bau mit einer Grundfläche von 7,80 x 7,80 m möglicherweise – wie für zahlreiche Nachbarhäuser nachzuweisen – im

Abb. 1775 Wolfskuhle 4 und 6 (links), Ansicht von Südwesten, 1953.

Zuge des Wiederaufbau nach einem größeren Brand 1705 entstanden. Nach den erhaltenen Plänen wohl im Kern ein kleines eingeschossiges Dielenhaus mit einem Einbau auf der westlichen Seite, der in beiden Etagen jeweils zwei Räume aufnimmt. Später auch an der Ostseite ein entsprechender Einbau geschaffen. 1925 nach Erwerb durch den Nachbarn abgebrochen.

Lagerhaus (von 1927)

Als Lagerhaus mit Pferdestall für Carl Todt (Greisenbruchstraße 29) durch Maurermeister Homann errichtet. Zweigeschossiger und verputzter Giebelbau mit Satteldach.

1949 Ausbau des Heubodens zu einer Wohnung (Plan: M. Zimmerling).

III DIE FISCHERSTADT

Die Frühgeschichte und weitere Entwicklung der sogenannten Fischerstadt gilt bislang als weitgehend ungeklärt, da kaum archivalische Hinweise aus dem Mittelalter zu diesem Stadtbereich bekannt geworden sind. Auf Grund einer gewissen besonderen Rechtsstellung und der abseitigen Lage der Siedlung außerhalb der nach 1230 angelegten Stadtbefestigung kam allerdings keinem anderen Siedlungsbereich Mindens bislang so viel Aufmerksamkeit zu, wie der Fischerstadt. So haben sich bis heute verschiedene, wenn auch nicht oder nur kaum durch Fakten abgesicherte Überlegungen in der stadtgeschichtlichen Literatur halten können, nach denen es sich bei dieser um den ältesten Stadtbereich von Minden handele, der in seiner Wurzel womöglich noch in die Zeit vor der Bistumsgründung um 798 zurückgehe. Das bislang dazu Bekannte wurde 1952 von Krieg zusammengefaßt und seitdem nur noch referiert. Auch 1989 und 1991 durchgeführte archäologische Untersuchungen (auf den Grundstücken Oberstraße 46 und Weserstraße 25/31) erwiesen sich zur Klärung dieser Thesen nicht als erhellend, da sie keine Siedlungsspuren vor dem 12. Jahrhundert erkennen ließen.

Die durchgeführten bauhistorischen Untersuchungen der bestehenden Bebauung vor dem Hintergrund der seit dem 17. Jahrhundert belegbaren Sozial- und Besitzgeschichte dieser Bauten dürften allerdings zusammen mit den sich daraus ergebenden stadtbaugeschichtlichen Überlegungen die bisherigen Thesen eher in Frage stellen und der Forschung zur Geschichte dieses Stadtviertels neue Impulse verleihen. So ließ sich als Grundlage der Besiedlung ein auch aus Teilbereichen der Altstadt Mindens bekanntes Parzellierungs- und Besiedlungsschema feststellen, das auf eine Besiedlung im 12./13. Jahrhundert schließen läßt. Da die Siedlung außerhalb der die Rechtsbereiche der Stadt und des Wichgrafen trennenden und seit etwa 1230 errichteten Stadtmauer lag, dürfte sie schon zu diesem Zeitpunkt bestanden haben und damit in ältere rechtliche Zusammenhänge eingebunden sein. Die meisten der zu den Hausstätten gehörenden und noch im 18. Jahrhundert nachweisbaren Huderechte innerhalb der Fischerstadt (etwa Weserstraße 8 links und rechts, 10, Oberstraße 1 und 48) lagen *im Fischerstädter Bruche* oder *vor dem Fischertor*, also unmittelbar im Umkreis der Siedlung (nur das Haus Weserstraße 13 hatte Anteil an der Wesertorschen Hude auf dem rechten Weserufer, zu der insbesondere die Häuser der Bäckerstraße gehörten). In diesem Befund erweist sich ein siedlungsgeschichtlicher Zusammenhang der Fischerstadt mit der umgebenden Flur, die sich nach den mittelalterlichen Quellen noch zu späteren Zeiten weitgehend im Besitz des Bischofs befand. Damit werden Thesen zur Siedlungsgeschichte unterstützt, die in der Fischerstadt die reduzierte Form einer bis in die vorstädtischen Zeit reichenden Besiedlung sehen, die womöglich zuerst weitgestreut in dem Bereich nördlich der Stadt lag und ihren Mittelpunkt in der Ägidiuskirche auf dem Brühl hatte. Leider ist eine genauere Lage der 1529 abgebrochenen Kirche bislang nicht ermittelt worden und hat damit der lokalgeschichtlichen Forschung manche Spekulation ermöglicht. Ihre Lage ist wohl nahe der späteren Mauer der Stadt zu vermuten, möglicherweise an einem Verbindungsweg in Verlängerung des Steinweges von der Fischerstadt zum Rosental (siehe dazu Teil V, Kap. VII, S. 967–968), von dessen ehemaliger Existenz im 18. Jahrhundert noch das sogenannte Fischertor in der Mauer der Fischerstadt zeugte (siehe Oberstraße). Der Überlieferung nach soll es sich um die erste Pfarrkirche im Bereich von Minden gehandelt haben, deren

Abb. 1776 Fischerstadt, Ausschnitt aus der Vogelschau Wenzel Hollars um 1634 (Norden unten). Zufahrt von der Altstadt noch über den Fischmarkt an der Tränke und das Fischerstädter Tor in den Steinweg (Tor oben in der Mitte). Vor dem Tor liegen in der Weser die Schiffsmühlen. Rechts ganz oben das kleine Wesertor der Stadt Minden im Zuge der Tränkestraße als Verbindung in den Seidenbeutel. An der westlichen Flanke der Fischerstadt (rechts oben), am westlichen Ende des Steinweges als Ausgang zum Brühl das später verschwundene Fischertor. Am unteren Rand das Brühltor am nördlichen Ende der Oberstraße.

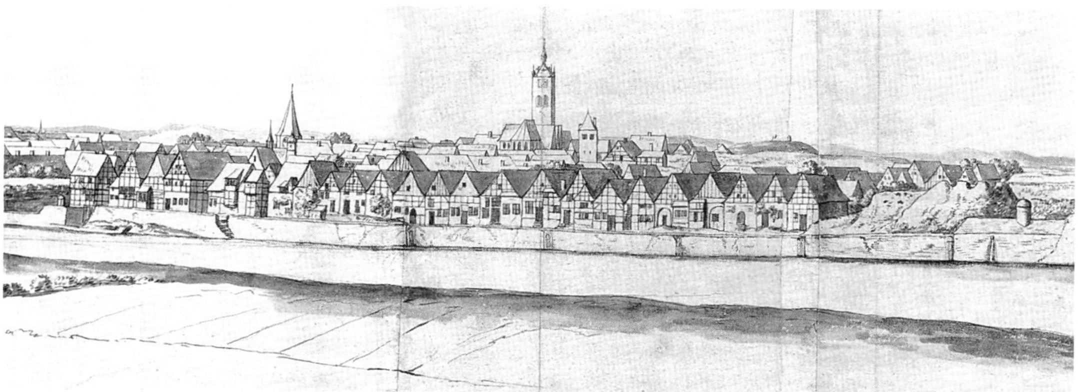

Abb. 1777 Fischerstadt, Ansicht über die Weser hinweg nach Südwesten auf die Häuser entlang der Weserstraße. Ausschnitt aus der Stadtansicht des A. J. Begeyn von 1696.

Gründung sogar Karl dem Großen zugeschrieben wurde, doch liegen klarere Hinweise zur Frühgeschichte dieser Kirche nicht vor. Nachdem sich mit dem durch den Mauerbau unterstützten Prozeß der Siedlungskonzentration die Siedler hier um etwa 1200 am Ufer der Weser zusammengezogen haben könnten (andere Teile offensichtlich auch weiter westlich in der Marienvorstadt), verfiel auch die Bedeutung dieser frühen Pfarrkirche. 1278 wurde die seit 1222 nur noch als Kapelle geltende Kirche dem St. Johannis-Stift inkorporiert, wobei alle Einkünfte an das Stift fielen, das aber keine Pfarrrechte hatte. Ein Rechtsstreit mit dem Pfarrer von St. Marien führte dazu, daß die Bewohner der Fischerstadt weiter, wie schon seit 1222 zur Marien-Kirche eingepfarrt galten, aber ihre Toten bis 1807 auf dem näher gelegenen Kirchhof von St. Johannis beisetzen durften (Nordsiek 1979, S. 15). Die kirchenrechtliche Sonderstellung der Fischerstadt war noch im späten 18. Jahrhundert darin deutlich, daß von ihr ein kollektives Kirchengeld von 10 Rthl jährlich an St. Marien bezahlt wurde, während dieses in der gesamten übrigen Stadt jeweils von den einzelnen Hausstellen erhoben wurde.

Bisherige Überlegungen zur Geschichte der Siedlung (Krieg 1952, S. 1) gingen zudem von dem besonders günstigen Standort der Siedlung am Fluß und seinem Übergang aus (zuletzt noch Schulz 1995). Allerdings wurde dabei nicht berücksichtigt, daß die Weserfurt nicht an der Stelle der im frühen 13. Jahrhundert errichteten Weserbrücke, sondern offensichtlich weiter südlich und damit entfernt von der Fischerstadt lag, also die dem Wasser zugewandt scheinenden Bewohner keineswegs einen günstigen Standort als Fährleute hatten. Trotz alledem dürfte aber ein enger Zusammenhang zwischen der Siedlung und dem Fluß bestanden haben: So taucht schon als älteste Bezeichnung der Siedlung um 1280 der Begriff der *domus piscatorum* auf (Krieg 1952, S. 1. – Nordsiek 1979, S. 15). 1306 wird von einem Brand der *platea piscatorum*, also der Straße der Fischer, berichtet (Schroeder 1886, S. 218) und 1380 hören wir von einem Haus vor der Stadtmauer Mindens *bei den Fischerhäusern* (Schroeder 1886, S. 296), woraus zu entnehmen ist, daß auch zu dieser Zeit die Siedlung noch nicht mit einer Befestigung umgeben war. Dies wird sogar ausdrücklich für den Winter 1382/83 in der um 1580 entstandenen Chronik von Piel vermerkt, da dadurch der Überfall mit anschließender Plünderung und teilweisem oder sogar völligem Niederbrennen der *Fischerhusere*, durch den Grafen von Hoya ermöglicht wurde (Krieg 1981, S. 72). Gemäß der jüngeren Bischofs-

Abb. 1778 Fischerstadt, Ansicht der Fischerstädter Schlachte mit Hafenkran (rechts) und des Bereiches der verlandeten Tränke (Bildmitte) von Nordosten. Ausschnitt aus dem Stich von A. W. Strack 1797.

chronik sei nach der Erfahrung dieser Zerstörung das *suburbium piscatorium* durch die Fischer mit einem Graben und allem, was zur Befestigung notwendig sei, versehen worden (Löffler 1917, S. 211). Aber noch 1394 wird ein Ort beschrieben, der *buten der stad to Minden by der vischerhus buten dem dore dar men geit to der doemherenn broke vaste by dem grauen*; danach lagen noch zu dieser Zeit *die Fischerhäuser* außerhalb einer Mauer (STA MS, Mscr. VII, 2702, fol. 5r–6r und STA MS, Mscr. VII, 2703, S. 34). Noch in den Giebelschatzlisten des 16./17. Jahrhunderts werden unter dem Begriff *Fischerhäuser* all die Bauten verstanden, die im Nordosten der Stadt vor der Stadtmauer von Minden lagen, wobei neben denen in der nun umwehrten Fischerstadt auch Bauten im Bereich der Tränke und auf der Weserbrücke dazugehören. Piel verwendet in seiner um 1580 entstandenen Chronik (Krieg 1981) zwei Begriffe, wobei er offenbar unter der Fischerstadt den umwehrten Teil versteht und unter den Fischerhäusern die vor den Mauern liegenden Häuser, so daß also mit dieser Bezeichnung nun im Unterschied zur Zeit vor dem 15. Jahrhundert die inzwischen entstandenen Häuser im Bereich der Weserbrücke und der Tränke belegt sind. Die Bewohner beider Bereiche werden bei ihm unter dem sicherlich weniger als Berufsbezeichnung sondern eher als Synonym zu verstehenden Begriff *die Fischer* zusammengefaßt.

Offensichtlich erfolgte nach der Zerstörung im Jahre 1383 die Befestigung der Siedlung und damit deren Entwicklung zur sogenannten »Fischerstadt«. Ob es allerdings gerechtfertigt ist, unter

Abb. 1779 Fischerstadt, Ansicht der Fischerstädter Schlachte mit Hafenkran (rechts) und des Bereiches der verlandeten Tränke (Bildmitte) von Nordosten. Ausschnitt aus dem Stich von A. W. Strack 1803/1807.

Fischern zu dieser Zeit insbesondere Gewerbetreibende geringeren Einkommens zu verstehen, wie sie uns unter diesem Begriff in der Neuzeit als Bewohner dieses Stadtbezirkes gegenübertreten, erscheint nicht nur auf Grund der nachgewiesenen mittelalterlichen Besiedlung dieses Stadtbereiches mit ausgesprochen großen Anwesen sehr zweifelhaft. Das Recht des Fischfanges war noch im 17. Jahrhundert auf Hausbesitzer (also Bürger) beschränkt, wobei zur Ausübung des Gewerbes auch der Besitz eines Bootes erforderlich war. Schon daher erwiesen sich die Fischer als tragende Bewohner der Fischerstadt, als wohlhabende Bürger. Die Fischerstadt war darüber hinaus nach den Quellen des Spätmittelalters auch bevorzugter Wohnplatz der Betreiber der auf dem Fluß vor der Stadt liegenden Schiffsmühlen, die nördlich der Weserbrücke und damit unmittelbar vor der Fischerstadt im Fluß verankert wurden. Sie sind seit spätestens 1326 zu belegen, wobei schon in einer Urkunde aus diesem Jahr zwischen der Stadt und den Müllern vereinbart wurde, daß die Betreiber der Mühlen den dritten Teil der gefangenen Fische abzuliefern hätten. Die Müller gingen also auch dem Fischfang nach (siehe dazu auch Teil V, Kap. X.3, S. 1763–1765, Mühlen). Der enge Zusammenhang beider Tätigkeiten dürfte sich auch daraus erklären, daß – zumindest nach Quellen aus der Neuzeit – die Mühlen nur im Sommer betrieben und im Winter wegen der Zerstörungsgefahr durch Eisgang und Hochwasser an Land gezogen wurden. Hierfür dürfte sich aber – wie kein anderer Platz in der Stadt – der zu dieser Zeit unmittelbar vor den großen Häusern der Fischerstadt an der Weserstraße liegende Uferstreifen geeignet haben, womit ein Zusammenhang zwischen Wohnort und den Länden (Landeplätzen) der Fischerkähne sowie dem Lagerplatz der Mühlen deutlich zu werden scheint. Erst 1554 wurde das direkt vor den Häusern beginnende Ufer durch den Bau einer Stadtmauer entlang der Weser von den Häusern an der Weserstraße abgeschnitten.

Da der Betrieb der Mühlen ein Saisongeschäft war, dürfte der kontinuierliche Fischfang als wirtschaftliche Grundlage der Haushalte immer eine größere Bedeutung gehabt haben. So bezeichnete Tribbe den Platz in seiner um 1460 verfaßten Stadtbeschreibung als eine sehr wohlhabende Vorstadt der Fischer *und* Müller. Als dritter Beruf tritt uns in den Quellen der Neuzeit der Schiffsherr, also der Schiffer als Bewohner der Fischerstadt entgegen, der auch, falls er im Besitz der Gerechtigkeit war, dem Fischfang nachgehen durfte. Bei diesen dürfte es sich um wohlhabende Bürger gehandelt haben, bedurfte es doch zur Ausübung des Berufes des Besitzes ebenfalls eines größeren Schiffes.

Nachdem 1326 die Zahl der Mühlen mit sechs angegeben wurde, stieg sie bis nach 1600 auf zwölf an. Damit näherte sich die Zahl der Mühlen deutlich der Anzahl der in der Fischerstadt vorhandenen großen Hausstätten. Seit dem 17. Jahrhundert nahm die Zahl der Mühlen auf Grund ihrer veralteten Technik ständig ab. 1665 lassen sich noch der in der Oberstraße 16 wohnende Heinrich Vögeler als Besitzer einer solchen Mühle in der Fischerstadt sowie zwei weitere Personen nachweisen: Albert Faustmann *habe einen Bock auf der Wieser, treibe damit seine Nahrung* und Arend Homborg *hette einen halben Bock auf der Wieser* (KAM, Mi, B 122).

Vor diesem Hintergrund erscheint die schon in der baulichen Entwicklung nachweisbare starke soziale Veränderung, welche die Fischerstadt im Laufe des 17. Jahrhunderts insbesondere zu einer kleinbürgerlichen Siedlung werden ließ, in einem ganz anderen Licht. Neben dem engen Zusammenhang, der zuvor zwischen der Ausübung des Gewerbes und dem Hausbesitz bestand und der sich zu dieser Zeit offensichtlich verlor, könnte die Veränderung der Fischerstadt auch als Ausdruck dafür gewertet werden, daß die Mühlenbetreiber diesen Ort verließen, zudem die Bedeutung der Schiffsmühlen im allgemeinen zu Gunsten anderer Mühlen zurückging. Ein scharfer Einschnitt dürfte mit der 1554 begonnenen Befestigung des Weserufers erfolgt sein, der die unmittelbare Nähe der Hausstätten entlang der Weserstraße zum Flußufer und damit den besonderen Standortvorteil der anliegenden Hausstätten für die Schiffer, Fischer und Müller zerstörte.

Die Siedlung hatte spätestens mit ihrer von der Stadt getrennten Ummauerung eine bisher von der Forschung nicht genau definierte rechtliche Sonderstellung erhalten. So war es den Fischerstädtern schon 1408 gestattet, ein eigenes Banner zu führen und von 1448 ist ein Siegel dieser Sondergemeinde überliefert, das einen Fisch im Wappenschild und die Umschrift *bulwerck der visscher* trägt. Die Fischerstädter Gemeinschaft definierte sich also durch ihre eigene Befestigung (wie es auch in der Verwendung des Begriffes Fischerstadt statt der bis zum 15. Jahrhundert allgemein gebräuchlichen Bezeichnung »Fischerhäuser« deutlich wird). Nach Krieg unterstanden auch in späterer Zeit die Schiffsmüller generell dem Fischerstädter Recht. Es ist in einem 1647 angelegten Fischerstädter Gerechtigkeitsbuch zusammengetragen, in dem Rechte und Privilegien seit 1564 aufgezeichnet wurden und das noch bis in das 18. Jahrhundert fortgeführt wurde. Daran wird deutlich, daß die Fischerstädter eine Art Sondergemeinde mit zunftähnlichem Charakter innerhalb der Bürgerschaft der Gesamtstadt Minden bildeten, der sie aber in allen rechtlichen Bereichen zugehörig waren (Krieg 1952, S. 2–4). Zumindest zwischen etwa 1710 und 1767 unterhielt die Fischerstädter Gemeinschaft ein sogenanntes *Rathaus*, das sich in einem ehemaligen Wohnhaus als Anbau an das Fischerstädter Tor befand (siehe dazu Weserstraße Haus-Nr. 853). Ob es ein Vorgängergebäude an anderer Stelle hatte, ist nicht bekannt.

Abb. 1780 Fischerstadt, Ansicht über die Weser auf die Bebauung entlang der Weserstraße von Nordosten, um 1910.

Auffallend ist, daß die ältesten Bauteile der Fachwerkbauten innerhalb der Fischerstadt auf zahlreichen Parzellen aus den Jahren nach 1470/71 stammen (siehe Weserstraße 9, 10, 11, 12, 17, 18, 21), während bislang nirgendwo Reste von noch älteren Häusern aufgefunden werden konnten. Zwar ist für diese Zeit keine konkrete Nachricht für eine Zerstörung der Fischerstadt durch Brand oder Krieg belegt, doch läßt diese noch heute im Bestand deutliche Bauphase vermuten, daß sie auf ein bislang durch die Forschung nicht nachgewiesenes Ereignis zurückgeht. Naheliegend ist hier ein Zusammenhang mit der Fehde zwischen dem Bischof von Minden und den Grafen von Schaumburg, in deren Zusammenhang die Stadt zwischen 1468 und 1472 mehrmals, insbesondere im Sommer 1469 belagert wurde (Schroeder 1886, S. 378–384). Offensichtlich scheint dabei zumindest – wie nach einer ersten solchen Katastrophe im Jahre 1382 – wiederum ein großer Teil der Fischerstadt zerstört worden zu sein.

Die in späterer Zeit nachweisbare Besiedlung der Fischerstadt gliedert sich in mehrere unterscheidbare Bereiche: In ihrem größten Abschnitt besteht sie aus einem großen Baublock tiefer und großer Grundstücke, die sich zwischen den parallel verlaufenden Straßen Weser- und Oberstraße entlang dem Weserufer aufreihen. Hier bestanden im Spätmittelalter ausgesprochen große Anwesen mit umfangreichen Baugruppen. Dies scheint der eigentliche Kern der Siedlung zu sein, der im folgenden noch ausführlicher betrachtet werden muß. Darüber hinaus gab es aber noch kleinere Bereiche mit einer anderen Siedlungsstruktur, in denen sich insbesondere sehr kleine Häuser finden. Hier ist etwa eine Reihe kleiner Häuser entlang der Westgrenze der Fischerstadt zu nennen, die sich zwischen der Oberstraße und der westlichen Mauer auf schmalen Grundstücken reihten. Diese Hausstellen können in dieser Form erst nach Errichtung der Befestigung der Fischerstadt (nach 1382) entstanden sein und gehören damit nicht zum Siedlungskern. Eine weitere und zudem größere Häufung von kleineren Hausstellen läßt sich zwischen der ummauerten Fischerstadt und der ummauerten Altstadt beidseitig der Zufahrt über die Steinstraße nachweisen, als Fischerhäuser

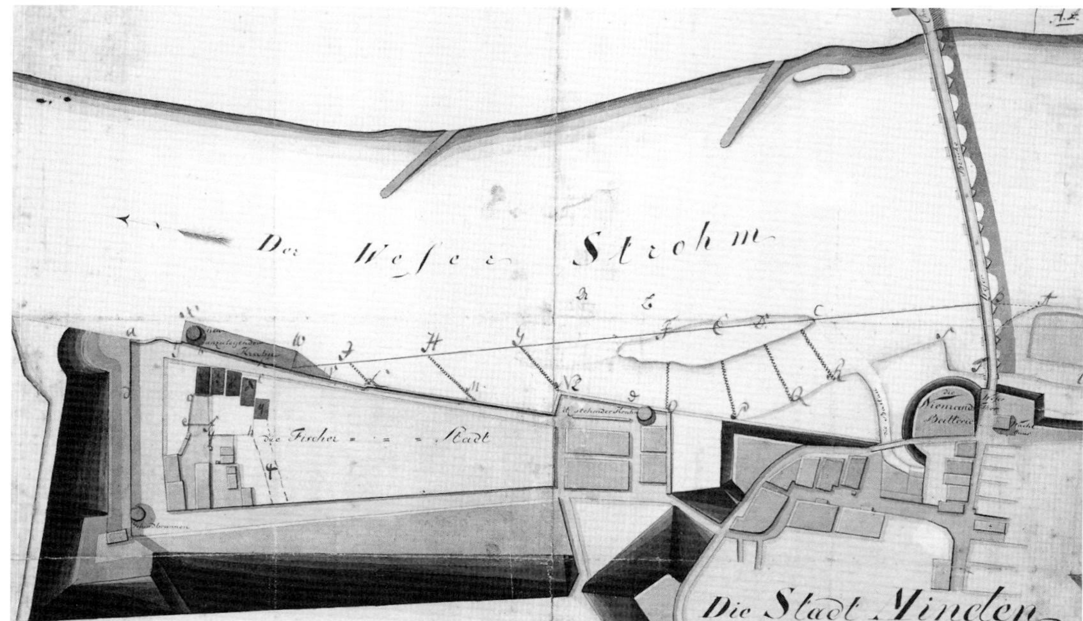

Abb. 1781 Fischerstadt, Plan der Befestigungen und der anschließenden Weser, um 1814/15. Norden links. Zufahrt zur Fischerstadt nun über die Tränkestraße und ein Tor, das in die Oberstraße führt.

bezeichnet. Für diese Hausstellen ist der Zeitpunkt ihrer Anlage unbekannt, doch sind auch sie wohl erst mit der Anlage der Befestigung dieses Stadtbereiches entstanden. Denn erst anläßlich dieser in der Mitte des 13. Jahrhunderts erfolgten Baumaßnahmen dürfte es notwendig geworden sein, den Zugang und die Zufahrt zur Fischerstadt mit dem Steinweg in einer einzigen Trasse zu kanalisieren, die durch das kleine Wesertor am nördlichen Ende der späteren Tränkestraße die Stadtbefestigung von Minden verläßt. Eine Entstehung in diesem Zusammenhang dürfte auch daraus zu erschließen sein, daß es so zu einer recht unorganischen Wegeführung kam, die auf schon bestehende Strukturen Rücksicht zu nehmen hatte. Endgültig wurde sie dann durch die nach 1382 erfolgte Befestigung der Fischerstadt selbst festgelegt, wobei man südlich des Blocks der großen Grundstücke zwischen der Weserstraße und der Oberstraße fortan gezwungen war, bei der Fahrt von der Stadt zur Fischerstadt in jedem Fall zwei scharfe Kurven zu überwinden. Nördlich vor Kopf des Steinweges gabelte sich seitdem der Verkehr nach Osten als Zufahrt zur Hauptstraße der Fischerstadt, der Weserstraße mit der Schlachte, und nach Westen zur rückwärtigen Erschließungsstraße der Grundstücke, der Oberstraße mit den diese säumenden Wirtschaftsgebäuden.

Die offensichtlich im späten 14. Jahrhundert auf den Landseiten um die Fischersiedlung errichtete Befestigung bestand aus einer Mauer, die – nach den geringen, noch heute erhaltenen Resten westlich der Oberstraße – aus Sandsteinblöcken aufgesetzt wurde. Piel berichtet in seiner Chronik, daß die Fischer erst 1554 *an der Weser her die mauren auf ihre eigen unkosten … selbst buwen lassen*. Zu dieser Zeit bestand auf der Westseite vor der Mauer schon ein zusätzlicher Wall, der 1552 genannte *Fischerwall* (Krieg 1981, S. 161, 172). Hauptzugang zur Fischerstadt wurde mit der Befestigung das Tor am Südende der Fischerstädter Steinstraße, das über ein nicht bebautes Gelände

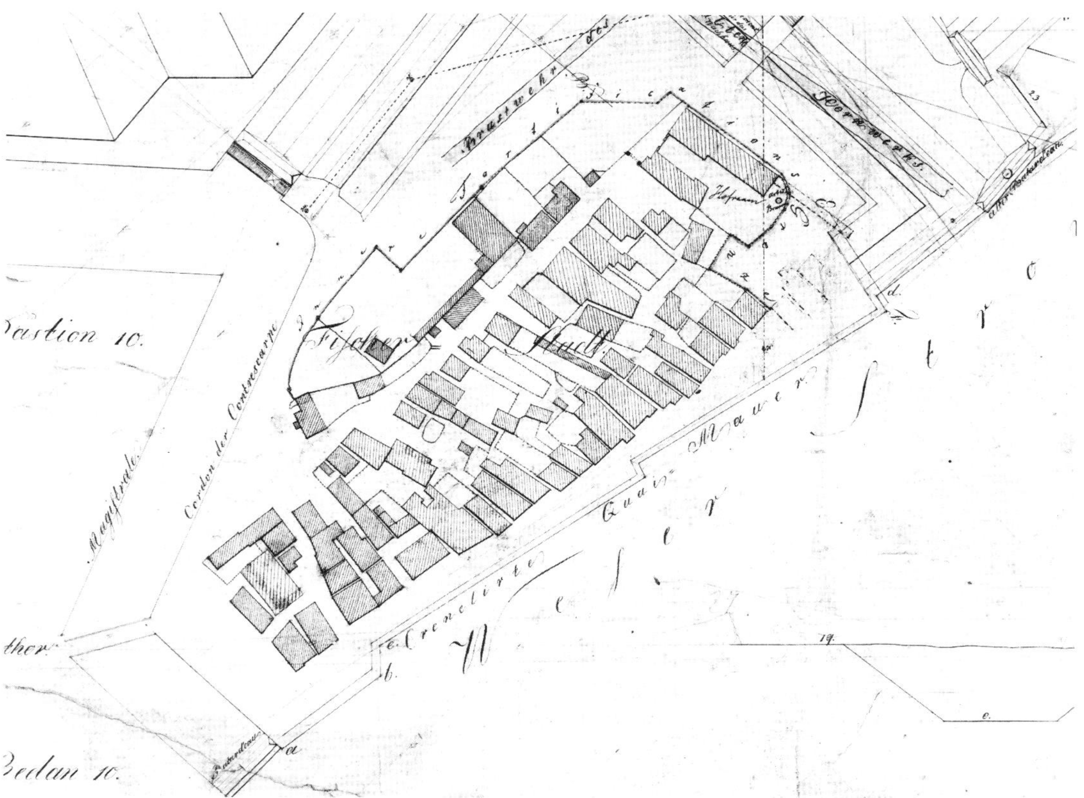

Abb. 1782 Fischerstadt, Grundriß der Bebauung aus dem Plan zur Neubefestigung, Wegelin um 1821. Norden oben rechts.

vor der Stadtmauer von Minden zum kleinen Wesertor der Mindener Stadtmauer führte. Als weitere Tore erhielt die Fischerstadt im Zuge ihrer Befestigung ein Tor am nördlichen Ende der Oberstraße, das als Brühltor bezeichnet wurde und in die Feldflur mit den Hudegründen der Fischerstädter führte. Ferner gab es einen weiteren, offensichtlich untergeordneten Ausgang nach Westen mit dem Fischertor, der entlang der Flanke der Stadtmauer geführt und in der Verlängerung des westlichen Arms der Steinstraße, dort wo sie auf die Oberstraße trifft, an das Wegenetz angeschlossen wurde. Über die Geschichte dieses Tores, seines Bestehens und seine Aufgabe ist bislang nichts weiter bekannt geworden. Es führte in der Neuzeit zur Fischerstädter Bleiche und der städtischen Kumpfmühle (siehe Steinweg) und besaß noch im 18. Jahrhundert ein Torschreiberhaus (siehe Oberstraße, Haus-Nr. 767). Es ist zu vermuten, daß seine ursprüngliche Bedeutung – wie schon oben angesprochen – in dem Zugang zur 1530 zerstörten Ägidienkirche im Brühl lag.

Die Anlage des Brühltores vor dem nördlichen Ende der Oberstraße brachte eine Entwicklung in Gang, die im 19. Jahrhundert bei der Neubefestigung von Minden ihren Abschluß darin fand, daß die auf den Fluß ausgerichtete ursprüngliche Straßenachse der Fischerstadt, die Weserstraße, zunehmend ihre Bedeutung zu Gunsten der ursprünglich wohl nur als rückwärtige Erschließungsgasse dienenden Oberstraße abgab. So hat man im Zuge des Ausbaus der Festung Minden nicht nur die Befestigungswerke vor der mittelalterlichen Mauer der Fischerstadt immer wieder verstärkt und verändert (siehe dazu Teil I, Kap. IV, Festung), sondern auch die Zuwege von der Stadt Minden mehrmals verlegt: Das kleine Wesertor der Stadt Minden wurde um 1640 geschlossen und statt dessen der zum Tor der Fischerstadt führende Steinweg weiter nach Westen zu einem neuen Tor zwischen der Tränke und dem Seidenbeutel verlegt. Die damit geschaffene, mehrmals gebrochene Wegeführung veranlaßte offensichtlich nach der 1763 erfolgten Entfestigung dazu, das inzwischen auf Grund eines hier angelegten Rondells unter gleichem Namen *Maulschelle* genannte Tor der Fischerstadt aufzugeben und den Steinweg nun in einem Bogen um den Bau herum westlich auf den Steinweg in der Fischerstadt zu legen. Mit der Neubefestigung ab 1817 kam es dann zu einer weiteren Verlegung des zwischen den Stadtteilen befindlichen Bereiches des Steinweges, der nun einen gerade nach Norden weisenden Verlauf erhielt und in den Lauf der Oberstraße mündete. Spätestens zu diesem Zeitpunkt wurde der so weitgehend überflüssig gewordene und an dieser Stelle nach Westen führende weitere kleine Stadtausgang geschlossen.

Die Sozialstruktur und damit auch die Besiedlung dieses Stadtgebietes scheint sich in der Mitte des 17. Jahrhunderts einschneidend verändert zu haben, eine Entwicklung, die in der bisherigen Forschung nicht berücksichtigt wurde. Dies deckt sich deutlich mit dem von der wirtschaftsgeschichtlichen Forschung inzwischen festgestellten Faktum, daß die Bedeutung der Mindener Schiffer im Laufe des 17. Jahrhunderts im Weserhandel abnahm. Hier wird insbesondere auf zunehmende Konkurrenz aus anderen Orten und die Professionalisierung des Schiffshandels in der Hand weniger Großunternehmer hingewiesen. Besonders wurde in dieser Zeit von Mindener Schiffern mit Korn und Kalk gehandelt (Rothe/Rüthing 1989, S. 57).

Sowohl die Parzellierung als auch die noch bestehende Bausubstanz lassen erkennen, daß es sich bis in das 17. Jahrhundert in der Fischerstadt um weitläufige und großzügig parzellierte Hausstätten gehandelt hatte, die in der Regel alle an der Weserstraße lagen und bis zur Oberstraße reichten. Hier am Ufer standen in einer Reihe große, allerdings durchgängig eingeschossige Dielenhäuser städtischen Zuschnitts, oft sogar von seitlichen Beifahrten begleitet, auf denen wohl nach und nach auch Nebenhäuser erbaut wurden. Auf den rückwärtigen Grundstücken standen an die Häuser angeschlossene Hinterhäuser oder Flügelbauten, mehrfach auch freistehende Speicher oder Scheunen. Weiter rückwärts schlossen sich daran weitere kleinere Bauten an, die entweder zunächst als Nebengebäude, wie Ställe, genutzt wurden, oder in denen sogleich – wie es dann seit dem späten 17. Jahrhundert auch für Neubauten durchgängig nachzuweisen ist – kleine Wohnhäuser eingerichtet wurden. Offensichtlich waren einige der Haupthäuser sogar aus Stein erbaut. So finden sich noch heute auf den beiden Grundstücken Weserstraße 6 und 7 zahlreiche Bruchstücke von Architekturteilen von Renaissancebauten, zudem sind die bestehenden Häuser aus dem späten 18. Jahrhundert zum Teil massiv und aus wiederverwendeten Sandsteinteilen errichtet.

Alle Parzellen liegen auf einem hier recht steilen Uferhang, der eine Besiedlung bis nahe an das Ufer zuließ. Diese war sicherlich nicht hochwasserfrei, aber entgegen der weiter südlich sich um das Domkloster entwickelnden Stadt auf festem und nicht versumpftem Terrain gelegen, zudem mit einem guten Zugang zum Flußufer ausgestattet.

Die Ausrichtung der Parzellen auf das Ufer der Weser legt es in der Zusammenschau mit der Datierung dieses Parzellierungsschemas in das 12./13. Jahrhundert nahe, hier eine Handelsniederlassung von Kaufleuten zu sehen, die sich zum Weserufer orientierten, das zu dieser Zeit wohl noch als einfache Schiffslände zu sehen sein dürfte. Auffällig ist, daß sich zwischen den Hausstellen

Abb. 1783 Fischerstadt, Luftaufnahme des nördlichen Bereiches zwischen der Weserstraße (unten), der Oberstraße (links) und der Kreisbahn. Davor der Schlachthof Hermannstraße 20, Zustand 1959.

Weserstraße 20 und 22 die Orientierung der Parzellengrenzen innerhalb des Blocks zwischen Weser- und Oberstraße deutlich ändert und nach Norden nicht mehr die charakteristische Schräglage aufweist. Hierbei dürfte es sich um eine Siedlungsgrenze handeln, wobei die nördlich anschließenden Parzellen wohl als Erweiterung der Fischerstadt zu einem unbekannten Zeitpunkt zu verstehen sind. Da die Parzellen in die Befestigung einbezogen sind, dürfte die Erweiterung vor dem Ende des 14. Jahrhunderts erfolgt sein. Hinzuweisen ist auch darauf, daß die erhaltenen spätmittelalterlichen Bauten aus der Zeit um 1470 erkennen lassen, daß es zwischen ihrer Bauzeit und späteren Reparaturen zu erheblichen Geländeanschüttungen gekommen ist. So wurde die Schwelle des Hauses Weserstraße 11/Oberstraße 18 um 1700 um nahezu einen Meter höher gesetzt. Ebenso verhielt es sich bei dem Speicher Oberstraße 38 oder dem Wohnhaus Oberstraße 28.

Die Bebauung des eigentlichen Kerns der Fischerstadt, die nach Abzug der erst später in den Randbereichen zugefügten kleinen Häuser auf recht wenige und wohlhabende Besitzer hinweist und sich nicht von den bürgerlichen Parzellen an hervorgehobenen Straßen der Altstadt unterscheidet, scheint sich erst im Laufe des 16./17. Jahrhunderts einschneidend verändert zu haben. Die großen Grundstücke wurden nun aufgeteilt, wobei es weniger zu Neubauten, als vielmehr zu Umnutzungen der bestehenden Bauten kam. So wurden nicht nur verschiedene Vorderhäuser quer in zwei Häuser aufgeteilt (bei Weserstraße 11, 12, 18 und 20), sondern auch durchweg die Nebenhäuser in getrennten Besitz gegeben. An anderen Stellen wurden aus Flügelbauten getrennte Häuser (hinter Weserstraße 8, 11 und 20, wohl auch 22) oder auch aus Scheunen (wohl Oberstraße 14, 16, 20, 26, 40 und 42, 54/56). Ferner wurden die rückwärtigen Wirtschafts- und Nebenhäuser durchweg in Einzelbesitz aufgeteilt, der allerdings häufig nur die Standfläche der Bauten ausmachte. Dieses starke soziale Absinken der Bauten seit der zweiten Hälfte des 16. Jahrhunderts scheint der Grund dafür zu sein, daß sich in diesem Quartier bis heute ein höchst bemerkenswerter Bestand an spätmittelalterlichen Bauten und Bauteilen erhalten hat. Hintergrund dieser baulichen Entwicklung scheint ein funktionaler Wandel der Fischerstadt gewesen zu sein, der möglicherweise mit dem schon angesprochenen Bau der Stadtbefestigung zwischen den Fischerhäusern und der Weser ab 1554 einsetzte. Mit der Befestigung wurde die Fischerstadt vom Fluß abgeschnitten bzw. die Länden vor den Häusern beseitigt.

Auf Grund der Flurgrenzen und der bestehenden Bausubstanz lassen sich die Hausstätten der spätmittelalterlichen Bebauung rekonstruieren, woraus sich die Zahl von zunächst etwa 12 bis 15 selbständigen großen bürgerlichen Anwesen ergibt, die damit nahezu der Zahl der Schiffsmühlen entsprach. Hinzu kam noch eine Anzahl von kleineren Häusern, die seit dem Spätmittelalter auf der Mauer an der Westseite der Oberstraße gebaut wurden, ferner Hausstätten, die zwischen der Stadtmauer der Stadt und dem Steinweg standen. Zusammen dürfte es im Spätmittelalter in der Fischerstadt kaum mehr als 30 Hausstätten gegeben haben.

Die mittelalterlichen Großparzellen mit einer Tiefe zwischen 50 und 60 m lassen sich noch heute aus dem Bestand rekonstruieren, wobei von Süden nach Norden die ersten beiden Parzellen Breiten von etwa 18 m aufweisen, die folgenden drei Parzellen von 12 bis 15 m Breite, denen schließlich drei Parzellen von etwa 10 m Breite folgten. Damit ergeben sich Hausstätten von bis zu 1 000 qm Grundfläche. Vereinzelt sind die Parzellen offensichtlich schon im Laufe des Spätmittelalters in der Breite unterteilt worden (etwa im Bereich Oberstraße 9, 10, 11), während die alte Tiefe in der Regel wohl noch bis in das 17. Jahrhundert erhalten blieb. Die auf den Parzellen stehenden Haupthäuser waren offensichtlich zwischen etwa 16 und 20 m lang (sie haben 9 bis 11 Gebinde). Auffällig bleibt dabei, daß sich in den meisten dieser Haupthäuser noch heute Reste von Fachwerkgerüsten sehr großer eingeschossiger und giebelständiger Dielenhäuser erhalten haben, die alle um oder kurz nach 1470 errichtet wurden. Dieser bauliche Befund kann (wie oben ausgeführt) nur so gedeutet werden, daß es sich dabei um den Wiederaufbau der Fischerstadt nach einer offensichtlich eingetretenen (und bislang nur durch diese Bauwelle nachgewiesenen) Zerstörung im Zuge einer in den Quellen überlieferten Belagerung der Stadt Minden handelt. Des weiteren hat sich in der Fischerstadt eine größere Anzahl von zweischiffigen und giebelständigen Scheunen erhalten, doch stammen diese in der Regel erst aus dem 17. Jahrhundert. Lediglich die weiteren Bauten, wie Hinterhäuser, Speicher oder Mietshäuser entstammen einem breiteren zeitlichen Spektrum. So konnte ein Speicher (Oberstraße 38) auf 1516 datiert werden. Als ehemals große Hausstätten sind zu vermuten:

Weserstraße 6 (mit Hinterhaus Oberstraße 6/Weserstraße 7, Nebenhaus Oberstraße 4/Steinweg 1 sowie den Häusern Weserstraße 5, Steinweg 3 und 5)

Weserstraße 8 (mit Flügelbau Weserstraße 7/Oberstraße 8, ferner dem heutigen Haus Oberstraße 10/12 und 14 als Scheune)

Weserstraße 9 (mit Oberstraße 16)

Weserstraße 10 und Weserstraße 11 (mit dem hinteren abgeteilten Hausteil Oberstraße 18)

Weserstraße 12 (mit dem hinteren abgeteilten Hausteil Oberstraße 24), und wohl als Haupthaus Weserstraße 13 (mit dem Flügelbau Oberstraße 28) sowie den Häusern Oberstraße 20 und 32

Weserstraße 14/15 (mit Scheune Oberstraße 26, dem Speicher Oberstraße 38 sowie den Häusern Oberstraße 34 und 36)

Weserstraße 16 (mit dem Haus Oberstraße 40 als wohl ursprüngliche Scheune)

Weserstraße 17 (mit dem Haus Oberstraße 42 als wohl ursprüngliche Scheune)

Weserstraße 18 (mit Nebenhaus Weserstraße 19 sowie dem vom Haupthaus abgetrennten Gebäudeteil Oberstraße 44 sowie als Scheune (?) Oberstraße 48

Weserstraße 20 (mit dem abgetrennten Hausteil Weserstraße 21 sowie dem Haus Oberstraße 46 sowie der Scheune Oberstraße 50)

Weserstraße 22 (mit dem Nebenhaus Weserstraße 23 sowie den Häusern Oberstraße 52, 54, 56, 58 und 60)

Weserstraße 24 (mit dem Nebenhaus Weserstraße 25 sowie den Häusern Oberstraße 62, 64 sowie Haus-Nr. 804, 805 und 807)

Weserstraße 26 (mit dem Nebenhaus Weserstraße 27 sowie den Häusern Oberstraße 66/68)

Um 1510/15 zählte man in der Fischerstadt 81 Familien (Ditt 1983, S. 192). 1665 befanden sich 48 der zu dieser Zeit bestehenden Häuser in freiem Eigentum, für 6 Häuser mußte Grundzins an unterschiedliche Institutionen (Dom, Heilig-Geist-Hospital und städtische Rentenkammer) bezahlt werden, und sieben Häuser werden als Mietshäuser bezeichnet. Der Prozeß der weiteren Aufsiedlung der Grundstücke im Laufe des 17. Jahrhunderts in eine vermehrte Zahl von kleinen Hausstätten läßt sich schon an Hand der Steuerregister nachweisen: 1665 werden in der Fischerstadt 54 Hausstätten mit insgesamt 61 bewohnten Häusern gezählt, 1739 sind es schon 87 Häuser, von denen 1711 schon 65 verschuldet waren. 1697 wird anläßlich einer Überprüfung der Einquartierungsmöglichkeiten in der Stadt über die Fischerstadt festgestellt: *Auf der Fischerstadt sind 6 Häuser vor Unteroffizierer ausgesetzet, an Gelde aber nichts und sind im übrigen befunden vier große, neun mittelmäßige und 75 geringe Häuser, überdem ist der worthaltende Bürgermeister um drey Häuser, als neu anbauende, auf eine Zeitlang frey.* Keines der Häuser in diesem Stadtbereich hatte zu dieser Zeit Braurecht und keines der hier im Bereich der Oberstraße stehenden kleinen Häuser wird als Bude bezeichnet (KAM, Mi, B 360). Nachdem sich die Besiedlung in der zweiten Hälfte des 17. Jahrhunderts offensichtlich einschneidend verändert hatte, blieben die damit entstandenen Zustände wieder über einen langen Zeitraum konstant. So werden ebenso wie 1697 auch 1743 insgesamt 94 Hausstätten gezählt, von denen zu diesem Zeitpunkt allerdings nicht mehr alle bebaut sind.

1693 werden von den Bewohnern der Fischerstadt 14 als Fischer bezeichnet. Da sie Fisch verkauften, wurden ihre Gewichte überprüft (KAM, Mi, B 356). Zum Ende des 18. Jahrhunderts setzte sich die Bewohnerschaft dieses Stadtbereiches zum einen noch immer aus Schiffern und Fischern zusammen, neben denen sich nun aber auch eine große Anzahl von Soldaten als Mieter und Eigentümer findet. Weiter sind Handwerker wie Tischler und Schuster, aber auch Witwen stark vertreten.

Nach der Mitte des 19. Jahrhunderts besteht ein erheblicher Anteil der Bevölkerung aus Personen, die in einfacheren Positionen bei der 1847 eröffneten Eisenbahn beschäftigt sind (sicherlich, da es sich – wenn man von den umliegenden Dörfern und der erst entstehenden Neustadt absieht – bei der Fischerstadt um das kleinbürgerliche Stadtquartier handelte, das dem Bahnhof am nächsten lag).

ARCHÄOLOGISCHE NACHRICHTEN:

Bei einer archäologischen Untersuchung 1989 mit Schnittgrabungen auf dem Gelände Weserstraße 25 bis 31 wurden keine ältere Siedlungsbefunde angetroffen. In einer *weiträumig verbreiteten, auf dem Auelehm planierten, grauen Lehm-Sand-Schicht* wurden Scherben des 9.–20. Jahrhunderts geborgen (Teil I, Kap. I.3, Fundstellenkatalog, Grabung 51). Siehe: Neujahrsgruß 1990, S. 60; Verbleib der Funde: WMfA.

NACHRICHTEN ZU NICHT BEKANNTEN HÄUSERN IN DER FISCHERSTADT

1336 verpachtet St. Johannis dem Heinrich genannt Piroggen und seiner Frau Lineke ein Haus *juxta domos piscatorum prope Wiserum, que est secunda domus de Wisera ascendendo versus civitatem* (STA MS, Mscr. VII, 2702, fol. 42v).

1341 verpachtet St. Mauritius an Heinrich genannt von Bocholt und Heinrich genannt Dot ein Haus mit Stätte *prope Wyseram apud piscatores* (STA MS, St. Mauritz und Simeon, Urkunden Nr. 92).

1385 bestätigt Gottfried Papejohannsing, Mindener Bürger und Fischer, dem Stift St. Johannis die Pacht eines Hauses mit Stätte *aream iuxta fossam vischerhus*; *super domo et horto prope Vischerhaußen* (STA MS, Mscr. VII, 2702, fol. 6r. – STA MS, Mscr. VII, 2703, S. 34).

1407 bestätigen die Brüder Ekhard, Henke, Godeke und Hermann, genannt Pirogge dem Domkapitel die Belehnung mit einer Furt und einer Mühle in der Weser: *oren vord de gheleghen ys in der Weser beneden der visscher hu(o)s dar de nederen molen vppe hanghet* (STA MS, Fürstentum Minden, Urkunden Nr. 247).

1429 erhalten Johann und Bruneke von Langen und ihre Schwester aus dem Erbe ihrer Mutter Beate *den Vornhoff by der vischer hus tochbrugge* (KAM, Mi, A I, Nr. 272).

1460 verkaufen Gottschalk Celle und seine Frau Greteke, Hermann Celle und seine Frau Hille den Nikolaiherren eine Rente aus *ore huss vnd stede myt al syner tobehoryncge so dat geleghen ys bij der vysscherhuss twisschen Wedekyndes Walbomes vnd Johan Walbomes husen* (KAM, Mi, A III, Nr. 125).

1464 verkauft die Witwe von Wernecke Toyse eine Rente an die Nikolai-Herren aus *ore huss vnde stede myt al syner tobehoryncge so dat geleghen ys by der vysscherhuss twisschen Clawesen Beckers vnd Kunneken wedewen Johan Kulenoghen husen* (KAM, Mi, A III, Nr. 127).

1467 verkaufen Johann Wasmer und seine Frau Metteke, ihre Kinder Johann, Arnd, Metteke und Wynne dem Heilig-Geist-Hospital eine Rente aus einem Haus mit Stätte, *so dat ghelegen iß by der Vyscher huß twischen Swyders Metteken Ztellinges husen*. Späterer Besitzer: *Hans Korffhake de Olde* (STA MS, Mscr. VII, 2716, Bl. 54r).

1469 verkaufen Johann Vogeler und seine Frau Beke den Gasthausherren eine Rente aus *ore huss vnde stede myt al syner tobehoryncge so dat beleghen ys by der vyssscherhuss* [!] *twisschen Henneken Peperkorns vnd Johan Korneers* [!] *husen* (KAM, Mi, A III, Nr. 129).

1480 erhält *Busse de Junghe* [= Johann Busse] für sich und seinen Bruder Dietrich, der außer Landes ist, von der Stadt das Versprechen, eine Stätte bebauen zu dürfen: *van der stede wegen de se my bebuwende gedan hebben belegen beneden der lutteken muren by der vysscherhusen twusschen Clawes Beckers vnnd Hans Stoltenouwen husen*; *in deme buwete dat hyr beforen vp der stede was* (KAM, Mi, A I, Nr. 413).

1492 verkaufen Dietrich Kemper und seine Frau Metteke den Nikolaiherren eine Rente aus *or huss vnd stede myt syner tobehoringe so dat belegen ys by der vysscher huss twusschen Arnd Korffhaken vnd Cord Prudden husen* (KAM, Mi, A III, Nr. 142).

1500 verkaufen Johann Vogeler und seine Frau Beke den Nikolaiherren eine Rente aus *or huss vnd stede myt syner tobehoringe so* [dat] *beleghen ys by der vysscher huss twusschen Johan Peperkorns vnd Lludeken Korners hu*[sen] (KAM, Mi, A III, Nr. 150).

1505 verkaufen Eggert Boning und seine Frau Lucke sowie seine Schwester Grete den Nikolaiherren eine Rente aus *or huss vnd stede myt syner tobehoringe so dat beleghen ys by der vysscher huss twusschen Wedekynt Walbomes vnd Diderick Kempers husen* (KAM, Mi, A III, Nr. 153).

1506 verkaufen Hermann Stoppesack und seine Frau Hampe dem Johannis-Stift eine Rente aus einem Haus mit Stätte (Pachtgut St. Johannis), *so dat belegenn iss by der Visscherhuss twischen Johan Suthe vnnd saligenn Henneken Swideringes husenn* (STA MS, Mscr. VII, 2702, fol. 6r–7r).

1545 verkaufen Hermann Faustmann d. Ä. und seine Frau Grete dem Heilig-Geist-Hospital eine Rente aus einem Haus *belegen vy der Fischerhuse, Hinrich Walboms dess burgermesters houe vnndt Diricken Walboms huse* (STA MS, Mscr. VII, 2716, Bl. 92r–92v).

1551 verkaufen Hermann Faustmann d. Ä. und seine Frau Grete dem Heilig-Geist-Hospital eine Rente aus einem Haus mit Stätte *so dat belegen is by der Vischer stadt an Bartoldt Sellen vnd dess Reithmeyers husern*. Spätere Besitzer: *Heinrich Costede vnd Cordt Costede Hinriches Sohn* (STA MS, Mscr. VII, 2716, Bl. 96r–96v).

1552 verkaufen Johann Korffhake und seine Frau Anna dem Heilig-Geist-Hospital eine Rente aus einem Haus mit Stätte *so dat in der Vischerstadt twischen Deterdes Vassmers vnd Hinrich Fustmans huseren belegen* (STA MS, Mscr. VII, 2716, Bl. 101r–101v).

1559 wird die Pacht eines Hauses mit Hof bei der Weser zwischen den Häusern des Johann und Albert Korner und dem des Thomas Sutho, Sohn des Heinrich, bestätigt (STA MS, Mscr. VII, 2705, Bl. 21).

1566 verkaufen Johann Blote, Bürgermeister der Fischerstadt und seine Frau Katharina dem Heilig-Geist-Hospital eine Rente aus einem Haus mit Stätte *so dat by der Vischerhuss twischen Wedekinck Jellen vnd Cort Walbomes husen belegen* (KAM, Mi, A III, Nr. 195. – STA MS, Mscr. VII, 2716, Bl. 121v–122r).

1567 werden vom Heilig-Geist-Hospital dem Heinrich Fustmann, Sohn des Hermann, Bürgermeister der Fischerstadt, und seiner Frau Katharina drei Fach eines Hauses in Erbpacht ausgegeben: *seligen Gossliken Kosteden vmganinge van dren vaken by der Vischerstadt twischen Johan Winekinges huse vnd den Vischer torne belegen vnd syn de vtersten dre vake na der stadt muren hen*. Spätere Besitzer: *Heinrich Faustman, Heinrich Toise anno 1584, Cordt Töse* (STA MS, Mscr. VII, 2716, Bl. 126v–127r).

[1564–1647] wird in »Der Fischerstadt Gerechtigkeits Buch« an Häusern und Höfen genannt: 1. *Cordt Toyse beim Deiche*; 2. *Gerdt Dökes* [...] *von seinem Hoffe*; 3. *Johan Cruse* [...] *von seinem Hoffe*; 4. *Johan Kreyenberg* [...] *von seinem Hoffe*; 5. *Hinrich Vogelers Haus bey der Fischer Stadt*; 6. *von der Piperkörischen Meßkuhlen*; 7. *Johan Toise* (von Schroeder 1997).

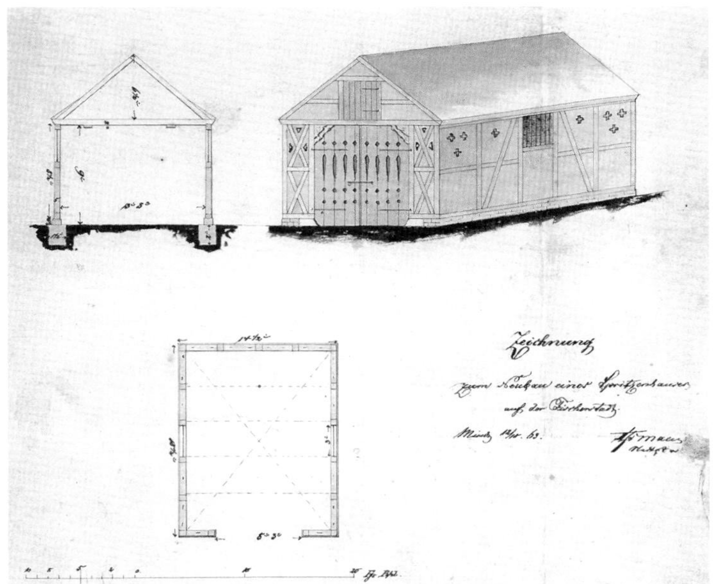

Abb. 1784 Fischertor, Plan zur Errichtung des Spritzenhauses, Zimmermeister Assmann, 1863.

Fischertor

Die kurze Straße zwischen der Hermannstraße im Westen und der Weserstraße im Osten, die in dieser Ausformung als innere Wallgasse erst mit dem Neubau der Festungswerke nach 1817 entstand, erhielt ihre heutige Bezeichnung 1906, nachdem sie seit 1878 als *Wesertor* bezeichnet worden war. Von 1936 bis 1945 war sie in Erinnerung an Albert Leo Schlageter, der 1923 als Widerständler im Ruhrkampf erschossen wurde, in *Schlageter-Platz* umbenannt (KAM, Mi, H 60, Nr. 29). Der Name Fischertor war von 1891 bis 1906 schon einmal für den östlichsten Abschnitt des Fischerglacis verwendet worden.

Die Trasse folgt der Innenseite der hier von etwa 1817 bis um 1880 bestehenden Festungswälle um die Fischerstadt, die bei völliger Veränderung der topographischen Situation quer über zuvor besiedeltes Land im südlichen Bereich der umwallten Fischerstadt gebaut wurden. Daher erhielten die beiden an der Straße bestehenden historischen Hausstellen auch erst nach 1817 ihre heutige Ausrichtung. Zuvor handelte es sich bei dem Anwesen Fischertor 1 um ein Haus in der Westfront der Steinstraße und bei dem Anwesen Fischertor 2 um ein Haus in der Reihe der Bebauung an der Weserstraße. 1879 wurden die Fluchtlinien der Straße festgestellt.

Spritzenhaus auf der Fischerstadt (1864–um 1900 ?) (Abb. 1784)

Nachdem die Feuerspritze der Fischerstadt über lange Zeit in unterschiedlichen, angemieteten Scheunen abgestellt worden war (1845/50 Steinweg 6, bis 1856 Oberstraße 50, dann beim Lokheizer Kiel, ab 1859 Oberstraße 6), errichtete man ein eigenes Spritzenhaus durch die Stadt als Unterstand der Feuerspritze Nr. 6. Als Standort wurde ein Platz zwischen dem Hauptgraben der Festung und dem Haus Steinweg 6 bestimmt, den die Festungsbauverwaltung zur Verfügung stellte. Das Gebäude 1864 nach Plänen des Stadtzimmermeisters Assmann für 230 Thl als eingeschossiger und mit Backstein ausgemauerter Fachwerkbau mit Satteldach durch Assmann erstellt.

Schon 1874 mußten durch Meister Assmann Schäden an der Nordseite beseitigt werden. Das Gebäude wurde zu nicht näher bekannter Zeit abgebrochen (KAM, Mi, F 359).

Abb. 1785 Fischertor, Konzept für einen Handelshof auf der Fläche zwischen Fischertor und Weserbrücke. Stadtbaurat Burr 1923

Konzept für einen Handelshof (1923/26) (Abb. 1785–1786)

Im Zusammenhang mit der Neuordnung der Kreuzung der hier zusammentreffenden Straßen bestanden 1923 Planungen des Stadtbauamtes, die Platzfläche des ehenaligen Rondells an der Weserbrücke zwischen den Straßen mit einem großen, als *Handelshof* bezeichneten Gebäude zu überbauen, das – im Erdgeschoß mit einer Längsdurchfahrt ausgestattet – den Warenumschlag ermöglichen und in den oberen Etagen Büroräume aufnehmen sollte. Das am 8.12.1923 unterzeichnete Konzept von Stadtbaurat Burr sah einen fünfgeschossigen, offensichtlich als Eisenbetonbau errichteten und mit Backsteinen in expressionistischen Formen verkleideten Großbau mit Flachdach vor.

1926 wurde im Zusammenhang mit diesem Konzept noch ein Verkehrsplan von Oberbausekretär C. Bergbrede vorgelegt, der die Schlachte als Güterumschlagplatz und entlang der Weserstraße vor dem ehemaligen Redan X den Bau einer eingeschossigen Güterhalle vorsah (die Pläne im Hochbauamt der Stadtverwaltung Mappe 8002 erhalten).

Zu den Verkehrsverhältnissen an diesem innerstädtischen Knotenpunkt siehe auch KAM, Mi, G V, Nr. 10.

FÜR DEN FESTUNGSBAU ABGEBROCHENES HAUS: HAUS-NR. 848

1743 Johan Jürgen Gieseking; 1750/66 Heinrich Cord Gieseking, Haus für 30 Rthl; 1781 Johann Friedrich Gieseking, 25 Rthl; 1798 Conrad Rippe; 1804/09 Schiffsknecht Conrad Rippe, Wohnhaus ohne Hofraum für 25 Rthl, hält 1 Jungvieh und 1 Schwein; 1815/18 Schiffsknecht Conrad Rippe (* 1759), Haus für 35 Thl; 1818 wegen der Festung schon abgebrochen.

Haus (bis 1818)

1806 ist das Haus sehr baufällig. Das Fachwerkhaus von einer Etage hatte nach der erhaltenen ausführlichen Taxation für den Abbruch (STA DT, Mi 1, I C, Nr. 801) eine Länge von 19,5 Fuß und eine Breite von 21 Fuß. Ferner bestanden zwei Anbauten. Der Wert wurde auf 430 Thl berechnet.

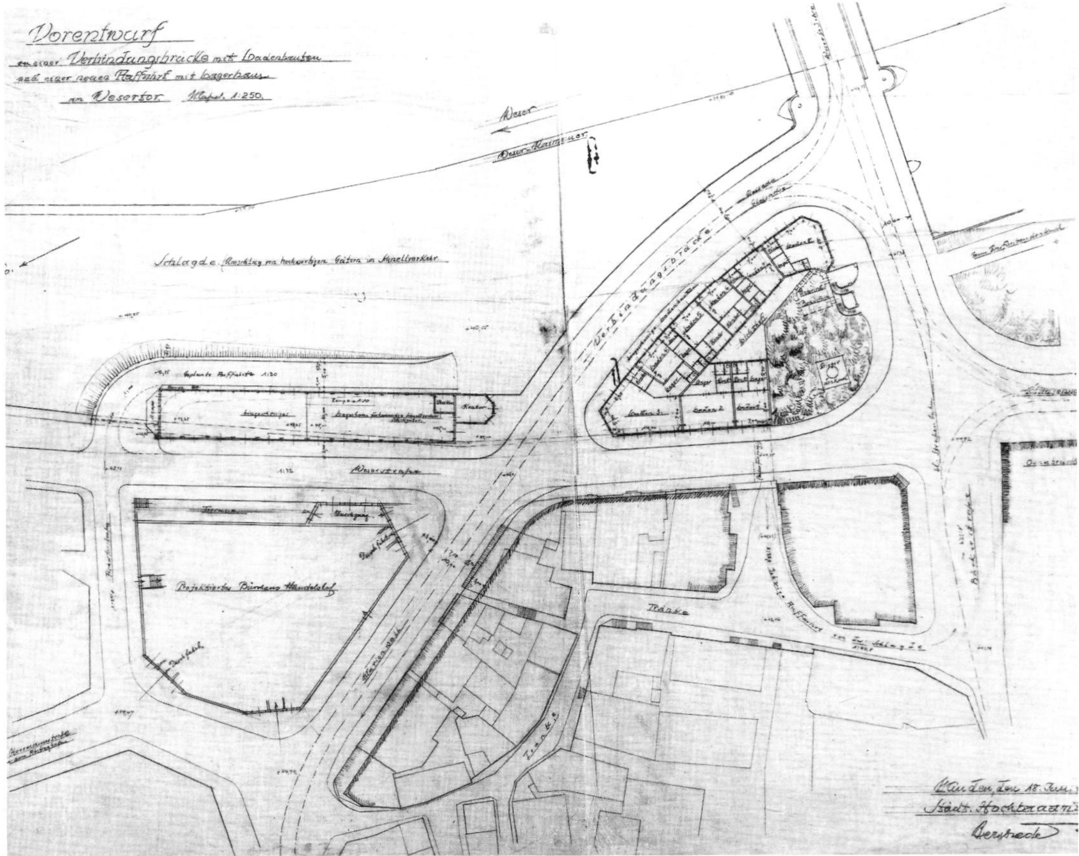

Abb. 1786 Fischertor, Konzept für einen Handelshof auf der Fläche zwischen Fischertor und Weserbrücke. Rechts unten Tränkestraße, oben rechts Weserbrücke, Norden links. Bergbrede 1926.

FISCHERTOR 1 (Abb. 1787–1789)

bis 1878 Haus-Nr. 847; bis 1908 Fischerstadt 1; bis um 1925 Wesertor 1

Die Hausstelle war als Teil der Fischerstadt bis zum Neubau des jetzigen Gebäudes zum östlich vorbeiführenden Steinweg orientiert, wo sie bis zur Neubefestigung nach 1817 Bestandteil einer südlich davon gelegenen abgebrochenen Häuserreihe war.

1712 Johann Rippe, vorher Cord Rippe; 1818 Johan Albert Rippe; 1743 ohne Nennung (Haus ohne Grundbesitz); 1750/55 Albert Rippe Senior, Haus für 30 Rthl; 1758/66 Albert Schlüter, 30 Rthl; 1781/1798 Albert Schlüter, Haus für 100 Rthl; 1804 Albert Schlüter, Haus für 200 Rthl, ist an Soldaten vermietet; 1805 Stallmeister Schluter; 1806/09 Pedell C. G. Mindel; 1809 Stallmeister Mindels Haus; 1812 Witwe Mindel (wohnt Marienwall 9/Ecke Seidenbeutel), ist 1815 vermietet an Tagelöhner Friedrich Heuer (* 1768 in Möllenbeck); 1818 Gärtner Gustav Ehrhard, Wohnhaus für 300 Thl; 1821 soll das Haus für den Bau der Festung abgebrochen werden, was jedoch unterbleibt; 1832 Tagelöhner Heinrich Söffker; 1846 Witwe Sophie Zanke mit zwei Mietparteien; 1853 Rolff, vermietet an vier Parteien; 1866 Kaufmann Stumpe (wohnte schon 1853 in dem Nachbarhaus Steinweg 6 und richtete 1865 einen Schiffszimmerplatz unter der Adresse Am alten Weserhafen 4/5 ein); 1878 Stumpe: 1908/19 Rentner Emil Bosshardt (hat auch vier Mietparteien); 1927 Otto Richtzenhain; 1954 Richtzenhain.

Abb. 1787 Fischertor 1,
Ansicht von Südosten, 1993.

Haus (bis 1865)

Über das Gebäude, das im 18. Jahrhundert nur eine kleine, vermietete Bude war, ist nichts weiter bekannt. 1806 ist das Haus sehr baufällig und scheint dann modernisiert worden zu sein. 1865 das Haus für den Neubau abgebrochen.

Wohnhaus (von 1866)

Für den Kaufmann Stumpe nach einem Plan des Architekten R. Hoelscher errichtet (offensichtlich im Anschluß an sein wohl um 1850 erneuertes Wohnhaus Steinweg 6). Dreigeschossiger Putzbau unter flachem Satteldach und auf hohem Kellersockel. Dieser ganz gewölbt mit Kappen auf Gurtbögen. Vor dem westlichen Seitengiebel schmalerer Vorbau mit Aborten und Kammern. Die dem zur Bauzeit vorhandenen Wall zugewendete südliche Front als Ansicht fünfachsig gegliedert, wobei die mittlere Achse zur Belichtung des niedrigen Drempelgeschosses als übergiebelter Risalit gestaltet wurde (das Gebäude im Bauantrag ohne Drempel und mit Vollwalm gezeichnet). Putzgliederung der Fassade durch einfassende Pilaster, ein geschoßtrennendes Gesims über dem Erdgeschoß und starke Fensterfaschen. Das Innere durch ein zweiläufiges Treppenhaus in der Mitte der nördlichen Traufwand erschlossen, dabei in jeder Etage eine Siebenzimmerwohnung mit Küche sowie vom Längsflur zugänglicher Speisekammer und Abort.

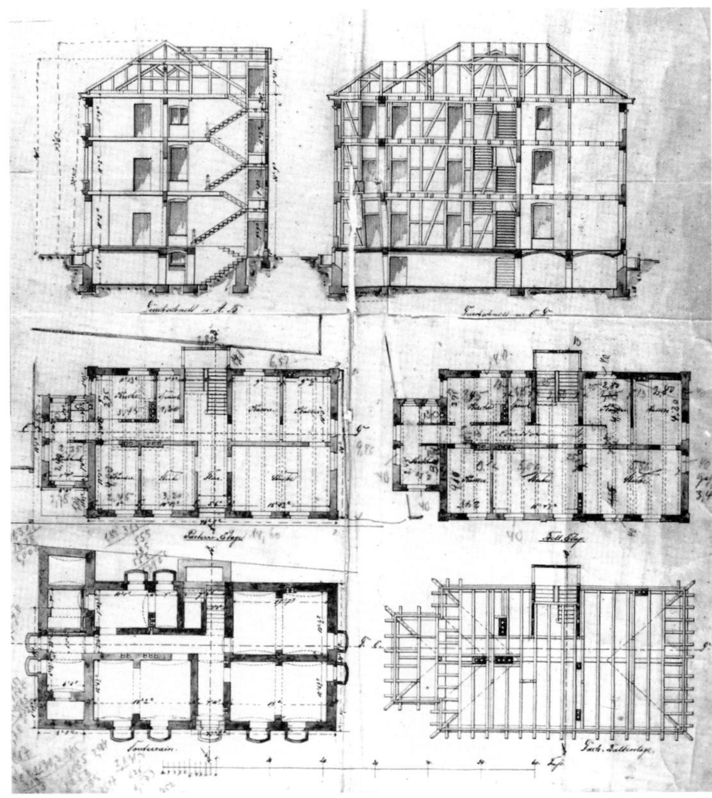

Abb. 1788 Fischertor 1, Bauplan zur Errichtung des Hauses, Architekt Hoelscher 1866.

1907 Kanalisation; 1910 Aufbau eines Giebels wegen des Ausbaus des Daches (Baugeschäft Gremmels); 1915 Einbau eines weiteren Dachfensters östlich des Ausbaus von 1910; 1927 Erneuerung der Einfriedung; 1929 Einbau einer Garage im Keller des Hauses (Plan: Garnjost); 1954 Anbau eines Wintergartens und Modernisierung der Innenausstattung. Das Gebäude in seiner inneren Struktur weitgehend erhalten, jedoch in den Details, wie Türen erneuert, ebenso am Treppengeländer die Traillen durch Holzplatten ersetzt.

FISCHERTOR 2 (Abb. 1777, 1780, 1789, 1834)

bis 1878 Haus-Nr. 846; bis 1908 Fischerstadt 2

Das Haus war bis zur Neubefestigung Mindens ab 1817 Teil einer Reihe von Häusern der Weserstraße, wobei dann die südlich anschließenden Bauten zur Anlage der Wälle niedergerissen wurden. Eine damit entstandene Freifläche dem Haus als südlicher Vorgarten zugeschlagen und dieses später auch von hier erschlossen. Das seit spätestens der Mitte des 18. Jahrhunderts als Scheune genutzte Haus scheint über lange Zeit bis etwa 1830 zusammen mit dem nördlich anschließenden Gebäude Weserstraße 4 eine Einheit gebildet zu haben, wobei der von Steinweg, Weserstraße und Fischertor eingefaßte Baublock weitgehend überbaut war. Westlich des Hauses Weserstraße 4 bestand ein kleiner Wirtschaftshof, an dem das Haus Fischertor 2 bis heute noch einen Anteil hat.

Abb. 1789 Fischertor 2, Ansicht von Südosten, rechts Weserstraße, links Seitenfront von Fischertor 1, 1993.

1750/66 Rusts Nebenhaus (siehe Weserstraße 4), Haus für 70 Rthl; 1770 Witwe Rust, Haus ist wüst; 1775 Rusts Haus; 1781 Rusts zweites Haus, 75 Rthl; 1791 Rath; 1798/1804 Scheune des Inspektors Rust, 600 Rthl; 1809/18 Rustsche Scheune, 300 Thl; 1821 soll die Scheune für den Festungsbau abgebrochen werden, doch ist dies unterblieben; 1832 Witwe Rust; 1835 Rust, Erhöhung von 300 auf 1 000 Thl; 1846/53 Buchhalter Louis Haarhausen; 1873 Kreisbaumeister Harhausen; 1878 Haarhausen; 1908/19 Musiklehrer August Dockhorn; 1922 Verkauf an Heinrich Bergmeier; 1951 Heinrich Bergmeier.

Wohnhaus (um 1490)

Die genaue Baugeschichte des Gebäudes bei dem augenblicklichen Ausbau und der äußeren Verkleidung kaum näher zu klären, aber im Kerngerüst offenbar um 1490 errichtet. Darauf deutet das Holz des Dachwerkes hin, wobei der 2. Gratsparren von Süd des westlichen Walms dendrochronologisch auf 1489/90 datiert wurde (durch H. Tisje/Neu-Isenburg). Ursprünglich ein Giebelhaus von etwa 8,6 m Breite und bis zu 14,7 m lang (der Westgiebel schräg zum Baukörper) von Fachwerk mit Sparrendach von nahezu 60°. Die Sparren mit zwei gezapften Kehlbalken sind stark verräuchert. Das Gebäude, das offensichtlich von einer breiten, von der Weserstraße aus erschlossenen Diele bestimmt wurde, hat in der südöstlichen Ecke eine Stube. Diese unterkellert mit einer bruchsteinernen Tonne (Umfassungswände ebenfalls von Bruchstein) und zu einem unbekannten Zeitpunkt mit einer Utlucht zur Weserstraße versehen. Weitere Details unbekannt.

Das Dach wohl in der ersten Hälfte des 18. Jahrhunderts zu einem Vollwalmdach umgebaut, wobei man das alte Holzgerüst abnahm und neu verzimmerte. Die vier Vollsparrenpaare erhielten dabei zwei Kehlbalkenlagen aus angeblatteten Kehlbalken. Der Dachansatz um das ganze Haus mit einer starken Profilbohle aus Holz verkleidet.

Das Gebäude wurde seit schon vor 1750 über lange Zeit als Scheune des benachbarten Grundstücks Weserstraße 4 genutzt. Nachdem es wieder davon getrennt wurde, kam es offensichtlich um 1835 zu einem neuen Ausbau, wobei man die Diele aufgab und den Bau nun durch einen Querflur von der Mitte der südlichen Traufwand her erschloß. Der anschließende vordere Bereich des Hauses unter der ehemaligen Diele nun zusätzlich unterkellert (Wände hier von Backstein, heute die Decke mit Kappen auf Eisenträgern erneuert). Das Dach ausgebaut, wobei auf der West- und Südseite je ein übergiebelter Ausbau zur Belichtung geschaffen wurde.

1907 Kanalisation; 1951 Umbau der Fenster in der südlichen Traufwand; um 1970 Verkleidung der Ansichten mit gelben Riemchen. Das Innere heute im Detail erneuert und neu verkleidet, in der Struktur aber noch vom Umbau um 1835 bestimmt.

Oberstraße

Die Straße dürfte ursprünglich die Hintergasse zur Weserstraße, der alten Hauptstraße der Fischerstadt gewesen sein und erhielt erst mit deren Befestigung eine größere Bedeutung. Die Stadtmauer um die Fischerstadt wurde offenbar im späten 14. Jahrhundert angelegt, womit der Gasse, die den westlichen Enden der Grundstücke an der Weserstraße folgte, nun auch eine westliche Begrenzung gegeben wurde. Allerdings war der Verlauf der Mauer aus nicht bekannten Gründen nicht geradläufig, dem Verlauf der Straße folgend, gewählt, sondern folgte dieser in recht unterschiedlichem Abstand. Dies hatte Auswirkungen auf die sich hier nach 1400 angesiedelten kleinen Hausstätten auf dem verbleibenden westlichen Geländestreifen zwischen der Straße und der Mauer. Während zumeist nur Platz für sehr schmale und traufenständig gestellte Häuser blieb (siehe etwa Nr. 5 und 7), verbreiterte sich das Gelände nach Süden, so daß hier auch tiefere Parzellen zu gewinnen waren (etwa Oberstraße 1).

Die Gasse erhielt mit der Befestigung der Fischerstadt aber auch deswegen eine größere Bedeutung, weil der nördliche Ausgang aus der Fischerstadt mit dem sogenannten Brühltor an ihrem nördlichen Ende angelegt wurde und sie seitdem als Verkehrsachse zu weiten Ländereien vor der Stadt die Weserstraße ablöste. Südlich des Hauses Oberstraße 2 stand bis zur Neuanlage der Festungswälle nach 1815 noch eine ganze Gruppe kleiner Hausstellen (Haus-Nr. 763 bis 771), die aus einer offensichtlich recht ungeordneten Gruppe von kleinen Bauten im Winkel zwischen der Oberstraße und einem Weg zum Fischertor, der westlichen Verlängerung der Steinstraße, bestanden.

Die Bebauung der Straße blieb zu allen Zeiten von Scheunen, kleinen Häusern und Buden bestimmt, wobei viele der Wohnbauten im Laufe des 16. und 17. Jahrhunderts durch Umnutzung von älteren Scheunen, Speichern, Flügelbauten oder Hinterhäusern der großen bürgerlichen Anwesen an der Weserstraße entstanden. Damit wurden die verschiedenen kleinen Durchgänge und Gassen auf der Ostseite, die zur Weserstraße führen, zum Teil des Straßenraums der Oberstraße. Im Kern haben sich dabei in mehreren Bauten noch Fachwerkgerüste erhalten, die auf einen Wiederaufbau der Fischerstadt nach 1470 zurückgehen. Um 1740 brannten die Häuser Nr. 58 und 60 ab, und bei der Belagerung der Stadt im Siebenjährigen Krieg wurden 1758 die drei Häuser nördlich von Oberstraße 64 zerstört.

Eine Ausnahme in der Bebauung bildete nur der seit 1770 eingerichtete sogenannte *Gesundbrunnen auf der Fischerstadt* ganz am nördlichen Ende der Straße (Nr. 66/68), der in den letzten Jahrzehnten des 18. Jahrhunderts zu einem der gesellschaftlichen Mittelpunkte der Stadt wurde. Die Bedeutung der Straße als Verkehrsachse sollte sich mit der Neubefestigung nach 1815 noch verstärken, da nun auch der südliche Zugang zur Fischerstadt in die Flucht der Straße verlegt wurde (siehe auch Oberstraße 2).

1874 wird die *oberere Fischerstadtstraße* mit behauenen Kopfsteinen gepflastert, wobei auch Trottoirs angelegt werden. Allerdings verlor sich schon nach wenigen Jahren ihre Bedeutung als Ausfallstraße, da die Fischerstadt mit ihren engen Gassen nach der Entfestigung der Stadt mit der Fertigstellung der Hermannstraße um 1878 westlich umfahren werden konnte. 1879 wurden die Fluchtlinien der Straße festgestellt.

ARCHÄOLOGISCHE NACHRICHTEN:

In einem nicht weiter dokumentierten Einzelfund im Bereich der Oberstraße wurde das Fragment eines Fayence-Kachelofens geborgen (Teil I, Kap. I.3, Fundstellenkatalog, Fundstelle 122 – Verbleib des Funds: Mindener Museum, MA 82).

NACHRICHTEN ZU HÄUSERN, DIE 1815/25 FÜR DEN FESTUNGSBAU IM SÜDWESTLICHEN BEREICH DER STRASSE ABGEBROCHEN WURDEN

HAUS-NR. 763

1712 Cord Toyse, vorher Johan Toyse, später Moritz Sprick, dann Hans Hinrich Herhorst; 1743 *Karrenführer Hedehorst auf der Fischerstaadt* (hat größeren Landbesitz); 1750 Hinrich Hedehorst; 1755/66 Hans Henrich Herderhorst, Haus für 80 Rthl; 1781 Bleicher Wahl, 75 Rthl; 1798 Bleicher Wahl; 1802/04 Wahl, Haus für 800 Rthl, vermietet an Armenvogt Francke (hält 1 Jungvieh), Witwe Wetstein und Invalide Hetler (insgesamt 17 Personen); 1805 Wahl (besitzt auch Scheune Nr. 764), bewohnt von David Kuhn; 1809/12 Wahls Haus (wohnt auf der ersten Bleiche Teil V, Kap. VII, S. 991–992, Bleichstraße 10), bewohnt von Strumpfwirker Kuhn; 1818 Wahl, Haus für den Festungsbau eingezogen.

Haus (um 1800–1817)

Das Haus scheint um 1800 durch den Bleicher Wahl neu gebaut und in der Folge von ihm als Mietshaus genutzt worden zu sein. 1817 wurde der Bau für die Anlage der Festungswälle abgebrochen. Fachwerkbau von einer Etage, nach den erhaltenen ausführlichen Taxationen für den Abbruch (STA DT, Mi 1, I C, Nr. 801) auf einer Grundfläche von 56 Fuß Länge und 17 Fuß Breite. In einem Anbau ein Stall. Der Wert wurde durch den Baukondukteur Friemel auf 667 Thl berechnet.

HAUS-NR. 764

Als Nebenhaus von Haus-Nr. 771 bezeichnet und schon vor 1750 nur noch als Scheune genutzt.

1743 ohne Eintrag (Haus ohne Grundbesitz); 1750/55 Johann Buschs Nebenhaus, 40 Rthl; 1764 Langhorsts Nebenhaus; 1766 Johan Buschs Scheune; 1775 Steinvisier Langhorsts Haus, schon vor 1750 als Scheune genutzt; 1782 Schmidt, unbewohnt, als Scheune genutzt; 1787 Erben Schmidt, Besitz soll auf Betreiben der Kreditoren versteigert werden (WMA II, 1785): Haus, zur Scheune genutzt mit Kuhstall und Schweinestall dahinter und Huderecht für 2 Kühe in der Fischertorschen Hude; 1791 nun Kuhlmeyer, Scheune; 1798 Kutmeyers

Scheune; 1801 Versteigerung des Besitzes der Witwe des Inspektors Joh. Friedrich Wilhelm Kuhlmeyer. Er kommt zusammen mit Haus-Nr. 771 für 1730 Rthl an den Bleicher Wahl (STA DT, M1, I C Nr. 232); 1804/09 Wahls Scheune, 300 Rthl (siehe auch Teil V, Kap. VII, S. 991–992, Bleichstraße 10); 1818 für den Festungsbau eingezogen.

Wohnhaus, später Scheune (bis 1818)
Das Gebäude wurde schon seit vor 1750 bis zum Abbruch für den Festungsbau um 1817 immer als Scheune von Häusern der Nachbarschaft genutzt, dürfte aber, da es eine eigene Nummer trug, zuvor in der zweiten Hälfte des 17. Jahrhunderts Hausstätte gewesen sein. Der Fachwerkbau von einer Etage hatte nach der erhaltenen ausführlichen Taxation für den Abbruch (STA DT, Mi 1, I C, Nr. 801) eine Länge von 38 Fuß und eine Breite von 15,5 Fuß sowie einen Anbau von 16 x 9 Fuß. Der Wert wurde von Baukondukteur Friemel auf 371 Rthl berechnet.

HAUS-NR. 765/766

Doppelbude unter gemeinsamem Dach.

HAUS-NR. 765: 1743 Witwe Johan Henrich Bicknasen; 1750 Johann Witte; 1755 Kargmeyers Haus, 30 Rthl; 1764/66 Kargmeyer Junior; 1781 Kargmeyer, Wohnhaus für 25 Rthl; 1798 Witwe Karbmeyer; 1802/04 Witwe Karckmeyer und als Mieter Witwe Höppe, hält 1 Jungvieh; 1806 Karkmeyers Erben; 1809 Köppen Haus, steht leer; 1812 Johann Köppe (wohnt Haus-Nr. 769), Haus ist vermietet; 1816 Witwe Köppen, Haus mit grünem Hof und Land soll verkauft werden (MIB 1816).

HAUS-NR. 766: 1712 Tochter der Witwe Cord Toysen, zuvor Witwe Cord Toysen Senior, später Johann Carsten Karckmeier; 1743 Karsten Karckmeyer; 1750/50 Karsten Karckmeyer, Haus für 20 Rthl; 1764/66 Karkmeyer Senior, 20 Rthl; 1781 Bahr, 25 Rthl; 1789/98 Witwe Bahr (oder Baer); 1802/04 Witwe Behr und Mieter, Haus für 25 Rthl, halten 2 Stück Jungvieh und 1 Schwein; 1809/12 Witwe Beehr, Wohnhaus und Hofraum (hat auch Garten und Ackerland); 1815 Mieter ist Tagelöhner Wilhelm Meyer (* 1787); 1816 Witwe Köppen, Haus mit Stallung und Hof sowie Huderecht auf 2 Kühe im Fischerstädter Bruch soll verkauft werden (MIB 1816).

Doppelbude (bis 1817)

Beide Teile des traufenständigen Fachwerkhauses waren eingeschossig und hatten eine Breite von 19 Fuß, das Gebäude war 22 Fuß tief (STA DT, Mi 1, I C, Nr. 801). Haus-Nr. 765 wurde 1817 auf 309 Rthl taxiert, Haus-Nr. 766 auf 357 Rthl. Das Gebäude wurde 1817 für den Bau der Festungswälle abgebrochen.

HAUS-NR. 767/768/769

Reihe von drei Buden unter einem Dach, von denen der nördliche Teil unmittelbar neben dem Tor zum Brühl, dem *Fischertor* lag und zugleich als dessen Torschreiberhaus diente. Der südliche Teil unmittelbar *neben dem alten Graben.*

HAUS-NR. 767 (rechter, nördlicher Teil): 1743 kein Eintrag (Haus ohne Grundbesitz); 1750 *Thor Schreiber Temme*; 1755 Witwe Temme, Haus für 12 Rthl; 1764/66 Torschreiberhaus, 12 Rthl; 1781 Torschreiberhaus, 25 Rthl; 1798 Torschreiber Nordmann; 1802 Fischerstädter Torschreiberhaus, 25 Rthl; 1804 Torschreiber Michaelis; 1806/09 Erben Albrecht (Torschreiberhaus); 1818 Fischerstädter Torschreiberhaus, wird für den Festungsbau abgebrochen.

HAUS-NR. 768 (mittlerer Teil): 1743 ohne Eintrag (Haus ohne Grundbesitz); 1750 Dickmann; 1755 Jürgen Diekmann, Haus für 20 Rthl; 1766 Diekmann, 20 Rthl; 1781 Bock, 25 Rthl; 1798 Tagelöhner Bock; 1802/04 Bock und Mieter; 1806/09 Tagelöhner Daniel Bock; 1818 Witwe Bock, 25 Thl; 1821 für den Festungsbau abgebrochen.

HAUS-NR. 769 (linker Teil): 1743 ohne Eintrag (Haus ohne Grundbesitz); 1750 Meister Schuhmacher; 1755 Witwe Meyer, 50 Rthl; 1759 Verkauf von Witwe Meyer an Witwe Schröder; 1764 Witwe Schröder; 1766 Beckmeyer, 50 Rthl; 1781 Jantzen; 1778/97 gehört das Haus zum Heilig-Geist-Armenhaus, ist ihnen durch Testament von Johann Fanzen und Caterina, geb. Lübcking zugefallen für lebenslange freie Miete (KAM, Mi, C 886). Das Haus wird von 1788 bis 1797 verpachtet. 1797 wird es zum Verkauf angeboten (Beilage zur Lippstädtischen Zeitung Nr. 161, 1797). 1798 Feldwebel Kenneweg; 1802/04 Köppe, 300 Rthl, halten 2 Stück Jungvieh; 1806 Schneider Johann Köbbe (Köppe), Wohnhaus nebst Stall und Garten (besitzt auch Haus-Nr. 765); 1818 Witwe Koppe, Wohnhaus 300 Thl; 1821 für den Bau der Festungswälle abgebrochen.

Budenreihe (bis 1821)

Alle drei Teile des traufenständigen Fachwerkhauses unter einem Dach hatten nur eine Etage und eine Breite von 17 Fuß, die Bautenreihe hatte eine Tiefe von 21 Fuß. Nach weiteren Quellen (siehe unten) umfaßte jeder Teil drei Gefache, die ganze Reihe 10 Gebinde. Die Innenaufteilung in der für Bauten dieser Art traditionellen Form des 16./17. Jahrhunderts mit einer vorderen seitlichen Stube, über der zwei kleine Kammern eingerichtet sind. Daran vorbeiführend (wohl in der Breite von einem Gefach) ein schmaler hoher Dielenflur. Hinter der Stube eine wohl zur Diele offene Küche. Lage der weiteren Stube unbekannt.

Nach der erhaltenen ausführlichen Taxation der Bauteile für den Abbruch (STA DT, Mi 1, I C, Nr. 801) wurde 1817 der Wert des Hauses Haus-Nr. 767 auf 288 Rthl, der des Hauses Haus-Nr. 768 durch den Zimmermeister Wehking auf 313 Rthl und des Hauses Haus-Nr. 769 durch Baukondukteur Friemel auf 320 Rthl berechnet.

Der mittlere Teil (Haus-Nr. 768) wurde 1788 beschrieben als Haus mit einer Stube, drei Kammern und kleinem Garten. Es war neu zu verpachten (WMA 42, 1788). Nach einer Taxation durch Zimmermeister Möller von 1783 ist das Haus 16 Fuß lang, 21 Fuß breit und umfaßt vier Gebinde. Es hat eine Stube und drei Kammern. Bis 1797 wird es für jährlich 12 Rthl vermietet. Es soll dann verkauft werden und wurde dafür durch den Zimmermeister Wehking Junior begutachtet (KAM, Mi, C 682). *Das Gebäude ist lang 17 Fuß und 19 Fuß breit. Eine Etage hoch in Fachwenden, darin befindet sich eine Stube mit einen Offen, und über der Stube 2 kleine Kammern, auch ein beschossenen Bohden, mit 3 Balken Fach im Dache.* Zugehörig Mistplatz und ein kleiner Garten von 13 Fuß im Quadrat. Das Anwesen wird mit 225 Rthl taxiert (KAM, Mi, C 682).

Hinter dem Gebäude bestand 1821 ein Stall aus Fachwerk mit Pultdach und Abort.

HAUS-NR. 770

1712 Carsten Lohrman Junior; 1721 Carsten Eickmeyer; 1738 Carsten Eickmeyer, das Haus mit Huderecht für 2 Kühe, taxiert zu 58 Rthl wird versteigert (WMA 1738); 1743 ohne Eintrag (Haus ohne Grundbesitz); 1750 Eickmeyers Erben; 1755 Schumacher, 20 Rthl; 1764/81 Schuhmacher, 50 Rthl; 1798 Kaufmann Schnedler; 1802 Schnedler, Haus für 1000 Rthl, vermietet an zwei Witwen, halten 1 Jungvieh; 1806/09 Schnedles Haus, steht 1809 leer; 1812/18 Direktor Schmidts Haus, bewohnt von Hohenkerker, wird für den Festungsbau abgebrochen.

Haus (bis 1797)

1738 beschrieben als ein kleines Haus mit Hofplatz, *auf der Fischerstadt belegen, worinnen eine Stube, zwey Cammern.*

Haus (1797–1818)

Das Haus *ist 1797 neu gebauet* (KAM, Mi, C 133), aber schon 1818 wegen des Festungsbaus wieder abgebrochen worden. Es hatte nach der erhaltenen ausführlichen Taxation von 1816 für den Abbruch (STA DT, Mi 1, I C, Nr. 801) zwei Etagen und eine Länge von 22 Fuß sowie eine Breite von 16,5 Fuß.

HAUS-NR. 771

In der zweiten Hälfte des 18. Jahrhunderts die Scheune Haus-Nr. 764 als Nebenhaus zugehörig.

1743/1750 Johann Busch (hat umfangreichen Landbesitz); 1755 J. Busch, Haus für 100 Rthl; 1764 Mieter ist Langhorst; 1766 J. Busch, 100 Rthl; 1781 Schmidt; 1785 Erben Schmidt. Besitz soll auf Betreiben der *Creditoren* versteigert werden: Wohnhaus von einer Etage, mit einer Stube, drei Kammern und einem gewölbten Keller. Mit Waschhaus auf dem Hof und einem Huderecht für drei Kühe im Fischertorschen Bruche (WMA II, 1785). 1798 Inspektor Kuhlmeyer; 1801 Versteigerung des Besitzers der Witwe Kuhlemann (besitzt auch Haus-Nr. 764); 1802/09 Bleicher Wahl (siehe auch Teil V, Kap. VII, S. 991–992, Bleichstraße 10), vermietet an Witwe Wehking (hat Magd, 1 Jungvieh und 1 Schwein); 1818 Bleicher Wahl, Wohnhaus 600 Thl; 1821 für den Bau der Festungswerke abgebrochen.

Haus (bis 1821)

1802 wird das Haus mit einer Stube, drei Kammern, einem gewölbten Keller und zwei Böden beschrieben. Es gäbe Gelegenheit zur Branntweinbrennerei, habe eine Pumpe, Stallung und einen kleinen Garten. Der Fachwerkbau von einer Etage hatte nach der erhaltenen Taxation für den Abbruch (STA DT, Mi 1, I C, Nr. 801) eine Grundfläche von 32 x 30 Fuß und einen Stubenanbau. Der Wert wurde mit 797 Thl berechnet. Ferner bestand ein Hintergebäude von zwei Etagen und einer Grundfläche von 14 x 8,5 Fuß, wobei das Erdgeschoß massiv war (teils Bruch-, teils Backstein). Der Wert wurde mit 133 Thl berechnet. Weiter gab es einen Stallanbau für 29 Thl.

OBERSTRASSE 1

bis 1878 Haus-Nr. 775; bis 1908 Fischerstadt 58

Sehr kleine Hausstelle zwischen der Oberstraße und der westlich anschließenden Stadtmauer.

1712 Cord Harmen Böhndell, vorher Daniel Spilker; 1743 Jürgen Fustmann; 1750/64 Johann Jürgen Fustmann, Haus für 40 Rthl; 1766 Wahn, 40 Rthl; 1781 Diestelhorst, Wohnhaus 50 Rthl; 1798 Mieter ist Witwe Mitzrigel; 1802 Diestelhorst, 50 Rthl; 1804 als Mieter Witwe Mitzrigel; 1809 Kaufmann Jöneke will sein Haus nebst Huderecht für 2 Kühe im Fischerstädter Bruch verkaufen (WMA 1809); 1809 Hennekamps Haus; 1812/18 Joh. Deerberg, Wohnhaus 150 Thl, Stallung 50 Thl (wohnt Oberstraße 16); 1815 Tagelöhner Joh. Deerberg (* 1783 in Dankersen) mit Familie; 1829 Johan Derberg; 1836 Wohnhaus und Stallung 650 Thl; 1846 Karrenbinder Heinrich Fuest und ein Mieter; 1853 Unteroffizier (in Verden) Brähmer und zwei Mietparteien; 1873 Witwe Bremer und vier Mietparteien; 1878 Bremer; 1895 Schlosser Ferdinand Tusche; 1897 Lokführer Carl Tusche (baut das Haus Hermannstraße 66).

Haus (bis 1904)

Das Haus wird 1802 repariert und ausgebaut (KAM, Mi, C 142). Das in seiner Gestalt nicht weiter bekannte Gebäude wohl 1904 für den Neubau des Hauses Hermannstraße 2 abgebrochen (siehe Teil V, Kap. VII, S. 1066 f.).

OBERSTRASSE 2 (Abb. 1790, 1791)

bis 1878 Haus-Nr. 840; bis 1908 Fischerstadt 66

Langgezogener eingeschossiger Baukörper, der weitgehend die vorhandene Parzelle überbaute und offensichtlich in zwei Abschnitten um 1802 und um 1825 gebaut wurde. Das Haus erhielt erst durch den Bau der Festungswälle ab 1817 seine besondere städtebauliche Lage. Während es zuvor nur mit dem nördlichen Giebel an der öffentlichen Straßenfläche stand, wurde mit der Neubefestigung die Oberstraße als Verbindung zur Stadt nach Süden am Haus vorbei verlängert und das Haus damit nun traufenständig zur Hauptstraße gestellt. Wohl kurz danach erhielt es eine wesentliche Erweiterung nach Süden. Nachdem die Besitzer im Laufe des 19. Jahrhunderts nahezu alle Bauten des östlich anschließenden Baublocks erwarben, konnte es dort zu umfangreichen Grundstücksumlegungen kommen.

1743 ohne Eintrag (Haus ohne Grundbesitz); 1750 Bäcker Johann Friedrich Schneteler; 1755 Schneteler Junior, Haus für 100 Rthl (besitzt auch das Haus Steinweg 6, das seit 1781 als Scheune dient); 1764/66 Bäcker Johann Schnetler, 100 Thl; 1781 Schnetler, 100 Rthl; 1798 Johan Henrich Schnedtler Senior; 1802/04 Kaufmann Schnetler mit Familie und zwei Schustern als Mieter, halb massives Wohnhaus für 3 000 Rthl; 1805 der Besitz des Kaufmanns Schnedler wird wegen Schulden versteigert: sein neues Wohnhaus mit großem Garten vor dem Tore (angeschlagen zu 1 780 Rthl), das zur Scheune eingerichtete Haus Steinweg 6 mit zugehörigem Garten (angeschlagen zu 508 Rthl) sowie die wüste Hausstelle Haus-Nr. 805 im Norden der Fischerstadt, ferner verschiedene Gärten (WMA 1805); 1806 Schiffer Wilhelm Diestelhorst, Wohnhaus, Scheune (Haus-Nr. 843) und Hof; 1818/36 Schiffer Friedrich Wilhelm Diesselhorst (* 1809), Wohnhaus 1 000 Thl; 1829 Wohnhaus und die damit verbundene Scheune nun 2 000 Thl; 1832 Kaufmann Diestelhorst zu Bremen hat neue Scheune (möglicherweise Haus Steinweg 6) errichtet (KAM, Mi, E 955); 1846 Kaufmann Franz Diesselhorst; 1848 Verkauf des Hauses für 1 900 Thl und der Scheune für 1 100 Thl von Wilhelm Diestelhorst in Bremen an Schiffskapitän Stumpe (KAM, Mi, E 698); 1853 Stumpe (wohnt bis 1866 Steinweg 6), vermietet an zwei Postsekretäre; 1863 Kapitän und Schiffseigner Hermann Stumpe; 1873 vermietet an Lokführer Immendorf; 1878 Stumpe; 1894 Verkauf an Bäcker Hermann Flandermeyer; 1898/1928 Bäckermeister Fritz Meierbröker (1919 als Laden im Haus die Schiffsausrüstungsfirma Große & Mispel im Besitz von Otto Schlötel, der 1921 dafür einen Neubau an der Bleichstraße 28 errichtet); 1928 Verkauf an Bäckermeister Carl Conrad/Barkhausen; 1974 Ulrich Aretz.

Haus (von 1802)

Der nördliche Abschnitt des Hauses offenbar nach Erbgang um 1802 neu erbaut, wobei der Kaufmann Schnedler seine finanziellen Möglichkeiten mit dem Bau überschritt, so daß der Besitz nach einer ersten Ankündigung im Dezember 1804 schließlich im Herbst 1805 zur Versteigerung kam. Dabei wird das Haus als *ganz neu aufgebauet und in der unteren Etage mit zwey Wohnzimmern, einem Laden, einer geräumigen Küche*, sowie einem gewölbten Keller beschrieben und ist *in dem*

Abb. 1790 Oberstraße 2, Ansicht von Nordwesten, links Einmündung des Steinweges mit dem anschließenden Haus Steinweg 2, 1993.

Mansarden-Dache mit einer Stube und vier Kammern versehen. Eingeschossiger und sehr lang gezogener Putzbau in Ecklage zum Steinweg mit ausgebautem Mansarddach auf sehr schmaler Grundfläche (13,20 x 5,50 m). Der langgezogene Baukörper bis auf eine Brandwand aus Bruchstein zum angebauten Haus Steinweg 2 aus verputztem Fachwerk bestehend. Der Wohnteil eingeteilt in eine breite, durch eine große und zweiflügelige Haustür erschlossene Diele im südlichen Teil mit (jetzt erneuerter) Treppenanlage zum ausgebauten Dach (dieser Bereich unterkellert mit flacher Tonne aus Backstein) und einem daran nach Norden anschließenden Wohnteil von vier Fensterachsen. Dieser durch Längs- und Querwand in vier Räume eingeteilt und mit den genannten zwei Stuben, Laden und Küche. Die nordöstliche Kammer wurde 1898 als Stall genutzt (Zugang wohl vom Steinweg), der nun in die südlich anschließende Kammer verlegt wurde.

Um 1820 das Gebäude durch eine etwa gleich breite und in der Gestalt dem bestehenden Haus völlig angepaßte Scheune auf einer Grundfläche von 12,5 x 4,75 m nach Süden erweitert, wobei hier die ebenfalls verputzten Umfassungswände aus Backstein aufgemauert sind. Zu einem unbekannten Zeitpunkt (wohl schon in der Mitte des 19. Jahrhunderts) dieser Bau zu einem Wohnhaus umgebaut, wobei man einen breiten mittleren Querflur mit seitlich jeweils zwei nebeneinanderliegenden Wohnräumen schuf. Das ausgebaute Dach dabei vom Altbau her erschlossen.

1894 kam es nach Eigentümerwechsel zum Umbau des alten südlichen Scheunenteils zu einer Bäckerei, wobei auch ein zweigeschossiger östlicher Anbau mit Backofen entstand; 1901 Umbau des

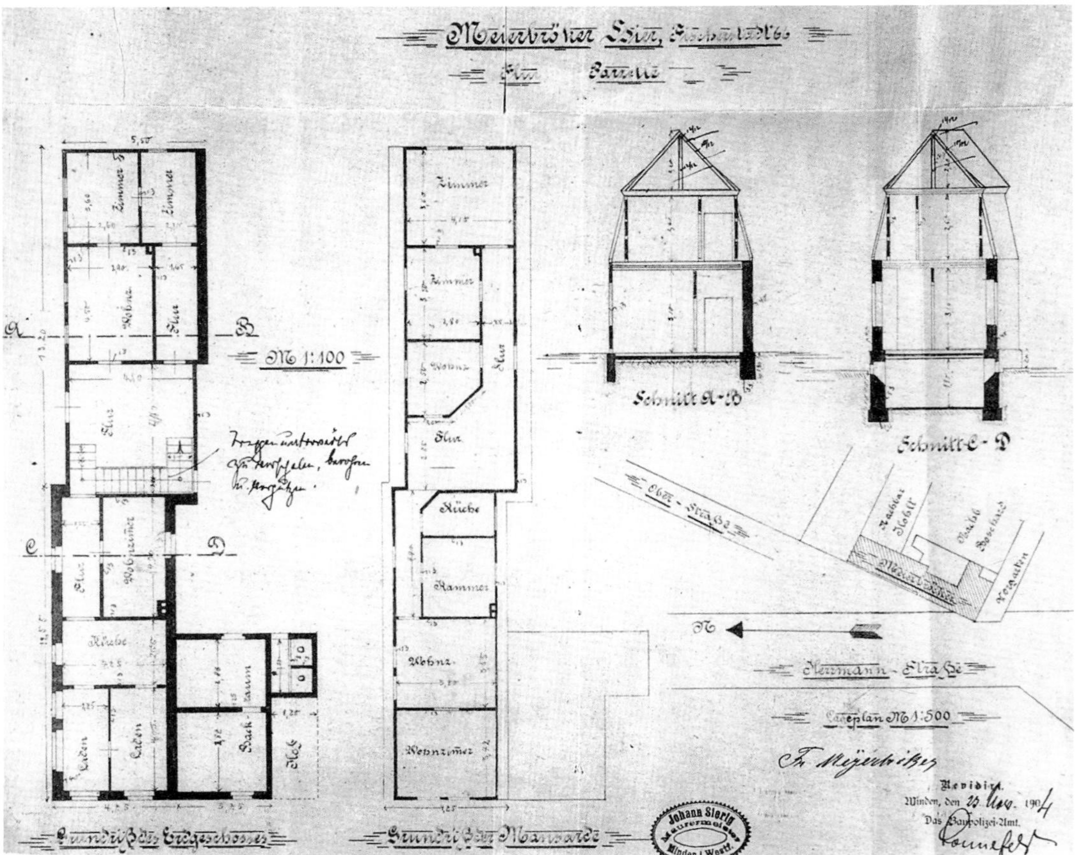

Abb. 1791 Oberstraße 2, Bestandspläne Zustand 1904.

Einganges in diesem Bereich (statt in der dritten nun in der zweiten Achse von Süden); 1904 Renovierung des Hauses, das neue Dachdeckung und Putz erhält; 1905 Abortanbau und Kanalisation; 1919 Umbau des Ladens, wobei ein 1923 wieder entferntes Schaufenster nördlich der großen Haustür eingebaut wird; 1947 Umbau der Bäckerei; 1968 Umbau der Bäckerei mit Kaffee zu Gaststätte; 1974/75 Sanierung des Hauses und Umbau der Gaststätte, wobei die Zwischenwände und Schornsteine entfernt werden (Plan: U. Aretz). 1994 in die Denkmalliste der Stadt Minden eingetragen.

OBERSTRASSE 3

bis 1878 Haus-Nr. 783; bis 1908 Fischerstadt 56

Das Grundstück umfaßte nur eine kleine Fläche zwischen der Oberstraße und der diese westlich begleitenden Fischerstädter Stadtmauer und dürfte in seinen Abmessungen daher erst nach deren um 1382 begonnenen Bau entstanden sein. Das Haus seit 1904 durch das Haus Hermannstraße 2 umbaut. Nach Abbruch des alten Hauses die Hausstätte dem Hofplatz des großen Mietshauses zugeschlagen (siehe Teil V, Kap. VII, S. 1066 f.).

1665 Thomas Dökes (Haus ist frei vererbbar, hat Garten zur Miete, siehe KAM, Mi, B 122); 1712 Johann Herman Gäks, vorher Thomas Dögks, später Anton Karkmeier; 1743 ohne Eintrag (Haus ohne Grundbesitz); 1750 Schneider Bock; 1755/64 Meister Bock, Haus für 30 Rthl; 1766 Schiffsknecht Knüppel; 1781 Unteroffizier Flaschenträger, Haus für 50 Rthl; 1798 Soldat Kulmann; 1802 Soldat Kuhlmann, 50 Rthl; 1804 Tagelöhner Kohlmann; 1809 Tagelöhner Kuhlmann; 1812/18 Hermann Marcks, Wohnhaus ohne Hofraum für 100 Thl; 1829 Witwe Marx; 1832 Tagelöhnerin Witwe Marcks; 1835 Erhöhung auf 200 Thl; 1846 Witwe Louise Marx; 1853 Arbeiter Marx; 1873/78 Witwe Marx; 1906 Stiftsbrauerei AG; 1919 Stiftsbrauerei (vermietet an Schuhmacher Heinrich Iffland); 1937 Joh. Katers.

Haus (bis 1937)

Schmaler und traufenständiger Fachwerkbau von zwei Etagen. Das Erdgeschoß mit breiter mittlerer Diele, rückwärtiger Treppe und später abgeteilter Küche. Seitlich jeweils ein Wohnraum anschließend, der südliche 1906 als Werkstube bezeichnet. 1906 Kanalisation; 1937 Abbruch des verfallenen Hauses.

OBERSTRASSE 4 (Abb. 1823)

bis 1878 Haus-Nr. 839; bis 1908 Fischerstadt 64

Das Grundstück wohl ehemals zum weitläufigen Anwesen Weserstraße 6 gehörig und seit spätestens dem 15. Jahrhundert mit einem Wohnhaus bebaut (zunächst als Nebenhaus genutzt ?), dem1499 ⓓ ein Hinterhaus angefügt wurde (das spätere Haus Steinweg 1).

1712 Johann Henrich Escher (ist Jürgen Fustmanns Schwiegersohn), später Cordt Hinrich Bicknäse; 1750 Bicknäsen Haus; 1753 Hinrich Rudolf Vögeler; 1755 Koldemeyer, Haus für 30 Rthl; 1764 Rudolf Vögeler; 1766 Witte, 30 Rthl; 1774 Verkauf von Conrad Diedrich Heidegress zu Bückeburg an Bäcker Christian Gottlieb Rumpf: Wohnhaus, Schweinestall seitlich des Hauses, Abtritt und Beutel-Mühle für 122,5 Rthl (KAM, Mi, C 392,7 alt); 1781 Kuhlmeyer, Haus für 200 Rthl; 1798 Inspektor Kulmeier; 1802/12 Branntweinbrenner Wilhelm Schröder (wohnt Oberstraße 16), Haus ohne Hofplatz, vermietet 1804 an Hagemeyer, 1809 an Tagelöhner Blumhard; 1818 Witwe Schröder, Wohnhaus für 200 Thl; 1829 Franz Müller; 1832/35 Franz Müller, Wohnhaus und Stallung für 450 Thl; 1846 Maurer Franz Müller und als Mieter Maurer Wilhelm Plümer und sechs weitere Mietparteien (insgesamt 30 Personen); 1853 Maurer Müller mit vier Mietparteien (insgesamt 22 Personen). Alle Räume sind sehr beschränkt; 1873/78 Witwe Müller mit sieben Mietparteien; 1906/19 Zigarrenarbeiter August Beuermann mit vier Mietparteien; 1956 Hermann Detering/Petershagen; 1962 Verkauf an Alois Klawitter.

Haus (15. Jahrhundert–1964)

Das giebelständige Haus wies offensichtlich in seinem Kerngerüst ein großes Alter auf, ist aber in dieser Kernsubstanz nur noch aus Spuren (Zeitungsfotos des Abbruchs und Spuren am erhaltenen und diesem angefügten Bau Steinstraße 1) zu erschließen: danach eingeschossiges Giebelhaus zur Oberstraße mit aufgelegtem Dachbalkengefüge, mit Kopfbändern ausgesteift. Steiles Sparrendach. Die Dachtraufe zur Oberstraße über Kopfbändern ebenfalls vorkragend. An dieses wohl als Dielenhaus anzusprechende Gebäude wurde dann 1499 ein zweistöckiges Hinterhaus angefügt (Kerngerüst des Hauses Steinstraße 1, siehe dazu im weiteren dort), das im Erdgeschoß einen größeren Raum (wohl zum Wohnen), im Obergeschoß ein Lagergeschoß mit Ladeluke zur Steinstraße aufnahm. Spuren an einem Ständer im gemeinsamen Giebel belegen im Obergeschoß eine Verbindungsöffnung zwischen den Gebäuden (Tür bzw. Schornsteinanlage). Das alte Dachgerüst stark verräuchert.

Nachdem das Hinterhaus wohl schon im 17. Jahrhundert zu einem eigenen Haus umgenutzt wurde, scheint das alte Vorderhaus im 18. Jahrhundert verkürzt worden zu sein, wobei der Vordergiebel um einige Meter zu Gunsten eines Vorplatzes zurückgesetzt wurde. Das alte Gerüst wurde zu einem kleinen zweigeschossigen Wohnhaus unter Satteldach umgebaut und verputzt. Dieses nach Kanalisationsplan von 1906 mit einem breiten Querflur, vom dem rückwärtig eine Küche abgetrennt ist. Seitlich jeweils Raumfolge aus Stube und Kammer. Das östliche Drittel der vorderen Traufe im 19. Jahrhundert zur Schaffung eines zweiten Obergeschosses aufgedrempelt.

1949 ist das Haus baufällig und muß in Stand gesetzt werden, wird aber schließlich 1964 abgebrochen.

Wohnhaus (von 1981)

Als Einfamilienhaus mit Einliegerwohnung für Irene Aretz nach eigenen Plänen errichteter eingeschossiger Bau mit Satteldach.

OBERSTRASSE 6

bis 1878 Haus-Nr. 832; bis 1908 Fischerstadt 62

Möglicherweise handelt es sich – im Vergleich mit der Entwicklung anderer Grundstücke in der Fischerstadt – zunächst um einen Flügelbau oder Hinterhaus von dem Gebäude Weserstraße 6, das dann spätestens Ende des 17. Jahrhunderts abgetrennt und zu einem eigenen Wohnhaus umgestaltet worden ist. Die Parzelle, die nahezu die gesamte Fläche zwischen den Häusern Steinweg 1, 3 und 5 sowie Weserstraße 6 und 7 und Oberstraße 8 einnahm, wurde nach Abbruch des Gebäudes um 1982 eingezogen und als Freifläche in gemeinschaftlichen Besitz an die umliegenden 6 Hausbesitzer veräußert.

1665 Thomas Blöte: Haus ist frei vererbbar. Hat 6,5 Morgen Pachtland und Garten beim Brühl (KAM, Mi, B 122); 1712 Johan Thomas Wild, davor Jobst Herman Tohrman, davor Thomas Blöte, später Johann Jürgen Gieseking, dann Jobst Hermann Böndel; 1740 wurde das Haus wegen Baufälligkeit auf Anordnung der Kriegs- und Domainenkasse für 40 Rthl an Karrenführer Hedehorst verkauft, der zugleich eine auf dem Hause ruhende Obligation von 54 Rthl bei der städtischen Rentenkammer ablöst (KAM; Mi, C 355,16 alt); 1750 Hedehorst Haus, wird nur noch als Scheune genutzt; 1755 Hedehorst, Haus für 30 Rthl; 1764 Hedehorsts Nebenhaus; 1766 Hedehorsts Scheune; 1770 die Stelle ist wüst, Hedehorst fehlt das Vermögen zum Bau (KAM, Mi, C 885); 1781 Bleicher Wahl, Haus ist Scheune; 1798 Wahls Scheune; 1802/06 Scheune des Bleichers Georg Wahl 500 Rthl; 1823/32 Scheune des Bleichers Gottlieb Wahl; 1853 Scheune des Schiffsherrn Rolff; 1859 Kaufmann Hartung (Scheune ist von 1859 bis 1865 als Spritzenhaus der Fischerstadt an Stadt Minden vermietet (KAM, Mi, F 359); 1878 Hartung; 1907/19 Wirt Hermann Stratmann (Tränkestraße 14).

Haus (bis um 1768)

Nachdem das Haus schon 1740 als sehr baufällig bezeichnet wurde, wird es nur noch als Scheune genutzt und um 1768 schließlich abgebrochen.

Scheune (um 1780–um 1982)

Um 1780 wird an dieser Stelle eine neue Scheune errichtet, die bis um 1840 zum Haus Steinweg 1 gehörte und dann in den Besitz von an anderer Stelle der Stadt wohnenden Personen kam. Eingeschossiger Fachwerkbau mit Torzufahrt im westlichen Giebel. Neben der anschließenden Wirtschaftsdiele auf der südlichen Seite Pferdestände.

1907 Entwässerung; 1981 nur noch als Schuppen genutzt, ehemals Pferdestall.

OBERSTRASSE 7 (Abb. 1792, 1807)

bis 1878 Haus-Nr. 789; bis 1908 Fischerstadt 42

Eine der wenigen erhaltenen Hausstellen zwischen der westlichen Stadtmauer der Fischerstadt und der Oberstraße, zudem an einer Stelle, die nur einen wenig tiefen Bau zuließ. Hier wohl um 1600 eine traufenständige Doppelbude errichtet, die als westliche Wand die Stadtmauer nutzte und wohl schon vor der Mitte des 18. Jahrhunderts zu einem größeren Haus umgenutzt wurde. An beiden Giebeln jeweils nur eine sehr kleine Hoffläche anschließend.

1743 ohne Eintrag (Haus ohne Grundbesitz); 1750 Wentcker; 1755 Witwe Wecker, Haus für 20 Rthl; 1764 Wennecker; 1766 Witwe Wenker, 20 Rthl; 1781 Soldat Bockloh, 25 Rthl; 1798 Witwe Bockeloh; 1802 Soldat Bockeloh; 1804 Hausmann und Witwe Bockeloh; 1809 Hausmann; 1815/18 Franz Haußmann (* 1797 in Minden), Wohnhaus für 25 Rthl; 1829 Franz Hausmann, nun Christoph Schlüter (wohnt Oberstraße 24), Erhöhung auf 200 Thl; 1832 Christian Schlüter; 1835 Erhöhung auf 350 Thl; 1846 Mieter ist Witwe Marie Haußmann und weitere Partei; 1853 Schlüter (wohnt Oberstraße 42), vermietet an Witwe Korbmacher Hausmann und eine weitere Partei; 1873 Witwe Goecke; 1878 Goecke mit zwei Mietparteien; 1906 Zigarrenarbeiter Julius Goeke; 1919 Witwe Luise Göke und Reservelokführer Julius Göke; 1936 Karl Buchmann.

Doppelbude (um 1600)

Eingeschossiger und traufenständiger Fachwerkbau von neun Gebinden Länge unter Satteldach, im Wandgefüge zwei Riegelketten, die Gefügeständer mit Fußstreben ausgesteift, zudem die Eck-

Abb. 1792 Oberstraße 7, Ansicht von Nordosten, 1993.

ständer im Längsverband mit Kopfband; die Dachbalken aufgelegt. Nach diesen Details das Gerüst wohl um 1600 aufgeschlagen. Das Haus um 1980 modernisiert und ausgebaut, daher momentan nicht weiter auf Bauspuren zu untersuchen. Es ist nicht bekannt, in welchem Umfang die Stadtmauer noch in der westlichen Wand erhalten ist.

Das Gebäude ursprünglich offensichtlich durch eine Querwand in zwei Abschnitte von jeweils vier Gefach Breite unterteilt, wohl als zwei Buden mit jeweils Diele und daneben befindlicher Stube von zwei Gefachen Breite vor den beiden Giebeln eingerichtet.

1907 Entwässerung; ein unter dem Haus (unter Flur oder Küche) vorhandener Keller um 1980 verschüttet. Bei diesen Umbauarbeiten eingeschossige Erweiterung nach Norden (mit Fachwerk verkleidet), darüber Dachgarten.

Das Stallgebäude südlich des Hauses zu dem Haus Oberstraße 40 gehörend (siehe dort).

OBERSTRASSE 8

bis 1805 Haus-Nr. 831; bis 1878 Haus-Nr. 831 a; bis 1908 Fischerstadt 61

Die Hausstätte, die außer der Standfläche des Gebäudes keine weitere Freifläche umfaßt, scheint durch Abtrennung von dem großen bürgerlichen Anwesen Weserstraße 8 entstanden zu sein. Nach

Abb. 1793 Oberstraße 9, Ansicht von Südosten, 1993.

der Lage des Gebäudes und seiner Gestalt hat es sich zuvor um einen Flügelbau des Haupthauses an der Weserstraße gehandelt, der seine offene Front ursprünglich nach Norden wandte. Zur Erschließung wurde dann später in die frühere südliche Grenzwand eine Tür zu dem anschließenden Weg eingebaut. Von der Hausstätte 1766 ein östlicher Teil abgeteilt, wobei das Grundstück Weserstraße 7 entstand.

1665 Volmar Rippe (*das Hauß, habe nur darinnen den dritten part, sonsten frey Erbe,* hat eigenen Garten und gemieteten Garten, siehe KAM, Mi, B 122); 1712 Cord Heyse und Johan Rippe, vorher Witwe Volmet Rippe; 1743 Johann Jobst Böndel; 1750/66 Johann Jobst Böndel, Haus für 40 Rthl; 1766 verkauft Jobst Böndel eine Haushälfte *sind aus dem Haus 2 besondere Häuser gemacht worden*; 1781 Henrich Brüggemann; 1798 Linkmeyer; 1802 Unteroffizier Wille; 1804 Frau Linkmeyer, Haus für 50 Rthl; 1806 Witwe Wille, Wohnhaus ohne Grundstück; 1809 Willes Haus; 1815 Steinkohl (* 1761); 1818 Heinrich Böndel, Wohnhaus für 25 Thl; 1829/32 Cardinal; 1835 Witwe Cardinal, Versicherung von 25 auf 300 Thl erhöht; 1846/53 Witwe Karl Cardinal; 1873/78 Witwe Cardinal; 1907 Böttcher Karl Beckeweg; 1919 Schiffer Karl Reckeweg;

Flügelbau (15./16. Jahrhundert)

Den Kern des Hauses bildet ein Gerüst des 15./16. Jahrhunderts. Es umfaßte ursprünglich offenbar acht Gebinde bei einer Länge von etwa 14 m und war offenbar hinter dem Rückgiebel des

Hauses Weserstraße 8 errichtet. Da der etwa 6 m breite Bau mit der Südseite der historischen Grundstücksgrenze folgte, wies seine offene, wohl durchfensterte Front nach Norden. Das weitgehend in dem Haus erhaltene ursprüngliche Gerüst mit einer Riegelkette und im Längsverband an jedem Ständer mit einem verdeckt verzimmerten Kopfband ausgesteift, dabei im Detail die ursprünglich offene Nordwand anders behandelt. Hier breite und bündig verzimmerte Riegel von etwa 15 cm Höhe, auf der Südseite diese mit etwa 9 cm erheblich schmaler und verdeckt verzimmert (erst später durch Aufdoppelung in die Bundebene gebracht), die Ständer hier in der Bundebene fast unbehandelt und teilweise mit Waldkante. Die verdeckten Kopfbänder auf der Südseite regelmäßig gesetzt und zur Gerüstmitte weisend, an der offenen Nordseite aber unregelmäßig gesetzt (wohl zur Gewinnung von größeren Fensterflächen ?). Da das Dach noch heute weit über das Nachbarhaus Oberstraße 10/12 auskragt, war der freistehende Westgiebel offensichtlich mit vorkragendem Giebeldreieck gestaltet. Das Gebäude offensichtlich zunächst mit Lehmgefachen und erst nachträglich mit Backsteinen ausgemauert, wobei die grenzseitige Südwand offenbar für einen völligen Verputz mit feuersicherem Lehm vorgesehen war.

Von dem beschriebenen Gerüst heute noch die 4 ½ westlichen Gefache erhalten, während die anschließenden 2 ½ Gefache 1766 als eigenständiges Wohnhaus (Weserstraße 7) abgetrennt, um 1840 abgebrochen und durch einen Neubau ersetzt worden sind.

Beim Umbau zu einem eigenständigen Wohnhaus oder auch später wurde die Schwelle erheblich erhöht und in unterschiedlichem Rhythmus Zwischenständer eingebaut, zudem der Westgiebel neu verzimmert. Einbau einer Türkonstruktion auf der Mitte der südlichen Traufwand. In der heute durch Nebenbauten verstellten Nordwand haben sich zahlreiche Fensterstöcke aus dem 17. bis 19. Jahrhundert erhalten.

1907 Kanalisation.

OBERSTRASSE 9 (Abb. 1793)

bis 1878 Haus-Nr. 793; bis 1908 Fischerstadt 37

Bis 1879 ein sehr kleiner Hausplatz zwischen der mittelalterlichen Stadtmauer an der Westseite der Fischerstadt und der Oberstraße. Allerdings wurde das Grundstück im 19. Jahrhundert durch westlich an die Mauer anschließende Bereiche auf den Wällen erweitert und erhielt dort nach Schleifung der Festungswerke Anschluß an die durchgebrochene Hermannstraße, wo der Eigentümer 1886 einen Neubau errichtete (siehe Hermannstraße 12). 1897 wollte er dann auch an Stelle des Altbaus ein neues, aufwendiges *Wohnhaus nebst Werkstatt* errichten lassen, doch wurde der ausgearbeitete Plan wegen der zu hohen Überbauung des Grundstücks abgelehnt. Statt dessen 1899 unmittelbar an den bestehenden Bau eine Werkstatt angebaut.

1665 Egbert Karckmeyer: *sein Hauserbe, koste ihm 60 Thl.* Hat nur einen Garten und ist verschuldet mit 15 Thl (KAM, Mi, B 122); 1712 Hinrich Heise Junior, vorher Egbert Karchmeyer; 1743 ohne Eintrag (Haus ohne Grundbesitz); 1750 Heinrich Heise; 1755/64 Henrich Heyse, Haus für 20 Rthl; 1766 Friedrich Rippe, Haus für 30 Rthl; 1776 Verkauf von Bäcker Johannes Reichard an Caspar Hermann (KAM, Mi, C 392,7 alt); 1781 Soldat Heuse; 1798 Friedrich May; 1802 Soldat Hermann; 1804 Schiffsknecht May mit Familie und Korbmacher Caspar Hermann mit Familie, Haus für 25 Rthl, halten 1 Jungvieh; 1809 May; 1812 Korbmacher Caspar Hermann, Haus ohne Hofraum; 1818 Invalide Hermann, Wohnhaus für 25 Thl; 1826 Louise May, Wohnhaus Erhöhung auf 800 Thl; 1832 Jungfer Louise Mey; 1846 Friedrich Nahrwald mit Familie (vier Personen); 1853 Bahnhofsarbeiter Nahrwald und drei Mietparteien (insgesamt 15 Personen in acht Zimmern); 1873/78 Bahnarbeiter Nahrwold und eine Mietpartei; 1886/1908 Tischlermeister H. Schweer (wohnt Hermannstraße 12); 1919 Tischlermeister Heinrich Schweer, vermietet an zwei Parteien.

Haus (von etwa 1825)

Zweistöckiges, heute geschlämmtes bzw. verputztes Fachwerkhaus von elf Gebinden, erbaut um 1825 (1828 wird die Versicherung wesentlich erhöht), Ausfachung mit Backsteinen. Das nördliche Drittel mit einem Balkenkeller versehen. Das südliche Drittel im Erdgeschoß zur Straße leicht zurückspringend (möglicherweise aus Verkehrsgründen). Dachwerk mit einer Neigung von etwa 45°, die Innensparren aus Nadelholz, mit einer Kehlbalkenlage; ursprünglich mit Hohlpfannen in Docken (auf der vorderen Dachfläche erhalten) rückwärts beim Anbau 1899 in Falzziegeln (Heisterholz) ersetzt.

Die innere Struktur durch einen breiten mittleren Querflur in beiden Etagen bestimmt, von dem aus in jeder Etage vor den seitlichen Giebeln jeweils zwei hintereinanderliegende Wohnräume erschlossen werden. Das Geländer der einläufigen Treppe der Bauzeit mit durchgesteckten Stäben. Dachgeschoß ursprünglich offen, später eine kleine Kammer hinter dem südlichen Giebel ausgebaut sowie Kranhäuschen zur Straße über dem nördlichen Abschnitt aufgesetzt. Eine Küche nachträglich von dem breiten Flur abgetrennt. Der Flur ursprünglich mit Picksteinen, nachträglich mit quadratischen roten Sandsteinplatten ausgelegt.

Die meisten Innentüren der Bauzeit erhalten: Zwei Felder in Rahmen, ferner die Fenster des Obergeschosses. Auf dem erhaltenen ursprünglichen starken Lehmputz der Innenwände ein dünner Putzmörtel mit Tierhaaren, darauf zahlreiche Farbschichten von verschiedenen monochromen Leimfarbanstrichen, bei denen die Wand- und auch Deckenfelder durch Begleitstriche eingefaßt und durch Sockelfassungen abgesetzt sind. Darüber erneut Kalkputze mit Rollenornamenten (Dokumentation von B. Siegrist 1994 im WAfD/Münster).

Neubauprojekt (von 1897)

1897 sollte an Stelle des Hauses nach Plänen des Architekten Meyer ein traufenständiger, dreigeschossiger Putzbau mit einseitigem, giebelständigem Querbau in spätgotisierendem Dekor (Ornamentik wohl weitgehend in Werkstein bzw. Ziegel) errichtet werden, seitlich mit kleinem *Lichthof*, drei Wohneinheiten mit Küche und 3–5 *Stuben*. Erschließung von der *Oberstraße* seitlich über das Treppenhaus und halblange Mittelflure (*Gang*), Aborte im Treppenhaus.

OBERSTRASSE 10

bis 1878 Haus-Nr. 772 b; bis 1908 Fischerstadt 60

Die Hausstelle entstand als selbständiger Besitz erst nach der Mitte des 19. Jahrhunderts durch Abtrennung von dem Grundstück Oberstraße 12.

1878 Schlafke; 1906 Matthias Schlafke; 1908 Witwe Charlotte Schlaffke; 1914/24 Maurermeister Fritz Sinemus; 1962 Charlotte Sinemus; 1984 F. W. Sinemus.

Wohnhaus (um 1850)

Eingeschossiger und recht schmaler Fachwerkbau mit Satteldach, unmittelbar an den Westgiebel des Hauses Oberstraße 12 angebaut. 1914 das Haus durch den Maurermeister Fritz Sinemus für eigene Zwecke umgebaut und nach Abbruch des Hauses Oberstraße 12 dorthin erweitert worden. Gestaltung der Ansicht als dreiachsige Putzfassade. 1962 Umbau und Anbau eines Vorbaus; 1984 Umbau und Sanierung.

OBERSTRASSE 11

bis 1878 Haus-Nr. 796; bis 1908 Fischerstadt 34

Zunächst sehr kleine und schmale Hausstätte zwischen der Straße und der Stadtmauer. Nach deren Schleifung reichte das Grundstück bis zur Hermannstraße, wo ab 1922 das Gebäude Hermannstraße 14 errichtet wurde.

1712 Hinrich Münsterman; um 1730 Johann Arendt Wilckeningh; 1743 ohne Eintrag (Haus ohne Grundbesitz); 1750 Arend Wilkening; 1755 Arend Wilcken, Haus für 15 Rthl; 1756 Harm Henrich Wilkening; 1764/66 Arend Wilkening, 15 Rthl; 1775 verkauft Johan Nicolaus Kleine *auf dem Schilde* das Wohnhaus *samt einem kleinen Plätzchen vor dem Haus* für 41 Rthl an Friedrich Schlüter (KAM, Mi, C 392,7 alt); 1781 Soldat Schlüter, 25 Rthl; 1798 Schlüter; 1802 Unteroffizier Schlüter; 1804/09 Witwe Friedrich Schlüter mit einer Mietpartei, hält 1 Jungvieh; 1812 Christ. Maria Schlüter, Wohnhaus ohne Hofraum; 1815 Knecht August Schlüter (* 1789); 1818/27 Witwe Schlüter, Wohnhaus für 25 Thl; 1829 Heinrich Müller, jetzt Carl Diesselhorst; Erhöhung Wohnhaus auf 800 Thl; 1846 Mieter ist Tagelöhner Heinrich Müller; 1853 Witwe Kregeler (wohnt Oberstraße 52), vermietet an zwei Parteien; 1871 Gustav Kregeler; 1873/78 Schiffer Kregeler mit fünf Mietparteien; 1902/07 Witwe Berta Kregeler; 1908 Kirchenkassenrendant Georg Warmtorf (wohnt Marienstraße 5); 1919 G. Warnstorf, vermietet an drei Parteien; 1922 Fleischermeister Carl Klopp (siehe Viktoriastraße 21); 1965 Gerhard Klopp (wohnt Hermannstraße 14).

Wohnhaus (um 1829–1965)

Zweigeschossiger und traufenständiger Fachwerkbau, offensichtlich um 1829 errichtet und mit der Rückfront auf die ehemalige Stadtmauer gestellt. Das Gebäude mit Satteldach und fünfachsiger Fassade, Haustür mittig.

Das Innere mit breitem Mittelflur, in den rückwärtig eine gewendelte Treppe zum Obergeschoß eingestellt war. Seitlich vor den Giebeln jeweils kleine Wohneinheiten nördlich aus Stube, Kammer und Küche; südlich aus Stube und Küche.

Rückwärtig um 1880 zweigeschossiger und massiver Anbau unter Satteldach, weitere Wohnräume aufnehmend. Ein hier nördlich angefügter Stall von Fachwerk 1902 abgebrochen und durch einen zweigeschossigen Anbau (Ausführung: Maurermeister Sipp für 900 Mark) ersetzt, der im Keller eine Waschküche, darüber eine Kammer und Aborte aufnahm.

Wohnhaus (von 1965)

Zweigeschossiger unterkellerter Putzbau unter Satteldach, entstanden durch Umbau des bestehenden Hauses, der allerdings einem weitgehenden Neubau gleichkam (Plan: F. Krapp).

OBERSTRASSE 12

bis 1878 Haus-Nr. 772; bis 1908 Fischerstadt 59

Die Hausstelle war ehemals wohl Teil des weitläufigen bürgerlichen Anwesens Weserstraße 8, ist dann aber vor 1700 als selbständiger Besitz nachzuweisen. In der zweiten Hälfte des 19. Jahrhunderts der östliche Teil als eigenständiges Haus unter der Nummer Oberstraße 10 geführt (1914 für die Erweiterung dieses Hauses abgebrochen und die östliche Hälfte seitdem als Garten genutzt).

1743 Johann Herman Gieseking; 1750 Witwe Gieseking; 1755 Hermann Gieseking, Haus für 30 Rthl; 1766 Hermann Gieseking, 30 Rthl; 1781 Gottlieb Micke, 25 Rthl; 1798/99 Invalide Johannes Büttner (zuvor Pöttcherstraße 12); 1802 Witwe Micken, 300 Rthl; 1804 Strumpfwirker Müller und als Mieter Witwe Vogt; 1806/09 Tagelöhner und Topfhändler Friedrich Amelung; 1815/29 Tagelöhner Ernst Amelung (* 1779), Wohnhaus für 300 Thl, Stallung 25 Thl; 1830 Erhöhung Wohnhaus auf 450 Thl; 1832 Ernst Amelung; 1835 Wohnhaus auf 600 Thl, Stall auf 50 Thl erhöht; 1846 Tagelöhner Friedrich Hinze; 1853 Invalide Hinze mit zwei Mietparteien; 1873 *Colporteuer* Kayser mit vier Mietparteien (darunter Bahnschmied Schlömer); 1878 Schlaffke; 1906 Matthias Schlaffke (wohnt Oberstraße 10); 1908 Witwe Charlotte Schlaffke.

Haus (bis 1798)

Am 31.5.1798 kommt es um 2 Uhr nachts zu einem Blitzschlag in das Haus, wobei das Dach bis auf den Vordergiebel zerstört wird. Die Familie befand sich zu diesem Zeitpunkt in der Stube und *hielt den Kachelofen zu* (KAM,

Mi, C 472). An anderer Stelle wird mitgeteilt, daß das Haus eingestürzt sei (KAM, Mi, C 134). Nach der 1802 angegebenen erheblich erhöhten Versicherungssumme scheint das Haus dann vor 1802 neu gebaut worden zu sein.

Haus (1798–1914)

1799 erhält der Invalide Johannes Büttner 20 Rthl Baufreiheitsgelder für sein Haus ausgezahlt (KAM, Mi, C 156,13 alt). Dieses wohl ein eingeschossiger und schmaler Fachwerkbau unter Satteldach. Erschlossen von der südlichen und vierachsigen Traufwand. Westlich vom Flur Kammer (in der Trennwand starker Kaminblock), östlich zwei Stuben, hinter denen ein schmaler Flur verläuft. 1907 Entwässerung; 1914 abgebrochen.

OBERSTRASSE 14 (Abb. 1794)

bis 1878 Haus-Nr. 773; bis 1908 Fischerstadt 57

Die Hausstelle dürfte zunächst Teil des weitläufigen bürgerlichen Anwesens Weserstraße 8 (siehe auch dort) gewesen sein, wobei das Gebäude zunächst möglicherweise als Scheune diente. Das Gebäude aber schon vor 1700 als eigenständiger Besitz nachzuweisen und seitdem als Wohnhaus eingerichtet.

1743 ohne Eintrag (Haus ohne Grundbesitz); 1750/66 Johann Lohrmann, Haus für 30 Rthl; 1781 Witwe Lohrmann, 25 Rthl; 1798 Fischer Reekweg; 1802/04 Heinrich Reckeweg, Haus für 25 Rthl; 1806 Witwe Fischer Heinrich Reckeweg, Wohnhaus und Hof; 1809 Fischer Reckeweg; 1815 Schuster Georg Reckeweg (* 1782); 1818 Witwe Reckeweg, Wohnhaus 25 Thl; 1826 Erhöhung auf 400 Thl; 1827 Witwe Reckeweg; 1829/32 Georg Reckeweg; 1846 Schuster Karl Rode mit einem Mieter; 1853 Schuster Rohde mit einer Mietpartei; 1873 Witwe Rohde; 1878 Rothe; 1906 Charlotte Granert; 1908/26 Schiffer Julius A. Granert; 1949/64 Wilhelm Granert.

Gebäude (um 1470 ?)

Kleines verputztes Giebelhaus von Fachwerk mit steilem Satteldach auf einer Grundfläche von 8,30 x 6,10 m. Das Haus heute ausgebaut und bis auf die nördliche Traufwand verputzt, so daß im augenblicklichen Zustand nur einige grundsätzliche Hinweise zur Baugeschichte ermittelt werden konnten. Kern des Gebäudes (nach Befund der nördlichen Traufwand) ein eingeschossiger Fachwerkbau von sieben Gebinden, der auf Grund seiner altertümlichen Konstruktionsformen wohl im Zuge des Wiederaufbaus der Fischerstadt nach 1470 entstanden ist. Das Gerüst mit einer verdeckt verzimmerten Riegelkette mit einzelnen, ebenfalls verdeckt verzimmerten Kopfbändern im Längsverband ausgesteift.

Das Haus noch bei der Kanalisation 1908 mit einer etwa 3,70 m hohen Durchgangsdiele auf der südlichen Seite und einem Stubeneinbau auf der nördlichen Seite mit anschließender Kammer (über beiden Räumen ein niedriges Zwischengeschoß) und unterkellerter Upkammer in der nordöstlichen Ecke. Zumindest

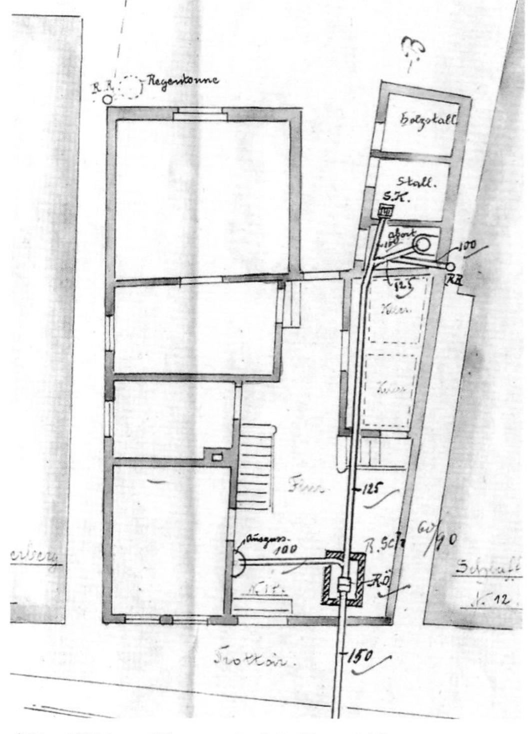

Abb. 1794 Oberstraße 14, Grundriß zur Entwässerung 1908.

der Stubeneinbau könnte bauzeitlich gewesen sein und würde dann die Errichtung des Gebäudes als Wohnhaus belegen; Upkammer wohl im 16./17. Jahrhundert eingebaut. Rückwärtig in der zweiten Hälfte des 19. Jahrhunderts ein massiver Wohnraum angebaut.

1909 Kanalisation; 1925 Umbau des vorderen Hausbereiches, wobei das Zwischengeschoß entfernt und nach Entfernen eines Dachbalkens dieser Teil zweigeschossig durchgebaut wird. Zudem der Vordergiebel aus verputztem Backsteinmauerwerk erneuert (Planung: Maurermeister G. Sipp).

1949 der rückwärtige Anbau aufgestockt und mit einem Dach versehen (Plan: W. Dessauer). 1964 Erneuerung der Fenster und Türen.

OBERSTRASSE 16 (Abb. 1795)

bis 1878 Haus-Nr. 774; bis 1908 Fischerstadt 55

Die Hausstelle dürfte ehemals zum weitläufigen bürgerlichen Anwesen Weserstraße 9 gehört haben, wobei hier 1600 ein größeres Gebäude entstand. Wann eine Trennung beider Parzellen erfolgte, ist nicht bekannt. Schon vor 1665 ist die Stelle als selbständiger Besitz nachzuweisen und wird seitdem als Wohnhaus genutzt.

1665 Hinrich Vögeler: das Haus ist freies Erbe, zu dem über 5 Morgen Land und eine Wiese gehören, besitzt auch eine Mühle auf der Weser, für die das Heilig-Geist-Hospital 1 Rthl 12 gr Pacht erhält (KAM, Mi, B 122); 1712 Johann Jobst Vögeler, vorher Henrich Vögeler; 1743 ohne Eintrag (Haus ohne Grundbesitz); 1750/55 Jobst Henrich Vögeler, Haus für 80 Rthl; 1764 Witwe Vögeler; 1765 Albrecht Ludwig Vögeler; 1766 Witwe Vögeler, 80 Rthl; 1781 Gerd Brüggemann, Wohnhaus 150 Rthl, Hinterhaus 50 Rthl; 1783 Schröder; 1798 Branntweinbrenner Friedrich Wilhelm Schröder; 1802/04 Branntweinbrenner Schröder, Haus für 150 Rthl mit Brunnen, Hinterhaus für 50 Rthl, hält 2 Kühe und 2 Schweine; 1806/15 Branntweinbrenner Wilhelm Schröder (* 1797) mit Familie (besitzt auch Weserstraße 15 und Oberstraße 4); 1818 Witwe Schröder, Wohnhaus 150 Thl, Stallung 50 Thl; 1829 Johann Deerberg; 1832 Deerberg, Erhöhung Wohnhaus auf 725 Thl, Stallung auf 175 Thl; 1846 Gastwirt Christian Deerberg; 1853 Schankwirt und Gastwirt Deerberg mit einer Mietpartei, hat Stellplatz für 6 Pferde; 1873/78 Gastwirt Deerberg mit vier Mietparteien; 1906 Kaufmann Hermann Deerberg; 1919 Witwe Marie Deerberg (hat Kolonialwarenhandlung und Schankwirtschaft) und fünf Mietparteien.

Gebäude (1600 ⓓ–1998)

Kern des zuletzt zweigeschossigen und verputzen Wohnhauses mit ausgebautem Dach war ein kräftiges Fachwerkgerüst von neun Gebinden Länge und erheblicher Breite. Auf Grund dendrochronologischer Datierungen (1996 durch H. Tisje/Neu-Isenburg) wurde es im Jahre 1600 errichtet (Dachwerk: 7. Sparren von Osten, Südseite bzw. 1586 ±3: Fußstrebe am Ostgiebel). Das Gerüst aus starken Eichenhölzern und im größeren vorderen Bereich mit zwei Riegelketten, nur in den hinteren drei Gefachen mit drei Riegelketten. Aussteifung mit Fußstreben, die ursprüngliche Ausfachung wohl mit Lehmflechtwerk. Die Köpfe der aufgelegten Dachbalken kragten an der Traufe vor und waren seitlich abgefast und mit Füllbohlen verbunden, der Vordergiebel mit Stichbalkenvorkragung des Dreiecks. Sparrendach mit einer gezapften Kehlbalkenlage.

Das Gebäude offensichtlich als aufwendigeres Wohndielenhaus errichtet mit einem vorderen Stubeneinbau in der nordwestlichen Ecke (unter dem ein Tonnengewölbe von Backsteinen bestand) sowie einem rückwärtigen abgetrennten Bereich von drei Gefachen, der sich im Riegelversprung der südlichen Traufwand zu erkennen gibt und möglicherweise als Kammerbereich (eventuell mit halb unterkellertem Saal ?) anzusprechen ist. Im Vordergiebel auf der südlichen Seite ein Torbogen zu vermuten.

Das Haus sei nach schriftlichen Nachrichten *1784 neu gebauet* worden (KAM, Mi, C 134), eine Baumaßnahme, die sich auch deutlich in der Erhöhung der Versicherungswerte niederschlägt. An anderer Stelle wird der Bau für Herrn Schröder, der *in Diensten steht,* allerdings richtigerweise als *Reparatur* bezeichnet, die mit eigenen Mitteln ausgeführt wurde (KAM, Mi, C 874). Dabei wurde das ganze Haus zweigeschossig durchgebaut (Ausfachung teilweise in Backstein erneuert), wobei man offensichtlich auch den rückwärtigen Kammerbereich bei Abbruch der Querwand neu aufteilte. Es entstand unter dem drittletzten Gebinde eine Backsteinwand, wobei das östlich anschließende Zwischengeschoß mit einer Längsbalkenlage von Eiche versehen wurde. Der Stubeneinbau bis zur Querwand verlängert, die vordere Stube verbreitert und auch die verbliebene Diele mit einer Zwischendecke versehen.

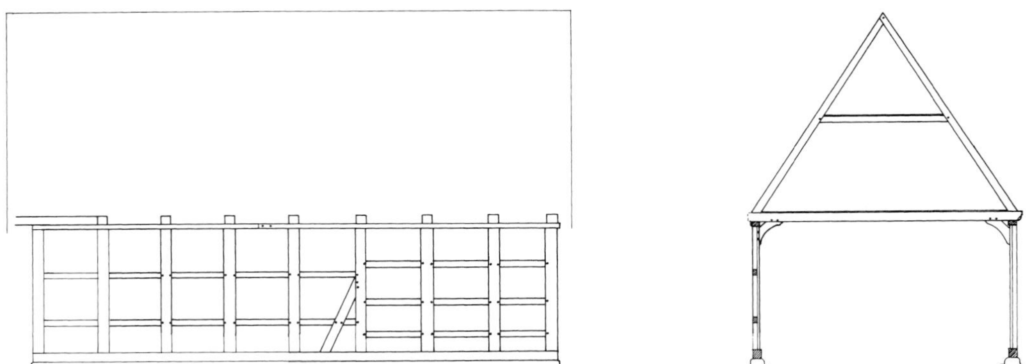

Abb. 1795 Oberstraße 16, südliche Traufwand und Querschnitt, rekonstruierter Zustand 17. Jahrhundert.

Ein Dachausbau erfolgte wohl in der ersten Hälfte des 19. Jahrhunderts. Die letzte Erscheinung ging auf eine Modernisierung um 1900 zurück, wobei der Vordergiebel eine massive Vormauerung unter der ehemaligen Vorkragung erhielt und das Dach mit einer neuen Deckung aus schwarzen Falzpfannen mit ornamentierten Ortgangziegeln versehen wurde. 1906 Kanalisation; 1997 Sanierung des Inneren; im Mai 1998 Abbruch nach Brand.

Hinter dem Haus ein fachwerkenes Stallgebäude unter Satteldach, das an die Scheune hinter Weserstraße 9 anschließt. Der Bau in mehreren Etappen im 18./19. Jahrhundert entstanden, wobei Gefügeteile des späten 15. Jahrhunderts wieder Verwendung fanden.

OBERSTRASSE 18 (Abb. 1796)

bis 1878 Haus-Nr. 777; bis 1908 Fischerstadt 54

Ehemals der rückwärtige Teil des großen Hauses Weserstraße 11, von diesem schon vor 1700 abgetrennt.

1692 Balthasar Gieseking; 1712 Hinrich Dieterich Walbaum, davor Balthasar Giseking; 1743 ohne Eintrag (Haus ohne Grundbesitz); 1750 Johann Henrich Heise; 1755/64 Soldat Amorelle, Haus für 30 Rthl; 1766 Nitzer, 30 Rthl; 1769 das ehemals Amorellsche Haus gehört jetzt Gundlach, ist sehr baufällig (KAM, Mi, C 380); 1781 Gundelach; 1798 Kundlach; 1802/04 Gundlach, Haus für 25 Rthl; 1806 Tagelöhner Caspar Gundlach, Wohnhaus mit Hof; 1809 Invalide Gundlach; 1812 Erben Caspar Gundlach; 1818 Gundlach, Wohnhaus für 25 Thl; 1832 Friedrich Gundlach; 1846 Witwe Sophie Heine; 1853 Witwe Heyne mit zwei Mietparteien; 1873 Witwe Bremer mit drei Mietparteien; 1878 Bremer; 1906 Johanne Trosin; 1906/08 Plätterin Louise Trosin; 1919 Arbeiter Johann Hergott.

Hinterhaus (um 1470)

Das Hinterhaus besteht aus einem Teilgerüst eines großen giebelständigen Fachwerkhauses von zehn Gebinden an der Weserstraße, von dem die hinteren fünf Gebinde vor 1700 durch eine fachwerkene Querwand abgeteilt wurden. Das eingeschossige Fachwerkgerüst mit steilem Sparrendach von fünf Gebinden und aufgelegten Balken mit durch die Dielung gezapften Sparren. Das Gerüst nach den Befunden der beiden weitgehend erhaltenen Traufwände im Längsverband mit langen und geraden Kopfbändern ausgesteift, die etwa 7 cm aus der Bundebene zurückgesetzt und einseitig an jeden Ständer angebracht sind. Eine mittlere und bündig verzimmerte Riegelkette. Die Ausfachung des Gerüstes offensichtlich mit Flechtwerk, wofür an der Unterseite des Rähms im Abstand von 25 cm große Bohrungen für Staken bestehen. Das Dachwerk mit nur einer Kehlbalkenlage sehr steil

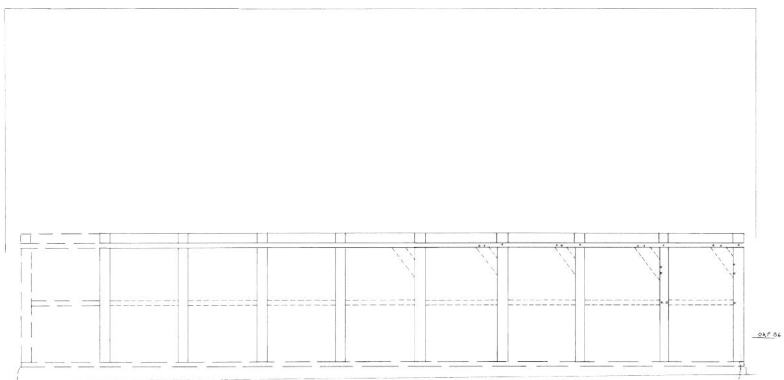

Abb. 1796 Oberstraße 18, nördliche Traufwand, rekonstruierter Zustand um 1470.

und verräuchert. Im Dreieck des Rückgiebels (von 1692 ?) eine Spitzsäule und in diese eingezapfte Riegelketten in enger Ordnung, mit Backsteinen ausgemauert. Das Gerüst konnte 1996 durch H. Tisje/Neu-Isenburg dendrochronologisch auf um oder nach 1460 (westlicher Ständer der Nordwand) datiert werden (zwei weitere Proben ohne Datierung), eine Bauzeit, für die auch die Ausbildung des Gerüstes spricht. Die Errichtung dürfte daher auf den Wiederaufbau der Fischerstadt nach 1470 zurückgehen.

Das Wandgerüst ist an der nördlichen Traufwand in wesentlichen Teilen nachträglich neu verzimmert worden, wobei man die Schwelle wesentlich höher setzte und zugleich zwei Ständer austauschte bzw. den Rückgiebel neu aus altem Holz verzimmerte. Diese Maßnahme könnte mit einer Nachricht zusammenhängen, wonach Balthasar Gieseking 1692 fünf Jahre Baufreiheiten erhielt, da *das alte zerfalle Haus gantz von newen müßte wieder auffgeführet* werden (KAM, Mi, B 355).

Der Bau wohl seitdem vom westlichen (rückwärtigen) Giebel erschlossen und durch eine firstparallele Ständerreihe geteilt. Dabei auf der Südseite Raumfolge von Stube und rückwärtiger Kammer, auf der Nordseite ein größerer, dielenartiger Raum. Hiervon nachträglich neben dem Eingang eine kleine zweite Stube und rückwärtig zwei nebeneinanderliegende Kammern abgeteilt; dazwischen die gegenläufige Treppe zum Dachboden.

Im 19. Jahrhundert wurde auf einem kleinen Abschnitt im Anschluß an das Vorderhaus ein Dachausbau errichtet, der aus Nadelholz verzimmert ist. 1906 Kanalisation.

OBERSTRASSE 20 (Abb. 1797)

bis 1878 Haus-Nr. 778; bis 1908 Fischerstadt 52

Die sehr kleine und fast nur aus der bebauten Fläche bestehende Hausstelle scheint zu einem unbekannten Zeitpunkt, spätestens im 17. Jahrhundert durch Abtrennung von dem großen Anwesen Weserstraße 12/13 entstanden zu sein.

1712 Johann Christophor Lohrmann, vorher Hermann Lohrmann Junior; 1737 Johann Lohrmann; 1743 Jobst Henrich Lohrmann; 1750/66 Christoph Drögemeyer, Haus für 20 Rthl; 1781 Schütte, 25 Rthl; 1798/1802 Gottlieb Reekeweg, 25 Rthl; 1804 Witwe Reckeweg; 1806 Witwe Fischer Gottlieb Reckeweg; 1809 Fischer Topp; 1815 Tagelöhner Gabriel Niemann (* 1765); 1818 Witwe Reckeweg, Wohnhaus für 100 Thl; 1829/32 Friedrich Reckeweg; 1835 Hilcker, Haus für 300 Thl; 1846 Fischer Christian Hilker; 1853

Abb. 1797 Oberstraße 20, Ansicht von Südwesten, 1993.

Witwe Hilker mit drei Mietparteien; 1873/78 Fischer Reckweg mit zwei Mietparteien; 1906 Georg Reckeweg; 1908 Erben Witwe Auguste Reckeweg; 1919 Witwe Wilhelmine Reckeweg, Haus ist vermietet.

Wohnhaus (Mitte des 17. Jahrhunderts)

Zweigeschossiges und verputztes Giebelhaus von Fachwerk unter Satteldach, nach den Gefügeeigentümlichkeiten in der Mitte des 17. Jahrhunderts erbaut, später mehrmals verändert. Das Kerngerüst aus starken Balken und mit geschweiften Kopfbändern im Querverband, an den Giebeln die Dreiecke über eingezapften Balkenköpfchen vorkragend. Diese mit Spitzsäule, die Riegel verzapft. Das Wandgefüge mit zwei Riegelketten, die Eckständer im Längsverband mit Fußstreben.

Im Inneren entlang der nördlichen (linken) Traufwand eine sehr schmale und hohe Diele, der auf der südlichen Seite ein Einbau mit niedrigem Zwischengeschoß folgt. Dieser mit einer Raumfolge aus Stube, Küche und Kammer, letzte unterkellert, von der Diele erschlossen und mit Bruchsteinwänden und Balkendecke. Küche mit großem, steigbarem Kamin in der südwestlichen Ecke erhalten. Tür zur rückwärtigen Kammer mit verglastem Fenster aus dem frühen 19. Jahrhundert.

In der Mitte des 19. Jahrhunderts das Haus zweigeschossig durchgebaut, wobei die Diele eine Zwischendecke erhielt und die Dachbalken zur Gewinnung von Kopfhöhe entfernt sowie durch eine Zangenkonstruktion ersetzt wurden. Treppe mit gedrechselten Traillen. Zugleich die beiden Ansichten des Gebäudes verputzt. 1990 Eintragung in die Denkmalliste der Stadt Minden.

1906 bestand am rückwärtigen Giebel ein heute nicht mehr erhaltener kleiner massiver Stallanbau unter Pultdach, der auch einen Abort aufnahm.

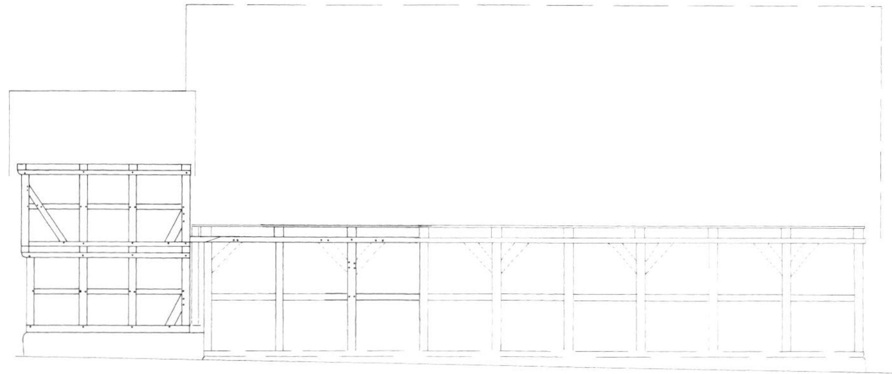

Abb. 1798 Oberstraße 24, südliche Traufwand (zusammen mit Weserstraße 12), rekonstruierter Zustand 17. Jahrhundert.

OBERSTRASSE 24 (Abb. 1798)

bis 1878 Haus-Nr. 782; bis 1908 Fischerstadt 48

Ehemals der rückwärtige Teil des Hauses Weserstraße 12 (siehe auch dort), von diesem schon vor 1700 abgetrennt.

1743 Johann Henrich Teuse; 1750 Wöltking; 1755/66 Jobst Heinrich Wölbking, Haus für 20 Rthl; 1781 Wölbking, 25 Rthl; 1798 Fischer Friedrich Schlüter; 1802 Christoph Schlüter; 1804 Witwe Friedrich Schlüter, hält 1 Schwein; 1806 Witwe Fischer Schlüter, Wohnhaus ohne Freiraum; 1809/15 Fischer Christoph Schlüter (* 1783); 1818 Christoph Schlüter, Wohnhaus für 25 Thl; 1825 Erhöhung auf 300 Thl; 1829/32 Christoph Schlüter; 1835 Wohnhaus und Stall für 500 Thl; 1846 Händler Christoph Schlüter; 1853 Schiffer Schlüter; 1873 Fischer Reckeweg; 1878 Reckeweg; 1906 Witwe Wilhelmine Reckeweg; 1919 Weißnäherin Bertha Reckeweg mit vier Mietparteien.

Hinterhaus (um 1470 ⓓ)

Im Kern ein eingeschossiges Fachwerkgerüst, durch Abtrennung eines rückwärtigen Abschnittes von drei Gebinden des Hauses Weserstraße 12 entstanden. Dieses Gerüst weitgehend erhalten. Nach der fast vollständig erhaltenen südlichen Traufwand eingeschossig mit verdeckten Kopfbändern im Längsverband verzimmert, auf Grund der konstruktiven Merkmale sicherlich vor 1500 entstanden. Auf halber Höhe der Wand eine bündig verzimmerte Riegelkette, die Ständer an der Außenseite fast waldkantig und offensichtlich zum Verputz vorgesehen. Der Rückgiebel ehemals wohl mit Vorkragung über Knaggen. Das Gerüst durch eine Probe (3. Balken von Ost) dendrochronologisch auf 1470 ±1 datiert (1996 durch H. Tisje/Neu-Isenburg, eine weitere Probe ohne Ergebnis). Unter dem Hausteil in der südöstlichen Ecke ein Kellerraum mit jetzt erneuerter Balkendecke, daran nach Nordwesten anschließend weiterer sehr kleiner Keller mit Backsteintonne.

Um 1600 wurde mit etwa 35 cm Abstand vor das letzte Gebinde des Rückgiebels ein kleiner nicht unterkellerter und speicherartiger Flügelbau von vier Gebinden und zwei Stockwerken, der zunächst als Altenteil gedient haben könnte, gestellt – offensichtlich mit Rücksicht auf die hier noch erhaltene Vorkragung des alten Giebeldreiecks. Dieser ist stöckig verzimmert, dabei der Rückgiebel über den abgerundeten Rähmenden vorkragend. In jedem Stockwerk eine Riegelkette, die Eckständer mit geraden Fußbändern ausgesteift (zur Abstrebung der Vorkragung an den Längsseiten im Obergeschoß nach Westen Fußstreben). Ausfachung mit Lehmflechtwerk. Später scheint der

Rückgiebel unter Entfernung der Vorkragung neu verzimmert worden zu sein. In der südöstlichen Ecke des Flügels ein alter steigbarer Schornstein auf einer Grundfläche von 60 x 70 cm.

In der Mitte des 19. Jahrhunderts das Dachgeschoß zum Teil zu Wohnzwecken ausgebaut, wobei auf der südlichen Traufwand im Anschluß an den Flügelbau ein Aufbau mit angeschlepptem Dach entstand. Im nordwestlichen Winkel zwischen dem Rückgiebel und dem Flügelbau wurde um 1870 ein kleiner zweistöckiger Anbau von Fachwerk aus Nadelholz zur Schaffung eines zusätzlichen Wohnraumes mit Bodenraum darüber errichtet und dieser mit einer Anschleppung an das Dach des Flügels angefügt. Zu einem unbekannten Zeitpunkt im 19. Jahrhundert die nördliche Traufwand unterhalb des erhaltenen Wandrähms massiv erneuert.

1906 Kanalisation.

OBERSTRASSE 26 (Abb. 1799–1801)

bis 1878 Haus-Nr. 779; bis 1908 Fischerstadt 51

Die kleine, bis auf einen südlichen Vorhof des Gebäudes völlig überbaute Parzelle bis in das 17. Jahrhundert offensichtlich Teil eines großen Anwesens zwischen der Weser- und der Oberstraße (siehe dazu Weserstraße 14/15). Spätestens mit der Errichtung dieses Gebäudes 1676, das in seiner Raumorganisation auf den bestehenden Bau Oberstraße 28 Rücksicht nahm und von der südlich an das Grundstück anschließenden schmalen Gasse erschlossen wurde, gab man auch für den südlichen Bereich der anschließenden Großparzelle Weserstraße 13 den funktionalen Zusammenhang auf, da der Neubau über das Nachbargrundstück erschlossen wurde.

1665 Gert Oltvahr (hat einen Garten an der Weser); 1712 Cord Räkeweg, vorher Hinrich Oltraes Haus, davor Oltraers; 1730 Capelle; 1743 ohne Eintrag (Haus ohne Grundbesitz); 1750 Hagedorn; 1755 Joh. Hagedorn, Haus für 20 Rthl; 1766 Drescher, 20 Rthl; 1781 Dröscher, 25 Rthl; 1798 Mieter ist Soldat Rentzel; 1802 Witwe Behr, 25 Rthl; 1804 Mieter ist Unteroffizier Rentzel; 1806/09 Witwe Renzel, Wohnhaus und Hofplatz; 1818 Witwe Renzel, Wohnhaus 25 Thl; 1830 C. Diesselhorst, Erhöhung auf 400 Thl; 1846 Diesselhorst, vermietet an Tagelöhner Josef Schoemann und weitere Mietpartei; 1853 Diesselhorst, vermietet an zwei Parteien; 1873/78 Arbeiter Prasuhn mit drei Mietparteien; 1906 Witwe Wilhelm Prasuhn; 1908 Erben Prasuhn; 1919 Bahnhofsschlosser Wilhelm Prasuhn mit zwei Mietparteien.

Wirtschaftsgebäude (von 1676 ⓓ), später Wohnhaus

Kleines zweigeschossiges Fachwerkgiebelhaus unter pfannengedecktem Satteldach, von Süden über einen Vorplatz erschlossen. Der Südgiebel heute weitgehend erneuert und wegen umfangreicher Bauschäden um 1985 aus Eiche neu verzimmert. Im Kern ein Fachwerkgerüst von vier Gebinden, das nach dendrochronologischer Datierung (1996 durch H. Tisje/Neu-Isenburg) eines Riegels der

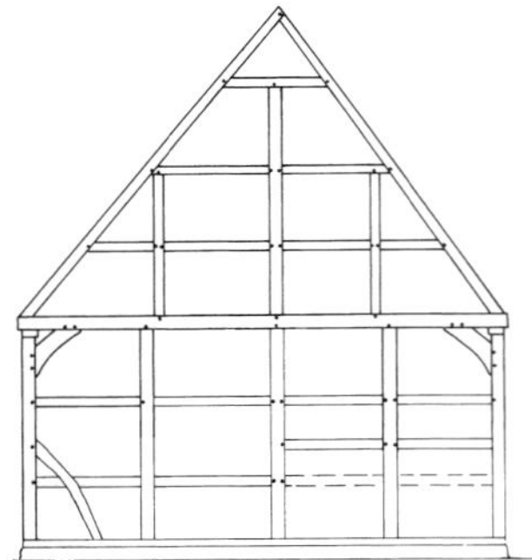

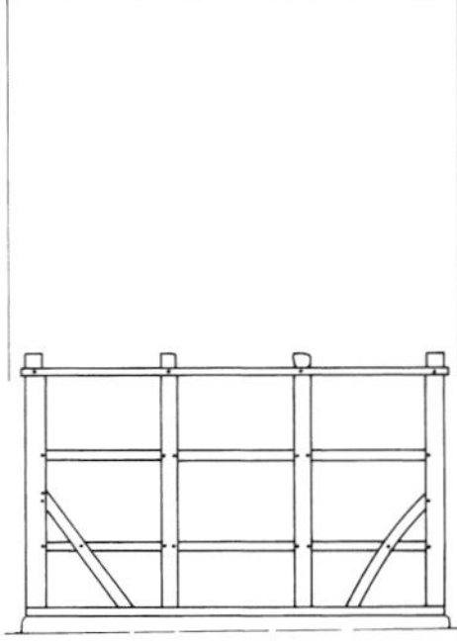

Abb. 1799 Oberstraße 26, Nordgiebel und östliche Traufwand, rekonstruierter Zustand Mitte des 17. Jahrhunderts.

Abb. 1800 Oberstraße 26,
Ansicht von Nordwesten, 2000.

Mittellängswand im Jahr 1676 aufgeschlagen wurde. Es ist mit aufgelegten Balken und zwei Riegelketten abgebunden (diese in der westlichen Hälfte auf Grund des vorhandenen Zwischengeschosses in anderen Höhen). Aussteifung mit gebogenen Fußbändern. Dachwerk im gebundenen System mit zwei Kehlbalken, wobei die beiden Seiten unterschiedliche Neigungen aufweisen. Sie entstanden entweder aus dem Wunsch, die Ständerstellung in den Giebeln axial auszurichten, oder weil die östliche Diele gegenüber dem westlichen zweigeschossigen Seitenschiff breiter ist (vermutlich die Giebeldreiecke zunächst verbrettert). Windrispen zwischen die Sparren genagelt. Die innere Längswand unter die Balkenlage gestellt und nicht in das Gerüst eingebunden. Konstruktion der Zwischendecke im westlichen Bereich nicht erkennbar, das Erdgeschoß mit einer mittleren Tür, das Zwischengeschoß mit zwei seitlichen Türen erschlossen.

Das Gebäude diente möglicherweise zunächst als Wirtschaftsgebäude. Darauf deutet nicht nur hin, daß sich keine älteren Fensteröffnungen an dem Bau nachweisen lassen, sondern auch, daß die Stellung des Gebäudes gegenüber dem älteren Nachbarhaus es ermöglichte, die hohe Diele im Osten auf ganzer Breite zu erschließen (möglicherweise zunächst mit einem kleinen Tor). Aber schon im späten 17. Jahrhundert scheint der Bau dann als Wohnhaus genutzt worden zu sein, wobei es wohl im 18. Jahrhundert zu umfangreichen Baumaßnahmen im Bereich des nördlichen Giebels kam. Hierbei auch die Ständer verschoben und ein zusätzlicher eingebaut sowie die Riegelhöhen verändert, so daß ein engeres Wandgerüst entstand. Ziel war offensichtlich, eine bessere Durchfensterung des Baus zu ermöglichen.

Abb. 1801 Oberstraße 28 (im Vordergrund), Ansicht von Südwesten. Dahinter Giebel von Oberstraße 26, links anschließend Nr. 30 und 32, 2000.

Im Laufe des 19. Jahrhunderts scheint dann die Diele zweigeschossig durchgebaut worden zu sein, wobei in der vorderen Ecke eine zusätzliche kleine Stube entstand. Zu dieser Zeit wurden auch Teilbereiche unterkellert (beide Kellerräume heute wieder verschüttet).

Westlich das Gebäude auf der ganzen Breite zu einem unbekannten Zeitpunkt durch eine Kübbung von Fachwerk mit angeschlepptem Dach erweitert, offensichtlich um Wirtschaftsräume zu schaffen. Starke Erdaufschüttungen auf dem nördlich anschließenden Grundstück führten offensichtlich zu umfangreichen Bauschäden, da sich das Gebäude auf Grund der verfaulten Ständerfüße nach Norden neigte. Der zudem am stärksten von Umbauten und Veränderungen betroffene Südgiebel seitdem dem Wetter ausgesetzt und stark verwittert.

OBERSTRASSE 28 (Abb. 1801, 1802)

bis 1878 Haus-Nr. 780; bis 1908 Fischerstadt 50

Die kleine, völlig überbaute Hausstelle war offensichtlich bis zum 17. Jahrhundert Teil eines großen bürgerlichen Anwesens zwischen der Weser- und der Oberstraße (siehe dazu Weserstraße 13) und

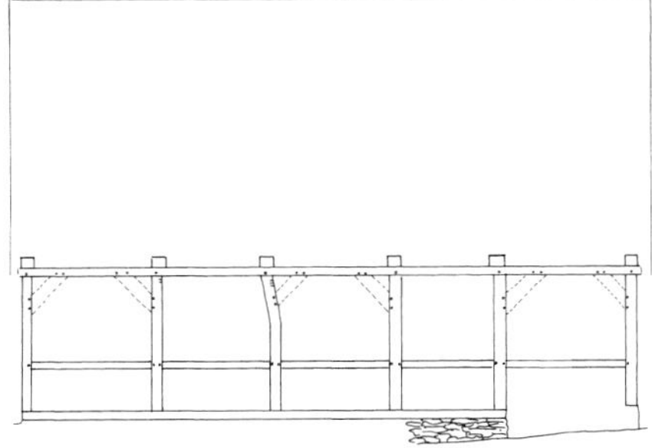

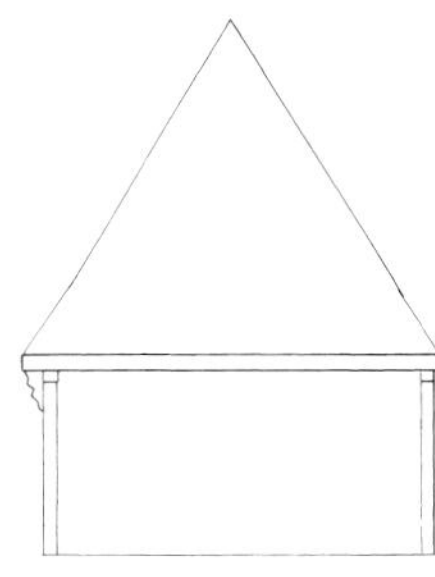

Abb. 1802 Oberstraße 28, nördliche Traufwand und Querschnitt, rekonstruierter Zustand um 1500.

orientierte sich nach Süden. Es dürfte sich um einen Flügelbau des Hinterhauses Weserstraße 13 gehandelt haben. Er ist 1676 vor der Errichtung von Oberstraße 26 abgebrochen und durch eine schon im 17. Jahrhundert bestehende Gasse erschlossen worden. Schon vor 1828 als Hoffläche ein kleiner Platz gegenüber dem Haus auf der anderen Seite des Ganges mit Wirtschaftsgebäude zugehörig (ehemals zu dem Grundstück Oberstraße 12 gehörend).

1703 Johan Wallbaum; 1712/15 Johan Rahtert, zuvor Johan Wallbaum (KAM, Mi, B 154,4 alt); 1743 Hermann Henrich Holste; 1750 Henrich Holtze; 1752/66 Johann Henrich Gieseking, Haus für 20 Rthl; 1781 Witwe Gieseking, 25 Rthl; 1798 Fischer Wilhelm Gieseking; 1802/04 Witwe Gieseking und Wilhelm Gieseking mit Familie, halten 1 Jungvieh; 1806/12 Schiffsknecht Wilhelm Gieseking, Wohnhaus und Hofplatz; 1815 Fischer Wilhelm Gieseking (* 1773); 1818 Witwe Gieseking, Wohnhaus 25 Thl; 1829/35 Wilhelm Meier, Wohnhaus 300 Thl, Stall 25 Thl; 1846/53 Maurer Friedrich Meier; 1853 Maurer Meier, als Mieter Maurer Heine und zwei weitere Parteien; 1873/78 Arbeiter Rode und zehn Mieter; 1906 Arbeiter Karl Rode; 1919 Gebrüder Tilly.

Flügelbau (um 1500), später Wohnhaus

Eingeschossiger und schmaler, langgezogener Fachwerkbau mit Satteldach, heute in der Ansicht verputzt und mit Fensterordnung des 19./20. Jahrhunderts. 1995 beim östlichen Teil der Ansicht das Fachwerk freigelegt. Der Kern ein Fachwerkbau, nach den erkennbaren Details um 1500 zu datieren und in seinem Gerüst noch weitgehend erhalten; eine dendrochronologische Untersuchung (1996 durch H. Tisje/Neu-Isenburg) blieb ohne Ergebnis. Lediglich der östliche Giebel ist erneuert worden. Gerüst von sechs Gebinden mit aufgelegten Dachbalken und einer gezapften und mit der äußeren Bundebene bündigen Riegelkette. Aussteifung im Längsverband an beiden Traufwänden mit verdeckten Kopfbändern an jedem Ständer, die in jedem zweiten Gebinde gegenläufig gesetzt wurden. Das Dachwerk aus geflößten Eichenrundhölzern mit einer gezapften Kehlbalkenlage und ehemals mit unter die Sparren durch Holznägel genagelten Rispen ausgesteift.

Die südliche Traufwand als Schaufront ausgebildet mit vorkragenden Balkenköpfen, von kleinen und schmalen, dreifach gekehlten Kopfbandknaggen unterstützt. Der Westgiebel ohne Vorkragung und offensichtlich nachträglich bei Anbau des Nachbarhauses Oberstraße 30 neu verzimmert, die ursprüngliche Gestalt des Ostgiebels unbekannt. Die ursprüngliche innere Gliederung in dem ausgebauten Haus augenblicklich nicht zu ermitteln. Türöffnungen an der rückwärtigen Traufwand nicht vorhanden, an der vorderen nicht nachweisbar.

Das Gerüst dürfte ursprünglich als Hinterhaus des Gebäudes Weserstraße 13 verzimmert worden sein, wobei bei dessen Teilabbruch (vor dem Bau des Hauses Oberstraße 26 von 1676) und der Umnutzung zu einem selbständigen Wohnhaus der ursprünglich eingebaute Ostgiebel erneuert werden mußte. Dieser aus starken Hölzern neu verzimmert, dabei ein neues Giebeldreieck mit Spitzsäule und seitlich eingezapften Riegeln aufgesetzt, Spitze ehemals mit Geckpfahl. Zugleich der hier anschließende Raum mit einem balkengedeckten und von der mittleren Diele erschlossenen Keller versehen (Wände aus Bruchsteinen, Balken zu unbekannter Zeit einmal erneuert). Zudem scheint die Schwelle des Gerüstes nachträglich wesentlich über einem bruchsteinernen Sockel erhöht worden zu sein.

Im 19./20. Jahrhundert das Innere durch eine breite mittlere Küchendiele erschlossen, an die sich vor beiden Giebeln jeweils zwei Wohnräume anschließen. Dach zum Teil mit Kammern ausgebaut. 1906 Kanalisation. 1913 Neudeckung mit Falzziegeln der Firma Heisterholz (Schütte). 1992 Eintragung in die Denkmalliste der Stadt Minden.

Wirtschaftsgebäude

Eingeschossiger Massivbau unter flachem Pultdach mit Stallräumen, erbaut um 1900.

OBERSTRASSE 30 (Abb. 1801, 1803)

bis 1878 Haus-Nr. 781; bis 1908 Fischerstadt 49

Die sehr kleine und völlig überbaute Hausstelle zwischen dem späten 15. und 17. Jahrhundert entstanden durch Bebauung und Ausgliederung aus einem großen bürgerlichen Anwesen zwischen Weser- und Oberstraße (siehe dazu Weserstraße 13). Sie liegt nördlich eines seit dem 17. Jahrhundert nachweisbaren Ganges zwischen Ober- und Weserstraße. Schon vor 1828 als Wirtschaftsfläche mit Wirtschaftsgebäude ein kleiner Platz gegenüber dem Haus auf der anderen Seite des Ganges zugehörig (ehemals zu dem Grundstück Oberstraße 12 gehörend).

1665 Friederich Husemann (hat das Haus von den Fischerherren zur Miete – siehe KAM, Mi, B 122); 1712 Jürgen Huseman, vorher Fridrich Huseman; 1743 ohne Eintrag (Haus ohne Grundbesitz); 1750/55 Husemann, Haus für 15 Rthl; 1764/66 Husemann, 20 Rthl; 1781 Husemann, 25 Rthl; 1798/1804 Witwe Richter, Haus für 25 Rthl; 1806/09 Witwe Richter, Wohnhaus und Hofplatz; 1818 Witwe Charlotte Richter, Wohnhaus 25 Thl; 1829/32 Friedrich Richter; 1835 Richter, Erhöhung auf 250 Thl; 1846 Tagelöhner Friedrich Nolting und eine Mietpartei, 1853 Arbeitsmann Nolting mit Familie; 1873/78 Schiffer Wolfram und zwei Mietparteien; 1906/19 Schlachter Georg Hering.

Haus (um 1835)

Das Haus nach konstruktiven Merkmalen und der erheblichen Erhöhung der Versicherung um 1835 neu gebaut. Zweistöckiger traufenständiger Fachwerkbau mit Satteldach und auf Sockel. In der Ansicht fünfachsig mit mittlerer Haustür, verkleidet mit Eternitplatten. Über der mittleren Achse ein übergiebelter Ausbau, offensichtlich als Aufzugshaus für die Nutzung des Dachbodens gedacht. Das Gerüst nach der einsehbaren rückwärtigen Traufwand zweistöckig ohne Gebinde verzimmert (die Balkenlage weiter als Ständerstellung). Im Erdgeschoß zwei Riegelketten, im Obergeschoß eine Riegelkette, Eckaussteifung mit Schwelle-Rähm-Streben. Für die Fenster Riegelversprung.

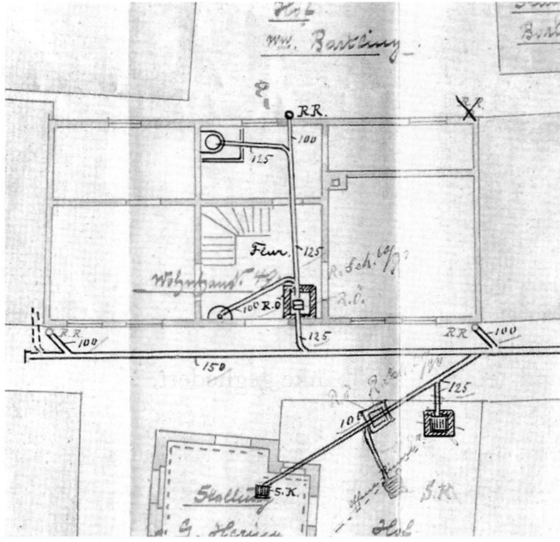

Abb. 1803 Oberstraße 30, Plan zur Entwässerung des Grundstücks 1906.

Die innere Organisation mit breitem Querflur mit Treppe zum Obergeschoß, dahinter die Küche. Seitlich jeweils Raumfolge aus Stube und Kammer, wobei der westliche Abschnitt mit einem balkengedeckten Kellerraum versehen ist.

1906 Kanalisation.

OBERSTRASSE 32 (Abb. 1801, 1804)

bis 1878 Haus-Nr. 784; bis 1908 Fischerstadt 47

Kleine Hausstelle von 5,50 x 11 m ohne Freigelände als westlichster Teil einer Häuserreihe entlang einer kleinen Stichgasse, den Giebel der Oberstraße zuwendend. Die Hausstelle wohl erst in der Neuzeit bei Aufsiedlung des weitläufigen bürgerlichen Anwesens Weserstraße 13 entstanden.

1712 Christopher Drögemeyer; 1743 ohne Eintrag (Haus ohne Grundbesitz); 1750 Marckwitz; 1755/66 Johan Henrich Wilkening, Haus für 20 Rthl; 1781 Wilkening, 25 Rthl; 1798 Fischer Johann Henrich Wilckening; 1802/09 Witwe Fischer Wilkening, Wohnhaus ohne Hofraum für 25 Rthl; 1815 Schiffer Friedrich Schlingenwater (* 1779 in Bodenwerder); 1818 Witwe Wilkening, 25 Thl; 1825 Erhöhung auf 300 Thl; 1827 Schlingewater, Erhöhung Wohnhaus auf 575 Thl, Stallung neu versichert für 25 Thl; 1829 Franz Schlingwater, jetzt Friedrich Schlingwater; 1832 Friedrich Schlingwasser; 1836 Erhöhung Wohnhaus auf 750 Thl; 1846 Schiffer Friedrich Schlingewater mit drei Mietparteien; 1853 Schiffer Oppermann mit einer Mietpartei; 1873 Witwe Oppermann; 1878 Oppermann; 1906 Schlosser Gustav Oppermann; 1919 Rentnerin Henriette Samuel und Mietpartei; 1946 Umschreibung von Schiffer Julius Glanert auf Schiffsführer Wilhelm Glanert (wohnt Oberstraße 14); 1949 Witwe Emma Schaper.

Haus (um 1825)

In seiner heutigen Erscheinung ist das zweigeschossige und verputzte Giebelhaus von drei Fensterachsen das Ergebnis einer in mehreren Schritten vollzogenen Erneuerung eines Vorgängerbaus von Fachwerk. Von diesem hatte sich bis 1901 noch der rückwärtige Teil in einer Länge von etwa 6,50 m erhalten. Demnach ein Fachwerkgerüst von zwei Geschossen mit sehr steilem Satteldach. Ein Keller bestand lediglich in der nordöstlichen Ecke und scheint auf eine hier vorhandene Upkammer hinzudeuten.

Zwei erhebliche Erhöhungen der Versicherungssumme für das Haus um 1825/27 scheinen auf nicht mehr näher festzustellende Modernisierungen hinzudeuten. Eine weitere Baumaßnahme scheint im Jahre 1836 stattgefunden zu haben, wobei die zweigeschossige Erneuerung des vorderen Hausteiles in der Tiefe eines Raumes als verputzte Fachwerkkonstruktion erfolgt sein dürfte. Darüber ein nicht ausgebautes und recht flaches Satteldach. Seitdem war es als ein Wohnhaus mit Flur auf der linken Seite eingerichtet.

1901 kommt es zu einem Umbau des Hauses durch die Baufirma Sipp, bei dem allerdings die Substanz bis auf den kurzen massiven vorderen Teil ganz erneuert wird. Grund war der schlechte Bauzustand, Kosten ca. 2000 Mark. Nun entsteht ein durchgängig zweigeschossiges Wohnhaus mit seitlichem Flur, das nur im östlichsten Abschnitt mit Kappen auf Eisenträgern unterkellert wurde. Die Fassade des neuen Teils entsprechend dem bestehenden Bau schlicht verputzt, jedoch durch sandsteinerne Sohlbänke gegliedert.

OBERSTRASSE 34 (Abb. 1804)

bis 1878 Haus-Nr. 785; bis 1908 Fischerstadt 46

Die Parzelle spätestens im frühen 18. Jahrhundert aus dem Grundstück eines großen bürgerlichen Anwesens zwischen der Weser- und der Oberstraße ausparzelliert (siehe dazu Weserstraße 14).

Abb. 1804 Oberstraße 32 (rechts) und 34 (links), im Hintergrund Oberstraße 40, Ansicht von Südwesten, 1993.

1743 ohne Eintrag (Haus ohne Grundbesitz); 1749/64 Johann Hinrich Kriete, Haus für 20 Rthl; 1766 Cord Gieseking, 20 Rthl; 1781 Gieseking, 25 Rthl; 1798/02 Fischer Thomas Reekeweg; 1804 Witwe Erfmeyer, Haus für 25 Rthl; 1806/09 Witwe Fischer Tönnies Reekeweg, Wohnhaus und Hof; 1812 Thoms Rekeweg; 1815/18 Tagelöhner Wilhelm Rekeweg (* 1791), Wohnhaus für 25 Thl; 1827 Wohnhaus für 300 Thl; 1829 Witwe Reckeweg, jetzt Fr. Westphal; 1832 Friedrich Westphal; 1835 Erhöhung Wohnhaus auf 475 Thl, neu Stall 25 Thl; 1846 Schiffer Friedrich Westphal und als Mieter Maurer Johann Jöke; 1853 Schiffer Westphal mit zwei Mietparteien; 1894 Fuhrwerksbesitzer Kastell; 1873 Näherin Westphal und Schiffer Westphal, ferner zwei Mietparteien; 1878 Westphal; 1906 Witwe Henriette Bartling; 1919 Witwe Henriette Bartling (in Hannover), vermietet an zwei Parteien.

Wohnhaus (um 1830)

Zweigeschossiger und an den Ansichten verputzter, giebelständiger Fachwerkbau mit Satteldach. Das Gerüst stöckig verzimmert und mit Schwelle-Rähm-Streben ausgesteift.

Am 23. 1. 1894 kommt es zum Brand des Hauses. Im Zuge der Wiederherstellung das Haus an der nördlichen Traufwand mit einem massiven Anbau versehen.

OBERSTRASSE 36

bis 1818 Haus-Nr. 786; bis 1908 Fischerstadt 45

Die Hausstelle offensichtlich Teil eines großen bürgerlichen Anwesens, das von der Weser bis zur Oberstraße reichte, aber offenbar schon vor 1700 selbständiger Besitz (siehe dazu Weserstraße 15).

Das Haus zahlt eine jährliche Pacht von 8 gr an St. Nikolai (KAM, Mi, B 103 b,2 alt).

1711 Hans Christoff Holsten; 1712 Johann Holste, vorher Johann Meyer; um 1740 Daniel Fueßtmann; 1743 ohne Eintrag (Haus ohne Grundbesitz); 1750 Witwe Daniel Fustmanns Haus; 1755/66 Johann Friedrich Fustmann, Haus für 20 Rthl; 1770 Daniel Fuhrmann später Witwe Meyer; 1781 Witwe Fustmann, 25 Rthl; 1798 Witwe Neuber; 1802 Fustmann; 1804 Witwe Neupert; 1806/18 Witwe Neupert und der Schuhmacher Franz Neupert (* 1792), Wohnhaus und Hof für 25 Thl; 1827 Neupert; 1832 Franz Neupert; 1835 Erhöhung Wohnhaus und Stall von 300 auf 500 Thl; 1846 Schuster Franz Neupert; 1853 Witwe Neupert mit Mieterin; 1873/78 Fabrikarbeiter Rohde; 1906 Schuhmacher Wilhelm Riensch; 1919 Arbeiter Wilhelm Redeker und drei Mietparteien; 1950 Geschwister Viehweg; 1959 Gottschalk.

Haus (17./18. Jahrhundert–1976)

Nach erhaltenen Plänen der Kern des zuletzt verputzten Fachwerkhauses ein kleines giebelständiges Dielenhaus von Fachwerk mit Satteldach auf Grundfläche von 6,50 x 8 m. Höhe bis zur Balkenlage etwa 4,10 m. Das wohl aus dem 17./18. Jahrhundert stammende Haus scheint zunächst eine nördliche Diele und einen zweigeschossigen südlichen Einbau mit Zwischengeschoß gehabt zu haben. Die Diele nachträglich zweigeschossig durchgebaut.

1903 Umbau des Hauses und Ausbau des Daches, das auf der nördlichen Seite angehoben wird (Plan: Schnittger); 1905 Einbau neuer Fenster; 1907 Kanalisation; 1908 Anbau Schuhmacherwerkstatt als zweigeschossiger Fachwerkbau unter flachem Pappdach; 1976 Abbruch wegen Baufälligkeit auf Druck der Stadtverwaltung.

OBERSTRASSE 38 (Abb. 1805, 1806)

bis 1818 Haus-Nr. 787; bis 1908 Fischerstadt 44

Die Hausstelle ist durch Ausparzellierung eines kleinen spätmittelalterlichen Speichergebäudes entstanden, der ehemals zum großen Anwesen Weserstraße 15 gehört haben dürfte (siehe auch dort), aber schon in der zweiten Hälfte des 17. Jahrhunderts als selbständiges Wohnhaus nachzuweisen ist.

1712 Jobst Hinrich Masmeyer, vorher Hinrich Masmeyer, davor Witwe Francke; 1743 Witwe Masmeyer; 1750 Hitzemann; 1755 Johann Hermann Hitzemann, Haus für 10 Rthl (hat das Haus gerichtlich verschrieben bekommen); 1764/66 Hitzemann, 10 Rthl, dann Witwe Knüppel; 1781 Soldat Schaf, 25 Rthl; 1798 Soldat Walburg; 1802 Witwe Schaffen; 1804 Tagelöhner Walburg, hält 2 Stück Jungvieh; 1806/09 Tagelöhner Johann Walbock, Haus ohne Hofraum; 1812/18 Witwe Wahlburg, Haus für 25 Thl; 1829 Witwe Walburg; 1830 Walburg, Erhöhung Haus auf 200 Thl; 1832/35 Tischler Sander, 200 Thl; 1846 Mieter ist Tagelöhner Friedrich Wittig; 1853 Böttcher Mertens (wohnt am Markt), vermietet an Fr. Wittig und weitere Partei; 1873/78 Stellmacher Bahn und zwei Mietparteien; 1906 Witwe Bahn; 1919 Clemens Molitor (vermietet an drei Parteien); 1938 Verkauf von Biermann an Volkmann.

Speicher von 1516 ⓓ, später Wohnhaus

Das zweigeschossige Fachwerkwohnhaus unter Satteldach ist durch mehrmalige Erweiterung eines zweigeschossigen Speichers an beiden Giebeln entstanden. Das Gebäude, heute bis in den Dachboden hinein ausgebaut und an der nördlichen Traufwand verkleidet, konnte bisher nur in Ansätzen untersucht werden. Eine dendrochronologische Datierung (1996 durch H. Tisje/Neu-Isenburg) des 2. Geschoßbalkens von West des baugeschichtlich höchst bemerkenswerten Baus erbrachte, daß das Holz des Kerngerüstes im Winter 1515/16 eingeschlagen wurde. Nach Untersuchung der offen zugänglichen südlichen Traufwand und einiger Befunde im Inneren stellt sich die Baugeschichte wie folgt dar: das offenbar zu einem Speicher gehörende Kerngerüst von drei Gebinden und zwei Geschossen ist in seiner Gesamtheit erhalten, wobei die Geschoßbalken eingezapft und die Dachbalken aufgelegt sind. Aussteifung des Gerüstes im Querverband mit langen und geraden Kopfbändern, ebenso im Längsverband unter dem Rähm in paariger Anordnung. Die Nägel mit Durchmesser von 30 mm ungewöhnlich stark gewählt; die Sparren auf die Balken gezapft (ohne Dielung). Dachwerk aus geflößten und kaum bearbeiteten Vollhölzern mit unter die Sparren geblatteter Windrispe. Die Kehlbalken gezapft. Im Wandgerüst nur eine gezapfte Riegelkette auf halber Höhe. Brustriegel im Obergeschoß von Innen angeblattet und in seitliche Schlitze der Ständer geschoben, im Erdgeschoß nicht nachzuweisen.

Abb. 1805 Oberstraße 38, Ansicht von Nordwesten, 1993.

Der Bau zu einem unbekannten Zeitpunkt in den bestehenden Proportionen am Ostgiebel um zwei Gebinde verlängert, dabei dieser Teil in einer ungewöhnlichen Mischkonstruktion aus Stockwerks- und Geschoßbauweise errichtet. Das neue Gerüst mit Holznägeln an den Kernbau angeblattet. Diese Erweiterung dürfte im Zusammenhang mit der wohl im 17. Jahrhundert erfolgten Umnutzung zu einem Wohnhaus zu sehen sein, womit nun in jedem der beiden Geschosse zwei Wohnräume bestanden.

In einem weiteren Schritt wurde das Gebäude – ebenfalls in den bestehenden Umrissen – auch nach Westen verlängert, dabei das neue Fachwerkgerüst mit Eisenbändern an das Kerngerüst angeheftet. Dieser Bereich ist später bis auf einen kurzen Abschnitt von etwa 1 m Länge wieder abgebrochen worden. Wohl im 19. Jahrhundert wurde am Ostgiebel ein eingeschossiger Schuppen von Fachwerk unter einem Pultdach vorgebaut. 1995 Sanierung des Daches, wobei auch eine große Gaupe auf die nördliche Traufe aufgesetzt wurde.

Das Innere modern ausgebaut und zum größten Teil verkleidet. An historischem Ausstattungsdetail erkennbar: Treppe zum Dachgeschoß aus dem frühen 19. Jahrhundert mit gedrechselten Traillen. Unter der östlichen Erweiterung des 17. Jahrhunderts ein kleiner Kellerraum mit Backsteintonne, westlich anschließend unter dem Kernbau ein Kellerraum mit Betondecke.

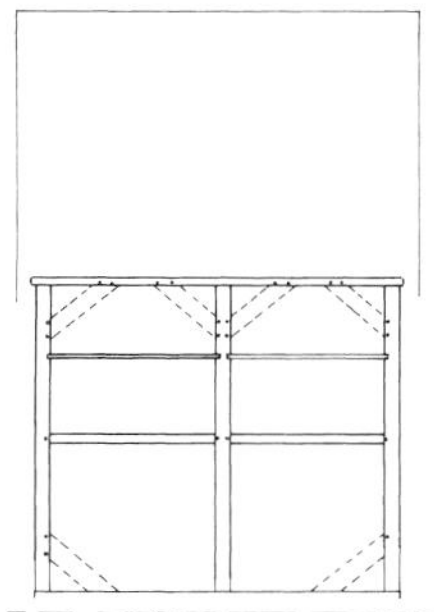
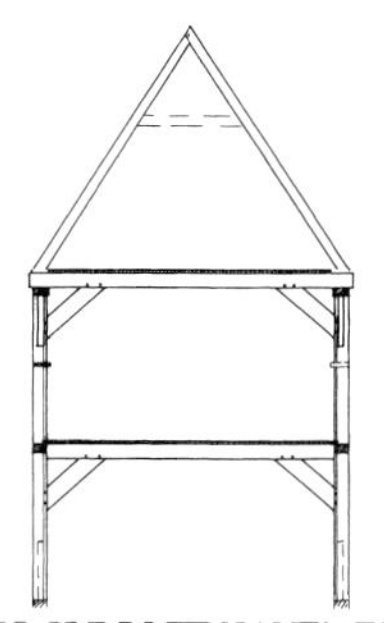
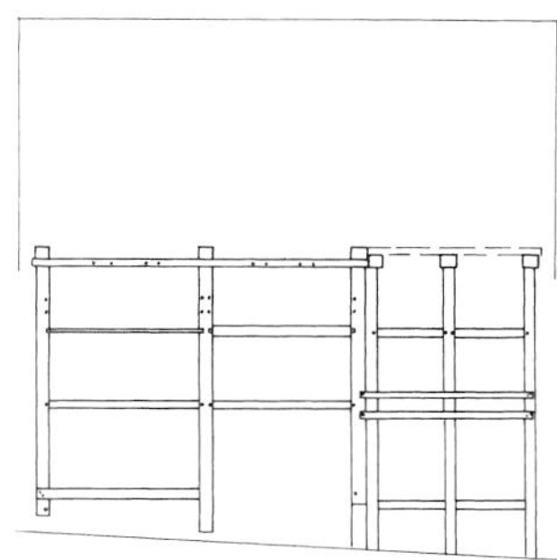

Abb. 1806 Oberstraße 38, südliche Traufwand sowie Querschnitt, rekonstruierter Zustand 1516 sowie südliche Traufwand im Zustand nach der ersten Erweiterung.

OBERSTRASSE 40 (Abb. 1804, 1807)

bis 1818 Haus-Nr. 788; bis 1908 Fischerstadt 43

LITERATUR: Jahr 1927, Abb. 18.

Die Hausstelle wohl ehemals zum großen bürgerlichen Anwesen Weserstraße 16 gehörend. Zumindest seit dem 19. Jahrhundert ein kleiner Hofplatz westlich der Straße (südlich des Hauses Oberstraße 7) zugehörig, auf dem ein kleines Stallgebäude entstand.

1712 Christian Uhans, davor Witwe Johan Uhans, davor Schmied Hermann Meyer; 1743/64 Christian Uhans, Haus für 15 Rthl; 1766 Christoph Husemann, Haus für 20 Rthl; 1781 Christoph Husemann, 25 Rthl; 1798 Schiffsknecht Riepe; 1802 Husemann, 25 Rthl; 1804 Riepe, vermietet an Petersen; 1806/09 Schiffer Konrad Rippe; 1815 Mieter sind Schneider Friedrich Burgsdorf (* 1761 in Wernigerode) und sein Sohn Friedrich (* 1796) sowie der Tagelöhner Georg Reis (* 1781); 1818 Konrad Rippe, Wohnhaus für 25 Thl; 1832/35 Schiffer Konrad Rippe, Wohnhaus mit Anbau für 300 Thl; 1846 Witwe Sophie Rippe mit einem weiteren Mieter; 1852 Verkauf von Zimmermann Schwarze an Schiffsmann Joh. Rempe (KAM, Mi, F 627); 1853 Schiffer Rempe mit zwei Mietparteien; 1873/78 Witwe Rempe und zwei Mietparteien; 1906/08 Witwe Luise Rempe; 1919/34 Stellmacher Wilhelm Rempe; 1934 Kauf durch Heinrich Meister (Simeonstraße 31).

Scheune (erste Hälfte des 17. Jahrhunderts ?), später Wohnhaus

Heute zweigeschossiges verputztes Giebelhaus, in dieser Erscheinung durch Modernisierungen des 20. Jahrhunderts bestimmt. Im Kern ein eingeschossiges Fachwerkgerüst von vier sehr weiten Gebinden, wohl in der ersten Hälfte des 17. Jahrhunderts errichtet. Balkenköpfe an der Traufe vorstehend und seitlich abgefast. Das Gerüst heute stark verändert (Balkenlage bis auf die Giebel entfernt, da das Dach schon vor 1909 mit Eintiefung ausgebaut wurde) und in großen Bereichen der Umfassungswände wohl auch massiv erneuert. Das Gerüst könnte ursprünglich als Scheune aufgeschlagen worden sein und ist dann vor 1700 zu einem Wohnhaus umgebaut worden.

Nach den Entwässerungsplänen von 1908 offensichtlich mit einer im Lichten etwa 3,70 m breiten Diele auf der gesamten Länge der südlichen Seite, entlang der nördlichen Traufwand mit schmalem, im Lichten etwa 2,20 m messendem Seitenschiff begleitet; hier vordere Stube und hintere Kammer. In die Diele nachträglich in der südwestlichen Ecke eine weitere Stube eingebaut. Dahinter im 19. Jahrhundert die zum Flur noch offene Küche mit offenem Herd. Von dem Küchenbereich wohl im 19. Jahrhundert vor dem östlichen Giebel eine weitere und mit Balkendecke unterkellerte Stube abgeteilt. 1934 Ausbau des Dachgeschosses mit zwei großen Gaupen.

Abb. 1807 Oberstraße 40, Stallgebäude neben Oberstraße 7 (rechts), Ansicht von Südosten, 1993.

Stallgebäude (von 1852)

Eingeschossiger Fachwerkbau mit Satteldach. Das Gebäude als Fachwerkgerüst über gemauertem Backsteinsockel mit Schwelle-Rähm-Streben ausgesteift, das Giebeldreieck verbrettert (der Bau sollte zunächst mit Bretterwänden errichtet werden, was die Stadt ablehnte – siehe KAM, Mi, F 370). Vor dem auf die Fischerstädter Stadtmauer gesetzten Westgiebel ein aus Backsteinen aufgemauerter Schornstein.

OBERSTRASSE 42 (Abb. 1808, 1809)

bis 1878 Haus-Nr. 790; bis 1908 Fischerstadt 41

Die Hausstelle wohl ehemals zum größeren bürgerlichen Anwesen Weserstraße 17 gehörend.

1743 ohne Eintrag (Haus ohne Grundbesitz); 1750 Witwe Arend Schlüters Haus; 1755/66 Hermann Schlüter, Haus für 20 Rthl; 1781 Hermann Schlüter, 25 Rthl; 1798 Fischer David Schlüter; 1802/04 David Schlüter mit Familie und Mutter, Haus für 25 Rthl, hält 1 Jungvieh; 1806/09 Fischer D. Schlüter, Wohnhaus ohne Hofraum; 1815/18 Fischer David Schlüter (* 1765), Wohnhaus für 25 Thl; 1829/32 Witwe Schlüter; 1835 Haus für 400 Thl; 1846 Witwe Schlüter und zwei weitere Witwen mit Familien; 1853 Witwe D. Schlüter und weitere Mietpartei; 1873/78 Bahnarbeiter Spilker und vier Mietparteien; 1906 Schiffer August Hesse (wohnt Dankerser Straße 55); 1919 Schiffer Wilhelm Ems.

Abb. 1808 Oberstraße 42, dahinter Oberstraße 50, Ansicht von Südwesten, 1993.

Scheune (1613 ⓓ) später Wohnhaus

Zweigeschossiges und giebelständiges, heute verputztes Fachwerkhaus mit Satteldach. Kern ein giebelständiges Fachwerkgerüst von sechs Gebinden und mit aufgelegten Balken, wohl als Scheune aufgeschlagen, nach dendrochronologischer Datierung (1996 durch H. Tisje/Neu-Isenburg) des dritten Dachbalkens von Osten im Jahre 1613 errichtet. Dabei im Dachwerk und im östlichen Giebeldreieck Reste eines älteren Gerüstes (möglicherweise aus der Zeit um 1470) wieder verzimmert, die zu einem verbohlten Giebeldreieck gehörten. Das östliche Giebeldreieck mit untergestellter Spitzsäule und eingezapften Riegeln. Das Gerüst mit zwei umlaufenden Riegelketten und im Längsverband mit langen, leicht gebogenen Fußstreben ausgesteift.

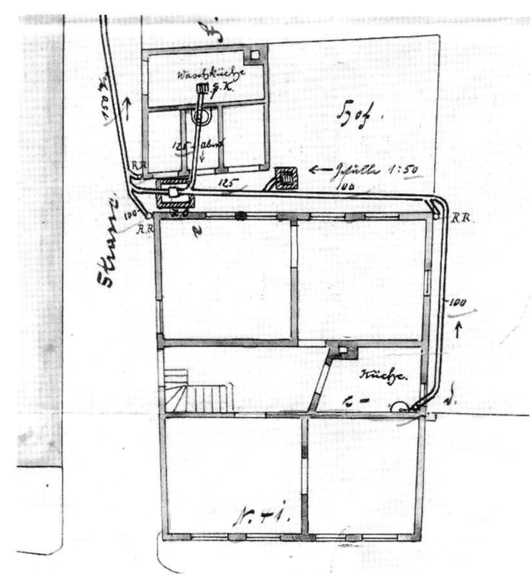

Abb. 1809 Oberstraße 42, Plan zur Entwässerung 1906.

Das Gebäude wohl erst später als Wohnhaus ausgebaut, dabei von der Mitte der nördlichen Traufwand aus mit einem Querflur erschlossen. Seitlich des hohen Flures, in den die Treppe eingestellt ist, jeweils zwei Wohnräume mit Zwischengeschoß darüber. Das hintere Ende des Flures als Küche, ebenfalls mit Zwischengeschoß, abgeteilt. 1906 Kanalisation.

Hinter dem Haus ein eingeschossiges Stallgebäude mit Satteldach. Verputzter Backsteinbau aus dem späten 19. Jahrhundert.

OBERSTRASSE 44 (an der sogenannten Kümmelgasse)

bis 1818 ohne Haus-Nr.; bis 1878 Haus-Nr. 791 b; bis 1908 Fischerstadt 40

Die offensichtlich in der ersten Hälfte des 17. Jahrhunderts nach Abbruch des hinteren Teiles des Hauses Weserstraße 18 entstandene Hausstelle dürfte Teil eines großen bürgerlichen Anwesens zwischen der Weser- und der Oberstraße gewesen sein (zur Geschichte siehe Weserstraße 18). Möglicherweise ersetzt es ein hier zuvor bestehendes Hinterhaus. Das Gebäude diente zwischen etwa 1740 und 1840 als Schule der Fischerstadt.

1712 Johann Daniel Schonebohm, vorher Johan Hermann Rippe, vorher Rolf Kerkmeyer; um 1725 Hinrich Daniel Schonebohm; 1730 Elisabeth Schonebohm.

1798 die Fischerstädter Schule (hinter dem Haus Weserstraße 18); 1806 Schule der Fischerstadt, gehört den Bewohnern der Fischerstadt; 1830 Fischerstädter Gemeindeschulhaus; 1846 Witwe Sophie Kampe und zwei weitere Parteien (insgesamt 13 Personen); 1851 Verkauf des Hauses durch die Fischerstädter Gemeinde an Bäcker Ferdinand Rippe (KAM, Mi, F 627); 1873 Schiffer Granert; 1878 Rippe; 1906 Bäckermeister Carl Stegemeier (wohnt Weserstraße 18); 1919 Bäckermeister Carl Stegemeier (vermietet an vier Parteien).

Wohnhaus (erste Hälfte des 17. Jahrhunderts), später Fischerstädter Schule

Im Kern Fachwerkbau aus der ersten Hälfte des 17. Jahrhunderts, 1802 stark erneuert. An der nördlichen Traufwand noch ein Teil des ursprünglichen Gefüges zu erkennen; eine durchgeführte dendrochronologische Untersuchung (1996 durch H. Tisje/Neu-Isenburg) blieb ohne Ergebnis. Nach den Befunden ein mit geringem Abstand hinter den Rückgiebel des Hauses Weserstraße 18 gestelltes Kerngerüst (zum großen Teil aus zweitverzimmertem Holz) von fünf Gebinden mit aufgelegten Dachbalken und zwei einfach vernagelten Riegelketten, im Längsverband mehrere Fußstreben und an den Eckständern zusätzlich Kopfbänder. Dachwerk mit einer Kehlbalkenlage, wobei nach dem im westlichen Gebinde höher gesetzten Kehlbalken in dem anschließenden Giebeldreieck ein Aufzug bestanden haben dürfte. In beiden Giebeldreiecken Hochsäulen. Über die innere Aufteilung und ursprüngliche Nutzung des Gebäudes nichts bekannt.

1802 wird die seit etwa 1740 in dem Gebäude befindliche *Fischerstädter Schule ausgebaut* (KAM, Mi, C 142), wobei große Teile der Umfassungswände aus neuem Holz neu verzimmert werden. Das mit Backsteinen ausgemauerte Fachwerk an der sichtbaren West- und Südseite verputzt. Erhalten von dem älteren Gerüst blieben das Dachwerk, der Ostgiebel sowie der größte Teil der nördlichen Traufwand. Im Inneren wird eine differenzierte Raumstruktur geschaffen: offensichtlich eine große Schulstube in der nordwestlichen Ecke, um die im Winkel ein breiter Flur geführt ist. Zugang im östlichen Giebel. An diesen zum Teil mit einem Kriechkeller versehenen Flur östlich angrenzend im Osten zwei Wohnräume (für den Lehrer). An der nördlichen Traufwand Anbau eines kleinen Stalles. Zweiflügelige Fenster mit Oberlichtern dieser Bauzeit offensichtlich erhalten.

Nach Umnutzung der Schule zu einem Wohnhaus Aufteilung der Schulstube in zwei Wohnräume. Reparaturen im Dachwerk, wobei zusätzliche Sparren eingezogen werden. Eindeckung mit

Abb. 1810 Oberstraße 46, Ansicht von Südwesten, 1993.

Hohlpfannen in Kalk. Verlegung der Haustür im 20. Jahrhundert an die südliche Traufwand, dabei Umbau des westlichen Flures zu einem Zimmer.

1992 Eintragung in die Denkmalliste der Stadt Minden.

OBERSTRASSE 46 (an der sogenannten Kümmelgasse)

bis 1818 Haus-Nr. 791; bis 1878 Haus-Nr. 791 a; bis 1908 Fischerstadt 39

Die Hausstelle dürfte ehemals zum bürgerlichen Anwesen Weserstraße 20/21 gehört haben und ist aus dieser vor 1712 ausgegliedert worden.

Auf der Freifläche südlich des Hauses wurde 1991 eine archäologische Untersuchung vorgenommen. Dabei wurden Siedlungsbefunde ab dem 12. Jahrhundert angetroffen. Im 15./16. Jahrhundert konnte eine rege Bautätigkeit festgestellt werden (Teil I, Kap. I.3, Fundstellenkatalog, Grabung 52). Siehe: Neujahrsgruß 1992, S. 85. Verbleib der Funde: WMfA.

1712 Johann Schlüter; 1743 Johann Albert Rippe; 1750 Albert Rippe Junior; 1755/66 Albert Rippe, 20 Rthl; 1781 Albert Rippe, 25 Rthl; 1798 Friedrich Meyer und Mieter; 1802/04 Polier Meyer; 1809/06 Maurer Friedrich Meyer, 1812/18 Witwe Meyer, Wohnhaus 25 Thl; 1832 Witwe Johann Meyer; 1835 Schnepel, 275 Thl; 1846 Mieter sind Schiffer Heinrich Bruns und zwei weitere Parteien (insgesamt 17 Personen); 1853 Schnepel (ist nach Amerika ausgewandert), Haus wird von vier Parteien bewohnt; 1853 Rippe (wohnt Weserstraße 18), vermietet an zwei Parteien; 1873/78 Schmied Horstmann und vier Mietparteien; 1906 Ludwig Horstmann; 1919 Witwe und Waschfrau Sophie Biermann; 1923 Heinrich Biermann; 1965 Elisabeth Biermann.

Haus (um 1835)

Zweigeschossiges und traufenständiges Doppelhaus unter Satteldach von Fachwerk, wohl um 1835 erbaut. Details der Gestaltung sind an dem Bau momentan nicht feststellbar, da er völlig mit einer Mauersteine imitierenden Verkleidung beschlagen ist. Das Gebäude ist in der Mitte symmetrisch in zwei gleiche, nebeneinanderliegende Wohneinheiten geteilt, die ein gemeinsames übergiebeltes Dachhaus besitzen. Jede Wohneinheit mit einem schmalen Querflur, an den sich vor den beiden Giebeln jeweils eine größere Stube und eine kleine rückwärtige Kammer anschließen. Vor der rückwärtigen Traufwand jeweils eine kleine gewendelte Treppe zum gleichartig eingerichteten Obergeschoß.

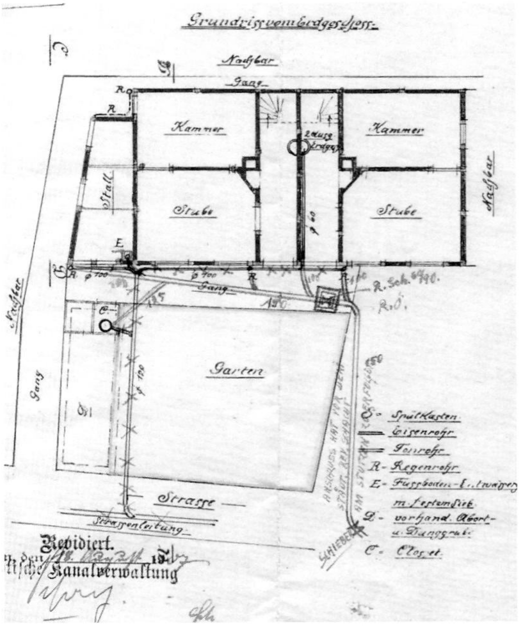

1907 Kanalisation; 1924 kleiner Umbau des Hausinneren, wobei die Trennwand zwischen den beiden schmalen Fluren und die beiden kleinen Treppen zu Gunsten eines breiten Flures mit einer neuen hölzernen Treppe entfernt werden. Die östliche Haustür vermauert, unter dem breiten Flur Anlage eines kleinen Kellerraumes.

Abb. 1811 Oberstraße 46, Plan zur Entwässerung des Grundstücks 1907.

1923 Umbau und Vergrößerung des Stallgebäudes südwestlich des Hauses, das 1965 zu einer Garage umgebaut wird. Um 1990 Abbruch für Anlage eines kleinen öffentlichen Platzes.

OBERSTRASSE 48

bis 1878 Haus-Nr. 792; bis 1908 Fischerstadt 38

Die Hausstelle dürfte ehemals zu den großen bürgerlichen Anwesen Weserstraße 18 gehört und wohl ursprünglich als Nebengebäude oder Scheune gedient haben. Schon in der Mitte des 17. Jahrhunderts ein selbständiger Besitz.

1665 Volmar Eickmeyer. Das Haus ist frei vererbbar, hat 8 Morgen Pachtland und gemieteten Garten (KAM, Mi, B 122); 1712 Cord Eickmeyer, vorher Volmar Eickmeyer, später Johann Jurgen; 1743 ohne Eintrag (Haus ohne Grundbesitz); 1750 Brüggemanns Nebenhaus; 1755 Friedrich Brüggemanns Scheune, 40 Rthl; 1764 Fr. Brüggemanns Hinterhaus; 1766 Fr. Brüggemanns Scheune; 1775 Friedrich Brüggemann, Haus schon vor 1750 als Scheune genutzt; 1781 Brüggemann Junior, Haus für 50 Rthl; 1798 Erben Fr. Brüggemann; 1802/04 Witwe Schreiber; 1805 Versteigerung des dem Herrn Friedrich Brüggemann in Heimsen zugehörigen Hauses mit Hude für 2 Kühe auf dem Fischerstädter Bruch. Es wird für 300 Rthl von dem Bürger und Müller Philipp Schulze (falsch statt Schütte) erworben (WMA 1805); 1806 Müller Philipp Schütte, Wohnhaus ohne Hofraum; 1808 die Frau des Müllers Schütte ist Eigentümerin des Hauses (KAM, Mi, D 387); 1809/12 Haus des Müllers Schütte; 1815 Friedrich Schütte (* 1797) und als Mieter Tagelöhner Johan Nolte (* 1759 in Herstelle); 1818 Witwe Schütte, Wohnhaus 300 Thl; 1829/32 Georg Schütte; 1835 Schütte, Erhöhung Wohnhaus auf 450 Thl; 1846/53 Schütte, Mieter sind Tagelöhner Friedrich Schreiber, Zimmermann Friedrich Diener und weitere Partei (insgesamt 17 Personen); 1873/78 Witwe Kleditz und vier Mietparteien; 1906 Plätterin und Kleinhändlerin Franziska Wienand; 1908/19 Bernhard Herdemerten; 1919 Geschwister Herdemerten (und als Mieter das Kolonialwarengeschäft Franziska Wienand); 1964 Karl Becker; 1992 Elfriede Becker.

Haus (bis 1964)

Schmaler Fachwerkbau (vorne 4,6 m, hinten 5,5 m) von erheblicher Länge (etwa 12,6 m), jedoch in seiner weiteren baulichen Beschaffenheit und in seinem Alter nicht bekannt. Das Gebäude in der zweiten Hälfte des 18. Jahrhunderts nur als Scheune verwendet. Offensichtlich um 1800 umgebaut und erneut zum Wohnhaus eingerichtet. Darauf wohl der bis zuletzt erhaltene Grundriß zurückgehend: von der südlichen Traufwand aus erschlossen, mit einer breiten Flurdiele, an die westlich und östlich Wohnräume anschlossen. Davor an der Oberstraße ein Ladenraum.

1906 Kanalisation; 1908 Errichtung eines Schuppens an der nördlichen Traufwand (Baugeschäft G. Sipp). 1964 Abbruch.

Wohn- und Geschäftshaus (von 1964/65)

Als Wohn- und Geschäftshaus für Karl Becker nach Plänen des Architekten F. Krapp errichtet. Zweigeschossiger und traufenständiger Putzbau mit Satteldach.

OBERSTRASSE 50 (Abb. 1808)

bis 1878 Haus-Nr. 794; bis 1908 Fischerstadt 36

Die Hausstelle dürfte ehemals (als Scheunengrundstück ?) zu dem großen bürgerlichen Anwesen Weserstraße 20/21 gehört haben und ist zu einem unbekannten Zeitpunkt vor der Mitte des 17. Jahrhunderts ausparzelliert worden.

1665 Carsten Lohmeyer (Haus ist freies Erbe, hat 7 Morgen Zinsland und zwei kleine Pachtgärten. Siehe KAM, Mi, B 122); 1743 Erben Caspar Lohmeyer; 1750 Brüggemanns 2. Haus; 1755 Brüggemanns Scheune, 100 Rthl; 1764 Brüggemanns 2. Hinterhaus; 1766 Brüggemanns Scheune 100 Rthl; 1775 Friedrich Brüggemann, Haus schon vor 1750 Scheune; 1781 Postdirektor Albrecht, Scheune 100 Rthl (ehemals Wohnhaus, wird aber als Scheune genutzt. Siehe KAM, Mi, C 879); 1782 Post Direktor Albrecht soll dazu angehalten werden, die Scheune wieder in einen wohnbaren Stand zu bringen (KAM, Mi, C 885); 1789 Postdirektor Albrecht soll angehalten werden, seine Scheune wieder zu einem einquartierungsfähigen Haus zu machen (WMA 16, 1789); 1798 Kriegsrat Albrecht, 100 Rthl; 1802 Erben Kriegsrat Albrecht; 1804 Scheune der Zuckerfabrik (der Gebrüder Schickler, um die Lagerlasten von den Bauten der Fabrik an der Alten Kirchstraße ablösen zu können. Siehe dazu Alte Kirchstraße 13/15), 1805 Taxe von 1550 auf 1000 Rthl gesenkt; 1806 Erben Albrecht, Scheune und Hofplatz; 1809 Versteigerung der sogenannten Albrechtschen Scheune; 1809 Scheune der Zuckerfabrik; 1818 Gebrüder Schickler in Berlin; 1829/36 Ernst Diesselhorst (wohnt Bäckerstraße 73), Erhöhung auf 1500 Thl; 1846 unbewohnt; 1853 Scheune von Kaufmann Diesselhorst; 1856 Kaufmann Fr. Clemen; 1873 Arbeiter Herdemerten; 1878 Castell; 1906 ohne Eintrag; 1919 Kohlenhandlung Wilhelm Schwier; 1924 Eduard Holland; 1926 Bauunternehmer Wilhelm Brandt; 1961 Ewald Riechwald.

Wohnhaus, später Scheune (bis 1924)

Das schon 1665 bestehende Haus diente seit etwa 1750 nur noch als Scheune, die ab etwa 1780 zunächst dem Posthof zugehörig war, dann der Zuckerfabrik. In der Scheune befand sich von 1852 bis 1856 mietweise das Fischerstädter Spritzenhaus (KAM, Mi, F 359); 1856 nach Besitzwechsel Reparatur (KAM, Mi, F 1137); 1924 Abbruch für Neubau.

Wohn- und Geschäftshaus (von 1924)

Für den Tischlermeister Eduard Holland durch das Baugeschäft W. Brandt/Costedt als Fabrik für Uhrengehäuse errichtet, doch dafür wohl nicht genutzt und schon 1926 im Besitz des Bauunternehmers. Dreigeschossiger Putzbau auf nahezu quadratischem Grundriß über kaum eingetieftem Keller- bzw. Sockelgeschoß. Das innere Traggerüst und die Decken aus Eisenbeton. Das extrem flache, mit Pappe gedeckte Satteldach hinter einer hohen Attika verdeckt, die auf der sechsachsigen mit Pilastern gegliederten Putzfassade aufsitzt. Der größte Teil des Gebäudes für Fabrikationsräume vorgesehen, im zweiten Obergeschoß Wohnung des Eigentümers, erschlossen durch ein gewendeltes Treppenhaus in der Mitte der nördlichen Wand.

Abb. 1812 Oberstraße 54, Ansicht von Südwesten, 1993.

OBERSTRASSE 52

bis 1878 Haus-Nr. 795; bis 1908 Fischerstadt 35

Die Hausstelle dürfte zusammen mit dem Gebäude Oberstraße 60 zu dem großen bürgerlichen Anwesen Weserstraße 22 gehört haben.

1665 Tonnies Schlüter (das Haus ist freies Erbe, zugehörig 5 Morgen Land und ein Mietgarten. Siehe: KAM, Mi, B 122); 1712 Witwe Tönnies Schlüter, jetzt deren Tochter, Witwe Hinrich Münstermann Junior; später Ludecke Wermann; 1743/50 Paul Thies; 1755/64 Paul Thies, Haus für 15 Rthl; 1766/81 Christian Schlüter; 15/25 Thl; 1798 Schlüter; 1802/12 Witwe Christine Schlüter, Wohnhaus ohne Hofraum für 25 Rthl; 1818 Schiffer Kregeler; 1827 Schiffer Frieder Kregeler, Wohnhaus für 400 Thl; 1832/46 Schiffer Friedrich Kreckler (geboren in Petershagen); 1853 Witwe Schiffer Kregeler; 1873/78 Schiffer Kregeler; 1906 Witwe Elise des Julius Heidemann; 1919 Witwe Elise Heidemann; 1973 Wagener und Kregeler.

Haus (bis 1974)

1802/04 wurde das zu dieser Zeit baufällige Haus der Witwe Schlüter durch den Maurerpolier Meyer und den Zimmermeister Meyer *repariert.* Es wurde danach als *halber Neubau* bezeichnet, wobei es auch neu gegründet worden sei (KAM, Mi, C 142 und 472). Das Dach war bislang mit Katzentrögen belegt, wobei Anstoß daran genommen wird, daß diese, um die Deckung dicht zu bekommen, nun mit Stroh unterlegt werden sollen, was aber feuergefährlich sei (KAM, Mi, C 829). Nach einem Bestandsaufmaß von 1973 (Architekt K. Moelle) ein eingeschossiges Giebel-

Abb. 1813 Oberstraße 54, Wirtschaftsgebäude, Ansicht von Osten, Zustand 1993.

haus mit Krüppelwalmdach über symmetrisch gestalteter fünfachsiger Fassade. Rückwärts ein schmaler und zweigeschossiger Anbau von Fachwerk mit Satteldach. Das Innere im vorderen Teil mit einem breiten dielenartigen Flur, an den sich beidseitig jeweils Stube und Kammer anschließen. Im rückwärtigen Bereich weitere Wohnräume seitlich eines hier nur schmalen Flures. Das Dach zu Wohnzwecken ausgebaut.

Nachdem es 1973 zu einem Dachstuhlbrand kam, das Gebäude 1974 abgebrochen.

Wohnhaus (von 1991)

Für Wolfgang Weber nach Plänen der Architekten Gunkel & Partner errichtetes eingeschossiges und verputztes Giebelhaus mit Satteldach.

OBERSTRASSE 54 (Abb. 1812–1814)

bis 1878 Haus-Nr. 797; bis 1908 Fischerstadt 33

Die Hausstelle dürfte zusammen mit dem Haus Oberstraße 56, mit dem das Haus unter einem Dach liegt, durch eine spätestens um 1700 vollzogene Ausparzellierung aus dem weitläufigen Anwesen Weserstraße 23 entstanden sein. Beide Bauten weisen ein gemeinsames Holzgerüst auf, das ehemals wohl zu nur einer Scheune gehörte. Diese schon vor 1700 in zwei ungleich große Teile unterteilt und zu Wohnhäusern ausgebaut. Die Besitztrennung beider Teile aber erst um 1750 vollzogen. Als Freifläche zugehörig eine schmale Fläche südlich des Hauses.

1743/50 Friederich Schlüter; 1755 Ernst Kammermeyer, Haus für 20 Rthl; 1764 Witwe Kamermeyer; 1766 Daniel Fustmann, 20 Rthl; 1781 Fustmann, 25 Rthl; 1798/1804 Daniel Fustmann, Haus für 25 Rthl; 1806/09 Lohnwächter Daniel Fustmann, Wohnhaus ohne Hofraum; 1815 Mieter ist Tagelöhner Wilhelm Beck; 1818 Daniel Fustmann, Wohnhaus für 25 Thl; 1826 Fischer Eschenbach, Erhöhung Haus auf 275 Thl; 1829/32 Fischer Carl Eschenberg; 1835 Erhöhung Wohnhaus auf 325 Thl, neu Stall für 50 Thl; 1846/53 Zimmermann Daniel Fußmann mit Familie und zwei weiteren Mietparteien; 1873 Witwe Fußmann und Tabakspinner Fußmann und zwei Mietparteien; 1878 Fußmann; 1906/19 Erben Fussmann (vermietet).

Scheune (erste Hälfte des 17. Jahrhunderts), später Wohnhaus

Zweigeschossiges und verputztes Wohnhaus unter steilem Satteldach in Ecklage zu einer schmalen nach Osten abzweigenden Gasse. Kern des Hauses der Teil von 3 ½ Gefachen eines Fachwerkgerüstes von sieben Gebinden aus der ersten Hälfte des 17. Jahrhunderts, das offensichtlich in dem heute zweigeschossigen Wohnhaus noch weitgehend erhalten ist. Dieses kräftige Gerüst offensichtlich für eine recht große Scheune aufgeschlagen, die aber schon bald in dieser Nutzung aufgegeben und zu zwei Wohnungen eingerichtet wurde (der andere Teil siehe Nr. 56). Das Gerüst ursprünglich mit einer hohen und breiten Diele auf der gesamten Länge der südlichen Seite, entlang der ganzen nördlichen Traufwand von einem schmalen zweigeschossigen Einbau begleitet, der wohl Ställe und Bühnen darüber aufnahm. Nach Trennung der Scheune durch eine fachwerkene Querwand erhielt so jeder Abschnitt eine hohe Diele und einen zweigeschossigen Bereich für Wohnräume.

Zu einem späteren Zeitpunkt vom vorderen Bereich der Diele in der südwestlichen Ecke ein weiterer zweigeschossiger Stubeneinbau abgetrennt, der Rest der Diele bestand als hoher Flur noch bei Anlage der Kanalisation 1910. Das Dach nach 1900 zu Wohnzwecken ausgebaut.

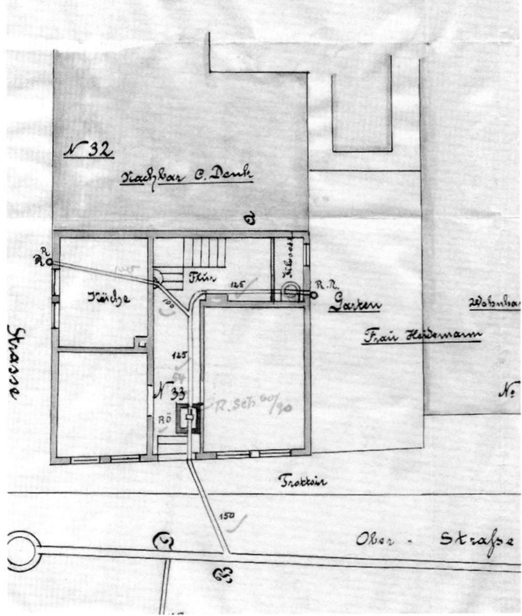

Abb. 1814 Oberstraße 54, Plan zur Entwässerung des Grundstücks, 1910.

Zum Haus gehört ein kleines Wirtschaftsgebäude von Fachwerk aus der Mitte des 19. Jahrhunderts unter Satteldach, das auf der anderen Straßenseite unmittelbar an die Stadtmauer gestellt war. 1996 eingestürzt.

OBERSTRASSE 56

bis 1878 Haus-Nr. 798; bis 1908 Fischerstadt 32

Die Hausstelle dürfte zusammen mit dem Haus Oberstraße 54, mit dem das Haus unter einem Dach liegt, durch eine spätestens um 1700 vollzogene Ausparzellierung aus dem weitläufigen Anwesen Weserstraße 23 entstanden sein. Beide Bauten haben ein gemeinsames Fachwerkgerüst, das ehemals zu einer Scheune gedient haben dürfte, aber schon vor 1700 in zwei ungleiche Teile aufgeteilt worden ist. Dabei aus dem kleineren und rückwärtigen, seitdem nur durch eine schmale nördliche Gasse erschlossenen Teil dieses Wohnhaus entstanden. Die Besitztrennung beider Teile aber erst um 1750 vollzogen.

1712 Jobst Heise, dann Witwe Heise, dann Arendt Karckmeyer; 1743 Johan Arend Karkmeyer; 1750 Friedrich Schlüter; 1755 Schlüter, Wohnhaus für 18 Rthl; 1764/68 Friedrich Schlüter, 18 Rthl; 1781 Witwe Schlüter, 25 Rthl; 1798 Schiffsknecht Christoffer Fustmann; 1804 Christoph Fustmann, Haus für 25 Rthl, hält 1 Schwein; 1806/09 Schiffsknecht Chris. Fustmann, Wohnhaus mit Hof; 1812/15 Schiffsknecht Christ. Fusmann (* 1765) und Christian Fusmann (* 1797); 1818 Fustmann, Wohnhaus 25 Thl; 1829 Witwe Faustmann; 1832/35 Witwe Fuestmann, Wohnhaus mit Vorbau 325 Thl; 1846 Schlosser Heinrich Zumbaum und drei weitere Mietparteien; 1853 Witwe Lohrmann mit zwei Mietparteien; 1873 Witwe Lohrmann und zwei Mietparteien; 1878 Kindmann; 1906 Zigarrenarbeiter Karl Denk; 1919 Malergehilfe Willi Denk; 1925/31 Malermeister Wilhelm Denk.

Scheune (erste Hälfte des 17. Jahrhunderts), später Wohnhaus

Zweigeschossiger verputzter Fachwerkbau unter Satteldach, anschließend an das Gebäude Oberstraße 54, aber von der nördlich vorbeiführenden Gasse aus erschlossen. Nachträglich durch einen zweigeschossigen massiven Anbau nach Osten erweitert. Das Haus umfaßt die rückwärtigen 2 ½ Gebinde eines kräftigen Fachwerkgerüstes aus der ersten Hälfte des 17. Jahrhunderts, das zu einer wohl nur wenig später aufgeteilten und zu zwei Wohnungen umgenutzten Scheune gehörte (siehe dazu Oberstraße 54). Dabei durch Übernahme der bestehenden Inneneinteilung hinter der vorderen nördlichen Traufwand zweigeschossig für Wohnräume aufgeteilt, daran nach Süden anschließend hohe Diele. Diese noch 1910 bei Anlage der Kanalisation bestehend, wobei um 1900 in der südöstlichen Ecke eine Küche abgetrennt worden war.

Der Bau zur Erweiterung der Wohnräume um 1830 durch einen zweigeschossigen verputzten Anbau von Fachwerk unter Satteldach nach Osten erweitert.

1925 Bau eines eingeschossigen massiven Schuppens unter flachem Pappdach am östlichen Ende des Grundstücks; 1931 weiterer Leiterschuppen errichtet.

OBERSTRASSE 58

bis 1878 Haus-Nr. 799; bis 1908 Fischerstadt 31

Nachdem die Hausstelle seit etwa 1750 aus nicht bekannten Gründen unbebaut war, wurde um 1760 in bescheidensten Formen ein neues Haus errichtet, über das heute allerdings nichts mehr bekannt ist.

1665 Hinrich Heise. Haus ist ein freies Erbe. Schuldet St. Marien 20 Thl. Ferner aus seinem kleinen Garten 10 Thl, hat 3 Morgen Land von St. Mauritius (KAM, Mi, B 122); 1712 Johan Heise, vorher Hinrich Heyse; vor 1743 Martin Henrich Kemena; 1743 Krampe; 1750/55 Adolph Thies, wüste Stelle; 1764/66 Soldat Richter, 10 Rthl; 1781 Richter, 25 Rthl; 1798 Tischler Richter; 1802 Witwe Richter; 1804 Invalide Tischler Richter, hält 1 Jungvieh; 1806/12 Tischler Franz Richter, Wohnhaus und Hof; 1818 Ludwig Richter, Wohnhaus für 25 Thl; 1827 Witwe Richter, 25 Thl; 1829/32 Witwe Ludwig Richter (wohnt Bäckerstraße 76); 1835 Witwe Richter, Erhöhung Wohnhaus auf 200 Thl; 1846 ist wohl Tagelöhner Heinrich Stüting Mieter; 1853 Kruse, vermietet an zwei Parteien; 1873 Schiffer Sander und eine Mietpartei; 1878 Kregeler; 1906 Witwe Julius Heidemann (wohnt Oberstraße 52); 1919 Witwe Elise Heidemann (wohnt Oberstraße 52, vermietet an Sattler August Sievers).

OBERSTRASSE 60 (Abb. 1815, 1816)

bis 1878 Haus-Nr. 800 und Nr. 815; bis 1908 Fischerstadt 25

Ursprünglich wohl Standort eines Hinterhauses oder eines Flügelbaus von dem großen Haus Weserstraße 22, der dann vor 1690 davon abgeteilt und in zwei Wohneinheiten aufgeteilt worden ist. Die beiden Teile der Hausstelle, offensichtlich als Doppelbude genutzt, fielen zwischen 1712 und 1750 wüst. Nachdem das Haus-Nr. 815 im Jahre 1791 neu errichtet wurde, werden beide Hausstätten seit 1802 gemeinsam geführt.

HAUS-NR. 800: 1665 Hinrich Maßmeyer (Haus ist von Cord Toisen gemietet. Hat einen Garten zur Miete. Siehe KAM, Mi, B 122); 1693 Fischer Johann Henrich Fahrenholtz; 1712 Johann Henrich Vahrenholtz, vorher Henrich Masmeyer; 1750 Fahrenholtz Hausstätte (wüst); 1755 Fahrenholtz wüste Stelle; 1782 Vahrenholtz und Homburgs Erben, modo Brüggemann, seit vielen Jahren wüst (KAM, Mi, C 885); 1798 Soldat Schnell; 1802 die wüste Stelle ist dem Haus-Nr. 815 zugeschlagen.

HAUS-NR. 815: 1698 Andreas Micke; 1712 Andreas Micke, davor Cord Heyse, davor Cord Fuestman; 1750/55 Homborgs wüste Hausstätte; 1770 Homburgs wüste Stätte, ist im Kriege abgebrochen; 1779 Homburgs wüster Platz, sind keine Erben bekannt (KAM, Mi, C 874); 1782 Homburgs Erben, modo Friedrich Brüggemann, seit vielen Jahren wüst (KAM, Mi, C 885). 1804 wüster Platz gehört Andreas Micke.

Abb. 1815 Oberstraße 60, Ansicht von Süden, rechts Rückgiebel von Weserstraße 22, 1993.

HAUS-NR. 800/815: Vor 1798 Amelung (?); 1798 Kriegsrat von Nordenflicht; 1798 Soldat Schnell; 1804 Soldat Schnell, hält 2 Jungvieh und 2 Schweine; 1805 Schnelle; 1809 Schnelle; 1812/15 Tagelöhner Heinrich Schnelle (* 1761), Wohnhaus und Hofplatz (die zweite wüste Stelle als Hofplatz genutzt); 1818 Schnelle, Wohnhaus für 200 Thl; 1829/36 Ernst Diesselhorst (wohnt Bäckerstraße 76); 1846 vermietet an Tagelöhner Friedrich Hartsiecker und zwei weitere Parteien; 1853 Verkauf von Diesselhorst an Schuhmacher Eickhoff, zusätzlich eine Mietpartei; 1873/78 Witwe Eickhoff und zwei Mietparteien; 1906 Witwe Louise Ems; 1919 Schiffer Hermann Ems.

Haus (bis um 1740)

1698 beantragt Andreas Micke Baufreiheiten für sein Haus (KAM, Mi, B 361). Aus unbekannten Gründen sind beide Hausteile um 1740 wüst gefallen und blieben bis 1791 unbebaut.

Haus (von 1791)

1791 wurde das Haus nach einer Nachricht *neu gebauet* (KAM, Mi, C 134), Bauherr scheint Brüggemann gewesen zu sein. Eingeschossiger und verputzter Fachwerkbau von fünf Achsen unter Satteldach mit Krüppelwalm. Das Gerüst mit aufgekämmten Balken, zwei Riegelketten und Schwelle-Rähm-Streben. Der Bau wohl zumindest in den Ansichten verputzt oder geschlämmt. Um 1900 Teile der Außenwände massiv erneuert, dabei auch die Fensterordnung in diesem Bereich verändert.

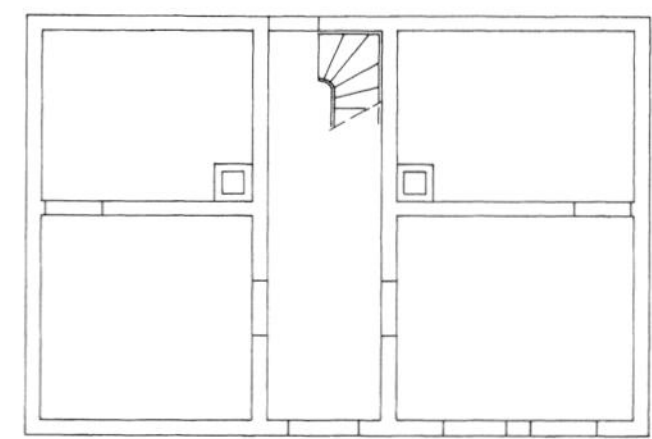

Abb. 1816 Oberstraße 60, Grundriß, rekonstruierter Zustand 1791.

Das Innere offensichtlich zunächst für zwei Einheiten eingerichtet, die durch den gemeinsamen Querflur erschlossen wurden. In seinen Seitenwänden jeweils ein Kamin, daran angeschlossen

Abb. 1817 Oberstraße 62, Ansicht von Südosten, 1993.

jeweils zwei Räume vor den Seitengiebeln, die als Stube und Kammer anzusprechen sind. In den kleineren rückwärtigen Kammern noch 1907 offene Rauchfänge, zu dieser Zeit offensichtlich als separate Küchen genutzt.

Rückwärtig an der nördlichen Traufwand des Hauses im 19. Jahrhundert ein kleiner Wirtschaftsbau von Fachwerk unter flachem Satteldach angefügt.

1907 Kanalisation.

OBERSTRASSE 62 (Abb. 1817, 1818)

bis 1878 Haus-Nr. 801; bis 1908 Fischerstadt 30

Die Hausstelle dürfte durch Ausparzellierung aus dem weitläufigen Grundstück des bürgerlichen Anwesens Weserstraße 24 entstanden sein, ist aber spätestens seit dem späten 17. Jahrhundert in selbständigem Besitz.

1693 Jürgen Reckeweg, hat die Hausstätte günstig erworben; 1712 Jürgen Räkeweg, später Ludwig Hinrich Bretfeldt; 1743/50 Cord Henrich Micke; 1755/64 Conrad Henrich Micke, Haus für 20 Rthl; 1766 Henrich Micke, 20 Rthl; 1781 Reckeweg, 25 Rthl; 1798 Gottlieb Gieseking (Schwiegersohn des Reckeweg); 1804/09 Fischer oder Schiffsknecht Gottlieb Gieseking, Haus für 25 Rthl, hält 1 Jungvieh und 1 Schwein; 1812 Gieseking, Wohnhaus mit Hofplatz; 1818 Kühne, Wohnhaus für 100 Thl; 1829/32 David Kühne; 1836 Erhöhung auf 600 Thl; 1846 Strumpfwirker David Kühe mit Familie; 1853 Kühne mit einer Mietpartei; 1873 Witwe Kuhne und zwei Mietparteien; 1878 Krey; 1906 Bauunternehmer Gustav Sipp (wohnt Oberstraße 66); 1919 Witwe Hilda Sipp, vermietet an Fuhrmann Wilhelm Lichtenberg; 1955 Ernst Disselhorst.

Haus (1693–um 1835)

1693 beantragt Jürgen Reckeweg Freiheiten für seinen Neubau, die ihm allerdings nicht gewährt wurden, da er den Bau schon zuvor begonnen hatte (KAM, Mi, B 356).

Wohnhaus (um 1835)

Eingeschossiges und giebelständiges Fachwerkhaus mit Satteldach. Das Gerüst von zehn Gebinden mit Schwelle-Rähm-Streben ausgesteift, der Vordergiebel verputzt und dreiachsig gegliedert. Das Innere mit Längswand, an die westlich ehemals ein langer Flur mit eingestellter Treppe anschloß, östlich eine Folge von Wohnräumen.

Schon vor 1900 der Zugang in die westliche Traufwand verlegt, so daß die Haustür vermauert und der vordere Teil des Flures zu einer Küche abgetrennt werden konnte. Ferner am Nordgiebel eingeschossiger und massiver Anbau unter Satteldach, eine weitere Wohnung aufnehmend.

1907 Kanalisation; 1955 Umbau des rückwärtigen Anbaus und Erweiterung durch einen Verbindungsbau zum östlich anschließenden kleinen Wirtschaftsgebäude (Plan: G. Flegel); 1965 neuer Schornstein.

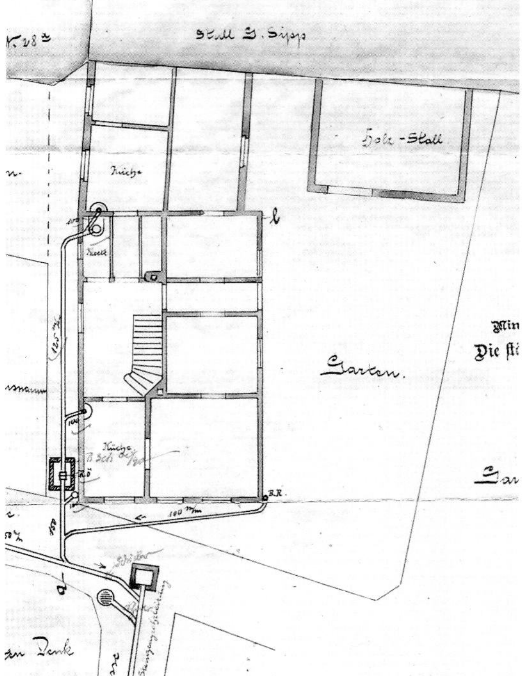

Abb. 1818 Oberstraße 62, Plan zur Entwässerung des Grundstücks 1907.

OBERSTRASSE 64 (Abb. 1819)

bis 1878 Haus-Nr. 803 (auch Haus-Nr. 802); bis 1908 Fischerstadt 29

Die Hausstelle, im Gegensatz zu vergleichbaren Bauten der Fischerstadt mit einem nördlich anschließenden, recht großen Garten ausgestattet, dürfte zu einem unbekannten Zeitpunkt aus dem großen Anwesen Weserstraße 24/25 ausgegliedert worden sein. Östlich des Hauses bestand noch bis in die erste Hälfte des 18. Jahrhunderts eine weitere Haustelle (Haus-Nr. 802), die dann wüst fiel und später als Freifläche dem Nachbarhaus zugeschlagen wurde.

HAUS-NR. 802: 1712 Johann Henrich Wilkening (Hinrich Wehmers Schwiegersohn); 1750/66 Wölkenings wüste Stätte; 1770 Wolkenings (sind keine Erben da. Siehe KAM, Mi, C 874); 1781/1835 kein Eigentümer des wüsten Platzes mehr geführt.

HAUS-NR. 803: 1665 Hinrich Ernst Meyer (Haus ist freier Besitz, hat Garten zur Miete); 1712 Arend Schlüter, vorher Hinrich Ernst Meyer; 1743 Arend Schlüter; 1750/66 Johann Schlüter, Haus für 20 Rthl; 1781 Soldat Schlagel, 25 Rthl; 1798 Witwe Schlegel; 1802/04 Witwe Schlegel, Haus für 25 Rthl, hält 1 Jungvieh; 1806/09 Wäscherin Witwe Schlegel; 1812 Witwe Schleger, Wohnhaus und Hofplatz; 1815 Schuhflicker Andreas Müller (* 1765); 1818 Justus Reckeweg, Wohnhaus für 50 Thl; 1823 Erhöhung auf 275 Thl; 1832 Justus Reckeweg; 1835 Erhöhung Wohnhaus auf 400 Thl; 1846 Witwe Dorothea Reckeweg; 1853 Schiffer Reckeweg; 1873/78 Witwe Reckeweg und eine Mietpartei; 1906 Witwe Lokführer Karl Hahnemann; 1908 Friedrich Bracht; 1919 Schlachter Fritz Bracht; 1961 Karl Bracht.

Abb. 1819 Oberstraße 64, Ansicht von Osten, 2000.

Wohnhaus (17. Jahrhundert)

Eingeschossiges Fachwerkhaus unter recht flach geneigtem Satteldach, der Westgiebel um 1900 massiv erneuert. Im Kern des Hauses ein eingeschossiges Fachwerkgerüst von erkennbar noch fünf Gebinden Länge, dieses mit aufgelegten Dachbalken, zwei Riegelketten und Aussteifung mit langen Fußstreben. Es dürfte damit in die erste Hälfte des 17. Jahrhunderts zu datieren sein. Hinweise auf eine innere Untergliederung nicht bekannt.

Das Gebäude wurde im frühen 19. Jahrhundert (um 1825 ?) stark modernisiert, wobei man es offensichtlich nach Westen auf sieben Gebinde verlängerte, zudem das Dachwerk neu mit niedrigerer Neigung aufschlug (heute nicht einsehbar und verkleidet). Die neuen Dachbalken aus Nadelholz, Aussteifung des Gerüstes sowohl mit Fuß- wie auch mit Schwelle-Rähm-Streben. Ziel war offensichtlich neben allgemeinen Reparaturen die Schaffung einer differenzierteren Raumstruktur, die insbesondere durch eine große unterkellerte Stube von 2 ½ Gebinden Länge in der neu geschaffenen südwestlichen Ecke entstand (Keller mit Bruchsteinwänden und Balkendecke). Bei einer weiteren Reparatur (um 1835 ?) wurde der Ostgiebel weitgehend neu mit Schwelle-Rähm-Streben verzimmert und zugleich der verbliebene Dielenraum zu einem Flur und weiteren Zimmern aufgeteilt.

Zu einem unbekannten Zeitpunkt wurde an der nördlichen Traufwand eine kleine Kübbung von Fachwerk angebaut, die Ställe aufnahm. 1906 Kanalisation; 1993 Renovierung des Hauses, wobei die meisten Innenwände entfernt wurden; Kübbung und der Dachboden heute als Wohnraum eingerichtet.

HAUS-NR. 804

Kleine Hausstätte mit einer Bude (wohl wegen der gleichen Maße unter einem Dach mit Nr. 805 und 807), lag an nicht näher bekannter Stelle zwischen den Häusern Oberstraße 64 und 66. Zu nicht näher bekannter Zeit entstanden und seit der Zerstörung bei der Belagerung 1758 wüst.

1743 Johan Schlüter; 1750/55 Witwe Schmalz, Haus für 25 Rthl; 1764 Witwe Schmalz; 1766 ist abgebrochen. Das Grundstück gehört 1770 Schmale; 1772 Witwe Schmalzen; 1782 Schell modo Schubert; 1786 Referendar Kirbach; 1789 Referendar Kirbach; 1829 Stadt Minden, Hofraum.

Bude (bis 1758)

Seit der Belagerung 1758 wüster Hausplatz 16 Fuß breit, 32 Fuß tief (KAM, Mi, C 885); 1786 wird der wüste Platz, 16 Fuß breit und 32 Fuß tief, durch die Stadt zur Bebauung angeboten (WMA 18, 1786, S. 278), 1789 erneut zur Bebauung ausgeschrieben (WMA 16, 1789).

HAUS-NR. 805

Kleine Hausstätte mit einer Bude (wohl wegen der gleichen Maße unter einem Dach mit Nr. 804 und 807), lag an nicht näher bekannter Stelle zwischen den Häusern Oberstraße 64 und 66. Zu nicht näher bekannter Zeit entstanden und seit der Zerstörung bei der Belagerung 1758 wüst.

1743 Karsten Lohmeyer und Albert Fustmann; 1750/55 Witwe Langens Haus, 20 Rthl; 1764 Schnedlers Nebenhaus; 1766 Haus ist abgebrochen. Zugehörig Huderecht für 3 Kühe (KAM, Mi, C 875). Das Grundstück gehört 1770 Witwe Schnedler; 1782 Bäcker Schnedler; 1805 Besitz des Kaufmanns Schnedler wird versteigert (siehe dazu unter seinem Wohnhaus Oberstraße 2); 1829 Stadt Minden, Hofraum.

Bude (bis 1758)

Das Haus im Siebenjährigen Krieg ruiniert (KAM, Mi, C 885). 1783 wird der wüste Platz, 24 Fuß breit und 32 Fuß tief, dem Bäcker Schnetler gehörend, von der Stadt zur Bebauung angeboten (WMA 13, 1783). Er blieb aber unbebaut.

HAUS-NR. 807

Kleine Hausstätte mit einer Bude (wohl wegen der gleichen Maße unter einem Dach mit Nr. 804 und 805), lag an nicht näher bekannter Stelle zwischen den Häusern Oberstraße 64 und 66. Zu nicht näher bekannter Zeit entstanden und seit der Zerstörung bei der Belagerung 1758 wüst.

1712 Johann Thomas Döcks, vorher Johann Döcks, davor Johann Meyer, später Albert Döcks drittes Haus; 1743 ohne Eintrag (Haus ohne Grundbesitz); 1750 Witwe Langens Haus; 1755 Scheune der Witwe Lange, Haus für 20 Rthl; 1764 Christoph Brüggemanns Nebenhaus; 1766 Langesche Scheune, nun abgebrochen. Der wüste Hausplatz gehört 1770 Witwe Schnedler; 1772 Langen; 1782 Bäcker Schnedler; 1806 Forstmeister Brüggemann; 1829 Stadt Minden, Hofraum.

Bude (bis 1758)

Das schon seit längerem als Scheune genutzte Haus ist im Siebenjährigen Krieg ruiniert (KAM, Mi, C 885) und um 1765 abgebrochen worden. Zugehörig Huderecht für 3 Kühe (KAM, Mi, C 875). 1783 wird der wüste Platz, 24 Fuß breit und 32 Fuß tief, dem Bäcker Schnetler gehörend, von der Stadt zur Bebauung angeboten (WMA 13, 1783).

OBERSTRASSE 66/68, GESUNDBRUNNEN (Abb. 1783, 1820–1822)

Südlicher Teil Oberstraße 66 bis 1812 Haus-Nr. 808; bis 1878 Haus-Nr. 808 b; 1878 bis 1908 Fischerstadt 28 a. Nördlicher Teil 1772 bis 1812 als *Gesundbrunnen auf der Fischerstadt* ohne Haus-Nr. (Teilfläche des Grundstücks Oberstraße 68); bis 1878 Haus-Nr. 808 a; bis 1908 Fischerstadt 28 (später teilweise auch unter Weserstraße 27 oder Schlachthofstraße 2 und 4)

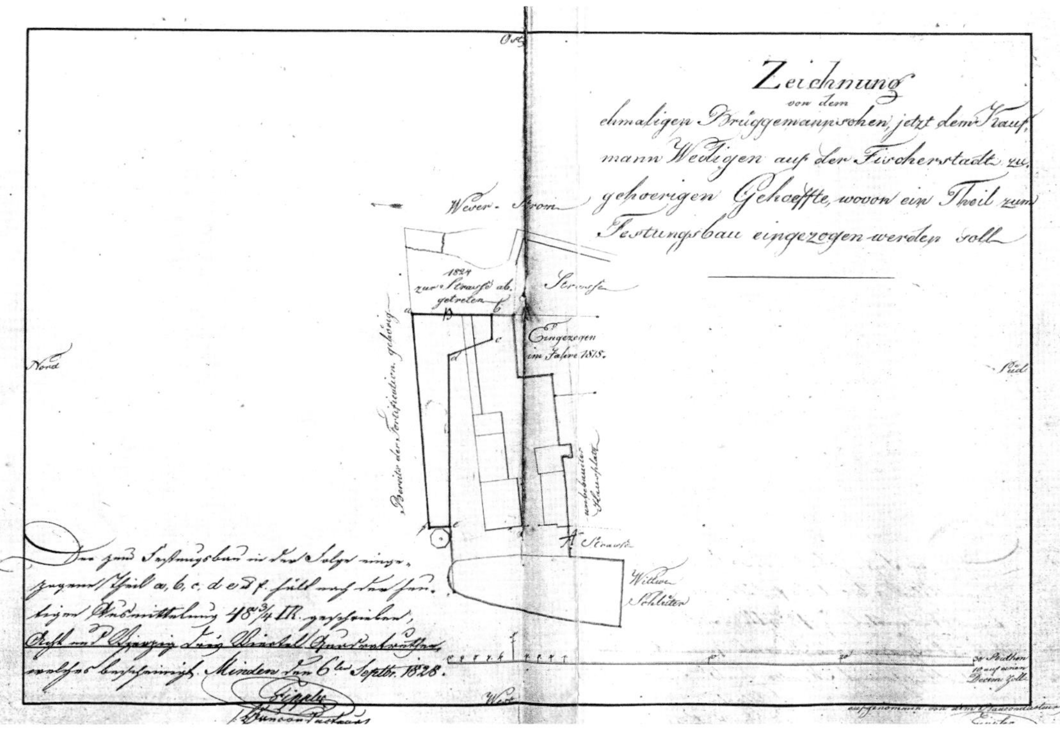

Abb. 1820 Oberstraße 66/68, Grundriß der Parzelle, Baukondukteur Trippler 1828. Norden links.

Zunächst nur eine kleine Hausstelle am nördlichen Ende der Fischerstadt, neben dem nördlichen Tor, dem Brühltor, gelegen und in der zweiten Hälfte des 18. Jahrhunderts nur noch als Scheune genutzt. Sie dürfte durch Abtrennung von dem großen Anwesen Weserstraße 26 entstanden sein. Durch Zuerwerb von nördlich anschließendem Gelände der seit nach dem Siebenjährigen Krieg aufgelassenen Wallanlagen das Grundstück dann um 1770 durch den Kaufmann Brüggemann zu einem großen und weitläufigen Anwesen erweitert, um hier einen Gesundbrunnenbetrieb um eine 1770 entdeckte Quelle aufzubauen. Der Betrieb, der bald mit der Neuanlage von weitläufigen Gartenanlagen, Saalbau, Brunnenhaus und Gasthaus zu einem der zentralen gesellschaftlichen Treffpunkte der Stadt wurde, verlor nach 1800 seine Attraktivität. Nachdem das weitläufige Gelände ab 1818 in mehreren Schritten durch den Festungsbau wieder so reduziert wurde, daß die Bauten nicht mehr in der angestammten Art zu nutzen waren, gelangte das Anwesen an die Fabrikanten Weddigen, welche die verbliebenen Teile zu Lagerhäusern und Fabrikationsräumen umnutzten. Seit 1870 die restlichen Bauten dann Mittelpunkt des bedeutenden Baubetriebes Sipp, dem ab 1932 der Heizungsbau Gottschalk folgte. Erst bei der 1952 einsetzenden Betriebserweiterung (wobei auch eine östlich anschließende, bis zur Weserstraße reichende Fläche wieder zuerworben werden konnte), verschwanden die alten Bauten des Gesundbrunnens bis 1961. Heute alle Betriebsgebäude abgebrochen und das Gelände als Parkplatz für die Fischerstadt genutzt.

Abb. 1821 Oberstraße 66/68, Wohnhaus (Schlachthofstraße 2) mit angebautem Brunnensaal (links), in der Bildmitte Hermannstraße 17/19, rechts Schlachthof Hermannstraße 20, Zustand 1946.

OBERSTRASSE 66: 1781 Christoph Brüggemanns Scheune, 50 Rthl; 1798 Christoph Brüggemann, Wohnhaus von Fachwerk; 1802 Brüggemann, Scheune 50 Rthl; 1818 Kaufmann Rupe, Wohnhaus 200 Thl; 1823 Gieseking, Erhöhung Wohnhaus 500 Thl; 1829 Gebrüder Weddigen, Wohnhaus 400 Thl, Giebelvorbau 300 Thl; 1846 Ehefrau Karoline Thürner und sieben weitere Mietparteien (insgesamt 36 Personen, davon 13 Tagelöhner bei der Eisenbahn); 1853 Kreistierarzt Sipp, bewohnt von Tischler Sander und Maurer Windel; 1906 Gustav Sipp.

OBERSTRASSE 68: 1743 ohne Eintrag; 1750 Döxs Nebenhaus; 1755 Christoph Brüggemanns Scheune, 50 Rthl; 1764 Spilcker; 1766 Christoph Brüggemann; im Sommer 1770 wird in dem Garten des Anwesens, in einem Bereich nahe des Wallgrabens, der zuvor im Volksmund als sogenannter Pfannkuchen bezeichnet wurde, ein Gesundbrunnen entdeckt, so daß nach mehreren Gutachten über die Qualität des Wassers (siehe dazu Opitz 1772) die Regierung im Januar 1771 in den Mindener Intelligenzblättern die Nutzung durch einen privaten Unternehmer ausschrieb. Hierin wird die Quelle schon als gefaßt beschrieben und soll nun ein Brunnenhaus erhalten. Ferner sollte ein Brunnensaal errichtet werden. Die Konzession erhielt der benachbarte Hauseigentümer Brüggemann, der die Anlage mit Unterstützung der Regierung in den folgenden Jahren nicht nur zu Heilzwecken herrichtete, sondern entsprechend dem Charakter der Gesundbrunnen zu dieser Zeit insbesondere zu einem bedeutenden gesellschaftlichen Treffpunkt Mindens ausbaute (dazu Marowsky 1952. – Kaspar 1993). 1798 Forstmeister Brüggemann, Badehaus (ist frei) und Brunnenhaus; 1806 Maire Brüggemann (jetzt in Wehdem), verkauft die Anlage an Culemeyers Erben in England; 1810 steht der Besitz wegen Überschuldung des Besitzers, des Polizeikommissars Brüggemann zur Versteigerung und wird nach einem weiteren Termin vom Kaufmann Johann Rupe (Obermarktstraße 1) erworben; 1812 Joh. Rupe, Wohnhaus und Stallung (Haus-Nr. 808 a), Wohnhaus (Haus-Nr. 808 b) nebst Allee, Küchengarten, Batterie, Wiese und Fischteich; 1814 wird die Umtragung zu Gunsten des Kaufmanns und Gastwirtes Johannes Rupe vollzogen, der die Realitäten für 1 000 Rthl. von den Gebrüdern Notar Christian Friederich Culemeyer zu Herford und dem Kaufmann Heinrich Culemeyer zu Osnabrück, sowie dem Bäcker Johann Heinrich Hackmann zu Herford erworben hatte. 1816 ist Marks Pächter der Badeanstalt auf der Fischerstadt und bietet jeweils Mittwochs und Samstags Bäder auf Bestellung in gewärmten Zimmern an (MIB 1816); 1818 Kaufmann Rupe, Wohnhaus für 800 Thl; 1819 die *in der Fischerstadt belegenen vormals freien Brüggemannschen Realitäten, als 1. das Wohnhaus am Ende der Fischerstadt, 2. der daran gebauete Brunnen Saal, 3. das alte Wohnhaus nebst daran bebauter Stallung und Hofplatz, 4. der Gesundbrunnen mit dem Canal, 5. der Platz vor dem Brunnen Saal, angeblich 12/8 Morgen haltend, mit zwey Linden Alleen.* Die beiden Lindenalleen und der Platz vor dem *Brunnen Saal* wurden zum Festungsbau eingezogen. Als im Grundbuch 1818 verzeichnet waren die Besitzer *zur Unterhaltung eines gemeinschaftlichen Brunnens auf der sogenannten Dreck belegen* verpflichtet (STA DT, D 23 A Nr. 134, Grundakte Kreis Minden Bd. 1 Blatt 9). 1819 verkauft Rupe für 2 000 Rthl die Realitäten an den Zimmermeister Johann Friedrich Christian Gieseking. Anlaß dieses Verkaufs ist der Festungsbau um die Stadt, wobei große Teile des Geländes im Nordwesten zur Anlage der Wälle eingezogen werden. Beide Vertragsparteien erklären daher, daß das Brunnenhaus und zum größten Teil die Lindenalleen zum Festungsbau eingezogen wurden, Wohnhaus mit Brunnensaal (Haus-Nr. 808 a) sowie das alte Wohnhaus (Haus-Nr. 808 b) aber erhalten bleiben

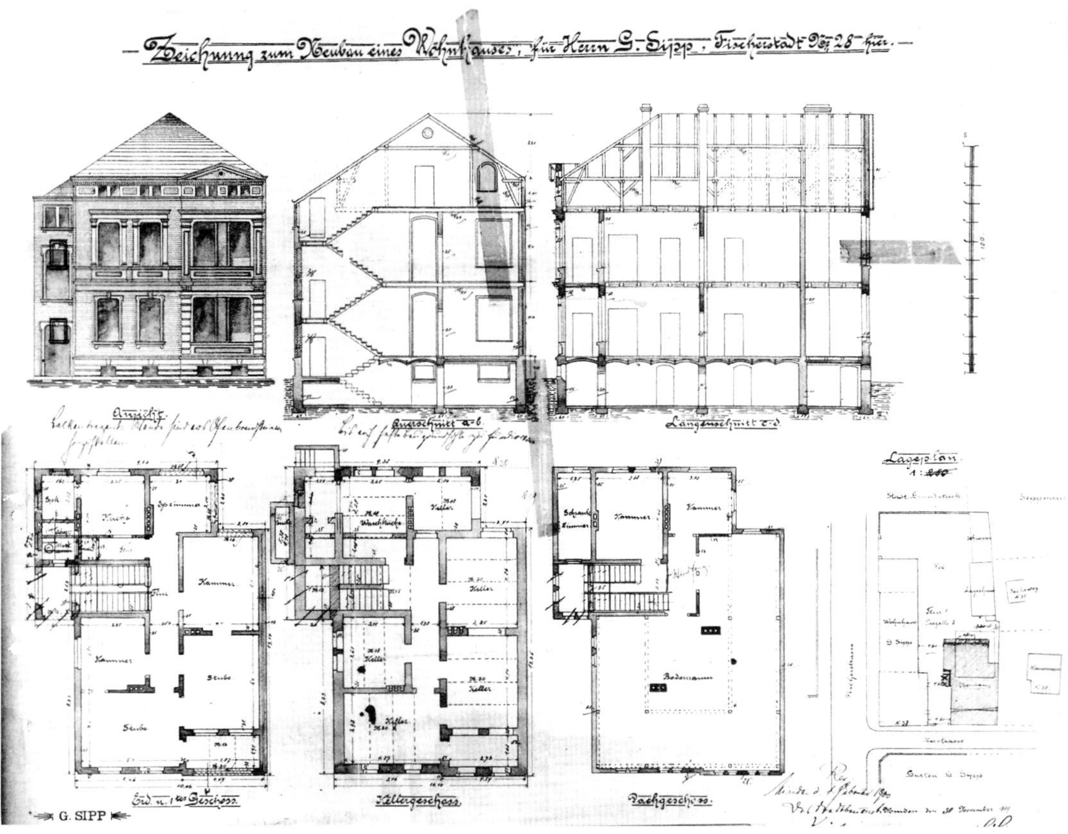

Abb. 1822 Oberstraße 66, Bauplan zur Errichtung des Wohnhauses für den Maurermeister G. Sipp 1900.

können. 1823 Gieseking, Haus Erhöhung auf 1 000 Thl; 1824/27 verkauft Gieseking 28 Quadratruten Land für 417 Thl zum weiteren Festungsbau an den Fiskus (hierauf wird die Verlängerung der Weserstraße angelegt) und veräußert dann die restlichen Flächen mit den Bauten an die Gebrüder Weddigen (siehe dazu Alte Kirchstraße 13/15, Marienstraße 18 und Königswall 3), die sie für ihre umfangreichen industriellen Unternehmungen nutzen; 1828 wird auf der nördlichen Seite des Kaufmann Weddigen gehörenden Geländes ein weiterer Geländestreifen einschließlich der hier stehenden Kegelbahn für den Festungsbau eingezogen (STA DT, MI, 1 C, Nr. 236); 1829 Gebrüder Weddigen, Wohnhaus 1 475 Thl, Brunnensaal 727 Thl sowie das daran stehende Brennerei-Gebäude (für Essig und Destillation sowie Knochenbrennerei eingerichtet) für 425 Thl; 1832/35 Weddigen & Söhne; 1843 bewohnt von Tagelöhner Karl Antuter und drei weiteren Mietparteien (insgesamt 18 Personen); um 1852 Verkauf an Tierarzt Sipp; 1853 Kreistierarzt Sipp mit Mieter Regierungssekretär Pliet; 1873 Kreistierarzt Sipp und Maurermeister Sipp sowie acht Mietparteien; 1878 Maurermeister G. Sipp (erbaut sich für eigene Zwecke westlich des Anwesens das Haus Hermannstraße 16 und 1900 das Haus Oberstraße 66 auf dem Betriebsgelände); 1906 Bauunternehmer Gustav Sipp; 1908 Witwe Gustav Sipp; seit 1932 G. F. H. Gottschalk, Heizungsbau (vormals Lengemann & Eggers, Viktoriastraße 18); 1952 Ingenieur Friedrich Gottschalk.

GESUNDBRUNNENANLAGE

Wohnhaus (1772–um 1980) Schlachthofstraße 2

Das massive Gebäude von zwei Etagen wurde 1772/73 errichtet, wobei man im Erdgeschoß Baderäume einrichtete und im Obergeschoß Gästezimmer, *Zimmer zum vergnügen und logieren*, unterbrachte. Das Gebäude hatte (nach Beschreibung von 1835) eine Grundfläche von 37,5 Fuß Länge und 31,5 Fuß Breite (etwa 11,40 x 10,10 m).

Für die Errichtung dieses auch *Badehaus* genannten Gebäudes wurden 800 Rthl Baufreiheitsgelder ausgezahlt (KAM, Mi, C 134). Der Bau mit Krüppelwalmdach und schlichten Putzfassaden, dabei der Westgiebel mit drei Fensterachsen, die Seitenfronten mit jeweils vier Achsen.

Das Innere mit vom Westgiebel erschlossenem Längsflur, an den in der Mitte der Südfront ein zweiläufiges Treppenhaus anschließt. Seitlich davon in beiden Etagen jeweils zwei Räume, in die Mitte der Flurwände jeweils ein Schornstein integriert. 1810 wird das Haus beschrieben mit sechs großen Zimmern und fünf Kammern, ferner einem großen gewölbten Keller von 31 Fuß Länge, 11 Fuß Breite und 12 Fuß Höhe sowie einer Küche und auch einem Heu- und Getreideboden.

1961 nach Abbruch des östlich anschließenden Brunnensaals an dessen Stelle ein kleiner zweigeschossiger Anbau mit Satteldach für Bäder, Küchen und Toiletten errichtet. Abbruch um 1980.

Brunnensaal mit Kegelbahn (1772–1961) Schlachthofstraße 2 a

1772 als östlicher Anbau an das Wohnhaus errichtet und bald zu einem gesellschaftlichen Treffpunkt der Stadt werdend. Eingeschossiger und verputzter Bau mit Satteldach. Er soll 54 Fuß lang und 25,5 Fuß breit gewesen sein und sowohl dem Vergnügen der Brunnengäste wie auch zu deren Umhergehen bei schlechter Witterung gedient haben. Hier fanden im Winterhalbjahr wöchentlich *Redouten*, d. h. Bälle statt. Vor 1797 wurde *in dem brunnen Saale selbst auf der Fischerstadt, welcher sehr niedrig sey* Theater gespielt (KAM, Mi, C 474).

Östlich an den Bau schloß sich eine lange, überdachte Kegelbahn an, die bis 1828 stand und dann im Zuge des Festungsbaus abgebrochen werden mußte. Nachdem der Saal seit etwa 1800 nicht mehr genutzt worden zu sein scheint, wurde er offensichtlich nach verschiedenen Besitzerwechseln nach 1828 zur Brennerei eingerichtet. Am 7.9.1832 kommt es zu einem Brand in der *Weddigschen Branntweinbrennerei auf der Fischerstadt* (KAM, Mi, E 129).

1853 am Ostgiebel ein zweigeschossiger Anbau mit Krüppelwalmdach errichtet. In diesem Jahr wird berichtet, die untere und obere Etage sind noch im Bau begriffen. Im Dachgeschoß sind zwei ausgebaute Wohnräume und zwei Dachkammern.

1961 Abbruch für Neubau eines Bürogebäudes.

Brunnenhaus (1771–1818)

Das Gebäude 1771 als erster Bau der neuen Anlage in für das 18. Jahrhundert typischer Art als Symbol des Gesundbrunnens und zum Schutz der Quelle vor unzulässigem Zugriff sowie Verunreinigung auf Wunsch der Regierung über dem ergrabenen Brunnen errichtet. Dieser soll eine Schüttung von 3170 Pfund oder 186 Eimern Mineralwasser/Stunde gehabt haben und wurde bei einem Durchmesser von 4 Fuß, 3 Zoll (etwa 1,35 m) 10,5 Fuß (etwa 3,30 m) tief abgeteuft und mit sandsteinernen Ringsteinen eingefaßt. Zudem in etwa 1,45 m Höhe ein Abfluß eingebaut.

Der Bau lag etwa 20 m nördlich des Gasthauses in der Achse der Oberstraße und war damit entsprechend barocker Vorstellungen offensichtlich als zentraler Punkt in einem Wegekreuz gedacht. Das Gebäude auf achteckigem Grundriß wird 1798 als von Fachwerk errichtet beschrieben und sei mit Schindeln gedeckt. Der Bau schon 1818 für den Festungsbau eingezogen und wohl danach abgebrochen.

Gartenanlage (1772–1818)

Auf einer etwa 1 ¼ Morgen großen Fläche vor dem Brunnensaal angelegt und im Herbst 1772 mit einer doppelten Lindenallee bepflanzt, die den Gästen im Sommer Schatten spenden sollte. Die Allee dürfte auf das Brunnenhaus bezogen worden sein. In der Verkaufsanzeige von 1810 wird neben diesem Gartenteil noch ein sehr hoch gelegenes Boskett mit einer Pappelallee genannt. Dabei wird insbesondere auch die schöne Aussicht auf die Weser gelobt, die von dem erhöht liegenden Platz möglich sei. Der Garten 1818 für den Festungsbau eingezogen und die Linden gefällt.

Lagerhalle (1952–um 1980), Schlachthofstraße 4

In der nordöstlichen Ecke des Geländes auf einem zuerworbenen Grundstück mit Längsseite zur Weserstraße durch das Baugeschäft W. Gräper/Todtenhausen errichtet. 1953 westlicher Anbau eines Bürogebäudes entlang der Schlachthofstraße. 1961 Vergrößerung des Bürogebäudes nach Westen nach Abbruch des Brunnensaales.

DAS SOGENANNTE ALTE WOHNHAUS AM GESUNDBRUNNEN (Abb. 1822)

Stand südlich des Gasthauses mit dem Giebel zur Oberstraße, so daß es zusammen mit dem Nachbarhaus den mit einem Tor verschlossenen Zugang zu den Gartenanlagen bildete.

Haus (bis 1758) Oberstraße 66

Das zuletzt nur noch als Scheune genutzte Haus soll im Siebenjährigen Kriege abgebrochen worden sein (KAM, Mi, C 874).

Haus (um 1785–1843) Oberstraße 66

Das danach wohl um 1785 neu errichtete oder wieder in Stand gesetzte Gebäude diente als Wohnhaus des Brunnenbetreibers Brüggemann und scheint ein Fachwerkbau gewesen zu sein. Giebelständiges Haus mit Satteldach, das zur Oberstraße auf der rechten (südlichen) Seite eine Utlucht aufwies. 1810 beschrieben als das sogenannte alte Wohnhaus. Der Bau sei 50 Fuß lang und 24 Fuß breit und habe zwei große und zwei kleine Stuben, eine Küche, einen Boden und ein massives Waschhaus mit Pumpe und Speisekammer.

Am 4. 3. 1843 kam es zu einem Brandschaden am Hause (KAM, Mi, E 697), das danach offenbar abgebrochen wurde.

Wohnhaus, später Lagerhaus (um 1845–1899) Oberstraße 66

Zu nicht näher bekannter Zeit in kleineren Dimensionen an der Stelle des alten Wohnhauses errichtet und für den Neubau eines Wohnhauses 1900 abgebrochen.

Wohnhaus (1900–um 1980) Oberstraße 66

1900 als Zweifamilienhaus für den Maurermeister und Bauunternehmer G. Sipp für etwa 15 000 Mark durch seinen eigenen Betrieb errichtet. Zweigeschossiger und giebelständiger Putzbau über hohem Kellersockel (Eisenbetondecken) und mit flach geneigtem, nur teilweise ausgebautem, nach vorn abgewalmtem Satteldach über nicht ausgebautem Drempel. Die Ansichten des in spätklassizistischer Tradition streng gegliederten Baus mit Klinker verkleidet und mit einer reichen Putzgliederung in Formen der Renaissance.

Das Innere über Haustür mit Vortreppe an der nördlichen Traufwand und anschließendem, gewendeltem Treppenhaus (im Bauantrag anders angegeben) erschlossen. Die Etagenwohnungen mit sechs Räumen um einen mittleren, nur indirekt belichteten Längsflur, dabei Loggia an der Stube, Speisekammer an der Küche sowie Abort vom Flur erschlossen.

1905 kleiner rückwärtiger dreigeschossiger Anbau mit Flachdach zur Erweiterung der Etagen um jeweils einen Raum, 1920 Umbau des rückwärtigen Anbaus.

Lagerhaus (1896–1961)

An der südlichen Grenze im rückwärtigen Teil des Grundstücks durch den Maurermeister G. Sipp für seinen eigenen Baubetrieb für etwa 1 700 Mark errichtet. Eineinhalbgeschossiger Backsteinbau mit Satteldach, die Ansicht mittig durch zweigeschossigen und übergiebelten Risalit gegliedert. Östlich anschließend offener Lagerschuppen.

Steinweg

Der Steinweg dürfte in seiner Anlage auf die im späten 14. Jahrhundert erfolgte Befestigung der Fischerstadt zurückgehen. Dabei wurden offenbar die bestehenden Zufahrtswege zwischen der Stadt und der Fischerstadt mit ihren beiden parallelen Straßen Weser- und Oberstraße zu einer Trasse zusammengefaßt und durch ein Tor nach Süden abgegrenzt. Entsprechend bestand der Steinweg in

Abb. 1823 Steinweg, Blick von der Oberstraße nach Osten, links Oberstraße 4, dahinter Steinweg 1, 3 und 5, um 1960.

Abb. 1824 Steinweg, Blick von der Weserstraße nach Osten, im Hintergrund links Steinweg 6 und Seitengiebel Steinweg 2, als Abschluß Hermannstraße 2, rechts Weserstraße, 1979.

seinem nördlichen Abschnitt (der heute allein noch diesen Namen trägt) aus einer Querverbindung zwischen der Weser- und der Oberstraße. Der südliche Abschnitt zweigt vom heutigen Steinweg etwa in der Mitte nach Süden zum Fischerstädter Tor ab und ist dort heute nur noch in seinem nördlichsten Abschnitt als untergeordnete Gasse erhalten. Diese Straße führte außerhalb des Tores über einen Weg vor der Mauer der Stadt Minden (östlich entlang der Tränke) zu dem kleinen Wesertor – das etwa an Stelle des späteren Hauses Marienwall 1 stand –, wobei dieser Bereich zwischen den beiden Siedlungen als der historische Ort des Fischmarktes zu erschließen sein dürfte. Der westlich Abschnitt des Steinweges führte ehemals über die Oberstraße hinweg zu einem kleinen Stadttor im Winkel der Befestigung und von dort in die Brühlwiesen und zu den Bleichen. Das Tor wurde als Fischertor bezeichnet und ist für die Zeit zwischen 1394 und 1768 nachzuweisen. Manches spricht dafür, in diesem in der Neuzeit die Stadt ohne erkennbares Ziel nach Westen verlassenden und nur in die Wiesen und zu den Bleichen führenden Weg eine alte, in die Gründungszeit der Siedlung zurückreichende Achse zu sehen, welche als die Verbindung zwischen der Fischerstadt und der Ägidius-Kirche im Brühl (siehe Teil V, Kap. VI, Der Brühl) zu sehen ist. Direkt vor dem Tor bestand neben dem Stadtgraben die städtische Kumpfmühle.

Der Fischerstädter Steinweg (allerdings trug auch der zwischen den Befestigungen der beiden Bereiche liegende Abschnitt bis zur Tränke den gleichen Namen) begann am Tor der Fischerstadt, das zwischen den Häusern Haus-Nr. 853 (siehe Weserstraße) und Haus-Nr. 854 stand und seit dem 17. Jahrhundert in Anlehnung der volkstümlichen Bezeichnung für ein davor liegendes Festungswerk auch den Namen *Maulschelle* trug (siehe auch Abb. 1832).

Diese recht komplizierte und wohl mit dem Bau der Fischerstädter Stadtmauer im späten 14. Jahrhundert fixierte Situation der Straßenführung wurde in Details später wegen notwendiger fortifikatorischer Baumaßnahmen wiederholt verändert. Zum ersten Mal geschah dies mit der Schließung des kleinen Wesertores um 1640 und dessen Verlagerung an das Ende der Tränke/ Seidenbeutel, so daß der Steinweg nun außerhalb des Tores mehrmalig geknickt verlief. Ein zweites Mal kam es zu seiner Veränderung, als nach der Entfestigung nach 1763 dieses Tor geschlossen und verkauft wurde. Nun erhielt der äußere Steinweg durch Abbruch von Teilen der Fischerstädter Mauern nördlich der Tränke einen Verlauf nordwestlich um das alte Tor herum und zusätzlich einen zweiten Arm, der direkt zur Oberstraße führte. Im Zuge der Neubefestigung Mindens ab 1817 ist dieser zweite Arm dann zum ausschließlichen Zugang der Fischerstadt geworden, während man zu Gunsten der weit ausgreifenden neuen Festungswälle den südlichsten Bereich des Südabschnitts der Straße zusammen mit den umstehenden Häusern einzog und 1821 beseitigte. Hier standen noch mehrere Häuser. Während die östliche Seite durch die Rückfronten der Häuser Haus-Nr. 849 und Haus-Nr. 852 (siehe dazu unter Weserstraße) gesäumt wurde, schloß sich auf der westlichen Seite südlich an das Haus Steinweg 6 eine Reihe kleinerer Bauten an. Zunächst folgte der Vorgänger des heute unter der Adresse Fischertor 1 stehenden Gebäudes, dann die beiden Hausstätten Haus-Nr. 850 und 851.

1445 werden von der Stadt Kosten abgerechnet *vor buwet* [...] *in dem wege tom vischmar*[ket] (KAM, Mi, A II, Nr. 89). 1747 ist der Weg vom Fischerstädter Steinweg zum Kran an der Weser-Schlachte so ausgefahren, daß er neu gepflastert werden muß. Den Anschlag liefert Joh. Henr. Stumpe (KAM, Mi, C 499). 1808 ist der Weg vom Fischerstädter Tor bis zur Schlacht wiederum fast nicht mehr befahrbar und wird neu gepflastert; Anschlag dazu durch den Maurermeister Däumer über 56 Rthl (KAM, Mi, C 163,6 alt). 1879 wurden die Fluchtlinien der Straße festgestellt.

NACHRICHTEN ZU NICHT BEKANNTEN HÄUSERN IM BEREICH DES SOGENANNTEN *FISCHMARKTES*

1413 vererbpachtet die Stadt an Werneke Toyse *eine stedte by dem vischmarkede dar he syn huß vp gebuwet hefft vnd de stede gehet an von der Stortekoppesken ort stender vnd dar horet ock tho de aketucht* [Abzugsgraben für Wasser] *de twischen ehren beeden husen gelegen iß* (KAM, Mi, A I, Nr. 248a). 1454 verkaufen Hille, die Witwe des Werneke Toyse, und ihre Kinder Hermann, Emeke und Ilseke eine Rente an das Nikolai-Hospital aus einem Haus: *in ore huss vnd stede myt al syner tobehorynge alse dat geleghen ys by dem vysschmarkede de twisschen Henneken Stoltenowen vnde Henneken Marquardyncge husen* (KAM, Mi, A III, Nr. 117). Eine weitere Rente verkauften sie 1456 ebenfalls an die Nikolaiherren. Das Haus liegt nun *by der vysscherhuss twisschen Henneken Marquardyncges vnd Kunneken Stoltenowyncges vnd orer kyndere husen* (KAM, Mi, A III, Nr. 118).

1421 verkauft die Stadt eine Rente an das Heilig-Geist-Hospital *in den Port* [!] *de Egherd Pyrog hefft*; *in vnse vort tegen deme Vischmarkte, den nu tor tyd Eghard Pyroge van vnß hefft* (STA MS, Mscr. VII, 2716, Bl. 40v)

1495 verkaufen Klaus Kemper und seine Frau Kunneke dem Nikolai-Hospital eine Rente aus *or huss vnd stede myt syner tobehoringe so dat beleghen ys nogest dem wyschmarckede by Bernd Buseken huse* (KAM, Mi, A III, Nr. 145). Zu nicht bekannter Zeit verkauft ein nicht genannter Bürger dem Johannis-Stift eine Rente aus seinem Haus mit Mühle an der Weser *bey Bernndt* [Busch] *cum hypotheca eines hauses belegen iegen der lutken myhren da man geht nah dem vischmarckt bey Clauß Kempers hause und ihre muhlen vp der weser hangendt* (STA MS, Mscr. VII, 2703, Bl. 25)

STEINWEG 1 (Abb. 1823, 1825, 1826)

bis 1878 Haus-Nr. 838; bis 1908 Fischerstadt 65

Das Gebäude auf einer Kleinstparzelle zwischen dem Steinweg und einer parallel dazu verlaufenden Gasse beidseitig unmittelbar mit der benachbarten Bebauung zusammengeschlossen und nur rückwärtig mit einem winzigen Hofplatz ausgestattet. Nach 1995 bei dem Durchbau erhobenen archäologischen Befunden bestand der Untergrund aus gewachsenem Boden, der keine Vorgängerbebauung erkennen ließ. Das ursprüngliche Laufniveau lag etwa 40 cm unter dem heutigen. Diese Grundstückssituation dürfte das Ergebnis von Umparzellierungen in der Neuzeit sein, denn die baugeschichtlichen Zusammenhänge lassen erkennen, daß dieser Bau wohl zunächst der Saalteil des Hauses Oberstraße 4, also Teil eines größeren Grundstücks war, das wiederum im Zusammenhang mit Weserstraße 6 stand (siehe dort). Seit 1830 war das Haus dann im gleichen Besitz wie die unmittelbar nördlich anschließende Scheune Oberstraße 6.

1743 ohne Nennung (Haus ohne Grundbesitz); 1750 Brockschmidt; 1755/64 Meister Brockschmidt, Haus für 30 Rthl; 1766 Meister Koch, 30 Rthl; 1781 Soldat Reinecke, 25 Rthl; 1798 Musquetier Wilhelm Spangenberg; 1804 Soldat Spangenberg und Mieter Tagelöhner Bültemeyer; 1806 Witwe Spangenberg; 1812/15 Tagelöhner Wilhelm Reincke (* 1776); 1818 Witwe Reinecke, Haus für 25 Thl; 1830 Wahl, Erhöhung Wohnhaus von 25 auf 400 Thl, neu Stall 50 Thl; 1832 Bleicher Gottlieb Wahl; 1838 Witwe Wahl; 1846 Hechelmacher Karl Krause mit Familie und 6 andere Familien (insgesamt 21 Personen); 1853 Engelbrecht, vermietet an drei Parteien (insgesamt neun Personen); 1873 Bahnarbeiter Hohlt und Zimmermann Hohlt (noch 1888) und zwei Mietparteien; danach zahlreiche Besitzwechsel, in der Regel die Bewohner Handwerker und Arbeiter; 1919 Zigarrenmacher August Beuermann und als Mieter vier alleinstehende Frauen.

Hinterhaus (von 1499 ⓓ), später Wohnhaus

In der heutigen Erscheinung ein zweigeschossiges Traufenhaus von verputztem Fachwerk mit pfannengedecktem Walmdach. Obergeschoß leicht vorkragend, die Fassade dreiachsig gegliedert und mit Haustür links. Zu Haus Nr. 3 im hohen Erdgeschoß eine steinerne gemeinsame Wand. Rückwärtig auf dem kleinen Hof ein zweigeschossiges massives Wirtschaftsgebäude aus Backstein mit flach geneigtem Satteldach aus der zweiten Hälfte des 19. Jahrhunderts. Die Proportionen des hohen Erdgeschosses (zum Teil mit Zwischengeschoß) lassen auf ein höheres Alter des Kerngerüstes schließen.

Im Inneren links dielenartiger Flur mit älterem steigbaren Kamin am linken Giebel, rechts Stube mit niedrigem Zwischengeschoß und dahinter Treppenaufgang zum Obergeschoß sowie rückwärtig Kammer. Obergeschoß zu drei Wohnräumen ausgebaut, Dach ohne Einbauten. Das Erdgeschoß unter der vorderen Stube und der Flur unterkellert.

Abb. 1825 Steinweg 1 und 3 (rechts), Ansicht von Süden, 1993.

Zur weiteren Klärung der Baugeschichte wurde im Vorfeld einer Sanierung eine dendrochronologische Untersuchung (1994 durch H. Tisje/Neu-Isenburg) vorgenommen:

1499	Dachwerk, Südseite, 2. Sparren von Osten
um oder nach 1490	Westgiebel, Obergeschoß, 2. Ständer von Norden
1503 ±8	Südliche Traufwand, Erdgeschoß, 1. Ständer von Osten
Ende 1778	Erdgeschoß, Stubeneinbau, 3. Ständer von Süden
1779	Südliche Traufwand, Erdgeschoß, 2. Ständer von Osten

Auf Grund dieser Daten und der Bauuntersuchung wurde das in dem Haus enthaltene Kerngerüst 1499 an den Rückgiebel des damals schon bestehenden Hauses Oberstraße 4 angefügt und ist daher wohl ursprünglich als dessen Hinterhaus zu verstehen. Nachdem es dann offenbar schon vor dem frühen 18. Jahrhundert zu einem eigenständigen Wohnhaus geworden war, ist im Jahre 1779 nach Besitzwechsel ein einschneidender Umbau vorgenommen worden. Das zugehörige eingeschossige Vorderhaus (nach späteren, starken Um- und Aufbauten und Verfall 1964 abgebrochen) nur noch aus Spuren zu erschließen (siehe Oberstraße 4). An dieses wohl als Dielenhaus anzusprechende Gebäude das zweistöckige Hinterhaus angefügt, das im Erdgeschoß einen größeren Raum (wohl zum Wohnen), im Obergeschoß ein Lagergeschoß mit Ladeluke zum Steinweg aufnahm. Spuren an einem Ständer im gemeinsamen Giebel belegen im Obergeschoß eine Verbindungsöffnung zwischen

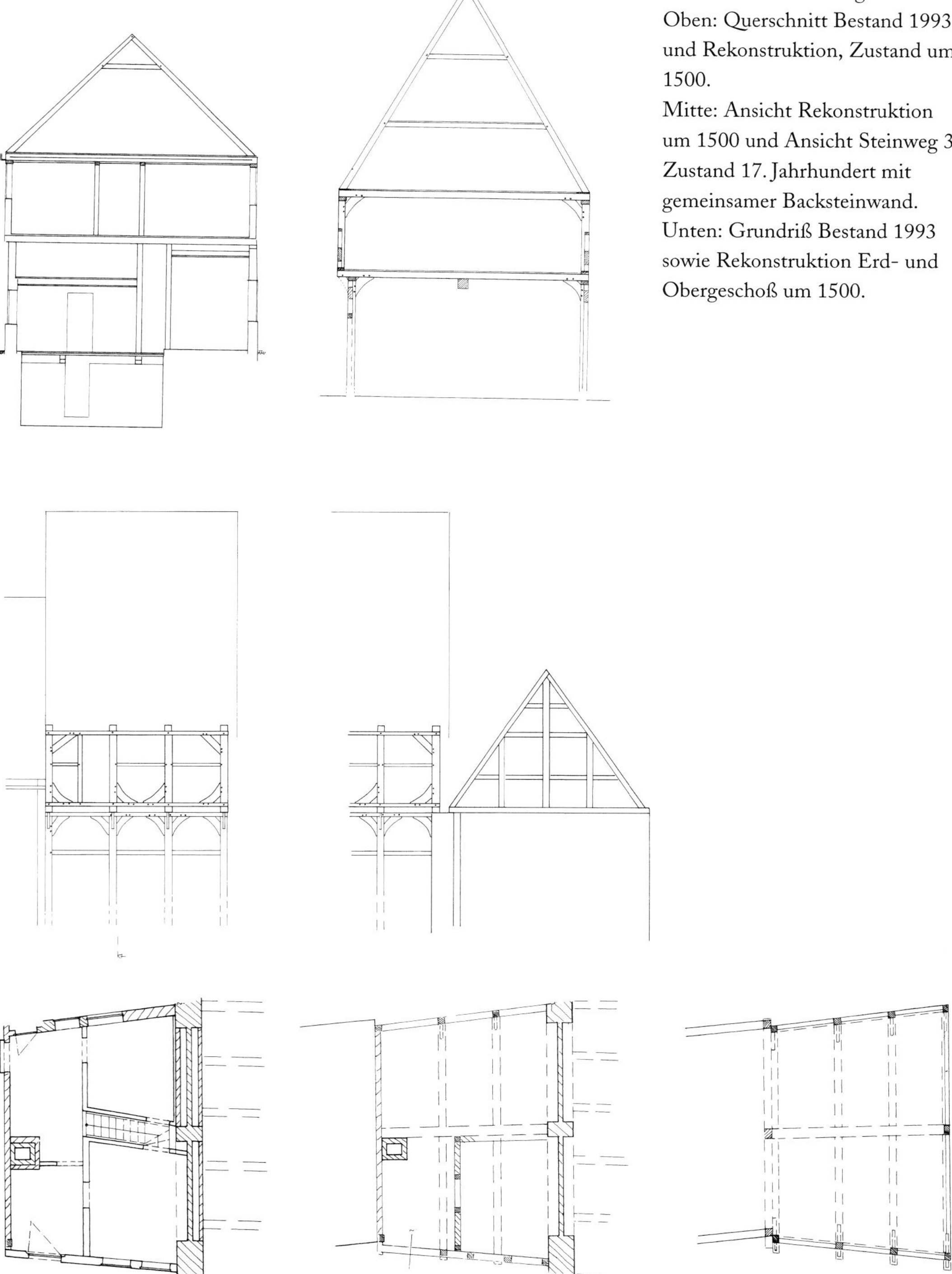

Abb. 1826 Steinweg 1.
Oben: Querschnitt Bestand 1993 und Rekonstruktion, Zustand um 1500.
Mitte: Ansicht Rekonstruktion um 1500 und Ansicht Steinweg 3, Zustand 17. Jahrhundert mit gemeinsamer Backsteinwand.
Unten: Grundriß Bestand 1993 sowie Rekonstruktion Erd- und Obergeschoß um 1500.

den Gebäuden (Tür bzw. Schornsteinanlage). Das alte Dachgerüst stark verräuchert. Zweistöckiges Gerüst mit aufgelegten Stockwerk- und Dachbalken von vier Gebinden, nur am Vordergiebel das Obergeschoß vorkragend (Knaggen nicht erhalten). Das Gerüst im Querverband durch eingezapfte Kopfbänder, im Längsverband im Erdgeschoß an jedem Ständer durch paarige geschweifte Kopfbänder, im Obergeschoß durch einzelne geschweifte Fußbänder an jedem Ständer und gerade Kopfbänder an den Eckständern ausgesteift. Die schmalen Riegel einfach gezapft. Das Dachwerk mit durch die Dielen gezapften Sparren (ursprüngliche Neigung etwa 60°) und zwei eingezapften Kehlbalken, am östlichen, freistehenden Giebel ehemals Spitz- oder Firstsäule.

Das Gerüst ohne eigene Traufwand unmittelbar an den Kernbau angeheftet und entsprechend der topographischen Situation leicht trapezoid im Grundriß. Wegen der geringeren Stärke der Vorkragung des Obergeschosses das Erdgeschoß weiter in der Straßenflucht der Steinstraße als beim Kernbau vorgesetzt. Über dem Erdgeschoß ein Längsunterzug (30 x 30 cm), der im Kernbau befestigt gewesen sein muß. In den Giebeln die Ausfachung mit Strohlehm, in den Schauwänden unklar. Ebenso keine Befunde zu Fenstern und Türen.

Bei Errichtung des benachbarten Hauses Steinstraße 3 im 17. Jahrhundert zwischen beiden Häusern eine gemeinsame Brandwand aus Backsteinmauerwerk (Balkenlage des Hauses Nr. 3 darin einbindend, die Ständer des Hauses Nr. 1 teilweise ummauert) errichtet, die zwei zu beiden Seiten sichtbare Entlastungbögen erhielt (in dem mittleren Pfeiler heute noch die Aussparung für den später entfernten Unterzug erkennbar). Oberer Abschluß mit sandsteinerner Rinne (Backsteinformat 31/29 x 14 x 7,5/7 cm).

1779 weitreichender Umbau bzw. eine Reparatur des Baus, wobei man die beiden Traufwände im Erdgeschoß (bei Beseitigung der Vorkragung) bis auf einen Ständer neu verzimmerte, eine innere Unterteilung des Erdgeschosses für eigenständige Wohnzwecke vornahm und das Dach einschließlich der Dreiecke mit geringerer Neigung aus den alten Hölzern neu aufsetzte. Im Erdgeschoß vorne rechts eine seitliche Stube abgetrennt, deren rückwärtige Wand man an den noch bestehenden Unterzug anheftete. Zugleich wurde dieser Raum und ein Teil der anschließenden Diele unterkellert. Zu diesem Ausbau gehörte auch die Abtrennung eines Raumes im Obergeschoß über der Stube. Kaminblock auf der Diele an der Giebelwand zum Nachbarhaus an der Oberstraße aus Backstein. Keine offene Feuerstelle erkennbar (nachträglich der Kamin durch eine Ummauerung verstärkt).

Zu einem späteren Zeitpunkt der Stubeneinbau in Nadelholzkonstruktion bis zur rückwärtigen Traufwand verlängert. Dabei in der Höhe von der Stube eine niedrige Hängekammer abgetrennt. Ebenso ist nachträglich (sicherlich vor 1846, als hier 21 Personen lebten) das Obergeschoß zu vier Räumen und das Dachgeschoß zu Wohnzwecken ausgebaut worden (zugleich umfangreiche Reparaturen am Westgiebel vorgenommen). Dabei mußte zur Anlage einer Treppe der Unterzug des Kerngerüstes entfernt werden. 1842 wird von einem kleinen Brandschaden in der rückwärtigen Stube in der zweiten Etage berichtet (KAM, Mi, E 697). Möglicherweise im Zusammenhang mit diesem in die Mitte des 19. Jahrhunderts zu datierenden Ausbau und dem Einbau zahlreicher Fenster (dabei die meisten Riegel entfernt) der Verputz des Fachwerkes vorgenommen. Seitdem blieb das Haus bis auf wenige Modernisierungen weitgehend unverändert. 1906 Einbau eines Abortes und Kanalisation. 1994 Eintragung in die Denkmalliste der Stadt Minden und Modernisierung des Hauses.

Im Haus zwei Türblätter (jeweils mit zwei Feldern) des 18. Jahrhunderts in Zweitverwendung erhalten.

STEINWEG 2 (Abb. 1790, 1824)

bis 1878 Haus-Nr. 841; bis 1908 Fischerstadt 67

Sehr kleine Parzelle ohne große Hoffläche.

1712 Gerd Peter Wild, vorher Witwe Henrich Krieten Junior; 1743/50 Carsten Friedrich Lohrmann; 1755/66 Kotmeyer, Haus für 20 Rthl; 1781 Sergant Elsinger, Haus für 50 Rthl, dann Witwe Elsinger; 1798 Heiter; 1802/04 Witwe Heiter und als Mieter der Leineweber Hilker; 1806 Leineweber Heinrich Heiter; 1809 Witwe Elsinger und als Mieter Witwe Heiter und Leineweber Otto Hilker; 1812/18 Witwe Sophie Elisabeth Heiter, Wohnhaus für 50 Thl; 1815 Wilhelm Heiter (* 1782); 1827 Hilker, Wohnhaus nun 300 Thl; 1832/46 Leineweber Otto Hilker, Mieter ist 1846 Witwe Heuter mit Familie; 1853 Leineweber Hilker (sind beide sehr alt und schwach) und als Mieter Arbeiter Heiter; 1854 Zigarrenmacher Friedrich Rohde; 1873 Gose und Handelsmann Bröker; 1878 Wagennotierer Balmeier; 1900/06 Zimmermann Gottfried Hohlt; 1913 durch Erbgang an Clas Hansing (verheiratet mit Felix Beyer in Höxter); 1919 Witwe Sophie Hohlt und vier Mietparteien; 1930/33 Schneidermeister Wilhelm Kleine-Beek.

Haus (von etwa 1825)

Das Haus scheint nach der wesentlichen Erhöhung der Versicherung um 1825 erneuert worden zu sein. Es entstand ein eingeschossiger Fachwerkbau unter Satteldach. Das Gerüst recht traditionell verzimmert und an den Rückseiten mit zwei Riegelketten und Ständer-Ständer-Streben. Nur an der Vorderfront Doppelständer und Riegelversprünge zur Schaffung einer regelmäßigen Fenstergliederung. Im Inneren vorne rechts breiter Flur, seitlich davon große Stube. Rückwärtig das Haus in der südöstlichen Ecke offensichtlich mit niedrigem Unter- und höherem Zwischengeschoß. Eine unterkellerte Kammer in der südwestlichen Hausecke.

1853 wurde der Bau bei Eigentümerwechsel umgebaut und besaß dann zwei Wohneinheiten. Im Erdgeschoß werden Stube und Kammer, im Dach vier Kammern beschrieben. 1904 brannte der Dachstuhl ab und wurde durch den Zimmereibetrieb Albert Scheidemann als Mansarddach (in Anlehnung an das benachbarte Haus Oberstraße 2) erneuert. Wohl zugleich Verputz der Vorderfront, wobei Teile massiv erneuert werden; 1907 der Keller anläßlich der Kanalisation des Hauses vergrößert; 1933 Ausbau des Daches, wobei ein kleiner Erker aufgesetzt wird; 1993 Renovierung des Hauses, dabei das Fachwerk freigelegt.

STEINWEG 3 (Abb. 1823, 1825–1827)

bis 1878 Haus-Nr. 837; bis 1908 Fischerstadt 5

Die heute nur aus der bebauten Fläche bestehende Parzelle offenbar bis in die erste Hälfte des 17. Jahrhunderts durch Abtrennung aus dem großen Anwesen Weserstraße 6 entstanden.

1712 Thomas Räkeweg; 1739 Verkauf an Unteroffizier Schmolz (offensichtlich nicht vollzogen); 1743 Johan Jürgen Reckeweg; 1750/55 Jürgen Reckeweg, Haus für 20 Rthl; 1764 Witwe Reckeweg mit vier Kindern, heiratet Gesetopp; 1766 Gosdop; 1768 Gosdorp; 1781 Josetop; 1798/1804 Schuster Johan Henrich Gosedop, Haus für 200 Rthl; 1806 Gosetop, vermietet an Witwe Branntweinbrenner Mensing; 1818 Ch. Nolting, Wohnhaus für 200 Thl; 1832 Tagelöhner Gottlieb König; 1846 Leineweber Friedrich Engelbrecht mit Familie und Mietpartei; 1873 Witwe Engelbrecht und eine Mietpartei; 1878 Buschmann; 1880 Bahnschmied Schlömer; 1888 Schiffer Hansmann; 1900/07 Handelsmann Karl Zachau; 1919 Witwe Louise Zachau.

Dielenhaus (Anfang des 17. Jahrhunderts)

Eingeschossiges giebelständiges Fachwerkhaus mit Satteldach aus der ersten Hälfte des 17. Jahrhunderts. Das Gebäude von ca. 9 x 6,10 m Grundfläche auf extrem kleiner Parzelle mit einer backsteinernen Brandwand zu dem schon bestehenden Haus Steinweg 1 (siehe dort) errichtet, in welche die Balkenlage eingemauert ist. Ansonsten ein Fachwerkgerüst von sechs Gebinden im gebundenen System ohne Rähm (die vier inneren Sparren wiederverwendet, nach den Bundzeichen

Abb. 1827 Steinweg 3 (links) und 5, Ansicht von Südosten, 1979.

aus einem spätmittelalterlichen Gerüst). Ehemals zwei eingezapfte Kehlbalkenlagen. Die Giebeldreiecke mit Firstsäule und überblatteten Riegeln, rückwärtig bis 1968 eine Verkleidung mit Holzbohlen. Das Fachwerkgerüst verdeckt, bzw. heute unterhalb der Balken an den sichtbaren Stellen erneuert. Der Rückgiebel ehemals mit zwei Riegelketten und einer langen geraden Fußstrebe auf hohem Bruchsteinsockel. Keine Queraussteifung im Gerüst, was darauf schließen läßt, daß rechts ein zweigeschossiger Stubeneinbau in der Diele bestand (wie bis 1986 erhalten), möglicherweise zunächst nur ein Raum tief.

1768 wird das Haus als sehr baufällig und dem Einsturz nahe beschrieben. Es sei im 7jährigen Krieg ruiniert worden und es werden Baufreiheitsgelder für die Reparatur beantragt (KAM, Mi, C 380).

1907 Kanalisation. 1981 Giebel restauriert und teilweise erneuert. 1986 einschneidender Umbau des Inneren, dabei die Balken zumeist entfernt.

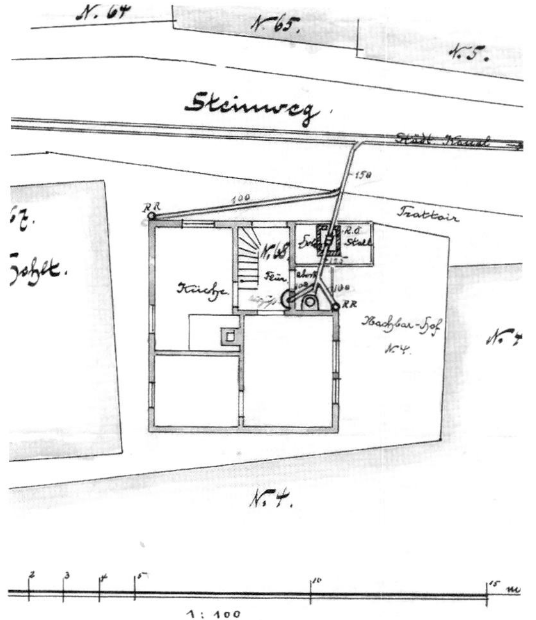

Abb. 1828 Steinweg 4, Plan zur Entwässerung des Grundstücks 1907. Norden unten.

Abb. 1829 Steinweg 5, Haustür des frühen 19. Jahrhunderts (1988 entfernt), Zustand 1979.

STEINWEG 4 (Abb. 1828)

bis 1878 Haus-Nr. 842; bis 1908 Fischerstadt 68

Sehr kleine Hausstelle, die außer dem Baugrund keine Freifläche aufwies. Seit 1962 unbebaut und Hofraum des Hauses Steinweg 6.

1712 Jobst Brockschmid, davor Fridrich Brockschmid; 1743 ohne Eintrag (Haus ohne Grundbesitz); 1750 Brockschmidt; 1755 Joh. Cord Gieseking, Haus für 20 Rthl; 1766 Witwe Steggel; 1781 F. Reckeweg, 25 Rthl; 1798 Witwe Reckeweg; 1804 Tagelöhner Friedrich Meyer; 1806/12 Tagelöhner Diedrich Meyer, Wohnhaus ohne Hoffläche; 1818 Tagelöhner Meyer, Wohnhaus für 25 Thl; 1832/34 Friedrich Meyer, 25 Thl; 1834 wird das baufällige Haus des Tagelöhners Meier versteigert (ÖA 20, 1834); 1846 Maurer Heinrich Gögemann; 1853 Dr. Burgheim, vermietet an zwei Parteien; 1873 Arbeiter und der Zigarrenarbeiter Neupert sowie Mietpartei; 1878 Neupert; 1906/09 Witwe Henriette Neupert; 1912 Gustav Kreimeier; 1919 Arbeiter Gustav Kraimeier; 1962 Otto Richtzenhain.

Haus (bis 1962)

Kleiner fast quadratischer Fachwerkbau. 1912 Kanalisation; 1954 wird das Haus als baufällig und einsturzgefährdet bezeichnet und schließlich 1962 abgebrochen.

STEINWEG 5 (Abb. 1823, 1827, 1829, 1830)

bis 1878 Haus-Nr. 836; bis 1908 Fischerstadt 6

Die heute nur aus der bebauten Fläche bestehende Parzelle offenbar bis in die erste Hälfte des 17. Jahrhunderts durch Abtrennung aus dem großen Anwesen Weserstraße 6 entstanden.

Abb. 1830 Steinweg 5, Ansicht von Süden, 1993.

1712 Volmar Lohrman, davor Witwe Carsten Lohrman; 1743 Jobst Henrich Lohrmann; 1750/66 Jobst Henrich Lohrmann, Haus für 30 Rthl; 1781 Jost Lohrmann, 25 Rthl; 1798 Henrich Lohrmann; 1802 Witwe Lohrmann, 25 Rthl; 1804 Heinrich Lohrmann und eine Witwe als Mieterin, hält 1 Jungvieh und 2 Schweine; 1806/12 Fischer Heinrich Lohrmann; 1815 Maurer Chr. Blum (* 1783 in Eikfeld); 1818 Leineweber Chr. Blume, Haus für 100 Thl; 1832 Christoph Blume; 1835 Kämper, Erhöhung Wohnhaus auf 475 Thl; 1846 Maurer Philipp Kampe und zwei Mietparteien; 1853 Maurer Kampe mit Familie und zwei Mietparteien; 1873 Maschinist Müller und drei Mietparteien; 1878 Stumpe; 1906 Arbeiter Karl Kremeier; 1919 Rentner Emil Bosshardt (vermietet an zwei Parteien).

Dielenhaus (zweite Hälfte des 17. Jahrhunderts)

Das eingeschossige und giebelständige Fachwerkhaus 1988 saniert und dabei an beiden Giebeln stark erneuert, im Inneren einschließlich des Daches neu aufgeteilt, Keller verschüttet. Im Kern das Gerüst erhalten und zu einem Fachwerkbau von neun Gebinden Länge gehörend, nach den konstruktiven Merkmalen wohl in der zweiten Hälfte des 17. Jahrhunderts errichtet. Das Gerüst mit zwei umlaufenden Riegelketten aus starken Hölzern verzimmert (Ständer etwa 27 cm breit, Riegel etwa 14 cm hoch, Gefachbreite 1,15 m), wobei die Eckständer im Längsverband als einzige Aussteifung kurze geschweifte Kopfbänder zeigen. Die untere Riegelkette mit arabischen, die obere Riegelkette mit lateinischen Zahlen durch den Zimmermann numeriert. Das vordere Giebeldreieck mit Firstsäule, die verräucherten Sparren alle im Zweitverband (heutige Neigung 52° bis 55°).

Bis 1988 ein verputzter Bau mit linksseitigem Flur und rechtsseitiger großer Stube. Haustür aus dem frühen 19. Jahrhundert mit aufgelegtem, klassizistischem Dekor.

Abb. 1831 Steinweg 6, Ansicht von Nordosten, 1993.

STEINWEG 6 (Abb. 1824, 1831)

bis 1878 Haus-Nr. 843 (auch Nr. 845); bis 1908 Fischerstadt 4

Das Grundstück in einer kleinen heute unbedeutenden Gasse, der aber ehemals als einziger Zufahrt von der Stadt in die Fischerstadt eine große Bedeutung zukam. Die heutige Hausstelle umfaßte im 18. Jahrhundert noch zwei sehr kleine nebeneinanderstehende Bauten, die unmittelbar aneinander gebaut waren und dürfte im rückwärtigen Bereich auch Teile des Grundstücks Oberstraße 2 aufgenommen haben. Während der nördliche Bau ab etwa 1780 über lange Zeit als Scheune des Grundstücks Oberstraße 2 diente, verschwand der südliche schon zu dieser Zeit. Der Neubau von etwa 1850 gehört zu einem großen Besitzkomplex, der in der zweiten Hälfte des 19. Jahrhunderts weitgehend den ganzen Baublock umfaßte und auch zu dessen neuer Parzellierung führte.

HAUS-NR. 843: 1743 ohne Nennung (Haus ohne Grundbesitz); 1750 Jürgen Reckeweg; 1755/66 Schneteler, Haus für 100 Rthl; 1781/1804 Schnetlers Scheune, 100 Rthl; 1805 der Besitz des Kaufmanns Schnedler wird versteigert (siehe dazu unter seinem Wohnhaus Oberstraße 2); 1806/18 Scheune des Schiffers Wilhelm Diesselhorst; 1832 Kaufmann Diestelhorst zu Bremen; 1846 nicht genannt; 1853 Schiffskapitän Stumpe (hat sein Haus Oberstraße 2 vermietet); 1873 Stumpe; 1906/19 Rentier Emil Bosshard (wohnt Fischertor 1), vermietet an sechs Parteien.

HAUS-NR. 845: 1712 Herman Detering, davor Witwe Johan Fuestman Junior; 1743 ohne Eintrag (Haus ohne Grundbesitz); 1750/66 Witwe Detering, Haus für 15 Rthl; 1781 Detering, 25 Rthl; 1784 Jobst Friedrich Detering will das Haus nach dem Tod seines Vaters übernehmen; 1798 Francke, ist eine wüste Hausstelle; 1804 wüste Stelle, vorher Detering.

Haus-Nr. 832, seit etwa 1780 Scheune (bis 1832)

Haus-Nr. 845 (bis um 1785)

Auf Anordnung des Magistrats wurde 1784 das *Dechteringsche Haus* durch Zimmermeister Möller taxiert. Der Wert wird auf 65 Thl berechnet. Es ist mit einer Höhe von 11 Fuß und von sechs Gebinden insgesamt 28 Fuß lang und am Vordergiebel 10 Fuß, am Rückgiebel 15 Fuß breit (hatte also eine Grundfläche von etwa 3,5 x 10 m). Darin ist nur eine Kammer. Ein Giebel, der an das Hinterhaus von Oberstraße 2 stößt, gehört nicht zum Gebäude. Daran ein baufälliger Anbau von drei Gebinden mit Stube von 11 Fuß Länge und 10,5 Fuß Breite, die einen eisernen Ofen besitzt (KAM, Mi, C 887).

Scheune (1832–um 1850)

1832 ist die Scheune neu gebaut worden (KAM, Mi, E 955), wobei offensichtlich auch die bisherige, südlich anschließende Parzelle einbezogen wurde. In der Scheune befand sich von 1846 bis zum Ausbau als Wohnhaus im Jahre 1850 mietweise das Spritzenhaus der Fischerstadt (KAM, Mi, F 359).

Haus (von 1850)

Das bestehende Haus ein giebelständiger und zweieinhalbgeschossiger Putzbau unter flachem Satteldach und mit hohem Kellersockel. Nördlich seit 1911 ein gleichhoher und traufenständiger Anbau auf kleiner Grundfläche. Gliederung der dreiachsigen Fassade in klassizistischer Weise durch wenige Elemente aus Werkstein: geschoßtrennendes Gesims und Sohlbänke der Fenster. Das Haus auf der ganzen Fläche unterkellert mit Kappen auf gemauerten Gurtbögen.

Ursprünglich der Kellerzugang in der Mitte des vorderen Giebels, Zugang zum Haus in der Mitte der nördlichen Traufwand vom seitlichen Hof. Die oberen Etagen werden durch einen mittleren Längsflur mit seitlicher Folge von je fünf Zimmern bestimmt, der jeweils vor größeren Räumen hinter den beiden Giebeln endet. Treppenhaus in der Mitte der nördlichen Seite.

1908 Kanalisation; 1911 kommt es zu einem Brandschaden des Daches, der zum Umbau des Hauses führt (Baugeschäft Gremmels). Dabei wird das Treppenhaus in den neu errichteten seitlichen Anbau verlegt und der vordere Kellerzugang geschlossen. Das Dachgeschoß auf der nördlichen Seite dreigeschossig ausgebaut. Der Bau zudem mit einem rauhen Besenputz versehen.

DURCH DEN FESTUNGSBAU 1821 IM SÜDLICHEN TEIL DER STRASSE VERSCHWUNDENE HÄUSER

HAUS-NR. 850

1743 ohne Nennung (Haus ohne Grundbesitz); 1750 Drögmeyer; 1755/68 Drögemeyer, Haus für 15 Rthl; 1781 Witwe Drögemeyer, 25 Rthl; 1784/98 Tischlermeister Droegemeyer; 1804 Tischler Friedrich Droegemeyer, Wohnhaus, hält 1 Jungvieh; 1818 Drögemeyer, Wohnhaus für 25 Thl.

Haus (bis 1821)

1768 muß das Haus abgestützt werden, da es beim Abbruch des Nachbarhauses einzustürzen droht (KAM, Mi, C 380). 1784 Reparatur (KAM, Mi, C 874). Das eingeschossige Fachwerkhaus hatte nach der erhaltenen ausführlichen Taxation für den Abbruch (STA DT, Mi 1, I C, Nr. 801) eine Länge von 13,5 Fuß und eine Breite von 31 Fuß. Der Wert wurde auf 374 Thl berechnet und das Haus 1821 für den Festungsbau abgebrochen.

HAUS-NR. 851

1743 ohne Nennung (Haus ohne Grundbesitz); 1750 J. H. Kottmeyer; 1755 Meister Kohlmeyer, Haus für 20 Rthl; 1766 Rusts Haus; 1768 Witwe Drögemeyer; 1768 Gerhard Brüggemann; 1770 Kollmeyer; 1774 Schiffsmann Gerd Brüggemann; 1781 Brüggemann, Scheune für 50 Rthl; 1783/84 Schiffer Gottfried Brüggemann, Wohnhaus für 300 Rthl; 1798/1804 Joh. Anton Brunswick, 1804/09 vermietet an Feldwebel Vogelsang, Haus für 1 500 Rthl (Taxe 1805 auf 250 Rthl reduziert); 1818 Kaufmann Brunswicks Haus für 250 Thl.

Haus (bis 1768)

1768 wurde das Haus im Siebenjährigen Krieg ruiniert. In diesem Jahr hat der Besitzer *mit Abbruch seines Hauses angefangen*, muß aber aufhören, da das Nachbarhaus (Haus-Nr. 850) einzustürzen droht.

Haus (1774–1821)

1774 erfolgt ein Neubau auf einer alten Hausstelle, der mit Schulden errichtet wird. Es ist kein Brauhaus. Nachdem der Bau fertig ist, wird er zunächst als Scheune gebraucht (KAM, Mi, C 874). 1783 wird der Bau aus eigenen Mitteln repariert und seitdem bewohnt (KAM, Mi, C 874). 1821 für den Festungsbau abgebrochen. Das Fachwerkhaus von einer Etage hatte nach der erhaltenen ausführlichen Taxation für den Abbruch (STA DT, Mi 1, I C, Nr. 801) eine Länge von 14 Fuß und eine Breite von 29 Fuß. Ferner bestand ein Anbau von einer Etage auf einer Fläche von 20 x 14 Fuß. Der Wert des Anwesens wurde einschließlich Brunnen auf 633 Thl berechnet.

HAUS-NR. 854

1743 Gerhard Brüggemann (besaß später umfangreichen Landbesitz); 1750/55 Gerd Brüggemann, Wohnhaus für 60 Rthl; 1766 Brüggemann, Wohnhaus für 200 Rthl; 1781 Gerd Brüggemann, 300 Rthl; 1798 Böttcher Zürner; 1802/04 Zürner, Fachwerkhaus für 1 500 Rthl, hält 1 Kuh und 2 Stück Jungvieh; 1806/12 Böttcher-Witwe Zörner, Wohnhaus und Hof (besitzt auch Simeonstraße 18); 1815 die Böttcher Heinrich (* 1785), Christ. (* 1789) und Wilhelm (* 1796) Zörner; 1818 Böttcher Zörner, 1821 das Haus für den Festungsbau abgebrochen. Karl Zörner verzieht 1814 zur Grille, Viktoriastraße 48 (Mooyer 1852, S. 189).

Haus (bis 1821)

Das Fachwerkhaus von einer Etage (Höhe 14 Fuß) hatte nach der erhaltenen ausführlichen Taxation für den Abbruch (STA DT, Mi 1, I C, Nr. 801) eine Länge von 47 Fuß und eine Breite von 24,5 Fuß. Ferner einen Anbau von 13 x 11 Fuß sowie einen Anbau von 36 x 8 Fuß unter Pultdach. Der Wert des Anwesens wurde auf 1 609 Thl berechnet.

WALKMÜHLE (SOGENANNTE »KUMPFMÜHLE«) AN DER FISCHERSTADT (1722 bis 1738 bzw. um 1781)

bis 1808 Haus städtisches Haus-Nr. 11 (1750/1756 belegt)

Die Mühle, die mit Wasser aus dem Stadtgraben betrieben wurde, lag unmittelbar am westlichen Ende des Steinweges vor dem Fischertor am Stadtgraben und stand in städtischer Verwaltung.

Die Mühle ersetzte wohl eine frühere Anlage, über die allerdings nichts weiter bekannt ist. So hatte es bis nach 1619 unter den Schiffsmühlen auf der Weser auch eine städtische Walkmühle gegeben, die in diesem Jahr privatisiert wurde. Auch später bestand offenbar eine Walkmühle in Minden. So hören wir 1691 von dem aus der Stadt entwichenen Walkmüller Tappen (KAM, Mi, C 388,1 alt). Zu Beginn des 18. Jahrhunderts gab es allerdings keine Walkmühle im Fürstentum Minden. Nach der durch die Regierung veranlaßten und 1721 abgeschlossenen Reform der Stadtverfassung wurde eine Kommission beauftragt, die für die Förderung der Wirtschaft notwendigen Einrichtungen zu befördern. Hierbei wurde auch der Bau einer Walkmühle für notwendig gehalten, da die Wollmacher und Weißgerber bislang Mühlen außerhalb des Landes aufsuchen mußten. Die Baukosten von 300 Rthl wurden mit königlicher Genehmigung durch eine Anleihe bestritten, wobei auch die Anlage einer Schleifmühle befohlen wurde (Lampmann 1927, S. 60). Der Name der späteren Mühle bezieht sich offenbar auf einen *Kump*, einen Teich, wobei aber in diesem Falle wohl nicht der 1665 genannte *Kump*, das Hafenbecken in der Tränke, gemeint sein kann (die spätere Tränke, siehe dazu Tränkestraße).

1722/23 kam es dann zum Neubau der Mühle *auf dem sog. Fischer-Kumpfgraben* durch den Magistrat als *Walk-, Schleif- und Korn-Mühle zum Wohle der Stadt*, wobei offensichtlich hier schon zuvor eine Mühlenanlage – allerdings unbekannter Funktion – bestanden hatte. Möglicherweise bestand an dieser Stelle schon 1578 eine Mühle, als Piel in seiner Chronik bei der Beschreibung einer Pest bei der Fischerstadt von Leuten *an der kleinen meuren kegen der mulen* spricht (Krieg 1981, S. 193). Der neue Bau soll durch das Wasser in dem Stadtgraben getrieben werden, das der Fischerstädter Bleiche vom Königsborn zufließt (KAM, Mi, C 392). Der Name *Kumpfmühle* für diesen Bau scheint sich nach einiger Zeit – von der Lage abgeleitet – gebildet zu haben. Der Bau wird erstellt durch den städtischen Bauhof, wozu ein Baum aus Meslingen bezogen wird, das übrige Holz aus dem Mindener Wald; Schmiedearbeit durch Cord Heinrich Kollmeyer. 1723 werden dabei bei der Kämmerei an *Ausgaben zur neuen Walck und Schleiffmuhlen* etwa 200 Rthl abgerechnet (KAM, Mi, C 351,1 alt). Die Rechnungen von 1723 ebenfalls erhalten (KAM, Mi, C 268,3 alt).

Pächter der Stadtmühle bzw. Walkmühle, *olim Schleiff- und Mahlmühle auf der Fischerstadt* ist Zimmermeister Johann Diestelhorst (KAM, Mi, C 268,3 alt; 369,4 alt). 1733 ist Müller der Jürgen Friedrich Diestelhorst (KKA Mi, St. Martini). Der Betrieb als Walkmühle scheint 1738 mit dem Tod des Müllers eingestellt worden zu sein. In diesem Jahr wird die unbewohnte und leerstehende Mühle an den Weißgerber Knedeisen für 10 Rthl jährlich verpachtet, der sich das Gebäude ab 1743 mit dem Knopfmacher Eschenbach teilt. 1740 zahlt die Stadt noch einmal 95 Rthl an Meister Cloth *fur reparation der Kumpfmühle* (KAM, Mi, C 355,16 alt). 1743 wird aber dennoch festgestellt, daß das Werk nicht mehr läuft, da das Wasser zum Reinigen der Stadtbäche genutzt wird. Es wird ein Reparaturvorschlag ausgearbeitet (KAM, Mi, C 1002, auch C 833). 1762 will der Kaufmann Rudolf Christian Müller, Eigentümer der Poggenmühle, zur Erweiterung seiner Mühle die Kumpfmühle erwerben. Es wird ein Kostenanschlag zu ihrer Reparatur ausgearbeitet, doch beschließt man statt dessen den Verkauf, der an Kloth erfolgen soll. Noch 1763 sucht der Tuch- und Zeugmacher Bieber um die Reparatur der Walkmühle nach (sowie um die Reparatur des von den Franzosen verbrannten *Wand-Rahmens*), doch ordnet nun die Regierung wegen des verfallenen Zustandes den Verkauf der Kumpfmühle an. 1764 ist der Colon und Müller Georg Kloth aus Kutenhausen Eigentümer der Kumpfmühle (KAM, Mi, C 1012). Der Kriegs- und Domainenrat Natze hält in diesem Jahr *Bericht wegen Verkauffung der Kump Mühle* (KAM, Mi, C 427).

Statt der nicht mehr laufenden Kumpfmühle bemüht sich die Regierung in der Folge um den Neubau einer Walkmühle zur Förderung des Textilgewerbes, doch kommt es nicht zum Bau. So wird 1771/72 der Deichmüller Kloth zu einem solchen Bau gedrängt, da man eine Lage neben seiner Mühle für den besten Standort erachtet (KAM, Mi, C 1019). 1781 stellt die Stadt fest, daß vormals eine Walkmühle an der Fischerstadt gestanden habe, die allerdings längst eingefallen sei und demnächst abgebrochen werde. Der Zeugmacher Bieber müsse daher seine Produkte zum Walken nach Bremen senden. Man verhandele mit dem Mühlenbaumeister Wehdeking, damit er neben seiner Öl- auch eine Walkmühle errichten möge (KAM, Mi, C 388).

Weserstraße

Die Straße dürfte in ihrer Anlage und ihrem Verlauf bis 1553 einen völlig anderen Charakter besessen haben, geht aber in ihrer Trassierung sicherlich bis in das 12. Jahrhundert zurück. Sie scheint ursprünglich Teil eines bis in die vorstädtische Zeit zurückreichenden Weges gewesen zu sein, der sich von der Bäckerstraße (zunächst wohl sogar vom Domhof) über die Tränkestraße und das Weserufer entlang bis nördlich der Fischerstadt fortsetzte und seit dem 13. Jahrhundert durch den Bau, später Ausbau der Befestigung Mindens mehrmals unterbrochen wurde. Schon mit dem Bau der ersten Mindener Stadtmauer nach 1232 erhielt der Weg südlich der Fischerstadt mit der Errichtung des Kleinen Wesertores am Nordende der späteren Tränkestraße (siehe Marienwall 1) eine erste Zäsur. In den Jahrhunderten danach sind Teile der unmittelbar nördlich des Tores anschließenden Trasse und der dort anstehenden Bebauung am sogenannten *Fischmarkt* (siehe dazu auch Steinweg) zur Freiräumung der Fläche vor der Mauer abgebrochen worden. Mit dem Bau einer Befestigungsmauer um die Fischerstadt ist um 1390 auch der Bereich des Weges nördlich der Fischerstadt abgetrennt worden, da sie aus Befestigungsgründen nun ein Tor am nördlichen Ende der Fischerstadt erhielt, das man – Brühltor genannt – am nördlichen Ende der parallel verlaufenden Oberstraße anlegte. Damit war die Weserstraße zu einer beidseitig begrenzten Straße innerhalb der Fischerstadt geworden. Während sie auf der Westseite seit der wohl im 12. Jahrhundert erfolgten Besiedlung mit einer Reihe großer bürgerlicher Anwesen gesäumt war, blieb ihre Ostseite frei und öffnete sich unbefestigt direkt zum Weserufer, das hier wohl zunächst als Lände (flacher Schiffslandeplatz) ausgebildet war. Hier konnten die Schiffe der Fischer und Schiffer, die entlang der Ostseite der Straße wohnten, und auch deren Schiffsmühlen unmittelbar vor den Häusern an Land gezogen werden (zur Besiedlung siehe Einleitung Fischerstadt). Diese Situation änderte sich einschneidend, als die Bewohner der Fischerstadt 1554 aus Gründen einer besseren Verteidigung auf eigene Kosten eine Mauer entlang der Weser errichteten (Krieg 1981, S. 172) und damit den Stadtwall im Zuge der späteren Schlachte nach Norden fortsetzten. Mit dieser Maßnahme verloren die Häuser auf der Westseite der Straße ihren unmittelbaren Zugang zur Weser. Wohl nicht zuletzt, weil der seit 1553 bestehende Tränkehafen inzwischen weitgehend verlandet war, wurde im späten 17. Jahrhundert über die Vergrößerung der Schlachte vor Minden nachgedacht. So verhandelte der Bürgermeister 1694 mit dem Kanzler über eine Schlacht vor der Fischerstadt (siehe dazu Teil V, Kap. X.3), die vor der Mauer entlang der Westseite der Straße entstehen sollte, allerdings wohl nicht gebaut worden ist.

Im Zuge der Neubefestigung Mindens nach 1815 sind wiederum Bauten in den Randbereichen der Fischerstadt abgebrochen worden. Es waren im Süden der Straße die Häuser Nr. 853, 852 und 849 und am nördlichen Ende die Hausstätten Weserstraße 25, 26 und 27, wobei letztere einer umfänglichen Toranlage in der nördlichen Verlängerung der Weserstraße weichen mußten.

Die Bebauung der Straße besteht heute aus einem bemerkenswerten Ensemble gewachsener Architektur, wobei die Gebäude in zahlreichen Fällen in ihrer Kernsubstanz noch auf den Wiederaufbau der Fischerstadt in den Jahren nach 1470 zurückgehen. Die anliegenden großflächigen bürgerlichen Anwesen sind in der Neuzeit zumeist aufgeteilt und deutlich in ihrer sozialen Bedeutung abgesunken, so daß die bestehenden und durchweg eingeschossigen Bauten kaum noch erneuert, sondern zumeist nur durch Umbauten den veränderten Bedürfnissen angepaßt wurden. Hierbei kam es erst nach 1820 zur vereinzelten Schaffung von Obergeschossen (1820 Nr. 8), die dann vielen älteren Hausgerüsten aufgesetzt worden sind. Nachdem noch in der Mitte des 19. Jahrhunderts einige Neubauten errichtet worden sind (um 1860 Nr. 24; 1865 Nr. 5; 1875 Nr. 20), erlahmte das wirtschaftliche Leben in den Häusern mit Verlagerung des Hafenbetriebes zwischen 1860 und 1900 an den Alten Weserhafen nördlich der Bahnhofsbefestigung, so daß seitdem kaum noch weitere Baumaßnahmen vorgenommen wurden.

1823 wird auf das schlechte Pflaster der Weserstraße hingewiesen, das *allen hinlänglich bekannt* sei. Die Kosten für die dann 1828 ausgeführte Reparatur der Straße *längs der Quaimauer* werden zur Hälfte von den Anwohnern, zur Hälfte von der Festungskasse bestritten (KAM, Mi, E 457). Nach Einplanierung der Festungswälle und Anschluß an die Wallstraße und damit zum Wesertor wurde die ganze Straße 1879 nach Feststellung der Fluchtlinien neu gepflastert.

Die heute mit der Anlage des Grimpenwalls verschwundenen Häuser mit den Nummern Weserstraße 1, 2 und 3 lagen außerhalb der historischen Fischerstadt und erhielten ihre Adressen erst nach Einebnung der Festungswälle ab 1879. Bei diesen Adressen handelt es sich um rückwärtige Ausgänge von Häusern, die an der Tränkestraße standen; sie sind daher dort behandelt. Bis 1905 wurde dieser Bereich zum Marienwall gerechnet (siehe KAM, Mi, F 1732).

ARCHÄOLOGISCHE BEFUNDE:

Bei Kanalisierungsarbeiten auf einem unbebauten Grundstück wurden 1988 Scherben des 13.–16. Jahrhunderts geborgen (Teil I, Kap. I.3, Fundstellenkatalog, Fundstelle 121). Siehe: AFWL 8A, 1992, S. 204. Verbleib der Funde: Mindener Museum, MA 132.

WESERSTRASSE 1 siehe Tränkestraße 4

WESERSTRASSE 2 siehe Tränkestraße 6

WESERSTRASSE 3 siehe Tränkestraße 8

SEIT DEM FESTUNGSBAU 1821 ABGEBROCHENE HÄUSER IM BEREICH ZWISCHEN DEN HAUSSTÄTTEN WESERSTRASSE 3 UND 4 (bzw. Fischertor 2): (Abb. 1777, 1780, 1832)

HAUS-NR. 853, Rathaus der Fischerstadt (um 1710–1767) und Tor der Fischerstadt

1731 bis um 1765 auch städtisches Gebäude Nr. 20

Das Haus lag an der Einmündung einer kleinen Gasse vom Steinweg zur Weser unmittelbar gegenüber dem Kran (Nordsiek 1979, S. 44 Anm. 93) an der Weser-Schlachte (siehe dazu Teil V, Kap. X.3, S. 1766–1770, Weser, Weserhafen). Der östliche Teil des Gebäudes diente schon zuvor als Bürgerhaus, während der westliche aus dem ehemaligen Tor zur Fischerstadt hervorgegangen war und *die Maulschelle* genannt wurde. Seit etwa 1710 hier das Rathaus der Fischerstadt (nach Nordsiek 1979, S. 44, Anm. 93 allerdings fälschlich in das Haus-Nr. 852 lokalisiert, da um 1750 zeitweilig die Haus-Nrn. der beiden Häuser vertauscht worden waren). 1821 das Grundstück zum Festungsbau eingezogen.

1712 Jobst Böhndels Haus, *haben die Vorsteher der Fischerstadt eingezogen*, jetzt Haus der Fischerstädter Vorsteher; 1731 Fischerstädter Rathaus (KAM, Mi, C 873); 1750 der Gemeinde Haus; 1755 ein Stadt-Haus, 30 Rthl; 1775 wird Kauf und Einrichtung als Magazin für Kaufmannsgüter durch die Regierung erwogen, wonach die Fischerstädter Bürgerschaft Beschwerde über die Verpachtung ihres Rathauses einlegt. In einem Bericht von Rathert wird ausgeführt, das bis 1730 als solches genutzte sogenannte Rathaus sei *in vorigen Zeiten ein publiques Haus zu den Conventen der Fischerstädter Gemeinde* gewesen. Im unteren Stockwerk von 22 Fuß Länge und 15 Fuß Breite habe man die Totenbahren und die Feuergerätschaften aufbewahrt; 1766 ein Stadt-Haus; am 15. 1. 1766 ordnet die Regierung an, in dem anzupachtenden Haus eine Hafenniederlage für die benachbarte Schlacht einzurichten, doch hatte die Fischerstädter Gemeinde *das Rathaus samt der sog. Maulschelle* wenige Tage zuvor schon an den Schiffer Brüggemann veräußert, da man kein Geld zur Reparatur hatte (KAM, Mi, C 873). 1767 Schiffer und Kaufmann Christoph Brüggemann; 1773 *hat Christoph Brüggemann an sich gekaufft und solches von Grund auf neu gebauet*; 1781 Christoph Brüggemann, Wohnhaus für 2 000 Rthl; 1791 wird Christoph Brüggemann als einziger Holzhändler der Stadt bezeichnet (KAM, Mi, C 41,1 alt); 1798 Schiffer Rolff; 1804 Witwe Rolff, halb massives Haus mit Braurecht für 2 000 Rthl, hält 2 Kühe und 2 Schweine; 1806/09 Schiffer Heinrich Boendel Junior, Wohnhaus und großer Garten; 1812 Henrich Böndel (besitzt auch Bäckerstraße 1 alt); 1818 H. Böndel, Wohnhaus 2 000 Thl; 1821 für den Bau der Festung abgebrochen.

Die sogenannte *Maulschelle* (bis 1767)

Der Name *Maulschelle* steht erstmals 1648 im Stockholmer Festungsplan (Teil I, Kap. IV, Kat.-Nr. 2) für das nordöstliche Eckrondell der Altstadtbefestigung, über dem nach 1815 das Redan X angelegt wurde. In einem Festungsplan der Zeit um 1660 (Teil I, Kap. IV, Kat-Nr. 3) ist es als *Rundell an der Weser* bezeichnet. Im 18. Jahrhundert scheint mit dem auch 1671 genannten Begriff (Schroeder 1886, S. 616) der westliche Teil des Gebäudes oder aber ein westlich anschließender Bauteil verstanden worden zu sein. Offensichtlich handelte es sich dabei um das

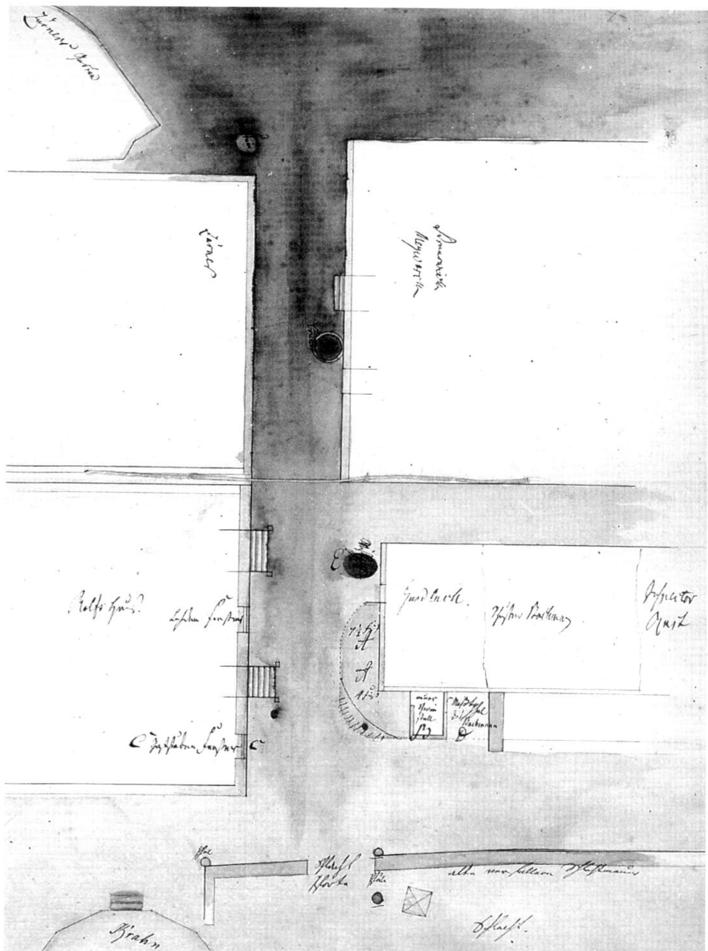

Abb. 1832 Weserstraße, Haus-Nr. 853 und 852 (rechts) sowie Kran am Weserufer (unten), Lageplan von 1800. Norden rechts.

vor Kopf des Steinweges stehende ehemalige Tor zur Fischerstadt, von wo aus die Schlachte vor der Stadtmauer entlang der Tränkestraße erreicht werden konnte. Das Tor wurde um 1765 geschlossen und der anschließende westliche Straßenlauf zu Gunsten eines Gartens eingezogen, so daß der Baublock fortan westlich umfahren werden mußte und der Anschluß an die Stadt nun über die Tränkestraße/Seidenbeutel hergestellt wurde. Zusammen mit dem Nachbarhaus 1767 zu Gunsten eines Neubaus auf beiden Plätzen abgebrochen.

Rathaus der Fischerstadt (um 1710–1767)

Um 1710 wurde ein Wohnhaus, das zuvor Jobst Böndel besessen hatte, durch die Fischerstädter Vorsteher in ein Gemeindehaus umgewandelt, das offensichtlich später vom Rat der Stadt Minden unterhalten wurde. So zahlt die städtische Kämmerei 1731 eine Summe für Fensterarbeiten *in dem Hause auf der Fischerstadt* (KAM, Mi, C 354,12 alt). Das offensichtlich zweigeschossige Gebäude wurde als sogenanntes Rathaus aber spätestens 1767 wieder aufgegeben und privatisiert, denn in diesem Jahre war es schon abgebrochen und durch ein neues Wohnhaus ersetzt worden.

Wohnhaus (1767–1821)

Nachdem der Schiffer Chr. Brüggemann das Gebäude erwarb, ließ er sogleich einen Neubau errichten. Er wird zunächst von Abgaben befreit und auf 7000 Rthl taxiert. 1767 als Neubau auf der Stelle des abgebrochenen Hauses bezeichnet (KAM, Mi, C 380). Das massive Haus von zwei Etagen hatte nach der erhaltenen ausführlichen Taxation für den Abbruch (STA DT, Mi 1, I C, Nr. 801) eine Länge von 49 Fuß und eine Breite von 37 Fuß. Der Wert wurde mit 3 273 Thl berechnet, der Wert eines Anbaus oder Hinterhauses mit Pultdach mit 84 Thl. Ferner bestand eine Stallung mit massiven Umfassungswänden im Wert von 178 Thl und ein Gartenhaus von 8 x 9 Fuß im Wert von 23 Thl (Ansicht des Ostgiebels im Jahr 1797 siehe Teil V, Abb. 1803).

HAUS-NR. 852 (Abb. 1777, 1780, 1832)

Die Hausstelle lag in der Flucht der Weserstraße unter der Trasse der heutigen Straße Fischertor und bildete das nördliche Eckhaus zwischen der Steinstraße (der es die Westfront zuwandte) und der von dieser zur Weserstraße führenden Verbindung.

1743 ohne Eintrag (Haus ohne Grundbesitz); 1750/55 Lorentz Köllener, Haus für 20 Rthl; 1766 Bünte, 20 Rthl; 1781 Meister Bünte, 25 Rthl; 1798 Gundlach; 1804 Invalide Gundlach mit 2 weiteren Mietparteien, Haus für 25 Rthl; 1806 Tagelöhner Christoph Gundlach Senior, Wohnhaus ohne Hofplatz; 1809 Tagelöhner Gundlach; 1818 Gundlach, Wohnhaus für 25 Thl; 1821 für den Festungsbau abgebrochen und wohl durch das Haus Friedrich-Wilhelm-Straße 113 ersetzt.

Haus (bis 1821)

Das Fachwerkhaus von einer Etage hatte nach der erhaltenen ausführlichen Taxation für den Abbruch (STA DT, Mi 1, I C, Nr. 801) eine Breite von 25 Fuß und eine Länge von 16 Fuß. Der Wert wurde auf 377 Thl berechnet.

HAUS-NR. 849 (Abb. 1777, 1780)

Die Hausstelle lag zwischen der Weserstraße und der Steinstraße, zwischen den Häusern Nr. 852 und dem heutigen Haus Fischertor 2.

1743/50 Johann Dieterich Wocker; 1755 Diedrich Wocker, Haus für 60 Rthl; 1766 Schuster Bünte, 60 Rthl, 1781 Meister Bünte, 60 Rthl; 1787/1800 Schuster Bachmann; 1804/06 Wilhelm Bachmann, Wohnhaus ohne Hofplatz, hält 1 Jungvieh; 1809/18 Schuster Bachmann, Wohnhaus 50 Thl; 1821 das Haus wird für den Festungsbau abgebrochen.

Haus (bis 1821)

1799 wurden für eine nicht bekannte Baumaßnahme 15 Rthl Baufreiheitsgelder ausgezahlt (KAM, Mi, C 156,13 alt). Das teilweise massive Haus von einer Etage hatte nach der erhaltenen ausführlichen Taxation für den Abbruch (STA DT, Mi 1, I C, Nr. 801) eine Länge von 36 Fuß und eine Tiefe von 20 Fuß. Der Wert wurde auf 771 Thl berechnet.

WESERSTRASSE 4 (Abb. 1777, 1780, 1833, 1834)

bis 1878 Haus-Nr. 844; bis 1908 Fischerstadt 3

Das Haus scheint über lange Zeit bis etwa 1830 mit dem südlich anschließenden Gebäude Fischertor 2 eine Einheit gebildet zu haben, die gemeinsam einen fast völlig bebauten Straßenblock zwischen Steinweg, Weserstraße und Fischertor einnahmen. Dabei wurde das Gebäude Fischertor 2 nur noch als Scheune genutzt. Westlich des Hauses Weserstraße 4 ein kleiner Hofplatz, an dem bis heute das Haus Fischertor 2 seinen Anteil hat.

1743 ohne Nennung (Haus ohne Grundbesitz), 1750/55 Johan Henrich Rust, Haus für 200 Rthl (sein Nebenhaus siehe Fischertor 2); 1766/81 Witwe Rust, 200 Rthl; 1798/1812 Schiffsinspektor Wilhelm Rust und Inspektor Friedrich Rust (* 1771), Haus für 600 Rthl, hält 2 Schweine; 1818/35 Witwe Inspektor Rust, Wohnhaus 600 Thl; 1846 Steuergehilfe Daniel Ziel mit Familie; 1853 Schankwirt und Kleinhändler Hanecke und eine Mietpartei; 1876/78 Schiffseigner Schlüter mit einer Mietpartei; 1906/19 Schiffsführer Wilhelm Bruns; 1937 Charlotte Bruns; 1971 Schlachtermeister Karl Westphal.

Abb. 1833 Weserstraße, Blick von Südosten, links Nr. 4, Einmündung Steinweg, dann Weserstraße 5, 6, 8 und 9, 1993.

Haus (um 1840)

Eingeschossiger Fachwerkbau mit Giebel zur Weserstraße und Traufe zum Steinweg. Das Fachwerkgerüst mit Schwelle-Rähm-Streben ausgesteift, die Hölzer zum Teil aus einem älteren Bau wieder verwendet, den konstruktiven Merkmalen nach um 1840 neu errichtet. Der Giebel zur Weserstraße ehemals mit mittlerer Haustür und seitlich jeweils zwei Fenstern und Krüppelwalmgiebel.

Das Innere wurde bestimmt durch einen mittleren Längsflur in der Tradition einer Diele, der sich vor dem Rückgiebel zu einem etwas weiteren Treppenhaus mit gewendelter Treppe zum ausgebauten Dach weitet. Seitlich jeweils drei Räume, der nordwestliche unterkellert. Der westliche Teil des Daches mit Schleppgaupe zur besseren Belichtung des Dachgeschosses, das ebenfalls durch einen mittleren Längsflur erschlossen ist.

1906 Kanalisation; 1937 Erneuerung der Balkendecke über dem Keller aus Beton; 1971 Verlegung des Hauseingangs von der Weserstraße zum Steinweg, wobei auch die Innenaufteilung im Erdgeschoß verändert wurde. 1978 Dachgeschoßausbau und weitere Modernisierung des Hauses.

Auf dem westlich des Hauses gelegenen kleinen Freiplatz am Steinweg, auf dem man in der zweiten Hälfte des 19. Jahrhunderts ein kleines Wirtschaftsgebäude aus Backstein errichtet hatte, 1980 ein zweigeschossiger verputzter Massivbau unter eigenem Satteldach zur Erweiterung der Wohnfläche des Hauses angefügt (Baugeschäft: R. Meier).

Abb. 1834 Weserstraße 4, dahinter Fischertor 2, Ansicht von Nordosten, 1993.

WESERSTRASSE 5 (Abb. 1777, 1780, 1824, 1833, 1835)

bis 1878 Haus-Nr. 834 und 835; bis 1908 Fischerstadt 7

Die beiden zunächst sehr kleinen Hausstätten an der Ecke zum Steinweg, die vor 1700 wohl zum Komplex des großen bürgerlichen Anwesens Weserstraße 6 gehört haben dürften, lagen seit etwa 1745 wüst und wurden erst 1798 wieder gemeinsam mit einem Haus überbaut (wobei es durch den Zusammenhang mit dem im gleichen Besitz befindlichen Nachbarhaus zu einer Vertauschung der Haus-Nrn. kam). Dieses schon 1865 wieder durch einen Neubau ersetzt.

HAUS-NR. 835 (bis 1806 Haus-Nr. 833): 1712 Jobst Lachtrup, davor Hinrich Lachtrup; 1743 Daniel Rolfing, vorher Landwehr; 1750 Lachtrups wüste Stätte; 1755/66 Hermann Lachtrups wüste Stätte; 1770 Lachtrup, Hausstätte ist wüst, da dem Eigentümer das Vermögen fehlt; 1781/98 ist wüst; 1798 Böttcher Heinrich Koch; die Parzelle wurde 1798 in den Neubau des Hauses Nr. 834 einbezogen.

HAUS-NR. 834 (ab 1806 Haus-Nr. 834/835): 1712 Johan Konerdings Haus, später Fischerstädter Vorsteher; 1750 Gemeinde Hausstätte; 1755 eine dem Magistrat zustehende wüste Stelle; 1764/66 Gemeinde-Hausstätte; 1770 wüster Platz der Gemeinde der Fischerstadt, der das Geld zum Neubau fehlt (KAM, Mi, C 874); 1781 wüster Platz; 1797 wüste Stelle; 1798 Böttchermeister Koch; 1804 Pächter ist Branntweinbrenner Junck, vermietet an die Mutter des Böttchers Koch (hat Knecht und Magd), halb massives Haus, hält 1 Pferd; 1809 Böttcher Koch, Mieter ist Major von Beerenstein; 1812/18 Böttcher Heinrich Koch (* 1764) und Geselle Heinrich Koch (* 1797), Haus für 500 Thl; 1829 Witwe Heinrich Koch; 1832/36 Böttcher Heinrich Koch (* 1764); 1835 Koch, Erhöhung von 500 auf 800 Thl neu Stall für 25 Thl; 1846 Böttcher Heinrich Georg Koch und als Mieter Steueraufseher Heinrich Steckhalm; 1853 Böttcher Koch mit Familie und Mietpartei; 1864 Sattler Koch, Haus für 1 400 Thl; 1865 Böttcher Georg Koch; 1876/78 Böttcher Koch und drei Mietparteien; 1906 Witwe Auguste Koch; 1907/08 Witwe Minna Sommer; 1919 Erben Sommer, vermietet an fünf Parteien; 1946 Otto Sommer; 1970 Utz Sommer.

Abb. 1835 Weserstraße 5, links Einmündung des Steinwegs, rechts Weserstraße 6, 8 und 9, Ansicht von Südosten, 1993.

Haus (1798–1865)

1798 wird berichtet, es sei ein Neubau errichtet worden. Über die weitere Gestalt des 1865 abgebrochenen Hauses ist nichts weiter bekannt.

Haus (von 1865)

1865 wird nach Abbruch des bestehenden Hauses (von 1798) ein Neubau errichtet (KAM, Mi, F 629/630). Dieses ein zweieinhalbgeschossiger verputzter Backsteinbau mit flach geneigtem Satteldach. Das Gebäude ganz unterkellert mit Kappen von Backsteinen auf gemauerten Gurtbögen. Die beiden Ansichten zur Weserstraße und zum Steinweg in spätklassizistischer Weise schlicht geputzt mit Brustgesims im ersten Obergeschoß. Beide Fassaden axial gestaltet mit je drei gekuppelten Fenstergruppen, dabei der Giebel zur Weserstraße mit mittlerer Haustür (darüber eine Sandsteintafel mit Inschrift: *No 835, erbaut 1865 Georg Koch,* siehe dazu auch Krins 1951, S. 90). Die Fenstergewände und Sohlbänke aus Sandstein, letztere in der Stirn profiliert. Weitere Gliederung durch aus Backsteinen gemauerte, heute entfernte, gebrochene Wasserschläge über den Öffnungen. Die Traufwand mit übergiebeltem Zwerchhaus über den mittleren Fenstern zur besseren Belichtung des Dachgeschosses.

Das Innere mit einem Längsflur durch das ganze Gebäude, an den sich in der Mitte der nördlichen Seite ein zweiläufiges, hölzernes Treppenhaus mit gedrechselten Traillen anschließt. Noch wasserführender Brunnen im Keller.

In dem Haus unterhielt der Kaufmann Wiehe 1878 ein Büro; 1905 Kanalisation; 1946 wird das Haus nach leichten Beschußschäden wieder hergestellt; 1970 Einbau einer Garage in das Erdgeschoß mit Tor sowie eine zusätzliche Haustür vom Steinweg aus. Dabei der Flur im Erdgeschoß im rückwärtigen Bereich aufgegeben und statt dessen ein neuer Querflur geschaffen. Neuverputz des Hauses und Umbau einiger Fensteröffnungen.

WESERSTRASSE 6 (Abb. 1777, 1780, 1833, 1835–1837)

bis 1878 Haus-Nr. 833; bis 1908 Fischerstadt 8

Ursprünglich offensichtlich der Kern eines großen bürgerlichen Anwesens am Beginn der Fischerstadt, gesäumt von Weserstraße im Osten, Steinweg im Süden und Oberstraße im Westen. Das Hauptwohnhaus selbst scheint im 17. Jahrhundert aus Stein erbaut gewesen zu sein, wie es die umfangreichen, im Nachfolgebau von 1770 verarbeiteten Steinmaterialien nahelegen. Spätestens in der zweiten Hälfte des 17. Jahrhunderts ist die Aufteilung des Blocks in mehrere eigenständige Hausstellen zum Abschluß gekommen. So scheint das spätere Gebäude Oberstraße 6/Weserstraße 7, mitten im Baublock gelegen, ehemals als Flügelbau oder Hinterhaus zugehörig gewesen zu sein. Offensichtlich schon im Spätmittelalter dürfte zunächst auf dem Grundstück Oberstraße 4 ein zweites Wohnhaus (als Nebenhaus ?) errichtet worden sein, dem 1499 ein Hinterhaus (später Steinweg 1) angefügt wurde. Im 17. Jahrhundert erfolgte offenbar die Aufsiedlung des südlichen Streifens der Parzelle entlang dem Steinweg, wo die kleinen Wohnhäuser Steinweg 3 und 5 sowie die beiden offensichtlich sehr kleinen Häuser errichtet wurden, die vor 1800 auf der heutigen Parzelle Weserstraße 5 standen. Schon seit dem 18. Jahrhundert umfaßte die eigentliche Hausstelle kaum mehr Grund als die Baufläche des Vorderhauses und wurde von schmalen Durchgängen abgesehen, auf drei Seiten von den anschließenden Bauten Steinweg 5, Weserstraße 5, 7 und 8 sowie Oberstraße 6 eingefaßt. Um 1870 geringfügige Erweiterung nach Süden durch Zuerwerb einer kleinen Fläche des Grundstücks Weserstraße 5.

HAUS-NR. 835 (ab 1806 Nr. 833): 1693 Fischer Hinrich Fuestman; 1712 Johan Herman Fustman, vorher Henrich Fuestman; 1743 Johan Hermann Fustmann; 1750 Hermann Fußtmann; 1755 Hartmann, Haus für 20 Rthl; 1764 Hartmanns Haus; 1766 Witwe Meyer, 20 Rthl; 1770 Böttchermeister Koch; 1781 Erben Koch, Haus für 100 Rthl; 1802 Koch, Haus für 425 Rthl; 1804 Böttcher Koch, halb massives Wohnhaus für 425 Rthl, hat hölzerne Handspritze, hält 1 Kuh, 1 Jungvieh und 2 Schweine; 1809 Böttcher Koch; 1812/18 Böttcher Heinrich Koch und als Mieter Regierungsassistent Johan Rust (* 1782 in Alswede), Haus für 500 Thl; 1829 Witwe Heinrich Koch; 1835 Koch, Erhöhung von 500 auf 1 200 Thl; 1846 Haus ist unbewohnt; 1850 Umschreibung von Koch auf Georg Rolff; 1853 Schiffsherr Rolff (untere Etage benutzt Herr Rolff als Comptoir und Kammer, die zweite Etage steht leer); 1873 Witwe von Syberg und als Mieter Regierungssekretär Clairmont und weiterer Mieter; 1876/78 Genrich; 1906/19 Kaufleute Lagemann & Schelken (Tränkestraße 1), vermietet an drei Parteien; 1931 Wilhelm König.

Haus (von 1770)

1770 wurde ein Neubau errichtet, da das *alte Haus drohte einzustürzen*. Der für den Böttcher Johann Koch mit Schulden errichtete Bau wird beschrieben als *ein gantz Haus von grund auf massiv gebauet* (KAM, Mi, C 472, C 874). Dieses ein zweigeschossiges, schmales und giebelständiges Gebäude unter Satteldach mit Krüppelwalm am Vordergiebel. Das Erdgeschoß bis auf den rückwärtigen Giebel aus Bauschutt (Bruch- und Sandsteinblöcke) aufgemauert, ansonsten aus Fachwerk. Dieses mit zwei Riegelketten (dabei Riegelversprung der Kopfriegel über den Fenstern), Aussteifung mit Schwelle-Rähm-Streben. Dachwerk mit einer Kehlbalkenlage. Der Bau offensichtlich von Anfang an geschlämmt oder verputzt, um eine Einheit der Gestaltung zu erreichen. Diese auch

Abb. 1836 Weserstraße 6, dahinter Weserstraße 7, Ansicht von Nordosten, 1993.

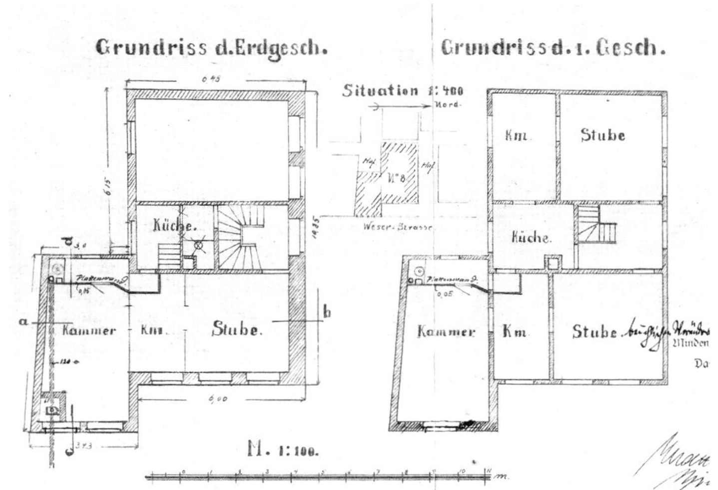

Abb. 1837 Weserstraße 6, Grundrisse von Erd- und Obergeschoß, Zustand 1905. Norden rechts.

Abb. 1838 Weserstraße 7, Ansicht von Osten, 1993.

durch die axiale Anordnung der Fensteröffnungen unterstützt. Am Vordergiebel drei Fenster, an der offenen nördlichen Traufwand.

Das Innere wird bestimmt durch eine mittlere Quererschließung mit gewendeltem Treppenhaus und dahinter angeordneter Küche. Zur Straße Stube und Kammer, rückwärtig großer Raum, um 1900 als Werkstatt genutzt. Der Grundriß im Obergeschoß in der gleichen Weise als eigene Wohnung eingeteilt. 1906 Kanalisation; 1907 Einbau eines Kellers unter der nordöstlichen Ecke des Hauses und Umbau des darüber liegenden Erdgeschoßraumes. Das Haus um 1985 in den Details modernisiert (Treppe und Türen erneuert), dabei das Fachwerk am Giebel freigelegt.

Um 1870 Errichtung eines kleinen Anbaus nach Süden bis vor die Wand des Hauses Weserstraße 5. Dreigeschossiger, traufenständiger Bau unter Satteldach ohne eigene Seitenwände, zur Straße massiv und verputzt, rückwärtig als Fachwerkbau aufgerichtet. Ursprünglich nur das Erdgeschoß mit einem Wohnraum, darüber zwei Lagergeschosse, nach 1980 unter Veränderung der Öffnungen zu Wohnzwecken ausgebaut.

WESERSTRASSE 7 (Abb. 1836, 1837, 1840)

bis 1805 zu Haus-Nr. 831; bis 1878 Haus-Nr. 831 b; bis 1908 Fischerstadt 9

Die nicht in der Flucht der Straße, sondern hinter Nr. 8 liegende, sehr kleine Hausstätte erst 1766 durch Abtrennung des östlichen Abschnittes (von zweieinhalb Gefachen) des Gebäudes Oberstraße 8 (siehe dort) geschaffen. In dem Haus hat sich das Gerüst eines ursprünglich zum Haus Weserstraße 8 gehörenden und um 1500 errichteten Flügelbaus erhalten. Der um 1846 errichtete Neubau nimmt die Fläche des Vorgängergerüstes wieder auf.

1766 Witwe Langhorst; 1805 Schütze Heinrich Koch, Wohnhaus ohne Grundstück; 1806 Haus ist unbewohnt; 1809 *Kopiist* Koch; 1812 Heinrich Koch; 1818 Christian Fopp, Wohnhaus für 30 Thl; 1829/35 Christian Hilker, Wohnhaus 250 Thl, Stall 25 Thl; 1846 unbewohnt; 1852 Witwe Hilker (wohnt Oberstraße 20), verkauft das Haus an den Schiffsherrn Rolf (KAM, Mi, F 627), 1853 vermietet an Arbeiter Ems; 1873 Heizer Gennerich und eine Mietpartei; 1878 Hartung; 1906 Gerichtssekretär Alex Hartung (wohnt Weserstraße 8); 1919 Rechnungsrat Alex Hartung (wohnt Weserstraße 8), vermietet an zwei Parteien.

Haus (von etwa 1846)

Eineinhalbgeschossiger Fachwerkbau, errichtet wohl um 1846. Das Gerüst zumeist aus Eichen- aber auch aus Nadelholz und mit zwei Riegelketten, durch Schwelle-Rähm-Streben ausgesteift, Balken in nicht gebundenem System aufgelegt. Zur Nutzung des Dachgeschosses zu Wohnzwecken über dem Stockwerk ein getrennt abgebundener niedriger Drempel von Fachwerk aufgesetzt (dabei im Giebel Drempel und Dreieck zusammen verzimmert). Ordnung der Öffnungen axial, der Bau offensichtlich für Verputz vorgesehen.

Um 1990 Modernisierung des Hauses und Freilegung des Fachwerkes, wobei vor dem Ostgiebel als Windfang auch eine kleine Utlucht von Fachwerk unter Pultdach vorgesetzt wurde.

WESERSTRASSE 8 (Abb. 1777, 1780, 1833, 1835, 1839–1842)

bis 1798 Haus-Nr. 829 und 830; bis 1878 Haus-Nr. 829/830; bis 1908 Fischerstadt 10

Die heutige Parzelle ist offenbar Kern eines weitläufigen bürgerlichen Anwesens, das vor seiner wohl in der zweiten Hälfte des 17. Jahrhunderts erfolgten Aufteilung bis zur Oberstraße reichte und nach den Bauspuren und den historischen Nachrichten zuvor südlich mit einem großen möglicherweise sogar aus Stein errichteten Giebelhaus bebaut war, an das sich rückwärts ein großer Fachwerkflügelbau von etwa 19 m Länge anschloß (das spätere Haus Oberstraße 8 sowie die davon 1766 erfolgte Abtrennung Weserstraße 7). Nördlich folgte dem Haupthaus an der Weserstraße noch ein Nebenhaus. Weitere aus dem Block abgetrennte Hausstätten sind offenbar Oberstraße 10/12 und 14 (letztere mit einer um 1500 errichteten Scheune). Seit 1781 befanden sich die beiden Vorderhäuser wieder in der Hand eines Eigentümers, wobei nach gemeinsamem Neubau 1792 die beiden Nummern seit 1798 zusammengefaßt werden. In der ersten Hälfte des 19. Jahrhunderts wird das Anwesen zum Zentrum der Schiffer- und Unternehmerfamilie Rolff, bis diese 1853 ihren Wohnsitz an die Hafenstraße 28/30 in unmittelbarer Nähe zu dem entstehenden neuen Weserhafen verlegte.

HAUS-NR. 829: 1728 soll das Haus von Peter Hartel mit Huderecht für 2 Kühe, angeschlagen zu 119 Rthl versteigert werden (WMA 1728, Nr. 29); 1737 Konkurs über das Hartelsche Haus, Mieter für 4 Rthl ist Christoph Specht; 1743 ohne Eintrag (Haus ohne Grundbesitz); 1750 Leineweber Specht; 1755/66 Meister Specht, Haus für 40 Rthl; 1781 Henrich Brüggemann.

HAUS-NR. 830: 1743 Hermann Henrich Böndel; 1750/55 Herm. Henrich Böndel, Haus für 40 Rthl; 1764/66 Witwe Böndel, 40 Rthl; 1781 Henrich Brüggemann, 50 Rthl.

HAUS-NR. 829/830: Nachdem noch 1776 nur das Haus-Nr. 829 versteigert werden soll, werden 1777 dann die beiden dem Schiffer Henrich Brüggemann gehörenden Häuser angeboten (WMA 1776, Sp. 382 und 1777, S. 2 und 211); 1792 Gottfried

Abb. 1839 Weserstraße 8, Ansicht von Südosten, 1970.

Brüggemann (seine Tochter Charlotte heiratet den Schiffer Gerhard Heinrich Böndel); 1794 Schiffer Gottfried Brüggemann, er führt für die Regierung Minden den Salzhandel durch (STA DT, MI, 1 C, 230); 1795 Erben Gottfried Brüggemann; 1798 Schiffer Böndel; 1802 Böndel, halb massives Wohnhaus 1 500 Rthl, Hinterhaus 500 Rthl, hält 2 Stück Jungvieh und 2 Schweine; 1806 Schiffer Gerhard Böndel, Wohnhaus, Stall und Hofplatz; 1809 Böndel Senior; 1815 Schuster Georg Bondel (* 1766 in Rinteln); 1818 Heinrich Böndell, Wohnhaus 1 500 Thl, Hinterhaus 500 Thl (kauft 1817 auch das Haus Weserstraße 15); 1819 Verkauf des Anwesens; 1829/32 Georg Rolff, neuer Stall errichtet; 1846 Schiffsherr Georg Rolff (* 23. 6. 1801) mit Familie; 1853 Schiffsherr Rolff mit Familie (im Stall 2 Pferde); 1860 Rolff; 1873 Musiklehrer Hartung und Witwe Wagner sowie Leutnant Freiherr von der Goltz; 1878 Hartung; 1906 Gerichtssekretär Alexander Hartung; 1919 Rechnungsrat Alex Hartung und zwei Mietparteien; 1933 Anna Lambertin/Halle a. d. Saale; 1953 Werner Lambertin/Lübbecke.

Haus-Nr. 829 (bis 1792)

1737 wird festgestellt, daß das Haus nicht mit 50 Rthl zu reparieren sein wird (KAM, Mi, C 832). 1776/77 befinden sich in dem Haus nur eine Stube, eine Küche und drei kleine Kammern, ferner ein Kuhstall nebst einem Schweinestall mit steinernem Trog im Hof (zu dem auf 215 Rthl taxierten Haus gehört ein Huderecht für 2 Kühe vor dem Fischertor, zusammen zu 309 Rthl angeschlagen).

Haus-Nr. 830 (bis 1792)

1777 befinden sich in dem Haus eine Stube, vier Kammern, eine Küche sowie Kuhstall und Schweinestall mit steinernem Troge (zum dem auf 309 Rthl taxierten Haus gehört ein Huderecht auf 2 Kühe vor dem Fischertor). Auf

Grund der im Nachfolgebau verwenden Spolien dürfte das Haus steinerne Umfassungswände gehabt haben, wobei es eine Bogentür aus dem frühen 17. Jahrhundert mit Beschlagwerkrahmung aufwies. Der Rückgiebel des Hauses ist an der Grenze zum Haus Weserstraße 7 zu rekonstruieren, da sich in diesem Bau ebenso (wie noch dort erhalten) in dem Haus Oberstraße 8 der frühere zugehörige Flügelbau erhalten haben dürfte.

Haus (von 1792)

Zweigeschossiger und traufenständiger Bau von fünf Fensterachsen mit massivem Erd- und Fachwerkobergeschoß. Flaches ausgebautes Vollwalmdach, in der Mitte der Längswände übergiebelte Ausbauten. Das heute durch veränderte Geschoßhöhen und damit abgesenkte Fenster in der Gestalt stark entstellte Haus war über lange Zeit das aufwendigste Wohnhaus der Fischerstadt und im 19. Jahrhundert Wohnsitz der für die Wirtschaftsgeschichte Mindens wichtigen Schiffer Rolff (dazu siehe Teil V, Kap. IX, S. 1456, Hafenstraße 28/30). Im Gegensatz zur Nachbarbebauung wurde das Haus als repräsentatives Wohnhaus erbaut und hinter einen kleinen Vorplatz traufenständig gestellt, während man hinter dem Haus zugleich ein eigenständiges Wirtschaftsgebäude errichtete.

1792 für den Schiffer Gottfried Brüggemann nach Abbruch zweier nebeneinander stehender Giebelhäuser als völliger Neubau errichtet, wofür man ihm 200 Rthl Baufreiheitsgelder auszahlte (KAM, Mi, C 126 und 134). Zu dieser Zeit handelte es sich zunächst um ein eingeschossiges und traufenständiges Haus von fünf Fensterachsen mit Krüppelwalmdach und je einem großen übergiebelten Zwerchhaus von Fachwerk mit drei Fensterachsen über beiden Traufwänden. Die Haustür mit starkem Sandsteingewände betont; in deren Sturz die Inschrift: *ERBAUET A 1792 VON GOTTFRIED BRÜGGEMANN* (Krins 1951, S. 88). Türblatt der Bauzeit mit geschwungenem und gesproßtem Oberlicht. Im Inneren im vorderen Bereich ein breiter, seitlich jeweils von einer Stube flankierter Vorraum, der in der rückwärtigen Haushälfte schmaler und mit Treppe zum Obergeschoß, bis zu einem rückwärtigen Ausgang weiter geführt und seitlich jeweils von zwei nebeneinanderliegenden Räumen flankiert wird.

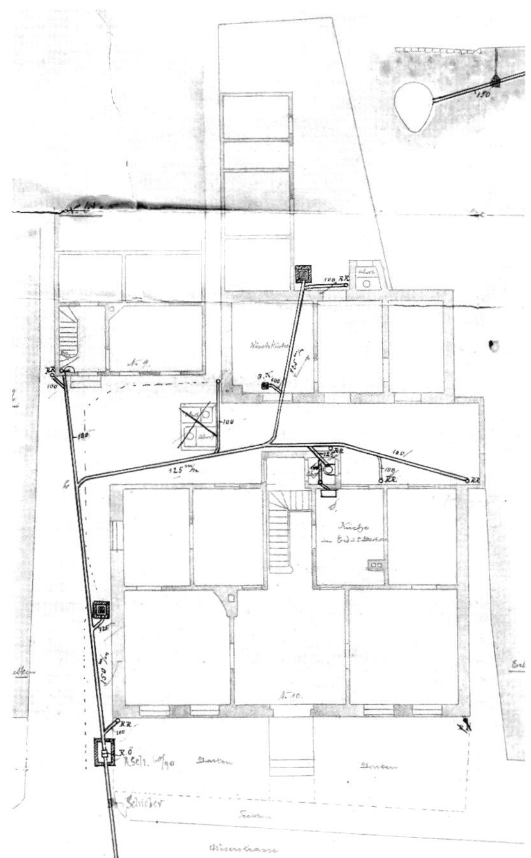

Abb. 1840 Weserstraße 8 vorne. Dahinter (rechts) das Hintergebäude, links Weserstraße 7, Plan zur Entwässerung der Grundstücke, 1906.

Das Haus um 1820 zu einem zweigeschossigen Wohnhaus umgebaut, indem man zwischen die bestehenden Giebeln Fachwerkwände aufführte. Zugleich dürfte der Bau auch verputzt worden sein. 1860 wurde durch den Steinhauer Reike ein Vorbau vor dem Haus

Abb. 1841 Weserstraße 8, Haustür, 2000.

errichtet, *welcher aus lauter Werkstücken besteht* (KAM, Mi, F 372). Im 19. Jahrhundert kleiner Anbau an der rückwärtigen Traufwand für Abort auf dem Treppenpodest (heute zu Treppenhaus erweitert); 1906 Kanalisation; 1937 Errichtung eines geschmiedeten Zaunes vor dem Haus (Plan: K. Volkening); 1967 Erneuerung des Schuppens hinter dem Haus (Plan: H. P. Korth); 1968 Erneuerung des Balkons vor dem Haus, wobei offenbar auch das Fachwerk an der Vorderfront des Hauses freigelegt worden ist.

1975 Umbau und Sanierung des Hauses, wobei das gesamte innere Gerüst des Hauses einschließlich aller Ausstattung entfernt und einschließlich eines neuen Kellers durch massive Ausbauten ersetzt wurde (Plan: P. Hopff/Bückeburg). Zugleich wurden die Höhen der Fensteröffnungen zur Angleichung an die neuen Geschoßhöhen einschneidend verändert und die übrigen Fachwerkfronten freigelegt. 1984 Eintragung des Portals in die Denkmalliste der Stadt Minden. 1993 Sanierung des Putzes und der Gefache.

Hinter- und Lagerhaus/Salzmagazin ? (von 1792)

Zweigeschossiger rechteckiger Bau mit Satteldach auf einer Grundfläche von 9,60 x 4,70 m, wohl als Lagerhaus mit Wohn- oder Kontorräumen im Obergeschoß konzipiert (offensichtlich nicht als eigenes Wohnhaus, da es in den Steuerlisten nie als solches geführt wurde). Das Erdgeschoß aus

Bruchstein und verputzt, das Obergeschoß von Fachwerk und mit Bruchsteinen ausgemauert. Dieses von Eiche und ausgesteift mit Schwelle-Rähm-Streben und einer Riegelkette; Dachwerk und Balkenlagen von Nadelholz. Das massive Lagerhaus könnte dem zu dieser Zeit nachweisbaren umfangreichen Salzhandel des Schiffers Brüggemann gedient haben. Die Ausübung des Salzmonopols durch ihn im Auftrage der Regierung ist für 1794 nachzuweisen.

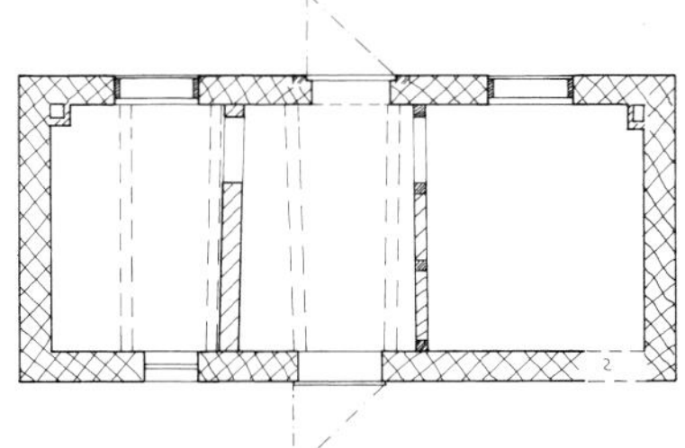

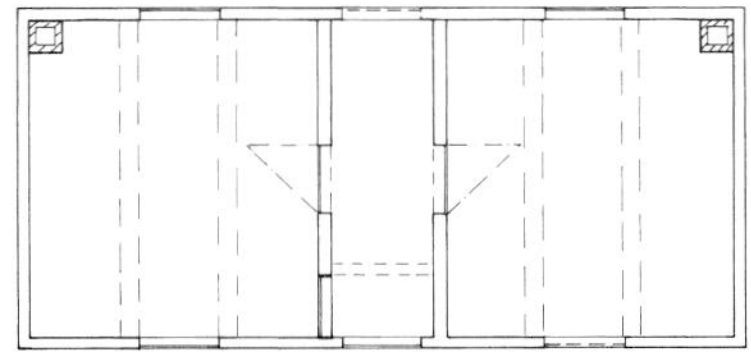

Abb. 1842 Weserstraße 8, Hinterhaus, Grundrisse von Erd- und Obergeschoß, rekonstruierter Zustand von 1792.

Das Gebäude erschlossen durch eine breite Tür in der Mitte der östlichen Traufe. Das rechteckige Türgewände von Sandstein, im Sturz Inschrift: *ERBAUET A 1792 GOTFRIT BRIGGEMANN* (der Sturz nachträglich um etwa 20 cm hochgesetzt – offenbar im Zusammenhang mit Geländeaufschüttungen). Eine weitere kleinere Tür in der westlichen Traufwand zum anschließenden Gartengelände.

Das Innere mit einer breiten mittleren Flurzone, an die sich zu beiden Giebeln abgetrennte Räume anschließen. Dabei der nach Süden mit einer mit Backsteinen ausgemauerten Fachwerkwand abgeteilt, der nach Norden mit einer Backsteinwand (Steine jeweils 27 x 12 x 6,5 cm) und möglicherweise als sicherer Lagerraum (für Salz ?) gedacht, Zugang jeweils nahe der vorderen Tür. Der gleiche Grundriß bei schmalerem Flur in der oberen Etage, hier jedoch alle Wände von Fachwerk und mit Lehmziegeln ausgefacht. Die Decken im Obergeschoß als verputzte Wellerdecken ausgeführt, die Böden mit etwa 25 cm breiten Nadelholzdielen. Die Treppe nicht erhalten, offensichtlich ehemals einläufig. Jeweils ein Schornstein in den beiden Ecken zwischen der Vorderfront und den Seitengiebeln, an denen wohl die Öfen der beiden Räume im Obergeschoß angeschlossen waren.

Das Dachgeschoß im Laufe des 19. Jahrhunderts nachträglich zu Wohnzwecken ausgebaut, wobei die dorthin führende Treppe ein Geländer mit schlichten rechteckigen Stäben erhielt. Die Fenster in den alten Öffnungen zu verschiedenen Zeiten erneuert, zwei Fenster im Obergeschoß wohl noch bauzeitlich.

Rückwärtig später einen Abort sowie einen langen Stallflügel aus Backstein angefügt; 1997 unter Beseitigung der Anbauten modernisiert.

WESERSTRASSE 9 (Abb. 1777, 1780, 1833, 1835, 1843–1845)

bis 1878 Haus-Nr. 828; bis 1908 Fischerstadt 11

Eine der größten nachweisbaren bürgerlichen Hausstätten in der Fischerstadt, die ehemals bis zur Oberstraße reichten, zudem bis heute diejenige, die im Laufe der letzten vier Jahrhunderte am wenigsten unterteilt worden ist. Auf der Parzelle ein bemerkenswertes Ensemble historischer Bauten, die in ihrer Entwicklung exemplarisch die Entwicklung großer bürgerlicher Anwesen in der Fischer-

Abb. 1843 Weserstraße 9, anschließend 10 und 11, Ansicht von Südosten, 1970.

stadt verdeutlichen. Zugehörig ehemals sicherlich auch das Grundstück Oberstraße 16, auf dem im Jahre 1600 ein größeres Gebäude entstand. Die zwischen beiden Besitzen stehende Scheune von 1646 (weitgehend hinter dem Grundstück Weserstraße 10) nach Ausweis des Zuganges auch bauzeitlich schon zum Anwesen Weserstraße 9 gehörend. Den Kern der Bebauung bildet dabei ein ungewöhnlich großes und breites Haus aus dem späten 15. Jahrhundert. Dieses Haus ist in der Mitte des 17. Jahrhunderts erweitert worden, wobei die zwei errichteten Hinterhäuser und die 1646 errichtete Scheune zusammengeschlossen wurden.

1743 Frau des Michael Lang; 1750/55 Witwe Michael Lange, Haus für 100 Rthl; 1766 Rudolph Vögeler, 100 Rthl; 1781 Witwe Vögeler, 400 Rthl; 1784 Bierschenk Schröder; 1798 Branntweinbrenner Ernst Lütkemann; 1802/04 Brenner Lütkmann und als Mieter Witwe Schröder, hält 1 Kuh und 1 Schwein; 1806/09 Witwe Lütkemann, Wohnhaus, Scheune und Hof (1809 betreibt eine Wirtschaft); 1812 Erben Lütkemann; 1815/18 Fischer Johann Cord Gieseking (* 1768) und Friedrich Giesking (* 1797), Wohnhaus 350 Thl, Stallung 50 Thl; 1826 Erhöhung Wohnhaus auf 775 Thl, Stallung 125 Thl; 1829 Cord Gieseking; 1830 Erhöhung Stallung 150 Thl, neu Scheune und Pferdestall 500 Thl; 1832/36 Schankwirt und Höker Cord Gieseking (* 23. 6. 1768); 1846 Kord Gieseking (79 Jahre) und seine Frau Margarethe (90 Jahre) und als Mieter der Schankwirt Ignatz Hanecke; 1853 Gieseking, Mieter ist Witwe Sander (betreibt Gast- und Schankwirtschaft in ihrer Stube. Siehe auch zuvor Hermannstraße 8); 1873 Rentier Gieseking und Backmeister Gieseking und zwei Mietparteien; 1878 Gieseking; 1907 Erben Gieseking, jetzt Bredenkamp (wohnt in Vlotho); 1914 F. Bredenkamp in Vlotho; 1919 Fuhrmann Wilhelm Rohlfing und drei Mietparteien.

Dielenhaus (1494 ⓓ)

Eingeschossiges und ungewöhnlich breites Giebelhaus unter hohem Satteldach. Die verputzten Ansichten heute mit aufgenagelten Brettern als Fachwerkhaus gestaltet. Kern des heute dreigeschossig ausgebauten Hauses ist aber ein wohl noch in wesentlichen Teilen erhaltenes spätmittelalterliches Fachwerkgerüst, das bei acht Gebinden Länge und leicht schräg zum Baukörper gestelltem Giebel eine nahezu quadratische Grundfläche aufweist (Breite etwa 11 m, Tiefe etwa 11 m). Auf Grund einer dendrochronologischen Datierung (1996 durch H. Tisje/Neu-Isenburg) und bescheidener bautechnischer Hinweise im späten 15. Jahrhundert erbaut:

1494/95	Ostgiebel des Vorderhauses, Spitzsäule
1651/52	Ostgiebel des ersten Hinterhauses, Spitzsäule

Die Baugeschichte des Gebäudes, die ursprüngliche Gestalt und das Gerüst können in dem momentan völlig ausgebauten und verkleideten Gebäude nur ansatzweise geklärt werden. Offensichtlich handelte es sich aber um einen eingeschossigen Fachwerkbau unter steilem Sparrendach, der als mehrschiffiges Hallenhaus aufgeschlagen wurde. Möglicherweise war dieses damit für die Fischerstadt ungewöhnlich breite Gebäude schon ursprünglich als dreischiffiges Hallenhaus konzipiert, wobei dessen Innengerüst sich bis heute in den verkleideten Wänden erhalten zu haben scheint. Es kann sich aber auch bei dem nördlichen Seitenschiff um einen nachträglich hinzugefügten Einbau handeln. Dann würde die Diele eine Breite von etwa 6,70 m lichter Breite aufgewiesen haben, das südliche Seitenschiff von etwa 3,50 m. Nach Bestand beider Einbauten beträgt die Breite der Diele etwa 3,25 m. Das Kerngerüst des Baus mit aufgelegten Dachbalken, das Wandgefüge augenblicklich nicht feststellbar. Keine zweitverwendeten Hölzer festzustellen. Auffallend die Lage der unteren beiden eingezapften Sparrenlagen, die eine lichte Höhe von 2,5 m bildet. Die beiden Giebeldreiecke offensichtlich nur am Fuß ehemals mit einer Vorkragung und mit einer untergestellten Spitzsäule (vorne heute zum Teil entfernt) und am vorderen Giebel mit lehmausgefachtem Fachwerk bis unter die oberste Kehlbalkenlage versehen, die Spitzen wohl verbrettert.

Im frühen 17. Jahrhundert hinter dem Rückgiebel ein kleiner zweigeschossiger und unterkellerter Flügelbau auf kleiner Grundfläche errichtet, der möglicherweise als Altenteil diente. Dieser wohl schon wenig später durch ein zweites zweistöckiges Hinterhaus ergänzt, das den Zwischenraum bis zur rückwärtigen Scheune zubaute – wobei der östliche Giebel der nur wenig älteren Scheune wieder abgebrochen werden mußte (zu diesen drei Bauteilen siehe weiter unten).

Für 1784 eine Reparatur des Hauses (KAM, Mi, C 874) überliefert. Eine weitere Modernisierung wohl um 1860, von der noch einige Innentüren, das eiserne Vorgartengitter und die erhalte zweiflügelige Haustür zeugen. Möglicherweise bestand bis zu diesem Zeitpunkt noch ein Tor zur Diele, das nun zu einer Tür verkleinert wurde. Zugleich Verputz des Giebels und Einbau neuer Fenster; 1907 Kanalisation; 1914 Ausbau einer Gaupe auf der südlichen Seite (durch Baugeschäft M. Schütte); 1975/77 Umbau des Hauses mit Reparatur des Dachstuhls, Einbau von fünf Wohnungen und (auf Wunsch des Hochbauamtes der Stadtverwaltung) »Freilegung des Fachwerkes«, allerdings als Verblendung mit aufgenagelten Bohlen ausgeführt. Bei den Baumaßnahmen wurde der gesamte noch erhaltene mittlere breite Flur zu Nebenräumen durchgebaut; 1992 Erneuerung der Verbretterung am Ostgiebel.

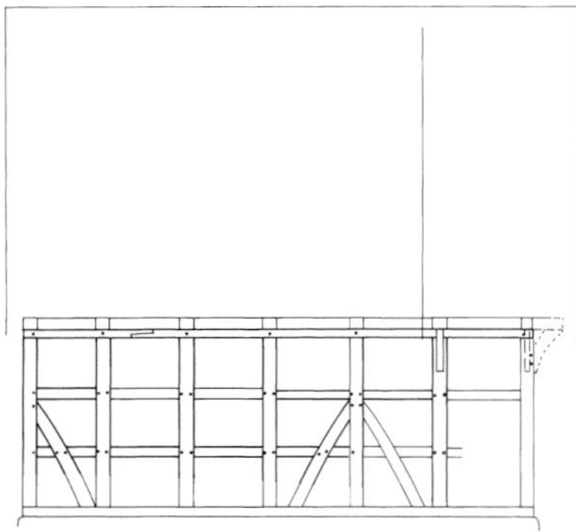

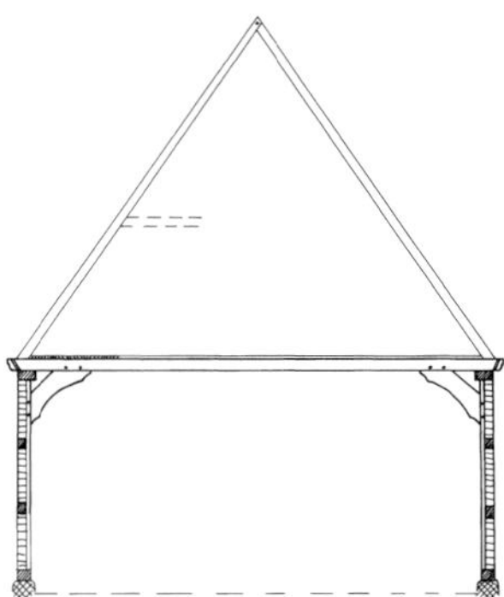

Abb. 1844 Weserstraße 9, Scheune, südliche Traufwand und Querschnitt, rekonstruierter Zustand Mitte des 17. Jahrhunderts.

1. Flügelbau (von 1652 ⓓ)

Zweistöckiger Fachwerkbau von fünf recht weiten Gebinden unter einem Satteldach (etwa 50°). Das Gerüst in jedem Stockwerk mit einer Riegelkette, die Eckständer mit geraden Fußstreben ausgesteift. Die Balkenlage in beiden Stockwerken nicht übereinander (womöglich Hinweis auf eine ehemalige Vorkragung des rückwärtigen Westgiebels). Die Balkenlage stimmt in der Höhenlage mit der des Vorderhauses überein. Ausfachung mit Lehmflechtwerk (in Teilen noch erhalten). Die Eichensparren rußgeschwärzt. Beide Giebeldreiecke mit untergestellter Spitzsäule, das östliche nachweisbar verbrettert.

Das Erdgeschoß im 18. Jahrhundert massiv erneuert und zugleich die meisten Balken der darüber befindlichen Decke ausgewechselt, wobei es auf Grund des inzwischen hoch angeschütteten Geländes seitdem als Unterschoß oder Keller genutzt wird.

2. Flügelbau (um 1660)

Zweistöckiges Fachwerkgerüst von vier recht schmalen Gebinden auf fast quadratischem Grundriß, mit recht flach geneigtem Satteldach, bis auf den an das bestehende erste Hinterhaus angebauten Ostgiebel umlaufend leicht über Balkenköpfen vorkragend: an den Traufwänden über abgerundeten Balkenköpfen, am Westgiebel über Stich- und Gratstichbalken, dazwischen Füllbretter. Im jedem Stockwerk eine Riegelkette, Aussteifung des Gerüstes an den Eckständern mit schmalen und geraden Fußbändern. Im Querverband einfach gekehlte Kopfbänder. Der Bau auf bruchsteinernem Sockel mit einem halb eingetieften Keller unter Balkendecke. Das Giebeldreieck des Westgiebels in der Art des Oberstocks vorkragend.

Der Bau offensichtlich nur durch die Räume des ersten Hinterhauses erschlossen, das wegen des Kellers erhöhte Erdgeschoß über eine massive Treppe zugänglich. Im Erdgeschoß entlang der Südwand und dem Westgiebel Lambris erhalten, die auf eine Nutzung als hervorgehobener Wohnraum hinweisen. Das Blatt der Zugangstür wohl noch aus dem 17. Jahrhundert, weiter Fenster der Zeit um 1800.

Scheune (1646 ⓓ)

Die recht große Scheune wurde gegenüber dem Haupthaus versetzt 1646 hinter der Hausstätte Weserstraße 10 errichtet; datiert auf Grund von drei dendrochronologischen Proben (1996 durch H. Tisje/Neu-Isenburg):

1645/46	südliche Traufwand, Kopfband des 5. Gebindes von Westen
1645/46	südliche Traufwand, Kopfband des 2. Gebindes von Westen
1645 ±2	südliche Traufwand, 5. Ständer von Westen.

Eingeschossiger Fachwerkbau aus kräftig dimensionierten Eichenhölzern mit Satteldach (das Dachwerk aus zweitverwendeten Hölzern verzimmert). Das Gerüst mit aufgelegten Dachbalken und zwei Riegelketten, Aussteifung mit einer symmetrischen Anordnung von leicht geschwungenen Fußstreben. Die Balken an den Traufen leicht vorkragend und an den unteren Seiten seitlich abgefaßt; dazwischen Füllbretter. Der Ostgiebel offensichtlich als Schaufront zum Hof des Vorderhauses aufwendiger gestaltet und hier das Giebeldreieck ehemals über Kopfbändern und Stichbalken vorkragend. Ob in dieser Front (oder wie eher zu vermuten ist, in der Westfront) ein Tor bestand, kann nicht mehr festgestellt werden. Eine Tür ist im östlichsten Gefach der Südfront nachzuweisen. Sie war offensichtlich mit einem Schutzdach versehen, worauf verschiedene Zapflöcher in den anschließenden Ständern und ein Kopfbandschlitz hinweisen. Die Situation mit über Kopfbändern vorkragenden Balken (im Anschluß an die Vorkragung des Giebels) der ersten zwei Gebinde zu rekonstruieren, wobei hier auch die Dachfläche vorspringend gewesen sein muß. Die Ausbildung der Westfront unbekannt, hier eine Fachwerkkonstruktion des 18. Jahrhunderts eingesetzt. Ausfachung mit Lehmstaken, später in Backstein ersetzt. Das Gerüst bis auf den Ostgiebel und die Sparren weitgehend erhalten, der Bau jedoch mehrmals umgebaut:

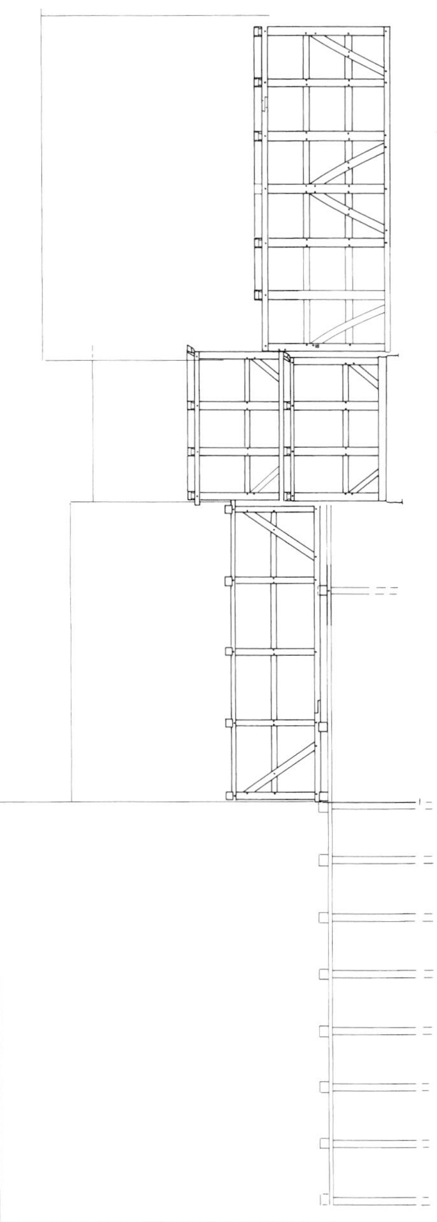

Abb. 1845 Weserstraße 9, Traufabwicklung der gesamten Parzellenbebauung, Zustand Mitte des 17. Jahrhunderts.

Die Scheune scheint schon kurz nach der Errichtung um 1660 im Ostgiebel umbaut worden zu sein, wobei die Vorkragungszone wegen des unmittelbaren Anbaus des zweiten Flügelbaus (wohl einschließlich der Stichbalken) entfernt wurde. Im 18. Jahrhundert scheint wegen des höher liegenden, umliegenden Geländes die Schwelle auf der südlichen Seite über einem Fundament aus Sandsteinblöcken erheblich erhöht worden zu sein, zugleich wurden hier mehrere große Glasfenster eingebaut (einschließlich der Rahmen noch erhalten). Wohl zugleich Einbau einer anschließenden Kammer (nur noch an Zapfspuren in den Balken nachweisbar). In der Mitte des 19. Jahrhunderts entlang der nördlichen Traufwand eine Kübbung von Fachwerk angebaut (Wandgefüge mit gebogenen Schwelle-Rähm-Streben).

1984 Erneuerung des kompletten Dachwerkes (die Sparren im Inneren eingelagert erhalten) einschließlich der beiden Giebeldreiecke für den Ausbau einer Wohnung im Obergeschoß, wobei die südliche Traufwand zugleich aufgedrempelt und mit einem Balkonausbau versehen wurde. Das Fachwerk des neu fundamentierten Ostgiebels (bis auf den nördlichsten Ständer) aus Eiche neu verzimmert, in die Nordwand ein Tor eingebaut.

WESERSTRASSE 10 (Abb. 1777, 1780, 1843)

bis 1810 Haus-Nr. 776 (hinten) und 827 (vorne); bis 1878 Haus-Nr. 827; bis 1908 Fischerstadt 12

Teil eines größeren bürgerlichen Anwesen, das offenbar auch das Haus Weserstraße 11 (mit dem rückwärtigen Teil Oberstraße 18) umfaßte, aber schon vor 1700 in verschiedene eigene Besitze unterteilt war. Möglicherweise ist für den Bau der 1645 errichteten Scheune hinter dem Haus Weserstraße 9 ein rückwärtiger Teil des Grundstücks ausparzelliert worden. Auch das Haus selbst (wie andere Gebäude der Nachbarschaft) wurde in zwei hintereinanderliegende Teile getrennt, von denen aber der rückwärtige Bereich (Haus-Nr. 776) seit einer grundlegenden Reparatur des Gebäudes 1810 nicht mehr besteht.

HAUS-NR. 776: 1712 Johan Hermann, davor Franz Müller, davor Henrich Wilken. 1743 Jobst Heise; 1755 Johann Heinrich Winterberg, Haus für 15 Rthl; 1764 Witwe Winterberg; 1766 Soldat Knop, 15 Rthl; 1781 Knop, 25 Rthl; 1798 Topfhändler Diestelhorst; 1802/04 Stahmann in Rinteln, bewohnt vom Invaliden Linzelbock; 1803 soll das Haus mit Huderecht für 1 Kuh auf dem Fischerstädter Bruche (angeschlagen auf 135 Rthl) auf Anordnung der Stadt Rinteln versteigert werden (Beilage zur LippSt. Zeitung Nr. 165, 1802); 1806 Stahman in Rinteln; 1809 Stahmanns Haus, ist wüst; 1810 Stamann.

HAUS-NR. 827: 1712 Johan Nobbe, Haus mit Landbesitz; 1719 Verkauf an Schmöker; 1737 das Schöckersche Haus auf der Fischerstadt gehört der Witwe Buschmann in Bremen. Es ist auf 472 Rthl taxiert und soll versteigert werden (WMA 1737); 1743 ohne Eintrag (Haus ohne Grunbesitz); 1748 Eigentümer ist Accisekalkulator und Schiffahrtsgeldereinnehmer Schmöcker; 1750 Sobbe; 1755/66 Inspektor Sobbe, Haus für 100 Rthl; 1771 Schiffsinspektor Moritz (führt Versteigerung von Dingen aus einem fremden Ort durch. Siehe WMA 1772, Sp. 359); 1781 Witwe Moritz, 100 Rthl; 1783 Haus und Hudeteil wird durch den Erben, den Schiffsinspektor Sobbe zu Schlüsselburg versteigert (WMA 1783); 1798/1804 Schiffer Gerhard Brüggemann und als Mieter der Inspektor Wiener, Haus für 150 Rthl; 1809 Tagelöhner G. Brüggemann; 1810 Stahlmann in Rinteln; 1812 Nicolaus Kaul (siehe Weserstraße 12); 1818 Witwe Kaul; Wohnhaus für 100 Thl; 1826 Erhöhung auf 300 Thl; 1827 Tischler Kannian; 1829/32 Tischler Gottlieb Kannigan; 1846 Karrenbinder Heinrich Wiechert mit zwei Mietparteien; 1853 Witwe Wiechert mit drei Mietparteien; 1873 Witwe Wiechert und drei Mietparteien; 1878 Vossmeier; 1906 Schiffer Friedrich Hartmann; 1919 Arbeiter Philipp Ultes und zwei Mietparteien; 1922 Frau Lange; 1934 Heinrich Benecke.

Dielenhaus (von um 1490 ⓓ)

Kern des Gebäudes ist ein eingeschossiges Fachwerkgerüst, das sich gegenüber den benachbarten Bauten konstruktiv als noch älter erweist und auf Grund einer 1996 durchgeführten dendrochronologischen Untersuchung des nordwestlichen Eckständers und des 2. Ständers von West der

Nordseite (durch H. Tisje/Neu-Isenburg) um 1490 errichtet wurde. Das Kerngerüst ist ein eingeschossiger Fachwerkbau von mindestens acht sehr weiten Gebinden Länge, aufgelegten Dachbalken und einer an der nördlichen Traufwand verdeckt verzimmerten Riegelkette. Der dahinter bis 1810 stehende Hausteil dürfte weitere Gebinde enthalten haben, so daß von sicherlich elf Gebinden Länge des Gerüstes auszugehen ist. Die Längsaussteifung des Kerngerüstes geschah mit schmalen, offensichtlich geraden und nur einfach vernagelten und verdeckt verzimmerten Kopfbändern. Ausfachung des Gerüstes mit Flechtwerk, die an der Außenseite fast waldkantigen Ständer sicherlich ebenfalls überputzt. Nach den Befunden – in der nördlichen Traufwand erkennbar – sind von dem Gerüst die Gebinde 5 bis 7 (hier heute Rückgiebel) erhalten, der weitere rückwärtige Bereich abgebrochen, und der vordere Teil 1810 neu verzimmert.

Das Haus mußte 1810 wegen Einsturzgefahr stark erneuert und modernisiert werden. Zumindest die ersten Sicherungsmaßnahmen wurden durch den Maurermeister Däumer ausgeführt, der diese Arbeiten der Stadt Minden für 4 ½ Rthl in Rechnung stellte (KAM, Mi, D 269). Bei der anschließenden Wiederherstellung und dem Durchbau des Hauses blieben Reste des Kerngerüstes des 15. Jahrhunderts im rückwärtigen Teil des heutigen Hauses erhalten. Nach neuem Abbund des vorderen Hauses, wobei nicht nur alte Hölzer wieder verwendet, sondern auch die Proportionen des Kernbaus übernommen wurden, erhielt das neu aufgeschlagene Dach im hinteren Bereich einen Krüppelwalm. Das neu abgezimmerte eingeschossige Gerüst mit zwei Riegelketten und einer Aussteifung mit Schwelle-Rähm-Streben erhielt bei einer Länge von 13,77 m acht Gebinde.

Das Innere seitdem mit mittlerem Längsflur in der vorderen Haushälfte, an den sich seitlich jeweils eine vordere Stube anschloß. Die linke, vordere und größere Stube erhöht und mit einem Keller. Dieser mit Tonne aus Bruchstein und Boden von Kieselpflaster (heute Betonplatte darüber). Dahinter wohl zunächst der Küchenbereich (mit Kellerzugang). Hinter der rechten Stube eine schmale Kammer. Im hinteren Bereich Flur entlang der Nordwand zum Hof, daneben mehrere Kammern.

1936 Erneuerung des Zementputzes auf den Außenwänden; um 1970 Verkleidung des Hauses mit einem Imitat von Ziegelmauerwerk; 1983/84 Sanierung des Hauses und »Wiederherstellung« des Vordergiebels, der als Fachwerkgiebel aus neuen Hölzern vorgesetzt wird. Dabei das Innere umgebaut (Plan: Prof. H. Wehrmeister).

Rückwärtiger Hausteil (bis 1810), Haus-Nr. 776

1802 Stahlmann, Bürger in Rinteln, hat das Haus für 70 Rthl von der Stadt gekauft, um es zu reparieren und hat dort auch schon das Material liegen, doch unterbleiben die Arbeiten. Der Stadtzimmermeister Wehking fertigt über den Zustand des Hauses ein Gutachten. Danach hat das eingeschossige Fachwerkhaus von 27 Fuß Länge und 21 Fuß Breite einen gemeinschaftlichen Giebel mit dem Nachbarhaus und einen kleinen Anbau von 16 Fuß Breite. In dem Hause besteht eine Stube mit Ofen und eine Kammer, *darüber ein böhnen Raum*. Auf dem Dach liegt ein Vorrat an Dielen *zum Beschuß des Bodens*. Der Wert wird auf 75 Rthl angeschlagen (KAM, Mi, C 392,11 alt).

1808 erfolgen weitere Gutachten über den schlechten Zustand durch Maurermeister Däumer, nachdem sich der Nachbar Brüggemann über den Verfall des Hauses beschwert hatte (KAM, Mi, C 158,32 alt) und 1810 stürzte das Haus schließlich ein (KAM, Mi, D 393). Danach werden die Reste durch den Maurermeister Däumer abgebrochen, da sie zwischen zwei bewohnten Häusern stehen (KAM, Mi, D 269).

Stallgebäude

Auf dem westlich an das Haus anschließenden Hof ein eingeschossiger Backsteinbau aus dem späten 19. Jahrhundert, als schmaler Bau an die südliche Grundstücksgrenze gestellt. 1922 Umbau zur Tischlerwerkstatt.

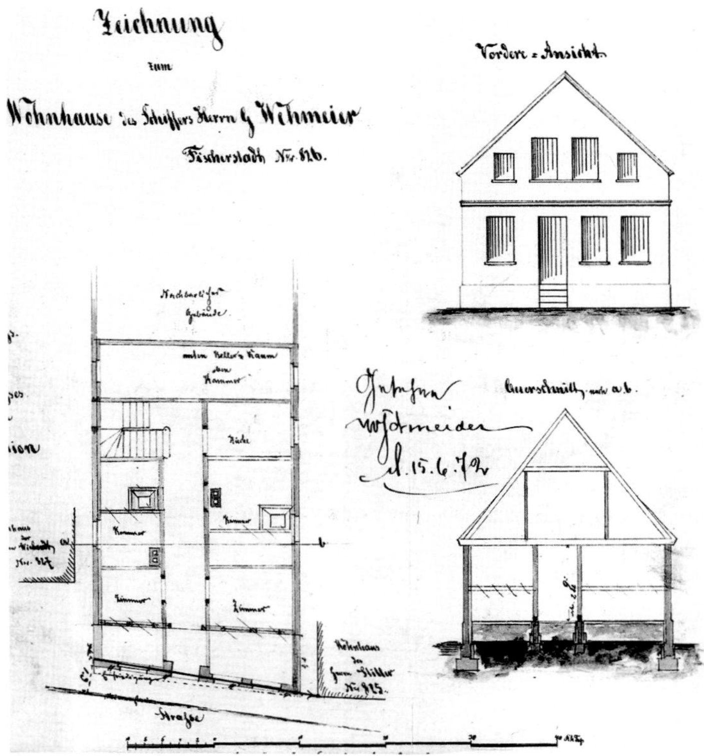

Abb. 1846 Weserstraße 11, Plan zum Umbau des Vorderhauses 1872.

WESERSTRASSE 11 (Abb. 1777, 1780, 1796, 1843, 1846, 1847)

bis 1878 Haus-Nr. 826; bis 1908 Fischerstadt 13

Das Haus wohl zunächst zusammen mit Weserstraße 10 Teil eines großen bürgerlichen Anwesens, das ehemals bis zur Oberstraße reichte und auch das Gebäude Oberstraße 20 umfaßte. Bei Aufteilung des weitläufigen Besitzes, zunächst in zwei parallele Parzellen, später in Einzelbauten, wurde auch das Haus selbst in zwei Gebäude aufgeteilt, wodurch die Hausstätten Oberstraße 18 und 24 entstanden. Weitere Teilflächen gelangten vor 1800 an die kleinen Häuser Oberstraße 28 und 30 als Hofflächen.

1712 Christopher Otto; 1743 Johann Thomas Lachtrup; 1750/55 Thomas Lachtrup, Haus für 40 Rthl; 1764 Witwe Lachtrup; 1766 Thomas Lachtrup, 40 Rthl; 1771 wird das Lachtrupsche Haus St. Marien zugeschlagen (WMA 1771, S. 69) und von der Gemeinde anschließend repariert; 1774 St. Marien-Gemeinde gehörend; 1781/1802 Meister Wehmeyer, 50 Rthl; 1804 Schuster W. Wehmeyer, hält 1 Jungvieh und 1 Schwein; 1806/12 Schuster Heinrich Wehmeyer, Wohnhaus ohne Hofraum; 1818/32 Witwe Wehmeyer, Wohnhaus 50 Thl; 1835 Erhöhung von 50 auf 325 Thl; 1846 Schiffer Gottfried Wehmeier und zwei Mietparteien (insgesamt 14 Personen); 1852 Umschreibung von Witwe Wehmeier auf Schiffer Gottlieb Wehmeier; 1853 Schiffer Wehmeier und zwei Mietparteien; 1872/78 Schiffer Wehmeyer und drei Mietparteien; 1906 Lokführer Heinrich Wehmeyer; 1919 Lokführer a. D. Heinrich Wehmeier und zwei Mietparteien; 1970 Diplom-Ingenieur Jürgen Pahl in Köln-Rodenkirchen.

Dielenhaus (um 1470?)

Das Haus im Kern ein eingeschossiger und recht langer Fachwerkbau unter steilem Satteldach von zehn Gebinden und einer Länge von etwa 18,40 m. Erhalten sind von diesem in das 15. Jahrhundert zu datierenden Bau mit hoher Diele im ganzen Umfang nur noch die letzten fünf Gebinde, die heute die Kernsubstanz des später abgetrennten Hinterhauses Oberstraße 18 bilden (siehe dazu dort). Die Giebeldreiecke des Hauses ehemals wohl über Knaggen vorkragend. Im Vorderhaus offenbar seit einem Umbau 1872 nur noch geringere Reste des Kernbaus erhalten: Erkennbar an der südlichen Traufwand noch drei Balken (die Wand darunter massiv erneuert), darüber ein massives Drempelgeschoß.

1771 wird das offenbar verfallene Haus nach Übernahme durch die St. Marien-Gemeinde repariert, wobei Tischler-, Glaser- und Schmiedearbeiten abgerechnet werden (PfA St. Marien, P 1).

1872 wird das zu dieser Zeit schon als Flurhaus mit mittlerem Flur eingerichtete Gebäude einschneidend umgebaut, wobei das Bodenniveau erheblich erhöht und die offenen Feuerstellen mit großen Rauchfängen in den beiden seitlichen Küchen hinter den vorderen Stuben abgebrochen und die Decken zu den Zwischengeschossen entfernt werden. Ferner der Bau mit einem Drempelgeschoß mit neuem Satteldach erweitert und zur Straße um etwa 2 m massiv verlängert und mit vierachsiger, schlichter Putzfront versehen. Im Inneren in der Mitte der südlichen Seite ein gegenläufiges Treppenhaus von 1872 mit gedrechselten Traillen und starkem Antrittspfosten erhalten.

1906 Kanalisation; 1948 kleiner Brandschaden im Dachgeschoß; 1971 Umbau, wobei die Fassade mit Backsteinen verblendet wird und eine Gliederung von Beton erhält (Plan: Dipl.-Ing. J. Pahl/Köln).

WESERSTRASSE 12 (Abb. 1777, 1780, 1798, 1847)

bis 1878 Haus-Nr. 825; bis 1908 Fischerstadt 14

Offensichtlich ursprünglich als Nebenhaus zum bürgerlichen Anwesen Weserstraße 13 gehörend, aber schon vor 1700 selbständiger Besitz. Ebenfalls schon vor 1700 der rückwärtige Teil des Hauses als eigenständiger Besitz Oberstraße 24 abgetrennt.

1710 wird aus dem Haus des Johan Henrich Lohmeyer Pacht an das Nikolai-Hospital gezahlt (4 gr jährlich); 1743 Witwe Johan Henrich Lohmeyer; 1750 Reckeweg; 1751 Johan Carsten Eickmeyer; 1755/66 Jobst Reckeweg, Haus für 20 Rthl; 1759/74 Jobst Reckeweg (KAM, Mi B 103 b,2 alt; C 203,22 alt; C 604); 1781 Reckeweg Junior, 25 Rthl; 1784 Schlachter Hohbein, Erhöhung Wohnhaus auf 400 Rthl; 1798 Homann; 1802/04 Soldat Kaul und 2 Mietparteien; 1806/15 Tischler Nicolaus Kaul (* 1759 in Wietersheim, besitzt 1812 auch das Haus Weserstraße 10) und 1815 als Mieter Gottlieb Kannigan (* 1785); 1818 Witwe Kaul, Wohnhaus für 250 Thl; 1826 Erhöhung Wohnhaus auf 300 Thl; 1827 Tischler Kannian; 1829/32 Tischler Gottlieb Kannian; 1846 Tagelöhner Karl Gottschalk, Maurer Wilhelm Edinger sowie drei weitere Mieter (insgesamt 31 Personen, davon 14 Personen bei der Eisenbahn beschäftigt); 1853 Drögemeyer (Meister der Zementfabrik) vermietet an drei Parteien; 1856 Maurer- und Zimmermeister Römbke; 1873/78 Lokführer Stiller und drei Mietparteien; 1906/19 Hilfslademeister a. D. Heinrich Klöpping und drei Mietparteien; 1924/35 Emilie Klöpping.

Dielenhaus (um 1470 ⓓ)

Kern des Gebäudes ist trotz zahlreicher Umbauten noch immer ein eingeschossiges, giebelständiges, spätmittelalterliches Fachwerkgerüst von erheblichen Ausmaßen, von dem zu einem unbekannten Zeitpunkt vor 1700 das hintere Drittel als eigenständiges Haus Oberstraße 24 abgetrennt worden ist. Zu dieser Zeit bestand schon ein zweigeschossiges speicherartiges Hintergebäude aus der Zeit um 1600, das an den rückwärtigen (westlichen) Giebel angebaut war. Während später der vordere Teil mehrmals einschneidend umgebaut und weitgehend als ein zweigeschossiges Wohnhaus erneuert worden ist, blieb das um 1470 errichtete Kerngerüst im hinteren Teil in seinem Grundbestand mitsamt dem angebauten Bauteil erhalten (siehe dazu unter Oberstraße 24). Nach den Befunden ist davon auszugehen, daß es sich um ein Gerüst von neun Gebinden oder acht Gefach handelte, von denen die drei hinteren Gefache zum Hause Oberstraße 24 wurden. Hier sind im

Dachwerk noch die Gebindezahlen von 8 bis 10 nachzuweisen, wonach das Kerngerüst also (nach der Ordnung der Kopfbänder und der heutigen Länge des Hauses zu urteilen ohne Zählung des Vordergiebels) von vorn nach hinten durch das ganze Gebäude numeriert wurde. Das Gerüst war (nach den erhaltenen Befunden an der südlichen Traufwand des Hauses Oberstraße 24) an jedem zweiten Ständer im Längsverband paarig mit verdeckten Kopfbändern ausgesteift und mit einer mittleren und bündig verzimmerten Riegelkette versehen.

Das Haus ist wohl 1784 (erschlossen aus der erheblichen Erhöhung der Versicherung) umfangreich umgebaut und verbessert worden. Der Umfang dieser Baumaßnahmen ist heute nicht mehr feststellbar.

Die heutige Gestalt des Gebäudes geht aber auf einen weiteren, 1856 vorgenommen Umbau durch den Maurer- und Zimmermeister Römbke zurück (KAM, Mi, F 1137). Offensichtlich ist es dabei weitgehend erneuert worden, wobei ein schlichtes Fachwerkgerüst von zwei Stockwerken aufgeschlagen wurde. Dieses mit fünfachsiger Putzfront und recht flachem Satteldach. Das Innere mit mittlerem Längsflur, an den sich beidseitig jeweils drei Räume anschließen: links Stube, Kammer und gegenläufige Treppe, rechts Stube, Kammer und Küche.

1906 Kanalisation; 1934 Entfernung einer Innenwand im Erdgeschoß; um 1935 zahlte die Stadt ein Darlehen aus, um die dringend notwendige Renovierung des baufälligen Hauses zu ermöglichen (KAM, Mi, G V, Nr. 7); 1968 Renovierung des Hauses, wobei Teile der Erdgeschoßwände im Nordosten massiv erneuert, am Vordergiebel die Erdgeschoßfenster verändert wurden und die Front eine Eternitverkleidung erhielt (Maurermeister H. Eickhoff); 1991/93 Modernisierung des Hauses und Renovierung der Fassade.

WESERSTRASSE 13 (Abb. 1777, 1780, 1847)

bis 1878 Haus-Nr. 824; bis 1908 Fischerstadt 15

Die Hausstelle offensichtlich der Mittelpunkt einer großen bürgerlichen Parzelle, die auch das Nachbargebäude Weserstraße 12 umfaßte und wohl bis in das 17. Jahrhundert in gleicher Breite bis zur Oberstraße reichte. Auf dem rückwärtigen westlichen Bereich im Laufe der Zeit verschiedene Nebenbauten errichtet (die nach Ausparzellierungen wohl seit dem 17. Jahrhundert in selbständigen Besitz kamen). Als ältester Bau ist das Gebäude Oberstraße 28 aus der Zeit um 1500 erhalten, das wohl ehemals als Flügelbau an das tiefere Haupthaus angebaut war, an das sich noch vor 1700 die folgenden Häuser Oberstraße 30 und 32 anschlossen. Da 1676 östlich dieser Baugruppe das Gebäude Oberstraße 26 errichtet wurde, muß das Vorderhaus schon zu diesem Zeitpunkt in der Länge reduziert worden sei, da der Neubau über dessen Fläche erschlossen wurde.

1712 Frantz Krite, vorher Hinrich Hoermann; 1743 Erben Cord Teuse; 1750 N. Heyne; 1755/66 Soldat Heine, Haus für 40 Rthl; 1777 Schiffer Friedrich Brüggemann ist verstorben. Sein Haus mit Huderecht vor dem Wesertor, angeschlagen zu 1045 Rthl soll versteigert werden (WMA 1777); 1781 Schlüter, 50 Rthl; 1798 Fischer Schlüter; 1802/04 Christian Schlüter, Haus für 50 Rthl, hält 2 Stück Jungvieh und 1 Schwein; 1815/18 Fischer Christian Schlüter, (* 1766), Wohnhaus mit Garten für 50 Thl; 1826 Erhöhung auf 300 Thl; 1829/36 Fischer Chris. Schlüter (* 1784, † 1836); 1846 Steinhauer Karl Trau und zwei weitere Parteien; 1853 Erben Schlüter, vermietet an zwei Parteien; 1873 Tischler Vogeler; 1878 Ems; 1903 Kauf durch den Zimmermann Michael Stroinsky (zugezogen aus Pakosch, Prov. Posen); 1919 Zimmermann Michael Stroinky und drei Mietparteien; 1972 Heizungsmonteur Michael Görlich.

Haus (bis um 1826)

1777 wird das Haus beschrieben als eingeschossiger Fachwerkbau, *worinnen 1 Saal, 2 Stuben, 1 Küche, 1 Bude, 6 Kammern und 1 Boden* sowie ein Hintergebäude.

Abb. 1847 Weserstraße 11 (links), 12, 13 und 15, Ansicht von Nordosten, 1993.

Haus (von etwa 1826)

Im Kern ein eingeschossiger und giebelständiger Fachwerkbau von elf Gebinden mit einem kräftigen Gerüst aus eng gestellten Ständern und zwei Riegelketten. Keine Aussteifung des Gerüstes mit Streben im Längsverband.

Das Haus um 1900 (wohl 1903 nach Besitzwechsel) nach Abnahme des Daches mit einem Obergeschoß von Fachwerk versehen und zu einem Etagenwohnhaus umgebaut. Das neue Gerüst von zehn Gebinden und einer Riegelkette; darüber ein recht flach geneigtes Satteldach. Dabei am Vordergiebel vier Fenster, Dachboden ausgebaut. Die linke Traufwand verputzt. Das Innere seitdem mit mittlerem Längsflur, an den sich vorne beidseitig Wohnräume anschließen, während der nordwestliche Bereich wohl zunächst als große Küche eingerichtet war. Diese wohl ebenfalls 1903 mit einem Keller mit Eisenbimssteindecke versehen und darüber ein Küchenraum vom Flur abgemauert.

1906 Kanalisation; die Fassade seit etwa 1980 mit gelben Spaltklinkersteinen verkleidet.

WESERSTRASSE 14 (Abb. 1777, 1780, 1848)

bis 1824 Haus-Nr. 823; bis 1878 Haus-Nr. 823 a; bis 1908 Fischerstadt 16

Teil einer großen bürgerlichen Parzelle, die vor dem 17. Jahrhundert bis zur Oberstraße reichte und auch die Hausstätte Weserstraße 15 umfaßte. Zugehörig rückwärts der Speicherbau Oberstraße 38 sowie die Bauten Oberstraße 34 und 36.

1743 Julius Brunhardt; 1750 Johann Brunhard; 1755 Julius Bruchard, Haus für 30 Rthl; 1764/66 Kreyenberg, 30 Rthl; 1781 Kreyenberg, 25 Rthl; 1798 Baumgarten; 1802/04 Unteroffizier Meyer und als Mieter Detering, hält 1 Jungvieh und 1 Schwein; 1806 Unteroffizier Wilhelm Meyer, Wohnhaus und Garten; 1809 Tischler Meyer; 1818 Chr. Sander, Wohnhaus 25 Thl; 1824 Erhöhung auf 400 Thl (zugleich Schaffung der Haus-Nr. 823 b, heute Hermannstraße 8, wo unter dem gleichen Eigentümer ein Gasthaus entstand); 1827 Chr. Sander, Wohnhaus 400 Thl; 1829 Friedrich Wöbking; 1832 Daniel Wöbbeking; 1835 Wöbbeking, Wohnhaus und Stallung für 625 Thl; 1846 Maler Friedrich Karrig, als Mieter Tischler Karl Sander und weitere Partei; 1853 Witwe Maler Karrig und zwei Mietparteien; 1873 Invalide Rhinow sowie die Näherin und Putzmacherin Rinow und weitere Mietpartei; 1878 Rhinow; 1906 Witwe Friederike Rhinow; 1919 Geschwister Rhinow (vermietet an vier Parteien).

Haus (um 1824 ?–um 1935)

Zweigeschossiges und giebelständiges Fachwerkhaus mit Satteldach unbekannten Alters, möglicherweise um 1824 errichtet oder wesentlich umgebaut (starke Erhöhung der Versicherung). Das Haus zuletzt vierachsig und mit mittlerem, bis zum Hof reichendem Flur, offensichtlich zunächst mit vorderer Stube in der nordöstlichen Ecke und unterkellerter Kammer in der südwestlichen Ecke. 1907 Kanalisation; um 1935 abgebrochen.

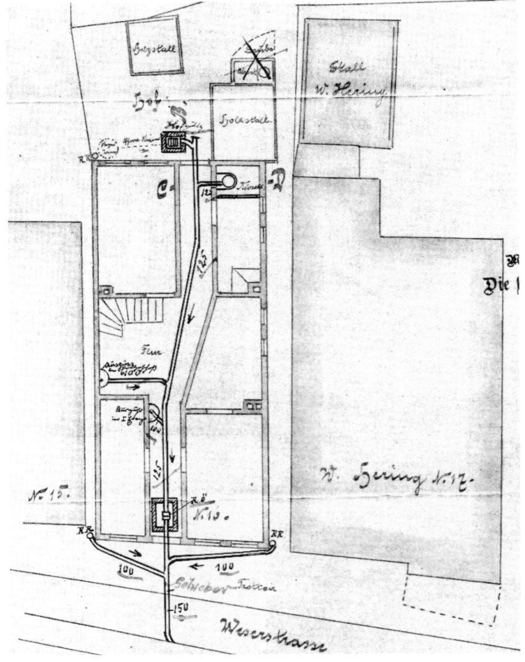

Abb. 1848 Weserstraße 14, Plan zur Entwässerung des Grundstücks 1907.

WESERSTRASSE 15 (Abb. 1777, 1780, 1847, 1849)

bis 1878 Haus-Nr. 822; bis 1908 Fischerstadt 17

Die Hausstelle offensichtlich Teil eines größeren bürgerlichen Anwesens, das ehemals auch das Grundstück Weserstraße 14 umfaßte und bis zur Oberstraße reichte. Der Besitz spätestens im 17. Jahrhundert in verschiedene kleinere Hausstätten aufgeteilt (siehe dazu Weserstraße 14, Oberstraße 26, 34, 36 und 38).

1665 Johan Arnts (*sein halbes freyes Hauß*. Hat einen Garten zur Miete. Siehe KAM, Mi, B 122); 1712 Johan Arens, davor Johan Arendts; später Johan Arend Arens; 1743/50 Arend Arens; 1755 Arendt Ahrens, Haus für 40 Rthl; 1764 Erben Arends Arens, ist verpachtet an den Maurergesellen Johan Schlimmer; 1766 Mieter ist Schliemer, Haus für 40 Rthl. Das Haus soll wegen Baufälligkeit verkauft werden (KAM, Mi, C 380); 1781 Sergant Wendler; Jan. 1796 durch Versteigerung des Wendelerschen Besitzes an Branntweinbrenner Schroeder; 1798 Schroeder; 1802/04 Schröder, ist vermietet an Unteroffizier Bongard, Haus für 50 Rthl; 1806 Branntweinbrenner Wilhelm Schröder, Wohnhaus und Hof; 1809 Accissebedienter Wiener; 1817 Witwe Branntweinbrenner Schroeder verkauft als Anwesen für 600 Rthl an den Schiffer Gerhard Heinrich Böndel (verheiratet mit Charlotte Brüggemann); 1818 Gerhard Böndell, Wohnhaus für 50 Thl; 1829/32 Erben Gerhard Böndel; 1835 Schaefer, Wohnhaus, Anbau und Stall, 350 Thl; 1846 Fabrikant Friedrich Schäfer mit Familie und zwei Mietparteien; 1853/73 Siegellackfabrikant Schäfer mit zwei Mietparteien; 1878 Schäfer; 1899/1919 Schlachter Wilhelm Hering; 1936 Otto Obst; 1954 Waltraud Gehrke.

Haus (um 1830)

Das Fachwerkhaus wurde offensichtlich nach Eigentümerwechsel um 1830 neu gebaut. Eingeschossiges Fachwerkgerüst aus kräftigen Eichenhölzern von zehn Gebinden und drei Riegelketten, ausgesteift mit Schwelle-Rähm-Streben, dabei die Balken in nicht gebundenem System aufgelegt. Flach geneigtes Satteldach. Im Inneren wohl zunächst mit linksseitiger Diele und einem Stubeneinbau in der nordöstlichen Ecke. Hiervor eine Utlucht mit flachem Pultdach.

Das Innere um 1900 mit mittlerem Längsflur, an den sich beidseitig schmale Wohnräume anschlossen.

1899 Abbruch eines Schuppens hinter dem Haus und Errichtung eines massiven Anbaus zur Vergrößerung der Küche; 1908 Kanalisation; 1936 Neubau eines Schornsteins in der Waschküche; 1954 Umbau und Ausbau des Dachgeschosses (Plan: E. Lenz), wobei die Haustür vom Vordergiebel zur südlichen Traufwand verlegt wurde (das Grundstück Nr. 14 zuvor erworben), die Fassade neue Fensteröffnungen und einen Verputz erhielt und der Bau teilweise unterkellert wurde. Das Haus heute am Vordergiebel mit rotem Spaltklinker verkleidet. Rückwärtig zudem massiv um etwa 2 m erweitert und hier mit einem Dachausbau versehen.

Stallgebäude (Mitte des 19. Jahrhunderts)

Auf dem Hof ein kleines eingeschossiges Wirtschaftsgebäude aus Fachwerk unter Satteldach. Das Gerüst von vier Gebinden aus Nadelholz und mit Schwelle-Rähm-Streben ausgesteift.

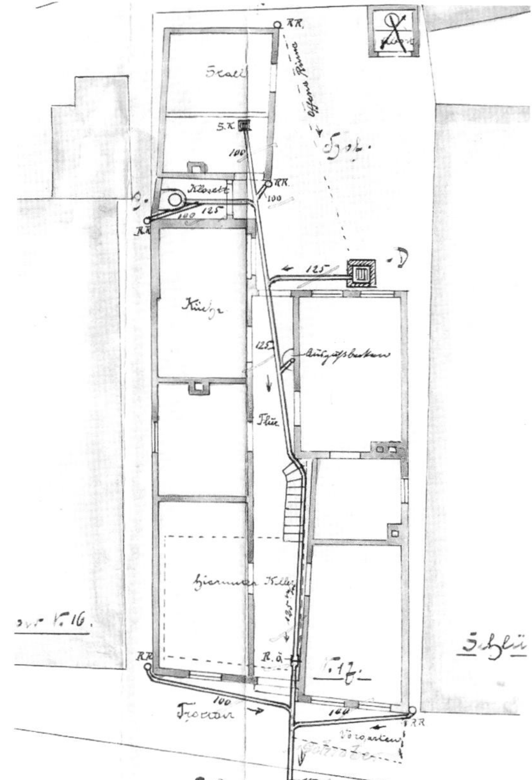

Abb. 1849 Weserstraße 15, Plan zur Entwässerung des Grundstücks, 1908.

WESERSTRASSE 16

(Abb. 1777, 1780, 1850)

bis 1878 Haus-Nr. 821; bis 1908 Fischerstadt 18

Die Hausstelle offensichtlich der Kern eines großen bürgerlichen Anwesens, das sich ehemals bis zur Oberstraße erstreckte und auch das heutige Haus Oberstraße 40 umfaßte. Es diente wohl zunächst als Scheune, ist aber schon in der zweiten Hälfte des 17. Jahrhunderts als selbständiges Wohngebäude nachzuweisen.

1743/50 Friedrich Brüggemann (hat umfangreichen Landbesitz); 1755/66 Schiffer Fr. Brüggemann, Haus für 200 Rthl (siehe bis 1777 auch Weserstraße 13); 1781 Diestelhorst, Wohnhaus für 200 Rthl; 1798/1804 Bäcker Kaup mit Familie und Mutter, hat einen Brunnen, hält 2 Kühe und 4 Schweine; 1806 Bäcker Georg Kaup, Wohnhaus, Stall, Hof und Garten; 1815/18 Bäcker Georg Kaup (* 1765 in Wittenberg in Schwaben), Wohnhaus mit Stall für 400 Thl; 1829 Franz Schröder; 1832 Georg Kaupp in Petershagen Nr. 290; 1835 Wilhelm Reckeweg, Wohnhaus 875 Thl, Anbau 100 Thl, Stall 25 Thl; 1846 Schiffseigentümer Wilhelm Reckeweg und als Mieter Kapitän Hermann Stumpe sowie drei weitere Parteien (insgesamt 18 Personen); 1853 Schiffherr Reckeweg mit drei Mietparteien; 1873/78 Schiffseigner Schlüter und sieben Mietparteien; 1906 Frl. Johanne Schlüter; 1919 Rentnerin Johanne Schlüter mit sechs Mietparteien; 1971 Erbengemeinschaft Schlüter; 1988 Dr. med. Hermann Schlüter/Neckarsgemünd.

Haus (von etwa 1830)

Um 1830 wurde das Haus als eingeschossiges Fachwerkgiebelhaus erneuert. Davon sichtbar erhalten heute die nördliche Traufwand. Diese aus einem Gerüst aus Eiche mit enger Ständerstellung

Abb. 1850 Weserstraße 16 (links) und 17, Ansicht von Südosten, 1970.

und drei Riegelketten. Ausgesteift mit Schwelle-Rähm-Streben, ausgefacht mit Backsteinen. Zugehörig wohl ein kleines, unterkellertes (und bislang nicht weiter datiertes) Hinterhaus von halber Breite. Dieses mit einem aus Backsteinen gewölbten Keller, Umfassungswände aus Bruch- und Backstein.

Schon kurze Zeit nach der Erbauung wurde das Haus 1841 wesentlich umgebaut und dabei zu einem zweieinhalbgeschossigen Etagenwohnhaus mit recht flach geneigtem Satteldach umgestaltet. Seitdem mit einer fünfachsigen Putzfront und mittlerer Haustür, rechts begleitet von einer zwei Fenster breiten und recht weit vorspringenden Utlucht; ihr oberer Abschluß mit einem flachen, als Balkon ausgebauten Dach. In der Sockelbrüstung der Utlucht eine Sandsteintafel mit der Inschrift: *WR w 1841*, wobei die Buchstaben mit einer terrakottaartigen Paste ausgelegt wurden. Die beiden Großbuchstaben beziehen sich auf Schiffseigentümer Wilhelm Reckeweg als Bauherrn. Die zweiflügelige Haustür mit vorgelegter Freitreppe und ornamental versproßtem Oberlicht, das in der Mitte einen von einem Oval umschlossenen Anker zeigt. Haustür und die gesproßten, zweiflügeligen Fenster um 1980 in schlichten Formen erneuert.

Abb. 1851 Weserstraße 17, Ansicht von Südosten, 1993.

Bei dieser Erweiterung wurden nur noch Teile des Hauses aus Fachwerk verzimmert, während man den Vordergiebel im Erdgeschoß massiv ausführte und die linke Traufwand auf ganzer Höhe aus Backstein aufmauerte. In der Mitte der nördlichen Traufwand ein Zwerchhaus aufgesetzt.

Das Innere des Hauses mit mittlerem Längsflur; dabei gegenläufiges Treppenhaus in der Mitte der nördlichen Seitenwand. Nur die Küche in der südwestlichen Ecke mit (erneuerter) Holzbalkendecke. Zugang über einen langen gewölbten Gang vom Treppenhaus auf der nördlichen Seite.

1906 Kanalisation; 1971 der Westgiebel mit Asbestplatten abgehängt und das Dach mit braunen Betonpfannen eingedeckt.

WESERSTRASSE 17 (Abb. 1777, 1780, 1850–1853, 1866)

bis 1878 Haus-Nr. 820; bis 1908 Fischerstadt 19

Zu dieser großen bürgerlichen Hausstelle, die ehemals bis zur Oberstraße reichte, gehörte bis zu einem nicht näher bekanntem Zeitpunkt auch das Gebäude Oberstraße 42.

1712 Jobst Hermann Böhndel, vorher Cord Böhndel; 1743 ohne Eintrag (Haus ohne Grundbesitz); 1750 Hans Schlötel; 1755 Hans Schlotel, Haus für 100 Rthl; 1766 Witwe Schlötel; 1781 Lohmeyer, 100 Rthl; 1798 Fuhrmann Bockemeier; 1802/04 Branntweinbrenner Bocke, Haus ohne Braurecht für 900 Rthl, hat Brunnen, hält 4 Kühe und 4 Schweine; 1806/09 Branntweinbrenner und Topfhändler Conrad Böcke, Wohnhaus und großer Hofplatz; 1818 Böcke, Wohnhaus für 700 Thl; 1819 Verkauf von C. Böke an den Schankwirt und Schiffer Justus Wilhelm Noll (verheiratet mit der Witwe von Henrich Wilhelm Rehling, der 1810 mit 35 Jahren verstarb); 1829/32 Schiffer Wilhelm Noll; 1835/36 Schankwirt Justus Wilhelm Nolle (* 1784 in Münden), Haus für 900 Thl, Kegelbahn 175, Stall 125 Thl; 1846 Händler Wilhelm Noll (61 Jahre, evangelisch), als Mieter der Schiffsbauer Johann Boegermeister und Schiffer Friedrich Rehling; 1853 Schankwirt und Gastwirt Friedrich Noll (Sohn von J. W. Noll), als Mieter Zigarrenmacher Rohde (von den Kammern wird eine als Lagerzimmer genutzt); 1873/78 Heizer Wilhelm Rehling (Enkel der Witwe Rehling und verheiratet mit Friederike Henke) mit sechs Mietparteien; 1906 Lokführer a. D. Justus Wilhelm Rehling; 1919 Fräulein Lina Rehling mit drei Mietparteien.

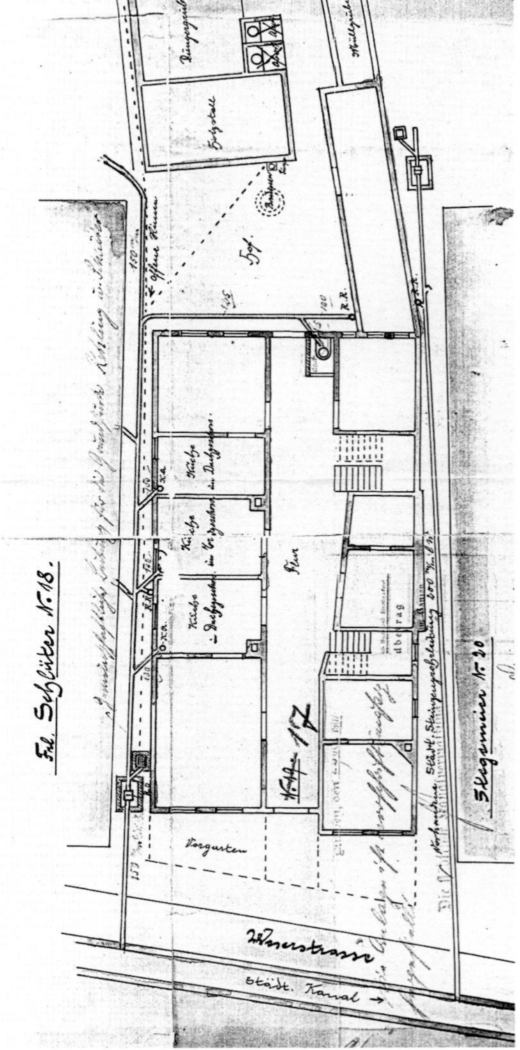

Abb. 1852 Weserstraße 17, Plan zur Entwässerung des Grundstücks 1907.

Dielenhaus (um 1500)

Kern des eingeschossigen und giebelständigen Hauses mit Satteldach ist offenbar ein sehr großes Fachwerkgiebelhaus von zehn Gebinden mit aufgelegten Dachbalken; eine ehemalige Giebelvorkragung ist nicht mehr nachzuweisen. Das Gerüst, von dessen Wänden der rückwärtige Bereich der nördlichen Traufwand sowie Teile der vier vorderen Gebinde der südlichen Traufwand erhalten sind, ist ausgesteift mit einzelnen, verdeckt verzimmerten Kopfbändern im Längsverband. Die Wände nur mit einer (wohl ebenfalls zurückgesetzten) Riegelkette. Nördlich ein kurzes Stück der wohl ursprünglichen Schwelle auf Bruchsteinsockel, ebenso wohl das Dachwerk mit aufgezapften Sparren erhalten.

Das Gebäude in den letzten Jahrhunderten mehrmals umgebaut (eine offensichtlich lohnende Bauuntersuchung bislang nicht vorgenommen), dabei große Teile der Umfassungswände nach und nach erneuert (die südliche Traufwand mit Bruchsteinmischmauerwerk im späteren 18. Jahrhundert). Offensichtlich ist der Vordergiebel mit Anschluß der Traufwand schon um 1600 in Fachwerk neu verzimmert worden, wobei er keine Vorkragung des Dreiecks erhielt. Die nördliche Traufwand im vorderen Bereich in der ersten Hälfte des 19. Jahrhunderts neu verzimmert.

Ein einschneidender Umbau des Inneren wohl 1820 vorgenommen, wobei der Giebel seine fünfachsige Gliederung mit mittlerer Haustür und Verputz erhielt. Die Tür mit erhaltenem Türblatt zeigt im Oberlicht als hölzerne Sprossen die Inschrift *W NOLL* und *Nr. 820*. Nördlich der Haustür

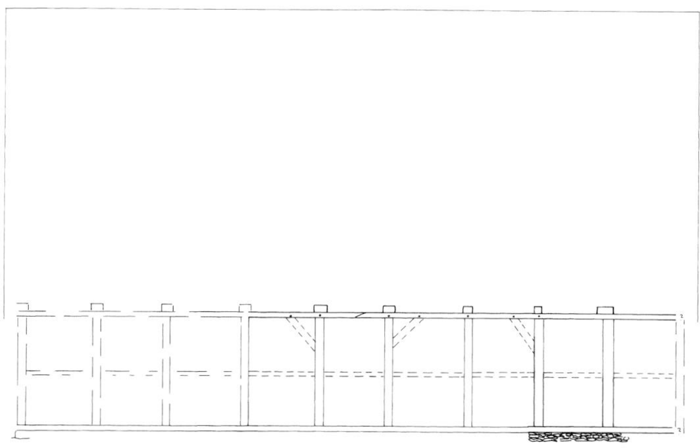

Abb. 1853 Weserstraße 17, nördliche Traufwand, rekonstruierter Zustand um 1500.

der Front eine zwei Fenster breite Utlucht mit flachem Pultdach vorgelegt; diese wohl vor dem älteren Stubeneinbau, während die nördliche und bis zum Rückgiebel reichende Raumfolge von Stube, Kammer, Küche und weiterer rückwärtiger Kammer wohl um 1820 entstand.

Das Innere seitdem mit mittlerem Flur. Ein ehemals vorhandener Keller heute verschüttet. Auf einem Riegel des rechten Einbaus im vorderen Hausbereich eine Inschrift *Minden März 1669,* deren Schrift aber sicherlich nicht in das 17. Jahrhundert gehört (möglicherweise eine Fälschung oder die Wiederholung auf der neu entstandenen Wand von einer bei dem Umbau um 1820 verloren gegangenen Inschrift).

1906 Kanalisation; um 1980 der Vordergiebel einschließlich der Utlucht erneuert und mit aufgedoppeltem Fachwerk verblendet; 1990 Umbau des Inneren (Plan: H.-U. Möller); 1996/97 Ausbau des Dachgeschosses.

WESERSTRASSE 18 (Abb. 1777, 1780, 1854, 1855)

bis 1878 Haus-Nr. 819; bis 1908 Fischerstadt 20

Die bürgerliche Hausstelle ehemals von größeren Abmessungen, nach Norden breiter und wohl bis zur Oberstraße reichend. Die heutigen Häuser Weserstraße 19 (als ehemaliges Nebenhaus ?) sowie das später entstandene Haus Oberstraße 44 (an der Stelle eines ehemaligen Hinterhauses) sowie Haus Oberstraße 48 vor 1700 sicherlich zugehörig.

1743 Johan Christoph Rippe; 1750/55 Christoph Rippe, Haus für 80 Rthl; 1766 Christoph Micke, 80 Rthl; 1781 Rippe, 75 Rthl; 1798 Schiffsknecht Johann Rippe; 1804 Christoph Rippe und als Mieter eine Witwe, hält 1 Jungvieh und 1 Schwein; 1806/12 Schiffmann/Fischer G. Rippe; 1815 ist Karl Eschenberg Mieter in einem Hausteil; 1818 Witwe Rippe, Wohnhaus 75 Thl; 1827 Rippe, Wohnhaus für 500 Thl; 1829/32 Witwe Rippe; 1846 Bäcker Ferdinand Rippe mit drei weiteren Mietparteien (insgesamt 14 Personen); 1851/53 Bäcker Rippe mit einer Mietpartei; 1873/78 Bäcker C. und F. Rippe und eine Mietpartei; 1906/50 Bäckermeister Karl Stegemeier.

Dielenhaus (vor 1500)

Eingeschossiges und für die ältere Bebauung der Weserstraße recht schmales Giebelhaus von verputztem Fachwerk unter steilem Satteldach. Vor der nördlichen Hälfte des Giebels eine Utlucht unter eigenem Satteldach. Der Vordergiebel modernisiert, mit neuen Fensteröffnungen versehen und

Abb. 1854 Weserstraße 18, 19 und 20, Ansicht von Südosten, 1993.

neu verputzt, Teile des Hauses massiv erneuert. Das Haus auf der Südseite von einer schmalen Gasse zur Oberstraße gesäumt und dorthin durchfenstert. Das Gebäude ist in seiner heutigen Erscheinung des Ergebnis einer komplexen Baugeschichte, mehrere wichtige Bedeutungsebenen enthaltend. Neben einem spätmittelalterlichen Kern ist hier insbesondere auf den speicherartigen Stubenvorbau hinzuweisen, eine besondere bauliche Entwicklung des 17. Jahrhunderts, die sich gelegentlich im Weserraum nachweisen läßt.

Den Kern des Hauses bildet ein eingeschossiger, spätmittelalterlicher Fachwerkbau von mindestens neun Gebinden; eine dendrochronologische Untersuchung (1996 durch H. Tisje/Neu-Isenburg) blieb ohne Ergebnis. Wohl im Zuge des Wiederaufbaus der Fischerstadt nach 1470 entstanden. Hiervon wurde schon bei Errichtung des Hauses Oberstraße 44 (das sich damit als Teilbebauung der historischen Haustelle erweist) in der ersten Hälfte des 17. Jahrhunderts offensichtlich mindestens ein Gefach (möglicherweise aber auch drei Gefache) entfernt und ein neuer Rückgiebel unter Verwendung des alten Giebeldreiecks verzimmert. Das Kerngerüst des Gebäudes teilweise in dem mehrfach umgebauten und erneuerten Haus erhalten. Dieses wird bestimmt durch aufgelegte Dachbalken, weiten Abstand von etwas über 2 m der wohl 3,2 m hohen Ständer, einer zurückspringenden einfach vernagelten Riegelkette und paariger Aussteifung des Gerüstes an jedem zweiten Ständer mit verdeckten Kopfbändern. Ausfachung wohl mit Lehmflechtwerk. Verzapftes Sparrendach von 60° mit zwei einfach vernagelten Kehlbalkenlagen und unter den Sparren mit

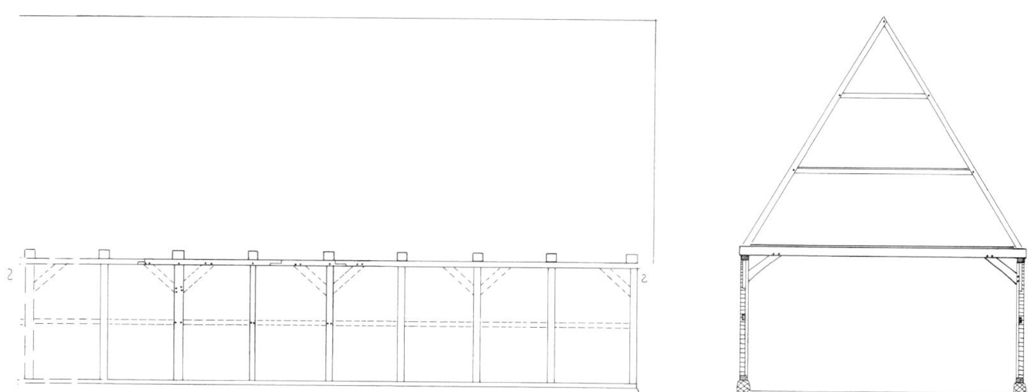

Abb. 1855 Weserstraße 18, südliche Traufwand und Querschnitt, rekonstruierter Zustand um 1500.

Holznägeln befestigten Windrispen. Bundzeichen aus eingeschlagenen Kerben. Die innere Aufteilung des Hauses mit einer wohl etwa 4,0 m hohen Diele momentan nicht festzustellen.

An späteren Umbauten des Kerngerüstes sind festzustellen: Wohl starker Umbau des Hauses im 17. Jahrhundert mit Neuverzimmerung des Dachwerkes aus alten Hölzern bei geringerer Neigung; Abbruch des rückwärtigen Teiles. Unterkellerung der südwestlichen Hausecke (Umfassungswände von Bruchstein, Balkendecke, im 20. Jahrhundert bei nördlicher Erweiterung in Beton ersetzt). Darüber offensichtlich Einrichtung einer Saalkammer, nördlich daneben ein weiterer, nicht unterkellerter Wohnraum. Als Schwelle über dem Keller wird auf der Südseite ein alter Dachbalken des abgebrochenen Hausteils verwendet (weitere Hölzer wurden in dem Neubau des Hauses Oberstraße 44 wieder verwendet). Vor der nördlichen Hälfte des ebenfalls erneuerten Vordergiebels Errichtung eines zweigeschossigen Vorbaus unter eigenem Satteldach von zwei Gefachen. Dieser wohl für eine Stube und eine Kammer darüber. Weitere Baudetails des verputzten Baus momentan nicht festzustellen, im Giebeldreieck untergestellte Spitzsäule. Der erneuerte Giebel mit Fachwerkdreieck, in dem sich eine Spitzsäule ohne seitliche überblattete Hölzer findet.

Wohl nach 1800 ist vor dem alten Vordergiebel ein neuer Giebel aus Nadelholz verzimmert worden, der auch auf den Ausbau aufgesetzt wurde (weitere Details der verputzten Konstruktion unbekannt). Dahinter blieb der alte Giebel erhalten. Wohl in diesem Zusammenhang wurde eine gesamte Überarbeitung des Hausgerüstes vorgenommen: An den Traufen wurden Zwischenständer in das Gerüst eingefügt, um die Größe der seitdem mit Backsteinen ausgemauerten Gefache zu reduzieren, im Dachwerk wurden Balken und Zwischensparren aus Nadelholz eingefügt. Das Dach nun mit Kremperziegeln in Kalk eingedeckt (auf dem westlichen Teil der Nordseite erhalten). Im Inneren entstanden wohl zu dieser Zeit verschiedene seitliche Einbauten in der Diele: westlich vorn eine Küche, östlich eine Backstube.

Bei Modernisierungen des Hauses ab 1948 (Planung: Baugeschäft von Behren) sollte zunächst eine neue Fassade errichtet werden, doch entstand nur ein kleiner Ladenausbau. Verschiedene Einbauten in die Diele, Ladeneinbau im vorderen Bereich, Erneuerung des Backofens. Wohl zugleich und in späteren Teilabschnitten im östlichen vorderen Bereich der südlichen Traufwand sowie im Bereich der gesamten nördlichen Traufwand das Fachwerk entfernt und durch verputztes Mauerwerk ersetzt. Dabei auch der nordwestliche Wohnraum unterkellert und nach Norden verbreitert.

WESERSTRASSE 19 (Abb. 1777, 1780, 1854, 1857)

bis 1878 Haus-Nr. 818; bis 1908 Fischerstadt 21

Die Hausstelle dürfte ehemals als Nebenhaus zum großen bürgerlichen Anwesen Oberstraße 18 gehört haben.

1743 Erben Jobst Heise; 1750/55 Jost Heise, Haus für 20 Rthl; 1764/66 Jost Heyse; 1781 Andreas Micke, Haus für 25 Rthl; 1798 Fischer Andreas Micke; 1802/04 Micke und als Mieter Witwe Blomhorst; 1806/12 Witwe Andreas Micke, Wohnhaus ohne Hofraum; 1815 Schiffsmann Carl Rippe (* 1782); 1818 Heinrich Micke (hat auch Weserstraße 20); 1823 Erhöhung auf 150 Thl; 1929 Gottfried Micke; 1830 Erhöhung Wohnhaus auf 425 Thl und neu Stall 25 Thl; 1832/35 Gottfried Micke; 1846 Tagelöhner Heinrich Ems; 1853 Arbeiter Schreiber und eine Mietpartei; 1873/78 Bahnschlosser Mohr und fünf Mietparteien; 1906 Fräulein Auguste Morr; 1907/14 Wilhelm Beutling; 1919/36 Baggerführer Wilhelm Hofmann und zwei Mietparteien; 1950/58 Bäckermeister Karl Stegemeier; 1975 Hans Günter Stegemeyer.

Wohnhaus (um 1825)

Zweigeschossiges und sehr schmales Giebelhaus mit einer Grundfläche von 5,7 bzw. 4,75 x 14,25 m unter recht flachem Satteldach und auf hohem, aber nur im Flurbereich unterkellertem Sockel. Die nördliche Traufwand massiv, die südliche Traufwand, der verputzte und dreiachsig gestaltete Vordergiebel sowie der Rückgiebel aus Fachwerk, wobei das stöckig verzimmerte Gerüst mit überkreuzten Schwelle-Rähm-Streben ausgesteift ist (im Erdgeschoß möglicherweise ein älteres Gerüst verwendetet).

Das Innere mit nördlichem Flur, an den südlich Wohnraum und Küche, rückwärtig eine Schlafkammer anschließen. Das Obergeschoß mit Treppe im Flur erschlossen und ähnlich aufgeteilt. Vor der Haustür in der nördlichen Achse eine kleine Freitreppe.

1907 Kanalisation. 1972/75 weitgehender Umbau des Inneren (Plan: Fr. Schroeder).

WESERSTRASSE 20 (Abb. 1777, 1780, 1854, 1857)

bis 1878 Haus-Nr. 817; bis 1908 Fischerstadt 22

Die bürgerliche Hausstelle war im Vergleich mit den benachbarten Grundstücken vor dem 17. Jahrhundert von geringerer Breite, erstreckte sich aber offensichtlich bis zur Oberstraße. Dort wurde das Grundstück breiter, und es stand wohl eine zugehörige Scheune an der Stelle des schon vor 1650 selbständigen Hauses Oberstraße 50. Auch die Hausstelle Oberstraße 46 dürfte zu einem unbekannten Zeitpunkt vor 1700 aus der Fläche ausparzelliert worden sein. Das ehemalige Hinterhaus des Hauptwohngebäudes wurde ebenfalls schon vor 1700 als ein eigenes Wohnhaus (Weserstraße 21) in getrenntem Besitz geführt. Auf der rückwärtigen Fläche (südlich des Hauses Oberstraße 56) wurde 1991 eine archäologische Untersuchung vorgenommen (siehe dort).

1693 Fischer Johann Jürgen Gieseking; 1712 Jürgen Gieseking, vorher Johann Gieseking; 1737 Witwe Andreas Micke; 1750 Andreas Micke; 1755 Hermann Micke, Haus für 20 Rthl; 1764/66 Andreas Micke, 20 Rthl; 1781 Henrich Micke, 25 Rthl; 1798/1804 Fischer Henrich Micke, Haus für 25 Rthl, hält 1 Jungvieh; 1806/18 Fischer H. Micke (wohnt Weserstraße 19) und Geselle Friedrich Mieke (* 1797), Wohnhaus ohne Hofraum, 1823 Erhöhung von 25 auf 100 Thl; 1829/35 Friedrich Micke, Wohnhaus 400 Thl, Stall 50 Thl; 1846 Justine Micke und eine Mietpartei; 1853 Witwe Micke mit Kindern; 1873 Fischer Micke und vier Mietparteien; 1875 Witwe Micke, jetzt Zigarrenmacher Kalfür; 1878 Kalfür; 1901 Witwe Dreyer; 1906 Kleinhändler Wilhelm Beutling; 1919 Kolonialwarenhändler Wilhelm Beutling und zwei Mietparteien; 1940 Maschinenmeister Wilhelm Hofmann; 1948 Wilhelm Rook; 1956 Verkauf von Witwe Rook (geb. Klara Hoffmann) an Wilhelmine Stegemeyer.

Haus (bis 1875)

1737 ist das Haus sehr baufällig, so daß *es von grund auf neu gebauet werden müßte*, was aber die Eigentümerin nicht bezahlen kann (KAM, Mi, C 832).

1875 das Wohnhaus und der Stall nach Eigentümerwechsel für einen Neubau abgebrochen.

Abb. 1856 Weserstraße 22 und 23, Ansicht von Osten 1993.

Haus (von 1875)

Als Einfamilienhaus für den Zigarrenfabrikanten Kalfür errichtet (Bauakte dazu nicht aufgefunden). Zweigeschossiger Backsteinbau unter flachem Satteldach. Das Gebäude ganz unterkellert, wobei die Decken 1901 im östlichen Bereich bei einem Umbau mit Kappen auf Eisenträgern erneuert wurden (im westlichen Bereich 1991 in Beton erneuert). Die beiden sichtbaren Fassaden verputzt, der Vordergiebel von zwei Fensterachsen dabei mit einfacher Putzgliederung in spätklassizistischer Tradition.

Das Innere im Erdgeschoß mit seitlichem Flur, der zu einem eng gewendelten Treppenhaus mit Geländer aus gedrechselten Traillen und einer nördlich anschließenden Raumfolge aus Stube und Kammer führt. Neben dem Treppenhaus und einem kleinen Querflur eine sehr kleine Küche von 4 qm. Das rückwärtige Drittel des Hauses auf ganzer Breite mit einem großen Wohnraum eingerichtet. Im Obergeschoß weitere Wohnräume um das Treppenhaus.

1901 Umbau des Erdgeschosses mit Einbau eines Ladengeschäftes sowie Schaufenster im Vordergiebel (Plan: W. Meyer, Kosten 650 Mark). Dabei wird der Hauseingang mit dem Flur im vorderen Hausteil aufgegeben, die vordere Haustür seitdem als Ladenzugang genutzt.

1960 Einrichtung einer Gaststätte in dem ehemaligen Ladenlokal.

Abb. 1857 Weserstraße 21 (Vordergrund), dahinter Weserstraße 20. Rechts Rückgiebel von Weserstraße 19, Ansicht von Nordwesten, 2000.

WESERSTRASSE 21 (Abb. 1777, 1780, 1857)

bis 1878 Haus-Nr. 816; bis 1908 Fischerstadt 23

Ehemals das Hinterhaus des großen Wohnhauses Weserstraße 20, von diesem schon vor 1700 als eigenständiges Haus abgetrennt und seit etwa 1875 wieder damit vereint.

1665 Johan Ernsting (Haus ist freies Erbe, hat Garten zur Miete. Siehe KAM, Mi, B 122); 1712 Cord Heyse, vorher Johann Ernsting; 1743 Johann Rippe Senior; 1750/66 Johann Rippe, Haus für 20 Rthl; 1781 Soldat Johan Heinrich Keller, Wohnhaus für 25 Rthl; 1798 Uhrmacher Keller; 1802 Eisold; 1804 Tapezierer Sept; 1809 Sepps Haus; 1812/18 Witwe Sophia Niemeier und Friedrich Niemeyer (* 1779), Wohnhaus und Hofplatz für 25 Thl; 1823 Erhöhung Wohnhaus auf 300 Thl; 1827/33 Schiffer Wilhelm Ruckeweg; 1825 Erhöhung Taxe von 200 auf 300 Thl; 1846 Witwe Karoline Kafür; 1853 Wäscherin Witwe Kalfür mit einer Mietpartei; 1873/78 Zigarrenmacher und Händler Kalfür; 1906 Kleinhändler Wilhelm Beutling (wohnt Weserstraße 20); 1935 Wilhelm Hofmann; 1948 Wilhelm Rook; 1956 Verkauf von Witwe Klara Rook an Wilhelmine Stegemeyer.

Hinterhaus (um 1500)

Eingeschossiger Fachwerkbau unter sehr steilem Satteldach, 1991 für Wohnzwecke saniert und umgebaut. In dem Gebäude noch wesentliche Teile eines ursprünglich sechs Gebinde umfassenden spätmittelalterlichen Fachwerkgerüstes erhalten, von dem das Dachwerk noch im Verband steht, während das Wandgerüst zum großen Teil aus alten Hölzern neu verzimmert wurde. Auf diesen Umbau dürfte sich die Nachricht von 1830/33 beziehen, in der von einem *Neubau* des Hauses gesprochen wird (KAM, Mi, E 955). Die letzten beiden Gebinde wurden offensichtlich 1935 abgebrochen.

Das Gerüst wurde hinter einem bestehenden Gebäude aufgeschlagen, da sein östlicher (Vorder-)Giebel mit der Bundfläche nach innen weist. Die Balken des Gerüstes von hinten nach vorn numeriert, die Sparren (ohne das Giebeldreieck) in die andere Richtung. Das Dachwerk aus sauber gesägten kräftigen Balken verzimmert, die stark verräuchert sind; Neigung von 62 bis 65 Grad. Queraussteifung mit gekehlten Kopfbändern, eine eingezapfte Kehlbalkenlage. Das Giebeldreieck zum Vorderhaus mit zwei Riegeln, wobei die unteren durch einen in die oberen Riegel eingezapften Ständer geteilt sind. Windrispen zwischen die Sparren genagelt.

Das Wandgerüst offensichtlich mit einer Riegelkette und einfach gesetzten Kopfbändern im Längsverband. An der südlichen Traufwand gebogene Fußstrebe (spätere Reparatur ?).

1907 Kanalisation. Zu dieser Zeit als eigenes Wohnhaus eingerichtet, wobei dieses aus einer breiten Küchendiele mit offenem, gemauertem Herd in der westlichen Seitenwand besteht, an die sich östlich ein unterkellerter Wohnraum anschließt (der Keller mit bruchsteinernen Umfassungswänden unter den östlichen beiden Gefachen seit 1991 verschüttet). Weiterer Wohnraum nach Westen, während der Stall vor dem Haus in den Bereich der damit stark eingeengten Gasse gestellt ist; 1914 Aufsatz einer Dachgaupe; 1935 Abbruch der westlichen Giebelwand; 1991 Umbau des Hauses, wobei das Wandgerüst weitgehend erneuert wurde.

1948 Errichtung eines Stallgebäudes (1991 abgebrochen).

WESERSTRASSE 22 (Abb. 1777, 1780, 1815, 1856)

bis 1878 Haus-Nr. 814; bis 1908 Fischerstadt 25

Kern eines großen bürgerlichen Anwesens, das ehemals bis zur Oberstraße reichte und offensichtlich auch die heutigen Hausstellen Oberstraße 52, 54/56, 58 und 60 umfaßte (letzteres auf Grund der Lage ursprünglich möglicherweise aus einem Flügelbau oder Hinterhaus hervorgegangen). Das Haus Weserstraße 23 dabei zunächst wohl ein zugehöriges Nebenhaus.

1712 Ernst Kammermeyer Junior, davor Johan Blöte; 1750 Friederich Schlüter; 1755/66 Friedrich Kreyenberg, Haus für 20 Rthl; 1781 Witwe Micke; 1798 Schiffsknecht Friedrich Rehling; 1804 Fr. Rehling und als Mieter der Schiffer Rehling, halten 2 Stück Jungvieh und 1 Schwein; 1818 Friedrich Rehling, Wohnhaus für 25 Thl; 1835 taxiert auf 500 Thl; 1829/46 Friedrich Rehling (81 Jahre alt) und eine Mietpartei; 1852 Umschreibung von Friedrich Rehling auf Stromaufseher Wehrmann zu Barkhausen; 1853 Mieter ist Fräulein Charlotte Sander und eine weitere Partei; 1873/78 Witwe Traue und drei Mietparteien; 1906 Maurer Franz Kraemer; 1919 Schmied August Kobusch und zwei Mietparteien.

Wohnhaus (um 1825)

Kern des Hauses ein zunächst eingeschossiges Fachwerkgerüst von acht Gebinden Länge (Gefachbreite um 1,20 m) mit einer gezapften Riegelkette und ohne Aussteifung. Die Balken aufgelegt, allerdings nicht mit den Ständerköpfen verbunden. Die Hölzer gesägt und von starken Dimensionen.

Das Haus um 1850 (nach Verkauf 1853 ?) in der vorderen Hälfte mit einem zweiten Stockwerk versehen; dieses ebenfalls von Fachwerk, zwei Riegelketten und mit Schwelle-Rähm-Streben. Darüber flach geneigtes Satteldach. Der Giebel verputzt und fünfachsig gegliedert. Ferner Ausbau des rückwärtigen Dachbereiches durch Aufbau einer großen Gaupe auf der südlichen Traufe.

Das Innere seitdem mit mittlerem, bis zum Hof reichendem Längsflur, an den sich beidseitig jeweils drei Wohnräume anschließen; 1906 Kanalisation.

Rückwärtig um 1900 ein kleiner massiver Anbau mit Pultdach für Ställe errichtet, heute umgebaut und mit Flachdach versehen.

Abb. 1858 Weserstraße 23, Vordergiebel, um 1915.

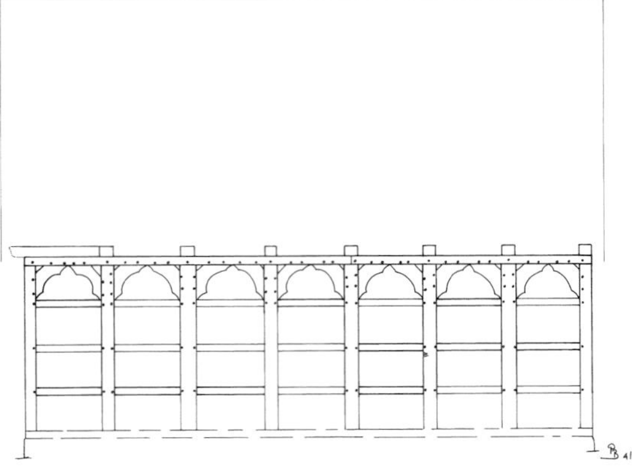

Abb. 1859 Weserstraße 23, nördliche Traufwand, rekonstruierter Zustand um 1600.

Abb. 1860 Weserstraße 23, Ansicht von Nordwesten, 2000.

WESERSTRASSE 23 (Abb. 1777, 1780, 1856, 1858, 1859, 1860)

bis 1878 Haus-Nr. 813; bis 1908 Fischerstadt 26

Ehemals weitläufiges Anwesen, das bis zur Oberstraße reichte, möglicherweise zunächst als Nebenhaus von Weserstraße 22 und ehemals die spätestens um 1700 ausparzellierten Hausstätten Oberstraße 54 und 56 umfaßte.

1665 schuldet Carsten Lohrmann Junior den Heilig-Geist-Armen 10 Thl. Sein Haus ein freies Erbe, hat 2 Morgen Pachtland, einen kleinen Garten und 1 Pachtgarten (KAM, Mi, B 122). Im Lagerbuch vom Heilig-Geist-Hospital werden später genannt: 1715 Carsten Lohrmann auf der Fischer Stadt, dann Carsten Eckmeyer; 1740 Mieter Aug. Christ. Marquitz; 1757 Haus der Witwe Eickmeyer wird durch die Stadtrentenkammer verkauft (KAM, B 103 c,9 alt).

1712 Jobst Hermann Lohrmann Junior, vorher Arend Homburg, später Cord Eckmeier; 1743 Volmert Eckmeyer; 1750/55 Volmert Eckmeyer, Haus für 30 Rthl; 1757 sollte der Fischer Lohrmann auf Befehl des französischen Marschalls Contades, der die Stadt besetzt hielt, ein paar Schuhe mit einer Botschaft zum Herzog von Brissac nach Herford bringen. Lohrmann ließ die Nachricht allerdings auf dem Weg nach Herford zuerst durch den Herzog von Braunschweig untersuchen, womit dieser von den Plänen der Besatzer erfuhr und wesentlich in das Kriegsgeschehen eingreifen konnte. Wegen seines Mutes wurde Fischer Lohrmann nach der Schlacht bei Minden am 1. 8. 1757 öffentlich belobigt und reich beschenkt. 1764/66 Johann Henrich Lohrmann, 25 Rthl; 1781 Witwe Lohrmann; 1798 Lohrmann; 1802/04 Friedrich Lohrmann und als Mieter Christoph Lohrmann; 1806 Witwe Friedrich Lohrmann, Wohnhaus und Hof; 1812/32 Witwe Lohrmann; 1835 Erhöhung Wohnhaus von 25 auf 350 Thl erhöht; 1846 Tagelöhner Johann Lingelbach mit Familie und vier Mietparteien (insgesamt 21 Personen); 1853 Lingelbach mit drei Mietparteien; 1873/76 Witwe sowie Invalide Lingelbach mit sechs Mietparteien; 1906/19 Invalide Ludwig Lingelbach und zwei Mietparteien.

Haus (von 1587 ⓓ)

Giebelständiges und zweigeschossig ausgebautes Fachwerkhaus mit Satteldach. Der Bau mit einem ungewöhnlich kräftigen Kerngerüst von acht Gebinden und aufgelegten Dachbalken. Das Wandgerüst mit drei einfach vernagelten Riegelketten, im Längsverband an jedem Ständer mit paarigen und bündig verzimmerten, dreifach gekehlten Kopfbändern in ornamental wirkender Weise ausgesteift. Die Rähme über dem Eckständer auf Gehrung gestoßen. Die beiden Giebel mit einer Vorkragung über Stichbalken. Nach den konstruktiven Details der Bau um 1600 errichtet. Nach zwei dendrochronologischen Proben (aus dem Dachwerk) von H. Tisje/Neu-Isenburg 2000 wurde das Bauholz im Winter 1586/87 eingeschlagen. Das Gerüst wurde zum größten Teil aus wiederverwendeten Hölzern eines Fachwerkbaus erheblicher Dimension gefertigt (es könnte auf den Wiederaufbau der Fischerstadt um 1470 zurückgehen).

Die innere Organisation des recht großen Hauses in seinem ursprünglichen Zustand bislang nicht bekannt (eine zukünftige bauhistorische Untersuchung der zahlreich erhaltenen und erkennbaren Befunde scheint höchst sinnvoll). Zunächst dürfte ein einseitiger Einbau mit Zwischengeschoß in der den größten Teil des Hauses einnehmenden und am Giebel sicherlich mit einem Tor erschlossenen, hohen Diele bestanden haben; im rückwärtigen Bereich zudem eine Saalkammer denkbar.

Das Gebäude wurde offensichtlich 1767 umgebaut, wobei nicht nur die Utlucht vor dem linken Dieleneinbau entstand, sondern auch der Dachstuhl aus alten Hölzern bei Entfernung der Giebelvorkragungen neu verzimmert wurde. Inschrift an der dabei erneuerten Giebelschwelle: *H H I . M A M S H M Anno 1767* (der Anfang wohl als Henrich Lohrmann zu entschlüsseln). Im Inneren des Hauses Treppe dieser Zeit zum Zwischengeschoß mit Sägebalustern.

Das Haus wurde um 1834 umgebaut (wesentliche Erhöhung der Versicherungssumme).

1906 Kanalisation.

WESERSTRASSE 24 (Abb. 1777)

bis etwa 1824 Haus-Nr. 806 und 812; bis 1878 Haus-Nr. 806; bis 1908 Fischerstadt 27

Die Hausstelle dürfte bis in das 16. Jahrhundert recht umfangreich gewesen sein und reichte bis zur Oberstraße, wo auch die Bauten Weserstraße 25 sowie Oberstraße 62 und 64 (wohl auch Haus-Nrn. 804, 805 und 807) zugehörig waren. Darauf stand bis in die frühe Neuzeit offenbar ein größeres Bürgerhaus, das spätestens in der zweiten Hälfte des 17. Jahrhunderts in zwei hintereinanderliegende selbständige Bereiche getrennt wurde. Da das Gebäude aus der Flucht der südlich anschließenden Häuser weit vorstand, wurde das vordere Haus (Haus-Nr. 812) beim Ausbau der Festungswerke 1824 abgebrochen und diese Teilparzelle eingezogen. Die Parzelle heute Teil des Neubaukomplexes Weserstraße 25–31, die Nummer aber nicht mehr besetzt.

HAUS-NR. 806: 1665 Jürgen Dökes. Haus ist freies Erbe, hat 3 Morgen Pachtland von St. Mauritius und 1 Morgen versetztes Land. Ferner einen kleinen Garten am Deiche (siehe KAM, Mi, B 122); 1712 Witwe Jobst Heysen, vorher Witwe Jürgen Döcks; dann Fischer Arend Karkmeyer, dann Cordt Döx; 1743/50 Hermann Albert Döx (oder Deux), hat umfangreichen Landbesitz. Besitzt auch die anschließenden, seit 1763 wüsten Häuser Haus-Nr. 807 und 808; 1755/66 Christoph Brüggemann, Haus für 80 Rthl; 1773 Christoph Brüggemann (löscht die auf dem Haus liegende Obligation); 1781 Christoph Brüggemann, Wohnhaus 500 Rthl, Brunnenhaus 2000 Rthl; 1798 Erben Christoph Brüggemann (das Fachwerkhaus bewohnt von Witwe Heidemann); 1803 Hutmann; 1804 Rietmann, bewohnt von Hausmann und Witwe Hoppe (haben 1 Jungvieh); 1809/15 bewohnt von Tagelöhner Anton Hausmann (* 1767 in Himminghausen); 1818 Witwe C. Müller (das Haus unter einem Dach mit Haus-Nr. 812), Haus für 200 Thl; 1826 taxiert mit 500 Thl; 1829/32 Rendant Heinrich Bussmann; 1835 Bussmann, Wohnhaus 650 Thl, Stall 50 Thl; 1846/53 Kassen-Kontrolleur Heinrich Bussmann; 1873/78 Schiffer Kregeler und vier Mietparteien; 1906 Althoff; 1907/19 Dachdecker Johann Marin und sieben Mietparteien; 1939 Richard Kanter.

HAUS-NR. 812: 1712 Melchior Husemann; 1743 Henrich Krayenberg; 1750 Witwe Kräyenbergs Haus; 1755 Friedrich Kreyenberg, Haus für 20 Rthl; 1764 Witwe Cord Thies; 1766 Spilker, 20 Rthl; 1781 Nietzer, Haus für 25 Rthl; 1798 Invalide Nitzer; 1804 Caspar Möller, von Soldaten bewohnt; 1806/09 Caspar Müller, vermietet; 1815 Tagelöhner Friedrich Windhorst (* 1765); 1818 Wohnhaus für 200 Thl; zusammengefaßt mit Weserstraße 24, da unter einem Dach. 1824 gelöscht, da zum Festungsbau abgebrochen.

Wohnhaus (um 1870–1982)

Zweigeschossiger und giebelständiger Putzbau mit recht flachem Satteldach über ausgebautem Drempel. Dreiachsiger Giebel mit mittlerer Haustür. Das Innere mit Mittellängsflur, an den sich in der Mitte der Nordseite das gegenläufige Treppenhaus zum Obergeschoß anschließt, Aborte in einem kleinen Anbau, der auch den Wendepodest aufnimmt. Nur die Küche in der südwestlichen Ecke unterkellert.

Nachträglich den Hauseingang in die südliche Seitenfront verlegt. 1906 Kanalisation; 1939 Abbruch des Lagerschuppens und Errichtung einer neuen Waschküche sowie einer Einfriedung (Plan: H. Becker). 1982 Abbruch für Neubebauung des Geländes.

WESERSTRASSE 25–31

1983 als Anlage mit 41 Eigentumswohnungen durch die Wohnhaus Minden GmbH errichtet (Planung Architekt G. Horn). Zweigeschossiger und unterkellerter Stahlbetonbau mit ausgebauter Dachzone. Gestaffelte und in Balkons aufgelöste Front zur Weser, so daß der Baukörper als Reihe von sechs einzelnen Giebelhäusern erscheint.

WESERSTRASSE 25 (Abb. 1777)

bis 1824 Haus-Nr. 811

Nebenhaus von Weserstraße 24.

1693 Fischer Albert Karkmeyer; 1712 Joh. Alb. Karkmeyer; 1733 Joh. Carsten Karkmeier; 1743 Ernst Kammermeyer; 1750 Kollmeyer; 1755 Daniel Mickel, Haus für 20 Rthl; 1766/81 Daniel Micke, Haus für 25 Rthl; 1798 Fischer Jobst Friedrich Deterding; 1802 Fr. Deterding, hat 2 Stück Jungvieh; 1803 Michel; 1807 Josef Mindel und seine Frau Louise, geb. Hormann verkaufen dem Schiffer Friedrich Rehling Senior das Haus für 185 Rthl (STA DT, M1, I C Nr. 231); 1809 Schiffer Heinrich Friedrich Rehling; 1812 Wilhelm Noll, Wohnhaus nebst Hof; 1818 Nolde, Wohnhaus für 25 Thl; 1821 für den Festungsbau abgebrochen.

Haus (bis 1821)

1693 wird Albert Kerckmeyers Antrag auf Erteilung von Baufreiheiten abgelehnt, da er das Haus *mit vorteilhaftigen Conditionen* erworben hatte (KAM, Mi, B 356). Danach kann davon ausgegangen werden, daß er – nach einem Erwerb wohl durch Zwangsversteigerung – eine Wiederherstellung durchführte.

1809 ist das Wohnhaus durch Eisgang der Weser stark beschädigt worden (KAM, Mi, D 272). 1821 wird der bescheidene Bau für den Bau der Festungswälle abgebrochen.

WESERSTRASSE 26 (Abb. 1777)

bis 1824 Haus-Nr. 810

Die Hausstätte wurde 1825 zum Festungsbau eingezogen.

1710 werden aus dem Haus des Joh. Jobst Walbaum 9 gr Pacht an das Nikolai-Hospital gezahlt. Als spätere Eigentümer werden genannt: 1751/59 Herman Fueßtman, 1760/84 Johann Cord Gieseking (KAM, Mi B 103 b,2 alt; C 203,22 alt; C 604).

1712 Johann Jobst Walbaum, davor Hermann Heyse; 1743/50 Johann Hermann Fustmann; 1755 Johann Hermann Fustmann, Haus für 60 Rthl; 1766 Cord Gieseking, 60 Rthl; 1781 Johann Cord Gieseking, 50 Rthl; 1798 Schiffsknecht Conrad Gieseking; 1802/04 Johann Cord Gieseking, hält 1 Jungvieh und 1 Schwein; 1806/09 J. C. Gieseking, Wohnhaus und Garten; 1812 J. C. Gieseking; 1815 Tagelöhner Heinrich Wiegrebe (* 1774 in Herford) und Tagelöhner Reinh. Steinkohl (* 1781); 1818 J. H. Stahlloth, Wohnhaus für 300 Thl (jetzt Gieseking); 1825 zum Festungsbau abgebrochen.

WESERSTRASSE 27 (Abb. 1777)

bis 1781 Haus-Nr. 809; bis 1824 Haus-Nr. 809 a und b (die Haus-Nr. später auch für Oberstraße 66 verwendet)

1712 Hermann Heyse Junior, später Johan Hermann Fustmann; 1750 Eigentümer ist Johann Homburg; 1755 Eigentümer ist Cort Thies, Haus für 30 Rthl; 1764/66 Christoph Gieseking, 30 Rthl.

HAUS-NR. 809 a: 1781 Christoph Gieseking; 1798/1804 Jürgen Reckeweg; 1809 Schiffsknecht Reckeweg; 1812/18 Witwe Sophie Charlotte Reckeweg sowie die Brüder Fischer Wilhelm (* 1789) und Justus (* 1783) Reckeweg, Wohnhaus mit Hofplatz für 25 Thl.

HAUS-NR. 809 b: 1712 Johann Homburg; 1781 Andreas Lohrmann, Haus für 50 Rthl; 1798/1804 Invalide Eschenberg (ist Besitzer des Gesamthauses); 1809/12 Tagelöhner Johann Heinrich Eschenberg; 1818 Eschenbach, Wohnhaus mit Hofplatz für 50 Thl.

Haus (bis 1824)

1798/1804 als ein Fachwerkhaus mit zwei Wohnungen beschrieben, die sich unter einem Dach befanden. Sie scheinen schon vor 1712 zu bestehen, nur zeitweise in unterschiedlichen Besitz gewesen zu sein, so daß die Hausnummer erst ab 1781 in a und b unterschieden wird. Das Gebäude wird 1824 für den Bau der Festungswälle abgebrochen und die Hausstelle eingezogen.

WESERSTRASSE 26–46

Nachdem 1968 der städtische Schlachthof und die Reste eines Nebenwerkes der städtischen Gaswerke nördlich der Fischerstadt abgebrochen wurden (siehe Teil V, Kap. VII, S. 1080–1081, Hermannstraße 20), schlug man die Trasse der Schlachthofstraße, welche die Weserstraße und die Hermannstraße verband der Weserstraße zu, wobei die nördlich anschließende Neubebauung die Hausnummern Weserstraße 36–42 erhielt. Danach das Gelände zunächst an eine Baugesellschaft veräußert, deren Pläne allerdings scheiterten. Schließlich entstand eine umfangreiche Wohnanlage unter städtischer Regie, wobei die Bauten alle durch die Wohnhaus Minden GmbH nach Plänen des Architekten A. Münstermann errichtet wurden.

Weserstraße 26/28/30

1977 als Komplex mit 30 Wohnungen errichtet.

Weserstraße 33/34

1975 als Komplex mit 42 Wohnungen errichtet.

Weserstraße 36/38/40/42

1976 als Komplex mit 41 Wohnungen errichtet.

Weserstraße 44/46

1977 als Komplex mit 10 Wohnungen errichtet.

IV HAUSNUMMERN – GESCHICHTE UND KONKORDANZEN

Das folgende Verzeichnis enthält mehrere Listen, mit denen die unterschiedlichen in der Stadt vor 1908 gebräuchlichen Numerierungssysteme und die heutigen Adressen zu erschließen sind.

Das Hauptverzeichnis wurde nach den Hausnummern geordnet, die um 1743 eingeführt worden sind und bis 1878 gebräuchlich waren (siehe hierzu Teil I, Kap. I und III, Quellen). Sie betrafen zunächst nur die bürgerlichen Hausstätten in der Stadt und der Fischerstadt, während diejenigen in städtischem Besitz oder im Besitz der Regierung, ferner die der kirchlichen Einrichtungen und die Häuser der Adeligen von der Numerierung ausgenommen waren. Dies ergab sich, da die Numerierung offenbar wegen der nur auf den bürgerlichen Häusern liegenden Einquartierungspflichten eingeführt worden war. Hierbei erhielten die zu dieser Zeit oft noch vorhandenen längeren Reihen von sogenannten Buden – kleinen Mietshäusern, die traufenständig unter einem Dach vereint waren – von vorn herein nur eine Nummer, wobei die einzelnen Wohneinheiten durch zugesetzte Buchstaben unterschieden wurden. 1759 wird darüber vermerkt: *wie dem es dergleichen Buden sehr viele in der Stadt Minden gäbe, als* [...] *die sogenannten Knopfschen Buden im Umrade, deren zwar 9 an der Zahl, aber gleichwohl nur unter einer Nummer stunden, so durch A, B., C etc. unterschieden würden* (KAM, Mi, C 379).

Die übrigen – freien – Häuser wurden erst 1809/12 nachträglich in das bestehende Nummernsystem eingefügt, indem man für Nachbargebäude durch Buchstaben Unternummern schuf. In der Regel wurde dabei die neu eingeführte a-Nummer der alten numerierten Hausstätte zugeordnet, jedoch lassen sich auch davon abweichende Regelungen nachweisen. In gleicher Weise ist zu allen Zeiten bei der Teilung von bürgerlichen Hausstätten verfahren worden, insbesondere wenn die zahlreichen Nebenhäuser großer Bürgerhäuser durch getrennten Verkauf zu selbständigen Häusern wurden.

Nummern von Hausstätten, die nach 1743 wüst gefallen sind, blieben in der Folgezeit in der Regel unbesetzt, doch gibt es auch hier vereinzelt abweichende Regelungen.

Als seit dem späten 18. Jahrhundert die Besiedlung der um die Stadt liegenden Feldmarken begann, wurde das bestehende und bis Haus-Nr. 847 reichende System zunächst bis um 1830 in der überlieferten Form fortgeführt (zu den Hausnummern außerhalb der Altstadt siehe auch die Konkordanz in Teil V, Kap. X.1, S. 1823 ff.). Bis 1809 waren nur die in der Stadt und der Fischerstadt bestehenden Häuser bis 854 mit Nummern erfaßt, die alle innerhalb der mittelalterlichen Stadt Minden lagen. Alle weiteren zu dieser Zeit schon außerhalb bestehenden Bauten waren noch ohne Nummer und wurden durch Lagebezeichnungen definiert. So verfuhr man zum einen mit den Neubauten auf den verfallenen Wällen, die als Gartenhäuser deklariert waren, aber vielfach auch bewohnt wurden (Liste dazu von etwa 1812 in KAM, Mi, D 388). Zum anderen betrifft dies die Gebäude außerhalb der Stadt in den Feldmarken, die vermehrt seit dem späten 18. Jahrhundert angelegt worden waren. Sie erhielten um 1810 Hausnummern, die allerdings bei der Neuanlage der Festung 1818 zum Teil bereits wieder eingezogen wurden: dies betraf die Haus-Nrn. 848 bis 854, 856, 857, 865, 866 (siehe auch KAM, Mi, E 693 und 700), die auch später unbesetzt blieben. Anlaß waren hierfür offensichtlich zum einen die stark zunehmende Bautätigkeit in diesem Gebiet, zum anderen die umfangreichen Besitzveränderungen, die nach der Auflösung der geistlichen Einrichtungen eintraten. Nummern für folgende Neubauten wurden nun in chronologischer und nicht mehr in topographischer Reihenfolge vergeben, wobei man nach nicht erkennbarem Prinzip zahlreiche kleine Neubauernstellen in der Feldmark unter einer Nummer mit Unterkennzeichnung durch Buchstaben zusammengefaßte. Zwischen 1810 und etwa 1830 wurden nach diesem System die Haus-Nummern 855 bis 889 neu vergeben, wobei zahlreiche Nummern durch den Abbruch der Gebäude für den Festungsbau seit etwa 1818 wieder frei blieben.

Da mit der zunehmenden Bautätigkeit bei dieser Form der Numerierung keine Übersicht über den Hausbestand und die Bewohner der Feldmarken zu behalten war, ist um 1830 statt dessen eine nach den durch die Hudegenossenschaften definierten Feldfluren der Stadt getrennte Numerierung der Häuser vorgenommen worden. Den bis zu diesem Zeitpunkt hier schon bestehenden Bauten wurden zu diesem Zweck in einem topographischen Rundgang neue Nummern verliehen, danach erfolgte die Vergabe wiederum nach dem Zeitpunkt der Erbauung, so daß schon an Hand der Nummern ab 1830 ungefähre Datierungen der Neuansiedlung einer Hausstelle möglich sind.

Bis zur Neuordnung der Hausbezeichnungen in Minden im Jahre 1878, wobei fast durchgängig die Bezeichnung nach Straßen und Hausnummern aufgenommen wurde, sind in mehreren Teilbereichen noch weitere Änderungen in den Systematiken der Hausadressen vorgenommen worden: So wurden ab 1878 in der Fischerstadt die alten Hausnummern durch eine getrennte Numerierung unter der Bezeichnung »Fischerstadt« ersetzt. Nach Anlage der Bahnhofsbefestigung ist 1855 die darin entstehende Bebauung aus der Wesertorschen Feldmark ausgegliedert worden, um in der Folge getrennt unter der Bezeichnung »Neustadt« ebenfalls eine eigene Numerierung zu erhalten. Innerhalb der Königstorschen Feldmark wurde etwa 1860 ebenfalls eine Änderung vorgenommen, indem man aus ihr nun die entstandene Besiedlung im Rodenbeck ausgliederte und in der Folge ebenfalls getrennt durchzählte (wobei hier die frei werdenden Nummern in der Königstorschen Feldmark neu vergeben wurden). Mit zunehmender Dichte der Bebauung wurden bei Statistiken um 1870 weitere Unterscheidungen üblich, die allerdings ihren Niederschlag nicht mehr in neuen Adressen fanden: So wird nun das Kohlenufer (heute etwa der Bereich der Friedrich-Wilhelm-Straße) getrennt von der Wesertorschen Feldmark oder der Bereich Wallfahrtsteich getrennt von der Marientorschen Feldmark ausgewiesen.

Nach der mit der Entfestigung 1873 explosionsartig einsetzenden Bebauung der Feldmark wurden die überlieferten Systeme der Hausnumerierung zunächst einige Jahre weitergeführt. Die Bezeichnung »Vor dem Fischerstädter Tor«, zuvor gar nicht gebräuchlich, wurde sogar zusätzlich eingeführt. Erst nach dem erneuten Beweis der inzwischen erreichten Unübersichtlichkeit – innerhalb weniger Jahre hatten sich die Adressen zumeist auf die doppelte Zahl erweitert – führte man zum November 1878 innerhalb der enger bebauten Flächen eine generelle Neunumerierung der Bauten durch, die nun einheitlich nach Straßen und Hausnummern vorgenommen wurde, und die die inzwischen zahlreichen neben, zum Teil auch übereinander bestehenden Systeme ersetzen sollte. Schon 1875 teilt die Verwaltung diese Absicht der Regierung mit, da inzwischen viele Häuser gleiche Nummern hätten, wodurch es immer wieder zu Verwechslungen käme.

Die Durchführung der Neunumerierung stellte die städtische Verwaltung vor eine umfangreiche Aufgabe. Sie begann mit der eindeutigen Benennung vieler bisher nur unklar bezeichneter Straßenabschnitte, wobei die Stadtverordneten die Verwaltungsvorschläge zum Teil abänderten. Die Verlängerungen der Straßen über die Tore hinaus sollten zunächst alle durch den Zusatz »Neue« unterschieden werden (also etwa Neue Marienstraße), dann nach dem nächsten Zielort benannt werden (etwa Petershagener Straße), schließlich keine eigenen Namen mehr erhalten, sondern die Namen der altstädtischen Abschnitte übernehmen. Die Wallstraßen sollten zunächst nach den entsprechenden Himmelsrichtungen benannt werden (F 395). Es folgte die Ausarbeitung umfangreicher Richtlinien, der Stadtbaumeister wurde mit zusätzlichen Hilfskräften ausgestattet und die notwendigen neuen

Straßenschilder und Hausnummern wurden bestellt. Es endete schließlich mit deren Anbringung durch den Schlossermeister Rabe sowie der Ausfüllung von etwa 1200 Änderungsmeldungen an das Katasteramt (KAM, Mi, F 1729).

Von dieser straßenweisen Numerierung blieben allerdings noch einige Bereiche mit nur dünner Bebauung sowie die äußeren Stadtfluren ausgeschlossen. So wurde im Bereich östlich der Neustadt, vor dem Weserthor bis um 1890, die Bezeichnung Dankerser Feld eingeführt, und in den Gebieten von Rodenbeck, Minderheide und der Fischerstädter Hude wurde die Numerierung nach Straßen erst 1891 eingeführt (KAM, Mi, F 1729) und zuvor die alten Nummern fortgeführt. In der Fischerstadt bestand zwischen 1878 und 1908 eine eigene durchlaufende Hausnumerierung. Im äußeren Bereich der »Simeonsthorschen Hude« bestanden die alten Adressenbezeichnungen sogar noch nach 1910.

In späteren Jahren wurden vereinzelt noch Straßennamen verändert (so etwa 1899 statt Kohlstraße nun Artilleriestraße) und mit fortschreitender Besiedlung immer wieder neue Bezeichnungen eingeführt. Große Veränderungen brachte hier insbesondere die 1893/98 durchgeführte Verkoppelung der gesamten Feldflur, in deren Zusammenhang neue Straßentrassen festgelegt wurden.

Abb. 1861 Alte Kirchstraße 1, Emailleschild von 1878 (?), in die Gestaltung des Fenstersturzes oberhalb des Hauseingangs einbezogen.

Abb. 1862 Königstraße 37. Während das Baudatum in den Scheitel des Bogens über der Haustür gesetzt ist, befindet sich die Hausnummer im beschnitzten Sturz unmittelbar über dem Türblatt.

Im Jahre 1908 veränderte man erneut den größten Teil der Hausnummern. Die im Zeitraum 1878/1908 gebräuchlichen Adressen wurden bei einer Abweichung von den heutigen Bezeichnungen – ebenso wie andere abweichende Ortsangaben aus früheren Zeiten – in den folgenden Tabellen jeweils in Klammern vermerkt.

Die Haus-Nummern in den von der Stadt im Laufe des 20. Jahrhunderts eingemeindeten Dörfern und Siedlungen folgten vergleichbaren Entwicklungen. Die Gemeinde Meißen führte schon um 1912 eine straßenweise Numerierung der Häuser ein. Eine entsprechende Konkordanz ist publiziert in: Helmut Oevermann (Hrsg.): 900 Jahre Meißen, Minden 1990, S. 344–356. Für die Gemeinden des Amtes Dützen haben sich umfangreiche historische Listen im Kommunalarchiv Minden erhalten, die auch den Verlauf der Neuansiedlung erschließen sowie eine 1901 erfolgte Neunumerierung nachvollziehen lassen (Amt Dützen Nr. 910). Die Nummernsysteme in den übrigen kleinen Gemeinden sind zum Teil erst erheblich später durch Straßenbezeichnungen ersetzt worden. Die Gemeinde Dützen stellte das System 1950 um, Häverstädt 1955, Bölhorst 1964 und Haddenhausen 1965. Von den letzten beiden Gemeinden bestehen gedruckte Einwohnerverzeichnisse aus jeweils den Jahren der Umstellung, in denen beide Nummern genannt werden und die daher als Konkordanz verwendet werden können.

Nummern der öffentlichen Gebäude (1743–1818)

Zumindest bis in das späte 18. Jahrhundert wurden die Gebäude im städtischen Besitz getrennt von den übrigen Bauten numeriert. Seit 1818 erhielten die meisten von ihnen Nummern des allgemeinen Systems, andere Bauten wurden seitdem (bis 1878, einige – wie das Rathaus – bis 1908) ganz ohne Nummer geführt. Vereinzelt wurden die alten städtischen Haus-Nummern aber auch noch nach 1820 gebraucht.

1750 werden 15 Gebäude aufgeführt, 1755 sind es schon 20 Bauten, später steigt die Zahl noch weiter an, wobei Zahlen von inzwischen verschwundenen, verkauften oder umgenutzten Gebäuden nicht wieder besetzt werden.

1 Rathaus (ab 1908 Markt 1)
2 Bauhof der Stadt (ab 1818 Haus-Nr. 238 b, heute Lindenstraße 1–3)
3 Gymnasium (ab 1818 Haus-Nr. 457 d, heute Alte Kirchstraße 9 rechts, hinten)
4 Stadt-Musikantenhaus (ab 1818 Haus-Nr. 449 d, heute Martinikirchhof 10)
5 Rektor-Wohnung (ab 1818 Haus-Nr. 457 c, heute Alte Kirchstraße 9 links, hinten)
6 Prorektor-Wohnung (ab 1818 Haus-Nr. 457 b, heute Alte Kirchstraße 9 links, vorne)
7 Konrektor-Wohnung (ab 1818 Haus-Nr. 459 c, heute Alte Kirchstraße 16)
8 Subkonrektor-Wohnung (ab 1818 Haus-Nr. 568 c, heute Brüderstraße 15)
9 zwei Schulkollegenhäuser (ab 1818 Haus-Nr. 643 d und e, heute Alte Kirchstraße 17/19)
10 Priggenhäger Mühle (ab 1818 Haus-Nr. 234 i, heute Lindenstraße 42)
11 Kumpff-Mühle bei der Fischerstadt am Steinweg
12 Krughaus vor dem Wesertor (ab 1812 Haus-Nr. 856, 1818 abgebrochen)
13 Scharfrichterhaus (seit 1818 Haus-Nr. 244 c/d, heute Lindenstraße 22)
14 Wohnung auf dem Simeonstor
15 Wohnung auf dem Königstor
16 Lutherisches Waisenhaus (seit 1818 Haus-Nr. 572 b, heute Brüderstraße 16)
17 Mühle am Simeonstor (bis 1878 Haus-Nr. 296, Simeonstraße 35)
18 Fischerstädter Rathaus (später Haus-Nr. 853, 1821 Abbruch)
19 Prediger-Witwenhaus der lutherischen Gemeinde
20 bis um 1765 Weserstraße Haus-Nr. 853; Deichmühle (ab 1818 Haus-Nr. 15 e, ab 1878 Mühlengasse/Pulverstraße)
21
22
23
24 Accise-Gebäude
25 Accise-Gebäude

Hausnummern (1743 und 1878)

Diese Nummern wurden zunächst an bürgerliche Hausstätten vergeben auf denen Quartierlasten lagen; später wurden unter diesen Nummern alle Häuser geführt, die steuerpflichtig waren, bzw. für die die sogenannten bürgerlichen Dienste zu erbringen waren. Nachdem 1809 die Abgabenfreiheit des kirchlichen und adeligen Grundbesitzes in der Stadt aufgehoben worden war, sind auch diese wohl 1812 in das Verzeichnis eingefügt worden, wobei sie mit Buchstaben gekennzeichnete Unternummern von schon zuvor numerierten Hausstätten der Nachbarschaft erhielten (diese bekamen fortan in der Regel den Zusatz »a«).
Dahinter sind die Adressen angeführt, unter denen die Grundstücke heute registriert sind, auch wenn diese nicht mehr in jedem Fall bebaut sind. Bei späteren Teilungen oder Zusammenlegungen von Flächen wurden zur leichteren Orientierung nähere Angaben zu der Teifläche gemacht, wobei die Orientierung immer von der Straßenfront aus gedacht ist.

1	Bäckerstraße 76 linker Teil
1 b	sogenannte alte Kapelle an der Wesertorschen Wache (bis 1766), bis 1818 freies Haus (siehe Bäckerstraße 71, rechter Teil)
2	Bäckerstraße 76, rechter Teil
3	Bäckerstraße 71, mittlerer Teil (ab 1846 gemeinsam mit Haus-Nr. 5)
4	Bäckerstraße 74
5	Bäckerstraße 71, linker Teil
6	Bäckerstraße 72
7	Bäckerstraße 69
8	Bäckerstraße 70
9	Bäckerstraße 67
9 b	Tränkestraße 2, Packhaus (ab 1846)
10	Bäckerstraße 68
11	Tränkestraße 2 (auch Marienwallstraße 1 bzw. Weserstraße 1)
12	Tränkestraße 6 rechts (bis 1908 Tränkestraße 4)
13	Tränkestraße 6 links
14 a	Tränkestraße 8
14 b	Marienwall 1 (ab 1818)
14 c	Tränkestraße 5 (bis 1908 Tränkestraße 3)
14 d	Tränkestraße 3 (bis 1908 Tränkestraße 1)
14 e	Tränkestraße 1 (bis 1908 Bäckerstraße 67)
14 f	Tränkestraße 5, rückwärtiger Teil (nach 1853)
15	Pulverstraße 3 (bis 1908 Pulverstraße 7)
15 a	Bäckerstraße 66
15 b	Pulverstraße 6 (bis 1908 Pulverstraße 10)
15 bb	Pulverstraße 4 (bis 1908 Pulverstraße 8)
15 c	Pulverstraße 2 (bis 1908 Pulverstraße 6)
15 cc	Pulverstraße 4 (1908 nicht mehr genannt)
15 d	Pulverstraße 2, Nebenhaus der Deichmühle (bis 1908)

15 e	Pulverstraße, Deichmühle
15 f	Pulverstraße, Wohnhaus am Pulverturm (bis 1821)
15 g	Pulverstraße, Wohnhaus am Pulverturm (bis 1821)
16	Bäckerstraße 64
17	Bäckerstraße 65, rechts (ab 1802 zusammen mit Haus-Nr. 19)
18	Bäckerstraße 62
19	Bäckerstraße 65, links
20	Bäckerstraße 63
21	Bäckerstraße 60
22	Bäckerstraße 58
23 a	Bäckerstraße 61
23 b	Johannisstraße 2, Nebengebäude von Bäckerstraße 61 (ab 1818)
24	Johannisstraße 4 (bis 1908 Johannistraße 6)
25 a	Johannisstraße 6 (bis 1908 Johannisstraße 8)
25 b	Johannisstraße 8 (bis 1908 Johannisstraße 10), auch Johanniskirchhof 4 und 5
25 c	Johanniskirchhof 6 (früher Tränkestraße 10), Kurie von St. Johannis
25 d	Tränkestraße 7
25 e	Tränkestraße 12 (auch Johanniskirchhof 6, bis 1908 Johanniskirchhof 5)
25 f	Johanniskirchhof 3, Kamerariatshaus von St. Johannis
25 g	Tränkestraße 10 (ab etwa 1840)
25 h	Tränkestraße 12 (ab etwa 1840, ab 1865 Marienwall 3)
26	Johannisstraße 9 (bis 1908 Johannisstraße 13)
27	Johannisstraße 7 (bis 1908 Johannisstraße 11)
28	Johannisstraße 5 (bis 1908 Johannisstraße 9)
29	Johannisstraße 3 (bis 1908 Johannisstraße 7)
30	Johannisstraße 1 a (bis 1908 Johannisstraße 5)
31	Bäckerstraße 56
32	Bäckerstraße 59
33	Bäckerstraße 57
34	Bäckerstraße 54
35	Bäckerstraße 52
36	Bäckerstraße 55
37	Bäckerstraße 53
38	Bäckerstraße 50
39	Bäckerstraße 48
40	Bäckerstraße 51
41	Hellingstraße 1 (bis 1832)
41	Deichhof 9 (ab 1832, bis 1908 Deichhofstraße 3)
42	Bäckerstraße 46
43	Bäckerstraße 49
44	Bäckerstraße 44
45	Bäckerstraße 47
46	Bäckerstraße 42
47	Bäckerstraße 40

48	Bäckerstraße 45
49	Bäckerstraße 43
50	Bäckerstraße 38
51	Bäckerstraße 41
52	Bäckerstraße 36
53	Bäckerstraße 39
54	Bäckerstraße 37
55	Bäckerstraße 34
55 a	Großer Domhof 4 (bis 1908 Großer Domhof 3)
55 b	Großer Domhof 5 links
55 c	Großer Domhof 5 Mitte
55 d	Großer Domhof 5 rechts
55 e	Großer Domhof 6, Domdechanei, heute Postamt (bis 1908 Großer Domhof 5)
55 f	Großer Domhof (rechts neben Großer Domhof 6)
55 g	Großer Domhof 6, Nebengebäude
55 h	Vinkestraße 1
55 i	Vinkestraße 3 (bis 1908 Pulverstraße 1)
55 k	Vinkestraße 5 (bis 1908 Pulverstraße 3)
55 l	Pulverstraße 1 links (bis 1908 Pulverstraße 5)
55 m	Pulverstraße 1 rechts (bis 1908 Pulverstraße 5)
55 n	Großer Domhof 7 (bis 1908 Großer Domhof 12)
55 o	Großer Domhof 8 (bis 1908 Großer Domhof 10)
55 p	Großer Domhof 9 (bis 1908 Großer Domhof 6)
55 q	Großer Domhof 10 (bis 1908 Großer Domhof 8)
55 r	Großer Domhof 11, Alte Regierung
55 s	Großer Domhof 1–2, Alte Regierung
55 t	Großer Domhof 3
55 u	Großer Domhof (hinter Domhof 4)
56	Bäckerstraße 35
57 a	Bäckerstraße 32
57 b	Bäckerstraße 30 (ab 1781)
58	Bäckerstraße 33
59	Bäckerstraße 31
60	Bäckerstraße 28
61	Bäckerstraße 26
62 a	Bäckerstraße 29
62 b	Deichhof 9 (bis 1908 Deichhofstraße 3)
63	Bäckerstraße 24
64	Bäckerstraße 27
65	Bäckerstraße 22
66	Bäckerstraße 25
67	Bäckerstraße 20
68	Bäckerstraße 18
69	Bäckerstraße 23

70	Bäckerstraße 21
71	Bäckerstraße 16
72	Bäckerstraße 19
73	Bäckerstraße 14
74	Bäckerstraße 12 links
75	Bäckerstraße 17
76	Bäckerstraße 15
77	Bäckerstraße 12 rechts
78	Bäckerstraße 10
79	Bäckerstraße 13
80	Bäckerstraße 8
81	Bäckerstraße 11
82	Bäckerstraße 9
83	Bäckerstraße 6
84	Bäckerstraße 4
85	Bäckerstraße 2
86	Bäckerstraße 5 (bis 1908 Bäckerstraße 7)
87	Bäckerstraße 7 (ab etwa 1802 zusammen mit Nr. 86)
88	Bäckerstraße 3 (bis 1908 Bäckerstraße 5)
89	Bäckerstraße 1 (bis 1908 Bäckerstraße 3)
90	Bäckerstraße 1 alt (bis 1908 Bäckerstraße 1)
91	bis 1945 Hohnstraße 31 (heute Scharn 19)
92	bis 1945 Hohnstraße 31 (seit 1811 mit Haus-Nr. 91 zusammengefaßt)
92 b	bis 1945 Hohnstraße 29 (heute Scharn 17)
93	bis 1945 Hohnstraße 27 rechts (bis 1908 Hohnstraße 31, heute Scharn 15)
94	bis 1945 Hohnstraße 27 Mitte (bis 1908 Hohnstraße 29, heute Scharn 15)
95	bis 1945 Hohnstraße 27 links (bis 1908 Hohnstraße 27, heute Scharn 15)
96	bis 1945 Hohnstraße 25 (heute Scharn 13)
97	bis 1945 Hohnstraße 23, rechter Teil (ab 1826 zusammen mit Haus-Nr. 98; heute Scharn 13)
98	bis 1945 Hohnstraße 23 links (heute Scharn 13)
99	bis 1945 Hohnstraße 21 (heute Scharn 11)
100 a	bis 1945 Hohnstraße 19 (heute Scharn 11) ab 1764 von Haus-Nr. 100 b getrennt
100 b	bis 1945 Hohnstraße 17, ab 1764 (heute Scharn 11)
101	bis 1945 Hohnstraße 15, rechter Teil (ab 1846 zusammen mit Haus-Nr. 102; heute Scharn 9)
102	bis 1945 Hohnstraße 15, links (heute Scharn 9)
103	bis 1945 Hohnstraße 13 (heute Scharn 9)
104	bis 1945 Hohnstraße 11 (heute Scharn 7)
105	bis 1945 Hohnstraße 9 (heute Scharn 7)
106	bis 1945 Hohnstraße 7 (heute Scharn 5)
107	bis 1945 Hohnstraße 5 (heute Scharn 5)
108	bis 1945 Hohnstraße 3 (heute Scharn 3)
109	bis 1945 Hohnstraße 1 (heute Scharn 1)

110 bis 1945 Hohnstraße 2
111 bis 1945 Hohnstraße 4
112 bis 1945 Hohnstraße 6
113 bis 1945 Hohnstraße 8
114 bis 1945 Hohnstraße 10
115 bis 1945 Hohnstraße 12
116 bis 1945 Hohnstraße 14
117 bis 1945 Hohnstraße 16
118 bis 1945 Hohnstraße 18
119 bis 1945 Hohnstraße 20 rechts
120 bis 1945 Hohnstraße 20 links
121 bis 1945 Honhstraße 22
122 bis 1945 Hohnstraße 24
123 bis 1945 Hohnstraße 26
124 bis 1945 Hohnstraße 28
125 bis 1945 Hohnstraße 30
126 bis 1945 Hohnstraße 32
127 bis 1945 Hohnstraße 34
128 bis 1945 Hohnstraße 36
129 Bäckerstraße 2 (bis 1908 Scharnstraße 15 links, ab 1835 zusammen mit Haus-Nr. 130)
130 Bäckerstraße 2 (bis 1908 Scharnstraße 15 rechts)
131 Scharn 18 links, ab 1755 zusammen mit Haus-Nr. 132 (bis 1945 Scharnstraße 14)
132 Scharn 18 rechts (bis 1945 Scharnstraße 14)
133 Scharn 16 (bis 1945 Scharnstraße 13)
134 Scharn 14 (bis 1945 Scharnstraße 12)
135 Scharn 12 (bis 1945 Scharnstraße 11)
136 Scharn 10 links (bis 1945 Scharnstraße 10)
137 Scharn 10 rechts (bis 1945 Scharnstraße 9)
138 Scharn 8 links (bis 1945 Scharnstraße 8)
139 Scharn 8 rechts (bis 1945 Scharnstraße 7, linker Teil, ab 1840 zusammen mit Haus-Nr. 140)
140 Scharn 6 links (bis 1945 Scharnstraße 7, rechter Teil)
141 Scharn 6 rechts (bis 1945 Scharnstraße 6)
142 Scharn 4 (bis 1945 Scharnstraße 5)
143 Scharn 2, Rathaus (bis 1945 Scharnstraße 4)
144 Scharn 2, Rathaus (bis 1945 Scharnstraße 3)
145 Scharn 2, Rathaus (bis 1945 Scharnstraße 2)
146 a Scharn 2, Rathaus (bis 1945 Scharnstraße 1)
146 b Kleiner Domhof 1 (Nummer ab 1818)
147 a Kleiner Domhof 5
147 b Kleiner Domhof 3
147 c Kleiner Domhof 7 (Dompastorat)
147 d Kleiner Domhof 9
147 e Kleiner Domhof 11

147 f	Kleiner Domhof 13
147 g	Kleiner Domhof 13
147 h	Kleiner Domhof 13
147 i	Kleiner Domhof 13
147 k	Kleiner Domhof 8 (bis 1908 kleiner Domhof 10)
147 l	Domkloster
147 m	Domstraße, vor Haus-Nr. 2
147 n	Domstraße 14
147 o	Domstraße 14, Domküsterei
147 p	Domstraße 14, Domschule (bis 1908 Domstraße 3)
147 q	Domstraße 12, Domschule
147 r	Domstraße 10, Kolpinghaus (bis 1908 Domstraße 8)
147 s	Domstraße 8, Töchterschule (bis 1908 Domstraße 6)
147 t	Domstraße 4
147 u	Domstraße 2
147 v	Kleiner Domhof 6
148	Kleiner Domhof 4
149	Kleiner Domhof 2 (bis 1908 Markt 3)
150	Markt 3
151	Markt 5
152	Markt 7 links
153	Markt 7 rechts
154	Markt 9
155	Markt 11 links
156	Markt 11 rechts
157	Markt 28
158	Markt 26
159	Markt 24
160	Markt 22
161	Markt 20
162	Obermarktstraße 1, Hausteil am Markt
163	Obermarktstraße 1, Eckhaus
164	Markt 18
165	Markt 16
166	Markt 14, Nebenhaus
167	Markt 14
168	Markt 12
169	Markt 10
170	Markt 8
170 a	Markt 6, ehemaliges Kaufhaus
171	Markt 4
172	Markt 2
172 a	Martinitreppe 1 (zu Markt 2)
172 b	Martinitreppe 3 (zu Markt 2)

173	Martinitreppe (seit 18. Jahrhundert unbebaut)
174	Martinitreppe 2 rechts
175	Martinitreppe 2 links
176	Martinitreppe 4
177	Opferstraße 8 (bis 1818)
177 a	Martinikirchhof 2 (Hinterhaus Markt 8)
177 b	Opferstraße 8 (ab 1818)
177 c	Opferstraße 11 (ab 1818)
177 d	Opferstraße 9 (ab 1818)
178	Opferstraße 6 (Hinterhaus Markt 18)
179 a	Opferstraße 4 (Hinterhaus Markt 18)
179 b	Opferstraße 2 (Hinterhaus Obermarkt 4)
180	Opferstraße 5
181	Opferstraße 3
182	Opferstraße 1, Adler-Apotheke
183	Obermarktstraße 8
184	Obermarktstraße 6
185	Obermarktstraße 4
186	Obermarktstraße 2 links
187	Obermarktstraße 2 rechts
188	Obermarktstraße 3
189	Obermarktstraße 5
190	Obermarktstraße 7
191	Obermarktstraße 9
192	Obermarktstraße 11
193	Obermarktstraße 13
194	Obermarktstraße 15
195	Obermarktstraße 10
196	Obermarktstraße 17
197	Obermarktstraße 12
198	Obermarktstraße 19
199	Obermarktstraße 14
200	Obermarktstraße 21
201	Obermarktstraße 16
202	Obermarktstraße 18
203	Obermarktstraße 23
204	Obermarktstraße 25
205	Obermarktstraße 27
206 a	Obermarktstraße 20
206 b	Obermarktstraße 22
207	Hohe Straße 1
208	Obermarktstraße 24
209	Obermarktstraße 29
210	Obermarktstraße 31

211	Kisaustraße 7, vor 1804 wüst (Hintergebäude zu Obermarktstraße 31)
212	Obermarktstraße 33
213	Obermarktstraße 26
214	Obermarktstraße 28
215	Obermarktstraße 30
216	Obermarktstraße 32
217 a	Obermarktstraße 34
217 b	Obermarktstraße 36, Hospital St. Nikolai
218	Obermarkstaße 35
219	Priggenhagen 1 (bis 1908 Obermarktstraße 37)
220	Priggenhagen 3 (bis 1908 Obermarktstraße 39)
221	Priggenhagen 5 (bis 1908 Obermarktstraße 41)
222	Priggenhagen 7 (bis 1908 Priggenhagen 1)
223	Priggenhagen 9 (bis 1908 Priggenhagen 3)
224	Priggenhagen 11 (bis 1908 Priggenhagen 5)
225	Priggenhagen 8 (bis 1908 Priggenhagen 6)
226	Priggenhagen 10 (bis 1908 Priggenhagen 8)
227 a	Priggenhagen 12 (bis 1908 Priggenhagen 10)
227 b	Priggenhagen 15 (ab 1818, bis 1908 Priggenhagen 9)
227 b	Priggenhagen 13 (ab 1836, bis 1908 Priggenhagen 7)
227 c	Priggenhagen 17 (ab etwa 1840, bis 1908 Priggenahgen 11)
228	Petersilienstraße 2
229	Petersilienstraße 4
230	Petersilienstraße 10
231	Petersilienstraße 10
232	Petersilienstraße 12
233 a	Petersilienstraße 9
233 b	Petersilienstraße 7 (ab 1809)
233 c/d	Petersilienstraße 1 (ab 1818)
234	Lindenstraße 40 (bis 1818, bis 1880 Priggenhagen 21)
234 a/d	Lindenstraße 40 (ab 1818, bis 1880 Priggenhagen 21)
234 e	Klausenwall 16, Kaffeehaus auf dem Klausenwall (bis etwa 1825)
234 f	Klausenwall, Wohnhaus des Bleichers (bis etwa 1825)
234 e/f	Lindenstraße 44 (bis 1880 Priggenhagen 23)
234 g/h	Lindenstraße 46 (bis 1880 Priggenhagen 23)
234 i	Lindenstraße 42, Priggenhäger Mühle
235 a	Lindenstraße 29
235 b	Lindenstraße 23, »Harmonie-Gesellschaft« (ab 1839)
235 c	Lindenstraße 25
235 d	Lindenstraße 27
235 e	Lindenstraße 20
235 f	Lindenstraße 37
235 g	Lindenstraße 31
236	Lindenstraße 21

236 b Lindenstraße 17, Badehaus (ab etwa 1840); auch Klausenwall 27
237 Lindenstraße 15 (um 1767 auch Weingarten 50)
237 a Lindenstraße 13 (ab 1869)
237 b Lindenstraße 11 (bis 1908 Lindenstraße 9)
237 c Lindenstraße 7 (bis 1908 Lindenstraße 5)
238 a Lindenstraße 5
238 b Lindenstraße 3
238 c Lindenstraße 1, Tonhalle
238 d Lindenstraße 4 (ab 1800)
239 Lindenstraße 2 links (bis 1908 Lindenstraße 4)
240 a Lindenstraße 2 rechts (bis 1908 Lindenstraße 4)
240 b Lindenstraße 6 (ab 1818, bis 1908 Lindenstraße 8)
240 c Lindenstraße 8 (ab 1818)
240 d zu Markt 28 (ab 1853)
241 Lindenstraße 10–12
242 a–e Leiterstraße 1–3 (zu Obermarktstraße 17)
242 f–h Leiterstraße 5–7
243 a Lindenstraße 16 links
243 b Lindenstraße 16 rechts
244 a Lindenstraße 18
244 b Lindenstraße 18
244 c/d Lindenstraße 22
244 e Lindenstraße 24
244 f/g Krumme Kisaustraße 5 (Hinterhaus zu Obermarktstraße)
244 h Lindenstraße 24 (ab 1835, zuvor zu Haus-Nr. 209, 1830/1835 zu Nr. 244 c)
244 i Kisaustraße 1
245 a Lindenstraße 26
245 b Lindenstraße 28
245 c Lindenstraße 30
246 Lindenstraße 32
247 Lindenstraße 34
248 Lindenstraße 36
249 Priggenhagen 18/20 (vor 1878 wüst und zu Lindenstraße 38 geschlagen)
250 Priggenhagen 23 (bis 1908 Priggenhagen 17)
251 Priggenhagen 21 (bis 1908 Priggenhagen 15)
252 Priggenhagen 16 (bis 1908 Priggenhagen 19)
253 Priggenhagen 19 (bis 1908 Priggenhagen 13)
254 Obermarktstraße 38
255 Königstraße 2 rechts
256 Königstraße 2 links (bis 1908 Königstraße 4)
257 Königstraße 4 (bis 1908 Königstraße 6)
258 Königstraße 6 (bis 1908 Königstraße 8)
259 Königstraße 8 (bis 1908 Königstraße 10)
260 Königstraße 10 (bis 1908 Königstraße 12)

261 Königstraße 12 (bis 1908 Königstraße 14)
262 Königstraße 3
263 Königstraße 1
264 Simeonstraße 1
265 Simeonstraße 3
266 Simeonstraße 2 (auch Königstraße 1)
267 Simeonstraße 4
268 Simeonstraße 5 links
269 Simeonstraße 5 rechts (bis 1908 Simeonstraße 7), Hintergebäude auch Haus-Nr. 227 b
270 Simeonstraße 6
271 Simeonstraße 7 links (bis 1908 Simeonstraße 9)
272 Simeonstraße 7 rechts (bis 1908 Simeonstraße 11)
273 Simeonstraße 9 (bis 1908 Simeonstraße 13)
274 Simeonstraße 8
275 Simeonstraße 10
276 a Simeonstraße 12
276 b Simeonskirchhof 4 (ab 1802, bis 1908 Simeonskirchhof 5)
277 Simeonstraße 14 (oberer Eingang auch Simeonskirchplatz 5)
278 Simeonstraße 11 (bis 1908 Simeonstraße 15)
279 Simeonstraße 13 (bis 1908 Simeonstraße 17)
280 a Simeonstraße 16
280 b/c gelegentlich ab 1818 für Simeonskirchhof 6 (oberer Zugang zu Simeonstraße 16)
281 Simeonstraße 15 (bis 1908 Simeonstraße 19), Hintergebäude Petersilienstraße 20
282 a Simeonstraße 18
282 b gelegentlich ab 1818 für Simeonskirchhof 7 (oberer Zugang zu Simeonstraße 18)
283 Simeonstraße 17 (bis 1908 Simeonstraße 21)
284 Simeonstraße 19 (bis 1908 Simeonstraße 23)
285 Simeonstraße 20
286 Simeonstraße 22 (oberer Eingang Simeonskirchhof 8)
287 Simeonstraße 24
288 Simeonstraße 21 (bis 1908 Simeonstraße 25)
289 Simeonstraße 23 (bis 1908 Simeonstraße 27)
290 Simeonstraße 25 (bis 1908 Simeonstraße 29)
291 Simeonstraße 28 (Simeonstraße 26 ein zugehörendes Nebengebäude)
292 Simeonstraße 27 (bis 1908 Simeonstraße 31)
293 Simeonstraße 29 (bis 1908 Simeonstraße 33)
294 Simeonstraße 31 (bis 1908 Simeonstraße 35)
295 Simeonstraße 33 (bis 1908 Simeonstraße 37)
296 Simeonstraße 35 und 37 (bis 1818 nur das kleine Haus neben der Mühle; bis 1908 Simeonstraße 39 und Klausenwall 1; bis 1970 auch Lindenstraße 68)
297 a Simeonstraße 38 (bis 1908 Simeonstraße 40)
297 b Simeonstraße 36, Heilig-Geist-Hospital (bis 1908 Simeonstraße 38)
297 c–e Simeonstraße 34, Nebenbauten des Hospitals
298 Simeonstraße 32

299 Simeonstraße 30 (zugehörig 1878/1908 auch Rodenbecker Straße 2)
300 a Weingarten 68
300 b Rodenbecker Straße 6 (bis 1908 Weingarten 60)
300 c Rodenbecker Straße 8 (bis 1908 Rodenbecker Straße 6)
301 Weingarten 66
301 a Weingarten 60
302 Weingarten 58, linker Teil, ab 1827 zusammen mit Nr. 303
303 Weingarten 58, rechter Teil
304 Weingarten 56
305 a Weingarten 52
305 b Weingarten 50
306 Weingarten 48
307 Weingarten 46
308 a Weingarten 44
308 b Wallstraße 1 (ab 1853)
309 a Rodenbecker Straße 3
309 b Rodenbecker Straße 9, Hof von Möller (um 1820 abgebrochen),
309 b Rodenbecker Straße 14 (ab etwa 1825)
310 a Rodenbecker Straße 10
310 b Rodenbecker Straße 5 (ab 1818)
310 c Rodenbecker Straße 7, Lohmühle (ab 1818)
311 a/b Rodenbecker Straße 18
311 c Rodenbecker Straße 16 (ab etwa 1809)
311 d/e Wallstraße 2
312 Soodstraße 1
313 Soodstraße 6
314 Soodstraße 4
315 Weingarten 38
316 Weingarten 40
317 Weingarten 45
318 Weingarten 31/35 (bis um 1980 Weingarten 43)
319 Weingarten 31/35 (bis um 1980 Weingarten 41)
320 Weingarten 31/35 (bis um 1980 Weingarten 39)
321 Weingarten 31/35 (bis um 1980 Weingarten 37)
322 Weingarten 31/35 (bis um 1980 Weingarten 35)
323 Weingarten 31/35 (bis um 1980 Weingarten 33)
324 Weingarten 36
325 Weingarten 34
326 Weingarten 31/35 (bis um 1980 Weingarten 31)
327 Weingarten 29
328 Weingarten 27
329 Weingarten 32
330 Weingarten 30
331 Weingarten 25

332 Weingarten 23
333 Weingarten 21
334 Weingarten 19
335 Weingarten 26
336 Weingarten 24
337 Weingarten 17
338 Weingarten 15
339 a Weingarten 13
339 b Weingarten 22
340 Weingarten (vor 1878 abgebrochen)
341 Weingarten (vor 1878 abgebrochen)
342 Weingarten (vor 1878 abgebrochen)
343 Weingarten 18
344 Weingarten 11
345 Weingarten 9
346 Weingarten 16
347 Weingarten 14
348 Weingarten 12
349 Weingarten 7
350 Weingarten 5
351 Weingarten 10
352 Weingarten 6 links
353 Ortstraße 2
354 Ortstraße 4
355 Ortstraße 6
356 a Ortstraße 10
356 b Ortstraße 8
357 Weingarten 3
358 Weingarten 6 rechts
359 Königswall 93 (bis 1908 Königswall 91)
360 Königswall 97
361 Königswall 99
362 a Königswall 101
362 b Königswall 103/105 (bis 1818 ohne Haus-Nr.)
363 a Königswall (1816 für Festungsbau eingezogen)
363 b Königswall (1816 für Festungsbau eingezogen)
364 Königswall (1816 für Festungsbau eingezogen)
365 Königstraße 49
366 Weingarten 2
367 Weingarten 4
367 auch Gartenhaus zu Haus-Nr. 882
368 Königswall (1816 für Festungsbau eingezogen)
369 Königswall (1816 für Festungsbau eingezogen)
370 Königswall (1816 für Festungsbau eingezogen)

371	
372	Königstraße, westlich von Haus-Nr. 52, Ordonnanzhaus am Königstor (1764–1827)
373	Königstraße 52 (auch Königswall 91)
374 a	Königstraße 50
374 b	Königstraße 48
375	Königstraße 46
376	Königstraße 47
377 a	Königstraße 45
377 b	Weingarten 3 (Hintergebäude zu Königstraße 45)
378	Königstraße 43
379	Königstraße 41
380	Königstraße 39
380 b	Ortstraße 3
381	Königstraße 44
382	Königstraße 42 links
383	Königstraße 37
383 b	Ortstraße 5
384	Königstraße 35
384 b	Ortstraße 7
385	Königstraße 42 rechts
386	Königstraße 40
386 b	Bartlingshof 9 (ab etwa 1802)
387	Königstraße 38
388	Königstraße 33
388 b	Ortstraße 9
389 a	Königstraße 31
389 b	Königstraße 29 (ab 1809)
389 c	Fröbelstraße 1, städtisches Gefangenenhaus (ab 1869)
390	Königstraße 36
391 a	Königstraße 34, links
391 b	Königstraße 34, rechts
392	Königstraße 32
392 a	im 18. Jahrhundert ein Teil von Königstraße 34
393	Königstraße 27
394	Königstraße 25
395	Königstraße 23
396	Königstraße 30
397	Königstraße 21
398	Königstraße 19

Abb. 1863 Königstraße 35. Auf das Gewände des Haustores in der oberen rechten Ecke gemalte Haus-Nr. (384) der wohl 1770 erneuerten Fassade.

Abb. 1864 Königstraße 40. Keilstein in der Mitte des sandsteinernen Gewändes des Hauszugangs mit den Initialen von Johann Rupe (wohl seit 1832 Besitzer des Hauses) darunter die Haus-Nr. 386.

399 Königstraße 19
400 Königstraße 28, sogenannter Besselscher Hof
401 Königstraße 24 (bis 1908 Königsstraße 26)
402 Königstraße 15
403 Königstraße 22 (bis 1908 Königstraße 24)
404 Königstraße 20 (bis 1908 Königstraße 22)
405 Königstraße 18 (bis 1908 Königstraße 20)
406 Königstraße 16 links (bis 1908 Königstraße 18)
407 Königstraße 16 rechts (bis 1908 Königstraße 18)
408 Königstraße 14 vorn (bis 1908 Königstraße 16)
409 a Simeonskirchhof 2 links (bis 1908 Simeonskirchhof 1; heute zu Königstraße 5)
409 b Simeonskirchhof 2 rechts (ab 1818), bis 1908 Simeonskirchhof 2, heute zu Königstraße 5
409 c Simeonskirchhof 1, Küsterhaus (ab 1818), heute nicht mehr vorhanden
409 d Simeonskirchhof 3, Predigerhaus (ab 1818), heute nicht mehr vorhanden
409 e Simeonskirchhof 3, Kloster St. Mauritius, heute nicht mehr vorhanden
410 Königstraße 5
411 Ritterstraße 2
412 Königstraße 14 hinten (bis 1908 Königstraße 16)
413 Ritterstraße 1 links (bis 1908 Ritterstraße 1)
414 Ritterstraße 1 rechts (bis 1908 Ritterstraße 3)
415 a Ritterstraße 4
415 b Ritterstraße 6
416 Ritterstraße 3 (bis 1908 Ritterstraße 5)
417 a Ritterstraße 5 (bis 1908 Ritterstraße 7)
417 b Ritterstraße 7 (bis 1908 Ritterstraße 11)
418 Ritterstraße 10
419 Ritterstraße 12 (bis 1777, bis 1836 wüst), unter dieser 1804 bis 1836 wieder geführten Nummer dann das Gebäude Marienwall 37 (zu Haus-Nr. 742, seit 1818 Haus-Nr. 742 b)
420 Ritterstraße 9 (bis 1908 Ritterstraße 13)
421 Ritterstraße 11 (bis 1908 Ritterstraße 15)
422 Ritterstraße 14
423 Ritterstraße 13 (bis 1908 Ritterstraße 17)
424 Ritterstraße 16
425 a Ritterstraße 16 (bis 1908 Trockenhof 2 rechts)
425 b Ritterstraße 16 (bis 1908 Trockenhof 2 links)
426 Ritterstraße 16 (bis 1908 Trockenhof 4)
427 Ritterstraße 15 (bis 1908 Ritterstraße 19)
428 Ritterstraße 17 (bis 1908 Ritterstraße 21)
429 Ritterstraße 18
430 Ritterstraße 20
431 Ritterstraße 19 links (bis 1908 Ritterstraße 23)
432 Ritterstraße 19 rechts (bis 1908 Ritterstraße 23)
433 Ritterstraße 22
434 a Ritterstraße 24

434 b Ritterstraße 21 (Kurie, heute Bürgerschule)
435 a Ritterstraße 26/28
435 b Papenmarkt 5 (bis 1908 Papenmarkt 9)
435 c Papenmarkt 3 (bis 1908 Papenmarkt 7, dann Papenmarkt 5)
435 d Papenmarkt 1 (bis 1908 Papenmarkt 5, dann Papenmarkt 3)
435 e Hohe Straße 5 (bis 1908 Papenmarkt 1)
435 f Hohe Straße 3 rechts
435 g Hohe Straße 3 Mitte
435 h Hohe Straße 3 links
435 i Hohe Straße 6
435 k Hohe Straße 8, Proviantamt
436 Papenmarkt 2
437 Papenmarkt 4
438 Papenmarkt 6
439 Papenmarkt 8
440 a Ritterstraße 30–34 (bis 1908 Papenmarkt 10, dann Ritterstraße 28 a)
440 b Ritterstraße 30–34 (bis 1908 Ritterstraße 30)
441 Ritterstraße 23 (bis 1908 Ritterstraße 27)
442 Ritterstraße 25 (bis 1908 Ritterstraße 29)
443 Ritterstraße 27 (bis 1908 Ritterstraße 31)
444 Ritterstraße 30–34 (bis 1908 Ritterstraße 32)
445 Ritterstraße 30–34 (bis 1908 Ritterstraße 34)
446 Ritterstraße 29 (bis 1908 Ritterstraße 33)
447 a Ritterstraße 31 (bis 1908 Ritterstraße 35)
447 b Ritterstraße 36
448 Ritterstraße 33 (bis 1908 Ritterstraße 37)
449 a Ritterstraße 38
449 b Hohe Straße 7
449 bb Hohe Straße ? (nach 1837 eingerichtet)
449 c Hohe Straße (vor 1878 abgebrochene Stiftsbauten)
449 d Martinikirchhof 10, Stadtmusikantenhaus
450 Ritterstraße 40
451 Martinikirchhof 9, sogenannte Schwedenschänke
452 a Brüderstraße 1
452 b Alte Kirchstraße 1/1 a
453 Brüderstraße 1 a (auch Alte Kirchstraße 2)
454 Alte Kirchstraße 3
455 Alte Kirchstraße 5
456 Alte Kirchstraße 7
457 (a) Alte Kirchstraße 9
457 b Alte Kirchstraße 9 links, vorne, Prorektoratshaus
457 c Alte Kirchstraße 9 links, hinten, Rektorenhaus (bis 1908 Alte Kirchstraße 13)
457 d Alte Kirchstraße 9, rechts, hinten, Gymnasium (bis 1908 Alte Kirchstraße 15)
457 e Alte Kirchstraße 9 rechts, vorne, Martiniküsterhaus (1805 errichtet)

458 Alte Kirchstraße 4 links (vor 1750 wüst)
459 a Alte Kirchstraße 14 (bis 1908 Alte Kirchstraße 8)
459 b Alte Kirchstraße 14 (bis 1908 Alte Kirchstraße 8)
459 c Alte Kirchstraße 16 (bis 1908 Alte Kirchstraße 10)
460 Brüderhof 3
461 Alte Kirchstraße 22 (bis 1908 Alte Kirchstraße 14)
462 Alte Kirchstraße 24 (bis 1908 Alte Kirchstraße 16)
463 a Brüderhof 4
463 b Brüderhof 6, Zeughaus, ab 1764 Verwaltung der Zuckerfabrik
463 c Alte Kirchstraße 11/13, Zuckerfabrik (bis 1908 Alte Kirchstraße 17/19)
463 d Alte Kirchstraße 17, Schulkollegenhaus (bis 1908 Alte Kirchstraße 21)
463 e Alte Kirchstraße 19, Schulkollegenhaus (bis 1908 Alte Kirchstraße 23)
464 Alte Kirchstraße 21 (bis 1908 Alte Kirchstraße 25)
464 b zwischen 1805 und 1809 genannt
465 Alte Kirchstraße 25 (bis 1908 Alte Kirchstraße 29)
466 Alte Kirchstraße 26 (bis 1908 Alte Kirchstraße 18)
466 zwischen 1780 und 1818 für Brüderstraße 6 benutzt
467 Alte Kirchstraße 27 (bis 1908 Alte Kirchstraße 31)
468 Alte Kirchstraße 28 (bis 1908 Alte Kirchstraße 20)
469 Alte Kirchstraße 29 (bis 1908 Alte Kirchstraße 33)
470 Alte Kirchstraße 30 (bis 1908 Alte Kirchstraße 22)
471 Alte Kirchstraße 32 (bis 1908 Alte Kirchstraße 24)
472 Alte Kirchstraße 29 (bis 1908 Alte Kirchstraße 33)
473 Königswall 61
474 Königswall 63
475 Königswall 65
476 Königswall 67
477 Videbullenstraße 26
478 Videbullenstraße 24
479 Videbullenstraße 22
480 Videbullenstraße 20
481 Videbullenstraße 18
482 Videbullenstraße 16
483 Videbullenstraße 14
484 bis 1765 Videbullenstraße 12, Gartenhaus
485 Videbullenstraße 12
486 Videbullenstraße 10
487 Videbullenstraße 8
488 Videbullenstraße 6
489 Videbullenstraße 4
490 Videbullenstraße 2
491 Videbullenstraße 3
492 a Videbullenstraße 5

Abb. 1865 Königswall 61. Türsturz am 1835 neu errichteten Haus mit ovalem Feld mit Hausnummer. Die alte Haus-Nr. 473 wurde nach 1878 aus dem Werkstein entfernt und durch die heutige Nummer ersetzt.

492 b Videbullenstraße 7, Küsterhaus Reformierte Kirche (bis 1908 Videbullenstraße 9)
492 c Videbullenstraße 9, Pastorat Reformierte Kirche (bis 1908 Videbullenstraße 11)
492 d Videbullenstraße 11, Pastorat der Martinikirche (bis 1908 Videbullenstraße 15)
492 e Videbullenstraße 13, Konfirmandensaal der reformierten Gemeinde (bis 1891)
493 Videbullenstraße 13 (bis 1908 Videbullenstraße 17)
494 Videbullenstraße 15 (bis 1908 Videbullenstraße 19), Judenschule
495 Videbullenstraße 17 (bis 1908 Videbullenstraße 21)
496 Videbullenstraße 19 (bis 1908 Videbullenstraße 23)
497 Videbullenstraße 21 (bis 1908 Videbullenstraße 25)
498 Videbullenstraße 23 (bis 1908 Videbullenstraße 27)
499 Umradstraße 27
500 Umradstraße 25
501 Umradstraße 23
502 Umradstraße 21
502 Brüderstraße 1, Spritzenhaus
503 Umradstraße 19
504 Umradstraße 17 Bude
505 Umradstraße 15, Bude
506 Umradstraße 13, Bude
507 Umradstraße 15, Bude
508 Umradstraße 24
509 Umradstraße 22
510 Umradstraße 20
511 Umradstraße 18
512 Umradstraße 16
513 Umradstraße 14
514 Umradstraße 12
515 Umradstraße 10
516 Umradstraße 8
517 Umradstraße 6
518 Umradstraße 4
519 Umradstraße 2
520 Umradstraße 5
521 Umradstraße 7
522 Umradstraße 9
523 Bartlingshof 1
524 Bartlingshof 3
525 Bartlingshof 5
526 a Bartlingshof 2
526 b Bartlingshof 4 (ab 1818)
526 c Bartlingshof 11/13 (um 1850 angelegt)
527 Bartlingshof 8
528 Bartlingshof 10 rechts (bis 1908 Bartlingshof 10)
529 Bartlingshof 10 links (bis 1908 Bartlingshof 12)

530 Bartlingshof 12 (bis 1908 Bartlingshof 14)
531 Bartlingshof 15
531 a Bartlingshof 17
532 Bartlingshof 19
533 Königswall 83 (bis 1908 Königswall 81)
534 Königswall 85 (bis 1908 Königswall 83)
535 Königswall 87 (bis 1908 Königswall 85)
536 Königswall 89 (bis 1908 Königswall 87), Kreisgefängsnis
537 Königswall 91 (bis 1908 Königswall 89), Garnisonverwaltung
538 Königswall (1816 für den Festungsbau abgebrochen)
539 Königswall (1816 für den Festungsbau abgebrochen)
540 Königswall (1816 für den Festungsbau abgebrochen)
541 Königswall (1816 für den Festungsbau abgebrochen)
542 Königswall (1816 für den Festungsbau abgebrochen)
543 Königswall (1816 für den Festungsbau abgebrochen)
544 Königswall (1816 für den Festungsbau abgebrochen)
545 Königswall 79 a (bis 1908 Königswall 79)
546 Königswall 77 vorn (bis 1908 Königswall 75)
547 Königswall 77 hinten (bis 1908 Königswall 75)
548 Königswall 75 (bis 1908 Königswall 73 a)
549 Königswall 73 (1818 Garten eingezogen)
550 Königswall 71
551 Videbullenstraße 25 (bis 1908 Videbullenstraße 29)
552 Königswall (1818 für Festungsbau eingezogen)
553 Königswall (1818 für Festungsbau eingezogen)
554 Königswall (1818 für Festungsbau eingezogen)
555 Königswall (1818 für Festungsbau eingezogen)
556 Königswall (1818 für Festungsbau eingezogen)
557 Königswall (1818 für Festungsbau eingezogen)
558 Königswall (1818 für Festungsbau eingezogen)
559 Königswall 59 rechts und Mitte
560 Königswall 59 links
561 Königswall 57
562 Königswall 55
563 a Brüderstraße 29
563 b Brüderstraße 26 (ab 1818; bis 1802 Kommandantenhaus)
563 c Königswall 45 (ab 1832)
564 Brüderstraße 27
546 b Brüderstraße 25 (ab 1798)
564 c Brüderstraße 20
564 d Brüderstraße 22 (heute Pöttcherstraße 27)
565 Brüderhof 2
566 Brüderstraße 23
567 a Brüderstraße 21

567 b Alte Kirchstraße 20
568 a Brüderstraße 19
568 b Alte Kirchstraße 18, Pastorenwitwenhaus (bis 1908 Alte Kirchstraße 12)
568 c Brüderstraße 15, Schulhaus/Kantorhaus
569 a Brüderstraße 17
569 b Brüderstraße 18
569 c Brüderstraße 18
570 Brüderstraße 13
571 Brüderstraße 11
572 a Brüderstraße 9
572 b Brüderstraße 16, Waisenhaus/Krankenhaus und Beginenhaus
573 a Brüderstraße 7
573 b Alte Kirchstraße 6
574 Brüderstraße 5
575 Brüderstraße 3
575 b Alte Kirchstraße 4 (ab 1835)
576 Brüderstraße 14
577 Brüderstraße 12
578 Brüderstraße 10
579 Brüderstraße 8
580 Brüderstraße 6
581 Brüderstraße 2
581 a Brüderstraße 4
582 Kampstraße 1
583 Kampstraße 3
584 a Kampstraße 5
584 b Kampstraße 5, Hintergebäude (bis 1908 Pöttcherstraße 3)
585 Kampstraße 5, Nebengebäude rechts (bis Abbruch 1906 Pöttcherstraße 1)
586 a Pöttcherstraße 1 (bis 1906)
586 b Pöttcherstraße 3 (bis 1906)
587 Pöttcherstraße 5 (bis 1906)
588 Pöttcherstraße 3 (bis 1908 Pöttcherstraße 7)
589 Pöttcherstraße 5 (bis 1908 Pöttcherstraße 9)
590 Pöttcherstraße 7 (bis 1908 Pöttcherstraße 11)
591 Pöttcherstraße 9 (bis 1908 Pöttcherstraße 13)
592 a Pöttcherstraße 13 (bis 1908 Pöttcherstraße 17)
592 b Pöttcherstraße 11 (ab 1818, bis 1908 Pöttcherstraße 15)
593 Pöttcherstraße 15 (bis 1908 Pöttcherstraße 19)
593 a Pöttcherstraße 17 (bis 1908 Pöttcherstraße 21)
594 Pöttcherstraße 19 (bis 1908 Pöttcherstraße 23)
595 Pöttcherstraße 21 (bis 1908 Pöttcherstraße 25)
596 Pöttcherstraße 23 (bis 1908 Pöttcherstraße 27)
597 Pöttcherstraße 25 (bis 1908 Pöttcherstraße 29)
598 Pöttcherstraße 30

599 Wolfskuhle 8 (bis 1908 Wolfskuhle 7)
600 Wolfskuhle 6
601 a Wolfskuhle 4
601 b Wolfskuhle 2 (ab etwa 1802)
602 Pöttcherstraße 28
603 Pöttcherstraße 26
604 Pöttcherstraße 24
605 Pöttcherstraße 22
606 Pöttcherstraße 20
607 a Pöttcherstraße 18
607 b Pöttcherstraße 16 (ab 1783)
608 Pöttcherstraße 14
609 a Pöttcherstraße 12 links (bis 1908 Pöttcherstraße 12)
609 b Pöttcherstraße 12 rechts (ab 1818, bis 1908 Pöttcherstraße 10)
610 Pöttcherstraße 10 (bis 1908 Pöttcherstraße 8)
611 Pöttcherstraße 8 (bis 1908 Pöttcherstraße 6)
612 a Pöttcherstraße 6 (bis 1908 Pöttcherstraße 4)
612 b/e Pöttcherstraße 4 (bis 1908 ohne Nummer)
613 Kampstraße 2 (bis 1908 Kampstraße 4)
614 Kampstraße 4 (bis 1908 Kampstraße 6)
615 Kampstraße 7 (bis 1908 Kampstraße 9)
615 a Pöttcherstraße 2 (bis 1908)
616 Kampstraße 9 (bis 1908 Kampstraße 11)
617 a Kampstraße 11 (bis 1908 Kampstraße 13)
617 b Kampstraße 6 (bis 1908 Kampstraße 8), III. Kurie von Martini, später Synagoge
617 c Martinikirchhof 7, II. Kurie von Martini, ab 1832 Heeresbäckerei
617 d Martinikirchhof 6 a, I. Kurie von Martini, ab 1834 Körnermagazin
617 e/g Martinikirchhof 8 (bis 1908 Kampstraße 2)
618 Kampstraße 13, links (bis 1908 Kampstraße 15)
619 Kampstraße 13, rechts (bis 1908 Kampstraße 17)
620 a Kampstraße 15 (bis 1908 Kampstraße 19)
620 b Kampstraße 10, IV. Kurie von Martini
621 bis 1802 Kampstraße 17, bis 1818 Brüderstraße 26
621 a ab 1818 Kampstraße 17 (bis 1908 Kampstraße 21), ab 1802 Kommandantenhaus
621 b Kampstraße 16
621 c Kampstraße 14, V. Kurie von Martini
621 d Kampstraße 12
622 Kampstraße 19 (bis 1908 Kampstraße 23)
623 a Kampstraße 21 (bis 1908 Kampstraße 25)
623 b Kampstraße 18
624 a Kampstraße 23 (bis 1908 Kampstraße 27)
624 b Greisenbruchstraße, hinter Kampstraße 23 (vor 1878 abgebrochen)
624 c Kampstraße, Haus zwischen Nr. 18 und 20
625 Greisenbruchstraße 4

626 Greisenbruchstraße 6
627 Greisenbruchstraße 5
628 Greisenbruchstraße 7
629 Greisenbruchstraße 9
630 Greisenbruchstraße 11
631 Greisenbruchstraße 13
632 Greisenbruchstraße 8
633 Greisenbruchstraße 12
634 a Greisenbruchstraße 14
634 b Greisenbruchstraße 16
635 Greisenbruchstraße 18
636 Greisenbruchstraße 15
637 Greisenbruchstraße 17
638 a Greisenbruchstraße 20
638 b Rampenloch 3
638 c Rampenloch 1 (ab 1964 Greisenbruchstraße 18 a)
639 Greisenbruchstraße 22
640 a Greisenbruchstraße 21
640 b Greisenbruchstraße 24
641 a Greisenbruchstraße 23
641 b Greisenbruchstraße 25
642 a Greisenbruchstraße 26
642 b Greisenbruchstraße 28
643 Greisenbruchstraße 30
644 a Greisenbruchstraße 27
644 b Greisenbruchstraße 29
645 Königswall 43 (bis 1908 Königswall 49)
646 Königswall zwischen 41 und 43 (bis 1908 Königswall 47)
647 Königswall 41 rechts (bis 1908 Königswall 45)
648 a Königswall 41 links (bis 1908 Königswall 45)
648 b Königswall 39 (bis 1908 Königswall 41)
648 c freier Hof (für Festungsbau abgebrochen)
648 d freier Hof (für Festungsbau abgebrochen)
649 Königswall 37 (bis 1908 Königswall 39)
650 Königswall 35 (bis 1908 Königswall 37)
651 Königswall 33
652 Rampenloch 11
653 Rampenloch 9
654 Rampenloch 7
655 Rampenloch 4
656 Rampenloch 6
657 Königswall (1816 zum Festungsbau eingezogen)
658 Königswall 31
659 Königswall 29

660 Königswall 27
661 Königswall 25
662 Kerbstraße 5
663 Kerbstraße 3
664 Kerbstraße 1
665 Königswall 23
666 Königswall 21 (bis 1775, seit 1786 zusammen mit Haus-Nr. 668)
666 ab 1781 ein Haus am Königswall (1818 abgebrochen)
666 a Königswall (1816 zum Festungsbau eingezogen)
666 b Torhaus vom neuen Tor (ab 1812), 1816 zum Festungsbau eingezogen
667 Königswall (1816 zum Festungsbau eingezogen)
667 b Königswall (bis 1812 freies Haus, 1816 für den Festungsbau abgebrochen)
668 Königswall 21
669 Königswall 19
670 Königswall 17
671 Königswall 15
672 Königswall 13
673 Königswall 11 (auch Hahler Straße 11)
674 Auf dem Äbtissinnenhof (siehe Stiftstraße 4), 1816 zum Festungsbau eingezogen
675 Auf dem Äbtissinnenhof (siehe Stiftstraße 4), 1816 zum Festungsbau eingezogen
676 Auf dem Äbtissinnenhof (siehe Stiftstraße 4), 1816 zum Festungsbau eingezogen
677 Auf dem Äbtissinnenhof (siehe Stiftstraße 4), schon 1748 wüst
678 a Auf dem Äbtissinnenhof (siehe Stiftstraße 4), 1816 zum Festungsbau eingezogen
678 b Auf dem Äbtissinnenhof (siehe Stiftstraße 4), 1816 zum Festungsbau eingezogen
679 Auf dem Äbtissinnenhof (siehe Stiftstraße 4), 1816 zum Festungsbau eingezogen
680 Auf dem Äbtissinnenhof (siehe Stiftstraße 4), 1816 zum Festungsbau eingezogen
681 Auf dem Äbtissinnenhof (siehe Stiftstraße 4), 1816 zum Festungsbau eingezogen
682 a Auf dem Äbtissinnenhof (siehe Stiftstraße 4), 1816 zum Festungsbau eingezogen
682 b Auf dem Äbtissinnenhof (siehe Stiftstraße 4), 1816 zum Festungsbau eingezogen
683 Königswall (1759 im Krieg abgebrochen, später wüst)
684 Auf dem Äbtissinnenhof (siehe Stiftstraße 4), 1816 zum Festungsbau eingezogen
685 Auf dem Äbtissinnenhof (siehe Stiftstraße 4), 1816 zum Festungsbau eingezogen
686 Auf dem Äbtissinnenhof (siehe Stiftstraße 4), 1816 zum Festungsbau eingezogen
687 Auf dem Äbtissinnenhof (siehe Stiftstraße 4), 1816 zum Festungsbau eingezogen
688 Auf dem Äbtissinnenhof (siehe Stiftstraße 4), Sekretariatshaus, 1822 zum Festungsbau eingezogen
688 b Auf dem Äbtissinnenhof (siehe Stiftstraße 4), Wohnhaus Stiftssekretär St. Marien, 1822 für Festungsbau eingezogen
689 Auf dem Äbtissinnenhof (siehe Stiftstraße 4), 1822 zum Festungsbau eingezogen
690 Auf dem Äbtissinnenhof (siehe Stiftstraße 4), 1822 zum Festungsbau eingezogen
691 Königswall 9 (bis 1908 Königswall 7)
692 Hahler Straße, 1823 zum Festungsbau eingezogen
693 a Hahler Straße 14
693 b Hahler Straße 9 (bis 1908 Hahler Straße 11)

694 1758 ruiniert, 1778 abgebrochen, dann wüst
695 Hahler Straße 5
696 a Hahler Straße 3
696 b Hahler Straße 8
696 c Hahler Straße 10 (bis 1908 Hahler Straße 12)
697 Hahler Straße 4
698 Hahler Straße 6
699 a Hahler Straße 1
699 b Stiftsgebäude St. Marien, vor 1828 abgebrochen
699 c Königswall 1, Dechantinnenhof von St. Marien
699 d Stiftstraße 1, Kamerariatshaus von St. Marien
699 e Königswall 3, Kurie von St. Marien
699 f Stiftskurie St. Marien (1818 für Festungsbau abgebrochen)
699 g Stiftskurie St. Marien (vor 1818 für Festungsbau abgebrochen)
699 h Stiftstraße 4, Äbtissinnenhof von St. Marien (1818 für Festungsbau abgebrochen)
700 Kampstraße 37 (bis 1908 Kampstraße 41)
701 a Kampstraße 35 (bis 1908 Kampstraße 39)
701 b Kampstraße 33 (bis 1908 Kampstraße 37)
701 c Kampstraße 31 (bis 1908 Kampstraße 33)
701 cc Kampstraße 29, sogenannter Pavillon
701 d Kampstraße 20
701 e Kampstraße 22
701 f Kampstraße 27 (bis 1908 Kampstraße 31)
701 ff Kampstraße 25 (bis 1908 Kampstraße 29)
702 a Kampstraße 24
702 b Kampstraße 26
703 Kampstraße 28
704 Kampstraße 30
705 Kampstraße 32
706 Kampstraße 34
707 Hufschmiede 27
708 Hufschmiede 6 (1902 abgebrochen)
709 Hufschmiede 25
710 Hufschmiede 23
711 Hufschmiede 21
712 Hufschmiede 19
713 Hufschmiede 17
714 Hufschmiede 15
715 Hufschmiede 13 (bis 1798 und ab 1818)
715 1798 bis 1818 Hohe Straße 6
716 a Hufschmiede 11
716 b Weberberg 2 (Hinterhaus von Hufschmiede 1)
717 Weberberg 3 (bis 1908 Weberberg 1)
718 a Hufschmiede 4 (ab 1800, 1900 abgebrochen)

718 b Marienkirchhof 1 (1900 abgebrochen)
718 c Marienkirchhof 3 (1900 abgebrochen)
718 d Marienkirchhof 5, II. Predigerhaus St. Marien
718 e
718 f Hufschmiede (vor 1908 abgebrochen), Küsterhaus St. Marien
719 Hufschmiede 9
720 Hufschmiede 7
721 Hufschmiede 5
722 Hufschmiede 3
723 Hufschmiede 1
724 Hufschmiede 2 (1898 abgebrochen)
725 Marienstraße 4 (bis 1908 Marienstraße 2)
726 a Marienstraße 6
726 b Marienstraße 8, Hinterhaus (vor 1908 Marienstraße 6, Hinterhaus)
727 Marienstraße 8 (vor 1908 Marienstraße 6)
728 Marienstraße 10 (bis 1908 Marienstraße 8)
729 Marienstraße 1 alt (bis 1908 Marienstraße 4)
730 Marienstraße 1 alt (ab 1809 zusammen mit Haus-Nr. 729; bis 1908 Marienstraße 4)
731 Marienstraße 12 (bis 1908 Marienstraße 10)
732 Marienstraße 3 alt (vor 1908 abgebrochen)
733 Marienstraße 14 (bis 1908 Marienstraße 12)
734 Marienstraße 1 (bis 1908 Marienstraße 5)
735 Marienstraße 16 (bis 1908 Marienstraße 14)
736 Marienstraße 18 (bis 1908 Marienstraße 16)
737 Marienstraße 20 rechts (bis 1908 Marienstraße 18)
738 Marienstraße 20 links (bis 1908 Marienstraße 20)
739 Marienstraße, nördlich von Nr. 20 (1821 für den Festungsbau eingezogen)
740 Marienstraße, nördlich von Nr. 20 (1821 für den Festungsbau eingezogen)
741 Deichhof (für den Festungsbau eingezogen)
741 b Deichhof (für den Festungsbau eingezogen)
742 a Marienwall 41 (bis 1908 Marienwallstraße 31)
742 b Marienwall 37 (von 1804 bis 1818 Haus-Nr. 419, ab 1835 teilweise wieder Haus-Nr. 742, bis 1908 Marienwallstraße 27)
743 Marienwall 39 (bis 1908 Marienwallstraße 29)
744 a Deichhof (1818 für Festungsbau abgebrochen)
744 b Marienwall 35 (ab 1805, bis 1908 Marienwall 25)
745 a Deichhof 22
745 b Deichhof (1818 für Festungsbau abgebrochen), ab etwa 1860 Marienwall 33 (bis 1908 Marienwall 21)
746 Deichhof 25
747 Deichhof 20
748 Deichhof 23
749 Deichhof 21
750 Deichhof 18

751 Deichhof 19
752 Deichhof 16
753 Deichhof 14
754 Deichhof 17
755 a Deichhof 15
755 b Deichhof 13
756 Deichhof 10 (bis 1908 Deichhofstraße 12)
757 Deichhof 8 (ab etwa 1805, bis 1908 Deichhofstraße 10)
758 Deichhof 11
759 a Deichhof 6 (bis 1908 Deichhofstraße 8)
759 b Deichhof 4 (ab etwa 1840)
759 c Deichhof 2
760 bis 1827 Poststraße 1
761 a ab 1827 Poststraße 1
761 aa Seidenbeutel 9
761 a/b Poststraße 2
761 bb Seidenbeutel 8 (auch Tränkestraße 11)
761 c Poststraße 3
761 cc/dd/ee Tränkestraße 14
761 d Poststraße 6 (ab 1818)
761 e Poststraße 5 (ab 1818)
761 f Marienwall 31/Poststraße 7, Posthof (1818 bis 1860), dann Marienwallkaserne
761 g 1818 bis um 1822 Marienwall 33 (dann Haus-Nr. 745 b; 1878 bis 1908 Marienwall 21)
761 h Marienwall 25, Flodorfscher Hof (bis 1908 Marienwall 13)
761 hh Marienwall 27 (bis 1908 Marienwall 15)
761 j Marienwall, Haus am Wall (1822 für den Festungsbau abgebrochen)
761 k Marienwall 23, Kurie von Johannis (bis 1908 Marienwall 11), nach 1865 Magazin
761 l Marienwall (1822 zum Festungsbau eingezogen)
761 m Marienwall (1822 zum Festungsbau eingezogen)
761 n Marienwall 21, Kurie von Johannis (bis 1908 Marienwall 9), nach 1865 Magazin
761 o Johanniskirchhof 1, Kurie von Johannis
761 p Johanniskirchhof 2, Kurie von Johannis
761 q Marienwall, Reventer von Johannis (1819 für Festungsbau eingezogen)
761 r Marienwall, Kurie des Dekans von Johannis (1839 für Festungsbau eingezogen)
761 s Seidenbeutel 1, Küsterhaus von Johannis
761 t Seidenbeutel 3
761 u Seidenbeutel 5
761 v Seidenbeutel 2
761 w Seidenbeutel 4
761 x Seidenbeutel 7
761 z Seidenbeutel 6
762 Marienwall 9/Ecke Seidenbeutel (bis etwa 1970 Tränkestraße 13)
763 1818 für den Festungsbau abgebrochen
764 1818 für den Festungsbau abgebrochen

765 Oberstraße (1818 für den Festungsbau abgebrochen)
766 Oberstraße (1818 für den Festungsbau abgebrochen)
767 Oberstraße (1818 für den Festungsbau abgebrochen)
768 Oberstraße (1818 für den Festungsbau abgebrochen)
769 Oberstraße (1818 für den Festungsbau abgebrochen)
770 Oberstraße (1818 für den Festungsbau abgebrochen)
771 Oberstraße (1818 für den Festungsbau abgebrochen)
772 a Oberstraße 12 (1878 bis 1908 Fischerstadt 59)
772 b Oberstraße 10 (ab etwa 1850, 1878 bis 1908 Fischerstadt 60)
773 Oberstraße 14 (1878 bis 1908 Fischerstadt 57)
774 Oberstraße 16 (1878 bis 1908 Fischerstadt 55)
775 Oberstraße 1/Hermannstraße 2 (1878 bis 1908 Fischerstadt 58)
776 rückwärtiger Teil des Hauses Weserstraße 10 (ab 1810 wüst)
777 Oberstraße 18 (1878 bis 1908 Fischerstadt 54)
778 Oberstraße 20 (1878 bis 1908 Fischerstadt 52)
779 Oberstraße 26 (1878 bis 1908 Fischerstadt 51)
780 Oberstraße 28 (1878 bis 1908 Fischerstadt 50)
780 b 1878 bis 1908 Fischerstadt 53 (unbebauter Platz hinter Oberstraße 20)
781 Oberstraße 30 (1878 bis 1908 Fischerstadt 49)
782 Oberstraße 24 (1878 bis 1908 Fischerstadt 48)
783 Oberstraße 3 (1878 bis 1908 Fischerstadt 56)
784 Oberstraße 32 (1878 bis 1908 Fischerstadt 47)
785 Oberstraße 34 (1878 bis 1908 Fischerstadt 46)
786 Oberstraße 36 (1878 bis 1908 Fischerstadt 45)
787 Oberstraße 38 (1878 bis 1908 Fischerstadt 44)
788 Oberstraße 40 (1878 bis 1908 Fischerstadt 43)
789 Oberstraße 7 (1878 bis 1908 Fischerstadt 42)
790 Oberstraße 42 (1878 bis 1908 Fischerstadt 41)
791 a Oberstraße 46 (1878 bis 1908 Fischerstadt 39)
791 b Oberstraße 44 (1878 bis 1908 Fischerstadt 40), Schulhaus der Fischerstadt
792 Oberstraße 48 (1878 bis 1908 Fischerstadt 38)
793 Oberstraße 9 (1878 bis 1908 Fischerstadt 37)
794 Oberstraße 50 (1878 bis 1908 Fischerstadt 36)
795 Oberstraße 52 (1878 bis 1908 Fischerstadt 35)
796 Oberstraße 11 (1878 bis 1908 Fischerstadt 34)
797 Oberstraße 54 (1878 bis 1908 Fischerstadt 33)
798 Oberstraße 56 (1878 bis 1908 Fischerstadt 32)
799 Oberstraße 58 (1878 bis 1908 Fischerstadt 31)
800 schon vor 1770 wüst, seit 1802 zu Nr. 815 geschlagen
801 Oberstraße 62 (1878 bis 1908 Fischerstadt 30)
802 schon vor 1770 wüst
803 Oberstraße 64 (1878 bis 1908 Fischerstadt 29)
804 Bude an der Oberstraße, zwischen 64 und 66 (1758 zerstört)
805 Bude an der Oberstraße, zwischen 64 und 66 (1758 zerstört)

806 Weserstraße 24 (1878 bis 1908 Fischerstadt 27)
807 Bude an der Oberstraße, zwischen 64 und 66 (1758 zerstört)
808 a Oberstraße 66, Gesundbrunnen (ab 1812, 1878 bis 1908 Fischerstadt 28)
808 b Oberstraße 68 (ab 1812, 1878 bis 1908 Fischerstadt 28)
809 a 1824 zum Festungsbau abgebrochen
809 b ab 1781 (1824 zum Festungsbau abgebrochen)
810 1825 zum Festungsbau abgebrochen
811 Weserstraße 21 (1821 zum Festungsbau abgebrochen)
812 Weserstraße 26 (1824 zum Festungsbau abgebrochen)
813 Weserstraße 23 (1878 bis 1908 Fischerstadt 26)
814 Weserstraße 22 (1878 bis 1908 Fischerstadt 24)
815 Oberstraße 60 (1878 bis 1908 Fischerstadt 25)
816 Weserstraße 21 (1878 bis 1908 Fischerstadt 23)
817 Weserstraße 20 (1878 bis 1908 Fischerstadt 22)
818 Weserstraße 19 (1878 bis 1908 Fischerstadt 21)
819 Weserstraße 18 (1878 bis 1908 Fischerstadt 20)
820 Weserstraße 17 (1878 bis 1908 Fischerstadt 19)
821 Weserstraße 16 (1878 bis 1908 Fischerstadt 18)
822 Weserstraße 15 (1878 bis 1908 Fischerstadt 17)
823 a Weserstraße 14 (1878 bis 1908 Fischerstadt 16)
823 b ab 1825 Hermannstraße 8
824 Weserstraße 13 (1878 bis 1908 Fischerstadt 15)
825 Weserstraße 12 (1878 bis 1908 Fischerstadt 14)
826 Weserstraße 11 (1878 bis 1908 Fischerstadt 13)
827 Weserstraße 10 (1878 bis 1908 Fischerstadt 12)
828 Weserstraße 9 (1878 bis 1908 Fischerstadt 11)
829 Weserstraße 8 vorne (1878 bis 1908 Fischerstadt 10)
830 ab 1798 zu Nr. 829 geschlagen
831 a Oberstraße 8 (1878 bis 1908 Fischerstadt 61)
831 b Weserstraße 7 (ab 1805, 1878 bis 1908 Fischerstadt 9)
832 Oberstraße 6 (1878 bis 1908 Fischerstadt 62)
833 bis 1806 wüste Hausstätte, heute Weserstraße 5
833 Weserstraße 6 (ab 1806, 1878 bis 1908 Fischerstadt 8)
834 bis 1798 wüste Hausstätte, heute Weserstraße 5
834/835 Weserstraße 5 (ab 1806, 1878 bis 1908 Fischerstadt 7)
835 bis 1806 Weserstraße 6
836 Steinweg 5 (1878 bis 1908 Fischerstadt 6)
837 Steinweg 3 (1878 bis 1908 Fischerstadt 5)
838 Steinweg 1 (1878 bis 1908 Fischerstadt 65)
839 Oberstraße 4 (1878 bis 1908 Fischerstadt 64)
840 Oberstraße 2 (1878 bis 1908 Fischerstadt 66)
841 Steinweg 2 (1878 bis 1908 Fischerstadt 67)
842 Steinweg 4 (1878 bis 1908 Fischerstadt 68)
843 Steinweg 6 (1878 bis 1908 Fischerstadt 4)

Abb. 1866 Weserstraße 17. Oberlicht der Haustür mit dem Namenszusatz des Händlers und Schiffers *W*[ilhelm] *Noll* und der Bezeichnung *Nro 820* im Keilstein des unteren Rahmens. Die Tür dürfte nach dem Kauf des Hauses 1819 eingebaut worden sein.

844 Weserstraße 4 (1878 bis 1908 Fischerstadt 3)
845 seit etwa 1780 wüst, an Steinweg 6 (Haus-Nr. 843) angebaut
846 Fischertor 2 (1878 bis 1908 Fischerstadt 2)
847 Fischertor 1 (1878 bis 1908 Fischerstadt 1)
848 Haus am Fischertor (1818 zum Festungsbau eingezogen)
849 Weserstraße (vor 1821 zum Festungsbau eingezogen)
850 Steinweg (vor 1821 zum Festungsbau eingezogen)
851 Steinweg (1821 zum Festungsbau abgebrochen)
852 Weserstraße (1821 zum Festungsbau eingezogen, dann Friedrich-Wilhelm-Straße 113)
853 Weserstraße, bis 1767 Rathaus der Fischerstadt (1821 zum Festungsbau eingezogen)
854 Steinweg (1821 zum Festungsbau abgebrochen)

Fischerstadt (1878 bis 1908)

Bis 1878 wurden auch diese Häuser im allgemeinen System der städtischen Hausnummern erfaßt. Erst 1878, als der übrige Bereich der Altstadt auf eine straßenweise Numerierung umgestellt wurde, führte man eine getrennte Numerierung der Fischerstadt nach Hausnummern ein, die schon 1908 wieder durch Zählung entlang der Straßen ersetzt worden ist.

1 Fischertor 1 (Haus-Nr. 847)
2 Fischertor 2 (Haus-Nr. 846)
3 Weserstraße 4 (Haus-Nr. 844)
4 Steinweg 6 (Haus-Nr. 843)
5 Steinweg 3 (Haus-Nr. 837)
6 Steinweg 5 (Haus-Nr. 836)
7 Weserstraße 5 (Haus-Nr. 834 und 835)
8 Weserstraße 6 (Haus-Nr. 833)
9 Weserstraße 7 (Haus-Nr. 831 b)
10 Weserstraße 8 vorne (Haus-Nr. 829)
10 Weserstraße 8 hinten (Haus-Nr. 830)
11 Weserstraße 9 (Haus-Nr. 828)
12 Weserstraße 10 (Haus-Nr. 827)
13 Weserstraße 11 (Haus-Nr. 826)
14 Weserstraße 12 (Haus-Nr. 825)
15 Weserstraße 13 (Haus-Nr. 824)
16 Weserstraße 14 (Haus-Nr. 823 a)
17 Weserstraße 15 (Haus-Nr. 822)
18 Weserstraße 16 (Haus-Nr. 821)
19 Weserstraße 17 (Haus-Nr. 820)
20 Weserstraße 18 (Haus-Nr. 819)
21 Weserstraße 19 (Haus-Nr. 818)
22 Weserstraße 20 (Haus-Nr. 817)
23 Weserstraße 21 (Haus-Nr. 816)
24 Weserstraße 22 (Haus-Nr. 814)
25 Oberstraße 60 (Haus-Nr. 815)
26 Weserstraße 23 (Haus-Nr. 813)
27 Weserstraße 24 (Haus-Nr. 806)
28 Oberstraße 68 (Haus-Nr. 808 b)
29 Oberstraße 64 (Haus-Nr. 803)
30 Oberstraße 62 (Haus-Nr. 801)
31 Oberstraße 51 (Haus-Nr. 799)
32 Oberstraße 56 (Haus-Nr. 798)
33 Oberstraße 54 (Haus-Nr. 797)
34 Oberstraße 11 (Haus-Nr. 796)
35 Oberstraße 52 (Haus-Nr. 795)

36 Oberstraße 50 (Haus-Nr. 794)
37 Oberstraße 9 (Haus-Nr. 793)
38 Oberstraße 48 (Haus-Nr. 792)
39 Oberstraße 46 (Haus-Nr. 791 a)
40 Oberstraße 44 (Haus-Nr. 791 b)
41 Oberstraße 42 (Haus-Nr. 790)
42 Oberstraße 7 (Haus-Nr. 789)
43 Oberstraße 40 (Haus-Nr. 788)
44 Oberstraße 38 (Haus-Nr. 787)
45 Oberstraße 36 (Haus-Nr. 786)
46 Oberstraße 34 (Haus-Nr. 785)
47 Oberstraße 32 (Haus-Nr. 784)
48 Oberstraße 24 (Haus-Nr. 782)
49 Oberstraße 30 (Haus-Nr. 781)
50 Oberstraße 28 (Haus-Nr. 780)
51 Oberstraße 26 (Haus-Nr. 779)
52 Oberstraße 20 (Haus-Nr. 778)
53 (Haus-Nr. 780 b)
54 Oberstraße 18 (Haus-Nr. 777)
55 Oberstraße 16 (Haus-Nr. 774)
56 Oberstraße 3 (Haus-Nr. 783)
57 Oberstraße 14 (Haus-Nr. 773)
58 Oberstraße 1/Hermannstraße 2 (Haus-Nr. 775)
59 Oberstraße 12 (Haus-Nr. 772 a)
60 Oberstraße 10 (Haus-Nr. 772 b)
61 Oberstraße 8 (Haus-Nr. 831 a)
62 Oberstraße 6 (Haus-Nr. 832)
63
64 Oberstraße 4 (Haus-Nr. 839)
65 Steinweg 1 (Haus-Nr. 838)
66 Oberstraße 2 (Haus-Nr. 840)
67 Steinweg 2 (Haus-Nr. 841)
68 Steinweg 4 (Haus-Nr. 842)

Martini-Kirchgeld Nummern

Ein beträchtlicher Teil der Häuser in der Stadt zählte zur Martini-Kirchengemeinde. Auf Grund ihrer großen Zahl und der von diesen Häusern zu leistenden, oft über lange Zeit ausbleibenden Kirchengeldzahlungen wurden alle Hausstätten in den Registern der Gemeinde nach einem festen Rundgang erfaßt und durchnumeriert. Die Numerierung dürfte schon um 1700 bestanden haben, da etwa das Haus Markt 22 zwei Nummern aufwies, von denen eine schon 1729 als wüst verzeichnet wird. Die älteste erhaltene Liste stammt jedoch erst von 1729 und wurde daher im Folgenden zur Grundlage der Numerierung genommen (die aus vielen Jahren überlieferten und jeweils mehr oder weniger vollständigen Listen jeweils im Kirchenarchiv St. Martini *als Restantenlisten* zu den Kirchengeldrechnungen erhalten). Die hier bestehende Numerierung hatte offensichtlich über eine längere Zeit Bestand, stimmt allerdings bei einem zumeist gleichbleibenden Rundgang in zahlreichen Einzelfällen nicht mit den späteren Verzeichnissen der Zeit nach 1760 überein, da inzwischen errichtete Neubauten nun mitgezählt wurden, ebenso aber inzwischen abgebrochene Bauten aus den Listen herausgenommen wurden. So variieren spätere Listen um bis zu zehn Nummern (daher konnte auch eine in das Jahr 1802 datierte erhaltene Konkordanzliste zu den städtischen Hausnummern hier nicht als Grundlage, wohl aber bei Fragen der Indentifizierung zu Hilfe genommen werden).

Kirchgeldnummer 1729
Hausnummer 1743 bis 1878
heutige Adresse (in Klammern Adresse bis 1908 bzw. besondere Funktionen)

Kirchgeldnummer 1729	Hausnummer 1743 bis 1878	heutige Adresse
1		
…		
6		
7	183	Obermarktstraße 8
8	184	Obermarktstraße 6
9	185	Obermarktstraße 4
10	186	Obermarktstraße 2 links
11	187	Obermarktstraße 2 rechts
12	164	Markt 18
13	165	Markt 16
14	166	Markt 14, Nebenhaus
15	167	Markt 14
16	168	Markt 12
17	169	Markt 10
18	170	Markt 8
19	171	Markt 4
20	171	Martinitreppe 3
21	172	Markt 2
22		Martinitreppe 3
23	176	Martinitreppe 4
24	174	Martinitreppe 2 rechts
25	175	Martintreppe 2 links

26	173	Martinitreppe ?
27	109	Hohnstraße 1
28	108	Hohnstraße 3
29	107	Hohnstraße 5
30	105	Hohnstraße 7 und 9
31	104	Hohnstraße 11
32	103	Hohnstraße 13
33	102	Hohnstraße 15 links
34	101	Hohnstraße 15 rechts
35	100	Hohnstraße 17
36	100	Hohnstraße 19
37	99	Hohnstraße 21
38	98	Hohnstraße 23 links
39	97	Hohnstraße 23 rechts
40	96	Hohnstraße 25
41	95/94	Hohnstraße 27 links und Mitte
42	93	Hohnstraße 27 rechts
43	92 b	Hohnstraße 29
44	92	Hohnstraße 31 links
45	91	Hohnstraße 31 rechts
46	127	Hohnstraße 34
47	126	Hohnstraße 32
48	125	Hohnstraße 30
49	124	Hohnstraße 28
50	133	Hohnstraße 26
51	122	Hohnstraße 24
52	121	Hohnstraße 22
53	120	Hohnstraße 20 links
54	119	Hohnstraße 20 rechts
55	118	Hohnstraße 18
56	117	Hohnstraße 16
57	116	Hohnstraße 14
58	115	Hohnstraße 12
59	114	Hohnstraße 10
60	113	Hohnstraße 8
61	112	Hohnstraße 6
62	111	Hohnstraße 4
63	110	Hohnstraße 2
64	146	Scharnstraße 1
65	145	Scharnstraße 2
66	144	Scharnstraße 3
67	143	Scharnstraße 4
68	142	Scharnstraße 5
69	141	Scharnstraße 6

70	140	Scharnstraße 7 rechts
71	139	Scharnstraße 7 links
72	138	Scharnstraße 8
73	137	Scharnstraße 9
74	136	Scharnstraße 10
75	135	Scharnstraße 11
76	134	Scharnstraße 12
77	133	Scharnstraße 13
78	132	Scharnstraße 14 rechts
79	131	Scharnstraße 14 links
80	130	Scharnstraße 15 rechts
81	129	Scharnstraße 15 links
82	85	Bäckerstraße 2
83	84	Bäckerstraße 4
84	83	Bäckerstraße 6
85	80	Bäckerstraße 8
86	78	Bäckerstraße 10
87	77	Bäckerstraße 12 rechts
88	74	Bäckerstraße 12 links
89	73	Bäckerstraße 14
90	71	Bäckerstraße 16
91	68	Bäckerstraße 18
92	67	Bäckerstraße 20
93	65	Bäckerstraße 22
94	63	Bäckerstraße 24
95	61	Bäckerstraße 26
96	60	Bäckerstraße 28
97	57 a	Bäckerstraße 30/32
98	55	Bäckerstraße 34
99	52	Bäckerstraße 36
100	50	Bäckerstraße 38
101	47	Bäckerstraße 40
102	46	Bäckerstraße 42
103	44	Bäckerstraße 44
104	42	Bäckerstraße 46
105	39	Bäckerstraße 48
106	38	Bäckerstraße 50
107	35	Bäckerstraße 52
108	34	Bäckerstraße 54
109	31	Bäckerstraße 56
110	22	Bäckerstraße 58
111	21	Bäckerstraße 60
112	18	Bäckerstraße 62
113	16	Bäckerstraße 64

114	15	Bäckerstraße 66
115	15 c	Pulverstraße 2
116	10	Bäckerstraße 68
117	15 e	Mühlengasse, Wohnhaus der Herrenmühle
118	6	Bäckerstraße 72
119	4	Bäckerstraße 74
120	2	Bäckerstraße 76 rechts
121	1	Bäckerstraße 76 links
122	147 a	Kleiner Domhof 5
123	147 b	Kleiner Domhof 4
124	146 b	Kleiner Domhof 1
125	149	Kleiner Domhof 2, Eckhaus am Markt
125 a	–	Markt 1, Rathaus
126	150	Markt 3
127	151	Markt 5
128	152	Markt 7 links
129	153	Markt 7 rechts
130	154	Markt 9
131	155	Markt 11 links
132	156	Markt 11 rechts
133	157	Markt 28
134	158	Markt 26
135	159	Markt 24
136	140	Markt 22
137	160	Markt 22
138	161	Markt 20
139	162	Obermarktstraße 1, linker Teil
140	163	Obermarktstraße 1, rechter Teil
141	188	Obermarktstraße 3
142	189	Obermarktstraße 5
143	190	Obermarktstraße 7
144	191	Obermarktstraße 9
145	192	Obermarktstraße 11
146	193	Obermarktstraße 13
147	190	Obermarktstraße 15
148	189 b	Leiterstraße 2
149	195	Obermarktstraße 10
150	197	Obermarktstraße 12
151	199	Obermarktstraße 14
152	198	Obermarktstraße 19
153		
154	200	Obermarktstraße 21
155	201	Obermarktstraße 16
156	202	Obermarktstraße 18

157	203	Obermarktstraße 23
158	204	Obermarktstraße 25
159	209	Obermarktstraße 29
160	206 a	Obermarktstraße 20
161	205	Obermarktstraße 27
162	208	Obermarktstraße 24
163	213	Obermarktstraße 26
164	214	Obermarktstraße 28
165	215/216	Obermarktstraße 30/32
166	210	Obermarktstraße 31
167	212	Obermarktstraße 33
168	245	Lindenstraße 26
169	244 c	Lindenstraße 30
170	244 d	Lindenstraße 22
171	246	Lindenstraße 32
172	247	Lindenstraße 34
173	248	Lindenstraße 36
174	249	Priggenhagen 18/20
175	252	Priggenhagen 16
176	250	Priggenhagen 23
177	251	Priggenhagen 21
178	253	Priggenhagen 19
179	235	Lindenstraße 29
180	229	Petersilienstraße 4
181	228	Petersilienstraße 2
182	227	Priggenhagen 12
183	226	Priggenhagen 10
184	224	Priggenhagen 11
185	223	Priggenhagen 9
186		
187	221	Priggenhagen 5
188	220	Priggenhagen 3
189	219	Priggenhagen 1
190	218	Obermarktstraße 35
192	217	Obermarktstraße 34
194	254	Obermarktstraße 38
195	255	Königstraße 2
196	256	Königstraße 2 (bis 1908 Königstraße 4)
197	257	Königstraße 4 (bis 1908 Königstraße 6)
198	258	Königstraße 6 (bis 1908 Königstraße 8)
199	259	Königstraße 8 (bis 1908 Königstraße 10)
200	260	Königstraße 10 (bis 1908 Königstraße 12)
201	261	Königstraße 12 (bis 1908 Königstraße 14)
202	241	Ritterstraße 2

203	415	Ritterstraße 6
204	417	Ritterstraße 5
205	416	Ritterstraße 3
206	414	Ritterstraße 1 rechts
207	413	Ritterstraße 1 links
208	412	Königstraße 14 hinten (bis 1908 Königstraße 16)
209	408	Königstraße 14 vorne (bis 1908 Königstraße 16)
210	406	Königstraße 16 (bis 1908 Königstraße 18)
211	407	Königstraße 16 links (Bude)
212	405	Königstraße 18 (bis 1908 Königstraße 20)
213	404	Königstraße 20 (bis 1908 Königstraße 22)
214	214	Königstraße 22 (bis 1908 Königstraße 24)
215	401	Königstraße 24 (bis 1908 Königstraße 26)
216	400	Königstraße 26/28
217	519	Umradstraße 2
218	518	Umradstraße 4
219	517	Umradstraße 6
220	396	Königstraße 30
221	392	Königstraße 32
222	391 a/b	Königstraße 34
223	390	Königstraße 36
224	387	Königstraße 38
225	388	Königstraße 33
226	384	Königstraße 35
227	386	Königstraße 40
228	–	Königstraße 40 links (Nebenhaus)
229	385	Königstraße 42
230	383	Königstraße 37
231	380	Königstraße 39
232	379	Königstraße 41
233	382	Königstraße 44
234	374 b	Königstraße 48
235	374 a	Königstraße 50
236	378	Königstraße 43
237	377	Königstraße 45
238	376	Königstraße 47
239	360	Königswall 97
240	361	Königswall 99
241	362	Königswall 101
242	364	Königswall (für Festungsbau abgebrochen)
243	363 a/b	Königswall (für Festungbau abgebrochen)
244	–	Königstor, Torschreiberwohnung
245	368	Königswall (für Festungsbau abgebrochen)
246	369	Königswall (für Festungsbau abgebrochen)

247	370	Königswall (für Festungsbau abgebrochen)
248	372	Königstraße, Nordseite, neben dem Stadttor (für Festungsbau abgebrochen)
249	371	Königswall (für Festungsbau abgebrochen)
250	537	Königswall 91 (für Festungsbau abgebrochen)
251	538	Königswall (für Festungsbau abgebrochen)
252	536	Königswall 89 (bis 1908 Königswall 91)
253	539	Königswall (für Festungsbau abgebrochen)
354	?	Königswall (für Festungsbau abgebrochen)
355	541	Königswall (für Festungsbau abgebrochen)
256	535	Königswall 87 (bis 1908 Königswall 89)
257	540	Königswall (für Festungsbau abgebrochen)
258	542	Königswall (für Festungsbau abgebrochen)
259	543	Königswall (für Festungsbau abgebrochen)
260	544	Königswall (für Festungsbau abgebrochen)
261	550	Königswall 83 ?
262	549	Königswall 73
263		Königswall 75 ?
264		Königswall 77 ?
265	545	Königswall 79 a (bis 1908 Königswall 79)
266	546	Königswall 77 vorne
267	532	Bartlingshof 19
268	531	Bartlingshof 15
269	530	Bartlingshof 12 (bis 1908 Bartlingshof 14)
270	529	Bartlingshof 10 (bis 1908 Bartlingshof 12)
271	528	Bartlingshof 10
272	527	Bartlingshof 8
273	526	Bartlingshof 2
274	525	Bartlingshof 5
275	524	Bartlingshof 3
276	523	Bartlingshof 1
276 b	526 b	Bartlingshof 4
277	522	Umradstraße 9
278	521	Umradstraße 7
279	520	Umradstraße 5
280	516	Umradstraße 8
281	515	Umradstraße 10
282	514	Umradstraße 12
283	513	Umradstraße 14
284	512	Umradstraße 16
285	511	Umradstraße 18
286	507	Umradstraße 11
287	506	Umradstraße 13
288	505	Umradstraße 15
289	504	Umradstraße 17

290	510	Umradstraße 20
291	509	Umradstraße 22
292	503	Umradstraße 19
293	508	Umradstraße 24
294	501	Umradstraße 23
295	500	Umradstraße 25
296	499	Umradstraße 27
297	551	Videbullenstraße 25 (bis 1908 Videbullenstraße 29)
298	533	Königswall (für Festungbau abgebrochen)
299	554	Königswall (für Festungbau abgebrochen)
300		
301	477	Videbullenstraße 26
302		
303		
304	478	Videbullenstraße 22
305		
306	479	Videbullenstraße 24
307	558	Königswall (für Festungbau abgebrochen)
308	480	Videbullenstraße 20
309	481	Videbullenstraße 18
310	498	Videbullenstraße 23 (bis 1908 Videbullenstraße 27)
311	482	Videbullenstraße 16
312	487	Videbullenstraße 21 (bis 1908 Videbullenstraße 25)
313	483	Videbullenstraße 14
314	496	Videbullenstraße 19 (bis 1908 Videbullenstraße 23)
315	495	Videbullenstraße 17 (bis 1908 Videbullenstraße 21)
316	484/485	Videbullenstraße 12
317	494	Videbullenstraße 15 (bis 1908 Videbullenstraße 19)
318	486	Videbullenstraße 10
319	493	Videbullenstraße 13 (bis 1908 Videbullenstraße 17)
320	487	Videbullenstraße 8
321	488	Videbullenstraße 6
322	489	Videbullenstraße 4
323	490	Videbullenstraße 2
324	492 a	Videbullenstraße 5
325	491	Videbullenstraße 3
326	432	Ritterstraße 19 (bis 1908 Ritterstraße 23)
327	433	Ritterstraße 19 (bis 1908 Ritterstraße 23)
328	428	Ritterstraße 17 (bis 1908 Ritterstraße 21)
329	427	Ritterstraße 15 (bis 1908 Ritterstraße 19)
330	423	Ritterstraße 13 (bis 1908 Ritterstraße 17)
331	421	Ritterstraße 11 (bis 1908 Ritterstraße 15)
332	420	Ritterstraße 9 (bis 1908 Ritterstraße 13)
333	418	Ritterstraße 10

334	418	Ritterstraße 10
335	419	Ritterstraße 12
336	422	Ritterstraße 14
337	424	Ritterstraße 16
338	425	Ritterstraße 16
339	429	Ritterstraße 18
340	430	Ritterstraße 20
341	433	Ritterstraße 22
342	434	Ritterstraße 24
343	435 a	Ritterstraße 26/28
344	435 b	Papenmarkt 5 (bis 1908 Papenmarkt 9)
345	435 c	Papenmarkt 3 (bis 1908 Papenmarkt 7)
346	435 d	Papenmarkt 1 (bis 1908 Papenmarkt 5, dann Papenmarkt 3)
347	435 e	Hohe Straße 5 (bis 1908 Papenmarkt 1)
348	435 e	Hohe Straße 5 (bis 1908 Papenmarkt 1)
349	207	Hohe Straße 1
350	436	Papenmarkt 2
351	437	Papenmarkt 4
352	438	Papenmarkt 6
353	439	Papenmarkt 8
354	440	Ritterstraße 28 a (bis 1908 Papenmarkt 10)
355	441	Ritterstraße 23 (bis 1908 Ritterstraße 27)
356	442	Ritterstraße 25 (bis 1908 Ritterstraße 29)
357	443	Ritterstraße 27 (bis 1908 Ritterstraße 31)
358	446	Ritterstraße 29 (bis 1908 Ritterstraße 33)
359	444	Ritterstraße 32
360	445	Ritterstraße 34
361	447 a	Ritterstraße 31 (bis 1908 Ritterstraße 35)
362	448	Ritterstraße 33 (bis 1908 Ritterstraße 37)
363	449	Ritterstraße 38
364	450	Ritterstraße 40
365	451	Martinikirchhof 9
366	452 a	Brüderstraße 1
367	454	Alte Kirchstraße 3
368	455	Alte Kirchstraße 5
369	456	Alte Kirchstraße 7
370	457	Alte Kirchstraße 9
371	459	Alte Kirchstraße 14 (bis 1908 Alte Kirchstraße 8)
372	461	Alte Kirchstraße 22 (bis 1908 Alte Kirchstraße 14)
373	460	Brüderhof 3
374	461	Alte Kirchstraße 22 (bis 1908 Alte Kirchstraße 14)
375	462	Alte Kirchstraße 24 (bis 1908 Alte Kirchstraße 16)
376	463	Brüderhof 4
377	464	Alte Kirchstraße 21 (bis 1908 Alte Kirchstraße 25)

378	465	Alte Kirchstraße 25 (bis 1908 Alte Kirchstraße 29)
379	466	Alte Kirchstraße 26 (bis 1908 Alte Kirchstraße 18)
380	467	Alte Kirchstraße 27 (bis 1908 Alte Kirchstraße 31)
381	468	Alte Kirchstraße 28 (bis 1908 Alte Kirchstraße 20)
382	469	Alte Kirchstraße 29 links (bis 1908 Alte Kirchstraße 33)
383	470	Alte Kirchstraße 30 (bis 1908 Alte Kirchstraße 22)
384	472	Alte Kirchstraße 29 rechts (bis 1908 Alte Kirchstraße 33)
385	473	Königswall 61
386	474	Königswall 63
387		
388	556	Königswall (für Festungsbau abgebrochen)
389	471	Alte Kirchstraße 32 (bis 1908 Alte Kirchstraße 24)
390	559	Königswall 59 rechts und Mitte
391	560	Königswall 59 links
392		
393	561	Königswall 57
394	562	Königswall 55
395	563	Brüderstraße 29
396	564	Brüderstraße 27
397	463	Brüderstraße 29
398	566	Brüderstraße 23
399	567	Brüderstraße 21
400	568	Brüderstraße 19
401	569	Brüderstraße 17
402	570	Brüderstraße 13
403	571	Brüderstraße 11
404	–	Brüderstraße 16 hinten, Beginenhaus
405	573	Brüderstraße 7
406	576	Brüderstraße 14
407	574	Brüderstraße 5
408	575	Brüderstraße 3
409	577	Brüderstraße 12
410	579	Brüderstraße 8
411	580	Brüderstraße 6
412	581	Brüderstraße 2
413	582	Kampstraße 1
414	583	Kampstraße 3
415	584	Kampstraße 5
416	585	Kampstraße 5 rechts (bis 1908 Kampstraße 7)
417	589	Pöttcherstraße 5 (bis 1908 Pöttcherstraße 9)
418	612	Pöttcherstraße 6
419	611	Pöttcherstraße 8
420	610	Pöttcherstraße 10
421	609	Pöttcherstraße 12

422	608	Pöttcherstraße 14
423	590	Pöttcherstraße 7 (bis 1908 Pöttcherstraße 11)
424	591	Pöttcherstraße 9 (bis 1908 Pöttcherstraße 13)
425	592	Pöttcherstraße 13 (bis 1908 Pöttcherstraße 17)
426	607	Pöttcherstraße 18
427	595	Pöttcherstraße 21 (bis 1908 Pöttcherstraße 25)
428	594	Pöttcherstraße 19
429	596	Pöttcherstraße 23 (bis 1908 Pöttcherstraße 27)
430	593	Pöttcherstraße 15 (bis 1908 Pöttcherstraße 19)
431	606	Pöttcherstraße 20
432	605	Pöttcherstraße 22
433	597	Pöttcherstraße 25 (bis 1908 Pöttcherstraße 29)
434	606	Pöttcherstraße 24
435	603	Pöttcherstraße 26
436	602	Pöttcherstraße 28
437	598	Pöttcherstraße 30
438	645	Königswall 43 (bis 1908 Königswall 49)
439	646	Königswall
440	647	Königswall 41 rechts (bis 1908 Königswall 47)
441	648	Königswall 41 links (bis 1908 Königswall 45)
442	600	Wolfskuhle 6
443	599	Wolfskuhle 8 (bis 1908 Wolfskuhle 7)
444	649	Königswall 37 (bis 1908 Königswall 39)
445	650	Königswall 35 (bis 1908 Königswall 37)
446	652	Rampenloch 11
447	653	Rampenloch 9
448	654	Rampenloch 7
449	638	Greisenbruchstraße 20
450	639	Greisenbruchstraße 22
451	640 b	Greisenbruchstraße 24
452	640 b	Greisenbruchstraße 24
453	640 b	Greisenbruchstraße 24
454	640 b	Greisenbruchstraße 24
455	640 b	Greisenbruchstraße 24
456	642 b	Greisenbruchstraße 28
457	642	Greisenbruchstraße 26
458	642 b	Greisenbruchstraße 28
459	643	Greisenbruchstraße 30
460	643	Greisenbruchstraße 30
461	644	Greisenbruchstraße 27
462	640	Greisenbruchstraße 21
463		
464	641	Greisenbruchstraße 23
465	637	Greisenbruchstraße 17

466	636	Greisenbruchstraße 15
467	631	Greisenbruchstraße 13
468	635	Greisenbruchstraße 18
469	634	Greisenbruchstraße 14
470	633	Greisenbruchstraße 12
471	630	Greisenbruchstraße 11
472	628	Greisenbruchstraße 7
473	629	Greisenbruchstraße 9
474	632	Greisenbruchstraße 8
475	626	Greisenbruchstraße 6
476	625	Greisenbruchstraße 4
477	627	Greisenbruchstraße 5
478		
479	–	zu Kampstraße 25
480	625	Kampstraße 24/26
481	624	Kampstraße 23 (bis 1908 Kampstraße 27)
482	623	Kampstraße 21 (bis 1908 Kampstraße 25)
483	622	Kampstraße 19 (bis 1908 Kampstraße 23)
484	621	Kampstraße 17 (bis 1908 Kampstraße 21)
485	620	Kampstraße 15 (bis 1908 Kampstraße 19)
486	619	Kampstraße 13 rechts (bis 1908 Kampstraße 17)
487	618	Kampstraße 13 links (bis 1908 Kampstraße 15)
488	617	Kampstraße 11 (bis 1908 Kampstraße 13)
489	616	Kampstraße 9 (bis 1908 Kampstraße 11)
490	614	Kampstraße 4
491	615	Kampstraße 7 (bis 1908 Kampstraße 9)
492	613	Kampstraße 2
493		
494	375	Königstraße 46
495		
496		
497		
498		
499	502	Umradstraße 21 (um 1735 errichtet)

V ABBILDUNGSNACHWEIS

Archiv LWL Münster: 1405 (C 76, Nr. 549)
Hans J. Buschhausen/Minden: 1242
Dompfarramt Minden/Foto Grätz: 447, 448, 458, 459, 591, 612, 959
Werner Gedien/Minden: 411
Geheimes Staatsarchiv Preußischer Kulturbesitz (GSTA PK) Berlin, XI. HA Karten, Festungspläne: 6 (F 70.090), 7 (D 70.033), 28 (F 70.087), 1040 (G 70.073)
Hagemeyer/Minden: 477
Chr. Hemker/Dresden: 98, 838, 1750, 1751, 1752
Hildegard Kapschak/Minden: 267
Keyser/Minden: 472
Eva Kramer/Minden: 969, 1538
Kreisverwaltung Minden: 781
H. Pape/Minden: 927, 933, 953
C. Peter/Hamm: 1583
PfA St. Marien: 331, 335, 814, 1599, 1704, 1821
Privatbesitz: 483, 790, 1026, 1030, 1031, 1035, 1076, 1168, 1204, 1317, 1469, 1475, 1487, 1570, 1860
Privatklinik Dr. Happel: 756, 758
Sammlung Ahlert: 488, 1114, 1254
Seele/Minden: 1427
STA Bückeburg: 1079 (S 1 A 1318), 1604 (B 2349, 1), 1605 (B 2349, 2), 1606 (B 2348 Bl. 1 und 3)
STA DT: 886 (M1 III C Nr. 554), 1307 (M 1 I P Nr. 828), 1308 (M 1 I P Nr. 828)
Kartensammlung: 25 (D 73 Tit. 4 Nr. 9897), 26 (D 73 Tit. 4 Nr. 9898), 27 (D 73 Tit. 4 Nr. 9895), 438 (D 73 Tit. 4, Nr. 9881), 441 (D 73, Tit. 4, Nr. 10260), 442 (D 73, Tit. 4, Nr. 10261), 532 (D 73 Tit. 4 Nr. 9909), 570 (D 73 Tit. 4 Nr. 9927), 571 (D 73 Tit. 4 Nr. 10234), 572 (D 73 Tit. 5 Nr. 2959), 574 (D 73 Tit. 5 Nr. 2961), 595 (D 73 Tit. 4 Nr. 9930), 596 (D 73 Tit. 4 Nr. 9929), 731 (D 73, Tit. 4, Nr. 10277), 755 (D 73, Tit. 4 Nr. 10273), 780 (D 73, Tit. 4 Nr. 10247), 821 (D 73 Tit. 4 Nr. 9934), 880 (D 73 Tit. 4 Nr. 9882), 881 (D 73 Tit. 4 Nr. 9883), 904 (D 73 Tit. 4 Nr. 9923), 1039 (D 73, Tit. 4 Nr. 9908), 1041 (D 73, Tit. 4 Nr. 10244), 1042 (D 73, Tit. 4 Nr. 10246), 1043 (D 73 Tit. 4 Nr. 10272), 1216 (D73 Tit 4 Nr. 9889), 1248 (A 19833), 1310 (D73 Tit. 4 Nr. 9925), 1311 (D73 Tit. 4 Nr. 10219), 1380 (D 73 Tit. 4 Nr. 9887), 1820 (M 1 I C Nr. 234)
Staatliches Bauamt Detmold, Plansammlung: 598, 599, 600, 601, 602, 603, 605, 607, 608
STA MS: 21 (Plansammlung A 19830), 24 (Plansammlung A 19826), 333 (Kartensammlung Nr. 19831), 1360 (St. Martini Akten 163), 1607 (KDK Minden IV, Nr. 240), 1781 (Plansammlung A 19769)

Stadt Minden:

Bauakte: 18, 29, 30, 57, 61, 67, 69, 72, 83, 89, 90, 91, 92, 93, 99, 100, 102, 103, 104, 108, 109, 111, 112, 115, 116, 120, 121, 125, 126, 128, 130, 132, 133, 134, 139, 141, 143, 146, 147, 148, 149, 150, 151, 152, 155, 160, 163, 167, 169, 170, 174, 177, 192, 196, 197, 198, 199, 200, 202, 205, 208, 209, 210, 211, 214, 215, 217, 223, 225, 226, 227, 228, 230, 234, 236, 238, 244, 247, 250, 257, 262, 273, 279, 281, 288, 300, 301, 302, 304, 310, 311, 329, 334, 339, 357, 359, 365, 366, 369, 382, 385, 391, 392, 394, 397, 402, 410, 415, 433, 437, 439, 443, 457, 466, 467, 468, 478, 485, 491, 492, 495, 496, 498, 501, 502, 507, 509, 510, 513, 514, 515, 516, 517, 518, 519, 522, 526, 527, 530, 537, 538, 542, 543, 547, 557, 558, 561, 564, 565, 567, 568, 575, 578, 579, 584, 587, 588, 590, 592, 615, 621, 623, 629, 634, 636, 637, 639, 651, 664, 671, 688, 692, 696, 705, 707, 714, 716, 717, 719, 722, 725, 727, 728, 735, 739, 741, 743, 747, 748, 751, 757, 759, 760, 761, 763, 770, 778, 784, 785, 787, 789, 791, 794, 797, 798, 801, 803, 805, 806, 807, 808, 809, 811, 812, 813, 815, 816, 818, 819, 822, 823, 825, 826, 827, 828, 829, 830, 831, 832, 836, 841, 850, 859, 861, 862, 863, 864, 865, 866, 868, 870, 872, 874, 877, 878, 884, 908, 955, 957, 974, 975, 979, 982, 984, 986, 997, 1002, 1010, 1011, 1021, 1024, 1027, 1028, 1029, 1059, 1061, 1062, 1069, 1070, 1072, 1073, 1077, 1080, 1081, 1082, 1084, 1093, 1095, 1107, 1108, 1110, 1113, 1125, 1126, 1128, 1133, 1136, 1137, 1141, 1148, 1152, 1162, 1164, 1166, 1167, 1170, 1173, 1178, 1181, 1188, 1189, 1197, 1200, 1202 (Foto Eva Kramer), 1205, 1212, 1213, 1219, 1220, 1223, 1229, 1239, 1241, 1251, 1255, 1257, 1277, 1281, 1282, 1290, 1291, 1293, 1301, 1305, 1315, 1319, 1322, 1323, 1328, 1331, 1334, 1335, 1337, 1338, 1340, 1346, 1347, 1348, 1349, 1353, 1357, 1359, 1362, 1363, 1365, 1367, 1371, 1377, 1400, 1403, 1406, 1409, 1418, 1419, 1422, 1426, 1431, 1432, 1445, 1448, 1452, 1476, 1486, 1491, 1513, 1515, 1518, 1521, 1522, 1523, 1524, 1530, 1532, 1534, 1537, 1542, 1545, 1557, 1566, 1567, 1572, 1575, 1576, 1590, 1610, 1614, 1615, 1617, 1623, 1629, 1639, 1645, 1646, 1651, 1660, 1662, 1667, 1669, 1673, 1685, 1690, 1692, 1700, 1712, 1714, 1715, 1721, 1730, 1734, 1735, 1736, 1739, 1740, 1741, 1742, 1743, 1745, 1746, 1763, 1771, 1774, 1775, 1788, 1791, 1794, 1803, 1809, 1811, 1814, 1818, 1822, 1828, 1837, 1840, 1846, 1848, 1849, 1852

Hochbauamt: 371 (Plansammlung Mappe 2103/1), 372 (Plansammlung Mappe 2103/1), 373 (Plansammlung Mappe 2103/1), 374 (Plansammlung Mappe 2103/1), 577, 905 (Plansammlung), 906 (Plansammlung), 907 (Plansammlung), 909 (Plansammlung), 1382 (Plansammlung Mappe 2204), 1384 (Plansammlung Mappe 2204), 1386 (Plansammlung Mappe 2204), 1450 (Plansammlung Mappe 7014), 1451 (Plansammlung Mappe 7014), 1453, 1454, 1455, 1456, 1457, 1458, 1785, 1786

KAM (Fotos und Pläne) soweit keine Signatur angegeben, unverzeichnete Pläne: 8 (A I 81), 40 (A I 82), 55 (A I 82), 70, 73 (A I 82), 75, 87 (A I 67), 233 (Mi, C 507), 245 (A I 106a), 246 (A I 84), 248 (A I 84), 261 (Mi, F 371), 292 (Mi, E 829), 293, 294, 295, 296 (Mi, E 582), 354 (A I 119 - 7564), 355 (A I 119), 375 (A I 78), 376 (A I 78), 377 (A I 78), 378 (A I 78), 380 (A I 78), 388 (A I 78, Foto

Kissel/Minden), 393 (A I 78), 398 (A I 69), 399 (A I 69), 403 (A I 78), 405 (A I 69), 426 (A I 90), 432 (A I 88), 446 (Postkarte), 449 (A I 63), 451 (A I 64a), 460 (A I 64a, Foto Hans Pape), 461 (A I 65, Foto Hans Pape), 462 (A I 65, Foto Hans Pape), 465 (A I 63), 469, 470, 471 (A I 67), 479, 487 (A I 69), 489 (A I 68), 494, 503 (Mi, F 876), 523, 540, 546 (A I 73 - 3717), 548 (A I 73 - 6545), 549 (A I 73), 551 (A I 73), 552 (Plansammlung), 566 (A I 73), 569, 573, 576, 585, 593, 597 (A I 73), 613 (A I 73 - 4446), 620 (A I 78), 630, 635, 641 (A I 91 - 3963), 642 (Mi, C 475), 659 (A I 84), 665, 667 (A I 84), 669 (A I 91), 723 (A I 91), 724 (A I 91 - 4052), 730 (A I 93), 736 (A I 93), 740, 779, 783, 788 (A I 104), 793, 800, 837 (A I 101), 842 (A I 104), 843 (A I 106a), 846 (A I 68), 847 (A I 68 - 6161), 848, 852 (A I 68), 855 (Mi, C 389), 856 (A I 68 - 6162), 860, 867 (A I 68), 871 (A I 68), 882 (Mi, E 443), 888, 891, 895, 896, 899 (Mi, F 411), 901, 931, 933 (A I 61a, Foto Hans Pape), 947 (Mi, F 356), 948 (A I 61c), 949 (Mi, E 716), 950 (Mi, C 274,4 alt), 951 (Mi, E 738), 952 (Mi, H 60, Nr. 215), 966 (A I 61a), 967 (A I 61a), 976 (A I 77), 981, 985 (Mi, H 60, Nr. 160), 990 (Mi, C 329,24 alt), 1016, 1046, 1065, 1086, 1088, 1089 (Mi, F 2071), 1090 (Mi, F 2071), 1092, 1094, 1105 (A I 77), 1106 (Mi, C 329,24 alt), 1111 (A I 77), 1112 (A I 77), 1118 (Mi, F 2499), 1119 (A I 90), 1121 (A I 90), 1122 (A I 90), 1123 (Mi, C 513), 1134, 1139 (A I 90), 1140 (A I 90), 1182, 1194, 1208 (Mi, C 479), 1209 (Mi, C 479), 1215 (Mi, E 552), 1221, 1231 (A I 63, 4426), 1246 (Mi, F 2071), 1258 (A I 89), 1265 (A I 88), 1270 (A I 89), 1272, 1274 (A I 101), 1275, 1276, 1284 (A I 79), 1286 (A I 79), 1287, 1289 (A I 79, 5848), 1292 (A I 79, 5844), 1294 (A I 79), 1332, 1351 (A I 85), 1355, 1356, 1372 (A I 85), 1381 (A I 85, 2613), 1383 (A I 85, 2835), 1390, 1392 (A I 86), 1404 (A I 86), 1407 (A I 86), 1413 (A I 89), 1433 (A I 85), 1435, 1465 (A I 64 b), 1470 (A I 64a), 1471 (A I 64a), 1477 (A I 64a), 1480, 1484, 1493, 1516 (A I 97), 1519, 1529 (Foto H. Kastel/Minden), 1536 (A I 97), 1580, 1581 (Mi, C 214,4 alt), 1582 (Mi, C 214,4), 1591 (A I 95), 1597 (Mi, C 337), 1598 (Mi, C 339), 1600 (Mi, C889), 1601 (Mi, E 441), 1602 (A I 108 - 2480), 1603, 1611 (Mi, F 303), 1612, 1624 (A I 84), 1625 (A I 84), 1628 (A I 84), 1631 (A I 84), 1643 (A I 84 - 3854), 1648, 1653 (A I 83), 1671 (A I 83), 1680 (A I 83), 1697 (A I 70), 1703 (A I 95), 1705 (Mi, C 388), 1728 (Mi, C 213,85b alt), 1733 (A I 95), 1737 (A I 95), 1744 (A I 95), 1754 (A I 95 - 6582), 1773 (A I 78), 1784 (Mi, F 359), 1823 (A I 84), 1832 (Mi, C 382)

Museum Minden: 1 (A I 2), 74 (A I 113a), 81, 110, 117 (A I 113a), 138 (A I 113a), 142 (A I 112), 158 (A I 113a), 166 (A I 113a), 171 (A I 113a), 172, 194, 207 (A I 113a), 212 (A I 113a), 220 (A I 113a), 221 (A I 113a), 224 (A I 113 a), 239 (A I 100), 240 (A I 106a), 242 (A I 113a), 336 (A I 79), 361 (A I 119), 395 (A I 69), 407 (A I 69), 444 (Foto A. Uhsadel), 450 (A I 77), 452, 453, 454, 455, 456, 463, 464 (A I 64a), 497 (A I 69), 511 (A I 69), 534 (A I 117, Foto Eva Kramer/Minden), 535 (A I 116), 541 (A I 72), 672 (A I 91), 691, 721 (A I 91), 746 (FM 102), 782 (A I 105), 799, 817 (A I 104), 833 (FM 12), 835 (A I 106 a), 839, 844 (A I 69), 845 (A I 68), 853 (A I 68), 887 (A I 62b), 889 (Foto A. Uhsadel), 892 (A I 61a), 893 (A I 62a), 894 (A I 62c), 898 (A I 62c), 900 (A I

61a), 938, 943, 944, 945, 971 (A I 62a), 987 (Foto Uhsadel), 1023 (A I 62d), 1054 (A I 62 d), 1104 (A I 77), 1109 (A I 77), 1115 (A I 106 a), 1116 (A I 100), 1117 (A I 100), 1130 (A I 90), 1171 (A I 90), 1228 (A I 90), 1260 (A I 89), 1263 (A I 89), 1264 (A I 89), 1278 (A I 101), 1288 (A I 79), 1298, 1309, 1410 (Foto Eva Kramer/Minden), 1427, 1439 (A I 95), 1440 (A I 95), 1441 (A I 96), 1449 (A I 95), 1464 (A I 64b), 1506, 1511 (A I 97), 1541 (A I 97), 1584 (A I 96), 1608 (A I 114), 1670 (A I 83), 1672 (A I 83), 1718 (A I 95), 1766 (A I 95), 1777 (Federzeichnung: Abraham Begeyn »Minde van t'Noordooste«), 1778 (Stich Strack), 1779 (Stich Strack), 1782 (FM 106)

Bestand Foto Grätz: 3, 79, 84, 330, 539, 638, 640, 792, 834, 851, 854, 883, 928, 977, 983, 989, 1003, 1057, 1085, 1102, 1142, 1199, 1207, 1217, 1224, 1273, 1312, 1442, 1443, 1444, 1459, 1460, 1462, 1466, 1467, 1472, 1474, 1479, 1512, 1561, 1565, 1569, 1573, 1587, 1589, 1702, 1762, 1767

Planungsamt: 4 (Nr. 58274), 5 (Nr. 58301), 17, 486, 533, 1783 (Nr. 21630)

Franziska Tschesche/Minden: 290
Verlag A. Effenberger/Minden: 340
Volksbank Minden, Archiv: 1306
Volkskundliche Kommission für Westfalen (Foto Kaspar) 1196, 1201

WAfD:

Bildarchiv (ohne Fotografenangabe): 2 (Junkers Luftbild 32403), 20, 60, 76, 77, 183, 206, 263, 265, 268, 299, 474, 559, 586 (Repro unbekannter Vorlage), 625 (Repro nach Foto der kgl. preuß. Meßbildanstalt), 653 (Repro unbekannter Vorlage), 670, 796, 849, 897, 912, 913 (Repro nach Foto der kgl. preuß. Meßbildanstalt), 915, 988, 1001 (Postkarte), 1091, 1414, 1421, 1461 (Repro unbekannter Vorlage), 1502, 1503, 1504, 1596, 1620, 1652, 1776, 1780

P. Barthold (Fotos und Zeichnungen): 11, 12, 13, 15, 66, 96, 97, 107, 181, 184, 219, 270, 271, 272, 285, 312, 313, 314, 315, 316, 317, 327, 352, 390, 404, 408, 409, 418, 480, 531, 581, 657, 661, 662, 663, 678, 679, 680, 681, 682, 687, 700, 701, 702, 708, 711, 1017, 1019, 1049, 1050, 1064, 1096, 1097, 1100, 1101, 1129, 1144, 1154, 1155, 1156, 1157, 1198, 1230, 1237, 1245, 1247, 1267, 1299, 1339, 1393, 1396, 1429, 1436, 1447, 1489, 1546, 1554, 1558, 1559, 1635, 1658, 1676, 1677, 1683, 1688, 1732, 1757, 1758, 1759, 1795, 1796, 1798, 1800, 1802, 1806, 1816, 1826, 1842, 1844, 1845, 1853, 1855, 1859

P. Barthold/R. Arato: 269

P. Barthold/U. von Damaros: 282, 1018, 1191, 1192, 1193

P. Barthold/F. Kaspar: 298, 345, 1438

P. Barthold/U.-D. Korn: 43

W. Bergmann: 346, 347, 349, 350, 351

A. Brockmann-Peschel: 9, 14, 16, 32, 33, 34, 35, 37, 39, 42, 45, 46, 47, 48, 49, 50, 51, 52, 56, 58, 62, 63, 64, 65, 71, 176, 249, 251, 252, 253, 254, 255, 256, 275, 276, 277, 278, 280, 283, 284, 287, 289, 297, 303, 305, 308, 309, 321, 322, 326, 328, 337,

338, 370, 400, 427, 429, 430, 431, 434, 440, 475, 476, 554, 555, 583, 616, 617, 618, 633, 643, 645, 647, 648, 652, 655, 658, 660, 673, 674, 676, 677, 684, 686, 694, 695, 697, 698, 699, 703, 709, 712, 715, 718, 720, 738, 745, 754, 777, 965, 991, 998, 1004, 1005, 1006, 1007, 1009, 1013, 1014, 1025, 1033, 1034, 1044, 1047, 1055, 1058, 1060, 1063, 1066, 1071, 1075, 1098, 1099, 1103, 1150, 1160, 1161, 1176, 1218, 1232, 1233, 1234, 1235, 1253, 1256, 1259, 1261, 1268, 1269, 1297, 1303, 1304, 1324, 1325, 1327, 1350, 1352, 1354, 1358, 1366, 1368, 1369, 1375, 1385, 1388, 1398, 1401, 1408, 1412, 1420, 1434, 1468, 1507, 1535, 1544, 1548, 1553, 1556, 1594, 1595, 1626, 1627, 1630, 1632, 1633, 1634, 1636, 1637, 1641, 1642, 1644, 1649, 1650, 1654, 1657, 1666, 1668, 1674, 1675, 1678, 1679, 1682, 1684, 1686, 1687, 1689, 1691, 1693, 1694, 1695, 1696, 1711, 1713, 1716, 1717, 1719, 1720, 1727, 1729, 1731, 1738, 1747, 1748, 1749, 1755, 1760, 1761, 1764, 1765, 1768, 1769, 1799, 1801, 1819, 1841, 1857, 1858, 1861, 1862, 1863, 1864, 1865, 1866

A. Brückner: 291, 318, 319, 323, 481, 710, 767, 876, 932, 960, 962, 1179, 1387, 1497, 1500, 1613, 1707, 1710

H. Dülberg: 86, 101, 113, 118, 123, 124, 127, 153, 241, 360, 428, 436, 606, 609, 611, 675, 772, 773, 774, 873, 968, 970, 992, 993, 994, 995, 996, 999, 1022, 1048, 1131, 1132, 1158, 1159, 1174, 1227, 1236, 1238, 1341, 1342, 1374, 1577, 1578, 1655, 1787, 1789, 1790, 1792, 1793, 1797, 1804, 1805, 1807, 1808, 1810, 1812, 1813, 1815, 1817, 1825, 1829, 1830, 1831, 1833, 1834, 1835, 1836, 1838, 1847, 1851, 1854, 1856

F. Kaspar (Fotos und Zeichnungen): 94, 95, 180, 191, 218, 384, 713, 1190, 1203, 1206, 1250, 1252, 1423, 1550, 1552, 1564, 1638, 1647, 1706, 1708, 1709

U.-D. Korn (Fotos und Zeichnungen): 19, 22, 23, 31, 41, 44, 53, 54, 59, 161, 182, 274, 348, 417, 435, 493, 508, 550, 553, 632, 689, 693, 768, 786, 1183, 1296, 1300, 1302, 1316, 1344, 1481, 1496, 1505, 1547, 1549, 1640, 1698, 1701, 1824, 1827

A. Ludorff: 78, 80, 82, 135, 164, 189, 190, 264, 320, 362, 363, 364, 367, 482, 544, 626, 627, 631, 683, 704, 902, 903, 916, 924, 925, 929, 930, 946, 972, 973, 978, 980, 1169, 1397, 1485, 1488, 1490, 1509, 1656, 1681

G. Matuschek: 1211

K. E. Mummenhoff: 36, 38, 68, 137, 145, 178, 204, 213, 235, 260, 341, 342, 343, 344, 386, 389, 424, 490, 499, 504, 506, 520, 536, 580, 666, 668, 685, 690, 706, 802, 804, 810, 820, 824, 840, 875, 1032, 1083, 1087, 1149, 1151, 1175, 1187, 1210, 1249, 1266, 1271, 1313, 1314, 1320, 1343, 1373, 1417, 1424, 1437, 1499, 1508, 1533, 1543, 1563, 1592, 1609, 1616, 1659, 1661, 1756, 1839, 1843, 1850

H. Nieland: 85, 88, 105, 106, 114, 119, 122, 129, 131, 136, 140, 144, 154, 156, 157, 159, 162, 165, 168, 173, 175, 179, 185, 186, 187, 188, 193, 201, 216, 222, 229, 231, 232, 237, 243, 258, 259, 266, 286, 332, 356, 358, 379, 381, 383, 396, 401, 406, 412, 413, 414, 416, 419, 420, 421, 422, 423, 425, 484, 500, 505, 512, 521, 524, 528, 529, 556, 562, 563, 582, 589, 594, 604, 610, 614, 619, 622, 624, 628, 644, 646, 649, 650, 726, 729, 732, 733, 734, 737, 742, 744, 749, 750, 752, 753, 762, 764, 765, 766, 769, 771, 795, 857, 869, 879, 885, 914, 918, 919, 920, 921, 922, 923, 934, 935, 936, 937, 939, 940, 941, 942, 961, 963, 1000, 1008, 1012, 1015,

1020, 1036, 1037, 1038, 1045, 1051, 1052, 1053, 1056, 1067, 1068, 1074, 1124, 1127, 1135, 1138, 1143, 1146, 1147, 1153, 1163, 1165, 1172, 1177, 1180, 1184, 1185, 1186, 1195, 1214, 1222, 1225, 1226, 1240, 1243, 1244, 1279, 1280, 1283, 1285, 1295, 1318, 1321, 1326, 1329, 1330, 1336, 1345, 1361, 1364, 1370, 1376, 1378, 1379, 1389, 1391, 1394, 1395, 1411, 1415, 1425, 1428, 1446, 1478, 1482, 1483, 1494, 1495, 1498, 1501, 1514, 1517, 1520, 1525, 1526, 1527, 1528, 1531, 1539, 1540, 1551, 1555, 1560, 1562, 1568, 1571, 1574, 1579, 1585, 1586, 1588, 1618, 1619, 1663, 1664, 1665, 1699, 1722, 1723, 1724, 1725, 1726, 1770, 1772

Schnautz: 1399, 1416
B. Sigrist: 324, 325
Vössing: 917
D. Wildeman/B. Prins: 1463
D. Wildeman: 964

Sammlung Grönegress: 353, 445, 890, 911, 958, 1120, 1333, 1473, 1492, 1510
Planarchiv: 473, 525 (A. Konovaloff), 910 (Kersten/Ludorff), 954, 956, 1262, 1621 (A. Konovaloff), 1622 (A. Konovaloff)

Westfälisches Landesmuseum für Kunst- und Kulturgeschichte: 926
WMfA: 10 (Foto St. Brentführer), 195 (Foto Esterhues), 306 (Zeichnungen J. Schievink), 307 (Zeichnung G. Helmich), 1078 (Zeichnung M. Salisch), 1753 (Foto St. Brentführer)

nach Publikationen:

Architektonische Rundschau: 858 (1900, Taf. 72), 1402 (1901, Heft 2, Taf. 10)
Baumeier 1991: 654 (S. 116), 656 (S. 117), 1430 (S. 110–111)
Baumeier 1995: 387 (Lehmann/Westf. Freilichtmuseum Detmold)
Jahr 1927: 368 (Abb. 72), 545 (Abb. 15), 560 (Abb. 61), 1593 (Abb. 54)
Trier 1987, S. 51 Abb. 18. Foto Jüttner/WMfA: 203
Wasmuths Monatshefte für Baukunst und Städtebau: 775 (1919/20, S. 254), 776 (1922/23, S. 205)
Westfälische Quellen im Bild: 1145 (Bd. 18, Münster 1981)